LANGENSCHEIDTS
TASCHENWÖRTERBÜCHER

LANGENSCHEIDTS
TASCHENWÖRTERBUCH

DER GRIECHISCHEN UND DEUTSCHEN SPRACHE

Erster Teil

Altgriechisch-Deutsch

von

PROF. DR. HERMANN MENGE
Gymnasialdirektor a. D.

LANGENSCHEIDT
BERLIN · MÜNCHEN · ZÜRICH

Auflage: 37. 36. 35. 34. 33. | Letzte Zahlen
Jahr: 1976 75 74 73 72 | maßgeblich
Copyright 1910 by Langenscheidtsche Verlagsbuchhandlung
(Prof. G. Langenscheidt) KG, jetzt Langenscheidt KG, Berlin und München
Druck und Einband: Graph. Betriebe Langenscheidt, Berchtesgaden/Obb.
Printed in Germany

Vorwort

Gleichzeitig mit meinem großen griechisch-deutschen Schulwörterbuch (Menge-Güthling) habe ich auf Anregung des Verlages das vorliegende Wörterbuch bearbeitet, das dazu bestimmt ist, den Schülern das zum Verständnis der in unseren Gymnasien noch jetzt gelesenen Schriftsteller und Schriften erforderliche lexikalische Material in der knappsten Form zuzuführen und ihnen besonders bei der Präparation für die Lektüre zuverlässige Dienste zu leisten. Von den Schriftstellern haben folgende Berücksichtigung gefunden: Homer, Sophokles und Thukydides (ganz), Xenophon (Anabasis, Hellenika, Memorabilien), Herodot, Plato, Lysias, Isokrates und Demosthenes für alle diejenigen Stücke, die in den Schulen gelesen werden; außerdem hat das ganze Neue Testament eine möglichst weitgehende Beachtung erfahren.

Mein Bestreben ist darauf gerichtet gewesen, aus dem riesigen Material, das ich zu bewältigen hatte, nicht nur eine zweckdienliche, auf ein Minimum beschränkte Auswahl zu treffen, sondern auch den ausgewählten Stoff methodisch zu ordnen und besonders die umfangreicheren Artikel sorgfältig zu gliedern. Die Arbeit, die ich zur Erreichung dieses Zieles aufgewendet habe, ist wahrlich nicht gering, doch hoffentlich nicht vergeblich gewesen. Ich gebe mich der Hoffnung hin, daß das Buch bei richtiger Benutzung den Schülern die Präparation für die Lektüre erleichtern und ihnen dadurch mannigfachen Nutzen bringen wird.

Zur Neubearbeitung

Der außerordentliche Erfolg, der dem vorliegenden Wörterbuch im In- und Auslande zuteil geworden ist, und die Empfehlungen, die es von seiten zahlreicher Direktoren besonders bei den Schülern der Untersekunda und Obertertia gefunden hat, sind für mich die erfreuliche Veranlassung gewesen, das Buch einer sorgfältigen Überarbeitung und Erweiterung zu unterziehen. Ich glaube dafür einstehen zu können, daß es nunmehr für die häuslichen Präparationen der Schüler von Obertertia bis Obersekunda völlig genügt, und daß es auch für Primaner zur Vorbereitung des Homer und Sophokles ausreicht. Einen besonderen Wert hoffe ich dem Buche dadurch gegeben zu haben, daß ich es zur Lektüre des Neuen Testaments sogar für Studierende der Theologie hinreichend ausgestattet habe; meine langjährige Beschäftigung mit dem Neuen Testament — vgl. die von mir veröffentlichte Übersetzung des N. T. — hat mich dazu, wie ich überzeugt bin, in genügender Weise befähigt.

Dr. Hermann Menge

*

Die vorliegende Auflage

ist durch einen Anhang vermehrt worden, der die hauptsächlichsten unregelmäßigen griechischen Verben enthält. Die Zusammenstellung des Nachtrages besorgte Herr Oberstudiendirektor i. R. Prof. Dr. H. Müller.

Das griechische Alphabet

Griech. Buchstabe	Aussprache	Namen der Buchstaben		Um-schrift	Seite
A α	a, ah	ἄλφα	Alpha	a	1
B β	b	βῆτα	Beta	b	82
Γ γ	g	γάμμα	Gamma	g	89
Δ δ	d	δέλτα	Delta	d	95
E ε	e	ἐ ψιλόν	Epsilon	e	124
Z ζ	sd, s	ζῆτα	Zeta	z	205
H η	äh	ἦτα	Eta	ē	207
Θ ϑ	th	ϑῆτα	Theta	th	212
I ι	i, ih	ἰῶτα	Iota	i	220
K κ	k	κάππα	Kappa	k	228
Λ λ	l	λάμβδα	Lambda	l	267
M μ	m	μῦ	My	m	277
N ν	n	νῦ	Ny	n	297
Ξ ξ	ks	ξῖ	Xi	ks	304
O o	o	ὀ μικρόν	Omikron	o	306
Π π	p	πῖ	Pi	p	325
P ρ	r	ῥω	Rho	rh	392
Σ σ, ς	s	σίγμα	Sigma	s	396
T τ	t	ταῦ	Tau	t	433
Y υ	y (u)	ὐ ψιλόν	Ypsilon	y	451
Φ φ	f (ph)	φῖ	Phi	ph	466
X χ	ch (kh)	χῖ	Chi	ch	477
Ψ ψ	ps	ψῖ	Psi	ps	486
Ω ω	oh	ὦ μέγα	Omega	ō	488

Abkürzungen

acc.	= Akkusativ	ion.	= ionisch
adv.	= Adverb	j-m	= jemand(em) (Dativ)
Akt.	= Aktivum	j-n	= jemand(en) (Akkusativ)
aor.	= Aorist		
aram.	= aramäisch	l.	= lassen
bsd.	= besonders	lt.	= lateinisch
cj.	= Konjunktion	M.	= Medium
comp.	= Komparativ	m-e	= meine, usw. (vgl. e-e)
conj.	= Konjunktiv	NT.	= Novum Testamen-[tum]
dat.	= Dativ	od.	= oder
d-e	= deine, usw. (vgl. e-e)	P.	= Passivum
dor.	= dorisch	*part.*	= Partizipium
ds.	= dieses, dies	*pf.*	= Perfektum
e.	= ein	*plqpf.*	= Plusquamperfektum
e-e	= eine	*prp.*	= Präposition
e-s	= eines	*prs.*	= Präsens
e-m	= einem	s.	= siehe
e-n	= einen	s-e	= seine, usw. (vgl. e-e)
etw.	= etwas	sn.	= sein (Verb)
fut.	= Futurum	*subst.*	= Substantiv
gen.	= Genitiv	*sup.*	= Superlativ
impr.	= Imperativ	*trans.*	= transitiv
ind.	= Indikativ	übh.	= überhaupt
inf.	= Infinitiv	übtr.	= übertragen
insb.	= insbesondere	unpers.	= unpersönlich
intr.	= intransitiv	zsgz.	= zusammengezogen

¹ ² usw. (hochstehende Ziffern) zeigen an, daß der Artikel so oft vorkommt, als Ziffern dahinter stehen.

Die hinter den Adjektiven stehende Ziffer 2 oder 3 bezeichnet die Anzahl der Geschlechtsendungen.

A

A, α (ἄλφα) das A, erster Buchstabe des griech. Alphabets.

ἆ dor. = ἡ (Artikel). — ἆ dor. = ἥ (Relativpron.). — ᾆ dor. = ᾗ.

ἆ u. ἀᾶ o! ach! ha! wehe!

ἀ-άατος 2 unverletzlich; untrüglich: untrügbar; unheilvoll.

ἀ-αγής 2 unzerbrechlich.

ἄ-απτος 2 unberührbar, unnahbar.

ἀ-άσχετος 2 = ἄσχετος.

ἀάω u. ἀάζω u. ä. verblenden, betören, irreführen.

ἀβακέω nichts ahnen.

ἀ-βαρής 2 unbeschwerlich, leicht.

ἀ-βασάνιστος 2 ohne genaue Prüfung.

ἀ-βασίλευτος 2 unabhängig.

ἄ-βατος 2 unbetreten: a) unwegsam, unpassierbar; b) unzugänglich; geweiht, heilig.

ἀββᾶ [aram.] indekl. Vater.

ἀ-βέβαιος 2 unbeständig, unsicher. [Benehmen.]

ἀβελτερία, ἡ Einfalt; plumpes

ἀ-βέλτερος 3 einfältig, dumm.

ἀ-βίωτος 2 nicht lebenswert, unerträglich.

ἀ-βλαβής 2 a) unversehrt; unverletzlich. b) unschädlich.

ἀ-βλής, ῆτος noch nicht abgeschossen, ganz neu.

ἄ-βλητος 2 unverwundet.

ἀ-βληχρός 3 schwach, sanft.

ἀβουλέω nicht wollen.

ἀβουλία, ἡ Ratlosigkeit; Unbesonnenheit, Torheit.

ἄ-βουλος 2 a) ratlos; unbesonnen, töricht. b) unbekümmert um etw.

ἁβρο-δίαιτος 2 üppig (lebend), weichlich.

ἁ-βρόμος 2 laut lärmend.

ἁβρός 3 a) üppig. b) zart, fein, zierlich, elegant, schön.

ἁβροτάζω verfehlen.

ἁβρότης, ητος, ἡ Üppigkeit, Weichlichkeit, Pracht.

ἅβροτος 2 (u. 3) göttlich; heilig.

ἁβρύνω putzen. M. prunken, großtun.

ἄ-βυσσος 2 bodenlos, unergründlich. ἡ Abgrund, Hölle.

ἀγάασθαι u. ä. s. ἄγαμαι.

ἀγάζομαι M. = ἄγαμαι.

ἀγαθο-εργέω Gutes tun.

ἀγαθοεργία, ἡ Tun des Guten, verdienstliche Tat.

ἀγαθο-εργός, ὁ Guttäter.

ἀγαθοποιέω Gutes tun, wohltun; recht handeln.

ἀγαθοποιία, ἡ gute Handlungsweise.

ἀγαθο-ποιός 2 recht handelnd.

ἀγαθός 3 1. gut, tüchtig, edel, trefflich: a) tapfer, kräftig; tauglich; vorteilhaft, nützlich, heilsam; angenehm; günstig, glücklich; vornehm, adlig. b) verständig; wohlwollend; sittlich gut, edel, rechtschaffen, ehrenhaft; patriotisch gesinnt. — 2. subst. τὸ ἀγαθόν das Gute, Gut; Glück; Wohl, Wohltat,

Griechisch-deutsch. 1

ἀγαθουργέω Gefälligkeit; Vorteil. τὰ ἀγαθά Güter, Schätze, Vorräte; Vorteile, Vorzüge.

ἀγαθουργέω = ἀγαθοεργέω.

ἀγαθωσύνη, ἡ Güte; Rechtschaffenheit, Tüchtigkeit.

ἀγαίομαι a) entrüstet sein über, zürnen. b) j-m übelwollen.

ἀγα-κλεής 2 u. **-κλειτός** 3 u. **-κλυτός** 3 hochberühmt; herrlich, prächtig. [bei Freude.]

ἀγαλλίασις, ἡ Frohlocken, Jubel.]

ἀγαλλιάω u. M. P. frohlocken, jubeln, sich freuen.

ἀγάλλω 1. Akt. schmücken, verherrlichen. — 2. P. prunken, stolz sein, sich brüsten.

ἄγαλμα, τό Schmuck, Zierde; Prachtstück, Kleinod, Wunderwerk; Bildsäule.

ἀγαλμάτο-ποιός, ὁ Bildhauer.

ἄγαμαι P. a) staunen; anstaunen, bewundern; preisen; (ver-)ehren. b) beneiden, mißgönnen; eifersüchtig sein; unwillig oder empört sein, sich ärgern, zürnen.

ἀγαμένως adv. beifällig.

ἄ-γαμος 2 a) unverheiratet. b) ~ γάμος Unglücksehe.

ἄγαν adv. a) (gar) sehr; gänzlich. b) zu sehr, übermäßig.

ἀγανακτέω unwillig ob. unzufrieden, ärgerlich sein.

ἀγανάκτησις, ἡ Unwille.

ἀγανακτητός 3 Unwillen erregend, empörend.

ἀγά-ννιφος 2 schneereich.

ἀγανός 3 freundlich, sanft, mild, erfreuend.

ἀγανοφροσύνη, ἡ Freundlichkeit, Milde. [freundlich.]

ἀγανό-φρων 2 sanftmütig,]

ἀγάομαι P. = ἄγαμαι.

ἀγαπάζω u. M. freundlich aufnehmen.

ἀγαπάω a) freundlich aufnehmen, begrüßen; schützen. b) lieben, liebhaben, hochschätzen; etw. herbeisehnen. c) mit etw. zufrieden sein ob. sich begnügen.

ἀγάπη, ἡ Liebe; Liebesmahl.

ἀγαπ-ήνωρ, ορος a) mannhaft. b) gastfreundlich.

ἀγαπητός 3 1. a) geliebt, lieb, Liebling; liebenswürdig. b) erwünscht, willkommen. ἀγαπητόν ἐστί τινι j. muß zufrieden sein, wenn ... — 2. adv. **ἀγαπητῶς** gern; mit genauer Not, kaum.

ἀγά-ρροος 2 starkströmend.

ἀγά-στονος 2 lautrauschend.

ἀγαστός 3 bewundernswert.

ἀγαυός 3 erlaucht, edel; erhaben, trefflich, ruhmvoll.

ἀγαυρός 3 stolz; prunkvoll.

ἀγγαρεύω requirieren, pressen = zwingen.

ἀγγαρήιον, τό reitende Post.

ἄγγαρος und **ἀγγαρήιος, ὁ** reitender Eilbote.

ἀγγεῖον, τό Gefäß, Kanne, Urne.

ἀγγελία, ἡ Botschaft, Nachricht, Meldung, Kunde; Befehl.

ἀγγελίης, ου, ὁ = ἄγγελος.

ἀγγελιη-φόρος, ὁ Anmelder, Kammerdiener.

ἀγγέλλω melden, verkünden, berichten; befehlen.

ἄγγελμα, τό = ἀγγελία.

ἄγγελος, ὁ, ἡ 1. Bote, Botin; Gesandte(r); Verkündiger; (Engel); Apostel. — 2. Nachricht.

ἄγγος, τό u. **ἀγγήιον, τό** Gefäß, Behälter, Urne, Napf.

ἄγε, ἄγετε wohlan! auf!

ἀγείρω 1. Akt. sammeln, versammeln; einsammeln, betteln. — 2. P. u. M. sich (ver)sammeln, zusammenkommen.

ἀγελαῖος 3 zur Herde gehörig, auf der Trift weidend, in Herden lebend; — gewöhnlich, gemein.

ἀγε-λείη, ἡ Beutespenderin.

ἀγέλη, ἡ Herde, Schar.

ἀγεληδόν adv. herden-, scharenweise.

ἄγεν = ἔαγησαν von ἄγνυμι.
ἀ-γενεᾱλόγητος 2 ohne Stammbaum.
ἀ-γένειος 2 unbärtig.
ἀ-γενής 2 = ἀγεννής.
ἀ-γένητος 2 a) ungeboren, ungeschaffen; ungeschehen. b) unedel, unadlig.
ἀ-γεννής 2 unadlig; gemein, niedrig, unedel, ehrlos; unmännlich, feige.
ἀ-γέννητος 2 = ἀγένητος.
ἀ-γέραστος 2 ohne Ehrengeschenk, unbelohnt.
ἀγερθέν u. ä. s. ἀγείρω.
ἄγερσις, ἡ Sammlung.
ἀγέρωχος 2 kampfmutig, ungestüm, wild; — stolz.
ἄ-γευστος 2 a) ungekostet. b) unbekannt mit etw.
ἄγη¹ = ἐάγη von ἄγνυμι.
ἄγη², ἡ Staunen; Neid, Haß.
ἀγηγέρᾱθ' f. ἀγείρω.
ἀγηλατέω (e-n Fluchbeladenen) verbannen.
ἀγηνορίη, ἡ a) Mannhaftigkeit. b) Hochmut, Trotz.
ἀγ-ήνωρ, ορος hochgemut: a) mannhaft. b) hochmütig, übermütig, frech.
ἀ-γήραος 2 u. ἀ-γήρως, ων nie alternd, ewig jung; unvergänglich.
ἀ-γήρατος 2 = ἀγήρως.
ἀγητός 3 bewundernswert.
ἁγιάζω heiligen, weihen.
ἁγιασμός, ὁ Heiligung, Geheiligtsein, Heiligkeit.
ἁγίζω weihen.
ἁγῑνέω führen, geleiten; hinschaffen, herbei-führen, -fahren.
ἅγιος 3 heilig, gottgeweiht, ehrwürdig; rein.
ἁγιότης, ητος, ἡ Heiligkeit.
ἁγιωσύνη, ἡ Heiligkeit, Heiligung. [Arme nehmen.]
ἀγκάζομαι M. auf oder in die
ἀγ-καλέω = ἀνακαλέω.

ἀγκάλη, ἡ (gekrümmter) Arm, Ellenbogen; Elle.
ἀγκαλίς, ίδος, ἡ = ἀγκάλη.
ἀγκάς adv. mit den Armen, in oder auf die Arme.
ἄγκιστρον, τό Angel(haken).
ἀγ-κλίνω = ἀνακλίνω.
ἀγκοίνη, ἡ Arm.
ἄγκος, τό Schlucht, Tal.
ἀγ-κρεμάννῡμι = ἀνακρεμάννυμι. [Bogensehne.]
ἀγκύλη, ἡ Schlinge; Riemen;
ἀγκυλο-μήτης, ου krummsinnig, verschlagen, tückisch.
ἀγκύλος 3 gekrümmt, krumm.
ἀγκυλό-τοξος 2 mit geschweiftem Bogen. [schnäbelig.]
ἀγκυλο-χείλης, ου krumm-
ἀγκυλο-χήλης, ου krummklauig. [fester Halt, Stütze.]
ἄγκῡρα, ἡ Anker, Ankertau;
ἀγκών, ῶνος, ὁ Biegung, Krümmung: a) gekrümmter Arm, Ellbogen. b) Vorsprung, Absatz einer Mauer. c) Schlucht.
ἀγλαΐα, ἡ Glanz: a) Pracht, Prunk, Schönheit, Wonne. b) prunkendes Wesen, Hoffart.
ἀγλαΐζω schmücken. M. P. glänzen, prangen.
ἀγλάϊσμα, τό Zierde, Schmuck.
ἀγλαό-καρπος 2 fruchtprangend.
ἀγλαός 3 glänzend, klar; prunkend; herrlich, prächtig.
ἀγλα-ώψ, ῶπος hellleuchtend.
ἀ-γλωσσος 2 barbarisch.
ἄ-γναφος 2 ungewalkt, neu.
ἁγνεία, ἡ Reinheit, Züchtigkeit.
ἁγνεύω a) rein ob. keusch sein. b) etw. als Gewissenssache betrachten. [hen.]
ἁγνίζω reinigen, sühnen; wei-
ἁγνισμός, ὁ Reinigung, Sühnung, Weihe.
ἀγνοέω 1. trans. nicht erkennen, nicht kennen, nicht wissen, nicht verstehen, verkennen; übersehen.

1*

ἀγνόημα — 4 — **ἀγρευτής**

οὐκ ἀγνοεῖν sehr wohl wissen. P. ἀγνοοῦμαι man weiß von mir nicht. — 2. *intr.*: a) unentschieden sein, zweifeln. b) (sich) irren; eine Schwachheitssünde begehen.

ἀγνόημα, τό = ἀγνοια.

ἄγνοια, ἡ a) Unkenntnis, Unwissenheit; Unkenntlichkeit. b) Irrtum, Schwachheitssünde.

ἀγνοιέω = ἀγνοέω.

ἁγνός 3 a) heilig, hehr, gottgefällig; erlaubt. b) rein, keusch, unbefleckt; reinigend.

ἁγνότης, ητος, ἡ Reinheit.

ἄγνυμι 1. Akt. brechen, zerbrechen, zerschmettern. *pf.* ἔαγα ich bin zerbrochen. — 2. P. zerbrochen werden; zerbrechen, bersten.

ἀγνωμονέω unüberlegt handeln, unbillig verfahren.

ἀγνωμοσύνη, ἡ a) Unverstand, Unerfahrenheit; Mißverständnis. b) Rücksichtslosigkeit, Unbilligkeit; *pl.* Fälle von Rücksichtslosigkeit.

ἀ-γνώμων 2 a) unverständig. b) rücksichtslos, hart, unbillig; trotzig; undankbar.

ἀ-γνώς, ῶτος a) unbekannt, unerkannt; dunkel, seltsam. b) unkundig, verkennend.

ἀγνώσασκε, *aor. iter. v.* ἀγνοέω.

ἀγνωσία, ἡ das Nichtkennen, Unkenntnis, Unverstand.

ἄ-γνωστος und **ἄ-γνωτος** 2 a) unbekannt; b) unkenntlich, unerkennbar, unverständlich.

ἀγ-ξηραίνω = ἀναξηραίνω.

ἄ-γονος 2 a) ungeboren. b) kinderlos, unfruchtbar.

ἀγορά, ἡ 1. a) (Volks-, Heeres-) Versammlung. b) öffentliche Rede; Verhandlung, Beratung; Redegabe. — 2. Marktplatz, Markt; Marktwaren, Lebensmittel. — 3. Handel, Verkehr.

ἀγοράζω a) auf dem Markte sein oder verkehren; öffentlich umhergehen. b) (auf dem Markte) kaufen, einkaufen; erkaufen.

ἀγοραῖος 2 a) zur Volksversammlung gehörig. b) zum Markte gehörig; handeltreibend. ἀγοραῖοι (ἡμέραι) Markt-, Gerichts-tage. οἱ -οι Marktleute; Straßengesindel.

ἀγορᾱ-νόμος, ὁ Markt- aufseher, -meister.

ἀγοράομαι M. a) Versammlung halten, beratschlagen. b) öffentlich reden; übh. reden, sprechen, sagen, erzählen.

ἀγοραστής, οῦ, ὁ Einkäufer.

ἀγορεύω in der Versammlung ob. öffentlich reden; übh. reden, sagen, (laut) verkünden; gebieten. M. sagen lassen.

ἀγορή-θεν *adv.* aus der Versammlung.

ἀγορήν-δε zur Versammlung.

ἀγορητής, οῦ, ὁ Redner, Sprecher.

ἀγορητύς, ύος, ἡ Redegabe.

ἀγός, ὁ Anführer.

ἄγος, τό Greuel, Frevel, Versündigung, Blutschuld.

ἅγος, τό fromme Scheu; Sühnung einer Schuld.

ἀγοστός, ὁ (gekrümmte) Hand.

ἄγρα, ἡ Fang, Jagd; Jagdbeute, Beute.

ἀ-γράμματος 2 ungebildet, ungeschult, ungelehrt.

ἀ-γραπτος 2 ungeschrieben.

ἀγραυλέω unter freiem Himmel sein oder übernachten.

ἄγρ-αυλος 2 auf dem Felde weilend ob. übernachtend, ländlich.

ἄ-γραφος 2 ungeschrieben, nicht aufgeschrieben; neutral.

ἄγρει, ἀγρεῖτε s. ἀγρέω.

ἄγρευμα, τό Jagdbeute; Beute.

ἀγρευτής, οῦ, ὁ Jäger, Fänger.

ἀγρεύω und **ἀγρέω** jagen, fangen. ἄγρει, (pl.) ἀγρεῖτε ob. ἄγρειτε wohlan! vorwärts! auf!

ἀγριαίνω wild oder zornig oder böse werden.

ἀγρί-ελαιος 2 zum wilden Ölbaum gehörig. ἡ ~ wilder Ölbaum.

ἄγριος 3 (u. 2) wild: a) ländlich. b) roh, grausam. c) stürmisch, ungestüm, heftig, leidenschaftlich, frech.

ἀγριότης, ητος, ἡ Wildheit, Roheit.

ἀγρι-όφωνος 2 rauhstimmig.

ἀγριόω 1. Akt. wild machen, erbittern. — 2. P. wild ob. zornig, grimmig, grausam werden.

ἀγρο-βότης, ου auf dem Felde weidend.

ἀγρό-θεν adv. vom Felde her.

ἀγροικία, ἡ rohes Wesen, Plumpheit.

ἀγρ-οῖκος oder **ἄγρ-οικος** 2 a) ländlich. b) unbebaut, wild; roh, ungebildet.

ἀγροιώτης, ου = ἀγρότης.

ἀγρόμενος 3 s. ἀγείρω.

ἀγρόν-δε adv. aufs Land.

ἀγρο-νόμος 2 feldbewohnend, flurliebend.

ἀγρό-νομος 2 als Acker beweidet, ländlich.

ἀγρός, ὁ Acker, Feld, Land; Landgut.

ἀγρότερος 3 a) wild. b) flurliebend. [ὁ Landmann.]

ἀγρότης, ου landbewohnend;

ἀγρυπνέω schlaflos oder wach sein, wachen; wachsam sein.

ἀγρυπνία, ἡ Schlaflosigkeit, das Wachen; Wachsamkeit.

ἄγρ-υπνος 2 schlaflos, wach.

ἀγρώσσω jagen, (ein)fangen.

ἄγρωστις, εως, ἡ Gras, (grünes) Futter.

ἀγυιά u. **ἀγυιά**, ἡ Weg, Straße.

ἀγυιεύς, ὁ Beschützer d. Straßen.

ἀ-γύμναστος 2 a) ungeübt, unerfahren, ungewohnt. b) ungeplagt, nicht gequält.

ἄγυρις, ιος, ἡ Versammlung; Menge, Schar.

ἀγυρτάζω erbetteln.

ἀγύρτης, ου, ὁ Bettler, Landstreicher; Marktschreier, Betrüger.

ἀγχέ-μαχος 2 nahe- (oder geschlossen) kämpfend.

ἄγχι 1. adv. nahe, in der Nähe. — 2. prp. mit gen., selten dat., nahe bei. — 3. comp. ἆσσον, ἀσσοτέρω näher. sup. ἄγχιστος 3 nächster, am nächsten, ganz nahe, jüngst.

ἀγχί-αλος 2 a) dem Meere nahe. b) im benachbarten Meere gelegen. [tief.]

ἀγχι-βαθής 2 gleich am Ufer

ἀγχί-θεος 2 götterverwandt.

ἀγχι-μαχητής, οῦ nahe- (oder geschlossen) kämpfend.

ἀγχί-μολος 2 nahe, dicht bei. τὸ -ον Nähe.

ἀγχίνοια, ἡ Geistesgegenwart, Scharfsinn.

ἀγχί-νοος, -νους 2 voll Geistesgegenwart, scharfsinnig.

ἀγχί-π(τ)ολις, εως stadtnahe, benachbart.

ἀγχιστεία, ἡ und **ἀγχιστειᾶ**, τά nächste Verwandtschaft; Erbfolgerecht.

ἀγχιστεύς, ὁ nächster Verwandter; erbberechtigt.

ἀγχιστήρ, ῆρος, ὁ Miturheber.

ἀγχιστῖνος 3 dicht auf- oder bei-einander, ganz nahe.

ἄγχιστος 3 s. ἄγχι.

ἀγχί-στροφος 2 schnell wechselnd oder sich verändernd.

ἀγχό-θεν adv. aus der Nähe.

ἀγχό-θι in der Nähe, nahe.

ἀγχόνη, ἡ a) Erwürgung, Erdrosselung. b) Schlinge, Strick, Strang.

ἀγχότᾰτος 3 nächster, ganz nahe, fast ganz.
ἀγχότερος 3 näher.
ἀγχοῦ *adv.* = ἄγχι.
ἄγχω (er)würgen, erdrosseln; ängstigen. [entschieden.]
ἀγχ-ώμᾰλος 2 fast gleich, un-
ἄγω I. Akt. 1. *trans.* führen, (ge)leiten; treiben; übh.bringen, transportieren, in Bewegung setzen: a) herbei-führen, -bringen, holen; b) hinführen, zuführen; c) weg-, ent-führen, fortschaffen, rauben; d) mitnehmen, mitbringen; e) (Mauern, Gräben) ziehen, aufführen; f) wiegen, aufwiegen. übtr.: a) leiten, lenken, hinführen; b) anführen, befehligen, regieren; c) anleiten, erziehen; d) wofür halten, ansehen; e) (Feste) begehen, feiern; übh. etw. (be)treiben, betätigen; f)zubringen, verleben. — 2. *intr.*: a) handeln. b) marschieren, ziehen, rücken, gehen. **ἄγε, ἄγετε** wohlan! auf! — II. M. das Seinige mitnehmen, mit sich oder für sich wegführen, für sich holen, heimführen, bei sich führen.
ἀγωγεύς, ὁ Fortschaffer, schleppend.
ἀγωγή, ἡ 1. Führung: a) Weg-, Ent-führung, Transport. b) Vorführung. c) Abfahrt, Marsch. — 2. Leitung; Erziehung, Zucht; Lebensführung, Wandel.
ἀγώγῐμος 2 a) transportierbar. *subst.* τά -α Fracht(güter), Schiffsladung. c) leicht zu verhaften, vogelfrei. [weiser(in).]
ἀγωγός, ὁ, ἡ Führer(in),Weg-
ἀγών, ῶνος, ὁ 1. a) Versammlungsplatz; Kampfplatz. b) Versammlung. ~νεῶν Schiffslager. — 2. Wettkampf, Kampfspiel:

a) Kampf, Streit; Kampfpreis. b) Rechtsstreit, Prozeß. c) Anstrengung, Bestreben, Mühe, Gefahr.
ἀγων-άρχης, ου, ὁ Kampfordner, Kampfrichter.
ἀγωνῐᾱ, ἡ (Wett-)Kampf; Anstrengung; Angst, Beklemmung.
ἀγωνιάω wetteifern; sich anstrengen; sich ängstigen.
ἀγωνίζομαι M. a)wettkämpfen, wetteifern; kämpfen. b) prozessieren, einen Prozeß haben ob. durchfechten. c) öffentlich sprechen, disputieren. d) sich anstrengen, danach ringen.
ἀγώνιος 2 zum (Wett-)Kampf gehörig, Kampfes-…
ἀγώνῐσις, εως, ἡ Wettkampf.
ἀγώνισμα, τό 1. Wettkampf. Kampf; Prozeß. — 2. a)Kampfpreis. b) Prunkstück. c) Großtat, Heldentat.
ἀγωνισμός, ὁ Wetteifer.
ἀγωνιστής, οῦ, ὁ (Wett-)Kämpfer; Anwalt, Redner; Meister.
ἀγωνοθετέω a) den (Wett-)Kampf anordnen. b) Kampfrichter sein.
ἀγωνο-θέτης, οῦ, ὁ Kampfordner, -richter; Richter.
ἀ-δαγμός, ὁ Zucken, Reißen.
ἀδαημονίη, ἡ Unkunde.
ἀδαήμων 2 und **ἀ-δαής** 2 unkundig, unbekannt mit.
ἀ-δάκρῡτος 2 a) tränenlos. ἀδακρυτί *adv.* ohne Tränen. b) unbeweint.
ἀδαμάντινος 2 u. 3 stählern.
ἀ-δάμᾱς, αντος, ὁ Stahl.
ἀ-δάμαστος 2 u. **ἀ-δάματος** 2 a) ungebändigt. b) unbezwinglich; unbeugsam, unerbittlich. c) unvermählt.
ἀ-δάπανος 2 unentgeltlich.
ἄ-δαστος 2 noch nicht verteilt.
ἀδδεής 2 = ἀδεής.
ἀδδέω = ἀδέω.

ἄδδην = ἄδην.
ἄδε, ἀδεῖν s. ἀνδάνω.
ἀ-δεής 2 a) furchtlos, unverzagt; frech, schamlos. b) gefahrlos, sicher; straffrei.
ἄδεια, ἡ a) Furchtlosigkeit. b) Straflosigkeit, Amnestie. c) Sicherheit; sicheres Geleit. d) Erlaubnis, Möglichkeit.
ἀδεής 2 = ἀδεής.
ἀ-δείμαντος 2 unerschrocken, furchtlos.   [haben.]
ἄ-δειπνος 2 ohne gespeist zu
ἀδελφεά u. -ή = ἀδελφή.
ἀδελφε(ι)ός, ὁ = ἀδελφός.
ἀδελφεο-κτόνος, ὁ Brudermörder.
ἀδελφή, ἡ Schwester.
ἀδελφιδέος u. -δοῦς, ὁ Neffe.
ἀδελφιδῆ, ἡ Nichte.
ἀδελφός 3 1. geschwisterlich, brüderlich; ähnlich, gleich, übereinstimmend mit; paarweise. — 2. Bruder; Blutsverwandter; Nächster.
ἀδελφότης, ητος, ἡ Bruderschaft; die Brüder.
ἄ-δερκτος 2 nicht sehend, blind; ohne hinzusehen.
ἄ-δεσμος 2 fesselos, frei.
ἀ-δευκής 2 unfreundlich, lieblos, hart, schmählich.
ἀ-δέψητος 2 ungegerbt.
ἀδέω u. ἀδέω satt oder überdrüssig sein.
ἀδηλέω in Ungewißheit sein.
ἄ-δηλος 2 a) verborgen, unsichtbar, dunkel, geheim. b) unbekannt; unsicher, ungewiß, unbestimmt.
ἀδηλότης, ητος, ἡ Unsicherheit, Unbestimmtheit.
ἀδημονέω unruhig ob. betrübt, verlegen, in Angst sein.
ἄδην u. ἅδην sattsam, genug, reichlich, zum Überdruß.
ἀ-δῄος 2 unangefeindet.
ἀ-δήριτος 2 ungekämpft.

Ἄιδης, ου, ὁ Hades (Gott der Unterwelt); Unterwelt, Hölle. ἐν ᾅδου in der Unterwelt. εἰς ᾅδου in die Unterwelt.   [spielig.)
ᾁδη-φάγος 2 gefräßig; kost-
ἀ-δήμωτος 2 nicht verwüstet.
ἀ-διάβατος 2 unpassierbar.
ἀ-διάκριτος 2 a)ununterscheidbar; lauter. b) unparteiisch. c) frei von Zweifeln.
ἀ-διάλειπτος 2 unablässig.
ἀ-διάλλακτος 2 unversöhnlich.
ἀ-διάλυτος 2 unauflöslich.
ἀ-διάπτωτος 2 = ἀδιάφορος.
ἀδιαφθορία, ἡ Unverdorbenheit, Reinheit.
ἀ-διάφθορος 2 a) unverdorben. b) unbestechlich. c) unvergänglich.
ἀ-διήγητος 2 unbeschreiblich.
ἀδικέω 1. Akt.: a) unrecht tun, ungerecht oder gesetzwidrig handeln, sündigen; unrecht haben, im Unrecht sein. b) j-m unrecht tun, Schaden zufügen, kränken; mißhandeln, beleidigen; etw. gewaltsam wegnehmen. — 2. P. ἀδικοῦμαι ich leide unrecht, mir geschieht unrecht.
ἀδίκημα, τό Unrecht, Ungerechtigkeit; Beleidigung, Kränkung; widerrechtlicher Besitz.
ἀδικία, ἡ und ἀδίκιον, τό = ἀδίκημα.
ἄ-δικος 2 ungerecht; unredlich, untreu, schlecht; widerrechtlich, unrechtmäßig; unbrauchbar. subst. τὸ -ον Unrecht.
ἀδινός[1] 3 lieblich singend.
ἀδινός[2] = ἀδνός 3 sehr bewegt, erregt, schmerzlich, heftig, stark, laut — zahlreich.
ἀ-διόρθωτος 2 ungeregelt.
ἀ-δμής, ῆτος ungezähmt; unvermählt.
ἄ-δμητος 3 — ἀδμής.
ἅδοι, s. sg. opt. aor. II von ἀνδάνω.

ἀ-δόκητος 2 a) unerwartet. b) nicht mehr zu erwarten.
ἀ-δοκίμαστος 2 ungeprüft; noch nicht mündig; untüchtig.
ἀδόκιμος 2 nicht erprobt, nicht probehaltig, unbewährt, untüchtig, ungeeignet, verwerflich; ungültig, unecht.
ἀδολεσχέω schwatzen.
ἀδο-λέσχης, ου, ὁ Schwätzer.
ἀδολεσχία, ἡ Geschwätzigkeit, Geschwätz; Possen.
ἄ-δολος 2 ohne Trug, aufrichtig, ehrlich; unverfälscht.
ἀ-δόξαστος 2 ausgemacht.
ἀδοξέω in schlechtem Rufe stehen. [Ruf.]
ἀδοξία, ἡ Ruhmlosigkeit; übler
ἄ-δοξος 2 ruhmlos.
ἄδος oder ἆδος, τό Sättigung; Überdruß. [laufen geneigt.]
ἀ-δρηστος 2 nicht zum Entἁδρός 3 voll ausgewachsen; tüchtig, groß, stark.
ἁδροτής, ῆτος und ἁδρότης, ητος, ἡ Vollkraft, Fülle; reiche Gabe. [reif werden.]
ἀδρύνω zur Reife bringen. P.
ἀδυναμία, ἡ Unvermögen, Schwäche, Ohnmacht; Armut; Unmöglichkeit.
ἀδυνασία, ἡ = ἀδυναμία.
ἀδυνατέω unvermögend oder ohne Einfluß, unmöglich sein. ἀδυνατεῖ es ist unmöglich.
ἀ-δύνατος 2 a) unvermögend, ohnmächtig, unfähig; unwirksam; kraftlos, schwach, gebrechlich; Krüppel, Invalide; unbemittelt. b) unmöglich.
ἄ-δυτον, τό Allerheiligstes; Heiligtum, Tempel.
ᾄδω att. = ἀείδω.
ἄ-δωρος 2 ohne Geschenk: a) nicht gebend, ertraglos; b) unbeschenkt; unbestechlich. c) δῶρα -α Unglücksgaben.
ἀεθλεύω u. έω = ἀθλεύω.

ἀέθλιον, τό a) Kampfpreis. b) Kampfspiel; Kampfgerät.
ἄεθλον, τό = ἆθλον.
ἄεθλος, ὁ = ἆθλος.
ἀεθλο-φόρος 2 = ἀθλοφόρος.
ἀεί 1. a) immer, stets. b) für immer, ewig. — 2. jedesmal.
ἀει-γενέτης, ου ewig.
ἀει-γενής 2 ewig.
ἀ-ειδής 2 unsichtbar.
ἀείδω a) singen, erklingen. b) besingen, preisen, verkünden.
ἀεικείη, ἡ Ungebühr; Mißhandlung, Entehrung.
ἀ-εικέλιος 3 u. 2 = ἀεικής.
ἀ-εικής 2 ungebührlich, unschicklich; nichtswürdig; unnatürlich, schmählich, schimpflich, häßlich; kläglich, elendiglich; ärmlich, kärglich, knapp.
ἀεικίζω u. M. ungebührlich behandeln, beschimpfen, mißhandeln, martern; verunstalten.
ἀεί-μνηστος 2 ewig denkwürdig, unvergeßlich.
ἀεί-ναος 2 = ἀέναος.
ἀεί-ῥυτος 2 immerfließend.
ἀείρω¹ = αἴρω. [koppeln.]
ἀείρω² knüpfen, zusammenἄεισμα, τό = ᾆσμα.
ἀεί-φρουρος 2 in ewiger Haft haltend.
ἀεκαζόμενος 3 widerwillig.
ἀ-εκήλιος 2 unerwünscht, widerwärtig.
ἀ-έκητι adv. wider Willen.
ἀ-εκούσιος 2 u. 3 = ἀκούσιος.
ἀ-έκων, ουσα, ον = ἄκων².
ἀέλιος, ὁ dor. = ἥλιος.
ἄελλα, ἡ Sturmwind, Staubwirbel. [άδος sturmschnell.]
ἀελλαῖος 3 und fem. ἀελλάς,
ἀέλλη, ἡ = ἄελλα.
ἀελλής 2 dicht.
ἀελλό-πος und -πους, ποδός windschnell.
ἀ-ελπής 2 unverhofft.
ἀελπτέω nicht erwarten.

ἄ-ελπτος 2 unverhofft.
ἀε-νάος 2 u. **ἀε-νάων**, ουσα, ον stets fließend; immerwährend.
ἀέξω = αὔξω.
ἀεργία, ἡ = ἀργία.
ἀ-εργός 2 = ἀργός.
ἀερθείς, ἄερθεν s. ἀείρω.
ἄ-ερκτος 2 nicht umzäunt.
ἀεροβατέω luftwandeln.
ἀερσί-πους, ποδός die Füße hebend, trabend, flink.
ἀερώδης 2 luftig, nebelig.
ἄεσα aor. zubringen; schlafen.
ἀεσιφροσύνη, ἡ Unverstand.
ἀεσί-φρων 2 unverständig, verblendet.
ἀετός, ὁ Adler, Geier.
ἄζα, ἡ a) Glut. b) Schmutz.
ἀζαλέος 3 trocken, dürr.
ἄ-ζηλος 2 a) unbeneidet; unglücklich, schrecklich, elend. b) vernichtet. [wert.]
ἀ-ζήλωτος 2 nicht beneidens-)
ἀ-ζήμιος 2 1. nicht strafend. — 2. ungestraft, straflos: a) verlustlos. b) unsträflich, tadellos.
ἀζηχής 2 unaufhörlich.
ἄ-ζυμος 2 ungesäuert, süß. τά -α Fest der ungesäuerten Brote.
ἄζω dörren. P. verdorren.
ἄζω, meist P. **ἄζομαι** ehrfurchtsvoll scheuen (oder sich scheuen), fürchten, verehren.
ἀ-ηδής 2 : 1. a) unerfreulich, unangenehm. b) mißvergnügt, betrübt. — 2. **ἀηδῶς** adv.: a) ohne Annehmlichkeit. b) ungern.
ἀηδία, ἡ a) Unlust, Widerwille, Abneigung, Groll. b) Unausstehlichkeit, Unbeliebtheit.
ἀηδών, όνος, ἡ Nachtigall.
ἀήθεια, ἡ Ungewohnheit.
ἀηθέσσω nicht gewohnt sein.
ἀ-ήθης 2: 1. a) ungewohnt, an etw. nicht gewöhnt. b) ungewöhnlich. — 2. **ἀήθως** adv. wider die Gewohnheit.

ἄημα, τό das Wehen, Wind.
ἄημι 1. `kt. wehen, hauchen, atmen. — 2. P. durchweht werden; stürmen, streben.
ἀήρ, ἀέρος, ὁ, ἡ Luft; Nebel, Gewölk, Dunkel.
ἀ-ήσσητος 2 = ἀήττητος.
ἀησύλος 2 frevelhaft.
ἀήτη, ἡ = ἀήτης.
ἀήτης, ου, ὁ das Wehen, Wind.
ἄητο, ἄητον s. ἄημι.
ἄητος 2 stürmisch, ungestüm, wild, rasend.
ἀ-ήττητος 2 a) unbesiegt. b) unbesieglich.
ἀθανασία, ἡ Unsterblichkeit.
ἀθανατίζω unsterblich machen; an Unsterblichkeit glauben.
ἀ-θάνατος 2 unsterblich, ewig, unvergänglich, göttlich.
ἄ-θαπτος 2 unbegraben.
ἀ-θέατος 2 (des Anblicks) unteilhaftig; unsichtbar.
ἀθεεί adv. ohne Gott, ohne göttliche Fügung.
ἀ-θεμίστιος 2 frevelhaft.
ἀ-θέμι(σ)τος 2 ungesetzlich, gesetzwidrig, gesetzlos: a) frevelhaft; b) unerlaubt.
ἄ-θεος 2 ohne Gott, gottlos; Gottesleugner; gottverlassen.
ἀ-θεράπευτος 2 ungepflegt, vernachlässigt.
ἀθερίζω verachten, geringschätzen. [(seiend).]
ἄ-θερμος 2 ohne Wärme)
ἄ-θεσμος 2 gesetz-los, -widrig, gottlos.
ἀ-θέσφατος 2 unaussprechlich groß, unsäglich viel oder lang, ungeheuer, unendlich.
ἀθετέω beseitigen; zunichte machen, aufheben, verwerfen.
ἀθέτησις, εως, ἡ Beseitigung, Aufhebung, Tilgung.
ἀθηρη-λοιγός, ὁ Achseltod = Worfschaufel.
ἄ-θηρος 2 ohne Wild.

ἄ-θικτος 2 unberührt, ohne; unberührbar, heilig.

ἀθλεύω und **ἀθλέω** wettkämpfen, kämpfen; sich mühen, (Mühsal) erdulden.

ἄθλησις, εως, ἡ Kampf.

ἀθλητήρ, ῆρος, ὁ Wettkämpfer, Kämpfer.

ἀθλητής, οῦ, ὁ Wettkämpfer, Athlet; Meister.

ἄθλιος 3 (u. 2) mühselig; unglücklich, jammervoll, elend.

ἀθλιότης, ητος, ἡ Mühsal.

ἀθλο-θέτης, ου, ὁ Kampfordner, Kampfrichter.

ἄθλον, τό a) (Kampf-)Preis, Lohn. b) = ἆθλος.

ἆθλος, ὁ a) Wettkampf; übh. Kampf. b) Mühe, Anstrengung, Arbeit, Not, Mühsal.

ἀθλο-φόρος 2 den Kampfpreis davontragend, sieggekrönt.

ἀθρέω a) (hin)schauen. b) beschauen, erblicken, betrachten; erwägen.

ἀθροίζω u. **ἁθροίζω** 1. Akt. sammeln, versammeln. — 2. P. sich sammeln, sich vereinigen.

ἄθροισις, εως, ἡ u. **ἄθροισμα**, τό Sammlung, das Sammeln, Haufe, Masse.

ἀ-θρόος u. **ἀ-θροῦς** 3 (u. 2) dichtgedrängt; vereint, (ins)gesamt; in geschlossenen Gliedern oder Abteilungen, geschlossen.

ἀθυμέω a) mutlos ob. verzagt sein. b) verdrossen sein.

ἀθυμία, ἡ a) Mutlosigkeit, Verzagtheit. b) Mißmut, Verdrossenheit.

ἄ-θυμος 2 a) mutlos, verzagt. b) mißmutig, verdrossen. c) ohne Leidenschaft. [Zierat, Tand.]

ἄθυρμα, τό Spielzeug; Putz,

ἀθυρμάτιον, τό kleines Spielzeug, Spielerei, Tändelei.

ἀθυροστομέω zügellos schwatzen, frech reden.

ἀθυρό-στομος 2 geschwätzig.

ἀθύρω spielen.

ἄ-θυτος 2 a) ungeopfert. b) ohne geopfert zu haben.

ἄ-θωος 2 a) ungestraft, straflos; unverletzt, verschont, frei. b) unschuldig.

ἀ-θωράκιστος 2 ungepanzert.

αἰ u. **αἶ** wenn; ob. **αἶ κε(ν)** wenn etwa, ob etwa; **αἶ γάρ** u. **αἴθε** wenn doch! o daß doch!

αἶ, αἰαῖ wehe! ach!

αἶα, ἡ Erde, Land.

αἰάζω wehklagen; beklagen.

αἰαῖ s. αἶ.

αἰανής 2 a) ewig. b) schmerzlich, leidig, quälend. c) finster.

αἰγανέη, ἡ Jagd-, Wurfspieß.

αἴγειος 3 = αἴγεος.

αἴγειρος, ἡ Schwarzpappel.

αἴγεος 3 von Ziegen, Ziegen-... ἡ αἰγέη Ziegenfell.

αἰγι-αλός, ὁ Küste, Strand.

αἰγί-βοτος 2 ziegenbeweidet. ἡ ~ Ziegenweide.

αἰγι-κορεύς, ὁ Ziegenhirt.

αἰγί-λιψ, ιπος a) vom Winde umstürmt. b) steil, jäh.

αἰγί-οχος 2 a) im Sturme einherfahrend. b) Ägishalter.

αἰγί-πους, πουν, gen. ποδος ziegenfüßig.

αἰγίς, ίδος, ἡ a) Ziegenfell; Lederharnisch. b) Sturmschild, die Ägis; übtr. Sturm.

αἴγλη, ἡ Glanz, Schimmer; Tageslicht; Fackel.

αἰγλήεις 3 glänzend.

αἰγο-πρόσωπος 2 mit einem Ziegengesicht.

αἰγυπιός, ὁ Geier.

αἰδέομαι P. M. 1. a) sich scheuen, sich schämen, bescheiden sein; Ehrfurcht fühlen. b) scheuen, ehren, hochachten. 2. verzeihen; versöhnen, begnadigen.

ἄ-ίδηλος 2 a) verheerend, verderblich. b) unsichtbar; dunkel. c) widerwärtig, verhaßt, entsetzlich.
αἰδήμων 2 = αἰδοῖος.
ἀίδιος 2 ewig, unvergänglich.
αἰδοῖον, τό Schamglied; pl. Schamteile, Blöße.
αἰδοῖος 3 a) schamhaft, schüchtern, bescheiden. b) ehrwürdig, ehrenwert, achtbar.
αἴδομαι = αἰδέομαι.
αἰδό-φρων 2 mitleidig.
ἀιδρείᾱ, ἡ Unwissenheit, Unkunde, Einfalt.
ἄ-ίδρις 2 unwissend, unkundig, nichts ahnend, einfältig.
αἰδώς οῦς, ἡ a) Scham(gefühl), Scheu; Sittsamkeit, Bescheidenheit; Hochachtung, Ehrerbietung, Ehrfurcht, Rücksicht. b) Schande, Schmach, Schimpf. c) Blöße.
αἰεί = ἀεί.
αἰει-γενέτης, ου ewig.
αἰέλουρος, ὁ u. ἡ Katze.
αἰέν = ἀεί.
αἰε-νάων, οντος = ἀέναος.
αἰέν-ὑπνος 2 in ewigem Schlaf versenkend.
αἰετός, ὁ = ἀετός.
αἰζήϊος = αἰζηός.
ἀίζηλος 2 sehr deutlich, leicht erkennbar.
αἰζηός 2: 1. jung, rüstig. 2. subst. Jüngling, (rüstiger) Mann.
αἴητος 2 schnaufend, keuchend.
αἰθαλόεις 3 rußig, schwarz.
αἴθε o daß doch! (ſ. αἰ).
αἰθέριος 2 (u. 3) ätherisch, luftig. [Himmel.]
αἰθήρ, έρος, ὁ und ἡ Äther.
αἴθουσα, ἡ (Säulen-)Halle.
αἴθ-οψ, οπος a) funkelnd, hell, glänzend. b) hitzig, heftig.
αἴθρη, ἡ Klarheit.
αἰθρη-γενέτης, ου u. **-γενής** 2 äthergeboren; kältend.

αἰθρίᾱ, ἡ Himmelsglanz, heiterer Himmel; freier Himmel.
αἶθρος, ὁ Kälte, Frost.
αἴθυια, ἡ Wasserhuhn.
αἴθω I. Akt.: a) anzünden, verbrennen. b) intr. = P. — II. P. brennen, lodern, leuchten.
αἴθων, 2. gen. ωνος a) brennend; glänzend, funkelnd; brandrot, rotbraun. b) feurig, hitzig.
αἴκ᾽, **αἴκε** ſ. αἰ.
αἰκάλλω schmeicheln.
ἀική, ἡ Andrang, Schuß.
αἰκής 2 = ἀεικής.
αἰκίᾱ, ἡ Ungebühr, Schmach, Mißhandlung.
αἰκίζω = ἀεικίζω. [αἰκία.]
αἴκισμα, τό u. **αἰκισμός**, 2 =]
αἰκῶς adv. = ἀεικῶς schmählich.
αἴλινος, ὁ Weheruf, Klagelied.
αἷμα, τό 1. Blut: a) Blutvergießen, Mord; Blutfluß. b) Mordwaffe. — 2. a) Leben, Kraft, Stärke. b) Geblüt, Blutsverwandtschaft, Geschlecht.
αἱμάς, άδος, ἡ Bluterguß.
αἱμασιά, ἡ a) Dornstrauch. b) Umzäunung, Mauer.
αἱμάσσω blutig machen oder schlagen, mit Blut beflecken; morden. [gießen.]
αἱμᾰτ-εκχυσία, ἡ Blutvergießen.]
αἱμᾰτηρός 3 (u. 2) blutig.
αἱμᾰτόεις 3: a) blutig; hochgerötet. b) Blutvergießen verursachend, mörderisch.
αἱμᾰτόω und **αἱμάττω** = αἱμάσσω. [rot.]
αἱμᾰτώδης 2 blut-artig; blut-]
αἱμο-βᾰφής 2 blutgetränkt.
αἱμο-ρρᾰγής 2 blutströmend.
αἱμορροέω am Blutfluß leiden. [roh.]
αἱμο-φόρυκτος 2 blutig, noch]
αἱμύλιος 2 = αἱμύλος.
αἱμύλος 3 (u. 2) schmeichelnd, bestrickend; listig, schlau, klug.

αἵμων, ονος kundig.
αἰν-ἀρέτης, ου, ὁ Unheilsheld.
αἴνεσις, εως, ἡ das Loben, Lob; Dank.
αἰνέω a) loben, lobsingen; billigen, beistimmen. b) zusagen; sagen, raten.
αἴνη, ἡ Lob, Ruhm, Ansehen.
αἴνιγμα, τό Rätsel.
αἰνίζομαι M. preisen.
αἰνικτός 3 rätselhaft.
αἰνίσσομαι M. in Rätseln reden, (dunkel) andeuten, anspielen auf.
αἰνό-θεν αἰνῶς ärger als arg.
αἰνό-μορος 2 unselig.
αἰνο-παθής 2 Schreckliches duldend.
αἶνος, ὁ a) (sinnreiche) Rede; Spruch, Sprichwort. b) Lob, Lobrede. c) Erzählung, Geschichte. d) Rat.
αἰνός 3 schrecklich, furchtbar; verderblich, schlimm; unglücklich; außerordentlich.
αἴνυμαι M. (weg)nehmen; fassen, ergreifen, genießen. [Bock.]
αἴξ u. **αἶξ**, αἰγός, ἡ u. ὁ Ziege,
αἴξασκε aor. iter. v. ἀίσσω.
αἰόλλω schnell hin und her drehen. [mit mernderm Panzer.]
αἰολο-θώρηξ, ηκος in schimmernder
αἰολο-μίτρης, ου mit schimmerndem Leibgurt.
αἰολό-πωλος rosse-tummelnd.
αἰόλος 3 a) beweglich, schnell; sich ringelnd, wimmelnd; flatternd. b) schimmernd, schillernd, glänzend, blank, bunt, buntverziert; fleckig.
αἰολό-στομος 2 vieldeutig (redend), rätselhaft.
ἄιον impf. v. ἀίω.
αἰπεινός 3 u. **αἰπήεις** 3 = αἰπύς. [Herde.]
αἰπόλιον, τό Ziegenherde; übh.
αἰπόλος 2 Ziegen weidend. subst. ὁ Ziegenhirt; übh. Hirt.

αἰπός 3 = αἰπύς.
αἶπος, τό steile Höhe, Berg.
αἰπύς 3 hoch(gelegen), jäh, steil; übtr.: a) jäh hereinbrechend, rettungslos; jäh herabstürzend. b) mühevoll.
αἵρεσις, εως, ἡ a) Einnahme, Eroberung. b) Wahl; Neigung, Überzeugung, Denkweise, Grundsatz. c) Sekte. Partei, Parteiung; Ketzerei, Irrlehre.
αἱρετίζω erwählen.
αἱρετικός 3 ketzerisch.
αἱρετός 3 a) zu ergreifen; einnehmbar, zu bezwingen; begreiflich, faßlich. b) gewählt; wählbar, annehmbar; wünschenswert, erwünscht.
αἱρέω I. Akt. 1. nehmen, fassen, ergreifen. 2. a) einholen, erreichen; gewinnen. b) in seine Gewalt bringen: α) wegnehmen, einnehmen, erobern, gefangen nehmen, besiegen, bezwingen; töten; β) ertappen, überführen; γ) geistig erfassen, begreifen. — II. M. 1. für sich ob. als das Seinige nehmen, wegnehmen, davontragen, rauben. 2. a) zu sich ob. an sich nehmen, mit sich nehmen, erlangen, bekommen, gewinnen, genießen. b) ausziehen. 3. (er-)wählen; wünschen, wollen, vorziehen, lieber wollen.
αἴρω I. Akt. 1. in die Höhe heben, aufheben, aufnehmen, erheben, emporziehen, aufrichten, übh. tragen. Insb.: a) hervorheben, erhöhen, emporbringen: α) steigern, vergrößern; β) preisen. b) weg-nehmen, -tragen, entfernen, fortschaffen, beseitigen. c) hinnehmen, ergreifen, holen, an sich nehmen, mitnehmen; bekommen. d) an den Tag legen, zeigen. — 2. intr. a) sich erheben. b) auf-

αἶσα — 13 — **αἰτία**

brechen; in See stechen, auslaufen; wieder abreisen. — II. P. a) sich erheben, emporsteigen, wachsen, (empor)schweben. b) aufbrechen. c) sich steigern, zunehmen. d) aufgeregt werden. — III. M. a) für sich aufheben ob. aufrichten, emporziehen, wegnehmen; davontragen. b) bekommen, gewinnen, erringen. c) auf sich nehmen, sich aufladen, übernehmen, unternehmen.

αἶσα, ἡ a) gebührender Teil, Anteil; Gebühr, Schicklichkeit. b) Schicksal, Schicksalsbestimmung; Geschick, Schickung, Los; Lebensdauer.

αἰσθάνομαι M. fühlen, wahrnehmen, empfinden; bemerken, merken, vernehmen, erfahren; verstehen, einsehen.

αἴσθησις, εως, ἡ a) Gefühl, Wahrnehmung, Empfindung, Sinn; Feingefühl. b) Erkenntnis, Kenntnis, Verständnis, Bewußtsein.

αἰσθητήριον, τό Sinneswerkzeug, Sinn; Vernunft.

αἰσθητός 3 wahrnehmbar.

αἴσθομαι = αἰσθάνομαι.

ἀΐσθω aushauchen.

αἴσιμος 2 (u. 3) a) vom Schicksal bestimmt. b) schicklich, geziemend, recht. [günstig.]

αἴσιος 2 (u 3) glückverheißend,

ἀΐσσω und M. P. **-ομαι** 1. sich schnell bewegen; losfahren, fort-, los-stürmen, dahin-stürmen, -eilen; sich schwingen, (dahin)fliegen; (v. Haar) flattern; (her)anstürmen; sich emporschwingen, aufsteigen; herabstoßen. — 2. trans. (die Hand) schwingen, schütteln.

ἄ-ιστος 2 ungesehen, unsichtbar. [P. verschwinden.]

ἀιστόω vernichten, vertilgen.

αἰσύλο-εργός 2 Frevler.

αἰσύλος 2 unheilvoll, frevelhaft.

αἰσυμνητήρ, ῆρος u. **αἰσυμνήτης**, ὁ Kampfrichter; Herrscher, fürstlich.

αἶσχος, τό a) Häßlichkeit. b) Schandtat; Schande, Schimpf, Schmähung.

αἰσχροκέρδεια und **-ίᾱ**, ἡ schmutzige Gewinnsucht.

αἰσχρο-κερδής 2 schmutzig gewinnsüchtig. [Reden.]

αἰσχρολογίᾱ, ἡ schändliche

αἰσχρός 3 a) häßlich. b) schändlich, schimpflich, schmählich. untüchtig; schmähend. c) untauglich.

αἰσχρότης, ητος, ἡ Häßlichkeit, Schändlichkeit, unanständige Dinge.

αἰσχύνη, ἡ a) Scham, Schamhaftigkeit, Beschämung, Scheu; Ehrgefühl. b) Schande, Entehrung, Schmach; Schändung, Verworfenheit.

αἰσχυντηρός 3 verschämt.

αἰσχύνω I. Akt.: a) entstellen, verunstalten. b) schänden, entehren, beschimpfen. c) zuschanden machen, beschämen. — II. P.: a) sich schämen, sich scheuen. b) zuschanden werden.

αἰτέω I. Akt. bitten, fordern, verlangen; betteln; anflehen. — II. M. für sich (er)bitten ob. fordern, entleihen.

αἴτημα, τό u. **αἴτησις**, εως, ἡ Forderung, Bitte, das Erbitten, Wunsch.

αἰτητός 3 gefordert, erbeten.

αἰτίᾱ, ἡ a) Ursache, Grund, Veranlassung, Sache. b) Schuld; Beschuldigung, Vorwurf, Anklage; begründete Beschuldigung. αἰτίαν ἔχειν Grund oder Anlaß haben; die Schuld tragen; schuld sein; beschuldigt oder an-

αἰτιάζομαι — 14 — **ἀ-κατάπαστος**

geklagt werden. c) Rechtslage, Klagegrund.
αἰτιάζομαι P. beschuldigt oder angeklagt werden.
αἰτίαμα, τό Beschuldigung, Anklage.
αἰτιάομαι M. a) beschuldigen, anklagen; tadeln. b) vorschützen, vorwenden; von j-m etw. behaupten.
αἰτίζω bitten, betteln; anbetteln, erbetteln.
αἴτιος 3 verursachend, schuldig, schuld. — subst.: a) **ὁ αἴτιος** der Schuldige, Urheber, Täter. b) **τὸ αἴτιον** = ἡ αἰτία.
αἴτιωμα, τό = αἰτίαμα.
αἰφνίδιος 2 plötzlich.
αἰχμάζω (die Lanze) schwingen oder schleudern.
αἰχμαλωσία, ἡ Gefangenschaft, die Gefangenen.
αἰχμαλωτεύω und **-ίζω** gefangen nehmen, einfangen.
αἰχμαλωτίς, ίδος Kriegsgefangene, Sklavin.
αἰχμ-άλωτος 2 kriegsgefangen, erbeutet, gefangen. subst. ὁ, ἡ Kriegsgefangener, Sklave, Sklavin. τά -α die Gefangenen, Kriegsbeute.
αἰχμή, ἡ Spitze, Schärfe; Lanzenspitze; Lanze, Speer; Krieg, Kampf.
αἰχμητά und **αἰχμητής**, οῦ, ὁ Lanzenschwinger, Krieger, Held. — adj. kriegerisch.
αἰχμο-φόρος, ὁ Lanzenträger.
αἶψα adv. schnell, sogleich.
αἰψηρός 3 schnell, eilig.
ἀίω[1] wahrnehmen, (be)merken: a) sehen, hören, empfinden, fühlen. b) verstehen, wissen.
ἀίω[2] = ἀίσθω aushauchen.
αἰών, ῶνος, ὁ, ἡ Zeit(=dauer, =raum), Weltzeit; Menschenalter; Leben(szeit); Ewigkeit; οἱ αἰῶνες Zeitgeist, Welt(=lauf).

αἰώνιος 2 u. 3 ewig, unvergänglich.
αἰώρα, ἡ Schwebe, Schaukel.
αἰωρέω I. Akt. emporheben, schwingen. — II. P.: a) schweben, hängen; flattern; hin und her getrieben werden. b) in gespannter Erwartung (oder in Gefahr) schweben. c) sich erheben.
ἀκάθαρσία, ἡ Unreinigkeit; Unzucht; Unredlichkeit.
ἀ-κάθαρτος 2 unrein; unsittlich, unkeusch; ungesühnt.
ἀκαιρέομαι M. keine Gelegenheit finden.
ἀκαιρία, ἡ a) Unzeit; ungünstige Lage oder Verhältnisse. b) Taktlosigkeit.
ἄ-καιρος 2 unzeitig, ungelegen. [fer.]
ἀκάκητα, ὁ Heilbringer, Helfer.]
ἄ-κακος 2 gutmütig, unschuldig, schuldlos, arglos, harmlos. [mend.]
ἀκάλα-ρρείτης, ου sanftströmend.
ἀ-κάλυπτος 2 und **ἀ-καλύφής** 2 unverhüllt, offen.
ἀ-κάμᾱς, αντος unermüdlich.
ἀ-κάματος 2 u. 3 = ἀκάμας.
ἄκ-ανθα, ἡ a) Dorn(=strauch); Distel. b) Akazie. c) Rückgrat.
ἀκάνθῐνος 3 a) von Dornen b) von Akazienholz.
ἀκανθώδης 2 dornig.
ἀκαρπίᾱ, ἡ Unfruchtbarkeit.
ἄ-καρπος 2 unfruchtbar; erfolglos, nutzlos.
ἀ-κάρπωτος 2 fruchtlos, unbelohnt.
ἀ-κατάγνωστος 2 untadelig.
ἀ-κατακάλυπτος 2 unverhüllt.
ἀ-κατάκρῐτος 2 unverurteilt, ohne Verhör und Urteil.
ἀ-καταλῠτος 2 unauflöslich, unzerstörbar.
ἀ-κατάπαστος 2 unersättlich.

ἀ-κατάπαυστος 2 rastlos.
ἀκαταστασία, ἡ Verwirrung, Unruhe, Aufruhr.
ἀ-κατάστατος 2 unstet, unruhig, unbeständig.
ἀ-κατάσχετος 2 unbezwinglich, zügellos. [dichtet.]
ἀ-καταψευστος 2 nicht erἄκατος, ἡ und ἀκάτ(ε)ιον, τό a) leichtes Schiff, Brigantine. b) Segel am Nebenmast. c) Krammast.
ἄ-καυστος 2 nicht verbrannt.
ἀκαχίζω I. Akt. betrüben. — II. M. sich betrüben, betrübt sein.
ἀκαχμένος 3 geschärft, scharf, gespitzt.
ἀκάχοντο u. ä. s. ἀχαχίζω.
ἀκέομαι = ἀκέομαι.
ἀκελδαμάχ [aram.] Blutacker.
ἀ-κέλευστος 2 ungeheißen.
ἀκέομαι M. heilen; ausbessern; stillen, wieder gutmachen, versöhnen, besänftigen.
ἀ-κέραιος 2 = ἀκήρατος.
ἀ-κερδής 2 gewinn-, nutzlos; schädlich, schlecht. [lockt.]
ἀ-κερσε-κόμης, ου langgeἄ-κερως, ων = ἀκέρατος.
ἄκεσις, εως, ἡ Heilung.
ἄκεσμα, τό Linderung, Heilmittel. [digend.]
ἀκεστήρ, ῆρος, ὁ zähmend, bänἀκεστός 3 heilbar; versöhnlich.
ἀ-κέφαλος 2 ohne Kopf.
ἀκέων, ουσα, ον schweigend, still, ruhig.
ἀ-κήδεστος 2 a) unbesorgt, unbestattet, vernachlässigt. b) sorglos, sorgenlos; gefühllos.
ἀκηδέω vernachlässigen.
ἀ-κηδής 2 = ἀκήδεστος.
ἀ-κήλητος 2 a) unbeugsam. b) unheilbar.
ἀκήν adv. schweigend, still.
ἀκηράσιος = ἀκήρατος.

ἀ-κήρατος 2: 1. unbeschädigt, unversehrt; unverwüstet; (noch) frisch, unberührt. — 2. unvermischt, lauter, rein; unschuldig.
ἀ-κήριος[1] 2 unversehrt; unbehelligt.
ἀ-κήριος[2] 2 a) tot. b) feige.
ἀ-κήρυκτος 2: 1. a) vom Herold nicht angekündigt. b) ohne Heroldsgeleit. — 2. a) ohne Kunde. b) unversöhnlich.
ἀκηχέδαται u. ä. s. ἀχαχίζω.
ἀ-κίβδηλος 2 unverfälscht, echt, ehrlich, aufrichtig.
ἀκιδνός 3 winzig, armselig.
ἄ-κικυς, υος 2 kraftlos.
ἀκινάκης, ου, ὁ kurzes Schwert, Dolch.
ἀ-κίνδυνος 2 gefahrlos, sicher; unfehlbar.
ἀ-κίνητος 2 a) unbewegt. b) unbeweglich; fest, unveränderlich; unbeugsam. c) unantastbar; zu reden unerlaubt.
ἀ-κίχητος 2 unerreichbar.
ἀκκίζομαι M. sich zieren.
ἀ-κλαυ(σ)τος 2 a) unbeweint. b) tränenlos; ungestraft.
ἀ-κλεής u. ἀκλειής 2 ruhmlos, unrühmlich.
ἀ-κλειστος 2 unverschlossen.
ἄ-κληρος 2 besitzlos, arm.
ἀ-κληρωτί adv. ohne zu losen.
ἄ-κλητος 2 = ἄκλειστος.
ἄ-κλητος 2 ungerufen.
ἀ-κλινής 2 unbeugsam, fest.
ἀκμάζω blühen, in Blüte stehen, reif sein; übr. in voller Kraft od. auf dem Höhepunkt stehen; insb.: a) (ῥώμῃ) in der Blüte der Jahre stehen; b) stark sein, Überfluß haben.
ἀκμαῖος 3 a) ausgewachsen, reif; kräftig. b) rechtzeitig.
ἄ-κματος 2 = ἀκάματος.
ἀκμή, ἡ 1. a) Spitze, Schärfe, Schneide. b) höchste Blüte,

Blütezeit, Reife, Höhepunkt, Gipfel; Vollkraft. c) Mannschaft, Hauptstärke. d) rechter Augenblick, rechte Zeit (= καιρός, auch καιροῦ ἀκμή). e) Krisis. — 2. **ἀκμήν** adv. soeben; (immer) noch.

ἀκμηνός 3 ausgewachsen.

ἄκμηνος 2 ungestärkt, nüchtern.

ἀ-κμής, ῆτος unermüdet, unermüdlich, frisch.

ἀκμό-θετον, τό Amboßblock.

ἄκμων, ονος, ὁ Amboß.

ἄκνηστις, ιος, ἡ Rückgrat.

ἀκοή, ἡ a) Gehör; b) Ohr. c) das Hören, Anhören. d) Hörensagen, Kunde, Nachricht, Gerücht, Ruf. e) Predigt. [unmenschlich.]

ἀ-κοινώνητος 2 ungesellig,]

ἀ-κοίτης, ου, ὁ Gatte.

ἄκοιτις, ιος, ἡ Gattin.

ἀ-κολάκευτος 2 den Schmeicheleien unzugänglich.

ἀκολασία, ἡ Zügellosigkeit, Ausschweifung. [leben.]

ἀκολασταίνω ausschweifend]

ἀ-κόλαστος 2 zügellos, zuchtlos, ausschweifend; frech.

ἄκολος, ἡ Bissen, Brocken.

ἀκολουθέω a) (nach)folgen, mitgehen, begleiten. b) Folge leisten; sich an j-n anschließen. c) verstehen.

ἀ-κόλουθος 2 a) (nach)folgend, begleitend. ὁ, ἡ Begleiter(in), Diener(in); οἱ -οι Troß (beim Heere). b) entsprechend, angemessen, übereinstimmend.

ἀκομιστίη, ἡ Mangel an Pflege, Verwahrlosung.

ἀκονάω schärfen.

ἀκόνη, ἡ Schleifstein.

ἀ-κονιτί adv. ohne Staub; übtr. mühelos.

ἀκοντίζω (den Speer) werfen, schleudern, schießen; treffen, verwunden.

ἀκόντιον, τό Wurfspieß, Speer.

ἀκόντισις, εως, ἡ Speerwerfen.

ἀκόντισμα, τό Speerwurf; Wurfweite.

ἀκοντιστής, οῦ, ὁ Speerwerfer, -schütze.

ἀκοντιστύς, ύος, ἡ Speerkampf.

ἄκοντος adv. s. ἄκων.

ἄ-κοπος 2 a) mühelos. b) unermüdlich.

ἀ-κόρεστος 2 unersättlich; ungenügsam; frech, dreist.

ἀ-κόρητος 2 = ἀκόρεστος.

ἄκος, τό Heilmittel; Heilung.

ἀκοσμέω ungebührlich handeln, freveln.

ἀ-κόσμητος 2 a) ungeordnet, verworren. b) unausgestattet.

ἀκοσμία, ἡ Unordnung, Ungebühr(lichkeit).

ἄ-κοσμος 2 ungeordnet; ungebührlich. [fressen.]

ἀκοστάω reichlich Gerste]

ἀκουάζω u. M. horchen, lauschen.

ἀκουή, ἡ = ἀκοή.

ἄ-κουρος 2 ohne Sohn.

ἀκούσιος 2 = ἄκων.

ἄκουσμα, τό das Gehörte; Gerücht; Ohrenschmaus; Unterricht, Lehre.

ἀκουστός 3 hörbar.

ἀκούω 1. a) hören, vernehmen, erfahren, gehört haben, wissen. b) zuhören, anhören, auf etw. hören, j-m Gehör schenken, erhören; gehorchen. c) es verstehen, es erfassen. — 2. genannt werden, für etw. gelten, im Rufe stehen.

ἄκρα, ἡ a) Spitze, Gipfel, Anhöhe. κατ' ἄκρας von oben her, von Grund aus. b) Burg, Vorgebirge.

ἀ-κράαντος 2 = ἄκραντος.

ἀκρ-αής 2 scharfwehend.

ἀκραιφνής 2 = ἀκήρατος.

ἄ-κραντος 2 a) unerfüllt. b) unerfüllbar, eitel, unwahr.

ἀ-κρασία und ἀκράτεια, ἡ Unenthaltsamkeit, Unmäßigkeit.

ἀ-κρατής 2 a) kraftlos; nicht mächtig. b) unenthaltsam, unmäßig, ausschweifend.

ἀκρατοποσία, ἡ das Trinken ungemischten Weines.

ἀκρατο-πότης, ου, ὁ Trinker ungemischten Weines.

ἄ-κρατος 2 a) ungemischt, rein, lauter; gereinigt. b) ungeschwächt; stark, heftig; vollkommen, absolut.

ἀ-κράτωρ, ορος = ἀκρατής.

ἄκρη, ἡ = ἄκρα.

ἀκρητοποσίη, ἡ u. -πότης, ου, ὁ = ἀκρατοπ-.

ἄ-κρητος 2 = ἄκρατος.

ἀκρίβεια, ἡ a) (peinliche) Genauigkeit, Gründlichkeit, Sorgfalt; Strenge; genaue Wahrheit. b) strenge Mannszucht; strenges Recht. c) Sparsamkeit. d) Vollkommenheit.

ἀκριβής 2 a) genau, gründlich, sorgfältig, streng, triftig. b) genau passend, eng-anliegend. c) sparsam, knapp. d) vollkommen.

ἀκριβολογέομαι M. die Worte auf die Goldwaage legen; genau prüfen, es genau mit etw. nehmen.

ἀκριβόω genau kennen od. verstehen, ausführen, erforschen.

ἀκρίς, ίος, ἡ Berggipfel.

ἀκρίς, ίδος, ἡ Heuschrecke.

ἀκρισία, ἡ Unordnung.

ἀκριτό-μῡθος 2 verworren redend, gehaltlos, sinnlos.

ἄ-κριτος 2: 1. ohne zu urteilen, willkürlich. — 2. a) ohne richterlicher Untersuchung, ohne Verhör. b) unentschieden. c) ungesondert: α) gemeinsam; β) verworren. d) unzählig, unendlich, maßlos. [laubt.]

ἀκριτό-φυλλος 2 dichtbe-

ἀκρόᾱμα, τό Gehörtes; Ohrenschmaus.

ἀκροάομαι M. hören, anhören; gehorchen.

ἀκρόᾱσις, εως, ἡ Hören, Anhören; Gehorsam.

ἀκροᾱτήριον, τό Hörsaal; Gerichtssaal.

ἀκροᾱτής, οῦ, ὁ Hörer, Zuhörer; Kenner.

ἀκροβολίζομαι M. plänkeln; streiten.

ἀκροβόλισις, εως, ἡ u. ἀκροβολισμός, ὁ Geplänkel, Scharmützel.

ἀκροβολιστής, οῦ, ὁ Plänkler.

ἀκροβυστία, ἡ Vorhaut; Heidentum, Nichtjuden.

ἀκρο-γωνιαῖος 2 λίθος Eckstein. [Baumfrucht.]

ἀκρό-δρυον, τό Fruchtbaum;

ἀκρο-θίνιον, τό a) das Oberste von einem Haufen; Erstlingsopfer, Ehrengabe, Weihegeschenk. b) Beute(anteil).

ἀκρο-κελαινιάω oben sich schwärzen, dunkel wogen.

ἀκρό-κομος 2 mit Haarschopf.

ἀκρο-μανής 2 stark rasend.

ἀκρό-πολις, εως, ἡ Oberstadt, Burg; Bollwerk, Schutz.

ἀκρο-πόλος 2 hoch(ragend).

ἀκρό-πορος 2 oben spitz.

ἄκρος 3: 1. spitz; äußerster, oberster, höchster; meist (= τὸ ἄκρον) Spitze, Höhe, Gipfel, Vorgebirge, Grenze, Rand, Saum, Oberfläche, äußerste Höhe, oberster Rand, Hauptfeste. 2. hervorragend, trefflich, vortrefflichster, ausgezeichnet, Meister. [neigt.]

ἀκρο-σφαλής 2 wankend; ge-

ἀκρο-τελεύτιον, τό äußerstes Ende; Versschluß, Schluß.

ἀκρο-φύσιον — 18 — **ἄλγος**

ἀκρο-φύσιον, τό Röhre des Blasebalges.
ἀ-κρύσταλλος 2 ohne Eis.
ἀκρωνυχία, ἡ (Berg-)Spitze.
ἀκρ-ώρεια, ἡ Bergrücken.
ἀκρωτηριάζω u.M. das Schiffsvorderteil mit seinen Verzierungen abnehmen; verstümmeln, vernichten.
ἀκρωτήριον, τό Spitze, Höhe, Vorsprung; Vorgebirge; Giebel; Schiffsschnabel; pl. die Extremitäten.
ἀ-κτένιστος 2 ungekämmt.
ἀ-κτέριστος 2 unbeerdigt; nicht zum Grabe geweiht.
ἀκτή¹, ἡ Küste, Ufer, Gestade; Vorgebirge; Erhöhung.
ἀκτή², ἡ Schrot, Mehl; Speise.
ἀ-κτήμων 2 besitzlos, arm.
ἀκτίς, ἶνος, ἡ Strahl; Sonnenstrahl; Licht, Glanz; Hitze.
ἄκυλος, ἡ eßbare Eichel.
ἄ-κυρος 2 a) ungültig. b) einflußlos, machtlos.
ἀκυρόω ungültig machen, abschaffen.
ἀκωκή, ἡ Spitze, Schärfe.
ἀ-κώλυτος 2 ungehindert.
ἄκων¹, οντος, ὁ Wurfspieß.
ἄκων², ἄκουσα, ἆκον a) unfreiwillig, aufgezwungen, wider Willen, ungern. b) unabsichtlich. c) unwillkommen.
ἀλά, ἄτος, τό Salz.
ἀλάβαστρος, ὁ, ἡ und **ἀλάβαστρον**, τό Alabaster; Onyx; Salbenbüchschen.
ἁλά-δε adv. dem Meere zu.
ἀλαζονεία, ἡ Prahlerei, Hoffart. [aufschneiden.
ἀλαζονεύομαι M. prahlen,
ἀλαζονικός 3 prahlerisch, lügenhaft.
ἀλαζών, όνος, ὁ prahlerisch; subst. ὁ Prahler, Windbeutel.
ἀλαλά, ἡ und **ἀλαλαγμός**, ὁ Kriegsgeschrei; Geschrei, Jubel.

ἀλαλάζω u. M. das Kriegsgeschrei erheben; schreien, jubeln, tönen.
ἀλάλημαι pf. v. ἀλάομαι.
ἀλαλητός, ὁ = ἀλαλά.
ἀ-λάλητος 2 unaussprechlich; wortlos.
ἄλαλκε u. ä. f. ἀλέξω.
ἀλαλκομενηΐς, ίδος, ἡ die Helfende.
ἄ-λαλος 2 stumm.
ἀλαλύκτημαι voll Angst sein.
ἀ-λαμπετος 2 u. **ἀ-λαμπής** 2 glanzlos.
ἀλάομαι P. a) umher-irren, -schweifen. b) in Zweifel sein.
ἀ-λαός 2 blind; blendend.
ἀλαο-σκοπιή, ἡ blinde (= vergebliche) Wacht.
ἀλαόω blenden.
ἀλαπαδνός 3 schwach, gering.
ἀλαπάζω ausleeren; überwältigen, vernichten, zerstören.
ἅλας, ἄτος, τό Salz.
ἀλαστέω zürnen, grollen.
ἀλάστορος 2 = ἀλάστωρ.
ἄ-λαστος 2 a) unbesiegbar; unerträglich, unaufhörlich. b) unvergeßlich. c) elend; verrucht, entsetzlich.
ἀλάστωρ, ορος 1. verrucht, greuelvoll; ὁ Bösewicht. — 2. rachefordernd; ὁ Rachegeist.
ἀλάτης = ἀλήτης.
ἀλαωτύς, ύος, ἡ Blendung.
ἀλγεινός 3 a) schmerzhaft, schmerzlich; leidvoll, leidig, lästig, schlimm, heftig; schwierig. b) leidend.
ἀλγέω Schmerz empfinden, leiden, krank ob. betrübt sein.
ἀλγηδών, όνος, ἡ, **ἄλγημα**, τό und **ἄλγησις**, εως, ἡ = ἄλγος.
ἀλγίων 2 comp. (um so) schmerzlicher, schlimmer. sup. **ἄλγιστος** 3 sehr schwierig. [Leid.]
ἄλγος, τό Schmerz, Kummer,

ἀλγύνω I. Akt. Schmerz verursachen, betrüben, kränken. — II. P. Schmerz empfinden.

ἀλδαίνω kräftigen, stärken.

ἀλδήσκω heranwachsen.

ἀλέᾱ¹, ἡ (Sonnen-)Wärme.

ἀλέᾱ², ἡ Vermeiden, Rettung.

ἀλέασθαι u. ä. s. ἀλέομαι.

ἀλεγεινός 3 = ἀλγεινός.

ἀλέγω, ἀλεγίζω, ἀλεγύνω sich um etw. kümmern, besorgen; achtsam sn, beachten, berücksichtigen.

ἀλεεινός 3 warm; wärmend.

ἀλεείνω = ἀλέομαι.

ἀλεεύς, έως, ὁ = ἀλιεύς.

ἀλεής 2 in der Mittagssonne.

ἀλείαρ, ἀτος, τό Weizenmehl.

ἄλειμμα, τό Salbe.

ἀλείς aor. II. P. v. εἴλω.

ἄλεισον, τό Trinkbecher.

ἀλείτης, ου, ὁ Frevler.

ἄλειφαρ, ἀτος, τό Salbe, Öl.

ἀ-λείφω I. Akt. salben; bestreichen. — II. M. sich salben.

ἄλειψις, εως, ἡ Salbung.

ἀλεκτορο-φωνία, ἡ Hahnenschrei; dritte Nachtwache.

ἄ-λεκτρος 2 ehelos; unehelich.

ἀλεκτρυών, όνος u. **ἀλέκτωρ**, ορος, ὁ Hahn.

ἀλέκω = ἀλέξω.

ἄλεν, ἄλέν s. εἴλω.

ἀλεξ-άνεμος 2 den Wind abwehrend.

ἀλέξησις, εως, ἡ Abwehr, Hilfe.

ἀλεξητήρ, ῆρος ὁ, **ἀλεξήτωρ**, ορος, ὁ Abwehrer, Helfer, Hort.

ἀλεξί-κακος 2 Unglück abwehrend.

ἀλεξί-μορος 2 den Tod abwehrend.

ἀλέξω I. Akt.: a) abwehren; verteidigen. b) *intr.* helfen. — II. M.: a) von sich abwehren, sich verteidigen; Gleiches mit Gleichem vergelten. b) *intr.* beistehen.

ἀλέομαι M. ausweichen, entrinnen; (ver)meiden, sich scheuen, unterlassen.

ἅλεται s. ἅλλομαι.

ἀλέτης, ου mahlend.

ἀλετρεύω mahlen.

ἀλετρίς, ίδος mahlend.

ἀλεύομαι = ἀλέομαι.

ἄλευρον, τό Mehl.

ἀλέω mahlen.

ἀλεωρά, ἡ a) das Entrinnen. b) Rettung, Schutz, Abwehr.

ἄλη, ἡ Irrfahrt; Wahnsinn.

ἀλήθεια, ἡ Wahrheit; wahre Lehre; Wahrhaftigkeit, Aufrichtigkeit; Wirklichkeit; rechte Beschaffenheit; *pl.* wahre Umstände. [Wahrheit sagen.]

ἀληθεύω wahrhaftig sein, die]

ἀληθής u. ä. s. ἀλέομαι.

ἀ-ληθής 2: 1. a) wahr, wahrhaftig, aufrichtig, ehrlich. *subst.* τὸ -ές Wahrheit. b) wirklich, wahrhaft, echt; richtig. — 2. *adv.* **ἀληθῶς, (τὸ) ἀληθές** in Wahrheit, wirklich, in der Tat.

ἀληθίζομαι M. = ἀληθεύω.

ἀληθινός 3 wahrhaftig, wahr; echt; wirklich, gehörig.

ἀλήθω mahlen, zerreiben.

ἀ-λήιος 2 unbegütert.

ἀ-λήκτος 2 unaufhörlich, beständig, hartnäckig.

ἀλήλεσμαι s. ἀλέω.

ἄλημα, τό a) geriebener Mensch, Schalk. b) Landstreicher.

ἀλήμεναι u. **ἀλῆναι** s. εἴλω.

ἀλήμων 2 = ἀλήτης.

ἀ-ληπτος 2 unfaßbar; unangreifbar.

ἀλής 2 zusammengedrängt; versammelt, insgesamt.

ἅληται s. ἅλλομαι.

ἀλητεύω = ἀλάομαι.

ἀλήτης, ου a) umherschweifend, unstet. b) *subst.* ὁ Flüchtling, Landstreicher, Bettler.

ἄλθομαι P. heil werden.
ἁλία, ἡ (Volks=)Versammlung.
ἁλιάδης, ου, ὁ = ἁλιεύς.
ἁλι-āής 2 seewärts wehend.
ἀ-λίαστος 2 unbeugsam; unaufhörlich. [gleich.]
ἀ-λίγκιος 2 (u. 3) ähnlich,
ἁλιεύς, έως seekundig. subst. ὁ Seemann; Fischer.
ἁλιευτικός 3 Fischern gehörig, Fischer=...
ἁλιεύω fischen.
ἁλίζω[1] versammeln, vereinigen.
ἁλίζω[2] salzen. P. seine Würzkraft wiedererhalten.
ἄ-λιθος 2 steinlos.
ἁλί-κλυστος 2 meerbespült.
ἁλί-κτυπος 2 meer-gepeitscht, =umbraust.
ἁ-λίμενος 2 hafenlos.
ἁλιμενότης, ητος, ἡ Mangel an Häfen. [fließend.]
ἁλι-μυρήεις 3 ins Meer
ἁλι-ναιέτης, ου meerbewohnend.
ἅλινος 3 aus Salz gemacht.
ἅλιος[1], ὁ = ἥλιος.
ἅλιος[2] 2 zum Meer gehörig, Meer=..., See=...
ἅλιος[3] 2 vergeblich, erfolglos.
ἁλιο-τρεφής 2 im Meere lebend.
ἁλιόω erfolglos machen, vernichten, vereiteln.
ἀ-λιπαρής 2 schmucklos.
ἁλί-πλαγκτος 2 über das Meer wandelnd.
ἁλί-πλακτος 2 meer-gepeitscht.
ἁλί-πλοος 2 im Meere schwimmend. [purn, =glänzend.)
ἁλι-πόρφυρος 2 meer-pur-
ἁλί-ρροθος 2 meerbrausend.
ἅλις adv. a) in Menge, reichlich. b) genug, genügend.
ἁλίσγημα, τό Befleckung.
ἁλίσκομαι a) gefangen od. eingenommen, erobert werden.
b) überwältigt od. bezwungen

werden. c) ertappt, als etw. befunden, überführt werden.
ἁλιταίνω und M. sündigen, freveln gegen, verletzen.
ἀλιτήμων 2 u. **ἀλιτηρός** 2, **ἀλιτρός** 2 sündig, frevelnd, frevelhaft. subst. ὁ Frevler, Verderber, böser Dämon; Schelm.
ἀλιτρία, ἡ Frevel(sinn).
ἀλιτρός 2 = ἀλιτηρός.
ἀλκάρ, τό Abwehr, Schutz.
ἀλκή, ἡ a) Wehr, Abwehr; Schutz, Rettung, Hilfe. b) Wehrkraft, Stärke, Kraft, Tapferkeit.
ἀλκῇ dat. sg. v. ἀλκή.
ἄλκιμος 2 (u. 3) wehrhaft, streitbar, mutig; stark.
ἀλκτήρ, ῆρος, ὁ Abwehrer, Schutz, Rächer.
ἀλκυών, όνος, ἡ Eisvogel.
ἄλλ' = ἄλλο. — **ἀλλ'** = ἀλλά.
ἀλλά aber, allein, jedoch, indessen: 1. a) sondern, vielmehr, im Gegenteil. b) doch, so doch, (doch) wenigstens. c) als, außer, ausgenommen (meist **ἀλλ' ἤ**). — 2. nun gut, ja, jawohl, gewiß, nein. — 3. wie? doch (verstärkt ἀλλ' ἤ) — 4. (auffordernd) aber wohlan, wohlan denn, drum.
ἀλλαγή, ἡ Tausch, Wechsel, Veränderung; Verkehr.
ἀλλάσσω I. Akt. verändern, verwandeln; wechseln, vertauschen, verkaufen. — II. M. für sich eintauschen od. vertauschen.
ἀλλαχῇ adv. anderswo, wohin.
ἀλλαχόθεν anderswo(her).
ἀλλαχόθι adv. = ἀλλαχῇ.
ἀλλαχόσε anderswohin.
ἀλλαχοῦ adv. = ἀλλαχῇ.
ἀλ-λέγω = ἀναλέγω.
ἄλλῃ adv. a) anders-wo, =wohin.
b) auf andere Weise, anders.
ἀλληγορέω bildlich reden.

ἄ-λληκτος 2 = ἄληκτος.
ἀλληλουΐα [hebr.] lobet den Herrn! Halleluja.
ἀλληλοφαγία, ἡ gegenseitiges Auffressen.
ἀλληλοφθορία, ἡ gegenseitige Vernichtung.
ἀλλήλων einander, gegenseitig.
ἄλλην adv. anderswohin.
ἀλλο-γενής 2 ausländisch, fremd; ὁ Fremdling.
ἀλλό-γλωσσος 2 fremd (-sprachig). [kennen.]
ἀλλογνοέω verkennen, nicht
ἀλλό-γνωτος 2 andern bekannt, fremd.
ἀλλοδαπός 3 anderswoher stammend, fremd; ὁ Fremdling. [sehend.]
ἀλλο-ειδής 2 anders aus-
ἄλλο-θεν adv. anderswoher.
ἄλλο-θι adv. a) anderswo; fern von. b) in einem anderen Falle, sonst.
ἀλλό-θροος 2 anders-redend, -sprachig; fremd.
ἀλλοῖος 3 andersartig, verschieden, verändert, umgestimmt. [men.]
ἀλλοιόω verändern, umstim-
ἀλλοίωσις, εως, ἡ Veränderung.
ἀλλό-κοτος 2 a) andersartig, verschieden von. b) ungewöhnlich, sonderbar; unnatürlich, widerwärtig.
ἄλλομαι M. springen, hüpfen, sprudeln, fließen; fliegen; losstürmen, eindringen auf.
ἀλλο-πρόσ-αλλος, ὁ wetterwendisch, unbeständig.
ἄλλος, η, ο I. ein anderer, der andere. A. 1. a) oft doppelt gesetzt: ἄλλος ἄλλα εἶπεν der eine sagte dies, der andere das. ἄλλος ἄλλοθεν ἦλθεν der eine kam von hier, der andere von dort. b) außerdem, sonst: ἅπτεται καὶ ἄλλοι ἱππεῖς Schwerbe-

waffnete und außerdem Reiter. c) ἄλλοι τε καί außer anderen besonders, sowohl ... als besonders. ἄλλα τε εἶπε καί τάδε cum alia dixit tum haec. 2. mit Artikel: a) ὁ ἄλλος der andere, der übrige. b) οἱ ἄλλοι die anderen, die übrigen. c) τὰ ἄλλα ob. τἆλλα das andere, das übrige; adv. im übrigen, sonst. — B. 1. anders beschaffen, verschieden. 2. a) fremdartig, fremd. b) unpassend, falsch. — II. adv. ἄλλως 1. auf andere Weise, anders. 2. a) besser, schlechter. b) vergeblich, planlos, zwecklos, aufs Geratewohl. c) schlechthin, bloß. 3. a) andernfalls, sonst. b) ohnehin schon, auch sonst, überhaupt. c) ἄλλως τε καί besonders, zumal.
ἄλλο-σε adv. anderswohin.
ἄλλο-τε adv. ein andermal, zu anderer Zeit. ἄλλοτε μὲν ... ἄλλοτε δέ bald ... bald.
ἀλλοτρίο-επίσκοπος 2 der sich in fremde Sachen mischt.
ἀλλότριος 3 einem andern gehörig, fremd, ausländisch; ὁ der Fremde. Bsd.: a) nicht verwandt; b) feindlich, abgeneigt; c) fremdartig, sonderbar, auffallend, verändert; unpassend.
ἀλλοτριότης, ητος, ἡ Entfremdung.
ἀλλοτριόω a) entfremden, abgeneigt machen. b) berauben. c) in fremde Hände bringen.
ἀλλοτρίωσις, εως, ἡ Entfremdung, Zurückweisung.
ἄλλοφος 2 ohne Helmbusch.
ἀλλοφρονέω a) anders gesinnt sein; an anderes denken. b) bewußtlos sein.
ἀλλό-φυλος 2 von anderem Stamme, ausländisch, fremd; Nichtjude.

ἄλλυδις adv. anderswohin.
ἀλ-λύω = ἀναλύω.
ἄλλως f. ἄλλος.
ἄλμα, τό Sprung.
ἄλμη, ἡ a) Meerwasser. b) Salzlake; (salziger) Schmutz; Schärfe. [..., Meer=...]
ἁλμυρός 3 salzig, bitter, Salz=
ἀλοάω dreschen; schlagen.
ἄ-λοβος 2 ohne Leberlappen.
ἀλογέω nicht beachten, verachten. [b) Unvernunft.]
ἀλογία, ἡ a) Nicht(be)achtung.|
ἀ-λόγιστος 2 a) unüberlegt, unbesonnen, unvernünftig. b) unergründlich.
ἄ-λογος 2 a) unvernünftig, widersinnig; grundlos. b) unerwartet. c) sprachlos, still.
ἀλόη, ἡ Aloe.
ἁλό-θεν adv. vom Meere her.
ἀλοιάω = ἀλοάω.
ἀλοιφή, ἡ Fett, Öl, Salbe.
ἄλοξ, οκος, ἡ Furche; Saatfeld.
ἁλοσ-ύδνη, ἡ meer-entsprossen.
ἁλουργής 2 purpurfarbig.
ἁλουργία, ἡ Schmutz.
ἄ-λουτος 2 ungewaschen, schmutzig.
ἄ-λοχος, ἡ Gattin.
ἁλόω, ἁλώναι f. ἁλίσκομαι.
ἅλς, ἁλός a) ὁ Salz(korn). b) ἡ Salzflut, Meer.
ἄλσο, ἄλτο f. ἅλλομαι.
ἄλσος, τό Hain; geweihte Stätte, Heiligtum.
ἁλυκός 3 salzig.
ἀλυκτάζω = ἀλύω.
ἄ-λυπος 2 und **ἀ-λύπητος** 2 a) ohne Leid, sorgenfrei, kummerlos, schmerzlos; unbekümmert. b) nicht betrübend, leicht.
ἄ-λυρος 2 ohne Gesang.
ἅλυσις, εως, ἡ Kette; Gefängnis. [lich, verderblich; elend.]
ἀ-λυσιτελής 2 unnütz; schäd=
ἀλυσκάζω und **ἀλυσκάνω** = ἀλύσκω.

ἀλύσκω ausweichen, (ver)meiden, entrinnen, entgehen.
ἀλύσσω = ἀλύω.
ἄ-λυτος 2 unauflöslich; unendlich, unaufhörlich.
ἀλύω irre od. außer sich sein, toben; aufgeregt od. in Angst, betrübt sein.
ἀλφά, τό der erste Buchstabe A.
ἀλφάνω erwerben, einbringen.
ἀλφεσί-βοιος 3 Rinder einbringend; viel-umworben.
ἀλφηστής, οῦ erwerbsam.
ἄλφιτον, τό Gerstenmehl.
ἀλφιτοποιία, ἡ Mehlbereitung.
ἄλφοι(ν) f. ἀλφάνω.
ἁλωή, ἡ a) Tenne. b) Garten; Saatfeld.
ἁλῶ u. ä. f. ἁλίσκομαι.
ἅλων, ωνος. ἡ = ἅλως.
ἀλωπεκῆ u. **ἀλωπεκίς**, ίδος, ἡ Fuchs-fell, -pelz.
ἀλώπηξ, εκος, ἡ Fuchs.
ἅλως, ω u. ωος, ἡ Tenne; Getreide, Korn.
ἁλώσιμος 2 einnehmbar, bezwinglich; leicht zu finden (oder zu gewinnen); faßlich.
ἅλωσις, εως, ἡ Eroberung; Gefangen-nahme, -schaft.
ἁλωτός 3 = ἁλώσιμος.
ἄμ = ἀνά.
ἅμα 1. adv. a) zusammen, allesamt; b) zugleich, zu gleicher Zeit. ἅμα μέν ... ἅμα δέ teils ... teils, bald ... bald. — 2. prp. (mit dat.) zusammen mit, zugleich mit.
ἀ-μαθής 2 a) unwissend, ungelehrt, ungebildet; töricht. b) unerfahren in etw.. c) unberechenbar.
ἀμαθία, ἡ Unwissenheit, Unerfahrenheit.
ἄμαθος, ἡ Sand, Düne.
ἀμαθύνω zu Staub machen, zerstören.

ἀ-μαιμάκετος 3 ungeheuer, unwiderstehlich; wütend.

ἀ-μαλδύνω zerstören.

ἀμαλλο-δετήρ, ῆρος, ὁ Garbenbinder.

ἀμαλός 3 schwach, zart.

ἄμαξα und **ἅμαξα**, ἡ Wagen, bsd. Lastwagen.

ἀμαξεύω I. Akt. fahren. — II. P. fahrbar sein.

ἀμαξιαῖος 3 einen Frachtwagen füllend.

ἀμαξίς, ίδος, ἡ Wägelchen.

ἁμαξ-ιτός u. **ἀμαξ-ιτός** 2 für Wagen fahrbar. *subst.* ἡ ~ Fahrweg, -straße.

ἆμαρ, τό = ἦμαρ.

ἀ-μάραντος 2 u. **ἀ-μαράντινος** 2 a) unverwelklich, unvergänglich. b) von Amarant.

ἀμάρη, ἡ Graben.

ἁμαρτάνω a) (ver)fehlen, nicht treffen, nicht erreichen; verlieren, entbehren; vergessen; abirren. b) sich vergehen, einen Fehler machen, sündigen. c) es an etw. fehlen lassen.

ἁμαρτάς, άδος, ἡ = ἁμάρτημα.

ἁμαρτῇ geleitet.

ἁμ-αρτῇ *adv.* gleichzeitig.

ἁμάρτημα, τό u. **ἁμαρτία**, ἡ Fehler, Vergehen, Sünde.

ἁμαρτο-επής 2 Fehlredner.

ἀ-μάρτυρος 2 unbezeugt.

ἁμαρτωλός 2 sündhaft, sündig; *subst.* ὁ, ἡ Sünder(in).

ἁμα-τροχάω mitlaufen.

ἁματροχιή, ἡ Zusammenstoß der Räder.

ἀ-μαυρός 3 : 1. a) dunkel, nebelhaft. b) blind. — 2. a) undeutlich, schwach. b) unbedeutend, unberühmt.

ἀμαυρόω verdunkeln; schwächen.

ἀ-μάχητος 2 und **ἄ-μαχος** 2, *adv.* **ἀμαχεί** und **ἀμαχητί** 1. a) ohne Kampf. b) ohne Streitsucht, friedliebend. — 2. unbezwinglich.

ἀ-μάω u. M. a) (ab)mähen, abschneiden. b) sammeln, zusammenfassen.

ἀμ-βασις, ἡ = ἀνάβασις.

ἀμ-βάτης, ου, ὁ = ἀναβάτης Reiter.

ἀμ-βατός 2 ersteigbar.

ἀμ-βλήδην emportstoßend, aufwallend, laut.

ἀμβλύνω abstumpfen; (ab-)schwächen, entmutigen.

ἀμβλύς 3 a) schwach. b) stumpf; schlaff, gleichgültig, matt.

ἀμβλυώττω blödsichtig sein.

ἀμ-βοάω = ἀναβοάω.

ἀμ-βολάδην *adv.* aufwallend.

ἀμβροσία, ἡ Ambrosia.

ἀμβρόσιος 3 u. **ἄμβροτος** 2 unsterblich, göttlich.

ἀμβώσας s. ἀναβοάω.

ἀ-μέγαρτος 2 1. freigebig: reichlich, unaufhörlich. — 2. unselig, heillos.

ἀ-μέθυστος, ἡ Amethyst.

ἀμείβω und M. 1. a) wechseln, abwechseln; ändern: tauschen, vertauschen, eintauschen. b) überschreiten, über etw. gehen. c) verlassen. — 2. erwidern: a) vergelten. b) antworten.

ἀμείβων, οντος, ὁ Dachsparren.

ἄ-μεικτος 2 = ἀμιγής.

ἀ-μείλικτος 2 u. **ἀ-μείλιχος** 2 unsanft; unerbittlich, erbarmungslos, hart.

ἀμείνων 2 besser, tüchtiger, trefflicher; tapferer, mutiger, edler; vorteilhafter.

ἀμειξία, ἡ = ἀμιξία.

ἀμέλγω melken; saugen.

ἀμέλει ganz gewiß, natürlich.

ἀμέλεια, ἡ Sorglosigkeit; Vernachlässigung.

ἀ-μελέτητος 2 ungeübt, unbewandert.

ἀμελέω sorglos oder unbekümmert sein, vernachlässigen, nicht beachten, vergessen.

ἀ-μελής 2: 1. sorglos, unbekümmert, nachlässig. — 2. vernachlässigt. [los. — 2. zufrieden.

ἄ-μεμπτος 2: 1. untadlig, tadel=

ἄμεναι statt ἀέμεναι s. ἄω.

ἀ-μενηνός 2: 1. kraftlos, ohnmächtig; schwach; bedeutungslos. — 2. unstät.

ἀμενηνόω kraftlos machen.

ἀμέρᾱ, ἡ = ἡμέρα.

ἀ-μέρδω¹ berauben. P. verlustig gehen, entbehren. [den.

ἀ-μέρδω² blind machen, blen=

ἀ-μερής 2 unteilbar.

ἀ-μέριμνος 2 1. unbeachtet. — 2. sorglos, frei von Sorgen.

ἀμέριος dor. = ἡμέριος.

ἀ-μετάθετος 2 unwandelbar, unabänderlich, fest.

ἀ-μετακίνητος 2 unbeweglich.

ἀ-μεταμέλητος 2 nicht gereuend; unwiderruflich; verstockt. [unbußfertig.]

ἀ-μετανόητος 2 unbeugsam,]

ἀ-μέτερος = ἡμέτερος.

ἀ-μέτοχος 2 unteilhaftig, frei von etw.

ἀ-μέτρητος 2 = ἄμετρος.

ἀμετρίᾱ, ἡ Maßlosigkeit.

ἀμετρο-επής 2 maßloser Schwätzer.

ἄ-μετρος 2 maßlos: a) unmäßig. b) unermeßlich.

ἀμεύομαι M. übertreffen.

ἀμῇ u. **ἀμῆ** adv. irgendwie, gewissermaßen.

ἀμήν wahrlich, gewiß. subst. ὁ u. τὸ ~ das Amen.

ἀ-μήνιτος 2 ohne Zorn.

ἀμητήρ, ῆρος, ὁ Schnitter.

ἄμητος, ὁ Ernte, Ertrag.

ἀ-μήτωρ, ορος a) mutterlos. b) unmütterlich.

ἀμηχανέω ratlos oder hilflos sein; Mangel leiden.

ἀμηχανίᾱ, ἡ Ratlosigkeit, Hilflosigkeit, Not.

ἀ-μήχανος 2 1. ratlos, hilflos, unfähig. — 2. a) unmöglich, unerreichbar, unglaublich, unbeschreiblich, unerklärlich, unendlich. b) unüberwindlich: a) unabwendbar, rettungslos; heillos; β) unbeugsam.

ἀ-μίαντος 2 unbefleckt; vollkommen.

ἀ-μιγής 2 und **ἄ-μικτος** 2 1. unvermischt. — 2. a) ungesellig, wild; b) unvereinbar.

ἅμιλλα, ἡ Wett=kampf, =streit, =fahren; Kampf, Streit; eifriges Streben, Begierde.

ἀμιλλάομαι M. P. wettkämpfen, wetteifern; eifrig streben, sich eifrig bemühen.

ἀμίλλημα, τό = ἅμιλλα.

ἀμιλλητήρ, ῆρος wetteifernd.

ἀμιξίᾱ, ἡ Mangel an Verkehr; Mangel an Kredit.

ἄμ-ιππος 2 a) roßschnell. b) οἱ -οι Beiläufer, Voltigeure.

ἄ-μισθος 2 ohne Lohn, unbesoldet, unbesoldet.

ἀμιτρο-χίτων, ωνος keinen Leibgurt tragend.

ἀμιχθαλόεις 3 rauchend.

ἅμμα, τό Schlinge, Knoten.

ἄμμε = ἡμᾶς; **ἄμμες** = ἡμεῖς; **ἄμμι** = ἡμῖν.

ἀμ-μένω = ἀναμένω.

ἀμ-μίγα vermischt; durcheinander; zugleich.

ἀμ-μίγνυμι = ἀναμείγνυμι.

ἀμμορίη, ἡ Unglück.

ἄ-μμορος 2 unteilhaftig, unglücklich.

ἄμμος, ἡ a) Sand. b) Reitbahn.

ἀμνᾱστέω = ἀμνηστέω.

ἀμνημονέω uneingedenk sein; vergessen, vergeben.

ἀμνηστέω = ἀμνημονέω. P. in Vergessenheit geraten.

ἀμνίον, τό Opferschale.

ἀμνός, ὁ, ἡ Lamm.
ἀ-μογητί adv. ohne Mühe.
ἀμοθεί od. -ί adv. einhellig.
ἀμό-θεν adv. von irgendeinem Punkte an.
ἀμοιβαῖος 3 u. 2, ἀμοιβάς, άδος (ab)wechselnd, zum Wechseln, als Antwort erfolgend.
ἀμοιβή, ἡ 1. Wechsel, Tausch. — 2. Erwiderung: a) Vergeltung; Gegengabe; Ersatz, Lohn. b) Antwort.
ἀμοιβηδίς adv. wechselweise.
ἀμοιβός 2 a) als Entgelt. b) zum Ersatz, Stellvertreter.
ἄ-μοιρος 2: 1. unteilhaftig, von etw. befreit. — 2. unglücklich.
ἀμολγός, ὁ Dunkel.
ἄ-μορος 2 = ἄμμορος.
ἄ-μορφος 2 mißgestalt(et), häßlich; schimpflich.
ἁμός (und ἀμός) 3: 1. unser, unsrig. — 2. mein, meinig.
ἄ-μοτον adv. unablässig.
ἀμοῦ adv. irgendwo.
ἄ-μουσος 2 unmusikalisch; ungebildet, roh.
ἄ-μοχθος 2 mühelos; träge.
ἀμ-παυστήριος u. ἀμ-παύω = ἀναπ-.
ἀμ-πείρω = ἀναπείρω.
ἀμπέλινος 3 vom Weinstock.
ἀμπελόεις 3 rebenreich.
ἄμπελος, ἡ Weinstock, Rebe.
ἀμπελουργός, ὁ Winzer.
ἀμπελών, ῶνος, ὁ Weinberg.
ἀμ-πεπαλών f. ἀναπάλλω.
ἀμ-περές = διαμπερές.
ἀμπεχόνη, ἡ Kleidung; Obergewand.
ἀμπ-έχω I. Akt. umgeben, umschließen, bedecken, bekleiden. — II. M. anhaben, bekleidet sein.
ἀμ-πηδάω = ἀναπηδάω.
ἀμπ-ίσχω = ἀμπέχω.
ἀμπλάκημα, τό Vergehen.

ἀμπλακίσκω a) fehlen, sich vergehen. b) verfehlen, nicht erreichen, entbehren.
ἀμ-πνέω = ἀναπνέω.
ἀμ-πνοή, ἡ Atem.
ἄμ-πνυε, ἀμπνύνθη, ἄμπνυτο f. ἀναπνέω.
ἀμπυκτήρια, τά Zügel.
ἄμπυξ, υκος, ὁ, ἡ a) Stirnband. b) Rad.
ἄμπωτις, εως, ἡ Ebbe.
ἀμυγδάλινος 3 aus Mandeln bereitet, Mandel-...
ἄμυγμα, τό das Zerraufen.
ἀμυδίς adv. zugleich; zusammen.
ἀμυδρός 3 dunkel, undeutlich.
ἀ-μύητος 2 a) nicht eingeweiht. b) klaffend.
ἀ-μύθητος 2 unsäglich viel.
ἀ-μύμων 2 untadelig.
ἀμυνάθω = ἀμύνω abwehren.
ἀμύντωρ, ορος, ὁ Abwehrer, Helfer.
ἀμύνω I. Akt. 1. abwehren, fernhalten. — 2. a) helfen, beistehen. b) verteidigen, schützen; rächen. c) vergelten. — II. M. 1. von sich abwehren oder abwenden; sich wehren, sich verteidigen, Widerstand leisten. — 2. sich rächen, vergelten.
ἀμύσσω zer-kratzen, -fleischen, -wühlen; abhärmen.
ἀμφ-ἀγαπάζω u. M. mit Liebe umfangen, liebevoll aufnehmen.
ἀμφ-ἀγείρομαι M. sich um j-n (ver)sammeln.
ἀμφᾴδιος 3 offenkundig, offen, öffentlich. adv. ἀμφαδά, ἀμφαδόν, ἀμφαδίην, ἀμφαδίη.
ἀμφ-αΐσσομαι M. a) rings anstürmen. b) flattern.
ἀμφ-άκης 2 = ἀμφήκης.
ἀμφ-αλείφω ringsum salben.
ἀμφ-αράβέω ringsum klirren.
ἀμ-φασίη, ἡ Sprachlosigkeit.
ἀμφ-αϋτέω rings dröhnen.

ἀμφ-αφάω u. M. rings betasten, befühlen; handhaben.
ἀμφ-έπω = ἀμφιέπω.
ἀμφ-έρχομαι M. rings umgeben ober umtönen. [ρομαι.
ἀμφ-ηγερέθομαι = ἀμφαγείǀ
ἀμφ-έχανε s. ἀμφιχαίνω.
ἀμφ-έχύω s. ἀμφιχέω.
ἀμφ-ήκης 2 zweischneidig.
ἀμφ-ήλῠθε s. ἀμφέρχομαι.
ἄμφ-ημαι M. ringsum sitzen.
ἀμφ-ηρεφής 2 wohlverschlossen
ἀμφ-ηρικός 3 mit Doppelrudern.
ἀμφ-ήριστος 2 bestritten, unentschieden.
ἀμφί I. adv.: a) auf beiden Seiten. b) ringsum, rings. — II. prp.: 1. mit gen.: a) um, in der Nähe, bei.. b) über, in betreff, wegen. — 2. mit dat.: a) um, an, bei. b) über, in betreff, wegen, um ... willen. — 3. mit acc.: a) um, um ... herum, in ... herum, an ... hin, bei. b) um (= in betreff), über. c) (zeitl.) um, gegen, während. d) ungefähr, gegen.
ἀμφιάζω = ἀμφιέννυμι.
ἀμφί-ᾰλος 2 a) meer-umströmt. b) zwischen zwei Meeren gelegen.
ἀμφι-άχω umjammern.
ἀμφι-βαίνω 1. umschreiten, umwandeln. — 2. a) umgeben, umfangen. b) pf. beschützen.
ἀμφι-βάλλω I. Akt. herumwerfen, -legen; (ein Netz) auswerfen: a) anlegen. b) umfassen, umarmen. c) umgarnen, fangen. — II. M. sich etw. umwerfen oder anlegen.
ἀμφιβάσις, εως, ἡ Abwehr, Schutz.
ἀμφίβληστρον, τό Wurf-, Zugnetz, Netz; Gewand.
ἀμφιβολία, ἡ Zweifel; Verlegenheit, Bedrängnis.

ἀμφί-βολος 2 1. rings beschossen. — 2. a) zweideutig, zweifelhaft, ungewiß. b) unentschlossen, ratlos.
ἀμφί-βροτος 3 den (ganzen) Mann deckend.
ἀμφι-γνοέω zweifeln, unschlüssig sein. P. unerkannt sein.
ἀμφι-γυήεις, ὁ der armkräftige Werkmeister.
ἀμφί-γυος 2 a) doppeltgespitzt. b) pl. beiderseits starke Kämpfer.
ἀμφί-γυος 2 zweischneidig.
ἀμφι-δαίω rings entbrennen.
ἀμφι-δάσυς 3 ringsum betrodbelt.
ἀμφι-δέαι, αἱ a) Band, Spange. b) Tür-kapseln.
ἀμφι-δέξιος 2 a) beide. b) zweideutig.
ἀμφι-δήριτος 2 zweifelhaft.
ἀμφι-δινέω herum - drehen, -legen. [umschließend.]
ἀμφί-δρομος 2 herumlaufend.ǀ
ἀμφι-δρυφής 2 und **ἀμφί-δρυφος** 2 rings oder ganz zerkratzt.
ἀμφί-δυμοι 2 doppelt.
ἀμφι-δύομαι M. sich etw. anlegen oder anziehen.
ἀμφι-έζω = ἀμφιέννυμι.
ἀμφι-ελίσσα doppelt geschweift.
ἀμφι-έννυμι u. -ύω bekleiden, anziehen, anlegen.
ἀμφι-έπω um etw. ob. um j-n geschäftig sein; j-n umdrängen: 1. a) etw. besorgen, ordnen, verwalten. b) behüten. — 2. j-n pflegen, bedienen; bestrafen.
ἀμφίεσμα, τό Anzug.
ἀμφι-εύω ringsum absengen.
ἀμφι-ιζάνω ringsum sitzen.
ἀμφι-θαλής 2 einer, dessen beide Eltern noch leben.
ἀμφί-θετος 2 doppelhenklig.
ἀμφι-θέω herumlaufen um.
ἀμφί-θηκτος 2 zweischneidig.
ἀμφί-θρεπτος 2 rings geronnen.

ἀμφί-θυρος 2 mit doppeltem Ausgange versehen.
ἀμφι-καλύπτω a) umhüllen, verhüllen, umschließen, bergen. b) etw. mit etw. umgeben, etw. um etw. herumziehen.
ἀμφι-κάρης 2 zweisitzig.
ἀμφι-κεάζω rings spalten.
ἀμφί-κειμαι M. herumliegen, sich lagern um, umschlungen halten. [geben.]
ἀμφι-κίων 2 mit Säulen um-
ἀμφί-κλυστος 2 meerumwogt.
ἀμφί-κομος 2 dichtbelaubt.
ἀμφι-κτίονες, οἱ Grenznachbarn.
ἀμφι-κύπελλον δέπας, τό doppelhenkliger Becher.
ἀμφι-λαφής 2 umfangreich, groß; gewaltig, reichlich.
ἀμφι-λαχαίνω um-, auf-hacken.
ἀμφι-λέγω streiten, im Wortwechsel sein; bestreiten.
ἀμφί-λογος 2 a) bestritten, streitig, zweifelhaft. b) streitend.
ἀμφί-λοφος 2 den Nacken umgebend.
ἀμφι-λύκη, ἡ Dämmerung.
ἀμφι-μαίομαι M. rings abwischen. [kämpfen, bestürmen.]
ἀμφι-μάχομαι M. um etwas
ἀμφι-μέλας, αινα, αν umdüstert.
ἀμφι-μυκάομαι M. ringsum erdröhnen.
ἀμφι-νεικής 2 u. -νείκητος 2 umstritten, umworben.
ἀμφι-νέμομαι M. rings bewohnen.
ἀμφι-νοέω = ἀμφιγνοέω.
ἀμφι-ξέω ringsum glätten.
ἀμφι-πέλομαι M. umgeben.
ἀμφι-πένομαι = ἀμφιέπω.
ἀμφι-περιστέφω u. M. rings umgeben, umkränzen.
ἀμφι-περιστρωφάω nach allen Seiten tummeln.
ἀμφι-πίπτω auf etw. hinfallen, sich werfen über.

ἀμφί-πλεκτος 2 verschlungen.
ἀμφι-πλήκτος 2 ringsum brandend.
ἀμφι-πλήξ, ῆγος doppelt treffend; zweischneidig.
ἀμφι-πολεύω = ἀμφιέπω.
ἀμφι-πολέω mit j-m schwärmen, j-m dienen. [nerin.]
ἀμφί-πολος 2 dienend. ἡ Die-
ἀμφι-πονέομαι M. sorgen für.
ἀμφι-ποτάομαι M. umflattern.
ἀμφί-πυρος 2 umlodert, (fackel-)umflammt.
ἀμφί-ρ(ρ)υτος 2 (und 3) rings umströmt.
ἀμφίς I. adv. 1. a) beiderseits, auf beiden Seiten. b) ringsum, auf allen Seiten. — 2. getrennt, auseinander: a) fern, entfernt. b) entzwei; c) zwiefach, verschieden. — II. prp. 1. mit gen.: a) ringsum, auf allen Seiten. b) fern von, seitwärts. — 2. mit dat. und acc. ringsum, um.
ἀμφισβασίη, ἡ = ἀμφισβήτησις.
ἀμφισβατέω = ἀμφισβητέω.
ἀμφισβητέω I. Akt. streiten, widersprechen: a) bestreiten, bezweifeln. b) (dagegen) behaupten. c) etw. beanspruchen. — II. P. τὰ ἀμφισβητούμενα die streitigsten Punkte.
ἀμφισβητήσιμος 2 streitig, zweifelhaft. [Zweifel.]
ἀμφισβήτησις, εως, ἡ Streit,
ἀμφισβήτητος 2 = ἀμφισβητήσιμος.
ἀμφ-ίσταμαι M. umherstehen, umstehen, umlagern, sich rings erheben.
ἀμφί-στομος 2 mit doppelter Mündung; doppelt.
ἀμφι-στρατάομαι M. umlagern. [Seiten gewandt.]
ἀμφι-στρεφής 2 nach beiden
ἀμφι-τάμνω rings etwas abschneiden.
ἀμφι-τίθημι (her)um-legen, -werfen; anlegen, aufsetzen.

ἀμφι-τρέμω rings erzittern.
ἀμφι-τρής, ῆτος mit zwei Ausgängen.
ἀμφι-τρομέω für j-n zittern.
ἀμφί-φαλος 2 doppelbügelig.
ἀμφι-φοβέομαι P. ringsum die Flucht ergreifen.
ἀμφι-φορεύς, έως, ὁ a) zweihenkliger Krug; Urne. b) Tonne, Eimer.
ἀμφι-φράζομαι M. umsichtig erwägen oder prüfen.
ἀμφι-χάσκω umgähnen, verschlingen.
ἀμφι-χέω I. Akt. rings verbreiten, herumlegen. — II. P. sich rings verbreiten: a) sich ergießen um. b) sich um etw. legen, umgeben, umfangen, umringen, umarmen.
ἀμφί-χυτος 2 von beiden Seiten aufgeschüttet.
ἄμφ-οδον, τό Straße.
ἀμφορεύς, έως, ὁ = ἀμφιφορεύς.
ἀμφότερος 3 beiderseitig, beide; -τέρῃ in beiden Fällen.
ἀμφοτέρω-θεν adv. von oder auf beiden Seiten.
ἀμφοτέρω-θι adv. auf beiden Seiten. [Weise.]
ἀμφοτέρως adv. auf beiderlei
ἀμφοτέρωσε adv. nach beiden Seiten hin.
ἀμφ-ουδίς adv. unten an beiden Füßen.
ἀμφράσσαιτο f. ἀναφράζομαι.
ἄμφω, ἀμφοῖν beide.
ἀμφ-ωτος 2 zweihenklig.
ἀ-μώμητος 2 u. **ἄ-μωμος** 2 untadelig, tadellos.
ἄμωμον, τό Amomum.
ἀμῶς auf irgendeine Weise.
ἄν¹ = ἐάν wenn, falls, ob.
ἄν² 1. = ἀνά. — 2. = ἄνα; auch = ἀνέστη er stand auf.
ἄν³, Partikel, bezeichnet eine durch die Umstände bedingte Möglichkeit;

nur selten läßt sie sich durch „wohl, etwa, allenfalls, unter Umständen" u. ä., oft durch die Hilfswörter „können, dürfen, mögen" übersetzen; meist bleibt sie unübersetzt u. übt nur auf den Modus des Verbs einen Einfluß. Ganz denselben Gebrauch hat das epische **κέ(ν)**.
ἄν = ἐ ἄν (Krasis).
ἀνά I. adv. hinauf, oben, darauf, daran. — II. prp. 1. mit gen. auf. — 2. mit dat. (oben) auf, (oben) an. — 3. mit acc.: a) α) auf, hinauf; β) über ... hin, durch ... hin, in ... umher, in, entlang. b) zeitl.: während, hindurch. c) bei Zahlen distributiv = je, zu, z.B. ἀνὰ δύο je zwei, zu zweien, paarweise. d) übtr. ἀνὰ κράτος mit aller Kraft, mit Gewalt. ἀνὰ μέρος wechselweise.
ἄνά 1. = ἀνάστηθι auf denn! frisch! — 2. voc. von ἄναξ.
ἀναβαθμός, ὁ Stufe, Treppe.
ἀνα-βαίνω 1. intr. (hin)aufsteigen, -gehen, -ziehen; übh. gelangen: a) landeinwärts gehen. b) sich einschiffen, absegeln. c) landen. d) ein Pferd besteigen. e) auftreten (v. Redner u. a.). f) (an)wachsen. g) ablaufen, e-n Verlauf nehmen. — 2. trans.: a) etw. besteigen; bespringen. b) etw. durchschreiten. c) hinaufführen, hinaufsetzen; einsteigen lassen (auch M.).
ἀνα-βάλλω I. Akt. 1. a) hinauf-werfen, -heben; b) aufwerfen. — 2. aufschieben, verzögern. — II. M. 1. sich etw. über- oder umwerfen. — 2. etw. auf sich nehmen, unternehmen, bestehen. — 3. (mit inf.) anheben. — 4. aufschieben, hinhalten.
ἀνάβασις, εως, ἡ 1. das Empor-, Hinauf-, Auf-steigen; Zug ins Binnenland. — 2. a) Aufgang. b) Reiterei.

ἀναβάτης, ου, ὁ Reiter.
ἀναβατικός 3 behende aufsitzend.
ἀνα-βέβρυχε s. ἀναβρύχω.
ἀνα-βιβάζω I. Akt. (hin)aufsteigen lassen, hinauf-führen, -ziehen; vorführen, auftreten lassen. — II. M. zu sich hinaufsteigen lassen; vor Gericht auftreten lassen.
ἀνα-βιόω u. **ἀνα-βιώσκομαι** M. a) wiederaufleben, b) wieder ins Leben zurückrufen.
ἀνα-βλαστάνω wiederaufblühen.
ἀνα-βλέπω a) auf-, emporblicken; hinblicken, b) das Augenlicht (wieder)erhalten.
ἀνάβλεψις, ἡ Wiedererlangung des Augenlichtes; Fähigkeit zu sehen.
ἀνάβλησις, ἡ Aufschub.
ἀνα-βοάω aufschreien, laut schreien oder rufen, zurufen.
ἀναβολή, ἡ 1. a) Erdaufwurf, Wall. b) Umwurf. — 2. Aufschub, Verzug.
ἀνα-βραχεῖν a) laut klirren. b) aufkrachen.
ἀνα-βρόχω zurückschlürfen. P. zurückströmen.
ἀνα-βρύχω emporsprudeln.
ἀνα-βρυχάομαι M. aufbrüllen, laut schreien.
ἀνά-γαιον, τό Obergemach.
ἀν-αγγέλλω zurückmelden; melden, berichten; predigen.
ἀνα-γεννάω wieder-erzeugen. P. wiedergeboren werden.
ἀνα-γι(γ)νώσκω 1. a) wiedererkennen, anerkennen. b) genau erkennen, inne werden. — 2. lesen, vorlesen. — 3. überreden, umstimmen.
ἀναγκάζω a) zwingen, nötigen, veranlassen; b) etw. erzwingen. c) α) beweisen; β) überzeugen.
ἀναγκαίη, ἡ Not, Zwang.

ἀναγκαῖος 3 u. 2: 1. notwendig; a) erforderlich, nötig, unentbehrlich. b) unvermeidlich. zwingend, eindringlich, dringend, gewaltsam, herrisch. c) erzwungen. d) (nur) notdürftig. — 2. (v. Personen): a) verwandt. b) befreundet, vertraut. c) (durch Not) gezwungen, notgedrungen. d) leibeigen.
ἀνάγκαστος 3 gezwungen.
ἀνάγκη, ἡ 1. Notwendigkeit, Zwang; Gewalt: a) Verhängnis, Schicksal(sschluß), Naturgesetz. b) Zwangs-mittel, -lage, -grund; Folter, Gefängnis. — 2. Not, Notlage, Drangsal. κατ' -ην mühselig.
ἀνα-γνάμπτω zurückbiegen, lösen; umbiegen.
ἀν-αγνος 2 unrein, schuldbefleckt.   [nen, anerkennen.]
ἀνα-γνωρίζω wieder-erken-ǀ
ἀναγνώρισμός, ὁ und **ἀνάγνωσις**, ἡ 1. Wiedererkennen. — 2. Vorlesen, Lesen.
ἀναγόρευσις, ἡ öffentliche Bekanntmachung.
ἀν-αγορεύω öffentlich ausrufen oder bekanntmachen.
ἀνάγραπτος 2 aufgeschrieben.
ἀναγραφεύς, ὁ Staatssekretär.
ἀναγραφή, ἡ Aufzeichnung, Urkunde.
ἀνα-γράφω I. Akt.: a) aufschreiben, an-, ein-schreiben. b) mit einer Inschrift versehen. — II. P. als etw. angeschrieben werden.
ἀν-άγω I. Akt. 1. a) hinaufführen, -bringen: α) landeinwärts führen oder bringen; β) auf die hohe See führen; γ) hin-führen, -bringen; vorführen; darbringen; b) auf-, empor-heben, -richten, erhöhen; aufführen. b) zurück-führen, -holen. — 2. intr.: a) absegeln.

ἀναγωγή — 30 — **ἀν-αίνομαι**

b) sich zurückziehen. — II. P. u. M. 1. in See stechen, absegeln, auslaufen. — 2. sich anschicken.
ἀναγωγή, ἡ Abfahrt.
ἀν-άγωγος 2 unerzogen, nicht abgerichtet.
ἀν-αγώνιστος 2 sich auf keinen Wettkampf einlassend.
ἀνα-δαίω (von neuem) verteilen oder teilen.
ἀνάδασμος, ὁ Verteilung.
ἀναδέδρομε s. ἀνατρέχω.
ἀνα-δείκνῡμι und **-ύω** offen vorzeigen, (auf)zeigen: a) offenbaren. b) zu verstehen geben. c) zu etw. machen, ernennen.
ἀνάδειξις, ἡ Ernennung. Bekanntmachung, öffentliches Auftreten.
ἀνα-δέχομαι M. = ἀναδέχομαι.
ἀν-αδελφος 2 geschwisterlos.
ἀνα-δέρκομαι aufblicken.
ἀνα-δέσμη, ἡ Haarband, Haubenbinde.
ἀνα-δέχομαι M. 1. aufnehmen, auffangen; auf sich nehmen: a) ertragen. b) versprechen. c) sich verbürgen. — 2. annehmen, übernehmen; empfangen.
ἀνα-δέω I. Akt. 1. anbinden, anknüpfen. — 2. umbinden, bekränzen, krönen. — II. M. 1. für sich oder an sich emporbinden; etw. (für sich) umwinden. — 2. ins Schlepptau nehmen.
ἀνα-διδάσκω a) eines Besseren belehren. b) gründlich belehren.
ἀνα-δίδωμι 1. a) emporsteigen lassen, hervor-treiben,-bringen. b) übergeben, verteilen.—2. hervorquellen, entspringen.
ἀνα-διπλόω verdoppeln.
ἀνά-δοτος 2 zurückzugeben.
ἀναδοχή, ἡ das Ertragen.
ἀνα-δύομαι M. 1. emportauchen, hervorkommen. — 2. sich zurückziehen, zurückweichen: a) zaudern. b) sich entziehen.

ἀνά-εθνος 2 ohne Brautgeschenke.
ἀν-αείρω auf-, empor-heben, (her)aufziehen; davontragen.
ἀνα-έρχομαι s. ἀνέρχομαι.
ἀνα-ζάω wieder-aufleben.
ἀνα-ζεύγνῡμι u. **-ύω** a) wieder-anspannen; aufbrechen lassen. b) aufbrechen.
ἀνα-ζέω auf-zischen, -wallen.
ἀνα-ζητέω a) aufsuchen. b) untersuchen.
ἀνα-ζώννῡμι (um)gürten, schürzen.
ἀνα-ζωπυρέω 1. wieder entflammen, neu beleben. — 2. intr. u. P. sich erholen.
ἀνα-θάλλω (wieder) aufblühen (lassen).
ἀνα-θαρρέω wieder Mut fassen.
ἀνα-θαρρύνω wieder-ermutigen.
ἀνάθεμα, τό Verfluchung; verfluchter Mensch, verflucht.
ἀναθεματίζω verfluchen, sich feierlich verschwören.
ἀνάθεσις, εως, ἡ das Aufstellen, Widmen.
ἀνα-θεωρέω genau betrachten.
ἀνα-θηλέω wiedergrünen.
ἀνάθημα, τό a) Weihgeschenk, Denkmal. b) Zugabe.
ἀνα-θορυβέω auflärmen, laut Beifall rufen.
ἀν-αθρέω genau prüfen.
ἀνα-θρῴσκω auf-, hinauf-springen.
ἀναίδεια, ἡ Unverschämtheit, Schamlosigkeit, Frechheit.
ἀν-αιδής 2 schamlos, frech.
ἀναιδίη, ἡ = ἀναίδεια.
ἀν-αίμων 2 blutlos.
ἀν-αιμωτί adv. ohne Blutvergießen, unblutig.
ἀν-αίνομαι M. a) abschlagen, verweigern, sich weigern. b) leugnen.

ἀναίρεσις, εως, ἡ a) Aufheben, Sammeln; Bestattung. b) Zerstörung, Ermordung.
ἀν-αιρέω I. Akt. 1. aufnehmen, aufheben: a) bestatten. b) (e-n Preis, Sieg) davontragen. — 2. (aus der Tiefe) ein Orakel geben, weissagen. — 3. wegnehmen; wegschaffen: a) abschaffen, beseitigen, aufheben. b) vernichten, zerstören; töten, ermorden. — II. M. 1. zu sich emporheben, auf den Arm nehmen; bestatten. — 2. für sich aufheben od. (mit)nehmen, annehmen, empfangen, erlangen, ergreifen, (e-n Preis, Sieg) davontragen. — 3. mit sich fortnehmen, entführen. — 4. auf sich nehmen, unternehmen.
ἀναισθησία, ἡ Unempfindlichkeit, Stumpfsinn.
ἀναισθητέω stumpfsinnig oder töricht sein.
ἀν-αίσθητος 2 a) gefühllos, stumpfsinnig. b) schmerzlos.
ἀν-αισιμόω verwenden, verbrauchen.
ἀναίσιμωμα, τό Unterhaltungskosten. [springen.]
ἀν-αΐσσω auffspringen; ent-
ἀναισχυντέω unverschämt sein od. handeln, frech sein.
ἀναισχυντία, ἡ Unverschämtheit. [schamlos.]
ἀν-αίσχυντος 2 unverschämt,
ἀν-αίτιος 2 (u. 3) unschuldig.
ἀνα-καθίζω u. M. sich aufrecht hinsetzen.
ἀνα-καινίζω u. **-καινόω** erneuern.
ἀνακαίνωσις, εως, ἡ Erneuerung, Neubildung.
ἀνα-καίω anzünden. P. im Zorn erglühen.
ἀνα-καλέω I. Akt. 1. auf-, herbei-rufen; anrufen, (laut) rufen ob. nennen. — 2. zurückrufen (auch M.). — II. M. 1. zu Hilfe rufen, laut anrufen. — 2. vorladen. — 3. zum Rückzuge blasen (lassen).
ἀνα-καλύπτω enthüllen, entschleiern, aufdecken.
ἀνα-κάμπτω a) (sich) umbiegen. b) um-, zurück-kehren.
ἀν-άκανθος 2 ohne Gräten.
ἀνα-κάπτω aufschnappen.
ἀνα-κάω = ἀνακαίω.
ἀνά-κειμαι M. a) (offen) daliegen, zu Tisch liegen. b) aufgestellt sein, gewidmet oder bestimmt sein; auf etw. beruhen.
ἀνακεῖον, τό Oberstock, Boden.
ἀνάκειον, τό Gefängnis.
ἀνα-κεράννῡμι anmischen; (ver)mischen; wiedermischen.
ἀνα-κεφαλαιόω zusammenfassen.
ἀνα-κηκίω hervorquellen.
ἀνα-κηρύσσω öffentlich ausrufen ob. bekanntmachen.
ἀνα-κινδυνεύω sich wieder in Gefahr begeben; von neuem versuchen.
ἀνα-κῑνέω in die Höhe schwingen; (wieder-)aufregen.
ἀνακίνησις, εως, ἡ Erschütterung, Aufregung.
ἀνάκιον τό = ἀνακεῖον.
ἀνα-κλαίω u. M. laut weinen oder klagen. [b) herausreißen.]
ἀνα-κλάω a) zurückbiegen.
ἀνάκλησις, ἡ Anrufung.
ἀνα-κλίνω I. Akt. a) hinaufbiegen. b) an-, zurück-lehnen, öffnen; hinlegen, sich lagern lassen. — II. P. sich zurücklehnen, sich lagern.
ἀνα-κογχυλιάζω (sich) gurgeln.
ἀνα-κοινόω u. M. mitteilen; sich mit j-m beraten, j-n um Rat fragen.
ἀνακομιδή, ἡ Zurückgabe.
ἀνα-κομίζω I. Akt. 1. hinaufbringen, strom-auffahren; hin-

ἀν-ακοντίζω schaffen. — 2. zurückbringen. P. zurückkehren. — II. M. 1. für sich hinauf=bringen, =schaffen. — 2. wieder=erlangen.

ἀν-ακοντίζω emporschießen.

ἀνα-κόπτω zurück=stoßen, =schieben, hemmen.

ἀνα-κουφίζω a) emporheben. b) erleichtern.

ἀνακούφισις, εως, ἡ Erleichterung.

ἀνα-κράζω aufschreien; (aus=) rufen. [hängen.]

ἀνα-κρεμάννυμι u. **-ύω** auf=

ἀνα-κρίνω I. Akt.: a) befragen, ausforschen, untersuchen; verhören, prüfen. P. sich zu verantworten haben. b) (be)urteilen. P. ein Urteil empfangen — II. M. streiten, hadern.

ἀνάκρισις, εως, ἡ a) Befragung, Untersuchung; Verhör b) Antwort, Widerspruch.

ἀνάκρουσις, εως, ἡ Zurückrudern.

ἀνα-κρούω I. Akt. zurückstoßen — II. M. langsam rückwärts rudern.

ἀνα-κτάομαι M. wiedererwerben; j-n für sich gewinnen.

ἀνακτόριος 3 herrschaftlich.

ἀνάκτορον, τό Götterwohnung.

ἀνα-κυκλέω emporwirbeln.

ἀνα-κυκλίω zurückwälzen.

ἀνα-κυμβαλιάζω rasselnd umstürzen.

ἀνα-κύπτω emportauchen; das Haupt hochheben; sich aufrichten.

ἀνα-κωκύω laut jammern od. erschallen lassen.

ἀνακῶς adv. sorgsam, achtsam.

ἀνακωχεύω 1. a) anhalten, hemmen, νέας auf hoher See vor Anker legen, lavieren. b) je=halten. — 2. sich ruhig verhalten. [senstillstand.]

ἀνακωχή, ἡ Hemmung; Waf=

ἀνα-ἀλαλάζω Kriegsgeschrei erheben.

ἀνα-λαμβάνω I. Akt. empor=, auf=nehmen, =heben: 1. in die Hand, auf den Arm nehmen; ergreifen, gefangennehmen. — 2. an sich oder zu sich nehmen: a) an sich ziehen, mitnehmen. b) übernehmen, vornehmen. — 3. wiederbekommen. — 4. wiederaufnehmen. — 5. wiederherstellen; ermutigen. intr. sich erholen. — 6. zurücknehmen, wieder gutmachen. — II. M. 1. auf sich nehmen, bestehen. — 2. sich erholen.

ἀνα-λάμπω aufleuchten.

ἀναλγησία, ἡ Gefühllosigkeit; Roheit.

ἀν-άλγητος 2 1. gefühllos, gleichgültig. — 2. schmerzlos.

ἀνα-λέγω I. Akt. 1. auflesen, (wieder)sammeln. — 2. weitererzählen. — II. M. 1. für sich (auf)sammeln. — 2. lesen.

ἀνα-λείχω auflecken.

ἀνάλη(μ)ψις, ἡ 1. Aufnahme, Himmelfahrt. — 2. Wiedergutmachung, =herstellung.

ἀν-αλίσκω 1. Aufwand machen, aufwenden, verwenden, verbrauchen; verschwenden. — 2. vertilgen, töten.

ἀναλκείη, ἡ Feigheit.

ἄν-αλκις, ιδος kraftlos, schwach; feig.

ἀναλογία, ἡ richtiges Verhältnis, Ähnlichkeit, Übereinstimmung.

ἀνα-λογίζομαι M. berechnen; überlegen, (nochmals) erwägen; an j-n denken.

ἀναλογισμός, ὁ a) Erwägung, Überlegung. b) = ἀναλογία.

ἀνά-λογος 2 entsprechend.

ἄν-αλος 2 ungesalzen, fade.

ἀν-ᾱλόω = ἀναλίσκω.

ἄν-αλτος 2 unersättlich.

ἀνάλῠσις, εως, ἡ a) Auflösung, Ende, Tod. b) Erlösung von. c) Aufbruch.

ἀνα-λύω I. Akt. 1. auf-lösen, -trennen, losknüpfen, losmachen; befreien. — 2. *intr.* aufbrechen; zurückkehren; sterben. — II. M. wieder gutmachen.

ἀνάλωμα, τό und **ἀνάλωσις**, εως, ἡ Aufwand, Kosten, Ausgabe.

ἀν-άλωτος 2 unbezwinglich.

ἀνα-μαιμάω durchtoben.

ἀνα-μανθάνω nachforschen, genau prüfen. [unbefahrbar.]

ἀν-ᾰμάξευτος 2 für Wagen]

ἀν-ᾰμάρτητος 2 1. a) fehlerlos, sündlos, unschuldig. b) frei von Irrtum. — 2. unwandelbar.

ἀνα-μάσσω etw. an etw. wischen oder streichen.

ἀνα-μάχομαι M. den Kampf erneuern; wieder-aufnehmen.

ἀνα-μείγνῡμι u. **-ύω** dazu-, darunter-mischen, vermischen.

ἀνα-μένω 1. a) warten, zögern, ausharren. b) verbringen. — 2. a) erwarten. b) aufschieben.

ἀνά-μεσος 2 mitten im Lande.

ἀνα-μετρέω a) noch einmal durchfahren. b) vermessen.

ἀνά-μιγδά = ἀναμίξ.

ἀνα-μίγνῡμι s. -μείγνυμι.

ἀνα-μιμνήσκω a) erinnern. b) erwähnen, ermahnen. P. sich erinnern, gedenken.

ἀνα-μίμνω = ἀναμένω.

ἀνα-μίξ dazwischen gemischt, vermischt, durcheinander.

ἀνα-μίσγω = ἀναμίγνυμι.

ἀνάμνησις, ἡ Erinnerung, Gedächtnis.

ἀνα-μορμύρω aufbrausen.

ἀν-αμπλάκητος 2 sicher treffend, unentrinnbar; schuldlos.

ἀν-αμφίλογος 2 u. **ἀν-αμφισβήτητος** 2 unbestritten, zweifellos.

ἀνανδρῐᾱ, ἡ Unmännlichkeit, Feigheit.

ἄν-ανδρος 2 a) unmännlich, feig. b) gattenlos, männerleer.

ἀν-άνδρωτος 2 gattenlos.

ἀνα-νέμομαι M. aufzählen.

ἀνα-νέομαι M. aufgehen.

ἀνα-νεόω u. M. erneuern.

ἀνα-νεύω abwinken, verneinen, versagen.

ἀνα-νήφω wieder nüchtern werden.

ἄν-αντᾰ berg-auf.

ἀν-ανταγώνιστος 2 durch keine Nebenbuhlerei gestört.

ἀν-άντης 2 bergauf (gehend), steil; schwierig.

ἀν-αντίρρητος 2 unbestreitbar, ohne Widerspruch.

ἄναξ, ἄνακτος, ὁ a) Herrscher, Gebieter, König, Fürst; Edler. b) Herr, Besitzer; Meister.

ἀνα-ξηραίνω austrocknen.

ἀν-άξιος 2 (und 3) unwürdig, unangemessen, unwert: 1. a) etw. nicht verdienend. b) unverdient. — 2. a) nichtswürdig. b) wertlos.

ἀνα-ξῠνόω mitteilen.

ἀναξῠρίδες, ων, αἱ weite Beinkleider.

ἀνα-οίγω = ἀνοίγω.

ἀνά-πᾰλῐν a) umgekehrt. b) wiederum.

ἀνα-πάλλω I. Akt. emporschwingen. — II. P. emporspringen.

ἀνάπαυλᾰ u. **ἀνάπαυσις**, ἡ das Aufhören, Ruhe, Erholung, Unterbrechung, Rast, Pause.

ἀναπαυ(σ)τήριος 2 zum Ausruhen geeignet. τό -ον Ruhezeit.

ἀνα-παύω I. Akt. 1. aufhören machen, beendigen; von etw. abbringen; hemmen. — 2. ausruhen lassen von etw., erquicken. — II. M. 1. aufhören mit etw. — 2. (aus)ruhen, sich erholen;

zur Ruhe kommen, sich niederlassen.

ἀνα-πείθω a) umstimmen. b) überreden, verleiten.

ἀνα-πειράομαι M. manövrieren. [spießen.]

ἀνα-πείρω anheften, an-, auf-

ἀνα-πεμπάζομαι M. noch einmal überdenken.

ἀνα-πέμπω a) hinaufschicken. b) zurückschicken.

ἀνα-πετάννυμι u. **-ύω** ausbreiten, aufrollen, öffnen. ἀναπεπταμένος (weit)geöffnet, offen; frei, frech.

ἀνα-πέτομαι M. empor-, auffliegen, davonfliegen.

ἀνα-πηδάω hinauf-, auf-, hervorspringen.

ἀνά-πηρος 2 gebrechlich, verkrüppelt; ὁ Krüppel.

ἀνα-πίμπλημι anfüllen, erfüllen: a) (Leiden) durchmachen, erdulden. b) mit etw. beflecken, anstecken, verwickeln in.

ἀνα-πίπτω 1. zurückfallen: a) sich zurückbiegen. b) zurückweichen. c) sich zu Tische legen. — 2. den Mut sinken lassen. pf. darniederliegen.

ἀν-απλάκητος 2 = ἀν-αμπλάκητος.

ἀνα-πλάσσω neu bauen: a) wiederherstellen. b) gestalten.

ἀνα-πλέω a) hinauf-segeln, -fahren. b) ab-, zurück-segeln.

ἀνά-πλεως, ων angefüllt; verunreinigt, angesteckt.

ἀνα-πληρόω anfüllen, erfüllen, ausfüllen, vollzählig machen.

ἀνά-πλοος, ὁ a) Fahrt stromauf. b) Landungsplatz.

ἀνα-πλώω = ἀναπλέω.

ἀνάπνευσις, ἡ das Aufatmen, Rast, Erholung.

ἀνα-πνέω a) (auf)atmen. b) wieder-aufatmen, sich erholen, wieder zu sich kommen.

ἀναπνοή, ἡ das Aufatmen; Atem, Atem(zug); Erholung.

ἀνα-ποδίζω zurückrufen; wieder auf etw. zurückbringen. ἑαυτόν darauf zurückkommen.

ἀν-άποινος 2 ohne Lösegeld.

ἀνα-πολέω wiederholen.

ἀν-απολόγητος 2 unentschuldbar, nicht zu entschuldigen(d).

ἀνα-πράσσω eintreiben.

ἀνα-πρήθω hervorsprudeln lassen. [regen, aufhetzen.]

ἀνα-πτερόω beflügeln; auf-

ἀνα-πτύσσω entfalten, entwickeln; (ein Buch) aufschlagen; enthüllen, offenbaren.

ἀνα-πτύω emporspritzen.

ἀν-άπτω 1. anknüpfen, anbinden; (Weihgeschenke) aufhängen; j-m etw. anhängen. — 2. anzünden. P. brennen.

ἀνα-πυνθάνομαι M. sich erkundigen, (aus)forschen, erfahren. [kundig.]

ἀνάπυστος 2 allbekannt, offen-

ἀν-αρθρος 2 kraftlos.

ἀν-αρίθμητος 2 u. **-άριθμος** 2 a) unzählbar; zahllos, unermeßlich. b) nicht mitgezählt, verachtet. [nüchtern.]

ἀν-άριστος 2 ohne Frühstück,

ἄν-αρκτος 2 unbeherrscht.

ἀναρμοστέω verstimmt sein.

ἀναρμοστίᾱ, ἡ Mißklang, Disharmonie. [unharmonisch.]

ἀν-άρμοστος 2 nicht passend;

ἀνα-ροιβδέω f. ἀναρροιβδέω.

ἀν-αρπάζω a) aufraffen, herausreißen; hastig ergreifen. b) hinwegraffen; entführen, rauben, vertilgen.

ἀνάρπαστος 2 fortgerafft, (fort)geschleppt.

ἀνα-ρρήγνυμι 1. a) aufreißen, aufbrechen. b) zerreißen, zerstören. — 2. intr. hervorbrechen.

ἀνάρρησις, εως, ἡ (öffentliche) Bekanntmachung.

ἀνα-ρριπτέω u. **-ρρίπτω** in die Höhe werfen, aufwirbeln; würfeln; aufs Spiel setzen, wagen.

ἀνα-ρροιβδέω zurückschlürfen.

ἀνα-ρρώννῡμι und **-ύω** neu stärken, wieder-ermutigen.

ἀν-άρσιος 2 (und 3) a) feindselig, feindlich. b) unangenehm, widrig.

ἀν-αρτάω I. Akt. 1. aufhängen. — 2. schweben lassen: a) abhängig machen. P. abhängig sein. b) hinhalten. — II. M. sich anschicken.

ἀν-άρτιος 2 ungerade.

ἀναρχία, ἡ Herrenlosigkeit, Mangel an Oberbefehl; kein Führer; Zügellosigkeit, gesetzloser Zustand.

ἄν-αρχος 2 führerlos.

ἀνα-σείω in die Höhe schwingen, aufwiegeln, anstiften.

ἀνα-σεύομαι M. emporspritzen.

ἀνα-σκέπτομαι M. f. ἀνασκοπέω.

ἀνα-σκευάζω I. Akt. a) aufpacken u. fortschaffen, aufräumen; hinschaffen. b) zerstören, beunruhigen. — II. M. fortziehen, flüchten.

ἀνα-σκολοπίζω pfählen, kreuzigen.

ἀνα-σκοπέω genau erwägen.

ἀνάσπαστος und **-σπαστός** 2 a) geöffnet. b) fortgeschleppt, verpflanzt.

ἀνα-σπάω a) heraufziehen. b) herausreißen, (wieder-)herausziehen, abbrechen. λόγους τινί Reden prahlerisch gegen j-n ausstoßen. c) weg-, zurückziehen, entfernen.

ἄνασσα, ἡ Königin, Herrin.

ἀνάσσω u. M. herrschen, gebieten, beherrschen, Herr sein; (ver)walten, lenken, besitzen.

ἀν-άσσω = ἀναΐσσω.

ἀνα-σταδόν adv. aufstehend.

ἀνάστασις, ἡ 1. a) Errichtung. b) Auferweckung. c) Vertreibung, Verpflanzung. d) Zerstörung, Vernichtung. — 2. a) Aufstehen, Erwachen; Auferstehung, Wiedererwachen. b) Abzug, Abmarsch.

ἀνάστατος 2 1. a) vertrieben. b) zerstört, verheert, verwüstet. c) unterwürfig. — 2. im Aufstande begriffen.

ἀναστατόω aufwiegeln.

ἀνα-σταυρόω kreuzigen; von neuem kreuzigen.

ἀνα-στέλλω zurücktreiben.

ἀνα-στενάζω, **ἀνα-στενάχίζω**, **ἀναστενάχω**, **ἀναστένω** auf-stöhnen, -seufzen, wehklagen, (be)klagen.

ἀνα-στρέφω I. Akt. 1. a) emporkehren. b) umstürzen, umwerfen, umwenden. c) zurückführen, -rufen. — 2. intr. sich umwenden, umkehren, kehrtmachen. — II. P. und M. 1. = Akt. intr. — 2. a) sich umhertreiben: α) umherwandern, wandeln; β) sich aufhalten. b) sich benehmen, leben.

ἀναστροφή, ἡ 1. Umwenden: a) Umkehr. b) Schwenkung. — 2. Leben(swandel). [wenden.]

ἀνα-στρωφάω hin und her)

ἀνα-σύρω M. sich entblößen.

ἀνα-σχέμεν u. ä. f. ἀνέχω.

ἀνασχετός 2 erträglich.

ἀνα-σχίζω aufschlitzen.

ἀνα-σῴζω und M. (er)retten: a) wiederherstellen, zurückrufen. M. wieder-erhalten. b) wiederbekommen. c) wieder in Erinnerung bringen.

ἀνα-ταράσσω aufrühren, verwirren.

ἀνα-τάσσομαι der Reihe nach aufstellen, verfassen.

ἀν-ατεί adv. zu ἄνατος.

ἀνα-τείνω 1. a) empor-strecken, -heben, aufstecken. b) ausstrecken, ausdehnen, ausbreiten. — 2. *intr.* und M. sich (hinauf-)erstrecken, sich ausdehnen, vorspringen.

ἀνα-τειχίζω (Mauern) wiederaufbauen.

ἀνατειχισμός, ὁ Wiederaufbau der Mauern.

ἀνα-τέλλω 1. *trans.* aufgehen (ob. aufsprießen) lassen, hervorbringen. — 2. *intr.*: a) aufgehen, -steigen. b) ent-springen, -stehen.

ἀνα-τέμνω sezieren.

ἀν-ᾱτί *adv.* ungestraft.

ἀνα-τίθημι I. Akt. 1. aufstellen, weihen. — 2. auflegen, aufpacken, aufbürden, zufügen: a) zuschreiben, beimessen. b) übertragen, übergeben. — 3. zurückschieben, wegnehmen, entfernen. — II. M. 1. a) aufladen. b) umstellen; umkehren, ändern; etw. zurücknehmen, verwerfen. — 2. vorlegen, erzählen.

ἀνα-τιμάω den Preis erhöhen.

ἀνα-τλῆναι (er)dulden, aushalten, vertragen.

ἀνατολή, ἡ Aufgang; Osten.

ἀν-ᾱτος 2 ungeschädigt, unverletzt, ungestraft.

ἀνα-τρέπω I. Akt. umstürzen, niederwerfen: a) auf den Kopf stellen. b) zerstören, zugrunde richten. c) (wieder-)aufstören. — II. P. und M.: a) rückwärts hinstürzen. b) zugrunde gehen.

ἀνα-τρέφω a) ernähren, aufziehen, erziehen. b) wiederernähren.

ἀνα-τρέχω a) (hin)auflaufen, aufspringen, -schießen, emporsteigen, -wachsen; schnell emporkommen. b) zurück-laufen, -fahren.

ἀνα-τρίβω (ab)reiben.

ἀνατροπή, ἡ Umsturz.

ἄν-αυδος und -αύδητος 2 a) sprachlos, schweigend, stumm. b) unaussprechlich, unerhört.

ἀνα-φαίνω I. Akt. 1. a) aufleuchten lassen. b) erscheinen lassen, zeigen; sichten, offenbaren, enthüllen, verraten. — 2. *intr.* = P. — II. P. 1. erscheinen, sich zeigen. — 2. erblicken.

ἀναφανδά u. -δόν offen, offenbar.

ἀνα-φέρω I. Akt. 1. a) hinauftragen, -bringen, -führen; heraufholen: α) darbringen, opfern; β) aufheben; emporbringen, erheben. b) zurück-bringen, -führen: α) etw. auf etw. beziehen; β) j-m etw. zuschreiben, beimessen; γ) überbringen, melden, berichten, beantragen. c) ertragen. — 2. *intr.*: a) sich erheben. b) sich erholen. c) sich auf etw. berufen. d) Bericht erstatten. — II. M. und P. a) tief aufatmen. b) sich erholen.

ἀνα-φεύγω a) hinauffliehen; entfliehen. b) zurückfliehen; freigesprochen werden.

ἀνα-φλύω aufwallen.

ἀνα-φορέω hinauftragen.

ἀνα-φράζομαι M. wieder-erkennen. [sinnung kommen.]

ἀνα-φρονέω wieder zur Be-

ἀνα-φύρω vermengen; besudeln.

ἀνα-φῡσάω a) emporblasen, auswerfen. b) aufblasen.

ἀνα-φύω 1. (hervor)wachsen lassen. — 2. *intr.* u. M.: a) hervorwachsen. b) wiederwachsen.

ἀνα-φωνέω laut (aus)rufen.

ἀνα-χάζω u. M. zurückweichen, sich zurückziehen.

ἀνα-χαιτίζω umstürzen.

ἀνα-χέω daraufgießen. P. sich ergießen.

ἀνάχυσις, ἡ Ausgelassenheit; Schlamm.

ἀνα-χωρέω 1. a) zurück-gehen, -weichen, sich zurückziehen; weggehen, sich entfernen. b) zurückkehren. — 2. auf j-n übergehen.

ἀναχώρησις, ἡ a) Rückzug, Rückkehr. b) Zufluchtsort.

ἀνα-χωρίζω zurückführen, zurückgehen lassen.

ἀνα-ψηφίζω aufs neue abstimmen lassen.

ἀνάψυξις, ἡ Erquickung, Ruhe.

ἀνα-ψύχω (ab)kühlen; erfrischen, erquicken; (Schiffe) aufs Trockne bringen. P. sich erholen.

ἀνδάνω a) gefallen, angenehm sein. b) j-n zufriedenstellen.

ἀν-δίχα in zwei Teile.

ἀνδραγαθία Mannhaftigkeit; Tüchtigkeit, Bravheit.

ἀνδραγαθίζομαι M. die Rolle des Biedermannes spielen.

ἀνδραγρία, ιων, τά Waffenbeute.

ἀνδρᾰ-κάς Mann für Mann.

ἀνδραποδίζω als Sklaven verkaufen; unterjochen; Menschenraub treiben.

ἀνδραποδισμός, ὁ Knechtung, Unterjochung.

ἀνδραποδιστής, οῦ, ὁ Seelenverkäufer, Menschenräuber.

ἀνδρά-ποδον, τό Sklave; gemeiner Mensch.

ἀνδραποδώδης 2 knechtisch; gemein gesinnt. [lastend.]

ἀνδρ-αχθής 2 Männer be-

ἀνδρεία, ἡ Mannhaftigkeit, Tapferkeit, Mut.

ἀνδρεῖος 3 a) männlich; Männer-.... b) mannhaft, tapfer.

ἀνδρειότης, ητος, ἡ = ἀνδρεία.

ἀνδρεϊ-φόντης, ου männermordend.

ἀνδρεών, ῶνος, ὁ = ἀνδρών.

ἀνδρηΐη, **ἀνδρήϊος** 3 = ἀνδρεία, ἀνδρεῖος.

ἀνδρηλατέω (Bürger) verbannen, vertreiben, ächten.

ἀνδρίᾱ, ἡ = ἀνδρεία.

ἀνδριαντοποιέω Bildsäulen machen.

ἀνδριαντοποιΐα, ἡ Bildhauerkunst.

ἀνδριαντο-ποιός, ὁ Bildhauer.

ἀνδριάς, άντος, ὁ Bildsäule.

ἀνδρίζομαι M. sich als Mann zeigen.

ἀνδρικός 3 a) aus Männern bestehend. b) = ἀνδρεῖος.

ἀνδρό-γυνος 5 a) Mannweib, Zwitter. b) Eunuch.

ἀνδρό-κμητος 2 von Menschen gemacht.

ἀνδροκτασία, ἡ Männermord.

ἀνδρο-κτόνος 2 gatten-, menschen-mordend.

ἀνδρόμεος 3 menschlich, Männer-..., Menschen-...

ἀνδρο-μήκης 2 mannshoch.

ἀνδρόομαι P. ein Mann werden.

ἀνδρό-σφιγξ, ιγγος, ὁ männlicher Sphinx.

ἀνδρότης, ητος, ἡ = ἀνδρεία.

ἀνδρο-φάγος 2 menschenfressend.

ἀνδρο-φθόρος 2 Menschen verderbend, männermordend.

ἀνδρο-φθόρος 2 gemordet.

ἀνδρο-φόνος 2 männermordend; ὁ Mörder.

ἀνδρώδης 2 = ἀνδρεῖος.

ἀνδρών, ῶνος, ὁ Männersaal.

ἀν-δύομαι = ἀναδύομαι.

ἀν-εγείρω aufwecken; ermuntern. P. u. M. aufwachen.

ἀν-έγκλητος 2 unsträflich, unbescholten.

ἀν-εδέγμεθα s. ἀναδέχομαι.

ἀνέδην losgelassen: a) ausgelassen. b) ungehindert, frei. c) ohne weiteres. d) lässig.

ἀν-έδραμε s. ἀνατρέχω.

ἀν-έεδνος 2 = ἀνάεδνος.

ἀν-έεργον = ἀνείργω.
ἀν-έζω hinauf-setzen, -bringen.
ἀν-εθέλητος 2 unerwünscht, traurig.
ἀν-ειλέω und -είλλω zurückdrängen. M. sich zs.-ziehen.
ἀνειμένος 3 a) zügellos, ungebunden. b) schlaff, nachlässig.
ἀν-ειμι 1. a) hinaufgehen; aufgehen (von Gestirnen), hervorbrechen auf. b) hingehen. — 2. zurückkehren.
ἀν-είμων 2 ohne Kleider.
ἀν-ειπεῖν öffentlich ausrufen, laut bekanntmachen (lassen).
ἀν-είργω zurückdrängen, zurückhalten, hindern.
ἀ-νείρομαι M. fragen.
ἀν-ειρύω = ἀνερύω.
ἀν-είρω an-knüpfen, -hängen.
ἀν-ειρωτάω = ἀνερωτάω.
ἀν-εῖσα aor. von ἀνέζω.
ἀν-έκαθεν adv. a) von oben her, b) von alters her.
ἀν-έκβατος 2 ohne Ausgang.
ἀν-εκδιήγητος 2 unbeschreiblich.
ἀν-έκδοτος 2 unverheiratet.
ἀν-εκλάλητος 2 unaussprechlich.
ἀν-έκλειπτος 2 unerschöpflich.
ἀν-εκπίμπλημι wieder-ausfüllen.
ἀν-έκπληκτος 2 unerschrocken.
ἀνεκτός 2 u. -έος 3 erträglich, auszuhalten(d).
ἀν-έλεγκτος 2 a) ununtersucht. b) unwiderlegt. c) unwiderleglich, unerweisbar.
ἀν-ελεήμων 2 u. ἀν-έλεος 2 unbarmherzig.
ἀνελευθερία, ἡ knechtischer Sinn, unedle Gesinnung, unedles Benehmen; Knauserei.
ἀν-ελεύθερος 2 unedel, gemein.
ἀν-ελίττω aufrollen, aufschlagen.

ἀν-έλκω und -ύω 1. empor-, hinauf-ziehen; ans Land ziehen. — 2. a) an-, zurück-ziehen. b) herausziehen.
ἀν-έλπιστος 2 a) unverhofft. b) hoffnungslos, verzweifelnd, verzweifelt.
ἀ-νεμέσητος 2 tadellos, unanstößig. [wegen.]
ἀνεμίζω durch den Wind be-
ἀνεμόεις 3 windreich, windig; windschnell.
ἄνεμος, ὁ Wind, Sturm.
ἀνεμο-σκεπής 2 den Wind abwehrend.
ἀνεμο-τρεφής 2 vom Winde genährt oder getragen.
ἀνεμώλιος 2 windig; nichtig, vergeblich.
ἀν-ένδεκτος 2 unmöglich.
ἀν-ένεικα u. ἀν-ενεικάμην f. ἀναφέρω.
ἀν-εξέλεγκτος 2 a) = ἀνέλεγκτος. b) tadellos. [lich.]
ἀν-εξερεύνητος 2 unerforsch-
ἀν-εξέταστος 2 1. a) ungeprüft. b) unerforscht. — 2. ohne Forschung. [mitteln(d).]
ἀν-εξεύρετος 2 nicht zu er-
ἀνεξί-κακος 2 langmütig.
ἀν-εξίχνίαστος 2 unergründlich, unerforschlich.
ἀν-επαίσχυντος 2 ohne Scham; der sich nicht zu schämen braucht.
ἀν-έπαλτο f. ἀναπάλλω.
ἀν-επαχθής 2 ohne Belästigung, ohne Zwang, schonend, rücksichtsvoll.
ἀν-επιβούλευτον, τό Arglosigkeit, harmloser Verkehr.
ἀν-επιδεής 2 nicht bedürftig.
ἀν-επιεικής 2 unbillig, hart.
ἀν-επίκλητος 2 a) tadellos. b) ohne weitere Vorwürfe.
ἀν-επίλη(μ)πτος 2 a) unangefochten. b) tadellos.
ἀν-επίσκεπτος 2 a) unbeachtet. b) unbedacht.

ἀνεπιστημοσύνη, ἡ Unkunde, Unkenntnis.

ἀν-επιστήμων 2 unkundig, unverständig, ungeübt.

ἀν-επίτακτος 2 zwanglos, unbeschränkt, frei.

ἀν-επιτήδειος 2 ungeeignet, untauglich, unpassend; unbequem, widerwärtig; ungünstig, feindlich (gesinnt).

ἀν-επιτίμητος 2 ungerügt.

ἀν-επίφθονος 2 vorwurfsfrei, unverargt, unanstößig.

ἀν-έραμαι P. neue Liebe fassen.

ἀν-ερεθίζω aufreizen. P. von neuem streben.

ἀν-ερείπομαι M. entraffen.

ἀν-ερευνάω aufspüren.

ἀν-έρομαι M. = ἀνείρομαι.

ἀν-ερρήθην, aor. P. von ἀνειπεῖν.

ἀν-ερύω hinauf-, aufziehen.

ἀν-έρχομαι M. a) hinaufgehen, emporsteigen, aufschießen. b) übergehen; gelangen. c) zurückkehren, heimkehren.

ἀν-ερωτάω aus-, befragen.

ἀν-έσαιμι s. ἀνέζω.

ἄν-εσαν u. **ἀνέσει** s. ἀνίημι.

ἄνεσις, εως, ἡ das Nachlassen, Schlaffheit; Ruhe; leichte Haft.

ἀν-εσσύτο s. ἀνασεύομαι.

ἀν-έστιος 2 heimatlos.

ἀν-ετάζω ausforschen, verhören.

ἀν-έτλην s. ἀνατλῆναι.

ἄνευ (m t gen.): a) ohne; ohne Zutun, ohne Wissen j-s; außer, abgesehen von. b) entfernt, fern von, frei von.

ἄνευ-θε(ν) adv. a) getrennt, abseits, fern. b) (mit gen.) = ἄνευ.

ἀν-εύθετος 2 unpassend.

ἀν-εύθυνος 2 nicht rechenschaftspflichtig, unverantwortlich. [findig machen.]

ἀν-ευρίσκω auffinden, aus-

ἀν-ευφημέω laut aufschreien.

ἀ-νέφελος wolkenlos; unverhüllt.

ἀν-εχέγγυος 2 keine Bürgschaft leistend.

ἀν-έχω I. Akt. 1. trans.: a) emporhalten, in die Höhe heben: α) aufrecht halten, erhalten; β) hochhalten (= ehren). b) zurückhalten, hemmen. c) aushalten. — 2. int.: a) empor-, hervorragen, sich erstrecken; empor-tauchen, -kommen, aufgehen; aus etw. entspringen. b) anhalten: α) innehalten, sich aufhalten, aufhören; β) dabei beharren. — II. M. 1. etw. von sich emporhalten. — 2. sich in der Höhe halten: a) sich erheben. b) standhalten; wagen; ertragen, dulden, sich gefallen lassen, zulassen; Geduld haben. c) j-n anhören. — 3. an sich halten, sich zurückhalten, gelassen bleiben.

ἀνεψιά, ἡ Kusine, Base.

ἀνεψιός, ὁ Neffe; Vetter.

ἄνεω u. **ἄνεῳ** lautlos, still.

ἀν-ηβάω wieder jung werden.

ἀν-ηγέομαι M. aufzählen.

ἀν-ήῃ = ἀνῄη s. ἀνίημι.

ἄνηθον, τό Anis, Dill.

ἀν-ήϊον s. ἄνειμι.

ἀν-ήκεστος 2 unheilbar, heillos; unsühnbar; unverzeihlich; unerbittlich, hart; maßlos, unerträglich; verderblich.

ἀν-ήκοος 2 a) nicht hörend. b) unkundig, unwissend.

ἀνηκουστέω auf j-n nicht hören, ungehorsam sein.

ἀν-ήκουστος 2 unerhört, gräßlich.

ἀν-ήκω hingekommen sein, gelangen: a) (hinauf)reichen, sich erstrecken. b) beruhen auf, abhängen von, sich beziehen auf etw., betreffen. c) sich geziemen.

άν-ήλιος 2 unbesonnt, schattig.
άν-ήμελκτος 2 ungemolken.
άν-ήμερος 2 ungezähmt; zügellos, roh, wild.
άν-ήνεμος 2 windstill.
άνήνοθα pf. emporwallen.
άν-ήνυ(σ)τος 2 unvollendbar, endlos, ewig; erfolglos.
άν-ήνωρ 2 unmännlich.
άνήρ, ό Mann: a) Ehemann; Bräutigam. b) Soldat, Krieger. c) Held. d) Mensch; jemand.
άν-ηρείψαντο f. άνερείπομαι.
άν-ήφαιστος 2 ohne Feuer, kalt.
άν-ήριθμος 2 = άνάριθμος.
άν-ήροτος 2 ungepflügt.
άνησον, τό = άνηθον.
άν-ήφθω, 3. sg. imp. pf. P. von άνάπτω.
άνθ-αιρέομαι M. an j-s Stelle wählen.
άνθ-αμιλλάομαι P.wetteifern.
άνθ-άπτομαι M. (ebenfalls) Hand anlegen; anfassen, ergreifen: a)etw. betreiben,unternehmen, sich e-r Sache widmen. b) tadeln.
άνθ-έλκω nach der entgegengesetzten Seite ziehen.
άνθέμιον, τό Blume. [blümt.]
άνθεμόεις 3 blumenreich; ge-
άνθερεών, ώνος, ό Kinn.
άνθέριξ, ικος, ό Hachel: a) Ähre. b) Halm.
άνθέω a) blühen. b) sprossen; prangen, in voller Blüte oder Kraft stehen.
άνθ-ήλιος 2 = άντήλιος.
άνθηρός 3 blühend: a) frisch, heiter. b) stürmisch, heftig.
άνθ-ησσάομαι P. ebenfalls nachgeben. [weißhaarig.]
άνθίζω färben. part. pf. P.
άνθινός 3 blumig, von Blumen, Pflanzen=...
άνθ-ίστημι I. Akt. 1. entgegenstellen. — 2. intr. = P. — II. P. sich entgegenstellen, entgegentreten,Widerstand leisten,kämpfen.
άνθ-ομολογέομαι M. a) übereinkommen. b) preisen, loben, danken. c) bekennen, beichten.
άνθ-οπλίζομαι M. sich ebenfalls rüsten. [Anker liegen.]
άνθ-ορμέω gegenüber vor
άνθος, τό Blume, Blüte; Höhepunkt. [duftend.]
άνθ-οσμίας, ου wohlriechend,
άνθρακιά, ή Kohlenfeuer.
άνθραξ, ακος, ό glühende oder feurige Kohle.
άνθρωπ-άρεσκος 2 den Menschen zu gefallen suchend.
άνθρώπειος 3 und **άνθρώπινος** 3 menschlich, irdisch.
άνθρώπιον, τό Menschlein, Wicht. [schengestalt.]
άνθρωπο-ειδής 2 in Men-
άνθρωπο-κτόνος 2 mordend; Mörder.
άνθρωπος, ό (u. ή) 1. Mensch, Mann, pl. Leute: a) Ehemann. b) Einwohner. c) Sklave, Diener. d) Sohn. — 2. ή Frauenzimmer, Sklavin. — 3. jemand, man. [fleisch fressen.]
άνθρωποφάγέω Menschen-
άνθρωπο-φυής 2 menschenartig.
άνθ-υπάγω dagegen verklagen.
άνθυπάτεύω Prokonsul oder Statthalter sein.
άνθ-ύπατος, ό Prokonsul, Statthalter.
άνθ-υποπτεύομαι P. (dafür) in Verdacht kommen.
άνθ-υπουργέω = άντυπουργέω.
άνία, ή, (ί) a) Plage, Qual, Not. b) Unlust, Kummer.
άνιάζω a) plagen, belästigen. b) müde od. mißmutig sein, sich beschwert fühlen.
άν-ιάομαι M. wiederheilen.

ἀνιαρός 3 a) betrübend, kränkend; lästig, widerwärtig. b) betrübt, traurig.
ἀν-ίατος 2 unheilbar.
ἀνιάω I. Akt. plagen, belästigen, kränken, schmerzen. — II. P. mißmutig oder betrübt sein.
ἀν-ίδρυτος 2 rastlos, unstät; menschenscheu.
ἀν-ιδρωτί ohne Schweiß.
ἀνιέομαι M. = ἀνιάομαι.
ἀν-ίερος 2 unheilig, ruchlos.
ἀν-ίημι I. Akt. 1. *trans.:* a) hinaufschicken, emporsenden, aufsteigen lassen, hinauflassen. b) loslassen, die Zügel schießen lassen: α) antreiben, anreizen; β) freilassen, entlassen; verlassen; γ) lösen, losmachen; öffnen; abhäuten; δ) zulassen, erlauben, überlassen, preisgeben, weihen. c) nachlassen, abspannen; vernachlässigen, unterlassen, aufgeben, j-m etw. erlassen. — 2. *intr.* nachlassen, aufhören. — II. P. *pf.* ἀνεῖσθαι: a) losgelassen oder unbewacht, zügellos sein. b) preisgegeben, geweiht, bestimmt sein. c) lässig, schlaff sein.
ἀνιηρός 3 = ἀνιαρός.
ἀνιήσει(ς) f. ἀνιάω.
ἀ-νίκητος 2 a) unbesiegt. b) unbesiegbar.
ἀν-ίλεως 2 unbarmherzig.
ἀν-ιμάω in die Höhe ziehen.
ἀν-ιππος 2 a) unberitten. b) für Reiterei untauglich.
ἀνιπτό-πους, ποδος mit ungewaschenen Füßen.
ἄ-νιπτος 2 ungewaschen.
ἄν-ισος 2 a) ungleich. b) unbillig.
ἀνισότης, ητος, ἡ Ungleichheit.
ἀν-ισόω gleichmachen. P. gleichkommen.
ἀν-ίστημι I. Akt. 1. *trans.:* a) aufstellen, aufrichten; errichten, erbauen. b) aufstehen machen (ob. heißen), zum Aufstehen bringen: α) zum Aufbruch veranlassen, aufscheuchen; β) verpflanzen; vertreiben, verjagen; γ) auf(er)wecken; auftreten lassen; δ) aufwiegeln, aufregen. — 2. *intr.* = P. — II. P. (u. *fut.* M.) 1. vertrieben ob. verjagt werden. — 2. aufstehen, sich erheben, auch auferstehen: a) auftreten. b) aufbrechen, sich aufmachen. c) sich erholen, genesen. d) in Aufruhr geraten. [fragen.]
ἀν-ιστορέω ausforschen, (be=)
ἀν-ίσχω = ἀνέχω.
ἀνίσωσις, ἡ Ausgleichung.
ἀν-ιχνεύω aufspüren, erspähen.
ἀν-νέομαι = ἀνανέομαι.
ἄν-οδος¹ ἡ Aufstieg, der Weg hinauf; Hinaufmarsch.
ἄν-οδος² 2 unwegsam.
ἀ-νοήμων 2 unverständig.
ἀ-νόητος 2 a) unverständig, töricht, sinnlos. b) fürs Denken unfaßbar.
ἄνοια, ἡ Unverstand, Torheit.
ἀν-οίγνυμι u. **-οίγω** 1. öffnen, aufschließen; auftun, zurückschieben; enthüllen. — 2. *pf. II* ἀνέῳγα geöffnet sein, offenstehen.
ἀν-οιδέω aufbrausen (lassen).
ἀν-οικίζομαι P. a) sich im Binnenlande ansiedeln. b) landeinwärts liegen ob. wohnen.
ἀν-οικοδομέω (wieder)aufbauen; wiederherstellen.
ἄν-οικος 2 h imatlos.
ἀν-οικτος 2 a) erbarmungslos. b) unbemitleidet.
ἀν-οιμωκτί *adv.* ungestraft.
ἄνοιξις, εως, ἡ Öffnen, Auftun; Öffnung.
ἀν-οιστέος 3 zu melden(d).
ἀν-οιστός 3 a) berichtet. b) anhängig gemacht.
ἀνοκωχεύω = ἀνακωχεύω.

ἀν-οκωχή, ἡ = ἀνακωχή.
ἀν-όλβιος u. ἄν-ολβος 2 unglücklich, unselig.
ἀν-όλεθρος 2 unversehrt.
ἀνολκή, ἡ Hinaufziehen.
ἀν-ολολύζω laut aufschreien od. (be)jammern od. preisen.
ἀν-ολοφύρομαι M. laut wehklagen od. beklagen.
ἄν-ομβρος 2 ohne Regen.
ἀνομέω gesetzwidrig handeln.
ἀνομία, ἡ Gesetzlosigkeit, Ungesetzlichkeit, Gottlosigkeit.
ἀν-όμματος 2 augenlos.
ἀν-όμοιος 2 ungleich, unähnlich. [heit.]
ἀνομοιότης, ητος, ἡ Ungleich-
ἀν-ομολογέω u. M. a) übereinkommen. b) sich nochmals verständigen, rekapitulieren.
ἀν-ομολογούμενος 3 (sich) widersprechend.
ἄ-νομος 2 gesetzlos, ungesetzlich, ungerecht, gottlos. *subst.* Heide.
ἀν-όνητος 2 a) nichtsnutzig, unnütz. b) unteilhaftig.
ἄ-νοος 2 unverständig, töricht.
ἀν-οπαιά *adv.* in die Höhe.
ἄν-οπλος 2 unbewaffnet.
ἀν-ορθόω a) aufrichten. b) wieder-aufrichten, -aufbauen, -herstellen.
ἄν-ορμος 2 hafenlos.
ἀν-ορνυμαι M. sich erheben.
ἀν-ορούω aufspringen, emporfahren. [ruchlos.]
ἀν-όσιος 2 unheilig, gottlos,
ἀνοσιότης, ητος, ἡ Ruchlosigkeit.
ἄ-νοσος 2 frei von Krankheit.
ἀ-νόστιμος u. ἄ-νοστος 2 der Rückkehr beraubt.
ἄ-νους 2 = ἄνοος.
ἄ-νουσος 2 = ἄνοσος.
ἀν-ούτατος 2 unverwundet.
ἀνουτητί ohne Verwundung.
ἀνοχή, ἡ a) Geduld. b) *pl.* Waffenstillstand.

ἀν-στρέφω = ἀναστρέφω.
ἀν-σχεθέειν, ἄν-σχεο u. ä. f. ἀνέχω.
ἀν-σχετός 2 erträglich.
ἀντά 1. a) gegenüber, ins Angesicht, entgegen. b) geradeaus. — 2. mit *gen.*: a) gegenüber, vor. b) entgegen, gegen.
ἀντ-ἀγοράζω dagegen einkaufen.
ἀντ-ἀγωνίζομαι M. a) entgegenkämpfen; kämpfen. b)wetteifern.
ἀντᾱγωνιστής, οῦ, ὁ Gegner, Feind, Nebenbuhler.
ἀντ-ἀδικέω wieder unrecht tun.
ἀντ-ἀείρω = ἀνταίρω.
ἀνταῖος 3 entgegen-gerichtet, die Brust treffend, von vorn.
ἀντ-αίρω u. M. a) zur Gegenwehr erheben. b) Widerstand leisten, sich widersetzen.
ἀντ-αιτέω dagegen fordern.
ἀνταϰαῖος ὁ Stör.
ἀντ-ακούω dagegen hören.
ἀντάλλαγμα, τό Lösegeld.
ἀντ-αλλάσσω a) vertauschen, umtauschen. b) eintauschen; entgegensetzen.
ἀντ-ἀμείβομαι M.mitGleichem vergelten, erwidern, antworten.
ἀντ-ἀμῡνομαι M. Gegenwehr leisten; Vergeltung üben, sich rächen.
ἀντ-αναβιβάζω dagegen hinaufsteigen lassen.
ἀντ-ανάγω I. Akt. 1. dagegen hinaufführen; auslaufen lassen. — 2. *intr.* = M. P. — II. M. P. entgegenfahren.
ἀντ-αναιρέω gegeneinander aufheben. [warten.]
ἀντ-αναμένω seinerseits ab-
ἀντ-αναπίμπλημι ebenfalls anfüllen.
ἀντ-αναπληρόω seinerseits ausfüllen oder ergänzen.

ἀντ-άνειμι gegenüber emporsteigen.

ἀντ-ανίσταμαι M. sich entgegenstellen.

ἀντ-άξιος 3 gleichwertig, aufwiegend, gewachsen.

ἀντ-αξιόω dagegen verlangen.

ἀντ-απαιτέω dagegen fordern.

ἀντ-αποδίδωμι a) vergelten. b) gegenseitig entsprechen.

ἀνταπόδοσις, εως, ἡ u. **ἀνταπόδομα**, τό a) Wiederherausgabe. b) Ersatz, (Wieder-)Vergeltung.

ἀντ-αποκρίνομαι M. dagegen erwidern; streiten.

ἀντ-αποκτείνω zur Vergeltung töten.

ἀντ-απόλλυμι zur Vergeltung umbringen. [beweis anführen.]

ἀντ-αποφαίνω zum Gegen-

ἀντ-άπτομαι = ἀνθάπτομαι.

ἀντ-αρκέω j-m gewachsen sein.

ἀντ-ασπάζομαι M. dagegen bewillkommnen.

ἀντ-ατιμάζω den Schimpf vergelten.

ἀντ-αυδάω a) antworten. b) anreden.

ἀντάω = ἀντιάω.

ἀντ-ειπεῖν s. ἀντιλέγω.

ἀντ-είρομαι = ἀντέρομαι.

ἀντ-εισάγω dafür od. dagegen einführen. [schicken.]

ἀντ-εκπέμπω dagegen aus-

ἀντ-εκπλέω entgegen-segeln.

ἀντ-εκτρέχω einen Gegenausfall machen.

ἀντ-ελπίζω dagegen hoffen.

ἀντ-εμβάλλω dagegen einfallen.

ἀντ-εμβιβάζω anstatt j-s einen andern einschiffen; die Bemannung wechseln.

ἀντ-εμπίμπλημι zur Vergeltung anfüllen.

ἀντ-εμπίμπρημι aus Rache in Brand stecken.

ἀντ-έξειμι entgegenrücken.

ἀντ-εξέρχομαι M. = ἀντ-έξειμι.

ἀντ-εξόρμησις, ἡ Anlauf, Anrücken.

ἀντ-επάγω ebenfalls zum Angriff führen; entgegenrücken.

ἀντ-επανάγομαι P. dagegen auslaufen.

ἀντ-έπειμι entgegenrücken.

ἀντ-επεξάγω die Schlachtlinie gleichfalls ausdehnen.

ἀντ-επέξειμι, **ἀντ-επεξελαύνω**, **ἀντ-επεξέρχομαι** M. entgegenziehen.

ἀντ-επιβουλεύω zur Abwehr einen Anschlag machen, wiederangreifen.

ἀντ-επιθυμέω seinerseits (wieder)verlangen.

ἀντ-επικουρέω ebenfalls Hilfe leisten.

ἀντ-επιμελέομαι P. sich dagegen bemühen, Gegenanstalten treffen.

ἀντ-επιστρατεύω auch seinerseits zu Felde ziehen.

ἀντ-επιτάσσω seinerseits auftragen.

ἀντ-επιτειχίζομαι M. sich ebenfalls Bollwerke anlegen.

ἀντ-επιτίθημι dagegen auftragen. [buhler.]

ἀντ-εραστής, οῦ, ὁ Neben-

ἀντ-ερείδω dagegen-, entgegen-stemmen, fest aufsetzen.

ἀντ-ερεῖν, **-ερῶ** s. ἀντιλέγω.

ἀντ-έρομαι M. dagegen fragen.

ἀντ-έρως, ωτος, ὁ Gegenliebe.

ἀντ-ευεργετέω wieder wohltun.

ἀντ-ευποιέω = ἀντευεργετέω.

ἀντ-έχω I. Akt. 1. a) vorhalten, entgegenhalten. b) abhalten. — 2. intr.: a) aushalten, ausharren; fortdauern, fortbestehen: α) ausreichen, genügen; β) auf etw. bestehen. b) standhalten, sich halten können, widerstehen.

ἀντέω — 44 — ἀντι-καθίστημι

— II. M. 1. sich etw. zum Schutze gegen etw. vorhalten. — 2. sich an etw. halten: a) bestehen auf, trachten nach; eifrig betreiben. b) j-m anhangen, sich j-s annehmen, sich widmen.

ἀντέω = ἀντιάω.

ἄντη, ἡ das Flehen, Bitte.

ἀντ-ήλιος 2 östlich.

ἄντην 1. a) (gerade) ins Gesicht, gegenüber, entgegen. b) vorn. — 2. vor aller Augen, offen.

ἀντήρης 2 vorn befindlich oder treffend.

ἀντηρίς, ίδος, ἡ Stützbalken.

ἄντησις, ἡ Begegnung. κατ' -ιν gegenüber.

ἀντί, prp. mit gen. 1. a) angesichts, gegenüber. b) hinter. — 2. gleich, (an)statt, an Stelle, für, zur Vergeltung für, gegen.

ἀντ', **ἀντά** s. ἀντίος.

ἀντιάζω = ἀντιάω.

ἀντι-άνειρα, ἡ männergleich.

ἀντιάω I. Akt. entgegen=gehen, =kommen, =treten: 1. angreifen. — 2. mit j-m zusammentreffen, antreffen, begegnen, sich nahen. — 3. a) etw. entgegennehmen, teilhaftig werden, erlangen. b) erdulden. c) mit Bitten angehen, anflehen. — II. M. an etw. teilnehmen.

ἀντι-βαίνω entgegentreten.

ἀντι-βάλλω a) entgegenwerfen, wiederschießen. b) λόγους Reden führen.

ἀντί-βιος 3 1. feindselig. — 2. ἀντίβιον und -ίην adv. im Kampfe, entgegen.

ἀντι-βλέπω gerade an= ob. hinsehen.

ἀντι-βοηθέω a) zum Dank wieder beistehen. b) der Gegenpartei beistehen.

ἀντιβολέω entgegengehen, begegnen, antreffen, nahen: a) zugegen sein. b) an etw. teil-

nehmen. c) (mit Bitten) angehen, bitten.

ἀντιβόλησις, εως und **ἀντιβολιᾶ**, ἡ das Anflehen.

ἀντι-γενεηλογέω e-n andern Stammbaum aufstellen.

ἀντι-γραφή, ἡ Gegenschrift: a) Einrede gegen die Zulässigkeit e-r Klage. b) Gegenklage; Anklageschrift.

ἀντίγραφον, τό Abschrift.

ἀντι-γράφω schriftlich antworten. M. Rekurs erheben.

ἀντίγραφις, εως, ἡ Einreichung e-r Gegenklage.

ἀντι-δάκνω wiederbeißen.

ἀντι-δέομαι P. seinerseits (er=) bitten.

ἀντι-διατίθεμαι M. sich widersetzen.

ἀντι-δίδωμι 1. dagegen ob. dafür geben, zurückgeben: a) vergelten, erwidern. b) (ab)büßen. — 2. den Vermögenstausch anbieten.

ἀντιδικέω gegen j-n prozessieren.

ἀντί-δικος, ὁ Widersacher, Gegner, Ankläger.

ἀντί-δοσις, εως, ἡ Umtausch; Vermögenstausch.

ἀντι-δράω vergelten.

ἀντι-δωρέομαι M. wieder(be)schenken.

ἀντί-θεος 3 göttergleich.

ἀντι-θεραπεύω wiederehren.

ἀντίθεσις, εως, ἡ Gegensatz, widersprechende Behauptung.

ἀντι-θέω a) entgegenlaufen. b) im Laufen wetteifern.

ἀντί-θυρον, τό a) Vorplatz; b) Hausflur, Vorgemach.

ἀντι-κάθημαι M. gegenübersitzen oder =gelagert sein.

ἀντι-καθίζομαι M. gegenüber sich setzen oder sich lagern.

ἀντι-καθίστημι 1. a) entgegenstellen. b) dafür (= an j-s Stelle) etw. anderes hinstellen

ἀντι-κακουργέω — 45 — **ἀντί-παλος**

ob. setzen; umstimmen.— 2.*intr.* u. P.: a) sich entgegenstellen, sich widersetzen, gegenübertreten. b) dafür (= an j-s Stelle) eintreten.

ἀντι-κακουργέω wieder Böses zufügen.

ἀντι-καλέω dagegen einladen.

ἀντι-καταλλάσσομαι M. etw. gegen etw. eintauschen ob. hingeben.

ἀντί-κειμαι M. gegenüberliegen; entgegengesetzt sein, im Kampfe liegen; Widersacher sein.

ἀντι-κελεύω dagegen auffordern. [weinen.]

ἀντι-κλαίω seinerseits auch

ἀντι-κόπτω sich heftig widersetzen, hinderlich sein.

ἀντι-κρούω = ἀντικόπτω.

ἀντι-κρύ u. **ἄντι-κρύς** 1. gegenüber, entgegen, ins Gesicht, vorn. — 2. geradeaus: a) geradezu, durchaus, gänzlich. b) gerade heraus, offen(bar).

ἀντι-κύρω begegnen, auf etw. treffen.

ἀντιλαβή, ἡ Widerhalt, Griff: a) Anhalt. b) Blöße.

ἀντι-λαμβάνω I. Akt. 1.dafür ob. dagegen nehmen, ebenfalls einnehmen oder bekommen. — 2. festhalten. — II. M. sich an etw. halten, etw. festhalten, ergreifen: a) sich bemächtigen, erlangen. b) Hand anlegen, sich j-s annehmen, j-m helfen. c) sich e-r Sache befleißigen.

ἀντι-λέγω a) widersprechen, leugnen, (be)streiten, sich widersetzen, entgegentreten. b) dagegen behaupten, erwidern.

ἀντίλεκτος 2 streitig.

ἀντίλη(μ)ψις, εως, ἡ 1. das Dagegen-empfangen. — 2.Auffassen: a) Beanspruchung. b) Einwand, Widerspruch.

c) Befallensein von Krankheit. d) Hilfeleistung, Beistand.

ἀντιλογέω = ἀντιλέγω.

ἀντιλογία, ἡ Widerrede: a)Widerspruch, Einspruch; Auflehnung. b) Rede und Gegenrede, Verantwortung, gerichtliche Verteidigung. c) Streit, Feindschaft. [bedenken.]

ἀντιλογίζομαι M. dagegen

ἀντιλογικός 3 zum Widersprechen geschickt, sophistisch.

ἀντι-λοιδορέω wieder schmähen.

ἀντί-λυρος 2 der Lyra gleich.

ἀντί-λυτρον, τό Lösegeld.

ἀντι-μάχομαι M. im Kampfe gegenüberstehen.

ἀντι-μέλλω ebenfalls zögern ob. abwarten.

ἀντι-μέμφομαι M. sich dagegen beklagen.

ἀντι-μετρέω wieder messen.

ἀντι-μέτωπος 2 mit entgegengekehrter Front.

ἀντι-μηχανάομαι M. Gegenanstalten treffen, andere Mittel ersinnen.

ἀντι-μίμησις, εως, ἡ Gegennachahmung. [Lohn.]

ἀντιμισθία, ἡ Vergeltung,

ἀντι-ναυπηγέω a) Schiffe dagegen bauen. b) beim Schiffsbau Gegenvorkehrungen treffen.

ἀντί-ξοος 2 feindlich, widerstrebend, entgegen.

ἀντιόομαι P. sich entgegenstellen.

ἀντίος 3 a) entgegen(stehend), gegenüber, im Angesicht, vor, gegen. ἡ -ία Gegenseite. b) entgegengesetzt, widerstrebend. ὁ Gegner. ν) **ἀντίον** u. **-ία** *adv.* (mit *gen.*). [-wehen.]

ἀντιστατέω entgegen=stehen,]

ἀντιόω u. M. = ἀντιάω.

ἀντί-παλος 2 a) entgegenringend, feindlich; entgegengesetzt.

ἀντι-παραβάλλω ὁ ἁ. Gegner, Nebenbuhler. τὸ -ον Gegensatz, -partei. b) das Gleichgewicht haltend, aufwiegend, gleichstark, gewachsen, unentschieden.

ἀντι-παραβάλλω vergleichen.

ἀντι-παραγγέλλω auch seinerseits e-n Befehl geben.

ἀντι-παραθέω dem Feinde gegenüber längs der eigenen Front hinlaufen.

ἀντι-παρακαλέω dagegen ermuntern.

ἀντι-παρακελεύομαι M. dagegen auffordern.

ἀντι-παραλυπέω gleichfalls Schaden zufügen.

ἀντι-παραπλέω gegenüber an der Küste hinsegeln.

ἀντι-παρασκευάζομαι M. Gegenrüstungen treffen.

ἀντι-παρασκευή, ἡ Gegenrüstung, feindliche Macht.

ἀντι-παρατάσσω gegenüber od. auch seinerseits in Schlachtordnung aufstellen.

ἀντι-παρατίθημι gegenüberstellen; vergleichen.

ἀντι-πάρειμι a) gegenüber, an etw. hinziehen. b) gegeneinanderrücken.

ἀντι-παρεξάγω gegen j-n anrücken.

ἀντι-παρέρχομαι M. (gegenüber-)vorbeigehen. [bieten.]

ἀντι-παρέχω dagegen dar-

ἀντι-πάσχω dagegen od. ebenfalls (er)leiden.

ἀντι-παταγέω übertönen.

ἀντι-πέμπω 1. entgegenschicken. — 2. a) ebenfalls schicken. b) zurückschicken. c) zum Ersatz oder als Lohn schicken.

ἀντι-περά = ἀντιπέραν.

ἀντι-πέραια, τά die gegenüberliegenden Küstenstriche.

ἀντι-πέραν und **-πέρας** adv. gegenüber (gelegen), jenseits.

ἀντί-πετρος 2 felsenhart.

ἀντι-πίμπλημι auch seinerseits anfüllen.

ἀντι-πίπτω widerstreben.

ἀντι-πλέω entgegensegeln.

ἀντι-πλήξ, ῆγος wogengepeitscht. [mannen.]

ἀντι-πληρόω ebenfalls be-

ἀντι-ποθέω wiederlieben.

ἀντι-ποιέω I. Akt. wieder(an-)tun. — II. M.: a) Anspruch auf etw. machen, nach etw. streben. b) j-m etw. streitig machen. c) mit j-m in etw. wetteifern.

ἀντί-ποινα, τά Vergeltung, Rache, Buße.

ἀντι-πολεμέω 1. a) gleichfalls die Waffen ergreifen. b) gegen j-n Krieg führen. — 2. einander befriegen.

ἀντι-πόλεμος u. **-ιος**, ὁ Feind, Gegner. [seits belagern.]

ἀντι-πολιορκέω auch seiner-

ἀντι-πορεύομαι P. ebenfalls aufbrechen. [gend.]

ἀντί-πορος 2 gegenüberlie-

ἀντι-πράσσω entgegenhandeln, dagegen unternehmen, widerstreben.

ἀντι-πρεσβεύομαι M. ebenfalls Gesandte schicken.

ἀντι-πρήσσω = ἀντι-πράσσω.

ἀντι-πρόειμι entgegenrücken.

ἀντι-προσαγορεύω wieder grüßen.

ἀντι-πρόσειμι dagegen heranziehen.

ἀντι-προσερρήθην ich wurde wieder-gegrüßt.

ἀντι-πρόσωπος 2 gerade gegenüberstehend.

ἀντι-προτείνω ebenfalls ausstrecken.

ἀντί-πρῳρος 2 mit zugekehrtem Schiffsschnabel; gerade gegenüberstehend, deutlich.

ἀντί-πυλος 2 mit gegenüberliegenden Toren.

ἀντίρροπος 2 das Gleichgewicht haltend, gleichschwer, -stark, gewachsen.

ἀντισήκωσις, ἡ Ausgleichung.

ἀντ-ισόομαι P. sich gleichstellen.

ἀντίσπαστος 2 krampfhaft.

ἀντί-σταθμος 2 von gleichem Gewicht; Ersatz bietend.

ἀντι-στασιάζω eine Gegenpartei bilden; rivalisieren.

ἀντι-στασιώτης, ου, ὁ Gegner, Widersacher.

ἀντιστατέω sich widersetzen.

ἀντ-ίστημι = ἀνθίστημι.

ἀντιστοιχέω in geordneter Reihe gegenüberstehen.

ἀντι-στρατεύομαι M. gegen j-n zu Felde ziehen; widerstreiten. [Feldherr.]

ἀντι-στράτηγος, ὁ feindlicher

ἀντι-στρατοπεδεύομαι M. sich gegenüber lagern.

ἀντίστροφος 2 entgegengekehrt; entsprechend. *subst.* ἡ ἀντιστροφή Gegenstrophe.

ἀντ-ισχυρίζομαι M. gleichfalls fest versichern.

ἀντ-ίσχω = ἀντέχω.

ἀντίταξις, εως, ἡ Entgegenstellung.

ἀντι-τάσσω entgegenstellen. M. entgegentreten, widerstehen.

ἀντι-τείνω sich widersetzen, widerstreben. [festigung.]

ἀντι-τείχισμα, τό Gegenbe-

ἀντι-τεχνάομαι M. Gegenlist anwenden.

ἀντιτέχνησις, ἡ wetteifernde Kunst, Gegenanschlag.

ἀντί-τεχνος, ὁ Kunstnebenbuhler.

ἀντι-τίθημι a) gegenüberstellen, vergleichen. b) dafür setzen ob. geben, dagegen in Anschlag bringen.

ἀντι-τιμάω wieder-ehren. — M. e-n Gegenantrag stellen.

ἀντι-τιμωρέομαι M. sich dafür rächen.

ἀντι-τίνω a) zur Vergeltung büßen. b) (ab)büßen lassen.

ἀντι-τολμάω gleichfalls kühn handeln.

ἀντι-τοξεύω wiederschießen.

ἀντι-τορέω durchbohren; in etw. eindringen.

ἀν-τιτος 2 wieder-vergolten.

ἀντι-τυγχάνω dagegen erlangen.

ἀντί-τυπος 2: 1. zurückstoßend, widerwärtig. — 2. a) zurückgestoßen, -prallend; widerhallend. b) gegenbildlich. τὸ -ον Ab-, Gegen-bild.

ἀντι-τύπτω wiederschlagen.

ἀντι-φερίζω sich gleichstellen, sich vergleichen.

ἀντι-φέρω dagegenstellen. P. sich widersetzen oder sich messen mit j-m.

ἀντί-φημι widersprechen.

ἀντι-φιλέω wiederlieben.

ἀντί-φονος 2 wieder mordend, den Mord vergeltend.

ἀντι-φυλακή, ἡ gegenseitige Vorsicht.

ἀντι-φυλάττομαι M. sich ebenfalls in acht nehmen.

ἀντι-φωνέω a) entgegnen, antworten. b) widersprechen.

ἀντι-χαίρω anlächeln.

ἀντι-χαρίζομαι M. sich wieder gefällig zeigen.

ἀντι-χειροτονέω dagegenstimmen. [gen.]

ἀντι-χράω ausreichen, genü-

ἀντί-χριστος, ὁ Antichrist.

ἀντλέω (aus)schöpfen, pumpen; erschöpfen.

ἄντλημα, τό Schöpfgefäß.

ἀντλία, ἡ = ἄντλος.

ἄντλος, ὁ a) Kielwasser, Sog; Meer. b) unterster Schiffsraum.

ἀντ-οικτίζω wieder Mitleid haben.

ἀντολή, ἡ = ἀνατολή.
ἄντομαι M. a) begegnen. b) anflehen. [ren.]
ἀντ-ομνῡμι seinerseits schwören
ἀντ-ονομάζω anders benennen. [graben.]
ἀντ-ορύσσω eine Gegenmine
ἀντ-οφείλω dagegen schulden.
ἀντ-οφθαλμέω widerstehen, gegen etw. ankämpfen.
ἀντ-υποκρίνομαι M. dagegen antworten.
ἀντ-υπουργέω einen Gegendienst leisten.
ἀντωμοσία, ἡ Anklageschrift.
ἀντ-ωνέομαι M. dagegen bieten, überbieten.
ἀντ-ωφελέω wiederhelfen. P. wieder Vorteil ziehen.
ἀνυδρία, ἡ Wassermangel.
ἄν-υδρος 2 wasserlos, dürr. ἡ ἀνύδρος Wüste.
ἀν-υμέναιος 2 ohne Hochzeitslied, unvermählt.
ἀνύμι = ἀνύω.
ἀ-νύμφευτος u. **ἄ-νυμφος** 2 a) unvermählt. b) unglücklich vermählt, unselig.
ἀν-υπέρβλητος 2 unübertrefflich, unüberwindlich.
ἀν-υπόδητος 2 unbeschuht.
ἀν-υπόκριτος 2 ohne Falsch, ungeheuchelt.
ἀν-ύποπτος 2 a) unverdächtig. b) ohne Argwohn.
ἀν-υπόστατος 2 unwiderstehlich, unbesiegbar.
ἀν-υπότακτος 2 a) nicht unterworfen. b) ungehorsam.
ἄνυσις, εως, ἡ Vollendung, Erfolg, Nutzen.
ἀνυστός 3 ausführbar, tunlich.

ἀνύτω u. **ἀνύττω** = ἀνύω.
ἀν-υφαίνω von neuem weben.
ἀνύω u. **ἀνύω** 1. a) vollenden, vollbringen, bewirken, erreichen; verschaffen, gewinnen. b) abs. (auch M.): α) einen Weg zurücklegen, vorwärtskommen; β) hingelangen. — 2. verzehren, vernichten.
ἄνω[1] vollenden.
ἄνω[2] adv. 1. a) nach oben, empor, hinauf, in die Höhe; landeinwärts. b) oben, in der Höhe; im Binnenlande. ὁ ~ der obere, himmlische. c) früher, vorher. — 2. mit gen.: oberhalb, jenseits. — 3. a) comp. **ἀνωτέρω** höher. b) sup. **ἀνώτατος** oberster, höchster. **ἀνωτάτω** zu oberst, am höchsten.
ἄνωγα und **ἀνώγω** befehlen, gebieten; antreiben.
ἀνώγαιον u. **ἀνώγεων**, ω, τό a) Obergemach; b) Speicher, Hausboden.
ἀν-ώδυνος 2 schmerzlos.
ἄνω-θεν 1. von oben her, von der Höhe herab; mit gen. herab ... von, oberhalb. — 2. von je her, von Anfang an. — 3. von neuem.
ἀν-ωθέω ab-, weg-, zurückstoßen, zurücktreiben. M. von sich abwehren. [ἀνωιστί.]
ἀν-ώιστος 2 ungeahnt. adv.
ἀν-ώλεθρος 2 unvergänglich.
ἀνωμαλία, ἡ Ungleichheit.
ἀν-ώμαλος 2 uneben; ungleich, verschieden.
ἀνωμοτί ohne Schwur.
ἀν-ώνυμος 2 namenlos.
ἀνωρία, ἡ Unzeit, unpassende Zeit.
ἄν-ωρος 2 unzeitig, zu früh.
ἀνωτερικός 3 höher gelegen.
ἀνώτερος 3 höher, früher.
ἀν-ωφελής u. **-ωφέλητος** 2 unnütz, nichtsnutzig, schädlich.

ἄνωχθε f. ἄνωγα.
ἄξας, ἀξέμεν u. ä. f. ἄγω.
ἄ-ξενος 2 ungastlich.
ἄ-ξεστος 2 ungeglättet, rauh.
ἀξία, ἡ 1. Wert, Preis. — 2. a) Würde. b) Würdigkeit, Gebühr, Verdienst; Lohn, Strafe. [wert.]
ἀξι-αφήγητος 2 erzählens-
ἀξι-επαινος 2 lobenswert.
ἀξίνη, ἡ Art, Streitart.
ἀξιό-βιωτος 2 der Mühe wert zu leben, lebenswert.
ἀξιο-θαύμαστος 2 bewundernswürdig.
ἀξιο-θέατος 2 sehenswert.
ἀξιό-λογος 2 nennenswert: a) bedeutend, angesehen. b) gehörig, tüchtig, gewaltig.
ἀξιό-μαχος 2 im Kampfe gewachsen, stark genug.
ἀξιο-μνημόνευτος 2 denkwürdig.
ἀξιό-νικος 2 des Sieges würdig; würdig. [zuverlässig.]
ἀξιό-πιστος 2 glaubwürdig,
ἄξιος 3 1. aufwiegend; gleichwertig, ebenbürtig, Ersatz bietend für etw., angemessen. — 2. entsprechend, würdig, wert: a) wertvoll. b) geziemend, gebührend, billig. c) berechtigt. πολλοῦ ἄξιον γίγνεσθαί τινι sich große Verdienste um j-n erwerben. ἄξιός εἰμι ich verdiene. ἄξιόν ἐστι es ist der Mühe wert, es ist recht od. billig. ἀξίως mit Recht, auf würdige Art. — 3. wohlfeil.
ἀξιό-σκεπτος 2 beachtenswert, erwägenswert.
ἀξιο-στρατηγος 2 der Feldherrnstelle würdig. [weisend.]
ἀξιο-τέκμαρτος 2 klar be-
ἀξιό-χρεως, ων 2 geeignet, tüchtig, würdig: a) bedeutend, ansehnlich. b) vollgültig, zuverlässig.

ἀξιόω a) für würdig halten, würdigen, ehren. b) für angemessen od. recht halten, verlangen, wollen, fordern, beanspruchen. c) für wahr halten, glauben, urteilen.
ἀξίωμα, τό = ἀξίωσις.
ἀξίωσις, εως, ἡ 1. a) Würdigung, Achtung. b) Würde, Ehre, Ansehen, Rang. c) Bedeutung. — 2. Forderung, Wille, Verlangen. — 3. Meinung, Ansicht.
ἄ-ξυλος 2 a) holzreich. b) holzarm.
ἄξων, ονος, ὁ Achse.
ἀοιδή, ἡ Gesang, Lied, Sage.
ἀοιδιάω singen.
ἀοίδιμος 2 besungen: a) berühmt. b) berüchtigt.
ἀοιδός, ὁ, ἡ a) Sänger(in), Dichter(in). b) Beschwörer.
ἀ-οίκητος 2 a) unbewohnt. b) unbewohnbar. c) obdachlos.
ἄ-οικος 2 ohne Haus: a) heimatlos. b) arm. c) unwohnlich, ungastlich.
ἄ-οινος 2 ohne Wein; den Wein verschmähend.
ἄ-οκνος 2 ohne Zaudern; unverdrossen, willig.
ἀ-ολλής 2 dichtgedrängt, in Haufen, alle zusammen.
ἀολλίζω versammeln.
ἄ-οπλος 2 = ἄνοπλος.
ἄορ, ἄορος, τό Schwert.
ἀ-όρατος 2 unsichtbar.
ἀ-όριστος 2 (noch) nicht abgegrenzt; unbestimmt.
ἀορτήρ, ἧρος, ὁ Trageriemen; Wehrgehenk.
ἀοσσητήρ, ἧρος, ὁ Helfer.
ἄ-ουτος 2 unverwundet.
ἀοχλησία, ἡ Ungestörtheit.
ἀπαγγελία, ἡ Bericht.
ἀπ-αγγέλλω berichten, melden, verkündigen, erzählen, erklären; preisen.
ἀ-παγής 3 nicht steif, nicht fest.

ἀπ-αγινέω abführen.
ἀπ-ἀγορεύω versagen:
1. a) verweigern, verbieten. b) abraten. — 2. ermatten, erschöpft od. müde sein od. werden.
ἀπ-αγριόομαι P. verwildern.
ἀπ-άγχω erwürgen. M. sich erhängen.
ἀπ-άγω I. Akt. 1. a) ab-, fort-, weg-führen; beiseiteschaffen. b) abziehen, abmarschieren. — 2. vor-, herbei-führen, herbeimit-bringen; abliefern. — 3. zurück-, heim-führen. — II. M. mit sich wegführen.
ἀπαγωγή, ἡ Wegführung, Abführung: a) Zahlung. b) Verhaftungsantrag.
ἀπ-ᾳδεῖν, ἀπᾳδέειν f. ἀφανδάνω.
ἀπ-ᾄδω disharmonieren.
ἀπ-αείρω = ἀπαίρω.
ἀπ-ἀθανατίζω unsterblich machen.
ἀ-παθής 2 leidlos: 1. ohne Verlust, unversehrt; unbestraft; frei(geblieben) von. — 2. a) unempfindlich, stumpfsinnig. b) ungewohnt, unkundig.
ἀπαιδευσίᾱ, ἡ Mangel an Bildung, Roheit.
ἀ-παίδευτος 2 ungebildet, unwissenschaftlich; töricht, albern.
ἀπαιδίᾱ, ἡ Kinderlosigkeit.
ἀπ-αίνυμαι wegnehmen.
ἀπ-αιρέω = ἀφαιρέω.
ἀπ-αίρω I. Akt. wegheben: a) wegnehmen, entreißen: b) aufbrechen lassen; *intr.* aufbrechen, abmarschieren, absegeln. — II. M. weggehen, enteilen.
ἄ-παις, αιδος kinderlos.
ἀπ-αΐσσω = ἀπᾴσσω.
ἀπ-αισχύνομαι P. aus Scham von etw. abstehen.
ἀπ-αιτέω ab-, zurück-fordern; (ein)fordern; an etw. mahnen.

ἀπαίτησις, εως, ἡ Zurückforderung.
ἀπ-αιτίζω = ἀπαιτέω.
ἀπ-ακριβόω aufs genaueste ausarbeiten.
ἀπάλαλκε f. ἀπαλέξω.
ἀ-πάλαμ(ν)ος 2 a) ratlos, unschlüssig. b) untätig.
ἀπ-αλγέω a) verschmerzen. b) abgestumpft sein.
ἀπ-αλείφω ausstreichen.
ἀπ-αλέξω abwehren, fernhalten, verteidigen. M. sich wehren.
ἀπ-αλθόμαι völlig heil werden.
ἀπαλλαγή, ἡ Trennung, Scheidung; Rückzug; Ausgang, Flucht; Loskommen, Befreiung.
ἀπαλλαξείω loszukommen wünschen.
ἀπάλλαξις, εως, ἡ = ἀπαλλαγή.
ἀπ-αλλάσσω I. Akt 1. losmachen, trennen: a) entfernen, fortschaffen. b) entlassen, loslassen; erlösen, befreien. — 2. *intr.* weggehen, weg- oder davon-kommen. — II. P. 1. von etw. sich entfernen od. losmachen, weichen, weggehen, scheiden, abmarschieren. — 2. befreit oder frei, erlöst werden, sich befreien.
ἀπ-αλλοτριόω entfremden, ausschließen. P. fremd werden.
ἀπ-αλοιάω zermalmen.
ἀπαλός 3 weich, zart, sanft, jung; weichlich; herzlich.
ἀπαλότης, ητος, ἡ Zartheit, Weichlichkeit; Überfülle.
ἀπαλο-τρεφής 2 wohlgenährt, fett.
ἀπ-αμάω abmähen, abschneiden. [stumpfen.]
ἀπ-αμβλύνω schwächen, (ab-)
ἀπ-αμβροτεῖν f. ἀφαμαρτάνω.
ἀπ-αμείβομαι P. antworten.
ἀπ-αμελέω (ganz) vernachlässigen.
ἀπ-αμμένος f. ἀφάπτω.

ἀπ-αμπλακεῖν sich irren.
ἀπ-αμύνω abwehren, vertreiben. M. von sich abwehren, sich verteidigen gegen etw., sich schützen.
ἀπ-αναίνομαι M. a) gänzlich verneinen. b) zurückweisen.
ἀπ-αναισχυντέω mit Schamlosigkeit behaupten.
ἀπ-αναλίσκω ganz verbrauchen; aufreiben.
ἀπ-άνευθε(ν) 1. a) fernhin, fernab. b) abseits, abgesondert. — 2. mit gen. fern von, ohne.
ἀπ-ανίστημι I. Akt.: a) aufbrechen lassen, wegführen, zum Abzuge nötigen. b) intr. = P. — II. P. aufbrechen, auswandern.
ἀπ-αντάω begegnen, entgegengehen, -kommen, zusammenkommen: a) (feindlich) entgegentreten. b) sich einfinden, (hin)kommen. c) zustoßen, widerfahren.
ἀπάντῃ überall(hin).
ἀπάντησις, ἡ Begegnung. εἰς -ιν entgegen.
ἀπ-αντικρύ gerade gegenüber.
ἀπ-αντίον = ἀπαντικρύ.
ἀπ-ανύω den Weg vollenden, ans Ziel kommen.
ἅπαξ a) einmal. b) mit einem Male, auf einmal, ein für allemal. c) einmal, erst.
ἀπ-αξιόω für unwürdig halten, verschmähen, ablehnen.
ἀπ-άπτω = ἀφάπτω.
ἀ-παράβατος 2 unvergänglich, unverletzlich, ewig.
ἀ-παραιρῆσθαι s. ἀφαιρέω.
ἀ-παραίτητος a) unerbittlich. b) unvermeidlich.
ἀ-παράκλητος 2 unaufgefordert, freiwillig.
ἀ-παρασκεύαστος 2 u. ἀ-παράσκευος unvorbereitet, ungerüstet.

ἀπ-αράσσω a) (herab-)schmettern, -werfen. b) abhauen.
ἀπ-αρέσκω mißfallen. M. völlig versöhnen.
ἀπ-αριθμέω her-, aufzählen.
ἀπαρίθμησις, εως, ἡ Aufzählung. [gen.]
ἀπ-αρκέω vollkommen genügen;
ἀπ-αρνέομαι P. (u. M.) a) leugnen; verleugnen. b) abschlagen, verweigern, sich weigern.
ἄπ-αρνος 2 (ab)leugnend.
ἀπ-αρτάω a) aufhängen, anknüpfen. b) weghängen; entfernen, trennen.
ἀπ-αρτί gerade, genau.
ἀπ-άρτι von nun an, sofort, schon jetzt.
ἀπαρτί-λογία, ἡ genaue Berechnung, volle Summe.
ἀπαρτισμός, ὁ Vollendung.
ἀπ-αρύω abschöpfen.
ἀπαρχή, ἡ Erstlingsopfer, Erstlinge; Erstlings-gabe, -frucht; Ehrengabe.
ἀπ-άρχομαι M. die heilige Handlung beginnen; darbringen, weihen.
ἅ-πᾱς, ἅπᾱσα, ἅπᾱν 1. a) (insgesamt, sämtlich, ganz, aller. b) völlig, lauter. — 2. jeder.
ἀπ-ασπάζομαι scheidend umarmen, Abschied nehmen;
ἀπ-ᾴσσω hinabspringen; wegeilen; abirren.
ἄ-παστος 2 nüchtern.
ἀπατάω täuschen, betrügen.
ἀπ-άτερθε(ν) a) abgesondert. b) (mit gen.) entfernt von.
ἀπατεών, ῶνος, ὁ Betrüger.
ἀπάτη, ἡ Täuschung, Betrug.
ἀπατήλιος 2 u. ἀπατηλός 3 und 2 (be)trügerisch.
ἀπ-ατιμάω gänzlich mißachten.
ἀ-πάτωρ, ορος vaterlos, verwaist.
ἀπ-αύγασμα, τό Abglanz.
ἀπ-αυδάω verbieten.

4*

ἀπ-αυθαδίζομαι u. ἀπ-αυ-θαδιάζομαι M. voll Selbstüberhebung sein.
ἀπ-αυθημερίζω noch an demselben Tage zurückkehren.
ἀπ-αυράω wegnehmen, rauben.
ἄ-παυστος 2 unaufhörlich.
ἀπ-αυτομολέω überlaufen.
ἀπαφίσκω u. M. täuschen.
ἄ-πεδος 2 eben, flach.
ἀπ-έειπον f. ἀπεῖπον.
ἀπ-έεργεν f. ἀποέργω.
ἀπ-εῖδον f. ἀφοράω.
ἀπείθεια, ἡ Ungehorsam; Unglaube.
ἀπειθέω ungehorsam sein; ungläubig sein. [b) unglaubig.]
ἀ-πειθής 2 a) ungehorsam;
ἀπ-εικάζω abbilden, nachbilden: a) beschreiben. b) sich vorstellen; vermuten. c) vergleichen.
ἀπ-εικότως mit Unrecht.
ἀπ-ειλέω[1] weg-, hin-drängen, (hinein)treiben.
ἀπειλέω[2] u. M. 1. drohen, androhen; verbieten. — 2. a) prahlen. b) geloben.
ἀπειλή, ἡ a) Drohung. b) Prahlerei.
ἀπείλημα, τό Drohung.
ἀπειλητήρ, ῆρος, ὁ Prahler.
ἀπειλητήριος 2 u. ἀπειλητικός 3 drohend.
ἀπ-ειμι[1] entfernt ob. abwesend sein, fehlen.
ἀπ-ειμι[2] a) weggehen; übh. gehen. b) überlaufen. c) zurückkehren.
ἀπ-εῖπον I. Akt. 1. a) heraussagen, verkünden. b) verneinen, absagen: α) aufkündigen, verweigern; β) untersagen, verbieten. c) entsagen, aufgeben; verabscheuen. — 2. intr. müde werden, ermatten. — II. M. versagen: 1. verweigern, zurückweisen. — 2. sich lossagen von, entsagen.

ἀ-πείραστος 2 = ἀπείρατος.
ἀ-πείρᾱτος 2 1. unversucht; unversuchbar. — 2. ohne einen Versuch (gemacht zu haben); unerfahren.
ἀπ-ειργάθειν f. ἀπείργω.
ἀπ-είργω a) absondern; -abgrenzen; entfernen, trennen, ausschließen. b) umfassen; einschließen. c) zurück-, abhalten, (ver)hindern.
ἀπ-ειρέσιος 3 = ἄπειρος.
ἀπ-είρηκα und -μαι pf. zu ἀπαγορεύω.
ἀ-πείρητος 2 = ἀπείρατος.
ἀπειρίᾱ, ἡ Unerfahrenheit, Unkunde, Unwissenheit.
ἀ-πείρῐτος 2 = ἄπειρος.
ἀπειρό-κακον, τό Mangel an schlimmen Erfahrungen.
ἀπειρό-καλος 2 unanständig, roh, ungezogen.
ἄ-πειρος[1] 2 unbegrenzt, unermeßlich, unendlich, unzählig.
ἄ-πειρος[2] unerfahren, unkundig.
ἀ-πείρων 2 = ἄπειρος.
ἀπ-εκδέχομαι M. erwarten; intr. warten.
ἀπ-εκδύομαι M. a) ausziehen. b) entwaffnen, überwinden.
ἀπέκδυσις, ἡ Ablegung.
ἀπ-εκλανθάνομαι M. ganz vergessen.
ἀπ-ελαύνω u. -ελάω 1. weg-, ver-treiben, verjagen; abweisen: a) ausschließen. b) benehmen. c) P. auf etw. verzichten. — 2. abmarschieren, wegreiten.
ἀπελεγμός, ὁ Tadel, Verachtung.
ἀπ-ελέγχω widerlegen.
ἀ-πέλεθρος 2 unermeßlich.
ἀπ-ελεύθερος, ὁ u. -έρᾱ, ἡ der, die Freigelassene.
ἀπ-ελήλυθα f. ἀπέρχομαι.
ἀπ-έλκω = ἀφέλκω.

ἀπ-ελπίζω a) verzweifeln. b) dafür hoffen.
ἀπ-εμέω ausspeien. [μαι.]
ἀπ-εμνήσατο f. ἀπομιμνήσκο-
ἀπ-εμπολάω verkaufen.
ἀπ-έναντι adv. gegenüber, vor; gegen, (zu)wider.
ἀπ-εναντίον und -ίως adv. gegenüber. [rauben.]
ἀπ-εναρίζω (der Waffen) be-
ἀπ-ένεικα f. ἀποφέρω.
ἀπ-ενιαυτίζω ein Jahr lang abwesend sein.
ἀπ-εννέπω verbieten.
ἀπ-έοικα nicht gleichen. ἀπεικώς ungebührlich, unnatürlich, unwahrscheinlich.
ἅπερ wie, gleichwie.
ἀ-πέραντος 2 a) unbegrenzt, endlos. b) unpassierbar.
ἀπ-εργάζομαι M. 1. abarbeiten. — 2. zustande bringen, verfertigen, machen.
ἀπεργασία, ἡ Verfertigung, Bewirkung, das Schaffen.
ἀπ-έργω = ἀπείργω.
ἀπ-ερδω vollenden.
ἅπερ-εί wie, gleichwie.
ἀπ-ερείδομαι P. u. M. 1. sich stützen. — 2. a) hinwenden. b) hinsetzen.
ἀπ-ερεῖν f. ἀπαγορεύω u. ἀπεῖπον.
ἀπερείσιος 2 = ἀπειρέσιος.
ἀ-περίοπτος 2 unbekümmert.
ἀ-περίσκεπτος 2 unbesonnen.
ἀ-περίσπαστος 2 a) ungestört, treu. b) unverrückbar.
ἀ-περίτμητος 2 unbeschnitten.
ἀ-περίτροπος 2 unbekümmert.
ἀπ-ερρωγᾶσι f. ἀπορρήγνυμι.
ἀπ-ερύκω fern-, abhalten, abwehren. M. sich enthalten.
ἀπ-ερωέω abziehen.
ἀπ-έρχομαι M. a) weggehen, abziehen, scheiden; verschwinden, vergehen. b) übergehen;

hingehen, gelangen. c) zurückkehren, weichen.
ἀπ-ερῶ fut. zu ἀπαγορεύω.
ἀπ-ερωεύς, ὁ Vernichter.
ἀπ-ερωέω zurückweichen.
ἀπ-έσσαν, ἀπ-εσσεῖται u. a. ἄπειμι¹.
ἀπ-εσσ(ο)ύα ob. ἀπεσσύη — ἀπεσύη er ist gefallen.
ἀπ-εσσύτο u. a. f. ἀποσεύομαι.
ἀπεστώ, οῦς, ἡ Abwesenheit.
ἀ-πευθής 2 a) unerforschlich. b) ohne Kunde.
ἀπ-ευθύνω a) geraderichten; lenken, regieren. b) auf den Rücken biegen ob. binden.
ἀπ-ευνάζω einschläfern.
ἀπ-εύχομαι M. verwünschen, beten, daß etw. nicht geschehe.
ἀπ-εφθίθεν f. ἀποφθίνω.
ἀπ-εφθος 2 geläutert, rein.
ἀπ-εχθαίρω a) heftig hassen. b) gänzlich verleiden.
ἀπ-εχθάνομαι M. a) verhaßt werden. b) j-m feind werden.
ἀπέχθεια, ἡ Feindschaft, Haß.
ἀπ-εχθής 2 a) verhaßt. b) feindselig.
ἀπ-έχω I. Akt. 1. a) etw. weghaben, empfangen haben; ἀπέχει es ist genug. b) fernhalten, abwehren, trennen, ausschließen. — 2. entfernt ob. fern sein. — II. M. sich von etw. fernhalten, sich enthalten, ablassen von.
ἀπ-έψω = ἀφέψω.
ἀπ-ηλεγέως rücksichtslos.
ἀπ-ῆλιξ, ικος ältlich.
ἀπ-ηλιώτης, ου, ὁ Ostwind.
ἀ-πήμαντος 2 = ἀπήμων.
ἀ-πήμων 2 leidlos: 1. ungeschädigt, unverletzt. — 2. a) unschädlich. b) Leid abwendend, günstig, heilsam.
ἀπήνη, ἡ Wagen.
ἀπηνήναντο f. ἀπαναίνομαι.

ἀπηνής 2 unfreundlich, hart.
ἀ-πηρος 2 unverstümmelt.
ἀπ-ήωρος 2 in der Höhe schwebend, herabhängend.
ἀπ-ιάλλω wegschicken.
ἀπ-ίημι = ἀφίημι.
ἀ-πίθανος 2 unglaublich, unwahrscheinlich.
ἀπιθέω ungehorsam sein.
ἀπινύσσω a) bewußtlos sein. b) unverständig sein.
ἄπιξις, ἡ = ἄφιξις.
ἄπιος 3 fern, entlegen.
ἀπ-ιπόω auspressen.
ἀπ-ισόω gleichmachen.
ἀπιστέω 1. ungläubig sein, nicht glauben: a) (be)zweifeln. b) mißtrauen. c) treulos sein. — 2. nicht gehorchen.
ἀπ-ίστημι ion. = ἀφίστημι.
ἀπιστία, ἡ 1. a) Unglaube, Zweifel. b) Mißtrauen. c) Unglaublichkeit. — 2. Treulosigkeit, Untreue.
ἄ-πιστος 2 1. a) unzuverlässig, treulos. b) verdächtig. c) unglaublich, unwahrscheinlich. d) zweifelhaft, unerkennbar. — 2. a) ungläubig, mißtrauisch. b) ungehorsam. [etw. stemmen.]
ἀπ-ισχυρίζομαι M. sich gegen
ἀπ-ίσχω weghalten.
ἀπ-ιτέον man muß weggehen.
ἀ-πλάτος 2 unnahbar; furchtbar.
ἄ-πλετος 2 unermeßlich (viel).
ἀπληστία, ἡ Unersättlichkeit.
ἄ-πληστος unersättlich; unermeßlich.
ἄ-πλητος 2 = ἄπλατος.
ἄπλοια, ἡ Behinderung der Schiffahrt. [deln.]
ἀπλοΐζομαι M. ehrlich han-
ἀπλοΐς, ίδος einfach.
ἀπλόος, ἀπλοῦς 3 einfach: a) gesund. b) schlicht, recht. c) offen, ehrlich, wahr. d) adv.
ἀπλῶς: einfach, schlicht, schlechthin, unbedingt, ohne Umstände, überhaupt.
ἄ-πλοος, ἄπλους 2 a) nicht befahrbar; nicht seetüchtig.
ἀπλότης, ητος, ἡ Einfalt: a) Einfachheit. b) Redlichkeit, Ehrlichkeit. c) Mildtätigkeit.
ἄ-πνευστος 2 atemlos.
ἀπό I. *adv.*: a) ab, weg, los; fern. b) zurück. — II. *prp.* (mit *gen.*) 1. (räuml.) von, von ... weg, von ... her: a) von ... herab. b) fern von, getrennt von; in einer Entfernung von. — 2. (zeitl.) von ... an, seit, nach. ἀφ᾽ οὗ seitdem, nachdem. — 3. (übtr.) von, aus; von seiten, durch; infolge, zufolge, wegen; vermittelst, mit, durch; nach.
ἀπο-αίνυμαι = ἀπαίνυμαι.
ἀπο-αιρέομαι = ἀφαιρέομαι.
ἀπο-βάθρα, ἡ Schiffsleiter, Landungsbrett.
ἀπο-βαίνω I. weggehen, absteigen, aussteigen, landen. — 2. ausgehen, ablaufen, verlaufen; eintreffen: a) sich ereignen. b) sich als etw. erweisen, etw. werden. — II. *trans.* ans Land setzen, ausschiffen.
ἀπο-βάλλω 1. ab-, weg-werfen: a) fallen lassen. b) vom Lande abstoßen. c) vertreiben, verstoßen. — 2. fahren lassen, verlieren.
ἀπο-βάπτω eintauchen.
ἀπόβασις, εως, ἡ Aussteigen, Landung; Abzug.
ἀπο-βιβάζω aussteigen lassen; ans Land setzen.
ἀπο-βλάπτω (be)schädigen. P. beraubt werden.
ἀπο-βλαστάνω entsprießen.
ἀποβλάστημα, τό Sprößling, Abkömmling.
ἀπο-βλέπω u. M. hinblicken, hinsehen; anblicken, betrachten.
ἀπόβλητος 2 verwerflich.

ἀπο-βλύζω aussprudeln, verschütten.
ἀποβολή, ἡ das Wegwerfen; Verwerfung; Verlust.
ἀπο-βρίζω einschlafen.
ἀπο-γεισόω mit einem Schutzdach versehen.
ἀπο-γεύομαι M. kosten; einen Versuch machen.
ἀπο-γεφυρόω abdämmen.
ἀπο-γί(γ)νομαι M. 1. abwesend od. fern sein, fernbleiben. — 2. verloren gehen; (ab=) sterben.
ἀπο-γι(γ)νώσκω 1. freisprechen. — 2. etw. (od. j-n) aufgeben: a) verzweifeln. b) verwerfen, zurückweisen.
ἀπόγνοια, ἡ Verzweiflung.
ἀπό-γονος 2 abstammend; ὁ Nachkomme, Sohn, ἡ Tochter.
ἀπογραφή, ἡ a) Verzeichnis, Liste; Steuer=rolle, =liste. b) Schatzung, Zensus. c) Fiskal-klage.
ἀπο-γράφω I. Akt. aufschreiben: a) in eine Liste eintragen. b) zu Protokoll geben. c) (an=) klagen. — II. M. 1. a) sich (in eine Liste) eintragen lassen. b) unterschreiben. — 2. sich etw. aufschreiben od. notieren, ein Verzeichnis aufnehmen. — 3. a) etw. aufschreiben lassen. b) eine Klage einreichen.
ἀπο-γυιόω ganz entkräften.
ἀπο-γυμνόω entblößen, entkleiden, ausziehen.
ἀπο-δαίομαι M. a) verteilen, hingeben. b) ab=, aussondern.
ἀπο-δακρύω a) weinen. b) beweinen.
ἀποδάσμιος 2 abgezweigt.
ἀποδασμός, ὁ Abteilung.
ἀπο-δειδίσσομαι M. abschrecken.
ἀπο-δείκνυμι u. -ύω 1. vorzeigen, aufzeigen; anweisen, aufweisen, bezeichnen: a) kundtun, erklären. b) beweisen, erweisen, dartun; leisten. c) zu etw. ernennen ob. machen. — 2. j-m etw. überweisen, übergeben, weihen.
ἀπο-δειλιάω mutlos ob. feig sein, (ver)zagen.
ἀπόδειξις, εως, ἡ Darlegung; Vollbringung; Leistung; Beweis, Probe.
ἀπο-δειροτομέω schlachten.
ἀπο-δείρω = ἀποδέρω.
ἀπο-δεκατεύω u. -όω verzehnten, den Zehnten erheben ob. geben.
ἀπόδεκτος 2 angenehm.
ἀπόδεξις, ἡ = ἀπόδειξις.
ἀπόδερμα, τὸ abgezogenes Fell.
ἀπο-δέρω abhäuten, schinden, das Fell abziehen.
ἀπο-δέχομαι M. 1. annehmen, aufnehmen, empfangen. — 2. a) vernehmen, verstehen, auffassen. b) billigen, anerkennen, beistimmen, glauben. c) j-m anhängen.
ἀπο-δέω¹ ab=, an=binden.
ἀπο-δέω² 1. ermangeln. — 2. zurückstehen.
ἀποδημέω verreist ob. auf Reisen sein, in der Fremde sein; verreisen, auswandern.
ἀποδημητής, οῦ, ὁ Reiselustige(r).
ἀποδημία, ἡ Aufenthalt in der Fremde, Reise.
ἀπό-δημος 2 verreist; verreisend.
ἀπο-διδράσκω, ion. -ήσκω entlaufen, weglaufen; fliehen: a) (ver)meiden, sich entziehen. b) aus den Augen kommen.
ἀπο-δίδωμι I. Akt. 1. weggeben; zurückgeben, ersetzen; abtragen, (be)zahlen; vergelten; erfüllen, leisten; (ab=) büßen. — 2. hingeben, aus-

ἀπο-δικέω — 56 — **ἀπο-καθίστημι**

liefern: a) angeben; mitteilen. b) übergeben. c) zugeben. — II. M. verkaufen.
ἀπο-δικέω sich (vor Gericht) verantworten.
ἀπο-δινέω ausdreschen.
ἀπο-δίομαι od. **-δίεμαι** M. verscheuchen. [sühnen.]
ἀπο-διοπομπέομαι M. (ent=)
ἀπο-διορίζω trennen; Unterscheidungen machen.
ἀπο-διώκω fortjagen, vertreiben, verfolgen.
ἀπο-δοκεῖ es mißfällt.
ἀπο-δοκιμάζω mißbilligen, verwerfen: a) abschaffen. b) ausstreichen, -schließen, -stoßen. c) tadeln.
ἄπ-οδος, ἡ = ἄφοδος.
ἀπόδοσις, εως, ἡ a) Rückgabe. b) Bezahlung.
ἀποδοχή, ἡ 1. Zurückhalten. — 2. a) Annahme, Billigung. b) Beifall, Ehre.
ἀπο-δοχμόω seitwärts biegen.
ἀποδρᾶναι, ἀποδράς siehe ἀποδιδράσκω.
ἀπόδρασις, ἡ das Entlaufen.
ἀπο-δρύφω zerschinden.
ἀπο-δύω s. ἀποδύω.
ἀπ-οδύρομαι M. jammern; bejammern, beklagen.
ἀποδυτήριον, τό Auskleidezimmer.
ἀπο-δύω I. Akt. 1. ausziehen, entkleiden. — 2. intr. = M. — II. M. = **ἀποδύνω** sich entkleiden, sich ausziehen, ablegen, abwerfen. [laßen.]
ἀπο-είκω (ent)weichen, ver=
ἀπο-ειπών s. ἀπεῖπον.
ἀπο-εργάθω u. **ἀπο-έργω** = ἀπείργω.
ἀπο-έρρω fortreißen.
ἀπο-ζάω das Leben fristen.
ἀπ-όζω duften.
ἀπο-θαρρέω wieder Mut fassen; wagen.

ἀπο-θαυμάζω sehr staunen.
ἀπό-θεν = ἄπωθεν.
ἀπο-θεσαυρίζω (Schätze) sammeln.
ἀπό-θεσις, ἡ Ablegung, Beseitigung.
ἀπό-θεστος 2 verwünscht, verachtet. [2. wertvoll.]
ἀπό-θετος 2 1. geheim. —
ἀπο-θέω weglaufen, enteilen.
ἀποθήκη, ἡ 1. Speicher, Scheune. — 2. Zuflucht.
ἀπο-θλίβω drängen, stoßen.
ἀπο-θνῄσκω a) (ab)sterben; pf. tot sein. b) getötet (od. hingerichtet) werden.
ἀπο-θρῴσκω a) herabspringen. b) auf=springen, =steigen.
ἀπο-θύμιος 2 widerwärtig.
ἀπο-θύω opfern. [θαυμάζω.]
ἀπο-θωυμάζω ion. = ἀπο=
ἀπ-οικέω a) fern wohnen; auswandern. b) verlassen.
ἀπ-οικία, ἡ Kolonie.
ἀπ-οικίζω 1. verpflanzen; entführen. — 2. kolonisieren.
ἀποικίς, ίδος, ἡ = ἀποικία.
ἀπ-οικοδομέω verbauen, versperren.
ἄπ-οικος 2 fern von Hause, ausgewandert: subst. a) ὁ ~ Kolonist; b) ἡ ~ Kolonie, Pflanzstadt.
ἀπ-οικτίζομαι M. jammern.
ἀπ-οιμώζω bejammern.
ἄ-ποινα, ων, τά 1. Blutgeld. — 2. a) Lösegeld. b) Buße, Vergeltung, Sühne.
ἀπ-οίχομαι M. 1. wegsein, fern sein, sich fern halten. — 2. weggehen, enteilen.
ἀπο-καθαίρω abwischen, reinigen. [rung.]
ἀποκάθαρσις, ἡ Absonde=
ἀπο-κάθημαι M. abgesondert sitzen.
ἀπο-καθίστημι und **-καθιστά(ν)ω** 1. a) zurückversetzen,

ἀπο-καίνυμαι M. übertreffen.

ἀπο-καίριος 2 unzeitig, ungelegen.

ἀπο-καίω a) abbrennen, verbrennen, ausbrennen. b) erfrieren machen. P. erfrieren.

ἀπο-καλέω 1. a) ab-, zurückrufen. b) beiseiterufen. — 2. laut (be)nennen.

ἀπο-καλύπτω enthüllen; offenbaren, kundtun. [Enthüllung.]

ἀποκάλυψις, ἡ Offenbarung,

ἀπο-κάμνω a) ermatten, müde werden. b) *trans.* aufgeben.

ἀπο-καπύω aushauchen.

ἀπο-καραδοκία, ἡ sehnsüchtige Erwartung.

ἀπο-καταλάσσω wiederaussöhnen, versöhnen.

ἀποκατάστασις, εως, ἡ Wiederherstellung, Neuordnung.

ἀπο-κάτημαι = ἀποκάθημαι.

ἀπο-καυλίζω abbrechen.

ἀπο-κάω = ἀποκαίω.

ἀπό-κειμαι M. beiseiteliegen; aufbewahrt (ob. aufgehoben) liegen; vorhanden ob. bestimmt sein.

ἀπο-κείρω I. Akt. 1. abscheren. 2. zerschneiden. — II. M. sich etw. (ab)scheren.

ἀπο-κεφαλίζω enthaupten.

ἀπο-κηδεύω genugsam betrauert haben. [lassen.]

ἀπο-κηδέω im Eifer nach-

ἀπο-κηρύσσω a) öffentlich ausrufen lassen. b) verkaufen.

ἀποκινδύνευσις, εως, ἡ kühner Versuch.

ἀπο-κινδυνεύω einen kühnen Versuch machen; einen gefährlichen Kampf wagen.

ἀπο-κινέω a) wegnehmen, aufheben. b) vertreiben von.

ἀπο-κλαίω a) in Weinen ausbrechen, (sich) ausweinen; b) beweinen, bejammern.

ἀπόκλεισις, εως, ἡ a) das Verschließen. b) Ausschließung.

ἀπο-κλείω 1. a) ab-, verschließen, ab-, versperren. b) einschließen. — 2. ausschließen: a) abhalten, hindern. b) abschneiden.

ἀπο-κληρόω durchs Los wählen, auslosen.

ἀπόκλησις, ἡ = ἀπόκλεισις.

ἀπο-κληω = ἀποκλείω.

ἀπο-κλίνω 1. abbiegen, ablenken; umdeuten. — 2. *intr.* u. P.: a) (vom Wege) abweichen, ablenken; sich zurückziehen. b) sich (hin)neigen; zu Falle kommen; zugrunde gehen.

ἀπο-κλύζω ab-, wegspülen.

ἀπο-κναίω aufreiben, quälen.

ἀπ-οκνέω a) zögern. b) aus Furcht verzögern, meiden.

ἀπόκνησις, εως, ἡ Abneigung.

ἀπο-κοιμάομαι P. aus-ruhen, -schlafen. [wesend sein.]

ἀπο-κοιτέω bei Nacht ab-

ἀπο-κολυμβάω durch Schwimmen entkommen.

ἀποκομιδή, ἡ Rückzug, Rückkehr.

ἀπο-κομίζω I. Akt.: a) wegtragen. b) zurück-tragen, -bringen. — II. M. zurückholen. — III. P. zuziehen, abreisen, zurückkehren.

ἀποκοπή, ἡ Aufhebung.

ἀπο-κόπτω a) abschlagen, abhauen, abschneiden; verstümmeln. b) vertreiben.

ἀπο-κορυφόω eine bündige Antwort geben.

ἀπο-κοσμέω abräumen.

ἀπο-κοτταβίζω die letzten Weintropfen aus dem Becher zur Erde schleudern, so daß sie aufklatschen.

ἀπο-κρατέω übertreffen.
ἀπο-κρεμάννυμι herabhängen laffen, neigen.
ἀπό-κρημνος 2 abſchüſſig.
ἀπόκριμα, τό Antwort; Beſcheid, Urteil, Beſchluß.
ἀπο-κρίνω I. Akt. ab=, ausſondern, trennen: a) (aus=)wählen. b) verſchieden machen; aburteilen, verwerfen. — II P. u. M. ſich abſondern, ſich trennen: a) ſich unterſcheiden. b) übergehen. — III. M. 1. Beſcheid geben. 2. antworten; das Wort nehmen, anheben.
ἀπόκρισις, εως, ἡ Antwort.
ἀπό-κροτος 2 hart, rauh.
ἀπο-κρούω weg=, zurückſchlagen, abwehren.
ἀπο-κρύπτω I. Akt. 1. verbergen, verſtecken, unſichtbar machen: a) aus dem Geſicht verlieren. b) verheimlichen, verleugnen. c) aus dem Geſicht entſchwinden. — II. M. 1. ſich verbergen. 2. verheimlichen.
ἀπόκρυφος 2 verborgen, heimlich.
ἀπο-κτείνω und **-ύω** töten (laſſen), ſchlachten; ertöten.
ἀπο-κτέννω, ἀπο-κτίννυμι u. **-ύω** = ἀποκτείνω.
ἀπο-κυέω u. **-κύω** gebären, hervorbringen.
ἀπο-κυλίω wegwälzen.
ἀπο-κωλύω hindern, abhalten, aufhalten. [bekommen.]
ἀπο-λαγχάνω (durchs Los)
ἀπο-λαμβάνω I. wegnehmen: a) heraus=, beiſeite=nehmen; abſondern; einzeln vornehmen. b) abſchließen. c) abſchneiden, einſchließen, umzingeln. — 2. feſthalten, hindern. — 3. hinnehmen: a) empfangen, bekommen. b) wieder=erhalten. c) (bei ſich) aufnehmen.

ἀπο-λαμπρύνομαι P. berühmt werden.
ἀπο-λάμπω erglänzen, (wider=)ſtrahlen.
ἀπόλαυσις, εως, ἡ Genuß; Vorteil, Nutzen.
ἀπο-λαύω genießen, ſich zunutze machen; Genuß ob. Vorteil haben, abbekommen.
ἀπο-λέγω aus=leſen, =wählen.
ἀπο-λείβομαι P. herabträufeln.
ἀπο-λείπω I. Akt. 1. a) verlaſſen; verlieren. b) zurückblaſſen: α) übrig laſſen; β) einen Abſtand laſſen; γ) hinter ſich zurücklaſſen; etw. unterlaſſen ob. auslaſſen. 2. a) ſich entfernen, fortziehen; abſchweifen. b) entfernt ſein. c) ausgehen, mangeln, fehlen. — II. P. 1. übrigbleiben; beſtehen bleiben. 2. a) hinter etw. zurückbleiben, nachſtehen. b) etw. verfehlen. 3. wegbleiben, ſich trennen, ſich ausſchließen; etw. einbüßen.
ἀπο-λείχω ablecken.
ἀπόλειψις, εως, ἡ Verlaſſen; Abzug, Abfall, Deſertion.
ἀπόλεκτος 2 auserleſen.
ἀ-πόλεμος 2 unkriegeriſch.
ἀπο-λέπω abſchneiden.
ἀπ-ολέσκετο, aor. iter. M. v. ἀπόλλυμι.
ἀπο-λήγω aufhören, abſtehen; vergehen; enden.
ἀπόληψις, εως, ἡ Umzingelung.
ἄ-πολις, ι ohne Stadt; heimatlos; verbannt; zerſtört.
ἀπ-ολισθάνω ab=, aus=gleiten.
ἀπο-λιχμάω u. M. ablecken.
ἀπο-λλήγω = ἀπολήγω.
ἀπ-όλλῡμι und **-ύω** I. Akt. 1. verderben, zugrunde richten, vernichten; umbringen, töten; erlegen; zerſtören. 2. verlieren, um etw. kommen.

3. ἀπόλωλα ich bin verloren. — II. M. 1. umkommen, zugrunde gehen, untergehen; sterben. 2. verloren gehen, entschwinden.

ἀπολλύων, ὁ Verderber.

ἀπολογέομαι M. 1. sich verteidigen, sich rechtfertigen; zu seiner Verteidigung vorbringen. — 2. j-n verteidigen.

ἀπολογία, ἡ Verteidigung.

ἀπο-λογίζομαι M. 1. Rechenschaft geben; erörtern. — 2. aufher-zählen. [bel.]

ἀπό-λογος, ὁ Erzählung; Fa-]

ἀπο-λούω abwaschen.

ἀπ-ολοφύρομαι M. laut od. genügend beklagen.

ἀπο-λῡμαίνομαι M. sich reinigen. [ger.]

ἀπολυμαντήρ, ῆρος, ὁ Vertil-]

ἀπόλῡσις, εως, ἡ Befreiung, Freisprechung.

ἀπολυτικῶς ἔχειν τινός geneigt sein, j-n freizusprechen.

ἀπολύτρωσις, εως, ἡ Loskaufung, Erlösung, Errettung.

ἀπο-λύω I. Akt. ablösen, losmachen, befreien: a) freigeben, loslassen, entlassen, verabschieden, verstoßen. b) freisprechen. II. M. 1. etw. von sich losmachen, sich rechtfertigen. 2. sich trennen, weggehen, scheiden. 3. befreien, loskaufen. — III. P. = M. 2.

ἀπο-λωβάω beschimpfen.

ἀπο-μανθάνω verlernen.

ἀπο-μαραίνομαι P. verwelken. [wischen, abreiben.]

ἀπο-μάσσω abstreichen, ab-]

ἀπο-μαστιγόω durchpeitschen, geißeln. [big auffühßren.]

ἀπο-ματαΐζω sich unanstän-]

ἀπο-μάχομαι M. a) von etw. herabkämpfen. b) sich von etw. wehren, sich wehren; sich sträuben, ablehnen.

ἀπό-μαχος 2 kampf-unfähig.

ἀπο-μετρέω (ab)messen.

ἀπο-μηκύνω in die Länge ziehen, ausdehnen.

ἀπο-μηνίω fortzürnen.

ἀπο-μῑμέομαι M. nachahmen, nachbilden.

ἀπο-μιμνήσκομαι P. a) sich erinnern. b) etw. erwähnen. c) es j-m gedenken.

ἀπό-μισθος 2 unbesoldet, verabschiedet. [pachten.]

ἀπο-μισθόω verdingen, ver-]

ἀπομνημονεύματα, τά Denkwürdigkeiten.

ἀπο-μνημονεύω a) im Gedächtnis behalten, sich erinnern. b) j-m etw. gedenken. c) etw. erwähnen. [nachtragen.]

ἀπο-μνησικακέω j-m etw.]

ἀπ-όμνῡμι u. -ύω a) schwören. b) abschwören.

ἀπο-μονόω a) allein lassen. b) ausschließen. [reinwischen.]

ἀπ-ομόργνῡμι abwischen,]

ἀπο-μῡθέομαι M. abraten.

ἀπόναιο u. ä. s. ἀπονίναμαι.

ἀπο-ναίω I. Akt. 1. wohin verpflanzen. 2. heimsenden. — II. M. auswandern.

ἀπο-νέμω zuteilen, erweisen.

ἀπονενοημένως s. ἀπονοέομαι.

ἀπο-νέομαι M. a) weggehen. b) zurückkehren.

ἀπ-όνηθ'*, ἀπ-όνητο, ἀπονήμενος u. ä. s. ἀπονίναμαι.

ἀ-πόνητος 2 a) mühelos, leicht. b) ungestraft. — adv. ἀπονητί.

ἀπο-νίζω (ab)waschen, baden.

ἀπ-ονίνᾱμαι M. genießen; sich an etw. erfreuen.

ἀπο-νίπτω = ἀπονίζω.

ἀπο-νοέομαι P. verzweifeln. ἀπονενοημένος verzweifelt, tollkühn.

ἀπόνοια, ἡ a) Unverstand. b) Verzweiflung. c) Tollkühnheit, Tollheit.

ἄ-πονος 2 a) untätig, träge. b) mühelos, leicht.
ἀπο-νοστέω zurückkehren.
ἀπο-νόσφι(ν) a) abgesondert, abseits, für sich. b) fern von.
ἀπο-νοσφίζω entfernen: a) berauben. b) meiden.
ἀπό-ξενος 2 ungastlich.
ἀπο-ξενόω entfremden. P. in der Fremde leben.
ἀπο-ξέω a) (ab)glätten. b) glatt abhauen.
ἀπο-ξηραίνω austrocknen.
ἀπ-οξύνω (ab-, zu-)schärfen.
ἀπο-ξυρέω abscheren.
ἀπο-ξύω = ἀποξέω; insb. abstreifen. [blicken.]
ἀπο-παπταίνω scheu um sich]
ἀπο-παύω I. Akt. aufhören machen, hemmen, fern-, zurückhalten; berauben. — II. M. aufhören mit etw. [Versuch.]
ἀπό-πειρα, ἡ Prüfung, Probe,]
ἀπο-πειράω u. P. versuchen, erproben, prüfen, erforschen.
ἀπο-πέμπω I. Akt.: a) ab-, weg-schicken, entlassen. b) hinüber-senden. c) zurückschicken. — II. M. von sich wegschicken, entlassen.
ἀπόπεμψις, εως, ἡ Entlassung.
ἀπο-πέτομαι M. a) wegfliegen. b) zurückfliegen.
ἀπο-πήγνῡμι gefrieren machen. P. erstarren.
ἀπο-πηδάω hinab-, weg-springen; von j-m abfallen.
ἀπο-πίμπλημι vollmachen, ausfüllen; vollzählig machen, ergänzen; erfüllen, befriedigen.
ἀπο-πίνω davon trinken.
ἀπο-πίπτω (her)abfallen.
ἀπο-πλάζω = ἀποπλανάω.
ἀπο-πλανάω I. Akt. abirren machen, irreführen. — II. P. abirren, verschlagen werden.
ἀπο-πλέω, -πλείω absegeln, weg-, heim-segeln.

ἀπόπληκτος 2 vom Schlage gerührt; betäubt, sinnlos, starr.
ἀπο-πληρόω = ἀποπίμπλημι.
ἀπο-πλήσσω ab-, niederschlagen. P. ohnmächtig werden.
ἀπό-πλοος, -πλους, ὁ Abfahrt, Fahrt.
ἀπο-πλύνω ab-spülen, -waschen.
ἀπο-πλώω = ἀποπλέω.
ἀπο-πνέω u. -πνείω 1. a) aushauchen. b) ausduften. — 2. von ... her wehen.
ἀπο-πνίγω erwürgen, ersticken, ertränken. P. ertrinken.
ἀπό-πολις, ι heimatlos.
ἀπο-πορεύομαι P. abreisen; weggehen.
ἀπο-πρίω wegsägen.
ἀπο-πρό weit weg; fern von.
ἀπο-προαιρέω (hin)wegnehmen von. [fern.]
ἀπό-προσθε(ν) von fern her;]
ἀπό-προσθι fern.
ἀπο-προΐημι weg-, entsenden, abschießen; fallen lassen.
ἀπο-προτέμνω (vorn) abschneiden.
ἀπο-πτάμενος s. ἀποπέτομαι.
ἀπό-πτολις, ι heimatlos.
ἄπ-οπτος 2 a) von fern gesehen; fern. b) unsichtbar.
ἀπόπτυστος 2 verworfen.
ἀπο-πτύω ausspeien.
ἀπο-πυνθάνομαι M. ausfragen, nachforschen.
ἀπο-ραίω = ἀπορραίω.
ἀπ-ορέω = ἀφοράω.
ἀπορέω u. M. a) ratlos ob. ungewiß sein, in Verlegenheit ob. in Zweifel sein, nicht wissen, schwanken. b) Mangel leiden, in Not sein.
ἀ-πόρθητος 2 a) unzerstört. b) unzerstörbar.
ἀπ-ορθόω leiten, lenken.
ἀπορίᾱ, ἡ Unwegsamkeit, Ratlosigkeit, Verlegenheit: a) Zwei-

ἀπορίομες — 61 — **ἀπο-σπεύδω**

fel. b) Mangel, Not. c) Schwierigkeit, Unmöglichkeit.
ἀπορίομες = ἀποροῦμεν.
ἀπ-όρνυμαι M. aufbrechen.
ἄ-πορος 2 1. unwegsam, unpassierbar: a) schwierig, mißlich, schlimm. b) α) unwiderstehlich; β) unmöglich; γ) maßlos, heillos. — 2. hilflos, ratlos: a) mittellos, dürftig, arm. b) unfähig, unvermögend, außerstande.
ἀπ-ορούω herab-, wegspringen; abprallen.
ἀπο-ρραθῡμέω aus Zaghaftigkeit säumen ob. von etw. ablassen, etw. unterlassen.
ἀπο-ρραίνω wegspritzen.
ἀπο-ρραίω entreißen.
ἀπο-ρράπτω wieder zunähen.
ἀπο-ρρέω a) (her)ab-, wegfließen. b) abfallen. c) entschwinden, zerrinnen.
ἀπο-ρρήγνυμι a) losreißen, losbrechen. b) zerreißen, (ab-)trennen.
ἀπο-ρρηθῆναι s. ἀπεῖπον.
ἀπό-ρρητος 2: 1. untersagt, verboten. 2. unsagbar: a) geheim(gehalten). τὸ -ον Geheimnis. b) abscheulich.
ἀπο-ρρῑγέω zurückschaudern.
ἀπο-ρρίπτω u. -τέω a) (her-)ab-, wegwerfen; ablegen, verstoßen, verwerfen, verschmähen, verachten. b) intr. sich hinabstürzen.
ἀπορροή u. **ἀπόρροια**, ἡ Ab-, Ausfluß. [tönen lassen.]
ἀπο-ρροιβδέω krächzend er-
ἀπο-ρρώξ, ῶγος a) schroff, steil. b) subst. ἡ Ausfluß.
ἀπ-ορφανίζομαι P. verwaist sein.
ἀπ-ορχέομαι M. vertanzen.
ἀπο-σαλεύω auf offener See liegen ob. anfern.
ἀπο-σαφέω verdeutlichen.

ἀπο-σβέννυμι a) auslöschen. b) intr. u. P. erlöschen, (dahin=)schwinden; sterben.
ἀπο-σείω abschütteln, abwerfen, meist M. [eilen.]
ἀπο-σεύομαι M. u. P. weg-
ἀπο-σημαίνω I. Akt. hinzeigen, ein Zeichen geben. — II. M. 1. erkennen, aus etw. schließen. 2. versiegeln: a) konfiszieren. b) ächten.
ἀπο-σήπομαι P. (nebst pf. II. -σέσηπα) ab-, verfaulen; ab-, erfrieren.
ἀπο-σῑμόω seitwärts schwenken.
ἀπ-οσιόομαι = ἀφοσιόομαι.
ἀπο-σιωπάω verstummen.
ἀπο-σκάπτω durch einen Graben versperren.
ἀπο-σκεδάννυμι zerstreuen, verjagen; fortschaffen, entlassen.
ἀπο-σκευάζω I. Akt. wegräumen. — II. M. aufpacken.
ἀπο-σκηνόω entfernt lagern.
ἀπο-σκήπτω 1. (hin)schleudern. — 2. a) herabfallen, sich auf etw. stürzen. b) hinauslaufen.
ἀποσκίασμα, τό Verfinsterung.
ἀπο-σκίδνημι = ἀποσκεδάννυμι.
ἀπο-σκοπέω a) hinschauen. b) beobachten. [nen.]
ἀπο-σκυδμαίνω heftig zür-
ἀπο-σκώπτω (ver)spotten.
ἀπόσπασμα, τό Stückchen.
ἀπο-σπάω 1. a) ab-, los-reißen, (das Schwert) ziehen. b) ab-, weg-reißen, wegziehen; zum Abzug zwingen: α) entreißen; β) entfernen, trennen. γ) an sich ziehen. — 2. intr. u. P. sich entfernen, abziehen, scheiden.
ἀπο-σπένδω ausgießen, spenden.
ἀπο-σπεύδω a) abraten. b) abschrecken. c) hintertreiben.

ἀπο-σταδά und -δόν fernstehend, entfernt.
ἀπο-στάζω herabträufeln (lassen).
ἀποστασία, ἡ = ἀπόστασις.
ἀποστάσιον, τό Scheidung; Scheidebrief.
ἀπόστασις, εως, ἡ 1. Abstand, Entfernung. — 2. Abfall, Aufstand. — Auswuchs, Abſgeß.
ἀποστατέω a) ab=, fern=ſtehen; ſich unterſcheiden. b) abfallen, ſich trennen.
ἀπο-σταυρόω verpaliſadieren, ein Pfahlwerk errichten.
ἀπο-στεγάζω das Dach abtragen, abdecken.
ἀπο-στείχω weggehen.
ἀπο-στέλλω I. absenden, ausschicken, hinsenden: a) übersenden. b) vertreiben. — 2. zurücksenden, entlassen, zurückdrängen.
ἀπο-στερέω a) berauben; j-m etw. vorenthalten, j-n übervorteilen. b) rauben, entreißen, wegnehmen.
ἀποστέρησις, εως, ἡ Beraubung.
ἀπο-στερίσκω = ἀποστερέω.
ἀπο-στίλβω (er)glänzen.
ἀποστολεύς, ὁ Flottenkommiſſar. [b) Apostel-amt.]
ἀποστολή, ἡ a) Abſendung.
ἀπόστολος, ὁ 1. Gesandte(r); Bote; Reisende(r); Apoſtel. — 2. a) Sendung. b) Flotte.
ἀπο-στοματίζω a) hersagen. b) ausfragen.
ἀπο-στρατοπεδεύομαι M. entfernt (ſich) lagern.
ἀπο-στρέφω I. Akt. 1. a) abwenden, wegkehren, von etw. abbringen, abwendig machen. b) umwenden, zurückwenden; wenden: α) auf den Rücken binden; β) zurück-bringen, -holen; zur Rückkehr bewegen;

γ) zurücktreiben, vertreiben; δ) verwerfen, abweiſen. 2. hinwenden. 3. intr. = P. — II. P. ſich abwenden, ſich umwenden; zurück=, heimkehren: a) verabscheuen, verſchmähen. b) abfallen.
ἀποστροφή, ἡ 1. Abwendung; Umkehr, Flucht. — 2. a) Hilfe, Rettung. b) Zuflucht(ſort), Schutz.
ἀπόστροφος 1 abgewandt.
ἀπο-στυγέω verabſcheuen, verſchmähen.
ἀπο-στυφελίζω zurückſtoßen.
ἀπο-συλάω berauben, rauben.
ἀπο-συνάγωγος 2 von der Synagoge ausgeschloſſen.
ἀπο-σύρω weg=, ab=reißen.
ἀπο-σφακελίζω am kalten Brande sterben.
ἀπο-σφάλλω verschlagen; j-m etw. vereiteln. P. von etw. abgeraten, etw. verfehlen, ſich täuſchen. [derhauen, töten.]
ἀπο-σφάττω abschlachten, nie=
ἀπο-σχίζω abspalten, ab-reißen, trennen. P. ſich trennen.
ἀπο-σῴζω (er)retten, in Sicherheit bringen, befreien.
ἀποτακτός 2 beſonderer.
ἀπο-τάμνω = ἀποτέμνω.
ἀπο-τάσσω besonders (auf-) ſtellen; beordern. M. Abſchied nehmen, verabſchieden, entlaſſen, entſagen.
ἀπο-τάφρεύω durch einen Graben verſchanzen.
ἀπο-τείνω I. Akt. 1. ausdehnen, ausſtrecken. 2. intr. ſich erſtrecken; a) hinzielen; b) den Ton lange anhalten. — II. P. ſich erſtrecken.
ἀπο-τειχίζω a) abmauern, (durch eine Mauer) abſperren, vermauern; befeſtigen. b) ummauern, einſchließen, blockieren.

ἀποτείχισις, ἡ u. -τείχισμα, τό a) Absperrungsmauer. b) Verschanzung.
ἀπο-τελευτάω (sich) endigen.
ἀπο-τελέω 1. vollenden, vollbringen; leisten: a) befriedigen; b) zu etw. machen. — 2. bezahlen, erfüllen.
ἀπο-τέμνω abschneiden, abhauen: a) abreißen. b) (ab-)trennen, abgrenzen; c) sich aneignen, wegnehmen.
ἀπο-τήκομαι P. abschmelzen; (hin)schwinden.
ἀπο-τηλοῦ fern.
ἀ-ποτίβατος 2 unnahbar.
ἀπο-τίθημι I. Akt. 1. ablegen, weglegen. 2. zurücklegen, aufbewahren. — II. M. von sich legen: a) von sich ablegen od. abtun, beseitigen, abschaffen, aufgeben; unterlassen. b) aufsparen, aufschieben.
ἀπο-τίλλω ausrupfen.
ἀπο-τιμάω abschätzen. M. sich (be)zahlen lassen.
ἀπό-τιμος 2 ungeehrt, verhaßt.
ἀπο-τινάσσω abschütteln.
ἀπο-τίνω (ῑ) und -τίν(ν)ῠμι I. Akt. abzahlen, bezahlen: a) (ab)büßen. b) vergelten. — II. M. büßen lassen, bestrafen; sich an j-m rächen.
ἀπο-τμήγω = ἀποτέμνω.
ἄ-ποτμος 2 unglücklich.
ἀπο-τολμάω kühn wagen, sich erkühnen; frei (heraus)sagen.
ἀποτομή, ἡ das Abschneiden, Abhauen. [Strenge.]
ἀποτομία, ἡ Schroffheit,
ἀπότομος 2 a) schroff, steil, abschüssig. b) streng, hart.
ἄ-ποτος 2 a) nicht trinkend, ohne Trank. b) nicht trinkbar.
ἀπο-τρέπω I. Akt. 1. a) abwenden. b) zurück-wenden, -scheuchen. 2. a) abhalten; abraten. b) abbringen. c) hintertreiben, vereiteln, hindern. — II. P. u. M. sich abwenden, sich zurückwenden; zurückkehren, fliehen; sich abbringen lassen, abstehen, (ver)meiden.
ἀπο-τρέχω davonlaufen, eilends abziehen.
ἀπο-τρίβω I. Akt. abreiben, abscheuern. — II. M. austilgen.
ἀποτρόπαιος 2 Unglück abwendend.
ἀποτροπή, ἡ Abwendung: a) Ablehnung. b) Abschreckung. c) Abneigung, Scheu.
ἀπότροπος 2 a) abgewandt, abgeschieden, einsam. b) entsetzlich, schrecklich. [zogen.]
ἀπότροφος 2 auswärts erἀπο-τρύω auf-reiben, -wühlen, erschöpfen.
ἀπο-τρωπάω abwenden; zur Umkehr bewegen; verwehren.
ἀπο-τυγχάνω verfehlen, unglücklich sein; verlieren.
ἀπο-τυμπανίζω totprügeln.
ἀπο-τύπτομαι M. aufhören zu trauern. [f. ἀπαυράω.]
ἀπ-ούρας und ἀπ-ουρήσω
ἀπ-ουρίζω schmälern.
ἄπ-ουρος 2 fern von etw.
ἄ-πους, ἄπουν fußlos; lahm.
ἀπουσία, ἡ Abwesenheit.
ἀπο-φαίνω I. Akt. aufzeigen, vor-zeigen, -legen; ans Licht, an den Tag bringen: a) darlegen, kundtun. b) schildern. c) nachweisen, beweisen. d) zu etw. ernennen od. machen. — II. P. u. M. a) erscheinen, sich zeigen. b) (seine Meinung) aussprechen.
ἀπο-φάργνυμι = ἀποφράγνυμι.
ἀπο-φάσκω = ἀπόφημι.
ἀπο-φέρω 1. a) weg-tragen, -bringen, -führen; verschlagen; hinraffen. b) zurückbringen. — 2. hin-tragen, -bringen, -treiben: a) überbringen. b) heim-

ἀπο-φεύγω — 64 — ἀπρίξ

tragen. c) (in e-r Rechnung) anführen. d) angeben, anzeigen.
ἀπο-φεύγω entfliehen, entgehen, entkommen; vermeiden; freigesprochen werden.
ἀπό-φημι 1. heraussagen, verkünden. — 2. a) verneinen, leugnen. b) abschlagen, ablehnen.
ἀπο-φθέγγομαι M. geradeheraus sagen; anreden.
ἀπόφθεγμα, τό Ausspruch.
ἀπο-φθείρω vernichten, verderben, aufreiben.
ἀπο-φθίνω a) umkommen. b) verlieren, hingeben.
ἀπο-φθίνω (ῑ) und -φθίω a) vernichten, töten. b) intr. umkommen, untergehen, sterben.
ἀπο-φλαυρίζω verachten.
ἀπο-φοιτάω weggehen.
ἀποφορά, ἡ Tribut, Abgabe.
ἀπο-φορτίζομαι M. abladen, (die Fracht) löschen.
ἀπο-φράγνυμι versperren, verstopfen. M. sich verschanzen.
ἀπόφραξις, εως, ἡ Versperrung.
ἀποφυγή, ἡ a) Entfliehen; Befreiung. b) Zufluchtsort.
ἀπο-φώλιος 2 nichtig: a) erfolglos. b) untauglich.
ἀπο-χάζομαι M. weggehen.
ἀπο-χειρο-βίωτος 2 von seiner Hände Arbeit lebend.
ἀπο-χέω a) ausgießen. b) herabwerfen.
ἀπο-χόω abdämmen.
ἀπο-χράω u. -έω I. Akt. genügen, hinreichen. ἀποχρῇ es genügt. — II. P. 1. zufrieden sein, sich begnügen. 2. unpers. = Akt. — III. M. (stark) benutzen: a) ausbeuten. b) mißbrauchen. c) töten.
ἀπόχρησις, εως, ἡ Mißbrauch; Verbrauch.
ἀποχρώντως hinlänglich, ausreichend. [lähmen.]
ἀπο-χωλεύω und -όω ganz
ἀπο-χώννυμι = ἀποχόω.
ἀπο-χωρέω ab-, weg-gehen, sich zurückziehen, weichen.
ἀποχώρησις, εως, ἡ Abzug, Rückzug; Rückfehr.
ἀπο-χωρίζω ab-, aus-sondern, (ab)trennen; auswählen. P. sich trennen, weggehen, verschwinden.
ἀπο-ψάω abwischen.
ἀπο-ψηφίζομαι 1. M.: a) dagegenstimmen, verwerfen. b) freisprechen. — 2. P.: a) freigesprochen werden. b) aus der Bürgerschaft ausgestoßen werden. [ben.]
ἀπο-ψιλόω entblößen; berau-
ἄπ-οψις, εως, ἡ Aussicht, Fernsicht.
ἀπο-ψύχω a) aushauchen; ohnmächtig werden; sterben. b) (ab)kühlen, abtrocknen.
ἀπ-πέμφει = ἀποπέμψει.
ἀπραγμοσύνη, ἡ Untätigkeit, Muße: a) Zurückgezogenheit. b) Friedensliebe.
ἀ-πράγμων 2 a) untätig; friedliebend. b) mühelos, leicht.
ἄ-πρακτος 2 1. nichts ausrichtend: a) unverrichteter Sache, nutzlos, erfolglos; b) untätig. — 2. a) ungetan, unbehandelt, unbearbeitet; unversucht von. b) unmöglich. c) unbesiegbar, unheilbar, endlos.
ἀπραξία, ἡ Untätigkeit.
ἄ-πρατος 2 nicht verkauft, nicht verkäuflich. [rühmlich.]
ἀ-πρεπής 2 unziemlich; un-
ἄ-πρηκτος = ἄπρακτος.
ἀ-πρίατος 2 u. 3 unentgeltlich, umsonst. adv. ἀπριάτην.
ἀπρίξ adv. festhaltend; fest, unablässig.

ἀ-πρόθῡμος 2 ungern.
ἄπροικος 2 ohne Mitgift.
ἀπρομήθεια, ἡ Unbesonnenheit.
ἀ-προνόητος 2 unvorsichtig, unbesonnen, unbedacht.
ἀ-προσδόκητος 2 a) unerwartet. b) nicht erwartend, ahnungslos.
ἀ-προσήγορος 2 unfreundlich, unbändig, hart.
ἀ-πρόσιτος 2 unzugänglich.
ἀ-πρόσκοπος 2 unanstößig: a) schuldlos. b) tadellos.
ἀ-πρόσμαχος 2 unbezwinglich, unüberwindlich.
ἀ-πρόσμ(ε)ικτος 2 keinen Verkehr habend.
ἀ-προσόμιλος 2 ungesellig.
ἀ-προσωπο-λήπτως ohne Ansehen der Person.
ἀ-προτίμαστος 2 unangetastet.
ἀ-προφάσιστος 2 a) bereitwillig, rückhaltlos, unbedingt. b) rücksichtslos. [meidlich.]
ἀ-προφύλακτος 2 unver-
ἄ-πταιστος 2 ohne Straucheln.
ἄ-πτερος 2 a) ungeflügelt, flügellos. b) nicht entfliegend.
ἀ-πτήν, ῆνος = ἄπτερος.
ἀπτο-επής 2 frech redend; dreiste Schwätzerin.
ἀ-πτόλεμος 2 unkriegerisch.
ἅπτω I. heften, (an)knüpfen. P. an etw. haften, festsitzen. M. 1. für sich anknüpfen. 2. a) anfassen, ergreifen, berühren; anhängen; angreifen. b) α) erwähnen; β) sich an etw. machen, unternehmen. — II. anzünden. P. sich entzünden, pf. brennen. [verschloßen.]
ἀ-πύλωτος 2 durch kein Tor
ἀ-πύργωτος 2 unbefestigt.
ἄ-πυρος 2 feuerlos, vom Feuer unberührt: a) noch ungebraucht. b) ungekocht.

ἀ-πύρωτος 2 = ἄπυρος.
ἄ-πυστος 2: 1. a) verschollen. b) unhörbar. — 2. unkundig.
ἀπύω = ἠπύω. [entfernt.]
ἄπω-θεν a) ferner. b) fern,
ἀπ-ωθέω I. Akt. weg-, zurückstoßen; entfernen, vertreiben. — II. M. von sich stoßen od. wegtreiben; abwehren; zurückweisen, verwerfen, verschmähen, mißachten.
ἀπώλεια, ἡ Vernichtung, Untergang, Verderben; Verschwendung.
ἀπ-ωμοτος 2: 1. abgeschworen; abzuschwören. — 2. der etw. abgeschworen hat.
ἀπ-ώρων = ἀφεώρων von ἀφοράω. [ben.]
ἄπωσις, εως ἡ das Hinausstrei-
ἀπωστός 3 a) vertreiben. b) zu vertreiben.
ἀπωτάτω adv. ganz fern.
ἀπωτέρω adv. entfernter, ferner (-stehend).
ἄρα 1. a) ferner, weiter, sodann. b) sofort, alsbald. — 2. a) gerade, eben. b) natürlich, offenbar. — 3. a) also, folglich, demnach, mithin, nun. b) also, eben. c) (in Fragen) denn, wohl, nur. — 4. nämlich, ja. εἰ μὴ ἄρα es müßte denn etwa.
ἆρα 1. it. num od. -ne, wohl, etwa. ἆρ' οὐ nicht wahr? nonne. ἆρα μή doch nicht etwa? num. ἆρα. = ἄρα.
ἀρά, ἡ 1. a) Gebet, Bitte. b) Fluch, Verwünschung. — 2. Verderben, Rache, Unheil.
ἀραβέω rasseln, klirren.
ἄραβος, ὁ Gerassel, Klappern.
ἀραβών s. ἀρραβών.
ἄρά-γε also; etwa, wohl.
ἀραγμός, ὁ Gerassel, Schlagen, Schlag. [schwach.]
ἀραιός 3 dünn, schmal; zart,

ἀραῖος 3 u. 2 1. Ζεὺς ~ Gott des Fluches. — 2. a) verflucht, fluchbeladen. b) fluchend.
ἀραίρηκα und **ἀραίρημαι** f. αἱρέω.
ἀράομαι M. a) beten, flehen; wünschen. b) fluchen, j-m etw. anwünschen.
ἀραρίσκω 1. trans.: a) fügen, zusammenfügen, anfügen, verbinden. b) (er)bauen. c) ausrüsten, wohl versehen. — 2. intr. a) festgefügt ob. befestigt sein. b) sich anfügen, passen, fest anliegen. c) wohlausgerüstet ob. versehen sein. d) angenehm sein, gefallen.
ἀράσσω schlagen, schmettern, stoßen, ausstechen.
ἀρατός 3: 1. erwünscht. — 2. verwünscht, fluchbeladen.
ἄ-ραφος 2 f. ἄρραφος.
ἀράχνη, ἡ Spinne.
ἀράχνιον, τό Spinngewebe.
ἀράω f. ἀράομαι.
ἀργαλέος 3 schwer, schwierig, lästig, schrecklich.
ἀργεϊ-φόντης, ου, ὁ Silbote (?).
ἀργεννός 3 weiß.
ἀργεστής, οῦ a) = ἀργής. b) aufhellend.
ἀργέω müßig sein, feiern.
ἀργής, ῆτος u. ἔτος strahlend, glänzend(=weiß), hell.
ἀργία, ἡ Untätigkeit: a) Trägheit. b) Ruhe.
ἀργι-κέραυνος 2 hellblitzend.
ἀργιλώδης 2 tonig.
ἀργινόεις 3 weißschimmernd.
ἀργι-όδους, ὀδόντος weißzahnig.
ἀργί-πους, ποδός a) weißfüßig. b) schnellfüßig.
ἀργμά, τό Weihestück.
ἀργολίζω es mit den Argivern halten. [b) schnell.]
ἀργός[1] 3 a) glänzend, weiß.

ἀργός[2] 2 1. müßig, untätig: a) träge, faul. b) unnütz. — 2. ungetan, ungeschehen; unbebaut.
ἀργύρειος 3 zum Silbergraben gehörig. τὰ -α Silbergruben. [beschlagen.]
ἀργύρεος 3 silbern, silber-
ἀργύριον, τό Silber: a) Silbermünze, Sekel; Drachme. b) Geld. c) Silbergrube.
ἀργυρο-δίνης, ου silberstrudelnd.
ἀργυρό-ηλος 2 silberbeschlagen.
ἀργυρο-κόπος, ὁ Silberschmied. [ben.]
ἀργυρολογέω Geld eintrei-
ἀργυρολογία, ἡ Eintreibung von Geld, Brandschatzung.
ἀργυρο-λόγος 2 Geld eintreibend.
ἀργυρό-πεζα, ἡ silberfüßig.
ἀργυρό-πους, ποδος mit silbernen Füßen.
ἄργυρος, ὁ Silber; Geld.
ἀργυρό-τοξος 2 Silberbogner.
ἀργυροῦς 3 = ἀργύρεος.
ἀργυρ-ώνητος 2 für Geld gekauft.
ἀργύφεος 3 und **ἄργυφος** 2 weißglänzend, schimmernd.
ἄρδην adv. 1. a) in die Höhe, hochempor. b) von oben her. — 2. von Grund aus, gänzlich, durchaus.
ἀρδίς, εως, ἡ Pfeilspitze.
ἀρδμός, ὁ Tränke.
ἄρδω bewässern, tränken.
ἀρειή, ἡ Drohung, Schelten.
ἀρείων 2 besser; tapferer, stärker.
ἄ-ρεκτος 2 unvollendet.
ἀρέομαι = ἀράομαι.
ἀρέσαι, inf. aor. I. v. ἀρέσκω.
ἀρέσθαι, inf. aor. II. v. ἄρνυμαι.
ἀρεσκ(ε)ία, ἡ Wohlgefallen.
ἀρέσκω I. Akt. 1. a) wieder gutmachen. b) zufriedenstellen.

ἀρεστός — 67 — ἀρι-σφαλής

2. gefallen, beliebt sein; j-m zu Gefallen leben. — II. M. 1. wieder ausgleichen. 2. zufriedenstellen, versöhnen. — III. P. 1. angenehm sein, Beifall finden, gefallen. 2. befriedigt werden, Gefallen finden an.
ἀρεστός 3 wohlgefällig, angenehm, lieb.
ἀρετάω taugen, gedeihen.
ἀρετή, ἡ 1. Tüchtigkeit, Trefflichkeit, Vollkommenheit; Verdienst. — 2. treffliche Eigenschaft: Geschicklichkeit; Tapferkeit, Heldentat; Tugend. — 3. Gedeihen, Glück.
ἄρηαι s. ἄρνυμαι.
ἀρήγω helfen, beistehen.
ἀρηγών, όνος, ὁ, ἡ Helfer(in).
ἀρηΐ-θοος 2 kampfschnell.
ἀρηϊ-κτάμενος 3 im Kampfe getötet.
ἀρήϊος 3 kriegerisch, Kriegs-...
ἀρηΐ-φατος 2 im Kampfe getötet.
ἀρηΐ-φιλος 2 aresgeliebt.
ἀρήμεναι, inf. prs. v. ἀράω.
ἀρημένος 3 geschädigt, überwältigt.
ἀρήν, ἀρνός, ὁ, ἡ Schaf, Lamm.
ἄρηξις, εως, ἡ Hilfe, Abwehr.
ἄρηρα, pf. v. ἀραρίσκω.
ἀρηρεμένος s. ἀρόω.
ἄρησθε, ἄρηται s. ἄρνυμαι.
ἀρητήρ, ῆρος, ὁ Priester.
ἄ-ρητος 2 unsäglich.
ἀρητός 3 = ἀρατός.
ἄρθεν = ἤρθησαν v. ἀραρίσκω.
ἀρθμέω sich verbinden.
ἄρθμιος 3 verbunden: a) befreundet. b) einträchtig.
ἄρθρον, τό Gelenk, Glied.
ἀρθρόω gliedern, artikulieren.
ἀρί-γνωτος 2 u. 3: a) leicht erkennbar. b) allbekannt.
ἀρί-δεικετος 2 ausgezeichnet.
ἀρί-δηλος 2 = ἀρίζηλος.

ἀρί-ζηλος 2 u. 3: 1. sehr strahlend, ganz hell. — 2. a) sehr deutlich. b) hervorleuchtend, ausgezeichnet, herrlich.
ἀριθμέω zählen, aufzählen, zusammenrechnen, zu ob. unter etw. zählen od. rechnen.
ἀριθμητικός 3 zum Rechnen gehörig oder geschickt, arithmetisch. ἡ -ή Rechenkunst.
ἀριθμός, ὁ 1. Zahl; Anzahl, Betrag, Länge, Menge; bloße Zahl. — 2. Zählung, Musterung.
ἀρι-πρεπής 2 stattlich, ausgezeichnet.
ἀριστάω frühstücken; zu Mittag essen. [b) Helden-tum, -mut.]
ἀριστεῖα, ἡ a) Heldentat.
ἀριστεῖον, τό Siegespreis, Ehrenpreis; Preis.
ἀριστερός 3: 1. link, links, zur Linken. ἡ -ά die Linke. — 2. a) unglückverkündend. b) linkisch, verkehrt.
ἀριστεύς, έως, ὁ bester, edelster; Held, Fürst.
ἀριστεύω der Beste od. Vorzüglichste sein, sich auszeichnen vor j-m; als Preis erringen.
ἀριστήϊον, τό = ἀριστεῖον.
ἀριστίνδην adv. nach dem Adel des Geschlechts.
ἀριστοκρατέομαι P. aristokratische Verfassung haben.
ἀριστοκρατία (-κράτεια), **ἡ** Aristokratie. [tisch.]
ἀριστοκρατικός 3 aristokra-
ἀριστό-μαντις, εως, ὁ trefflichster Seher, Sehermeister.
ἄριστον, τό Früh-stück, -mahl.
ἀριστοποιέομαι M. frühstücken.
ἄριστος 3 bester, tüchtigster, tapferster, edelster; vornehmster, Aristokrat.
ἀριστό-χειρ, ειρος sich auf die größte Tapferkeit beziehend.
ἀρι-σφαλής 2 sehr schlüpfrig.

5*

ἀρι-φραδής 2 sehr deutlich, leicht kenntlich.

ἄρκεσις, εως, ἡ Hilfe, Nutzen.

ἀρκετός 3 genügend, ausreichend.

ἀρκέω I. Akt. 1. a) abwehren, abhalten. b) helfen, beistehen. 2. a) vermögen. b) genügen, ausreichen. ἀρκῶν genügend, reichlich. c) vorhalten. d)**ἀρκεῖ** μοι es genügt mir, ich bin damit zufrieden. — II. P. sich begnügen, zufrieden sein.

ἀρκέω 3 a) hinreichend, genügend. b) sicher, gewiß.

ἄρκος¹, ὁ, ἡ = ἄρκτος.

ἄρκος², τό Abwehr; Trost.

ἀρκούντως adv. hinreichend, genügend, genug.

ἀρκτέον ἐστί a) man muß anfangen. b) man muß herrschen. c) man muß gehorchen.

ἄρκτος, ὁ, ἡ a) Bär, Bärin. b) Norden. [Herbst.]

ἀρκτ-οῦρος, ὁ Bärenhüter;

ἄρκυς, υος, ἡ Netz.

ἀρκύ-στατος 3 u. 2 umgarnend. τὸ -ον Netz, Schlinge; Fallstrick.

ἁρμά, τό Wagen, Streitwagen, Gespann.

ἁρμ-άμαξα, ἡ Kutsche, Reise-, Lastwagen.

ἁρμάτειος 3 zum Wagen gehörig, Wagen-... [fahren.]

ἁρματηλατέω auf Wagen

ἁρματ-ηλάτης, ου, ὁ Wagenlenker. [bauer, Stellmacher.]

ἁρματο-πηγός, ὁ Wagen-

ἁρμά-τροχιή, ἡ Wagenspur.

ἁρμενος 3 angefügt, passend.

ἁρμόδιος 3 passend.

ἁρμόζω = ἁρμόττω.

ἁρμονία, ἡ 1. a) Verbindung. b) Klammer, Falz. — 2. a) Vertrag. b) Ebenmaß, Harmonie.

ἁρμός, ὁ 1. a) Fuge; Gelenk. b) Spalt, Ritze. — 2. Pflock.

ἁρμοστήρ, ῆρος od. **-ής**, οῦ, ὁ Harmost, Statthalter, Vogt; Befehlshaber.

ἁρμόττω I. Akt. 1. trans. a) zusammenfügen. b) anfügen, anpassen. c) verloben, vermählen. d) ordnen, befehligen. 2. intr. a) passen, bequem sitzen; übereinstimmen. b) sich ziemen, angemessen sein. — II. M. sich verloben, sich verheiraten mit j-m.

ἄρνα, ἄρνας s. ἀρήν.

ἄρνειος 3 vom Lamm, vom Schaf od. Hammel, Lämmer-...

ἀρνειός, ὁ Widder.

ἀρνέομαι P.(u.M.) nein sagen, verneinen: 1. abschlagen, verweigern, sich weigern. — 2. a) leugnen. b) verleugnen, verschmähen. c) vermissen lassen.

ἄρνες, ἄρνεσσι s. ἀρήν.

ἀρνευτήρ, ῆρος, ὁ Taucher.

ἀρνήσιμος 2 zu leugnen(d).

ἄρνησις, εως, ἡ Leugnen.

ἀρνίον, τό Schäfchen, Lamm.

ἀρνός, gen. v. ἀρήν.

ἄρνυμαι M. gewinnen, erlangen, (sich) erwerben, auf sich nehmen.

ἄροσις, εως, ἡ Ackerland.

ἀροτήρ, ῆρος, ὁ Landmann.

ἄροτος, ὁ a) das Ackern, Ackerbau. b) (Kinder-)Erzeugung. c) Saat, Feldfrüchte; Jahr.

ἀροτριάω pflügen.

ἄροτρον, τό Pflug.

ἄρουρα, ἡ a) Ackerland, Feld, Flur; Land, Erde. b) Hufe.

ἀρουραῖος 3 ländlich.

ἀρόω pflügen, ackern: a) erzeugen. b) befruchten. c) säen.

ἁρπαγή, ἡ und **ἁρπαγμός**, ὁ a) das Rauben, (haftiges) Zugreifen; Raublust; Erbeutung, Plünderung. b) Raub, Beute.

ἁρπάζω raffen, rasch ergreifen, an sich reißen; rauben, weg-

ἁρπακτήρ — 69 — **ἀρχαιό-τροπος**

reißen, (her)ausreißen, entraffen: a) (aus)plündern; b) rasch einnehmen. c) schnell ausführen.

ἁρπακτήρ, ῆρος, ὁ Räuber.
ἁρπαλέος 3 a) gierig, hastig. b) lockend.
ἅρπαξ, αγος räuberisch; ὁ Räuber. [schnur.]
ἁρπεδόνη, ἡ Strick; Panzer=
ἅρπη, ἡ a) Falke. b) Sichel.
ἅρπυια, ἡ Sturmwind; Harpyie. [Unterpfand.]
ἀρραβών, ῶνος, ὁ Handgeld,)
ἄ-ρραφος 2 ohne Naht.
ἄ-ρρηκτος 2 unzerreißbar, unzerbrechlich; unverwüstlich.
ἄρρην, εν = ἄρσην.
ἄ-ρρητος 2 1. a) un(aus)gesprochen. b) unbekannt. — 2. unaussprechlich: a) geheim, heilig. b) abscheulich, gräßlich.
ἄ-ρρυθμος 2 unrhythmisch, ohne Ebenmaß. [u. -ίη.]
ἀρρωδέω und **-ίη** = ὀρρωδέω)
ἄ-ρρώξ, ῶγος unzerrissen.
ἀρρωστέω schwach ob. krank, kränklich sein.
ἀρρώστημα, τό und **ἀ-ρρωστία,** ἡ Schwäche: a) Krankheit; b) Unlust.
ἄ-ρρωστος 2 schwach: a) krank, kränklich. b) lässig, mutlos.
ἄρσε, ἄρσαι u. ä. s. ἀραρίσκω u. ἄρδω. [schänder.]
ἀρσενο-κοίτης, ου, ὁ Knaben=)
ἄρσην, εν, ενος männlich; Mann; Knabe; kraftvoll, stark.
ἄρσον, imp. aor. I. v. ἀραρίσκω.
ἀρτάβη, ἡ Scheffel.
ἀρτάνη, ἡ Strick, Schlinge.
ἀρτάω I. Akt. anknüpfen, aufhängen. — II. P. pf. ἠρτῆσθαι a) hängen; von etw. abhängen, auf etw. beruhen. b) sich anschließen. — III. M. zurüsten, sich rüsten.
ἀρτεμής 2 gesund, frisch.

ἀρτέμων, ονος u. ωνος, ὁ Vorsegel, Bramsegel.
ἀρτέω = ἀρτάω.
ἄρτημα, τό Ohrgehänge.
ἀρτηρία, ἡ a) Schlag=ader; Ader. b) Luftröhre.
ἄρτι adv. eben, soeben, gerade, eben erst; jetzt; sogleich; neulich, jüngst. [boren.]
ἀρτί-γέννητος 2 soeben ge=)
ἀρτί-επής 2 gewandt im Reden.
ἀρτί-κολλος 2 festgeleimt.
ἄρτιος 3: 1. a) passend, angemessen; einträchtig. b) fügsam, bereit. — 2. gehörig, vollkommen. — 3. (von Zahlen) gerade. — 4. adv. **ἀρτίως** = ἄρτι.
ἀρτί-πος = ἀρτίπους.
ἀρτί-πους, ποδος starkfüßig, flink. [Tracht.]
ἄρτισις, εως, ἡ Ausstattung,)
ἀρτί-φρων 2 a) verständig, b) wohlwollend, gefällig.
ἀρτί-χριστος 2 frisch aufgestrichen. [(=in).]
ἀρτο-κόπος, ὁ, ἡ Brotbäcker)
ἀρτοποιία, ἡ Brotbäckerei.
ἀρτο-ποιός, ὁ Brotbäcker.
ἄρτος, ὁ Brot; Speise.
ἀρτῦναι, οἱ Ordner.
ἀρτύω und **ἀρτύνω** 1. a) zusammen=fügen, =schließen; b) anfügen. — 2. bereiten, zurechtmachen, herrichten; zurüsten; würzen; ersinnen.
ἀρυστήρ, ῆρος, ὁ Nößel. [fen.]
ἀρύω, ἀρύτω, ἀρύσσω schöp=)
ἀρχ-άγγελος, ὁ Erzengel.
ἀρχαιό-γονος 2 uralt.
ἀρχαιολογέω alte Geschichten erzählen. [her reich.]
ἀρχαιό-πλουτος 2 von alters)
ἀρχαῖος 3 a) uranfänglich, uralt, altertümlich; alt=ehrwürdig; veraltet. τὸ -ον adv. vor alters. b) alt, ehemalig, früher.
ἀρχαιό-τροπος 2 altertümlich, altmodisch.

ἀρχαιρεσία — 70 — **ἀσελγής**

ἀρχαιρεσίᾱ, ἡ Beamtenwahl.
ἀρχεῖον, τό Regierungsgebäude, Stadthaus (meist pl.).
ἀρχέ-κακος 2 unheilstiftend.
ἀρχέ-λᾱ(ο)ς 2 Führer des Volkes, Volksbeherrscher.
ἀρχέ-πλουτος 2 Begründer des Reichtums.
ἀρχεύω Führer sein, gebieten.
ἀρχή, ἡ A. 1. a) Anfang, Beginn, Ursprung; Erstling. (τὴν) ἀρχήν von Anfang an, anfangs, von alters her, von vornherein; ausdrücklich; von neuem. ἀρχὴν οὐ überhaupt nicht. b) Zipfel. c) Anfänger. — 2. a) Ursache, Grund; Prinzip; Element. — B. Anführung, Oberbefehl, Herrschaft, Amt; Archontat; Regierung, Behörde; Obrigkeit; Gebiet, Reich, Statthalterschaft, Provinz. pl. Engelmächte.
ἀρχηγετέω und **-εύω** 1. beginnen. — 2. beherrschen.
ἀρχηγέτης, ου u. **ἀρχ-ηγός**, ὁ a) Ober-leiter, -haupt, Fürst; fürstlich. b) Urheber, Anstifter, Gründer, Stammvater.
ἀρχῆ-θεν adv. von alters her, von vornherein.
ἀρχήϊον, τό = ἀρχεῖον.
ἀρχίδιον, τό untere Beamtenstelle. [lich]
ἀρχιερᾱτικός 3 hohepriester-
ἀρχ-ιερεύς, ὁ Hohepriester.
ἀρχ-ιέρεως, ω, ὁ = ἀρχιερεύς.
ἀρχικός 3 gebietend, herrschend, zum Gebieten oder zu Staatsämtern geschickt.
ἀρχι-ποίμην, ένος, ὁ Oberhirt.
ἀρχί-ιρεύς, ὁ = ἀρχιερεύς.
ἀρχι-συνάγωγος, ὁ Vorsteher der Synagoge.
ἀρχι-τέκτων, ονος, ὁ a) Baumeister. b) Theaterpächter.
ἀρχι-τελώνης, ου, ὁ Oberzöllner.

ἀρχι-τρίκλῑνος, ὁ Tafel-, Speise-meister. [Fürst.]
ἀρχός, ὁ Anführer, Führer,
ἄρχω I. Akt. der erste sein: 1. vorangehen, Führer sein. — 2. a) anfangen, beginnen. b) veranlassen, Ursache oder Grund sein. — 3. an der Spitze stehen: a) anführen, gebieten, herrschen, beherrschen, in seiner Gewalt haben. b) Archont sein. — II. P. beherrscht werden, untertan sein, gehorchen. — III. M. anfangen, beginnen; versuchen.
ἄρχων, οντος, ὁ Anführer, Vorsteher, Herrscher, Fürst, Befehlshaber; Oberster; Archont; Beamter, Behörde. [stand.]
ἀρωγή, ἡ Schutz, Hilfe, Bei-
ἀρωγός 2 helfend, hilfreich, förderlich; Helfer, Schützer.
ἄρωμα, τό Gewürz(kraut).
ἀρώσιμος 2 besäbar.
ἄσαι, ἄσαιμι f. ἄω u. ἀάω.
ἀ-σάλευτος 2 unerschüttert, unbewegt.
ἄσαμεν f. ἄεσα.
ἀσάμινθος, ἡ Badewanne.
ἄσασθαι f. ἄω.
ἄσατο f. ἀάω.
ἄσας f. ἀάω.
ἀσάφεια, ἡ Ungewißheit.
ἀ-σαφής 2 unklar, undeutlich, ungewiß, zweifelhaft.
ἀσάω P. verdrießlich werden.
ἄ-σβεστος 2 unauslöschlich; unvergänglich, unermeßlich.
ἀσέβεια, ἡ Gottlosigkeit, Frevel (-tat).
ἀσεβέω gottlos sein, freveln.
ἀσέβημα, τό = ἀσέβεια.
ἀ-σεβής 2 gottlos, ruchlos.
ἄσειν f. ἄω.
ἀσελγαίνω freveln.
ἀσέλγεια, ἡ Zügellosigkeit, Ausschweifung, Frechheit; Lüsternheit.
ἀσελγής 2 zügellos, frech; ausschweifend, unzüchtig.

ἀ-σέληνος 2 mondlos.
ἀσεπτέω = ἀσεβέω.
ἄ-σεπτος 2 = ἀσεβής.
ἄσεσθαι, ἄση s. ἄω.
ἄση, ἡ Überdruß, Schmerz.
ἀ-σήμαντος 2 a) ohne Abzeichen; b) führerlos.
ἄ-σημος 2 a) ohne Abzeichen, ohne Zeichen; ungemünzt. b) undeutlich, unverständlich. c) unbekannt, unberühmt.
ἀ-σθενής 2 = ἄσημος.
ἀσθένεια, ἡ a) Kraftlosigkeit, Schwäche; geringe Bedeutung; Krankheit. b) Dürftigkeit.
ἀσθενέω kraftlos oder schwach sein; krank sein.
ἀσθένημα, τό Schwäche.
ἀ-σθενής 2 a) kraftlos, schwach; krank, kränklich. b) unbedeutend, machtlos, arm.
ἀσθενίη, ἡ = ἀσθένεια.
ἆσθμα, τό Atemnot, Keuchen.
ἀσθμαίνω keuchen, röcheln.
ἀ-σινής 2 a) unbeschädigt, unverletzt. b) unschädlich, ohne Schaden zu tun, ruhig.
ἆσις, εως, ἡ Schlamm, Unrat.
ἀσιτέω fasten, hungern.
ἀσιτίᾱ, ἡ das Nichtessen, Fasten, Hungern. [Nahrung, nüchtern.]
ἄ-σιτος 2 ohne Speise, ohne
ἀ-σκελής 2 a) erschöpft, kraftlos. b) unabläsſig.
ἀ-σκέπαρνος 2 unbehauen.
ἄ-σκεπτος 2 a) unüberlegt, ununterbrochen. b) unbedachtsam, nicht beachtend.
ἀ-σκευής 2 und ἄ-σκευος 2 ungerüstet, unbeschützt.
ἀσκέω 1. künstlich verfertigen, kunstvoll bearbeiten, sorgfältig herstellen; (aus)schmücken, ausstatten. — 2. a) sich befleißigen; sich bemühen; sich in etw. üben, etw. (ein)üben, ausüben, vollbringen. b) j-n üben, ausbilden, einexerzieren.

ἀ-σκηθής 2 unversehrt.
ἄσκησις, εως, ἡ Übung: a) Leibesübung. b) Athleten-beruf, -weise.
ἀσκητής, οῦ eingeübt, Fachmann, Athlet von Beruf.
ἀσκητός 3 a) kunstvoll gearbeitet. b) der Übung bedürftig. c) geübt.
ἄ-σκοπος 2: 1. unbedachtsam. — 2. a) unsichtbar. b) unabsehbar; unendlich: α) übergroß, furchtbar; β) unbegreiflich, unglaublich. c) unerwartet.
ἀσκός, ὁ a) Haut. b) Schlauch.
ἆσμα, τό Gesang, Lied.
ἄσμενος¹ 3 freudig, mit Freuden, froh, gern.
ἄσμενος² 3 gerettet.
ἄ-σοφος 2 unweise, töricht.
ἀσπάζομαι M. freundlich aufnehmen, bewillkommnen, begrüßen; grüßen (lassen): a) j-n besuchen; seine Aufwartung machen. b) Abschied nehmen. c) liebkosen; liebhaben, verehren.
ἀ-σπαίρω zucken, zappeln; sich sträuben.
ἄ-σπαρτος 2 a) ungesät. b) unbesät.
ἀσπάσιος 3 (u. 2) = ἀσπαστός.
ἀσπασμός, ὁ Gruß, Begrüßung, Liebkosung.
ἀσπαστός 3 a) willkommen, ersehnt, lieb. b) freudig, erfreut, gern. [men.]
ἄ-σπερμος 2 ohne Nachkomἀ-σπερχές adv. a) eifrig. b) unabläsſig, rastlos.
ἄ-σπετος 2 a) unversieglich. b) unſäglich; entsetzlich; unendlich.
ἀσπιδιώτης, ου schildtragend.
ἄ-σπιλος 2 unbefleckt, tadellos.
ἀσπίς, ίδος, ἡ 1. a) Schild. b) Schildträger, Krieger, Hoplit. — 2. Natter.

ἀσπιστήρ, ῆρος u. -ῆς, οῦ beschildet; Schildträger, Krieger.
ἄ-σπλαγχνος 2 feig.
ἄ-σπονδος 2 a) ohne Vertrag, ohne Waffenstillstand. b) unversöhnlich.
ἄ-σπορος 2 unbesät.
ἀ-σπουδί adv. ohne Mühe, ohne Kampf, ruhig.
ἄσσα = ἅτινα welcherlei.
ἄσσα = τινά einiges, etwas.
ἀσσάριον, τό Heller.
ἆσσον und ἀσσοτέρω adv. näher, ganz nahe.
ἄσσω [att.] = ἀίσσω.
ἀ-στάθμητος 2 a) unstät. b) unberechenbar, unsicher.
ἄ-στακτος 2, adv. ἀστακτί reich quellend; reichlich; unaufhörlich. [teilkämpfen.]
ἀ-στασίαστος 2 frei von Par-]
ἀστατέω unstät sein.
ἀ-στάφίς, ίδος, ἡ Rosine.
ἄ-σταχυς, υος, ὁ Ähre.
ἀ-στέγαστος 2 obdachlos.
ἀστεῖος 3 städtisch; fein, schön, gebildet; witzig; zartfühlend.
ἀ-στειπτος 2 unbetreten von.
ἀ-στεμφής 2 fest, standhaft.
ἀ-στένακτος 2 ohne zu seufzen.
ἀ-στεργής 2 lieblos, feindselig, hart.
ἀστερόεις 3 gestirnt; strahlend.
ἀστεροπή, ἡ Blitz; Glanz.
ἀστεροπητής, οῦ, ὁ Blitzschleuderer.
ἀ-στεφάνωτος 2 unbekränzt.
ἀστή, ἡ Städterin, Bürgerin.
ἀστήρ, έρος, ὁ Stern, Gestirn.
ἀ-στήρικτος 2 unbefestigt, schwach.
ἀ-στιβής 2 a) unbetreten, unwegsam. b) unnahbar, heilig.
ἀστικός 3 städtisch, Städter.
ἄ-στικτος 2 nicht tätowiert.
ἄ-στομος 2 hartmäulig.
ἄ-στοργος 2 lieblos.
ἀστός, ὁ Städter, Bürger.

ἀστοχέω verfehlen, abirren.
ἀστόω = ἀιστόω.
ἀ-στράβη, ἡ a) Saumsattel. b) gesatteltes Maultier.
ἀστραγαλίζω würfeln.
ἀστράγαλος, ὁ 1. Wirbelknochen; Halswirbel. — 2. a) Knöchel. b) Würfel.
ἀστραπαῖος 3 blitzend.
ἀστραπή, ἡ Blitz, Glanz.
ἀστράπτω blitzen; glänzen.
ἀ-στράτευτος 2 der nicht als Krieger gedient hat.
ἀστρολογία, ἡ Sternkunde.
ἀστρο-λόγος 2 sternkundig, Astronom.
ἄστρον, τό Sternbild, Gestirn; Stern. pl. Himmel.
ἀστρονομία, ἡ Sternkunde.
ἀστρονομικός 3 astronomisch.
ἄ-στροφος 2 ohne umzublicken.
ἄ-στρωτος 2 unbedeckt, ohne Decke oder Bett.
ἄστυ, εως u. εος, τό Stadt, Hauptstadt; Athen.
ἀστυ-βοώτης, ου die Stadt durchrufend. [Grenznachbar.]
ἀστυ-γείτων 2 benachbart;]
ἀστυ-νόμος 2 stadtbeschützend, den Staat ordnend.
ἀ-συγκρότητος 2 ungeübt.
ἀ-σύμβατος 2 zu keiner Übereinkunft od. Aussöhnung gelangend.
ἀ-σύμβλητος 2 unbegreiflich.
ἀσυμμετρία, ἡ Mißverhältnis; Mißgestalt.
ἀ-σύμμετρος 2 ohne Ebenmaß; unangemessen.
ἀ-σύμφορος 2 unzuträglich: a) nutzlos. b) unpassend.
ἀ-σύμφωνος 2 nicht im Einklang, uneinig.
ἀσυνεσία, ἡ Unverstand.
ἀ-σύνετος 2 unverständig, gottlos.
ἀ-σύνθετος 2 a) einfach. b) bundbrüchig, treulos.

ἀ-σύντακτος 2 ungeordnet.
ἀ-σύφηλος 2 beschimpfend, kränkend, schnöde.
ἀσυχαῖος 3 und ἀσυχία, ἡ, ἄσυχος 2 = ἡσυχ-.
ἀ-σφάδαστος 2 nicht zuckend; sicher, entschlossen.
ἀσφάλεια, ἡ 1. Feststehen. — 2. Festigkeit, Sicherheit: a) Gewißheit. b) Zuverlässigkeit. c) Gefahrlosigkeit; Sicherheitsmaßregel(n), Schutz, sicheres Geleit. d) Vorsicht.
ἀ-σφαλής 1. feststehend, unbeweglich. — 2. a) unaufhörlich. b) sicher: α) fest, β) zuverlässig, wahr; γ) gefahrlos; δ) vorsichtig.
ἀσφαλίζω sichern, schützen, gut verwahren.
ἄσφαλτος, ἡ Erdharz.
ἀ-σφάραγος, ὁ Luftröhre.
ἀσφόδελος, ὁ Asphodill.
ἀσφοδελός 2 Asphodill (Art weißer Lilie) tragend.
ἀ-σχαλάω u. ἀ-σχάλλω ungehalten od. ungeduldig sein.
ἄ-σχετος 2 unaufhaltsam; unwiderstehlich, unbezwinglich.
ἀσχημονέω sich unschicklich benehmen, rücksichtslos sein.
ἀσχημοσύνη, ἡ Unschicklichkeit, Häßlichkeit; Schande, Scham, Unzucht.
ἀ-σχήμων 2 a) unschicklich, unanständig. b) häßlich, kläglich.
ἀσχολία, ἡ Mangel an Muße: a) Beschäftigung; Geschäft. b) Abhaltung, Hindernis.
ἄ-σχολος 2 ohne Muße, beschäftigt, tätig.
ἀ-σώματος 2 unkörperlich.
ἀσωτία, ἡ Schwelgerei, ausschweifendes Leben.
ἄ-σωτος 2 unrettbar, heillos; frevelhaft; liederlich, ausschweifend. [zuchtlos sein.]
ἀτακτέω unordentlich leben,

ἄ-τακτος 2 a) ungeordnet. b) unordentlich, ohne Mannszucht, zuchtlos, ausschweifend.
ἀ-ταλαίπωρος 2 a) mühelos. b) gleichgültig. [bar.)
ἀ-τάλαντος 2 gleich, vergleich-)
ἀτάλά-φρων 2 harmlos.
ἀτάλλω a) freudig hüpfen. b) sorgsam pflegen; erquicken.
ἀ-ταλός 3 kindlich, jugendlich; munter, heiter, fröhlich.
ἀταξία, ἡ Unordnung; Zuchtlosigkeit, Insubordination.
ἀτάομαι P. unglücklich sein, leiden.
ἀτάρ a) dagegen, aber, doch, jedoch, aber vollends. b) und. c) ja, ja doch.
ἀ-τάρακτος 2 ruhig, unerschrocken.
ἀ-ταρβής 2 u. ἀ-τάρβητος 2 unerschrocken, furchtlos.
ἀ-ταρπιτός u. ἀ-ταρπός, ἡ = ἀτραπιτός und ἀτραπός.
ἀ-ταρτηρός 3 rücksichtslos, hart, unverschämt, grob.
ἀτασθαλία, ἡ Unbesonnenheit, Übermut, Frevel(tat).
ἀτασθάλλω freveln.
ἀτάσθαλος 2 übermütig, frevelhaft, trotzig.
ἄ-ταφος 2 unbeerdigt.
ἅτε¹ neutr. pl. von ὅστε.
ἅτε² adv. a) gleichwie. b) (mit part.) weil ja, da ja.
ἄ-τεγκτος 2 a) unerweicht. b) unerbittlich, hartherzig.
ἀ-τειρής 2 unverwüstlich, fest, hart.
ἀ-τείχιστος 2 a) unbefestigt. b) nicht blockiert.
ἀ-τέκμαρτος 2 a) dunkel, unsicher. b) unberechenbar, ungeahnt.
ἄ-τεκνος 2 kinderlos.
ἀτέλεια, ἡ Abgabenfreiheit; Dienstbefreiung, Vergünstigung.

ἀ-τέλεστος 2: 1. a) = ἀτελής. b) unerfüllbar. — 2. uneingeweiht. [endet. b) unerbittlich.]
ἀ-τελεύτητος 2 a) unvoll-
ἀ-τελής 2: 1. unvollendet: a) unerfüllt. b) endlos. c) unvollkommen — 2. a) erfolglos, vergeblich. b) ungültig. — 3. abgabenfrei.
ἀτέμβω schädigen; täuschen, betrügen, kränken. P. verlustig gehen, entbehren.
ἀ-τενής 2 a)(an)gespannt,straff; umrankend. b) fest, beharrlich, unbeugsam, standhaft.
ἀτενίζω fest anschauen, unverwandt hinsehen.
ἄτερ a) fern von. b) ohne, sonder, außer; ohne j-s Willen.
ἀ-τέραμνος 2 hart; unerbittlich.
ἄτερ-θε(ν) = ἄτερ.
ἀ-τερπής 2 freudlos, traurig, schrecklich.
ἄτερπος 2 = ἀτερπής.
ἀτεχνία, ἡ Ungeschicklichkeit,
ἄ-τεχνος 2 kunstlos: a) ἀ-τέχνως kunstlos, einfach. b) ἀτεχνῶς: α) natürlich; β) geradezu, völlig, durchaus.
ἀτέω verblendet, tollkühn sein.
ἄτη, ἡ a) Verblendung, Betörung, Betäubung. b) Schuld, Frevel, Greuel. c) Strafe, Unglück, Unheil, Schaden, Leid.
ἄ-τηκτος 2 a) ungeschmolzen. b) nicht schmelzbar.
ἀ-τημέλητος 2 vernachlässigt, unbesorgt.
ἀτηρός 3 u. ἀτήσιμος 2 verderblich, unheilvoll, frevelhaft.
ἀτηρία, ἡ Unheil, Nachteil.
ἀ-τίζω verachten.
ἀτιμάζω a) verachten, entehren, kränken, beschimpfen; der bürgerlichen Rechte berauben. b) für unwürdig halten, verschmähen.

ἀτιμάω = ἀτιμάζω.
ἀ-τίμητος 2 a)verachtet. b)nicht abgeschätzt.
ἀτιμία, ἡ Unehre: a) Verachtung,Geringschätzung. b)Schande, Ehrlosigkeit, Achtung.
ἄ-τιμος 2: 1. ungeehrt: a) verachtet. b) ehrlos, rechtlos, geächtet. c) nicht gewürdigt, unwürdig. — 2. entehrend,schimpflich, schmählich, verächtlich. — 3. ohne Ersatz.
ἀτιμόω = ἀτιμάζω.
ἀ-τιμώρητος 2 a) ungestraft. b) hilflos.
ἀτιτάλλω aufziehen, pflegen.
ἄ-τιτος 2 a) ungerächt. b) unbezahlt.
ἀ-τλᾱτος 2 = ἄτλητος.
ἀτλητέω für unerträglich halten, entrüstet sein.
ἄ-τλητος 2 unerträglich.
ἄ-τμητος 2 unverwüstet.
ἀτμίζω dampfen, rauchen.
ἀτμίς, ίδος,ἡ u. ἀτμός, ὁ Dampf, Dunst, Rauch.
ἄ-τοκος 2 unfruchtbar.
ἀτολμία, ἡ Mutlosigkeit.
ἄ-τολμος 2 mutlos, zaghaft.
ἄ-τομος 2 a) ungemäht. b) unteilbar. ἐν ἀτόμῳ im Nu.
ἀτοπία, ἡ das Ungewöhnliche, Sonderbarkeit; Unverstand.
ἄ-τοπος 2 ungewöhnlich, sonderbar: a) abgeschmackt, widersinnig; ungereimt. b) unziemlich, ungehörig. c) gottlos, übel.
ἄτος 2 unersättlich.
ἄ-τρακτος, ὁ a) Spindel. b) Pfeil. [Pfad. Fußsteig.]
ἀ-τραπιτός und ἀ-τραπός, ἡ
ἀτρέκεια, ἡ volle Wahrheit.
ἀ-τρεκής 2 untrüglich, zuverlässig, genau, sicher, wahr.
ἀ-τρεμά(ς) a) unbeweglich, ruhig. b) still. c) bedächtig.
ἀτρεμέω ruhig sein oder (da-) bleiben.

ἀ-τρεμής 2 unerschrocken, ruhig.
ἀτρεμίζω = ἀτρεμέω.
ἀτρεμία, ἡ Ruhe.
ἄ-τρεστος 2 furchtlos.
ἄ-τριβής 2 a) unbeschädigt. b) unbetreten. c) nicht abgehärtet, weich.
ἄ-τριπτος 2 = ἀτριβής.
ἄ-τρομος 2 = ἀτρεμής.
ἄ-τροφος 2 schlecht genährt.
ἀ-τρύγετος 2 a) unfruchtbar, öde. b) rastlos wogend.
ἄ-τρυτος 2 unermüdlich, unerschöpflich, unendlich, unaufhörlich.
ἀτρυτώνη, ἡ die Unbezwingliche.
ἄ-τρωτος 2 a) unverwundet. b) unverwundbar.
ἄττα¹ Väterchen.
ἄττα² = τινά.
ἅττα = ἅτινα.
ἀττάταῖ o weh! wehe!
ἀττέλεβος, ὁ Laubheuschrecke.
Ἄττης, ου, ὁ Bezeichnung des Bacchus (= Σαβάζιος).
ἀττικίζω es mit den Athenern halten. [an Athen.]
ἀττικισμός, ὁ Anhänglichkeit
ἄττω = ᾄσσω, ἀίσσω.
ἀ-τύζω ängstigen, erschrecken. P. sich ängstigen, sich entsetzen: a) erschreckt od. betäubt, bange sein. b) scheu fliehen.
ἀ-τυράννευτος 2 von keinem Tyrannen beherrscht.
ἀτυχέω a) nicht erreichen, nicht erlangen, (das Ziel) verfehlen. b) unglücklich sein.
ἀτύχημα, τό = ἀτυχία.
ἀ-τυχής 2 unglücklich.
ἀτυχία, ἡ Unglück.
αὖ adv. 1. a) wieder(um), noch einmal. b) in Zukunft, ein andermal, später. — 2. hinwiederum, andrerseits, dagegen. — 3. ferner.
αὐαίνω, αὐαίνω I. Akt. trocknen, (aus)dörren. — II. P. vertrocknen, verschmachten, vergehen.
αὐγάζω I. Akt. 1. a) erleuchten. b) leuchten, strahlen. — 2. wahrnehmen. — II. M. wahrnehmen, erkennen.
αὐγή, ἡ 1. Licht, Glanz. — 2. a) Strahl, Sonnenstrahl; Tageslicht. b) Auge, Blick.
αὐδάζομαι M. = αὐδάω.
αὐδάω u. M. a) sprechen, reden. b) sagen, verkünden, nennen; gebieten; raten.
αὐδή, ἡ a) Stimme, Rede; Klang. b) Gerücht, Kunde.
αὐδήεις 3 mit menschlicher Sprache begabt.
αὐερύω zurückziehen, zurückbiegen; emporziehen.
αὖθ᾽ = 1. αὖθι. 2. αὖτε.
αὐθάδεια und αὐθαδία, ἡ Selbstgefälligkeit: a) Anmaßung, Stolz. b) Eigensinn.
αὐθ-άδης 2 selbstgefällig: a) anmaßend, frech, rücksichtslos. b) eigensinnig, eigenmächtig. c) anmaßend sein.
αὐθαδίζομαι M. selbstgefällig sein, herrschen.
αὐθ-αιμος 2 und -αίμων 2 blutsverwandt.
αὐθ-αίρετος 2 selbstgewählt, eigenmächtig, freiwillig; selbstverschuldet.
αὐθεντέω eigenmächtig handeln, herrschen.
αὐθ-έντης, ου, ὁ Urheber, Täter: a) Mörder. b) Henker.
αὐθ-ημερόν an demselben Tage; auf der Stelle, sofort.
αὐθι a) an Ort und Stelle, hier, dort. b) auf der Stelle.
αὐθι-γενής 2 an Ort u. Stelle entstanden, einheimisch.
αὖθις = αὖ.
αὐθ-όμαιμος 2 blutsverwandt. ὁ Blutsverwandter; Bruder, Schwester.
αὐΐαχος 2 lautschreiend.
αὖλαξ, ἄκος, ἡ Furche.

αὔλειος 2 zum Hofe od. Hause gehörig, Hof=...
αὐλέω I. Akt. die Flöte blasen; blasen. — II. M. sich auf der Flöte vorspielen lassen.
αὐλή, ἡ 1. Viehhof; Hürde: Gehöft. — 2. a) Hof; Vorhof. b) Hofmauer. — 3. Wohnung; a) Hütte. b) Palast, Residenz.
αὔλημα, τό Flötenstück.
αὔλησις, εως, ἡ Flötenspiel.
αὐλητής, οῦ, ὁ Flöten-spieler, -bläser.
αὐλητικός 3 das Flötenspiel betreffend. [lerin.]
αὐλητρίς, ίδος, ἡ Flötenspie-
αὐλίζομαι M. u. P. eingehegt werden, im Freien lagern; biwakieren, übernachten.
αὔλιον, τό a) Hürde, Gehöft, Wohnsitz. b) Grotte.
αὖλις, ιδος, ἡ Ruhestätte, Nachtlager; Stall; Nest.
αὐλός, ὁ Röhre: a) Tülle. b) Hülse. c) Blutstrahl. d) Blasinstrument, Flöte.
αὐλών, ῶνος, ὁ 1. a) Hohlweg, Schlucht, Tal. b) Meerenge. — 2. Kanal, Graben.
αὐλ-ῶπις, ιδος hochröhrig.
αὐξάνω und αὔξω I. Akt. 1. a) (ver)mehren, vergrößern, wachsen lassen, fördern. b) preisen, verherrlichen. — 2. † intr. = P. — II. P. wachsen, zunehmen; emporkommen, gedeihen, gewinnen.
αὔξη u. αὔξησις, ἡ Wachstum, Zunahme, Gedeihen.
αὔξω = αὐξάνω.
αὖος 3 dürr, dumpf; arm.
ἄ-ὕπνος 2 schlaflos, wach.
αὔρα, ἡ Hauch, Luft(zug), Wind; Fahrwind, kühle Morgenluft.
αὔριον adv. morgen. ἡ ~ der morgende oder folgende Tag.
αὐσταλέος 3 ungesalbt; struppig, schmutzig.

αὐστηρία, ἡ = αὐστηρότης.
αὐστηρός 3 herbe, sauer; ernst, streng; hart, unfreundlich.
αὐστηρότης, ητος, ἡ Herbheit; Ernst, Strenge.
αὐτ-άγγελος 2 persönlich meldend. [reichbar.]
αὐτ-άγρετος 2 von selbst er-
αὐτ-άδελφος 2 leiblich verschwistert. ὁ, ἡ leibliche(r) Bruder oder Schwester.
αὐτάρ a) aber, jedoch, indes. b) dann, ferner.
αὐτάρκεια, ἡ Selbstgenügsamkeit, Selbständigkeit; Genüge.
αὐτ-άρκης 2 sich selbst genügend: a) stark genug. b) unabhängig. c) siegesgewiß, sicher. d) zufrieden.
αὖ-τε adv. = αὖ.
αὐτ-επάγγελτος 2 unaufgefordert, freiwillig.
αὐτ-ερέτης, ου, ὁ zugleich Ruderer und Krieger.
αὐτέω schreien, dröhnen, erklingen; rufen.
αὐτή, ἡ Geschrei; Schlachtgeschrei; Kampf, Schlacht.
αὐτ-ήκοος 2 Ohrenzeuge.
αὐτ-ῆμαρ u. αὐτ-ημερόν an demselben Tage.
αὐτί-γενής 2 = αὐθι-γενής.
αὐτίκα adv. 1. sogleich, sofort augenblicklich, alsbald. — 2. (so) zum Beispiel.
αὖτις = αὖθις = αὖ.
αὐτμή, ἡ und αὐτμήν, ένος, ὁ Atem, Hauch: 1. a) das Wehen. b) Dunst, Duft. — 2. Glut (=hauch).
αὐτο-βοεί adv. gleich beim ersten Kriegsgeschrei.
αὐτο-γέννητος 2 selbsterzeugt.
αὐτογνωμονέω auf eigene Faust (oder nach Willkür) handeln.
αὐτό-γνωτος 2 eigenwillig, selbstbeschlossen.

αὐτο-δαής 2 selbst=erlernt.
αὐτό-δεκα gerade zehn.
αὐτο-δίδακτος 2 selbst=gelehrt, =gebildet. [barkeit habend.]
αὐτό-δικος 2 eigene Gerichts=
αὐτό-δϊον adv. sofort.
αὐτο-έντης, ου, ὁ = αὐθέντης. [Jahre.]
αὐτό-ετες adv. in demselben
αὐτό-θεν adv. 1. von Ort und Stelle aus: a) von dorther. b) von hier. — 2. a) auf der Stelle, sogleich. b) von vornherein. — 3. a) aus diesem Grunde. b) ohne weiteres.
αὐτο-θί adv. an Ort u. Stelle: a) dort. b) hier. [Schwester.]
αὐτο-κασιγνήτη, ἡ leibliche
αὐτο-κασίγνητος, ὁ leiblicher Bruder. [selbst verurteilt.]
αὐτο-κατάκριτος 2 von sich
αὐτο-κέλευστος 2 u. -κελής 2 ungeheißen, aus eigenem Antriebe.
αὐτό-κλητος 2 ungerufen, unaufgefordert, von selbst.
αὐτο-κράτής 2 u. -κράτωρ 2 a) selbstherrschend, unabhängig; unumschränkter Gebieter. b) bevollmächtigt.
αὐτοκτονέω 2 sich selbst (oder sich gegenseitig) töten.
αὐτό-ματος 2 (und 3): 1. sich selbst bewegend. — 2. a) aus eigenem Antriebe, freiwillig, von selbst. b) zufällig. τὸ -ον Zufall. [laufen.]
αὐτομολέω übergehen, über=
αὐτομολία, ἡ das Überlaufen.
αὐτό-μολος 2 Überläufer.
αὐτονομέομαι P. sich selbst regieren. [Selbständigkeit.]
αὐτονομία, ἡ Unabhängigkeit,
αὐτό-νομος 2 unabhängig, selbständig, frei(willig).
αὐτο-νυχί adv. in derselben Nacht.
αὐτό-ξυλος 2 ganz von Holz.

αὐτό-παις, ὁ leiblicher Sohn.
αὐτό-πετρος 2 von natürlichem Stein.
αὐτό-ποιος 2 von selbst gewachsen. [Staat.]
αὐτό-πολις, ἡ selbständiger
αὐτο-πολίτης, ου, ὁ Bürger eines freien Staates.
αὐτό-πρεμνος 2 mitsamt der Wurzel.
αὐτ-όπτης, ου, ὁ Augenzeuge.
αὐτός, ή, ὁ I. 1. selbst, persönlich. — 2. a) an sich, an und für sich, allein. b) von selbst, freiwillig. c) gerade, unmittelbar, eben, eigentlich. d) sogar, schon. — 3. = eigen: οἱ ἡμέτεροι αὐτῶν φίλοι unsere eigenen Freunde. — 4. a) πέμπτος αὐτός selbfünfter (= mit vier anderen). b) = samt, mitsamt: ἡ ναῦς αὐτοῖς (τοῖς) ἀνδράσι das Schiff samt der Bemannung. — 5. καὶ αὐτός gleichfalls, ebenso. οὐδ' αὐτός gleichfalls nicht. — 6. ὁ αὐτός, ἡ αὐτή, τὸ αὐτό(ν) (eben)derselbe. — II. in den obliquen Kasus als Personalpron. der 3. Pers.: er, sie, es = lt. is, ea, id.
αὐτόσε adv. ebendahin, dorthin.
αὐτο-στάδίη, ἡ Nahkampf.
αὐτό-στολος 2 selbst ausziehend. [Hand gemordet.]
αὐτο-σφαγής 2 durch eigene
αὐτο-σχεδά = αὐτοσχεδόν.
αὐτοσχεδιάζω unvorbereitet tun oder handeln: a) aus dem Stegreif reden. b) leichtfertig tun, übereilt oder eigenmächtig handeln, unbesonnen urteilen.
αὐτοσχεδίη, ἡ Nähe, Nahkampf; Stegreif.
αὐτο-σχεδόν adv. aus unmittelbarer Nähe; im Nahkampf.
αὐτο-τελής 2 sich selbst besteuernd, unabhängig.

αὐτοῦ adv. hier, dort.
αὐτουργός 2 selbst=tätig, =arbeitend; eigen; Handarbeiter.
αὐτό-φι(ν), gen. u. dat. sg. u. pl. von αὐτός.
αὐτο-φυής 2 natürlich.
αὐτό-φωρος 2 a) bei der Tat selbst ertappt. ἐπ᾽ -ῳ auf frischer Tat. b) durch sichere Tatsachen überführt.
αὐτό-χειρ, ρος eigenhändig; mörderisch; ὁ Täter, Mörder.
αὐτοχειρίᾱ, ἡ eigenhändige Tat; Mord.
αὐτό-χθων 2 eingeboren, Ureinwohner.
αὐτο-χόωνος 2 massiv.
αὕτως, αὔτως adv. 1. a) ebenso, geradeso. b) immer noch so. c) ganz lediglich. d) καὶ αὕτως auch so schon. — 2. a) so ohne weiteres, geradezu. b) nur so (hin), vergebens, nutzlos, ohne Grund.
αὐχενίζω den Hals durchhauen.
αὐχένιος 3 zum Nacken gehörig.
αὐχέω sich rühmen, prahlen.
αὔχημα, τό a) Prahlerei. b) Zierde, Stolz, Ruhm.
αὐχήν, ένος, ὁ 1. Nacken, Hals. — 2. a) Landenge. b) Meerenge. c) Schlucht, Engpaß. d) Gabelung.
αὔχησις, ἡ = αὔχημα.
αὐχμέω trocken sein, struppig oder schmutzig sein.
αὐχμηρός 3 1. trocken, dürr. — 2. a) schmutzig, verwildert. b) finster, dunkel; streng.
αὐχμός, ὁ a) Trockenheit, Dürre. b) Schmutz.
αὐχμώδης 2 = αὐχμηρός.
ἀύω¹, ἀύω anzünden; Feuer holen.
ἀύω² und ἀΰω schreien, laut rufen; ertönen, dröhnen.
ἀφ-αγνίζω weihen.
ἀφαίρεσις, ἡ Wegnahme.

ἀφ-αιρέω I. Akt. ab=, fort=, weg=nehmen: a) entfernen, beseitigen. b) rauben, berauben, entziehen; j-n von etw. befreien; (ver)mindern, beschränken. — II. P. ἀφαιροῦμαί τι mir wird etw. (weg)genommen. — III. M. (für sich) ab=, weg=nehmen, davontragen, entreißen, (be)rauben; e-r Sache ein Ende machen; j-n hindern.
ἀ-φάλος 2 ohne Schirm.
ἀφ-αμαρτάνω verfehlen; nicht treffen; verlieren.
ἀφαμαρτο-επής 2 Fehlredner.
ἀφ-ανδάνω mißfallen.
ἀφάνεια, ἡ Niedrigkeit.
ἀ-φανής 2 1. unsichtbar, ungesehen, verborgen; spurlos; verschwunden, geheim. — 2. a) unsicher, undeutlich, unbekannt; dunkel. b) unscheinbar, unberühmt.
ἀφανίζω I. Akt. 1. unsichtbar od. verschwinden machen, beseitigen, verbergen; entrücken 2. a) vernichten, zerstören, töten. b) verheimlichen. — 2. entstellen, verdunkeln. — II. P. verschwinden, vergehen, aufhören.
ἀφάνισις, εως, ἡ und ἀφανισμός, ὁ das Verschwinden.
ἄ-φαντος 2 unsichtbar, spurlos.
ἀφ-άπτω knüpfen, aufhängen; pf. P. herabhängen. [fort.
ἄφαρ adv. schnell, sogleich, so=
ἄ-φαρκτος 2 = ἄφρακτος.
ἀφ-αρπάζω a) (her)abreißen; entreißen. b) ausplündern.
ἀφάρτερος 2 schneller.
ἀφάσσω = ἀφάω.
ἄ-φατος 2 unsagbar; entsetzlich, gewaltig, ungeheuer.
ἀφαυρός 3 schwach, kraftlos.
ἀφάω betasten, befühlen.
ἀ-φεγγής 2 dunkel, finster; entsetzlich, unglücklich.
ἀφ-εδρών, ῶνος, ὁ Abtritt.

ἀφ-έῃ = ἀφῇ von ἀφίημι.
ἀφ-έηκα = ἀφῆκα von ἀφίημι.
ἀφειδέω nicht schonen; unbeachtet lassen, vernachlässigen.
ἀ-φειδής 2 nicht schonend: a) schonungslos, grausam. b) freigebig, reichlich, in Menge.
ἀφειδία, ἡ Schonungslosigkeit: a) Verschwendung. b) Rücksichtslosigkeit.
ἀφ-εῖδον = ἀπεῖδον s. ἀφοράω.
ἀφεκτέον s. ἀπέχομαι.
ἀ-φελής 2 einfach, schlicht.
ἀφ-έλκω a) wegziehen, wegschleppen. b) hinziehen.
ἀφελότης, ητος, ἡ Aufrichtigkeit, Einfalt.
ἀφ-ελπίζω = ἀπελπίζω.
ἄφενος, τό Vermögen, Reichtum, Vorrat.
ἀφ-έρπω weggehen.
ἄφεσις, εως, ἡ a) Entsendung. b) Eröffnung der Schranken. c) Freilassung, Herausgabe; Vergebung. [weiht, heilig.]
ἄφετος 2 freigelassen; frei, geἀφ-έψω abkochen.
ἀφ-έωνται 3. pl. pf. P.v. ἀφίημι.
ἁφή, ἡ 1. das Anzünden. — 2. a) Berührung. b) Tastsinn, Gefühl. c) Verbindung, Gelenk.
ἀφ-ηγέομαι M. 1. a)wegziehen. b) vorangehen, vorausziehen; anführen. — 2. erzählen, erklären, darlegen.
ἀφήγημα, τό und ἀφήγησις, εως, ἡ Erzählung.
ἀφ-ῆμαι fernab sitzen.
ἀφ-ημερεύω bei Tage abwesend sein.
ἀφήτωρ, ορος, ὁ Pfeilschütz.
ἀφθαρσία, ἡ Unvergänglichkeit, Unsterblichkeit. [unsterblich.]
ἄ-φθαρτος 2 unvergänglich,
ἄ-φθεγκτος 2 lautlos, stumm, still.
ἄ-φθιτος 2 unverwüstlich.

ἄ-φθογγος 2 lautlos, sprachlos, stumm.
ἀφθονία, ἡ Neidlosigkeit: a) Bereitwilligkeit. b) Überfluß, Fülle, Menge.
ἄ-φθονος 2 1. a) neidlos. b)unbeneidet. — 2. a) freigebig; fruchtbar. b) reichlich, im Überfluß (vorhanden).
ἀφθορία, ἡ Reinheit.
ἀφ-ίδρωσις, ἡ Schwitzen.
ἀφ-ίημι I. Akt. 1. ab-, wegschiden, entsenden; schleudern, abschießen. — 2. loslassen, aus der Hand lassen: a) fallen lassen, herablassen; hören lassen; ausstoßen; vergießen. b) freilassen, entlassen; freisprechen; von etw. befreien. c) hinter-, zurücklassen, übrig lassen. d) fahren lassen: α) aufgeben, unterlassen, β) verlassen; γ) unbeachtet lassen, vernachlässigen, übergehen; δ) überlassen, preisgeben; ε) zulassen, gestatten. e) erlassen, vergeben. — 3. intr.: a) abfahren, auslaufen. b) aufhören. — II. M.: a) sich von etw. losod. frei-machen, ablassen. b) entkommen. c) abfahren, auslaufen.
ἀφ-ικάνω = ἀφικνέομαι.
ἀφ-ικνέομαι M. ankommen, (hin)gelangen: a) zurückkehren. b) in einen Zustand geraten. c) j-n überkommen ob. befallen, treffen.
ἀ-φιλάγαθος 2 ohne Liebe zum Guten.
ἀφιλάργυρος 2 nicht geldliebend.
ἀ-φίλητος 2 ungeliebt.
ἄ-φιλος 2: 1. freundelos. — 2. a) lieblos, unfreundlich. b) undankbar. c) unbeliebt, widerwärtig.
ἄφιξις, ἡ 1. a) Ankunft. b) Rückkehr. — 2. Weggang.

ἀφ-ιππεύω a) wegreiten. b) zurückreiten.

ἀφ-ιππος 2 a) ungeschickt zum Reiten. b) für Reiterei ungeeignet.

ἀφ-ίπταμαι Μ. = ἀποπέτομαι.

ἀφ-ίστημι I. Akt. 1. *trans.* wegstellen, entfernt aufstellen, entfernen; von etw. abbringen; j-n absetzen; zum Abfall bringen, abtrünnig machen. — 2. *intr.* = P. — II. M. sich etw. abwägen lassen, sich bezahlen lassen. — III. P. wegtreten, sich entfernen: a) weggehen, entkommen. b) abfallen. c) Abstand nehmen, sich enthalten, aufgeben, ablassen, unterlassen.

ἄφλαστον, τό Knauf am Vor- u. Hintersteven des Schiffes.

ἀφλοισμός, ὁ Schaum.

ἀφνε(ι)ός 2 u. 3 reich, begütert.

ἄφνω plötzlich, augenblicklich.

ἀ-φόβητος und **ἄ-φοβος** 2 1. furchtlos. — 2. wehrlos zahm. [Rückzug, Ausweg.]

ἀφ-οδος, ἡ Abmarsch, Abzug,]

ἀφ-ομοιόω ähnlich machen, nachbilden; vergleichen.

ἀφ-οπλίζομαι M. (f-e Rüstung) ablegen.

ἀφ-οράω (auch M.) 1. wegsehen. — 2. a) von fern sehen, erblicken. b) hinsehen, ansehen. c) überschauen, -blicken.

ἀ-φόρητος 2 unerträglich.

ἀφ-ορίζω 1. abgrenzen, trennen. — 2. a) ab-, aussondern; erwählen; ausstoßen. b) bestimmen, festsetzen.

ἀφ-ορμάω und P. aufbrechen, abreisen, hinweg-stürmen, -eilen.

ἀφ-ορμή, ἡ 1. Ausgangspunkt, Stützpunkt. — 2. Geldmittel, Mittel: a) Betriebskapital. b) Anlaß, Ursache, Gelegenheit, Möglichkeit.

ἀφ-ορμος 2 abziehend, heimkehrend.

ἄ-φορος 2 unfruchtbar.

ἀφ-οσιόω entsühnen. M. sich entsühnen: a) seiner religiösen Pflicht genügen. b) gewissenhaft erfüllen.

ἀφόωντα f. ἀφάω.

ἀφραδέω unverständig sein.

ἀ-φραδής 2 a) unverständig, töricht. b) besinnungslos.

ἀφραδία, ἡ a) Unverstand. b) Unkunde, Unkenntnis.

ἀφραίνω = ἀφραδέω.

ἄ-φρακτος 2 uneingezäunt; unbefestigt: a) ungeschützt. b) ungerüstet, wehrlos.

ἄ-φραστος 2: 1. unaussprechlich, unbeschreiblich. — 2. a) unbemerkbar, geheim. b) unbegreiflich, rätselhaft. c) unerwartet.

ἀφρέω schäumen.

ἀ-φρήτωρ 2 stammlos, stammesfeind.

ἀφρίζω schäumen.

ἀφροδισιάζω der Liebe pflegen; Liebesverlangen haben od. empfinden.

ἀφροδίσιος 3 und 2 zur Liebe gehörig, Liebes-... τὰ -α Liebesgenuß, -händel, Freudenfestgelage.

ἀφρονέω unverständig sein.

ἀφροντιστέω unbekümmert od. sorglos sein.

ἀ-φρόντιστος 2 a) sorglos. b) unbesonnen, unbedacht. c) f-r Sinne nicht mächtig.

ἀφρός, ὁ Schaum.

ἀφροσύνη, ἡ Unverstand, Torheit; Sorglosigkeit.

ἄ-φρων 2 a) sinnlos, unverständig, unvernünftig; töricht, Tor. b) unanständig.

ἀ-φυής 2 unbegabt, schlicht, zu etw. nicht geschaffen, untauglich.

ἄ-φυκτος 2 unentrinnbar.

ἀφυλακτέω sich nicht vorsehen, sorglos sein.
ἀ-φύλακτος 2 a) unbewacht, ohne Besatzung. b) sorglos, unvorsichtig, ohne Vorsichtsmaßregeln. c) unvermeidlich.
ἄ-φυλλος 2 blätterlos.
ἀφ-υπνόω ein-, ent-schlafen.
ἀφυσγετός, ὁ Schlamm, Unrat, Geröll. [aufhäufen.]
ἀφύσσω schöpfen; einschenken;
ἀφ-υστερέω a) sich verspäten. b) vorenthalten, entziehen.
ἀ-φώνητος 2 = ἄφωνος.
ἀφωνία, ἡ Sprachlosigkeit.
ἄ-φωνος 2 sprachlos, stumm; unverständlich.
ἀχά, ἡ [dor.] = ἠχή. [Wehr.]
ἄ-χαλκος 2 ohne die eherne
ἄ-χᾰρις, ι, gen. ιτος 1. a) unfein. b) unangenehm, unerfreulich. — 2. a) undankbar, b) ungedankt, unbelohnt.
ἀχᾰριστέω a) undankbar sein. b) ungefällig sein.
ἀχᾰριστία, ἡ a) Mangel an Anmut. b) Undankbarkeit.
ἀ-χάριστος 2 u. ἀ-χάρῐτος 2 = ἄχαρις.
ἀχείρητος 2 nicht von Menschenhand gepflanzt.
ἀ-χειροποίητος 2 nicht mit Händen gemacht.
ἀ-χειρος 2 ohne Hände, handlos. τὰ -α Rücken.
ἀ-χείρωτος 2 a) unbezwungen. b) wildwachsend.
ἄχερδος, ἡ (u. ὁ) wilder Birnbaum.
ἀχερωΐς, ΐδος, ἡ Silberpappel.
ἀχεύω und ἀχέω betrübt sein, trauern.
ἀχέω [dor.] = ἠχέω.
ἀχθεινός 3 a) lästig, unangenehm. b) ärgerlich, ungern.
ἀχθηδών, όνος, ἡ Kränkung.
ἄχθομαι P. 1. belastet sein. — 2. a) belästigt od. gequält sein.

b) betrübt oder unwillig, unzufrieden sein, sich ärgern, zürnen.
ἄχθος, τό Last; Fracht; Beschwerde, Schmerz, Leid.
ἀχθο-φόρος 2 lasttragend.
ἀ-χίτων, ωνος 2 ohne Leibrock, im bloßen Mantel.
ἀχλύεις 3 düster, dunkel; betrübend.
ἀχλύς, ύος, ἡ Dunkel, Nebel, Finsternis; tiefe Trauer.
ἀχλύω dunkel werden.
ἄχνη, ἡ a) Spreu. b) Schaum. c) der Tau.
ἄχνυμαι sich betrüben, traurig oder unwillig sein.
ἄ-χολος 2 zornstillend.
ἄχομαι = ἄχνυμαι.
ἀ-χόρευτος 2 u. ἄ-χορος 2 ohne Reigentanz; freudlos.
ἄχος, τό Schmerz, Leid, Weh, Trauer, Gram.
ἀ-χρεῖος 2 unnütz, unbrauchbar; stumpfsinnig, erkünstelt, nicht kriegstüchtig.
ἀχρε(ι)όω unnütz machen. M. untüchtig werden.
ἀ-χρήϊος 2 = ἀχρεῖος.
ἀχρηματία, ἡ Mittellosigkeit, Armut. [arm.]
ἀ-χρήματος 2 unbegütert,
ἀχρημοσύνη, ἡ = ἀχρηματία.
ἄ-χρηστος 2 a) unbrauchbar, unnütz; töricht; arg, schlimm. b) ungebraucht; neu.
ἄχρι(ς) 1. gänzlich, äußerst. — 2. prp. mit gen. bis, bis an, bis zu, bis auf. — 3. cj.: a) bis (daß). b) solange (als).
ἀχυρμιή, ἡ Spreuhaufen.
ἄχυρον, τό Spreu.
ἀχώ [dor.] = ἠχώ.
ἄψ a) zurück. b) wieder(um).
ἄ-φαυστος 2 : 1. a) unberührt. b) unberührbar. — 2. ohne berührt zu haben. [tadelig.]
ἀ-φεγής 2 ungetadelt, un-
ἀφευδέω nicht lügen.

ἀ-ψευδής — 82 — **βακχεύω**

ἀ-ψευδής 2 a) untrüglich, wahrhaftig; echt. b) unstreitig.
ἀψίνθιον, τό und **ἀψινθος**, ἡ Wermut.
ἀψίς u. **ἁψίς**, ἷδος, ἡ a) Masche. b) Rad; Krümmung, Gewölbe.
ἀψόρροος 2 zurückfließend.
ἄψ-ορρος 2 zurückkehrend, -fließend, zurück, wieder.
ἅψος, τό Gelenk, Glied.
ἀ-ψόφητος und **ἀ-ψοφος** 2 ohne Lärm, lautlos, still.
ἀ-ψυκτος 2 sich nicht abkühlend, ohne Kälte.
ἄ-φῦχος 2 a) unbeseelt, leblos. b) mutlos, feig.
ἄω I. Akt.: a) sättigen. b) intr. sich sättigen. — II. M. sich sättigen, satt werden.
ἄ-ωρος[1] 2: 1. unzeitig: a) zu früh. b) unreif. — 2. unschön, unförmlich. [b) schwebend.
ἄωρος[2] 2 a) unsichtbar.
ἄωρτο (plpf. P. von ἀείρω) er hing.
ἀ-ωτέω schlafen, schlummern.
ἄωτος, ὁ Flocke, Geflock, Wolle, Vließ; — Schleuder.

B

Β, β (βῆτα) zweiter Buchstabe des griech. Alphabets.
βαβαί pah! ei! ei!
βάδην adv. schrittweise, langsam. β. ταχύ im Geschwindschritt.
βαδίζω einherschreiten, Schritt reiten; gehen, marschieren; an etw. gehen.
βάδισμα, τό Gang, Schritt.
βάζω schwatzen, sagen.
βάδιστος 3 sup. v. βαθύς.
βαθμός, ὁ Tritt, Stufe; Ehrenstufe, Rang.
βάθος, τό a) Tiefe. b) Höhe, Breite, Länge. c) Größe, Fülle.
βάθρον, τό I. Tritt, Stufe: a) Schwelle. b) Leiter. c) Bank, Thron. d) Sockel, Fußgestell. e) Grund und Boden; Wohnsitz. — 2. Grundlage.
βαθύ-γαιος 2 von tiefem Erdreich (= fruchtbar).
βαθυ-δῑνήεις 3 und **βαθυδίνης**, ου tiefwirbelnd.
βαθύ-ζωνος 2 tiefgegürtet.
βαθύ-κολπος 2 tiefgegürtet.
βαθύ-λειμος 2 hochgrasig.
βαθύ-λήϊος 2 hochsaatig.
βαθύνω tief machen, vertiefen; in die Tiefe gehen. [mend.]
βαθυ-ρρείτης, ου tiefströ-
βαθύ-ρριζος 2 tiefgewurzelt.
βαθύ-ρροος 2 tiefströmend.
βαθύς 3: 1. a) tief; hoch. b) dicht. — 2. lang, weit, breit. — 3. heftig.
βαθυ-σκαφής 2 tiefgegraben.
βαθύ-σχοινος 2 hochschilfig.
βαίνω 1. intr. die Beine ausspreizen: a) sich rittlings auf etw. setzen. b) pf. βεβηκέναι (fest)stehen; fest begründet sein; sich befinden, sein. c) ausschreiten, einher = schreiten, -gehen; schreiten, gehen, sich aufmachen; weggehen, sich entfernen, abfahren; vergehen; sterben; (hin)gelangen, (an)kommen. — 2. trans.: a) gehen machen, bringen; absteigen lassen, hinunterstoßen. b) besteigen; bespringen.
βάϊον, τό Palmzweig.
βαιός 3 a) klein, gering, wenig, kurz. b) gering = niedrig.
βαίτη, ἡ Fellkleid.
βακτηρίᾱ, ἡ Stock, Stab.
βάκχειος und **βάκχειος** 3 bacchisch, begeistert, rasend.
βακχεύω a) das Bacchosfest feiern. b) schwärmen, rasen, verzückt sein.

βάκχη und **βακχίς**, ίδος, ἡ Bacchantin.

βάκχιος 3 u. **βακχιώτης**, ου = βαχχεῖος.

βάκχος, ὁ Bacchant; Gottbegeisterter.

βαλάν-άγρα, ἡ Schlüssel.

βαλανεῖον, τό Bad; Badeanstalt, -stube.

βαλάνη-φάγος 3 Eicheln essend.

βαλάνη-φόρος 2 Datteln tragend.

βάλανος, ἡ 1. a) Eichel; b) Dattel. — 2. Verschlußbolzen.

βαλάντιον, τό Geldbeutel.

βαλαντιοτομέω ein Beutelschneider sein.

βαλβίς, ῖδος, ἡ a) Schranke. b) Mauerzinne.

βαλιός 3 scheckig, gefleckt.

βαλλίος, τό = βαλάντιον.

βάλλω I. Akt. 1. *trans.* werfen, schleudern: a) (ab)schießen; bewerfen, beschießen. b) treffen, verwunden. c) (gewaltsam) hinwerfen, (nieder)stürzen, treiben. d) in milderem Sinne bewegen, wenden, treiben: α) umwerfen, anlegen; β) treffen, erreichen, berühren; γ) legen, stellen, bringen; an-, auf-, niederlegen; streuen, gießen; δ) sinken lassen, niederlassen. 2. *intr.*: a) münden. b) (sich) stürzen, rennen; hereinbrechen. — II. M. 1. sich etw. umwerfen ob. anlegen. 2. βάλλεσθαί τι ἐν θυμῷ, εἰς θυμόν, ἐν φρεσί sich etw. zu Herzen nehmen, bedenken, sich einprägen, sich merken, auf etw. sinnen, glauben.

βαμβαίνω schlottern, beben.

βᾶν = ἔβησαν v. βαίνω.

βάναυσία, ἡ Handwerk.

βάναυσος 2 a) ein Handwerk betreibend. b) handwerksmäßig; niedrig, gemein.

βάξις, εως, ἡ Rede: a) Orakelspruch. b) Gerede. c) Ruf, Leumund, Gerücht.

βαπτίζω unter-, ein-tauchen, übergießen, benetzen; waschen; taufen.

βάπτισμα, τό u. **βαπτισμός**, ὁ Taufe, Waschung.

βαπτιστής, οῦ, ὁ Täufer.

βάπτω (ein)tauchen, tränken, netzen; stählen, härten; färben.

βάρ Sohn.

βάραθρον, τό Schlund, Abgrund, Tiefe; Mördergrube.

βαρβαρίζω a) sich wie ein Ausländer betragen. b) ein Perserfreund sein.

βαρβαρικός 3 u. **βάρβαρος** 2 fremdsprechend, unverständlich, barbarisch: 1. nicht griechisch, ausländisch. ὁ βάρβαρος Barbar, Nichtgrieche. ἡ βάρβαρος Ausland. -ον Barbarentum, Perserheer. 2. roh, ungebildet, wild, grausam.

βαρβαρό-φωνος 2 rauhstimmig; persisch redend.

βαρβαρόω zum Barbaren machen. P. verwildern.

βάρδιστος 3 ſ. βραδύς.

βαρέω = βαρύνω. βεβάρηα ich bin beschwert. [Kahn, Floß.]

βᾶρις, ι(δ)ος, ἡ Barke, Nachen,

βάρος, τό Schwere, Gewicht; Last: a) Bürde. b) Beschwerde, Leid, Kummer. c) Masse, Fülle. d) Ansehen, Würde.

βαρύ-άλγητος 2 schwer schmerzend.

βαρύ-αχής 2 schwer-stöhnend.

βαρύ-βρεμέτης, ου laut donnernd.

βαρύ-βρώς, ῶτος heftig fressend ob. quälend.

βαρύθω beschwert sein.

βαρύνω I. Akt. drücken, beschweren, belasten, belästigen, quälen. — II. P. 1. beschwert

βαρύ-ποτμος — 84 — βέβαιος

ob. gequält werden. 2. mißmutig ob. zornig, unzufrieden sein.
βαρύ-ποτμος 2 unselig.
βαρύς 3 schwer: 1. gewichtig: a) drückend. b) tief, dumpf, laut, durchdringend. c) beschwert, gedrückt; schwerfällig. — 2. a) schwer, lästig, beschwerlich; unangenehm, schmerzlich, verderblich, gefährlich, schlimm, ungesund; hart, streng, grausam, heftig. b) wichtig, bedeutend; nachdrücklich, stark, mächtig, kräftig.
βαρύ-στονος 2 a) schwer seufzend, tiefschmerzlich.
βαρύ-σύμφορος 2 von schwerem Unglück betroffen.
βαρύτης, ητος, ἡ Schwere: a) Last. b) Tiefe der Stimme. c) Stolz, Härte, Trotz.
βαρύ-τιμος 2 teuer, kostbar.
βαρύ-ψυχος 2 kleinmütig.
βασανίζω prüfen, untersuchen, erforschen: a) verhören. b) foltern, martern, quälen.
βασανισμός, ὁ Folterung, Qual, Marter, Pein.
βασανιστής, οῦ, ὁ Folterer, Kerkermeister.
βάσανος, ἡ Probierstein: a) Prüfung, Untersuchung. b) Probe, Beweis. c) Folterung; Marter; Pein.
βασίλεια, ἡ Königin, Fürstin; Fürstentochter.
βασιλείᾱ, ἡ Königreich, Königtum, Reich.
βασίλειος 2 (u. 3) königlich, fürstlich. τὸ -ον Königssitz, Palast, Hof, Residenz; Zelt des Befehlshabers; königlicher Schatz, Fiskus; Königswürde.
βασιλεύς, έως, ὁ König, Fürst, Herrscher, Gebieter: 1. Perserkönig. 2. a) Herr. b) Vornehmer, Adliger.

βασιλεύω König(in) sein, gebieten, (be)herrschen.
βασιλήιος 3 = βασίλειος.
βασιλήίς, ίδος königlich.
βασιλικός 3 königlich, fürstlich; ὁ Hofmann; herrlich, prächtig.
βασιλίς, ίδος u. **βασίλισσα**, ἡ = βασίλεια.
βάσιμος 2 gangbar, passierbar.
βάσις, εως, ἡ 1. a) Schritt, Gang, Weg. b) Fuß. — 2. Basis, Grundlage, Fußgestell.
βασκαίνω a) verleumden. b) besprechen, bezaubern.
βασκανίᾱ, ἡ a) Verleumdung. b) Zauberei.
βάσκανος 2 verleumderisch, hämisch; neidisch.
βάσκω gehen.
βασσάριον, τό libyscher Fuchs.
βαστάζω a) fassen; berühren. b) auf-, hin-, empor-heben. c) tragen, halten; hin-, wegtragen. d) ertragen, erleiden.
βάταλος, ὁ = βάτταλος.
βάτην = ἐβήτην v. βαίνω.
βατός 3 gangbar, zugänglich.
βάτος¹ ἡ Dornbusch.
βάτος² ὁ Bath (Flüssigkeitsmaß von etwa 36 Litern).
βάτραχος, ὁ Frosch.
βάτταλος, ὁ Weichling.
βατταλογέω plappern.
βαφεύς, έως, ὁ Färber.
βαφή, ἡ Eintauchen; Färbung.
βδέλλα, ἡ Blutegel.
βδέλυγμα, τό Greuel.
βδελυγμία, ἡ Ekel, Abscheu.
βδελυκτός 3 greuelhaft.
βδελυρίᾱ, ἡ Schamlosigkeit.
βδελυρός 3 ekelhaft; schamlos.
βδελύσσω greuelhaft machen. P. verabscheuen, fürchten.
βεβᾶσι f. βαίνω.
βέβαιος 2 (u. 3) fest, zuverlässig, beständig, standhaft, sicher, gewiß.

βεβαιότης — **βίωσις**

βεβαιότης, ητος, ἡ Festigkeit, Sicherheit, Beständigkeit.
βεβαιόω I. Akt. festmachen, befestigen: a) bekräftigen, bestätigen; verbürgen. b) erfüllen, ausführen. — II. M. 1. = Akt. 2. a) sich, für sich, in sich etw. sichern. b) sich bestärkt fühlen.
βεβαίωσις, εως, ἡ Befestigung, Bestätigung, Beglaubigung.
βέβακται f. βάζω.
βεβάμεν, βεβαώς u. ä. f. βαίνω.
βεβαρηώς f. βαρέω.
βέβηλος 2 a) zugänglich, ungeweiht. b) unrein, gottlos; wertlos.
βεβηλόω ent-weihen, -heiligen.
βεβολήατο u. ä. f. βάλλω.
βεβρώθω verschlingen.
βείομαι = βέομαι.
βείω = βῶ f. βαίνω.
βέκος, τό Brot.
βέλεμνον, τό Geschoß. [del.]
βελόνη, ἡ a) Pfeilspitze. b) Nadel.
βέλος, τό Geschoß: a) Pfeil, Wurfspieß. b) Schrecken.
βέλτερος 3 = βελτίων.
βέλτιστος 3 bester, trefflichster, tüchtigster; tapferster, edelster.
βελτίων 2 besser, trefflicher; tapferer, edeler, vorteilhafter.
βένθος, τό Tiefe.
βέομαι M. ich werde leben.
βέρεθρον, τό = βάραθρον.
βῆ = ἔβη f. βαίνω.
βηλός, ὁ Schwelle.
βῆμα, τό 1. Schritt. — 2. a) Stufe, Sitz. b) Thron, Bühne, Rednerbühne, Richterstuhl, Gericht.
βήξ, βηχός, ὁ, ἡ Husten.
βήρυλλος, ἡ u. ὁ Beryll.
βῆσσα, ἡ tiefes Tal, Schlucht.
βήσσω husten.
βητ-άρμων, ονος, ὁ Tänzer.
βήττω = βήσσω.
βία, ἡ a) Kraft, Stärke, Gewalt, Macht. b) Gewalttätigkeit; Gewalttat. βίᾳ τινός wider j-s Willen, j-m zum Trotz.
βιάζω u. M. 1. Gewalt anwenden; mit Gewalt eindringen, vordringen. — 2. a) zwingen. b) Gewalt antun, vergewaltigen; bezwingen, überwältigen, erstürmen; mit Gewalt verdrängen; mißhandeln, bedrängen; trotzen. c) erzwingen. d) j-m etw. vorenthalten.
βίαιος 3 (auch 2) 1. a) gewaltsam, gewalttätig, mit Gewalt. b) stark, heftig, drückend. — 2. gezwungen, unfreiwillig.
βιαστής, οῦ, ὁ Gewaltmensch, Stürmer.
βιάω = βιάζω.
βιβάζω bringen; erheben.
βιβάσθω, βιβάω, βίβημι schreiten, einherschreiten.
βιβλαρίδιον, βιβλι(δ)άριον, βιβλίδιον, τό Büchlein, Brief, kleine Schrift.
βιβλίον, τό = βίβλος.
βίβλος, ἡ 1. Bast der Papyrusstaude. — 2. a) Papier. b) Buch, Schrift. c) Brief.
βιβρώσκω verzehren, essen, fressen.
βῖκος u. **βίκος**, ὁ Gefäß, Krug, Kanne, Flasche.
βιό-δωρος lebenspendend.
βίος, ὁ Leben, Lebens-zeit, -weise, -wandel; Lebensunterhalt, Vermögen.
βιός, ὁ Bogen.
βιο-στερής 2 des Lebensunterhaltes beraubt.
βιοτεύω leben.
βιοτή, ἡ u. **βίοτος**, ὁ = βίος.
βιόω I. Akt. leben. — II. M.: a) sein Leben fristen. b) am Leben erhalten.
βιώονται, βιῴατο f. βιάω.
βιώσιμος 2 zu leben(d), lebenswert; erträglich.
βίωσις, εως, ἡ Lebensweise.

βιωτικός 3 a) zum Leben gehörig, irdisch, weltlich. b) das Vermögen betreffend.
βιωτός 3 = βιώσιμος.
βλαβερός 3 schädlich, verderblich, nachteilig.
βλάβη, ἡ und βλάβος, τό a) Schaden, Verlust. b) Unheil.
βλάβω = βλάπτω.
βλακεία, ἡ a) Trägheit. b) Dummheit.
βλακεύω schlaff ob. träge sein.
βλάξ, βλακός schlaff a) träge, sorglos; b) einfältig, dumm.
βλάπτω 1. a) hemmen, hindern. b) lähmen, schwächen. = 2. schaden, Schaden zufügen, verletzen; verwirren, täuschen, betören.
βλαστάνω u. -τάω 1. sprossen, hervorsprießen, keimen: a) entstehen, (auf)wachsen; b) abstammen. = 2. trans. hervorbringen.
βλάστη, ἡ u. βλάστημα, τό u. βλάστος, ὁ 1. a) Sproß, Keim, Schößling, Trieb. b) Wuchs. — 2. a) Abkömmling. b) (pl.) Ursprung.
βλασφημέω lästern, verleumden, schmähen.
βλασφημία, ἡ Lästerung, Verleumdung, Schmähung.
βλάσ-φημος 2 lästernd, schmähend; ὁ Lästerer.
βλεῖο, 2. sing. opt. aor. M. v. βάλλω.
βλεμεαίνω sich brüsten.
βλέμμα, τό a) Blick. b) das Sehen, Erblicken.
βλεπτός 3 sehenswert.
βλέπω blicken, sehen, schauen: 1. a) Sehkraft besitzen, hinsehen, -blicken, hinschauen. c) wohin gelegen ob. gerichtet sein. — 2. erblicken, ansehen, wahrnehmen: a) beachten, bedenken, berücksichtigen; erfennen, einsehen. b) sich hüten, achtgeben. [wimper.]
βλεφαρίς, ίδος u. ίδος, ἡ Augen-
βλέφαρον, τό Augenlid; Auge.
βλήεται, βλήμενος, βλῆτο f. βάλλω.
βλῆμα, τό a) Schuß. b) Wunde.
βλῆτρον, τό Ring, Klammer.
βληχή, ἡ Geblök. [zeideln.]
βλίττω Honig ausschneiden,
βλοσυρός 3 a) furchtbar, graufig. [blickend.]
βλοσυρ-ῶπις, ιδος graufig
βλωθρός 3 hochragend, schlank.
βλώσκω gehen, (an)kommen; zurückkehren.
βο-άγριον, τό Lederschild.
βοάω I. Akt. laut rufen: a) schreien, brüllen; erdröhnen. b) rufen, anrufen, laut zurufen, preisen; befehlen. — II. P. pf. bekannt ob. berühmt werden.
βοεικός 3 u. βόειος, βόεος a) mit Rindern bespannt. b) vom Rinde, Rinds..., Rinder..., rindsledern. ἡ βοείη u. βοέη Rindshaut, Lederschild.
βοεύς, έως, ὁ Lederriemen.
βοή, ἡ Ruf: 1. a) Geschrei, Wehklage; Schlachtruf; Kampf. b) Zuruf. — 2. a) Ton, Klang. c) laute Rede, Stimme. c) Gebet.
βοῆ, ἡ Rindshaut.
βοη-δρομιών, ῶνος, ὁ Monat (September/Oktober). — βοηδρόμια, τά die Boedromien.
βοήθεια, ἡ Hilfe, Abhilfe, Unterstützung: a) Schutz. b) Hilfszug. c) Hilfsmittel. d) Hilfsheer, pl. Hilfstruppen.
βοηθέω zu Hilfe eilen: a) ins Feld rücken, ausziehen. b) helfen, beistehen.
βοη-θόος 2 kampfschnell.
βοηθός 2 helfend; ὁ Helfer.
βοηλασίη, ἡ Rinderraub, Plünderung.

βο-ηλάτης, ου, ὁ Fuhrmann.
βοητύς, ύος, ἡ Geschrei.
βόθρος, ὁ Grube, Vertiefung.
βόθυνος, ὁ = βόθρος.
βοιωταρχέω Böotarch sein.
βοιωτ-άρχης, ου und **βοιώταρχος**, ὁ Böotarch.
βοιωτιάζω a) böotisch sprechen. b) es mit den Böotern halten.
βολή, ἡ Wurf; Schuß, Schußweite: a) Blick. b) Strahl.
βολίζω das Senkblei auswerfen, loten.
βολίς, ίδος, ἡ Geschoß.
βόλομαι = βούλομαι.
βόλος, ὁ 1. = βολή. — 2. Fischernetz.
βομβέω dumpf tönen, summen, dröhnen, sausen, klingen.
βόμβος, ὁ dumpfes Getöse.
βοόων, **βοόωσα** s. βοάω.
βορά, ἡ Fraß, Speise.
βόρβορος, ὁ Schlamm, Schmutz, Kot.
βορβορώδης 2 schlammig.
βορέας, ου, ὁ a) Nordwind. b) Norden.
βόρειος 2 u. **βορήιος** 3 nördlich.
βορρᾶς, ᾶ, ὁ = βορέας.
βόρυς, υος, ὁ Gazelle.
βόσις, εως, ἡ Futter, Fraß.
βόσκημα, τό 1. a) Weidevieh, Viehherde. b) Haustier. — 2. Weide, Nahrung, Speise.
βόσκω I. Akt.: a) weiden, hüten. b) füttern, (er)nähren, pflegen. — II. P. u. M.: a) geweidet werden, weiden. b) fressen, sich von etw. nähren.
βόστρυχος, ὁ Locke.
βοτάμια, τά Weideplätze.
βοτάνη, ἡ Gewächs, Futter, Kraut, Weide; Ertrag.
βοτήρ, ῆρος, ὁ Hirt.
βοτόν, τό Weidevieh, Schaf.
βοτρυδόν, adv. traubenförmig.
βότρυς, υος, ὁ Traube.
βούβαλις, ιος, ἡ Antilope.

βού-βοτος, ἡ Rinderweide.
βού-βρωστις, εως, ἡ Heißhunger; äußerste Not.
βουβών, ῶνος, ὁ Weichen; Unterleib.
βου-γάϊος, ὁ Großprahler.
βου-θερής 3 Rinder weidend.
βουθυτέω Rinder opfern.
βού-θυτος 2 zu Rinderopfern dienend.
βού-κερως, ων mit Stierhörnern.
βουκολέω I. Akt. Rinder weiden; weiden. — II. P. u. M. weiden, grasen.
βουκολίη, ἡ = βουκόλιον.
βουκόλιον, τό Rinderherde.
βου-κόλος, ὁ Rinderhirt; Hirt.
βουλεία, ἡ Mitgliedschaft des Rats, Ratsherrenwürde.
βούλευμα, τό 1. a) Beschluß, Entschluß. b) Plan, Anschlag. c) Wunsch. d) Ansicht. — 2. Rat.
βουλευτήριον, τό a) Rathaus. b) Ratsversammlung.
βουλευτής, οῦ, ὁ Rats-mitglied, -herr.
βουλευτικός 3 dem Ratsherrn zukommend, Ratsherrn-.
βουλεύω raten: I. Akt. Ratsherr sein. — II. Akt. u. M. 1. Rat halten, (be)ratschlagen, (sich) beraten; sorgen. — 2. ausdenken, ersinnen: a) überlegen, erwägen, beabsichtigen. b) beschließen. 3. raten, Rat erteilen.
βουλή, ἡ 1. a) Wille. b) Ratschluß, Beschluß. — 2. a) Ratschlag, Rat. b) Plan, Absicht. — 3. a) Beratung. b) Ratsversammlung, Senat, Areopag.
βούλημα, τό a) Wille, Beschluß. b) Absicht, Zweck, Plan.
βούλησις, ἡ = βούλημα.
βουλη-φόρος 2 ratspflegend; Berater.
βουλιμιάω Heißhunger haben.

βούλομαι 1. wollen: a) wünschen, Lust haben. b) entschlossen sein, beabsichtigen, beschließen. ὁ βουλόμενος jeder beliebige, der erste beste. c) verleihen wollen, zudenken. — **2.** lieber wollen, vorziehen.

βου-λυτός, ὁ Zeit des Stierausspannens, Spätnachmittag, (Feier=)Abend.

βου-νόμος 2 Rinder weidend.

βουνός, ὁ Hügel, Anhöhe.

βου-πλήξ, ηγος, ἡ Ochsenstachel.

βου-πόρος 2 Rinder bohrend. ὀβελός Bratspieß.

βού-πρῳρος 2 stierhäuptig.

βοῦς, βοός, ὁ, ἡ **1.** a) Rind, Stier, Ochs, Kuh b) Rindvieh. — **2.** a) Rindshaut, Rindleder. b) Lederschild.

βουφονέω Rinder schlachten.

βου-φορβός, ὁ Hirt.

βο-ῶπις, ιδος κυhäugig.

βραβεῖον, τό Kampfpreis.

βραβεύς, έως, ὁ Kampfrichter, (Schieds=)Richter.

βραβευτής, οῦ, ὁ = βραβεύς.

βραβεύω Kampfrichter sein; entscheiden; (be)herrschen, lenken.

βράγχος, ὁ Heiserkeit, Bräune.

βραδύνω 1. verzögern. — **2.** a) zögern. b) sich aufhalten.

βραδυπλοέω langsam segeln.

βραδύς 3 a) langsam, schwerfällig. b) säumig, träge, spät.

βραδύτης, ητος, ἡ Langsamkeit, Saumseligkeit.

βράσσων 2 = βραχύτερος kürzer, schwächer.

βραχεῖν, βράχε krachen, dröhnen, rauschen, schreien.

βράχιστος 3 = βραχύτατος.

βραχίων, ονος, ὁ Arm, Schulter.

βράχος, τό seichte Stelle.

βραχυλογία, ἡ Kürze im Ausdruck.

βραχυ-λόγος 2 kurz im Ausdruck.

βραχύς 3 kurz, nicht weit, klein, niedrig, seicht; wenig, gering, unbedeutend, schwach. βραχύ: a) kurze Strecke, nicht weit; b) kurze Zeit; ein weniges, nur wenig.

βραχύτης, ητος, ἡ Kürze.

βρέμω u. M. brausen, rauschen, tosen, toben, erdröhnen.

βρέφος, τό a) noch ungeborenes Kind. b) neugeborenes Kind, Säugling; Junges, Füllen.

βρεχμός, ὁ Vorderkopf.

βρέχω benetzen, befeuchten; regnen lassen. βρέχει es regnet. P. naß werden.

βριαρός 3 wuchtig, schwer.

βρίζω schlafen, schläfrig sein.

βρί-ηπυος 2 lautbrüllend.

βρῖθοσύνη, ἡ Wucht, Schwere.

βριθύς 3 wuchtig, schwer.

βρίθω u. M. **1.** Wucht haben; belastet sein, sich beugen, strotzen. — **2.** a) heftig andringen. b) das Übergewicht haben od. erlangen, obsiegen.

βρομέω tosen, summen.

βρόμος, ὁ Getöse, Prasseln.

βροντάω donnern.

βροντή, ἡ a) Donner(schlag), pl. Gewitter. b) Betäubung, Bestürzung.

βρότε(ι)ος 3 (u. 2) = βροτός.

βροτόεις 3 blutig.

βροτο-λοιγός 2 männermordend.

βρότος, ὁ Blutstrom, Blut.

βροτός 2 sterblich, menschlich. ὁ, ἡ Sterblicher, Mensch.

βροτόω mit Blut besudeln.

βροχή, ἡ Regen.

βρόχος, ὁ Schlinge, Strick.

βρυγμός, ὁ das Knirschen.

βρύκω beißen; verzehren.

βρυχάομαι M. u. P. brüllen, heulen, tosen; laut (auf)schreien.

βρύχω (mit den Zähnen) knirschen.
βρύω a) üppig sprossen; strotzen. b) hervorsprudeln lassen.
βρῶμα, τό und **βρώμη**, ἡ, **βρῶσις**, εως, ἡ a) Speise. b) das Essen, Verzehren. c) Wurmfraß, Rost.
βρώσιμος 2 u. **βρωτός** 3 · eßbar. τὸ -όν Speise.
βρωτύς, ύος, ἡ = βρῶμα.
βύβλινος 3 aus Byblos.
βύβλιον, τό = βιβλίον.
βύβλος, ἡ a) Papyrusstaude. b) Byblosbast.
βύζην adv. voll, dichtgedrängt.
βυθίζω versenken; versinken.
βυθός, ὁ Tiefe; Abgrund.
βύκτης, ου heulend.
βυνέω = βύω..
βύρσα, ἡ Haut, Fell.
βυρσεύς, έως· ὁ Gerber.

βύσσινος 3 aus feiner Leinwand gemacht.
βυσσοδομεύω heimlich ersinnen.
βυσσό-θεν adv. aus der Tiefe.
βυσσός, ὁ = βυθός.
βύσσος, ἡ feine Leinwand.
βύω vollstopfen, anfüllen.
βωθέω = βοηθέω.
βῶλος, ἡ Erdscholle.
βωμιός 3 a) zum Altar gehörig. b) am Altar befindlich.
βωμίς, ίδος, ἡ Stufe.
βωμός, ὁ Erhöhung, Stufe: a) Sockel, Postament; b) Gestell; Altar.
βῶν = βοῦν (f. βοῦς).
βώσας = βοήσας (f. βοάω).
βωστρέω laut anrufen.
βωτι-άνειρα männer=nährend (= fruchtbar).
βώτωρ, ορος, ὁ Hirt.

Γ

Γ, γ (γάμμα) dritter Buchstabe des griech. Alphabets.
γᾶ dor. = γῆ. [kalter Brand.]
γάγγραινα, ἡ Krebsschaden,
γάζα, ἡ Schatzkammer.
γαζο-φυλάκιον, τό Schatzkammer; Gotteskasten.
γαῖα, ἡ = γῆ.
γαιά-οχος = γαιήοχος.
γαιήθης 3 der Erde entsprossen, von der Ge.
γαιή-οχος 2: 1. a) Erdhalter, land=umfassend. b) landbeschützend. — 2. erdbewegend.
γαίω stolz sein, sich freuen.
γάλα, ακτος, τό Milch; Anfangslehren des Glaubens.
γαλα-θηνός 2 milchsaugend.
γαλακτο-πότης, ου, ὁ Milchtrinker. [b) Katze.]
γαλέη u. **γαλῆ**, ἡ a) Wiesel.
γαλήνη, ἡ Windstille; glatte Meeresfläche; Stille, Ruhe.

γαλόως, ω, ἡ Schwägerin.
γαμβρός, ὁ a) Schwiegersohn. b) Schwager.
γαμετή, ἡ Gattin.
γαμέτης, ου, ὁ Gatte.
γαμέω I. Akt. (fast nur vom Manne; mit acc.) heiraten. — II. M. 1. (vom Weibe; mit dat.) sich verheiraten. 2. (v. den Eltern) verheiraten.
γαμηλιών, ῶνος, ὁ attischer Monat (Januar/Februar).
γαμίζω (eine Tochter) verheiraten. P. heiraten.
γαμικός 3 hochzeitlich.
γαμίσκω = γαμίζω.
γάμμα, τό der Buchstabe Gamma.
γα-μόρος, ὁ = γεωμόρος.
γάμος, ὁ 1. Hochzeit: a) Hochzeitsschmaus, -feier. b) Verheiratung. — Heirat, Ehe.
γαμφηλή, ἡ Kinnbacken.

γαμφ-ῶνυξ, ὑχος krumm-krallig.
γανάω glänzen, prangen.
γάνυμαι M. sich (er)freuen.
γάρ 1. sicherlich, allerdings, freilich. — 2. denn, ja, nämlich, it. nam, enim. — 3. καὶ γάρ: a) denn ja (etenim); b) denn auch, denn sogar (nam etiam). καὶ γὰρ καὶ denn (auch). ἀλλὰ γάρ aber ja, aber freilich (atenim). οὐ γὰρ ἀλλὰ freilich, indessen.
γαργαλισμός, ὁ Kitzel.
γαστήρ, στρός, ἡ Unterleib, Bauch: a) Magen; b) Mutterleib. c) Magenwurst. d) Hunger.
γάστρα, ἡ Bauch.
γαστρί-μαργία, ἡ Schlemmerei, Völlerei.
γαυλικός und **γαυλιτικός** 3 zu einem Kauffahrteischiffe gehörig, Schiffs-...
γαυλός, ὁ a) Melk-eimer; b) Schöpf-eimer; c) γαῦλος Kauffahrteischiff.
γαυριάω stolz sein, sich brüsten.
γδουπέω = δουπέω.
γέ a) wenigstens, doch. b) gar, sogar, eben, ganz, gerade. c) gewiß, sicher; allerdings, in der Tat, ja.
γέγαα, pf. v. γίγνομαι.
γέγηθα, pf. v. γηθέω.
γέγωνα a) sich vernehmlich machen, (laut) rufen, zurufen. b) verkünden, sagen.
γεγωνέω, **γεγωνῶ**, **γεγωνίσκω** = γέγωνα.
γέεννα, ἡ Hölle.
γείνομαι M. a) geboren ob. erzeugt werden. b) ἐγεινάμην ich erzeugte, gebar. ἡ γειναμένη Mutter.
γειτνιάω benachbart sein.
γείτων, ονος ἡ adj. benachbart. b) ὁ, ἡ Nachbar(in).
γελασείω Lust zu lachen haben.

γελαστής, οῦ, ὁ Spötter.
γελαστός 3 lächerlich.
γελάω 1.glänzen.—2.a) lachen, lächeln. b) verlachen, verspotten.
γελοιάω = γελάω.
γελοῖος und **γέλοιος** 3, **γελοίιος** 2 a) lächerlich. b) spaßhaft, witzig.
γελόω f. γελάω.
γέλως, ωτος, ὁ u. **γέλος**, ου, ὁ a) Lachen, Gelächter. b) Spott, Hohn, Spaß.
γελωτο-ποιέω Lachen erregen, Spaß machen.
γελωτο-ποιός, ὁ Spaßmacher, Possenreißer.
γεμίζω (an)füllen, beladen.
γέμω voll ob. beladen sein.
γενεά, ἡ 1. Geburt, Abstammung, Herkunft. — 2. Geschlecht: a) Familie, Stamm; Volk. b) Nachkommenschaft, Nachkomme. c) Geburtsort, Heimat; Vaterland. — 3. Menschenalter, Generation; Zeit.
γενεαλογέω die Abstammung angeben, einen Stammbaum aufstellen. P. seine Abkunft herleiten.
γενεαλογία, ἡ a) Aufstellung des Stammbaumes. b)Stammbaum.
γενέθλη, ἡ = γενεά.
γενέθλιος 2: 1. die Geburt betreffend, Geburts-... τὰ γενέθλια: a) Geburtstag(sfeier); b) Totenfeier. — 2. zur Familie gehörig, Stammes-...
γένεθλον, τό a) Sprößling, Kind. b) Geschlecht, Stamm.
γενειάς, άδος, ἡ 1. Barthaar, Bart. — 2. a) Kinn. b) Wange.
γενειά(σκ)ω einen Bart bekommen ob. haben, ein Mann werden ob. sein.
γένειον, τό a) Kinn. b) Bart.
γενέσιος, 2 = γενέθλιος.

γένεσις, εως, ἡ Werden, Entstehen: 1. Erzeugung, Geburt, Ursprung; Leben. — 2. a) Geschöpf. b) Geschlecht.
γενετή, ἡ Geburt.
γενέτης, ου, ὁ 1. a) Vater. b) Ahnherr. — 2. Sproß, Sohn.
γενέτωρ, ορος, ὁ = γενέτης.
γεννίς, ίδος, ἡ a) Beil. b) Schaufel.
γέννημα, τό = γέννημα.
γεννάδᾱς, ου edel.
γενναῖος 3: 1. angeboren. — 2. a) edelgeboren, adlig. b) α) edel, edelmütig, hochherzig, wacker; tüchtig, rühmlich; β) echt; wahr, aufrichtig.
γενναιότης, ητος, ἡ Edelmut, -sinn; Fruchtbarkeit.
γεννάω (er)zeugen; gebären, hervorbringen.
γέννημα, τό 1. Erzeugnis: a) Spößling, Kind; b) Frucht. — 2. Art, Natur.
γέννησις, ἡ Erzeugung, Geburt. [Vater. pl. Eltern.]
γεννητής, οῦ, ὁ Erzeuger,|
γεννητός 3 erzeugt, geboren.
γεννήτωρ, ορος, ὁ = γεννητής.
γένος, τό 1. Geburt, Abstammung. — 2. Geschlecht: a) Familie, Stamm, Volk; Verwandtschaft. b) Nachkommenschaft, Nachkomme, Sprößling; Geschöpf. c) Vaterland. d) Gattung, Art, Klasse. — 3. Menschenalter, Generation.
γέντο er faßte, ergriff.
γένυς, υος, ἡ a) Kinn-backen, -lade. b) Beil.
γεραιός 3 alt, bejahrt; Greis. οἱ γεραίτεροι Volksälteste, Ratsherren, Gesandte.
γεραίρω ehren, belohnen.
γέρανος, ἡ Kranich.
γέρᾱς = γεραιός.
γερᾱρός 3 ehrwürdig; stattlich, ansehnlich.

γέρᾱς, αος u. ως, τό Ehrengeschenk: a) Ehrenamt; Ehre, Würde, Vorrecht. b) Geschenk, Lohn. [führen und pflegen.]
γεροντᾱγωγέω einen Greis|
γερόντιον, τό Greis. [Senat.]
γερουσίᾱ, ἡ Rat der Alten,|
γερούσιος 3 den Geronten zukommend.
γέρρον, τό Flechtwerk; Flechtwerkschild, leichter Schild.
γερρο-φόρος, ὁ Leichtbewaffneter mit Flechtwerkschild.
γέρων, οντος alt, bejahrt; ὁ Greis. οἱ γέροντες Geronten, Volksälteste, Fürsten, Ratsherren, Senatoren.
γεύω 1. Akt. kosten lassen. — II. M. kosten, schmecken; verzehren; versuchen, erproben, erfahren.
γέφῡρᾱ, ἡ a) Damm; Pfad, Gasse. b) Brücke.
γεφῡρόω a) dämmen, gangbar machen. b) überbrücken.
γεω-γράφος, ὁ Erdbeschreiber, Geograph.
γεώδης 2 erdig.
γεω-μέτρης, ου, ὁ Land-, Feldmesser; Mathematiker.
γεωμετρίᾱ, ἡ Feldmeßkunst; Geometrie.
γεωμετρικός 3 geometrisch, mathematisch. ἡ -ή Geometrie.
γεω-μόρος, ὁ Grundbesitzer; Bauer; Begüterter, Vornehmer. [Grundstück.]
γεω-πέδιον od. -πεδον, τό|
γεω-πείνης, ο arm an Land.
γεωργέω a) Ackerbau treiben. b) bebauen, bestellen.
γεωργίᾱ, ἡ a) Ackerbau; Bebauung. b) Ackerland.
γεωργικός 3 a) zum Landbau gehörig. ὁ γ. Landmann. ἡ -ή Landwirtschaft. b) im Landbau erfahren.
γεώργιον, τό Acker(feld).

γεωργός 2 das Land bestellend. ὁ Landmann; Winzer.
γεωρύχέω unterirdische Gänge graben.
γῆ, ἡ a) Erde; Erdreich, Erdboden. b) Land, Feld, Acker. c) Reich; Landschaft; Heimat, Vaterland.
γη-γενής 2 erdgeboren.
γῆ-θεν von ob. aus der Erde.
γηθέω sich freuen, froh ob. fröhlich sein.
γηθοσύνη, ἡ Freude.
γηθόσυνος 2 freudig, froh.
γήϊνος 3 von Erde gemacht.
γή-λοφος, ὁ Hügel, Anhöhe.
γῆμαι, **γήμας** u. ä. s. γαμέω.
γηοχέω Land besitzen.
γηραιός 3 alt; Greis.
γηράναι, **γηράς** s. γηράσκω.
γῆρας, αος u. ως, τό Greisenalter, (hohes) Alter.
γηράσκω u. **γηράω** altern, alt werden; reifen. [pflegend.]
γηρο-βοσκός 2 alte Eltern
γηροτροφέω im Alter pflegen.
γηρο-τρόφος 2 = γηροβοσκός.
γῆρυς, υος, ἡ a) Stimme, Klang, Schall, Ton, Laut. b) (artikulierte) Sprache.
γύης, ου, ὁ Landmann.
γί(γ)νομαι werden: A. entstehen: 1. geboren ob. erzeugt werden; von j-m abstammen. 2. entstehen, wachsen; (von Geldern) eingehen, einkommen; (bei Zahlen, als Resultat) herauskommen, betragen; sich ereignen, geschehen, stattfinden, eintreten, zustande kommen. τὸ γιγνόμενον u. τὰ γιγνόμενα Vorfall, Vorgang, Geschäft, Ereignis, Verlauf, Sachlage, Wirkung, Wahrheit. Insb.: verfließen, vergehen, (heran-)kommen, anbrechen; (von Opfern) günstig ausfallen. — B. zu etw. werden: 1. a) sich als etw. zeigen, sich beweisen. b) gemacht ob. getan werden; zu etw. gemacht, ernannt, erwählt werden. 2. a) j-s Eigentum werden; j-m (an)gehören, zu etw. gehören. b) geschätzt werden, zu stehen kommen. 3. sich befinden, gehen, verlaufen, vonstatten gehen, sein; kommen, ankommen, gelangen, geraten, stehen.
γι(γ)νώσκω 1. erkennen, kennen lernen: a) wahrnehmen, (be)merken. b) erfahren. c) einsehen. d) verstehen, wissen, kennen; anerkennen. — 2. als Richter erkennen, urteilen: a) urteilen, beurteilen, beschließen. b) denken, überzeugt ob. gesonnen sein.
γίνομαι = γίγνομαι.
γινώσκω = γιγνώσκω.
γλάγος, τό Milch.
γλακτο-φάγος 2 milchessend.
γλαυκιόων 3 mit funkelnden Augen.
γλαυκ-όμματος 2 helläugig.
γλαυκός 3 a) licht, leuchtend, glänzend. b) bläulich.
γλαυκ-ῶπις, ιδος a) lichtäugig. b) eulenäugig.
γλαύξ, att. **γλαῦξ**, κός, ἡ Eule.
γλαφυρός 3 hohl: a) gewölbt; b) buchtig.
γλεῦκος, τό Most, süßer Wein.
γλήνη, ἡ a) Augapfel. b) Puppe, Püppchen. [Kleinod.]
γλῆνος, τό Schmucksache,
γλίσχρος 2 klebrig, schlüpfrig, zäh; kärglich, knapp, sparsam; kümmerlich, kaum.
γλίχομαι M. an etw. hängen, nach etw. trachten, verlangen.
γλοιός, ὁ Harz.
γλουτός, ὁ Hinterbacken.
γλυκερός 3 süß, lieb.
γλυκύ-θυμος 2 mildherzig.
γλυκύς 3 süß; lieblich, angenehm; freundlich, gutherzig.

γλῠκύτης, ητος, ἡ Süßigkeit.
γλῠφίς, ίδος, ἡ Kerbe am Pfeil.
γλύφω einschneiden, gravieren.
γλῶσσᾰ, γλῶττᾰ, ἡ a) Zunge; Mund; Redegabe; Zungenrede. b) Sprache; Mund-art. c) Äußerung, Wort(e).
γλωσσό-κομον, τό Geld-kästchen, -beutel.
γλωχίς, ῖνος, ἡ a) Spitze des Deichselnagels, Haken. b) Pfeilspitze, Pfeil.
γναθμός, ὁ und γνάθος, ἡ Kinnbacken, Wange.
γναμπτός 3 a) gebogen, gekrümmt. b) biegsam.
γνάμπτω biegen, krümmen.
γνάπτω = κνάπτω.
γναφεῖον u. γναφεύς s. κναφεῖον u. κναφεύς.
γνήσιος 3 vollbürtig, rechtmäßig; echt, recht, gehörig, treu.
γνόφος, ὁ Dunkel(heit).
γνύξ adv. in die Knie.
γνύφή, ἡ Höhle, Schlucht.
γνῶμα, τό a) Kennzeichen. b) Kenntnis, Meinung.
γνώμη, ἡ 1. Erkenntnisvermögen, Verstand, Vernunft; Überlegung; Geist; Herz, Sinn, Gesinnung. — 2. Erkenntnis, Einsicht. — 3. a) Meinung, Ansicht, Überzeugung, Erwartung, Urteil. b) Entschluß, Absicht, Wille, Wunsch. c) Beschluß, Entscheidung. d) Sentenz, Sinnspruch, Spruch. — 4. Rat, Antrag, Vorschlag.
γνωμονικός 3 urteilsfähig, einsichtsvoll.
γνώμων, ονος, ὁ 1. Kenner, Beurteiler: a) Schiedsrichter; b) Aufseher über die heiligen Ölbäume. — 2. (Zeiger an der) Sonnenuhr.
γνωρίζω 1. a) erkennen, kennen lernen. b) kennen; mit j-m sich befreunden. c) wissen. — 2. bekanntmachen, offenbaren, erklären.
γνώρῐμος 2: 1. erkennbar, deutlich, verständlich. — 2. bekannt: a) (guter) Freund; b) vornehm; Aristokrat.
γνωσῐμᾰχέω anderen Sinnes werden, seinen Irrtum einsehen.
γνῶσις, εως, ἡ Erkenntnis, Kenntnis, Einsicht; richterliches Erkenntnis, Urteil, Kunde, Ruf.
γνώστης, ου, ὁ Kenner.
γνωστός 3 = γνώριμος.
γνωτός 3: 1. a) bekannt. b) erkennbar. — 2. blutsverwandt; Bruder, Schwester.
γοάω u. M. a) jammern, (weh=)klagen. b) bejammern.
γογγύζω murmeln, murren.
γογγυσμός, ὁ Gemurmel, Murren. [rende.]
γογγυστής, οῦ, ὁ der Murγοή, ἡ = γόος.
γόης, ητος, ὁ Zauberer; Gaukler, Betrüger.
γοητείᾰ, ἡ Zauberei, Blendwerk, Täuschung.
γοητεύω bezaubern; täuschen, verlocken, blenden.
γόμος, ὁ Schiffsladung; Fracht, Waren.
γομφίος, ὁ Backenzahn.
γόμφος, ὁ Pflock. [pl. Eltern.]
γονεύς, έως, ὁ Erzeuger, Ahn;
γονή, ἡ 1. a) Erzeugung. b) Geburt, Abkunft. c) Geschlecht, Familie. — 2. a) Nachkommen(schaft), Kinder, Sprößling, Brut. b) Same. [tig.]
γόνιμος 2 lebenskräftig, tüchγόνος, ὁ = γονή.
γόνυ, ατος, τό Knie; pl. Schoß; Knoten. [fallen.]
γονυπετέω auf die Knie)
γόον, aor. II. v. γοάω.

γόος, ὁ Klage, Wehklage: a) Totenklage. b) Beschwörung.

γοργός 3 furchtbar, wild.

γοργύρη, ἡ unterirdisches Gefängnis.

γοργ-ῶπις, ιδος wildblickend.

γοῦν 1. wenigstens, jedenfalls, sicherlich, immerhin: a) zum Beispiel. b) allerdings, freilich. — 2. also, demnach.

γουνάζομαι M. fußfällig (an-) flehen, beschwören.

γουνόομαι = γουνάζομαι.

γουνός, ὁ a) Krümmung; Vorgebirge. b) Hügel.

(γοῦνυ), γούνατος = γόνυ.

γράδιον u. γραΐδιον, τό altes Mütterchen.

γραῖα, ἡ Greisin; adj. kundig.

γράμμα, τό 1. Buchstabe. — 2. (meist pl.) Schreiben, Schrift: a) Buch. b) Brief. c) Urkunde, Dokument. d) Verzeichnis. e) Inschrift. f) Gemälde. — 3. (pl.) a) Elementarkenntnisse. b) Literatur, Wissenschaften, Gelehrsamkeit.

γραμματεῖον, τό a) Schreibtafel. b) Urkunde, Dokument; Rechnungsbuch.

γραμματεύς, έως, ὁ Schreiber, Sekretär: a) Staatssekretär. b) Schriftgelehrte(r); Lehrer.

γραμματεύω Schreiber od. Sekretär sein.

γραμματικός 3 a) des Lesens und Schreibens kundig. ἡ -ή und τὰ -ά das Abc, Grammatik. b) ὁ Elementarlehrer, Gelehrter.

γραμματιστής, οῦ, ὁ a) Schreiber. b) Schulmeister.

γραμμή, ἡ Strich, Linie.

γραπτός 3 geschrieben.

γραπτύς, ύος, ἡ das Ritzen der Haut, Ritzwunde.

γραῦς, γραός, ἡ Greisin, altes Weib.

γραφεύς, έως, ὁ a) Schreiber, Sekretär. b) Maler.

γραφή, ἡ 1. a) Malerei. b) Zeichnung, Gemälde. — 2. Schrift: a) Schreiben (=Brief). b) Dokument. c) Anklageschrift. Kriminalklage; d) Schrift-stelle,-wort.

γραφικός 3 zum Schreiben od. Malen gehörig. ἡ -ή Malkunst, Malerei.

γραφίς, ίδος, ἡ Griffel.

γράφω I. Akt. 1. ritzen, einritzen, eingraben. 2. a) zeichnen, malen. b) schreiben: α) einauf-, nieder-schreiben; beschreiben; β) schriftlich melden ob. auftragen, schriftlich festsetzen; vorschreiben; γ) schriftlich beantragen. — II. M. 1. sich etw. aufschreiben. 2. a) sich (ob. für sich) etw. aufschreiben lassen. b) sich etw. malen lassen. 3. eine Kriminalklage einbringen, anklagen.

γραώδης 2 altweiberhaft.

γρηγορέω wachen; leben.

γρηῦς, γρηῦς und γρηῦς, ἡ = γραῦς.

γρύψ, γρυπός, ὁ Vogel Greif.

γύαλον, τό Höhlung: a) Wölbung; Panzerplatte. b) Höhle; Grotte; Schlucht.

γύης, ου, ὁ Saatfeld, Flur.

γυῖον, τό a) Gelenk. b) Glied: insb. Knie, Bein, Arm.

γυιόω lahmen.

γυμνάζω üben, geschickt machen, gewöhnen. M. sich üben.

γυμνασία, ἡ Übung.

γυμνασί-αρχος, ὁ Festleiter.

γυμνάσιον, τό a) Übung. b) Ring-, Übungs-schule, Turnplatz, Exerzierplatz.

γυμναστής, οῦ, ὁ a) Turnlehrer. b) Fechtmeister.

γυμναστικός 3 a) turnerisch; ἡ -ή Turnkunst. b) turnverständig; ὁ Turnlehrer.

γυμνής, ῆτος, ὁ Leichtbewaffneter.

γυμνητείᾱ, ἡ leichtes Fußvolk.

γυμνητεύω nackt ob. leichtbekleidet sein.

γυμνήτης, ου, ὁ = γυμνής.

γυμνητικός 3 zum Leichtbewaffneten gehörig.

γυμνικός 3 = γυμναστικός.

γυμνο-παιδίαι, αἱ Gymnopädien, Turnfest.

γυμνός 3: 1. a) bloß, entblößt, nackt, unbekleidet; unbewaffnet, wehrlos. b) leicht-bekleidet; leicht-bewaffnet. — 2. entblößt, beraubt, ohne.

γυμνότης, ητος, ἡ = γύμνωσις.

γυμνόω entblößen, entkleiden. P. entblößt ob. nackt sein.

γύμνωσις, εως, ἡ a) Entblößung. b) Blöße, Nacktheit.

γυναικάριον, τό = γύναιον.

γυναικεῖος, **-ηίος** 3 weiblich, weibisch; Weiber-..., Frauen-...
ἡ γυναικηίη = γυναικωνῖτις.

γυναικωνῖτις, ιδος, ἡ Frauengemach.

γύναι-μανής 2 weibertoll.

γύναιον, τό Weiblein, Weib; Weibsbild, Dirne.

γύναιος 3 = γυναικεῖος.

γυνή, γυναικός, ἡ Weib, Frau: a) Ehefrau, Gattin; Braut. b) Hausfrau, Gebieterin, Herrin. c) Witwe. d) Magd.

γῡρός 3 rund, gerundet.

γύψ, γυπός, ὁ Geier.

γύψος, ἡ Gips.

γυψόω mit Gips bestreichen.

γῶν [ion.] = γοῦν.

γωνίᾱ, **-ίη**, ἡ 1. Winkel, Ecke; Ende. — 2. a) Winkelmaß. b) Eckstein.

γωνιώδης 2 winkelig.

γωρῡτός, ὁ Bogenbehälter.

Δ

Δ, δ (δέλτα) vierter Buchstabe des griechischen Alphabets.

δᾱδοῦχος, ὁ Fackelträger.

δαήμων 2 kundig, erfahren.

δαῆναι a) lehren. b) lernen, kennen lernen, erfahren; pf. kundig sein, kennen, wissen.

δᾱήρ, ἔρος, ὁ Schwager.

δαήσομαι, fut. von δαῆναι.

δαῆται f. δαίω¹.

δαί: τί δαί, πῶς δαί was denn?, warum denn?

δαιδάλεος 3 kunstvoll (gearbeitet), verziert.

δαιδάλλω kunstvoll (aus=)arbeiten, verzieren.

δαίδαλον, τό Kunstwerk; Verzierung, Stickerei.

δαΐζω teilen: a) zerreißen, zerraufen. b) durchbohren, töten, quälen. [gefallen.]

δαΐ-κτάμενος 3 im Kampfe

δαιμονάω rasend oder besessen sein.

δαιμονίζομαι P. = δαιμονάω.

δαιμόνιος 3: 1. a) göttlich. b) von e-m bösen Dämon besessen; unglücklich. — 2. übernatürlich, wunderbar. ὦ δαιμόνιε du Wunderlicher, Tor, Verblendeter; armer, böser Mann. — 3. τὸ δαιμόνιον: a) göttliches Wesen, Gottheit. b) Dämon. c) α) Schutzgeist; β) böser Geist, Teufel; γ) göttliche Fügung, Verhängnis.

δαιμονιώδης 2 teuflisch.

δαίμων, ονος, ὁ und ἡ 1. Gott, Gottheit, göttliches Wesen, Dämon: a) Schutzgottheit b) böser Dämon, Teufel. c) Gespenst. — 2. Schicksal, Unglück, Verderben, Tod.

δαίνῡμι I. Akt. austeilen, zuteilen; ein Mahl ausrichten, bewirten. — II. M. essen, verzehren, schmausen, fressen.
δαίομαι M. u. P. f. δαίω².
δάϊος 3: 1. brennend. — 2. a) hitzig. b) verderblich: α) feindlich, ὁ Feind; β) unglücklich, elend.
δᾴς, ιδος, ἡ a) Kienholz; Fackel. b) Kampf, Schlacht.
δαίς, δαιτός, ἡ a) Anteil, Portion. b) Mahl, Schmaus.
δαίτη, ἡ Mahl.
δαιτρεύω verteilen; Fleisch zerlegen. [Maß.]
δαιτρόν, τό Anteil, zugeteiltes
δαιτρός, ὁ Vorschneider.
δαιτροσύνη, ἡ Vorschneidekunst. [Tischgenoß.]
δαιτυμών, όνος, ὁ schmausend;
δαιτύς, ύος, ἡ Mahl.
δαΐ-φρων 2 a) einsichtsvoll, geschickt. b) kriegerisch.
δαίω¹ I. Akt. anzünden, entflammen. — II. P. u. pf. II Akt. brennen, flammen; entbrennen.
(δαίω)² I. M. **δαίομαι** teilen: a) zerteilen; einteilen; zerreißen. b) verteilen, zuteilen. — II. P. geteilt od. zerrissen werden.
δακέ-θῡμος 2 herzkränkend.
δάκνω a) beißen, stechen. b) verletzen, kränken, betrüben, quälen.
δάκρυ, υος u. **δάκρυμα**, τό = δάκρυον Träne.
δακρυόεις 3 tränenreich; (viel) weinend.
δάκρυον, τό Träne.
δακρυ-πλώω in Tränen schwimmen. [ßen.]
δακρυρροέω Tränen vergie-]
δακρύω 1. weinen, Tränen vergießen. — 2. a) beweinen. b) mit Tränen benetzen.
δακτύλιος, ὁ Fingerring.
δάκτυλος, ὁ a) Finger. b) Zehe. c) Fingerbreite; kurze Spanne Zeit.

δᾱλός, ὁ a) Feuerbrand. b) Scheit Holz.
δαμάζω 1. zähmen, bändigen; lähmen. — 2. a) verheiraten. b) überwältigen, bezwingen, unterwerfen; erlegen.
δάμᾱλις, εως, ἡ junge Kuh, Kalb. [liebte.]
δάμαρ, αρτος, ἡ Gattin; Ge-]
δαμ(ν)άω u. **δάμνημι** = δαμάζω.
δαμοσία, ἡ Königszelt.
δανείζω I. Akt. Geld ausleihen, verborgen. — II. M. sich Geld leihen, sich borgen.
δάνειον u. **δάνεισμα**, τό Darlehen, Anleihe, Schuld.
δανεισμός, ὁ Wucher.
δανειστής u. **δανιστής**, οῦ, ὁ Geldverleiher, Gläubiger.
δανίζω = δανείζω.
δάνιον, τό = δάνειον.
δανός 3 trocken, dürr.
δᾷος, εος, τό Fackel.
δαπανάω a) Aufwand machen. b) aufwenden, ausgeben, verzehren; verschwenden.
δαπάνη, ἡ u. **δαπάνημα**, τό a) Aufwand, Ausgabe, Kosten. b) Geldmittel; Tribut.
δαπανηρός 3 u. **δάπανος** 2 a) verschwenderisch. b) kostspielig, mit vielen Kosten.
δά-πεδον, τό a) Hausflur, Estrich. b) Fußboden, Erdboden.
δάπτω zerreißen; fressen; kränken. [zehren.]
δαρδάπτω zerpflücken; ver-]
δαρεικός, ὁ Dareike, persische Goldmünze.
δαρθάνω schlafen.
δαρός 3 = δηρός.
δάς, δᾳδός, ἡ = δαίς.
δάσασθαι, **δασάσκετο** siehe δαίω².
δά-σκιος dichtschattig.
δασμευσις, εως, ἡ Verteilung.

δασμολογέω Tribut eintreiben.

δασμός, ὁ a) Teilung. b) Steuer, Tribut.

δασμο-φόρος 2 tributpflichtig.

δάσομαι s. δαίω².

δασπλῆτις hart-treffend.

δάσσασθαι u. ä. s. δαίω².

δάσύ-μαλλος 2 dichtwollig.

δάσύς 3 dicht(bewachsen): a) dichtbewaldet. b) dichtbehaart, zottig, rauh. [Brust.]

δάσύ-στερνος 2 mit zottiger)

δάτέομαι M. teilen, verteilen: a) zerteilen, zerlegen. b) zerstampfen, zermalmen.

δάφνη, ἡ Lorbeerbaum, Lorbeer.

δαφνη-φόρος 2 Lorbeer(zweige) tragend.

δά-φοιν(ε)ός 2 blutrot; braun.

δαψιλής 2 a) freigebig, verschwenderisch. b) reichlich.

δέ 1. gegensätzlich: a) aber, dagegen, anderseits. μέν ... δέ zwar ... aber, einerseits ... anderseits. b) sondern. c) in Fragen: und doch, doch, denn nur. — 2. verbindend: a) und, auch, ferner. b) denn, nämlich, ja doch. c) im Nachsatz: so, da, dann. d) also, wie gesagt.

δέατα er scheint, δέατο er schien.

δέγμενος s. δέχομαι. [δαῆναι.]

δεδάασθαι, δέδαε u. ä. s.]

δέδασται s. δαίω² u. δατέομαι.

δέδηα, δέδηει s. δαίω¹.

δέδια, pf. von δείδω.

δεδίσκομαι M. begrüßen.

δεδίσσομαι M. 1. a) erschrecken. b) verscheuchen. — 2. sich fürchten, zagen. [μαζόν.]

δέδμημαι u. ä. s. δέμω und δα-)

δέδοικα s. δείδω.

δεδοκημένος 3 auflauernd.

δέδορκα s. δέρκομαι.

δεδραγμένος s. δράσσομαι.

δέδρομα s. τρέχω.

δέδρομα s. τρέχω.

δέελος 3 weit sichtbar, deutlich.

δέησις, εως, ἡ Bitte, Gebet.

δεῖ 1 a) es ist nötig, man muß; b) es ist recht, man soll, man darf. τὸ δέον, τὰ δέοντα das Erforderliche, Nötige, Schickliche, Pflicht, Schuldigkeit, Bedürfnis; rechte Zeit. — 2. a) δεῖ τινος es fehlt an etw., etw. ist nötig. b) δεῖ μοί τινος ich habe etw. nötig, bedarf etw.

δεῖγμα, τό 1. Probe, Beispiel, Beweis. — 2. Bazar.

δειγματίζω öffentlich zur Schau od. an den Pranger stellen. [δείκνυμι.]

δείδεκτο, δειδέχαται u. ä. s.]

δειδήμων 2 furchtsam.

δείδια, ep. pf. von δείδω.

δειδίσκομαι = δεδίσκομαι.

δειδίσσομαι = δεδίσσομαι.

δείδοικα = δέδοικα.

δείδω, pf. (mit prs.-Bed.) δέδοικα u. δέδια: a) sich fürchten, in Angst oder besorgt sein. b) fürchten, (sich) scheuen.

δειελιάω Vesperbrot essen.

δείελος 2 abendlich; ὁ Abend.

δεικανάομαι M. bewillkommnen.

δείκηλον, τό Darstellung.

δείκνυμαι M. bewillkommnen.

δείκνῡμι und -ύω 1. zeigen, vorzeigen, sehen lassen, darstellen, hervorbringen. — 2. a) begreiflich machen, beweisen, dartun, lehren. b) erzählen.

δείλαιος 3 = δειλός.

δείλη, ἡ a) Nachmittag. b) Abend.

δειλία, ἡ Furchtsamkeit, Feigheit.

δειλιάω zagen, sich fürchten.

δείλομαι M. untergehen.

δειλός 3 a) furchtsam, feig. b) nichtswürdig. c) elend, unglücklich, jammervoll, arm (-selig).

Griechisch-deutsch.

δεῖμα, τό a) Furcht, Schrecken. b) Schreckniß, Schreckbild.
δεῖμαι u. ä. s. δέμω.
δειμαίνω fürchten, sich fürchten, besorgt sein.
δειμάτόω in Furcht setzen.
δεῖνα, ὁ, ἡ, τό der u. der, irgend jemand, ein gewisser.
δεινολογέομαι M. sich heftig beklagen. [schreitend.]
δεινό-πους, ποδος furchtbar]
δεινός 3: 1. a) ehrwürdig. b) furchtbar, entsetzlich, schrecklich, heftig, schlimm, gefährlich. τὸ δεινόν, τὰ δεινά Schrecken, Gefahr, Unglück, Not. — 2. außerordentlich, erstaunlich; a) gewaltig, ehrwürdig, erhaben, trefflich, tüchtig, stark; geschickt, klug. b) unerhört, empörend; sonderbar, seltsam. δεινόν τι ποιεῖσθαι oder ποιεῖν für seltsam oder empörend halten, ungehalten sein, viel Aufsehens von etw. machen, sich verwundern.
δεινότης, ητος, ἡ a) Furchtbarkeit, Strenge. b) Kraft, Tüchtigkeit; Redegewalt.
δεινόω übertreiben. [tend.]
δεῖν-ώψ, ῶπος furchtbar blik-]
δεῖος, τό = δέος.
δειπνέω die Mahlzeit (bsd. die Hauptmahlzeit) halten, speisen, schmausen.
δείπνηστος, ὁ Essenszeit.
δειπνίζω bewirten.
δεῖπνον, τό und **δεῖπνος**, ὁ 1. Mahl(zeit): a) Hauptmahlzeit. b) Gastmahl. — 2. Mahlzeit = Essen, Speise, Futter.
δειπνοποιέομαι M. speisen, essen.
δειράς, άδος, ἡ Bergrücken, Gipfel, Felsen; Klippe.
δειρή, ἡ Hals, Nacken.
δειροτομέω den Kopf abhauen, köpfen.

δείρω = δέρω.
δεῖσαι, δείσας s. δείδω.
δεισιδαιμονία, ἡ a) Furcht vor den Göttern, Gottesfurcht, Religion. b) Aberglaube.
δεισι-δαίμων 2 a) gottesfürchtig, fromm, religiös. b) abergläubisch.
δέκα, οἱ, αἱ, τά zehn.
δεκαδαρχία, ἡ Zehn(männer-)herrschaft.
δεκάδ-αρχος, -άρχης, ου, ὁ Anführer von zehn Mann.
δεκά-δύο zwölf.
δεκά-ετής 2 zehnjährig.
δεκάκις adv. zehnmal.
δεκά-μηνος 2 zehnmonatig.
δεκά-οκτώ achtzehn.
δεκά-πέντε fünfzehn.
δεκά-πηχυς, υ zehn Ellen hoch oder groß.
δεκα-πλάσιος 3 zehnfach.
δεκά-πλεθρος 2 zehnPlethren lang. [χος.]
δεκ-άρχης, ου, ὁ = δεκάδ-αρ-]
δεκαρχία, ἡ = δεκαδαρχία.
δεκάς, άδος, ἡ Zehent, Schar von zehn, Zehner.
δεκαταῖος 3 am zehnten Tage.
δεκά-τέσσαρες, α vierzehn.
δεκατευτήριον, τό Zoll-stätte, -haus.
δεκατεύω abzehnten, den Zehnten nehmen (oder fordern) oder geben oder fordern.
δέκατος 3 zehnte(r). ἡ δεκάτη der Zehnte.
δεκατόω I. Akt. den Zehnten nehmen. — II. P. den Zehnten geben.
δεκά-φῦλος 2 in zehn Stämme geteilt.
δεκά-χῑλοι 3 zehntausend.
δεκ-έτης 2 zehnjährig.
δέκνυμι = δείκνυμι.
δέκομαι = δέχομαι.
δέκτης, ου, ὁ Bettler.
δέκτο s. δέχομαι.

δεκτός 2 angenehm.
δελεάζω a) als Lockspeise anbringen. b) ködern, anlocken.
δέλεαρ, ατος, τό Köder. Lockspeise; Verlockung.
δέλτα, τό Delta.
δελτίον, τό Schreibtäfelchen.
δέλτος, ἡ Tafel; Schreibtafel; Schrift(stück), Blatt. [fel.
δέλφαξ, ακος, ἡ Schwein, Fer-
δελφῖνο-φόρος 2 e-n Delphin tragend.
δελφίς, ῖνος, ὁ Delphin.
δέμας, τό Körperbau, Gestalt, Körper; (mit gen.) nach Art von, wie.
δέμνιον, τό Bettstelle, Bett.
δέμω (er)bauen; anlegen.
δενδίλλω lebhaft blicken.
δένδρεον, τό. = δένδρον.
δενδρήεις 3 baumreich.
δενδροκοπέω Bäume umhauen; verwüsten.
δένδρον, ου und **δένδρος**, τό Baum.
δενδροτομέω = δενδροκοπέω.
δεννάζω schmähen, verhöhnen.
δέννος, ὁ Schimpf, Beschimpfung.
δεξαμενή, ἡ Zisterne.
δεξιά, ἡ s. δεξιός.
δεξιο-βόλος, ὁ Schleuderer.
δεξιο-λάβος, ὁ Lanzenträger.
δεξιόομαι M. die Hand geben; begrüßen, bewillkommnen; verabschieden.
δεξιός 3: 1. rechts (befindlich), auf der rechten Seite. ἡ δεξιά rechte Hand; Rechte; Handschlag, Vertrag, Versprechen. — 2. a) glückverheißend, günstig. b) geschickt, gewandt, klug.
δεξιό-σειρος 2 Handpferd; gewaltigster Helfer.
δεξιότης, ητος, ἡ Gewandtheit, Geschicklichkeit.
δεξιό-φιν zur Rechten.
δεξιτερός 3 = δεξιός.

δεξίωμα, τό Handschlag; Begrüßung; Vertrag.
δέξο s. δέχομαι.
δέξω = δείξω (von δείκνυμι).
δέομαι s. δέω².
δέον s. δεῖ.
δέος, τό a) Furcht, Angst, Scheu. b) Gefahr.
δέπας, αος, τό Becher, Pokal.
δέρκομαι P. a) sehen, blicken; leben. b) ansehen, erblicken.
δέρμα, τό a) Haut. b) Fell. c) Leder; Schlauch.
δερμάτινος 3 ledern.
δέρρις, εως, ἡ Haut, Fell.
δέρτρον, τό Netzhaut.
δέρω abhäuten, die Haut abziehen, schinden, gerben, prügeln, schlagen.
δέσμα, τό = δεσμός.
δεσμεύω u. **-έω** binden; fesseln, ins Gefängnis werfen.
δέσμη u. **δεσμή**, ἡ Bündel.
δέσμιος 2 gebunden, gefesselt, gefangen.
δεσμός, ὁ 1. Band, Binde, Strick, Riemen; Halfter; Ankertau; Haarband (pl. Kopfputz); Knoten; Stift. — 2. Fessel; pl. Gefangenschaft, Gefängnis.
δεσμο-φύλαξ, ακος, ὁ Gefängniswärter.
δέσμωμα, τό Fessel.
δεσμωτήριον, τό Gefängnis.
δεσμώτης, ου und **δεσμῶτις**, ιδος gefesselt, gefangen, Gefangene(r). [beherrschen.]
δεσπόζω gebieten, herrschen;
δέσποινα, ἡ Herrin, Gebieterin. [Herrschaft.]
δεσποσύνη, ἡ unumschränkte
δεσ-πότης, ου, ὁ Herr; Herrscher, Gebieter; Besitzer.
δεσποτικός 3 herrisch.
δεσπότις, ιδος, ἡ = δέσποινα.
δετή, ἡ Fackel. [s. δέω².]
δευήσεσθαι, δευοίατο u. ä.]
δεύομαι = δέομαι.

δεῦρο, δεύρω a) hierher. b) wohlan! auf! c) bis jetzt.
δεύτατος 3 der letzte.
δεῦτε, *pl.* zu δεῦρο. [Tage.]
δευτεραῖος 3 am folgenden
δευτερεῖα, τά zweiter Preis.
δευτερό-πρωτος 2 zweiterster.
δεύτερος 3 : 1. a) zweiter, nächster, anderer. (τό) δεύτερον zum zweitenmal, wiederum, zweitens. b) später, spätér. — 2. nachstehend, geringer. τά δεύτερα zweiter Preis, zweiter Rang, zweite Rolle.
δεύω[1] (be)netzen, vergießen; füllen.
δεύω[2] = δέω verfehlen; **δεύομαι** = δέομαι: a) bedürfen, ermangeln. b) nachstehen.
δεχ-ήμερος 3 zehntägig.
δέχομαι M. nehmen: 1. hin-, an-nehmen, empfangen: a) j-m etw. abnehmen. b) hinnehmen, etw. ob. j-n geduldig ertragen. c) für etw. ansehen ob. halten. d) gutheißen, gelten lassen, anerkennen. — 2. a) gastlich aufnehmen, bewirten. b) es mit j-m aufnehmen, j-m standhalten. c) erwarten, auflauern. — 3. *intr.* aus etw. folgen, sich anschließen an.
δέψω a) (weich) kneten. b) gar machen, gerben.
δέω[1] a) binden, anbinden, fesseln, ins Gefängnis werfen. b) nötigen, zwingen; hindern.
δέω[2] I. Akt. 1. entfernt sein; ermangeln, entbehren, bedürfen, nötig haben. πολλοῦ δέω ich bin weit entfernt zu ...; ὀλίγου ob. μικροῦ δέω es fehlt wenig daran, daß ich. ὀλίγου (ob. μικροῦ) δεῖν fast, beinahe. — 2. *unpers.* **δεῖ** (s. d.). — II. P. **δέομαι** 1. hinter etw. zurückstehen. — 2. a) bedürfen, Mangel haben, nötig haben. b) wünschen,

begehren; verlangen; beten, bitten.
δή 1. = ἤδη: a) bereits, schon. b) nunmehr, gerade. c) sogleich, sofort. d) endlich, erst. — 2. a) offenbar, bekanntlich, natürlich, in der Tat, allerdings. b) gerade, eben. c) (nun) gar, vollends. d) ja, doch (ja), denn, nur. — 3. also, daher; wie gesagt.
δῆγμα, τό Biß, Stich.
δη-θά *adv.* lange.
δή-θεν *adv.* a) offenbar. b) angeblich, scheinbar. c) natürlich, freilich.
δηθύνω verweilen, zögern.
δήϊος 3 = δάϊος.
δηϊοτής, ῆτος, ἡ Feindseligkeit; Kampf, Schlacht.
δηϊόω = δῃόω. [lich.]
δηλᾰ-δή *adv.* offenbar, natür-
δηλ-αυγῶς ganz klar, scharf.
δηλέομαι M. verletzen, (be)schädigen, vernichten; vereiteln: a) verwüsten. b) töten. c) freveln. [ben.]
δήλημα, τό Schaden, Verder-
δηλήμων 2 verderblich; ὁ Verderber. [Verderben.]
δήλησις, εως, ἡ Beschädigung;
δηλον-ότι a) offenbar, natürlich, unstreitig, gewiß. b) nämlich. [einleuchtend.]
δῆλος 3 offenbar, deutlich, klar,
δηλόω 1. offenbaren, zeigen, beweisen, dartun; verkünden, angeben. — 2. δηλοῖ es ist klar.
δήλωσις, εως, ἡ Offenbarung: a) Anzeige, Befehl. b) Beweis.
δημᾰγωγέω Volksverführer sein; durch Demagogenkünste gewinnen, verführen, lenken.
δημ-ᾰγωγός, ὁ Volksverführer. Staatsmann. Demagog.
δήμ-αρχος, ὁ Gemeinde-, Gauvorsteher. [des Vermögens.]
δήμευσις, εως, ἡ Einziehung

δημεύω a) als Staatseigentum einziehen, konfiszieren. b) allgemein bekanntmachen.
δημηγορέω Volksredner sein, öffentlich sprechen.
δημηγορίᾱ, ἡ Rede vor dem Volke; Staatsrede; Tätigkeit eines Volksredners.
δημηγορικός 3 zum Volksredner geschickt.
δημ-ηγόρος, ὁ Volksredner.
δημιο-εργός 2 = δημιουργός.
δήμιος 2 die Gemeinde od. das ganze Volk angehend, öffentlich, Gemeinde-... ὁ δήμιος Scharfrichter, Henker.
δημιουργέω a) ein Gewerbe betreiben. b) verfertigen, bilden, schaffen.
δημιουργίᾱ, ἡ a) Handwerk, Gewerbe. b) Ausübung.
δημιουργικός 3 zu den Handwerken gehörig.
δημιουργός 2 1. dem Gemeinwohl nützlich. — 2. ὁ Gemeindearbeiter: a) Handwerker. b) Künstler, Meister; Schöpfer, Urheber. c) Staatsverwalter.
δημο-βόρος 2 das Gemeindegut verzehrend.
δημο-γέρων, οντος, ὁ Gemeindeältester. [mitteln.]
δημό-θεν adv. aus Gemeinde-
δημοκρατέομαι P. eine demokratische Verfassung haben.
δημοκρατίᾱ, ἡ Demokratie, Volksherrschaft.
δημοκρᾱτικός 3 demokratisch (gesinnt).
δημό-λευστος 2 vom Volke gesteinigt.
δῆμος, ὁ 1. Land, Gebiet; Gau, Demos. — 2. Volk, Gemeinde; das gemeine Volk; Gemeindegut; Volksversammlung; Demokratie, Volks-herrschaft, -partei.
δημός, ὁ Fett.

δημοσιεύω a) ein öffentliches Geschäft betreiben, im Staatsdienst tätig sein. b) einziehen (= konfiszieren).
δημόσιος 3 öffentlich, Staats-...: a) ὁ δημόσιος Staatssklave, öffentlicher Diener. b) τὸ δημόσιον u. τὰ δημόσια: α) Gemeinwesen, Staat, Staatsgeschäfte, öffentliches Wohl; β) Staatsschatz, -gelder, -kasse; γ) Staatsgefängnis. c) δημοσίᾳ öffentlich, im Namen des Staates, nach Volksbeschluß.
δημοσιόω für Staatsgut erklären, konfiszieren.
δημο-τελής 2 öffentlich.
δημοτεύομαι M. zu e-m Bezirke (Demos) gehören.
δημότης, ου, ὁ 1. a) Mann aus dem Volke. b) Privatmann. — 2. Gemeindegenosse, Mitbürger.
δημοτικός 3 zum Volke gehörig: a) gewöhnlich. b) volksfreundlich, populär, bürgerlich.
δημοῦχος 2 das Land bewohnend, einheimisch. ὁ δ.: a) Bewohner. b) Landesherr.
δημώδης 2 volkstümlich; gemein.
δήν lange.
δηναιός 3 lange lebend.
δηνάριον, τό Denar.
δῆνος, τό Ratschlag, Gedanke.
δῆος 3 = δήιος.
δηόω feindlich behandeln: a) niederhauen, töten. b) kämpfen. c) zerreißen, zerhauen. d) zerstören, verwüsten.
δή-ποτε jemals; endlich einmal. τίς δ. wer in aller Welt?
δή-που, δή-πουθεν adv. in der Tat, sicherlich, doch wohl, ohne Zweifel.
δηριάομαι M. u. δηρίομαι M. (u. P.) streiten.
δῆρις, ιος, ἡ Streit, Wettstreit.
δηρός 3 lange.

δησάσκετο, δῆσε u. ä. f. δέω¹.
δῆτα *adv.* 1. a) in der Tat, entschieden, gewiß, allerdings, doch wirklich. b) offenbar, natürlich. — 2. also, demnach. τίς δ. wer denn (nur)? wer eigentlich? — 3. οὐ δ. nimmermehr.
δήω ich werde finden oder erreichen.
διά I. *adv.* 1. auseinander, entzwei. — 2. hindurch, durch und durch. — II. *prp.* 1. (mit *gen.*) a) (räuml.) α) durch, durch ... hin, zwischen ... hin, über ... hin, in; β) in e-r Entfernung von. b) (zeitlich) α) durch, hindurch, während; β) nach, seit. c) durch = durch Vermittelung, auf Veranlassung, vermittelst, infolge. — 2. (mit *acc.*) a) durch, durch ... hin, über ... hin; während. b) α) wegen, um ... willen, mit Rücksicht auf, aus, vor; β) auf Veranlassung, durch das Verdienst, durch die Schuld j-s.
δια-βαδίζω hinübergehen.
δια-βαίνω a) ausschreiten; sich breit hinstellen. b) durchschreiten, überschreiten, (hin)übersetzen, passieren. c) sich an j-n wenden.
δια-βάλλω 1. hinüberbringen, übersetzen. — 2. a) entzweien, verhaßt machen, verfeinden. b) verwerfen. c) verleumden, verklagen, beschimpfen. d) täuschen, betrügen, irreführen.
διάβασις, εως, ἡ 1. Übergang. — 2. a) Brücke. b) Furt, Paß.
διαβατέος 3 zu überschreiten, passierbar.
διαβατήρια, τά Auszugsopfer.
διαβατός 2 passierbar; zugänglich. [gen. versichern.|
δια-βεβαιόομαι M. bekräftigt-
δια-βιβάζω hinüber-führen, -schaffen, übersetzen.

δια-βιόω a) durch-, ver-leben. b) sein Leben hinbringen.
δια-βλέπω a) deutlich sehen, scharf zusehen, starr vor sich hinsehen. b) um sich blicken. c) betrachten, überlegen.
δια-βοάω a) durcheinander ob. laut schreien. b) ausschreien.
διαβολή, ἡ 1. Verleumdung, Anschuldigung, Vorwurf. — 2. a) übler Ruf, Berruf. b) üble Nachrede. c) Verdacht. d) Haß.
διάβολος 2 verleumderisch, gehässig. ὁ δ. Teufel.
διαβόρος 2 (ver)zehrend, nagend, zerfressend; zernagt.
διάβορος 2 zerfressen.
δια-βουλεύω M. Rat halten.
διάβροχος 2 naß; leck.
δια-βῠνέω, -βύνω hindurchstecken, -stoßen.
δι-αγγέλλω I. Akt. 1. (an-) melden, anzeigen. — 2. überall verkünden. — II. M. sich untereinander den Befehl mitteilen.
δι-άγγελος, ὁ Berichterstatter, Unterhändler.
διά-γε wenigstens wegen.
δια-γελάω verlachen, lächerlich machen.
δια-γί(γ)νομαι M. 1. fortbestehen, sich erhalten, bleiben; am Leben bleiben; zubringen. διαγίγνομαι ποιῶν τι ich tue etw. fortwährend. — 2. dazwischen vergehen oder verfließen.
δια-γι(γ)νώσκω 1. a) genau (er)kennen, untersuchen. b) unterscheiden; ausscheiden. — 2. entscheiden. — 3. beschließen.
δι-αγκυλίζομαι u. δι-αγκυλόομαι M. den Wurfspieß bereit halten; *pf.* wurfbereit sein.
δια-γλάφω aushöhlen.
δια-γνώμη, ἡ a) Unterscheidung. b) (richterliche) Entscheidung, Richterspruch, Urteil.

δια-γνωρίζω überall bekannt machen.

διάγνωσις, εως, ἡ = διαγνώμη.

δια-γογγύζω durcheinander (oder laut) murren.

δι-αγορεύω bestimmt aussagen.

διάγραμμα, τό a) Zeichnung; geometrische Figur. b) Verzeichnis, Liste. c) Erlaß.

δια-γράφω a) aufzeichnen, ausmalen. b) durchstreichen; verwerfen.

δια-γρηγορέω wach bleiben; erwachen.

δι-άγω 1. a) hinüber-führen, -schaffen, übersetzen. b) hinführen, geleitet. — 2. a) verbringen, zubringen, verleben; verweilen; zögern. b) leben, sich befinden.. c) διάγω ποιῶν τι ich tue etw. fortwährend. — 3. vollführen.

διαγωγή, ἡ Führung; Lebensweise.

δι-αγωνίζομαι M. a) wettkämpfen; kämpfen; prozessieren. b) zu Ende kämpfen.

δια-δαίομαι M. (ver)teilen; zerstören.

δια-δάπτω zerfleischen.

δια-δατέομαι M. verteilen; völlig vernichten.

δια-δείκνῡμι a) genau zeigen, klar dartun, beweisen. b) διέδειξε es war deutlich.

δια-δέξιος 2 von sehr günstiger Vorbedeutung.

δια-δέρκομαι hindurchblicken zu, durchschauen.

δια-δέχομαι M. a) überkommen, übernehmen, empfangen. b) sich ablösen; nachfolgen, Nachfolger sein.

δια-δέω umbinden, festbinden, fesseln.

δια-δηλέομαι M. zerreißen, zerfleischen.

διά-δηλος 2 ganz deutlich, augenscheinlich.

διάδημα, τό Stirnbinde, Diadem, Krone.

δια-διδράσκω, -δρήσκω entlaufen, entfliehen.

δια-δίδωμι aus-, ver-teilen, übergeben; auszahlen; verbreiten.

δια-δικάζομαι M. a) e-n Prozeß führen. b) sich sein Urteil sprechen lassen.

δια-δικαιόω verfechten ob. geltend machen.

διαδικασία, ἡ a) Entscheidung. b) Prioritätsstreit.

διαδοχή, ἡ 1. Übernahme. — 2. Nachfolge, Erbfolge: a) Geschlechtsfolge. b)Fortpflanzung; Nachkommenschaft. c) Abwechselung, Ablösung.

διάδοχος 2 etw. übernehmend, abwechselnd, (sich) ablösend. ὁ Nachfolger, Erbe.

δια-δρόμοι s. διατρέχω.

δια-δρᾶναι s. διαδιδράσκω.

δια-δρηστεύω entlaufen.

δια-δύομαι (hin)durch-gehen, -kommen, -schlüpfen, -schleichen; entschlüpfen, entkommen.

δι-άει s. δίημι.

δια-είδομαι M. a) deutlich zeigen. b) sich deutlich zeigen.

δια-ειπέμεν s. διεῖπον.

δια-ζάω a) leben bleiben. b) sein Leben fristen.

δια-ζεύγνῡμι trennen.

διάζευξις, εως, ἡ Trennung.

διάζωμα, τό Gürtel, Schurz.

δια-ζώννῡμι umgürten, umschürzen; umbinden; rings umgeben.

δια-ζώω = διαζάω.

δι-άημι durchwehen.

δια-θεάομαι M. genau betrachten.

δια-θειόω mit Schwefel durchräuchern.

διάθεσις, εως, ἡ 1. Aufstellung, Ordnung, Einrichtung; Testament. — 2. Darstellung: a) Verfassung. b) Gesinnung.
διαθέτης, ου, ὁ Ordner.
δια-θέω a) durchlaufen. b) hin und her laufen; sich schnell verbreiten. c) um die Wette laufen.
διαθήκη, ἡ Anordnung, Verfügung: a) Testament. b)Bund, Bündnis, Vertrag.
δια-θορυβέω heftig beunruhigen.
δια-θροέω unter die Leute bringen.
δια-θρυλέω a) allgemein verbreiten, aussprengen. b) beständig im Munde führen.
δια-θρύπτω a) zerbrechen. b)verzärteln; eitel, stolz machen.
δίαι = διά.
δι-αιθριάζει es klärt sich auf.
διαίνω benetzen.
διαίρεσις, εως, ἡ Trennung: a) Verteilung. b) Einteilung. c) Unterscheidung, Unterschied.
διαίρετος 2 verteilt; teilbar.
διαιρετός 3 bestimmbar.
δι-αιρέω auseinandernehmen: a) trennen, zerschneiden; niederreißen, abbrechen; zerstören. — 2. teilen; einteilen, verteilen, zuteilen. — 3. a) auslegen, erklären, deuten. b) unterscheiden, bestimmen. c) entscheiden.
δι-αΐσσω = διάσσω.
δι-αϊστόω töten, morden.
δίαιτα¹, ἡ Leben: 1. Lebensweise: a) Diät. b) Umgang. — 2. Lebensunterhalt, Nahrung, Kost. — 3. Aufenthalt.
δίαιτα², ἡ Schiedsspruch, Schiedsrichteramt.
διαιτάω¹ am Leben erhalten, kurieren. M.-P. ein Leben oder eine Lebensweise führen, leben; wohnen, sich aufhalten, umgehen.

διαιτάω² Schiedsrichter sein.
διαίτημα, τό = δίαιτα.
διαιτητής, οῦ, ὁ Schiedsrichter.
δια-καθαίρω u. -καθαρίζω gründlich reinigen.
δια-καίω durchglühen, ausbrennen.
δια-καλύπτω ganz enthüllen.
δια-καρτερέω ausdauern, beharren.
δια-κατελέγχομαι M. gänzlich widerlegen.
δια-κεάζω zerspalten.
διά-κειμαι M. a) sich in e-r Lage befinden, gestimmt (ob. gesinnt, beschaffen) sein, sich verhalten. b) festgesetzt ob. vereinbart sein.
δια-κείρω zerschneiden; vereiteln.
δια-κελεύομαι M. zureden, ermuntern, antreiben, raten.
διακελευσμός, ὁ (gegenseitige) Ermunterung.
διά-κενος 2 dazwischen leer. τό -ον leerer Zwischenraum, unbewachte Stelle.
δια-κηρυκεύομαι M. durch e-n Herold unterhandeln.
δια-κινδυνεύω Gefahren oder e-e Gefahr, e-n Kampf bestehen; es mit j-m aufnehmen; wagen.
δια-κινέω heftig bewegen; in Verwirrung bringen.
δια-κλάω zerbrechen.
δια-κλέπτω wegstehlen, heimlich beiseiteschaffen: a) verraten. b) e-r Gefahr entziehen.
δια-κληρόω I. Akt.: a) verlosen. b) losen lassen. — II. M. losen.
διακομιδή, ἡ das Hinüberschaffen.
δια-κομίζω I. Akt.: a) hinüberbringen, -schaffen, übersetzen; vollenden. b) fortschaffen. c) zurückholen. — II. P. hinübergehen, übersetzen.

διᾱκονέω u. M. a) Dienste leisten, dienen, aufwarten, bedienen; Diakon sein. b) etw. besorgen, verrichten, ausrichten.

διᾱκονίᾱ, ἡ Dienst(leistung), Bedienung: a) Amt. b) Liebesdienst, Diakonie.

διᾱκονικός 3 dienstbeflissen, dienend, knechtisch.

διᾱκονος, ὁ, ἡ Diener(in), Aufwärter, Gehilfe; Diakon(in).

δι-ακοντίζομαι M im Werfen von Wurfspießen wetteifern.

δια-κόπτω durchhauen, zerhauen, zerschlagen; durchbrechen, (zer)sprengen.

διά-κορος 2 ganz satt.

διᾱκόσιοι 3 zweihundert.

δια-κοσμέω abteilen; verteilen; ordnen.

διακόσμησις, εως, ἡ und **διάκοσμος, ὁ** Einrichtung, Ordnung; Schlacht-ordnung

δι-ακούω a) bis zu Ende hören. b) anhören, verhören.

δι-ακριβόω und M. sorgfältig machen; genau erörtern oder untersuchen, genau kennen.

διακριβόν adv. entschieden, durchaus.

δια-κρίνω I. Akt. (auseinander)scheiden, (ab)sondern, trennen: a) auswählen. b) unterscheiden; vorziehen. c) entscheiden. d) beurteilen. — II. P. (u. M.) a) getrennt oder gesondert werden. b) sich trennen, auseinandergehen, abfallen. c) sich mit j-m messen, streiten. d) sich versöhnen. e) zweifeln, Bedenken haben.

διάκρισις, εως, ἡ 1. Trennung. — 2. a) Unterscheidung, Beurteilung. b) Entscheidung.

διακριτέος 3 zu entscheiden(d).

διάκρουσις, εως, ἡ Verzögerung.

δια-κρούω I. Akt. hindern. — II. M. zurückstoßen: a) abweisen. b) täuschen. c) aufschieben, verzögern. [bote.]

διάκτορος Geleiter, Götter-

δια-κῠκάω durcheinanderbringen.

δια-κύπτω hervorgucken.

διακωλῡτής, οῦ, ὁ Verhinderer.

δια-κωλύω (ver)hindern; verbieten, abhalten.

δια-κωμῳδέω verspotten.

δι-ακωχή, ἡ = διοκωχή.

δια-λαγχάνω (durchs Los) verteilen; teilen.

δια-λαλέω (be)sprechen, reden.

δια-λαμβάνω auseinandernehmen: 1. trennen, (ab)sondern; scheiden: a) beiseitenehmen. b) unterscheiden. c) eine Pause machen. — 2. teilen, verteilen. — 3. seinen bestimmten Anteil bekommen, empfangen. — 4. in der Mitte fassen; festfassen, fest-halten, -nehmen, ergreifen; erwägen, auseinandersetzen.

δια-λάμπω durchleuchten, durchschimmern.

δια-λανθάνω verborgen sein, unbemerkt bleiben, entgehen.

δια-λέγω I. Akt. auslesen, auswählen. — II. P.: a) überlegen, erwägen. b) sich unterreden, sich unterhalten; verhandeln; (be)sprechen, disputieren, vortragen, sagen.

διάλειμμα, τό Zwischenraum.

δια-λείπω 1. dazwischen lassen: a) einen Zwischenraum; verstreichen lassen. b) ablassen, aufhören. — 2. auseinanderstehen; τὸ διαλεῖπον Zwischenraum; dazwischen-liegen oder -vergehen.

διαλεκτικός 3 a) zur Dialektik gehörig. b) im Disputieren geübt. ἡ -ἡ Disputierkunst, Logik.

διάλεκτος, ἡ 1. a) Unterredung. b) Redeweise. — 2. Mund=art, Sprache.
διαλλαγή, ἡ Wechsel; Versöhnung, Vergleich, Bündnis.
διαλλακτήρ, οῦ, ὁ Friedensstifter.
δι-αλλάσσω I. Akt.: a) verändern, wechseln, eintauschen; durchwandern; aus=, ver=söhnen. b) verschieden sein. — II. M. und P.: a) unter sich vertauschen od. wechseln, aufgeben. b) sich versöhnen. c) verschieden sein.
δια-λογίζομαι M. a) überlegen, (über)denken. b) gemeinsam besprechen, disputieren.
διαλογισμός, ὁ a) Überlegung, Gedanke; Zweifel. b) Streit.
διάλογος, ὁ Gespräch.
δια-λοιδορέομαι P. heftig schimpfen. [handeln.
δια-λῡμαίνομαι M. arg miß=]
διάλυσις, εως, ἡ Auflösung, Trennung: 1. a) Abbrechung, Bruch. b) Beendigung. c) Bezahlung. — 2. Versöhnung.
διαλυτής, οῦ, ὁ Zerstörer.
διαλυτός 3 auflösbar.
δια-λύω I. Akt. auflösen: 1. a) entlassen. b) trennen; zerstören, vernichten. — 2. aufheben, beendigen; abbrechen; beilegen, schlichten, bezahlen. — II. P. aufgelöst werden: 1. sich trennen, weggehen. — 2. sich auflösen; sterben; mißlingen; sich versöhnen. — III. M. unter sich auflösen: a) sich versöhnen. b) bezahlen.
δι-αμαρτάνω (ganz) verfehlen: a) abirren, abkommen, nicht erreichen. b) fehlen, sich irren.
διαμαρτίᾱ, ἡ Fehler, Versehen, Irrtum.
δια-μαρτῡρέω durch Zeugen widerlegen. M. bezeugen, versichern.

δια-μαρτύρομαι M. a) feierlich bezeugen, Zeugnis ablegen. b) beschwören.
δια-μαστῑγόω zergeißeln.
δια-μάχομαι M. durchkämpfen; den Entscheidungskampf kämpfen; heftig kämpfen: a) sich sträuben. b) e-e Meinung verfechten; behaupten. c) sich eifrig bemühen.
δι-αμάω I. Akt. durchhauen, zerschneiden, zerkratzen. — II. M. aufscharren.
δι-αμείβω I. Akt. vertauschen, eintauschen. — II. M. für etw. eintauschen, etw. vertauschen; s-n Sinn ändern.
διαμέλλησις, εως, ἡ das Zaudern, Verzögerung.
δια-μέλλω zaudern, zögern.
δια-μέμφομαι M. streng tadeln.
δια-μένω (ver)bleiben, ausharren, fortdauern: διαμένω ποιῶν τι ich tue etw. fortwährend.
δια-μερίζω zerteilen, verteilen. P. u. M. sich entzweien.
διαμερισμός, ὁ Spaltung.
δια-μετρέω I. Akt.: a) ab=messen. b) zumessen; verkaufen. — II. M.: a) sich zumessen (lassen). b) unter sich verteilen.
διαμέτρητος 2 abgemessen.
δια-μηχανάομαι M. aussinnen, betreiben.
δι-αμιλλάομαι P. wetteifern.
δια-μιμνήσκομαι M. stets eingedenk sein, sich erinnern.
δια-μιστύλλω zerstückeln.
δια-μνημονεύω a) sich wohl erinnern. b) erwähnen.
δια-μοιράω verteilen, zerteilen; zerreißen.
διαμπάξ adv. durch und durch.
διαμπερές adv. 1. durch und durch. 2. a) fortwährend. b) ganz und gar. c) allesamt.
δια-μῡθολογέω sich (eingehend) unterhalten.

δι-αμφισβητέω στρείτεν.
δι-αναγκάζω zwingen.
δι-αναπαύω I. Akt. dazwischen ausruhen lassen. — II. M. dazwischen ausruhen.
δια-ναυμαχέω die entscheidende Seeschlacht liefern.
δι-ανδίχα a) zwiefach, zweifelnd, hin und her. b) von zweien nur eins, einseitig.
διᾱνεκής 2 = διηνεκής.
δια-νέμω I. Akt. zuteilen, aus-, ver-teilen; verbreiten. — II. M. unter sich (ver)teilen.
δια-νεύω zuwinken.
δια-νέω a) etw. durchschwimmen. b) hinüberschwimmen.
δι-ανύσταμαι M. abweichen, sich entschlagen.
δια-νοέομαι P. a) nachdenken, überlegen. b) denken, meinen. c) gedenken, im Sinne haben, beabsichtigen.
διανόημα, τό Gedanke; Absicht, Entschluß.
διάνοια, ἡ 1. das Denken: a) Denkkraft, Verstand, Geist, Einsicht. b) Gesinnung. — 2. a) Gedanke, Meinung. b) Absicht. [auslegen.]
δι-ανοίγω öffnen; eröffnen,]
διανομή, ἡ Verteilung, Spende.
δια-νυκτερεύω übernachten, die Nacht zubringen.
δι-ανύω, δι-ανύτω (ganz) vollenden, vollbringen.
δια-παιδεύω die gehörige Zeit hindurch unterrichten.
δια-παντός durchaus, immer.
δια-παρατριβή, ἡ fortwährendes Gezänk.
δια-παρθενεύω entjungfern.
δια-πασσαλεύω annageln.
δια-πάσσω dazwischenstreuen.
δια-παύομαι 1. P. ganz aufhören. — 2. M. eine Pause machen.
δι-απειλέω heftig drohen.

διά-πειρα, ἡ Probe, Versuch.
δια-πειράομαι P. a) versuchen, prüfen, auf die Probe stellen. b) kennenlernen, erfahren.
δια-πείρω durchbohren.
δια-πέμπω 1. hinüberschicken; hin-, zu-senden. — 2. herumsenden, (überall) hinführen.
δια-περαίνω u. M. vollenden, zu Ende bringen.
δια-περαιόομαι P. a) übersetzen, hinüberfahren. b) beiderseits gezückt werden.
δια-περάω hinüber-fahren, -gehen, passieren; überstehen.
δια-πέρθω ganz zerstören. P. zugrunde gehen.
δια-πέτομαι M. (hin)durchfliegen, davonfliegen.
δια-πίμπλημι ganz anfüllen.
δια-πίνω um die Wette trinken.
δια-πίπτω a) zerfallen; fehlschlagen. b) sich durchschlagen, entkommen.
δια-πιστεύω (an)vertrauen.
δια-πλέκω a) verflechten, herumwickeln. b) zu Ende flechten.
δια-πλέω hinüberfahren, übersetzen; durchsegeln.
δια-πλήσσω zerschlagen.
διάπλους, ὁ Überfahrt; Furt; Seefahrt.
δια-πνέω a) durchwehen. b) verwehen. [machen, verzieren.]
δια-ποικίλλω ganz bunt]
δια-πολεμέω a) den Krieg zu Ende bringen, auskämpfen. b) fort und fort kriegen.
διαπολέμησις, εως, ἡ Beendigung des Krieges.
δια-πολιορκέω die Belagerung zu Ende führen.
διαπομπή, ἡ a) Gesandtschaft. b) Botschaft.
δια-πονέω I. Akt. mit Anstrengung arbeiten ob. vollenden, eifrig betreiben, sorgfältig durchführen (ausführen) ob. her-

δια-πόντιος — 108 — δια-σημαίνω

richten; üben, abhärten. — II. M. 1. a) sich anstrengen, sich abmühen; sich üben. b) unwillig sein. — 2. = Akt.
δια-πόντιος 2 überseeisch.
δια-πορεύω I. Akt. hinüberführen, -lassen, übersetzen. — II. P. durch=wandern, =ziehen, hindurchmarschieren.
δι-απορέω u. M. in Verlegenheit sein ob. gesetzt werden, unschlüssig oder zweifelhaft sein; die Frage aufwerfen.
δια-πορθέω = διαπέρθω.
δια-πορθμεύω a) übersetzen, hinüberfahren. b) j-m etw. überbringen.
δια-πραγματεύομαι M. a) genau untersuchen. b) erhandeln, ein Geschäft eifrig betreiben.
δια-πράθέειν f. διαπέρθω.
δια-πράσσω, meist M. a) vollenden, vollbringen, zu Ende bringen, ausführen, leisten, durcheilen. b) (M.) sich verschaffen, erlangen; durchsetzen, bewirken. c) (M.) unterhandeln, verabreden. d) umbringen, verderben, töten, zugrunde richten.
διαπρεπής 2 hervorstechend, ausgezeichnet.
δια-πρέπω a) hervorstechen. b) ausschmücken.
δια-πρεσβεύομαι M. Gesandte umherschicken.
δια-πρήσσω = διαπράσσω.
δια-πρηστεύω verraten.
δια-πρίω zersägen. P. ergrimmen. [durch.]
δια-πρό durch und durch, ganz
δια-πρύσιος 3 (u. 2) durchdringend, weithin.
δια-πτοέω, -πτοιέω verscheuchen; einschüchtern.
δια-πτύσσω entfalten.
δια-πτύω anspeien.
δια-πυνθάνομαι M. sich erkundigen, befragen.

δια-πύρος 2 glühend, feurig.
δια-πωλέω einzeln verkaufen.
δι-αράσσω durchschlagen.
δι-αρθρόω a) gliedern; gestalten. b) zergliedern; artikulieren. [beurteilen.]
δι-αριθμέω herrechnen. M.
δι-αρκέω a) ausreichen, genügen. b) ausdauern, aushalten. [nügend.]
διαρκής 2 ausreichend, geδιαρπαγή, ἡ Plünderung.
δι-αρπάζω zerreißen; rauben, (aus)plündern, berauben.
δια-ρραίνω M. herabrieseln.
δια-ρραίω zerreißen, zerschmettern; zerstören, vertilgen, verschlingen.
δια-ρρέω a) (hin)durchfließen. b) zerfließen; (hin)schwinden, vergehen, zerfallen.
δια-ρρήγνυμι I. Akt.: a) zerreißen, zerbrechen; zerstören; b) durch=reißen, =stoßen, =bohren. — II. P. bersten.
διαρρήδην ausdrücklich.
δια-ρρήσσω = διαρρήγνυμι.
δια-ρριπτέω und -ρίπτω 1. hindurch=werfen, =schießen. — 2. a) auseinander=, umher=werfen, zerstreuen. b) verteilen.
διάρριψις, εως, ἡ das Hin- und Herwerfen.
διάρροια, ἡ Durchfall.
δια-ρροιζέω schwirrend durchsausen.
δια-σαφέω deutlich machen, erklären; vermelden, berichten.
δια-σαφηνίζω = διασαφέω.
δια-σείω a) erschüttern; aufregen, verwirren. b) Geld abpressen, etw. erpressen.
δια-σεύομαι M. hindurchstürmen, =eilen, =fliegen, =fahren.
δια-σημαίνω bezeichnen, andeuten.

διά-σημος 2 weithin vernehmlich. [schweigen.]
διά-σιωπάω noch immer
διά-σκάπτω durchgraben.
διά-σκαρῑφάομαι M. aufscharren; zerrütten.
διά-σκεδάννῡμι zerstreuen: a) auseinandergehen lassen, vertreiben. b) zertrümmern; vernichten.
διά-σκέπτομαι M. = διασκοπέω.
διά-σκευάζομαι M. a) sich rüsten, sich in Schlacht-ordnung aufstellen. b) für sich etw. zurüsten.
διά-σκηνέω u. -όω 1. a) getrennt lagern (oder lagern lassen). b) in Abteilungen kantonieren. — 2. vom Mahle aufstehen.
διά-σκίδνημι = διασκεδάννυμι.
διά-σκοπέω u. M. a) genau betrachten; durchforschen; überlegen. b) sich umsehen.
διά-σκοπιάομαι M. ausspähen, auskundschaften.
διά-σκορπίζω zerstreuen, ausstreuen; Getreide worfeln; verschwenden, veruntreuen.
διά-σμάω, -σμέω auswischen, ausspülen.
διά-σπάω auseinanderziehen, zerreißen; trennen, zerstreuen; spalten, zersplittern, entzweien.
διά-σπείρω zerstreuen, ausstreuen, aussprengen; vergeuden. P. sich zerstreuen; zerplatzen.
διασπορά, ἡ Zerstreuung.
διά-σπουδάζω u. M. sich anstrengen, eifrig betreiben.
δι-ᾴσσω hindurch-stürmen, -eilen, -schießen, durchzuckeln.
διάστᾰσις, εως, ἡ a) Entfernung, Abstand, Zwischenraum. b) Spaltung; Zwietracht, Feindschaft. c) Trennung.

διά-σταυρόομαι M. verpalisadieren.
διά-στέλλω u. M. auseinanderbringen, trennen: a) unterscheiden. b) auftragen, gebieten.
διάστημα, τό Zwischen-raum, -zeit, Entfernung, Abstand.
διά-στοιβάζω dazwischenstopfen.
διαστολή, ἡ Trennung; Unterschied.
διά-στρέφω verdrehen, verrenken, verkehrt richten: a) entstellen. b) aufwiegeln, abwendig machen.
διάστροφος 2 verdreht, verkrüppelt; verwirrt, wirr.
διά-σῡρω verhöhnen.
διασφάξ, άγος, ἡ Schlucht.
διά-σφενδονάω auseinanderschleudern, zerreißen. P. zerspringen. [reißen.]
διά-σχίζω zerspalten, zer-
διά-σῴζω glücklich durchbringen, retten, heilen, (am Leben) erhalten; beibehalten, aufbewahren, (im Gedächtnis) bewahren.
διαταγή, ἡ u. διάταγμα, τό Anordnung, Gebot, Befehl, Auftrag.
διά-τάμνω = διατέμνω.
διάταξις, εως ἡ Aufstellung, Anordnung.
διά-ταράσσω verwirren, in Verlegenheit bringen.
διά-τάσσω verteilen, gehörig ordnen: a) in Schlacht-ordnung aufstellen. b) getrennt ob. einzeln aufstellen, verteilen. c) anordnen, befehlen.
διά-τείνω I. Akt.: a) ausspannen, ausstrecken. b) sich erstrecken. — II. M.: a) sich anspannen, sich anstrengen; beteuern. b) (sich) schußfertig halten. [nen.]
διά-τειχίζω vermauern; tren-

διατείχισμα, τό a) Zwischenbollwerk. b) Festung.
δια-τελευτάω ganz vollenden.
δια-τελέω 1. vollenden, ausführen. — 2. *intr.* a) hingelangen. b) ausharren, bleiben. δ. ποιῶν τι ich tue etw. ununterbrochen ob. stets.
δια-τελής 2 ununterbrochen.
δια-τέμνω zerschneiden, zerhauen; (zer)teilen.
δια-τετραίνω durchlöchern.
δια-τήκω P. (zer)schmelzen.
δια-τηρέω bewahren, erhalten; beobachten, (sich) in acht nehmen.
δια-τίθημι I. Akt.: a) auseinanderstellen; ordnen; anordnen, einrichten. b) in einen Zustand (eine Stimmung oder Lage) versetzen, behandeln. — II. P. in einen Zustand (eine Stimmung ob. Lage) versetzt werden, gesinnt ob. gestimmt sein. — III. M.: a) ein Testament machen; j-m etw. vermachen; festsetzen, bestimmen. b) feilbieten, verkaufen. c) schlichten. d) Gebrauch machen von etw.
δια-τινάσσω a) zertrümmern. b) hin und her schütteln.
δια-τμήγω I. Akt. durchschneiden; trennen, zerstreuen. — II. P.: a) auseinandersplittern. b) sich trennen, sich zerstreuen; zersplittern.
διά-τορος 2 durchbohrt.
δια-τρέφω durchfüttern, ernähren, unterhalten.
δια-τρέχω durch = laufen, =segeln, =eilen.
δια-τρέω zerstieben.
διατριβή, ἡ a) Zeitverlust; Verzögerung, Zögerung, Aufenthalt. b) Zeitvertreib, Beschäftigung; Studium, Unterhaltung, Gespräch, Umgang.

δια-τρίβω 1. zerreiben, aufreiben: a) vernichten, beschwichtigen. b) hindern; aufhalten, verzögern, (Zeit) hinbringen. — 2. *intr.* verweilen: a) zögern. b) sich aufhalten. c) sich unterhalten, umgehen. d) sich mit etw. beschäftigen ob. befassen.
διατροφή, ἡ Lebensunterhalt.
δια-τρύγιος 2 zu verschiedenen Zeiten abzuernten(d).
δια-τρυφέν s. διαθρύπτω.
διαυγάζω = διαφαίνω (P.).
δι-αυγής 2 = διαφανής.
δί-αυλος, ὁ Doppellauf.
δια-φαίνω a) durchscheinen lassen. b) P. (hin)durchscheinen, durch und durch glühen, hervorleuchten, sichtbar werden, anbrechen.
διαφάνεια, ἡ Durchsichtigkeit.
διαφανής 2 durchsichtig; einleuchtend, offenbar, klar.
διαφερόντως *adv.* a) verschieden, anders als. b) in ausgezeichneter Weise, vorzüglich, besonders.
δια-φέρω I. Akt. 1. a) hinübertragen ob. bringen. b) zu Ende bringen ob. führen, austragen, zubringen (*abs.* auch = leben); ertragen. c) auseinandertragen, umher-werfen, -treiben, zerstreuen. ψῆφον seine Stimme abgeben. — 2. *intr.* a) von j-m verschieden sein, sich unterscheiden, sich vor j-m auszeichnen. b) **διαφέρει** es macht einen Unterschied, kommt darauf an, liegt daran. τό διαφέρον: α) Interesse; β) Streitpunkt, =objekt. — II. P. a) umhergetrieben oder verbreitet werden. b) sich entzweien, uneinig sein, sich streiten.
δια-φεύγω entfliehen, entgehen, (ver)meiden.
διάφευξις, εως ἡ Entkommen

δια-φημίζω — 111 — διδακτικός

δια-φημίζω verbreiten, bekanntmachen.
δια-φθείρω 1. vernichten, verderben, zugrunde richten; zerstören, verwüsten; ermorden. *intr.* u. P. untergehen, zugrunde gehen, umkommen, verloren gehen. — 2. verschlechtern, verschlimmern, entstellen, verletzen; verführen, bestechen.
διαφθορά, ἡ a) Vernichtung, Verderben, Zerstörung, Ermordung. b) Verderbnis; Verführung.
διαφθορεύς, έως, ὁ Verderber, Verführer.
δι-αφίημι entlassen.
δια-φοιβάζω in Raserei versetzen. [schweifen.]
δια-φοιτάω, -έω umher=
διαφορά, ἡ a) Verschiedenheit; Vorzug. b) Zwist, Streit.
δια-φορέω 1. hin(über)tragen; entrichten. — 2. auseinandertragen: a) verbreiten. b) wegschleppen, zerstreuen; (aus=) plündern. c) zerreißen.
διάφορος 2: 1. verschieden (=artig), allerlei. — 2. uneinig, feindlich. — 3. ausgezeichnet, vortrefflich. τὸ διάφορον: a) Unterschied. b) Uneinigkeit, streitige Sache, Streitpunkt, Anlaß zum Streit. c) Interesse, Vorteil, Nutzen. [zwerchfell.]
διάφραγμα, τὸ Scheidewand;
δια-φράζω genau verkünden, genaue Weisung geben.
δια-φορέω durchlassen.
δια-φυγγάνω = διαφεύγω.
διαφυγή, ἡ das Entfliehen.
διαφυή, ὁ Zwischenwuchs; Gelenke, Knoten, Zwischengehäuse, Scheidewand, Spalt.
δια-φυλάσσω sorgfältig bewachen, bewahren, erhalten.
δια-φύομαι M. dazwischen vergehen.

δια-φύσάω verwehen.
δι-αφύσσω a) ganz ausschöpfen; austrinken. b) herausreißen; zerreißen.
διαφωνέω mißtönen, nicht stimmen; widerstreiten.
δια-φώσκω durchleuchten. διαφώσκει ἐς wird Tag.
δια-χάζω u. M. auseinanderweichen, sich trennen.
δια-χειμάζω überwintern.
δια-χειρίζω handhaben, besorgen, verwalten. M. ermorden.
διαχείρισις, εως, ἡ Handhabung; Leitung, Verwaltung.
δια-χειροτονέω (durch Abstimmung) entscheiden, beschließen. [mung.]
διαχειροτονία, ἡ Abstim=
δια-χέω I. Akt. 1. ausgießen, hinüberschütten. 2. (zer)schmelzen; zerlegen: a) vereiteln, zunichte ob. rückgängig machen. b) aufheitern. — II. P. (hin) durch=, zer=fließen; auseinanderfallen, zerfallen.
δια-χλευάζω verlachen.
δια-χόω aufschütten.
δια-χράομαι M. a) gebrauchen, sich bedienen, festhalten an, haben. b) töten.
δια-χρέομαι [ion.] = διαχράομαι.
δια-χωρέω (hin)durchgehen. κάτω διαχωρεῖ τινι jmd hat den Durchfall.
δια-χωρίζω absondern, trennen. P. sich trennen.
δια-ψεύδω u. M. a) lügen. b) täuschen. P. sich täuschen.
δια-ψηφίζομαι M. abstimmen.
διαψήφισις, εως, ἡ Abstimmung.
δια-ψύχω (aus)trocknen.
δί-γλωσσος 2 zwei Sprachen redend.
διδακτικός 3 lehrtüchtig.

διδακτός 3: 1. lehrbar, mitteilbar, verkündbar. — 2. a) mitgeteilt, eingelernt. b) gelehrt, unterwiesen.

διδασκαλεῖον, τό Schule.

διδασκαλία, ἡ a) Lehre, Belehrung, Unterweisung, Lehrtätigkeit. b) Einübung und Aufführung eines Chors (Dramas) für die Bühne.

διδασκαλικός 3: 1. a) zum Unterricht gehörig. b) im Unterrichten geschickt. — 2. belehrend, lehrlustig, -haft.

διδασκάλιον, τό Kenntnis.

διδάσκαλος, ὁ, ἡ Lehrer(in), Meister; Chormeister.

διδάσκω I. Akt. 1. a) lehren, belehren, Lehrer sein, unterweisen, (aus)bilden. b) mitteilen, dartun, zeigen, beweisen; warnen. 2. einen Chor od. ein Schauspiel einüben und dann auf die Bühne bringen. — II. P. belehrt werden, lernen. — III. M. 1. ersinnen. 2. in die Lehre geben, j-n etw. lernen lassen. [Unterricht.]

διδαχή, ἡ Belehrung, Lehre,

δίδημι (an)binden (= δέω).

διδόω = δίδωμι.

διδράσκω laufen.

δίδραχμος 2 von zwei Drachmen. τό -ον Doppeldrachme.

διδυμάων, ονος, ὁ Zwillingsbruder.

δίδυμος 3 zwiefach, doppelt; Zwilling.

δίδωμι 1. geben, schenken, verleihen, gewähren, leisten; a) zahlen, entrichten. b) weihen. c) vergönnen, verhängen. d) geben wollen, anbieten. e) von sich geben, hervorbringen. — 2. hin- über-geben, überlassen, preisgeben; begnadigen, losgeben; zugeben, gestatten.

δίε f. δίω.

δι-εγγυάω a) Bürgschaft leisten. b) gegen Bürgschaft freigeben.

δι-εγείρω aufwecken, erwecken.

δι-έδεξε f. διαδείκνυμι.

δι-έεργον f. διείργω.

δί-ειμι¹ a) hindurch = gehen, -marschieren, durchziehen. b) erzählen, darstellen.

δί-ειμι² fortwährend sein.

δι-εῖπον a) durchsprechen, genau besprechen, auseinandersetzen. b) genau sagen, erklären.

δι-είργω scheiden, trennen.

δι-είρηκα, pf. zu διεῖπον.

δι-είρομαι M. ausfragen, erforschen.

δι-ερύω hinüberziehen.

δι-είρω hineinstecken.

δι-εκ, -ἐξ durch ... hinaus.

δι-εκπεράω hindurch = gehen, =schiffen, übersetzen.

δι-εκπλέω durchsegeln, hindurch = schiffen, = fahren; die feindliche Schiffsreihe durchbrechen.

διέκπλοος, ὁ Durchfahrt; das Durchbrechen der feindlichen Schiffsreihe.

δι-εκπλώω = διεκπλέω.

δι-έκροος, ὁ Ausfluß.

δι-ελαύνω 1. a) hindurchtreiben, = stoßen, = jagen. b) durchbohren. — 2. (hin=) durch=reiten, =ziehen, sich durchschlagen.

δι-ελέγχω a) vollständig widerlegen. b) genau erforschen.

δι-ελθέμεν f. διέρχομαι.

δι-έλκω u. ὑω auseinanderziehen, =reißen.

δίεμαι M. a) verjagen, zurücktreiben, verfolgen. b) scheu fliehen.

δι-εμπολάω verkaufen; verraten.

δι-ενθυμέομαι P. eifrig nachdenken. [leben.]
δι-ενιαυτίζω das Jahr über-
διεξ-ειλίσσω auseinandersondern.
δι-έξειμι a) durch etw. hinausgehen, hindurchgehen. b) durchgehen, genau erzählen, vortragen, schildern.
δι-εξελαύνω hindurchtreiben; hindurchreiten, -fahren, -marschieren, -ziehen.
δι-εξερέομαι M. ausfragen.
δι-εξέρχομαι M. 1. a) durch etw. hinaus-, hindurch- od. vorüber-gehen, hervor-, hindurchkommen; durchmachen, erdulden; (von der Zeit) verfließen. b) hingelangen. — 2. auseinandersetzen, durchnehmen, darstellen, erzählen, vortragen.
δι-εξηγέομαι M. auseinandersetzen, erklären.
δι-εξίημι durch- und herauslassen; intr. sich ergießen.
δι-έξοδος, ἡ 1. Durchgang, Ausgang, Quergasse; Endausgang, Ende, Ausweg; Bahn. — 2. a) Darstellung, Erzählung. b) Gründlichkeit.
δι-εορτάζω zu Ende feiern.
διεπέφραδε s. διαφράζω
διέπραθον s. διαπέρθω.
δι-έπω a) besorgen, verrichten; ordnen. b) durchschreiten, hinfahren durch etw.
δι-εργάζομαι M. vernichten, umbringen.
δι-έργω = διείργω.
δι-ερέσσω a) (hin)durchrudern. b) tüchtig rudern.
δι-ερευνάω u. M. durchsuchen, durchforschen.
διερμηνευτής, οῦ, ὁ Ausleger.
δι-ερμηνεύω auslegen, übersetzen.
διερός¹ 3 flüchtig, eilend.
διερός² 2 lebendig, langlebend.

δι-έρπω durchschreiten.
δι-έρχομαι M. 1. a) hindurch- od. hinüber-gehen, durch-schreiten, -fahren, -bringen; sich durchschlagen: α) etw. durchmachen; β) vorübergehen; γ) umherziehen, sich verbreiten. b) hinkommen, hingelangen. — 2. etw. durch-gehen, -lesen; a) auseinandersetzen, erzählen; b) überdenken, erwägen.
δι-ερῶ, fut. zu διεῖπον.
δι-ερωτάω herumfragen, ausfragen, erfragen. [beiden.]
δι-εσθίω zerfressen, durch-
δι-έσσυτο s. διασεύομαι.
δι-ετής 2 zweijährig.
δι-ετήσιος 2 das ganze Jahr hindurch (dauernd). [Jahren.]
διετία, ἡ Zeitraum von zwei
διετμάγεν s. διατμήγω.
δι-ευλαβέομαι P. sich sorgsam hüten.
δι-ευτυχέω fortwährend Glück haben.
δι-έχω 1. auseinanderhalten, trennen; fernhalten. — 2. intr. a) hindurch-reichen, -dringen; sich erstrecken, reichen, sich verbreiten. b) auseinander-stehen, gehen, entfernt sein. τὸ διέχον Zwischenraum.
δίζημαι M. a) suchen, erstreben, verlangen. b) untersuchen.
δί-ζυξ, υγος zu zweien eingespannt. [sein.]
δίζω zweifeln, unentschlossen
δι-ηγέομαι M. auseinandersetzen, erzählen, beschreiben.
διήγησις, εως, ἡ a) Erörterung. b) Erzählung.
δι-ηθέω 1. a) durchseihen. b) ausspülen. — 2. durchsickern.
διηκονέω = διακονέω.
διηκόσιοι 3 = διακόσιοι.
δι-ήκω hindurch-kommen, -dringen, -reichen; sich verbreiten.

δι-ημερεύω den ganzen Tag zubringen.

δι-ηνεκής 2: 1. ununterbrochen durch- ob. fort-laufend; übh. weithinreichend, lang. — 2. a) beständig. b) ausführlich, genau, vollständig.

δι-ήνεμος 2 luftig.

δι-ήρεσα f. διεράσσω.

δι-θάλασσος 2 an zwei Meeren gelegen. τόπος Außengrund.

διθύραμβος, ὁ Dithyrambus.

δι-ίημι 1. hindurchsenden: a) hindurch-schießen, -stoßen; b) durchlassen, durchziehen lassen — 2. entlassen.

δι-ικνέομαι M. 1. (hin)durch-kommen, -gehen, -gelangen, -dringen; treffen. — 2. durchgehen (= auseinandersetzen, erzählen).

δι-πετής 2 a) vom Himmel gefallen. b) dem Himmel entströmend.

δι-ίστημι I. Akt. 1. auseinanderstellen, trennen, entfernen; entzweien, verfeinden. 2. intr. = M. — II. M. auseinander-treten, -gehen, -stehen, sich abgesondert aufstellen: a) sich teilen, sich trennen; b) sich öffnen; c) sich entfernen, wegtreten; d) sich unterscheiden; e) sich entzweien.

δι-ισχυρίζομαι M. a) sich beruhigt fühlen. b) fest behaupten, beteuern, bekräftigen.

δι-φιλος 2 von Zeus geliebt.

δικάζω I. Akt.: a) Recht sprechen, richten. b) entscheiden, bestimmen. — II. M. einen Prozeß führen, prozessieren.

δικαιέω = δικαιόω.

δικαιοκρισία, ἡ gerechtes Gericht.

δίκαιος 3 gerecht: 1. a) rechtlich, rechtschaffen, ehrlich; gesittet. b) vor Gott gerecht (fertigt). — 2. rechtmäßig, gesetzlich, recht; richtig, gebührend, billig, gehörig; tüchtig, brauchbar, tauglich, gut, schulgerecht: fruchtbar. δίκαιός εἰμι ich bin berechtigt, verpflichtet, würdig, ich muß billigerweise. subst. τὸ δίκαιον und τὰ δίκαια Recht, Gerechtigkeit, Vorrecht, Rechtsverfahren, Rechtsgrund, Rechtsfrage. adv. δικαίως mit Recht, nach Gebühr, in Wahrheit.

δικαιοσύνη, ἡ a) Gerechtigkeit, Rechtlichkeit; Gerechtsprechung, Rechtsfertigung. b) Rechtspflege. [σύνη.]

δικαιότης, ητος, ἡ = δικαιο-

δικαιόω gerecht machen: 1. a) für recht halten, rechtfertigen, gerechtsprechen, urteilen. b) verlangen, fordern, wollen. — 2. richten, verurteilen, (be)strafen.

δικαίωμα, τό 1. Rechtssatzung; Recht. — 2. a) Rechtsgrund; Rechtfertigung. b) Rechtsanspruch, -forderung. c) Urteil(sspruch). d) Rechttat.

δικαίωσις, εως, ἡ 1. a) gerichtliche Vorladung. b) Verurteilung. — 2. a) Rechtsforderung; Forderung. b) Gutdünken. c) Gerechtsprechung, Rechtfertigung.

δικᾱνικός 3: 1. rechtskundig: ὁ Sachwalter. ἡ -ή Kunst des Sachwalters. — 2. advokatenmäßig, anmaßend; weitschweifig. [Richter.]

δικασ-πόλος, rechtpflegend, ὁ

δικαστήριον, τό Gerichtshof: a) Gerichtsstätte. b) Gericht, die Richter; Volksgericht.

δικαστής, οῦ, ὁ Richter.

δικαστικός 3 a) gerichtlich, richterlich, Richter-... b) rechtskundig. ἡ -ή Rechtspflege.

δίκελλα, ἡ Hacke.

δίκη, ἡ 1. Sitte, Brauch, Herkommen. δίκην mit gen.: nach Art und Weise, wie. — 2. Recht, Gerechtigkeit: a) Rechts-, Richter-spruch, -amt, (schieds)richterliche Entscheidung, Urteil. b) Rechtspflege. c) Rechtshandel, -streit, Prozeß, (Privat-)Klage. d) Strafe, Buße, Genugtuung, Vergeltung. δίκην ob. δίκας διδόναι Strafe leiden, bestraft werden. (τὴν) δίκην ἔχειν seine (gebührende) Strafe (empfangen) haben, Genugtuung haben.
δι-κλίς, ίδος zweiflügelig.
δι-κρατής 2 zwiefach mächtig, beiderseits siegreich.
δί-κροτος 2 zweiruderig. (ναῦς) Zweidecker.
δικτυό-κλωστος 2 zum Netze gesponnen.
δίκτυον, τό Netz.
δί-λογος 2 doppelzüngig.
δί-λοφος 2 zweigipfelig.
δί-μνεως 2 zwei Minen betragend ob. wert.
διμοιρία, ἡ das Doppelte.
δινεύω u. δινέω a) im Kreise drehen ob. herumtreiben, herumwirbeln. b) sich im Kreise drehen, umher-schweifen, -wandern.
δίνη, ἡ Wirbel; Strudel.
δινήεις 3 strudelreich.
δινωτός 3 kunstreich gedrechselt ob. gearbeitet.
διξός 3 = δισσός.
διό a) weshalb. b) deshalb.
διό-βολος 2 von Zeus erregt.
διο-γενής 2 zeusentstammt.
δι-οδεύω = διοδοιπορέω.
δι-οδοιπορέω durch-reisen, wandern; umherziehen.
δί-οδος, ἡ Durchgang, Durchzug, Übergang; Paß, Weg.
δι-οίγω öffnen. [scheiden.]
δι-οῖδα genau kennen, ent-

δι-οικέω verwalten; besorgen, einrichten, betreiben, (an)ordnen; pflegen.
διοίκησις, εως, ἡ a) Haushalt(ung), Wirtschaft. b) Verwaltung; Ausführung.
δι-οικίζω I. Akt.: a) getrennt wohnen lassen. b) zerstreuen, trennen. — II. M. sich getrennt ansiedeln; umziehen.
διοίκισις, εως, ἡ Umzug.
δι-οικοδομέω durch eine (Zwischen-)Mauer (ver)sperren.
δι-οϊστεύω a) einen Pfeil hindurchschießen. b) hinüberschießen.
διοιτο f. δίεμαι.
δι-οίχομαι M. vergehen ob. vergangen sein, dahin sein.
διοκωχή, ἡ Nachlassen der Pest.
δι-όλλῡμι I. Akt. ganz zugrunde richten, ganz vernichten; ganz vergessen. — II. M. ganz zugrunde gehen, umkommen.
δι-όμνῡμι u. P. schwören; beteuern, eidlich versichern.
δι-ομολογέω u. M. 1. zugestehen. — 2. M. sich verständigen, verabreden.
διό-περ 1. a) weshalb eben, weswegen gerade. b) eben deshalb. — 2. deshalb, weil.
διο-πετής 2 = διιπετής.
δι-οπτεύω a) durchspähen, umherspähen, überblicken, auskundschaften. b) überall sehen.
δι-οπτήρ, ῆρος, ὁ Späher.
δι-οράω a) durchschimmern sehen. b) durchschauen, erkennen. [groß ob. tief.]
δι-οργυιος 2 zwei Klafter
δι-ορθόω u. M. berichtigen, (ver)bessern.
διόρθωμα, τό u. διόρθωσις, εως, ἡ (Ver)Besserung.
δι-ορίζω 1. abgrenzen, begrenzen; trennen: a) unter-

διόρυγμα — 116 — **διχθάδιος**

scheiden. b) genau bestimmen, erklären, definieren. c) festsetzen, anordnen. — 2. über die Grenze schaffen.

διόρυγμα, τό Graben, Kanal.

δι-ορύσσω 1. a) hindurch-, ausgraben. b) durchgraben; (v. Dieben) einbrechen. c) durchwühlen. — 2. a) untergraben. b) absperren, isolieren.

δῖος 3 leuchtend, glänzend; herrlich, trefflich, edel; göttlich. -οι ἀδελφεαί Schwesternpaar.

δι-ότι a) deshalb weil, dafür daß; denn. b) weshalb. c) daß.

διο-τρεφής 2 zeusentstammt.

δι-ουρίζω = διορίζω.

δί-παλτος 2 doppelt (geschwungen), zweifach.

δί-πηχυς, υ von zwei Ellen.

διπλάζω a) verdoppeln. b) doppelt sein.

δί-πλαξ, ακος doppelt gelegt. ἡ δ. Doppelmantel.

διπλασιάζω verdoppeln.

δι-πλάσιος 3 zweifach, doppelt so groß od. so viel.

διπλασιόω verdoppeln.

δί-πλεθρος 2 zwei Plethren groß od. breit.

διπληςιος 3 = διπλάσιος.

δί-πλοος, δί-πλοῦς 3: 1. a) zweifach, doppelt; paarweise. διπλότερος in doppelt so hohem Grade. b) beiderseitig, beide, zwei. -ῆ χείρ Wechselmord. — 2. zweideutig; hinterlistig, trügerisch.

διπλόω verdoppeln.

δί-πους, ποδος zweifüßig.

δί-πτυξ, υχος u. **δί-πτυχος** 2 doppelt-gefaltet, -gelegt, zweifach.

δί-πυλος 2 doppel-torig.

δίς zweimal, doppelt.

δισ-θανής zweimal sterbend.

δισκεύω und **δισκέω** mit dem Diskus werfen.

δίσκος, ὁ Wurfscheibe, Diskus.

δισκ-ουρα, ων, τά Wurfweite des Diskus. [zwanzigtausend.]

δισ-μῡριάς, άδος, ἡ Zahl von)

δισ-μύριοι 3 zwanzigtausend.

δισσ-άρχης, ου zwiefach herrschend.

δισσός 3 a) zwiefach, doppelt; zwei. b) entzweit; zweideutig.

διστάζω zweifeln.

δί-στολος 2 zu zweit gehend.

δί-στομος 2 doppelmündig: a) mit zwei Ausgängen; b) zweischneidig.

δισ-χίλιοι 3 zweitausend.

δι-τάλαντος 2 zwei Talente schwer od. wert.

δι-υλίζω durchseihen.

διφάσιος 3 zwiefach, doppelt, zwei; verschieden.

διφάω (auf)suchen, durchsuchen, durchstöbern.

διφθέρα, ἡ 1. Fell, Leder. — 2. a) Lederwams; b) Lederschlauch; c) Lederdecke; d) Ledertasche der Schleuderer.

διφθέρινος 2 ledern.

διφρευτής, οῦ, ὁ Wagenlenker.

διφρηλατέω Wagenlenker sein, befahren, lenken. [lenker.]

διφρ-ηλάτης, ου, ὁ Wagen-}

δίφρος, ὁ a) Wagenstuhl, Wagen. b) Sessel, Stuhl.

διφροφορέομαι P. sich in einer Sänfte tragen lassen.

δι-φυής 2 doppeltgestaltet.

δίχα I. adv. 1. in zwei Teile geteilt: a) entzwei; b) zwiefach, doppelt. 2. getrennt, abgesondert; zwiespältig, uneinig, verschieden. — II. prp. mit gen.: a) fern oder getrennt von. b) ohne.

διχάζω teilen, trennen; entzweien, verunreinigen.

διχῇ = δίχα.

διχθά zwiefach, in zwei Teile.

διχθάδιος 3 zwiefach, doppelt.

διχογνωμονέω geteilter Meinung sein.

διχό-θεν *adv.* von zwei Seiten her; aus zwei Gründen.

διχοστασία, ἡ Spaltung, Streit, Entzweiung.

διχοστατέω auseinandertreten, sich veruneinigen.

διχοτομέω in zwei Teile spalten od. zersägen.

διχοῦ = δίχα.

δίψα, ἡ Durst.

διψάω dürsten, durstig sein.

δίψιος 3 durstig; trocken.

δίψος, τό Durst.

δί-ψυχος 2 doppelherzig.

δίω I. *Akt.*: a) fürchten. b) fliehen. — II. *M.* = δίεμαι.

διωβελία, ἡ Zahlung von zwei Obolen täglich.

διωγμός, ὁ Verfolgung.

δι-ώδυνος 2 sehr schmerzhaft, stark schmerzend.

δι-ωθέω I. *Akt.* 1. auseinander-stoßen, =reißen, zersprengen. 2. hindurch-stoßen, =stecken, durchbrechen. — II. *M.* 1. von sich wegstoßen oder wegtreiben, abwehren; verschmähen. 2. sich durch etw. hindurchdrängen, etw. durchbrechen.

διωκάθω = διώκω.

διώκτης, ου, ὁ Verfolger.

διώκω I. *Akt.* 1. a) jagen, treiben; vertreiben. b) verfolgen, nach-laufen, =jagen, =spüren; einholen: α) nachtrachten, erstreben; β) j-m nachlaufen, anhängen; γ) darstellen, vortragen; δ) gerichtlich belangen, anklagen. 2. *intr.* dahin-jagen, =fahren, fort=eilen, =sprengen. — II. *M.* vor sich hertreiben.

διώμοτος 2 durch einen Eid verpflichtet.

δίωξις, εως, ἡ 1. Verfolgung. — 2. a) Anklage. b) Trachten nach etw.

διῶρυξ, υχος, ἡ Graben, Kanal; Stollen.

δμηθῆναι *s.* δαμάζω.

δμῆσις, εως, ἡ Bändigung.

δμήτειρα, ἡ Bezwingerin.

δμωή, ἡ Sklavin, Magd.

δμώς, ωός, ὁ Sklave, Knecht.

δνοπαλίζω hin und her stoßen, schütteln.

δνοφερός 3 dunkel, düster.

δοάσσατο es schien, deuchte.

δόγμα, τό a) Meinung. b) Beschluß, Verordnung, Gebot; Satzung, Lehrsatz, Glaubenssatz.

δογματίζω bestimmen. *P.* sich Satzungen aufbürden lassen.

δοή, ἡ Zweifel.

δοιοί 3 zwei, beide, zweierlei.

δοκάζω = δοκάω.

δοκάω u. **δοκεύω** erwarten, auflauern; beobachten, belauern.

δοκέω I. a) glauben, meinen, denken, wähnen, vermuten. b) gedenken, beschließen. — 2. *intr.* scheinen: a) den Anschein haben, sich zeigen. b) sich den Anschein geben, für etw. gelten, im Rufe stehen. δοκῶ μοι ich komme mir vor; ich glaube von mir, daß ich. c) **δοκεῖ**: α) es scheint; β) es scheint gut, man beschließt. τὸ δόξαν Beschluß. δοκεῖ μοι es scheint mir gut, ich meine, beschließe.

δόκησις, εως, ἡ 1. Meinung; Vermutung. — 2. Schein.

δοκιμάζω 1. prüfen, untersuchen, erforschen. — 2. für bewährt od. tüchtig, gut erklären, billigen. — 3. a) unter die Bürger aufnehmen. b) für amtsfähig erklären.

δοκιμασία, ἡ Prüfung, Untersuchung; Musterung.

δοκιμαστής, οῦ, ὁ der Prüfende, Prüfer.

δοκιμή, ἡ und **δοκίμιον**, τό Prüfung, Prüfungsmittel, Probe, Bewährung, Bewährtheit, Echtheit.

δόκιμος 2: 1. bewährt, erprobt, tüchtig. — 2. a) angesehen. b) ansehnlich. c) angenehm.

δοκός, ἡ (u. ὁ) Längsbalken; Balken.

δολερός 3 schlau, listig, hinterlistig, tückisch, täuschend.

δολιό-μυθος 2 tückisch (aufgeschwatzt).

δολιό-πους, ποδος listigen Fußes einherschreitend.

δόλιος 3 = δολερός.

δολιόω (be)trügen.

δολιχ-αυλος 2 langröhrig.

δολιχ-εγχής 2 langspeerig.

δολιχ-ήρετμος 2 langruderig.

δολιχο-δρόμος 2 Wettläufer.

δολιχός 3 lang, weit.

δόλιχος, ὁ a) lange Rennbahn. b) Dauerlauf.

δολιχό-σκιος 2 langschattig.

δολόεις 3 = δολερός.

δολο-μήτης, ου u. **δολόμητις,** ιος verschlagen, tückisch.

δολο-ποιός 2 = δολερός.

δόλος, ὁ a) Lockspeise, Köder; Trugmittel. b) List, Hinterlist, Trug, Anschlag; pl. Ränke.

δολοφρονέω Listen ersinnen.

δολοφροσύνη, ἡ Betrug, List; pl. Ränke.

δολόω a) betrügen, täuschen, berücken, fangen. b) verfälschen, verstellen, unkenntlich machen.

δολ-ῶπις, ιδος falschäugig.

δόμα, τό Gabe.

δόμεν(αι) = δοῦναι v. δίδωμι.

δόμος, ὁ Bau, Gebäude: 1. a) Wohnung, Haus, Zelt, Palast. b) Zimmer, Gemach; Männersaal. c) Schicht, Lage. — 2. a) Heimat, Vaterland. b) Familie, Geschlecht. c) Hauswesen.

δονακεύς, έως, ὁ Röhricht.

δονακό-χλοος 2 von Rohr grünend.

δόναξ, ακος, ὁ 1. a) Rohr. b) Röhricht. — 2. Pfeil(schaft).

δονέω 1. a) schütteln, erschüttern, erregen. b) vor sich hertreiben. — 2. P. sich bewegen; in Aufruhr sein.

δόξα, ἡ 1. a) Meinung, Glaube, Ansicht, Vorstellung: α) Erwartung; β) Wahn, Schein. b) Beschluß, Plan. c) Urteil. — 2. (guter) Ruf: a) Ruhm, Ehre; b) Glanz, Herrlichkeit, Majestät, Pracht; Abglanz.

δοξάζω a) meinen, glauben, vermuten; für etw. halten. b) rühmen, verherrlichen, ehren.

δοξόομαι P. im Rufe stehen.

δορά, ἡ Haut, Fell.

δοράτιον, τό a) Wurfspieß. b) Stange.

δορι-άλωτος 2 kriegsgefangen; erobert, erbeutet.

δορί-κτητος 2 und **δορίληπτος** 2 = δοριάλωτος.

δορί-μαργος 2 kampfgierig.

δορκάς, άδος, ἡ Reh, Gazelle.

δορός, ὁ Lederschlauch, Sack.

δορπέω zu Abend essen.

δορπηστός, ὁ Zeit des Abendessens, Abend.

δορπία, ἡ abendliche Vorfeier.

δόρπον, τό Abendessen; Mahlzeit.

δόρυ, ατος, τό 1. Holz, Baumstamm, Balken, Bauholz. — 2. a) Schiff. b) Stange. c) Lanzenschaft; Lanze, Speer; Krieg, Kampf: α) Lanzenträger, Kämpfer, Heer; β) Beute. ἐπὶ δόρυ zur Rechten, rechtsum.

δορυ-άλωτος 2 = δοριάλωτος

δορυ-δρέπᾰνον, τό Sichelstange; Enterhaken.
δορύ-ξενος, ὁ Waffenbruder; engbefreundet, gastlich.
δορυ-σσόης, ητος und δορυ(σσόος) 2 speerschwingend, kriegerisch, Kriegs-.
δορυφορέω Leibwächter sein, als Trabant begleiten; beschützen, ergeben sein.
δορυ-φόρος, ὁ Lanzenträger: a) Leibwächter, Trabant; b) Stangenträger.
δοσί-δικος 2 = δωσίδικος.
δόσις, εως, ἡ a) das Geben, Verteilen. b) Gabe, Schenkung.
δόσκον aor. iter. v. δίδωμι.
δοτήρ, ῆρος u. δότης, ου, ὁ Geber, Spender, Zahlmeister.
δουλᾰγωγέω knechten.
δουλείᾱ, ἡ a) Sklaverei, Knechtschaft, Unterwürfigkeit. b) Dienerschaft, Gesinde.
δούλειος 2 sklavisch, knechtisch.
δούλευμα, τό Knechtschaft; Knecht, Sklave.
δουλεύω Sklave oder Knecht sein; dienen, frönen.
δούλη, ἡ Sklavin, Magd.
δουληίη, ἡ = δουλεία.
δουλήιος 3 = δούλειος.
δουλίᾱ, ἡ = δουλεία
δουλῐκός 3 u. δούλιος 2 (u. 3) = δούλειος. δούλιον ἦμαρ Tag der Knechtschaft.
δουλῐχό-δειρος 2 langhalsig.
δουλο-πρεπής 2 einem Sklaven geziemend, gemein.
δοῦλος 3: 1. a) sklavisch, knechtisch, Sklaven-... b) dienstbar, untertan. — 2. ὁ, ἡ Sklave, Sklavin; Knecht; Untertan.
δουλοσύνη, ἡ = δουλεία.
δουλόω zum Sklaven machen, knechten; unter-werfen, -jochen; (nieder)beugen, entmutigen.
δούλωσις, εως, ἡ Unterjochung, Knechtung.

δουπέω dumpf tönen, dröhnen; lärmen, tosen, krachen.
δοῦπος, ὁ dumpfer Schall, Getöse, Lärm.
δούρᾰ, δούρᾰτα s. δόρυ.
δουράτεος 3 hölzern.
δουρ-ηνεκές adv. einen Speerwurf weit.
δουρῐ-ᾰ́λωτος 2 = δοριάλωτος.
δουρῐ-κλειτός u. -κλυτός 2 speerberühmt.
δουρί-κτητος 2 mit dem Speer (= im Kampfe) erworben.
δουρῐ-ληπτος 2 = δορίληπτος.
δουρο-δόκη, ἡ Speerbehälter.
δουρός, δούρων s. δόρυ.
δοχή, ἡ Aufnahme, Gastmahl.
δοχμίος 3 u. δοχμός 3 schräg, quer, von der Seite her, seitwärts. [voll; Garbe.]
δρᾶγμα u. δράγμα, τό Hand-
δραγμεύω die Garben aufnehmen, Ähren sammeln.
δραίνω tun wollen.
δράκαινα, ἡ Drachin.
δράκων, οντος, ὁ Drache; Schlange.
δρᾶμα, τό Handlung; Schauspiel, Bühnenstück.
δραμεῖν u. ä. s. τρέχω.
δράμημα, τό = δρόμος.
δραπετεύω ausreißen, davonlaufen.
δραπέτης, ου, ὁ a) Ausreißer, Flüchtling. b) flüchtig, zerfallend.
δρασείω tun wollen.
δρασμός, ὁ Entlaufen, Flucht
δράσσομαι M. fassen, fangen, (er)greifen.
δραστέος 3 s. δράω.
δραστήριος 2 tätig, tatkräftig, unternehmend.
δρᾰτός 3 abgehäutet.
δραχμή, ἡ Drachme; Buleutensold.
δράω a) tätig sein, tun, handeln; aufwarten. b) tun, aus-

δρεπάνη — 120 — δύνω

führen, vollbringen, verrichten, leisten; antun. τὸ δρώμενον Tat, Werk, Verfahren, Unternehmen, Anschlag.
δρεπάνη, ἡ = δρέπανον.
δρεπάνη-φόρος 2 sicheltragend.
δρεπάνο-ειδής 2 sichelförmig.
δρέπανον, τό a) Sichel. b) krummes Schwert.
δρέπω, δρέπτω abpflücken.
δρηπέτης = δραπέτης.
δρησμός, ὁ = δρασμός.
δρήστειρα, ἡ Dienerin.
δρηστήρ, ῆρος, ὁ Diener.
δρηστοσύνη, ἡ Aufwärterkunst.
δριμύς 3: 1. schneidend, scharf, herb, bitter. — 2. a) heftig, hitzig, streng. b) verschmitzt, schlau.
δρίος, τό Gebüsch, Dickicht.
δρομαῖος 3 u. **δρομάς**, άδος laufend, im Lauf, rollend.
δρομεύς, έως, ὁ Läufer; laufend.
δρομικός 3 schnell laufend. τὰ -ά Wettlauf.
δρόμος, ὁ a) Lauf; Wett-lauf, -rennen. δρόμῳ eiligst, zum Laufen od. im Lauf, eiligst, im Sturmschritt, im Galopp. b) Laufbahn; Rennbahn; Übungsplatz.
δροσερός 3 tauig, betaut.
δρόσος, ἡ Tautropfen, Tau; Feuchtigkeit, Wasser, Naß.
δρύϊνος 3 eichen.
δρυμός, ὁ Eichenwald; Wald; Gebüsch. pl. auch τὰ -ά.
δρύ-οχος, ὁ Schiffsrippe, Spante.
δρύπτω abschälen: a) zerkratzen, zerhacken, zerfleischen; b) ab-, weg-reißen. [Holz.]
δρῦς, υός, ἡ Waldbaum, Eiche;
δρυ-τόμος 2 holzfällend; Holzhauer.

δρύ-φακτον, τό und **δρύφακτος**, ὁ Gehege, Verschlag, pl. Schranken.
δρύφω = δρύπτω.
δρώοιμι, δρώωσι s. δράω.
δυάς, άδος, ἡ Zweiheit.
δυάω ins Elend bringen.
δύη, ἡ Unglück, Elend, Not.
δύμεν, δύμεναι s. δύω¹.
δύναμαι P. 1. vermögen, können, imstande sein; Macht haben, mächtig od. stark, einflußreich sein; (er)tragen können, es über sich gewinnen. — 2. a) wert sein, gelten. b) bedeuten, den Sinn haben. c) bezwecken, zu bedeuten haben.
δύναμις, εως, ἡ Vermögen, Möglichkeit, Kraft: 1. Stärke, Gewalt: a) Körperkraft; b) Kriegsmacht, Heer; c) Hilfsmittel. — 2. Fähigkeit, Befähigung, Talent: a) Redegewalt; b) Wunder(kraft). — 3. a) Macht, Einfluß, Ansehen, Geltung. pl. Machtmittel. b) Wert, Betrag. c) Bedeutung, Sinn. d) Wesen einer Sache.
δυναμόω stärken.
δύνασις, εως, ἡ = δύναμις.
δυναστεία, ἡ Macht, Machtstellung; Herrschaft, Gewaltherrschaft.
δυναστεύω Machthaber sein, herrschen, viel vermögen.
δυνάστης, ου, ὁ Machthaber, Herrscher, Fürst; der Vornehme, Würdenträger.
δυνατέω stark sein, vermögen.
δυνατός 3: 1. vermögend, imstande: a) kräftig, stark. b) fähig, tauglich. c) mächtig, angesehen, einflußreich, vornehm. — 2. tunlich, möglich. τὸ -ον das Vermögen.
δύνω intr. = δύομαι (s. δύω¹).

δύο zwei, beide, zweierlei.
δύο-καί-δεκα = δώδεκα.
δύοκαιδεκᾰ-μηνος 2 zwölfmonatig, jährig.
δυόω = δυάω.
δύρομαι jammern, bejammern.
δυσ-ᾱής 2 widrig wehend, stürmisch. [glücklich.]
δύσ-αθλιος 2 (u. 3) höchst un-
δυσ-αίων, ωνος elend lebend.
δυσ-άλγητος 2 gefühllos.
δυσ-άλωτος 2 schwer zu fangen(d) od. zu erreichen(d).
δύσ-αμμορος 2 ganz unglücklich.
δυσανασχετέω unerträglich finden, über etw. außer sich geraten.
δυσ-άνεκτος 2 unerträglich.
δυσ-άνεμος 2 vom Winde gepeitscht, stürmisch.
δυσ-απάλλακτος 2 schwer abwendbar, hartnäckig.
δυσ-απότρεπτος 2 schwer abzuhalten(d) od. abzubringen(d).
δύσ-αρεστος 2 mißvergnügt.
δυσ-άριστο-τόκεια, ἡ Unglücksheldenmutter.
δύσ-αυλος 2 unwirtlich.
δυσ-βάστακτος 2 schwer zu (er)tragen(d), unerträglich.
δύσ-βατος 2 unwegsam.
δυσβουλία, ἡ Torheit.
δυσγένεια, ἡ niedrige Herkunft, unedle Geburt.
δύσ-γνωστος 2 schwer zu erkennen(d) oder zu verstehen(d).
δυσ-γοήτευτος 2 schwer zu bezaubern(d).
δυσδαιμονία, ἡ Unglück.
δυσ-δαίμων 2 unglücklich.
δυσ-διάβατος 2 schwer passierbar. [lich.)
δύσ-ειδής 2 mißgestaltet, häß-
δύσ-ελπις, ιδος hoffnungslos.
δύσ-εμβατος 2 schwer zugänglich. [greifbar, unzugänglich.)
δύσ-έμβολος 2 schwer an-

δυσ-εντερίᾱ, ἡ Ruhr.
δυσεντερικός 3 die Ruhr betreffend.
δυσ-εντέριον, τό Ruhr.
δυσ-εξαπάτητος 2 schwer zu täuschen. [widerlegen(d).]
δυσ-εξέλεγκτος 2 schwer zu
δύσ-ερις, ιδος streitsüchtig, zänkisch.
δύσεο, δύσετο f. δύω¹.
δύσ-έριστος schwer zu bekämpfen(d), unbezwinglich.
δυσ-ερμήνευτος 2 schwerverständlich.
δύσ-ερως, ωτος unglücklich liebend, leidenschaftlich verliebt.
δύσ-έσβολος 2 = δυσέμβολος.
δυσ-εύρετος 2 a) schwer zu finden(d). b) unwegsam.
δύσ-ζηλος 2 jähzornig.
δυσ-ηλεγής 2 schmerzvoll.
δυσ-ηχής 2 wildtosend.
δυσ-θαλπής 2 frostig, kalt.
δυσθανατέω schwer sterben, mit dem Tode ringen.
δυσ-θέᾱτος 2 grausig.
δύσ-θεος 2 gottverhaßt.
δυσ-θεράπευτος 2 schwer zu behandeln. [sein.]
δυσθετέομαι P. übelgelaunt
δυσ-θρήνητος 2 jammervoll.
δυσθῡμέω u. M. mißmutig od. mutlos sein. [b) Mutlosigkeit.)
δυσθῡμίᾱ, ἡ a) Mißmut.
δύσ-θῡμος 2 a) mißmutig. b) mutlos. [en(d), unheilbar.]
δύσ-ιᾱτος 2 schwer zu hei-
δύσ-ιππος 2 für Reiterei ungünstig. [b) Westen.)
δύσις, εως, ἡ a) Untergang.
δυσ-κάθαρτος 2 schwer zu versöhnen(d). [zügeln(d).)
δυσ-κάθεκτος 2 schwer zu
δυσ-κατέργαστος 2 schwer zu erarbeiten(d), schwierig.
δύσκε, aor. iter. von δύω¹.
δυσ-κέλαδος 2 a) schrecklich lärmend. b) mißtönend.

δυσ-κηδής 2 leidenschwer.
δυσ-κλεής 2 a) unrühmlich, schmählich. b) übel-berüchtigt.
δύσκλεια, ἡ übler Ruf, Schande, üble Nachrede.
δυσ-κοινώνητος 2 schlecht zum Umgang tauglich.
δυσκολαίνω mißvergnügt oder unzufrieden sein.
δυσκολίᾱ, ἡ a) mürrisches Wesen, Unzufriedenheit. b) Schwierigkeit, Mißliches.
δύσ-κολος 2 a) mißvergnügt, mürrisch, unzufrieden, störrig. b) mißlich, schwer, schwierig.
δυσ-κόμιστος 2 schwer zu (er-) tragen(d), unerträglich.
δύσ-κριτος 2 schwer zu unterscheiden(d) od. zu entscheiden(d).
δυσ-λόγιστος 2 unbegreiflich, unsinnig.
δυσ-μαθής 2 a) ungelehrig. b) unfaßlich, unkenntlich.
δυσμαί, αἱ = δύσις.
δυσμαχέω zu s-m Unheil (oder vergeblich) ankämpfen.
δύσ-μαχος 2 schwer zu bekämpfen(d), unbezwinglich.
δυσ-μεναίνω a) mißmutig sein. b) feindlich gesinnt sein.
δυσμένεια, ἡ Feindseligkeit, Feindschaft, Groll.
δυσμενέων 3 = δυσμενής.
δυσ-μενής 2 feindlich gesinnt, feindselig. ὁ δ. Feind.
δυσ-μεταχείριστος 2 schwer zu bekämpfen(d).
δυσμή, ἡ = δύσις.
δυσ-μήτηρ, ἡ Unmutter.
δύσ-μοιρος 2 = δύσμορος.
δύσ-μορος 2 unglücklich, elend, unselig.
δυσμορφίᾱ, ἡ Häßlichkeit.
δύσ-νιπτος 2 schwer wegzuwaschen(d), untilgbar.
δυσ-νόητος 2 schwer zu verstehen(d).
δύσνοια, ἡ Abneigung. Haß.

δύσ-νοος, -νους 2 a) feindlich gesinnt. b) unlustig, widerwillig. [lobt.]
δύσ-νυμφος 2 unglücklich ver-
δυσ-ξύμβολος 2 schwer umgänglich, unverträglich.
δυσ-ξύνετος 2 unverständlich.
δύσ-οδμος 2 übelriechend.
δύσ-οδος 2 unwegsam.
δύσ-οιστος 2 a) unerträglich. b) schwer zu erringen(d).
δυσ-όμβρος 2 widrige Regengüsse bringend.
δύσ-οργος 2 jähzornig.
δυσοσμίᾱ, ἡ übler Geruch.
δυσ-ούριστος 2 von schlimmen Winden herangeweht.
δυσ-πάλαιστος 2 unbezwinglich. [glücksehe.]
δυσ-πάρευνος 2 : λέκτρον Un-
Δύσ-παρις, ὁ Schand-Paris.
δυσ-πάριτος 2 schwer passierbar. [widerspenstig.]
δυσ-πειθής 2 ungehorsam,
δύσ-πειστος 2 schwer zu überreden(d).
δυσ-πέμφελος 2 stürmisch.
δυσ-πέρατος 2 mühselig hinzubringen(d).
δυσ-πετής 2 schwer, schwierig.
δυσ-πινής 2 sehr schmutzig.
δύσ-πνοος a) atemlos. b) widrig wehend. [bekriegen(d).]
δυσ-πολέμητος 2 schwer zu
δυσ-πολιόρκητος 2 schwer zu erobern(d).
δυσ-πονής 2 mühevoll.
δυσ-πόνητος 2 mühevoll.
δύσ-πονος 2 mühselig.
δυσ-πόρευτος 2 = δύσ-πορος.
δυσπορίᾱ, ἡ schwierige Passage.
δύσ-πορος 2 schwer zu passieren(d), unwegsam.
δύσ-ποτμος 2 unglücklich, unselig.
δυσπρᾱξίᾱ, ἡ Mißgeschick.
δυσ-πρόσβατος 2 schwer zugänglich.

δυσ-πρόσοδος 2 unzugänglich.
δυσ-πρόσοιστος 2 unfreundlich. [bend, grauenvoll.
δυσ-πρόσοπτος 2 unheilfün-
δυσ-πρόσωπος 2 häßlich oder schmerzlich anzusehen(b).
δυσ-ρίγος 2 gegen Kälte sehr empfindlich.
δυσσέβεια, ἡ Gottlosigkeit.
δυσσεβέω gottlos sein ob. handeln.
δυσ-σεβής 2 gottlos, ruchlos.
δυσ-τάλᾱς, αινα, ᾰν höchst unglücklich, unselig.
δυσ-τέκμαρτος 2 schwer aufzuspüren(b). [bärend.]
δύσ-τεκνος 2 unglücklich ge-
δύσ-στηνος 2 unglücklich; unselig; schmählich, abscheulich.
δυστομέω lästern, schmähen.
δυσ-τράπελος 2 = δύς-τροπος.
δύς-τροπος 2 starrsinnig.
δυστυχέω I. Akt. 1. unglücklich sein, Unglück oder Nachteil haben. — 2. = P. — II. P. mißglücken, fehlschlagen.
δυστύχημα, τό = δυστυχία.
δυσ-τυχής 2 unglücklich, unheilvoll, kläglich.
δυστυχία, ἡ Unglück, Unfall, Mißgeschick; Niederlage.
δυσφημέω Worte von übler Vorbedeutung reden; lästern, schmähen, beschimpfen.
δυσφημία, ἡ Worte von unheilvoller Vorbedeutung: 1. a) Schmährede. b) Jammerruf, Klage. — 2. schlechter Ruf.
δυσ-φιλής 2 verhaßt; häßlich.
δυσφορέω ungern (er)tragen; unwillig sein.
δύσ-φορος 2 a) schwer zu tragen(b); b) lästig, drückend, unerträglich, schlimm. b) irreführend.
δύσ-φρων 2 a) kummervoll, traurig. b) übelgesinnt, feindselig. c) sinnlos.

δυσ-χείμερος 2 arg winterlich, stürmisch.
δυσ-χείρωμα, τό ein schweres Stück Arbeit. [zwingen(b).]
δυσ-χείρωτος 2 schwer zu be-
δυσχεραίνω 1. a) unwillig ob. unzufrieden, zornig sein oder werden. b) mißbilligen, verwerfen, hassen. — 2. a) Schwierigkeiten machen. b) Unwillen erregen, entrüsten.
δυσχέρεια, ἡ a) Unbequemlichkeit, Last. b) Unannehmlichkeit.
δυσ-χερής 2 schwer zu handhaben(b): 1. beschwerlich, schwierig, mißlich: a) widrig, unangenehm. b) verfänglich, schikanös. — 2. mißmutig, unwillig, unfreundlich).
δυσ-χρηστος 2 schwer zu gebrauchen(b), unbrauchbar.
δυσχωρία, ἡ ungünstiges Terrain, schwieriges Gelände.
δύσ-ώδης 2 übelriechend.
δυσ-ώνυμος 2 e-n Unglücksnamen führend; unselig; grauenvoll, verrufen.
δυσωπέω M. scheu sein, sich fürchten, scheuen. [halten.]
δυσωπέω mühevolle Wacht
δύτης, ου, ὁ Taucher.
δύω¹ I. Akt. intr. = M. — II. M. 1. untertauchen, eintauchen: a) in etw. eindringen, hineingehen, schlüpfen, sich begeben. b) sich etw. anlegen, anziehen, aufsetzen. — 2. untergehen; versinken.
δύω² = δύο.
δύω-δεκα = δώδεκα.
δυωδεκά-βοιος 2 zwölf Rinder wert.
δυωδεκά-πολις, ιζum Zwölfstädtebunde gehörig.
δυωδέκατος 3 = δωδέκατος der Zwölfte.
δυωκαιεικοσί-μετρος 2 zweiundzwanzig Maß fassend.

δυωκαιεικοσί-πηχυς, ὃ zweiundzwanzig Ellen lang.
δῶ, τό = δῶμα.
δώδεκα zwölf.
δωδεκά-σκῦτος 2 aus zwölf
Lederstücken bestehend.
δωδέκατος 3 zwölfte(r).
δωδεκά-φῦλον, τό das Zwölf-
stämmevolk.
δῶμα, τό 1. a) Wohnung, Haus;
Palast, Tempel. b) Gemach;
Männersaal. c) Dach des Hauses. — 2. Haus, Geschlecht, Familie.
δωμάτιον, τό Gemach, Schlafgemach.
δωρεά und -ειά, ἡ Gabe,
Geschenk: a) Ehrengeschenk.
b) Wohltat, Ehre. c) adv. δω-
ρεάν als Geschenk, umsonst;
ohne Grund.
δωρέω I. Akt. = M. — II. M.
schenken, beschenken, geben. —

III. P. geschenkt oder beschenkt
werden.
δώρημα, τό = δῶρον.
δωρητός 3 a) geschenkt. b) durch
Geschenke zu gewinnen(d).
δωριστί adv. auf dorisch, in
dorischer Tonart.
δωροδοκέω Geschenke an-
nehmen, sich bestechen lassen.
δωροδόκημα, τό und δωρο-
δοκίᾱ, ἡ a) Bestechung. b) Be-
stechlichkeit.
δωρο-δόκος 2 bestechlich.
δῶρον, τό Gabe, Geschenk;
Tempelgabe.
δωροφορίᾱ, ἡ Überbringung
von Geschenken.
δωσί-δικος 2 sich dem Gericht
unterwerfend.
δωτήρ, ῆρος, ὁ Geber.
δωτῐνάζω Gaben sammeln.
δωτίνη, ἡ Gabe, Geschenk.
δώτωρ, ορος, ὁ Geber.

E

E, ε (εἶ, ἒ ψιλόν) fünfter Buchstabe
des griechischen Alphabets.
ἒ, meist ἒ ἒ wehe!
ἕ acc.: 1. sich (= se). — 2. ihn,
sie, es.
ἔα = ἦν von εἰμί.
ἔα int. oh! ha! ach!
ἔαγα, ἔαγην s. ἄγνυμι.
ἔᾱδα, ἔᾱδον s. ἁνδάνω.
ἐάν 1. a) wenn, falls, wofern.
ἐάνπερ wenn anders, wenn überhaupt. b) sooft (als). — 2. ob
(etwa). — 3. ἐάν τε ... ἐάν τε sei
es daß ... oder daß. — 4. NT.
statt ἄν nach Relativen.
ἑᾱνός[1] 3 umhüllend; geschmeidig.
ἑᾱνός[2], ὁ Frauengewand.
ἔαξα, aor. von ἄγνυμι.
ἔαρ, ἔαρος, τό Frühling.
ἐαρίζω (ἔαρ) den Frühling ver-
leben.

ἐαρινός 3 zum Frühling ge-
ἔᾱσι = εἰσί von εἰμί. [hörig.]
ἔαται = ἧνται von ἧμαι.
ἑαυτοῦ, ῆς, οῦ Reflexivpron.
seiner (selbst), ihrer (selbst), sich
ihm usw., (mit dem Art. =eigen),
im pl. = ἀλλήλων.
ἐάφθη er fiel nach.
ἐάω lassen: 1. zulassen, erlauben, gestatten. οὐκ ἐᾶν hindern,
verbieten, abraten. — 2. a) in
Ruhe lassen, unbehelligt od. unbeachtet lassen, gehen (stehen,
liegen, gut sein) lassen. b) unterlassen, aufgeben, aufhören, von
etw. absehen.
ἐάων ob. ἐάων gen.pl. „der
Güter, des Guten" v. ἐύς.
ἑβδομαῖος 3 am siebenten Tage.
ἑβδομάτος 3 = ἕβδομος.
ἑβδομή-κοντα siebzig.
ἑβδομηκοντάκις siebzigmal.

ἕβδομος 3 siebente(r).
ἔβενος, ἡ Ebenbaum, Ebenholz.
ἑβραϊκός 3 hebräisch; *adv.* **ἑβραϊστί** auf hebräisch.
ἔβραχε s. βραχεῖν.
ἐγγεγάασι s. ἐγγίγνομαι. [gen.)
ἐγ-γείνομαι M. darin erzeu=
ἔγ-γειος 2 innerhalb der Landesgrenzen oder in der Erde befindlich.
ἐγ-γελάω anlachen; (ver=)spotten, verhöhnen.
ἐγγενής 2: 1. verwandt. — 2. a) eingeboren, einheimisch. b) angeboren, angestammt. *adv.* in angestammter Treue.
ἐγ-γηράσκω darin alt und schwach werden
ἐγ-γί(γ)νομαι M. 1. darin geboren werden ob. entstehen, geschehen; sich entwickeln, leben: a) eingepflanzt oder eingeflößt werden. b) zustande kommen, vorkommen. — 2. dazwischenkommen oder =verfließen; auftreten. — 3. ἐγγίγνεται es geht an, es ist möglich, erlaubt.
ἐγγίζω sich nähern, nahen.
ἐγγίον u. **ἔγγιστα**, *comp.* u. *sup.* von ἐγγύς.
ἐγ-γλύσσω süßlich sein.
ἐγ-γλύφω eingraben, einschnei=
ἐγ-γνάμπτω einbiegen. γόνυ.) [den. [i=m ein Bein stellen.)
ἔγ-γονος, ὁ, ἡ 1. der Verwandte. — 2. Nachkomme.
ἐγ-γράφω a) eingraben, darauf =zeichnen oder =malen. b) hineinschreiben, ein= ob. aufschreiben, =zeichnen, schriftlich eintragen.
ἐγ-γυαλίζω einhändigen, übergeben; eingeben, verleihen.
ἐγγυάω I. Akt. sich verbürgen; verloben. — II. M. 1. sich verbürgen, Bürgschaft leisten; fest versprechen, geloben. — 2. sich

Bürgschaft leisten lassen. — 3. sich verloben.
ἐγ-γύη, ἡ Bürgschaft.
ἐγγυητής, οῦ, ὁ Bürge.
ἐγγύ-θεν *adv.* a) aus der Nähe. b) = ἐγγύς.
ἐγγύ-θι = ἐγγύς.
ἔγ-γυος, ὁ Bürge.
ἐγγύς *adv.* nahe: 1. in der Nähe oder in die Nähe. ὁ ἐ. der benachbarte, Nachbar, naheliegende. ὁ ἐγγυτάτω der nächststehende, =liegende. — 2. a) nahe bevorstehend, bald. b) zuletzt, letzter. — 3. nahekommend, ähnlich: a) verwandt. b) nahezu, ungefähr, fast.
ἐγ-γώνιος 2 e-n Winkel bildend; rechtwinklig.
ἐγδούπησε s. δουπέω.
ἐγείρω I. Akt. 1. a) aufwecken, (er)wecken; aufstehen machen; wach halten. b) erregen, antreiben, anfeuern. — 2. *intr.* aufwachen, aufstehen. *pf.* II ἐγρήγορα wach ob. wachsam sein, wachen. — II. P. u. *aor.* II M. ἠγρόμην erwachen, Wache halten; auf(er)stehen, sich erheben, auftreten. [Auferstehung.)
ἔγερσις, εως, ἡ Auferwecung.)
ἐγερτί *adv.* ermunternd.
ἐγ-καθέζομαι M. sich (darin) festsetzen.
ἐγκάθετος 2 angestiftet; Aufpasser. [stellen.)
ἐγ-καθιδρύω in etw. auf=)
ἐγ-καθίζω I. Akt.: a) darauf setzen. b) sich darauf setzen. — II. M. darauf sitzen; insb. sich festsetzen.
ἐγ-καθίστημι 1. hinein=legen, =setzen, einsetzen, einrichten. — 2. *intr.* eingesetzt werden (oder sein), bestehen.
ἐγ-καθορμίζομαι M. in den Hafen einlaufen. [weihe.)
ἐγ-καίνια, τά Fest der Tempel=)

ἐγ-καινίζω erneuern, eröffnen.
ἐγ-κάκέω müde werden, nachlassen.
ἐγ-κᾰλέω anrufen; a) vorwerfen, beschuldigen, Beschwerde führen. b) gerichtlich belangen ob. anklagen. c) (e-e Schuld) einfordern, j-n an etw. mahnen.
ἐγκαλλώπισμα, τό Prunkstück.
ἐγ-κᾰλύπτω darin ob. darunter verbergen, verhüllen. M. sich verhüllen.
ἔγ-καρπος 2 fruchttragend, [von Früchten.]
ἐγ-κάρσιος 3 (auch 2) schräg, quer(liegend), schief.
ἐγ-καρτερέω a) etw. standhaft erwarten; an etw. festhalten. b) sich beherrschen.
ἔγ-κᾰτα, ων, τά Eingeweide.
ἐγ-καταδέω darin festbinden.
ἐγ-καταζεύγνῡμι verbinden, vereinigen. [schlafen.]
ἐγ-κατακοιμάομαι P. darin
ἐγ-καταλαμβάνω darin oder dabei fassen, ergreifen, ertappen, fangen; umzingeln, abschneiden.
ἐγ-καταλέγω hineinsammeln, einfügen.
ἐγ-καταλείπω a) darin oder dabei zurücklassen, übriglassen. P. zurückbleiben. b) verlassen, im Stich lassen. c) über-, hinterlassen. [gennahme.]
ἐγκατάληψις, εως, ἡ Gefan-
ἐγ-καταμείγνῡμι daruntermischen, dazwischenstellen.
ἐγ-καταπήγνῡμι hineinstoßen.
ἐγ-κατασκήπτω a) hineinschleudern. b) intr. ein-dringen, -schlagen.
ἐγ-κατατέμνω zerschneiden.
ἐγ-κατατίθεμαι M. für sich hineinlegen ob. verbergen, aufnehmen.
ἐγ-κατοικέω in ob. unter etw. ob. j-m wohnen.

ἐγ-κατοικοδομέω hinein-, darin-bauen. [rühmen.]
ἐγ-καυχάομαι M. prahlen, sich
ἔγ-κειμαι M. 1. darin-, daraufliegen, -sitzen, -stehen; sich darin befinden. — 2. a) j-m anliegen, mit Bitten zusetzen. b) feindlich zusetzen, bedrängen, angreifen; aufsässig sein. c) eifrig obliegen, auf etw. versessen sein.
ἐγκέλευστος 2 aufgefordert.
ἐγ-κεντρίζω einpfropfen.
ἐγ-κεράννῡμι und **-κεράω** I. Akt. (dar)einmischen. — II. M. anstiften, anzetteln.
ἐγ-κέφᾰλος, ὁ Gehirn; Mark der Palme.
ἐγ-κλείω a) einschließen, einsperren. b) verschließen.
ἔγκλημα, τό 1. a) Anschuldigung, Anklage, Beschwerde, Vorwurf. b) Streitpunkt. — 2. Vergehen, Schuld, Unrecht.
ἔγ-κληρος 2 a) teilhaftig; ὁ, ἡ Erbe, Erbtochter. b) durch das Los bestimmt, beschieden.
ἐγ-κλάω und **ἐγ-κληΐω** = ἐγκλείω.
ἐγ-κλίνω I. Akt. 1. wohin neigen, biegen, wenden. — 2. intr. = P. — II. P. 1. a) sich hinneigen. b) weichen, sich zur Flucht wenden. — 2. pf. obliegen.
ἐγ-κοιλαίνω aushöhlen.
ἔγ-κοιλος 2 inwendig hohl. τό -ον Höhlung.
ἐγ-κολάπτω eingraben, einhauen, einmeißeln.
ἐγ-κομβόομαι M. sich fest zu eigen machen.
ἐγ-κονέω eilen, emsig sein.
ἐγκοπή, ἡ Hindernis.
ἐγ-κόπτω a) hindern, stören, hemmen. b) hinhalten.
ἐγ-κοσμέω drinnen ordnen.
ἔγ-κοτος, ὁ Groll.

ἐγ-κράζω aufschreien.
ἐγκράτεια, ἡ a) Enthaltsamkeit, Selbstbeherrschung, Mäßigkeit. b) Ausdauer, Abhärtung.
ἐγκρατεύομαι M. enthaltsam od. mäßig sein.
ἐγ-κρατής 2 : 1. stark, kräftig. 2. a) in seiner Gewalt habend, mächtig; Herr, Gebieter. b) sich beherrschend, enthaltsam, mäßig.
ἐγ-κρίνω darein- od. darunter wählen od. aufnehmen, dazu rechnen; beizählen; für zulässig erklären, zulassen.
ἐγ-κροτέω I. Akt. auftreten. — II. M. aufeinander loßschlagen.
ἐγ-κρύπτω darin verbergen; hinein-mischen, -mengen.
ἐγ-κτάομαι M. darin Besitzungen erwerben.
ἔγκτησις, εως, ἡ (Erwerb von) Grundbesitz in fremdem Lande.
ἐγ-κτίζω darin gründen.
ἐγ-κυκάω (hin)ein- rühren, -mischen. [bewegen.]
ἐγ-κυκλόω im Kreise herum-
ἐγ-κυλίομαι P. sich in etw. wälzen; frönen.
ἔγ-κυος 2 schwanger.
ἐγ-κύπτω a) sich bücken. b) hinguken, hinsehen.
ἐγ-κύρω u. -κύρω auf etw. stoßen od. treffen; in etw. hineingeraten.
ἐγ-κωμιάζω preisen, verherrlichen, rühmen.
ἐγκώμιον, τό Lobgedicht, Lobrede; Ruhm.
ἐγρε-μάχης kampferweckend.
ἔγρεο u. ä. s. ἐγείρω.
ἐγρηγοράω wachen.
ἐγρήγορθα s. ἐγείρω.
ἐγρηγορτί adv. wach.
ἐγρήσσω wachen.
ἐγ-χαλινόω aufzäumen.
ἐγχείη, ἡ Lanze, Speer.
ἐγ-χείη(σι) s. ἐγχείω.

ἐγ-χειρέω Hand an etw. legen: a) etw. unternehmen, anrichten, versuchen. b) angreifen.
ἐγχείρημα, τό Unternehmen.
ἐγχείρησις, εως, ἡ Ausführung.
ἐγχειρητικός 3 unternehmend.
ἐγχειρίδιον, τό Dolch, kurzes Schwert.
ἐγ-χειρίζω I. Akt. einhändigen, überliefern — II. M. auf sich nehmen, übernehmen.
ἐγχειρί-θετος 2 eingehändigt.
ἐγ-χείω = ἐγχέω.
ἔγχελυς, υος u. εως, ἡ Aal.
ἐγχεσί-μωρος 2 speerberühmt.
ἐγχεσί-παλος 2 lanzenschwingend. [einschütten, füllen.]
ἐγ-χέω eingießen, einschenken,
ἔγχος, τό a) Speer, Lanze. b) Waffe, Schwert.
ἐγ-χραύω hinein- schlagen, -stoßen.
ἐγ-χρίμπτω I Akt. 1. dicht anstreifen (od. anprallen) lassen; hin(an)treiben, herandrängen, (an)nähern. — 2. intr. — P. — II. P. hart anstreifen, daran hinstreifen; nahe vorbeifahren; herandringen, sich nähern.
ἐγ-χρίω einsalben, bestreichen.
ἐγ-χρονίζω a) zögern. b) einwurzeln.
ἐγ-χωρέω gestatten. ἐγ·χωρεῖ es ist gestattet, möglich.
ἐγ-χώριος 2 (auch 3) 1. einheimisch, vaterländisch; ὁ Einwohner. — 2. ländlich.
ἔγ-χωρος 2 = ἐγχώριος.
ἐγώ ich, pl. wir. ἔγωγε ich für meine Person.
ἐγ·ῴδα = ἐγὼ οἶδα.
ἐγ·ῴμαι = ἐγὼ οἴμαι.
ἐδάην aor. s. δαῆναι.
ἐδανός 3 köstlich, lieblich.
ἐδά(ε)ιζον u. ä. s. δαίω².
ἐδαφίζω dem Erdboden gleich machen, zu Boden schmettern.

ἔδαφος, τό Boden, Erdboden, Fußboden; Fundament.
ἐδ(δ)εισα, ἐδέδισαν, ἐδείδιμεν u. ä. f. δείδω. [μάζω.]
ἐδέδμητο u. ä. f. δέμω und δα-]
ἔδεκτο f. δέχομαι.
ἔδεσμα, τό Speise, Gericht.
ἐδεστής, οῦ, ὁ Esser.
ἐδεστός 3 gegessen, verzehrt.
ἐδήδοται, ἐδηδώς f. ἔδω.
ἐδητύς, ύος, ἡ Speise.
ἔδμεναι = ἔδειν f. ἔδω.
ἕδνα, τά a) Brautgeschenke, Freiersgaben. b) Mitgift.
ἔδος, τό = ἕδρα.
ἕδρα, ἡ 1. Sitz: a) das Sitzen Ruhigsitzen, Zaudern. b) α)Sitzplatz; β) Sessel, Bank; γ) Sitzreihe; Reihe; δ) Gesäß. — 2. Wohnsitz: a) Wohnstätte, Wohnung, Aufenthalt: α) Tempel; Götterbild, Statue; β) Heimat. b) Standort, Platz, Stelle. = 3. Sitzung, Ratsversammlung.
ἐδράθον f. δαρθάνω.
ἑδραῖος 3 (fest)sitzend; ruhig, unbeweglich, fest. [Stütze.]
ἑδραίωμα, τό Grundfeste,]
ἔδραχον, aor. II von δέρχομαι.
ἕδρανον, τό = ἕδρα.
ἑδριάομαι M. sich (nieder)setzen.
ἔδω essen, fressen; verzehren.
ἐδωδή, ἡ Speise, Nahrung: α) Futter; β) Köder.
ἐδώδιμος 2 eßbar.
ἐδώλιον, τό Sitz, Wohnsitz; Ruderbank.
ἑέ = ἓ ihn, sich (cf. οὗ).
ἕεδνα, τά = ἕδνα.
ἐεδνόομαι M. verloben.
ἐεδνωτής, οῦ, ὁ Brautvater.
ἐεικοσά-βοιος 2 zwanzig Rinder wert.
ἐείκοσι = εἴκοσι.
ἐεικόσ-ορος 2 zwanzigruderig.
ἐεικοστός 3 = εἰκοστός.
ἐεισάμην u. ä. f. εἶδω u. εἶμι.

ἔελδομαι = ἔλδομαι.
ἔελδωρ, τό = ἔλδωρ Wunsch.
ἐέλμεθα, ἔελσαι u. ä. f. εἴλω.
ἐέλπομαι = ἔλπομαι.
ἐεργάθω = ἐργάθω.
ἐέργω = εἴργω.
ἐερμένος, ἔερτο f. εἴρω ².
ἐέρση, ἐέρσηεις = ἔρση, ἐρσήεις.
ἐέσσατο f. ἔζω.
ἔεσσατο, ἔεστο f. ἕννυμι.
ἕζω I. Akt. setzen, sitzen heißen; legen; ansiedeln; gründen. — II. M. sich setzen, sich niederlassen, niedersinken; sitzen.
ἐή ach! wehe.
ἔῃ(σι) = ᾖ, **ἔην** = ἦν, **ἔησθα** = ἦσθα f. εἰμί.
ἐήνδανε f. ἀνδάνω.
ἐῆος, ἐῆος, gen. sg., v. ἐύς.
ἔθ' = ἔτι.
ἐθάς, άδος gewohnt, gewöhnt.
ἔθειρα, ἡ Haar; pl. Mähne, Roßschweif; Helmbusch.
ἐθείρω bebauen, pflegen.
ἐθελο-θρησκ(ε)ία, ἡ willkürlicher Gottesdienst.
ἐθελοκακέω absichtlich feig od. pflichtvergessen sein.
ἐθελοντηδόν, ἐθελοντήν, ἐθελοντί adv. freiwillig.
ἐθελοντήρ, ῆρος u. **ἐθελοντής**, οῦ freiwillig, gern.
ἐθελό-πονος 2 arbeitswillig.
ἐθελο-πρόξενος, ὁ eigenmächtiger Proxenos. [gern.]
ἐθελούσιος 3 (u. 2) freiwillig.]
ἐθέλω und **θέλω** I. wollen; entschlossen oder geneigt, bereit sein, wünschen. ἐθέλων freiwillig, von selbst, gern. — 2. a) befähigt sein, vermögen. b) pflegen. c) sollen. — 3. Wohlgefallen an i-m od. an etw. haben.
ἔθεν = οὗ, reflexiv; cf. οὗ.
ἐθηεύμεσθα f. θηέομαι.
ἐθίζω I. Akt. gewöhnen. — II. P. sich gewöhnen. pf. εἴθισμαι

ἐθν-άρχης — 129 — **εἰκαστής**

ich bin gewohnt. τὸ εἰθισμένον das Gewohnte, Gewohnheit.
ἐθν-άρχης, ου, ὁ Statthalter.
ἐθνικός 3 a) volkstümlich. b) ausländisch; heidnisch, Heide.
ἔθνος, τό 1. Schar, Haufe, Herde. — 2. a) Volk, Völkerschaft; Stamm. b) Menschenklasse. c) pl. Heiden.
ἔθορον, aor. II von θρῴσκω.
ἔθος, τό Gewohnheit, Sitte.
ἔθω gewohnt sein. pf. **εἴωθα** gewohnt sein, pflegen. εἰωθώς 3 gewohnt, gewöhnlich, üblich.
εἰ cj. wenn, ob: 1. (wünschend mit opt.) wenn doch, o daß doch. — 2. (bedingend) a) wenn, falls. b) jedesmal wenn, sooft. — 3. (konzessiv) **εἰ καί** wenn auch, obgleich; **καὶ εἰ** auch wenn, selbst wenn. — 4. (nach Verben des Affekts) daß = ὅτι, ὡς. — 5. (in indirekten Fragen) ob, ob nicht. — 6. **εἰ μή** wenn nicht, wo nicht, außer; εἰ ἄρα cf. ἄρα, **εἰ μὴ ἄρα** es müßte denn sein, daß, nisi forte; εἰ δὲ u. εἰ δὲ μή andernfalls, sonst; εἴ γε, εἰ γοῦν wenigstens wenn, wenn nämlich, wenn anders, wenn freilich, wenn gar; εἰ δή wenn denn, wenn ja, wenn wirklich, wenn vollends; **εἴπερ** wenn wirklich, wenn überhaupt, wenn anders, wenn denn, wenn durchaus; wenn auch, wenn auch noch so sehr; εἰ δ'ἄγε auf denn! wohlan denn!
εἷα heda! frisch! wohlan!
εἰαμενή, ἡ Niederung, Aue.
εἰανός, ὁ = ἑανός.
ἔαρ, τό = ἔαρ.
εἰαρινός 3 = ἐαρινός.
εἴαται u. ä. f. ἧμαι u. ἕννυμι.
εἴατο = ἦσαν (f. εἰμί).
εἴβω u. M. vergießen.
εἰ δ'ἄγε f. εἰ am Ende.

εἰδάλιμος 3 wohlgestaltet, schön, stattlich. [Köder.]
εἶδαρ, ατος, τό Speise, Futter;
εἰδέα, ἡ = ἰδέα.
εἰδῆσαι, **εἰδήσω** u. ä. f. οἶδα.
εἶδον f. εἴδω.
εἶδος, τό 1. das Sehen, Schauen. — 2. Aussehen, Gestalt, Form, äußere Erscheinung; Schönheit. — 3. a) Begriff, Vorstellung, Idee, Urbild. b) Art, Spezies. c) Beschaffenheit, Wesen, Zustand.
εἴδω 1. aor. Akt. **εἶδον**, inf. **ἰδεῖν** sehen, erblicken, wahrnehmen; besuchen; einsehen, erkennen (cf. ὁράω). — II. M.: a) = Akt. b) sich zeigen, erscheinen, scheinen. c) ähnlich sein, gleichen. d) sich stellen — 3. pf. Akt. **οἶδα**, inf. **εἰδέναι**: a) wissen, auch erfahren. b) verstehen, erkennen, kennen, können; sich auf etw. verstehen; gesinnt sein. [Götzentempel.]
εἰδωλεῖον und **εἰδώλιον**, τό
εἰδωλό-θυτον, τό das den Göttern geopferte Fleisch
εἰδωλολατρεία, ἡ Götzendienst, Abgötterei. [diener.]
εἰδωλο-λάτρης, ου, ὁ Götzen-
εἴδωλον, τό Bild, Gestalt: a) Schattenbild, Traumbild, Truggestalt. b) Götze(nbild).
εἶεν a) gut (denn), nun gut. b) nun weiter.
εἶθαρ sofort, sogleich.
εἴ-θε wenn doch, o daß doch.
εἰκάζω ähnlich ob. gleich machen: 1. a) abbilden, nachbilden. P. gleichen. b) bildlich reden. — 2. a) vergleichen. b) vermuten, erraten, schließen, beurteilen; prüfen.
εἰκάθω = εἴκω[1].
εἰκασία, ἡ Abbildung, bildliche Darstellung.
εἰκαστής, οῦ, ὁ Berechner.

Griechisch-deutsch. 9

εἰκαστός 3 vergleichbar.
εἴκελος 3 ähnlich, gleich.
εἰκῇ u. εἰκῆ aufs Geratewohl, planlos, umsonst, vergebens.
εἰκός, ότος, τό 1. das Wahrscheinliche, Wahrscheinlichkeit, das Natürliche. — 2. das Gebührende, Schickliche, Billige. εἰκός ἐστι es ist wahrscheinlich, natürlich, schicklich, recht, billig, folgerichtig, konsequent.
εἰκοσαέτης 2 zwanzigjährig.
εἰκοσάκις adv. zwanzigmal.
εἴκοσι(ν) zwanzig.
εἰκοσι-νήριτος 2 zwanzigmal unermeßlich. [Ellen.]
εἰκοσί-πηχυς, ὑ von zwanzig
εἰκόσ-ορος 2 zwanzigruderig.
εἰκοστός 3 zwanzigste(r).
εἰκότως adv. a) wahrscheinlicherweise, begreiflicherweise, natürlich. b) nach Gebühr, mit Recht.
εἴκτην, εἴκτο, εἰκυῖα f. εἴκω².
εἴκω¹ weichen; ausweichen: 1. zurückgehen, zurücktreten; aus dem Wege gehen, Platz machen. — 2. a) nachgeben, sich fügen, unterliegen. b) nachgeben, sich fügen, unterliegen. — 3. nachlassen, gestatten, überlassen.
εἴκω² I. εἶκε es schien gut. — II. pf. II ἔοικα 1. ähnlich sein, gleichen. — 2. a) scheinen, das Ansehen haben. b) glauben, meinen, denken. — 3. geziemen, sich schicken, passen. ἐοικώς geziemend, angemessen, gebührend (cf. εἰκός).
εἰκών, όνος, ἡ Bild, Abbild: a) Bildsäule. b) Gemälde. c) α) Ebenbild; β) Vergleich, Gleichnis; γ) Vorstellung.
εἰκώς 3 = ἐοικώς (f. ἔοικα).
εἰλαπινάζω schmausen.
εἰλαπιναστής, οῦ, ὁ Schmausender, Tischgenoß, Gast.
εἰλαπίνη, ἡ Festschmaus.

εἶλαρ, τό Schutzwehr.
εἰλάτινος 3 = ἐλάτινος.
εἰλεγμένος 3 auserlesen.
εἰλέω u. εἴλλω I. Akt. drängen, bedrängen: 1. zusammendrängen. — 2. einengen, einschließen. — 3. zurückdrängen, -halten, hemmen. — II. P. sich zusammendrängen: 1. sich sammeln. — 2. sich zusammenziehen, sich drücken. — 3. sich herumtreiben.
εἰλήλουθα, pf. von ἔρχομαι.
εἴλησις, εως, ἡ Sonnenhitze.
εἰλικρίνεια u. -ία, ἡ Reinheit.
εἰλι-κρινής 2 a) sonnenklar, offenbar. b) rein, lauter, echt, unverdorben.
εἰλικτός 3 = ἑλικτός.
εἰλί-πους, ποδός schleppfüßig.
εἰλίσσω = ἑλίσσω.
εἴλλω = εἰλέω.
εἰλόπεδον, τό Trockenplatz.
εἴλυμα, τό Hülle.
εἰλυφάζω u. εἰλυφάω fort u. fort wälzen, wirbeln.
εἰλύω I. Akt. 1. wälzen, wirbeln. — 2. umhüllen, bedecken. — II. P. sich hinwälzen: a) sich (fort)schleppen. b) sich winden, sich anschmiegen, sich hinkauern.
εἴλω = εἰλέω.
εἵλως, ωτος u. εἱλώτης, ου, ὁ Helot, Leibeigener.
εἷμα, τό Kleid, Gewand, Decke.
εἷμαι u. ἅ. f. ἵημι u. ἕννυμι.
εἱμαρμένη, ἡ Schicksal.
εἵμαρται, εἵμαρτο f. μείρομαι.
εἰμέν = ἐσμέν von εἰμί.
εἰμί sein: A. 1. a) dasein, vorhanden sein, existieren, leben, bestehen, dauern. ἔστιν ὅς (ob. ὅστις) irgendwer, mancher; ἔστιν οἵ, εἰσίν οἵ (oder οἵτινες) manche, einige; οὐκ ἔστιν ὅς (oder ὅστις) niemand, keiner. ἔστιν ὅτε (ob. ὁπότε) manchmal, zuweilen; ἔστιν ὅπου irgendwo, manchmal;

εἰμι — 131 — **εἰρέαται**

οὐκ ἔστιν ὅπου in keinem Falle; οὐκ ἔστιν ὅπου οὐ überall; ἔστιν ὅπως (oder ὅπῃ) irgendwie; οὐκ ἔστιν ὅπως οὐ jedenfalls. b) stattfinden, sich ereignen, eintreten. c) sich befinden, sich aufhalten, wohnen. d) sich verhalten, stehen, gehen. Insb. ἔστι mit *inf.* es ist möglich ob. erlaubt, man kann. — 2. wirklich sein, wahr sein, gelten, bedeuten. τὸ ὄν das Wirkliche, Wirklichkeit, Wahrheit; Weltall. — B. sein: 1. mit *gen.*: a) abstammen, herrühren von, bestehen aus. b) j-m gehören, zu etw. gehören, es ist j-s Sache, Pflicht, Gewohnheit, Eigentümlichkeit, Art. — 2. mit *dat.*: a) = haben, besitzen, zuteil werden. — 3. a) ἑκὼν εἶναι = ἑκών freiwillig, je gern. b) τὸ νῦν εἶναι für jetzt, im jetzigen Moment; τὸ σύμπαν εἶναι überhaupt; τὸ ἐπ' ἐμοὶ εἶναι soviel an mir liegt; τὸ κατὰ τοῦτον εἶναι soviel auf dieses ankommt, soweit es diesen betrifft.

εἶμι gehen (bzw. gehen werden), kommen: 1. a) wandern, reisen, fahren, segeln, fliegen, treten; marschieren, rücken, ziehen. b) weggehen, abziehen; zurückgehen, heimkehren; losgehen, vor-, an-rücken, vordringen; ankommen u. a. — 2. a) mit *part fut.*: εἶμι πράξων ich gehe ob. bin im Begriff etw. zu tun. b) ἴθι u. ἴτε (δή) auf! wohlan!

εἴν = ἐν. [lang.]
εἰνά-ετες *adv.* neun Jahre
εἰνάκις = ἐνάκις neunmal.
εἰνακόσιοι 3 = ἐνακόσιοι.
εἰν-άλιος 3 = ἐνάλιος.
εἰνά-νυχες *adv.* neun Nächte hindurch.
εἰνάτερες, αἱ Schwägerinnen.
εἴνατος 3 = ἔνατος neunte(r).
εἵνεκα u. **-κεν** = ἕνεκα.

εἰνί = ἐν.
εἰν-οδίος 3 = ἐνόδιος.
εἰνοσί-γαιος, ὁ = ἐννοσίγαιος.
εἰνοσί-φυλλος 2 blätterschüttelnd, waldig.
εἴξασι f. ἔοικα.
εἴξασκε f. εἴσκω¹.
εἴο f. οὗ¹.
εἰοικυῖα = ἐοικυῖα (f. ἔοικα).
εἶος = ἕως.
εἶπα = εἶπον.
εἴ-περ f. εἰ.
εἴ-ποθεν wenn (ob. ob) irgendwoher.
εἴ-ποθι = εἴπου.
εἶπον *ind. aor. II, inf.* εἰπεῖν sagen, sprechen, reden, erklären, verkünden: a) sagen lassen. b) bezeichnen, meinen. c) nennen. d) antworten, entgegnen. e) vorschlagen, beantragen. f) raten, befehlen, auftragen. g) εὖ, καλῶς (κακῶς) τινα j-m Gutes (ob. Schlechtes) von j-m reden. h) ὡς εἰπεῖν sozusagen; ὡς ἔπος εἰπεῖν sozusagen, um es kurz zu sagen, geradezu, förmlich, nahezu. [mal.]
εἴ-ποτε a) wenn je. b) ob einmal.
εἴ-που a) wenn irgendwo. b) wenn etwa.
εἴ-πως a) wenn etwa. b) ob etwa, ob vielleicht.
εἰργάθω = εἴργω.
εἰργμός, ὁ Gefängnis.
εἰργμο-φύλαξ, ακος, ὁ Kerkermeister.
εἴργω und **εἴργω**, **εἰργνῦμι** drängen, einengen: 1. einschließen, einsperren; ins Gefängnis werfen, verhaften. — 2. heraus-drängen, -treiben, ausschließen, absondern, abschneiden; zurückhalten, abhalten, hemmen, hindern, bereiten. M. sich enthalten, ablassen; verschonen. [εἴρω).]
εἰρέαται = εἴρηνται (f. εἴπον u.

εἴρερος, ὁ Knechtschaft.
εἰρεσίᾱ, ἡ das Rudern.
εἴρη, ἡ Versammlungsplatz.
εἴρηκα, εἴρημαι f. εἴρω¹.
εἰρήν, ένος, ὁ = ἰρήν.
εἰρηναῖος 3 friedlich. τὸ -ον Ehrengabe im Frieden.
εἰρηνεύω Frieden halten, im Frieden leben.
εἰρήνη, ἡ Friede: a) Friedensschluß. b) Friedenszeit, Ruhe; Eintracht; Glück, Heil, Segen.
εἰρηνικός 3 friedlich; heilsam.
εἰρηνοποιέω Frieden machen oder stiften.
εἰρηνο-ποιός 2 Frieden stiftend: a) ὁ Friedensvermittler. b) friedfertig.
εἰρήσομαι f. εἴρω¹ u. εἴρω³.
εἴρεος von Wolle, wollen.
εἴριον, τό Wolle.
εἱρκτή, ἡ abgeschlossener Raum, Gehege; Frauengemach; Gefängnis.
εἰρο-κόμος 2 wollspinnend.
εἴρομαι M. fragen (f. ἐρέω).
εἰρο-πόκος 2 wollvließig.
εἶρος, τό Wolle.
εἰρύω = ἐρύω¹.
εἴρω¹ sagen, reden, erzählen; verkünden; melden, ansagen, befehlen.
εἴρω² (aneinander)reihen; verknüpfen, schnüren. [f. ἐρέω.]
εἴρω³, nur M. **εἴρομαι** fragen;
εἴρων, ωνος, ὁ Schalk.
εἰρωνείᾱ, ἡ a) Verstellung, Ironie, Spott. b) Ausflucht, Vorwand, Ausreden.
εἰρωνεύομαι M. sich verstellen, spotten, heucheln.
εἰρωνικός 3 ironisch, spöttisch.
εἰρωτάω u. **-έω** = ἐρωτάω.
εἰς od. **ἐς** I. adv. hinein, herein. — II. prp. mit acc.: 1. räuml. in ... hinein, nach ... hin, zu, auf, bis, an, gegen. — 2. zeitl.: a) bis, bis zu. b) auf, für, ge-

gen. c) während, in. — 3. übtr.: a) gegen. b) (zur Bezeichnung des Zwecks, der Absicht) zu, für, wegen, behufs. c) in bezug auf, in Hinsicht auf. d) bei Zahlen: α) gegen, ungefähr; β) distributiv, z.B. εἰς ὀκτώ je acht, acht Mann hoch oder breit; εἰς ἕνα je einer, einzeln, Mann für Mann, einen Mann hoch.
εἷς, μία, ἕν a) einer, nur einer, ein einziger; allein; ein und derselbe. b) καθ' ἕνα jeder einzeln od. für sich, die einzelnen; καθ' ἕν je eines, einzeln. c) irgendeiner, ein gewisser (= εἰς τις). εἷς ἕκαστος jeder einzelne, unusquisque. d) NT. = πρῶτος, der erste.
εἶσα f. ἕζω.
εἰσαγγελεύς, έως, ὁ Anmelder, Kammerherr.
εἰσαγγελίᾱ, ἡ Anzeige; (peinliche) Anklage.
εἰσ-αγγέλλω 1. (an)melden; ankündigen, berichten. — 2. a) anzeigen, denunzieren, angeben. b) appellieren.
εἰσ-ἀγείρω darin (ver)sammeln.
εἰσ-άγω I. Akt. hinein-führen, -bringen; herbei-, hinzu-, hinführen, einführen, vorführen; einlassen: a) holen lassen. b) (γυναῖκα) heimführen. c) vor Gericht fordern, anklagen. d) (in eine Liste) eintragen. e) auf die Bühne bringen. — II. M. 1. für sich hineinbringen. — 2. bei sich einführen oder aufnehmen; heiraten.
εἰσαγώγιμος 2 δίκη zulässige Klage.
εἰσ-αεί adv. für immer, ewig.
εἰσ-αθρέω ansehen, erblicken.
εἰσ-ακοντίζω die Speere hineinwerfen od. gegen etw. schleudern.

εἰσ-ἀκούω (an)hören, vernehmen; auf j-n ob. etw. hören, erhören; gehorchen, folgen.
εἰσ-άλλομαι M. hinein= ob. auf etw. springen, (er)stürmen.
εἰσάμην u. ä. f. εἴδω u. εἶμι.
εἰσάμην f. ἕζω.
εἰσ-αναβαίνω hinein= ob. hinauf=gehen, besteigen, ersteigen.
εἰσ-ανάγω hineinführen.
εἰσ-ανεῖδον aufblicken.
εἰσ-άνειμι emporsteigen.
εἰσ-αντᾱ adv. gerade ins Auge.
εἰσ-ἅπαξ adv. a) auf einmal, mit einemmal. b)(nur) einmal.
εἰσ-αράσσω hinein= ob. zurückwerfen, zurückschlagen.
εἰσ-αῦθις adv. (auf) ein andermal, später einmal.
εἰσ-αφικάνω u. εἰσ-αφικνέομαι M. hinein= ob. hin=kommen, hingelangen.
εἰσ-βαίνω a) hinein=gehen, =kommen, =steigen. b) trans. hineinführen.
εἰσ-βάλλω 1. hinein=werfen, =treiben, =stürzen. M. an Bord bringen. — 2. intr. sich hineinwerfen: a) ein=fallen, =dringen; e-n Angriff machen auf. b) münden.
εἴσβασις, εως, ἡ Einschiffung.
εἰσβατός 3 zugänglich.
εἰσ-βιβάζω hineinbringen; einschiffen, besteigen lassen.
εἰσ-βλέπω hinblicken.
εἰσβολή, ἡ a) Einfall, Angriff. b) Eingang, Zugang; Engpaß; Mündung.
εἰσ-γράφω einschreiben. — M.: a) sich etw. aufschreiben. b) sich einschreiben. [blicken.]
εἰσ-δέρκομαι ansehen, er=
εἰσ-δέχομαι M. aufnehmen, annehmen, zulassen.
εἰσδρομή, ἡ Einfall, Angriff.
εἰσ-δύνω und εἰσ-δύομαι a) hinein=gehen, =schlüpfen, ein=

bringen, sich eindrücken. b) über j-n kommen, j-n anwandeln.
εἰσ-εῖδον f. εἰσοράω.
εἴσ-ειμι hinein=gehen, =kommen, =fahren, eintreten: a) j-n besuchen. b) auftreten. c) vor Gericht erscheinen ob. kommen, angeklagt werden. d) ein Amt antreten: e-r Sache beitreten. e) über j-n kommen, j-n anwandeln, in den Sinn kommen, ergreifen.
εἰσ-ελαύνω u. -ελάω a) hineintreiben. b) intr. hinein=fahren, einrücken, eindringen.
εἰσ-έπειτα adv. für hernach, (für) später.
εἰσ-εργνῡμι einschließen.
εἰσ-ερύω hineinziehen.
εἰσ-έρχομαι M. = εἴσειμι.
εἰσ-έχω sich hinein=erstrecken; hineinscheinen; seinen Ausgang haben.
ἴσῃ f. ἴσος, ἴσος.
εἰσ-ηγέομαι M. hinein=, einführen: a) beantragen, raten. b) vorführen; etw. vortragen, lehren.
εἰσήγησις, εως, ἡ a) Vorschlag. b) das Anstiften.
εἰσηγητής, οῦ, ὁ Veranlasser, Urheber.
εἰσ-ηθέω einspritzen.
εἴσθα = εἶ von εἶμι.
εἰσ-θρῴσκω hineinspringen.
εἴς-ἰδον = εἰσεῖδον.
εἰσ-ιδρύω hineinbauen.
εἰσ-ίζομαι M. sich in etw. legen.
εἰσ-ίημι I. Akt. hineinschicken, (hin)einlassen. — II. M. 1. zu sich einlassen. — 2. aufsuchen.
εἰσίθμη, ἡ Zugang.
εἰσ-ικνέομαι M. hineinkommen, eindringen.
εἰσ-καλέω u. M. herein=, hinein=rufen: a) vorladen. b) einladen.
εἰσ-καταβαίνω hinabsteigen.

εἰσ-κεῖμαι darinliegen; hineingelegt sein.
εἰσ-κηρύσσω ausrufen lassen.
εἰσκομιδή, ἡ Einfuhr, Zufuhr, Transport.
εἰσ-κομίζω I. Akt. hineintragen, -bringen, herbeischaffen. — II. M. sich verproviantieren. — III. P. sich hineinflüchten in etw.
ἐίσκω = ἴσκω.
εἰσ-λεύσσω betrachten.
εἰσ-μαίομαι M. in etw. hineingreifen, ergreifen.
εἰσ-νέω hinüberschwimmen.
εἰσ-νοέω bemerken, erkennen.
εἴς-οδος, ἡ a) Eingang, Zugang; Vorhalle. b) Zutritt. c) das Auftreten. [machen.]
εἰσ-οικειόω zum Vertrauten
εἰσοίκησις, εως, ἡ Wohnung, Obdach.
εἰσ-οικίζομαι P. sich ansiedeln.
εἰσ-οικοδομέω hineinbauen.
εἰσ-οιχνέω hin(ein)gehen, betreten. [lange als.]
εἰσόκε(ν) a) bis (daß). b) so-
εἴσομαι s. οἶδα und εἰμί.
εἴσον s. ἔζω.
εἰσ-οπίσω adv. für die Zukunft.
εἰσ-οπτος 2 sichtbar.
εἰσ-οράω, -έω 1. hineinsehen, hinschauen auf etw. — 2. a) ansehen, betrachten. b) erblicken, wahrnehmen; bedenken, erwägen, einsehen.
εἰσ-ορμάω u. P. hineinstürzen, heran-bringen, -fliegen.
ἔϊσος od. **ἔϊσος** 3 = ἴσος.
εἰσ-παίω hineinstürmen.
εἰσ-πέμπω a) hinein- schicken, -bringen, -stecken. b) hinsenden; j-n anstiften.
εἰσ-πέτομαι M. hineinfliegen; sich verbreiten.
εἰσ-πηδάω hineinspringen.
εἰσ-πίπτω 1. (hin)einfallen; eindringen, einbrechen, e-n Einfall machen, (sich) hineinstürzen, angreifen; über j-n kommen, j-n überfallen. — 2. hineingeworfen werden.
εἰσ-πλέω a) hinein-segeln, -fahren. b) zu Schiffe ein- oder zu-geführt werden.
εἰσ-πλοῦς, ὁ Einfahrt; Einfahrts-ort, -lücke.
εἰσ-ποιέω a) hineintun, hineinbringen. b) hinzutun: adoptieren lassen.
εἰσ-πορεύομαι P. hineingehen, eindringen, hinkommen.
εἰσπρᾶξις εως, ἡ Eintreibung.
εἰσ-πράσσω u. M. einfordern, eintreiben. [men.]
εἰσ-ρέω hinein-fließen, -strö-
εἰσ-τίθημι darauf- od. hineinlegen, -schaffen.
εἰσ-τοξεύω hineinschießen.
εἰσ-τρέχω hineinlaufen, eindringen.
εἰσ-φέρω I. Akt. 1. hineintragen, -bringen, einführen. — 2. herbeibringen: a) (bei)steuern, bezahlen; erweisen. b) vorbringen, vortragen; beantragen. — II. M. 1. für sich hineinbringen. — 2. mit sich forttragen oder fortführen. — III. P. in etw. hineingeraten.
εἰσφορά, ἡ Beitrag, Tribut; Kriegs- oder Vermögens-steuer.
εἰσ-φορέω = εἰσφέρω.
εἰσ-φρέω einlassen, aufnehmen.
εἰσ-χειρίζω übergeben.
εἰσ-χέω hineingießen. P. hineinströmen.
εἴσω u. **ἔσω** adv. 1. hinein, einwärts. — 2. drinnen, inwendig: a) innerhalb, zwischen. b) im Bereiche (= jenseits oder diesseits). [drängen.]
εἰσ-ωθέομαι M. sich hinein-
εἰσ-ωπός 2 ansichtig.
εἶτα u. **εἶτεν** adv. 1. a) darauf, dann. b) sodann, ferner. c) und

εἶται — 135 — ἐκ-βάλλω

da, und dann = und doch, und trotzdem. — 2. demnach, folglich, also.
εἶται, εἶτο ſ. ἵημι u. ἕννυμι.
εἴτε ... εἴτε 1. sei es daß ... oder daß, mag ... oder mag. — 2. ob ... oder ob.
εἴω = ἔω, ὦ ſ. εἰμί.
εἰῶ = ἐῶ ſ. ἐάω.
εἰῶθα, pf. von ἔθω (ſ. d.).
εἰωθότως adv. nach gewohnter Weise.
εἵως = ἕως.
ἐκ, ἐξ I. adv.: a) hinaus, heraus, weg. b) daran. — II. prp. mit gen.: 1. (räuml.) aus, von ... aus, von ... her = außerhalb, fern von. — 2. (zeitl.) von ... an, seit, unmittelbar nach. — 3. übtr. von, aus, von seiten; durch; infolge, wegen; gemäß, nach, zufolge.
ἑκᾱ-βόλος 2 = ἑκηβόλος.
ἑκά-εργος 2 a) Ferntreffer. b) sicher treffend.
ἑκάθεν adv. a) von ferne. b) fern, weithin.
ἑκάς adv. a) fern, weit; mit gen. fern von. b) fernhin.
ἑκασταχόθεν adv. von jedem Orte od. von jeder Seite her.
ἑκασταχόθι = ἑκασταχοῦ.
ἑκασταχόσε adv. nach allen Seiten hin. [überall.]
ἑκασταχοῦ u. ἑκασταχόθι adv.
ἑκαστέρω, comp. von ἑκάς.
ἕκαστος 3 jeder, ein jeder, jeder einzelne. εἰς ἕ. und ἕ. τις jeder für sich, jedermann. ἕκαστοι die einzelnen.
ἑκάστοτε adv. jedesmal, immer.
ἑκατεράκις adv. beidemal.
ἑκατέρθε(ν) = ἑκατέρωθεν.
ἑκάτεροι 3 jeder von beiden; pl. beide (zusammen), jede von beiden Parteien.
ἑκατέρωθεν adv. von (od. in, auf, zu) beiden Seiten.

ἑκατέρωσε adv. nach beiden Seiten hin, beiderseits.
ἑκατη-βελέτης, ου u. -βόλος 2 treffsicher, nie fehlend.
ἑκᾶτι = ἕκητι.
ἑκατό-ζυγος 2 mit hundert Ruderbänken.
ἑκατόμ-βη, ἡ Hekatombe, Festopfer.
ἑκατόμ-βοιος 2 hundert Rinder wert.
ἑκατόμ-πεδος 2 u. -ποδος 2 hundertfüßig.
ἑκατόμ-πολις 2 hundertstädtig.
ἑκατόμ-πους, ποδος hundertfüßig.
ἑκατόμ-πυλος 2 hunderttorig.
ἑκατόν, οἱ, αἱ, τά hundert.
ἑκατοντα-έτης u. -ετής 2 hundertjährig. [dertfältig.]
ἑκατοντα-πλασίων 2 hun-
ἑκατοντ-άρχης, ου u. ἑκατόντ-αρχος, ὁ Anführer von hundert Mann, Hauptmann.
ἑκατοντάς, άδος, ἡ Anzahl von hundert, das Hundert.
ἕκατος, ὁ Schütz(e).
ἑκατοστός 3 hundertste(r).
ἑκατοστύς, ύος, ἡ = ἑκατοντάς.
ἐκ-βαίνω I. 1. heraus-gehen, -kommen, -steigen, landen, etw. verlassen: a) etw. aufgeben, verwerfen, verschmähen. b) von etw. abschweifen, wohin geraten. — 2. a) ausfallen, ablaufen, Folgen nach sich ziehen. b) sich ereignen, geschehen. — II. trans. 1. ans Land setzen. — 2. überschreiten; übertreten.
ἐκ-βακχεύω in bacchische Wut versetzen.
ἐκ-βάλλω a) (her)aus-, hinauswerfen, ausstoßen, vertreiben; entfernen, aussenden, verbannen; ausschiffen. b) wegwerfen; fallen lassen: α) verlieren; β) verwerfen, verschmähen; γ) widerrufen.

ἔκ-βασις, εως, ἡ 1. a) das Aussteigen. b) Ausgang, Ende, Erfolg. — 2. a) Landungsplatz. b) Gebirgspaß. c) Aufstieg.
ἐκ-βάω = ἐκβαίνω.
ἐκ-βιάζομαι P. mit Gewalt entrissen werden.
ἐκ-βιβάζω 1. hinausgehen od. aussteigen lassen. — 2. a) ab-, weg-leiten; b) abbringen.
ἐκ-βιβρώσκω aus-, zer-fressen.
ἐκ-βλαστάνω hervorkeimen.
ἐκ-βοάω laut schreien, ausrufen.
ἐκβοήθεια, ἡ Ausfall.
ἐκ-βοηθέω (zur Hilfe) ausrücken, ausziehen; einen Ausfall machen.
ἐκβολή, ἡ 1. das Hinauswerfen: a) Vertreibung, Ausstoßung. b) Entladung. c) Verrenkung. d) Abschweifung. e) Verlust. f) Auswurf; ausgeworfene Erde. — 2. a) das Schießen des Getreides. b) Ausgang od. Ursprung. c) α) Mündung; β) Paß, Engpaß.
ἔκβολος 2 ausgeworfen. ὁ ~ πόντου die Stelle, wo das Meer den flachen Strand überflutet.
ἐκ-βράσσω an den Strand werfen.
ἐκ-βρυχάομαι M. losbrüllen.
ἔκβρωμα, τό das Ausgefressene.
ἐκ-γαμίζω verheiraten.
ἐκ-γαμίσκομαι P. sich verheiraten (lassen), heiraten.
ἐκ-γεγάα f. ἐκγίγνομαι.
ἐκ-γελάω laut auflachen.
ἐκ-γενής 2 familienlos.
ἐκ-γί(γν)ομαι M. a) erzeugt od. geboren werden (pf. abstammen). b) sich entfernen, scheiden; verfließen; c) ἐκγίγνεταί μοι ποιεῖν es gelingt mir od. es ist mir erlaubt zu tun.
ἔκγονος 2 abstammend. ὁ, ἡ Sprößling, Nachkomme, Sohn, Tochter, Verwandte(r). τά, -α Erzeugnisse, Junge.
ἐκ-δακρύω in Tränen ausbrechen.
ἐκ-δαπανάω gänzlich verzehren. P. sich selbst aufopfern.
ἔκδεια, ἡ Rückstand.
ἐκ-δείκνυμι offen zeigen.
ἐκ-δέχομαι = ἐκδέχομαι.
ἐκδεξίς, εως, ἡ Nachfolge.
ἐκ-δέρκομαι hervorschauen.
ἐκ-δέρω abhäuten, schinden.
ἐκ-δέχομαι M. 1. a) j-m etw. abnehmen. b) aufnehmen: α) auf sich nehmen; β) überkommen; auffassen, lernen. c) unmittelbar folgen, nachfolgen, sich anschließen, j-n ablösen. — 2. erwarten, (ab-)warten.
ἐκ-δέω I. Akt. anbinden; verschließen. — II. M. sich etw. umhängen. [ausgezeichnet.]
ἔκδηλος 2 ganz offenbar;
ἐκ-δημέω auswandern, verreisen, fern (von der Heimat) sein.
ἔκδημος 2 außer Landes, verreist, auswärtig, in die Fremde gehend. [schreiten.)
ἐκ-διαβαίνω ganz durch-)
ἐκ-διαιτάομαι P. in seiner Lebensweise abweichen.
ἐκ-διδάσκω vollständig unterrichten, (be)lehren.
ἐκ-διδράσκω entlaufen.
ἐκ-δίδωμι 1. herausgeben: a) übergeben, ausliefern, preisgeben. b) verheiraten. c) weggeben; ausleihen, vermieten, verpachten. d) veröffentlichen. — 2. intr. sich ergießen.
ἐκ-διηγέομαι M. (ganz) erzählen.
ἐκ-δικέω Recht verschaffen: a) rächen, strafen. b) verteidigen.
ἐκδίκησις, εως, ἡ Strafe, Rache.

ἔκ-δικος 2 a) gesetzlos, ungerecht. b) rächend. ὁ Rächer.
ἐκ-διώκω vertreiben, verfolgen.
ἔκδοσις, εως, ἡ a) Auslieferung. b) Verheiratung.
ἔκδοτος 2 ausgeliefert.
ἐκδοχή, ἡ Erwartung.
ἐκδρομή, ἡ a) Ausfall, Streifzug. b) Streifkorps.
ἔκδρομος, ὁ Schütze.
ἐκ-δύνω = ἐκδύομαι.
ἔκδυσις, εως, ἡ 1. a) das Herauskriechen. b) das Entkommen. — 2. Ausgang.
ἐκ-δύω 1. j-m etw. ausziehen. M. etw. ablegen. — 2. intr. u. M.: a) sich ausziehen, sich entkleiden; b) entschlüpfen; entgehen. [Dorer werden.]
ἐκ-δωριόομαι P. ganz zum
ἐκεῖ adv. 1. a) dort. ὁ ἐ. der dortige. b) dorthin. c) damals. — 3. in jenem Falle.
ἐκεῖ-θεν adv. a) von dort. b) von damals. c) daraus, daher.
ἐκεῖ-θι u. ἐκείνῃ = ἐκεῖ.
ἐκεῖνος jener, der dortige; jener (wohl)bekannte; selbiger. ἐκείνως auf jene Weise.
ἐκεῖ-σε adv. dorthin, dahin, darauf; dort.
ἐκέκαστο f. καίνυμαι.
ἐκέκλετο f. κέλομαι.
ἐκεχειρία, ἡ Waffenstillstand, Waffenruhe.
ἐκ-ζέω a) aufkochen. b) von etwas wimmeln.
ἐκ-ζητέω a) eifrig suchen, aufsuchen. b) einfordern, rächen.
ἐκζήτησις, εως, ἡ Streitfrage, Grübelei.
ἔκηα, aor. I v. καίω.
ἐκηβολία, ἡ sicher treffender Schuß.
ἐκη-βόλος 2 Ferntreffer, Schütz(e).

ἔκηλος 2 a) ruhig, getrost. b) ungehindert, ungestört, sicher.
ἕκητι a) nach dem Willen. b) um ... willen, wegen.
ἐκ-θαμβέομαι P. sich entsetzen, erschrecken.
ἔκ-θαμβος 2 ganz erstaunt.
ἐκ-θαυμάζω sich sehr verwundern. [sehen.]
ἐκ-θεάομαι M. bis zu Ende
ἔκθεσις, εως, ἡ Aussetzung eines Kindes.
ἔκ-θετος 2 ausgesetzt.
ἐκ-θέω heraus-laufen,-stürzen, einen Ausfall machen.
ἐκ-θηρεύω wegfangen.
ἐκ-θλίβω wegdrängen.
ἐκ-θνῄσκω (er)sterben.
ἐκ-θρῴσκω heraus-, herab-, hervor-springen, enteilen.
ἔκ-θυμος 2 a) mutig. b) leidenschaftlich.
ἐκ-θύω zur Sühne (hin)opfern. M, durch Opfer sühnen ob. versöhnen, für j-n Sühnopfer darbringen.
ἐκ-καθαίρω reinigen, säubern, blank putzen; a) läutern. b) ausfegen; ausrotten.
ἐκ-καθεύδω draußen schlafen, Nachtwache halten.
ἐκ-καί-δεκα sechzehn
ἑκκαιδεκά-δωρος 2 sechzehn Handbreiten lang.
ἑκκαιδεκά-πηχυς, ὁ sechzehn Ellen lang.
ἐκ-καίω a) ausbrennen. b) anzünden, anfeuern. P. entbrennen.
ἐκκάκεω müde werden.
ἐκ-καλέω herausrufen, anrufen: a) aufregen, auffordern. b) hervor-rufen, -locken.
ἐκ-καλύπτω enthüllen.
ἐκ-κάμνω ermüden, müde werden, erliegen.
ἐκ-καρπόομαι M. die Früchte genießen.

ἐκ-καταπάλλομαι M. sich herabschwingen.

ἐκ-κατιδεῖν herabschauen.

ἐκ-κάω = ἐκκαίω.

ἔκ-κειμαι M. ausgesetzt sein, herausgefallen sein, frei daliegen. [völkern.]

ἐκ-κενόω entleeren, entἐκ-κεντέω aus-, durchbohren.

ἐκ-κηρύσσω a) durch den Herold ausrufen lassen. b) ausweisen lassen, verbannen.

ἐκ-κινέω herausbewegen; aufscheuchen, aufregen; (Worte) ausstoßen.

ἐκ-κίω herausgehen.

ἐκ-κλάω aus-, ab-, zerbrechen.

ἐκ-κλείω ausschließen; wegdrängen, verhindern, beengen.

ἐκ-κλέπτω wegstehlen, entführen; verstohlen befreien: a) hintergehen. b) verhehlen.

ἐκ-κληΐω = ἐκκλείω.

ἐκκλησία, ἡ a) Volksversammlung; Versammlung. b) Heeresversammlung. c) Gemeinde, Kirche. d) Versammlungszimmer, -platz.

ἐκκλησιάζω a) eine Volksversammlung berufen. b) in der V. verhandeln ob. beraten.

ἐκκλησιαστής, οῦ, ὁ Teilnehmer an der Volksversammlung.

ἔκκλητος 2 aufgerufen; οἱ -οι Mitglieder eines Volksausschusses.

ἐκ-κλίνω a) abbiegen, wegwenden. b) intr. sich abwenden, sich zur Flucht wenden, aus-, abweichen; sich zurückziehen, sinken.

ἐκ-κναίω aus-, abkratzen.

ἐκ-κολάπτω wegmeißeln.

ἐκ-κολυμβάω herausschwimmen.

ἐκ-κομιδή, ἡ das Hinausschaffen; Rettung.

ἐκ-κομίζω heraustragen, fortbringen, -schaffen, davontragen; in Sicherheit bringen, retten.

ἐκ-κομπάζω sich rühmen.

ἐκ-κοπή, ἡ Hindernis.

ἐκ-κόπτω aus- ob. herausschlagen: a) ab-hauen, -schneiden; umhauen; ab-, erbrechen; niederreißen. b) mit Gewalt vertreiben; ausrotten, töten, zerstören.

ἐκ-κρέμαμαι P. an etw. ob. an j-m hängen (bleiben).

ἐκ-κρεμάννῡμαι M. sich hängen, sich an etw. halten.

ἐκ-κρίνω aussondern; auswählen, auslesen.

ἔκ-κριτος 2 auserlesen.

ἐκ-κρούω herausschlagen; vertreiben, verdrängen; vereiteln, hintertreiben.

ἐκ-κυβιστάω einen Purzelbaum schlagen, sich überschlagen.

ἐκ-κυλίνδω u. -κυλίω herauswälzen. P. sich herauswälzen; herausstürzen, hineintaumeln.

ἐκ-κυμαίνω herauswogen; über die Frontlinie hinauskommen.

ἔκλ' = ἔκλεο s. κλέω.

ἐκ-λαγχάνω etw. erhalten, erlangen.

ἐκ-λαλέω ausplaudern.

ἐκ-λαμβάνω herausnehmen: a) auswählen. b) übernehmen. c) (geistig) auffassen, verstehen. d) bekommen, erhalten.

ἐκ-λάμπω (hervor)leuchten.

ἐκ-λανθάνω I. Akt. ganz vergessen machen. — II. M. (ganz) vergessen.

ἐκ-λέγω a) auslesen, -wählen, herausnehmen (M. für sich). b) einsammeln; eintreiben, erheben.

ἐκ-λείπω 1. a) auslassen, weglassen; übergehen. P. fehlen.

b) verlassen, im Stiche lassen. c) unterlassen, außer acht lassen, sich entziehen, nicht halten. — 2. *intr.* nachlassen, aufhören: α) ausgehen, nicht ausreichen; β) abnehmen, vergehen, verschwinden; sterben; γ) sich verfinstern.

ἔκλειψις, εως, ἡ 1. das Verlassen, Aufgeben. — 2. das Verschwinden: a) Verlust. b) Untergang. c) Finsternis.

ἐκλεκτός 3 auserwählt, ausgezeichnet.

ἐκλέπω ausbrüten.

ἐκλήγω aufhören.

ἐκληθάνω = ἐκλανθάνω.

ἔκλησις, εως ἡ völliges Vergessen.

ἐκλιπής 2 fehlend, mangelnd: a) überganzen. τὸ -ές Mangel, das Zurückbleiben. b) verfinstert.

ἐκλογή, ἡ Erwählung, Wahl; Auswahl, die Auserwählten.

ἐκ-λογίζομαι M. reiflich überlegen, wohl bedenken.

ἔκλυσις, εως, ἡ a) Erlösung, Befreiung. b) Schwäche.

ἐκλυτήριος 2 erlösend. τὸ -ον erlösendes Wort.

ἐκ-λύω I. Akt. u. M. 1. auslösen; erlösen; befreien, freilassen. — 2. auflösen: a) schwächen, entkräften, ermüden. b) aufheben, entfernen, einstellen. — II. P. sich auflösen; ermatten, müde werden, verzagen.

ἐκ-λωβάομαι M. schmählich behandeln, beschimpfen.

ἐκ-λωπίζω enthüllen, entblößen.

ἐκ-μαίνω I. Akt. rasend machen, in Wut versetzen. — II. P. rasen, wüten.

ἐκ-μανθάνω a) gründlich lernen, genau erfahren. b) auswendig lernen. c) genau untersuchen ob. erforschen, prüfen.

ἐκ-μάσσω aus-, ab-, wegwischen, trocknen.

ἐκ-μείρομαι teilhaftig werden.

ἐκ-μετρέω ausmessen; bemessen.

ἐκ-μηνος 2 sechsmonat-lich,-ig.

ἐκ-μηρύομαι M. defilieren, einzeln herausgehen.

ἐκ-μιμέομαι M. getreu nachahmen,vollkommen ausdrücken.

ἐκ-μισθόω a) vermieten, verpachten. b) kaufen.

ἐκ-μολεῖν hinausgehen.

ἐκ-μυζάω aussaugen.

ἐκ-μυκτηρίζω die Nase rümpfen, (ver)höhnen.

ἐκ-νέμω u. M. hinaussetzen.

ἐκ-νευρίζω entnerven.

ἐκ-νεύω a) wegwinken. b) *intr.* entweichen.

ἐκ-νέω heraus-, weg-schwimmen; entweichen, entkommen.

ἐκ-νήφω (wieder) nüchtern sein ob. werden.

ἐκ-νίζω abwaschen; sühnen.

ἐκ-νικάω die Oberhand gewinnen, allgemein gebräuchlich werden, durchdringen.

ἐκ-νοστέω wieder zurückkehren, heimkehren.

ἑκούσιος 2 u. 3 = ἑκών.

ἐκπαγλέομαι sich höchlich verwundern, staunen.

ἔκ-παγλος 2 schrecklich, entsetzlich, furchtbar, gewaltig.

ἐκ-παιδεύω ausbilden.

ἐκ-παιφάσσω hervorstrahlen.

ἐκ-πάλαι *adv.* schon längst, von alters her.

ἐκ-πάλλομαι M. herausspritzen.

ἐκ-πατάσσω herausschlagen; verwirren.

ἐκ-παύομαι M. ganz aufhören.

ἐκ-πείθω überreden.

ἐκ-πειράομαι P. u. ἐκ-πειράζω versuchen, auf die Probe stellen, erforschen.

ἐκ-πέλει es ist erlaubt.

ἐκ-πέμπω heraus- ob. wegschicken, aus-, ent-senden, geleiten: a) exportieren. b) zuführen. c) vertreiben, verjagen, verbannen. d) entlassen. e) rufen, holen.

ἐκπεμψίς, εως, ἡ Absendung.

ἐκπεπταμένως adv. ausgelassen. [bringen, durchsetzen.]

ἐκ-περαίνω ganz zu Ende

ἐκ-περάω heraus- ob.hindurchgehen, hervordringen: a) etw. durchfahren. b) an etw. vorbeikommen.

ἐκ-πέρθω a) gänzlich zerstören. b) erbeuten.

ἐκ-περισσῶς adv. noch eifriger.

ἐκ-πετάννῡμι ausbreiten, ausstrecken.

ἐκ-πηδάω heraus-, hervor-, aufspringen, einen Ausfall machen; fortstürzen.

ἐκ-πίμπλημι ausfüllen, an-, erfüllen: a) vollzählig ob. voll machen, ergänzen. b) sättigen; befriedigen, (Zeit) hinbringen. c) (ab)büßen.

ἐκ-πίνω a) austrinken, aussaugen. b) vertrinken.

ἐκ-πιπράσκω ausverkaufen.

ἐκ-πίπτω 1. heraus-, (her)abfallen,-stürzen,entfallen: a) von etw. abweichen ob. abkommen. b) durchfallen, stecken bleiben. c) übergehen, ausarten, ausschlagen. d) verlieren. e) aufhören, hinfällig werden. — 2. hinausgeworfen ob. vertrieben werden: a) verbannt werden. b) verschlagen werden. c) gestürzt werden. d) ans Land geworfen werden, stranden. — 3. sich herausstürzen, hervorbrechen: a) einen Ausfall machen. b) forteilen, sich flüchten. c) münden.

ἐκ-πλέω auslaufen, heraus-, ab-segeln, wegfahren, hinausschwimmen; von etw. abkommen.

ἐκ-πλεως, ων 1. angefüllt, voll. — 2. a) vollständig, ganz. b) reichlich.

ἐκ-πλήγνῡμι = ἐκπλήσσω.

ἐκπληκτικός 3 erschreckend.

ἔκπληξις, εως, ἡ a) Schreck, Schrecken, Bestürzung, Staunen. b) tiefe Ehrfurcht.

ἐκ-πληρόω = ἐκπίμπλημι.

ἐκπλήρωσις, εως, ἡ Erfüllung, Vollendung, Ende.

ἐκ-πλήσσω I. Akt. 1. herausschlagen, vertreiben. 2. erschrecken, verwirren. — II. P. außer sich geraten, staunen, sich entsetzen, erschrecken, bestürzt ob. erschüttert werden ob. sein.

ἔκ-πλοος, ὁ a) das Auslaufen, Ausfahrt. b) Abfahrtsort, Ausgang.

ἐκ-πλύνω aus- oder herauswaschen.

ἐκ-πλώω = ἐκπλέω.

ἐκ-πνέω 1. a) aushauchen, ausatmen. b) wegwehen. — 2. intr.: a) sterben, getötet werden. b) daherwehen.

ἐκ-ποδών adv. aus dem Wege, weg, fort, fern; nicht hinderlich.

ἐκ-ποιέω vollenden; aufbauen.

ἐκποίησις, εως, ἡ Samenergießung.

ἐκ-πολεμέω u.-όω a) von woher Krieg führen. b) in Krieg verwickeln, verfeinden.

ἐκ-πολιορκέω erobern, zur Übergabe zwingen; vertreiben.

ἐκπομπή, ἡ Aussendung.

ἐκ-πονέω 1. ausarbeiten: a) verfertigen, herstellen, ausführen; ausbilden, üben. b) bearbeiten, verdauen. — 2. durch-

ἐκ-πορεύομαι — 141 — ἐκ-τελέω

arbeiten: a) eifrig betreiben. b) eifrig sein, sich fleißig üben.
ἐκ-πορεύομαι P. ausrücken, heraus-, weg-gehen: a) (ab-)marschieren. b) hervorgehen.
ἐκ-πορθέω gänzlich zerstören, verwüsten, (aus)plündern.
ἐκ-πορίζω ermitteln; herbei-, ver-schaffen, gewähren; verüben.
ἐκ-πορνεύω Unzucht treiben.
ἐκ-ποτέομαι M. herabfliegen.
ἐκ-πράσσω I. Akt. 1. vollbringen, vollführen: a) bewirken. b) töten. — 2. einfordern, eintreiben; rächen. — II. M. etw. an j-m rächen.
ἐκ-πρεπής 2 hervorstechend: a) ausgezeichnet. b) übermäßig.
ἐκ-πρίασθαι, aor. zu ἐξωνέομαι.
ἐκ-πρίω absägen; ausschneiden.
ἐκ-προκαλέομαι M. zu sich herausrufen.
ἐκ-προλείπω verlassen.
ἐκ-προτιμάω besonders ehren.
ἐκ-πτύω ausspeien; verabscheuen.
ἐκ-πυνθάνομαι M. a) ausforschen. b) erforschen, erfahren.
ἐκ-πυρόω in Flammen setzen.
ἔκπυστος 2 ruchbar.
ἔκπωμα, τό Becher.
ἐκραάνθεν s. κρααίνω.
ἐκ-ραίνω ausspritzen.
ἐκρέμω s. κρέμαμαι.
ἐκ-ρέω herausfließen; allmählich (ver)schwinden.
ἐκ-ρήγνῡμι I. a) etw. ab-, weg-los-reißen, ausbrechen lassen. b) zerreißen. — 2. intr. u. P.: a) hervor- ob. los-brechen, -fahren, durchbrechen; ruchbar werden. b) zerplatzen.
ἐκ-ριζόω entwurzeln.
ἐκ-ρίπτω herausschleudern, über Bord werfen.

ἐκροή, ἡ u. **ἔκροος, ὁ** Ausfluß, Mündung.
ἐκ-σᾱόω = ἐκσῴζω.
ἐκ-σείω herausschütteln.
ἐκ-σεύομαι P. hinaus-stürzen, -eilen, herausfahren, wegeilen.
ἐκ-σημαίνω bezeichnen.
ἐκ-σμάω aus-, ab-wischen.
ἐκ-σπάω herausziehen.
ἐκ-σπονδος 2 vom Vertrage ausgeschlossen.
ἔκστασις, εως, ἡ das Außersichgeraten, Entsetzen, Verzückung.
ἐκ-στέλλω ausrüsten, (aus)schmücken. [schmücken.]
ἐκ-στέφω bekränzen, (aus-)
ἐκ-στρατεύω u. M. a) ausrücken, -ziehen. b) den Feldzug beendigen.
ἐκ-στρατοπεδεύομαι M. sich draußen lagern.
ἐκ-στρέφω a) heraus-drehen, -reißen, verdrehen. b) verdrehen, umwenden; verkehren, verschlechtern.
ἐκ-σῴζω (er)retten.
ἐκτᾱ s. κτείνω.
ἐκτάδιος 3 (u. 2) weit.
ἔκτᾱθεν, ἔκταν u. ä. s. κτείνω.
ἑκταῖος 3 am sechsten Tage.
ἐκ-τάμνω = ἐκτέμνω.
ἐκ-τανύω = ἐκτείνω.
ἐκ-ταράσσω verwirren, beunruhigen, aufwiegeln, stören.
ἐκ-τάσσω ordnen; in Schlachtordnung aufstellen.
ἐκ-τείνω 1. a) aus-spannen, -dehnen, -strecken, (Anker) auswerfen; auseinanderziehen, verlängern. b) anspannen. — 2. hinstrecken, zu Boden strecken. P. a) sich ausbreiten. b) hinstrecken, hinstürzen.
ἐκ-τειχίζω a) fertig bauen. b) befestigen.
ἐκ-τελέω u. **-τελευτάω** vollenden; bescheren; ausrichten,

ἐκ-τέμνω (her)ausschneiden: a) abhauen; herausreißen; b) entmannen.

ἐκτένεια, ἡ Eifer, Inbrunst.

ἐκτενής 2 angespannt: a) heftig, innig; eifrig. b) beharrlich.

ἐκτέος 3, Verbal-adj. von ἔχω.

ἐκ-τεχνάομαι M. einen Kunstgriff anwenden.

ἐκ-τίθημι hinaus-, aus-setzen; auseinandersetzen, erzählen.

ἐκ-τιμάω sehr ehren.

ἐκ-τίμος 2 nicht ehrend.

ἐκ-τινάσσω herausschlagen, herausstoßen, aus-, ab-schütteln.

ἐκ-τίνω I. Akt. bezahlen, entrichten: a) vergelten. b) (ab-)büßen. — II. M. büßen lassen, bestrafen.

ἐκ-τιτρώσκω eine Fehlgeburt tun.

ἔκτοθεν = ἔκτοσθεν.

ἔκτοθι adv. draußen, außerhalb.

ἐκτομίας, ου, ὁ Verschnittene(r).

ἐκ-τοξεύω a) mit Pfeilen aus etw. herausschießen. b) verschießen.

ἐκ-τόπιος 3 (u. 2) u. **ἔκ-τοπος** 2 vom Orte weg, fern, entfernt, sich entfernend; außerordentlich.

ἕκτος 3 sechste(r).

ἐκτός I. adv.: a) heraus, hinaus. b) außen, draußen, außerhalb. — II. prp. mit gen.: 1. außerhalb, jenseits. — 2. a) fern von. b) außer, ohne, wider.

ἔκτοσε heraus aus.

ἔκτοσθε(ν) I. adv.: a) von außen. b) außen, draußen. — 2. prp. mit gen. außerhalb, fern von.

ἐκ-τραχηλίζω vornüber abwerfen; kopfüber ins Unglück stürzen.

ἐκ-τρέπω I. Akt. 1. weg-, ab-wenden, ablenken: a) wegdrängen, vertreiben. b) verrenken. c) abhalten, hindern. — 2. hin-wenden, -leiten. — II. P. u. aor. II M. 1. sich weg-ob. ab-wenden; vom Wege abgehen, abschwenken, abweichen. — 2. a) sich zuwenden, (einen Weg) einschlagen. b) aus dem Wege gehen, etw. (ver)meiden.

ἐκ-τρέφω ernähren, aufziehen, erziehen, hegen. P. heranwachsen.

ἐκ-τρέχω herauslaufen: a) e-n Ausfall machen; b) ausarten, überschäumen.

ἐκ-τρίβω a) herausreiben; etw. mit ob. an etw. reiben. b) abreiben, aufreiben; vernichten, vertilgen, zerstören.

ἐκτροπή, ἡ a) Ableitung. b) Abschweifung; Seitenweg.

ἐκ-τρυχόω aufreiben.

ἔκτρωμα, τό Fehlgeburt.

ἐκ-τυφλόω blenden.

ἔκτυπον, aor. II v. κτυπέω.

ἐκτύφλωσις, εως, ἡ Blendung.

ἑκυρή, ἡ Schwiegermutter.

ἑκυρός, ὁ Schwiegervater.

ἔκυσ(σ)ε f. κυνέω.

ἐκ-φαίνω I. Akt. (vor)zeigen, zum Vorschein ob. ans Licht bringen; offenbaren, anzeigen. — II. P. erscheinen, sichtbar werden, sich zeigen.

ἐκφανής 2 offenbar, deutlich.

ἐκφάσθαι f. ἔκφημι.

ἔκφασις, εως, ἡ Ausspruch.

ἐκ-φαυλίζω schlecht machen, heruntersetzen.

ἐκ-φέρω austilgen.

ἐκ-φέρω I. Akt. 1. heraus- ob. weg-tragen, -schaffen: a) bestatten. b) (πόλεμον) beginnen.

ἐκ-φεύγω — 143 — ἐλάττωμα

c) davontragen; entwenden.
d) hinausführen: α) hinwegführen; mit sich fortreißen; β) zum Ziele führen. e) (zur Beschlußfassung) vorlegen; äußern. f) vor-, hervor-bringen. g) ans Licht bringen; öffentlich bekanntmachen, veröffentlichen, mitteilen. — 2.*intr.* a) auslaufen. b) vorausrennen. — II. M. 1. das Seine hinaustragen (τὰ ὅπλα die Waffen ergreifen) — 2. = Akt. — III. P.: a) hervordringen. b) hingelangen; hingerissen werden. c) entkommen.

ἐκ-φεύγω entfliehen, entgehen, entrinnen.

ἐκ-φημι aussprechen, verkünden. [rufen.]

ἐκ-φθέγγομαι M. herausrufen.]

ἐκ-φθίνω aufzehren.

ἐκ-φοβέω erschrecken. P. sich fürchten, in Angst sein.

ἔκ-φοβος 2 erschreckt, voll Angst. [gehen.]

ἐκ-φοιτάω hinaus- od. weggehen.]

ἐκφορά, ἡ Bestattung.

ἐκ-φορέω hinaustragen. P. hervordringen.

ἐκφόριον, τό a) Ertrag. b) Abgabe.

ἔκ-φορος 2 bekanntzumachen.

ἐκ-φορτίζω verhandeln, verkaufen. [b) genau erwägen.]

ἐκ-φροντίζω a) ersinnen.

ἔκ-φρων 2 von Sinnen, sinnlos, erschrocken, toll.

ἐκ-φυλάσσω sorgfältig bewachen.

ἐκ-φύω a) hervorwachsen lassen; erzeugen, gebären. b) *intr.* u. M. P. hervorwachsen; abstammen, entstehen.

ἐκ-χέω I. Akt. ausgießen, vergießen, aus- od. ver-schütten: a) reichlich zuteilen; verschwenden. b) verderben, vereiteln.

— II. P. sich ergießen: a) hervor-strömen, -treten. b) herabhängen. c) sich völlig ergeben.

ἐκ-χράω¹ ausreichen; behagen.

ἐκ-χράω² verkünden.

ἐκ-χρηματίζομαι M. Geld erpressen.

ἐκ-χύν(ν)ω = ἐκχέω.

ἐκ-χώννυμι a) hoch aufschütten. b) verschlämmen.

ἐκ-χωρέω a) heraus-, weggehen, ausziehen. b) Platz machen.

ἐκ-ψύχω aushauchen, sterben.

ἑκών, οὖσα, όν wollend: a) freiwillig, gern; von selbst. b) absichtlich, mutwillig.

ἐλάα u. ἐλαίᾱ, ἡ a) Ölbaum. b) Olive.

ἐλᾱΐνεος 3 u. ἐλάϊνος 3 aus Olivenholz.

ἔλαιον, τό a) Öl; Salböl. b) Ölbaum.

ἔλαιος, ὁ wilder Ölbaum.

ἐλαιών, ῶνος, ὁ Ölberg.

ἔλασις, εως, ἡ 1. das Wegtreiben, Vertreibung. — 2. a) Marsch, Heereszug. b) (Reiter-)Angriff. c) Aufzug.

ἐλασσόω I. Akt. verkleinern, beeinträchtigen. — II. P. kleiner od. schwächer werden od. sein, abnehmen; zurückgesetzt werden, den kürzeren ziehen; Schaden (er)leiden, nachstehen, unterliegen.

ἐλάσσων, *comp.* zu ἐλαχύς.

ἐλαστρέω treiben, rudern.

ἐλάτη, ἡ a) Tanne, Fichte. b) Ruder; Kahn.

ἐλατήρ, ῆρος. ὁ Wagenlenker.

ἐλάτινος 3 fichten, von Tannenholz. [Mangel leiden.]

ἐλαττονέω weniger haben,

ἐλαττόω kleiner machen, erniedrigen.

ἐλάττωμα, τό Verlust, Mangel, Fehler.

ἐλαύνω I. 1. treiben, antreiben, führen: a) fort=, wegtreiben. b) vertreiben, verjagen, entfernen. — 2. bedrängen, plagen, peinigen. — 3. schlagen, stoßen; hauen, treffen, verwunden. — 4. a) in Erz treiben, schmieden. b) (τάφρον) ziehen, (τεῖχος) aufführen. c) (Geschrei) erregen. — II. *intr.* 1. fahren, reiten, rudern, marschieren, ziehen, rücken (an=, heran=, aus=, entgegen=rücken). 2. vorschreiten.
ἐλάφειος 2 vom Hirsche.
ἐλαφηβολία, ἡ Hirschjagd.
ἐλαφηβολιών, ῶνος der neunte Monat des athenischen Kalenders (März/April). [gend.]
ἐλαφηβόλος 2 Hirsche jagend.
ἔλαφος, ἡ selten ὁ Hirsch, Hirschkuh.
ἐλαφρία, ἡ Leichtsinn.
ἐλαφρός 3 leicht: a) behende, gewandt, schnell; rüstig; leicht bewaffnet; sanft. b) leicht; unbedeutend; nicht lästig, mühelos.
ἐλάχιστος 3, *sup.* zu ἐλαχύς.
ἐλαχιστότερος 3 geringer als der geringste.
ἐλαχύς 3 klein, unbedeutend. *comp.* **ἐλάσσων** 2: a) kleiner, geringer, weniger, schlechter, leichter. b) unterliegend, nachstehend. c) *adv.* ἔλασσον weniger, in geringerem Grade. ~ ἔχειν den kürzeren ziehen, im Nachteil sein. d) *sup.* **ἐλάχιστος** 3 der kleinste, geringste, kürzeste, wenigste. *adv.* (τὰ) ἐλάχιστα, ἐλάχιστον, τοὐλάχιστον am (zum) wenigsten, wenigstens, mindestens.
ἐλάω = ἐλαύνω.
ἔλδομαι a) wünschen, verlangen, sich sehnen. b) erwünscht sein.

ἔλε = εἷλε, ſ. αἱρέω.
ἐλεαίρω u. **ἐλεάω** = ἐλεέω.
ἐλεγεῖον, τό Distichon.
ἐλεγμός, ὁ u. **ἔλεγξις**, εως, ἡ a) Überführung, Beweis (=mittel). b) Zurechtweisung, Tadel.
ἐλεγχείη, ἡ = ἔλεγχος[1].
ἐλεγχής 2 beschimpft, schändlich; feig; elend.
ἔλεγχος[1], τό Schimpf, Schande; Schandbube, Memme.
ἔλεγχος[2], ὁ a) Beweismittel, Beweis: a) Überführung, Widerlegung. b) Zurechtweisung. 2. Prüfung, Probe, Untersuchung; Rechenschaft; Entscheidung.
ἐλέγχω 1. a) beschimpfen, schmähen, tadeln, beschuldigen. b) beschämen. c) verschmähen, verwerfen. d) strafen. — 2. zu schanden machen: a) überführen, widerlegen; zurechtweisen. b) beweisen, zeigen. 3. prüfen, untersuchen, ausfragen, erforschen, aufdecken.
ἐλεεῖν = ἐλεεῖν ſ. αἱρέω.
ἐλεεινός 3 a) bemitleidenswert, kläglich. b) mitleidig.
ἐλεέω bemitleiden, sich erbarmen; beklagen; mildtätig sein.
ἐλεημοσύνη, ἡ Mildtätigkeit, Almosen.
ἐλεήμων 2 mitleidig.
ἐλεητύς, ύος, ἡ = ἔλεος.
ἐλεινός 3 = ἐλεεινός.
ἕλειος 2 in Sümpfen lebend.
ἔλεκτο er legte sich (ſ. λέχω).
ἐλελίζω[1] das Kriegsgeschrei erheben.
ἐλελίζω[2] I. Akt. erzittern machen, erschüttern. a) herumwirbeln. b) schnell umwenden. — II. P. a) (er)zittern; fliegen. b) sich schnell umwenden. — III. M. sich ringeln.
ἐλελίχθων 2 erd=erschütternd.

ἐλεό-θρεπτος | — 145 — | Ἐλ-λεσχος

ἐλεό-θρεπτος 2 sumpfgenährt.
ἐλεός, ὁ Anrichtetisch.
ἔλεος, ὁ (u. τό) Mitleid, Erbarmen, Schonung.
ἔλεσκον, aor. iter. v. αἱρέω.
ἑλετός 3 einzufangen(d).
ἑλεῦ = ἑλοῦ v. αἱρέω.
ἐλευθερίᾱ, ἡ Freiheit; Edelmut, Edelsinn.
ἐλευθέριος 2: 1. eines Freien würdig: a) freimütig, edel, anständig. b) freigebig. c) vornehm. — 2. Ζεὺς ἐ. der Befreier.
ἐλεύθερος 3 frei: 1. a) freigeboren. b) unabhängig, ungebunden. τὸ -ον Freiheit. c) von etw. frei ob. befreit. — 2. a) freiheitsliebend. b) freisinnig, -mütig. c) edel, ehrenhaft.
ἐλευθερόω befreien, frei machen; freilassen, freisprechen.
ἐλευθέρωσις, εως, ἡ Befreiung; Freilassung.
ἔλευσις, εως, ἡ Ankunft.
ἐλεφαίρομαι M. täuschen.
ἐλεφάντινος 3 elfenbeinern.
ἐλέφας, αντος, ὁ a) Elfenbein. b) Elefant.
ἐληλάδατο, ἐληλέδατο u. ä. s. ἐλαύνω.
ἐλήλουθα, pf. v. ἔρχομαι.
ἕλιγμα, τό Mischung. [bel.]
ἑλιγμός, ὁ a)Windung. b)Wir-
ἑλικτήρ, ῆρος, ὁ Ohrgehänge.
ἑλικτός 3 gewunden.
ἑλίκ-ωψ, ωπος u. fem. **ἑλικ-ῶπις**, ιδος glanz-äugig.
ἐλινύω ruhen, rasten; aufhören.
ἕλιξ[1], ῑκος gewunden; krummhörnig.
ἕλιξ[2] ῑκος, ἡ Windung: a) Kreislauf; b) Spirale; c) Armband, Spange.
ἑλίσσω u. **ἑλίσσω** I. Akt. herumdrehen, umwenden: a) wälzen, (zusammen)rollen. b) herumlenken. c) (herum)wirbeln, schwingen. d) winden, umwickeln. e) bedenken, überlegen. — II. P. u. M. sich herumdrehen, sich (um)wenden: a) sich wälzen, sich ringeln. b) sich tummeln. c) wirbeln; überlegen. [wandig.]
ἑλκεσί-πεπλος 2 schleppge-
ἑλκε-χίτων, ωνος = ἑλκεσίπεπλος.
ἑλκέω = ἕλκω.
ἑλκηθμός, ὁ das Fortschleppen.
ἕλκος, τό Wunde, Geschwür; Unheil.
ἑλκόω verwunden. P. schwären.
ἑλκυστάζω schleifen.
ἑλκύω = ἕλκω.
ἕλκω ziehen: a) zerren, ziehen, schleppen, fortschleppen; mißhandeln. b) nach sich ziehen. c) herauf-, herbei-ziehen. d) anziehen, spannen. e) herabziehen. f) aufziehen; wägen, wiegen. g) ausraufen, zerreißen. h) in die Länge ziehen, hinschleppen.
ἕλκωσις, εως, ἡ Eiterung.
ἐλλάβον = ἔλαβον s. λαμβάνω.
ἐλ-λάμπομαι M. glänzen, sich auszeichnen.
ἐλλεβορίζω durch Nieswurz heilen.
ἐλλέβορος, ὁ Nieswurz.
ἐλλεδανός, ὁ Strohseil.
ἔλλειμμα, τό Versäumnis.
ἐλ-λείπω 1. a) zurück-, übriglassen. b) unterlassen, versäumen; versagen. — 2. intr. u. P.: a) übrigbleiben. b) zurückbleiben, zurücktreten. c) ermangeln, es an etw. fehlen lassen; (von Sachen) mangeln, fehlen.
ἔλλειψις, εως, ἡ Mangel.
Ἐλ-λεσχος 2 Gegenstand des Klatsches.

Griechisch-deutsch.

10

ἑλληνίζω a) griechisch sprechen. b) hellenisieren.

ἑλληνικῶς und **ἑλληνιστί** a) nach griechischer Art und Sitte. b) auf griechisch.

ἐλλιπής 2 1. a) mangelhaft, fehlerhaft. b) ermangelnd. — 2. j-m nachstehend, hinter etw. zurückbleibend.

ἐλλισάμην u. ä. f. λίσσομαι.

ἐλλιτάνευε f. λιτανεύω.

ἐλ-λογάω u. **-έω** anrechnen.

ἐλ-λόγιμος 2 ansehnlich, angesehen, ausgezeichnet.

ἑλλός[1], ὁ Hirschkalb.

ἑλλός[2] 3 stumm.

ἐλ-λοχάω belauern.

ἐλ-λύχνιον, τό Lampendocht.

ἕλος, τό a) Sumpf. b) Niederung, Aue.

ἐλόωσι f. ἐλάω.

ἐλπίζω 1. hoffen, erwarten. — 2. a) glauben, meinen. b) ahnen, fürchten.

ἐλπίς, ίδος, ἡ 1. a) Hoffnung, Erwartung, Aussicht. b) Hoffnungsgut. — 2. a) Meinung. b) Furcht, Besorgnis.

ἔλπω hoffen lassen. M. hoffen, erwarten, befürchten.

ἐλπωρή, ἡ = ἐλπίς.

ἔλσαι f. εἴλέω.

ἔλυτρον, τό a) Hülle, Futteral. b) Behälter; Zisterne.

ἐλύω = εἰλύω.

ἔλχ* = ἔλκε, f. ἔλκω.

ἐλωΐ, ἐλωΐ, ἐλωεΐ mein Gott.

ἔλωρ, ωρος u. **ἐλώριον**, τό a) Raub, Fang, Beute. b) Beraubung, Tötung.

ἐμ-αυτοῦ, ῆς meiner (selbst).

ἐμβαδόν zu Fuß.

ἐμ-βαίνω I. 1. a) hineingehen, einsteigen, an Bord gehen, betreten; *pf.* auf etw. stehen, auf ob. an etw. sitzen. 2. einher- ob. vorwärts-schreiten. 3. dazwischenkommen. — II. *trans.* hineinbringen, versetzen.

ἐμ-βάλλω 1. a) hinein-werfen, -stoßen; hinein-stellen, -legen, -bringen, -geben. b) verwerfen, verschieben. c) darauf-werfen, -legen; j-m etw. einflößen ob. verursachen, auferlegen. — 2. *intr.*: a) ein-fallen, -dringen, -stürmen. b) Hand anlegen; angreifen. c) auf etw. stoßen, gegen etw. anrennen. d) sich ergießen.

ἔμβαμμα, τό Tunke, Brühe.

ἐμ-βάπτω (hinein)tauchen.

ἐμβάς, άδος, ἡ Schuh, Pantoffel.

ἐμ-βασίλεύω darin ob. darüber herrschen.

ἐμ-βατεύω 1. einhergehen. — 2. betreten: a) einen Besitz antreten. b) sich steifen auf.

ἐμβάφιον, τό Schale, Schüssel.

ἐμβέβαα, *pf. v.* ἐμβαίνω.

ἐμ-βιβάζω hineinbringen; einsteigen lassen, einschiffen.

ἐμ-βλέπω hin-sehen, -blicken, anblicken, sehen. [rufen.]

ἐμ-βοάω dareinschreien, zu-

ἐμβολή, ἡ 1. Wurf, Schuß. — 2. Angriff, Einfall: a) Stoß eines Schiffes. b) Leck. c) Kopf am Sturmbalken. — 3. a) Eingang, Paß. b) Mündung.

ἐμβόλιμος 2 eingeschoben.

ἔμβολον, τό u. **ἔμβολος**, ὁ Keil: a) keilförmiger Landstrich zwischen zwei Flüssen. b) keilförmige Schlachtordnung. c) Angriffskolonne. d) Schiffsschnabel.

ἐμ-βραχύ *adv.* kurz gesagt.

ἐμ-βρέμομαι M. hineinbrausen.

ἐμ-βριθής 2 gewichtig, schwer: a) fest, haltbar. b) ernst.

ἐμ-βριμάομαι u. **-όομαι** M. P. anfahren; ergrimmen.

ἐμ-βροντάω andonnern; verblüffen, betäuben.
ἐμβρόντητος 2 a) von einem Gewitter betroffen; b) vom Donner gerührt; erschrocken; unsinnig.
ἔμ-βρυον, τό Lämmchen.
ἐμέμηκον f. μηκάομαι.
ἔμεν(αι) = εἶναι v. εἰμί.
ἔμεν(αι) = εἶναι v. ἵημι.
ἔμετος, ὁ das Erbrechen.
ἐμέω a) sich ausbrechen. b) ausbrechen, ausspeien.
ἐμήσατο f. μήδομαι.
ἔμικτο f. μείγνυμι.
ἔμμαθε f. μανθάνω. · [gegen.]
ἐμ-μαίνομαι M. P. wüten
ἐμμανής 2 rasend, toll.
ἐμ-μαπέως sofort, schnell.
ἐμ-μάχομαι M. darauf kämpfen.
ἐμ-μείγνυμι hineinmischen; mit etw. umgeben.
ἐμμέλεια, ἡ a) Harmonie. b) Tanzweise, Tanz.
ἐμ-μελής 2 harmonisch: a) kunstgerecht. b) angemessen, richtig, tauglich. c) witzig.
ἐμ-μεμαώς, υῖα, ός ungestüm, eifrig, heftig, wütend, kampfbegierig.
ἐμ-μέμονα in Aufregung sein.
ἔμμεν(αι) = εἶναι.
ἐμμενής 2 beständig.
ἐμ-μένω a) darin- od. dabeibleiben, beharren, an etw. festhalten. b) fortbestehen, feststehen, dauern.
ἐμ-μεστόω anfüllen.
ἐμμετρία, ἡ Ebenmaß.
ἔμ-μετρος 2 a) metrisch. b) mäßig, angemessen.
ἔμ-μηνος 2 allmonatlich.
ἐμ-μείγνυμι = ἐμμείγνυμι.
ἔμ-μισθος 2 besoldet, gedungen; übh. Geld verdienend, für Lohn.
ἐμμονή, ἡ das Dableiben; Fortdauer.

ἔμμονος 2 ausdauernd, standhaft, beständig.
ἔμμορα f. μείρομαι.
ἔμ-μορος 2 teilhaftig.
ἐμός 3 mein, meiniger.
ἐμπᾶ adv. = ἔμπας.
ἐμπάζομαι M. sich um etw. kümmern, berücksichtigen.
ἐμπαιγμονή, ἡ u. ἐμπαιγμός, ὁ Verspottung.
ἐμ-παίζω in, bei, auf etw. spielen: a) sein Spiel mit j-m treiben. b) spotten, verspotten; täuschen.
ἐμπαίκτης, ου, ὁ Spötter.
ἔμπαιος 2 geschickt in etw.
ἐμ-παίω a) hineinschlagen. b) intr. mit Macht (vor die Seele) treten.
ἐμ-πακτόω inwendig verstopfen.
ἐμ-παλάσσω darin verwickeln od. verstricken.
ἔμ-πάλιν, τό (od. τά) ἔμπαλιν 1. rückwärts, zurück. — 2. a) im Gegenteil, umgekehrt. b) andrerseits, vielmehr.
ἐμ-παρέχω darbieten, darreichen, preisgeben.
ἔμπας adv. 1. ganz und gar: durchaus, jedenfalls, durchweg, in einem fort. — 2. a) dennoch, trotzdem. b) wie sehr auch, obgleich. [weben.]
ἐμ-πάσσω einstreuen; hinein-
ἐμ-πεδάω fesseln, hemmen.
ἐμπεδορκέω seinem Schwure treu bleiben.
ἔμ-πεδος 2 feststehend, unerschütterlich; fest: a) ungeschwächt, unversehrt. b) sicher, standhaft. c) unablässig, beständig.
ἐμπεδόω unverbrüchlich halten od. erfüllen.
ἐμπειρία, ἡ a) Erfahrung. b) Kenntnis, Übung, Geschicklichkeit, Tüchtigkeit.

10*

ἔμ-πειρος 2 a) erfahren, kundig. b) erprobt, bewährt.
ἐμ-πελάζω u. P. sich nähern.
ἐμ-περιπατέω einhergehen.
ἐμ-πήγνῡμι hinein=stecken, =stoßen, =treiben.
ἔμ-πηρος 2 verkrüppelt.
ἔμπης = ἔμπας.
ἐμ-πικραίνομαι P. erbittert sein.
ἐμ-πί(μ)πλημι I. Akt. anfüllen, (er)füllen; befriedigen, sättigen. — II. P. u. M. angefüllt werden, sich füllen; sich sättigen, müde werden.
ἐμ-πί(μ)πρημι a) anzünden, entzünden, verbrennen. P. anschwellen. b) hineinblasen, schwellen.
ἐμ-πίνω hineintrinken.
ἐμ-πιπλάω = ἐμπίπλημι.
ἐμ-πιπράω = ἐμπίμπρημι.
ἐμ-πίπτω 1. a) hinein-fallen, =stürzen, darauffallen. b) sich (hinein)stürzen, (hin)einstürmen, sich werfen auf etw.; angreifen, überfallen. — 2. a)(hin)eindringen, hereinbrechen. b) auf j-n ob. auf etw. stoßen, in etw. verfallen ob. geraten. c) befallen, überkommen, ergreifen.
ἐμπίς, ίδος, ἡ Mücke, Schnake.
ἐμ-πίτνω = ἐμπίπτω.
ἐμ-πλάσσω einhüllen in etw.
ἔμ-πλειος 3 = ἔμπλεος.
ἐμ-πλέκω einflechten; in etw. verflechten ob. verwickeln.
ἔμ-πλεος 3 u. ἔμ-πλεως, ων angefüllt, voll.
ἐμ-πλέω darin ob. darauf schiffen ob. fahren.
ἐμπληγδην adv. blindlings.
ἔμπληκτος 2 aus der Fassung gebracht; unbesonnen, wankelmütig, unzuverlässig.
ἐμ-πλην adv. nahe bei, zunächst.
ἐμ-πλήσσω hineinstürzen.

ἐμπλη(ν)το f. ἐμπίπλημι.
ἐμπλοκή, ἡ das Flechten.
ἐμ-πνέω u. -είω I. Akt. 1. a) hineinhauchen, daraufschnauben; b) schnauben, atmen, leben. 2. einhauchen, ein-geben, =flößen. — II. P. wieder zu sich kommen.
ἔμ-πνοος u. ἔμ-πνους 2 (noch) atmend.
ἐμποδίζω 1. fesseln, binden. — 2. im Wege sein, hindern, hemmen: a) zu Fall bringen, vereiteln. b) bedenklich machen.
ἐμπόδιος 2 hinderlich. τό -ον Hindernis.
ἐμπόδισμα, τό Hemmnis.
ἐμ-ποδών a) vor den Füßen, im Wege (stehend), hinderlich. b) was in den Wurf kommt.
ἐμ-ποιέω a) hinein=machen, =fügen, darin ob. darauf anbringen; einschieben. b) bei j-m bewirken, verursachen, einflößen, beibringen.
ἐμπολάω 1. (ein)kaufen, erhandeln; Geschäfte machen. M: für sich erhandeln: a) bestechen; b) den Handel abschließen. — 2. aus dem Verkauf lösen, erwerben, gewinnen. [stattfindend.]
ἐμ-πολέμιος 2 im Kriege
ἐμπολή, ἡ a) Handel. b) Ware, Kaufmannsgut.
ἐμπόλημα, τό Erwerb, Lohn.
ἐμπολητός 3 eingehandelt.
ἐμ-πολις, εως, ὁ Mitbürger.
ἐμ-πολιτεύω Bürger sein.
ἐμ-πορεύομαι 1. P. (hin)reisen. — 2. M. Handel treiben (τί mit etw.); Geschäfte machen; über=listen, =vorteilen.
ἐμπορία, ἡ Handel; Großhandel; Geschäft; Ware.
ἐμπορικός 3 kaufmännisch.
ἐμπόριον, τό a) Handelsplatz; Handel. b) Packhof.

ἔμπορος, ὁ 1. Schiffspassagier; Seefahrer, Reisender. — 2. Kaufmann: a) Großhändler. b) (Armee-)Lieferant.

ἐμ-πορπάομαι, -έομαι M. mit einer Spange zustecken.

ἐμ-πρέπω sich auszeichnen.

ἐμ-πρήθω = ἐμπίμπρημι.

ἔμπρησις, εως, ἡ Verbrennung.

ἔμ-προσθε(ν) adv. 1. vor, vorn, voran, vorwärts. ὁ ~ der vordere. τὸ od. τά ~ Vorderseite, Front, Vorplatz. — 2. vorher, zuvor, früher, (mit gen.) vor, gegenüber. ὁ ~ der vorige, vorhergehende.

ἐμ-πτύω anspeien.

ἔμ-πυος 2 eiternd.

ἐμ-πυρίβητης, ου über dem Feuer stehend.

ἔμ-πυρος 2 im Feuer, feurig. τὰ -α Brand-, Totenopfer.

ἐμ-φαγεῖν hineinessen, verschlingen.

ἐμ-φαίνω I. Akt. sichtbar machen, sehen lassen, (an)zeigen, offenbaren, deutlich machen. — II. P. sich zeigen; erscheinen.

ἐμφανής 2 sichtbar, offen, leibhaftig, öffentlich; offenbar, klar, deutlich, allbekannt.

ἐμφανίζω = ἐμφαίνω.

ἐμ-φερής 2 gleichkommend, ähnlich.

ἐμ-φέρω vor-halten, -werfen.

ἔμ-φοβος 2 a) furchtbar, gefürchtet. b) erschrocken, furchtsam.

ἐμ-φορέω I. Akt. einhertragen; stets vorhalten. — II. P. 1. hin und her getragen werden. 2. im Übermaß genießen; übermäßig oft befragen.

ἐμ-φορτίζω als Ware einladen.

ἔμφραγμα, τό Verstopfung; Hindernis.

ἐμ-φράσσω verstopfen; versperren; hindern.

ἐμ-φρουρέω die Besatzung bilden.

ἔμ-φρουρος 2 a) die Besatzung bildend. b) mit Besatzung versehen.

ἔμ-φρων 2 a) bei Besinnung. b) mit Verstand begabt, vernünftig, klug.

ἐμ-φύλιος 2 u. **ἔμ-φῦλος** 2 1. stammverwandt, einheimisch, innerer. — 2. blutsverwandt.

ἐμ-φῡσάω an-blasen, -hauchen.

ἐμ-φῡτεύω einpflanzen.

ἔμφῡτος 2 eingepflanzt; angeboren, natürlich.

ἐμ-φύω 1. einpflanzen. — 2. intr. u. M.: a) hineinwachsen, anwachsen, in od. an etw. wachsen; sich an etw. festhalten od. anschmiegen, fest umschlingen; b) angeboren werden, darin entstehen, innewohnen.

ἔμ-φῡχος 2 beseelt, lebendig.

ἐν I. adv.: a) darin, darauf, daran, dabei, darunter. b) hinein. c) außerdem. — II. prp. (mit dat.) „in" (räumt.) a) in, innerhalb, an, auf. b) bei. c) inmitten, unter, zwischen, vor. 2. (zeitlich) in, an, binnen, während, innerhalb, im Verlauf. 3. übtr.: a) vermittelst, mit, durch. b) nach, infolge, zufolge, kraft.

ἐν-αγής 2 a) fluch-, schuldbeladen. b) eidgebunden.

ἐν-αγίζω (als) Totenopfer darbringen.

ἐν-αγκαλίζομαι M. in die Arme nehmen od. schließen.

ἐν-αγκυλάω mit (dem) Wurfriemen versehen.

ἔν-αγχος adv. jüngst, neulich.

ἐν-άγω a) dazu bringen, antreiben, bewegen, veranlassen. b) betreiben, fördern.

ἐν-ἀγωνίζομαι M.: a) darin od. darauf wettkämpfen. b) unter den Kämpfenden sein.

ἐν-αίθρειος 2 unter freiem Himmel. [tig.]

ἐν-αίμος 2 Blut habend, blu-

ἐναίρω u. M. töten; verderben, vernichten; entstellen.

ἐν-αίσι(μ)ος 2 1. vorbedeutend, bedeutungsvoll. — 2. schicklich, gebührend: a) zu rechter Zeit. b) günstig, huldvoll.

ἐνάκις adv. neunmal.

ἐνακόσιοι 3 neunhundert.

ἐν-ακούω anhören, lauschen.

ἐν-αλείφω anstreichen.

ἐν-αλίγκιος 2 ähnlich, gleich.

ἐν-άλιος 2 (u. 3) am, im Meere, vom Meere, Meer-..., See-... τὸ -ον Seetier.

ἐναλλάξ adv. abwechselnd.

ἐν-αλλάσσω I. Akt. vertauschen, verändern. — II. M. (sich) etw. eintauschen gegen. — III. P. Verkehr haben.

ἐν-άλλομαι M. heranspringen, anstürmen, sich stürzen.

ἐν-αμέλγω hineinmelken.

ἐν-άμιλλος 2 gewachsen; gleich, ebenbürtig.

ἐν-αντα u. **ἐν-αντί** adv. gegenüber, vor j-s Augen, vor.

ἐναντί-βίον adv. entgegen, feindlich.

ἐν-αντίος 3 1. gegenüberstehend, =liegend. — 2. a) entgegengesetzt, entgegenführend, umgekehrt; im Widerspruch stehend. **τὸ ἐναντίον, τοὐναντίον, τὰ ἐναντία** entgegengesetzte Seite, Gegenteil, Widerspruch. b) feindlich (entgegenstehend), feindselig, widrig, hinderlich, ungünstig. **ὁ ἐναντίος** Gegner, Feind. — 3. adv. **ἐναντίον** und **-ία, τοὐναντίον** u. **τἀναντία**: a) gegenüber, im ob. vors Angesicht,

ins Gesicht; in j-s Augen. b) entgegen(gesetzt), im Gegenteil; in Gegenwart, vor.

ἐναντιότης, ητος, ἡ Gegenteil, Gegensatz.

ἐναντιόω entgegenstellen. P. sich entgegenstellen, entgegentreten, -wehen; sich widersetzen, widersprechen, verbieten.

ἐναντίωμα, τό Hindernis.

ἐναντίωσις, εως, ἡ = ἐναντιότης.

ἔναξε, s. νάσσω.

ἐν-απίημι hineinstecken.

ἐν-αποδείκνυμαι M. sich hervortun. [bei sterben.]

ἐν-αποθνῄσκω darin ob. da-

ἐν-αποκλάω darin abbrechen.

ἐν-απόλλυμαι M. dabei umkommen. [abwaschen in etw.]

ἐν-απονίζομαι M. sich etw.

ἐν-άπτω a) anheften. M. sich etw. umbinden ob. anziehen. b) anzünden. [heute.]

ἔναρα, τά Rüstung; Kriegs-

ἐνάργεια, ἡ Klarheit.

ἐν-αργής 2 sichtbar; leibhaftig; deutlich, klar, offenbar.

ἐν-αρηρώς, υῖα, ός eingefügt.

ἐνάρης, ους, ὁ Zwitter.

ἐναρίζω (die Rüstung) ausziehen; töten.

ἐν-αριθμέω wofür rechnen ob. achten.

ἐν-αρίθμιος u. **-άριθμος** 2 a) mitgezählt, mitzählend. b) geachtet. [ginnen.]

ἐν-άρχομαι M. anfangen, be-

ἐν-αταῖος 3 am neunten Tage.

ἔνατος 3 (neunte(r).

ἐν-αυλίζω u. P. M. in ob. auf etw. übernachten; sich aufhalten, haltmachen.

ἔν-αυλος¹ ὁ a) Gießbach. b) Wassergraben.

ἔν-αυλος² 2 noch in den Ohren klingend.

ἔν-αυλος³ 2 in der Wohnung.

ἐν-αύω anzünden.
ἐν-αρίημι s. ἐναπίημι.
ἐν-δατέομαι I. M. verteilen; verwünschen. — II. P. verteilt werden.
ἐν-δεής 2 a) ermangelnd, Mangel leidend, bedürftig; mangelhaft, dürftig, unvollständig, unzureichend. b) rückständig, schuldig. c) nachstehend, geringer, schlechter.
ἔνδεια, ἡ Mangel; Dürftigkeit.
ἔνδειγμα, τό Anzeichen, Beweis.
ἐν-δείκνυμι I. Akt. anzeigen; denunzieren. — II. M. an den Tag legen, kundtun, dartun, offenbaren, beweisen; a) sich erklären. b) sich vor j-m zeigen, etw. zur Schau tragen. c) in Aussicht stellen.
ἔνδειξις, εως, ἡ Anzeige, Anzeichen, Beweis.
ἕν-δεκα, οἱ, αἱ, τά elf. [lang.]
ἐνδεκά-πηχυς, υ elf Ellen.
ἑνδεκαταῖος 3 am elften Tage, in od. seit elf Tagen.
ἑν-δέκατος 3 elfte(r).
ἐν-δέχομαι = ἐνδέχομαι.
ἐν-δελεχής 2 fortdauernd.
ἐν-δέμω verbauen.
ἐν-δέξιος 3 a) zur rechten Seite, rechtsherum. b) glückbedeutend, günstig.
ἐν-δέχομαι M. annehmen, auf sich nehmen; a) glauben. b) billigen; auf etw. eingehen. c) zulassen. ἐνδέχεται es geht an, es ist möglich, erlaubt.
ἐν-δέω¹ anknüpfen, festbinden; verstricken.
ἐν-δέω² I. Akt.: a) ermangeln. b) mangeln. ἐνδεῖ es herrscht Mangel (τινί τινος es fehlt j-m an etw., j. bedarf etw.). — II. M. Mangel leiden, bedürfen, nötig haben, brauchen.
ἔν-δηλος 2 offenbar, deutlich.

ἐν-δημέω daheim sein.
ἔν-δημος 2 (ein)heimisch, zu Hause, innerer.
ἐν-διαιτάομαι P. darin leben ob. wohnen, sich fortwährend in etw. aufhalten.
ἐν-διατάσσω darin aufstellen und ordnen.
ἐν-διατρίβω a) dabei zubringen. b) in, auf od. bei etw. verweilen, sich aufhalten, verharren.
ἐν-διδύσκω anziehen.
ἐν-δίδωμι I. 1. a) hingeben, über-geben, -liefern, -lassen; verraten. b) anbieten. 2. a) an die Hand geben, veranlassen; b) an den Tag legen, zeigen, beweisen; c) nachgeben, nachlassen; zugeben, gestatten. — II. intr. 1. a) sich hingeben oder ergeben. b) nachgeben, weichen. 2. sich hineinergießen.
ἐν-δίημι anhetzen.
ἔν-δικος 2 rechtmäßig, gerecht, gebührend, begründet.
ἔνδινα, τά Eingeweide.
ἐν-δῖος 2 zur Mittagszeit.
ἐν-δίφριος, ὁ Tischnachbar.
ἔνδο-θεν adv. a) von innen (her-)aus, von drinnen. b) drinnen, im Innern, innerhalb.
ἔνδο-θι = ἔνδον.
ἐν-δοιάζω schwanken, Bedenken tragen. P. für möglich gehalten werden.
ἐνδοιαστός 3 zweifelhaft, unentschieden.
ἐνδόμησις, εως, ἡ Baumaterial. [verborgen.]
ἐνδό-μυχος 2 im Innersten.
ἔνδον 1. innen, drinnen: a) daheim, im Hause. b) im Herzen. — 2. (mit gen.) innerhalb.
ἐν-δοξάζω verherrlichen.
ἔν-δοξος 2 ruhmvoll, berühmt, geehrt; Ruhm verkündend; herrlich.

ἐν-δουπέω hinein-dröhnen, -plumpen. [liebevoll, innig.
ἐν-δυκέως sorgsam, eifrig,
ἔνδυμα, τό Kleidung, Kleid.
ἐν-δυναμόω stärken. P. erstarken.
ἐν-δυναστεύω darin herrschen; durch seinen Einfluß durchsetzen, daß.
ἐν-δύνω u. **ἐνδυνέω** = ἐνδύομαι (f. ἐνδύω).
ἔνδυσις, εως, ἡ a) das Eindringen. b) das Anziehen; Anzug, Kleidung.
ἐνδυτήρ, ῆρος zum Anziehen. πέπλος Staatskleid.
ἐν-δύω 1. anziehen, bekleiden. — 2. intr. u. M.: a) sich etw. anziehen ob. anlegen. b) hineingehen, -schlüpfen, -dringen: α) eindringen; β) sich unterziehen, sich einlassen.
ἐνδώμησις f. ἐνδόμησις.
ἐνεγκεῖν tragen, bringen (inf. aor. zu φέρω).
ἐν-έδρα, ἡ Hinterhalt; Nachstellung, Anschlag.
ἐνεδρεύω u. M. a) im Hinterhalt liegen (aor. sich in Hinterhalt legen). b) nachstellen, auflauern. [έδρον Nachstellung.]
ἔνεδρος 2 Bewohner. τὸ ἔν-
ἐν-έηκα f. ἐνίημι.
ἐνεῖκαι, inf. aor. v. φέρω.
ἐν-ειλέω hineindrängen, in etw. einstampfen ob. einwickeln.
ἐν-ειλίσσω = ἐνελίσσω.
ἐν-είλλω = ἐνειλέω.
ἔν-ειμι 1. darin ob. darunter, daran, dabei sein, darin sich befinden, innewohnen; dasein, vorhanden sein, stattfinden. — 2. ἔνεστι ob. ἔνι es ist möglich b. erlaubt, man kann.
ἐν-είρω anreihen; durchflechten; zusammenfügen.
ἕνεκα u. **ἕνεκεν** prp. (mit gen.) a) wegen, um ... willen. b) in Ansehung von, was anbetrifft; soviel ankommt auf.
ἐνέκυρσα f. ἐγκύρω.
ἐν-ελίσσω einwickeln.
ἐν-εμέω in etwas speien.
ἐνενήκοντα neunzig.
ἐνενηκοστός 3 neunzigste(r).
ἐνένιπεν f. ἐνίπτω.
ἐνένωτο = ἐνενόητο (f. νοέω).
ἐνεός 3 taubstumm; sprachlos.
ἐνέπασσεν f. ἐμπάσσω.
ἐνέπω u. **ἐννέπω** a) ansagen, melden, berichten, verkünden. b) sagen, sprechen; anreden.
ἐν-εργάζομαι M. a) im Hause sein Geschäft treiben. b) hineinarbeiten, -bringen; hervorbringen, einflößen.
ἐνέργεια, ἡ Wirksamkeit, Tätigkeit, Wirkung; Kraft, Macht.
ἐνεργέω a) wirksam ob. tätig sein, wirken. b) etw. bewirken. M. sich wirksam erweisen.
ἐνέργημα, τό = ἐνέργεια.
ἐν-εργός 2 u. **ἐν-εργής** 2 a) arbeitend, tätig; fruchtbar, erfolgreich. b) wirksam, tatkräftig, tüchtig, energisch.
ἐν-ερείδω hineinstoßen.
ἔνερθε(ν) 1. adv.: a) von unten her. b) unten; in der Unterwelt. — 2. prp. (mit gen.) unterhalb, unten in ob. an; unterliegend.
ἐνερμένος f. ἐνείρω.
ἔνεροι, οἱ die Unteren, Unterirdischen. — comp. ἐνέρτερος 3 tiefer unten; unterirdisch.
ἔνερσις, εως, ἡ das Hineinstecken.
ἐνέρτερος 3 cf. ἔνεροι.
ἐν-εσθίω f. ἐμφαγεῖν.
ἐνέστακται f. ἐνστάζω.
ἐνεστήρικτο f. ἐνστηρίζω.
ἐνετή, ἡ Heftnadel.
ἐνετός 3 angetrieben, angestiftet.

ἐν-ευδαιμονέω ein glückliches Leben führen.

ἐν-ευδοκιμέω etw. zu seinem Ruhme ausbeuten. [schlafen.]

ἐν-εύδω darin- oder darauf-

ἐν-ευλογέω segnen in j-m.

ἐν-εύναιον, τό Bett-einlage, Lager; pl. Betten. [pfand.]

ἐν-έχυρον, τό Pfand, Unter-

ἐν-έχω I. Akt. 1. in sich haben od. hegen. 2. *intr.* grollen. — II. P. u. M. festgehalten werden od. sich festhalten lassen, hängenbleiben, festsitzen; behaftet od. belastet, betroffen sein.

ἐν-ζεύγνῡμι zusammenschnüren, fesseln. [gungsort.]

ἐν-ηβητήριον, τό Vergnü-

ἐνηείη, ἡ Freundlichkeit.

ἐν-ηής 2 freundlich, mild.

ἔν-ημαι M. darin-sitzen.

ἐνήνοθα darin-emporsteigen.

ἐνήρατο s. ἐναίρω.

ἔνθα *adv.* 1. a) α) da, dort; hier. β) dahin; hierher. b) wo, wo-selbst; wohin; dahin wo. — 2. a) da, dann, sodann; damals; darum. b) wann.

ἔνθά-δε *adv.* 1. a) dahin, dorthin; hierher. b) da, dort; hier. ὁ ~ der hiesige. — 2. jetzt.

ἐν-θᾱκέω auf etw. sitzen.

ἐνθάκησις, εως, ἡ das Darin-sitzen. [wohin eben.]

ἐνθά-περ *adv.* wo gerade;

ἐνθαῦτα = ἐνταῦθα.

ἐνθεάζω (gott)begeistert sein.

ἔνθεν *adv.* 1. a) von da, von dort, dorther; von hier. b) von wo, woher. — 2. von da an, sodann, seitdem. τὸ ~ ἐς τὸ ~ das Weitere, Folgende, Übrige. — 3. daraus, daher.

ἔνθεν-δε *adv.* 1. von hier (aus), von da. ὁ ~ der hiesige. — 2. von jetzt an, darauf. τὰ ~ das Weitere. — 3. daher, daraus.

ἔνθεν-περ *adv.* woher gerade, von wo eben.

ἔν-θεος 2 (gott)begeistert.

ἐν-θερμαίνω durchglühen.

ἐνθεῦτεν = ἐντεῦθεν.

ἔν-θηρος 2 verwildert; furchtbar. [dabei-sterben.]

ἐν-θνῄσκω darin-, daran-

ἐνθουσιάζω u. **ἰάω** (gott)begeistert sein.

ἐνθουσιασμός, ὁ Begeisterung, Verzückung.

ἔν-θρυπτον, τό Backwerk.

ἐν-θρῴσκω hinein-, darauf-, darunter-springen, -stürzen.

ἐνθῡμέομαι P. a) beherzigen, berücksichtigen. b) überlegen, erwägen, bedenken, nachdenken. c) ersinnen.

ἐνθύμημα, τό. **ἐνθύμησις**, εως, ἡ, **ἐνθυμία**, ἡ 1. Beherzigung, Erwägung. — 2. a) Gedanke, Einfall. b) Rat, Mahnung, Warnung.

ἐν-θύμιος 2 a) wahrgenommen. b) am Herzen liegend, das Gewissen quälend, bedenklich. c) sorgenvoll.

ἐνθυμιστός 3 = ἐνθύμιος.

ἐν-θωρᾱκίζω panzern.

ἔνι = ἔνεστι (s. ἔνειμι).

ἐνί = ἐν.

ἐνιαύσιος 3 (u. 2) a) einjährig; auf ein Jahr, seit einem Jahre. b) (all)jährlich.

ἐνιαυτός, ὁ a) Jahr. κατ᾽ -όν jährlich. b) Zeit(raum).

ἐν-ιαύω darinwohnen.

ἐνιαχῇ u. **ἐνιαχοῦ** *adv.* a) an manchen Stellen. b) bisweilen.

ἐν-ιδρύω darin errichten.

ἐν-ίζω u. **ἐν-ιζάνω** darin od. darauf sich setzen.

ἐν-ίημι a) hinein = senden, -schicken, -treiben, -lassen, -werfen; antreiben, anstiften. b) hinein-tun, -legen; einflößen, erregen. c) *intr.* heranstürmen

ἐνι-κλάω bereiteln.
ἔνιοι 3 einige, manche.
ἐνί-οτε adv. manchmal, zuweilen.
ἐνιπή, ἡ a) das Schelten, Schmähung. b) Drohung; Vorwurf.
ἐνί-πλειος 2 = ἔμπλειος.
ἐνι-πίμπλημι = ἐμπίμπλημι.
ἐνι-πλήσσω = ἐμπλήσσω.
ἐν-ιππεύω darauf reiten, die Reiterei entfalten.
ἐνι-πρήθω = ἐμπίμπρημι.
ἐνίπτω 1. schelten, anfahren, tadeln. — 2. sagen.
ἐνι-σκίμπτω: ~ οὔδει: α) zu Boden senken; β) in den Erdboden bohren.
ἐνίσπω s. ἐνέπω.
ἐνίσσω schelten, anfahren.
ἐν-ίστημι I. Akt. 1. hinein-, darauf-stellen. 2. intr. = M. — II. M. 1. unternehmen. 2. sich hineinstellen: a) darinstehen ob. -sein. b) eintreten; gegenwärtig ob. vorhanden sn. c) (nahe) bevorstehen, drohen. d) sich entgegenstellen, Widerstand leisten. [b) stärken.]
ἐν-ισχύω a) stark werden.
ἐν-ίσχω = ἐνέχω.
ἐνι-χρίμπτω = ἐγχρίμπτω.
ἐνίφω s. ἐνέπω u. ἐνίπτω.
ἐννάετες = εἰνάετες.
ἐν-ναίω darin wohnen.
ἐννάκις = ἐνάκις.
ἔννατος 3 = ἔνατος.
ἐν-ναυπηγέω darin Schiffe bauen.
ἐννέα neun. [wert.]
ἐννεά-βοιος 2 neun Rinder
ἐννεακαίδεκα neunzehn.
ἐννεά-κρουνος, ἡ Springbrunnen mit neun Röhren.
ἐννεά-μηνος 2 neunmonatlich. [lang.]
ἐννεά-πηχυς, υ neun Ellen
ἐννεά-χῑλοι 3 neuntausend.

ἐν-νενώκᾱσι s. ἐννοέω.
ἔννεον s. νέω. [lang.]
ἐννε-όργυιος 2 neun Klafter
ἐννέπω = ἐνέπω.
ἐννεσίη, ἡ Eingebung, Anstiften, Geheiß, Antrieb.
ἐν-νεύω zuwinken.
ἐννέ-ωρος 2 neunjährig.
ἐννήκοντα = ἐνενήκοντα.
ἐνν-ῆμαρ neun Tage lang.
ἐν-νοέω u. M. (mit aor. P.) im Sinne haben: 1. a) erwägen, bedenken. b) ausfindig machen, c) gedenken, vorhaben. d) glauben, meinen; befürchten. — 2. a) merken, bemerken. b) einsehen, verstehen, begreifen.
ἔννοια, ἡ 1. Überlegung, Erwägung. — 2. a) Vorstellung, Begriff. b) Gedanke. c) Gesinnung.
ἔν-νομος 2 unter einem Gesetze (stehend), gesetzlich, gesetzmäßig, gerecht, richtig. [rer.]
ἐννοσί-γαιος 2 Erderschütte-
ἔν-νους 2 verständig.
ἐννῡμι I. Akt. bekleiden, anziehen. — II. M. u. P. sich etw. anziehen ob. anlegen, sich bekleiden; pf. etw. anhaben, mit etw. bekleidet sein.
ἐν-νυχεύω verborgen lauern.
ἐν-νύχιος 3 (u. 2) u. ἔν-νυχος 2 nächtlich, bei Nacht, in der Nacht; unterirdisch.
ἐν-νώσας s. ἐννοέω.
ἐν-όδιος 3 (u. 2) am Wege ob. auf dem Wege befindlich.
ἐν-οικέω a) darin wohnen, (inne)wohnen. b) bewohnen.
ἐνοίκησις, εως, ἡ das Bewohnen, Wohnen.
ἐν-οικίζω I. Akt. ansiedeln, gründen. — II. M. u. P. sich ansiedeln, darin wohnen.
ἐν-οικοδομέω I. Akt. darauf bauen. — II. M. für sich erbauen.

ἔν-οικος, ὁ Bewohner. [ken.]
ἐν-οινοχοέω (Wein) einschen.
ἐνοπή, ἡ Schall, Stimme(n):
  a) Schlachtgeschrei; Lärm.
  b) Wehgeschrei.
ἐν-οπλίος 2: u. ἔν-οπλος 2 unter ob. mit den Waffen, bewaffnet.
ἐν-οράω u. -έω 1. a) etw. an ob. in etw. sehen, bemerken, erleben, j-m etw. ansehen. b) einsehen. — 2. j-n ansehen.
ἐν-ορκίζω beschwören.
ἔν-ορκος 2: 1. a) eidlich gebunden. b) in einen Vertrag eingeschlossen. — 2. beschworen, schwurheilig.
ἐν-όρνυμι darin ob. darunter erregen. M. sich erheben.
ἐν-ορούω darauf-stürzen ob. -springen, anfallen.
ἐν-όρχης, ου, ὁ Bock.
ἔν-ορχις, ι(δ)ος u. ἔν-ορχος 2 unverschnitten.
ἔνος u. ἕνος 3 alt; vorjährig.
ἐνοσί-χθων, ονος. ὁ Erderschütterer.
ἑνότης, ητος, ἡ Einheit, Einigkeit.
ἐν-ουρέω hineinharnen.
ἐν-οχλέω plagen, belästigen, beunruhigen, in den Weg treten.
ἔνοχος 2 darin festgehalten, einer Sache unterworfen, (der Strafe) verfallen, ausgesetzt, schuldig.
ἐν-ράπτω einnähen.
ἐν-σείω hinein-schleudern, -stoßen, -sausen lassen, -treiben.
ἐν-σημαίνω I. Akt. darin, dabei, dadurch zu erkennen geben. — II. M.: a) sich zu erkennen geben. b) = Akt.
ἐν-σκευάζω (aus)rüsten, ausstaffieren, schmücken.
ἐν-σκήπτω a) hineinschleudern. b) hereinbrechen.

ἔν-σπονδος 2 verbündet; Bundesgenosse.
ἐν-στάζω einflößen, einpflanzen. [Gegner.]
ἐν-στάτης, ου, ὁ Widersacher,
ἐν-στέλλω bekleiden, antun.
ἐν-στηρίζω P. darin stecken bleiben.
ἐν-στρατοπεδεύω u. M. darin lagern. [drehen.]
ἐν-στρέφομαι P. sich in etw.
ἔνταλμα, τό Gebot.
ἐν-τάμνω = ἐντέμνω.
ἐν-τανύω = ἐντείνω.
ἐν-τάσσω einreihen. M. sich einreihen lassen.
ἐνταῦθα adv. 1. a) da, dort; hier. b) dahin, dorthin; hierher. — 2. (zeitl.) da, darauf; jetzt, nun. — 2. darin, hierin, hierbei, in diesem Falle.
ἐνταυθοῖ adv. hierher, dorthin; hier. [bestatten.]
ἐνταφιάζω einbalsamieren,
ἐνταφιασμός, ὁ Bestattung.
ἐν-τάφιος 2 zum Begräbnis gehörig. τὸ -ον. τὰ -α: Leichenbegängnis; Toten-opfer.
ἔντεα, εων, τά a) Waffen, Rüstung. b) Gerät, Geschirr.
ἐν-τείνω 1. a) hinein- ob. einspannen; (den Bogen) bespannen, (e-n Schlag) versetzen; in Verse bringen ob. in Musik setzen. b) überspannen, überflechten. — 2. anspannen, anstrengen. — 3. ausdehnen, ausstrecken.
ἐν-τειχίζω I. Akt.: a) mit Mauern befestigen. b) darin bauen. — II. M. durch Verschanzungen einschließen, belagern.
ἐν-τελευτάω darin sterben.
ἐν-τελής 2 a) vollständig, ganz. b) vollkommen, makellos.
ἐν-τέλλω u. M. auftragen, befehlen, gebieten, verordnen.

ἐν-τέμνω a) ein=schneiden, =meißeln, =zeichnen. b) schlachten, ein Opfer bringen.

ἔντερον, τό Darm. *pl.* Eingeweide.

ἐντεσί-εργός 2 im Geschirr arbeitend ob. ziehend.

ἐντεταμένος angespannt; mit aller Kraft, eifrig.

ἐντεῦθεν *adv.* 1. von da, von dort; von hier. — 2. (zeitl.) a) von da an, von jetzt an. b) darauf; weiter. — 3. a) daher, deshalb; b) daraus.

ἔντευξις, εως, ἡ das Zusammentreffen: a) Besuch. b) Unterredung. c) Bitte, Gebet.

ἔν-τεχνος 2 kunstreich.

ἐν-τήκω 1. hineinschmelzen; fest einprägen. 2. *intr.* u. P.: a) sich fest einprägen, einwurzeln. b) schmelzen.

ἐν-τίθημι a) hinein=setzen, =legen, =stellen, =bringen, =schaffen; einflößen, eingeben. M. *etw.* (an)nehmen, fassen. b) darauf=, darüberlegen.

ἐν-τίκτω darin erzeugen.

ἔντιμος 2: 1. geehrt a) angesehen, vornehm. -ως ἔχει τινί in Ehren stehen; b) kostbar, teuer. — 2. ehrenvoll, anständig.

ἔντοθεν = ἔντοσθεν.

ἐν-τοίχιον, τό Wandgemälde.

ἐν-τολή, ἡ Auftrag, Gebot.

ἔντομος 2 eingeschnitten. τὰ -α: a) Opfertiere; b) Schlacht= ob. Blutopfer.

ἔν-τονος 2 angespannt; eifrig, heftig, nachdrücklich, feurig.

ἐν-τόπιος 2 u. **ἔν-τοπος** 2 einheimisch; ὁ Einwohner.

ἐντός 1. *adv.* innen, drinnen, in der (ob. in die) Mitte, inwendig. — 2. *prp. m. gen.* innerhalb: a) inmitten, zwischen; diesseits. b) binnen.

ἔντοσθε(ν) = ἐντός.

ἐν-τρέπω I. Akt. umwenden, umkehren; beschämen; rühren. — II. P. a) sich umwenden, sich umdrehen; sich beschämt fühlen; zögern. b) sich nach etw. hinwenden: α) sich um etw. kümmern, auf etw. achten, etw. beachten; β) j=n verehren, sich schämen vor j=m.

ἐν-τρέφω darin ernähren ob. erziehen. P. sich nähren.

ἐν-τρέχω darin laufen.

ἐντριβής 2 geübt, erprobt, tätig. [(der Schminke).]

ἔντριψις, εως, ἡ das Einreiben]

ἔν-τρομος 2 zitternd.

ἐντροπαλίζομαι M. sich oftmals umwenden.

ἐν-τροπή, ἡ a) Rücksicht, Achtung. b) Beschämung.

ἔντροφος 2 darin aufgewachsen; in etw. befindlich, von etw. betroffen.

ἐν-τρυφάω a) in etw. schwelgen; weichlich sein. b) j=n zum besten haben, verhöhnen.

ἐν-τυγχάνω 1. a) auf etw. stoßen ob. treffen, antreffen, begegnen. ὁ ἐντυγχάνων ob. ἐντυχών der erste beste. b) in etw. (hinein)geraten. c) erlangen. — 2. mit j=m zusammentreffen: a) zu j=m kommen, j=n besuchen. b) verkehren, umgehen. c) bitten, angehen. d) für ob. gegen j=n auftreten.

ἐν-τυλίσσω einwickeln, zusammenwickeln.

ἐντύνω (zu)bereiten, zurechtmachen, zurüsten, besorgen; schmücken. [gen.)

ἐν-τυπάς *adv.* fest eingeschla=]

ἐν-τυπόω ein=drücken, =prägen, eingraben, abbilden.

ἐντύω = ἐντύνω.

ἐνυάλιος 2 kriegerisch.

ἐν-υβρίζω gegen etw. freveln, j=n mißhandeln, verspotten.

ἔνυδρις, εως, ἡ Fischotter.
ἐν-ύδρος 2 a) im od. am Wasser lebend. b) wasserreich.
ἐνυπνιάζω u. M. träumen.
ἐνύπνιον, τό Traum, Traumbild, -gesicht.
ἐν-ύπνιος 2 im Schlaf, im Traum (erscheinend).
ἐν-υφαίνω einweben.
ἐνωμοτ-άρχης, ου u. **ἐνωμότ-αρχος**, ὁ Führer einer ἐνωμοτία. [25 Mann.]
ἐνωμοτία, ἡ Abteilung von
ἐν-ώμοτος 2 eidlich verpflichtet.
ἐνωπαδίως ins Gesicht.
ἐν-ωπή, ἡ Anblick. ἐνωπῇ vor aller Augen.
ἐνώπιος 2 sichtbar. a) τὰ -α: α) Vorderseite, Außenwände; β) Seitenwände. b) ἐνώπιον vor od. in j-s Augen, in Gegenwart, vor.
ἐν-ωτίζομαι vernehmen.
ἐξ = ἐκ.
ἔξ sechs.
ἐξ-αγγέλλω u. M. verkünden, berichten, melden, bekannt machen, preisen: a) ausplaudern. b) verheißen.
ἐξάγγελος, ὁ Bote.
ἐξάγγελτος 2 verraten.
ἐξ-αγινέω = ἐξάγω.
ἐξ-άγιστος 2 a) am allerheiligsten. b) sündhaft, verflucht.
ἐξ-αγνῦμι herausbrechen.
ἐξ-αγοράζω u. M. a) aus-, aufkaufen. b) loskaufen.
ἐξ-αγορεύω verkünden, berichten; verraten.
ἐξ-αγριαίνω u. **-αγριόω** wild machen; erbittern.
ἐξ-άγω 1. hinaus-, herausführen, -bringen, -holen: a) zum Tode führen; ausrücken lassen, mit sich nehmen. b) weg-, hinführen, entführen. c) aufführen. d) weiter hinausrücken. e) fort- od. hinreißen, verleiten. — 2. intr. ausrücken, ausmarschieren.
ἐξ-αγωγή, ἡ a) das Herausführen, Ausfuhr; Vertreibung. b) Ausweg. [men.]
ἐξ-ᾴδω einen Gesang anstim-
ἐξ-αείρω = ἐξαίρω.
ἐξά-ετες adv. sechs Jahre lang.
ἐξ-αιμάσσω blutig machen.
ἐξ-αίνυμαι a) herausnehmen. b) wegnehmen, rauben.
ἐξαίρεσις, εως, ἡ das Herausnehmen, Ausweiden.
ἐξαίρετος 2 a) ausgenommen. b) auserwählt, auserlesen; ausgezeichnet, außerordentlich.
ἐξαιρετός 2 herausnehmbar.
ἐξ-αιρέω I. Akt. 1. herausnehmen, -ziehen, (aus)reißen: a) ausweiden. b) ausleeren. 2. aus-sondern, -wählen, -lesen: a) weihen. b) ausnehmen, eine Ausnahme mit etw. machen. 3. wegnehmen, entfernen, beseitigen: a) erobern, zerstören, vernichten, zuschanden machen. b) austreiben, vertreiben. — II. M. 1. für sich herausnehmen; ausladen. 2. für sich auswählen, für sich wegnehmen: a) davontragen, erbeuten. b) entfernen, wegnehmen lassen; entreißen, (be)rauben, benehmen, befreien, retten.
ἐξ-αίρω I. Akt. 1. aufheben, emporheben; aufführen: a) erheben, erhöhen. b) rühmen. c) aufregen: α) ermutigen; β) erzürnen. 2. weg-führen, -tragen, entfernen. — II. M. 1. für sich heraus- od. davontragen, gewinnen. 2. verschlimmern.
ἐξ-αίσιος 2 (u. 3) ungebührlich; maßlos, übermäßig, ungeheuer. [entfliegen.]
ἐξ-αΐσσω u. P. herausstürzen;

ἐξ-αιτέω I. Akt. heraus= ob. ab=fordern; fordern; j=s Aus= lieferung verlangen. — II. M. für sich fordern ob. bitten; sich erbitten, losbitten.

ἔξ-αιτος 2 auserlesen.

ἐξ-αίφνης adv. plötzlich, sobald als.

ἐξ-ακέομαι M. ganz heilen: a) wieder gutmachen; abhelfen: b) besänftigen.

ἑξάκις adv. sechsmal.

ἑξάκις-μύριοι 3 sechzigtau= send.

ἑξάκις-χίλιοι 3 sechstausend.

ἐξ-ακολουθέω nachfolgen.

ἐξ-ακοντίζω den Wurfspieß herauswerfen; (ab)schießen.

ἑξακόσιοι 3 sechshundert.

ἐξ-ακούω hören, vernehmen.

ἐξ-ακρῑβόω genau machen.

ἐξ-αλαόω völlig blenden.

ἐξ-αλαπάζω a) ausplündern. b) entvölkern, zerstören.

ἐξ-αλείφω a) aus=, weg= wischen, ausstreichen; vernich= ten, tilgen. b) bestreichen, tün= chen.

ἐξ-αλέομαι u. **-εύομαι** M. ausweichen; entrinnen.

ἐξ-αλλάσσω a) austauschen, vertauschen, verändern. b) ab= kehren, wegwenden.

ἐξ-άλλομαι M. a) heraus=, hervor=springen. b) herab=, weg=springen. c) aufspringen, sich bäumen.

ἐξ-αλύσκω = ἐξαλέομαι.

ἐξ-αμαρτάνω a) verfehlen. b) fehlen, sich vergehen, fre= veln, sündigen; beleidigen.

ἐξαμαρτία, ἡ Vergehen.

ἐξ-αμάω abmähen; ausrotten, vertilgen. [gen.

ἐξ-αμελέω ganz vernachlässi=

ἑξά-μετρος 2 sechsfüßig.

ἑξά-μηνος 2 sechsmonatlich.

ἐξ-αναβαίνω hinaufsteigen.

ἐξ-αναγκάζω a) gewaltsam austreiben. b) zwingen.

ἐξ-ανάγομαι M. u. P. abfah= ren, in See stechen, aufbrechen; aus der Linie herausfahren.

ἐξ-αναδύομαι M. emportau= chen. [stechen.

ἐξ-ανακρούομαι M. in See

ἐξ-ανᾱλίσκω ganz verbrau= chen ob. zugrunde richten.

ἐξ-αναλύω erlösen, erretten.

ἐξ-ανασπάω heraus=, empor= ziehen. [stehung.

ἐξ-ανάστασις, εως, ἡ Aufer=

ἐξ-ανατέλλω aufgehen. aus

ἐξ-αναφανδόν adv. offen her=

ἐξ-αναχωρέω zurückweichen; sich zu entziehen suchen, Ab= stand nehmen von.

ἐξ-ανδραποδίζω u. M. zum Sklaven machen; unterjochen.

ἐξ-ανδραπόδισις, εως, ἡ Knechtung. [reifen.

ἐξ-ανδρόομαι P. zum Manne

ἐξ-ανευρίσκω ausfindig machen, ersinnen.

ἐξ-ανέχομαι M. auf sich neh= men, ertragen.

ἐξ-ανθέω a) auf= ob. hervor= blühen. b) in Menge hervor= brechen, sich über und über be= decken.

ἐξ-ανίημι 1. hinausschicken, hervor=, ent=senden, entlassen, ausstoßen. — 2. intr. nach= lassen.

ἐξ-ανίστημι 1. a) aufstehen lassen, aufrichten, erzeugen. b) aufbrechen lassen, hinaus= führen: α) aufjagen, vertrei= ben; β) entvölkern, verheeren, zerstören. — 2. intr. u. M.: a) aufstehen, sich erheben; her= vor=, auf=brechen, auswandern. b) vertrieben ob. verheert wer= den.

ἐξ-ανύ(τ)ω 1. a) vollenden, vollbringen, ausführen, er= füllen, erreichen. b) auferlegen. c) töten. — 2. intr. hingelangen.

ἐξα-πάλαιστος 2 von sechs Handbreiten.

ἐξ-απαλλάσσω befreien. P. von etw. loskommen.

ἐξ-απατάω täuschen, betrügen, überlisten.

ἐξ-απάτη, ἡ Betrug.

ἐξ-απαφίσκω u. M. täuschen.

ἐξά-πεδος 2 sechs Fuß lang.

ἐξ-απεῖδον aus der Ferne sehen.

ἐξ-άπηχυς, υ sechs Ellen lang.

ἐξ-απίνα adv. plötzlich.

ἐξαπιναῖος 3 (u. 2) plötzlich. adv. ἐξαπιναίως u. ἐξαπίνης.

ἐξά-πλεθρος 2 sechs Plethren lang.

ἐξα-πλήσιος 3 sechsfach.

ἐξ-αποβαίνω herabsteigen.

ἐξ-αποδίεμαι M. fortjagen.

ἐξ-αποδύνω ausziehen.

ἐξ-απόλλυμι 1. völlig vernichten, töten. — 2. intr. u. M. daraus untergehen, umkommen, verschwinden.

ἐξ-απονέομαι M. zurückkehren.

ἐξ-απονίζω abwaschen.

ἐξ-απορέω u. P. in großer Verlegenheit sein, verzagen, verzweifeln.

ἐξ-αποστέλλω ausschicken, weg-, ab-senden.

ἐξ-αποτίνω ganz abbüßen.

ἐξ-αποφθείρω gänzlich vernichten.

ἐξ-άπτω A. 1. Akt. anheften, daranknüpfen, anbinden. 2. M.: a) sich daranhängen. b) etw. angreifen. — B. anzünden, entflammen. [zu ἐξαιρέω.]

ἐξ-ἀραιρημένος, ion. pf. P.

ἐξ-αράομαι M. (ver)fluchen.

ἐξ-αράσσω herausschlagen.

ἐξ-αργέω nachlässig betreiben.

ἐξ-αργυρίζω u. -αργυρόω zu Gelde machen.

ἐξ-αριθμέω a) zählen. b) aufzählen, berechnen.

ἐξ-αρκέω a) ausreichen, genügen. b) hinlänglich vermögen. c) ἐξαρκεῖ es genügt. ἐξαρκεῖ μοι ich bin damit zufrieden. [guter Ordnung.]

ἐξ-αρκής 2 ausreichend, in

ἐξαρκούντως ἔχειν sich begnügen.

ἐξ-αρνέομαι P. a) (ab)leugnen. b) sich weigern.

ἔξ-αρνος 2 (ab)leugnend.

ἐξ-αρπάζω herausreißen, wegreißen, entraffen; entreißen, rauben; retten.

ἐξ-αρτάω I. Akt. anknüpfen, aufhängen; abhängig machen. — II. P. an etwas hängen; a) abhängen von; b) an etw. sich anschließen.

ἐξ-αρτίζω ausrüsten, vollenden; ausharren.

ἐξ-αρτύω I. Akt. zubereiten, (aus)rüsten, einrichten, erbauen. — II. M.: a) für sich (zu)rüsten ob. einrichten. b) sich rüsten. [sänger.]

ἔξαρχος 2 anhebend. ὁ Vor-

ἐξ-άρχω u. M. a) anfangen, beginnen; anstimmen, zuerst angeben; b) Urheber sein.

ἐξ-ασκέω ausrüsten, schmücken.

ἐξ-αστράπτω hervorblitzen.

ἐξ-ατιμάζω es für gleichgültig achten.

ἐξ-αυαίνω austrocknen. P. verdorren.

ἐξ-αυδάω offen aussprechen.

ἐξ-αυλίζομαι P. aus dem Lager aufbrechen, ausmarschieren.

ἐξ-αυτῆς von Stund an, sogleich, auf einmal.

ἐξ-αῦτις adv. a) wiederum. b) zurück. [sichtlich glauben.]

ἐξ-αυχέω sich rühmen; zuver-

ἐξ-αύω (laut) aufschreien.

ἐξ-αφαιρέομαι M. heraus-, weg-nehmen; rauben.

ἐξ-αφίημι entsenden, befreien.

ἐξ-αφίσταμαι M. wegtreten; sich entziehen, abschlagen.

ἐξ-αφοράω aus der Ferne sehen.

ἐξ-αφύω ganz ausschöpfen.

ἐξ-εγγυάω durch Bürgschaft befreien.

ἐξ-εγείρω auf(er)wecken, auftreten lassen. P. aufwachen.

ἔξ-εδρος 2 vom Wohnsitze fern, auswärts.

ἐξ-εῖδον u. M. a) heraussehen. b) genau zusehen.

ἑξείης = ἑξῆς.

ἐξ-εικάζω (genau) nachbilden.

ἔξ-ειμι¹ a) herausgehen, aus-, weggehen; ausrücken, -ziehen, ausmarschieren. b) vergehen, zu Ende gehen.

ἔξ-ειμι² 1. abstammen. — 2. ἔξεστι es steht frei, es ist erlaubt od. möglich, man darf, man kann.

ἐξ-εῖπον, aor. zu ἐξείρω¹.

ἐξ-είργω 1. hinausdrängen: a) ausschließen, abhalten, abschneiden. b) vertreiben. c) hindern, verwehren. — 2. drängen, zwingen, dazu nötigen.

ἐξ-είρηκα, pf. v. ἐξείρω¹.

ἐξ-είρομαι M. ausfragen, ausforschen.

ἐξ-ειρύω = ἐξερύω.

ἐξ-είρω¹ offen aussprechen, verkünden, berichten; verraten.

ἐξ-είρω² herausstrecken.

ἔξεισθα, 2. sg. prs. v. ἔξειμι¹.

ἐξ-ἔλασις, εως, ἡ 1. Aus-, Vertreibung. — 2. a) Auszug, Aufbruch. b) Aufzug.

ἐξ-ελαύνω u. -ελάω I. a) aus-, heraustreiben, vertreiben; verbannen; (her)ausschlagen. b) hämmern; formen. — 2. intr.: a) ausrücken, aufbrechen, fort-, weiterziehen. b) (her)ausfahren, (hin)ausreiten. c) heranreiten.

ἐξ-ελέγχω I. Akt. 1. prüfen, ausfragen, untersuchen 2. a) überführen, widerlegen; zur Strafe ziehen, beschämen. b) beweisen. 3. P. unrecht haben.

ἐξ-ελευθερο-στομέω frei heraussagen, keck reden.

ἐξ-ελίσσω entwickeln, entfalten; kehrtmachen (lassen).

ἐξ-έλκω u. ἐξ-ελκύω a) herausziehen. b) fortschleppen. c) verlocken.

ἐξέμεν(αι), inf. aor. II v. ἐξίημι.

ἐξ-εμέω ausspeien.

ἔξ-εμμορε, pf. II v. ἐκμείρομαι.

ἐξ-εμπολάω u. -έω 1. ganz (aus)verkaufen; verraten. — 2. erhandeln, Gewinn erlangen.

ἐξ-εναρίζω der Waffen berauben, die Rüstung ausziehen; erlegen.

ἐξ-επάδω durch Beschwörungen heilen; beschwichtigen.

ἐξ-επεύχομαι M. sich dabei noch rühmen.

ἐξ-επίσταμαι P. gründlich kennen, genau wissen od. verstehen.

ἐξ-επίτηδες adv. absichtlich.

ἐξέραμα, τό Gespei, Auswurf.

ἐξ-ερᾱυνάω = ἐξερευνάω.

ἐξ-εργάζομαι M. 1. ausarbeiten: a) ausführen, vollenden, verrichten, verüben, betreiben od. ausüben, tun, machen. b) vollkommen ausbilden. c) bewirken, verursachen, erreichen. — 2. bearbeiten, bebauen. — 3. vernichten, verderben.

ἐξεργαστικός 3 geschickt zur Ausführung von etw.

ἐξ-έργω = ἐξείργω.

ἐξ-ερεείνω u. M. = ἐξερέω¹.

ἐξ-ερείπω niederstürzen, herausfallen.

ἐξ-ερεύγω P. ſich ergießen.
ἐξ-ερευνάω ausforſchen, nach etw. forſchen.
ἐξ-ερέω¹ u. M. ausforſchen: a) erforſchen, durchſpähen, durchſuchen. b) ausfragen.
ἐξ-ερέω², fut. zu ἐξείρω¹.
ἐξ-ερημόω veröden; vertilgen.
ἐξ-έρομαι M. = ἐξερέω u. ἐξείρομαι.
ἐξ-έρπω herauskriechen; hervorkommen.
ἐξ-έρυκω abhalten, hindern.
ἐξ-ερύω herausziehen, (her=)ausreißen.
ἐξ-έρχομαι M. 1. hinausgehen, herauskommen, hervor=, weggehen: a) auswandern. b) ausrücken; einen Ausfall machen. c) (hin)gehen. — 2. a) an die Reihe kommen. b) (von der Zeit) vergehen, verfließen, ablaufen. c) in Erfüllung gehen, einen Ausgang nehmen. d) (ſchließlich) werden, ſich erweiſen, erfunden werden.
ἐξ-ερῶ fut. v. ἐξείρω¹.
ἐξ-ερωέω (Pferde) zurückhalten.
ἐξεσίη, ἡ Ausſendung, Botſchaft.   [der Frau.]
ἔξεσις, εως, ἡ Scheidung von]
ἐξ-ετάζω 1. a) ausforſchen, (er)forſchen, prüfen, unterſuchen, muſtern. b) beurteilen nach, vergleichen mit. c) P.: α) ſich muſtern laſſen; β) erfunden ob. erkannt werden, ſich als etw. zeigen, ans Licht treten. — 2. ausfragen, (be=)fragen; verhören.
ἐξέτασις, εως, ἡ a) Prüfung, Unterſuchung, Forſchung. b) Muſterung.
ἐξεταστικός 3 geſchickt zur Unterſuchung von etw.
ἐξ-έτης 2 ſechsjährig.
ἐξ-έτι (m. gen.) ſeit, von ..., an, von ... her.

ἐξ-ευλαβέομαι P. ſich ſorgfältig in acht nehmen.
ἐξ-ευπορίζω reichlich herbeiſchaffen.
ἐξ-εύρεσις, εως, ἡ u. -εύρημα, τό Erfindung, Enthüllung.
ἐξ-ευρίσκω herausfinden, ausſuchen, erſinnen; ausfindig machen, entdecken: a) erſinnen, enträtſeln. b) möglich machen, bewirken, verurſachen.
ἐξεφαάνθην, aor. P. v. ἐκφαίνω.   [fehlen.]
ἐξ-έφίεμαι M. auftragen, be=]
ἐξ-έψω auskochen, gar kochen.
ἐξ-ηγέομαι M. 1. hinausführen, hinführen; als Anführer ſein, anführen. b) Führer ſein, vorangehen, den Weg zeigen: α) Vorgeſetzter ſein, leiten, regieren; β) anordnen, befehlen, (an)raten. — 2. ausführen, auseinanderſetzen, erzählen, berichten, beſchreiben, erklären, deuten.
ἐξήγησις, εως, ἡ Auseinanderſetzung, Deutung.
ἐξηγητής, οῦ, ὁ a) Ratgeber, Lehrer. b) Ausleger, Deuter.
ἐξήκοντα ſechzig.
ἐξηκοστός 3 ſechzigſte(r).
ἐξ-ήκω 1. a) herausgekommen ſein. b) hingekommen ob. wohin gelangt ſein. — 2. a) vergangen ob. vorüber ſein. b) in Erfüllung gehen, eintreffen.
ἐξήλασ(σ)α, aor. I v. ἐξελαύνω.
ἐξ-ήλατος 2 gut geſchmiedet.
ἐξ-ήλυσις, εως, ἡ Ausgang, Ausfluß, Ausweg, Entkommen.
ἐξ-ήμαρ adv. ſechs Tage lang.
ἐξ-ημερόω urbar machen.
ἐξ-ημοιβός 2 zum Wechſeln.
ἐξήπαφον, aor. II v. ἐξαπαφίσκω.
ἑξῆς a) der Reihe nach, neben=, nach=einander, zunächſt; ὁ der folgende. b) demnächſt, ferner.

ἐξ-ηχέομαι P. kund werden.
ἐξ-ιάομαι M. gänzlich heilen; wieder gutmachen.
ἐξεῖδον = ἐξεῖδον.
ἐξ-ιδιόομαι M. sich ganz zu eigen machen.
ἐξ-ιδρύω sich (hinsetzen und) ausruhen lassen.
ἐξ-ίημι I. Akt. 1. (her)ausschicken, entsenden; entlassen. 2. sich ergießen. — II. M. 1. aus **sich heraussenden, (Verlangen) stillen. 2. sich von j-m scheiden.**
ἐξ-ιθύνω gerade machen.
ἐξ-ικετεύω dringend bitten.
ἐξ-ικνέομαι M. 1. hingelangen, heran-, hin-kommen; erreichen: a) reichen bis, treffen. b) erlangen, vollbringen. — 2. ausreichen, gewachsen sein.
ἐξ-ιλάσκομαι M. versöhnen.
ἕξις, εως, ἡ 1. a) Haltung; Beschaffenheit, Zustand. b) Verhalten, Lebensweise; Gewöhnung. — 2. Fähigkeit, Geschicklichkeit.
ἐξ-ισόω 1. gleichmachen: a) gleichstellen. b) ausgleichen. — 2. *intr.* u. P. gleichkommen, gleich sein, gleichen.
ἐξ-ιστά(ν)ω = ἐξίστημι.
ἐξ-ίστημι 1. hinaus-, wegstellen: a) von etw. abbringen. b) verändern. c) in (Erstaunen setzen. — 2. *intr.* u. M. hinaustreten, wegtreten, sich entfernen, entweichen; fernstehen, außerhalb einer Sache stehen; vor j-m zurücktreten od. -weichen: a) außer sich geraten, von Sinnen kommen; sich entsetzen. b) sich lossagen von, aufgeben; j-m etw. abtreten. c) vergessen, verlieren. d) sich verändern; entarten.
ἐξ-ιστορέω ausfragen.
ἐξ-ισχύω vermögen.
ἐξ-ίσχω heraushalten.

ἐξ-ίτηλος 2 vertilgt, vernichtet, verschwunden.
ἐξ-ιτητέον *adj. verb.* v. ἔξειμι[1].
ἐξ-ιχνοσκοπέω u. M. ausspüren.
ἐξ-ογκόω aufschwellen. P. 1. übervoll sein. — 2. sich aufblähen, großtun.
ἐξοδεία, ίη, ἡ Ausmarsch, Feldzug. [men.]
ἐξ-οδοιπορέω herauskom-
ἔξ-οδος, ἡ 1. Ausgang, Ausweg: a) Tor. b) Mündung. — 2. das Herausgehen, Weggang: a) Aufbruch, Aus-zug, -marsch, -fall; Feldzug. b) Aufzug. c) Ablauf, Ende; Tod.
ἔξ-οιδα genau od. wohl wissen.
ἐξ-οικέω ganz zu Wohnungen benutzen. [bewohnt.]
ἐξοικήσιμος 2 bewohnbar;
ἐξ-οικίζω vertreiben; verbannen. M. ausziehen, auswandern.
ἐξ-οικοδομέω erbauen.
ἐξ-οιμώζω in Klagen ausbrechen.
ἐξ-οιχνέω hinausgehen.
ἐξ-οίχομαι M. hinaus- od. weggegangen sein.
ἐξ-οκέλλω a) sich verirren. b) stranden.
ἐξ-ολεθρεύω ausrotten.
ἐξ-ολισθαίνω herausgleiten.
ἐξ-όλλυμι a) ganz vernichten, verwirren. b) *intr.* u. M. vernichtet werden.
ἐξ-ολοθρεύω ausrotten.
ἐξ-όμιλος 2 außergewöhnlich.
ἐξ-όμνυμι u. M. abschwören.
ἐξ-ομοιόω I. Akt. gleich od. ähnlich machen. — II. P. gleich od. ähnlich werden.
ἐξ-ομολογέω u. M. a) bekennen. b) einwilligen. c) preisen.
ἐξ-ομόργνυμι u. M. a) aufprägen, abdrücken. b) *intr.* sich ausprägen.

ἐξ-ονειδίζω schmähen.
ἐξ-ονομάζω u. -ονομαίνω a) mit Namen nennen. b) aussprechen, sagen.
ἐξ-ονομα-κλήδην *adv.* mit Namen, namentlich.
ἐξ-όπι(σ)θεν a) von hinten, rückwärts. b) (m. *gen.*) hinter.
ἐξ-οπλέω a) = ἐξόπισθεν. b) in Zukunft. [nen ob. ausrüsten.]
ἐξ-οπλίζω vollständig bewaff-
ἐξοπλισία u. ἐξόπλισις, εως, ἡ a) Bewaffnung. b) Musterung in voller Ausrüstung.
ἐξ-οπτάω ausbrennen.
ἐξ-οράω s. ἐξεῖδον.
ἐξ-οργίζω zornig machen.
ἐξ-ορθόω aufrichten, bessern.
ἐξ-ορίζω verbannen.
ἐξ-ορκίζω a) = ἐξορκόω. b) beschwören.
ἐξορκιστής, οῦ, ὁ Beschwörer.
ἐξ-ορκόω schwören lassen, vereidigen. [gung, Eid.]
ἐξόρκωσις, εως, ἡ Vereidi-
ἐξ-ορμάω 1. *trans.* heraustreiben, aus-, ent-senden, auslaufen lassen; antreiben, ermuntern. — 2. *intr.* u. P. u. M. enteilen; aufbrechen, ausrücken.
ἐξ-ορούω herausspringen.
ἐξ-ορύσσω (her)ausgraben, durchgraben, ausstechen, aufreißen.
ἐξ-οστρακίζω durch das Scherbengericht verbannen.
ἐξ-οτρύνω antreiben.
ἐξ-ουδενέω u. -όω für nichts halten, verachten. [ουδενέω.]
ἐξ-ουθενέω u. -όω = ἐξ-
ἐξουσία, ἡ das Vermögen: 1. a) Recht, Befugnis, Vollmacht, Erlaubnis, Freiheit. b) Belieben, Willkür. — 2. Macht, Gewalt, Herrschaft; Obrigkeit, Behörde; obrigkeitliches Amt; Machthaber. — 3. Überfluß.

ἐξουσιάζω Macht haben, (beherrschen, verfügen.
ἐξ-οφέλλω reichlich mehren.
ἐξοχή, ἡ Hervorragen, Vorzug.
ἔξοχος 2 hervorragend, ausgezeichnet, vorzüglich. *adv.* ἔξοχον, ἔξοχα, ἐξόχως besonders, vorzugsweise, vor den anderen, (mit *gen.*) vor.
ἐξ-πήχυς, υ sechs Ellen lang.
ἐξ-υβρίζω übermütig werden ob. reden, freveln; sich empören.
ἐξ-υπανίσταμαι M. darunter sich emporheben. [oben.]
ἐξ-ὕπερθε *adv.* von oben her,
ἐξ-υπηρετέω ganz zu Diensten sein, Folge leisten.
ἐξ-υπνίζω aufwecken.
ἔξ-υπνος 2 erwacht, wach.
ἐξ-υφαίνω fertig weben.
ἐξ-υφηγέομαι M. vorangehen.
ἔξω I. *adv.* 1. außen, draußen, auswärts, außerhalb.. 2. heraus, hinaus, nach außen. — II. *prp.* mit *gen.*: 1. außerhalb, aus ... heraus, über ... hinaus, jenseits. 2. (*zeitlich*) über ... hinaus. 3. a) fern von, frei von, ohne. b) außer, ausgenommen.
ἔξω-θεν *adv.* a) von außen her, von auswärts. b) = ἔξω.
ἐξ-ωθέω 1. a) hinaus-, ausstoßen, weg-, zurück-drängen, vertreiben. b) wohin drängen ob. treiben. — 2. a) hinhalten. b) verachten.
ἐξώλεια, ἡ gänzliches Verderben. [richtet.]
ἐξώλης 2 ganz zugrunde ge-
ἐξωμιδοποιΐα, ἡ Verfertigung der Leibröcke.
ἐξ-ωμίς, ίδος, ἡ kurzer Leibrock, Bluse, Arbeitskittel.
ἐξ-ωνέομαι M. 1. heraus-, vorweg-kaufen. — 2. a) weg-, los-kaufen. b) erkaufen.
ἐξ-ωρος 2 unzeitig; unpassend.

11*

ἐξώστης — 164 — ἐπ-αίρω

ἐξώστης, ου widrig, feindlich.
ἐξωτάτω adv. am weitesten außerhalb.
ἐξώτερος 3 äußerer, draußen.
ἔο = οὗ.
ἐοῖ = οἷ².
ἔοικα, pf. II. zu εἴκω.
ἔοι(ς), opt. v. εἰμί.
ἔολπα, pf. II zu ἔλπω².
ἐόντως adv. = ὄντως.
ἔοργα, pf. zu ἔρδω.
ἑορτάζω ein Fest feiern.
ἑορτή, ῆ a) Fest, Festtanz, Feier. b) Vergnügen.
ἑός, ἑή, ἑόν sein, ihr, eigen.
ἐπ-αγάλλομαι M. prunken.
ἐπ-αγγελία, ἡ Zusage, Versprechen, Verheißung, verheißenes Gut.
ἐπ-αγγέλλω I. Akt. 1. ankündigen, verkündigen, melden: a) bekanntmachen. b) verheißen. 2. j-m eine Leistung auferlegen, etw. anordnen: a) befehlen, auffordern. b) verlangen, fordern. — II. M. 1. a) zu etw. sich erbieten ob. bereit erklären, verheißen, versprechen. b) etw. als sein Fach angeben, sich zum Unterricht in etw. erbieten, sich zu etw. bekennen. 2. a) für sich fordern, verlangen. b) befehlen.
ἐπ-άγγελμα, τό a) Verheißung. b) Fach, Kunst.
ἐπ-αγείρω herbeibringen. M. in Scharen herankommen.
ἐπάγερσις, ιος, ἡ Sammlung.
ἐπάγην, aor. II P. v. πήγνυμι.
ἐπ-αγῑνέω = ἐπάγω.
ἐπ-αγλαΐζομαι M. damit prunken.
ἐπ-άγω I. Akt. 1. heran-, herbei-führen, -treiben, -bringen, -rufen: a) einschalten; hinzufügen, hinzusetzen. b) veranlassen, bewirken. c) dazu bringen, antreiben, verleiten, be-

wegen, aufhetzen. 2. intr. heranziehen, anrücken. — II. M. zu sich ob. für sich heranführen, zu Hilfe rufen, an sich ziehen: a) anführen, erwähnen. b) für sich gewinnen; sich verschaffen, sich etw. zuziehen ob. aufbürden.
ἐπ-αγωγή, ἡ 1. a) das Herbeirufen. b) Herbeischaffen; Zufuhr. — 2. das Anrücken, Angriff.   [verlockend.)
ἐπ-αγωγός 2 verführerisch,
ἐπ-αγωνίζομαι M. für etw. kämpfen.
ἐπ-ᾴδω 1. a) dabei singen. b) vorsingen. — 2. durch Gesang bezaubern; durch Zaubersprüche heilen.
ἐπ-αείρω = ἐπαίρω.
ἐπ-αέξω dazu gedeihen lassen.
ἐπ-αθροίζομαι P. sich zahlreich versammeln.
ἐπ-αιγίζω heranstürmen.
ἐπ-αιδέομαι P. sich (dabei) schämen.
ἐπαινέτης, ου, ὁ Lobredner, Lobpreiser.
ἐπ-αινέω 1. Beifall geben: a) gutheißen, billigen. b) zustimmen. c) loben, preisen; danken, beglückwünschen. — 2. zureden, raten.
ἐπ-αίνημι = ἐπαινέω.
ἔπ-αινος, ὁ Lob, Loberhebung, Beifall: a) Lobrede. b) Belohnung. c) löbliche Eigenschaft.
ἐπαινός 3 schrecklich.
ἐπ-αίρω I. Akt. 1. a) (hin)auf-, empor-heben, erheben, hinauflegen, aufrichten. b) erregen: α) antreiben, ermutigen; β) veranlassen, verleiten, betören. c) übermütig machen. 2. intr. sich erheben. — II. P. 1. gereizt ob. angetrieben, verleitet werden. 2. sich erheben: a) sich

ἐπ-αισθάνομαι — 165 — ἐπ-αναμένω

hinreißen lassen. b) sich gehoben fühlen; sich überheben, sich brüsten, stolz werden.
ἐπ-αισθάνομαι M. bemerken, wahrnehmen; vernehmen, hören.
ἐπ-ᾴσσω I. Akt. anstürmen, losstürzen, stürmen; anfallen. — II. M. sich schwingen, losstürzen.
ἐπαϊστός 2 ruchbar, bekannt.
ἐπ-αισχύνομαι P. sich (darüber) schämen, sich scheuen.
ἐπ-αιτέω a) dazu-fordern. b) dringend bitten, um etw. betteln.
ἐπ-αιτιάομαι M. a) Gründe angeben. b) beschuldigen, anklagen. c) beklagen.
ἐπ-αίτιος 2 a) schuldig. b) beschuldigt; vielgetadelt, verwerflich.
ἐπ-αΐω a) auf etw. hören; bemerken, wahrnehmen. b) verstehen, Sachverständiger sein.
ἐπ-ακολουθέω 1. (nach)folgen, verfolgen, begleiten. — 2. a) sich anschließen an etw., anhängen. b) nachgeben. c) begreifen, verstehen.
ἐπ-ακούω hinhören, anhören; hören; erhören, gehorchen.
ἐπ-ακροάομαι M. anhören.
ἐπακτήρ, ῆρος, ὁ Jäger.
ἐπ-άκτιος 3 (u. 2) am Gestade (liegend).
ἐπακτός 3 herbeigeführt; ausländisch, fremd; angelernt.
ἐπακτρίς, ίδος, ἡ Nachen.
ἐπ-ᾰλᾰλάζω dabei das Schlachtgeschrei erheben.
ἐπ-ᾰλάομαι P. a) hinirren. b) umherirren.
ἐπ-ᾰλαστέω darüber zürnen.
ἐπ-ᾰλείφω bestreichen.
ἐπ-ᾰλέξω a) abwehren. b) beistehen, helfen.
ἐπ-ᾰληθεύω bestätigen.

ἐπαλλᾰγή, ἡ wechselseitige Verbindung.
ἐπ-αλλάσσω abwechseln, verändern; verdrehen.
ἐπ-άλληλος 2 gegenseitig.
ἐπάλμενος s. ἐφάλλομαι.
ἔπαλξις, εως, ἡ Brustwehr, Mauerzinne; Schutz.
ἐπᾶλτο s. ἐφάλλομαι.
ἐπ-ᾰμαξεύω befahren.
ἐπ-ᾰμάομαι M. zusammenhäufen, (darüber) aufschütten.
ἐπ-ᾰμείβω u.M. wechseln, (ver=)tauschen.
ἐπᾰμένος, part. pf. P. zu [ἐφάπτω.]
ἐπᾰμοιβᾰδίς adv. gegenseitig.
ἐπᾰμύντωρ, ορος, ὁ Beschützer, Beistand.
ἐπ-ᾰμύνω beistehen.
ἐπ-αμφοτερίζω schwanken; sich zweideutig benehmen.
ἐπάν u. ἐπήν = ἐπειδάν.
ἐπ-αναβαίνω hinauf-steigen, =rücken, ersteigen; aufsitzen.
ἐπ-αναβάλλομαι M. noch aufschieben.
ἐπ-αναβιβάζω hinaufsteigen lassen. [wurf.]
ἐπαναβληδόν adv. als Über-
ἐπ-αναγκάζω dazu zwingen.
ἐπ-ανάγκες adv. notwendigerweise, unerläßlich; gezwungen.
ἐπ-ανάγω I. Akt. 1. a) hinaufführen; in See stechen lassen. b) aufreizen. c) zurückführen, =bringen. 2. intr. hinauffahren, um=kehren. — II. P.: a) in See stechen, auslaufen; entgegenfahren. b) verschlagen werden.
ἐπαναγωγή, ἡ das Aussegeln, Angriff.
ἐπ-αναίρω u. M. a) etw. gegen j-n erheben. b) M. gegeneinander erheben.
ἐπ-αναλαμβάνω wiederholen.
ἐπ-αναμένω noch länger warten.

ἐπ-αναμιμνῄσκω wieder daran erinnern.

ἐπ-αναπαύομαι M. auf etw. ausruhen; sich verlassen auf; beruhen auf etw. ob. j-m, vertrauen.

ἐπ-αναπλέω u. **-πλώω** a) auslaufen, -fahren, entgegensegeln. b) zurücksegeln. c) überströmen.

ἐπ-ανάσεισις, εως, ἡ drohendes Schwingen.

ἐπ-ανάστασις, εως, ἡ a) Umsturz. b) Aufstand, Empörung.

ἐπ-αναστρέφω (sich) umwenden, die Schwenkung fortsetzen.

ἐπ-ανατείνω emporstrecken, hinstrecken, hinhalten; ausdehnen. [aufgeben.]

ἐπ-ανατέλλω sich erheben,

ἐπ-ανατίθημι daranlegen; (die Tür) wiederschließen.

ἐπ-αναφέρω 1. a) zurückbringen, -führen; berichten. b) zurückkehren. — 2. zurückbeziehen.

ἐπ-αναχωρέω zurückweichen, sich zurückziehen, zurückkehren.

ἐπαναχώρησις, εως, ἡ das Zurückweichen.

ἐπ-άνειμι a) hinauf- gehen, ziehen; wohin-kommen. b) zurück-gehen, -kehren; auf etw. zurückkommen, von neuem durchgehen. [sich verkündigen.]

ἐπ-ανειπεῖν noch dazu öffentlich

ἐπ-ανέρομαι u. **-είρομαι** M. = ἐπανερωτάω.

ἐπ-ανέρχομαι = ἐπάνειμι.

ἐπ-ανερωτάω wieder(be)fragen; fragen.

ἐπ-ανήκω wieder zurückkommen ob. zurücksein.

ἐπ-ανθέω daraufblühen; sich oben ansetzen.

ἐπ-ανίημι loslassen: a) hetzen gegen j-n. b) aufgeben.

ἐπ-ανισόω gleichmachen.

ἐπ-ανίσταμαι M. a) sich auf etw. stellen. b) sich gleichfalls erheben, dagegen aufstehen, sich empören. c) (etwas) zurücktreten.

ἐπ-άνοδος, ἡ Rückkehr.

ἐπ-ανορθόω u. M. wiederaufrichten: a) wiederherstellen. b) abhelfen, unterstützen, verbessern. c) zurechtweisen.

ἐπανόρθωμα, τό u. **ἐπανόρθωσις**, εως, ἡ a) Wiederherstellung. b) Verbesserung, Zurechtweisung.

ἐπ-άντης 2 steil, schroff.

ἐπ-αντλέω a) dazuschöpfen. b) überschütten.

ἐπ-άνω adv. a) oben darüber, oben (auf), oberhalb. b) früher. τὰ ἐπ. das Frühere, Vorhergehende. c) über (= mehr als), über etw. erhaben.

ἐπ-άνωθεν adv. aus dem (ob. im) Binnenlande.

ἐπ-άξιος 3 würdig, wert; angemessen. adv. mit Recht.

ἐπ-αξιόω würdigen, für würdig (recht, billig) halten; glauben.

ἐπ-αοιδή, ἡ = ἐπῳδή.

ἐπ-απειλέω a) dazu noch drohen. b) drohen, bedrohen.

ἐπ-άπτω = ἐφάπτω.

ἐπ-αρά, ἡ Verwünschung.

ἐπ-αράομαι M. herbeiwünschen, Böses anwünschen, verwünschen, verfluchen.

ἐπ-αραρίσκω a) daranfügen. b) intr. (pf. II) angefügt sein, daransitzen.

ἐπ-αράσσω zuschlagen.

ἐπ-άρατος 2 verflucht.

ἐπ-άργυρος 2 silberbelegt.

ἐπ-αρήγω helfen, beistehen.

ἐπάρηρει s. ἐπαραρίσκω.

ἐπ-άριτοι, οἱ Bundesheer der Arkadier, Garde.

ἐπάρκεια, ἡ Unterstützung.
ἐπάρκεσις, εως, ἡ Unterstützung, Beistand.
ἐπ-αρκέω 1. a) ausreichen; in Kraft bleiben. b) schützen, helfen, beistehen. — 2. trans.: a) darreichen, gewähren. b) abwehren, verhindern.
ἐπαρκούντως adv. hinreichend.
ἐπ-άρουρος, ὁ Ackerknecht.
ἐπ-αρτάομαι P. pf. drohen.
ἐπ-αρτής 2 bereit.
ἐπ-αρτύω u. -ύνω hinzufügen; verhängen.
ἐπάρχειος, ἡ = ἐπαρχία.
ἐπαρχία, ἡ Statthalterschaft, Provinz, Gebiet.
ἔπ-αρχος, ὁ Statthalter.
ἐπ-άρχω I. Akt. (be)herrschen. — II. M. (die Becher) zum Weiheguß füllen.
ἐπ-αρωγός, ὁ Helfer.
ἐπ-ασκέω a) etw. ein- od. ausüben, sich in etw. üben; zu erhalten suchen. b) kunstvoll mit etw. versehen, verzieren.
ἐπασσύτερος 3 dichtgedrängt, rasch hintereinander.
ἐπ-άσσω, -άττω = ἐπαΐσσω.
ἐπ-αυδάω u. M. anrufen.
ἐπ-αυλίζομαι M. u. P. dabeibiwakieren.
ἔπ-αυλις, εως, ἡ Wohnung: a) Gehöft. b) Quartier.
ἔπ-αυλος, ὁ a) Viehstand, Hürde, Stall. b) Wohnstätte.
ἐπ-αυξάνω u. ἐπ-αύξω noch vergrößern, vermehren, erhöhen.
ἐπαύρεσις, εως, ἡ Vorteil, Frucht. [ster Tag.]
ἐπ-αύριον adv. morgen; näch-
ἐπ-αυρίσκω I. Akt.: a) berühren, streifen. b) genießen, kosten; erlangen. — II. M.: a) erlangen, sich zuziehen. b) genießen, Genuß (Nutzen, Nachteil) von etw. haben.

ἐπ-αυχέω a) mit etw. prahlen, großtun. b) die stolze Hoffnung hegen.
ἐπ-άϋω zuschreien.
ἐπ-αφρίζω ausschäumen.
ἐπ-αφρόδιτος 2 liebreizend.
ἐπ-αφύσσω dazuschöpfen.
ἐπ-αχθής 2 lästig; unangenehm, verhaßt, gehässig.
ἐπεάν = ἐπάν.
ἐπ-εγγελάω (dabei) lachen; verhöhnen, verspotten.
ἐπ-εγείρω I. Akt. aufwecken; (wieder)erregen, ermuntern. — II. P. wieder aufgeweckt werden, erwachen.
ἐπ-έδρη, ἡ = ἐφέδρα.
ἐπ-έην = ἐπῆν von ἔπειμι¹.
ἐπεί cj. 1. zeitl.: a) als, nachdem, seitdem, während. ἐπεὶ τάχιστα (od. εὐθέως) sobald als. b) sobald als, wenn. c) sooft (als). — 2. kausal: a) da, weil, indem. b) denn, denn auch, denn sonst; daher. — 3. konzess.: a) obgleich, wiewohl, während dagegen. b) indes, übrigens.
ἐπείγω I. Akt. drücken, drängen: 1. bedrängen: a) verfolgen. b) (fort)treiben, in Bewegung setzen: α) etw. betreiben; β) beschleunigen. — 2. intr. eilen, dringlich sein. — II. P. u. M. sich drängen, andringen, eilen; sich sehnen, wünschen; beschleunigen.
ἐπειδάν cj. nachdem, wenn, während, sobald (als).
ἐπει-δή cj. 1. zeitl.: a) nachdem (einmal), als nun, seitdem. ἐπ. τάχιστα oder πρῶτα sobald als. b) sooft. — 2. (kausal) da ja, weil ja, weil einmal.
ἐπειδή-περ cj. weil ja einmal, da ja.
ἐπ-εῖδον, aor. II. zu ἐφοράω.
ἐπειή cj. da wahrlich, weil ja.
ἐπ-εικάζω vermuten.

ἔπ-ειμι¹ darauf-, dabei-, daran-
sein, damit verbunden sein; vorhanden sein, dasein, stattfinden:
a) darüber sein oder liegen:
α) vorgesetzt sein; gebieten;
β) außerdem sein, noch dazukommen. b) (zeitl.) danach sein,
später leben, übrig sein.

ἔπ-ειμι² heran-, hinzu-gehen
od. -kommen, besuchen. ὁ ἐπιών
der erste beste. Bsd.: a) durch-
wandeln. b) auf etw. losgehen,
vorrücken, angreifen. c) über
j-n kommen, anwandeln, in den
Sinn kommen. d) auftreten.
e) herannahen, bevorstehen. ὁ
ἐπιών der folgende.

ἐπ-είνῦμι = ἐφέννυμι.

ἐπ-ειπεῖν dazusagen, hinzufügen.

ἐπεί-περ *cj.* weil eben, weil
doch einmal, da ja (doch).

ἐπ-είρομαι M. = ἐπέρομαι.

ἐπ-ειρύω = ἐπερύω.

ἐπ-ειρωτάω u. **-έω** = ἐπερωτάω.

ἐπεισαγωγή, ἡ a) das Einfüh-
rung. b) Einlaßort.

ἐπεισαγώγιμος 2 von auswärts eingeführt.

ἐπείσακτος 2 von außen eingeführt; ausländisch.

ἐπ-εισβαίνω (gleichfalls) hinein-gehen, -steigen, -reiten.

ἐπ-εισβάλλω noch einmal einfallen.

ἐπ-είσειμι = ἐπεισέρχομαι.

ἐπ-εισέρχομαι M. noch dazu
od. hinterdrein (hinein)kommen;
nachrücken, an j-s Stelle treten;
über j-n kommen; eingeführt
werden. [Dazwischenkunft.]

ἐπείσοδος, ἡ das Eintreten.

ἐπ-εισπίπτω noch dazu einfallen oder eindringen; überfallen, hereinbrechen.

ἐπ-εισπλέω noch dazu heransegeln; zum Angriff hinein-
fahren.

ἐπ-εισφέρω I. Akt. außerdem
hineinbringen. – II. M. für sich
beibringen. – III. P. dazwischen-
kommen. [lassen.]

ἐπ-εισφρέω noch dazu hinein-

ἐπ-ειτα *adv.* I. a) hierauf, darauf, dann, hinfort. ὁ ἐπ. der
spätere, folgende, künftige;
Nachkomme. b) sodann, ferner.
– 2. a) demnach, also. b) trotzdem, gleichwohl, dann doch.

ἐπεί-τε = ἐπειδή.

ἔπειτεν = ἔπειτα.

ἐπ-εκβαίνω a) noch dazu aussteigen. b) herbeikommen.

ἐπ-εκβοηθέω a) zur Hilfe herbeieilen. b) entgegeneilen.

ἐπ-εκδιδάσκω noch dazu-
lehren, ferner erklären.

ἐπ-εκδιηγέομαι M. = ἐπεκ-
διδάσκω.

ἐπεκδρομή, ἡ Ausfall.

ἐπ-έκεινα *adv.* jenseits, darüber hinaus, weiterhin, hinter.

ἐπεκέκλετο s. ἐπικέλομαι.

ἐπέκερσε s. ἐπικείρω.

ἐπ-εκθέω = ἐπεκτρέχω.

ἐπ-εκπλέω zum Angriff herausfahren. [Flotte.]

ἐπέκπλους, ὁ Auslaufen der

ἐπ-εκτείνομαι P. sich ausstrecken nach etw.

ἐπ-εκτρέχω einen Ausfall
machen.

ἐπ-ελαύνω 1. a) darüber-trei-
ben; darüber-schmieden. b) heranführen. ὅρκον τινί j-m einen
Eid auferlegen. – 2. *intr.* heran-rücken, -reiten, -fahren; herankommen.

ἐπ-έλησε, *aor.* von ἐπιλήθω.

ἐπ-έλκω = ἐφέλκω.

ἐπ-ελπίζω j-m Hoffnungen
machen.

ἐπ-εμβαίνω a) darauf- oder
hinein-treten, betreten; *pf.* auf
etw. stehen. b) mit Füßen treten, mißhandeln; verhöhnen.

ἐπ-εμβάλλω 1. j-m etw. anlegen; noch hinzufügen. ἑαυτὸν ὡς σωτῆρα sich als Retter antragen. — 2. noch außerdem hineinfließen.

ἐπεμβάτης, ου, ὁ Besteiger.

ἐπ-εμπίπτω hineinstürmen.

ἐπ-εναρίζω noch dazu töten.

ἐπ-ενδύω u. ἐπ-ενδύομαι darüber noch anziehen, überkleiden.

ἐπενδύτης, ου, ὁ Oberkleid.

ἐπενεῖκαι f. ἐπιφέρω.

ἐπενήνεον f. ἐπινηνέω.

ἐπ-ενήνοθα a) daraufsprossen, -sitzen. b) umstrahlen, umfließen, bedecken.

ἐπενθήκη, ἡ Zusatz.

ἐπ-ενθρῴσκω daraufspringen, sich auf j-n stürzen.

ἐπ-εντανύω u. -εντείνω darüberspannen. P. sich darüberlehnen. [tragen.]

ἐπ-εντέλλω noch dazu auf-)

ἐπ-εντύω u. -τύνω zurüsten, anschirren; sich rüsten.

ἐπ-εξάγω 1. a) dagegen herausführen, ausrücken lassen, ins Feld führen. b) die Front ausdehnen. — 2. hinfahren.

ἐπεξαγωγή, ἡ weitere Ausdehnung.

ἐπ-έξειμι = ἐπεξέρχομαι.

ἐπ-εξελαύνω ausrücken lassen gegen j-n. [mal töten.]

ἐπ-εξεργάζομαι M. noch ein-)

ἐπ-εξέρχομαι M. 1. a) entgegenziehen, herankommen. b) aus-ziehen, -rücken ins Feld ziehen: α) e-n Ausfall machen; β) angreifen, feindlich vorgehen gegen, verfolgen, (be)strafen; (sich) rächen; verklagen. — 2. a) weitergehen, weggehen. b) durchwandern: genau durchgehen, auseinandersetzen; untersuchen. c) ausführen, ins Werk setzen.

ἐπ-εξέτασις, εως, ἡ nochmalige Musterung.

ἐπ-εξευρίσκω noch dazu erfinden.

ἐπ-εξῆς = ἐφεξῆς = ἑξῆς.

ἐπεξόδια, τὰ Opfer beim Ausmarsch.

ἐπ-έξοδος, ἡ Ausmarsch.

ἐπ-έοικα anstehen, gefallen. ἐπέοικε es gebührt sich, es ziemt sich, es ist angemessen.

ἐπεπίθμεν f. πείθω.

ἐπέπληγον f. πλήσσω.

ἐπέπταρε f. ἐπιπταίρω.

ἐπέπτατο f. ἐπιπέτομαι.

ἐπέπυστο f. πυνθάνομαι.

ἐπ-έπω = ἐφέπω.

ἐπ-εργάζομαι M. Land (widerrechtlich) bebauen.

ἐπεργασία, ἡ widerrechtliche Bebauung von heiligem Lande.

ἐπ-ερείδω darauf-stützen, -stemmen, hinein-stemmen, -legen.

ἐπ-ερέφω erbauen.

ἐπ-έρομαι M. = ἐπερωτάω.

ἐπερρώσαντο f. ἐπιρρώομαι.

ἐπ-ερύω I. Akt. heran-, herankommen, zu-ziehen; hinaufschleifen. — II. M. etw. über sich ziehen.

ἐπ-έρχομαι M. 1. hinzu-, heran-, herbei-kommen, -treten, sich nahen: a) in etw. geraten ob. versetzt werden. b) vor j-m auftreten. c) (von der Zeit) bevorstehen, eintreten, folgen. — 2. losgehen auf etw., heranrücken, überfallen, angreifen: a) über j-n kommen, j-n anwandeln, befallen. b) j-m in den Sinn kommen. — 3. darüber hingehen; durch-wandern, -ziehen, besuchen, betreten; überschwemmen; a) etw. durchnehmen, auseinandersetzen. b) ausführen.

ἐπ-ερωτάω a) dagegen- oder wieder fragen; noch dazu fra-

ἐπερώτημα — 170 — ἐπητύς

gen, (be)fragen, um Rat fragen. b) fordern.
ἐπερώτημα, τό u. **-ερώτησις**, εως, ἡ a) Befragung, Anfrage. b) Forderung, Bitte.
ἔπ-εσαν = ἐπῄεσαν von ἔπειμι[1].
ἐπεσβολίη, ἡ dreistes Geschwätz.
ἐπεσ-βόλος 2 wortdreist.
ἐπ-εσθίω b) dazu-essen.
ἔπ-εσπον, aor. II. von ἐφέπω.
ἐπέσσῦται s. ἐπισσεύω.
ἐπ-έτειος u. **-έτεος** 2 (selten 3) a) das ganze Jahr hindurch dauernd. b) jährlich.
ἐπέτης, ου, ὁ, ἡ Begleiter, Diener(in).
ἐπ-ετήσιος 2 = ἐπέτειος.
ἐπ-ευθύνω dahin-lenken, -richten.
ἐπ-ευρίσκω = ἐφευρίσκω.
ἐπ-ευφημέω a) Beifall zurufen; laut verlangen. b) etw. Günstiges dazurufen.
ἐπ-εύχομαι M. 1. dabei oder dazu beten, anslehen: a) wünschen. b) verwünschen, fluchen. — 2. sich rühmen, frohlocken, jubeln.
ἔπεφνον s. φένω.
ἐπέφρᾰδον s. φράζω.
ἐπεχεύατο s. ἐπιχέω.
ἐπ-έχω I. Akt. 1. a) darauf haben oder -halten, entgegenlenken, daraufsetzen: α) hinhalten, darreichen; β) vor sich ob. gegenüber haben; γ) zuhalten, verschließen; b) festhalten: α) aufhalten, zurückhalten, hindern; β) aufschieben, verzögern. c) innehaben: α) bedecken, sich über etw. erstrecken ob. verbreiten, erreichen; β) etw. einnehmen, in seiner Gewalt haben; γ) beschäftigen. — 2. intr.: a) auf etw. losgehen oder losfahren, anrücken, zusetzen, nachjagen. b) seine Aufmerksamkeit darauf richten, achtgeben, im

Sinne haben. c) innehalten: α) anhalten, an sich halten, zögern, warten; bleiben; β) von etw. abstehen; γ) s-e Meinung zurückhalten. d) sich erstrecken: reichen. — II. M. 1. zielen. — 2. a) (an den Mund) ansetzen. b) sich etw. zuhalten. — 3. a) ansetzen. b) zaudern.
ἐπ-ηβάω = ἐφηβάω.
ἐπήβολος 2 teilhaftig, mächtig.
ἐπ-ηγκενίς, ίδος, ἡ Jochbalken, Spannholz. [vorwerfen.]
ἐπ-ηγορεύω u. **-έω** j-m etw.
ἐπῄεν = ἐπήν von ἔπειμι[1].
ἐπηετᾱνός 2 (u. 3) beständig; reichlich, vollauf.
ἐπῄειν von ἔπειμι[2].
ἐπ-ήκαν von ἐφίημι.
ἐπήκοος 2 a) (zu)hörend, erhörend; Hörer. b) hörbar. τὸ -ον Hörweite.
ἐπ-ηλυγάζομαι M. a) überschatten, verstecken. b) sich verstecken.
ἐπ-ήλυθον s. ἐπέρχομαι.
ἔπ-ηλυς, υδος u. **ἐπ-ηλύτης**, ου herankommend; eingewandert; Ankömmling, Fremder.
ἐπ-ημοιβός 2 (ab)wechselnd. ὀχῆες Querriegel.
ἐπήν (mit conj.) = ἐπάν.
ἐπ-ηπύω zujauchzen.
ἐπ-ήρᾰτος 2 lieblich, reizend.
ἐπ-ηρεάζω a) kränken, beleidigen, schmähen, mißhandeln, schaden. b) (be)drohen.
ἐπ-ήρεια, ἡ Kränkung, Beleidigung; Bosheit, Erbitterung.
ἐπ-ήρετμος 2 a) rudernd. b) berudert. [steil.]
ἐπ-ηρεφής 2 überhängend,
ἐπ-ῇρσε s. ἐπαρίσκω.
ἐπητής, οῦ a) besonnen. b) freundlich. [ander.]
ἐπ-ητρῐμος 2 schnell nacheinἐπητύς, ύος, ἡ Freundlichkeit.

ἐπ-ηχέω widerhallen.

ἐπί A. *adv.* darauf, hinauf, dabei, daran, heran; dagegen; hinterdrein, danach; dazu, außerdem. — B. *prp.* auf: I. mit *gen.*: 1. räuml.: a) auf die Frage „wo?": auf, an, in, bei, in der Nähe. b) auf die Frage „wohin?": nach ... hin, auf (= in der Richtung nach). c) in Gegenwart, vor. — 2. zeitl.: bei, während, zur Zeit, unter (= unter der Regierung). — 3. übtr.: a) zur Bezeichnung der Oberleitung: über, bei, in betreff. b) zur Bezeichnung von Ursache, Veranlassung, Urheber, Zweck, Gemäßheit: nach, von, durch, auf Veranlassung, nach (= nach Maßgabe). c) bei Angabe e-r Abhängigkeit oder Beschränkung: für, bei. — II. mit *dat.*: 1. räuml.: a) auf die Frage „wo?": auf, an, bei, nahe bei, neben, hinter, nach. b) auf die Frage „wohin?": auf, zu, nach ... hin, gegen; insb. im feindl. Sinne. — 2. zeitl.: a) während, in, bei, an, auf. b) (gleich) nach, auf. — 3. übtr.: a) bei Bezeichnung einer Aufeinanderfolge oder Häufung: außer, nach, auf, über. b) bei Angabe des Grundes: auf Grund von, wegen, um, über, aus. c) bei Angabe des Zwecks: zum Zwecke, behufs, um ... willen wegen, zu. Auch = in Beziehung od. mit Rücksicht auf, zu Ehren, für, bei. d) = unter der Bedingung. e) bei Angabe des Preises: für, um. f) bei Bezeichnung der Vorsteherschaft, Abhängigkeit, des Beschäftigtseins usw.: über, an der Spitze, bei, in der Hand ob. Gewalt j-s. — III. mit *acc.*: 1. räuml. auf die Frage „wohin": a) auf, nach ... hin, nach, gegen, zu, bis zu, bis an. b) über ... hin, durch ... hin. c) gegen, wider, auf ... los. — 2. zeitlich: a) bis, bis zu, bis auf. b) über ... hin = während. — 3. übtr.: a) bei Zahl- u. Maß-bestimmungen: gegen, bis zu, ungefähr. b) final (Zweck, Absicht): zu, nach, um, auf. c) bei Angabe α) einer Oberleitung; β) einer Rücksicht.

ἔπι 1. = ἐπί, wenn es hintergestellt ist (Anastrophe). — 2. = ἔπεστι ist da, findet statt, droht.

ἐπι-ιάλλω zuschicken, an etw. anlegen; anstiften.

ἐπι-άλμενος s. ἐφάλλομαι.

ἐπι-ανδάνω = ἐφανδάνω.

ἐπι-ιάχω Beifall rufen; laut (auf)schreien.

ἐπίβαθρον, τό Fährgeld.

ἐπι-βαίνω I. 1. a) auftreten, einherschreiten. b) hinein-, hinauf-steigen, -gehen, besteigen, ersteigen. c) auf ob. über etw. schreiten, etw. beschreiten, betreten; durchziehen; erlangen, erreichen. — 2. hingehen, (hin)gelangen, kommen. — 3. gegen etw. (heran)ziehen, losgehen auf, angreifen, einfallen; über j-n kommen. — II. *trans.* besteigen lassen, hinauf-bringen, -legen, -senden, hinbringen; gelangen lassen.

ἐπι-βάλλω I. Akt. 1. darauf-, darüber-, hinein-werfen oder -legen, -setzen; j-m etw. auferlegen, anlegen, verhängen; erwähnen. — 2. *intr.*: a) auf etw. losgehen oder zusegeln. b) sich auf etw. stürzen, angreifen; erwägen, nachdenken über. c) j-m zufallen. ἐπιβάλλει μοι es kommt mir zu, gebührt mir, trifft mich. — II. M. 1. über-, für sich darüberwerfen ob. darauflegen. τοξόται ἐπιβεβλημένοι schußfertige. — 2. auf sich nehmen. — 3. sich auf etw. verlegen, nach etw. trachten.

ἐπι-βᾰρέω belasten, belästigen.
ἐπιβᾰσις, εως, ἡ a) Angriff. b) Zugang; Weg zu etw.
ἐπι-βάσκω hineinbringen.
ἐπιβᾰτεύω a) ein Matrose od. Seesoldat sein. b) auf etw. treten, etw. besteigen; sich auf etw. stützen.
ἐπιβᾰτης, ου, ὁ 1. a) Reiter. b) Matrose. c) Seesoldat. d) Schiffspassagier. — 2. Unterbefehlshaber zur See.
ἐπιβᾰτός 3 zugänglich.
ἐπι-βείομεν u. ä. f. ἐπιβαίνω.
ἐπιβήτωρ, ορος, ὁ a) Besteiger. b) Bespringer.
ἐπι-βιβάζω besteigen lassen, aufsitzen lassen.
ἐπι-βιόω a) durchleben. b) (noch) länger leben, noch fortleben. c) erleben.
ἐπι-βλέπω hinblicken auf etw., etw. ansehen, betrachten.
ἐπίβλημα, τό Flicklappen.
ἐπιβλής, ῆτος, ὁ Riegel.
ἐπι-βοάω u. M. 1. a) zurufen. b) herbei-, an-rufen, zu Hilfe rufen. — 2. verschreien.
ἐπιβοήθεια, ἡ Hilfeleistung.
ἐπι-βοηθέω zu Hilfe kommen, beistehen.
ἐπιβόημα, τό Zuruf. [rufen.]
ἐπιβόητος 2 verschrien, ver-
ἐπιβολή, ἡ 1. das Daraufwerfen: a) Angriff. b) Anschlag, Plan. — 2. Daraufgeworfenes: a) Hülle. b) Lage, Schicht. c) Geldstrafe. [Hirt.]
ἐπι-βουκόλος, ὁ Rinderhirt;
ἐπιβούλευμα, τό = ἐπιβουλή.
ἐπιβουλευτής, οῦ nachstellend. ὁ hinterlistiger Feind
ἐπι-βουλεύω 1. a) Böses vorhaben, hinterlistig anstiften. b) nachstellen, auflauern, anfeinden. — 2. im Sinne haben, beabsichtigen, planen, nach etw. trachten.

ἐπι-βουλή, ἡ a) hinterlistiger Anschlag, verräterischer Plan, Vorhaben. b) Nachstellung, Hinterlist, Hinterhalt.
ἐπί-βουλος 2 hinterlistig.
ἐπι-βρέμω hineinbrausen.
ἐπι-βρίθω schwer darauf wuchten ob. lasten, einwirken.
ἐπιβρόντητος 2 sinnbetäubt.
ἐπι-βωθέω = ἐπιβοηθέω.
ἐπι-βώσομαι f. ἐπιβοάω.
ἐπι-βώτωρ, ορος, ὁ Hirt.
ἐπί-γαιος 2 = ἐπίγειος.
ἐπι-γαμβρεύω (eine Witwe) als ihr Schwager heiraten.
ἐπιγαμία, ἡ gegenseitiges Heiraten, Wechselheiratsrecht.
ἐπί-γαμος 2 heiratsfähig.
ἐπι-γδουπέω dazu-donnern.
ἐπί-γειος 2 auf der Erde; irdisch, menschlich.
ἐπι-γελάω dazu ob. darüber lachen, auflachen.
ἐπι-γί(γ)νομαι M. 1. danach entstehen, nach etw. kommen, später leben: a) nachgeboren werden. b) (von der Zeit) folgen, verstreichen. 2. heran-, hinzukommen, nahen, eintreten, sich ereignen; über j-n kommen ob. hereinbrechen, überfallen.
ἐπι-γι(γ)νώσκω 1. a) genau erkennen ob. kennen lernen, bemerken, erfahren; wieder-erkennen, anerkennen; kennen, wissen. b) hinterdrein merken. — 2. dazu ersinnen, noch dazu ob. später beschließen.
ἐπι-γνάμπτω umbiegen; umstimmen.
ἐπι-γνώμων 2 a) Schiedsrichter. b) Aufseher.
ἐπίγνωσις, εως, ἡ Erkenntnis, Kenntnis.
ἐπίγονος, ὁ Nachkomme.
ἐπι-γουνίς, ίδος, ἡ Lende.
ἐπιγράβδην adv. ritzend, streifend.

ἐπίγραμμα, τό Aufschrift, Inschrift.
ἐπιγραφή, ἡ = ἐπίγραμμα.
ἐπι-γράφω I. Akt. 1. ritzen, streifen; durch eingeritzte Merkmale bezeichnen. 2. einritzen, darauf- od. hinein-schreiben od. -malen, eine Aufschrift daraufsetzen: a) mit e-r Inschrift versehen. b) schriftlich anbefehlen. — 3. in die Liste eintragen, aufnehmen. — II. M.: a) für sich daraufmalen, sich (etw.) bemalen. b) sich unterschreiben, unterzeichnen. c)=Akt. [lig.]
ἐπί-γρῡπος 2 krummschnäbelig.
ἐπί-δᾱμος 2 = ἐπιδήμιος.
ἐπι-δαψῑλεύομαι M. noch reichlicher geben.
ἐπιδέδρομα s. ἐπιτρέχω.
ἐπιδεής 2 a) bedürftig, ermangelnd (τινός). b) geringer, nachstehend. [spiel, Probe.|
ἐπίδειγμα, τό Beweis, Beispiel.
ἐπι-δείκνῡμι und **-ύω** I. Akt. 1. auf-, vor-zeigen, zeigen, sehen lassen: a) zur Schau stellen. b) j-n vorstellen; etw. vortragen, darstellen, schildern. — 2. dartun, beweisen. — II. M.: a) sich zeigen; etw. von sich vor- od. auf-zeigen, an den Tag legen, sich mit etw. sehen od. hören lassen. b) = Akt.
ἐπιδεικτικός 3 prunkend, prunkrednerisch.
ἐπ-ιδεῖν, inf. aor. II v. ἐφοράω.
ἐπίδειξις, εως, ἡ das Sehenlassen: 1. Schaustellung: a) Musterung. b) Schaustück; Prunkrede. — 2. Probe, Beweis.
ἐπι-δέκατος 3 zum zehnten Teil. τό -ον je der zehnte Teil.
ἐπι-δέχομαι = ἐπιδέχομαι.
ἐπι-δέξιος 2 rechtshin, zur Rechten.
ἐπίδεξις, ιος, ἡ = ἐπίδειξις.

ἐπι-δέρκομαι P. anblicken.
ἐπι-δευής 2 = ἐπιδεής.
ἐπι-δεύομαι P. = ἐπιδέομαι (cf. ἐπιδέω²).
ἐπι-δέχομαι M. (dazu) an- ob. auf-nehmen; gestatten.
ἐπι-δέω¹ a) darauf-, daranbinden. b) zu-, ver-binden.
ἐπι-δέω² I. Akt.: a) ermangeln. b) bedürfen. — II. P. 1. a) ermangeln. b) entbehren, bedürfen. — 2. nachstehen, zurückbleiben.
ἐπί-δηλος 2 offenbar, deutlich, sichtbar, bekannt; auffallend.
ἐπιδημέω u. **-εύω** 1. a) in der Heimat ob. zu Hause sein, daheim bleiben. b) heimkehren. — 2. als Fremder wohin kommen, (als Fremder) sich wo aufhalten ob. leben.
ἐπι-δήμιος 2 a) einheimisch, im Volke verbreitet, daheim. b) als Fremder sich aufhaltend.
ἐπι-δημιουργός, ὁ Mitglied e-r Oberaufsichtsbehörde.
ἐπί-δημος 2 = ἐπιδήμιος.
ἐπι-διαβαίνω a) noch dazu überschreiten. b) hinter j-m gleichfalls hinübergehen.
ἐπι-διαγινώσκω noch einmal überlegen.
ἐπι-διαιρέω verteilen. M. unter sich verteilen.
ἐπι-διακρίνω das entscheidende Urteil abgeben.
ἐπι-διατάσσομαι M. (ein Testament) mit Zusätzen versehen.
ἐπι-διαφέρω später hinüberschaffen. P. noch hinkommen.
ἐπι-διδάσκω (noch) dazu lehren.
ἐπι-δίδωμι I. Akt. 1. noch dazu-geben: a) (als Aussteuer) mitgeben. b) willig hergeben, beisteuern; hingeben, übergeben, preisgeben. — 2. intr. zunehmen, Fortschritte machen,

ἐπι-δίζημαι wachsen. — II. M. 1. für sich hinzuziehen. — 2. beschenken. — 3. = Akt. *intr.* (f. I, 2).
ἐπι-δίζημαι M. noch dazu suchen ob. untersuchen; erstreben.
ἐπι-δῑνέω I. Akt. (her)umschwingen. — II. P. kreisen. — III. M. bei sich erwägen.
ἐπι-διορθόω vollends richtig machen, in Ordnung bringen.
ἐπι-διφριάς, άδος, ἡ Wagenbrüstung. [befindlich.]
ἐπι-δίφριος 2 auf dem Wagen)
ἐπι-διώκω (weiter) verfolgen, nachsetzen.
ἐπί-δοξος 2 a) die Erwartung erregend. b) zu erwarten(d), vermutlich, wahrscheinlich.
ἐπίδοσις, εως, ἡ a) Zugabe; freiwillige Beisteuer. b) Zunahme, Wachstum, Gedeihen.
ἐπιδοχή, ἡ spätere Annahme.
ἐπιδρομή, ἡ Überfall, Streifzug.
ἐπίδρομος 2 erstürmbar.
ἐπι-δύω u. M. dabei untergehen.
ἐπι-είκεια u. -ίᾱ, ἡ Schicklichkeit: a) Anständigkeit. b) Billigkeit. c) Milde, Nachsicht.
ἐπι-είκελος 2 vergleichbar.
ἐπι-εικής 2: 1. schicklich, geziemend, gebührend: a) billig. b) anständig; ordentlich. c) mäßig, mild, nachsichtig. d) tüchtig, gehörig. — 2. wahrscheinlich. 3. *adv.* ἐπιεικῶς gehörig, gar sehr; (so) ziemlich, ungefähr; gewissermaßen, freilich.
ἐπι-εικτός 3 zu besiegen(d), bezwinglich; nachgebend.
ἐπι-ειμένος v. ἐπιέννῡμι.
ἐπι-είσομαι u. ä. f. ἔπειμι².
ἐπι-έλπομαι M. darauf hoffen.
ἐπι-έννῡμι darüberbreiten, darüber anziehen. ἐπιειμένος τι mit etw. angetan.

ἐπι-θρέξας
ἐπί-ζαφελος 2 heftig, hitzig.
ἐπι-ζάω = ἐπιβιόω.
ἐπι-ζεύγνῡμι u. -ύω anbinden, verbinden, oben befestigen.
ἐπι-ζέφυρίος 2 gegen Abend liegend.
ἐπι-ζέω a) aufbrausen, entbrennen. b) entflammen.
ἐπι-ζήμιος 2 schädlich, nachteilig.
ἐπι-ζημιόω bestrafen.
ἐπι-ζητέω a) (auf)suchen. b) (nach)forschen. c) vermissen, begehren, verlangen, trachten nach, erstreben.
ἐπι-ζώννῡμι das Gewand unter dem Busen gürten.
ἐπι-ζώω = ἐπιζάω.
ἐπί-ηλε, *aor.* I v. ἐπιάλλω.
ἐπι-ίημι = ἐφίημι.
ἐπι-ηνδάνε f. ἐφανδάνω.
ἐπι-ήρανος 2 erwünscht.
ἐπί-ηρος 2 angenehm. ἐπίηρα φέρειν Liebe erweisen.
ἐπι-θαλασσίδιος 2 (u. 3) u. -θαλάσσιος 2 (u. 3) am Meer gelegen.
ἐπι-θανάτιος 2 dem Tode nahe, zum Tode verurteilt.
ἐπι-θαρσύνω ermutigen.
ἐπι-θειάζω die Götter anrufen ob. beschwören.
ἐπιθειασμός, ὁ Beschwörung.
ἐπι-θεραπεύω a) (dabei) willfährig sein. b) auf etw. bedacht sein.
ἐπίθεσις, εως, ἡ a) das Darauflegen. b) Angriff, Überfall.
ἐπι-θεσπίζω Orakel verkünden.
ἐπιθετικός 3 mutig angreifend.
ἐπίθετος 2 hinzugefügt: a) später eingeführt. b) unnatürlich, erkünstelt. [men.]
ἐπι-θέω heran-laufen, -stür
ἐπίθημα, τό Deckel.
ἐπι-θορυβέω dabei lärmen.
ἐπι-θρέξας f. ἐπιτρέχω.

ἐπι-θρῴσκω darauf springen, umher-, hin-springen.

ἐπι-θυμέω begehren, nach etw. trachten, streben, etw. wünschen.

ἐπιθυμητής, οῦ, ὁ begehrend, begierig; Liebhaber, Anhänger; Schüler.

ἐπιθυμητικός 3 begierig.

ἐπιθυμία, ἡ Begierde, Verlangen, Lust, Gelüst, Wunsch; sinnlicher Trieb, böse Lust.

ἐπιθυμίαμα, τό Räucherwerk.

ἐπ-ιθύνω hinlenken, darauf richten. [opfern.]

ἐπι-θύω hinterher od. darauf]

ἐπ-ιθύω daraufloßstürmen.

ἐπι-θωύσσω zu etw. ertönen, zurufen.

ἐπί-ιστωρ, ορος mitwissend, mitschuldig.

ἐπι-καθαιρέω vollends niederreißen.

ἐπι-κάθημαι M. a) daraufsitzen, darinlagern. b) davorliegen, belagern.

ἐπι-καθίζω a) daraufsetzen. b) daraufsitzen.

ἐπι-καθίσταμαι M. a) für sich einsetzen. b) später hinzutreten. [net sein.]

ἐπι-καινόομαι M. ausgezeichn.]

ἐπί-καιρος 2 a) geeignet, tüchtig, geschickt. b) nötig. c) bedeutend. οἱ ἐπίκαιροι die Einflußreichsten, Wichtigsten, höheren Offiziere, Häupter.

ἐπί-καιρος 2 a) günstig gelegen. b) günstig, erwünscht, nützlich, passend.

ἐπι-καίω dabei verbrennen.

ἐπι-καλέω I. Akt. 1. a) herbeirufen. b) anrufen. — 2. a) zubenennen, einen Beinamen geben; (be)nennen. b) j-m etw. vorwerfen, beschuldigen. —
II. M. zu sich herbeirufen; a) zu Hilfe rufen. b) anrufen; Berufung einlegen; herausfordern. [mantel.]

ἐπι-κάλυμμα, τό Decke; Deck-]

ἐπι-καλύπτω bedecken.

ἐπικαμπή, ἡ Einbiegung, Krümmung, Vorsprung.

ἐπι-κάμπτω umbiegen; eine Schwenkung mit den Flügeln machen.

ἐπι-κάρσιος 3 a) kopfüber. b) seitwärts, schräg, quer.

ἐπι-καταβαίνω gegen j-n od. noch dazu hinab-steigen,-ziehen, -gehen.

ἐπι-καταγομαι P. darauf od. danach landen.

ἐπι-καταδαρθάνω dabei einschlafen.

ἐπι-κατακλύζω noch dazu überschwemmen.

ἐπι-κατακοιμάομαι P. sich darauf schlafen legen.

ἐπι-καταλαμβάνω einholen.

ἐπι-καταμένω noch länger bleiben.

ἐπι-κατάρατος 2 verflucht.

ἐπι-καταρρίπτέω hinterher hinabstürzen.

ἐπι-κατασφάζω und **-κατασφάττω** darauf oder dabei schlachten od. töten.

ἐπι-καταψεύδομαι M. noch dazu lügen.

ἐπι-κάτειμι hinabgehen.

ἐπίκαυτος 2 vorn (an)gebrannt.

ἐπί-κειμαι M. 1. daran-, darauf-, daneben-liegen, nahe liegen; verschlossen sein: a) mit Bitten anliegen. b) bedrängen, zusetzen, angreifen. c) drohen. — 2. daraufgesetzt od. auferlegt, verhängt sein.

ἐπι-κείρω beschneiden, abmähen: a) φάλαγγας die Reihen lichten. b) vereiteln.

ἐπικέκλυκε v. ἐπικλύζω.

ἐπικεκράανται v. ἐπικραίνω.

ἐπι-κελαδέω dazu schreien.
ἐπι-κέλευσις, εως, ἡ Ermunterung, Zuruf.
ἐπι-κελεύω u. M. zurufen, ermutigen, ermuntern.
ἐπι-κέλλω a) an-, hin-treiben. b) *intr.* landen, anstoßen.
ἐπι-κέλομαι M. herbeirufen, anrufen, zurufen.
ἐπι-κεράννῡμι a) beimischen. b) nachmischen.
ἐπι-κερδία, ἡ Handelsgewinn.
ἐπι-κερτομέω a) verhöhnen. b) necken.
ἐπι-κεύθω verhehlen.
ἐπικηρῡκείᾱ, ἡ Unterhandlung(en).
ἐπι-κηρῡκεύομαι M. a) durch einen Herold (od. durch Gesandte) sagen lassen. b) durch Gesandte verhandeln, Unterhandlungen anknüpfen.
ἐπι-κηρύσσω öffentlich bekanntmachen (lassen).
ἐπι-κίδνημι I. Akt. entgegenbreiten. — II. M. sich über etw. verbreiten.
ἐπι-κίνδῡνος 2 a) gefahrvoll, gefährlich, zu fürchten. b) gefährdet.
ἐπι-κίρνημι = ἐπικεράννυμι.
ἐπι-κλάω brechen: a) erweichen, rühren. b) einschüchtern, entmutigen.
ἐπι-κλείω dabei rühmen.
ἐπίκλημα, τό Beschuldigung, Vorwurf.
ἐπί-κληρος, ἡ Erbtochter.
ἐπίκλησις, εως, ἡ Beiname; Benennung, Name.
ἐπίκλητος 2 berufen, versammelt; zu Hilfe gerufen.
ἐπικλῑνής 2 abschüssig.
ἐπι-κλίνω a) anlehnen, anlegen. b) *intr.* sich wenden.
ἐπί-κλοπος 2 diebisch, betrügerisch; pfiffig; Schlaukopf, Betrüger, Gauner.

ἐπι-κλύζω überschwemmen, überfluten, über-, aus-treten.
ἐπίκλυσις, εως, ἡ Überschwemmung.
ἐπι-κλύω anhören.
ἐπι-κλώθω zuspinnen; zuteilen, verleihen.
ἐπ-ικνέομαι = ἐφικνέομαι.
ἐπί-κοινος 2 gemeinsam.
ἐπι-κοινόω mitteilen. M. sich j-m mitteilen.
ἐπι-κοινωνέω etw. mit j-m gemein haben.
ἐπι-κομπέω prahlen.
ἐπι-κόπτω erschlagen, töten.
ἐπι-κοσμέω (aus)schmücken; verherrlichen, ehren.
ἐπικουρέω a) helfen, beistehen, Söldnerdienste tun. b) einer Sache abhelfen. c) j-m etw. abwehren.
ἐπικούρημα, τό Hilfs-, Schutzmittel. [truppen.]
ἐπικουρίᾱ, ἡ Hilfe; Hilfs-)
ἐπικουρικός 3 helfend; aus Söldnern bestehend. τὸ -όν Hilfskorps, Söldnertruppe.
ἐπί-κουρος 2 helfend, Dienste leistend. ὁ, ἡ Helfer(in); (*pl.*) Hilfsvölker, Hilfstruppen, Söldner.
ἐπι-κουφίζω a) erleichtern. b) emporrichten, aufrichten.
ἐπι-κραίνω u. -κραιαίνω vollenden, erfüllen.
ἐπικράτεια, ἡ a) Obergewalt. b) Gebiet, Bereich.
ἐπι-κρατέω 1. a) obsiegen, siegen, die Oberhand gewinnen, überwältigen, überlegen sein. b) sich bemächtigen, erringen; es durchsetzen, daß. — 2. Herr sein, herrschen, beherrschen, gebieten.
ἐπι-κρατής 2 siegreich, übermächtig, gewaltsam.
ἐπικράτησις, εως, ἡ Überwältigung.

ἐπι-κρεμάννυμαι u. -κρέμαμαι P. darüber-hängen; bevorstehen, drohen.
ἐπι-κρήμνον s. ἐπικραιαίνω.
ἐπι-κρῆσαι s. ἐπικεράννυμι.
ἐπι-κρίνω beschließen, entscheiden.
ἐπίκριον, τό Segelstange.
ἐπι-κρύπτω I. Akt. verbergen, verheimlichen. — II. M. 1. sich verbergen. — 2. = Akt.
ἐπι-κτάομαι M. dazu-erwerben: a) hinzunehmen; gerinnen. b) vergrößern.
ἐπι-κτείνω nochmals töten.
ἐπίκτησις, εως, ἡ Nebengewinn, neuer Gewinn.
ἐπίκτητος 2 dazu-erworben; mitgebracht; erkünstelt.
ἐπι-κῡδής 2 ruhmvoll, glänzend, einflußreich.
ἐπι-κῡΐσκομαι P. doppelt trächtig werden.
ἐπι-κυλινδέω darauf-wälzen, dagegen (hinab)wälzen.
ἐπι-κύπτω sich vorwärts beugen, sich bücken.
ἐπι-κῠρέω a) auf etw. stoßen. b) erreichen, treffen.
ἐπι-κῡρόω bestätigen, genehmigen: beschließen.
ἐπι-κωκύω dazu beklagen.
ἐπι-κωλύω (ver)hindern.
ἐπι-κωμῳδέω bespötteln.
ἐπι-λαγχάνω zuletzt erlosen; obendrein kommen.
ἐπι-λαμβάνω I. Akt. 1. dazunehmen; umfassen, in seinem Bereiche haben. — 2. anfassen, ergreifen; überfallen, überraschen, ereilen. — 3. zurückhalten, hindern. — 4. a) auf etw. treffen; erreichen ob. erleben. b) bis zu etw. reichen. — II. M. 1. anfassen, ergreifen, nehmen, fest-, halten, sich an etw. halten: a) bei etw. beharren. b) angreifen, bekämpfen. c) α) tadeln, schelten; β) einwenden, widerlegen. d) sich j-s annehmen. — 2. auf etw. stoßen ob. treffen; erlangen, bekommen, gewinnen.
ἐπίλαμπτος 2 = ἐπίληπτος.
ἐπι-λάμπω a) aufleuchten. b) wieder leuchten; anbrechen.
ἐπι-λανθάνομαι M. a) vergessen; unterlassen; verschweigen. b) NT. vergessen werden.
ἐπι-λεαίνω überglätten: annehmbar machen, empfehlen.
ἐπι-λέγω I. Akt. 1. dazu- ob. dabei-sagen: a) hinzufügen, (dazu) anführen. b) (zu)benennen. P. heißen. — 2. auslesen, auswählen. — II. M. 1. für sich dazusammeln, erwählen. — 2. a) lesen. b) überlegen, bedenken: α) sich um etw. kümmern, berücksichtigen; β) befürchten.
ἐπι-λείβω darauf gießen.
ἐπι-λείπω I. Akt. 1. a) verlassen; b) unterlassen. — 2. intr. mangeln, fehlen, ausgehen, versiegen, zu strömen aufhören. — II. P. zurückbleiben.
ἐπι-λείχω belecken.
ἐπίλειψις, εως, ἡ das Ausbleiben, Abnahme.
ἐπίλεκτος 2 auserlesen.
ἐπι-λεύσσω vor sich hinsehen.
ἐπί-ληθος 2 dabei vergessen machend.
ἐπι-λήθω vergessen machen. M. vergessen = ἐπιλανθάνομαι.
ἐπι-ληΐς, ίδος erobert.
ἐπι-ληκέω taktmäßig dazu klatschen.
ἐπίληπτος 2 dabei ergriffen.
ἐπιλησμονή, ἡ Vergeßlichkeit, Vergessenheit.
ἐπι-λήσμων 2 a) uneingedenk. b) vergeßlich.
ἐπι-λίγδην adv. ritzend.
ἐπι-λιλλίζω zublinzeln.

ἐπι-λογίζομαι M. u. P. überlegen, bei sich erwägen.
ἐπίλογος, ὁ Erwägung; Schluß.
ἐπί-λοιπος 2 noch übrig; zukünftig. [trüben.]
ἐπι-λῡπέω (noch mehr) be-
ἐπίλῠσις, εως, ἡ Erklärung.
ἐπι-λύω I. Akt. auflösen; erklären, entscheiden, widerlegen. — II. M. befreien, schützen.
ἐπι-λωβεύω dazu spotten.
ἐπι-μαίνομαι P. (u. M.) rasend verlangen.
ἐπι-μαίομαι M. 1. a) betasten, befühlen, berühren; ergreifen. b) zufassen. — 2. nach etw. hinstreben ob. trachten.
ἐπι-μανθάνω später lernen.
ἐπι-μαρτῠρέω bezeugen.
ἐπιμαρτῠρία, ἡ Anrufung.
ἐπι-μαρτύρομαι M. zu Zeugen dabei anrufen, beschwören; anflehen. [dabei.]
ἐπι-μάρτῠρος, ὁ der Zeuge
ἐπι-μάσσομαι fut. von ἐπιμαίομαι.
ἐπίμαστος 2 schmutzig.
ἐπιμᾰχέω bewaffnet beistehen ob. beschützen.
ἐπιμᾰχίᾱ, ἡ Schutzbündnis.
ἐπίμᾰχος 2 angreifbar, leicht zu erstürmen(d).
ἐπι-μειδάω u. -μειδιάω dazu ob. dabei lächeln.
ἐπι-μείγνῡμι u. M. sich mit j-m vermischen: a) verkehren; zu j-m kommen. b) zusammenkommen; handgemein werden.
ἐπιμειξίᾱ, ἡ Verkehr, Umgang.
ἐπιμέλεια, ἡ Sorge, Sorgfalt: a) Eifer, Fleiß. b) Betreibung, Übung; Ausbildung. c) Leitung, Verwaltung, Aufsicht. d) Fürsorge, Aufmerksamkeit, Verehrung, Achtung.
ἐπι-μελέομαι P. 1. a) für etw. Sorge tragen, sorgen,

sorgfältig beobachten. b) besorgen, gewähren, liefern. — 2. a) die Aufsicht führen, Aufseher sein, verwalten, vorstehen. b) sich befleißigen, fleißig betreiben ob. üben, sich Mühe geben. c) sich um j-n kümmern, j-n berücksichtigen.
ἐπιμελής 2 a) Sorge tragend, sorgsam, besorgt, sorgfältig, eifrig, genau. b) Sorge machend, am Herzen liegend, Gegenstand der Sorge.
ἐπιμελητής, οῦ, ὁ Fürsorger, Beschützer; Verwalter, Aufseher, Befehlshaber. [ομαι.]
ἐπι-μέλομαι P. = ἐπιμελέ-
ἐπι-μέμονα streben, begehren.
ἐπι-μέμφομαι M. zu tadeln finden, sich beschweren, zürnen; Vorwürfe machen, tadeln.
ἐπι-μένω a) dabeibleiben, verharren; treu bleiben. b) noch bleiben; zögern, warten. c) erwarten, bevorstehen.
ἐπι-μεταπέμπομαι M. später nachkommen lassen.
ἐπι-μετρέω zumessen, zuteilen.
ἐπι-μήδομαι M. ersinnen gegen j-n.
ἐπι-μήνιος 2 monatlich.
ἐπι-μῆνις, ιος, ἡ Zorn.
ἐπι-μηνίω grollen, zürnen.
ἐπι-μηχανάομαι M. a) gegen j-n ersinnen. b) sich hinterher bemühen.
ἐπι-μήχανος 2 Anstifter.
ἐπι-μίγνῡμι s. ἐπιμείγνυμι.
ἐπι-μιμνῄσκομαι P. gedenken: a) sich erinnern. b) erwähnen.
ἐπι-μίμνω = ἐπιμένω.
ἐπιμίξ adv. durcheinander (gemengt), blindlings.
ἐπιμιξίᾱ, ἡ Verkehr.
ἐπι-μίσγω = ἐπιμείγνυμι.
ἐπιμονή, ἡ das Verweilen.
ἐπι-μύζω darüber murren.

ἐπι-νειον, τό a) Ankerplatz, Werft. b) Hafenstadt.
ἐπι-νέμω I. Akt.: a) zuteilen, verteilen. b) darauf weiden lassen. — II. M. abweiden, verzehren, verheeren.
ἐπι-νεύω 1. dazu nicken. — 2. zunicken, zuwinken: a) zustimmen. b) zusagen, gewähren.
ἐπι-νέφελος 2 bewölkt.
ἐπι-νεφρίδιος 2 an den Nieren.
ἐπι-νέω¹ zuspinnen; verhängen.
ἐπι-νέω² a) beladen. b) aufschichten, aufhäufen.
ἐπι-νηνέω = ἐπινέω².
ἐπι-νίκειος 2 siegreich.
ἐπι-νίκιος 2 zum Siege gehörig, Sieges-... τά -α Siegespreis, -fest, -opfer.
ἐπι-νίσσομαι M. darüber hingehen od. hinströmen.
ἐπι-νοέω (u. P.) 1. im Sinne haben, beabsichtigen. — 2. a) ausdenken. b) wahrnehmen, erkennen.
ἐπίνοια, ἡ 1. a) Nachdenken. b) Gedanke, das Trachten, Absicht, Plan. — 2. spätere Einsicht. [διος 2 bräutlich.]
ἐπι-νύμφειος und -νυμφί-
ἐπι-νωμάω a) zuteilen. b) zu j-m kommen, sich nahen.
ἐπί-ξυνος 2 gemeinsam.
ἐπιορκέω meineidig werden od. sein, falsch schwören.
ἐπιορκία, ἡ Meineid, Eidbruch.
ἐπί-ορκος 2 meineidig. τὸ -ον: a) Meineid. b) nichtiger Eid.
ἐπι-οροφέω a) die Aufsicht darüber führen. b) aufwarten.
ἐπι-όσσομαι auf etw. hinsehen od. achten.
ἐπί-ουρος, ὁ Hüter; Herrscher.
ἐπ-ιοῦσα, ἡ folgender Tag.
ἐπιούσιος 2 (zum Lebensunterhalt) nötig.

ἐπι-όψομαι s. ἐφοράω.
ἐπι-πᾶν adv. im allgemeinen, überhaupt, gewöhnlich.
ἐπι-παρανέω noch außerdem od. daneben aufhäufen.
ἐπι-παρασκευάζομαι M. sich noch dazu anschaffen.
ἐπι-πάρειμι¹ a) in der Nähe sein. b) noch dazu herbeigekommen sein.
ἐπι-πάρειμι² a) noch dazu herbeikommen, hinkommen; gegen j-n anrücken. b) wieder (in seine Stelle) einrücken. c) auf der Höhe an etw. entlangziehen, daran-hingehen.
ἐπι-πάσσω daraufstreuen.
ἐπί-πεδος 2 eben, flach. τὸ -ον Ebene, Fläche.
ἐπι-πείθομαι P. sich bereden lassen, gehorchen.
ἐπι-πελεμίζομαι P. dabei erzittern.
ἐπι-πέλομαι M. herankommen, nahen.
ἐπι-πέμπω a) noch dazu (ab-)schicken, nachsenden. b) zuschicken, hinsenden, verhängen über. [sendung.]
ἐπίπεμψις, εως, ἡ Hin-, Ent-
ἐπι-πέτομαι M. herbeifliegen, hineinfliegen.
ἐπι-πίλναμαι darauffallen.
ἐπι-πίνω dazu trinken.
ἐπι-πίπτω dazu-, darauffallen, herein-fallen, -stürzen: a) landen. b) auf j-n stoßen. c) sich auf etw. stürzen, überfallen, plötzlich angreifen. d) befallen, überkommen.
ἔπιπλα, τά bewegliche Habe, Hausrat. [über etw.]
ἐπι-πλάζομαι P. hinschweifen
ἐπί-πλεος 3 angefüllt, voll.
ἐπίπλευσις, εως, ἡ Angriff.
ἐπι-πλέω darauf- schiffen, -fahren: a) auf dem Schiffe mitfahren; das Schiffskom-

ἐπί-πλεως — 180 — **ἐπι-σημαίνω**

mando führen. b) befahren. c) heranfahren; entgegensegeln, zu Schiffe angreifen.

ἐπί-πλεως 2 = ἐπίπλεος.

ἐπι-πληρόω wieder-bemannen.

ἐπι-πλήσσω daraufschlagen; anfahren, tadeln, schelten, zum Vorwurf machen.

ἐπίπλοα, τά = ἔπιπλα.

ἐπιπλόμενος f. ἐπιπέλομαι.

ἐπίπλοος[1], ὁ Netzhaut.

ἐπίπλοος[2], ὁ a) das Heransegeln, Angriff mit der Flotte. b) heranfahrende Flotte.

ἐπι-πλώω = ἐπιπλέω.

ἐπι-πνέω und **ἐπι-πνείω**
1. a) darauf-hauchen, -wehen. b) anhauchen, anwehen, heran- od. daher-wehen, -schnauben.
— 2. später wehen.

ἐπι-πόδιος 3 am Fuße befindlich, Fuß-...

ἐπι-ποθέω sich sehnen, Verlangen tragen, verlangen.

ἐπιπόθησις, εως und **ἐπι-ποθιᾶ, ἡ** Sehnsucht.

ἐπι-πόθητος 2 ersehnt.

ἐπι-ποιμήν, ένος, ὁ, ἡ Hüter (-in) dabei.

ἐπιπολάζω obenauf sein, emporkommen; die Oberhand gewinnen od. haben.

ἐπι-πολή, ἡ Oberfläche. ἐπιπολῆς adv.: a) obendrauf; b) (mit gen.) oberhalb.

ἐπί-πολος, ὁ Diener, Helfer.

ἐπι-πονέω bei der Arbeit ausharren.

ἐπί-πονος 2 a) mühsam, mühevoll. b) Mühsale ankündigend.

ἐπι-πορεύομαι P. a) herbeikommen. b) dagegen marschieren.

ἐπι-πρέπω an etw. hervorstechen, sich zeigen, erscheinen.

ἐπι-προϊάλλω vor j-n (τινί) hinstellen.

ἐπι-προΐημι 1. a) darauf hinsenden. b) entsenden, hinsenden. — 2. auf etw. zusteuern.

ἐπι-πρόσθεν adv. a) vor, davor, vor sich. b) im Wege.

ἐπι-πταίρω zu etw. niesen.

ἐπι-πωλέομαι M. an etw. hinschreiten, etw. durchwandern.

ἐπιπώλησις, εως, ἡ Musterung.

ἐπι-ῥράπτω daraufnähen.

ἐπι-ῥράσσω = ἐπιρρήσσω.

ἐπι-ῥρέζω darauf-opfern.

ἐπι-ῥρέπω sich wohin neigen; auf j-n herabsinken.

ἐπι-ῥρέω a) darüber hinfließen. b) herbei-, herzufließen, heranströmen.

ἐπι-ῥρήσσω a) heftig zuwerfen, mit Gewalt vorschieben. b) intr. hereinbrechen.

ἐπι-ῥριπτέω und **-ῥρίπτω** entgegen-, darauf-werfen.

ἐπι-ῥροθέω lärmen; schmähen.

ἐπί-ῥροθος[1] 2 scheltend, schmähend. [fer(in).

ἐπί-ῥροθος[2] 2 helfend; Hel-

ἐπίῥρυτος 2 bewässert.

ἐπι-ῥρώννυμι stärken, ermutigen. P. sich ermutigen, Mut fassen, sich erdreisten.

ἐπι-ῥρώομαι M. sich tummeln; dabei herabwallen.

ἐπίσαγμα, τό Last, Bürde.

ἐπι-σάσσω (dar)aufpacken, bepacken, satteln.

ἐπι-σείω a) dazu schütteln. b) entgegenschwingen.

ἐπι-σεύω I. Akt. gegen j-n treiben, anhetzen, zusenden. — II. P. (an)getrieben werden: a) heranstürzen, herbeieilen, hinstürmen; trachten. b) anstürmen, andringen.

ἐπι-σημαίνω I. Akt.: a) bezeichnen; anzeigen, kundtun. b) zum Vorschein kommen. — II. M. für sich bezeichnen ob. mit einem Zeichen versehen.

ἐπίσημον, τό Kennzeichen:
a) Wappen. b) Sinnbild, Bild.
ἐπί-σημος 2 bezeichnet: 1. a) ge-
münzt. b) mit einer Inschrift
versehen. — 2. kenntlich, deutlich; ausgezeichnet, angesehen,
berühmt, berüchtigt.
ἐπι-σῑμόω seitwärts schwenken lassen (ob. marschieren).
ἐπι-σῑτίζομαι M. sich Nahrung
holen, sich verproviantieren,
furagieren.
ἐπι-σῑτισμός, ὁ a) Verpro-
viantierung, das Furagieren.
b) Lebensmittel, Proviant.
ἐπι-σκέπτομαι M. = ἐπι-
σκοπέω.
ἐπι-σκευάζω I. Akt. instand
setzen, zurüsten; ausrüsten:
a) wiederherstellen. b) aufpacken. — II. M.: a) für sich zurichten; bepacken. b) sich rüsten.
ἐπισκευή, ἡ Ausbesserung,
Wiederherstellung; Aufbau.
ἐπίσκεψις, εως, ἡ Besichtigung,
Untersuchung, Musterung.
ἐπί-σκηνος 2 vor dem Zelte.
ἐπι-σκηνόω wohnen, ein-
kehren.
ἐπι-σκήπτω I. Akt. auftragen,
auferlegen: a) anflehen, beschwören. b) anwünschen. c) beschuldigen, anklagen. — II. M.
Klage erheben, j-n belangen.
ἐπι-σκιάζω überschatten; verbergen.
ἐπί-σκιος 2 a) beschattend.
b) schattig.
ἐπι-σκοπέω u. M. auf etw.
sehen, sich umsehen nach, etw.
anblicken, beobachten, betrachten: a) mustern. b) besuchen:
α) untersuchen, überlegen, prüfen; β) auf etw. achten, für etw.
Sorge tragen, beaufsichtigen.
ἐπισκοπή, ἡ Heimsuchung,
Be(auf)sichtigung; Amt des
Aufsehers, Bischofsamt.

ἐπίσκοπος¹, ὁ, ἡ a) Späher;
nach etw. spähend. b) Aufseher,
Hüter, Beschützer; Bischof.
ἐπί-σκοπος² 2 treffend, geschickt (schießend); zu etw. passend.
ἐπι-σκοτέω verdunkeln.
ἐπι-σκύζομαι M. ergrimmen.
ἐπι-σκυθίζω j-n e-n Skythen-
schluck (ungemischten Weines) tun
lassen.
ἐπι-σκύνιον, τό Stirnhaut.
ἐπι-σκώπτω a) dabei spotten
ob. scherzen. b) verspotten.
ἐπι-σμυγερῶς adv. jämmerlich.
ἐπισπαστήρ, ἦρος, ὁ Türring.
ἐπίσπαστος 2 selbstverschuldet.
ἐπι-σπάω I. Akt. 1. an- ob. zuziehen, darüberziehen. — 2. an
sich ziehen, heran-ziehen, -schlep-
pen, fassen: a) erwerben. b) mit
fortreißen. — II. M. an sich
(heran)ziehen, mit sich fortreißen: a) veranlassen, verführen. b) sich verschaffen.
ἐπι-σπεῖν s. ἐφέπω.
ἐπι-σπείρω a) dazu-, darauf-
säen. b) besäen. [gießen.]
ἐπίσπεισις, εως, ἡ das Darauf-
ἐπι-σπένδω I. Akt. (darüber)
ausgießen, den Weihegüß darbringen. — II. M. noch ein
Bündnis schließen.
ἐπι-σπέρχω a) antreiben.
b) intr. daherstürmen.
ἐπι-σπέσθαι s. ἐφέπω.
ἐπι-σπεύδω a) beschleunigen,
eifrig betreiben, antreiben.
b) intr. herbeieilen.
ἐπι-σποίμι u. ä. s. ἐφέπω.
ἐπισπονδαί, αἱ neues Bündnis.
ἐπι-σσείω = ἐπισείω.
ἐπι-σσεύω = ἐπισεύω.
ἐπί-σσωτρον, τό Radreifen.
ἐπισταδόν adv. hinzutretend,
dabeistehend.
ἐπί-σταθμος, ὁ Kommandant.

ἐπίσταμαι P. 1. a) sich auf etw. verstehen, etw. kennen, Einsicht besitzen. ἐπιστάμενος 3 kundig, geschickt, erfahren, sachverständig. b) tönnen, vermögen. — 2. a) wissen, Kenntnis ob. Kunde haben. b) einsehen. — 3. glauben, meinen.

ἐπισταμένως s. ἐπίσταμαι.

ἐπίστασϊα u. **ἐπίστασις**, εως, ἡ 1. Hemmung, Stillstand, das Haltmachen. — 2. das Herantreten; Zudrang, Auflauf, Überlaufenwerden: a) Aufsicht, Leitung. b) Aufmerksamkeit.

ἐπιστατέω vorstehen, Vorsteher ob. Aufseher sein, beaufsichtigen, Befehlshaber sein, leiten, verwalten.

ἐπιστάτης, ου, ὁ 1. a) Herantretende(r). b) der auf etw. Stehende. c) Hintermann. — 2. Vorsteher, Vorstand, Fürsorger, Aufseher, Befehlshaber; Lehrer, Meister.

ἐπι-στείβω betreten.

ἐπι-στέλλω hinschicken, zusenden: a) sagen lassen, melden; brieflich mitteilen, schreiben. b) auftragen, befehlen.

ἐπι-στενάζω u. **-στενάχω** u. M., **-στένω** dazu ob. über etw. seufzen ob. stöhnen, jammern.

ἐπιστεφής 2 bis zum Rande gefüllt. [zum Rande füllen.]

ἐπι-στέφω darbringen. M. bis

ἐπιστήμη, ἡ 1. a) das Wissen, Kenntnis, Einsicht. 2) Geschicklichkeit. — 2. Wissenschaft, Kunst.

ἐπι-στήμι = ἐφίστημι.

ἐπιστήμων 2 verständig, kundig, erfahren, geschickt.

ἐπι-στηρίζω stützen, stärken.

ἐπίστιον, τό a) Standort. b) cf. ἐπίστιος.

ἐπίστιος 2 = ἐφέστιος. τὸ -ιον Familie. [admiral.]

ἐπιστολεύς, έως, ὁ Unter-

ἐπιστολή, ἡ a) Auftrag, Befehl, Botschaft. b) Schreiben, Brief.

ἐπιστολιᾶ-φόρος, ὁ = ἐπιστολεύς.

ἐπιστολιμαῖος 2 nur auf dem Papier stehend.

ἐπι-στομίζω das Maul stopfen.

ἐπι-στοναχέω dabei rauschen.

ἐπιστρατεία u. **-στράτευσις**, εως, ἡ Anmarsch, Feldzug gegen j-n, Angriff.

ἐπι-στρατεύω u. M. zu Felde ziehen gegen j-n, angreifen.

ἐπιστρατηγίη, ἡ = ἐπιστρατεία.

ἐπιστρεφής 2 aufmerksam, sorgfältig. b) in gespannter Erwartung.

ἐπι-στρέφω I. Akt. 1. trans.: a) hinkehren, hinwenden, richten. b) umkehren, umwenden; zurückführen, zur Umkehr nötigen. — 2. intr. = M. — II. M. u. P. 1. sich umwenden, kehrtmachen, zurückkehren; sich bekehren. — 2. sich wohin wenden; besuchen: a) auf etw. achten, sich um etw. kümmern. b) ἐπεστραμμένος nachdrücklich, ernst. [Seiten hin, ringsum.]

ἐπιστροφάδην adv. nach allen

ἐπιστροφή, ἡ 1. Zukehr: a) Warnung. b) Bestrafung. c) Sorge, Rücksicht. — 2. Drehung, Umkehr, Wendung, Schwenkung: a) Wiederkehr, Wechsel. b) Bekehrung.

ἐπίστροφος 2 a) viel verkehrend mit. b) zugeneigt.

ἐπι-στρωφάω oft besuchen.

ἐπι-συνάγω (ver)sammeln.

ἐπισυναγωγή, ἡ Versammlung, Vereinigung.

ἐπι-συντρέχω dabei ob. immer mehr zusammenlaufen.

ἐπι-σύστασις, εως, ἡ Auflauf.

ἐπι-σφάζω u. **-σφάττω** darüber schlachten, darauf töten. (M. sich ...).

ἐπισφᾰλής 2 a) unsicher, schwankend. b) gefährlich.

ἐπι-σφρᾱγίζομαι M. sein Siegel aufdrücken; ein Merkmal od. Zeichen aufdrücken, bezeichnen.

ἐπι-σφῡρῐον, τό Knöchelspange.

ἐπισχερώ adv. der Reihe nach.

ἐπισχεσίη, ἡ Vorwand.

ἐπίσχεσις, εως, ἡ a) Stillstand, Aufenthalt. b) Mäßigung, Sparen. c) Bedenken.

ἐπ-ισχύω stärker werden, auf etw. bestehen.

ἐπ-ίσχω = ἐπέχω.

ἐπι-σωρεύω aufhäufen.

ἐπίταγμα, τό u. **ἐπιτᾰγή**, ἡ Auftrag, Befehl; Nachdruck.

ἐπίτακτοι, οἱ Nachhut, Reserve.

ἐπι-τᾰλαιπωρέω sich weiteren Mühsalen unterziehen.

ἐπι-τάμνω = ἐπιτέμνω.

ἐπι-τᾰνύω = ἐπιτείνω.

ἐπίταξις, εως, ἡ Anordnung, Befehl.

ἐπι-τᾰράσσω (noch dazu) verwirren, beunruhigen.

ἐπι-τάρροθος, ὁ, ἡ Helfer(in), Beistand; Besieger.

ἐπι-τάσσω u. M. 1. dabei oder dahinter aufstellen: a) als Reserve aufstellen. b) dazustellen, beiordnen. c) j-n über etw. setzen, einsetzen. — 2. auftragen, anordnen, gebieten, befehlen; auferlegen.

ἐπι-τάφιος 2 zum Begräbnis gehörig. [treiben.]

ἐπι-τᾰχύνω beschleunigen, [

ἐπι-τείνω 1. darüberspannen, über etw. ausbreiten ob. breit darüberlegen; vorschieben. P. sich erstrecken. — 2. anspannen: a) erhöhen, steigern. b) anstrengen, aufregen.

ἐπι-τειχίζω eine Festung anlegen, ein Bollwerk errichten gegen j-n, befestigen, als Bollwerk aufführen.

ἐπιτείχισις, εως, ἡ a) Befestigung, Festungsbau. b) Bollwerk, Kastell.

ἐπιτειχισμός, ὁ = ἐπιτείχισις.

ἐπιτείχισμα, τό Verschanzung, Bollwerk, Kastell.

ἐπι-τελέω I. Akt. vollenden, vollbringen, ausführen, verrichten: a) opfern. b) bezahlen, entrichten. c) auferlegen. — II. M. 1. Tribut entrichten; übh. ertragen. — 2. aufhören, enden.

ἐπιτελής 2 vollendet, erfüllt; vollständig, voll.

ἐπι-τέλλω u. M. 1. auftragen, befehlen, gebieten. — 2. aufgehen.

ἐπι-τέμνω einschneiden, aufschneiden. M. sich etw. aufritzen.

ἐπι-τεξ, εχος, ἡ der Niederkunft nahe.

ἐπι-τέρπομαι P. sich ergötzen.

ἐπιτετράφαται s. ἐπιτρέπω.

ἐπι-τεχνάομαι M. listig dazu ersinnen.

ἐπιτέχνησις, εως, ἡ neue Erfindung, Benutzung neuer Mittel und Wege; Nachbesserung, Nachhilfe.

ἐπιτήδε(ι)ος 3 (u. 2) 1. a) geeignet, tauglich, passend, nützlich, zweckmäßig; günstig (gelegen). b) erforderlich, notwendig. τὰ ἐπιτήδεια Bedürfnisse, Lebensmittel. — 2. geneigt, zugetan, befreundet, willig. ὁ ἐπ. Angehörige(r), Freund.

ἐπιτηδές und **ἐπιτηδές** adv. a) hinlänglich, sorgfältig, eifrig. b) absichtlich, gerade deswegen, eben dazu, eigens.

ἐπιτήδευμα, τό u. **-τήδευσις**, εως, ἡ a) Beschäftigung, Tätigkeit, Bestrebung; Studium, Gewerbe. b) Betragen; Handlungs-, Lebens-weise; Gewohnheit.

ἐπιτηδεύω mit Fleiß betreiben, geflissentlich tun, eifrig verrich-

ἐπι-τήκω — 184 — ἐπιφανής

ten, sorgfältig üben, sich befleißigen; listig ersinnen.

ἐπι-τήκω etw. (Geschmolzenes) darüber gießen.

ἐπι-τηρέω abpassen, achtgeben, beobachten.

ἐπι-τίθημι I. Akt. 1. a) darauf-, daran-setzen, -legen, -stellen: α) j-m etw. auferlegen, verursachen; β) gewähren, verleihen; γ) auftragen. b) dazusetzen, hinzufügen. c) davorsetzen, -legen, verschließen. — 2. intr. = M. — II. M. 1. sich ob. für sich etw. aufsetzen. — 2. sich auf etw. legen ob. werfen, sich an etw. machen, etw. unternehmen; angreifen, nachstellen. — 3. hinzufügen.

ἐπι-τιμάω a) hinterher in Ehren halten. b) richterlich zuerkennen; strafen. c) Vorwürfe machen, schelten, tadeln, unzufrieden sn. d) bedrohen, ernstlich gebieten.

ἐπιτίμησις, εως, ἡ Tadel, Vorwurf. [Beschützer.]

ἐπιτιμήτωρ, ορος, ὁ Rächer;

ἐπιτιμία, ἡ a) Vollbesitz der bürgerlichen Rechte. b) Nachteil, Strafe.

ἐπιτίμιον, τό Lohn: a) Ehrengabe. b) Strafe, Nachteil.

ἐπί-τιμος 2 im Vollbesitz der bürgerlichen Rechte.

ἐπι-τλῆναι bei etw. geduldig ausharren ob. bleiben.

ἐπιτολή, ἡ Aufgang.

ἐπι-τολμάω dabei ausharren.

ἐπίτονος, ὁ Hintertau.

ἐπι-τοξάζομαι M. nach etw. (τινι) schießen.

ἐπι-τραπέω überlassen.

ἐπι-τρέπω I. Akt. 1. hinwenden, zuwenden: a) überlassen, anvertrauen, übertragen, anheimstellen. b) hinterlassen. c) zulassen, gestatten, erlauben. d) auftragen; beordern. —

2. intr. sich zuwenden; sich anvertrauen, nachgeben, unterliegen. — II. M. 1. sich zu j-m wenden, sich hinneigen. — 2. sich ob. das Seinige anvertrauen.

ἐπι-τρέφω beköstigen. P.: a) nachwachsen. b) heranwachsen.

ἐπι-τρέχω 1. herbeilaufen. — 2. nachlaufen, nachrollen. — 3. anlaufen: a) angreifen, überfallen. b) e-n Streifzug machen, durchstreifen. — 4. darüber hinlaufen ob. sich verbreiten; etw. streifen.

ἐπι-τρίβω aufreiben; vernichten, entkräften, quälen.

ἐπίτριπτος 2 abgefeimt, durchtrieben. [lich.]

ἐπιτροπαῖος 3 vormundschaft-

ἐπιτροπεύω Verwalter sein, verwalten: a) Statthalter sein. b) Vormund sein.

ἐπιτροπή, ἡ a) Überlassen. b) Vollmacht, Entscheidung: α) Schiedsrichter-amt; β) Vormundschaft; γ) Auftrag.

ἐπίτροπος, ὁ Aufseher, Verwalter: a) Statthalter. b) Vormund.

ἐπιτροχάδην adv. in raschem Anlauf, geläufig, rasch.

ἐπι-τυγχάνω a) antreffen, auf etw. stoßen, begegnen. ὁ ἐπιτυχών der erste beste. b) treffen, erlangen, erreichen, Glück haben. c) intr. gelingen.

ἐπι-τύμβιος 2 zum Grabe gehörig. τὸ -ον Grabspende.

ἐπι-φαίνω u. P. intr. sich an ob. bei etw. zeigen, erscheinen, sichtbar werden.

ἐπι-φάνεια, ἡ Erscheinung; Wiederkunft Christi.

ἐπιφανής 2 sichtbar: a) deutlich, offenbar. b) ausgezeichnet, herrlich, angesehen, vornehm, berühmt, bedeutend.

ἐπίφαντος 2 (noch) sichtbar, noch lebend.
ἐπι-φαύσκω anstrahlen, (er=)leuchten, erscheinen.
ἐπι-φέρω I. Akt. 1. darauf=tragen, =werfen. 2. herbei=hin=, vor=, herzu=bringen ob. =tragen, zuführen; herbei=führen, veranlassen; hinzu=fügen, steigen. 3. entgegen=tragen: a) χεῖράς τινι die Hände an j-n legen. πόλεμόν τινι j-n mit Krieg überziehen. b) auf=bürden, auferlegen; zuschieben, zuschreiben, vorwerfen. — II. M. mitbringen. — III. P. 1. darauf zustürzen, (her)andringen, an=stürmen; j-n angreifen. 2. hin=terherkommen, folgen.
ἐπι-φημίζω M. Unheil weis=sagen.
ἐπιφήμισμα, τό Zuruf von übler Vorbedeutung.
ἐπι-φθέγγομαι M. dazurufen; zum Angriff blasen.
ἐπι-φθονέω a) mißgönnen, verwehren. b) hassen.
ἐπί-φθονος 2 a) neidisch, feindlich. τὸ -ον Haß, Neid. b) beneidet, verhaßt, unange=nehm. [zehren.]
ἐπι-φλέγω verbrennen; ver=
ἐπι-φοιτάω, -έω a) oft wo=hin gehen ob. kommen, besuchen; einfallen. b) hernach kommen, hinzukommen.
ἐπιφορά, ἡ Zulage zum Solde.
ἐπι-φορέω = ἐπιφέρω.
ἐπι-φόρημα, τό Nachtisch.
ἐπίφορος 2 nach etw. hintrei=bend ob. hinweisend.
ἐπι-φράζομαι M. 1. bei sich bedenken, überlegen; bemerken, vernehmen, einsehen. — 2.a) er=sinnen; b) entdecken, erraten.
ἐπι-φράσσω umzäunen; ver=stopfen. [ständig sein.]
ἐπι-φρονέω beachten; ver=

ἐπιφροσύνη, ἡ Verstand, Klugheit.
ἐπί-φρων 2 verständig, klug.
ἐπι-φύομαι M. auf ob. an etw. wachsen.
ἐπι-φωνέω a) dabei rufen. b) an=rufen, =reden; zurufen.
ἐπι-φώσκω aufleuchten, hell werden, anbrechen. [freuen.]
ἐπι-χαίρω sich über etw.
ἐπί-χαλκος 2 ehern.
ἐπί-χᾰρις, ι gefällig, freund=lich, angenehm, einnehmend.
ἐπίχαρτος 2 erfreulich.
ἐπι-χειμάζω dabei überwin=tern.
ἐπίχειρα, τά Handgeld, Lohn.
ἐπιχειρέω a) Hand anlegen an etw.; j-n angreifen, an=fallen, einschreiten. b) etw. angreifen, unternehmen, ver=suchen, wagen, betreiben, aus=führen.
ἐπιχείρημα, τό u. -χείρησις, εως, ἡ das Unternehmen, Be=ginnen, Vorhaben, Plan, Zweck, Absicht; Angriff.
ἐπιχειρητής, οῦ, ὁ Unter=nehmer, Mann der Tat.
ἐπι-χειροτονέω beschließen, dafür stimmen.
ἐπι-χέω I. Akt. dazu=, darauf=, darüber=gießen ob. schütten. — II. M. u. P. hinzuströmen, her=einbrechen.
ἐπι-χθόνιος 2 auf der Erde, irdisch; Erdenbewohner.
ἐπί-χολος 2 Galle erzeugend.
ἐπι-χορηγέω dar=bieten, =rei=chen, gewähren. P. Nahrung empfangen.
ἐπιχορηγῐά, ἡ Beistand, Dienst(leistung).
ἐπι-χράομαι M. a) häufig ge=brauchen. b) freundschaftlich verkehren.
ἐπι-χράω oder -χραύω an=fallen, bedrängen, bestürmen.

ἐπι-χρίω auf-, bestreichen, (ein)salben. M. sich salben.
ἐπί-χρυσος 2 vergoldet.
ἐπι-χωρέω a) hinzugehen, herankommen; anrücken, vorrücken. b) j-m etw. zugestehen, nachgeben. [men od. reisen.]
ἐπι-χωριάζω oft wohin kom-
ἐπι-χώριος 2 inländisch, einheimisch; landesüblich.
ἐπι-ψαύω anrühren, berühren, (leise) anfassen. [tasten.]
ἐπι-ψηλαφάω nach etw.
ἐπι-ψηφίζω I. Akt. zur Abstimmung bringen, abstimmen lassen. — II. M. abstimmen, beschließen, genehmigen, bestätigen.
ἐπ-ιωγή, Anlegeplatz.
ἔπλε(τ)ο u. ä. f. πέλω.
ἔπληντο f. πελάζω.
ἐποδιάζω, ἐπόδιον = ἐφοδ-.
ἐπ-οικέω 1. a) als Kolonist irgendwo wohnen. b) besetzt halten. — 2. Grenznachbar sein.
ἐπ-οικοδομέω 1. a) aufbauen, erbauen. b) ausbessern. — 2. darüber-, darauf-bauen.
ἔπ-οικος, ὁ 1. Ansiedler, Kolonist: a) Fremdling; b) Bewohner. — 2. Nachbar.
ἐπ-οικτείρω Mitleid haben, bemitleiden, bedauern.
ἐπ-οικτίζω = ἐποικτείρω.
ἐπ-οίχομαι M. 1. hinzu-, heran-, hin-gehen, -kommen: a) j-n angehen. b) anfallen, angreifen. c) an etw. hin und her gehen. d) durchschreiten, mustern. — 2. an ein Werk gehen, etw. besorgen.
ἐπ-οκέλλω a) scheitern od. stranden lassen. b) scheitern, stranden.
ἕπομαι M. folgen, nachfolgen; mitgehen, begleiten, geleiten: a) verfolgen, nachsetzen. b) sich fügen, gehorchen. c) mit fortkommen; begreifen.
ἐπ-όμνυμι u. ὄω darauf od. dabei schwören, beschwören.
ἐπ-ομφάλιος 2 auf dem (ob. auf den) Nabel.
ἐπονείδιστος 2 schimpflich, tadelnswert.
ἐπ-ονομάζω a) danach nennen, benennen, einen Namen geben. b) anrufen.
ἐπ-οπίζομαι M. scheuen.
ἐποποιΐα, ἡ epische Dichtung.
ἐπο-ποιός, ὁ epischer Dichter.
ἐπ-οπτάω (darauf)braten.
ἐπ-οπτεύω daraufblicken, genau betrachten, beobachten, beaufsichtigen.
ἐπ-όπτης, ου, ὁ Beschauer, Wächter; Augenzeuge.
ἐπ-οράω = ἐφοράω.
ἐπ-ορέγω I. Akt. darreichen. — II. M. u. P. sich nach etw. ausstrecken, sich auslegen; noch mehr verlangen.
ἐπ-ορέω = ἐφοράω. [stehen.]
ἐπ-ορθρεύομαι M. früh auf-
ἐπ-ορμέω = ἐφορμέω.
ἐπ-όρνυμι u. -ύω I. Akt. 1. erregen, erwecken. 2. anhetzen, anreizen; anantreiben, zusenden. — II. P. sich erheben, (her)an-stürmen, -stürzen.
ἐπ-όρομαι f. ὄρομαι.
ἔπορον f. πορεῖν.
ἐπ-οροΰω losstürzen auf, anstürmen gegen; überfallen.
ἔπ-ορσον f. ἐπόρνυμι.
ἐπ-ορχέομαι M. dabei tanzen.
ἔπος, τό 1. a) Wort, Ausdruck; Redensart, Phrase. ὡς ἔπος εἰπεῖν sozusagen, um es gerade heraus zu sagen; fast, beinahe. b) gegebenes Wort, Versprechen. c) Ausspruch, Götterspruch, Orakel. d) Rat, Befehl. e) Rede, Erzählung, Kunde,

ἐπ-οτρύνω a) antreiben, anregen, auffordern, ermuntern. b) erregen, betreiben.
ἐπ-ουράνιος 2 himmlisch.
ἔπ-ουρος 2 günstig (nach=) wehend.
ἐπ-οφείλω noch schuldig sein.
ἐπ-οχέομαι P. darauf fahren od. reiten.
ἐπ-οχετεύω hineinleiten; zu= [gießen.]
ἔποχος 2 auf etw. sitzend od. fahrend; sattelfest.
ἔποψ, οπος, ὁ Wiedehopf.
ἐπ-όψιμος 2 anzusehen(d).
ἐπ-όψιος 3 a) deutlich sichtbar. b) allsehend.
ἔπ-οψις, εως, ἡ a) Anblick. b) Gesichtskreis, Aussicht.
ἔπραθον s. πέρθω.
ἑπτά sieben. [2 siebenhäutig.]
ἑπτᾰ-βόειος 2 u. ἑπτα-βοιος
ἑπτᾰ-ετης u. -ετης 2 siebenjährig, sieben Jahre lang od. alt.
ἑπτᾰ-καί-δεκα siebzehn.
ἑπτακαιδέκατος 3 siebzehnte(r).
ἑπτᾰκις adv. siebenmal.
ἑπτᾰκισ-μύριοι 3 siebzigtausend. [send.]
ἑπτᾰκισ-χίλιοι 3 siebentau=
ἑπτᾰκόσιοι 3 siebenhundert.
ἑπτᾰ-λογχος 2 unter sieben Führern (stehend).
ἑπτᾰ-μηνος 2 siebenmonatlich. τὸ -ον Siebenmonatskind.
ἑπτᾰ-πηχυς, υ sieben Ellen lang. [lang.]
ἑπτᾰ-πόδης, ου sieben Fuß
ἑπτᾰ-πυλος 2 siebentorig.
ἐπταρον s. πταίρω.
ἑπτᾰ-τονος 2 siebentönig.
ἑπτᾰχᾰ in sieben Teile(n).
ἑπτ-έτης 2 = ἑπταέτης.

ἔπ-υδρος 2 = ἔφυδρος.
ἔπω geschäftig od. beschäftigt sein; etw. besorgen; — gehen, herankommen.
ἐπῳδή, ἡ Zauber=gesang, =spruch, Besprechung, Beschwörung; Zaubermittel, Zauber.
ἐπ-ῳδός 2 a) durch Zaubergesänge helfend. ὁ ἐπ. Beschwörer, Helfer b) ἡ ἐπ. Nachgesang, Kehrreim.
ἐπ-ωμίς, ίδος, ἡ Oberschulter; Schulter, Arm. [zeuge.]
ἐπ-ώμοτος 2 a)eidlich. b) Eides=
ἐπωνῡμίᾱ, ἡ Beiname; Name.
ἐπ-ώνυμος u. -ωνύμιος 2 a) nach etw. benannt, zubenannt, mit Beinamen; bedeutungsvoll. b) zubenennend, Namengeben.
ἐπ-ώπτων s. ἐποπτάω.
ἐπ-ώρα s. ἐφοράω.
ἐπῶρτο u. ä. s. ἐπόρνυμι.
ἐπ-ωτίδες, αἱ Sturmbalken.
ἐπ-ωφελέω 1. helfen, beistehen, fördern. — 2. ἐπωφέλησα ich hätte sollen.
ἐπωφέλημα, τό Unterstützung.
ἐπ-ὤχατο sie waren geschlossen (von ἐπέχω).
ἔραζε zur Erde.
ἔρᾰμαι M. = ἐράω.
ἐραννός = ἐράσμιος.
ἔρανος, ὁ a) gemeinsames Mahl, Picknick. b) Beitrag; Liebesgabe, Liebesdienst.
ἐράομαι = ἐράω.
ἐράσι-χρήματος 2 geldgierig, habsüchtig.
ἐράσμιος 2 u. ἐραστός 3 a) lieblich, liebenswürdig, reizend. b) willkommen, lieb.
ἐραστής, οῦ, ὁ Liebhaber, Freund, Anhänger.
ἐρατεινός 3 = ἐράσμιος.
ἐρατίζω lüstern sein.
ἐρατός 3 = ἐραστός.
ἐρατύω = ἐρητύω.

ἐραυνάω = ἐρευνάω.

ἐράω P. a) innig lieben (aor. sich verlieben, liebgewinnen). b) nach etw. verlangen, etw. begehren.

ἐργάζομαι M. 1. arbeiten, tätig sein, wirken: a) Ackerbau treiben. b) Geschäfte machen. 2. trans. a) bearbeiten, bebauen, betreiben. b) verfertigen, verrichten, schaffen, ausführen, machen, tun. c) bewirken, verursachen. d) erarbeiten, verdienen, erwerben. e) j-m etw. antun od. zufügen, erweisen.

ἐργάθω trennen, losschälen.

ἐργαλεῖον, τό Werkzeug.

ἐργασείω tun wollen.

ἐργασία, ἡ 1. a) das Tun, Arbeit, Tätigkeit, Mühe, Beschäftigung: α) Feldarbeit; β) Gewerbe. b) Wirkung. — 2. Bearbeitung, Bebauung, Herstellung, Verfertigung, Betreibung. — 3. Bildwerk. — 4. Erwerb, Verdienst, Gewinn.

ἐργαστήριον, τό a) Werkstätte, Laden. b) Rotte.

ἐργαστικός 3 arbeitsam, tätig.

ἐργάτης, ου a) arbeitsam, tätig. b) Täter, Vollbringer. c) Arbeiter, Tagelöhner.

ἐργατικός 3 = ἐργαστικός.

ἐργάτις, ιδος, fem. zu ἐργάτης.

ἔργμα, τό = ἔργον.

ἐργμά, τό Kerker, Gruft.

ἔργνυμι = εἴργω.

ἐργολαβέω etw. auf Bestellung übernehmen.

ἔργον, τό Werk: 1. a) einzelnes Werk, Tat, Handlung, Unternehmung. b) Vorfall, Tatsache, Wirklichkeit. ἔργῳ in der Tat, in der Wirklichkeit. c) das Tun, Handeln, Wirksamkeit. — 2. obliegende Arbeit, Beschäftigung, Geschäft, Ausführung: a) Feldarbeit, Landbau. b) Gewerbe; Amt, Dienst. c) Krieg, Kampf. d) großes Werk, schwere Aufgabe. — 3. Werk = Arbeit, Machwerk, Erzeugnis, Schöpfung: a) Kunstwerk, Bau. b) pl. Saatfelder, Ländereien. — 4. a) Ding, Sache, Angelegenheit; Stück. b) Umstand, Etwas.

ἔργω = εἴργω.

ἐργώδης 2 mühsam, schwierig.

ἔρδω u. **ἔρδω** tun, machen, handeln, vollbringen; j-m etw. antun; darbringen, opfern.

ἐρεβεννός 3 finster, dunkel.

ἐρέβινθος, ὁ Kichererbse.

Ἔρεβος, τό finstere Unterwelt, Totenreich; Dunkel.

ἐρεείνω u. M. fragen.

ἐρεθίζω u. **ἐρέθω** reizen: a) erzürnen, quälen. b) anregen, anspornen. c) ausfragen.

ἐρείδω I. Akt. 1. a) stemmen, stützen, fest anlehnen. b) drängen, bedrängen, stoßen, hineinstoßen. 2. intr. a) sich stemmen, sich stützen, sich festsetzen. b) (her)anstürmen. — II. P. 1. gestemmt od. gestützt, angelehnt werden. 2. hindurchgetrieben werden. — III. M. 1. sich stemmen, sich stützen, sich lehnen. 2. andringen.

ἐρείκω a) zerreißen, zerbrechen; durchbohren. b) intr. bersten.

ἔρειο s. εἴρομαι.

ἐρείομεν s. ἐρέω².

ἐρείπια, τά Trümmer.

ἐρείπω a) niederreißen, umstürzen. b) intr. u. P. niederstürzen, -fallen; sich stürzen.

ἔρεισμα, τό Stütze, Halt.

ἐρεμνός 3 schwarz, dunkel.

ἔρεξα, aor. I v. ῥέζω.

ἐρέομαι s. ἐρέω². [zehren.]

ἐρέπτομαι M. (ab)rupfen; ver-

ἐρέριπτο s. ἐρείπω.
ἔρεσθαι s. ἐρέω².
ἐρέσσω rudern; in Bewegung setzen, schwingen; erwägen.
ἐρέτης, ου, ὁ Ruderer, Matrose.
ἐρετμόν, τό Ruder.
ἐρεύγομαι M. a) sich (er-)brechen; an etw. emporspritzen, branden. b) ausbrechen, ausspeien, ausprudeln; aussprechen.
ἐρεύγω brüllen. [Krapp.]
ἐρευθέδανον, τό Färberröte.
ἐρεύθω röten, rot färben.
ἔρευνα, ἡ (Nach-)Forschung
ἐρευνάω a) nachspüren, forschen. b) auf-, ausspüren, untersuchen, erforschen.
ἐρέφω wölben, überdecken; (be)kränzen. [herschleudern.]
ἐρέχθω a) zerreißen. b) im]
ἐρέω¹ ich werde sagen (cf. εἴρω¹).
ἐρέω², M. ἐρέομαι u. εἴρομαι fragen, forschen, befragen, ausfragen.
ἐρημία, ἡ Einsamkeit, Öde: 1. Einöde, Wüste. — 2. a) Zurückgezogenheit, Verlassenheit. c) Abwesenheit, Mangel.
ἔρημος u. **ἐρῆμος** (3 u. 2) einsam, verlassen: 1. öde, wüst, leer; ἡ -ος u. τὰ -α Wüste, Steppe, Trift. — 2. a) hilflos, schutzlos; abgesondert lebend. b) entbehrend, entblößt, ohne. c) ἡ ἐρήμη ob. ἔρημος (δίκη) Kontumazialverfahren.
ἐρημόω leer ob. öde machen: a) räumen. b) verwüsten, zerstören. c) entblößen, berauben; verlassen, allein lassen, vereinzeln. [Zerstörung.]
ἐρήμωσις, εως, ἡ Verwüstung,]
ἐρηρέδαται u. ä. s. ἐρείδω.
ἐρήρεισμαι, pf. P. v. ἐρείδω.
ἐρήριμμαι, pf. P. v. ἐρείπω.
ἐρήσομαι s. εἴρομαι.

ἐρητύω a) zurückhalten, hemmen, hinderlich sein. b) beschwichtigen, beruhigen.
ἐπί-αύχην, ενος starkhalsig.
ἐρι-βρεμέτης, ου lautdonnernd.
ἐρί-βῶλαξ, ακος u. **ἐρίβωλος** 2 großschollig.
ἐρί-γδουπος 2 laut-donnernd, -brausend.
ἐριδαίνω = ἐρίζω.
ἐριδμαίνω necken, reizen.
ἐρί-δουπος 2 = ἐρίγδουπος.
ἐρίζω u. M. 1. streiten, hadern. — 2. a) wettkämpfen, wetteifern, sich mit j-m messen. b) gleichkommen.
ἐρί-ηρος 2 traut, lieb.
ἐριθ(ε)ία, ἡ Rechthaberei, Streitsucht; Selbstsucht.
ἐρι-θηλής 2 üppig sprossend.
ἔριθος, ὁ, ἡ Lohnarbeiter(in); Schnitter(in).
ἐρι-κυδής 2 ruhmvoll, herrlich.
ἐρί-μυκος 2 lautbrüllend.
ἐρινεός, ὁ wilder Feigenbaum.
Ἐρινύς, ύος, ἡ Rachegeist, Furie: a) Rache, Strafe. b) Fluch. c) Verderben.
ἔριον, τό Wolle.
ἐρι-ούνης u. **-ούνιος**, ὁ Heilbringer, Segenspender.
ἐριουργέω in Wolle arbeiten.
ἐρίπειν u. ä. s. ἐρείπω.
ἔρις, ιδος, ἡ 1. a) Streit, Hader, Zwietracht; Streitlust, Zanksucht. b) Kampf. — 2. Wettkampf, Wettstreit, Wetteifer.
ἐρι-σθενής 2 hochgewaltig.
ἔρισμα, τό Zwist, Anlaß zum Streit, Zankapfel.
ἐρι-στάφυλος 2 großtraubig.
ἐριστός 3 zu streiten.
ἐρί-τιμος 2 hochgeschätzt, kostbar. [Bocke.]
ἐρίφειος 2 von einem jungen]
ἔριφος, ὁ, ἡ u. **ἐρίφιον**, τό Bock, Böckchen, Zicklein.

ἑρκεῖος u. **Ἕρκειος** 2 a) zum Gehöft od. zum Hause gehörig. b) hausbeschützend.

ἕρκιον, τό Mauer.

ἕρκος, τό 1. Wehr: a) Zaun, Gehege, Mauer. b) Wall; pl. Lager. c) Gehöft, Hof. d) Abwehr, Schutz. — 2. Netz, Schlinge.

ἑρκτή, ἡ = εἱρκτή.

ἕρμα, τό 1. Stütze, Träger; Hort, Schutz. — 2. a) Klippe, Riff. b) Hügel.

ἕρμα², τό a) Ohrgehänge. b) ἕρμα ὀδυνάων Ursprung von Schmerzen.

ἕρμαιον, τό Glücksfund.

ἑρμηνεία, ἡ a) Sprache, Rede. b) Auslegung, Erklärung.

ἑρμηνεύς, έως u. **ἑρμηνευτής**, οῦ, ὁ a) Herold. b) Erklärer, Dolmetscher.

ἑρμηνεύω auslegen, erklären; (ver)dolmetschen, übersetzen; auseinandersetzen.

ἑρμίς, ῖνος, ὁ Bettpfosten.

ἑρμογλυφεῖον, τό Bildhauerwerkstätte. [ling; Sproß, Kind.]

ἔρνος, τό junger Trieb, Schöß-|

ἕρξης, ὁ der Wirkende.

ἔρξω u. ä. f. ἔρδω u. ἔργω.

ἔρομαι M. fragen (f. ἐρέω²).

ἔρος, ου, ὁ = ἔρως, ωτος.

ἑρπετόν, τό kriechendes Tier, lebendes Wesen.

ἕρπω u. **ἑρπύζω** kriechen, schleichen; schreiten, gehen, kommen: a) herankommen; b) weggehen.

ἐρραδάται f. ῥαίνω.

ἐρράγην, aor. P. v. εἴρω¹.

ἐρρίγα u. ä. f. ῥιγέω.

ἔρρω 1. (mühsam od. elend) einhergehen od. sich hinschleppen, weggehen. ἔρρε packe dich! — 2. a) untergehen, umkommen, (ent)schwinden. b) verloren sein.

ἐρρωμένος 3 stark, kräftig; mutig, entschlossen, eifrig, heftig.

ἔρρωσο lebe wohl! (f. ῥώννυμι).

ἔρση u. **ἕρση**, ἡ a) Tau, Tautropfen. b) neugeborenes Lamm: Spätling.

ἐρσήεις 3 tauig; frisch.

ἔρσην, ενος = ἄρρην.

ἐρύγμηλος 2 lautbrüllend.

ἐρυγών f. ἐρεύγω.

ἐρυθαίνω röten; P. sich röten, erröten. [dung.]

ἐρύθημα, τό Röte; (Entzün-|

ἐρυθραίνω = ἐρυθαίνω.

ἐρυθριάω erröten.

ἐρυθρός 3 rot, rötlich.

ἐρύκω, **ἐρυκάνω** u. **ἐρυκανάω** I. Akt. zurückhalten: 1. auf-, festhalten, anhalten. 2. a) abhalten, fernhalten, abwehren, von etw. abschneiden. b) auseinanderhalten. — II. M. u. P. zurückbleiben, zögern.

ἔρυμα, τό Schutz, Bollwerk, festes Lager, Schanze, Wall, Burg.

ἐρύμαι M. = ἔρυομαι.

ἐρυμνός 3 geschützt, befestigt, fest. τὸ -όν fester Platz.

ἐρύομαι M. 1. a) retten; bewahren, (be)schützen. b) α) beobachten, befolgen; β) belauern, erspähen. — 2. abwehren, zurückhalten, hemmen.

ἐρυσ-άρματες, ων pl. wagenziehend.

ἐρυσίβη, ἡ Meltau.

ἐρυσί-πτολις stadtschirmend.

ἐρυστός 3 gezogen aus etw.

ἐρύω¹ I. Akt. 1. ziehen, schieben; (den Bogen) spannen; (Siegel) streichen. 2. a) abreißen, wegreißen, an sich reißen, entreißen. b) zerren, schleppen, schleifen. — II. M. 1. an sich od. zu sich hin-ziehen od. -reißen, entreißen. 2. aufwägen.

ἐρύω — 191 — ἕσσων

ἐρύω² f. ἐρύομαι.
ἐρχάται f. εἴργω.
ἐρχατάω einsperren.
ἐρχθείς f. εἴργω.
ἔρχομαι M. kommen, gehen, gelangen: a) marschieren, reisen, fahren, fließen, fliegen. b) her-, hin-kommen, ankommen, herankommen; auftreten, entstehen. c) fort-, weg-gehen, ausrücken; vergehen, verloren gehen. d) wieder-, zurück-kommen, heimkehren. e) mit *part.*: sich anschicken, im Begriff sein, zB. ἔρχομαι λέξων od. ἐρῶν ich will nun gleich (sogleich, eben) sagen. f) mit *prp.*: α) εἰς λόγους τινί mit j-m in ein Gespräch kommen od. Unterhandlungen anknüpfen. εἰς μάχην, εἰς χεῖρας ἔρχεσθαί τινι mit j-m in Kampf geraten od. handgemein werden. β) διὰ μάχης ἔρχεσθαί τινι sich mit j-m in einen Kampf einlassen. ἐπὶ πᾶν ἔρχ. alles (mögliche) od. jedes Mittel versuchen.
ἐρωδιός, ὁ Reiher.
ἐρωέω¹ fließen, strömen.
ἐρωέω² 1. ruhen: a) nachlassen, ablassen; b) zurückbleiben. — 2. *trans.* zurücktreiben, zurückstoßen. [Andrang. Flug.]
ἐρωή¹, ἡ Schwung, Wucht;
ἐρωή², ἡ Ruhe, Rast.
ἔρως, ωτος, ὁ a) Liebe (*pl.* Liebeshändel); Lust, Verlangen, Begierde. b) Liebesgott.
ἐρωτάω fragen, befragen, (er-)forschen; bitten.
ἐρώτημα, τό u. **ἐρώτησις**, εως, ἡ Frage; Verhör.
ἐρωτικός 3 a) die Liebe betreffend, Liebes-... b) zur Liebe geneigt, verliebt. τὰ -ά Liebessachen, -händel, -neigungen. c) *adv.* ἐρωτικῶς nach Art Verliebter, lüstern.

ἐς und alle Kompositionen mit ἐς f. εἰς.
ἔσαν = ἦσαν v. εἰμί.
ἐσάπην, *aor.* II P. v. σήπω.
ἐσ-απικνέομαι f. εἰσαφικνέομαι.
ἐσ-εδράκον f. εἰσδέρκομαι.
ἐσ-ελεύσομαι f. εἰσέρχομαι.
ἐσ-εμάσσατο f. εἰσμαίομαι.
ἐσεσάχατο f. σάττω.
ἐσέχυντο f. εἰσχέω.
ἐσ-ήλατο f. εἰσάλλομαι.
ἔσηνε f. σαίνω.
ἐσθέω bekleiden. [Bettzeug.]
ἔσθημα, τό Kleid, Kleidung;
ἔσθην f. ἕννυμι.
ἐσθής, ῆτος, ἡ u. **ἔσθησις**, εως, ἡ Kleid, Kleidung.
ἐσθίω essen, fressen; verzehren, genießen, speisen.
ἐσθλός 3 gut, wacker, tüchtig, trefflich: a) tapfer. b) edel, vornehm. c) α) wertvoll; β) heilsam, günstig, glücklich.
ἔσ-θορον, *aor.* II v. εἰσθρῴσκω.
ἔσθος, τό = ἔσθημα.
ἔσθ' ὅτε zuweilen.
ἔσθω = ἔδω, ἐσθίω.
ἔσκον, *impf. iter.* v. εἰμί.
ἑσμός, ὁ Schwarm; Fülle, Menge, Masse.
ἔσοπτρον, τό Spiegel.
ἔσπεο f. ἕπομαι.
ἑσπέρα, ἡ a) Abend. b) Westen.
ἑσπέριος 3 u. **ἕσπερος** 2 a) abendlich, am Abend. τὰ -α Abend(stunden). b) westlich.
ἕσπερος, ὁ = ἑσπέρα.
ἔσπετε saget an!
ἑσπόμην u. ἅ. f. ἕπομαι.
ἔσσευα u. ἅ. f. σεύω.
ἔσσο u. ἅ. f. ἕννυμι.
ἐσσόομαι = ἡσσάομαι.
ἐσσύμαι f. σεύω. **ἐσσύμενος** 3 a) begierig. b) eilig, stürmisch, schnell.
ἐσσώθην, ἐσσωμαι f. ἐσσόομαι.
ἕσσων 2 = ἥσσων.

ἔστε 1. *adv.* bis, bis zu, bis an, bis auf. — 2. *cj.*: a) bis wo, soweit. b) α) bis, bis daß; β) solange als, während.

ἑστία, ἡ 1. a) Herd; Haus, Heimat, Familie. b) Hausaltar; Altar. c) Mittelpunkt, Hauptsache. — 2. Hestia, it. Vesta.

ἑστίαμα, τό u. **ἑστίασις**, εως, ἡ Schmaus, Gastmahl.

ἑστιάτωρ, ορος, ὁ Gast-, Festgeber.

ἑστιάω I. Akt. gastlich aufnehmen: a) bewirten, einen Schmaus geben. b) etw. mit einem Schmause feiern; ergötzen. — II. P. schmausen.

ἑστιοῦχος 2 mit heiligen Altären, heilig.

ἔστιχον, *aor.* II v. στείχω.

ἑστιῶτις, ιδος das Haus betreffend, vom Hause her.

ἕστο s. ἕννυμι.

ἕστωρ, ορος, ὁ Deichselnagel, Spannagel.

ἔσχ᾽ = ἔσχε od. ἔσκε (v. ἔχω od. εἰμί).

ἐσχάρα, ἡ a) Herd; Feuerstelle; Lagerfeuer. b) Kohlenpfanne. c) Opferherd, Altar.

ἐσχατάων = ἐσχατόων.

ἐσχατιά, ἡ äußerster Teil, entlegenster Ort, Ende, Rand, Grenze, Grenzgebiet.

ἔσχατος 2 äußerster, letzter: 1. a) hinterster, entlegenster; b) letzter, spätester. — 2. a) höchster, größter. b) niedrigster, unterster, geringster, ärgster, schlimmster. c) ἐσχάτως aufs äußerste, höchst; in den letzten Zügen.

ἐσχατόων 3 äußerster; an der Grenze liegend, am Rande (des Lagers) sich befindend.

ἔσχεθον = ἔσχον v. ἔχω.

ἔσω = εἴσω.

ἔσω-θεν *adv.* a) von innen her, heraus. b) drinnen, innen, inwendig.

ἐσώτερος 3 innerer, hinterer.

ἑταίρα, ἡ a) Gefährtin, Genossin, Freundin. b) Geliebte, Buhlerin, Dirne.

ἑταιρεία, ἡ Genossenschaft, Kameradschaft, Freundschaft; (politischer) Klub.

ἑταιρεῖος u. **-ήϊος** 3 a) kameradschaftlich. τὸ -ον Verschworene. **b) die Freundschaft beschützend.**

ἑταιρία, ἡ = ἑταιρεία.

ἑταιρίζω Gefährte sein, sich zugesellen. M. sich j-n zum Genossen nehmen.

ἑταιρικός 3 = ἑταιρεῖος.

ἑταιρίς, ίδος, ἡ = ἑταίρα.

ἕταιρος 3 befreundet. ὁ Gefährte, Genosse, Kamerad, Gehilfe, **Freund; Stammesgenosse.**

ἐτάλασσα = ἔτλην (s. τλῆναι).

ἐταρίζω = ἑταιρίζω.

ἕταρος, ὁ = ἕταιρος.

ἔταφον, *aor.* v. τέθηπα.

ἐτεθήπεα (*plpf.*) s. τέθηπα.

ἐτεός 3 wahr, wirklich. ἐτεόν wahrheitsgemäß, wirklich.

ἐτερ-αλκής 2 a) wehrkraftwechselnd, unentschieden. b) der einen Partei Sieg verleihend, entscheidend.

ἐτερ-ήμερος 2 einen Tag um den anderen.

ἑτέρη-φι mit der einen (od. anderen) Hand.

ἑτερό-γλωσσος 2 eine fremde Sprache redend.

ἑτεροδιδασκαλέω anders (= falsch) lehren.

ἑτεροζυγέω an einem Strange mit j-m ziehen.

ἑτεροῖος 3 verschieden(artig).

ἑτεροιόω ändern. P. eine andere Gestalt annehmen.

ἕτερος 3 : 1. a) der andere von beiden, der eine von zweien. b) der zweite. οὐδ' ἕτερος, μηδ' ἕτερος keiner von beiden. ὁ ἕτ. der Nächste. οἱ ἕτεροι Gegenpartei, Gegner, Feinde. (τῇ) ἑτέρᾳ am folgenden Tage, auf der anderen Seite, auf (die) andere Weise. τὰ ἕτερα oder θάτερα die andere ob. entgegengesetzte Weise. — 2. a) ein anderer, ein zweiter. b) andersartig, anders beschaffen, abweichend, verschieden, fremd; unglücklich, unheilvoll. c) adv. ἑτέρως auf andere Art, anders.

ἑτέρω-θεν adv. 1. a) von der anderen Seite her. b) auf der anderen Seite. — 2. andrerseits, dagegen.

ἑτέρω-θι adv. a) auf der anderen Seite. b) anderswo, fern davon. c) ein andermal.

ἑτέρω-σε adv. a) auf die eine Seite, auf die andere Seite. b) anderswohin, seitwärts.

ἐτέταλτο f. τέλλω.

ἔτετμον f. τετμεῖν.

ἐτέτυκτο f. τεύχω.

ἔτης, ου, ὁ Angehörige(r), Stammgenosse, Freund.

ἐτησίαι, ιων, οἱ Passatwinde.

ἐτήσιος 2 jährig, ein Jahr dauernd.

ἐτήτυμος 2 a) wahr, wahrhaft, recht. b) wirklich, gewiß.

ἔτι adv. 1. noch, noch immer ob. weiter, noch jetzt, ferner(hin). — 2. ferner noch, noch dazu, außerdem, überdies.

ἔτλην f. τλῆναι.

ἑτοιμάζω bereit machen, (vor-) bereiten, zurichten, rüsten, besorgen.

ἑτοιμασία, ἡ Bereitschaft, Bereitwilligkeit.

ἕτοιμος u. **ἑτοῖμος** 2 u. 3 1. wirklich, verwirklicht. 2. bereit(liegend), zu Gebote stehend, verfügbar, fertig, gewiß: a) bereitwillig, gefügig, geneigt, entschlossen. b) α) leicht; β) klar, ausgemacht, bestimmt.

ἔτορον, aor. II v. τορέω.

ἔτος, τό Jahr.

ἐτός adv. ohne Grund.

ἔτραπον, aor. II v. τρέπω.

ἔτυμος 2 wirklich, wahr, gewiß; leibhaftig.

ἐτώσιος 2 vergeblich, unnütz.

εὖ u. **ἐύ** adv. gut, wohl, gehörig, recht: a) schön, verständig; günstig, glücklich; genau, geschickt; tüchtig. b) εὖ πάντες alle zusammen. εὖ μάλα gar sehr, gar trefflich. εὖ γε recht so! bravo!

εὖ, entl. **εὖ** = οὗ.

εὐαγγελίζω, meist M. Frohes verkündigen, gute Botschaft bringen, das Evangelium verkündigen. P. gute Botschaft empfangen.

εὐαγγέλιον, τό 1. Freudenob. Heilsbotschaft, Evangelium. — 2. Lohn- ob. Dankopfer für gute Botschaft.

εὐαγγελιστής, οῦ, ὁ Verkünder des Evangeliums.

εὐ-αγής 2: 1. a) unschuldig, fromm, heilig. b) reinigend, rein. — 2. glänzend, weithin sichtbar.

εὔ-αγρος 2 einen glücklichen Fang (ob. Erfolg) gewährend.

εὐ-άγωγος 2 leicht lenkbar.

εὔαδε, aor. v. ἁνδάνω.

εὐάζω jubeln, jauchzen.

εὐ-αής 2 günstig wehend; sanft, freundlich.

εὐ-αίρετος 2 leicht zu erobern(d), leicht zu wählen(d), leicht zu erkennen(d).

εὐ-αίων, ωνος a) glücklich (lebend). b) beglückend.

εὐ-άμερος 3 = εὐήμερος.

εὐανδρίᾱ, ἡ Menge schöner Männer (ob. tapferer).
εὐ-άνεμος 2 luftig.
εὐ-ανθής 2 kräftig sprossend; bunt(farbig). [schreiben(d).
εὐ-απήγητος 2 leicht zu be-
εὐ-απόβατος 2 bequem zum Landen. [zuschließen(d).
εὐ-αποτείχιστος 2 leicht ein-
εὐάρεστέω wohl gefallen. P. an etw. Gefallen finden.
εὐ-άρεστος 2 a) wohlgefällig, angenehm. b) leicht zufriedenzustellen(d). c) gefällig.
εὐ-αρίθμητος 2 leicht zu zählen(d), wenige.
εὐ-άρματος 2 wagenreich.
εὐαρμοστίᾱ, ἡ Ebenmaß.
εὐ-άρμοστος 2 wohlgefügt; übereinstimmend, harmonisch, geschickt, gefügig.
εὐ-αυγής 2 weit-ausschauend.
εὐ-βάστακτος 2 leicht zu tragen(d).
εὔ-βατος 2 zugänglich.
εὔ-βοτος 2 weidereich, viehreich.
εὔ-βοτρυς, υ traubenreich.
εὐβουλίᾱ, ἡ Einsicht, Klugheit.
εὔ-βουλος 2 einsichtsvoll, klug, besonnen.
εὐ-γάθητος 2 erfreulich.
εὖ-γε recht so! ei!
εὐγένεια, ἡ Adel, edle Abkunft; Edelmut.
εὐ-γένειος 2 starkbärtig.
εὐ-γενής 2 edelgeboren, edel: a) adlig, vornehm. b) edelgesinnt. [bet, Gelübde.
εὖγμα, τό a) Prahlerei. b) Ge-
εὔ-γναμπτος 2 schöngebogen.
εὐ-γνώμων 2 edeldenkend: a) wohlwollend, gütig, billig, mild. b) einsichtsvoll, klug.
εὔ-γνωστος 2 leicht zu erkennen(d), sichtbar.
εὐδαιμονέω glücklich sein; wohlhabend sein.

εὐδαιμονίᾱ, ἡ Glück, Glückseligkeit; Wohlstand.
εὐδαιμονίζω glücklich preisen.
εὐδαιμονικός 3 die Glückseligkeit betreffend: a) glücklich. b) beglückend.
εὐ-δαίμων 2 glücklich, glückselig; wohlhabend, reich; fruchtbar, blühend. [weit sichtbar.
εὐ-δείελος u. εὐ-δηλος 2]
εὔ-δηλος 2 ganz deutlich.
εὐδίᾱ, ἡ heiteres Wetter, Windstille; Heiterkeit; Sicherheit.
εὐ-διάβατος 2 leicht zu überschreiten(d). [ausgesetzt.
εὐ-διάβολος 2 übler Deutung]
εὐδικίᾱ, ἡ Rechtssatzung.
εὔ-διος 2 heiter, still, ruhig.
εὔ-δμητος 2 schöngebaut.
εὐδοκέω a) zufrieden sein. b) Wohlgefallen an etw. haben; beschließen, entschlossen sein, wollen.
εὐδοκίᾱ, ἡ Wohlgefallen; Wille, Beschluß, Wunsch.
εὐδοκιμέω in gutem Rufe od. in Ansehen stehen, geachtet od. berühmt, ausgezeichnet sein.
εὐ-δόκιμος 2 geehrt, angesehen, edel, berühmt.
εὐ-δοξέω = εὐδοκιμέω.
εὐδοξίᾱ, ἡ a) guter Ruf, Ruhm Ansehen. b) Billigung.
εὔ-δοξος 2 = εὐδόκιμος.
εὐ-δρακής 2 scharfsichtig.
εὔδω a) schlafen. b) ent-, einschlafen; sich legen.
εὐ-ειδής 2 wohlgestaltet, schön.
εὐ-έλεγκτος 2 a) leicht zu widerlegen(d). b) leicht zu erweisen(d) od. zu überführen(d).
εὔ-ελπις, ι hoffnungsvoll.
εὐ-εξάλειπτος 2 leicht auszustreichen(d). [κτος.
εὐ-εξέλεγκτος 2 = εὐ-ἐλεγ-]
εὐεξίᾱ, ἡ guter Zustand, Wohlbefinden. [Wunsch.
εὐέπεια, ἡ schöner ob. frommer]

εὖ-επής 2 wohlgesprochen, annehmbar.

εὖ-επιβούλευτος 2 leicht Nachstellungen ausgesetzt.

εὖ-επίθετος 2 leicht angreifbar.

εὐεργεσία, ἡ 1. edle Handlungsweise, das Wohltun. — 2. a) gute Handlung, Wohltat. b) Ehrentitel εὐεργέτης.

εὐεργετέω I. Akt. wohltun, Gutes tun, nützen. — II. P. Wohltaten empfangen.

εὐεργέτημα, τό = εὐεργεσία.

εὐ-εργέτης, ου, ὁ Wohltäter, wohlverdienter Mann.

εὔ-εργός 2 a) gut gearbeitet. b) wohlgetan.

εὐεργία, ἡ gerechtes Handeln.

εὔ-εργος 2 a) recht handelnd. b) leicht zu bearbeiten(d).

εὐ-ερκής 2 wohlumfriedigt, wohlverschlossen.

εὔ-ερος 2 schönwollig. [Glück.]

εὐ-εστώ, οὖς, ἡ Wohlbefinden.]

εὐετηρία, ἡ gute Ernte, Überfluß an Lebensmitteln.

εὐ-εύρετος 2 leicht zu finden(d).

εὐ-έφοδος 2 leicht zugänglich, leicht anzugreifen(d).

εὔ-ζυγος 2 starkgezimmert.

εὔ-ζωνος 2 a) wohlgegürtet. b) leichtgeschürzt: behende, rüstig, ohne schwere Rüstung.

εὐ-ηγενής 2 = εὐγενής.

εὐηγεσίη, ἡ treffliche Leitung.

εὐήθεια, ἡ Gutmütigkeit; Einfalt, Torheit.

εὐ-ήθης 2 gutmütig; einfältig, töricht, albern.

εὐηθία, ἡ = εὐήθεια.

εὐηθίζομαι sich einfältig benehmen.

εὐηθικός 3 = εὐήθης.

εὐ-ήκης 2 wohlgespitzt.

εὐ-ήλατος 2 leicht zu durchreiten(d), eben. [stehen.]

εὐημερέω glücklich sein, gut}

εὐημερία, ἡ schöner Tag.

εὐ-ήμερος 2 einen glücklichen Tag bringend, heiter.

εὐ-ήνεμος 2 = εὐάνεμος.

εὐ-ήνωρ, ορος a) mannhaft. b) Kraft verleihend.

εὐ-ήρατος 2 liebenswürdig.

εὐ-ήρετμος 2 a) gut rudernd. b) wohlberudert.

εὐ-ήρης 2 handlich.

εὐ-ηφενής 2 wohlbegütert.

εὐ-θάλασσος 2: δῶρον Geschenk des herrlichen Meeres.

εὐ-θαρσής 2 wohlgemut, mutig, beherzt, zuversichtlich.

εὐθενέω und P. gesegnet sein, gedeihen, blühen.

εὐ-θεράπευτος 2 leicht zu behandeln(d) od. zu gewinnen(d).

εὔ-θετος 2 geeignet, passend, bequem; nützlich.

εὐθέως adv. s. εὐθύς.

εὐθηνέω = εὐθενέω.

εὔ-θριξ, τρίχος schönmähnig.

εὔ-θρονος 2 schönthronend.

εὐθύ adv. s. εὐθύς. [fahren.]

εὐθυδρομέω geradeswegs]

εὐθυμέω u. M. gutes Mutes od. heiter sein. [keit.]

εὐθυμία, ἡ Frohsinn, Heiter-]

εὔ-θυμος 2: 1. wohlgesinnt. — 2. wohlgemut, gutes Mutes, heiter, mutig.

εὔθυνα und εὔθυνα, ἡ 1. a) Rechenschaftsablegung. b) Rechenschaft, Verantwortung. — 2. Strafe.

εὐθύνω und M. 1. a) gerade machen, (gerade) richten. b) gerade daraufloslenken oder richten. — 2. lenken, leiten, regieren. — 3. a) tadeln, anklagen oder schuldig finden. c) bestrafen.

εὐθύς, εῖα, ὁ gerade (gerichtet), eben; aufrichtig, offen, gerecht, rechtlich, recht. — adv. εὐθύς.

εὐθύ, εὐθέως, εὐθεῖαν: 1. geradezu, geradeaus, gerades Weges (nach etw.). — 2. a) sofort, sogleich; soeben. b) ohne weiteres, ohne Rückhalt. — 3. gleich (= um gleich ein Beispiel anzuführen).

εὐθύτης, ητος, ἡ Geradheit, Gerechtigkeit.

εὐθύ-ωρον adv. geradeaus.

εὔιος 2: 1. a) jauchzend. b) umjubelt. — 2. bacchisch.

εὔ-ιππος 2 a) mit schönen Rossen fahrend. b) gut beritten. c) rossereich.

εὐ-καθαίρετος 2 leicht zu überwältigen(d).

εὐκαιρέω gelegene Zeit oder Muße haben.

εὐκαιρία, ἡ passende Zeit, gute Gelegenheit.

εὔ-καιρος 2 rechtzeitig, gelegen; günstig.

εὐ-καμπής 2 schöngebogen.

εὐ-κάρδιος 2 beherzt, mutig.

εὔ-καρπος 2 früchtereich.

εὐ-κατάλυτος 2 leicht zu beseitigen(d).

εὐ-καταφρόνητος 2 verächtlich, geringfügig.

εὐ-κατέργαστος 2 a) leicht auszuführen(d). b) leicht verdaulich. [zuschuldigen(d).]

εὐ-κατηγόρητος 2 leicht an-

εὔ-κέατος 2 gut gespalten.

εὔ-κερως, ων schöngehörnt.

εὔκηλος 2 = ἔκηλος.

εὐ-κλεής 2 ruhmvoll, berühmt, gepriesen, herrlich.

εὔ-κλεια, ἡ guter Ruf, Ruhm.

εὐκλειής 2 = εὐκλεής.

εὐ-κληΐς, ῖδος wohlverschlossen.

εὐ-κνήμις, ῖδος wohlbeschient.

εὔ-κολος 2: 1. a) gutgelaunt, heiter, vergnügt. b) gelassen, ruhig. c) genügsam. — 2. leicht.

εὐ-κομιδής 2 gut gepflegt.

εὔ-κομος 2 = ἠΰκομος.

εὔ-κοπος 2 leicht, mühelos.

εὐκοσμία, ἡ Ordnung; Sittsamkeit, Bescheidenheit.

εὔ-κοσμος 2: 1. a) wohlgeordnet. b) (schön) geschmückt. — 2. leicht zu ordnen(d).

εὐκρινέω sorgfältig auswählen. [b) klar, deutlich.]

εὐ-κρινής 2 a) wohlgeordnet.

εὔ-κρότητος 2 gut gehämmert, -geschmiedet.

εὐκταῖος 2 a) gewünscht. τὸ εὐκταῖον Gelübde. b) durch Gelübde geweiht.

εὐ-κτίμενος 3 u. εὔ-κτιτος 2 schöngebaut, wohlangebaut, wohlbestellt.

εὐκτός 3 a) gewünscht, erwünscht. b) wünschenswert.

εὔ-κυκλος 2 a) schöngerundet. b) schönräderig.

εὐλάβεια, ἡ 1. Vorsicht, Fürsorge. — 2. a) Scheu, Furcht, Angst. b) Gottesfurcht.

εὐλαβέομαι P. vorsichtig sein: 1. a) sich in acht nehmen, sich hüten, sich scheuen, fürchten; fliehen. b) verehren. — 2. für etw. Sorge tragen.

εὐ-λαβής 2 vorsichtig, behutsam, ängstlich, gewissenhaft; gottesfürchtig, fromm.

εὐλάζω pflügen.

εὐλάκα, ἡ Pflugschar.

εὐ-λείμων wiesenreich.

εὔ-λεκτρος 2 bräutlich-schön, holdselig, reizend.

εὐλή, ἡ Made, Wurm.

εὔ-ληπτος 2 a) gut zu fassen(d). b) leicht zu überwältigen(d).

εὔληρα, τά Zügel.

εὐλογέω loben, preisen; danken, segnen, glücklich machen.

εὐλογητός 3 (hoch)gelobt, gesegnet, gepriesen.

εὐλογία, ἡ 1. Lob(preisung), Preis. — 2. a) Schönrednerei. b) Segen(swunsch) c) Segensgabe(n), Gutes, Wohltat.

εὔ-λογος 2: 1. schönklingend. — 2. a) vernünftig, berechtigt, mit Recht. b) wahrscheinlich.

εὔ-λοφος 2 mit schönem Helmbusch.

εὔ-λῠτος 2 leicht zu trennen(d).

εὐμάθεια, ἡ Gelehrigkeit.

εὐ-μᾰθής 2 a) leicht lernend. b) leicht zu lernen(d), leicht kenntlich, verständlich, deutlich.

εὐμάρεια u. **-ίᾱ, ἡ** 1. Leichtigkeit, Bequemlichkeit; Möglichkeit; Schutzmittel. — 2. Überfluß. — 3. a) Stuhlgang. b) Abtritt.

εὔ-μαρής 2 leicht: a) leicht ausführend, hilfreich. b) bequem.

εὐ-μεγέθης 2 sehr groß; wichtig. [Huld, Gnade.]

εὐ-μένεια, ἡ Wohlwollen,

εὐ-μενής 2 und **εὐ-μενέτης, ου** 1. a) wohlgesinnt, gnädig, gütig. b) wohlgemut. — 2. a) heilsam, günstig. b) bequem.

εὐ-μετάβολος 2 veränderlich, wankelmütig.

εὐ-μετάδοτος 2 freigebig.

εὐ-μεταχείριστος 2 a) leicht zu behandeln(d). b) leicht zu bezwingen(d).

εὔ-μηλος 2 schafreich.

εὐ-μήχᾰνος 2 sinnreich; gewandt, geschickt.

εὔ-μῑτος 2 feinfädig.

εὐ-μμελής, ου lanzenkundig.

εὔ-μναστος 2 wohl-eingedenk.

εὔ-μορφος 2 wohlgestaltet.

εὐμουσίᾱ, ἡ Kunstsinn.

εὔ-μουσος 2 heiter-tönend.

εὐνάζω I. Akt. 1. lagern, in den Hinterhalt legen. — 2. betten, einschläfern; beruhigen, stillen. — II. P. u. M. sich lagern; sich schlafen legen, schlafen; ruhen.

εὐ-ναιετάων, ουσα, ον u. **εὐ-ναιόμενος** 3 wohlbewohnt, wohnlich.

εὐναῖος 3 zum Lager gehörig: a) ehelich. b) ruhend.

εὐνα(σ)τήριον, τό = εὐνή.

εὐνάω = εὐνάζω.

εὐνή, ἡ a) Lagerstätte, Lager; Bett; Ehebett, Beischlaf, Ehe. b) Ankerstein.

εὐνῆ-θεν adv. vom Lager.

εὐνήτρια, ἡ Gattin.

εὖνις[1]**, ἰδος, ἡ** Gattin.

εὖνις[2]**, ι(δ)ος** beraubt, verlustig; verwaist.

εὔ-νηστος 2 schöngewebt.

εὐνοέω wohlgesinnt od. freundlich gesinnt sein, gewogen sein.

εὔνοια, ἡ a) Wohlwollen, Zuneigung, Teilnahme, Lust und Liebe, Ergebenheit. b) Gratifikation. [freundlich.]

εὐνοϊκός 3 wohlwollend,

εὐνοέομαι adv. P. eine gute Verfassung haben.

εὐνομίᾱ, ἡ a) Gesetzlichkeit; Wohlverhalten, Rechtlichkeit. b) gute Verfassung.

εὔ-νοος, εὔ-νους 2 wohlgesinnt, wohlwollend, freundlich, zugetan.

εὐνουχίζω entmannen.

εὐνοῦχος, ὁ Entmannter, Verschnittene(r); Kämmerer.

εὐ-νωμᾰς, ου schnellrollend.

εὐ-ξε(ι)νος 2 gastlich.

εὔ-ξεστος u. **εὔ-ξοος** 2 wohlgeglättet, poliert.

εὔ-ξύμβλητος u. ä. s. εὐσυμ-.

εὔ-οδος 2 bequem zu gehen(d).

εὐοδόω glücklich (ge)leiten. P. guten Erfolg haben.

εὐοῖ juchhei! [wirklich.]

εὔ-οικος 2 haushälterisch;

εὔ-ολβος 2 hochbeglückt.

εὔ-οπλος 2 wohlbewaffnet.

εὔ-οργητος 2 gelassen, ruhig.

εὐορκέω seinen Eid halten; redlich sein.

εὔ-ορκος 2 a) seinem Eide getreu; redlich. b) dem Eide

εὔ-ορμος — εὔ-πτυκτος

angemessen, unbeschadet des Eides erlaubt.

εὔ-ορμος 2 mit guten Ankerplätzen. [licher Genuß.]

εὐπάθεια, ἡ Wohlleben, sinn-

εὐ-παθέω sich gütlich tun.

εὐπαιδευσία, ἡ gute Erziehung.

εὐπαιδία, ἡ Besitz guter Kinder.

εὔ-παις, παιδος a) mit Kindern gesegnet. b) γόνος herrlicher Sohn.

εὐ-πάρεδρος 2 beharrlich.

εὐ-πατέρεια, ἡ Tochter eines edlen Vaters.

εὐ-πατρίδης, ου und **εὐ-πατρις, ιδος** a) edelgeboren, edel, adlig. b) edelgesinnt.

εὐ-πειθής 2 u. **εὔ-πειστος** 2 a) gehorsam, folgsam. b) leicht überzeugend, glaublich.

εὔ-πεπλος 2 schöngewandig.

ευ-περίστατος 2 fest umstrickend. [Benutzung.]

εὐπέτεια, ἡ Leichtigkeit, leichte

εὐ-πετής 2 leicht, bequem, mit leichter Mühe, schnell.

εὐ-πηγής und **εὔ-πηκτος** 2 gutgefügt: a) festgebaut, stark; b) gedrungen, stämmig.

εὔ-πιστος 2 glaubwürdig.

εὔ-πλαστος 2 bildsam.

εὔ-πλειος 3 wohlgefüllt.

εὐ-πλεκής u. **εὔ-πλεκτος** 2 gut ob. schön geflochten.

εὔπλοια u. **εὐπλοίη, ἡ** glückliche (Schiff-)Fahrt.

εὐ-πλόκαμος 2 u. **-πλοκαμίς, ίδος** schöngelockt.

εὐ-πλυνής 2 schöngewaschen.

εὐ-ποίητος 2 schöngearbeitet.

εὐποιΐα, ἡ Wohltätigkeit.

εὐ-πορέω glücklich geleitet sein.

εὐπορέω M. 1. a) Vorrat ob. Überfluß an etwas haben, vermögend sein, im Überfluß leben. b) guten Erfolg haben. c) Mittel und Wege finden, vermögen. —

2. *trans.* reichlich, herbeischaffen.

εὐπορία, ἡ a) Leichtigkeit, gute Gelegenheit. b) Hilfsmittel; Wohlstand, Überfluß, Vermögen.

εὔ-πορος 2 1. a) bequem zu gehen(d), gangbar. b) bequem, mühelos, leicht. c) günstig. — 2. a) gewandt, geschickt, erfahren. b) wohlhabend, reich.

εὐπραγέω in glücklicher Lage sein.

εὐπραγία, ἡ = εὐπραξία.

εὐ-πρᾱκτος 2 leicht ausführbar, mühelos.

εὐπρᾱξία, ἡ a) glückliche Unternehmung; Glück, Wohlergehen. b) das Guthandeln, gute Handlung(sweise).

εὐπρέπεια, ἡ a) das stattliche Äußere, Würde, Schönheit, Zierde. b) Beschönigung.

εὐ-πρεπής 2 a) (wohl)anständig, geziemend, schicklich. b) stattlich, schön; hervorstechend, ruhm-, ehren-voll. c) scheinbar (trefflich), schönklingend, gleißend.

εὐπρηξίη, ἡ = εὐπραξία.

εὔ-πρηστος 2 starkfprühend.

εὐ-πρόσδεκτος 2 willkommen, wohlgefällig. [εδρος.]

εὐ-πρόσεδρος 2 = εὐπάρ-

εὐ-πρόσοδος 2 a) leicht zugänglich, gangbar. b) leutselig.

εὐ-προσωπέω gefallen; etw. Besonderes vorstellen.

εὐ-πρόσωπος 2 mit freundlichem Gesicht, freundlich, schön; schönklingend.

εὐ-προφάσιστος 2 gut vorzuschützen(d), triftig.

εὔ-πρυμνος 2 mit schönem Hinterdeck.

εὔ-πτερος 2 schnellfliegend.

εὔ-πτυκτος 2 zusammenlegbar.

εὔ-πυργος 2 wohlumtürmt.
εὔ-πωλος 2 roßreich, voll schöner Rosse.
εὐρ-ἀκύλων, ωνος, ὁ Nordost[wind.]
εὐράξ adv. seitwärts.
εὐ-ραφής 2 gutgenäht.
εὕρεσις, ἡ das Auffinden.
εὑρετής, οῦ, ὁ Erfinder.
εὑρετικός 3 erfinderisch.
εὑρετός 3 a) gefunden, erfunden. b) zu finden(d).
εὕρημα, τό a) Fund, Findling; Glücksfund, unverhoffter Gewinn. b) das Erfundene, Erfindung. [scharfspürend.]
εὔ-ρῑνος 2 und εὔ-ρῑς, ῑνος
Εὔριπος, ὁ Meerenge.
εὑρίσκω 1. finden, ausfindig machen: a) ersinnen, erforschen, erfinden. b) einsehen, erkennen. c) bewerkstelligen, schaffen, verschaffen. — 2. antreffen; j-n als etw. erfinden od. ertappen: a) gewinnen, erlangen, erreichen. b) einen Käufer finden, Geld einbringen, verkauft werden. [ostwind.]
εὐρο-κλύδων, ωνος, ὁ Süd-
εὔ-ροος 2 schönfließend.
εὖρος¹, ὁ Südostwind.
εὖρος², τό Breite, Weite.
ἐυ-ρραφής 2 = εὐραφής.
ἐυ-ρρεής 2 und ἐυ-ρρείτης, ου = εὔροος.
ἐύ-ρροος 2 = εὔροος.
εὐρύ-ἄγυια breitstraßig.
εὐρὺ-εδής 2 geräumig.
εὐρυθμίᾱ, ἡ rhythmische Bewegung; Ebenmaß.
εὔ-ρυθμος 2 a) taktmäßig, ebenmäßig; gut sitzend. b) für Takt empfänglich; taktvoll, von edler Haltung. [schend.]
εὐρυ-κρείων, οντος weither-
εὐρυ-μέτωπος 2 breitgestirnt.
εὐρύνω weit machen, erweitern.
εὐρύ-νωτος 2 breitschulterig.

εὐρυ-όδεια weitstraßig.
εὐρύ-οπα weithindonnernd.
εὐρύ-πορος 2 weitbahnig.
εὐρύ-πυλης 2 weittorig.
εὐρύ-ρέεθρος 2 und εὐρυρέων 3 breitströmend.
εὐρύς 3 breit, weit (dick); weitverbreitet. [schend.]
εὐρυ-σθενής 2 weither-
εὐρυ-φυής 2 breitwüchsig.
εὐρύ-χορος 2 mit weiten Reigenplätzen; geräumig, breit.
εὐρυχωρίᾱ, ἡ breiter Raum, offenes Gelände, Ebene.
εὐρύ-χωρος 2 geräumig.
εὐρώδης 2 nebelig (od. breit, weit).
εὐρώεις 3 moderig, düster.
εὐρώς, ῶτος, ὁ Schimmel, Moder.
εὔ-ρωστος 2 stark, kräftig; entschlossen.
ἐύς, ἐύ gut, tüchtig, trefflich.
εὖσε s. εὕω.
εὐσέβειᾰ, ἡ Frömmigkeit, Gottesfurcht; kindliche Liebe.
εὐσεβέω a) fromm ob. gottesfürchtig sein, pietätvoll (behandeln. b) verehren.
εὐ-σεβής 2 fromm, gottesfürchtig, pflichtgetreu, pietätvoll, gewissenhaft, rein.
εὐσεβίᾱ, ἡ = εὐσέβεια.
εὔ-σελμος 2 wohlverdeckt.
εὔ-σεπτος 2 hochehrwürdig.
εὔ-σημος 2 a) von glücklicher Vorbedeutung, günstig. b) deutlich, verständlich.
εὔ-σκαρθμος 3 leichtspringend, flink.
εὐ-σκέπαστος 2 gutgedeckt; geschützt, sicher.
εὐσκευέω wohlgerüstet sein.
εὔ-σκιαστος 2 wohlbeschattet.
εὔ-σκοπος 2 a) scharfspähend. b) scharfzielend.
εὐσοίᾱ, ἡ Wohlfahrt, Glück.
εὔ-σπλαγχνος 2 barmherzig.

εὔ-σσελμος 2 = εὔσελμος.
εὔ-σσωτρος 2 mit guten Radreifen, gutgefelgt.
εὐ-σταθής 2 feſtgebaut.
εὐ-στᾰλής 2: 1. gut ausgerüſtet: a) glücklich. b) (wohl-) anſtändig. — 2. leichtgerüſtet; ſchmucklos, einfach.
εὐ-στέφᾰνος 2 a) mit ſchönem Stirnband. b) mauerumkränzt.
εὔ-στολος 2 wohl-ausgerüſtet.
εὐστομέω ſchön ſingen.
εὔ-στομος 2 a) Gutes verheißend. b) ſchweigend, ſtill.
εὔ-στρεπτος 2, **εὐ-στρεφής** 2, **εὔ-στροφος** 2 gutgeflochten, wohlgedreht.
εὔ-στῡλος 2 ſäulenprangend.
εὐ-σύμβλητος 2 leicht zu deuten(d) oder zu erraten(d).
εὐ-σύμβολος 2 umgänglich.
εὐ-σύνετος 2 einſichtsvoll.
εὐσχημοσύνη, ἡ Wohlanſtändigkeit, Anſtand.
εὐ-σχήμων 2: 1. (wohl)anſtändig, ehrbar, ſchicklich; vornehm. — 2. a) gleißend. b) beſchönigend.
εὐτακτέω Ordnung halten, gehorſam oder beſcheiden ſein.
εὔ-τακτος 2 a) wohlgeordnet. b) ordentlich; gehorſam, beſcheiden.
εὐταξίᾱ, ἡ gute Ordnung; (Mannes-)Zucht, Gehorſam.
εὖτε cj. 1. a) zu der Zeit als, als, während; ſooft. b) weil, da. c) falls. — 2. wie, wie wenn.
εὐ-τείχεος 2 u. **εὐ-τειχής** 2 ſtark ummauert.
εὐτέλεια, ἡ a) Wohlfeilheit; Wertloſigkeit. b) Einfachheit, Sparſamkeit.
εὐ-τελής 2: 1. a) wohlfeil. b) wertlos, gemein. — 2. ſparſam, einfach, ſchlicht.
εὔ-τμητος 2 ſchön geſchnitten.
εὔ-τολμος 2 mutig, kühn.

εὔ-τονος 2 kräftig, eifrig, nachdrücklich, heftig.
εὐτρᾰπελίᾱ, ἡ Gewandtheit; Witz, Witzelei.
εὐ-τράπελος 2 gewandt; witzig, fein; liſtig.
εὐ-τρᾰφής 2 wohlgenährt, fett, feiſt; kräftig.
εὐ-τρεπής 2 bereit, fertig.
εὐ-τρεπίζω bereit machen, vorbereiten, inſtand ſetzen; ausbeſſern; j-n zu gewinnen ſuchen.
εὐ-τρεφής 2 = εὐτραφής.
εὔ-τρητος 2 gut durchbohrt.
εὔ-τρῐχος 2 = εὔθριξ.
εὐ-τροφίᾱ, ἡ a) gute Ernährung. b) Wohlgenährtheit.
εὔ-τροχος 2 ſchönräderig.
εὔ-τυκτος 2 ſchöngearbeitet, wohlzubereitet.
εὐτυχέω a) glücklich ſein, Glück haben. b) gut ſtehen, glücken.
εὐ-τύχημα, τό a) glückliches Ereignis, Glücksfall; Vorzug. b) Glück, glücklicher Erfolg; pl. Glücksgüter.
εὐ-τῠχής 2 a) glücklich, beglückt. b) glückbringend, günſtig, zum Heil.
εὐ-τυχίᾱ, ἡ = εὐτύχημα.
εὔ-ῠδρος 2 waſſerreich.
εὐ-ῠφής 2 ſchöngewebt.
εὐ-φᾰρέτρης, ου mit ſchönem Köcher.
εὐφημέω Worte von guter Vorbedeutung ſprechen; andächtig ſchweigen, ſtill ſein.
εὐφημίᾱ, ἡ a) andächtiges Schweigen. b) guter Ruf.
εὔ-φημος 2: 1. glückbedeutende Worte ſprechend; ſtillſchweigend, andächtig. — 2. a) von guter Vorbedeutung, günſtig. b) wohllautend; löblich.
εὐ-φῐλής 2 vielgeliebt.
εὔ-φλεκτος 2 leicht zu entzünden(d), leicht brennbar.
εὐφορέω gut tragen.

εὔ-φορος 2: 1. a) leicht (dahintragend. b) geduldig. — 2. leicht zu tragen(d).
εὐ-φραδής 2 wohl-überlegt.
εὐφραίνω I. Akt. erfreuen, erheitern. — II. M. u. P. sich (er)freuen, Freude an etwas haben, heiter ob. fröhlich sein.
εὐ-φρονέων 3 a) wohlmeinend. b) verständig.
εὐφρόνη, ἡ Nacht.
εὐφροσύνη, ἡ a) Frohsinn, Fröhlichkeit. b) Freude.
εὔφρων 2: 1. a) wohlgemut, fröhlich, mit Freuden. b) wohlgesinnt, huldreich, gnädig. — 2. (herz)erfreuend.
εὐ-φυής 2: 1. schöngewachsen, stattlich. — 2. a) wohlbegabt, talentvoll. b) brauchbar.
εὐ-φύλακτος 2 a) leicht zu (be)wachen(d). b) gesichert.
εὐφωνίᾱ, ἡ gute oder starke Stimme. [starker Stimme.]
εὔ-φωνος 2 mit guter oder
εὔ-χαλκος 2 schön aus Erz gearbeitet, schön mit Erz beschlagen.
εὔ-χᾰρις, ι a) anmutig, liebenswürdig; witzig; angenehm, beliebt. b) wohlanständig.
εὐχᾰριστέω a) dankbar sein. b) danken, Dank sagen.
εὐχᾰριστίᾱ, ἡ a) Dankbarkeit. b) Danksagung, Dank.
εὐ-χάρι(σ)τος 2 a) dankbar. b) angenehm, glücklich. c) witzig.
εὔ-χειρ, ειρος geschickt.
εὐ-χείρωτος 2 leicht zu bewältigen(d).
εὐχέρεια, ἡ a) Leichtigkeit; Gewandtheit. b) Hang ob. Neigung zu etwas.
εὐχερής 2: 1. a) gutmütig, nachgiebig, gelassen. b) leicht, mühelos. — 2. a) gewandt, schnell. b) leichtfertig, voreilig.
εὐχετάομαι = εὔχομαι.

εὐχή, ἡ a) Bitte, Gebet. b) Gelübde. c) Wunsch: α) leerer ob. frommer Wunsch; β) Verwünschung, Fluch.
εὔ-χλοος 2 a) grünend. b) alles herrlich sprossen lassend.
εὔχομαι M. 1. sich rühmen, prahlen, laut jubeln. — 2. geloben, beteuern, versichern, versprechen. — 3. a) beten, bitten, flehen. b) ersehen, wünschen, anwünschen.
εὖχος, τό a) Ruhm; Kriegsruhm. b) Wunsch.
εὔ-χρηστος 2 brauchbar, nützlich.
εὔ-χροος 2, **εὔχρους** 2, **εὐχροής** 2 schönfarbig.
εὔ-χρῡσος 2 goldreich.
εὐχωλή, ἡ 1. a) das Rühmen, Prahlerei; Jubelruf. b) Gegenstand des Ruhmes, Stolz. — 2. Gebet; Gelübde, Wunsch.
εὐχωλιμαῖος 3 durch ein Gelübde verpflichtet.
εὐψῡχέω gutes Muts sein.
εὐψῡχίᾱ, ἡ Beherztheit.
εὔ-ψῡχος 2 beherzt, mutig.
εὕω absengen. [tend.]
εὐ-ώδης 2 wohlriechend, duf-
εὐωδίᾱ, ἡ Wohlgeruch, Duft.
εὔ-ωνος 2 wohlfeil.
εὐ-ώνυμος 2 a) mit gutem Namen, von guter Vorbedeutung; rühmlich. b) linker, links; unheilverkündend.
εὐ-ῶπις, ιδος schön von Antlitz, heiterblickend, erfreulich.
εὐωχέω I. Akt. gut bewirten, einen Schmaus geben. — II. P. sich sättigen, reichlich Futter haben; schmausen, es sich wohl schmecken lassen.
εὐωχίᾱ, ἡ a) das Bewirten. b) Schmaus; Wohlleben.
εὔ-ωψ, ῶπος = εὐῶπις.
ἐφ-ᾰγιστεύω und -ᾰγνίζω die heiligen Gebräuche dabei

ἔφαγον beobachten; die Grabesehren erweisen.
ἔφαγον, aor. II v. ἐσθίω.
ἐφ-αιρέω noch dazu wählen.
ἐφ-άλλομαι M.: a) hinaufspringen. b) auf j-n zuspringen, losstürzen.
ἔφ-αλος 2 am Meer (gelegen).
ἐφ-άμιλλος 2 a) umstritten, streitig. b) wetteifernd. c) ähnlich, gleich.
ἔφαν = ἔφασαν, f. φημί.
ἐφ-ανδάνω gefallen, belieben.
ἐφ-άπαξ adv. auf einmal, ein für allemal.
ἐφ-άπτω I. Akt. anheften, (an-)knüpfen, anbinden: a) etwas über j-n verhängen. b) j-n mit etw. begaben. c) etw. anstiften. — II. M. berühren, anfassen: a) unternehmen, sich an etw. beteiligen. b) erreichen, begreifen.
ἐφ-αρμόζω 1. a) anpassen, anlegen. b) hinzufügen. — 2. intr. j-m ob. zu etw. passen.
ἐφ-έδρα, ἡ Belagerung.
ἐφεδρεύω dabeisitzen; im Hinterhalt liegen, auflauern.
ἔφ-εδρος 2: 1. daraufsitzend, -reitend. — 2. a) dabeisitzend; auflauern. b) α) als Reserve dienend; β) Nachfolger; γ) frischer ob. gefährlichster Gegner.
ἐφ-έζω I. Akt. daraufsetzen, -legen; an Bord nehmen. — II. M. 1. a) sich daraufsetzen, daraufsitzen. b) sich danebensetzen. — 2. j-n zu sich setzen.
ἐφ-εῖκα, ἐφ-είω u. ä. f. ἐφίημι.
ἐφ-εῖδον = ἐπεῖδον.
ἐφ-εῖσα, aor. von ἐφέζω.
ἐφ-ελκύω und **-έλκω** I. Akt. 1. heran-, herbei-ziehen, -schleppen; anlocken. 2. nachziehen, nachschleppen. P. οἱ ἐφελκόμενοι Nachzügler. — II. M. 1. an

sich ziehen. — 2. hinter sich herziehen, mit sich schleppen oder bringen.
ἐφ-έννυμι = ἐπιέννυμι.
ἐφ-εξῆς = ἑξῆς.
ἐφ-έπω I. Akt. 1. folgen. — 2. verfolgen, bedrängen: a) vor sich hertreiben, auf j-n los-treiben. b) durch-laufen, -eilen, besuchen. c) nachjagen; eifrig betreiben, besorgen, beschleunigen, erfüllen. — II. M. nachgehen, (nach)folgen, sich anschließen: a) verfolgen, nachsetzen. b) nachgeben, gehorchen, willfahren; beistimmen.
ἐφ-έσπερος 2 westlich.
ἐφ-έσσαι u. ä. f. ἐφέζω.
ἐφ-έστιος 2: 1. an ob. auf dem Herde befindlich: a) Herdgenosse. τὸ -ον Familie. b) Schutzflehender. c) Beschützer des Herdes. — 2. am eigenen Herde, einheimisch, daheim.
ἐφ-ετμή, ἡ Auftrag, Befehl.
ἐφ-ευρετής, οῦ, ὁ Erfinder.
ἐφ-ευρίσκω dabei finden ob. antreffen, ertappen; erfinden.
ἐφ-εφιάομαι M. verhöhnen.
ἐφ-ηβάω zum Jüngling heranwachsen.
ἔφ-ηβος, ὁ Jüngling, Ephebe.
ἐφ-ηγέομαι M. anführen.
ἐφ-ήδομαι P. sich über etwas freuen. [sein.]
ἐφ-ήκω herzukommen ob. da-
ἐφ-ῆμαι auf an, bei etw. sitzen.
ἐφημερία, ἡ a) Tages-, Wochendienst. b) dienstuende Priester-abteilung, -klasse.
ἐφ-ημέριος 2 und **-ήμερος** 2 a) auf ob. für den Tag, während desselben Tages. b) nur für einen Tag, vergänglich, flüchtig. c) täglich.
ἐφημοσύνη, ἡ = ἐφετμή.
ἐφθάσ', ἔφθιθεν f. φθίνω.
ἐφθός 3 gekocht, gar.

ἐφ-ιζάνω u. -ίζω darauf-, daran-, dabei-sitzen ob. sich setzen.

ἐφ-ίημι I. Akt. 1. a) zusenden, hinsenden. b) entgegenschicken, entgegentreiben; gegen j-n schicken ob. loslassen, anrücken lassen; antreiben, anreizen. — 2. a) j-m etw. auferlegen, etw. über j-n verhängen. b) überlassen, preisgeben. c) zulassen, gestatten, erlauben. — 3. *intr.* sich hingeben. — II. M. 1. trachten, streben, begehren, verlangen. — 2. auftragen, gebieten. — 3. gestatten.

ἐφ-ικνέομαι M.: a) hinkommen, sich erstrecken, gelangen bis. b) erreichen, treffen; richtig darstellen.

ἐφ-ίμερος 2 ersehnt.

ἔφ-ιππος 2 zu Pferde, beritten, der Rosse und Wagen.

ἐφ-ίστημι I. Akt. 1. a) darauf-, darüber-stellen, j-n über etw. setzen, an die Spitze stellen. b) daneben-, dabei-, dazu-stellen ob. errichten. c) feststellen: α) anordnen; β) anhalten, haltmachen lassen; γ) hinrichten, lenken. 2. *intr.* = M. *pf.* sich oben befinden. — II. M. 1. a) sich ob. über etw. stehen ob. treten. b) dabeistehen. c) herantreten, sich nähern: α) antreffen, betreffen, über-raschen, -fallen; β) entgegentreten, gegenüberstehen. 2. a) beistehen. b) vorstehen, an der Spitze stehen, Vorgesetzter sein, die Aufsicht führen, leiten. c) an etw. gehen, etw. unternehmen. d) bevorstehen, (be)drohen. e) haltmachen, innehalten.

ἐφ-οδεύω u. M. die Runde machen, beaufsichtigen.

ἐφοδιάζω mit Reisemitteln versehen. M. als Reisegeld auszahlen lassen.

ἐφ-όδιον, τό a) Reisegeld. b) Reisebedarf, Wegzehrung; Unterhaltungsmittel.

ἔφ-οδος¹ 2 zugänglich.

ἔφ-οδος², ἡ 1. Zugang; Weg, Pfad. 2. das Herbeikommen: a) Verkehr. b) Zufuhr. c) das Anrücken, Anmarsch, Angriff.

ἐφ-όλκαιον, τό Steuerruder.

ἐφ-ολκός 2 verlockend.

ἐφ-ομαρτέω mitgehen.

ἐφ-οπλίζω zurüsten, instand setzen, bereiten, anschirren.

ἐφ-οράω 1. nach etw. hinsehen, auf etw. blicken, beobachten, besichtigen, überblicken: a) beaufsichtigen, im Auge behalten; b) besuchen. — 2. dazu ersehen, auswählen. — 3. ruhig mit ansehen; erleben.

ἐφορεύω Ephor sein.

ἐφ-ορμάω I. Akt. dagegen antreiben ob. erregen, anreizen. — II. P.: a) angetrieben werden, sich getrieben fühlen, begehen. b) anstürmen, anfallen, angreifen.

ἐφ-ορμέω vor Anker liegen; blockieren; auflauern. [griff.]

ἐφορμή, ἡ a) Zugang, b) Angriff.

ἐφόρμησις, εως, ἡ a) Schiffsstation. b) Blockade.

ἐφ-ορμίζομαι P.(in den Hafen) einlaufen. [Anker liegend.]

ἔφ-ορμος¹ 2 im Hafen ob. vor

ἔφ-ορμος², ὁ = ἐφόρμησις.

ἔφ-ορος, ὁ Aufseher, Hüter, Verwalter, Hort; Ephor.

ἐφ-υβρίζω übermütig (be)handeln, mißhandeln; höhnen, verspotten. [b) bewässert.]

ἔφ-υδρος 2 a) regenbringend.

ἐφ-υμνέω dabei ob. dazu singen: a) besingen. b) wehklagend aussprechen ob. anrufen. c) anwünschen; fluchen.

ἐφ-ύπερθε(ν) *adv.* (von) oben, oberhalb, darüberhin.

ἐφ-υστερίζω später kommen.
ἐφφαθά öffne dich!
ἐχάδον, aor. *II* v. χανδάνω.
ἔχεα, aor. *I* v. χέω.
ἐχ-έγγυος 2 a) zuverlässig, sicher. b) sichergestellt.
ἐχέ-θυμος 2 sich beherrschend.
ἐχε-πευκής 2 spitz, scharf.
ἔχεσκον, *impf. iter.* v. ἔχω.
ἔχευα, aor. *I* v. χέω.
ἐχέ-φρων 2 verständig, klug.
ἐχθαίρω hassen, feind sein.
ἐχθαρτέος 3 zu hassen(d), hassenswert.
ἐ-χθές *adv.* gestern (= χθές).
ἐχθοδοπέω sich mit j-m verfeinden.
ἐχθοδοπός 3 feindselig.
ἔχθος, τό u. **ἔχθρα**, ἡ Haß, Groll, Feindschaft.
ἐχθρο-δαίμων 2 gottverhaßt.
ἐχθρός 3 a) verhaßt, widerwärtig. b) feindlich (gesinnt), feindselig. *subst.* ὁ Feind, Gegner.
ἔχθω hassen. P. verhaßt sein.
ἔχιδνα, ἡ Natter, Otter.
ἐχινέες, οἱ Stachelmäuse.
ἐχῖνος, ὁ Igel.
ἔχις, εως, ὁ Natter, Otter.
ἐχμά, τό 1. Hindernis; Schutt; Schutz(wehr). — 2. Halter: a) Stütze, Unterlage; b) Band.
ἐχυρός 3 stark, fest, sicher, zuverlässig. τὸ -όν fester Punkt, Sicherheit, Bürgschaft.
ἔχω halten, haben. **I. Akt. A.** *trans.* — 1. in der Hand haben, halten, festhalten, fassen. 2. a) haben, innehaben, besitzen: α) *abs.* Vermögen haben, wohlhabend sein; β) zur Frau haben; γ) bewohnen; δ) beherrschen, besetzt halten; ε) verwalten, beaufsichtigen, befehligen; ζ) zu erdulden haben, erleiden; η) an j-m etw. haben, j-n zu etw. haben od. für etw. halten; ϑ) das *part.* **ἔχων** mit

acc. oft = mit. b) in Besitz nehmen, besetzen: α) erlangen, erhalten, erreichen; β) ergreifen, erfassen, befallen. 3. an sich haben, anhaben, tragen. 4. in sich haben ob. enthalten, umfassen: α) vermögen, imstande sein, können; β) wissen, verstehen, kennen. 5. an sich haben, zur Seite od. auf seiner Seite haben, mit sich bringen, verursachen, herbeiführen. 6. festhalten, behalten, bewahren: a) gefangen od. besetzt, verschlossen halten. b) schützen, beschirmen. 7. zurückhalten, anhalten, abhalten, hemmen, hindern. 8. auf ein Ziel hinhalten, hinlenken, steuern, fahren, anlanden. — **B.** *intr.* 1. sich verhalten, in einem Zustande sein, sich befinden, stehen, gehen, liegen, sein; gesinnt od. gestimmt sein: a) mit *adv.*: εὖ ob. καλῶς ἔχειν gut stehen, sich wohl befinden, geziemend od. rätlich sein. οὕτως ἔχει so verhält es sich, so ist's; b) mit *part. aor.* ob. *pf.*, *zB.* ὁ στρατηγὸς τὸ στράτευμα συντάξας oder συντεταχὼς ἔχει. 2. sich halten, standhalten, sich behaupten, fest aushalten, beharren. 3. sich erstrecken, gerichtet sein, j-n betreffen. — **II. M.** das Seinige od. etw. für sich a) halten, tragen, b) zurückhalten. — **III. M. u. P.** 1. sich halten, standhalten, sich behaupten: a) sich an etw. halten od. festhalten od. hängen: α) von j-m abhängen; β) etw. festhalten, bei etw. verharren, etw. eifrig betreiben. b) an etw. haften, festhängen, festsitzen; gehemmt sein. c) etw. sich anschließen, angrenzen, unmittelbar auf etw. folgen. d) etw. betreffen, in Be-

ἔφημα — 205 — ζεῦξις

ziehung mit etw. stehen. 2. sich abhalten lassen, sich enthalten, ablassen, abstehen.
ἔφημα, τό das Kochbare, Gericht.
ἔφησις, εως, ἡ das Kochen.
ἐφητός 3 gekocht, gesotten.
ἐφιάομαι M. scherzen, sich ergötzen.
ἔφω kochen, sieden.
ἔω conj. prs. v. εἰμί.
ἔωθα = εἴωθα.
ἔω-θεν am Morgen, heute früh.
ἐωθινός 3 morgendlich. τὸ -όν der Morgen, frühmorgens.
ἐωλο-κρᾱσῐᾱ, ἡ abgestandene Hefen.
ἐώλπει f. ἔλπω. [fatt.]
ἔωμεν od. ἐῶμεν wir sind
ἔωμι opt. prs. v. ἐάω.

ἐφνοχόει f. οἰνοχοέω.
ἐῷος 3 : 1. morgendlich. 2. östlich. τὰ -α Morgenländer, Orient.
ἐώρᾱ, ἡ Schwebe, Strick.
ἐώργει f. ἔρδω.
ἕως, ω, ἡ 1. Morgenröte: a) Morgen. b) Tages=licht, =anbruch. — 2. Osten.
ἕως 1. cj.: a) α) solange als, während; β) bis daß, bis. b) damit. — 2. adv.: a) eine Zeitlang. b) bis, bis zu, bis auf, auch mit gen.
ἕωσα, aor. I v. ὠθέω.
ἔωσι = ὦσι v. εἰμί.
ἑως-περ a) solange eben als. b) bis eben.
ἑως-φόρος, ὁ Morgenstern.

Z

Z, ζ (ζῆτα) sechster Buchstabe des griechischen Alphabets. [sehr.]
ζα- (aus διά-) durch und durch,
ζάγκλον, τό Sichel.
ζα-ής 2 starkwehend.
ζά-θεος 3 hochheilig. [risch.]
ζά-κοτος 2 ingrimmig, mür=
ζάλη, ἡ Wallung; Wogenbraus, Unwetter, Sturm.
ζα-μενής 2 sehr heftig, erbittert, feindselig.
ζά-πλουτος 2 sehr reich.
ζα-τρεφής 2 wohlgenährt.
ζα-φλεγής 2 voll Lebenskraft, feurig.
ζα-χρηής 2 ungestüm.
ζά-χρυσος 2 reich an Gold.
ζάω leben: 1. a) lebendig od. (noch) am Leben sein. b) ein Leben führen, von etw. leben. — 2. lebenskräftig od. ungeschwächt od. in Kraft sein, fortleben, blühen.
ζειά, ἡ Dinkel, Spelt, meist pl.
ζεί-δωρος 2 getreide=, nahrung=spendend.

ζειρά, ἡ langer Mantel.
ζέσσεν = ἔζεσεν f. ζέω.
ζεστός 3 siedend, heiß.
ζευγηλᾰτέω ein Gespann lenken, fahren, pflügen.
ζευγ-ηλάτης, ου, ὁ Lenker eines Gespanns, Pflüger.
ζεύγλη, ἡ Jochkissen; Joch.
ζεῦγμα, τό a) Joch, Fessel, Sperre. b) Brücke.
ζεύγνῡμι u. -ύω 1. zusammen=jochen, anspannen; unter=jochen, (an)binden, fesseln, bändigen: a) verheiraten, b) überbrücken. — 2. zusammen=fügen, verbinden: a) verschließen. b) (Schiffe) ausbessern. c) (γέφυραν) schlagen, (Gewässer) überbrücken.
ζεῦγος, τό 1. a) Joch, Gespann. b) Fuhrwerk, Karren. — 2. Paar.
ζευκτήριος 3 verbindend. ἡ -ία Riemen, Ruderband.
ζεῦξις, εως, ἡ a) Anspannen, Bespannen. b) Überbrückung.

ζεφυρίη, ἡ = ζέφυρος.

ζέφυρος, ὁ a) Zephir, Westwind. b) Westen.

ζέω sieden, kochen; wallen, wogen; toben, glühen.

ζηλεύω = ζηλόω.

ζηλήμων 2 neidisch.

ζῆλος, ὁ (u. τό) 1. Wetteifer, Eifer, Nacheiferung: a) Bewunderung; b) Eifersucht, Neid, Haß, Begierde, Zorn. — 2. beidenswertes Glück, Glanz.

ζηλοτυπέω eifersüchtig oder neidisch sein.

ζηλόω nacheifern, eifrig sein, sich um j-n beeifern: a) bewundern, glücklich preisen. b) beneiden, eifersüchtig od. neidisch sein.

ζήλωμα, τό a) Bestrebung. b) hohes Glück.

ζήλωσις, ἡ Nachahmung.

ζηλωτής, οῦ ὁ Nacheiferer, Verehrer; Eiferer, Zelot.

ζηλωτός 3: 1. a) bewundert; b) beneidet. — 2. a) beneidenswert; b) glücklich zu preisen(d).

ζημία, ἡ a) Schaden, Verlust, Nachteil. b) Strafe, Buße; Geldbuße.

ζημιόω a) schaden, Schaden zufügen. P. Schaden haben ob. (er)leiden, verlieren. b) strafen, bestrafen, züchtigen.

ζημιώδης 2 schädlich, nachteilig.

ζημίωμα, τό Strafe.

ζητέω 1. suchen: a) aufsuchen; b) untersuchen; nachdenken; c) vermissen. — 2. sich bemühen, streben, begehren, wünschen, verlangen, fordern.

ζήτημα, τό a) Aufsuchung, Untersuchung. b) Frage, Streitfrage, Aufgabe.

ζήτησις, εως, ἡ das Suchen, Aufsuchen: a) Durchsuchung.

b) (Nach-)Forschung, Untersuchung. c) Streit, Streitfrage.

ζητητέος 3 zu suchen(d), nachzuforschen(d).

ζητητής, οῦ, ὁ Untersucher.

ζητητός 3 gesucht, ersehnt.

ζιζάνιον, τό Lolch, Unkraut.

ζόη u. **ζοή**, ἡ = ζωή.

ζορκάς, άδος, ἡ Gazelle.

ζόφος, ὁ Dunkel, Finsternis: a) Schattenreich. b) Westen.

ζύγαστρον, τό Kasten.

ζυγό-δεσμον, τό Jochriemen.

ζυγόν, τό u. **ζυγός**, ὁ 1. Joch; Fuhrwerk, Zweigespann; Knechtschaft. — 2. a) Steg der Leier. b) Ruderbank. c) Waagebalken; Waage. d) Brücke. e) Reihe, Glied.

ζύγωτός 3 wohlbespannt.

ζύμη, ἡ Sauerteig.

ζυμίτης, ου gesäuert.

ζυμόω säuern, in Gärung setzen.   [Lebensrettung.]

ζωάγρια, τά Lohn für die

ζωγραφία, ἡ Malerei.

ζω-γράφος, ὁ Maler.

ζωγρέω[1] lebendig fangen, das Leben schenken; fangen.

ζωγρέω[2] beleben.

ζωγρία, ἡ das Lebendiggefangenenehmen.

ζῴδιον, τό a) Tierchen. b) Bildwerk, Bild, Figur.

ζωή, ἡ Leben: a) Lebenszeit. b) Lebensweise. c) Lebensunterhalt. d) Lebensgut, Vermögen, Hab und Gut.

ζῶμα, τό 1. Schurz: a) Lendenschurz. b) Panzerschurz. — 2. (= ζώνη) Gürtel.

ζώνη, ἡ 1. Gürtel, Leibgurt; Geldkatze. ζώνην λύεσθαι haltmachen, sich ausruhen. εἰς ζώνην διδόναι als Gürtel- od. Nadelgeld geben. — 2. die Weichen, Hüften.

ζώννῡμι u. **-ύω** I. Akt. gürten, umgürten. — II. M. sich gürten, sich etw. umgürten; sich rüsten.

ζῳογονέω Lebendiges erzeugen; beleben, am Leben erhalten.

ζῷον (u. **ζῶον**?), τό 1. lebendes Wesen, Geschöpf, Tier. — 2. Bildwerk, Figur, Ornament; Bild, Gemälde.

ζῳοποιέω lebendig machen, beleben. P. Leben erhalten, aufleben.

ζωός u. **ζωός** 3 lebend(ig).

ζωρός 2 kräftig, stark.

ζώς, ζῶν = ζωός. [gurt.]

ζωστήρ, ῆρος, ὁ Gürtel, Leib-

ζώστρον, τό Gürtel.

ζωτικός 3 zum Leben gehörig, voll Leben, lebendig.

ζώω = ζάω leben.

H

Η, η (ἦτα) siebenter Buchstabe des griechischen Alphabets.

ἦ 1. wahrlich, fürwahr, wirklich, sicherlich, gewiß, ja. — 2. fragend = lt. num od. -ne: etwa?, denn?, wirklich?, doch nicht?

ἤ 1. oder. ἤ ... ἤ entweder — oder, sei es ... oder. — 2. fragend: a) „ob" = εἰ. b) (= an) oder. c) ἤ ... ἤ (ἤ, ἦε) (= utrum ... an) ob ... oder. — 3. (vergleichend) als = quam, nisi.

ᾗ 1. a) wo, da wo. b) wohin. — 2. wie: a) insofern. b) bei sup. = ὡς, z.B. ᾗ τάχιστα so schnell als möglich. — 3. weshalb, inwiefern.

ἦ 1. = ἦν ich war (f. εἰμί) — 2. ἔφη sprach's (von ἡμί).

ᾖα 1. = ᾖειν (von εἶμι). — 2. = ἤια, τά.

ᾕαται, ᾕατο f. ἧμαι.

ἡ-βαιός 3 klein, wenig, gering. adv. ἠβαιόν ein wenig, im geringsten.

ἡβάσκω ins Jünglingsalter treten, mannbar werden.

ἡβάω mannbar od. vollkräftig sein, in der Blüte des Alters stehen.

ἥβη, ἡ a) Jugend(alter), Jugendzeit. b) Jugendblüte; Vollkraft, kräftiges Mannesalter. c) junge Mannschaft. d) Alter.

ἡβηδόν adv. im waffenfähigen Alter, im Mannesalter.

ἡβητικός 3 jugendlich, (λόγοι) über Jünglinge.

ἡβός 3 jugendkräftig, reif.

ἥβωοιμι u. ä. f. ἡβάω.

ἡγάασθε f. ἀγάομαι.

ἡγά-θεος 3 hochheilig.

ἡγάσσατο f. ἀγάζομαι.

ἡγεμονεύω a) Führer sein, führen, leiten. b) Anführer (oder Herrscher, Statthalter) sein, an der Spitze stehen, gebieten; die Hegemonie haben.

ἡγεμονίᾱ, ἡ a) Führerschaft, Führung, erste Stelle im Zuge. b) Oberbefehl, Herrschaft, Regierung; Hegemonie, Vorrang.

ἡγεμονικός 3 a) geschickt etw. anzufangen. b) zum Anführen od. Befehlen geeignet, in der Leitung erfahren; verführend.

ἡγεμοσύνα, τά Dankopfer für glückliche Führung.

ἡγεμών, όνος, ὁ, ἡ 1. Führer(in), Leiter(in), Wegweiser; Urheber, Ratgeber. — 2. a) Anführer, Feldherr, Befehlshaber. b) Herrscher, Gebieter, Fürst; Statthalter; Vorsteher.

ἡγέομαι M. 1. a) voransein, führen, vorangehen: vorausziehen, befehligen, den Vortrab bilden, beim Vortrab sein. b) Anführer (ob. Vorsteher, Herrscher sein, an der Spitze stehen, gebieten; die Hegemonie besitzen. — **2.** meinen, glauben; für etw. halten, schätzen. [meln.]

ἡγερέθομαι M. sich (ver)sammeln.

ἤγερθεν s. ἀγείρω.

ἠγηλάζω führen, tragen.

ἡγητήρ, ῆρος u. **ἡγήτωρ**, ορος, ὁ = ἡγεμών.

ἤγρετο, ἠγρόμην s. ἀγείρω u. ἐγείρω. [als auch.]

ἠδέ und. **ἠμέν...ἠδέ** sowohl

ᾔδεα, ᾔδη u. ä. s. οἶδα.

ἤδη 1. a) schon, bereits, schon jetzt. b) gerade jetzt, nunmehr, endlich. ἤδη ποτέ endlich einmal. c) sogleich, alsbald, sofort. — **2.** a) außerdem noch, ferner. b) daher, folglich, ja doch. c) noch; vollends, gar, nun gar, sogar.

ἥδομαι P. sich freuen, sich erfreuen, Freude haben. ἡδόμενος mit Freuden, gern.

ἡδονή, ἡ a) Freude, Vergnügen, Lust, Genuß; Wohlgeschmack; Schadenfreude; Sinnenlust, Wollust. b) Annehmlichkeit, Vorteil, Nutzen, Gewinn.

ἧδος, τό = ἡδονή.

ἡδυ-επής 2 lieblich-redend, süßtönend, hold.

ἥδυμος 2 süß, erquickend.

ἡδύ-οινος 2 süßen Wein tragend.

ἡδύ-οσμον, τό Gartenminze.

ἡδυπαθέω ein üppiges Leben führen.

ἡδύ-πνοος 2 a) sanftwehend. b) holdklingend, glückverheißend. [nehm.]

ἡδύ-πολις der Stadt ange-

ἡδύ-ποτος 2 süß zu trinken(d).

ἡδύς 3 : 1. angenehm, süß, lieblich; wohlschmeckend. — 2. a) heiter, freundlich, freudig. b) liebenswürdig. c) teuer, wert. d) gutherzig. — 3. adv. **ἡδέως**: a) freudig, mit Vergnügen, gern. b) wohlwollend, freundlich.

ἥδυσμα, τό Gewürz, Würze.

ἠέ ob. **ἠέ** = ἤ.

ἦε, ἤει u. ä. s. εἰμί.

ἠείδης, ἠείδεις u. ä. s. οἶδα.

ἤειρα, aor. I v. ἀείρω.

ἠέλιος = ἥλιος.

ἠέπερ = ἤπερ.

ἠέρα = ἀέρα v. ἀήρ.

ἠερέθομαι schweben, herabhängen; flatterhaft sein.

ἠέρι = ἀέρι v. ἀήρ.

ἠέριος 3 in der Frühe.

ἠερόεις 3 u. **ἠερο-ειδής** 2 luftartig. b) nebelig.

ἠέρος = ἀέρος v. ἀήρ.

ἠερο-φοῖτις, ιδος im Dunkeln wandelnd.

ἠερό-φωνος 2 lautrufend.

ἤην = ἦν v. εἰμί.

ἠήρ, ἠέρος = ἀήρ.

ἠθάς, άδος gewohnt; mit etw. bekannt ob. vertraut.

ἠθεῖος 3 traut, lieb.

ἠθεος, ὁ = ἠίθεος.

ἠθικός 3 ethisch, sittlich, moralisch. [Durchschlag.]

ἠθμός ob. **ἡθμός**, ὁ Sieb,

ἦθος, τό 1. gewohnter Sitz, Wohnort, Standort, Heimat; Weideplatz, Stall. — 2. a) Gewohnheit, Sitte, Brauch. b) Charakter, Sinnesart, Denkweise; Gefühl; Sittlichkeit.

ἤϊα¹, τά Mundvorrat, Nahrung; Fraß, Beute.

ἤϊα², τά Spreu, Halme.

ἠίθεος, ὁ Jüngling, Junggesell.

ἤϊκτο er glich (zu ἔοικα).

ἤϊξε s. ἀΐσσω.

ἠιόεις 3 hochufrig.
ἤιον, impf. v. εἶμι.
ἤιος, ὁ Schütze(?), leuchtend(?).
ἤισκον, impf. v. εἴσκω.
ἤιχθην, aor. P. v. ἀίσσω.
ἠιών, όνος, ἡ Ufer, Küste, Strand. [b) langsam.
ἦκα adv. schwach: a) leise, sanft.
ἤκαχε f. ἀκαχίζω.
ἠκέσσατο f. ἀκέομαι.
ἤκεστος 3 in voller Reife stehend, jung.
ἥκιστα adv. am wenigsten, keineswegs, gar nicht. οὐχ ~ am meisten, ganz besonders.
ἥκιστος 3 sehr schlaff, lässigster.
ἤκου = ἤπου.
ἥκω 1. a) (an)gekommen sein, dasein. b) zurückgekommen sein, wieder dasein. ἥκω ἄγων oder φέρων τι ich bringe etw. mit. ἥκειν τινός zu etw. gelangt sein, etw. besitzen, sich bei etw. verhalten. — 2. ankommen, eintreten, zustoßen, zuteil werden.
ἠλάκατα, τά Fäden.
ἠλακάτη, ἡ Spindel, Spinnrocken.
ἠλάσκω u. ἠλασκάζω a) umher- schweifen, -schwirren. b) (ver)meiden, vor etw. fliehen.
ἠλάτο f. ἄλομαι.
ἥλδανε f. ἀλδαίνω.
ἤλεκτρον, τό und ἤλεκτρος, ὁ, ἡ a) Silbergold, Hellgold. b) Bernstein(stück).
ἠλέκτωρ, ορος strahlend. ὁ ἠλ. strahlende Sonne.
ἠλεός 3 a) verwirrt, betört. b) betörend.
ἠλήλατο, plqpf. P. v. ἐλαύνω.
ἠλί ob. ἠλί, ἠλεί mein Gott.
ἡλιαία, ἡ Heliäa (Geschwornengericht zu Athen).
ἠλίβατος 2 jäh, schroff.
ἤλιθα adv. reichlich.
ἠλίθιος 3 a) dumm, einfältig. b) vergeblich, umsonst.

ἠλιθιότης, ητος, ἡ Einfalt, Torheit.
ἡλικία, ἡ 1. Körpergröße, Wuchs. — 2. Alter, Lebensalter; das kräftige, reifere Alter, Mannesalter, aber auch Jugend, Knaben- und Greisenalter. — 3. Altersklasse: a) waffenfähige Mannschaft. b) Altersgenossen. — 4. Zeitalter, Zeit.
ἡλικιώτης, ου gleichaltrig. ὁ ἡλ. Altersgenosse, Gespiele.
ἡλίκος 3 a) wie alt. b) wie groß, wie stark; wie klein.
ἧλιξ, ικος = ἡλικιώτης.
ἥλιος, ὁ 1. a) Sonne. b)Sonnenlicht, -aufgang, Tageslicht. c) Osten. — 2. Sonnengott.
ἡλιο-στεγής 2 vor der Sonne schirmend.
ἡλιο-στερής 2 die Sonne abwehrend, beschattend.
ἥλιτε f. ἀλιταίνω.
ἠλιτό-μηνος 2 zu früh geboren. [hörig.
ἡλιῶτις, ιδος zur Sonne ge-
ἧλος, ὁ Nagel, Buckel.
ἠλός 3 = ἠλεός.
ἤλυθον, aor. II v. ἔρχομαι.
ἤλυξα, aor. I v. ἀλύσκω.
ἤλυσις, εως, ἡ das Kommen, Gang.
ἤλφον, aor. II v. ἀλφάνω.
ἥλων = ἑάλων v. ἁλίσκομαι.
ἧμα, τό Wurf.
ἡμαθόεις 3 u. 2 sandig.
ἧμαι M. 1. sitzen, dasitzen: a) müßig ob. stille sitzen. b) auf der Lauer sitzen. c) lagern. d) verweilen. — 2. erbaut sein.
ἦμαρ, ατος, τό = ἡμέρα.
ἡμάτιος 3 a) bei Tage. b) täglich. [ταναν-.
ἤμβροτον, aor. II von ἁμαρ-
ἡμεῖς wir.
ἠμελημένως adv. nachlässig, sorglos.

ἦμεν 1. wir waren. — 2. dor. = εἶναι.

ἠμέν ... ἠδέ sowohl ... als auch.

ἡμέρα̅, ἡ 1. a) Tag; Festtag. b) Tages-licht, -anbruch. — 2. Zeit: a) Leben(szeit), Menschenleben. b) Schicksal.

ἡμερεύω den Tag zubringen, (dahin)leben.

ἡμερήσιος 2 (und 3), **ἡμερῖνός** 3 u. **ἡμέριος** 2 a) bei Tage, täglich, Tages-. b) einen Tag lang dauernd ob. lebend; kurzlebig.

ἡμερίς, ίδος, ἡ edler Weinstock.

ἡμερο-δρόμος, ὁ Eilbote, Schnelläufer.

ἡμερολογέω nach Tagen zählen ob. berechnen.

ἥμερος 2 gezähmt, zahm; veredelt, kultiviert; mild, sanft.

ἡμερο-σκόπος ὁ Tagwächter, Tages-wache, -posten.

ἡμερο-φύλαξ, ᾰκος, ὁ Schildwache am Tage.

ἡμερόω I. Akt. zähmen; bezwingen; kultivieren. — II. M.: a) für sich unterwerfen; j-m etw. unterwerfen.

ἡμέτερος 3 unser, unsriger; oft = ἐμός. ἡ ἡμετέρα unser Land ob. Vaterland. ἡμετέρονδε heimwärts. ἐν ἡμετέρου in unserem Hause.

ἤμην = ἦν (f. εἰμί).

ἡμί fagen.

ἡμί-βρωτος 2 halbverzehrt.

ἡμι-δαής 2 halbverbrannt.

ἡμι-δᾱρεικόν, τό halber Dareifos.

ἡμι-δεής 2 halbvoll.

ἡμί-εργος 2 halbfertig.

ἡμι-θᾰνής 2 halbtot.

ἡμί-θεος, ὁ Halbgott; halbgöttlich (= heldenhaft).

ἡμι-θνής, ῆτος halbtot.

ἡμι-μναῖον, τό halbe Mine.

ἡμι-μόχθηρος 2 halbschlecht.

ἡμι-όλιος 3 anderthalbfach, anderthalbmal so groß.

ἡμιόνειος 3 u. **ἡμιονῐκός** 3 zum Maulesel gehörig, Maulesel-... [esel(in), Maultier.]

ἡμί-ονος, ἡ (und ὁ Maul-]

ἡμι-πέλεκκον, τό Halbart.

ἡμί-πλεθρον, τό halbes Plethron.

ἡμι-πλινθίον, τό Halbziegel.

ἥμῐσυς 3 halb, zur Hälfte. ἡ ἡμίσεια, τὸ ἥμισυ, τὰ ἡμίσεα die Hälfte. [Talent.]

ἡμι-τᾰλαντον, τό halbes]

ἡμι-τέλεστος 2 u. **-τελής** 2 halbvollendet; verwaist.

ἡμί-τομος 2 halb durchschnitten. τὸ -ον Hälfte.

ἡμιωβελιαῖος 3 so groß wie ein halber Obolos.

ἡμι-ωβέλιον, τό halber Obolos. [τὸ halbe Stunde.]

ἡμί-ωρίον, τό u. **ἡμί-ωρον**,]

ἦμος cj.: a) als, während. b) wenn, sobald (als).

ἡμύω a) nicken, sich neigen; dahinsinken. b) sinken lassen.

ἤμων, ονος speerwerfend.

ἦν 1. ich war, er war (f. εἰμί). — 2. sagte ich, sagte er (f. ἠμί).

ἤν cj. = ἐάν.

ἠναίνετο f. ἀναίνομαι.

ἤνεικα = ἤνεγκον v. φέρω.

ἠνεμόεις 3 = ἀνεμόεις.

ἡνία̅, ἡ Zügel.

ἡνίκα cj.: a) zu der Zeit wo, als. b) wenn, wann, sooft (als). b) sobald.

ἡνίκα-περ cj. gerade um die Zeit wo. [statt.]

ἡνιοποιεῖον, τό Sattlerwerk-]

ἡνιο-στρόφος, ὁ = ἡνίοχος.

ἡνιοχεία, ἡ das Wagenlenken, Fahren; Lenkung.

ἡνιοχέω und **-εύω** die Zügel führen, fahren; lenken.

ἡνί-οχος und **ἡνι-οχεύς**, ὁ Wagenlenker, Fuhrmann.

ἠνίπαπε ſ. ἐνίπτω.
ἠνίς ob. **ἧνίς**, ιος glänzend.
ἦνον, *impf.* v. ἄνω¹.
ἠνορέη, ἡ Mannhaftigkeit, Stärke, Kraft, Mut.
ἦνοψ, οπος glänzend, blank.
ἤν-περ *cj.*: a) wenn auch, selbſt wenn. b) wenn anders, wenn überhaupt.
ἤνυτο ſ. ἀνύω.
ἠνώγεα, ἠνώγειν, ἤνωγον, ἤνωξα ſ. ἄνωγα.
ἧξε ſ. ἄγνυμι.
ἠοίη, ἡ Morgen.
ἠοῖος a) morgendlich. b) öſtlich.
ἦος = ἕως.
ἧπαρ, ατος, τό Leber; Herz.
ἤπαφε ſ. ἀπαφίσκω.
ἠπεδανός 3 ſchwach, gebrechlich, unbeholfen.
ἤπειρος, ἡ a) feſtes Land. b) Feſtland, Binnenland.
ἠπειρόω zu feſtem Lande machen.
ἠπειρώτης, ου (*fem.* **ἠπειρῶτις**, ιδος) und **ἠπειρωτικός** 3 feſtländiſch, binnenländiſch. *subst.* ὁ Feſtlandbewohner; Aſiat, Perſer.
ἤ-περ als gerade, als eben, als ſelbſt. [eben, ganz wie.
ἤ-περ *adv.* a) ebenda wo. b) wie
ἠπεροπεύς, έως und **ἠπεροπευτής**, οῦ, ὁ Betrüger.
ἠπεροπεύω betrügen, betören.
ἠπιό-δωρος 2 freundlich-ſpendend.
ἤπιος 3 a) ſanft, mild, gütig, freundlich. b) beſänftigend, lindernd, heilſam.
ἦ-που gewiß wohl, wohl ſicherlich. [b) als wohl.
ἤ-που a) oder wohl, oder etwa.
ἠπύτα, ὁ lautrufend; Rufer.
ἠπύω a) laut rufen, anrufen, zurufen. b) *intr.* (er)tönen, brauſen.
ἦρ, ἦρος, τό = ἔαρ.

ἦρα Liebesdienſt, Angenehmes. (ἐπὶ) ἦρα φέρειν τινί j-m zu Gefallen ſein, willfahren.
Ἥραιον ob. **Ἡραῖον**, τό Tempel der Hera. [Herakles.)
Ἡράκλειον, τό Tempel des
ἤραρε ſ. ἀραρίσκω.
ἠράτο ſ. ἄρνυμαι.
ἠρᾶτο ſ. ἀράομαι.
ἠρέμα *adv.*: a) ruhig, leiſe, ſanft. b) langſam, ein wenig.
ἠρεμαῖος 3 ruhig, ſtill.
ἠρεμέω ruhig ſein ob. bleiben, ſtillſtehen; feſtſtehen, unverändert bleiben.
ἠρεμία, ἡ Ruhe, Stille.
ἤρεμος 2 ſtill, ruhig.
ἤρηρε ſ. ἀραρίσκω.
ἠρήρειστο ſ. ἐρείδω.
ἦρι *adv.* in der Frühe, früh.
ἠρι-γένεια, ἡ frühgeboren.
ἤρικε ſ. ἐρείκω.
ἠρινός 3 = ἐαρινός.
ἠρίον, τό Grabhügel.
ἤριπον u. ἄ. ſ. ἐρείπω.
ἠρόμην ſ. εὔρομαι.
ἤροσα, ἠρόθην ſ. ἀρόω.
ἦρσα, *aor. I* v. ἀραρίσκω.
ἤρυγε, *aor. II* v. ἐρεύγω.
ἠρύκακον, *aor. II* v. ἐρύκω.
ἤρώησαν ſ. ἐρωέω.
ἡρωικός 3 heroiſch, heldenartig; epiſch.
ἥρῷος 3 = ἡρωικός. τὸ ἡρῷον und ἡρῷιον Heroentempel (= Heiligtum).
ἥρως, ωος, ὁ Heros: a) Held; heldenmütig; Edler. b) Halbgott.
ἦσα, *aor.* v. ἄδω. [gott.)
ἥσατο = ἥσθη b. ἥδομαι.
ἧσσα, ἡ Niederlage.
ἡσσάομαι P. ſchwächer ob. geringer ſein, nachſtehen, unterliegen, ſich fügen: a) beſiegt ob. überwunden werden ob. ſein. b) beherrſcht werden. c) im Nachteil gegen j-n ſein. d) den Prozeß verlieren.

14*

ἥσσων 2 schwächer, geringer, schlechter, nachstehend; zu schwach; nicht gewachsen, unterliegend, besiegt, ergeben, untertan. — *adv.* ἧσσον geringer, weniger, minder.

ἡσυχάζω I. *intr.* ruhen: 1. Ruhe haben, ruhig ob. still sein. — 2. Ruhe halten, haltmachen, still stehen: a) sich beruhigen, schweigen. b) keinen Widerstand leisten. — II. *trans.* beruhigen.

ἡσύχαιος 3 ruhig: 1. still, schweigend, leise; heimlich. — 2. gemächlich, langsam, behutsam. — 3. friedlich, sanft. — 4. unbesorgt, gelassen. — 5. ungestört, ungefährdet.

ἡσυχῇ *adv.* = ἡσύχως.

ἡσυχία, ἡ Ruhe: 1. a) Stille, Stillschweigen. b) Einsamkeit. c) Ungestörtheit. — 2. Untätigkeit: a) Rast von etw.; Friede. b) Seelenruhe, Sorglosigkeit, Zufriedenheit. ἡσυχίαν ἄγειν ob. ἔχειν Ruhe halten, ruhen: α) in Frieden leben; β) ruhig zusehen; γ) schweigen; δ) stillstehen, **haltmachen.**

ἡσύχιος 2 und **ἡσῦχος** 2 = ἡσυχαῖος.

ᾐσχυμμένος f. αἰσχύνω.

ἦτε fürwahr, gewiß.

ἤτε 1. a) oder auch, oder irgendwie. b) als. — 2. ἤτε ... ἤτε sei es ... oder. — 3. ob.

ἤτοι 1. = ἦ τοι: a) fürwahr, wahrlich, gewiß, allerdings. b) freilich, gleichwohl. c) nun, also, nämlich. — 2. = ἤ τοι oder doch ἤτοι ... ἤ entweder ... oder.

ἦτορ, ορος, τό 1. Lunge. — 2. Herz: a) Leben. b) Mut, Gemüt, Geist, Seele.

ἦτρον, τό Unterleib, Bauch.

ἧττα, ἡττάομαι, ἥττων = ἧσσα, ἡσσάομαι, ἥσσων.

ἥττημα, τό Niederlage; das Zurückbleiben; Mangel, Fehler.

ἠΰ-γένειος 2 starkbärtig.

ἠΰ-ζωνος 2 = εὔζωνος.

ἠΰ-κομος 2 schönhaarig.

ἠΰς, ἠΰ = ἐΰς.

ἠΰτε a) wie, gleichwie; als. b) wie wenn.

ἡφαιστό-τευκτος 2 von Hephaistos geschaffen.

ἧ-φι βίηφι sua vi, mit eigner Kraft oder Gewalt.

ἠχέω a) schallen, tönen. b) erschallen lassen. P. erschallen.

ἠχή, ἡ Schall, Ton, Getöse: a) Geschrei. b) Gerücht, Ruf.

ἠχήεις 3 laut hallend, tosend.

ἦχι *adv.* wo.

ἦχος, ὁ u. **τό** = ἠχή.

ἠχώ, οῦς, ἡ Schall, Laut: a) Widerhall. b) Klage-ruf, -geschrei. c) Kunde, Gerücht.

ἠῶ-θεν *adv.* frühmorgens; morgen früh.

ἠῶ-θι πρό morgen früh.

ἠών, όνος, ἡ = ἠιών.

ἦφος 3 = ἑῷος.

ἠώς, ἠοῦς, ἡ = ἕως.

Θ

Θ, θ (θῆτα) achter Buchstabe des griechischen Alphabets.

θαάσσω sitzen.

θαιρός, ὁ Tür-zapfen, -angel.

θακέω sitzen.

θάκημα, τό u. **θάκησις, εως, ἡ** das Sitzen, Sitz.

θᾶκος, ὁ das Sitzen: 1. Sitz: a) Sessel, Thron. b) Wohnsitz. — 2. Sitzung.

θαλάμη, ἡ Höhle, Loch.

θαλάμη-πόλος 2 das Schlafgemach betretend: a) ὁ Bräutigam. b) ἡ Kammerfrau.

Θαλαμίη, ἡ Ruderluke, -loch.
θαλάμιος od. -μιός, ὁ Ruderer auf der untersten Bank.
θάλαμος, ὁ Wohnung, Lager: 1. Höhle. — 2. Zimmer, Gemach: a) Schlafgemach. b) Ehegemach. c) Frauengemach. d) Vorratskammer, Schatzkammer. e) Palast.
θάλασσα, -ττα, ἡ Meer, See; Salzquelle; Meerwasser.
θαλασσεύω auf dem Meere sein.
θαλάσσιος 3 zum Meere gehörig, im (od. ins. auf dem) Meer, Meer-…; meereskundig, seefahrend, pl. Seeleute.
θαλασσοκρατέω das Meer beherrschen.
θαλασσο-κράτωρ, ορος, ὁ Herr des Meeres.
θάλεα, έων, τά reiche Genüsse, Glücksfülle.
θαλέθω blühen; strotzen.
θάλεια f. θαλύς.
θαλερός 3: 1. blühend: a) frisch, jung, rüstig, kräftig; b) strotzend, reichlich; c) heftig. — 2. (hervor-)quellend.
θαλίᾱ, ἡ blühendes Glück; fröhliches Gelage, Festschmaus.
θαλλός, ὁ sprossender Zweig; Ölzweig; Laub; Sprößling.
θάλλω blühen, sprossen: a) in Blüte stehen, in voller Kraft und Ansehen stehen, prangen. b) üppig od. reichlich sein, von etw. strotzen. c) wachsen.
θάλος, τό Sprößling.
θαλπιάω warm sein.
θάλπος, τό Wärme, Hitze, Glut; brennender Schmerz.
θάλπω a) warm machen, erwärmen; entzünden, entflammen; hegen u. pflegen. b) warm werden, glühen.
θαλπωρή, ἡ Erquickung, Trost, Freude.

θαλύς 3 blühend, reichlich. θάλεια δαίς köstliches Mahl.
θαλύσια, τά Erntefest.
θαμά a) oft, häufig. b) haufenweise, dichtgedrängt.
θαμβέω a) in Staunen setzen. b) (auch P.) staunen, anstaunen; sich entsetzen, schaudern.
θάμβος, τό Staunen, Erstaunen; Schrecken, Entsetzen.
θαμέες, οἱ, αἱ und **θαμειός** 3 häufig, dicht, zahlreich.
θαμίζω a) oft kommen, häufig besuchen. b) häufig sein.
θαμινά adv. = θαμά.
θάμνος, ὁ Gebüsch, Strauch, Busch(werk); Stamm.
θανάσιμος 2 1. a) den Tod betreffend. b) todbringend, tödlich, mörderisch. — 2. a) dem Tode nahe od. verfallen, sterbend. b) gestorben, tot.
θανατάω zu sterben wünschen.
θανάτη-φόρος 2 und **θανατόεις** 3 todbringend, tödlich.
θάνατος, ὁ Tod, Mord; Todesart, -gefahr, -strafe, Hinrichtung.
θανατόω töten; zum Tode verurteilen, hinrichten (lassen).
θανάτωσις, εως, ἡ Hinrichtung.
θάομαι M. a) = θεάομαι schauen, anstaunen. b) M. zu θάω.
θάπτω bestatten, begraben.
θαργηλιών, ῶνος, ὁ der elfte Monat der Athener (Mai/Juni).
θαρσαλέος, **θαρραλέος** 3 1. a) mutig, kühn, zuversichtlich, standhaft, furchtlos, getrost. b) keck, frech, rücksichtslos. — 2. ermutigend, gefahrlos. τὸ θαρσαλέον: α) Kühnheit; β) Sicherheit.
θαρσέω u. **θαρρέω** mutig od. kühn sein, Mut fassen, getrost od. zuversichtlich sein; frech od. verwegen sein: a) sich vor etw. nicht fürchten, etwas getrost

θάρσησις wagen. b) vertrauen. c) zuversichtlich hoffen, fest glauben.

θάρσησις, εως, ἡ Vertrauen.

θάρσος, τό a) Mut, Kühnheit, Zuversicht; Vertrauen. b) Keckheit, Frechheit.

θαρσύνος 2 ermutigt, vertrauend, zuversichtlich, getrost.

θαρσύνω, θαρρύνω = θρασύνω.

θάσσω sitzen (auf etw.). [ταχύς.]

θάσσων, θᾶσσον, comp. von

θάτερον = τὸ ἕτερον.

θάττων, θᾶττον s. ταχύς.

θαῦμα, τό a) Wunder, Wunderding. b) Bewunderung, Verwunderung, Staunen.

θαυμάζω 1. staunen, sich (ver)wundern. — 2. anstaunen, bewundern: a) hochschätzen, verehren. b) α) verwundert fragen, nicht begreifen können; β) zu wissen wünschen, neugierig sein.

θαυμαίνω = θαυμάζω.

θαυμάσιος 3 wunderbar, erstaunlich, außerordentlich: a) bewundernswert. b) wunderlich, unbegreiflich, seltsam.

θαυμαστός 3 = θαυμάσιος.

θαυμᾰτο-ποιός, ὁ Taschenspieler, Gaukler.

θάω I. Akt. säugen. — II. M.: a) saugen. b) melken.

θεά u. **θέαινα**, ἡ Göttin; göttlich.

θέα, ἡ a) das Anschauen, Anblick. b) Schauspiel.

θέαμα, τό a) Anblick, Schauspiel. b) Sehenswürdigkeit.

θεάομαι M. schauen, anschauen, sehen, wahrnehmen, betrachten: a) bedenken, erkennen. b) anstaunen, bewundern. c) besuchen.

θεᾱρός, ὁ = θεωρός.

θεᾱτής, οῦ, ὁ Zuschauer: a) Betrachter. b) Zuhörer.

θεᾱτός 3 sichtbar; sehenswert.

θεατρίζω zum Schauspiel machen, an den Pranger stellen.

θέατρον, τό Schauplatz: a) Theater. b) Theaterpublikum. c) Schau-spiel, -stück.

θέειον, τό = θεῖον.

θεειόω schwefeln, ausräuchern.

θέη, ἡ = θέα.

θε-ήλατος 2 gottgesandt, von Gott verhängt od. geboten.

θεητής = θεατής.

θέητρον, τό = θέατρον.

θειάζω prophezeien.

θειασμός, ὁ Aberglaube.

θειλό-πεδον, τό Hitzfeld.

θείνω schlagen, hauen; treffen, verwunden.

θειο-γενής 2 = θεογεννής.

θεῖον, τό Schwefel.

θεῖος, ὁ Oheim.

θεῖος 3 göttlich: 1. von den Göttern abstammend od. herrührend; übermenschlich. — 2. der Gottheit geweiht, heilig. — 3. gott-ähnlich, herrlich, erhaben. — 4. τὸ θεῖον, τὰ θεῖα: a) Gottheit, göttliches Wesen. b) göttliche Dinge, göttliche Fügung, Götterspruch, Vorzeichen. c) Gottesfurcht, Religion, Kultus.

θειότης, ητος, ἡ Göttlichkeit, göttliche Natur.

θείω a) = θέω laufen. b) = θῶ (von τίθημι).

θειώδης 2 schwefel-artig, -gelb.

θέλγω bezaubern: a) überwältigen, lähmen. b) verblenden, täuschen, verführen. c) entzücken, fesseln, gewinnen.

θέλημα, τό u. **θέλησις**, εως, ἡ Wollen, Wille, Gebot, Verlangen, Gelüst.

θελκτήριος 2 bezaubernd. τὸ θελκτήριον: a) Zaubermittel. b) Ergötzung, Wonne.

θέλκτρον, τό = θελκτήριον.

θελξί-φρων 2 herzbezaubernd.

θέλω = ἐθέλω.
θέμεθλα, τά u. **θεμείλια**, τά = θεμέλιοι.
θεμέλιος, ὁ u. **θεμέλιον**, τό Grund-stein, -lage. οἱ -οι Grundlage, Fundament, das Tiefste ob. Innerste.
θεμελιόω gründen; befestigen.
θέμεν(αι), inf. aor. II v. τίθημι.
θέμις, ιστος, ἡ göttliches Recht; Recht, Brauch, Sitte. θέμις ἐστί es ist recht oder billig, es ist erlaubt, es ist möglich: a) Gerichtsstätte. b) θέμιστες: α) Satzungen, Gesetze; β) Rechtssprüche, Ratschlüsse; γ) herkömmliche Abgaben, Gebühren.
θεμιστεύω a) Recht sprechen, Herr sein. b) Orakel geben.
θεμιτός 3 u. **θεμιστός** gesetzmäßig, gerecht, erlaubt.
θεμόω treiben, bewirken.
θέναρ, αρος, τό flache Hand.
θέο = θοῦ v. τίθημι.
θεο-βλαβής 2 mit Wahnsinn geschlagen.
θεο-γεννής 2 gott-entstammt.
θεογονία, ἡ Abstammung der Götter.
θεο-δίδακτος 2 von Gott gelehrt. [gottbeschieden.]
θεό-δμητος 2 gott-erbaut;]
θεο-ειδής 2 göttergleich.
θεο-είκελος 2 göttergleich.
θεό-θεν adv. von Gott ob. von den Göttern her.
θεο-λόγος, ὁ Gottesgelehrter.
θεο-μάντις, εως, ὁ gottbegeisterter Seher.
θεομαχέω wider Gott streiten.
θεομαχία, ἡ Kampf der Götter gegeneinander.
θεο-μάχος 2 wider Gott streitend, Widersacher Gottes.
θεο-μισής 2 gottverhaßt.
θεό-πνευστος 2 von Gott eingegeben.
θεοπροπέω weissagen.

θεοπροπίᾱ, ἡ und **-πρόπιον**, τό Götterspruch, Weissagung, Orakel.
θεο-πρόπος 2 prophetisch. ὁ α) Wahrsager; β) Orakelbefrager.
θεός, ὁ, ἡ 1. a) Gott, Göttin. b) Gottheit, göttliches Wesen. — 2. Götterbild, Tempel der Götter.
θεοσέβεια, ἡ Gottesfurcht.
θεο-σεβής 2 gottesfürchtig, fromm.
θεο-στυγής 2 a) gottverhaßt. b) Gott hassend.
θεότης, ητος, ἡ Gottheit, das Gottsein.
θεουδής 2 gottesfürchtig.
θεοφάνια, τά Frühlingsfest in Delphi.
θεο-φιλής 2 a) gottgeliebt. b) sehr glücklich, sehr schön.
θεόφιν = gen. ob. dat. v. θεός.
θεράπαινα, ἡ Dienerin, Magd.
θεραπείᾱ, ἡ u. **θεράπευμα**, τό Dienst: 1. a) Bedienung, Dienstleistung: α) Gefälligkeit, Dienstbeflissenheit, Ehrerbietung, Verehrung; β) Schmeichelei. b) Besorgung, Sorge für etw.; Verehrung der Götter; Behandlung, Wartung, Pflege, Heilung; Putz. — 2. Dienerschaft, Gefolge, Troß.
θεραπευτής, οῦ, ὁ = θεράπων.
θεραπευτικός 3 dienstfertig.
θεραπευτέος 3 zu pflegen(d), auszubilden(d).
θεραπεύω 1. dienen, Dienste leisten: a) bedienen, aufwarten. b) freundlich behandeln, Aufmerksamkeit erweisen, gefällig oder dienstfertig sein. c) ehren, verehren, hochachten. d) zu gewinnen suchen, schmeicheln, um j-s Gunst werben. — 2. für etw. (gut) sorgen, sorgsam behandeln; warten, (ver-)

θεραπηίη — 216 — **θεωρικός**

pflegen, heilen; (aus)bilden; beachten, auf etw. bedacht sein.
θεράπηίη, ἡ = θεραπεία.
θεράπων, οντος, ὁ Diener: a) Wärter. b) Wagenlenker, Waffengefährte, Knappe; Gefährte.
θερείᾱ, ἡ Sommer(zeit).
θερέω s. θέρομαι.
θερίζω a) den Sommer zubringen. b) ernten, das Getreide mähen; abschneiden, vertilgen, zerstören.
θερινός 3 sommerlich.
θερισμός, ὁ Ernte; Erntezeit, Erntefeld, Getreide.
θεριστής, οῦ, ὁ Schnitter.
θερμαίνω I. Akt. (er)wärmen, heiß machen; verbrennen. — II. P. warm oder heiß werden, sich (er)wärmen; glühen.
θερμᾰσίᾱ, ἡ Erwärmung, Wärme, Hitze.
θέρμη, ἡ Wärme, Hitze: a) Fieberhitze. b) warme Quelle.
θερμός 3 a) warm, heiß. τὰ -ά warme Quellen. b) hitzig.
θερμότης, ητος, ἡ = θερμασία.
θερμουργός 2 hitzig (od. verwegen) handelnd.
θέρμω = θερμαίνω.
θέρομαι P. warm oder heiß werden, sich wärmen, verbrannt werden.
θέρος, τό a) Sommer, Wärme. b) Ernte, Sommerfrüchte, Saat.
θέσις, εως, ἡ a) das Setzen, Aufstellen. b) Stellung, Lage. c) Behauptung.
θέσκελος 2 wunderbar.
θέσμιος 2 gesetzmäßig. τὸ -ον Satzung.
θεσμοθετεῖον, τό Amtswohnung der Thesmotheten.
θεσμο-θέτης, ου, ὁ Gesetzgeber. οἱ θ. Thesmotheten.
θεσμός, ὁ 1. Stelle, Stätte. — 2. festgesetzte Ordnung:

a) Satzung, Vorschrift, Befehl, Gesetz, Recht. b) Brauch, Sitte.
θεσμοφόρια, τά die Thesmophorien.
θεσμοφοριάζω die Thesmophorien feiern.
θεσμο-φόρος 2 gesetzgebend.
θεσμο-φύλαξ, ακος, ὁ Gesetzeswächter.
θεσπέσιος 3 (u. 2) a) göttlich tönend ob. singend. b) göttlich; erhaben, herrlich, gewaltig, unsäglich. [bernd.]
θεσπι-δᾰής 2 gewaltig lo-
θεσπι-έπεια, ἡ weissagend.
θεσπίζω weissagen, verkünden.
θέσπις, ιος gottbegeistert; herrlich.
θέσπισμα, τό Götterspruch.
θέσ-φᾰτος 2 a) von Gott verkündet ob. bestimmt, geweissagt. τὸ -ον Götterspruch. b) von Gott geschaffen. [men(b).]
θετός 3 zu setzen(d), anzuneh-
θετός 3 adoptiert.
θέω laufen, eilen: a) hinzulaufen, anrennen. b) wettlaufen, wettrennen.
θεωρέω a) (zu)schauen, anschauen, betrachten, sehen; Zuschauer sein, einem Feste beiwohnen. b) überlegen, erwägen, beachten, untersuchen, beurteilen. c) einsehen, merken, verstehen; erfahren.
θεώρημα, τό das Angeschaute, Schauspiel.
θεωρίᾱ, ἡ 1. das An- ob. Zuschauen, Betrachtung: a) Schaulust. b) Festschau, Teilnahme an einem Feste. c) Untersuchung, wissenschaftliche Erkenntnis, Theorie — 2. Schauspiel, Schaufest, Fest; Festgesandtschaft, -zug.
θεωρικός 3 zur Festfeier gehörig. τὰ θεωρικά Schauspielgelder. τὸ -όν Theorikenkasse.

θεωρίς, ίδος, ἡ heiliges Festschiff.

θεωρός, ὁ Zuschauer: a) Festgesandte(r). b) Gottesbote. c) pl. Aufsichtsbehörde. [bestimmt.]

θεώτερος 3 nur für Götter

θηγάνη, ἡ Schleif-, Wetz-stein.

θήγω wetzen, schärfen; anfeuern, ermutigen, erbittern.

θηέομαι = θεάομαι.

θῆς = θῇς v. τίθημι.

θηητήρ, ῆρος u. Beschauer.

θήϊον, τό Schwefel.

θηκαῖος 3 zur Grabstätte dienend.

θήκη, ἡ Behältnis: a) Kiste. b) Grab, Sarg; Begräbnis. c) Scheide des Schwertes.

θηλάζω u. M. a) säugen, ein Kind nähren. b) saugen.

θηλέω blühen. [Mensch.]

θηλυδρίας, ὁ weibischer

θηλύνω weibisch machen, verweichlichen; erweichen.

θῆλυς 3 a) weiblich; weibisch, weichlich. ἡ θήλεια (od. θηλέη) Weib(chen). τὸ θῆλυ weibliches Geschlecht, Weib. b) befruchtend, erfrischend.

θημών, ῶνος, ὁ Haufe.

θήν doch wohl, gewiß.

θηοῖο, opt. v. θηέομαι.

θήομεν = θῶμεν v. τίθημι.

θήρ, θηρός, ὁ a) wildes Tier, Wild, Raubtier; Ungetüm. b) Tier, Geschöpf.

θήρα, ἡ 1. Jagd; eifriges Trachten, Haschen. — 2. a) Jagdtier, Wild. b) Jagdnetz. c) Jagdbeute, Beute. [winnen(d).]

θηρατέος 3 zu jagen(d), zu ge-

θηρατικός 3 zur Jagd gehörig. τά- a) die Kunst etw. zu (er)jagen.

θήρατρον, τό Jagdgerät, Netz.

θηράω u. M. a) jagen, Jagd auf etw. machen; nach etw. trachten; nachstellen, überfallen. b) erjagen, fangen; erbeuten, fassen.

θήρειος 2 von wilden Tieren.

θηρευτής, οῦ, ὁ Jäger; jagend.

θηρευτικός 3 die Jagd betreffend.

θηρεύω = θηράω.

θηρητήρ, ῆρος u. **θηρήτωρ**, ορος, ὁ = θηρευτής.

θηριομαχέω mit wilden Tieren kämpfen.

θηρίον, τό = θήρ.

θηριώδης 2 a) tierreich, voller Tiere. b) tierisch.

θηροβολέω (wilde) Tiere erlegen. [Tagelöhner.]

θής, θητός, ὁ Lohn-arbeiter,

θησαίατο f. θεάομαι.

θήσατο u. ä. f. θάω.

θησαυρίζω a) aufhäufen, aufspeichern. b) aufbewahren.

θησαύρισμα, τό Vorrat.

θησαυρός, ὁ 1. a) Vorrats-, Schatz-kammer, -haus, Magazin. b) Geldkasten. — 2. Vorrat, Schatz, kostbare Beute.

θῆσθαι = θάσθαι v. θάω.

θητεία, ἡ Lohndienst.

θητέρα = τῇ ἑτέρα. [dienen.]

θητεύω für Lohn arbeiten od.

θίασος, ὁ 1. a) Festschwarm des Bacchus. b) Aufzug. c) Reigen. — 2. Verein, Gesellschaft, Schwarm.

θιγγάνω a) berühren, anfassen, antasten. b) treffen. c) teilhaftig werden.

θίς, θινός, ὁ u. ἡ Haufe: a) Sandhaufe; Sand. b) Gestade, Düne. c) Sandwüste. [tern.]

θλάω zerquetschen, zerschmet-

θλίβω pressen, drücken; reiben; bedrücken, bedrängen, einengen. M. sich etw. zerreiben.

θλίψις u. **θλῖφις**, εως, ἡ Bedrückung, Druck, Bedrängnis, Angst, Drangsal.

θνήσκω und **θνῄσκω** sterben, umkommen; getötet od. hingerichtet werden. τεθνάναι tot od.

θνητο-γενής — 218 — θροέω

des Todes sein; hinschwinden, vergehen, erliegen.

θνητο-γενής 2 sterblichen Geschlechts. [Art.]

θνητο-ειδής 2 von sterblicher)

θνητός 3 sterblich; menschlich.

θοάζω[1] a) dahereilen. b) schnell bewegen, schwingen.

θοάζω[2] sitzen, sich niederlassen.

θοἱμάτιον = τὸ ἱμάτιον.

θοινάω bewirten, speisen. M. u. P. schmausen.

θοίνη, ἡ Schmaus, Gastmahl; Genuß, Freude.

θολερός schlammig, schmutzig, sumpfig; trübe.

θόλος, ὁ 1. Kuppeldach. — 2. Rundbau.

θοός[1] 3 schnell, rasch, eilend, (geschwind).

θοός[2] 3 spitz, spitzig.

θοόω zuspitzen.

θόρε, θορεῖν s. θρώσκω.

θορή, ἡ = θορός.

θορνύομαι M. sich begatten.

θορός, ὁ männlicher Same.

θορυβάζω beunruhigen. P. sich beunruhigen.

θορυβέω I. Akt. 1. lärmen, Lärm machen: a) lauten Unwillen äußern oder Beifall klatschen. b) Aufsehen erregen. — 2. beunruhigen, außer Fassung ob. in Unruhe versetzen. — II. P. umlärmt oder beunruhigt werden, in Unruhe geraten.

θόρυβος, ὁ a) Lärm. b) Getümmel, Aufruhr, Verwirrung.

θούριος 3 u. **θοῦρος** 2, fem. **θοῦρις**, ιδος anstürmend, stürmisch, wild.

θόωκος, ὁ = θᾶκος.

θρᾱνίτης, ου, ὁ Ruderer auf der obersten Ruderbank.

θράσος, τό = θάρσος.

θράσσω beunruhigen.

θρασύ-κάρδιος 2 kühnherzig.

θρασύ-μέμνων 2 kühn-ausdauernd.

θρασύνω I. Akt.: a) ermutigen. b) intr. getrost sein. — II. P. und M. kühn oder trotzig sein, auf etw. trotzen.

θρασύς 3 = θαρσαλέος.

θρασυστομέω keck reden.

θρασύτης, ητος, ἡ Kühnheit, Frechheit.

θράττω = θράσσω.

θραύω (zer)brechen, spalten, zerschmettern, zertrümmern; entmutigen.

θρέμμα, τό a) Pflegling, Zögling, Kind. b) Haustier, pl. Zuchtvieh; Tier; Geschöpf; Gezücht, Brut.

θρέξας, θρέξασκον s. τρέχω.

θρέομαι M. ertönen lassen, schreien.

θρεπτήρια, τά a) Nahrung. b) Pflege-, Erzieher-Lohn.

θρέπτρα, τά = θρεπτήρια.

θρέψα = ἔθρεψα s. τρέφω.

θρηνέω a) wehklagen. b) beklagen, bejammern, beweinen.

θρῆνος, ὁ Wehklage, Klagelied; Totenklage.

θρῆνυς, υος, ὁ Fußbank, Schemel; Steuerbank.

θρησκεία, ἡ religiöses Gebot, Gottesdienst, Religion.

θρησκεύω gottesdienstliche Gebräuche einführen u. beobachten.

θρησκίη, ἡ = θρησκεία.

θρῆσκος 2 religiös.

θριαμβεύω a) triumphieren. b) triumphieren lassen.

θρίαμβος, ὁ a) Festlied und Festzug. b) Triumph.

θριγκός, ὁ a) Mauerzinne, Mauerkranz. b) Gesims, Rand.

θριγκόω oben einfassen, krönen, vollenden.

θρίδαξ, ακος, ἡ Lattich, Salat.

θρίξ, τριχός, ἡ Haar, Locke, Wolle, Borste, Mähne.

θροέω Lärm machen: 1. ertönen lassen: a) schreien, rufen.

θρόμβος — 219 — **θύρα**

b) aussprechen, sagen, reden, erzählen, verkünden. — 2. erschrecken. P. sich fürchten.
θρόμβος, ὁ dicker Tropfen, Klumpen.
θρομβώδης 2 klumpig.
θρόνα, τά Blumen(=muster).
θρόνος, ὁ Sitz, Sessel; Fürstensessel; Herrschersitz, Thron: a) Herrschaft. b) Thronengel.
θρόος, θροῦς, ὁ a) Ruf, Zuruf, Geschrei, Lärm. b) Gemurmel, Gerede, Gerücht.
θρυλέω schwatzen, viel oder immer besprechen, im Munde führen; ausposaunen.
θρυλίσσω zerschmettern.
θρύον, τό Binse.
θρυπτικός 3 mürbe; weichlich.
θρύπτω I. Akt. zerreiben, aufreiben. — II. P. verweichlicht werden, weichlich od. üppig sein; sich brüsten.
θρώσκω springen, hüpfen, fliegen, eilen; anstürmen.
θρωσμός, ὁ Anhöhe.
θυγάτηρ, τρός, ἡ a) Tochter. b) Enkelin. c) Bewohner(in).
θυγατριδῆ, ἡ Enkelin.
θυγατριδέος, ὁ Enkel.
θυγάτριον, τό Töchterchen.
θύεεσσιν, dat. pl. v. θύος.
θύελλα, ἡ Sturmwind, Sturm; Ausbruch. [reich.]
θυήεις 3 a) duftend. b) opfer-}
θυηλή, ἡ Opferaabe; Brandopfer. [chantin.]
θυΐα u. **θυιάς**, άδος, ἡ Bac-}
θύϊνος 3 vom Zitronenbaum.
θύλακος, ὁ u. **θυλάκιον**, τό Sack, Beutel. [=tier.]
θύμα, τό Opfer, Opfer=gabe,)
θυμαίνω zürnen.
θυμ-αλγής 2 herzkränkend.
θυμ-ἀρής 2 und **-άρμενος** 2 herzerfreuend, angenehm, lieb.
θυμηγερέω wieder zu sich kommen.

θυμ-ηδής 2 herzerfreuend.
θυμ-ήρης 2 = θυμαρής.
θυμίαμα, τό Räucherwerk.
θυμιατήριον, τό Räucher=faß, =pfanne, =altar.
θυμιάω räuchern, anzünden.
θυμίημα, θυμιητήριον = θυμια-.
θυμο-βόρος 2 herzverzehrend.
θυμο-δακής 2 herzkränkend.
θυμο-ειδής 2 a) mutig, feurig. b) zornig, hitzig, wild.
θυμο-λέων, οντος löwenmutig.
θυμομαχέω heftig kämpfen; erbittert sein. [störend.]
θυμο-ραϊστής, οῦ lebenzer-}
θυμός, ὁ I. Lebenskraft, Leben. — II. 1. Wille, Lust, Wunsch, Begierde, Verlangen: a) Appetit. b) Entschluß, Gedanke. — 2. Gemüt, Gefühl, Herz: a) Mut. b) Leidenschaft, Ungestüm, Glut, Wut, Zorn, Unwille. c) Sinn, Gesinnung, Geist, Seele, Inneres.
θυμοφθορέω sich abängstigen.
θυμο-φθόρος 2 a) lebenzerstörend, todbringend. b) herzkränkend, aufreibend.
θυμόω I. Akt. zornig machen, erzürnen. — II. P. zornig od. erbittert werden, zürnen; pf. zornig od. aufgebracht, feindlich gesinnt sein.
θύννος, ὁ Thunfisch.
θύνω = θύω (I).
θύοεις 3 duftend; wallend.
θύον, τό a) Lebensbaum. b) Zitronenbaum.
θύος, τό Räucherwerk; Opfer.
θυο-σκόος, ὁ Opferschauer.
θύω räuchern. τὲ θυωμένος 3 wohlriechend, duftend.
θύρα, ἡ, 1. a) Türflügel. b) Tür, Tor, Pforte. 2. Haus: a) Palast; Hof des Perserkönigs. b) Königszelt. — 3. a) Eingang, Zugang, Schwelle. b) Gelegen-

θύραζε adv. aus der Tür: a) hinaus. b) draußen.

θύρᾱ-θεν u. **θύρηθε** adv. a) von außen her. b) draußen.

θυραῖος 3 1. a) vor der Tür, draußen. b) vor die Tür. — 2. fern, fremd.

θύρᾱσι adv. draußen; außer Landes.

θυρᾱ-ωρός, ὁ = θυρωρός.

θυρεός, ὁ a) Türstein. b) großer Schild.

θύρετρα, τά = θύρα.

θύρη-θι, **θύρησι**, **θύρηφι** = θύρασι.

θυρίς, ίδος, ἡ a) Pförtchen. b) Fenster, Öffnung.

θυρόω mit einer Tür versehen. [tab.]

θύρσος, ὁ Thyrsos, Bacchos=

θύρωμα, τό Türflügel, Portal.

θυρών, ῶνος, ὁ Vorplatz, Vorhalle.

θυρωρός, ὁ, ἡ Türhüter(in).

θῠσᾰνόεις 3 quastenreich.

θύσᾰνος, ὁ Troddel, Quaste.

θῠσᾰνωτός 3 = θυσανόεις.

θύσθλα, τά heilige Geräte.

θῠσία, ἡ a) das Opfern, Opferhandlung. b) Opfer, Opferfest, =gabe, =tier.

θῠσιαστήριον, τό Opferaltar, Altar. [lich.]

θύσῐμος 2 zum Opfern taug=

θυσσᾰνόεις 3 = θυσανόεις.

θυστάς, άδος zum Opfer gehörig.

θυτήρ, ῆρος, ὁ Opferer.

θύω I. sich heftig bewegen, stürmen: a) brausen, rauschen; daherstürmen. b) toben, wüten. — II. räuchern: 1. Akt.: a) ein Rauch- od. Brand-opfer darbringen; opfern, (ein Fest) mit einem Opfer feiern. b) schlachten, töten, morden. c) intr. rauchen. — 2. M.: a) für sich od. aus seinen Mitteln opfern; b) für sich opfern lassen.

θυώδης 2 duftend.

θύωμα, τό Räucherwerk.

θωή, ἡ Strafe, Buße.

θωκέω u. **θῶκος**, ὁ = θακέω und θᾶκος.

θῶμα, **θωμάζω**, **θωμάσιος** = θαῦμα usw. [Sehne.]

θῶμιγξ, ιγγος, ὁ Schnur, Strick,

θωπεύω schmeicheln; dienen.

θωρᾱκίζω panzern, rüsten. M. den Panzer anlegen.

θωρᾱκο-ποιός, ὁ Panzermacher.

θωρᾱκο-φόρος 2 gepanzert.

θώρᾱξ, ακος, ὁ a) Brustharnisch, Panzer. b) Brust, Rumpf.

θωρηκτής, οῦ gepanzert.

θώρηξ, ὁ = θώραξ.

θωρήσσω panzern, bewaffnen, rüsten. M. P. sich rüsten.

θώς, θωός, ὁ Schakal.

θῶυμα, **θωυμάζω**, **θωυμάσιος** = θαῦμα usw.

θωύσσω a) laut schreien. b) (aus)rufen, zurufen.

θώψ, θωπός, ὁ Schmeichler.

I

I, ι (ἰῶτα) neunter Buchstabe des griechischen Alphabets.

ἰά, ἡ Laut, Stimme, Geschrei.

ἰᾱ, ἴης eine; f. ἴος.

ἰά, τά Pfeile, pl. v. ἰός¹.

ἰαίνω 1. (er)wärmen, warm od. weich machen. — 2. a) erheitern, erfreuen. b) milde stimmen. [jubeln.]

ἰακχάζω u. **ἰακχέω** jauchzen,

ἴακχος, ὁ Jakchosruf.

ἰάλλω a) (ent)senden, ausstrecken, werfen. b) bewerfen.

ἴαμα, τό Heilmittel, Heilung.

ἰαμβειο-γράφος, ὁ Jambenschreiber; Lästermaul.
ἰαμβεῖον, τό iambischer Vers.
ἰαμβο-φάγος, ὁ Jambenverschlucker.
ἰάομαι M. heilen; wieder gutmachen, retten, abhelfen.
ἰάπτω in schnelle Bewegung setzen, erregen: a) senden, werfen, schleudern. b) treffen, verwunden, entstellen.
ἰάσιμος 2 heilbar.
ἴασις, εως, ἡ Heilung.
ἴασπις, ιδος, ἡ Jaspis.
ἰαστί adv. in ionischer Tonart.
ἰατήρ, ῆρος, ὁ = ἰατρός.
ἰατορία, ἡ Heilkunst.
ἰατρεία, ἡ = ἴασις.
ἰατρεῖον, τό Wohnung eines Arztes, Krankenhaus.
ἰατρεύω Arzt sein, die Heilkunst ausüben, heilen. P. sich heilen (lassen).
ἰατρικός 3 a) ärztlich. b) heilkundig. ἡ -ή u. τὰ -ά Heilkunst.
ἰατρός, ὁ, ἡ Arzt, Retter.
ἰαύω die Nacht zubringen, schlafen, ruhen; genießen.
ἰαχέω = ἰάχω.
ἰαχή, ἡ Geschrei; Zuruf.
ἰάχω laut schreien od. rufen, laut tönen, prasseln, tosen.
ἶβις, ιος, ἡ Ibis.
ἰγνύα, ἡ Kniekehle.
ἰδέ[1] u. **ἴδε** sieh (da)! hier ist.
ἰδέ[2], **ἰδ'** und (= ἠδέ).
ἰδέα, ἡ Aussehen, (äußere) Erscheinung, Gestalt: a) Art und Weise, Beschaffenheit. b) Meinung. c) Urbild, Idee.
ἰδέω = εἰδῶ v. οἶδα.
ἴδη, ἡ a) Waldgebirge. b) Holz.
ἰδιοβουλέω nach eigenem Entschlusse handeln.
ἴδιος 3 a) eigen, eigentümlich, persönlich; eigenartig, besonderer, absonderlich, seltsam. b) privat, privatlich, Privat-...,

häuslich; profan. τὰ ἴδια Privatverhältnisse, -angelegenheiten, -interessen, -vermögen, -leben. c) adv. ἰδίᾳ für den einzelnen, persönlich, für sich allein, besonders, im Privatleben, aus eigenem Antriebe. κατ' ἰδίαν für sich (allein). [leit.]
ἰδιότης, ητος, ἡ Eigentümlich-
ἰδιο-τρόπος 2 einzeln(e) ernährend.
ἰδιόω u. M. sich zueignen.
ἰδίω schwitzen.
ἰδιωτεύω 1. a) als Privatmann leben. b) ohne Ansehen sein. — 2. unerfahren sein.
ἰδιώτης, ου, ὁ a) Privatmann, ein einzelner (Bürger), pl. Volk. b) gemeiner Mann, gewöhnlicher Mensch; gemeiner Soldat. c) Nichtkenner, Laie, Stümper.
ἰδιωτικός 3: 1. einen einzelnen betreffend. — 2. einem Privatmanne gehörig: a) gemein, gewöhnlich, nachlässig, armselig; b) unwissend, ungebildet, ungeschickt.
ἴδμεν(αι) = εἰδέναι v. οἶδα.
ἰδνόομαι P. sich krümmen.
ἰδοίατο = ἰδοῖντο v. εἶδω.
ἴδον = εἶδον v. εἴδω.
ἰδού a) siehe da! sieh doch! horch! b) wohlan.
ἰδρείη, ἡ Kunde, Erfahrung.
ἴδρις, ἰ wissend, kundig, erfahren, klug geschickt.
ἰδρόω schwitzen.
ἴδρυμα, τό Gründung: a) Wohnung, Tempel. b) Götterbild.
ἱδρύω (Ⅰ) I. Akt.: a) sich setzen lassen, sich lagern lassen. b) feststellen; ansiedeln, gründen, (er-)bauen. — II. P. 1. gegründet werden. 2. sich setzen, sich niederlassen: a) sich lagern, sich ansiedeln; haltmachen. b) ruhig dasitzen. c) pf. sich aufhalten: α) festsitzen; auf etw. beruhen;

ἱδρώς — 222 — ἰθύς

β) gelegen sein. — III. M. für sich gründen ob. erbauen, errichten, weihen.
ἱδρώς, ῶτος, ὁ Schweiß.
ἰδυῖα fem. verständig, klug.
ἰείη, 3. sg. opt. v. εἰμι.
ἵεμαι M. gehen, eilen.
ἵεν, 3. sg. impf. v. εἰμι.
ἱέραξ, ακος, ὁ Falke.
ἱεράομαι M. Priester ob. Priesterin sein.
ἱερατεία, ἡ u. ἱεράτευμα, τό Priester-amt, -dienst, Priestertum; Priesterschaft.
ἱερατεύω Priester sein.
ἱέρεια, ἡ Priesterin.
ἱερεῖον, τό a) Opfertier; Schaf; b) Schlachtvieh.
ἱερεύς, έως, ὁ Priester.
ἱερεύω a) opfern. b) schlachten.
ἱερήϊον, τό = ἱερεῖον.
ἱερό-θυτος 2 den Göttern geopfert. τό -ον Opferfleisch.
ἱερομηνία, ἡ u. -μηνία, τά Festmonat; Festzeit, Festtag.
ἱερο-μνήμων, ονος, ὁ a) bevollmächtigter Gesandter beim Amphiktyonenbunde. b) höchster Beamter.
ἱερο-ποιός, ὁ Opfervorsteher.
ἱερο-πρεπής 2 (dem) Heiligen geziemend, ehrwürdig.
ἱερός 3 : 1. kräftig, stark, rüstig, frisch, schnell. — 2. heilig, göttlich: a) gottgesandt. b) gottgeweiht. c) erhaben, trefflich; unverletzlich. — 3. τὸ ἱερόν, τὰ ἱερά: α) Opfer, Opfertier; β) Weihgeschenk, Tempelschatz; γ) Heiligtum, Tempel, Tempelbezirk, Orakelstätte; δ) Opferzeichen, Vorzeichen; ε) Tempeldienst, gottesdienstliche Handlung, Kultus, Mysterien.
ἱεροσυλέω Tempel plündern, Tempelraub begehen.
ἱεροσυλία, ἡ Tempelraub.
ἱερό-συλος, ὁ Tempelräuber.

ἱερουργέω heiligen Dienst verrichten; priesterlich verwalten.
ἱερουργία, ἡ Gottesdienst, das Opfern.
ἱερο-φάντης, ου, ὁ Oberpriester, Weihepriester.
ἱερόω, heiligen, weihen.
ἱερωσύνη, ἡ Priester-amt, -tum; Priester-pfründen.
ἵζω u. ἱζάνω I. sitzen lassen, sich setzen lassen. — II. (auch M.) sich setzen, sich niederlassen, sich lagern, sitzen; sich senken, sinken.
ἰή, ἡ = ἰά.
ἰήιος 2 a) klagend, kläglich, qualvoll. b) Helfer in der Not.
ἴηλα, aor. I v. ἰάλλω.
ἴημα, τό = ἴαμα.
ἵημι I. Akt. loslassen: a) senden, entsenden, schicken; ertönen lassen. b) werfen, schleudern, schießen. c) herablassen, herabhängen lassen. d) intr. hervor-, hin-fließen. — II. M.: a) sich stürzen, eilen; herbeieilen. b) trachten, streben, verlangen, begierig sein.
ἴηνα, aor. I v. ἰαίνω.
ἰησάμην, aor. I v. ἰάομαι.
ἵησι = ἵη v. εἰμι.
ἴησις, ἰητήρ, ἰητρός, ἰητρικός f. ἴασις u. ἰατ-.
ἰθᾱ-γενής 2 u. ἰθαι-γενής 2 1. a) vollbürtig, rechtmäßig, ehelich. b) echt. — 2. eingeboren; ursprünglich.
ἰθεῖαν, ἰθέως f. εὐθύς.
ἴθι wohlan (denn)!
ἴθμα, τό Gang, Schritt.
ἰθύ adv. = εὐθύ.
ἰθύ-θριξ, τρίχος mit schlichtem Haar.
ἰθυμάχια, ἡ offene Feldschlacht.
ἰθύντατα am gerechtesten.
ἰθύνω = εὐθύνω.
ἰθυ-πτίων, ωνος geradeaus fliegend.
ἰθύς¹ 3 = εὐθύς.

ἰθύς

ἰθύς², ύος, ἡ 1. gerade Richtung. ἀν' ἰθύν gerade empor. — 2. a) Unternehmen. b) Gesinnung, Trachten.

ἰθύω a) gerade darauf losgehen, anstürmen. b) streben, verlangen, sich anschicken.

ἱκανός 3: 1. a) hinreichend, genügend, genug, reichlich, viel; **Leute genug, groß, lang, lange, weit, zahlreich genug.** τὸ ὄν Genugtuung. b) geeignet, fähig, tauglich, tüchtig, geschickt, bevollmächtigt. — 2. ansehnlich, stattlich, bedeutend, gewaltig; zuverlässig.

ἱκανότης, ητος, ἡ Tüchtigkeit.

ἱκανόω geschickt oder fähig machen.

ἱκάνω u. M. = ἵκω.

ἴκελος 3 ähnlich, gleich.

ἱκέσιος 3 (u. 2) = ἱκετήριος.

ἱκετεία, ἡ u. **ἱκέτευμα**, τό das Schutzflehen, Schutz-, Hilfsgesuch, Bittruf.

ἱκετεύω a) ein Schutzflehender sein, als Schutzflehender kommen. b) anflehen, flehentlich bitten, flehen.

ἱκετήριος 3 1. schutzflehend, hilfesuchend, bittend. *subst.* ἱκετηρία, ἡ: a) Zweig der Schutzflehenden. b) flehentliche Bitte, das Flehen. — 2. Beschützer der Schutzflehenden.

ἱκέτης, ου a) schutzflehend, schutz-, hilfe-suchend, Schützling. b) inständig bittend.

ἱκετήσιος 3 = ἱκετήριος.

ἱκέτις, ιδος, *fem.* zu ἱκέτης.

ἵκηαι = ἵκῃ v. ἱκνέομαι.

ἰκμάς, άδος, ἡ Feuchtigkeit, Nässe.

ἰκμενος 2 günstig.

ἱκνέομαι M. = ἵκω.

ἴκρια, τά 1. Bordbalken. — 2. a) Bord. b) Verdeck. c) Brettergerüst.

ἱκτήρ, ῆρος um Hilfe flehend.

— 223 —

ἱματίζω

ἱκτήριος 3 = ἱκετήριος.

ἴκτινος, ὁ Weih(e), Hühnergeier.

ἵκω (τ), **ἱκάνω**, **ἱκνέομαι** M. 1. a) kommen u. gekommen zu, (hin)gelangen. b) erreichen: α) zurückkommen; β) reichen, steigen, dringen; γ) anwandeln, überkommen, befallen; δ) als Schutzflehender kommen, (an-)flehen, bitten. — 2. zukommen, (sich) gebühren. ἱκνούμενος zukommend, gebührend, schicklich, erforderlich, gehörig.

ἰλαδόν *adv.* scharenweise.

ἱλάομαι = ἱλάσκομαι.

ἵλαος (τ) 2 a) gnädig, huldvoll. b) sanft, gütig, heiter.

ἱλαρός 3 heiter, fröhlich.

ἱλαρότης, ητος, ἡ Heiterkeit, Frohsinn, Freudigkeit.

ἱλάσκομαι M. a) versöhnen; begütigen, verehren. b) sühnen. c) gnädig sein. [Sühne.]

ἱλασμός, ὁ Versöhnung.

ἱλαστήριον, τό Versöhnungsmittel: a) Deckel der Bundeslade; b) Sühnopfer.

ἵλεως (τ) 2 = ἵλαος.

ἴλη, ἡ Rotte, Haufe, Schar, Schwadron, Geschwader.

ἵληθι (τ) u. **ἱλήκω** gnädig sein.

ἰλιγγιάω schwindelig werden oder sein.

ἴλιγγος, ὁ Schwindel. [Seil.]

ἱλλάς, άδος, ἡ Schlinge, Strick.

ἴλλω 1. wälzen. Γ. sich hin und her winden. — 2. zusammen-binden, -drängen, einschließ n; bewahren.

ἰλύς, ύος, ἡ Schlamm, Schmutz.

ἱμάντινος 3 von Lederriemen.

ἱμάς, άντος, ὁ Riemen; Strang; Zügel, Halfter; Bettgurt; Schuhriemen; Türriemen; Zaubergürtel der Aphrodite.

ἱμάσθλη, ἡ Peitsche.

ἱμάσσω peitschen, geißeln.

ἱματίζω bekleiden.

ἱμάτιον, τό Kleid, Gewand: a) Oberkleid, Mantel; b) Stück Tuch, Sack von Tuch.
ἱματισμός, ὁ Kleid, Kleidung.
ἱμείρω u. M. ob. P. sich sehnen, verlangen, wünschen.
ἵμεν(αι) = ἰέναι v. εἰμι.
ἱμερόεις 3 Sehnsucht erweckend: a) lieblich. b) sehnsuchtsvoll, rührend.
ἵμερος, ὁ Sehnsucht, Verlangen: a) Liebesverlangen, Liebe. b) Liebreiz.
ἱμερτός 3 lieblich.
ἵνα I. adv. 1. dort. 2. a) wo, woselbst; wobei, in welcher Lage, worin. b) wohin; dahin wo. — II. cj. 1. damit, auf daß, um zu. Insb. ἵνα τί wozu? weshalb? 2. so daß = ὥστε. [zeigen.]
ἰνδάλλομαι P. erscheinen, sich
ἶνες, ἴνεσι f. ἴς.
ἰνίον, τό Nacken, Genick.
ἴξαλος, αἴξ Steinbock.
ἴξον, aor. mixtus v. ἵκω.
ἰξύς, ύος Hüfte.
ἰο-δνεφής 2 dunkelfarbig.
ἰο-δόκος 2 Pfeile aufnehmend.
ἰο-ειδής 2 u. ἰόεις 2 veilchenfarbig, dunkel. [b) pfeilgeübt.]
ἰό-μωρος 2 a) Maulheld.
ἴον, τό Veilchen.
ἰονθάς, άδος zottig.
ἰός¹ ὁ Pfeil.
ἰός² 2 a) Gift. b) Rost.
ἴος, ἴα, ἴον einer, derselbe.
ἰότης, ητος, ἡ Wunsch, Wille, Geheiß. [b) ei! ei!]
ἰού 4 ob! 1. wehe! — 2. a) juche!
ἰουδαΐζω jüdisch leben.
ἰουδαϊσμός, ὁ Judentum.
ἴουλος, ὁ Milchhaar, Bartflaum.
ἰο-χέαιρα, ἡ Pfeilschützin.
ἰπνός, ὁ Ofen, Badofen.
ἱππ-αγρέτης, οῦ, ὁ Anführer der spartanischen Reitergarde.

ἱππ-ἀγωγός 2 für Pferdetransport bestimmt.
ἱππάζομαι M. Rosse lenken: a) fahren. b) reiten.
ἱππ-αρμοστής, οῦ, ὁ Reiteroberst. [ligen.]
ἱππ-αρχέω die Reiterei befeh-
ἵππ-αρχος, ὁ Reiter=oberst.
ἱππάς, άδος, ἡ Reitrock.
ἱππασία, ἡ = ἱππεία.
ἱππάσιμος 2 für Reiterei geeignet.
ἱππεία, ἡ 1. a) das Fahren; Wettfahrt. b) das Reiten, Ritt. — 2. Reiterei.
ἵππειος 3 = ἱππικός.
ἱππεύς, έως, ὁ a) Reisiger, Wagenkämpfer oder Wagenlenker. b) Reiter. c) Ritter.
ἱππεύω u. M. a) reiten, Reitübungen vornehmen. b) zu Pferde dienen. [fahren(b).]
ἱππ-ηλάσιος 2 bequem zu be-
ἱππ-ηλάτα, ὁ Reiter.
ἱππ-ηλάτος 2 = ἱππηλάσιος.
ἱππ-ημολγός, ὁ Pferdemelker.
ἱππικός 3: 1. das Reiten betreffend, zum Pferde ob. Wagen gehörig, Pferde=..., Roß=..., Wagen=...; von Roßhaaren. — 2. den Reiter ob. die Reiterei betreffend, Reiter=... - 3. a) Pferdekenner. b) im Reiten geübt, Bereiter. — 4. a) ἡ ἱππική: α) Pferdekunde; β) Reitkunst, Reiterdienst. b) τό ἱππικόν Gespann; Train; Reiterei, Reiterheer.
ἵππιος 3 a) reich an Rossen. b) rosseliebend, reisig, ritterlich.
ἱππιο-χαίτης, ου roßhaarig.
ἱππιο-χάρμης, ου Wagenkämpfer. [b) rosseschnell.]
ἱππο-βάμων 2 a) beritten.
ἱππο-βότης, ου Grundbesitzer, Aristokrat.
ἱππό-βοτος 2 rosse=nährend.
ἱππό-δαμος 2 rosse=bändigend.

ἱππό-δασυς 3 dichtbuschig.
ἱππο-δέτης, ου rosse-zügelnd.
ἱπποδρομία, ἡ Pferderennen, Wettrennen zu Wagen.
ἱππό-δρομος, ὁ Rennbahn für Pferde. [leichter Reiter.]
ἱππο-δρόμος, ὁ Pferderenner,]
ἱππό-θεν adv. aus dem Rosse.
ἱππο-κέλευθος 2 rosse-tummelnd, Wagenkämpfer.
ἱππο-κόμος, ὁ a) Stallknecht. b) Troßknecht.
ἱππό-κομος 2 roßhaarig.
ἱππο-κορυστής, οῦ, ὁ Wagenkämpfer.
ἱπποκρατέω an Reiterei überlegen sein. P. dem Feinde an Reiterei nachstehen.
ἱππο-μανής 2 a) von Rossen durchstürmt. b) Rosse in Raserei versetzend.
ἱππομαχέω zu Pferde kämpfen, ein Reitertreffen liefern.
ἱππομαχία, ἡ Reiterkampf.
ἱππό-μαχος 2 zu Wagen ob. zu Pferde kämpfend.
ἱππο-νώμας, ου rosse-hütend, -lenkend.
ἱππο-πόλος 2 rosse-züchtend.
ἵππος, ὁ u. ἡ 1. Pferd, Roß. — 2. a) Gespann, Wagen. b) die Wagenkämpfer, Reisige. — 3. ἡ ἵππος Reiterei = οἱ ἱπποι.
ἱπποσύνη, ἡ 1. Kunst des Wagenkampfes. — 2 Reiterei.
ἱππότης, ου u. **ἱππότα** a) reisig, ritterlich; Wagenkämpfer. b) beritten; Reiter.
ἱππο-τοξότης, ου, ὁ berittener Bogenschütze.
ἱπποτροφέω Pferde halten, Reiterdienste tun.
ἱπποτροφία, ἡ Pferdezucht.
ἱππο-τρόφος 2 Pferde nährend ob. haltend.
ἱππ-ουρις = ἱππόκομος.
ἱππο-φόρβιον, τό a) Pferdeherde. b) Pferdestall.

ἵπτομαι M. schlagen; bedrängen; züchtigen, strafen.
ἱράομαι, ἱρείη, ἱρεύς, ἱρεύω = ἱερ-.
ἱρήϊον, τό = ἱερεῖον.
ἰρήν, ένος, ὁ spartanischer Jüngling.
ἴρηξ, ηκος, ὁ Falke, Habicht.
ἶρις, ιδος, ἡ Regenbogen.
ἱρός, ἱρόν = ἱερός, ἱερόν.
ἴς, ἰνός, ἡ a) Sehne, Muskel, Nerv. b) Kraft, Stärke.
ἰσ-άγγελος 2 engelgleich.
ἰσάζω I. Akt. gleichmachen. — II. M. sich gleichstellen.
ἴσαν 1. = ἦσαν (v. εἰμί). — 2. = ᾔδεσαν (v. οἶδα).
ἰσάσκετο f. ἰσάζω.
ἰσηγορία, ἡ gleiche Redefreiheit; Rechtsgleichheit, bürgerliche Freiheit.
ἰσθμίον, τό Halsband.
ἰσθμός, ὁ Land-enge, -zunge.
ἰσθμώδης 2 isthmusartig.
ἴσκε(ν) er sprach's er sagte.
ἴσκω a) gleich ob. ähnlich machen. b) ähnlich finden, vergleichen, gleichstellen. c) vermuten, glauben, annehmen.
ἰσο-δίαιτος 2 in der Lebensweise gleich.
ἰσό-θεος 2 göttergleich.
ἰσο-κίνδυνος 2 der Gefahr gewachsen.
ἰσο-κρατής 2 gleichmächtig.
ἰσοκρατία, ἡ gleiches Recht der Bürger, Demokratie.
ἰσο-μέτρητος 2 gleichgemessen.
ἰσο-μέτωπος 2 in gleicher Front.
ἰσομοιρέω gleichen Anteil haben; gleiche Rechte haben.
ἰσομοιρία, ἡ a) gleicher Anteil. b) Gemeinsamkeit.
ἰσό-μοιρος 2 u. **ἰσό-μορος** 2 gleichen Anteil habend, gleichberechtigt.

ἰσονομέομαι M. gleiche Rechte haben. [Demokratie.]
ἰσονομία, ἡ Rechtsgleichheit.
ἰσονομικός 3 für Gleichberechtigung schwärmend.
ἰσο-πάλης 2 im Kampfe gewachsen, ebenbürtig; gleich.
ἰσό-πεδος 2 gleich eben, gleich hoch. τὸ -ον Ebene.
ἰσο-πλάτης 2 gleichbreit.
ἰσό-πλευρος 2 gleichseitig.
ἰσο-πληθής 2 an Zahl gleich, gleichviel.
ἰσο-ρροπία, ἡ Gleichgewicht.
ἰσό-ρροπος 2 gleichwiegend: a) das Gleichgewicht haltend. b) gleichwertig. c) gewachsen. d) unentschieden.
ἴσος, ἴσος u. **εἴσος** 3: 1. gleich. νῆες εἶσαι gleichschwebende Schiffe: a) der nämliche, derselbe, einerlei. b) gleichstehend, gleichmäßig; gleichberechtigt. — 2. a) entsprechend, angemessen, gebührend. b) gerecht, billig, unparteiisch. — 3. **ἡ ἴση, τὸ ἴσον, τὰ ἴσα**: a) das Gleiche, Gleichheit, Gleichgewicht, gleicher Anteil, gleicher Grad (Verhältnis, Lage, Verhalten). b) Recht, Billigkeit, Ersatz. — 4. adv.: **ἴσον** u. **ἴσα** gleich, auf gleiche Weise, gleichmäßig. **ἴσως**: α) gleich, vom Standpunkte der Gleichheit. β) billig, gerecht. γ) wahrscheinlich, hoffentlich, doch wohl, vielleicht (oft == jedenfalls, sicher, gewiß). δ) ungefähr, etwa.
ἰσο-σκελής 2 gleichschenkelig.
ἰσοτέλεια, ἡ a) Steuergleichheit. b) Stand der berechtigten Metöken.
ἰσο-τέλεστος 2 alles gleichmachend, allen gemeinsam.
ἰσότης, ητος, ἡ a) Gleichheit, Gleichmäßigkeit;   Ausgleich. b) Billigkeit.

ἰσό-τιμος 2 gleichgeehrt; gleichwertig.
ἰσοφαρίζω sich gleichstellen.
ἰσο-φόρος 2 gleichstark.
ἰσο-χειλής 2 mit dem Rande gleich; obenauf schwimmend.
ἰσό-ψηφος 2 gleiches Stimmrecht habend.
ἰσό-ψυχος 2 gleichgesinnt.
ἰσόω I. Akt. gleichmachen. — II. M. u. P. gleichkommen.
ἱστάω u. **ἱστάνω** = ἵστημι.
ἰστέον man muß wissen ob. in Erfahrung bringen.
ἵστημι I. Akt. 1. trans.: a) stellen: α) aufstellen, hinstellen, festellen, festsetzen; β) sich erheben lassen, auf-richten, -führen, aufsteigen lassen; entstehen lassen, erregen, beginnen, anstellen. b) zum Stehen bringen, haltmachen lassen, anhalten, hemmen. c) auf die Waage stellen, abwägen, zuwägen. 2. intr.: a) sich stellen, treten; pf. stehen, dastehen: α) aufstehen, sich erheben, emporstehen, starren; β) eintreten, beginnen; γ) sich befinden, vorhanden sein. b) feststehen, stehenbleiben, haltmachen; standhalten; untätig ob. müßig (da)stehen; bestehen, dauern, verharren. — II. M. 1. trans.: a) für sich aufstellen ob. errichten. b) für sich einrichten: α) anordnen, einsetzen; β) beginnen. 2. intr. == Akt. intr. (f. I, 2).
ἱστιάω = ἑστιάω.
ἱστίη, ἡ = ἑστία.
ἱστιητόριον, τό Herberge.
ἱστίον, τό Segel.
ἱστο-δόκη, ἡ Mastgabel.
ἱστο-πέδη, ἡ Mastbaum-schuh, -löcher.
ἱστορέω u. M. 1. a) sich nach etw. erkundigen, nach etw. forschen, erforschen, erfahren, kennenlernen; besuchen. b) j-n

ἱστορία, ἡ 1. das Nachforschen, Forschung, Erkundigung. — 2. Kunde, Kenntnis, Wissenschaft. — 3. Erzählung; Geschichtserzählung; Geschichte.
ἱστός, ὁ a) Mast(baum). b) Webebaum; Webstuhl. c) Aufzug, Kette; Gewebe.
ἱστουργέω weben.
ἵστω = ἵστασο v. ἵστημι.
ἵστωρ, ορος kundig, wissend; ὁ Schiedsrichter.
ἰσχαλέος 3 trocken, dürr.
ἰσχανάω u. ἰσχάνω 1. zurückhalten. P. an sich halten, zaudern. — 2. trachten, begehren.
ἰσχίον, τό Hüftpfanne; Hüfte.
ἰσχναίνω austrocknen, dörren; mager machen; schwächen.
ἰσχνός 3 trocken; mager, schmächtig.
ἰσχνό-φωνος 2 mit dünner Stimme.
ἰσχό-φωνος 2 mit stotternder Stimme.
ἰσχῡρίζομαι M. sich starkzeigen: a) sich anstrengen, sich ereifern. b) sich auf etw. stützen. c) fest versichern; bei etw. beharren.
ἰσχῡρός 3 stark, kräftig: 1. a) fest, befestigt. b) sicher, dauerhaft. — 2. gewaltig, mächtig: a) nachdrücklich, entschieden, entschlossen, energisch. b) gewaltsam, heftig, hart, streng. κατὰ τὸ -όν mit Gewalt.
ἰσχύς, ύος, ἡ Stärke, Kraft: a) Festigkeit, Tüchtigkeit, Dauer. b) Gewalt, Zwang. c) Macht; Heeresmacht.
ἰσχύω stark ob. kräftig ob. gesund sein (ob. werden); mächtig sein; vermögen, gelten, bedeuten, taugen.
ἴσχω = ἔχω.
ἴσως adv. s. ἴσος.

ἰταμός 3 = ἴτης.
ἰτέα, ἡ Weide (Baum).
ἰτέϊνος 3 von Weiden.
ἰτέον u. ἰτητέον man muß gehen.
ἴτης, ου unerschrocken, kühn; keck, dreist, frech.
ἴττω = ἴστω (von οἶδα).
ἴτυς, υος, ἡ a) Radkranz, Felgenkranz. b) Schild(rand).
ἰυγή, ἡ u. ἰυγμός, ὁ Geschrei; Geheul; Jauchzen.
ἴυγξ, γγος, ἡ Wendehals (kleiner Vogel); Zauberrad.
ἰύζω laut schreien, heulen.
ἴφθιμος 3 (u. 2) stark, tüchtig, tapfer; trefflich, wacker.
ἶ-φι adv. mit Gewalt, kräftig.
ἴφιος 3 stark; feist.
ἰχανάω = ἰσχανάω.
ἰχθάω fischen.
ἰχθύδιον, τό Fisch(lein).
ἰχθυο-ειδής 2 a) fischartig. b) fischreich.
ἰχθυόεις 3 fischreich.
ἰχθυο-φάγος, ὁ Fischesser.
ἰχθύς, ύος, ὁ Fisch.
ἰχθυώδης 2 = ἰχθυοειδής.
ἰχνευτής, οῦ, ὁ Schneumon.
ἰχνεύω aufspüren, nachspüren; nachforschen, aufsuchen.
ἴχνος, τό u. ἴχνιον, τό a) Fußstapfe, Spur, Fährte. b) pl. Bewegung, Gang.
ἰχώρ, ῶρος, ὁ a) Götterblut. b) Lymphe.
ἴψ, ἰπός, ὁ Bohrwurm.
ἴψαο u. ä. s. ἴπτομαι.
ἰώ u. ἰού a) ach! wehe! b) ioh! juchhei!
ἰωγή, ἡ Schirm, Schutz.
ἰωή, ἡ a) das Brausen, Prasseln. b) das Schreien, Geschrei, Ton, Klang, Schall.
ἰῶκα (acc.) = ἰωκήν.
ἰωκή, ἡ Schlachtgetümmel.
ἰῶτα, τό Jota, Iota.
ἰωχμός, ὁ = ἰωκή.

15*

K

Κ, κ (κάππα) zehnter Buchstabe des griechischen Alphabets.
κ' u. **κά** = κέ (s. ἄν).
καβ-βάλλω = καταβάλλω.
κάγ = κατά vor γ.
κάγκανος 2 dürr, trocken.
καγχάζω u. **καγχαλάω** laut lachen: a) jauchzen, frohlocken. b) höhnen.
κἀγώ = καὶ ἐγώ.
κάδ' = κατά vor δ.
καδδραθέτην s. καταδαρθάνω.
καδδῦσαι s. καταδύω.
κάδίσκος, ὁ Stimm-urne.
κάδος, ὁ Krug, Faß, Eimer.
κάημεναι = καῆναι v. καίω.
κἄθἄ demgemäß wie, gleichwie, ganz so wie.
καθ-αγίζω weihen, opfern: a) verbrennen. b) bestatten.
καθ-αγνίζω = καθαγίζω.
καθαίρεσις, εως, ἡ Niederreißung; Zerstörung, Vernichtung.
καθαιρετέος 3 zu bewältigen(d).
καταιρέτης, ου, ὁ Vernichter.
καθ-αιρέω 1. herab-, herunternehmen ob. =ziehen, herunterlassen: a) (die Augen) zudrücken. b) nieder-reißen, =werfen, herabstoßen, stürzen, überwältigen. — 2. a) wegnehmen: α) hinweg-, hinraffen; β) aufheben, beseitigen; γ) töten, vertilgen; vernichten, zerstören; demütigen; δ) verurteilen; ε) P. etw. einbüßen. b) ergreifen, ertappen: α) erreichen, erlangen; β) antreffen, ertappen; γ) einholen.
κἄθαίρω 1. reinigen, säubern, putzen, schmücken: a) befreien. b) entsündigen, sühnen. — 2. abwaschen, wegwaschen, abspülen.

καθ-άλλομαι M. herabspringen, niederfahren.
καθ-ᾰμέριος 2 = καθημέριος.
καθ-ᾰνύω = κατανύω.
καθ-ἅπαξ ein für allemal.
καθᾰ-περ ganz so wie, gleichwie, gleichsam.
καθ-άπτω I. Akt. 1. anknüpfen, anbinden: a) umhängen. b) erhängen. 2. *intr.* sich an etw. hängen, etw. ergreifen. — II. M. anfassen, berühren: a) anreden; anfahren, angreifen, schelten. b) zum Zeugen anrufen.
κᾰθᾰρεύω a) sich rein (er)halten. b) *trans.* rein halten.
κᾰθᾰρίζω reinigen, rein halten; befreien, für rein erklären. [keit, Sauberkeit.]
κᾰθᾰριότης, ητος, ἡ Reinlich-]
κᾰθᾰρισμός, ὁ Reinigung.
κάθαρμα, τό Kehricht, Unrat; Auswurf; Schuft.
καθ-αρμόζω einfügen.
κᾰθαρμός, ὁ Reinigung; Sühnung, Sühnopfer, Versöhnung.
κᾰθᾰρός 3 rein, sauber, frei. τὸ -όν freier Platz. Bsd. a) unbefleckt, reinlich, lauter. b) gesund. c) ungehindert, ungestört. d) unvermischt, unverfälscht, echt. e) schuldlos, unschuldig. f) sittlich-rein, aufrichtig, ehrlich, tadellos.
κᾰθᾰρότης, ητος, ἡ Reinheit.
κᾰθάρσιος 2 reinigend, sühnend. τὸ -ον = καθαρμός.
κάθαρσις, ἡ = καθαρμός.
κᾰθαρτής, οῦ, ὁ Entsühner.
καθ-έδρᾱ, ἡ 1. Sitz, Lager: a) Stuhl. b) Lehrstuhl. — 2. das Stillsitzen, Verweilen.
καθ-έζω I. Akt. niedersetzen, sich (nieder)setzen lassen; ein-

καθ-έηκα ſetzen, hin=, auf=ſtellen, wo wohnen laſſen. — II. M. ſich (nieder)ſetzen: a) ſitzen. b) ſich lagern. c) ruhig ob. müßig daſitzen, (ver)weilen.

καθ-έηκα ſ. καθίημι.

καθεῖατο ſ. κάθημαι.

καθ-είργνῡμι = καθείργω.

καθεῖς (= καθ' εἷς) jeder einzeln.

καθ-εῖσα, *aor.* v. καθίζω.

καθεκτός 3 zurückzuhalten(d).

καθ-έλκω u. **-ύω** herabziehen; vom Stapel laſſen.

κάθ-εμεν ſ. καθίημι.

καθ-εξῆς *adv.* der Reihe nach, hintereinander, folgend.

κάθεξις, εως, ἡ das Feſthalten; Behauptung.

καθ-εύδω ſchlafen, ruhen; untätig ſein. [tappen.]

καθ-ευρίσκω auffinden, er=

καθ-εφιάομαι M. verſpotten.

καθ-ηγεμών, όνος, ὁ Führer, Wegweiſer.

καθ-ηγέομαι M. a) vorangehen, anführen, den Weg zeigen; Anleitung zu etw. geben, lehren. b) anfangen, zuerſt tun. [Lehrer, Erzieher.]

καθ-ηγητής, οῦ, ὁ Führer;

καθ-ηδυπαθέω verpraſſen.

καθ-ήκω a) herabkommen; ſich erſtrecken. b) hinkommen; eintreten ob. eingetreten ſein. τὰ καθήκοντα die eingetretenen Verhältniſſe, gegenwärtige Lage. c) unperſ. καθήκει (μοι) es kommt (mir) zu, es geziemt ſich (für mich), es iſt (meine) Pflicht, betrifft mich. καθήκων 3 gebührend, paſſend.

κάθ-ημαι M. ſich (nieder)ſetzen, ſitzen, daſitzen: a) Sitzung halten, verſammelt ſein. b) thronen. c) haltmachen, ſich lagern, aufgeſtellt ſein. d) über etw. geſetzt ſein. e) (ver)weilen, ſich

aufhalten, wohnen. f) ruhig ob. müßig daſitzen, untätig ſein.

καθ-ημερῑνός 3 (all)täglich.

καθ-ημέριος 3 heutig.

καθ-ιδρύω a) ſich ſetzen laſſen; anſiedeln. b) aufſtellen.

καθ-ιερεύω u. **-όω** weihen, geloben, opfern.

καθ-ίζω u. **-ιζάνω** 1. niederſetzen, ſich ſetzen laſſen, ſitzen heißen; hinſetzen, (auf)ſtellen, veranſtalten, einſetzen; ſich lagern laſſen; in einen Zuſtand verſetzen, in eine Lage bringen. — 2. *intr.* u. M. ſich (nieder=) ſetzen, ſich niederlaſſen, daſitzen; haltmachen, ſich lagern, wohnen bleiben.

καθ-ίημι 1. herabſchicken, hinab=ſenden, =werfen, =ſchleudern, niederlaſſen; τὰ δόρατα die Speere zum Angriff fällen; (Verbannte) zurückkehren laſſen. — 2. *intr.* u. M.: a) ſich niederlaſſen, herabkommen. b) ſich wohin in Bewegung ſetzen, ſich begeben, rücken.

καθ-ικετεύω (an)flehen.

καθ-ικνέομαι M. hingelangen; erreichen, treffen.

καθ-ιππάζομαι M. niederreiten; durch Reiterei verwüſten. [καθίστημι.]

καθ-ιστάνω u. **-ιστάω** =

καθ-ίστημι I. Akt. 1. *trans.* a) hinſetzen, hinſtellen, aufſtellen, =richten. b) hineinſetzen, hineinlegen; wohin ſtellen oder bringen, verſetzen. c) einſetzen, einführen, anſtellen, wählen; j=n wozu beſtellen ob. machen ob. wählen. d) feſtſetzen, feſtſtellen: α) ordnen, anordnen, einrichten; β) in eine Lage ob. in einen Zuſtand verſetzen, zu etw. bringen. 2. *intr.*: a) ſich hinſtellen, ſich aufſtellen, treten bzw. ſtehen;

auftreten, eintreten, beginnen; als etw. sich zeigen ob. dastehen. b) wohin gelangen, wohin ob. wozu kommen: α) in einen Zustand geraten oder versetzt werden; β) werden ob. geworden sein. c) feststehen, sich festsetzen: α) eingerichtet ob. geordnet sein; β) bestehen, gebräuchlich sein. καθεστηκὼς ob. καθεστὼς bestehend, hergebracht, gegenwärtig; γ) stehen bleiben; sich legen, sich beruhigen. — II. M. 1. *trans.* für sich ob. das Seinige hinstellen ob. aufstellen; in seinem Interesse ob. zu seinem Schutze einrichten ob. einsetzen, (er)wählen. 2. *intr.* = Akt. (f. I, 2).

καθό in dem Maße wie, jenachdem, inwieweit, wie.

καθ-οδος, ἡ a) der Weg hinab, das Hinabsteigen. b) Rückkehr, Heimkehr.

καθολικός 3 allgemein.

καθ-όλου im ganzen, überhaupt, mit einem Worte.

καθ-ομολογέω zugestehen.

καθ-οπλίζω a) bewaffnen, (aus)rüsten. b) niederkämpfen.

καθ-οράω u. M. 1. a) herabschauen, von oben her sehen, erblicken. b) aus der Ferne sehen. — 2. beschauen, betrachten, wahrnehmen, einsehen, bemerken, erkennen.

καθ-ορμίζω einlaufen lassen. M. u. P. *intr.* landen.

καθ-ότι a) jenachdem, insoweit, wie. b) deshalb weil.

καθ-υβρίζω a) in Übermut ausarten, freveln. b) übermütig behandeln, mißhandeln, beschimpfen.

καθ-ύδρος 2 mit Wasser gefüllt.

καθ-υπάρχω vorhanden sein, zuteil werden.

καθ-ύπερθε(ν) 1. a) von oben her. b) oben, oberhalb, (*m. gen.*) über. c) über ... hinaus, jenseits. d) vorher, vor. — 2. überlegen, erhaben über.

καθ-υπέρτερος 3 höher; mächtiger, überlegen. — καθ-υπέρτατος 3 höchster.

καθ-υπνόω u. M. a) einschläfern. b)einschlafen; fest schlafen.

καθ-υφίημι u. M. a) preisgeben, aufgeben. b) nachgeben.

καθ-ώς a) wie, sowie, jenachdem. b) weil. c) daß = ὅτι.

καθ-ώσπερ ganz so wie.

καί I. *cj.* und, und auch, und ferner. Insb.: a) und so, und so denn, und somit, und dann. b) und überhaupt, kurz. c) und zwar, nämlich, das heißt. d) und noch dazu, und überdies, und besonders. e) und wirklich, und in der Tat. f) und doch, und trotzdem, und dabei. g) aber; καὶ οὐ aber nicht, sondern. h) oder vielmehr, oder (= ja sogar); (bei Zahlen) noch, z.B. δύο καὶ τρεῖς. i) wie (bei Wörtern der Gleichheit und Ähnlichkeit). k) als, da (= it. cum inversum). l) καὶ ... καὶ = τὲ ... καί sowohl ... als auch, teils... teils. — II. *adv.* 1. auch, gleichfalls; denn auch. — 2. steigernd: a) sogar, selbst, schon. b) auch nur, auch schon. — 3. a) beim *comp.* noch. b) beim *part.* = καίπερ obgleich, wiewohl, wie sehr auch. — III. καὶ γάρ denn; denn auch (= καὶ γὰρ καί). καὶ ... δέ aber auch, und auch, und sogar. καὶ ... γε und zwar, ja und, ja sogar. καὶ δὴ καί und auch sogar, und wirklich auch, und ganz besonders.

καιετάεις 3 schluchtenreich.

καινίζω Neues bereiten, erneuern.
καινο-παθής 2 nie zuvor erbuldet. [bringen.]
καινοποιέω Neues hervor-
καινός 3 a) neu. ἐκ καινῆς von neuem. b) bis dahin unbekannt, ungewöhnlich, unerhört, überraschend, sonderbar.
καινότης, ητος, ἡ Neuheit.
καινοτομέω neuern, ändern, Neuerungen vornehmen.
καινουργέω auf neue Weise verfahren, Neuerungen einführen.
καινόω a) erneuern, neugestalten. b) einweihen.
καίνυμαι a) sich auszeichnen, hervorragen. b) übertreffen.
καίνω töten. [sehr auch.]
καί-περ wiewohl, obgleich, wie
καίριος 3 a) den rechten Fleck treffend, tödlich. τὸ -ον tödliche Stelle. b) zu rechter Zeit, rechtzeitig, passend, gelegen, günstig, nützlich.
καίρεις 3 s. καιροέσσαν.
καιρός, ὁ rechtes Maß, richtiges Verhältnis: 1. rechter Ort, günstige Stelle. — 2. a) rechter Zeitpunkt, günstiger Augenblick, passende oder rechte Zeit, gute Gelegenheit. b) Jahr; Jahresfest. — 3. Zeit, Zeitumstände, Zeiten, Verhältnisse: a) entscheidender od. kritischer Augenblick, gefährliche Lage, schlimme Zeiten. b) Blöße, Verlegenheit. 4. a) Wichtigkeit, Einfluß, Bedeutung. b) Nutzen, Vorteil, Erfolg. [καιρόεις 3) gutgestettet,
καιροσσέων (gen. pl. fem. von
καί-τοι a) und doch, jedoch, gleichwohl; dennoch. b) wiewohl, obgleich (= καίπερ).
καίω I. Akt.: a) anzünden. b) brennen, verbrennen, verwüsten. — II. P.: a) angezündet

ob. verbrannt werden. b) brennen, verbrennen.
κάκ = κατά vor κ.
κἀκ = καὶ ἐκ. [künden.]
κακαγγελέω Unheil ver-
κακ-άγγελτος 2 durch schlimme Botschaft bewirkt.
κἀκανδρίᾱ, ἡ Unmännlichkeit, Erbärmlichkeit.
κάκη, ἡ = κακία.
κακηγορέω schmähen, schelten, verleumden.
κακίᾱ, ἡ schlechte Beschaffenheit, Schlechtigkeit: a) Bosheit, Frevel, Laster, Feigheit. b) Schande. c) Beschwerde, Plage.
κακίζω I. Akt. schlecht machen; tadeln, schelten. — II. P. 1. Vorwürfe erhalten, in ein schlechtes Licht gestellt werden. — 2. sich feige zeigen.
κακ-κείοντες = κατακείοντες.
κακ-κεῖαι und **κακκῆαι** siehe κατακαίω.
κακό-βιος 2 kümmerlich lebend.
κακο-γείτων, ονος Leidensnachbar.
κακοδαιμονάω und **-έω** toll sein, rasen.
κακοδαιμονίᾱ, ἡ a) Raserei, Verrücktheit. b) Unglück, Elend.
κακο-δαίμων 2 unselig, elend.
κακοδοξέω in schlechtem Rufe stehen.
κακο-είμων 2 schlechtgekleidet.
κακοεργίη, ἡ = κακουργία.
κακο-εργός 2 = κακοῦργος.
κακοήθεια, ἡ Bosheit, schlechter Charakter, Tücke.
κακο-ήθης 2 boshaft.
κακο-Ίλιος, ἡ Unglücks-Ilios.
κακολογέω schmähen, lästern, verleumden, verfluchen.
κακολογίᾱ, ἡ Schmähung, Verleumdung.

κᾰκο-μήχᾰνος 2 unheilstiftend, verderblich, unselig.

κᾰκόνοια, ἡ Übelwollen, Abneigung, Feindschaft.

κᾰκό-νομος 2 unter schlechter Verfassung lebend.

κᾰκό-νοος 2 übelgesinnt, feindselig. [Gästen.]

κᾰκό-ξεινος 2 unglücklich in

κᾰκο-ξύνετος 2 arglistig.

κᾰκοπάθεια, ἡ Leiden, Unglück, Not.

κᾰκοπᾰθέω Unglück erleiden, unglücklich sein, mißhandelt werden.

κᾰκο-πῐνής 2 sehr schmutzig.

κᾰκοποιέω Böses tun, sündigen, schaden, schädigen.

κᾰκ-ποιός, ὁ Übeltäter.

κᾰκό-πους, ποδός mit schlechten Füßen.

κᾰκοπρᾱγέω unglücklich sein, Unglück haben.

κᾰκοπρᾱγία, ἡ a) unglückliche Lage. b) Unfall. [tückisch.]

κᾰκο-πράγμων 2 arglistig,

κᾰκορρᾰφίᾱ, ἡ Arglist.

κᾰκός 3 schlecht: 1. untüchtig, untauglich, unnütz, ungeübt: a) schwach. b) häßlich. c) feig. d) gemein, niedrig. — 2. sittlich-schlecht, böse, schlechtgesinnt, nichtswürdig. — 3. schlimm, übel, böse: a) schädlich, unheilvoll, ungünstig. b) schimpflich, schändlich. c) elend, unglücklich. — 4. subst. τὸ κακόν, τὰ κακά das Schlechte: a) Übel, Unglück, Unheil, Not, Leiden. b) Nachteil, Schaden, Verlust, Verderben. c) Schlechtigkeit, Bosheit, Laster. [Beinen.]

κᾰκο-σκελής 2 mit schwachen

κᾰκοστομέω schmähen.

κᾰκοτεχνέω arglistig handeln.

κᾰκό-τεχνος 2 unheilstiftend.

κᾰκότης, ητος, ἡ a) Schlechtigkeit; Feigheit. b) Unglück, Leid,

Ungemach; Kriegsnot, Niederlage.

κᾰκοτροπίᾱ, ἡ Sittenlosigkeit.

κᾰκοτῠχέω unglücklich sein.

κᾰκουργέω a) Böses tun, schlecht ob. betrügerisch, verbrecherisch handeln. b) Schaden tun, verletzen; verheeren.

κᾰκούργημα, τὸ und **κᾰκουργίᾱ**, ἡ schlechte Tat; Schlechtigkeit, Bosheit.

κᾰκοῦργος 2 a) Böses tuend, böse, boshaft, frevelhaft, tückisch; Übeltäter, Verbrecher. b) schädlich, verderblich.

κᾰκουχέω schlecht behandeln, mißhandeln.

κᾰκο-φρᾰδής 2 boshaft.

κᾰκό-φρων 2 a) schlechtgesinnt, boshaft. b) töricht.

κᾰκόω a) schlecht behandeln, mißhandeln, übel zurichten, plagen, bedrängen, beschädigen, entstellen, verderben, verheeren. b) böse machen, betrüben, erbittern.

κάκτᾰνε, aor. II v. κατακτείνω.

κάκωσις, εως, ἡ a) schlechte Behandlung, Mißhandlung, Erniedrigung. b) Leiden, Bedrängnis, Mühsal.

κᾰλάμη, ἡ Halm, Getreidehalm, Stroh; Stoppel.

κᾰλᾰμη-φόρος 2 Rohrhalme tragend.

κᾰλάμῐνος 3 aus Rohr.

κᾰλᾰμίτης, ου von Schilf umgeben.

κάλᾰμος, ὁ 1. Halm: a) Getreidehalm. b) Rohr, Schilf. — 2. a) Rohrstab. b) Schreibrohr, Feder. c) Meßrute.

κᾰλᾰσῖρις, εως, ἡ langes Fransenkleid.

κάλαυροψ, οπος, ἡ Hirtenstab.

κᾰλέω rufen: 1. beim Namen rufen, nennen. P. genannt werden, heißen; als ob. für etw.

gelten. ὁ καλούμενος der sogenannte. — 2. herbeirufen, zusammenrufen, berufen: a) zu Hilfe rufen. b) anrufen, anflehen. M. j-m etw. anwünschen. c) vor Gericht ziehen, vorladen. d) auffordern, mahnen. e) einladen, zu Gaste laden.

κᾰλήτωρ, ορος, ὁ Rufer.

κᾰλινδέομαι P. sich wälzen; sich herumtreiben.

καλλείπω = καταλείπω.

καλλι-βόας, ου schöntönend.

καλλί-βοτρυς, υος schöntraubig. [schönen Frauen.]

καλλί-γῠναιξ, αικος reich an

καλλι-έλαιος, ἡ edler Ölbaum.

καλλιεπέω I. Akt. schön sprechen, aufputzen. — II. M. sich mit schönen Worten rühmen.

καλλιερέω und M. a) unter günstigen Vorzeichen opfern, gute Vorzeichen erlangen. b) unter guten Zeichen zustande kommen. καλλιερεῖ die Opfer fallen günstig aus.

καλλί-ζωνος 2 schöngegürtet.

καλλί-θριξ, τρίχος schönmähnig, schönwollig.

καλλί-κομος 2 schönlockig.

καλλι-κρήδεμνος 2 mit schönem Kopftuch.

κάλλιμος 2 schön, gut.

καλλι-πάρῃος 2 schönwangig.

κάλλιπε u. ä. s. καταλείπω.

καλλι-πλόκᾰμος 2 flechtengeschmückt.

καλλι-ρέεθρος 2 und **καλλί-(ρ)ροος** schönfließend.

καλλιστεῖον, τό Preis der Schönheit, Siegespreis. [sein.]

καλλιστεύω u. M. der schönste]

καλλί-σφῠρος 2 schlankfüßig.

καλλί-τρίχες s. καλλίθριξ.

κάλλιφ' s. καταλείπω.

καλλί-φθογγος 2 schöntönend.

καλλί-χορος 2 mit schönen Tanzplätzen.

καλλονή, ἡ = κάλλος.

κάλλος, τό 1. Schönheit, Vortrefflichkeit. — 2. a) Schönheitsmittel, Schminke. b) Auszeichnung, Schmuck. c) schöne Sache, Prachtstück, Wunder.

κάλλος = καὶ ἄλλος.

καλλύνω I. Akt. schön machen; beschönigen. — II. M. sich brüsten, prunken.

καλλ-ωπίζω I. Akt. zieren, schmücken, herausputzen; schminken. — II. M.: a) sich schmücken; sich brüsten, eine Ehre in etw. setzen. b) sich zieren, spröde tun.

καλλώπισμα, τό und **-ωπισμός**, ὁ Schmuck, Zierat, Putz; Ziererei. [(-in) des Guten.]

κᾰλο-διδάσκαλος, ὁ, ἡ Lehrer]

καλοκἀγαθία, ἡ Ehrenhaftigkeit, Hochherzigkeit.

κᾶλον, τό Holz; Schiff.

κᾰλοποιέω Gutes tun, gut handeln. [leisten.]

κᾱλό-πους, ποδός, ὁ Schuster-]

καλός 3 schön: 1. hübsch, reizend, lieblich, anmutig. — 2. sittlich-gut, edel, ehrenhaft; ehrenvoll, rühmlich, schicklich, geziemend, recht. — 3. a) geeignet, tauglich, brauchbar, zweckmäßig, gut, tüchtig, angemessen, vorteilhaft, vortrefflich. b) erwünscht, angenehm. c) günstig, glücklich. — 4. subst.: a) ὁ καλός der Gute, lieber Mann, Geliebte(r), Liebling. ὁ καλὸς κἀγαθός Aristokrat, Biedermann; Aristokrat. b) τὸ καλόν, τὰ καλά: α) das Schöne, Schönheit. β) das Gute oder Ehrenhafte, Tugend, Würde, Anstand, Ehre. γ) Genuß, Freude. δ) Glück, Auszeichnung. — 5. καλῶς ἔχειν sich wohl befinden, gut stehen, gut

κάλος von statten gehen, sich richtig verhalten, passend ob. vorteilhaft, schön sein.

κᾶλος, ὁ = κάλως.

κάλπις, ιδος, ἡ Wasserkrug.

καλύβη, ἡ Hütte, Zelt.

κάλυμμα, τό Hülle, Decke, Schleier, Kopftuch.

κάλυξ, υκος, ἡ 1. a) Fruchthülse, Kapsel. b) Kelch. c) Knospe, Keim. — 2. Ohrgehänge (?).

καλυπτός 3 umhüllend.

καλύπτρα, ἡ Decke: a) Deckel. b) Schleier(tuch).

καλύπτω verhüllen, umhüllen, bedecken, zudecken; umgeben, umfassen: a) bergen, verbergen. b) in Schatten stellen.

καλχαίνω unruhevoll erwägen.

καλῴδιον, τό Strick, Leine.

κάλως, ω, ὁ Seil, Tau; Rahentau.

καμ = κατά vor μ.

κάμαξ, ακος, ἡ Weinpfahl.

καμάρα, ἡ a) Gewölbe. b) Kutsche.

καμάτηρός 3 ermattet; krank.

κάματος, ου, ὁ a) Ermüdung, Ermattung. b) Mühe, Mühsal, Arbeit, Not; pl. Wehen.

κάμβαλε = κατέβαλε.

κάμε = ἔκαμε v. κάμνω.

κάμηλος, ὁ, ἡ Kamel; Zug von Kamelen.

κάμιλος, ὁ Ankertau.

κάμινος, ἡ Ofen; Esse; Glut.

καμίνω, οῦς, ἡ Backofenweib.

καμ-μῖξας f. καταμείγνυμι.

καμμονή, ἡ Sieg.

κάμ-μορος 2 unglücklich.

καμ-μύω = καταμύω.

κάμνω I. Akt. 1. mit Mühe verfertigen. — 2. a) sich abmühen, sich anstrengen. b) müde werden, ermüden; krank sein, erkranken. c) Mühe oder Not haben, in Gefahr sein, leiden. — II. M. 1. etw. (mühsam) zu

etw. machen. — 2. sich etwas (mühsam) erwerben.

καμπή, ἡ Biegung, Krümmung; Rückbewegung.

κάμπτω 1. beugen, biegen, krümmen: a) j-n umstimmen, erweichen. b) um etw. herumfahren, -marschieren, etw. umgehen. τὸν βίον das Leben beschließen. — 2. intr.: a) sich beugen. b) sich niedersetzen.

καμπύλος 3 gekrümmt, krumm.

κἄν 1. = καὶ ἄν und wohl, auch wohl. κἄν ... κἄν sei es ... oder. — 2. = καὶ ἐάν: a) wenn auch. b) auch wenn, selbst wenn, wenn

κἄν = καὶ ἐν. [auch nur.]

Καναναῖος u. **Κανανίτης**, ου, ὁ Eiferer. [dröhnen.]

καναχέω tönen, schallen,

καναχή, ἡ Geräusch, Klang, Schall; Knirschen; Getrappel.

καναχίζω = καναχέω.

κάνδυς, υος, ὁ Kaftan.

κάνεον u. **κάνειον**, τό a) Korb. b) Schüssel.

κάνθαρος, ὁ Käfer.

κανθήλιος, ὁ Lasttesel.

κάνναβις, εως, ἡ Hanf; hanfenes Kleid.

καννεύσᾶς, = κατανεύσας.

κανοῦν, τό = κάνεον.

κανών, όνος, ὁ Stab: 1. Webeschaft. — 2. Schildgriff. — 3. Richt-schnur, -scheit, Meßstab: a) Regel, Grundsatz, Vorschrift, Gesetz. b) Muster, Vorbild, Norm. — 4. Bezirk.

κάπ = κατά vor π u. φ.

κάπειτα = καὶ ἔπειτα.

κάπετος, ἡ a) Graben; Vertiefung. b) Gruft, Grab.

κάπη, ἡ Krippe.

καπηλεῖον, τό Kramladen; Schenke, Kneipe.

καπηλεύω Kleinhandel treiben: a) verschachern, verhandeln. b) verfälschen.

κάπηλος — **κασί-γνητος**

κάπηλος, ὁ Krämer, Kleinhändler; Schenkwirt.
κᾰπίθη, ἡ Kapithe (pers. Maß).
καπνίζω Feuer anzünden.
καπνο-δόκη, ἡ Rauchfang.
καπνός, ὁ Rauch, Dampf, Dunst; Nichtiges.
κάπριος 2 a) von der Gestalt eines Ebers. b) *subst.* ὁ Eber.
κάπρος, ὁ Eber, wildes Schwein.
κᾰπύω = ἀποκαπύω.
κάρ[1] = κατά vor ῥ.
κάρ[2] = κάρα Kopf, Haupt.
κάρ[3], κᾰρός, τό Schnitzel. ἐν καρὸς αἴσῃ für gar nichts.
κάρα, τό 1. Kopf, Haupt; Gesicht. — 2. oberster Teil: a) Gipfel, Spitze; Ende; Rand. b) Burg.
κᾰρᾰδοκέω aufmerken, auf etw. achten od. lauern, etw. erwarten, abwarten.
κᾰρᾰδοκίᾱ, ἡ Erwartung.
κάρᾱνος, ὁ Oberhaupt, Herr, Statthalter. [abgeschnitten.]
κάρᾱ-τομος 2 vom Haupte
καρβᾰτίνη, ἡ Bauernschuh.
καρδίᾱ, ἡ 1. Herz: a) Gemüt. b) Inneres, Seele, Sinn, Gedanken, Herzensmeinung. c) Verstand. — 2. Magen.
καρδιο-γνώστης, ου, ὁ Herzenskenner.
κάρδοπος, ἡ Mulde, Trog.
κάρη, τό = κάρα. [umlockt.]
κᾰρη-κομόωντες, οἱ haupt-
κάρηνον, τό = κάρα.
καρκαίρω erdröhnen.
καρκίνος, ὁ Krebs.
κᾰρός s. κάρ[3].
καρπαίᾱ, ἡ mimischer Tanz.
καρπάλιμος 2 schnell, flink, behende, eilig.
καρπός[1], ὁ Frucht, Feldfrüchte, Ernte; Erzeugnis, Werk(e); Nutzen, Lohn, Ertrag, Erfolg.
καρπός[2], ὁ Handwurzel.
καρποφορέω Frucht tragen, Werke hervorbringen.

καρπο-φόρος 2 fruchtbar.
καρπόω I. Akt. Frucht tragen. — II. M. Früchte ernten, Nutzen von etw. ziehen, Nutznießer sein; ausbeuten, aussaugen, zinsbar machen, ausplündern; ernten, gewinnen.
καρ-ρέζω = καταρέζω.
κάρτα *adv.* stark, sehr, jedenfalls, ganz. καὶ (τὸ) ~ gar sehr, erst recht, allerdings.
καρτερέω a) stark oder fest, standhaft sein, ausharren; über sich gewinnen. b) *trans.* standhaft ertragen.
καρτέρησις, εως u. **καρτερίᾱ**, ἡ a) Ausdauer, Standhaftigkeit, Anstrengung. b) Enthaltsamkeit, Selbstbeherrschung.
καρτερικός 3 im Ertragen geübt, ausdauernd, abgehärtet.
καρτερό-θῡμος 2 starkmutig, standhaft.
καρτερός 3: 1. a) stark, fest, dauerhaft. τὰ καρτερά feste Plätze. b) ausdauernd, standhaft. — 2. a) gewaltig. b) mächtig, Meister. c) tapfer, mutig, wacker. d) heftig, gewalttätig, hartnäckig, hart, grausam. τὸ -όν Gewalttat, Gewalt.
κάρτιστος 3 = κράτιστος.
κάρτος, τό = κράτος.
καρτύνω = κρατύνω.
κάρυον, τό Nuß.
καρφαλέος 3 trocken, dumpf.
κάρφη, ἡ u. **κάρφος**, τό trockener Stengel: a) Heu, Stroh. b) Splitter.
κάρφω dörren, runzlig machen.
καρχᾰλέος 3 rauh, trocken.
καρχᾰρ-όδους, -όδοντος scharfzähnig.
κασίᾱ, ἡ Kassienlorbeer.
κᾰσι-γνήτη, ἡ leibliche Schwester.
κᾰσί-γνητος 3 brüderlich, schwesterlich. ὁ, ἡ ~: a) leib-

κάσις licher Bruder, Schwester. b) Vetter.
κάσσις, ὁ, ἡ Bruder, Schwester.
κασσίτερος, ὁ Zinn.
καστορνῦσα = καταστορνῦσα (von καταστόρνυμι).
κάστωρ, ορος, ὁ Biber.
κάσχεθε = κατέσχεθε (von κατέχω).
κᾰτά¹ I. adv. 1. herab, nieder. — 2. gänzlich, völlig. — II. prp. 1. mit gen.: a) (räuml.) α) von ... herab, über ... herab, hinab, hinunter, nieder ... auf, in ... herab, auf; β) über ... hin, durch ... hin; γ) unter, z.B. κατὰ γῆς εἶναι unter der Erde sein. b) gegenüber; übtr.: (feindl.) gegen, wider, z.B. λέγειν κατά τινος. — 2. mit acc.: a) (räuml.) α) abwärts, in ... hinab; β) hindurch, durch ... hin, über ... hin, entlang, längs; γ) (allgemein) in der Gegend oder Nähe von, gegenüber, bei, zu, an, in. b) (zeitl.) zur Zeit, während, um, bei, in. οἱ κατά τινα ἡ-δ Zeitgenossen. c) übtr.: α) (bei Angabe des Zweckes) um ... willen, wegen, nach, auf, zu; β) hinsichtlich, in Rücksicht auf, in Ansehung, in betreff, bezüglich. τὸ κατ' ἐμέ was mich betrifft, soweit es auf mich ankommt; γ) gemäß, zufolge, entsprechend, nach, im Verhältnis zu; δ) (distributiv) je, z.B. κατὰ τρεῖς je drei, zu dreien, κατὰ φῦλα stammweise, κατ' ἐνιαυτόν jährlich, καθ' ἡμέραν täglich, Tag für Tag; ε) (bei Zahlen) gegen, ungefähr.
κάτα-² ion. = καθά.
κᾆτα = καὶ εἶτα.
κατα-βαίνω 1. hinab-, herab-, hinunter-gehen, -steigen, -kommen: a) (als Wettkämpfer) auftreten; abtreten. b) niederfallen, niederfahren. — 2. a) sich zu etw. herablassen. b) auf etw. zu sprechen kommen; mit etw. endigen.
κατα-βάλλω 1. hinab-, herab-, nieder-werfen, -stürzen, -reißen: a) zu Boden strecken, umstürzen, zerstören. b) (nieder)fallen (ob. hängen) lassen, senken, niederlegen: α) (ein Gerücht) verbreiten; (Geld) erlegen od. bezahlen; β) (in einen Zustand) versetzen; γ) hinunter schaffen, -bringen; δ) aufspeichern; ε) (auch M.) gründen, beginnen. — 2. a) abwerfen: eintragen, einbringen. b) wegwerfen; verwerfen; verkleinern.
κατα-βαρέω u. **-βαρύνω** belästigen, beschweren.
κατάβασις, ἡ 1. a) das Hinabgehen, Hinabzug. b) Rückkehr. — 2. Abstieg, Abhang. [βαίνω.]
κατα-βείομεν u. ä. s. κατα-
κατα-βιβάζω heruntersteigen lassen, hinunter-führen, -bringen, herunter-stoßen, -werfen; zu etw. locken.
κατα-βιβρώσκω aufzehren.
κατα-βιόω verleben.
κατα-βλᾰκεύω durch Nachlässigkeit verderben.
κατα-βλώσκω durchwandern.
κατα-βοάω laut schreien; gegen j-n schreien, laut beschuldigen, sich beschweren.
καταβοή, ἡ Geschrei: a) Gerücht. b) (laute) Anklage.
καταβολή, ἡ a) Anfall. b) Bezahlung. c) Grundlegung, Erschaffung, Gründung.
κατα-βρᾰβεύω den Siegespreis absprechen.
κατα-βρόχω verschlucken.
κατα-βυρσόω ganz mit Fellen überziehen.
κατά-γαιος 2 = κατά-γειος.
καταγγελεύς, έως, ὁ Verkündiger.

κατ-αγγέλλω verkünden, anmelden, anzeigen.
καταγγελτος 2 verraten, ruchbar. (b) am Boden (lebend).
κατά-γειος 2 a) unterirdisch.
καταγέλαστος 2 lächerlich, verächtlich. (lachen, verspotten.)
κατα-γελάω hohnlachen, ver-
κατά-γελως, ωτος, ὁ Spott, Hohn; Komödie.
κατα-γηράσκω und **-γηράω** altern, alt werden.
κατα-γι(γ)νώσκω 1. erkennen, (be)merken; erfahren; eine üble Meinung hegen, im Verdacht haben. — 2. a) verurteilen; das Urteil fällen, daß. b) beschuldigen, anklagen.
κατ-αγίζω = καθαγίζω.
κατ-αγῑνέω = κατάγω.
κάτ-αγμα, τό gekrempelte Wolle; Wollflocke.
κατ-άγνῡμι I. Akt. 1. zerbrechen, zerschlagen, zerschmettern. — 2. intr. = P. — II. P. zerbrechen (intr.), zerschlagen werden, bersten.
καταγνωσις, εως, ἡ Geringschätzung. b) Tadel. c) Verurteilung.
κατα-γοητεύω bezaubern; verblenden, überlisten. (raten.)
κατ-αγορεύω anzeigen, ver-
κατα-γράφω a) zerkratzen. b) (nieder)schreiben, aufzeichnen.
κατ-άγω I. Akt. 1. hinab-, herabführen, bringen, -ziehen; hinführen, wohin bringen oder treiben; (Schiffe) a) einlaufen lassen, landen. b) kapern. — 2. zurückführen, -bringen; zurückrufen; wiedereinsetzen. — II. M. 1. a) einlaufen, landen. b) wohin ziehen, (ein)rücken; einkehren. — 2. zurückkehren.
καταγωγή, ἡ a) Landung. b) Einkehr, Herberge.
καταγώγιον, τό Herberge.

κατ-αγωνίζομαι M. niederkämpfen, überwältigen.
κατα-δαίομαι M. zerteilen, zerreißen.
κατα-δακρύω (be)weinen.
κατα-δαμάζομαι M. überwältigen, bezwingen.
κατα-δαπανάω verbrauchen, aufzehren.
κατα-δάπτω zerreißen.
κατα-δαρθάνω einschlafen, schlafen können.
καταδεής 2 dürftig, mangelhaft. comp. καταδεέστερος minder, weniger, schwächer, nachstehend.
κατα-δείδω sehr fürchten.
κατα-δείκνῡμι bekanntmachen; erweisen, lehren.
κατα-δειλιάω durch Feigheit verderben. (erbitten.)
κατα-δέομαι P. sehr bitten,
κατα-δέρκομαι P. herabschauen, erblicken; erleben.
κατα-δεύω benetzen.
κατα-δέχομαι M. (wieder-) aufnehmen.
κατα-δέω ¹ a) festbinden, anbinden; in Fesseln legen, fesseln. b) zubinden, verbinden; verschließen: α) hemmen; β) verurteilen.
κατα-δέω ² ermangeln.
κατά-δηλος 2 ganz sichtbar; ganz deutlich ob. offenbar.
κατα-δημοβορέω als Gemeindegut verzehren.
κατα-διαιτάω als Schiedsrichter gegen j-n entscheiden. M. gegen j-n entscheiden lassen.
κατα-δίδωμι sich ergießen.
κατα-δικάζω I. Akt.: a) gegen j-n erkennen, b verurteilen. b) entscheiden. — II. M. sich etw. zuerkennen lassen, den Prozeß gewinnen. (b) Geldstrafe.)
κατα-δίκη, ἡ a) Verurteilung.
κατα-διώκω verfolgen, fortjagen; j-m nachgehen, -eilen.

κατα-δοκέω und **-δοξάζω** a) von j-m eine üble Meinung haben, argwöhnen, j-m Schlimmes zutrauen. b) (bestimmt) glauben ob. denken; urteilen, vermuten.

κατα-δουλόω unterjochen, -werfen, knechten, untertan machen. [jochung, Knechtung.]

καταδούλωσις, εως, ἡ Unter-

κατα-δράθω s. καταδαρθάνω.

κατα-δρέπω abrupfen.

καταδρομή, ἡ Streifzug, Einfall, Angriff. [behandeln.]

κατα-δυναστεύω gewalttätig

κατα-δύω = καταδύομαι M.

κατα-δύω I. Akt. 1. *trans.* untertauchen, versenken; in Grund bohren ob. leck machen. — 2. *intr.* = M. — II. M. untergehen, versinken: a) in etw. sich hineinbegeben, hinein- gehen, -kriechen, eindringen; sich verstecken, sich verbergen. b) anziehen, anlegen. [ren, bannen]

κατ-ᾴδω absingen; beschwö-

κατα-είσατο s. κάτ-ειμι.

κατα-έννυμι bekleiden, bedecken. [(lassen)]

κατ-αζαίνω austrocknen

κατα-ζεύγνυμι 1. anspannen. — 2. a) fesseln, einsperren. b) beengen, zwingen.

κατα-θάπτω begraben.

κατα-θεάομαι M. von oben herab sehen, betrachten; Umschau halten. [τίθημι.]

καταθείομεν u. ä. s. κατα-

κατα-θέλγω bezaubern.

κατά-θεμα, τό a) Fluch. b) Verfluchtes, Gebanntes.

καταθεματίζω verfluchen.

κατα-θέω hinablaufen: a) einlaufen. b) Streifzüge machen, einfallen, anstürmen.

κατα-θεωρέω = κατα-θεάομαι.

κατα-θνῄσκω (ver)sterben.

κατα-θνητός 3 sterblich.

κατα-θορυβέω durch Lärmen zum Schweigen bringen.

κατα-θρῴσκω a) herabspringen. b) überspringen.

κατ-αθῡμέω ganz mutlos sein (ob. werden).

κατα-θύμιος 3 im Sinne liegend; erwünscht. [weihen.]

κατα-θύω opfern, schlachten;

καταιβάτός 2 zugänglich.

κατ-αιδέομαι P. sich scheuen, sich schämen; hochachten.

κατ-αικίζω entstellen.

κατ-αινέω a) zustimmen, billigen. b) geloben, gewähren.

κατ-αιρέω = καθαιρέω.

κατ-αίρω ankommen, landen.

κατ-αισθάνομαι M. ganz erkennen.

κατ-αισχύνω I.Akt.:a)Schande machen, schänden, entehren, beschimpfen. b) beschämen; zuschanden machen, enttäuschen — II. P. sich schämen, sich scheuen, enttäuscht werden.

κατα-ίσχω inne haben.

κατ-αιτιάομαι M. schuld geben, beschuldigen.

καταῖτυξ, υγος, ἡ Sturmhaube.

κατα-καίνω niedermachen, töten.

κατα-καίριος 2 tödlich.

κατα-καίω niederbrennen, verbrennen.

κατα-καλέω herbeirufen.

κατα-καλύπτω verhüllen, bedecken.

κατα-καυχάομαι M. a) sich (wider j-n) rühmen, sich überheben. b) geringschätzig behandeln.

κατά-κειμαι M. darniederliegen, sich niederlegen, (da-) liegen, ruhen: a) bei Tische liegen. b) verstedt ob. untätig, krank liegen.

κατα-κείρω weg- oder kahlscheren; aufzehren.

κατα-κείω schlafen gehen (wollen).

κατα-κερτομέω verspotten.

κατα-κῆαι u. ä. f. κατακαίω.

κατα-κηλέω bezaubern; besänftigen.

κατα-κηρόω mit Wachs überziehen. [(laſſen).]

κατα-κηρύσσω laut gebieten

κατα-κλαίω u. M. beweinen.

κατα-κλάω zerbrechen, zerknicken; rühren, erweichen.

κατα-κλείω 1. verſchließen. — 2. ein-ſchließen, -ſperren: a) zurückdrängen. b) feſtſetzen.

κατα-κληροδοτέω und **-νομέω** durch das Los verteilen, zuteilen.

κατα-κλῄω = κατακλείω.

κατα-κλίνω I. Akt. niederlehnen, -legen; ſich lagern laſſen. — II. P. ſich lagern, ſich zu Tiſch legen.

κατακλῑσις, εως, ἡ das Sich-Lagern; Beilager.

κατα-κλύζω überſchwemmen.

κατακλυσμός, ὁ Überſchwemmung, Sintflut.

κατα-κοιμάω und **-κοιμίζω** I. Akt. 1. zu Bett od. zur Ruhe bringen: a) einſchläfern. b) in Vergeſſenheit bringen. — 2. verſchlafen. — II. P. ſich ſchlafen legen, einſchlafen. [begleiten.]

κατ-ακολουθέω nachfolgen.

κατα-κολπίζω in eine Bucht einlaufen. [tauchen.]

κατα- κολυμβάω unter-

κατακομῐδή, ἡ Ausfuhr.

κατα-κομίζω I. Akt. herab-, hinunter-bringen; fortſchaffen; einführen. — II. P. hinkommen, einlaufen. [(laſſen).]

κατ-ακοντίζω niederſchießen

κατα-κόπτω a) niederhauen, erſchlagen, töten. b) (Geld) prägen. c) zerſchlagen, zerhauen, zerreißen, zerſetzen.

κατά-κορος 2 übertrieben.

κατα-κοσμέω a) ordnen, zurechtlegen. b) ſchmücken.

κατ-ακούω a) hören, vernehmen. b) j-m gehorchen.

κατ-ἄκρᾱς adv. von Grund aus. [Oberhand behalten.]

κατα-κρᾰτέω obſiegen, die

κατα-κρεμάννῡμι aufhängen.

κατα-κρεουργέω ganz zerhauen. [her; ganz und gar.]

κατά-κρηθεν adv. von oben

κατα-κρημνίζω herabſtürzen.

κατάκρῑμα, τό = κατάκρισις.

κατα-κρίνω gegen j-n etw. erkennen, j-n verurteilen.

κατάκρισις, εως, ἡ Verurteilung, Verdammnis; Strafe.

κατα-κρύπτω verbergen, verhehlen, verſtecken, umhüllen.

κατακρῠφή, ἡ Ausflucht.

κατα-κτάομαι M. ſich etw. erwerben, gewinnen.

κατα-κτείνω töten, ermorden, umbringen, hinrichten.

κατα-κῠλίομαι P. herabrollen, herabfallen.

κατα-κύπτω ſich bücken.

κατα-κῡριεύω Zwingherr ſn, unterjochen, gebieten.

κατα-κῠρόω beſtätigen. P. in Erfüllung gehen. [hindern.]

κατα-κωλύω (ῡ) zurückhalten,

κατα-λᾰλέω beſchwatzen.

καταλᾰλιά, ἡ Verleumdung, Beſchuldigung.

κατάλᾰλος, ὁ Verleumder.

κατα-λαμβάνω I. Akt. ergreifen, erfaſſen: 1. a) einnehmen, in Beſitz nehmen, erlangen, wegnehmen, beſetzen. b) begreifen, erkennen. — 2. erreichen, treffen: a) einholen, überfallen. b) betreffen, ertappen, überraſchen, (vor)finden; begegnen, widerfahren, zuſtoßen. c) *intr.* ſich treffen, ſich ereignen, ſich zutragen, ein-

καταλαμπτέος — 3. festhalten: a) zurückhalten, Einhalt tun, hemmen. b) befestigen, sichern, schützen; verpflichten, binden. — II. M. 1. für sich hinnehmen, sich bemächtigen, erobern. — 2. begreifen, einsehen.

καταλαμπτέος 3 = καταληπτέος (v. καταλαμβάνω).

κατα-λάμπω beleuchten.

κατ-αλγέω Schmerz empfinden, sehr leiden.

κατα-λέγω[1] 1. a) hersagen, aufzählen. b) erzählen, anführen, vortragen, auseinandersetzen, erwähnen. — 2. auslesen, auswählen: a) rechnen unter, zählen zu; etw. anrechnen als etw. b) in eine Liste eintragen, aufschreiben; ausheben, anwerben.

κατα-λέγω[2] = καταλέχω.

κατα-λείβω P. hinabgleiten.

κατάλειμμα, τό Rest.

κατα-λείπω I. Akt. 1. zurücklassen, hinterlassen. — 2. übrig lassen; am Leben lassen, bestehen lassen. — 3. verlassen: a) preisgeben, überlassen. b) im Stiche lassen. c) verlieren. — II. P. 1. zurückbleiben. — 2. übrig bleiben; noch bevorstehen. — III. M. für sich oder von sich zurücklassen, zurückbehalten, aufbewahren, sich vorbehalten.

κατα-λεύω steinigen (lassen).

κατα-λέχω niederlegen. M. sich niederlegen.

κατ-αλέω zermahlen. [gessen.]

κατα-λήθομαι M. ganz vergessen.

καταληπτός 3 zu ergreifen(d).

κατάληψις, εως, ἡ a) das Erreichen, Einholen. b) Einnahme. c) Überfall. [steinigen.]

κατα-λιθόω und **-λιθάζω**

κατα-λιμπάνω = καταλείπω.

κατα-λιπᾰρέω inständig bitten.

καταλλᾰγή, ἡ Ausgleichung, Versöhnung.

κατ-αλλάσσω I. Akt. austauschen, vertauschen; ausgleichen, versöhnen. — II. P. sich aussöhnen, sich versöhnen lassen. — III. M.: a) sich etw. eintauschen oder umtauschen. b) (für) sich beilegen, schlichten.

καταλογάδην adv. in Prosa.

κατ-αλογέω verachten.

κατα-λογίζομαι M. a) rechnen ob. zählen unter. b) berechnen; erwägen, bedenken.

κατάλογος, ὁ Aufzählung: a) Verzeichnis, Liste. b) Stammliste der waffenfähigen Bürger. c) Aushebung. [ben).]

κατά-λοιπος 2 übrig (geblie=

κατα-λοφάδεια adv. auf dem Nacken, huckepack. [zimmer.]

κατάλῠμα, τό Herberge, Gast=

κατα-λύσιμος 2 wieder gutzumachen(d), sühnbar.

κατά-λῠσις, εως, ἡ a) Auflösung; Zerstörung, Vernichtung; Beendigung; Sturz, Umsturz, Vertreibung. b) Einkehr; Herberge.

κατα-λύω 1. a) losbinden, ausspannen. b) auflösen: α) niederreißen, zerstören, vernichten; β) beendigen; γ) aufheben, abschaffen; stürzen, absetzen; δ) entlassen, verabschieden. — 2. intr. u. M.: a) sich versöhnen, Frieden schließen. b) haltmachen, rasten, einkehren. c) aufhören.

κατα-λωφάω sich erholen.

κατα-μανθάνω genau lernen: 1. a) kennen lernen. b) ausforschen. c) erfahren. — 2. a) wahrnehmen, bemerken, betrachten. b) begreifen, verstehen.

κατα-μᾰνύω = κατα-μηνύω.

κατα-μαργέω ganz rasend sein.

κατα-μάρπτω ergreifen; einholen.

κατα-μαρτῠρέω gegen j-n zeugen od. etw. bezeugen.

κατ-ᾰμάω I. Akt. niedermähen. — II. M. über sich aufhäufen.

κατ-αμβλύνω abstumpfen.

κατα-μεθύσκω trunken machen.

κατα-μείγνῡμι unter-, einmischen, vermischen. M. sich vermischen, sich eindrängen.

κατ-ᾰμελέω nachlässig sein, vernachlässigen.

κατάμεμπτος 2 tadelnswert, verwerflich, verhaßt.

κατα-μέμφομαι M. tadeln, beschuldigen, schelten.

κατάμεμψις, εως, ἡ Tadel.

κατα-μένω verbleiben, zurückbleiben; verweilen, sich niederlassen.

κατα-μερίζω verteilen.

κατα-μετρέω zumessen.

κατα-μηνύω a) anzeigen, angeben. b) gegen j-n zeugen. c) überführen.

κατα-μιαίνω P. Trauer oder Trauerkleider anlegen.

κατα-μίγνῡμι s. -μείγνυμι.

κατα-μόνᾱς adv. für sich, einzeln, allein.

κατ-ᾰμύσσω ritzen, zerritzen.

κατα-μύω die Augen schließen; sich verstocken.

κατ-αμφικᾰλύπτω etw. herabziehen über etw.

κατ-ᾰναγκάζω a) erzwingen. b) zwingen. [(Gebannte(s)).]

κατ-ᾰνάθεμα, τό Verfluchung;

κατᾰνᾰθεμᾱτίζω verfluchen.

κατ-ᾰνᾱλίσκω verwenden, verbrauchen, verschwenden, verzehren. [(τινός j-m).]

κατα-ναρκάω zur Last fallen

κατα-νάσσω feststampfen.

κατα-ναυμᾰχέω zur See besiegen.

κατα-νέμω I. Akt.: a) verteilen. b) einteilen. — II. M. unter sich (ver)teilen.

κατα-νεύω zunicken; beistimmen, zusagen, gewähren.

κατα-νέω[1] zuspinnen.

κατα-νέω[2] aufhäufen.

κατ-ανθρᾰκόω verkohlen.

κατα-νοέω 1. bemerken, beobachten. — 2. a) kennen lernen, lernen. b) beherzigen. c) betrachten, überlegen, erwägen, nachdenken.

κάτ-αντα adv. s. κατάντης.

κατ-αντάω hinkommen; gelangen; erreichen, erlangen.

κατ-άντης[2] abwärts (gehend), bergab. τό κάταντες Bergabhang. [gegenüber.]

κατ-άντηστιν adv. gerade

κατ-αντικρύ, -αντίον, -αντῐπέρᾱς adv. a) gerade gegenüber. b) gerade herab.

κατάνυξις, εως, ἡ heftiger Schmerz, Betäubung.

κατα-νύσσω zerstechen; heftig erregen, tief betrüben.

κατ-ᾰνύω u. **-ᾰνύτω** vollenden: a) intr. hingelangen; einkehren. b) erfüllen, gewähren.

κατ-άνω verbrauchen.

κατα-ξαίνω zerkratzen; zerfleischen, (λίθοις) steinigen.

κατ-άξιος 2 ganz würdig.

κατ-αξιόω a) würdigen, für würdig halten. b) wollen, verlangen. [fügt.]

καταπακτός 3 unten eingeκατα-πάλλομαι M. sich herabschwingen [treten; verachten.]

κατα-πᾰτέω niedertreten, zer]

κατάπαυμα, τό Trost.

κατά-παυσις, εως, ἡ a) Ruhe. b) Absetzung.

κατα-παύω aufhören machen, beendigen: a) zur Ruhe bringen, stillen, beschwichtigen, bezähmen. b) hindern, hemmen;

κατα-πεδάω — κατ-αράσσω

c) j-n von etw. abbringen; absetzen; stürzen. d) intr. (aus-) ruhen.
κατα-πεδάω verstricken.
κατ-απειλέω drohen.
κατα-πειράζω auf die Probe stellen.
καταπειρητηρίη, ἡ Senkblei.
κατα-πέμπω herabschicken; absenden, entsenden.
κατά-περ = καθάπερ.
κατα-πέσσω verdauen; verbeißen, verwinden.
κατα-πετάννυμι darüber ausbreiten; bedecken. [hang.]
κατα-πέτασμα, τό Decke, Vor-
κατα-πέτομαι M. herabfliegen.
κατα-πετρόω steinigen.
καταπεφνεῖν töten.
κατα-πήγνυμι 1. festsetzen, befestigen, einschlagen, (hinein-) stoßen. — 2. intr. u. P. feststecken, feststehen, stecken bleiben.
κατα-πηδάω herabspringen.
κατα-πίμπλημι ganz anfüllen.
κατα-πίνω hinuntertrinken, verschlingen.
κατα-πίπτω a) herabfallen; in etw. verfallen. b) niederfallen, -stürzen, einfallen.
κατα-πισσόω u. -πιττόω mit Pech bestreichen.
κατα-πλάσσω und -ττω bestreichen, beschmieren.
καταπλαστύς, ύος, ἡ Überzug, Anstrich; Pflaster.
κατα-πλέκω a) verwickeln. b) abwickeln; beenden.
κατα-πλέω herabschiffen, -fahren: a) landen, einlaufen. b) wohin segeln: zurücksegeln.
κατάπληξις, εως, ἡ Bestürzung, Schrecken.
κατα-πλήσσω I. Akt. niederschlagen; erschrecken, einschüchtern. — II. P. erschreckt werden, erschrecken, in Angst geraten, bestürzt sein.

κατά-πλους, ὁ a) das Hinabfahren; Landung. b) Fahrt; Überfahrt, Rückfahrt.
κατα-πλουτίζω bereichern.
κατα-πλώω = καταπλέω.
κατα-πολεμέω a) bekriegen. b) niederkämpfen, bezwingen.
κατα-πολιτεύομαι M. durch seine Politik zugrunde richten.
κατα-πονέω a) quälen, plagen. b) überwältigen.
κατα-ποντίζω = κατα-ποντόω.
καταποντιστής, οῦ, ὁ Seeräuber.
κατα-ποντόω ins Meer werfen; ersäufen. P. versinken.
κατα-πορνεύω prostituieren.
κατα-πράσσω I. Akt. vollführen, ausführen, durchsetzen, erreichen. — II. M.: a) für sich ausrichten. b) sich etw. erwerben, erlangen.
κατα-πραΰνω besänftigen.
κατα-πρηνής 2 gesenkt.
κατα-πρίω zersägen.
κατα-προδίδωμι verraten, im Stich lassen.
κατα-προΐσσομαι umsonst tun; ungestraft bleiben.
κατα-πτήσσω sich (nieder-) ducken, sich verkriechen; bestürzt sein.
κατ-άπτομαι = καθάπτομαι.
καταπτυστος 2 anspeienswert.
κατα-πτύω anspeien; verabscheuen.
κατα-πτώσσω = κατα-πτήσσω.
κατα-πύθομαι P. vermodern.
κατ-άρα, ἡ Verwünschung, Fluch.
κατ-άράομαι M. a) Verwünschungen ausstoßen, verwünschen, (ver-)fluchen. b) j-m etw. anwünschen.
κατ-αράσσω a) herab-schmettern, -stürzen, -werfen. b) zurückstoßen, -treiben.

κατάρᾱτος 2 a) verflucht. b) fluchwürdig, verrucht.

κατ-αργέω untätig oder unwirksam machen; vernichten, abschaffen, entfernen, befreien. P. frei werden, aufhören.

κάταργμα, τό 1. a) Voropfer. b) Opfer-erstlinge. — 2. Opfer.

κατ-αργυρόω a) versilbern. b) bestechen.

κατα-ρέζω streicheln.

κατ-αρέομαι = καταράομαι.

κατα-ριγηλός 2 entsetzlich.

κατ-αριθμέω u. M. a) aufzählen. b) darunter-zählen.

κατ-αρκέω ganz imstande sein.

κατ-αρμόζω = καθαρμόζω.

κατ-αρνέομαι P. leugnen.

κατα-ρρᾳθῡμέω a) nachlässig sein. b) leichtsinnig verlieren ob. versäumen.

κατα-ρράκόω zerfetzen.

καταρράκτης, ου u. **-ρρακτός** 3 herabstürzend, abschüssig. subst. **ὁ** Wasserfall.

κατα-ρράπτω zusammennähen; überflechten.

κατα-ρρέπω (herab)stürzen.

κατα-ρρέω herabfließen; herabfallen; zusammenbrechen.

κατα-ρρήγνῡμι u. **-όω** I. Akt.: a) niederreißen, zerreißen; b) intr. = P. — II. P. a) niedergerissen werden, herabstürzen. b) zerreißen, bersten, zusammenstürzen.

κατα-ρροφέω ausschlürfen.

καταρρύής 2 herab-fließend, -fallend.

κατα-ρρυπαίνω beschmutzen.

κατάρρυτος 2 angeschwemmt.

κατ-αρρωδέω sehr erschrecken, Angst haben.

κατάρρωξ, ωγος jäh, schroff.

κάταρσις, εως, ἡ Landungsplatz.

κατ-αρτάω u. **-αρτίζω** einrichten, (wohl) bereiten, in Ordnung bringen, wiederherstellen, ergänzen; ausrüsten, vollkommen machen.

κατάρτισις, εως, ἡ u. **-αρτισμός, ὁ** Ausrüstung, gehörige Einrichtung. [richter.]

καταρτιστήρ, ῆρος, ὁ Schiedsrichter.]

κατ-αρτύ(ν)ω zubereiten, gehörig einrichten: a) bändigen, lenken. b) veranlassen.

κατ-άρχω I. Akt. anfangen, beginnen. — II. M. anfangen, das Opfer beginnen.

κατα-σαπήη s. κατασήπω.

κατα-σβέννῡμι u. **-όω** a) auslöschen; unterdrücken, dämpfen. b) intr. u. P. verlöschen, erlöschen, verschwinden.

κατα-σείω 1. herabschütteln. — 2. schütteln, erschüttern: a) flattern lassen. b) winken, ein Zeichen geben.

κατα-σεύομαι M. herabstürzen. [versiegeln.]

κατα-σημαίνω bezeichnen. M.]

κατα-σήπω a) verfaulen machen. b) intr. verfaulen.

κατα-σῑγάω verschweigen.

κατα-σῑτέομαι M. verspeisen, verzehren.

κατα-σιωπάω I. Akt.: a) verschweigen. b) zum Schweigen bringen. — II. M. Schweigen gebieten.

κατα-σκάπτω untergraben, niederreißen, zerstören.

κατασκαφή, ἡ a) das Niederreißen, Zerstörung. b) Grab.

κατασκαφής 2 unterirdisch.

κατα-σκεδάννῡμι ausstreuen, ausgießen. [σκοπέω]

κατα-σκέπτομαι M. = κατα-]

κατα-σκευάζω I. Akt. 1. zurechtmachen, (zu)bereiten, einrichten, aus-rüsten, -statten, schmücken. — 2. a) veranstalten, ins Werk setzen, rüsten, besorgen, Anstalten treffen, einsetzen.

16*

κατασκευή b) verfertigen, (er)bauen, gründen. c) anschaffen, beschaffen. d) ersinnen. — II. M. 1. a) für sich zubereiten ob. einrichten, ausrüsten. b) für sich ins Werk setzen ob. bereiten, erbauen, Anstalten treffen. c) sich verschaffen. 2. sich (aus)rüsten, sich einrichten: a) sich häuslich einrichten. b) sich gewöhnen.

κατασκευή, ἡ 1. Zubereitung, Rüstung, Einrichtung, Anordnung: a) Aufbau, Anlage. b) Zustand, Beschaffenheit. — 2. das Bau(werk). b) Hausrat, Ausstattung. c) Gepäck, Bagage.

κατα-σκηνάω und **-όω** sich lagern; Quartier machen, wohnen, ruhen. [Rast.]

κατασκήνωσις, εως, ἡ Lager,

κατα-σκήπτω niederfahren, einschlagen; losbrechen; sich stürzen, sich werfen, bestürmen, treffen. [schatten; begraben.)

κατα-σκιάζω u. **-σκιάω** be=

κατά-σκιος 2 beschattet.

κατα-σκοπέω besichtigen, betrachten, belauern; untersuchen, auskundschaften, erforschen.

κατασκοπή, ἡ Besichtigung; das Auskundschaften. [Spion.]

κατά-σκοπος, ὁ Kundschafter,

κατα-σκώπτω verspotten.

κατα-σμύχω ganz verbrennen.

κατα-σοφίζομαι M. überlisten, täuschen. [=drücken.]

κατα-σπάω herab=ziehen,

κατα-σπείρω aussäen: a) verbreiten. b) verursachen.

κατα-σπένδω a) als Trankopfer über etw. ausgießen. b)= σπένδω.

κατα-σπέρχω bedrängen; schrecken, ängstigen.

κατα-σπουδάζομαι M. mit ernstem Fleiß arbeiten.

κατα-στάζω a) herabträufeln. b) triefen.

κατα-στασιάζω durch Umtriebe ob. durch eine Gegenpartei stürzen.

κατάστασις, εως, ἡ 1. a) Aufstellung, Feststellung. b) Einsetzung, Ernennung. c) Anordnung. d) Vorstellung, Präsentation. e) Ausrüstungsgeld, Handgeld. — 2. das Auftreten; fester Stand oder Bestand: a) ruhiger Zustand, Sicherheit. b) bestehende Einrichtung, Beschaffenheit, Natur der Dinge, Lage. c) Verfassung.

καταστατέος 3 Verbal=adj. von καθίστημι. [Stütze.]

καταστάτης, ου, ὁ Ordner,

κατα-στεγάζω bedecken.

καταστέγασμα, τό Bedachung, Decke. [bedt.]

κατά-στεγος 2 bedacht, be=

κατα-στείβω betreten.

κατα-στέλλω herunterlassen; beruhigen, hemmen.

κατα-στένω beseufzen.

καταστεφής 2 bekränzt.

κατάστημα, τό Stellung, Haltung, Zustand, Benehmen.

καταστολή, ἡ Kleidung.

κατα-στόρνυμι = καταστρώννυμι.

κατ-αστράπτω niederblitzen.

κατα-στρατοπεδεύω I. lagern lassen. — 2. intr. u. M. sich lagern, übernachten.

κατα-στρέφω I. Akt. a) umkehren, umwenden, umstürzen, niederreißen. b) unterwerfen, unterjochen. — II. M. sich (sibi) unterwerfen oder unterjochen, erobern.

κατα-στρηνιάω üppig gegen j=n werden (τινός).

καταστροφή, ἡ 1. Wendung: a) Ausgang, Ende, Tod. b) Umsturz, Untergang, Verderben; Zerstörung. – 2. Unterwerfung.

κατάστρωμα, τό Verdeck.

κατα-στρώννῡμι a) hinbreiten, hinstrecken, nieder-strecken, -hauen, töten. b) bedecken.
κατα-στυγέω schaudern, sich entsetzen. [pen. b) plündern.]
κατα-σύρω a) fort-, hinschlep-
κατα-σφάζω abschlachten; niederhauen, töten.
κατα-σφρᾱγίζω versiegeln.
καταχθεεῖν s. κατέχω.
κατάσχεσις, εως, ἡ Besitznahme, Besitz, Gebiet.
κατάσχετος 2 zurückgehalten, verhalten.
κατα-σχίζω zer-spalten, -brechen, aufbrechen; stören.
κατα-σχολάζω säumen.
κατα-σώχω zerreiben.
κατα-τάσσω a) aufstellen. b) einstellen, eintragen, aufnehmen.
κατα-τείνω 1. a) anspannen, straff anziehen. b) ausdehnen; foltern. — 2. *intr.:* a) sich anstrengen. b) sich erstrecken.
κατα-τέμνω zerschneiden, zerhauen; a) verstümmeln. b) (Kanäle) ziehen.
κατα-τήκω (zer)schmelzen: 1. auflösen. 2. *intr.* u. P. sich abhärmen, hinschwinden.
κατα-τίθημι I. Akt. 1. a) nieder-legen, -setzen, -stellen, aufstellen. b) hinlegen, -stellen, -bringen, (e-n Preis) aussetzen, (e-n Wettkampf) anordnen. 2. beiseitelegen, aufheben, aufbewahren. 3. erlegen (= bezahlen). — II. M. 1. für sich ob. das Seinige a) niederlegen, ablegen. b) hinlegen, (hin)bringen, hinschaffen. c) sich erwerben, verschaffen. 2. von sich weglegen, beiseitelegen, ablegen: a) in Verwahrung geben, deponieren. b) erlangen, aufbewahren. χάριν τινὶ-ηεu Dank verpflichten. c) beseitigen; beiseitesetzen: α) nicht beachten; β) beilegen, beendigen.
κατα-τιτρώσκω verwunden.
κατατομή, ἡ Zerschneidung, Verstümmelung.
κατα-τοξεύω niederschießen.
κατα-τραυματίζω verwunden; leck machen.
κατα-τρέχω a) hinablaufen. b) anlaufen oder anstürmen gegen; durchstreifen, verheeren.
κατα-τρίβω I. Akt. zerreiben, aufbrauchen; aufreiben, erschöpfen. — II. P.: a) erschöpft werden, ermüden. b) sich aufreiben, sich abmühen.
κατα-τρύχω aufreiben; erschöpfen, aussaugen.
κατα-τρωματίζω = κατατραυματίζω.
κατα-τυγχάνω erreichen, Glück in etw. haben.
κατ-αυδάω verkünden.
κατ-αυλέω auf der Flöte vorspielen. M. dem Flötenspiele lauschen. [übernachten.]
κατ-αυλίζομαι P. sich lagern,
κατα-φαγεῖν s. κατεσθίω.
κατα-φαίνομαι P. sich zeigen, erscheinen; klar werden.
καταφανής 2 sichtbar; klar, offenbar, deutlich, bekannt.
κατά-φαρκτος 2 = κατάφρακτος.
κατα-φαρμάσσω verzaubern.
κατα-φᾱτίζω beteuern, geloben.
κατα-φένω töten.
καταφερής 2 sich zum Untergang neigend.
κατα-φέρω I. Akt. u. M. herab-, hinab-tragen, -bringen, -führen, -stürzen, -bringen, heruntereißen; (ψῆφον) abgeben, (αἰτιώματα) vorbringen. — II. P.: a) herabstürzen, (sich) stürzen; b) verschlagen werden, (hin)geraten, (ver)fallen.

κατα-φεύγω a) hinabfliehen. b) hinein-, hinfliehen, sich flüchten, seine Zuflucht nehmen.

κατάφευξις, εως, ἡ Zuflucht: a) Zufluchtsort. b) Ausflucht.

κατά-φημι beistimmen.

κατα-φθείρω verderben. P. umkommen.

κατα-φθίνω u. **-φθίω** I. Akt. zugrunde richten, töten. — II. P. zugrunde gehen, umkommen; (hin)schwinden, erschöpft sein, sterben. [lassen.]

κατ-αφίημι hinabgleiten

κατα-φιλέω herzlich küssen.

κατα-φλέγω niederbrennen.

κατα-φοβέω in Furcht setzen.

κατα-φοιτάω u. **-έω** herabsteigen.

κατα-φονεύω ermorden.

κατα-φορέω = καταφέρω.

κατα-φράζομαι M. u. P. wahrnehmen, sehen.

κατάφρακτος 2 a) eingeschlossen. b) verwahrt; mit einem Verdeck versehen.

κατα-φρονέω 1. verachten, verschmähen; unbesorgt oder hochmütig sein, sich nicht fürchten. — 2. im Sinne haben, meinen, überzeugt sein.

καταφρόνημα, τό u. **-φρόνησις, εως, ἡ** Verachtung; Hochmut. [ächter.]

καταφρονητής, οῦ, ὁ Ver-

καταφρονητικῶς sorglos, verächtlich.

κατα-φυγγάνω = καταφεύγω.

καταφυγή, ἡ = κατάφευξις.

κατα-φῡλᾱδόν adv. nach Stämmen, stammweise.

κατα-φωράω auf der Tat ertappen: a) verraten. b) überführen. c) ahnen. [empfinden.]

κατα-χαίρω Schadenfreude

κατα-χαλκόω mit Erz wappnen. [ren; preisgeben.]

κατα-χαρίζομαι M. willfah-

κατα-χειροτονέω a) gegen j-n stimmen. b) durch Handaufheben verurteilen.

κατα-χέω I. Akt. 1. a) herabgießen, vergießen. b) darübergießen. 2. aus-gießen, -schütten; (herab)fallen lassen, fahren lassen, niederwerfen; ausbreiten, überhäufen. — II. P.: a) hinabstürzen. b) sich ergießen. — III. M.: a) einschmelzen lassen. b) herabströmen.

κατα-χθόνιος 2 unterirdisch.

κατα-χορδεύω aufschlitzen.

κατα-χορηγέω aufwenden, ausgeben.

κατα-χόω = καταχώννυμι.

κατα-χράω I. Akt. **καταχρᾷ** es genügt, es dient. — II. M.: a) gebrauchen; verbrauchen, mißbrauchen. b) Verkehr haben. c) umbringen, ermorden.

κατα-χρῡσόω vergolden.

κατα-χώννῡμι verschütten, überschütten.

κατα-χωρίζω gehörig aufstellen.

κατα-ψάω streicheln.

κατα-ψεύδομαι M. etw. von j-m erlügen, erdichten.

κατα-ψευδομαρτυρέομαι P. durch falsches Zeugnis verurteilt werden.

κατα-ψευστός 2 erdichtet.

κατα-ψηφίζομαι M. a) verurteilen. b) zuerkennen.

κατα-ψήχω zerreiben. pf. P. zerstieben, zerfallen.

κατα-ψύχω (ab)kühlen.

κατ-έαξα aor. v. κατάγνυμι.

κατ-έαται = κάθηνται.

κατ-εδράθον s. καταδαρθάνω.

κατ-έδω = κατεσθίω.

κατ-έεργνυ s. κατέργνυμι.

κατ-είβω I. Akt. herabfließen lassen, vergießen. — II. M. herabfließen, verfließen.

κατ-εῖδον s. καθοράω.

κατ-είδωλος 2 voll von Götzenbildern.

κατ-εικάζω I. Akt. ähnlich machen; vermuten, wähnen. — II. P. ähnlich sein.

κατ-ειλέω zusammendrängen, einschließen. [binden.]

κατ-ειλίσσω umwickeln, ver-

κατ-ειλύω einhüllen, bedecken.

κάτ-ειμι a) herab- od. hinabgehen, -kommen, -fallen, -fließen; zu Ohren kommen. b) (her)kommen. c) zurückkommen, heimkehren.

κατ-εῖναι = καθεῖναι (von καθίημι).

κατ-εῖπον a) gegen j-n (τινός) sprechen, j-n anklagen. b) offen heraussagen, verraten, berichten, anzeigen.

κατ-είργω u. **-είργνῡμι** a) bedrängen, zurückdrängen, einengen; einschränken, zurückhalten. b) einschließen: α) zwingen; β) unterlassen. c) *intr.* eilen.

κατ-ειρύω = κατερύω.

κατ-έκταθεν f. κατακτείνω.

κατ-ελεέω Mitleid haben.

κατ-ελκύω = καθέλκω. [fen.]

κατ-ελπίζω zuversichtlich hof-

κατ-εναίρω u. **-εναρίζω** erschlagen, töten, vernichten.

κατ-εναντίον und **-έναντι** gegenüber, vor j-s Augen, ins Angesicht.

κατ-ενῶπα und **-ενώπιον** gerade gegenüber. [tigen.]

κατ-εξουσιάζω j-n vergewal-

κατ-επᾴδω besprechen, bezaubern, umstricken. [μαι.]

κατ-επάλμενος f. κατεφάλλο-

κατ-έπαλτο f. καταπάλλομαι.

κατ-επείγω a) drängen, antreiben, beschleunigen. τὸ κατεπεῖγον und τὰ κατεπείγοντα das Dringende, Notwendig(st)e. b) sich beeilen.

κατ-έπεφνον f. καταπεφνεῖν.

κατ-εργάζομαι M. 1. vollbringen, vollenden, bereiten, tun, bewirken, durchsetzen. — 2. a) sich erwerben, sich verschaffen. b) j-n gewinnen ob. bewegen, zu etw. bringen. — 3. a) überwältigen, überwinden. b) abtun, töten. [κατείργω.]

κατ-εργνῡμι und **-έργω** =

κατ-ερείκω zerreißen.

κατ-ερείπω a) niederreißen, zerstören. b) niederstürzen, einstürzen, zugrunde gehen.

κατ-ερήριπα, *pf.* v. κατερείπω.

κατ-ερητύω zurückhalten, hemmen, verhindern; trösten.

κατ-ερῡκάνω u. **-ερύκω** zurückhalten. [Meer ziehen.]

κατ-ερύω hinabziehen; ins

κατ-έρχομαι M. = κάτειμι.

κατ-εσθίω u. **-έσθω** aufessen, auffressen, verzehren, vergeuden.

κατ-εσσύτο f. κατασεύομαι.

κάτευγμα, τό a) Gelübde, Wunsch. b) Weihgeschenk.

κατ-ευθύνω a) gerademachen. b) lenken, richten.

κατ-ευλογέω segnen.

κατ-ευνάζω und **-ευνάω** I. Akt. betten, in Schlaf bringen; beruhigen, stillen. — II. P. sich niederlegen, einschlafen.

κατ-εύχομαι M. 1. wünschen, bitten, beten. — 2. a) Böses anwünschen, fluchen. b) verwünschen. [sich gütlich tun.]

κατ-ευωχέομαι P. schmausen,

κατ-εφάλλομαι M. darauf zuspringen. [j-n (τινός) erheben.]

κατ-εφίσταμαι M. sich gegen

κατ-έχυντο f. καταχέω.

κατ-έχω I. Akt. 1. a) niederhalten, senken. b) darauf loshalten, hinlenken. c) aufhalten, zurückhalten, hemmen, hindern: α) zügeln, zähmen; β) hinhalten, verzögern. d) innehaben, beherrschen; behaupten,

κατ-ηγεμών besetzt halten, festhalten, behalten: α) in Besitz nehmen, besitzen, einnehmen, sich bemächtigen, gewinnen; β) ergreifen, befallen, treffen; γ) aushalten, ertragen. 2. *intr.*: a) darauf loshalten, lossteuern; vordringen; landen; ablaufen, sich vollenden. b) sich befinden, verweilen. c) anhalten = α) fortfahren, fortbestehen, sich behaupten, herrschen, obwalten, stattfinden; β) an sich halten. — II. M. 1. a) vor sich halten; sich etw. bedecken. b) für sich behalten, zurückhalten. 2. haltmachen, sich aufhalten, verweilen. [= καθ-ηγ-.]

κατ-ηγεμών u. **κατ-ηγέομαι** s. **καθ-ηγ-**.

κατηγορέω 1. tadeln, sich beschweren; anklagen, beschuldigen, vorwerfen. — 2. aussagen, zu erkennen geben, zeigen, verraten, beweisen.

κατηγόρημα, τό u. **κατηγορία**, ἡ Anklage, Beschuldigung, Tadel.

κατ-ήγορος, ὁ Ankläger.

κατ-ήγωρ, ορος, ὁ Ankläger.

κατήκοος 2 a) gehorsam, untertan. b) ὁ Horcher, Spion.

κατ-ήκω = καθήκω.

κατ-ηλογέω verachten.

κάτ-ημαι = κάθημαι.

κατ-ηπιάω lindern.

κατ-ηρεμίζω und **-μέω** beruhigen, besänftigen.

κατ-ηρεφής 2 überdeckt; gewölbt; beschattet.

κατ-ήρης 2 wohlversehen.

κατ-ήριπε s. καταρείπω.

κατηρτημένως in wohlüberlegter Weise.

κατήφεια, ἡ Niedergeschlagenheit; Beschämung; Schimpf; Trauer.

κατηφέω niedergeschlagen od. bestürzt sein.

κατηφής 2 niedergeschlagen, betrübt, verachtet.

κατηφών, όνος, ὁ Schandbube, verworfen.

κατ-ηχέω a) entgegen-, umtönen. b) unter-richten, -weisen, belehren; benachrichtigen.

κατ-ιάπτω verletzen, entstellen.

κατ-ίζω = καθίζω.

κατ-ίημι s. καθίημι.

κατ-ιθύ(ς) gerade gegenüber.

κατ-ικετεύω = καθικετεύω.

κατ-ιόομαι P. verrosten.

κατ-ιππάζομαι = καθιππάζομαι.

κατ-ιρόω = καθιερόω.

κατ-ίστημι = καθίστημι.

κατ-ισχάνω = κατέχω.

κατ-ισχναίνω mager machen.

κατ-ισχύω 1. a) erstarken. b) imstande sein. 2. besiegen, überwältigen.

κατ-ίσχω = κατέχω.

κάτ-οδος, ἡ = κάθοδος.

κάτ-οιδα genau wissen oder kennen, verstehen.

κατ-οικέω I. Akt. 1. *trans.*: a) bewohnen. b) durch Gesetze ordnen. 2. *intr.* sich irgendwo niederlassen, wohnen. — II. M. sich ansiedeln; *pf.* wohnen. *trans.* bewohnen.

κατοίκησις, εως, ἡ Ansiedelung; Wohnung, Aufenthalt.

κατοικητήριον, τό und **κατοικία**, ἡ Wohn-ort, -stätte.

κατ-οικίζω I. Akt.: a) ansiedeln, übersiedeln, verpflanzen; zurückführen. b) besiedeln, bevölkern, anlegen, gründen. — II. P.: a) sich ansiedeln. b) neue Ansiedelungen erhalten.

κατοίκισις, εως, ἡ a) Besiedelung. b) Gründung od. Wiederherstellung einer Kolonie.

κατ-οικτ(ε)ίρω a) Mitleid empfinden. b) bemitleiden.

κατ-οικτίζω I. Akt.: a) = κατοικτείρω. b) zum Mitleid bewegen. — II. M. sich in Klagen ergießen.

κατ-οίσεται f. καταφέρω.

κατ-οκνέω Bedenken tragen.

κατ-ολοφύρομαι M. beklagen; wehklagen. [b) anklagen.

κατ-όμνῡμι u. M. a) schwören.

κατ-όνομαι P. geringschätzen.

κατ-όπιν und **-όπισθε(ν)** 1. a) hinten, im Rücken. b) hinter. — 2. a) hinterdrein, in Zukunft. b) (mit gen.) nach.

κατ-οπτεύω aus-, erspähen, auffinden, ausforschen.

κατ-όπτης, ου, ὁ Späher.

κάτ-οπτος 2 sichtbar.

κατοπτρίζομαι M. im Spiegel (be)schauen; sich spiegeln lassen.

κάτ-οπτρον, τό Spiegel.

κατ-οράω = καθοράω.

κατ-ορθόω 1. a) gerademachen: α) instand setzen; β) glücklich vollbringen, durchführen. b) aufrichten; gesund erhalten, glücklich machen. — 2. *intr.* u. P.: a) Glück haben, glücklich sein. b) glücken, gelingen.

κατόρθωμα, τό heilsame Einrichtung, glückliche Ausführung, Erfolg, Glück.

κατ-ορύσσω vergraben; begraben, beerdigen.

κατ-ορχέομαι M. verhöhnen.

κατ-ότι = καθότι.

κατ-ουρίζω glücklich zum Ziel gelangen, eintreffen.

κατοχή, ἡ Festhaltung, das Zurückhalten; Haft.

κάτοχος 2 gefesselt.

κατα-τάδε unter folgenden Bedingungen.

κατ-υβρίζω, -ύπερθε, -υπνόω u. ä. f. καθ-.

κάτω 1. abwärts, hinab, nach unten, hinunter. — 2. unten, der niedere; unterhalb: a) in die (ob. in der) Unterwelt. oἱ ~ die Toten. b) nach (ob. an) der Küste, am Meere.

κάτω-θεν *adv.* a)von unten her. b) unten, (mit *gen.*) unterhalb.

κατ-ωθέω hinabstoßen.

κατ-ωμάδιος 3 von der Schulter her geschleudert.

κατ-ωμαδόν *adv.* über die Schulter ausholend.

κατωμοσία, ἡ eidliche Klage.

κατῶρυξ, υχος eingegraben, unterirdisch. ἡ ~ Grube, Gruft, Höhle; Schatzkammer.

κατώτατος 3 unterster, tiefster, ganz unten. [tiefer (gelegen).

κατώτερος 3 weiter unten,]

καυλός, ὁ Stengel, Schaft: a) Schaft-ende des Speeres; b) Schwertheft.

καῦμα, τό Hitze, Glut.

καυματίζω versengen, verbrennen. [brennlich.

καύσιμος 2 brennbar, ver-]

καῦσις, εως, ἡ das Verbrennen, Brennen, Feuerbrand.

καυσόομαι P. verbrannt werden, vor Hitze vergehen.

καύστειρα *fem.* hitzig, heiß.

καύσων, ωνος, ὁ Hitze; heißer Ostwind.

καυ(σ)τηριάζω brandmarken.

καὐτός = καὶ αὐτός.

καυχάομαι M. sich rühmen, *trans.* rühmen.

καύχημα, τό u. **καύχησις, εως, ἡ** a) Gegenstand des Rühmens, Ruhm. b) das Rühmen.

καχάζω laut lachen.

καχεξίᾱ, ἡ schlechter Zustand, Vernachlässigung.

καχθές = καὶ ἐχθές.

κάχληξ, ηκος, ὁ Steinchen, Kiesel; Kiessand.

κάω = καίω.

κέ, κέν = ἄν.

κεάζω spalten; zerschmettern.

κέᾰρ, τό = κῆρ Herz.
κέᾱται, κέᾱτο f. κεῖμαι.
κέγχρος, ὁ a) Hirse, Hirsekorn. b) Fischeier.
κεδάννῡμι = σκεδάννυμι.
κεδνός 3: 1. sorgsam; tüchtig, trefflich, gut. — 2. achtbar: a) ehrsam. b) lieb, teuer.
κεδρέᾱ, ἡ Zedernharz.
κέδρῐνος 3 von Zedernholz.
κέδρος, ἡ Zeder(nbaum).
κεῖθεν, κεῖθι = ἐκεῖθεν, ἐκεῖθι.
κεῖμαι liegen, daliegen: a) untätig daliegen; ruhen; ohnmächtig od. krank, im Unglück, verachtet, begraben liegen oder tot, unbestattet daliegen. b) gelegen sein; vorrätig ob. vorhanden sein; gelten, bestehen, sich befinden; auf j-m beruhen, von j-m abhängen. c) (als pf. P. zu τίθημι) gelegt sein, hingestellt ob. aufgestellt, ausgesetzt, festgesetzt, bestimmt, gegeben sein.
κειμήλῐον, τό liegendes Gut; Kleinod, Kostbarkeit, Schatz.
κεῖνος 3 = ἐκεῖνος.
κεινός 3 = κενός.
κείομαι = κήομεν v. καίω.
κειρίᾱ, ἡ Bettgurt; Binde, Tuch.
κείρω I. Akt. 1. scheren; abschneiden; abhauen, umhauen; gangbar machen. 2. abweiden, abfressen: a) verzehren. b) verheeren, verwüsten. — II. M.: a) sich scheren (lassen). b) = Akt.
κεῖσε = ἐκεῖσε.
κείω[1] spalten.
κείω[2] schlafen wollen.
κεκᾰδήσω u. ä. f. χήδω.
κεκᾰδών u. **κεκάδοντο**, aor. zu χάζομαι.
κέκασμαι f. καίνυμαι.
κεκᾰφηώς entkräftet, kraftlos, gelähmt.
κέκλετο f. κέλομαι.
κέκληγα f. κλάζω.

κεκλόμενος f. κέλομαι.
κέκλῠθι, κέκλῠτε f. κλύω.
κέκμη(κ)α f. κάμνω.
κέκονα, pf. v. καίνω.
κεκοπώς f. κόπτω.   [ρέννυμι.
κεκόρημαι, κεκορηότε f. κο-
κεκορυθμένος f. κορύσσω.
κεκοτηώς f. κοτέω.   [κραίνω.
κεκράανται f. κεράννυμι und
κεκρύφαλος, ὁ hohe Haube.
κεκύθωσι f. κεύθω.
κελᾰδεινός 3 lärmend, tosend, rauschend.
κελᾰδέω lärmen, schreien.
κέλᾰδος, ὁ Lärm, Getümmel, (lauter) Klang; Peitschenknall.
κελάδων, οντος = κελαδεινός.
κελαι-νεφής 2 schwarzwolkig; dunkel.
κελαινός 3 schwarz, dunkel.
κελαιν-ώπης, ου schwarz (-äugig), finster, umdüstert.
κελᾰρύζω rieseln.
κέλευθος, ἡ 1. Weg, Pfad, Bahn. — 2. a) Art des Gehens, Gang-art. b) Reise.
κέλευ(σ)μα, τό u. **κελευσμοσύνη, ἡ** Befehl, Gebot; Zuruf, Kommando, Weckruf.
κελευστής, οῦ, ὁ Rudermeister.
κελευστῐάω wiederholt ermahnen, eifrig anfeuern.
κελεύω antreiben: a) zurufen, auffordern. b) befehlen, heißen, gebieten, auftragen: beantragen, raten; verlangen, wünschen; gestatten, zulassen.
κέλης, ητος, ὁ a) Rennpferd. b) Schnellsegler, Jacht.   [ten.]
κελητίζω als Kunstreiter rei-
κελήτιον, τό Jacht.
κέλλω treiben; auflaufen lassen, landen (auch intr.).
κέλομαι M. a) = κελεύω. b) = καλέω.
κέλσαι f. κέλλω.
κέλωρ, ωρος, ὁ Sohn.
κεμάς, άδος, ἡ Hirschkalb.

κέν = κέ. [menschenleer.]
κέν-ανδρος 2 männerleer,
κενε-αυχής 2 eitler Prahler.
κενεός 3 = κενός.
κενεών, ῶνος, ὁ die Weichen.
κενοδοξία, ἡ eitle Ruhmsucht.
κενό-δοξος 2 voll eitler Ruhmsucht.
κενός 3 leer: bsd. a) menschenleer, ohne Mannschaft. b) hohl, öde. c) entblößt, beraubt, ohne; mit leeren Händen. d) eitel, nichtig, grundlos, vergeblich; unausgeführt, ungetan.
κενο-τάφιον, τό leeres Grab, Ehrengrab. [schwätz.]
κενοφωνία, ἡ leeres Geschwätz.]
κενόω leeren, entleeren; entvölkern: a) entblößen, berauben. b) vernichten, entwerten, entäußern.
κένσαι, inf. aor. v. κεντέω.
κεντέω u. -όω 1. a) stechen, stacheln, (an)spornen. b) durchpeitschen; schlagen; martern, entehren. — 2. durchbohren.
κεντρ-ηγεκής 2 angespornt.
κέντρον, τό Stachel; Stachelstab, -knute; übtr.: a) Antrieb, Sporn. b) Schmerz, Pein.
κεντρόω a) mit Stacheln versehen. b) durchstechen.
κεντυρίων, ωνος, ὁ Hauptmann (lt. centurio).
κέντωρ, ορος, ὁ Sporner.
κέομαι = κεῖμαι.
κεράασθε s. κεράννυμι.
κεραία, ἡ a) Segelstange, Rahe. b) Balken, Stange. c) Schrift: Hörnchen, Strichlein.
κεραΐζω a) zerstören, verwüsten; in den Grund bohren. b) morden, ausrotten.
κεραίω = κεράννυμι.
κεραμεία, ἡ Töpferkunst.
κεραμεοῦς, ᾶ, οῦν irden, tönern.
κεραμεύς, έως, ὁ Töpfer.

κεραμεύω Töpfer sein, Töpfe verfertigen. [irden, tönern.]
κεραμικός 3 u. **κεραμῖ(ν)ος** 3)
κεράμιον, τό irdenes Gefäß, Krug; Faß. [ziegel.]
κεραμίς, ίδος u. ίδος, ἡ Dach-]
κέραμος[1], ὁ 1. Töpfer-erde, Ton. — 2. a) irdenes Gefäß, Krug, Topf, Faß. b) Dachziegel; pl. (Ziegel-)Dach.
κέραμος[2], ὁ Gefängnis.
κεράννυμι I. Akt. mischen, vermischen; einschenken; vereinigen. — II. M. für sich mischen; füllen.
κεραο-ξόος 2 hornglättend.
κεραός 3 gehörnt.
κέρας, ατος u. ως, τό 1. Horn, Geweih. — 2. a) Bogen. b) Blashorn. c) Trinkhorn. d) Harnröhre. e) Bergspitze. f) Arm e-s Flusses. g) Flügel e-s Heeres oder einer Flotte, Flanke; auch Vorhut. ἐπὶ κέρως, ἐπὶ oder κατὰ κέρας in langem Zuge, in Kolonne, einzeln hintereinander. h) erhöhte Ecke am Altar.
κεράστης, ου gehörnt.
κεράτινος 3 hörnern, von Horn.
κεράτιον, τό Hörnchen; Schote des Johannisbrotbaumes.
κεραύνιος 3 (und 2) vom Blitz getroffen.
κεραυνός, ὁ Blitz, Donnerkeil.
κεραυνόω mit dem Blitze treffen ob. erschlagen.
κεράω = κεράννυμι.
κερδαίνω gewinnen, Vorteil erlangen, seinem Vorteile nachgehen; sich j-n geneigt machen, sich etw. ersparen, vermeiden.
κερδαλέος 3 a) gewinnbringend, vorteilhaft. b) verschlagen, listig, schlau.
κερδαλεό-φρων gewinnsüchtig, schlau; hinterlistig.
κερδίων 2 (ῑ) vorteilhafter, nützlicher, besser.

κέρδιστος 3 a) vorteilhaftester, nützlichster. b) listigster.

κέρδος, τό 1. Klugheit; kluger Rat, List (*pl.* Ränke). — 2. Gewinn, Vorteil, Nutzen: a) Lohn, Sold. b) Gewinnsucht. c) Erwerbs=art, =zweig.

κερδοσύνη, ἡ Schlauheit.

κερκίς, ίδος, ἡ Fadenstäbchen. Weberschiffchen. [schiff, Kutter.

κέρκουρος, ὁ leichtes Fracht=|

κέρμα, τό (Scheide=) Münze.

κερμᾰτιστής, οῦ, ὁ Geldwechsler.

κερσᾶς, κέρσε s. κείρω.

κερτομέω spotten, verspotten, necken, kränken, höhnen.

κερτόμησις, εως u. **κερτομίᾱ**, ἡ Spott, Schmähung.

κερτόμιος 2 u. **κέρτομος** 2 spottend, höhnisch, neckend.

κέσκετο, Iterativform von κεῖμαι.

κεστός 3 gestickt. ὁ Gürtel.

κευθάνω verbergen.

κευθμός, ὁ = κευθμών.

κευθμών, ῶνος, ὁ a) Schlupfwinkel. b) Wohnung, Gemach; Stall, Kofen, Loch. c) verborgene Tiefe, Schlund, Schlucht.

κεῦθος, τό = κευθμών.

κεύθω 1. (ver)bergen, verheimlichen, verhehlen; in sich verborgen halten. — 2. intr. (u. P.) verborgen ob. geborgen sein.

κεφάλαιον, τό a) Hauptsache, Hauptpunkt b) Inbegriff, Gesamt=ergebnis, Resultat, Summe. c) Kapital.

κεφᾰλαιόω a) kurz zusammenfassen, summieren; zusammenfassend berichten. b) auf den Kopf schlagen.

κεφᾰλαίωμα, τό Summe.

κεφᾰλ=αλγής 2 Kopfschmerz verursachend.

κεφᾰλή, ἡ 1. Haupt, Kopf; Mund, Kehle. — 2. a) Vorderseite. b) äußerstes Ende,

Spitze: α) Quelle, Ursprung; Ausgangspunkt: ~ γωνίας Eckstein; β) Hauptperson, Oberhaupt, Herr; γ) Ende, Schluß.

κεφᾰλιόω = κεφαλαιόω (b).

κεφᾰλίς, ίδος, ἡ Köpfchen; Rolle eines Buches.

κέχανδα, pf. v. χανδάνω.

κεχᾰρησέμεν u. ä. s. χαίρω.

κέχηνα, pf. v. χαίνω.

κέω = κείω.

κέωμαι, conj. von κεῖμαι.

κῇ u. **κή** = πῇ u. πή.

κῆαι, κήαμενος u. ä. s. καίω.

κηδεία, ἡ Verwandtschaft; Ehe (=bündnis).

κήδειος 2 a) teuer, lieb. b) zur Bestattung gehörig.

κηδεμών, όνος, ὁ 1. Pfleger, Besorger, Beschützer: a) Vormund. b) Leichenbestatter. — 2. Verwandte(r).

κήδεος 2 = κήδειος.

κηδέσκετο s. κήδω.

κηδεστής, οῦ, ὁ Verschwägerter, durch Heirat Verwandter: Schwager, Schwieger=vater, =sohn.

κηδεστίᾱ, ἡ Verschwägerung.

κήδευμα, τό Verwandte(r).

κηδεύω a) besorgen, pflegen; bestatten. b) intr. sich mit j=m verschwägern.

κήδιστος 3 teuerster.

κῆδος, τό 1. a) Sorge, Kummer, Trauer; Bestattung. b) Leid, Not, Elend. — 2. Verschwägerung, Verwandtschaft; Heirat.

κήδω I. Akt.: a) betrüben, ärgern, kränken. b) verletzen, beschädigen, ins Unglück bringen; berauben. — II. M. a) sich betrüben, fürchten. b) besorgt sein, Sorge tragen, sich kümmern, sich j=s annehmen, begünstigen.

κῆεν = ἔκηεν s. καίω.

κηκίς, ίδος, ἡ Fett, Saft.

κηκίω u. P. hervorspringen, hervorquellen.
κήλεος 2 u. **κήλειος** 2 lodernd.
κηλέω bezaubern; entzücken; verführen; besänftigen, kirren.
κηληθμός, ὁ Entzücken, Freude.
κλητήριον, τό Zaubermittel.
κηλίς, ἶδος, ἡ Fleck; Brandmal; Schandfleck, Tadel, Schmach.
κῆλον, τό Geschoß, Pfeil.
κηλώνειον u. **-ήιον**, τό Pumpe.
κημόω das Maul verbinden.
κῆνσος, ὁ Kopfsteuer (census).
κήξ, κηκός, ἡ Seehuhn.
κηόμεν f. καίω.
κηπίον, τό Gärtchen.
κῆπος, ὁ Garten.
κηπ-ουρός, ὁ Gärtner.
κῆρ, κῆρος, τό Herz. λάσιον κῆρ zottige Brust.
κήρ, κηρός, ἡ a) Todesgeschick, Todesart, Tod; Todesgöttin. b) Verhängnis, Unglück, Verderben, Schaden, Schimpf.
κηρεσσί-φόρητος 2 von den Keren getrieben.
κηρίον, τό Wachskuchen, Honigwabe.
κηρο-δέτης u. **-ᾱς**, ου wachsgefügt. [lich.]
κηρό-θι adv. im Herzen, herz=
κηρός, ὁ Wachs.
κήρυγμα, τό Heroldsruf, Bekanntmachung, Befehl, Gebot: a) Belohnung. b) Predigt.
κηρύκειον u. **κηρυκήιον**, τό = κηρύκιον.
κηρυκήη, ἡ Heroldsamt.
κηρύκιον, τό Heroldsstab.
κῆρυξ, ῡκος, ὁ Herold, Ausrufer; Abgesandte(r), Bote; Prediger, Apostel.
κηρύσσω 1 a) Herold sein. b) als Herold ausrufen od. berufen. — 2. ausrufen lassen, öffentlich bekanntmachen lassen, verkündigen, befehlen, gebieten: a) öffentlich feilbieten lassen. b) melden, anzeigen, rühmen, preisen; predigen.
κῆται = κέηται f. κεῖμαι.
κῆτος, τό a) Schlund. b) Seeungeheuer.
κητώεις 3 schluchtenreich.
κηφήν, ῆνος, ὁ Drohne.
κηώδης 2 u. **κηώεις** 3 duftend, duftig. [unecht; zweideutig.]
κίβδηλος 2 verfälscht, falsch,]
κιβωτός, ἡ u. **κιβώτιον**, τό Kasten, Kiste, Schrank; Arche; Bundeslade.
κιγχάνω = κιχάνω.
κίδνᾰμαι = σκεδάννυμαι.
κιθάρᾱ u. **κίθᾰρις**, εως, ἡ a) Harfe, Zither. b) Harfenspiel.
κιθαρίζω die Harfe spielen.
κιθάρισις, εως, ἡ das Harfenspiel(en), Musik. [Harfe.]
κιθάρισμα, τό Stück für die]
κιθαριστής, οῦ, ὁ a) Harfenspieler. b) Musiklehrer.
κιθαριστικός 3 a) zum Harfenspiel gehörig. ἡ -ή Kunst des Harfenspiels. b) ὁ Harfenspieler. [spiel(kunst).]
κιθαριστύς, ύος, ἡ Harfen=]
κιθαρῳδέω zur Harfe singen.
κιθαρ-ῳδός, ὁ Harfenspieler.
κιθών, ῶνος, ὁ = χιτών.
κίκι, εως, τό Öl des Wunderbaumes.
κικλήσκω (an)rufen, nennen.
κῖκυς, ῠος, ἡ Kraft, Stärke.
κίναδος, τό Fuchs.
κίναιδος, ὁ Wollüstling.
κινάμωμον, τό = κιννάμωμον.
κίνδυνευμα, τό = κίνδυνος.
κινδυνευτής, οῦ, ὁ Wagehals.
κινδυνεύω I. Akt. 1. a) eine Gefahr bestehen, sich Gefahren aussetzen, etw. aufs Spiel setzen, wagen; kämpfen. b) Gefahr laufen, in Gefahr schweben; vor Gericht stehen. 2. scheinen, (leicht) möglich sein. cf. κινδυνεύομαι προδοθή-

κίνδυνος — 254 — **κλέμμα**

ναι: a) es ist zu fürchten, daß wir verraten werden. b) wir werden wahrscheinlich (möglicherweise, wohl, vielleicht) verraten, wir scheinen verraten zu werden. — II. P. gefährdet werden, bedroht sein, auf dem Spiele stehen.

κίνδυνος, ὁ 1. Gefahr: a) Kampf, Schlacht. b) Prozeß. c) Risiko. — 2. Wagnis, Wagestück, Versuch.

κινέω I. Akt. bewegen: 1. fortbewegen, =führen, vertreiben, entfernen; weg=, fort=stoßen: a) in die Flucht schlagen; vorrücken lassen. b) intr. vorrücken. 2. schütteln, erschüttern, an etw. rütteln; sich an etw. vergreifen. 3. a) aufregen, erregen, aufscheuchen, beunruhigen. b) reizen, anstiften, veranlassen. c) (ver)ändern. — II. P. 1. in Bewegung gebracht werden, sich bewegen, dahineilen, sich rühren; fortziehen, marschieren. 2. erschüttert werden.

κίνησις, εως, ἡ Bewegung; Erschütterung, Aufstand, Tumult.

κιννάμωμον, τό Zimt.

κινύμαι P. bewegt werden, sich bewegen.

κινυρός 3 winselnd, klagend.

κιό-κρᾱνον, τό Säulenknauf.

κίρκος, ὁ Weihe, Habicht.

κιρνάω u. **κίρνημι** = κεράννυμι.

κισσ-ήρης 2 efeu=umrankt.

κισσός, κιττός, ὁ Efeu.

κισσο-φόρος u. **κιττο-φόρος** 2 efeu=tragend.

κισσύβιον, τό Napf, Schale.

κίστη, ἡ Kiste, Kasten.

κιττός, ὁ = κισσός.

κιχάνω u. M. erreichen, erlangen: a) einholen. b) (an)treffen, finden. [Drossel.]

κίχλη, ἡ Krammetsvogel,

κίχρημι (aus)leihen, borgen. M. sich etw. leihen.

κίω gehen, weggehen.

κίων, ονος, ὁ (u. ἡ) Säule.

κλαγγή, ἡ Schall, Klang: a) Gesang. b) Geschrei, Lärm.

κλαγγηδόν adv. mit Geschrei.

κλάδος, ὁ Zweig; Sproß, Nachkommenschaft.

κλάζω (er)schallen, (er)tönen; schreien, lärmen, bellen, klirren, sausen.

κλαίω a) weinen, klagen, heulen; Schläge erhalten. b) trans. beweinen, beklagen.

κλάσις, εως, ἡ das Brechen, Zerbrechen.

κλάσμα, τό Brocken.

κλαυθμός, ὁ a) das Weinen, Wehklagen. b) Unglück, Weh; Strafe.

κλαῦμα, τό = κλαυθμός.

κλαυσί-γελως, ωτος, ὁ mit Weinen vermischtes Lachen.

κλαυστός 3 zu beweinen(d).

κλαύσω u. ä. f. κλαίω.

κλάω[1] (zer)brechen, abbrechen.

κλάω[2] u. **κλάω** = κλαίω.

κληηδών, ἡ = κληδών.

κλεῖθρον, τό Schloß, Riegel; Kette.

κλεινός 3 berühmt, gepriesen, ruhmvoll; herrlich, edel.

κλείς, κλειδός, ἡ 1. a) Riegel. b) Schließbolzen. — 2. a) Schlüssel. b) Gewalt. — 3. Öse od. Häkchen. — 4. Ruderpflock. — 5. Schlüsselbein.

κλεισιάς, άδος, ἡ = κλισιάς.

κλεισίον, τό Wirtschaftsgebäude.

κλεισίον, τό Hütte, Baracke.

κλειστός 3 = κλητός.

κλεῖτος 3 = κλεινός.

κλείω[1] = κλέω.

κλείω[2] schließen, verschließen: a) sperren. b) blockieren.

κλέμμα, τό Diebstahl; List.

κλέος, τό a) Ruf, Gerücht, Sage, Kunde. b) Ruhm, Ehre. *pl.* Ruhmestaten.

κλέπτης, ου, ὁ a) Dieb; Betrüger, Spitzbube. b) *adj.* geheim, trügerisch, hinterlistig.

κλεπτικός 3 diebisch. ἡ -ή Diebeskunst. [Verschlagenheit.

κλεπτοσύνη, ἡ Diebessinn;

κλέπτω 1. a) stehlen, entwenden, unterschlagen. b) heimlich vollbringen, listig tun: α) durchschmuggeln; β) heimlich besetzen. M. sich etw. listig erschleichen. — 2. betrügen, täuschen. — 3. verhehlen, verheimlichen.

κλεψ-ύδρᾱ, ἡ Wasseruhr.

κλέω I. Akt. berühmt machen, rühmen, preisen. — II. P. berühmt werden ob. sein.

κλήδην *adv.* bei Namen.

κληδοῦχος, ὁ, ἡ Priester, Priesterin.

κληδών u. **κλῃδών**, όνος, ἡ a) Ruf, Kunde, Gerücht; Ruhm. b) günstiger Ruf oder Zuruf; Vorbedeutung.

κλῄζω a) rühmen, preisen. b) nennen. P. heißen.

κλήθρη, ἡ Erle.

κλῆθρον, τό = κλεῖθρον.

κλῃΐζω = κλῄζω.

κληΐθρον, τό = κλεῖθρον.

κληΐς, ῖδος, ἡ = κλείς.

κληϊστός 3 = κληστός.

κλῄω = κλείω².

κλῆμα, τό u. **κληματίς**, ίδος, ἡ Schoß, (junger) Zweig: a) Weinrebe. b) *pl.* Reisig.

κληρονομέω Erbe sein, erben; beerben; erlangen, empfangen.

κληρονομία̅, ἡ Erbschaft, Erbteil; Besitz; Heilsbesitz.

κληρο-νόμος 2 a) teilhaftig. b) ὁ Erbe, Besitzer; ἡ Erbin.

κλῆρος, ὁ 1. a) Los. b) Verlosung. — 2. a) Erbteil, Erb-

gut; Anteil, Besitz. b) Grundstück, Acker.

κληρουχέω etw. als Kolonist besitzen, Kolonist sein.

κληροῦχος 2 teilhaftig. *subst.* ὁ Kolonist, Ansiedler.

κληρόω I. Akt.: a) losen. b) verlosen, auslosen, wählen; durch das Los zuteilen. P. Eigentum werden. — II. M. das Los ziehen: a) erlosen, zugeteilt erhalten. b) an der Auslosung teilnehmen.

κλήρωσις, εως, ἡ das Losen, Wahl durch das Los. [κλείς).]

κλής, κλῇδος (ob. κληδός?) ἡ =

κλῆσις, εως, ἡ Ruf, Zuruf: a) Einladung, Berufung. b) Vorladung vor Gericht, Klage.

κλῇσις, εως, ἡ Sperre.

κλῃστός 3 a) verschließbar. b) verschlossen.

κλητεύω vor Gericht fordern.

κλητός 3 a) berufen; erlesen. b) erwünscht, willkommen.

κλήτωρ, ορος, ὁ Ladungszeuge.

κλήω = κλείω².

κλίβανος, ὁ Backpfanne, Backofen, Ofen. [Landstrich; Zone.)

κλίμα, ob. **κλῖμα**, τό a) Gegend.)

κλῖμαξ, ακος, ἡ a) Leiter, Treppe. b) Umklammerung.

κλίνη, ἡ und **κλινάριον**, τό Lager, Bett: a) Ruhebett; Feldbett. b) Sänfte, Bahre. c) Speisesofa. [Sänfte.)

κλινίδιον, τό Tragbrett,

κλινο-πετής 2 bettlägerig.

κλιντήρ, ῆρος, ὁ Lehnstuhl, (Ruhe-)Bett.

κλίνω I. Akt. 1. a) neigen, beugen, biegen: α) wenden; β) in die Flucht schlagen. b) lehnen, anlehnen. c) sich lagern lassen, ein Lager anweisen. — 2. *intr.*: a) sich neigen, sinken. b) sich zu Tisch legen.

— II. M. sich an etw. lehnen. — III. P. 1. sich (an)lehnen, sich stützen. — 2. a) sich (auf die Seite) neigen, abbiegen, sich beugen, sich bücken, sich senken, niedersinken. b) einstürzen. c) sich niederlegen. d) *pf.* gelegen sein, liegen, wohnen.

κλισία, ἡ a) Hütte; Zelt. b) Lehnsessel. c) Abteilung von Gästen, Gruppe.

κλισιάς, άδος, ἡ Türflügel; *pl.* Tür, Tor.

κλισίη-θεν *adv.* aus der Hütte.

κλισίην-δε *adv.* in die Hütte.

κλισίη-φι in der Hütte.

κλισίον, τό = κλείσιον.

κλισμός, ὁ Lehnstuhl.

κλιτύς, ύος, ἡ Abhang, Hügel.

κλοιός, ὁ Halseisen.

κλονέω I. Akt. scheuchen, vor sich hertreiben; ängstigen, verwirren, durchtoben. — II. P. sich durcheinander drängen, einhergejagt werden, in Unordnung fliehen.

κλόνος, ὁ Verwirrung, Schlachtgetümmel, Gewühl.

κλοπεύς, έως, ὁ Dieb; heimlicher Übeltäter.

κλοπή, ἡ Diebstahl, heimliche Wegnahme, Unterschlagung: a) heimliche Flucht. b) List, Trug, Betrug.

κλόπιος 3 trügerisch. [nen.]

κλοτοπεύω lange Reden spin-

κλύδων, ωνος, ὁ Wogenschwall, Woge, Brandung; Sturm, Gewühl, Getümmel.

κλυδωνίζομαι P. wogen, von den Wogen umhergeworfen werden.

κλυδώνιον, τό geringer Wellenschlag; *meist* = κλύδων.

κλύζω I. Akt. 1. spülen, plätschern. — 2. a) bespülen. b) ausspülen. c) wegspülen. — II. P. wogen, branden.

κλύσμα, τό Klistier.

κλῦθι höre! (v. κλύω).

κλυστήρ, ῆρος, ὁ Klistierspritze.

κλυτο-εργός 2 werk-, kunstberühmt.

κλυτό-πωλος 2 rosseberühmt.

κλυτός 3 a) berühmt, herrlich. b) hörbar, laut, lärmend.

κλυτο-τέχνης, ου kunstberühmt.

κλυτό-τοξος 2 bogenberühmt.

κλύω 1. hören, vernehmen, erfahren: a) inne werden; merken. b) wissen. — 2. anhören, erhören, gehorchen. — 3. sich nennen hören, im Rufe stehen.

κλώθες, αἱ Spinnerinnen.

κλώθω spinnen.

κλωμᾰκόεις 3 auf Felsabsätzen gelegen.

κλών, κλωνός, ὁ Zweig, Schoß.

κλωπεύω stehlen; abfangen.

κλώψ, κλωπός, ὁ Dieb, Räuber; Marodeur.

κνάπτω walken; zerfleischen.

κναφεῖον, τό Walkwerkstatt.

κναφεύς, έως, ὁ Walker, Tuchscherer.

κναφήιον, τό = κναφεῖον.

κνάφος, ὁ Stachelfolter.

κνάω I. Akt. schaben, kratzen; abkratzen. — II. M. sich kratzen.

κνέφας, αος, τό Dunkel, Finsternis, Dämmerung.

κνήθομαι P. ein Jucken oder einen angenehmen Reiz empfinden, gekitzelt werden.

κνήμη, ἡ Schienbein, Wade.

κνημῖδο-φόρος 2 Beinschienen tragend.

κνημίς, ῖδος, ἡ a) Beinschiene. b) lederne Gamasche.

κνημός, ὁ Waldtal.

κνησιάω ein Jucken empfinden.

κνῆστις, εως, ἡ Schabmesser.

κνίζω a) kratzen; an etw. reagen. b) jucken; kränken, peinigen, betrüben, erbittern.

κνῖσα, κνίση, ἡ a) Fettdampf; Opferduft. b) Fetthaut.
κνισήεις 3 voll Bratenduft.
κνυζέομαι M. knurren, winseln, wimmern.
κνυζηθμός, ὁ das Winseln.
κνύζημα, τό das Lallen.
κνυζόω trübe machen.
κνώδαλον, τό wildes Tier, Untier, Ungetüm. [Schwert.]
κνώδων, οντος, ὁ Schwerthaken;
κνώσσω fest schlafen.
κόγχη, ἡ Muschel.
κογχυλιάτης, ου, ὁ, λίθος Muschelkalk(stein).
κογχύλιον, τό Muschel, Muschelschale.
κοδράντης, ου, ὁ Pfennig.
κόθεν = πόθεν.
κόθορνος, ὁ a) hoher Jagdstiefel. b) Kothurn; Achselträger. [wie?]
κοίη = ποία auf welche Weise?
κοιλαίνω aushöhlen.
κοιλία, ἡ Bauchhöhle, Bauch, Unterleib; Magen; Mutterleib.
κοῖλος 3 a) hohl, gewölbt. b) vertieft, tiefliegend, von Bergen umgeben, von hohen Ufern eingefaßt. c) **τὸ κοῖλον** Höhlung, Vertiefung, Niederung, Bucht.
κοιμάω u. **-έω** I. Akt. zur Ruhe legen, in Schlaf bringen, einschläfern; beruhigen, lindern. — II. P. (M.) a) sich schlafen legen, schlafen; entschlafen; ruhen, nachlassen, aufhören. b) sich lagern.
κοίμημα, τό das Schlafen; Umarmung, Ehe. [Schlummer.]
κοίμησις, εως, ἡ das Schlafen.
κοιμίζω = κοιμάω.
κοινανέω = κοινωνέω.
κοινο-λεχής 2 Lagergenosse.
κοινολογέομαι M. sich besprechen, unterhandeln, sich verständigen.

κοινό-πλους 2 gemeinsam fahrend. [(wandelnd).]
κοινό-πους, ποδός gemeinsam
κοινός 3: 1. a) gemeinsam, gemeinschaftlich. b) allgemein, gewöhnlich. c) öffentlich, den Staat betreffend, Staats-..., Gemein-... d) gemein, unrein. e) **τὸ κοινόν** und **τὰ κοινά**: α) Gesamtheit, Ganzes. β) Gemeinde, Gemeinwesen, Staat; versammeltes Heer; γ) Gemeinwohl, allgemeines Beste; Volksbeschluß; δ) öffentliche Angelegenheiten, Staats-ämter, -geschäfte; Staatsverwaltung, Staatsbehörden; ε) Gemeingut, Staats-schatz, -kasse, öffentliche Gelder. — 2. a) verwandt; vertraut. b) mitbeteiligt, Teilnehmer. c) leutselig, freundlich, volkstümlich. d) unparteiisch. e) gemein. — 3. **κοινῇ, κοινῶς:** a) gemeinsam, zusammen, auf gemeinschaftliche Kosten. b) von Staats wegen, öffentlich, im allgemeinen Interesse. c) zugleich, mitsamt.
κοινότης, ητος, ἡ Leutseligkeit.
κοινό-τοκος 2 brüderlich.
κοινόω I. Akt. gemeinsam machen: a) mitteilen, bekanntmachen. b) gemein machen, verunreinigen; für unrein halten. — II. M. Gemeinschaft haben: a) in Gemeinschaft treten, gemeinsam unternehmen. b) j-m etw. mitteilen; sich mit j-m beraten, j-n um Rat fragen.
κοινωνέω Anteil haben, teilnehmen; etw. mit j-m teilen, mit j-m gemeinschaftliche Sache machen, sich an j-n anschließen.
κοινωνία, ἡ Gemeinschaft, Anteil, Teilnahme: a) Verein, Gesellschaft, Bund. b) Umgang. c) Hilfeleistung, Liebesgabe, Kollekte.

κοινωνικός 3 mildtätig.

κοινωνός 2 gemeinsam; mitschuldig. ὁ, ἡ Teilnehmer(in), Genosse, Gefährte.

κοῖος 3 = ποῖος.

κοιρανέω Herrscher od. Anführer sein, herrschen; gebieten; den Herrn spielen.

κοιρανίδης, ου, ὁ = κοίρανος.

κοίρανος, ὁ Herrscher, Gebieter, Herr.

κοιταῖος 3 gelagert.

κοίτη, ἡ u. **κοῖτος** ὁ 1. a) das Schlafengehen. b) Schlaf. — 2. Lager, Bett: a) Ehebett. b) Beilager; pl. Unzucht. c) Leibesfrucht.

κοιτών, ῶνος, ὁ Schlafgemach, Kammer.

κόκκινος 3 scharlachrot. τό -ον scharlachrotes Gewand.

κόκκος, ὁ a) Kern, Korn. b) Scharlachbeere.

κολάζω u. M. 1. in Zucht halten, bändigen. — 2. in Zucht nehmen, zügeln, züchtigen: a) zurechtweisen. b) strafen.

κολακεία, ἡ Schmeichelei.

κολακευτικός 3 schmeichlerisch, ἡ -ή Kunst zu schmeicheln, Schmeichelei.

κολακεύω schmeicheln, für sich einnehmen, täuschen.

κολακίᾱ, ἡ = κολακεία.

κολακικός 3 = κολακευτικός.

κόλαξ, ακος, ὁ Schmeichler.

κόλασις, εως, ἡ Züchtigung, Strafe.

κολαστήριον, τό Strafmittel.

κολαστής, οῦ, ὁ Züchtiger, Zuchtmeister.

κολαφίζω ohrfeigen; mißhandeln. [Scheibe.]

κολεός, ὁ und **κολεόν**, τό

κόλλα, ἡ Leim.

κολλάω zusammenleimen; fest zusammenfügen. P.: a) sich anhängen, sich an j-n anschließen, j-m anhängen. b) reichen bis.

κολλήεις 3 und **κολλητός** 3 festgefügt; verlötet.

κόλλησις, εως, ἡ das Zusammenschweißen, Löten.

κολλ(ο)ύριον, τό Augensalbe.

κόλλοψ, οπος, ὁ Wirbel am Joch der Leier.

κολλυβιστής, οῦ, ὁ Geldwechsler. [kürzen.]

κολοβόω verstümmeln, ver-

κολοιός, ὁ Dohle.

κόλος 2 verstümmelt, stumpf.

κολοσσός, ὁ Riesenbildsäule.

κολο-συρτός, ὁ Lärm, Getümmel, Getöse.

κολούω verstümmeln: a) (ver-)kürzen, verkleinern, beschränken. b) beeinträchtigen, nicht aufkommen lassen, zerstören.

κόλπος, ὁ Wölbung: 1. a) Busen, Brust. b) Bausch. c) Mutterschoß. — 2. a) Meerbusen, Bucht. b) Meeresschoß. c) Talebene. [schwimmen.]

κολυμβάω (unter)tauchen,

κολυμβήθρα, ἡ Badeanstalt, Teich. [Schwimmer.]

κολυμβητής, οῦ, ὁ Taucher,

κολῳάω kreischen, lärmen.

κολώνη, ἡ und **κολωνός**, ὁ Hügel; Grabhügel.

κολωνίᾱ, ἡ Kolonie.

κολῳός, ὁ Gekreisch, Gezänk.

κομάω a) langes Haar tragen. b) mit etw. prunken, um etw. buhlen.

κομέω[1] = κομάω.

κομέω[2] warten, pflegen, besorgen. [Laub, Gras.]

κόμη, ἡ Haupthaar, Haar;

κομήτης, ου langhaarig, gefiedert. subst. ὁ Komet.

κομιδή, ἡ 1. Sorge, Pflege. — 2. Zuführung: a) Zufuhr, Transport(mittel). b) Wiedererlangung; Aufsuchung. —

κομιδῇ 3. Fahrt: a) Überfahrt. b) Heimkehr, Rückzug.

κομιδῇ a) ganz (und gar), durchaus, überaus, geradezu, erst recht. b) gewiß, allerdings.

κομίζω I. Akt. besorgen: 1. warten, pflegen: a) ernähren. b) gastlich aufnehmen. c) verwalten. — 2. bei sich tragen, führen, bringen: a) wegtragen, -bringen, fortschaffen, aufheben. b) herbei-tragen, -bringen, hinschaffen c) zurückbringen. — II. P. a) geholt ob. befördert werden. b) sich begeben, hingehen, fahren, ziehen, marschieren, reisen. c) zurückkehren. — III. M.: a) bei sich aufnehmen ob. verpflegen. b) für sich aufheben, (mit sich) davontragen, für sich fortschaffen (lassen), sich holen; sich verschaffen, erwerben, empfangen. c) mitbringen. d) zurückerhalten, wiederbekommen.

κόμμι, ιδος u. εως, τό Gummi.

κομμωτικός 3 putzkundig. ἡ -ή Putzkunst.

κομμώτρια, ἡ Kammerzofe.

κομπάζω u. **κομπέω** a) lärmen, rasseln, klirren. b) prahlen, sich brüsten (auch P.).

κόμπος, ὁ a) Lärm, Gerassel, Knirschen. b) das Rühmen, Prahlerei, Prunk. c) Ruhm.

κομπώδης 2 prahlerisch.

κομψεία, ἡ Spitzfindigkeit.

κομψεύω u. M. putzen; witzeln.

κομψός 3 schmuck, geputzt: a) fein, artig; anständig. b) witzig, geistreich, schlau. c) gut.

κοναβέω und **κοναβίζω** ertönen, rasseln, widerhallen.

κόναβος, ὁ Lärm, Krachen, Getöse.

κονία, ἡ 1. Staub. — 2. a) Sand. b) Asche. c) Kalk; Tünche.

κονιᾱτός 3 übertüncht.

κονιάω (über)tünchen, weißen.

κονί-ορτός, ὁ Staubwirbel, Staubwolke, Staub.

κόνις, εως, ἡ = κονία.

κονί-σᾰλος, ὁ Staubwolke.

κονίω a) bestäuben, mit Staub bedecken ob. erfüllen; bestreuen. b) hin-stäuben, -stürmen.

κοντός, ὁ Stange.

κοπάζω müde werden; nachlassen, sich legen.

κοπετός, ὁ das Wehklagen, Trauerfeier.

κοπή, ἡ a) Schlag. b) Gemetzel, Nieder-lage, -werfung.

κοπιάω müde werden; sich abmühen.

κοπίς, ίδος, ἡ a) Messer, Schwert. b) Art, Beil.

κόπος, ὁ 1. a) das Schlagen. b) das Wehklagen. — 2. a) Ermüdung, Ermattung. b) Arbeit, Mühe, Beschwerde, Unglück.

κοπρέω düngen.

κοπρίᾱ, ἡ und **κόπριον**, τό = κόπρος.

κόπρος, ἡ 1. a) Mist, Dünger. b) Kot, Schmutz. — 2. Viehhof, Stall, Hürde.

κοπρο-φόρος 2 misttragend.

κόπτω I. Akt. 1. schlagen, stoßen, hauen: a) schlachten; erschlagen. b) abschlagen, abhauen, verwüsten. c) zerschlagen, -trümmern, -stoßen. d) verwunden; hart mitnehmen, ermüden. — 2. schmieden, prägen. — 3. anklopfen, an etw. pochen. — II. M. 1. sich schlagen. — 2. a) heftig (be)trauern, wehklagen. b) prägen lassen.

κόραξ, ᾰκος, ὁ Rabe.

κοράσιον, τό Mädchen.

κορβᾶν und **κορβανᾶς**, ᾶ, ὁ Gabe, Opfer, Tempelschatz.

κόρδαξ, ᾰκος u. **κορδᾰκισμός**, ὁ unzüchtiger Tanz.

17*

κορέννῡμι I. Akt. sättigen. — II. P. und M. sich sättigen; satt ob. überdrüssig werden.

κορέω¹ fut. v. κορέννυμι.

κορέω² fegen, (aus)kehren.

κόρη, ἡ 1. a) Mädchen, Jungfrau. b) junge Frau. c) Tochter. — 2. a) Puppe. b) Augapfel. — 3. langer Ärmel.

κορθύω erheben. P. sich erheben, sich aufstürmen.

κορμός, ὁ Baumstumpf, Klotz.

κόρος¹ ὁ 1. Jüngling: a) Krieger. b)Knappe, Junker. c)Knabe, Sohn. — 2. a) jugendlich, rüstig. b) edel.

κόρος², ὁ 1. a) Sättigung. b) Überdruß, Ekel. — 2. Trotz, Übermut.

κόρος³ ὁ Kor, Malter.

κόρρη und **κόρση, ἡ** Schläfe; Backe.

κορῡβαντιάω korybantisch verzückt sein.

κορῠθ-ᾱϊξ,ικος helmschüttelnd.

κορῠθ-αίολος 2 helmschüttelnd. [Knauf.]

κόρυμβος, ὁ Spitze, Gipfel;

κορύνη, ἡ Keule.

κορῠνήτης, ου und **κορῠνηφόρος, ὁ** Keulenträger.

κόρῠς, ῠθος, ἡ Helm.

κορύσσω I. Akt.: a) erheben; erregen. b) rüsten. — II. P. u. M.: a) sich erheben. b) sich rüsten, sich waffnen.

κορυστής, οῦ gerüstet.

κορυφαῖος 3 oberster. *subst.* ὁ Anführer, Haupt, Erster.

κορυφή, ἡ Spitze, Gipfel; Scheitel, Wirbel; Hauptsache.

κορυφόω gipfeln. P. sich auftürmen, emporsteigen.

κορώνη¹, ἡ Krähe.

κορώνη², ἡ a) Türring. b) Bogenring, Haken.

κορωνίς, ίδος geschweift.

κόσκινον, τό Sieb.

κοσμέω 1. ordnen, anordnen, ordentlich einrichten, besorgen: a) zurüsten. b) aufstellen: α) in Ordnung halten; β) befehligen, beherrschen, verwalten, leiten. — 2. schmücken, ausschmücken, putzen, ausstatten: a) ehrenvoll bestatten. b) rühmen, ehren, zu Ehren bringen.

κόσμησις, εως, ἡ Schmuck, Zierde; Waffenschmuck.

κοσμητός 3 schön angelegt.

κοσμήτωρ, ορος, ὁ Ordner, Gebieter, Leiter.

κοσμικός 3 weltlich; irdisch.

κόσμιος 3 (u. 2) ordentlich: a) sittsam, anständig, züchtig, ehrbar. b) mäßig, maßvoll, bescheiden. c) gehorsam.

κοσμιότης, ητος, ἡ Anstand, Schicklichkeit.

κοσμο-κράτωρ, ορος, ὁ Herrscher dieser Welt.

κόσμος, ὁ 1. a) Einrichtung, Bau(art). b) Ordnung: α) Gebühr, Anstand; β) Regelmäßigkeit; γ) bestehende Verfassung; δ) Weltall, Welt; Erde, Menschheit; jedermann. — 2. Schmuck, Zierde: a) Zierat, Putz. b) Lob, Ruhm, Ehre.

κόσος 3 = πόσος.

κότε u. **κοτέ** = πότε und ποτέ.

κότερος, κότερον = πότερος, πότερον.

κοτέω u. M. grollen, zürnen.

κοτήεις 3 grollend.

κότος, ὁ Groll, Haß.

κοτύλη, ἡ a) Napf, Schälchen. b) Hüftpfanne. [warze.]

κοτυληδών, όνος, ὁ Saug-

κοτῠλ-ήρῠτος 2 mit Bechern schöpfbar, starkfließend.

κοῦ u. **κού** = ποῦ u. πού.

κουλεόν, τό = κολεόν.

κοῦμι u. **κούμ** stehe auf!

κουρά, ἡ Schur, das Scheren.

κουρεῖον, τό Barbierstube.

κουρεύς, έως, ὁ Barbier.
κουρή, ἡ = κόρη.
κουρῆτες, ων, οἱ Jünglinge.
κουρίδιος 3 ehelich. ὁ Gatte.
κουρίζω jugendlich ob. rüstig sein.
κουρίξ adv. bei den Haaren.
κοῦρος, ὁ = κόρος. κουρότερος jugendlicherer Mann.
κουρο-τρόφος 2 Männerernährer(in), Jugendpfleger(in).
κουστωδία, ἡ Wache.
κουφίζω 1. a) leicht machen, erleichtern: α) mildern; β) helfen, unterstützen; γ) befreien. b) aufheben; bestatten. — 2. intr. u. P.: a) leicht sein, sich erleichtert fühlen. b) sich aufrichten.
κούφισις, εως, ἡ Erleichterung.
κουφολογία, ἡ leere Großsprecherei.
κουφό-νοος 2 a) leichtsinnig. b) munter, harmlos.
κοῦφος 3 leicht, nicht drückend; leichtbewaffnet, unbeladen: a) behend, gewandt. b) unbedeutend, wenig. c) sanft, willig, gleichmütig. d) eitel, nichtig. e) leichtsinnig.
κόφινος, ὁ Korb.
κόχλος, ὁ Muschel, Schnecke.
κράατα, κράατι, κράατος s. κάρα.
κράββατος, ὁ ärmliches Bett.
κραυγάνομαι M. laut schreien.
κραδαίνω u. **κραδάω** schwingen.
κραδίη, ἡ = καρδία.
κράζω krächzen, schreien, (aus-)rufen.
κραίνω u. **κραιαίνω** a) vollenden, ausführen, anfertigen, erfüllen. b) herrschen, gebieten.
κραιπάλη, ἡ a) Rausch. b) Völlerei.
κραιπνός 3: 1. a) reißend. b) schnell, flink, behend. — 2. heftig, hitzig, hastig.
κραναός 3 felsig, steinig.

κράνεια und **κρανείη**, ἡ Hartriegel, Kornelkirschbaum.
κράνεινος 3 von Hartriegel gemacht.
κρανίον, τό Schädel; Schädelstätte.
κράνος, τό Helm.
κρᾶσις, εως, ἡ Mischung, Verbindung; Temperatur.
κράσ-πεδον, τό Rand, Saum: a) Abhang. b) Flügel-s-Heeres. c) Zipfel, Troddel, Quaste.
κρᾶτα, τό = κάρα.
κραται-γύαλος 2 mit starken Brustplatten.
κραταιΐς, ή Übergewicht, Wucht.
κραταιός 3 stark, gewaltig.
κραταιόω stark machen. P. erstarken. [stampft.]
κραται-πεδον 2 hartgestampft.
κραται-ρίνος 2 harthäutig.
κρατερός 3 = καρτερός.
κρατερό-φρων 2 starkmutig.
κρατερ-ῶνυξ, υχος starkklauig, starkhufig.
κράτεσφι, dat. pl. v. κάρα.
κρατευταί, οἱ Stützsteine.
κρατέω I. stark ob. mächtig sein, Macht ob. Gewalt haben, Herr sein, herrschen. — II. mit Kasus: 1. mit dat.: unter einer Zahl mächtig sein. — 2. mit gen.: a) stärker oder mächtiger sein, siegen, übertreffen. b) Macht ob. Gewalt haben, herrschen, beherrschen. c) besiegen, sich bemächtigen, erlangen. — 3. mit acc.: a) bezwingen, überwinden, besiegen. b) besitzen, behaupten. c) ergreifen, fassen, fest-nehmen, -halten; behalten. d) abhalten, hindern.
κρατήρ, ῆρος, ὁ 1. Mischkessel, Mischkrug. — 2. a) Kessel. b) Krug. [ausgießen.]
κρατηρίζω das Trankopfer
κρᾶτί, dat. sg. v. κάρα.
κρατιστεύω der beste sein, übertreffen.

κράτιστος 3 stärkster, gewaltigster, mächtigster; tüchtigster, bester, vorzüglichster: a) tapferster. b) vornehmster, hochedel; Edler, Aristokrat.

κράτος, τό 1. Stärke, Kraft. κατὰ (ἀνὰ) κράτος mit aller Kraft, mit Sturm, im Galopp. — 2. Macht, Gewalt, Herrschaft, Thron, Oberbefehl: a) Übermacht, Oberhand, Sieg. b) Gewalttat.

κρατός, gen. sg. v. κάρα.

κρατύνω u. M. 1. stark machen, (ver)stärken, befestigen, sichern. — 2. a) herrschen, beherrschen, handhaben. b) besitzen.

κρατύς, ὁ stark, gewaltig.

κραυγάζω = κράζω.

κραυγάνάομαι ob. **κραυγάνομαι** M. schreien.

κραυγή, ἡ Geschrei, Lärm.

κρέας, ως, τό Fleisch(stück).

κρεῖον, τό Fleischbank.

κρείουσα, ἡ Herrin.

κρείσσων und **κρείττων** 2 stärker, gewaltiger, mächtiger; tüchtiger, besser, vorzüglicher, nützlicher: a) tapferer. b) überlegen, übersteigend, Herr, Sieger. c) vornehmer. d) schlimmer, ärger, gefährlicher.

κρείων, οντος gebietend; Gebieter, Herrscher.

κρεμάζω = κρεμάννυμι.

κρέμαμαι, P. zu κρεμάννυμι.

κρεμάννῡμι I. Akt. (auf-) hängen, schweben lassen. — II. P. **κρέμαμαι** aufgehängt werden ob. sein, hängen, schweben. [gend.]

κρεμαστός 3 aufgehängt, hängend.

κρέξ, κρεκός, ἡ unbekannter Vogel.

κρεουργηδόν adv. zu Kochstücken (zerhauend).

κρεο-φάγος 2 fleisch-essend.

κρέσσων 2 = κρείσσων.

κρήγυος 2 herz-erfreuend.

κρή-δεμνον, τό 1. Kopftuch, Schleier(tuch). — 2. a) Zinnen, (Ring-)Mauern. b) Deckel.

κρηῆναι u. ä. f. κραίνω.

κρή-θεν adv. von oben her; ganz und gar, durch und durch.

κρημνός, ὁ (jäher) Abhang, Böschung, Anhöhe, Rand.

κρημνώδης 2 abschüssig, steil.

κρηναῖος 3 zur Quelle gehörig, aus der Quelle, Quell-...

κρήνη, ἡ Quelle, Brunnen.

κρηπίς, ίδος, ἡ 1. Schuh. — 2. Grund-lage, -mauer, Fundament, Sockel, Einfassung(s-mauer). [ort, Zuflucht.]

κρησφύγετον, τό Zufluchts-

κρητήρ, ὁ = κρατήρ.

κρίζω krachen, knacken.

κρῑθή, ἡ Gerste, meist pl.

κρίθινος 3 von Gerste, Gersten-...

κρίκε f. κρίζω. [ring.]

κρίκος, ὁ Reifen, Ring; Joch-

κρῖμα u. **κρίμα**, τό Urteil, Beschluß; Verurteilung, Strafurteil; Gericht, Strafgericht; Rechtshandel.

κρίνον, τό u. **κρίνος**, τό Lilie.

κρίνω I. Akt. 1. scheiden, sichten, sondern, trennen; unterscheiden; auslesen, auswählen; bestimmen, billigen, gutheißen. — 2. urteilen, beurteilen: a) für etw. halten ob. erklären, b) glauben, meinen. c) deuten, auslegen. — 3. richterlich urteilen, richten, ein Urteil aussprechen: a) (richterlich) entscheiden, beschließen, sich vornehmen, verordnen. b) vor Gericht fordern, zur Rede stellen, anklagen, verklagen, verhören; ausforschen. d) verurteilen. — II. M. für sich auswählen; auslegen, deuten; rechten. — III. P. 1. ausge-

wählt ob. beurteilt, **entschieden werden.** — 2. a) angeklagt ob. gerichtet werden, prozeffieren. b) abgeurteilt oder verurteilt werden, sich richten lassen. — 3. sich (entscheidend) messen, kämpfen, streiten.

κριο-πρόσωπος 2 mit einem Widdergesicht.

κριός, ὁ Widder; Mauerbrecher.

κρίσις, εως ἡ 1. Scheidung, Trennung u.Zwiespalt,Streit; Wettstreit. b) Wahl. — 2. Entscheidung: a) Erprobung, das Urteilen, Beurteilung, Untersuchung. b) gerichtliche Entscheidung oder Untersuchung, Gericht; Anklage, Prozeß; Richterspruch,Urteil. Verurteilung, Strafgericht;Gerichtshof,Recht, Gerechtigkeit, Strafe.

κριτήριον, τό 1. Kennzeichen. — 2. a) Gericht(shof). b) Rechtshandel, Rechtssache.

κριτής, οῦ, ὁ Richter; Schiedsrichter; Ausleger.

κριτικός ὁ urteilsfähig.

κριτός 3 erlesen, auserwählt.

κροαίνω stampfen, schlagen.

κρόκη, ἡ Einschlag beim Gewebe; Faden.

κροκόδιλος, ὁ Krokodil.

κροκό-πεπλος 2 safrangewandig.

κρόκος, ὁ Safran.

κροκύς, ύδος, ἡ Wollflocke.

κρόμμυον und **κρόμυον**, τό Zwiebel, Gartenlauch.

κρόσσαι, αἱ a) Gesims(steine), Zinnen. b) Stufen, Absätze.

κροταλίζω klappern, rasseln, rasseln lassen.

κρόταλον, τό Klapper, Schelle.

κρόταφος, ὁ Schläfe.

κροτέω a) klappern lassen. b) schlagen, stampfen, klopfen; zusammenschlagen.

κροτητός 3 rasselnd.

κρότος, ὁ das Klatschen, Beifallklatschen; Lärm, Getöse.

κρουνός, ὁ Quell, Born.

κρούω I. Akt. schlagen, stoßen, anklopfen, (an)pochen; zusammenschlagen, pochen. — II. M. πρύμναν κρούεσθαι das Schiff rückwärts rudern, sich langsam zurückziehen.

κρύβδα u. **κρύβδην** = κρύφα.

κρυερός 3 eisig, eiskalt; schauerlich.

κρυμός, ὁ Frost; Winterzeit.

κρυόεις 3 = κρυερός.

κρύος, τό Frost, Eis.

κρυπτάδιος 3 = κρυπτός.

κρυπτή, ἡ Gewölbe, Krypta, verborgener Winkel.

κρυπτός 3 verborgen, versteckt; heimlich, geheim.

κρύπτω 1. verbergen, verstecken, verhüllen; bergen, begraben; a) verhehlen, verheimlichen,verschweigen. b) schützen, decken. — 2. intr. verborgen sein, sich verstecken. [glänzen]

κρυσταλλίζω wie Kristall [glänzen]

κρύσταλλος, ὁ a)Eis. b)(Berg=) Kristall.

κρυφᾷ, κρυφῇ, κρυφηδόν adv. verborgen, heimlich, ohne Wissen j-s. [κρυπτός.]

κρύφαιος 3 u. **κρύφιος** 3 =)

κρωβύλος, ὁ a) Haarschopf. b) Haar-büschel, -busch.

κρωσσός, ὁ Krug, Urne.

κτάμεν(αι), κτάς u. ä. ſ. κτείνω.

κτάομαι M. 1. sich etw. erwerben, sich verschaffen: a) sich zuziehen, ernten. b) j-n für sich gewinnen. c) j-n zu etw. machen ob. haben. — 2. j-m etw. erwerben. — 3. pf. **κεκτῆσθαι** besitzen, haben.

κτέαρ, ατος, τό = κτῆμα. [μαι.]

κτεατίζω = κτάομαι ob. κέκτη-)

κτείνω töten,morden;schlachten.

κτείς, κτενός, ὁ Kamm.

κτενίζω kämmen.
κτέρας, τό Besitz. *pl.* **κτέρεα**, ἐῶν Totengaben, Leichenfeier, feierliche Bestattung.
κτερίζω u. **κτερεΐζω** feierlich bestatten.
κτερίσματα, τά = κτέρεα.
κτῆμα, τό Besitz(tum), Habe, Eigentum, Schatz, Vermögen.
κτηνηδόν nach Art des Viehes.
κτῆνος, τό Besitz, Vermögen: Vieh-, Haus-, Reit-, Zug-, Lasttier. [Haus-...
κτησῖος 3 zum Besitz gehörig.
κτῆσις, εως, ἡ a) Erwerbung, Erwerb. b) Besitz, Besitztum, Vermögen. [erwerben(d).
κτητός 3 a) erworben. b) zu
κτήτωρ, ορος, ὁ Besitzer.
κτίδεος 3 von Wieselfell.
κτίζω a) bebauen, bevölkern, kolonisieren. b) gründen, erbauen, errichten; schaffen, bilden.
κτίλος, ὁ Widder.
κτιλόω zähmen. M. sich zu Willen machen.
κτιννύμι, **κτιννύω** = κτείνω.
κτίσις, εως, ἡ und **κτίσμα**, τό Gründung, Erbauung, Erschaffung, Einrichtung, Schöpfung, Geschöpf; Ansiedlung.
κτίστης, ου, ὁ Gründer, Schöpfer.
κτιστύς, ύος, ἡ = κτίσις.
κτυπέω krachen, erdröhnen, widerhallen; donnern.
κτύπος, ὁ Schlag; das Krachen, Dröhnen, Schall, Getöse, Brausen, Donnern; Geschrei.
κύαθος, ὁ Schöpfgefäß.
κυαμευτός 3 durch das Bohnenlos gewählt.
κύαμος, ὁ Bohne; Wahlstimme; Wahl, Bohnenlos.
κυάνεος 3 stahlblau; dunkel(-farbig), schwärzlich.
κυανό-πεζα, ἡ dunkelfüßig.

κυανό-πρῳρος 2 und **-πρῴρειος** 2 schwarzgeschnäbelt.
κύανος, ὁ a) Lasur-, Blaustein, (Blaustahl?). b) blauer Glasfluß, Smalte, Email.
κυανο-χαίτης, ου u. **-χαίτα** schwarzhaarig.
κυάν-ωπις, ιδος schwarzäugig.
κυβεία, ἡ Würfelspiel; Arglist.
κυβερνάω a) Steuermann sein. b) steuern; lenken, regieren, leiten.
κυβέρνησις, εως, ἡ das Steuern; Lenkung, Verwaltung.
κυβερνήτης, ου und **κυβερνητήρ**, ῆρος, ὁ Steuermann; Lenker, Leiter.
κυβερνητικός 3 zum Steuern des Schiffes geschickt. ἡ -ή Steuermannskunst.
κυβευτής, οῦ, ὁ Würfelspieler.
κυβευτικός 3 im Würfelspiel
κυβεύω würfeln. [geschickt.
κυβία, ἡ = κυβεία.
κυβιστάω sich überschlagen, ein Rad schlagen. [b) Taucher.
κυβιστητήρ, ῆρος, ὁ a) Gaukler.
κύβος, ὁ Würfel.
κυδάζω schmähen.
κυδαίνω berühmt od. herrlich machen: 1. stattlich machen, stärken. — 2. a) rühmen, verherrlichen, ehren. b) erfreuen
κυδάλιμος 2 ruhmvoll, trefflich, edel. [b) sich rühmen.
κυδάνω a) erheben, ehren.
κυδι-άνειρα, ἡ männerehrend.
κυδιάω stolz sein, sich brüsten.
κύδιστος 3 ruhmvollster, erhabenster.
κυδοιμέω a) toben, wüten. b) durcheinanderjagen.
κυδοιμός, ὁ Getümmel; Schlachtgewühl, Verwirrung.
κῦδος, τό a) Ruhm, Ehre, Herrlichkeit; Stolz, Zierde. b) das Gedeihen, Glück, Segen.
κυδρός 3 = κυδάλιμος.

κυέω schwanger ob. trächtig sn.
κυζικηνός, ὁ Goldmünze.
κύθε f. κεύθω.
κυΐσκομαι P. = κυέω.
κυκάω I. Akt. 1. rühren, umrühren, aufwühlen, (verz) mischen, verwirren. — II. P. in Unordnung geraten; scheu werden.
κυκεών, ῶνος, ὁ Mischtrank.
κυκλεύω um=schließen,=ringen.
κυκλέω 1. a) auf Wagen (wegfahren. b) im Kreise drehen, herumbewegen; rings herumlegen. — 2. intr. u. M. sich drehen: a) einen Kreis bilden. b) sich im Kreise bewegen; umkreisen, im Kreise umlaufen.
κύκλιος 3 (u. 2) u. **κυκλόεις** 3 kreis-förmig, =rund.
κυκλό-θεν adv. von allen Seiten, ringsum(her).
κύκλος, ὁ 1. Kreis, Ring, Rund, Umkreis: a) Kreisstellung. b) Kreislauf. (ἐν) κύκλῳ im Kreise, ringsum, überall. — 2. a) Gruppe. b) Reif, Schildreif. c) Scheibe, Schicht. d) Rad. e) Auge. f) Ring- ob. Stadt=mauern.
κυκλό-σε adv. ringsherum.
κυκλο-τερής 2 kreisförmig, rund.
κυκλόω I. Akt. 1. kreisförmig machen. — 2. a) im Kreise drehen ob. umwenden. b) um= ringen, umzingeln. — II. M.: a) einen Kreis bilden, sich im Kreise herumstellen. b) um= zingeln, umringen.
κύκλωσις, εως, ἡ a) Umzingelung.b)Einschließungstruppen.
κύκνος, ὁ Schwan.
κυλίνδω u. **κυλινδέω** I. Akt. wälzen, rollen; weg=, heran= zu=wälzen; empor=, herab= wälzen. — II. P. sich wälzen,

sich drehen, rollen; hinabrollen; sich herumtreiben.
κύλιξ, ικος, ἡ Becher.
κύλισμα, τό und **κυλισμός**, ὁ a) das Wälzen. b) aufgewühlter Kot.
κυλίω, = κυλίνδω.
κυλλήστις, ιος, ὁ ägyptisches Brot. [füßig, hinkend.]
κυλλο-ποδίων ονος krumm-)
κυλλός 3 krumm, lahm, verstümmelt. [Strömung.]
κῦμα, τό Woge, Welle, Flut,)
κυμαίνω u. P. wallen, wogen.
κυματίας, ου a) wellenschlagend. b) Wellen erregend.
κῦμᾰτο-ᾰγής 2 (wie Wogen) brandend. [gepeitscht.]
κῦμᾰτο-πλήξ, ῆγος wogen=)
κυμᾰτόομαι P. heftig wogen.
κυμᾰτ-ωγή, ἡ Strand.
κύμβᾰλον, τό Zymbel, Becken.
κύμβᾰχος[1], ὁ Helmkuppe.
κύμβᾰχος[2] 2 kopfüber stürzend.
κυμινδις, ιδος, ὁ Nachthabicht.
κύμινον, τό Kümmel. [κυνη-.]
κυνᾱγίᾱ, **κυν-ᾱγός** u. ä. =)
κυνά-μυια, ἡ Hundsfliege.
κυνάριον, τό Hündchen, Hund.
κυνέη und **κυνῆ**, ἡ a) Kappe, Hut. b) Helm, Sturmhaube.
κύνεος 3 hündisch, schamlos.
κυνέω küssen.
κυνῆ, ἡ = κυνέη.
κυνηγέσιον, τό 1. Jagd — 2. a) Jagdzug. b) Meute.
κυνηγετέω jagen, Jagd machen; aufspüren.
κυνηγέτης, ου, ὁ Jäger.
κυνηγετικός 3 zur Jagd gehörig, Jagd=... ἡ =ἡ Jägerei.
κυνηγία, ἡ = κυνηγέσιον.
κύν-ηγός, ὁ, ἡ Jäger(in).
κυνίδιον, τό Hündchen.
κυνικός 3 hündisch.
κυνίσκος ὁ Hündchen.
κυνο-κέφᾰλος 2 hundsköpfig.

κυνό-μυια, ἡ = κυνάμυια.
κυνο-ραίστης, ου, ὁ Hundslaus.
κυνο-σπάρακτος 2 von Hunden zerrissen.
κυντατος 3 hündischster; frechster, verwegenster.
κύντερος 3 hündischer; schamloser, frecher, verwegener.
κυν-ώπης, ου und **κυν-ῶπις**, ιδος hundsäugig.
κυπάρισσινος und **-ττίνος** 3 von Zypressenholz.
κυπάρισσος u. **κυπάριττος**, ἡ Zypresse. [Zypergras.]
κύπειρον, τό u. **κύπειρος**, ὁ
κύπελλον, τό Becher.
κύπερος, ὁ = κύπειρος.
κύπτω sich bücken, sich vornüber neigen.
κυρβασία, ἡ Turban.
κύρβις, εως, ὁ u. ἡ drehbarer Gesetzespfeiler.
κυρέω 1. a) auf etw. stoßen ob. treffen, begegnen; nach etw. zielen; das Rechte treffen, erraten. b) zuteil werden, sich ereignen. c) (= τυγχάνω) zufällig ob. gerade, eben sein; sich befinden, sein. — 2. erreichen, erlangen, teilhaftig werden. [hörig, des Herrn.]
κυριᾱκός 3 dem Herrn ge-
κυριεύω Herr sein, herrschen, beherrschen.
κύριος 3: I. 1. die Gewalt habend, herrschend, gebietend: a) berechtigt, befugt, bevollmächtigt. b) teilhaftig. **κύριον** εἶναι ob. καταστῆναί τι. in seiner Gewalt haben, imstande sein, vermögen, dürfen. — 2. vollgültig, entscheidend: a) rechtskräftig, bindend. b) festgesetzt, feststehend. — II. ὁ **κύριος** Herr, Besitzer, Gebieter, Herrscher; ἡ **κυρία** Herrin, Gebieterin, Herrscherin. τό

κύριον gesetzmäßige Gewalt, Satzung, bestimmte Zeit.
κυριότης, ητος, ἡ Herrschaft; Majestät; Herrscher. [stoßen.]
κυρίσσω mit den Hörnern
κῦρμα, τό Fund, Fang, Beute.
κῦρος, τό 1. Gewalt, Macht, Kraft. — 2. Entscheidung: a) Bestätigung. b) Gültigkeit. c) Vollendung, Abschluß.
κυρόω u. M. gültig ob. rechtskräftig machen, bestätigen, genehmigen: a) entscheiden, beschließen; festsetzen. b) vollenden.
κύρσας, **κύρσω** f. κύρω.
κύρτη, ἡ u. **κύρτος**, ὁ Fischerreuse.
κυρτός 3 a) krumm. b) gewölbt.
κυρτόω krümmen, wölben.
κύρω u. M. = κυρέω.
κύρωσις, εως, ἡ = κῦρος.
κύσ(σ)ε f. κυνέω. [blase.]
κύστις, εως und ιδος, ἡ Harn-
κύτος, τό a) Höhlung; Urne; Schild, Panzer. b) Haut.
κυφός 3 gebückt, gekrümmt.
κυφέλη, ἡ Kasten.
κύω = κυέω.
κύων, κῠνός, ὁ, ἡ a) Hund, Hündin; Ungetüm. b) Hundsstern. c) Seehund.
κῶ = πῶ.
κῶας, τό Vließ, weiches Fell.
κώδεια, ἡ Kopf; Mohnkopf.
κώδιον, τό = κῶας.
κώδων, ωνος, ὁ u. ἡ 1. a) Klingel, Schelle. b) Patrouille. — 2. Trompete.
κώκυμα, τό u. **κωκυτός**, ὁ Wehklage(n), Jammerruf.
κωκύω a) wehklagen, jammern. b) beklagen, beweinen.
κώληψ, ηπος, ἡ Kniekehle.
κῶλον, τό a) Glied; Fuß, Bein, Knie; Leib. b) Teil, Stockwerk, Seite, Wand.

κώλυμα, τό und **κωλύμη**, ἡ a) Verhinderung. b) Hindernis, Schwierigkeit; Vorkehrung.

κωλυτής, οῦ, ὁ der Hindernde.

κωλυτικός 3 hinderlich.

κωλύω a) hindern, verhindern, zurückhalten, wehren, hemmen, abhalten. b) verbieten, verweigern.

κῶμα, τό fester Schlaf.

κωμάζω a) ein Freudenfest feiern. b) schwärmen, einen fröhlichen Umzug halten; Mutwillen treiben.

κωμ-άρχης, ου u. **κώμ-αρχος**, ὁ Ortsvorsteher. [mer.

κωμαστής, οῦ, ὁ Nachtschwär-

κώμη, ἡ Dorf; Stadtviertel.

κωμήτης, ου, ὁ Dorfbewohner.

κωμικός 3 zur Komödie gehörig. subst. ὁ Lustspieldichter.

κωμό-πολις, εως, ἡ Marktflecken.

κῶμος, ὁ 1. a) Festzug, festlicher Aufzug. b) lustiger Umzug. c) lärmende od. betrunkene Schar, Schwarm. — 2. Festschmaus, (festliches) Gelage; Schwelgerei.

κωμῳδέω verspotten, verhöhnen.

κωμῳδία, ἡ Lustspiel.

κωμῳδ(ι)ο-ποιός, ὁ Komödienschreiber, -dichter.

κωμ-ῳδός, ὁ a) komischer Schauspieler. b) Komödiendichter.

κώνειον, τό Schierling(strank).

κών-ωψ, ωπος, ὁ Mücke.

κωπεύς, έως, ὁ Ruderholz.

κώπη, ἡ Griff, Stiel: a) Schwertgriff. b) Schlüsselgriff. c) Rudergriff; Ruder.

κωπήεις 3 mit einem (schönen) Griffe versehen. [sehen.

κωπ-ήρης 2 mit Rudern ver-

κώρυκος, ὁ lederner Beutel.

κῶς u. **κώς** = πῶς u. πώς.

κωτίλλω beschwatzen.

κωφός 3 stumpf: 1. stumm; taubstumm, taub; still. — 2. a) dumpftönend; b) dunkel. — 3. kraftlos. — 4. stumpfsinnig: a) unempfindlich; b) dumm, töricht.

Λ

Λ, λ (λάβδα, λάμβδα) elfter Buchstabe des griechischen Alphabets.

λᾶας, ὁ Stein; Fels; Klippe.

λαβή, ἡ a) (Schwert-)Griff, Handhabe, Henkel. b) Blöße, schwache Stelle.

λαβρ-αγόρης, ου, ὁ dreister Schwätzer.

λαβρεύομαι M. dreist schwatzen.

λάβρος 2 reißend, heftig; stark; wild, ungestüm, stürmisch.

λαβύρινθος, ὁ Labyrinth.

λαγνεία, ἡ Wollust.

λαγός, ὁ = λαγώς.

λαγχάνω 1. a) losen. b) durch das Los bestimmt od. gewählt werden. c) durch das Los zufallen. — 2. a) mit acc.: α) durch das Los erlangen, erlosen, (zugeteilt) erhalten, erlangen, empfangen. δίκην λαγχάνειν τινί eine Klage gegen j-n anhängig machen; β) teilhaftig machen. b) (mit gen.) teilhaftig werden.

λαγώς od. **λαγώς**, ῶ u. **λαγωός**, ὁ Hase.

λάδανον, τό = λήδανον.

λάζομαι M. nehmen, ergreifen, fassen.

λάθα, ἡ = λήθη.

λαθι-κηδής 2 sorgenstillend.

λαθί-πονος 2 a) des Leids vergessend. b) schmerzstillend.

λάθρα u. **λάθρᾱ** heimlich; verstohlenerweise; ohne j-s Wissen. [merkt.]
λαθραῖος 3 heimlich, unbe-
λαῖγξ, ιγγος, ἡ Steinchen.
λαῖλαψ, απος, ἡ Sturm, Orkan, Wirbelwind.
λαιμός, ὁ Kehle, Schlund.
λάϊνεος 3 u. **λάϊνος** 3 steinern, von Stein.
λαιός 3 link.
λαισήϊον, τό Tartsche.
λαῖτμα, τό Schlund, Tiefe.
λαῖφος, τό a) Laken, Segel. b) Lumpen(gewand).
λαιψηρός 3 schnell, flink.
λᾱκέω = ληκέω = λάσκω.
λάκκος, ὁ Loch, Grube: a) Zisterne; b) Teich.
λαξ-πάτητος 2 mit Füßen zertreten od. niedergetreten.
λακτίζω a) mit dem Fuße schlagen, hinten ausschlagen; zappeln. b) treten, schlagen.
λακτιστής, οῦ hinten ausschlagend, störrig.
λᾱκωνίζω a) den Spartanern nachahmen. b) es mit den Spartanern halten. [Sparta.]
λᾱκωνισμός, ὁ Hinneigung zu
λᾱκωνιστής, οῦ lakonisch gesinnt, Spartanerfreund.
λᾰλέω plaudern, schwatzen; reden, sprechen; sagen, verkünden, berichten, lehren; rühmen. [Schwätzer(in).]
λάλημα, τό Geschwätz,
λᾰλιά̄, ἡ Geschwätz; Gespräch, Rede, Sprache; Dialekt.
λάλος 2 geschwätzig.
λᾰμᾱ̆ u. **λαμμᾱ̆** warum?
λαμβάνω I. Akt. fassen, nehmen: 1. anfassen, ergreifen: a) fangen, einnehmen; erobern; erbeuten, rauben. b) gewinnen, erlangen, erwerben, bekommen; sich zuziehen, erleiden. 2. in Empfang nehmen, hin-

nehmen, sich geben lassen: a) an sich od. mit sich nehmen, wählen od. auswählen. b) wegnehmen, entwenden, rauben. c) annehmen, bei sich aufnehmen. d) über sich nehmen, übernehmen. 3. a) (geistig) erfassen, begreifen, erkennen. b) wahrnehmen, vernehmen. c) betrachten, sich vorstellen, als etw. ansehen. 4. a) ergreifen: befallen, überfallen, überkommen. b) antreffen, ertappen, erwischen, finden. c) überführen. — II. M.: a) sich an etw. halten; etw. berühren, fassen, ergreifen. b) sich bemächtigen, j-s habhaft werden, etw. gewinnen, erreichen, erlangen,
λαμπᾱδηδρομίᾱ und **λαμπᾱδηφορίᾱ**, ἡ Fackellauf.
λαμπάδιον, τό kleine Fackel.
λαμπάς, άδος, ἡ 1. a) Fackel, Leuchte: α) Sonne, Licht; β) Lampe. b) Fackellauf. — 2. fackelerleuchtet.
λαμπετάω leuchten.
λαμπρός 3 leuchtend, strahlend, glänzend, licht, hell, klar: a) helltönend, laut; kräftig; b) einleuchtend, klar, deutlich; c) herrlich: α) stattlich, prächtig; β) angesehen, berühmt.
λαμπρότης, ητος, ἡ a) Glanz, Pracht. b) Ruhm, Ehre.
λαμπροφωνίᾱ, ἡ helle Stimme.
λαμπρό-φωνος 2 hellstimmig.
λαμπρύνω I. Akt. putzen. — II. M.: a) für sich putzen. b) Aufwand machen, prunken.
λαμπτήρ, ῆρος, ὁ Leuchter, Licht: a) Leuchtpfanne, -becken; b) Fackel. [laut ertönen.]
λάμπω u. M. leuchten, glänzen;
λανθάνω I. Akt.: a) verborgen sein oder bleiben, unbemerkt

λάξ — 269 — **λέγω**

bleiben, j-m entgehen. ποιῶ λαθών = λανθάνω ποιῶν ich tue heimlich ob. unbemerkt, unvermerkt, unbewußt, unabsichtlich. b) vergessen machen (τινά τινος). — II. M.: a) vergessen. b) unterlassen.

λάξ adv. mit der Ferse, mit dem Fuße. [hauen.]

λαξευτός 3 in den Felsen gehauen.

λάξις, ιος, ἡ Gebietsteil.

λαός, ὁ Volk (= Volks-, Menschen-menge); Kriegsvolk; Bundesvolk; Nation. pl. οἱ λαοί Leute: α) Mannen, Krieger; β) Gesellen, Knechte; γ) Menschen.

λαο-σσόος 2 völker-erregend, die Mannen anfeuernd.

λαο-φόρος 2 = λεωφόρος.

λαπάρη, ἡ die Weichen.

λάπτω lecken, schlürfen.

λάρναξ, ακος, ἡ Behälter: a) Kasten. b) Urne. c) Sarg.

λάρος, ὁ Möwe.

λαρός 3 wohlschmeckend, lecker, köstlich. lieblich.

λαρυγγίζω aus voller Kehle schreien.

λάρυγξ, υγγος, ὁ Kehle, Schlund.

λάσθη, ἡ Schimpf, Spott.

λάσι-αύχην, ενος dichtmähnig.

λάσιος 3 zottig, wollig; dichtbewachsen, waldig.

λάσκω 1. tönen: a) krachen, platzen. b) schreien, bellen. — 2. ertönen lassen, verkünden, reden, sagen.

λα-τομέω aus Stein ob. in den Felsen (aus)hauen.

λατρεία, ἡ u. **λάτρευμα**, τό Dienst, Dienstverhältnis, Knechtsdienst; Gottesdienst.

λατρεύω dienen, frönen; Gott dienen.

λάτρις, ιος, ὁ Diener, Knecht.

λαυκανίη, ἡ Kehle, Schlund.

λαύρα, ἡ a) Gasse. b) Korridor, Seitengang.

λάφυρον, τό Beute, stets pl.

λαφυροπωλέω Beute verkaufen. [verkäufer (Beamter).]

λαφυρο-πώλης, ου, ὁ Beute-

λαφύσσω gierig verschlingen.

λαχανισμός, ὁ das Einholen des Gemüses. [Gemüse.]

λάχανον, τό Gartengewächs,

λάχε f. λαγχάνω.

λάχεια fem. niedrig, flach.

λάχεσις, εως, ἡ = λάχος.

λάχνη, ἡ Wolle; welliges Haar; (erster) Flaum; Flocke. [stig.]

λαχνήεις 3 wollig; zottig, bor-

λάχνος, ὁ Wolle.

λάχος, τό 1. Los. — 2. Teil, Anteil. a) Abteilung. b) Schicksal, Geschick.

λάω¹ packen, fassen.

λάω² blicken.

λέαινα, ἡ Löwin.

λεαίνω a) glätten, polieren, ebenen; angenehm machen. b) zerreiben, zermalmen, vernichten. [Krug, Humpen.]

λέβης, ητος, ὁ Kessel, Becken;

λεγεών u. **λεγιών**, ῶνος, ὁ u. ἡ Legion.

λέγω¹ = λέχω I. Akt. (hin-)legen, zu Bett bringen; einschläfern. — II. M. sich hinlegen, sich lagern.

λέγω² A. I. Akt. lesen: 1. auflesen, sammeln. 2. dazuzählen, darunterrechnen. — II. M.: a) für sich sammeln oder auswählen. b) überzählen. c) sich zählen. — B. I. Akt. 1. sagen, sprechen, reden. λέγειν τι etw. Zutreffendes ob. die Wahrheit sagen, recht haben (= εὖ, καλῶς, ὀρθῶς, ἀληθῆ λέγειν). εὖ (oder κακῶς, κακά) λέγειν: Gutes oder Schlechtes von j-m reden, j-n preisen ob. schmähen. 2. a) eine Rede halten. b) erklären, be-

λεηλατέω haupten; versprechen. c) melden, verkünden, sagen lassen, erwähnen, erzählen, schildern. d) benennen, nennen. e) befehlen, auffordern, (an)raten, beantragen. f) laut vortragen; vorlesen. g) (von Schriftstücken) besagen, lauten. h) damit besagen (= etw. ob. j-n) meinen, etw. unter etw. verstehen. — II. P. gesagt ob. erzählt werden: λέγομαι man sagt von mir, daß ich, ich soll. ὁ λεγόμενος der sogenannte. τὸ λεγόμενον Behauptung, wie man zu sagen pflegt, wie es im Sprichwort heißt. — III. M. a) sich besprechen, sich unterreden. b) = Akt. erzählen.

λεηλατέω Beute machen, plündern, verwüsten. [vieh.]
λεία, ἡ Beute, Raub; Beute-
λειαίνω = λεαίνω.
λείβω fließen lassen, (aus=) gießen, vergießen; spenden, ein Trankopfer bringen.
λεῖμμα, τὸ Rest.
λειμών, ῶνος, ὁ Wiese, Aue, Weide, Trift.
λειμώνιος 3 u. fem. **λειμωνίας**, άδος zur Wiese gehörig, Wiesen-... [Wiese her.]
λειμωνό-θεν adv. von der
λειο-γένειος 2 unbärtig.
λεῖος 3 glatt, poliert; eben, flach, kahl; sanft, gelinde.
λειότης, ητος, ἡ Glätte.
λείουσι, dat. pl. v. λέων.
λειποστρατία, ἡ u.=**στρατίον**, τὸ das Unterlassen der Heeresfolge; Desertion, Fahnenflucht; [den; mutlos werden.]
λειποψυχέω ohnmächtig werden
λειποψυχία, ἡ Ohnmacht.
λείπω I. Akt. 1. lassen: a) verlassen. b) zurücklassen, hinterlassen. c) übrig lassen, schonen. d) im Stich lassen, preisgeben.

e) unterlassen. 2. intr.: a) ausgehen, (ent)schwinden. b) fehlen, mangeln. — II. M. für sich ob. von sich hinterlassen. — III. P. u. M. 1. zurückbleiben: a) hinten bleiben. b) übrig bleiben, am Leben bleiben. c) hinter j-m zurückbleiben ob. zurückstehen, j-m nachstehen ob. unterliegen, schwächer sein als jmd. 2. verlassen werden; getrennt ob. fern von etw. sein: a) fernbleiben ob. fernstehen. b) entbehren, Mangel haben, unvermögend ob. schwach sein.

λειριόεις 3 lilienartig; zart.
λειστός 3 = ληιστός.
λειτουργέω Dienste leisten, dienen: a) Kosten übernehmen. b) eine Leiturgie leisten oder versehen; aushelfen.
λειτουργία, ἡ Dienst, Gefälligkeit: a) Leistung für den Staat, Leiturgie. b) Dienst der Priester, Gottesdienst.
λειτουργικός 3 dienstbar.
λειτουργός, ὁ (öffentlicher) Diener, Verwalter, Arbeiter.
λείχω lecken. [Rest.]
λείψανον, τὸ Überbleibsel,
λεκτέος 3 zu sagen(d).
λεκτικός 3 beredt.
λεκτός 3 a) (aus)erlesen. b) sagbar, auszusprechen(d).
λέκτρον, τὸ Lager, Bett: a) Bettzeug. b) Ehebett; Ehe. λέκτρονδε adv. zu Bett.
λελαβέσθαι = λαβέσθαι.
λελάβηκα, pf. v. λαμβάνω.
λελαθέσθαι u. ä. f. λανθάνω.
λέλασμαι, pf. M. v. λανθάνω.
λελάχω, conj. pf. v. λαγχάνω.
λελίημαι f. λάσκω.
λελιημένος 3 begierig.
λελογισμένως adv. nach reiflicher Überlegung.
λέλογχα, pf. v. λαγχάνω.
λεμά warum?

λέντιον

λέντιον, τό linnenes Tuch.
λέξεο u. λέξω f. λέγω¹.
λέξις, εως, ἡ Redeweise, Stil.
λεοντέη u. λεοντῆ, ἡ Löwenhaut.
λεπαδνον, τό Brustgurt.
λεπάς, ὁ kahler Fels ob. Berg.
λεπιδωτός 3 schuppig. subst. ὁ Schuppenfisch.
λεπίς, ίδος, ἡ a) Schale. b) Schuppe; Metallplättchen.
λέπρᾱ, ἡ Aussatz.
λεπρός 3 aussätzig.
λεπταλέος 3 zart, fein.
λεπτό-γεως 2 mit magerem Boden. τό -ων leichter Boden.
λεπτός 3: 1. enthülst. 2. dünn, zart, fein: a) mager. b) schmal, eng. c) klein, gering. τὸ λεπτόν kleines Geldstück, Heller. d) schwach. e) scharfsinnig.
λεπτουργέω feine Arbeit machen.
λέπω abstreifen, abschälen.
λέσχη, ἡ 1. Gemeindehalle; Volksherberge. — 2. a) Versammlung. b) Unterredung, Beratung, Gespräch, das Plaudern.
λευγαλέος 3 a) traurig, elend, jammervoll; verderblich, unselig. b) schmählich, schnöde.
λευίτης, ου, ὁ Levit.
λευϊτικός 3 levitisch.
λευκαίνω weiß machen, weiß färben ob. waschen. [mernd.]
λευκ-ανθής 2 weißblühend.
λευκανθίζω weiß aussehen.
λεύκ-ασπις, ιδος weißbeschildet. [b) weißer Aussatz.}
λεύκη, ἡ a) Weißpappel.}
λεύκ-ιππος 2 mit weißen Rossen fahrend.
λευκο-θώραξ, ᾱκος mit weißem Panzer.
λευκό-λινον, τό Weißflachs.
λευκό-πωλος 2 mit weißen Rossen fahrend.

ληίη

λευκός 3 a) leuchtend, licht, glänzend, hell, blank, klar. b) weiß, weißlich. c) glückbringend.
λεύκ-οφρυς, υος mit weißen Augenbrauen.
λευκόω a) weiß anstreichen. b) putzen.
λευκ-ώλενος 2 weißarmig.
λευρός 3 eben, weit, breit.
λεύσσω a) blicken, schauen, sehen. b) anschauen, erblicken, wahrnehmen.
λευστήρ, ῆρος, ὁ Mörder; Henker, Peiniger.
λεύω steinigen.
λεχε-ποίης, ου gras- ob. wiesenreich, schilfreich.
λέχος, τό Lager, Bett, Nest; Totenbett, Bahre; Ehebett, Ehe; Liebesgenuß; Gattin.
λέχοσ-δε ins Bett, zu Bett.
λέχριος 3 schräg: a) quer; b) niedergebogen; mißlich.
λέχω f. λέγω¹.
λέων, οντος, ὁ Löwe (ἡ Löwin).
λεωργός 2 frevelhaft, frevelnd.
λεώς, ώ, ὁ = λαός.
λεω-σφέτερος 2 Landsmann.
λεω-φόρος 2 vom Volke betreten. ἡ λ. Heerstraße.
λήγω 1. aufhören, zu Ende gehen, ablassen. — 2. trans. a) beruhigen, stillen, besänftigen. b) von etw. rasten lassen ob. abhalten.
λήδανον, τό Baumharz.
λήζω = ληίζω.
ληθάνω vergessen machen.
λήθη, ἡ das Vergessen: a) Vergessenheit. b) Vergeßlichkeit.
λήθω = λανθάνω.
ληιάς, άδος, ἡ (kriegs)gefangen.
ληί-βότειρα saat-abfressend.
ληίζω u. M. Beute machen, plündern, Räuberei treiben; erbeuten, rauben; verwüsten.
ληίη, ἡ = λεία.

λήιον — **λιθο-σπαδής**

λήιον, τό Saat, Feldfrüchte.
λήϊς, ἴδος, ἡ Beute.
ληιστήρ, ῆρος a) räuberisch. b) ὁ = λῃστής.
ληιστός 3 zu erbeuten(d).
ληιστύς, ύος, ἡ das Beutemachen, Plündern.
ληίστωρ, ορος, ὁ räuberisch.
λῆϊτις, ιδος, ἡ Beutespenderin.
ληκύθος, ἡ Ölflasche.
λῆμα, τό Wille: a) Entschlossenheit, Mut. b) Dreistigkeit; Frechheit; Übermut, Stolz.
λῆμμα, τό a) Einnahme. b) Gewinn, Vorteil; Trinkgeld.
λημπψις, εως, ἡ = λῆψις.
ληνός, ἡ (u. ὁ) Kelter; Kufe.
λῆξις, εως, ἡ Anteil, Los.
ληπτέος zu nehmen.
ληρέω töricht schwatzen; albern sein, Possen treiben.
λήρημα, τό = λῆρος.
λῆρος, ὁ leeres Geschwätz: a) Possen, Unsinn, Tand; b) Windbeutel.
λησμοσύνη, ἡ = λήθη.
λῃστεία, ἡ Räuberei: a) Seeräuberei. b) Raubzug.
λῃστεύω = λῃζω.
λῃστήριον, τό a) Räuberbande, Streifkorps. b) Raubzug.
λῃστής, οῦ, ὁ Räuber: a) Seeräuber. b) Freibeuter, Korsar. c) Plänkler.
λῃστικός 3 räuberisch, Räuber-... τὸ -όν Raubgesindel, Räuberbande, Kaper.
λῆστις, εως, ἡ = λήθη.
λῃστρικός 3 = λῃστικός.
λῄσω, fut. v. λανθάνω.
λητουργέω = λειτουργέω.
λῆψις, εως, ἡ das Nehmen: a) Einnahme; b) = Einkünfte; c) Wegnahme.
λιάζομαι P. a) abbiegen, ausweichen, entweichen, sich entfernen, entschwinden. b) (hin-)sinken, fallen.

λιᾶν a) gar sehr, ganz. b) zu sehr. καὶ λίαν und allerdings, ja gewiß; nur zu sehr.
λιαρός 3 warm, lau; sanft.
λίασθεν f. λιάζομαι.
λίβανος, ὁ a) Weihrauch. b) Weihrauchbaum.
λιβανωτός, ὁ a) Weihrauch. b) Räucherpfanne.
λιβανωτο-φόρος 2 Weihrauch tragend.
λιβάς, άδος, ἡ Tropfen; Naß, Wasser, Flut.
λιβερτῖνος, ὁ Freigelassene(r), Libertiner.
λιγά, adv. zu λιγύς.
λιγαίνω laut (aus)rufen.
λίγγω klirren, schwirren.
λίγδην adv. ritzend, streifend.
λιγνύς, ύος, ἡ Rauch, Qualm.
λίγυ-πνείων, οντος hellwehend, pfeifend.
λιγυρός 3 = λιγύς.
λιγύς 3 lauttönend, hellstimmig; laut; schwirrend, sausend.
λιγύ-φθογγος 2 lautrufend.
λιγύ-φωνος 2 lautschreiend.
λίζω = λίγγω.
λίην = λίαν.
λίϑ' = λῖτα f. λίς ³.
λιθάζω steinigen.
λίθαξ, ἀκος steinig, hart.
λιθάς, άδος, ἡ Stein.
λίθεος 3 = λίθινος.
λιθίδιον, τό Steinchen; Edelstein. [hart.]
λίθινος 3 a) steinern. b) felsig,
λιθοβολέω steinigen.
λιθο-κόλλητος 2 mit Edelsteinen besetzt.
λιθό-λευστος 2 gesteinigt.
λιθο-λόγος, ὁ Maurer.
λίθος, ὁ Stein, Fels; Marmor; Schleuderstein, Diskus; Edelstein.
λιθο-σπαδής 2 durch Herausziehen eines Steines entstanden.

λιθό-στρωτος 2 a) steingemauert. b) gepflastert. τό -ον Steinpflaster, Mosaikboden.
λιθοτομία, ἡ Steinbruch.
λιθουργός 2 zum Behauen der Steine gehörig. subst. ὁ λ. Steinmetz. [tragen.]
λιθοφορέω Steine herbei-
λικμάω worfeln; zermalmen.
λικμητήρ, ῆρος, ὁ Worfler.
λίκνον, τό a) Korb. b) Wiege.
λικνο-φόρος, ὁ Korbträger.
λικριφίς adv. seitwärts.
λιλαίομαι begehren, verlangen, wünschen, sich sehnen.
λιμά warum?
λιμαίνω Hunger leiden.
λιμήν, ένος, ὁ Hafen, Bucht: a) Zufluchtsort. b) Sammelplatz. [Sumpf-...]
λιμναῖος 3 in Sümpfen lebend,
λίμνη, ἡ See, Teich; stehendes Wasser: a) Sumpf, Pfuhl. b) Wasserbecken. c) Meer, Sund.
λιμνώδης 2 seeartig. [lassen.]
λιμοκτονέω (ver)hungern
λιμοκτονία, ἡ Hungerkur.
λιμός, ὁ Hunger, Hungersnot; das Verlangen.
λίνεος, 3 εἰ **λινοῦς** 3 leinen, linnen, aus Flachs.
λινο-θώρηξ linnengepanzert.
λίνον, τό 1. Lein, Flachs. — 2. a) Garn, Faden: α) Angelschnur; β) Netz; γ) Lebensfaden. b) Leinwand, Linnen; Laken. c) Docht.
λίνος, ὁ Linoslied.
λινοῦς 3 = λίνεος.
λιπά adv. fett, glänzend.
λιπαρέω beharren, ausharren; inständig bitten, (an)flehen.
λιπαρής 2 beharrlich, unermüdlich: a) inständig bittend, flehend. b) reichlich spendend, überreichlich, überschwenglich.
λιπαρία, ἡ Beharrlichkeit.

λιπαρο-κρήδεμνος 2 mit schimmerndem Kopftuch.
λιπαρο-πλόκαμος 2 mit glänzenden Haarflechten.
λιπαρός 3: 1. a) fett, wohlgenährt, gesalbt. b) glänzend, schimmernd, weiß. — 2. a) fruchtbar, gesegnet. b) reichlich, wohlhabend, in Fülle, behaglich. c) prächtig, schön. d) frisch, munter, heiter. [λιπαρός.]
λιπαρῶς, adv. zu λιπαρής und
λιπάω von Salben glänzen.
λίπος, τό Fett, Öl.
λιποστρατίά, ἡ = λειποστρατία. [-ία.]
λιποψυχέω, -ίᾶ=λειποψυχέω,
λιπόω = λιπάω.
λῖς¹ ὁ Löwe, Leu.
λῖς² glatt.
λίς³, λιτός, ὁ Leinwand, Leinentuch, Linnendecke.
λίσσομαι M. a) dringend bitten, flehen. b) anflehen, beschwören; sich etw. erbitten.
λισσός 3 glatt, kahl.
λιστός 3 zu erbitten(d).
λιστρεύω umgraben.
λίστρον, τό Schaufel.
λίτα, acc. sg. v. λίς³.
λιτανεύω = λίσσομαι.
λιτή, ἡ Bitte, Gebet.
λίτί, dat. sg. v. λίς³.
λίτομαι = λίσσομαι.
λιτότης, ητος, ἡ Schlichtheit.
λίτρα, ἡ Pfund.
λίτρον, τό Natron.
λίχνος 3 (u. 2) lecker, naschhaft; lüstern, begehrlich.
λίψ, λιβός, ὁ Südwestwind; Südwesten.
λο' = λόε ἡ. λούω.
λοβός, ὁ Lappen: a) Ohrläppchen. b) Leberlappen.
λογάδην adv. mit Auswahl, zusammengelesen. [erwählt.]
λογάς, άδος auserlesen, aus-
λογία, ἡ Sammlung, Kollekte.

λογίζομαι M. 1. rechnen, berechnen: a) anrechnen. b) zu einer Klasse rechnen, als etw. ansehen. c) auf etw. fest rechnen. — 2. a) erwägen, bedenken, überlegen. b) schließen, urteilen; glauben, meinen. c) beschließen.

λογικός 3 vernünftig, geistig.

λόγιμος 3 (u. 2) ansehnlich, angesehen, namhaft, vornehm.

λόγιος 3 a) beredt. b) gelehrt. c) ὁ -ος Wahrsager; τὸ -ον Spruch; Orakelspruch, Verheißung.

λογισμός, ὁ 1. Rechnung, Berechnung; pl. das Rechnen, Rechenkunst. — 2. a) Überlegung, Erwägung, Nachdenken. b) Berücksichtigung, Grund. c) Schluß, Folgerung, Urteil. d) Gedanke; Ansicht; Plan, Anschlag. e) Denkkraft, Vernunft, Einsicht.

λογιστής, οῦ, ὁ a) Rechnungsrevisor. b) Beurteiler.

λογιστικός 3 a) im Rechnen geübt. ἡ -ή Rechenkunst. b) (nach)denkend, verständig, berechnend, vernünftig.

λογο-γράφος a) Geschichtschreiber, Logograph. b) Redenschreiber.

λογομαχέω über Worte streiten od. zanken.

λογομαχία, ἡ Wortgezänk.

λογοποιέω Neuigkeiten erdichten, Gerüchte ausstreuen.

λογο-ποιός, ὁ 1. a) = λογογράφος. b) Fabeldichter. — 2. Neuigkeitskrämer.

λόγος, ὁ A. das Sagen, Sprechen: 1. Rede — Darstellung, Darlegung, Besprechung, Erzählung, Beschreibung: a) Art zu sprechen, Redeweise. b) Erlaubnis zu reden, Gelegenheit zu sprechen. c) Rede=fähigkeit, =kunst, Beredsamkeit. d) Unterredung, Gespräch, Unterhandlung, Verhandlung, Beratung. — 2. Wort, Ausdruck. — 3. Spruch, Ausspruch: a) Behauptung, Satz, Grundsatz. b) Sprichwort. c) Orakelspruch. d) Verheißung, Versprechen. e) Gebot, Geheiß. f) Vorschlag, Antrag, Bedingung. g) Verabredung, Beschluß. h) Rede im Gsts zu ἔργον od. ἀλήθεια), bloße Worte, leeres Geschwätz; Vorwand, Schein. — 4. a) Kunde, Botschaft, Nachricht: α) Gerücht, Sage; β) Ruf, Ruhm. b) Rede, Vortrag. c) Schriftwerk, Bericht: α) Geschichtswerk; β) Buch, Abschnitt. d) Abhandlung, Aufsatz. e) Erzählung, Fabel, Märchen. f) Prosa. — 5. Sache, Stoff, Thema, Vorfall, Geschichte. — B. das Berechnen: 1. Rechnung, Berechnung: a) Rechenschaft. b) Erwartung. c) Erwägung, Überlegung: α) Voraussetzung, Bedingung; Ansicht, Meinung; β) Grund, Zweck; γ) Begründung, Beweis. d) Berücksichtigung, Rücksicht, Beachtung, Bedeutung, Ansehen, Geltung, Wert. e) Verhältnis, Proportion, Art und Weise. — 2. Denkkraft, Vernunft. — 3. Logos = Jesus Christus der Sohn. [Speer.]

λόγχη, ἡ Lanzenspitze; Lanze,

λοέω = λούω u. λόω.

λοετρόν, τό = λουτρόν.

λοετρο-χόος 2 = λουτροχόος

λοιβή, ἡ Trankopfer, Spende.

λοίγιος 2 verderblich, heillos.

λοιγός, ὁ Verderben, Vernichtung, Untergang, Tod.

λοιδορέω u. M. schelten, schmähen, beschimpfen; tadeln.

λοιδορία, ἡ Schmähung; Schmähsucht.
λοίδορος 2 schmähend. subst. ὁ Lästerer, Verleumder.
λοιμός, ὁ Pest, Seuche.
λοιμώδης 2 pestartig.
λοιπός 3 a) zurückgelassen, zurückgeblieben. b) übriggeblieben, (noch) übrig, zukünftig. c) τὸ λοιπόν: α) der übrige Teil, Rest. β) die Zukunft. d) adv. τὸ -όν, τοῦ -οῦ hernach, künftig, fernerhin.
λοισθήϊος 2 = λοίσθιος.
λοίσθιος 3 (u. 2) u. **λοῖσθος** 2 hinterster, letzter, äußerster;
λοξός 3 schief, schräg. [zuletzt.]
λοπός, ὁ Schale, Rinde.
λουτρόν, τό a) das Baden, Bad; Bade- od. Wasch-wasser; Taufe. b) Trankopfer, Spende.
λουτρο-χόος 2 Badewasser spendend. ὁ, ἡ Badewärter(in).
λούω I. Akt. waschen, baden; abwaschen. — II. M. sich waschen, sich baden (lassen).
λοφιά, ἡ a) Mähne. b) Nackenborsten, Kamm.
λόφος, ὁ 1. Hals, Nacken. — 2. a) Helmbusch. b) Haarschopf. — 3. Hügel, Anhöhe.
λοχᾱγέω Lochage sein, als Hauptmann dienen.
λοχᾱγία, ἡ Hauptmanns-stelle, -würde. [mann.]
λοχ-ᾱγός, ὁ Lochage, Haupt-
λοχάω u. M. 1. a) einen Hinterhalt legen. b) im Hinterhalt liegen. — 2. belauern, nachstellen. [Geborene.]
λοχεία, ἡ a) Geburt. b) das
λοχεῖος 3 (u. 2) zur Geburt gehörig, Geburts-.
λοχεύω gebären. P. geboren werden, abstammen.
λοχηγέω = λοχᾱγέω.
λοχίζω a) in Rotten abteilen. b) in einen Hinterhalt legen. P. aus einem Hinterhalt überfallen werden.
λοχίτης, ου, ὁ Soldat derselben Kompanie; Kamerad, Gefährte, Begleiter, Trabant.
λόχμη, ἡ Wildlager, Dickicht.
λοχμώδης 2 mit Buschwerk bewachsen.
λόχος, ὁ 1. Lager, Hinterhalt, Versteck. — 2. a) Lochos, Kompanie; Heerhaufen, Kolonne; Schar. b) Genossenschaft.
λόω = λούω.
λύγδην adv. schluchzend.
λυγίζω biegen, drehen. P. sich drehen.
λύγξ¹, λυγκός, ὁ Luchs.
λύγξ², λυγγός, ἡ der Schlucken.
λύγος, ὁ Weidenrute, Gerte.
λυγρός 3 a) traurig, jämmerlich, schmählich, elend, unglücklich; schwächlich, Feigling. b) verderblich, unheilvoll.
λύθρον, τό und **λύθρος**, ὁ a) Mordblut. b) Schmutz.
λυκά-βᾱς, αντος, ὁ Jahr.
λυκᾱονιστί auf lykaonisch.
λυκέη, ἡ Wolfsfell.
λυκη-γενής 2 lichtgeboren.
λυκο-εργής 2 von lykischer Arbeit.
λυκο-κόλλητος 2 mit Eisenstacheln versehen.
λυκο-κτόνος 2 Wölfe erlegend, Wolfstöter.
λύκος, ὁ Wolf.
λῦμα, τό 1. a) Spülwasser. b) Schmutz. 2. Befleckung; Schmach.
λῡμαίνομαι M. a) Schmach antun, beschimpfen; mißhandeln. b) verderben, vernichten, verwüsten, zerstören; schaden, beschädigen, verletzen, verderben; verführen; besudeln.
λῡμαντήρ, οῦ u. **λῡμεών**, ῶνος, ὁ Verderber, Zerstörer, Peiniger.

18*

λύμη

λύμη, ἡ a) Schimpf, Schmach, Schande; Mißhandlung, Verstümmelung. b) Verderben.
λυπέω I. Akt.: a) betrüben, traurig machen, ärgern, beunruhigen, kränken. b) belästigen, bedrängen. — II. P. sich betrüben, betrübt sein, trauern, Schmerz empfinden, sich grämen, unwillig sein.
λύπη, ἡ u. **λύπημα**, τό Trauer, Leid, Schmerz, Sorge, Kummer; traurige Lage.
λυπρός u. **λύπρός** 3 traurig: 1. betrübt. — 2. betrübend: a) schmerzlich, unangenehm, beschwerlich, lästig; streng, hart. b) elend, armselig, ärmlich.
λύρα, ἡ Leier.
λυσι-μελής 2 gliederlösend.
λύσις, εως, ἡ Lösung: 1. Auslösung, Loskauf(ung), Freilassung. — 2. a) Auflösung, Trennung: α) Aufbruch; β) Ehescheidung; γ) Sturz, Ende. b) Erlösung, Rettung, Befreiung. [sein.
λυσιτελέω nützen, vorteilhaft
λυσι-τελής 2 nützlich, vorteilhaft.
λύσσα, ἡ Wut, Raserei.
λυσσαίνω u. **λυσσάω** toll sein, wüten, rasen; grollen.
λυσσητήρ, ῆρος u. **λυσσώδης** 2 wütend, rasend, toll.
λυτήριος 2 erlösend, befreiend.
λύτρον, τό Lösegeld, meist *pl.*
λυτρόω u. M. gegen Lösegeld freigeben; loskaufen, erlösen.
λύτρωσις, εως, ἡ Erlösung.
λυτρωτής, οῦ, ὁ Erlöser.
λύττα, ἡ = λύσσα. [stock.]
λυχνία, ἡ Leuchter.
λυχνο-καΐη, ἡ Lampenfest.
λύχνος, ὁ Leuchte, Leuchter, Lampe, Licht, Fackel.
λύω I. Akt. lösen: a) losmachen, losbinden; abspannen;

λώων

ausspannen; los=, frei=lassen, =geben; öffnen; erlösen, befreien. b) auflösen, trennen; vernichten, zerstören; beseitigen, aufheben, abschaffen; schlichten; erleichtern; (Vergehen) wieder gutmachen. c) (*intr.*) nützen, frommen. — II. M. a) für sich ob. von sich lösen ob. losmachen. b) auslösen, loskaufen; befreien, erlösen.
λωβάομαι M. schmählich handeln, freveln, mißhandeln: a) beschimpfen. b) verstümmeln. c) verletzen, beschädigen; schimpflich enden; verführen.
λωβεύω verspotten.
λώβη, ἡ 1. a) Beschimpfung, Schmähung. b) Schimpf, Schande. — 2. Mißhandlung; Verstümmelung; Verderben.
λωβητήρ, ῆρος, ὁ a) Lästerer. b) Unheilstifter; Schandbube.
λωβητός 3: 1. beschimpft, mißhandelt, gequält. — 2. schmähend, schmählich, schmachvoll.
λωΐων 2 u. **λωΐτερος** 3 besser, vorteilhafter, rätlicher.
λῶος, ὁ mazedonischer Monat (= August).
λώπη, ἡ Gewand, Mantel.
λωπίζω f ἐκλωπίζω.
λωποδυτέω Kleider stehlen; (aus)plündern.
λωπο-δύτης, ου, ὁ Kleiderdieb; Spitzbube.
λῷστος 3 bester, liebster.
λωτόεις 3 lotosreich.
λωτός, ὁ Lotos: a) Steinklee. b) Lotosbaum u. Lotosfrucht. c) ägyptische Nil=lilie.
λωτο-φάγος, ὁ Lotosesser.
λωφάω a) sich erholen, ausruhen. b) nachlassen, aufhören.
λώφησις, εως, ἡ Entfernung.
λώων 2 = λωΐων.

M

M, μ (μῦ) zwölfter Buchstabe des griechischen Alphabets.

μ' = μέ, selten = μοί.

μᾶ, Beteuerungspartikel mit acc.: bei: a) (ναί) μὰ Δία (wahrlich) bei Zeus! b) οὐ μὰ Δία nein, bei Zeus!

μάγαδις, ιδος, ἡ die Magadis (Saiteninstrument). οἷον μαγάδι (= μαγάδιδι) „in der Oktave"

μαγγάνευμα, τό = μαγεία.

μαγγανεύω betrügen.

μαγεία, ἡ a) Zauberei. b) Gaukelei, Blendwerk.

μαγειρική, ἡ Kochkunst.

μάγειρος, ὁ Koch.

μαγεύω zaubern, Zauberei treiben; bezaubern.

μαγγία, ἡ = μαγεία.

μάγος, ὁ Magier: a) Wahrsager, Astrologe. b) Zauberer, Gaukler.

μαγο-φόνια, τά Magiermord.

μάζα u. **μᾶζα**, ἡ Gerstenbrot.

μαζός, ὁ = μαστός.

μάθημα, τό u. **μάθησις**, εως, ἡ 1. das Lernen, Erkenntnis, Erfahrung. — 2. a) Lehre, Belehrung, Unterricht. b) Kenntnis, Wissenschaft, Kunst.

μαθητέον man muß lernen.

μαθητεύω a) Schüler sein. b) zum Schüler machen, unterrichten, belehren.

μαθητής, οῦ, ὁ Schüler, Jünger.

μαθητός 3 lernbar.

μαθήτρια, ἡ Schülerin, Jüngerin; Christin.

μαῖα, ἡ Mütterchen; Hebamme.

μαιμακτηριών, ῶνος, ὁ fünfter Monat im attischen Kalender (etwa November).

μαιμάω heftig verlangen, trachten; toben, wüten, stürmen.

μαινάς, άδος rasend, verzückt.

μαίνω I. Akt. rasend machen. — II. P. rasen, wüten, toben, wahnsinnig od. von Sinnen, toll sein; verzückt sein, schwärmen; verblendet sein.

μαίομαι M. streben, trachten, suchen; aussuchen, untersuchen.

μάκαρ, αρος (fem. auch **μάκαιρα**) a) selig, (über)glücklich; reich, begütert. ὦ μακάριε mein Lieber, Bester. b) beseligend.

μακαρίζω glücklich oder selig preisen, rühmen.

μακάριος 3 (u. 2) = μάκαρ.

μακαρισμός, ὁ Seligpreisung.

μακαριστός 3 glücklich zu preisen(d), beneidenswert; vollkommen.

Μακεδνός 3 lang, schlank.

μάκελλα, ἡ Hacke, Schaufel.

μάκελλον, τό Fleischmarkt.

μάκιστος = μήκιστος.

μακρ-αίων 2 langlebend, uralt, ewig. [reden.]

μακρηγορέω weitschweifig

μακρημερία, ἡ Zeit der langen Tage.

μακρό-βιος 2 langlebig.

μακρό-θεν 2 adv. von ferne.

μακροθυμέω a) langmütig sein. b) ausharren.

μακροθυμία, ἡ Langmut, Geduld. [gebuldig.]

μακρό-θυμος 2 langmütig,

μακρολογέω weitläufig reden od. erzählen.

μακρολογία, ἡ Langrednerei.

μακρός 3: 1. lang; groß: a) hoch, tief, weit. b) entfernt, fern. διὰ μακροῦ in weiter Entfernung. — 2. (zeitlich) langdauernd, lange, langwierig, -weilig, weitläufig, umständlich. οὐ διὰ μακροῦ in od. nach

μακρο-χρόνιος — 278 — μαντικός

nicht langer Zeit, bald. — 3. a) μακρῶς weitweg. b) μακρῷ bei weitem, weit. c) μακράν: α) weit, weithin, fern; β) lange; γ) weitläufig. [lebend.]

μακρο-χρόνιος 2 lange

μάκων s. μηκάομαι.

μάλα a) sehr, recht, ganz, gar, durchaus, völlig, besonders, überaus, heftig, gern. b) allerdings, wahrlich, sicherlich; immerhin.

μαλακία, ἡ a) Weichlichkeit, Schlaffheit, Feigheit. b) Schwäche, Krankheit, Gebrechen.

μαλακίζομαι P. u. M. a) weichlich, mutlos, zaghaft, feige, träge werden od. sein. b) milder gestimmt werden.

μαλακός 3 weich, locker: 1. kränklich. — 2. sanft, gelind, mild, zart, zärtlich; nachgiebig. — 3. weichlich: a) feige, schlaff, lässig, schwach. b) üppig. ὁ ~ Lüstling. τὰ -ά Vergnügungen, Genuß(leben).

μαλάσσω I. Akt. erweichen: a) besänftigen, mildern; b) schonend behandeln. — II. P.: a) sich erweichen lassen. b) erleichtert od. befreit werden.

μαλερός 3 stark, gewaltig, schrecklich, grimmig, gierig.

μάλη, ἡ Achsel(höhle).

μαλθακία, ἡ = μαλακία.

μαλθακίζομαι = μαλακίζομαι.

μαλθακός 3 = μαλακός.

μαλθάσσω = μαλάσσω.

μάλιστα am meisten, besonders, vorzüglich, am liebsten, gerade, eben: a) bei Fragewörtern: eigentlich. b) beim sup.: bei weitem. c) mit Artikel: ἐν τοῖς μ. am allermeisten. d) in Antworten: jawohl, gewiß, allerdings. e) bei Zahlen: α) höchstens; β) ungefähr, etwa, annähernd.

μαλκίω erstarren = μαλακίζομαι.

μᾶλλον 1. mehr, in höherem Grade, stärker, lieber, besser, eher: a) (nur) um so mehr, immer mehr. b) vielmehr. c) bei comp. = noch, weit. 2. allzusehr, ziemlich stark.

μαλλός, ὁ Flocke, Wolle.

μάμμη, ἡ Großmutter.

μαμωνᾶς, ᾶ, ὁ Mammon.

μάν = μήν.

μανδραγόρας, ου u. α, ὁ Alraun(wurzel).

μανθάνω a) lernen, sich belehren lassen (aor. u. pf. wissen, kennen, verstehen); sich gewöhnen. b) kennen lernen, erfahren, hören, (be)merken, erkennen, einsehen, verstehen, wissen. c) τί μαθών warum? zB. τί μαθὼν γελᾷς was fällt dir ein, daß du lachst?

μανία, ἡ a) Raserei, Wut, Wahnsinn. b) Begeisterung.

μανικός 3 (μανίας, άδος) und **μανιώδης** 2 a) rasend, toll, wahnsinnig, unsinnig. b)schwärmend, begeistert.

μάννα, τό Manna.

μανός 3 dünn: a) spärlich, selten. b) locker.

μαντεία, ἡ, **μαντεῖον**, τό, **μάντευμα**, τό a) Seher=gabe, -kunst. b)Weissagung; Orakel=spruch; Orakelsitz.

μαντεῖος 3 = μαντικός.

μαντευτός 3 vom Orakel angegeben od. befohlen.

μαντεύω u. meist M. 1. a) weissagen, prophezeien. b) ahnen, vermuten. — 2. ein Orakel befragen.

μαντηΐη u. **μαντήϊον** = μαντεία u. μαντεῖον.

μαντικός 3 weissagend, prophetisch. subst. ἡ=ἡ Seher-kunst, =gabe.

μάντις, εως, ὁ und ἡ Wahrsager(in), Seher(in), Prophet(in).

μαντοσύνη, ἡ Seherkunst.

μάομαι M. 1. a) streben, trachten, begehren. b) beabsichtigen, wollen. μεμαώς eifrig, begierig. — 2. losgehen, anstürmen, eilen.

μάραθον, τό Fenchel.

μαραίνω I. Akt. aufreiben: a) vernichten. b) auslöschen. — II. P. hinschwinden, verwelken, erlöschen, vergehen, versiegen.

μαρὰν ἀθᾶ Herr, komm!

μαργαίνω rasen, wüten.

μαργαρίτης, ου, ὁ Perle.

μάργος 3 (u. 2) rasend, toll, wahnwitzig; unsinnig.

μαρμαίρω glänzen, funkeln, schimmern, strahlen.

μαρμάρεος 3 u. **μαρμαρόεις** 3 glänzend, strahlend.

μάρμαρος 2 : 1. schimmernd. — 2. ὁ u. ἡ: a) Stein, Felsblock. b) Marmor.

μαρμαρυγή, ἡ a) blendender Glanz. b) zitternde Bewegung, Flirren.

μάρναμαι M. streiten, kämpfen.

μάρπτω fassen, packen, ergreifen; berühren, einholen; (Wunden) schlagen; wegraffen.

μάρσιπος, ὁ Beutel, Sack.

μαρτυρέω I. Akt. 1. Zeuge sein, zeugen, Zeugnis ablegen; beistimmen. — 2. a) bezeugen, bestätigen; ein gutes Zeugnis ausstellen, Beifall zollen. b) bekennen, preisen. — II. P.: a) bezeugt werden; ein gutes Zeugnis erhalten; ein gutes Zeugnis empfangen.

μαρτυρία, ἡ und **μαρτύριον**, τό a) Zeugen-aussage. b) Zeugnis, Beweis; Predigt.

μαρτύρομαι M. 1. (zum) Zeugen anrufen. — 2. a) beteuern, beschwören. b) bezeugen.

μάρτυρος, ὁ, ἡ = μάρτυς.

μάρτυς, υρος, ὁ, ἡ Zeuge, Zeugin; Blutzeuge, Märtyrer.

μασάομαι M. kauen, beißen.

μάσασθαι s. ἐπιμαίομαι.

μασθός, ὁ = μαστός.

μάσσεται s. μαίομαι.

μάσσω u. **μάττω** u. M. kneten, (Teig) anmengen.

μάσσων 2, comp. von μακρός.

μάσταξ, ακος, ἡ a) Mund, Mundhöhle. b) Mundvoll: Bissen, Nahrung.

μαστεύω a) suchen, aufspüren. b) sich bemühen, (er)streben, wünschen.

μαστήρ, ῆρος, ὁ Aufsucher, Aufspürer.

μαστιγέω = μαστιγόω.

μαστιγίας, ου, ὁ wer oft gepeitscht wird; Taugenichts.

μαστιγο-φόρος 2 Peitschenträger; Polizeidiener.

μαστιγόω u. **μαστίζω** (aus-) peitschen, geißeln; züchtigen.

μάστιξ, ιγος und **μάστις**, ιος, ἡ Peitsche, Geißel, Peitschenhieb; Plage, Leid, Strafe.

μαστίω = μαστιγόω.

μαστός, ὁ a) Brustwarze; Brust, Mutterbrust. b) Hügel.

μασχαλίζω verstümmeln.

μασχαλιστήρ, ῆρος, ὁ Achselband.

ματάζω töricht handeln, freveln. [schwätz.]

ματαιολογία, ἡ leeres Geμάταιο-λόγος 2 Schwätzer.

μάταιος 3 (u. 2) eitel, nichtig: 1. a) vergeblich, erfolglos, unnütz. b) grundlos, ohne Grund, mit Unrecht. — 2. a) töricht, leichtfertig, unsinnig. b) lügenhaft, unwahr, frevelhaft, sündhaft.

ματαιότης, ητος, ἡ Eitelkeit, Torheit; Vergänglichkeit.
ματαιόω töricht machen. P. auf nichtige Dinge verfallen.
ματάω a) verfehlen. b) säumen, zaudern, zögern.
ματεύω = μαστεύω.
μάτην adv. vergeblich; fälschlich, törichterweise.
μάτηρ, ματρός, ἡ = μήτηρ.
ματία, ἡ a) Torheit. b) vergebliches Bemühen.
ματρόπολις, ἡ = μητρόπολις.
μάττω = μάσσω.
μαυρός = ἀμαυρός.
μάχαιρα, ἡ u. **μαχαίριον**, τό großes Messer: a) Schlachtmesser, Opfermesser. b) Schwert, Säbel, Dolch.
μάχαιρο-φόρος 2 ein Schwert tragend; *subst.* ὁ Schwertträger.
μαχέομαι und **μαχείομαι** = μάχομαι.
μάχη, ἡ Kampf, Streit: 1. Schlacht, Treffen: a) Kampfweise. b) Schlachtfeld. — 2. Zweikampf. — 3. Zank, Hader.
μαχήμων 2 = μάχιμος.
μαχητής, οῦ, ὁ Kämpfer, Krieger; kriegstüchtig.
μαχητός 3 bezwingbar.
μάχιμος 3 (und 2) streitbar: a) kriegerisch. b) waffenfähig.
μαχλοσύνη, ἡ Wollust.
μάχομαι M. kämpfen, streiten: a) Krieg führen. b) wettkämpfen; widerstehen, widerstreben; zanken, hadern.
μάψ und **μαψιδίως** hastig, blindlings, voreilig, unbesonnen, ziellos, ohne Grund; erfolglos; lügenhaft, frevelhaft.
μάω s. μάομαι.
μέγαθος, τό = μέγεθος.
μεγά-θυμος 2 hochherzig; hochgemut, mutvoll, mutig.

μεγαίρω mißgönnen, verweigern, verwehren, verargen.
μεγα-κήτης 2 großschlundig, weitbauchig, ungeheuer.
μεγαλαυχέω u. M. großtun, prahlen.
μεγαλεῖος 3 a) großartig, herrlich, schön. b) anmaßend, hochfahrend.
μεγαλειότης, ητος, ἡ Größe, Herrlichkeit, Majestät.
μεγαληγορέω prahlen.
μεγαλ-ήτωρ, ορος a) hochherzig, mutig. b) übermütig.
μεγαλίζομαι M. stolz sein.
μεγαλο-πράγμων 2 große Pläne hegend.
μεγαλοπρέπεια, ἡ Großartigkeit; Prachtliebe; Herrlichkeit, Pracht.
μεγαλο-πρεπής 2 großartig, erhaben: a) großmütig, edel; freigebig, prachtliebend. b) prächtig, herrlich, schön.
μεγαλοφρονέω a) voll Zuversicht sein. b) stolz sein.
μεγαλοφροσύνη, ἡ a) hoher Sinn, Großmut. b) Hochmut.
μεγαλό-φρων 2 a) großmütig; mutig. b) hochmütig.
μεγαλοφυΐα, ἡ hoher Sinn; Kühnheit.
μεγαλό-φυχος 2 hochherzig.
μεγαλύνω I. Akt. groß machen: a) vergrößern, verstärken: b) preisen, rühmen, verherrlichen. — II. M.: a) sich erheben. b) großtun, sich brüsten.
μεγαλ-ώνυμος 2 ruhmvoll.
μεγάλως u. **μεγαλωστί**, *adv.* zu μέγας.
μεγαλωσύνη, ἡ Größe, Erhabenheit.
μέγαρον, τό Gemach, Zimmer: a) Männersaal, Halle. b) Frauengemach. c) Schlafzimmer. d) Haus, Wohnung. e) innerster Tempelraum.

μέγας, μεγάλη, μέγα (comp. **μείζων** 2, sup. **μέγιστος** 3) 1. groß, erwachsen, geräumig, hoch, schlank; lang, tief, weit, breit. — 2. bedeutend, wichtig, ehrenvoll: a) stark, laut, gewaltig, heftig. b) vermessen, hochfahrend, stolz. c) erhaben, mächtig, angesehen, berühmt. — 3. adv. μεγάλως (μεγαλωστί), μέγα, μεγάλα groß, langhin, in hohem Grade, gewaltig, stark, sehr, außerordentlich.

μέγεθος, τό 1. Größe, Höhe. — 2. a) Macht, Gewalt, Erhabenheit. b) Wichtigkeit.

μεγιστᾶνες, οἱ die Großen.

μεδέω = μέδω.

μέδιμνος, ὁ Scheffel.

μέδω u. M. 1. a) an oder auf etw. denken, auf etw. bedacht sein, für etw. sorgen. b) ausdenken, ersinnen. — 2. walten, herrschen. ὁ μέδων, οντος Berater, Herrscher, Beschirmer.

μεθ-αιρέω auffangen, erhaschen.

μεθ-άλλομαι M. a) darauf losspringen. b) nachspringen.

μεθ-αρμόζω umändern; (verbessern, überseßen.

μεθ-είω, **μεθ-έμεν** f. μεθίη-[μι.

μεθ-έλεσκε f. μεθαιρέω.

μέθεξις, εως, ἡ Teilnahme.

μεθ-έπω u. M. 1. a) nacheilen, -folgen; gehorchen. b) (zum Besuch) kommen, besuchen. — 2. a) nachsetzen, verfolgen, etw. hinter j-m hertreiben.

μεθ-ερμηνεύω verdolmetschen, übersetzen.

μέθη, ἡ Trunkenheit, Rausch; Trinkgelage. [sitzen.]

μεθ-ήμαι M. inmitten anderer

μεθ-ημερινός 3 a) bei Tage geschehend. b) täglich.

μεθημοσύνη, ἡ Nachlässigkeit, Schlaffheit.

μεθ-ήμων 2 nachlässig, träge.

μεθ-ίημι I. Akt. 1. a) loslassen: α) fahren lassen, fallen lassen; β) entlassen, freilassen; γ) erlassen, verzeihen. b) α) an einen Ort hintun, hin-legen, -bringen; β) hin-, ent-senden, fortschicken. c) überlassen: α) preisgeben; β) beiseite lassen, unterlassen, vernachlässigen; γ) gestatten, erlauben. — 2. intr.: a) nachlassen, ermatten, zögern. b) von etw. ablassen, unterlassen, aufhören. — II. M. sich von etw. losmachen, fahren lassen; etwas aufgeben ob. hingeben.

μεθ-ιστάνω = μεθίστημι.

μεθ-ίστημι I. Akt. 1. umstellen: a) versetzen, weggehen lassen, entfernen; abseßen. b) umgestalten, verändern: α) umstimmen; zum Abfall bringen; β) umtauschen; γ) befreien. — 2. intr. = P. — II. P. M. 1. unter eine Menge treten. — 2. sich umstellen, die Stellung wechseln: a) sich entfernen, abweg-treten. b) α) sich (ver)ändern; β) übergehen, abfallen; sich einer Sache zuwenden. — III. M. abtreten lassen, entfernen, fortschicken.

μεθό = μεθ' ὅ nachdem.

μεθοδ(ε)ία, ἡ List, Trug.

μέθ-οδος, ἡ Weg der Untersuchung; Methode.

μεθ-ομιλέω verkehren mit.

μεθ-όριος 3 an ob. auf der Grenze liegend. ἡ μεθορία u. τό μεθόριον Grenzgebiet.

μεθ-ορμάομαι P. a) nach-, herbei-stürmen. b) nachstreben.

μεθ-ορμίζω a) in eine andere Bucht bringen. b) intr. u. M. den Ankerplatz verlegen, fahren.

μέθυ, υος, τό Wein.

μεθύσκω I. Akt. trunken machen. — II. P. trunken werden ob. sein, sich berauschen.
μέθυσος 3 berauscht. ὁ Trunkenbold.
μεθ-ύστερος 3 später. adv. -ον: a) später. b) zu spät.
μεθύω trunken sein; getränkt sein.
μεῖγμα, τό Mischung. [sein.]
μείγνῡμι u.-ύω I Akt. mischen, vermischen; verbinden, vereinigen. — II. P. u. M. sich (ver)mischen: a) zusammenkommen, sich zugesellen, verkehren. b) zusammengeraten, -treffen, handgemein werden. c) sich in Liebe vereinigen, der Liebe pflegen.
μειδάω u. μειδιάω lächeln.
μειζότερος u. μείζων, comp. zu μέγας.
μεικτός 3 gemischt.
μείλᾱς = μέλας.
μείλιγμα, τό Besänftigungsmittel; Sühnopfer.
μείλινος 3 = μέλινος.
μείλιον, τό Liebesgabe.
μειλίσσω I. Akt. besänftigen, versöhnen. — II. M. beschönigen, mildern.
μειλίχη, ἡ Schlaffheit.
μειλίχιος 3 und μείλιχος 2 1. süß, honig-.... — 2. a) lieblich. b) mild, sanft, freundlich, gnädig, liebreich, schmeichelnd.
μεῖξις, εως, ἡ Vermischung; Begattung.
μειξο-βάρβαρος 2 mit Barbaren vermischt, halbbarbarisch. [frau.]
μειξο-πάρθενος 2 Halbjung-]
μειονεκτέω im Nachteil oder in schlechterer Lage sein, den kürzeren ziehen.
μειόνως adv. s. μικρός.
μειόω I. Akt. verkleinern; demütigen. — II. P. abnehmen. — III. M. nachstehen.

μειράκιον, τό Knabe, Jüngling, junger Mann; Bürschlein.
μειρακιώδης 2 a) jugendlich. b) knabenhaft, kindisch.
μείρομαι a) als Anteil erhalten. b) pf. ἔμμορα teilhaftig sein. c) εἵμαρται, εἵμαρτο es ist (es war) durch das Schicksal bestimmt, verhängt. ἡ εἱμαρμένη Schicksal, Verhängnis.
μείς, μηνός, ὁ Monat.
μείωμα, τό Fehlbetrag, Defizit.
μείων, μεῖον, comp. zu μικρός.
μελάγ-γαιος schwarzerdig.
μελάγ-χαίτης, ου schwarzhaarig. [Galle bestrichen.]
μελάγ-χολος 2 mit schwarzer]
μελάγ-χροος 2 u. -χροιής 2 dunkelfarbig, gebräunt.
μέλαθρον, τό Deckengebälk: a) Dach. b) Wohnung, Haus.
μελαίνω a) schwärzen, dunkel färben. b) intr. u. P. schwarz werden. [belaubt.]
μελάμ-φυλλος 2 dunkel-]
μελάμ-δετος 2 schwarzgestreift, dunkelbesponnen.
μελάνεα, ἡ schwarze Wolke.
μελανό-χροος 2 u. μελανό-χρως, οος = μελάγχροος.
μελάν-υδρος 2 mit dunklem Wasser.
μελάνω sich verdunkeln.
μέλας, αινα, αν schwarz; dunkel, dunkelfarbig, finster. τὸ μέλαν das Schwarze: a) dunkelfarbige Rinde. b) Tinte.
μέλδομαι M. ausschmelzen.
μελεδαίνω a) besorgen, verpflegen. b) besorgt sein.
μελεδών, ῶνος, ἡ, μελεδώνη, ἡ und μελέδημα, τό Sorge, Kummer.
μελεδωνός, ὁ, ἡ Wärter(in), Aufseher, Wächter.
μέλει s. μέλω.
μελεϊστί adv. gliederweise.

μέλεος — μεμετιμένος

μέλεος 3: 1. a) vergeblich, nichtig, nutzlos. b) sorglos, töricht. — 2. unglücklich, elend.
μελετάω Sorge tragen, für etw. sorgen: a) emsig betreiben, sorgfältig ausüben ob. einüben, üben ob. sich üben; einen Beruf haben. b) sich bemühen, auf etw. denken, etw. vorhaben, ersinnen: α) studieren; β) Redeübungen halten, deklamieren.
μελέτη, ἡ und **μελέτημα**, τό Sorge, Fürsorge; eifriges Üben, sorgfältige Übung, Eifer, Beschäftigung ob. Vorbereitung: α) Studium; β) Redeübung, Deklamation. [in etw.
μελετηρός 3 sich fleißig übend]
μελέτωρ, ορος, ὁ Fürsorger; Rächer. [der Sorge.]
μελήμα, τό Sorge; Gegenstand]
μέλι, ιτος, τό Honig.
μελί-γηρυς, υος süßtönend.
μελίη, ἡ Esche: a) Lanzenschaft. b) Lanze.
μελι-ηδής 2 honigsüß; lieblich.
μελί-κρᾱτον u. **-κρητον**, τό Honiggemisch.
μελίνη, ἡ Hirse; Hirsefeld.
μέλινος 3 eschen.
μέλισσα, ἡ Biene; Honig.
μελίσσιος 3 von Bienen gemacht. τὸ -ον Bienenstock.
μελιτόεις 3 honigreich. ἡ μελιτόεσσα Honigkuchen.
μελιτόω mit Honig vermischen.
μελιττουργός, ὁ Bienenzüchter.   [erfreuend.]
μελί-φρων 2 honigsüß; herz-]
μέλλησις, εως, ἡ 1. a) Absicht, das Vorhaben. b) das Bevorstehen. — 2. Zögerung, Aufschub, Frist.
μελλητής, οῦ, ὁ Zauderer.
μελλό-γαμος 2 u. **-νυμφος** 2 verlobt, bräutlich. ἡ ~ Braut.
μέλλω a) imstande sein, vermögen, können. b) im Begriff

sein, gedenken, beabsichtigen, wollen. μέλλων 3 bevorstehend, zukünftig. subst. τὸ μέλλον, τὰ μέλλοντα die Zukunft, das Bevorstehende. c) sollen = durch das Schicksal bestimmt sein. d) müssen ob. wohl müssen, wohl mögen = scheinen, z.B. μέλλω ἀπέχθεσθαι ἄν ich muß ob. mag wohl verhaßt sein = ich bin vermutlich (wahrscheinlich, voraussichtlich) verhaßt. e) zögern, zaudern, Bedenken tragen. P. verzögert werden.
μελο-ποιός, ὁ Liederdichter, lyrischer Dichter.
μέλος, τό 1. Glied. — 2. a) Lied; Wehklage. b) Melodie.
μέλπηθρον, τό a) Ergötzung, Lust. b) Spiel(zeug).
μέλπω u. M. 1. singen und tanzen; einen Reigen tanzen. — 2. a) etw. singen ob. ertönen lassen. b) besingen.
μέλω u. M.-P. 1. ein Gegenstand der Sorge sein, Sorge machen, am Herzen liegen, wichtig für j-n sein: a) obliegen. b) bekannt sein. — 2. μέλει μοί τινος (selten τί) = μέλομαί τινος ich sorge ob. trage Sorge für etw., ich kümmere mich um etw., ich besorge ob. betreibe etw., mir liegt etw. am Herzen. μεμηλώς τινος auf etw. bedacht ob. erpicht.
μελ-ῳδός 2 singend.
μέμαα, pf. von μάομαι mit prs.- Bedeutung.
μεμακυῖα s. μηκάομαι.
μέμβλεται u. **μέμβλετο**, pf. u. plpf. von μέλομαι.
μέμβλωκα, pf. v. βλώσκω.
μεμβράνᾱ, ἡ Pergament; Schreibtafel.
μεμελημένως adv. sorgfältig.
μεμετιμένος = μεθειμένος (part. pf. P. von μεθίημι).

μεμηκώς f. μηκάομαι.

μέμηλα, pf. von μέλω mit prs.-Bedeutung. [prs.-Bedeutung.]

μέμονα, pf. von μάομαι mit

μεμπτός 3 a) tadelnswert, verächtlich. b) tadelnd.

μέμυκα f. μύω u. μυκάομαι.

μέμφομαι M. tadeln, Vorwürfe machen, vorwerfen, schelten: a) geringschätzen. b) unzufrieden sein.

μεμφίμοιρέω = μέμφομαι.

μεμψί-μοιρος 2 sein Geschick tadelnd, mißvergnügt.

μέμψις, εως, ἡ a) Tadel, Vorwurf. b) Unzufriedenheit.

μέν a) versichernd = μήν: wahrlich, fürwahr, in der Tat, allerdings, gewiß, ja. b) entgegensetzend, einem folgenden δέ ob. einer ähnlichen Partikel entsprechend, sehr oft nicht übersetzbar: μέν ... δέ zwar ... aber, einerseits ... andererseits, teils ... teils, erstens ... zweitens. ὁ μέν ... ὁ δέ der eine ... der andere, dieser ... jener; οἱ μέν ... οἱ δέ diese ... jene, einige ... andere; τὸ μέν ... τὸ δέ teils ... teils. τοτὲ μέν ... τοτὲ δέ bald ... bald.

μενεαίνω a) heftig verlangen, begehren. b) zürnen.

μενε-δήϊος 2 standhaft, tapfer.

μενε-πτόλεμος 2 = μενεδήϊος.

μενετός 3 bleibend, wartend.

μενε-χάρμης, ου und **μενέ-χαρμος** 2 = μενεδήϊος.

μέν-ιππος 2 den Rossen standhaltend.

μενο-εικής 2 reichlich, hinlänglich; herzerfreuend.

μενοινάω und **-έω** im Sinne haben: a) vorhaben, begehren, wollen. b) überlegen, (er-)sinnen.

μένος, τό 1. Verlangen, Streben, Eifer, Drang, Wille, Vorsatz: a) Zorn. b) Mut. — 2. Lebenskraft; Kraft, Stärke; Macht, Gewalt.

μὲν οὖν 1. demnach, also, daher. — 2. a) allerdings ja. b) nein, vielmehr.

μενοῦνγε ja freilich, (ja) vielmehr; im Gegenteil, o doch.

μεντἄν = μέντοι ἄν.

μέν-τοι a) allerdings, in der Tat, freilich, fürwahr, natürlich. b) (im Syllogismus) nun aber. c) (entgegensetzend) doch, jedoch, indessen, aber freilich, vielmehr.

μένω I. bleiben; stehen bleiben, zurückbleiben: a) fortbestehen, bestehen bleiben; noch dasein. b) verweilen, wohnen. c) ruhig bleiben, in Ruhe sein. d) feststehen, verharren, beharren, standhalten. — II. trans.: a) erwarten, auf etw. warten; bevorstehen. b) standhalten, aushalten, bestehen.

μερίζω I. Akt. a) teilen, zerteilen; spalten. b) verteilen. — II. M.: a) sich etw. mit j-m teilen. b) sich spalten.

μέριμνα, ἡ Sorge, Kummer.

μεριμνάω sorgen: a) besorgt sein. b) besorgen. c) grübeln.

μερίμνημα, τό = μέριμνα.

μερίς, ίδος, ἡ 1. Teil, Stück: a) Anteil, Portion. b) Partei. — 2. a) Hilfe. b) Gemeinschaft.

μερισμός, ὁ Teilung: a) Austeilung. b) Scheidung.

μεριστής, οῦ, ὁ Teiler, Erbteiler. [b) entsetzlich, schrecklich.]

μέρμερος 2 a) merkwürdig.

μερμηρίζω a) sorgen, sinnen, überlegen. b) ersinnen, ausdenken.

μέρμις, ιθος, ἡ Schnur.

μέρος, τό Teil; 1. Anteil, Los: a) Reihe. ἐν μέρει, κατὰ u. παρὰ μέρος der Reihe nach, abwechselnd. b) Rolle, Rang,

μέροψ, οπος sterblich.
μεσαι-πόλιος 2 halbergraut.
μεσαμβρίη, ἡ = μεσημβρία.
μέσ-αυλος = μέσσαυλος.
μεσεύω neutral bleiben.
μεσηγύ(ς) a) dazwischen; mit gen. zwischen. b) inzwischen.
μεσήεις 3 mittelmäßig.
μεσ-ημβρία, ἡ a) Mittag. b) Süden. [b) südlich.]
μεσημβρῑνός 3 a) mittägig.
μεσῑτεύω vermitteln; Bürgschaft leisten. [Mittler, Bürge.]
μεσίτης, ου, ὁ Vermittler,
μεσό-γαια u. -γεια, ἡ Binnenland, Inneres. [gelegen.]
μεσό-γαιος mitten im Lande
μεσό-δμη, ἡ a) Querbalken. b) Mittelbalken, Mastbarren.
μεσ-όμφᾰλος 2 von der Erdenmitte aus kommend.
μεσο-νύκτιον, τό Mitternacht.
μεσο-ποτάμιος 2 zwischen Flüssen gelegen.
μέσος 3: I. adj. 1. mitten; mittlerer, in der Mitte. μεσαίτερος mehr in der Mitte, μεσαίτατος ganz in der Mitte. — 2. a) mäßig; mittelmäßig. b) vermittelnd; unparteiisch. neutral. — II. subst. **τὸ μέσον** die Mitte: a) Mittelpunkt, Zentrum. b) Zwischenraum, Abstand; Zwischenzeit; Unterschied. c) Mittelweg, Mittelzahl; Vermittlung. d) Mäßigung. e) Parteilosigkeit, Neutralität. f) Öffentlichkeit. g) ἐκ μέσου zur Hälfte; aus den Augen, weg. ἐν -ῳ κεῖσθαι öffentlich als Kampfpreis aus-

gesetzt sein. ἐς -ον τιθέναι als Kampfpreis aussetzen; παρελθεῖν öffentlich auftreten. οἱ διὰ μέσου die Unparteiischen.
μεσό-τοιχον, τό Scheidewand.
μεσοτομέω in der Mitte durchschneiden, zur Hälfte teilen.
μεσουράνημα, τό Mitte des Himmels, der Himmel oben.
μεσόω in der Mitte sein, die Hälfte bilden, halb sein.
μέσσᾰτος 3 ganz (ob. gerade) in der Mitte.
μέσσ-αυλος, ὁ ob. **μέσσ-αυλον**, τό Gehöft, Viehhof.
μεσσηγύ(ς) = μεσηγύ(ς).
μεσσίας, ου, ὁ Gesalbte(r).
μεσσο-πᾱγής 2 bis zur Mitte eingebohrt.
μέσσος 3 = μέσος.
μεστός 3 voll, angefüllt, satt.
μεστόω anfüllen.
μεστά (mit gen.) bis, zu.
μετά I. adv. 1. a) inmitten, dazwischen. b) außerdem. — 2. hinterher, darauf, hernach. — II. prp. 1. mit gen.: a) inmitten, mitten unter, zwischen. b) mit, samt = zusammen mit, zugleich mit, im Bunde ob. in Gemeinschaft mit, unter dem Befehl ob. auf seiten j-s. οἱ μετά τινος die Leute j-s, die Begleiter, Genossen, Anhänger, Umgebung, Gefolge, Partei j-s. οἱ μετὰ Λεωνίδου Leonidas und seine Leute. c) α) mit, unter, in, bei; β) gemäß, nach Maßgabe. — 2. mit dat. inmitten, unter, zwischen, in. — 3. mit acc.: a) α) mitten hinein, zwischen ... hinein, unter; β) hinter ... her. b) zeitlich: nach. c) übtr.: α) nächst, nach; β) zufolge, nach.
μετά a) = μετά in der Anastrophe. b) = μέτεστι ob. μετῆν ist ob. war darunter.

μετα-βαίνω 1. anderswohin gehen, weg-, weiter-gehen. — 2. a) hinübergehen. b) α) zu etw. Neuem übergehen; β) sich (ver)ändern.

μετα-βάλλω I. Akt. 1. herumwerfen, umwenden, umkehren: a) (ver)ändern, verwandeln. b) wechseln, vertauschen. — 2. intr. sich umwenden: a) sich umlegen. b) sich ändern, sich verwandeln. c) anderer Meinung werden. d) zu j-m abfallen, übergehen. — II. M. u. P. 1. sich (um)wenden; sich (ver)ändern: a) seine Meinung ändern. b) zu j-m abfallen. — 2. vertauschen, eintauschen: a) (seine Kleider) wechseln. b) mit Waren umsetzen, Handel treiben. — 3. hinter sich werfen, auf den Rücken nehmen.

μετάβασις, εως, ἡ Übergang.

μετα-βιβάζω a) hinüberschaffen, wegführen. b) verändern, umstimmen.

μεταβολή, ἡ 1. Umsatz (von Waren). — 2. a) Veränderung, Wechsel, Umsturz, Revolution. b) Veränderlichkeit.

μετα-βουλεύω u. M. a) nachher beschließen. b) seinen Entschluß ändern.

μετ-άγγελος, ὁ, ἡ Bote, Botin.

μεταγειτνιών, ῶνος, ὁ zweiter Monat im attischen Kalender (August-September).

μετα-γιγνώσκω seinen Sinn ändern, anderer Ansicht werden: a) Reue fühlen, bereuen. b) widerrufen.

μετάγνοια u. -γνωσις, εως, ἡ Sinnesänderung, Reue, Buße.

μετα-γράφω I. Akt. Geschriebenes ändern, umschreiben. — II. M. sich etw. übersetzen lassen.

μετ-άγω a) hinüberbringen, hinlenken. b) nachmarschieren.

μετα-δαίνυμαι M. mitschmausen.

μετα-δήμιος 2 unter dem Volke, einheimisch, daheim.

μετα-δίδωμι mitteilen: a) teilnehmen lassen; Mildtätigkeit üben. b) übergeben.

μεταδίωκτος 2 eingeholt.

μετα-διώκω a) verfolgen; einholen. b) schnell nachkommen.

μετα-δοκεῖ τινι j. ändert s-e Ansicht, j. bereut.

μετα-δόρπιος 2 nach der Abendmahlzeit.

μετάδοσις, εως, ἡ Mitteilung, Verleihung; Beitrag.

μεταδρομάδην adv. nachlaufend.

μεταδρομή, ἡ Verfolgung.

μετάδρομος 2 verfolgend, strafend, rächend.

μετάθεσις, εως, ἡ Umstellung; Entrückung; Veränderung.

μετα-θέω verfolgen.

μετα-ίζω sich dazwischensetzen.

μετ-αίρω wegtragen; intr. aufbrechen.

μετ-αΐσσω nachstürmen.

μετ-αιτέω seinen Anteil verlangen; etw. fordern.

μετ-αίτιος 2 (mit)schuldig, teilhabend; zu etw. verhelfend, Urheber.

μετ-αίχμιον, τό Zwischenraum zwischen zwei Heeren; streitiges Grenzland.

μετα-καλέω a) zurückrufen; abbringen. b) M. herbeirufen.

μετα-κιάθω a) nachgehen, hinterher od. später kommen; verfolgen. b) j-n besuchen; etw. durchziehen, durchwandern.

μετα-κινέω von der Stelle rücken od. bringen, entfernen; ändern. M. seine Stellung wechseln, aufbrechen.

μετακινητός 3 abzuändern (b).

μετα-κίω = μετακιάθω.

μετα-κλαίω hinterdrein weinen.
μετα-κλίνομαι P. sich auf die andere Seite wenden.
μετα-λαγχάνω teilnehmen; bekommen.
μετα-λαμβάνω I. Akt. 1. Anteil haben ob. bekommen, teilhaftig werden; erlangen, bekommen; j-s Umgang genießen. — 2. a) umtauschen, eintauschen, wechseln. b) umwandeln. — II. M. sich etw. zueignen, beanspruchen.
μετα-λήγω ablassen von etw.
μετάλη(μ)ψις, εως, ή a) Teilnahme, Genuß. b) Vertauschung.
μεταλλαγή, ή Veränderung, Verwandlung, Wechsel.
μετ-αλλάσσω 1. a) vertauschen. b) verändern. — 2. intr. sich ändern, wechseln.
μεταλλάω a) forschen, sich erkundigen. b) ausfragen.
μεταλλήγω = μεταλήγω.
μέταλλον, τό Grube, Bergwerk; Steinbruch.
μετ-άλμενος f. μεθάλλομαι.
μετα-μάζιος 2 zwischen den (Brust-)Warzen.
μετα-μανθάνω a) umlernen. b) verlernen.
μετα-μείγνῡμι daruntermischen, dazulegen.
μεταμέλεια, ή u. μεταμέλος, ὁ Sinnesänderung, Reue.
μετα-μέλω: a) μεταμέλει μοι es gereut mich, ich bereue. b) μεταμέλομαι P. bereuen, Reue empfinden.
μετα-μίγνῡμι u. μετα-μίσγω f. μεταμείγνυμι.
μετα-μορφόω umgestalten, verwandeln.
μεταμώνιος 2 eitel, vergeblich, unnütz; unbenutzt. [men.]
μετ-αναγιγνώσκω umstim-

μετανάστασις, εως, ή Auswanderung, Wechsel des Wohnorts. [Einwanderer.]
μετανάστης, ου, ὁ Fremdling,)
μετα-νίσσομαι M. hinüberwandeln.
μετ-ανίσταμαι M. den Platz ob. Wohnsitz wechseln, auswandern: a) zu j-m übergehen. b) Wanderungen erleiden.
μετα-νοέω seinen Sinn ändern; bereuen, Buße tun.
μετάνοια, ή = μετάγνοια.
μεταξύ in der Mitte: 1. adv.: a) dazwischen. b) inzwischen, unterdessen, später. — 2. prp. mit gen.: a) zwischen, unter. b) während. [rasten.]
μετα-παύομαι M. dazwischen)
μεταπαυσωλή, ή Unterbrechung, Erholung, Rast.
μετα-πείθω umstimmen.
μεταπεμπτέος 3 herbeizuholen(d).
μετάπεμπτος 2 herbeigeholt, vorgeladen; abgerufen.
μετα-πέμπω u. M. nach j-m schicken, holen lassen, herbeiholen, zu sich kommen lassen, einladen.
μετα-πίπτω umfallen, umschlagen; anders fallen, anders ausschlagen; sich (ver)ändern.
μετα-ποιέω I. Akt. verändern. — II. M. Anspruch auf etwas machen. [rächen.]
μετα-πορεύομαι P. verfolgen,)
μεταπρεπής 2 ausgezeichnet (unter dat.). [auszeichnen.]
μετα-πρέπω hervorragen, sich)
μετα-πύργιον, τό die Mauer zwischen zwei Türmen.
μετα-ρρυθμίζω umgestalten, umwandeln.
μετ-άρσιος 2 in die Höhe gehoben; hoch in der Luft ob. auf hoher See (befindlich).
μετ-αρσιόω in die Höhe heben.

μετα-σεύομαι M. a) nacheilen. b) auf j-n hineilen.
μετα-σπάω a) hinüberziehen. b) wegreißen.
μετα-σπόμενος f. μεθέπω.
μέτασσαι, αἱ Mittlinge.
μετά-στασις, εως, ἡ I. a) Umstellung; Verbannung. b) Wegzug, (Aus)Wanderung. — 2. Veränderung; Verfassungsänderung; Sinnesänderung.
μετα-στένω hinterher beklagen.
μετα-στοιχί adv. in einer Reihe nebeneinander.
μετα-στρέφω I. Akt. 1. a) umkehren, umwenden, umlenken; α) ändern, um-, verwandeln; umstimmen; β) verderben. b) abwenden. — 2. intr.: a) einlenken. b) sich kehren an etw. — II. P. sich umkehren, sich umsehen; sich ändern. [nehmen.]
μετάσχεσις, εως, ἡ das Teil-
μετα-σχηματίζω I. Akt. umgestalten, umbilden; etw. auf etw. deuten ob. beziehen. — II. M. sich verwandeln.
μετα-τάσσω umstellen. M. zu j-m übertreten.
μετα-τίθημι I. Akt.: a) dazwischenbringen, dazwischen erregen. b) umstellen, versetzen; entrücken, hinbringen. c) verändern, wechseln. — II. M.: a) etw. von sich umändern; aufheben; (seine Meinung)ändern, widerrufen. b) sich ändern; sich abwenden, abfallen. c) zugute schreiben, anrechnen.
μετα-τρέπω umkehren. M. a) sich umwenden. b) beachten.
μετα-τροπαλίζομαι M. sich oft umwenden.
μετ-αυδάω unter oder vor anderen sprechen.
μετ-αυτίκα adv. gleich darauf.
μετ-αὖτις adv. nachher, darauf.

μετα-φέρω I. a) verlegen, wegbringen, fortschaffen; wechseln, ändern. b) herüberbringen; etw. auf etw. übertragen. — 2. hierhin und dorthin stellen, verwechseln.
μετά-φημι a) unter ob. vor anderen sprechen. b) anreden.
μετα-φορέω = μεταφέρω.
μετα-φράζομαι M. später überlegen.
μετά-φρενον, τό Rücken.
μετα-φωνέω = μετάφημι.
μετα-χειρίζω u. M. unter den Händen haben, handhaben: a) behandeln, pflegen. b) verwalten, leiten, betreiben; ertragen. [ziehen, sich entfernen.]
μετα-χωρέω weggehen, fort-
μετ-έᾱσι f. μέτειμι¹.
μετ-έειπον f. μετάφημι.
μέτ-ειμι¹ a) darunter-, dazwischen-, dabei-sein. b) **μέτεστί μοι τινος** ich habe teil ob. Anteil an etw., ich habe Recht an, auf, bei etw., mir gehört etw.
μέτ-ειμι² 1. a) dazwischengehen, -hingehen, darunterheraten. b)weggehen. — 2. hinzugehen, herankommen, hinkommen; nahen; auf j-n losgehen. — 3. nachgehen: a) nachfolgen; verfolgen; rächen, strafen. b) einer Sache nachgehen: α) aufsuchen, besuchen; β) erstreben, holen; γ) um etw. bemühen, etw. verfolgen; γ) etw. ausüben, besorgen, (be)treiben; δ) j-n angehen.
μετ-εῖπον, aor. II zu μετάφημι.
μετ-εισάμενος f. μέτειμι².
μετ-εκβαίνω um-, (hin)übersteigen. [gen.]
μετ-εμβιβάζω hinüberbrin-
μετ-ενδύω ein anderes Kleid anziehen.

μετ-εξ-έτεροι 3 einige (andere), einzelne. [drein.]
μετ-έπειτα hernach, hinter-
μετ-έρχομαι M. = μέτειμι².
μετ-έσσυτο f. μετασεύομαι.
μετ-εύχομαι M. seinen Wunsch ändern.
μετ-έχω Anteil an etw. haben, teilnehmen: a) mitbesitzen, (mit)genießen, fühlen. b) abbekommen, erhalten.
μετ-έω f. μέτειμι¹.
μετεωρίζω I. Akt. in die Höhe heben oder ziehen, erhöhen: a) erheben. b) ermutigen; aufblähen; schwankend od. stolz machen. — II. P. in die Höhe steigen: a) auf die hohe See gelangen. b) sich aufregen lassen.
μετ-έωρος 2: 1. in die Höhe gehoben, in der Höhe, schwebend, in der Schwebe; hoch; in der Luft, oben am Himmel, auf hoher See. τὸ μετέωρον Höhe, Anhöhe, hohe See. τὰ μετέωρα hochgelegene Punkte, Himmelserscheinungen, überirdische Dinge. — 2. a) in gespannter Erwartung gesetzt, aufgeregt. b) schwankend, ungewiß, zweifelhaft.
μετ-ήορος 2 = μετέωρος.
μετ-ίημι = μεθίημι.
μετ-ίστημι = μεθίστημι.
μετ-ίσχω = μετέχω.
μετοικεσία, ἡ Auswanderung; Gefangenschaft.
μετ-οικέω a) umziehen, wegziehen. b) Metöke sein, als Beisasse wohnen.
μετοίκησις, εως u. **-οικία**, ἡ a) das Mitwohnen, Zusammenleben. b) Übersiedelung, (Aus=)Wanderung.
μετ-οικίζω wandern heißen, umsiedeln, verpflanzen.
μετοίκιον, τό Schutzgeld.

μέτ-οικος 2 a) bei j-m wohnend. b) ὁ Ansiedler, Beisasse, Schutzverwandter, Metöke.
μετ-οίχομαι M. 1. (durch etw.) hingehen. — 2. nachgehen, folgen; losgehen auf, angreifen: a) erstreben. b) (herbei)holen.
μετ-οκλάζω bald hier bald dort kauern.
μετ-ονομάζω anders nennen, umtauschen. P. einen anderen Namen bekommen.
μετ-οπάζω mitgeben.
μετ-οπίν und **μετ-όπισθε(ν)** a) hinten, rückwärts, zurück, hinter. b) hinterdrein, später.
μετοπωρινός 3 herbstlich.
μετ-όπωρον, τό Herbst.
μετ-ορμίζω = μεθορμίζω.
μετουσία, ἡ = μετοχή.
μετοχή, ἡ Teilnahme, Gemeinschaft, Anteil.
μετ-οχλίζω zurückstoßen, wegrücken.
μέτοχος 2 teilhaftig. *subst.* ὁ Teilhaber, Genosse.
μετρέω 1. messen: a) ausmessen. b) durch-messen,-fahren. c) zumessen. 2. bemessen, (ab)schätzen, beurteilen.
μέτρημα, τό Maß.
μέτρησις, εως, ἡ Messung.
μετρητής, οῦ, ὁ der Metretes (Maß von 40 Litern).
μετρητικός 3 zum Messen gehörig. ἡ -ή Meßkunst.
μετριάζω Maß halten.
μετριοπαθέω sich nachsichtig beweisen, mild über j-n denken.
μέτριος 3 mäßig: 1. a) μ. πῆχυς die gewöhnliche Elle der Griechen. b) das rechte Maß habend: angemessen, passend, entsprechend, hinreichend, geziemend: α) maßvoll, enthaltsam, gerecht, billig; β) schlicht, einfach; γ) ordentlich, ehrenhaft. δ) bescheiden. ε) glimpf-

μετριότης — 290 — **μηλο-βοτήρ**

lich, leidlich. — 2. mittelmäßig; wenig, gering.

μετριότης, ητος, ἡ Mäßigkeit: a) Mittelmaß, Mittelstraße. b) Bescheidenheit.

μέτρον, τό Maß: 1. a) Maßstab, Meßrute. b) Gefäß zum Messen. c) rechtes Maß; Richtschnur. — 2. a) Raum, Ausdehnung, Länge, Umfang. b) Vollmaß; übtr.: α) Ziel; β) Blüte, Reife. — 3. Versmaß, Metrum. [liniger Front.]

μετ-ωπηδόν *adv.* in gerad-

μετωπίος 2 an der Stirn.

μέτ-ωπον, τό a) Stirn. b) Vorderseite; Front, ausgedehnte Linie.

μέχρι(ς) 1. *adv.* bis. — 2. *prp.* mit *gent.*: a) bis zu, bis an, bis auf. b) während, hindurch. c) innerhalb der Grenzen. — 3. *cj.* bis daß, bis, solange als.

μή 1. (Negation) nicht — 2. (Fragepartikel) doch nicht etwa; (indirekt) ob nicht, ob wohl. — 3. *cj.* (in Absichtssätzen) damit nicht, daß nicht, (bei den Verben des Fürchtens) daß: φοβοῦμαι, μή ich fürchte, daß, μή οὐ daß nicht). — Besonders zu beachten: a) οὐ μή mit *conj. aor.* (ob. *ind. fut.*) gewiß nicht, schwerlich, keineswegs. b) μή mit *conj.* daß nur nicht, wenn nur nicht. μή οὐ mit *conj.* schwerlich, doch wohl nicht. c) μή δή nicht sofort (ob. ja nicht, nur nicht = μή τοι). d) μή τι *cf.* τις. e) μή ὅτι ob. μή ὅπως geschweige denn (daß). f) ὅτι μή außer, mit Ausnahme. μή γε: εἰ δέ ~ andernfalls.

μηδ-ἁμά u. **μηδ-ἁμή** ob. -ῇ 1. durchaus nicht, keineswegs. — 2. a) nirgends, nirgendshin. b) niemals.

μηδ-ἁμόθεν *adv.* nirgendsher.

μηδ-ἁμός 3 = μηδείς.

μηδ-ἁμοῦ *adv.* a) nirgends. b) durchaus nicht.

μηδ-ἁμῶς = μηδαμά.

μη-δέ a) nicht aber, aber nicht. b) und nicht, noch (auch). c) nicht einmal, selbst nicht, auch nicht. d) μηδέ ... μηδέ auch nicht (nicht einmal) ... noch (auch).

μηδ-είς, **μηδε-μία**, **μηδ-έν** keiner, niemand, nichts. τὸ μηδέν das (reine) Nichts, Nichtige, unnütz, vernichtet. *adv.* μηδέν (τι) in nichts, in keiner Hinsicht, durchaus nicht, gar nicht.

μηδέ-ποτε *adv.* niemals, nie.

μηδέ-πω noch nicht, niemals.

μηδ-έτερος 3 keiner von beiden. [beiden Seiten hin.]

μηδ-ετέρωσε auf keine von

μηδίζω es mit den Persern halten. [Perser.]

μηδισμός, ὁ Vorliebe für die

μήδομαι M. a) sinnen, sich beraten. b) ersinnen, beschließen.

μῆδος[1], τό Gedanke, Ratschlag, Ansichlag, Plan.

μῆδος[2], τό männliche Scham.

μηδ-είς, **μηδ-έν** = μηδείς, μηδέν. [(auf)schreien.]

μηκάομαι M. meckern, blöken;

μηκάς, άδος meckernd.

μηκ-έτι *adv.* nicht mehr, nicht, länger, nicht wieder.

μήκιστος 3 längster, größter, höchster, weitester.

μῆκος, τό Länge; hoher Wuchs; Größe, Breite.

μή-κοτε = μήποτε.

μηκύνω verlängern, in die Länge ziehen, ausdehnen. P. emporwachsen.

μήκων, ωνος, ἡ Mohn: a) Mohnkopf. b) Mohnsaft.

μηλέα, ἡ Apfelbaum.

μήλε(ι)ος 2 vom Schafe, Schaf-... [hirt.]

μηλο-βοτήρ, ῆρος, ὁ Schaf-

μηλό-βοτος 2 nur zur Schafweide benutzt.

μῆλον¹, τό Apfel; Obstfrucht.

μῆλον², τό Stück Kleinvieh, Schaf, Ziege. [ten, opfern.]

μηλοσφαγέω Schafe schlachten.

μῆλ-οψ, οπος goldgelb.

μηλωτή, ἡ Schaffell.

μήν a) fürwahr, wahrlich, allerdings, gewiß, ja. b) jedoch, freilich, gleichwohl, aber, denn doch. – ἦ μήν ja wahrlich, ganz gewiß. οὐ μήν wahrlich nicht, jedoch nicht. οὐ μὴν ἀλλά jedoch, indessen, sondern, vielmehr. [mond.]

μήν, μηνός, ὁ Monat; Neu-

μήνη, ἡ Mond.

μηνιθμός, ὁ Zorn, Groll.

μήνιμα, τό Ursache des Zornes.

μῆνις, ιος, ἡ Zorn, Groll.

μηνίω a) zürnen, grollen. b) Vorwürfe machen.

μηνο-ειδής 2 halbmond-, sichelförmig. τὸ -ές Halbkreis.

μήνυμα, τό Anzeige.

μηνυτής, οῦ, ὁ a) Angeber, Denunziant. b) Warner.

μήνυτρον, τό Belohnung für die Anzeige.

μηνύω anzeigen, angeben, verraten; kundtun, verkünden.

μή-ποτε 1. niemals, nie. – 2. a) daß niemals, daß nicht etwa. b) ob (nicht) etwa.

μή-που daß nicht irgendwo.

μή-πω 1. a) noch nicht. b) ja nicht. – 2. daß nicht etwa.

μή-πως a) daß nicht etwa. b) ob nicht etwa.

μηρά, τά, pl. von μηρός.

μήρινθος, ἡ Schnur.

μηρίον, τό Schenkelstück.

μηρός, ὁ a) Schenkel, Hüfte. b) Schenkelstück.

μηρύομαι M. reffen, einziehen.

μήστωρ, ωρος, ὁ a) Berater. b) Erreger, Veranlasser.

μή-τε und nicht. μήτε ... μήτε weder ... noch. μήτε ... τέ einerseits nicht ... andrerseits aber.

μήτηρ, ἡ Mutter; Erzeugerin; Mutterland, Heimat.

μή-τι 1. nichts; gar nicht, nimmermehr. – 2. cj. a) daß etwa. b) doch nicht etwa, nicht doch, ob nicht etwa. c) μήτι γε (δή) geschweige denn (gar), daß.

μητιάω u. M. 1. sich beraten. – 2. a) ersinnen, beschließen. b) anstiften, bereiten.

μητιετά, ὁ Berater.

μητιόεις 3 sinnreich.

μητίομαι M. = μητιάω.

μή-τις 1. keiner, niemand. – 2. cj. a) nicht jemand, daß keiner. b) ob (nicht) jemand, etwa jemand.

μῆτις, ιος u. ιδος, ἡ a) Klugheit, Einsicht. b) Plan, Rat, Anschlag.

μή-τοι ja nicht, nimmermehr.

μήτρα, ἡ Gebärmutter; Mutterleib, -schoß.

μητραλοίας u. -φάς, α, ὁ Muttermörder. [Mutter-]

μητρόθεν adv. von seiten der

μητροπάτωρ, ορος, ὁ Großvater mütterlicherseits.

μητρόπολις, εως, ἡ Mutterstadt: a) Mutterland, Heimat. b) Hauptstadt, -platz.

μητρυιά, ἡ Stiefmutter.

μητρῷος u. **μητρώϊος** 3 mütterlich, Mutter-... [Oheim.]

μήτρως, ωος, ὁ Mutterbruder.

μηχανάω, meist M. künstlich bewerkstelligen: a) listig ersinnen, einen Anschlag machen; Anstalten treffen, vorhaben, sich bemühen. b) künstlich verfertigen, bewerkstelligen, bewirken, veranstalten, einrichten, verüben, sich verschaffen.

μηχανή, ἡ u. **μηχάνημα**, τό künstliche Vorrichtung: 1. Werk-

μηχανητικός zeug, Maschine; Kriegs-, Belagerungs-maschine. — 2. Mittel, Hilfsmittel: a) Weg, Art und Weise, Möglichkeit, Wirkungsweise. b) weise Einrichtung, kluge Anordnung, Erfindung. c) Kunstgriff, Kunst, List; Kriegslist.

μηχανητικός 3, **μηχανικός** 3 u. **μηχανόεις** 3 erfinderisch, kunstreich, geschickt, schlau. τὸ -όεν Geschick zu etw.

μηχανο-ποιός, ὁ Maschinenbauer, Ingenieur.

μηχανο-ρράφος 2 ränkevoll.

μῆχος, τό Mittel, Hilfsmittel, Rat.

μιά, fem. von εἷς.

μιαίνω a) färben. b) beflecken, besudeln; entweihen, schänden.

μιαιφονέω ermorden.

μιαι-φόνος 2 blutbefleckt; ὁ Mörder.

μιαρία, ἡ Schlechtigkeit.

μιαρός 3 befleckt, besudelt; gottlos, verrucht; Bösewicht.

μίασμα, τό und **μιασμός**, ὁ Befleckung, Schmutz; Verbrechen, Greuel, Schuld.

μιάστωρ, ορος, ὁ a) Bösewicht, Schänder. b) Rächer.

μιγάζομαι M. sich vermischen.

μιγάς, άδος gemischt, vermischt, durcheinander.

μίγδα adv. gemischt, vereint.

μίγμα, τό Mischung.

μίγνυμι u. **-ύω** s. μείγνυμι.

μικρολογέομαι M. es mit Kleinigkeiten genau nehmen, kleinlich sein.

μικρολογία, ἡ Kleinigkeit, Kleinigkeitskrämerei; Knauserei.

μικρο-λόγος 2 kleinlich, pedantisch; knauserig, karg.

μικρο-πολίτης, ου, ὁ Bürger einer kleinen Stadt, Kleinstädter.

μικρός 3: 1. klein, kurz. — 2. gering, geringfügig, wenig, unbedeutend. — 3. jung. — 4. niedrig, machtlos, arm. τὸ μικρόν Kleinigkeit, kleines Stück, kleine Summe, kurze Strecke, kurze Zeit. adv.: a) μικρόν (ein) wenig, um ein weniges, kaum. b) μικρόν beinahe, fast. c) κατὰ μικρόν im geringsten, in kleine(n) Teile(n) od. Stücke(n), in der Kürze, einzeln, nach und nach. — 5. comp.: a) **μικρότερος** 3 kleiner. b) **μείων** 2 kleiner, geringer, weniger. μεῖον ἔχειν im Nachteil sein, schlechter daran sein, den kürzeren ziehen. adv. μείονως zu wenig.

μικρότης, ητος, ἡ Kleinheit, Wenigkeit, Geringfügigkeit.

μικροφυχία, ἡ kleinliche oder niedrige Gesinnung.

μικρό-φυχος 2 kleinlich.

μίκτο, μίκτο f. μείγνυμι.

μικτός 3 gemischt.

μίλιον, τό römische Meile.

μιλτ-ηλιφής 2 rot angestrichen.

μιλτο-πάρῃος 2 rotwangig.

μίλτος, ἡ a) Rötel. b) Mennig.

μιλτόω mit Mennig rot färben.

μιμέομαι M. nachahmen, nachbilden; nachahmend darstellen.

μίμημα, τό u. **μίμησις**, εως, ἡ Nachahmung: a) Abbild. b) Darstellung.

μιμητής, οῦ, ὁ Nachahmer.

μιμητικός 3 zum Nachahmen geschickt; nachahmend.

μιμητός 3 nachahmenswert.

μιμνάζω bleiben, erwarten.

μιμνήσκω oder **μιμνῄσκω** I. Akt. erinnern, mahnen. — II. P.: a) sich erinnern, gedenken, daran denken; beachten, achtgeben, bedenken, darauf bedacht sein. **μέμνημαι**

μίμνω ich bin eingedenk ob. auf etw. bedacht. b) in Erinnerung bringen — Erwähnung tun, erwähnen; beantragen. c) ἐμνήσθην es wurde meiner gedacht.
μίμνω = μένω.
μῖμος, ὁ Schauspieler, Darsteller.
μίν a) ihn, sie, es. b) reflexiv: sich.
μινύθω a) vermindern, schwächen. b) (hin)schwinden, vergehen, verwesen, verliegen.
μίνυνθα adv. ein Weilchen.
μινυνθάδιος 2 kurzdauernd, kurz(lebig).
μινυρίζω und **μινύρομαι** M. wimmern, winseln, leise klagen.
μῖξις, εως, ἡ s. μεῖξις.
μιξο-βάρβαρος 2 s. μειξοβάρβαρος.
μιξο-πάρθενος 2 s. μειξοπάρθενος.
μισανθρωπίᾱ, ἡ Menschenhaß.
μισ-άνθρωπος, ὁ Menschenfeind.
μισγ-άγκεια, ἡ Talkessel.
μίσγω = μείγνυμι.
μισέω hassen, verabscheuen, verschmähen, vernachlässigen, nicht wollen.
μίσημα, τό = μῖσος.
μισητός 3 a) gehaßt, verhaßt. b) hassenswert.
μισθαποδοσίᾱ, ἡ Lohn, Vergeltung.
μισθ-αποδότης, ου, ὁ Vergelter.
μισθαρνέω für Lohn dienen.
μισθαρνίᾱ, ἡ Lohndienst.
μίσθιος 3 (u. 2) = μισθωτός.
μισθοδοσίᾱ, ἡ Soldzahlung.
μισθοδοτέω Sold geben.
μισθο-δότης, ου, ὁ Soldgeber, Lohnherr.
μισθός, ὁ a) Lohn, Löhnung, Sold, Miete, Honorar; Anspruch auf Lohn. b) Vergeltung; Belohnung, Strafe.

μισθο-φορά, ἡ a) Soldzahlung, Besoldung, Löhnung. b) = μισθός.
μισθοφορέω Sold erhalten, Söldner sein, um Sold dienen.
μισθοφορᾱ́, ἡ Lohndienst.
μισθο-φόρος 2 für Sold dienend. subst. ὁ Söldner.
μισθόω I. Akt. verdingen, vermieten, verpachten. — II. P. gedungen oder (an)geworben werden. — III. M. um Lohn dingen, mieten, pachten, in Sold nehmen, anwerben.
μίσθωμα, τό a) bedungener Lohn, Pachtgeld. b) Mietwohnung.
μίσθωσις, εως, ἡ a) das Vermieten, Verpachten. b) = μίσθωμα.
μισθωτός 3 gedungen, gemietet. ὁ Mietling: a) Lohndiener; Tagelöhner. b) Söldner.
μισό-δημος 2 Feind der Demokratie.
μισολογίᾱ, ἡ Haß gegen Reden; Haß gegen die Wissenschaften.
μισό-λογος 2 Feind der Reden; Feind der wissenschaftlichen Gespräche (oder Untersuchungen).
μισοπονηρέω die Bösen hassen.
μῖσος, τό a) Haß, Feindschaft. b) Scheusal.
μισο-τύραννος 2 Tyrannenhasser, Tyrannenfeind.
μισό-χρηστος 2 Feind der Guten ob. Vornehmen.
μιστύλλω zerstückeln, zerlegen.
μίτος, ὁ Schlinge ob. Litze; Aufzug, Kette.
μίτρᾱ, ἡ a) Leibbinde. b) Kopfbinde.
μιτρη-φόρος 2 eine Kopfbinde tragend.
μιτώδης 2 faden-artig, -reich.
μνᾶ, ᾶς, ἡ Mine.

μνάομαι¹ M. a) gedenken. b) erstreben, trachten.
μνάομαι² um ein Weib freien, werben.
μνέᾱ, ἡ = μνᾶ.
μνεία, ἡ = μνήμη.
μνῆμα u. μνημεῖον, τό a) Andenken, Gedächtnis, Erinnerung; Erwähnung. b) Denkmal, Grabmal, Grab.
μνήμη, ἡ Gedächtnis: 1. a) das Gedenken. b) Erinnerungsvermögen. 2. Erinnerung, Andenken. — 3. Erwähnung: a) Schilderung, Erzählung. b) Ruhm.
μνημήϊον, τό = μνημεῖον.
μνημονεύω a) sich erinnern, eingedenk sein, an etw. denken. b) erwähnen, berichten, überliefern. [dächtnis habend.]
μνημονικός 3 ein gutes Gemνημοσύνη, ἡ Erinnerung, Bedacht, Sorge.
μνημόσυνον, τό = μνῆμα.
μνήμων 2 eingedenk, sich erinnernd; bedacht auf etw.
μνησάσκετο s. μιμνῄσκω.
μνησικακέω des erlittenen Unrechts gedenken, Böses nachtragen. μὴ μν. Amnestie erteilen.
μνηστεύω I. Akt. u. M. werben, freien; sich um etw. bewerben. — II. P. verlobt werden.
μνηστήρ, ῆρος, ὁ Freier.
μνηστηροφονίᾱ, ἡ Freiermord.
μνῆστις, εως, ἡ = μνήμη.
μνηστός 3 gefreit, ehelich.
μνηστύς, ύος, ἡ das Freien, Werben.
μνώοντο u. ä. s. μνάομαι.
μογγι-λάλος 2 mit heiserer Stimme redend.
μογερός 3 mühselig, elend.
μογέω a) sich (ab)mühen; ermüdet sn. b) erdulden, erleiden.

μογι-λάλος 2 schwer redend, lallend.
μόγις adv. mit Mühe, kaum.
μόγος, ὁ a) Mühe, Arbeit. b) Not, Elend, Schmerz.
μογοσ-τόκος 2 Schmerzen erzeugend.
μόδιος, ὁ Scheffel (modius).
μόθος, ὁ Getümmel.
μοῖρα, ἡ 1. Teil, Stück: a) Gebiet, Land. b) Partei. — 2. Anteil; Portion: a) Gebühr, Schickliches, Ordnung. b) Stellung, Rang, Achtung. — 3. Los, Schicksal, Verhängnis: a) Todesgeschick. b) Glück.
μοιρη-γενής 2 Glückskind.
μοιρίδιος 3 vom Schicksal ausgehend od. bestimmt.
μοιχάγρια, τά Ehebrecherstrafe.
μοιχαλίς, ίδος ehebrecherisch; abtrünnig. ἡ Ehebrecherin.
μοιχάω I. Akt. zum Ehebruch verführen; listig in seine Gewalt bekommen. — II. M. μοιχεύω.
μοιχεία, ἡ Ehebruch.
μοιχεύω a) Ehebruch begehen od. treiben. b) zum Ehebruch verführen.
μοιχίδιος 3 durch Ehebruch erzeugt, außerehelich.
μοιχός, ὁ Ehebrecher; Götzendiener.
μολεῖν, inf. aor. II. zu βλώσκω.
μόλιβος ὁ Blei. [ungern.]
μόλις adv. mit Mühe, kaum,
μολοβρός, ὁ Schmutzferkel.
μολοῦμαι, fut. von μολεῖν.
μολπή, ἡ a) Gesang; Musik; Ton, Schall. b) Tanz mit Gesang, Ergötzlichkeit, Spiel.
μολύβδαινα, ἡ u. μολυβδίς, ίδος, ἡ Bleikugel.
μόλυβδος, ὁ Blei.
μολύνω beflecken, besudeln.
μολυσμός, ὁ Befleckung.

μομφή, ἡ Tadel, Vorwurf, Klage.
μοναρχέω Alleinherrscher sein.
μοναρχία, ἡ Alleinherrschaft; Oberleitung.
μόν-αρχος, ὁ Alleinherrscher.
μονάς, άδος, ἡ a) Einheit. b) (von Zahlen) Einer. [allein.]
μονᾰχῇ od. -ῇ adv. einzig und
μονή, ἡ das Bleiben, Verweilen: a) Aufenthalt, Wohnung. b) das Zögern.
μόνιμος 2 a) bleibend. b) standhaltend; beständig, dauerhaft, treu. [einzig (es Kind).]
μονο-γενής 2 eingeboren,
μονο-ειδής 2 einförmig, einartig, einfach.
μονό-κροτος 2 einruderig.
μονό-κωλος 2 einstöckig.
μονομᾰχέω a) einen Zweikampf bestehen. b) allein den Kampf bestehen.
μονομᾰχία, ἡ Zweikampf.
μονονουχί beinahe, fast.
μονό-ξῠλον 2 aus einem einzigen Baumstamme gemacht.
μόνος 3 allein, einzig, nur; einsam, verlassen. adv. μόνως und μόνον allein, nur, bloß. οὐ μόνον ... ἀλλὰ καί nicht nur ... sondern auch. μόνον οὐ oder μονονουχί beinahe, fast.
μον-όφθαλμος 2 einäugig.
μονόω I. Akt. allein lassen, vereinzeln; einzeln fortpflanzen. — II. P. alleingelassen ob. verlassen, entblößt werden ob. sein.
μόρα, ἡ Mora (Bataillon).
μορία, ἡ heiliger Ölbaum.
μόριμος 2 = μόρσιμος.
μόριον, τό Teil, Stück: a) Abteilung. b) Glied.
μόριος, ὁ Beschützer der heiligen Ölbäume.
μορμολύκειον, τό Popanz, Gespenst, Schreckbild.

μορμολύττομαι M. kleine Kinder mit dem Popanz schrecken; erschrecken; fürchten.
μορμύρω (dahin)rauschen.
μορμώ, οῦς u. μορμών, όνος, ὁ Popanz, Gespenst.
μόρόεις 3 beerenreich; beerenförmig. [Los, Tod.]
μόρος, ὁ Geschick, Schicksal.
μόρσιμος 2 vom Schicksal bestimmt; zum Tode bestimmt.
μορύσσω schwärzen.
μορφή, ἡ Gestalt, Form, äußere Erscheinung, Äußere(s), Bild; Schönheit, Anmut; Qualität.
μόρφνος 3 dunkelfarbig.
μορφόω gestalten, bilden. P. eine Gestalt annehmen.
μόρφωμα, τό = μορφή.
μόρφωσις, εως, ἡ Gestalt: a) wahres Wesen. b) Bild, Schein. [Holzhaus.]
μόσσῠν, ῠνος ὁ hölzerner Turm,
μόσχειος 2 vom Kalbe, Kalbs-.
μοσχοποιέω ein Kalb machen.
μόσχος, ὁ a) Schößling, Gerte. b) Sprößling, Sproß; Kalb, junger Stier.
μουνάξ adv. allein, einzeln.
μουναρχέω, μουναρχίη, μούναρχος = μον-.
μουνο-γενής 2 = μονογενής.
μουνό-θεν adv. allein, einzeln.
μουνό-κωλος 2 = μονόκωλος.
μουνό-λιθος 2 aus einem einzigen Steine (bestehend).
μουνομᾰχέω, μουνομᾰχίη = μον-.
μοῦνος 3 = μόνος. [ὀφθαλμος.]
μουν-όφθαλμος 2 = μον-
μουνο-φυής 2 in eins gewachsen, aus einem Stück.
μουνόω = μονόω.
μουνυχιών, ῶνος, ὁ zehnter Monat des attischen Kalenders (April/Mai).
μουσικός 3 musisch, Musen-...; musikalisch; ὁ Musiker; künst-

μουσο-ποιός — 296 — μυριό-λεκτος

lerisch und wissenschaftlich gebildet, fein; ἡ μουσική u. τὰ μουσικά Musenkunst; Musik, Gesang; Tanzkunst; Dichtkunst, Poesie; Kunst und Wissenschaft, höhere Bildung. [ter(in).]
μουσο-ποιός 2 Liederdichter
μοχθέω 1. sich abmühen, sich plagen, Kummer haben, leiden. — 2. a) mit Mühe vollbringen. b) erleiden, erdulden.
μόχθημα, τό a) Mühsal, Leid. b) = μοχθηρία.
μοχθηρία, ἡ Schlechtigkeit: a) Unbrauchbarkeit. b) Verworfenheit. c) Elend.
μοχθηρός 3 a) mühevoll, kummervoll, elend. b) schlecht, nichtswürdig; Schurke. [θέω.]
μοχθίζω leiden; sonst = μοχ-
μόχθος, ὁ a) Mühe, Anstrengung, Arbeit. b) Mühsal, Elend, Not.
μοχλεύω und μοχλέω mit Hebeln wegrücken, umstürzen.
μοχλός, ὁ Hebel; Pfahl; Querriegel.
μῦ-γαλῆ, ἡ Spitzmaus.
μυδαλέος 3 triefend, naß.
μυδάω a) triefen. b) zerfließen, verfaulen, verwesen.
μύδρος, ὁ glühendes Eisen; Metallklumpen.
μυελόεις 3 markig.
μυελός, ὁ Mark; Gehirn.
μυέω (in die Mysterien) einweihen; schulen, belehren.
μύζω ob. μυζέω saugen.
μυθέομαι M. 1. reden, sprechen, sagen. — 2. trans. sagen, aussprechen, erzählen, beschreiben: a) deuten. b) nennen. c) überlegen.
μυθολογεύω = μυθολογέω.
μυθολογέω erzählen; erdichten, fabeln; sich ausführlich unterhalten.
μυθολογικός, ὁ Fabeldichter.

μῦθος, ὁ 1. Rede, Wort: a) öffentliche Rede. b) Erzählung, Botschaft, Nachricht, Kunde. c) Unterredung, Gespräch. d) Überlegung, Gedanke, Beschluß, Plan. e) Rat, Befehl. f) Gerücht; erdichtete oder sagenhafte Erzählung, Mythus, Fabel. — 2. Gegenstand der Rede, Sache, Begebenheit, Geschichte.
μυθώδης 2 sagenhaft.
μυῖα, ἡ Fliege.
μυκάομαι M. a) brüllen. b) dröhnen, krachen
μυκηθμός, ὁ Gebrüll.
μύκης, ητος, ὁ a) Pilz. b) Schwertknauf, Ortband.
μύκον, aor. II. von μυκάομαι.
μυκτήρ, ῆρος, ὁ Nasenloch, Nüster; pl. Nase.
μυκτηρίζω die Nase rümpfen (τινά über j-n), verspotten.
μύλαξ, ἄκος, ὁ Mühlstein.
μύλη, ἡ Mühle.
μυλή-φατος 2 gemahlen.
μυλικός u. μύλινος 3 zur Mühle gehörig, Mühl-...
μυλο-ειδής 2 mühlstein-artig.
μύλος, ὁ a) Mühle. b) Mühlstein.
μυλών, ῶνος, ὁ Mühlenhaus.
μύνη, ἡ Vorwand.
μυξωτήρ, ῆρος, ὁ = μυκτήρ.
μυριάκις adv. zehntausendmal.
μυρί-αρχης, ου und μυρί-αρχος, ὁ Befehlshaber zehntausend Mann. [zahl.]
μυριάς, άδος, ἡ Myriade; Un-
μυρίζω salben.
μυρίκη, ἡ Tamariske.
μυρίκινος 3 von der Tamariske, Tamarisken-...
μυρίοι 3 zehntausend.
μυρίο-καρπος 2 mit tausendfacher Frucht.
μυριό-λεκτος 2 tausendmal gesagt.

μύριος 3 unzählig, unendlich (viel, groß, lang), tausendfältig.

μῡριο-φόρος 2 ναῦς Schleppschiff von zehntausend Lasten.

μύρμηξ, ηκος, ὁ Ameise. [nen.]

μύρομαι M. (zer)fließen; weinen.

μύρον, τό wohlriechendes Öl, Salbe, Balsam, Salbenwein.

μυροπωλεῖον, τό Salbenladen.

μυρρίνη u. μυρσίνη, ἡ Myrte, Myrtenzweig.

μύρτον, τό Myrtenbeere.

μῦς, μυός, ὁ Maus.

μυσαρός 3 unrein, abscheulich.

μῦσος, τό Ekel, Abscheu; Greueltat, Verbrechen.

μυστήριον, τό Geheimnis, geheimnisvolle Weisheit. pl. Geheimdienst, Mysterien.

μύστης, ου, ὁ in die Eleusinischen Mysterien Eingeweihter.

μυστικός 3 mystisch, die Mysterien betreffend; geheim.

μυχμός, ὁ Geächze, Gestöhn.

μυχοίτατος 3 im hintersten Winkel.

μυχόν-δε adv. ins Innerste.

μυχός, ὁ innerster Winkel, Innerstes, Hintergrund; Versteck, Schlupfwinkel; Schlucht.

μύω a) sich schließen; aufhören. b) die Augen schließen.

μυών, ῶνος, ὁ Muskelmasse.

μυωπάζω kurzsichtig sein.

μύ-ωψ¹, ωπος kurzsichtig.

μύωψ², ωπος, ὁ a) Bremse; b) Stachel, Sporn.

μῶλος, ὁ Arbeit; Kampf, Kampfgewühl.

μῶλυ, υος, τό Moly (Wunderkraut). [Schwäre.]

μώλωψ, ωπος, ὁ Strieme;

μῶμαι f. μάομαι.

μωμάομαι M. und μωμεύω tadeln, schmähen, tadeln.

μῶμος, ὁ a) Tadel. b) Makel, Schandfleck, Schande, Schmach.

μῶν doch nicht, etwa.

μῶνυξ, υχος einhufig.

μώομαι = μάομαι.

μωραίνω I. Akt.: a) töricht od. albern sein. b) töricht od. fade machen, als Torheit erweisen. — II. P: a) zum Toren werden. b) unschmackhaft od. fade werden.

μωρία, ἡ Torheit, Einfalt.

μωρολογία, ἡ törichte Rede.

μωρός und μῶρος 3 töricht, einfältig, dumm: a) unschmackhaft, fade. b) gottlos.

N

N, ν (νῦ) dreizehnter Buchstabe des griechischen Alphabets.

ναί wahrlich, fürwahr: a) ναὶ μὰ Δία wahrlich bei Zeus! b) ja, allerdings. τὸ ναί das Ja.

ναϊάς, άδος, ἡ Fluß- od. Quellnymphe. [recht wohnlich.]

ναιετάω = ναίω¹. εὖ ναιετάων

νάϊος 3 zum Schiff gehörig, νάϊον (δόρυ) Schiffsbauholz.

ναΐς, ίδος, ἡ = ναϊάς.

ναί-χι = ναί.

ναίω¹ I. Akt.: a) wohnen, weilen, leben; liegen. b) bewohnen.

c) als Wohnsitz anweisen. — II. P.: a) bewohnt werden. b) sich ansiedeln, sich niederlassen.

ναίω² = νάω.

νάκη, ἡ u. νάκος, τό Vließ.

νᾶμα, τό Flüssigkeit; Quell, Flut, Strom.

ναμέρτεια, ἡ = νημέρτεια.

ναός, ὁ Tempel. [Berg-...]

νάπαιος 3 Wald-..., Tal-...,

νάπη, ἡ u. νάπος, τό Waldtal, -gebirge, Schlucht. [Öl-, -salbe.]

νάρδος, ἡ a) Narde. b) Narden-

ναρθηκο-φόρος — 298 — **νεαλής**

ναρθηκο-φόρος, ὁ Stab- ob. Thyrsos-träger; Stockträger.
νάρθηξ, ηκος, ὁ a) Narther, Steckenkraut. b) Nartherrohr, Gerte.
ναρκάω erstarren, erlahmen.
νάρκισσος, ὁ Narzisse.
νάσθη, aor. P. von ναίω¹.
νασιῶτις, ιδος = νησιῶτις.
νᾶσος, ἡ = νῆσος.
νάσσα aor. I von ναίω¹.
νάσσω fest-stampfen.
ναυᾱγέω Schiffbruch leiden.
ναυᾱγίᾱ, ἡ Schiffbruch.
ναυάγιον, τό Schiffstrümmer, Wrack; Trümmer.
ναυ-αγός 2 schiffbrüchig.
ναυαρχέω a) Schiffskapitän sein. b) Flottenführer sein.
ναυαρχίᾱ, ἡ Amt des Flottenführers ob. Admirals.
ναύ-αρχος, (ὁ a) Schiffsbefehlshaber. b) Flottenführer.
ναυ-βάτης, ου, ὁ 1. a) Schiffer, Seemann. b) Schiffspassagier. — 2. zur Flotte gehörig, Flotten-... ὁ Seesoldat, Krieger zur See. [ηγός = ναυαγ-.]
ναυηγέω, ναυηγίη, ναυ-ναυκληρέω ein Schiff besitzen, steuern, lenken, regieren.
ναυκληρίᾱ, ἡ Schiffahrt, Seefahrt. [pitän.]
ναύκληρος, ὁ Schiffsherr, Ka-]
ναύ-κρᾱρος, ὁ Kapitän, Vorsteher einer Naukrarie.
ναυκρατέω die Oberhand zur See haben.
ναυ-κρᾰτής 2 u. **-κρᾰτωρ**, ορος 2 a) Schiffseigentümer. b) seemächtig, Meister zur See.
ναῦλον, τό Fahr-, Fracht-geld.
ναυλοχέω 1. im Hafen vor Anker liegen. — 2. mit den Schiffen j-m auflauern.
ναύ-λοχος 2 schiffbergend; hafenreich, Hafen-...
ναυμᾰχέω zur See kämpfen.

ναυμᾰχησείω eine Seeschlacht wünschen.
ναυμᾰχίᾱ, ἡ Seeschlacht.
ναύ-μᾰχος 2 zum Seekampf brauchbar.
ναυπηγέω Schiffe bauen.
ναυπηγήσιμος 2 zum Schiffsbau brauchbar (gehörig).
ναυπηγίᾱ, ἡ Schiffsbau.
ναυ-πηγός, ὁ Schiffsbauer.
ναῦς, νεώς, ἡ Schiff.
ναύσθλον, τό = ναῦλον.
ναυσί-κλειτος 2 u. **ναυσί-κλῡτος** 2 schiffsberühmt.
ναυσί-πέρᾱτος 2 nur mit Schiffen zu überfahren(d).
ναυσί-πορος 2 schiffbar.
ναύ-σταθμον, τό und **ναύ-σταθμος**, ὁ Sammelplatz für Schiffe, Schiffs- ob. Flottenstation, Ankerplatz.
ναυστολέω a) zu Schiffe bringen; lenken. b) zur See fahren; fahren, reisen.
ναύτης, ου, ὁ Schiffmann, Seemann, Matrose.
ναυτικός 3: 1. die Schiffe betreffend, zur Schiffahrt gehörig, Schiffs-... See-... — 2. im Seewesen erfahren, seefahrend: a) ὁ -ός Seemann. b) ἡ -ή Schiffahrtskunde. c) τό -όν u. τὰ -ά Schiffahrt, Seewesen, Seemacht, Flotte, Flottendienst. [fahrt.]
ναυτιλίᾱ, ἡ Seefahrt, Schiff-]
ναυτίλλομαι M. zu Schiffe fahren, reisen, segeln.
ναυτίλος, ὁ Schiffer, Seemann.
ναυτο-δίκαι, οἱ Richter für Handelsprozesse.
ναῦφι, gen. u. dat. pl. von ναῦς.
νάω fließen, überfließen.
νεάζω jung ob. der jüngere sein, heranwachsen.
νεᾱκόνητος 2 neugeschärft.
νεᾱλής 2 jung, frisch, munter.

νεᾱνίᾱς, ου a) jugendlich, jung. b) *subst.* ὁ Jüngling, junger Mann; Diener.

νεᾱνιεύομαι M. jugendlich sein; mutwillig sein, prahlen, sich aufspielen.

νεᾱνικός 3 jugendlich: a) mutig, tatkräftig. b) mutwillig, übermütig, keck.

νεᾶνις, ιδος a) jugendlich, jungfräulich. b) *subst.* ἡ Jungfrau.

νεᾱνίσκος, ὁ = νεανίας.

νεαρός 3 a) jugendlich, jung; frisch, zart. b) = νέος.

νέατος 3 unterster, letzter, äußerster. [hängen.]

νεβρίζω das Hirschkalbfell um-

νεβρός, ὁ, ἡ Hirschkalb.

νέες, νέεσσι f. ναῦς.

νεη-γενής 2 neugeboren.

νε-ήκης 2 und **νεηκονής** 2 neugeschärft.

νε-ηλάτον, τό Honigkuchen.

νέ-ηλυς, υδος eben-angekommen.

νεηνίης, νεῆνις, νεηνίσκος = νεανίας, νεᾶνις, νεανίσκος.

νέται = νέῃ (von νέομαι).

νείαιρα u. **νείατος** 3 = νέατος.

νεικέω u. **νεικείω** a) streiten, zanken. b) schelten, schmähen, tadeln; kränken.

νεῖκος, τό Streit: 1. Zank, Hader: a) das Schelten, Tadel, Schmähwort. b) Anlaß des Haders. — 2. Streit vor Gericht. 3. Kampf, Krieg, Schlacht.

νειό-θεν *adv.* von unten (herauf), tief aus etw. (*gen.*).

νειό-θι tief unten in etw.

νειός, ἡ Feld, Acker; Brachland.

νείφω schneien; beschneien.

νεκάς, άδος, ἡ Leichenhaufe.

νεκρός 3 a) tot, gestorben. b) ὁ Toter, Verstorbener, Gefallener; Leichnam, Leiche.

νεκρόω töten, ertöten. P. ersterben.

νέκρωσις, εως, ἡ Tod, das Abgelebtsein, Erstorbenheit.

νέκτᾰρ, αρος, τό Nektar, Göttertrank. [lich.)

νεκτάρεος 3 nektargleich; gött-

νέκυια, ἡ Totenopfer.

νεκυο-μαντήϊον, τό Totenorakel.

νέκῡς, υος, ὁ = νεκρός.

νεμέθω weiden. M. fressen.

νεμεσάω I. Akt. 1. unwillig sein, böse werden, zürnen. 2. a) verargen, übelnehmen, mißbilligen, tadeln. b) ehren. — II. M. u. P. 1. a) sich entrüsten. b) für unrecht halten, sich scheuen, sich schämen. 2. = Akt.

νεμεσητός 3 a) tadelnswert, unrecht, strafbar. b) ehrwürdig.

νεμεσίζομαι M. = νεμεσάω.

νέμεσις, εως, ἡ 1. a) Unwille, Tadel, Zorn. b) Vergeltung, Strafe, Rache. — 2. Unrecht. οὐ ν. es ist nicht zu verargen ob. tadelnswert. — 3. Ehrgefühl.

νεμεσσάω = νεμεσάω.

νέμεσσις, ἡ = νέμεσις.

νέμος, τό a) Weide, Wiese, Trift. b) Hain, Waldung.

νέμω I. Akt. 1. a) teilen, abteilen. b) verteilen, zuteilen, zuerkennen, zuweisen, gewähren, gestatten. 2. innehaben, besitzen: a) beherrschen, verwalten, lenken. b) bebauen, ausbeuten. c) bewohnen, wohnen. d) wofür halten ob. achten; zu etw. machen. 3. als Weide zuteilen: a) weiden lassen, hüten. b) abweiden, verzehren, verheeren. — II. M. 1. a) unter sich teilen, in Besitz nehmen. b) austeilen. 2. besitzen oder innehaben: a) leiten, verwal-

νεο-άλωτος — 300 — **νεφελ-ηγερέτης**

ten. b) bebauen, bewohnen, innehaben. c) benutzen, genießen. 3. weiden, auf die Weide gehen: a) abweiden. b) verzehren, sich von etw. nähren. c) sich verbreiten, allgemein werden.

νεο-άλωτος 2 frischgefangen.
νεο-αρδής 2 frischgewässert.
νεό-γαμος 2 neuvermählt.
νεο-γῑλός 3 neugeboren.
νεο-γνός 2 neugeboren, jung.
νεο-δᾱμώδης, ους, ὁ Neubürger.
νεό-δαρτος 2 frisch abgezogen.
νεό-θεν adv. von neuem, neuerdings.
νεο-θηλής 2 frischgrünend.
νεοίη, ἡ Jugend-art, -hitze.
νεο-κατάστατος 2 neu angesiedelt.
νεό-κτιστος 2 neugegründet.
νέομαι M. gehen, kommen: a) weggehen. b) zurückkehren.
νεομηνίᾱ, ἡ = νουμηνία.
νεο-πενθής 2 frischtrauernd.
νεό-πλυτος 2 frischgewaschen.
νεό-ποκος 2 neugeschoren.
νεό-πριστος 2 frischgesägt.
νεό-ρραντος 2 frischgenetzt.
νεό-ρρῡτος 2 frisch-vergossen, -fließend.
νέ-ορτος 2 neu(entstanden).
νέος 3: 1. jung, jugendlich, Jugend-..., früh; unerfahren, unbesonnen. **ὁ νέος** Jüngling; **τὸ νέον** Jugend. — 2. neu, frisch; noch nicht dagewesen, unerhört, unerwartet, ungewöhnlich, außerordentlich, schrecklich, schlimm. νεώτερόν τι od. νεώτερα (πράγματα) Neuerung, Neuerungen, Neuigkeit(en): α) Revolution, Abfall, β) Unglück, Schlimmes. — 3. adv. νέον neu: a) von neuem, b) neulich, jüngst, eben (erst).
νεό-σμηκτος 2 frischgeputzt.

νεο-σπάς, άδος frisch abgepflückt ob. gebrochen.
νεοσσεύω = νοσσεύω.
νεοσσιά, ἡ Nest, Brut.
νεόσσιον, τό Junges, Küchlein.
νεοσσός, ὁ Junges; Kind.
νεό-στροφος 2 frischgedreht.
νεο-σφαγής 2 eben (ab)geschlachtet, frisch erstochen.
νεό-τευκτος 2 u. **νεο-τευχής** 2 neugefertigt, neuverarbeitet, noch neu.
νεότης, ητος, ἡ a) Jugend(alter); junge Mannschaft. b) Jugendlichkeit, Leichtsinn.
νεό-τομος 2 frischgeschlagen.
νεοττιά̄, νεοττός = νεοσσ-.
νεουργός 2 = νεότευκτος.
νε-ούτατος 2 eben verwundet.
νεό-φῡτος 2 neubekehrt, Neuling.
νεο-χάρακτος 2 frisch eingedrückt.
νεοχμός 2 = νέος.
νεοχμόω = νεωτερίζω.
νέποδες, ων, οἱ Kinder.
νέρθε(ν) = ἔνερθε. [irdisch.]
νέρτερος 3 unterer; unter-
νεῦμα, τό Wink.
νεῦμαι = νέομαι.
νευρά̄, ἡ und **νεῦρον**, τό 1. Sehne, Flechse; Spannkraft. — 2. Schnur: a) Pfeilschnur. b) Bogensehne. c) Schleuderband, -riemen.
νευρο-σπαδής 2 und **νευρό-σπαστος** 2 a) von der Sehne abgeschnellt. b) an Fäden gezogen.
νευστάζω = νεύω.
νεύω a) nicken, sich (vornüber) neigen, sich senken; geneigt sein. b) winken, zunicken; zusagen, zugestehen, versprechen.
νεφέλη, ἡ a) Wolke, Gewölk, Nebel; Dunkel. b) dichte Menge, Schwarm, Schar.
νεφελ-ηγερέτης und **-έτᾱ** Wolkensammler.

νέφος, τό = νεφέλη.
νεφρῖτις, ιδος, ἡ Nierenkrank=[heit.]
νεφρός, ὁ Niere.
νέω¹ schwimmen.
νέω² spinnen.
νέω³ a) häufen, aufschichten. b) beladen, befrachten.
νέω⁴ f. νέομαι.
νεω-κόρος, ὁ, ἡ Tempel=aufseher(in), =wärter(in).
νε-ώρης 2 neu, jung, frisch.
νεώριον, τό Schiffswerft.
νέωρος 3 = νεώρης.
νεώς, ώ, ὁ = ὁ ναός Tempel (ob. gen. von ναός).
νεώσ-οικοι, οἱ Schiffshäuser, Docks.
νεωστί adv. neulich, jüngst; [seit kurzem; soeben.]
νεωτερίζω neuern, Neuerungen vornehmen ob. bewirken, ändern: a) ungewöhnliche Maßregeln ergreifen. b) Aufruhr anfangen, Unruhe stiften, sich empören.
νεωτερικός 3 jugendlich.
νεωτερισμός, ὁ a) Staatsumwälzung. b) Neuerungssucht. [sucht.]
νεωτεροποιΐα, ἡ Neuerungs=
νεωτερο-ποιός 2 revolutionär; neuerungssüchtig.
νή ja, wahrlich, fürwahr. νή (τὸν) Δία ja bei Zeus!
νηγάτεος 3 sauber, prächtig.
νήγρετος 2 unerweckich, fest.
νήδυια, τά Eingeweide.
νήδυμος 2 erquickend.
νηδύς, ύος, ἡ Bauch, Leib: a) Magen, b) Mutterleib.
νηέω = νέω³ (häufen).
νήθω = νέω² (spinnen).
νηϊάς, άδος, ἡ = ναϊάς.
νήϊος 3 = νάϊος.
νῆϊς, ιδος, ἡ = ναΐς.
νήϊς, ιδος unkundig.
νηΐτης, ου = ναΐτης.
νη-κερδής 2 unnütz, unklug.
νηκουστέω nicht gehorchen.

νηλεής a) unbarmherzig, unerbittlich. b) unbemitleidet.
νηλειτής 2 u. fem. **νηλεῖτις**, ιδος f. νηλιτής.
νηλής 2 = νηλεής.
νηλίπους, ποδὸς barfuß.
νηλιτής 2 und fem. **νηλίτις**, ιδος unsträflich, schuldlos.
νῆμα, τό Faden, Garn.
νημέρτεια, ἡ Wahrheit.
νημερτής 2 unfehlbar; untrüglich, zuverlässig, wahrhaft.
νηνεμία, ἡ Windstille.
νήνεμος 2 windstill, ruhig.
νηός a) = ναός. b) τῆς νηός = νεώς, gen. von ναῦς.
νη-πενθής 2 kummerstillend.
νηπίας acc. pl. von νήπιος.
νηπιάζω ein Kind sein. [ben.]
νηπιαχεύω Kinderspiele trei=
νηπίαχος 2 = νήπιος.
νηπίη, ἡ Kindesart, Kinderei, Torheit.
νήπιος 3: 1. unmündig. - 2. kindisch, Kind: a) töricht, unverständig. b) schwach.
νή-ποινος 2 a) ohne Entgelt, umsonst. b) ungerächt.
νηπύτιος 3 = νήπιος.
νήριτος 2 unermeßlich.
νησίδιον, τό u. **νησίον**, τό u. **νησίς**, ίδος, ἡ Inselchen.
νησιώτης, ου ὁ Inselbewohner.
νησιωτικός 3 u.fem. **νησιῶτις**, ιδος auf der Insel befindlich.
νῆσος, ἡ Insel; Halbinsel.
νῆσσα, ἡ Ente.
νηστεία, ἡ das Fasten.
νηστεύω fasten.
νῆστις, ιδος u. ιος nüchtern, hungrig.
νησύδριον, τό Inselchen.
νητός 3 aufgehäuft.
νηῦς, ἡ = ναῦς. [πέρατος.]
νηυσί-πέρητος 2 = ναυσι=
νηφάλιος 3 (u. 2) nüchtern.
νήφω nüchtern sein, fasten.
νήχω u. M. schwimmen.

νίζω I. Akt.: a) waschen. b) abwaschen, reinigen; sühnen. — II. M. sich (ab)waschen.

νικάω I. abs. siegen, obsiegen; die Oberhand gewinnen ob. behalten, überlegen oder besser sein: a) den Prozeß gewinnen, recht behalten. b) gesiegt haben, Sieger sein. c) mit seiner Meinung durchdringen, angenommen werden. — II. trans. 1. in etw. siegen, etw. gewinnen. νίκην einen Sieg davontragen. τὴν γνώμην (= γνώμῃ) mit seiner Meinung durchdringen. 2. besiegen, überwinden; über-treffen, -bieten.

νίκη, ἡ Sieg; Siegesgöttin.

νικητήριον, τό Siegespreis.

νικητικός 3 zum Siege dienlich. [ger. b) siegbringend.]

νικη-φόρος 2 a) siegreich; Sie-)

νῖκος, τό = νίκη Sieg.

νιν = αὐτόν, ἥν, ὁ ihn, sie, es (selten acc. pl.).

νιπτήρ, ἦρος, ὁ Waschbecken.

νίπτω = νίζω.

νίσσομαι u. **νίσομαι** M. gehen: a) weggehen. b) zurückkehren.

νιφάς, άδος, ἡ a) Schneeflocke, (pl.) Schneegestöber, Schnee b) schneebedeckt.

νιφετός, ὁ Schneegestöber.

νιφόεις 3 schneebedeckt.

νιφο-στιβής 2 über Schnee dahinfahrend.

νίφω = νείφω.

νοέω u. M. 1. wahrnehmen: a) bemerken. b) merken, aufmerken; erkennen, einsehen, verstehen. — 2. a) denken, bedenken, überlegen, erwägen. νοέων verständig, einsichtsvoll. b) erdenken, ersinnen. c) gedenken, vorhaben, im Sinne haben.

νόημα, τό 1. Gedanke; Entschluß, Vorhaben, Plan. — 2. a) das Denken, Verstand. Klugheit. b) Gesinnung, Sinn.

νοήμων 2 verständig, klug.

νοητός 3 geistig wahrnehmbar.

νόθος 3 a) unehelich, Bastard. b) unebenbürtig. c) unecht.

νόμαιον, τό Sitte, Gebrauch.

νομ-άρχης, ου, ὁ Gauvorsteher.

νομάς, άδος, ἡ a) Verteilerin. — 2. a) auf der Weide befindlich. b) weidend, umherschweifend; ὁ Nomade.

νομεύς, έως, ὁ a) Hirt. b) Schiffsrippe, Spante.

νομεύω weiden, hüten.

νομή, ἡ 1. a) Weide, Weideplatz; Gefilde. b) weidende Herde. — 2. Verteilung; das Umsichgreifen, Zerfressen.

νομίζω 1. als Sitte anerkennen, als Brauch od. im Gebrauch haben: a) gewohnt sein, pflegen. b) als Gebrauch festsetzen ob. annehmen, als Gesetz einführen, verordnen. P **νομίζεται** es ist Brauch, Sitte, Herkommen. νομιζόμενος herkömmlich. τὰ νομιζόμενα das Übliche, Gebräuche, Herkommen, bestehende Einrichtungen. c) im Gebrauch haben. — 2. a) an etw. glauben. 2) als etw. anerkennen, für etw. halten, ansehen. c) glauben, meinen, überzeugt sein, urteilen.

νομικός 3 a) das Gesetz betreffend, gesetzlich. b) rechtskundig. ὁ Schriftgelehrte(r).

νόμιμος 2: 1. a) herkömmlich, gebräuchlich. b) gesetzmäßig, gesetzlich, rechtmäßig. — 2. rechtlich, rechtschaffen, ordentlich τὸ -ον, τὰ -α Brauch, Sitte, Herkommen, Gesetz, Recht, Pflicht. [Satzungen.]

νόμισις, εως, ἡ Bräuche,)

νόμισμα, τό a) Brauch, Einrichtung. b) Geld, Münze.

νομο-διδάσκαλος, ὁ Gesetzeslehrer, Schriftgelehrte(r).

νομοθεσία, ἡ Gesetzgebung.

νομοθετέω Gesetze geben, verordnen, bestimmen. P. Gesetze empfangen.

νομο-θέτης, ου, ὁ a) Gesetzgeber. b) Gesetzrevisionskommissar. [ἡ -ή Gesetzgebung.]

νομοθετικός 3 gesetzgeberisch,

νομός, ὁ 1. Weide; Spielraum. — 2. Wohnsitz, Aufenthalt, Gau, Bezirk, Provinz; Landstrich.

νόμος, ὁ 1. a) Brauch, Sitte, Herkommen, Art, Gewohnheit. b) Ordnung, Recht. χειρῶν νόμος Handgemenge. — 2. a) Grundsatz, Regel. b) Gesetz, Satzung, Vorschrift. — 3. a) (Sang-) Weise, Melodie, Lied. b) Tonart. [Wächter, Gesetzeshüter.]

νομο-φύλακες, οἱ Gesetzes-

νόος, zsgz. **νοῦς**, ὁ 1. Sinn: a) Besinnung. b) Denkkraft, Verstand, Vernunft, Geist; Überlegung, Einsicht, Klugheit. (τόν) νοῦν (προσ)έχειν τινί oder πρός τι seine Aufmerksamkeit auf etw. richten, etw. beachten, oft = auf j-s Seite treten. — 2. Gemüt, Herz, Sinnesart, Sinn, Gesinnung, Denkweise. — 3. Gedanke, Meinung, Wunsch, Absicht, Wille.

νοσέω krank sein (od. werden), kranken, leiden. [νόσος.]

νοσηλεία, ἡ u. **νόσημα**, τό =

νοσηρός 3 a) ungesund, b) krank, kränklich.

νόσος, ἡ 1. Krankheit: a) Seuche. b) Wahnsinn. c) Eiter. — 2. a) Übel, Unglück, Unheil, Leiden. b) Fehler, Gebrechen.

νοσσεύω nisten, ausbrüten.

νοσσιά, ἡ = νεοσσιά.

νοσσίον, τό = νεοσσίον.

νοσσός, ὁ = νεοσσός.

νοστέω zurück-, heimkehren; gelangen, kommen, reisen.

νόστιμος 2 a) zur Heimkehr gehörig. b) der Heimkehr fähig, heimkehrend.

νόστος, ὁ Rückkehr, Heimkehr; Gang, Ankunft, Reise.

νόσφι(ν) 1. entfernt, getrennt, für sich allein, seitab. — 2. mit gen.: a) abgesondert von, fern von. b) ohne, außer.

νοσφίζω I. Akt. absondern, entfernen, trennen; a) wegnehmen, rauben. b) berauben. — II. M. P. 1. sich entfernen, weggehen, verlassen. 2. a) sich von j-m abwenden, j-n verleugnen. b) etw. unterschlagen.

νοσώδης 2 = νοσηρός.

νοτερός 3 a) naß, feucht. b) südlich. [Regen(guß).]

νοτίη, ἡ Nässe, Feuchtigkeit;

νότιον, τό Uferwasser.

νότιος 3 (u. 2) = νοτερός.

νοτίς, ίδος, ἡ = νοτίη.

νότος, ὁ a) Süd- od. Südwestwind. b) Süden.

νουθεσία, ἡ = νουθέτησις.

νουθετέω ans Herz legen: a) (er)mahnen, warnen. b) zurechtweisen, schelten, strafen.

νουθέτημα, τό u. **νουθέτησις**, εως, ἡ Ermahnung, Warnung, Zucht.

νουθετικός 3 warnend.

νουμηνία, ἡ a) Neumond. b) Anfang des Monats.

νουν-εχής 2 verständig, klug.

νοῦς, ὁ = νόος.

νόθος, ἡ = νόσος.

νύ u. **νῦν** [Nacht brauchbar.]

νυκτερευτικός 3 zur Jagd bei

νυκτερεύω übernachten, wachen, die Nacht durchwachen; biwakieren.

νυκτερινός 3) a) nächtlich, in der Nacht. b) nördlich.

νυκτερίς, ίδος, ἡ Fledermaus.

νύκτερος 2 = νυκτερινός.
νυκτο-θήρας, ου, ὁ Nachtjäger.
νυκτομᾰχία, ἡ nächtliche Schlacht.
νυκτο-φύλαξ, ὁ Nachtwache, -posten.
νύκτωρ adv. nachts, bei Nacht.
νύμφα [ep.] voc. von νύμφη.
νυμφεῖος 3 bräutlich. τὸ νυμφεῖον, τὰ -α: a) Brautgemach. b) Brautstand, Braut. c) Hochzeit, Ehe.
νύμφευμα, τό Ehe; Braut.
νυμφεύω u. M. heiraten, sich verheiraten.
νύμφη, ἡ 1. a) Braut; Schwiegertochter; Mädchen. b) junge Frau. — 2. Nymphe.
νυμφίδιος und **νυμφικός** 3 bräutlich, hochzeitlich, ehelich.
νυμφίος, ὁ a) Bräutigam. b) junger Ehemann, Gatte.
νυμφών, ῶνος, ὁ a) Brautgemach. b) Hochzeitssaal.
νῦν 1. jetzt, nun, soeben. ὁ νῦν der jetzige, gegenwärtige. — 2. a) unter solchen Umständen, nun also, daher. b) νῦν δέ nun aber, so aber.
νύν u. **νύ** 1. (folgernd) bei solcher Sachlage, nun, daher, also, so ... denn. — 2. (vermutend) wohl. — 3. natürlich, ja, ja doch.
νυνί, verstärktes νῦν.
νύξ, νυκτός, ἡ Nacht; Finsternis, Dunkel. μέσαι νύκτες Mitternacht.

νυός, ἡ 1. Schwiegertochter. — 2. Schwägerin.
νύσσα, ἡ 1. Prellstein, Wendsäule; Ziel, Endpunkt. — 2. Schranke(n).
νύσσω stoßen, stechen, treffen, verwunden, durchbohren.
νυστάζω a) nicken. b) (ein-)schlafen; schläfrig sein, zögern.
νύττω = νύσσω.
νυχθ-ήμερον, τό Zeit von 24 Stunden.
νύχιος 3 = νυκτερινός.
νώ = νῶι.
νωδύνος 2 schmerzstillend.
νωθής 2 u. **νωθρός** 3 a) träge, langsam. b) dumm.
νῶι od. **νώ** wir beide, uns beide; **νῶιν**, att. **νῷν** unser beider u. uns beiden.
νωίτερος 3 unser beider.
νωλεμές u. **νωλεμέως** adv. a) unaufhörlich, immerfort. b) standhaft, fest.
νωμάω a) verteilen, zuteilen. b) hin und her bewegen; handhaben od. schwingen, behende regen od. bewegen; lenken, regieren. c) erwägen, überlegen, im Sinne haben, beobachten, wahrnehmen. [los.]
νώνυμ(ν)ος2namenlos, ruhm-
νώροψ, οπος glänzend.
νωτίζω rückwärts wenden; entfliehen.
νῶτον, τό u. **νῶτος**, ὁ Rücken; Rückenstück.
νωχελίη, ἡ Lässigkeit,

Ξ

Ξ, ξ (ξεῖ, ξῖ) vierzehnter Buchstabe des griechischen Alphabets.
ξαίνω kratzen, krempeln.
ξανθός 3 gelb; blond, falb.
ξειν(η)ίη = ξενία.
ξεινήιος, **ξεινήιον**, **ξεινίον** = ξένιος, ξένιον.

ξεινίζω, **ξείνιος**, **ξεινοδοκέω**, **ξεῖνος**, **ξεινοσύνη** u. ä. f. ξεν-. [führen.]
ξεναγέω Söldnertruppen an-
ξεν-αγός, ὁ Söldnerführer; Aushebungsoffizier.
ξένη, ἡ f. ξένος.

ξενηλασία — 305 — ξύω

ξενηλασίᾱ, ἡ Ausweisung der Fremden, Fremdenhetze.

ξενίᾱ, ἡ a) Gastfreundschaft, Gastrecht; Freundschaftsbündnis. b) gastliche Aufnahme ob. Bewirtung. c) Anmaßung des Bürgerrechts.

ξενίζω 1. a) Gastfreunde aufnehmen. b) gastlich aufnehmen, bewirten; die Gäste ehren. P. = ξενόομαι. — 2. befremden. P. sich wundern.

ξενικός 3 a) die Fremden betreffend. τὸ -όν Söldnerheer. b) = ξένος.

ξένιος 3 (u. 2) 1. gastlich; Schützer des Gastrechts. — 2. a) ἡ ξενία (f. ds); b) **τὸ ξένιον**, τὰ ξένια Gastgeschenk(e); gastliche Bewirtung, Gastmahl; Gastfreundschaft. [tung.]

ξένισις, εως, ἡ gastliche Bewir-

ξενοδοκέω u. **-δοχέω** Gastfreundschaft erweisen.

ξενο-δόκος 2 Gastfreunde aufnehmend. subst. ὁ Wirt.

ξενοκτονέω die Fremden töten.

ξενολογέω Söldner (an)werben.

ξένος 3: 1. fremd, ausländisch: a) fremdartig, ungewöhnlich, neu. b) unbekannt mit etw. — 2. a) **ὁ ξένος**: α) der Fremde, Fremdling; β) der Söldner; γ) Gastfreund; Freund; b) **ἡ ξένη** die Fremde, das fremde Land. [herberge.]

ξενο-στάσις, εως, ἡ Fremden-

ξενοσύνη, ἡ = ξενία. [halten.]

ξενοτροφέω Söldnertruppen

ξενόω I. Akt. = ξενίζω. — II. P. 1. in die Fremde gehen. 2. a) j-s Gastfreund werden. b) bei j-m gastlich aufgenommen werden ob. als Gastfreund einkehren.

ξερός 3 = ξηρός.

ξέσσε f. ξέω.

ξέστης, ου, ὁ a) Xestes (Maß = 1/2 Liter). b) Krug.

ξεστός 3 geglättet, poliert; glatt behauen.

ξέω glätten, polieren, behauen.

ξηραίνω (aus)trocknen, dörren. P. vertrocknen, abmagern.

ξηρός 3 trocken, vertrocknet, dürr. ἡ ξερὰ = τὸ ξηρόν u. τὰ ξηρά das Trockene, festes Land.

ξηρότης, ητος, ἡ Trockenheit, Dürre. [Schwert.]

ξιφίδιον, τό Dolch, kurzes

ξίφο-κτόνος 2 mit dem Schwerte mordend.

ξίφος, τό Schwert.

ξόανον, τό Schnitzwerk; hölzernes Götterbild.

ξυήλη, ἡ Sichelschwert.

ξυλίζομαι M. Holz holen.

ξύλινος 3 hölzern, von Holz.

ξύλον, τό 1. Holz: a) Stück Holz, Scheit. b) α) Brenn-, Bau-holz, Balken; Bohlen; β) Baumstumpf, Baum. — 2. Holzwerk: a) Holzgeschirr. b) Stock, Knüttel. c) Schaft; Speer. d) Götterbild. e) Fußob. Halsblock. f) Kreuz.

ξυλουργέω Holzarbeiten anfertigen.

ξύλοχος, ὁ Gehölz, Dickicht.

ξύλωσις, εως, ἡ Holzwerk.

ξύμ u. **ξύν** f. σύμ, συν-.

ξύν-ετο f. συνίημι.

ξυνήϊος 3 gemeinsam. τὰ ξυνήϊα Gemeinigut.

ξύν-ιον u. ä. f. συνίημι.

ξύν-ίσαν f. σύνειμι[1].

ξυνός 3 = κοινός.

ξυρέω u. **-άω** I. Akt. scheren, rasieren; einschneiden. — II. M. sich scheren (lassen).

ξυρόν, τό Schermesser.

ξυστόν, τό Stange; Speerschaft; Speer, Lanze.

ξυστός 3 geglättet.

ξύω schaben, abschürfen, glätten.

O

O, o (οὖ, ὃ μικρόν) fünfzehnter Buchstabe des griechischen Alphabets.

ὁ (ὅ), **ἡ** (ἥ), **τό** der, die, das: 1. Demonstrativpron.: der da, dieser, er, sie, es. **ὁ μέν ... ὁ δέ** dieser .. jener, der eine .. der andere. τὸ μέν ... τὸ δέ od. τὰ μέν ... τὰ δέ teils ... teils. ὁ δέ der aber, ἡ δέ die aber. τὸν καὶ τόν den und den; τὸ καὶ τό dies und das. πρὸ τοῦ vordem (ἐκ τοῦ seitdem). τῷ darum, deswegen, in diesem Falle, alsdann. — 2. Relativpron.: **ὅ, ἥ, τό** (= ὅς, ἥ, ὅ). — 3. bestimmter Artikel: der, die, das. [Frau.]

ὄαρ, ὄαρος, ἡ Genossin, Gattin,
ὀαρίζω sich vertraulich unterhalten, plaudern, kosen.
ὀαριστής, οῦ, ὁ Vertraute(r).
ὀαριστύς, ύος, ἡ traulicher Verkehr, Gekose; Genossenschaft; Brauch, Weise.
ὀβελίσκος, ὁ kleiner Spieß od. Bratspieß. [b) Spitzsäule.]
ὀβελός, ὁ a) Spieß, Bratspieß.
ὀβολός, ὁ Obol (Münze von ungefähr 13 Pfennig Wert).
ὀβριμο-εργός 2 gewalttätig.
ὀβριμο-πάτρη, ἡ Tochter des starken Vaters.
ὄβριμος 2 stark, gewaltig.
ὀγδόατος 3 = ὄγδοος.
ὀγδοήκοντα achtzig.
ὀγδοηκοστός 3 achtzigste(r).
ὄγδοος 3 achte(r).
ὀγδώκοντα = ὀγδοήκοντα.
ὅ-γε, ἥ-γε, τό-γε der hier, dieser da, er (dort), der eben.
ὀγκηρός, 3 prunkvoll.
ὀγκίον, τό Eisenkasten.
ὄγκος[1], ὁ Widerhaken.
ὄγκος[2], ὁ Masse, Haufe, Gewicht, Umfang, Größe; Last, Tracht: a) Beschwerde. b) Stolz, Dünkel, Aufgeblasenheit. c) Würde, Glanz, Prunk.
ὀγκόω aufblasen. P. sich aufblähen, stolz werden.
ὀγμεύω eine Furche ziehen στίβον den Pfad hinpflügen.
ὄγμος, ὁ a) Furche. b) Schwaden. [b) Birne.]
ὄγχνη, ἡ a) Birnbaum.
ὁδαῖος 3 zur Reise gehörig. τὰ ὁδαῖα Waren, Fracht.
ὀ-δάξ adv. mit den Zähnen.
ὅ-δε, ἥ-δε, τό-δε 1. der da, dieser hier, hier, dort, da. — 2. der jetzige, gegenwärtige, heutige. — 3. folgender. — 4. a) τόδε od. τάδε hierher od. darum. b) τῇδε hier, dort; auf diese od. folgende Weise, so; dadurch, deswegen.
ὁδεύω reisen, wandern, gehen.
ὁδηγέω den Weg zeigen, führen; unterweisen, anleiten.
ὁδ-ηγός, ὁ Wegweiser, Führer; Lehrer.
ὁδί, ἡδί, τοδί, verstärktes ὅδε.
ὁδίτης, ου, ὁ Wanderer.
ὀδμή, ἡ Geruch, Duft.
ὁδοιπορέω marschieren, wandern, reisen; durchwandern.
ὁδοιπορία, ἡ Reise, Wanderung, Marsch.
ὁδοιπόριον, τό Reiselohn.
ὁδοι-πόρος, ὁ Wanderer.
ὁδοποιέω einen Weg bahnen.
ὁδός, ἡ Weg: a) Straße, Pfad, Bahn, Strecke. b) Gang, Fahrt, Reise, Marsch, Zug; Abreise, Heimweg; Lebensweise, Wandel. c) Art und Weise, Mittel, Ausweg, Gelegenheit, Möglichkeit, Verfahren, Methode, Lehre.
ὀδός, ὁ Schwelle.
ὀδούς, όντος, ὁ Zahn, Hauer.

ὁδο-φύλαξ, ακος, ὁ Straßenwächter, Polizist.
ὁδόω I. Akt. führen, (ge)leiten. — II. P. vonstatten gehen, in Gang kommen.
ὀδυνάω I. Akt. Schmerz verursachen. — II. P. Schmerz empfinden, sich betrüben.
ὀδύνη, ἡ Schmerz, Leid.
ὀδυνηρός 3 schmerzhaft.
ὀδυνή-φατος 2 schmerztötend.
ὀδυρμα, τό und ὀδυρμός, ὁ Wehklage, Klage.
ὀδύρομαι M. a) (weh)klagen, jammern. b) beklagen.
ὀδύσσομαι M. zürnen.
ὤδωδα, pf. von ὄζω.
ὀδώδυσμαι, pf. von ὀδύσσομαι.
ὀδών, όντος, ὁ = ὀδούς.
ὀδωτός 3 a) gangbar, ausführbar. b) imstande einen Weg zu machen.
ὄεσσι, dat. pl. von ὄις.
ὄζος¹ ὁ Ast, Zweig, Sproß.
ὄζος², ὁ Diener.
ὄζω riechen, duften, stinken.
ὅ-θεν adv. 1. a) von wo, woher. b) woraus, wovon. — 2. wodurch, weshalb, warum.
ὅθεν-περ adv. woher eben.
ὅθι u. ὅθι-περ wo, woselbst.
ὀθνεῖος 3 fremd.
ὄθομαι Rücksicht nehmen, sich um etw. kümmern, sich an etw. kehren, sich scheuen.
ὀθόνη, ἡ a) Leinwand, leinenes Tuch. b) Leinengewand; Schleier.
ὀθόνιον, τό leinene Binde.
ὀθούνεκα a) weil. b) daß.
ὅ-θριξ, τριχος gleichhaarig.
οἴ weh! ach! o!
οἴ¹ adv. wohin; bis zu welchem Grade.
οἴ² = sibi u. ei; cf. οὗ.
οἴαξ, ακος, ὁ a) Griff am Steuerruder; Steuerruder. b) Öse ob. Ring.

οἴγνῦμι u. οἴγω öffnen.
οἶδα s. εἴδω.
οἰδάω und οἰδέω, οἰδάνω a) schwellen machen. b) intr. u. P. schwellen, aufwallen.
οἶδμα, τό Wogenschwall, Brandung, Meer.
οἰέτης 2 gleichalterig.
οἰζυρός 3 jammervoll, elend.
οἰζύς, ύος, ἡ Jammer, Elend.
οἰζύω 1. a) jammern. b) sich abmühen, Mühe ertragen. — 2. erleiden, erdulden.
οἰήιον, τό = οἴαξ.
οἰηκίζω handhaben, regieren.
οἴηξ, ηκος, ὁ = οἴαξ.
οἴησις, εως, ἡ Meinung.
οἶκα im. = ἔοικα.
οἴκα-δε adv. nach Haus, in die Heimat, heim(wärts).
οἰκειακός 3 = οἰκιακός.
οἰκεῖος 3: 1. häuslich, zum Hause gehörig. — 2. zur Familie gehörig, verwandt; befreundet, vertraut, freundlich. ὁ οἰκεῖος Hausgenosse, Verwandte(r), Vertraute(r). — 3. eigen, eigentümlich; τὰ -α Eigentum. a) privat, persönlich. b) (ein)heimisch, vaterländisch. — 4. geeignet, passend, vorteilhaft.
οἰκειότης, ητος, ἡ a) Verwandtschaft. b) Freundschaft.
οἰκειόω I. Akt. zu eigen machen; zum Freunde ob. geneigt machen. — II. P. mit j-m vertraut werden. — III. M.: a) sich zueignen. b) für sich gewinnen.
οἰκείωσις, εως, ἡ Zueignung.
οἰκετεία u. οἰκέτεια, ἡ Dienerschaft.
οἰκέτης, ου, ὁ Hausgenosse, Sklave, Knecht, Diener. pl. Familie(nglieder).
οἰκετικός 3 Sklaven-...
οἰκεύς, έως, ὁ = οἰκέτης.

οἰκέω I. Akt. 1. *intr.* a) wohnen (*aor.* sich ansiedeln); gelegen sein, liegen. b) haushalten, walten, leben, sich befinden. εὖ οἰκεῖν gut verwaltet werden ob. eingerichtet sein. 2. *trans.*: a) bewohnen. b) verwalten, regieren. — II. P. 1. a) bewohnt werden; gelegen sein, liegen. **ἡ οἰκουμένη** das bewohnte, volkreiche Land: α) die bewohnte Erde; ganz Hellas; das römische Reich; β) Erdkreis, Welt. b) angesiedelt werden, sich ansiedeln. *pf.* (be)wohnen. 2. verwaltet ob. eingerichtet werden ob. sein.

οἰκήϊος, οἰκηϊόω = οἰκεῖος, οἰκειόω.

οἴκημα, τό Wohnung, Haus: a) Gemach, Kammer; Stockwerk. b) Gefängnis. c) Käfig. d) Kapelle, Tempelzelle. e) Werkstätte. f) Bordell.

οἴκησις, εως, ἡ a) das Wohnen. b) Wohnung, Wohnsitz. c) Hauswesen.

οἰκητήρ, ῆρος u. **οἰκητής**, οῦ, ὁ Bewohner, Einwohner.

οἰκητήριον, τό Wohnung.

οἰκητός 3 a) bewohnt. b) bewohnbar.

οἰκήτωρ, ορος, ὁ = οἰκητήρ.

οἰκία̅, ἡ = οἶκος.

οἰκιακός 3 zum Hause gehörig, häuslich. ὁ Hausgenosse.

οἰκίδιον, τό = οἰκίσκος.

οἰκίζω I. Akt. 1. a) erbauen, gründen. b) anbauen: α) bevölkern, kolonisieren; β) wiederherstellen. — 2. wohnen lassen, ansiedeln. — II. M. sich ansiedeln, sich niederlassen; *pf.* wohnen. [Rest.]

οἰκίον, τό Wohnung, Wohnsitz,

οἴκισις, εως, ἡ Gründung.

οἰκίσκος, ὁ Häuschen, Hütte; Zimmerchen.

οἰκιστήρ, ῆρος und **οἰκιστής**, οῦ, ὁ Gründer einer Kolonie, Kolonisator.

οἰκοδεσποτέω das Haus regieren ob. besorgen.

οἰκο-δεσπότης, ου, ὁ Hausherr, -vater.

οἰκοδομέω ein Haus bauen; (er)bauen, gründen; fördern.

οἰκοδόμησις, εως, ἡ und **-δόμημα**, τό und **-δομίᾱ**, ἡ und **-δομή**, ἡ Bau: a) das Bauen, Erbauen. b) Bauwerk, Gebäude, Haus.

οἰκο-δόμος, ὁ Bau=meister, -handwerker.

οἴκο-θε(ν) *adv.* von Hause, aus der Wohnung ob. Heimat: a) aus eigenen Mitteln. b) von selbst. c) von Hause aus (= von vornherein).

οἴκο-θι u. **οἴκοι** *adv.* zu Hause, daheim, häuslich, heimatlich.

οἶκόν-δε *adv.* a) = οἴκαδε. b) in die Frauenwohnung.

οἰκονομέω Hausverwalter sein; verwalten, anordnen.

οἰκονομίᾱ, ἡ Haushaltung, Verwalteramt, Verwaltung; Heilsordnung.

οἰκονομικός 3 wirtschaftlich. ἡ -ή Haushaltungskunst.

οἰκο-νόμος, ὁ Haushalter, Verwalter, Kämmerer, Wirt.

οἰκό-πεδον, τό *pl.* Häusertrümmer. [(machend).]

οἰκο-ποιός 2 wohn(lich)

οἶκος, ὁ Haus: 1. Behausung, Wohnung: a) Zimmer, Gemach, Saal. b) Tempel. c) Lager, Nest. d) Residenz. — 2. Hausstand: a) Hauswesen, Haushalt(ung). b) Vermögen, Hab und Gut. c) Familie, Geschlecht; Gesinde. — 3. Wohnort, Heimat, Vaterland. [τως.)]

οἰκός, οἰκότως = εἰκός, εἰκό-

οἰκουμένη, ἡ f. οἰκέω.

οἰκουργός 2 das Haus besorgend, haushälterisch.

οἰκουρέω das Haus hüten; hüten, schirmen; im Hause weilen, daheim bleiben.

οἰκούρημα, τό und **οἰκουρίᾱ**, ἡ Behütung des Hauses; Hut, Schutz, Schirm.

οἰκουρία, τά Lohn für die Hut des Hauses.

οἰκουρός 2 das Haus hütend, häuslich, wirtschaftlich.

οἰκοφθορέομαι P. in seinem Hauswesen geschädigt werden, in Armut geraten. [verlust.]

οἰκοφθορίᾱ, ἡ Vermögens-

οἰκτείρω u. **οἰκτίζω** oder M. a) (be)klagen, (be)jammern. b) bemitleiden, sich erbarmen.

οἰκτιρμός, ὁ = οἶκτος.

οἰκτίρμων 2 barmherzig.

οἰκτίρω = οἰκτείρω.

οἴκτιστος 3, *sup.* zu οἰκτρός.

οἶκτος, ὁ a) das Beklagen, Wehklage. b) Mitleid, Erbarmen. c) Leid, Weh.

οἰκτρός 3 a) beklagenswert, kläglich, elend, arm. b) klagend, weinerlich. [sinn.]

οἰκωφελίη, ἡ Häuslichkeits-

οἶμα, τό das Anstürmen, Wut.

οἶμαι = οἴομαι (f. οἴω).

οἰμάω anstürmen.

οἴμη, ἡ a) Liederkreis, Heldensage. b) Gesang, Lied.

οἴμοι wehe mir! ach!

οἶμος, ὁ, ἡ a) Gang, Weg, Pfad, Bahn. b) Streifen.

οἰμωγή, ἡ Wehklage(n), Jammergeschrei.

οἰμώζω a) (weh)klagen, jammern. b) *trans.* beklagen. [reich.]

οἰνηρός 3 voll Weines, wein-

οἰνίζομαι M. sich Wein holen.

οἰνο-βᾰρής 2 u. **-βᾰρείων** 3 weintrunken.

οἰνό-πεδος 2 weintragend, τό -ον Wein-berg, -land.

οἰνο-πληθής 2 weinreich.

οἰνοποτάζω Wein trinken.

οἰνο-ποτήρ, ῆρος u. **-πότης**, ου, ὁ Weintrinker.

οἶνος, ὁ a) Wein, Weinsorte. b) Zaubertrank, Verlockung.

οἰνοφλυγίᾱ, ἡ Trunkenheit.

οἰνοχοέω u. **-χοεύω** (Wein) einschenken.

οἰνοχόη, ἡ Schöpfgefäß.

οἰνο-χόος, ὁ Mundschenk.

οἰνό-χῠτος 2 aus eingeschenktem Wein bestehend.

οἰν-οφ-, οπος = οἰνωπ-.

οἰνόω trunken machen, berauschen.

οἰνών, ῶνος, ὁ Weinkeller.

οἰν-ώψ, ῶπος weinfarbig, dunkelrot; dunkel.

οἰξάσα f. οἴγνυμι.

οἰο-βώτης einsam weidend.

οἰό-ζωνος 3 einzelner Wanderer. [ganz.]

οἰό-θεν *adv.* von allein her,

οἴομαι f. οἴω.

οἰο-πόλος 2 einsam, öde.

οἶος 3 a) einzig, allein. b) einsam, verlassen, abgesondert.

οἷος 3 wie beschaffen, von welcher Art, was für einer, welch einer, welcher, wie: a) kausal = weil solcher (= ὅτι τοιοῦτος). b) mit *inf.* = ὥστε derart daß, so beschaffen, daß, geeignet, fähig. c) **οἷός τέ εἰμι** ich bin imstande ob. geeignet, ich kann. οἷόν τέ ob. οἷά τέ ἐστι es ist möglich. d) οἷος ἐγὼ ἀνήρ ein Mann wie ich. e) beim *sup.* = möglichst. f) *adv.* **οἷον** u. **οἷα**, οἷά τε = α) wie, gleichwie, (wie) zum Beispiel; β) bei Zahlen = ungefähr; γ) beim *part.* da ja, weil ja; δ) οὐχ οἷον δὲ ὅτι nicht als ob.

οἷοσ-οῦν u. **οἷοσ-δήποτε** 3 wie beschaffen auch nur, was für einer auch immer.

οἷόσ-περ — 310 — **ὀλιγανθρωπία**

οἷόσ-περ 3 gerade wie, wer eben, wie ja auch.
οἰο-χίτων, ωνος nur im Leibrock.
οἰόω allein lassen. P. vereinsamen.
οἷ-περ adv. wohin gerade.
ὅϊς u. **οἶς**, οἰός, ὁ u. ἡ Schaf.
οἴσε u. ä. f. φέρω.
οἰσθείς f. οἴω.
οἴ-σπη, ἡ ungewaschene Wolle.
οἰστέος 3 zu tragen(b): a) erträglich. b) davonzutragen(b).
οἰστεύω (Pfeile) schießen.
οἰστός u. **οἰστός**, ὁ Pfeil.
οἰστός 3 = οἰστέος.
οἰστράω u. **-έω** anstacheln, reizen; intr. toben.
οἴστρημα, τό Stich.
οἰστρο-πλήξ, ῆγος wutgetrieben, wütend.
οἶστρος, ὁ a) Bremse. b) Stachel, Stich; Wut(anfall).
οἰσύϊνος 3 weiden, aus Weidengeflecht. [Tod.]
οἶτος, ὁ Los, Geschick, Unglück,
οἰχνέω = οἴχομαι.
οἴχομαι M. a) gehen, kommen, fliegen; weggehen, absegeln; vergehen, verschwinden, sterben. b) mit pf.-Bed. weggegangen sein, fort od. weg sein, abwesend, verloren, tot sein.
οἴω u. **ὀΐω**, meist **οἴομαι** P., ep. **οἴομαι** 1. ahnen, vermuten, erwarten, argwöhnen, fürchten. — 2. meinen, glauben, denken: a) gedenken, gewillt sein. b) (eingeschoben) οἶμαι (ep. ὀΐω) mein' ich, glaub' ich. c) (in Antworten) das will ich meinen! ei freilich!
οἰωνίζομαι M. a) ahnen. b) wahrsagen, prophezeien.
οἰωνιστής, οῦ des Vogelfluges kundig. subst. ὁ Vogelschauer.
οἰωνο-θέτης, ου, ὁ Vogelschauer.
οἰωνο-πόλος, ὁ Vogelschauer.

οἰωνός, ὁ a) Raubvogel. b) Weissagevogel. c) Vorzeichen, Vorbedeutung.
ὀ-κέλλω a) ans Land treiben, stranden lassen. b) stranden.
ὅκῃ = ὅπῃ.
ὀκλάζω die Knie beugen; hocken, sich niederkauern.
ὀκνέω u. **-είω** Bedenken tragen, sich scheuen, zaudern, zögern, fürchten, besorgt sein.
ὀκνηρός 3 a) zögernd, saumselig, träge, bedenklich. b) furchterweckend, beängstigend, lästig.
ὄκνος, ὁ das Zögern, Saumseligkeit, Unlust, Scheu, Furcht.
ὁκόθεν, **ὁκοῖος**, **ὁκόσοι**, **ὁκότερος**, **ὅκου** = ὁπ-.
ὀκριάω erbittern, aufbringen.
ὀκρυόεις 3 spitzig.
ὀ-κρυόεις 3 schauerlich.
ὀκτα-ήμερος 2 achttägig.
ὀκτάκισ-χίλιοι 3 achttausend.
ὀκτά-κνημος 2 achtspeichig.
ὀκτα-κόσιοι 3 achthundert.
ὀκτώ acht.
ὀκτω-καί-δεκα achtzehn.
ὀκτωκαιδέκατος 3 achtzehnte(r).
ὅκως = ὅπως.
ὀλβίζω glücklich preisen.
ὀλβιό-δαίμων 2 gottgesegnet.
ὄλβιος 3 beglückt, glücklich, glückselig, gesegnet; reich.
ὄλβος, ὁ a) Glück, Segen, Heil. b) Reichtum, Macht.
ὀλεθρεύω verderben.
ὀλέθριος 3 (u. 2) verderblich. b) unglücklich.
ὄλεθρος, ὁ a) Vernichtung, Verderben, Untergang, Tod; Verlust; Niederlage. b) Bösewicht, Schurke.
ὀλείζων, comp. zu ὀλίγος.
ὀλέκω = ὄλλυμι. [Mörder.]
ὀλετήρ, ῆρος, ὁ Verderber,
ὀλιγάκις adv. selten. [mangel.]
ὀλιγανθρωπία, ἡ Menschen-

ὀλιγαρχέομαι P. eine oligarchische Verfassung haben.
ὀλιγαρχίᾱ, ἡ Oligarchie.
ὀλιγαρχικός 3 oligarchisch (gesinnt). [Kleinen Teile.]
ὀλιγαχό-θεν adv. aus einem
ὀλιγηπελέω ohnmächtig sein.
ὀλιγηπελίᾱ, ἡ Ohnmacht.
ὀλίγιστος, sup. v. ὀλίγος.
ὀλιγογονίᾱ, ἡ geringe Fortpflanzung. [bar.]
ὀλιγό-γονος 2 wenig fruchtὀλιγοδρᾰνέω ohnmächtig sein.
ὀλιγοπιστίᾱ, ἡ Kleingläubigkeit.
ὀλιγό-πιστος 2 kleingläubig.
ὀλίγος 3 wenig, gering, unbedeutend, klein, kurz, schwach, leise: 1. subst. οἱ ὀλίγοι Oligarchen, Aristokraten. — 2. ὀλίγον (τι) ein weniges, wenig, ein Stückchen, kleiner Raum, eine Weile: a) ὀλίγου (δεῖν) beinahe, fast. b) ὀλίγῳ um weniges, wenig. c) δι' ὀλίγου in kleinen Zwischenräumen, bald darauf, schnell. d) ἐν ὀλίγῳ in einem engen Raume; in kurzer Zeit; beinahe. e) ἐξ ὀλίγου seit kurzem, plötzlich, schnell. f) κατ' ὀλίγον allmählich, nach und nach, mit einem kleinen Teile. g) παρ' ὀλίγον beinahe, kaum. h) ὀλίγως kaum.
ὀλιγοστός 3 nur wenig.
ὀλιγο-χρόνιος 2 (u. 3) kurzlebig, kurze Zeit dauernd.
ὀλιγό-ψῡχος 2 kleinmütig.
ὀλιγωρέω geringschätzen, vernachlässigen; sorglos sein.
ὀλιγωρίᾱ, ἡ Geringschätzung, Vernachlässigung; Vergehen.
ὀλίγ-ωρος 2 geringschätzig, nachlässig, gleichgültig.
ὀλίζων 2 kleiner (comp. zu ὀλίγος).
ὀλισθάνω (aus)gleiten, fallen.
ὀλισθηρός 3 schlüpfrig, glatt.

ὁλκάς, άδος, ἡ Lastschiff.
ὁλκός, ὁ 1. Riemen, Zügel. — 2. a) Hebemaschine; Schiffswerft. b) Schiffsbahn.
ὄλλῡμι I. Akt. 1. a) zugrunde richten, verderben, zerstören, töten. b) verlieren. — 2. pf. II ὄλωλα ich bin vernichtet, ich bin tot ob. verloren. — II. M.: a) zugrunde gehen, untergehen, umkommen. b) verloren gehen.
ὅλμος, ὁ a) Walze. b) Mörser.
ὀλοείς 3 = ὀλοός.
ὀλοθρευτής, οῦ, ὁ Verderber.
ὀλοθρεύω = ὄλλυμι.
ὀλοιός 3 = ὀλοός.
ὀλοί-τροχος u. ὀλοοί-τροχος, ὁ Rollstein, Felsblock.
ὁλοκαυτέω ein Brandopfer darbringen.
ὁλοκαύτωμα, τό Brandopfer.
ὁλοκληρίᾱ, ἡ Unversehrtheit, Gesundheit. [vollkommen.]
ὁλό-κληρος 2 unversehrt,
ὁλολῡγή, ἡ lautes Geschrei: a) Wehgeschrei, Klageruf. b) Jubelgeschrei.
ὀλολύζω laut aufschreien: a) heulen, (weh)klagen. b) jubeln.
ὁλοοί-τροχος, ὁ = ὀλοίτροχος.
ὀλοός 3 verderblich, unheilvoll; grausig, schmerzlich.
ὀλοό-φρων 2 unheilsinnend, tückisch; verderblich, grimmig.
ὅλος 3 ganz, gänzlich, aller, vollständig, völlig, gesamt. subst τὸ ὅλον, τὰ ὅλα das Ganze, der ganze Staat, Weltall, Hauptsache. adv. ὅλως u. (τὸ) ὅλον gänzlich, ganz und gar, überhaupt, im allgemeinen, mit einem Worte.
ὁλο-τελής 2 vollkommen.
ὀλοφυδνός 3 a) klagend. b) schmerzvoll, kläglich.
ὀλοφυρμός, ὁ Klaggeschrei, Wehklage.

ὀλοφύρομαι — 312 — ὁμό-γνιος

ὀλοφύρομαι M. u. P. 1. a) wehklagen. b) sich erbarmen. — 2. beklagen, bemitleiden.
ὀλόφυρσις, εως, ἡ = ὀλοφυρμός.
ὀλοφώϊος 2 tückisch. τὰ -α Tücken, Ränke.
ὀλυμπιο-νίκης, ου, ὁ Sieger in den olympischen Spielen.
ὄλυνθος, ὁ Winterfeige; ἡ Feigenbaum.
ὄλυρα, ἡ Spelt, Einkorn.
ὁμαδέω lärmen, schreien.
ὅμαδος ὁ a) Lärm, Getöse. b) Getümmel, Gewühl.
ὅμ-αιμος 2 und **ὁμ-αίμων** 2 blutsverwandt. subst. ὁ Bruder, ἡ Schwester; pl. Geschwister.
ὁμαιχμία, ἡ Waffenbündnis.
ὅμ-αιχμος, ὁ Waffengefährte.
ὁμαλής 2 u. **ὁμαλός** 3 a) gleich, eben, glatt. τό ὁμαλόν Ebene. b) gleichmäßig.
ὁμαρτέω zusammengehen: a) begleiten. b) gleich schnell fliegen. c) zusammentreffen.
ὁμαρτῇ und **ὁμαρτήδην** adv. zusammen, zugleich.
ὅμ-αυλος 2 vereint.
ὄμβριος 3 zum Regen gehörig, Regen-…
ὄμβρος, ὁ 1. Wasser, Naß. — 2. a) Regen, Regenguß; Guß. b) dichter Schneefall.
ὁμείρομαι Sehnsucht haben.
ὁμ-ευνέτις, ιδος, ἡ Gattin.
ὁμ-ηγερής 2 versammelt.
ὁμηγυρίζομαι M. versammeln.
ὁμ-ήγυρις, εως, ἡ Versammlung.
ὁμηλικία, ἡ gleiches Alter; Altersgenosse(n), Jugendfreund(e).
ὁμ-ῆλιξ, ικος gleichalterig. subst. ὁ Altersgenosse, Gespiele.
ὁμηρεία, ἡ das Unterpfandgeben. ἐς -αν zum Pfande.

ὁμηρέω zusammentreffen.
ὅμ-ηρος, ὁ und **ὅμ-ηρον**, τό Pfand, Unterpfand; Geisel.
ὁμιλαδόν adv. scharenweise.
ὁμιλέω verkehren, umgehen, Umgang oder Gemeinschaft haben: 1. sich unter andere mischen: a) sich aufhalten, sich befinden. b) sich sammeln. — 2. zusammentreffen, handgemein werden, kämpfen. — — 3. verhandeln, unterhandeln, sich besprechen, sich unterhalten. — 4. sich mit etw. abgeben, einer Sache obliegen.
ὁμίλημα, τό = ὁμιλία.
ὁμιλητής, οῦ, ὁ Anhänger, Vertrauter, Freund; Schüler.
ὁμιλία, ἡ Verkehr, Umgang, Gemeinschaft; Unterredung, Unterhaltung; Unterricht; Versammlung, Gesellschaft, Genossenschaft.
ὅμιλος, ὁ 1. a) Menschenhaufe, Schwarm, Menge, Masse. b) Kriegerschar. — 2. Getümmel; Schlachtenlärm.
ὁμίχλη u. **ὀμίχλη**, ἡ Nebel, Dunst, dicke Luft; Wolke.
ὄμμα, τό a) Auge, Blick; Antlitz, Gesicht. b) Anblick, Erscheinung, Schauspiel. c) Lichtblick, Heil.
ὀμμάτο-στερής 2 augenlos.
ὄμνῡμι u. **ὀμνύω** a) schwören; zuschwören, eidlich geloben. b) beschwören.
ὁμο-βώμιος 2 auf denselben Altären verehrt.
ὁμο-γάστριος 2 leiblich. ὁ leiblicher Bruder.
ὁμο-γενής 2 (bluts)verwandt, mitzeugend.
ὁμό-γλωσσος 2 dieselbe Sprache redend, sprachverwandt.
ὁμό-γνιος 2 die Blutsverwandtschaft beschützend.

ὁμογνωμονέω übereinstimmen, beistimmen.

ὁμ-γνώμων 2 gleichgesinnt; Gesinnungsgenosse.

ὁμοδοξέω = ὁμογνωμονέω.

ὁμόδουλος ὁ u. ἡ Mitsklave, -sklavin.

ὁμο-εθνής 2 von gleichem Stamme, Landsmann.

ὁμο-ήθης 2 von gleichem Charakter.

ὁμό-θεν adv. a) aus derselben Stelle. b) von gleicher Abkunft.

ὁμοθυμαδόν adv. einmütig.

ὁμοιάζω ähnlich sein.

ὁμοῖος 3 = ὅμοιος (?).

ὁμοιο-παθής 2 gleichgeartet.

ὅμοιος u. ὁμοῖος 3: 1. gleich, gleichartig, ähnlich, einerlei, (eben)derselbe. *subst.* οἱ -οι seinesgleichen, Leute gleichen, Standesgenossen, Vollbürger. — a) gleichgültig. b) gleichmäßig. c) gemeinsam, gemeinschaftlich, allgemein. d) (an Kräften) gewachsen. τὸ -ον, τὰ -α das Gleiche, Vergleich. — 2. zusagend, angemessen. — 3. *adv.* ὅμοιον, ὅμοια, ὁμοίως: gleichwie, auf gleiche Weise, gleichermaßen, ohne Unterschied.

ὁμοιότης, ητος, ἡ Ähnlichkeit, Gleichheit.

ὁμοιό-τροπος 2 gleichartig, ähnlich, übereinstimmend.

ὁμοιόω I. Akt. gleich ob. ähnlich machen: a) gleichstellen. b) vergleichen. — II. P. 1. sich gleichstellen, sich vergleichen. — 2. gleich werden, gleichen. III. M. = Akt.

ὁμοίωμα, τό und ὁμοίωσις, εως, ἡ 1. Abbild, Gestalt. — 2. a) Ähnlichkeit. b) Gleichnis.

ὁμοκλέω und -κλάω laut schreien; laut zurufen: a) antreiben. b) drohen, schelten.

ὁμο-κλή, ἡ lauter Zuruf: a) Befehl. b) Drohung.

ὁμοκλητήρ, ῆρος, ὁ der Zurufende, Mahner.

ὁμο-κλινής 2 Tischnachbar.

ὁμο-λεχής 2 Gatte.

ὁμολογέω I. Akt. 1. a) übereinstimmen. b) zugestehen, einräumen. c) eingestehen, bekennen, (offen) erklären. d) beizustimmen, gutheißen, anerkennen, sich fügen. P. ὁμολογεῖται es wird zugestanden ob. allgemein anerkannt. e) preisen. — 2. zusagen, versprechen; einen Vertrag schließen, sich einigen, sich verpflichten, vereinbaren. — II. M. 1. untereinander übereinstimmen, einander verständigen. — 2. = Akt.

ὁμολογία, ἡ u. ὁμολόγημα, τό 1. Übereinstimmung. — 2. a) Zugeständnis. b) Bekenntnis. — 3. Übereinkunft, Verabredung: a) Vertrag, Kapitulation. b) Bedingung.

ὁμολογουμένως *adv.* a) anerkanntermaßen. b) entsprechend, gemäß, regelmäßig.

ὁμο-μήτριος 3 von derselben Mutter geboren.

ὁμονοέω einig ob. einträchtig sein, übereinstimmen.

ὁμόνοια, ἡ Einigkeit, Eintracht, Einvernehmen.

ὁμο-πάτριος 2 von demselben Vater; Stiefbruder.

ὁμό-πτολις, εως derselben Stadt angehörig, einheimisch.

ὁμόργνυμι abwischen.

ὁμορέω angrenzen.

ὅμ-ορος 2 angrenzend. ὁ (Grenz)Nachbar.

ὁμορροθέω übereinstimmen.

ὁμός 3: 1. gemeinsam. — 2. (eben)derselbe, gleich. — 3. *adv.* ὁμῶς: a) zusammen, zugleich. b) in gleicher Weise, ebenso.

ὁμόσε *adv.* darauf zu, entgegen, (an eine Stelle) zusammen.
ὁμο-σῖτέω zusammen essen.
ὁμό-σιτος 2 Tischgenosse.
ὁμό-σκευος 2 gleichgerüstet.
ὁμό-σπλαγχνος 2 blutsverwandt. ὁ Bruder.
ὁμό-σπονδος 2 Zechgenosse.
ὁμό-σπορος 2 a) blutsverwandt. ἡ Schwester. b) gemeinsam gefreit.
ὁμό-σπορος 2 Mitgatte.
ὅμοσσον u. ä. s. ὄμνυμι.
ὁμοστιχάω zur Seite gehen.
ὁμό-στολος 2 Gefährte.
ὁμό-τεχνος 2 dasselbe Gewerbe betreibend, Zunftgenosse.
ὁμό-τιμος 2 gleichgeehrt.
ὁμο-τράπεζος 2 Tischgenosse.
ὁμό-τροπος 2 = ὁμοιότροπος.
ὁμό-τροφος 2 a) zusammenlebend. b) (von) gleicher Nahrung.
ὁμοῦ 1. a) zusammen, an demselben Orte. b) zugleich. — 2. a) nahe, in der Nähe. b) fast.
ὁμουρέω, ὅμ-ουρος = ὁμόσέω, ὅμορος. [einträchtig sein.]
ὁμοφρονέω gleichgesinnt od.
ὁμοφροσύνη, ἡ Eintracht.
ὁμό-φρων 2 gleichgesinnt, einträchtig. [gleichgeartet.]
ὁμο-φυής 2 v. gleicher Natur,
ὁμόφυλος 2 stammverwandt.
ὁμοφωνέω gleiche Sprache haben. [Sprache redend.]
ὁμό-φωνος 2 die gleiche
ὁμοχροίη, ἡ Haut.
ὁμό-ψηφος 2 a) gleiches Stimmrecht habend. b) übereinstimmend, gleichgesinnt.
ὁμόω vereinigen.
ὀμφαλόεις 3 gebuckelt.
ὀμφαλός, ὁ 1. Nabel. — 2. a) Schildbuckel. b) Knopf am Joch. — 3. Mittelpunkt.
ὄμφαξ, ακος, ἡ Herling, unreife Traube.

ὀμφή, ἡ Stimme: a) Rede, Wort. b) Orakel.
ὀμ-ώνυμος 2 gleichnamig.
ὀμ-ωρόφιος 2 unter demselben Dache wohnend.
ὅμως gleichwohl, dennoch.
ὁμῶς s. ὁμός. [ehrt.]
ὀμ-ωχέτης, ου gemeinsam ver-
ὄναρ, τό Traum, Traumbild.
ὀνάριον, τό Eselein.
ὄνασις, εως, ἡ = ὄνησις.
ὄνειαρ, ατος, τό Hilfe, Beistand, Heil: a) Erquickung. b) Speise. c) Kostbarkeit.
ὀνείδειος 2 schmähend.
ὀνειδίζω a) schmähen, schelten, tadeln. b) vorwerfen.
ὄνειδος, τό u. ὀνείδισμα, τό u. ὀνειδισμός, ὁ: a) Schmähung, Beschimpfung, Vorwurf, Tadel. b) Schmach, Schande, Schimpf.
ὀνείρατα, *pl.* v. ὄνειρος.
ὀνείρειος 3 Träume betreffend.
ὄνειρον, τό = ὄνειρος.
ὀνειροπολέω träumen.
ὀνειρο-πόλος, ὁ Traum-seher, -deuter.
ὄνειρος, ὁ Traum, Traumbild.
ὀνεύω (herauf)winden. [νημι.]
ὀνήμενος, ὄνησα u. ä. s. ὀνί-
ὀνήσιμος 2 nützlich. [fördernd.]
ὀνησί - πολις, εως staats-
ὄνησις, εως, ἡ Nutzen, Hilfe, Glück, Segen, Freude.
ὄνθος, ὁ Mist, Kot.
ὀνικός 3 zum Esel gehörig. μύλος oberer Mühlstein.
ὀνίνημι I. Akt. nützen, helfen; erfreuen, einen Gefallen tun. — II. M. u. P. Nutzen od. Vorteil, Genuß haben, sich erfreuen, etw. genießen; gesegnet ob. glücklich sein. ὀνήμενος gesegnet, heilbringend.
ὄνομα, τό 1. Name: a) Wort, Ausdruck. b) Titel. — 2. a) Ruf, Ruhm, Würde. b) bloßer

ὀνομάζω — 315 — ὄπι-σθεν

Name, Vorwand, Schein. c) Person.
ὀνομάζω I. Akt.: a) Wörter bilden. b) nennen, benennen; hernennen, her-, auf-zählen; aussprechen, bezeichnen, bekennen. c) zusagen, versprechen. — II. P. genannt werden, heißen.
ὄνομαι a) tadeln, schelten, schimpfen. b) mit etw. unzufrieden sein, etw. für gering achten, verschmähen.
ὀνομαίνω = ὀνομάζω. [δην.]
ὀνομα-κλήδην = ἐξονομακλή-
ὀνομά-κλυτος 2 berühmt.
ὀνομαστί adv. mit od. beim Namen, namentlich.
ὀνομαστός 3 a) nennbar. b) namhaft, berühmt, bedeutend.
ὄνος, ὁ, ἡ 1. Esel, Eselin. — 2. a) Winde, Haspel. b) oberer Mühlstein.
ὀνόσσεσθαι u. ä. s. ὄνομαι.
ὀνοστός 3 tadelnswert.
ὀνο-φορβός, ὁ Eselhüter.
ὄντως adv. wahrhaft, wirklich, in Wahrheit, in der Tat.
ὄνυξ, ὑχος, ὁ Nagel, Kralle, Klaue, Huf. [tränk.]
ὄξος, τό Essig; säuerliches Ge-
ὀξυ-βελής 2 scharfgespitzt.
ὀξυ-δερκής 2 scharfsichtig.
ὀξύ-θηκτος 2 scharfgeschliffen; scharfgetroffen. [mert.]
ὀξυ-κώκυτος 2 laut bejam-
ὀξυλαβέω schnell sein.
ὀξύνω schärfen; erbittern.
ὀξύεις 3 wohlgespitzt.
ὀξύς 3 scharf, spitz: ˋ1. spitzig, schneidend, stechend. — 2. a) jäh, steil. b) stechend, brennend. c) scharf, herb, sauer, bitter. d) blendend, hell; laut, hoch, durchdringend. e) schnell, geschwind, plötzlich. f) heftig, hitzig, leidenschaftlich; feurig,

tatkräftig, tollkühn; scharfsinnig.
ὀξύτης, ητος, ἡ Schärfe; Hitze, Heftigkeit; Schnelligkeit.
ὀξύ-τονος 2 scharf gespannt; lauttönend, sausend.
ὀξύ-φωνος 2 hellstimmig.
ὀξύ-χολος 2 jähzornig.
ὅο u. ὅου ep. gen. f. ὅς¹.
ὀπαδέω begleiten, folgen; innewohnen, verliehen sein.
ὀπαδός, ὁ, ἡ Begleiter(in): a) Genosse, Gefährte. b) Diener(in). c) Verfolgerin.
ὀπάζω I. Akt.: a) zum Begleiter geben, zugesellen, mitgeben; geben, verleihen. b) folgen; verfolgen, bedrängen; anbringen. — II. M. zu seinem Begleiter nehmen. [loch.]
ὀπαῖον, τό Loch, Luke; Rauch-
ὁ-πάτωρ 2 von demselben Vater. [δός.]
ὀπάων, ονος u. ὀπέων = ὀπα-
ὅπερ = ὅς.
ὀπή, ἡ a) Loch, Öffnung, Spalt, Luke. b) Kluft.
ὅπῃ u. ὅπη 1. a) wo, woselbst. b) wohin. — 2. wie, auf welche Weise. ὁπῃοῦν wie (auch) nur immer.
ὀπηδέω = ὀπαδέω. [da.]
ὁπηνίκα a) wann, als. b) weil,
ὀπίζομαι M. berücksichtigen: a) ehren, achten. b) scheuen.
ὄπι-θεν = ὄπισθεν.
ὀπιπ(τ)εύω nach etw. gaffen, ausspähen; auflauern.
ὄπις, ἰδος, ἡ Beachtung: a) Scheu, Ehrfurcht. b) Strafaufsicht, Strafgericht, Vergeltung.
ὄπι-σθεν u. ὄπισθε I. adv. a) von hinten, hinten, hinterwärts, im Rücken, zurück. οἱ ~, τό ob. τὰ ~ Nachtrab, Nachhut. b) hinterdrein, später. — II. prp. mit gen.: hinter.

ὀπίσθιος 3 hinterer.
ὀπισθο-νόμος 2 rückwärts weidend.
ὀπισθο-φύλακες, οἱ die Nachhut bildend, Nachtrab, Nachhut.
ὀπισθοφυλακέω den Nachtrab führen, die Nachhut bilden.
ὀπισθοφυλακίᾱ, ἡ a) Befehl über die Nachhut. b) Nachhut, Nachtrab.
ὀπίστατος 3 letzter.
ὀπίσω I. adv.: a) nach hinten, hinten, rückwärts, zurück. b) hinterdrein, nachher, später, in Zukunft. c) wieder(um). —
II. prp. mit gen.: hinter, nach.
ὁπλέω anschirren.
ὁπλή, ἡ Huf.
ὁπλίζω I. Akt. zubereiten, zurecht machen, rüsten, aus-, zurüsten, anschirren: a) bewaffnen. b) einerzegieren. —
II. M. etw. für sich zurüsten od. zubereiten. — III. M. u. P. sich rüsten: a) sich (be)waffnen, sich schmücken. b) sich anschicken.
ὅπλισις, εως, ἡ Ausrüstung; Bewaffnung.   [führend.]
ὁπλῑτ-ἀγωγός 2 Hopliten-
ὁπλῑτεύω als Schwerbewaffneter dienen; Kriegsdienste tun.
ὁπλίτης, ου, ὁ Hoplit, schwerbewaffneter Fußsoldat.
ὁπλιτικός M. sich etw. zubereiten.
ὁπλομαχίᾱ, ἡ Exerzierunterricht; Taktik, Kriegskunst.
ὅπλον, τό, meist τὰ ὅπλα Gerät, Werkzeug: 1. Schiffsgerät, Takelwerk; Tau, Strick. —
2.Handwerkszeug. — 3.Waffe(n), Rüstung. τὰ ὅπλα τίθεσθαι:
a) die Waffen niederlegen:
α) sich lagern; β) haltmachen.
b) sich aufstellen, antreten. —

4 a) die Bewaffneten, Schwerbewaffneten. b) Waffenplatz vor dem Lager. c) Lager; Posten, Wachtposten.
ὁπλότατος 3 jüngster.
ὁπλότερος 3 jünger, jugendfrisch.   [Landsmann.]
ὁποδαπός 3 was für ein
ὁπόθεν adv. woher, von wo, wovon; dahin wo.
ὁπόθεν-οῦν adv. von woher nur (immer).
ὁπόθι = ὅπου.
ὅποι adv. wohin, dahin wo(hin).
ὁποῖος 3 wie beschaffen, was für einer; so beschaffen wie, wie. ὁποιος-οῦν u. ὁποιοστισ-οῦν jeder beliebige.
ὅποι-περ adv. wohin gerade.
ὀπός¹, ὁ Feigenlab.
ὀπός², gen. v. ὄψ.
ὁπόσε = ὅποι.
ὁπόσος 3 wie groß, wie viel; so groß wie, so viel od. so weit wie.
ὁπόσος-δή 3 und ὁποσοσ-οῦν 3 und ὁποσοστισ-οῦν 3 wie groß auch immer.
ὁπότε und ὁπόταν a) wann, wenn; sobald (als); sooft (als). b) im Falle wenn od. daß. c) weil, da ja.
ὁπότερος 3 a) welcher von beiden. adv. -α auf welche von beiden Arten. b) einer von beiden.   [beiden auch immer.]
ὁποτεροσ-οῦν 3 welcher von
ὁποτέρωθεν adv. von welcher der beiden Seiten her.
ὁποτέρωσε adv. nach welcher von beiden Seiten hin.
ὅπου a) wo, an welcher Stelle, dahin wo, worin; wohin. b) wann. c) weil, da; wofern.
ὅπου-δή u. -οῦν wo auch immer, irgendwo.
ὅπου-περ adv. wo gerade.
ὁππ- s. ὁπ-, z.B. ὅππῃ, ὁπποῖος usw.

ὀπταλέος 3 *adv.* gebraten.
ὀπτάνομαι sich sehen lassen.
ὀπτασία, ἡ Erscheinung.
ὀπτάω braten, rösten; backen.
ὀπτήρ, ῆρος, ὁ Späher.
ὀπτός 3 gebraten, geröstet, gebacken; gebrannt, gehärtet.
ὀπυίω I. Akt. heiraten; verheiratet sein. — II. P. sich verheiraten.
ὄπωπα, *pf.* v. ὁράω. [kraft.]
ὀπωπή, ἡ a) Anblick. b) Sehs
ὀπώρᾱ, ἡ a) Spätsommer und Frühherbst. b) Sommerfrüchte, Obst und Trauben. c) Reife.
ὀπωρίζω (ein)ernten.
ὀπωρινός 3 spätsommerlich, herbstlich.
ὀπωρ-ώνης, ου, ὁ Obsthändler.
ὅπως I. *adv.* wie, auf welche Weise, auf die Weise wie. οὐκ ἔσθ' ὅπως auf keine Weise, unmöglich, nimmermehr. οὐκ ἔσθ' ὅπως οὐ jedenfalls. οὐχ ὅπως geschweige denn daß. οὐχ ὅπως .. ἀλλὰ (καί) nicht nur nicht .. sondern (sogar). οὐχ ὅπως ... ἀλλ' οὐδὲ nicht nur nicht ... sondern nicht einmal. ὅπως οἶόν τε nach Kräften, (beim *sup.*) möglichst, zB. ὅπως τάχιστος. — II. *cj.* a) (zeitlich) wie, als, wenn, sobald (als), sooft (als). b) (*final*) daß, auf daß, damit, um zu.
ὁπωσ-δή(ποτε), **ὅπωσ-οὖν**, **ὁπωσ-τι-οῦν** *adv.* wie auch immer, gleichviel wie.
ὅπωσ-περ *adv.* gerade wie.
δρᾶμα, τό und **δρᾶσις**, εως, ἡ 1. das Sehen, Gesichtssinn. — 2. das Gesehene: a) Anblick. b) Erscheinung, Vision, Gestalt.
δρατός 3 sichtbar.
δράω I. Akt. sehen: 1. *intr.* sehend sein, Sehkraft haben, schauen, blicken, hinsehen; zusehen, sich vorsehen, achtgeben, sich Mühe geben, sich hüten, besorgt sein. — 2. *trans.*: a) etw. sehen ob. ansehen, beschauen, erblicken, wahrnehmen, bemerken: α) wiedersehen; β) besuchen. b) einsehen, erkennen, merken, begreifen, erwägen; erfahren, erleben; beachten, beherzigen; wissen. — II. P. gesehen werden, sichtbar werden, sich zeigen, erscheinen.
δργάζω gerben.
δργαίνω a) erzürnen, in Zorn versetzen. b) *intr.* zürnen.
δργανον, τό Werkzeug, Gerät, Instrument, Organ.
δργάω u. M. a) strotzen, schwellen. b) eifrig sein, heftig verlangen.
δργή, ἡ innere Regung: 1. Trieb, Neigung; Sinnesart, Gemüt(sart), Charakter. — 2. Leidenschaft, Begierde, Eifer: a) Zorn, Wut. b) Zorngericht, Strafe.
δργια, τά heilige Handlung, Gottesdienst; Geheimdienst, Mysterien, Weihen.
δργίζω I. Akt. zornig machen, erzürnen. — II. P. zornig werden ob. sein, zürnen.
δργίλος 3 (jäh)zornig, zornmütig. [Klafter.]
δργυιά und **δργυιά**, ἡ die
δρέγω und **δρέγνῡμι** I. Akt. u. M. reken, strecken, ausstrecken: a) (dar)reichen, entgegenstrecken. b) verleihen, geben. — II. M. u. P. sich strecken, sich ausstrecken: a) erreichen, treffen. b) nach etwas zielen, trachten, verlangen, begehren, streben.
δρει-βάτης, ου bergdurchwandelnd.
δρεινός 3 u. **δρειος** 3 (u. 2) a) bergig, gebirgig. ἡ δρεινή Bergland. b) bergbewohnend, Berg-.., Gebirgs-...; wild.

ὀρεκτός 3 (zum Stoße vor=) gestreckt.
ὄρεξις, εως, ἡ das Streben, Begierde. [treiber.
ὀρεο-κόμος, ὁ Maultier=
ὀρέομαι sich aufmachen, eilen.
ὀρεσί-τροφος 2 im Gebirge aufgewachsen, Berg=...
ὀρεσ-κῷος 2 bergbewohnend.
ὀρεσσαί-βάτης, ου = ὀρειβάτης.
ὀρέστερος 3 = ὀρεινός.
ὀρεστιάς, άδος bergbewohnend, Berg=...
ὄρεσφι, gen. u. dat. v. ὄρος.
ὀρεύς, έως, ὁ Maultier.
ἐρεχθέω röcheln.
ὀρέω = ὁράω.
ὀρεω-κόμος, ὁ Maultier= treiber, =wärter.
ὄρθαι, inf. aor. II M. v. ὄρνυμι.
ὄρθιος 3 u. 2 1. a) empor= gerichtet, aufrecht, geradeauf; abschüssig, steil, bergan. τὸ ὄρ= θιον Abhang, Anhöhe. b) ge= radeaus gehend. — 2. a) ὄρθιοι λόχοι Sturm=, Kompanie= kolonnen. b) hoch, hell, laut, gellend.
ὀρθό-κραιρος 3 geradege= hörnt, hochgeschnäbelt.
ὀρθό-κρανος 2 hochragend.
ὀρθοποδέω recht wandeln.
ὀρθό-πους, ποδός steil.
ὀρθός 3 : 1. a) aufrecht, gerade (=stehend). b) geradeaus gehend, in gerader Richtung ob. Linie, eben. c) unversehrt, gerettet, glücklich. — 2. a) ängstlich ge= spannt, angstvoll. b) richtig, recht, gerecht, wahr, aufrichtig, mit Recht. c) schicklich, ange= messen, passend.
ὀρθότης, ητος, ἡ a) aufrechte Stellung. b) Richtigkeit, Wahr= heit. [ob. behandeln.
ὀρθοτομέω richtig zuteilen |
ὀρθόω I. Akt. 1. a) empor= richten, aufrichten, aufrecht stellen, erheben : α) errichten, erbauen ; β) aufrecht erhalten b) geradmachen. — 2. a) er= höhen, verbessern. — b) glücklich leiten ob. vollführen, gedeihen lassen, fördern. — II. P. 1. auf= gerichtet werden, sich aufrichten, aufrecht stehen. — 2. a) ge= fördert oder glücklich geleitet werden, gedeihen, Glück oder Erfolg haben. b) seine Rich= tigkeit haben, wahr sein.
ὀρθρίζω frühmorgens zu j-m gehen.
ὄρθριος 3 und **ὀρθρινός** 3 frühmorgens, der Frühe (gen.).
ὄρθρος, ὁ früher Morgen, Morgendämmerung.
ὀρίζω I. Akt. 1. begrenzen, abgrenzen ; trennen ; bestim= men, festsetzen ; beschließen, definieren. — 2. intr. angren= zen. — II. M. für sich abgrenzen ; sich zueignen ; festsetzen, be= stimmen : a) j-m etw. weihen. b) erklären, definieren.
ὀρίνω = ὄρνυμι.
ὅριον, τό a) Grenze. pl. Gebiet, Gegend. b) Schiffslagerplatz.
ὁρκίζω a) schwören lassen. b) j-n beschwören.
ὅρκιον, τό a) Eid, Schwur. b) eidlicher Vertrag, Bündnis, Eidesbündnis. c) Eides=unter= pfand, =opfer. [hort.
ὅρκιος 2 a) eidlich. b) Eides= |
ὅρκος, ὁ 1. Eid, Schwur : a) Gelübde, vertragsmäßige Bestimmung. b) Eidesformel. c) Abnahme des Eides. — 2. Eides=zeuge, =rächer, Eid= bann.
ὁρκόω schwören lassen, ver= eidigen.
ὁρκωμοσία, ἡ Eidschwur.
ὁρκωμοτέω einen Eid schwö= ren ; beschwören.
ὁρκωτής, οῦ, ὁ Vereidiger.

ὁρμαδός — 319 — **ὁρτάλιχος**

ὁρμαδός, ὁ a) Reihe, Kette. b) Schwarm.

ὁρμαίνω = ὁρμάω.

ὁρμάω 1. Akt. 1. a) in Bewegung setzen, antreiben, ermuntern. b) etw. erregen. c) überlegen, erwägen, ersinnen; sinnen, nachdenken. 2. *intr.* = M. u. P. 1. a) sich rasch erheben ob. sich aufmachen, aufbrechen, abmarschieren, vorrücken, hervor-, über-gehen, entstehen. b) (dahin)stürmen, eilen, laufen. c) los-stürmen, -stürzen, losbrechen, anstürmen, eindringen. 2. a) sich getrieben fühlen, sich anschicken, beabsichtigen, darauf ausgehen, bestrebt sein, begehren, trachten, eifrig wünschen. b) beginnen, anheben, antreten.

ὅρμενος f. ὄρνυμι.

ὁρμέω u. M. vor Anker liegen; sich auf etw. stützen.

ὁρμή, ἡ 1. a) Andrang, Ansturm: α) Angriff; β) Wurf, Schlag, Druck. b) Aufbruch, Abmarsch, Abreise. — 2. a) Anstoß zu etw. b) Drang, Trieb, Antrieb, Verlangen, Bemühen, Streben, Absicht, Eifer, Begierde.

ὅρμημα, τό a) Gemütsbewegung. b) Angriff. c) Sturz.

ὁρμητήριον, τό Stützpunkt.

ὁρμίζω I. Akt. in den Hafen bringen, vor Anker legen; in eine sichere Lage bringen. — II. M. (u. P.) vor Anker gehen ob. liegen, (an)landen.

ὅρμος[1], ὁ Kette; Halsband.

ὅρμος[2], ὁ Ankerplatz, Hafen.

ὄρνεον, τό Vogel.

ὀρνίθειος 2 vom Geflügel.

ὀρνιθεύω Vögel fangen.

ὀρνίθιον, τό Vögelchen.

ὀρνιθο-σκόπος 2 zur Vogelschau bestimmt.

ὄρνις, ιθος, ὁ u. ἡ Vogel: a) Hahn, Henne, Huhn; *pl.* Geflügel. b) Weissagevogel; Vorbedeutung, Vorzeichen.

ὄρνυμι u. **-ύω** I. Akt. 1. erregen, (schnell) bewegen: a) α) antreiben, aufstehen lassen, erwecken, aufjagen, (auf)scheuchen; β) aufreizen, aufregen, in Verwirrung setzen, erschrecken, rühren; anfeuern. b) veranlassen, anstiften. 2. *intr. pf.* ὄρωρα sich erhoben haben, sich regen. — II. M. sich regen, sich bewegen: 1. a) in Verwirrung geraten. b) sich erheben, auffahren, aufspringen, los-, an-stürmen, sich stürzen, eilen. 2. sich anschicken, anfangen, beginnen, entstehen, ausbrechen.

ὁροθεσία, ἡ Grenze.

ὀροθύνω erregen: a) aufregen. b) antreiben.

ὅρομαι M. achthaben, die Aufsicht führen; aufwarten.

ὅρος, τό Berg, Gebirge.

ὀρός, ὁ Molke.

ὅρος, ὁ Grenze; Grenz-stein, -pfahl: a) Termin. b) Ziel, Schranke. c) Begriffs-umfang, -erklärung, Definition.

ὀροσάγγαι, οἱ Wohltäter des Königs.

ὀρούω auffahren, losstürmen, sich stürzen, herausfahren, eilen, springen.

ὀροφή, ἡ Dach, Decke. [ὀροφή.]

ὄροφος, ὁ a) Dachschilf. b) =

ὁρόω = ὁράω.

ὄρπηξ, ηκος, ὁ Zweig, Ast.

ὀρρωδέω in Angst sein, schaudern, fürchten.

ὀρρωδία, ἡ Angst, Furcht.

ὅρσασκε u. ä. f. ὄρνυμι.

ὀρσο-θύρη, ἡ Hochtür.

ὁρτάζω ion. = ἑορτάζω.

ὁρτάλιχος, ὁ junger Vogel, das Junge.

ὀρτή, ἡ ion. = ἑορτή.
ὄρτυξ, ὔγος, ὁ Wachtel.
ὄρυγμα, τό Graben, Grube, Mine, Stollen, Tunnel.
ὀρυκτός 3 (aus)gegraben.
ὀρυμαγδός, ὁ Getöse, Lärm, Krachen; Getümmel.
ὄρυξ, ὔος, ὁ Gazelle (?).
ὀρύσσω u. -ττω graben: a) umgraben; b) auf-, ausgraben; c) eingraben, verscharren; d) durchstechen.
ὀρφανία, ἡ Verwaisung.
ὀρφανίζω zur Waise machen, berauben.
ὀρφανικός 3 = ὀρφανός.
ὀρφανιστής, οῦ, ὁ Vormund.
ὀρφανός 3 a) verwaist. -ν ἦμαρ Tag der Verwaisung. ὁ, ἡ Waise. b) beraubt, leer.
ὀρφναῖος 3 finster, dunkel.
ὄρχαμος, ὁ Anführer, Gebieter, Herr, Fürst.
ὄρχατος, ὁ Garten.
ὀρχέομαι M. tanzen, springen.
ὀρχηδόν adv. der Reihe nach, Mann für Mann.
ὀρχηθμός, ὁ, ὄρχημα, τό und ὄρχησις, εως, ἡ Tanz, Reigen (-tanz).
ὀρχηστήρ, ἦρος u. ὀρχηστής, οῦ, ὁ Tänzer. [chestra.
ὀρχήστρα, ἡ Tanzplatz; Orχηστρίς, ίδος, ἡ Tänzerin.
ὀρχηστύς, ύος, ἡ = ὄρχησις.
ὄρχις, εως u. ιος, ὁ Hode.
ὄρχος, ὁ Reihe, Nebengelände.
ὀρώρει u. ä. s. ὄρνυμι u. ὄρομαι.
ὀρωρέχαται s. ὀρέγω.
¹ὅς, ἥ, ὅ, Demonstrativpron. (= οὗτος) dieser, diese, dieses; der, die, das; er, sie, es. ὃς μέν ... ὃς δέ der eine ... der andere. ὃς δέ er aber.
²ὅς, ἥ, ὅ, Relativpron. welcher, welche, welches; der, die, das. ἔστιν ὅς mancher, εἰσὶν οἵ es gibt Leute, die — manche. οὗ wo,

wann; ἀφ' οὗ, ἐξ οὗ woher, nachdem, seitdem; ἐν ᾧ während; εἰς ὅ, μέχρι οὗ bis (daß); ἀνθ' οὗ, δι' ὅ weshalb, warum; ἐφ' ᾧ = ἐφ' ᾧτε unter der Bedingung, daß. [um = eigen.]
³ὅς, ἥ, ὅν sein, ihr, suus, a,}
ὁσάκις adv. wie oft, sooft (als).
ὅσα-γε u. ὅσα-δη od. ὃς δή 3 welcher ja, weil er ja.
ὁσ-ημέραι adv. täglich.
ὁσία, ἡ göttliches Recht, heiliges Recht, fromme Pflicht.
ὅσιος 3 (u. 2) 1. durch göttliches od. natürliches Gesetz geboten, von Natur heilig: a) gottgefällig, erlaubt, recht. b) entsühnt, rein. c) sühnend. — 2. fromm, gewissenhaft.
ὁσιότης, ητος, ἡ Frömmigkeit, Gewissenhaftigkeit.
ὁσιόω heiligen: a) weihen; b) entsühnen.
ὀσμή, ἡ Geruch, Duft.
ὅσος 3 wie groß, wie weit, wie lang od. lange, wieviel; so groß als, so weit (od. lange, viel) als, mit inf. = ὥστε. τοσοῦτος ... ὅσος so groß ... wie od. als. a) ὅσος τις wie groß ungefähr, wieviel etwa. ὅσοι alle welche; ὅσα alles was. b) θαυμαστὸς ὅσος wunder wie groß; ἀμήχανος ὅσος unbeschreiblich groß. c) mit inf. = ὥστε. d) ὅσῳ um wieviel, in welchem Maße, um so mehr als, insofern, je. ὅσῳ ... τοσούτῳ je ... desto. e) ἐν ὅσῳ während, bis. μέχρι ὅσου solange als. ἐφ' ὅσον, ἐς ὅσον u. καθ' ὅσον so weit als, insoweit als, insofern als, je. f) adv. ὅσον u. ὅσα wieviel, wie weit, wie sehr, soviel od. soweit (als), insofern als: α) ungefähr, etwa; β) um wieviel = möglichst, z. B. ὅσον τάχιστα; γ) = soviel

ὅσος-δή — 321 — ὀτρυντύς

als zu etw. hinreicht ob. nötig ist; δ) ὅσον οὐ beinahe, fast.
ὅσος-δή u. **-δήποτε** 3 wie groß (ob. wieviel) auch nur, ein gewisser.
ὅσος-περ 3 wie groß (ob. wieviel) gerade, ganz so groß (ob. viel) wie; pl. alle welche gerade, so viele eben.
ὅσος-ῶν [ion.] 3 wie groß auch nur; auch nur ein wenig.
ὅσ-περ, ἥ-περ, ὅ-περ 1. a) welcher gerade, der eben. b) welcher auch. c) welcher ja, welcher nämlich. — 2. welcher doch.
ὅσπριον, τό Hülsenfrucht.
ὄσσα, ἡ a) Gerücht, Sage. b) Stimme, Klang.
ὁσσάκι = ὁσάκις.
ὁσσάτιος 3 wie groß, wieviel.
ὄσσε, τώ die Augen.
ὄσσομαι M. 1. sehen; im Geiste schauen, ahnen. — 2. ahnen lassen, verkünden.
ὅσσος = ὅσος.
ὅσ-τε, ἥ-τε, ὅ-τε = ὅς u. ὅστις.
ὀστέϊνος 3 knöchern. [Gebein.]
ὀστέον, ὀστοῦν, τό Knochen.]
ὅσ-τις, ἥ-τις, ὅ τι ob. **ὅ, τι** 1. a) welcher ob. wer auch nur, jeder der, alles was, wer, was, ein solcher der. b) = ὅς². — 2. in indir. Fragen: welcher, wer, was. — 3. a) ὅ, τι vor sup. möglichst, z.B. ὅ, τι τάχιστα möglichst schnell. b) ἐξ ὅτου: α) seit (=dem); β) aus welchem Grunde.
ὁστισ-δή 3 u. **ὁστισ-δήποτε** 3 irgendeiner.
ὁστισ-οῦν 3 wer nur immer, jeder beliebige, irgendeiner. οὐδ' ὁτιοῦν auch nicht das geringste.
ὁστισ-περ 3 wer gerade, welcher eben. ὅτιπερ alles was.
ὀστρακίζω durch das Scherbengericht verbannen.
ὀστράκινος 3 irden, tönern.
ὀστρακισμός, ὁ Scherbengericht.
ὄστρακον, τό irdene Scherbe.
ὀσφραίνομαι M. riechen, wittern. [ruchsinn.]
ὄσφρησις, εως, ἡ Geruch, Geruchsinn.]
ὀσφύς, ύος, ἡ Hüfte, Lende.
ὅτ-ἄν wann, wenn: a) solange (als). b) sooft, jedesmal wenn, wann immer. c) im Falle daß.
ὅτε¹ 1. (zeitl.) wann, wenn, als, damals als, da: a) solange (als). b) sooft (als), jedesmal wenn. c) seitdem, nachdem. d) ἔστιν ὅτε manchmal, zuweilen. — 2. (kausal) da, sintemal.
ὅ-τε² = ὅστε.
ὁ-τέ zuweilen, manchmal. ὁτὲ μέν ... ὁτὲ δέ bald ... bald.
ὅτεο, ὅτευ u. ä. f. ὅστις. [wo.]
ὅτε-περ gerade zu der Zeit.
ὅτι cj. 1. in Aussagesätzen: daß.
— 2. ὅτι recitativum (vor direkter Rede = dem deutschen Doppelpunkt ob. Anführungszeichen). — 3. (kausal) weil, da, darüber, daß, weswegen, was das anbetrifft daß, insofern. οὐχ ὅτι α) nicht weil, nicht als ob; β) obschon, obgleich. — 4. a) beim sup.: möglichst, z.B. ὅτι πλεῖστοι möglichst viele. b) α) ὅτι μή soweit nicht; außer (wenn); β) ἤ ὅτι ... ἀλλὰ nicht nur ... sondern (auch); γ) οὐχ ὅτι ... ἀλλὰ καί (ob. ἀλλ᾽ οὐδέ) nicht nur nicht ... sondern auch (ob. sondern nicht einmal). δ) οὐδὲ ... μὴ ὅτι nicht einmal ... geschweige denn.
ὅτλος, ὁ Leid, Last, Qual.
ὅτοβος, ὁ Getöse, Lärm; Getön, Klang, Schall.
ὀτοτοῖ int. ach! wehe!
ὀ-τραλέος 3 u. **ὀ-τρηρός** 3 hurtig, schnell, flink.
ὄτριχες, pl. von ὅθριξ.
ὀτρυντύς, ύος, ἡ Ermahnung.

ὀτρύνω I. Akt.: a) antreiben, ermuntern; entsenden. b) betreiben, beschleunigen. — II. M. sich beeilen, eilen.

ὄττεο, ὅττι u. ä. f. ὅστις.

οὐ, οὐκ, οὐχ nein, nicht: 1. οὐ φημι, οὐ λέγω ich sage, daß nicht, nego; οὐκ ἐῶ ich verbiete, lasse nicht zu, veto ob. prohibeo; οὐκ ἐθέλω, οὐ βούλομαι ich weigere mich, sträube mich, nolo; οὐ δίδωμι ich schlage ab; οὐ νομίζω ich glaube, daß nicht. — 2. in direkten Fragen = ἆρ'οὐ, nonne. — 3. über οὐ μή u. μὴ οὐ cf. μή. — 4. οὔ = nein.

οὗ[1] seiner, ihrer, sich = eius u. sui. [hin.]

οὗ[2] a) wo, da wo; wann. b) wo-

οὐά u. **οὐᾶ** pfui! ach! ha!

οὐαί wehe! ἡ οὐαί das Wehe.

οὖας, ατος, τό = οὖς.

οὐᾰτόεις 3 = ὠτώεις.

οὐδᾰμᾶ u. **οὐδᾰμῇ** oder -ῆ 1. a) nirgends. b) nirgendshin. — 2. niemals. — 3. auf keine Weise, keineswegs, nimmermehr, durchaus nicht.

οὐδᾰμό-θεν adv. nirgendsher, von niemand.

οὐδᾰμό-θί = οὐδαμοῦ.

οὐδᾰμοῖ u. **οὐδᾰμό-σε** adv. nirgendshin.

οὐδ-ᾰμός 3 keiner; nichts wert. [οὐδαμά.]

οὐδᾰμοῦ und **οὐδᾰμῶς** =|

οὖδας, εος, τό Boden.

οὐ-δέ cj. 1. aber nicht, aber auch nicht. — 2. und nicht, auch nicht, noch auch. οὐδὲ γὰρ οὐδέ denn ganz und gar nicht, οὐδὲ μὲν οὐδέ, οὐ μὴν οὐδέ aber (ob. wahrlich) auch nicht. οὔτε ... οὐδέ weder ... noch auch. — 3. nicht einmal, selbst nicht, auch nicht. οὐδ' ὥς auch so nicht, trotzdem nicht. οὐδέ ... οὐδέ nicht einmal ... noch auch.

οὐδ-είς, οὐδε-μίᾰ, οὐδ-έν, keiner, niemand, nichts; bedeutungslos, wertlos, ohnmächtig. οὐδείς ὅστις keiner; οὐδείς οὐ ob. οὐδείς ὅστις οὐ jeder. οὐδὲν εἶναι ein Nichts ob. eine Null, wertlos sein. οὐδὲν λέγειν törichtes Zeug reden, sinnlos sprechen, unrecht haben. — adv. **οὐδέν** ob. οὐδέν τι in keiner Beziehung, keineswegs, gar nicht.

οὐδενός-ωρος 2 keiner Beachtung wert.

οὐδέ-πη u. **-πῃ** adv. a) und nirgends. b) und durchaus nicht.

οὐδέ-ποτε adv. niemals, (noch) nie. [b) durchaus nicht.]

οὐδέ-πω adv. a) noch nicht.|

οὐδε-πώποτε adv. noch nie.

οὐδ-έτερος 3 keiner von beiden, beide nicht.

οὐδ-ετέρωσε adv. nach keiner von beiden Seiten hin.

οὐδός[1], ὁ = ὁδός Schwelle.

οὐδός[2], ἡ = ὁδός Weg, Pfad.

οὖθαρ, ατος, τό Euter; üppige Fülle. [οὐδείς.]

οὐθ-είς, οὐθ-έν = οὐδείς,|

οὐκ-έτι a) nicht mehr, nicht länger, nicht wieder. b) nicht ebenfalls, keineswegs.

οὐκί = οὐχί.

οὐκ-οῦν 1. (in Fragen) also nicht? nun nicht? — 2. a) (folgernd) nicht also ob. also nicht, folglich nicht. b) (versichernd) nicht in der Tat, gewiß nicht, keineswegs.

οὔκ-ουν a) (fragend) nicht wahr? also nicht? b) (folgernd) also, folglich.

οὔκω [ion.] = οὔπω.

οὐκ-ὤν [ion.] = οὔκουν.

οὔκως [ion.] = οὔπως.

οὐλαί, αἱ Opfergerste.

οὐλαμός, ὁ Gedränge, Getümmel, dichte Schar.

οὖλε Heil dir!

οὐλή, ἡ Narbe.
οὔλιος 3 verberblich.
οὐλό-θριξ, τριχος kraushaarig.
οὐλο-κάρηνος 2 krausköpfig.
οὐλόμενος 3 verderblich.
οὖλος¹ 3 ganz, voll.
οὖλος² 3 wollig, dicht, kraus; wirr durcheinander.
οὖλος³ verderblich.
οὐλό-χυται, αἱ Opfergerste.
οὑμός = ὁ ἐμός.
οὖν a) in der Tat, wahrlich, allerdings, jedenfalls, ja. δ' οὖν gewiß, sicherlich, jedenfalls. b) (zurückweisend) also wie gesagt, also sage ich, also, denn doch. c) (folgernd) folglich, also, demnach, daher, nun.
οὕνεκα 1. cj.: a) weswegen, weshalb. b) weil; daß — 2. prp. mit gen. wegen, in Ansehung.
οὔνομα, οὐνομάζω, οὐνομαίνω, οὐνομαστός = ὄνομα usw.
οὐνομαι = ὄνομαι. [nichten.
οὐ-περ adv. gar nicht, mit
οὗ-περ adv. wo gerade, wo eben, wo auch nur immer.
οὐ-πῃ oder οὔ-πη adv. a) nirgends. b) keineswegs.
οὔ-ποθι adv. nirgends. [nie.
οὔ-ποτε adv. niemals, (noch)
οὔ-πω adv. a) noch nicht, noch nie. b) keineswegs, gar nicht.
οὐ-πώποτε adv.noch nie(mals).
οὔ-πως adv. keineswegs, durchaus nicht, unmöglich.
οὐρά, ἡ 1. Schwanz, Schweif. — 2. Nachtrab, Nachhut, Hintertreffen, letzte Rotte.
οὐρ-αγός, ὁ Rottenschließer.
οὐραῖος 3 zum Schwanz gehörig, Schwanz-...
οὐράνιος 3 (u. 2) himmlisch, Himmels-...; himmelhoch. τὰ -α Erscheinungen am Himmel.

οὐρανίωνες, οἱ die Himmlischen = die (himmlischen) Götter. [mel her(ab).
οὐρανό-θεν adv. vom Him-
οὐρανό-θι adv. am Himmel.
οὐρανο-μήκης 2 himmelhoch.
οὐρανός, ὁ Himmel; Luftraum.
οὔρειος 3 = ὄρειος.
οὐρεσί-βώτης, ου auf den Bergen weidend.
οὐρεύς, έως, ὁ a) Maulesel. b) Wächter, Aufseher.
οὐρέω Urin lassen, harnen.
οὐρία, ἡ günstiger Wind.
οὐρίαχος, ὁ unterstes Ende.
οὐρίζω¹ glücklich steuern.
οὐρίζω² [ion.] = ὁρίζω.
οὔριος 3 günstig, glücklich.
οὔρισμα, τό Grenzscheide.
οὖρον¹, τό Urin, Harn.
οὖρον², τό Raum, Strecke: a) Wurfweite. b) Maultierstrecke.
οὖρος¹, ὁ günstiger Wind, Fahrwind; Glück, Heil. [Hort.
οὖρος², ὁ Aufseher, Hüter,
οὖρος³, ὁ = ὄρος Grenze.
οὖρος⁴, τό = ὄρος Berg.
οὖρος, ὁ Laufgraben.
οὖς, ὠτός, τό a) Ohr, Gehör. b) Ohr, Henkel, Griff.
οὐσία, ἡ a) Dasein, Wesen, Wesenheit; Wirklichkeit. b)Vermögen,Habe,Eigentum, Besitz.
οὐτάζω u. οὐτάω treffen, verwunden; verletzen.
οὐ-τε (und nicht). οὔτε ... οὔτε weder .. noch. οὔτε ... τε einerseits nicht .. andrerseits (aber).
οὐτήσασκε f. οὐτάω.
οὐτιδανός 3 nichtswürdig.
οὔ-τις, οὔ-τι keiner, niemand, nichts; keineswegs.
οὔ-τοι wahrlich nicht, gewiß nicht, doch nicht.
οὗτος, αὕτη, τοῦτο dieser, diese, dieses, dieser hier, der da:

21*

οὑτοσί

1. (ὦ) οὗτος du da! — 2. = jener bekannte. — 3. οὗτος, ὅς derjenige, welcher, it. is, qui. 4. καὶ οὗτος: a) und dieser = und zwar. Besonders καὶ τοῦτο, καὶ ταῦτα und zwar, und noch dazu. b) auch dieser = ebenfalls, gleichfalls. — 5. adverbial: a) τοῦτο u. ταῦτα: α) auf diese Weise, so; β) deshalb. b) τοῦτο μέν ... τοῦτο δέ teils ... teils, bald ... bald.

οὑτοσί, αὑτηί, τουτί dieser hier (= verstärktes οὗτος).

οὕτω(ς), verstärkt **οὑτωσί** auf diese Weise, so, also: a) folgendermaßen. b) ebenso. c) unter diesen Umständen, in diesem Falle, dann, alsdann. d) sonach, daher, deshalb, so ... denn. e) so ohne weiteres, so obenhin, leichthin. f) in dem Grade, so sehr; so wenig. g) (beteuernd) so wahr ich wünsche, daß, so gewiß (wie).

οὐχί = verstärktes οὐ.

ὀφειλέτης, ου, ὁ Schuldner, verpflichtet.

ὀφειλή, ἡ u. **ὀφείλημα**, τό Schuld, Schuldigkeit, Pflicht.

ὀφείλω a) schuldig sein, schulden. ὀφειλόμενος 3 schuldig, rückständig. τὸ ὀφειλόμενον Schuld. b) sollen, müssen, verpflichtet sein. **ὤφελον** mit inf. ich sollte ob. ich hätte sollen, zB. ὤφελες τοῦτο ποιῆσαι du hättest dieses tun sollen (= o, daß du dieses doch getan hättest!). ὤφελε Κῦρος ζῆν wenn doch Kyros noch lebte!

ὀφέλλω[1] = ὀφείλω.

ὀφέλλω[2] (ver)mehren, vergrößern; fördern, segnen, bereichern, erhöhen.

ὄφελον = ὤφελον s. ὀφείλω.

ὄφελος, τό Nutzen, Vorteil, Gewinn; Brauchbarkeit. ὀφελός

τίς ἐστι jmd ist nützlich ob. tauglich. οὐδὲν ὀφελός τινος etw. nützt nichts, etw. ist unbrauchbar.

ὀφθαλμία, ἡ Augenkrankheit.

ὀφθαλμιάω an den Augen leiden.

ὀφθαλμοδουλ(ε)ία, ἡ Augendienerei.

ὀφθαλμός, ὁ Auge, Gesicht, Angesicht; Lichtblick, Trost, Hilfe; Liebling; Zierde.

ὄφις, εως, ὁ Schlange.

ὀφλισκάνω a) eine (Geld-) Strafe verwirken ob. verwirkt haben (= zu zahlen haben, schuldig sein), zu einer Strafe ob. wegen eines Vergehens verurteilt werden ob. sein. b) sich einen Vorwurf zuziehen, mit Recht beschuldigt werden.

ὄφρα I. cj. 1. a) während, solange (als). b) bis, bis daß. 2. damit, auf daß. — II. adv. eine Zeitlang, eine Weile.

ὀφρύη, ἡ = ὀφρύς.

ὀφρυόεις 3 hügelig.

ὀφρῦς, ύος, ἡ a) Augenbraue; Stirn; Stolz, Hochmut. b) Rand; Anhöhe, Terrasse.

ὀχᾶ adv. bei weitem.

ὄχανον, τό Handhabe.

ὄχεσφι, gen. u. dat. von ὄχος[2].

ὀχετεύω ableiten.

ὀχετ-ηγός 2 Gräben ziehend.

ὀχετός, ὁ Kanal, Rinne, Graben, Wasserleitung.

ὀχεύς, έως, ὁ Halter: a) Helmriemen. b) Schnalle des Leibgurts. c) Riegel.

ὀχεύω I. Akt. bespringen. — II. M. sich paaren.

ὀχέω I. Akt.: a) tragen, führen, treiben. b) ertragen, erdulden. — II. P. u. M. getragen werden, sich tragen lassen; reiten, fahren.

ὄχημα, τό 1. Fahrzeug: a) Wagen. b) Schiff. — 2. Boden, Standpunkt.
ὀχθέω mißmutig sein.
ὄχθη, ἡ u. ὄχθος, ὁ 1. Anhöhe, Hügel. — 2. hoher Rand: a) Ufer(rand). b) Gestade.
ὀχλέω a) fort-wälzen, -heben. b) belästigen, stören.
ὀχληρός 3 lästig, störend.
ὀχλίζω = ὀχλέω.
ὀχλικός 3 = ὀχλώδης.
ὀχλοποιέω einen Aufruhr erregen.
ὄχλος, ὁ 1. Belästigung, Beschwerde, Not. — 2. ungeordneter Haufe: a) Volksmenge, (gemeines) Volk, Pöbel, Menge. b) Volksversammlung. c) Troß.
ὀχλώδης 2 volkstümlich, gemein; massenhaft.
ὀχμάζω festhalten; zügeln.
ὄχος¹, ὁ Behälter, Träger, Hüter.
ὄχος², ὁ u. τό Fuhrwerk; Wagen.
ὀχυρός 3 fest, gesichert. τὸ -όν fester Platz; — gewaltig.
ὀχυρόω u. M. befestigen.
ὀχύρωμα, τό Festung, Verschanzung, Bollwerk, Burg.
ὄψ, ὀπός, ἡ a) Stimme. b) Ausspruch, Wort, Rede.
ὀψάριον, τό = ὄψον.

ὀψέ a) lange nachher; (m. gen.) nach Ablauf. b) spät, erst spät, zu spät; abends.
ὀψείω zu sehen wünschen.
ὀψίᾱ, ἡ a) Abend(zeit). b) Nachmittag. [später-lebend.]
ὀψί-γονος 2 nachgeboren,
ὀψίζω u. P. spät ob. zu spät kommen, sich verspäten.
ὄψιμος 2 u. ὄψιος 3 spät, spät-eintreffend. ἡ -ία Abend.
ὄψις, εως, ἡ 1. a) das Sehen, Erblicken, Wahrnehmung. b) Gesicht, Sehkraft: α) Auge; β) Angesicht, Miene. — 2. a) das Aussehen, das Äußere. b) Anblick: Traumgesicht. c) Schauspiel. [füllt. b) spät erfüllet.)
ὀψι-τέλεστος 2 a) spät er-)
ὄψομαι, fut. von ὁράω.
ὄψον, τό Zukost, Fleisch und Fische: a) Imbiß. b) Leckerbissen; Würze.
ὀψοποιέω u. M. Speisen lecker zubereiten, kochen.
ὀψοποιΐᾱ u. ὀψοποιϊκή, ἡ Kochkunst.
ὀψο-ποιός, ὁ Koch.
ὀψο-φάγος 2 Fleischesser; Leckermaul, Fresser.
ὀψωνέω Fleisch (ob. Delikatessen) einkaufen.
ὀψώνιον, τό Zukost, Kost, Proviant; Sold, Lohn.

Π

Π, π (πεῖ, πῖ) sechzehnter Buchstabe des griechischen Alphabets.
πᾷ u. πᾶ [dor.] = πῇ u. πή.
πᾱγά, ἡ [dor.] = πηγή.
πάγεν ν. ἁ. ſ. πήγνυμι.
πᾰγετώδης 2 eisig, kalt.
πάγη, ἡ Schlinge, Falle, Netz.
πᾱγιδεύω listig fangen.
πᾱγίς, ίδος, ἡ = πάγη.
πάγ-κακος 2 grundschlecht, nichtswürdig, verrucht.

πάγ-κᾰλος 2 (u. 3) wunderschön. adv. ganz mit Recht.
πάγ-καρπος 2 früchtereich.
πάγ-κευθής 2 allbergend.
πάγ-κλαυτος 2 a) immer weinend; tränenreich, jammerreich. b) allbeweint.
πάγ-κοινος 2 allen gemeinsam, alle angehend. τὸ -ον Gemeinplatz.
πάγ-κοίτης, ου allbettend.

παγ-κόνιτος 2 ganz bestäubt, staub-umwölkt. [allmächtig.]
παγ-κράτης 2 allgewaltig.
παγκρατιάζω das Pankration verstehen.
παγκρατιαστής, οῦ, ὁ Pankratiast (Ringer u. Fauſtkämpfer).
παγ-κράτιον, τό das Pankration.
πάγος, ὁ 1. a) Eis, Reif. b) Froſt. — 2. Felſenſpitze, Berg, Höhe, Hügel, Klippe.
παγ-χάλεπος 2 äußerſt ſchwierig (ob. aufgebracht).
παγ-χάλκεος 2 und **πάγχαλκ.** 2 ganz ehern.
πάγ-χρηστος 2 zu allem brauchbar. [ſalbt.]
πάγ-χριστος 2 ganz durch-
παγ-χρύσεος 2 ganz golden.
παγ-χρύσος 2 ganz golden.
πάγχυ adv. gänzlich, jedenfalls.
πάθη, ἡ u. **πάθημα**, τό u. **πάθος**, τό 1. Begegnis, Erlebnis. — 2. Schicksal, Geschick: a) Unglück, Leid, Leiden, Mißgeschick, Verlust. b) Kummer, Gram. c) Gemütsbewegung, Seelenſtimmung; Leidenſchaft, Affekt, Begierde. — 3. Ereignis, Vorgang.
παθητός 3 dem Leiden ausgeſetzt, leidensfähig.
παιάν, ᾶνος, ὁ a) Retter, Helfer, Heiland, Arzt. b) Päan (ein feierlicher, vielſtimmiger Geſang).
παιανίζω einen Päan anſtimmen. [Spott.]
παιγνία, ἡ Spiel, Scherz.
παιγνιήμων 2 = παιγνιώδης.
παιγνιώδης 2 ſcherzhaft; Freund von Scherzen.
παιδ-αγωγέω Kinder leiten, erziehen, leiten, ordnen, bilden, belehren.
παιδ-αγωγός, ὁ Knabenführer, Kinderaufseher, Erzieher, Lehrer, Zuchtmeiſter.

παιδάριον, τό a) Kindlein, Knäblein, Töchterchen; Kind. b) junger Sklave.
παιδεία, ἡ 1. Erziehung, Unterricht, Zucht; Züchtigung. — 2. a) Bildung, Kenntniſſe, Wiſſenſchaft. b) Bildungsſtätte, Schule.
παιδεῖος 2 = παιδικός.
παιδεραστέω Knaben lieben.
παιδ-εραστής, οῦ, ὁ Knabenliebhaber.
παιδεραστία, ἡ Knabenliebe.
παίδευμα, τό u. **παίδευσις**, εως, ἡ = παιδεία.
παιδευτής, οῦ, ὁ Erzieher, Lehrer; Züchtiger, Zuchtmeiſter.
παιδευτός 3 erlernbar.
παιδεύω I. Akt. 1. a) erziehen; bilden, unterrichten, belehren; züchtigen. 2. gewöhnen. — II. M. 1. unterrichten laſſen. 2. = Akt.
παιδιά, ἡ = παιδεία.
παιδιά, ἡ Kinderſpiel; Spiel, Scherz, Beluſtigung.
παιδικός 3 die Kinder (oder die Knabenliebe) betreffend: a) kindlich, Knabe, jung, in der Jugend. b) kindiſch. c) τά παιδικά Liebling, Geliebter.
παιδιό-θεν von Kindheit an.
παιδίον, τό = παιδάριον.
παιδίσκη, ἡ junges Mädchen: a) junge Sklavin, Magd. b) Dirne.
παιδίσκος, ὁ = παιδάριον.
παιδνός 3 (u. 2) = παιδικός.
παιδο-κτόνος 2 Knabenmordend. ὁ u. ἡ Mörder(in) des Sohnes ob. der Kinder.
παιδοποιέω u. M. Kinder erzeugen. [gung.]
παιδοποιΐα, ἡ Kindererzeu-
παιδο-ποιός 2 Kinder erzeugend ob. gebärend. [lehrer.]
παιδο-τρίβης, ου, ὁ Turn-

παιδο-τρόφος 2 Kinder nährend; immer sprossend. [rin.]
παιδουργία, ἡ Kindererzeuge-
παιδο-φόνος 2 = παιδοκτόνος.
παίζω spielen, scherzen: a) sich vergnügen; tanzen, singen. b) im Scherze sagen, zum Scherz erdichten.
παιήων, ονος, ὁ = παιάν.
παιπαλόεις 3 rauh, zerklüftet, felsig, steil.
παῖς, παιδός, ὁ u. ἡ 1. Kind: a) Sohn, Tochter; Nachkomme. b) α) Knabe, Mädchen; β) Jüngling, Jungfrau; γ) jung. — 2. Sklave, Knecht, Bursche, Diener.
παιφάσσω daherblitzen.
παίω 1. schlagen, hauen, stoßen, stechen; treffen, verwunden. — 2. *intr.* anschlagen, anprallen.
παιών, ῶνος, ὁ = παιάν.
παιωνίζω = παιανίζω.
παιώνιος 3 heilend, rettend.
παιωνισμός, ὁ Schlachtgesang.
πακτόω a) fest verschließen. b) verstopfen.
παλάζω = πάλλω.
παλάθη, ἡ Kuchen.
πάλαι od. τὸ πάλαι *adv.* 1. vor alters, ehemals, einst, früher, vorig. — 2. schon lange, längst.
παλαι-γενής 2 hochbetagt.
παλαιμοσύνη, ἡ das Ringen.
παλαιό-πλουτος 2 altbegütert.
παλαιός 3 alt: 1. langjährig: a) hochbetagt. b) veraltet. — 2. vormalig, ehemalig, früher.
παλαιότης, ητος, ἡ Alter; der alte Zustand.
παλαιόω alt machen, für alt erklären, abschaffen. P. veralten.
πάλαισμα, τό 1. das Ringen, Ring-, Wett-kampf. — 2. Ringerstück: a) Kunstgriff, Finte. b) Bestrebung.

παλαισμοσύνη, ἡ Ringkunst.
παλαιστής, οῦ, ὁ Ringer; Verschlagener.
παλαιστιαῖος 3 eine Handbreite groß od. lang.
παλαίστρα, ἡ Ringplatz, Turnschule, Übungsplatz.
παλαί-φατος 2 uralt: a) vor alters verkündet. b) fabelhaft.
παλαίω a) ringen, kämpfen. b) in Not sein, unterliegen.
παλάμη, ἡ 1. flache Hand; Hand, Faust. — 2. a) Macht. b) Unternehmen. c) Handhabe, Mittel, Kunstgriff.
παλαμναῖος, ὁ a) Mörder. b) Rachegeist.
παλάσσω[1] bespritzen, besudeln.
παλάσσω[2] = πάλλω.
παλέω = παλαίω.
πάλη, ἡ das Ringen, Ringkampf; Faust-kampf.
παλιγγενεσία, ἡ Wiedergeburt; neue Welt.
παλίγ - κοτος 2 rückfällig. παλιγκότως συμφέρεταί τινι es geht j-m von neuem schlimm.
παλιλλογέω wiederholen.
παλίλ-λογος 2 wieder gesammelt.
παλιμ-πετές *adv.* rückwärts.
παλιμ-πλάζω zurücktreiben; übel heimschicken.
πάλιν *adv.* 1. zurück, rückwärts. — 2. entgegen, entgegengesetzt, dagegen, umgekehrt. — 3. a) wieder, wiederum, von neuem. b) ein andermal, weiter(hin), ferner.
πάλιν - άγρετος 2 zurückzunehmen(d), widerruflich.
πάλιν - αυτόμολος, ὁ zum zweitenmal Überläufer.
πάλιν-όρμενος 3 u. **πάλίν-ορσος** 2 a) sich wieder erhebend. b) zueilend, zurückfahrend. [ten.]
πάλίν-τιτος 2 (wieder)vergol-

πάλίν-τονος 2 zurückschnellend.
πάλιν-τρίβής 2 abgefeimt.
πάλίν-τροπος 2 zurück, zurückkehrend.
πάλινῳδία, ἡ Widerruf.
πάλιρ-ρόθιος 2 zurücktrauschend. [Her-strömen.]
πάλίρ-ροια, ἡ das Hin- und
πάλίρ-ρυτος, ἡ zur Vergeltung fließend. [eilend.]
πάλίο-συτος 2 rückwärts
πάλίωξις, εως, ἡ das Zurückdrängen. [weib haben.]
παλλακεύομαι M. als Kebs-
παλλακή u. **παλλακίς**, ίδος, ἡ Kebsweib, Nebenweib.
πάλλω I. Akt. a) schwingen, schütteln, schleudern; die Lose schütteln = losen; erschüttern. b) zittern. — II. M.: a) sich heftig bewegen, springen, hüpfen, zappeln, klopfen, zittern, beben; anprallen. b) losen, das Los
πάλος, ὁ Los. [werfen.]
παλτόν, τό Wurfspieß, Speer.
παλτός 3 geschwungen.
παλύνω a) streuen, aufstreuen. b) bestreuen, besprengen.
παμ-βῶτις, ἰδος allnährend.
πάμ-μάχος 2 allsiegend.
πάμ-μεγας 3 u. **-μεγέθης** 2 sehr groß; sehr schwierig.
παμ-μελάς 3 ganz schwarz.
παμ-μήκης 2 sehr lang, sehr heftig, unendlich.
παμ-μηνος 2 immerwährend.
παμ-μήτωρ, ορος ganze oder echte Mutter.
πάμ-μορος 2 ganz unglücklich.
πάμ-παν u. **παμ-πήδην** adv. gänzlich, durchaus.
παμπληθεί adv. mit der ganzen Menge, alle zusammen.
παμ-πληθής 2 a) mit der ganzen Menge. b) = πάμπολυς.
πάμ-πληκτος 2 reich an Schlägen.
παμ-ποικίλος 2 ganz gestickt.

πάμ-πολις, εως überall geltend.
πάμ-πολυς 3 a) sehr viel, sehr zahlreich. b) sehr groß, übergroß. ἐπὶ -υ sehr weit.
παμ-πόνηρος 2 ganz schlecht.
πάμ-πρωτος 3 allererster.
παμ-φαής 2 hellleuchtend.
παμφαίνω hell glänzen oder schimmern, leuchten.
παμφανάω = παμφαίνω. part.
παμφανόων 3 = παμφαής.
παμ-φεγγής 2 hellstrahlend.
πάμ-φλεκτος 2 hellbrennend.
πάμ-φορος 2 sehr fruchtbar ob. schwierig.
πάμ-φυχος 2 in voller Lebenskraft, unsterblich.
πάμ-άγρος 2 alles fangend.
Πάν-αθήναια, τά die Panathenäen. [lich.]
πάν-αθλιος 3 ganz unglück-
πάν-αιθος 3 hellstrahlend.
πάν-αίολος 2 hellschimmernd.
πάν-άμερος 2 = πανήμερος.
πάν-άμμος 2 ganz tadellos.
πάν-άμωμος 2 ganz tadellos.
πάν-άπαλος 2 ganz zart, ganz jugendlich. [lich.]
πάν-άποτμος 2 ganz unglück-
πάν-άργυρος 2 ganz silbern.
πάν-αρχος 2 allgebietend.
πάν-άφηλιξ, ικος ganz ohne Jugendgenossen.
πάν-άώριος 2 ganz unzeitig, früh sterbend.
παν-δαισία, ἡ vollständiges Gastmahl, Vollmahl.
παν-δάκρυτος 2 a) allbeweint. b) tränenreich.
παν-δαμάτωρ, ορος allbezwingend, allgewaltig.
πανδημεί adv. mit dem ganzen Volke od. Heerbann (Aufgebot), in Masse.
πάν-δημος 2 u. **-δήμιος** 2 dem ganzen Volke angehörend, allgemein, ganz, öffentlich; gemein, gewöhnlich.

πάν-δικος 2 ganz gerecht; *adv.* mit vollem Recht.
πανδοκεύω beherbergen.
πανδοκεῖον, τό Herberge.
πανδοκεύς, έως, ὁ Gastwirt.
πάν-δυρτος 2 stets klagend, jammerreich.
πανηγυρίζω (Feste) feiern; sich zu einem Feste hinbegeben.
παν-ήγυρις, εως, ἡ Festversammlung, Volksfest.
πάν-ημαρ *adv.* den ganzen Tag über.
πανημέριος 3 u. -ήμερος 2 a) den ganzen Tag hindurch. b) täglich, noch heute.
πάνημος, ὁ ein dorischer Monat (= August).
πάνθηρ, ηρος, ὁ Panther.
πάν-θρηνος 2 stets klagend.
παν-θυμαδόν ganz im Zorn.
πάν-θυτος 2 allverehrt.
πάν-ίμερος 2 sehr ersehnt.
παν-νύχιος 3 die ganze Nacht hindurch. [nächtliches Fest.]
παννυχίς, ίδος, ἡ Nachtfeier.
πάν-νυχος 2 = παννύχιος.
πάν-οικησία, πάν-οικίη und πάν-οικ(ε)ί *adv.* mit dem ganzen Hause.
πάν-ομφαῖος 2 allkündend.
πανοπλία, ἡ volle Rüstung oder Wehr. [quem.]
πάν-ορμος 2 zum Landen bequem.
πανουργέω Frevel verüben.
πανούργημα, τό Frevel.
πανουργία, ἡ List, Schlauheit, Klugheit, Verschlagenheit, Schurkerei, Frevel, Trug.
πάν-ουργος 2 geschickt, tüchtig: a) listig, schlau, Schelm; b) durchtrieben, verschlagen, ränkevoll, boshaft; Schurke.
πάν-οψίος 2 allen sichtbar.
πανσαγία, ἡ = πανοπλία.
παν-σέληνος 2 vollmondlich; ἡ = Vollmond(szeit).
πάν-σοφος 2 gar weise.

παν-στρατιά, ἡ allgemeines Aufgebot.
παν-συδίη u. παν-συδί mit aller Hast, mit allem Eifer; mit aller Macht; ganz und gar.
πάν-συρτος 2 überreich.
παντᾷ ob. παντᾶ = πάντῃ.
παντ-αγήρως, ων nie alternd, ewig jung.
παντά-πᾶσι(ν) = πάνυ.
πάντ-αρχος 2 allgebietend.
πανταχῇ u. -ῇ 1. a) überall, allenthalben. b) überallhin. — 2. auf alle Fälle, in jeder Beziehung, gänzlich, durchaus.
πανταχό-θεν 1. a) von allen Seiten ob. Orten her. b) allenthalben. — 2. in allen Beziehungen, überhaupt.
πανταχοῖ u. πανταχόσε überallhin, nach allen Seiten.
πανταχοῦ = πανταχῇ.
παν - τελής 2 vollkommen, völlig, unbeschränkt. *adv.* gänzlich, durchaus, überhaupt.
πάντῃ u. -η = πανταχῇ.
πάν-τιμος 2 a) allgeehrt. b) ehrenvoll.
παν-τλήμων ganz unglücklich.
παντο-γήρως, ων allbewältigend.
παντοδαπός 3 = παντοῖος.
παντο-θεν = πανταχόθεν.
παντο-θήρας alles erjagend.
παντοῖος 3 allerlei, mannigfach, mancherlei, verschieden (=artig), in mancherlei Gestalt. *adv.* auf mannigfache Weise, auf jede Art und Weise. [tig.]
παντο-κράτωρ, ορος allmächtig.
παντο-πόρος 2 allgewandt.
παντ-όπτης, ου allsehend.
πάντοτε immer.
παντουργός 2 = πανοῦργος.
πάντως u. πάνυ a) ganz, gänzlich, völlig, durchaus, gar sehr, höchst, erst recht. b) sicherlich,

παν-υπέρτατος jedenfalls, gewiß, jawohl, allerdings. c) ὁ πᾶν der allberühmte, ausgezeichnetste, große. [oberst].
πάν-υπέρτατος 3 ganz zu
πάν-ύστατος 3 allerletzter.
πανωλεθρία, ἡ völliger Untergang.
πάν-ώλεθρος 2 u. **-ώλης** 2 a) ganz vernichtet, grundschlecht, verrucht. b) allverderbend. [sitzen]
πάομαι M. erwerben; pf. besetzt.
παπαί wehe! ha! ach!
παππάζω Vater nennen.
παππᾶς, ου, ὁ Vater, Papa.
πάππος, ὁ Großvater.
παππῷος 3 großväterlich.
παπταίνω bliden, sich umschauen, umherspähen; sich vorsehen. [πάρεστι, πάρεισι.]
πάρ, πάρα a) = παρά. b) =
παρά I. adv.: a) daneben, dabei, daran. b) vorbei. — II. prp. 1. mit gen.: a) neben ... weg, aus der Nähe weg, von ... her. b) von seiten, von. οἱ παρά τινος die Umgebung. — 2. mit dat.: neben, bei, zur Seite, in der Umgebung, in Gegenwart; α) nach j-s Urteil ob. Ansicht; β) = im Besitze j-s. — 3. mit acc.: α) α) neben ... hin. an ... hin, längs, entlang; β) neben, in die Nähe, zu ... hin, nach ... hin. b) (zeitl.) während, im Verlaufe, bei. c) übtr.: α) neben ... vorbei, über ... hinaus = gegen, wider; β) im Vergleich mit, vor, mehr als; γ) in einem Abstande von, mit -em Unterschiede von. παρ' οὐδέν εἶναι (τίθεσθαι, ποιεῖσθαι) nichts gelten (für nichts achten). παρ' ὀλίγον in kleinem Abstande, beinahe; δ) wegen, vermöge.
παρα-βαίνω 1. j-m zur Seite treten; pf. danebenstehen. —

2. vorbeigehen: a) etw. übertreten ob. überschreiten, verletzen, an j-m sündigen. b) übergehen, außer acht lassen, vernachlässigen.
παρα-βάλλω I. Akt. 1. trans.: a) neben etw. hinwerfen ob. hinstellen, hinwenden, j-m etw. vorwerfen; umlegen. b) an die Seite stellen, nebeneinanderhalten; vergleichen; vergelten. c) übergeben, anvertrauen. — 2. intr. sich nähern, heranfahren, übersetzen. — II. M. 1 dagegen, ein-setzen, aufs Spiel setzen, preisgeben. — 2. wetteifern, sich vergleichen. — 3. a) unbeachtet lassen. b) hintergehen, täuschen.
παρά-βασις, εως, ἡ Übertretung, Vergehen. [sein.]
παρα-βάσκω Wagenkämpfer
παραβάτης, ου, ὁ a) Wagenkämpfer. b) Übertreter, Frevler.
παραβατός 3 zu übertreten(d).
παρα-βιάζομαι M. j-m mit Bitten anliegen, drängen.
παραβλήδην adv. mit einem Seitenhiebe, stichelnd.
παρά-βλημα, τό Schutz-bekleidung, -decke.
παρα-βλώσκω helfen.
παρα-βλώψ, ῶπος seitwärts blidend, schielend. [men.]
παρα-βοηθέω zu Hilfe kom-
παρα-βολεύομαι M. aufs Spiel setzen (τινί etw.).
παρα-βολή, ἡ 1. a) Gleichnis, Abbild, Sinnbild. b) Denkspruch, Sprichwort. — 2. das Daransetzen.
παρά-βολος 2 a) tollkühn. b) gewagt, gefährlich.
παρα-βουλεύομαι M. schlecht sorgen.
παρα-βώμιος 2 an dem Altare.
παραγγελία, ἡ Ankündigung, Kunde: a) Befehl, Gebot ob.

παρ-αγγέλλω Verbot, Kommando. b) Lehre, Unterricht.
παρ-αγγέλλω a) melden, ankündigen, verkünden (lassen), proklamieren lassen. b) sich um etw. bewerben. c) auffordern, auftragen, anordnen, befehlen.
παράγγελμα, τό u. **παράγγελσις**, εως, ἡ = παραγγελία.
παρα-γί(γ)νομαι M. a) dabei sein, zugegen oder anwesend sein, teilnehmen. b) herandazukommen, (an)kommen, sich einstellen, auftreten, erscheinen; beistehen, helfen.
παρα-γιγνώσκω falsch urteilen, einen ungerechten Ausspruch tun. [armung.]
παραγκάλισμα, τό Um-
παραγορέομαι M. zureden.
παρ-άγορος 2 Tröster(in).
παρα-γράφω dazuschreiben, schriftlich hinzufügen.
παρα-γυμνόω enthüllen, offen darlegen, von sich geben.
παρ-άγω I. trans. 1. a) seitwärts vorbei- oder vorüberführen, daran entlangführen. b) vorführen, herbei-, hinführen, einführen: α) auf die Bühne bringen; β) (seitwärts) aufmarschieren lassen. c) aufschieben, hinziehen, hinhalten. — 2. (seitwärts) wegführen, ablenken: a) verändern, verdrehen. b) verführen, täuschen. — II. intr. a) vorübergehen. b) weitergehen; untergehen, ein Ende nehmen.
παραγωγή, ἡ 1. Fahrt an der Küste hin. — 2. a) geräuschlose Ruderführung. b) mundartliche Verschiedenheit. — 3. Kunstgriff, Täuschung. [fen.]
παρα-δαρθάνω bei j-m schla-
παράδειγμα, τό Beispiel, Vorbild, Muster(bild); warnendes Beispiel; Beweis.

παραδειγματίζω an den Pranger stellen. [weisen.]
παρα-δείκνῡμι an-, über-
παράδεισος, ὁ Tiergarten, Park; Paradies.
παρα-δέχομαι M. 1. annehmen, empfangen. — 2. aufnehmen: a) übernehmen. b) billigen, anerkennen. c) ablösen. [schäftigung.]
παραδιατριβή, ἡ unnütze Be-
παρα-δίδωμι 1. hingeben, übergebe.., überliefern: a) zurückgeben, hinterlassen ob. überlassen; überantworten. b) anvertrauen. c) dahin-, preisgeben, verraten. d) weitergeben, verbreiten, mitteilen. — 2. zugeben, gewähren, gestatten, erlauben.
παρά-δοξος 2 unerwartet: a) unglaublich, wunderbar. b) auffällig, sonderbar.
παράδοσις, εως, ἡ 1. a) Übergabe. b) Vererbung. — 2. Überlieferung, mündliche Belehrung Weisung; Tradition.
παραδραθέειν s. παραδαρθάνω
παρα-δράω dienstwillig verrichten. [herrschen.]
παρα-δυναστεύω neben j-m
παρα-δύομαι M. a) vorbei schlüpfen. b) sich einschleichen.
παραδωσείω übergeben ob. abtreten wollen.
παρ-αείδω vorsingen.
παρ-αείρομαι P. seitwärts herabsinken.
παρα-ζηλόω eifersüchtig machen, zur Nacheiferung ob. zum Zorn reizen.
παρα-θαλασσίδιος 2 u. **-θαλάσσιος** 2 (u. 3) am Meere gelegen ob. wohnend.
παρα-θαρσύνω ermutigen.
παρα-θέω a) nebenher- oder vorbei-laufen; an der Front hinsprengen. b) überholen.

παρα-θεωρέω a) vergleichen. b) verachten.

παραθήκη, ή = παρακαταθήκη.

πάραί = παρά.

παραιβάτης = παραιβάτης.

παραίνεσις, εως, ή Zuspruch, Ermunterung, Warnung, Lehre, Vorschrift, Rat.

παρ-αινέω zureden, ermuntern, (er)mahnen, warnen, anempfehlen, raten.

παραι-πεπίθησι s. παραπείθω.

παραίρεσις, εως, ή Wegnahme; Verringerung.

παρ-αιρέω I. Akt.: a) wegnehmen; verringern. b) aufheben, stürzen. — II. M. für sich wegnehmen; entreißen, abnehmen. [Schlinge.]

παραίρημα, τό Streifen,

παρ-αίσιος 2 unheildrohend.

παρ-αΐσσω vorbeistürmen.

παρ-αιτέομαι M. 1. a) sich erbitten; bitten; entschuldigen. b) durch Bitten versöhnen. c) Fürsprache einlegen. d) j-n losbitten. — 2. a) um Entschuldigung bitten; etw. durch Bitten ablehnen, sich etw. verbitten; sich weigern. b) vermeiden, verschmähen.

παραίτησις, εως, ή Abbitte, Entschuldigung.

παρ-αίτιος 2 (u. 3) = αίτιος.

παραιφάμενος s. παράφημι.

παραίφασις, εως, ή das Zureden, Ermunterung.

παρ-αιωρέομαι P. an der Seite herabhängen. [βάλλω.]

παρα-κάββαλε s. παρακατα-

παρα-καθέζομαι M. (NT.: P.) sich daneben setzen, dabei sitzen. [καθέζομαι.]

παρα-κάθημαι M. = παρα-

παρα-καθίζω u. M. = παρακαθέζομαι.

παρα-καθίστημι daneben hinstellen, beigesellen.

παρα-καίομαι P. danebenbrennen.

παρα-καλέω herbeirufen, rufen (lassen): a) zu Hilfe rufen. b) an=, zu=rufen; auffordern, (er)mahnen, ermuntern, antreiben, bitten. c) einladen. d) trösten, (be)stärken.

παρα-καλύπτω verhüllen.

παρα-καταβάλλω a) daneben nieder=werfen, =legen. b) etw. umlegen od. anlegen.

παρακαταθήκη, ή Pfand, Geisel, anvertrautes Gut.

παρα-καταλείπω dabei zum Schutze zurücklassen.

παρα-κατελέχομαι M. bei j-m sich lagern od. ruhen.

παρα-καταπήγνϋμι daneben einrammen.

παρα-κατατίθεμαι M. zur Verwahrung übergeben, anvertrauen. [halten.]

παρα-κατέχω bei sich zurück-

παρά-κειμαι M. neben od. bei j-m liegen, bei ob. vor etwas stehen od. hingestellt sein; bereit liegen, vorliegen.

παρα-κελεύομαι M. a) gebieten, anraten, vorstellen. b) = παρακαλέω b.

παρακέλευσις, εως, ή und **-κελευσμός, ό** Zuruf, Ermunterung.

παρακελευστός 3 berufen. ό Anhänger, Helfer.

παρακινδύνευσις, εως, ή Wagnis.

παρα-κινδϋνεύω wagen, sich in Gefahr begeben.

παρα-κινέω a) verrücken. b) intr. verrückt ob. wahnsinnig werden, außer sich geraten.

παρα-κίω vorbeigehen an etw.

παρα-κληίω ausschließen.

παράκλησις, εως, ή 1 Herbeirufung. — 2. a) Zuruf, Aufforderung, Ermahnung.

παράκλητος b) Anflehen, Bitte. c) Trost, Zuspruch, Seelsorge.
παράκλητος, ὁ a) Sachwalter, Verteidiger. b) Tröster, Fürsprecher, Helfer.
παρακλιδόν *adv.* ausweichend.
παρα-κλίνω 1. a) zur Seite biegen. b) öffnen. — 2. *intr.* ausbiegen, ausweichen.
παρ-ακμάζω verblühen, alt od. schwach werden.
παρ-ακοή, ἡ Ungehorsam.
παρα-κοίτης, ου, ὁ Gatte.
παρά-κοιτις, εως, ἡ Gattin.
παρ-ακολουθέω begleiten, (zur Seite) folgen, nachgehen: a) sich an j-n anschließen. b) verstehen.
παρακομιδή, ἡ Überfahrt.
παρα-κομίζω I. Akt.: a) herbeibringen, geleiten; etw. zuführen, beschaffen. b) hinführen; hinüberschaffen. — II. M. für sich beschaffen od. hinbringen. — III. P. an etw. vorbeifahren; über-, hin-fahren, sich begeben.
παρ-ακούω 1. a) nebenbei hören. b) überhören. — 2. falsch hören, falsch verstehen. — 3. a) ungehorsam sein. b) verachten. [hängen lassen.]
παρα-κρεμάννῡμι herab-
παρα-κρίνομαι P. (in Schlachtordnung) aufgestellt werden od. sich aufstellen.
παρα-κρούω u. M. an die Seite stoßen; an die Waagschale stoßen; betrügen, täuschen.
παρα-κτάομαι M. daneben annehmen. [legen.]
παρ-άκτιος 3 am Strande ge-
παρα-κύπτω a) hinguchen, hineinschauen. b) kaum einen Blick auf etw. werfen.
παρα-λαμβάνω 1. hinnehmen; übernehmen, annehmen, bekommen, erhalten, gewinnen:

παρ-αμείβω a) überkommen. b) erobern, unterwerfen, besetzen. c) vorfinden. d) a) vernehmen, lernen; β) sich merken. — 2. a) an sich ziehen, mitnehmen; einladen. b) auffangen.
παρα-λέγομαι M. an etwas vorbeifahren.
παρα-λείπω 1. a) unterlassen, versäumen. b) übriglassen, verschonen, freilassen. — 2. unbeachtet lassen; auslassen, übergehen. [i-n legen.]
παρα-λέχομαι M. sich neben
παρ-άλιος 2 u. 3 = πάραλος.
παραλλαγή, ἡ Wechsel, Veränderung; Ablösung.
παραλλάξ *adv.*: a) (ab-) wechselnd. b) schräg hintereinander.
παρ-αλλάσσω 1. a) umstellen, ändern, umwandeln, verkehren; verführen. b) an etw. vorbeigehen, -fahren. — 2. *intr.*: a) entkommen. b) von etw. abweichen ob. verschieden sein. c) verfehlen.
παρα-λογίζομαι M. falsch rechnen; betrügen, täuschen.
παρά-λογος 2 unerwartet. ὁ π.: α) falsche Rechnung; β) Überraschung, Enttäuschung.
πάρ-αλος 2 am Meere gelegen, Küsten-..., See-..., seefahrend. ἡ π. Küste, Strandgebiet.
Πάρ-αλος eines der beiden heiligen Staatsschiffe der Athener.
παρα-λῡπέω kränken, belästigen, ärgern, anfeinden.
παραλῡτικός 3 gelähmt.
παρα-λύω 1. losmachen: a) entfernen, wegnehmen. b) erlösen, befreien, entheben; entlassen. — 2. lähmen; schwächen, entkräften. P. erlahmen.
παρ-αμείβω I. Akt. 1. wechseln, verändern. — 2. a) an

παρα-μείγνυμι etw. vorübergehen. b) übertreffen. — II. M. 1. für sich umändern. — 2. an etw. vorbeigehen, -ziehen, -fahren.
παρα-μείγνῦμι beimischen.
παρ-αμελέω a) abs. unbekümmert sein. b) vernachlässigen. [βλώσκω.]
παρα-μέμβλωκα, pf. v. παρα-
παρα-μένω dabeibleiben, (da)bleiben: a) ausharren, standhalten. b) am Leben bleiben.
παρα-μηρίδια, τά Schenkelpanzer.
παρα-μίγνῦμι beimischen.
παρα-μιμνήσκομαι M. gelegentlich erwähnen.
παρα-μίμνω = παραμένω.
παρα-μίσγω = παραμείγνυμι.
παραμόνιμος 2 und **παράμονος** 2 beharrlich, treu.
παρα-μῡθέομαι M. zureden: 1. ermutigen, raten. — 2. a) beruhigen, trösten. b) mildern.
παραμῡθίᾱ, ἡ u. **-μύθιον**, τό Zuspruch: a) Überredung. b) Trost. c) Linderung, Beruhigung.
παρ-αναγιγνώσκω daneben ob. dabei lesen. [wohnen.]
παρα-ναιετάω an etwas]
παρα-νηνέω dabei aufhäufen.
παρα-νήχομαι M. vorbeischwimmen; am Lande hinschwimmen.
παρ-ανίσχω dabei erheben.
παράνοια, ἡ Wahnsinn.
παρανομέω gesetzwidrig oder ungebührlich handeln, sich vergehen, freveln. P. ungesetzlich beschlossen, übertreten werden.
παρανόμημα, τό und **-νομία**, ἡ Gesetzwidrigkeit, Unrecht, Verbrechen, Verstoß, Gottlosigkeit. [teilen.]
παρα-νομίζω unrichtig ur-]
παρά-νομος 2 a) gesetzwidrig, widerrechtlich. b) gegen Sitte

und Herkommen. c) ungebührlich, ungerecht, frevelhaft.
παρά-νους 2 wahnsinnig.
πάρ-αντα adv. seitwärts.
παρα-παίω verrückt sein.
παράπᾱν adv. gänzlich, überhaupt; wenigstens.
παρ-απαφίσκω verführen.
παρα-πείθω a) beschwatzen, verleiten. b) umstimmen; besänftigen.
παρα-πέμπω 1. a) vorbeischicken, vorbeigeleiten; geleiten. b) vorüberlassen; unbeachtet lassen. — 2. hinschicken, senden, transportieren; zu Hilfe schicken.
παρα-πέτασμα, τό Vorhang; Deckmantel. [fliegen.]
παρα-πέτομαι M. vorüber-]
παρα-πήγνυμι 1. daneben befestigen, daran anheften. — 2. P. fest haften an etwas.
παρα-πικραίνω (v)erbittern.
παραπικρασμός, ὁ Erbitterung, Verbitterung.
παρα-πίπτω 1. zufällig aufstoßen ob. eintreten, dazukommen, sich darbieten. — 2. a) Fehler machen. b) verfehlen, abfallen.
παρα-πλάζω I. Akt. verschlagen; verwirren. — II. P. abirren, abschweifen.
παρα-πλέω 1. a) an der Küste entlang fahren. b) an etw. vorbeifahren. — 2. hinsegeln, heranfahren.
παραπλήξ, ἦγος und **παράπληκτος** 2 a) sanft abfallend, flach. b) wahnsinnig.
παρα-πλήσιος 3 (u. 2) a) beinahe gleich, ähnlich. b) ziemlich ebensoviel(e), gewachsen.
παρά-πλους, ὁ a) Vorüber-, Küsten-fahrt. b) Überfahrt.
παρα-πλώω = παραπλέω.
παρα-πνέω vorbeiwehen.

παρα-ποιέω nachmachen, nachbilden.
παραπομπή, ἡ a) Schutzgeleit. b) Transport, Zufuhr.
παρα-πορεύομαι P. vorübergehen, -ziehen; wandern, reisen.
παρα-ποτάμιος 3 am Flusse gelegen.
παρα-πράσσω danebentun; mithelfen. [gesandtschaft.]
παραπρεσβεία, ἡ Trug-
παρα-πρεσβεύω und M. eine Gesandtschaft unredlich verwalten.
παρ-άπτομαι P. sich anfügen.
παρά-πτωμα, τό Fehltritt, Fehler, Sünde.
παρα-ρράπτω an den Rändern hin annähen.
παρα-ρρέω 1. vorbeifließen, (herab)fließen: a) entfallen. b) um etw. kommen. — 2. eindringen, sich einschleichen.
παρα-ρρήγνῡμι a) zerreißen, zersprengen. b) intr. abbersten, bersten, platzen, aufbrechen.
παρα-ρρητός 3 umzustimmen(d). τὰ -ά Mahnungen.
παρα-ρρίπτω sich darüber hinwegsetzen. [dung, Decken.]
παράρρυμα, τό Schutzbeklei-
παρ-αρτάω u. -έω M. a) (für) sich (aus)rüsten od. in Bereitschaft setzen. b) sich bereit halten.
πᾰράσάγγης, ου, ὁ Parasange, Wegstunde. [stopfen.]
παρα-σάσσω daneben hinein-
παρά-σημος 2 a) bezeichnet. b) falschgemünzt; nichtsnutzig.
παρα-σῑτέω mit j-m essen.
παρα-σκευάζω 1. Akt. 1. zurecht- od. fertig-machen, einrichten, (zu)rüsten, in Bereitschaft setzen, herbeischaffen, vorbereiten, veranstalten. a) mit etw. ausrüsten. b) verschaffen, gewähren. c) zu etw

bilden od. machen. d) darauf hinarbeiten, dafür sorgen. — 2. bereit od. gewillt, entschlossen, geschickt machen; anstiften. — II. M. 1. etw. für sich zurecht- od. bereit-machen, einrichten, zurüsten, Anstalten treffen. — 2. sich zu etw. bereit od. fertig machen, sich rüsten, sich anschicken, darauf bedacht sein.
παρασκευαστής, οῦ für etw. arbeitend, etw. fördernd.
παρασκευαστικός 3 geschickt etw. zu beschaffen(d).
παρασκευαστός 3 zu erwerben(d), beschaffbar.
παρα-σκευή, ἡ Vorbereitung, Herstellung, Zurüstung, Einrichtung,Veranstaltung: a)Vorbereitung auf e-e Rede. b) Ausrüstung,Ausschmückung,Prunk. c) Beschaffung. d) Kriegsrüstung, Kriegsmittel, Kriegsmacht, Mittel; Flotte. e) Verabredung; Ränke, Intrige, Komplott. f) Rüsttag auf den Sabbat (= Freitag).
παρα-σκηνέω und -όω sich neben j-m lagern. [etwas.]
παρα-σκοπέω hinblicken nach
παρα-σπάω I. Akt. zur Seite reißen, wegziehen: a) hinüberziehen. b) abwendig od. abspenstig machen. — II. M. an sich ziehen; abspenstig machen.
παρασπονδέω vertragswidrig handeln.
παρά-σπονδος 2 vertragswidrig, bund-, wort-brüchig, treulos.
παραστᾰδόν adv. herantretend.
παραστάς, άδος, ἡ (Seiten) Pfeiler; pl. Vorhalle.
παραστᾰτέω zur Seite stehen, danebenstehen, helfen.
παραστάτης, ου, ὁ Nebenstehender; Nebenmann; Beistand, Helfer, Gefährte.

παραστάτις, ιδος a) dabeistehend. b) Helferin, Gehilfin.
παρα-στείχω a) vorübergehen. b) hineingehen.
παρα-στρατηγέω überlisten.
παρα-σφάλλω seitwärts ablenken.
παρα-σχέμεν f. παρέχω.
παρα-σχίζω einen Einschnitt machen. [breiten.]
παρα-τανύω daneben hin-
παράταξις, εως, ἡ Aufstellung, Schlachtordnung; Feldschlacht.
παρα-τάσσω I. Akt. danebenstellen: a) in Schlachtordnung aufstellen. b) auf Posten stellen. — II. M.: a) sich in Schlachtordnung aufstellen; kämpfen. b) für sich aufstellen.
παρα-τείνω 1. trans.: a) daneben ausdehnen oder ausspannen; ausdehnen, in die Länge ziehen. b) der Reihe nach darreichen. c) peinigen, quälen, martern. — 2. intr. u. P.: a) sich daneben hinziehen; sich erstrecken, sich ausdehnen. d) abgespannt od. müde werden, sich quälen lassen. [mauer.]
παρατείχισμα, τό Gegen-
παρα-τεκταίνομαι M. a) (um=)ändern. b) erdichten.
παρα-τηρέω u. M. achtgeben, beobachten, bewachen, auflauern.
παρατήρησις, εως, ἡ Beobachtung. μετὰ -εως sichtbar.
παρα-τίθημι I. Akt. 1. daneben, davor-setzen od. -stellen; hin-, vor-setzen, vorlegen; (über=)geben, darreichen. — 2. a) vergleichen. b) auseinandersetzen, darlegen. — II. M. 1. a) für sich od. vor sich, neben sich hinstellen, hinlegen. b) sich etw. vorsetzen lassen. c) zu Hilfe nehmen. — 2. bei j-m niederlegen, deponieren; anvertrauen,

anbefehlen. — 3. daransetzen, aufs Spiel setzen, wagen.
παρα-τρέπω I. Akt. seitwärts wenden od. ablenken, ableiten: a) (um=)ändern; umstimmen; versöhnen. b) verdrehen. — II. M. sich seitwärts wenden.
παρα-τρέχω 1. a) vorbeilaufen. b) überholen; übertreffen. c) etw. übergehen. — 2. durchlaufen. — 3. herbei-, hinzu-laufen. [springen.]
παρα-τρέω scheu zur Seite
παρα-τρίβω a) neben etwas reiben. b) an etw. reiben.
παρα-τροπέω ausweichen.
παρα-τρωπάω = παρατρέπω.
παρα-τυγχάνω zufällig anwesend od. dafein, gerade dazukommen, auf etw. stoßen, zufällig sich einstellen od. sich darbieten. ὁ παρατυχών der erste beste, jeder beliebige.
παρ-αυδάω zureden: a) trösten. b) vorreden; beschönigen.
πάρ-αυλος 2 benachbart, nahe.
παρ-αυτίκα = παραχρῆμα.
παρα-φαίνομαι P. zum Vorschein kommen.
παρα-φέρω 1. a) vorübertragen, =gehen lassen. b) herzutragen, heranbringen, herbeischaffen; auftragen, auftischen; vorbringen, anführen, erzählen. c) wegtragen, fortführen, wegnehmen, (mit sich) fortreißen, entfernen, entführen. — 2. intr. sich unterscheiden.
παρα-φεύγω vorbeifliehen.
παρά-φημι u. M. a) zureden, raten. b) bereden, beschwatzen.
παρα-φθάνω u. M. zuvorkommen, überholen.
παρα-φορέω auftragen.
παράφορος 2 abirrend.
παράφραγμα, τό a) Brüstung. b) Bollwerk.

παραφρονέω — 337 — παρ-εισδύομαι

παραφρονέω von Sinnen ob. wahnsinnig sein, rasen.
παραφροντά, ἡ Wahnsinn.
παρα-φρόνιμος 2 sinnlos, toll. [Wahnsinn.]
παραφροσύνη, ἡ Unvernunft,
παρα-φρυκτωρεύομαι M. dem Feinde ein Feuersignal geben. [toll.]
παρά-φρων 2 wahnsinnig,
παρα-φυλάσσω beobachten, achtgeben. [(heraus) wachsen.]
παρα-φύομαι M. an der Seite
παρα-χειμάζω überwintern.
παραχειμασία, ἡ das Überwintern.
παρα-χέω a) dazugießen. b) daneben aufschütten.
παρα-χόω daneben aufschütten.
παρα-χράομαι M. a) geringschätzen, verachten; voll Todesverachtung sein. b) rücksichtslos verfahren.
παρα-χρῆμα adv. auf der Stelle, augenblicklich, sogleich: a) ohne weiteres, aus dem Stegreif. b) für den Augenblick, vorerst, gegenwärtig. ὁ π. der augenblickliche, gegenwärtige, momentane.
παρα-χωρέω 1. ausweichen, Platz machen. — 2. abtreten: a) überlassen. b) zugestehen, gestatten; den Vorzug einräumen, den Vorrang lassen.
παρβεβαώς s. παραβαίνω.
παρδαλέη, ἡ Pantherfell.
πάρδαλις, εως, ὁ u. ἡ Panther, Pardel.
παρ-εγγυάω 1. einhändigen, übergeben; empfehlen. — 2. a) die Parole ob. einen Befehl weitergeben; geben. b) zurufen, ermuntern, befehlen. c) verheiraten.
παρ-εγγύη, ἡ Zuruf, Aufmunterung; Parole.

παρ-εδρεύω dabeisitzen oder tätig sein, Beisitzer sein.
πάρ-εδρος 2 beigesellt. subst. ὁ: a) Tischgenosse. b) Beisitzer, Beirat, Kollege.
παρ-έζομαι M. danebensitzen; sich danebensetzen.
παρειά, ἡ a) Wange, Backe. b) Backen-stück, -schmuck.
παρείας, ου, ὁ braune (zahme) Schlange. [παρείχω.]
παρ-ειχάθεῖν inf. aor. II von
παρ-είχω a) weichen; nachgeben, sich fügen, gestatten. b) (unpersönlich) παρείχει es steht frei, ist gestattet. [ἔρχομαι.]
πάρ-ειμι¹ (inf. παριέναι) s. παρ-
πάρ-ειμι² (inf. παρεῖναι) 1. dabei ob. anwesend sein: a) bei j-m sich befinden ob. sich aufhalten. b) zur Seite stehen, beistehen. c) beiwohnen. — 2. dasein, gegenwärtig sein: a) angekommen sein. b) vorhanden ob. vorrätig sein, stattfinden, zur Verfügung stehen. c) παρών 3 gegenwärtig, anwesend, persönlich. τὸ παρόν, τὰ παρόντα die Gegenwart, gegenwärtige Lage (Verhältnisse, Umstände, Stand der Dinge), das Vorhandene, Vermögen. — 3. (unpers.) πάρεστι es ist (j-m) möglich ob. erlaubt, es steht frei, es liegt vor ob. geziemt sich, (jmd) muß, man kann. [παράφημι.]
παρ-ειπεῖν, inf. aor. II zu
παρ-είρω an der Seite ziehen ob. führen. [führen.]
παρ-εισάγω (heimlich) ein-
παρείσακτος 2 heimlich eingeführt, eingeschlichen. [men.]
παρ-εισδέχομαι M. aufneh-
παρ-εισδύομαι u. -έρχομαι M. a) heimlich eindringen, sich einschleichen. b) noch dazukommen.

Griechisch-deutsch. 22

παρ-εισφέρω heran-, dazu-bringen; außerdem anwenden.

παρ-έχ u. **παρέξ** ob. **πάρεξ** 1. *adv.* seitab, daneben-hinaus ob. weg, daneben-hin, nebenan, daran vorbei; neben der Wahrheit hin; davon ablenkend ob. abbrechend, ausgenommen. — 2. *prp.*: a) mit *gen.*: α) außerhalb, draußen vor; β) außer. b) mit *acc.*: über ... hinaus, daran ... vorbei, gegen; ohne j-s Wissen.

παρ-εκέσκετο f. παράκειμαι.

παρεκ-προφεύγω entgehen.

παρ-εκτός *adv.* außerdem, sonstig; außer.

παρ-ελαύνω 1. vorbei-treiben, -führen. — 2. *intr.*: a) vorbei-fahren, -reiten, -marschieren, -ziehen, -segeln, vorübergehen. b) überholen. c) heranreiten.

παρ-έλκω u. **-ελκύω** I. Akt.: a) auf die Seite ob. der Seite ziehen. b) zögern. — II. M. an sich ziehen.

παρ-εμβάλλω χάρακα einen Wall aufwerfen.

παρεμβολή, ἡ das Aufstellen, Schlachtordnung, Heer; festes Lager, Kaserne.

παρ-έμμεναι f. πάρειμι².

παρενή(ν)εον f. παρανη(ν)έω.

παρενθήκη, ἡ Zusatz, Einschiebsel; Abschweifung.

παρ-ενοχλέω dabei belästigen ob. beunruhigen.

παρ-έξ u. **πάρεξ** f. παρέχ.

παρεξ-άγω täuschen.

παρ-έξειμι = παρεξέρχομαι.

παρεξ-ειρεσία, ἡ Schiffsvorderteil.

παρ-εξελαύνω u. **-ελάω** vorbeitreiben. *intr.* vorüber-fahren, -ziehen, -reiten.

παρ-εξέρχομαι M. a) vorbeigehen. b) etw. umgehen, übertreten, täuschen.

παρ-εξευρίσκω dazu ausfindig machen. [chen lassen.)

παρ-εξίημι daneben verstrei-)

παρ-επίδημος 2 Fremdling.

παρ-έπομαι M. begleiten.

πάρ-εργον, τό Nebenwerk, Nebensache, Zugabe.

πάρ-εργος 2 nebensächlich, nebenbei, beiläufig.

παρ-έρχομαι M. I. vorbei- ob. vorüber-gehen, -kommen, -fahren, -ziehen, -fließen: a) über etw. hinauskommen: α) entgehen, unbemerkt bleiben; β) übergehen, vernachlässigen; γ) hintergehen, über-treten, -schreiten, überlisten; δ) zuvorkommen, überholen; übertreffen. b) (von der Zeit) verfließen; übh. vergehen. παρελθών u. παρεληλυθώς vergangen, verflossen, abgelaufen. — 2. durch-wandern, -ziehen, passieren, zurücklegen. — 3. heran-gehen ob -kommen, hingehen, hinein-gehen ob. -kommen: a) anrücken, eindringen. b) vortreten, (als Redner) auftreten. [Vergebung.)

πάρεσις, εως, ἡ Nichtbeachtung,)

παρ-έστιος 2 am Herde befindlich; ὁ Hausgenosse.

παρ-ευθύνω beiseiteschieben.

παρ-ευνάζομαι P. bei j-m schlafen.

παρεύρεσις, εως, ἡ Vorwand.

παρ-ευρίσκω a) an j-m etw. ausfindig machen. b) listig erfinden.

παρ-έχω I. Akt. darbieten, darreichen, verleihen, gewähren, erweisen, liefern, verschaffen: a) preisgeben, überlassen, gestatten. b) verursachen, veranlassen, bereiten, erregen, einflößen. c) als etw. gewähren ob. zeigen, beweisen, zu etw. machen. d) mit ἑαυτόν sich

παρ-ηβάω — 339 — παρ-ίστημι

selbst darbieten als etw., sich darstellen, sich zeigen (sich betragen, sich benehmen, sich bewähren). e) (unpers.) παρήχει τινί es bietet sich j-m die Gelegenheit, es ist j-m möglich, es geht an. — II. M. 1. a) von sich od. aus seinen Mitteln, aus eigenem Antriebe darbieten od. gewähren, darstellen. b) sich etw. verschaffen od. anschaffen, zu etw. machen, als etw. haben. 2. sich darbieten od. anbieten, sich als etw. erweisen. 3. = Akt.

παρ-ηβάω altern.

παρηγορέω u. M. zureden, trösten, ermuntern.

παρηγορία, ἡ Zuspruch: a) Ermahnung. b) Trost. [ter(in).]

παρ-ήγορος 2 tröstend, Trö-

παρ-ηέρθη n. a ſ. παρ-αείρω.

παρηΐον, τό = παρειά.

παρηΐς, ίδος, ἡ = παρειά.

παρ-ήκω a) sich erstrecken, reichen. b) ἔξω heraustreten.

πάρ-ημαι M. dabeisitzen; dabeiwohnen, -verweilen, anwesend sein. [Beipferdes.]

παρηορίαι, αἱ Riemen des

παρ-ήορος 2: 1. ὁ Beipferd. — 2. a) zuckend(?). b) leichtfertig, unbesonnen.

παρήπαφε ſ. παραπαφίσκω.

παρθενεύω M. Jungfrau sein ob. bleiben.

παρθενεία, ἡ Jungfrauſchaft.

παρθένιος 3 u. παρθενικός 3 jungfräulich. ὁ = Jungfrauenſohn. ἡ, -κή Jungfrau.

παρθεν-οπίπης, ου, ὁ Mädchenbegaffer.

παρθένος, ἡ Jungfrau, unverheiratetes Mädchen; junge Frau. adj. unverheiratet; keuſch.

παρθενών, ῶνος, ὁ a) Jungfrauengemach. b) Jungfrauentempel, Parthenon (in Athen).

παρ-ιαύω bei j-m ſchlafen.

παρ-ίζω a) sich setzen lassen neben j-n. b) intr. (nebst M.) sich danebenſetzen, dabeiſetzen.

παρ-ίημι I. Akt. 1. a) herablassen (P. herabsinken); hinstrecken. b) nachlassen, abspannen; abstumpfen, erschlaffen (P. abgespannt ob. schlaff, läſſig werden). 2. vorüber-, vorbei-, durch-lassen, den Durchzug gestatten, einlaſſen: a) j-m etw. überlaſſen ob. preisgeben, zugeſtehen, geſtatten. b) verflieſſen laſſen. c) beiſeiteſetzen, unbeachtet laſſen, vernachläſſigen, unterlaſſen, aufgeben, abſchlagen: α) übergehen; β) ἑαυτόν an sich verzweifeln. — II. M.: a) sich etw. ausbitten ob. ausbedingen, einlaſſen, gute Worte geben. b) zugeſtehen.

παρ-ιππεύω a) vorbeireiten. b) heranreiten.

παρ-ισόω gleichmachen. M. sich gleichstellen.

παρ-ιστά(ν)ω = παρίστημι.

παρ-ίστημι I. Akt. 1. danebenstellen, an die Seite ob. vor etw. stellen; hin-, aufstellen, vorstellen, vor Augen stellen; überliefern, zur Verfügung stellen: a) j-n auf seine Seite bringen. b) bereit = stellen, = machen. c) darstellen, darlegen, schildern, beweisen, anschaulich oder einleuchtend machen. d) einflößen, verursachen. 2. intr. nebſt P. sich danebenſtellen, danebentreten, herantreten, sich nähern; pf. dabeiſtehen, gegenwärtig ob. daſein: a) eintreten, sich ereignen; nahe sein, bevorſtehen. b) beiſtehen, helfen. c) sich unterwerfen, übertreten. d) in den Sinn kommen, beifallen, überfallen. — II. M.: a) neben

22*

παρ-ίσχω sich (hin)stellen ob. treten lassen, vorführen lassen. b) auf seine Seite ob. in seine Gewalt bringen, unterwerfen, bezwingen; j-n zu etw. bewegen, veranlassen. b) darbieten.

παρ-ίσχω a) bereit halten.

παρ-μέμβλωκα, pf. zu παραβλώσκω.

παρ-μενέμεν f. παραμένω.

πάρ-οδος, ή 1. a) Weg an etw. vorbei, Zugang. b) das Vorübergehen. c) Übergang, Durchmarsch, Durchzug. — 2. Eingang, Zutritt.

πάροιθε(ν) 1. a) vorn, voran, davor. b) vorher, früher. — 2. (mit gen.) vor, gegenüber.

παρ-οικέω 1. a) Anwohner ob. Nachbar sein; längs der Küste bewohnen. b) als Fremdling wohnen.

παροίκησις, εως, ή Nachbarschaft.

παροικία, ή Aufenthalt in der Fremde, Fremdlingschaft.

παρ-οικίζομαι P. sich neben j-m ansiedeln. [bauen.]

παρ-οικοδομέω daneben

πάρ-οικος 2 a) Anwohner, benachbart, Nachbar. b) fremd, Fremdling.

παροιμία, ή a) Sprichwort. b) Gleichnis, bildliche Rede.

παροινέω a) trunken sein. b) mißhandeln.

πάρ-οινος 2 trunksüchtig, Trunkenbold. [an.]

παροίτερος 3 vorderer, vor-

παρ-οίχομαι M. vorübergehen ob. vorübergegangen sein.

παροκωχή, ή = παροχή.

παρ-ολιγωρέω nachlässig sein, sich lässig zeigen.

παρομοιάζω gleichen.

παρ-όμοιος 2 (u. 3) fast gleich, ähnlich.

παροξυντικός 3 ermunternd.

παρ-οξύνω schärfen; aufreizen: a) anregen, antreiben. b) erbittern, anstacheln.

παροξυσμός, ὁ a) Anregung, Antrieb. b) Erbitterung.

παρ-οράω a) an j-m etw. sehen. b) hinsehen. c) übersehen, nicht beachten.

παρ-οργίζω zum Zorn reizen.

παροργισμός, ὁ Zorn.

παρ-ορμάω antreiben, anspornen, aufreizen.

παρ-ορμίζω am Gestade vor Anker legen.

παρ-ορύσσω daneben graben.

πάρος 1. adv.: a) voran, voraus. b) vorher, früher, ehemals, sonst. — 2. cj. (= πρίν) bevor, ehe. — 3. prp. mit gen. vor.

παρ-οτρύνω = παρορμάω.

παρουσία, ή Gegenwart, Anwesenheit; Ankunft, Wiederkunft Christi: a) Beistand. b) rechte Zeit.

παροχή, ή Darreichung, Lieferung. [Schüssel.]

παρ-οψίς, ίδος, ή (kleine)

παρ-πεπιθών f. παραπείθω.

παρρησία, ή a) Redefreiheit, Freimütigkeit, Freimut. b) Öffentlichkeit. c) Mut, Zuversicht, Freudigkeit.

παρρησιάζομαι M. a) freimütig reden, offen (aus)sprechen. b) Zuversicht haben.

πάρφασις, ή f. παραίφασις.

πάρ-φημι = παράφημι.

παρ-ωθέω zur Seite stoßen; zurücksetzen, verdrängen.

παρ-ωροφίς, ίδος, ή vorspringendes Gesims.

πᾶς, πᾶσα, πᾶν 1. a) ganz, gesamt. τὸ πᾶν u. τὰ πάντα das Ganze, die Gesamtheit: α) Weltall; β) Hauptsache. Bsd. αα) völlig, lauter; ββ) äußerster; γγ) (bei Zahlen) ἐννέα οἱ πάντες alle neun, volle ob. ganzer neun, neun im ganzen. b) allerlei, von jeder Art. c) jeder; pl. πάντες alle, alle mögliche; οἱ πάντες die sämtlichen. πᾶς τις ein jeder, jeder beliebige. πᾶν ob. πάντα alles, alles Mögliche. — 2. adv.: a) (τὸ) πᾶν u. πάντα im ganzen, in allem, in allen Stücken, gänzlich, durchaus, überhaupt. b) τῷ παντί in jeder Hinsicht, unendlich. c) διὰ παντός durchgängig, fortwährend.

πασάμην s. πατέομαι.

πᾶσι-μέλουσα, ἡ allberühmt.

πάσσαλος, ὁ Pflock, Nagel.

πασσάμεθα u. ä. s. πατέομαι.

πάσ-σοφος 2 = πάνσοφος.

πασ-συδεί und **πασ-συδίᾳ** = πανσυδίῃ.

πάσσω daraufstreuen; darauflegen; hineinweben.

πάσσων 2 = comp. zu παχύς.

παστάς, άδος, ἡ Vorhalle, Säulenhalle; Gemach: a) Speisezimmer. b) Brautgemach. c) Grab(gemach).

πάσχα, τό Passah- ob. Osterlamm, -mahl, -fest.

πάσχω leiden, erleiden, (er-)dulden, erfahren, etw. widerfährt ob. begegnet etw., es ergeht mir, ich befinde mich in einer Lage, ich bin gestimmt ob. gesinnt: bsd. a) büßen; b) Gutes erfahren.

πατᾰγέω u. M. lärmen.

πάτᾰγος, ὁ Lärm, Getöse, Krachen, Schall, Getümmel.

πατάσσω schlagen: a) stoßen, treffen; erschlagen, töten. b) klopfen.

πατέομαι M. essen, genießen, kosten, verzehren, sich nähren.

πᾰτέω treten, betreten; zertreten; mit Füßen treten; (ein-)hergehen, wandeln.

πᾰτήρ, τρός, ὁ Vater: a) Vorfahr, Ahnherr, Stammvater; b) Urheber, Schöpfer, Gründer.

πάτος, ὁ a) Tritt. b) Pfad.

πάτρᾱ, ἡ a) Vater-land, -stadt. b) väterliche Abstammung, edle Geburt.

πᾰτρ-ᾰλοίας, α u. -φᾱς, ου, ὁ Vatermörder; Rabensohn.

πᾰτριά, ἡ 1. Abstammung. — 2. a) Volk. b) Stamm, Geschlecht, Kaste, Familie

πᾰτρι-άρχης, ου, ὁ Urvater.

πᾰτρικός 3 u **πάτριος** 3 (u. 2) 1. a) väterlich, dem Vater oder zum Vater gehörig. b) von den Vorfahren herrührend ob. ererbt, angestammt, herkömmlich. — 2. vaterländisch, heimisch, heimatlich.

πατρίς, ίδος (fem.) vaterländisch. ἡ~: Vater-land, -stadt; Heimat.

πᾰτριώτης, ου, ὁ Landsmann, Mitbürger; Heimat.

πᾰτρό-θεν adv. vom Vater her, nach dem Vater, mit Beifügung des Vaternamens.

πᾰτρο-κάσίγνητος, ὁ Vatersbruder, Oheim.

πᾰτρο-κτόνος 2 vatermörderisch; ὁ Vatermörder.

πατρολῴας s. πατραλῴας.

πᾰτρο-παράδοτος 2 von den Vätern überliefert.

πᾰτροῦχος 2 Erbtochter.

πᾰτρο-φόνος 2 u. -φονεύς, έως, ὁ u. -φόντης, ου = πατροκτόνος.

πάτρῳος 3 (u. 2) u. **πᾰτρώϊος** 3 = πάτριος. [Oheim.]

πάτρως, ωος, ὁ Vatersbruder,

παῦλα, ἡ Ruhe, Rast, Ende.

παῦρος 2 wenig, klein, gering; pl. wenige.

παυστήρ, ῆρος, ὁ u. **παυστήριος** 2 erlösend; Erlöser

παυσωλή, ἡ = παῦλα

παύω — πειραίνω

παύω I. Akt. aufhören machen, zur Ruhe bringen, beruhigen, ein Ende machen, beendigen; Einhalt tun, hindern, hemmen, beseitigen, von etw. abbringen od. befreien, absetzen. — II P. u. M. 1. a) befreit werden. b) gestürzt werden. 2. aufhören: a) ein Ende haben, sich beruhigen, zur Ruhe kommen. b) mit etw. aufhören, von etw. ablassen, etw. aufgeben.

παφλάζω sprudeln, brausen.

πάχετος 2 sehr dick.

πάχιστος 3 sup. zu παχύς.

πάχνη, ἡ Reif.

παχνόομαι P. erstarren.

πάχος, τό Dicke, Stärke.

παχύνω dick machen, mästen; stumpf(sinnig) machen, verstocken.

παχύς 3 dick, breit, dicht; fleischig, feist, voll; stark, kräftig, fest: a) reich, wohlhabend, vornehm. b) derb; stumpfsinnig, dumm, plump.

παχύτης, ητος, ἡ = πάχος.

πεδάω fesseln, binden: a) anhalten, hemmen. b) umstricken, (be)zwingen.

πέδη, ἡ Fußfessel; Fessel.

πεδιάς, άδος eben, in der Ebene. subst. ἡ ~ Ebene.

πέδιλον, τό Sohle, Sandale; Schuh, Stiefel.

πεδινός 3 flach, eben.

πεδίον, τό Ebene, Gefilde, Feld; Weichbild. adv. πεδίον-δε ins Gefilde, zur Erde.

πεδό-θεν adv. von (Herzens-) Grund aus.

πέδον, τό Boden; Grund und Boden, Erdreich; Ebene, Land.

πέδον-δε adv. zu Boden, in die Ebene.

πέζα, ἡ Fuß; Ende, Spitze.

πεζ-έταιροι, οἱ die Fußgarden der Makedonier.

πεζεύω a) zu Fuß gehen b) zu Lande reisen.

πεζῇ a) zu Fuß. b) zu Lande.

πεζικός 3 = πεζός.

πεζομαχέω zu Lande kämpfen.

πεζομαχία, ἡ Landschlacht.

πεζός 3: 1. zu Fuß (gehend). — 2. zu Lande (gehend), auf dem Landwege. subst. ὁ ~ Fußgänger; ὁ π. u. τὸ -όν Fußvolk, Infanterie, Landheer.

πειθαρχέω u. M. gehorchen, gehorsam sein.

πειθαρχία, ἡ Gehorsam.

πειθός 3 (leicht) überredend.

πείθω I. Akt. 1. a) überreden, überzeugen, b) bereden, bewegen, veranlassen: α) zu überreden suchen, raten; β) für sich gewinnen, erbitten, besänftigen; γ) berücken, täuschen, bestechen. 2. intr. πέποιθα (= pf. P. πέπεισμαι) a) überzeugt sein. b) trauen, vertrauen, sich zutrauen, auf etw. sich verlassen. — II P., seltener M. 1. überredet od. überzeugt werden, sich überreden od. überzeugen lassen. 2. a) gehorchen gehorsam sein, folgen. b) glauben, trauen.

πειθώ, οῦς, ἡ a) Überredung Beredsamkeit. b) Gehorsam c) Überzeugung, Zuversicht.

πείκω kratzen, krempeln.

πεινᾶ u. **πείνη**, ἡ a) Hunger. b) Hungersnot.

πεινάω hungrig sein, hungern. Hunger leiden.

πείνη, ἡ = πεῖνα.

πεῖρα, ἡ 1. a) Erprobung Versuch, Probe. b) Erfahrung Kenntnis, Bekanntschaft. — 2. Wagnis, Unternehmen; (listiger) Anschlag, Überfall.

πειράζω = πειράω.

πειραίνω a) anbinden, anknüpfen. b) vollenden.

πεῖραρ¹, ατος, τό Ende, Rand, Grenze, Ziel: a) Entscheidung, Ausgang. b) Werkzeug, Mittel.

πεῖραρ², ατος, τό Seil, Tau, Leitseil; Schlinge, Fallstrick.

πείρᾱσις, εως, ἡ u. **πειρασμός**, ὁ Versuchung, Prüfung.

πειρατήριον, τό Gefahr, Angriff.

πειράω u. **-ρέω** meist M. u. P. versuchen: 1. sich daranmachen, unternehmen, sich bemühen. — 2. etw. versuchen ob. erproben, prüfen, auf die Probe stellen, untersuchen, auskundschaften: a) sich in ob. an etw. versuchen. b) j-n in Versuchung führen. c) aus Erfahrung kennen lernen, erfahren (pf. kennen ob. wissen).

πείρη, ἡ = πεῖρα.

πειρητίζω = πειράω.

πείρινς, ινθος, ἡ Wagenkorb, Wagenkasten.

πείρω durch-bohren, -stechen, -stoßen: a) aufspießen. b) beschlagen. c) durchdringen; durch-fahren, -segeln.

πεῖσα, ἡ Gehorsam.

πεῖσμα, τό Tau, Halttau; Strick.

πεισμονή, ἡ Gehorsam.

πείσομαι f. πάσχω u. πείθω.

πειστικός 3 = πειστήριος.

πέκω kämmen, krempeln. M. sich kämmen.

πελαγίζω einen See bilden.

πελάγιος 3 in ob. auf der hohen See, in die offene See.

πέλαγος, τό hohe See, Meer, Flut; unübersehbare Menge.

πελάζω a) nähern, nahebringen, heran- ob. hin-bringen, -führen. — 2. intr. u. P. (M.) sich nähern, nahen, nahekommen, hinzugehen; auch gelangen, treffen.

πέλανος, ὁ Opferkuchen.

πέλας 1. adv. nahe. ὁ ~ Nachbar, Nächste(r), Freund. — 2. prp. mit gen.: nahe bei etw.

πελάτης, ου, ὁ der sichNähernde; Tagelöhner.

πελάω = πελάζω.

πέλεθρον, τό = πλέθρον.

πέλεια u. **πελειάς**, άδος, ἡ wilde Taube.

πελεκ(κ)άω behauen.

πελεκίζω enthaupten.

πέλεκκον, τό Stiel der Axt.

πέλεκυς, εως, ὁ Beil, Axt.

πελεμίζω I. Akt. schwingen, schwenken; erschüttern, beugen, (er)zittern machen. — II. P. erzittern, wanken; zurückfliehen.

πελέσκεο, πέλευ f. πέλω.

πελιτνός 3 bleifarbig, fahl.

Πελλά, ἡ Milcheimer.

πέλμα, τό Sohle.

πέλομαι f. πέλω.

πελτάζω als Peltast dienen.

πελταστής, οῦ, ὁ Peltast, Leichtbewaffneter.

πελταστικός 3 leichtbewaffnet. τό -όν leichtes Fußvolk.

πέλτη, ἡ a) leichter Schild. b) Schaft, Speer.

πελτο-φόρος 2 = πελταστής.

πέλω u. M. 1. sich bewegen, sich regen; gehen, kommen; sich benehmen. — 2. sein, werden, eintreten; stattfinden, sich aufhalten, sich befinden.

πέλωρ, τό (indekl.) Ungetüm, Ungeheuer; Schreckbild.

πελώριος 3 (u. 2) u. **πέλωρος** 3 ungeheuer, gewaltig. τό -ον = πέλωρ. [Opferfladen.]

πέμμα, τό Gebäck, Backwerk;

πεμπάζω u. M. zählen.

πεμπάς, άδος, ἡ Anzahl von fünf Mann.

πεμπταῖος 3 fünftägig, am fünften Tage.

πέμπτος 3 der fünfte.

πεμπτός 3 gesandt.

πέμπω I. Akt. schicken, senden: 1. a) aus-, ab-senden, zusenden, hinsenden; Gesandte oder Meldung schicken, sagen lassen. b) α) entsenden (= loslassen, schleudern); β) mitgeben. 2. entlassen, wegschicken; heimsenden. 3. geleiten, begleiten; in Prozession aufführen. — II. M. nach j-m schicken, j-n zu sich holen lassen. [Feuergabel.]

πεμπ-ώβολον, τό Fünfzack.

πέμψις, εως, ἡ Absendung.

πενέστης, ου, ὁ a) Lohnarbeiter. b) Leibeigener.

πένης, ητος arm, dürftig.

πενθερά, ἡ Schwiegermutter.

πενθερός, ὁ Schwiegervater.

πενθέω a) trauern, klagen. b) betrauern, beklagen.

πενθ-ήμερος 2 fünftägig.

πένθος, τό a) Trauer, Klage; Kummer, Leid. b) Trauerfall, Unglück.

πενία, ἡ Armut, Mangel, Not.

πενιχρός 3 arm.

πένομαι 1. a) sich mühen, arbeiten. b) arm sein. — 2. zurichten, besorgen, bereiten.

πεντά-δραχμος 2 fünf Drachmen wert.

πεντ-άεθλον, τό = πένταθλον.

πεντ-άεθλος 2 = πένταθλος.

πεντά-έτης und -ετής 2.

πεντά-έτηρος 2 fünfjährig. fünf Jahre lang.

πέντ-αθλον, τό Fünfkampf; Wettkampf.

πέντ-αθλος, ὁ a) der den Fünfkampf Übende. b) Sieger im Fünfkampf.

πεντάκις adv. fünfmal.

πεντάκις-μύριοι 3 fünfzigtausend. [send.]

πεντάκις-χίλιοι 3 fünftau-

πεντά-κόσιοι 3 fünfhundert.

πεντακοσιο-μέδιμνος 2 Fünfhundertscheffler.

πεντά-πηχυς, υ, εως von fünf Ellen.

πεντα-πλάσιος 3 fünffach, fünfmal so groß.

πεντά-πολις, εως, ἡ Fünfstadt. [Mündungen.]

πεντά-στομος 2 mit fünf

πενταχᾶ u. **πενταχοῦ** adv. fünffach, in fünf Teile.

πέντε fünf. [men.]

πεντεδραχμία, ἡ fünf Drach-

πεντε-καί-δεκα fünfzehn.

πεντεκαιδέκατος 3 fünfzehnte(r). [lente betragend.]

πεντε-τάλαντος 2 fünf Ta-

πεντ-ετηρίς, ίδος, ἡ a) Zeitraum von fünf Jahren. b) ein alle vier Jahre gefeiertes Fest.

πεντήκοντα fünfzig.

πεντηκοντά-ετίς, ίδος fünfzigjährig. [χόντορος.]

πεντηκόντερος, ἡ = πεντη-

πεντηκοντήρ, ῆρος, ὁ Anführer von fünfzig Mann.

πεντηκοντό-γυος 2 von fünfzig Morgen Landes.

πεντηκοντ-όργυιος 2 von fünfzig Klaftern.

πεντηκόντ-ορος 2 Fünfzigruderer. [jährig.]

πεντηκοντούτης 2 fünfzig-

πεντηκόσιοι 3 = πεντακόσιοι.

πεντηκοστός 3 fünfzigste(r). ἡ -ή Pfingsten, Pfingstfest.

πεντηκοστύς, ύος, ἡ Abteilung von fünfzig Mann.

πεντ-ήρης, ἡ Fünfruderer.

πεπαθυῖα f. πάσχω.

πεπαίνω I. Akt. reif machen — II P. besänftigt werden.

πεπάλαγμαι f. παλάσσω.

πεπαρμένος f. πείρω.

πεπάσμην f. πατέομαι.

πέπειρος 2 (u. 3) = πέπων¹.

πεπέρηκα f. περάω.

πεπιθεῖν u. ä. f. πείθω.

πέπληγα u. ä. f. πλήσσω.

πεπλημένος f. πελάζω.

πέπλος, ὁ u. **πέπλωμα**, τό a) Kleid, Gewand; Prachtgewand, Staatskleid. b) Decke.

πεπνῦμαι f. πνέω.

πέποιθα f. πείθω. [versich.]

πεποίθησις, ἡ Vertrauen, Zu=

πέποσθε f. πάσχω.

πεποτήαται f. ποτάομαι.

πέπρωται f. πορεῖν.

πεπτάμαι f. πετάννυμι.

πεπτεῶτα f. πίπτω.

πεπτηώς f. πτήσσω.

πέπων[1] 2 reif: a) weich, mild, sanft. b) Feigling.

πέπων[2] 2 lieb, traut.

πέρ, enklitisch, hervorhebend: a) durchaus, gar sehr, sogar, selbst. b) jedenfalls, wenigstens, doch. c) gerade, eben. d) (bei part. u. adj.) wie sehr auch, obgleich; da ja. ὥσπερ gerade wie welcher, welcher gerade, der ja. εἴπερ u. ἐάνπερ wenn anders, wenn wirklich. ἐπειδήπερ weil ja.

πέρᾱ 1. adv. darüber hinaus: a) weiter. b) länger. c) darüber noch mehr. — 2. prp. mit gen.: über ... hinaus, mehr als. — 3. (comp.) περαιτέρω (noch) weiter, zu weit, in höherem Grade, noch mehr, noch länger, übermäßig.

πέρᾱ-θεν adv. von jenseits her.

περαίνω I. Akt. vollenden, vollbringen; α) abmachen, erreichen, ausrichten; β) weiter ausführen. — II. P. zustande kommen. [das jenseitige Land]

περαῖος 3 jenseitig. ἡ περαία

περαιόω I. Akt. übersetzen, hinüberschaffen. — II. P. sich übersetzen lassen, hinüberfahren.

περαιτέρω f. πέρα.

πέρᾱν 1. adv.: a) drüben, jenseits. b) hinüber. ὁ π. der gegenüberliegende. τὸ π. das jenseitige Ufer. — 2. prp. mit gen.: jenseits, gegenüber.

πέρας, ατος, τό Grenze, Ende, Ziel; das Höchste, Äußerste, Vollendung. adv. endlich.

πέρασις, εως, ἡ Beendigung, Ende, das Hinscheiden.

πέρατος 3 letzte(r). ἡ περάτη äußerstes Ende.

περατός 3 passierbar.

περάω 1. trans.: a) hinüberbringen, (übers Meer) verlaufen. b) durchbringen, durchbohren, =schneiden: α) durchschreiten, =fahren, =schiffen, überschreiten, passieren; β) überschreiten, umgehen. — 2. intr.: a) hindurchkommen, ans Ende gelangen, (ein)dringen. b) hinüber=gehen, =kommen, =fahren; hinkommen. c) gehen, schreiten.

πέργαμον, τό, **πέργαμα**, τά u. **πέργαμος**, ἡ Burg, Stadtburg.

πέρδιξ, ικος ὁ u. ἡ Rebhuhn.

πέρηθεν, **πέρην** = πέραθεν, πέραν.

περησέμεναι f. περάω.

πέρθω a) zerstören, verwüsten, vernichten. b) erbeuten, plündern.

περί I. adv. (**πέρι** betont): 1. ringsum, herum. 2. überaus, über die Maßen, sehr. — II. prp. 1. mit gen.: a) räumlich: um ... herum. b) übtr.: α) in betreff, was anbetrifft, in Rücksicht auf, über, wegen, um ... willen, um, für; β) vor ... hinaus, mehr als; γ) zur Bezeichnung des Wertes, z.B. περὶ πολλοῦ (ob. πλείονος, πλείστου) ποιεῖσθαι hoch (höher, am höchsten) schätzen, περὶ ὀλίγου ἡγεῖσθαι oder ποιεῖσθαι gering schätzen, περὶ οὐδενὸς für nichts achten. — 2. mit dat.: a) räumlich: um

περι-αγγέλλω — 346 — **περι-γνάμπτω**

... herum, um, an. b) übtr.: um = wegen, zum Schutze, für. — 3. mit *acc.*: a) räumlich: um ... herum, um, in ... herum, an ... hin, in der (ob. in die) Nähe. oἱ περί τινα j-s Umgebung, Gefolge, Leute, Anhänger, Begleiter, Gefährten, Schüler. b) zeitlich: um, gegen. c) übtr.: α) in Beziehung auf, in betreff, gegen; β) bei Zahlangaben: um gegen, ungefähr.

περι-αγγέλλω ringsum melden, überall verkündigen; rings requirieren. [tönen ob. hallen.]

περι-αγνῦμαι P. ringsum|

περι-άγω u. M. 1. a) herumführen, -drehen. b) mit sich herumführen, immer bei sich haben. — 2. *intr.* in etw. umherziehen, etw. durchziehen.

περιαιρετός 3 abnehmbar.

περι-αιρέω I. Akt. ringsum ob. gänzlich wegnehmen; niederreißen, vernichten; wegnehmen, rauben: a) abschaffen. b) übergehen, unberücksichtigt lassen. — II. M. 1. etw. von sich wegnehmen, abtun, abziehen. 2. rauben; abnehmen.

περι-αλγέω heftigen Schmerz empfinden. [übermäßig.]

περί-αλλα *adv.* vorzüglich,|

περι-αμπέχω rings umgeben ob. einhüllen.

περι-άπτω 1. umhängen, anhängen; j-m etw. zufügen, erteilen; verschaffen, erweisen. — 2. (ringsumher) anzünden.

περι-αστράπτω umleuchten, aufleuchten. [gehend.]

περι-αυχένιος 2 um den Hals|

περι-βαίνω herumgehen, umschreiten: a) umtönen. b) *pf.* rittlings auf etw. sitzen. c) beschützen, verteidigen.

περι-βάλλω I. Akt. 1. herumwerfen, umwerfen; herumlegen, umgeben: a) (her)umbauen, -ziehen, -schlingen, umarmen, umgarnen; im Netze fangen. b) anziehen, (be)kleiden. c) α) verstricken, stürzen; β) beilegen, verleihen, übertragen. 2. umsegeln, um etw. herumfahren. 3. übertreffen, überlegen sein. — II. M. 1. sich etw. umwerfen ob. anlegen, anziehen (*pf.* P. bekleidet sein); sich etw. beilegen, sich aneignen, sich bemächtigen, erlangen. 2. zu seinem Schutze rings aufführen, sich mit etw. umgeben. 3. umzingeln, einschließen, umschließen.

περίβλεπτος 2 sehr angesehen, berühmt; beachtenswert.

περι-βλέπω u. M. sich (nach etw.) umschauen, ringsum anblicken, etw. betrachten; berücksichtigen.

περιβόητος 2: 1. allbekannt: a) verrufen. b) berühmt. — 2. von Wehgeschrei umtönt.

περιβόλαιον, τό, **περιβολή**, ἡ u. **περίβολος**, ὁ 1. das Umfassen: a) Umzingelung. b) Umkreis, Umfang. c) Biegung, Bogen. d) Umfriedigung; Ringmauer. e) Trachten nach etw. — 2. Überwurf, Gewand, Mantel; Decke, Schleier.

περι-βρύχιος 2 rings sich aufstürmend.

περι-γίγνομαι 1. überlegen sein, übertreffen, die Oberhand haben ob. gewinnen, überwinden, bezwingen. — 2. als Ergebnis ob. als Vorteil herauskommen, sich ergeben, zuteil werden. — 3. übrig sein, am Leben bleiben, überleben, sich retten, glücklich davonkommen, sich behaupten.

περι-γλαγής 2 milchgefüllt.

περι-γνάμπτω etw. umschiffen ob. umfahren.

περιγραπτός 2 umschrieben, umgrenzt.

περι-γράφω a) umzeichnen, umgrenzen; genau begrenzen, beschränken. b) ausstreichen.

περι-δεής 2 sehr furchtsam, voller Angst, ängstlich.

περι-δείδω sehr besorgt sein.

περί-δειπνον, τό Leichenmahl.

περι-δέξιος 2 mit beiden Händen gleich geschickt.

περι-δέω umbinden, umhüllen, umwickeln.

περι-δίδομαι M. um etw. wetten, etw. zum Pfande setzen.

περι-δινέω im Kreise herumdrehen. P. umkreisen.

περι-δίω = περιδείδω. [τρέχω.]

περι-δραμών, aor. II von περι-

περίδρομος 2: 1. herumlaufend; kreisförmig. 2. rings umlaufbar, freiliegend.

περι-δρύπτω ringsum zerschinden.

περι-δύω ringsum ausziehen.

περι-ειλέω herumwickeln.

περι-ειλίσσω = περιελίσσω.

περί-ειμι[1] (inf. περιιέναι) = περιέρχομαι.

περί-ειμι[2] (inf. περιεῖναι) 1. drumherum sein, umgeben. — 2. a) überlegen sein, übertreffen. b) als Ergebnis herauskommen. c) übrig sein ob. bleiben, am Leben sein, überleben.

περι-είργω rings einschließen, umfriedigen; einengen.

περι-είρω aufreihen, zusammenfügen. [Herumfahren.]

περιέλασις, εως, ἡ Weg zum

περι-ελαύνω 1. a) herumtreiben. — 2. a) herum-reiten, -fahren. b) etw. umreiten ob. umge'hen, umzingeln.

περι-ελίσσω I. Akt. herumwinden, umwickeln. — II. M.

1. sich etw. umwickeln. 2. sich herumwinden.

περι-έλκω herum- ziehen, -schleppen, -zerren.

περι-έπω mit etw. beschäftigt sein, etw. besorgen, pflegen; schätzen, ehren; behandeln, zurichten.

περι-εργάζομαι M. Unnützes treiben; sich in fremde Angelegenheiten mischen.

περί-εργος 2: 1. a) sich unnötigerweise bemühend. b) übertrieben sorgfältig, kleinlich. c) neugierig, vorwitzig. d) unnötig, überflüssig. τὰ -α Zauberei.

περι-έργω = περιείργω.

περι-έρχομαι M. 1. a) herumgehen, umhergehen: α) eine Schwenkung machen; β) einen Umweg machen; γ) die Runde machen; sich zu etw. entwickeln; δ) herum-reisen, -ziehen, durchwandern; ε) wohin kommen; in etw. hineingeraten. b) herumkommen, der Reihe nach ob. schließlich kommen. c) (v. der Zeit) umlaufen, verfließen. — 2. umgehen, umstellen, umzingeln, umringen, einschließen; hintergehen, täuschen.

περι-εσχάτα, τά: a) Außenseiten, Rand. b) ganzer Umkreis.

περι-έχω I. Akt. 1. umfassen, umarmen, umgeben, umzingeln, einschließen; erfassen. 2. überragen; übertreffen; überlegen sein. 3. a) enthalten. b) intr. enthalten sein, stehen. — II. M. sich fest an etw. halten, fest an etw. hängen, etw. umfassen, (be)schützen; auf etw. bestehen: α) dringend bitten; β) nach etw. trachten.

περι-ζώννυμι umgürten, gürten. M. sich mit etw. (um)gürten.

περι-ηγέομαι M. herumführen.
περι-ήγησις, εως, ἡ Umriß.
περι-ήδη s. περίοιδα.
περι-ήκω a) herumgekommen sein. b) erlangt haben.
περι-ήλυσις, εως, ἡ 1. Umlauf, Wanderung. — 2. Umzingelung.
περι-ημεκτέω außer sich oder sehr unwillig sein.
περι-ηχέω ringsum dröhnen.
περίθεσις, εως, ἡ das Anlegen, Sichbehängen.
περι-θέω herumlaufen; sich im Kreise herumdrehen.
περί-θυμος 2 sehr zornig.
περι-ίδμεναι s. περίοιδα.
περι-ίζομαι M. herumsitzen.
περι-ίστημι 1. trans.: a) herumstellen, rings aufstellen; j-m etw. zufügen od. bereiten. b) umstellen: α) verändern; β) in etw. versetzen. — 2. intr. u. M.: a) sich herumstellen, herumstehen, rings umstehen. übh. rings umgeben: α) umzingeln, umringen; β) rings drohen. b) um sich herumstellen, einen Kreis bilden lassen. c) sich umstellen; sich umkehren: α) umschlagen, in etw. übergehen; β) ausweichen, vermeiden.
περι-ίσχω überragen.
περι-κάθαρμα, τό Kehricht, Auswurf.
περι-κάθημαι M. u. -καθίζω herumsitzen; umzingelt halten, belagern.   [brennen.]
περι-καίω ringsum an-
περι-καλλής 2 wunderschön.
περι-καλύπτω rings umhüllen, verhüllen, überziehen.
περι-καταρρέω rings verfallen.
περι-κάτημαι = περικάθημαι.
περι-κάω = περικαίω.

περί-κειμαι M. 1. herumliegen, umgeben; umfaßt halten. — 2. (= περιτέθειμαι) mit etw. umgeben sein, etw. umhaben.
περι-κείρω ringsum abscheren.
περι-κεφαλαία, ἡ Helm.
περι-κήδομαι M. sehr besorgt sein.
περί-κηλος 2 ganz trocken.
περι-κλείω, -κλήω, -κληΐω u. M. rings umschließen, umzingeln.
περι-κλύζω umwogen.
περι-κλυτός 3 weit-, hochberühmt, ruhmvoll, herrlich.
περι-κομίζω I. Akt. herumtragen, herumführen. — II. P. intr. herumfahren.
περικοπή, ἡ Verstümmelung.
περι-κόπτω abhauen, verstümmeln; verwüsten, plündern.
περι-κρατής 2 mächtig, obsiegend.
περι-κρύπτω verbergen, verborgen halten.   [schlagen.]
περι-κτείνω ringsum er-
περι-κτίων, ονος und περικτίτης, ου, ὁ (her)umwohnend; ὁ Nachbar.
περι-κυκλόω u. -κυκλέω u. M. rings einschließen, umzingeln.   [zingelung.]
περικύκλωσις, εως, ἡ Um-
περι-λαμβάνω umfassen: a) umarmen. b) einschließen, umzingeln. c) zusammenfassen, -nehmen.
περι-λάμπω umleuchten.
περι-λείπω übrig lassen. P. (u. M.) übrig bleiben, überleben.
περι-λέπω ringsum abschälen.
περι-λεσχήνευτος 2 weitberühmt.
περι-λιμνάζω rings mit einem Sumpf umgeben.
περί-λοιπος 2 übrig (gelassen).

περί-λυπος 2 tief betrübt.
περι-μαιμάω an etw. herumtasten. [i-n kämpfen.]
περι-μάρναμαι M. um ob. für
περιμάχητος 2 umstritten, vielbegehrt. [um kämpfen.]
περι-μάχομαι M. rings her-
περι-μένω 1. bleiben, warten. — 2. *trans.* erwarten.
περί-μετρος 2 a) überaus groß. b) τὸ περίμετρον Umkreis, Umfang.
περι-μήκης 2 u. **-μήκετος** 2 sehr lang, sehr hoch, überaus groß. [ersinnen, vorhaben.]
περι-μηχανάομαι M. listig
περι-ναιετάω ringsum wohnen ob. liegen. [Nachbar.]
περιναιέτης, ου, ὁ Umwohner.
περι-νέω u. **-νηέω** a) rings aufhäufen. b) haufenweise umgeben.
περί-νεως, ω, ὁ Nichtruderer.
περίνοια, ἡ Überklugheit.
πέριξ 1. *adv.* ringsum, ringsherum. ὁ ~ der umliegende. — 2. *prp.* mit *gen.* u. *acc.*: ringsum, an, in. [glättet, rings glatt.]
περίξεστος 3 ringsum ge-
περι-ξυρέω ringsum scheren.
περί-οδος, ἡ das Herumgehen: 1. a) Umgehung. b) Umlauf, Kreislauf. c) regelmäßige Wiederkehr; periodisch eintretende Krankheit. d) α) Weg um etw. herum; β) Umweg. — 2. Umfang, Umkreis. — 3. Periode.
περί-οιδα a) genau kennen. b) besser kennen ob. wissen, kundiger in etw. sein.
περι-οικέω herum- ob. umherwohnen um ob. an etw.
περιοικίς, ίδος, *fem.* zu περίοικος.
περι-οικοδομέω rings umbauen, umfriedigen, einmauern.

περί-οικος 2 (her)umwohnend, (her)umliegend, benachbart. ὁ ~: a) Umwohner, Nachbar. b) Periöke. ἡ ~ Umgegend.
περιοπτέος 3 a) zu beachten(d). b) zuzugeben(d), zu dulden(d).
περι-οράω I. Akt.: a) nach etw. umhersehen; etw. abwarten. b) übersehen, unbeachtet lassen, ruhig geschehen lassen, zulassen, dulden. — II. M. 1.a) abwarten, zuwarten. b) um j-n besorgt sein. 2. scheuen, meiden.
περι-οργής 2 sehr zornig.
περί-ορθρον, τό Morgendämmerung.
περι-ορμέω u. **-ορμίζομαι** M. sich (ringsum) vor Anker legen.
περι-ορύσσω ringsherum graben.
περι-ουσία, ἡ 1. Überschuß. — 2. a) Überfluß, Reichtum, reichliche Mittel. b) Gewinn. c) Überlegenheit.
περιούσιος 2 a) übermäßig. b) j-s Eigentum bildend; auserwählt.
περιοχή, ἡ Inhalt.
περι-πατέω umher-gehen, -wandern, wandeln, (einher-)gehen, leben.
περί-πατος, ὁ Spaziergang: a) das Spazierengehen. b) Säulengang, Halle.
περι-πείρω durchbohren.
περι-πέλομαι M. sich herumbewegen; a) umzingeln. b) im Kreise umlaufen.
περι-πέμπω a) herumschicken. b) umherschicken, (ab)schicken.
περιπετής 2: 1. a) um etw. herumgefallen: α) umschlingend; β) durchbohrend. b) in etw. hineingestürzt ob. verwickelt. — 2. hereinbrechend; (zum Bösen) umschlagend.

περι-πέτομαι M.herumfliegen, umherflattern.

περι-πεύκής 2 sehr spitz.

περι-πήγνῡμαι P. ringsum anfrieren. [füllen.]

περι-πίμπλημι ganz (an=)

περι-πίμπρημι ringsum verbrennen.

περι-πίπτω um etw. fallen; hineinfallen, in od. auf etw. fallen: a) sich auf j-n werfen od. stürzen, über j-n herfallen. b) in etw. geraten od. stürzen. c) zufällig auf etw. od. auf j-n stoßen, mit j-m zusammentreffen, j-m begegnen.

περι-πλανάομαι P. umherschweifen, herumirren.

περι-πλέκω I. Akt. etw. um etw. schlingen. — II. P. sich um etw. herumschlingen, etw. umschlingen, umarmen.

περι-πλευμονίᾱ, ἡ Lungenentzündung.

περι-πλέω a) umhersegeln. b) umschiffen, umfahren.

περι-πλέως 2 u. **-πληθής** 2 ganz voll; starkbevölkert, volkreich.

περιπλόμενος f. περιπέλομαι.

περί-πλοος, -πλους, ὁ a) das Umherschiffen. b) Umschiffung.

περι-πλώω = περιπλέω.

περι-ποιέω I. Akt.: a) erübrigen, ersparen. b) retten, erhalten. c) verschaffen, erwerben, zuziehen. — II. M.: a) für sich erübrigen. b) für sich retten. c) sich verschaffen, erwerben, gewinnen.

περιποίησις, εως, ἡ 1. a) Errettung. b) Erwerb(ung), Gewinn. — 2. Besitz, Eigentum.

περιπόλ-αρχος, ὁ Befehlshaber der Grenzwächter.

περι-πολέω sich um etw. od. in etw. herumbewegen, herumgehen, umherstürmen.

περι-πόλιον, τό Kastell.

περί-πολος, ὁ u. ἡ 1. a) Grenzwächter. b) Streiftruppe. — 2. Begleiter(in). [πέτομαι.]

περι-ποτάομαι M. = περι-

περι-πρό adv. nach allen Seiten vordringend.

περι-προχέομαι P. rings umströmen, ganz durchdringen.

περι-πτύσσω u. M. rings umschließen, einschließen, bergen, umzingeln, umarmen.

περιπτύχής 2 a) rings umhüllend. b) von etw. durchbohrt.

περίπτωμα, τό Zufall.

περι-ρραίνω ringsum besprengen. [kessel.]

περιρραντήριον, τό Weih-

περι-ρρέω 1. a) ringsum fließen. b) umfließen. — 2. a) (rings) herabgleiten. b) im Überfluß dahinfließen.

περι-ρρήγνῡμι I. Akt. ringsum abreißen. — II. P. ringsum sich brechen, sich teilen.

περι-ρρηδής 2 hintaumelnd über etw. [Umlauf.]

περιρροή, ἡ das Herumfließen.

περί-ρροος 2 und **-ρρῠτος** 2 rings umflossen. [sein.]

περι-σθενέω übermächtig

περι-σκελής 2 sehr hart, übersprode.

περι-σκέπτομαι M. sich umsehen; betrachten, überlegen.

περί-σκεπτος 2 rings geschützt.

περι-σκοπέω = περισκέπτομαι.

περι-σπάω I. Akt. ringsum wegziehen od. ablenken. P. zerstreut sein. — II. M. sich allzusehr mit etw. beschäftigen.

περι-σπέρχω in heftige Aufregung versetzen.

περι-σπερχής 2 übereilt.

περι-σσαίνω umwedeln.

περισσείᾱ, ἡ = περίσσευμα.

περι-σσείομαι P. ringsum flattern.

περίσσευμα, τό a) Überfluß, Fülle. b) Überrest, Rest.

περισσεύω 1. im Überfluß vorhanden sein, überflüssig od. übrig sein. — 2. überflügeln. — 3. Überfluß an etw. haben: a) wachsen. b) sich hervortun, sich auszeichnen. c) trans. j-n mit etw. überschütten, reich od. überschwenglich machen. P. Überfluß haben.

περισσός 3: 1. a) übergroß, überviel, überreichlich. b) außergewöhnlich, auffallend; hervorragend, vorzüglich; darüber hinausgehend, größer od. mehr als etw. τό -όν Übermacht, das Außerordentliche, Vorzug. — 2. a) übermäßig, übertrieben. b) überflüssig, unnütz. c) übrig (bleibend), überschüssig, zählig. οἱ -οί die Mehrzahl. τὸ -όν Überschuß. — 3. (von Zahlen) ungerade. — 4. comp. **περισσότερος** 3 größer, mehr, strenger, besonders groß.

περισσότης, ητος, ἡ Ungeradheit.

περισταδόν adv. herumstehend, ringsum.

περι-σταυρόω I. Akt. ringsum einzäunen, verpalisadieren. — II. M. sich verschanzen.

περι-στείχω umschreiten.

περι-στέλλω 1. rings instand setzen; besorgen, verrichten, (ver)pflegen, warten, wahren; decken, beschützen, unterstützen. — 2. a) (einen Toten) einkleiden, bestatten. b) verhüllen, verstecken, vergraben.

περι-στεναχίζομαι M. rings widerhallen.

περι-στένω ganz beengen.

περιστερά, ἡ (Haus-)Taube.

περι-στεφανόω umkränzen, rings umgeben.

περι-στεφής 2 umkränzt, rings geschmückt.

περι-στέφω = περιστεφανόω.

περι-στίζω a) ringsum bestecken. b) der Reihe nach herumstellen.

περι-στοιχίζω u. M. rings umstellen; umgarnen.

περι-στρατοπεδεύω u. M. umlagern, einschließen.

περι-στρέφω herumdrehen, (her)umschwingen. P. sich herumdrehen.

περι-στρωφάομαι M. herumgehen. [Säulen umgeben.]

περί-στυλος 2 rings mit]

περι-συλάω gänzlich berauben. [band.]

περι-σφύριον, τό Knöchel-]

περί-σχεω f. περιέχω.

περι-σχίζω I. Akt. ringsum spalten. — II. P. sich spalten, sich teilen; etw. umfließen.

περι-σῴζω (am Leben) erhalten, retten.

περι-τάμνω = περιτέμνω.

περι-τείνω um etw. spannen.

περι-τειχίζω rings mit einer Mauer umgeben: a) verschanzen, befestigen. b) belagern.

περιτείχισις, εως, ἡ u. **-τείχισμα**, τό u. **-τειχισμός**, ὁ Ummauerung: a) Verschanzung, Ringmauer. b) Einschließung.

περι-τέλλομαι M. im Kreise umlaufen od. umrollen.

περι-τέμνω I. Akt. ringsum beschneiden ob. abschneiden; berauben. — II. M.: a) (für) sich beschneiden; wegtreiben, rauben. b) sich beschneiden (lassen). [schlagenheit.]

περιτέχνησις, εως, ἡ Ver-]

περι-τίθημι I. Akt.: a) herum-stellen, -legen, umgeben;

περι-τίλλω umtun, umlegen, anziehen. b) beilegen, verleihen, erweisen, verschaffen, einflößen. — II. M. sich etw. um= ob. anlegen.

περι-τίλλω rings berupfen.

περιτομή, ἡ Beschneidung; das Beschnittensein, die Beschnittenen.

περι-τρέπω 1. umwenden, umkehren: a) umstürzen, zunichte machen, vereiteln. b) in etw. versetzen. — 2. hinkehren. — 3. *intr.* u. P. sich umwenden; im Kreise umrollen.

περι-τρέφομαι P. ringsum gerinnen, sich ringsum ansetzen.

περι-τρέχω 1. a) umherlaufen. b) etw. umlaufen. — 2. etw. durchlaufen ob. durchgehen, besprechen.

περι-τρέω rings fliehen.

περι-τρομέομαι M. rings zittern ob. beben.

περι-τροπέω = περιτρέπω.

περιτροπή, ἡ Umschwung, Wechsel.

περι-τρόχαλος 2 u. **περίτροχος** 2 (kreis)rund.

περιττεύω, περιττός u. ä. s. περισσεύω, περισσός.

περι-τυγχάνω zufällig dazukommen ob. begegnen, auf etw. stoßen, etw. finden, in etw. geraten; zustoßen.

περι-υβρίζω arg mißhandeln, beschimpfen.

περι-φαίνομαι P. rings sichtbar sein. [nis.]

περιφάνεια, ἡ sichere Kennt=

περιφανής 2 u. **περίφαντος** 2 rings sichtbar, vor aller Augen, ganz deutlich: a) offenbar. b) berühmt, ausgezeichnet.

περιφερής 2 kreisförmig, rund.

περι-φέρω I. Akt. 1. umher= ob. herum=tragen, =treiben, (her)umdrehen: a) hin und her tragen, herumwerfen. b) unter die Leute bringen. 2. (hin)bringen, dahinbringen. 3. *intr.* aushalten. — II. P.: a) sich herumdrehen, sich herumtreiben. b) sich fortreißen lassen. c) zurückkommen.

περι-φεύγω entfliehen.

περι-φλεγής 2 sehr brennend.

περι-φλεύω ringsum verbrennen.

περί-φοβος 2 sehr erschrocken.

περιφορά, ἡ a) das Herumtragen. b) Umdrehung, Umlauf, Kreislauf, Umkreis.

περιφορητός 3 (herum)tragbar. [sichtig, klug.]

περιφραδής 2 umsichtig, vor=

περι-φράζομαι M. sorgfältig erwägen.

περι-φρονέω verachten.

περι-φρουρέω rings bewachen ob. umschließen.

περί-φρων 2 = περιφραδής.

περι-φύομαι M. herumwachsen; fest umschlingen.

περιχαρής 2 a) hocherfreut, entzückt. b) übermäßig fröhlich.

περι-χέω I. Akt. herum=, dar=über=gießen oder =schütten, =legen, ausbreiten; überziehen. — II. M. für sich herumgießen. — III. M. u. P.: a) umgeben, umzingeln. b) rings überströmen.

περι-χρῡσόω rings vergolden.

περι-χώομαι M. heftig zürnen.

περι-χωρέω herumgehen; auf j-n übergehen.

περί-χωρος 2 umliegend. ἡ = Nachbarschaft, Umgegend.

περίψημα, τό Auswurf, Abschaum.

περι-ψιλόω ganz entblößen.

περι-ώδυνος 2 sehr schmerzhaft.

περι-ωθέω ausstoßen, verstoßen; schikanieren.
περι-ωπή,ἡ Umschau: a) Warte. b) Umsicht.
περι-ώσιος 2 übermäßig.
περκνός 3 dunkelfleckig.
πέρνημι verkaufen.
περονάω I. Akt. durchbohren. — II. M. mit einer Spange befestigen.
περόνη u. **περονίς**, ίδος, ἡ Spange, Schnalle.
περόωσι s. περάω.
περπερεύομαι prahlen.
πέρσα̃ s. πέρθω.
περσίζω Persisch sprechen.
περσιστί adv. auf persisch.
πέρυσι(ν)adv.im vorigen Jahre.
περυσινός 3 vorjährig.
περ-φερέες, οἱ Geleiter.
πεσέειν u. ä. s. πίπτω.
πέσημα, τό Fall, Sturz.
πεσσεία, ἡ Brettspiel.
πεσσευτικός 3 zum Brettspiel gehörig. ἡ -ή Kunst des Brettspiels.
πεσσεύω das Brettspiel spielen.
πεσσός, ὁ Stein im Brettspiel; pl. Brettspiel.
πέσσω kochen, backen: a) (von der Sonne) reifen. b) verdauen.
πέταλον, τό a) Blatt. b) Platte.
πετάννυμι ausbreiten, entfalten, (Türflügel) öffnen.
πετάομαι = πέτομαι.
πετ(ε)εινός 3 u. **πετεηνός** 3 = πτηνός.
πέτομαι M. fliegen: a) schweben, (dahin-)eilen, -stürzen. b) entfliegen, (ent)fallen.
πέτρα̃, ἡ 1. a) Fels, Klippe. b) Felsgebirge; Felsenhöhle. — 2. Felsblock, Stein, Feldstein.
πετραῖος 3 und **πετρήεις** 3 felsig, steinig; felsbewohnend.
πετρήρης 2 = πετραῖος.
πέτρινος 3 = πετραῖος.

πετροβολία̃, ἡ das Werfen mit Steinen. [send.]
πετρο-βόλος 2 Steine werfend.
πέτρος, ὁ = πέτρα.
πετρώδης 2 = πετραῖος.
πεττ- = πεσσ-, z.B. **πεττός** = πεσσός usw.
πεύθομαι M. = πυνθάνομαι.
πευκάλιμος 3 klug, verständig, einsichtsvoll.
πευκεδανός 3 verderblich.
πεύκη, ἡ Fichte; (Kien-)Fackel.
πευκήεις 3 u. **πεύκινος** 3 fichten, von Fichtenholz.
πεύσομαι u. ä. s. πυνθάνομαι.
πέφανται u. ä. s. φαίνω u. φένω.
πεφήσεται s. φαίνω u. φένω.
πεφιδέσθαι u. ä. s. φείδομαι.
πέφνον s. φένω.
πεφοβημένως adv. furchtsam.
πέφραδον u. ä. s. φράζω.
πέφρικα, pf. v. φρίσσω.
πεφύᾱσι u. ä. s. φύω.
πεφυλαγμένως vorsichtig.
πῇ und **πῆ** 1. a) α) wohin? β) wo? b) α) wie? auf welche Weise? β) inwiefern? warum? — 2. πῇ μέν ... πῇ δέ teils ... teils.
πή u. **πή** 1. a) irgendwohin. b) irgendwo. — 2. irgendwie, etwa; ungefähr.
πήγανον, τό Raute.
πηγεσί-μαλλος 2 dichtwollig.
πηγή, ἡ 1. a) Quelle. b) Ursprung. — 2. a) Guß. b) Strom, Wasser.
πήγνυμι 1. trans. festmachen, befestigen: a) zusammenfügen, bauen. b) verhärten, gerinnen ob. gefrieren machen. c) anheften, feststecken, hineinstoßen, aufstecken. — 2. intr. u. P. fest werden (pf. II fest sein): a) hart werden, erstarren, gefrieren. b) feststehen, festgewurzelt sein. c) stecken bleiben, festsitzen, haften.

πηγός 3 stark, wohlgenährt.
πηγυλίς, ίδος eisig.
πηδάλιον, τό Steuerruder.
πηδάω 1. springen; (hin)stürmen: a) (ent)fliegen. b) (vom Herzen) klopfen. — 2. durchstürmen, -eilen.
πήδημα, τό Sprung.
πηδόν, τό Ruderblatt.
πηκτίς, ίδος, ἡ lydische Harfe.
πηκτός 3 a) fest hineingesteckt. b) festgefügt. c) geronnen.
πῆλαι, πῆλε f. πάλλω.
πήληξ, ηκος, ἡ Helm.
πηλίκος 3 wie groß? wie alt?
πήλινος 3 tönern. ὁ ~ Tonpuppe.
πηλός, ὁ a) Ton, Lehm. b) Schlamm, Morast, Kot.
πηλώδης 2 a) lehmig. b) morastig, schlammig.
πῆμα, τό a) das Ertragen. b) Leid, Unglück, Unheil, Schaden; Schmähung.
πημαίνω I. Akt. (be)schädigen, verletzen, ein Leid antun, verderben: a) verwunden. b) Feindseligkeiten beginnen mit. — II. M. u. P. Schaden erleiden.
πημονή, ἡ = πῆμα.
πηνίκα adv. zu welcher Tageszeit? wann? [b) Webeschiffchen.]
πηνίον, τό a) (Einschlag)faden.]
πήρᾱ, ἡ Ranzen.
πηρός 3 verstümmelt, gelähmt; blind, stumm.
πηρόω verstümmeln; lähmen.
πηχυαῖος 3 u. **πήχυιος** 3 eine Elle lang.
πῆχυς, εως, ὁ 1. a) Ellenbogen. b) Unterarm; Arm. — 2. Elle. — 3. a) der Bug in der Mitte des Bogens. b) die Enden der Lyra.
πιάζω = πιέζω.
πιαίνω fett machen.
πίαρ, τό Fett.
πίδαξ, ακος, ἡ Quelle.

πιδήεις 3 quellenreich.
πίε, πιέειν u. ä. f. πίνω.
πιεζέω = πιέζω.
πιέζω drücken, pressen: a) zusammendrücken. b) (an)fassen, festnehmen, fangen. c) niederdrücken; beschweren, bedrängen, in die Enge treiben, in Not bringen, peinigen.
πεῖρα, fem. zu πίων. [kunst.]
πιθανολογίᾱ, ἡ Überredungs-]
πιθανός 3: 1. (leicht) überredend od. überzeugend, mit Überredungsgabe ausgestattet, Glauben erzeugend; anziehend, einnehmend, angenehm; glaubwürdig, wahrscheinlich; naturgetreu, ähnlich. — 2. a) folgsam. b) treu, echt.
πίθεσθαι f. πείθω.
πιθέω a) gehorchen. b) vertrauen.
πίθηκος, ὁ Affe.
πιθηκοφαγέω Affenfleisch essen. [faß.]
πίθος, ὁ Tonne, Faß; Wein-]
πικραίνω bitter machen; erbittern. P. ärgerlich werden.
πικρίᾱ, ἡ Bitterkeit: a) Erbitterung, Haß. b) Härte.
πικρό-γαμος 2 eine bittere Hochzeit feiernd.
πικρός 3 schneidend, stechend: 1. spitz, scharf. — 2. a) scharf (= bitter, herb, widerlich, schmerzhaft, schmerzlich, traurig). b) hart, schroff, heftig, grausam, feindselig, widerwärtig, verhaßt.
πικρότης, ητος, ἡ = πικρία.
πιλνάμαι M. sich nähern.
πῖλος, ὁ Filz: a) Filzhut. b) Filzdecke. c) Filzpanzer.
πιμελή, ἡ Fett.
πιμπλάνω = πίμπλημι.
πίμπλημι I. Akt. füllen, anfüllen, erfüllen, sättigen, stillen. — II. P. (an)gefüllt werden,

πίμπρημι sich füllen, voll werden, sich sättigen, satt werden; zu Ende gehen.
πίμπρημι = πρήθω.
πινάκιον u. πινακίδιον, τό Schreibtafel, Täfelchen.
πίναξ, ακος, ὁ 1. Brett; Teller, Schüssel. — 2. Tafel: a) Schreibtafel. b) Landkarte. c) Gemälde, Zeichnung.
πίνος, ὁ Schmutz.
πινύσσω klug machen.
πινύτη, ἡ Klugheit.
πινυτός 3 klug, einsichtig.
πίνω trinken, aus=, ein=saugen.
πιότης, ητος, ἡ Fett(igkeit).
πιπράσκω, ion. πιπρήσκω verkaufen; verraten.
πίπτω fallen, stürzen: 1. herab=, nieder=fallen, hinstürzen: a) (nieder)geworfen werden. b) α) in etw. geraten; β) fehlen, irren, sündigen. — 2. sich stürzen ob. sich werfen, los=, an=stürmen. — 3. dahinsinken, unterliegen, umkommen, Schaden nehmen, vernichtet werden, (im Kampfe) bleiben. — 4. a) ausfallen, ablaufen. b) zufallen, c) sich zutragen.
πίσος, τό Aue, Niederung.
πίσσα, ἡ Pech, Harz. [wirkend.
πιστευτικός 3 Glauben be=
πιστεύω I. Akt. 1. a) trauen, vertrauen: α) Glauben haben, j-m glauben ob. Vertrauen schenken; β) j-m etw. zutrauen. b) etw. fest glauben, überzeugt sein, sicher erwarten. 2. j-m etw. anvertrauen, übergeben. — II. P. πιστεύομαι: a) ich genieße ob. finde Vertrauen, man glaubt mir. b) mir wird etw. anvertraut.
πιστικός 3 zuverlässig, echt.
πίστις, εως, ἡ 1. Vertrauen, Glaube: a) Ansehen. b) Kredit. c) Überzeugung. — 2. a) Treue,

Zuverlässigkeit, Redlichkeit. b) Beglaubigung, Sicherheit, Bürgschaft, Beweis der Treue; Unterpfand der Treue, Pfand: α) Handschlag; β) gegebenes Wort, eidliche Zusicherung, Treuschwur, Gelöbnis; γ) Bündnis, Vertrag; δ) Geisel. — 3. a) Glaubwürdigkeit, Wahrheit. b) Beweis.
πιστός 3: 1. a) treu, zuverlässig, glaubwürdig, wahr. b) überzeugend, sicher, fest. τὸ πιστόν, τὰ πιστά = πίστις, πίστεις. — 2. vertrauend, glaubend, gläubig.
πιστότης, ητος, ἡ Treue.
πιστόω I. Akt.: j-n treu oder zuverlässig machen, zur Treue verpflichten. — II. P.: a) Vertrauen fassen, fest vertrauen, überzeugt sein. b) sich verbürgen. — III. M. a) sich verbürgen, sich (zur Treue) verpflichten. b) für sich gewinnen, sich j-s versichern.
πίσυνος 2 vertrauend auf.
πίσυρες, α vier. [M. flattern.]
πιτνάω u. πίτνημι ausbreiten.
πίτνω = πίπτω.
πιττά, ἡ = πίσσα.
πίτυρα, τὰ Kleie.
πίτυς, υος, ἡ Fichte; Pinie.
πιφαύσκω und M. erscheinen lassen; zeigen, anzeigen, verkündigen, erklären, sprechen.
πίων, n. πῖον, gen. πίονος fett, feist, harzig: a) fruchtbar. b) reich, begütert. c) reichlich.
πλαγά, ἡ [dor.] = πληγή.
πλάγιος 3 schief, quer, schräg, seitwärts. τὸ πλάγιον, τὰ πλάγια die Seite(n) ob. Flanke(n) eines Heeres.
πλαγκτός 3 a) ὁ Herumtreiber; irre, toll, verrückt. b) schlagend. πλαγκταὶ πέτραι Schlag=, Prall=felsen.

πλαγκτοσύνη, ἡ Umherirren.
πλάζω I. Akt.: a) schlagen. b) zurück=schlagen, =stoßen, =drängen; verschlagen, umhertreiben; verwirren. — II. P. verschlagen werden, umherirren; von etw. abirren, abprallen, fernbleiben.
πλάθω sich nähern, nahen.
πλαίσιον, τό Viereck; Karree.
πλάκους, οῦντος, ὁ Kuchen.
πλανάω u. **-έω** I. Akt. irreführen, täuschen. — II. P. irre gehen, sich verirren, umherirren, auf etw. irren: a) sich irren, im Irrtum sein; sündigen. b) schwanken. c) abschweifen; sein Ziel verfehlen.
πλάνη, ἡ u. **πλάνημα, τό** das Umher=irren, =schweifen; Irrfahrt, =weg: a) Irrtum, Verirrung, =Sünde, Betrug. b) Verderbtheit.
πλάνης, ητος u. **πλανήτης, ου** umherirrend, unstät; Landstreicher; Planet.
πλάνησις, εως, ἡ = πλάνη.
πλάνος 2: 1. a) umherirrend. b) täuschend, Verführer, Betrüger. — 2. a) Landstreicher. b) = πλάνη.
πλάξ, ἀκός, ἡ Platte, Fläche: a) Tafel. b) Ebene, Hochebene; Gefilde.
πλάσμα, τό 1. a) Nachbildung. b) Gebilde, Bild, Bildwerk. — 2. Erdichtung.
πλάσσω I. Akt.: a) bilden, formen, gestalten, verfertigen. b) ersinnen, erdichten; vorgeben; verstellen. — II. M.: a) zu seinem Vorteile erdichten. b) sich verstellen.
πλάστης, ου, ὁ Bildner; Bildhauer.
πλαστός 3 a) gebildet, geformt. b) erdichtet, erlogen, untergeschoben, verstellt.

πλάτανος u. **πλατάνιστος, ἡ** Platane. [Straße.]
πλατεῖα, ἡ breiter Weg,
πλάτη, ἡ Ruder; Schiff.
πλάτος, τό Breite, Umfang; Fläche, Ebene.
πλάττω = πλάσσω. [erweitern.]
πλατύνω breit ob. weit machen,
πλατύς[1] 3 a) platt, flach, eben. b) weit, breit; weitzerstreut. c) breitschulterig.
πλατύς[2] 3 salzig.
πλέγμα, τό Geflecht; Flechte.
πλέες = πλείονες; **πλέας** = πλείονας. [groß.]
πλεθριαῖος 3 ein Plethron]
πλέθρον, τό Plethron: 1. Längenmaß von 100 Fuß. — 2. Morgen ιδ. Hufe Landes.
πλεῖν [att.] = πλέον mehr.
πλεῖος 3 voll = πλήρης.
πλειστάκις adv. meistenteils, sehr oft. [λύς.]
πλεῖστος 3 u. **πλείων** 2 ſ. πο-]
πλείω = πλέω.
πλεκτός 3 geflochten, gedreht.
πλέκω flechten, knüpfen, drehen; anzetteln, schmieden.
πλεονάζω 1. a) mehr ob. überflüssig sein. b) Überfluß haben; wachsen, zunehmen. c) übermütig werden. — 2. trans. wachsen lassen, (ver)mehren; übertreiben. [maß.]
πλεονάκις adv. öfters, mehr=]
πλεονεκτέω 1. a) mehr haben, im Vorteil ob. überlegen sein, die Oberhand bekommen. b) trans. übervorteilen, beeinträchtigen. — 2. mehr haben wollen, habsüchtig sein, sich bereichern.
πλεονέκτημα, τό = πλεονεξία.
πλεον-έκτης, ου u. **-εκτικός** 3 habsüchtig, eigennützig, Betrüger; anmaßend.
πλεονεξία, ἡ a) Überlegenheit, Oberhand, Vorzug, Vorteil,

πλέος — 357 — πλησίος

Gewinn; Übermacht, Gewaltherrschaft. b) Habsucht, Eigennutz, Anmaßung; Herrschsucht.
πλέος 3 = πλέως ob. πλήρης.
πλεόνως u. πλεύνως zu sehr, zu stark. [Inneres.]
πλεύμων, ονος, ὁ Lunge, Brust,
πλευρά, ἡ Seite des Leibes, Rippe(n): a) Seite; Flanke eines Heeres. b) Leib.
πλευρόθεν adv. von, an der Seite. [schlagen.
πλευροκοπέω die Rippen zer-
πλευρόν, τό = πλευρά.
πλέω 1, a) schiffen, segeln, fahren. b) schwimmen. — 2. trans. befahren, durchsegeln.
πλέων = πλείων s. πολύς.
πλέως, ᾱ, ων = πλήρης.
πληγή, ἡ und πλῆγμα, τό 1. a) Schlag, Hieb, Stoß. b) Wunde, Strieme. c) Schlägerei. — 2. Unglück(sschlag).
πλῆθος, τό 1. Fülle, Menge, große Anzahl, Masse; Mehrzahl; Hauptmasse. b) Menschenmenge; die große Menge, Pöbel. c) Truppenmasse, Heer. d) Volksversammlung; Volksherrschaft. — 2. Länge, Größe.
πληθύνω a) (ver)mehren, vergrößern. b) intr. u. P. zunehmen, wachsen; reichlich zuteil werden.
πληθύς, ύος, ἡ = πλῆθος.
πληθύω u. P. u. πλήθω voll sein od. werden, sich füllen: a) reich sein. b) wachsen, zunehmen.
πληθώρη, ἡ a) Fülle, Anfüllung. b) Sättigung.
πλήκτης, ου, ὁ a) der Schlagende, Raufbold. b) der Schimpfende.
πληκτίζομαι M. sich herumschlagen.
πλῆκτρον, τό a) Griffel des Zitherspielers. b) Ruderstange.

πλημμέλεια, ἡ Fehler: a) Vergehen; b) Versehen.
πλημμελέω einen Fehler machen, sich vergehen, sündigen; beleidigen.
πλημ-μελής 2 falsch singend: a) sich vergehend. b) fehlerhaft, widersinnig. [= πλημυρίς.]
πλημυρίς u. πλήμμυρα, ἡ
πλήμνη, ἡ (Rad=)Nabe.
πλημυρίς, ίδος, ἡ Flut.
πλήν 1. adv.: a) außer, ausgenommen, nur. b) = πλὴν ὅτι nur daß. c) indes, jedoch, vielmehr, sonst. — 2. prp. mit gen.: außer, abgesehen von.
πλῆ(ν)το s. πίμπλημι u. πελάζω.
πλήξ-ιππος 2 rossetummelnd.
πλήρης 2: 1. a) voll, angefüllt; reichlich versehen. b) satt, überdrüssig. — 2. völlig, vollständig, vollzählig, ganz.
πληροφορέω erfüllen, vollbringen, ausführen; sicher überzeugen, beglaubigen.
πληροφορία, ἡ Fülle; volle Zuversicht, Gewißheit.
πληρόω 1. voll machen, füllen, aus-, an-füllen; bemannen. — 2. a) vollzählig machen, ergänzen. b) sättigen, stillen. c) erfüllen, vollbringen, beendigen.
πλήρωμα, τό u. πλήρωσις, εως, ἡ 1. a) Füllung, Erfüllung; Bemannung, Ausrüstung, Ladung. (πυρός) Ervollständigung; Vollkommenheit. b) Sättigung. c) Erfülltsein, Fülle, Vollzahl, Summe. [(πυρός) Er-]
πλησαίατο u. ä. s. πίμπλημι.
πλησιάζω a) sich nähern, nahekommen. b) verkehren, umgehen, anhängen.
πλησίος 3 nahe, benachbart. ὁ ~ der Nachbar, Nächste, Ka-

πλησιό-χωρος — 358 — **ποδά-νιπτρον**

merab. *adv.* πλησίον nahe, nahebei, in der Nähe.
πλησιό-χωρος 2 benachbart, Nachbar.
πλησ-ίστιος 2 segelschwellend.
πλησμονή, ἡ Sättigung, Übersättigung, Überdruß.
πλήσσω I. Akt. 1. schlagen, hauen, stoßen: a) stampfen. b) zurück = schlagen, = stoßen. c) treffen, verwunden. 2. schlagen, treffen: a) aus dem Felde schlagen, besiegen. b) erschüttern, erschrecken, beunruhigen. — II. M. sich schlagen.
πλῆτο s. πίμπλημι u. πελάζω.
πλινθεύω 1. a) zu Ziegeln verarbeiten. b) Ziegel verfertigen. — 2. aus Ziegeln bauen.
πλινθηδόν *adv.* nach Art von Ziegeln. [baut.]
πλίνθινος 3 von Ziegeln er=
πλινθίον, τό kleiner Ziegel.
πλίνθος, ἡ Ziegel, Lehmstein.
πλίσσομαι M. ausschreiten.
πλοιάριον, τό Kahn, Boot.
πλοίμος 2 = πλώιμος.
πλοῖον, τό Fahrzeug, Schiff.
πλόκαμος, ὁ Flechte, Locke.
πλόκος, ὁ Geflecht, Gewebe.
πλόος, πλοῦς, ὁ a) Schiffahrt, Fahrt (zur See). b) Fahr=zeit, =wind.
πλούσιος 3 reich, vornehm, mächtig. [haben.]
πλουτέω reich sein, Überfluß
πλουτίζω reich machen, bereichern; beglücken.
πλουτοκρατίᾱ, ἡ Herrschaft der Reichen.
πλοῦτος, ὁ Reichtum, Überfluß, Schatz; Fülle; Glück, Segen, Pracht, Macht, Gewinn.
πλοχμός, ὁ = πλόκαμος.
πλυνός, ὁ Waschgrube.
Πλυντήρια τά Plynterien (= Reinigungsfest).

πλύνω waschen, reinigen.
πλωίζω u. **πλώζω** Schiffahrt treiben.
πλώιμος 2 u. **πλώσιμος** 2 a) schiffbar, für die Schiffahrt günstig. b) seetüchtig. πλώιμά ἐστι es findet Schiffahrt statt.
πλωτός 3 a) schiffbar. b) schwimmend.
πλώω = πλέω.
πνείω = πνέω.
πνεῦμα, τό 1. Hauch, das Wehen: a) Luft(hauch), Wind; Fahrwind. b) Duft. c) Klang. d) Lohe des Feuers. — 2. Atem, Atemzug. — 3. a) Leben. b) Seele, Geist: α) Gesinnung, Sinn; β) NT. Geist, Geisteswesen, Engel; der heilige Geist; *pl.* Geistesgaben.
πνευμᾰτικός 3 geistig, geistlich, geisterfüllt: a) göttlich. b) zur Geisterwelt gehörig. c) bildlich. [neres.]
πνεύμων, ονος, ὁ Lunge, In=
πνέω 1. hauchen, wehen. ἡ πνέουσα (günstiger) Wind. a) duften, riechen. b) atmen, schnauben. — 2. a) aushauchen, ausatmen, sprühen. b) *pf.* P. πέπνυμαι: α) beseelt ob. belebt sein; β) Verstand haben, klug ob. verständig sein.
πνιγηρός 3 zum Ersticken heiß.
πνῖγος, τό erstickende Hitze.
πνίγω a) (er)würgen, ersticken. P. ertrinken. b) schmoren, schwitzen lassen.
πνικτός 3 erstickt, erwürgt.
πνοή u. **πνοιή**, ἡ das Wehen, Wind, Hauch, Atem.
πόᾱ, ἡ Gras, Futter, Kraut: a) Grasplatz. b) Sommer.
ποδ-ἁβρός 2 zartfüßig.
ποδ-ᾱγός, ὁ Führer, Diener.
ποδα-νιπτήρ, ῆρος, ὁ Fußbecken. [Fußwaschen.]
ποδά-νιπτρον, τό Wasser zum

ποδ-απός 3 a) woher gebürtig? b) wie beschaffen? was für einer?

ποδ-άρκης 2 schnellfüßig.

ποδεών, ῶνος, ὁ Zipfel, (schmaler) Streifen.

ποδ-ηγός 2 = ποδαγός.

ποδ-ηνεκής 2 bis auf die Füße reichend. ὁ langes Gewand.

ποδ-ήνεμος 2 windschnell.

ποδ-ήρης 2 bis auf die Füße reichend. [binden.]

ποδίζω an den Füßen an-

ποδωκεια, ἡ Schnellfüßigkeit.

ποδ-ώκης, 2 schnellfüßig.

ποθεινός 3 ersehnt, erwünscht; liebenswürdig.

πό-θεν adv. a) woher? von wo? b) weshalb? warum? wie?

ποθέν adv. irgendwoher.

ποθέω sich nach etw. sehnen, etw. wünschen, begehren, vermissen.

ποθή, ἡ = πόθος.

πόθι u. **ποθί** = ποῦ u. πού.

πόθος ὁ 1. Sehnsucht, Verlangen, Wunsch. — 2. a) das Vermissen, Entbehren. b) Mangel.

ποῖ adv. wohin? wie lange?

ποί adv. irgendwohin.

ποίᾱ, ἡ = πόα.

ποιάεις 3 = ποιήεις.

ποιέω machen, tun: I. Akt. 1. trans.: a) schaffen, hervorbringen, verfertigen, herstellen, bereiten, bauen, erwerben. b) ausführen, vollbringen, verüben, leisten, veranstalten. c) verursachen, bewirken, veranlassen, bereiten, einflößen, gewähren. d) dichten, darstellen: α) erdichten, erfinden; β) den Fall setzen, annehmen. e) etw. wohin bringen oder stellen, (ver)setzen, (hinein-)legen. f) j-m etw. antun od. zufügen, erweisen. g) zu etw. machen, ernennen, (er)wählen; j-n etw. tun lassen, als etw. darstellen. h) achten, schätzen. i) bewirken ob. zu bewirken suchen, darauf ausgehen daß etw. geschehe. — 2. intr. tun, handeln, verfahren, tätig oder wirksam sein, arbeiten. — II. M. 1. für sich ob. von sich etw. machen, (verfertigen, bauen, verschaffen, veranstalten) oder machen lassen. 2. Sehr oft zur Umschreibung des einfachen Verbalbegriffs, zB. λόγους ποιεῖσθαι = λέγειν, δέησιν π. = δεῖσθαι, πόλεμον ποιεῖσθαι Krieg führen, εἰρήνην ποιεῖσθαι Frieden schließen. 3. a) für sich j-n zu etw. machen, (er)wählen, nehmen. b) für etw. halten, achten, schätzen. 4. etw. wohin bringen ob. stellen, legen.

ποίη, ἡ = πόα.

ποιήεις 3 grasreich, grasig.

ποίημα, τό Machwerk, Erzeugnis, Werk, (Geschöpf: a) Metallarbeit. b) Werkzeug. c) Gedicht, Dichtung.

ποίησις, εως, ἡ das Tun, Machen, Schaffen, Hervorbringen, Schöpfung, Verfertigung. — 2. a) das Dichten, Dichtkunst. b) Dichtung, Gedicht. [(s), tunlich.)

ποιητέος 3 zu tun, zu tuende(r,

ποιητής, οῦ, ὁ 1. a) Schöpfer, Urheber. b) Täter. — 2. Dichter.

ποιητικός 3 schaffend, schöpferisch; dichterisch. ἡ -ή Dichtkunst.

ποιητός 3 a) gemacht, gefertigt, gebaut. b) gut gearbeitet, künstlich gemacht. [nähren.]

ποιηφαγέω sich von Kräutern

ποικιλία, ἡ a) Buntheit, Mannigfaltigkeit. b) buntes Muster, Verzierungen; Buntweberei, Stickerei.

ποικίλλω a) bunt machen; sticken; (aus)schmücken. b) künstlich ob. kunstreich bilden; Trug ersinnen, schlau reden, verfänglich fragen.

ποίκιλμα, τό = ποικιλία.

ποικιλο-μήτης, ου erfindungsreich, listig.

ποικίλος 3: 1. bunt, gefleckt; (bunt)gestickt, auch bemalt; kunstreich gearbeitet ob. verziert. — 2. a) mannigfaltig, veränderlich. b) verwickelt, vieldeutig, verfänglich, schwierig. c) verschlagen, ränkevoll, tückisch, listig.

ποικιλό-στολος 2 bunt ausgerüstet, festlich geschmückt.

ποικιλ-ῳδός 2 Rätsel singend.

ποιμαίνω I. Akt.: a) Hirt sein. b) weiden, hüten: α) lenken; β) nähren, pflegen, hegen. — II. P. weiden.

ποιμήν, ένος a) Hirt. b) Hüter, Gebieter, Lenker.

ποίμνη, ἡ Herde.

ποιμνήιος 3 zur Herde gehörig, Vieh-...

ποίμνιον, τό Herde.

ποινή, ἡ Lösegeld, Wergeld: a) Sühne, Buße. b) Strafe, Rache. c) Ersatz, Genugtuung.

ποίνιμος 2 strafend, vergeltend, rächend.

ποῖος 3 wie beschaffen? was für einer? welcher?

ποιπνύω keuchen, emsig sein, sich tummeln.

πόκος, ὁ geschorene Wolle: a) Vließ. b) Flocke.

πολεμαρχεῖον, τό Gerichtshof des Polemarchen.

πολεμαρχέω Polemarch sein.

πολεμαρχία, ἡ Amt des Polemarchen.

πολέμ-αρχος, ὁ Polemarch, Kriegsoberster.

πολεμέω a) Krieg führen, kämpfen, streiten. b) *trans.* bekriegen.

πολεμήιος 3 = πολεμικός.

πολεμησείω sich nach Krieg sehnen.

πολεμίζω = πολεμέω.

πολεμικός 3 u. **πολέμιος** 3 kriegerisch: 1. zum Kriege gehörig, Kriegs-... ἡ πολεμική Kriegskunst. τὸ πολεμικόν Schlachtsignal, Kriegsgeschrei. τὰ πολεμικά ob. πολέμια Kriegsangelegenheiten,-wesen,-dienst,-rüstungen. — 2. kriegskundig, kriegerisch. — 3. feindlich: a) dem Feinde gehörig. b) feindselig; widerstrebend. **ὁ πολέμιος** Feind, Gegner. ἡ πολεμία Feindesland.

πολεμιστήριος 3 a) zum Krieger gehörig. b) = πολεμικός. [Kämpfer.]

πολεμιστής, οῦ, ὁ Krieger,

πόλεμόν-δε in den Kampf ob. Krieg.

πολεμοποιέω Krieg erregen.

πόλεμος, ὁ Krieg, Schlacht, Kampf, Streit; Zwist.

πολεμόω verfeinden. M. sich j-n zum Feinde machen. P. sich verfeinden.

πολεύω a) umwühlen, umpflügen. b) umherwandeln.

πολιάς, άδος, ἡ Stadtbeschützerin.

πολίζω a) gründen, bauen. b) bebauen, besiedeln.

πολιήτης, ου, ὁ = πολίτης.

πόλιν-δε *adv.* in die Stadt.

πολιο-κρόταφος 2 an den Schläfen ergraut.

πολιορκέω a) einschließen, belagern, blockieren. b) bedrängen, quälen, ängstigen.

πολιορκία, ἡ Belagerung.

πολιός 3 (u. 2) grau; greis.

πολιοῦχος 2 stadtbeschirmend.

πόλις, εως, ἡ 1. Stadt; Ansiedelung: a) Hauptstadt. b) Burg. c) Stadtgebiet. d) Vaterstadt, Heimat. — 2. a) Bürgerschaft. b) Staat.

πόλισμα, τό Stadt, Städtchen.

πολίτ-άρχης, ου, ὁ Stadthauptmann, -richter.

πολιτείᾱ, ἡ 1. Bürgerrecht. — 2. Verhalten der Bürger im Staate, öffentliches Leben: a) Staatsverwaltung. b) Politik. — 3. Staatsverfassung, Staatswesen, Staat; Demokratie.

πολίτευμα, τό = πολιτεία.

πολιτεύω I. Akt. Bürger sein, als Bürger leben ob. sich betragen, eine (ordentliche) Staatsverfassung haben; die Staatsgeschäfte betreiben, Staatsmann sein. — II. M. u. P. 1. = Akt. 2. den Staat verwalten, Staatsmann sein; als Staatsmann etw. tun ob. leisten. — III. P. verwaltet werden.

πολιτηΐη, ἡ = πολιτεία.

πολίτης, ου, ὁ Bürger; Mitbürger, Landsmann.

πολῑτικός 3 bürgerlich: a) aus Bürgern bestehend, Bürger-: τὸ -όν Bürgerschaft. b) staatlich, politisch, öffentlich. c) staatsmännisch. ὁ -ός Staatsmann. ἡ -ή (τέχνη) Staats-Kunst, -wissenschaft. τὰ -ά Staatsgeschäfte, politische Angelegenheiten, Politik.

πολῖτις, ιδος, ἡ Bürgerin.

πολίχνη, ἡ Städtchen.

πολλάκις adv. oft, oftmals.

πολλα-πλάσιος, ion. -πλήσιος 3 vielfältig, vielmal größer ob. stärker ob. mehr.

πολλαπλασίων 2 = πολλαπλάσιος. [an vielen Orten, oft.]

πολλαχῇ ob. -ῆ adv. vielfach;

πολλαχόθεν adv. von vielen Orten her; aus vielen Gründen.

πολλαχόσε adv. nach vielen Punkten ob. Seiten hin.

πολλαχοῦ = πολλαχῇ. [Art.]

πολλαχῶς adv. auf vielfache

πολλός, όν = πολύς, ὁ.

πολλοστός 3 klein, gering.

πόλος, ὁ a) Pol; Himmelsgewölbe. b) Sonnenuhr.

πολύ-αινος 2 vielgepriesen.

πολύ-ἄϊξ, ϊκος stürmisch; mühevoll. [sein.]

πολυανδρέω starkbevölkert

πολυ-ανθής 2 üppigsprossend.

πολυανθρωπίᾱ, ἡ Volksmenge.

πολύ-άνθρωπος 2 volkreich.

πολύ-άργυρος 2 silberreich.

πολύ-άρητος 2 heißerfleht.

πολυ-αρκής 2 reich ausgestattet.

πολύ-άρματος 2 wagenreich.

πολύ-άρνι (dat.) herdenreich.

πολυαρχίᾱ, ἡ Vielherrschaft.

πολυ-βενθής 2 sehr tief.

πολύ-βουλος 2 ratschlagreich.

πολυ-βούτης, ου rinderreich.

πολυ-γηθής 2 freudenreich.

πολύ-γλωσσος 2 vielzüngig; schmähsüchtig.

πολυγονίᾱ, ἡ Fruchtbarkeit.

πολύ-γονος 2 fruchtbar.

πολυ-δαίδαλος 2 kunstreich.

πολυ-δάκρυος u. -δάκρῡτος 2 u. -δάκρυς, υος vielbeweint; tränenreich.

πολυ-δάπανος 2 kostspielig.

πολύ-δειράς, άδος vielgipfelig.

πολύ-δένδρεος 2 baumreich.

πολύ-δεσμος 2 vielverklammert.

πολυ-δίψιος 2 wasser-arm.

πολύ-δωρος 2 reich ausgestattet. [verschiedenartig.]

πολυ-ειδής 2 vielgestaltig,

πολύ-ευκτος 2 viel-ersehnt.

πολυ-εύσπλαγχνος 2 sehr mitleidig.
πολύ-ζηλος 2 a) heißgeliebt. b) voll neidischen Wetteifers.
πολύ-ζῠγος 2 vielrudrig.
πολυ-ηγερής 2 zahlreich versammelt. [lieblich.]
πολυ-ήρατος 2 viel-ersehnt,
πολύ-ηχής 2 a) klangreich. b) lauttosend.
πολυ-θαρσής 2 mutvoll.
πολυ-θρύλητος 2 vielbesprochen, allbekannt.
πολύ-θῠτος 2 opferreich.
πολυϊδρείη, ἡ reiche Erfahrung. [schlau.]
πολύ-ϊδρις, ιος vielwissend,
πολύ-ϊππος 2 rosserich.
πολυ-καγκής 2 sehr trocken.
πολυκαρπίᾱ, ἡ reiche Ernte.
πολύ-καρπος 2 fruchtreich.
πολυκέρδεια, ἡ Verschlagenheit.
πολυ-κερδής 2 verschlagen.
πολύ-κερως, ων viele Rinder betreffend.
πολύ-κεστος 2 reichgestickt.
πολυ-κηδής 2 leidenvoll.
πολυ-κληΐς, ΐδος ob. **-κληΐς,** ΐδος vielrudrig.
πολύ-κληρος 2 reichbegütert.
πολύ-κλητος 2 zahlreich berufen ob. aufgeboten.
πολύ-κλυστος 2 vielwogend.
πολύ-κμητος 2 mühsam erarbeitet, festgebaut. [reich.]
πολύ-κνημος 2 schluchten-
πολύ-κοινος 2 vielen gemeinsam, allbergend. [schaft.]
πολυκοιρανίη, ἡ Vielherr-
πολυ-κτήμων 2 reichbegütert.
πολύ-κωπος 2 vielrudrig.
πολύ-ληϊος 2 saatenreich.
πολύ-λλιστος 2 vielerfleht.
πολυλογίᾱ, ἡ Geschwätzigkeit, Redseligkeit. [redselig.]
πολύ-λογος 2 geschwätzig,
πολύ-μαθής 2 kenntnisreich.

πολύ-μερῶς adv. vielfältig.
πολύ-μηκάς, άδος vielmeckernd.
πολύ-μηλος 2 herdenreich.
πολύ-μητις, ιος 2 sehr klug, erfindungsreich.
πολυμηχανίᾱ, ἡ Erfindsamkeit, Klugheit. [reich.]
πολυ-μήχανος 2 erfindungs-
πολύ-μνηστος 3 vielumworben. [b) leidbringend.]
πολύ-μοχθος 2 a) mühselig.
πολύ-μῡθος 2 geschwätzig.
πολύ-ξενος 2 sehr gastlich, vielbesucht.
πολύ-ξεστος 2 schöngeglättet.
πολύ-οινος 2 weinreich.
πολυοφίᾱ, ἡ Menge von Fleisch ob. Fischen.
πολυ-παίπαλος 2 verschmitzt, durchtrieben.
πολυ-πάμων ob. **-πάμμων** 2 a) besitzreich. b) leidenreich.
πολυπειρίᾱ, ἡ reiche Erfahrung.
πολυ-πενθής 2 trauervoll.
πολύ-πιδαξ, ακος quellenreich.
πολύ-πικρος 2 gar bitter, schmerzhaft.
πολύ-πλαγκτος 2 a) weit umherschweifend, umrollend. b) weit umhertreibend.
πολυ-πλάνητος 2 weit umherirrend.
πολύ-πλοκος 2 vielgewunden.
πολυ-ποίκιλος 2 sehr bunt, sehr mannigfaltig.
πολύ-πονος 2 mühevoll, mühselig, geplagt.
πολύ-πους, -ποδος vielfüßig. ὁ ~ Meerpolyp.
πολυπραγμονέω vielgeschäftig sein, vielerlei (be)treiben: a) sich in fremde Angelegenheiten einmischen, neugierig ob. vorwitzig sein. c) Händel anfangen. c) Neuerungen anstiften ob. planen.

πολυπραγμοσύνη, ἡ Vielgeschäftigkeit: a) Neugier, Vorwitz. b) Händelsucht. c) Neuerungssucht.

πολυ-πράγμων 2 vielgeschäftig: a) neugierig, vorwitzig. b) händelsüchtig. [πραγμονέω.]

πολυπρηγμονέω = πολυ-

πολυ-πρόβατος 2 herdenreich.

πολύ-πτωχος 2 schluchtenreich.

πολύ-πυρος 2 weizenreich.

πολύ-ρραφος 2 starkgenäht.

πολύ-ρρην, ηνος u. **-ρηνος** 2 herdenreich. [fließend.]

πολύ-ρρυτος 2 reichlich]

πολύς, πολλή, πολύ viel.

A. Positiv: I. adj.: a) viel, häufig, zahlreich. b) groß, geräumig, weit, breit, lang, tief. c) Zeit: lang. d) groß, stark, gewaltig, mächtig, heftig, eifrig, laut. ὁ πολὺς στρατός der größte Teil des Heeres. — II. subst.: a) οἱ πολλοί die Vielen, die meisten, Mehrzahl, Haupttheer, die große Menge. b) τὸ πολύ der größte Teil, die Mehrheit, Hauptmasse.— III. adv. 1. **πολύ** u. **πολλά**: a) viel, vielfach, oft. b) weit, bei weitem, (gar) sehr, heftig, eifrig, stark. 2.(ὡς) τὰ πολλά u. ὡς τὸ πολύ in den meisten Beziehungen, in der Regel, meistenteils. 3. a) διὰ πολλοῦ in großem Abstande; nach langer Zeit. b) ἐκ πολλοῦ von weitem, seit langer Zeit. c) ἐπὶ (τὸ) πολύ und ὡς ἐπὶ τὸ πολύ weithin, weit; auf lange (Zeit); meistenteils. d) κατὰ πολλά an vielen Punkten, in vielen Beziehungen.

B. comp. **πλείων** ob. **πλέων**: I. adj. mehr, zahlreicher, weiter, länger, größer, stärker. — II. subst. 1. οἱ πλείονες die meisten, Mehrzahl, Übermacht; Demokraten, der große Haufe. 2. τὸ πλέον: a) der größere Teil, größere Anzahl. b) Vorteil, Nutzen. πλέον ἔχειν τινός mehr haben ob. gelten als jmd, einen Vorteil ob. Vorzug vor j-m haben, j-m überlegen sein. πλέον τι ποιεῖν etwas ausrichten. — III. adv. 1. πλεῖον mehr, zu sehr. 2. πλέον, πλεῖον mehr, weiter, lieber. 3. τὸ πλέον, τὰ πλείω größtenteils, meistenteils. 4. a) διὰ πλείονος seit längerer Zeit. b) ἐκ πλείονος in (ob. aus) größerer Entfernung, seit längerer Zeit. c) ἐπὶ πλέον (noch) mehr, weiter(hin), immer mehr, größer, besser.

C. superl. **πλεῖστος** 3: I. adj. der meiste, zahlreichste, größte, längste, stärkste u. ä.; sehr viel, sehr groß. — II. subst. 1. οἱ πλεῖστοι die meisten, Mehrzahl, der große Haufe. 2. τὸ πλεῖστον der größte Teil, der höchste Grad. — III. adv. 1. (τὸ) πλεῖστον, (τὰ) πλεῖστα am meisten, meistens, höchstens. 2. a) διὰ πλείστου in weitester Entfernung; seit sehr langer Zeit. b) ἐκ πλείστου am längsten. c) ἐπὶ πλεῖστον zum Gipfel einer Sache, am weitesten, größtenteils, am längsten.

πολυσαρκία, ἡ Wohlbeleibtheit. [Getreide, Fruchtbarkeit.]

πολυσιτία, ἡ Reichtum an]

πολυ-σκαρθμος 2 vielspringend, sprunggeübt.

πολυ-σπερής 2 weitzerstreut.

πολύ-σπλαγχνος 2 reich an Erbarmen. [reich.]

πολυ-στάφυλος 2 trauben-]

πολυ-στεφής 2 reichbekränzt.

πολύ-στονος 2 seufzerreich, jammervoll, elend.

πολύ-σχιστος 2 vielgespalten.

πολυτέλεια, ἡ Kostspieligkeit, Pracht, Üppigkeit.

πολυ-τελής 2 kostspielig; kostbar, prächtig.

πολύ-τίμητος 2, πολύ-τιμος 2, πολύ-τιτος 2 hochgeschätzt, kostbar.

πολύ-τλας, αντος a) vielduldend, standhaft, ausdauernd. b) verwegen, frech.

πολυ-τλήμων 2 = πολύτλας.

πολύ-τλητος 2 vielgeprüft.

πολύ-τρητος 2 löcherig.

πολυτροπία, ἡ Gewandtheit, Klugheit.

πολύ-τροπος 2 a) vielgewandt; verschlagen, klug. b) mannigfaltig, vielgestaltig.

πολυ-φάρμακος 2 kräuterreich, kräuterkundig.

πολύ-φημος 2 a) vielstimmig, liederreich. b) vielbesprochen.

πολύ-φθορος 2 voll von Mord, ganz verwüstet, unselig.

πολύ-φλοισβος 2 lauttosend.

πολύ-φορβος 2 (u. 3) nahrungspendend.

πολυφροσύνη, ἡ Klugheit.

πολύ-φρων 2 sehr klug, erfindungsreich.

πολύ-χαλκος 2 erzreich.

πολύ-χειρ, ειρος vielarmig.

πολυχειρία, ἡ Menge von Händen.

πολυ-χρόνιος 2 langdauernd; dauerhaft.

πολύ-χρυσος 2 goldreich.

πολυψηφία, ἡ große Zahl der Stimmen.

πολύ-ψηφίς, ιδος kieselreich.

πολύ-ώνυμος 2 vielnamig.

πολύ-ωπός 2 (viel)maschig.

πόμα, τό Trank, Getränk.

πομπαῖος 3 geleitend.

πομπεία, ἡ Schmähreden.

πομπεύς, έως, ὁ = πομπός.

πομπεύω 1. geleitet, führen. — 2. a) einen festlichen Aufzug veranstalten. b) schmähen.

πομπή, ἡ 1. Sendung: a) Geleit. b) Heimsendung. c) Lieferung. d) Fügung. — 2. festlicher Aufzug, Festzug.

πόμπιμος 2 a) geleitend. b) zugesandt. [Führer(in). b) Bote.]

πομπός, ὁ, ἡ a) Geleiter(in).

πονέω u. M. 1. a) arbeiten, sich anstrengen, sich abmühen, tätig ob. beschäftigt sein. b) leiden, Beschwerden erdulden, Schmerzen fühlen, in Not sein, bedrängt werden. — 2. trans. erarbeiten: a) mit Mühe verfertigen, eifrig betreiben oder verrichten. b) mit Mühe erwerben. c) quälen, aufreiben.

πονηρία, ἡ schlimmer Zustand, Schlechtigkeit, Bosheit.

πονηρός 3: 1. mühselig, beschwerlich, schlimm, übel. — 2. schlecht: a) unbrauchbar, krank. b) schädlich, gefährlich. c) böse, boshaft, nichtswürdig. ὁ Missetäter, Verbrecher.

πόνος, ὁ 1. Mühe, Arbeit, Anstrengung, Strapaze; a) Kampf. b) Beschwerde, Mühsal, Not, Pein, Schmerz, Kummer, Unglück. — 2. das Erarbeitete, Frucht ob. Lohn der Arbeit.

ποντίζω ins Meer stürzen.

πόντιος 3 zum Meere gehörig, meerumströmt.

ποντό-θεν adv. aus dem Meere.

πόντον-δε adv. ins Meer.

ποντοπορεύω u. -έω das Meer durchfahren. [fahrend.]

ποντο-πόρος 2 meerdurch-

πόντος, ὁ Meer, hohe See.

πόποι int. ha! wehe!

πόρδαλις, εως, ὁ = πάρδαλις.

πορεία, ἡ Reise, Weg, Zug, Marsch: a) Gang. b) Lebensgang, Wandel.

πορεῖν, inf. aor. II, ind. ἔπορον: a) herbeischaffen, (her)schicken; verschaffen, geben, verleihen.

πορεύω

b) **πέπρωται** es ist vom Schicksal bestimmt, verhängt. ἡ πεπρωμένη Schicksal, Schicksalsbestimmung.

πορεύω I. Akt. in Gang bringen, her-, hin-bringen, -schaffen, schicken: a) wegführen. b) hinüberfahren. — II. M.-P. in Gang gebracht werden, gehen, wandern, reisen, ziehen, marschieren, fahren, sich begeben: a) abmarschieren, aufbrechen, weggehen; sterben. b) wandeln, leben. c) *trans.* zurücklegen, durchziehen, passieren, übersteigen.

πορθέω a) zerstören, verwüsten, vernichten, plündern. b) bestürmen.

πορθμεῖον, τό a) Fähre. b) Furt.

πορθμεύς, έως, ὁ Fährmann.

πορθμεύω a) übersetzen; fortschaffen, bringen. b) *intr.* u. P. sich übersetzen lassen.

πορθμήϊον, τό = πορθμεῖον.

πορθμός, ὁ 1. Überfahrt. — 2. a) Furt. b) Meerenge, Meer.

πορίζω I. Akt. 1. hersenden, (hin)führen. 2. a) herbeischaffen, beschaffen, verschaffen, gewähren, liefern, darbieten, geben. b) zustande bringen, vollbringen, verfertigen. — II. M.: a) sich etw. verschaffen, sich erwerben. b) aus seinen Mitteln gewähren ob. liefern.

πόριμος 2 reich an Hilfsmitteln; erfinderisch, geschickt.

πόρις, εως, ἡ = πόρτις.

πορισμός, ὁ Erwerbsmittel, Erwerb(squelle), Verdienst.

ποριστής, οῦ, ὁ a) Beschaffer von Geldmitteln. b) Urheber.

ποριστικός 3 geeignet etw. herbeizuschaffen.

πόρκης, ου, ὁ Zwinge, Ring.

πορνεία, ἡ Hurerei, Unzucht; Abgötterei.

πορνεύω u. M. Hurerei ob. Unzucht treiben; Götzendienst treiben.

πόρνη, ἡ Hure, Dirne.

πόρνος, ὁ Hurer, Unzüchtiger.

πόρον, *aor. II*, ſ. πορεῖν.

πόρος, ὁ 1. a) Durchgang, Überfahrt. b) α) Furt. β) Meerenge. γ) Brücke. δ) Fahrwasser; Meer, Fluß. — 2. Weg, Bahn, Pfad, Straße. — 3. a) Hilfsmittel; Geldquelle, Einkünfte. b) Erwerbung.

πόρπαξ, ακος, ὁ Handhabe oder Griff am Schilde.

πόρπη, ἡ Spange, Schnalle.

πόρρω I. *adv.* 1. a) vorwärts, weiter (fort), tief hinein. b) weit, zu weit, fern, entfernt. 2. künstighin, in die Zukunft. — II. *prp.* mit *gen.*: a) weit ob. zu weit in etw., tief hinein in etw., weit hinaus über etw. b) fern von.

πόρρω-θεν *adv.* a) von weitem, von fern her, aus der Ferne. b) seit langer Zeit, längst.

πορσαίνω = πορσύνω.

πορσύνω bereiten, besorgen, ausführen, vollbringen; verschaffen, gewähren, verleihen; verkünden.

πόρσω = πόρρω.

πόρταξ, ακος, ἡ = πόρτις.

πόρτις, εως, ὁ, ἡ junge Kuh, Rind, Kalb.

πορφύρα, ἡ 1. a) Purpur. b) Purpurschnecke. — 2. Purpur-gewand, -mantel, -teppich.

πορφύρεος 3 u. **πορφύρους**, α, ουν purpurn, purpurfarbig: a) dunkelrot, schwärzlich. b) blutig. c) schillernd, glänzend, strahlend.

πορφυρεύς, έως, ὁ Purpurfischer, Purpurfärber.

πορφυρό-πωλις, ίδος, ἡ Pur= purhändlerin.
πορφύρω wallen, heftig wogen, unruhig sein.
ποσάκις adv. wie oft?
πόσε adv. wohin?
πόσις¹ εως, ἡ a) das Trinken; Trinkgelage. b) Trank.
πόσις², εως, ὁ Gemahl, Gatte.
πόσος 3 wie groß? wie weit? wie lang(e)? wie viel?
ποσσ-ῆμαρ wie viele Tage?
ποσσί-κροτος 2 mit den Füßen gestampft.
πόστος 3 der wievielte?
ποταίνιος 2 a) neu. b) unge= wöhnlich, unerhört.
ποτάμιος 3 zum Flusse ge= hörig, Fluß=.
ποταμόν-δε in den Fluß.
ποταμός, ὁ a) Fluß, Strom; Gießbach; Kanal. b) Flußgott.
ποταμο-φόρητος 2 vom Flusse fortgerissen.
ποτάομαι P. fliegen, flattern.
ποταπός 3 = ποδαπός.
πότε wann? zu welcher Zeit?
ποτέ I. 1. a) irgend einmal, jemals, je, einst, dereinst. b) endlich einmal. c) manch= mal. ποτὲ μέν ... ποτὲ δέ bald ... bald. 2. vielleicht, etwa, doch wohl. 3. (verallgemeinernd) nur immer, z.B. ὅστις ποτέ wer nur immer. — II. (in Fragen) (denn) eigentlich, denn nur, in aller Welt, doch.
ποτέομαι M. = πέτομαι.
πότερος 1. a) wer ob. welcher von beiden? b) πότερον ... ἤ od. πότερα ... ἤ ob ... oder, it. utrum an. — 2. einer von beiden.
πότερω-θί adv. auf welcher von beiden Seiten?
ποτέρως adv. auf welche von beiden Arten? wie?
πότερω-σε adv. auf welche von beiden Seiten?

ποτή, ἡ das Fliegen, Flug.
ποτήριον, τό Trinkgefäß, Becher, Kelch.
ποτής, ῆτος, ἡ Trank, Getränk.
πότητός 3 geflügelt, fliegend. τὸ -όν Vogel.
ποτί = πρός.
ποτι-βάλλω = προσβάλλω.
ποτι-βλέπω = προσβλέπω.
ποτι-δέγμενος s. προσδέχομαι.
ποτι-δέρκομαι = προσδέρ= κομαι. [mahlzeit dienlich.)
ποτι-δόρπιος 2 zur Abend=)
ποτίζω tränken, zu trinken geben; begießen.
ποτι-κλίνω = προσκλίνω.
πότιμος 2 trinkbar, süß.
ποτι-νίσ(σ)ομαι M. = προσ= νίσσομαι einkommen.
ποτι-πτήσσω: part. pf. ποτι= πεπτηώς sich senkend.
ποτι-τέρπω erheitern.
ποτι-φωνήεις 3 mit Sprache begabt.
ποτι-ψαύω = προσψαύω.
πότμος, ὁ Zufall, Los, Ge= schick, Schicksal, Schickung; Un= glück, Verhängnis, Tod.
πότνα u. **πότνιά**, ἡ a) Herrin, Gebieterin. b) ehrwürdig, hehr, erhaben.
ποτόν, τό Trank, Getränk; Naß, Flüssigkeit, Welle.
πότος, ὁ das Trinken; Trink= gelage.
ποτός 3 trinkbar. [τούς.)
ποττώς = ποτὶ τώς = πρὸς)
ποῦ 1. a) wo? b) wohin? — 2. wie? auf welche Weise? in welchem Falle?
πού 1. a) irgendwo. b) irgend= wohin. — 2. a) irgendwie, irgend einmal. b) etwa, viel= leicht, (doch) wohl, ungefähr, fast, höchstens.
πουλυ-βότειρα, ἡ viele näh= rend, nahrungspendend.
πουλύ-πους = πολύπους.

πουλύς — 367 — πράσσω

πουλύς, ΰ = πολύς.
πούς, ποδός, ὁ 1. Fuß, Bein: a) Huf, Krallen. b) Schote, Lenkseil. — 2. a) Schritt, Gang, Lauf. b) Fuß als Längenmaß. c) Versfuß.
πρᾶγμα, τό u. **πρᾶξις**, εως, ἡ: A. das Handeln od. Tun, Beschäftigung, Betreibung, Verrichtung, Ausführung: a) Handlungsweise, Verfahren. b) Verhandlung. c) Eintreibung. — B. 1. a) Tat, Handlung, Ereignis, Begebenheit, Vorfall, Umstand: α) kriegerische Unternehmung; β) Angelegenheit, Unternehmen, Werk, Aufgabe; Vorhaben, Plan. b) Sache, Tatsache, Ding, Gegenstand, etwas. c) (bsd. pl.) Verhältnisse, Umstände, Lage, Zustände, Schicksal. d) Schwierigkeit, Verlegenheit, Not, Unannehmlichkeit; pl. schwierige Lage. e) Rechtshandel, Prozeß; pl. Händel, Ränke, Umtriebe. 2. a) Wirklichkeit, Natur der Sache. b) Vermögen, Vermögensumstände. c) Sache von Bedeutung od. Wichtigkeit, etw. Großes. d) Wirkung, Erfolg, Nutzen. e) Geschäft, Unternehmen; Verbindung. f) Staatsangelegenheiten, Staatsgeschäfte, Staat: α) Politik, Staatsverwaltung, Regierung; β) politische Macht, Herrschaft. νεώτερα πράγματα Neuerungen, Staatsumwälzungen.
πραγμάτεία, ἡ 1. a) Beschäftigung, Tätigkeit, Geschäft; Anstrengung, Mühe. b) Geschäftigkeit; Regsamkeit. — 2. Ausarbeitung, Schriftwerk; Geschichtswerk. [tätig]
πραγματεύομαι M. u. P. 1. ob. geschäftig sein; ein (Handels-)Geschäft betreiben. —
2. a) sich mit etw. beschäftigen, etw. treiben, unternehmen; zu erwerben suchen. b) zustande bringen, ausführen, ausarbeiten.
πρᾶγος, τό = πρᾶγμα.
πραιτώριον, τό a) Palast des römischen Prokurators. b) Lager (oder Kaserne) der kaiserlichen Leibwache. [tuende(r, s).]
πρακτέος 3 zu tun, zu
πρακτικός 3 praktisch; zu Geschäften tauglich, tüchtig, geschäftig, tätig, tatkräftig.
πράκτωρ, ορος, ὁ, ἡ 1. Täter, Vollbringer, Anstifter(in). — 2. a) Handelsmann. b) Geldeintreiber. c) Gerichtsdiener. d) Rächer.
πρανής 2 a) vorwärts geneigt, kopfüber. b) schräg; abschüssig, steil. τὸ πρανές Abhang.
πρᾶξις, εως, ἡ = πρᾶγμα.
πρᾷος ob. **πρᾶος**, πραεῖα, πρᾷον ob. πρᾶον sanft, zahm; milde: a) sanftmütig, freundlich, gnädig. b) gelassen, ruhig, gleichgültig.
πραότης, ητος, ἡ Sanftmut, Milde, Ruhe, Geduld.
πραπίς, ίδος, ἡ (meist pl.) a) Zwerchfell. b) Geist: α) Herz; β) Verstand, Gedanken.
πρασιά, ἡ Gartenbeet; Gruppe.
πράσιμος 2 käuflich.
πρᾶσις, εως ἡ Verkauf.
πράσσω I. Akt. A. trans. 1. etw. durchfahren, (e-n Weg) zurücklegen. 2. a) vollbringen, ausführen, verrichten, verüben, tun, durchsetzen, erreichen, bewirken. b) erwirken, verschaffen ob. zu verschaffen suchen, erwerben. 3. a) betreiben, sich mit etw. befassen, besorgen, verwalten. b) auf etw. ausgehen ob. denken, beabsichtigen, vorhaben. c) mit j-m verhan-

πρατός — **368** — **πρίω**

deln ob. unterhandeln. 4. a) j-m etw. antun ob. zufügen. b) j-m etw. abfordern, etw. von j-m eintreiben ob. einziehen, erheben. — B. *intr.*: 1. a) irgendwie handeln ob. tun, verfahren, tätig sein, es mit j-m halten. b) wandern, fahren. 2. in einem Zustande sich befinden, sich verhalten, irgendwie ablaufen. εὖ ob. καλῶς πράσσω ich befinde mich wohl, bin glücklich, habe guten Erfolg ob. Glück, es geht mir gut. — II. M.: a) etw. für sich betreiben ob. tun. b) für sich eintreiben, sich bezahlen lassen, erpressen, (Geld) verdienen.

πρατός 3 verkauft.
πραΰνω besänftigen, mildern, lindern. [ητος, ἡ = πρᾳότης.]
πραϋπάθεια und **πραΰτης,**
πραΰς 3 = πρᾷος.
πρέμνον, τό Stamm=ende, Stumpf, Strunk, Baum (=stamm).
πρεπόντως *adv.* auf geziemende Art, mit Würde.
πρέπω I. a) hervorleuchten, glänzen, sich auszeichnen. b) erscheinen, aussehen. 2. geziemen, sich gebühren: **πρέπει** ob. πρέπον ἐστί es ziemt sich, es ist schicklich ob. gebührend, es ist wahrscheinlich.
πρεπώδης 2 geziemend, anständig. [würdig.]
πρέσβα, ἡ a) älteste. b) ehr=/
πρεσβεία, ἡ a) Erstgeburt. b) Gesandtschaft; die Gesandten.
πρεσβεῖον, τό a) Vorrang, Vorsitz. b) Ehrengeschenk.
πρέσβευσις, εως, ἡ = πρεσβεία.
πρεσβευτής, οῦ, ὁ Gesandte(r).
πρεσβεύω I. Akt. 1. a) älter ob. der älteste sein. b) ehrwürdig sein, den Vorzug haben,

besser ob. der beste sein; über etw. walten, herrschen. c) Gesandter sein. d) Gesandte schicken. 2. *trans.* a) ehren, hochachten. b) erheben. c) als Gesandter verhandeln ob. vermitteln. — II. M.: a) Gesandte schicken. b) Gesandter sein.
πρεσβήϊον, τό = πρεσβεῖον.
πρεσβυγένεια, ἡ Erstgeburt.
πρεσβυ-γενής 2 erstgeboren.
πρέσβυς, ὁ 1. *adj.*: a) alt, bejahrt. ὁ Greis, οἱ πρεσβύτεροι die Älteren, Vorfahren, Voreltern; Älteste. b) ehrwürdig; wichtig, mächtig, groß, schlimm. — 2. **οἱ πρέσβεις,** εων Gesandte(n). [Ältesten.]
πρεσβυτέριον, τό Rat der/
πρεσβύτης, ου, ὁ = πρέσβυς.
πρεσβῦτις, ιδος, ἡ Greisin.
πρῆγμα, πρηγματεύομαι = πρᾶγμα, πραγματεύομαι.
πρήθω 1. sprühen, blasen: a) aussprühen, ausströmen lassen. b) aufblasen, schwellen. — 2. anzünden, verbrennen.
πρηκτήρ, ῆρος, ὁ = πράκτωρ.
πρηνής 2 = πρανής.
πρῆξις, ιος, ἡ = πρᾶξις.
πρῆσις, ιος, ἡ = πρᾶσις.
πρήσσω = πράσσω. [strahl.]
πρηστήρ, ῆρος, ὁ Blitz, Wetter=/
πρητήριον, τό Kaufplatz.
πρηΰνω u. **πρηΰς** = πραΰνω u. πραΰς.
πρίασθαι kaufen, abkaufen; erkaufen (= bestechen).
πρίζω = πρίω.
πρίν I. *adv.* 1. früher, (schon) vorher, ehemals, sonst. ὁ πρίν der ehemalige, frühere. 2. eher, lieber. — II. *cj.*: a) bevor, ehe. b) bis, bis daß.
πριστός 3 gesägt, zersägt.
πρίω a) sägen, zersägen. b) mit den Zähnen knirschen ob. packen; festbinden.

πρίων, ονος, ὁ Säge.
πρό I. *adv.*: a) vorn, voran, vorwärts, hervor. b) vorher. — II. *prp.* mit *gen.* 1. örtlich: vor, vor ... her. 2. zeitlich: vor, früher als. 3. übtr.: a) für (= zum Schutze für etwas, zum Vorteil, zugunsten i-s). b) statt, im Namen. c) vor (= im Vergleich mit, höher als). [derung zu etwas.]
προάγγελσις, εως, ἡ Auffor-
προ-αγορεύω 1. vorhersagen: a) prophezeien. b) vorher oder im voraus sagen ob. mitteilen ob. bekanntmachen, erzählen, schildern. c) vorher anordnen, vorher befehlen ob. raten. — 2. öffentlich reden, laut bekanntmachen, verkündigen, melden, ausrufen oder ausrufen lassen, befehlen, auffordern, anordnen.
προ-άγω u. M. 1. vorwärts- ob. weiterführen, geleiten, vorrücken lassen: a) vorführen; hinführen. b) j-n zu etw. bringen, veranlassen, verführen. P. sich hingezogen fühlen. c) weiter hinausrücken; emporbringen, fördern, zu etw. erheben. — 2. *intr.*: a) vorrücken, weitergehen. b) zu weit gehen. c) voran, voraus-gehen, vor j-m hergehen, vortreten.
προ-άγων, ωνος, ὁ Vorkampf, Vorspiel; Vorbereitung.
προ-αγωνίζομαι M. schon früher kämpfen.
προ-αδικέω vorher beleidigen.
προ-αιδέομαι P. Dank schulden.
προαίρεσις, εως, ἡ 1. freie Wahl, (freier) Entschluß, Neigung, Bestrebung. — 2. a) politische oder wissenschaftliche Richtung: α) Regierungsform; β) politische Partei. b) Grund-

satz, Handlungsweise; Politik. c) Sekte, Schule. d) Rolle.
προ-αιρέω I. Akt. hervornehmen, -heben. — II. M. a) sich auswählen. b) vorziehen, lieber wollen. c) sich etw. vornehmen, beschließen.
προ-αισθάνομαι M. vorher ob. früher (be)merken, früher erfahren, ahnen.
προ-αιτιάομαι M. (schon) vorher anklagen.
προ-ακούω vorher hören.
προ-αλής 2 abschüssig.
προ-αμαρτάνω vorher sündigen. [aus wehren.]
προ-αμύνομαι M. sich im vor-
προ-αναβαίνω zuerst besteigen. [See gehen.]
προ-ανάγομαι M. vorher in)
προ-αναισιμόω vorher aufwenden. P. vorher verfließen.
προ-αναλίσκω vorher verbrauchen.
προαναχώρησις, εως, ἡ früherer Abzug. [gegnen.]
προ-απαντάω zuvor be-
προ-απέρχομαι M. vorher weggehen, zuerst abziehen.
προ-απηγέομαι vorher erzählen.
προ-αποθνῄσκω zuvor oder vor der Zeit sterben.
προ-απόλλυμι a) vorher vernichten. b) *pf.* II u. P. vorher umkommen ob. verloren gehen.
προ-αποπέμπω a) vorausschicken. b) vorher absenden.
προ-αποστέλλω = προαποπέμπω. [ablassen.]
προ-αποτρέπομαι M. vorher)
προ-αποφαίνομαι M. vorher aussprechen. [gehen.]
προ-αποχωρέω vorher weg-)
προ-αρπάζω vorwegnehmen.
προ-άστειον u. -άστιον, τό a) Gegend vor der Stadt; Landgut. b) Vorstadt.

προ-αύλιον, τό Vorhof, Vorhalle.

προ-αφικνέομαι M. a) vorher hingelangen. b) früher gegangen sein. [her abfallen.]

προ-αφίσταμαι M. schon vor.

προ-βαίνω 1. vorschreiten, vorwärts oder weiter-gehen, vorausgehen, vordringen. — 2. a) vorrücken, verstreichen. b) älter werden. — 3. a) fortschreiten; Fortgang haben, sich entwickeln, vonstatten gehen; übertreffen, überlegen sein.

προ-βάλλω I. Akt. 1. vorwerfen: α) weg-, hin-werfen; β) vordrängen, vorschieben, (hervor-)treiben, entgegenstellen (Streit anfangen; γ) j-m etw. vorhalten. b) ausstrecken. c) j-m (e-e Frage) vorlegen. d) weg-, niederwerfen; preisgeben, aufs Spiel setzen. e) j-n in Anklagezustand setzen. 2. *intr.* (von Pflanzen) ausschlagen. — II. M. 1. a) etw. zum Schutze vor sich halten; sich decken, sich schützen. b) vorschützen, j-n vorschieben, sich auf etw. berufen. 2. vor sich hinwerfen ob. hinstreuen, preisgeben. 3. (zu e-m Amte ob. zur Wahl) j-n vorschlagen ob. aufstellen. 4. übertreffen.

πρόβασις, εως, ἡ das gehende Gut (= Herden).

προβατικός 3 die Schafe betreffend. ἡ - ή das Schaf-tor.

προβάτιον, τό Schäfchen.

πρόβατον, τό meist pl. Vieh, Viehherde, Kleinvieh, Schafe.

προ-βέβουλα lieber wollen.

προ-βιβάζω vorwärts bringen ob. fahren; hinführen; zu etw. bringen; hervorziehen, (im voraus) antreiben, anstiften. [προβαίνω.]

προ-βιβάω u. **προβίβημι** =

προ-βλέπομαι M. zuvorersehen.

πρόβλημα, τό 1. Vorsprung, Vorgebirge, Klippe. — 2. Schutzwehr, Schutz, Schirm: a) Bollwerk. b) Schutzwaffe, Speer. c) Vorwand. d) Streitfrage.

προβλής, ῆτος vorspringend. ἡ ~ Vorsprung, Klippe.

πρόβλητος 2 hingeworfen.

προ-βλώσκω hervorgehen, hinausgehen, herauskommen.

προ-βοάω laut rufen, schreien.

προ-βοηθέω vorher zu Hilfe

προβόλαιος, ὁ Speer. [eilen.]

προβολή, ἡ u. **πρόβολος, ὁ** a) = πρόβλημα. b) das Vorstrecken der Waffen, Ausfallstellung, Angriff. c) vorläufige Anklage beim Volke.

προβοσκός, ὁ Hirtenknecht.

προβούλευμα, τό Vorbeschluß, Ratsgutachten.

προ-βουλεύω I. Akt.: a) im voraus beraten, vorher überlegen; (vom Senat) vorberaten, einen Vorbeschluß fassen; b) für j-n sorgen. — II. M. vorher bei sich überlegen.

πρό-βουλος, ὁ Vorberater, Mitglied einer beratenden Kommission; Abgeordneter.

προ-βωθέω = προβοηθέω.

προ-γενής 2 frühergeboren: a) alt, bejahrt. b) uralt, ewig.

προ-γί(γ)νομαι M. 1. a) früher geboren werden. b) früher geschehen, vorhergehen; *pf.* früher (gewesen) sein. — 2. hervorkommen, zum Vorschein kommen.

προ-γι(γ)νώσκω a) im voraus ob. von früher her (er)kennen, vorauswissen. b) einen Vorbeschluß fassen.

πρόγνωσις, εως, ἡ Vorherwissen, vorher gefaßter Ratschluß.

πρό-γονος 2 a) vorher geboren, älter. b) ὁ Ahnherr, Stammvater, Erzeuger; pl. Vorfahren.
προ-γράφω a) vorher schreiben ob. eintragen, voranschreiben, vorherbezeichnen. b) vormalen, -zeichnen.
προ-δαῆναι vorher wissen.
προ-δείδω im voraus fürchten ob. besorgt sein.
προ-δείκνῡμι 1. a) vorzeigen, vorhalten; dartun. b) belasten; vor sich hinzeigen. — 2. vorher zeigen ob. ankündigen.
προ-δειμαίνω sich im voraus fürchten.
προδέκτωρ, ορος, ὁ Vorher-[verkündiger.]
πρό-δηλος 2 ganz offenbar, allbekannt. [baren.]
προ-δηλόω vorher offen-
προ-διαβαίνω vorher übersetzen ob. hinübergehen.
προ-διαβάλλω im voraus verdächtigen.
προ-διαγιγνώσκω vorher überlegen ob. beschließen.
προ-διαφθείρω vorher vernichten. P. vorher zugrunde gehen.
προ-διδάσκω vorher (be)lehren; belehren, j-n einlernen.
προ-δίδωμι 1. vorher ob. zuerst geben, vorausbezahlen. — 2. a) hingeben, ausliefern; preisgeben, verraten, im Stiche lassen. b) aufgeben. — 3. intr. treulos fliehen, untreu werden, (v. Flüssen) versiegen, (v. Wällen) nicht wanken, standhalten.
προ-διηγέομαι M. zuvor erzählen ob. schildern.
πρό-δικος ὁ Vormund der spartanischen Könige. [bringen.]
προ-διώκω im Verfolgen vor-
προ-δοκεῖ, pf. προδέδοκται es ist früher beschlossen ob. ausgemacht worden.

προδοκή, ἡ Anstand (pl.).
πρό-δομος, ὁ Vorhalle.
προδοσίᾱ, ἡ Verrat.
προδότης, ου, ὁ Verräter; Ausreißer.
προδοτικός 3 verräterisch.
πρόδοτος 2 verraten, verlassen, preisgeben. [fen, Vorlaufen.]
προδρομή, ἡ das Vorauslau-
πρόδρομος 2: 1. a) vorauslaufend subst, ὁ Vorläufer. b) enteilend, eiligst. — 2. den Vortrab bildend. subst. ὁ: a) vorausgesandter Kundschafter. b) pl. Vortrab, Plänkler.
προεδρίᾱ, ἡ a) Vorsitz; Vorrang. b) vorderster Sitz.
πρό-εδρος, ὁ Vorsitzender.
προ-εέργω zurückhalten.
προ-εθίζω vorher gewöhnen.
προ-είδον s. προοράω.
πρό-ειμι¹ vorher (= vergangen) sein.
πρό-ειμι² = προέρχομαι.
προ-εῖπον u. προ-είρηκα zu προαγορεύω. [schaffen.]
προ-εισάγω vorher herein-
προ-εκθέω a) vorher herauslaufen. b) hervorlaufen.
προ-εκκομίζω vorher hinausschaffen. [kassieren.]
προ-εκλέγω im voraus ein-
προ-εκφόβησις, εως, ἡ vorhergegangene Einschüchterung.
προ-ελαύνω intr. u. P. vorrücken; vorausreiten.
προ-ελπίζω vorher hoffen.
προ-εμβάλλω zuerst einfallen, vorher angreifen, vorher gegen etw. stoßen.
προ-έμεν s. προΐημι.
προ-ενάρχομαι M. vorher anfangen. [auffordern.]
προ-εννέπω laut aussprechen,
προ-ενοίκησις, εως, ἡ das frühere Darinwohnen.
προ-εξαγγέλλω vorher melden, vorhersagen.

24*

προ-εξάγω vorher hinausführen. P. vorher auslaufen.

προ-εξαΐσσω und **-εξάσσω** a) (vorher) vorstürmen. b) zu weit vorstürmen.

προ-εξανίστημι intr. und M. vor den anderen od. zu früh aufstehen od. sich erheben; zuerst aufbrechen; sich vorher aufrichten od. aufraffen.

προ-εξέδρᾱ, ἡ hohe Schaubühne, Tribüne.

προ-έξειμι = προεξέρχομαι.

προ-εξέρχομαι M. a) ausrücken. b) vorausmarschieren.

προ-εξορμάω früher aufbrechen. [verheißen.]

προ-επαγγέλλω u. M. vorher]

προ-επαινέω vorher billigen.

προ-επανασείω als Drohmittel vorhalten. [stellen.]

προ-επιβουλεύω zuerst nach-]

προ-επίσταμαι P. vorherwissen. [greifen.]

προ-επιχειρέω zuerst an-]

προ-εργάζομαι M. 1. a) vorher tun. b) früher erwerben. — 2. j-m vorarbeiten.

προ-ερέσσω vorwärts- oder weiter-rudern.

προ-ερέω, fut. zu προαγορεύω.

προ-ερύω vorwärts- od. hinabziehen.

προ-έρχομαι M. 1. hervor-, heraus-gehen, -kommen, vortreten; öffentlich auftreten. — 2. vorwärtsgehen, vorgehen, weitergehen: a) vorrücken; aufbrechen od. abziehen. b) (von der Zeit) vergehen, verlaufen. c) (von der Rede od. Untersuchung) weitergehen, fortschreiten. d) vorwärtskommen, fortschreiten, sich entwickeln, bis zu einem Punkte steigen. — 3. a) voran-, voraus-gehen, -reisen, -marschieren. b) zuvorkommen.

προ-ερῶ, fut. b προλέγω.

προετικός 3 verschwenderisch.

προ-ετοιμάζω vorbereiten, zuvor bestimmen.

προ-ευαγγελίζομαι M. vorher als frohe Botschaft verkünden.

προ-έχω I. Akt. 1. a) vorhalten. b) vorher- oder im voraus haben; vorher kennen gelernt haben. c) etw. vor j-m vorausbaben. — 2. intr.: a) hervorragen. b) voraus sein, e-n Vorsprung od. Vorzug haben, im Vorzug od. überlegen sein, übertreffen. c) (unperf.) οὐ προέχει es nützt nichts. — II. M. 1. etw. vor sich halten oder vor sich haben: a) vorschützen. b) vorschlagen, anbieten. — 2. = Akt. 2.

προ-ηγεμών, όνος, ὁ Führer.

προ-ηγέομαι M. a) vorwärts- od. voran-gehen, vorauszïehen; Führer sein. b) zuvorkommen, übertreffen.

προηγητής, οῦ, ὁ Führer.

προηγορέω Sprecher sein.

προ-ήκης 2 scharfkantig.

προ-ήκω a) vorgerückt sein; soweit gekommen sein. b) überlegen sein.

προ-θέλυμνος 2 a) von Grund aus, mit der Wurzel. b) dichtgereiht; starkgeschichtet.

πρόθεσις, εως, ἡ a) Aus-, Schau-stellung. b) Vorsatz, Streben, Entschluß, Beschluß.

προ-θέσμιος 3 vorher festgesetzt. **ἡ προθεσμία.** — a) Verjährung(sfrist), Verfallstag. b) Frist, Termin.

προ-θέω[1] vorauslaufen.

προ-θέω[2] erlauben, freistellen.

προ-θνῄσκω vorher sterben, vor j-m sterben.

προ-θρῴσκω hervor-, aufspringen.

προθῡμέομαι P. a) geneigt ob. bereit sein, Lust haben, wünschen. b) eifrig sein, sich bemühen, eifrig streben, darauf hinarbeiten.

προθῡμίᾱ, ἡ Geneigtheit, Bereitwilligkeit, Eifer, Wunsch: a) Ergebenheit, Gunst. b) Lust und Liebe, guter Mut, guter Wille, Diensteifer.

πρό-θῡμος 2 a) geneigt, gewogen, günstig. b) begierig, eifrig, freudig, bereit(willig), gern, entschlossen; mutig, kampflustig.

πρό-θῠρον, τό Vordertür: 1. Hoftor. — 2. a) Türweg. b) Vorhalle; Hauseingang.

προ-θύω und M. a) vorher opfern. b) das Opfer leiten.

προ-ϊάλλω entsenden.

προ-ϊάπτω hinwerfen, entsenden. [übernehmen.]

προ-ίζομαι M. den Vorsitz]

προ-ίημι I. Akt. 1. fortschicken, abschicken, entsenden, hinsenden, zusenden; schleudern. — 2. entlassen, loslassen, fahren lassen. — 3. a) preisgeben, verschwenden. b) verleihen, erteilen; erlauben, gestatten. — II. M. 1. (Worte) aussprechen ob. äußern. — 2. sich preisgeben, sich hingeben; sich in etw. einlassen. — 3. a) darbringen, zum Opfer bringen. b) anvertrauen. c) zulassen, gestatten. — 4. preisgeben, fahren lassen, opfern; unbenutzt (vorübergehen) lassen.

προΐκτης, ου, ὁ Bettler.

πρόϊμος 2 = πρώϊμος.

προΐξ u. **προίξ, προικός, ἡ** Geschenk, Gabe; Mitgift. adv. **προῖκα** u. **προικός** umsonst, unentgeltlich.

προ-ίστημι I. Akt. 1. trans. voranstellen; an die Spitze von etw. stellen. — 2. intr. u. M.: a) sich voranstellen, vor- ob. davor-treten. b) sich entgegenstellen; etw. an j-m rächen; c) vor etw. treten (pf. vor etw. stehen): α) (be)schützen; β) j-n um etw. bitten; γ) an die Spitze treten. pf. an der Spitze stehen, vorstehen, über etwas gesetzt sein, befehligen, leiten, verwalten, besorgen, ausüben, ausführen. — II. M. 1. = Akt., intr. 2. etw. vor sich hinstellen, j-n zum Anführer machen. — 3. etw. vorschützen. — 4. etw. vorziehen.

προ-ΐσχω = προέχω.

προκά adv. sogleich, plötzlich.

προ-κάθημαι M. a) vor etw. sitzen ob. liegen. b) (be)schützen, verteidigen.

προ-καθίζω u. M. a) davor ob. vorwärts fliegend sich niederlassen. b) öffentlich dasitzen, öffentliche Sitzung halten.

προ-καθίστημι pf. u. M. davor aufgestellt sein.

προ-καθοράω vorher auskundschaften.

προ-καίω vorn ob. davor ob. vorher anzünden, verbrennen.

προ-καλέω I. Akt. hervorrufen; auffordern. — II. M. 1. sich hervorrufen, herausfordern. — 2. a) zu etw. auffordern ob. antreiben, reizen, einladen. b) Vorschläge machen, beantragen, fordern; sich zu etwas erbieten. — 2. veranlassen, bewirken.

προκᾰλίζω = προκαλέω.

προ-κᾰλινδέομαι = προκυλίνδομαι.

προκάλυμμα, τό Vorhang; Schutzdecke; Deckmantel, Vorwand.

προ-καλύπτω I. Akt.: a) vorhängen, vor sich ziehen. b) vorn

προ-κάμνω — 374 — προ-λαμβάνω

verhüllen. — II. M.: a) sich etw. verhüllen. b) etw. vorschützen.
προ-κάμνω 1. a) sich im voraus abmühen. b) vorher leiden. — 2. sich für j-n mühen.
προ-καταγγέλλω vorher verkünden ob. versprechen.
προ-καταγιγνώσκω im voraus verurteilen oder beschuldigen.
προ-καταθέω vorauseilen; vorher (ob. im Vorterrain) e-n Streifzug machen.
προ-κατακάω = προκαίω.
προ-καταλαμβάνω vorwegnehmen: 1. a) vorher einnehmen, vorherbesetzen. b) (vorher) für sich gewinnen. — 2. vorbauen, vereiteln, verhüten.
προ-καταλέγω vorher beschreiben.
προ-καταλύω vorher auflösen ob. aufheben ob. schlichten.
προ-καταρτίζω im voraus bereit machen, vorbereiten.
προ-κατάρχομαι M. τῶν ἱερῶν τινι j-m den feierlichen Beginn des Opfers überlassen.
προ-καταφεύγω vorher (entz) fliehen ob. entkommen.
πρόκα-τε = sogleich, plötzlich.
προ-κατέχω vorher einnehmen ob. in Besitz genommen haben.
προ-κατηγορέω im voraus anklagen.
προκατηγορία, ἡ vorhergegangene Anklage.
πρό-κειμαι M. vorliegen: 1. a) vor etw. liegen, vorn an etw. stecken. b) weiter hinausliegen, vorspringen. — 2. offen ob. öffentlich daliegen ob. dastehen; bereitliegen, vorhanden sein. — 3. bevorstehen. — 4. (als pf. P. zu προτίθημι) vorgelegt ob. vorgesetzt sein; öffentlich ausgestellt ob. ausgesetzt, (vorher) festgesetzt oder auferlegt, bestimmt sein.
προ-κήδομαι M. sorgen für.
προ-κηραίνω besorgt sein.
προ-κηρύσσω a) öffentlich ausrufen (lassen). b) (vorher) verkündigen, gebieten.
προ-κινδῡνεύω a) vor anderen Gefahren bestehen, als Vorkämpfer streiten. b) für j-n sich in Gefahr(en) begeben ob. Gefahren bestehen, j-n verteidigen ob. schützen.
προ-κινέω vorrücken lassen.
προ-κλαίω a) vorher beweinen. b) laut wehklagen.
πρόκλησις, εως, ἡ a) Herausforderung. b) Aufforderung, Vorschlag, Antrag.
προ-κλίνω vorwärts beugen, hinlehnen.
πρό-κλυτος 2 weitberühmt.
προ-κομίζω fortschaffen.
προκοπή, ἡ Fortschritt, Wachstum, Förderung.
προ-κόπτω a) vorwärts bringen, fördern. b) intr. u. P. vorwärts kommen, vorrücken, Fortschritte machen, zunehmen.
πρόκρῑμα, τό Vorurteil.
προ-κρίνω 1. a) vor anderen (aus)wählen. b) vorziehen. P. vorgezogen werden, für den vorzüglichsten gelten. — 2. als etw. beurteilen, für etw. erklären ob. halten.
πρό-κροσσος 3 (u. 2) staffelweise aufgestellt.
προ-κυλίνδομαι und **-έομαι** M. sich vorwärts wälzen; sich niederwerfen.
προ-κυρόω vorher bestätigen.
προ-λαμβάνω 1. vorwegnehmen: a) vorher wegnehmen, im voraus gewinnen. b) im voraus berechnen. — 2. vorziehen. — 3. zuvorkommen

προ-λέγω — 375 — πρό-ξεινος

den Vorsprung gewinnen. — 4. ertappen, überraschen.
προ-λέγω 1. a) vorher- ob. voraus-sagen. b) öffentlich bekanntmachen, gebieten. — 2. vor anderen (aus)erwählen.
προ-λείπω 1. a) zurücklassen, verlassen, im Stiche lassen. b) unterlassen. — 2. *intr.* versagen, schwinden.
προ-λεσχηνεύομαι M. vorher sich besprechen.
προ-λεύσσω a) in der Ferne sehen. b) voraussehen.
προ-λοχίζω a) vorher mit e-m Hinterhalt belegen. b) vorher einen Hinterhalt legen.
προ-μανθάνω a) vorher lernen. b) immer mehr lernen.
προμαντεία, ἡ Vortritt bei Befragung des Orakels.
προ-μαντεύω u. M. a) vorhersagen. b) ahnen.
πρό-μαντις, εως, ὁ u. ἡ: *adj.* sich vorher ankündend. *subst.* Priester, Priesterin.
προ-μαρτύρομαι M. im voraus bezeugen.
προμαχέω a) in der ersten Reihe kämpfen, ein Vorkämpfer sein. b) den Vorkampf aufnehmen. c) für etw. kämpfen.
προμαχεών, ῶνος, ὁ a) Schutz-, Brust-wehr, Zinne. b) Bollwerk.
προμαχίζω u. M. -μάχομαι = προμαχέω.
πρό-μαχος 2 vorkämpfend; ὁ Vorkämpfer.
προ-μείγνυμαι P. vorher beiwohnen (τινί j-m).
προ-μελετάω vorher überlegen ob. einüben.
προ-μεριμνάω vorher sorgen ob. besorgt sein.
προ-μετωπίδιον, τό 1. Stirnhaut. — 2. a) Stirnband. b) Stirnpanzer.

προμήθεια, ἡ a) Vorsicht, Klugheit. b) Fürsorge.
προμηθέομαι P. vorbedenken, für etw. sorgen, auf etw. Rücksicht nehmen.
προ-μηθής 2 vorbedacht, vorsichtig, besorgt um.
προμηθία, ἡ = προμήθεια.
προ-μηνύω vorher mitteilen, verraten. [μ.]
προ-μίγνυμαι P. = προμείγνυ-]
προ-μνάομαι M. 1. für j-n werben. — 2. a) (an)raten. b) ahnen.
προμνηστῖνοι 3 hintereinander, nach der Reihe.
προμνήστρια und προμνήστρις, ίδος, ἡ Freiwerberin, Ehestifterin. [προβλώσκω.]
προ-μολεῖν, *inf. aor. II* zu]
πρό-μος, ὁ Vorderster, Anführer, Fürst; Vorkämpfer.
πρό-ναος 2 = προνήιος.
προ-ναυμαχέω für j-n zur See kämpfen.
προ-νέμομαι M. um sich greifen, sich verbreiten.
προ-νήιος 3 vor dem Tempel befindlich. ὁ πρ. Vorhalle.
προ-νηστεύω vorher fasten.
προ-νῑκάω vorher (be)siegen.
προ-νοέω M. u. P. a) vorher bemerken ob. ahnen. b) vorher überlegen ob. ersinnen. c) für etw. sorgen ob. Sorge tragen, an etw. denken; sich vorsehen.
προνοητικός 3 fürsorglich, vorsichtig, weislich.
πρόνοια, ἡ 1. a) Voraussicht, Vorherwissen. b) Vorsicht, Klugheit; Vorsehung. c) Vorbedacht, Absicht. — 2. Fürsorge, Sorge, Sorgfalt.
προνομή, ἡ das Furagieren; Furagekorps. [sichtig, klug.]
πρό-νοος u. πρόνους 2 vor-]
πρόξ, προκός, ἡ Hirschkalb, Reh.
πρό-ξεινος, ὁ = πρόξενος.

προξενέω 1. j-s Staatsgaſt=
freund ſein. — 2. ſich j-s an=
nehmen; j-m etw. vermitteln,
verſchaffen, gewähren, emp=
fehlen. [ſchaft.]
προξενία, ἡ Staatsgaſtfreund=
πρό-ξενος, ὁ u. ἡ: a) Staats=
gaſtfreund, Fremdenvertreter.
b) Wirt, Wirtin.
προ-ξυγγίγνομαι M. vorher
eine Zuſammenkunft haben.
πρό-οδος, ἡ Vormarſch, Aus=
marſch. [herkennen.]
πρό-οιδα vorherwiſſen, vor=
προοιμιάζομαι M. einleiten,
eine Vorrede machen, im Ein=
gang ſagen.
προ-οίμιον, τό 1. a) Vorſpiel.
b) Eingang (zu einer Rede). —
2. a) Lobgeſang b) Einleitung,
Anfang. — 3. Vorſpiegelung.
προ-ομνῡμι vorher (be=
ſchwören. [ſtehen.]
προ-ομολογέω vorher zuge=
πρό-οπτος 2 ſichtbar, offenbar.
προ-οράω u. M. 1. a) vor ſich
ſehen, von ferne ſehen. b) vor=
her ſehen. — 2. vorausſehen,
im voraus merken, ahnen,
insb. (von Sachen) vorbedeuten.
— 3. vor Augen haben: a) Vor=
ſorge tragen, ſich vorſehen.
b) bedenken, berückſichtigen.
c) ſich um etw. kümmern.
προ-ορίζω vorherbeſtimmen,
prädeſtinieren.
προ-ορμάω u. P. weiter vor=
rücken, voraus=gehen, =fahren.
προ-ορμίζω etw. vor etw.
vor Anker legen.
προ-οφείλω von früher her
ſchulden. P. noch ſchuldig od.
rückſtändig ſein, noch nicht ver=
golten ſein. [gener Anblick.]
πρό-οψις, εως, ἡ vorhergegan=
πρό-παππος, ὁ Urgroßvater.
προ-παραβάλλομαι M. vor=
her in Reihen aufſchichten.

προ-παρασκευάζω vorbe=
reiten, im voraus zubereiten.
προ-παρέχω I. Akt. vorher
darbieten. — II. M. ſich im vor=
aus mit etw. verſorgen.
προ-πάροιθε(ν) I. adv.:
a) vorn, voran, vorwärts;
b) vorher. — II. prp. mit gen.:
a) vor, vorn an etw. b) ent=
lang, längs. [alleſamt.]
πρό-πᾱς, ασα, ᾰν ganz, geſamt,
προ-πάσχω vorher (er)dulden
od. leiden. [vater, Vorfahr.]
προ-πάτωρ, ορος, ὁ Stamm=
πρό-πειρα, ἡ vorläufiger od.
erſter Verſuch.
προ-πέμπω I. Akt. 1. a) vor=
ſchicken, vorausſchicken. b) hin=
ſchicken: α) darreichen; β) mel=
den. c) fortſchicken, entlaſſen.
— 2. geleiten, begleiten; ver=
folgen. — II. M.: a) von ſich
wegſchicken. b) vorrücken laſſen.
προ-πέτεια, ἡ Unbeſonnen=
heit, Ungeſtüm.
προ-πετής 2: 1. vornüber
fallend, hingeſtreckt. — 2. a) be=
reit, geneigt. b) voreilig, über=
eilt, keck.
προ-πηλᾰκίζω in den Kot
treten; ſchmählich behandeln,
beſchimpfen. [fung.]
προπηλᾰκισμός, ὁ Beſchimp=
προ-πίνω a) vor=, zu=trinken.
b) leichtſinnig preisgeben.
προ-πίπτω und **-πίτνω** vor=
wärts fallen, hineinfallen:
a) ſich vornüber beugen.
b) weiter vordringen. c) ſich
vor j-m niederwerfen.
προ-πλέω voranſegeln.
πρόπλοος und **πρό-πλους** 2
voranſegelnd.
προ-πλώω = προπλέω. [ten.]
προ-ποδίζω vorwärts ſchrei=
προ-ποιέω a) vorher tun od.
machen od. erbauen. b) vor=
bereiten.

προ-πολεμέω für j-n Krieg führen od. kämpfen.

πρό-πολος, ὁ und ἡ Tempeldiener(in), Priester(in).

προπομπός, ὁ, ἡ Begleiter(in).

προ-πονέω I. Akt.: a) vorher arbeiten, sich vorher anstrengen. b) für j-n arbeiten oder Beschwerden ertragen. — II. M. immer weiter leiden.

πρό-πονος, ὁ vorausgehende Mühe. *adj.* sehr mühevoll.

προ-πορεύομαι P. j-m vorausziehen, vor j-m hergehen.

προ-πρηνής 2 vornüber geneigt; vorwärts; auf dem Gesicht (liegend).

προπρο-κυλίνδομαι sich immer weiter schleppen, sich hin und her wälzen.

προ-πύλαιον u. **πρό-πυλον**, τό Vorhof, Vorhalle.

προ-πυνθάνομαι M. vorher erfahren.

προ-ρέω hervorströmen.

προ-ρρηθῆναι, *inf. aor.* P. zu προαγορεύω.

πρό-ρρησις, εως, ἡ a) vorausgegangene Ankündigung. b) Befehl, Weisung.

πρόρρητος 2 vorher verkündigt od. geboten, geraten.

πρό-ρριζος 2 mitsamt der Wurzel, von Grund aus.

πρός A. *adv.* zudem, (noch) dazu, außerdem. — B. *prp.* I. mit *gen.*: 1. von ... her, von ... aus, von, zB. πρὸς βορρᾶ von Norden her; im Deutschen oft = nach ... zu, nach ... hin, auf der Seite von, bei, zB. πρὸς νότου οἰκεῖν nach Süden zu wohnen; πρός τινος εἶναι (γίγνεσθαι) auf j-s Seite stehen (treten). — 2. übtr.: von ... her, von seiten, von: a) nach dem Urteil, in den Augen, zum Nutzen, zugunsten. b) gemäß, entsprechend. c) bei Schwüren und Bitten: bei, lt. per, zB. πρὸς τῶν θεῶν ἱκετεύειν. — II. mit *dat.*: a) bei, vor, neben, in der Nähe, an, zB. μάχεσθαι πρὸς τῇ πόλει. b) außer, zu τούτῳ od. τούτοις außerdem. — III. mit *acc.*: 1. nach ... hin, auf ... zu, nach, auf, an, gegen, zB. ἰέναι πρὸς Ὄλυμπον, πρὸς τὴν Ἑλλάδα, πρὸς Βαβυλῶνα, ἡ πρὸς ὑμᾶς ὁδός. — 2. (zeitl.) gegen, zB. πρὸς ἑσπέραν. — 3. übtr.: a) gegen (freundlich und feindlich), zB. εὐσεβὴς oder ἀσεβὴς πρὸς θεούς, μάχεσθαι πρὸς Σκύθας. b) gegen = gegenüber, im Vergleich mit, im Verhältnis zu etwas, zB. ὁ μῦς μικρός ἐστι πρὸς τὸν κύνα. c) gemäß, zufolge, mit Rücksicht auf, in betreff, zB. πρὸς τοὺς καιροὺς εὖ βουλεύσασθε. d) (final) zu = zum Zweck, behufs, zB. οἱ παῖδες παιδεύονται πρὸς ἀρετήν. λέγειν πρὸς χάριν nach Gunst, zu Gefallen, nach Lust.

προ-σάββατον, τό Rüsttag, Tag vor dem Sabbat, Freitag.

προσ-αγορεύω anreden: a) begrüßen. b) nennen, bezeichnen als. c) sagen, aussprechen.

προσ-άγω I. Akt. 1. a) heran-, hinzu-, hin-führen, herbei-, hin-bringen: α) vorführen, j-n bei j-m einführen; β) darbringen, (ὅρκον) zuschieben. b) α) in Anwendung bringen; β) verursachen. c) hinzufügen. P. sich j-m anschließen. d) j-n zu etw. bringen od. antreiben, bestimmen. — 2. *intr.* vorrücken, heran-rücken, kommen, sich nähern. — II. M. 1. an sich ziehen; zu sich herüberziehen, auf seine Seite bringen; für sich gewinnen. — 2. j-n zu etw. bringen od. antreiben.

προσαγωγή — **προσ-βάλλω**

προσαγωγή, ἡ 1. das Herbeiführen, Heranziehen. — 2. Zutritt, Zugang: a) Audienz. b) festlicher Zug zum Tempel.

προσαγωγός 2 anziehend.

προσ-ᾴδω a) dazu singen. b) etw. mit j-m Übereinstimmendes sagen; übereinstimmen mit.

προσ-αιρέομαι M. hinzunehmen, noch dazuwählen.

προσ-αΐσσω herbeieilen.

προσ-αιτέω a) noch dazuverlangen, mehr fordern. b) anbetteln, betteln.

προσαίτης, ου, ὁ Bettler.

προσ-ακούω außerdem noch hören.

προσ-αλείφω aufstreichen.

προσ-αμύνω beistehen, helfen.

προσ-αναβαίνω (weiter) hinauf-steigen, -rücken.

προσ-αναγκάζω noch dazu nötigen, zu etwas zwingen.

προσ-αναιρέομαι M. noch dazu übernehmen. [λίσκω.]

προσ-αναισιμόω = προσανα-)

προσ-αναλίσκω außerdem noch aufwenden oder verbrauchen.

προσ-αναπληρόω durch Hinzufügen ausfüllen, abhelfen.

προσ-ανατίθεμαι M. 1. noch dazu auf sich nehmen. — 2. a) sich anvertrauen, um Rat fragen. b) noch dazu auferlegen.

προσ-άνειμι noch dazu hinaufgehen.

προσ-ανειπεῖν außerdem (noch) bekanntmachen.

προσ-ανερωτάω noch dazu befragen.

προσ-ανέχω sich nähern.

προσ-αντης 2 a) steil, schroff. b) schwierig, feindlich, widrig, hart.

προσ-απαγγέλλω noch dazu ankündigen ob. melden.

προσ-απειλέω u. M. noch dazu drohen. [verlieren.]

προσ-αποβάλλω noch dazu)

προσ-απογράφω außerdem (schriftlich) denunzieren.

προσ-αποδείκνυμι außerdem beweisen.

προσ-απόλλυμι u. -ύω 1. zugleich verderben ob. vernichten, töten, verlieren. b) intr. u. M. mit-umkommen, zugleich untergehen. [Stärkung] nachschließen.

προσ-αποστέλλω (zur Ver-)

προσ-άπτω I. Akt. 1. a) anknüpfen, anfügen. b) hinzufügen; j-m etw. zufügen, zuteilen, verleihen, gewähren, beimessen. — 2. intr. sich anfügen, hinzukommen. — II. M. Hand anlegen, berühren, erfassen.

προσ-αραρίσκω anfügen. pf. sich anschmiegen. προσαρηρώς 3 angefügt.

προσ-αρκέω a) Beistand leisten. b) gewähren, leisten.

προσ-αρμόζω hinzu-, anfügen, anpassen. [knüpfen.]

προσ-αρτάω mit etwas ver-)

προσ-σάττω vorher hinlänglich rüsten ob. anschaffen.

προσ-αυδάω anreden, nennen.

προσ-αύω verbrennen.

προσ-αφικνέομαι M. außerdem noch ankommen.

προσ-αφίστημι noch weiter abtrünnig machen.

προσ-βαίνω a) hinzu-, hinaufschreiten, -steigen; zu etw. hingehen. — 2. auf etw. (hinauf-) treten, etw. betreten; j-n befallen, über j-n kommen.

προσ-βάλλω I. Akt. 1. hinzu-, daran-, hin-werfen, hinrichten ob. -bringen, hinzutun: a) schleudern. b) treffen; bescheinen. c) α) darbieten, verschaffen, preisgeben; β) j-m etw. zufügen ob. auferlegen, bereiten. — 2. *intr.* = M. 1. — II. M. 1. sich auf etw. werfen: a) gegen etw. anrücken, etwas angreifen, bestürmen. b) landen. c) auf etwas stoßen. — 2. seinerseits beitragen.

πρόσβασις, εως, ἡ a) das Hinaufsteigen. b) Zugang.

προσβατός 3 zugänglich.

προσ-βιάζομαι P. hinangedrängt werden. [zu bringen.]

προσ-βιβάζω hinführen, dazu

προσ-βλέπω a) anblicken. b) erblicken, sehen. c) erwägen.

προσ-βοάομαι M. zu sich heranrufen. [men.]

προσ-βοηθέω zu Hilfe kom-

προσβολή, ἡ 1. das Daraufwerfen. — 2. das Herankommen: a) Angriff, Bestürmung. b) Landung, Landungsplatz.

προσ-βωθέω = προσβοηθέω.

προσ-γελάω anlachen.

προσ-γίγνομαι M. hinzu-, dazu-kommen: 1. a) zu j-m stoßen, sich j-m anschließen, auf j-s Seite treten. b) zugegen sein. — 2. zuteil werden, widerfahren, anwandeln, treffen.

προσ-γράφω hinzuschreiben.

προσ-δανείζω noch dazu leihen, borgen. [aufwenden.]

προσ-δαπανάω noch dazu

πρόσδεγμα, τό Aufnahme.

προσ-δεῖ es ist außerdem noch nötig, man bedarf außerdem noch.

προσ-δέομαι P. 1. noch dazu bedürfen. — 2. noch mehr begehren oder wünschen; noch weiter (er)bitten.

προσ-δέρκομαι P. a) ansehen. b) umherblicken.

προσ-δέχομαι M. 1. a) annehmen, (bei sich) aufnehmen, empfangen. b) zulassen, billigen. — 2. a) erwarten, (ab-)warten; mit Besorgnis erwarten. b) glauben, vermuten.

προσ-δέω¹ anbinden.

προσ-δέω² s. προσδεῖ u. προσδέομαι. [verderben.]

προσ-δηλέομαι M. zugleich

προσ-διαλέγομαι P. sich gleichfalls unterreden.

προσ-διαφθείρω außerdem noch zugrunde richten.

προσ-δίδωμι noch hinzufügen, eine Beisteuer geben.

προσ-δοκάω erwarten, hoffen, fürchten, vermuten.

προσ-δοκέω a) außerdem noch scheinen. b) = προσδοκάω.

προσδοκία, ἡ Erwartung, Vermutung, Befürchtung.

προσδόκιμος 2 erwartet, zu erwarten(d), bevorstehend.

προσ-εάω heranlassen.

προσ-εγγίζω sich nähern.

προσ-εγγράφω noch dazu eingraben ob. daraufschreiben.

προσεδρεία, ἡ Belagerung.

προσεδρεύω dabeisitzen; bei etw. verbleiben, sich beständig mit etw. beschäftigen.

πρόσ-εδρος 2 umhüllend.

προσ-εικάζω ähnlich machen, nachbilden; vergleichen.

προσ-είκελος 3 ähnlich.

προσ-ειλέω hindrängen.

πρόσ-ειμι¹ = προσέρχομαι.

πρόσ-ειμι² a) dabei ob. daran sein, da sein, stattfinden; anhaften, mit etw. verbunden ob. verknüpft sein. τὰ προσόντα τινί das was jmd hat, sein Vermögen ob. seine Eigenschaften (Fehler). b) (noch) hinzukommen.

προσ-εῖπον, aor. II zu προσαγορεύω.

προ-σείω vorhalten.

προσ-εκβάλλω noch dazu vertreiben.

προσεκτικός 3 aufmerksam.

προσ-ελαύνω heran=reiten, =fahren, marschieren.

προσ-εμβαίνω noch obendrein mit Füßen treten.

προσ-εμπικραίνομαι P. noch mehr aufgebracht werden.

προσ-εμφερής 2 ähnlich.

προσ-εν(ν)έπω anreden, begrüßen. [i=n auswählen.]

προσ-εξαιρέομαι M. sich noch

προσ-έοικα a) ähnlich sein, gleichen. b) geziemend sein.

προσ-επεξευρίσκω noch hinzu erfinden. [erwerben.]

προσ-επικτάομαι M. noch da=

προσ-επιλαμβάνω M. zugleich teilnehmen. [noch auftragen.]

προσ-επιστέλλω außerdem

προσ-εργάζομαι M. a) noch dazu ins Werk setzen. b) noch dazu gewinnen. [fragen.]

προσ-ερέσθαι noch dazu

προσ-ερεύγομαι M. gegen etw. anbranden.

προσ-έρπω heranschleichen, herankommen, sich nähern.

προσ-έρχομαι M. 1. a) hinzu=,hin=,heran=gehen, =kommen, =treten; nahe kommen. b) hinaufsteigen, =steigen: α) besuchen; β) entgegengetreten, vorrücken, angreifen. — 2. a) sich an j=n wenden: sich j=m zuwenden, zu j=m übertreten, beitreten. b) zu etw. schreiten, sich an etw. beteiligen. c) (von Geldern) einkommen, eingehen.

προσ-ερῶ, fut. zu προσαγορεύω.

προσ-ερωτάω (noch) weiter fragen. [Genossen nehmen.]

προσ-εταιρίζομαι M. zum

προσεταιριστός 3 zur Teilnahme gewonnen.

προσ-ετί noch dazu, außerdem.

προσ-ευρίσκω (noch) dazu finden, erfinden.

προσευχή, ἡ a) Gebet, Bitte. b) Ort zum Beten.

προσ-εύχομαι M. a) (zu j=m) beten. b) etwas erflehen, um etw. bitten. c) anbeten.

προσεχής 2 angrenzend, benachbart, zunächst stehend.

προσ-έχω I. Akt. 1. hinhalten, hin=lenken, =richten; herführen: a) ναῦν πρ. od. bloß προσέχειν ein Schiff hinlenken, (an)landen, zu Schiffe hingelangen. b) τὸν νοῦν πρ. τινί od. bloß προσέχειν τινί die Aufmerksamkeit auf etw. richten: α) aufmerksam sein, auf etw. achten od. bedacht sein; β) j=m od. e=r Sache ergeben sein, sich mit etw. beschäftigen, sich um etw. kümmern, sich in etw. üben, j=m anhängen. c) (ἑαυτῷ) προσέχειν bei sich überlegen, sich hüten. — 2. außerdem haben. — II. P. u. M. von etw. festgehalten werden, an etw. hängen bleiben; mit etw. behaftet sein.

προσ-ζημιόω noch obendrein bestrafen. [grüßen.]

προσηγορέω anreden, be=

προσηγορία, ἡ a) Anrede. b) Benennung, Titel.

προσ-ήγορος 2: 1. anredend, anflehend. — 2. angeredet, begrüßt.

προσ-ήκω 1. a) herbeigekommen sein, da sein. b) sich bis wohin erstrecken. — 2. zukommen, zustehen, angehen, betreffen; (unpers.) **προσήκει**: α) (τινί τινος) in Verbindung mit etw. stehen, Anteil an etw. haben, zu etw. gehören, j=n angehen; β) (mit inf.) es gebührt sich, es ziemt sich.

προσήκων 3 zukommend: 1. angehörend; a) verwandt; angestammt. οἱ προσήκοντες Verwandte. b) ererbt. — 2. gebührend, geziemend, schicklich.

προσ-ηλόω annageln.
προσήλυτος, ὁ Fremdling, Proselyt.
πρόσ-ημαι M. an etw. sitzen.
προ-σημαίνω a) vorher andeuten ob. anzeigen, vorher verkünden. b) befehlen.
προσ-ηνής 2 a) freundlich, gütig. b) tauglich.
προσ-θᾱκέω an, auf etwas [sitzen.]
πρόσ-θε(ν) 1. *adv.*: a) vorn, voran, vorwärts. ὁ πρόσθεν der vordere, Vordermann. τὸ oder τὰ ~ vorderer Teil oder Raum, Spitze, Front, Vorhut, Vordertreffen, Platz vor etw. b) (zeitlich) früher, vorher, bis jetzt, sonst. ὁ ~ der frühere, vorhergehende. c) eher, lieber. — 2. *prp.* mit *gen.*: a) vor, vor ... her. b) zum Schutze für.
πρόσ-θεσις, εως, ἡ a) das Hinzufügen; Addition. b) das Anlegen.
προσ-θέω (hin)zu-, entgegenlaufen ob. -eilen, angreifen.
προσθήκη, ἡ Zusatz: 1. Zugabe: a) Anhängsel. b) Abschweifung. — 2. Beistand, Hilfe.
πρόσθημα, τό = προσθήκη.
προσ-θιγγάνω berühren.
πρόσθιος 3 vorderer.
προσ-ιζάνω und **προσ-ίζω** a) daransitzen. b) dasitzen.
προσ-ίημι I. Akt. hinzulassen. — II. M.: a) zu sich heranlassen, herankommen lassen, (σῖτον) zu sich nehmen. b) zulassen, sich etw. gefallen lassen, billigen, erlauben, dulden. οὐ προσίεσθαι mißbilligen, keine Lust zu etw. haben. c) j-n befriedigen, j-m behagen.
προσ-ίκελος 2 = προσείκελος.
προσ-ιππεύω heranreiten.
προσ-ίστημι 1. hinzu- ob. dagegen-stellen. — 2. *intr.* u. M.:

a) hinzutreten, dazukommen, zur Seite stehen. b) j-m in den Sinn kommen.
προσ-ίσχω = προσέχω.
προσ-καθέζομαι M. = προσκαθίζω. [καθίζω.]
προσ-κάθημαι M. = προσ-]
προσ-καθίζω 1. dabei- oder davor-sitzen, -liegen; belagern. — 2. a) sich beharrlich mit etw. beschäftigen. b) bedrängen; j-m zusetzen ob. anliegen.
πρόσ-καιρος 2 zeitlich, vergänglich, augenblicklich.
προσ-καλέω I. Akt. herbeirufen, an-, be-rufen, vorlassen. — II. M.: a) zu sich rufen (lassen), zu Hilfe rufen. b) vor Gericht laden (lassen), anklagen.
προσ-καρτερέω noch weiter ob. bei etw. ausharren, rastlos tätig sein, bereitstehen; j-m anhängen. [dauer.]
προσκαρτέρησις, εως, ἡ Aus-]
προσ-καταλείπω a) (dabei) mit ob. noch dazu) hinterlassen. b) noch dazu verlieren.
προσ-κατηγορέω noch obendrein ver- ob. an-klagen.
πρόσ-κειμαι M. 1. a) daran-, dabei-, davor-liegen, -sitzen ob. -stehen. b) innewohnen, mit etw. verbunden ob. behaftet sein. c) hinzukommen. ob) j-m obliegen ob. zukommen. — 2.(als pf. P. zu προστίθημι)angelegt ob. angefügt, hinzugefügt, zugeteilt sein. — 3. a) einer Sache sich hingeben ob. obliegen, sich auf etw. legen; j-m anhängen ob. zustimmen. b) (mit Bitten) anliegen, antreiben. c) bedrängen, zusetzen. [σκοπέω.]
προ-σκέπτομαι M. = προ-]
προσ-κεφάλαιον, τό Kopfkissen, Kissen.
προσ-κηδής 2 a) herzlich. b) verwandt.

προσ-κηρῡκεύομαι M. einen Herold an j-n schicken.

προσ-κληρόομαι P. durch göttliche Schickung zufallen.

πρόσ-κλησις, εως, ἡ Vorladung vor Gericht; Einladung.

προσ-κλίνω I. Akt. anlehnen, sich zu j-m neigen. — II. P. sich j-m anschließen.

πρόσκλῐσις, εως, ἡ Zuneigung, Gunst.

προσ-κνάομαι M. sich an etw. reiben.

προσ-κολλάω I. Akt. anleimen. — II. P. fest anhängen, treu ergeben sein.

προσ-κομίζω herbei-, heranbringen, -tragen, -schaffen; gewinnen.

πρόσκομμα, τό Anstoß: a) Verstoß, Fehltritt. b) Ärgernis, Verführung.

προ-σκοπέω u. M. a) vorhersehen, vor einem andern erspähen. b) vorher überlegen, im Auge haben, im voraus bedacht sein, für etw. sorgen.

προσ-κοπή, ἡ das Auskundschaften.

προσ-κοπή, ἡ = πρόσκομμα.

προσ-κόπτω anstoßen, sich an etw. stoßen: a) einen Fehltritt tun. b) Anstoß oder Ärgernis nehmen od. geben.

προσ-κρούω anstoßen: a) Anstoß erregen, beleidigen. b) Anstoß nehmen, unwillig sein. c) Unglück haben.

προσ-κτάομαι M. hinzuerwerben, für sich gewinnen.

προσ-κῠλίω heranwälzen.

προσ-κῠνέω sich niederwerfen, fußfällig verehren, kniend huldigen; anbeten, verehren, (ehrfurchtsvoll) begrüßen.

προσκυνητής, οῦ, ὁ Anbeter.

προσ-κύρω antreffen.

πρόσ-κωπος 2 rudernd; ὁ Ruderer.

προσ-λᾰλέω zu ob. mit j-m sprechen.

προσ-λαμβάνω u. M. 1. mit anfassen, mit Hand anlegen. — 2. dazunehmen: a) hinnehmen, zu sich nehmen, an sich ziehen, mitnehmen, an-, aufnehmen. b) noch hinzubekommen, für sich gewinnen, sich verschaffen.

προσ-λεύσσω a) hinblicken. b) anblicken, erblicken. [legen.]

προσ-λέχομαι M. sich daneben

πρόσλη(μ)ψις, εως, ἡ An-, Aufnahme. [rechnen.]

προσ-λογίζομαι M. hinzu-

προσ-μάσσω ankleben.

προσ-μάχομαι M. bestürmen.

προσ-μείγνυμι 1. trans. hinzu-, beimischen; verbinden. — 2. intr.: a) sich mit j-m verbinden, sich vereinigen, zu j-m stoßen. b) sich nähern, herankommen, eintreffen, hingelangen, anlangen. c) anrücken, angreifen, handgemein werden.

πρόσμειξις, εως, ἡ Zusammenstoß, Angriff.

προσ-μένω dabeibleiben: a) (da)bleiben, ausharren; festhalten an. b) erwarten, warten.

προσ-μεταπέμπομαι M. noch dazu kommen lassen.

προσ-μίγνῡμι f. προσμείγνυμι.

πρόσμιξις, ἡ f. πρόσμειξις.

προσ-μίσγω = προσμείγνυμι.

προσ-μισθόομαι M. außerdem noch in Sold nehmen.

προσ-μολεῖν aor. hinzugehen, (her)kommen.

προσ-ναυπηγέω noch mehr (Schiffe) bauen.

προσ-νέμω u. M. zuteilen; widmen, erweisen.

προσ-νέω hinzuschwimmen.

προσ-νίσσομαι M. hinzugehen, herankommen, anrücken.

προσ-νωμάω zu etwas hingehen.

πρόσ-οδος, ἡ 1. a) das Herankommen. b) Zugang. c) das Vordringen, Angriff. d) das Auftreten als Redner. e) Ankunft. — 2. a) Pfad. b) feierlicher Aufzug, Festzug, Prozession. c) das Einkommen, Einkünfte, Einnahme; übh. Ertrag, Gewinn, Erwerbsquelle.

πρόσ-οιδα noch dazu wissen.

προσ-οικέω daran-, danebenwohnen, Anwohner sein.

προσ-οικοδομέω anbauen.

πρόσ-οικος 2 anwohnend, benachbart. *subst.* ὁ Nachbar.

προσ-ολοφύρομαι M. j-m sein Leid klagen.

προσ-ομιλέω a) mit j-m verkehren ob. sich unterhalten. b) sich mit etw. befassen. [schwören.]

προσ-όμνυμι noch dazu

προσ-ομολογέω zugestehen, beistimmen: a) alles versprechen. b) kapitulieren.

προσ-όμουρος 2 = πρόσορος.

προσ-οράω u. M. ansehen, erblicken.

προσ-ορέγομαι P. j-m mit Bitten anliegen, zusetzen.

προσ-ορμίζω I. Akt. dabei vor Anker legen. — II. M. u. P. bei etw. landen, anlegen.

προσόρμισις, εως, ἡ Landung.

πρόσ-ορος 2 angrenzend, benachbart, Nachbar. [werfen.]

προσ-ουδίζω zu Boden

πρόσ-ουρος 2 = πρόσορος.

προσ-οφείλω u. **-οφλισκάνω** a) noch dazu schuldig sein ob. zu bezahlen haben. b) sich noch obendrein etw. zuziehen.

προσ-οχθίζω zürnen.

προσόψιος 2 sichtbar.

πρόσ-οψις, εως, ἡ Anblick: a) Aussicht. b) äußere Erscheinung, Gestalt.

προσ-παίζω scherzen, seinen Scherz treiben, verspotten.

προσ-παίω an-schlagen, -stoßen.

προσ-παρακαλέω noch dazu (herbei)rufen.

προσ-παρασκευάζω noch außerdem rüsten.

προσ-παρέχω noch dazu gewähren ob. stellen.

προσ-πασσαλεύω annageln.

προσ-πάσχω noch dazu leiden.

πρόσ-πεινος 2 sehr hungrig.

προσ-πελάζω a) nähern. b) *intr.* u. P. sich nähern.

προσ-πέμπω zusenden, her-, hin-schicken.

προσ-περιβάλλω I. Akt. noch dazu herumlegen. — II. M. immer noch etw. an sich reißen, sich aneignen.

προσ-περονάω daran anheften, befestigen.

προσ-πέτομαι M. heran-fliegen, -stürmen.

προσ-πεύθομαι M. = προσπυνθάνομαι.

προσ-πήγνυμι anheften.

προσ-πίλναμαι M. sich nähern.

προσ-πίπτω darauf-, hinein-, hin-fallen: 1. heran-stürzen, -stürmen, auf etw. zulaufen: a) überfallen, angreifen. b) sich j-m anschließen. — 2. a) auf j-n ob. etw. stoßen, in etw. geraten. b) j-m aufstoßen. c) eintreten, widerfahren, befallen, hereinbrechen. — 3. vor j-m niederfallen, j-n anflehen, beschwören.

προσ-πίτνω = προσπίπτω.

προσ-πλάζω anschlagen.

προσ-πλάσσω daran bauen.

προσ-πλέκω heransegeln.

προσ-πληρόω a) vollzählig machen, ergänzen. b) noch außerdem bemannen.

προσπλωτός 3 schiffbar.

προσ-πλώω = προσπλέω.

προσ-ποιέω I. Akt. hinzu-tun, -fügen, -gewinnen. — II. M. 1. a) sich etw. hinzumachen lassen. b) sich erwerben, sich zueignen, für sich gewinnen. — 2. beanspruchen, sich anmaßen, sich anheischig machen. — 3. a) etw. vorgeben ob. vorschützen. b) sich den Anschein geben, sich stellen, als ob.

προσποίησις, εως, ἡ 1. Erwerbung, Verstärkung, Zuwachs. — 2. a) Anspruch. b) Anmaßung.

προσ-πολεμέω bekriegen, bekämpfen.

προσ-πολεμόομαι M. sich j-n zum Feinde machen.

προσ-πολέομαι M. hinzu- ob. heran-kommen.

πρόσ-πολος 2 dienend. ὁ, ἡ ~ Diener(in), Begleiter(in).

προσ-πορεύομαι P. herantreten.

προσ-πορίζω hinzu-erwerben, -gewinnen, -schaffen.

προσ-πταίω anstoßen: 1. anstoßen lassen. — 2. intr.: a) sich stoßen, straucheln. b) α) Anstoß bei j-m erregen; β) Unglück haben, Verluste (bsd. eine Niederlage) erleiden, scheitern.

προσ-πτύσσω I. Akt. fest falten. — II. M. 1. sich anschmiegen, sich fest anlegen; umschlingen. — 2. sich an j-n heranmachen: a) ein Anliegen mitteilen. b) sich freundlich erweisen, freundlich behandeln; traulich anreden, begrüßen.

προσ-πυνθάνομαι M. nachforschen, noch dazu fragen, erforschen.

προσ-ρέω herbeiströmen.

προσ-ρήγνῡμι anschlagen, anstoßen.

πρόσ-ρησις, εως, ἡ a) Begrüßung. b) Benennung.

προσ-σάττω reichliche Vorräte anschaffen.

πρόσσοθεν adv. vor sich her.

προσ-σταυρόω s. προ-σταυρόω.

προσ-στείχω a) hinaufsteigen. b) herankommen.

προσ-στέλλω fest anlegen. προσεσταλμένος 3 fest anliegend; bescheiden.

προσ-συμβάλλομαι M. mit dazu beitragen. [ansiedeln.

προσ-συνοικέω sich zugleich]

πρόσσω = πόρρω.

πρόσταγμα, τό = πρόσταξις.

προσ-ταλαιπωρέω dabei Beschwerden ertragen.

πρόσταξις, εως, ἡ Anordnung, Befehl, Gebot.

προστασίᾱ, ἡ Führung, Leitung, Regierung; Verwaltung eines öffentlichen Amtes.

προσ-τάσσω u. -τάττω 1. dazuordnen, danebenstellen: a) j-n zuordnen, zuteilen. b) in Reih' und Glied stellen; j-n zu etw. bestellen ob. als etw. einsetzen. c) zuweisen, übertragen. d) über etw. setzen. — 2. anordnen, verordnen, gebieten, befehlen, auferlegen, bestimmen.

προστατείᾱ, ἡ = προστασία.

προστατεύω und -στατέω 1. a) Vorsteher sein, an der Spitze stehen, leiten, regieren. b) (mit ὅπως) die Sache so leiten, daß. — 2. bevorstehen.

προστατήριος 3 beschützend, schirmend, Retter.

προστάτης, ου, ὁ Vorsteher: a) Vordermann. b) Beschützer, Verteidiger. c) Vorstand, Vorgesetzter, Anführer, Leiter, Aufseher, Haupt; Rechtsbeistand der Metöken, Patron. d) Schützling, Schutzflehenden.

προστάτις, ιδος, ἡ Vorsteherin, Helferin, Beschützerin.

προ-σταυρόω (vorn) mit Palisaden umgeben.
προσ-τειχίζω mit in die Mauer einschließen.
προ-στείχω vorangehen, weggehen, herangehen. [zahlen.]
προσ-τελέω obendrein be-
προ-στέλλω I. Akt.: a) entsenden. b) heranbrängen. — II. P. vorwärts gehen.
προστερνίδιον, τό Brustpanzer der Pferde. [saugen, festhaften.]
προσ-τήκω intr. sich fest-
προσ-τίθημι I. Akt. 1. daran-, darauf-, davor-legen, -stellen, -setzen; hinlegen: a) j-m etw. auferlegen, auftragen. b) beimessen. c) j-m etw. zuteilen ob. verleihen, (über)geben, verschaffen, einflößen; j-m etwas angewöhnen. — 2. hinzu-setzen, -tun, -fügen, zuteilen, anschließen; dazugeben, vermehren. — II. M. 1. sich j-m anschließen, beitreten, zustimmen, zu Willen sein. — 2. etw. sich zulegen ob. auferlegen (für sich) gewinnen, an sich bringen, sich aneignen; (etw. Schlimmes) sich zuziehen. — 3. von sich aus hinzu-setzen oder -fügen, gewähren. [flehen.]
προσ-τρέπω u. M. bitten, an-
προσ-τρέχω hinzu-, herbeilaufen.
προστρόπαιος 2 bittflehend, hilfesuchend; schuldbeladen.
προστροπή, ἡ Anliegen, Flehen, Bittgesuch, Bitte.
πρόστροπος 2 = προστρόπαιος.
προσ-τυγχάνω a) (zufällig) dazukommen, zugegen sein. b) erlangen, erhalten.
προ-στῷον, τό vordere Halle des Säulenganges.
προσ-συγγίγνομαι s. προξυγγίγνομαι. [einigen.]
προ-συμμίσγω vorher ver-

προσ-συνοικέω vorher verheiratet sein.
προσ-φάγιον, τό Zukost; Fische.
πρόσ-φασθαι s. πρόσφημι.
πρόσφατος 2 (noch) frisch, neu; neulich. [träglich.]
προσφερής 2 a) ähnlich. b) zu-
προσ-φέρω I. Akt. heran-, herbei-, hin-tragen, -bringen, vor-bringen, -führen, -legen, darbringen: a) vortragen ob. eröffnen. b) darbieten ob. hingeben, gewähren, liefern, erweisen; darbringen = opfern. c) etw. hinzufügen, vergrößern. d) etw. be einer Sache anwenden ob. gebrauchen. — II. M. u. P.: 1. sich heranbewegen, sich nähern, heran-kommen, -fahren: a) sich an j-n anschließen. b) heranstürmen, auf j-n losgehen, schnell anrücken, angreifen; j-m mit etw. zusetzen. c) sich gegen j-n benehmen ob. beweisen, mit j-m umgehen, ihn behandeln. — 2. etw. zu sich nehmen, genießen. — 3. von dem Seinigen etw. (zu- oder dar-)bringen.
πρόσ-φημι u. M. anreden.
προσ-φθέγγομαι M. anreden, begrüßen, benennen.
προσφθεγκτός 2 angeredet, begrüßt. [Grüße.]
πρόσφθεγμα, τό Anrede,
προσ-φιλής 2: 1. a) lieb, befreundet. b) lieblich, angenehm. — 2. liebreich, liebenswürdig, freundlich, wohlwollend.
προσ-φοιτάω häufig hingehen.
προσφορά, ἡ a) Darbringung, Gabe, Geschenk, Opfer(gabe). b) Vermehrung, Steigerung.
προσ-φορέω = προσφέρω.
πρόσφορος 2 zuträglich, nützlich; nötig.

προσφυής 2 a) darangewachsen; befestigt. b) angemessen, natürlich; geschickt.

προσ-φύω intr. und M. anwachsen; sich anklammern, pf. fest daran hängen.

προσ-φωνέω herbeirufen; zurufen, anreden, begrüßen.

προσφώνημα, τό Anrede, Gruß, Stimme.

πρόσχημα, τό a) Zierde, Pracht. b) Deckmantel, Vorwand, Beschönigung.

προσ-χόω aufschütten: a) e-n Damm aufschütten, Schanzen aufwerfen. b) zudämmen. c) anschwemmen.

προσ-χράομαι M. noch dazu benutzen, zu Hilfe nehmen.

προσ-χρῄζω und **-χρηΐζω** 1. außerdem bedürfen. — 2. a) hinzuwünschen, außerdem verlangen. b) j-n bitten.

πρόσχυσις, εως, ἡ Anspritzung, Besprengung.

προσ-χωρέω 1. herankommen, sich nähern; beistehen. — 2. a) ähnlich sein. b) beitreten, übereinkommen, willfahren, nachgeben. c) sich j-m ergeben.

πρόσ-χωρος 2 benachbart. ὁ Nachbar, Anwohner.

πρόσχωσις, εως, ἡ Aufschüttung: a) Wall. b) Anschwemmung.

προσ-ψαύω berühren, anfassen.

πρόσω = πόρρω.

πρόσω-θεν adv. von fern her.

προσωπολη(μ)πτέω die Person ansehen.

προσωπο-λή(μ)πτης, ου Rücksicht auf die Person nehmend.

προσωπολη(μ)ψία, ἡ Ansehen der Person.

πρόσ-ωπον, τό Gesicht, Angesicht, Antlitz: a) Miene(n), Blick, Auge, Aussehen, Gestalt;

Oberfläche. b) Maske, Rolle. c) Person.

προσ-ωφελέω Beistand leisten, helfen, nützen.

προσωφέλησις, εως, ἡ Beistand, Hilfe, Nutzen.

προ-ταλαιπωρέω im voraus Ungemach erdulden.

προ-ταμιεῖον, τό Gemach vor der Vorratskammer; Vorzimmer.

προ-τάμνω = προτέμνω.

προ-ταρβέω a) vorher fürchten. b) um j-n bangen.

προ-ταρῑχεύω zuvor einsalzen.

προ-τάσσω a) voranstellen, in die erste Reihe stellen. — 2. zur Deckung j-s aufstellen. — 3. vorher festsetzen.

προ-τείνω I. Akt. 1. vorstrecken, ausstrecken, hinstrecken; hinhalten, anbieten. — 2. a) preisgeben. b) vorhalten, vorschlagen, verheißen, vorspiegeln. c) vorschützen, vorgeben. — II. M. 1. fordern. — 2. vorschützen. — 3. = Akt.

προτείχισμα, τό Vorwerk, Außenwerk, Vormauer.

προ-τελέω vorherbezahlen.

προ-τεμένισμα, τό Vorbezirk des Tempels.

προ-τέμνω I. Akt. vorschneiden: a) (nach) vorn behauen, zurechthauen. b) vorn abschneiden. — II. M. (eine Furche) vor sich her ziehen.

προτεραῖος 3 am vorigen Tage. ἡ -αία der vorige Tag.

προτερέω 1. voran-, vorausein. — 2. a) zuvorkommen. b) etw. voraushaben.

πρότερος 3: 1. vorderer, vorderster, voran. — 2. früher, eher, zuerst, voriger, älter. — 3. höher stehend, überlegen, besser. — 4. adv.: a) (τὸ, τὰ)

πρό-τερον früher, eher, schneller, leichter; das vorige Mal. b) **προτέρω** weiter, ferner, stärker.

προ-τεύχω vorher verfertigen. προτετύχθαι vorher geschehen ob. vergangen sein.

προτί = πρός.

προτι-άπτω, -βάλλω, -ειλέω = προσάπτω, προσβάλλω, προσειλέω. [zu προσαγορεύω.]

προτι-είποι, 3. *sg.* opt. aor. *II*]

προ-τίθημι I. Akt. 1. voranstellen; vorziehen. — 2. etw. vor=legen, =legen, hinstellen: a) darreichen, übergeben; preisgeben. b) freistellen, erlauben. c) j-m etw. auf(er)legen ob. auftragen. — 3. öffentlich auf= ob. aus=stellen, aussetzen: a) öffentlich bekanntmachen ob. anordnen, bestimmen. b) zur Sprache bringen, zur Besprechung ob. Beratung vorlegen, vorschlagen. — II. M. 1. etwas vor sich hinstellen: a) sich etw. vorhalten. b) sich etw. auftischen lassen. c) vorschützen, vorspiegeln. d) sich etw. vornehmen, beschließen. — 2. öffentlich ausstellen oder aussetzen. — 3 öffentlich berufen, bekanntmachen (lassen), anordnen, ankündigen oder erklären. — 4. (= Akt.) vorziehen, hingeben.

προ-τιμάω u. M. I. Akt. vor anderen ehren, höher als anderes achten, vorziehen, auszeichnen. — II. P. j-m vorgezogen werden, e-r (hohen) Ehre gewürdigt werden, eine hohe Stellung einnehmen. [ziehen.]

προτίμησις, εως, ἡ das Vor=/

προτι-μῡθέομαι M. anreden.

προ-τιμωρέω I. Akt. vorher beistehen. — II. M. sich vorher rächen.

προτι-όσσομαι a) anblicken. b) ahnen. [zeichnen.]

προ-τίω vorziehen, aus=/

πρότμησις, εως, ἡ Unterleib.

προ-τολμάω vorher verüben.

πρότονος, ὁ Vordertau.

προ-τοῦ *adv.* vordem.

προτρεπτικός 3 ermahnend, ermunternd.

προ-τρέπω I. Akt. 1. hinwenden, hinbringen, hineintreiben. — 2. antreiben, ermuntern, auffordern, ermahnen, veranlassen, zwingen. — II. M. sich hinwenden: 1. sich hinbegeben. — 2. a) sich bittend an j-n wenden. b) sich einer Sache hingeben. — 3. (= Akt.) antreiben, ermuntern usw.

προ-τρέχω vorlaufen, vorauseilen; zuvorkommen.

πρό-τρῐτα *adv.* drei Tage zuvor.

προτροπάδην *adv.* vorwärts gewandt, immer vorwärts, eilig.

προ-τύπτω vordringen.

προϋννέπω = προεννέπω.

προϋξεφίεμαι (vorher) gebieten ob. befehlen.

προ-ὑπάρχω a) den Anfang mit etw. machen. b) (schon) vorher da ob. vorhanden sein.

προϋπτος 2 = πρόοπτος.

προὔργου förderlich, nützlich, wichtig, angelegentlich.

προυσελέω mißhandeln, schmähen.

προὔχω = προέχω.

προ-φαίνω I. Akt. 1. a) vorzeigen, zeigen, zum Vorschein ob. an den Tag bringen. b) vorherzeigen, vorhersagen: α) vorbedeuten; β) hoffen lassen, anbieten, verheißen. c) *intr.* leuchten. — II. P. 1. (vorn ob. in der Ferne) sich zeigen, zum Vorschein kommen, erscheinen. — 2. von vornherein erscheinen.

προφᾰνής 2 sichtbar; offenbar, einleuchtend, deutlich.

πρόφανσις, εως, ἡ Vorhersagung. [τὸ, -ον Orakelspruch.]

πρόφαντος 2 vorhergesagt.

προφᾰσίζομαι M. Ausflüchte machen, vorschützen, vorgeben; sich entschuldigen.

πρόφᾰσις[1], εως, ἡ 1. a) Vorwand, Ausrede, Ausflucht, (bloßer) Schein. b) Entschuldigung(sgrund). — 2. Grund, Ursache.

πρόφᾰσις[2], εως, ἡ Vorhersagung, Anweisung.

προφερής 2 a) vorzüglich, ausgezeichnet, besser. b) älter.

προ-φέρω u. M. vortragen: 1. a) vorwärts-tragen, -bringen; fördern. b) weg-tragen, -führen. c) hin-tragen, -bringen. — 2. hervor-tragen, -bringen: a) vorführen, zum Vorschein bringen, (vor)zeigen, erregen. b) vorbringen, verkünden. c) j-m etw. anbieten od. vorschlagen. d) j-m etwas vorhalten od. vorwerfen. — 3. *intr.* hervorragen, übertreffen, e-n Vorsprung haben.

προ-φεύγω a) wegfliehen. b) entfliehen.

προφητεία, ἡ Weissagung; prophetische Gabe.

προφητεύω ein Prophet sein: a) ein Verkündiger der Orakelsprüche sein. b) prophezeien, weissagen, prophetisch reden.

προφήτης, ου, ὁ Prophet: a) Verkündiger der Orakelsprüche. b) Wahrsager, Seher.

προφητικός 3 prophetisch.

προφῆτις, ιδος, ἡ Prophetin, Seherin.

προ-φθάνω zuvorkommen.

προ-φράζω a) voraussagen. b) offen sagen.

πρόφρασσα, *fem.* zu πρόφρων.

πρό-φρων 2: 1. geneigt, gewogen, wohlwollend, gütig. — 2. von Herzen, freudig, gern. — 3. vorsätzlich, ernstlich, entschieden.

προφῠλᾰκή, ἡ a) Vorposten, Feldwache. b) Aufstellung von Vorposten. [schiff.]

προφῠλᾰκίς, ίδος, ἡ Wacht-

προφύλαξ, ᾱκος, ὁ Vorposten.

προ-φυλάσσω I. Akt.: a) vor etw. Wache halten, auf Vorposten stehen. b) bewachen. — II. M. sich vor etw. hüten, zu verhüten suchen. [sein.]

προ-φύω *intr.* vorher (erzeugt)

προ-φῠτεύω erzeugen, schaffen.

προ-φωνέω a) laut ertönen lassen. b) öffentlich verkünden.

προ-χειρίζομαι M. 1. a) (vorher) bestimmen, (aus)wählen. b) beschließen. c) ausrüsten. — 3. *pf.* P.: a) vorherbestimmt sein. b) bei der Hand sein.

πρό-χειρος 2 zur Hand: a) bereit, fertig, gegenwärtig; entschlossen. b) leicht zu beschaffen(d): α) billig; β) geläufig; γ) wertlos.

προ-χειροτονέω vorher wählen od. bestimmen.

προ-χέω I. Akt. ausgießen; ergießen. — II. P. sich ergießen, hervorströmen.

πρόχνυ *adv.*: a) knielings, in die Knie sinkend. b) jähen Sturzes.

προχοή, ἡ Ausguß; Mündung.

πρόχοος, *zsgz.* **πρόχους**, ἡ Kanne, Krug.

προ-χρίω vorher bestreichen.

πρόχῠσις, εως, ἡ 1. das Ausschütten, Ausstreuen. — 2. angeschwemmtes Erdreich.

προ-χωρέω vorwärts gehen: a) vorrücken; verreisen; herankommen. b) Fortschritte machen, (seinen) Fortgang

προ-ωθέω haben, Erfolg haben, gelingen. (unperf.) προχωρεῖ (τινι) es geht (j-m) vonstatten, es gelingt, es ist verstattet ob. genehm.

προ-ωθέω fortstoßen, vorschieben.

προ-ώλης 2 völlig vernichtet.

πρύλεες, έων, οἱ Fußkämpfer, Vorkämpfer.

πρύμνα u. -η, ἡ Schiffshinterteil, Hinterdeck, Spiegel.

πρύμνη-θεν adv. am Schiffsspiegel.

πρυμνήσια, τά Hinter- oder Halt-taue.

πρυμνός 3 äußerster, letzter, oberster, unterster, vorderster, hinterster.

πρυμν-ώρεια, ἡ Fuß des Gebirges.

πρυτανεία, ἡ Prytanie: a) Prytanen-amt. b) täglich wechselnder Oberbefehl.

πρυτανεῖον, τό Amtshaus der Prytanen, Stadthaus.

πρυτανεύω Prytane sein, etwas leiten, verwalten.

πρυτάνηϊη, ἡ = πρυτανεία.

πρυτάνιον, τό = πρυτανεῖον.

πρύτανις, εως, ὁ Prytane: a) Obmann, Vorsteher; Herrscher, Vorsitzende(r), Meister. b) οἱ πρυτάνεις die (50) Mitglieder des Ratsausschusses.

πρῴ = πρωί.

πρῳαίτερος comp., **πρῳαίτατος** sup. zu πρώιος.

πρῴην adv.: a) neulich, jüngst, ehedem. b) vorgestern.

πρωθ-ήβης, ου, fem. **πρωθ-ήβη** eben mannbar.

πρωΐ a) früh, frühmorgens, frühzeitig. τὸ ~ der Morgen, Tagesanbruch. b) zu früh.

πρωΐᾱ, ἡ s. πρώιος.

πρωΐζά adv. vorgestern.

πρώϊμος 2 u. **πρωϊνός** 3 = πρώιος.

πρώϊος 3 früh, frühzeitig, frühmorgens, Morgen=... ἡ πρωία Frühe, Morgen.

πρών, πρώνος, ὁ Vorsprung: a) Vorgebirge. b) Anhöhe.

πρω-περυσινός 2 von vor zwei Jahren her.

πρῴρα, ἡ Schiffsvorderteil.

πρῴρᾱ-θεν adv. von vorn her, am Schnabel.

πρῳρεύς, έως, ὁ Untersteuermann.

πρῴτατα, sup. zu πρωΐ.

πρωτεῖον, τό a) erster Preis. b) erster Rang, Vorrang.

πρωτεύω der erste sein, den Vorrang haben.

πρώτιστος 3 allererster.

πρωτό-γονος 2 a) eben- oder erst-geboren. b) hochadelig.

πρωτοκαθεδρίᾱ u. -κλισίᾱ, ἡ erster Sitz od. Platz, Vorsitz.

πρωτο-παγής 2 neugebaut.

πρωτό-πλοος und -πλους 2 a) zum erstenmal fahrend. b) voransegelnd.

πρῶτος 3 erster; zuerst: 1. vorderster, äußerster. 2. früher. — 3. vornehmster, höchster, angesehenster, τὰ πρῶτα die größten Taten, ἡ πρώτη der erste Tag, erster Preis, erster Rang, höchster Grad, Hauptrolle; Oberhaupt; Anfang. — 4. adv.: a) πρώτως zuerst. b) τὴν πρώτην (εἶναι) das erste Mal, zuerst, anfangs, vor der Hand. c) (τὸ) πρῶτον und (τὰ) πρῶτα zum erstenmal, anfangs, zuerst, erstlich, vor allem. Bei Temporalkonjunktionen = einmal, zB. ἐπειδὴ πρῶτον, ἐπεὶ πρῶτα, ἐξ οὗ πρ. u. a. nachdem einmal (= sobald nur).

πρωτός 3 beschieden, verhängt.

πρωτο-στάτης, ου, ὁ 1. a) Vordermann. b) Flügelmann. — 2. Führer, Haupt.

πρωτοτόκια, τά Recht der Erstgeburt.
πρωτο-τόκος 2 zum erstenmal gebärend ob. werfend.
πρωτό-τοκος 2 erstgeboren.
πταίρω niesen.
πταῖσμα, τό Anstoß; Unfall; Schaden, Niederlage.
πταίω 1. anstoßen, anprallen. — 2. straucheln: a) fehlen, sündigen. b) Unglück haben, einen Unfall erleiden, unterliegen.
πτανός 3 = πτηνός.
πταρμός, ὁ das Niesen.
πτάρνυμαι M. niesen.
πτάμενος, **πτάτο** s. πέτομαι.
πτελέᾱ, ἡ Ulme. [fen.]
πτέρνα, ἡ a) Ferse. b) Schin-
πτερόεις 3: 1. befiedert, geflügelt. — 2. a) flatternd. b) federleicht.
πτερόν, τό 1. Feder; Flügel, Fittich. — 2. a) Schwung, Flug. b) Wahrzeichen; Geschick. c) Panzerflügel.
πτερόω beflügeln.
πτερύγιον, τό a) kleiner Flügel. b) Zinne, Spitze.
πτέρυξ, ῠγος, ἡ = πτερόν.
πτερωτός 3 = πτερόεις.
πτηνός 3: 1. a) fliegend, geflügelt; τὰ -ά Vögel. b) flügge. — 2. flüchtig, schüchtern; schnell.
πτήσσω 1. intr. sich ducken, sich verkriechen, sich zusammenschmiegen: a) in Furcht geraten, sich entsetzen, zittern. b) scheu fliehen. — 2. trans. beugen, niederschlagen; erschrecken, ängstigen. P. sich ängstigen; auf etwas erpicht sein.
πτίλον, τό Feder; Flügel.
πτίσσω enthülsen; schroten.
πτοέω u. **πτοιέω** = πτήσσω.
πτόησις u. **πτοίησις**, εως, ἡ a) Schrecken, Furcht. b) Leidenschaft.

πτολεμίζω u. **πτολεμιστής** s. πολ-.
πτόλεμος, ὁ = πόλεμος.
πτολίεθρον, τό = πόλις.
πτολί-πορθος und **πτολῐπορθος**, ὁ Städtezerstörer.
πτόλις, ῐος, ἡ = πόλις.
πτόρθος, ὁ Sprößling, Schoß, Zweig, Ast.
πτύγμα, τό Faltung, Falten.
πτυκτός 3 gefaltet.
πτύξ, πτυχός, ἡ Falte: 1. Schicht, Lage. — 2. a) Schlucht. b) Kuppe. c) Bucht.
πτύον, τό Worfschaufel.
πτύρω erschrecken, scheu machen. P. scheu ob. eingeschüchtert werden.
πτύσμα, τό Speichel.
πτύσσω I. Akt. falten, zusammen-legen, -rollen, schlingen um etw. — II. M. sich biegen.
πτυχή, ἡ = πτύξ.
πτύω speien, spucken, ausspeien; j-n anspeien, verabscheuen.
πτωκάς, άδος scheu, furchtsam.
πτῶμα, τό 1. a) Fall, Sturz. b) Leichnam, Aas. — 2. Verderben, Unglück, Niederlage.
πτώξ, πτωκός a) scheu, schüchtern. b) subst. ὁ, ἡ πτὼξ Hase.
πτῶσις, εως, ἡ = πτῶμα.
πτωσκάζω und **πτώσσω** = πτήσσω.
πτωχεία, ἡ Bettelei, Bettelhaftigkeit, Armut.
πτωχεύω a) betteln, arm sein. b) erbetteln.
πτωχός 3 bettelarm, arm, armselig; ὁ Armer, Bettler.
πύγαιον, τό Steiß, Bürzel.
πύγ-αργος, ὁ Weißsteiß.
πυγή, ἡ = πυγαῖον.
πυγμαῖος 3 eine Faust groß, daumenlang.
πυγμᾰχέω = πυκτεύω.
πυγμᾰχίη, ἡ Faustkampf.
πυγ-μᾰχος, ὁ Faustkämpfer.

πυγμή, ἡ a) Faust. b) Faustkampf.

πυγούσιος 3 eine Elle lang.

πυγών, όνος, ἡ Ellenbogen, Ellenmaß.

πύελος, ἡ a) Badewanne. b) Freßtrog. c) Sarg.

Πυθιο-νίκης, ου, ὁ Sieger in den pythischen Spielen.

πυθμήν, ένος, ὁ Boden, Fuß, Stützen, Wurzel- od. Stammende, Grundlage.

πύθω I. Akt. faulen machen. — II. P. (ver)faulen, (ver)modern. [Wahrsagergeist.]

πύθων, ωνος wahrsagend. ὁ]

πυκά adv. 1. a) dicht, fest. b) häufig. — 2. a) sorgsam, reiflich. b) verständig.

πυκάζω 1. dicht od. fest machen: a) zusammendrängen, (ein Haus) fest verschließen. b) dicht bedecken od. zudecken, umhüllen, verbergen. — 2. intr. sich umhüllen.

πυκι-μήδης 2 verständig, klug.

πυκινός 3 = πυκνός.

Πυκνή, τῇ, dat. von Πνύξ (Versammlungshügel in Athen).

πυκνό-πτερος 2 a) dichtgefiedert. b) zahlreich umherfliegend.

πυκνός 3 dicht, fest: 1. a) festgefügt, festverschlossen; wohlversteckt. b) dichtgedrängt, festgeschlossen; zahlreich, häufig, oft. — 2. a) tüchtig, stark, groß, gewaltig. b) sorgfältig. c) verständig, klug.

πυκνό-στικτος 2 dicht- oder buntgefleckt.

πυκνότης, ητος, ἡ Dichtigkeit, Festigkeit; (dichte) Menge.

πυκτεύω Faustkämpfer sein.

πύκτης, ου, ὁ Faustkämpfer.

πυκτικός 3 zum Faustkampf gehörig. ἡ πυκτικὴ Kunst des Faustkampfes.

πυλ-αγόρας, ου u. **-αγόρος**, ὁ amphiktyonischer Bundesgesandter.

πυλαγορέω amphiktyonischer Bundesgesandter sein.

Πυλαιά, ἡ Tagung der Amphiktyonen in Pylä.

πυλ-άρτης, ου, ὁ Torschließer.

πυλά-ωρός, ὁ = πυλωρός.

πύλη, ἡ 1. a) Tor-, Tür-flügel. b) Tor, Tür, Pforte. — 2. a) Eingang, Öffnung, Engpaß.

πυλίς, ίδος, ἡ Pförtchen.

Πυλοι-γενής 2 in Pylos geboren.

πύλος, ὁ Torweg.

πυλ-ουρός, ὁ = πυλωρός.

πυλόω mit Toren verschließen.

πυλών, ῶνος, ὁ a) Portal, Torhalle, Tor. b) Vorzimmer.

πυλ-ωρός, ὁ, ἡ a) Torhüter. b) Hüter, Wächter, Beschützer.

πύματος 3 äußerster, letzter.

πυνθάνομαι M. a) sich erkundigen, forschen, fragen, ausfragen. b) erforschen; erfahren, vernehmen, hören, merken; Kunde haben, wissen.

πύξ adv. mit der Faust, im Faustkampf.

πύξινος 3 aus Buchsbaum.

πῦρ, πυρός, τό Feuer: a) Wachtfeuer, Opferfeuer, Herdfeuer, Feuer des Scheiterhaufens, Feuer-signal, -brand, Fackel, Blitz. b) Feuerglanz, Glut, Licht.

πυρά, ἡ Feuerstätte: a) Scheiterhaufen. b) Grab. c) Opferherd.

πυρ-άγρα, ἡ Feuerzange.

πυρακτέω glühend machen.

πυραμίς, ίδος, ἡ Pyramide.

πυργηδόν adv. in geschlossenen Scharen. [stürmen.]

πυργομαχέω Türme be-]

πύργος, ὁ Turm: 1. a) Mauerturm; Mauer mit Türmen.

πυργόω b) Belagerungsturm. c) Burg, Schloß. — 2. a) Bollwerk, Schutz, Hort. b) geschlossene Kriegerschar, Kolonne.

πυργόω u. M. a) mit Türmen versehen, ummauern, befestigen. b) auftürmen.

πυργώδης 2 turmartig.

πύργωμα, τό = πύργος.

πύρεια, τά Feuerzeug.

πυρέσσω (das) Fieber haben.

πυρετός, ὁ Hitze; Fieber(hitze).

πύρη, ἡ = πυρά.

πυρήϊα, τά = πυρεῖα.

πυρήν, ῆνος, ὁ Kern.

πυρη-φόρος 2 = πυροφόρος.

πυρίᾱ, ἡ Dampfbad.

πυρί-ηκης 2 feuergespitzt.

πυρί-καυστος 2 feuergeglüht.

πύρινος[1] 3 aus Weizen.

πύρινος[2] 3 feurig.

πυρι-φλεγής 2 (feuer)brennend, Fieber-...

πυρ-καϊά, ἡ a) Scheiterhaufen. b) Feuersbrunst. c) Ölbaumstumpf.

πύρνον, τό Weizenbrot.

πυρός, ὁ Weizen (auch pl.).

πυρο-φόρος 2 weizentragend.

πυρόω I. Akt. im Feuer glühen, verbrennen: a) mit Feuer verwüsten. b) im Feuer läutern. — II. P. brennen; entflammt sein.

πυρ-πνοος, 3ᶻgz. **-πνους** 2 feuer-schnaubend, -sprühend.

πυρπολέω a) (Wacht-)Feuer unterhalten. b) durch Feuer verwüsten (auch M.).

πυρράζω (feuer)rot sein.

πυρρίχη, ἡ Waffentanz.

πυρρός 3 feuerfarben, gelbrot.

πυρσεύω ein Feuersignal geben. [signal, -zeichen.]

πυρσός[1], ὁ Feuerbrand; Feuer-

πυρσός[2] 3 = πυρρός.

πῠρ-φόρος 2: 1. feuertragend: a) fackeltragend. b) feuerschwingend, blitzschleudernd. — 2. ὁ Feuer-träger, -priester.

πύρωσις, εως, ἡ Feuersbrunst; Feuerprobe der Leiden.

πύστις, εως, ἡ 1. a) Nachforschung. b) Frage, Verhör. — 2. Kunde, Nachricht, Ruf.

πώ je, irgendwie; noch.

πώγων, ωνος, ὁ Bart.

πωλέομαι M. oft wohin kommen ob. gehen.

πωλέω verkaufen. [bespannt.]

πωλικός 3 mit jungen Pferden

πωλοδαμνέω ein Fohlen bändigen; erziehen. [Fohlen.]

πῶλος, ὁ u. ἡ Junges; Füllen,

πῶμα[1], τό Deckel.

πῶμα[2], τό Trank, Getränk.

πώ-ποτε irgendeinmal, jemals, je, noch.

πώρινος 3 von Tuffstein.

πῶρος, ὁ Tuffstein.

πωρόω verhärten; verstocken, gefühllos ob. stumpf machen.

πώρωσις, εως, ἡ Verhärtung, Verstockung.

πῶς 1. fragend: wie? auf welche Weise? wieso? warum? — 2. im Ausruf: wie, wie sehr.

πώς a) irgendwie; zufällig. b) gewissermaßen, einigermaßen. c) ungefähr, etwa, vielleicht.

πωτάομαι fliegen.

πῶυ, εος, τό Herde.

P

P, ρ (ῥω) siebzehnter Buchstabe des griechischen Alphabets.

ῥά u. **ῥ** = ἄρα. [Rabbi.]

ῥαββί u. **ῥαββεί** (mein)Meister,

ῥαββο(υ)νί u. **-εί** = ῥαββί.

ῥαβδίζω geißeln, stäupen.

ῥαβδονομέω Kampfrichter sein.

ῥάβδος, ἡ a) Rute, Stab, Stock; Zepter, Richterstab. b) Stift.
ῥαβδοῦχος, ὁ a) Kampfrichter. b) Liktor; Gerichtsdiener.
ῥαδαλός 3 schlank.
ῥαδινάκη, ἡ Erdöl.
ῥαδινός 3 schlank: a) zart. b) beweglich, flink.
ῥᾴδιος 3: 1. leicht, mühelos. — 2. a) nachgiebig, willfährig, fügsam, geneigt. b) leichtsinnig. — 3. adv. ῥᾳδίως leicht, ohne Mühe, leichthin, leichtsinnig.
ῥᾳδιούργημα, τό Bubenstück.
ῥᾳδιουργία, ἡ 1. Leichtfertigkeit. — 2. a) Leichtsinn. b) Trägheit, Vergnügungssucht; kurzweilige Beschäftigung. c) Arglist, Bosheit, Bubenstück.
ῥαθάμιγξ, ιγγος, ἡ a) Tropfen. b) Körnchen. [Muße pflegen.]
ῥᾳθυμέω leichtsinnig sein, der]
ῥᾳθυμία, ἡ 1. a) leichter Sinn. b) Leichtsinn, Lässigkeit. — 2. a) Trägheit, Vergnügungssucht. b) bequemes Leben, Vergnügen, Erholung.
ῥᾴ-θυμος 2: 1. leichtsinnig, sorglos. — 2. a) vergnügungssüchtig. b) bequem, gemächlich.
ῥαΐζω leichter werden, sich erholen.
ῥαίνω besprengen, bestreuen.
ῥαιστήρ, ῆρος, ὁ u. ἡ Hammer.
ῥαίω I. Akt. schmettern, zerschmettern, zertrümmern. — II. P. 1. geschmettert werden. — 2. a) bersten, zerspringen; scheitern. b) mißhandelt werden.
ῥακά Dummkopf, Tor.
ῥάκος, τό Lappen, Flicken, Lumpen.
ῥαντίζω besprengen, reinigen.
ῥαντισμός, ὁ Besprengung.
ῥαπίζω mit dem Stock schlagen, (aus)peitschen, ohrfeigen.
ῥάπισμα, τό Backenstreich.

ῥαπτός 3 genäht, geflickt. τὸ -όν Steppdecke.
ῥάπτω 1. nähen, zusammennähen, -fügen. — 2. anstiften, ersinnen, bereiten.
ῥασσάτε s. ῥαίνω.
ῥᾳστώνη, ἡ Leichtigkeit: a) Fertigkeit, Gewandtheit. b) Willfährigkeit, Gefälligkeit; Nachsicht. c) Erleichterung, Erholung; Vorteil. d) Behaglichkeit. e) Trägheit.
ῥαφή, ἡ Naht.
ῥαφίς, ίδος, ἡ Nadel.
ῥαχά = ῥακά.
ῥαχία, ἡ a) Brandung, Flut. b) Gestade, Küste.
ῥαχίζω zerstückeln.
ῥάχις, εως, ἡ Rücken; Rückenstück; Bergrücken.
ῥάχος od. ῥαχός, ἡ Dornstrauch, -hecke.
ῥαψῳδέω Gedichte vortragen; hersagen.
ῥαψ-ῳδός, ὁ 1. a) Rhapsode. b) Bänkelsänger. — 2. singend.
ῥέα adv. = ῥᾳδίως.
ῥέγκω u. ῥέγχω schnarchen.
ῥέδη, ἡ (vierrädriger) Wagen.
ῥέεθρον, τό = ῥεῖθρον.
ῥέζω tun: a) handeln, wirken. b) etw. tun, machen, vollbringen, verüben; opfern, schlachten.
ῥέθος, τό Glied; Gesicht.
ῥεῖα adv. = ῥᾳδίως.
ῥεῖθρον, τό Fluß, Flut, Strömung, Wogen; Flußbett.
ῥέπω sich neigen, herabsinken: a) das Übergewicht haben, den Ausschlag geben. b) sich hinneigen, sich zuwenden; fallen.
ῥεῦμα, τό a) das Fließen, Strömung. b) Fluß, Strom, Fluten; Blutung; Flußbett; Ausbruch eines Vulkans.
ῥεχθείς s. ῥέζω.
ῥέω u. P. I. a) fließen, strömen, triefen. b) α) aus-, her-

ῥῆγμα — 394 — **ῥίπτω**

vor=strömen; β) aus=, ab=
fallen. — 2. a) zerfließen, zer=
rinnen, schwinden. b) sich ver=
breiten. c) hinströmen, sich
stürzen. [b) Einsturz.
ῥῆγμα, τό a) Riß, Bruch.
ῥηγμίν, ῖνος, ἡ Brandung.
ῥήγνυμι I. Akt.: a) (zer=)
brechen, durchbrechen, zer=
reißen, zerhauen, zerschmet=
tern. b) hin und her reißen.
c) losbrechen lassen, entfesseln.
d) in Jubel ausbrechen. —
II. M.: a) für sich durchbrechen
od. (zer)sprengen. b) aus=
brechen lassen. — III. P. u. M.
(nebst *pf. II Akt.*) *intr.*: a) (zer=)
brechen, sich brechen, (zer)reißen,
platzen. b) hervorbrechen, her=
einbrechen.
ῥῆγος, τό Teppich, bunte Decke,
Tuch. [Ausspruch.]
ῥηθείς gesprochen. τὸ ῥηθέν
ῥηΐδιος 3 = ῥᾴδιος. [bar.]
ῥηκτός 3 zerreißbar, verwund=
ῥῆμα, τό Rede: 1. a) Wort,
Ausdruck. b) Äußerung, Aus=
spruch, Verheißung, Satz. c) Ge=
setz, Gebot; Beschluß. — 2. a) Er=
zählung. b) Botschaft, Kunde.
c) Gespräch. — 3. Lehre, Rechts=
sache, Handlung, Ding, Sache.
ῥηξηνορίη, ἡ einstürmende
Kraft. [scharen durchbrechend.]
ῥηξ-ήνωρ, ορος Männer=
ῥῆσις, εως, ἡ a) das Reden,
Sagen, Art zu reden. b) Ge=
spräch; Wort; Erzählung, Be=
schluß. [b) stampfen; stoßen.]
ῥήσσω a) zerreißen; verzerren.
ῥαστώνη, ἡ = ῥᾳστώνη.
ῥητέον man muß sagen.
ῥητήρ, ῆρος, ὁ = ῥήτωρ.
ῥητορεύω als Redner tätig
sein, Reden halten.
ῥητορικός 3 rhetorisch, red=
nerisch; als Redner tüchtig,
beredt. ἡ -ἡ Redekunst.

ῥητός 3 a) ausgesprochen;
festgesetzt, bestimmt, verab=
redet; ausdrücklich. b) aus=
sprechbar, zu sagen erlaubt.
ῥητρᾱ, ἡ 1. Rede. — 2. a) Ver=
trag, Verabredung. b) Gesetz.
ῥήτωρ, ορος, ὁ a) Redner,
Sprecher; Staatsmann. b) Leh=
rer der Beredsamkeit.
ῥηχίη, ἡ = ῥαχία.
ῥηχός, ἡ = ῥαχός.
ῥιγεδανός 3 schauerlich.
ῥιγέω a) vor Frost schaudern,
(er)starren. b) sich entsetzen,
zurückbeben.
ῥίγιον u. **ῥίγιστος** s. ῥῖγος.
ῥῖγος, τό Frost, Kälte. *comp.*
ῥίγιον schrecklicher, schlimmer.
sup. ῥίγιστος 3 schrecklichster,
schlimmster.
ῥιγόω frieren.
ῥίζα, ἡ 1. a) Wurzel. b) Reis.
— 2. a) Ursprung, Stamm,
Grund. b) Nachkommenschaft.
ῥιζόω wurzeln lassen, (einen
Garten) bepflanzen; befestigen.
pf. P. (fest) eingewurzelt sein.
ῥίμφα *adv.* leicht, hurtig, schnell
ῥιμφ-άρματος 2 mit schnellem
Gespann fahrend.
ῥινόν, τό u. **ῥινός**, ἡ 1. a) Fell,
Rindshaut, Leder. b) Haut. —
2. Schild. [bohrend.]
ῥινη-τόρος 2 schilddurch=
ῥίον, τό a) Bergspitze. b) Vor=
gebirge.
ῥιπή, ἡ Wurf, Schwung; Flug,
Schuß, Andrang, Wucht. ῥ.
ὀφθαλμοῦ Augenblick.
ῥιπίζω a) schaukeln, hin und
her werfen. b) anblasen, an=
fachen.
ῥῖπος, τό Schilfgeflecht.
ῥιπτάζω hin und her schleu=
dern. [einen Sturz.]
ῥιπτός 3 geschleudert, durch
ῥίπτω und **ῥιπτέω** werfen,
schleudern, stürzen: a) hin=

ῥίς — 395 — ῥύσις

werfen, zu-, vor-werfen. b) hin und her werfen. c) hinab-werfen, herabstürzen. d) weg-werfen, abwerfen. e) hinaus-werfen, ausstoßen, verbannen.

ῥίς, ῥινός, ἡ Nase; *pl.* Nasen-löcher.

ῥίψ, ῥιπός, ἡ 1. a) Rute, Reis. b) Rohr, Schilf. — 2. (*mst pl.*) Flechtwerk, Rohrmatte.

ῥιψο-κίνδυνος 2 wagehalsig; ὁ Wagehals.

ῥοδανός 3 schwank(end).

ῥοδο-δάκτυλος 2 rosen-fingerig. [duftend.]

ῥοδόεις 3 von Rosen, rosen-

ῥόδον, τό Rose.

ῥοή, ἡ Strömung, Flut.

ῥοθέω rauschen, lärmen, mur-ren, brausen, laut erschallen.

ῥόθιος 2: 1. rauschend, brau-send. — 2. τὸ ῥόθιον: a) Wogen-gebraus, Brandung. b) lauter Ruderschlag.

ῥόθος, ὁ das Rauschen, Brausen.

ῥοιά, ἡ Granatapfel(baum).

ῥοιβδέω laut einschlürfen.

ῥοῖβδος, ὁ das Sausen, Zischen, Pfeifen. [pfeifen.]

ῥοιζέω schwirren, zischen,

ῥοιζηδόν, *adv.* mit Gepraffel.

ῥοῖζος, ὁ = ῥοῖβδος.

ῥοιή, ἡ = ῥοιά.

ῥομφαία, ἡ großes, breites Schwert; heftiger Schmerz.

ῥόος, ὁ a) Strömung. b) Strom, Flut, Welle.

ῥόπαλον, τό a) Keule. b) Knüttel. c) Wurfstab der Hirten. d) Tür-klopfer.

ῥοπή, ἡ 1. Neigung („Aus-schlag") der Waagschale. — 2. a) der entscheidende Punkt, die höchste Gefahr, Wende-punkt, Krisis, Entscheidung, Ausschlag. b) Gewicht, Anstoß, Veranlassung, Bedeutung.

ῥόπτρον, τό Türklopfer.

ῥοῦς, ὁ = ῥόος.

ῥοφέω (ein)schlürfen; aus-saugen, verschlucken.

ῥοχθέω rauschen, brausen.

ῥοώδης 2 flutend, wogend.

ῥύαξ, ακος, ὁ (hervorbrechen-der) Strom; Lavastrom.

ῥύατο f. ῥύομαι.

ῥυδόν *adv.* stromweise. ῥ. ἀφνειός überreich.

ῥύη = ἐρρύη, f. ῥέω.

ῥυθμίζω 1. zergliedern. — 2. ordnen: a) genau abwägen. b) leiten, erziehen.

ῥυθμός, ὁ 1. Zeitmaß, Takt, Rhythmus. — 2. a) Eben-maß, Harmonie, Proportion. b) (schöne) Gestalt, Form.

ῥῦμα, τό a) Bogensehne. ἐκ τόξου ῥύματος innerhalb eines Bogenschusses. b) Rettung, Schutz, Bollwerk.

ῥύμη, ἡ 1. a) Schwung. b) An-spannung; Andrang, Gewalt, Wucht. — 2. Gasse.

ῥυμός, ὁ Deichsel.

ῥύομαι M. 1. retten; bewahren, (be)schützen, behüten: a) er-lösen, befreien. b) heilen, wie-der gutmachen. c) verdecken, verhüllen. — 2. zurückhalten, hemmen.

ῥύπα, τά, *pl.* zu ὁ ῥύπος.

ῥυπαίνω beflecken, entehren.

ῥυπαρεύω = ῥυπαίνω.

ῥυπαρία, ἡ Schmutz; schmutzige Gesinnung.

ῥυπαρός 3 schmutzig, befleckt.

ῥυπάω a) schmutzig sein. b) *trans.* beschmutzen.

ῥύπος, ὁ Schmutz, Schmutziges.

ῥυπόω = ῥυπάω.

ῥύσαται f. ῥύομαι.

ῥύσιον, τό a) Raub, Beute. b) Pfand, Sühne, Ersatz.

ῥυσί-πολις, εως, ὁ u. ἡ Stadt-beschützer(in). [Fluß, Lauf.]

ῥύσις, εως, ἡ das Fließen,

ῥύσκευ = ἐρύου (f. ῥύομαι).
ῥυσός 3 runzelig.
ῥυστάζω hin und her ziehen, schleifen, mißhandeln. [lung.]
ῥυστακτύς, ύος, ἡ Mißhand=
ῥυτήρ¹, ῆρος, ὁ 1. Spanner (des Bogens), Schütze. — 2. Strang, Riemen; Zügel.
ῥυτήρ², ῆρος, ὁ Beschützer, Hüter.
ῥυτίς, ίδος, ἡ Falte, Runzel; Makel, Fehler.
ῥυτόν, τό Trinkhorn.
ῥυτός¹ 3 herbeigeschleift.
ῥυτός² 3 strömend, flüssig.
ῥωμαϊστί in römischer Sprache.
ῥωγαλέος 3 zerrissen.
ῥωμαλέος 3 stark, gewaltig.
ῥώμη, ἡ Kraft, Stärke: 1. Körperkraft. — 2. a) poli=

tische Macht. b) Heeres=macht, =teil, Kolonne. — 3. Mut, Entschlossenheit, Tatkraft.
ῥώννυμι I. Akt. stärken, kräftigen. — II. P. 1. stark oder kräftig werden, erstarken. pf. **ἔρρωσθαι** stark oder kräftig, mächtig, gesund sein (ob. bleiben). ἔρρωσο lebe wohl! — 2. fest entschlossen sein, sich anstrengen.
ῥώξ, ῥωγός, ἡ Riß, Spalt, Vertiefung, Mulde; Luke.
ῥώομαι M. sich schnell bewegen, sich tummeln, (dahin)eilen; tanzen, flattern.
ῥωπήϊον, τό = ῥώψ.
ῥωχμός, ὁ Riß, Spalt.
ῥώψ, ῥωπός, ὁ Reisig, Gesträuch, Buschwerk.

Σ

Σ, σ, ς (σῖγμα), achtzehnter Buchstabe des griechischen Alphabets.
σᾶ (= σῶα) f. σῶς. [verlassen.]
σαβαχθάνι u. **-εί** du hast mich
σαβαώθ Heerscharen.
σαββατισμός, ὁ Sabbatfeier, Ruhe. [b) Woche.]
σάββατον, τό a) Sabbat.
σαβοῖ bacchischer Ausruf.
σάγαρις, εως, ἡ Doppelbeil, zweischneidige Streitart.
σαγηνεύω (Fische) im Zugnetz fangen.
σαγήνη, ἡ Zugnetz, Netz.
σαθρός 3 geborsten, morsch, schadhaft, ungesund, krank, nichtig, hinfällig; zaghaft.
σαίνω a) wedeln. b) trans. anwedeln; schmeicheln, (freundlich) begrüßen. c) erschüttern. (P. wanken.)
σαίρω säubern; wegfegen.
σάκεσ-πάλος 2 Schildschwinger.
σάκεσ-φόρος 2 Schildträger.

σακίον, τό Beutel, Sack.
σακκέω durchseihen.
σάκκος u. **σάκος¹**, ὁ a) Sack. b) grobes Gewand; Trauerkleid.
σάκος², τό großer Schild.
σαλεύω a) trans. hin und her bewegen, schwingen, schütteln, erschüttern; aufreizen, erregen. b) intr. u. P.: schwanken, wanken, in Unruhe sein.
σάλος, ὁ das Schwanken, Wanken, Wogen, Wogenschwall, Brandung; Unruhe.
σαλπιγκτής, οῦ, ὁ Trompeter.
σάλπιγξ, ιγγος, ἡ a) Trompete, Posaune. b) Trompeten=signal, =schall, =ton.
σαλπίζω die Trompete blasen, ein Trompetensignal geben; (aus)posaunen; erdröhnen.
σαλπικτής u. **σαλπιστής**, οῦ, ὁ Trompeter.
σανδάλον u. **σανδάλιον**, τό Sandale, Sohle.

σανδαράκινος 3 mennigrot.
σανίδιον, τό Schreibtäfelchen, Verzeichnis, Liste.
σανίς, ίδος, ἡ 1. Brett, Planke, Bohle. — 2. a) Brettergerüst, Verschlag. b) Schreibtafel. c) Türflügel, pl. Tür. d) Pfahl; Pranger.
σάος = σῶς.
σαοφροσύνη, ἡ = σωφροσύνη.
σαό-φρων 2 = σώφρων.
σαόω = σῴζω.
σαπήη s. σήπω.
σαπρός 3 faul, verfault; welk, morsch; unbrauchbar.
σάπφειρος, ἡ Saphir.
σαργάνη, ἡ Geflecht, Korb.
σαρδάνιος 3 höhnisch, grimmig, bitter. [Karneol, Sard.]
σάρδιον, τό u. **σάρδι(ν)ος**, ὁ
σαρδ(ι)-όνυξ, υχος, ὁ Sardonyx.
σαρκίζω das Fleisch abschaben.
σαρκικός 3 und **σάρκινος** 3 fleischlich, fleischig; sinnlich, irdisch, sündhaft.
σαρκο-φάγος 2 fleischfressend.
σαρκώδης 2 fleischig.
σάρξ, σαρκός, ἡ Fleisch, Fleischstück; Leib, Körper; menschliche Natur, lebende Wesen, Mensch, Menschen.
σαρόω (aus)fegen, reinigen.
σατᾶν (indekl.) u. **σατανᾶς**, ᾶ, ὁ Teufel, Satan.
σάτον, τό das Sat (Getreidemaß).
σατραπείᾱ, ἡ Satrapie, Statthalterschaft.
σατραπεύω Satrap sein, als Satrap (be)herrschen.
σατράπης, ου, ὁ Satrap, Statthalter.
σάττω a) vollstopfen. b) bepacken; ausrüsten. M. sich reichlich beschaffen.
σαύρᾱ, ἡ u. **σαῦρος**, ὁ Eidechse.
σαυρωτήρ, ἦρος, ὁ unteres Speer-ende.

σαυτοῦ = σεαυτοῦ.
σαφᾶ u. **σαφέως** s. σαφής.
σαφηνής 2 deutlich, bestimmt.
σαφηνίζω deutlich machen, erklären; anzeigen.
σαφής 2: 1. a) hell, klar, sichtbar. b) deutlich, laut. — 2. deutlich, klar, einleuchtend, offenbar. — 3. gewiß, sicher, bestimmt, zuverlässig, genau, wirklich, wahrhaftig.
σάω¹ durchseihen, sieben.
σάω², **σαῶ** u. ä. s. σαόω.
σβέννῡμι u. **-ύω** 1. (aus)löschen; dämpfen, stillen, zähmen, vereiteln. — 2. intr. u. P. erlöschen, ausgehen; sich legen.
σβεστήριος 3 zum Löschen dienlich.
σε-αυτοῦ, -ῆς deiner selbst.
σεβάζομαι M. = σέβω.
σέβας, τό 1. a) heilige Scheu, fromme Scheu, Verehrung, Ehrfurcht. b) Staunen. — 2. a) Erhabenheit, Hoheit, Majestät, Macht. b) Stolz, Ruhm, Ehre.
σέβασμα, τό Gegenstand der Verehrung, Heiligtum.
σεβαστός 3 ehrwürdig, erhaben; kaiserlich.
σεβίζω u. P. = σέβω.
σέβω u. P. 1. sich scheuen, sich schämen. — 2. Ehrfurcht haben; a) verehren, heilig halten. οἱ σεβόμενοι Proselyten des Tores. b) hochachten, ehren. c) staunen, sich verwundern.
σειρά, ἡ Seil, Strick, Kette.
σειραῖος 3 an der Leine gehend. subst. ὁ Handpferd, Nebenpferd, Nebenkamel.
σειρη-φόρος 2 = σειραῖος.
σειρός, ὁ = σιρός. [telung.]
σεισάχθεια, ἡ Lastenabschüt-
σεισμός, ὁ Erdbeben; Sturm.
σείω I. Akt. 1. trans. schütteln, schwingen, erschüttern, beben

μαchen. — 2. *intr.*: σείει es ist ein Erdbeben. — II. M. u. P. sich hin und her bewegen, wanken, beben, zittern.

σέλας, αος, τό Glanz, Licht, Strahl; Glut, Feuer, Funke.

σεληναῖος 3 mondhell.

σελήνη, ἡ a) Mond, Mondschein. b) die Mondgöttin.

σεληνιάζομαι M. mondsüchtig od. fallsüchtig sein.

σέλινον, τό Eppich. [bed.]

σέλμα, τό a) Ruderbank. b) Verbedeck.

σεμίδαλις, εως, ἡ feinstes Weizenmehl. [Redner.]

σεμνο-λόγος, ὁ erhabener

σεμνό-μαντις, εως, ὁ ehrwürdiger Seher.

σεμνός 3: 1. ehrwürdig, erhaben, hehr, heilig, würdevoll: a) herrlich, kostbar, vornehm. b) ernst, ehrbar, ehrenhaft. — 2. a) hochmütig, stolz, anmaßend. b) pomphaft, prunkend.

σεμνότης, ητος, ἡ a) Ehrwürdigkeit, Würde, Feierlichkeit, Stolz, Pracht. b) Ehrbarkeit.

σεμνόω und **σεμνύνω** I. Akt. a) ehrwürdig oder feierlich machen, prachtvoll einrichten; verherrlichen. b) erhöhen, übertreiben. — II. M. sich brüsten, stolz sein, großtun.

σέο = σοῦ f. σύ.

σεύω I. Akt. in schnelle Bewegung setzen: 1. scheuchen, treiben, (vor sich her) jagen, hetzen: a) vertreiben, schnell entführen. b) hervortreiben. — 2. schwingen, schleudern, erschüttern. — II. M. = Akt. — III. M. u. P. 1. eilen, stürmen, stürzen: a) wegeilen. b) hervorstürzen, anstürmen. — 2. begehren, streben, trachten.

σηκάζω einpferchen, sperren.

σηκο-κόρος, ὁ Stallknecht.

σηκός, ὁ Umzäunung: a) Hürde, Stall. b) heiliger Bezirk, Heiligtum. c) (umzäunter) Ölbaumstumpf.

σῆμα, τό 1. Zeichen, Kennzeichen, Merkmal: a) Wahrzeichen, Vorzeichen, Wunder(zeichen). b) Spur. c) Signal, Kommando; Losung. — 2. Bild, Bildnis: a) Siegel. b) Schriftzeichen. c) Abzeichen, Feldzeichen, Fahne. d) Grabhügel, Grabstätte. e) Beweis.

σημαίνω bezeichnen: I. Akt. 1. mit einem Kennzeichen versehen; versiegeln. — 2. ein Zeichen geben; a) ein Signal geben, durch ein Zeichen befehlen. σημαίνει (sc. ὁ σαλπικτής) es wird ein Signal gegeben. b) befehlen, gebieten, Führer od. Befehlshaber sein. c) α) (v. Göttern) (ein) Vorzeichen erscheinen lassen; β) (v. Sachen) ein Vorzeichen sein, Vorbedeutung haben. — 3. a) bezeichnen (= mit einem Zeichen versehen). b) anzeigen, andeuten, verkündigen, berichten, melden, mitteilen. c) beweisen. — II. M. 1. etw. für sich oder als das Seinige bezeichnen, sich etwas bemerken; sich etw. versiegeln (lassen). — 2. vermuten, schließen.

σημαντρίς, ίδος, ἡ Siegelerde.

σήμαντρον, τό Siegel.

σημάντωρ, ορος, ὁ a) Gebieter, Lenker, Hüter. b) Bote.

σημεῖον, τό = σῆμα.

σημειόω bezeichnen. M. sich etw. aufzeichnen od. anmerken.

σήμερον *adv.* heute.

σημήιον, τό = σημεῖον.

σημικίνθιον, τό Schürze.

σηπεδών, όνος, ἡ Fäulnis.

σήπω 1. faulen machen. — II. *intr.* nebst P.: (ver)faulen, verwesen.

σήραγξ, αγγος, ἡ Spalt, Kluft, [Schlund.]

σηρικός 3 seiden. τὸ -όν Seide.

σής, σεός *ob.* σητός, ὁ Motte.

σησάμινος 3 aus Sesam.

σήσαμον, τό Sesam(schote).

σητό-βρωτος 2 von Motten zerfressen.

σθεναρός 3 stark, gewaltig.

σθένος, τό Stärke, Kraft: a)Körperkraft. b)Mut. c)Macht, Gewalt, Vermögen; Heeresmacht, Heer.

σθενόω kräftigen, stärken.

σθένω stark *od.* kräftig sein: a) Macht haben, stark sein, herrschen. b) imstande sein, vermögen, können. [Wange.]

σιαγών, όνος, ἡ Kinnbacken, [Speichel.]

σίαλον, τό

σίαλος 2 fett. *subst.* ὁ Mastschwein.

σῖγα *adv.* schweigend, still; leise; im stillen, heimlich.

σιγάζω j-n schweigen heißen, zum Schweigen bringen.

σιγαλόεις 3 schimmernd, glänzend.

σιγάω 1. *intr.* schweigen, stumm *od.* ruhig sein; aufhören. — 2. *trans.* verschweigen.

σιγή, ἡ Schweigen; Stillschweigen; *übh.* Stille, Ruhe. σιγῇ (= διὰ σιγῆς) schweigend, ruhig, still, heimlich.

σιγηλός 3 schweigsam, still, lautlos, geräuschlos. [münze.]

σίγλος, ὁ Sekel (asiatische Silber-)

σίγμα, τό der Buchstabe σ, Σ. [b) Krämer.]

σιγύν(ν)ης, ουο ἀ a) Jagdspieß.

σιδηρεία, ἡ Eisenbearbeitung.

σιδήρειος 3 = σιδήρεος.

σιδήρεος 3: 1.eisern.—2.a)hart, unbeugsam, gefühllos. b) fest, stark, unaufhörlich.

σιδήριον, τό Eisengerät, eiserne Waffe.

σιδηρο-βρώς, ῶτος eisenfressend, eisenschärfend.

σιδηρό-δετος 2 eisenbeschlagen. [Schwerte gemordet.]

σιδηρο-κμής, ῆτος mit dem)

σίδηρος, ὁ 1. Eisen, Stahl. — 2. a)Eisengerät, Schwert, Beil, Sichel u. a. b) Eisen-Laden, -markt.

σιδηροῦς 3 = σιδήρεος.

σιδηροφορέω u. M. eiserne Waffen tragen,bewaffnet gehen.

σιδηρόω mit Eisen beschlagen.

σίζω zischen.

σικάριος, ὁ Meuchelmörder.

σίκερα, τό Obstwein, berauschendes Getränk. [baum.]

σιλλικύπριον, τό Wunder-)

σίλφιον, τό Silphion.

σιμικίνθιον, τό Schürze, Schurz.

σιμός 3 a) stumpf- *oder* stülpnasig. b) aufwärts gebogen. πρὸς τὸ σιμόν berg-an.

σινάμωρέω beschädigen, verwüsten, verheeren.

σινά-μωρος 2 schädlich.

σίνᾱπι, ιδος u. εως, τό Senf.

σινδών, όνος, ἡ a) feine Leinwand. b) Linnen-tuch, -kleid, -hemd.

σινέομαι = σίνομαι.

σινιάζω sieben, sichten.

σίνομαι M. a) schaden, beschädigen. b) anfallen, rauben, berauben, verwüsten.

σίνος, τό Schaden; Unglück.

σίντης, ὁ räuberisch, reißend.

σιός, ὁ Gott (= θεός).

σιρικός 3 = σηρικός.

σιρός, ὁ Loch, Grube, Höhle.

σισύρα und **σίσυρνα**, ἡ Pelzrock. [rock tragend.]

σισυρνο-φόρος 2 einen Pelz-)

σῖτα, *pl.* von σῖτος. [führend.]

σῑτ-ἀγωγός 2 Getreide zu-)

σῑτευτός 3 gemästet.
σῑτεύω I. Akt. füttern, mästen. II. P. gespeist oder beköstigt werden, speisen, essen, verzehren, genießen.
σῑτέω = σιτεύω.
σῑτ-ηγός 2 = σιταγωγός.
σῑτηρέσιον, τό a) Verpflegung, Beköstigung. b) Verpflegungsgeld, Löhnung.
σίτησις, εως, ἡ a) Speise, Kost. b) öffentliche Speisung.
σῑτίζω = σιτεύω.
σῑτίον, τό = σῖτος.
σῑτιστός 3 gemästet.
σῑτοδεία, ἡ Nahrungsmangel, Hungersnot.
σῑτοδοτέω Getreide verabreichen. P. Getreide (geliefert) erhalten.
σῑτομέτριον, τό Proviant, Kost.
σῑτο-νόμος 2 Nahrung verschaffend.
σῑτο-ποιός 2 das Essen zubereitend. *subst.* ὁ Bäcker.
σῑτοπομπία, ἡ Getreidetransport, Getreidezufuhr.
σῑτο-πώλης, ου, ὁ Getreidehändler.
σῖτος, ὁ 1. Weizen, Getreide. — 2. a) Mehl, Brot. b) Speise, Nahrung, Kost; *pl.* Lebensmittel, Proviant.
σῑτο-φάγος 2 brot-essend.
σῑτο-φόρος 2 Lebensmittel tragend, Last-...
σῑτο-φύλακες, οἱ Getreideaufseher, -polizei.
σῑτ-ώνης, ου, ὁ Getreideaufkäufer.
σιφλόω verstümmeln; blenden.
σιώ, Dual von σιός.
σιωπάω = σιγάω.
σιωπή, ἡ = σιγή.
σκάζω hinken.
σκαιός 3: 1. a) links. ἡ σκαιά die Linke. b) westlich, abendlich. — 2. a) linkisch, unge-

schickt, einfältig. b) Unglück verkündend, ungünstig, unglücklich, schlimm.
σκαιοσύνη, ἡ = σκαιότης.
σκαιότης, ητος, ἡ linkisches Wesen; Ungeschicklichkeit: a) Unverstand, Torheit. b) Grobheit.
σκαίρω springen, tanzen.
σκάλλω graben, hacken.
σκαλμός, ὁ Ruderpflock.
σκανδαλίζω I. Akt. Ärgernis geben, ärgern, irre machen, zur Sünde verleiten. — II. P. Anstoß nehmen, sich ärgern, irre werden.
σκάνδαλον, τό Falle; Anstoß, Ärgernis, Verführung.
σκαπτός 3 gegraben, ausgerodet. [hacken.]
σκάπτω graben, hacken; be-
σκάφη, ἡ = σκάφος.
σκάφίς, ίδος, ἡ Napf, Butte.
σκάφος, τό a) Wanne, Trog. b) Schiffs-bauch; Schiff; Kahn, Nachen, Boot.
σκεδάννῡμι I. Akt. zerstreuen, zersprengen, auseinandertreiben, -gehen lassen, verscheuchen; (Blut) vergießen; zertrümmern, vernichten. — II. P. u. M. zerstreut werden, sich zerstreuen, auseinandergehen, sich ausbreiten.
σκέδασις, εως, ἡ Zerstreuung.
σκέλλω a) (aus)dörren. b) *intr.* u. P. verdorren.
σκέλος, τό Schenkel; Bein, Fuß.
σκέμμα, τό = σκέψις.
σκεπάζω = σκεπάω.
σκέπαρνον, τό Schlichtbeil.
σκέπας, αος, τό = σκέπη.
σκέπασμα, τό Decke, Kleidung.
σκεπάω 1. a) decken, bedecken. b) verhüllen. — 2. a) abwehren. b) (be)schützen.
σκέπη, ἡ a) Decke, Bedeckung. b) Schutz, Sicherheit; Obdach.
σκεπηνός 3 gedeckt, geschützt.

σκέπτομαι M. = σκοπέω.

σκευᾱγωγέω mit Hab und Gut flüchten.

σκευάζω I. Akt. 1. zurichten, (zu)bereiten, fertigmachen, verfertigen. — 2. a) rüsten, ausrüsten, bewaffnen. b) schmücken, bekleiden. — II. M. für sich etw. zurichten; etw. anstiften.

σκευή, ἡ u. σκεῦος, τό 1. Kleidung, Tracht: a) Schmuck. b) Verkleidung. — 2. Rüstung, Bewaffnung. — 3. Gefäß, Gerät, Werkzeug; pl. Gerätschaften, Hausrat: a) Gepäck. b) Segel, Takelwerk, Schiffsgeräte. [gen, Troßknecht sein.]

σκευοφορέω das Gepäck tra-]

σκευο-φόρος 2 Gepäck tragend. subst. ὁ Lastträger, Troßknecht. τὰ -α Packtiere, Zugvieh; Gepäck, Bagage, Train.

σκευωρέομαι M. anzetteln, anstiften.

σκέψις, εως, ἡ Betrachtung, Überlegung, Untersuchung.

σκηνάω (-έω) und σκηνόω I. Akt. 1. a) in einem Zelte wohnen. b) (sich) lagern, Wohnung nehmen, wohnen, im Quartier liegen. — 2. schmausen, speisen. — II. M. 1. wohnen. — 2. sich (eine Hütte) bauen lassen.

σκηνή, ἡ 1. a) Zelt. b) Hütte; Wohnung, Quartier; Stiftshütte, Tempel. — 2. Bühne, Theater. — 3. Mahlzeit, Schmaus.

σκήνημα, τό Zelt; Laube, Laubgang.

σκηνίδιον, τό kleines Zelt.

σκηνοπηγίᾱ, ἡ Zeltbau, Laubhüttenfest.

σκηνο-ποιός, ὁ Zeltmacher.

σκῆνος, τό = σκηνή.

σκηνο-φύλαξ, ἄκος, ὁ Zelt-, Lager-wächter.

σκηνόω = σκηνάω.

σκήνωμα, τό Zelt, Wohnung.

σκηπάνιον, τό Stab, Zepter.

σκηπτός, ὁ a) Sturmwind, Gewitter. b) Blitzstrahl.

σκηπτοῦχος 2 zeptertragend. subst. ὁ Stab-, Zepter-träger.

σκῆπτρον, τό a) Stab, Stock. b) Zepter; Herrscher-würde, -gewalt, Herrschaft. c) Stütze.

σκήπτω I. Akt. 1. a) stützen, lehnen. b) schleudern, herabfahren lassen. c) vorschützen. — 2. intr. herabfahren, hereinbrechen. — II. P. u. M. 1. sich stützen. — 2. vorschützen, vorgeben. [sich (anstemmen.]

σκηρίπτομαι M. sich stützen.]

σκῆψις, εως, ἡ Vorwand, Ausrede, Grund.

σκιά, ἡ a) Schatten, Dunkelheit. b) Schattenriß, Umriß. c) Schatten eines Verstorbenen, Geist, Schemen.

σκιᾱγραφίᾱ, ἡ Schattenbild, Blendwerk.

σκιάζω I. Akt. beschatten, verdunkeln; verhüllen. — II. P. dunkel werden.

σκιᾱμᾰχέω mit (einem) Schatten kämpfen, Lufthiebe führen.

σκιᾱτροφέω a) trans. im Schatten (= im Hause) erziehen. b) intr. u. P. im Schatten leben, weichlich erzogen werden.

σκιάω = σκιάζω.

σκίδνημι = σκεδάννυμι.

σκιερός 3 schattig, kühl.

σκιητροφέω = σκιατροφέω.

σκίμπους, ποδος, ὁ Ruhebett, niedriges Bett.

σκιο-ειδής 2 schattenartig.

σκιόεις 3 schattig, kühl.

σκίπων, ωνος, ὁ Stab, Stock.

σκιρτάω hüpfen, springen, tanzen. [härtigkeit.]

σκληρο-καρδίᾱ, ἡ Herzens-]

σκληρός 3: 1. trocken, dürr, spröde, hart, starr: a) rauh. b) dumpf. — 2. a) hart, rauh, starr, starrsinnig, schroff, streng, roh, grausam, schrecklich. b) hart: α) straff; β) schwierig, unangenehm, gefährlich.

σκληρότης, ητος, ἡ Härte, Starrsinn.

σκληρο-τράχηλος 2 hartnäckig, halsstarrig.

σκληρύνω verhärten, verstocken.

σκολιόν ob. **σκόλιον**, τό Trinklied, Rundgesang.

σκολιός 3 a) krumm, gebogen, schief. b) verdreht, unredlich, ungerecht, tückisch, falsch.

σκόλοψ, οπος, ὁ a) Spitzpfahl, Palisade. b) Dorn.

σκόπελος, ὁ Fels, Klippe.

σκοπέω u. M. 1. a) spähen, ausspähen, sich umsehen, umherschauen. b) hinblicken, achtgeben; besehen, betrachten, beobachten. c) etw. erspähen, auskundschaften. — 2. a) betrachten=untersuchen, prüfen, erwägen, überlegen, bedenken, nachdenken. b) etw. berücksichtigen, auf etw. achten ob. bedacht sein, für etw. Sorge tragen, auf etw. sinnen; beabsichtigen; sich hüten. c) sich erkundigen, fragen.

σκοπή, ἡ = σκοπιά.

σκοπιά, ἡ a) das Spähen, Wacht. b) Warte.

σκοπιάζω u. M. Wacht halten, umherspähen; erspähen.

σκοπός, ὁ, ἡ 1. Späher, Kundschafter; Bote. — 2. Wächter (-in), Aufseher(in), Hüter. — 3 a) Ziel. b) Absicht, Zweck.

σκόροδον, τό Knoblauch.

σκορπίζω zer-, aus-streuen.

σκορπίος, ὁ Skorpion.

σκοταῖος 3 = σκοτεινός.

σκοτεινός 3: 1. dunkel, finster; in der Dunkelheit. — 2. a) blind. b) heimlich. c) unverständlich.

σκοτία, ἡ = σκότος.

σκοτίζω ver-finstern, -dunkeln.

σκότιος 3 (u. 2) = σκοτεινός.

σκοτο-μήνιος 2 mondlos.

σκότος, ὁ u. τό 1. Dunkel, Finsternis: a) Nacht. b) Blindheit. c) Ohnmacht. d) Todesdunkel. e) Unterwelt; Versteck. 2. a) Verblendung, Geistesverwirrung. b) Heimlichkeit, Verborgenheit; Unklarheit.

σκοτόω I. Akt. verfinstern. — II. P. sich verfinstern.

σκοτώδης 2 finster, dunkel.

σκύβαλον, τό Kot, Unrat.

σκυδμαίνω = σκύζομαι.

σκύζομαι zürnen, unwillig sein.   [trübt aussehen.]

σκυθρωπάζω finster ob. be-

σκυθρ-ωπός 2 finsterblickend, mürrisch, verdrießlich.

σκύλαξ, ακος, ὁ, ἡ junger Hund; Hund.

σκύλευμα, τό = σκῦλον.

σκυλεύω dem erlegten Feinde (τινά) die Rüstung rauben; erbeuten; rauben, berauben, ausplündern.

σκύλλω zerfleischen, schinden; plagen. P. sich plagen.

σκῦλον u. **σκύλον**, τό Waffenbeute; Beute, Raub.

σκύμνος, ὁ das Junge.

σκυτάλη, ἡ Stock, Stab; Briefstab, Depeschenstab, geheime Depesche.

σκυταλίς, ίδος, ἡ kleiner Stock ob. Knüttel.

σκύταλον, τό Knüttel, Stock.

σκυτεύς, έως, ὁ Lederarbeiter: a) Schuster. b) Sattler.

σκυτεύω Schuster sein.

σκύτηνος 3 = σκύτινος.

σκύτινος 3 ledern.

σκυτο-δεψός, ὁ Gerber.

σκῦτος, τό Haut, Leder; Peitsche.
σκυτοτομεῖον, τό Schuster[werkstätte.]
σκυτο-τόμος, ὁ = σκυτεύς.
σκύφος, ὁ Becher, Humpen.
σκωληκό-βρωτος 2 von den Würmern zerfressen.
σκώληξ, ηκος, ὁ Wurm.
σκῶλος, ὁ Spitzpfahl. [Witz.]
σκῶμμα, τό Scherz, Spott.
σκώπτω a) spotten, scherzen. b) trans. verspotten.
σκώψ, ωπός, ὁ Ohreule, Kauz.
σμαράγδινος 3 (von ob. wie) Smaragd, smaragden.
σμάραγδος, ἡ Smaragd.
σμαραγέω (er)dröhnen, widerhallen, krachen, tosen.
σμάω I. Akt. abreiben, abwischen. — II. M. 1. sich etw. abwischen. — 2. sich einreiben.
σμερδαλέος 3 furchtbar, schrecklich.
σμερδνός 3 = σμερδαλέος.
σμῆνος, τό Bienen-schwarm, -stock; Schwarm, Schar, Menge.
σμήχω abwischen.
σμικρός 3 = μικρός.
σμυγερός 3 mühselig, elend.
σμύρνα, ἡ Myrrhe.
σμυρνίζω mit Myrrhe würzen.
σμύχω langsam verbrennen.
σμῶδιξ, ιγγος, ἡ Strieme, blutige Schwiele.
σοέομαι u. σοῦμαι = σεύομαι.
σόη, σόης f. σόω.
σολοικίζω fehlerhaft sprechen.
σόλοικος 2 fehlerhaft sprechend; roh, bäurisch.
σόλος, ὁ gegossene Wurfscheibe.
σοόμαι M. eilen, dahinstürmen.
σόος 3 = σῶς. [Bahre.]
σορός, ἡ a) Urne. b) Sarg,
σός, σή, σόν dein, der deinige, dir angehörig, dich betreffend. οἱ σοί die Deinigen, deine Verwandten (Freunde, Schüler, Leute).

σουδάριον, τό Schweißtuch.
σοῦμαι s. σόομαι und σοέομαι.
σοφία, ἡ 1. Geschicklichkeit, Fertigkeit, Erfahrung. — 2. a) Klugheit, Geistesreichtum, Scharfsinn; Schlauheit, List. b) Kenntnisse, Wissen, Einsicht: α) Gelehrsamkeit, Wissenschaft; β) Weisheit, höchste Erkenntnis, bewußte Kunst; γ) Weltweisheit; Philosophie.
σοφίζω a) weise machen, belehren, unterrichten. b) (meist M.) schlau erwägen, nachgrübeln, klug oder listig ersinnen, ausklügeln.
σόφισμα, τό List, listiger Plan, Kunstgriff, Ausflucht, Täuschung, pl. Ränke.
σοφιστής, οῦ, ὁ 1. a) Kunstverständiger, Künstler, Meister. b) Weiser, Philosoph. — 2. Sophist: a) Lehrer der Weisheit, Lehrer der Beredsamkeit, Redekünstler. b) Scheinphilosoph, Räsonneur, Betrüger.
σοφιστικός 3 sophistisch; täuschend. ἡ -ή Sophistik.
σοφός 3: 1. geschickt, gewandt, kunstfertig. — 2. a) klug, einsichtsvoll, kundig; schlau, spitzfindig. b) gelehrt; gebildet; weise.
σόω = σῴζω.
σπαδίζω abziehen. [Streifen.]
σπάθη, ἡ a) Spatel. b) breiter
σπάκα (persisch) = Hund.
σπανίζω u. P. Mangel haben ob. leiden, ermangeln.
σπάνιος 3 dürftig, kärglich, spärlich, wenig, knapp; selten.
σπανιότης, ητος und σπάνις, εως, ἡ Mangel, Not.
σπάνιστος 3 = σπάνιος.
σπανοσιτία, ἡ Mangel an Furage.
σπάραγμα, τό a) abgerissenes Stück. b) zerfetzter Leichnam.

26*

σπαραγμός, ὁ Krampf.
σπαράσσω u. M. a) zerren, (zer)reißen, zerfleischen; quälen, schmähen.
σπάργανον, τό Windel.
σπαργανόω in Windeln hüllen. [gierde sein.]
σπαργάω strotzen; voll Be-
σπάρτον, τό Tau, Strick, Schnur.
σπαρτός 3 gesät.
σπάσμα, τό u. **σπασμός**, ὁ das Ziehen, Reißen, Krampf. [gen.]
σπαταλάω üppig leben, schwel-
σπάω ziehen, zerren, reißen: a) herausziehen; verrenken. M. an sich reißen, nehmen. b) wegziehen, fortreißen. c) zerreißen, zerfleischen.
σπεῖο u. ä. f. **ἕπομαι**.
σπεῖος, τό = σπέος.
σπεῖρα, ἡ 1. a) Windung. b) Geflecht, Netz, Schlinge. — 2. Kohorte; Schar von Soldaten.
σπειρίον, τό leichtes Kleid.
σπεῖρον, τό Hülle: a) Leichentuch. b) Gewand. c) Segel.
σπείρω 1. a) säen, aussäen. b) besäen. — 2. a) ausstreuen, zerstreuen, verbreiten; j-m etw. mitteilen. P. sich zerstreuen. b) erzeugen.
σπεῖσαι u. ä. f. σπένδω.
σπεκουλάτωρ, ορος u. ωρος, ὁ Leibwächter; Scharfrichter.
σπένδω I. Akt. 1. a) ausgießen, spenden, ein Trankopfer darbringen. b) opfern. — 2. einen Vertrag schließen. — II. M. 1. einen Vertrag (Frieden, Waffenstillstand) schließen. — 2. durch Vertrag etw. festsetzen od. vereinbaren, zusichern, sich ausbedingen.
σπέος, τό Höhle, Grotte.
σπέρμα, τό 1. a) Same; Samenkorn, Aussaat. b) α) Stamm,

Geschlecht, Herkunft; β) Keim, Ursache. — 2. Saat; Sproß, Kind, Sohn, Nachkomme(nschaft). — 3. eheliche Umarmung, Ehe.
σπερμο-λόγος, ὁ Schwätzer.
σπέρχω 1. drängen, treiben. — 2. intr. u. P.: a) sich drängen, andringen, daherstürmen, eilen. b) heftig werden, zürnen.
σπέσθαι f. ἕπομαι.
σπεύδω = σπουδάζω.
σπήλαιον, τό Höhle.
σπῆος, τό = σπέος.
σπιδής 2 ausgedehnt, weit.
σπιθαμή, ἡ die Spanne.
σπιλάς¹, άδος, ἡ Klippe, Felsen, Riff.
σπιλάς² άδος, ἡ = σπίλος.
σπῖλος u. **σπίλος**, ὁ Schmutz; Estrich; (Schand-)Fleck.
σπιλόω beschmutzen, beflecken.
σπινθήρ, ῆρος, ὁ Funke.
σπλαγχνίζομαι P. sich erbarmen, Mitleid haben.
σπλάγχνον, τό 1. Eingeweide. — 2. a) Fleisch und Blut. b) Herz, Gemüt.
σπλήν, ηνός, ὁ Milz.
σπογγίζω mit dem Schwamm reinigen.
σπόγγος, ὁ Schwamm.
σποδιά, ἡ = σποδός.
σποδός, ἡ a) Asche; Aschenhaufen. b) Staub.
σπολάς, άδος, ἡ lederner Brustharnisch, Koller.
σπονδαρχίαι, αἱ das Recht, zuerst zu spenden.
σπονδή, ἡ 1. Weihguß, Spende, Trankopfer. — 2. (pl.) a) Vertrag, Bündnis, Friede, Waffenstillstand. b) Vertrags-urkunde, -entwurf.
σπορά, ἡ = σπόρος.
σποράδην, adv. zu σποράς.
σποράς, άδος ἡ zerstreut, vereinzelt, hier und da.

σπορητός ὁ = σπόρος.
σπόριμος 2 a) besät. τὰ -α Saatfelder. b) zum Besäen geeignet. ἡ Ackerland.
σπόρος, ὁ a) das Säen, Aussaat. b) Same; Geburt, Ursprung, Abstammung. c) Saat, Frucht; Ertrag; Sprößling, Nachkommenschaft.
σπουδάζω I. *intr.* 1. a) eilen, sich beeilen; eifrig oder emsig sein. b) sich bemühen, eifrig bestrebt sein, sich eifrig beschäftigen, Sorge tragen, trachten; j-m gewogen sein. c) ernsthaft sein, Ernst machen, im Ernst reden, Wichtiges verhandeln. — II. *trans.*: a) etw. beschleunigen od. beeilen, mit Ernst betreiben, anregen, sorgfältig bereiten. b) etwas erstreben, ersehnen, wünschen.
σπουδαιολογέομαι M. sich eifrig unterhalten.
σπουδαῖος 3: 1. eilig, flink. — 2. a) α) eifrig, tätig, fleißig, tüchtig. β) rechtschaffen, ehrenwert, wacker. γ) ernst, würdevoll. b) α) hochgeschätzt, kostbar, teuer; gut; β) gehörig, brauchbar; γ) ernsthaft, wichtig, bedeutend.
σπουδή, ἡ 1. Eile, Hast. — 2. Eifer: a) eifriges Streben, Lust; Anhänglichkeit, Wohlwollen, Zuneigung, Beachtung. b) Mühe, Anstrengung; Fleiß. — 3. a) Ernst, Ernsthaftigkeit. b) Würde, Wichtigkeit. c) *adv.* σπουδῇ: α) eilig; β) eifrig; γ) mit Mühe, kaum; δ) ernstlich, in einer ernsten Sache.
σπυρίς, ίδος, ἡ Korb.
σταγών, όνος, ἡ Tropfen.
στάδιον, τό Stadion: a) als Längenmaß = 600 griech. od. 625 römische Fuß. b) als Rennbahn, Laufbahn; Wettlauf.

στάδιος 3 stehend, feststehend. ἡ σταδία Nahkampf.
στάζω a) *trans.* träufeln; einträufeln, gießen. b) *intr.* tröpfeln, triefen, fließen.
σταθμάω, meist M. 1. ausmessen, berechnen. 2. ermessen: a) erwägen, (be)urteilen. b) vermuten, schließen, folgern.
σταθμέομαι M. = σταθμάομαι.
στάθμη, ἡ Richtschnur, Schmitze.
σταθμόομαι M. = σταθμάομαι.
σταθμός, ὁ 1. Standort: a) Stall. σταθμόν-δε in den Stall. b) Gehöft, Gut. c) Wohnung, Behausung. d) Halteplatz, Rastort, (Nacht)Quartier, Station. e) Tagemarsch. — 2. Ständer, Pfeiler; Tür(=pfosten). — 3. a) Gewicht zum Abwägen; Schwere. b) Waage.
σταίς, σταιτός, τό Brotteig.
σταίτινος 3 von Brotteig.
στάλαγμα, τό Tropfen.
σταμεν(αι) s. ἵστημι.
σταμίς, ίνος, ὁ Ständer; Schiffsrippe.
στάμνος, ὁ u. ἡ Krug, Topf.
στάν = ἔστησαν.
στάξ = ἔσταξε s. στάζω.
στασιάζω aufstehen: a) einen Aufstand erregen, in Aufruhr geraten, sich empören. b) uneinig sein, in Parteien gespalten sein, Parteikämpfe führen, (sich) streiten.
στασιασμός, ὁ = στάσις.
στασιαστής, οῦ, ὁ Aufrührer.
στασιαστικός 3 = στασιώδης.
στάσιμος 2 feststehend.
στάσις, εως, ἡ 1. das Stehen: a) Fest-, Still-stehen. b) Stellung, Stand, Bestand; Zustand. c) Standort, Stelle, Standpunkt. — 2. das Aufstehen: a) Aufstand, Aufruhr, Em-

στασιώδης pörung, Parteikampf. b) Zwietracht, Streit, Zwist. c) Partei; Schar.

στασιώδης 2 a) aufrührerisch. b) uneinig, in Parteien gespalten.

στασιώτης, ου, ὁ Aufrührer, Verschworener.

στασιωτικός 3 = στασιώδης.

στατήρ, ῆρος, ὁ Stater: a) Goldmünze. b) Silbermünze.

στατός 3 stehend, eingestellt.

σταυρός, ὁ Pfahl, Palisade; Kreuz, Kreuzestod.

σταυρόω a) mit Palisaden versehen. b) kreuzigen; ertöten. [schanzung.]

σταύρωμα, τό Pfahlwerk, Verschanzung.

σταύρωσις, εως, ἡ = σταύρωμα.

σταφυλή[1], ἡ Traube.

σταφύλη[2], ἡ Bleiwage, Satzwaage.

στάχυς, υος, ὁ Ähre.

στέαρ, ατος, τό a) Fett, Talg. b) Tran.

στεγάζω = στέγω.

στεγανός 3 a) bedeckend; schützend; festschließend, dicht. b) bedeckt, verdeckt.

στεγ-αρχος, ὁ Hausherr.

στέγασμα, τό Decke, Zeltdecke.

στεγαστρίς, ίδος, fem. zu **στεγανός**.

στέγη, ἡ Decke: a) Dach; Zimmerdecke. b) Obdach, Haus, Wohnung; Höhle.

στεγνός 3 = στεγανός. τὸ -όν Wohnung, Haus, Zelt.

στέγος, τό = στέγη.

στέγω 1. decken, bedecken: a) umschließen, bergen; verbergen. b) entschuldigen. — 2. a) schützen, abhalten, widerstehen. b) verschweigen, nicht verraten. c) ertragen, aushalten, dulden.

στείβω a) treten, stampfen, betreten. b) zertreten.

στειλειή, ἡ und **στειλειόν**, τό Stiel.

στεινό-πορος 2 = στενόπορος.

στεινός 3 = στενός.

στεῖνος, τό = στενότης.

στεινότης, ἡ = στενότης.

στείνω = στένω.

στειν-ωπός 2 = στενωπός.

στειπτός 3 festgetreten, dicht.

στεῖρα[1] u. **στείρη**, ἡ Vorderkiel, Vorsteven.

στεῖρα[2] fem. unfruchtbar.

στείχω schreiten, gehen, marschieren, ziehen: a) weggehen, scheiden. b) hingehen, (heran-) kommen, nahen.

στέλεχος, τό (Baum-)Stumpf.

στέλλω I. Akt. 1. a) aufstellen, ordnen. b) bereit machen, (aus)rüsten, veranstalten: α) bekleiden. verkleiden; schmücken; β) ἱστία die Segel einziehen. c) α) kommen lassen, holen, einladen; auffordern, beauftragen; β) senden, (ab)schicken; fortschaffen, mitnehmen. — 2. intr. (= P.): a) sich rüsten, b) sich aufmachen, ziehen, fahren. — II. M. 1. sich etw. anziehen ob. umlegen. — 2. zu sich rufen, herbeiholen. — 3. NT. a) sich vor j-m zurückziehen. b) sich hüten, verhüten, meiden. — III. M. u. P. 1. sich zu etw. rüsten ob. anschicken. — 2. a) sich in Bewegung setzen, aufbrechen, abfahren. b) gehen, kommen, reisen, fahren, marschieren, ziehen.

στέμμα, τό 1. Binde; Priesterbinde. — 2. a) Kranz. b) Lorbeer- oder Öl-zweig der Schutzflehenden.

στέναγμα, τό u. **στεναγμός**, ὁ das Seufzen, Seufzer.

στενάζω = στένω[2].

στενακτός 3 a) zu beseufzen(d). b) seufzend, stöhnend.

στεναχίζω u. M. = στένω².
στενάχω u. M. = στένω².
στενοπορέα, ἡ Engpaß.
στενό-πορος 2 eng. τὸ -ον u. τὰ -ά Enge, Engpaß.
στενός 3 eng, schmal; kleinlich. τὸ -όν u. τὰ -ά Enge: a) Engpaß, Hohlweg, Meerenge. b) beschränkte Mittel, Mangel, Verlegenheit, Not.
στενότης, ητος, ἡ a) Enge, Engpaß. b) Gedränge; Not.
στενοχωρέω a) eng sein. b) *trans.* beengen, in Not od. Angst bringen. P. beengt sein, sich ängstigen, besorgt sein.
στενοχωρία, ἡ Enge; Engpaß; Bedrängnis; Angst.
στένω¹ I. Akt. einengen. — II. P. eng oder zu eng sein: a) zusammengedrängt werden. b) belastet sein. c) gedrängt voll sein, sich füllen.
στένω² u. M. 1. a) seufzen, stöhnen. b) laut tönen, dröhnen, tosen. — 2. *trans.* beseufzen, beklagen.
στεν-ωπός 2: 1. eng. — 2. ὁ στ.: a) Engpaß. b) Meerenge.
στέργηθρα, τὸ Liebeszauber.
στέργω a) lieben; an etw. Gefallen finden. b) mit etw. zufrieden sein, sich begnügen, sich in etw. fügen, etw. geduldig ertragen. c) wünschen, bitten.
στερεός 3: 1. starr, hart, fest, straff, massiv. — 2. a) stark, kräftig; beharrlich, standhaft. b) hart: α) hartnäckig, starrsinnig; β) grausam.
στερεό-φρων 2 starrsinnig.
στερεόω fest machen, stärken.
στερέω I. Akt. berauben, rauben. — II. P. beraubt werden, verlieren.
στερέωμα, τὸ a) Stärke, Festigkeit. b) Firmament. [Verlust.]
στέρησις, εως, ἡ Beraubung,

στερίσκω = στερέω.
στέριφος 3 a) = στερεός. b) unfruchtbar (= στεῖρα).
στερκτός 3 zu lieben(d), geliebt.
στέρνον, τὸ Brust; Herz, Gemüt, Inneres.
στερνοῦχος 2 weitgedehnt.
στέρομαι P. beraubt sein, entbehren.
στεροπή, ἡ Blitz; Glanz, Blinken.
στεροπ-ηγερέτα, ὁ Blitzschleuderer.
στέροφ, οπος leuchtend.
στερρός 3 = στερεός.
στεῦμαι M. a) dastehen, sich gebärden, als ob. b) Miene machen, verheißen, sich vermessen, sich rühmen, drohen.
στεφάνη, ἡ = στέφανος.
στεφανηφορέω einen Kranz tragen.
στεφάνη-φόρος 2 bekränzt. ἀγών Wettkampf, der für einen Kranz als Siegespreis einbringt. [φόρος.]
στεφανίτης, ου = στεφανη-
στέφανος, ὁ 1. Stirnband, Diadem. — 2. Helmkranz; Helm. — 3. Rand eines Felsens. — 4. Kranz; Sieges- od. Ehrenkranz: a) Kreis, Ring. b) = Preis, Belohnung, Schmuck, Sieg, Krone.
στεφανόω I. Akt. 1. umhüllen, umgeben, umkränzen, umfassen. — 2. a) bekränzen. b) schmücken, schön ausstatten, auszeichnen, belohnen, krönen. c) verleihen. — II. M. sich bekränzen.
στεφάνωμα, τό = στέφανος.
στεφανωτρίς, ίδος *fem.* zu Kränzen gehörig.
στέφος, τό = στέφανος.
στέφω = στεφανόω.
στῆθος, τὸ Brust; Inneres: a) Herz, Gefühl. b) Verstand.

στήκω 1. stehen. — 2. a) feststehen, bei etwas verharren. b) recht tun.

στήλη, ἡ Säule: 1. Pfeiler. — 2. a) Grenzsäule. b) Malsäule. — 3. Grabstein. — 4. Denksäule: a) Ehrensäule. b) Schandsäule. c) Gesetzessäule; Beschluß, Vertrag.

στηλίτης, ου an die Schandsäule geschrieben.

στήμων, ονος, ὁ Aufzug (am Webstuhl), Kette.

στηριγμός, ὁ Stütze, Festigkeit, fester Sitz.

στηρίζω 1. a) feststellen, stützen, lehnen. b) (be)stärken, kräftigen. — 2. *intr.* u. M. sich stützen, sich stemmen; fest auftreten. Halt gewinnen.

στιβαρός 3 straff, fest, gedrungen, stämmig, stark.

στιβάς, άδος, ἡ a) Lager von Stroh, Streu, Strohsack. b) Laub-büschel, -zweig.

στιβέω durchsuchen.

στίβη, ἡ Morgenfrost, Reif.

στίβος, ὁ a) Weg, Pfad. — 2. Spur, Fußstapfen, Fährte.

στίβω = στείβω.

στιγεύς, έως, ὁ Brandmarker.

στιγμά, τό Stich, Punkt; Tätowierung: a) Malzeichen, Brandmal, Schandfleck. b) Spuren der Leiden. [markter Verbrecher.]

στιγματίας, ου, ὁ gebrand-

στιγμή, ἡ = στίγμα. ~ χρόνου Augenblick.

στίζω stechen: a) Zeichen einätzen, tätowieren. b) brandmarken.

στικτός 3 gefleckt, bunt.

στίλβω glänzen, leuchten.

στιλπνός 3 glänzend.

στίξ, στιχός, ἡ = στίχος.

στιπτός 3 = στειπτός.

στῖφος, τό dichter Haufe, dichte Masse, Kolonne.

στιχάομαι M. in Reihen aufziehen od. (einher)fahren; einherschreiten, wandeln, folgen.

στίχος, ὁ Reihe, Linie: a) Schlachtreihe, Glied. b) Vers, Zeile.

στλεγγίς, ίδος, ἡ a) Striegel, Schabeisen. b) (Pracht-)Kamm.

στοά, ἡ Säulen-halle, -gang, Halle.

στοιβάς, άδος, ἡ = στιβάς.

στοιχεῖον, τό Buchstabe (*pl.* Alphabet): a) *pl.* Anfangsgründe, Grundlehren, Elementarkenntnisse. b) Grundstoff, Element, Prinzip; *pl.* Elementargeister.

στοιχέω = στιχάομαι.

στοῖχος, ὁ = στίχος.

στολάς, άδος, ἡ = σπολάς.

στολή, ἡ Kleidung, Kleid, Tracht, (langes) Gewand: a) Rüstung. b) Pracht-, Staats-kleid.

στόλος, ὁ 1. Reise, Fahrt, Zug, Weg; Kriegszug, Feldzug. — 2. a) Gefolge, Schar, Volk. b) Heer; Flotte. c) das Topstück (bei Schiffen).

στόμα, τό 1. Mund, Maul; Sprache, Rede, Worte, Aussage. ἀπὸ στόματος λέγειν auswendig hersagen. — 2. Gesicht, Antlitz. — 3. a) Rachen, Schlund. b) (v. Waffen) Schärfe. c) Öffnung, Mündung, Aus-, Ein-gang. d) Vorderseite, Rand, Spitze, Schärfe; Front ob. Spitze des Heeres.

στόμ-αργος 2 geschwätzig, frech im Reden.

στόμαχος, ὁ Mündung: a) Schlund, Kehle. b) Magen.

στόμιον, τό a) Mündung, Öffnung. b) Gebiß; Zaum.

στομόω a) den Mund verstopfen. b) zum Angriff rüsten.

στόμωσις, εως, ἡ schlaue Redekunst, Zungenfertigkeit.

στονᾰχέω (be)seufzen, (be-)weinen.

στονᾰχή, ἡ = στόνος.

στονᾰχίζω = στοναχέω.

στονόεις 3 : 1. a) tosend. b) klagend, stöhnend, Klage-... — 2. seufzerreich, leidvoll.

στόνος, ὁ a) das Tosen, Gebrüll. b) das Stöhnen, Seufzen; das Röcheln.

στόρνῡμι 1. ausbreiten, hinbreiten, hinstrecken; aufschlagen: a) mit Polstern belegen, polstern. b) ebnen, bahnen. c) herabstimmen. d) niederstrecken. — 2. überdecken, bestreuen.

στοχάζομαι M. a) nach etw. zielen od. schießen; nach etwas trachten od. sich umsehen. b) das Ziel treffen; erraten, vermuten, ahnen.

στοχαστικός 3 scharfsinnig.

στόχος, ὁ das Zielen, Ziel.

στράπτω blitzen.

στρᾰτ-άρχης, ου, ὁ Feldherr.

στρᾰτάομαι P. sich lagern.

στρᾰτείᾱ, ἡ 1. a) Kriegszug, Feldzug. b) Kriegsdienst. — 2. Heer.

στράτευμα, τό 1. Feldzug. — 2. Heer; auch: a) Heeresteil. b) Lager. c) Mannschaften. d) Dienerschaft, Gefolge.

στρᾰτεύσιμος 2 zum Kriegsdienst tauglich.

στρᾰτεύω u. M. ins Feld od. zu Felde u., in den Krieg ziehen, einen Feldzug unternehmen; Kriegsdienste tun, Soldat sein, im Felde stehen, den Feldzug mitmachen; kämpfen, streiten.

στρᾰτηγέω 1. a) Feldherr od. Heerführer sein, befehligen, den Oberbefehl haben. b) Stratege oder einer von den zehn Strategen sein. — 2. führen, lenken, leiten; bewirken, ausführen.

στρᾰτήγημα, τό Feldherrntat; Kriegslist.

στρᾰτηγίᾱ, ἡ a) Heerführung, Feldherrnamt, Oberbefehl. b) Amt eines Strategen. b) Feldherrn-kunst, -klugheit. [wollen.]

στρᾰτηγιάω Feldherr werden|

στρᾰτηγικός 3 a) den Feldherrn betreffend, feldherrlich, Feldherrn-... b) zum Feldherrn tüchtig, kriegskundig.

στρᾰτήγιον, τό Feldherrnzelt.

στρᾰτηγίς, ίδος fem. dem Feldherrn gehörig; Feldherrn-...; ναῦς Admiralschiff.

στρᾰτ-ηγός, ὁ Heerführer, Feldherr, Admiral; Führer, Leiter, Befehlshaber: a) Stratege. b) Militärgouverneur einer Provinz. c) Bürgermeister. d) Hauptmann.

στρᾰτηίη, ἡ = στρατεία.

στρᾰτηλᾰσίᾱ, ἡ = στρατεία.

στρᾰτηλᾰτέω zu Felde ziehen; anführen. [ηγός.]

στρᾰτ-ηλᾰτης, ου, ὁ = στρατ-|

στρᾰτιᾱ́, ἡ 1. Heer, Kriegsheer, Heeresmacht: a) Landheer. b) Heeresteil, Kriegerschar. c) Schar, Haufe. — 2. Feldzug. [der Heere.]

στρᾰτιος 3 kriegerisch; Lenker|

στρᾰτιώτης, ου, ὁ Soldat, Krieger, Streiter: a) Söldner. b) gemeiner Soldat. c) Fußsoldat. d) Hoplit.

στρᾰτιωτικός 3 soldatisch, kriegerisch, dienstfähig, Soldaten-..., Kriegs-..., Dienst-...; τὸ -όν Heer. τὰ -ά Kriegswesen.

στρᾰτιῶτις, ιδος zum Transport von Soldaten dienend.

στρᾰτολογέω ein Heer sammeln.

στρᾰτόομαι P. = στρατάομαι.

στρᾰτοπεδ-άρχης, ου, ὁ Befehlshaber der kaiserlichen Leibwache.

στρατοπεδεία — 410 — στύλος

στρᾰτοπεδεῖα und **στρᾰτοπέδευσις, εως, ἡ** 1. das Lageraufschlagen. — 2. a) Lagerplatz, Lager. b) lagerndes Heer.

στρᾰτοπεδεύω u. M. sich lagern, ein Lager aufschlagen. b) gelagert sein, im Lager (od. vor Anker) liegen.

στρᾰτό-πεδον, τό a) Lagerplatz, Lager. b) Heer; Flotte.

στρᾰτός, ὁ 1. Lager. — 2. a) Heer, Armee. b) Schar, Haufe, (Volks-)Menge, Volk.

στρεβλόω 1. drehen; (an-) spannen. — 2. a) verdrehen, (ver)renken, wieder-einrenken. b) foltern, martern.

στρέμμα, τό Verrenkung.

στρεπτός 3: 1. a) gewunden, geflochten; wohlgezwirnt. b) biegsam, lenkbar, gewandt. — 2. subst. **ὁ στρεπτός**: a) Halskette. b) Brezel.

στρεπτο-φόρος 2 eine Halskette tragend.

στρεύγομαι P. sich abmatten, erschöpft werden.

στρεφεδῑνέομαι P. schwindeln, schwindlig werden.

στρέφω I. Akt. 1. a) drehen, wenden, kehren, biegen: α) umwenden, umkehren, umstürzen, kehrtmachen lassen; β) hin und her wenden oder lenken; γ) j-m etw. zuwenden od. hinhalten; zurückbringen; δ) verdrehen, verrenken. b) umwandeln, umstimmen. — 2. intr. = P. — II. P. 1. gedreht werden. — 2. sich drehen, sich kehren: a) sich umdrehen, sich umkehren, sich abwenden, kehrtmachen; b) sich hin und her wenden: α) sich wälzen; β) sich umhertreiben; γ) sich fest einwickeln. c) sich zuwenden, sich an etw. kehren.

d) sich etw. verrenken. — 3. sich umwandeln, sich ändern, umkehren.

στρηνιάω üppig leben.

στρῆνος, τό a) Kraft. b) Übermut, Üppigkeit, Luxus.

στρογγύλος 3 rund; bauchig. ναῦς und πλοῖον Kauffahrtei-, Fracht-schiff.

στρόμβος, ὁ Kreisel.

στρουθίον, τό Sperling.

στρουθός, ὁ u. ἡ a) Sperling. b) Strauß (Vogel). [Gewühl.

στροφᾱλιγξ, ιγγος, ἡ Wirbel;

στροφᾰλίζω geschäftig drehen.

στροφᾰς, άδος sich drehend.

στροφοδῑνέομαι P. = στρεφεδῑνέομαι.

στρόφος, ὁ Strick, Band, Seil.

στρυφνός 3 sauer; mürrisch.

στρῶμα, τό = στρωμνή.

στρωμᾰτό-δεσμος, ὁ Bett-, Mantelsack.

στρωμνή, ἡ a) Lager, Bett; Bettpolster. b) Teppich, Decke, Bett-decke, -polster.

στρώννῡμι u. **στρωννύω** = στόρνυμι. [gestreut.

στρωτός 3 ausgebreitet, hin-

στρωφάω I. Akt. drehen, spinnen. — II. P.: a) sich umhertreiben, umherirren. b) sich aufhalten, verweilen.

στυγερός 3 στυγνός.

στυγέω 1. a) hassen, verabscheuen. b) sich fürchten, sich scheuen. — 2. furchtbar machen.

στυγητός 3 abscheulich.

στύγιος 3 stygisch.

στυγνάζω trübe sein, traurig sein (bzw. werden).

στυγνός 3: 1. a) verhaßt, verabscheut. b) abscheulich, schrecklich, furchtbar, feindselig. c) finster, mürrisch, traurig. d) leidvoll, unglücklich, unselig, elend. — 2. hassend, voll Haß.

στῦλος, ὁ Säule; Stütze.

στύξαιμι f. στυγέω.
στυπ(π)εῖον, τό Werg(bündel).
στυπτηρία, ἡ Alaun.
στυράκιον, τό = στύραξ.
στύραξ¹, ἄκος, ὁ Lanzenschaft.
στύραξ², ἄκος, ὁ u. ἡ Styraxstaude, Styraxharz.
στυφελίζω stoßen: a) erschüttern. b) treiben. c) wegstoßen, vertreiben. d) schlagen; mißhandeln, quälen.
στυφ(ε)λός 3 (und 2) dicht, fest, hart, rauh, schroff, streng.
σύ du; verstärkt σύγε und σύπερ. [Schweineherde.]
σύ-βόσιον u. σύ-βόσειον, τό
σύ-βώτης, ου, ὁ Sauhirt.
συγγένεια, ἡ a) Verwandtschaft. b) die Verwandten, Familie.
συγγενής 2 a) mitgeboren, j-m angestammt. b) verwandt; bluts-, stamm-verwandt. ὁ ~ Verwandte(r), Landsmann. τὸ συγγενές = συγγένεια.
c) **ähnlich, übereinstimmend.**
συγγενίς, ίδος, ἡ die **Verwandte**.
συγ-γηράσκω mitaltern.
συγ-γίγνομαι M. 1. a) mit j-m zusammenkommen, sich vereinigen. b) mit j-m vereinigt ob. zusammen sein, Umgang haben, bei j-m sich aufhalten. — 2. a) sich mit j-m unterhalten. b) j-m beistehen, helfen. c) j-s Schüler ob. Genoß sein.
συγ-γιγνώσκω I. Akt. 1. a) gleicher Meinung sein, übereinstimmen, beistimmen. b) anerkennen, einsehen, zugeben, eingestehen. — 2. um etw. mitwissen, j-s Mitwisser sein. — 3. verzeihen. — II. M. 1. von sich zugeben ob. bekennen, anerkennen. — 2. nachgeben, zugeben, einräumen.

σύγγνοια, ἡ = συγγνώμη.
συγγνώμη, ἡ Vergebung, Verzeihung, Nachsicht; Erlaubnis.
συγγνωμοσύνη, ἡ = συγγνώμη.
συγ-γνώμων 2: 1. a) verzeihend, nachsichtig. b) zugebend. — 2. verzeihlich.
σύγγονος 2 = συγγενής.
σύγγραμμα, τό abgefaßte Schrift, Abhandlung, Buch; Geschichtsbuch, Geschichtswerk.
συγγραφεύς, έως, ὁ 1. Schriftsteller, Verfasser: a) Geschichtschreiber. b) Profaiker. — 2. Abfasser von Gesetzen ob. Statuten
συγγραφή, ἡ 1. schriftliche Aufzeichnung. — 2. abgefaßte Schrift, Abhandlung; a) Geschichtswerk. b) Kontrakt, Urkunde.
συγγραφικῶς εἰπεῖν mit der Genauigkeit eines Kontraktes sprechen.
συγ-γράφω u. M. 1. a) schriftlich aufzeichnen, auf-, niederschreiben. b) beschreiben. — 2. a) einen Gesetzesvorschlag aufschreiben (lassen), schriftlich beantragen. b) einen Volksbeschluß ausfertigen. c) einen Kontrakt oder Vertrag vollziehen. [üben.]
συγ-γυμνάζομαι P. sich mit
συγ-καθαιρέω a) mit- oder zugleich einreißen. b) mitbesiegen ob. stürzen helfen.
συγ-καθαρμόζω mitbestatten.
συγ-καθέζομαι P. = συγκάθημαι.
συγ-κάθημαι zusammensitzen: a) Sitzung halten. b) bei j-m sitzen ob. wohnen.
συγ-καθίζω u. M. 1. zusammensitzen, sich zusammensetzen; Sitzung halten. — 2. j-n (mit j-m) zusammensetzen.

συγ-καθίημι a) herunterlassen. b) sich herablassen.

συγ-καθίστημι miteinsetzen, miteinführen.

συγ-κακοπαθέω und **συγ-κακουχέομαι** P. zusammen Leiden erdulden, mitleiden.

συγ-καλέω I. Akt. zusammenrufen, versammeln. — II. M. zu sich rufen.

συγ-καλύπτω gänzlich verhüllen, ganz verbergen.

συγ-κάμνω a) mitarbeiten, dabei helfen. b) mitleiden.

συγ-κάμπτω zusammenbiegen, krümmen, beugen.

συγ-καταβαίνω mit hinabsteigen ob. -gehen.

συγ-κατάγω mit zurückführen.

συγ-καταδιώκω mitverfolgen. [jochen helfen.]

συγ-καταδουλόω u. M. unter-

συγ-καταζεύγνυμι in etw. verstricken, fesseln an.

συγ-καταθάπτω zugleich begraben. [einstimmung.]

συγκατάθεσις, εως, ἡ Über-

συγ-κατᾴθω zusammen verbrennen.

συγ-κάταινος 2 zustimmend.

συγ-καταιρέω = συγκαθαιρέω.

συγ-κατακαίω und **-κάω** zugleich ob. zusammen verbrennen. [men bei Tische liegen.]

συγ-κατάκειμαι M. zusam-

συγ-κατακλείω und **-κατα-κληίω** mit-einschließen.

συγ-κατακτάομαι M. miterwerben, erwerben helfen.

συγ-κατακτείνω zusammen niederhauen.

συγ-καταλαμβάνω zugleich einnehmen, mit-erobern.

συγ-καταλείπω gemeinschaftlich zurücklassen.

συγ-καταλύω stürzen helfen.

συγ-κατανέμομαι M. mit j-m gemeinsam besitzen.

συγ-καταπράττω u. M. mit durchsetzen.

συγ-κατασκεδάννυμι zugleich ausgießen.

συγ-κατασκευάζω mit herstellen, einrichten helfen, zu etwas verhelfen.

συγ-καταστρέφομαι M. unterwerfen helfen.

συγ-κατατίθεμαι M. auch seinerseits aufstellen; beistimmen, beipflichten.

συγ-καταψηφίζω I. Akt. hinzuwählen, zuzählen. — II. M. mitverurteilen.

συγ-κατεργάζομαι M. a) zugleich vollbringen, mit ausführen; verschaffen ob. erobern helfen. b) beistehen.

συγ-κατέρχομαι M. zugleich mit zurückkommen.

συγ-κατεύχομαι M. zusammen herabflehen, mit-erbitten.

συγ-κατηγορέω mit - anklagen.

συγ-κάτημαι = συγκάθημαι.

συγ-κατοικέω zusammenwohnen.

συγ-κατοικίζω mitverpflanzen, bevölkern helfen; wiederherstellen helfen.

συγ-κατοικτίζομαι M. sich mitbedauern lassen.

σύγ-κειμαι M. 1. zusammenliegen; beisammen sein. — 2. a) zusammengelegt sein. b) zusammengesetzt sein: α) verfaßt ob. angefertigt, gedichtet sein; β) erdichtet sein; γ) verabredet ob. ausgemacht sein. σύγκειταί τινι es ist mit j-m verabredet. τὸ συγκείμενον und τὰ -α Verabredung, Übereinkunft.

συγ-κελεύω die Aufforderung unterstützen. [-hauen.]

συγ-κεντέω nieder-stechen,

συγ-κεράννυμι u. **-ύω** I. Akt. zusammenmischen; zusammen-

συγ-κεφαλαιόω — 413 — συγκυρία

συγ-κεφαλαιόω setzen; verbinden, vereinigen. II. M. sich mit j-m verbinden. — III. P. eng verbunden oder verknüpft, verstrickt, zugesellt, durchdrungen sein.

συγ-κεφαλαιόω summieren.

συγ-κινδυνεύω zugleich in Gefahr sein; j-s Kampfgenoß sein. [wiegeln.]

συγ-κινέω mit-erregen, auf-

σύγκλεισις, εως, ἡ a) das Verschließen. b) das Zusammenschließen. c) Dichtigkeit.

συγ-κλείω, -κλήω, -κληίω I. Akt. zusammenschließen: 1. a) aneinanderschließen, verbinden; zusammendrängen. b) verschließen. c) zusammen od. gänzlich einschließen, umschließen, umzingeln; in j-s Gewalt bringen. — 2. intr.: a) sich zusammenschließen; b) zusammenliegen. — II. M. sich schließen.

συγ-κληρονόμος, ὁ Miterbe.

σύγ-κληρος 2 j-m ebenso wie einem andern durch das Los bestimmt.

συγ-κληρόω durch das Los zuteilen.

σύγκλησις = σύγκλεισις.

σύγκλητος 2 berufen, versammelt.

συγ-κλήω = συγκλείω.

συγ-κλίνομαι P. bei j-m liegen.

συγ-κλονέω in Verwirrung bringen.

σύγ-κλυς, ὑδος zusammengelaufen; pl. Gesindel.

συγ-κοιμάομαι P. mit j-m zusammenliegen, bei j-m schlafen od. ruhen.

συγ-κοινόομαι M. mitteilen, j-n zum Teilnehmer an etwas machen.

συγκοινωνέω mit teilnehmen.

συγ-κοινωνός 2 mit teilhabend.

συγκομιδή, ἡ a) das Zusammenbringen, das Einernten. b) Zusammenfluß.

συγ-κομίζω I. Akt. 1. a) zusammen-bringen, -tragen, versammeln; einernten. b) mit davontragen. — 2. mitbringen, mitgewähren; (mit)bestatten. — II. M. 1. für sich zusammenbringen, sich verschaffen. — 2. zu sich berufen.

συγ-κόπτω a) zusammenschlagen, zerschlagen; (durch-) prügeln. b) zerstören.

σύγ-κρασις, εως, ἡ Mischung, Verschmelzung.

συγ-κρίνω 1. verbinden. — 2. a) vergleichen, gleichstellen. b) beurteilen, deuten.

συγ-κροτέω a) zusammenschlagen, -hämmern. b) tüchtig einüben oder ausbilden; gut ausrüsten.

συγ-κρούω a) zusammenschlagen: zusammenhetzen, verfeinden. b) intr. zusammenstoßen: sich verfeinden.

συγ-κρύπτω a) mitverbergen. b) ganz verbergen oder verhüllen.

συγ-κτάομαι M. mit-erwerben, erobern helfen. [od. gründen.]

συγ-κτίζω mit j-m erbauen

συγκτίστης, ου, ὁ Miterbauer, Mitgründer. [spielen.]

συγ-κυβεύω mit j-m Würfel

συγ-κύπτω 1. a) sich zusammenneigen od. -bücken. b) sich zusammenziehen, zusammenrücken. c) sich zusammentun, unter einer Decke stecken. — 2. ganz krumm sein.

συγ-κυρέω u. M. a) mit etw. zusammen-stoßen, -treffen, -geraten. b) zustoßen, widerfahren, sich ereignen. συγκυρεῖ es trägt sich zu.

συγκυρία, ἡ Zufall, Vorfall.

συγ-χαίρω sich mitfreuen.
συγ-χέω zusammen- gießen, -schütten; vermischen: a) vermengen, vereinigen. b) in Unordnung bringen, verwirren. c) außer Fassung bringen, beunruhigen, aufregen; entmutigen, bestürzt machen. d) vereiteln, zunichte machen, zerstören, aufheben, entkräften.
συγχορευτής, οῦ, ὁ Mittänzer in den Chören.
συγ-χόω a) verschütten, zuschütten, vergraben. b) in Schutt verwandeln, zerstören.
συγ-χράομαι M. Umgang mit j-m haben.
συγ-χύν(ν)ω = συγχέω.
σύγχυσις, εως, ἡ Vermischung; Verwirrung; Vernichtung, Umsturz, Aufruhr.
συγ-χώννυμι = συγχόω.
συγ-χωρέω 1. zusammengehen. — 2. a) übereinkommen, sich einigen, sich verständigen. b) beitreten: α) nachgeben, sich dazu verstehen, nachsichtig sein; β) zugestehen, zulassen, gestatten. c) abtreten, zurücktreten, weichen, überlassen. — 3. (unpers.) συγχωρεῖ es geht an, es ist verstattet od. möglich.
σύειος 3 vom Schwein.
συ-ζάω mit-, zusammen-leben; in etw. leben und weben.
συ-ζεύγνυμι zusammenspannen (M. an-jochen (M. anspannen lassen, zB. ἅρμα); verbinden, paaren.
συ-ζητέω verhandeln, disputieren, streiten. [Streit.]
συζήτησις, εως, ἡ Disput,]
συζητητής, οῦ, ὁ gelehrter Streiter, Redekünstler.
συζυγία, ἡ Paar.
σύζυγος 2 zusammengejocht. ὁ σ. Genosse, Gatte.
συ-ζωοποιέω zugleich mit j-m lebendig machen.
συκάμινος, ἡ = συκομορέα.
συκῆ u. **συκέη**, ἡ Feigenbaum; Feige.
συκομορέᾶ, ἡ Maulbeerfeigenbaum, Sykomore.
σῦκον, τό Feige.
συκοφαντέω ein Sykophant sein, verleumden, fälschlich anklagen, schikanieren; erpressen.
συκο-φάντης, ου, ὁ Sykophant, verleumderischer Angeber, gewinnsüchtiger Ankläger, Schikaneur.
συκοφαντία, ἡ falsche Anklage, Angeberei, Schikane, Verleumdung.
σῦλαι, αἱ, pl. zu τὸ σῦλον.
σῦλᾰγωγέω als Beute (oder gefangen) wegführen.
σῦλάω a) wegnehmen, herausnehmen. b) die Rüstung rauben; übh. rauben, berauben, (aus)plündern, betrügen.
σῦλεύω = συλάω.
σύλη, ἡ = σῦλον.
συλλαβή, ἡ Silbe.
συλ-λᾰλέω mit j-m reden.
συλ-λαμβάνω und M. 1. zusammen- nehmen, -fassen: a) sammeln. b) umfassen: 2. mit sich nehmen, fortführen, fortschaffen. — 3. festnehmen, festhalten, fassen, ergreifen: a) gefangennehmen, verhaften. b) empfangen, erhalten. c) (geistig) erfassen, verstehen. d) schwanger werden. — 4. mit Hand anlegen, teilnehmen; unterstützen, beistehen, beitragen, helfen.
συλ-λέγω I. Akt. zusammenlesen, -bringen, -führen, sammeln, versammeln: a) berufen. b) anwerben. — II. P. versammelt werden, sich (ver-)sammeln, zusammenkommen.

συλλήβδην — III. M. für sich oder das Seinige (ver)sammeln od. zusammenbringen.

συλλήβδην adv. zusammen(fassend), im ganzen, überhaupt.

συλλήπτρια, ἡ Gehilfin.

συλλήπτωρ, ορος, ὁ Gehilfe, Helfer, Beistand.

σύλληψις, εως, ἡ Verhaftung, Gefangennahme.

συλ-λιάζομαι P. zusammensinken, zusammenklappen.

συλλογή, ἡ das Sammeln, Einsammeln: a) Versammlung, Bund, Zusammenkunft. b) Werbung. c) Zusammenrottung.

συλ-λογίζομαι M. bei sich berechnen, überlegen, bedenken, erkennen; schließen, folgern.

σύλλογος, ὁ Versammlung, Zusammenkunft, -rottung.

συλ-λοχίτης, ου, ὁ Kriegsgenoß, Waffenbruder.

συλ-λυπέομαι P. sich mitbetrüben, betrübt sein.

συλ-λύω mitlösen.

σῦλον, τό 1. Raub. — 2. a) Beschlagnahme. b) Kaperei.

σῦμα, τό [lakon.] = θῦμα.

συμ-βαίνω 1. zusammengehen, (ποδί) beistehen. — 2. zusammenkommen, -treten, sich vereinigen: a) übereinkommen, einen Vertrag schließen, sich einigen: α) sich verpflichten, auf etw. eingehen; β) sich versöhnen. b) übereinstimmen, zusammenpassen, harmonieren, entsprechen, gleichen. — 3. zutreffen, eintreffen: a) (bei Rechnungen) zusammen ausmachen, ergeben, herauskommen. b) (bei Schlußfolgerungen) folgen, sich ergeben. c) in Erfüllung gehen, eintreffen, gelingen, Erfolg haben. d) sich ereignen, eintreten, stattfinden, zustoßen, begegnen. (unpers.) **συμβαίνει** es trifft sich, ereignet sich, geschieht; es gelingt; es ist möglich; es folgt, ergibt sich. συμβαίνει μοί τι etw. wird mir zuteil, stellt sich für mich heraus, begegnet mir. e) vorhanden sein, sich finden.

συμ-βάλλω I. Akt. 1. zusammen-werfen, -bringen, aufschütten; mischen, vereinigen: a) (ἀσπίδας) zusammenschließen. b) α) πόλεμον, μάχην, ἔχθραν τινί Krieg, Feindschaft usw. mit j-m beginnen; β) λόγους u. ἔπη τινί (auch abs.) Worte gegen j-n ausstoßen, mit j-m in Wortwechsel geraten od. sich unterreden, ratschlagen; γ) aneinander-bringen, -hetzen, kämpfen lassen. c) zusammenstellen: α) vergleichen; β) vermuten, ahnen; γ) erklären, verstehen (= M. 3). — 2. intr. zusammentreffen, fließen, begegnen; sich vereinigen: a) j-m begegnen. b) feindlich zusammenstoßen, handgemein werden, kämpfen, streiten. — II. M. 1. = Akt. 2. übereinkommen, verabreden, vereinbaren, einen Vertrag schließen. — 3. von sich od. aus seinen Mitteln zusammenbringen: a) beisteuern, beitragen, hergeben, liefern; behilflich sein, nützen. b) (λόγους, γνώμην u. ä.) vorbringen, vortragen, äußern, sich unterhalten. c) zusammenzählen, berechnen; vermuten, schließen, urteilen: α) erwägen; β) begreifen, verstehen.

συμβάσειω zu einem Vertrage geneigt sein.

συμ-βασιλεύω mitherrschen.

σύμβασις, εως, ἡ Vertrag, Übereinkunft.

συμβατήριος 2 u. **συμβατικός** 3 a) den Abschluß eines Vertrages betreffend. b) versöhnlich, nachgiebig.

συμ-βιάζω mit Gewalt zusammenbringen.

συμ-βιβάζω 1. zusammenbringen, -führen, verbinden. — 2. a) versöhnen. b) vergleichen. c) vermuten; schließen; erkennen. d) beweisen; (be)lehren, beraten.

συμ-βιόω zusammenleben.

συμ-βοάω a) mitschreien. b) zusammenschreien, anrufen.

συμβοήθεια, ἡ vereinigtes Hilfsheer.

συμ-βοηθέω a) (mit) beistehen. b) gleichfalls zu Hilfe kommen; herbeieilen.

συμβόλαιος 3 vertragsmäßig. — **τὸ συμβόλαιον** 1. Verkehr; (Handels-)Geschäft(e). — 2. a) Kontrakt: α) Schuldverschreibung, Schuld; β) Schuld, Schuldforderung, Darlehen. b) Kennzeichen, Merkmal.

συμβολή, ἡ 1. das Zusammentreffen; -stoß, Kampf, Schlacht, Angriff. — 2. a) Gelenk. b) Gürtelschluß. c) Geldbeitrag. d) Berechnung, Vermutung.

σύμβολον, τό 1. Vertrag; Handelsvertrag. — 2. Kennzeichen, Merkmal; a) Vorzeichen. b) Erkennungs- oder Beglaubigungs-zeichen zwischen Gastfreunden. c) Marke, Abzeichen.

συμ-βουλεύω I. Akt. raten, (einen) Rat geben, vorschlagen. — II. M.: a) sich beraten, erwägen, beschließen. b) j-n um Rat fragen.

συμ-βουλή u. **συμβουλία, ἡ** 1. Rat, Ratschlag. b) Beratung, Belehrung. c) Beschluß. — 2. Ratsversammlung, die Räte.

συμβούλιον, τό = συμβουλή.

συμ-βούλομαι P. ebenfalls wollen, zustimmen.

σύμ-βουλος, ὁ, ἡ Ratgeber(in), Berater(in).

συμ-μαθητής, οῦ, ὁ Mitschüler, Mitjünger.

συμ-μανθάνω mitlernen; aor. mitwissen, sich daran gewöhnt haben.

συμ-μάρπτω zusammenraffen, -fassen, packen.

συμ-μαρτύρέω u. M. mitbezeugen, gleichfalls Zeugnis ablegen, die Angabe j-s bestätigen.

σύμ-μαρτυς, ὑρος, ὁ Zeuge.

συμμαχέω mitkämpfen, auf j-s Seite kämpfen, j-s Bundesgenosse sein; helfen, unterstützen.

συμμαχία, ἡ Bundesgenossenschaft, Bund, Bündnis, Schutz- und Trutz-bündnis: a) Bundesgenossen. b) Hilfsheer, Bundeshilfe.

συμμαχικός 3 die Bundesgenossen betreffend, bundesgenössisch, Bundes-... **τὸ -όν**: a) Bundesgenossenschaft, Bündnis. b) Bundesheer, -flotte. c) Bundeskasse. d) die Bundesgenossen.

συμμαχίς, ίδος verbündet. **ἡ συμμαχίς**: a) Helferin. b) Bundestaat, Bundesgenossenschaft.

συμ-μάχομαι M. = συμμαχέω.

σύμ-μαχος 2 a) verbündet; beistehend, hilfreich. b) **ὁ, ἡ** Mitkämpfer(in), Kampf-, Bundes-genosse, Verbündeter; Helfer(in), Beistand. **τὰ -α** Hilfsmittel.

συμ-μείγνῡμι u. **-ύω** 1. zusammenmischen, vermischen; vereinigen; zugesellen; j-m συμ-μένω — 417 — συμ-πείθω

etw. mitteilen. — 2. *intr.* u. P. sich vermischen; sich vereinigen: a) mit j-m zusammenkommen, -treffen, sich j-m nähern: α) mit j-m umgehen; β) sich mit j-m besprechen; γ) handgemein werden, aneinandergeraten. b) widerfahren.

συμ-μένω 1. a) zusammenbleiben. b) bei j-m oder bei etw. bleiben. — 2. bestehen (bleiben). [μετέχω.]

συμ-μερίζομαι M. = συμ-

συμ-μετέχω zugleich mit j-m Anteil an etw. bekommen od. haben.

συμ-μετίσχω = συμμετέχω.

συμμέτοχος 2 mit Anteil habend.

συμ-μετρέω u. M. 1. a) abmessen; berechnen. b) zumessen. — 2. P. zusammenstimmen, entsprechen.

συμμέτρησις, εως, ἡ Berechnung, richtiges Maß.

συμμετρίᾱ, ἡ Ebenmaß.

σύμ-μετρος 2 a) abgemessen, verhältnismäßig, übereinstimmend, symmetrisch. b) angemessen, passend, geeignet, rechtzeitig.

συμ-μητιάομαι M. mitberaten.

συμμιγής 2 = σύμμικτος. *adv.* σύμμιγα zugleich mit.

συμ-μίγνῡμι u. -ύω = συμμείγνυμι.

σύμμικτος 2 zusammengemischt, vermischt: a) zusammengewürfelt; allerlei. b) vereinigt, gemeinsam.

συμμιμητής, οῦ, ὁ Mitnachahmer. [Vermählung.]

σύμμιξις, εως, ἡ Vermischung;

συμ-μίσγω = συμμείγνυμι.

συμμορίᾱ, ἡ a) Steuer-klasse, -abteilung. b) Flottenabteilung. [untertänig.]

σύμ-μορος 2 mitzinsbar;

συμμορφίζω gleich gestalten.

σύμ-μορφος 2 gleichgestaltet, gleich, ähnlich.

συμμορφόω = συμμορφίζω.

συμ-μύω sich (zusammen-)schließen.

συμπαθέω Mitleid haben.

συμ-παθής 2 mitleidig.

συμ-παίζω mitscherzen.

συμ-παίω zusammen-schlagen, -stoßen, -treffen.

συμ-παραγί(γ)νομαι M. zugleich hinzukommen, mit dabeisein; zusammenkommen; beistehen. [laufen, nachlaufen.]

συμ-παραθέω mit nebenher-

συμ-παρακαλέω 1. mit herbeirufen; zugleich einladen od. sich erbitten. — 2. (mit)trösten.

συμ-παρακομίζω geleiten. P. Geleit erhalten.

συμ-παραλαμβάνω mit hinzuziehen, mitnehmen.

συμ-παραμένω mit dableiben; fortleben.

συμ-παρασκευάζω mit-ausrüsten, mit-anordnen, mitbeschaffen. [fer, Beistand.]

συμ-παραστάτης, ου, ὁ Hel-

συμ-παρατάσσομαι M. sich mit in Schlachtordnung aufstellen, mitkämpfen.

συμ-πάρειμι[1] mit ausrücken.

συμ-πάρειμι[2] mit zugegen od. dabei sein, mit dasein.

συμ-παρέχω mitverschaffen, ebenfalls einflößen.

συμ-παρίσταμαι M. mit zur Seite stehen.

σύμ-πᾶς, ᾱσα, ἄν gesamt, ganz; allesamt, im ganzen.

συμ-πάσχω mitleiden, mit Schmerz empfinden.

συμ-πεδάω festbinden; am Aufstehen hindern.

συμ-πείθω mitbereden, überreden (helfen), zu etw. veranlassen.

συμ-πέμπω zugleich senden, mitschicken, mitgeben; (eine Prozeßion) mitmachen.

συμ-περαίνω u. M. a) mit ausrichten. b) alles ausrichten, (ganz) zustande bringen.

συμ-περιλαμβάνω zugleich ob. rings umfassen; mit einschließen. [wandeln.]

συμ-περιπατέω mit herum=

συμ-περιτυγχάνω auf j-n stoßen.

συμ-πήγνυμι zusammenfügen, fest machen; (Milch) zum Gerinnen bringen. [fest.]

σύμπηκτος 2 zusammengefügt;

συμ-πιέζω zusammendrücken.

συμ-πίνω zusammen trinken, mittrinken.

συμ-πίπτω 1. zusammenfallen, einstürzen. — 2. zusammen=treffen, =stoßen: a) handgemein werden, angreifen. b) übereinstimmen. — 3. (gleichzeitig) sich ereignen, sich zutragen, zustoßen. (unpers.) συμπίπτει es trifft sich, es trägt sich zu. — 4. in einen Zustand (hinein)geraten, stürzen.

συμ-πλάτάγέω zusammenschlagen.

συμ-πλέκω I. Akt. zusammenflechten, =binden. — II. P. zusammengeflochten oder umflochten werden; sich verwickeln; handgemein werden, ringen.

συμ-πλέω mitsegeln, mitfahren.

σύμ-πλεως, ων ganz voll.

συμ-πληθύω = συμπληρόω.

συμ-πληρόω I. Akt.: a) ganz anfüllen, vollständig bemannen, vollzählig machen. b) mitbemannen. — II. P. ganz voll werden; sich erfüllen.

σύμπλοος und -πλους, ὁ, ἡ Schiffsgefährte; Gefährte.

συμ-πνέω einmütig sein.

συμ-πνίγω ganz ersticken; von allen Seiten (be)drängen.

συμ-ποδίζω die Füße fesseln; fesseln, umgarnen.

συμ-πολεμέω mitkämpfen, auf j-s Seite kämpfen.

συμ-πολιορκέω mitbelagern.

συμ-πολιτεύω u. M. in einem Staate zusammenleben.

συμ-πολίτης, ου, ὁ Mitbürger.

συμ-πονέω sich mit=mühen, gleiche Mühe haben, die Arbeit ob. die Mühsale teilen, das Unglück mittragen, helfen.

συμ-πορεύομαι P. a) zusammen gehen, mitreisen, mitmarschieren. b) zusammenkommen.

συμ-πορίζω zusammenbringen, (mit)verschaffen.

συμποσί-αρχος, ὁ Vorsitzender beim Trinkgelage.

συμπόσιον, τό a) Trinkgelage, Gastmahl. b) Tisch=gesellschaft, =genossenschaft, Tafel.

συμπότης, ου, ὁ Mittrinker, Tischgenoße, Gast.

συμ-πράκτωρ, ορος, ὁ Helfer, Gefährte, Beistand.

συμ-πράσσω I. Akt.: a) etw. mit j-m betreiben ob. bewirken, j-m etwas erreichen helfen. b) intr. mitwirken, behilflich sein, helfen. — II. M. miträchen. [gesandter sein.]

συμ-πρεσβεύω und M. Mit=

σύμ-πρεσβυς, εως, ὁ Mitgesandte(r). [ältester(r).]

συμ-πρεσβύτερος, ὁ Mit=

συμπρήκτωρ, ὁ = συμπράκτωρ.

συμ-πρήσσω = συμπράσσω.

συμ-πρήξασθαι, inf. aor. zu συνωνέομαι.

συμ-προθυμέομαι P. a) gleichen Eifer haben, bereitwillig mitbetreiben, sich eifrig mitbemühen. b) gewogen ob. zugetan sein.

συμ-προπέμπω mitgeleiten.
συμ-πτύσσω zusammenfalten.
σύμπτωμα, τό Zufall; Unfall, Unglück.
συμφερόντως adv. in nützlicher Weise, mit od. zum Nutzen.
συμφερτός 3 vereint.
συμ-φέρω I. Akt. 1. a) zusammen-tragen, -bringen, sammeln; beisteuern, beitragen; zuteil werden lassen. b) mit j-m zusammen etw. tragen. — 2. intr.: a) nützlich od. vorteilhaft, angemessen sein, nützen, helfen. συμφέρων 3 nützlich, förderlich, vorteilhaft. τὸ συμφέρον Nutzen, Vorteil. συμφέρει es hilft, es nützt, läuft gut ab. b) mit j-m zusammenwirken: α) zu Diensten sein, nachgeben, sich fügen; β) übereinstimmen. c) (unperf.) συμφέρει es ereignet sich, gelingt. — II. P. 1. zusammen-treffen, -kommen: a) übereinstimmen, einwilligen. b) sich vereinbaren, sich mit j-m versöhnen. c) mit j-m Verkehr haben ob. zusammensein. d) aneinandergeraten, handgemein werden. — 2. sich ereignen, begegnen, widerfahren. συμφέρεται es ereignet sich.
συμ-φεύγω mit j-m fliehen od. verbannt sein.
σύμ-φημι a) beistimmen. b) bejahen, zugestehen, gestatten, billigen; versprechen.
συμ-φιλέω mitlieben.
συμ-φιλονικέω Partei nehmen.
συμ-φοβέω mit in Schrecken setzen.
συμ-φοιτάω häufig mit j-m wohin gehen.
συμφοιτητής, οῦ, ὁ Mitschüler.
συμφορά, ἡ 1. Ereignis, Vorfall, Zufall, Geschick: a) Glück. b) Unglück, Unfall, Mißgeschick, Leid; Niederlage. — 2. Erfolg, Ausgang.
συμφορεύς, έως, ὁ Adjutant.
συμ-φορέω = συμφέρω.
σύμφορος 2 zuträglich, nützlich, günstig, vorteilhaft; passend, geeignet. τὸ -ον u. τὰ -α das Zuträgliche, Nutzen, Vorteil.
συμφράδμων 2 Mitberater.
συμ-φράζομαι M. a) beratschlagen. b) bei sich überlegen, ersinnen.
συμ-φράσσω zusammenstopfen, -drängen, dicht anschließen.
σύμ-φρουρος 2 mitschützend, bei j-m ausharrend.
συμ-φυγάς, άδος, ὁ Mitverbannte(r).
συμφύλαξ, ακος, ὁ Mitwächter.
συμ-φυλάσσω mitbewachen.
συμφυλέτης, ου, ὁ Landsmann, Stammesgenosse.
συμ-φύρω vermischen.
συμ-φυτεύω (mit-)einpflanzen; mit-anstiften.
σύμ-φυτος 2 a) mit- ob. zusammen-gewachsen, verwachsen. b) angeboren, verwandt.
συμ-φύω 1. zusammenwachsen lassen. — 2. intr. u. P. zusammenwachsen, verwachsen.
συμ-φωνέω zusammenklingen: a) übereinstimmen, zu etwas passen. b) übereinkommen, e-n Vertrag schließen. [φωνία]
συμφώνησις, εως, ἡ = συμ-
συμφωνία, ἡ a) Übereinstimmung. b) Musik, Konzert.
σύμ-φωνος 2 a) harmonisch zusammenklingend, widerhallend, einstimmend in etw. b) übereinstimmend, einträchtig. τὸ -ον Übereinkunft.
συμ-ψάω verschlingen.
σύμ-ψηφίζω I. Akt. zusammenrechnen. — II. M. beistimmen. [mend.]
σύμ-ψηφος 2 übereinstim-

σύμ-φυχος 2 einmütig.

σύν u. ξύν I. *adv.* zusammen, zugleich — II. *prp.* mit *dat.*: 1. (zusammen ob. zugleich) mit, samt, nebst: a) = unter j-s Aufsicht ob. Anführung, Beistand, auf j-s Befehl, mit j-s Hilfe. σύν τινι j-s Begleiter, Gefährten, Leute, Umgebung, Anhänger. b) = mit etw. versehen ob. ausgerüstet, begabt. — 2. (zeitlich) zugleich mit. — 3. a) zur Angabe gleichzeitiger Nebenumstände = mit, unter. — b) = gemäß. [sandte(r).]

συν-άγγελος, ὁ Mitge-
συν-αγείρω I. Akt. sammeln, zusammenbringen. — II. P. sich (ver)sammeln. — III. M.: a) für sich sammeln. b) = P.

συν-άγνῡμι zerbrechen, zerschmettern, zermalmen.

συν-αγορεύω a) beistimmen. b) als j-s Gunsten reden, j-n verteidigen, j-m beistehen, zu etw. raten.

συν-άγω I. Akt.: a) zusammenführen, -bringen, -rufen, -ziehen, (ver)sammeln, berufen; (gastlich) aufnehmen. b) zusammenziehen, verengen; einschränken. c) erregen, beginnen. — II. P.: a) sich versammeln, zusammenkommen. b) aufgenommen werden.

συναγωγεύς, έως, ὁ Versammler, Berufer; Werber.

συναγωγή, ἡ 1. das Sammeln, Versammeln, Sammlung. — 2. a) Versammlungsort, Synagoge. b) Anhänger. — 3. Vorbereitung, Anregung.

συναγωγός 2 vereinigend, Versammler; Vermittler; Vorkämpfer.

συν-αγωνίζομαι M. a) mitkämpfen, kämpfen helfen. b) mitwirken, unterstützen, helfen.

συναγωνιστής, οῦ, ὁ Kampfgenoß; Helfer(shelfer).

συν-άδελφοι, οἱ Leute, welche Geschwister haben.

συν-αδικέω Unrecht mittun.

συν-ᾴδω übereinstimmen.

συν-αείρω¹ = συναίρω.

συν-αείρω² zusammenkoppeln.

συν-αθλέω = συναγωνίζομαι.

συν-αθροίζω I. Akt. (ver)sammeln. — II. P. sich (versammeln, sich vereinigen.

συν-αιθριάζω sich zugleich aufhellen.

σύν-αιμος 2 blutsverwandt. ὁ, ἡ Blutsverwandter, Bruder, Schwester.

συν-αινέω a) beistimmen, (mit)billigen. b) zusagen, versprechen. [nehmen.]

συν-αίνῡμαι M. zusammen-
συν-αιρέω 1. zusammennehmen, -fassen, -raffen: a) von allen Seiten ergreifen; begreifen. b) kurz zusammenfassen. (ὡς) συνελόντι (εἰπεῖν) um es kurz zu sagen. — 2. a) wegreißen, hinraffen. b) zerstören, vernichten; zerquetschen. — 3. mit einnehmen, erobern helfen.

συν-αίρω u. M. I. Akt. mit hinaufheben. λόγον abrechnen. — II. M. mit auf sich nehmen, mit-unternehmen.

συν-αίτιος 2 (u. 3) mitschuldig, Miturheber.

συν-αιχμάλωτος, ὁ Mitgefangene(r).

συν-αιωρέομαι P. zugleich in der Schwebe sein.

συν-ακολουθέω mitfolgen, begleiten. [(zugleich) hören.]

συν-ακούω mit anhören,
συν-αλγέω a) Schmerz mitempfinden. b) mit-erleiden.

συν-αλίζω versammeln. P. zusammenkommen.

συναλλαγή, ἡ Wechsel, Veränderung: a) Schicksal, Ereignis, Los; (pl.) Wechselfälle. b) Versöhnung, Vermittelung. c) Verkehr; Zwiegespräch.

συν-αλλάσσω I. Akt. 1. (ver-)einigen: a) aussöhnen, versöhnen. b) etw abmachen. — 2. *intr.* mit j-m verkehren ob. zu tun haben. — II. P. sich vereinigen: a) sich vermählen. b) sich versöhnen, sich einigen.

συν-αμφότερος 3 a) mit j-m vereinigt. b) beide(s) zugleich, beide(s) in gleicher Weise; *pl.* beide.

συν-αναβαίνω mit hinaufgehen ob. -ziehen, -reisen.

συν-αναγκάζω zusammen erzwingen. [zugrunde richten.]

συν-αναιρέω mit ob. zugleich

συν-ανάκειμαι M. mit zu Tische liegen, am Mahl teilnehmen.

συν-αναλίσκω zugleich aufwenden: a) mit j-m die Kosten teilen. b) mitverlieren.

συν-αναμείγνυμαι P. mit j-m verkehren.

συν-αναπαύομαι M. sich durch den Umgang mit j-m erquicken.

συν-αναπείθω zugleich überreden. [helfen.]

συν-αναπράσσω eintreiben

συν-αναχωρέω mit zurückgehen.

συν-ανίστημι 1. wieder aufbauen helfen. — 2. *intr.* u. M. zugleich aufstehen, sich miterheben.

συν-αντάω u. M. zusammentreffen, begegnen, widerfahren.

συνάντησις, εως, ἡ Begegnung.

συν-αντιάζω = συναντάω.

συν-αντιλαμβάνομαι M. mit Hand anlegen, helfen.

συν-άντομαι M. = συναντάω.

συνάορέω zugesellt sein.

συνάορος 2 beigesellt, verbunden; Gatte, Gattin.

συν-απάγω mit wegführen. P. sich mit fortreißen lassen, sich herablassen.

σύν-απᾶς 3 = σύμπας.

συν-άπειμι mit ob. zugleich weggehen.

συν-απίστημι = συναφίστημι.

συν-αποβαίνω mit ans Land gehen.

συν-αποθνῄσκω mitsterben.

συν-απολαμβάνω zugleich empfangen.

συν-απόλλῡμι mit zugrunde richten, mitverlieren. M. mit umkommen. [herabneigen.]

συν-απονεύω sich zugleich

συν-αποπέμπω zugleich wegschicken.

συν-αποστέλλω mit ab- ob. aus-senden, zugleich hinschicken.

συν-άπτω u. M. 1. *trans.* zusammen-knüpfen, -fügen, (an-)knüpfen, verbinden, vereinigen. P. sich entspinnen. — 2. *intr.* u. M. sich verbinden, sich vereinigen: a) teilnehmen. b) an etw. angrenzen. c) sich besprechen, sich zusammen beraten. d) handgemein werden.

συν-αράσσω zusammenschlagen, zer-schlagen, -schmettern.

συν-αρέσκει μοί τι etw. gefällt auch mir.

συν-αρμόζω u.M. a) zusammenfügen, vereinigen. b) zusammenpassen, sich vereinigen.

συν-αρμολογέω genau zusammenfügen.

συν-αρμόττω = συναρμόζω.

συν-αρπάζω a) hastig ergreifen, packen; schnell erfassen, begreifen. b) weg-, fort-reißen, fortschleppen.

συν-αρτάω I. Akt. verknüpfen. — II. *pf.* P. an etwas hängen bleiben.

συν-άρχω mitherrschen, Mitanführer od. Amtsgenosse sein.

συν-ασπιδόω a) die Schilde dicht aneinanderhalten. b) im Kampfe einander beistehen.

συνασπιστής, οῦ, ὁ Mitstreiter, Kampfgenoß.

συν-αυδάω beistimmen.

σύν-αυλος 2 zusammenwohnend.

συν-αυξάνω u. **-αύξω** I. Akt. zugleich vermehren, mithervorbringen; groß machen. — II. P. mit-wachsen, -zunehmen.

συν-αφαιρέω u. M. mitbefreien helfen.

συν-αφίστημι a) mit od. zugleich abtrünnig machen. b) intr. u. M. mit abtrünnig werden, zugleich (mit) abfallen.

συν-άχθομαι P. mittrauern.

συν-δαΐζω mittöten.

συν-δακρύω mitweinen.

συν-δειπνέω mitspeisen, zusammenspeisen.

σύν-δειπνον, τό Gastmahl.

σύν-δειπνος 2 mitspeisend; ὁ Tischgenosse, Gast.

σύν-δεσμος, ὁ Band, Verbindung, Zusammenfassung: a) Fessel. b) Bündel, Ausbund.

συν-δεσμώτης, ου, ὁ Mitgefangene(r).

σύνδετος 2 gefesselt.

συν-δέω zusammenbinden, (zugleich) fesseln; verbinden, vereinigen.

συν-διαβαίνω mit hinübergehen od. übersetzen.

συν-διαβάλλω a) mit od. zugleich verleumden od. anklagen. b) ⇩ zusammen übersetzen.

συν-διαβιβάζω mit hinüberführen od. -fahren.

συν-διαγιγνώσκω zusammen mit j-m beschließen.

συν-διαιτάομαι P. zusammenleben, -wohnen.

συν-διακινδῡνεύω eine Gefahr mitbestehen, mitkämpfen.

συν-διαλύω mit auflösen, mit beendigen. [bringen helfen.]

συν-διαπεραίνω zu Ende

συν-διαπολεμέω den Krieg ununterbrochen mitmachen.

συν-διαπράσσω und **-ττω** I. Akt. mitbewirken, mit durchsetzen. — II. M. j-m einen Vertrag schließen helfen.

συν-διασκέπτομαι M. gemeinschaftlich untersuchen.

συν-διασκοπέω = συνδιασκέπτομαι.

συν-διασῴζω mit-erhalten, retten helfen, mit durchsetzen.

συν-διαταλαιπωρέω die Mühe mit-ertragen.

συν-διατελέω mit fortdauern.

συν-διατρίβω a) (die Zeit) zusammen hinbringen. b) bei j-m verweilen, mit j-m Umgang haben.

συν-διαφέρω und M. bis zu Ende mit-ertragen.

συν-διαχειρίζω mit ausführen, besorgen helfen.

συν-διέξειμι gemeinschaftlich untersuchen od. besprechen.

συν-δικάζω mitrichten.

συνδικέω Sachwalter sein, j-m (als Anwalt) beistehen.

σύν-δικος 2 vor Gericht beistehend. ὁ Sachwalter, Anwalt; Syndikus, Staatsfiskal; Beistand, Helfer.

συν-διώκω mitverfolgen.

συν-δοκεῖ μοι es scheint auch mir (gut), es ist auch meine Meinung, ich stimme bei.

συν-δοκιμάζω mitprüfen.

συν-δοξάζω mitbilligen; mitverherrlichen.

συν-δούλη, ἡ Mitsklavin.

σύν-δουλος, ὁ, ἡ Mit-sklave, -knecht, Mitsklavin.

συν-δράω mit-tun, -handeln.

συνδρομή, ἡ Zusammenlauf, Auflauf.

σύν-δυο zwei zugleich, je zwei.

σύν-εγγυς adv. nahe, in der Nähe.

συν-εγείρω mit (auf)erwecken.

συν-εδρία, ἡ u. **-έδριον**, τό 1. Sitzung, Beratung. — 2. a) beratende Versammlung, Rat, Senat; Gerichtshof. b) Versammlung, Verein. c) Sitzungssaal, Rathaus.

σύν-εδρος 2 zusammensitzend: a) beratend. b) (be)hütend. c) ὁ, ἡ σ. Beisitzer(in).

συν-εείκοσι ganze zwanzig.

συν-εέργαθον u. **συν-εέργω** s. συνέργω.

συν-εθέλω zugleich wollen, ebenfalls bereit sein; j-m günstig sein.

συν-εθίζω I. Akt. gewöhnen, angewöhnen. — II. P.: a) j-m angewöhnt werden. b) sich gewöhnen.

συν-είδησις, εως, ἡ a) das Mitwissen. b) Bewußtsein, Gewissen.

σύν-ειδον s. συνοράω.

συν-ειλέω zusammendrängen.

σύν-ειμι[1] = συνέρχομαι.

σύν-ειμι[2] zusammensein, -leben, vereinigt sein: a) mit j-m umgehen, verkehren. b) sich mit etw. beschäftigen. c) sich in einem Zustande befinden oder leben. d) j-m helfen, beistehen.

συν-ειπεῖν, inf. aor. II von συναγορεύω.

συν-είργω zusammen einsperren od. einschließen: a) zusammenbinden. b) umschließen, umgürten. c) vereinigen.

συν-είρηκα, pf. v. συναγορεύω.

συν-είρω zusammenknüpfen; verbinden.

συν-εισάγω zugleich hineinbringen.

συν-εισβάλλω zugleich einfallen.

συν-εισέρχομαι M. zusammen (ob. mit j-m) hineingehen.

συν-εισπίπτω a) mit hineinfallen, zusammen hineinstürzen. b) zugleich mit einfallen, miteindringen. [einfahren.]

συν-εισπλέω gleichzeitig hin-

συν-εισφέρω mit beisteuern. M. dahin mitbringen.

συν-εκβαίνω gleichzeitig hinaufsteigen, steigen.

συν-εκβάλλω mit hinaustreiben, vertreiben helfen.

συν-εκβιβάζω herausziehen helfen.

συν-έκδημος, ὁ Reisegefährte.

συν-εκδίδωμι mit ausstatten.

συν-εκδύομαι M. zugleich mit ausziehen.

συν-εκκαίδεκα je sechzehn.

συν-εκκομίζω mitbestatten.

συν-εκκόπτω abhauen helfen.

συνεκλεκτός 3 mit auserwählt.

συν-εκπέμπω mit hinaussenden ob. -führen; mitgeleiten.

συν-εκπίνω zugleich austrinken.

συν-εκπίπτω mit ob. zugleich herausfallen; (von den Stimmtäfelchen, die aus der Stimmurne geschüttelt werden) übereinstimmen. [aussegeln, mitfahren.]

συν-εκπλέω u. **-πλώω** mit

συν-εκπορίζω j-m etwas beschaffen helfen. [rächen helfen.]

συν-εκπρήσσω M. j-m etw.

συν-εκσῴζω aus der Gefahr retten helfen.

συν-εκτρέφω erziehen helfen.

συν-εκτρέχω zusammen einen Ausfall machen.

συν-εκφέρω sich am Leichenzuge beteiligen.

συν-ελαύνω 1. zusammentreiben, -bringen: a) (die Zähne)

σύν-ελευ — 424 — συν-έρχομαι

zusammen=beißen ob. =schlagen. b) zusammenhetzen. c) antreiben. — 2. *intr.* u. P. a) (im Streit) zusammentreffen. b) sich verengen.

σύν-ελευ u. ä. s. συναιρέω.

συν-ελευθερόω mitbefreien.

συν-εμβάλλω zugleich einen Einfall machen.

συν-έμπορος, ὁ, ἡ Reisegefährte, Begleiter(in).

συν-εξαιρέω a) mitvertilgen. b) zerstören helfen.

συν-εξακούω zugleich mit j-m hören. [zugleich irren.]

συν-εξαμαρτάνω mitsündigen.]

συν-εξαπατάω mittäuschen, gleichfalls verleiten.

συν-έξειμι mit ausrücken.

συν-εξέρχομαι M. mit ausrücken. [schaffen helfen.]

συν-εξευπορέω j-m etw. verschaffen helfen.]

συν-εξορμάω mit antreiben.

συν-εοχμός, ὁ Vereinigung.

συν-επάγω a) zugleich gegen j-n führen. b) mit antreiben.

συν-επαινέω mit ob. zugleich loben; billigen, gutheißen, beistimmen.

συν-έπαινος 2 beistimmend.

συν-επαιτιάομαι M. mit ob. zugleich beschuldigen.

συν-επακολουθέω mit nachfolgen. [helfen.]

συν-επαμύνω zugleich mit=]

συν-επανίσταμαι M. sich zugleich empören. [μαι.]

συν-επάπτομαι = συνεφάπτο=]

συν-έπειμι zugleich angreifen.

συν-επελαφρύνω j-m in etw. beistehen.

συν-επέπομαι = συνεφέπομαι.

συν-επεύχομαι M. a) zugleich zu den Göttern flehen. b) zugleich geloben. [stellen.]

συν-επιβουλεύω mit nach=]

συν-επιλαμβάνω u. M. mit Hand anlegen; beistehen, helfen.

συν-επιμαρτυρέω zugleich Zeugnis ablegen.

συν-επιμελέομαι M. mit Sorgen tragen, zugleich besorgen.

συν-επισκέπτομαι M. und **-επισκοπέω** zusammen untersuchen ob. betrachten.

συν-επισπάομαι M. a) für sich gewinnen. b) mit sich fortreißen.

συν-επισπεύδω beschleunigen. helfen. [etw. wissen.]

συν-επίσταμαι P. (mit) um=]

συν-επιστρατεύω mit gegen j-n zu Felde ziehen.

συν-επισχύω mit dabei helfen.

συν-επιτελέω vollenden helfen.

συν-επιτίθεμαι M. etw. mit angreifen; feindlich anfallen.

συν-επιτρίβω zugleich zu grunde richten.

συν-έπομαι M. (mit) folgen, sich anschließen, begleiten; sich überzeugen lassen.

συν-επόμνυμι zugleich schwören ob. heilig versichern.

συν-εργάζομαι M. zusammenarbeiten, mitwirken. συνειργασμένος bearbeitet.

συνεργάτης, ου, ὁ = σύνεργος.

συνεργέω mitwirken, behilflich sein, beistehen, fördern.

σύν-εργος ob. **συν-εργός** 2 mitarbeitend, behilflich. ὁ, ἡ Mitarbeiter(in), Gehilfe, Helfer.

συν-έργω = συνείργω.

συν-έρδω mitwirken, helfen.

συν-ερείδω zusammenstempeln, =drücken, =binden, schließen.

συν-έριθος, ὁ, ἡ Mitarbeiter(=in), Gehilfe, Gehilfin.

συν-έρχομαι M. 1. mitgehen, zusammengehen. — 2. zusammenkommen, sich vereinigen, sich versammeln: a) (sich)

συν-ερῶ — 425 — **συνηρετέω**

verabreden, übereinkommen. b) aneinandergeraten, zusammentreffen, handgemein werden. c) (einem Weibe) beiwohnen. d) (von Geldern) eingehen. e) eingeerntet werden.
συν-ερῶ, fut. von συναγορεύω.
συν-εσθίω mit-, zusammen essen.
σύνεσις, εως, ἡ a) Vereinigung. b) Verstand, Einsicht, Erkenntnis. [menſein.]
συνεστέον man muß zuſam=
συν-εστιάομαι P. zusammen schmausen.
συνεστίη, ἡ Gastmahl.
συν-έστιος, ὁ Herd=, Haus=, Tisch-genosse.
συνεστώ, οῦς, ἡ das Zusammensein. [Freund.]
συν-έταιρος, ὁ Gefährte,
συνετός 3 a) verständig, einsichtig, klug. τὸ -όν Verstand, Einsicht. b) verständlich.
συν-ευδαιμονέω mit glücklich sein, die Freude teilen.
συν-ευδοκέω mitbilligen, Beifall schenken, beistimmen, einwilligen.
συν-εύδω zusammen schlafen.
συν-ευνά(ζ)ομαι P. zusammen schlafen, verkehren.
σύν-ευνος, ὁ, ἡ Lagergenosse, Gatte, Gattin. [teil haben.]
συν-ευπάσχω gleichfalls Vor=
συν-ευπορέω mit unterstützen. [freuen.]
συν-ευφραίνομαι P. ſich mit=
συν-εύχομαι M. a) mitbeten. b) zugleich geloben.
συν-ευωχέομαι P. mitschmausen. [greifen.]
συν-εφάπτομαι M. mit an=
συν-εφέλκω mit nachziehen, mit an sich ziehen.
συν-εφέπομαι M. zugleich (ob. mit-)folgen, sich anschließen, begleiten.

συν-εφίστημι intr. und M. a) Mitaufseher sein. b) sich mit erheben.
συνέχεια, ἡ Beharrlichkeit.
συνεχής 2 zusammenhängend: 1. a) ununterbrochen, beständig. b) anstoßend, benachbart. — 2. dicht (beieinander), häufig. — 3. unaufhörlich, fortwährend, beständig.
συν-έχθω mithaſſen.
συν-έχω I. Akt. **1.** trans. zusammenhalten, umfassen, umschließen, (die Ohren) zuhalten: a) beisammen halten. b) im Zaume od. in Ordnung halten. c) antreiben. d) zurückhalten, festhalten. e) erhalten. f) in die Enge treiben, (be)drängen, bedrücken, quälen. — **2.** intr. zusammenhängen, sich vereinigen. — II. P.: a) zusammenhängen. b) mit etw. behaftet sein, von etw. festgehalten werden, ganz ergriffen sein, gequält od. bedrängt werden. c) mit etw. eifrig beschäftigt sein.
συνηγορέω beistimmen.
συν-ήγορος 2 a) mitsprechend. ὁ σ. Anwalt, Verteidiger. b) übereinstimmend.
συν-ήδομαι P. ſich (mit=)freuen; Glück wünschen.
συνήθεια, ἡ a) Umgang, Verkehr. b) Gewohnheit, Sitte.
συν-ήθης 2 a) bekannt, vertraut; übereinstimmend. ὁ Vertrauter, Freund. b) gewohnt, angewöhnt; gewöhnlich, üblich.
συν-ήκω zusammenkommen.
συν-ηλικιώτης, ου, ὁ Altersgenosse.
συν-ημερεύω den ganzen Tag mit j-m zubringen.
συνημοσύνη, ἡ Vertrag.
συν-ήορος 2 = συνάορος.
συνηρετέω Freund sein.

συν-ηρεφής 2 dicht bedeckt.
σύν-θακος 2 beisitzend, beigesellt; Beisitzer(in).
συν-θάπτω mitbegraben.
συν-θεάομαι M. mit-ansehen, mitbetrachten.
συν-θέλω = συνεθέλω.
συνθεσίη, ἡ Vertrag; Auftrag.
σύνθεσις, εως, ἡ Zusammensetzung, -fügung.
σύνθετος 2: 1. zusammengesetzt, -gestellt. — 2. a) geordnet. b) verabredet.
συν-θέω gelingen.
συνθήκη, ἡ, 1. = σύνθεσις. — 2. a) Übereinkunft, Vertrag, Bund, Friedensschluß, Frieden. b) Anordnung, Bestimmung, Gebot, Auftrag.
σύνθημα, τό a) Verabredung, Vertrag. b) Fügung. c) verabredetes Zeichen, Signal; Parole, Losung.
συνθηρᾱτής, οῦ, ὁ Jagdgenosse, -gefährte.
συν-θηράω u. **-εύω** a) mitjagen. b) *trans.* mit- ob. zusammen erjagen ob. ergreifen.
σύν-θηρος, ὁ = συνθηρᾱτής.
συν-θλάω zerschmettern, zermalmen. [(um)drängen.|
συν-θλίβω zusammendrücken,|
συν-θνήσκω zugleich sterben.
συν-θρύπτω (zer)brechen, erweichen.
συν-θύω mit j-m opfern.
συν-ιέω = συνίημι.
συν-ίζω (eine) Sitzung halten.
συν-ίημι I. Akt.: a) zusammenbringen. b) vernehmen, wahrnehmen; sehen, hören, verstehen, einsehen: α) recht verstehen, genau wissen; β) Einsicht haben. — II. M.: a) übereinkommen. b) vernehmen, merken.
συν-ίππαρχος, ὁ Mitanführer der Reiterei.

συν-ιστά(ν)ω = συνίστημι.
συν-ίστημι I. *trans.* 1. Akt. zusammenstellen: a) zusammenbringen, vereinigen; aneinanderbringen, aufreizen. b) j-s Stellung befestigen. c) j-n i-m vorstellen ob. empfehlen; auch zur Verfügung stellen. d) zusammensetzen; hervorbringen, schaffen, (be)gründen, veranlassen. e) beweisen, darlegen. — 2. M. für sich etw. zusammenstellen ob. zusammenbringen; zustande bringen, verursachen, schaffen, anfangen. — II. *intr.* u. M.: 1. zusammenkommen, -treten; sich vereinigen: a) sich zusammenrotten, sich verschwören. b) aneinandergeraten, handgemein werden. c) mit etw. zu kämpfen haben, in etw. verwickelt ob. geraten sein; mit j-m zu tun haben. d) (v. Sachen) entstehen, beginnen, ausbrechen. — 2. zusammenstehen, -halten, -bleiben: a) fest zusammenhängen. b) feststehen, (fort)bestehen, Bestand haben, dauern, leben, vorhanden sein. c) haltmachen, stehen bleiben. d) sich j-m anschließen, zu j-m halten, j-m beistehen. e) aus etw. bestehen.
συν-ιστίη, ἡ = συνεστία.
συν-ίστωρ, ορος 2 mitwissend; ὁ, ἡ Mitwisser(in), Zeuge.
συν-ίσχω = συνέχω.
συν-ίω = συνίημι.
συν-ναίω zusammenwohnen.
συν-νάσσω zusammendrängen.
συν-ναυβάτης, ου, ὁ Mitpassagier, Schiffsgenosse.
συν-ναυμαχέω mit zur See kämpfen. [sammen fahren.|
συν-ναυστολέω mit j-m zu-|
συν-ναύτης, ου, ὁ Schiffsgenosse, Reisegefährte.
συν-νεύω zustimmen.

συν-νέω u. **-νηέω** zusammenhäufen, aufschichten.

συν-νικάω gemeinsam siegen.

συν-νοέω u. M. erwägen, bedenken, überlegen.

σύννοια u. **-νοίη**, ἡ a) Überlegung. b) Sorge.

σύν-νομος 2 zusammenweidend. ὁ, ἡ Genosse, Genossin, Gatte, Gattin, Buhle.

σύν-νους 2 nachdenkend, gedankenvoll, ernsthaft.

συν-οδεύω mit- ob. zusammenreisen.

συνοδία, ἡ Reisegesellschaft.

συν-οδοιπόρος, ὁ Reisegefährte.

σύν-οδος, ἡ Zusammenkunft, Vereinigung: a) Verhandlung. b) Versammlung, Gesellschaft. c) Zusammenstoß, Angriff, Gefecht.

σύν-οιδα mitwissen (τινί τι): a) mit j-m um etw. wissen; etw. an j-m kennen. b) von j-m etw. wissen; zusehen wissen. σύνοιδα ἐμαυτῷ ich bin mir (einer Sache) bewußt.

συν-οικέω 1. zusammenwohnen, -leben; beiwohnen, verheiratet sein; verkehren; sich bei j-m ansiedeln; mit etw. verbunden ob. verhaftet, vereinigt sein. — 2. trans. zusammen bewohnen oder bevölkern.

συνοίκημα, τό a) das Zusammenwohnen. b) die Mitbewohner.

συνοίκησις, εως u. **συνοικία**, ἡ a) das Zusammenwohnen; Ehe. b) (großes) Miethaus, Mietskaserne.

συν-οικία, τά Vereinigungs- ob. Stiftungs-fest.

συν-οικίζω zusammen ansiedeln, an einen Wohnort zusammenbringen; zusammenhängend bauen; konzentrieren:

a) kolonisieren, gründen (ob. wiedergründen). b) j-m ein Mädchen zur Frau geben.

συνοίκισις, εως ἡ a) Vereinigung der Einwohner. b) Kolonie, Ansiedelung.

συν-οικοδομέω a) zusammenbauen, zusammenfügen. b) (mit-) erbauen.

σύν-οικος 2 zusammenwohnend, -lebend. ὁ Mitbewohner, Hausgenosse; Genosse, Gesellschafter.

συν-οίσομαι f. συμφέρω.

συν-ολολύζω zugleich mitschreien, aufkreischen. [halten.]

συν-ομιλέω sich mit j-m unter-

συν-όμνυμι und **συν-ομνύω** mitschwören; zuschwören; sich verbünden; sich verschwören.

συν-ομολογέω u. M. 1. a) bestimmen, einverstanden oder einig sein. b) zugeben, zugestehen, verheißen. — 2. vereinbaren, übereinkommen.

συν-ομορέω angrenzen.

συν-οράω a) zusammen-sehen, überblicken; ansehen, beobachten. b) ins Auge fassen, einsehen, erkennen, (be)merken; berechnen.

συν-οργίζομαι P. (zugleich) mit j-m erzürnt sein.

συν-ορίνω bewegen, erregen, aufregen. M. gegeneinander vordringen. [Anker legen.]

συν-ορμίζω zusammen vor

σύν-ορος u. **-ουρος** 2 zusammengrenzend, angrenzend.

συνουσία, ἡ das Zusammensein, -leben: a) Umgang, Verkehr. b) Gespräch, Unterhaltung, Disputation. c) Gesellschaft; Gastmahl.

συνουσιαστής, οῦ, ὁ Gesellschafter, Freund, Schüler.

συν-οφρυόομαι M. die Stirn runzeln.

συνοχή, ἡ das Zusammenhalten, Zusammenhang: a) das Zusammentreffen; Vereinigung. b) Enge, Angst.

συν-οχωκώς (part. pf. von συνέχω) zusammengebogen.

σύν-οψις, εως, ἡ Übersicht.

σύνταγμα, τό Heerbann, Kontingent.

συν-ταλαιπωρέω am Unglück teilnehmen, mit-ertragen.

συν-τάμνω = συντέμνω.

σύνταξις, εως, ἡ 1. Anordnung, Einrichtung, Verfassung, Organisation; Schlachtordnung. — 2. a) Schlachtordnung. b) Heer-schar, -bann, Kontingent. d) Steuer, Geldbeiträge, Tribut, Einkünfte. e) Sold, Löhnung.

συν-ταράσσω 1. a) (mit-) erschüttern. b) gänzlich verwirren, trüben. P. sich im Aufruhr zusammenscharen. — 2. beunruhigen, verstören, zerrütten, bestürzt ob. bekümmert machen.

συν-τάσσω I. Akt. zusammenstellen: 1. ordnen, gehörig einrichten: a) zu einem Ganzen vereinigen, in ein Ganzes aufnehmen. b) j-n in das Heer einstellen. c) in Schlachtordnung (auf)stellen. d) zustande bringen, verfertigen; anstiften. e) P. (geistig) sich sammeln. — 2. anordnen, verordnen, bestimmen, befehlen, festsetzen, auferlegen, auftragen: a) verabreden. b) zuerteilen, übergeben. — II. M.: a) sich ordnen, sich aufstellen. b) seine Truppen in Schlachtordnung aufstellen. c) anordnen (= Akt. 2).

συν-ταχύνω a) beschleunigen. b) intr. eilen.

συν-τείνω 1. a) (an)spannen, anstrengen. b) auf etwas beziehen. — 2. intr. auf etwas hinzielen ob. hinauslaufen.

συν-τειχίζω gemeinschaftlich befestigen, bauen helfen.

συν-τεκμαίρομαι M. (aus etw.) schließen, abschätzen.

συν-τεκνοποιέω mit j-m Kinder erzeugen. [zimmern.]

συν-τεκταίνομαι M. mit-

συντέλεια, ἡ 1. a) gemeinschaftliche Beisteuer, Beitrag. b) Steuergenossenschaft. — 2. Vollendung, Ende.

συν-τελέω 1. a) mit- ob. zugleich vollenden, mit zustande bringen. b) ganz vollenden, beendigen, ausführen, erfüllen. c) verzehren. — 2. (mit-)steuern. εἰς τινα(ς): a) zu einem Stande ob. zu einer Abteilung gehören. b) j-m tributpflichtig ob. untertänig sein.

συν-τελής 2 steuerpflichtig.

συν-τέμνω 1. zerschneiden. — 2. zuschneiden. — 3. beschneiden; verkürzen: a) beschränken. b) den kürzesten Weg einschlagen. c) rasch einholen. d) schnell vollenden. e) herannahen, drängen.

συντεταγμένως adv. wohlgeordnet, planmäßig.

συντεταμένως angestrengt.

συν-τετραίνω = συντιτράω.

συν-τήκω a) zusammenschmelzen; eng verbinden. b) intr. u. P. hinschmelzen, hinschmachten, sich verzehren.

συν-τηρέω (mit-)bewahren, -bewachen, erhalten, schützen.

συν-τίθημι I. Akt. 1. zusammen-stellen, -setzen, -legen, -fügen, -fassen, vereinigen: a) einmengen. b) bauen, verfertigen, schaffen. c) verfassen; darstellen, beschreiben. d) überlegen; ersinnen, anstiften. — 2. (kurz) zusammenfassen.

— II. M. 1. etw. für sich zusammen-stellen od. -bringen: a) sich etw. verschaffen ob. -bringen, vernehmen, hören. — 2. sich vereinigen: a) sich verabreden, vereinbaren, einen Vertrag schließen, beschließen, festsetzen, versprechen. b) beistimmen.

συν-τιμάω mit-ehren.

συν-τιτράω durchbohren.

συν-τιτρώσκω mit- ob. mehrfach verwunden.

σύν-τομος 2 beschnitten, abgekürzt, kurz. ἡ Richtweg. τὸ -ον Abkürzung, Richtweg. — adv. συντόμως: a) kurz. b) in kurzer Zeit. c) kurzer Hand.

σύν-τονος 2 straff; angestrengt, eifrig, streng, kräftig, heftig.

συν-τράπεζος, ὁ Tischgenosse.

σύν-τρεις, τρία je drei.

συν-τρέφω miternähren, zusammen auf-, erziehen.

συν-τρέχω 1. mitlaufen, sich stürzen. — 2. zusammenlaufen: a) sich vereinigen. b) gegeneinanderstürmen. c) übereinkommen; überein-, beistimmen; β) zutreffen.

συν-τρίβω a) zerreiben; zerbrechen, -stoßen, -schmettern, -treten. b) aufreiben, vereiteln.

σύντριμμα, τὸ Verwüstung.

σύντροφος 2: 1. mit j-m ernährt ob. erzogen (aufgezogen). ὁ Milchbruder, Jugendgenosse. — 2. a) mit etw. zusammenlebend. b) mit j-m befreundet, vertraut, verwandt. c) üblich, gewöhnlich. d) j-m eigentümlich.

συν-τυγχάνω a) zusammentreffen, -kommen, begegnen. ὁ συντυχών der erste beste. b) zutreffen, zustoßen, sich treffen, sich ereignen, sich zutragen, widerfahren.

συντυχία, ἡ das Zusammentreffen, Zufall, Vorfall, Begegnis, Schickung; Lage: a) Glück. b) Unfall, Mißgeschick. [heucheln.]

συν-υποκρίνομαι P. zugleich

συν-υπουργέω behilflich sein.

συν-υφαίνω zusammenweben; listig anstiften, anzetteln.

συν-ωδίνω mit in Geburtswehen liegen, mitleiden.

συν-ῳδός 2 = σύμφωνος.

συν-ωθέω zusammenstoßen, zusammendrängen.

συνωμοσία, ἡ Verschwörung; politischer Klub. [schworene(r).]

συνωμότης, ου, ὁ Mitver-

συνώμοτος 2 beschworen. τὸ -ον beschworener Bund.

συν-ωνέομαι M. zusammenkaufen; in Sold nehmen.

σύν-ωρίς, ίδος, ἡ Zweigespann; Paar.

συν-ωφελέω mit beistehen, helfen, (zugleich) nützen. P. mit Nutzen haben, den Nutzen mitgenießen.

σῦριγξ, ιγγος, ἡ Röhre: a) Hirtenflöte. b) Speerbehälter. c) Radbüchse, Nabe. d) Blutader.

συρίη-γενής 2 aus Syrien stammend, asiatisch.

συρμαϊά, ἡ a) Purgier-rettich. b) Purgier-öl.

συρμαΐζω abführen, purgieren.

συρ-ράπτω zusammennähen, zusammenflicken. [prallen.]

συρ-ράσσω zusammen-stoßen,

συρ-ρέω zusammen-fließen, -strömen; zusammenkommen.

συρ-ρήγνυμι I. Akt. 1. trans. zusammenbrechen, zerbrechen. — 2. intr.: a) sich tosend vereinigen. b) zusammenstoßen. c) aus-, los-, herein-brechen. — II. pf. P. gebrochen sein.

συρφετός, ὁ Kehricht, Unrat; Gesindel, Haufe.
σύρω schleppen, schleifen; ins Gefängnis schleppen.
σῦς, συός, ὁ u. ἡ Schwein, Sau, Eber; Keiler.
συ-σκευάζω I. Akt. zusammenpacken; zurüsten; anstiften. — II. M.: a) aufpacken, sich zum Aufbruch fertig machen. b) für sich zurüsten od. (aus)rüsten, sich beschaffen; anstiften. c) für sich gewinnen; aufwiegeln.
συ-σκευωρέομαι M. j-m zur Hand gehen (τί in etw.).
συ-σκηνέω a) mit j-m in e-m Zelte zusammenwohnen. b) zusammen speisen.
συσκηνία, ἡ das Zusammenspeisen. [Kamerad.]
σύ-σκηνος, ὁ Zeltgenosse,
συ-σκηνόω = συσκηνέω.
συ-σκιάζω dicht umschatten; verdecken.
σύ-σκιος 2 schattig.
συ-σκοπέω gemeinschaftlich betrachten.
συ-σκοτάζει es wird Nacht.
συ-σπαράσσω zusammenreißen, ganz verzerren.
συ-σπάω zusammenziehen; zusammennähen.
συ-σπειράω I. Akt. zusammendrängen; in dichten Kolonnen aufstellen. — II. M. u. P. sich zusammendrängen.
συ-σπεύδω = συσπουδάζω.
συ-σπουδάζω sich mitbemühen, mit tätig sein.
σύσ-σημος 2 verabredet. τὸ -ον verabredetes Zeichen.
συσ-σιτέω zusammen speisen.
συσ-σίτιον, τό gemeinschaftliche Mahlzeit.
σύσ-σιτος, ὁ Tischgenosse.
συσ-σῴζω mitretten, zugleich retten. [Leibe gehörig.]
σύσ-σωμος 2 zu demselben

συ-στᾰδόν adv. Mann gegen Mann.
συ-στασιάζω an Parteiungen teilnehmen, sich an einem Komplott beteiligen. [σιώτης.]
συστασιαστής, οῦ, ὁ = συστα-
σύστᾰσις, εως, ἡ 1. Zusammenstellung: a) Einrichtung. b) Beschaffenheit; Zustand. c) Vorstellung, Empfehlung. 2. das Zusammentreten: a) Vereinigung, Zusammenkunft. b) Festigkeit; Bestand. c) Aufruhr. d) Verschwörung. e) Handgemenge, Kampf. f) Gemütsaufregung.
συ-στασιώτης, ου, ὁ a) Mitanhänger. b) Mit-aufrührer, Mit-empörer.
συστᾰτικός 3 zur Empfehlung dienend, empfehlend.
συ-σταυρόω mitkreuzigen.
συ-στέλλω 1. a) zusammenordnen, -stellen. b) verhüllen. — 2. zusammenziehen: a) beschränken, verkürzen, mindern. P. sich einschränken. b) demütigen. [all seufzen.]
συ-στενάζω mitseufzen; über-
σύστημα, τό Vereinigung.
συ-στοιχέω in einer Reihe mitgehen; entsprechen.
συστρᾰτείᾱ, ἡ gemeinsamer Feldzug, Teilnahme am Feldzuge.
συ-στρᾰτεύω und M. mit zu Felde ziehen, mitmarschieren, zugleich Kriegsdienste tun.
συ-στρᾰτηγος, ὁ Mitfeldherr.
συ-στρᾰτιώτης, ου, ὁ Mitstreiter, Kriegskamerad.
συ-στρᾰτοπεδεύομαι M. zusammen ein Lager aufschlagen ob. beziehen.
συ-στρέφω I. Akt. zusammendrehen, -ziehen; zusammendrängen, -scharen, -raffen; sammeln, vereinigen. — II. P.

συστροφή — σφραγίζω

συστροφή, ἡ Ansammlung: 1. Rotte, Schar. — 2. a) Aufruhr. b) Komplott.

συ-σχηματίζομαι P. sich nach j-m bilden od. richten.

σύτο s. σεύω.

συφε(ι)ός, ὁ Schweinestall.

σύ-φορβός, ὁ Schweinehirt, Sauhirt.

συχνός 3 a) häufig, zahlreich, viel, beträchtlich, reichlich. b) weit, lang. c) (von der Zeit) lange, geraum, ununterbrochen.

σφ' = σφέ od. σφί (s. σφεῖς).

σφαγεύς, έως, ὁ Schlächter, Mörder; Mordschwert.

σφαγή, ἡ 1. das Schlachten: a) Opferung. b) Ermordung, Mord. c) Blutbad. 2. a) (Todes-)Wunde. b) Kehle.

σφαγιάζω = σφάττω.

σφάγιον, τό a) Schlachtopfer, Opfertier. b) Opfer, Vorzeichen. [bend.

σφάγιος 3 schlachtend, morσφαδάζω zucken, zappeln.

σφάζω = σφάττω.

σφαῖρα, ἡ Kugel. b) Ball.

σφαιρηδόν adv. wie im Ball.

σφαιρο-ειδής 2 kugelförmig.

σφακελίζω den Knochenfraß haben, brandig werden.

σφάκελος, ὁ Wundbrand.

σφαλερός 3: 1. schlüpfrig, glatt. — 2. a) trügerisch, verführerisch. b) wankend, unsicher, unzuverlässig. gefährlich.

σφάλλω I. Akt. 1. zu Fall bringen, niederwerfen, umstürzen. — 2. a) zugrunde richten, ins Unglück bringen, vereiteln. b) täuschen, verführen, irre machen, in Verlegenheit bringen. — II. P. u. M. 1. zu Fall kommen, stürzen, straucheln, wanken. — 2. a) zugrunde gehen, ins Unglück geraten, Schaden erleiden, mißlingen; eine Niederlage erleiden. b) verlustig gehen. c) sich täuschen, (sich) irren, sich vergehen, fehlen.

σφάλμα, τό a) Fall; Unfall, Mißgeschick, Unglück, Schaden; Niederlage. b) Fehltritt; Versehen, Irrtum. [b) zischen.

σφαράγέομαι M. a) strotzen.

σφάττω I. Akt. (ab)schlachten: a) morden, niederhauen. b) opfern. — II. M. opfern lassen.

σφεδανός 3 heftig, ungestüm.

σφεῖς, neutr. σφέα sie, pl. des Personalpronom. der 3. Person.

σφελάς, άδος, ἡ Schemel.

σφενδονάω schleudern.

σφενδόνη, ἡ Schleuder: a) Schleuderband. b) Schleuderstein. c) Schleuderer. [derer.

σφενδονήτης, ου, ὁ Schleuσφενδονητική, ἡ Geschicklichkeit im Schlendern. [eignen.

σφετερίζομαι M. sich anσφέτερος 3 ihr, ihrig, ihr eigen. [-halten.

σφηκόω zusammen-schnüren.

σφήξ, σφηκός, ὁ Wespe.

σφοδρός 3: 1. a) heftig, ungestüm. b) eifrig, entschlossen, bereitwillig. — 2. stark, gewaltig, drückend, schwer. — 3. adv. σφοδρά u. σφοδρῶς: a) heftig, gewaltig, gar sehr usw. b) jawohl, allerdings.

σφοδρότης, ητος, ἡ Ungestüm, Heftigkeit.

σφονδύλιος, ὁ Wirbelknochen; pl. Wirbelsäule.

σφός 3 = σφέτερος.

σφραγίζω u. M. siegeln, versiegeln: a) verbergen. b) besiegeln, bestätigen, bekräftigen. c) bezeichnen, kenntlich machen.

σφραγίς, ίδος, ἡ Siegel: a) Siegelring. b) Siegelbild. c) Beglaubigung, Bestätigung.

σφράγισμα, τό Siegel.

σφρηγίς = σφραγίς.

σφυδρόν, τό = σφυρόν.

σφῦρα, ἡ Hammer.

σφυρ-ήλατος 2 mit dem Hammer getrieben.

σφυρίς, ίδος, ἡ Korb.

σφυρόν, τό Knöchel.

σφωέ u. **σφώ'** sie beide; **σφωΐν** ihnen beiden.

σφῶϊ u. **σφώ** ihr beide; *gen.* u. *dat.* **σφῶϊν** u. **σφῷν** euer beider, euch beiden.

σφωΐτερος 3 euer beider, euch beiden gehörig.

σχάζω spalten, aufschlitzen; öffnen; zur Ader lassen.

σχεδία, ἡ a) Floß; Blockschiff. b) Schiffbrücke.

σχεδίην *adv.* nahe, in der Nähe, im Nahkampf. [nahe.]

σχεδό-θεν *adv.* aus der Nähe,)

σχεδόν *adv.* nahe: 1. α) in der Nähe, β) in die Nähe, γ) aus der Nähe. — 2. nahe, nahe bevorstehend; nahe verwandt. — 3. a) beinahe, fast, ungefähr, so ziemlich. b) kurz.

σχεθεῖν, σχεθέειν = σχεῖν v. ἔχω.

σχέσις, εως, ἡ = σχῆμα.

σχετλιάζω jammern.

σχετλιασμός, ὁ Unwille.

σχέτλιος 3: 1. kühn, stark, verwegen: a) frech. b) frevelhaft, Frevler, grausam. — 2. schrecklich, verderblich, arg: a) mühselig, elend. b) seltsam, wunderbar, erstaunlich.

σχέτο = ἔσχετο v. ἔχω.

σχῆμα, τό Haltung: a) Stellung, Gebärde; Anstand, Benehmen. b) Gestalt, Figur, Form, äußere Erscheinung, Aussehen; Staats-form, -verfassung; Tracht, Kleidung, Art und Weise, Beschaffenheit; glänzende Erscheinung; Würde; Pracht.

σχηματίζω I. Akt. gestalten; herausputzen. — II. M. 1. für sich gestalten. — 2. sich gebärden, als ob.

σχημάτιον, τό Tanztour.

σχιζᾶ, ἡ Scheit.

σχίζω I. Akt. spalten; teilen, zerreißen, trennen. — II. P. sich spalten, sich trennen.

σχῖνος, ἡ Mastixbaum.

σχίσις, εως, ἡ Spaltung; Seitenweg. [Zwiespalt.]

σχίσμα, τό Spalt(ung), Riß,)

σχιστός 3 gespalten.

σχοίατο f. ἔχω.

σχοινίον, τό Strick, Seil.

σχοῖνος, ὁ u. ἡ 1. a) Binse. b) Binsicht. — 2. Strick, Seil, Tau; Schnur zum Messen.

σχοινο-τενής 2 schnurgerade.

σχολάζω a) leer stehen. b) müßig sein, Muße od. freie Zeit haben. ἀπό τινος mit etw. nicht mehr beschäftigt sein. τινί od. πρός τι sich einer Sache od. Person widmen. c) zaudern, unentschlossen sein.

σχολαῖος 3 müßig, gemächlich, langsam. [keit.]

σχολαιότης, ητος, ἡ Langsam-)

σχολή, ἡ 1. Muße, freie Zeit, Rast, Ruhe; ruhige Zeit, Friede. — 2. Erzeugnisse der Muße: a) Vorträge, (philosophische od. gelehrte) Gespräche; Studium. b) Schule. — 3. a) Zögerung, Langsamkeit, Verzug. b) Müßiggang, Saumseligkeit. 4. *adv.* σχολῇ: a) mit oder in Muße, langsam, lässig. b) mit Mühe, schwerlich, kaum.

σώζω u. **σῴζω** I. Akt. unversehrt od. am Leben erhalten; durchbringen; erhalten, be-

σωκέω — 433 — τάγμα

wahren, (er)retten, schützen, (ver)schonen: a) aufbewahren, aufheben. b) glücklich ans Ziel bringen, wohlbehalten heimführen: α) beobachten, halten; β) für sich behalten, verschweigen. — II. P. gerettet ob. erhalten werden, sich retten, am Leben bleiben ob. sein; glücklich wohin gelangen, wohlbehalten heimkehren. — III. M. 1. = P. — 2. etw. für sich ob. von dem Seinigen retten oder erhalten. — 3. bei sich behalten.

σωκέω vermögen.

σῶκος 2 stark, kräftig.

σωλήν, ῆνος, ὁ Röhre.

σῶμα, τό 1. Körper, Leib; Leichnam, Leiche. — 2. Person, Mensch, Individuum; Sklave. — 3. a) = Leben. b) Sinnlichkeit. c) Hauptsache. d) Gesamtheit, Gemeinschaft.

σωμασκέω den Leib üben, exerzieren, turnen.

σωμασκία, ἡ Leibesübung.

σωματικός 3 u. **σωματοειδής** 2 körperlich, leiblich.

σῶος 3 = σῶς.

σωρεύω a) aufhäufen, sammeln. b) überhäufen, vollhäufen.

σωρός, ὁ Haufe.

σῶς, σῶν a) heil, gesund, wohlbehalten. b) sicher, gewiß.

σῶστρον, τό Rettungslohn, Belohnung für Zurückbringung eines entlaufenen Sklaven; Preis.

σώτειρα, ἡ Retterin.

σωτήρ, ῆρος, ὁ Retter, Beschirmer, Beistand, Heiland.

σωτηρία 1. Rettung, Erhaltung, Erlösung; Rettungsmittel. — 2. a) Existenz. b) Wohlergehen, Wohl(fahrt), Glück, Heil.

σωτήριος 2 a) rettend, heilsam, heilbringend, vorteilhaft. τὸ -ον, τὰ -α Rettung(smittel), Heil, Glück, Leben; Dankopfer für Lebensrettung. b) gerettet.

σωφρονέω a) verständig oder vernünftig, klug sein. b) besonnen ob. mäßig, bescheiden sein.

σωφρονητικός 3 = σώφρων.

σωφρονίζω I. Akt. zur Besonnenheit bringen, klug machen; ermahnen, warnen; züchtigen, (be)zähmen. — II. P. zu Verstande kommen, Besonnenheit lernen; zum Gehorsam zurückkehren.

σωφρονικός 3 = σώφρων.

σωφρονισμός, ὁ a) Warnung. b) = σωφροσύνη.

σωφρονιστής, οῦ, ὁ Züchtiger, Zuchtmeister; zügelnd.

σωφροσύνη, ἡ 1. Verstand, Klugheit. — 2. a) Besonnenheit, Selbstbeherrschung, Enthaltsamkeit, Mäßigkeit. b) Sittlichkeit, Anstand; Bescheidenheit, Gehorsam.

σώφρων 2: 1. verständig, klug. — 2. a) vernünftig, besonnen, enthaltsam, mäßig. b) sittsam, anständig; bescheiden, gehorsam.

σώω = σῴζω.

T

T, τ (ταῦ) neunzehnter Buchstabe des griechischen Alphabets.

τ' a) = τέ. b) = τοί dir. c) = τοί wahrlich.

ταβέρνα, ἡ Gasthaus.

ταγεία, ἡ Oberbefehl.

ταγεύω anführen. P. von einem Bundesfürsten beherrscht werden. [Klasse. b) Ordnung.]

τάγμα, τό a) Heeresabteilung;

ταγός, ὁ Führer, Herrscher, Gebieter; Bundeshauptmann.
ταθείς, τάθη f. τείνω. [binde.]
ταινία, ἡ Band, Binde; Haar-
ταινιόω mit Bändern schmücken.
τακτικός 3 taktisch: a) die Aufstellung eines Heeres betreffend. τ. ἀριθμός (regelmäßige) Heeresabteilung. b) in der Aufstellung eines Heeres geschickt; ὁ Taktiker. τὰ -ά Taktik. [angeordnet.]
τακτός 3 festgesetzt, bestimmt,
τάκω [dor.] = τήκω.
τᾰλᾰ-εργός 2 arbeitskräftig.
ταλαιπωρέω u. P. Ungemach erdulden, Beschwerden ertragen, sich abmühen, in Not sein, hart mitgenommen werden, leiden.
ταλαιπωρία, ἡ a) Mühsal, Beschwerde, Strapaze. b) Drangsal, Unglück, Unheil.
ταλαί-πωρος 2 mühselig, unglücklich, elend, geplagt.
ταλαί-φρων 2 a) unglücklich. b) mutig, kühn.
τᾰλᾰ-κάρδιος 2 duldenden Herzens, voll Kummer, leidend.
ταλαντιαῖος 3 ein Talent schwer od. wert, zentnerschwer.
τάλαντον, τό a) Waagschale, pl. Waage. b) Talent, Pfund.
τᾰλᾰ-πείριος 2 a) Prüfungen erdulbend, vielgeprüft.
τᾰλᾰ-πενθής 2 a) unglücklich. b) ausdauernd.
τάλαρος, ὁ Korb, Spinnkorb.
τάλας, τάλαινα, τάλαν a) duldend, elend, unglücklich, jämmerlich, arm. b) frech.
τᾰλᾰσία, ἡ Wollspinnerei.
ταλᾰσιουργέω Wolle spinnen.
ταλᾰσιουργία, ἡ = ταλασία.
ταλᾰσί-φρων 2 standhaft.
ταλάσσαι, ταλάσση(ς) f. τλῆναι. [Schildträger.]
ταλαύρῑνος 2 schildtragend;

ταλά-φρων 2 = ταλασίφρων.
ταλιθά (aram.) Mädchen.
τάλις, ιδος, ἡ Jungfrau.
τάμε, ταμέειν f. τέμνω.
ταμεῖον, τό = ταμιεῖον.
ταμεσί-χρως, οος (den Leib) durchbohrend.
ταμία, ἡ Schaffnerin.
ταμίας, ου, ὁ a) Schaffner, Verwalter; Gebieter, Herr. b) Schatzmeister.
ταμιεῖον, τό a) Vorratskammer; Niederlage; Schatzkammer. b) Kammer, Gemach.
ταμιεύω u. M.: a) Haushalter sein, verwalten, hüten. b) M. selbst bestimmen.
τάμνω = τέμνω.
τάν ob. **τᾶν** du. ὦ τάν, ὦ τᾶν o Freund, mein Lieber.
τἄν = τοί ἄν.
τἄν = τὰ ἐν.
τανᾰ-ήκης 2 lang-gespitzt, -schneidig; langgestreckt.
τανᾰός 3 (u. 2) gestreckt, lang.
τανᾰύ-πους, ποδος streckfüßig, schlankbeinig, weit ausschreitend.
τανᾰ-ϋφής 2 langgewebt.
ταν-ηλεγής 2 starkschmerzend.
ταντᾰλόω schwingen, schleudern. [streckend.]
τᾰνύ-γλωσσος 2 zungen-
τᾰνυ-γλώχῑν, ῑνος langgespitzt.
τᾰνυ-ήκης 2 = ταναήκης.
τᾰνύν = τὰ νῦν (f. νῦν).
τᾰνύ-πεπλος 2 langgewandig.
τᾰνύ-πους, ποδος = ταναύπους.
τᾰνυ-πτέρυξ, ῡγος u. **τᾰνυ-πτερος** 2 flügelausbreitend.
τᾰνυστύς, ύος, ἡ das Spannen.
τᾰνύ-φλοιος 2 mit dünner Rinde.
τᾰνύ-φυλλος 2 langblättrig.
τᾰνύω = τείνω.
ταξιαρχέω Taxiarch sein.
ταξί-αρχης, ου und **ταξίαρχος**, ὁ Taxiarch: a) Unter-

τάξις

feldherr; Geschwaderführer. b) Hauptmann, Oberst.

τάξις, εως, ἡ 1. a) das Ordnen, Anordnung, Anweisung, Einrichtung. b) Ordnung, gehörige Aufeinanderfolge, Reihenfolge. c) α) Stellung, Stand, Rang, Klasse, Geltung; β) Amt, Pflicht. — 2. a) militärische Aufstellung, Schlachtordnung, Marschordnung. b) Schlachtreihe, Reih und Glied, geschlossene Kolonne. c) Platz des einzelnen in der Schlachtlinie, Posten. — 3. geordnetes Heer, Truppenabteilung, Schar.

ταπεινός 3: 1. niedrig, flach. — 2. a) klein, eng; niedrig = unbedeutend, gering, ärmlich, schwach. b) α) demütig, knechtisch; β) mutlos, kleinmütig. c) niedrig = gemein.

ταπεινότης, ητος, ἡ Niedrigkeit: a) Ohnmacht, Machtlosigkeit, Schwäche, Ärmlichkeit. b) Erniedrigung, Demütigung: α) Niedergeschlagenheit; β) Demut.

ταπεινοφροσύνη, ἡ Demut.

ταπεινό-φρων 2 demütig.

ταπεινόω niedrig machen, erniedrigen; bemütigen, schwächen.

ταπείνωσις, εως, ἡ Niedrigkeit, Schwäche, Demut.

τάπης, ητος, ὁ Teppich, Decke.

τάπις, ιδος und **ταπίς,** ιδος, ἡ Teppich, Decke.

τάρ = τὲ ἄρ od. τ' ἄρ.

τάρα ob. **τἄρα** = τοί ἄρα.

ταράσσω 1. aufrühren, erschüttern, trüben. — 2. a) verwirren, in Unordnung bringen. b) beunruhigen, aufregen, erschrecken. c) aufwiegeln. d) anstiften, schüren. — 3. pf. τέτρηχα stürmisch bewegt oder unruhig sein.

ταραχή, ἡ u. **τάραχος,** ὁ Erregung, Bewegung, Verwirrung, Unordnung: a) Lärm. b) Unruhe, Bestürzung, Schrecken. c) Aufruhr; Zwiespalt.

ταραχώδης 2 verworren, ungeordnet, unruhig: a) wankelmütig. b) zornig. c) bestürzt. d) (zer)störend.

ταρβαλέος 3 vor Angst.

ταρβέω in Angst sein, sich fürchten. [Schrecken.]

τάρβος, τό Angst, Furcht,

ταρβοσύνη, ἡ = τάρβος.

ταρίχευσις, εως, ἡ Einbalsamierung. [mierer.]

ταριχευτής, οῦ, ὁ Einbalsa-

ταριχεύω a) dörren. b) einsalzen; einbalsamieren.

ταριχήϊαι, αἱ Anstalt zum Dörren der Fische.

τάριχος, ὁ u. τό a) Pökel-fleisch, -fisch. b) Mumie.

ταρπήμεναι s. τέρπω.

ταρσός u. **ταρρός,** ὁ 1. Darre, Horde, Käsedarre; Flechtwerk: a) Schilfmatte. b) Schanzkorb. — 2. a) Fußblatt, Sohle. b) Ruderblatt; Ruder, Ruderwerk.

ταρταρόω in die Hölle stürzen.

ταρφύς 3 (u. 2) dicht, häufig, zahlreich, viel.

τάρφθη u. ä. s. τρέπω.

τάρφος, τό Dickicht, Gebüsch.

ταρχύω bestatten, begraben.

τάσσω und **τάττω** I. Akt. 1. ordnen, (auf)stellen, hinstellen, einrangieren; in Schlachtordnung stellen, in Reih und Glied aufstellen: a) j-n als etwas anstellen, bestellen, einsetzen. b) zu etwas rechnen, unter etwas zählen. — 2. anordnen, verfügen, gebieten, festsetzen, bestimmen, befehlen, (be)auftragen, auferlegen. —

ταύρειος — 436 — **τέθναθι**

II. P. 1. aufgestellt werden, sich aufstellen, stehen. — 2. angeordnet ob. festgesetzt werden. τάσσομαι mir wird befohlen, ich erhalte den Auftrag ob. Befehl. — III. M. 1. a) sich aufstellen. b) das Seinige (seine Truppen, Schiffe u. a.) aufstellen. — 2. a) für sich aufstellen, zu s-m Vorteile festsetzen ob. auf(er)legen. b) unter sich bestimmen, verabreden, bei sich festsetzen, sich zu etw. verpflichten.

ταύρειος 3 vom Stier; Stier=...; rindsledern.

ταυρηδόν adv. stier, starr.

ταυροκτονέω Stiere schlachten ob. töten.

ταυρο-κτόνος 2 stiertötend.

ταυρο-πόλος 3 stiertummelnd.

ταῦρος, ὁ Stier, Ochs.

ταυρο-σφάγος 2 Stiere schlachtend, Tag des Stieropfers.

ταύτῃ adv. I. a) auf dieser Stelle ob. Seite, hier, dort. b) hierhin, dorthin. — 2. a) auf diese Weise, so, daher. b) in dieser Hinsicht, darin.

ταὐτόματον = τὸ αὐτόματον.

τάφε, **ταφεῖν** f. τέθηπα.

ταφεύς, έως, ὁ Bestatter, Totengräber.

ταφή, ἡ = τάφος¹.

τάφήιος 3 zur Bestattung gehörig, Sterbe=...

τάφος¹, ὁ a) Bestattung, Begräbnis; Leichenmahl. b) Grab, Gruft; Grab-hügel, -mal.

τάφος², τό das Staunen.

ταφρεία, ἡ Grabenziehung.

ταφρεύω einen Graben ziehen.

τάφρος, ἡ Graben, Grube.

ταφών f. τέθηπα.

τάχα a) schnell, sogleich, bald. b) vielleicht, wohl.

ταχινός 3 schnell; baldig.

τάχιον u. **τάχιστος** f. ταχύς.

τάχος, τό Schnelligkeit, Eile.

ταχύ-άλωτος schnell zu erobern(d).

ταχυναυτέω schnell segeln.

ταχύνω a) beschleunigen. b) intr. eilen, schnell sein.

ταχύ-πωλος 2 mit schnellen Rossen.

ταχύ-ρρωστος 2 schnellfliegend, flüchtig.

ταχύς 3 schnell, geschwind, schleunig, eilig, flink, plötzlich. — adv. 1. ταχέως und ταχύ: a) schnell, bald, alsbald, sogleich. b) vielleicht, wohl. — 2. διὰ ταχέων in Eile, schnell. — 3. θᾶσσον, θάττον: a) schneller, eher, lieber. b) so schnell wie möglich. — 4. τάχιστα oder τὴν ταχίστην aufs schnellste, schleunigst. ἐπεί (ob. ἐπειδή) τάχιστα sobald als.

ταχύτης, ητος, ἡ = τάχος.

ταώς, ὼ u. **ταῶς**, ῶ, ὁ Pfau.

τέ enclit. Partikel: 1. und. τέ ..., τέ und τέ ... καί sowohl ... als auch, einerseits ... andrerseits. οὔτε ... τέ einerseits nicht ... andrerseits. — 2. (verknüpfendes τέ): a) zu Relativen, Partikeln und Konjunktionen gefügt (zB. ὅς τε, γάρ τε, καί τε, ἀλλά τε, μέν τε, δέ τε, ἐπεί τε u. a.). b) beim Nachsatze.

τέγγω I. Akt.; a) benetzen, befruchten. b) fließen lassen, vergießen. II. P. a) sich ergießen; b) sich erweichen lassen.

τέγεος 2 festgedeckt.

τέγος, τό a) Dach, Decke. b) Gemach, Saal, Zimmer.

τεεῖο = σοῦ, gen. von σύ.

τεθάλυια u. **τέθηλα** f. θάλλω.

τέθηπα, pf.; aor. II ἔταφον: a) staunen, sich verwundern. b) anstaunen. [tung.]

τεθορυβημένως in Verwir-}

τέθναθι u. ä. f. θνήσκω.

τεθριππο-βάτης, ου, ὁ mit Viergespannen fahrend.
τέθριππον, τό Viergespann.
τεθριπποτροφέω ein Viergespann halten.
τεθριππο-τρόφος 2 ein Viergespann haltend.
τεΐν = σοί dir (cf. σύ).
τείνω I. Akt. 1. strecken, spannen, dehnen: a) (an=)spannen, straff anziehen, straff anbinden. b) ausspannen, ausdehnen, ausbreiten; hinstrecken, =breiten, =legen. c) erregen, in gestreckten Lauf setzen. — 2. intr.: a) auf etw. zustreben ob. losgehen; eilen. b) sich ausdehnen, sich erstrecken. c) auf etw. abzielen ob. sich beziehen. — II. P. gespannt ob. gedehnt werden: a) straff angezogen werden, sich anspannen. b) in gestrecktem Laufe eilen. c) hingebreitet ob. hingestreckt werden, sich ausbreiten, sich erstrecken. — III. M.: a) für sich (an)spannen. b) sich ob. das Seine ausstrecken.
τεῖος adv. = τέως.
τείρος, τό Gestirn.
τείρω reiben; aufreiben, erschöpfen, bedrängen, quälen.
τειχεσι-πλήτης, ου, ὁ Mauerstürmer.
τειχέω = τειχίζω.
τειχ-ήρης innerhalb der Mauern, belagert.
τειχίζω a) intr. (eine Mauer) bauen, Schanzen ob. Kastelle errichten. b) trans. befestigen, sichern, einschließen; erbauen.
τειχιόεις 3 ummauert.
τειχίον, τό (kleine) Mauer.
τείχισις, εως, ἡ Mauerbau: 1. a) Aufführung einer Mauer, Errichtung von Schanzen. b) Festungswerk. — 2. Einschließung durch Mauern.

τείχισμα, τό = τεῖχος.
τειχισμός, ὁ = τείχισις.
τειχομαχέω (die) Mauern bestürmen.
τειχομαχία, ἡ Mauerkampf.
τειχο-μάχος 2 zum Mauerkampf gehörig.
τειχο-ποιός, ὁ Baukommissar.
τεῖχος, τό a) Mauer. b) Stadtmauer, Befestigungswerk, Wall; befestigter Platz, Festung, Burg.
τειχοσκοπία, ἡ Mauerschau.
τειχο-φύλαξ, ακος, ὁ Mauerwächter.
τειχύδριον, τό kleines Kastell.
τείως = τέως.
τέκε u. ä. s. τίκτω.
τεκμαίρω I. Akt. zeigen. — II. M.: a) aus Zeichen erkennen, aus etw. schließen, folgern, vermuten, (be)urteilen. b) bestimmen, anordnen, verkünden, vorhersagen.
τέκμαρ[1], τό = τεκμήριον.
τέκμαρ[2], τό Ziel, Ende, Grenze; Ausgang.
τέκμαρσις, εως, ἡ a) Schlußfolgerung. b) gerechter Grund.
τεκμήριον, τό a) Zeichen, Kennzeichen, Vorzeichen. b) Beweis, Erweisung, Bestätigung, Zeugnis.
τεκμηριόω beweisen, bezeugen.
τέκμωρ, τό = τέκμαρ[1] u. [2].
τεκνίον, τό Kind(lein).
τεκνογονέω Kinder zeugen ob. gebären.
τεκνογονία, ἡ Kinder-erzeugung, =gebären.
τεκνόεις 3 kinderreich.
τεκν-ολέτειρα, ἡ der Kinder beraubt.
τέκνον, τό Kind (Sohn, Tochter); Junges; Nachkomme.
τεκνοποιέομαι M. Kinder zeugen.
τεκνοποιΐα, ἡ Kinder-erzeugung.

τεκνο-ποιός 2 Kinder zeugend; fruchtbar.

τεκνοτροφέω Kinder erziehen.

τεκνοῦσσα, *fem.* zu τεκνόεις.

τεκνόω u. M. a) Kinder zeugen ob. gebären. b) erzeugen. P. entstehen. [erzeugung.]

τέκνωσις, εως, ἡ Kinder-]

τέκον f. τίκτω.

τέκος, τό = τέκνον.

τεκταίνομαι M. verfertigen; zimmern, bauen; ins Werk setzen; erfinden, schmieden.

τεκτονικός 3 a) die Baukunst betreffend. b) im Bauen geschickt. ὁ Baumeister.

τεκτοσύνη, ἡ Zimmerkunst.

τέκτων, ονος, ὁ Handwerker (Zimmermann, Schiffsbauer, Steinhauer, Schmied, Bildhauer usw.); Künstler, Meister.

τελαμών, ῶνος, ὁ Tragband: a) Wehrgehenk, Lederriemen. b) Binde, Verband.

τελέθω dasein, sich zeigen; sein, werden, günstig ausfallen.

τέλειος 3 (u. 2) I. vollendet: 1. vollbracht, sich erfüllend. — 2. vollständig, vollkommen: a) erwachsen, volljährig, reif; gereift. b) vollzählig. c) makellos. d) endgültig, festbestimmt, untrüglich. e) *adv.* τελείως: α) völlig, vollkommen, ganz (und gar); β) endlich. — II. vollendend, Erfüllung bringend, erfolgreich. [menheit, Reife.]

τελειότης, ητος, ἡ Vollkom-]

τελειόω vollkommen machen; vollenden, beenden, ausführen, gelingen lassen, ausführen (P. zur Reife kommen, ans Ziel gelangen, vollkommen werden, in Erfüllung gehen).

τελείω = τελέω.

τελείωσις, εως, ἡ a) Vollendung, Erfüllung. b) Vollkommenheit.

τελειωτής, οῦ, ὁ Vollender.

τελεσ-μηνος 2 vollmonatlich, völlig abgelaufen.

τέλεος 3 (u. 2) = τέλειος.

τελεόω = τελειόω.

τελεσφορέω zur Reife bringen (ob. kommen).

τελεσ-φόρος 2: 1. Vollendung bringend, ans Ziel führend: a) allgewaltig. b) strafend. — 2. vollendet, vollständig, voll.

τελετή, ἡ a) Einweihung. αἱ τελεταί Mysterien. b) (hohes) Fest, Festtag.

τελευταῖος 3 letzter, äußerster, höchster; zuletzt. *adv.* (τὸ) τελευταῖον u. τὰ -α zuletzt, endlich, zum letztenmal.

τελευτάω 1. *trans.* beendigen, vollenden, vollbringen, vollziehen, in Erfüllung gehen lassen. 2. *intr.* enden, zu Ende gehen: a) sterben. b) fertig werden mit etw. c) ablaufen, auslaufen. d) in Erfüllung gehen. e) *part.* τελευτῶν 3 zuletzt, endlich.

τελευτέω = τελευτάω.

τελευτή, ἡ 1. Ende, Ausgang; Lebensende, Tod: a) Ziel, Zweck. b) Erfolg. — 2. Vollendung.

τελέω 1. *trans.*: a) beendigen, zu Ende bringen. b) vollenden, zustande bringen, ausführen, vollziehen, (Leidenschaften) befriedigen ob. stillen; bewirken, tun; verleihen, erfüllen, verwirklichen. P. in Erfüllung gehen, sich erfüllen. c) (be-) zahlen, entrichten, liefern, darbringen; aufwenden, ausgeben. τελεῖν εἰς τινας zu einer Klasse steuern (= zu einem Stande gehören), z.B. εἰς ἱππέας zum Ritterstande gehören. d) in die Mysterien einweihen. — 2. *intr.*: a) angelangen, hin-

kommen. b) in Erfüllung gehen.
τελήεις 3 a) vollkommen, makellos. b) erfolgreich.
τελλω a) vollenden. b) *intr.* u. P. aufgehen, entstehen.
τέλμα, τό a) Sumpf. b) Mörtel.
τέλος[1], τό 1. a) Ende, Grenze. b) Schluß, Ausgang, das Letzte: α) Lebensende; β) Termin. γ) Ziel. Zweck. *adv.* (τό) **τέλος** endlich, schließlich, zuletzt, ganz und gar. — 2. a) Vollendung, Ausführung, Verwirklichung, Erfüllung, Entscheidung. b) Erfolg, Resultat. — 3. das Äußerste, Höhepunkt, Spitze, Gipfel: a) höchster Grad, Hauptsache. b) Vollkommenheit, Ideal. — 4. Amt, Staatsamt. οἱ ἐν τέλει Höchstgestellte, Behörden, Obrigkeit, Machthaber; Kriegsrat. τὰ τέλη Behörden. — 5. a) Abgabe, Steuer, Zoll, Tribut; Steuerklasse. b) Kosten, Gelder; Weihgeschenk, Opfer. — 6. (*pl.*) Weihen; Mysterien; feierliche Vollziehung, Feier.
τέλος[2], τό a) Abteilung, Schar, Geschwader, Schwadron.
τέλοσ-δε *adv.* zum Ziel.
τέλσον, τό Grenze.
τελ-ώνης, ου, ὁ a) Zollpächter. b) Zolleinnehmer, Zöllner.
τελώνιον, τό Zollstätte.
τεμάχιον, τό Stück(chen).
τέμαχος, τό Stück(chen).
τεμένιος 3 zum Tempelhain gehörig.
τέμενος, τό a) Krongut. b) Tempelbezirk, heiliger Hain.
τέμνω I. Akt. schneiden. — 1. das Messer anwenden. — 2. zerschneiden: a) zerlegen, vorschneiden. b) verletzen, verwunden; verwüsten. c) schlachten; ὅρκια ob. σπονδάς τάμνειν

τινι unter Schlachtung von Opfertieren einen Vertrag ob. ein Bündnis mit j-m schließen. — 3. abschneiden, ab-, umhauen: a) (Steine) brechen. b) ausscheiden, absondern, abstecken, trennen. — 4. beschneiden. — 5. zuschneiden, zuhauen, behauen. — 6. graben, (einen Weg) anlegen; durchschneiden = durchziehen, (einen Weg) einschlagen. — II. M.: a) für sich schneiden ob. zerschneiden; schlachten. b) für sich abschneiden ob. fällen; wegtreiben. c) für sich abstecken, graben lassen usw.
τέμω = τέμνω.
τέναγος, τό a) seichtes Wasser, Untiefe. b) Sumpfland.
τένων, οντος, ὁ Sehne; Nacken (-sehne).
τεο = τίνος (von τίς).
τεο (enklit.) = τινός (von τίς).
τεοῖο = σοῦ (von σύ). [τίς.)
τέοισι = τίσι u. τισί (von τίς u.
τεός 3 = σός, dein.
τέρας, α(τ)ος, τό Zeichen, Vorzeichen: a) Götter-, Wunderzeichen. b) Schreckbild; Ungeheuer.
τερα-σκόπος und **τερατο-σκόπος**, ὁ Zeichendeuter.
τερατώδης 2 wunderbar; bedeutungsvoll, seltsam.
τερεβίνθινος 3 vom Terpentinbaum, Terpentin-...
τέρετρον, τό Bohrer.
τέρην, εινα, εν, *gen.* ενος a) glatt, zart, weich. b) perlend.
τέρμα, τό Ende, Grenze, Ziel; Endziel, Zweck.
τερμίνθινος 3 = τερεβίνθινος
τερμιόεις 3 a) betroddelt. b) breitsäumig.
τέρμιος 3 letzter, äußerster.
τερπι-κέραυνος 2 donnerfroh, blitzschleudernd.

τερπνός 3 erfreulich, angenehm.

τέρπω I. Akt. sättigen; laben; erfreuen, erheitern, ergötzen. — II. M. u. P. sich sättigen; sich laben; sich erfreuen, sich ergötzen, froh werden.

τερπωλή, ἡ = τέρψις.

τερσαίνω u. **τέρσω** abtrocknen, abwischen. P. trocken werden ob. sein. [erfreuend.]

τερψί-μβροτος 2 menschen-

τέρψις, εως, ἡ Ergötzung, Unterhaltung, Genuß, Freude.

τεσσαρά-βοιος 2 vier Rinder wert.

τεσσαράκοντα vierzig.

τεσσαράκοντα-έτης 2 vierzigjährig.

τεσσαράκοστός 3 vierzigste(r). ἡ -ή ein Vierzigstel.

τέσσαρες, α vier.

τεσσάρεσκαίδεκα vierzehn.

τεσσαρεσκαιδέκατος 3 vierzehnte(r).

τεσσεράκοντα = τεσσαράκοντα.

τεσσεράκοντ-όργυιος 2 von vierzig Klaftern.

τέσσερες = τέσσαρες.

τεσσερεσκαίδεκα = τεσσαρεσκαίδεκα.

τεταγών fassend, packend.

τετάρπετο s. τέρπω.

τεταρταῖος 3 am vierten Tage.

τεταρτη-μόριον, τό vierter Teil.

τέταρτος 3 vierte(r). ἡ τετάρτη: a) Viertel, Quart. b) vierter Tag. [νω.]

τετάσθην, **τέταται** u. ä. s. τεί-

τετεύχαται u. ä. s. τεύχω.

τετευχῆσθαι gerüstet sein.

τετίημαι pf. P. betrübt sein.

τετιηώς, ότος betrübt.

τέτλαθι, **τετληώς** u. ä. s. τλῆναι. [treffen.]

τετμεῖν inf. erreichen, (an-)

τέτορες = τέσσαρες.

τετρά-γυος 2 vier Morgen groß. τό -ον Feld von vier Morgen.

τετραγωνο-πρόσωπος 2 mit viereckigem Gesicht.

τετρά-γωνος 2: 1. a) viereckig, vierkantig. b) τό -ον Viereck, Quadrat. — 2. vollkommen, tüchtig, stark.

τετράδιον, τό Vierzahl; Kommando von vier Soldaten.

τετρα-έτης 2 vierjährig.

τετρά-θέλυμνος 2 vierschichtig. [löchern.]

τετραίνω durchbohren, durch-

τετράκις adv. viermal.

τετράκισ-μύριοι 3 vierzigtausend. [tausend.]

τετράκισ-χίλιοι 3 vier-

τετρακόσιοι 3 vierhundert.

τετρά-κυκλος 2 vierräderig.

τετρά-μετρος 2 aus vier Metren bestehend, achtfüßig.

τετρά-μηνος 2 viermonatlich.

τετραμοιρία, ἡ das Vierfache; vierfacher Sold.

τετρ-άορος 2 a) vierspännig. b) vierfüßig. [Handbreiten.]

τετρα-πάλαιστος 2 von vier

τετρά-πηχυς, υ vierellig.

τετρα-πλάσιος 2 vierfach.

τετραπλῇ vierfach.

τετρα-πλοῦς 3 vierfach.

τετρά-πολις, εως aus vier Städten bestehend.

τετρά-πους, πουν vierfüßig. τό -πουν vierfüßiges Tier.

τετραρχέω (Vier-)Fürst sein.

τετρ-άρχης, ου, ὁ Vierfürst; Fürst. [vierter Tag.]

τετράς, άδος, ἡ die Zahl vier;

τέτρατος 3 = τέταρτος.

τετρα-φάληρος 2 vierbuckelig ob. vierkämmig.

τετρά-φαλος 2 vierbügelig.

τετράφαται s. τρέπω.

τετρά-φυλος 2 in vier Stämme geteilt.

τέτραχα, τετραχῇ, τετραχθά adv. vierfach, in vier Teile(n).
τέτρηνα s. τετραίνω.
τέτρηχα, τετρήχειν, pf. und plpf. zu ταράσσω.
τέτριγα s. τρίζω.
τετρ-ώροφος 2 mit vier Stockwerken.
τέττᾰ Väterchen.
τέτταρες, α s. τέσσαρες.
τέττῐξ, ιγος, ὁ a) Baumgrille, Zikade. b) Haarnadel.
τετύκειν u. ä. s. τεύχω.
τετύχηκα s. τυγχάνω.
τεῦ = τοῦ = τίνος (s. τίς). —
τεῦ = τοῦ = τινός (s. τίς).
τευχέω s. τετυχῆσθαι.
τεῦχος, τό Gerät, Werkzeug: a) (pl.) Rüstung, Waffen; b) (pl.) Schiffsgeräte. c) Gefäß, Geschirr (Urne, Krug).
τεύχω I. Akt. bereiten, verfertigen, herstellen, schaffen, machen; verursachen, veranlassen, bewirken. — II. M. für sich (zu)bereiten. — III. P. bereitet ob. verfertigt, errichtet werden; pf. u. aor. entstehen, geschehen, sein, werden. τετυγμένος gutgearbeitet, schöngebaut, wohlbestellt, kunstvoll, tüchtig.
τέφρᾱ, ἡ Asche.
τεφρόω einäschern.
τεχνάζω u. M. = τεχνάω.
τέχνασμα, τό Kunststück, Kunstgriff, List; Blendwerk.
τεχνάω u. M.: a) künstlich verfertigen, geschickt (zu)bereiten oder bewirken, bearbeiten. b) Kunst(griffe) anwenden. c) listig ersinnen ob. verüben, schlau veranstalten, unternehmen; sich verstellen, Winkelzüge machen.
τέχνη, ἡ 1. Kunst: a) schöne Kunst, Wissenschaft. b) Handwerk, Gewerbe. — 2. Kunstfertigkeit: a) Kunstverständnis, wissenschaftliche Tüchtigkeit, Einsicht, Verständnis. b) Geschicklichkeit, Fertigkeit; Schlauheit. c) Kunstgriff, List, listiger Anschlag; Veranstaltung. — 3. Kunstwerk.
τεχνήεις 3 kunstreich, kunstvoll, kunstverständig.
τέχνημα, τό Kunstwerk. b) α) Werkzeug; β) Kunstgriff, Kniff, listiger Anschlag; γ) Ränkeschmied.
τεχνικός 3 a) kunstgemäß, künstlerisch. b) kunstverständig.
τεχνίτης, ου, ὁ 1. Künstler; Sachverständiger. — 2. Handwerker, (Werk-)Meister: a) Verfertiger. b) Betrüger.
τέῳ = τινί; τεῷ = τινί.
τέων = τίνων; τεῶν = τινῶν.
τέως adv. 1. a) bis dahin, so lange, unterdessen, einstweilen. b) seither, bisher; ehemals. c) e-e Zeitlang. — 2. während.
τῆ da, da nimm.
τῇ adv. 1. a) hier, dort, da. τῇ μέν ... τῇ δέ auf der einen Seite ... auf der andern Seite. b) dorthin, dahin. c) auf diese Weise, so. — 2. a) wo, wohin. b) wie, auf welche Weise.
τῇ-γε adv. hier(her) gerade.
τῇδε adv. 1. hier, dort, da. — 2. a) auf folgende Weise, so. b) deswegen, dadurch.
τήθη, ἡ Großmutter.
τῆθος, τό Auster.
τηκεδών, όνος, ἡ Abzehrung.
τήκω 1. schmelzen; auflösen; verzehren, abhärmen. — 2. intr. u. P. (zer)schmelzen, zerfließen, flüssig werden, vermodern; (hin)schwinden, sich abhärmen, schmachten.
τηλ-αυγής 2 fernhinleuchtend, weithin deutlich.
τῆλε = τηλοῦ.

τηλεδαπός 3 fernherkommend, fern, fremd. [deihen.]
τηλεδάω blühen, grünen; ge=
τηλε-κλειτός 3 weitberühmt.
τηλε-κλυτός 2 weitberühmt.
τηλέ-πορος 2 sich weithin erstreckend, fern.
τηλε-φανής 2 weithin sichtbar, weit vernehmlich.
τηλίκος 3 u. **τηλικόσδε** 3 = τηλικοῦτος.
τηλικοῦτος, -αύτη, -οῦτο(ν) a) so groß; so bedeutend, so mächtig. b) so alt, in solchem Alter. [fern.]
τηλό-θεν adv. aus der Ferne,
τηλό-θι = τηλοῦ.
τηλό-σε adv. in die Ferne.
τηλοτάτω adv. am weitesten.
τηλοῦ adv. a) in der Ferne; fern. b) in die Ferne, weithin.
τηλύγετος 3 jugendlich blühend; Knäbchen.
τηλ-ωπός 2 a) von fern gesehen, weit weg. b) weit vernehmlich.
τημελέω pflegen, warten.
τήμερον adv. heute.
τῆμος adv. a) zu dieser Zeit; damals. b) da, dann.
τηνίκα, τηνικά-δε, τηνίκαῦτα = τῆμος.
τῆος adv. = τέως.
τῇ-περ adv. wo, wie.
τηρέω 1. beobachten, wahrnehmen: a) abpassen, im Auge haben. b) Wache halten; auf der Hut sein. — 2. a) behüten, bewachen, bewahren, aufbewahren; in Haft halten. b) erfüllen, befolgen, halten.
τήρησις, εως, ἡ 1. Beobachtung; Erfüllung. — 2. a) Bewachung, Bewahrung, Aufbewahrung. b) Gewahrsam, Gefängnis. [Not leiden, darben.]
τητάω berauben. P. entbehren,
τηϋσιος 3 unnütz, vergeblich.

τιάρα, ἡ u. **τιάρης, ου, ὁ** Tiara, Turban.
τιαρο-ειδής 2 tiaraförmig.
τιέω s, τετίημαι.
τίη warum denn? warum nur?
τιήρης, ου, ὁ = τιάρα.
τιθαιβώσσω Honig bereiten.
τιθασ(σ)εύω zähmen, kirren.
τιθασός 2 zahm.
τίθημι I. Akt. 1. setzen, legen, stellen, hin-, auf-stellen; (Kleider) ablegen, (Speise) vorsetzen, (Knie) beugen; begraben, bestatten: a) festsetzen, bestimmen, anordnen; (ein Gesetz) geben, (Kämpfe, Spiele) anstellen oder feiern; (eine Versammlung) berufen. b) zu etw. rechnen oder zählen; schätzen, achten, für etw. halten, als etw. betrachten. c) den Fall setzen, annehmen. — 2. machen, bereiten, herstellen, schaffen, gründen; verursachen, veranlassen, bewirken, verleihen; mit dopp. acc. z-n zu etw. machen. — II. Das M. hat dieselben Bedeutungen wie das Akt., bezeichnet aber außerdem, daß das Subjekt die Handlung für sich, mit seinen Mitteln, an sich u. ä. vollbringt. Bsp.: a) τὰ ὅπλα τίθεσθαι: α) die Waffen anlegen ob. ergreifen, kämpfen; β) sich lagern, haltmachen; γ) sich in Schlachtordnung aufstellen, unter die Waffen treten. b) in zahlreichen Umschreibungen, z.B. φροντίδα τίθεσθαι = φροντίζειν, φόνον τ. = φονεύειν, τάφον τ. = θάπτειν. c) beilegen, beendigen.
τιθηνέομαι M. pflegen, warten, verwalten.
τιθήνη, ἡ Amme, Wärterin.
τίκτω gebären, erzeugen, hervorbringen, schaffen.
τίλλω I. Akt. rupfen, zerrupfen, (aus)raufen. — II. M.

τίλων — 443 — τιταίνω

sich etw. ausraufen; schmerzlich betrauern, beklagen.

τίλων, ωνος, ὁ eine Art Fisch.

τῑμᾱ-όρος = τιμωρός.

τῑμάω I. Akt. 1. abschätzen, taxieren: a) zu einer Strafe verurteilen. b) eine Strafe beantragen. — 2. schätzen, würdigen, ehren, verehren, (hoch)achten, huldigen: a) belohnen, beschenken. b) Ehrenstellen verleihen. — II. M.: a) = Akt. b) eine Strafe gegen j-n beantragen.

τῑμή, ἡ 1. Schätzung, Abschätzung: a) Preis, Wert, Erlös; Summe. b) Strafgeld, Buße, Sühne, Genugtuung: α) Strafe, Vergeltung; β) Schaden. c) Kostbarkeit. — 2. Wertschätzung, Ehre, Ehrerbietung, Verehrung, Auszeichnung; Ehren-amt, -geschenk, (obrigkeitliche) Würde, Rang.

τῑμήεις 3 = τίμιος.

τίμημα, τό 1. Schätzung des Vermögens, Zensus: a) Steuerklasse. b) Einkommensteuer; Vermögen. — 2. Strafbestimmung, Geldstrafe, Buße, Strafe.

τῑμήντα f. τιμήεις.

τίμιος 3 a) geehrt, geschätzt, angesehen; ehrenwert. b) wertvoll, kostbar, teuer.

τῑμιότης, ητος, ἡ Kostbarkeit, Wert, Würde.

τῑμωρέω u. M. Rache nehmen: 1. mit dat.: a) j-n rächen. P. Genugtuung erhalten. b) j-m beistehen, helfen, Genugtuung verschaffen. — 2. mit acc. sich an j-m rächen; j-n bestrafen, züchtigen. P. bestraft werden, büßen.

τῑμώρημα, τό = τιμωρία.

τῑμωρητήρ, ῆρος, ὁ Helfer.

τῑμωρία, ἡ a) Rache, Strafe,

Züchtigung; Genugtuung. b) Hilfe, Beistand, Unterstützung.

τῑμωρός 2 a) rächend; ὁ, ἡ Rächer(in). b) helfend, beschützend; ὁ, ἡ Helfer(in).

τινάκτωρ, ορος, ὁ Erschütterer.

τινάσσω u. M. schwingen, schütteln, erschüttern; anstoßen, umstoßen, zerstreuen, herausschlagen.

τίνῠμαι M. = τίνομαι.

τίνω (ῑ) I. Akt. bezahlen, entrichten: a) vergelten, belohnen. b) büßen, bezahlen. — II. M. etw. rächen; j-n büßen lassen ob. bestrafen, sich an j-m rächen ob. Rache nehmen.

τίπτε warum denn?

τίς, τί, gen. τίνος a) wer? welcher? wer von beiden? was für einer? was? b) adv. τί wie? warum? wozu? inwiefern? wie sehr?

τὶς, τὶ, gen. τινός 1. jemand, irgendeiner, ein gewisser, etwas; oft auch durch den unbestimmten Artikel „ein" oder durch „eine Art von", oft gar nicht zu übersetzen. — 2. a) mancher; (pl.) manche, einige, etliche, man. b) jeder, man. — 3. a) so recht, ganz, gar, außerordentlich, wahrhaft, zB. θαυμαστή τις ἀνδρεία eine ganz wunderbare Tapferkeit. b) einigermaßen, gewissermaßen, in gewisser Hinsicht. c) etwas, ziemlich, ein wenig. d) ungefähr, etwa, wohl, zB. εἴκοσί τινες.

τίσις, εως, ἡ a) Sühne, Buße, Ersatz. b) Vergeltung; Rache, Strafe.

τιταίνω I. Akt. 1. a) (aus-)spannen, b) ausstrecken, ausbreiten,(die Waage emporhalten, (den Wagen) ziehen. — 2. intr. gestreckt laufen. — II. M.: a) für

τίτθη sich spannen. b) sich strecken, sich ausstrecken; sich anstrengen.

τίτθη, ἡ Amme.

τίτλος, ὁ Aufschrift. [geltung.]

τιτός 3 vergolten, zur Ver-

τιτράω u. **τίτρημι** = τετραίνω.

τιτρώσκω durchbohren; verwunden; verletzen; betören.

τιτύσκομαι M. a) bereiten, zurechtmachen. b) zielen; beabsichtigen, danach streben.

τίφθ = τίπτε.

τίω = τιμάω u. τίνω.

τλάμων 2 = τλήμων.

τλήμων 2: 1. a) ausdauernd, standhaft. b) kühn; frech. — 2. mühevoll, elend, unglücklich.

τλῆναι a) ertragen, (er)dulden, leiden, ausharren. b) über sich gewinnen, wagen, sich erkühnen, vermögen.

τλητός 3: 1. a) ausdauernd. b) duldsam, fügsam. — 2. erträglich.

τμήγω I. Akt. schneiden, hauen. — II. P. sich trennen, sich zerstreuen.

τμήδην adv. schneidend, ritzend.

τμῆμα, τό und **τμῆσις, εως, ἡ** a) Schnitt, Einschnitt. b) Abschnitt, Stück.

τμητός 3 schön geschnitten.

τό (neutr. zu ὁ, ἡ; s. ὁ) adv. deshalb.

τό-γε adv. deshalb gerade.

τόδε a) hierher. b) deshalb.

τό-θι adv. daselbst, dort.

τοί¹ a) = οἱ die, diese (s. ὁ). b) = οἵ welche (s. ὅς).

τοί² = σοί dir (s. σύ).

τοί³ (enklitisch) gewiß, fürwahr, sicherlich, wahrlich, ja doch.

τοι-γάρ = τοιγαροῦν.

τοιγάρ-οὖν und **τοιγάρ-τοι** daher denn, darum denn auch, deshalb also, demnach, folglich; so zum Beispiel.

τοίιν = τοῖν (gen. Dual von ὁ).

τοί-νυν a) demnach, so ... denn, deshalb, also, nun aber. b) ferner. c) fürwahr.

τοῖος = τοιόσδε.

τοιόσ-δε 3 u. **τοιοῦτος, τοιαύτη, τοιοῦτο(ν)** so beschaffen, (ein)solcher, derartiger: a) so recht, so ganz. b) fähig, tüchtig.

τοιουτοσ-ί verstärktes τοιοῦτος.

τοιουτό-τροπος 2 solcherlei, derartig.

τοιόσδεσ(σ)ι dat. pl. v. ὅδε.

τοῖχος, ὁ Wand, Mauer; Seitenwand des Schiffes, Bord.

τοιχωρυχέω in Häuser einbrechen, stehlen.

τοιχ-ωρύχος, ὁ Einbrecher, Dieb, Spitzbube.

τοκάς, άδος, ἡ geboren habend. ὗς Mutterschwein.

τοκεύς, έως, ὁ Erzeuger. οἱ τοκεῖς Eltern.

τόκος, ὁ a) das Gebären, Geburt. b) Nachkommenschaft, Kind(er), Sohn; das Junge; Abkunft. c) Gewinn, Zins, Zinsen.

τόλμα, ἡ Mut, Kühnheit; Verwegenheit, Frechheit; Wagnis.

τολμάω a) ertragen, (er)dulden, ausharren b) über sich gewinnen, sich entschließen: wagen, sich erkühnen, mutig sein.

τολμήεις 3 = τολμηρός.

τόλμημα, τό Wagnis.

τολμηρός 3 a) standhaft. b) kühn, mutig; verwegen, dreist, frech, rücksichtslos.

τολμηστατος 3 sup. von τολμήεις.

τολμητής, οῦ, ὁ Wagehals.

τολμητός 3 gewagt, zu wagen(d).

τολυπεύω a) anzetteln. b) mit Mühe durchmachen, ausführen.

τομάω des Schnittes bedürfen.

τομή, ἡ 1. a) das Schneiden ob. Sägen. b) Schnitt, Hieb.

τομός
— 2. a) behauene Seitenfläche ob. Ecke. b) (Baum-)Stumpf, Ende (eines Balkens).
τομός 3 schneidend, scharf.
τόνος, ὁ 1. a) Strick, Seil, Gurt. b) Saite — 2. a) Spannung. b) α) Ton; β) Versmaß.
τοξάζομαι M. = τοξεύω.
τοξ-αρχος, ὁ Anführer der Bogenschützen.
τόξευμα, τό a) Geschoß, Pfeil; Korps der Bogenschützen. b) Pfeilschuß. c) Schußweite.
τοξευτής, οῦ, ὁ = τοξότης.
τοξευτός 3 vom Pfeil getroffen, erschossen.
τοξεύω 1. (mit dem Bogen) schießen, mit dem Pfeile treffen, durchbohren. — 2. a) nach etw. trachten. b) etwas glücklich treffen.
τοξικός 3 zum Bogen gehörig. ἡ -ή Kunst des Bogenschießens, Bogenkunst.
τόξον, τό a) Bogen. b) Geschoß, Pfeil; (pl.) Schießgerät; Bogenschießkunst.
τοξοσύνη, ἡ Schießfertigkeit.
τοξότης, ου, ὁ a) Bogenschütze. b) Polizist.
τοξο-φόρος 2 bogenführend. subst. ὁ Bogenschütze.
τοπάζιον, τό Topas.
τοπάζω vermuten, erraten, raten. [παράπαν.]
τοπαράπᾶν = τό παράπαν =⌋
τόπος, ὁ 1. a) Ort, Stelle, Platz; Bücherstelle, Schriftstelle. b) Gegend, Land. c) Raum. d) Örtlichkeit — 2. a) Stand, Rang. b) Gelegenheit, Möglichkeit.
τοπρίν = τό πρίν = πρίν.
τορεύω ziselieren, gravieren.
τορέω durch-bohren, -stechen.
τόρμος, ὁ Loch.
τορνεύω drechseln.
τόρνος, ὁ Zirkel.

τράγος
τορνόω abzirkeln, (ab)runden.
τορός 3 durchdringend, laut; klar, genau, deutlich.
τόσος 3 = τοσόσδε. ὅσῳ ... τόσῳ je ... desto. — adv. τόσον so viel, so sehr, soweit, insofern.
τοσός-δε 3 u. **τοσοῦτος, τοσαύτη, τοσοῦτο(ν)** 1. so groß, so viel, so lang, so weit, so zahlreich, so sehr. — 2. a) ebenso groß, ebensoviel. b) nur so groß, nur so viel, so wenig. — 3. adv.: a) τοσόνδε u. τοσοῦτον so sehr, so viel, so weit, so lange (Zeit), (nur) insofern. οὐ τοσοῦτον ... ὅσον nicht sowohl ... als vielmehr. b) τοσῷδε u. τοσούτῳ um so viel, so weit, um so mehr ob. desto. ὅσῳ ... τοσούτῳ je ... desto. c) τοσούτου so teuer (gen. pretii). [τος.]
τοσουτοσί 3, verstärktes τοσοῦ-⌋
τοσσάκι adv. so oft.
τόσσος = τόσος.
τοσσοῦτος 3 = τοσοῦτος.
τότε adv. 1. a) damals. ὁ ~ der damalige. b) ehemals, vormals, vorher. c) da, dann, alsdann, dann erst. — 2. hierauf, darauf.
τοτέ adv. zuweilen, ein andermal. τοτὲ μέν ... τοτὲ δέ bald ... bald.
το-τηνικά damals, da.
τοτοτοῖ wehe!
τοὔνεκα deswegen, darum.
τουτέστι das ist, das heißt.
τόφρα adv. 1. a) solange. b) bis dahin. — 2. unterdessen, inzwischen.
τράγ-έλαφος, ὁ Bockhirsch.
τράγήματα, τά Naschwerk, Nachtisch.
τράγικός 3 a) tragisch. ὁ τραγischer Dichter, tragischer Schauspieler. b) erhaben, großartig, überschwenglich, hochtrabend.
τράγος, ὁ Bock.

τράγο-σκελής 2 bocksfüßig.
τραγῳδέω etw. mit tragischem Pathos schildern.
τράγ-ῳδία, ἡ Tragödie, Trauerspiel, ernstes Drama.
τράγ-ῳδός, ὁ a) Tragödiendichter. b) tragischer Schauspieler, Tänzer im tragischen Chor.
τρανής 2 deutlich, genau, sicher.
τράπεζα, ἡ Tisch: a) Speisetisch, Tafel; Mahlzeit, Speisen. b) Wechslertisch; Bank. c) Laden.
τραπεζείτης s. τραπεζίτης.
τραπεζεύς, έως zum Tisch gehörig, Tisch-...
τραπεζίτης, ου, ὁ Geldwechsler, Bankier.
τράπειομεν s. τέρπω u. τρέπω.
τραπέω (Trauben) keltern.
τραυλός 3 stammelnd.
τραῦμα, τό Wunde; Leck; Schaden, Verlust, Niederlage.
τραυματίας, ου, ὁ Verwundete(r).
τραυματίζω verwunden.
τραφέμεναι u. ä. s. τρέφω.
τραφερός 3 fest. ἡ -ή festes Land. [decken.]
τραχηλίζω bloßlegen; auf-
τράχηλος, ὁ Hals, Nacken.
τραχύνω rauh oder uneben machen; zornig machen.
τραχύς 3 a) rauh, uneben, felsig. b) barsch, heftig, hart, zornig.
τραχύτης, ητος, ἡ Rauheit; Härte, Heftigkeit, Strenge.
τρεῖς, τρία drei.
τρέμω zittern, beben; fürchten.
τρέπω I. Akt. 1. trans. drehen, wenden, kehren, richten, lenken: a) hinwenden, hinlenken, (hin-) treiben; etw. auf etw. verwenden. b) umwenden, umkehren, umlenken; in die Flucht schlagen. c) abwenden, abhalten. d) ändern, umstimmen. —

2. intr. = P. — II. P. u. M. sich wenden, sich kehren, sich richten. ὁδὸν τρέπεσθαι einen Weg einschlagen. Bsd.: a) sich zuwenden, sich zukehren; sich hingeben, an etw. gehen, auf etw. ausgehen, sich auf etwas legen. b) sich umwenden, sich umkehren; die Flucht ergreifen, fliehen. c) sich abwenden; sich biegen. d) sich ändern, umgestimmt werden. — III. M. (aor. I ἐτρεψάμην) a) in die Flucht schlagen. b) umstimmen.
τρέφω I. Akt. 1. trans.: a) dicht machen, festmachen, gerinnen lassen. b) (er)nähren, füttern; speisen; aufziehen, erziehen; hegen, pflegen, (be-) fördern. — 2. intr.: a) sich fest ansetzen. b) heranwachsen. — II. P. ernährt od. unterhalten werden, sich (er)nähren, leben; wachsen, aufwachsen; erzogen od. (aus)gebildet werden.
τρέχω laufen, rennen, eilen; hingeraten.
τρέω zittern, beben: a) (sich) fürchten. b) furchtsam fliehen.
τρῆμα, τό Loch, Öffnung.
τρήρων, ωνος schüchtern, scheu.
τρητός 3 durch-bohrt, -brochen.
τρηχύς 3 = τραχύς.
τρίαινα, ἡ Dreizack.
τριᾱκάς, άδος, ἡ a) die Zahl dreißig. b) Dreißigerschaft.
τριᾱκονθ-ήμερος 2 dreißigtägig.
τριάκοντα dreißig.
τριᾱκοντά-ετης 2 dreißigjährig. [τριακονταέτης.]
τριᾱκοντά-ετις, ιδος fem. =
τριᾱκονταρχία, ἡ Herrschaft der Dreißig. [ακονθήμερος.]
τριᾱκόνθ-ήμερος 2 = τρι-
τριᾱκόντ-ορος, ἡ Dreißigruderer. [ταέτης.]
τριᾱκοντούτης 2 = τριακον-

τρϊᾱκοντοῦτις, ιδος fem. = τριακοντᾱέτις.
τρϊᾱκόσιοι 3 dreihundert.
τρϊᾱκοστός 3 dreißigste(r).
τριάς, άδος, ἡ Dreizahl.
τριβή, ἡ das Reiben, Aufreibung: a) Übung, Ausübung, Gewöhnung. b) Geschicklichkeit. c) Aufschub, Verzögerung, Aufenthalt; pl. Ausflüchte. d) Unterhaltung, Zeitvertreib.
τρί-βολος 2 stachelig. ὁ τρ. Distel.
τρίβος, ὁ u. ἡ a) Weg, Pfad, Fußsteig, Heerstraße. b) = τριβή.
τρίβω reiben: 1. a) dreschen; b) drücken. c) zerreiben; abnutzen. — 2. a) aufreiben, erschöpfen, verbrauchen: α) schwächen, mißhandeln, β) verwüsten. b) zubringen, hinziehen, hinschleppen. abs. zögern. c) P. sich um etw. mühen, sich an etw. gewöhnen.
τρίβων, ωνος a) adj. geübt, mit etw. vertraut. b) subst. ὁ abgetragener Mantel.
τρί-γληνος 2 mit drei Perlen verziert.
τρί-γλώχῑν, ῑνος dreischneidig.
τρι-γονίᾱ, ἡ dritte Generation.
τρί-γωνον, τό Dreieck.
τρί-δουλος, ὁ dreifacher Sklave, Erzsklave.
τρι-έλικτος 2 dreifach gewunden.
τριετηρίς, ίδος, ἡ dreijähriges Fest.
τρι-έτης u. **τρί-ετης** 2 dreijährig. adv. τρίετες drei Jahre lang.
τριετίᾱ, ἡ Zeit von drei Jahren.
τρίζω zirpen, zwitschern, schwirren, knirschen, knacken.
τριηκάς = τριακάς.
τριήκοντα = τριάκοντα.

τριηκόντερος, ἡ = τριακόντορος.
τριηκοντ-ήμερος 2 = τριακονθήμερος. [τις.]
τριηκοντοέτις = τριακοντοῦ-
τριηκόσιοι 3 = τριακόσιοι.
τριηραρχέω Schiffsbefehlshaber sein; eine Triere ausrüsten, die Trierarchie übernehmen.
τριηραρχίᾱ, ἡ Ausrüstung und Führung einer Triere.
τριηραρχικός 3 die Trierarchien betreffend.
τριήρ-αρχος, ὁ Trierarch: a) Befehlshaber eines Kriegsschiffes. b) Ausrüster einer Triere.
τριηρ-αύλης, ου, ὁ Schiffspfeifer.
τρι-ήρης, ους, ἡ Triere, Dreiruderer.
τριηρίτης, ου, ὁ Ruderer od. Matrose auf der Triere; pl. Schiffsmannschaft.
τρί-κάρηνος 2 dreiköpfig.
τρί-κρᾱνος 2 dreiköpfig.
τρί-λλιστος 2 dreimal erfleht.
τρί-μετρος 2 sechsfüßig.
τρί-μηνος 2 dreimonatlich. ἡ -ος u. τὸ -ον Vierteljahr.
τρῑμοιρίᾱ, ἡ dreifacher Sold.
τριξός 3 = τρισσός.
τρί-οδος, ἡ Dreiweg, Kreuzweg.
τρι-πάλαιστος 2 drei Hände breit.
τρί-πηχυς, ὁ drei Ellen lang.
τρι-πλάξ, ᾱκος dreifach.
τρι-πλάσιος 3 dreifach, dreimal so groß od. so viel.
τρι-πλέθρος 2 drei Plethren lang od. breit.
τρί-πλοῦς 3 dreifach. adv. τριπλῇ.
τρι-πόλιστος 2 u. **τρί-πολος** 2 dreimal (um)gepflügt; vielbesprochen.

τρίπος — 448 — τροφή

τρίπος, ὁ = τρίπους.
τρί-πους, ποδός dreifüßig. ὁ τρ. Dreifuß; dreifüßiger Tisch.
τρί-πτυχος 2 a) dreischichtig. b) dreifach, dreifältig.
τρίς adv. dreimal.
τρισ-άθλιος 3 dreimal unglücklich.
τρίσ-άσμενος 3 sehr gern.
τρισ-καί-δεκα dreizehn.
τρισκαιδεκα-στάσιος 2 dreizehnfach.
τρισκαιδέκατος 3 dreizehnte(r).
τρίσ-μάκαρ, αρος dreimal glücklich.
τρισ-μύριοι 3 dreißigtausend.
τρί-σπονδος 2 dreifach gespendet.
τρισσός 3 dreifach; pl. drei.
τρί-στεγος 2 mit drei Stockwerken. subst. τὸ -ον drittes Stockwerk.
τρί-στοιχος 2 dreireihig. adv. τριστοιχί in drei Reihen.
τρισ-χίλιοι 3 dreitausend.
τρίταγωνιστέω die dritte ob. letzte Rolle spielen.
τρίτ-αγωνιστής, οῦ, ὁ Schauspieler, der die dritte (ob. letzte) Rolle spielt.
τρίταιος 3 a) am dritten Tage. b) vor drei Tagen.
τρίτάτος 3 = τρίτος.
τρίτη-μόριος 3 den dritten Teil ausmachend. τὸ -ον Drittel.
τρίτημορίς, ίδος, ἡ dritter Teil, Drittel.
τρίτος 3 dritte(r). ἡ τρίτη dritter Tag. adv. (τὸ) τρίτον drittens, zum drittenmal.
τριττός 3 = τρισσός.
τρί-φάσιος 3 dreifach, drei.
τρί-φυλλον, τό Dreiblatt, Klee.
τρί-φυλος 2 aus drei Stämmen bestehend.
τρίχα adv. dreifach, in drei Teile(n). τρίχα νυκτός im letzten Drittel der Nacht.
τρίχά-ϊκες, οἱ dreistämmig.
τρίχες s. θρίξ.
τριχῆ u. **τρίχη** = τρίχα.
τρίχθά = τρίχα.
τρίχινος 3 aus Haaren, härens.
τρί-χοίνικος 2 drei Liter enthaltend.
τριχοῦ adv. an drei Stellen.
τρίχωμα, τό Behaarung, Haar (=wuchs).
τρίψις, εως, ἡ das Reiben: a) das Befühlen. b) Geschmeidigkeit.
τρι-ώβολον, τό drei Obolen.
τρι-ώροφος 2 dreistöckig.
τρομέω u. M. zittern, (er-)beben; sich fürchten.
τρόμος, ὁ das Zittern, Furcht.
τροπαῖον und **τρόπαιον**, τό Sieges-zeichen, -denkmal.
τροπαῖος u. **τρόπαιος** 3 siegverleihend.
τροπέω umwenden.
τροπή, ἡ Wendung, Umkehr: a) Sonnenwende. b) α) Flucht, Niederlage; β) Sieg. c) Wechsel, wechselnde Stellung, Veränderung.
τρόπις, εως, ἡ Schiffskiel.
τρόπος, ὁ 1. Wendung, Richtung. — 2. Art und Weise, Beschaffenheit: a) Sitte, Gewohnheit, Lebensweise, Benehmen; β) Charakter, Gesinnung, Sinnesart, Sinn.
τροπός, ὁ Ruderriemen.
τροποφορέω j-s Sitten ertragen.
τροπωτήρ, ῆρος, ὁ = τροπός.
τροφεῖα, τά a) Erzieherlohn, Ammenlohn. b) (Lebens-) Unterhalt, Nahrung.
τροφεύς, έως, ὁ = τροφός.
τροφέω = τρέφω. P. anschwellen.
τροφή, ἡ 1. a) Ernährung,

τρόφιμος — 449 — τύλος

Verpflegung; Pflege, Erziehung. b) Lebensweise. — 2. Nahrung, Speise, Unterhalt, Kost, Proviant; Verpflegungsgelder. — 3. Nachkommenschaft.

τρόφιμος 2 ernährt, erzogen. ὁ Pflegling, Zögling.

τροφις, ι wohlgenährt; gewaltig, stark.

τροφόεις 3 = τρόφις.

τροφός, ὁ u. ἡ Ernährer(in), Wärter(in), Pfleger(in), Amme.

τροφοφορέω wie eine Amme tragen od. hegen.

τροχά(ζ)ω laufen, rennen.

τροχ-ηλάτης, ου, ὁ Wagenlenker.

τροχ-ήλατος 2 auf Rädern laufend.

τροχιά, ἡ Geleise; Weg.

τροχίλος, ὁ Kiebitz.

τροχο-ειδής 2 kreisförmig, rund.

τροχός, ὁ Rad: a) Wagenrad; Umlauf. b) Töpferrad. c) Folterrad. d) runde Scheibe.

τρόχος, ὁ Lauf, Umlauf.

τρύβλιον, τό Schüssel, Näpfchen, Schale.

τρυγάω (ein)ernten, lesen.

τρυγητός, ὁ Weinlese, (Zeit der) Ernte.

τρυγών, όνος, ἡ Turteltaube.

τρύζω gurren; zureden.

τρυμαλιά, ἡ Loch, Ohr.

τρύξ, υγός, ἡ a) Most. b) Hefe, Bodensatz.

τρύπανον, τό Drillbohrer.

τρυπάω bohren, durchbohren.

τρύπημα, τό Loch, Ohr.

τρυσ-άνωρ, ορος Männer plagend, belästigend.

τρυ-φάλεια, ἡ Helm.

τρυφάω a) schwelgen, üppig leben, sorglos sein. b) prunken, vornehm tun.

τρυφερός 3 weichlich, schwelgerisch, üppig.

τρυφή, ἡ a) Schwelgerei, Üppigkeit, Weichlichkeit, Luxus. b) Hochmut, Stolz, Hoffart.

τρύφος, τό Trümmer, (Bruch-) Stück.

τρυχόω u. **τρύχω** aufreiben: a) erschöpfen; verzehren. b) plagen, quälen, schädigen.

τρύω aufreiben, erschöpfen.

τρωγλο-δύτης, ου, ὁ Höhlenbewohner.

τρώγω nagen, abfressen; essen.

τρώκτης, ου, ὁ Gauner.

τρωκτός 3 roh eßbar. τὰ -ά roh eßbare Früchte.

τρῶμα, **τρωμάτιης**, **τρωματίζω** = τραυμ-.

τρωπάω wenden, wechseln. M. sich wenden, sich umdrehen.

τρωτός 3 verwundbar.

τρωχάω laufen.

τρώω = τιτρώσκω.

τύ dor. = σύ u. σέ.

τυγχάνω 1. (τινός, selten τί): a) ein Ziel treffen. b) α) (an-) treffen, auf etwas stoßen, begegnen; β) erreichen, erhalten, erlangen, finden, erleiden; abs. seinen Zweck erreichen, Glück haben, glücklich ausfallen. — 2. intr.: a) sich treffen, sich zufällig befinden, gerade da sein. b) zuteil werden, zufallen. c) sich zufällig ereignen, sich zutragen, zustoßen. τυγχάνει es trifft sich, es ereignet sich. ὁ τυχών der erste beste, jeder beliebige, gemein, ganz gewöhnlich. Sehr oft mit part.: zufällig, eben, gerade, etwa. τυχόν adv. vielleicht, etwa.

τύκος, ὁ Hammer; Streitaxt.

τυκτός 3 zubereitet; wohlbereitet, gut ob. künstlich gearbeitet, vollkommen.

τύλος, ὁ und **τύλη**, ἡ Wulst, Buckel: a) harte Haut, Schwiele. b) Nagel, Pflock.

τυλόω mit Buckeln beschlagen.
τύλωτός 3 mit Buckeln beschlagen.
τύμβευμα, τό Grab(kammer).
τυμβεύω a) begraben; auf dem Grabe spenden. b) *intr.* begraben sein.
τυμβ-ήρης 2 a) begraben. b) grab-ähnlich.
τύμβος, ὁ Grabhügel, Grab.
τυμβοχοέω einen Grabhügel aufschütten. [tung).]
τυμβοχόη, ἡ Grab(aufschüt-
τυμβό-χωστος 2 zum Grabhügel aufgeschüttet, gewölbt.
τυμπανίζω prügeln, martern, foltern.
τυμπανίστρια, ἡ Paukenschlägerin.
τύμπανον, τό Handpauke.
τύνη = σύ.
τύπη, ἡ Schlag, Stoß.
τυπικός 3 vorbildlich.
τύπος, ὁ 1. Schlag, Stoß. — 2. a) Eindruck, Abdruck, Spur, Mal. b) Abbild, Bildwerk, Bildsäule; Figur. — 3. a) Gepräge, Gestalt; Form; Wesen, Charakter. b) Umriß, Skizze. c) Vorbild, Muster, Beispiel. d) Inhalt.
τυπόω bilden, formen.
τύπτω I. Akt. schlagen, stoßen, hauen, stechen, treffen; verwunden. — II. M. sich schlagen; j-n betrauern.
τύπωμα, τό a) Form. b) Gerät; Krug, Urne.
τυραννεύω und **-έω** Tyrann od. Alleinherrscher sein, unumschränkt (be)herrschen. P. von (einem) Tyrannen beherrscht werden.
τυραννικός 3 a) tyrannisch, herrisch, gewalttätig; königlich, fürstlich. b) Anhänger der Gewaltherrschaft.
τυραννίς, ίδος, ἡ Tyrannis:
a) Alleinherrschaft, Königtum. b) Gewaltherrschaft.
τύραννος, ὁ Alleinherrscher: a) unbeschränkter Herrscher, König, Fürst, Herr. b) Tyrann, Gewaltherrscher. c) *adj.* königlich, herrisch, gewalttätig.
τυρβάζομαι M. sich Sorge machen.
τύρβη, ἡ Gedränge, Getümmel.
τυρός, ὁ Käse. [Burg.]
τύρσις, εως und ιος, ἡ Turm,
τυτθός 2 klein, jung, *adv.* τυτθόν (ein) wenig, kaum.
τυφλός 3 a) blind; verblendet, stumpfsinnig. b) verborgen, unsichtbar; geheim; dunkel, unklar, heimlich.
τυφλόω blenden; verblenden, stumpfsinnig machen.
τῦφος, ὁ Rauch, Dampf, Dunst; Dünkel, Eitelkeit.
τυφόω dünkelhaft machen, aufblasen, umnebeln. *pf.* P. töricht sein.
τύφω I. Akt.: a) Rauch machen. b) dampfen. — II. P. rauchen, glimmen.
τυφώς od. **-ώς**, ῶ, ὁ u. **τυφών**, ῶνος, ὁ Wirbelwind, Windsbraut.
τυφωνικός 3 einer Windsbraut gleich.
τύχη, ἡ 1. Zufall. — 2. Schicksal, Schickung, Fügung; (*pl.*) Wechselfälle des Glücks: a) Unglück, Mißgeschick. b) Glück, Heil, Gelingen, Erfolg.
τυχήσας s. τυγχάνω.
τῷ 1. von ὁ, τό: a) darum, daher. b) dann, in diesem Falle, auf diese Weise. — 2. a) von τίς — τινι. b) τῳ von τινί.
τωθάζω verhöhnen.
τώρχαῖον = τὸ ἀρχαῖον.
τώς od. **τῶς** so.
τωυτό, τωὐτ' = ταὐτό, τὸ αὐτό (s. αὐτός).

ῦ

ῦ, υ (ὖ, ὖψιλόν zwanzigster Buchstabe des griechischen Alphabets.
ὕαινα, ἡ Hyäne.
ὑακίνθινος 3 hyazinthenfarbig, dunkel-blau, -rot.
ὑάκινθος, ὁ u. ἡ a) Hyazinthe. b) Hyazinth (Edelstein).
ὑάλινος 3 gläsern.
ὕαλος, ὁ a) Kristall. b) Glas.
ὑβ-βάλλω = ὑποβάλλω.
ὑβρίζω 1. *intr.* übermütig od. frech sein ob. werden: a) ausschweifend leben, schwelgen. b) gewalttätig handeln, freveln; sich störrig benehmen. — 2. *trans.* mißhandeln, beschimpfen, verhöhnen, entehren; etw. im Übermut verüben.
ὕβρις, εως, ἡ 1. Übermut, Hochmut, Stolz, Zügellosigkeit; Unbändigkeit, Störrigkeit. — 2. a) Frevel, Gewalttätigkeit, Mißhandlung; Kränkung, Schmähung, Entehrung. b) Ungemach.
ὕβρισμα, τό = ὕβρις.
ὑβριστής, οῦ, ὁ 1. Übermütige(r), Gewalttätige(r), Frevler. — 2. = ὑβριστικός.
ὑβριστικός 3 a) übermütig, frech; üppig. b) frevelhaft, gewalttätig; höhnisch.
ὑγιαίνω 1. a) gesund sein. b) gesund werden. — 2. a) verständig sein. b) heilsam sein.
ὑγίεια, ἡ Gesundheit.
ὑγιεινός 3 gesund: a) heilsam. b) = ὑγιής.
ὑγιηρός 3 = ὑγιής.
ὑγιής 2: 1. gesund, munter. — 2. a) wohlbehalten, unversehrt, unverdorben. b) vernünftig, verständlich. c) wahr, unverfälscht, ehrlich, gut, heilsam.
ὑγρός 3: 1. feucht, naß, flüssig; fließend; saftig. ἡ ὑγρή und τὸ ὑγρόν Feuchtigkeit, Flüssigkeit, Flut, Meer. — 2. a) geschmeidig, biegsam. b) fügsam. c) matt, schlaff, kraftlos.
ὑγρότης, ητος, ἡ 1. Feuchtigkeit. — 2. Geschmeidigkeit.
ὑδάτο-τρεφής 2 wasserliebend.
ὑδατώδης 2 wasserreich.
ὕδρα, ἡ Wasserschlange.
ὑδραίνω benetzen, waschen. M. sich waschen.
ὑδρεῖα, ἡ das Wasserholen.
ὑδρεύω I. Akt. Wasser schöpfen od. holen. — II. M. (für) sich Wasser holen.
ὑδρηλός 3 bewässert, naß.
ὑδρία, ἡ a) Wasser-eimer, -kanne, -krug. b) Urne.
ὑδροποτέω Wasser trinken.
ὑδρο-πότης, ου, ὁ Wassertrinker.
ὕδρος, ὁ = ὕδρα.
ὑδροφορέω Wasser tragen.
ὑδρο-φόρος 2 wassertragend. ὁ, ἡ Wasserträger(in).
ὑδρωπικός 2 wassersüchtig.
ὕδωρ, ατος, τό Wasser, *pl.* Gewässer; Wogen: a) Regen. b) Schweiß. c) Fahrwasser. d) Wasser in der Wasseruhr.
ὕελος, ὁ u. ὑέλινος 3 = ὕαλος.
ὑέτιος 3 regenbringend.
ὑετός, ὁ Regen.
ὕης, ου, ὁ Beiname des Bacchos.
ὕθλος, ὁ Possen, Geschwätz.
ὕδιον, τό Schweinchen.
ὑιδοῦς, οῦ, ὁ Enkel.
ὑικός 3 schweinisch.
υἱοθεσία, ἡ Annahme an Kindes Statt, Kindschaft.
υἱός, ὁ Sohn, Kind, Junges; Nachkomme, Sproß, Enkel.

υἱωνός, ὁ Enkel.
ὑλαγμός, ὁ Gebell.
ὑλάεις 3 = ὑλήεις.
ὑλακό-μωρος 2 lautbellend.
ὑλακτέω bellen; anbellen; lärmen, freche Reden führen.
ὑλάω u. M. = ὑλακτέω.
ὕλη, ἡ(ῡ) 1. a) Wald, Waldung. b) Holz, Baumstämme: α) Bauholz; β) Brennholz; γ) Laubwerk, Buschwerk, Reisig. — 2. Stoff, Material: a) Ballast. b) reicher Vorrat.
ὑλήεις 3 waldreich, waldig.
ὑλο-τόμος 2 holzfällend. ὁ Holzhauer.
ὑλώδης 2 waldig.
ὑμεῖς ihr (pl. zu σύ).
ὑμέναιος, ὁ a) Hochzeitsgesang; Brautlied; Hochzeit. b) Hochzeitsgott (= Hymen).
ὑμέτερος 3 euer, eurig. ὑμέτερόνδε in euer Haus.
ὕμμε(ς), ὕμμι f. ὑμεῖς.
ὑμνέω 1. singen: den Lobgesang singen od. sprechen. — 2. besingen: a) preisen, rühmen; beklagen. b) immerfort im Munde führen.
ὕμνος, ὁ Gesang, Lobgesang, Lied; Melodie.
ὑμός 3 = ὑμέτερος.
ὅς, ὅν u. ä. f. υἱός.
ὑπ-αγκάλισμα, τό Umarmung.
ὑπ-άγω I. Akt. 1. a) darunterführen: α) ἵππους ζυγόν Rosse unter das Joch führen, anspannen; β) vor Gericht führen, anklagen. b) (darunter) wegführen, heimlich wegschaffen, unvermerkt wohin führen od. bringen; verleiten, verführen, täuschen. — 2. intr.: a) sich (langsam) zurückziehen, sich entfernen, weggehen, abfahren; übh. gehen; auch dahingehen = sterben. b) (langsam) vorrücken; sich auf den Weg machen. — II. M.: a) an sich locken, verleiten, verführen. b) unter s-e Gewalt bringen.
ὑπαγωγή, ἡ a) das Hinunterführen. b) Abzug.
ὑπ-αείδω dabei (er)klingen.
ὑπαί = ὑπό. [furcht haben.]
ὑπ-αιδέομαι P. Scheu od. Ehr-
ὑπαι-θα adv.: a) darunter weg, seitwärts vorbei. b) (mit gen.) seitwärts von etw., neben.
ὑπ-αίθρειος und **-αίθριος** 2 = ὕπαιθρος.
ὕπ-αιθρος 2 unter freiem Himmel. τὸ -ον das Freie.
ὑπ-αίθω verbrennen.
ὑπ-αιρέω = ὑφαιρέω.
ὑπ-αΐσσω a) darunter hervorspringen oder hervorschießen. b) fortstürmen, enteilen.
ὑπ-αισχύνομαι P. sich ein wenig schämen.
ὑπ-αίτιος 2 schuldig, angeklagt. ὑπ. εἰμί τινι ich bin j-m verantwortlich. [horsam.]
ὑπ-ακοή, ἡ Erhörung, Ge-
ὑπ-ακούω 1. hin-, anhören. — 2. erhören: a) antworten. b) j-n einlassen. c) sich vor Gericht stellen. d) Folge leisten, gehorsam sein, gehorchen, nachgeben; einwilligen.
ὑπ-αλείφω auftsreichen.
ὑπ-αλεύομαι M. = ὑπαλύσκω.
ὑπ-άλυξις, εως, ἡ Entrinnen.
ὑπ-αλύσκω vermeiden, entrinnen. [zehren.]
ὑπ-αναλίσκω allmählich auf-
ὑπ-ανατείνω darunter hinstrecken. [rückgehen.]
ὑπ-αναχωρέω allmählich zu-
ὕπ-ανδρος 2 dem Manne unterworfen, verheiratet.
ὑπ-ανίσταμαι M. aufstehen, sich erheben.
ὑπ-αντάω entgegen-gehen, -treten, -rücken, begegnen, finden.

ὑπ-άντησις, εως, ἡ Begegnung.
ὑπ-αντιάζω = ὑπαντάω.
ὑπ-απειλέω versteckt drohen.
ὑπ-άπειμι unbemerkt abziehen.
ὑπ-άπτω = ὑφάπτω.
ὕπαρ, τό (indecl.) Wirklichkeit. *adv.*: a) in Wirklichkeit. b) im Wachen, wachend.
ὕπαρξις, εως, ἡ Vermögen, Vorrat, Besitz.
ὑπ-αρπάζω = ὑφαρπάζω.
ὑπ-αρχή, ἡ Anfang.
ὕπ-αρχος, ὁ Unter-befehls-haber, -feldherr, (Unter-)Statt-halter; Satrap; Beamte(r).
ὑπ-άρχω 1. den Anfang machen, anfangen, der erste sein. — 2. a) erwachsen, zuteil werden. b) zugrunde liegen, vorhanden od. gegenwärtig sein, da sein, bereit sein, zu Gebote stehen; bestehen, sein. c) förderlich od. zugetan sein, begünstigen, beitragen, helfen.
ὑπάρχων 3 vorhanden, bestehend, gegenwärtig. τὰ ὑπάρ-χοντα das Vorhandene od. Bestehende, Vermögen, Güter, Besitz(tum), (vorhandene) Mittel, (augenblickliche) Verhältnisse. — 3. (unpers.) ὑπάρχει es steht so, es ist möglich od. vergönnt. ὑπάρχει μοι es steht in meiner Macht, es wird mir zuteil, es ist mir möglich.
ὑπ-ασπίδιος 2 unter dem Schilde, vom Schilde gedeckt.
ὑπασπιστής, οῦ, ὁ a) Schildträger, -knappe, Schildbewaffnete(r). b) Leibwächter, Tra-
ὑπ-άσσω = ὑπαΐσσω. [bant.]
ὑπ-άτοπος 3 etw. abgeschmackt od. sonderbar.
ὕπατος 3: 1. a) oberster, höchster. b) letzter. — 2. Konsul.
ὕπ-αυλος 2 unter dem Dache eines Hauses od. im Zelte befindlich.

ὑπ-άφρων 2 ziemlich einfältig.
ὕπεαρ, ατος, τό Schusterahle, Pfriemen.
ὑπ-έᾱσι = ὕπ-εισι v. ὕπειμι¹.
ὑπ-έγγυος 2 verantwortlich.
ὑπ-έδδεισαν f. ὑποδείδω.
ὑπ-εικάθω = ὑπείκω.
ὑπ-είκω 1. weichen, zurückweichen; entweichen, entrinnen. — 2. a) nachgeben, sich fügen, gehorchen. b) nachstehen. c) überlassen, erlauben.
ὕπ-ειμι¹ (*inf.* ὑπεῖναι) 1. darunter sein od. liegen. — 2. a) zugrunde liegen. b) innewohnen, zu Gebote stehen, da sein.
ὑπ-ειμι² (*inf.* ὑπιέναι) a) unvermerkt an etw. herankommen. b) sich allmählich zurückziehen.
ὑπ-ειπεῖν *aor.* zu ὑπολέγω.
ὑπείρ = ὑπέρ.
ὑπειρ-έχω = ὑπερέχω.
ὑπείροχος 2 = ὑπέροχος.
ὑπ-εῖσα, *aor.* von ὑφέζω, in e-n Hinterhalt legen. [schleichen.]
ὑπ-εισδύομαι M. sich hinein-
ὑπ-έκ, ὑπ-έξ 1. *adv.* darunter hinaus, unten hervor; hinweg. — 2. *prp. mit gen.*: unten an etw. hin; hervor aus od. hinweg von etwas.
ὑπ-εκδύομαι M. hervorschlüpfen, hinausschleichen.
ὑπ-έκκειμαι heimlich in Sicherheit gebracht sein.
ὑπ-εκκομίζω heimlich wegschaffen; in Sicherheit bringen.
ὑπ-εκπέμπω heimlich wegsenden od. geleiten.
ὑπ-εκ-προθέω a) vorauslaufen. b) überholen.
ὑπ-εκ-προλύω losspannen.
ὑπ-εκ-προρέω aus der Tiefe hervorfließen.
ὑπ-εκ-προφεύγω heimlich entfliehen.
ὑπ-εκ-σαόω daraus entführen.

ὑπ-εκτίθεμαι M. heimlich wegbringen, in Sicherheit bringen.

ὑπ-εκτρέπω I. Akt. heimlich wegwenden. — II. M. ausweichen, vermeiden, verabsäumen.

ὑπ-εκτρέχω a) entlaufen, entrinnen. b) überschreiten.

ὑπ-εκφέρω 1. a) (heimlich) wegtragen, entführen. b) ein wenig wegrücken. — 2. *intr.*: a) enteilen. b) im Vorsprunge sein.

ὑπ-εκφεύγω heimlich entfliehen, entrinnen.

ὑπ-εκχωρέω heimlich weggehen, zurück=, aus=weichen.

ὑπ-ελαύνω hinzu=, entgegenreiten.

ὑπ-εμνήμυκε f. ὑπ-ημύω.

ὑπ-εναντίος 3 entgegengesetzt; feindlich, widersprechend. ὁ Widersacher, Gegner. [geben.]

ὑπ-ενδίδωμι ein wenig nach=

ὑπ-ένερθε(ν) 1. *adv.* unten; in der Unterwelt. — 2. *prp.* mit *gen.*: unterhalb, unter.

ὑπ-έξ f. ὑπέκ.

ὑπ-εξάγω 1. herausführen, heimlich wegschaffen, retten. — 2. *intr.* sich heimlich (od. allmählich) zurückziehen.

ὑπ-εξαιρέω u. M. a) herausnehmen, aus dem Innern hervorholen. b) heimlich wegnehmen, beseitigen, entziehen; aus dem Wege räumen.

ὑπεξ-αλέομαι M. entrinnen.

ὑπ-εξανάγομαι P. heimlich wegsegeln. [tauchen.]

ὑπεξ-αναδύομαι M. empor=

ὑπ-εξέρχομαι = ὑπεξέρχομαι.

ὑπ-εξερύω (darunter od. heimlich) herausziehen, entreißen.

ὑπ-εξελαύνω allmählich zurücktreiben.

ὑπ-εξέρχομαι heimlich od. allmählich weggehen, sich zurückziehen, auswandern.

ὑπ-εξέχω sich heimlich davonmachen, entweichen.

ὑπ-εξίσταμαι M. 1. a) aufstehen. b) ausweichen, vermeiden. — 2. von etwas abstehen.

ὑπέρ *adv.* in höherem Grade; meist *prp.* I. (mit *gen.*) über: 1. a) über, oberhalb, über ... hin. b) über ... hinaus, jenseits. — 2. a) für, um = zum Schutz, zum Vorteil, zum besten, um ... willen. b) in betreff, mit Rücksicht auf, über. c) in j=s Namen, statt, anstatt. — II. (mit *acc.*) über ... hin, über ... hinaus, mehr als, jenseits; auch = wider, gegen.

ὑπέρᾱ, ἡ Brasse, Rahentau.

ὑπερ-ἀγαπάω übermäßig lieben.

ὑπερ-ᾱχής 2 hochbrausend.

ὑπερ-αίρω a) übertreffen. b) *intr.* u. M. sich überheben; hoch erhaben sein.

ὑπερ-αιωρέομαι P. hoch darüber schweben od. hervorragen; auf hoher See einem Orte gegenüber erscheinen.

ὑπέρ-ακμος 2 überreif.

ὑπερ-ἀκριος 2 über den Höhen liegend. τὰ =α Bergland. οἱ =οι Bergbewohner.

ὑπερ-αλγέω (übermäßigen) Schmerz empfinden.

ὑπερ-αλγής 2 übermäßig (schmerzend). [gen.]

ὑπερ-ἀλλομαι M. überspring=

ὑπερ-ανατείνω darüber hinstrecken.

ὑπερ-άνω *adv.* hoch oben; mit *gen.* hoch über, über ... hinaus.

ὑπερ-αποθνήσκω für j=n sterben.

ὑπερ-απολογέομαι M. j=n verteidigen.

ὑπερ-αρρωδέω übermäßig fürchten für j-n.
ὑπερ-αυξάνω intr. über die Maßen wachsen. [brüsten.]
ὑπερ-αυχέω sich übermäßig
ὑπέρ-αυχος 2 übermäßig stolz.
ὑπερ-άχθομαι P. überaus unwillig ob. traurig sein.
ὑπερ-βαίνω 1. hinüber- ob. darüber(weg)-schreiten, übersteigen. — 2. a) etwas übertreten ob. überschreiten, gegen etw. sündigen. abs. sich vergehen, zu weit greifen. b) übergehen, unerwähnt oder unbeachtet lassen.
ὑπερβαλλόντως adv. übermäßig, überschwenglich.
ὑπερ-βάλλω I. Akt. 1. darüber hinaus- ob. hinweg-werfen; j-n im Werfen übertreffen. — 2. a) über das Maß hinausgehen; α) überschäumen, (vom Flusse) überschwemmen; β) überbieten, steigern, übertreiben; γ) übertreffen, überwinden, den Vorrang abgewinnen; überholen, -bieten; δ) übermäßig ob. maßlos, außerordentlich, hervorragend sein. b) über etw. hinüber-gehen ob. -steigen, überschreiten, vorrücken; umschiffen. — II. M.: a) übertreffen, sich vor j-m auszeichnen; überwältigen. b) übertreiben, bieten. c) aufschieben, (ver)zögern, (ver)säumen.
ὑπερβασία, ἡ Übertretung, Frevel, Unrecht; Übermut.
ὑπερβατός 3 a) übersteigbar. b) umgestellt.
ὑπερ-βήη s. ὑπερβαίνω.
ὑπερ-βιάζομαι M. übermächtig sein.
ὑπέρ-βιος 2 übergewaltig: a) maßlos, übermütig. b) leidenschaftlich, ungestüm.
ὑπερβολή, ἡ 1. das Hinübergehen, Übergang; Übergangsort: a) Paß. b) Anhöhe. — 2. a) Übermaß, das Außerordentliche, höchster Grad, Überfülle, Überschwenglichkeit. καθ' -ήν über die Maßen. b) Überbietung. c) Übergewicht, Überlegenheit. — 3. Aufschub, Verzug.
ὑπερ-βριθής 2 allzuschwer.
ὑπερ-δεής 2 überaus gering.
ὑπερ-δείδω überaus besorgt sein ob. fürchten.
ὑπερ-δειμαίνω = ὑπερδείδω.
ὑπερ-δέξιος 2 höher gelegen. τὰ -α höher gelegene Punkte, Anhöhen.
ὑπερδικέω verteidigen.
ὑπέρ-δικος 2 überaus gerecht.
ὑπέρ-ειδον s. ὑπεροράω.
ὑπ-ερείδω als Stütze unterlegen; stützen.
ὑπ-ερείπω zusammenbrechen.
ὑπερ-έκεινα adv. darüber hinaus, jenseits.
ὑπερ-εκπερισσοῦ und -ῶς adv. über alle Maßen, gar sehr.
ὑπερ-εκπλήσσομαι P. anstaunen. [strecken.]
ὑπερ-εκτείνω zu weit aus-
ὑπερ-εκχύν(ν)ομαι P. überfließen.
ὑπερ-εντυγχάνω Fürsprache einlegen, eintreten.
ὑπερ-επαινέω über die Maßen loben.
ὑπ-ερέπτω unten wegreißen.
ὑπερ-έρχομαι über etw. hinausgehen, überschreiten.
ὑπερ-εσθίω übermäßig essen.
ὑπέρ-ευ adv. ganz vortrefflich.
ὑπερ-εχθαίρω überaus oder über alles hassen.
ὑπερ-έχω 1. darüber halten. — 2. intr.: a) hervor- ob. überragen; emporsteigen, überflügeln. τὸ -ον überragender Teil, Überschwenglichkeit.

ὑπερ-ήδομαι — 456 — ὑπερ-όριος

b) übertreffen, überlegen oder übergeordnet sein, überwinden.
ὑπερ-ήδομαι P. sich außerordentlich freuen.
ὑπερ-ήμῐσυς, υ über die Hälfte. [mütig.]
ὑπερ-ηνορέων, οντος übermütig.
ὑπερηφᾰνέω übermütig oder stolz sein. [Stolz.]
ὑπερηφᾰνία, ἡ Übermut,
ὑπερ-ήφᾰνος 2 a) ausgezeichnet, hervorragend, großartig. b) stolz, hochmütig.
ὑπερ-θᾰλάσσῐδιος 2 oberhalb der Küste gelegen.
ὑπερ-θαυμάζω übermäßig staunen.
ὑπερ-θε(ν) 1. von oben her. — 2. a) oberhalb, oben. b) noch mehr, (noch) darüber hinaus.
ὑπερ-θρῴσκω überspringen.
ὑπέρ-θῡμος 2 hochgemut, hochherzig.
ὑπερ-θύριον u. ὑπέρ-θῠρον, τό Oberschwelle der Tür, Türsturz. [θαυμάζω.]
ὑπερ-θωυμάζω = ὑπερ-
ὑπερ-ίημι darüber hinaus werfen. [stolpern.]
ὑπερ-ικταίνομαι M. sich über-
ὑπερ-ίστᾰμαι M. über j-m (= zu j-s Häupten) stehen; schützen, schirmen. [wissend.]
ὑπερ-ίστωρ, ορος nur zu gut
ὑπερ-ίσχω = ὑπερέχω.
ὑπερ-κάθημαι M. darauf sitzen ob. lagern; auflauern, bedrohen.
ὑπερ-καταβαίνω übersteigen, überspringen.
ὑπέρ-κειμαι M. darüber hinaus liegen.
ὑπέρ-κοπος 2 übermütig, zügellos.
ὑπερ-κτάομαι M. sich etwas durch eigene Schuld zuziehen.
ὑπερ-κῠδᾰς, αντος siegestrunken.

ὑπερ-λῐᾱν adv. über die Maßen, übergroß, ausgezeichnet.
ὑπερ-λῡπέομαι P. überaus betrübt ob. ungehalten sein.
ὑπερμᾰχέω u. -μᾰχομαι M. für etw. kämpfen.
ὑπερμεγέθης u. -μεγᾰθης 2 übergroß.
ὑπερ-μεθύσκομαι P. sich übermäßig berauschen.
ὑπερμενέων, οντος u. -μενής 2 a) übermächtig, allgewaltig. b) übermütig.
ὑπερ-μήκης 2 übergroß, übergewaltig.
ὑπερ-μισέω übermäßig hassen.
ὑπέρ-μορα adv. wider das Geschick. [sein.]
ὑπερ-νῑκάω weitaus Sieger
ὑπερ-νοέω noch weiter im Sinn haben.
ὑπερ-νότιος 2 jenseits des Südwindes.
ὑπέρ-ογκος 2 a) unförmlich, übergroß; übermäßig. b) hochmütig, stolz. [seits wohnen.]
ὑπερ-οικέω oberhalb ob. jen-
ὑπέρ-οικος 2 oberhalb ob. jenseits wohnend.
ὕπερον, τό Mörserkeule.
ὑπεροπλία, ἡ Vermessenheit, Stolz.
ὑπεροπλίζομαι M. übermütig verachten, [trotzig, frevelhaft.]
ὑπέρ-οπλος 2 übermütig,
ὑπερ-όπτης, ου a) ὁ Verächter. b) stolz.
ὑπεροπτικός 3 und ὑπέροπτος 2 hochmütig, hoffärtig, stolz, voll Verachtung.
ὑπερ-οράω 1. von oben her sehen. — 2. übersehen, nicht beachten: a) etw. hintansetzen, verachten. b) nicht sehen wollen, nachsehen.
ὑπερ-όριος 2, (bisw. auch 3) ausländisch, im Auslande. ἡ -ορία Ausland, Fremde.

ὑπεροχή, ἡ Überlegenheit, Übermaß; Vorrang, Vorzug; Ansehen, hohe Stellung.

ὑπέροχος 2 übertragend, hervorragend; ausgezeichnet.

ὑπεροφρΐα, ἡ a) Hochmut, Übermut. b) Verachtung.

ὑπερ-περισσεύω übergroß werden, überreich sein. P. überschwenglichen Überfluß haben.

ὑπερ-περισσῶς adv. über alle Maßen.

ὑπερ-πέτομαι M. überfliegen.

ὑπερ-πίμπλημι über- ob. vollfüllen.

ὑπερ-πίπτω vorübergehen.

ὑπερ-πλεονάζω überreichlich sein. [viel.]

ὑπέρ-πολυς 3 außerordentlich

ὑπερ-πονέω u. M. a) sich übermäßig anstrengen. b) für j-n sich anstrengen ob. etwas (er=) dulden.

ὑπερ-πόντιος 2 a) jenseits des Meeres wohnend. b) über das Meer hin.

ὑπέρτατος 3 oberster, höchster.

ὑπερ-τείνω 1. a) darüberspannen, darüber ausbreiten. b) darüber hinaus ausdehnen. — 2. intr. über etw. hinausreichen. [hinausgelangt.]

ὑπερ-τελής 2 über das Ziel

ὑπερ-τέλλω emporsteigen, aufgehen. [Wagens.]

ὑπερτερΐα, ἡ Obergestell des

ὑπέρτερος 3: 1. oberer, höherer. — 2. a) überlegen, vorzüglicher, mächtiger, stärker, besser. b) darüber hinaus, weiter.

ὑπερ-τίθημι u. M. 1. mitteilen, anvertrauen, vorlegen. — 2. aufschieben, vertagen.

ὑπερ-τιμάω besonders ehren.

ὑπερ-τρέχω überholen. a) besiegen. b) überschreiten.

ὑπ-ερύθρος 2 etwas rot.

ὑπερ-ὑψηλος 2 überaus hoch.

ὑπερ-ὑψόω über alle Maßen erhöhen. [zeigen.]

ὑπερ-φαίνομαι P. sich oben

ὑπερ-φέρω 1. hinüber-tragen ob. -schaffen. — 2. intr. übertragen, -treffen, überlegen sein.

ὑπερ-φΐαλος 2 übermäßig: a) kraftvoll, mutig. b) übermütig, trotzig, frevelnd. c) adv. über die Maßen.

ὑπερ-φιλέω außerordentlich ob. über die Maßen lieben.

ὑπερφρονέω a) hochmütig sein. b) verachten.

ὑπέρ-φρων 2 a) hochherzig. b) hochmütig, stolz.

ὑπερ-φυής 2 übermäßig: 1. ungeheuer (groß), außerordentlich. — 2. a) entsetzlich. b) sonderbar. — 3. adv. über die Maßen, überaus.

ὑπερ-φύομαι M. übertreffen.

ὑπερ-χαίρω sich außerordentlich freuen.

ὑπερ-χλέω u. **-χλιδάω** stolz ob. übermütig sein.

ὑπ-έρχομαι M. 1. a) hinabsteigen. b) darunter- ob. hineingehen, -kriechen. — 2. (heimlich) herankommen; langsam vorrücken: a) beschleichen, berücken, überlisten. b) überkommen, befallen, ergreifen. c) vor j-m kriechen, j-m schmeicheln.

ὑπερῴα, ἡ Gaumen.

ὑπ-ερωέω zurück-gehen, -weichen.

ὑπερῷον und **ὑπερῷον**, τό Obergemach, Söller. **ὑπερῴοθεν** aus dem Obergemach.

ὑπ-ερωτάω eine Frage einschieben.

ὑπ-εύθυνος 2 rechenschaftspflichtig, verantwortlich.

ὑπ-έχω a) (dar)unter-halten, -legen; hinhalten, darreichen, ὑπ-ήκοος, hingeben, gewähren, gestatten. b) auf sich nehmen; bestehen, ertragen, erdulden. δίκην Strafe leiden, Rechenschaft ablegen, ein Gericht über sich ergehen lassen.

ὑπ-ήκοος 2 gehorsam, unterworfen, untertan.

ὑπ-ημύω den Kopf hängen lassen, niedergebeugt sein.

ὑπ-ήνεικα f. ὑποφέρω.

ὑπ-ήνεμος 2 vor dem Winde geschützt.

ὑπήνη, ἡ Bart.

ὑπηνήτης, ου bärtig.

ὑπ-ηοῖος 3 um die Morgenröte, in der Frühe.

ὑπηρεσία, ἡ a) Matrosendienst; Schiffsmannschaft, Matrosen. b) Dienst, Hilfe.

ὑπηρέσιον, τό Sitzkissen auf der Ruderbank.

ὑπηρετέω a) dienen, Dienste leisten, behilflich sein, Folge leisten, zu Willen sein, helfen, zu Gebote stehen. b) leisten, beschaffen.

ὑπηρέτημα, τό Dienst, Hilfe.

ὑπ-ηρέτης, ου, ὁ 1. Ruderknecht, Matrose. — 2. Diener, Gehilfe: a) Henkersknecht; b) α) Gepäckträger, β) Adjutant, Ordonnanz.

ὑπηρετικός 3 zum Dienen tauglich ob. bestimmt, dienstttuend.

ὑπ-ίλλω den Schwanz einziehen. στόμα τινί vor j-m den Mund im Zaume halten.

ὑπ-ισχνέομαι M. 1. versprechen, geloben: a) verloben. b) sich verloben. — 2. versichern, erklären, vorgeben.

ὑπ-ίσχομαι M. = ὑπισχνέομαι.

ὕπνος, ὁ Schlaf, Schlummer; Schläfrigkeit.

ὑπνόω intr. u. P. schlafen.

ὑπνώω = ὑπνόω.

ὑπό A. adv. 1. a) unterhalb, unten. b) darunter weg. c) nach unten, nieder. d) zurück. — 2. dabei, badurch.

B. prp. I. mit gen.: 1. unter, unter ... hervor, unter. — 2. a) zur Bezeichnung der handelnden Person = von, durch. b) aus, vor, infolge, wegen, durch, bei, unter. — II. mit dat.: 1. unter, unterhalb, am Fuß. — 2. a) unter der Botmäßigkeit ob. Gewalt, zB. ὑπό τινι εἶναι unter j-m stehen (= j-m untergeben ob. untertan sein); ὑπό τινι γίγνεσθαι j-m untertan werden. b) = ὑπό mit gen., doch mehr poet., zB. δαμῆναι ὑπό τινι unter den Händen j-s, κτείνεσθαι ὑπὸ Πατρόκλῳ unter dem Speere des Patr. — III. mit acc.: 1. unter, unten an etwas heran, unter ... hin, hinunter, hinab in; auch hinter. — 2. (zeitl.) gegen, um, zur Zeit, während, im Verlauf, zB. ὑπὸ νύκτα gegen Abend ob. während der Nacht. — 3. unter der (ob. die) Botmäßigkeit ob. Gewalt, unter dem (ob. den) Schutz, zB. ὑπό τινα εἶναι unter j-s Herrschaft stehen ob. kommen, ὑφ' ἑαυτῷ ποιεῖσθαί τι etwas unter seine Herrschaft bringen.

ὑπό-βαθρον, τό Stütze; pl. Schaukelgestell.

ὑπο-βαίνω darunter gehen, herabsteigen.

ὑπο-βάλλω I. Akt. 1. darunterwerfen, unterlegen. — 2. a) ins Wort fallen. b) an die Hand geben, eingeben, zu Gemüte führen. c) heimlich anstiften. II. M. 1. etw. unter sich legen. — 2. a) sich ein Kind unterschieben (lassen). b) etwas erdichten, heimlich verbreiten.

ὑπο-βλέπω u. M.: a) finster

ὑποβλήδην — 459 — ὑπο-ζεύγνυμι

ob. b) verächtlich ob. c) scheel ob. d) fest ansehen ob. hinsehen.
ὑποβλήδην adv. ins Wort fallend.
ὑπόβλητος 2 = ὑποβολιμαῖος.
ὑποβολιμαῖος 3 untergeschoben, unecht; erdichtet.
ὑποβρύχιος 3 unter Wasser, überschwemmt.
ὑπό-βρυξ, ὕχος = ὑποβρύχιος.
ὑπό-γαιος 2 unterirdisch.
ὑπο-γίγνομαι M. nachgeboren werden. [Unterschreiber.]
ὑπο-γραμματεύς, έως, ὁ
ὑπογραμματεύω (Unter-) Schreiber sein. [spiel.]
ὑπογραμμός, ὁ Vorbild, Bei-
ὑπογραφή, ἡ a) Unterschrift. b) Grundriß, Umriß, Entwurf, Skizze.
ὑπο-γράφω 1. a) darunter schreiben. b) etw. unterschreiben. — 2. vorschreiben, vormalen. [stehend.]
ὑπό-γυ(ι)ος 2 nahe bevor-
ὑπο-δαίω darunter anzünden.
ὑπο-δάμνᾱμαι P. sich fügen.
ὑπο-δεής 2 schwach; ὑποδέστερος 3 schwächer, geringer; dürftiger; niedriger stehend; unbedeutender.
ὑπόδειγμα, τό Vorbild, Abbild, Muster: a) Beispiel. b) Schemen.
ὑπο-δείδω (ein wenig) fürchten, sich scheuen.
ὑπο-δείκνῡμι u. -ὕω a) heimlich zeigen ob. sehen lassen; zeigen; vorzeichnen. b) andeuten; (be)lehren, verkünden, Anleitung geben; beweisen.
ὑπο-δειμαίνω = ὑποδείδω.
ὑπο-δέχομαι M. = ὑποδέχομαι.
ὑπο-δέμω als Grundlage (darunter)bauen.
ὑποδεξίη, ἡ Gastlichkeit.
ὑποδέξιος 3 aufnehmend; geräumig, groß genug.

ὑπόδεσις, εως, ἡ a) das Darunterbinden. b) Sandale, Schuh.
ὑπο-δέχομαι M. 1. aufnehmen, annehmen: a) gastlich aufnehmen, bewirten. b) standhalten, Widerstand leisten. c) schwanger werden. — 2. a) auf sich nehmen, übernehmen: α) ertragen; β) versprechen, zusagen; γ) billigen. b) an etw. angrenzen, sich anschließen.
ὑπο-δέω (dar)unterbinden; beschuhen. M. sich beschuhen.
ὑπόδημα, τό Sohle, Sandale, Schuh.
ὑπο-δίδωμι ausliefern.
ὑπό-δικος 2 a) straf-fällig, -würdig, schuldig. b) (dem Gerichte j-s) unterworfen.
ὑπο-δμώς, ῶος, ὁ Diener.
ὑποδοχή, ἡ Aufnahme, Empfang; gastliche Bewirtung; Annahme (= Meinung).
ὑπο-δρά adv. finster blickend.
ὑπο-δράω aufwarten, dienen.
ὑποδρηστήρ, ἥρος, ὁ Aufwärter, Diener.
ὑπο-δύνω u. **ὑπο-δύομαι** M. 1. untertauchen: a) unter etw. kriechen, hineingehen, sich unter etw. bücken. b) sich etw. darunter anziehen. c) α) eindringen, sich einschleichen; überkommen, ergreifen; β) auf sich nehmen, unter-, übernehmen; γ) sich unter j-n stellen; δ) sich bei j-m einschmeicheln. — 2. darunter hervortauchen ob. hervorkriechen; sich aus etwas herausarbeiten.
ὑπο-είκω = ὑπείκω.
ὑπο-ζάκορος, ὁ, ἡ Unterpriester(in).
ὑπο-ζεύγνῡμι I. Akt. anschirren, anspannen. — II. P. sich einer Sache unterziehen.

ὑποζύγιος 2 unter das Joch gespannt. subst. τὸ ὑποζύγιον Zug-, Last-tier, Esel.

ὑπο-ζώννῡμι I. Akt. unten gürten; unterbinden. — II. M. sich etw. umgürten.

ὑπο-θερμαίνω ein wenig warm machen. P. warm werden.

ὑπό-θερμος 2 etwas heiß; leidenschaftlich, wütig.

ὑπόθεσις, εως, ἡ Unterlage, Grundlage: a) Grundsatz, maßgebender Gesichtspunkt. b) Grundgedanke, Hauptfrage, Gegenstand der Beratung, Thema; kurze Inhaltsangabe. c) Voraussetzung.

ὑποθήκη, ἡ Unterweisung, Rat, Warnung; Lehre.

ὑποθημοσύνη, ἡ = ὑποθήκη.

ὑπο-θορυβέω anfangen zu lärmen.

ὑπο-θωπεύω schmeicheln.

ὑπο-θωρήσσομαι M. sich heimlich rüsten.

ὑπο-κάθημαι M. an einem Orte sich niederlassen; gegen j-n im Hinterhalt liegen.

ὑπο-καθίζομαι M. sich in Hinterhalt legen. [brennen.]

ὑπο-καίω darunter ver-

ὑπο-κάμπτω etw. unter etw. biegen. [herabgehen.]

ὑπο-καταβαίνω allmählich

ὑπο-κατακλίνομαι P. sich fügen.

ὑπο-κάτημαι = ὑποκάθημαι.

ὑπο-κάτω adv. unterhalb, unten darunter.

ὑπό-κειμαι darunter liegen; zugrunde ob. ganz nahe liegen: a) vorliegen, vorhanden sein. b) angegeben ob. festgestellt, fest beschlossen sein. c) unterworfen sein, gehorchen; verpfändet sein. d) bevorstehen.

ὑπο-κηρύσσομαι M. öffentlich ausrufen lassen.

ὑπο-κινέω a) leise bewegen; ein wenig reizen. b) intr. sich ein wenig rühren.

ὑπο-κλαίω dazu weinen.

ὑπο-κλέπτομαι P. um etw. bestohlen ob. betrogen werden.

ὑπο-κλίνομαι P. sich unter etw. legen ob. lagern.

ὑπο-κλονέομαι P. in wilder Flucht dahineilen.

ὑπο-κλοπέομαι M. sich heimlich versteckt halten.

ὑπο-κνίζομαι P. einen heimlichen Reiz empfinden.

ὑπο-κορίζομαι M. verkleinern: a) beschönigen. b) verunglimpfen.

ὑπο-κρητηρίδιον, τό Untersatz des Mischkessels.

ὑπο-κρίνομαι M. 1. a) antworten. b) auslegen, deuten. — 2. a) Schauspieler sein. b) j-n darstellen; heucheln, sich verstellen.

ὑπόκρισις, εως, ἡ a) Antwort. b) Schauspielerei; Heuchelei.

ὑποκριτής, οῦ, ὁ a) Schauspieler. b) Heuchler.

ὑπο-κρύπτω I. Akt. verstecken. — II. M. sich ob. das Seine verstecken. — III. P. überdeckt werden.

ὑπό-κυκλος 2 unten beräbert.

ὑπό-κυος M. schwanger ob. trächtig werden.

ὑπο-κύπτω sich bücken; sich unterwerfen.

ὑπό-κωφος 2 schwerhörig.

ὑπο-λαμβάνω 1. a) unten fassen. b) auf den Rücken nehmen. c) aufnehmen, annehmen, empfangen. d) gastlich aufnehmen. e) (einen Vorschlag) annehmen, (in s. Rede) (gut) aufnehmen. f) auffangen, aufgreifen. g) befallen, überfallen, -raschen. h) (λόγον, λόγους) das Wort nehmen: α) ins

ὑπο-λάμπω

Wort fallen, unterbrechen; β) entgegnen, einwenden. i) annehmen = meinen, glauben, für etwas halten, vermuten. k) verstehen, begreifen. l) unmittelbar auf etw. folgen. — 2. wegnehmen, (heimlich) entziehen, abtrünnig machen.

ὑπο-λάμπω a) (darunter) hervorschimmern. b) hineinleuchten od. -scheinen.

ὑπο-λέγω 1. dabei ob. danach sagen ob. nennen, hinzufügen: a) dabei andeuten. b) (in der Rede) vorausschicken. — 2. deuten, darunter verstehen.

ὑπόλειμμα, τό Überrest, Rest.

ὑπο-λείπω I. Akt. 1. zurücklassen: -behalten, hinterlassen. — 2. übriglassen. — II. P. 1. zurückbleiben: a) zurückstehen. b) entschwinden, vorüber sein. — 2. übrigbleiben.

ὑπο-λευκαίνομαι P. unten weiß werden.

ὑπο-λήνιον, τό Kelter(trog).

ὑπόληψις, εως, ἡ a) Antwort, Einwand. b) Vermutung, Meinung, Ansicht.

ὑπ-ολίζων 2 etwas kleiner.

ὑπο-λιμπάνω = ὑπολείπω.

ὑπο-λογίζομαι M. mitberechnen; berücksichtigen.

ὑπό-λογος, ὁ Berücksichtigung.

ὑπό-λογος 2 in Berücksichtigung kommend.

ὑπό-λοιπος 2 übriggeblieben, übrig, rückständig.

ὑπο-λόχαγος, ὁ Unterlochage.

ὑπο-λύω I. Akt. darunter ob. unten lösen, losmachen, auflösen, ablösen; (Sandalen) losbinden; lähmen, kraftlos machen. — II. M.: a) sich die Sandalen losbinden. b) erlösen. c) erschlaffen.

ὑπο-μαλακίζομαι P. sich etw. furchtsam zeigen.

ὑπο-πάσσω

ὑπό-μαργος 2 etwas rasend.

ὑπο-μείγνῡμι intr. sich heimlich nähern.

ὑπο-μείων 2 comp. etwas geringer; minderberechtigt.

ὑπο-μένω 1. zurückbleiben: a) stehen bleiben, warten. b) am Leben bleiben; ausharren, standhalten. — 2. trans.: a) aushalten, ertragen, (er)dulden, auf sich nehmen, es über sich gewinnen, wagen: α) j-m standhalten; β) sich widersetzen. b) (er)warten.

ὑπο-μιμνῄσκω I. Akt.: a) ins Gedächtnis zurückrufen, erinnern, erwähnen. b) ermahnen. — II. P. sich erinnern, eingedenk sein. [werben ob. buhlen.]

ὑπο-μνάομαι M. heimlich

ὑπόμνημα, τό u. ὑπό-μνησις, εως, ἡ 1. a) Erinnerung, Andenken. b) Erwähnung. c) Mahnung, Ermahnung. — 2. Denkmal; pl. Denkwürdigkeiten, Memoiren.

ὑπ-όμνῡμι M. Aufschub des gerichtlichen Termins erlangen.

ὑπομονή, ἡ a) Standhaftigkeit, Ausdauer, Geduld. b) Erwartung. c) Erduldung.

ὑπο-νείφω ein wenig schneien.

ὑπο-νήϊος 2 am Fuße des Gebirges Νήϊον gelegen.

ὑπο-νοέω a) vermuten, ahnen, argwöhnen. b) deuten, erklären, erraten, auf etwas schließen.

ὑπόνοια, ἡ a) Vermutung, (bloße) Meinung. b) Argwohn, Verdacht. [irdische Kanäle.]

ὑπονομηδόν adv. durch unter-

ὑπόνομος, ὁ unterirdischer Gang, Stollen, Mine.

ὑπο-νοστέω a) zurückgehen. b) sich senken, abnehmen.

ὑπο-πάσσω unterstreuen.

ὑπόπεμπτος 2 heimlich abgeschickt.

ὑπο-πέμπω heimlich oder in böser Absicht abschicken; j-n anstiften.

ὑπο-πεπτηῶτες f. ὑποπτήσσω.

ὑπο-περκάζω sich unten dunkel färben. [breiten.]

ὑπο-πετάννυμι darunter ausbreiten.

ὑπό-πετρος 2 unten steinig.

ὑπο-πιάζω a) mißhandeln. b) = ὑπωπιάζω. [füllen.]

ὑπο-πίμπλημι allmählich anfüllen.

ὑπο-πίμπρημι (von unten) anzünden.

ὑπο-πίνω ziemlich viel trinken.

ὑπο-πίπτω niederfallen, sich niederwerfen; darunter geraten.

ὑπο-πλάκιος 3 unter dem Berge Πλάκος gelegen.

ὑπό-πλεος 2 ziemlich voll.

ὑπο-πλέω (zu Schiff) darunter hinfahren, nahe vorbeifahren.

ὑπο-πνέω leise blasen oder wehen. [Schemel.]

ὑπο-πόδιον, τό Fußbank.

ὑπο-ποιέω I. Akt. heimlich verursachen. — II. M. anlocken.

ὑπό-πτερος 2 befiedert, geflügelt.

ὑποπτεύω vermuten, ahnen: a) argwöhnisch sein, argwöhnen, fürchten. b) beargwöhnen, mit Argwohn betrachten.

ὑπ-όπτης, ου, ὁ argwöhnisch.

ὑπο-πτήσσω sich unter etwas ducken, sich verkriechen: a) sich zittern ob. blöde sein. b) vor j-m sich bücken ob. kriechen.

ὕπ-οπτος 2 a) argwöhnisch, mißtrauisch, befürchtend. b) pass. verdächtig, bedenklich.

ὑπ-ορθρύω a) erregen, erschüttern. b) intr. u. M. sich erheben, anheben.

ὑπο-ῥῥήγνυμαι P. darunter hervorbrechen.

ὑπό-ῥῥηνος 2 ein Lamm säugend.

ὑπ-ορύσσω untergraben.

ὑπο-σημαίνω (durch ein Zeichen) gebieten.

ὑπο-σκελίζω j-m ein Bein stellen. [verabsäumen.]

ὑπο-σπανίζω etwas sparen,

ὑπο-σπάω unten wegziehen.

ὑπό-σπονδος 2 unter Waffenstillstand, unter dem Schutze eines Vertrages.

ὑπο-σσείω unten drehen.

ὑπο-στάθμη, ἡ Bodensatz.

ὑπόστασις, εως, ἡ 1. Grundlage: a) Substanz, Stoff. b) Wirklichkeit, wahres Wesen. — 2. Standhaftigkeit; Zuversicht.

ὑπο-στάχυομαι M. gedeihen.

ὑπό-στεγος 2 a) unter dem Dach. b) unter das Dach ob. ins Haus (tretend).

ὑπο-στέλλω I. Akt. 1. a) herunterziehen. b) zurückziehen. — 2. zurückhalten, unterdrücken. — II. M. 1. sich zurückziehen. — 2. a) hinter dem Berge halten. b) versäumen; verheimlichen.

ὑπο-στένω, -στενάζω, -στενάχίζω aufseufzen, darunter erdröhnen.

ὑποστολή, ἡ Kleinmut.

ὑπο-στόρνυμι unterbreiten.

ὑποστρατηγέω Unterfeldherr sein. [herr, (röm.) Legat.]

ὑπο-στράτηγος, ὁ Unterfeld-

ὑπο-στρέφω 1. umkehren, umwenden, zurückwenden. — 2. intr. u. P. sich umwenden, sich umdrehen: a) umkehren, kehrtmachen. b) zurückkehren. c) sich um etw. kümmern; β) schlau ausweichen.

ὑποστροφή, ἡ a) das Umkehren. b) Umkehr; Rückzug, Flucht.

ὑπο-στρώννῡμι = ὑποστόρνυμι.
ὑπόσχεσις, εως und ὑποσχεσίη, ἡ Versprechen.
ὑποταγή, ἡ Gehorsam.
ὑπο-τάμνω = ὑποτέμνω.
ὑπο-τᾰνύω darunterbreiten.
ὑπο-ταράσσω bestürzt machen, erschüttern.
ὑπο-ταρβέω sich fürchten.
ὑπο-ταρτάριος 2 unten im Tartaros wohnend.
ὑπο-τάσσω I. Akt. darunterstellen; unterordnen, unterwerfen. — II. M.-P. sich unterwerfen, gehorsam sein, gehorchen.
ὑπο-τείνω darunter hinbreiten, darunterziehen: a) j-m etwas vorhalten, in Aussicht stellen; anbieten. b) etwas erregen, verursachen. c) anspannen; erhöhen, (ver-)schärfen.
ὑπο-τειχίζω e-e Gegenmauer bauen.
ὑπο-τείχισις, εως, ἡ u. -τείχισμα, τό Gegenmauer.
ὑπο-τελέω bezahlen; Tribut zahlen.
ὑπο-τελής 2 tributpflichtig.
ὑπο-τέμνω u. M. unten weg- od. ab-schneiden; j-m den Weg verlegen; etw. vereiteln.
ὑπο-τίθημι I. Akt. 1. a) (dar-)unter-legen, -stellen, -breiten. b) vor-, hin-halten. — 2. a) unterschieben. b) hingeben, preisgeben; verpfänden. c) eingeben od. einflößen, anraten, erwecken. d) verheißen. e) vor- aussetzen. — II. M. 1. sich etw. unterlegen: a) sich etwas zugrunde legen: α) als Thema hinstellen, β) als Grundsatz aufstellen, behaupten. b) sich etwas vorstellen. c) sich vornehmen. — 2. unter den Fuß

od. an die Hand geben, raten, eingeben, ermahnen.
ὑπο-τοπέω u. -εύω (a. M.) a) argwöhnen. b) beargwöhnen.
ὑπο-τρέμω a) unten zittern. b) vor j-m (zurück)beben.
ὑπο-τρέχω 1. a) darunter ob. unter etw. laufen. b) an etw. vorbeisegeln. — 2. a) sich bei j-m einschmeicheln. b) j-n befallen.
ὑπο-τρέω a) erzittern. b) sich fürchten, zurückbeben=weichen.
ὑπο-τρομέω = ὑποτρέμω.
ὑπό-τρομος 2 zitternd, furchtsam.
ὑπότροπος 2 zurückkehrend.
ὑπο-τύπτω hinunter-schlagen, -stoßen, untertauchen.
ὑποτύπωσις, εως, ἡ a) Entwurf. b) Vorbild.
ὕπ-ουλος 2 a) innerlich schwärend (κακῶν innerlich voll böser Geschwüre). b) innerlich verderbt, trügerisch, (heim)tückisch.
ὑπ-ουράνιος 2 unter dem Himmel (hin), himmelhoch.
ὑπουργέω a) Dienste leisten, dienen, behilflich sein. b) ausrichten, leisten, gewähren.
ὑπούργημα, τό u. ὑπουργία, ἡ Dienst, Gefälligkeit, Hilfe.
ὑπουργός 2 förderlich, mitwirkend.
ὑπο-φαίνω 1. a) (von) unten zum Vorschein bringen, hervorholen. b) dabei sehen lassen. — 2. intr. u. P. allmählich sich zeigen, erscheinen.
ὑπό-φαυσις, εως, ἡ Lichtung; Öffnung, Zwischenraum.
ὑπο-φείδομαι M. rücksichtsvoll schonen, schonend versuchen.
ὑπο-φέρω 1. entführen; (er-)retten. — 2. heruntertragen; stromab tragen. P.: a) hinunterschiffen. b) sich verleiten lassen, in etwas geraten. —

ὑπο-φεύγω — 464 — ὑφ-αιρέω

3. vorhalten: a) anbieten. b) vorschützen. — 4. nachtragen; ertragen, erdulden.
ὑπο-φεύγω heimlich fliehen, entrinnen. [Deuter, Prophet.
ὑπο-φήτης, ου, ὁ Ausleger,
ὑπο-φθάνω u. M. zuvorkommen, eher tun.
ὑπο-φθέγγομαι M. leise sprechen ob. tönen. [neiden.]
ὑπο-φθονέω heimlich beneiden.
ὑπό-φθονος 2 mit heimlichem Neide. [wurf.]
ὑποφορά, ἡ Vorwand, Einὑπο-χάζομαι M. zurückweichen.
ὑπό-χειρ, χειρος = ὑποχείριος.
ὑπο-χείριος 2 a) unter der Hand, bei der Hand. b) in der Hand j-s, unterworfen, untertan.
ὑπο-χέω u. M. a) darunterstreuen, hinstreuen. b) unten ausbreiten. c) verursachen.
ὑπ-οχλέω fortwälzen.
ὕποχος 2 unterworfen, untertan, untergeben. [schminken.]
ὑπο-χρίω unten bestreichen.
ὑπο-χωρέω 1. zurück=gehen, =weichen, =treten: a) j-m Platz machen. b) sich zurückziehen. — 2. langsam vorrücken.
ὑπό-ψαμμος 2 mit sandigem Grunde.
ὑποψία, ἡ Argwohn, Verdacht. pl. Verdachtsgründe.
ὑπόψιος 2 verdächtig.
ὑπτιάζω P. zurücksinken.
ὕπτιος 3 zurückgelehnt: a) rücklings, auf dem Rücken liegend, umgewandt. ἐξ ὑπτίας rücklings. b) umgekehrt, verkehrt. c) flach, eben. [eid.]
ὑπωμοσία, ἡ Verschiebungsὑπ-ωπία, τά Gesicht, Antlitz.
ὑπωπιάζω zerschlagen; das Gesicht zerkratzen; plagen.
ὑπ-ώρεια u. -έη, ἡ Fuß des Berges.

ὑπ-ώρορε s. ὑπόρνυμι.
ὑπ-ωρόφιος 2 (u. 3) unter dem (=selben) Dache, Gastfreund.
ὗς, ὑός, ὁ, ἡ Sau, Schwein.
ὑσμίνη, ἡ Schlacht, Kampf. ὑσμίνηνδε adv. in die Schlacht.
ὕσσωπος, ἡ Ysop.
ὑσταῖος 3 = ὕστατος.
ὕστατος 3 äußerster, letzter, zuletzt. adv. ὕστατον ob. -α zuletzt, zum letztenmal.
ὑστέρα, ἡ Gebärmutter.
ὑστεραῖος 3 folgender, nachfolgender; am folgenden Tage geschehend. ἡ ὑστεραία der folgende Tag.
ὑστερέω 1. später sein, später kommen: a) verfehlen, versäumen. b) Mangel haben, entbehren. c) zurück=, nachstehen, hinter etw. zurückbleiben; weniger wichtig sein. — 2. zu spät kommen; zögern. — 3. mangeln, fehlen. — 4. P. Mangel leiden, darben.
ὑστέρημα, τό u. ὑστέρησις, εως, ἡ a) das Entbehren, Fehlen; das Fehlende. b) Mangel, Armut.
ὑστερίζω = ὑστερέω.
ὕστερος 3 letzterer: 1. hinterer, folgender. — 2. späterer, (nächst=) folgender, hinterher: a) jünger. b) zu spät. 3. geringer, schwächer, nachstehend, zurückbleibend. — 4. adv. ὕστερον ob. -α hinter, hinterher, später, künftighin, zu spät, zuletzt.
ὑστερο-φθόρος 2 nachher ob. nach der Tat strafend.
ὕστριξ, ιχος, ὁ, ἡ Stachelschwein, Igel.
ὑφαίνω weben; ersinnen, schmieden, anzetteln.
ὑφ-αιρέω I. Akt. darunter wegnehmen: a) wegnehmen, entziehen. b) abwendig machen. c) etwas abtun. — II. M. für

ὕφ-αλος — 465 — ὑψό-θεν

sich entwenden; **aus dem Wege räumen.**
ὕφ-αλος 2 unterseeisch.
ὑφάντης, ου, ὁ Weber.
ὑφαντικός 3 zum Weben geschickt.
ὑφαντός 3 gewebt. [zünden.]
ὑφ-άπτω (von unten) an-
ὑφ-αρπάζω entwenden, heimlich rauben, abschneiden.
ὕφασμα, τό Gewebe.
ὑφάω = ὑφαίνω.
ὑφ-έξω s. ὑπεῖσα.
ὑφ-ειμένως adv. niedergeschlagen, kleinlaut.
ὑφ-έλκω (unten od. heimlich) wegziehen, hinschaffen.
ὑφ-έρπω heran-kriechen, -schleichen, beschleichen.
ὑφ-ηγέομαι M. 1. a) vorangehen, anführen; vorausziehen. b) langsam vorrücken. — 2. anleiten, anraten.
ὑφήγησις, εως, ἡ Anleitung, Rat.
ὑφηγητήρ, ῆρος u. -τής, οῦ, ὁ Ratgeber.
ὑφ-ηνίοχος, ὁ a) Unterwagenlenker. b) Wagenlenker.
ὑφ-ίημι I. Akt. 1. a) (dar-)unter-legen, -stellen, unten anbringen. b) herabsenden, herabniederlassen. c) α) anstiften; β) erniedrigen; γ) über-, zulassen, zugestehen. — 2. *intr.* = M. — II. M. 1. zulassen, zugestehen. — 2. *intr.*: a) weichen, nachstehen. b) die Segel einziehen. c) α) nachlassen, von etw. ablassen; β) erschlaffen, mutlos od. demütig sein. d) heranschleichen. e) sich an j-n anschmiegen.
ὑφ-ίστημι I. Akt. 1. a) darunterstellen. b) hinstellen, aufstellen. — 2. *intr.* = M. — II. M. 1. a) sich darunterstellen, darunterstehen; vorhanden sein.

b) sich heimlich aufstellen, sich in **den Hinterhalt legen.** c) stehen bleiben, standhalten; Widerstand leisten. — 2. auf sich nehmen: a) sich unterziehen, unternehmen. b) ertragen. c) etwas versprechen, sich erbieten. [wöhnisch ansehen.]
ὑφ-οράω u. M. scheel oder arg-
ὑ-φορβός, ὁ Schweinehirt.
ὑφ-ορμίζομαι M. in den Hafen einlaufen.
ὑφόω = ὑφάω.
ὑφ-ύδρος 2 unter dem Wasser.
ὑψ-αγόρᾱς, ου prahlerisch.
ὑψ-ερεφής 2 hochgedeckt.
ὑψηλός 3: 1. hoch, hochgelegen, steil. τό -όν Höhe, Erhöhung. — 2. a) erhaben. b) hochmütig, stolz.
ὑψηλοφρονέω nach hohen Dingen trachten, stolz sein.
ὑψ-ηρεφής 2 = ὑψερεφής.
ὑψ-ηχής 2 hochwiehernd.
ὕψι adv. a) in der Höhe, hoch, oben. b) in die Höhe. c) *sup.*
ὕψιστος 3 höchster, erhabenster. τὰ -α Himmelshöhen.
ὑψί-βατος 2 hochfüßig, hoch.
ὑψι-βρεμέτης, ου hochdonnernd.
ὑψί-ζυγος 2 hochwaltend.
ὑψί-κᾱρηνος 2 hochwipfelig.
ὑψί-κερως, ων hochgehörnt.
ὑψί-κομος 2 hochbelaubt.
ὑψί-κομπος 2 großprahlerisch.
ὑψι-πετήεις 3 = ὑψιπέτης.
ὑψι-πέτηλος 2 hochbelaubt.
ὑψι-πέτης, ου (a. -πετής, οῦ) hochfliegend.
ὑψί-πολις, ἰ hochstehend (od. der Höchste) im Staate.
ὑψί-πους, ποδός hochwandelnd, erhaben.
ὑψί-πῠλος 2 hochtorig.
ὑψί-πυργος 2 hochgetürmt.
ὕψιστος 3 s. ὕψι.
ὑψό-θεν adv.: a) aus der

ὑφό-θι adv. in der Höhe, von oben her. b) in der Höhe.
ὑφό-θι adv. in der Höhe, hoch.
ὑφ-όροφος 2 = ὑψερεφής.
ὕφος, τό a) Höhe. b) Anhöhe: Erhabenheit, Würde. [empor.
ὑφό-σε adv. in die Höhe,

ὑφοῦ = ὑψι.
ὑφόω erhöhen, erheben.
ὕφωμα, τό Höhe, Erhöhung; das Hohe; Himmel: Bollwerk.
ὕω 1. a) regnen lassen. b) *trans.* beregnen, durchnässen. — 2. (unpers.) ὕει es regnet.

Φ

Φ, φ (φεῖ, φῖ) einundzwanzigster Buchstabe des griech. Alphabets.
φάανθεν u. ä. s. φαείνω.
φαάντατος 3, *sup.* zu φαεινός.
φαγέδαινα, ἡ fressendes Geschwür.
φαγεῖν essen, fressen (*inf. aor. II* zu ἐσθίω).
φάγος, ὁ Fresser.
φάε s. φάω.
φάεα *pl.* v. φάος.
φαέθων, ουσα, ον = φαεινός.
φαεινός 3 leuchtend, glänzend.
φαείνω a) leuchten, scheinen. b) *trans.* beleuchten. P. sichtbar werden.
φαεννός 3 = φαεινός.
φαεσί-μβροτος 2 den Sterblichen leuchtend.
φαιδιμόεις 3 u. **φαίδιμος** 2 1. glänzend. — 2. herrlich: a) stattlich. b) ruhmvoll, berühmt.
φαιδρός 3 heiter, wohlgemut.
φαιδρόω und **φαιδρύνω** erheitern, fröhlich machen.
φαιλόνης u. **φαινόλης**, ου, ὁ Mantel, Reisemantel.
φαίνω I. Akt. 1. *trans.* ans (Tages-)Licht bringen, erscheinen lassen, sichtbar machen, zeigen: a) hörbar machen, ertönen lassen. b) anzeigen, verkünden, kundtun, melden; denunzieren oder angeben. c) erkennen lassen, an den Tag legen, offenbaren, verheißen. d) bescheren, leisten. — 2. *intr.* Licht verbreiten; j-m leuchten. — II. P. 1. leuchten, scheinen, glänzen; sich auszeichnen. — 2. gesehen ob. gezeigt werden, zum Vorschein kommen, erscheinen, sich zeigen, sichtbar werden: a) entstehen. b) auftreten, sich melden. c) sich finden, vorhanden sein. — 3. a) mit *adj. ob. part.*: sich als etw. zeigen, als etw. erscheinen. b) mit *inf.*: scheinen, den Anschein haben. c) mit *part.*: offenbar sein, zB. φαίνεσθε ἀδικοῦντες ihr tut offenbar (ob. augenscheinlich) unrecht = es ist offenbar (es zeigt sich), daß ihr unrecht tut.
φάκελ(λ)ος, ὁ Bündel.
φαλαγγηδόν adv. scharenweise.
φαλάγγιον, τό Spinne.
φάλαγξ, αγγος, ἡ 1. Baumstamm, Block. — 2. a) Gelenk; Spinne. b) Phalanx: α) Schlachtreihe, Schlachtlinie; Schlachtordnung in (langer) Linie; β) Schar von Kriegern, Kriegsheer, Hoplitenheer, Heeresabteilung. [werden.
φαλακρόομαι P. kahlköpfig
φαλακρός 3 kahlköpfig.
φάλαρον, τό a) Metallbuckel. b) *pl.* Pferdeschmuck.
φαληριάω sich wölben.
φαλλός, ὁ Holzpfahl: der Phallos (das männliche Glied).
φάλος, ὁ Bügel, Kamm, Schirm am Helme.
φάν = ἔφασαν v. φημί.

φάνεν f. φαίνω.

φᾰνερός 3 (u. 2) 1. sichtbar, vor aller Augen. — 2. a) offenbar, deutlich, klar, kenntlich, bekannt. b) öffentlich, offen. τὸ -όν Öffentlichkeit, das Freie. c) ausgezeichnet, angesehen, berühmt, bedeutend, denkwürdig.

φᾰνερόω I. Akt. sichtbar machen, offenbaren, zeigen. — II. P. sich offenbaren, berühmt werden. [barung.]

φᾰνέρωσις, εως, ἡ Offen-
φᾰνός 3 = φαεινός. ὁ φᾰνός Fackel, Leuchte.

φαντάζομαι P. a) erscheinen, sich zeigen. b) prunken.

φαντασίᾱ, ἡ Erscheinung: 1. a) Aussehen. b) Prunk, Glanz. — 2. Vorstellung.

φάντασμα, τό Erscheinung; Gestalt; Traumbild, Trugbild. Gespenst.

φάος, ους, τό Licht: a) Tageslicht, Sonnenlicht. b) Lebenslicht. c) Augenlicht, Augen. d) Fackel, Leuchte, Feuer. e) α) Leben, Glück, Heil, Rettung, Hoffnung; β) Retter, Liebling, Zierde.

φάοσ-δε adv. ans Licht.

φάραγξ, αγγος, ἡ Schlucht, Kluft, Abgrund.

φᾰρέτρᾱ, ἡ Köcher.

φᾰρετρεών, ῶνος, ὁ = φαρέτρα.

φαρμᾰκείᾱ, ἡ a) Gebrauch von Heilmitteln; Giftmischerei, Zauberei. b) Arznei.

φαρμᾰκεύς, έως, ὁ Giftmischer, Zauberer. [anwenden.]

φαρμᾰκεύω künstliche Mittel
φάρμᾰκον, τό 1. Heilkraut. 2. Heilmittel, Arznei; künstliches Mittel: a) Gift. b) Zaubermittel. c) Farbe.

φαρμᾰκός, ὁ = φαρμακεύς.

φαρμᾰκοποσίᾱ, ἡ a) das Trinken von Arznei od. Gift. b) Betäubung.

φαρμάσσω künstliche Mittel anwenden: a) härten. b) bezaubern.

φᾶρος u. **φάρος**, τό großes Stück Gewebe: a) Leichentuch; Hülle. b) Segel. c) Mantel.

φάρσος, τό Teil, Viertel einer Stadt. [Schlund, Kehle.]

φάρυγξ, υγγος u. ῡγος, ἡ (u. ὁ)
φάσγᾰνον, τό Messer, Schwert.

φάσις, εως, ἡ a) Anzeige. b) Gerücht. [geben; versprechen.]

φάσκω behaupten, sagen, vor-
φάσμᾰ, τό = φάντασμα.

φάσσᾱ, ἡ wilde Taube, Holztaube. [tötend.]

φασσο-φόνος 2 Holztauben-
φᾰτίζω a) reden, sagen. b) (be-)nennen.

φάτις, ἡ a) Rede, Sprache; Spruch. b) Gerücht, Ruf. c) Sache.

φάτνη, ἡ Krippe.

φάττᾱ, ἡ = φάσσα.

φαυλίζω für schlecht halten, verachten.

φαῦλος 3 (und 2) schlecht: 1. a) schwach, untauglich, unbrauchbar, ungeschickt; schlecht; ungebildet. b) gering, unbedeutend, wertlos, gemein. c) α) schlicht, einfach, gering; β) mühelos. — 2. schlimm, übel, unheilvoll. — 3. a) böse, übelgesinnt. b) leichtsinnig.

φαυλότης, ητος, ἡ a) Schlechtigkeit, Untauglichkeit; Unwissenheit. b) Schlichtheit.

φάω erscheinen, anbrechen.

φέβομαι P. fliehen; meiden.

φέγγος, τό Licht, Schein, Glanz.

φείδομαι M. 1. sich von etw. fernhalten, sich enthalten, meiden, von etw. ablassen, aufhören. — 2. a) scho-

30*

φειδομένως nen, verschonen, unangerührt lassen. b) sparen.
φειδομένως adv. spärlich.
φειδώ, όος u. οῦς, ἡ a) Schonung, Verschonung. b) das Sparen, Sparsamkeit.
φειδωλή, ἡ = φειδώ.
φειδωλός 3 sparsam.
φελόνης, ου, ὁ = φαιλόνης.
φενᾱκίζω täuschen, betrügen.
φενᾱκισμός, ὁ Täuschung.
φένω töten, morden; austilgen.
φέρβω füttern, nähren. P. sich nähren, genießen.
φερ-έγγυος 2 Bürgschaft leistend, Bürge; zuverlässig, sicher, ausreichend.
φερέ-οικος 2 das Haus mit sich führend.
φέριστος 3 = φέρτατος.
φερνή, ἡ Mitgift.
φέρτατος 3 vorzüglichster, bester, trefflichster.
φέρτε statt φέρετε wohlan!
φέρτερος 3 comp. vorzüglicher, besser, trefflicher.
φέρτρον, τό Bahre.
φέρω I. Akt. 1. a) tragen. b) bringen, mitbringen; ertragen, (er)dulden. χαλεπῶς od. βαρέως φέρειν unwillig sein über etw., etw. übelnehmen. — 2. a) in Bewegung setzen, fortbewegen, (schnell) dahintragen, -führen, forttreiben. P. dahingetragen oder dahingetrieben, fortgetrieben werden; sich schnell fortbewegen, eilen, (sich) stürzen, dahinstürmen, fahren, fliegen, schießen, wohin geraten. εὖ od. καλῶς φέρεσθαι gut vonstatten gehen, gelingen, Glück haben. b) davontragen, weg-tragen, -führen, -schaffen, entführen. ἄγειν καὶ φέρειν rauben und plündern: α) gewinnen, erlangen; β) ausplündern, be-

rauben. c) herbei-, hin-tragen, -bringen, -führen; überbringen; bezahlen, beisteuern; melden, berichten; im Munde führen, überall erzählen. d) hervorbringen, erzeugen; verursachen, bewirken, bereiten. — 3. intr.: sich erstrecken, liegen; (vom Wege) gehen ob. **hinführen**: α) auf etw. hinzielen ob. hinauslaufen; sich neigen; β) sich auf etw. beziehen, zu etw. gereichen, nützen; γ) φέρε wohlan! — II. M. 1. für sich wegtragen ob. davontragen, mitnehmen, holen. — 2. a) an sich ob. bei sich tragen, mitbringen. b) mit sich fortnehmen. — 3. gewinnen, erlangen, ernten.
φεῦ int. ach! wehe! o! ha! ei!
φεύγω 1. fliehen, (sich) flüchten, entlaufen, entfliehen, enteilen; entrinnen; verschwinden, (ent-)schwinden, vergehen: a) verbannt sein ob. werden, im Exil leben. ὁ φεύγων Verbannter, Flüchtling. b) angeklagt werden. — 2. trans.: a) etw. ob. vor etw. fliehen. b) einer Sache fliehen ob. entrinnen; meiden, vermeiden; fürchten, sich scheuen, Bedenken tragen. (τὴν) δίκην ob. γραφήν φ. angeklagt sein ob. werden. [meidlich.]
φευκτός 3 entrinnbar, ver-
φεῦξις, εως, ἡ Flucht.
φῆ u. **φῆ** wie, gleichwie.
φῆ = ἔφη f. φημί.
φήγῐνος 3 von Eichenholz.
φηγός, ἡ Speise-eiche.
φήμη, ἡ 1. a) Rede, Sprache. b) Gespräch. c) Gerede, Gerücht, Sage; Kunde. d) Ruf, Nachrede. — 2. a) Ausspruch, Wort. b) Vorbedeutung, Götterspruch, Orakel.
φημί I. Akt. 1. sagen, äußern, verkünden, sprechen, erzählen:

φημίζω — 469 — φίλ-ανδρος

φημίζω
a) j-n irgendwie nennen.
b) antworten. c) sich rühmen.
d) schwatzen. e) behaupten, erklären; versprechen. — 2. bejahen, zugestehen. οὔ φημι: a) verneinen, leugnen, sich weigern, sagen, daß nicht. b) verbieten. — 3. meinen, glauben, denken. — II. M.: a) = Akt. b) ἴσον τινι φάσθαι sich j-m gleich dünken.

φημίζω aussprechen, ein Gerücht od. durchs Gerücht verbreiten.

φῆμις, ιος, ἡ Gerede, Gerücht.
φήμη u. ä. s. φημί.
φῆναι, inf. aor. I v. φαίνω.
φήνη, ἡ Seeadler.
φήρ, φηρός, ὁ Ungetüm.
φθάνω (ᾰ) a) zuvorkommen, schneller od. früher kommen od. tun, überholen; mit part. = früher, schneller, zuerst. b) (heran)kommen, gelangen; aor. schon gekommen sein.

φθαρτός 3 zerstörbar, vergänglich.

φθέγγομαι M. die Stimme erheben, laut rufen, ertönen (lassen): a) (be)nennen. b) reden, (aus)sprechen, verkünden, sagen. c) murren.

φθέγμά, τό = φθογγή.
φθείρ, ρός, ἡ Laus. [sen essen.]
φθειρο-τραγέω Fichtenzap-
φθείρω I Akt. zugrunde richten, verderben, vernichten, (be)schädigen, verschlechtern: a) zerstören, verwüsten. b) töten. c) verführen. — II. P. vernichtet werden, zugrunde gehen, untergehen, umkommen, verschwinden.

φθέωμεν, φθῇ u. ä. s. φθάνω.
φθίμενος s. φθίνω.
φθινάς, άδος verzehrend.
φθινοπωρινός 3 herbstlich (kahl).

φθιν-όπωρον, τό Spätherbst.
φθινύθω = φθίνω.
φθίνω (ῑ) I. Akt. 1. intr. hinschwinden, vergehen, zugrunde gehen: a) sich abhärmen. b)(hin=) sterben. c) zu Ende gehen. — 2. trans. (hin)schwinden machen, aufreiben, vernichten, töten. — II. M. u. P. = Akt. intr.

φθισ-ήνωρ, ορος 2 männervertilgend.

φθισί-μβροτος 2 menschenvertilgend.

φθίσις, εως, ἡ a) Abnahme. b) Schwindsucht.

φθιτός 3 verstorben, tot.
φθίω (ῑ) = φθίνω.
φθόγγή, ἡ und **φθόγγος**, ὁ 1. Ton, Klang, Schall, Laut, Geräusch. — 2. a) Stimme. b) Sprache, Rede, Wort.

φθονερός 3 neidisch.
φθονέω beneiden, neidisch sein, mißgönnen: a) versagen, verweigern. b) ungern sehen, sich weigern.

φθόνησις, εως, ἡ = φθόνος.
φθόνος, ὁ Neid, Mißgunst, Ungnade; Verweigerung, Versagung.

φθορά, ἡ Verderben: a)Vernichtung, Untergang; Tod. b) Vergänglichkeit.

φθόρος, ὁ = φθορά.
φιάλη, ἡ 1. a) Kessel. b) Urne. — 2. Schale, Trink=, Opferschale.

φιδίτιος 3 τὸ φιδίτιον gemeinschaftlicher Speisesaal der Spartaner. τὰ -α die gemeinsamen Mahlzeiten der Spartaner.

φιλ-ἀγαθός 2 das Gute liebend.
φιλαδελφία, ἡ Bruderliebe.
φιλ-ἀδελφος 2 bruder= oder schwester=, geschwister=liebend.
φιλ-αίτιος 2 tadelsüchtig.
φίλ-ανδρος 2 gattenliebend.

φιλανθρωπία, ἡ Menschenliebe, Freundlichkeit, Liebe, Humanität; Güte.

φιλ-άνθρωπος 2 menschenliebend, -freundlich, human, liebreich, gütig.

φιλαπεχθημοσύνη, ἡ Zanksucht, Gehässigkeit.

φιλ-απεχθήμων 2 händel-, zanksüchtig, gehässig.

φιλ-απόδημος 2 reiselustig.

φιλαργυρία, ἡ Geldgier, Geizhabsucht. [geizig, habsüchtig.]

φιλ-άργυρος 2 geldgierig,

φίλ-αρχος 2 herrschsüchtig.

φίλ-αυλος 2 flötenliebend.

φίλ-αυτος 2 selbstsüchtig.

φιλ-Έλλην, ηνος, ὁ Freund der Griechen. [liebend.]

φιλ-έταιρος 2 seine Freunde

φιλέω I. Akt. lieben, liebhaben, Liebe erweisen: a) gastlich aufnehmen, bewirten. b) j-m den Hof machen. c) küssen. d) billigen. e) gern tun, pflegen. — II. M. = Akt.

φίλη, ἡ Freundin, Geliebte.

φιλ-ήδονος 2 vergnügungssüchtig. [merksam.]

φιλ-ήκοος 3 hörlustig, auf-

φίλημα, τό Kuß.

φιλ-ήρετμος 2 ruderliebend.

φιλία, ἡ a) Liebe, Zuneigung. b) Freundschaft; Freundschaftsbündnis.

φιλικός 3 a) Liebe od. Freundschaft betreffend. b) freundschaftlich, freundlich, Freundes-..., Liebes-... c) Liebe erregend.

φίλιος 3 a) dem Freunde gehörig, zugetan, Freundes-... b) lieb, befreundet, freundschaftlich. ἡ φιλία und τὰ φίλια Freundesland. c) φίλιος (Ζεύς) Beschützer der Freundschaft.

φιλιππίζω ein Anhänger Philipps sein.

φιλιππισμός, ὁ Hinneigung zu Philipp.

φίλ-ιππος 2 Pferde liebend.

φιλίτιον, τό Freundesmahl.

φιλίων 2, *comp.* v. φίλος.

φιλογυμναστέω die Leibesübungen lieben.

φιλογυμναστία, ἡ Liebe zu Leibesübungen.

φιλο-δέσποτος 2 seinen Herrn

φιλοδικέω prozeßsüchtig sein.

φιλό-δικος 2 prozeßsüchtig.

φιλό-δωρος 2 freigebig.

φιλό-ζῳος 2 die lebenden Geschöpfe liebend.

φιλό-θεος 2 gottliebend.

φιλό-θηρος 2 jagdlustig.

φιλ-οικτίρμων 2 u. **-οίκτιστος**, 2 a) mitleidig. b) zum Wehklagen geneigt.

φιλ-οικτος 2 a) Mitleid erregend. b) zum Wehklagen geneigt.

φιλοκαλέω das Schöne lieben.

φιλό-καλος 2 das Schöne liebend, geschmackvoll.

φιλοκερδέω Gewinn suchen.

φιλο-κερδής 2 gewinnsüchtig.

φιλο-κέρτομος 2 schmähsüchtig.

φιλο-κίνδυνος 2 gefahrliebend, verwegen, kühn.

φιλο-κτέανος 2 habsüchtig.

φιλό-λογος 2 Freund von Reden ob. gelehrten Gesprächen; Gelehrte(r). [süchtig.]

φιλο-λοίδορος 2 schmäh-

φιλο-μαθής 2 lern-, wißbegierig.

φιλο-μμειδής 2 holdlächelnd.

φιλό-μουσος 2 die Musen (=Künste) liebend.

φιλό-μωμος 2 tadelsüchtig.

φιλονεικέω = φιλονικέω.

φιλονεικία, ἡ = φιλονικία.

φιλό-νεικος 2 = φιλόνικος.

φιλονικέω a) ehrgeizig sein, wetteifern; eifrig auf etw. be-

φιλονικία dacht sein, hartnäckig auf etw. bestehen. b) streiten, zanken.

φιλονικία, ἡ a) Wetteifer, Ehrgeiz, Eifersucht. b) Streitsucht, Rechthaberei; Streit.

φιλό-νικος 2 a) wetteifernd, ehrgeizig, eifersüchtig. b) streitsüchtig, rechthaberisch.

φιλό-ξενος 2 = φιλόξενος.

φιλοξενία, ἡ Gastfreundlichkeit, Gastfreundschaft.

φιλό-ξενος 2 gastfrei.

φιλο-παίγμων 2 scherzliebend, fröhlich.

φιλο-πόλεμος 2 kriegslustig, kriegerisch. [liebend.

φιλό-πολις, ιδος vaterlands=]

φιλοπονέω fleißig sein.

φιλοπονία, ἡ Fleiß, Eifer.

φιλό-πονος 2 a) arbeitsam, fleißig. b) mühsam.

φιλοποσία, ἡ Trunksucht.

φιλοπραγμοσύνη, ἡ (Viel=) Geschäftigkeit: a) Neugier. b) Prozeßsucht.

φιλο-πράγμων 2 (viel=)geschäftig: a) neugierig. b) prozeßsüchtig. [wollen.

φιλοπρωτεύω der erste sein]

φιλο-πτόλεμος 2 kriegslustig, kriegerisch.

φίλος 3: 1. eigen, angehörig. οἱ φίλοι die Angehörigen, Verwandten. — 2. a) geliebt, lieb, teuer; angenehm, erfreulich. b) liebend, liebevoll, zugetan, befreundet, freundlich, gütig, anhänglich. c) ὁ φίλος Freund, Genosse; Gatte, Liebhaber, Vertraute(r), Anhänger. d) φίλως: α) gern; β) auf freundliche Weise.

φιλο-σκώμμων 2 spottlustig.

φιλοσοφέω die Weisheit lieben, ein Freund der Wissenschaft sein; philosophieren, studieren: a) grübeln. b) etw. nach gewissen Regeln betreiben.

φιλοσοφία, ἡ Liebe zur Weisheit, Streben nach Bildung, Wißbegier: a) Philosophie, Weltweisheit. b) philosophisches System; Wissenschaft, wissenschaftliche Untersuchung, Forschung, methodische Behandlung.

φιλό-σοφος 2: 1. weisheitliebend, philosophisch: a) wißbegierig. b) zur Philosophie gehörig; wissenschaftlich. — 2. ὁ Freund der Weisheit; Philosoph; Idealist, Stubengelehrte(r). [bend, liebreich, herzlich.

φιλό-στοργος 2 zärtlich lie=]

φιλο-στρατιώτης, ου, ὁ Soldatenfreund. [des Körpers.

φιλο-σώματος 2 Liebhaber]

φιλοτάσιος 3 = φιλοτήσιος.

φιλό-τεκνος 2 kinderliebend.

φιλοτεχνέω sich der Künste befleißigen.

φιλότης, ητος, ἡ Liebe, Freundschaft: a) Gastfreundschaft. b) Liebesgenuß.

φιλοτήσιος 3 (u. 2) zur Liebe gehörig, liebevoll, freundschaftlich.

φιλοτιμέομαι P. Ehrliebe od. Ehrgeiz besitzen: a) seine Ehre worein setzen, sich mit etwas brüsten. b) etw. als Ehrensache betrachten, sich eifrig um etw. bemühen. c) wetteifern.

φιλοτιμία, ἡ 1. Ehrliebe, Ehrgeiz; Wetteifer, Eifer. — 2. a) Ehren=punkt, =sache. b) Freigebigkeit, Prunk.

φιλό-τιμος 2 ehrliebend, ehrgeizig: a) prunkliebend, prunkvoll; prahlerisch. b) wetteifernd, eifrig.

φιλοφρονέομαι M. u. P. liebreich gesinnt sein, freundlich behandeln, Beweise von Gewogenheit geben; begrüßen.

φιλοφροσύνη, ἡ Freundlichkeit, Liebe, Wohlwollen.
φιλό-φρων 2 freundlich, liebevoll, wohlwollend, leutselig.
φιλο-χρήμᾰτος 2 geldgierig, habsüchtig.
φιλό-χρηστος 2 rechtschaffen.
φιλοχωρέω sich gern an einem Orte aufhalten.
φιλο-ψευδής 2 Lügenfreund, trugliebend.
φιλό-ψογος 2 tadelsüchtig.
φιλοψῡχέω am Leben hängen.
φιλοψῡχία, ἡ Liebe zum Leben.
φίλτρον, τό Liebesmittel, -trank, -zauber; Verlockung.
φίλῠρᾰ, ἡ Linde.
φῑμόω das Maul verbinden; zum Schweigen bringen. P. verstummen, still sein.
φῑτρός, ὁ Baumstamm, Klotz.
φῑτύω erzeugen.
φλαυρίζω = φαυλίζω.
φλαῦρος 3 = φαῦλος.
φλαυρουργός 2 kunstlos.
φλεγέθω = φλέγω.
φλεγμᾰ, τό a) Brand, Flamme, Glut. b) Schleim.
φλεγμαίνω entzündet sein, anschwellen.
φλεγμονή, ἡ Hitze, Entzündung.
φλέγω 1. a) entzünden, entflammen, in Brand setzen, anfachen; erleuchten. b) verbrennen, sengen, versengen; quälen. — 2. intr. u. P.: a) leuchten. b) brennen, flammen, erglühen; sich aufregen.
φλέψ, φλεβός, ἡ Ader.
φλίβω (ab)reiben.
φλιή, ἡ Türpfosten.
φλόγεος 3 flammend, glänzend, funkelnd.
φλογίζω = φλέγω.
φλογιστός 3 verbrannt.
φλόγωσις, εως, ἡ = φλεγμονή.
φλόϊνος 3 aus Binsen.
φλοιός, ὁ Bast, Rinde.

φλοῖσβος, ὁ a) das Rauschen, Gewoge. b) Kampfgewühl.
φλόξ, φλογός, ἡ Brand, Flamme, Feuer, Glut.
φλόος u. φλοῦς, ὁ Binse.
φλῠᾰρέω a) schwatzen, faseln; Possen treiben. b) verleumden.
φλῠᾰρίᾱ, ἡ Geschwätz; Possen.
φλύαρος 2 geschwätzig. ὁ φλ. = φλυαρία.
φλῠηρέω = φλυαρέω.
φλύκταινα, ἡ a) Blase. b) Blutgeschwür.
φλύω wallen, sprudeln.
φοβερός 3 a) furchtbar, schrecklich. φοβερός εἰμι, μή es ist von mir zu befürchten, daß ich. b) furchtsam.
φοβέω I. Akt. scheuchen: a) in die Flucht jagen. b) erschrecken, ängstigen. — II. P. geschencht werden: 1. fliehen. — 2. sich scheuen: a) sich fürchten, Angst haben, Bedenken tragen, auf seiner Hut sein. b) Ehrfurcht haben, verehren.
φόβη, ἡ Haar, Mähne; Laub.
φόβημα, τό Schrecken.
φοβητός 3 furchtbar.
φόβητρον, τό Schreckbild, Schrecknis.
φόβος, ὁ 1. Flucht. φόβονδε adv. zur Flucht. — 2. Scheu: a) Furcht, Schrecken, Angst. b) Ehrfurcht. c) Schrecknis, Schreckmittel, Drohung.
φοιβο-λαμπτος 2 von Phoibos begeistert.
φοῖβος 3 a) leuchtend. b) rein.
φοινικεις blutrot.
φοινίκεος 3 (purpur)rot.
φοινικήϊος 3 von der Palme, Palm-...
φοινίκιος, ιδος, ἡ purpurrotes Kleid.
φοινικιστής, οῦ, ὁ Purpurträger.
φοινῑκόεις 3 = φοινίχεος.
φοινικο-πάρῃος 2 rotwangig.

φοινικοῦς 3 = φοινίκεος.
φοῖνιξ, ικος 1. *adj.* purpurrot; (dunkel-)rot. — 2. *subst.* ὁ φ.: a) Purpur, Purpurfarbe. b) ὁ (u. ἡ) φ. Dattelpalme, Palme. c) Wundervogel Phönix. d) Phönixleier.
φοίνιος 3: 1. blutrot, rot. — 2. a) blutig. b) blutgierig, mörderisch.
φοινίσσω rot färben, röten.
φοινός 3 = φοίνιος.
φοιτάς, άδος umherschweifend.
φοιτάω haftig gehen, hin und her gehen, eilen: a) umherstürmen, herum-irren, -fliegen. b) häufig gehen und kommen, fortwährend besuchen, aus- und ein-gehen. c) einkommen; zugeführt werden; sich verbreiten.
φοίτησις, εως, ἡ häufiges Hingehen.
φολκός 3 krummbeinig.
φονάω mordgierig sein.
φονεύς, έως, ὁ u. ἡ Mörder(in).
φονεύω a) ein (od. der) Mörder sein. b) morden, töten, umbringen.
φονή, ἡ = φόνος.
φονικός 3: 1. den Mord betreffend. — 2. a) blutig. b) mordlustig, mörderisch, blutgierig.
φόνιος 3 (u. 2) u. **φονός** 3 = φοινικός.
φόνος[1], ὁ 1. a) Ermordung, Mord; Mordlust. b) Blutbad, Gemetzel. — 2. a) Mordstahl. b) tödliche Wunde. c) Mordblut, Opferblut, Leiche. d) Mordstätte. e) Ursache des Mordes.
φόνος[2], ὁ Masse, Klumpen.
φοξός 3 gedunsen (od. schief gespitzt).
φορά, ἡ 1. a) das Tragen; Bestattung. b) Entrichtung, Bezahlung. c) Fruchtbarkeit. d) α) Tracht; β) Menge; γ) Abgabe, Steuer. — 2. (rasche) Bewegung, Lauf; Heftigkeit.
φοράδην *adv.* reißend schnell.
φορβάς, άδος nährend.
φορβή, ἡ Futter, Nahrung, Speise, Fraß.
φορεύς, έως, ὁ Träger.
φορέω = φέρω.
φόρημα, τό a) Last, Bürde. b) Schmuck.
φορηδόν *adv.* a) kreuzweife, kreuz und quer. b) schichtweife.
φόρμιγξ, ιγγος, ἡ Laute, Zither.
φορμίζω die Laute schlagen.
φορμός, ὁ 1. a) Korb. b) Matte. — 2. Scheffel.
φόρον, τό Markt (forum).
φόρος, ὁ Abgabe, Steuer, Tribut; *pl.* Einkünfte.
φορός 2 tragend, günstig.
φορτηγέω Lasten tragen.
φορτηγικός 3 lasttragend.
φορτίζω belasten, beladen.
φορτικός 3: 1. lasttragend. — 2. lästig: a) unbescheiden, unverschämt, gemein. b) großtuerisch. c) verworfen.
φορτίον, τό Last, Bürde: a) Gepäck. b) Ladung, Fracht.
φορτίς, ίδος, ἡ Frachtschiff.
φόρτος, ὁ = φορτίον.
φορτοφορέω Lasten tragen.
φορύνω und **φορύσσω** besudeln, bespritzen.
φόως, τό = φῶς.
φραγέλλιον, τό Peitsche.
φραγελλόω geißeln (lassen).
φραγμά τό und **φραγμός**, ὁ 1. a) das Einzäunen. b) Verstopfung, Verschluß. — 2. Zaun, Mauer; a) Verschanzung. b) Geländer. c) Scheidewand.
φραδής 2 klug, vorsichtig.
φράδμων 2 = φραδής.
φράζω I. Akt. deutlich machen, kundtun; offenbaren. 1. zeigen, anzeigen, bezeichnen. — 2. sagen, reden, (aus)sprechen:

φράσσω — 474 — φροντιστικῶς

a) melden, berichten, schildern. b) versprechen. c) erklären, deuten. d) anweisen, befehlen, anordnen, raten. e) meinen. — II. M. u. P.: 1. denken, bedenken, erwägen, überlegen; sich hüten. — 2. ersinnen, erdenken. — 3. a) wahrnehmen, bemerken. b) einsehen, erkennen.

φράσσω I. Akt. umzäunen, einhegen: a) verschanzen, befestigen; etw. an etw. drängen. b) verstopfen, (ver)sperren, absperren, verrammeln, verschließen; zum Schweigen bringen. c) α) schützen, verwahren; β) hindern, den Weg versperren. — II. M.: a) für sich umzäunen, verschanzen usw. — b) sich verschanzen, sich schützen.

φράτηρ, ερος, ὁ Mitglied einer Phratrie.

φρατρίᾰ, ἡ Phratrie, Sippe.

φρέαρ, ᾱτος, τό Brunnen, Zisterne, Wasserbehälter; Schlund.

φρεᾱτίᾰ, ἡ Wasser-behälter, -leitung; Schacht, Grube.

φρεῖαρ, ᾱτος, τό = φρέαρ.

φρεναπατάω betrügen.

φρεν-ᾰπάτης, ου, ὁ Verführer, Betrüger. [Sinnen.]

φρεν-ήρης 2 verständig, bei

φρενο-βλαβής 2 sinnbetört.

φρενό-θεν adv. vom Verstande weg.

φρενο-μόρως adv. am Geiste.

φρενόω zu Verstand bringen, klug machen; zurechtweisen.

φρήν, φρενός, ἡ 1. Zwerchfell; Brust. — 2. Seele, Geist, Bewußtsein, Besinnung: a) Verstand, Überlegung; Einsicht. b) Gemüt, Herz, Gefühl. c) Wille, Wunsch, Gesinnung, Sinn.

φρήτρη, ἡ = φρατρία.

φρίκη, ἡ das Aufschauern;

Schauder; Gekräusel: a) Grausen. b) Ehrfurcht.

φρικώδης 2 schauerlich, grausig.

φρῑμάσσομαι M. schnauben.

φρίξ, φρικός, ἡ = φρίκη.

φρίσσω a) starren, emporstehen. b) schauern; schaudern, sich entsetzen. [machen.]

φροιμιάζομαι den Anfang

φροίμιον τό = προοίμιον.

φρονέω 1. denken: a) α) Bewußtsein haben, bei gesundem Verstande sein; β) Einsicht haben, verständig oder klug, weise sein, urteilen. b) bedenken, überlegen, erwägen, einsehen, etw. verstehen, wissen. — 2. gesinnt sein, fühlen. — 3. gedenken, im Sinne haben, beabsichtigen, auf etw. bedacht sein, nach etw. trachten wollen, bezwecken.

φρόνημα, τό und **φρόνησις**, εως, ἡ 1. das Denken, Verstand: a) Einsicht, Klugheit. b) Gedanke, Plan, Streben, Trachten. — 2. Gesinnung, Sinn(esart), Herz: a) hoher Sinn, Zuversicht, Selbstgefühl. b) Hochmut, Stolz.

φρόνιμος 2 a) bei Sinnen. b) verständig, besonnen, vernünftig, einsichtsvoll, klug.

φρόνις, ιος, ἡ (Sach-)Kenntnis, Einsicht.

φρονούντως = φρονίμως.

φροντίζω 1. denken: a) nachdenken, (nach)grübeln. b) bedenken, überlegen, erwägen. — 2. für etw. sorgen od. Sorge tragen, auf etw. achten, etw. beachten, sich um etw. kümmern.

φροντίς, ίδος, ἡ 1. Nachdenken, Überlegung. — 2. Sorge: a) Sorgfalt. b) Besorgnis, Kummer. [Grübler.]

φροντιστής, οῦ, ὁ Forscher,

φροντιστικῶς mit Sorgfalt.

φροῦδος 3 fort, weg; entschwunden, dahin; vergeblich.
φρουρά, ἡ Wache: 1. a) Bewachung, Hut. b) Wachsamkeit. — 2. a) Gefängnis. b) Besatzung(sdienst). c) φρουρὰν φαίνειν den Heerbann aufbieten.
φρουραρχία, ἡ Befehlshaberstelle in einer Festung.
φρούρ-αρχος, ὁ Kommandant der Festung.
φρουρέω 1. *intr.* wachen, Wache halten: a) als Besatzung dienen. b) aufpassen. c) sich hüten. — 2. *trans.* bewachen: a) bewahren, behüten, beschützen. b) beobachten, in acht nehmen.
φρούρημα, τό Obhut, bewachte Herde.
φρουρικός 3 zur Besatzung dienend. τό -όν Besatzungsmaßregel.
φρούριον, τό a) fester Platz, Festung. b) Besatzung.
φρουρίς, ίδος, ἡ Wachtschiff.
φρουρός, ὁ Wächter; *pl.* Besatzung.
φρύαγμα, τό das Schnauben.
φρυάσσω u. M. schnauben, lärmen, toben. [sammeln.]
φρυγανισμός, ὁ das Holz-]
φρύγανον, τό Reisig, *meist pl.*
φρύγω rösten, dörren, braten.
φρυκτός 3: 1. geröstet. — 2. ὁ: a) Feuerbrand. b) Feuerzeichen, Feuersignal.
φρυκτωρέω durch Feuerzeichen anzeigen ob. signalisieren.
φρυκτωρία, ἡ das Zeichengeben durch Feuersignale.
φρυκτωρός, ὁ Feuerwächter.
φῦ = ἔφυ s. φύω. [zur Flucht.]
φύγα-δε *adv.* in die Flucht,]
φυγαδεύω verjagen, verbannen. [eigen.]
φυγαδικός 3 den Verbannten]
φυγάς, άδος flüchtig; verbannt. ὁ: a) Flüchtling, Verbannter. b) Überläufer.

φυγγάνω = φεύγω.
φυγή, ἡ 1. Flucht: a) Scheu. b) Heilmittel; Abhilfe. c) Zuflucht(sort). — 2. Verbannung, Exil; die Verbannten.
φυγο-πτόλεμος 2 kampfscheu, feig.
φύζα, ἡ a) Flucht. b) Schrecken.
φυζανικός 3 flüchtig, feige.
φυή, ἡ Wuchs, Gestalt.
φυκιόεις 3 voll Seegras.
φῦκος, τό Tang, Seegras. b) rote Schminke.
φυκτός 3 entrinnbar.
φυλακή, ἡ I. das Wachen, das Wachehalten, Wachtdienst; Nachtwache; Stunde der Nacht. — 2. a) Bewachung, Beschützung, Hut; Überwachung. b) Wachsamkeit, Vorsicht; Vorsichtsmaßregel. — II. a) Wachtposten, Wache (= Wächter); Leibwache; Besatzung, Garnison; Besatzungs-heer, -flotte. b) Wachtlokal; Gefängnis.
φυλακίζω ins Gefängnis werfen.
φυλακός, ὁ = φύλαξ.
φυλακτήρ, ῆρος, ὁ = φύλαξ.
φυλακτήριον, τό Wachtposten; Schutzmittel; Amulett; Gebetsriemen, -zettel.
φυλακτικός 3 vorsichtig im Erhalten.
φύλαξ, ακος, ὁ u. **ἡ** a) Wächter(in), Aufseher, Wärter, Hüter. b) Wache, Wachtposten; *pl.* Leibwache, Besatzung.
φύλ-αρχος, ὁ Phylarch: a) Vorsteher einer Phyle. b) Unteranführer der Reiterei.
φυλάσσω und **-ττω** I. Akt. 1. *intr.* wachen: a) Wache halten; als Besatzung dienen. b) aufpassen, achtgeben; zu j-s Diensten stehen. — 2. *trans.* bewachen, besetzt halten: a) hüten, behüten, (be)schützen. b) über-

φυλή — 476 — φωνασκία

wachen, beobachten; aufpassen, belauern. c) verwahren, aufbewahren. d) beibehalten, festhalten; befolgen, halten. — II. M.: a) Wache halten. b) für sich ob. bei sich bewahren, eifrig beobachten. c) sich hüten, sich in acht nehmen; vermeiden, zu entgehen suchen.

φυλή, ἡ 1. a) Volksstamm, Stamm. b) Volk. — 2. Heeresabteilung, Heerhaufen.

φυλίη, ἡ Wegdorn.

φυλλάς, άδος, ἡ Laub: a) Blätterhaufe. b) dichtbelaubter Hain.

φύλλον, τό Blatt, (pl.) Laub.

φυλοκρῑνέω Stammesunterschiede berücksichtigen.

φῦλον, τό Geschlecht: a) Familie. b) Stamm, Völkerschaft; Volk; Schar. c) Gattung, Art.

φύλοπις, ιδος, ἡ Getümmel, Schlacht; Kampf; Streit.

φῦμα, τό Geschwür.

φύξηλις, (ἰδος flüchtig; feig.

φύξιμος 2 a) imstande zu entfliehen. b) τὸ -ον Zufluchtsort.

φύξις, ιος, ἡ Flucht.

φύρᾱμα, τό Teig, Tonmasse.

φυράω mengen, zusammenrühren, kneten.

φύρω a) durcheinanderrühren, vermischen, vermengen; verwirren. b) benetzen, besudeln.

φῦσα, ἡ Blasebalg; Blähung.

φῡσάω 1. blasen, hauchen; schnauben. — 2. a) aufblasen, aufblähen; stolz machen. b) emporblasen, hervorströmen lassen.

φῡσητήρ, ῆρος, ὁ Blasröhre.

φῡσιάω blasen, schnauben.

φῡσί-ζοος 2 getreidespendend.

φῡσικός 3 natürlich: a) die Natur betreffend. b) von Natur, naturgemäß, angeboren.

φῡσιόω = φυσιάω.

φύσις, εως, ἡ 1. Geburt, Herkunft. — 2. Natur (= natürliche Beschaffenheit), Anlage, Wesen, Begabung, Fähigkeit(en): a) Körperbildung, Wuchs; Gestalt. b) Geschlecht. c) Naturell, Charakter. d) Naturtrieb. e) Genie. f) Naturordnung, natürliche Möglichkeit. g) Schöpferkraft der Natur. — 3. a) Welt. b) Geschöpf, Wesen, Kreatur.

φύσωσις, εως, ἡ Stolz.

φῠταλιή, ἡ Baum= ob. Weinpflanzung; Garten.

φῠτάλμιος 2 a) erzeugend. b) wer etw. mit auf die Welt gebracht hat.

φυτεία, ἡ a) Pflanzung. b) Pflanze.

φύτευμα, τό = φυτόν.

φύτευσις, εως, ἡ das Bepflanzen.

φυτεύω a) pflanzen, anpflanzen. b) bepflanzen. c) erzeugen; hervorbringen, anstiften.

φυτόν τό Gewächs, Pflanze; Baum; Geschöpf, Sprößling.

φυτο-σπόρος, ὁ Erzeuger, Vater. [Erzeuger.]

φυτουργός 2 erzeugend. ὁ

φύω I. Akt.: a) erzeugen, wachsen lassen, schaffen, hervorbringen; bekommen, erhalten. b) intr. = P. — II. P. 1. a) entstehen, wachsen, hervorkommen. b) erzeugt ob. geboren werden, abstammen. — 2. a) beschaffen ob. begabt, geeignet, bestimmt sein. b) (von Natur) sein, werden, geworden sein, sich befinden.

φώκη, ἡ Robbe, Seehund.

φωλεός, ὁ Höhle, Grube.

φωνασκέω als Redner viel Lärm machen.

φωνασκία, ἡ Stimm=übung, =fertigkeit, Vortragskunst.

φωνέω 1. *intr.* die Stimme erheben, tönen, erschallen: a) rufen; krähen. b) (laut) sprechen, reden. — 2. *trans.* ertönen lassen; a) anrufen, herbeirufen, kommen lassen; zu Tische laden. b) etw. reden, sagen, verkünden, befehlen. c) nennen.

φωνή, ἡ Stimme: 1. Ton, Laut, Klang, Schall; Ruf, Geschrei. — 2. a) Rede, Sprache; Mundart. b) Äußerung, Wort.

φωνήεις 3 sprachbegabt.

φώνημα, τό = φωνή.

φώρ, φωρός, ὁ Dieb.

φωράω heimlich aufsuchen, ertappen, entdecken.

φωριαμός, ἡ Lade, Truhe.

φώς, φωτός, ὁ Mensch, Mann: a) Gatte. b) Held.

φῶς, φωτός, τό = φάος.

φωστήρ, ῆρος, ὁ a) Stern. b) Lichtglanz.

φως-φόρος 2 lichtbringend. ὁ φ. Morgenstern.

φωτεινός 3 licht, hell, leuchtend, erleuchtet.

φωτίζω a) leuchten. b) beleuchten; erleuchten; ans Licht bringen. [Glanz.]

φωτισμός, ὁ Erleuchtung;

X

X, χ (χεῖ, χῖ) zweiundzwanzigster Buchstabe des griechischen Alphabets.

χάδε, χαδέειν s. χανδάνω.

χάζω I. Akt. weichen machen. θυμοῦ κεχαδών lebenraubend. II. M. weichen, sich zurückziehen; von etw. ablassen, fernbleiben.

χαίνω a) klaffen, sich öffnen, sich auftun; den Mund öffnen; nach etw. schnappen. b) (Worte) laut ausstoßen.

χαίρω sich freuen, Freude an etw. haben, etw. gern haben. χαίρω ποιῶν ich tue gern ob. mit Freuden, ich pflege zu tun. Insb.: a) χαίρων: α) froh, mit Freuden, gern; β) wohlbehalten, gesund, glücklich. b) χαῖρε, χαίρετε sei(d) gegrüßt! leb(t) wohl! c) χαίρειν τινὰ φάσκω (ob. λέγω, προσεῖπον u. ä.) ich willkommen heißen, j-n beglückwünschen. d) χαίρειν τι ἐῶ (φράζω, λέγω u. ä.) einer Sache Valet sagen, etw. fahren lassen, sich zum Teufel scheren lassen.

χαίτη, ἡ langes Haar, Mähne; Helmbusch.

χάλαζα, ἡ Hagel, Schloßen.

χαλ-αργός 2 schnellfüßig.

χαλαρός 3 schlaff, locker.

χαλάω 1. nachlassen, loslassen: a) abspannen, losbinden; erschlaffen. b) hinab-, herunterlassen; über Bord werfen. c) abnehmen, entfernen; d) (die Tür) öffnen. — 2. *intr.* nachlassen: a) schlaff werden. b) offen stehen. c) nachgeben, sich fügen. d) zur Ruhe kommen.

χαλεπαίνω I. Akt. schwer ob. schlimm, böse sein; unwillig sein, zürnen, anfeinden, hart verfahren, toben, wüten. — II. M. P.: a) grob behandelt werden. b) = Akt.

χαλεπός 3 schlimm, schwer, schwierig: 1. a) beschwerlich, schwer zugänglich, lästig, drückend, gefährlich. b) unangenehm, widerwärtig, feindlich, böse, verderblich, wild. — 2. a) mürrisch. b) zornig, erbittert, grausam, hart, schroff, feindselig. — 3. *adv.* χαλεπῶς schwer, mit Mühe, kaum, schmerzlich, ungern; heftig, sehr. χ. φέρειν etw. übel aufnehmen, über etwas erzürnt sein. χ. ἔχειν unwillig od. zornig, empört, aufgebracht sein.

χαλεπότης, ητος, ἡ Schwierigkeit: a) Beschwerlichkeit. b) Härte, Strenge, Heftigkeit; mürrisches Wesen.

χαλέπτω bedrängen.

χαλιναγωγέω zügeln, beherrschen.

χαλινός, ὁ Zaum, Zügel.

χαλινόω (auf)zäumen.

χάλιξ, ικος, ὁ u. ἡ a) Mörtel, Kalk. b) Kies, Schutt.

χαλιφρονέω einfältig sein.

χαλιφροσύνη, ἡ Schlaffheit; Leichtsinn.

χαλί-φρων 2 einfältig.

χάλκ-ασπις, ιδος erzbeschildet.

χαλκεία, ἡ Schmiedekunst.

χαλκεῖον, τό a) Schmiede. b) Erzgefäß, Kessel.

χάλκειος 3 = χάλκεος.

χαλκεο-θώρηξ, ηκος erzgerüstet.

χάλκεος 3 (und 2) von Erz, ehern, kupfern; erz-gerüstet, -geschmückt; fest, stark.

χαλκεό-φωνος 2 mit eherner Stimme. [Goldschmied.)

χαλκεύς, έως, ὁ Schmied;

χαλκευτικός 3 in der Schmiedekunst geschickt.

χαλκεύω schmieden.

χαλκεών, ῶνος, ὁ Schmiede.

Χαλκηδών, όνος, ὁ der Chalzedon (Edelstein).

χαλκήιον τό = χαλκεῖον.

χαλκήιος 3 dem Schmied angehörig, Schmiede-...

χαλκ-ήρης 2 erz-gefügt, -beschlagen, ehern.

χαλκί-οικος 2 Göttin im ehernen Tempel. [Kessel.)

χαλκίον, τό ehernes Geschirr,)

χαλκίς, ίδος, ἡ Nachthabicht.

χαλκο-βαρής 2 erzschwer.

χαλκο-βατής 2 erzschwellig.

χαλκο-βόης, ου mit eherner Stimme. [gespitzt.)

χαλκο-γλώχιν, ινος erz-)

χαλκό-δετος 2 mit Erzplatten belegt. [panzert.)

χαλκο-θώρηξ, ακος erzge-)

χαλκο-κνημίς, ιδος erzbeschient. [gepanzert.)

χαλκο-κορυστής, οῦ erz-)

χαλκο-λίβανον, τό Golderz, Silber-, Halb-gold.

χαλκο-πάρῃος 2 erzwangig.

χαλκό-πλευρος 2 erzwandig, ehern. [geschmiedet.)

χαλκό-πληκτος 2 aus Erz)

χαλκό-πους erz-füßig, -hufig.

χαλκό-πυλος 2 mit ehernen Toren.

χαλκός, ὁ a) Erz, Kupfer, Bronze; übh. Metall. b) Erzgefäß, Waffe(n), Kupfergeld.

χαλκό-στομος 2 mit ehernem Munde. [schmied.)

χαλκο-τύπος, ὁ Kupfer-)

χαλκό-τυπος 2 vom Erz geschlagen.

χαλκοῦς 3 = χάλκεος. [zert.)

χαλκο-χίτων, ωνος erzgepan-)

χάλκωμα, τό ehernes Gefäß.

χάλυψ, υβος, ὁ Stahl.

χαμᾶδις u. **χαμᾶζε** adv. zur Erde, zu Boden. [(aus).)

χαμᾶθεν adv. vom Boden)

χαμαί adv. a) auf der Erde, auf dem Boden. b) auf die Erde, zu Boden.

χαμαι-ευνάς, άδος u. -εύνης, ου auf der Erde liegend oder schlafend.

χαμαί-ζηλος 2 niedrig, klein. subst. ὁ Fußschemel.

χαμαι-κοίτης, ου = χαμαιεύνης. [χαμᾶθεν.)

χαμᾶθεν und **χαμόθεν** =)

χάμψαι, οἱ die Krokodile.

χανδάνω fassen = in sich enthalten, fassen können.

χανδόν adv. gierig.

χᾰνεῖν f. χαίνω.

χάος, ους, τό das Chaos.

χᾰρά, ἡ a) Freude, Freudigkeit, Lust; Seligkeit; Freudenmahl. b) Liebling, Wonne.

χάραγμα, τό a) Biß, Stich. b) Gebilde, Malzeichen, Stempel.

χαράδρᾱ, ἡ Riß, Spalt: a) Schlucht, Hohlweg. b) Flußbett; Gießbach.

χαραδριός, ὁ Regenpfeifer (Vogel). [zerklüften.]

χαραδρόω durch Gießbäche

χαρακτήρ, ῆρος, ὁ 1. Gepräge; Stempel; Abdruck, Abbild. — 2. a) Eigentümlichkeit, Charakter, Wesen. b) Kennzeichen.

χαράκωμα, τό Befestigung, Verschanzung, Wall.

χάραξ, ᾰκος, ὁ u. ἡ 1. Spitzpfahl: a) Weinpfahl. b) Palisade. — 2. Pfahlwerk, Verschanzung, Wall.

χαράσσω 1. a) spitzen, schärfen, b) kratzen, ritzen; einkratzen, einschneiden. — 2. reizen, erbittern, aufbringen.

χαρίεις 3 anmutig, reizend, lieblich, hold, schön: 1. a) gebildet, geistreich. b) liebenswürdig. — 2. a) fein, witzig. b) angenehm, willkommen, lieb.

χᾰριεντίζομαι M. scherzen.

χαρίζομαι M. 1. Gunst oder Freundlichkeit erweisen, sich freundlich ob. gefällig ob. gnädig beweisen, willfahren; nachgeben, sich hingeben, frönen. — 2. a) aus Liebe tun, j-m etw. zu Gefallen tun. b) gern geben, reichlich spenden, schenken: α) preisgeben, opfern, begnadigen; β) verzeihen, vergeben. — 3. P. pf. κεχάρισμαι erwünscht ob. angenehm, lieb sein.

χάρις, ιτος, ἡ 1. Freude, Lust. — 2. Anmut, Liebreiz, Schönheit; Liebenswürdigkeit. — 3. Gunst: a) α) Huld, Gnade, freundliche Gesinnung; Gnadengabe, Liebes-dienst, -gabe, Gefälligkeit; β) Dankbarkeit, Dank, Lohn; γ) Dansagung. b) Beliebtheit, Ansehen. — 4. χάριν, τινός zugunsten, zu Gefallen, um ... willen, wegen.

χάρισμα, τό Gnaden-gabe, -geschenk; Gabe.

χαρῑτόω begnaden, segnen.

χάρμα, τό = χαρά.

χάρμη, ἡ a) Kampflust. b) Kampf, Schlacht.

χαρμονή, ἡ = χαρά.

χαρμόσυνος 3 freudig. τὰ -α Freudenfest. [b) funkeläugig.]

χαρ-οπός 3 a) frohblickend.

χάρτης, ου, ὁ Papier(blatt).

χαρτός 3 erfreulich.

χάσκω gähnen, klaffen.

χάσμα, τό Spalt, Schlund.

χασμάομαι M. mit offenem Munde dastehen.

χᾰτέω a) bedürfen. b) begehren, verlangen, sich sehnen.

χᾰτίζω = χατέω.

χαυλι-όδων, οντος, ὁ hervorstehender Hauzahn.

χειᾱ́, ἡ Loch, Höhle.

χεῖλος, τό 1. Lippe. — 2. a) Rand, Saum. b) Ufer.

χεῖμα, τό = χειμών.

χειμάδιον, τό = χειμασία.

χειμάζω 1. trans. bestürmen, heimsuchen, bedrängen, beunruhigen, erschrecken. P. vom Sturme bedrängt werden. — 2. a) stürmen, stürmisch sein. b) überwintern.

χειμαίνω = χειμάζω.

χειμά-ρροος u. **-ους** 2 wildflutend. ὁ ~ Gießbach, Wildbach, Bergstrom; (Strom-)Schlucht.

χεῖμα-ρρος, ὁ = χειμάρροος.
χειμάσἴά, ἡ Winterquartier(e).
χειμερίζω = χειμάζω.
χειμερινός 3 u. **χειμέριος** 2, selten 3 a) winterlich, Winter-..., Schnee-... b) stürmisch, rauh.
χειμών, ῶνος, ὁ 1. a) Winter; Frost, Kälte. b) Sturm, Unwetter. — 2. Sturm, Not, Gefahr.
χείρ, χειρός, ἡ 1. Hand, Faust, Tatze; a) Arm. b) Seite. Insb.: a) die Nähe, Nahkampf, Handgemenge, (zeitlich) die Gegenwart. ἐν χερσίν u. ἐν χερσὶν εἶναι in nächster Nähe oder gegenwärtig sein. εἰς χεῖρας δέχεσθαι den Nahkampf aufnehmen. ἐκ χειρός in der Nähe, im Nahkampf, Mann gegen Mann. b) Tat, Tätigkeit: α) persönliche Tapferkeit, Kraft; β) Macht, Gewalt; γ) Gewalttätigkeit. — — 2. a) Handschrift. b) Enterhaken. c) eine Handvoll, Schar, Mannschaft. [führen.]
χειρ-ᾰγωγέω an der Hand
χειρ-ᾰγωγός 2 an der Hand führend, leitend.
χειρ-απτάζω behandeln.
χειρῐδωτός 2 mit langen Ärmeln versehen. [(befindlich).]
χείριος 3 in der Gewalt j-s
χειρίς, ίδος, ἡ a) (Ärmel-) Handschuh. b) langer Ärmel. c) Geldsack.
χείριστος 3 s. χέρης.
χειρό-γρᾰφον, τό Schuldbrief, -schein.
χειρο-δάϊκτος 2 mit der Hand zerstückelt.
χειρό-δεικτος 2 mit dem Finger gezeigt, als ein Fingerzeig, handgreiflich, sicher.
χειρο-ήθης 2 an die Hand gewöhnt: a) zahm. b) folgsam.
χειρό-μακτρον, τό Handtuch, Serviette.

χειρονομέω gestikulieren.
χειρόομαι a) M. überwältigen, bezwingen, unterwerfen. b) P. überwältigt werden.
χειρο-πληθής 2 die Hand füllend, faust-groß.
χειρο-ποιέομαι M. mit eigenen Händen tun.
χειροποίητος 2 von Menschenhand gemacht, künstlich.
χειρότερος 3 = χείρων.
χειρο-τέχνης, ου, ὁ a) Handwerker. b) Meister, Künstler.
χειροτονέω die Hände ausstrecken. Insb. durch Handaufheben: a) abstimmen. b) beschließen; bestätigen. c) wählen.
χειροτονίᾱ, ἡ a) Abstimmung. b) Wahl.
χειρουργέω mit der Hand verrichten; ausführen.
χειρούργημα, τό und **χειρουργίᾱ**, ἡ Handarbeit; Handgriff. [Tod.]
χείρωμα, τό Überwältigung,
χείρων 2 s. χέρης.
χειρ-ῶναξ, ακτος, ὁ Handwerker, Handarbeiter.
χειρωναξίᾱ, ἡ Handwerk.
χείσομαι, fut. v. χανδάνω.
χελῐδών, όνος, ἡ Schwalbe.
χελώνη, ἡ Schildkröte; Schutzdach.
χέρᾰδος, τό Kies, Geröll.
χερειότερος 3 u. **χερείων** 2 = χείρων (s. χέρης).
χέρης, ηος und εος a) gering, schwach; untertan; schwächer. b) schlecht, schlimm. comp. **χείρων** 2: a) geringer, kleiner, schwächer; nachstehend. b) weniger gut, schlechter, schlimmer, feiger. sup. **χείριστος** 3 geringster, schlechtester.
χερμάδιον, τό Feldstein.
χερνῆτις, ιδος, ἡ Lohnspinnerin.
χέρνῐβον, τό Waschbecken.

χερνίπτομαι M. a) sich die Hände waschen. b) Weihwasser sprengen.

χέρ-νιψ, ιβος, ἡ a) Waschwasser. b) Weihwasser.

χερό-πληκτος 2 mit der Hand geschlagen.

χερρό-νησος, ἡ = χερσόνησος.

χερσαῖος 3 auf dem Lande lebend, see-unkundig.

χερσονησο-ειδής 2 einer Halbinsel ähnlich.

χερσό-νησος, ἡ Halbinsel.

χέρσος 2 trocken, starr: a) fest, hart. ἡ χέρσος Festland, Strand. χέρσον δέ an das feste Land. b) unfruchtbar, öde, leer.

χεῦ, χεῦαι s. χέω.

χεῦμα, τό Guß; Naß, Flut; gegossene Schale.

χέω I. Akt. 1. a) gießen, ausgießen, vergießen; regnen od. schneien lassen. b) schütten, streuen, aus-, herab-schütten, aufschütten, aufwerfen, in Menge schleudern: α) hinstrecken, niederwerfen, fallen lassen; β) aus-, ver-breiten. — II. P.: a) (aus)gegossen oder auf-, hin-geschüttet werden. b) sich ergießen, strömen; stürzen. c) sich über etw. verbreiten. — III. M.: a) etwas für sich ob. von sich (aus)gießen, ausschütten, streuen. b) = P.

χηλευτός 3 geflochten.

χηλή, ἡ 1. a) Klaue, Kralle. b) Huf. — 2. Hafendamm.

χηλός, ἡ Lade, Truhe.

χήν, χηνός, ὁ, ἡ Gans.

χην-αλώπηξ, εκος, ὁ Fuchsgans.

χήνεος 3 von der Gans, Gänse-...

χήρα, ἡ s. χῆρος.

χηραμός, ὁ Höhle, Spalt.

χήρατο s. χαίρω.

χηρεία, ἡ Witwenstand.

χηρεύω entblößt ob. leer sein; verlassen, verwaist, Witwe sein.

χῆρος 3 entblößt, beraubt; leer; verlassen, verwitwet. ohne. subst. ἡ χήρα Witwe.

χηρόω leer oder öde machen: a) entvölkern. b) zur Witwe machen. [wandte(r).]

χηρωστής, οῦ, ὁ Seitenver-

χήτει (dat.) aus Mangel an, aus Sehnsucht nach etw.

χθαμαλός 3 niedrig, flach.

χθές u. **ἐ-χθές** adv. gestern; kürzlich, jüngst.

χθιζός 3 gestrig, gestern.

χθόνιος 3 (u. 2) 1. a) erdgeboren. b) einheimisch, (ur-)eingeboren. — 2. unterirdisch.

χθονο-στιβής 2 irdisch.

χθών, χθονός, ἡ Erdboden, Erde; Land, Staat, Volk.

χιλί-αρχος und **χιλί-άρχης**, ου, ὁ Anführer von tausend Mann, Oberst, Kriegstribun, Befehlshaber.

χιλιάς, άδος, ἡ eine Anzahl von tausend, Tausend.

χιλι-έτης 2 tausendjährig.

χίλιοι 3 tausend.

χιλιοστός 3 tausendste(r).

χιλός, ὁ a) Gras, Grünfutter. b) Weide, Weideplatz.

χιλόω füttern, weiden lassen.

χίμαιρα, ἡ Ziege.

χιονίζω a) beschneien. b) χιονίζει es schneit.

χιονό-κτυπος 2 schneegepeitscht.

χιτών, ῶνος, ὁ a) Unterkleid, Hemd; Gewand, Kleid. b) Panzer(rock), Waffenrock, Koller.

χιτωνίσκος, ὁ kurzes Unterkleid.

χιών, όνος, ἡ Schnee.

χλαῖνα u. **χλαίνη**, ἡ a) Mantel. b) Decke, Teppich.

χλαμυδουργία, ἡ Verfertigung der Oberkleider.

χλαμύς, ύδος, ἡ Oberkleid, Mantel: a) Kriegsmantel. b) Staatskleid.

χλᾱνίδιον, τό Mäntelchen.

χλᾱνῐδοποιΐα, ἡ Verfertigung der feinen Oberkleider.

χλᾱνίς, ίδος, ἡ Staatskleid, (Pracht-)Mantel.

χλευάζω a) spotten, scherzen. b) verspotten, höhnen.

χλευασμός, ὁ Spott, Hohn.

χλῐᾰρός 3 lau(warm).

χλῐδάω stolz sein, auf etwas pochen.

χλῐδή, ἡ a) Üppigkeit; Schmuck, Zier. b) Übermut, Stolz.

χλόη, ἡ junges Grün; Gras; junger Schoß.

χλούνης, ου, ὁ Eber, Keiler.

χλωρηΐς, ίδος grünlich-gelb.

χλωρός 3: 1. hellgrün, gelb; fahl, bleich. — 2. a) (vom Holz) grün. b) jugendlich kräftig, frisch, gesund. [bekommen.]

χνοάζω einen (leichten) Anflug

χνόη, ἡ Nabe des Rades; Wagenachse.

χνόος, ὁ Schaum, Kruste.

χξϛ´ = 666.

χόανος, ὁ Schmelztiegel.

χοή, ἡ Guß; Weiheguß, Spende, Totenspende.

χοϊκός 3 von Erde, irdisch.

χοῖνιξ, ικος, ἡ a) Choinix (Kornmaß); Liter; tägliches Brot. b) Fußfessel.

χοιράς, άδος, ἡ Klippe, Felsen.

χοίρειος 3 u. **χοίρεος** 3 vom (jungen) Schweine, Ferkel-...

χοῖρος, ὁ Ferkel, Schwein.

χολάδες, ων, αἱ Eingeweide.

χολάω an Galle leiden; zürnen.

χολή, ἡ und **χόλος**, ὁ Galle; Zorn, Wut, Groll, Widerwille.

χολόω I. Akt. zornig machen, erzürnen. — II. M. u. P. zornig werden, zürnen.

χολωτός 3 erzürnt, zornig.

χόνδρος, ὁ Stückchen, Korn, Körnchen.

χόος = χοῦς.

χορᾱγός, ὁ = χορηγός.

χορδή, ἡ a) Darm. b) Darmsaite.

χορευτής, οῦ, ὁ Chortänzer.

χορεύω u. M. a) einen Chortanz aufführen, im Chor tanzen; tanzen. b) mit Reigentänzen feiern.

χορηγέω a) Chorführer sein. b) Choreg sein; etw. ausrüsten, die Kosten bestreiten, etw. gewähren, liefern; j-n unterstützen.

χορηγία, ἡ Choregie; Leistung, Kostenaufwand, Ausstattung.

χορ-ηγός, ὁ, ἡ a) Chorführer (-in). b) Choreg.

χορικός 3 zum Chor gehörig. τά -ά Chortanz.

χοροιτυπίη, ἡ Reigentanz.

χορόν-δε adv. zum Reigentanze.

χορο-ποιός 2 ὁ Ordner oder Führer des Chortanzes.

χορός, ὁ a) Tanzplatz. b) Reigentanz, Chortanz; Tanz; Chor der Tänzer und Sänger; Schar.

χορτάζω füttern, sättigen; stillen. P. satt werden bzw. sein.

χόρτασμα, τό Nahrungsmittel, Speise, Futter.

χόρτος, ὁ 1. Gehege, Hof; a) Viehhof. b) Weide(platz). — 2. Futter, Heu, Gras, Saat.

χοῦς, gen. χοός, ὁ Schutt, Staub. b) Kanne (als Maß).

χόω a) aufschütten; aufwerfen, aufführen. b) zuschütten, mit Schutt ausfüllen.

χραίνω beflecken, entweihen.

χραισμέω a) nützen, helfen. b) abwehren, abhalten.

χραύω a) streifen, ritzen. b) eindringen, anfallen, bedrängen.

χράω

χράω¹ = χραύω.
χράω² verlangen, wünschen.
χράω³ 1. leihen, (verborgen); gewähren, geben. M. sich etw. leihen ob. borgen. — 2. (ein) Orakel erteilen, weissagen: a) P.: α) vom Orakel verkündigt werden; β) einen Orakelspruch erhalten. b) M. das Orakel befragen.
χράομαι M. 1. bedürfen, sich sehnen. κεχρημένος begehrend, bedürftig. — 2. gebrauchen, sich bedienen, benutzen, ausüben, haben: a) mit j-m umgehen ob. verkehren, zu tun haben. b) verfahren, behandeln, als etwas nehmen ober finden.
χρεία, ἡ 1. Gebrauch, Benutzung: a) Umgang. b) Dienst, Geschäft, Amt. c) Zweck. — 2. Brauchbarkeit, Nutzen, Genuß. — 3. Notwendigkeit: a) Bedürfnis; Naturbedürfnis. b) Not, Mangel. χρείαν ἔχειν bedürfen, nötig haben. Mangel leiden. c) Verlangen, Wunsch.
χρεῖος, τό = χρέος.
χρείω [ep.] = χράω³.
χρειώ, ἡ (dat. χρειοῖ) = χρεώ.
χρείως, τό = χρέος.
χρεμετίζω wiehern.
χρεόν = χρεών (f. χρή).
χρέος, τό 1. = χρεία. — 2. Schuld: a) Schadenersatz. b) Vergehen. c) Schuldigkeit.
χρέω [ion.] = χράω³.
χρεώ, οῦς, ἡ Notwendigkeit, Not: a) Bedürfnis, Verlangen. b) χρεώ ἐστι ob. γίγνεται das Bedürfnis ist vorhanden oder entsteht (= χρή).
χρεώμενος f. χράομαι.
χρεών indekl. f. χρή.
χρέως, τό = χρέος. [ner.]
χρε-ωφειλέτης, ου, ὁ Schuld-
χρή es ist nötig, man muß,

χρήσιμος

man soll, man darf, man braucht, es geziemt sich; a) es ist vom Schicksal bestimmt. b) χρή μέ τινος ich bedarf einer Sache. c) pass: α) da es nötig ob. schicklich, Schicksalsbestimmung ist ob. war; β) (τό) χρεών notwendig, das Nötige, Erforderliche, Pflicht; Schicksal.
χρῄζω 1. a) bedürfen, nötig haben. b) verlangen, wollen, wünschen. — 2. prophezeien.
χρηίζω = χρῄζω.
χρητίσκομαι M. = χράομαι.
χρῆμα, τό 1. Ding, Sache, Gegenstand, etwas: a) ein Stück, Exemplar. b) Ereignis, Unternehmen, Geschäft. c) Menge, Masse. d) Geldsumme. — 2. pl. Güter, Waren, Schätze, Geld, Vermögen, Reichtum, Macht.
χρηματίζω I. Akt. ein Geschäft betreiben ob. besorgen: a) Staatsgeschäfte treiben; etw. zur Beratung vorlegen; verhandeln, unterhandeln, Bericht erstatten. b) Audienz erteilen. c) ein Orakel geben, weissagen; offenbaren. d) einen Namen annehmen, heißen. — II. P.: a) eine Weisung oder einen (göttlichen) Befehl erhalten. b) (öffentlich) genannt werden, heißen. — III. M. 1. verhandeln. — 2. für sich Geschäfte treiben, Geld verdienen, sich bereichern.
χρηματισμός, ὁ a) amtliche Tätigkeit. b) göttliche Antwort, Orakel. c) Gewerbe; Gelderwerb, Gewinn.
χρηματιστής, οῦ, ὁ Gelderwerber, Geschäftsmann.
χρηματιστικός 3 a) erwerbsam. οἱ -οί Geldmänner. ἡ -ή Erwerbsamkeit. b) Gewinn anzeigend.
χρήσιμος 3 (und 2) brauchbar,

31*

χρῆσις nützlich, vorteilhaft: a) vielbesucht. b) tüchtig, brav, wacker, verdienstvoll.

χρῆσις, εως, ἡ = χρεία; bsd. Geschlechtsverkehr.

χρησμο-λόγος 2 weissagend. ὁ Orakeldeuter.

χρησμός, ὁ Orakelspruch.

χρησμοσύνη, ἡ a) Wahrsagekunst. b) Verlangen, Wunsch.

χρησμῳδέω weissagen.

χρησμῳδία, ἡ Weissagung.

χρησμ-ῳδός 2 weissagend. ὁ Weissager, Prophet.

χρηστεύομαι M. sich gütig zeigen, freundlich sein.

χρηστηριάζομαι M. das Orakel befragen.

χρηστήριος 3 a) adj. prophetisch. b) τὸ χρηστήριον Orakel; Orakelsitz; Opfertier.

χρηστολογία, ἡ Schönrednerei, heuchlerische Rede.

χρηστός 3 a) brauchbar, nützlich, zuträglich; günstig, angenehm. b) rechtschaffen, bieder, edel, gut, aufrichtig; sanft, gütig, freundlich.

χρηστότης, ητος, ἡ a) Rechtschaffenheit. b) Güte, Freundlichkeit.

χρῖμα, τό Salbe, Salböl, Fett.

χρίμπτω I. Akt. (hin)streifen lassen, streifen, berühren. — II. P. sich hinzudrängen.

χρῖσμα, τό = χρῖμα.

Χριστός 3 gesalbt.

χρίω a) bestreichen, färben; salben. b) stechen, verletzen.

χροά u. **χροιά**, ἡ = χρώς.

χρόμαδος, ὁ das Knirschen.

χρονίζω die Zeit zubringen; lange dauern, zögern, verziehen, auf sich warten lassen.

χρόνιος 3 (u. 2) a) vor od. seit langer Zeit (geschehend), langwierig. b) nach langer Zeit, (erst) spät; langsam.

χρόνος, ὁ Zeit, Dauer; Weile; lange Zeit; Lebenszeit, Alter; Frist, Termin; Zeitverlust; adv.: χρόνου seit geraumer Zeit; ὀλίγου χρόνου binnen kurzer Zeit; πολλοῦ χρόνου seit od. binnen langer Zeit; τοῦ λοιποῦ χρόνου für die Zukunft, künftig; (τῷ) χρόνῳ mit der Zeit, nach kurzer Zeit, allmählich; χρόνῳ οὐ πολλῷ bald darauf; χρόνον (τινά) eine Zeitlang; σὺν χρόνῳ mit der Zeit, nach und nach.

χρονοτρῑβέω = χρονίζω.

χρῡσ-άμπυξ, υκος mit goldenem Stirnband.

χρῡσ-άνιος 2 = χρυσήνιος.

χρῡσ-άορος 2 ein Goldschwert führend.

χρῡσ-αυγής 2 goldschimmernd.

χρύσειος 3 = χρύσεος, τὰ χρύσεια Goldbergwerke.

χρύσεος 3 u. **χρῡσοῦς**, ῆ, οῦν 1. a) golden; goldgeschmückt, vergoldet. b) gold-gelb, -farben. — 2 herrlich, köstlich.

χρῡσ-ηλάκατος 2 einen Goldpfeil führend.

χρῡσ-ήλατος 2 aus Gold getrieben.

χρῡσ-ήνιος 2 a) mit goldenen Zügeln. b) goldglänzend.

χρύσιον, τό = χρυσός.

χρυσῖτις, ιδος goldhaltig.

χρῡσο-δάκτυλιος 2 mit goldenen Ringen geschmückt.

χρῡσό-δετος 2 aus Gold gewunden, goldverziert.

χρυσο-ειδής 2 goldartig.

χρῡσό-θρονος 2 goldthronend.

χρῡσό-κομος 2 goldhaarig; goldfarbig.

χρῡσό-λιθος, ὁ Topas.

χρῡσο-μίτρης, ου mit goldener Kopfbinde (geschmückt).

χρυσό-νωτος 2 oben goldverziert.

χρυσό-παστος 2 goldgestickt.

χρυσο-πέδῑλος 2 goldbeschuht. [(Edelstein).]

χρυσό-πρᾱσος, ὁ Chrysopras.

χρυσό-πτερος 2 goldgeflügelt.

χρυσο-ρράπις, ιδος goldstabtragend. [strömend.]

χρυσο-ρ(ρ)ύτος 2 gold-

χρῡσός, ὁ a) Gold. b) Goldgerät: Goldschmuck, Goldgefäß, Goldmünze(n); Geld. [den.]

χρῡσό-στροφος 2 goldgewun-

χρυσοῦς 3 f. χρύσεος.

χρυσοφορέω goldenen Schmuck tragen.

χρυσο-φόρος 2 goldene Kleider od. Rüstungen tragend.

χρῡσο-φύλαξ, ᾰκος goldhütend.

χρῡσο-χᾰλῑνος 2 goldgezäumt.

χρῡσο-χόος, ὁ Goldschmied.

χρῡσόω vergolden.

χρῶ = χράω, f. χράομαι.

χρῷ dat. sg. v. χρώς.

χρῴζω a) berühren. b) bestreichen; färben.

χρῶμα, τό Farbe: a) Hautfarbe, Teint. b) Schminke.

χρώς, χρωτός, ὁ a) Haut; Leib, Körper. ἐν χρῷ bis auf die Haut; in nächster Nähe. b) Hautfarbe, Farbe.

χύμενος, **χύντο** f. χέω.

χύσις, εως, ἡ Aufschüttung, Haufe. [(salben.]

χυτλόομαι M. sich baden und

χυτός 3 a) (aus)gegossen. b) aufgeschüttet. ὁ χ. Damm, Wall. c) geschmolzen.

χύτρᾱ, ἡ Topf, Krug.

χυτρίς, ίδος, ἡ = χυτρα.

χύτρος, ὁ a) Topf, Kochgefäß. b) warme Quelle.

χωλεύω lahm sein, hinken.

χωλός 3 lahm, hinkend; gebrechlich, verstümmelt.

χῶμα, τό Aufschüttung: a) Grabhügel. b) Damm, Wall.

χώννῡμι f. χόω. [zürnen.]

χώομαι M. unwillig sein,

χώρᾱ, ἡ 1. Raum, Strecke. — 2. Ort, Platz, Stelle: a) Wohnplatz. b) Örtlichkeit: α) Ortschaft; fester Platz, Festung; β) Land = Landschaft, Gegend, Gebiet; bsd. Heimat(land); γ) Terrain, Gelände; δ) Land = Ländereien, Feld, Acker, Grundstück, Landgut. — 3. Posten, Stellung: a) Reih und Glied, Ordnung. b) Rang, Geltung.

χωρέω 1. Platz machen: a) weichen, sich zurückziehen. b) weggehen, aufbrechen, gehen, kommen, ziehen, marschieren; α) vorrücken; β) an etwas gehen: γ) vonstatten gehen, Fortgang od. Erfolg haben, glücken, ablaufen. — 2. fassen od. fassen können, (in sich) aufnehmen (können); verstehen.

χωρίζω I. Akt. 1. aufstellen. — 2. (ab)sondern, trennen, scheiden. — II. P. sich entfernen, sich trennen, sich scheiden, weggehen; pf. geschieden od. unterschieden sein.

χωρίον, τό = χώρα.

χωρίς 1. adv.: a) abgesondert, getrennt, abseits, allein, für sich. b) α) verschieden(artig), (etwas) anders; β) ausgenommen. — 2. prp. mit gen.: a) fern von etw. b) ohne, außer, abgesehen von.

χωρισμός, ὁ Trennung.

χωρίτης, ου, ὁ Landmann, Bauer.

χωρῑτικός 3 ländlich, bäuerisch.

χῶρος[1], ὁ = χώρα.

χῶρος[2], ὁ Nordwestwind.

χῶσις, εως, ἡ a) Aufschüttung. b) Eindämmung.

Ψ

Ψ, ψ (ψεῖ, ψῖ) dreiundzwanzigster Buchstabe des griechischen Alphabets.

ψακάς, άδος, ἡ tropfenweise fallender Regen, Tropfen.

ψάλλω a) rupfen. b) die Saiten schlagen, spielen; zur Zither singen, lobsingen, bsd. Psalmen singen.

ψαλμός, ὁ a) Saitenspiel. b) Lied; Loblied, Psalm.

ψαλτήριον, τό Saiteninstrument.

ψάλτρια, ἡ Lautenschlägerin.

ψάμαθος, ἡ = ψάμμος.

ψάμμη, ἡ = ψάμμος.

ψάμμινος 3 sandig.

ψάμμος, ἡ Sand; Sandhaufe: a) Düne(n). b) Gestade, Strand.

ψαμμώδης 2 sandig.

ψάρ, ψαρός, ὁ Star (Vogel).

ψαύω berühren, antasten.

ψάω reiben; zerbröckeln.

ψέγω tadeln, verkleinern.

ψεδνός 3 a) dünn. b) kahlköpfig.

ψεκάς, άδος, ἡ = ψακάς.

ψέλιον, τό Armband; Ring.

ψελιο-φόρος 2 Armbänder tragend.

ψελλίζομαι M. stammeln, lallen.

ψευδ-άγγελος, ὁ Lügenbote.

ψευδ-άδελφος, ὁ falscher Bruder.

ψευδ-απόστολος, ὁ falscher Apostel.

ψευδ-ενέδρα, ἡ Scheinhinterhalt.

ψευδής 2 a) lügnerisch, lügenhaft, Lügner. b) erlogen, erdichtet, unwahr, falsch.

ψευδο-διδάσκαλος, ὁ falscher Lehrer, Irrlehrer.

ψευδο-κῆρυξ, υκος, ὁ Lügenherold, Lügenbote.

ψευδο-λόγος 2 Trug redend, lügend.

ψευδό-μαντις, εως, ὁ und ἡ Lügenprophet(in).

ψευδομαρτυρέω falsches Zeugnis ablegen.

ψευδομαρτυρία, ἡ falsches Zeugnis.

ψευδό-μαρτυς, υρος, ὁ falscher Zeuge.

ψευδο-πάρθενος, ἡ Lügenjungfrau.

ψευδο-προφήτης, ου, ὁ falscher Prophet.

ψευδ-όρκιος 2 meineidig.

ψεῦδος, τό Lüge, Unwahrheit, Täuschung, Betrug.

ψευδοστομέω lügen.

ψευδό-φημος 2 falsch weissagend, lügenhaft.

ψευδό-χριστος, ὁ falscher Christus, falscher Messias.

ψεύδω I. Akt. zur Lüge od. zum Lügner machen: 1. j-n Lügen strafen. — 2. täuschen, betrügen. — II. P. 1. getäuscht werden, sich täuschen. — 2. erlogen werden. — III. M. 1. lügen, täuschen. — 2. a) erlügen, erdichten. b) belügen, täuschen, (Verträge) brechen; nicht halten, unerfüllt lassen.

ψευδ-ώνυμος 2 fälschlich so genannt.

ψεῦσμα, τό Lüge, Lügenhaftigkeit, -predigt.

ψευστέω lügen.

ψεύστης, ου, ὁ Lügner, Betrüger.

ψῇ s. ψάω.

ψῆγμα, τό Körnchen Sand, Staub; Goldstaub.

ψηλαφάω a) (umher)tasten. b) betasten, tastend fühlen, berühren.

φήν, φηνός, ὁ Gallwespe.
φήρ, φηρός, ὁ = φάρ.
φηφῐδο-φόρος 2 abstimmend, stimmberechtigt.
φηφίζω I. Akt. 1. berechnen. 2. a) zur Abstimmung bringen, entscheiden (lassen). b) beschließen, bewilligen, zuerkennen. — II. M. seinen Stimmstein abgeben, abstimmen; durch Stimmenmehrheit a) entscheiden, beschließen, e-n Beschluß fassen. b) bewilligen, zuteilen.
φηφίς, ἴδος, ἡ Steinchen.
φήφισμα, τό a) Beschluß, Volksbeschluß. b) Antrag.
φηφο-ποιός 2 Stimmen fälschend.
φῆφος, ἡ Steinchen, Kiesel: a) Rechenstein, Rechenpfennig; α) Stimme; β) Abstimmung; γ) Beschluß, Entscheidung, Urteil; Richterspruch.
φήχω streiche(l)n; striegeln; zerreiben, abnutzen.
φιάς, άδος, ἡ Tropfen.
φῐθυρίζω zischeln, flüstern.
φῐθυρισμός, ὁ Ohrenbläserei, Verleumdung.
φῐθυριστής, οῦ, ὁ Ohrenbläser.
φῐθυρός 3 zischelnd, flüsternd.
φῑλός 3 fahl, glatt, unbehaart: 1. a) nackt, entblößt, unbekleidet, baumlos. b) leer, ohne etwas. — 2. a) unbewaffnet, ungeschützt. b) leichtbekleidet, leichtbewaffnet; ὁ Leichtbewaffneter. — 3. bloß, einzig, nichts weiter als, schlicht, einfach.
φῑλόω kahl machen, entblößen; berauben.
φῐμῡθῐόω (mit Bleiweiß) schminken.
φῐμύθῐον, τό u. **φῐμῦθος**, ὁ Bleiweiß, Schminke.
φῑχίον, τό Krümchen, Brocken, Stückchen.

φόγος, ὁ Tadel, Vorwurf.
φολόεις 3 rauchig, flammend.
φοφέω Geräusch machen, lärmen, (er)tönen, erklingen.
φόφος, ὁ Geräusch, Lärm; leeres Geschwätz.
φῦδος, τό Lüge.
φῡχᾰγωγέω j-s Seele lenken; j-n ergötzen oder unterhalten, fesseln.
φῡχᾰγωγία, ἡ Seelenführung; Ergötzung, Vergnügen.
φῡχεινός 3 = ψυχρός.
φῡχή, ἡ 1. Lebensodem, -kraft; Leben. — 2. a) belebtes Wesen, Person. b) Seele in der Unterwelt, Geist, Schattenbild. — 3. menschliche Seele: a) Verstand, Bewußtsein, Klugheit. b) Gemüt, Herz, Mut. c) Verlangen, Neigung, Lust, Trieb, Sinn, Begierde; Appetit. — 4. Nicht selten dient ψυχή zur Umschreibung der Person, zB. ἡ ἐμή ψυχή = ἐγώ; bsd. als Kose- oder Scheltwort: ὦ ἀγαθή (πιστή, μελέα, σκληρά) ψυχή.
φῡχῐκός 3 lebendig, sinnlich, natürlich, irdisch.
φῦχος, τό Kühle, Kälte, Frost; Winter.
φῡχρός 3: 1. kühl, kalt, frisch. — 2. kalt, frostig: a) gefühllos, herzlos. b) geistlos, abgeschmackt. c) erfolglos, vergeblich, nichtig.
φῡχρότης, ητος, ἡ Kälte.
φύχω 1. hauchen, blasen, atmen. — 2. (ab)kühlen. P. a) sich abkühlen, erkalten. b) trocknen.
φωμίζω a) speisen, nähren. b) spendend austeilen, verschenken.
φωμίον, τό = ψωμός.
φωμός, ὁ Bissen, Brocken.
φώρα, ἡ Krätze, Räude.
φωράω die Krätze haben.
φώχω zerreiben.

Ω

Ω, ω (ὦ μέγα) das Ο, vierundzwanzigster und letzter Buchstabe des griechischen Alphabets.
ὧ 1. = ὦ. — 2. Zeichen des Vokativs.
ὦ o! oh! ach! wehe!
ὠγύγιος 3 ogygisch; uralt, ehrwürdig.
ὧδε 1. auf diese Weise, so, also; folgendermaßen; bsd.: a) so sehr, so gewiß. b) nur so (= vergebens). c) ohne weiteres. — 2. a) hierher. b) hier. c) hierbei, unter diesen Umständen.
ᾠδέε f. οἰδέω.
ᾠδεῖον, τό Odeum, Gesang-, Konzerthaus.
ᾠδή, ἡ Gesang, Lobgesang, Lied, Gedicht.
ὡδί verstärktes ὧδε.
ὠδίν, ῖνος, ἡ = ὠδίς.
ὠδίνω 1. Geburtsschmerzen haben od. leiden, in Wehen sein. — 2. a) schwere Schmerzen leiden. b) in Angst sein.
ὠδίς, ῖνος, ἡ Geburtsschmerz, pl. Wehen; Nöte; Geburt; heftiger Schmerz.
ᾠδός, ὁ = ἀοιδός Sänger.
ὠδύσαο f. ὀδύσσομαι.
ὠθέω I. Akt. stoßen, drängen, treiben: a) weg-, fort-stoßen, verstoßen, vertreiben. b) herausreißen. c) zurück-stoßen, -drängen. d) hintreiben, hineinstoßen, -stürzen. e) überstürzen. — II. M. 1. sich drängen, hineindringen, auf etw. losstürzen. — 2. von sich (weg)stoßen, vertreiben, ausstoßen. — 3. = Akt. [her streiten, sich zanken.]
ὠθίζω = ὠθέω. P. sich hin und
ὠθισμός, ὁ das Stoßen, Drängen, Gedränge; Handgemenge; Streit, Zank.

ᾠέτο, ᾠίσθην f. οἴω.
ὦκα, adv. zu ὠκύς.
ὠκεανός, ὁ Ozean.
ὠκύ-αλος 2 schnellfahrend.
ὠκύ-βολος 2 schnelltreffend.
ὠκύ-μορος 2 a) frühsterbend. b) schnelltötend. [eilend.]
ὠκύ-πέτης, ου schnellfliegend,)
ὠκύ-πορος 2 schnellfahrend.
ὠκύ-πους, ποδός schnellfüßig.
ὠκύ-πτερος 2 rasch beschwingt.
ὠκύ-ρ(ρ)οος 2 schnellströmend.
ὠκύς 3 schnell, rasch.
ὠκυ-τόκος 2 schnell erzeugend, schnell befruchtend.
ὠλένη, ἡ Ellbogen; Arm.
ὠλεσί-καρπος 2 fruchtabwerfend.
ὧλλος, ὧλλοι = ὁ ἄλλος, οἱ ἄλλοι.
ὦλξ, ὤλκος, ἡ Furche.
ὠμ-ηστής, οῦ rohes Fleisch fressend: a) gefräßig. b) blutgierig, wild.
ὠμο-βόειος u. -βόεος 3 von rohem Rindsfell, ungegerbt.
ὠμο-βόϊνος 3 = ὠμοβόειος.
ὠμο-γέρων, οντος, ὁ (noch) frischer Greis. [darauflegen.)
ὠμοθετέω rohe Stücke Fleisch)
ὠμό-θυμος 2 hartherzig.
ὤμοι wehe mir! ach!
ὠμο-κρατής 2 a) breitschulterig. b) von unbändiger Kraft.
ὦμος, ὁ Schulter, Oberarm.
ὠμός 3: 1. roh, ungekocht, unreif, unzeitig. — 2. a) α) vorzeitig, (zu früh) β) noch frisch. b) roh, wild, hart, streng, grausam.
ὠμότης, ητος, ἡ Roheit.
ὠμο-φάγος 2 rohes Fleisch fressend; gierig. [sam.)
ὠμό-φρων 2 hartherzig, grau-

ὤν = οὖν.
ὦνα, ὦναξ = ὦ ἄνα, ὦ ἄναξ.
ὠνᾶτο ſ. ὄνομαι.
ὠνέομαι M. a) kaufen, erkaufen; pachten. b) kaufen wollen, auf
ὠνή, ἡ = ὦνος. [etwas bieten.]
ὤνησα, ὤνησθε u. ä. ſ. ὀνίνημι.
ὠνητός 3 a) gekauft; in Sold genommen. b) käuflich.
ὤνιος 2 (u. 3) käuflich, feil. τὰ ὤνια Marktwaren.
ὦνος, ὁ a) Kauf, Handel, Eintausch. b) Kaufpreis, Wert.
ᾠόν, τό Ei.
ὤρ, ἡ = ἔαρ.
ὤρᾱ, ἡ Sorge, Fürsorge, Besorgnis, Beachtung, Rücksicht.
ὥρᾱ, ἡ 1. natürlicher Zeitabschnitt: α) Jahreszeit: a) gute Jahreszeit, Frühling und Sommer; β) Feldfrüchte, Ernte; γ) Klima, Witterung. β) Jahr. b) Tageszeit: α) Tag; β) Stunde; γ) Augenblick. c) Lebensalter: Jugend-zeit, -blüte, jugendliche Schönheit. — 2. Zeit; passende od. rechte Zeit.
ὡραῖος 3 a) der Jahreszeit angemessen; reif. ἡ ὡραία Zeit der Ernte, Sommerzeit. τὰ ὡραῖα Früchte der Jahreszeiten. Obst. b) (jugend)schön, blühend, anmutig, lieblich. c) rechtzeitig, reif. ἡ ὡραία gute Jahreszeit.
ὤρεσσιν, dat. pl. v. ὤρ.
ὥριος 3 = ὡραῖος.
ὥριστος = ὁ ἄριστος.
ὤρορε, ὦρσε, ὦρτο u. ä. siehe ὄρνυμι.
ὠρύομαι M. brüllen: a) wehklagen, heulen. b) jauchzen.
ὥς u. ὧς auf diese Weise, so, alſo. καὶ ὧς gleichwohl, trotzdem auch so. οὐδ' ὥς, μηδ' ὥς trotzdem nicht.
Bſd.: a) in dieſem Falle. b) ſo zum Beispiel. c) unter ſolchen Umſtänden, ſo ... denn, daher.

ὡς[1] I. adv. wie: 1. vergleichend: wie, ſo wie. — 2. in indirekten Fragen. — 3. bei adj. u. adv.: a) im Ausruf: wie, wie ſehr, z.B. ὡς ἄνους εἶ, ὡς ἀθύμως ἔχετε. b) beim Superlativ: möglichſt, z.B. ὡς φρονιμώτατος ſo verſtändig als möglich, ὡς τάχιστα. c) bei Zahlwörtern: ungefähr, etwa, gegen, z.B. ὡς πεντακόσιοι ὁπλῖται. — 3. bei prädikativen und appoſitionellen Ausdrücken: a) bei Nominen: α) wie, als, z.B. φιλῶ αὐτόν ὡς εὐεργέτην: β) (einſchränkend) für = ſoweit man es von j-m erwarten kann, z.B. ἦν πιστὸς ὡς δοῦλος für einen Sklaven. b) bei Partizipien: α) zur Bezeichnung des ſubjektiven Grundes = in der Meinung ob. Überzeugung, unter dem Vorgeben, daß; vorgeblich weil u. ä.; β) (zur Bezeichnung einer bloßen Annahme) als ob, wie wenn, z.B. Ἕλληνες διήρπασαν τὴν χώραν ὡς πολεμίαν οὖσαν weil ſie in Feindeshand ſei (= weil es, wie ſie ſagten ob. meinten, Feindesland war). Ἐξερχόμησάς με ὡς παῖδα ὄντα als ob ich ein Kind wäre. —
II. cj. 1. in Ausſageſätzen (= ὅτι) wie = daß. — 2. konſekutiv: ſo daß (= ὥστε) mit inf. ob. acc.c. inf. — 3. final: damit, auf daß, um zu (= ἵνα ob. ὅπως). — 4. temporal: wie, ſowie = als, da, während, ſooft, ſolange als, nachdem. ὡς τάχιστα ſobald als. — 5. kauſal: da, weil (= ὅτι ob. ἐπειδή). — 6. wünſchend: o wenn doch (= εἴθε, εἰ γάρ).
ὡς[2] prp. mit acc. zu, nach, an.
ὡσάν = ὡς ἂν gleichſam.
ὡσαννά Hoſianna! hilf doch Heil!
ὡσ-αύτως adv. ebenſo, auf dieſelbe Weiſe, gleichfalls.
ὡσ-εί a) wie wenn, (gleich) als

ὥς-περ ob. b) wie, gleichwie, gleichsam. c) (bei Zahlen) ungefähr, etwa.

ὥς-περ 1. wie eben, gerade wie, ganz wie: a) wie zum Beispiel. b) wie wenn, als ob. — 2. gleichsam, beinahe.

ὥσπερ-αν-εί und **ὥσπερ-εί** a) gleichsam wie wenn, gleichsam als. b) = ὥσπερ.

ὥς-τε I. *adv.* 1. wie, sowie, gleichwie. — 2. als = da ja, weil. — II. *cj.*: 1. daher, also, demnach, auf diese Weise, folglich. — 2. a) (konsekutiv) so daß. b) unter der Bedingung daß. c) (final) daß, damit, um zu.

ὠτακουστέω horchen, lauschen, aufpassen, spionieren.

ὠτάριον, τό = ὠτίον Ohr.

ὠτειλή, ἡ a) Wunde. b) Narbe.

ὠτίον, τό Ohr.

ὠτίς, ίδος, ἡ Trappe.

ὠτώεις 3 gehenkelt.

ωὑτός = ὁ αὐτός.

ὠφέλεια, ἡ Hilfe, Beistand; Nutzen, Vorteil, Gewinn.

ὠφελέω I. Akt. helfen, unterstützen, nützen, nützlich sein (τινά). — II. P. unterstützt oder gefördert werden, Hilfe bekommen, Vorteil od. Nutzen haben.

ὠφέλημα, τό Wohltat, Nutzen; Wohltäter.

ὠφελήσιμος 2 = ὠφέλιμος.

ὠφέλησις, εως u. **ὠφελία**, ἡ = ὠφέλεια.

ὠφέλιμος 2 nützlich, vorteilhaft, heilsam.

ὤφελλον u. **ὤφελον** f. ὀφέλλω u. ὀφείλω.

ὠχράω blaß werden.

ὠχρός 3 bleich, blaß.

ὦχρος, ὁ Blässe.

ὤψ, ὠπός, ἡ Auge; Gesicht, Antlitz. εἰς ὦπα leibhaftig.

Anhang.

Die schwierigeren Formen des Verbums.

Überall, wo im Text auf das Stammverbum verwiesen ist, ist dieser Anhang aufzuschlagen; fehlt das Verbum im Anhang, so findet man die Angabe der Sonderform im Text. Die Bildung der regelmäßigen Formen wird als bekannt vorausgesetzt, ebenso das Fehlen des Augments in der epischen Sprache.

A

ἀάω. aor. auch ἆσα, M. ἀσάμην; aor. P. ἀάσθην.

ἄγαμαι. prs. u. impf. nach ἵσταμαι; fut. ἀγάσομαι; aor. ἠγάσθην; Verbal-adj. ἀγαστός. — Nebenformen: ἀγάομαι, ἀγέομαι, ἀγαίομαι, ἀγάζομαι.

ἀγείρω. aor. II M. ep. ἀγερόμην (synk. ἠγρόμην; part. ἀγρόμενος); — pf. P. ἀγήγερμαι (3. pl. plpf. ἀγηγέρατο ep.); aor. P. ἠγέρθην (3. pl. ἤγερθεν ep.).

ἄγνυμι. fut. ἄξω († ἐάξω); aor. ἔαξα (ep. ἦξα impr. ἆξον, inf. ἆξαι); — pf. II ἔαγα (ion. ἔηγα od. ἦγα) intr.; — aor. II P. ἐάγην (ep. 3. pl. ἄγεν, conj. † ἐαγῶ); — Verbal-adj. ἀκτός.

ἄγω. Iterativf. ἄγεσκον ion.; — aor. II ἤγαγον (ep. conj. ἀγάγωμι); aor. I part. ἄξας, inf. ep. ἀξέμεν(αι).

ἀδήσω, ἄδον f. ἀνδάνω.

ἀείδω. Att. ᾄδω. — *fut.* ᾄσομαι (ἀείσομαι); — *aor.* ᾖσα (ἤεισα, ep. ἄεισα), *inf.* ᾆσαι (ἀεῖσαι); — *pf.* P. ᾖσμαι; — *aor.* P. ᾔσθην (*inf.* ᾀσθῆναι, *part.* ᾀσθείς); Verbal-*adj.* ᾀστέος.

ἀείρω[1]. Att. αἴρω (ῐ b.). *pf.* M. ἤερμαι (3. *sg.* plpf. P. ἄωρτο ep.); *aor.* P. ἠέρθην (ep. ἀέρθην, 3. *pl.* ἄερθεν.

ἄημι. 3. *pl.* ἄεισι; *inf.* ἀῆναι (ep. ἀήμεναι); — 3. *sg.* *impf.* P. ἄητο.

αἰδέομαι. Ep. poet. auch αἴδομαι. — *impr.* ep. αἰδεῖο; *impf.* 3. *pl.* ion. ᾐδέατο; *fut.* αἰδέσομαι; — *aor.* ᾐδέσθην (3. *pl.* αἴδεσθεν) — *pf.* ᾔδεσμαι; Verbal-*adj.* αἰδεστός.

αἱρέω. *aor. II* εἷλον (ep. auch ἕλον, iterat. ἕλεσκον), *conj.* ἕλω (3. *sg.* ἕλῃσι ep.), *inf.* ἑλεῖν; sp. † *aor. I* εἷλα; — *pf.* ᾕρηκα (ion. ἀραίρηκα u. αἱρήκα); — *pf.* ᾕρημαι (ion. ἀραίρημαι) M. ich habe gewählt, aber P. ich bin ge= wählt worden; — *aor.* P. ᾑρέθην ich wurde genommen ob. erobert, meist: ich wurde gewählt; *fut.* P. αἱρεθήσομαι; *fut. III* ᾑρήσομαι; Verbal-*adj.* αἱρετός, -έος, ἑλετός.

αἴρω. Vgl. ἀείρω[1] (ᾰ) ep. ion. poet. *fut.* ἀρῶ, ἀροῦμαι (poet. ἀρέομαι); — *aor.* ἦρα (*conj.* ἄρω, *opt.* ἄραιμι, *impr.* ἆρον, *inf.* ἆραι), M. ἠράμην (ἄρωμαι, ἄρασθαι); poet. auch *aor. II* ἠρόμην (vgl. auch ἄρνυμαι); — *pf.* ἦρκα, M. ἦρμαι; — *aor.* P. ἤρθην, *fut.* ἀρθήσομαι.

αἰσθάνομαι. *fut.* αἰσθήσομαι, *aor. II* ᾐσθόμην (*inf.* αἰσθέσθαι), *pf.* ᾔσθημαι, Verbal-*adj.* αἰσθητός.

ἀΐσσω. Att. ᾄσσω, neu-att. ᾄττω. — *fut.* ᾀξω (ᾄξω), *aor.* ἦϊξα (ᾖξα), *inf.* ἀΐξαι ob. ᾀξαι, ᾆξαι; iterat. ἀΐξασκον ep.).

αἰσχύνω. αἰσχυνῶ, -οῦμαι, ᾔσχυνα, ᾔσχυγκα, ᾔσχυμ= μαι, ᾐσχύνθην, αἰσχυντέος.

ἀκαχίζω. *fut.* ἀκαχήσω; *aor. II* ἤκαχον; M. ἠκαχό= μην; — *pf.* M. ἀκάχημαι u. ἀκήχημαι mit Präf.=Red. (3. *pl.* ἀκηχέδαται ep.); *inf.* ἀκαχῆσθαι; *part.* ἀκαχήμενος ob. ἀκηχέμενος mit Präf.=Betonung; 3. *pl.* plpf. ἀκαχείατο.

ἀκέομαι. Ep. ἀκείομαι. — *impr. prs.* ἀκέο ion. = ἀκέσο; *fut.* ἀκέσομαι: *aor.* ἠκεσάμην (ep. poet. ἀκεσσάμην); *aor.* P. ἠκέσθην pass.; ἀκεστός.

ἀκούω. *fut.* ἀκούσομαι; *pf.* ἀκήκοα (bot. ἄκουκα); plpf. ἠκηκόειν; *pf.* P. ἤκουσμαι; *aor.* P. ἠκούσθην; *fut.* P. ἀκουσθήσομαι; Verbal-*adj.* ἀκουστός, -έος.

ἀλάομαι. prs. ἀλόωνται ep.; impr. ἀλόω u. ἀλάευ; — aor. ἠλήθην; — pf. ἀλάλημαι mit prs.-Bedeutung u. prs.-Betonung: inf. ἀλάλησθαι, part. ἀλαλήμενος.

ἀλδαίνω. aor. II ἤλδανον.

ἀλέκω. aor. II ἄλαλκον, 3. sg. conj. ἀλάλκῃσι ep., inf. ἀλαλκέμεν(αι).

ἀλέξω. fut. ἀλεξήσω; aor. ἠλέξησα. Vgl. auch ἀλέκω.

ἀλέομαι. impf. ep. ἀλεόμην u. ἀλευόμην; aor. I ἠλεάμην u. ἠλευάμην, impr. ἄλευαι u. ἀλέασθε, inf. ἀλέασθαι u. ἀλεύασθαι.

ἀλέω. fut. ἀλῶ; aor. ἤλεσα, pf. ἀλήλεκα, P. ἀλήλε(σ)μαι, aor. P. ἠλέσθην; Verbal-adj. ἀλεστέον.

ἁλίσκομαι. ἁλίσκομαι ist P. zu αἱρέω. — fut. ἁλώσομαι; — aor. II ἑάλων u. ἥλων, conj. ἁλῶ (ᾰ, ep. ἁλώω), -ῷς, -ῷ usw. (ep. -ώῃ), opt. ἁλοίην. inf. ἁλῶναι (ᾰ, ep. ἁλώμεναι), part. ἁλούς); — pf. ἑάλωκα u. ἥλωκα (3. pl. ἁλώκαντι dor.); plpf. ἡλώκειν (ion. -κεα, dor. ἁλώκειν); Verbal-adj. ἁλωτός.

ἀλιταίνω. aor. II ἤλιτον. part. pf. ἀλιτήμενος ep.

ἅλλομαι. aor. II ἡλόμην; conj. 3 sg. ἄλεται; außerdem ep. ἆλσο du sprangst, ἆλτο er sprang; part. ἄλμενος.

ἁλούς, ἁλῶναι s. ἁλίσκομαι.

ἀλύσκω. fut. ἀλύξω, aor. ἤλυξα.

ἀλφάνω. aor. II ἦλφον; opt. 3 pl. ἄλφοιν ep.

ἁμαρτάνω. fut. ἁμαρτήσομαι (sp. + -ήσω); aor. II ἥμαρτον (ep. ἤμβροτον); aor. I † ἡμάρτησα; pf. ἡμάρτηκα, P. ἡμάρτημαι; aor. P. ἡμαρτήθην; Verbal-adj. ἁμαρτός, -έος.

ἀμβροτεῖν s. ἁμαρτάνω.

ἀμπλακίσκω. aor. II ἤμπλακον; pf. P. ἠμπλάκημαι.

ἀμφι-έννῡμι. fut. ἀμφιέσω, att. ἀμφιῶ, M. ἀμφιέσομαι; aor. ἠμφίεσα; pf. M. ἠμφίεσμαι (inf. ἠμφιέσθαι).

ἀμφιῶ s. ἀμφιέννυμι.

ἀνα-βρύκω. pf. -βέβρῡχα mit prs.-Bedeutung.

ἀν-ᾱλίσκω. fut. ἀναλώσω usw. nach ἀναλόω.

ἀνα-πάλλω. ἀμπεπαλών ep. part. aor. II m. Redupl.; ἀνέπαλτο 3. sg. aor. II M.

ἀνα-πνέω. aor. ἀμπνεῦσαι dor. ep.; ἄμπνῦε ep. impr. aor.
II; aor. II M. ἄμπνῦτο (= ἀνέπνευσε); aor. P. ep. ἀμ-
πνύνθην = ἀνέπνευσα.

ἀνδάνω. impf. ep. ἄνδανον u. ἐήνδανον; fut. ἀδήσω; —
aor. II ἕαδον (ep. ἅδον und εὔαδον; inf. ἀδεῖν); — pf.
ἕαδα mit prs.-Bedeutung (part. ἑαδώς).

ἀνιάω. 3. pl. opt. prs. P. ἀνιῷατο ion.; fut. ἀνιήσω ion.

ἀν-οίγνῦμι u. ἀν-οίγω. impf. ἀνέῳγον (ep. ἀνῷγον,
iterat. ἀνοίγεσκον ep.); — fut. ἀνοίξω; — aor. ἀνέῳξα;
— pf. P. ἀνέῳγμαι; — fut. III ἀνεῴξομαι ich werde
offen sein; — aor. I P. ἀνεῴχθην; aor. II † ἠνοίγην;
— fut. ἀνοιχθήσομαι; — Verbal-adj. ἀνοικτέος.

ἄνωγα. 1. pl. ἄνωγμεν; conj. ἀνώγω, opt. -οιμι; impr.
ἄνωχθι u. ἄνωγε, ἀνώχθω u. ἀνωγέτω, ἄνωχθε u. ἀνώ-
γετε; — plpf. (mit impf.-Bed.) ἠνώγεα u. ἀνώγειν; — impf.
ἤνωγον u. ἄνωγον; — fut. ἀνώξω; aor. ἤνωξα.

ἀπ-αυράω. prs. ungebräuchlich; — impf. ob. aor. II ἀπηύ-
ρων, ἀπηύρας, -ᾱ, part. ἀπούρας; — fut. ἀπουρήσω.

ἀράομαι. Jon. ἀρέομαι. — inf. prs. act. ep. ἀρήμεναι
(activisch von ἀράω).

ἀραρίσκω. aor. I ep. ἦρσα u. ἄρσα; aor. II ἤραρον; ep.
a. ἄραρον; pf. II ἄραρα (ep. ἄρηρα u. ἀρᾶρα); plpf.
ἀρήρειν u. ἠρήρειν; aor. I P. ἤρθην (3. pl. ep. ἄρθεν);
aor. M. ἤρμην (part. ἄρμενος); Verbal-adj. ἀρτέος.

ἀρέσκω. fut. ἀρέσω, aor. ἤρεσα, pf. ἀρήρεκα; — aor. P.
ἠρέσθην; Verbal-adj. ἀρεστός.

ἄρνυμαι. fut. ἀροῦμαι (ᾰ); — aor. I ἠράμην (conj.
ἄρηαι ep.); aor. II ἠρόμην.

ἀρόω. inf. ep. ἀρόμμεναι; — fut. ἀρόσω; — aor. ἤροσα;
— pf. P. ἀρήρομαι; aor. P. ἠρόθην.

αὐξάνω. fut. αὐξήσω usw.

ἀφάω. part. prs. ep. ἀφόων.

ἄω. inf. prs. ep. ἄμεναι; — aor. I ἆσα; — aor. II conj.
ep. ἕωμεν ob. ἔωμεν wir sind satt (aus ἤομεν mit Umspringen
der Quantität).

B

βάζω. fut. βάξω, 3. sg. pf. P. βέβακται.
βαίνω. fut. βήσομαι; — aor. I ep. βῆσα, conj. βήσομεν;
— aor. II ἔβην; 3. pl. ἔβησαν, ep. βῆσαν, ἔβᾱσαν, ἔβᾱν,

βάλλω — 495 — γαμέω

βᾶν); *conj.* βῶ (ep. βείω, βήω, βέω); *opt.* βαίην; *impr.* βῆθι, βήτω († βᾶτω), βῆτε; *inf.* βῆναι (ep. βήμεναι); *part.* βάς; — *aor. mixtus* ep. (ἐ)βήσετο = ἔβη; — *pf.* I βέβηκα; *pf.* II βέβᾶα (3. *pl.* ep. βεβάᾶσι; 3. *pl. conj.* βεβῶσι; *inf.* βεβάναι, ep. βεβάμεν; *part.* βεβαώς u. βεβώς, ῶτος, *fem.* βεβαυῖα u. βεβῶσα); — *plpf.* ἐβεβήκειν (3. *pl.* ep. βέβασαν); *pf.* P. βέβᾶμαι; — *aor.* P. ἐβάθην; — Verbal-*adj.* βατός, βατέος.

βάλλω. *fut.* βαλῶ (cp. ion. βαλέω, M. βαλοῦμαι (ep. ion. βαλεῦμαι); — *aor.* II ἔβαλον (3. *pl.* † ἔβαλαν); 2. *conj.* ep. βάλησθα, 2. *opt.* ep. βάλοισθα, *inf.* ep. βαλέειν) u. ep. ἔβλην (*inf.* βλήμεναι); — *pf.* βέβληκα; — *aor.* II M. ἐβαλόμην u. ep. (ἐ)βλήμην mit pass. Bed. ich wurde getroffen (3. *sg.* βλῆτο; *conj.* βλήεται; 2. *opt.* βλῇο u. βλεῖο; *inf.* βλῆσθαι; *part.* βλήμενος); — *pf.* βέβλημαι (3. *pl.* βεβλήαται ep. ion.) u. βεβόλημαι (in übertragenem Sinne); — *plpf.* ἐβεβλήμην (3. *pl.* ep. ion. βεβλήατο u. βεβολήατο); — *aor.* P. ἐβλήθην; *fut.* βληθήσομαι; — Verbal-*adj.* βλητός, -έος.

βιάω. *pf.* βεβίηκα ion.; 3. *pl. prs.* P. ep. βιόωνται, *opt.* βιῴατο, *impf.* βιόωντο.

βιβρώσκω. *pf.* βέβρωκα (*part.* βεβρώς, ῶτος); *pf.* P. βέβρωμαι; — *aor.* P. ἐβρώθην; — *fut.* βεβρώσομαι (pass.); Verbal-*adj.* βρωτός, -έος.

βιόω. *prs.* u. *impf.* att. fast stets durch ζάω ersetzt; — *fut.* βιώσομαι; — *aor.* II ἐβίων, ως, ω (*conj.* βιῶ, *opt.* βιοίην u. βιῴην, *impr.* βιώτω, *inf.* βιῶναι, *part.* βιούς, οῦσα, όν, όντος); — *pf.* βεβίωκα; 3. *sg. pf.* P. βεβίωται; — Verbal-*adj.* βιωτός, βιωτέος.

βλώσκω. *fut.* μολοῦμαι; *aor.* ἔμολον; *pf.* μέμβλωκα.

βοάω. *fut.* βοήσομαι (ion. βώσομαι); — *aor.* ἐβόησα (ep. βόησα, ep. ion. ἔβωσα, M. ἐβωσάμην); *aor.* P. ion. ἐβώσθην; — *pf.* P. ion. βέβωμαι.

βούλομαι. 2. *sg. prs.* βούλει; — *fut.* βουλήσομαι; — *pf.* βεβούλημαι; — *aor.* ἐβουλήθην u. ἠβ...; Verbal-*adj.* βουλητός.

Γ

γαμέω. *fut.* γαμῶ. M. γαμοῦμαι; — *aor.* ἔγημα, M. ἐγημάμην; — *pf.* γεγάμηκα, P. γεγάμημαι; — *aor.* P. ἐγαμήθην; Verbal-*adj.* γαμετός. γαμητέος.

γελάω — 496 — δαρθάνω

γελάω. Ep. γελοιάω u. γελώω. — *prs.* ep. γελόωντες u. γελώοντες; — *fut.* γελάσομαι († -άσω); — *aor.* ἐγέλασα; — *pf.* P. γεγέλασμαι; — *aor.* P. ἐγελάσθην; Verbal-*adj.* γελαστός, -έος.

γηράσκω. *fut.* γηράσομαι; — *aor. I* ἐγήρασα; *aor. II* ἐγήρᾱν (*inf.* γηρᾶναι, *part.* γηράς); — *pf.* γεγήρακα.

γίγνομαι. Jon. nU. [p. γίνομαι. — *fut.* γενήσομαι; — *aor. II* ἐγενόμην (3. *sg.* ep. poet. ἔγεντο u. γέντο; [p. † ἐγενήθην); — *pf.* γεγένημαι u. γέγονα, ep. auch γέγᾱα (3. *pl.* γεγάᾱσι u. † γέγοναν. *inf.* γεγάμεν; *part.* γεγαώς, ῶτος, γεγαυῖα, poet. γεγώς, ῶτος, γεγῶσα).

γι(γ)νώσκω. *fut.* γνώσομαι; — *aor. II* ἔγνων; *conj.* γνῶ; *opt.* γνοίην; *inf.* γνῶναι, ep. γνώμεναι; *part.* γνούς; — *pf.* ἔγνωκα, M. ἔγνωσμαι, — *aor.* P. ἐγνώσθην; *fut.* γνωσθήσομαι; Verbal-*adj.* γνω(σ)τός, γνωστέος.

γοάω. *prs. inf.* ep. γοήμεναι; — *impf.* Iterativform γοάασκεν u. γόασκε; — *fut.* γοήσομαι; — *aor. I* ἐγόησα; *aor. II* ep. γόον.

Δ

δαῆναι. *aor. II* redupl. ep. δέδαεν er lehrte; — *pf.* δεδάηκα id habe gelernt (*part.* δεδαηκώς u. δεδαώς); *inf. aor.* ob. *pf.* M. ep. δεδάασθαι kennenlernen (δεδαημένος unterrichtet, kundig); — *fut.* M. δαήσομαι id werde kennenlernen; — *aor. II* P. ἐδάην id lernte kennen (*conj.* δαῶ u. δαείω, *inf.* δαῆναι u. δαήμεναι, *part.* δαείς).

δαίω¹. *pf. II* δέδηα; *plpf.* ep. δεδήει.

(δαίω²) δαίομαι. *fut.* δάσομαι, ep. ἐδασάμην (ep. Jterativform δασάσκετο); *pf.* δέδασμαι (3. *pl.* ep. δεδαίαται); *aor.* P. ἐδάσθην; Verbal-*adj.* δαστός.

δάκνω. δήξομαι, ἔδακον, δέδηχα, δέδηγμαι, ἐδήχθην, δηχθήσομαι.

δαμάζω. Nebenformen ep. poet. δαμάω, δάμνημι u. δαμνάω; — *fut.* δαμάσω (ep. δαμάω u. δαμῶ); — *aor.* ἐδάμασα; — 2. *sg. prs.* M. ep. δαμνᾷ; *aor.* M. ἐδαμασάμην; — *pf.* P. δέδμημαι, *plpf.* ep. δεδμήμην (3. *pl.* δεδμήατο); — *aor. I* P. ἐδαμάσθην u. ἐδμήθην; *aor. II* P. ἐδάμην (3. *pl.* (ἐ)δάμεν, *conj.* δαμείω u. δαμήω, *inf.* δαμήμεναι); *fut. III* δεδμήσομαι.

δαρθάνω. *aor. II* ἔδαρθον (ep. poet. ἔδραθον), *pf.* δεδάρθηκα.

δατέομαι ſ. δαίομαι.

δείδω. prs. u. impf. nur ep. u. ſp. — fut. δείσομαι; aor. ἔδεισα; pf. δέδοικα mit prs.-Bedeutung. Über δέδια, δείδια u. ä. vgl. δίω u. δίεμαι.

δείκνυμαι. pf. ep. δείδεγμαι mit prs.-Bedeutung (3. pl. δειδέχαται); plpf. ep. (ἐ)δειδέγμην (3. sg. δείδεκτο, 3. pl. δειδέχατο).

δείκνῡμι. Jon. δέκνῡμι. — fut. δείξω (ion. δέξω usw.), aor. ἔδειξα, pf. δέδειχα, pf. P. δέδειγμαι, aor. P. ἐδείχθην; δειχθήσομαι, δεικτός, -έος.

δέμω. pf. P. δέδμημαι.

δέρκομαι. impf. iterat. ep. δερκέσκετο; aor. ἔδρακον und ἐδέρχθην att.; pf. δέδορκα mit prs.-Bedeutung.

δέχομαι. Jon. dor. äol. δέκομαι. — 3. pl. prs. ep. δέχαται; aor. II ep. ἐδέγμην (3. sg. ἔδεκτο u. δέκτο; impr. δέξο, δέχθω; inf. δέχθαι; part. δέγμενος); — pf. δέδεγμαι att. u. paſſ. (impr. ep. δέδεξο nimm hin!; part. δεδεγμένος ep. erwartend); — aor. P. ἐδέχθην paſſ.; Verbal-adj. δεκτέος.

δέω[1]. Im prs. u. impf. werden attiſch alle Formen kontrahiert. aor. ἔδησα (ep. δῆσα), M. ἐδησάμην (Iterativform ep. δησάσκετο); pf. δέδεκα, M. δέδεμαι (3. pl. plpf. ἐδεδέατο ion.); aor. P. ἐδέθην; fut. δεθήσομαι, Verbal-adj. δετός, δετέος.

δέω[2]. Ep. δεύω. — fut. δεήσω, aor. ἐδέησα, pf. δεδέηκα. P. δέομαι (ep. δεύομαι). 3. pl. opt. prs. δεοίατο ion.; 3. sg. impf. † ἐδεῖτο; aor. ἐδεήθην.

διδάσκω. διδάξω, ἐδίδαξα (ep. ἐδιδάσκησα), δεδίδαχα, δεδίδαγμαι, ἐδιδάχθην, διδακτός, -έος.

διδράσκω. fut. δράσομαι; aor. II ἔδραν (conj. δρῶ, opt. δραίην, inf. δρᾶναι, part. δράς δρᾶσα δράν); pf. δέδρακα.

δίδωμι. 2. sg. prs. ep. ion. διδοῖς (u. διδοῖσθα), 3. sg. διδοῖ, 3. pl. διδοῦσι; impr. ep. δίδωθι, inf. διδοῦναι; — impf. ep. (ἐ)δίδουν; fut. δώσω; aor. I ἔδωκα; pl. ἔδομεν, -οτε, -οσαν; conj. δῶ, δῷς, δῷ usw.; inf. ep. δόμεν(αι); Iterat. ep. δόσκον; — pf. δέδωκα, P. δέδομαι; aor. I P. ἐδόθην; δοθήσομαι; δοτός, -έος.

δίεμαι. conj. δίωμαι, opt. δίοιτο, inf. δίεσθαι.

δίω. *pf.* δέδια mit *prs.*-Bedeutung = δέδοικα (*pl.* δείδιμεν, att. δέδιμεν, δέδιτε, δεδίασι; *conj.* δεδίω, *opt.* δεδιείην; *impr.* δέδιθι; *inf.* δεδιέναι; *part.* δεδιώς, υῖα); — *plpf.* ἐδεδίειν (*pl.* ἐδέδιμεν, -ιτε, -ισαν u. -ίεσαν). Über δέδοικα vgl. δείδω.

δράω. *prs. conj.* 3. *pl.* ep. δρώωσι; *opt.* δρώοιμι; — *fut.* δράσω; *aor.* ἔδρασα; *pf.* δέδρακα, P. δέδραμαι; *aor.* P. ἐδράσθην; Verbal-*adj.* δραστέος.

δύναμαι. 2. *sg. prs.* δύνασαι (3. *pl.* δυνέαται ion.), *conj.* δύνωμαι, *opt.* δυναίατο ion.; — *impf.* ἐδυνάμην, 2. *sg.* ἐδύνω; — *fut.* δυνήσομαι; *pf.* δεδύνημαι; — *aor.* ἐδυνήθην u. ἠδ...; Verbal-*adj.* δυνατός.

δύω[1]. *aor. mixt.* ep. (ἐ)δύσεο, (ἐ)δύσετο (*impr.* δύσεο, *part.* δυσόμενος); — *aor. II* ἔδυν, -ῦς, -ῦ (Jterativform δύσκε ep.), *conj.* δύω, *impr.* δῦθι, δῦτε, *inf.* δῦναι, *part.* δύς; — *pf.* δέδυκα *trans.*, δέδυκα *intr.*; M. δέδυμαι; — *aor.* P. ἐδύθην; *fut.* δυθήσομαι; Verbal-*adj.* δυτός, -έος.

E

ἐάω. Ep. auch εἰάω. — *impf.* εἴων (Jterativform εἴασκον u. ἔασκον); — *fut.* ἐάσω, M. ἐάσομαι mit paſſ. Beb.; — *aor.* εἴασα; *pf.* εἴακα, P. εἴαμαι; *aor.* P. εἰάθην; — Verbal-*adj.* ἐατέος.

ἐγείρω. *pf.* I ἐγήγερκα ich habe aufgeweckt; *pf.* II ἐγρήγορα *intr.* ich bin wach (3. *pl.* ep. ἐγρηγόρθασι, *impr. pl.* ἐγρήγορτε ep.); *plpf.* ἐγρηγόρειν; — *aor.* II M. ἠγρόμην (ep. ἐγρόμην, *impr.* ἔγρεο; — *pf.* P. ἐγήγερμαι (3. *pl. plpf.* ion. ἐγηγέρατο).

ἔδω. Nebenformen ἔσθω ep. poet. ſp., in Proſa dafür ἐσθίω — *impf.* ἦσθιον (ep. ἔδον u. ἦσθον, Jterativform ἔδεσκε); — *fut.* ἔδομαι († φάγομαι); — *aor.* ἔφαγον; — *pf.* ἐδήδοκα (ep. ἔδηδα, *part.* ἐδηδώς); P. ἐδήδεσμαι (ep. ἐδήδομαι ob. -εμαι); — *aor.* P. ἠδέσθην; Verbal-*adj.* ἐδεστός, ἐδεστέος.

ἕζω. Defekt. Verbum; aus Akt. nur *aor.* I εἷσα (ep. poet. ἕσσα; *impr.* εἷσον; *inf.* ἕσαι u. ἕσσαι; *part.* ἕσας, ion. εἵσας); *aor.* M. εἱσάμην (poet. ep. ἐσσάμην u. ἐεσσάμην; *part.* εἱσάμενος u. ἐσ(σ)άμενος); — *prs.* M. ἕζομαι; — *impf.* (ob. *aor.* II) M. ἑζόμην.

ἔθω. *pf.* εἴωθα; *plpf.* εἰώθειν (ion. ἐώθεα).

εἴδω. *aor. II* εἶδον, ep. † ἴδον, Iterativform ep. ἴδεσκον; † auch *aor. I* εἶδα und ἴδα; *conj.* ἴδω; *impr.* ἰδέ, inf. ἰδεῖν; — *aor. II* M. εἰδόμην (ep. 3. *pl. opt.* ἰδοίατο, *impr.* ἰδοῦ (als Ausruf ἰδού); — *aor. I* M. ep. εἰσάμην u. ἐεισάμην.

οἶδα: 2. *sg.* οἶσθα (sp. οἶσθας, ep. ion. † οἶδας); 1. *pl.* ἴσμεν (ep. ion. ἴδμεν); 3. *pl.* ἴσασι (ion. † οἴδασι); — *conj.* εἰδῶ; — *opt.* εἰδείην; *impr.* ἴσθι, ἴστω, ἴστε, ἴστωσαν; *inf.* εἰδέναι, ep. ἴδμεν(αι); *part.* εἰδώς, υἶα, ός (ep. ἰδυῖα). — 1. *sg. plpf.* ᾔδη (ep. ion. ᾔδεα); ᾔδεις, ᾔδησθα; ᾔδει; ᾔδε(ι)μεν (poet. ᾖσμεν); ᾔδε(ι)τε (poet. ᾖστε), ᾔδε(ι)σαν (poet. ᾖσαν, ep. ἴσαν); — *fut.* εἴσομαι; — *aor. I* εἴδησα ntl. ich erfuhr; — Verbal-*adj.* ἰστέος.

εἴκω¹. *aor.* εἶξα (Iterativform εἴξασκε); — *aor. II* εἴκαθον (*conj.* εἰκάθω, *inf.* εἰκαθεῖν u. εἰκάθειν).
* S. 131 des Wörterbuchs muß es heißen: εἴξασκε f. εἴκω¹.

εἴκω². *prs.* ungebräuchlich. — *pf.* ἔοικα (3. *du.* ep. ἔϊκτον; 1. *pl.* ἔοιγμεν poet. 3. *pl.* εἴξασι; *conj.* ἐοίκω; *inf.* ἐοικέναι; *part.* ἐοικώς (poet. εἰκώς, εἰκυῖα, εἰκός). — *plpf.* ἐῴκειν (3. *du.* ep. ἐΐκτην); ep. *plpf.* M. 3. *sg.* ἔϊκτο und ἤϊκτο.

εἰλέω (εἴλλω). Ep. εἴλω. — *aor. I* ep. ἔλσα (*inf.* ἔλσαι u. ἐέλσαι); — *aor. I* P. ἔελμαι; — *aor. I* P. εἰλήθην; *aor. II* P. ἐάλην und ἄλην (3. *pl.* ep. ἄλεν; *inf.* ἀλῆναι, ep. ἀλήμεναι; *part.* ἀλείς).

εἰμί. *prs.* 2. *sg.* εἶ (ep. εἶς u. ἐσσί, ἔσσ'; 1. *pl.* ἐσμέν (ep. ion. εἰμέν); 3. *pl.* εἰσί (ep. ἔασι); *conj.* 1. *sg.* ὦ (ion. ep. ἔω, ἔῳ); 3. *sg.* ᾖ (ep. ᾖσι, ἔῃσι, ἔῃ); 3. *pl.* ὦσι (ep. ion. ἔωσι); — *opt.* εἴην, -ης, -η (ep. ion. ἔοις, ἔοι); — *impr.* ἴσθι (ep. ἔσσο, ἔσσ' fei), ἔστω (sp. † ἤτω), ἔστε, ὄντων; — *inf.* εἶναι, ep. ἔμμεν(αι) u. ἔμεν(αι); — *part.* ὤν, οὖσα, ὄν (ep. ion. ἐών, ἐοῦσα, ἐόν). — *impf.* 1. *sg.* ἦν ob. ἦ ich war (ep. ion. ἔα; ep. ἦα. ἤην, ἔον, ἔην, Iterativform ἔσκον; sp. † ἤμην); 2. *sg.* ἦσθα (ep. ἔησθα, ion. ἔας, sp. † ἦς); 3. *sg.* ἦν (ep. ion. ἔην, ἤην, ἦεν, iterat. ἔσκε); 1. *pl.* ἦμεν († ἤμεθα); 2. *pl.* ἦτε (ion. ἔατε); 3. *pl.* ἦσαν (ep. ion. ἔσαν, ἴσαν); — *fut.* ἔσομαι, ἔσσομαι; 2. *sg.* ἔσῃ; 3. *sg.* ἔσται (ἔσεται, ἔσσεται, ἐσσεῖται); — *aor.* ἐγενόμην; *pf.* γέγονα.

Die Formen des *ind. prs.* (außer der 2. Person *sg.* εἶ) sind enklitisch; wenn sie aber im Satzanfang stehen oder die Bedeutung

εἰμί — 500 — ἐλαύνω

des *verbum substant.* haben (= ὑπάρχω), so sind sie betont. ἔστιν wird betont: a) wenn es *verbum substant.* ist, b) im Satzanfang, c) nach καί, εἰ, ἀλλά, ὡς, οὐκ, τοῦτ', ταῦτ'.

εἶμι. *prs. ind.* 2. *sg.* εἶ (ep. εἶς und εἶσθα); εἶσι(ν), ἴτον, ἴμεν, ἴτε. ἴασι(ν); *conj.* ἴω, ἴῃς, ἴῃ, ἴωμεν (ep. ἴῃσθα, ἴῃσι, ἴομεν meist mit kurzem ι); *opt.* ἴοιμι u. ἰοίην (ep. ἰείην); *impr.* ἴθι, ἴτω, ἴτε, ἴτωσαν oder ἴτων und ἰόντων; *inf.* ἰέναι (ep. ἴμ(μ)εναι, ἴμεν, ἰέμεναι; *part.* ἰών, ἰοῦσα, ἰόν. — *impf.* 1. *sg.* ᾖειν u. ᾖα (ion. ep. ἤϊα, ep. ἤϊον); 2. *sg.* ᾖεις u. ᾔεισθα (ion. ep. ᾔεις. ep. ἴες); 3. *sg.* ᾔει(ν) (ep. ion. ἤϊεν, ep. ᾖε, ἴε); 1. *pl.* ᾖειμεν u. ᾖμεν (ep. ᾔομεν); 3. *pl.* ᾖεσαν u. ᾖσαν (ion. ep. ἤϊσαν, ep. ἤϊον u. ἴσαν); Verbal-*adj.* ἰτέον u. ἰτητέον. — *fut.* M. ep. εἴσομαι.

Der *ind. prs.* hat in Prosa stets *fut.*-Bedeutung; das *prs.* wird daher durch ἔρχομαι ersetzt. Die übrigen Formen des *prs.* haben *prs.*-Bedeutung, jedoch der *inf.* ἰέναι und das *part.* ἰών auch *fut.*-Bedeutung.

εἶπον. εἶπον ist *aor.* zu λέγω, ἀγορεύω, φημί (*fut.* ἐρῶ, *pf.* εἴρηκα usw.). — Ep. auch ἔειπον, Iterativform εἴπεσκον; *conj.* εἴπω, -ῃς, -ῃ (ep. auch εἴπωμι, -ῃσθα, -ῃσι); *opt.* εἴποιμι, *inf.* εἰπεῖν (ep. εἰπέμεν(αι), *impr.* εἰπέ, -έτω, *part.* εἰπών; — dazu *aor.* I ion. att. **εἶπα** (εἶπας, -αμεν, -ατε, εἶπαν), *opt.* εἴπαιμι, *impr.* εἶπον, -άτω, *inf.* εἶπαι, *part.* εἴπας; — *aor.* M. ion. εἰπάμην in Kompositen (εἴπασθαι, εἰπάμενος).

εἴργω. Att. εἴργω u. εἴργνυμι, meist ion. ep. poet. ἔργω u. ἔργνῡμι od. -ύω (ep. poet. ἐέργω u. ἐέργνυμι). — *aor.* II poet. εἰργαθον (ep. ἔργαθον u. ἐέργαθον); M. εἰργαθόμην; — *pf.* P. εἴργμαι u. εἔργμαι (ἔργμαι, ἔεργμαι; 3. *pl.* ep. ἔρχαται; 3. *pl. plpf.* ep. ἔρχατο u. ἐέρχατο).

εἴρω¹. *prs.* u. *impf.* nur ep. ion. poet.; aber allgemein gebräuchlich: *fut.* ἐρῶ (ep. ion. ἐρέω); *pf.* εἴρηκα; *plpf.* εἰρήκειν; *pf.* P. εἴρημαι (3. *pl.* εἰρέαται ion.); *fut.* III εἰρήσομαι; — *aor.* P. ἐρρήθην (ion. εἰρέθην, † ἐρρέθην); *inf.* ῥηθῆναι; — *fut.* ῥηθήσομαι; Verbal-*adj.* ῥητός, ῥητέος. — (*aor. Act.* vgl. εἶπον.)

εἴρω². *aor.* εἶρα (ep. ἔρσα).

ἐλαύνω. Ep. poet. **ἐλάω**. — *fut.* ἐλῶ, ᾷς, ᾷ (ep. ἐλάσσω u. ἐλάω, 3. *pl.* ἐλόωσι); — *aor.* ἤλασα (ep. ἔλασσα; 2. *sg. conj.* ἐλάσῃσθα); — *pf.* ἐλήλακα, *plpf.* ἐληλάκειν; *pf.* P. ἐλήλαμαι (ion. sp. ἐλήλασμαι); *plpf.* ἐληλάμην ἔλπω — 501 — ἔρδω.

(3. pl. ἐληλέᾰτο ob. ἐληλέδᾰτο ob. ἐληλάδᾰτο); — aor. P. ἠλάθην (ion. ἠλάσθην); Verbal-adj. ἐλατός, -έος.

ἔλπω. M. ep. ἐέλπομαι. — pf. ἔολπα, plpf. ἐώλπειν.

ἐνέπω. impr. ἔννεπε; impf. ἐν(ν)επον; — fut. ἐνι-σπήσω u. ἐνίψω (vgl. ἐνίπτω); — aor. ἔνισπον (conj. ἐνίσπω; opt. ἐνίσποιμι, impr. ἔνισπε u. ἔνισπες, ἔσπετε; inf. ἐνι-σπεῖν).

ἐν-ίπτω. fut. ἐνίψω (vgl. ἐνέπω); aor. II ἐν-ένῑπον und ἠν-ῑπ-ᾰπον (mit Reduplikation in der Mitte des Wortes, vgl. ἠρύκακον v. ἐρύκω).

ἐννῡμι. In Prosa ἀμφιέννυμι. — impf. M. ἐννύμην; fut. ἕσσω (aber ἀμφι-έσω); aor. ἕσσα; — pf. M. εἷμαι u. ἕσμαι (2. sg. ἕσσαι; 3. sg. εἷσται, εἷται); — plpf. εἵμην, ἕσμην u. ἑέσμην (2. sg. ἕσσο; 3. sg. εἷτο, ἕστο u. ἕεστο; 3. pl. εἵᾰτο).

ἐπ-αινέω. fut. ἐπαινέσομαι; aor. ἐπῄνεσα, pf. ἐπῄνεκα, — pf. P. ἐπῄνημαι; aor. ἐπῃνέθην; fut. ἐπαινεθήσομαι;, Verbal-adj. ἐπαινετέος.

ἐπι-μελέομαι. fut. ἐπιμελήσομαι; pf. ἐπιμεμέλημαι; aor. ἐπεμελήθην; Verbal-adj. ἐπιμελητέος.

ἐπίσταμαι. 2. sg. prs. ἐπίστασαι, 3. pl. ἐπιστέᾰται ion.; conj. ἐπίστωμαι; opt. ἐπισταίμην, -αιο. -αιτο; impr. ἐπίστασο, att. ἐπίστω: — impf. ἠπιστάμην, 2. sg. ἠπίστω, (3. pl. ἠπιστέᾰτο u. ἠπιστέᾰτο ion.); fut. ἐπιστήσομαι; aor. ἠπιστήθην; Verbal-adj. ἐπιστητός.

ἕπομαι. impf. εἱπόμην; fut. ἕψομαι; — aor. II ἑσπόμην; conj. σπῶμαι (ep. ἕσπωμαι), opt. σποίμην, impr. σποῦ (ep. σπεῖο, ἑσπέσθω), inf. σπέσθαι, part. σπόμενος.

ἔπω. impf. εἷπον; — fut. ἕψω; — aor. II ἕσπον (conj. σπῶ, opt. σποῖμι, inf. σπεῖν, part. σπών); aor. P. ἐφθην.

ἐράω. ἐράω in att. Prosa nur im prs. u. impf., ἔραμαι nur im aor. u. fut. gebräuchlich, sonst poet.; — fut. ἐρασθήσομαι; — aor. ἠράσθην, ep. ἠρᾱσ(σ)άμην; Verbal-adj. ἐρα(σ)τός.

ἐργάζομαι. Augm. ἠ u. (weniger gut) εἰ. Redupl. εἰ; Herodot stets ohne Augm. u. Redupl. — impf. ἠργαζόμην (und εἰργαζόμην; aor. ἠργασάμην (u. εἰργασάμην); pf. εἴργασμαι; aor. P. ἠργάσθην (u. εἰργάσθην) pass.; Verbal-adj. ἐργαστέος.

ἔρδω. fut. ἔρξω (inf. ἐρξέμεν ep.); aor. ἔρξα; pf. ἔοργα; plpf. ἐώργειν; Verbal-adj. ἐρκτός.

ἐρείδω — 502 — ἔχω

ἐρείδω. *pf.* ἐρήρεικα, *pf.* P. ἤρεισμαι u. ἐρήρεισμαι (3. *pl.* ἐρηρέδαται ερ.); *plpf.* ἠρηρείσμην (3. *pl.* ἐρηρέδατο ερ.); — *aor.* P. ἠρείσθην.

ἐρείπω. *aor. II* ἤριπον; — *pf.* ἐρήριπα; P. ἐρήριμμαι (3. *sg. plpf.* ἐρέριπτο ερ.); — *aor.* P. ἠρείφθην.

ἐρέσσω. *aor.* ἤρεσα (ερ. ἔρεσσα).

ἐρεύγω. *aor. II* ἤρυγον, *inf.* ἐρυγεῖν.

ἐρέω, ἐρέομαι u. **εἴρομαι.** *prs.* u. *impf.* von allen drei Verben nur ep. ion. statt des gewöhnlichen ἐρωτάω; *impf.* εἰρόμην u. ἐρεόμην, ἐρέοντο). *fut.* ἐρήσομαι (ερ. ion. εἰρήσομαι); *aor. II* ἠρόμην (*conj.* ἔρωμαι, *inf.* ἐρέσθαι, ερ. auch ἔρεσθαι).

ἐρύομαι. Nebenformen ep. poet. ion. εἰρύομαι, ἔρῡμαι, εἴρῡμαι. — *prs.* 3. *pl.* εἰρύαται (ῠ) ep.; *inf.* ἔρυσθαι und εἴρυσθαι; — *impf.* ἐρυόμην, ἐρύμην, εἰρύμην (ἔρῡσο und εἴρῡσο, ἔρῡτο und εἴρῡτο, 3. *pl.* εἰρύατο). Vgl. auch ῥύομαι.

ἐρύω. Ep. poet. ion. auch εἰρύω. *aor.* εἴρυσα; — *pf.* P. und M. εἴρυμαι (3. *pl.* εἰρύαται ερ.); *plpf.* εἰρύμην (ῠ), 3. *sg.* εἴρυτο, 3. *pl.* εἰρύατο ερ.); — *aor.* P. εἰρύσθην und ἐρύσθην; Verbal-*adj.* ἐρυστός.

ἔρχομαι. In att. Prosa fast nur im *ind. prs.* gebräuchlich; die übrigen Formen ersetzt durch εἶμι, ἥκω, ἀφικνέομαι; *impf.* ᾔειν ob. ᾖα; *fut.* εἶμι, ἥξω, ἀφίξομαι, (ἐλεύσομαι meist ep. ion. poet. sp.); — *aor. II* ἦλθον (ep. poet. ἤλυθον, † ἤλθα); *conj.* ἔλθω, *impr.* ἐλθέ, ἐλθέτω († ἐλθάτω); *inf.* ἐλθεῖν; — *pf.* ἐλήλυθα (ep. εἰλήλουθα, 3. *pl. ind.* † ἐλήλυθαν) u. ἥκω; *plpf.* ἐληλύθειν.

εὑρίσκω. *fut.* εὑρήσω; *aor. II* εὗρον u. (besser) ηὗρον (*impr.* εὑρέ); *aor. I* † εὗρα und εὕρησα; *pf.* εὑ- u. (besser) ηὕρηκα, P. -ημαι; *aor.* P. εὑ- u. (besser) ηὑρέθην; εὑρεθήσομαι, εὑρετός, -έος.

ἔχω. Nebenform ἴσχω (nur im *prs.* u. *impf.*). — *impf.* εἶχον (Iterativform ἔχεσκον; 1. *pl.* † εἴχαμεν, 3. *pl.* † εἶχαν u. εἴχοσαν); — *fut.* ἕξω u. σχήσω; — *aor. II* ἔσχον (σχῶ, σχοίην u. σχοῖμι, σχές, σχεῖν, (ερ. σχέμεν σχών) u. ep. poet. ἔσχεθον σχέθον. M. ἐσχόμην (ερ. σχόμην, 3. *pl. opt.* σχοίατο ερ.); — *pf.* ἔσχηκα (ερ. ὄχωκα); *pf.* P. ἔσχημαι (3. *pl. plpf.* ὤχατο ερ.); — *aor.* P. ἐσχέθην sp.; — Verbal-*adj.* σχετός, ἑκτέος in Kompositis.

Z

ζάω. Nebenform ζώω (ζόω) ep. ion. poet. — *prs.* ζῶ, ζῇς, ζῇ usw., *opt.* ζῴην, *inf.* ζῆν, *impr.* ζῆ, ζήτω; — *impf.* ἔζων, -ης, -η usw.; — *fut.* βιώσομαι; *aor.* ἐβίων; vgl. βιόω.

ζεύγνῡμι. *fut.* ζεύξω; *aor.* ἔζευξα; *pf.* P. ἔζευγμαι; *aor.* P. ἐζύγην; ζευκτός.

ζέω. *fut.* ζέσω; *aor.* ἔζεσα (ep. ζέσσα); (ἔζεσμαι, ἐζέσθην, ζεστός).

ζώννῡμι. 3. sg. *impf.* M. Iterat. ζωννύσκετο. — *fut.* ζώσω; *aor.* ἔζωσα; *pf.* ἔζωκα, P. ἔζωμαι; *aor.* P. ἐζώσθην; Verbal-*adj.* ζωστός.

H

ἧμαι s. κάθημαι.

ἠμί. Fast nur die drei (nachgestellten oder eingeschobenen) Formen ἠμί sage ich, ἦν (δ' ἐγώ) sagte ich, ἦ sprach's (ἦ δ' ὅς sagte er, ἦ δ' ἥ sagte sie).

ἡσσάομαι. Neu-att. ἡττάομαι; ion. ἑσσόομαι. — *impf.* ἡττώμην (ion. ἑσσούμην); *fut.* ἡττηθήσομαι; *aor.* ἡττήθην (ion. ἑσσώθην); *pf.* ἥττημαι (ion. ἕσσωμαι); Verbal-*adj.* ἡττητέον.

Θ

θάλλω. *aor.* II ἔθαλον, *pf.* τέθηλα mit *prs.*-Bedeutung; 3. sg. plpf. ep. τεθήλει.

θάω. *inf. prs.* M. θῆσθαι, *aor.* M. ἐθησάμην.

θεάομαι. Ep. u. ion. θηέομαι: *part. prs.* θηεύμενος, *impf.* (ἐ)θηεύμην (θηεῖτο, ἐθηεύμεσθα, θηεῦντο = ἐθεῶντο); *aor.* (ἐ)θηησάμην (θηήσαο, *opt.* θηήσαιτο, 3. pl. θηήσαντο ep. ion.).

θέω. Ep. auch θείω. — 3. sg. *conj. prs.* ep. θέῃσι u. θείῃ, *impf.* ἔθεον (Iterativform θέεσκον); *fut.* θεύσομαι.

θιγγάνω. *fut.* θίξομαι; *aor.* II ἔθιγον.

θνήσκω. In Prosa fast nur ἀποθνῄσκω. — *fut.* θανοῦμαι; — *aor.* II ἔθανον; — *pf.* τέθνηκα (*conj.* τεθνήκω, *inf.* τεθνηκέναι, *part.* τεθνηκώς, ότος. Daneben verkürzte Formen: τέθνατον, τεθνάτην, τέθναμεν, τέθνασι, ἐτέθνασαν, *opt.* τεθναίην, *impr.* τέθναθι, -άτω, *inf.* τεθναναι, *part.* τεθνεώς, ῶσα, ός, ῶτος; — *fut. III* τεθνήξω ich werde tot sein; — Verbal-*adj.* θνητός.

θρῴσκω. *fut.* θοροῦμαι; — *aor. II.* ἔθορον.

I

ἴημι. *prs.* 2. *sg.* ἵης (u. ἴεις), 3. *sg.* ἵησι (u. ἴει), 3. *pl.* ἱᾶσι; *conj.* ἱῶ; *opt.* ἱείην u. ἱοίμι; *impr.* ἵει, ἱέτω; *inf.* ἱέναι; *part.* ἱείς; — *impf.* ἵην u. ἵειν; M. ἱέμην; — *fut.* ἥσω, M. ἥσομαι; — *aor.* ἧκα, ἧκας, ἧκε, εἷτον, εἵτην, εἷμεν, εἷτε, εἷσαν; *conj.* ὧ (ep. ἥω u. εἵω, ἕω; 3. *sg.* ᾗσι, ᾕη u. ἕη); *opt.* εἵην; *impr.* ἕς, ἕτω; *inf.* εἷναι; *part.* εἵς; — *aor.* M. εἵμην, εἷσο, εἷτο, 3. *pl.* εἷντο; *conj.* ὧμαι, *opt.* εἵμην u. οἵμην, *impr.* οὗ; — *pf.* εἷκα, M. εἷμαι; — *aor.* P. εἵθην; — *fut.* P. ἑθήσομαι; — Verbal-*adj.* ἑτός, ἑτέος.

ἵκω. att. ἥκω. — *impf.* ἷκον; *aor. mixt.* ep. ἷξον, ἷξε.

ἱσάζω. Iterativform M. ἱσάσκετο ep.

ἵστημι. I. Akt. *impf.* ἵστην (3. *sg.* Iterativform ep. ἵστασκε, ἵστασχ'); — *fut.* στήσω; — *aor. I* ἔστησα; *aor. II* ἔστην (ep. Iterativform στάσκε); *conj.* στῶ; *opt.* σταίην; *impr.* στῆθι; *inf.* στῆναι; — *pf.* ἕστηκα *intr.* Neben den regelm. Formen erscheinen kürzere: ἕστατον, ἕστάμεν, ἕστατε, ἕστᾶσι; *conj.* ἑστῶ; *opt.* ἑσταίην; *impr.* ep. ἕσταθι, -άτω, -ατε; *inf.* ἑστάναι; *part.* ἑστώς, ῶσα, ός, ῶτος, ώσης; — *plpf.* ἑστήκειν u. εἱστήκειν (verkürzt ἕσταμεν, -ατε, ἕστασαν); — *fut. III* ἑστήξω. — **II. M.** *prs.* ἵσταμαι; — *impf.* ἱστάμην (3. *pl.* ion. ἱστέατο); *fut.* στήσομαι; — *aor. I* ἐστησάμην. — **III. P.** *aor.* ἐστάθην mit pass. Beb.; — *pf.* ἕσταμαι (3. *pl.* ion. ἑστέαται; *plpf.* ἑστάμην; — Verbal-*adj.* στατός, έος.

K

καθ-έζω. Akt. nur ep. poet. ion.; *aor.* καθεῖσα. — M. P. *prs.* καθέζομαι, *impf.* ἐκαθεζόμην, *fut.* καθεδοῦμαι, *aor.* ἐκαθεισάμην; Verbal-*adj.* καθεστέον.

καθ-εύδω. *impf.* ἐκάθευδον u. καθηῦδον; *fut.* καθευδήσω; *aor.* ἐκαθεύδησα u. καθηύδησα; Verbal-*adj.* καθευδητέον.

κάθ-ημαι. *prs.* 2. *sg.* κάθησαι († κάθῃ), κάθηται, καθήμεθα usw.; *conj.* καθῶμαι; *opt.* καθῄμην u. καθοίμην; *impr.* κάθησο (poet. sp. † κάθου), καθήσθω;

καθ-ίζω — 505 — **κέλομαι**

inf. καθῆσθαι; *part.* καθήμενος; — *impf.* ἐκαθήμην u. καθήμην, ἐκάθησο, ἐκάθητο (ob. καθῆσο, καθῆστο), ἐκάθηντο ob. καθῆντο (ep. καθῆατο u. καθείατο); — († *fut.* καθήσομαι). Die übrigen Formen werden durch καθέζεσθαι u. καθίζειν erseßt.

καθ-ίζω. *impf.* ἐκάθιζον u. καθῖζον; *fut.* καθίσω, att. καθιῶ; *aor.* ἐκάθισα u. καθῖσα; *pf.* κεκάθικα; *fut.* M. καθιζήσομαι; *aor.* ἐκαθισάμην; (*pf.* κάθημαι u. *fut.* καθεδοῦμαι).

καίνυμαι. *pf.* κέκασμαι mit *prs.*-Bedeutung (2. *sg.* ep. κέκασσαι), *plpf.* ἐκεκάσμην; *fut.* u. *aor.* ungebräuchlich.

καίνω. *aor.* II ἔκανον, *pf.* κέκονα.

καίω. Alt-att. κάω u. κάω (unkontrahiert!). *fut.* καύσω; — *aor.* I ἔκαυσα (ep. ἔκηα u. κῆα, poet. ἔκεα; 1. *pl. conj.* κήομεν ep., 3. *sg. opt.* κήαι ep., *part.* κέας poet.); M. ἐκαυσάμην (ep. ἐκηάμην u. κηάμην); — *pf.* κέκαυκα, P. κέκαυμαι; — *aor.* P. ἐκαύθην (ep. ion. ἐκάην, *inf.* καήμεναι); — *fut.* P. καυθήσομαι (sp. καήσομαι); — Verbal-*adj.* καυτός.

καλέω. *impf.* iterat. καλέσκον, M. καλέσκετο); — *fut.* καλῶ; M. καλοῦμαι (auch in pass. Bedeut.); — *aor.* I ἐκάλεσα; M. ἐκαλεσάμην; — *pf.* κέκληκα, P. κέκλημαι (3. *pl.* κεκλέαται ion.; 2. *opt.* κεκλῇο poet.); *plpf.* ἐκεκλήμην (3. *pl.* κεκλήατο ep.); — *aor.* P. ἐκλήθην; *fut.* κληθήσομαι; — *fut.* III κεκλήσομαι ich werde heißen; — Verbal-*adj.* κλητός, -έος.

κάμνω. *fut.* καμοῦμαι; *aor.* II ἔκαμον (ep. κάμον u. κέκαμον); *pf.* κέκμηκα (*part.* ep. κεκμηώς; *gen.* κεκμηῶτος u. -ότος).

κεῖμαι. 2. *sg. prs.* κεῖσαι, 3. *sg.* κεῖται; 3. *pl.* κεῖνται (ep. ion. κέαται, ep. κείαται u. κέονται); *conj.* κέωμαι, 3. *sg.* κέηται (ep. κῆται); *opt.* κεοίμην, κέοιτο; *impr.* κεῖσο, κείσθω; *inf.* κεῖσθαι; *part.* κείμενος; — *impf.* ἐκείμην, ἔκεισο, ἔκειτο (ep. iterat. κέσκετο); 3. *pl.* ἔκειντο (ion. ἐκέατο, ep. κεῖντο, κείατο u. κέατο); — *fut.* κείσομαι.

κείρω. *aor.* ep. poet. ἔκερσα u. κέρσα.

κέλλω. *fut.* κέλσω, *aor.* ἔκελσα (ep. *inf.* κέλσαι).

κέλομαι. *fut.* κελήσομαι; *aor.* (ἐ)κελησάμην; *aor.* II redupl. (ἐ)κεκλόμην; *part.* κεκλόμενος).

κεράννῡμι. *fut.* κεράσω u. κερῶ; *aor.* ἐκέρασα (ep. κέρασσα u. ἔκρησα); — *pf.* P. κέκραμαι, † κεκέρασμαι; 3. *pl. plpf.* P. κεκράαντο ep.; — *aor.* P. ἐκεράσθην u. ἐκράθην; κραθήσομαι, κρατέον. — Ep. poet. ion. sp. Nebenformen: **κεράω** (M. κέραμαι, *conj.* κέρωνται; *impr.* κεράασθε; 3. *pl. impf.* κερόωντο, **κεραίω, κιρνάω** u. **κίρνημι** (*part.* κιρνάς, 3. *sg. impf.* ἐκίρνα u. κίρνη).

κεύθω. *aor. II* ἔκυθον, redupl. κέκυθον (*conj.* 3. *pl.* κεκύθωσι); *pf.* κέκευθα mit *prs.*-Bedeutung.

κήδω. *impf.* ep. iterat. κήδεσκον; — *fut.* κηδήσω (ep. redupl. κεκαδήσω; — *pf.* κέκηδα mit *prs.*-Bedeutung; — *aor.* ἐκήδησα.

κιχάνω. Nebenf. ep. κίχημι, poet. κίγχημι. — *fut.* κιχήσομαι; *aor. I* ἐκίχησα ep., ἐκιχησάμην; — *aor. II* ἔκιχον u. (ἐ)κίχην (2. *sg.* ep. ἐκίχεις, *du.* κιχήτην; *conj.* κίχω u. κιχείω ob. κιχήω, 1. *pl.* κιχείομεν; *opt.* κιχείην; *inf.* κιχῆναι u. κιχήμεναι; *part.* κιχών, κιχείς u. M. κιχήμενος).

κλάζω. κλάγξω, ἔκλαγξα, *aor. II* ἔκλαγον, *pf.* κέκλαγγα mit *prs.*-Bedeutung (ep. κέκληγα, *part.* κεκληγώς, *pl.* κεκλήγοντες mit *prs.*-Bedeutung; — *fut. III* κεκλάγξομαι.

κλαίω. Att. (bsd. alt-att.) auch κλάω u. κλάω (unkontrahiert!). — *impf.* ep. iterat. κλαίεσκον; — *fut.* κλαύσομαι u. κλαήσω († κλαύσω); — *aor.* ἔκλαυσα; — *pf.* M. κέκλαυμαι, sp. κέκλαυσμαι; — *aor.* P. ἐκλαύσθην; Verbal-*adj.* κλαυ(σ)τός, -έος.

κλέω. ep. meist κλείω; 2. *sg. impf.* P. ἔκλε᾽ ep. = ἔκλεο statt ἐκλέεο.

κλίνω. *pf.* κέκλῐκα, κέκλῐμαι (3. *pl.* κεκλίαται ep.); *aor.* P. ἐκλίνην; *fut.* P. κλινήσομαι (u. κλιθήσομαι); Verbal-*adj.* κλιτέος.

κλῠω. *aor. II* ἔκλυν (im *ind.* ungebräuchlich), *impr.* κλῦθι u. κέκλῠθι, κλῦτε u. κέκλῠτε; Verbal-*adj.* κλυτός.

κορέννῡμι. *fut.* κορέσω (ep. κορέω); — *aor.* ἐκόρεσα· (M. ep. 3. *pl. opt.* κορεσαίατο); — *pf.* κεκόρεσμαι (ep. poet. ion. κεκόρημαι; ep. auch κεκόρηα mit pass. Bedeutung); — *aor.* P ἐκορέσθην.

κοτέω. *part. pf.* κεκοτηώς ep. mit *prs.*-Bedeutung.

κράζω. *pf.* κέκρᾱγα mit *prs.*-Bedeutung (*impr.* κέκρᾱχθι); *plpf.* ἐκεκράγειν ich schrie; — *fut.* κεκράξομαι ich werde schreien (sp. † κράξω u. κεκράξω); — *aor. II* ἔκρᾱγον.

κραίνω. *aor.* ep. ἔκρηνα u. ἐκρήηνα. — *pf.* P. κέκρα(σ)μαι u. ep. κεκράαμαι (vgl. jedoch κεράννυμι), 3. *sg.* κέκρανται.

κρεμάννῡμι. *fut.* κρεμῶ, ᾷς, ᾷ; *aor.* ἐκρέμασα; — P. *prs.* κρέμαμαι; *impf.* 2. *sg.* ep. ἐκρέμω; *fut.* κρεμήσομαι; *aor.* ἐκρεμάσθην; Verbal-*adj.* κρεμαστός, -έος.

κρίζω. *aor. II.* ἔκρικον, *pf.* κέκρῑγα.

κρίνω. *pf.* κέκρῐκα, P. κέκρῐμαι; — *aor.* P. ἐκρῐθην (ep. auch κρινθην); Verbal-*adj.* κρῐτός, κρῐτέος.

κτάομαι. *pf.* κέκτημαι u. ἔκτημαι, auch paſſ. (3. *pl.* ἐκτέαται ion.; *conj.* κεκτῶμαι, ῇ, ῆται; *opt.* κεκτῴμην, ῷο, ῷτο u. κεκτήμην, ῇο, ῇτο); *plpf.* ἐκεκτήμην; *fut. III* κεκτήσομαι u. ἐκτήσομαι ich werde beſitzen; *aor.* P. ἐκτήθην paſſ.; Verbal-*adj.* κτητός, -έος.

κτείνω. Nebenf. κτείν(ν)ῡμι, κτίν(ν)ῡμι, κτιν(ν)ύω; in Proſa meiſt ἀποκτείνω; *fut.* M. *inf.* ep. κτανέεσθαι = κτενεῖσθαι mit paſſ. Bed.); *aor. II* meiſt ep. poet. ἔκτᾰνον (κτάνον) u. ἔκτᾱν, ας, ᾰ, ᾰμεν, ᾰτε, ᾰν = ἔκτᾱσαν (*conj.* κτῶ, κτέωμεν; *inf.* κτάμεναι u. κτάμεν; *part.* κτάς; — *pf.* ἔκτονα u. ἐκτόνηκα (3. *sg. plpf.* ἐκτόνες ion.); — *aor.* M. ἐκτάμην ep. mit paſſ. Bedeutung (3. *sg.* ἔκτατο, *inf.* κτάσθαι, *part.* κτάμενος); — *aor.* P. ἐκτάθην (3. *pl.* ἔκταθεν ep.). — Das P. wird in Proſa faſt ſtets durch ἀποθνῄσκω erſetzt.

κυνέω. *aor.* ἔκῠσα (ep. κύσα, ἔκυσσα, κύσσα).

κυρέω. *impf.* ἔκῡρον, *fut.* κὑρήσω u. κὑρσω, *aor.* ἐκύρησα u. ἔκυρσα, *pf.* κεκύρηκα.

Λ

λαγχάνω. *fut.* λήξομαι; — *aor. II* ἔλᾰχον (ep. λέλᾰχον); — *pf.* εἴληχα (ep. ion. poet. λέλογχα, 3. *pl.* λελόγχᾱσι; *pf.* P. εἴληγμαι; — *aor.* P. ἐλήχθην; — Verbal-*adj.* ληκτέος.

λαμβάνω. *fut.* λήψομαι (ion. λάμψομαι, † λήμψομαι); — *aor.* ἔλᾰβον (ep. Iterativform λάβεσκον, † ἔλᾰβα), *impr.* λαβέ; *aor.* M. ἐλαβόμην; — *pf.* εἴληφα (ion. λελάβηκα);

λανθάνω — 508 — **μάομαι**

P. εἴλημμαι (ion. λέλαμμαι); — *aor.* P. ἐλήφθην (ion. ἐλάμφθην, † ἐλήμφθην); — *fut.* P. ληφθήσομαι; — Verbal-*adj.* ληπτός, ληπτέος (ion. λαμπτέος).

λανθάνω. *fut.* λήσω; *aor.* ἔλαθον (ep. λάθον u. λέλαθον); *pf.* λέληθα; — *aor.* M. ἐλαθόμην (3. *pl. opt.* λαθοίατο ep.); — *pf.* λέλησμαι (ep. ion. λέλασμαι).

λάσκω. *fut.* λακήσομαι; *aor.* ἔλακον; *pf.* λέληκα u. λέλακα mit *prs.*-Bedeutung; *aor.* M. ep. λελάκόμην.

λέγω¹ (λέχ-). *aor.* I M. ἐλεξάμην, *impr.* λέξαι u. vom *aor. mixt.* λέξεο; *aor.* II ἐλέγμην (3. *sg.* ἔλεκτο u. λέκτο; *impr.* λέξο, *inf.* λέχθαι, *part.* λέγμενος).

λέγω². **1.** **λέγω** lesen, sammeln: *pf.* εἴλοχα (sp. εἴλεχα); *pf.* P. εἴλεγμαι; *aor.* M. ep. ἐλέγμην u. λέγμην (3. *sg.* λέκτο); *aor.* P. ἐλέγην; *fut.* λεγήσομαι; Verbal-*adj.* λεκτός, -έος.

2. **λέγω** sagen (vgl. εἴρω): *fut.* λέξω (meist ἐρῶ); — *aor.* ἔλεξα, selten ἐλεξάμην (meist εἶπον); — *pf.* λέλεχα sp., regelmäßig εἴρηκα; — *pf.* P. λέλεγμαι, meist εἴρημαι; — *aor.* P. ἐλέχθην, meist ἐρρήθην (sp. † auch ἐρρέθην, ion. εἰρέθην); *fut.* P. λεχθήσομαι, meist ῥηθήσομαι (auch λέξομαι mit pass. Bedeutung); — *fut.* III λελέξομαι, meist εἰρήσομαι; — Verbal-*adj.* λεκτός, -έος.

λείπω. *aor.* ἔλιπον; *aor.* M. ἐλιπόμην (sp. † ἐλειψάμην); — *pf.* λέλοιπα, P. λέλειμμαι; — *aor.* P. ἐλείφθην; *fut.* λειφθήσομαι; — *fut.* III λελείψομαι; — Verbal-*adj.* λειπτέος.

λιάζομαι. *aor.* ἐλιάσθην (ep. 3. *pl.* λίασθεν).

λούω. Im *prs.* und *impf.* kontrahieren meist die Formen mit kurzen themat. Vokalen: λοῦμεν, λοῦτε, λοῦσι, ἐλοῦμεν, λοῦμαι, λοῦται, λοῦνται, λοῦσθαι usw.; — *impf.* ep. λόον, λόεον (u. ἐλούεον); — *pf.* M. λέλουμαι († λέλουσμαι); — *aor.* P. ἐλούθην; — Verbal-*adj.* λουτός, -έος.

M

μάομαι. *fut.* μάσσομαι; *aor.* ἐμασάμην; Verbal-*adj.* μαστός.

μανθάνω. *fut.* μαθήσομαι; *aor.* ἔμαθον; *pf.* μεμάθηκα; Verbal-*adj.* μαθητός u. -έος.

(μάομαι; Wurzel μα-, μεν-). *pf.* μέμονα u. μέμαα mit *prs.*-Bedeutung: μέμονα nur im *sg. pf.* u. *plpf.* (μεμόνει) u.

μάχομαι — 509 — νάσσω

im *inf.* μεμονέναι gebräuchlich, μέμαα bsd. im *pl.* u. *du.* (μέμαμεν, μέματε, μεμάασι, μέματον, *plpf.* μεμάσαν, *impr.* μεμάτω, *part.* μεμαώς.

μάχομαι. *fut.* μαχοῦμαι; *aor.* ἐμαχεσάμην; — *pf.* μεμάχημαι; — Verbal-*adj.* μαχητός, -έος u. μαχετός, -έος.

μείγνυμι. Nebenf. μίσγω. — *fut.* μείξω, M. μείξομαι (auch mit pass. Bedeutung); *aor.* ἔμειξα; *pf.* μέμειχα, P. μέμειγμαι; — *fut. III* μεμείξομαι; — *aor. II* M. ἐμ(ε)ικτο u. μ(ε)ικτο ob. μίκτο; — *aor.* P. ἐμείχθην u. ἐμίγην; *inf.* μειχθήμεναι u. μιγήμεναι ep.; — Verbal-*adj.* μεικτός, -έος.

μέλλω. *impf.* ἔμελλον u. ἤμελλον; *fut.* μελλήσω; *aor.* ἐμέλλησα; Verbal-*adj.* μελλητέον.

μέλω. *fut.* μελήσω, M. μελήσομαι; — *aor.* ἐμέλησα; — *pf. I* μεμέληκα; *pf. II* μέμηλα; *pf.* M. μεμέλημαι mit *prs.*-Bedeutung (μεμέληται = ep. μέμβλεται = μέλει; *plpf.* μέμβλετο = ἔμελε); — *aor.* P. ἐμελήθην; — Verbal-*adj.* μελητέον.

μηκάομαι. *aor. II* ἔμακον; — *pf.* μέμηκα mit *prs.*-Bedeutung (*part.* μεμηκώς, μεμακυῖα); davon mit *impf.*-Bildung (ἐ)μέμηκον.

μιμνῄσκω. *fut.* μνήσω, *aor.* ἔμνησα; — *fut.* P. μνησθήσομαι; — *aor.* P. ἐμνήσθην (ep. ion. poet. ἐμνησάμην, Iterativform ep. μνησάσκετο); — *pf.* μέμνημαι, ep. conj. μεμνῶμαι, opt. μεμνήμην, -ῇο, -ῇτο ob. μεμνῴμην, -ῴο, -ῷτο, 3. *sg.* μεμνέῳτο; 3. *pl. plpf.* ἐμεμνέατο ion. = ἐμέμνηντο; — *fut. III* μεμνήσομαι ich werde eingedenk bleiben; — Verbal-*adj.* μνηστός, -έος.

μνάομαι. Nur *prs.* u. *impf.* — Ep. 2. *sg. prs.* μνάᾳ, *inf.* μνάασθαι; *part.* μνωόμενος = μνώμενος; ep. 1. *pl. impf.* μνώμεθα; 3. *pl.* (ἐ)μνώοντο; Iterativform ep. μνάσκετο.

μυκάομαι. *aor. II* μῦκον ep.; *pf.* μέμυκα mit *prs.*-Bed.

N

ναίω¹. Iterativform ναίεσκε u. -ον; *aor.* ἔνασσα u. νάσσα, M. (ἐ)νασσάμην; *aor.* P. (ἐ)νάσθην.

νάσσω. *aor.* ἔναξα; *pf.* P. νέναγμαι u. νένασμαι; Verbal-*adj.* ναστός.

νέομαι. Nur prs. u. impf.; das prs. meist mit fut.-Bedeutung (wie εἶμι). 3. sg. νεῖται; 2. sg. conj. νέηαι ep. = νέῃ; 3. pl. opt. νεοίατο.

νέω¹. fut. νεύσομαι; aor. ἔνευσα; pf. νένευκα; Verbal-adj. νευστέον.

νέω². pf. P. sg. νένησμαι.

νέω³. Jon. ep. auch νηέω, ep. auch νηνέω mit Redupl.; pf. P. νένημαι; aor. P. ἐνή(σ)θην; Verbal-adj. νητός.

νοέω. aor. ion. ἔνωσα, M. ἐνωσάμην; pf. ion. νένωκα, M. νένωμαι; aor. P. ion. ἐνώθην.

Ξ

ξέω. aor. ἔξεσα (ep. ξέσσα); pf. P. ἔξεσμαι; aor. P. ἐξέσθην.

O

ὀδύσσομαι. pf. ὀδώδυσμαι mit prs.-Bedeutung.

ὄζω. ὀζήσω, ὤζησα; pf. ὄδωδα mit prs.-Bedeutung.

οἴγῡμι s. ἀνοίγνυμι.

οἴχομαι. fut. οἰχήσομαι; pf. ᾤχημαι (ion. οἴχημαι) u. οἴχωκα od. ᾤχηκα; plpf. ion. οἰχώκεα).

οἴω (οἴομαι). Att. auch οἶμαι (ὡς ἐγῷμαι = ὡς ἐγὼ οἶμαι, Krasis); 2. sg. οἴει u. οἴῃ (ep. ὀίεαι); impf. ᾠόμην u. ᾤμην (ep. ὠίετο, ὀίετο); fut. οἰήσομαι; aor. ᾠήθην, conj. οἰηθῶ (ep. ὠίσθην u. ὀϊσάμην); Verbal-adj. οἰητέον.

ὀλισθάνω. Sp. meist ὀλισθαίνω. — aor. II ὤλισθον, sp. aor. I ὠλίσθησα; pf. ὠλίσθηκα.

ὄλλῡμι. Nebenf. ὀλέκω. Ep. poet. impf. Iterativf. ὀλέεσκε; — fut. ὀλῶ, εῖς, εῖ (ion. ὀλέω, έεις; ep. ὀλέσω und ὀλέσσω); — aor. ὤλεσα; — pf. I ὀλώλεκα, plpf. ὠλωλέκειν; — pf. II ὄλωλα intr., plpf. ὠλώλειν; — fut. M. ὀλοῦμαι; — aor. II ὠλόμην, Iterativform ὀλέσκετο.

ὄμνῡμι. fut. ὀμοῦμαι (sp. ὀμόσω); aor. ὤμοσα; pf. ὀμώμοκα, plpf. ὀμ-ω. ὠμωμόκειν; pf. P. ὀμώμο(σ)μαι; aor. P. ὠμό(σ)θην, fut. ὀμοσθήσομαι.

ὀνίνημι. (impf. fehlt, dafür ὠφέλουν); — fut. ὀνήσω; aor. ὤνησα, — M. aor. ὠνήμην, ὤνησο usw.; opt. ὀναίμην, 3. pl. ὀναίατο ion.; impr. ὄνησο, inf. ὄνασθαι, part. ὀνήμενος); aor. P. ὠνήθην.

ὄνομαι. *fut.* ὀνόσομαι (ep. ὀνόσσομαι); — *aor.* ὠνοσάμην u. ὠνάμην; *aor.* P. ὠνόσθην; — Verbal-*adj.* ὀνο(σ)τός.

ὁράω. Jon. meist ὁρέω, ep. ὁρόω; *impf.* ἑώρων; M. ἑωρώμην; — *fut.* ὄψομαι (2. *sg.* ὄψει, ep. ὄψεαι); *aor.* εἶδον (vgl. εἴδω); — *pf.* ἑώρακα u. ἑόρακα (ion. ὤρηκα; ep. ion. poet. ὄπωπα; 3. *pl.* † ἑόρακαν); *plpf.* ἑωράκειν u. ἑόρακειν (ep. ion. poet. ὀπώπειν); — *pf.* P. ἑώραμαι, meist ὦμμαι, ὦψαι. ὦπται, *inf.* ὦφθαι; *plpf.* ἑωράμην, meist ὤ. μην, ὦψο, ὦπτο; — *aor.* P. ὤφθην (ep. ἑωράθην); *fut.* ὀφθήσομαι; Verbal-*adj.* ὁρατός u. ὀπτός, -έος.

ὀρέγω. *pf.* M. ὀρώρεγμαι (3. *pl.* ὀρωρέχαται ep.; 3. *pl.* *plpf.* ὀρωρέχατο ep.); Verbal-*adj.* ὀρεκτός.

ὄρνυμι. *impf.* ὤρνυον (ep. ὄρν-), M. ὠρνύμην; — *fut.* ὄρσω; — *aor.* I ὦρσα (Jterativform ὄρσασκε ep.); — *aor.* II ὤρορον (auch *intr.*); — *pf.* II ὄρωρα (*intr.*); *plpf.* ὠρώρειν u. ὀρώρειν); — *aor.* II M. ὠρόμην u. ὤρμην (ὦρτο; *impr.* ὄρσο, ὄρσ', ὄρσεο, ὄρσευ; *inf.* ὄρθαι; *part.* ὄρμενος; — 3. *sg.* *pf.* M. ὀρώρεται statt ὄρωρται mit *prs.*-Bedeutung ep.); Verbal-*adj.* ὀρτός.

ὄρομαι. *plpf.* ὀρώρειν.

ὀρύσσω. *pf.* ὀρώρυχα. *plpf.* ὠρωρύχειν; *pf.* P. ὀρώρυγμαι:. *plpf.* ὠρωρύγμην; — *aor.* P. ὠρύχθην († ὠρύγην); *fut.* ὀρυχθήσομαι; — Verbal-*adj.* ὀρυκτός.

οὐτάω (οὐτάζω). *fut.* οὐτάσω, *aor.* I οὔτασα u. οὔτησα (Jterativform οὐτήσασκε); — *aor.* II ep. οὔτἄν. ἄς, ἄ (*inf.* οὐτάμεν u. οὐτάμεναι, Jterativform οὔτασκε) *part.* *aor.* M. οὐτάμενος paff.; — *pf.* P. οὔτασμαι; — Verbal-*adj.* οὐτατός.

ὀφείλω. *fut.* ὀφειλήσω; *aor.* I ὠφείλησα; *aor.* II ὤφελον; *pf.* ὠφείληκα; *aor.* P. ὠφειλήθην.

ὀφέλλω. *aor.* 3. *sg.* *opt.* ὀφέλλειεν.

ὀφλισκάνω. *fut.* ὀφλήσω; *aor.* ὦφλον (*conj.* ὄφλω; *inf.* ὀφλεῖν u. *part.* ὀφλών bisweilen als *prs.* ὄφλειν, ὄφλων betont); *pf.* ὤφληκα, *pf.* P. ὤφλημαι.

Π

πάλλω. *aor.* II redupl. ep. πέπαλον); — *pf.* πέπηλα; — *aor.* M. ep. ἔπαλτο u. πάλτο; — *pf.* M. πέπαλμαι; *aor.* P. ἐπάλην.

πάομαι. *prs.* ungebräuchlich; *fut.* πάσομαι. *fut. III* πεπάσομαι; *aor.* ἐπασάμην; *pf.* πέπαμαι.

πάσχω. *fut.* πείσομαι; *aor. II* ἔπαθον; — *pf.* πέπονθα (2. *pl.* πέπασθε ep.; *part.* πεπαθυῖα ep. = πεπονθυῖα); — Verbal-*adj.* παθητός.

πατέομαι. *fut* πάσομαι; *aor.* ἐπασάμην (ep. πασ(σ)άμην); *pf.* πέπασμαι, *plpf.* ἐπεπάσμην; παστός.

πείθω. *aor. II* poet. ἔπιθον, ep. πέπιθον (3. *sg. conj.* πεπίθῃσι = πεπίθῃ: davon *fut.* πεπιθήσω ep. ich werde überreden); *pf. II* πέποιθα *intr.*; *plpf.* ἐπεποίθειν (ep. πεποίθεα, 1. *pl.* ἐπέπιθμεν). P. *fut.* πεισομαι, att. meist πεισθήσομαι: *pf.* πέπεισμαι; *aor.* ἐπίθόμην, ep. (πε πιθόμην u. ἐπίθησα, att. meist ἐπείσθην; Verbal-*adj.* πειστέος.

πεινάω. *prs.* πεινῶ, ᾷς, ᾷ usw., *inf.* πεινῆν (ep. †−ᾶν, ep. πεινήμεναι), 3. *pl.* dor. πεινῶντι = πεινῶσι, *dat. sg. part.* dor. πεινάντι = −ῶντι.

πελάζω. Nebenform πελάω poet., πλάθω poet.; ep. πίλναμαι, prof. πλησιάζω; *aor. I* M. ἐπελασάμην (3. *pl. opt.* πελασαίατο ion. ep.); *aor. II* ep. (ἐ)πλήμην (3. *sg.* πλῆτο, 3. *pl.* ἔπληντο, πλῆντο); *pf.* πέπλημαι; *aor.* P. ἐπελάσθην (3. *pl.* πέλασθεν ep.) u. poet. ἐπλάθην.

πέλω. *aor. II* ἔπλον (3. *sg.* ἔπλε). — M. *impf.* Iterativform 3. *sg.* πελέσκετο; *aor. II* ἐπλόμην (ἔπλεο u. ἔπλευ, ἔπλετο, *part.* πλόμενος).

περάω. 1. *trans.*: verkaufen; *fut.* περάσω; *aor.* ἐπέρασα, ἐπέρασσα, 3. *sg. conj.* περάσῃσι = περάσῃ; *pf.* P. ep. περέρημαι.

2. *intr.*: hindurch-, hinüberkommen; *prs.* ep. περόωσι = περάουσι; *impf.* Iterativform περάασκε ep.

πέρθω. *aor. II* ἔπραθον (*inf.* πραθέειν), M. ἐπραθόμην (mit paff. Bedeutung); *inf.* des bindevokallosen *aor.* πέρθαι.

πέσσω. *fut.* πέψω; *aor.* ἔπεψα; *pf.* P. πέπεμμαι; *aor.* ἐπέφθην; Verbal-*adj.* πεπτός.

πετάννῡμι. Ep. poet. πιτνάω u. πίτνημι; — *fut.* πετάσω (poet.) u. πετῶ, ᾷς, ᾷ; *aor.* ἐπέτασα; *pf.* πεπέτακα; *pf.* P. πέπταμαι (poet. ſp. πεπέτασμαι; *aor.* P. ἐπετάσθην.

πέτομαι. Nebenformen: ep. poet. ποτάομαι, ποτέομαι u. πωτάομαι, poet. ſp. πέταμαι, ſp. ἵπταμαι (nur *prs.* u. *impf.*). —

πήγνυμι. *fut.* π(ε)τήσομαι; *aor. II* ἐπτόμην u. ἐπτάμην, meist poet. ſp. ἔπτην.

πήγνυμι. *pf. II* πέπηγα *intr.*; *plpf.* ἐπεπήγειν; *pf.* P. πέπηγμαι ſp.; — *aor.* P. ἐπάγην (ep. 3. *pl.* πάγεν) ep. poet. ſp. ἐπήχθην (3. *pl.* πῆχθεν ep.); 3. *sg. aor. II* M. ἔπηκτο ep. (*intr.* ob. *pass.*); — Verbal-*adj.* πηκτός. (Plato, Phaedo 118a: πηγνῦτο 3. *sg. opt. prs.* P. = πηγνύοιτο.

πίμπλημι. 3. *pl. impf.* P. ἐπί(μ)πλέατο ion.= ἐπίμπλαντο); *fut.* πλήσω; *aor.* ἔπλησα (M. 3. *pl. opt.* πλησαίάτο ep.); — *pf.* πέπληκα, P. πέπλησμαι; — *aor.* P. ἐπλήσθην; — *aor. II* M. ep. ἐπλήμην (πλῆτο, πλῆθ', πλῆντο) mit paſſ. Bedeut.; — *fut.* P. πλησθήσομαι; — Verbal-*adj.* πληστέος.

πίμπρημι ſ. πρήθω.

πίνω. *fut.* πίομαι; — *aor.* ἔπιον (*impr.* πῖθι u. πίε. † πιέ; ſp. † πεῖν u. πῖν); — *pf.* πέπωκα; *pf.* P. πέπομαι; — *aor.* P. ἐπόθην; *fut.* P. ποθήσομαι; Verbal-*adj.* ποτός; -έος.

πιπράσκω. Nebenf. ep. πέρνημι u. περάω. — *fut.* u. *aor.* Akt. werden durch ἀποδίδομαι ob. πωλέω erſetzt. *pf.* πέπρακα, P. πέπραμαι; *fut. III* πεπράσομαι; *aor.* P. ἐπράθην; Verbal-*adj.* πρατός, -έος.

πίπτω. *fut.* πεσοῦμαι; *aor.* ἔπεσον, † ἔπεσα; *pf.* πέπτωκα (2. *sg.* † πέπτωκες, 3. *pl.* † πέπτωκαν; *part.* ep. poet. πεπτεώς, πεπτώς, πεπτηώς, ῶτος).

πλάζω. πλάγξω, ἔπλαγξα, πλάγξομαι, ἐπλάγχθην, πλαγκτός.

πλέω. *fut.* πλεύσομαι, att. meiſt πλευσοῦμαι; ἔπλευσα uſw.

πλήσσω. *prs.* u. *impf.*, Akt. u. M. des Simpler ſind in att. Proſa ungebräuchlich (erſetzt durch τύπτω, παίω, πατάσσω). — *fut.* πλήξω; *aor.* ἔπληξα; *aor. II* ep. redupl. (ἐ)πέπληγον; *pf.* πέπληγα, P. πέπληγμαι; *aor.* P. ἐπλήγην, aber in den Kompoſitis ἐξ-, ἐπ- u. κατεπλάγην; Verbal-*adj.* πληκτός, -έος.

πνέω. *fut.* πνεύσομαι, ἔπνευσα, πέπνευκα, πέπνυμαι (*inf.* πεπνῦσθαι, *plpf.* πεπνύμην ep.), ἐπνεύσθην. Ep. *aor. II* ἔπνυον, M. ἐπνύμην (ῦ), P. ἐπνύνθην.

πρήθω. *fut.* πρήσω uſw.

πρίασθαι. Alleinſtehender *aor.* M. zum *prs.* ὠνέομαι: *ind.* ἐπριάμην, 2. *sg.* ἐπρίω, *conj.* πρίωμαι, *opt.* πριαίμην, *impr.* πρίω, *part.* πριάμενος.

πτάρνυμαι. aor. II ἔπταρον.

πτήσσω. aor. I ἔπτηξα, aor. II ἔπτᾰκον, pf. ἔπτηχα, ip. πέπτηχα (part. pf. II ep. πεπτηώς).

πυνθάνομαι. fut. πεύσομαι; — aor. ἐπῠθόμην (ep. redupl. πεπυθόμην; 3. pl. opt. (πε)πυθοίατο ep.); — pf. πέπυσμαι; — Verbal-adj. πυστός u. πευστέος.

Ρ

ῥαίνω. aor. I ep. ἔρασσα; P. pf. ἔρρασμαι (3. pl. ἐρράδαται ep. u. 3. pl. plpf. ἐρράδατο ep. mit wurzelhaftem δ).

ῥέζω. fut. ῥέξω, aor. ἔρ(ρ)εξα; part. aor. P. ῥεχθείς; Verbal-adj. ῥεκτός. Vgl. ἔρδω.

ῥέω. fut. ῥεύσομαι u. ῥυήσομαι (ip. † ῥεύσω); aor. ἐρρύην, inf. ῥυῆναι; selten ἔρρευσα; pf. ἐρρύηκα; Verbal-adj. ῥυτός.

ῥήγνυμι. Nebenform ep. ip. † ῥήσσω. — 3. pl. prs. ῥηγνῦσι ep. = ῥηγνύασι; impf. iterat. ῥήγνυσκε ep., impf. M. ἐρρηγνύμην; — fut. ῥήξω; aor. ἔρρηξα (ep. ῥῆξα u. ῥήξα), M. ἐρρηξάμην (ep. ῥηξάμην, conj. 1. pl. ῥηξόμεθα ep. = -ώμεθα); — pf. II ἔρρωγα intr.; pf. P. ἔρρηγμαι; — aor. P. ἐρράγην (selten ἐρρήχθην); fut. ῥαγήσομαι; — Verbal-adj. ῥηκτός.

ῥιγέω. aor. ἐρρίγησα; pf. II ἔρρῑγα mit prs.-Bedeutung (3. sg. conj. ἐρρίγησι ep. = ἐρρίγῃ), plpf. ἐρρίγειν.

ῥύομαι. fut. ῥύσομαι, aor. ἐρρυσάμην († ἐρυσάμην), aor. P. ἐρρύσθην († ἐρύσθην) pass. — inf. prs. ῥῦσθαι ep. = ῥύεσθαι; impf. ep. ἐρύετο u. ῥύετο, iterat. ῥύσκευ = ἐρύου; 3. pl. ῥύατο ep. = ἐρύοντο; 3. sg. aor. II ἔρρυτο ep. poet.

ῥώννυμι. ῥώσω, ἔρρωσα, ἔρρωμαι (impr. ἔρρωσο), ἐρρώσθην.

Σ

σαλπίζω. fut. σαλπίγξω (ip. † -ίσω); aor. ἐσάλπιγξα; 3. sg. pf. P. σεσάλπισται ip.

σάττω. pf. P. σέσαγμαι (3. pl. plpf. ἐσεσάχατο ion. = σεσαγμένοι ἦσαν).

σβέννυμι. fut. σβέσω; — aor. I ἔσβεσα; aor. II ἔσβην ich erlösche; — pf. ἔσβηκα ich bin erloschen, P. ἔσβεσμαι ip.; — aor. P. ἐσβέσθην; Verbal-adj. σβεστός.

σεύω — 515 — τέμνω

σεύω. *aor. I* ἔσσευα; *aor. II* M. ἐσ(σ)ύμην (ἔσσῦο, ἔσ(σ)ῦτο u. σύτο. *part.* σύμενος); — *pf.* P. ἔσσυμαι mit *prs.*-Beb. (*part.* ἐσσύμενος); *plpf.* ἐσσύμην; — *aor.* P. ἐσ(σ)ύθην.

σήπω. *aor. II* ἐσάπην ich verfaulte; *pf. II* σέσηπα ich bin faul; *fut.* P. σαπήσομαι; Verbal-*adj.* σηπτός.

σκεδάννῡμι. *fut.* σκεδάσω, att. σκεδῶ, ᾷς, ᾷ; *aor.* ἐσκέδασα; *pf.* P. ἐσκέδασμαι, *aor.* ἐσκεδάσθην; Verbal-*adj.* σκεδαστός.

σκέλλω. *aor. I* ἔσκηλα; *aor. II* ἔσκλην ich verdorrte (*inf.* σκλῆναι); *pf.* ἔσκληκα ich bin verdorrt; *fut.* P. σκλήσομαι.

σπάω. σπάσω usw.

σπένδω. *fut.* σπείσω; *aor.* ἔσπεισα (ep. Iterativform σπείσασκε); *pf.* ἔσπεικα, M. ἔσπεισμαι (auch pass.); *aor.* P. ἐσπείσθην.

στάζω. στάξω, ἔσταξα usw.

στρώννῡμι (poet. ion. στόρνυμι). *fut.* στορῶ u. στρώσω; *aor.* ἔστρωσα u. ἐστόρεσα; *pf.* P. ἔστρωμαι (sp. ἐστόρεσμαι.), *plpf.* ἐστρώμην; *aor.* P. ἐστρώθην (sp. ἐστορέσθην); Verbal-*adj.* στρω τός.

στυγέω. *aor. I* ἐστύγησα (ep. ἔστυξα); *aor. II* ἔστυγον; *pf.* ἐστύγηκα mit *prs.*-Bedeutung.

σῴζω. σώσω, ἔσωσα, σέσωκα, σέσωμαι (u. σέσωσμαι), ἐσώθην, σωθήσομαι:. σωστέος. — Ep. (u. poet.) Formen: 1. σάωμι: *impr.* σάω = σάωθι; 3. *sg. impf.* σάω = ἔσωζε. — 2. σαόω. — 3. σώω: σώοντες, *impf.* Iterativform σώεσκον.

T

τέθηπα. *plpf.* ep. ἐτεθήπεα mit *impf.*-Bedeutung; *aor. II* ἔταφον.

τείνω. *pf.* τέτακα, P. τέταμαι (*plpf.* ep. τετάμην, du. τετάσθην), ἐτάθην.

τελέω. *fut.* τελέσω (ep. τελέσσω), meist τελῶ (ep. ion. τελέω, M. τελέομαι;) — *aor.* ἐτέλεσα; — *pf.* τετέλεκα, P. τετέλεσμαι.; — *aor.* P. ἐτελέσθην.

τέμνω. *fut.* τεμῶ (τᾰμῶ); *aor. II* ἔτεμον (ἔτᾰμον); τέτμηκα, τέτμημαι, τετμήσομαι, ἐτμήθην, τμηθήσομαι, τμητός, -έος.

τέρπω. *aor.* M. ἐτερψάμην u. ἐταρπόμην (ep. τεταρπόμην, 1. *pl. conj.* τεταρπώμεσθα); — *aor.* P. ἐτέρφθην u. ἐτάρπην (ep. *inf.* ταρπήμεναι, *conj.* τραπῶ, 1. *pl.* τραπείομεν).

τερσαίνω. *aor. II* P. ἐτέρσην (*inf.* ep. τερσήμεναι).

τετραίνω. *fut.* τετρανῶ u. τρήσω; *aor.* ἐτέτρανα, ἐτέτρηνα u. ἔτρησα; *pf.* P. τέτρημαι.

τεύχω. *aor. I* ἔτευξα; *aor. II* ep. ion. τέτυχον; — *pf.* τέτευχα (nur *part.* τετευχώς pass.), vgl. auch τυγχάνω; *plpf.* ἐτετεύχεα ion.; *pf.* P. τέτυγμαι (3. *pl.* ep. τετεύχαται); *plpf.* ἐτετύγμην (3. *pl.* ep. ion. (ἐ)τετεύχατο).

τήκω. *pf. II* τέτηκα (*intr.*), sp. τέτηγμαι; *aor.* P. ἐτάκην.

τίθημι. *pf.* P. sp. τέθειμαι, att. durch κεῖμαι ersetzt; *pf. Akt.* τέθηκα (sp. τέθεικα); — *aor.* ἔθηκα, -κας, -κε, ἔθετον, ἐθέτην, ἔθεμεν, ἔθετε, ἔθεσαν; alle übrigen Formen ohne κ. — Abweichende (meist ep. ion.) Formen: a) *prs.:* 2. *sg.* τίθησθα, 3. *sg.* τίθει, 3. *pl.* τιθεῖσι, *inf.* τιθήμεναι (u. τιθεῖν); 3. *pl.* P. τιθέαται, *part.* τιθήμενος. b) *impf.:* 1. *sg.* ἐτίθεα, 3. *sg.* (ἐ)τίθες, 3. *pl.* τίθεσαν u. τίθεν (sp. ἐτίθουν). c) *fut.:* *inf.* θησέμεναι; 2. *sg.* M. θήσεαι. d) *aor.:* 1. *sg. conj.* θέω, θήω, θείω; *inf.* θέμεν(αι); M. *conj.* θήομαι u. θείομαι; *opt.* θοίμην u. θεοίμην; *impr.* θέο u. θεῦ; *part.* θηκάμενος.

τίκτω. *fut.* τέξομαι; — *aor. II* ἔτεκον (*inf.* ep. τεκέειν) u. ep. poet. ἐτεκόμην; — *pf.* τέτοκα; — *aor.* P. ἐτέχθην sp.

τίνω. *fut.* τείσω; — *aor.* ἔτεισα, M. 3. *pl. opt.* τεισαίατο ep.; — *pf.* τέτεικα, M. τέτεισμαι; — *aor.* P. ἐτείσθην; — Verbal-*adj.* τειστέος.

τιτρώσκω. *fut.* τρώσω usw.

τλῆναι. *ind. aor.* ἔτλην; — *fut.* τλήσομαι; — *pf.* τέτληκα mit *prs.*-Bedeutung (1. *pl.* τέτλαμεν), *opt.* τετλαίην, *impr.* τέτλαθι, *inf.* τετλάμεν(αι), *part.* τετληώς, υῖα, *gen.* -ότος; — Verbal-*adj.* τλητός; — außerdem *aor. I* ep. ἐτάλασσα.

τμήγω. *aor. II* ἔτμαγον, *aor. II* P. ἐτμάγην.

τρέπω. *aor. II* ep. poet. ἔτραπον; *pf.* τέτροφα u. τέτραφα; *aor.* M. ἐτρεψάμην meist *trans.* u. ἐτραπόμην *intr.*; *pf.* P. τέτραμμαι (3. *pl.* τετράφαται; *inf.* τετράφθαι; 3. *pl. plpf.* τετράφαθ'); *aor.* P. ἐτράπην.

τρέφω. *fut.* θρέψω, Μ. θρέψομαι (auch paff.); — *aor. I* ἔθρεψα; *aor. II* ep. ἔτραφον (meift *intr.*, *inf.* τραφέμεν); — *pf.* τέτροφα, P. τέθραμμαι (3. *pl.* τετράφαται poet.; *inf.* τεθράφθαι); — *aor. II* ἐτράφην; — Verbal-*adj.* θρεπτέος.

τρέχω. *fut.* δραμοῦμαι; — *aor. II* ἔδραμον (felten ἔθρεξα, iterat. θρέξασκον ep.); — *pf.* δεδράμηκα (ep. poet. δέδρομα); — Verbal-*adj.* θρεκτέος.

τρίζω. *aor.* ἔτριξα; *pf.* τέτρῑγα mit *prs.*-Bebeutung, *part. acc. pl.* ep. τετρῑγῶτας ep.; *plpf.* ep. τετρίγειν.

τρώγω. *fut.* τρώξομαι; *aor. II* ἔτραγον; *pf.* P. τέτρωγμαι; Verbal-*adj.* τρωκτός.

τυγχάνω. *fut.* τεύξομαι; *aor. II* ἔτυχον; *aor. I* ep. (ἐ)τύχησα; *pf.* τετύχηκα († τέτυχα), *plpf.* ἐτετεύχεε ion.; — (*pf.* P. τέτευγμαι, 3. *sg. plpf.* (ἐ)τέτυκτο, *aor.* ἐτύχθην).

Υ

ὑπ-ημύω. Nur 3. *sg. pf.* ὑπεμνήμυκε.

ὑπ-ισχνέομαι. *fut.* ὑποσχήσομαι; *aor. II* ὑπεσχόμην, *conj.* ὑπόσχωμαι, *impr.* ὑπόσχου; — *pf.* ὑπέσχημαι.

Φ

φαείνω. *aor.* P. (ἐ)φαάνθην (3. *pl.* φάανθεν ep.).

φαίνω. *pf. I* πέφαγκα trans., *pf. II* πέφηνα *intr.*; *pf.* P. πέφασμαι, -νσαι, -νται (*inf.* πεφάνθαι, *part.* πεφασμένος); *aor.* P ἐφάνθην ich wurde gezeigt (felten), ἐφάνην ich (er=) fchien (3. *pl.* ἔφανεν u. φάνεν; 2. *sg. conj.* φανήῃς ep.; 3. *sg.* † φάνῃ; *inf.* ep. φανήμεναι; iterat. φάνεσκε ep.); Verbal-*adj.* φαντός. — Über φαάνθην vgl. φαείνω; über φαε u. πεφήσομαι vgl. φάω.

φάω. 3. *sg. impf.* oder *aor. II* φάε; 3. *sg. fut. III* πεφήσεται er wird erfchienen fein.

φείδομαι. *fut.* φείσομαι, ep. πεφιδήσομαι; — *aor. II* ep. πεφιδόμην (mit Redupl.; *opt.* πεφιδοίμην, *inf.* πεφιδέσθαι); — *pf.* πέφεισμαι (auch paff.); — Verbal-*adj.* φειστέον.

φένω. Ungebräuchliches *prs.* zur Ableitung des redupl. ep. *aor. II* ἔπεφνον u. πέφνον; — *pf.* P. πέφαμαι; *fut. III* πεφήσομαι; Verbal-*adj.* φατός.

φέρω. fut. οἴσω (inf. ep. οἰσέμεν); — aor. I impr. ep. οἶσε, οἰσέτω, οἴσετε; inf. ion. οἶσαι, ep. οἰσέμεν(αι); — aor. I ἤνεγκα (ion. ep. ἤνεικα, ep. ἔνεικα; inf. ἐνεῖκαι; impr. ἔνεικον, ἐνείκατε); — aor. II selten ἤνεγκον; — pf. ἐνήνοχα, P. ἐνήνεγμαι; — aor. P. ἠνέχθην; fut. P. ἐνεχθήσομαι u. οἰσθήσομαι: Verbal-adj. (poet. φερτός), οἰστός, -έος.

φεύγω. fut. φεύξομαι u. -οῦμαι; aor. II ἔφυγον; — pf. πέφευγα (ep. πέφυζα, vgl. φύζα; part. pf. M. πεφυγμένος ep.); Verbal-adj. φευκτός, -έος (ep. φυκτός).

φημί. 2. sg. prs. φῇσθα ep.; 3. sg. conj. φῇσιν u. φήῃ ep.; 1. pl. opt. φαῖμεν u. φαίημεν; 3. pl. φαῖεν u. φαίησαν; impr. φάθ᾽ οb. φαθί; inf. φάναι, poet. φάμεν; part. φάς, φᾶσα, φάν; — impf. 3. pl. ἔφαν u. φάν ep. = ἔφασαν; — fut. φήσω; aor. I ἔφησα; pf. P. πέφαμαι. — M. impr. prs. ep. φάο, inf. φάσθαι, part. φάμενος poet. ion. sp.; impf. 3. sg. ep. ἔφατο u. φάτο, pl. ἔφαντο u. φάντο; Verbal-adj. φατός, -έος.

φθάνω. fut. φθήσομαι; — aor. I ἔφθασα; — aor. II ἔφθην (3. pl. φθάν ep.); conj. φθῶ (ep. 1. pl. φθέ(ω)μεν), opt. φθαίην, inf. φθῆναι, part. φθάς; — pf. ἔφθακα, — (aor. P. ἐφθάσθην).

φθείρω. In Prosa meist διαφθείρω. — pf. ἔφθαρκα; pf. P. ἔφθαρμαι (ep. 3. pl. ἐφθάραται, plpf. ἐφθάρατο); aor. P. ἐφθάρην; fut. φθαρήσομαι, Verbal-adj. φθαρτός.

φθίνω. fut. φθίσω (ῐ), M. φθίσομαι; — aor. ἔφθισα (ep. φθῖσα, sp. ἔφθισα); aor. II ἔφθιον; — pf. ἔφθικα (sp. ἐφθίνηκα); P. ἔφθιμαι, plpf. ἐφθίμην (3. pl. ἐφθῖατο ep.); — aor. P. ἐφθίθην (3. pl. ἔφθιθεν ep.); — aor. M. ἐφθίμην, -ῖσο, -ῖτο (conj. 2. sg. φθίεαι, 3. sg. φθίεται ep., 1. pl. φθιόμεσθα; opt. φθίμην, 3. sg. φθῖτο; impr. φθίσθω, inf. φθίσθαι, part. φθίμενος); — Verbal-adj. φθιτός.

φράζω. Ep. aor. II redupl. (ἐ)πέφραδον; — ep. M. 3. sg. impf. iterat. φραζέσκετο; fut. M. φράσ(σ)ομαι; aor. I M. (ἐ)φρασ(σ)άμην = aor. P. ἐφράσθην (mit aktiver Bedeutung); — pf. P. πέφρασμαι (aktiv u. passiv).

φράσσω. φράξω usw. aor. P. ἐφράχθην († ἐφράγην). Bisweilen mit Metathesis sp. φάρξω, ἔφαρξα, φαρκτός u. ä.

φρέω. Das Verb kommt nur in Kompos. vor (z.B. δια-, εἰσ-, ἐπεισφρέω) und bildet neben den regelmäßigen Formen auch Formen nach der Analogie von ἵημι, z.B. *inf. aor. II* M. φρέσθαι, *impr. aor. II* εἴσφρες, *aor. I* ἔφρηκα.

φύω. *aor. II* ἔφῦν (ep. 3. *pl.* ἔφυν, 3. *sg. conj.* φύῃ, 3. *sg. opt.* φυίη ob. φύη, *inf.* φύμεναι, *part.* φύς), sp. † ἐφύην (*part.* φυείς, *neutr.* φυέν); *pf.* πέφυκα (ep. πέφυα, 3. *pl.* πεφύασι, *part.* πεφυῖα, πεφυῶτας); *plpf.* ep. πεφύκειν (3. *pl.* ep. ἐπέφυκον).

X

χάζω. *aor. II* ep. redupl. κέκαδον; *fut.* M. χάσομαι; *aor. I* ἐχασάμην; *aor. II* κεκαδόμην. — Vgl. jedoch κεκαδών von κήδω.

χαίνω. *prs.* u. *impf.* von χάσκω; — *fut.* χανοῦμαι; — *aor. II* ἔχανον; *pf.* κέχηνα.

χαίρω. *fut.* χαιρήσω (ep. redupl. κεχαρήσω, *inf.* κεχαρησέμεν; ep. auch κεχαρήσομαι; † χαρῶ u. sp. † χαρήσομαι); — *aor.* ἐχάρην u. ep. redupl. κεχαρόμην (3. *pl. opt.* χαροίατο ep.); auch (ἐ)χηράμην; — *pf.* κεχάρηκα mit *prs.*-Bedeutung ich bin erfreut (*part.* ep. κεχαρηώς, ότος), poet. κεχάρημαι u. κέχαρμαι; — Verbal-*adj.* χαρτός.

χανδάνω. *fut.* χείσομαι; *aor.* ἔχαδον; *pf.* κέχανδα mit *prs.*-Bedeutung (3. *sg. plpf.* ep. κεχάνδει).

χέω. *fut.* χέω (ep. χεύω, sp. auch χεῶ); — *aor.* ἔχεα, ep. ἔχευα u. χεῦα; — *aor. I* M. ἐχεάμην; *aor. II* M. ep. (ἐ)χύμην (χύτο, χύμενος) pass.; — *pf. Akt.* κέχυκα, P. κέχυμαι (3. *pl.* κεχύαται ion.; 3. *sg. plpf.* ep. κέχυτο); — *aor.* P. ἐχύθην.

χράω. Attisch kontrahiert χράω in η (z.B. χρῇς, χρῇ, χρῆν), ion. in ᾱ (z.B. χρᾷς, χρᾷ; χρᾶν); außerdem ion. χρέωσα, χρεώμενος ob. χρεόμενος, χρέσθαι, ἐχρέοντο ob. -ωντο.

χράομαι. Jon. auch: α) χρέομαι (z.B. χρέονται, χρέωνται, *impr.* χρέο = χρῶ, χρεώμενος, ἐχρέοντο); β) χρεάομαι (z.B. χρεῶνται, χρεώμενος, ἐχρεῶντο); γ) χρηΐσκομαι. — Attisch kontrahiert χράομαι in η, ion. in ᾱ. — χρήσομαι, ἐχρησάμην. κέχρημαι auch pass. (3. *sg. plpf.* κέχρητο ep.), ἐχρήσθην stets pass., κεχρήσομαι, χρηστός, -έος.

χρή. χρή ist eig. *subst.* — Bedürfnis, Not, Verlangen (vgl. χρεώ, χρέος), das, mit Formen von εἶναι verbunden, ein scheinbares Verbum bildet: *conj.* χρῇ aus χρὴ ᾖ, *opt.* χρείη, *inf.* χρῆναι, *part.* χρεών (ion. χρεόν); *impf.* χρῆν aus χρὴ ἦν, seltener ἐχρῆν mit mißbräuchlichem Augment; *fut.* χρῆσται.

Ψ

ψάω. Kontrahiert in η.

Ω

ὠθέω. *fut.* ὤσω (poet. ὠθήσω); — *aor.* ἔωσα (ep. ion. sp. ὦσα, sp. ὤθησα, iterat. ὤσασκε); M. ἐωσάμην (ep. ion. † ὠσάμην, 3. *pl. opt.* ep. poet. ὠσαίατο; — *pf.* ἔωκα, P. ἔωσμαι (ion. ὦσμαι); — *aor.* P. ἐώσθην (sp. ὤσθην); *fut.* ὠσθήσομαι; — Verbal-*adj.* ὠστός, -έος.

ὠνέομαι. *aor.* ἐπριάμην; *pf.* ἐώνημαι (oft pass.); *aor.* P. ἐωνήθην (stets pass.); Verbal-*adj.* ὠνητός, -έος.

LANGENSCHEIDTS
TASCHENWÖRTERBÜCHER

LANGENSCHEIDTS
TASCHENWÖRTERBUCH
DER GRIECHISCHEN UND DEUTSCHEN SPRACHE

Zweiter Teil

Deutsch-Griechisch

von

PROF. DR. OTTO GÜTHLING

LANGENSCHEIDT
BERLIN · MÜNCHEN · ZÜRICH

Abkürzungen

acc.	= Akkusativ.	ion.	= ionisch.
adv.	= Adverb.	j-m	= jemand(em) (Dativ).
Akt.	= Aktivum.		
aor.	= Aorist.	j-n	= jemand(en) (Akkusativ).
bsd.	= besonders.		
cj.	= Konjunktion.	l.	= lassen.
comp.	= Komparativ.	lt.	= lateinisch.
conj.	= Konjunktiv.	M.	= Medium.
dat.	= Dativ.	m-e	= meine (vgl. e-e).
d-e	= deine (vgl. e-e).	od.	= oder.
ds	= dieses, dies.	P	= Passivum.
e.	= ein.	part.	= Participium.
e-e	= eine.	pf.	= Perfektum.
e-s	= eines.	prp.	= Präposition.
e-m	= einem.	prs.	= Präsens.
e-n	= einen.	s.	= siehe.
etw.	= etwas.	s-e	= seine (vgl. e-e).
fut.	= Futurum.	sn	= sein (Verb).
gen.	= Genetiv.	subst.	= Substantiv.
impr.	= Imperativ.	sup.	= Superlativ.
ind.	= Indikativ.	trans.	= transitiv.
inf.	= Infinitiv.	übh.	= überhaupt.
insb.	= insbesondere.	übtr.	= übertragen.
intr.	= intransitiv.	unpers.	= unpersönlich.

Die hinter einem Adjektiv stehende Ziffer 2 oder 3 bezeichnet die Anzahl der Geschlechtsendungen.

Auflage: 30. 29. 28. 27. | Letzte Zahlen
Jahr: 1977 76 75 | maßgeblich

Copyright 1911 by Langenscheidtsche Verlagsbuchhandlung
(Prof. G. Langenscheidt) KG, jetzt Langenscheidt KG, Berlin u. München

Druck und Einband: Graphische Betriebe Langenscheidt
Berchtesgaden/Obb.

Printed in Germany · ISBN 3-468-10035-3

A

A n 'A, ά, τὸ ἄλφα, indecl.
Aal m ἡ ἔγχελυς (υος), pl. ἐγχέλεις (εων); kleiner ~ τὸ ἐγχελύδιον, ἐγχέλειον, ein Stück ~ τὸ ἐγχέλειον.
aalartig ἐγχέλεσιν ὅμοιος, ὥσπερ oder καθάπερ (ἡ) ἔγχελυς. [(ὦνος).]
Aalbehälter m ὁ ἐγχελεών
Aalfang m ἡ τῶν ἐγχέλεων θήρα (als Handlung); τὸ χωρίον, καθ' ὃ αἱ ἐγχέλεις θηρεύονται.
Aalfleisch n τὰ ἐγχέλεια.
aalglatt: er ist ein ~er Mensch δραπετεύει διὰ τῶν δακτύλων ὥσπερ ἔγχελυς.
Aalhälter m f. Aalbehälter.
Aalhaut f τὸ ἐγχέλειον δέρμα. [κωβιός.]
Aalraupe f ἡ μύραινα, ὁ
Aar m ὁ ἀετός (αἰετός).
Aas n τὸ πτῶμα, τὸ κενέβρειον (toter Körper e-s Tieres), ἡ βορά, τὸ ἑλώριον, τὸ κύρμα (als Nahrung für Tiere), τὸ δέλεαρ (ατος) (als Lockspeise, Köder).
Aasfliege f ἡ στρατιῶτις (ιδος) μυῖα.
Aasgeier m ὁ περκνόπτερος ἀετός, ὁ ὀρειπέλαργος, ὁ ὑπάετος.

Aasgeruch m ἡ ἀπὸ τῶν πτωμάτων (κενεβρείων) δυσωδία.
ab: rechtsab παρὰ τὴν δεξιάν, bergauf und bergab ἄνω καὶ κάτω τοῦ ὄρους, auf und (oder) ab πλέον καὶ (ἢ) ἔλαττον, seitab παρὰ τὴν πλευράν, stromab κατὰ τὸν ποταμόν, auf- und abgehen περιπατεῖν, ab und zu ἐνίοτε.
ab-ächzen, sich ἐκκάμνειν στενάζοντα oder ὑπὸ στεναγμῶν, τήκεσθαι, ἐκτήκεσθαι στεναγμοῖς.
ab-ackern ἀποτέμνειν.
ab-ändern μεταλλάττειν, κινεῖν, μετακινεῖν, μεθιστάναι, μετατίθεσθαι, μεταβάλλειν; seine Meinung ~ μεταγιγνώσκειν, eine Schrift ~ μεταγράφειν.
Ab-änderung f ἡ μετακίνησις, ἡ μετάλλαξις, ἡ μετάθεσις, ἡ μεταβολή.
ab-ängstigen ἄγχειν (trans.), περίφοβον τιθέναι τινά, καθιστάναι τινὰ εἰς φόβον, sich ~ περίφοβον εἶναι, ἐκθνῄσκειν φόβῳ, ἀγωνιᾶν περί τινος, ἐπί τινι.
ab-arbeiten = durch Arbeit

Deutsch-griechisch.   1   1   (A—ab-arbeiten)

wegschaffen πονοῦντα ἀφαιρεῖν, eine Schuld ~ ἀπεργάζεσθαι, ἐργασίᾳ ἀποτίνειν, = ermüden καταπονεῖν, sich ~ καταπονεῖσθαι, ἀποκάμνειν, P. πόνοις ἀπομαραίνεσθαι.

ab-ärgern, sich κατατρίβεσθαι ἀχθόμενον.

Ab-art f τὸ ἐξηλλαγμένον εἶδος. [γένους.]

ab-arten ἐξίστασθαι τοῦ

ab-äsen s. ab-weiden.

ab-ästen ἀποκλαδεύειν.

ab-balgen ἀποδέρειν, ἀποδερματοῦν.

ab-barbieren ἀποκείρειν, ἀποξυρεῖν, ἀποξύρειν.

ab-beißen ἀποδάκνειν, καταδάκνειν, ἀπεσθίειν.

ab-beizen s. weg-beizen.

ab-bekommen μεταλαμβάνειν τί τινος.

ab-berufen ἀποκαλεῖν, μεταπέμπεσθαι.

ab-bestellen ἀπειπεῖν.

ab-betteln ἐξαιτεῖσθαί τί τινος.

ab-beugen ἀποκλίνειν, ἀποκάμπτειν, παρεκτρέπεσθαι.

ab-bezahlen ἀπο-, ἐκτίνειν.

ab-biegen ἐκκλίνειν; s. ab-beugen.

Ab-bild n, **Ab-bildung** f ἡ εἰκών (όνος), τὸ εἴδωλον, τὸ μίμημα, τὸ ἀπείκασμα, τὸ εἰκόνισμα, τὸ πλάσμα, τὸ ἐκτύπωμα, τὸ ἀποτύπωμα.

ab-bilden μιμεῖσθαι, τυποῦσθαι, εἰκάζειν.

ab-binden λύειν, ἀποδεῖν.

Ab-binden n ἡ λύσις, ἡ ἀπόδεσις.

Ab-bitte f ἡ παραίτησις, ~ tun παραιτεῖσθαι.

ab-blühen ἀπανθεῖν.

ab-brechen ἀποκλᾶν, ἀπορρηγνύναι, καθαιρεῖν, das Lager ~ μεταστρατοπεδεύεσθαι, eine Brücke ~ γέφυραν λύειν, ein Gespräch ~ ἀποσιωπᾶν, καταπαύειν τὸν λόγον.

Ab-brechen n ἡ ῥῆξις, ἡ καθαίρεσις, in der Rede ~ ἡ ἀποσιώπησις.

ab-brennen (trans.) κατακαίειν, καταπιμπράναι (von Sachen durch das P.).

Ab-brennen n ἡ κατάκαυσις, ὁ ἐμπρησμός.

ab-bringen ἀποτρέπειν τινά τινος, ἀπάγειν, ἀφιστάναι τινά τινος, vom rechten Wege ~ ἀποσφάλλειν, von einer Meinung ~ μεταπείθειν τινά.

ab-bröckeln (trans.) ἀποθραύειν, (intr.) durch das P.

Ab-bruch m ἡ καθαίρεσις, ἡ κατασκαφή, ἡ λύσις, ἡ διάλυσις (einer Brücke), ἡ ἀναίρεσις (eines Zeltes), τὸ μεταστρατοπεδεύεσθαι (e-s Lagers), ἡ μείωσις, ἡ ἐλάττωσις, ἡ βλάβη, ἡ ζημία, ~ tun ἐλαττοῦν, ἔλαττον ποιεῖν τι, ~ leiden ἔλαττον ἔχειν, βλάπτεσθαι, ~ an der Ehre διαβάλλεσθαι.

ab-bürsten ἀποκαθαίρειν.

ab-büßen ἐκτίνειν, δίκην διδόναι τινός.

Ab-büßung f ἡ ἀπό-, ἔκτισις (gew. Verba).

Abc n τὰ γράμματα, τὰ στοιχεῖα, ἡ (δ) ἀλφάβητος.

ab-dachen ἀποστεγάζειν.

Ab-dachung f τὸ ἀπόκλιμα.

ab-dämmen ἀποχοῦν, χώματι εἴργειν τι.

ab-danken (trans.) ἀποπέμπειν, διαπέμπειν, ἀφιέναι, (intr.) ἀπαλλάττεσθαι τῆς ἀρχῆς, ἀπειπεῖν τὴν ἀρχήν. [ἡ ἀπόλυσις.]

Ab-dankung f ἡ ἄφεσις.

ab-darben: sich etwas ~ τῶν ἀναγκαίων τι ὑφαιροῦντα ἑαυτοῦ καρτερεῖν.

ab-decken s. ab-dachen; den Tisch ~ ἀπαίρειν (ἀφαιρεῖν) τὴν τράπεζαν.

ab-dienen ἀποτίνειν διακονοῦντα.

ab-drängen ἀπωθεῖν τινος.

ab-dringen βίᾳ ἐξαιρεῖν, ἐξαναγκάζειν.

Ab-druck m ἡ ἀποτύπωσις, τὸ ἐκτύμωμα, ἡ εἰκών (όνος), τὸ ἐκμαγεῖον (in Wachs oder Gips), τὸ ἀποσφράγισμα (eines Siegels).

ab-drucken ἀποτυποῦν, ἐκτυποῦν (auch M.).

ab-drücken βάλλειν, ἀφιέναι.

Abend m ἡ ἑσπέρα, ἡ δείλη, ἡ ἡλίου δύσις, es wird ~ συσκοτάζει, am ~ ἑσπέρας οὔσης, ἑσπέριος, gegen ~ liegend ἑσπέριος.

Abendbrot n τὸ δειλινόν.

Abenddämmerung f ἡ δείλη ὀψία, τὸ κνέφας.

Abendessen n τὸ δόρπον, τὸ δεῖπνον.

Abendhimmel m ὁ ἑσπέριος οὐρανός.

Abendland n ἡ γῆ ἡ πρὸς ἡλίου δυσμάς.

abendlich ἑσπέριος.

abends ἑσπέρας οὔσης, ἑσπέρας. [δυόμενος.]

Abendsonne f ὁ ἥλιος κατα-

Abendstern m ὁ ἕσπερος.

Abendstunde f ἡ ἑσπέρα.

Abendwind m ὁ ζέφυρος.

Abendzeit f ἡ ἑσπέρα, ἡ ἑσπερινὴ ὥρα.

Abenteuer n τὸ κινδύνευμα, ὁ ἀγών (ῶνος), ein ~ bestehen κίνδυνον κινδυνεύειν.

abenteuerlich θαυμάσιος, παράδοξος (2), τεράσιος, ἄτοπος (2).

Abenteuerlichkeit f ἡ ἀτοπία, ἡ παραδοξία.

aber ἀλλά (an erster Stelle des Satzes), δέ (an zweiter Stelle des Satzes), μέντοι (nach dem betonten Worte), ~ dennoch ἀλλ' ὅμως, ὅμως δέ, ~ doch ἀλλὰ μήν, nun ~ ἀλλὰ δή, ἀλλὰ τοι, ~ ja (freilich) ἀλλὰ γάρ, = wiederum αὖθις, πάλιν αὖθις, αὖθις πάλιν, tausend und ~tausend μυρίοι, glücklich und ~glücklich τρισμακάριος (2 und 3), τρισμακάριστος (2).

Aberglaube m ἡ δεισιδαιμονία, ὁ θειασμός.

abergläubisch δεισιδαίμων (ονος), βλεπεδαίμων (ονος).

ab-erkennen ἀποκρίνειν τινά τινος, οὐ φάναι εἶναί τι.
abermalig ὁ, ἡ, τὸ αὖθις oder πάλιν, δεύτερος.
abermals πάλιν, αὖθις, δεύτερον.
ab-ernten ἐξαμᾶν, θερίζειν.
Aberwitz m ἡ παράνοια, ἡ παραφροσύνη.
aberwitzig παράφρων (ονος), ~ sein παραφρονεῖν, παραληρεῖν. [ἐξεσθίειν.]
ab-essen κατεσθίειν, ἀπ-,
ab-fahren ἀπελαύνειν, ἐξελαύνειν, ὁρμᾶν (auch M.), zu Schiffe ἀποπλεῖν, ἀνάγεσθαι (in See stechen).
Ab-fahrt f ἡ ὁρμή, ἡ ἔξοδος, zu Schiffe ὁ ἀπόπλους, ἡ ἀναγωγή, ὁ ἔκπλους.
Ab-fall m = Ab-gang τὸ ἀπόθραυσμα, ἀπότριμμα, τὸ ἀπόξυσμα (beim Schaben), τὸ ξέσμα (beim Schnitzen), τὸ παράπρισμα (beim Sägen), von einer Partei ἡ ἀπόστασις, j-n zum ~ bringen ἀφιστάναι τινά τινος, zum ~ geneigt ἀποστατικός, zum ~ geneigt sein ἀποστατικῶς ἔχειν, νεωτερίζειν.
ab-fallen ἀποπίπτειν, καταπίπτειν, καταολισθάνειν, καταφέρεσθαι (P.), von Blättern, Federn ἀπορρεῖν, καταρρεῖν, abtrünnig werden ἀφίστασθαι (ἀπό) τινος, ἀποστατεῖν τινος.
ab-fällig ἐναντίος (von einer Meinung), ~ über etw. urteilen

ἐναντίαν γνώμην ἀποφαίνεσθαι περί τινος.
ab-fangen ἀναιρεῖν.
ab-färben ἀποχρωννύναι, ἀποχραίνεσθαι.
ab-fassen: j-n ~ συλλαμβάνειν τινά, von einer Schrift συγγράφειν, συντιθέναι, συντάττεσθαι.
Ab-fassung f einer Person ἡ σύλληψις, einer Schrift ἡ συγγραφή, ἡ σύνταξις.
ab-faulen ἀποσήπεσθαι (P. u. perf. II).
Ab-faulen n ἡ ἀπόσηψις.
ab-fegen ἀπομάττειν, ἐκκορεῖν, (ἐκ)καθαίρειν.
ab-feilen ἀπορρινᾶν.
ab-fertigen ἀποπέμπειν, ἀποστέλλειν, = zurechtweisen ἐξελέγχειν, ἐπιστομίζειν.
Ab-fertigung f ἡ ἀποστολή, ἡ ἀπόπεμψις, ὁ ἔλεγχος (gew. durch Verba).
ab-feuern βάλλειν, ἀφιέναι.
ab-finden ἀπαλλάττειν τινά, sich mit j-m διαλύεσθαι πρός τινα, διαλλάττεσθαί τινι oder πρός τινα.
Ab-finden n ἡ ὁμολογία, ἡ διαλλαγή, ἡ διάλυσις.
Ab-findungs-geld n, -summe f ἡ σύνταξις.
ab-fliegen ἀποπέτεσθαι.
ab-fließen ἀπορρεῖν, ἐκκαταρρεῖν, καταφέρεσθαι ἀπό τινος. [ἀπορροή.]
Ab-fluß m ἡ ἀπόρροια, ἡ
ab-fordern ἀπαιτεῖν τινά τι.
Ab-forderung f ἡ ἀπαίτησις.

ab-formen ἀποτυποῦν.
Ab-formen *n* ἡ ἀποτύπωσις.
ab-fragen ἐκπυνθάνεσθαί τινός τι, ἀν-, διερωτᾶν.
ab-fressen κατανέμεσθαι, ἀποτρώγειν, ἀπεσθίειν, ἀποβόσκεσθαι.
ab-frieren ἀποσήπεσθαι ὑπὸ ψύχους, ἀποκάεσθαι.
ab-führen ἀπάγειν, ἀποφέρειν, ἀπο-, ἐκκομίζειν.
ab-führend: ⁓es Mittel τὸ ἐλατήριον, τὸ ὑπήλατον (φάρμακον).
Ab-führung *f* ἡ ἀπαγωγή, ἡ ἐκκομιδή.
ab-füllen ἀπο-, μεταχεῖν.
ab-füttern ἐμπιμπλάναι τινά τινός, = den Tieren das letzte Futter geben προσφέρειν τελευταίαν τὴν τροφήν τινι.
Ab-gabe *f* = das Abgeben ἡ ἀπόδοσις, ἡ παράδοσις, ⁓ der Stimme ἡ ψήφου φορά, ἡ ψηφοφορία, (von Abgaben, Steuern usw.) ὁ φόρος, ἡ ἀποφορά, ὁ δασμός, τὰ τέλη, ⁓n entrichten φόρον ὑποτελεῖν τινι, δασμοφορεῖν, ἀποφέρειν, ἀποδιδόναι δασμόν, zu ⁓n verpflichtet ὑποτελής, δασμοφόρος (2), frei von ⁓n ἀτελής, Freiheit von ⁓n ἡ ἀτέλεια.
ab-gären παύεσθαι ζυμούμενον, von Leidenschaften ἀποζεῖν.
Ab-gang *m* = Weggehen ἡ ἀπαλλαγή, ἡ ἀποχώρησις (gew. durch Verba), = Verminderung ἡ μείωσις, τὸ μείωμα, ἡ ἐλάττωσις.
ab-gängig = mangelnd ἐλλείπων, = abgenutzt κατατετριμμένος.
ab-geben ἀποδιδόναι. μεταδιδόναι τινί τινος, sich mit etwas ⁓ μέλει μοί τινος, ἐπιμελεῖσθαί τινος, ἐπιτηδεύειν τι, ἅπτεσθαί τινος, μεταχειρίζεσθαί τινος.
Ab-geben *n* ἡ ἀπόδοσις.
ab-gebrochen ἀπότομος (2), περιρραγής.
ab-gedroschen (übertr.) πολυπάτητος (2), τεθρυλημένος.
ab-gefeimt ἐπίτριπτος (2), πανοῦργος (2).
ab-gehen ἀπιέναι, ἀποχωρεῖν, ἀπέρχεσθαι, ἀπαλλάττεσθαι, mit Tode ⁓ ἀποθνῄσκειν, ἀπαλλάττεσθαι τοῦ ζῆν, τοῦ βίου, τελευτᾶν, von der Meinung j-s ⁓ οὐχ ὁμολογεῖν τινι, διαφωνεῖν τινι, = ausgehen, fehlen ἐλλείπειν τινός, ἀπολείπει μέ τι, sich nichts ⁓ lassen χαρίζεσθαι πάντα αὑτῷ, τῇ γαστρί.
ab-gekühlt περίψυκτος (2).
ab-gekürzt σύντομος (2).
ab-gelebt παρηκμακώς (τῷ σώματι, ὑπὸ γήρως).
ab-gelegen διεστώς, ἔρημος (2 u. 3), πολὺ ἀπέχων, ⁓ sein ἀπέχειν τινός.
Ab-gelegenheit *f* ἡ ἐρημία.
ab-geloben ἀπεύχεσθαι.
ab-gemattet καμών, ἀπειρηκώς.

ab-gemessen ἔμμετρος, σύμμετρος, εὔρυθμος (2).
ab-geneigt κακόνους (2), δύσνους (2), δυσμενής, ἐχθρός, j-m ~ sein ἀλλοτρίως ἔχειν ob. διακεῖσθαι πρός τινα, κακόνουν εἶναί τινι, δυσμενῶς ἔχειν τινί ob. πρός τινα, j-n ~ machen ἀλλοτριοῦν τινα.
Ab-geneigtheit f ἡ ἀλλοτριότης (ητος), ἡ κακόνοια, ἡ δυσμένεια, ἡ δύσνοια.
Ab-geordnete(r) m ὁ πρεσβευτής (nur im sing.), pl. οἱ πρέσβεις.
ab-geraten ἀποπλανᾶσθαι, ἀποσφάλλεσθαί τινος.
ab-gesandt f. Abgeordneter, ~ sein πρεσβεύειν.
ab-geschieden ἔρημος (2 u. 3), die A.en οἱ τεθνεῶτες, οἱ ἀποθανόντες, οἱ καμόντες.
ab-geschmackt ἄτοπος (2), ἀνόητος (2), μῶρος, ἀπειρόκαλος (2).
Ab-geschmacktheit f ἡ μωρία, τὸ ἄτοπον, ἡ ψυχρότης (ητος), ἡ ἀπειροκαλία.
ab-geschnitten ἀπότομος (2).
ab-gesehen χωρίς τινος.
ab-gespannt ἄτονος (2), παρειμένος, ~ sein ἀτονεῖν.
ab-gestorben τεθνεώς.
ab-gestumpft ἀμβλύς.
Ab-gestumpftheit f ἡ ἀμβλύτης (ητος).
ab-gestutzt κολοβός.
ab-gewinnen πλεονεκτεῖν (πλέον ἔχειν) τινός τι, j-m ein Lächeln ~ γέλωτα ἔκ τινος ἐξάγεσθαι, einer Sache Geschmack ~ ἀποδέχεσθαί τι, keinen Geschmack ~ können ἀηδῶς διακεῖσθαι πρός τι, καταφρονεῖν τινος.
ab-gewöhnen παύειν τινὰ τινος oder τινὰ ποιοῦντά τι, ἀποτρέπειν τινά τινος, ἀποδιδάσκειν τινά τι, sich etwas ~ παύεσθαι ποιοῦντά τι, ἀπομανθάνειν τι, ἐᾶν τι.
ab-gießen ἀποχεῖν.
Ab-glanz m ὁ ἀπαυγασμός, τὸ ἀπαύγασμα, ἡ ἀπόστιλψις (auch durch Verba).
ab-glänzen ἀποστίλβειν, ἀπαυγάζειν.
ab-glätten ἐκ-, ἀπολεαίνειν, ἀπο-, συγξεῖν.
ab-gleiten ἀπ-, ἐξ-, παρολισθάνειν τινός.
Ab-götterei f ἡ εἰδωλολατρεία, ~ treiben εἰδωλολατρεῖν.
ab-göttisch verehren θεραπεύειν, τιμᾶν τινα ὥσπερ θεόν.
ab-graben ἀπορύττειν, ἀποσκάπτειν, = durch einen Graben ableiten ἀπ-, παροχετεύειν.
Ab-grabung f ἡ ἀπόρυξις.
ab-grämen, sich ἀποτήκεσθαι λύπῃ oder ὑπὸ λύπης.
ab-grasen ἀποβόσκεσθαι, ἀπονέμεσθαι.
ab-greifen κατατρίβειν.
ab-grenzen διορίζειν.
Ab-grund m ὁ κρημνός, τὸ βάραθρον, ~ des Verderbens ἡ ἐξώλεια.

Ab-gunst f ὁ φθόνος.
ab-günstig φθονερός.
Ab-guß m ἡ ἀπόχυσις, τὸ ἀπόχυμα.
ab-halten ἀμύνεσθαι, κωλύειν τινά τινος, ἀπείργειν τινά τινος.
Ab-haltung f ἡ κώλυσις, τὸ κώλυμα, ἡ ἀσχολία.
ab-handeln πραγματεύεσθαι, διηγεῖσθαι, δηλοῦν.
abhanden kommen ἀφανίζεσθαι, ἀφανῆ γίγνεσθαι.
Ab-handlung f ὁ λόγος, ἡ συγγραφή.
Ab-hang m ὁ κρημνός.
ab-hangen εἶναι ὑπό τινι, ἐπί τινι, ἔχεσθαί τινος, ὑποχείριον εἶναί τινι.
ab-hängig ὑπήκοος (2), ὑποχείριος (2), ~ sein von etw. εἶναι ἔκ τινος, j-n von sich ~ machen ὑφ' ἑαυτῷ ποιεῖσθαι. [feit.]
Ab-hängigkeit f s.Untertänig-
ab-haspeln τολυπεύειν.
ab-hauen ἀποκόπτειν, ἀπο-, περιτέμνειν. [ἀποτομή.]
Abhauen n ἡ ἀποκοπή, ἡ
ab-häuten ἀποδέρειν.
ab-helfen βοηθεῖν τινι, ἐπικουρεῖν, ἰᾶσθαι, z.B. einem Übel ~ κακόν.
ab-hetzen καταπονεῖν.
Ab-hilfe f ἡ ἐπικουρία, ἡ ἐπικούρησις, τὸ φάρμακον. [μενής.]
ab-hold κακόνους (2), δυσ-
ab-holen ἀπάγειν, μετιέναι, ~ lassen μεταπέμπεσθαί τινα.
Ab-holung f ἡ ἀπαγωγή.

ab-holzen χωρίον ἐρημοῦν τῶν δένδρων.
ab-horchen, ab-hören παρακούειν τινός τι.
ab-irren ἀποπλανᾶσθαι, ἀφαμαρτάνειν τινός.
ab-jagen ἀφαιρεῖσθαί τινα (τινός) τι. [τινος.]
ab-kaufen ὠνεῖσθαι παρά
Ab-käufer m ὁ ὠνητής.
ab-kehren παρατρέπειν.
ab-klären διηθεῖν.
ab-knüpfen ἀπολύειν.
ab-kochen ἀφέψειν.
ab-kommen παλαιοῦσθαι (P.) = alt werden, veralten; ~ können σχολὴν ἄγειν, nicht ~ können ἀσχολίαν ἔχειν.
Ab-kommen n ἡ ὁμολογία, ἡ συνθήκη.
Ab-kömmling m ὁ ἔκγονος, ὁ ἀπόγονος. [χειν.]
ab-kühlen ψύχειν, ἀποψύ-
Ab-kühlung f ἡ ψῦξις, ἡ ἀναψυχή.
Ab-kunft f τὸ γένος.
ab-kürzen βραχύνειν, συγκόπτειν, συνελεῖν.
Ab-kürzung f ἡ συντομία, ἡ συγκοπή.
ab-lassen παύεσθαι, λήγειν, παρα-, συγχωρεῖν (überlassen).
Ab-lauf m mit ~ des Jahres τελευτῶντος τοῦ ἔτους, nach ~ des Jahres ἐξεληλυθότος τοῦ ἔτους.
ab-laufen ἀπο-, καταρρεῖν, ἐξέρχεσθαι, ἀποβαίνειν.
ab-lauschen ὑπακούσαντα μανθάνειν.

Ab-leben n f. Tod, Sterben.
ab-lecken ἀπο-, περι-, διαλείχειν.
ab-legen ἀπο-, κατατίθεσθαι, Kleider ~ ἀπο-, ἐκδύεσθαι, περιαιρεῖσθαι, e-n Eid ~ ὅρκον ἀπομνύναι.
Ab-leger m τὸ μόσχευμα.
Ab-legung f ἡ ἀπο-, κατάθεσις, ἡ ἀπό-, ἔκδυσις.
ab-lehnen ἀπο-, διακρούεσθαι, ἀπωθεῖσθαι (M.), ἀπαρνεῖσθαι, ἀρνεῖσθαι (P.). [ἡ παραίτησις.]
Ab-lehnung f ἡ διάκρουσις,
ab-leiten παρατρέπειν, ἀποκλίνειν, ein Wort ~ παρονομάζειν, das Geschlecht von j-m ~ ἀναφέρειν, ἀνάγειν τὸ γένος εἴς τινα.
Ab-leitung f ἡ ὀχετεία, eines Wortes ἡ παρωνυμία.
Ab-leitungsgraben m ὁ ὀχετός, ὁ διῶρυξ (υχος).
ab-lenken ἀποτρέπειν, ἀποστρέφειν, ἀπάγειν, ἀποκλίνειν.
Ab-lenken n, **Ab-lenkung** f ἡ παρατροπή, ἡ παραγωγή (oder durch Verba).
ab-lernen μανθάνειν τι παρά τινος.
ab-lesen ἀναγιγνώσκειν.
Ab-lesen n ἡ ἀνάγνωσις (oder durch Verba).
ab-leugnen ἀρνεῖσθαι (P.).
Ab-leugnen n, **Ab-leugnung** f ἡ ἄρνησις.
ab-liefern παραδιδόναι, ἀποφέρειν.
Ab-lieferung f ἡ παράδοσις, ἡ ἀποφορά.

ab-liegen ἀπέχειν, ἀπεῖναι, διεστάναι τινός.
ab-listen: j-m etwas ~ δόλῳ ὑφαιρεῖσθαί τί τινος.
ab-locken ἐξάγειν τινός τι.
ab-lohnen ἀποδιδόναι, ἀπο-, ἐκτίνειν τὸν μισθόν τινι.
ab-lösen λύειν, ἀπο-, ἐκλύειν, j-s Stelle übernehmen διαδέχεσθαί τινι.
Ab-lösung f ἡ λύσις, ἡ ἀπόλυσις, ἡ διαδοχή.
ab-machen διαπράττεσθαι τι (auch διαπράττειν), καταπράττειν, περαίνειν, etw. mit j-m ~ συντίθεσθαί τινι oder πρός τινα περί τινος.
ab-magern ἰσχναίνεσθαι, ἀπισχναίνεσθαι.
Ab-magerung f ἡ φθίσις.
ab-mähen τέμνειν, θερίζειν, ἐκθερίζειν.
Ab-mähen n ὁ θερισμός.
ab-mahnen ἀποτρέπειν τινά τινος.
Ab-mahnung f ἡ ἀποτροπή, ἡ παραίνεσις.
ab-malen γράφειν, ἀπεικάζειν.
Ab-malen n ἡ ἀπεικασία.
Ab-marsch m ἡ ἀποκομιδή, ἡ ἄφοδος.
ab-marschieren ἀπιέναι (-έρχεσθαι), ἀποπορεύεσθαι (P.), ἀπάγειν, ἀποχωρεῖν.
ab-martern καταπονεῖν.
ab-matten καταπονεῖν, sich ~ κάμνειν, abgemattet sein πονεῖν.
Ab-mattung f ὁ κάματος.
ab-meißeln ἀποκολάπτειν, ἀποτέμνειν.

(Ab-leben 8 ab-meißeln)

ab-merken αἰσθάνεσθαί τι τινος, f. auch **ablernen**.
ab-messen μετρεῖν, ἀνα-, ἐκ-, διαμετρεῖν.
Ab-messung f ἡ μέτρησις, ἡ ἀναμέτρησις, ἡ συμμέτρησις. [παρά τινος.]
ab-mieten μισθοῦσθαί τι
ab-mühen: sich ~ καταπονεῖσθαι, ταλαιπωρεῖσθαι (P.), κάμνειν, μοχθεῖν.
ab-nagen ἀπο-, κατα-, περιτρώγειν, περιεσθίειν.
Ab-nahme f ἡ μείωσις, ἡ ἐλάττωσις, des Körpers ἡ φθίσις, ἡ τῆξις, des Mondes ἡ ἀπό-, ἔκλειψις.
ab-nehmen καθ-, ἀφ-, περιαιρεῖν, ἀφαιρεῖσθαί τινά τι (τινός τι), ἀποστερεῖν τινά τινος, ἀποσυλᾶν τινά τι, (intr.) ἐλαττοῦσθαι (P.), μειοῦσθαι (P.), παύεσθαι (M.), Kleider und Rüstung ~ ἐκδύειν, συλᾶν, es läßt sich ~ φαίνεται, δηλόν ἐστι. [ὁ ὠνητής.]
Ab-nehmer m ὁ δεχόμενος,
Ab-neigung f ἡ κακόνοια, ἡ δυσμένεια, ~ haben δύσνουν εἶναί τινι, δυσκόλως oder ἀλλοτρίως ἔχειν πρός τινα.
abnorm ἀλλόκοτος (2), ὁ, ἡ, τὸ παρὰ φύσιν. [τον.]
Abnormität f τὸ ἀλλόκο-
ab-nötigen f. abzwingen.
ab-nutzen κατατρίβειν.
Ab-nutzung f ἡ κατατριβή.
ab-ordnen ἀποστέλλειν.
ab-pachten μισθοῦσθαί τι παρά τινος.

ab-packen ἀποσκευάζειν.
ab-passen τηρεῖν, ἐπι-, παρατηρεῖν, φυλάττειν, ἐπιβουλεύειν τινί.
ab-peitschen μαστιγοῦν, διαμαστιγοῦν. [νός τι.]
ab-pfänden ἐνεχυράζειν τι-
ab-pflücken δρέπειν, ἀποδρέπειν. [τινος.]
ab-prallen ἀφάλλεσθαι (M.)
Ab-prallen n ἡ ἄφαλσις.
ab-pressen ἐκπιέζειν, j-m Geld ~ ἀργυρολογεῖν, ἐκβιάζεσθαί τινι ἀργύριον.
ab-raten ἀποτρέπειν τινά τινος.
Ab-raten n ἡ ἀποτροπή.
ab-räumen ἀφαιρεῖν, κενοῦν.
ab-rechnen: mit j-m ~ διαλογίζεσθαι πρός τινα.
Ab-rechnung f ὁ διαλογισμός.
Ab-rede f: in ~ stellen οὐ φάναι, ἀρνεῖσθαι.
ab-reden f. abmahnen, abraten. [τρίβειν.]
ab-reiben ἀπο-, ἐκ-, περι-
Ab-reise f ἡ ἔξοδος, ἡ ὁρμή, ἡ ἀπαλλαγή, zur See ὁ ἔκ-, ἀπόπλους, ἡ ἀναγωγή.
ab-reisen ἀπ-, ἐξιέναι (-έρχεσθαι), ἐκπορεύεσθαι (P.), ὁρμᾶσθαι (P.), zur See ἐκ-, ἀποπλεῖν, ἀνάγεσθαι (P. und M.).
ab-reißen περιρρηγνύναι, καθαιρεῖν, ἀπο-, περισπᾶν.
Ab-reißen n ἡ ἀπόρρηξις, ὁ ἀποσπασμός, ἡ καθαίρεσις.

ab-richten παιδεύειν, διδάσκειν, τιθασεύειν, δαμάζειν.

Ab-richtung f ἡ παιδεία, ἡ παίδευσις, ἡ τιθασεία.

Ab-riß m ἡ γραφή, ἡ δια-, ὑπογραφή.

ab-rufen ἀπο-, ἐκκαλεῖν, = zurückrufen ἀνακαλεῖν.

ab-runden περιτορνεύειν.

ab-rupfen ἀποκνίζειν, ἀποτίλλειν.

ab-sagen ἀπαγορεύειν, ἀπειπεῖν, vom Herold ἀποκηρύττειν, ein abgesagter Feind ἔχθιστος, ἀδιάλλακτος ἐχθρός.

ab-sägen ἀποπρίειν.

ab-satteln ἀποσάττειν.

Ab-satz m ἡ ἀνάπαυσις, von Waren ἡ πρᾶσις, ἡ διάπρασις, ἡ διάθεσις.

ab-schaben ἀποξεῖν.

ab-schaffen λύειν, καταλύειν, ἀναιρεῖν.

Ab-schaffung f ἡ κατάλυσις, ἡ ἀναίρεσις.

ab-schätzen τιμᾶν (auch M.).

Ab-schätzung f ἡ τίμησις, ἡ ἀποτίμησις.

ab-scheiden ἀποκρίνειν, διορίζειν, s. sterben.

Ab-scheidung f ἡ ἀπόκρισις, ὁ διορισμός.

Ab-scheu m ἡ βδελυγμία, ~ vor etwas haben s. verabscheuen.

ab-scheuern περιπλύνειν.

ab-scheulich αἰσχρός, βδελυρός, μιαρός.

Ab-scheulichkeit f ἡ βδελυρία, τὸ αἶσχος.

ab-schicken ἀποπέμπειν, ἀποστέλλειν, ἀφιέναι.

Ab-schickung f ἡ ἀποπομπή, ἡ ἀποστολή.

Ab-schied m ἡ ἀποπομπή, ἡ ἀπόπεμψις, ἡ ἀπαλλαγή, ~ nehmen von j-m ἀσπάζεσθαί τινα, den ~ geben ἀποπέμπειν τινά, den ~ nehmen ἀπειπεῖν τὴν ἀρχήν, ~ vom Leben ἡ τοῦ ζῆν ἀπαλλαγή.

Ab-schiedsrede f ὁ ἐξιτήριος λόγος.

ab-schießen ἀφιέναι, βάλλειν, ἀποτοξεύειν.

Ab-schießen n ἡ ἄφεσις, ἡ βολή.

ab-schiffen ἐκπλεῖν, ἀνάγεσθαι (P. und M.).

ab-schirren λύειν, ὑπολύειν, ἀποζευγνύναι.

ab-schlachten σφάττειν, ἀπο-, κατασφάττειν.

Ab-schlachtung f ἡ σφαγή.

Ab-schlag m: auf ~ bezahlen κατὰ μέρος ἀποδιδόναι τι.

ab-schlagen ἀπο-, περικόπτειν, die Feinde ~ ἀπωθεῖσθαι, ἀπομάχεσθαι, ἀμύνεσθαι, = versagen ἀπαγορεύειν, ἀποφάναι, ἀρνεῖσθαι, ἀπαρνεῖσθαι (P.).

ab-schlägig: j-n ~ bescheiden, eine ~e Antwort geben ἄπρακτον ἀποπέμπειν τινά, eine ~e Antwort bekommen ἀτυχεῖν παρά τινος.

Ab-schlagszahlung f ἡ προκαταβολή. [ἀφιέναι.]

ab-schleudern σφενδονᾶν,

ab-schließen κατα-, ἀπο-, συγκλείειν, = zu Ende bringen περαίνειν, διαπράττειν.

Ab-schluß m ἡ διάπραξις, τὸ τέλος, τὸ πέρας, ~ e-s Bündnisses αἱ σπονδαί.

ab-schnallen λύειν.

ab-schneiden ἀποτέμνειν, ἀποκόπτειν, f. scheren, j-n von etw. ~ oder j-m etw. ~ ἀπο-, διακλείειν τινά τινος.

Ab-schneiden n ἡ ἀποτομή, ἡ ἀφαίρεσις, ἡ ἀπόκλεισις. [ἀφιέναι.]

ab-schnellen ἀποσφενδονᾶν,

Ab-schnitt m ἡ τομή, in der Zeit ἡ περίοδος, in der Rede τὸ κῶλον.

ab-schrecken ἐκπλήττειν, ἐκφοβεῖν, ἀπελαύνειν φόβῳ.

ab-schreckend φοβερός.

ab-schreiben ἀπογράφειν.

ab-schreiten βήμασιν ἀναμετρεῖν, βηματίζειν.

Ab-schrift f τὸ ἀπό-, ἀντίγραφον.

ab-schüssig πρανής, ἀπότομος (2), ἀπόκρημνος (2), κατάντης, καταφερής, κρημνώδης.

Ab-schüssigkeit f τὸ πρανές, τὸ ἀπότομον (f. die vorhergehenden Adjektiva).

ab-schütteln ἀπο-, ἐκ-, κατασείειν.

ab-schwächen μειοῦν, συστέλλειν.

ab-schweifen πλανᾶσθαι, ἀποπλανᾶσθαι (P.) ἀπό τινος, τινός, παρεκβαίνειν.

Ab-schweifung f ἡ πλάνη, ἡ ἀποπλάνησις.

ab-schwören ἀπ-, ἐξομνύναι (P. u. M.) τι ob. inf. mit μή.

Ab-schwören n ἡ ἐξωμοσία.

ab-segeln ἐκπλεῖν, ἀνάγεσθαι (P. u. M.), αἴρειν, ἀπαίρειν.

Ab-segeln n ὁ ἀπό-, ἔκπλους, ἡ ἀναγωγή.

ab-sehen οὐκ ἔχειν λόγον τινός, παριέναι τι, ἀφίστασθαί τινος, es worauf ~ σκοπεῖν τι oder ὅπως mit ind. fut., abgesehen davon, daß χωρὶς τοῦ mit inf.

ab-seits ἄπωθεν.

ab-senden ἀποπέμπειν, ἀποστέλλειν, ἀφιέναι.

Ab-sendung f ἡ ἀποπομπή.

ab-setzen ἀπο-, κατατιθέναι, einen Beamten ~ ἀναπαύειν τινὰ τῆς ἀρχῆς, παύειν τινὰ ἄρχοντα.

Ab-setzung f κατάπαυσις.

Ab-sicht f ἡ βουλή, ἡ προαίρεσις, ἡ διάνοια, ἡ γνώμη, eine ~ haben βούλεσθαι, eine ~ erreichen διαπράττεσθαι, ἃ βούλεταί τις, in welcher ~? τί βουλόμενος oder διανοούμενος; böse ~ ἡ ἐπιβουλή.

ab-sichtlich ἑκών, ἑκούσιος, adv. γνώμῃ, ἑκουσίως, ἐκ προνοίας.

ab-singen ᾄδειν.

ab-sitzen καταβαίνειν ἀφ' ἵππου, eine Strafe ~ ὑπέχειν ζημίαν.

absolut καθ' ἑαυτόν, ἁπλοῦς, adv. παντελῶς, παντά-

(ab-schließen   11   absolut)

πασιν, das Ae τὰ ἀπολελυμένα.
ab-sonderlich ἐκπρεπής.
ab-sondern χωρίζειν, ἀφορίζειν τί τινος und ἀπό τινος, sich ~ χωρίζεσθαι (P.).
Ab-sonderung f ὁ χωρισμός, ὁ διαχωρισμός, ἡ ἀπόκρισις.
ab-spalten ἀποσχίζειν.
ab-spannen λύειν, ὑπολύειν, ἀποζευγνύναι, die Spannung aufheben χαλᾶν, ἀν-, παριέναι, abgespannt καταπονηθείς, καμών, ἀπειρηκώς.
Ab-spannung f ἡ λύσις, ἡ ὑπόλυσις, ἡ χάλασις, ἡ ἀτονία.
ab-spenstig ἀλλότριος, ~ machen ἀλλοτριοῦν τινά τινι oder τινος.
ab-sperren εἴργειν, ἀποκλείειν, φράττειν.
Ab-sperrung f ἡ ἀπόκλεισις.
ab-spiegeln ἀπο-, ἀποκαταφαίνειν, sich ~ ἀποκατα-, ἐμφαίνεσθαι ἔν τινι.
Ab-spiegelung f ἡ ἔμφασις.
ab-sprechen ἀποκρίνειν τινά τινος, οὔ φάναι εἶναί τι.
ab-sprechend αὐθάδης, θρασύς, ~es Wesen ἡ αὐθάδεια, ἡ θρασύτης.
ab-springen καταπηδᾶν, καθάλλεσθαι, zB. ἀπό τοῦ ἵππου; ἀποπάλλεσθαι (abprallen).
ab-spülen ἀπο-, ἐκπλύνειν, ἀπο-, ὑποκλύζειν (wegspülen).

Ab-spülung f ἡ κατάπλυσις.
ab-stammen γεγονέναι ἀπό, ἔκ τινος, τινός.
Ab-stammung f τὸ γένος, ἡ γενεά.
Ab-stand m τὸ διάστημα, ἡ διάστασις, ἡ διαφορά.
ab-statten ἀποδιδόναι, ἀπο-, ἐκτίνειν, zB. Dank ~ χάριν, einen Bericht ~ ἀπαγγέλλειν, einen Glückwunsch ~ συγχαίρειν oder συνήδεσθαί (P.) τινί τινος oder ἐπί τινι, einen Besuch ~ ἐντυγχάνειν τινί.
Ab-stattung f ἡ ἀπόδοσις, ἡ ἀπαγγελία, ἡ ἔντευξις.
ab-stechen ἀποτέμνειν, σφάττειν (schlachten); (πολὺ) διαφέρειν τινός, δια-, ἐκπρέπειν (auffallend, verschieden sein).
ab-stechend δια-, ἐκπρεπής.
ab-stecken ὁρίζειν, διορίζειν, ein Lager ~ στρατοπεδεύειν (und M.).
ab-stehen ἀπέχειν, παύεσθαι, ἀφίστασθαί τινος.
ab-steigen καταβαίνειν, in absteigender Linie κάτω τοῦ γένους.
Ab-steigen n ἡ κατάβασις.
Ab-steigequartier n ἡ καταγωγή, τὸ καταγώγιον.
ab-stellen καταλύειν, παύειν, καταπαύειν.
ab-sterben ἐκ-, ἀποθνήσκειν, μαραίνεσθαι, φθίνειν.
Ab-sterben n ἡ φθορά, ἡ φθίσις.
ab-stimmen ψηφίζεσθαι, τὴν

ψῆφον φέρειν, χειροτονεῖν, ~ lassen ἐπιψηφίζειν.

Ab-ſtimmung *f* ἡ ψηφοφορία, ἡ διαψήφησις, ἡ ψῆφος, ἡ χειροτονία.

ab-ſtoßen ἀπωθεῖν, ἀποκρούειν, von Schiffenden ἀπαίρειν, ἀνάγεσθαι (P. und M.).

ab-ſtoßend χαλεπός.

ab-ſtrafen κολάζειν, τιμωρεῖσθαι.

Ab-ſtrafung *f* ἡ κόλασις.

abſtrakt νοητός, ~er Begriff ἡ ἰδέα.

Abſtraktion *f* ἡ θεωρία.

ab-ſtreichen ἀπομάττειν.

ab-ſtreifen ἀποσπᾶν, περιαιρεῖσθαι.

ab-ſtreiten διαμάχεσθαί τινι περί τινος. [ῤῥεῖν.\

ab-ſtrömen ἀπο-, κατα-)

ab-ſtufen διατάττειν.

ab-ſtumpfen ἀμβλύνειν, ἀμαυροῦν.

Ab-ſtumpfung *f* ἡ ἀμαύρωσις.

Ab-ſturz *m* ἡ καταφορά.

ab-ſuchen ἀπο-, ἐκλέγειν.

abſurd ſ. abgeschmackt.

Abſzeß *m* τὸ ἀπόστημα, τὸ φῦμα.

ab-tafeln, ein Schiff τὰ ὅπλα ἐξαιρεῖσθαι ἐκ τῆς νεώς, ἐξοπλίζειν ναῦν.

ab-teilen διαιρεῖν, διαλαμβάνειν, διανέμειν.

Ab-teilung *f* ἡ διαίρεσις, ἡ διανομή, eines Heeres ἡ τάξις, ὁ λόχος.

ab-tragen ἀναιρεῖν, καθαιρεῖν, κατατρίβειν, Geld,

Schulden ~ ἀποτίνειν, διαλύειν. [σις.\

Ab-tragung *f* ἡ καθαίρε-)

ab-treiben ἀπελαύνειν, ἀπωθεῖν, καταπονεῖν (durch Treiben ermüden).

Ab-treibung *f* ἡ ἄπωσις.

ab-trennen ſ. abſondern.

ab-treten παραχωρεῖν, ὑπείκειν τινί τινος, παριέναι τινί τι, j-n ~ lassen μεταστήσασθαί τινα. [σις.\

Ab-tretung *f* ἡ παραχώρη-)

ab-trinken ἀποπίνειν, ἀπορροφεῖν.

ab-trocknen ἀπομάττειν.

ab-trünnig ἀφεστώς, ἀποστάς, ὁ ἀποστάτης, ὁ προδότης.

Ab-trünnigkeit *f* ἡ ἀπόστασις, ἡ προδοσία.

ab-tun ſ. ablegen.

ab-urteilen τὴν κρίσιν oder τὴν διαγνώμην ποιεῖσθαι περί τινος.

ab-verdienen ἀπεργάζεσθαι.

ab-verlangen ſ. abfordern.

ab-wägen ἱστάναι σταθμῷ oder ζυγῷ, sich etw. ~ lassen παραλαμβάνειν τι σταθμῷ.

Ab-wägung *f* ἡ ζυγοστασία.

ab-wälzen ἀποκυλίνδειν, ἀποκινεῖν, ἀπωθεῖσθαι, διακρούεσθαι.

Ab-wälzung *f* ἡ διάκρουσις, ἡ ἄπωσις.

ab-warten ἀνα-, περι-, ὑπομένειν, προσδοκᾶν.

ab-wärts κάτω, κατά mit gen. und acc.

Ab-wartung *f* ἡ προσδοκία.

ab-waschen περι-, ἀπολούειν, ἀπο-, ἐκ-, καταπλύνειν.

Ab-waschung f ἡ ἀπόλουσις, ἡ κατάπλυσις.

ab-wässern διαβρέχειν.

ab-wechseln ἀμείβειν, ἀλλάττειν (*trans.*), ἀμείβεσθαι, ἐπαλλάττειν (*intr.*).

ab-wechselnd ἀμοιβαῖος, *adv.* ἀμοιβαίως, ἐν-, ἐπ-, παραλλάξ, ἐν μέρει, ἀνά, κατά und παρὰ μέρος.

Ab-wechselung f ἡ ἀμοιβή, ἡ παραλλαγή, ἡ μεταβολή.

Ab-weg m ἡ ἐκ-, παρεκτροπή, auf ~e bringen παραφέρειν, παράγειν, πλανᾶν, auf ~e geraten durch das P. dieser Verba.

Ab-wehr f ἡ ἄμυνα.

ab-wehren ἀμύνειν, ἀπαμύνειν, ἀποτρέπειν, ἀπωθεῖν τινος, von sich ~ ἀμύνεσθαι usw.

ab-weichen ἐκτρέπεσθαι (P.), ἐκ-, ἀποκλίνειν, διαφέρειν τινός, in Meinung und Ansicht ~ διαφωνεῖν τινι.

Ab-weichung f ἡ παραλλαξις, ἡ ἔκκλισις, ἡ ἐκτροπή, ἡ διαφωνία.

ab-weiden περιβόσκεσθαι, ἐπι-, κατανέμεσθαι.

ab-weisen ἀποπέμπειν, ἀπωθεῖσθαι.

Ab-weisung f ἡ ἀπόπεμψις, ἡ ἄπωσις.

ab-welken ἀπο-, ἐκμαραίνεσθαι (P.).

ab-wenden ἀποτρέπειν, sich ~ ἀποτρέπεσθαι.

ab-wendig machen ἀφιστάναι τινά τινος, ἀλλοτριοῦν τινα ἀπό τινος.

Ab-wendung f ἡ ἀποτροπή.

ab-werfen ἀπορρίπτειν, καταβάλλειν.

ab-wesend ἀπών, ἔκδημος (2), ~ sein ἀπεῖναι, ἀποδημεῖν. [ἡ ἀποδημία.]

Ab-wesenheit f ἡ ἀπουσία,

ab-wickeln ἀνελίττειν.

ab-wischen ἀπομάττειν, ἀπομοργνύναι.

ab-würgen ἀποσφάττειν.

ab-zahlen ἀπαριθμεῖν, ἀποεκτίνειν, διαλύειν.

ab-zählen ἀπ-, διαριθμεῖν.

Ab-zahlung f ἡ ἀπόδοσις, ἡ ἔκτισις, ἡ διάλυσις.

Ab-zählung f ἡ ἀπ-, διαρίθμησις. [νοῦν.]

ab-zäumen ἀπο-, ἐκχαλι-

ab-zäunen ἀπο-, περιφράττειν.

Ab-zäunung f ἡ ἀπόφραξις.

ab-zehren μαραίνεσθαι (P.), φθίνειν.

Ab-zehrung f ὁ μαρασμός, ἡ φθίσις.

Ab-zeichen n τὸ ἐπίσημον, τὸ σημεῖον.

ab-zeichnen διαγράφειν, ἀπεικάζειν.

Ab-zeichnung f ἡ διαγραφή, ἡ ἀπεικασία.

ab-ziehen ἀποσπᾶν, ἀφέλκειν, ἀποτρέπειν u. ἀφιστάναι τινά τινος, (*intr.*) ἀπιέναι, ἀπελαύνειν, ἀναχωρεῖν.

ab-zielen σκοπεῖν τι, (συν-)τείνειν εἰς, ἐπί, πρός τι.
Ab-zug *m* ἡ ἀπο-, ἀναχώρησις, ἡ ἄφοδος.
ab-zwingen ἐξ-, καταναγκάζειν.
ach οἴμοι, φεῦ, ἰού.
Achse *f* ὁ ἄξων (ονος), ~ der Erde ὁ πόλος.
Achsel *f* ἡ μασχάλη, ὁ ὦμος, j-n über die ~ ansehen καταφρονεῖν τινος.
acht[1] ὀκτώ.
Acht[2] *f* ἡ ἐπιμέλεια, ~ haben auf etw. προσέχειν (τὸν νοῦν) τινί, λόγον ποιεῖσθαί τινος, nicht ~ haben auf etwas ἀμελεῖν τινος, sich in ~ nehmen φυλάττεσθαί τι, εὐλαβεῖσθαί τι.
Acht[3] *f* ἡ ἀτιμία (Entziehung der bürgerlichen Ehrenrechte), in die ~ erklären s. ächten.
achtbar τίμιος, δόκιμος (2).
achte *m* ὁ ὄγδοος.
achteckig ὀκτάγωνος (2).
Achtel *n* τὸ ὄγδοον μέρος.
achten προσέχειν (τὸν νοῦν) τινί. [προγράφειν.
ächten ἀτιμάζειν, ἀτιμοῦν,
Achtender *m* (vom Hirsche) ὁ ὀκτάρριζος.
achtens τὸ ὄγδοον.
achtfach, achtfältig ὀκταπλοῦς, ὀκταπλάσιος.
achtfüßig ὀκτάπους, συν.
achthundert ὀκτακόσιοι.
achthundertste *m* ὁ ὀκτακοσιοστός.
achtjährig ὀκταετής.
achtlos ἀμελής.
Achtlosigkeit *f* ἡ ἀμέλεια.

achtmal ὀκτάκις.
achtmonatlich ὀκτάμηνος (2).
achtruderig ὀκτήρης.
achtsam ἐπιμελής, σπουδαῖος. [ἐπιμέλεια.]
Achtsamkeit *f* ἡ φυλακή, ἡ
Achtserklärung *f* ἡ ἀτιμία, ἡ ἀτίμωσις, ἡ προγραφή.
achttägig ὀκταήμερος (2), ἡμερῶν ὀκτώ.
achttausend ὀκτακισχίλιοι.
achttausendste *m* ὁ ὀκτακισχιλιοστός.
Achtung *f* ἡ αἰδώς, ἡ ἀξίωσις, αἱ τιμαί, ἡ δόξα; j-m ~ erweisen θεραπεύειν τινα, τιμᾶν τινα, in ~ stehen εὐδοκιμεῖν, τιμᾶσθαι, in ~ stehend τίμιος, εὐδόκιμος (2), εὔδοξος (2).
Ächtung *f* s. Acht.
achtungs-voll, -würdig, -wert λόγου ἄξιος, τίμιος.
achtzehn ὀκτωκαίδεκα.
achtzehnjährig ὀκτωκαιδεκαέτης. [τος.]
achtzehnte *m* ὀκτωκαιδέκα-
achtzig ὀγδοήκοντα.
achtzigjährig ὀγδοήκονταέτης oder -ούτης.
achtzigste *m* ὀγδοηκοστός.
achtzigtausend ὀκτακισμύριοι.
ächzen στενάζειν, αἰάζειν.
Ächzen *n* ὁ στεναγμός.
Acker *m* ὁ ἀγρός.
Ackerbau *m* ἡ γεωργία, ἡ τῆς γῆς ἐργασία, ~ treiben γεωργεῖν, zum ~ gehörig oder im ~ erfahren γεωργικός. [ὁ γεωργός.]
Ackerbauer, Ackersmann *m*

Ackerland n ἡ ἄρουρα.
ackern ἀροῦν, ἀροτρᾶν.
Adel m ἡ εὐγένεια, ἡ γενναιότης, ἡ καλοκἀγαθία, ἡ ἀρετή.
ad(e)lig εὐγενής, γενναῖος.
adeln ἐγκρίνειν τινὰ ἐν τοῖς εὐπατρίδαις, ἐγγράφειν εἰς ..., übtr. κοσμεῖν.
Adelstand m s. Adel.
Ader f ἡ φλέψ (βός).
adieu χαῖρε, ἔρρωσο.
Ädil m ὁ ἀστυνόμος, ὁ ἀγορανόμος, ~ sein ἀστυνομεῖν, ἀγορανομεῖν.
Ädilität f ἡ ἀστυνομία, ἡ ἀγορανομία.
Adler m ὁ ἀετός (αἰετός).
Admiral m ὁ ναύαρχος, ~ sein ναυαρχεῖν.
Admiralität f οἱ ναύαρχοι.
Admiralitätsflagge f ἡ φοινικίς (ίδος).
Admiralsschiff n ἡ ναυαρχίς (ίδος).
adoptieren τίθεσθαι oder ποιεῖσθαί τινα υἱόν.
adoptiert ποιητός, εἰσποιητός.
Adoption f ἡ ποίησις.
Adoptivsohn m ὁ ποιητός oder θετὸς υἱός.
Adoptivtochter f ἡ θετὴ θυγάτηρ. [πατήρ.]
Adoptivvater m ὁ ποιητός f
Advokat m ὁ παράκλητος.
Affe m ὁ πίθηκος, τὸ πιθήκιον (Äffchen).
Affekt m τὸ πάθος, ὁ θυμός.
affektieren προσποιεῖσθαι, μιμεῖσθαι.

affektiert προσποιητος (2), κατάπλαστος (2).
Agent m ὁ ἐπίτροπος.
ah βαβαί, ἀλλά.
aha ἰδού, οὑτωσί.
ahnden τιμωρεῖσθαι, μετεξιέναι.
Ahndung f ἡ τιμωρία.
ähneln ἐοικέναι.
ahnen προαισθάνεσθαι, κατεικάζειν, ὑποπτεύειν.
Ahnen m οἱ πρόγονοι.
Ahnfrau f ἡ πρόγονος, ἡ προμήτωρ.
Ahnherr m ὁ πρόγονος, ὁ προπάτωρ, ὁ ἀρχηγέτης.
ähnlich ὅμοιος, παραπλήσιος, ἀνάλογος (2).
Ähnlichkeit f ἡ ὁμοιότης.
Ahnung f ἡ προαίσθησις, ἡ αἴσθησις, eine ~ haben s. ahnen. [τική.]
Ahnungsvermögen n ἡ μαντ
Ahorn m ἡ σφένδαμνος.
Ähre f ὁ στάχυς (υος).
ährenartig σταχυώδης.
Akt m τὸ ἔργον, ἡ πρᾶξις, τὸ ἐπεισόδιον.
Akten Apl. τὰ γράμματα, τὰ γραμματεῖα, τὰ ὑπομνήματα (Protokoll).
Aktenstück n τὰ γράμματα.
aktiv ἐνεργός (2).
Aktivität f ἡ ἐνέργεια.
Alabaster m ὁ ἀλάβαστρος, ὁ ἀλαβαστρίτης.
Alarm m ὁ θόρυβος, ~ schlagen κελεύειν, παραγγέλλειν εἰς (ἐπὶ) τὰ ὅπλα, in ~ setzen θορυβεῖν, διαθορυβεῖν.
alarmieren s. Alarm.

Alaun m ἡ στυπτηρία.
albern μῶρος, ἠλίθιος, ~ reden od. sein ληρεῖν, μωραίνειν. [ληρεῖ.]
Albernheit f ἡ μωρία, οἱ
Alkali n τὸ λίτρον, τὸ νίτρον. [τὰ ὅλα.]
All n τὸ πᾶν, τὰ πάντα,
allbekannt πᾶσι δῆλος, κοινός.
allbeliebt πᾶσι φίλος.
allberühmt περιβόητος (2).
alda, alldort ἐκεῖ.
alledem: bei, trotz ~ οὐδὲν δ' ἧττον, ὅμως.
Allee f ὁ ὄρχος, ὁ δρόμος.
Allegorie f ἡ ἀλληγορία.
allegorisch ἀλληγορικός.
allein μόνος, ἔρημος (2 u. 3), ~, lassen μονοῦν, ~ sein μονοῦσθαι, ~ kämpfen μονομαχεῖν, adv. μόνον, nicht ~, sondern auch οὐ μόνον, ἀλλὰ καί, cj. ἀλλά, μέντοι, δέ.
Alleinherrschaft f ἡ μοναρχία, ἡ τυραννίς.
Alleinherrscher m ὁ μόναρχος, ὁ τύραννος, ὁ βασιλεύς.
alleinig μόνος.
allemal ἀεί, ἀεί ποτε, ἑκάστοτε, ~ einer usw. καθ' ἕνα, κατὰ δύο usw. ein für ~ εἰσ-, καθάπαξ, συλλήβδην, διαρρήδην (= bestimmt). [(ἣν τύχῃ).]
allenfalls τάχα, εἰ τύχοι
allenthalben πανταχοῦ.
aller, alle, alles πᾶς, πᾶσα, πᾶν, ἅπας, σύμπας, alle, welche ὅσοι, alle Städte πᾶσαι

αἱ πόλεις, alle beide ἑκάτερος, in allen Stücken (Punkten, Beziehungen) (τὰ) πάντα.
allerbest πάντων ἄριστος.
allerdings δή, γε δή, δηλονότι, in Antworten: πάνυ γε od. μὲν οὖν, καὶ μάλα, πῶς γὰρ οὔ.
allererst πάντων πρῶτος, zu ~ πρώτιστον.
all-erfahren ἐμπειρότατος.
allerhand παντοῖος, παντοδαπός, ποικίλος.
Allerheiligste n τὸ ἄδυτον.
allerlei s. allerhand.
allerletzt ὕστατος, ἔσχατος.
allerliebst χαρίεις.
allermeist πλεῖστος, am ~en πάντων μάλιστα.
allernächst ὁ, ἡ, τὸ ἐγγύτατα, am ~en ἐγγύτατα, zu ~ αὐτίκα.
allernächstens τάχιστα.
allerschönst πάντων κάλλιστος.
allerseits πανταχόθεν, alle zusammen σύμπαντες.
allerwärts s. allenthalben.
allesamt πάντες, ἅπαντες, ἁθρόοι.
allezeit s. allemal. [παρών.]
allgegenwärtig πανταχοῦ
allgemein κοινός, δημόσιος, καθολικός, παρὰ πᾶσι, ὑπὸ πάντων, ~ werden (von Sitten und Gebräuchen) ἐπικρατεῖν, im ~en τὸ ὅλον, ὅλως, τὸ σύμπαν, ἐπὶ τὸ πολύ (mit und ohne ὡς), συλλήβδην.
Allgemeinheit f τὸ κοινόν, ἡ κοινότης.

Allgewalt f τὸ κράτος, δύναμις ἡ μεγίστη.
alljährlich κατ' ἐνιαυτόν, δι' ἐνιαυτοῦ, δι' ἔτους, ἐνιαύσιος.
Allmacht f s. Allgewalt.
allmächtig πάντων (πάντα) κρατῶν. [ἠρέμα, βάδην.
allmählich κατὰ μικρόν,
allsehend πάντα ὁρῶν.
allseitig durch ὑπό, z.B. ~ geliebt werden ὑπὸ πάντων φιλεῖσθαι, ~e Liebe ἡ παρὰ πάντων εὔνοια.
alltäglich καθ' ἡμέραν, = gewöhnlich ἀγοραῖος, κοινός, φαῦλος.
allverehrt (παρὰ) πᾶσιν ἔντιμος.
allwaltend τὰ πάντα διοικῶν. [σοφώτατος.]
allweise σοφώτατος, πάνσοφος
allwissend πάντα εἰδώς.
allwo ὅπου, ἔνθαπερ.
allzu ἄγαν, λίαν (bei *adj.* oft durch den *comp.* auszudrücken).
allzumal ἅπαντες, σύμπαντες, πανδημεί.
Almosen n τὸ δῶρον, ἡ δόσις, ἡ ἐλεημοσύνη.
Aloe f ἡ ἀλόη.
Alp m, **Alpdrücken** n ὁ ἐφιάλτης, ὁ πνιγαλίων (ωνος).
Alphabet n s. Abc.
Alraun m ὁ μανδραγόρας.
als (Zeitpartikel) ὅτε, ἡνίκα, ἐπεί, ἐπειδή, ὡς, nach einem *comp.* ἤ od. *gen. comp.*, zu ... daß ἤ ὥστε mit dem *inf.*, ein anderer ~ ἄλλος ἤ, kein anderer ~ οὐδεὶς ἄλλος ἤ, von anderer Art ~ ἀλλοῖος ἤ, wer sonst ~ τίς ἄλλος ἤ, ~ ob, ~ wenn, gleich ~ ob usw. ὡς, ὡς εἰ, ὥσπερ εἰ, ~ da ist (sind) = zum Beispiel οἷον, οἷον δή, ὥσπερ, ~ Knabe παῖς ὤν, nach negativen Ausdrücken und in Fragen εἰ μή, ὅτι μή, πλὴν ἤ. Beim Prädikatsnomen, bsd. bei den Ausdrücken „gelten ~ etwas, betrachtet ob. angesehen ~ etwas, ~ etwas erscheinen" u. dgl., wird „als" nicht übersetzt.
alsbald αὐτίκα, εὐθύς.
alsdann εἶτα, ἔπειτα.
also οὖν, ἄρα, μέντοι, δή (nachgestellt), οὐκοῦν (am Anfang des Satzes), ~ nicht οὐκ ἄρα, οὐ τοίνυν, = auf diese Weise οὕτω(ς), ὧδε, ταύτῃ, τῇδε, nicht ~! μὴ οὕτως.
alt παλαιός (seit oder vor langer Zeit), πολυχρόνιος (2, lange dauernd), ἀρχαῖος (altertümlich und ehrwürdig), die Alten οἱ παλαιοί, „alt" von der Lebenszeit γεγονώς, z.B. fünf Jahre ~ πέντε ἔτη γεγ., wie ~? πηλίκος?, so ~ τηλικοῦτος, älter sein πρεσβύτερον εἶναι, ἡλικίᾳ προέχειν.
Altar m ὁ βωμός.
Alter n ἡ παλαιότης, ἡ ἀρχαιότης, τὸ πολυχρόνιον (längere Dauer), Lebensalter ἡ ἡλικία, hohes ~ τὸ γῆρας.
altern γηράσκειν, κατα-

γηράσκειν, παρηβᾶν, nicht
~δ ἀγήρως, ἀγήρατος (2).
alters: von ~ her ἀπό oder
ἐκ παλαιοῦ, ἐξ ἀρχῆς,
vor ~ (τὸ) πάλαι, τὸ πα
λαιόν, τὸ ἀρχαῖον.
Altersgenosse m ὁ ἡλικιώ
της. [τις (ιδος).]
Altersgenossin f ἡ ἡλικιώ
Altersklasse f ἡ ἡλικία.
altersschwach γῆρα ἀδύνα
τος ὤν.
Altersschwäche f τὸ γῆρας.
Altersstufe f ἡ ἡλικία.
Altertum n ἡ παλαιότης,
ἡ ἀρχαιότης, die Altertümer τὰ ἀρχαῖα, τὰ πα
λαιά, die Altertümer behandeln ἀρχαιολογεῖν.
altertümlich ἀρχαῖος, ἀρ
χαϊκός. [ότης.]
Altertümlichkeit f ἡ ἀρχαι
Altertumsforscher m ὁ ἀρ
χαιολογικός.
Altertums-forschung, -kunde
f ἡ ἀρχαιολογία.
altherkömmlich ἀρχαῖος,
πάτριος.
ältlich γεροντικός, πρεσβύ
τερος, γεραίτερος.
Altstadt f ἡ παλαιὰ πόλις.
altväterlich s. altertümlich.
Altvordern m/pl. οἱ πρόγονοι.
Amboß m ὁ ἄκμων (ονος).
Ambrosia f ἡ ἀμβροσία.
ambrosisch ἀμβρόσιος.
Ameise f ὁ μύρμηξ (ηκος).
Ameisenhaufe m ἡ μυρμη
κία. [ἔστω.]
Amen n εἴρηκα, κύριον
Amme f ἡ τροφός, ἡ τι
θήνη, ~ sein τιθεύειν.

Ammenlohn m τὰ τροφεῖα.
Amnestie f ἡ ἄδεια.
Ampfer m τὸ λάπαθον.
Amphibie f τὸ ἀμφίβιον.
Amphitheater n τὸ ἀμφι
θέατρον.
Amputation f ἡ τομή.
amputieren τέμνειν.
Amsel f ὁ κόττυφος, ὁ
κόψιχος.
Amt n τὸ ἔργον, τὰ δέον
τα, ἡ ἀρχή, ἡ ἐπιμέλεια,
ein ~ bekleiden ἀρχὴν ἄρ
χειν, τιμὴν ἔχειν, ein ~
antreten εἰσιέναι oder καθ
ίστασθαι εἰς ἀρχήν, von
~s wegen ἐκ τῶν προσ
ηκόντων, δημοσίᾳ.
Amtsdiener m ὁ ὑπηρέτης.
Amtserschleichung f ἡ ἐρι
θεία.
Amtsführung f ἡ ἀρχή.
Amtsgeschäfte n/pl. τὰ τῆς
ἀρχῆς, τὰ καθήκοντα.
Amtshaus n τὸ ἀρχεῖον, τὸ
δημόσιον.
Amtspflicht f τὰ δέοντα, τὰ
προσήκοντα.
Amtsschreiber m ὁ γραμ
ματεύς. [(ητος).]
Amtstreue f ἡ ὁσιότης
Amtsverhältnisse n/pl. τὰ
περὶ τὴν ἀρχήν, τὰ τῆς
ἀρχῆς.
Amtsverwaltung f ἡ ἀρχή.
Amtswürde f ἡ σεμνότης
(ητος).
an, örtlich ἐπί mit dat. oder
gen., πρός mit dat., ἐν mit
dat., κατά mit acc., περί
mit acc. Bei den Verben „sich
einfinden, sich versammeln, an-

kommen" u. dgl. εἰς mit *acc.*, bei den Verben „hängen" und „haften" ἐκ mit *gen.* Zeitlich ἐν mit *dat.*, κατά mit *acc.*, auch durch den bloßen *dat.*, zB. ἡμέρᾳ am Tage. Zur Angabe des Mittels oder der Veranlassung ἀπό ob. ἐκ mit *gen.*, ὑπό mit *gen.*, von ... an ἀπό ob. ἐκ mit *gen.*, von Kindheit an ἐκ παιδός (παίδων), an und für sich καθ' αὑτό.

Anachronismus m ἡ τῶν χρόνων σύγχυσις.

analog ἀνάλογος (2).

Analogie f ἡ ἀναλογία.

Analyse f ἡ ἀνάλυσις.

analysieren διαιρεῖν.

Anarchie f ἡ ἀναρχία, ἡ ἀνομία.

Anatom m ὁ τὴν ἀνατομίαν ἀσκῶν. [(τέχνη).]

Anatomie f ἡ ἀνατομική

An-bau m ἡ ἐργασία, ἡ κατοίκισις, ἡ κατοικία, τὸ παροικοδόμημα (eines Hauses).

an-bauen ἐργάζεσθαι, γεωργεῖν, κατοικίζειν, παροικοδομεῖν. [ὁ γεωργός.]

An-bauer m ὁ ἐργάτης,

an-befehlen προσ-, ἐπιτάττειν τινί.

an-bei ἅμα.

an-belangen ἀνήκειν εἴς τι, was mich anbelangt ἔγωγε, τὸ κατ' ἐμέ.

an-bellen ἐφυλακτεῖν τινι, ὑλακτεῖν τινα.

an-beraumen τάττειν τι.

an-beten προσκυνεῖν τινα, προσεύχεσθαί τινι.

an-betteln προσ-, μεταιτεῖν.

an-bieten διδόναι, παρέχειν.

an-binden δεσμεύειν, etw. an etw. ~ προσδεῖν, προσάπτειν τί τινι, δεῖν ἔκ τινος.

An-blick m ἡ ὄψις, τὸ θέαμα.

an-blicken προσβλέπειν.

an-bohren τρυπᾶν, τετραίνειν.

an-brechen ὑποφαίνειν, ὑποφαίνεσθαι, zB der Tag bricht an ἡ ἡμέρα ὑποφαίνει, die Nacht bricht an ἡ νὺξ ἐπέρχεται.

an-brennen ἐμπιμπράναι.

an-bringen προστιθέναι, προσφέρειν, προσάγειν in der Rede ~ ἐπεισάγειν τι, vor Gericht ~ εἰσαγγέλλειν, gut angebracht εὔκαιρος, εὔθετος (2), übel angebracht ἄκαιρος (2).

An-bringen n ἡ προσφορά, ἡ πρόσθεσις.

An-bruch m: bei ~ des Tages ἅμ' ἡμέρᾳ.

An-dacht f ἡ εὐφημία.

an-dächtig εὔφημος (2).

an-dauern διαμένειν.

An-denken n ἡ μνήμη, ἡ μνεία, ἡ ἀνάμνησις, τὸ μνημεῖον, j-m ein gutes ~ bewahren μεμνῆσθαί τινος μετ' εὐνοίας, im guten ~ stehen μνήμης τυγχάνειν μετ' εὐνοίας.

andere ἄλλος, η, ο, ἕτερος (von zweien), ~ ἄλλοι, die ~n, übrigen οἱ ἄλλοι, der eine ... der ~ ὁ μέν ... ὁ δέ, unter ~m ἄλλα ... τε καί, und ~s mehr καὶ τὰ τοιαῦτα, = verschiedenartig ἄλλος, ἀλλοῖος, διάφορος (2), etwas ~s als ἄλλοτι ἤ.

ändern ἀλλοιοῦν, μεταλλάττειν, μεταβάλλειν.

anders ἄλλῃ, ἄλλως.

anderswie ἄλλως πως, ἄλλῃ πῃ.

anderswo ἄλλοθι, ἑτέρωθι.

anderswohin ἄλλοσε, ἄλλῃ.

anderthalb εἷς καὶ ἥμισυς.

Änderung f ἡ μεταβολή, ἡ ἀλλοίωσις, ἡ μετάστασις, ἡ μετάλλαξις, ἡ μεταλλαγή.

anderwärts s. anderswo.

anderweitig ἄλλως.

an-deuten σημαίνειν, δηλοῦν, φράζειν.

An-deutung f τὸ σημεῖον.

an-dichten καταψεύδεσθαί τινός τι.

an-donnern ἐμβροντᾶν, ἐπιπλήττειν τινί.

An-drang m ἡ ἐπιφορά, ἡ ἐπιδρομή, ἡ ὁρμή.

an-drängen ὠθεῖν.

an-dringen ἐφορμᾶν τινι, ἐπι-, προσφέρεσθαί τινι, ἐπικεῖσθαί τινι.

an-drohen ἀπειλεῖν, ἐπαπειλεῖν.

An-drohung f ἡ ἀπειλή.

an-drücken προσπιέζειν.

an-eignen: sich ~ προσποιεῖσθαι, περιβάλλεσθαι, οἰκειοῦσθαι.

An-eignung f ἡ προσποίησις, ἡ οἰκείωσις.

an-einander πρός, ἐπ᾽ ἀλλήλοις, ἐπ᾽ ἀλλήλων.

an-einander-hangend, -stoßend συνεχής.

Anemone f ἡ ἀνεμώνη.

an-empfehlen παραινεῖν.

an-erben: an-geerbt πάτριος.

An-erbieten n, **An-erbietung** f τὸ ἐπάγγελμα, ἡ ἐπαγγελία.

an-erkennen γιγνώσκειν, ὁμολογεῖν, ἐπαινεῖν.

an-erkennenswert λόγου ἄξιος.

An-erkennung f ὁ ἔπαινος.

an-erschaffen ἐμφύειν, ἐντίκτειν.

an-fachen ῥιπίζειν, ἐκριπίζειν, ἐγείρειν, ζωπυρεῖν.

An-fachung f ἡ ῥίπισις, ἡ ἐκζωπύρησις.

an-fahren προσελαύνειν τινί oder πρός τι (zu Wagen), προσορμίζεσθαί τινι oder πρός τι, καταπλεῖν εἰς oder ἐπί τι (zu Schiffe), j-n mit Worten ~ ἐπιπλήττειν τινί, καθάπτεσθαί τινος.

An-fall m ἡ προσ-, ἐπιβολή, ἡ ὁρμή.

an-fallen προσβάλλειν τινί oder πρός τινα, ἐπιτίθεσθαί τινι, ἐμπίπτειν τινί, ἐφορμᾶν τινι.

An-fang m ἡ ἀρχή, ~ e-r Rede oder Abhandlung τὸ προοίμιον, von ~ an ἐξ, ἀπ᾽ ἀρχῆς, von ~ bis zu Ende ἐξ ἀρχῆς μέχρι τέλους, den ~ machen ἡγεῖσθαι, ἄρχεσθαί τινος (oder mit part.).

an-fangen ἄρχειν und ἄρ-

(ändern an-fangen)

χεσθαι mit *gen. ob. inf. ob. part.* (der *inf.*, wenn die Handlung, die man anfängt, betont wird, z.B. ἄρχομαι μανθάνειν ich fange an zu lernen, das *part.*, wenn der Anfang im Gegensatz zu Fortsetzung und Ende steht, ἄρχομαι μανθάνων ich fange an zu lernen); etw. ~ = unternehmen ἐπιχειρεῖν τινι, ἅπτεσθαί τινος. [f. Urheber.]

An-fänger *m* ὁ ἀρχόμενος,
an-fänglich, an-fangs (τὸ) πρῶτον, (τὰ) πρῶτα, ἐξ ἀρχῆς.
An-fangsgründe *m/pl.* αἱ ἀρχαί, τὰ στοιχεῖα.
An-fangspunkt *m* ἡ ἀρχή.
an-fassen ἅπτεσθαί τινος, ἐπι-, ἀντιλαμβάνεσθαί τινος.
an-fechten ἐναντιοῦσθαί τινι, προσμάχεσθαί τινι, es ficht mich etwas an ταράττομαι ὑπό τινος, sich von etwas nicht ~ lassen ἀμελεῖν, ὀλιγωρεῖν, καταφρονεῖν τινος. [σις, ἡ ταραχή.]
An-fechtung *f* ἡ ἐναντίω-
an-feinden ἀπεχθῶς oder δυσμενῶς ἔχειν τινί, ἐχθαίρειν, μισεῖν, πολεμεῖν τινι.
An-feindung *f* ἡ ἔχθρα, ἡ ἀπέχθεια.
an-fertigen ποιεῖν, κατασκευάζειν, ἐργάζεσθαι.
an-feuchten δεύειν, βρέχειν.
An-feuchtung *f* ἡ βρέξις.
an-feuern ἐξορμᾶν, παροξύνειν τινά, παρακελεύεσθαί τινι.

an-flehen ἱκετεύειν, εὔχεσθαί τινι. [εὐχαί.]
An-flehung *f* ἡ ἱκετεία, αἱ
an-fliegen ἐπι-, προσπέτεσθαι.
An-forderungen machen an j-n ἀξιοῦν τι παρά τινος.
An-frage *f* τὸ ἐπερώτημα, ἡ πύστις.
an-fragen ἐρωτᾶν, ἐπερωτᾶν τινά τι, πυνθάνεσθαί τινός τι.
an-fügen προστιθέναι τινί τι, προσάπτειν, ἐφαρμόττειν.
An-fügung *f* ἡ πρόσθεσις.
an-fühlen ἅπτεσθαι, ψαύειν τινός.
an-führen ἡγεῖσθαί τινος (τινί j-m den Weg zeigen), ἡγεμονεύειν, στρατηγεῖν τινος, = aufzählen, angeben λέγειν, καταλέγειν, προφέρειν, f. täuschen.
An-führer *f* ὁ ἡγεμών (όνος), ὁ στρατηγός, ὁ ἄρχων (οντος), der Reiterei ὁ ἵππαρχος, des Fußvolks ὁ πεζαρχος, der Flotte ὁ ναύαρχος, des Chores ὁ χορηγός. [(όνος).]
An-führerin *f* ἡ ἡγεμών
An-führung *f* ἡ ἡγεμονία, ἡ στρατηγία, ἡ ἀρχή.
an-füllen πιμπλάναι, ἐμ-, ἀναπιμπλάναι τινός, (ἀνα-)πληροῦν τινος.
An-füllung *f* ἡ πλήρωσις.
An-furt *f* ὁ ὅρμος.
An-gabe *f* ὁ λόγος.
an-gaffen κεχηνέναι πρός τι, προσκεχηνέναι τινί.

an-geben λέγειν, δηλοῦν, φάναι, σημαίνειν, seine Meinung ~ ἀποφαίνεσθαι τὴν γνώμην, = anzeigen, anklagen εἰσαγγέλλειν, κατειπεῖν, κατηγορεῖν τινος.

An-geber m ὁ μηνυτής, ὁ κατήγορος, ὁ συκοφάντης (falscher ~).

An-geberei f ἡ συκοφαντία.

An-gebinde n τὸ δῶρον.

an-geblich λόγῳ μέν.

an-geboren ἔμ-, σύμφυτος (2), οἰκεῖος.

an-gedeihen lassen παρέχειν, διδόναι, χαρίζεσθαι.

an-geerbt πάτριος, ἔμφυτος (2).

an-gefüllt πλήρης, ες, ἔμπλεως, ων, μεστός τινος.

an-gehen προσιέναι, δεῖσθαί τινος, es geht j-n etw. an προσήκει τινί, es geht an ἐγχωρεῖ, ἔξεστιν, ἐνδέχεται, wenn es angeht εἰ θέμις, = anfangen ἄρχεσθαι.

an-gehören εἶναί τινος, was mir angehört τὰ ἐμά.

an-gehörig ἴδιος, οἰκεῖος, die Angehörigen οἱ προσήκοντες, οἱ συγγενεῖς, οἱ οἰκεῖοι. [της (ητος) f.]

An-gehörigkeit f ἡ οἰκειό-

An-geklagte(r) m ὁ φεύγων, ὁ διωκόμενος, ὁ κινδυνεύων, ὁ ὑπόδικος.

Angel f τὸ ἄγκιστρον, an der Tür ἡ στρόφιγξ (ιγγος), ὁ στροφεύς.

an-gelangen ἀφικνεῖσθαι.

An-geld n ὁ ἀρραβών (ῶνος).

an-gelegen: sich etw. ~ sein lassen ἐπιμελεῖσθαί τινος, ἐπιτηδεύειν τι, μέλει μοί τινος.

An-gelegenheit f τὸ πρᾶγμα, die ~en der Thebaner τὰ τῶν Θηβαίων.

an-gelegentlich σπουδῇ, ἐπιμελῶς, προθύμως.

Angelfischerei f ἡ ἀγκιστρεία.

Angelgeräte n/pl. τὰ ἄγκιστρα.

angeln ἀγκιστρεύειν.

an-geloben ἐγγυᾶσθαι, ὑπισχνεῖσθαι, ὁμολογεῖν.

Angelrute f ὁ κάλαμος.

Angelschnur f ἡ ὁρμιά.

an-gemessen ἀνάλογος, σύμμετρος (2), ~ sein ἁρμόττειν τινί, πρέπειν, προσήκειν τινί.

An-gemessenheit f ἡ ἀναλογία, ἡ συμμετρία.

an-genehm ἡδύς, φίλος, ἀσπαστός, χαρίεις, wenn es dir ~ ist εἰ σοι ἡδομένῳ ἐστίν, ~ machen ἡδύνειν.

Anger m ὁ λειμών (ῶνος).

an-gesehen ἐπιφανής, ἔνδοξος (2), εὐδόκιμος (2), περίβλεπτος (2), ~ sein τιμᾶσθαι, εὐδοκιμεῖν.

An-gesicht n τὸ πρόσωπον, im ~ j-s ἐναντίον τινός, ἔμπροσθέν τινος.

an-gestammt πάτριος.

an-gestrengt σύντονος (2).

an-gewöhnen ἐθίζειν τινὰ πρός τι, sich etwas ~ ἐθίζεσθαί τι. [τὸ ἔθος.]

An-gewohnheit f τὸ ἐθισμα,

An-gewöhnung f ὁ ἐθισμός.

an-greifen ἐπιτίθεσθαί τινι, ἐφορμᾶν τινι, ἐπιχειρεῖν τινι, ἅπτεσθαί τινος (etw. unternehmen).

An-griff *m* ἡ ἐπίθεσις, ἡ ἐπιχείρησις, ἡ προσβολή, ἡ ἔφοδος, zu Schiffe ὁ ἐπίπλους.   [βέλη.]

An-griffswaffen *fpl.* τὰ⌡

Angst *f* τὸ δέος, ὁ φόβος, ἡ ἀπορία, ἡ ἀγωνία, in ~ sein ἀπορεῖν, ἀγωνιᾶν, in ~ setzen φοβεῖν, ἐκφοβεῖν τινα, φόβον ἐμβάλλειν, παρέχειν τινί.

Angstgeschrei *n* ἡ οἰμωγή.

ängstigen ἄγχειν.

Ängstigung *f* ἡ ἀγωνία, ἡ ἀπορία.   [φόβος (2).]

ängstlich περιδεής, περι-⌡

Ängstlichkeit *f* ἡ ἀδημονία, ἡ ἀπορία.

angstvoll ſ. ängstlich.

an-haben ἀμπέχεσθαι, ἐνδεδυκέναι, ἐνδεδύσθαι, ἠμφιεσμένον εἶναί τι, j., dem man nichts ~ kann ἄληπτος (2).   [εἶναί τινι.]

an-haften ἐνέχεσθαι, προσ-⌡

An-halt *m* ἡ λαβή, ἡ ἀφορμή.

an-halten ἐπ-, κατέχειν, προτρέπειν τινὰ ἐπί τι, = aufhören παύεσθαι.

An-halten *n* ἡ ἀνάπαυλα, ἡ ἐπίσχεσις.

an-haltend συνεχής, ἀδιάλειπτος (2), μόνιμος, ~ etw. tun διατελεῖν, διάγειν, διαγίγνεσθαι, διαμένειν mit dem part.

An-haltepunkt *m* ὁ σταθμός.

An-hang *m* ἡ προσθήκη, ſ. Anhänger.

an-hangen προσκεῖσθαι, εἶναί τινος, ἀντέχεσθαί τινος.

an-hängen ἀνακρεμαννύναι τι ἔκ τινος, sich etwas ~ ἐξαρτᾶσθαί τι, sich an etw. ~ κρέμασθαι ἔκ τινος, einem etwas ~ ἐπιφέρειν, περιάπτειν τινί τι.

An-hänger *m* ὁ συνών τινι, ὁ ἑταῖρος, οἱ σύν τινι, μετά τινος, περί, ἀμφί τινα, j-s ~ sein εἶναι σύν τινι, μετά τινος.

an-hängig machen bei j-m ἀνα-, ἀποφέρειν πρός τινα, εἰσαγγέλλειν.

an-hänglich εὔνους, προσφιλής, πρόθυμος (2).

An-hänglichkeit *f* ἡ εὔνοια, ἡ προθυμία.

An-hängsel *n* ἡ προσθήκη.

an-hauchen ἐπι-, προσπνεῖν τινι.

an-hauen ἐπι-, περικόπτειν τινί.

an-häufen ἀθροίζειν, συλλέγειν, σωρεύειν.

An-häufung *f* ὁ ἀθροισμός, ἡ σώρευσις.

an-heben ſ. anfangen.

an-heften ἐξάπτειν τί τινος oder ἔκ τινος, προσάπτειν τί τινι.   [σθαί τινος.]

an-heimfallen: j-m ~ γίγνε-⌡

an-heim-geben, **-stellen** ἐπιτρέπειν, ἐφιέναι τινί τι.

an-heischig: sich ~ machen ἀνα-, ὑποδέχεσθαι, ὑπισχνεῖσθαι, ὑφίστασθαι, ἐπαγγέλλεσθαι.

(an-greifen   an-heischig)

an-hetzen ἐπαφιέναι τινά τινι.
An-höhe f ὁ λόφος, ὁ γήλοφος, τὸ ἄκρον.
an-hören ἀκροᾶσθαί τινος, ὑπακούειν τινός und τινί.
An-hörung f ἡ ἀκρόασις.
Anis m τὸ ἄνηθον, τὸ ἄνισον.
an-kämpfen διαμάχεσθαι, διαγωνίζεσθαί τινι oder πρός τι. [ρασις.]
An-kauf m ἡ ὠνή, ἡ ἀγό-
an-kaufen ὠνεῖσθαι, ἀγοράζεσθαι, sich ~ κτᾶσθαι χωρίον oder ἀγρούς.
Anker m ἡ ἄγκυρα, die ~ lichten αἴρεσθαι, vor ~ legen ὁρμίζειν, παρ-, προσορμίζειν, vor ~ gehen ὁρμίζεσθαι, vor ~ liegen ὁρμεῖν, ἐφορμεῖν τινι oder ἐπί τινι.
ankern s. vor Anker gehen.
Ankerplatz m ὁ ὅρμος, τὸ ἐπίνειον.
Ankertau n τὸ πεῖσμα.
an-ketten προσδεῖν τινι (πρός τι).
An-klage f ἡ κατηγορία, ἡ δίωξις, ἡ εἰσαγγελία, ἡ δίκη, ἡ γραφή.
an-klagen κατηγορεῖν τινός τι, διώκειν τινά τινος (pass. φεύγειν), γράφεσθαί τινα τινος.
An-klagepunkt m τὸ ἔγκλημα, τὸ κατηγόρημα.
An-kläger m ὁ κατήγορος, ὁ διώκων.
An-klageschrift f ἡ γραφή.
An-klang m s. Beifall.

an-kleiden ἐνδύειν, ἀμφιεννύναι τινά, sich ~ ἐνδύεσθαι, ἀμφιέννυσθαι.
an-klopfen κόπτειν, κρούειν.
an-knüpfen ἐξάπτειν τί τινος, Freundschaft ~ φιλίαν ποιεῖσθαι, Unterhandlungen ~ εἰς λόγους ἔρχεσθαί τινι.
an-kommen ἀφικνεῖσθαι, προσέρχεσθαι, παραγίγνεσθαι, παρεῖναι, ἥκειν, καταπλεῖν (zu Schiffe), es kommt auf etwas an ἔστιν ἐπί τινι, es kommt nicht darauf an οὐ διαφέρει, es kommt mir darauf an μέλει μοί τινος, soweit es auf mich ankommt ὅσον ἐπ' ἐμοί ἐστιν, es kommt mir viel darauf an περὶ πολλοῦ ποιοῦμαι, es kommt mir darauf nicht an οὐδὲν μέλει μοι τούτου, οὐδὲν ἀντιλέγω, auf eine Schlacht es ~ lassen ἀναρρίπτειν μάχην. [(υδος), ὁ ξένος.]
An-kömmling m ὁ ἔπηλυς]
an-koppeln ζευγνύναι, συζευγνύναι.
an-kündigen ἀναγορεύειν, ἐπαγγέλλειν, κηρύττειν (durch einen Herold), Krieg ~ πόλεμον προειπεῖν.
An-kündigung f ἡ ἐπαγγελία, τὸ κήρυγμα.
An-kunft f ἡ ἄφιξις, ~ in der Heimat ἡ ἐπιδημία.
an-lächeln προσμειδιᾶν τινι.
an-lachen προσ-, ἐπιγελᾶν τινι.
An-lage f ἡ προσθήκη (Beilage), ἡ φύσις, gute ~ ἡ

εὐφυΐα, schlechte ~ ἡ κακοφυΐα.

an-landen ὁρμίζεσθαι, κατάγεσθαι, ὁρμίζειν τὴν ναῦν, κατάγειν τὴν ναῦν.

An-landung f ἡ καταγωγή.

An-laß m ἡ αἰτία, ἡ πρόφασις, einen ~ suchen ζητεῖν πρόφασιν, ~ geben zu etw. αἴτιον γίγνεσθαί τινος. [προχωρεῖν.]

an-lassen, sich ἐοικέναι,]

An-lauf m ἡ ἐπιδρομή, ἡ ὁρμή, ἡ προσβολή, ἡ ἔφοδος, einen ~ zu etwas nehmen ὁρμᾶν ἐπί τι.

an-laufen ἐπιτρέχειν, ἐφορμᾶν, ἐπιφέρεσθαί τινι, δρόμῳ φέρεσθαι ἐπί τι.

An-laut m τὸ πρῶτον γράμμα.

an-legen προστιθέναι, προσφέρειν, προσβάλλειν τινί, sich einen Ring ~ δακτύλιον περιβάλλεσθαι, Feuer ~ πῦρ ἐμβάλλειν τινί, j-m etw. ~ ἐνδύειν, ἀμφιεννύναι τινά τι, Hand ~ ἐπιχειρεῖν τινι, ἅπτεσθαί τινος, Geld ~ χρήματα διατίθεσθαι, eine Stadt ~ πόλιν κτίζειν, es auf etw. ~ βούλεσθαι.

An-legung f ἡ πρόσθεσις, einer Stadt ἡ κτίσις.

an-lehnen ἐπι-, προσ-, ἀνα-, ἐγκλίνειν τι πρός τι.

An-lehnen n ἡ ἀνάκλισις.

An-leihe f τὸ δάνεισμα, τὸ δάνειον.

an-leiten εἰσηγεῖσθαί τινί τι, παιδεύειν τινὰ πρός τι, καθηγεῖσθαί τινί τινος.

An-leiter m ὁ ὑφηγέτης, ὁ ἡγεμών.

An-leitung f ἡ εἰσ-, ὑφήγησις, ἡ διδασκαλία.

an-lernen καταμανθάνειν.

an-liegen: j-m mit Bitten ~ προσ-, ἐγκεῖσθαί τινι, λιπαρεῖν τινα, δεῖσθαί τινος.

An-liegen n ἡ δέησις, ἡ χρεία. [κειν.]

an-locken ἐπάγεσθαι, ἐφέλ-]

An-lockung f ἡ ἐπαγωγή.

An-marsch m ἡ ἔφοδος, ἡ προσέλασις.

an-marschieren ἐπ-, προσελαύνειν.

an-maßen: sich etw. ~ προσποιεῖσθαί τι.

an-maßend ἀλαζών (όνος), αὐθάδης, ἀλαζονικός.

An-maßung f ἡ προσποίησις, ἡ αὐθάδεια, ἡ ὕβρις.

an-melden εἰσαγγέλλειν.

An-meldung f ἡ εἰσ-, ἐπαγγελία.

an-merken = bemerken an j-m od. etw. αἰσθάνεσθαι, παραισθάνεσθαί τινος, = als merkwürdig aufzeichnen σημειοῦσθαι, ἀπογράφειν.

An-merkung f ἡ παρασημασία. [τι πρός τι.]

an-messen συμμετρεῖσθαί]

An-mut f ἡ χάρις (ιτος), ohne ~ ἄχαρις, ι.

an-mutig χαρίεις, ἡδύς, τερπνός.

an-nähen ῥάπτειν τι πρός τι, προσ-, συρράπτειν τί τινι oder πρός τι.

An-näherung f ὁ πλησιασμός.

An-nahme f ἡ λῆψις, ἡ ὑποδοχή, ἡ ὑπόθεσις (Voraussetzung).
Annalen f/pl. αἱ ἀναγραφαί.
Annalist m ὁ συγγραφεύς.
an-nehmbar ἀποδεκτός.
an-nehmen λαμβάνειν, δέχεσθαι, = genehmigen, billigen ἀποδέχεσθαι, ἐπαινεῖν, προσίεσθαι, sich einer Sache ~ ἐπιμελεῖσθαί τινος, προσέχειν τὸν νοῦν τινι, ἀντιλαμβάνεσθαί τινος, eine Gestalt ~ λαμβάνειν, περιβάλλεσθαι σχῆμα, den Schein ~ als ob προσποιεῖσθαι mit dem inf., j-n an Kindes Statt ~ τίθεσθαι ob. ποιεῖσθαί τινα τέκνον.
An-nehmlichkeit f ἡ ἡδονή, ἡ χάρις (ιτος).
anomal ἀνώμαλος (2).
Anomalie f ἡ ἀνωμαλία, τὸ ἀνώμαλον.
anonym ἀνώνυμος (2).
an-ordnen τάττειν, δια-, συντάττειν, διατιθέναι, διοικεῖν.
An-ordner m ὁ διοικητής.
An-ordnung f ἡ διάθεσις, ἡ τάξις, ἡ διά-, σύνταξις, ἡ διοίκησις.
an-packen κατα-, συλλαμβάνειν.
an-passen ἐν-, ἐφ-, προσαρμόττειν τί τινι.
an-pflanzen φυτεύειν, καταφυτεύειν. [ἡ φυτεία.)
An-pflanzung f ἡ φύτευσις,)
An-prall m ἡ ὁρμή, ἡ ἐπιφορά.
an-prallen συγκρούειν, προσπταίειν τινί.
an-preisen ἐπαινεῖν.
An-preisung f ὁ ἔπαινος.
an-raten συμβουλεύειν τινί τι, παραινεῖν, παρακελεύεσθαί τινί τι.
An-raten n ἡ συμβουλή, ἡ παραίνεσις.
an-rechnen λογίζεσθαι (M.), ὑπολογίζεσθαι, = auslegen ἡγεῖσθαι, νομίζειν.
An-rechnung f ὁ ὑπόλογος.
An-recht: ich habe ein ~ auf etwas προσήκει μοί τινος.
An-rede f ὁ λόγος, ἡ πρόσρησις, eine ~ halten λόγον ποιεῖσθαι.
an-reden προσαγορεύειν, προσφωνεῖν τινα.
an-regen κινεῖν, παρακινεῖν, παρορμᾶν, παροξύνειν τινὰ πρός, ἐπί τι.
An-regung f ἡ παρόρμησις, ἡ ὁρμή.
an-reihen συνείρειν, συνάπτειν τινί τι, sich ~ ἀκολουθεῖν, ἕπεσθαί τινι, ἔχεσθαί τινος.
an-reizen s. anregen.
An-reizung f s. Anregung.
an-rennen ἐπιτρέχειν τινί, ἐπί τινι, δρόμῳ φέρεσθαι ἐπί τι.
an-richten: Speisen ~ παρασκευάζειν, καταρτύειν, Unglück ~ κακῶν αἴτιος εἶναι, Schaden ~ βλάπτειν.
an-rollen ἐπι-, προσκυλίνδειν.
an-rüchig ὕποπτος (2), κακῶς ἀκούων.

an-rücken προσιέναι, προσέρχεσθαι, προσάγειν.

an-rufen καλεῖν, ἐπι-, ἀνακαλεῖν, die Götter ~ εὔχεσθαι τοῖς θεοῖς, als Zeugen ~ μαρτύρεσθαί τινα.

an-rühren ψαύειν, ἅπτεσθαι, θιγγάνειν τινός.

an-sagen προσαγορεύειν, f. angeben, ankündigen.

an-sammeln ἀθροίζειν, συναγείρειν.

An-sammlung f ἡ ἄθροισις, ἡ συναγωγή.

an-säffig ἐγκεκτημένος, ~ sein ἐγκεκτῆσθαι, κατοικεῖν. [satz ἡ προσθήκη.)

An-satz m ἡ ὁρμή, = Zu-

an-schaffen παρασκευάζειν, sich ~ κτᾶσθαι.

An-schaffung f ἡ κτῆσις, ἡ κατασκευή.

an-schauen θεᾶσθαι.

an-schaulich θεατός, ὁρατός, = deutlich φανερός, δῆλος.

An-schaulichkeit f ἡ ἐνάργεια, ἡ ἐμφάνεια.

An-schauung f ἡ θέα, ἡ θεωρία, ἡ σκέψις.

An-schauungsvermögen n τὸ θεωρητικόν, ἡ θεωρητικὴ δύναμις.

An-schein m ἡ δόξα, ἡ ἔμφασις, allem ~ nach ἐκ τῶν εἰκότων, κατὰ τὸ εἰκός, ὡς ἔοικεν.

an-scheinend δοκῶν (ob. durch δοκεῖν und ἐοικέναι).

an-schicken: sich zu etw. ~ παρασκευάζεσθαι πρός, ἐπί, εἴς τι. [τρώσκειν.)

an-schießen, zB. ein Tier τι-

an-schiffen ἐπι-, προσπλεῖν.

an-schirren ζευγνύναι, ὑποζευγνύναι.

An-schlag m = öffentlicher ~ τὸ πρόγραμμα, ἡ γραφή, = Taxe ἡ τίμησις, ἡ τιμή, = Plan, Vorhaben ἡ βουλή, einen ~ gegen j-n machen ἐπιβουλεύειν τινί, der ~ ἡ ἐπιβουλή.

an-schlagen: an etw. ~ κόπτειν, κρούειν τι, = abschätzen τιμᾶν, λογίζεσθαι, etw. hoch ~ περὶ πολλοῦ ποιεῖσθαι, vom Hunde κλάζειν, ἀνακλάζειν. [ἡ κλαγγή.)

An-schlagen n ἡ κροῦσις,

an-schließen: an Ketten ~ δεσμεύειν, καταδεῖν, sich an j-n ~ προστίθεσθαί τινι, ἕπεσθαι, ἀκολουθεῖν τινι.

An-schluß m ἡ συναφή, ἡ συνέχεια, gew. durch Verba.

an-schmieden συγκροτεῖν.

an-schmiegen: sich an j-n ~ προσ-, συμπλέκεσθαί τινι.

an-schnallen ἐμ-, προσπερονᾶν.

an-schneiden ἐπιτέμνειν.

an-schreiben ἀνα-, ἀπογράφειν. [νος, ἐμβοᾶν τινι.)

an-schreien καταβοᾶν τι-

an-schuldigen αἰτιᾶσθαί τινος, ἐγκαλεῖν τινί τι, angeschuldigt werden αἰτίαν ἔχειν ὑπό τινος.

An-schuldigung f ἡ αἰτίασις, τὸ ἔγκλημα.

an-schüren σκαλεύειν, ὑποσκαλεύειν.

an-schwärzen διαβάλλειν τινὰ πρός τινα.

An-schwärzung f ἡ διαβολή.
an-schwellen (*intr.*) οἰδεῖν, ἐξοιδεῖν, ἐξογκοῦσθαι, πληροῦσθαι, der Fluß schwillt an ὁ ποταμὸς ῥεῖ μέγας.
An-schwellung f ἡ οἴδησις, ἡ πλήρωσις.
an-schwemmen προσχοῦν.
An-schwemmung f ἡ πρόσχωσις.
an-schwimmen προσνεῖν.
an-segeln προσ-, ἐπιπλεῖν.
an-sehen βλέπειν εἴς τινα u. τι, ἀποβλέπειν πρός u. εἴς τινα, προσβλέπειν τινά, etw. mit ~ (= gestatten, dulden) περιορᾶν mit *acc.* ob. *part.* ob. *inf.*, ἀνέχεσθαι mit *acc.* ob. *gen.* u. *part.*, j-m etw. ~ ἐνορᾶν τινί τι, für etw. ~ νομίζειν, ἡγεῖσθαι, κρίνειν.
An-sehen n ἡ θέα (= Anblick), τὸ εἶδος, ἡ ἰδέα, τὸ σχῆμα (= äußeres ~), ἡ δόξα (= Anschein), τὸ ἀξίωμα, ἡ ἀξίωσις, ἡ τιμή, ἡ δόξα, ἡ εὐδοκιμία (= Würde, Achtung).
an-sehenswert ἀξιοθέατος (2), θέας ἄξιος.
an-sehnlich εὐσχήμων, εὐπρεπής (= gut aussehend), ἐλλόγιμος, ἀξιόλογος (2) (= nicht unbedeutend).
An-sehnlichkeit f ἡ εὐσχημοσύνη, ἡ εὐπρέπεια, τὸ ἐλλόγιμον, τὸ ἀξιόλογον.
An-sehung f: in ~ κατά oder εἰς mit dem *acc.*
an-setzen προστιθέναι, τάττειν, καθιστάναι, ὁρίζειν.

An-sicht f ἡ ὄψις, ἡ θέα, ἡ γνώμη (= Meinung).
an-sichtig werden ὁρᾶν, βλέπειν.
an-siedeln εἰσ-, κατοικίζειν εἴς τι, sich ~ κατοικίζεσθαι εἴς τι oder ἔν τινι.
An-siedler m ὁ ἄποικος.
an-singen ἐπᾴδειν τινί.
an-sinnen ἀξιοῦν.
An-sinnen n ἡ ἀξίωσις.
an-spannen ζευγνύναι (= anjochen), ἐν-, ἐπι-, δια-, συντείνειν (= straff anziehen).
An-spannung f ἡ ζεῦξις.
an-speien ἐμπτύειν.
an-spielen: auf etw. ~ αἰνίττεσθαί τι.
An-spielung f ὁ αἰνιγμός, τὸ αἴνιγμα.
an-spinnen μηχανᾶσθαι, πραγματεύεσθαι.
an-spornen κεντεῖν, κεντρίζειν, j-n ~ παρορμᾶν, παροξύνειν τινά, παρακελεύεσθαί τινι.
An-sprache f ὁ λόγος.
an-sprechen s. anreden.
an-sprengen προσελαύνειν πρός τινα, ἐπελαύνειν τινί, ἐπιφέρεσθαι, ἐφορμᾶν τινι.
an-springen ἐφ-, ἐνάλλεσθαι, ἐπιπηδᾶν τινι.
An-spruch m ἡ ἀξίωσις, τὸ δικαίωμα, ἡ δικαίωσις, ~ auf etwas machen προσποιεῖσθαί τινος.
an-spruchslos μέτριος (3 u. 2), ἐπιεικής.
An-spruchslosigkeit f ἡ μετριότης, ἡ ἐπιείκεια.

an-spruchsvoll δύσκολος (2).
an-spucken s. anspeien.
an-spülen προσ-, ἐπικλύζειν.
an-stacheln s. anspornen.
An-stalt f ἡ παρασκευή, ~ treffen παρασκευάζεσθαι.
An-stand m τὸ σχῆμα, ἡ ἐνέδρα (~ Standort bei Jägern), auf den ~ gehen ἐνεδρεύειν, λοχᾶν, ἐλλοχᾶν τὰ θηρία, ~ nehmen μέλλειν, ὀκνεῖν, ~ Bedenken ὁ ὄκνος.
an-ständig εὐσχήμων, εὐπρεπής.
An-ständigkeit f ἡ εὐσχημοσύνη, ἡ εὐπρέπεια.
an-statt ἀντί τινος.
an-staunen θαυμάζειν, ἐκπλήττεσθαί (P.) τι.
an-stecken προσάπτειν τινί τι, s. anzünden.
an-steckend λοιμώδης.
An-steckung f (von Krankheiten) τὸ μίασμα.
an-stehen πρέπει τινί τι, etw. ~ lassen ἀναβάλλεσθαί τι, ἀναβολὴν ποιεῖσθαί τινος. [ἔχειν.]
an-steigen, von Bergen ἀν-
an-steigend ἀν-, προσάντης, ὄρθιος.
an-stellen τάττειν, καθιστάναι, sich ~ als ob προσποιεῖσθαι mit dem inf., e-n Wettkampf ~ ἀγῶνα τιθέναι, eine Betrachtung, Untersuchung u. dgl. ~ ἐξέτασιν ποιεῖσθαι.
an-stellig: sein zu etw. ἐπιτήδειον, ἱκανὸν εἶναι πρός τι oder mit dem inf.

An-stelligkeit f ἡ ἐπιτηδειότης (ητος), ἡ εὐφυΐα.
An-stellung f ἡ τάξις, ἡ κατάστασις.
an-stiften μηχανᾶσθαι, j-n zu etw. ~ παρασκευάζειν τινὰ ἐπί τι.
An-stifter m ὁ αἴτιος.
An-stiftung f ἡ εἰσήγησις, ἡ ὑποθήκη, auf ~ j-s κελεύσαντός τινος.
an-stimmen ἀναβάλλεσθαι, einen Gesang ~ ἐξᾴδειν.
An-stimmung f ἡ ἀναβολή.
An-stoß m ἡ ὁρμή, τὸ κώλυμα, (= Ärgernis) τὸ πρόσκρουσμα, τὸ πταῖσμα, ~ an etw. nehmen δυσχεραίνειν, ἀγανακτεῖν τι τινι oder ἐπί τινι.
an-stoßen κινεῖν, an etw. ~ πταίειν πρός τι, προσπταίειν, προσκόπτειν τινί, ~ bei j-m ἀνιᾶν, λυπεῖν τινα, = angrenzen ἔχεσθαί τινος.
an-stößig δυσχερής, ἀπρεπής.
An-stößigkeit f ἡ δυσχέρεια, ἡ ἀπρέπεια, τὸ δυσχερές.
an-strahlen καταλάμπειν τινός, ἐπιλάμπειν τινί.
an-streben συντείνειν εἴς τι.
an-streichen ἀλείφειν, χρίειν, ἐπιχρίειν, (= mit e-m Strich bezeichnen) παρασημαίνεσθαι.
an-streifen παράπτεσθαι, ψαύειν τινός.
an-strengen ἐντείνειν, j-n καταπονεῖν, sich ~ διατείνεσθαι.

An-strengung *f* ἡ ἔντασις, ἡ σπουδή, ὁ πόνος.
An-strich *m* ἡ ἀλοιφή.
an-strömen ἐπιρρεῖν, ἐπιφέρεσθαι. [ἡ ἐπιρροή.]
An-strömen *n* ἡ ἐπίρροια,
An-sturm *m* ἡ ὁρμή, ἡ ἐφορμή, ἡ προσβολή.
An-suchen *n* ἡ δέησις, ἡ χρεία. [σθαί τινος.]
an-tasten ψηλαφᾶν, ἅπτε-
An-tastung *f* ἡ ψηλάφησις, ~ der Ehre ἡ διαβολή.
An-teil *m* τὸ μέρος, ἡ μερίς, ἡ μοῖρα, gleicher ~ ἡ ἰσομοιρία, gleichen ~ mit j-m haben ἰσομοιρεῖν τινι τινος, τῶν ἴσων μετέχειν τινί, ~ an etw. haben μετέχειν τινός, μέτεστί μοί τινος, κοινωνεῖν τινος, ~ nehmen ob. bekommen μεταλαμβάνειν τινός, j-m ~ an etw. geben μεταδιδόναι τινί τινος.
Antilope *f* ἡ δορκάς (άδος).
Antlitz *n* s. Angesicht.
an-traben δρόμῳ προσελαύνειν.
An-trag *m* ὁ λόγος (a. *pl.*), ἡ πρόκλησις, ἡ εἰσήγησις, τὸ εἰσήγημα, einen ~ stellen εἰσηγεῖσθαι.
an-tragen: auf etw. ~ εἰσηγεῖσθαί τι, auf ein Gesetz ~ εἰσφέρειν νόμον, auf e-e Strafe für j-n ~ τιμᾶσθαί τινί τινος. [ηγησάμενος.]
An-tragsteller *m* ὁ εἰσ-
an-treffen καταλαμβάνειν τινά, ἐν-, ἐπι-, περιτυγχάνειν τινί.

an-treiben κεντεῖν (anstacheln), παρορμᾶν, προτρέπειν, ἐπαίρειν, παροξύνειν, παρακελεύεσθαί τινι.
an-treten: ein Amt ~ καθίστασθαι εἰς ἀρχήν, e-e Erbschaft ~ ἐμβατεύειν εἰς κληρονομίαν, von Soldaten: ~ lassen παραγέλλειν εἰς τὰ ὅπλα, (*intr.*) ἰέναι εἰς τὰ ὅπλα, angetreten! ἄγετε εἰς τὰ ὅπλα.
An-trieb *m* ἡ ὁρμή, ἡ προθυμία, ἡ προτροπή.
an-trinken, sich ὑποπίνειν, angetrunken ὑποπεπωκώς.
An-tritt *m* ἡ ἀρχή, ἡ ἐπιχείρησις.
An-trittsrede *f* ὁ εἰσιτήριος λόγος.
an-tun ποιεῖν τινά τι, Unrecht ~ ἀδικεῖν τινα, es ist danach angetan τοιοῦτόν ἐστιν ὥστε mit dem *inf*.
Antwort *f* ἡ ἀπόκρισις, eines Orakels ὁ χρησμός, kurze, sinnreiche ~ τὸ ἀπόφθεγμα, eine ~ geben = antworten.
antworten ἀποκρίνεσθαι (M.), vom Orakel χρῆν, ἀναιρεῖν. [στολή.]
Antwortschreiben *n* ἡ ἐπι-
an-vertrauen ἐπιτρέπειν τινί τι, πιστεύειν, παρακατατίθεσθαι, mir ist etwas anvertraut worden ἐπιτέτραμμαί τι, πεπίστευμαί τι.
an-verwandt συγγενής.
An-wachs *m* ἡ ἐπίδοσις, ἡ αὔξη.
an-wachsen αὐξάνεσθαι,

ἐπαυξάνεσθαι (P.), ἐπιδιδόναι.
An-walt m ὁ συνήγορος, ὁ σύνδικος, ὁ παράκλητος.
An-waltſchaft f ἡ συνηγορία, ἡ συνδικία. [δειν.]
an-wälzen ἐπι-, προσκυλίν-
an-wandeln ἐπέρχεσθαί τινι.
An-wandlung f τὸ πάθος.
An-wartſchaft f αἱ ἀφορμαί, ſ. Anſpruch.
an-wedeln περι-, προσσαίνειν τινά oder τινί.
an-wehen προσπνεῖν τινι.
an-weiſen ἀπονέμειν τινί τι, einen Poſten ~ τάττειν, κατατάττειν τινά.
An-weiſung f ἡ ἀπονομή.
an-wendbar χρήσιμος, ἐπιτήδειος (2 und 3).
An-wendbarkeit f τὸ χρήσιμον, ἡ χρησιμότης, ἡ ἐπιτηδειότης.
an-wenden χρῆσθαί τινι, προσάγειν, προσφέρειν τινί τι.
An-wendung f ἡ χρῆσις, ἡ χρεία, es kommt etwas bei etwas zur ~ χρεία τινός ἐστιν ἔν τινι.
an-werben μισθοῦσθαι, συλλέγειν, συνάγειν (von Soldaten). [ἡ συναγωγή.]
An-werbung f ἡ συλλογή,
an-weſend παρών, οὖσα, όν, ~ ſein παρεῖναι, παραγίγνεσθαι.
An-weſenheit f ἡ παρουσία, in meiner ~ ἐμοῦ παρόντος.
an-widern: es widert mich etw. an βδελύττομαι, μυσάττομαί (P.) τι.

an-wohnen παρ-, προσοικεῖν τινι.
An-wohner m ὁ πάρ-, πρόσοικος, ὁ πρόσχωρος, ~ des Meeres οἱ παρα-, ἐπιθαλάττιοι.
An-wuchs m ἡ πρόσφυσις, τὸ πρόσφυμα.
an-wünſchen εὔχεσθαι, ἐπεύχεσθαί (M.) τινι, κατεύχεσθαί τί τινος.
An-wünſchung f ἡ εὐχή, ἡ ἀρά.
an-wurzeln καταρριζοῦσθαι (P.).
An-zahl f ὁ ἀριθμός, τὸ πλῆθος, in großer ~ πολλοί, συχνοί, in kleiner ~ ὀλίγοι, eine ~ von 10, 100 uſw. ἡ δεκάς (άδος), ἡ ἑκατοντάς uſw.
An-zeichen n τὸ σημεῖον, ὁ οἰωνός (aus dem Vogelflug).
an-zeichnen κατα-, ἐπισημαίνειν, παρασημαίνεσθαι.
An-zeige f ἡ μήνυσις, ἡ δήλωσις, ἡ εἰσαγγελία.
an-zeigen μηνύειν, δηλοῦν, εἰσαγγέλλειν.
An-zeiger m ὁ μηνυτής.
an-zetteln μηχανᾶσθαι, παρασκευάζειν.
An-zettelung f ἡ μηχανή.
an-ziehen ἐνδύειν, ἀμφιεννύναι τινά τι, ſich ἐνδύεσθαι (M.) τι, ἀμφιέννυσθαι (M.) τι.
an-ziehend χαρίεις, ἐπίχαρις (2). [γόν.]
An-ziehungskraft f τὸ ἀγω-
An-zug m ἡ ἐσθής (ῆτος), τὸ ἀμφίεσμα, ſ. Anmarſch

an-züglich σκωπτικός, ὑβριστικός, πικρός.
an-zünden ἅπτειν, πυρεύειν, φλέγειν, ἐμπιμπράναι.
An-zündung f ἡ ἔμπρησις.
an-zweifeln s. bezweifeln.
Apfel m τὸ μῆλον.
Apfelbaum m ἡ μηλέα.
Apfelwein m ὁ μηλίτης οἶνος.
Apologie f ἡ ἀπολογία.
Apostel m ὁ ἀπόστολος.
apostolisch ἀποστολικός.
Apotheke f τὸ φαρμακοπώλιον.
Apotheker m ὁ φαρμακεύς.
Apparat m ἡ παρα-, κατασκευή, τὰ σκεύη.
Appell m blasen ob. schlagen τὸ συγκλητικὸν σημαίνειν.
Appellation f ἡ ἔφεσις.
appellieren ἐφιέναι τὴν δίκην. [ἐπιθυμία.|
Appetit m ἡ ὄρεξις, ἡ)
appetitlich ὀρεκτός, ἐπαγωγός (2).
appetitlos ἄποσιτος (2).
Appetitlosigkeit f ἡ κακοαποσιτία. [τους μήν.|
April m ὁ τέταρτος τοῦ)
apropos ἀλλά.
Arabeske f τὸ ζῳόφυτον.
Arbeit f ὁ πόνος, τὸ ἔργον, τὸ πρᾶγμα, ἡ ἐργασία.
arbeiten πονεῖν, ἐργάζεσθαι, σπουδάζειν περί τι, dahin ~ daß παντὶ τρόπῳ μηχανᾶσθαι ὅπως, entgegen ~ ἐναντιοῦσθαι (P.), ἀντιπράττειν τινί, sorgfältig ~ ἐπιτηδεύειν.

Arbeiten n ἡ ἐργασία.
Ar-beiter m ὁ ἐργάτης.
Arbeitgeber m ὁ ἐργοδότης, ~ sein ἐργοδοτεῖν.
arbeitsam ἐργαστικός, φίλεργος (2), φιλόπονος (2), σπουδαῖος.
Arbeitsamkeit f ἡ φιλοπονία, ἡ φιλεργία, ἡ σπουδή.
Arbeitsanstalt f τὸ ἐργαστήριον.
arbeitsfähig ἐργαστικός, ἐργατικός. [ριον.|
Arbeitshaus n τὸ ἐργαστή-)
Arbeitslohn m ὁ μισθός.
arbeitslos ἄπονος (2), σχολάζων. [ἡ σχολή.|
Arbeitslosigkeit f ἡ ἀπονία,)
Arbeitslust f ἡ φιλοπονία.
arbeitslustig φιλόπονος (2).
arbeitsscheu μισόπονος (2), φυγόπονος (2).
Arbeitsscheu f ἡ μισοπονία, ἡ φυγοπονία. [ριον.|
Arbeitsstätte f τὸ ἐργαστή-)
arbeitsunfähig ἀδύνατος (2).
arbeitsvoll πόνων μεστός.
Archäolog m ὁ ἀρχαιόλογος.
Architekt m ὁ ἀρχιτέκτων (ονος). [νία.|
Architektur f ἡ ἀρχιτεκτο-)
Archiv n τὸ γραμματοφυλάκιον.
Archont m ὁ ἄρχων, οντος, ~ sein ἄρχειν.
arg κακός, πονηρός, δεινός.
Ärger m ἡ ἀγανάκτησις, ἡ ὀργή, ἡ ἀνία.
ärgerlich δύσθυμος (2), ἀνιαρός.
ärgern λυπεῖν, ὀργίζειν, ἀνιᾶν, sich ~ ἄχθεσθαι,

ἀγανακτεῖν τινι oder ἐπί τινι.

Ärgernis f ſ. Ärger.

Arglist f ἡ κακοτεχνία, ἡ πονηρία, ἡ πανουργία.

arglistig κακότεχνος (2), πονηρός, πανοῦργος (2).

arglos ἄδολος (2), εὐήθης, ἁπλοῦς. [ἁπλότης.]

Arglosigkeit f ἡ εὐήθεια, ἡ

Argwohn m ἡ ὑποψία, ἡ ὑπόνοια, τὸ ὕποπτον, ~ erregen ὑποψίαν παρέχειν τινί. [ὑπονοεῖν.]

argwöhnen ὑποπτεύειν,

arg-wöhnisch ὕποπτος (2), ~ ſein gegen j-n ὑπόπτως ἔχειν πρός τινα.

Arie f ἡ ᾠδή, τὸ μέλος.

Aristokraten m/pl. οἱ δυνατοί, οἱ ὀλίγοι.

Aristokratie f ἡ ἀριστοκρατία, ἡ ὀλιγαρχία, ἡ δυναστεία.

aristokratiſch ἀριστοκρατικός, ὀλιγαρχικός.

Arkade f ἡ στοά.

arm πένης (ητος), ἐνδεής, ἄπορος (2), ἀχρήματος (2), πτωχός, ~ ſein πένεσθαι, πτωχεύειν.

Arm m ὁ βραχίων (ονος), ὁ ἀγκών (ῶνος) (auch e-s Fluſſes).

Armband n τὸ ψέλλιον.

Ärmel m ἡ χειρίς (ίδος).

ärmlich ἐνδεής, ταπεινός.

Ärmlichkeit f τὸ ἐνδεές, ἡ ταπεινότης.

armſelig ſ. arm, ärmlich.

Armſeſſel m ὁ κλιντήρ (ῆρος).

Armſpange f ſ. Armband.

Armut f ἡ πενία, ἡ ἔνδεια.

Arreſt m ἡ φυλακή.

Arreſtant m ὁ ἐν φυλακῇ ὤν.

arrogant αὐθάδης.

Arſenal n ἡ ὁπλοθήκη.

Arſenik m u. n τὸ ἀρσενικόν.

Art f τὸ γένος, τὸ φῦλον, ὁ τρόπος (~ und Weiſe), auſ der ~ ſchlagen ἐξίστασθαί τινος, eine ~ von gibt man durch τις, οἷον, ὥσπερ, auf alle oder jede ~ πάντα τρόπον, παντὶ τρόπῳ, auf dieſe ~ τοῦτον τὸν τρόπον, τούτῳ τῷ τρόπῳ, ταύτῃ, auf folgende ~ ὧδε, nach ~ κατά τινα und τι.

Arterie f ἡ ἀρτηρία.

artig κόσμιος, εὐπρεπής.

Artigkeit f ἡ εὐπρέπεια, ἡ κοσμιότης.

Arznei f τὸ φάρμακον.

Arzneikunde f ἡ φαρμακευτική, ἡ ἰατρική.

Arzneimittel n ſ. Arznei.

Arzt m ὁ ἰατρός.

ärztlich ἰατρικός.

Aſche f ἡ τέφρα, ἡ σποδός.

Aſchenhaufen m ἡ σποδιά.

Aſchenkrug m ἡ ὑδρία.

aſchgrau σποδοειδής.

Aſphalt m ἡ ἄσφαλτος.

Aſt m ὁ κλάδος.

Aſthma n τὸ ἄσθμα, ἡ δύσπνοια.

Aſtrolog m ὁ ἀστρολόγος.

Aſtrologie f ἡ ἀστρολογία.

Aſtronom m ὁ ἀστρόνομος.

Aſtronomie f ἡ ἀστρονομία.

Aſyl n τὸ ἄσυλον, ἡ καταφυγή.

Atem m τὸ πνεῦμα, ἡ ἀναπνοή, ~ holen ἀναπνεῖν, außer ~ sein τὸ πνεῦμα ἄνω ἔχειν.
Atemholen n ἡ ἀναπνοή.
atemlos ἄπνευστος (2).
Atemlosigkeit f ἡ ἀπνευστία.
Atemzug m ἡ ἀναπνοή.
Äther m ὁ αἰθήρ (έρος).
ätherisch αἰθέριος.
Athlet m ὁ ἀθλητής.
athletisch ἀθλητικός.
atmen πνεῖν, ἀναπνεῖν.
Atom n ἡ ἄτομος.
Attentat n ἡ ἐπιβουλή, τὸ ἐπιβούλευμα.
au ἰού, φεῦ, παπαῖ.
auch καί, ἔτι δέ, πρὸς δέ, πρὸς δὲ τούτοις, ~ nicht οὐδέ (μηδέ), ~ wenn καὶ εἰ, κεἰ, κἄν, sowohl ... als ~ καὶ ... καί, τέ ... καί, nicht nur ... sondern ~ οὐ μόνον ... ἀλλὰ καί, wenn ~ εἰ καί, ἤν καί.
Audienz f ἡ ἔντευξις, ἡ προσαγωγή, j-m ~ erteilen ἀκούειν τινός, ~ bekommen τυγχάνειν λόγου.
Auditorium n τὸ ἀκροατήριον.
Aue f ὁ λειμών (ῶνος).
Auerhahn m ὁ (ἡ) τέτραξ (αγος und ακος).
Auerochs m ὁ βόνασος.
auf[1] *prp.*: räumlich u. zeitlich ἐπί mit *gen.* und *dat.*, ἐν mit *dat.*, κατά mit *acc.*; zur Angabe des Mittels u. Werkzeuges steht der bloße *dat.*, = in bezug ~, hinsichtlich der bloße *acc.*, zur Angabe der Richtung nach etw. ἐπί, ἀνά, εἰς mit dem *acc.*, zur Angabe der Ausdehnung in Raum und Zeit ἐπί, εἰς, ἀνά, πρός mit dem *acc.*, zur Angabe der Folge in Raum und Zeit ἐπί mit dem *dat.*, ἐκ mit dem *gen.*, zur Angabe der Veranlassung ἐπί mit *dat.*, ἐκ u. ἀπό mit *gen.*, διά mit *acc.*, zur Angabe der Art und Weise gewöhnlich der *dat.*

auf[2] *int.* ἄγε, ἄγετε, ἄγε δή.
auf-arbeiten κατ-, ἀπεργάζεσθαι, [πνεῖν.]
auf-atmen ἀνα-, ἐξανα-
Auf-atmen n ἡ ἀναπνοή.
Auf-bau m ἡ οἰκοδόμησις.
auf-bellen ἀνακλάζειν.
auf-bewahren διαφυλάττειν, διασῴζειν, ἀποτίθεσθαι, τηρεῖν, διατηρεῖν.
Auf-bewahrung f ἡ τήρησις, ἡ διατήρησις, ἡ ἀπόθεσις.
auf-bieten συλλέγειν, συνάγειν, ἀθροίζειν, alles ~ πάντα ποιεῖν, μηχανᾶσθαι.
Auf-bietung f ἡ συλλογή, ἡ συναγωγή.
auf-binden ἀναδεῖν, λύειν.
Auf-bindung f ἡ ἀνάδεσις, ἡ λύσις.
auf-blähen φυσᾶν, sich ~ ἀναφυσᾶσθαι (M.).
Auf-blähung f τὸ φύσημα.
auf-blättern ἀναπτύσσειν, ἀνελίττειν.
Auf-blick m τὸ ἀνάβλεμμα.
auf-blicken ἀναβλέπειν.
auf-blitzen ἀστράπτειν, ἐκλάμπειν.
auf-blühen ἐξ-, ἐπανθεῖν, *übertr.* ἀκμάζειν.

auf-brauchen ἀναλίσκειν.
auf-brausen ἐκ-, ἀναζεῖν, ἐκφέρεσθαι.
auf-brausend ὀξὺς πρὸς ὀργήν, ὀργίλος.
auf-brechen ἀνα-, ἐκρηγνύναι (trans.), ἐξανθεῖν (von Blüten), = sich in Bewegung setzen ὁρμᾶν, ὁρμᾶσθαι (P.).
auf-brennen ἐγκάειν.
auf-bringen συλλέγειν, συνάγειν, = reizen ἐρεθίζειν, παροξύνειν, ἐξοργίζειν, aufgebracht sein ὀργίζεσθαι, θυμοῦσθαι (P.), ἀγανακτεῖν τινι oder ἐπί τινι.
Auf-bringung f ἡ συναγωγή.
Auf-bruch m ἡ ὁρμή, ἡ ἔξοδος.
auf-brüllen ἀναβρυχᾶσθαι.
auf-bürden ἐπιτιθέναι, ἐπιβάλλειν.
auf-decken ἐκκαλύπτειν, ἀποφαίνειν, δηλοῦν.
Auf-deckung f ἡ ἀνακάλυψις.
auf-drängen, auf-dringen, j-m etw. ~ βίᾳ προσάγειν, ἐπιφέρειν τινί τι, sich ~ προσπίπτειν, ἐγκεῖσθαί τινι.
auf-dringlich ἐπαχθής.
auf-drücken ἐπισημαίνεσθαι.
Auf-einanderfolge f ἡ συνέχεια.
Aufenthalt m ἡ διατριβή, ἡ ἀποδημία (in der Fremde), ἡ ἐπιδημία (in einem Lande).
Aufenthaltsort m τὸ οἰκητήριον, ἡ διατριβή.
auf-erlegen ἐπιτιθέναι.

auf-erstehen ἀναβιώσκεσθαι (ἀναβιῶναι).
Auf-erstehung f ἡ ἀναβίωσις, ἡ ἀνάστασις.
auf-erwecken ἐγείρειν, ἀνεγείρειν. [ἡ ἀνέγερσις.]
Auf-erweckung f ἡ ἔγερσις,
auf-erziehen τρέφειν, ἀνα-, ἐκτρέφειν. [βιβρώσκειν.]
auf-essen κατεσθίειν, κατα-
auf-fahren ἀναφέρεσθαι (P.), ὀργίζεσθαι, θυμοῦσθαι (P.).
auf-fahrend ὀξὺς πρὸς ὀργήν, ὀργίλος.
auf-fallen ἐμ-, ἐπιπίπτειν τινί, es fällt mir auf, daß θαυμάζω ὅτι oder εἰ.
auf-fallend, auf-fällig θαυμαστός, θαυμάσιος, ἄτοπος (2), παράδοξος (2).
auf-fangen ἐκδέχεσθαι (M.), αἱρεῖν, ὑπολαμβάνειν.
Auf-fangen f ἡ ἐκδοχή, ἡ ὑπόληψις.
auf-fassen μανθάνειν, κατανοεῖν.
Auf-fassung f ἡ ἀνα-, κατάληψις, ἡ γνώμη.
Auf-fassungsvermögen n τὸ καταληπτικόν.
auf-finden ἀν-, ἐξευρίσκειν.
Auf-findung f ἡ ἐξεύρεσις.
auf-flackern, auf-flammen ἐκκάεσθαι, ἐκφλέγεσθαι (P.).
auf-flattern ἀναπτεροῦσθαι (P.).
auf-fliegen ἀναπέτεσθαι.
auf-fordern παρακαλεῖν, προκαλεῖσθαι, παρακελεύεσθαι, παραγγέλλειν.
Auf-forderung f ἡ παρακέλευσις, τὸ παράγγελμα.

auf-fressen f. aufessen.
auf-frischen ἀναψύχειν.
Auf-frischung f ἡ ἀναψυχή.
auf-führen κατασκευάζειν, οἰκοδομεῖν (ein Gebäude), ἄγειν, παράγειν (öffentlich vorführen), sich ~ ἔχειν mit Adverb.
Auf-führung f ἡ κατασκευή, f. Betragen.
auf-füttern ἐκ-, ἀνατρέφειν.
Auf-gabe f τὸ ἔργον, τὸ προστεταγμένον, τὸ προσταχθέν, eine ~ vorlegen od. stellen προτιθέναι ζήτημα.
Auf-gang m ἡ ἀνα-, ἐπιτολή (von Gestirnen), ἡ ἄνοδος, ἡ ἀνάβασις.
auf-geben ἀφιέναι, προΐεσθαι, ἀποβάλλειν, προδιδόναι, den Geist ~ ἀφιέναι τὴν ψυχήν, die Hoffnung ~ ἀφιέναι τὴν ἐλπίδα, ἀπογιγνώσκειν, = auftragen, προσ-, ἐπιτάττειν.
auf-geblasen ὑπερήφανος(2), ὀγκώδης.
Auf-geblasenheit f ἡ ὑπερηφανία, ὁ ὄγκος.
Auf-gebot n τὸ παράγγελμα, τὸ κήρυγμα, = aufgebotene Mannschaft οἱ ἐν ἡλικίᾳ, τὸ σύνταγμα.
auf-gebracht sein ἀγανακτεῖν τινι, χαλεπῶς φέρειν τι.
auf-gedunsen χαῦνος.
auf-gehen ἀνα-, ἐπιτέλλειν (von Gestirnen), ἀνίσχειν, ἀνιέναι, προφαίνεσθαι, βλαστάνειν, ἀναβλαστάνειν (v.

Gewächsen), ἀνοίγεσθαι (sich öffnen).
Auf-gehen n ἡ βλάστησις, ἡ ἀνάβλάστησις (von Gewächsen), f. Aufgang.
auf-geklärt πεπαιδευμένος, σοφός.
auf-gelegt sein διακεῖσθαι, ἔχειν mit Adverb. [ρός.]
auf-geräumt φαιδρός, ἱλα-
auf-gießen ἐπιχεῖν.
auf-greifen συλλαμβάνειν, αἱρεῖν.
auf-gürten ἀναζωννύναι.
auf-haben = etw. zu leisten haben ἐπι-, προστετάχθαι τι ob. mit *inf.*, es hat etw. auf sich διαφέρει, πολλοῦ ἄξιόν ἐστιν.
auf-hacken ἀνασκάπτειν.
auf-halten ἔχειν, κατ-, ἐπέχειν, die Feinde ~ δέχεσθαι, ὑπομένειν, = hindern κωλύειν, = hinhalten διατρίβειν, ἐμποδίζειν, sich ~ διάγειν, διατρίβειν, ἐπιδημεῖν (sich in einem Lande ~).
Auf-halten n ἡ κώλυσις, ἡ διατριβή.
auf-hängen κρεμαννύναι, ἐκ-, ἀνακρεμαννύναι ἔκ τινος, sich aufhängen ἀπάγχειν ἑαυτόν, ἀπάγχεσθαι.
auf-häufen σωρεύειν, ἀνασωρεύειν, νεῖν, συννεῖν, ἀθροίζειν, συνάγειν.
Auf-häufung f ἡ σώρευσις, ἡ ἄθροισις.
auf-heben ἀναιρεῖν, f. aufbewahren, die Hände ~ ἀνατείνειν τὰς χεῖρας, die

(auf-fressen 37 auf-heben)

Augen ~ ἀναβάλλειν τοὺς ὀφθαλμούς, ein Gesetz u. dgl. ~ λύειν, διαλύειν, ἀναιρεῖν, ἀκυροῦν, die Freundschaft ~ διαλύειν τὴν φιλίαν.
Auf-heben n, **Auf-hebung** f ἡ ἀναίρεσις, ἡ διάλυσις.
auf-heften προσράπτειν.
auf-heitern φαιδρύνειν, εὐφραίνειν, sich ~ διαιθριάζειν.
Auf-heiterung f ἡ αἰθρία, des Gemüts ἡ εὐφροσύνη.
auf-helfen ἀνιστάναι, ἀνορθοῦν τινα, βοηθεῖν τινι, ὠφελεῖν τινα.
auf-hellen αἰθριάζειν, es hellt sich auf διαιθριάζει, übtr. δηλοῦν.
auf-hetzen ἐρεθίζειν, ἐξοργίζειν, παροξύνειν.
Auf-hetzung f ὁ ἐρεθισμός.
auf-hissen: die Segel ~ αἴρεσθαι τὰ ἱστία.
auf-horchen ἀκροᾶσθαι, ὑπακούειν τινός, προσέχειν τὸν νοῦν τινι.
auf-hören παύεσθαι, λήγειν τινός oder mit *part*.
Auf-hören n ἡ ἀνάπαυλα, ἡ τελευτή, ohne ~ ἀδιαλείπτως.
auf-hüpfen ἀναπηδᾶν, vor Freude ~ ἀγάλλεσθαι.
auf-jagen ἀν-, ἐξανιστάναι, ἀνασοβεῖν.
auf-jammern ἀνοιμώζειν.
auf-jauchzen, auf-jubeln ἀναβρυάζειν, ἀνολολύζειν.
auf-kaufen συναγοράζειν, συνωνεῖσθαι.
auf-keimen βλαστάνειν, ἀνα-, ἐκβλαστάνειν.

Auf-keimen n ἡ βλάστησις, ἡ ἀνα-, ἐκβλάστησις.
auf-klaffen χάσκειν, ἀνα-, διαχάσκειν.
auf-klären διδάσκειν τινα περί τινος, = bilden παιδεύειν.
Auf-klärung f ἡ παιδεία, ἡ παίδευσις.
auf-klopfen κατα-, συγκόπτειν.
auf-kochen ἐφέψειν.
auf-kommen ἀνίστασθαι, = in gute Umstände kommen αὐξάνεσθαι, = in Gebrauch kommen ἐπιπολάζειν, ἐπικρατεῖν, gegen j-n ~ ἀντέχειν τινί, gegen j-n nicht ~ können ἥττω εἶναί τινος.
auf-kratzen ἀναξύειν.
auf-kündigen ἀπαγορεύειν τινί τι. [τησις.]
Auf-kündigung f ἡ ἀπαί-
auf-lachen ἐκ-, ἀναγελᾶν.
auf-laden ἐπιβάλλειν, ἐπιτιθέναι.
Auf-lage f τὸ πρόσταγμα, ὁ φόρος, ὁ δασμός.
Auf-laurer m ὁ ἐπί-, κατάσκοπος.
auf-lauern ἐπιβουλεύειν, ἐφεδρεύειν.
Auf-lauern n ἡ ἐπιβουλή, ἡ ἐπιβούλευσις, ἡ ἐφεδρεία. [στάσις.]
Auf-lauf m ὁ θόρυβος, ἡ
auf-laufen = anwachsen αὐξάνεσθαι, ἐπαυξάνεσθαι.
auf-leben: wieder ~ ἀναβιώσκεσθαι.
Auf-leben n ἡ ἀναβίωσις.
auf-legen ἐπιτιθέναι, ἐπι-

(Auf-heben 38 auf-legen)

βάλλειν, eine Abgabe ~ τάττειν, ἐπιβάλλειν φόρον.
Auf-legung f ἡ ἐπίθεσις.
auf-lehnen, sich ἐπανίστασθαί τινι, πρός τινα, στασιάζειν πρός τινα, ἀφίστασθαί τινος.
Auf-lehnung f ἡ ἀπόστασις.
auf-lesen συλ-, ἀναλέγειν.
Auf-lesen n ἡ συλλογή.
auf-leuchten ἀνα-, ἐκλάμπειν.
auf-liegen ἐπικεῖσθαι.
auf-lockern χαυνοῦν.
Auf-lockerung f ἡ χαύνωσις.
auf-lodern φλέγεσθαι, ἀνα-, ἐκφλέγεσθαι (P.).
auf-lösbar λυτός, διαλυτός.
auf-lösen λύειν, ἀνα-, κατα-, διαλύειν.
Auf-lösung f ἡ λύσις, ἡ ἀνά-, κατά-, διάλυσις.
auf-machen = öffnen ἀνοίγειν, sich ~ ὁρμᾶν, ὁρμᾶσθαι (P.), πορεύεσθαι (P.).
Auf-marsch m ἡ παραγωγή.
auf-marschieren παρελαύνειν, παριέναι, ~ lassen παράγειν.
auf-merken νοῦν προσέχειν τινί, ὑπακούειν τινός.
auf-merksam προσεκτικός, ἐπιστρεφής, ἐπιμελής, j-n ~ machen ἐπιστρέφειν τινὰ εἴς τι.
Auf-merksamkeit f ἡ προσοχή, ἡ ἐπιστροφή, j-m eine ~ erweisen θεραπεύειν τινά.
auf-muntern, **Auf-munterung** s. ermuntern, Ermunterung.

Auf-nahme f ἡ ὑποδοχή, gute ~ (von Sachen) ὁ ἔπαινος, in ~ kommen ἀρέσκειν.
auf-nehmen ἀναλαμβάνειν, δέχεσθαι, zu sich ~ ὑέχεσθαι, ὑπο-, ἀνα-, εἰσδέχεσθαι, Geld ~ δανείζεσθαι, übel ~ χαλεπῶς φέρειν, ἄχθεσθαι, gut ~ ἀγαπᾶν, ἐπαινεῖν, es mit j-m ~ διακινδυνεύειν πρός τινα, ὑφίστασθαι, ὑπομένειν τινά.
auf-opfern διαφθείρειν, προδιδόναι.
Auf-opferung f ἡ διαφθορά, ἡ πρόδοσις.
auf-packen ἐπιτιθέναι, ἐπιβάλλειν τινί τι.
auf-passen s. aufmerken, = auflauern ἐπιβουλεύειν.
Auf-passer m ὁ φύλαξ.
auf-pfählen ἀνασκολοπίζειν, ἀνασταυροῦν.
auf-pflanzen ἱστάναι, ἀν-, καθιστάναι. [τινί τι.]
auf-prägen ἐνσημαίνεσθαί
Auf-putz m ὁ κόσμος.
auf-putzen κοσμεῖν.
auf-raffen ἀν-, συναρπάζειν, sich ~ ἀνορμᾶν, ἀναπηδᾶν, = wieder Mut bekommen ἀναθαρρεῖν.
auf-ragen ἀνέχειν.
auf-rasen ἐκμαίνεσθαι (P.).
auf-räumen διακοσμεῖν, διατάττειν, = wegschaffen ἀποσκευάζειν, ἀναιρεῖν.
Auf-räumung f ἡ διακόσμησις, ἡ ἀναίρεσις.
auf-recht ὀρθός, ὄρθιος, ~ stellen s. aufrichten.

Auf-rechterhaltung f ἡ κατόρθωσις, ἡ σωτηρία.
auf-regen κινεῖν, ἀνακινεῖν, ταράττειν, διαταράττειν, παροξύνειν. [ταραχή.]
Auf-regung f ἡ κίνησις, ἡ
auf-reiben ἐπι-, κατατρίβειν, ἀναιρεῖν, διαφθείρειν.
Auf-reibung f ἡ ἐπίτριψις, ἡ διαφθορά.
auf-reißen ἀνα-, διαρρηγνύναι, διασπᾶν.
Auf-reißen n ἡ ῥῆξις, ἡ διάρρηξις.
auf-reizen ὀργίζειν, παροξύνειν. [ὀξυσμός.]
Auf-reizung f ὁ παρ-
auf-rennen προσπίπτειν, προσπταίειν τινί.
auf-richten ὀρθοῦν, ἐπανορθοῦν, = ermuntern ἐγείρειν, παραμυθεῖσθαι.
auf-richtig ἁπλοῦς, ἀληθής, ἀληθινός, χρηστός.
Auf-richtigkeit f ἡ ἁπλότης, ἡ ἀλήθεια, ἡ χρηστότης.
Auf-richtung f ἡ ὄρθωσις, ἡ ἀνόρθωσις.
auf-rollen ἀνελίττειν, ἀναπτύσσειν. [νειν.]
auf-rücken ἀνα-, ἐπαναβαί-
Auf-ruf m τὸ κήρυγμα, τὸ παράγγελμα.
auf-rufen καλεῖν, ἀνακαλεῖν.
Auf-ruhr m ἡ στάσις, ~ erregen νεωτερίζειν, im ~ sein στασιάζειν.
auf-rühren κινεῖν, ἀναταράττειν.

Auf-rührer m ὁ στασιώτης ὁ νεωτερίζων.
auf-rührerisch στασιωτικός, στασιαστικός, νεωτεροποιός (2).
auf-rütteln ἀνακινεῖν.
auf-sagen διιέναι, καταλέγειν, ſ. aufkündigen.
auf-sammeln συλ-, ἀναλέγειν, ἀγείρειν.
Auf-sammlung f ἡ συλλογή.
auf-sässig δύσ-, κακόνους (2), ἀπεχθής.
Auf-sässigkeit f ἡ δύσ-, κακόνοια, ἡ ἀπέχθεια.
Auf-satz m τὸ ἐπίθημα, ἡ ἐπιθήκη, = ſchriftliche Abhandlung τὸ σύγγραμμα.
auf-saugen ἀναπίνειν.
auf-scharren διαμᾶσθαι, διασκάλλειν.
auf-schaudern ἀναφρίττειν.
auf-schauen ἀναβλέπειν.
auf-scheuchen ἀνασοβεῖν.
auf-schichten ſ. aufhäufen.
auf-schieben ἀναβάλλειν (gewöhnlich M.).
Auf-schiebung f ἡ ἀναβολή.
auf-schimmern ἐκλάμπειν.
Auf-schlag m ἡ ἐπιτίμησις.
auf-schlagen = öffnen ἐκκόπτειν, διανοίγειν, die Augen ~ ἀναβλέπειν, = heftig auffallen ἐπιφέρεσθαι ἐπί τι, ein Lager ~ στρατοπεδεύεσθαι, ein Kleid ~ ἀναπτύσσειν, ~ im Preiſe ἐπιτιμᾶν.
Auf-schlagen n ἡ ἐπιτίμησις (im Preiſe), ἡ ἀναστολή, ἡ ἀνάπτυξις (eines Kleides

oder Buches), ~ des Lagers ἡ στρατοπέδευσις, ἡ καταφορά (heftiges Auffallen).
auf-schließen ἀνοίγειν.
auf-schluchzen ἀνοιμώζειν.
Auf-schluß m ἡ ἐξήγησις, ~ geben ἐξηγεῖσθαι, δηλοῦν, διδάσκειν, ἀποφαίνειν. [τέμνειν.]
auf-schneiden τέμνειν, δια-
auf-schnellen ἀναπάλλειν (*trans*.), ἀναπάλλεσθαι (P.), ἀνάλλεσθαι (*intr*.).
auf-schrecken ἐκπλήττειν, ἀναφοβεῖν.
auf-schreiben ἀνα-, ἐπιγράφειν, = niederschreiben ἀπογράφειν.
Auf-schreiben n ἡ ἀναγραφή.
auf-schreien ἀνα-, ἐκβοᾶν, ἀνακράζειν.
Auf-schrift f ἡ ἐπιγραφή, τὸ ἐπίγραμμα.
Auf-schub m ἡ ἀναβολή.
auf-schürzen ἀναζωννύναι, ἀναστέλλειν.
Auf-schürzung f ἡ ἀναστολή.
auf-schütteln ἀνακινεῖν, ὑπο-, διασείειν.
auf-schütten ἐγ-, ἐπιχεῖν, f. aufhäufen, einen Grabhügel ~ ἐπιχοῦν τύμβον.
auf-schwellen (*intr.*) οἰδεῖν, ἀν-, δι-, ἐξοιδεῖν, ἐξογκοῦσθαι.
Auf-schwellung f ἡ οἴδησις, ἡ ἀνοίδησις.
auf-schwingen ἀναπάλλειν, ἀνασείειν. [ἡ ὁρμή.]
Auf-schwung m ἡ ἀναφορά,
auf-sehen ἀναβλέπειν.

Auf-sehen n τὸ ἀνάβλεμμα, = Verwunderung τὸ θαῦμα.
Auf-seher m ὁ ἐπίσκοπος, ὁ ἐπιστάτης, ~ sein ἐπιστατεῖν τινι.
Auf-seherin f ἡ ἐπίσκοπος, ἡ ἐπιστάτις.
auf-sein ἐγρηγορέναι, ἀγρυπνεῖν (wachen), f. offen.
auf-setzen ἐπιτιθέναι, παρατιθέναι (von Speisen); schriftlich ~ συγ-, ἀπο-, διαγράφειν.
auf-seufzen ἀναστενάζειν.
Auf-sicht f ἡ ἐπίστασις, ἡ φυλακή, ἡ ἐπιμέλεια.
auf-sitzen ἀναβαίνειν ἐπὶ τὸν ἵππον.
auf-spannen ἐντείνειν, ἀναπετανννύναι.
auf-sparen ἀποτίθεσθαι, διαφυλάττειν.
auf-speichern θησαυρίζειν, ἀπο-, κατατίθεσθαι.
Auf-speicherung f ὁ θησαυρισμός.
auf-speisen κατεσθίειν.
auf-sperren ἀναπεταννύναι, den Mund ~ χάσκειν, κεχηνέναι.
auf-spießen ἀναπείρειν.
auf-sprengen διαρρηγνύναι, ἐκκόπτειν.
auf-springen ἀναπηδᾶν, ἐξανίστασθαι, ἀναπεταννύσθαι (von Türen), διαχάσκειν (Risse bekommen).
Auf-springen n ἡ ἀναπήδησις, ἡ ἐξανάστασις.
auf-sprudeln ἀναβλύζειν, ἀναζεῖν. [βλυσις.]
Auf-sprudeln n ἡ ἀνά-

auf-spüren ἰχνεύειν, ἀν-, ἐξιχνεύειν, ἐρευνᾶν, ἀν-, ἐξερευνᾶν, von Hunden ἀνευρίσκειν τῇ ὀσμῇ.
Auf-spürung f ἡ ἰχνεία, ἡ ἔρευνα. [ὀξύνειν.]
auf-stacheln ἐρεθίζειν, παρ-
Auf-stand m, **auf-ständisch** s. Aufruhr, aufrührerisch.
auf-stechen τέμνειν, ἐπιτέμνειν.
auf-stehen ἀνίστασθαι, ἐγείρεσθαι (vom Schlafe).
auf-steigen ἀναβαίνειν ἐπί τι.
Auf-steigen n ἡ ἀνάβασις.
auf-stellen ἱστάναι, ἀνιστάναι, ἱδρύειν, von Soldaten τάττειν, sich ~ τάττεσθαι, eine Meinung ~ ἀποφαίνεσθαι γνώμην.
Auf-stellung f ἡ ἀνάστασις, ἡ τάξις.
auf-stemmen ἐρείδειν.
auf-stöbern ἀν-, ἐξερευνᾶν, ἐξιχνεύειν.
auf-stöhnen ἀναστενάζειν.
auf-stören ἀναταράττειν, κινεῖν.
auf-stoßen ἐκκόπτειν, von Speisen ἐπιπολάζειν, = begegnen περι-, ἐπι-, συντυγχάνειν τινί.
auf-strahlen ἀνα-, ἐκλάμπειν.
auf-strecken ἀνατείνειν.
auf-streichen ἐπιχρίειν, ἐπαλείφειν.
auf-streuen ἐπιπάσσειν.
auf-stürmen ἐκφέρεσθαι, ἐξορμᾶν.
auf-stutzen καλλωπίζειν.
auf-stützen σκήπτειν.

(auf-spüren

auf-suchen ζητεῖν, ἀνα-, ἐπιζητεῖν.
Auf-suchung f ἡ ζήτησις, ἡ ἀναζήτησις.
auf-takeln ὁπλίζειν, ἐξοπλίζειν.
Auf-takt m ἡ ἀνάκρουσις.
auf-tauchen ἀναδύεσθαι.
Auf-tauchen n ἡ ἀνάδυσις.
auf-tauen τήκεσθαι (P.).
Auf-trag m ἡ ἐντολή, τὸ πρόσταγμα.
auf-tragen προστάττειν, ἐπιτρέπειν, ἐντέλλεσθαί τι, κελεύειν τινὰ mit dem inf.
auf-treiben ἀν-, ἐξανιστάναι (aufjagen), ἐκπορίζεσθαι (sich verschaffen). [λύειν.]
auf-trennen λύειν, ἀνα-
auf-treten βαίνειν ἐπί τινος, ἐπιβαίνειν τινός, φαίνεσθαι, ἀναφαίνεσθαι (zum Vorschein kommen).
Auf-treten n τὸ βάδισμα (Art sich zu bewegen), ἡ πάροδος (auf der Bühne oder als Redner).
Auf-tritt m ἡ πάροδος.
auf-tröpfeln ἐπιστάζειν.
auf-türmen σωρεύειν, ἐπισωρεύειν.
auf-wachen ἐγείρεσθαι, ἀν-, ἐξεγείρεσθαι.
auf-wachsen ἐκ-, ἀναφύεσθαι (von Pflanzen), τρέφεσθαι, ἀνατρέφεσθαι (von lebenden Wesen).
auf-wallen ἀναζεῖν.
Auf-wallung f ἡ ζέσις, ἡ ὀργή (des Gemüts).
Auf-wand m ἡ δαπάνη, ἡ ἀνάλωσις, ~ machen δαπα-

Auf-wand)

νᾶν, ἀναλίσκειν, der viel ~ macht πολυτελής.
auf-warten ὑπηρετεῖν.
Auf-wärter *m* ὁ ὑπηρέτης, ὁ διάκονος.
Auf-wärterin *f* ἡ διάκονος.
auf-wärts ἄνω, εἰς τὸ ἄνω, ~ gebogen σιμός.
Auf-wartung *f* ἡ ὑπηρεσία, ἡ θεραπεία, ἡ διακονία.
auf-wecken ἀν-, ἐπ-, ἐξεγείρειν.
Auf-wecken *n* ἡ ἔγερσις.
auf-weinen: laut ~ ἀνακλάειν, ἐκδακρύειν.
auf-weisen ἀποδεικνύναι.
auf-wenden δαπανᾶν, ἀναλίσκειν.
Auf-wendung *f* ἡ δαπάνησις, ἡ ἀνάλωσις.
auf-werfen ἀναβάλλειν, χοῦν, ἀναχοῦν.
Auf-werfung *f* ἡ ἀναβολή, ἡ χῶσις.
auf-wiegeln ἀνεγείρειν, gegen j-n ~ ἐπανιστάναι τινά τινι.   [ασμός.]
Auf-wiegelung *f* ὁ στασι-
auf-wiegen ἀντάξιον εἶναί τινος.   [της.]
Auf-wiegler *m* ὁ στασιώ-
auf-wischen ἀπομάττειν.
auf-wogen κυμαίνειν.
auf-wühlen ἀνασκαλεύειν, ἀνορύττειν.
auf-zählen ἀναριθμεῖν, καταλέγειν, διηγεῖσθαι, διεξιέναι, διεξέρχεσθαι.
Auf-zählung *f* ἡ ἀπαρίθμησις, ἡ διήγησις.
auf-zäumen χαλινοῦν, ἐγχαλινοῦν.

auf-zehren κατεσθίειν.
Auf-zehrung *f* ἡ ἀνάλωσις.
auf-zeichnen κατασημαίνεσθαι, ἀναγράφειν.
Auf-zeichnung *f* ἡ ἀναγραφή.
auf-zeigen δεικνύναι, ἀνα-, ἐπι-, ἀποδεικνύναι (u. M.).
auf-ziehen ἀνασπᾶν, ἐπαίρειν, = erziehen τρέφειν, ἐκτρέφειν, παιδεύειν.
Auf-ziehung *f* ἡ παιδεία, ἡ ἐκτροφή.
Aufzug *m* ἡ πομπή (öffentlicher), τὸ ἐπεισόδιον (im Schauspiel), τὸ σχῆμα (äußere Haltung).
Augapfel *m* ἡ κόρη.
Auge *n* ὁ ὀφθαλμός, τὸ ὄμμα, ἡ ὄψις, vor ~n ἐν ὄψει, πρὸ ὀφθαλμῶν, etw. vor ~n stellen ποιεῖν τι πρὸ ὀφθαλμῶν, etwas vor ~n haben πρὸ ob. ἐν ὀφθαλμοῖς ὁρᾶν τι, im ~ haben σκοπεῖν, nicht aus den ~n lassen ἐν ὀφθαλμοῖς ἔχειν, aus den ~n kommen ἐξ ὀφθαλμῶν γίγνεσθαι, οὐκέτι ὁρᾶν, ein ~ auf etwas haben ἀποβλέπειν πρός τι, ἀφορᾶν εἰς τι, vor die ~n kommen ἔρχεσθαι εἰς ὀφθαλμούς τινος oder τινι, schlimme ~n haben ὀφθαλμιᾶν, mit eigenen ~n αὐτοψεί, mit unverwandten ~n ἀσκαρδαμυκτεί, mit unverwandten ~n auf etwas sehen ἀσκαρδαμυκτεῖν τι.
Augenarzt *m* ὁ τῶν ὀφθαλμῶν ἰατρός.

Augenblick m ἡ χρόνου στιγμή, ὁ ἀκαρὴς χρόνος, der günstige, rechte ~ ὁ καιρός, für den ~ τὸ παραυτίκα, αὐτίκα.

augenblicklich ὁ, ἡ, τὸ αὐτίκα, adv. αὐτίκα, παραυτίκα, παραχρῆμα.

Augenbraue f ἡ ὀφρύς (ύος).

Augenentzündung f ἡ ὀφθαλμῶν φλόγωσις.

augenfällig ἐμ-, προφανής, ἐναργής.

Augenkrankheit f ἡ ὀφθαλμία.

Augenlicht n ἡ ὄψις.

Augenlid n τὸ βλέφαρον.

Augenmerk n: sein ~ auf etw. richten σκοπεῖν τι, προσέχειν τινί.

Augenschein m ἡ ὄψις, nach dem ~ ἀπ' ὄψεως, in ~ nehmen θεωρεῖν, θεᾶσθαι.

augenscheinlich s. augenfällig.

Augenschwäche f ἡ τῆς ὄψεως ἀμβλύτης, ἡ ἀμβλυωπία.

Augenstern m ἡ γλήνη.

Augenweide f ἡ τῆς ὄψεως τέρψις.

Augenwimper f ἡ βλεφαρίς (ίδος).

Augenzahn m ὁ κυνόδους (οντος).

Augenzeuge m ὁ αὐτόπτης, ~ von etw. sein αὐτόπτην εἶναί τινος.

Augur m ὁ οἰωνιστής, ὁ οἰωνοσκόπος.

August m ὁ ὄγδοος τοῦ ἔτους μήν.

aus ἐκ, ἐξ mit gen., ἀπό mit gen., = durch, wegen, ὑπό mit gen., ἕνεκα mit gen., ἐπί mit dat., gew. mit dat. ohne prp. oder mit dem part., zB. aus Furcht ὑπὸ φόβου, φόβῳ, φοβούμενος, ~ sein τέλος ἔχειν, es ist ~ mit mir ἀπόλωλα, ~ u. ein gehen bei j-m φοιτᾶν, προσφοιτᾶν τινι, nicht ~ noch ein wissen ἐν ἐσχάτῃ ἀπορίᾳ εἶναι, sich nichts ~ etw. machen ὀλιγωρεῖν τινος.

aus-ackern ἐξ-, καταροῦν.

aus-arbeiten ἐξ-, ἀπεργάζεσθαι, συγγράφειν (schriftlich).

Aus-arbeitung f ἡ ἐξεργασία, τὸ μελέτημα, τὸ σύγγραμμα (schriftliche).

aus-arten ἐξίστασθαι τοῦ γένους, τῆς φύσεως.

Aus-artung f ἡ ἔκστασις τῆς φύσεως.

aus-atmen ἐκπνεῖν.

Aus-bau m ἡ ἐξοικοδόμησις.

aus-bauen ἐξοικοδομεῖν.

aus-bedingen: sich etw. von j-m ~ ἀξιοῦν, διαπράττεσθαί τι παρά τινος.

aus-bessern ἐπισκευάζειν, διορθοῦν.

Aus-besserung f ἡ ἐπισκευή, ἡ διόρθωσις.

aus-beugen ἐκκλίνειν.

Aus-beute f αἱ πρόσοδοι, τὸ κέρδος, κερδαίνειν.

aus-beuten καρποῦσθαι, κερδαίνειν.

aus-bezahlen ἐκ-, ἀποτίνειν.

aus-biegen s. ausbeugen.

aus-bieten κηρύττειν, ἀνα-, προκηρύττειν.

aus-bilden πλάττειν, ἀπερ-

γάζεσθαι, geistig ~ παιδεύειν.
Aus-bildung f ἡ παιδεία, ἡ παίδευσις.
aus-bitten: sich etw. von j-m ~ αἰτεῖσθαί τι παρά τινος.
aus-bleiben ἐλλείπειν, οὐ παραγίγνεσθαι, χρονίζειν, βραδύνειν.
aus-blühen ἀπανθεῖν.
aus-brechen = herausreißen ἐκρηγνύναι, = plötzlich entstehen γίγνεσθαι, καθίστασθαι, = ausspeien ἐξεμεῖν, ἐξερεύγειν, in Tränen ~ ἀνακλάειν, in Klagen ~ ἀνολολύζειν.
aus-breiten ἀνα-, ἐκπετανύναι, αὐξάνειν.
Aus-breitung f ἡ αὔξησις, ἡ ἐπίδοσις.
aus-brennen ἀπο-, ἐκκάειν, σβέννυσθαι (intr.).
Aus-bruch m ἡ ἀρχή.
aus-brüten ἐκλέπειν, ἐκλεπίζειν.
Aus-dauer f ἡ καρτερία.
aus-dauern καρτερεῖν, ὑπομένειν.
aus-dauernd καρτερός.
aus-dehnen ἐκ-, διατείνειν.
Aus-dehnung f ἡ ἔκτασις.
aus-denken μηχανᾶσθαι (M.), ἐπινοεῖν, εὑρίσκειν, ἐξευρίσκειν.
aus-dienen διαστρατεύεσθαι (von Soldaten), ἐξεστηκέναι τῆς ἀρχῆς, ἀπειπεῖν τὴν ἀρχήν (von Beamten).
aus-dörren ἀποξηραίνειν, καθαυαίνειν.
aus-drehen ἐκστρέφειν.

Aus-druck m ὁ λόγος, τὸ δήλωμα.
aus-drücken ἐκ-, ἀποθλίβειν, ἐκτυποῦν (durch Druck darstellen), sich ~ λέγειν.
aus-drücklich ῥητός, σαφής, adv. διαρρήδην, ῥητῶς, σαφῶς.
aus-druckslos ἀνέμφατος (2).
ausdrucksvoll ἐμφατικός, δεινός.
Aus-drucksweise f ὁ λόγος.
aus-duften ἀποπνεῖν.
aus-dulden διακαρτερεῖν.
aus-dünsten ἐκατμίζειν.
Aus-düustung f ὁ ἀτμός.
aus-einander! διάστητε.
aus-einanderbrechen διακλᾶν. [πετανννύναι.]
aus-einanderbreiten ἀνα-
aus-einanderdehnen διατείνειν. [ῥρεῖν, διαχεῖσθαι.]
aus-einanderfallen δια-
aus-einandergehen ἀπαλλάττεσθαι ἀλλήλων, von Versammlungen u. dgl. καταλύεσθαι.
aus-einandergelegen κεχωρισμένος.
aus-einanderhalten διείργειν, διέχειν.
aus-einanderhauen διακόπτειν. [δανύναι.]
aus-einanderjagen διασκε-
aus-einanderkommen χωρίζεσθαι, διασκεδάννυσθαι.
aus-einanderlassen διαπέμπειν, διαλύειν.
aus-einanderlaufen διαθεῖν, διατρέχειν.
aus-einanderlegen χωρίζειν, διαχωρίζειν.

(Aus-bildung 45 aus-einanderlegen)

aus-einanderliegen κεχωρίσθαι, διεστάναι.
aus-einandernehmen διαιρεῖν, διαλύειν, διαλαμβάνειν. [σπᾶν, διέλκειν.]
aus-einanderreißen διά-
aus-einanderschlagen διακόπτειν, διατέμνειν.
aus-einanderschneiden διατέμνειν
aus-einandersein διεστάναι ἀλλήλων (uneinig sein).
aus-einandersetzen = entwickeln, erläutern διδάσκειν, ἐξηγεῖσθαι.
Aus-einandersetzung f ἡ δι-, ἐξήγησις.
aus-einandersitzen χωρὶς (ἀλλήλων) καθῆσθαι.
aus-einanderspalten διασχίζειν, διατέμνειν.
aus-einanderspannen διατείνειν, διαζευγνύναι (ein Gespann). [γειν.]
aus-einandersperren διείρ-
aus-einandersprengen διαρρηγνύναι, διασπᾶν.
aus-einanderstehen διεστάναι, διέχειν.
aus-einanderstellen διιστάναι, χωρίζειν.
aus-einanderstieben διασκεδάννυσθαι, διατρέχειν, διαδιδράσκειν.
aus-einanderstreuen διασπείρειν, διασκεδαννύναι.
aus-einandertreiben διωθεῖν. [λύειν.]
aus-einandertrennen δια-
aus-einandertreten διίστασθαι. [διαχωρίζειν.]
aus-einandertun χωρίζειν,

aus-einanderwehen διαφυσᾶν. [χάζειν.]
aus-einanderweichen δια-
aus-einanderwerfen διαρρίπτειν.
aus-einanderwickeln ἀν-, δι-, ἐξελίττειν.
aus-einanderwohnen χωρὶς κατοικεῖν.
aus-einanderziehen διασπᾶν, διέλκειν.
aus-erkoren, -erlesen, -erwählt λεκτός, ἀπό-, ἔκλεκτος, ἐξαίρετος.
aus-ersehen, aus-erwählen ἀπο-, ἐκ-, ἐπιλέγειν.
aus-erzählen διεξηγεῖσθαι, διεξελθεῖν.
aus-essen κατεσθίειν.
aus-fahren ἐξελαύνειν, zu Schiffe ~ ἐκπλεῖν, ἀνάγεσθαι. [ἔκπλους.]
Aus-fahrt f ἡ ἐξέλασις, ὁ
Aus-fall m ἡ ἐπέξοδος, ἡ ἐκδρομή, einen ~ machen ἐκθεῖν, ἐπεξιέναι.
aus-fallen ἐκπίπτειν, ἐπεξιέναι, ἐκτρέχειν, = einen Ausgang haben ἀπο-, ἐκβαίνειν.
aus-fechten διαμάχεσθαι, διαγωνίζεσθαι.
aus-feilen ἐξεργάζεσθαι, ἀπακριβοῦν.
aus-fertigen (schriftlich) συντιθέναι, γράφειν, συγγράφειν.
Aus-fertigung f ἡ γραφή.
aus-findig machen ἐξευρίσκειν. [τεσθαι.]
aus-fliegen ἐκ-, ἀποπέ-
aus-fließen ἐκρεῖν.

Aus-flucht f ἡ πρόφασις, Ausflüchte machen προφάσεις πλάττειν, προφάσει χρῆσθαι.

Aus-flug m ἡ ἀποδημία, einen ~ machen ἀποδημεῖν.

Aus-fluß m ἡ ἐκβολή, τὸ στόμα.

aus-forschen ἐξετάζειν, ἀναζητεῖν, ἐξερευνᾶν.

Aus-forschung f ἡ ἐξέτασις, ἡ ἀναζήτησις.

aus-fragen δι-, ἀνερωτᾶν τινά τι.

aus-fressen ἐξεσθίειν.

Aus-fuhr f ἡ ἐκκομιδή, ἡ ἐξαγωγή.

aus-führbar ἀνυστός, δυνατός.

aus-führen ἐξάγειν, ἐκκομίζειν, = vollenden περαίνειν, ἀνύτειν, mit Worten ~ δι-, διεξελθεῖν, δι-, ἐξηγεῖσθαι.

aus-führlich ἀκριβής, διὰ μακροτέρων, διὰ πλειόνων.

Aus-führlichkeit f ἡ ἀκρίβεια, τὸ ἀκριβές.

Aus-führung f τὸ ἔργον, ἡ πρᾶξις, in der Rede ἡ ἐξήγησις, ἡ διέξοδος.

Aus-fuhrzoll m τὰ ἀπὸ τῶν ἐξαγομένων τέλη.

aus-füllen ἐκ-, ἀνα-, ἀποσυμπληροῦν, ἀπο-, ἐκπιμπλάναι τί τινος.

Aus-füllung f ἡ πλήρωσις, ἡ ἀναπλήρωσις.

Ausgabe f, von Geld ἡ δαπάνη, ἡ ἀνάλωσις, eines Buches ἔκδοσις.

Aus-gang m ἡ ἔξοδος, τὸ στόμα, einer Begebenheit τὸ ἀποβάν, τὸ τέλος, einen ~ nehmen ἀποβαίνειν.

Aus-gangspunkt m, zu einem Unternehmen ἡ ἀφορμή.

aus-geben ἐκ-, διαδιδόναι, Geld ~ δαπανᾶν, ἀναλίσκειν χρήματα, für etwas ~ λέγειν, φάναι τινὰ εἶναί τι, sich für etwas ~ ἐπαγγέλλεσθαι, προσποιεῖσθαι.

Aus-gebot n ἡ ἀνακήρυξις.

Aus-geburt f τὸ γέννημα, τὸ ἔκγονον.

aus-gehen ἐξιέναι, ἐξέρχεσθαι, ἐκπορεύεσθαι, = verschwinden ῥεῖν, ἀπορρεῖν, = von etwas ~ ἄρχεσθαι ἐκ, ἀπό τινος, leer ~ ἀπέρχεσθαι κεναῖς ταῖς χερσίν, οὐ μετέχειν, οὐ τυγχάνειν τινός, frei ~ ἐλεύθερον ἀπαλλάττειν, = Ausgang, Erfolg haben ἀποβαίνειν, τελευτᾶν, = mangeln ἐκ-, ἐλλείπειν, = erlöschen σβέννυσθαι, κατασβέννυσθαι.

Aus-gehen n ἡ ἔξοδος, ἡ ὁρμή, ἡ ἔκλειψις.

aus-gelassen = übergangen παραλελειμμένος, = ungebunden ἀκόλαστος (2), ἀσελγής, ~ sein ἀκολασταίνειν, ἀσελγαίνειν.

Aus-gelassenheit f ἡ ἀκολασία, ἡ ἀσέλγεια.

aus-gemacht ὁμολογούμενος, ὡμολογημένος, σαφής, φανερός.

aus-gesucht s. auserlesen.

aus-gezeichnet ἐπίσημος (2),

ἐπιφανής, ἐκ-, διαπρεπής, διαφέρων. [δαψιλής.]
aus-giebig ἄφθονος (2),
aus-gießen ἐκ-, προχεῖν, beim Opfer σπένδειν, λείβειν.
Aus-gießung f ἡ ἔκχυσις, beim Opfer ἡ σπονδή, ἡ λοιβή.
aus-gleichen ὁμαλίζειν, ἰσοῦν, ἀν-, ἐξισοῦν, einen Zwist ~ διαλλάττειν, διαλύειν.
Aus-gleichung f ἡ ἀν-, ἐξίσωσις, von Zwistigkeiten ἡ διαλλαγή, ἡ διάλυσις.
aus-gleiten ὀλισθάνειν, ἐξολισθάνειν.
aus-graben ἀν-, ἐξορύττειν, ἀνασκάπτειν.
aus-grübeln ἐξευρίσκειν.
Aus-guß m ἡ προχοή.
aus-hacken ἐκκόπτειν.
aus-halten ἀνέχεσθαι (M.), ὑπομένειν, καρτερεῖν, den Angriff der Feinde ~ τοὺς πολεμίους δέχεσθαι, ὑπομένειν.
Aus-halten n ἡ ὑπομονή, ἡ καρτερία.
aus-händigen παραδιδόναι.
Aus-händigung f ἡ παράδοσις.
aus-hängen ἐκ-, προτιθέναι.
aus-harren δια-, ὑπομένειν, καρτερεῖν, ἀντέχειν.
aus-harrend μόνιμος, παραμόνιμος (2), καρτερός.
aus-hauchen ἐκπνεῖν, ἐκφυσᾶν. [ἡ ἔκπνευσις.]
Aus-hauchen n ἡ ἐκπνοή,
aus-hauen ἐκκόπτειν, in Stein ἐκκολάπτειν.

aus-heben κατα-, ἐκλέγειν.
Aus-hebung f ὁ κατάλογος, ἡ ἔκλεξις.
aus-heilen ἐξακεῖσθαι, ἐξιᾶσθαι (trans.), ἐξυγιαίνειν (intr.).
Aus-heilung f ἡ ἐξάκεσις.
aus-helfen: j-m mit etw. ~ ἐπαρκεῖν τινί τινος.
Aus-hilfe f ἡ ἐπικουρία, ἡ βοήθεια.
aus-höhlen κοιλαίνειν, ἐκκοιλαίνειν.
aus-holen, z.B. mit dem Schwerte ἀνατείνεσθαι τὸ ξίφος, weit ~ ἐξ ἀρχῆς εἰπεῖν.
aus-hungern λιμῷ ἀπολλύναι, eine Stadt ~ πόλιν λιμῷ αἱρεῖν oder ἐκπολιορκεῖν.
aus-husten ἐκβήττειν.
aus-jagen ἐκβάλλειν.
aus-jäten ἐκριζοῦν.
aus-jochen λύειν.
aus-kämpfen διαπολεμεῖν.
aus-kaufen πάντα πρίασθαι, ἐξαγοράζειν.
aus-kehren κορεῖν, ἐκκορεῖν, καθαίρειν.
aus-klatschen θορυβεῖν πρός τινα.
aus-kleiden ἐκ-, ἀποδύειν.
Aus-kleidung f ἡ ἀπόδυσις.
aus-klopfen ἐκτινάσσειν.
aus-kochen ἐκπέττειν.
aus-kommen = bekannt werden διαδίδοσθαι, δηλοῦσθαι, mit etwas ~ ἀρκεῖσθαι.
aus-kratzen ἐξορύττειν τοῖς ὄνυξιν.
aus-kühlen διαψύχειν.

aus-kundschaften ἐρευνᾶν, διαπυνθάνεσθαι, κατασκοπεῖσθα..
Aus-kundschafter m ὁ ἐρευνητής, ὁ κατάσκοπος.
Aus-kunft f ἡ μηχανή, ἡ ὁδός, = Belehrung ὁ λόγος, ~ geben φράζειν, λέγειν, διδάσκειν.
aus-lachen καταγελᾶν τινος.
aus-laden ἐξαιρεῖν.
Aus-land n ἡ ξένη.
Aus-länder m ὁ ξένος, ὁ βάρβαρος.
Aus-länderin f ἡ ξένη γυνή.
aus-ländisch ξένος, βάρβαρος (2).
aus-lassen: seinen Zorn an j-m ~ ἀφιέναι, ἀποσκήπτειν τὴν ὀργήν εἴς τινα, sich über etwas ~ ἀποφαίνεσθαι τὴν γνώμην, φράζειν, δηλοῦν, λέγειν, = weglassen παρα-, ἐκλείπειν.
Aus-lassung f ἡ παράλειψις.
aus-laufen ἐκθεῖν, ἐκτρέχειν, ὁρμᾶν, ἀνάγεσθαι, ἐκπλεῖν. [ἀναγωγή.]
Aus-laufen n ἡ ὁρμή, ἡ
Aus-läufer m eines Gebirges ἡ ὄρους ἀποσχίς (ίδος), einer Pflanze ἡ ἀπο-, παραφυάς (άδος). [νοῦν.]
aus-leeren κενοῦν, ἐκκε-
Aus-leerung f ἡ κένωσις.
aus-legen ἐκτιθέναι, = erklären ἐξηγεῖσθαι, ἑρμηνεύειν. [ὁ ἑρμηνεύς.]
Aus-leger m ὁ ἐξηγητής,
Aus-legung f ἡ ἐξήγησις, ἡ ἑρμηνεία.

aus-leihen δανείζειν.
Aus-leiher m ὁ δανειστής.
Aus-leihung f ὁ δανεισμός.
aus-lernen ἐκμανθάνειν.
Aus-lese f ἡ ἐκλογή.
aus-lesen ἐκλέγειν.
aus-liefern ἐκ-, παραδιδόναι. [παράδοσις.]
Aus-lieferung f ἡ ἐκ-,
aus-löschen σβεννύναι, κατασβεννύναι.
Aus-löschung f ἡ σβέσις, ἡ κατάσβεσις.
aus-losen διαλαγχάνειν, ἀπο-, διακληροῦν.
aus-lösen ἐκ-, ἀπολύειν.
Aus-losung f ἡ ἀπο-, διακλήρωσις. [ἀπόλυσις.]
Aus-lösung f ἡ λύσις, ἡ
aus-machen = bestimmen κρίνειν, διακρίνειν, διαγιγνώσκειν, = betragen εἶναι, δύνασθαι, s. auslöschen.
aus-malen ἀπεργάζεσθαι.
Aus-marsch m ἡ ἔξοδος, ἡ ὁρμή.
aus-marschieren ἐκστρατεύεσθαι, ἐξιέναι.
aus-meißeln ἐκκολάπτειν, ἐκγλύφειν. [βάλλειν.]
aus-merzen ἐκκρίνειν, ἐκ-
aus-messen μετρεῖν, ἐκμετρεῖν, ἀναμετρεῖσθαι.
Aus-messer m ὁ μετρητής.
Aus-messung f ἡ ἀνα-, κατα-, διαμέτρησις.
aus-mitteln ἐξευρίσκειν.
aus-mustern ἐκ-, ἀποκρίνειν, ἀποδοκιμάζειν.
Aus-musterung f ἡ ἀποδοκιμασία.

Aus-nahme f ἡ ἐξαίρεσις, ohne ~ ὁμοίως, πάντως, ἐφεξῆς, alle ohne ~ πάντες ἑξῆς, mit ~ von χωρίς, πλήν τινος. [εἰωθός.]
aus-nahmsweise παρὰ τὸ
aus-nehmen ἐξαιρεῖν, ἐκκρίνειν, ausgenommen f. außer.
aus-nehmend ἐξαίρετος (2).
aus-pfänden ῥυσιάζειν.
aus-pfeifen συρίττειν, ἐκσυρίττειν.
Auspizien n/pl. οἱ οἰωνοί, τὰ σημεῖα.
aus-plaudern ἐκλαλεῖν, ἐξαγορεύειν.
aus-plündern διαρπάζειν, ἄγειν καὶ φέρειν.
Aus-plünderung f ἡ διαρπαγή. [τυποῦν.]
aus-prägen χαράττειν, ἐκ-
aus-pressen ἐκ-, ἀποθλίβειν.
aus-putzen ἐκ-, διακαθαίρειν, κοσμεῖν.
aus-quetschen ἐκθλίβειν.
aus-radieren ἐξαλείφειν.
aus-räumen ἐκκενοῦν, ἀποσκευάζειν.
aus-rechnen λογίζεσθαι.
Aus-rechnung f ὁ λογισμός.
Aus-rede f ὁ λόγος, ἡ πρόφασις.
aus-reden παύεσθαι τοῦ λόγου oder λέγοντα, j-m etw. ~ μεταπείθειν τινά.
aus-reichen ἀρκεῖν, δι-, ἐξαρκεῖν, nicht ~ ἐπιλείπειν, ἐλλείπειν.
aus-reißen ἀποσπᾶν, ἐκ-, ἀπορρηγνύναι, = sich schnell davonmachen δραπετεύειν,

ἀποδιδράσκειν, οἴχεσθαι φεύγοντα.
Aus-reißer m ὁ δραπέτης.
aus-renken ἐξαρθρεῖν, ἐξαρθροῦν, διαστρέφειν.
aus-richten διαπράττειν, κατασκευάζειν. [σκευή.]
Aus-richtung f ἡ κατα-
aus-rotten ἐκκόπτειν, ἀναιρεῖν, ἀφανίζειν.
Aus-rottung f ἡ ἀναίρεσις, ἡ ἐκκοπή.
aus-rücken ἐκστρατεύεσθαι, ἐξιέναι.
Aus-ruf m ἡ ἀναβόησις (als Handlung), τὸ κήρυγμα (als Sache).
aus-rufen ἀναβοᾶν, κηρύττειν, ἀνακηρύττειν.
Aus-rufer m ὁ κῆρυξ (υκος).
aus-ruhen ἀναπαύεσθαι (M.), ἡσυχίαν ἄγειν.
aus-rupfen τίλλειν, ἀπο-, ἐκτίλλειν.
aus-rüsten παρα-, κατασκευάζειν, ὁπλίζειν, ἐξοπλίζειν (von Soldaten).
Aus-rüstung f ἡ παρα-, κατασκευή, ἡ ὅπλισις, ἡ ἐξόπλισις.
Aus-saat f ὁ σπόρος, ἡ σπορά. [σπείρειν.]
aus-säen σπείρειν, δια-
Aus-sage f ὁ λόγος, τὸ ῥηθέν, τὸ λεχθέν, τὰ λεγόμενα, ἡ εἰρημένα, ~ e-s Zeugen ἡ μαρτυρία.
aus-sagen λέγειν, φάναι.
Aus-satz m ἡ λέπρα.
aus-sätzig λεπρός.
aus-saugen ἐκθηλάζειν, ἐκπίνειν.

aus-scharren ἐξ-, ἀνορύττειν.
aus-scheiden ἐκ-, ἀπο-, διακρίνειν. [κρίσις.]
Aus-scheidung f ἡ ἐκ-, ἀπό-
aus-schelten λοιδορεῖσθαί τινι, λοιδορεῖν τινα.
aus-schicken ἐκ-, ἀποπέμπειν.
aus-schiffen (*trans.*) ἐκ-, ἀποβιβάζειν, (*intr.*) ἐκπλεῖν. [ὁ ἔκπλους.]
Aus-schiffung f ἡ ἀπόβασις,
aus-schlafen ἀπο-, ἐκκοιμᾶσθαι (P.).
Aus-schlag m ἡ ῥοπή, der Haut τὸ ἐξάνθημα, τὸ ἔκζεμα, es gibt etwas den ∼ κρίνεταί τί τινι.
aus-schlagen ἐκκόπτειν, = hervorkommen ἐκβλαστάνειν, = e-n Ausgang haben ἀποβαίνειν, mit den Füßen ∼ λακτίζειν.
Aus-schlagen n ἡ ἐκβλάστησις.
aus-schließen ἀπο-, ἐκκλείειν, εἴργειν, ἀπείργειν τινά τινος, sich von etw. ∼ φεύγειν τι.
aus-schließlich ἴδιος, κύριος, μόνος. [κλεισις.]
Aus-schließung f ἡ ἀπό-
aus-schmücken κοσμεῖν, διακοσμεῖν. [σις.]
Aus-schmückung f ἡ κόσμη-
aus-schneiden ἐκτέμνειν.
Aus-schnitt m ἡ ἐκτομή.
aus-schreiben = öffentlich bekannt machen προγράφειν, παραγγέλλειν, ἀνακηρύττειν.
Aus-schreibung f ἡ προγραφή, τὸ παράγγελμα, ἡ ἀνακήρυξις.
aus-schreiten διαβαίνειν.
Aus-schuß m οἱ αἱρετοί, οἱ λεκτοί.
aus-schütten ἐκ-, προχεῖν.
aus-schwatzen ἐκλαλεῖν.
aus-schweifen (*trans.*) κυρτοῦν, (*intr.*) ἐκφέρεσθαι, ἀποπλανᾶσθαι.
aus-schweifend ἀκόλαστος (2), ἀσελγής.
Aus-schweifung f ἡ ἀκολασία, ἡ ἀσέλγεια, ἡ ἀκράτεια. [ἄγεσθαι.]
aus-segeln ἐκπλεῖν, ἀν-
aus-sehen προορᾶν, ein Aussehen haben φαίνεσθαι.
Aus-sehen n τὸ εἶδος, ἡ ἰδέα, τὸ σχῆμα.
aussein πεπαῦσθαι, es ist aus mit mir ἀπόλωλα, ∼ sein auf etw. διώκειν τι.
außen ἔξω, ἐκτός, von ∼ ἔξωθεν, nach ∼ ἔξω.
aus-senden ἐκπέμπειν, ἀποστέλλειν.
Aus-sendung f ἡ ἐκπομπή.
Außendinge n/pl. τὰ ἔξω od. ἔξωθεν.
Außenseite f τὸ (τὰ) ἔξωθεν oder ἔξω.
außer *prp.* πλήν, ἔξω, ἐκτός, χωρίς, ἄνευ τινός, *cj.* πλήν, πλὴν ἤ, ∼ wenn πλὴν εἰ μή, ∼stande sein οὐχ οἷόν τε εἶναι, ἀμηχανεῖν, ∼ sich sein ἐκτὸς αὑτοῦ εἶναι oder γίγνεσθαι.
außerdem πρὸς τούτοις, πρὸς δέ, προσέτι.

äußere ὁ, ἡ, τὸ ἔξω oder ἔξωθεν.
Äußere n τὸ (τὰ) ἔξω, τὸ σχῆμα, τὸ εἶδος.
außerhalb ἔξω, ἐκτός, ἔξωθεν.
äußerlich ὁ, ἡ, τὸ ἔξω.
äußern δηλοῦν, τὴν γνώμην ἀποφαίνειν, ſich ~ λέγειν περί τινος.
außerordentlich διαφέρων, ἐκπρεπής, θαυμαστός, δεινός, *adv.* πάνυ, μάλιστα, διαφερόντως, θαυμαστῶς.
äußerſt ἐξώτατος, ὕστατος, ἔσχατος, *adv.* ἐσχάτως, εἰς τὰ μάλιστα.
Äußerung f ἡ δήλωσις, ὁ λόγος.
aus-ſetzen ἐκ-, προτιθέναι, ἀποβιβάζειν (Soldaten), ſich einer Sache ~ ὑφίστασθαι, ὑπέχειν τι, ausgeſetzt ſein κεῖσθαι, προκεῖσθαι, an j-m etwas ~ ſ. tadeln.
Aus-ſicht f ἡ θέα, ἡ περιωπή, = Hoffnung ἡ ἐλπίς.
aus-ſinnen μηχανᾶσθαι (M.).
aus-ſöhnen διαλλάττειν, ἐξιλάσκεσθαι (M.).
Aus-ſöhnung f ἡ ἐξίλασις.
aus-ſondern ἐκ-, ἀποκρίνειν, ἀπο-, ἐκλέγειν.
Aus-ſonderung f ἡ ἀπόκρισις, ἡ ἐκλογή.
aus-ſpähen κατοπτεύειν, ἐρευνᾶν, ἐξερευνᾶν.
Aus-ſpäher m ὁ κατόπτης, ὁ κατάσκοπος.
Aus-ſpähung f ἡ κατασκοπή.
aus-ſpannen ἐκ-, διατείνειν, = abſpannen λύειν, ὑπολύειν.
aus-ſpeien ἀπο-, ἐκπτύειν, ἐξεμεῖν.
aus-ſperren ἀποκλείειν, ἀπείργειν τινά τινος.
aus-ſprechen λέγειν, φράζειν, ἀποφαίνειν, δηλοῦν.
aus-ſprengen διαδιδόναι, διαθροεῖν, διαθρυλεῖν.
Aus-ſprengung f ἡ διάδοσις.
aus-ſpritzen (*trans.*) ἀπο-, ἐκραίνειν, (*intr.*) ἀναβλύζειν.
Aus-ſpruch m ὁ λόγος, ἡ γνώμη, ἡ κρίσις, eines Drakels ὁ χρησμός, τὸ μάντευμα.
aus-ſpucken ſ. ausſpeien.
aus-ſpülen κλύζειν, δια-, ἐκ-, ὑποκλύζειν.
aus-ſpüren ἀνιχνεύειν.
aus-ſtatten κοσμεῖν, eine Tochter ἐκδιδόναι (auch M.).
Aus-ſtattung f ἡ ἔκδοσις.
aus-ſtechen ἐξορύττειν.
aus-ſtehen ἐκκεῖσθαι, = ertragen ἀνέχεσθαι, ὑπομένειν, καρτερεῖν.
aus-ſteigen ἐκβαίνειν.
aus-ſtellen ἐκ-, προτιθέναι.
Aus-ſtellung f ἡ ἔκθεσις.
aus-ſterben ἐρημοῦσθαι, ἀφανίζεσθαι (P.), ἐξαποθνήσκειν.
Aus-ſteuer f ἡ ἔκδοσις.
aus-ſtoßen ἐκκόπτειν, ἐξωθεῖν, = vertreiben ἀπελαύνειν, ἐκβάλλειν.
Aus-ſtoßung f ἡ ἐκβολή.
aus-ſtrahlen ἐκλάμπειν.

Aus-strahlung f ἡ ἔκλαμ-
ψις. 　　　　[τείνειν.]
aus-strecken ὀρέγειν, προ-
aus-streichen δι-, ἐξαλείφειν.
aus-streuen σπείρειν, κατα-,
διασπείρειν.
Aus-streuung f ἡ δια-
σπορά. 　　　　[βάλλειν.]
aus-strömen ἐκρεῖν, ἐκ-
aus-stürmen ἀποχειμάζειν.
aus-suchen ἐκλέγειν.
Aus-suchung f ἡ ἐκλογή.
aus-sühnen: eine schwere
Schuld ~ ἐλαύνειν ἄγος.
Aus-sühnung f ὁ καθ-
αγισμός.
Aus-tausch m ἡ ἀμοιβή,
ἡ ἀνταλλαγή.
aus-teilen διανέμειν, διαδιδόναι.
Aus-teilung f ἡ διάδοσις.
Auster f τὸ ὄστρειον
(ὄστρεον). 　　　　[ρεῖν.]
aus-tilgen ἀφανίζειν, ἀναι-
Aus-tilgung f ἡ ἀφάνισις.
aus-toben ἀποβράττειν, von
Menschen ἀπομαίνεσθαι(P.).
aus-tragen ἐκφέρειν, ἐκκομίζειν. 　　　　[βάλλειν.]
aus-treiben ἐξελαύνειν, ἐκ-
Aus-treibung f ἡ ἐξέλασις.
aus-treten = niedertreten
πατεῖν, καταπατεῖν, (intr.)
ὑπερβαίνειν. 　　　　[πίνειν.]
aus-trinken ἐκ-, κατα-
Aus-tritt m ἡ ἔξοδος.
aus-trocknen ἀπο-, κατα-,
ἀναξηραίνειν.
aus-üben ἀσκεῖν, ἐργάζεσθαι, ἐπιτηδεύειν.
Aus-übung f ἡ ἄσκησις,
ἡ ἐργασία.

Aus-wahl f ἡ ἐκλογή, ἡ
ἔκλεξις. 　　　　[ἐκκρίνειν.]
aus-wählen αἱρεῖσθαι(M.),
Aus-wanderer m ὁ ἄποικος.
Aus-wanderung f ἡ ἀπ-,
ἐξ-, μετοίκησις.
aus-wärtig ὁ, ἡ, τὸ ἔξω.
aus-wärts ἔξω, ἐκτός, ἔξωθεν. 　　　　[πλύνειν.]
aus-waschen ἐκ-, ἀπο-
aus-wechseln ἀνταλλάττειν
τί τινος. 　　　　[λαγή.]
Aus-wechselung f ἡ ἀναλ-
Aus-weg m ἡ ἔξ-, διέξοδος,
keinen ~ wissen ἀπορεῖν.
aus-weichen παρα-, ἐκ-,
ὑπεκχωρεῖν τινι, ἐκκλίνειν.
Aus-weichung f ἡ παραχώρησις, ἡ ἔκκλισις.
Aus-weis m ἡ μαρτυρία,
τὸ τεκμήριον.
aus-weisen = vertreiben ἀπελαύνειν, ἐκβάλλειν, sich ~
δηλοῦσθαι, φαίνεσθαι.
Aus-weisung f ἡ ἐξέλασις.
aus-weiten χαλᾶν, ἐπιχα-
λᾶν, εὐρύνειν.
aus-wendig ἔξω.
aus-wendig lernen ἐκμανθάνειν.
aus-werfen ἐκβάλλειν, ἐκ-,
ἀπορρίπτειν, Anker ~ ἀγκύρας βάλλεσθαι.
Aus-werfung f ἡ ἐκβολή.
aus-winden ἐκστρέφειν.
aus-wirken διαπράττεσθαι
(M.).
Aus-wirkung f ἡ διάπραξις.
aus-wischen ἀποσμῆν, ἐξαλείφειν.
aus-wittern ἀνευρίσκειν τῇ
ὀσμῇ.

Aus-wuchs m ἡ παραφυάς (άδος). τὸ κύρτωμα (Buckel).
aus-wühlen ἐξ-, ἀνορύττειν.
Aus-wurf m τὸ κάθαρμα.
aus-zahlen ἐξαριθμεῖν, ἀποτίνειν, ἀποδιδόναι.
aus-zählen διαριθμεῖν (auch M.).
Aus-zahlung f ἡ ἔκτισις, ἡ ἀπόδοσις.
aus-zanken ἐπιτιμᾶν τινι.
aus-zehren (intr.) ἀπομαραίνεσθαι (P.), φθίνειν, καταφθίνειν.
Aus-zehrung f ἡ μάρανσις, ἡ φθίσις.
aus-zeichnen τιμᾶν, προτιμᾶν, sich ~ διαφέρειν τινός τινι, προέχειν τινός τι, ἀριστεύειν τινός ἔν τινι, κρατεύειν τινός τινι, πρωτεύειν τινός τινι.

Aus-zeichnung f ἡ ἀξίωσις, ἡ τιμή.
aus-ziehen ἐκ-, ἀποσπᾶν, von Kleidern ἐκ-, ἀποδύειν, (intr.) δι-, ἐξοικίζεσθαι (s-e Wohnung ändern). [ἔξοδος.]
Aus-ziehen n ἡ ἔκδυσις, ἡ
Aus-zug m ἡ ἐπιτομή (aus einem Buche), ἡ ἀπόδυσις, ἡ ἔξοδος.
aus-zupfen ἐκ-, ἀποτίλλειν.
authentisch πιστός, ἀξιόπιστος (2).
Autodidakt m αὐτοδίδακτος (2), ὁ αὐτομαθής.
Autopsie f ἡ αὐτοψία.
Autor m ὁ συγγραφεύς.
Autorität f τὸ ἀξίωμα.
Axiom n τὸ ἀξίωμα.
Axt f ἡ ἀξίνη, ὁ πέλεκυς (εως), ὁ σκέπαρνος.
Axtstiel m τὸ στελεόν.

B

B B, β τὸ βῆτα, indecl.
Bacchant m ὁ βάκχος, ὁ βακχεύων.
Bacchantin f ἡ βάκχη, ἡ μαινάς (άδος).
bacchantisch βάκχειος, βάκχιος.
Bach m τὸ ῥεῖθρον.
Bache f ἡ ἀγρία ὗς.
Backe f ἡ γνάθος, ἡ παρειά.
backen ὀπτᾶν, πέττειν.
Backenbart m ἡ ὑπήνη.
Backenstreich m ὁ κόνδυλος.
Backenzahn m ὁ γομφίος.
Bäcker m, **Bäckerin** f ὁ, ἡ ἀρτοποιός, ὁ, ἡ ἀρτοκόπος. [λεῖον.]
Bäckerladen m τὸ ἀρτοπω-]
Backhaus n τὸ ἀρτοκοπεῖον.
Backstein m ἡ πλίνθος.
Bad n τὸ λουτρόν, τὸ βαλανεῖον, warmes ~ τὰ θερμά.
Badeanstalt f τὸ βαλανεῖον, ὁ λουτρών (ῶνος).
Bademeister m ὁ βαλανεύς.
baden λούειν, sich ~ λοῦσθαι.
Badestube f ὁ λουτρών (ῶνος). [(ῆρος).]
Badewanne f ὁ λουτήρ]
Bagage f τὰ σκεύη.

bähen θερμαίνειν, θάλπειν.
Bahn f ἡ ὁδός, von Gestirnen ἡ περιφορά, ~ brechen ὁδοποιεῖν.
bahnen ὁδοποιεῖν.
Bahnen n eines Weges ἡ ὁδοποιία. [κλίνη.]
Bahre f τὸ φέρετρον, ἡ
Bai f ὁ κόλπος.
bald ταχέως, ταχύ, ἐν τάχει, διὰ τάχους, ἐν βραχεῖ, = sogleich εὐθύς, αὐτίκα, so ~ als möglich ὡς (ὅτι) τάχιστα, ~ darauf μετ' ὀλίγον, μετ' οὐ πολὺν χρόνον, ~ ... ~ ... τότε μέν ... τότε δέ, ~ da, ~ dort ἄλλοτε ἄλλῃ, ~ dieser, ~ jener ἄλλοτε ἄλλος, ἄλλος καὶ ἄλλος.
Baldachin m ὁ οὐρανίσκος.
baldig ταχύς.
baldigst τὴν ταχίστην, ὡς (ὅτι) τάχιστα.
Balg m τὸ δέρμα, ἡ διφθέρα.
balgen: sich mit j-m ~ εἰς χεῖρας ἐλθεῖν.
Balken m ἡ δοκός, ὁ ζυγός.
Balkon m τὰ δρύφακτα.
Ball m ἡ σφαῖρα, ~ spielen σφαιρίζειν, σφαίρᾳ παίζειν.
Ballast m τὸ ἕρμα.
Ballen m ὁ σύνδεσμος, τὸ φορτίον.
ballförmig σφαιροειδής.
Ballplatz m τὸ σφαιριστήριον. [σφαιρισμός.]
Ballspiel n ἡ σφαίρισις, ὁ
Balsam m τὸ βάλσαμον, τὸ μύρον.

balsamieren χρίειν, ἀλείφειν, eine Leiche ταριχεύειν.
balsamisch εὐώδης, βαλσαμώδης.
Band n ὁ δεσμός (pl. δεσμοὶ u. δεσμά), ὁ σύνδεσμος, τὸ ἅμμα, ἡ ταινία (Kopfbinde), τὸ ἀνάδημα (Stirnband), in ~e werfen δεσμοὺς ἐμβάλλειν τινί, δεσμεύειν, in ~en liegen δεδέσθαι. [ὅμιλος.]
Bande f τὸ σύστημα, ὁ
bändigen δαμάζειν, χειροῦν (auch M.).
Bändiger m ὁ δαμάζων.
Bändigung f ἡ τιθάσεια, ἡ ἡμέρωσις, ἡ χείρωσις.
Bandit m ὁ λῃστής.
Bandwurm m ἡ ἕλμις (ἰνθος), ἡ ταινία.
bange περίφοβος (2), περιδεής, ~ sein δεδοικέναι (δεδιέναι), φοβεῖσθαι, j-m ~ machen φοβεῖν τινα.
Bangigkeit f ὁ φόβος.
Bank f τὸ βάθρον, ἡ κλισία, ἡ τράπεζα (der Wechsler und Kaufleute).
Bankett n τὸ συμπόσιον.
Bankgeschäft n ἡ τραπεζιτεία.
Bankier m ὁ τραπεζίτης.
Bann m τὸ ἀνάθημα.
bannen ἀπελαύνειν, ἐκβάλλειν, φυγαδεύειν.
Banner n ἡ σημαία.
Bannfluch m ἡ κατάρα.
Bannspruch m ἡ ἐπῳδή.
bar = bereit ἕτοιμος, = nackt, bloß γυμνός, Bargeld τὸ νόμισμα, τὸ ἀργύριον.

Bär m ὁ, ἡ ἄρκτος.
Barbar f ὁ βάρβαρος.
Barbarei f τὸ βαρβαρικόν.
barbarisch βάρβαρος (2), βαρβαρικός. [ρισμός.]
Barbarismus m ὁ βαρβα-
Barbier m ὁ κουρεύς.
barbieren ξείρειν.
Barbiermesser n τὸ ξυρόν.
Barbierstube f τὸ κουρεῖον.
Barde m ὁ βάρδος, ὁ ῥαψῳδός.
Bärenfell n ἡ ἀρκτῆ.
Bärenhüter m ὁ ἀρκτοφύλαξ.
Bärenklau m u. f ὁ ἄκανθος.
barfuß ἀνυπόδητος (2).
Bärin f ἡ ἄρκτος.
Barke f ἡ σκάφη, τὸ σκάφος.
barmherzig ἐλεήμων, ~ sein ἐλεεῖν. [πρόβλημα.]
Barrikade f ἡ προβολή, τὸ
barsch τραχύς, χαλεπός, ἄγριος. [χρήματα.]
Barschaft f τὰ ὑπάρχοντα
Bart m ὁ πώγων (ωνος), τὸ γένειον, ἡ ὑπήνη, e-n ~ bekommen γενειάσκειν, γενειᾶν.
Bärtchen n τὸ πωγώνιον.
bärtig πωγωνίας.
bartlos ἀγένειος (2).
Basalt m ὁ βασανίτης.
Base f ἡ ἀνεψιά.
Basilika f ἡ βασιλική.
Basilisk m ὁ βασιλίσκος.
Bassin n ἡ κολυμβήθρα.
Bast m ὁ φλοιός, ἡ φιλύρα.
Bastard m ὁ νόθος.
Bastei, Bastion f τὸ πρόβλημα.

Bau m ἡ οἰκοδόμησις, = Gebäude τὸ οἰκοδόμημα, ~ von Tieren ὁ φωλεός.
Bauart f ἡ κατασκευή.
Bauch m ἡ γαστήρ (τρός), ἡ κοιλία.
Bauchfell n τὸ περιτόναιον.
Bauchgrimmen n ὁ στρόφος.
bauchig γαστροειδής, γαστρώδης.
Bauchwassersucht f ὁ ἀσκίτης. [νόσος.]
Bauchweh n ἡ κωλικὴ
bauen = bearbeiten, bestellen ἐργάζεσθαι, γεωργεῖν, = errichten οἰκοδομεῖν, κατασκευάζειν, auf j-n od. etw. ~ πιστεύειν τινί.
Bauer m ὁ ἀγροῖκος, ὁ γεωργός.
Bauer n f. Käfig.
bäuerisch ἀγροῖκος (2), ἀγροικός. [ἀγρός.]
Bauerngut n τὸ γῄδιον, ὁ
Bauernhof m τὸ ἐπαύλιον, ἡ ἔπαυλις.
Bauholz n τὰ ξύλα.
Baukunst f ἡ τεκτονική, ἡ ἀρχιτεκτονική.
Bauleute m/pl. οἱ τέκτονες.
Baum m τὸ δένδρον.
baumartig δενδροειδής.
Bäumchen n τὸ δενδρύφιον.
Baumeister m ὁ τέκτων, ὁ ἀρχιτέκτων (ονος).
bäumen, sich ὀρθὸν ἵστασθαι.
Baumgarten m ὁ δενδρών (ῶνος).
Baumharz n ἡ ῥητίνη.
Baummoos n τὸ βρύον.
Baumöl n τὸ ἔλαιον.

Baumpfahl m ὁ χάραξ (ακος). [δρος (2).]
baumreich πολύ-, εὔδεν-
Baumreihe f ὁ ὄρχος.
Baumrinde f ὁ φλοιός.
Baumschule f ſ. Baumgarten.
Baumstamm m τὸ πρέμνον.
Baumwolle f ἡ βύσσος.
baumwollen βύσσινος.
Baumzucht f ἡ τῶν δένδρων φυτεία.
Bauplatz m τὸ οἰκόπεδον.
Bausch m ὁ ὄγκος, ὁ κόλπος. [δης.]
bauschig ὀγκώδης, κολπώ-
Bau-stätte, -stelle f ſ. Bauplatz.
Bauwesen n τὰ τεκτονικά.
be-absichtigen ἐν νῷ ἔχειν, διανοεῖσθαι (P.), σκοπεῖν.
be-achten σκοπεῖν, λόγον ἔχειν ob. ποιεῖσθαί τινος.
Be-achtung f ἡ ἐπιστροφή, ἡ ἐπιμέλεια.
be ackern ἀροῦν, γεωργεῖν.
Be-amte(r) m ὁ ἄρχων.
Be-ängstigung f τὸ δεῖμα.
be-anspruchen ἀντιποιεῖσθαί τινος.
be-anstanden ἀναβάλλεσθαι.
be-antworten ἀποκρίνεσθαι, ſchriftlich ~ ἀντιγράφειν, ἀντεπιστέλλειν.
Be-antwortung f ἡ ἀπόκρισις.
be-arbeiten ἐργάζεσθαι, σπουδάζειν περί τινος und περί τι.
Be-arbeitung f ἡ ἐργασία.
be-argwöhnen ὑποπτεύειν.
be-aufsichtigen ἐφορᾶν τι.

Be-aufsichtigung f ἡ φυλακή, ἡ ἐπιμέλεια.
be-auftragen ἐπιτρέπειν τινί τι.
be-bauen κατοικοδομεῖν, das Land ~ γεωργεῖν.
Be-bauer m ὁ οἰκοδόμος, ὁ γεωργός.
beben τρέμειν, τρεῖν, ἐκπλήττεσθαι (P.).
Beben n ὁ σεισμός (von ber Erbe), ὁ τρόμος.
be-brücken γεφυροῦν.
Becher m τὸ ἔκπωμα, τὸ ποτήριον, ἡ κύλιξ (ικος), τὸ δέπας.
becherförmig σκυφοειδής.
Becken n ἡ λεκάνη, ἡ σκάφη.
be-dachen στεγάζειν.
Bedacht m: ~ nehmen auf etw. σκοπεῖν τι, προσέχειν (τὸν νοῦν) τινί, mit ~ ἐκ προνοίας, ohne ~ ἀλόγως.
be-dächtig, be-dachtsam εὐλαβής, προμηθής, σώφρων.
Be-dächtigkeit, Be-dachtsamkeit f ἡ εὐλάβεια, ἡ προμήθεια, ἡ σωφροσύνη.
be-danken, sich εὐχαριστεῖν.
Be-darf m τὰ ἀναγκαῖα, τὰ ἐπιτήδεια.
be-dauern οἰκτίρειν, ἐλεεῖν.
Be-dauern n ὁ οἶκτος, ὁ ἔλεος, ἡ μεταμέλεια (Reue).
be-dauerns-wert, -würdig οἰκτρός, ἐλεεινός.
be-decken σκεπάζειν, καλύπτειν. [λυμμένος.]
be-deckt ἐπισκεπής, κεκα-
Be-deckung f τὸ κάλυμμα,

= Wache, Eskorte ἡ φυλακή, ἡ φρουρά, οἱ δορυφόροι.

be-denken = nachdenken über etw. ἐννοεῖν, ἐνθυμεῖσθαι (P.), σκοπεῖν, λογίζεσθαι (M.), sich ~ βουλεύεσθαι (M.), = unentschlossen sein, Bedenken tragen ἐπέχειν, ὀκνεῖν, ἀπορεῖν, μέλλειν.

Be-denken n ἡ σκέψις, ὁ ὄκνος, ~ tragen f. bedenken.

be-denklich ἄπορος (2), ἀμήχανος (2), εὐλαβής, ὀκνηρός.

Be-denklichkeit f ὁ ὄκνος, ἡ ἀπορία, ἡ ἀμηχανία.

Be-denkzeit f: j-m ~ geben διδόναι τινί (z.B. einen Tag μίαν ἡμέραν) βουλεύσασθαι oder σκέψασθαι περί τινος.

be-deuten = belehren διδάσκειν, seine Willensmeinung zu erkennen geben κελεύειν, φράζειν, = wichtig sein δύνασθαι, ἰσχύειν, = ein Zeichen sein σημαίνειν.

be-deutend ἀξιόλογος (2), λόγου oder πολλοῦ ἄξιος, μέγας, δυνατός.

be-deutsam f. bedeutend.

Be-deutsamkeit f f. Bedeutung.

Be-deutung f ὁ νοῦς, ἡ δύναμις (eines Wortes), ἡ ἀξία, τὸ ἀξίωμα (Wert, Gewicht) ein Mann von ~ ἀνήρ δυνατός. [ἄξιος.]

be-deutungslos οὐδενὸς

be-deutungsvoll μέγιστος, πολλοῦ (πλείστου) ἄξιος.

be-dienen ὑπηρετεῖν, ὑπουργεῖν, διακονεῖν τινι, sich ~ χρῆσθαί τινι.

Be-diente(r) m ὁ ὑπηρέτης.

Be-dienung f ἡ θεραπεία, ἡ ὑπηρεσία, ἡ ὑπουργία, ἡ διακονία.

be-dingen ὁρίζειν, διορίζειν.

be-dingt ὑποθετικός.

Be-dingung f ἡ ὁμολογία, ἡ συνθήκη, ἡ σύμβασις, ἡ ὑπόθεσις, eine ~ halten, erfüllen ἐμμένειν ταῖς συνθήκαις, nicht erfüllen λύειν τὰς ὁμολογίας, unter diesen ~en ἐπὶ τούτοις, unter der ~, daß ... ἐφ' ᾧ, ἐφ' ᾧτε mit inf.

be-dingungsweise ἐπὶ ῥητοῖς.

be-drängen πιέζειν τινά, ἐγ-, προσ-, ἐπικεῖσθαί τινι.

Be-drängniß, Be-drängtheit f αἱ ἀνάγκαι, ἡ ἀπορία, ἡ ἀμηχανία, τὰ κακά.

be-drohen ἀπειλεῖν τινί τι, von widrigen Ereignissen ἐπικεῖσθαι, ἐπικρέμασθαι.

Be-drohung f ἡ ἀπειλή.

be-drücken πιέζειν, ἀδικεῖν, κακοῦν, κακῶς ποιεῖν τινα.

Be-drücker m, durch die part. der vorhergehenden Verba.

Be-drückung f ἡ ἀδικία, ἡ κάκωσις, ἡ ὕβρις.

be-dünken δοκεῖν.

Be-dünken n ἡ δόξα, ἡ γνώμη, meines ~s (ὡς) ἐμοὶ δοκεῖν, ὡς ἐμοὶ δοκεῖ, ὡς οἶμαι ἔγωγε.

be-dürfen δεῖσθαί τινος, δεῖ μοί τινος.
Be-dürfniß n ἡ ἔνδεια, ἡ χρεία, ein ~ nach etw. haben f. bedürfen.
be-dürftig ἐν-, ἐπιδεής, δεόμενος, ~ sein f. bedürfen.
Be-dürftigkeit f ἡ ἔνδεια.
be-ehren τιμᾶν ob. κοσμεῖν τινά τινι.
be-eifern, sich σπουδάζειν περί τινος oder τι, προθυμεῖσθαι (M.), φιλοπονεῖν περί τι.
be-eilen σπεύδειν, ἐπείγειν, sich ~ σπεύδειν, σπεύδεσθαι, ἐπείγεσθαι.
be-einträchtigen βλάπτειν τινά, ἀδικεῖν τινα.
Be-einträchtigung f ἡ βλάβη, ἡ ἀδικία.
be-enden, be-endigen τελευτᾶν, δια-, καταλύειν, παύειν, καταπαύειν, = vollenden τελεῖν, περαίνειν, διαπράττειν (auch M.).
Be-endigung f ἡ κατάπαυσις, τὸ τέλος, ἡ διάπραξις. [νοῦν.
be-engen συστέλλειν, στε-
be-erben κληρονομεῖν τινος.
be-erdigen θάπτειν.
Be-erdigung f ἡ ταφή.
Beere f ὁ κόκκος, ἡ ῥάξ (αγός) (Weinbeere).
beerenartig ῥαγώδης, ῥαγοειδής. [θηρα.
Beet n ἡ πρασιά, τὰ ἄν-
Be-fähigung f ἡ δύναμις.
be-fahren ἁμαξεύειν, das Meer ~ πλεῖν τὴν θάλατταν.

be-fallen αἱρεῖν, λαμβάνειν, ἅπτεσθαί τινος, ~ werden von etwas ἁλίσκεσθαί τινι ob. ὑπό τινος, περιπίπτειν τινί.
be-fangen ἄπορος (2), ἀμήχανος (2), τεταραγμένος, συγκεχυμένος (verwirrt), ~ sein οὐχ ἑαυτοῦ εἶναι, τεταράχθαι.
be-fassen: sich mit etwas ~ ἅπτεσθαι, ἐφ-, ἀνθ-, προσάπτεσθαί τινος, ἐπιχειρεῖν τινι, μεταχειρίζεσθαί τινος, εἶναι περί τι.
Be-fehl m ἡ πρόσταξις, τὸ πρόσ-, ἐπίταγμα, τὸ παράγγελμα, ἡ παραγγελία, ἡ ἐντολή, τὸ κέλευσμα, auf j-s κελεύοντος, κελεύσαντός τινος, = Kommando ἡ ἀρχή, ἡ ἡγεμονία, unter j-s ~ ἄρχοντος, ἡγουμένου τινός, unter j-s ~ stehen εἶναι ὑπό τινι.
be-fehlen προσ-, ἐπιτάττειν τινί τι, παραγγέλλειν, κελεύειν, σημαίνειν, ἄρχειν, ἡγεμονεύειν.
be-fehlerisch κελευστικός.
be-fehligen ἄρχειν, ἡγεῖσθαί τινος.
Be-fehlshaber m ὁ ἄρχων, ὁ ἡγεμών, ὁ στρατηγός, ~ sein ἄρχειν, ἡγεῖσθαι, ἡγεμονεύειν τινός.
Be-fehlshaberstelle f ἡ ἀρχή, ἡ ἡγεμονία, ἡ στρατηγία.
be-festigen προσάπτειν τινί τι, ἐμπεδοῦν, einen Ort ~ τειχίζειν, περιτειχίζειν.
be-festigt ἐχυρός, ὀχυρός.

Be-festigung *f* ὁ τειχισμός, ὁ περιτειχισμός.
Be-festigungswerk *n* τὸ ἔρυμα, τὸ τείχισμα, τὸ τεῖχος.
be-feuchten ὑγραίνειν, βρέ-[χειν.
Be-feuchtung *f* ἡ βρέξις.
be-fiedern πτεροῦν, sich ~ πτεροφυεῖν, πτεροῦσθαι. (P.). [πτερωτός.
be-fiedert ἐπτερωμένος,
Be-fiederung *f* ἡ πτέρωσις, τὸ πτέρωμα.
be-finden γιγνώσκειν, δοκεῖ μοι, ἡγεῖσθαι, = in einem Zustande sein ἔχειν, διακεῖσθαι, πράττειν mit *adv*.
Be-finden *n* ἡ ἕξις, ἡ διάθεσις. [darin ~ ἐνών.
be-findlich ὤν, οὖσα, ὄν,
be-flecken μολύνειν, κηλιδοῦν, μιαίνειν.
Be-fleckung *f* ὁ μολυσμός, τὸ μίασμα.
be-fleißigen, sich σπουδάζειν περί τι, ἀσκεῖν, μελετᾶν τι, ἔχειν ἀμφί, περί τι.
be-flissen sein s. befleißigen.
be-flügeln πτεροῦν, ἀναπτεροῦν.
be-flügelt πτερωτός, πτερυγωτός, πτηνός.
be-folgen πείθεσθαί τινι, ὑπακούειν τινός oder τινί, πειθαρχεῖν τινι.
Be-förderer *m* ὁ συνεργός.
be-fördern κομίζειν, διακομίζειν, s. fördern.
Be-förderung *f* ἡ διακομιδή, ἡ διαπομπή, s. Förderung. [βοήθεια.
Be-förderungsmittel *n* ἡ

be-frachten φορτίζειν.
be-fragen ἐρωτᾶν τινα, πυνθάνεσθαί τινος, ein Orakel ~ μαντεύεσθαι, ἐπερωτᾶν τὸν θεόν.
Be-fragung *f* ἡ ἐρώτησις.
be-freien ἐλευθεροῦν, ἀπαλλάττειν τινά τινος.
Be-freier *m* ὁ σωτὴρ (ἥρος).
Be-freiung *f* ἡ ἐλευθέρωσις, ἡ ἀπαλλαγή.
be-fremden: es befremdet mich etw. θαυμαστὸν δοκεῖ μοί τι, θαυμάζω τι.
Be-fremden *n*, **Be-fremdung** *f* τὸ θαῦμα, ~ erregen θαῦμα παρέχειν.
be-fremdend, be-fremdlich θαυμαστός, θαυμάσιος, ἀλλότριος.
be-fressen περιτρώγειν.
be-freunden: sich j-n ~ φίλον ποιεῖσθαί τινα.
be-freundet φίλος, φίλιος, οἰκεῖος, συνήθης.
Be-freundung *f* ἡ οἰκείωσις, ἡ φιλία, ἡ οἰκειότης, ἡ συνήθεια.
be-friedigen πληροῦν, ἀποτελεῖν, χαρίζεσθαί τινι (eine Person), befriedigt sein ἀγαπᾶν τι. [τήδειος.
be-friedigend ἱκανός, ἐπι-
Be-friedigung *f* ἡ πλήρωσις, τὸ χαρίζεσθαι.
be-fruchten ἐγκύμονα, ἔγκυον ποιεῖν (Tiere u. Pflanzen), εὔκαρπον ποιεῖν (e-n Acker).
be-fruchtet ἔγκαρπος (2).
Be-fruchtung *f* ἡ πλήρωσις, ἡ γονοποιία.
Be-fugnis *f* ἡ ἐξουσία, τὸ

κράτος, ~ zu etwas haben ἐξουσίαν ἔχειν τινός, κύριον εἶναι, κυριεύειν τινός, ~ zu etw. geben κύριον ποιεῖν τινά τινος. [τινος.]
be-fugt sein κύριον εἶναι
be-fühlen ψηλαφᾶν τι.
Be-fühlung f ἡ ψηλάφησις.
be-fürchten φοβεῖσθαι (P.), δεδιέναι τι, es ist zu ~ δεινόν ἐστι μή oder μή οὔ, κίνδυνός ἐστι μή oder μή οὔ.
Be-fürchtung f ὁ φόβος.
be-gaben δωρεῖσθαί τινά τινι, χαρίζεσθαί τινί τι, κοσμεῖν τινά τι.
be-gabt εὐφυής.
Be-gabtheit f ἡ εὐφυΐα.
Be-gabung f = Begabtheit.
be-gaffen θεᾶσθαί τι.
be-gatten: sich mit j-m ~ μείγνυσθαί τινι, συνεῖναί τινι. [συνουσία.]
Be-gattung f ἡ μεῖξις, ἡ
be-geben, sich ἰέναι, ἔρχεσθαι, ὁρμᾶν, πορεύεσθαι (P.), εἰς, ἐπί, πρός τι, sich auf die Flucht ~ τρέπεσθαι εἰς φυγήν, φεύγειν, sich in eine Gefahr ~ ὑφίστασθαι κίνδυνον.
Be-gebenheit f τὸ πρᾶγμα, τὸ γεγονός, τὸ γενόμενον.
be-gegnen ἀπ-, συναντᾶν τινι, ἐπι-, περι-, συντυγχάνειν τινί, es begegnet mir etwas συμβαίνει μοί τι.
Be-gegnis n τὸ συμβάν (άντος), ἡ τύχη.
Be-gegnung f ἡ ἀπ-, συνάντησις.

(be-fugt

be-gehen ἐπι-, περιιέναι (-έρχεσθαι), = feiern ἄγειν, τελεῖν, ποιεῖσθαι, = verüben ἐργάζεσθαι, πράττειν, e-n Fehler ~ ἁμαρτάνειν, πλημμελεῖν.
be-gehren ἐπιθυμεῖν, ὀρέγεσθαι (P.), ἐφίεσθαί τινος, ποθεῖν τι, = fordern αἰτεῖσθαί, ἀξιοῦν τι.
be-gehrenswert ζηλωτός.
be-gehrlich ἐπιθυμητικός.
Be-gehrlichkeit f ἡ ἐπιθυμία. [ἐπιθυμητικόν.]
Be-gehrungsvermögen f τὸ
be-geistern ἐπιπνεῖν τινι, ἔνθεον ποιεῖν τινα, ἐκβακχεύειν τινά.
be-geistert ἔνθεος, ἐνθουσιάζων, ἐνθουσιαστικός.
Be-geisterung f ὁ ἐνθουσιασμός, τὸ ἔνθεον, ἡ ἐπίπνοια.
Be-gierde f ἡ ἐπιθυμία, ἡ ὄρεξις, ὁ ἔρως (ωτος), ὁ πόθος, = nach Ruhm, Ehre, Geld ἡ φιλοδοξία, ἡ φιλοτιμία, ἡ φιλαργυρία.
be-gierig ἐπιθυμῶν, ἐπιθυμητικός. [βρέχειν.]
be-gießen ἐπιχεῖν, ἄρδειν,
Be-ginn m, **be-ginnen** s. Anfang, anfangen.
be-glaubigen βεβαιοῦν, πιστὸν ποιεῖν, κύριον ποιεῖν, κυροῦν.
be-glaubigt πιστός, βέβαιος, κύριος.
Be-glaubigung f ἡ πίστωσις, ἡ βεβαίωσις, ἡ κύρωσις.
Be-glaubigungsschreiben n

Be-glaubigungsschr...)

be-gleiten ἀκολουθεῖν τινι, ἕπεσθαί τινι, εἶναι μετά τινος (σύν τινι), auf einer Reise ~ συμπορεύεσθαί τινι.
Be-gleiter m, **Be-gleiterin** f ὁ, ἡ ἀκόλουθος, ὁ περί, ἀμφί τινα, ὁ μετά τινος.
Be-gleitung f ἡ ἀκολουθία, ἡ πομπή, s. Begleiter.
be-glücken ποιεῖν, ἀποδεικνύναι, καθιστάναι τινὰ εὐδαίμονα, μακάριον.
be-glückend εὐδαιμονικός.
be-glückt εὐδαίμων, εὐτυχής, μακάριος.
be-glückwünschen συνήδεσθαί (P.) oder συγχαίρειν τινὶ ἐπί τινι.
be-gnadigen συγγνώμην ἔχειν τινί, ἀφιέναι.
Be-gnadigung f ἡ συγγνώμη, ἡ ἄφεσις.
be-gnügen: sich mit etwas ~ ἀγαπᾶν τι, ἀρκεῖ, ἐξαρκεῖ μοί τι.
be-graben θάπτειν, κρύπτειν γῇ, κατορύττειν, ἐκφέρειν.
Be-gräbniß n ἡ ταφή, ἡ ἐκφορά. [(auch pl.).]
Be-gräbnisplatz m ὁ τάφος
Be-gräbnisrede f ὁ ἐπιτάφιος λόγος.
be-greifen = befühlen ψηλαφᾶν, ἅπτεσθαί τινος, = einsehen, erfassen μανθάνειν, συνιέναι, leicht, schwer zu ~ εὐμαθής, δυσμαθής.
Be-greifen n ἡ ψηλάφησις, (befühlen), ἡ μάθεσις, ἡ σύνεσις (mit dem Verstande).

be-greiflich νοητός, ληπτός, καταληπτός.
be-grenzen ὁρίζειν.
Be-grenzung f ὁ ὁρισμός.
Be-griff m τὸ εἶδος, ἡ ἰδέα, ἡ νόησις, ἡ ἔννοια, einen ~ von etwas haben ἔννοιάν τινος ἔχειν, keinen ~ haben ἀγνοεῖν τι, im ~ stehen etw zu tun μέλλειν mit dem inf fut. ob. prs. [ὁρισμός.]
Be-griffsbestimmung f ὁ
Be-griffsvermögen n τὸ ἐννοητικόν, ὁ νοῦς.
be-gründen κτίζειν (den Grund legen), αἴτιον εἶναί τινος (veranlassen), βεβαιοῦν, ἐμπεδοῦν (mit Gründen bestätigen), ἀποδεικνύναι (beweisen).
be-gründet ὀρθός, βέβαιος, ἀληθής, πιστός.
Be-gründung f ἡ κτίσις, ἡ βεβαίωσις, ἡ ἀπόδειξις.
be-grüßen ἀσπάζεσθαι (M.), προσαγορεύειν.
Be-grüßung f ὁ ἀσπασμός, ἡ προσηγορία.
be-günstigen χαρίζεσθαι (M.), εὐνοϊκῶς ἔχειν, εὔνουν εἶναί τινι, φρονεῖν τὰ τινος (von Personen).
Be-günstigung f ἡ χάρις (ιτος), ἡ εὔνοια.
be-gutachten ἀποφαίνεσθαι γνώμην περί τινος.
be-gütert εὔπορος, εὐδαίμων, πλούσιος.
be-gütigen καταπραΰνειν.
be-haart τριχωτός, δασύς, λάσιος.

be-häbig, be-haglich ἡδύς, εὔκολος (2).
be-haken σκάλλειν, σκαλεύειν, σκάπτειν.
be-haftet: mit etw. ~ ἔνοχός τινι, ~ sein mit etw. ἔνοχον εἶναί τινι, ἐνέχεσθαί τινι.
be-hagen ἀρέσκειν τινί, ἀγαπᾶν τι.
Be-hagen n ἡ ἡδονή.
Be-haglichkeit f ἡ ἡδονή.
be-halten κατέχειν, ἔχειν (nicht wiederabgeben), δια-, ἐπιτηρεῖν, διασῴζειν, διαφυλάττειν (aufbewahren), für sich ~ s. verschweigen, im Gedächtnis ~ διὰ μνήμης ἔχειν, μνημονεύειν, die Oberhand ~ κρατεῖν, περιγίγνεσθαί τινος, die Oberhand nicht ~ ἡττᾶσθαί τινος.
Be-hälter m, **Be-hältnis** n ἡ θήκη, ἡ ἀποθήκη.
be-handeln μεταχειρίζεσθαι, διαχειρίζειν, ἐπιχειρεῖν τινι, ἅπτεσθαί τινος, γράφειν (schriftlich), j-n behandeln χρῆσθαί τινι, προσφέρεσθαί τινι oder πρός τινα, übel oder schlecht behandelt werden κακῶς (κακὰ) πάσχειν.
Be-handlung f ἡ μεταχείρισις (gew. durch Verba).
Be-handlungs-art, =weise f ἡ θεραπεία (Pflege), ἡ μέθοδος (eines geistigen Stoffes).
be-harren διαμένειν ἕν (ἐπί) τινι, ἐμμένειν τινί, προσεγκαρτερεῖν τινι (in einer Anstrengung).

be-harrlich λιπαρής, μόνιμός (2), βέβαιος.
Be-harrlichkeit f ἡ λιπαρία, ἡ διαμονή, ἡ βεβαιότης, ἡ καρτερία.
be-hauen περικόπτειν, πελεκᾶν (mit der Axt), Steine ~ κόπτειν, ξεῖν.
be-haupten κατέχειν, διασῴζειν, φυλάττειν, διαφυλάττειν (sich im Besitz von etwas erhalten), φάναι, φάσκειν, ἀποφαίνεσθαι (γνώμην), ἀξιοῦν (sagen), sich ~ ἀντέχειν.
Be-hauptung f ὁ λόγος, τὸ λεγόμενον, τὰ λ., τὰ εἰρημένα, ἡ γνώμη.
Be-hausung f ἡ οἰκία.
be-helfen: sich mit etwas ~ χρῆσθαί τινι, ἀγαπᾶν τι.
be-helligen ἐνοχλεῖν τινι, ἐνοχλεῖσθαί τινα, πράγματα παρέχειν τινί.
Be-helligung f ὁ ὄχλος, τὰ πράγματα.
be-hende εὐκίνητος (2), εὔζωνος (2), δεξιός, ἐλαφρός, ταχύς.
Be-hendigkeit f ἡ εὐκίνησία, ἡ δεξιότης, ἡ ἐλαφρότης, ἡ ταχυτής.
be-herbergen δέχεσθαι, ὑποδέχεσθαι (τῇ οἰκίᾳ, εἰς τὴν οἰκίαν), εἰσδέχεσθαι (εἰς τὴν οἰκίαν), ξενίζειν, ξενοδοχεῖν.
Be-herbergung f ἡ ὑποδοχή, ἡ ξένισις, ἡ ξενοδοχία.
be-herrschen κρατεῖν, ἐπικρατεῖν, ἄρχειν, βασιλεύειν, τυραννεύειν τινός,

sich selbst ~ κρατεῖν, ἐγκρατῆ εἶναι ἑαυτοῦ, das Meer ~ θαλαττοκρατεῖν, von Örtern, welche die Gegend ~ ὑπερέχειν.

Be-herrscher m ὁ ἄρχων, ὁ βασιλεύς, ὁ τύραννος.

Be-herrscherin f ἡ βασίλεια.

Be-herrschung f ἡ ἀρχή, τὸ ἄρχειν, βασιλεύειν, κρατεῖν, ἡ ἐγκράτεια (von Begierden).

be-herzigen ἐνθυμεῖσθαι (P.).

be-herzigenswert λόγου ἄξιος.

Be-herzigung f ἡ ἐνθύμησις.

be-herzt θαρραλέος, θρασύς, ἀνδρεῖος, ἀδεής, ~ sein θαρρεῖν, θρασύνεσθαι (P.).

Be-herztheit f τὸ θάρσος (θάρρος), ἡ θρασύτης, ἡ εὐτολμία.

be-hilflich: j-m ~ sein συμπράττειν, ὑπηρετεῖν τινί τι.

Be-hinderung f ἡ ἀσχολία.

be-horchen ὑπακούειν τινός.

Be-hörde f ἡ ἀρχή, οἱ ἄρχοντες, οἱ ἐν τέλει (ὄντες), τὰ τέλη.

Be-huf m: zum ~ πρός, εἰς mit acc., ἐπί mit dat.

be-hüten φυλάττειν, διαφυλάττειν, τηρεῖν, διατηρεῖν, σῴζειν, διασῴζειν, j-n vor etwas ~ ἀπείργειν τινά τινος, Gott behüte! εὐφήμει, behüte dich Gott! χαῖρε, εὐτύχοιης, ἔρρωσο.

Be-hüter m ὁ φύλαξ, ὁ σωτήρ.

be-hutsam εὐλαβής, ~ sein εὐλαβεῖσθαι (P.), φυλάττεσθαι (M.).

Be-hutsamkeit f ἡ εὐλάβεια, ἡ φυλακή.

bei παρά mit dat. (bei Pers.), πρός und ἐπί mit dat., ἐν mit dat., zB.: die Schlacht ~ Marathon ἡ ἐν Μαραθῶνι μάχη, zeitlich, zB.: ~ Tage μεθ' ἡμέραν, ἡμέρας, ~ Nacht νυκτός, νύκτωρ, zur Angabe von Zuständen ἐπί u. ἐν mit dat., ~m Mahle ἐπί, ἐν δείπνῳ, bei Schwören od. Bitten πρός mit gen., zB.: ~ den Göttern πρός θεῶν, ~ j-m schwören ὀμνύναι τινά, ~ j-m falsch schwören ἐπιορκεῖν τινα, zur Angabe von ungefähren Zahlbestimmungen ἀμφί, περί, εἰς mit acc., weitem παρὰ πολύ, neben comp. u. sup. πολλῷ, πολύ, μακρῷ.

bei-behalten διασῴζειν, διαφυλάττειν, διατηρεῖν, e-e Sitte ~ ἐμμένειν τινί.

bei-bringen προσ-, εἰσφέρειν, προσ-, ἐπάγειν, durch Lehren ~ διδάσκειν τινά.

Bei-bringung f ἡ προσφορά, ἡ ἐπαγωγή, ἡ διδαχή.

beide ἀμφότεροι, ἄμφω, ἑκάτερος, einer von ~n ἕτερος, keiner von ~n οὐδέτερος (μηδ.), wer von ~n? πότερος; ὁπότερος, auf ~n Seiten ἀμφοτέρωθι, ἑκατέρωθι, nach ~n Seiten ἀμφοτέρωσε, ἑκατέρωσε, von ~n Seiten ἀμφοτέρωθεν, ἑκατέρωθεν.

beiderlei ἀμφότερος, ἑκάτερος.
beiderseitig ὁ, ἡ, τὸ ἑκατέρων, ἀλλήλων.
beiderseits ἀμφότεροι, ἑκάτεροι.
Bei-fall *m* ἡ ὁμολογία, ἡ συναίνεσις, ὁ κρότος, ὁ θόρυβος, ὁ ἔπαινος.
bei-fällig: sich ~ erklären ἐπαινεῖν, ἀποδέχεσθαί τι.
Bei-falls-klatschen *n*, **-sturm** *m* ὁ θόρυβος, ὁ κρότος.
bei-fallswert ἐπαίνου ἄξιος, δόκιμος.
bei-fügen προστιθέναι, προσβάλλειν.
Bei-fügung *f* ἡ ἐπιβολή.
Bei-fuß ♀ *m* ἡ ἀρτεμισία, τὸ ἀβρότονον.
bei-geben ἐπιβάλλειν, προστιθέναι. [κοτος χυμός.]
Bei-geschmack *m* ὁ ἀλλόσ-
bei-gesellen: sich j-m προσγίγνεσθαι, προστίθεσθαί τινι.
Bei-hilfe *f* ἡ συνεργία, ἡ ἐπιβοήθεια, ohne ~ ἄνευ mit *gen*. [ἀξίνη.]
Beil *n* ὁ πέλεκυς (εως), ἡ
Bei-lage *f* ἡ προσθήκη.
bei-läufig πάρεργος (2).
bei-legen προσ-, ἐπιτιθέναι, προσ-, ἐπιβάλλειν, einen Namen ~ ὄνομα ἐπιτιθέναι τινί, ἐπικαλεῖσθαι, = schlichten διαλύειν (auch M.), vom Richter διακρίνειν, διαιτᾶν.
Bei-leid *n* ὁ οἶκτος.
bei-liegen προσγίγνεσθαι, προσεῖναί τινι.

bei-messen προσνέμειν, ἐπιφέρειν, ἐγκαλεῖν (von Fehlern).
bei-mischen προσ-, συμμειγνύναι, συγκεραννύναι.
Bei-mischung *f* ἡ πρόσ-, σύμμειξις.
Bein *n* τὸ σκέλος, j-n auf die ~e bringen ἀνιστάναι, ὀρθοῦν, ein Heer auf die ~e bringen συλλέγειν στράτευμα.
bei-nahe σχεδόν, σχεδόν τι, παρὰ μικρόν, παρ' ὀλίγον, ~ schon ὅσον οὐ.
Bei-name *m* ἡ ἐπίκλησις, ἡ προσηγορία, mit ~n ἐπώνυμος, ἐπικαλούμενος, j-m einen ~n geben ἐπονομάζειν, προσαγορεύειν, ἐπικαλεῖν τινα.
Beinkleider *n/pl*. αἱ ἀναξυρίδες, οἱ θύλακοι.
Beinschiene *f* ἡ κνημίς (ίδος).
bei-ordnen παρα-, ἐπιτάττειν. [σθαί τινι.]
bei-pflichten συγκατατίθε-
Bei-rat *m* ἡ συμβουλία.
bei-sammen ὁμοῦ, ~ sein ὁμοῦ εἶναι.
Bei-satz *m* ἡ προσθήκη.
bei-schreiben προσγράφειν.
Bei-schrift *f* ἡ παρα-, ἐπιγραφή.
Bei-sein *n*: in j-s ~ παρόντος τινός. [ἰδίαν.]
bei-seite χωρίς, ἰδίᾳ, κατ᾽
bei-setzen προσ-, παρατιθέναι, = begraben θάπτειν.
Bei-setzung *f* ἡ παράθεσις, ἡ ταφή.

bei-sitzen παρ-, συνεδρεύειν.
Bei-sitzer m ὁ πάρ-, σύνεδρος.
Bei-spiel n τὸ παράδειγμα.
bei-spiellos καινός, θαυμαστός.
bei-spielsweise ἐπὶ παραδείγματος.
bei-springen βοηθεῖν τινι.
beißen δάκνειν.
Beißen n ὁ δηγμός.
beißend δηκτικός, πικρός.
Bei-stand m ἡ ἐπικουρία, ἡ βοήθεια, ~ leisten ἐπικουρεῖν, βοηθεῖν.
bei-stehen βοηθεῖν, ἐπικουρεῖν τινι.
Bei-steuer f ἡ συμβολή, ἡ εἰσφορά. [(M.).]
bei-steuern συμβάλλεσθαι
bei-stimmen ὁμολογεῖν, συνομολογεῖν, συμφάναι.
Bei-stimmung f ἡ ὁμολογία, ἡ συνομολογία, ἡ συγχώρησις.
Bei-trag m ἡ συμβολή, ἡ εἰσφορά. [(M.).]
bei-tragen συμβάλλεσθαι
bei-treiben εἰσπράττειν, Tribut ~ δασμολογεῖν.
Bei-treibung f ὁ σύλλογος.
bei-treten προσχωρεῖν τινι, συνίστασθαι πρός τινα, προσγίγνεσθαί τινι.
Bei-tritt m ἡ προσχώρησις.
bei-wohnen παρεῖναί, παραγίγνεσθαί τινι.
Bei-wort n τὸ ἐπίθετον.
bei-zählen τίθεσθαί τι ἔν τισι.
Beize f ἡ βαφή.
beizen βάπτειν, στύφειν.

be-jahen φάναι, φάσκειν, ὁμολογεῖν.
Be-jahung f ἡ φάσις, ἡ ὁμολογία.
be-jammern ὀλοφύρεσθαι, ὀδύρεσθαι, θρηνεῖν, οἰκτίρειν, κατοικτίζεσθαι.
Be-jammern n ὁ ὀλοφυρμός, ὁ οἶκτος.
be-jammernswürdig ἐλεεινός, οἰκτρός.
be-kämpfen προσπολεμεῖν τινι, διαμάχεσθαί τινι ob. πρός τινα, = überwältigen περιγίγνεσθαί τινος, νικᾶν, durch Worte ~ ἀντιλέγειν τινί.
Be-kämpfung f ὁ ἀγών (ῶνος), ὁ πόλεμος.
be-kannt φανερός, δῆλος, ἐμ-, ἐπιφανής, γνώριμος(2), ~ machen δηλοῦν, ἀποδεικνύναι, παραγγέλλειν, ἀνακηρύττειν.
Be-kannte(r) m ὁ γνώριμος.
be-kanntermaßen, be-kanntlich ὡς πάντες ἴσασι, δηλονότι, δή.
Be-kanntmachung f ἡ ἀνάρρησις, ἡ δήλωσις, ἡ ἀνακήρυξις, τὸ παράγγελμα.
Be-kanntschaft f ἡ γνῶρισις, ἡ οἰκειότης.
be-kehren μεταπείθειν, ἀποτρέπειν, sich ~ μετανοεῖν.
Be-kehrung f ἡ μετάνοια.
be-kennen ὁμολογεῖν, sich zu etw. ~ ἐπαγγέλλεσθαί τι.
Be-kenntnis n ἡ ὁμολογία.
be-klagen οἰκτίρειν, κατοικτίρειν, οἰμώζειν, ὀδύρεσθαι, ὀλοφύρεσθαι.

be-klagenswert ἐλεεινός, ἄθλιος, οἰκτρός.
Be-klagte(r) m ὁ φεύγων.
be-kleiden ἀμφιεννύναι, ἐνδύειν τινά τι, ein Amt ~ ἀρχὴν ἄρχειν, τιμὴν oder τάξιν ἔχειν.
Be-kleidung f τὸ περίβλημα.
be-klemmen ἄγχειν, beklommen sein ἄγχεσθαι.
Be-klemmung f τὸ ἄσθμα, ~ haben ἀσθμαίνειν.
be-klommen sein ἀγωνιᾶν, ἀπορεῖν.
be-kommen λαμβάνειν, παραλαμβάνειν, γίγνεταί μοί τι, τυγχάνειν, λαγχάνειν τινός.
be-köstigen σιτίζειν, τρέφειν.
Be-köstigung f ἡ σίτησις, ἡ τροφή.
be-kräftigen βεβαιοῦν (auch M.), κυροῦν, ἐπικυροῦν, ἐμπεδοῦν.
Be-kräftigung f ἡ βεβαίωσις, ἡ κύρωσις, ἡ πίστωσις, ἡ πίστις.
be-kränzen στέφειν, στεφανοῦν.   [σις.]
Be-kränzung f ἡ στεφάνω-]
be-kriegen πολεμεῖν τινι ob. πρός τινα, πόλεμον ποιεῖσθαι, ἐπιστρατεύειν (auch M.).   [τεία.]
Be-kriegung f ἡ ἐπιστρα-]
be-kümmern ἀνιᾶν, λυπεῖν, sich ~ ἀνιᾶσθαι, λυπεῖσθαι, sich um etwas ~ ἐπιμελεῖσθαί, φροντίζειν τινός, μέλει μοί τινος, sich nicht kümmern ἀμελεῖν τινος.

Be-kümmernis f ἡ ἀνία, ἡ λύπη.
be-kunden φανερόν, δῆλον ποιεῖν, δηλοῦν, μαρτυρεῖν.
be-lachen γελᾶν τι, ἐπί τινι, ἐπιγελᾶν τινι, καταγελᾶν τινος.
be-lachenswert γελοῖος, καταγέλαστος (2).
be-laden φορτίον ἐπιβάλλειν, ἐπιτιθέναι τινί, ~ sein mit etw. μεστὸν εἶναί τινος, γέμειν τινός.
Be-lagerer m durch die part. der folgenden Verba.
be-lagern πολιορκεῖν, προσκαθέζεσθαι τινί oder τι, προσκαθῆσθαί τινι, = j-n bedrängen προσκεῖσθαί τινι.
Be-lagerung f ἡ πολιορκία, die ~ aufheben λύειν τὴν πολ., παύεσθαι τῆς πολ.
Be-lagerungsgeschütz n ἡ μηχανή.
Be-lagerungsheer n οἱ πολιορκοῦντες.
Be-lagerungskrieg m ἡ τειχομαχία.
Be-lagerungskunst f ἡ πολιορκητική (τέχνη).
Be-lagerungsmaschine f ἡ μηχανή.
Be-lagerungszustand m ἡ πολιορκία, in ~ versetzen εἰς πολιορκίαν καθιστάναι.
Belang m: von ~ sein für etw. ῥοπήν ἔχειν πρός τι.
be-langen: vor Gericht ~ καλεῖν τινα εἰς τὴν δίκην, ὑπάγειν, διώκειν τινά τινος.   [laden.]
be-lasten βαρύνειν, s. be-]

be-lästigen βαρύνειν τινά, ἐνοχλεῖν τινι, πράγματα παρέχειν τινί.
be-lästigend βαρύς, ὀχληρός.
Be-lästigung f ἡ ἐνόχλησις, als Sache ὁ ὄχλος, τὰ πράγματα.
be-lauben φυλλοῦν, sich ~ φύλλα φύειν. [λώδης.]
be-laubt φύλλα ἔχων, φυλ-
be-lauern ἐνεδρεύειν τινά, ἐπιβουλεύειν τινί.
be-laufen: sich ~ εἶναι ἀμφί oder περί τι.
be-lauschen τηρεῖν, παρα-, ἐπιτηρεῖν.
be-leben ζῳοποιεῖν, ζῳογονεῖν, übtr. ἐγείρειν, παροξύνειν, παρορμᾶν.
be-lebt ἔμψυχος (2), ~er Ort πολυάνθρωπον χωρίον.
Be-lebung f ἡ ζῳογονία.
Be-leg m τὸ τεκμήριον, ὁ ἔλεγχος, ἡ πίστις.
be-legen στρωννύναι, = auflegen ἐπιτιθέναι τινί τι, übtr. πίστιν ποιεῖσθαι, βεβαιοῦν.
be-lehnen ἀπονέμειν τινί τι.
Be-lehnung f durch das Verbum.
be-lehren διδάσκειν τινά τι, sich ~ lassen διδάσκεσθαι, μανθάνειν.
be-lehrend νουθετητικός.
Be-lehrung f ἡ διδασκαλία, ἡ διδαχή, ἡ παραίνεσις.
be-leidigen ἀδικεῖν τινα, λυπεῖν τινα.
be-leidigend ἀδικητικός, ὑβριστικός.
Be-leidiger m durch die Verba.
Be-leidigung f ἡ ἀδικία, ἡ ὕβρις, eine ~ zufügen s. beleidigen.
be-lesen πολυγράμματος (2), πολυμαθής.
Be-lesenheit f ἡ πολυμαθία.
be-leuchten καταλάμπειν τινός, ἐπιλάμπειν τινί, = untersuchen ἐξετάζειν.
Be-leuchtung f τὸ φῶς (ωτός), ἡ ἐξέτασις, ὁ ἔλεγχος.
belfern βλακτεῖν.
be-lieben βούλεσθαι, ἐθέλειν, es beliebt mir δοκεῖ μοι, nach B~ ἐκ τῶν δοκούντων, ὅπως βούλεταί τις. [ὁ βουλόμενος.]
be-liebig: jeder ~e ὁ τυχών,
be-liebt προσφιλής, ἀρεστός, κεχαρισμένος, ἀγαπητός, ~ sein bei j-m ἀγαπᾶσθαι ὑπό τινος, sich ~ machen χάριν, εὔνοιαν κτᾶσθαι παρά τινος.
Be-liebtheit f ἡ χάρις (ιτος).
be-listen s. betrügen.
bellen βλακτεῖν.
Bellen n ὁ βλαγμός.
be-loben ἐπαινεῖν τινα.
be-lohnen δῶρα διδόναι τινί, τιμᾶν. κοσμεῖν δώροις.
Be-lohnung f τὸ δῶρον, ἡ δωρεά, ἡ χάρις (ιτος), ὁ μισθός, τὸ ἆθλον, eine ~ aussetzen ἆθλον προτιθέναι.
be-lohnungswert δώρων od. τιμῆς ἄξιος.
be-lügen ψεύδεσθαί τινα, καταψεύδεσθαί τινος.
be-lustigen εὐθυμίαν παρέχειν τινί, εὐφραίνειν, τέρπειν.

be-lustigend τερπνός.
Be-lustigung f ἡ τέρψις, ἡ ἡδονή.
be-mächtigen, sich κρατεῖν τινος, ὑφ' ἑαυτῷ ποιεῖσθαι, καταλαμβάνειν, αἱρεῖν.
be-mähnt χαίτας ἔχων.
be-malen κοσμεῖν τι γραφῇ, καταποικίλλειν.
be-mängeln μέμφεσθαι.
bemannen: ein Schiff ~ πληροῦν (auch M.) ναῦν.
be-mannt πλήρης.
Be-mannung f ἡ πλήρωσις.
be-mänteln κρύπτειν, ἀποκρύπτειν.
Be-mäntelung f τὸ πρόσχημα, ἡ πρόφασις.
bemeistern, sich s. sich bemächtigen.
be-merkbar αἰσθητός, ~ machen δηλοῦν, φανερὸν ποιεῖν.
be-merken αἰσθάνεσθαι, κατανοεῖν, γιγνώσκειν, etw. an j-m ~ καταμανθάνειν, καταγιγνώσκειν τινός, = bezeichnen σημαίνειν, σημειοῦν, = angeben, erwähnen λέγειν, εἰπεῖν, φάναι.
be-merkenswert ἀξιόλογος (2), μνήμης od. λόγου ἄξιος.
be-merklich machen ἐπισημαίνειν.
Be-merkung f ἡ αἴσθησις, ἡ κατανόησις, durch Verba.
be-messen μετρεῖσθαι, ὁρίζειν. [ἐλεεῖν, οἰκτίρειν.]
be-mitleiden ἐλεεῖν, κατ-
be-mitleidenswert ἐλεεινός, οἰκτρός.

be-mittelt εὔπορος (2), εὐχρήματος (2), εὐδαίμων.
be-moost βρυώδης.
be-mühen, sich πονεῖν, σπουδάζειν, = nach etw. streben ἐπιθυμεῖν τινος, ἐφίεσθαί τινος, θηρᾶν τι.
Be-mühung f ὁ πόνος, ἡ σπουδή, ἡ ἐπιμέλεια.
be-nachbart ὁ, ἡ γείτων, ὁ, ἡ, τὸ πλησίον, ὁ πάρ-, πρόσοικος, ὁ πρόσχωρος (2), ~ sein παρ-, προσοικεῖν, ἔχεσθαί τινος (von Ländern).
be-nachrichtigen ἀγγέλλειν, ἀπαγγέλλειν τινί τι.
Be-nachrichtigung f ἡ ἀγγελία, ἡ ἀπαγγελία.
be-nachteiligen βλάπτειν, ἀδικεῖν, ζημιοῦν.
Be-nachteiligung f ἡ ἀδικία, ἡ βλάβη.
be-nagen τρώγειν, κατατρώγειν τινός, περιτρώγειν τι.
be-nebeln ἐπισκοτεῖν τινι, s. berauschen.
be-nehmen ἀπαλλάττειν τινά τινος, παύειν τινὰ τινος (oder mit dem part.), s. wegnehmen, sich ~ χρῆσθαι, sich gut ~ καλῶς χρῆσθαί τινι.
Be-nehmen n ὁ τρόπος.
be-neiden φθονεῖν τινί τινος oder ἐπί τινι.
Be-neiden n s. Neid.
be-neidenswert ζηλωτός.
be-neidet ἐπίφθονος (2), ζηλωτός, besser ~ als bemitleidet κρείττων οἰκτιρμοῦ φθόνος.
be-nennen ὄνομα ἐπιτιθέναι

τινί, ἐπικαλεῖν, benannt nach etwas ἐπώνυμός τινος.
Be-nennung *f* ἡ ἐπίκλησις, ἡ προσηγορία.
be-netzen βρέχειν, ἐπιβρέχειν, ὑγραίνειν, ῥαίνειν.
Be-netzung *f* ἡ βρέξις oder durch Verba. [κος.]
Bengel *m*, **bengelhaft** ἀγροῖ-
be-niesen πτάρνυσθαι πρός τι (aor. II πταρεῖν)
be-nötigt sein δεῖ μοί τινος, δεῖσθαί τινος.
be-nutzen χρῆσθαί τινι, καρποῦσθαί τι, ἀπολαύειν τινός. [ἀπόλαυσις.]
Be-nutzung *f* ἡ χρῆσις, ἡ
be-obachten θεωρεῖν, σκοπεῖν, προσέχειν (τὸν νοῦν) τινί, Ruhe ~ ἡσυχίαν ἄγειν ob. ἔχειν, Vorsicht ~ εὐλαβεῖσθαι, εὐλάβειαν ποιεῖσθαι, Gesetze ~ ἐμμένειν τοῖς νόμοις.
Be-obachter *m* ὁ κατάσκοπος, ὁ θεωρός.
Be-obachtung *f* ἡ θεωρία, ἡ σκέψις, ἡ κατασκοπή.
Be-obachtungs-gabe *f*, **-geist** *m* ἡ ἀγχίνοια. [τινι.]
be-ordern τάττειν τινὰ ἐπί
be-packen f. beladen.
be-panzern θωρακίζειν.
Be-panzerung *f* ὁ θωρακισμός.
be-pflanzen φυτεύειν, καταφυτεύειν, κατασπείρειν.
be-pflanzt κατάφυτος (2).
Be-pflanzung *f* ἡ καταφύτευσις.
be-pflügen ἀροῦν.
be-quem ἐπιτήδειος (3 u. 2),

καίριος, ἐπικαίριος (2), = Anstrengung scheuend μαλακός, ἀργός.
be-quemen, sich εἴκειν τινί.
Be-quemlichkeit *f* ἡ ἐπιτηδειότης, ἡ μαλακία, ἡ ἀργία.
be-raten, sich, **be-ratschlagen** βουλεύεσθαι περί τινος.
Be-rater *m* ὁ σύμβουλος.
Be-ratschlagung *f* ἡ συμβουλή. [γισμός.]
Be-ratung *f* ἡ σκέψις, ὁ λο-
be-rauben ἀποστερεῖν τινα τινος und τινά τι, ἀφαιρεῖσθαι τινά (τινός) τι, ἀποσυλᾶν τινά τι. [σις.]
Be-raubung *f* ἡ ἀποστέρη-
be-rauschen μεθύσκειν, sich ~ μεθύσκεσθαι, berauscht sein μεθύειν.
be-rechnen λογίζεσθαι (M.), ἀναμετρεῖσθαι, σκοπεῖν (übtr.).
Be-rechnung *f* ὁ λογισμός.
be-rechtigen ἐπιτρέπειν τινί τι.
be-rechtigt: ~ sein κύριον εἶναί τινος, sich für ~ halten ἀξιοῦν, δικαιοῦν mit dem *inf.*
Be-rechtigung *f* ἡ ἐξουσία.
be-reden πείθειν, ἀνα-, συμπείθειν, sich mit j-m ~ διαλέγεσθαί τινι.
Be-redsamkeit *f* ἡ ἐν τοῖς λόγοις δεινότης, ἡ πειθώ, ἡ ῥητορική. [λέγειν.]
be-redt δυνατὸς ob. δεινὸς
Be-reich *m* u. *n* ἡ ἐπικράτεια, τὰ περί ob. κατά τι, außer ~ ἐκτός τινος.
be-reichern πλουτίζειν, πλού-

σιον ποιεῖν ob. τιϑέναι, sich
~ πλουτίζεσθαι (P.).
Be-reicherung f ἡ αὔξησις,
τὸ κέρδος, ἡ πλεονεξία.
be-reisen περι-, ἐπιπορεύεσθαι, ἐπέρχεσθαι.
be-reit ἕτοιμος, πρόθυμος (2),
~ machen παρασκευάζειν,
ἑτοιμάζειν, ~ sein πρό-
θυμον εἶναι.
be-reiten ἑτοιμάζειν, παρασκευάζειν, πορίζεσθαι.
be-reits ἤδη.
Be-reitschaft f ἡ ἑτοιμότης,
in ~ sein ἕτοιμον εἶναι.
Be-reitung f ἡ παρασκευή.
be-reitwillig πρόθυμος (2),
s. bereit.
Be-reitwilligkeit f ἡ προθυμία, ἡ ἑτοιμότης.
be-rennen προσβάλλειν τινί
oder πρός τι. [νος.]
be-reuen μεταμέλει μοί τι-
be-reuenswert μεταμελείας
ἄξιος.
Be-reuung f ἡ μεταμέλεια.
Berg m τὸ ὄρος.
bergab κάτω ob. κατὰ τοῦ
ὄρους.
bergan, bergauf ἄνω τοῦ
ὄρους, ἀνὰ τὸ ὄρος.
Bergbau m ἡ μεταλλεία.
Bergbewohner m ὁ τὰ ὄρη
κατοικῶν. [κρύπτειν.]
bergen κρύπτειν, ἀπο-
Bergfestung f τὸ ἐν τῷ
ὄρει (ἐπὶ τοῦ ὄρους) τεῖ-
χος. [χώρα.]
Berggegend f ἡ ὀρεινὴ
Berggipfel m ἡ κορυφὴ
τοῦ ὄρους, ἄκρον τὸ ὄρος.
bergig ὀρεινός.

Bergkette f τὰ ὄρη συνεχῆ.
Bergland n s. Berggegend.
Bergmann m ὁ μεταλλευ-
τής, ὁ μεταλλεύς.
Bergrücken m τὰ ἄκρα τοῦ
ὄρους.
Bergschlucht f ἡ φάραγξ
(άγγος).
Bergspitze f s. Berggipfel.
Bergstraße f ἡ ὀρεινὴ ὁδός.
Bergtal n ἡ νάπη, τὸ νάπος. [οἰκοῦντες.]
Bergvolk n οἱ ἐν τοῖς ὄρεσιν
Bergwerk n τὰ μέταλλα.
Be-richt m ἡ ἀπαγγελία,
ὁ λόγος, ἡ ἐπιστολή
(schriftlicher).
be-richten ἀπαγγέλλειν, λέγειν, διηγεῖσθαι.
Be-richterstattung f ἡ ἀπαγγελία. [διορθοῦν.]
be-richtigen ἐπανορθοῦν,
Be-richtigung f ἡ διόρθωσις.
be-rieseln ἠρέμα ἐπικλύζειν
τι oder τινί.
be-ritten ἔφιππος (2), ~
machen ἀναβιβάζειν ἐφ'
ἵππους.
Bernstein m τὸ ἤλεκτρον.
bernstein-ähnlich, -artig
ἠλεκτρώδης.
bersten ῥήγνυσθαι, διαρρήγνυσθαι.
be-rüchtigt δια-, περιβόητος
(2), übel ~ sein κακῶς
ἀκούειν.
be-rücken ἀπατᾶν, ἐξαπατᾶν.
be-rücksichtigen λόγον ποιεῖσθαί τινος, φροντίζειν
τινός, ἐπιμελεῖσθαί τινος,
nicht ~ ἀμελεῖν, κατα-
φρονεῖν, ὀλιγωρεῖν τινος.

Be-rücksichtigung f ὁ λόγος, ἡ ἐπιμέλεια.

Be-ruf m ἡ ὁρμή, ἡ ψυχή, ὁ θυμός (Neigung), τὸ ἔργον, ἡ τάξις (Wirkungskreis).

be-rufen καλεῖν, προσκαλεῖν, eine Versammlung ~ συγκαλεῖν, συνάγειν, sich auf etw. ~ ἀναφέρειν εἴς τι.

Be-rufs-arbeit f, **-geschäfte** n/pl., **-pflicht** f τὰ προσήκοντα, τὰ δέοντα.

Be-rufsart f τὸ ἐπιτήδευμα.

Be-rufung f ἡ κλῆσις, ἡ συναγωγή.

be-ruhen auf etw. εἶναι ἔν ober ἐπί τινι.

be-ruhigen παύειν, ἀνα-, καταπαύειν τινά, πραΰνειν, καταπραΰνειν, sich ~ καταπαύεσθαι.

Be-ruhigung f ἡ κατάπαυσις. [παραμύθιον.]

Be-ruhigungsmittel n τὸ

be-rühmt περιβόητος (2), ὀνομαστός, ἔν-, εὔδοξος (2), εὐδόκιμος (2), εὐκλεής, ἐπιφανής, ~ sein εὐδοκιμεῖν.

Be-rühmtheit f ἡ εὔκλεια, ἡ ἐπιφάνεια, ἡ εὐδοξία, ἡ δόξα.

be-rühren ἅπτεσθαι, ψαύειν, θιγγάνειν, ἐπιλαμβάνεσθαί τινος. in der Rede μνησθῆναί τινος, j-n angenehm ~ εὐφραίνειν, τέρπειν.

Be-rührung f ἡ ἁφή, ἡ ψαῦσις, in der Rede ἡ μνήμη.

Be-rührungspunkt m ἡ συναφή, übtr. τὸ κοινόν.

Be-satzung f ἡ φρουρά, οἱ φρουροί, ἡ φυλακή, οἱ φύλακες. [μαίνεσθαι.]

be-schädigen βλάπτειν, λυ-

Be-schädigung f ἡ βλάβη, ἡ λύμη.

be-schaffen παρα-, κατασκευάζειν, πορίζειν (u. die M.).

be-schaffen: wie ~? ποῖος (indir. ὁποῖος), so ~ τοιοῦτος, τοιόσδε, anders ~ ἀλλοῖος, ἑτεροῖος, ~ sein ἔχειν mit adv.

Be-schaffenheit f τὸ σχῆμα, ἡ φύσις, von welcher ~? usw. s. das vorhergehende Wort.

Be-schaffung f ἡ παρασκευή, ὁ πορισμός.

be-schäftigen: j-n ~ πράγματα παρέχειν τινί, sich mit etw. ~ εἶναι περί τι, ἀμφί τι, ἔν od. πρός τινι, διατρίβειν περί τι, σπουδάζειν περί τι.

be-schäftigt ἄσχολος (2), σπουδαῖος, mit vielen (und fremden) Dingen πολυπράγμων.

Be-schäftigung f ἡ ἀσχολία, τὸ ἔργον, ἡ διατριβή, ~ mit vielen (und fremden) Dingen ἡ πολυπραγμοσύνη.

be-schämen αἰσχύνειν, καταισχύνειν. [σχυντικός.]

be-schämend αἰσχρός, αἰ-

be-schämt αἰσχυνθείς, ᾐσχυμένος, κατηφής.

Be-schämung f ὁ ἔλεγχος (als Handlung), ἡ αἰδώς, ἡ αἰσχύνη (als Zustand).

(Be-rücksichtigung — Be-schämung)

be-schatten σκιάζειν, κατα-, συσκιάζειν. [σκιασμός.]
Be-schattung f ὁ συ-
be-schauen θεᾶσθαι (M.), θεωρεῖν, σκοπεῖν.
be-schauenswert ἀξιοθέατος (2).
Be-schauer m ὁ θεωρός.
be-schaulich θεωρητικός.
Be-scheid m s. Antwort, e-n ~ geben s antworten.
be-scheiden μέτριος, σώφρων, ἐπιεικής, αἰδήμων, κόσμιος, εὔκοσμος (2).
Be-scheidenheit f ἡ αἰδώς, ἡ μετριότης, ἡ ἐπιείκεια, ἡ σωφροσύνη.
be-scheinen καταλάμπειν τινός, ἐπιλάμπειν τινί.
be-scheinigen βεβαιοῦν (τι γραφῇ), μαρτυρεῖν.
Be-scheinigung f ἡ βεβαίωσις, ἡ μαρτυρία.
be-schenken δωρεῖσθαι (M.) τινά τινι u. τινί τι, δῶρα διδόναι oder πέμπειν.
be-scheren διδόναι, δωρεῖσθαι.
Be-scherung f ἡ δόσις.
be-schicken ἀποστέλλειν, s. besorgen.
be-schießen: eine Stadt ~ μηχανὰς προσ-, ἐπάγειν πόλει, j-n ~ βάλλειν, τοξεύειν.
be-schiffen πλεῖν.
be-schimpfen αἰσχύνειν, καταισχύνειν, ὀνειδίζειν.
Be-schimpfung f ἡ αἰσχύνη, τὸ ὄνειδος, ἡ ὕβρις.
be-schirmen σῴζειν, φυλάττειν.

Be-schlag m τὸ ἐπίβλημα, ~ auf etw. legen κατέχειν, κατεγγυᾶν, ἀποσημαίνεσθαι.
be-schlagen ἐπιβάλλειν, mit Gold, Silber, Eisen ~ καταχρυσοῦν, καταργυροῦν, σιδηροῦν.
Be-schlag=legung, =nahme f ἡ ἐπίληψις.
be-schleichen ὑπιέναι, ὑπέρχεσθαι. [σπεύδειν, ἐπείγειν.]
be-schleunigen ταχύνειν,
Be-schleunigung f ἡ σπουδή, ἡ ἐπειξις.
be-schließen = beendigen τελευτᾶν, περαίνειν, παύειν, = einen Beschluß fassen βουλεύεσθαι, γιγνώσκειν, δοκεῖ μοι.
Be-schluß m = Beendigung τὸ τέλος, ἡ τελευτή, = Entschluß τὸ βούλευμα, ἡ βουλή, ἡ γνώμη, τὸ δόξαν, τὸ δόγμα, τὸ δεδογμένον, ~ einer Rede ὁ ἐπίλογος.
Be-schlußfassung f ἡ διαγνώμη.
be-schmutzen μολύνειν, ῥυπαίνειν. [ῥυπᾶν.]
be-schmutzt ῥυπαρός, ~ sein
be-schneiden περι-, συντέμνειν, κολούειν.
Be-schneidung f ἡ περιτομή. [νίφειν.]
be-schneien ἐπι-, κατα-
be-schneit νιφετώδης, χιονόβλητος (2).
be-schönigen περιπέττειν, καλλύνειν, s. bemänteln.
Be-schönigung f s. Bemäntelung.

(be-schatten 73 Be-schönigung)

be-ſchränken ὁρίζειν, περιγράφειν (eig.), κολούειν, συστέλλειν, συντέμνειν (übtr.).

be-ſchränkt στενός, μικρός, βραχύς (v. Raum, Zeit u. Zahl), ἀφυής, ἀμβλύς, βραχυγνώμων (vom Verſtande).

Be-ſchränktheit f ἡ στενοχωρία, ἡ στενότης, ἡ ἀφυΐα, ἡ ἀβελτερία (vom Verſtande). [ἡ περιγραφή.]

Be-ſchränkung f ὁ ὁρισμός,

be-ſchreiben καταγράφειν, συγγράφειν, διηγεῖσθαι, die Erde ~ γεωγραφεῖν.

Be-ſchreiber m ὁ περιηγητής. [ἡ συγγραφή.]

Be-ſchreibung f ἡ διήγησις,

be-ſchreiten ἐπιβαίνειν τινός.

Be-ſchreitung f ἡ ἐπίβασις.

be-ſchuhen ὑποδεῖν.

be-ſchuht ὑποδεδεμένος.

be-ſchuldigen αἰτιᾶσθαι (M.) τινά τινος, κατηγορεῖν τινός τι, ἐγκαλεῖν τινι, ~t werden αἰτιᾶζεσθαι, ἐγκαλεῖσθαι.

Be-ſchuldigung f ἡ αἰτία, ἡ αἰτίασις, τὸ ἔγκλημα, ἡ κατηγορία.

be-ſchütten ἐπι-, καταχοῦν.

be-ſchützen σῴζειν, φυλάττειν. [φύλαξ.]

Be-ſchützer m ὁ σωτήρ, ὁ

Be-ſchützerin f ἡ φύλαξ, ἡ σώτειρα.

be-ſchwatzen καταπείθειν.

Be-ſchwerde f = Mühe ὁ πόνος, ὁ μόχθος, τὸ ἄχθος, = Klage τὸ ἔγκλημα, ἡ κατηγορία.

be-ſchweren, ſich ἀγανακτεῖν τινι, καταμέμφεσθαί τινα, κατηγορεῖν τινος.

be-ſchwerlich βαρύς, ἐπίπονος (2), χαλεπός.

Be-ſchwerlichkeit f ἡ βαρύτης, τὸ ἄχθος, ὁ πόνος, ὁ μόχθος.

be-ſchwichtigen καταπραΰνειν, παραμυθεῖσθαι.

Be-ſchwichtigung f ἡ παραμυθία. [τὸ παραμύθιον.]

Be-ſchwichtigungsmittel n

be-ſchwören ὀμνύναι, ἐπομνύναι, διομνύναι, j-n δια-, ἐπιμαρτύρεσθαι, ἱκετεύειν. [γός, ὁ μάγος.]

Be-ſchwörer m ὁ ψυχαγω-

Be-ſchwörung f ἡ ὑπωμοσία, ὁ ὅρκος.

Be-ſchwörungsformel f ἡ ἐπῳδή. [τινα.]

be-ſeelen ψυχοῦν, ἐμψυχοῦν

be-ſeelt ἔμψυχος (2).

be-ſegeln πλεῖν.

be-ſehen θεᾶσθαι, ἐπιβλέπειν, κατασκοπεῖν.

be-ſehenswert ἀξιοθέατος (2).

be-ſeitigen ἐκποδὼν ποιεῖσθαι, ἀφαιρεῖν, ἀφανίζειν.

Be-ſeitigung f ἡ ἀφαίρεσις.

be-ſeligen ποιεῖν ob. τιθέναι τινὰ εὐδαίμονα.

be-ſeligend εὐδαιμονικός, μακάριος.

be-ſeſſen δαιμονικός.

be-ſetzen ἐπιτιθέναι τινί τι ob. ἐπί τί τι, einen Ort ~ καταλαμβάνειν, κρατεῖν τινος.

Be-ſetzung f durch Verba.
be-ſeufzen στένειν, στενάζειν.
be-ſichtigen ἐφορᾶν, ἐπισκοπεῖν, θεᾶσθαι, θεωρεῖν.
Be-ſichtigung f ἡ ἐπίσκεψις, ἡ κατασκοπή, ἡ θεώρησις.
be-ſiegbar: leicht ~ εὐκαταγώνιστος (2), εὐχείρωτος (2).
be-ſiegeln σφραγίζειν, σημαίνειν.
be-ſiegen νικᾶν, κρατεῖν, beſiegt werden ἡττᾶσθαι.
Be-ſieger m durch die *part.*
Be-ſiegung f ἡ νίκη, ἡ ἧττα (das Beſiegtwerden).
be-ſingen ᾄδειν, ὑμνεῖν.
be-ſinnen: ſich auf etwas ~ μιμνήσκεσθαί τινος.
Be-ſinnen n ἡ ἀνάμνησις.
Be-ſinnung f ἡ φρόνησις, ὁ νοῦς, ~ haben εὖ φρονεῖν, zur ~ kommen ἀναλαμβάνειν ἑαυτόν, j-n zur ~ bringen σωφρονίζειν τινά.
be-ſinnungslos ἔκφρων, ἄφρων, ἀπόπληκτος (2).
Be-ſinnungsloſigkeit f ἡ ἀφροσύνη, ἡ ἔκπληξις.
Be-ſitz m ἡ κτῆσις, τὸ κτῆμα (Beſitztum), in ~ nehmen καταλαμβάνειν.
be-ſitzen ἔχειν, κεκτῆσθαι, ἔστι oder ὑπάρχει μοί τι.
Be-ſitzer m ὁ ἔχων, ὁ κεκτημένος, ὁ δεσπότης.
Be-ſitz=ergreifung, =nahme f ἡ κατάληψις.
Be-ſitzerin f ἡ ἔχουσα, ἡ κεκτημένη, ἡ δέσποινα.

be-ſitzlos ἄκληρος (2), πένης, ἄπορος (2).
Be ſitzung f, **Be-ſitztum** n τὸ κτῆμα.
be-ſolden μισθοδοτεῖν τινι, μισθὸν διδόναι, τελεῖν, παρέχειν.
Be-ſoldung f ὁ μισθός, ἡ μισθοφορά.
be-ſonderer = abgeſondert κεχωρισμένος, ἀφωρισμένος, = eigen ἴδιος, = vorzüglich διαφέρων, θαυμάσιος.
be-ſonders χωρίς, ἰδίᾳ, διαφερόντως, μάλιστα, οὐχ ἥκιστα, ganz ~ καὶ πάνυ, καὶ μάλα, εἰς τὰ μάλιστα, ~ auch ἄλλως τε καί, ~ da ἄλλως τ' ἐπειδὴ καί.
be-ſonnen φρόνιμος, σώφρων, σοφός, συνετός, ~ ſein σωφρονεῖν.
Be-ſonnenheit f ἡ φρόνησις, τὸ φρόνιμον, ἡ σωφροσύνη, ἡ σύνεσις.
be-ſorgen ἐπιμέλεσθαί (-εῖσθαί) τινος (P.), μέλει μοί τινος, πράττειν, διαπράττειν, = befürchten φοβεῖσθαι, δεδιέναι.
Be-ſorger m ὁ ἐπιμελητής.
be-ſorglich περιδεής, φοβερός.   [τὸ δέος.]
Be-ſorglichkeit f ἡ φροντίς,
Be-ſorgnis f = Beſorglichkeit.
be-ſorgt ἐπιμελής, προνοητικός, σπουδαῖος, = bekümmert, ängſtlich περίφοβος (2), περιδεής, ~ ſein φοβεῖσθαι.

Be-sorgung f ἡ ἐπιμέλεια.
be-spannen χορδὰς ἐντείνειν τινί (mit Saiten), ζευγνύναι, ὑποζευγνύναι (mit Zugtieren).
be-speien καταπτύειν τινός.
be-spotten, be-spötteln σκώπτειν, ἐπισκώπτειν τινά(τι).
be-sprechen λέγειν, λόγους ποιεῖσθαι περί τινος, λόγῳ διελθεῖν τι, sich mit j-m ~ διαλέγεσθαί τινι, πρός τινα περί τινος, εἰς λόγους ἐλθεῖν (ἰέναι) τινι.
Be-sprechung f οἱ λόγοι.
be-sprengen ῥαίνειν, καταρραίνειν. [σις.]
Be-sprengung f ἡ περίρραν-
be-spritzen s. besprengen.
be-spucken s. bespeien.
be-spülen κατα-, περικλύζειν. [κρείττων.]
besser ἀμείνων, βελτίων,
bessern δι-, ἀν-, ἐπανορθοῦν, βελτίω ποιεῖν, sich ~ βελτίω γίγνεσθαι.
Besserung f ἡ δι-, ἐπανόρθωσις (das Bessermachen), ἡ ἐπὶ (πρὸς) τὸ βέλτιον προτροπή (moralische ~).
Be-stand m ἡ βεβαιότης, τὸ βέβαιον, τὸ μόνιμον, ~ haben μένειν, βέβαιον oder μόνιμον εἶναι.
be-ständig συνεχής, διατελής, ἀδιάλειπτος (2), ~ etw. tun διατελεῖν, διαγίγνεσθαι, διάγειν, διαμένειν ποιοῦντά τι.
Be-ständigkeit f τὸ συνεχές, τὸ μόνιμον, ἡ διαμονή, = Beharrlichkeit ἡ βεβαιότης, ἡ παραμονή.

Be-standteil m τὸ μέρος, τὸ μόριον.
be-stärken ῥωννύναι, αὐξάνειν, βεβαιοῦν.
Be-stärkung f ἡ βεβαίωσις, durch Verba.
be-stätigen κυροῦν, κύριον ποιεῖν, πίστιν παρέχειν τινί, βεβαιοῦν, ἐμπεδοῦν.
Be-stätigung f ἡ κύρωσις, ἡ πίστωσις, ἡ πίστις, ἡ βεβαίωσις.
be-statten κηδεύειν, θάπτειν, ἐκφέρειν. [ταφή.]
Be-stattung f τὸ κῆδος, ἡ
beste ἄριστος, βέλτιστος, κράτιστος.
be-stechen διαφθείρειν, πείθειν χρήμασι oder δώροις.
be-stechlich δωροδόκος (2).
Be-stechlichkeit f ἡ δωροδοκία.
Be-stechung f durch Verba.
be-stehen ὑπομένειν, ὑπέχειν, ὑφίστασθαί τι, aus etw. ~ συγκεῖσθαι, συνεστάναι ἔκ τινος, in etwas ~ εἶναί τι, darauf ~ διαμάχεσθαι mit inf. [gew. durch Verba.]
Be-stehen n ἡ ὑπομονή,
be-stehlen κλέπτειν, συλᾶν.
be-steigen ἀναβαίνειν ἐπί τι, ἐπιβαίνειν τινός.
Be-steigung f ἡ ἀνάβασις.
be-stellen: j-n zu sich ~ καλεῖν, μεταπέμπεσθαι, = j-n zu etw. ~ καθιστάναι, τάττειν, den Acker ~ ἐργάζεσθαι τὴν γῆν, γεωργεῖν, es ist übel bestellt um j-n κακῶς oder φαύλως διάκειται.

Be-stellung f ἡ κλῆσις, ἡ μετάπεμψις, = erteilter Auftrag τὸ πρόσταγμα.
bestens ἄριστα, κάλλιστα.
be-steuern τάττειν, ἐπιτάττειν, ἐπιτιθέναι φόρον τινί. [τάξις.]
Be-steuerung f ἡ τοῦ φόρου
bestialisch θηριώδης.
Bestialität f τὸ θηριῶδες, ἡ θηριότης.
Bestie f τὸ θηρίον.
be-stimmen ὁρίζειν, διορίζειν, = entscheiden κρίνειν, γιγνώσκειν, es ist mir bestimmt εἵμαρταί oder πέπρωταί μοι, = j-n zu etw. bewegen πείθειν, ἀναπείθειν.
be-stimmt τακτός, τεταγμένος, ῥητός, εἰρημένος, = gewiß, zuverlässig ἀσφαλής, ἀκριβής.
Be-stimmtheit f ἡ ἀκρίβεια, ἡ ἀσφάλεια, mit ~ ἀκριβῶς, σαφῶς.
Be-stimmung f ὁ ὁρισμός, ὁ διορισμός, ἡ τάξις, ἡ κρίσις, = Schicksalsb.~ τὸ εἱμαρμένον, τὸ πεπρωμένον.
be-strafen ζημιοῦν, δίκην ἐπιτιθέναι τινί, κολάζειν, τιμωρεῖσθαι (M.).
Be-strafung f ἡ ζημίωσις, ἡ τιμωρία, ἡ κόλασις (als Handlung), ἡ ζημία, ἡ δίκη (gesetzlich bestimmte Strafe).
be-strahlen καταλάμπειν τινός, ἐπιλάμπειν τινί, καταυγάζειν τινός. [λετᾶν.]
be-streben σπουδάζειν, με-

Be-streben n, **Be-strebung** f ἡ σπουδή, ἡ μελέτη.
be-streichen ἀλείφειν, χρίειν, ἐπαλείφειν, ἐπιχρίειν.
be-streiten ἐναντιοῦσθαί τινι (P.), ἀντιλέγειν τινί, die Kosten ~ ὑποφέρειν, παρέχειν, ὑφίστασθαι τὰ ἀναλώματα.
Be-streitung f ἡ ἐναντίωσις.
be-streuen πάττειν.
be-stricken περι-, ἐμπλέκειν, περιβάλλειν.
Be-strickung f ἡ περιπλοκή, ἡ περιβολή.
be-stritten ἀμφισβήτητος (2).
be-stürmen προσβάλλειν τινί ob. πρός τι, προσμάχεσθαι, ἐγκεῖσθαί τινι, j-n ~ ταράττειν, ἐνοχλεῖν τινι.
Be-stürmung f ἡ προσβολή, durch Verba. [ράττειν.]
be-stürzen ἐκπλήττειν, τα-
be-stürzt ἐκπλαγείς.
Be-stürzung f ἡ ἔκπληξις, ἡ ταραχή.
Be-such m ἡ εἰσ-, πρόσοδος, ~ der Schule ἡ φοίτησις, ~ des Theaters ἡ θέα, ~ e-s Kranken ἡ ἐπίσκεψις.
be-suchen ἐπισκοπεῖν, ἐφορᾶν τινα, die Schule ~ φοιτᾶν εἰς διδασκάλου.
Be-sucher m durch Verba.
be-sucht πολυάνθρωπος (2).
be-sudeln μολύνειν, μιαίνειν.
Be-sudelung f ἡ μόλυνσις, ἡ μίανσις. [σβύτερος.]
be-tagt γεραίτερος, πρε-
be-tasten ψηλαφᾶν τινος.
be-tätigen ἔργῳ ob. φανερὸν ἀπο-, ἐπιδεικνύναι.

Be-tätigung f ἡ ἐπίδειξις, τὸ ἔργον.

be-täuben ἐκκωφεῖν, ἐκκωφοῦν (das Gehör), ἀμβλύνειν, τυφοῦν, durch Donner oder Blitz ἐμβροντᾶν.

Be-täubung f ἡ κώφωσις, ἡ ἔκπληξις.

be-teiligen: sich an etwas ~ μεταλαμβάνειν, κοινωνεῖν, μετέχειν τινός (mit j-m τινί), beteiligt sein bei etwas μέτεστί μοί τινος, μετέχειν τινός.

Be-teiligung f durch Verba.

beten: zu j-m ~ εὔχεσθαι (M.) τινι.

be-teuern ἀπομαρτύρεσθαι τι, ἐπιμαρτύρεσθαι mit dem inf. oder ὅτι.

Be-teuerung f ἡ ἐπιμαρτυρία, ἡ πίστις.

be-titeln ἐπιγράφειν.

be-tören ἐξαπατᾶν, παράγειν. [παραγωγή.)

Be-törung f ἡ ἐξαπάτη, ἡ)

be-tonen τονοῦν.

Be-tonung f ἡ τόνωσις.

Be-tracht m: in ~ kommen ἀξιόλογον od. λόγου ἄξιον εἶναι, in ~ ziehen s. betrachten.

be-trachten σκοπεῖν, θεᾶσθαι (M.), ἐπισκοπεῖν, κατασκοπεῖσθαι, ἐννοεῖν, ἐννοεῖσθαι.

be-trächtlich ἀξιόλογος (2), λόγου ἄξιος, μέγας, πολύς.

Be-trächtlichkeit f τὸ μέγεθος, τὸ πλῆθος.

Be-trachtung f ἡ θέα, ἡ σκέψις, ὁ **λογισμός**, ἡ ἐπίσκεψις.

be-trachtungs-, be-trachtenswert ἀξιοθέατος (2), λόγου ἄξιος.

Be-trag m τὸ σύμπαν, ὁ ἀριθμός, τὸ πλῆθος.

be-tragen εἶναι, sich ~ παρέχειν ἑαυτόν, εἶναι, γίγνεσθαι mit adj., διακεῖσθαι oder ἔχειν mit adv.

Be-tragen n ὁ τρόπος (auch pl.), τὰ ἤθη.

be-trauen: j-n mit etwas ~ ἐπιτρέπειν τινί τι.

be-trauern πενθεῖν, θρηνεῖν, ὀλοφύρεσθαι.

Be-trauern n τὸ πένθος, ὁ θρῆνος.

be-trauernswert πένθους od. θρήνων ἄξιος.

Be-treff m: in b~, b~s περί τινος, κατά τι.

be-treffen = ertappen αἱρεῖν, καταλαμβάνειν, φωρᾶν, = Bezug auf etw. haben προσήκειν τινί, ἀνήκειν u. τείνειν εἴς od. πρός τι, was mich betrifft τὸ πρὸς oder κατ' ἐμέ, τό γ' ἐπ' ἐμοί, ἔγωγε.

be-treiben ἐπείγειν, σπεύδειν, πράττειν, ἐργάζεσθαι, ἐπιτηδεύειν, ἐπιμελεῖσθαι (P) τινος.

Be-treibung f ἡ ἐργασία, ἡ πραγματεία, ἡ ἐπιτήδευσις, ἡ ἐπιμέλεια.

be-treten ἐπιβαίνειν τινός, ἀναβαίνειν ἐπί τι, εἰσ-, παριέναι, παραγίγνεσθαι εἴς τι.

Be-trieb m ἡ σπουδή.
be-triebsam ἐργαστικός, σπουδαῖος, φιλόπονος (2), φίλεργος (2). [πονία.]
Be-triebsamkeit f ἡ φιλο-
be-trinken, sich μεθύσκεσθαι, οἰνοῦσθαι.
be-troffen f. bestürzt.
be-trüben λυπεῖν, ἀνιᾶν τινα, sich ~ λυπεῖσθαι, ἀνιᾶσθαι. [ἀνία.]
Be-trübnis f ἡ λύπη, ἡ
be-trübt περίλυπος (2), δύσθυμος (2), ἄθυμος (2), ~ sein λυπεῖσθαι (P.), ἄχθεσθαί τινι.
Be-trug m ἡ ἀπάτη, ἡ ἐξαπάτη, τὸ ψεῦδος.
be-trügen ἀπατᾶν, ἐξαπατᾶν, ψεύδειν.
Be-trüger m ὁ ἀπατεών (ῶνος), ὁ ψεύστης.
Be-trügerei f f. Betrug.
be-trügerisch ἀπατηλός, δόλιος, δολερός, ψευδής.
be-trüglich ἀπατηλός.
be-trunken μεθύων, μέθυσος, ~ sein μεθύειν, ~ machen μεθύσκειν.
Be-trunkenheit f ἡ μέθη.
Bett n ἡ εὐνή, ἡ κλίνη, ἡ κοίτη, zu ~ gehen κατακλίνεσθαι, sich zu ~ legen κοιμᾶσθαι, ~ eines Flusses τὸ ῥεῖθρον.
Bettdecke f ἡ χλαῖνα.
bettelarm πτωχός, ~ sein πτωχεύειν.
Bettelarmut f ἡ πτωχεία.
Bettelei f ἡ προσαίτησις.
bettelhaft πτωχικός.
betteln πτωχεύειν.

Betteln n ἡ πτωχεία.
Bettelstab m ἡ πτωχικὴ βακτηρία, an den ~ kommen εἰς τὴν ἐσχάτην ἀπορίαν ἐλθεῖν.
Bettgestell n ἡ κλίνη.
bettlägerig κλινήρης, κλινοπετής.
Bettler m ὁ πτωχός, ὁ πτωχεύων.
Bettlerin f ἡ πτωχὴ γυνή.
beugen κάμπτειν, κλίνειν, sich vor j-m ~ ὑπείκειν τινί.
Beugung f ἡ κάμψις, ἡ κλίσις.
Beule f ἡ κορδύλη.
be-unruhigen ταράττειν, ἄγχειν, λυπεῖν.
be-unruhigend ταραχώδης, ταρακτικός, ὀχληρός, ἀνιαρός. [ὁ ὄχλος.]
Be-unruhigung f ἡ ταραχή,
be-urkunden τεκμηριοῦν, ἐπιμαρτυρεῖν, δηλοῦν.
be-urlauben ἀφιέναι, ἀποπέμπειν.
Be-urlaubung f ἡ ἄφεσις, ἡ ἀπόπεμψις.
be-urteilen κρίνειν, γιγνώσκειν, διακρίνειν, κρίσιν ποιεῖσθαί τινος, etw. nach etw. ~ σκοπεῖσθαί τι ἔκ τινος, μετρεῖν τί τινι.
Be-urteiler m ὁ γνώμων (ονος), ὁ κριτής.
Be-urteilung f ἡ κρίσις, ἡ διάκρισις, ἡ γνῶσις.
Be-urteilungsgabe f ἡ γνώμη. [σύνεσις, ἡ γνώμη.]
Be-urteilungskraft f ἡ
Beute f ἡ λεία, ~ machen λείαν ποιεῖσθαι, λαμβά-

νειν, ἄγειν, auf der Jagd ἡ ἄγρα, τὸ ἄγρευμα.
Beutel m ὁ θύλακος, ὁ κώρυκος.
Beutelschneider m ὁ βαλλαντιοτόμος.
Beutemachen n ἡ λεηλασία.
Beutezug m ἡ λεηλασία, ἡ λῃστεία.
be-völkern οἰκίζειν, κατ- [οἰκίζειν.]
Be-völkerung f ἡ οἴκισις, ἡ κατοίκισις, ὁ οἰκισμός, ὁ κατοικισμός, = Einwohner οἱ ἐν-, κατοικοῦντες.
be-vollmächtigen κύριον ποιεῖν τινά τινος, ἐπιτρέπειν τινί τι.
Be-vollmächtigte(r) m ὁ κύριος, ὁ ἐπίτροπος.
Be-vollmächtigung f ἡ ἐπιτροπή, ἡ ἐξουσία.
bevor πρίν, πρὶν ἤ, πρὸ τοῦ mit inf.
be-vormunden ἐπιτροπεύειν τινὰ und τινός.
Be-vormundung f ἡ ἐπιτροπεία, ἡ ἐπιτρόπευσις.
be-vorstehen προ-, ἐπι-, ὑποκεῖσθαι, μέλλειν.
be-vorteilen πλεονεκτεῖν τινός τι.
Be-vorteilung f ἡ πλεονεξία. [τινος.]
be-vorzugen προτιμᾶν τινά
Be-vorzugung f ἡ προτίμησις.
be-wachen φυλάττειν, φρουρεῖν.
be-wachsen δασύς, λάσιος.
Be-wachung f ἡ φυλακή, ἡ φρουρά.

be-waffnen ὁπλίζειν, ἐξ-, καθοπλίζειν.
be-waffnet ἔνοπλος ob. durch die part. der Verba.
Be-waffnung f ἡ ὅπλισις, ἡ ἐξ-, καθόπλισις, τὰ ὅπλα.
be-wahren φυλάττειν, σῴζειν, τηρεῖν.
be-währen δεικνύναι, ἐπιδεικνύναι, δηλοῦν, = prüfen δοκιμάζειν, ἐξετάζειν.
be-wahrheiten ἐπαληθεύειν.
be-währt δοκιμασθείς, δόκιμος (2), γνήσιος.
be-wandert: in etw. ~ ἔμπειρος, ἐπιστήμων τινός.
be-wandt: ſo ~ οὕτως ἔχων, τοιοῦτος.
Be-wandtnis f: es hat ſolche ~ οὕτως ἔχει.
be-wässern ἄρδειν, ἐπάρδειν, ὑδρεύειν. [ῥυτός (2).]
be-wässert ἔφυδρος (2), ἐπί-
Be-wässerung f ἡ ὑδρεία, ἡ ὕδρευσις.
be-wegen κινεῖν, j-n zu etw. ~ ἐπ-, προάγειν, προτρέπειν τινὰ εἴς τι, πείθειν, ἀναπείθειν.
Be-weggrund m ἡ αἰτία.
beweglich, be-wegbar κινητός, εὐκίνητος (2).
Be-wegung f ἡ κίνησις, τὸ κίνημα, = Unruhe, Auflauf ἡ κίνησις, ὁ θόρυβος, ἡ ταραχή, ἡ στάσις.
Be-wegungslos ἀκίνητος (2).
Be-wegungslosigkeit f ἡ ἀκινησία, τὸ ἀκίνητον.
be-weiden νέμειν, ἐπι-, κατανέμειν (vom Hirten), M. vom Vieh.

be-weinen κλάειν, ἀπο-, κατακλάειν, θρηνεῖν, δακρύειν.
be-weinenswert δακρύων od. θρήνου ἄξιος. [τός.]
be-weint κλαυστός, δακρυ-
Be-weis m ἡ ἀπόδειξις, ὁ ἔλεγχος, τὸ τεκμήριον, τὸ σημεῖον, einen ~ liefern παράδειγμα διδόναι, τεκμήρια παρέχεσθαι.
be-weisen δεικνύναι, ἐπι-, ἀποδεικνύναι, δηλοῦν, sich ~ als παρέχειν mit dopp. acc.
Be-weisführung f s. Beweis.
Be-weisgrund m τὸ τεκμήριον, τὸ σημεῖον, τὸ μαρτύριον.
Be-weiskraft f ἡ πίστις.
Be-weismittel n s. Beweis.
be-wenden lassen ἐμμένειν τινί, ἀποδέχεσθαι, ἀγαπᾶν τι.
be-werben: sich um etwas ~ σπουδάζειν περί τι oder περί τινος, um ein Amt παραγγέλλειν, μετιέναι, um eine Frau μνηστεύειν.
Be-werber m durch die *part.* der Verba.
Be-werbung f ἡ περί τι σπουδή, ἡ παραγγελία (um ein Amt), ἡ μνηστεία (um eine Frau).
be-werfen ἐπιβάλλειν τινί od. ἐπί τι τι.
be-werkstelligen πράττειν, διαπράττειν (auch M.), ἐργάζεσθαι, μηχανᾶσθαι, τεχνᾶσθαι.
Be-werkstelligung f ἡ διάπραξις, gew. durch Verba.

be-willigen χαρίζεσθαι, συγχωρεῖν, διδόναι τινί τι.
Be-willigung f ἡ συγχώρησις, mit j-s ~ συγχωρήσαντος, ἑκόντος, βουλομένου τινός, mit aller ~ συνδοκοῦν, συνδόξας ἅπασιν.
be-willkomm(n)en δεξιοῦσθαι (M.), ἀσπάζεσθαι (M.).
Be-willkommnung f ἡ δεξίωσις, ὁ ἀσπασμός.
be-wirken ποιεῖν, πράττειν, διαπράττειν (auch M.), ἐργάζεσθαι.
Be-wirkung f durch Verba.
be-wirten ξενίζειν, ξενοδοκεῖν, ἑστιᾶν, δειπνίζειν.
be-wirtschaften διοικεῖν, οἰκονομεῖν.
Be-wirtschaftung f ἡ διοίκησις, ἡ οἰκονομία.
Be-wirtung f ἡ ξένισις, ἡ ξενοδοχία, ἡ ἑστίασις.
be-wohnbar οἰκήσιμος (2).
be-wohnen οἰκεῖν, κατ-, ἐνοικεῖν.
Be-wohner m ὁ οἰκήτωρ (ορος), ὁ οἰκητής.
Be-wohnerin f ἡ κατ-, ἐνοικοῦσα. [τός.]
be-wohnt οἰκούμενος, οἰκη-
Be-wunderer m ὁ θαυμαστής, ὁ ἐραστής.
be-wundern θαυμάζειν τί τινος, τινά τινος, ἐπί τινι, ἄγασθαι.
be-wunderns-wert, -würdig θαυμαστός, θαυμάσιος, ἀγαστός, ζηλωτός.
Be-wunderswürdigkeit f ἡ θαυμασιότης.

Be-wunderung f τὸ θαῦμα, ~ erregen θαῦμα ἐμβάλλειν oder παρέχειν τινί.

be-wußt: gew. durch οὗτος, ἐκεῖνος ob. durch den bloßen art., sich ~ sein συνειδέναι αὑτῷ τι, es ist mir ~ οἶδα, οὐ λανθάνει με, οὐκ ἀγνοῶ, οὐ φεύγει με.

be-wußtlos ἄφρων, ἀναίσθητος (2).

Be-wußtlosigkeit f ἡ ἀφροσύνη, ἡ ἀναισθησία.

Be-wußtsein n = Besinnung, Gefühl ἡ φρόνησις, ἡ αἴσθησις, ἡ σύνεσις, ὁ νοῦς, = das Sichbewußtsein einer Sache τὸ συνειδέναι, ἡ σύνεσις.

be-zahlen ἀριθμεῖν, καταβάλλειν, κατατιθέναι, ἐκ-, ἀποτίνειν, ἀποδιδόναι.

Be-zahlung f ἡ ἀπόδοσις, ἡ ἀπότισις. [ροῦν.

be-zähmen δαμάζειν, ἡμε-]

Be-zähmung f ἡ ἡμέρωσις.

be-zaubern γοητεύειν, ἐπᾴδειν τινί, übtr. θέλγειν, κηλεῖν.

be-zaubernd ἐπαγωγός (2), θελκτήριος, κηλητήριος.

Be-zauberung f ἡ γοητεία, ἡ ἐπῳδή, übtr. ἡ θέλξις, ἡ κήλησις.

be-zeichnen σημειοῦν, σημαίνειν, δηλοῦν.

be-zeichnend ἴδιος.

Be-zeichnung f ἡ σημείωσις, ἡ δήλωσις.

be-zeigen δεικνύναι, ἐπιδεικνύναι, δηλοῦν, j-m Ehre ~ τιμᾶν τινα, sich j-m gefällig ~ χαρίζεσθαί τινι, s. sich beweisen.

be-zeugen μαρτυρεῖν τινί τι.

Be-zeugung f ἡ μαρτυρία.

be-zichtigen κατηγορεῖν τινός τι, ἐγκαλεῖν τινί τι.

be-ziehen: etw. mit etw. ἐντείνειν τινί τι, ἐπιτείνειν τινί τι, = bekommen λαμβάνειν, etw. auf etw. ~ ἀνα-, ἐπαναφέρειν τι εἰς, ἐπί ob. πρός τι.

Be-ziehung f = Empfangnahme ἡ λῆψις, in ~ stehen mit etwas μετέχειν τινός, μέτεστί μοί τινος, προσήκει μοί τι, in ~ zu j-m stehen κοινωνεῖν, ὁμιλεῖν τινι.

be-ziehungsweise καθότι χρή, ἢν δὲ τύχῃ, εἰ δὲ τύχοι.

Be-zirk m ὁ κύκλος, ἡ περιβολή, ἡ περίοδος, e-s Landes ἡ χώρα, ὁ νομός.

Be-zirksgenosse m ὁ δημότης. [oder δήμους.]

be-zirksweise κατὰ νομούς]

Bezug m: ~ haben auf etw. ἀνήκειν εἴς τι, s. sich beziehen, in b~ auf etw. κατά τι, εἴς τι oder bloßer acc.

be-zwecken σκοπεῖν τι, στοχάζεσθαί τινος.

be-zweifeln ἀμφισβητεῖν περί τινος u. περί τι ob. μή mit inf., ἀπιστεῖν τινι.

Be-zweifelung f ἡ ἀμφισβήτησις, ἡ ἀπιστία.

be-zwingbar ἁλωτός, ἁλώσιμος (2).

be-zwingen s. besiegen, χει-

ῥοϑσϑαι, βιάζεσϑαι, κρατεῖν τινος.
Be-zwinger m durch part.
Be-zwingung f ἡ νίκη, ἡ χείρωσις.
Bibel f τὰ ἱερὰ γράμματα.
Biber m ὁ κάστωρ (ορος).
Bibergeil n τὸ καστόριον.
Bibliothek f ἡ βιβλιοϑήκη.
bieder, biederherzig χρηστός, γενναῖος, καλὸς κἀγαϑός.
Biederkeit f, **Biedersinn** m ἡ χρηστότης, ἡ γενναιότης, ἡ καλοκἀγαϑία.
Biedermann m ἀνὴρ χρηστὸς ob. καλὸς κἀγαϑός.
biegen κάμπτειν, κλίνειν, κυρτοῦν.
biegsam καμπτός, εὔκαμπτος (2).
Biegsamkeit f ἡ εὐκαμψία.
Biegung f ἡ κάμψις, ἡ καμπή.
Biene f ἡ μέλιττα.
bienenartig μελιττώδης.
Bienenkönigin f ἡ τῶν μελιττῶν ἡγεμών.
Bienenschwarm m τὸ σμῆνος, ὁ ἑσμός.
Bienenstock m ὁ σίμβλος, τὸ σμῆνος, ἡ κυψέλη.
Bienenzucht f ἡ μελιττουργία. |κρίϑινος οἶνος.|
Bier n ὁ und τὸ ζῦϑος, ὁ|
bieten διδόναι τινί τι, παρέχειν (auch M.).
Bild n ἡ εἰκών (όνος), τὸ εἴδωλον, τὸ ἄγαλμα.
bilden εἰκάζειν, ἀπεικάζειν, πλάττειν, μορφοῦν, τυποῦν.

bilderreich εἰκόνας πολλὰς ἔχων, εἰκόνων μεστός.
Bildersaal m ἡ πινακοϑήκη.
Bilderschrift f τὰ ἱερογλυφικὰ γράμματα.
Bildersprache f ἡ εἰκονολογία.
Bildhauer m ὁ ἀγαλματοποιός, ὁ ἀνδριαντοποιός, ὁ ἑρμογλύφος.
Bildhauerei, Bildhauerkunst f ἡ ἀνδριαντοποιία, ἡ ἑρμογλυφία.
bildlich ἀλληγορικός.
Bildner m ſ. Bildhauer.
Bildnis n ſ. Bild.
bildsam πλαστικός, εὔπλαστος (2). |στον.|
Bildsamkeit f τὸ εὔπλα-|
Bildsäule f ὁ ἀνδριάς (άντος), ἡ εἰκών, τὸ ἄγαλμα.
bildschön πάγκαλος (2).
Bildung f ἡ πλάσις, in bezug auf den Geist ἡ παιδεία, ἡ παίδευσις, ἡ διδασκαλία, ἡ διδαχή.
Bildungs-anstalt, -schule f τὸ παιδευτήριον.
bildungsfähig παιδευτός.
Bildungsstätte f ſ. Bildungsanstalt.
Bildungsstufe f ἡ παιδεία.
Bildwerk n τὸ πλάσμα, τὸ ποίημα.
billig δίκαιος, μέτριος, ἐπιεικής; Preis: εὔωνος; es ist ~ δίκαιον, εἰκὸς (ἐστίν), ἔοικεν, wie ~ ὡς, ὥσπερ εἰκός. |τριος.|
billigdenkend ἐπιεικής, μέ-|
billigen ἐπαινεῖν, ἀπο-

billigerweise εἰκότως.
Billigkeit f τὸ δίκαιον, τὸ ἴσον, ἡ δικαιοσύνη, ἡ μετριότης.
Billigung f ὁ ἔπαινος.
Bilsenkraut n ὁ ὑοσκύαμος.
Bimsstein m ἡ κίσηρις (ιδος und εως).
Binde f τὸ ἄμμα, ἡ ταινία.
Bindemittel n ὁ σύνδεσμος, ἡ σύνδεσις.
binden δεῖν, ἀναδεῖν πρός τι u. ἔκ τινος, = hemmen, aufhalten κατέχειν, καταλαμβάνειν, εἴργειν, κατείργειν τινά, = fesseln δεῖν, δεσμεύειν.   [durch Verba.
Binden n ἡ δέσις, gew.
binnen ἐντός mit gen., ἐν mit dat. oder bloßer gen.
Binnenland n ἡ μεσόγαια.
Binnensee m ἡ στομαλίμνη.
Binse f ὁ σχοῖνος.
binsen=ähnlich, =artig σχοινοειδής, σχοινώδης.
Biographie f ὁ βίος.
Birke f ἡ σημύδα.
Birnbaum m ἡ ἄπιος.
Birne n τὸ ἄπιον.
bis: ~ an, auf, in, nach, unter, zu μέχρι mit gen., bei ungefährer Zahlbestimmung εἰς, ἐπί, Konjunkt. ἕως, ἔστε, μέχρι, μέχρι οὗ mit ind. od. conj. mit ἄν, so lange ... ~ τέως ... ἕως, als ~ πρίν ἤ.
Bisam m ὁ μόσχος.
Bischof m ὁ ἐπίσκοπος.
bisher, bis jetzt τέως, μέχρι τοῦδε.

Biß m ἡ δῆξις, τὸ δῆγμα, ὁ δηγμός.
Bißchen n τὸ ψωμίον, τὸ ψωθίον, ein b~ = ein wenig μικρόν, ὀλίγον.
Bissen m ὁ ψωμός.
bissig δηκτικός.
bisweilen ἐνίοτε, ἔσθ' ὅτε.
Bitte f ἡ δέησις, ἡ αἴτησις, τὸ δέημα, τὸ αἴτημα.
bitten δεῖσθαί τινός τι, αἰτεῖν τινα (παρά τινος) τι.
bitter πικρός, ~ machen πικραίνειν, ~er Haß δεινὸν μῖσος.   [πικρόν.
Bitterkeit f ἡ πικρότης, τὸ
bitterlich ὑπόπικρος (2), ~ weinen πικρῶς κλάειν.
Bitt=gesuch, =schreiben n, **=schrift** f ἡ δέησις.
Bivouac (Biwak) n ἡ ἀγραυλία.
bivouakieren (biwakieren) αὐλίζεσθαι.
bizarr ἀλλόκοτος (2), παράδοξος (2).
Blachfeld f τὸ πεδίον.
blähen ἐμφυσᾶν, ἀνεμοῦν.
Blähung f ἡ φῦσα, ἡ ἀνεμία.
blamieren αἰσχύνειν, καταισχύνειν, καταγέλαστον ποιεῖν.   [λευκός.
blank λαμπρός, στιλπνός,
Blase f ἡ φυσαλίς, τὸ φύσημα.
Blasebalg m ἡ φῦσα.
blasen φυσᾶν, πνεῖν, zum Angriff ~ σημαίνειν τὸ πολεμικόν oder μάχεσθαι, zum Rückzug ~ σημαίνειν τὸ ἀνακλητικόν.

Blasen n ἡ φύσησις, τὸ φύσημα, ~ des Windes ἡ πνοή, ~ der Flöte ἡ αὔλησις.

Blasphemie f ἡ βλασφημία.

blaß ἄχρους, ἄχροιος (2), ἀχρῶς, χλωρός, ὠχρός.

Blässe f ἡ ἀχροία, ἡ χλωρότης, ἡ ὠχρότης.

blaß-gelb, **-grün** χλωρός, ὑπόχλωρος (2). [(ιδος).]

Bläßhuhn f ἡ φαλαρὶς

bläßlich ὑπωχρος (2).

Blatt n τὸ φύλλον, ~ von Papier ὁ χάρτης, ~ von Metall ἡ λεπίς (ιδος), ~ am tierischen Körper ἡ ὠμοπλάτη. [ειδής.]

blatt-artig, **-ähnlich** φυλλο-

Blättchen n τὸ φυλλάριον.

Blatter f τὸ ἐξάνθημα.

blätterig φυλλώδης.

blätterlos ἄφυλλος (2).

blättern: in einem Buche ~ ἀναπτύσσειν, ἀνελίττειν βιβλίον. [λύφυλλος (2).]

blätterreich φυλλώδης, πο-

blattlos f. blätterlos.

blau γλαυκός, κυανοῦς.

Blau n, **Bläue** f ἡ γλαυκότης.

blauäugig γλαυκόμματος (2), γλαυκόφθαλμος (2).

bläuen πελιτνοῦν, πελιαίνειν.

Blaukehlchen n ὁ δροσπίζης.

bläulich ὑπόγλαυκος (2).

Blei n ὁ μόλυβδος.

bleiartig μολυβδοειδής, μολυβδώδης.

bleiben = fortdauern μένειν, δια-, ἐπιμένειν, an einem Orte ~ διατρίβειν, διάγειν, es bleibt dabei δεδογμένον ἐστίν, sich gleich ~ ἀεὶ τὸν αὐτὸν εἶναι, etw. ~ lassen ἐᾶν, παραλείπειν, = fallen πίπτειν, ἀποθνήσκειν, τελευτᾶν.

bleibend μόνιμος, ἔμμονος (2), βέβαιος, ἀσφαλής.

bleich f. blaß.

bleichen: trans. λευκαίνειν, ἡλιοῦν, intr. ὠχριᾶν, λευκαίνεσθαι.

Bleichsucht f ἡ λευκοφλεγματία, τὸ λευκὸν φλέγμα.

bleichsüchtig λευκοφλεγμάτος (2), λευκοφλεγματώδης.

bleifarbig μολυβδοειδής.

bleihaltig μόλυβδον ἔχων.

Blende f τὸ προκάλυμμα.

blenden τυφλοῦν.

blendend ἀνταυγής.

Blendung f ἡ τύφλωσις.

Blendwerk n τὸ τέχνασμα, ἡ γοητεία.

Blick m ἡ ὄψις, τὸ βλέμμα, mit unverwandtem ~ ἀτενές, mit finsterm ~ σκυθρωπός (2).

blicken βλέπειν εἴς τι, προσβλέπειν τι, j-m ins Auge ~ ἀντιβλέπειν τινί, ~ lassen φαίνειν, sich ~ lassen φαίνεσθαι.

blind τυφλός, ἀμαυρός, διεφθαρμένος τοὺς ὀφθαλμούς, = töricht ἄφρων, ἀσύνετος (2), = ohne Glanz ἀμαυρός, ~er Lärm κενὸς oder μάταιος θόρυβος.

Blinddarm m τὸ τυφλὸν ἔντερον.

blindgeboren τυφλὸς φύσει.
Blindheit f ἡ τυφλότης.
blindlings εἰκῇ, προπετῶς, ἀφρόνως, ἀνοήτως.
Blindschleiche f ὁ τυφλώψ (ὤπος).
blinken στίλβειν, λάμπειν.
blinzeln σκαρδαμύττειν.
Blitz m ἡ ἀστραπή, ὁ κεραυνός, ὁ σκηπτός, ὁ πρηστήρ, j-n mit dem ~e töten κεραυνοῦν τινα, vom ~e getötet werden κεραυνοῦσθαι, der ~ schlägt ein ὁ κεραυνὸς πίπτει εἴς τι, κατασκήπτει εἴς τι, vom ~e getroffen κεραυνόβλητος (2).
blitz-ähnlich, -artig ἀστραποειδής.
blitzen ἀστράπτειν.
blitzschnell ὀξύτατος, adv. ἄφνω, αἰφνιδίως.
Blitzstrahl m ὁ κεραυνός.
Block m τὸ στέλεχος, τὸ πρέμνον, τὸ ἐπίξηνον.
Blockade f ἡ πολιορκία, ὁ περιτειχισμός.
Blockhaus n τὸ περιπόλιον, τὸ σταύρωμα.
blockieren πολιορκεῖν.
Blockierung f ἡ πολιορκία.
blöde ἀμβλύς, κωφός, = schüchtern αἰδήμων.
Blödigkeit f ἡ ἀμβλύτης, ἡ κωφότης, ἡ αἰδώς.
Blödsinn m ἡ ἀμβλύτης.
blödsinnig ἀμβλύς.
blöken βληχᾶσθαι (M.).
blond ξανθός.
Blondheit f ἡ ξανθότης.
bloß γυμνός, ψιλός, adv.

μόνον, οὐδὲν ἀλλ' ἤ, οὐδὲν πλήν.
Blöße f ἡ γυμνότης, τὸ γυμνόν, übtr. ἡ ἐρημία, ἡ ἔνδεια.
blühen ἀνθεῖν, θάλλειν, ἀκμάζειν, εὐδαιμονεῖν (bsd. von Städten). [ἄνθη.]
Blühen n ἡ ἄνθησις, ἡ
blühend ἀνθῶν, ἀνθηρός, ἀκμάζων, εὐδαίμων, ~es Aussehen ἡ εὔχροια.
Blume f τὸ ἄνθος.
blumenartig ἀνθώδης.
Blumenduft m τὸ ἄνθος ὀδμόν.
Blumenfreund m ὁ φιλανθὴς ἀνήρ.
Blumenkranz m ὁ ἀνθέων στέφανος.
Blumenlese f ἡ ἀνθολογία.
blumenreich πολυανθής.
blumig ἀνθηρός.
Blut n τὸ αἷμα, vergossenes ~ ὁ φόνος, mit ~ beflecken αἱμάττειν, αἱματτοῦν.
Blutader f ἡ αἱματῖτις φλέψ.
blutarm ὀλίγαιμος (2).
blutartig αἱματώδης.
Blutbad n ὁ φόνος, ἡ σφαγή.
blutbefleckt μιαιφόνος (2).
Blutdurst m ἡ φόνου oder αἵματος ἐπιθυμία.
blutdürstig φόνου ἐπιθυμῶν, φονικός. [ἡ ἄνθησις.]
Blüte f τὸ ἄνθος, ἡ ἀκμή,
Blutegel m ἡ βδέλλα.
bluten αἱμορροεῖν, = sterben σφάττεσθαι, προΐεσθαι τὴν ψυχήν.

Bluten n ἡ αἱμόρροια.
blutend αἱμόρρους (2).
blüten=leer, =los ἀνανθής.
blütenreich εὐ-, πολυανθής.
Blütezeit f ἡ ἀκμή.
blutfarbig αἱματοειδής.
Blutfink m ὁ πυρρούλας (ου).
Blutfluß m ἡ αἱμόρροια.
Blutgefäß n ἡ φλέψ, ἡ ἀρτηρία. [δίκη.]
Blutgericht n ἡ φονικὴ
Blutgier f, **blutgierig** fiehe Blutdurft, blutdürftig.
blutig αἱματώδης, ἔναιμος (2), ..er Krieg ὀλέθριος πόλεμος. [ρία.]
Blutrache f ἡ φόνου τιμω-
blutreich ἔναιμος (2), πολυαίματος (2).
blutrot αἱματοειδής.
Blutschande f ἡ ἀνόσιος συνουσία.
Blutschuld f τὸ μίασμα, τὸ φόνος, τὸ ἄγος.
Blut=speien, =spucken n ἡ αἵματος ἀναφορά.
blutstillend ἴσχαιμος (2).
Blutsturz m ἡ αἱμορραγία.
blutsverwandt ὅμαιμος (2), ἀναγκαῖος.
Blutsverwandtschaft f ἡ ἀναγκαιότης.
Blutung f ἡ αἵματος ἔκχυσις oder ἐκβολή.
Blutvergießen n f. Blutbad.
Bock m ὁ κριός, ὁ τράγος, ὁ αἴξ.
Böckchen, Böcklein n ὁ ἔριφος, ὁ τραγίσκος.
Bockshorn n τὸ τράγειον κέρας, ins ∼ jagen f. erschrecken.

Boden m ἡ γῆ, τὸ δάπεδον, τὸ ἔδαφος, auf dem ∼ χαμαί, auf den ∼, zu ∼ χαμᾶζε, vom ∼ χαμᾶθεν, dem ∼ gleichmachen κατασκάπτειν, καταβάλλειν, der unterfte Teil von etwas τὸ (τὰ) κάτω, von einem Zimmer oder Schiff τὸ ἔδαφος, der Raum unterm Dache τὸ ὑπωρόφιον.
Bodenbeschaffenheit f ἡ τῆς γῆς φύσις.
bodenlos ἀπύθμενος (2), von Schlechtigkeit, Unheil u. dgl. ἀνήκεστος (2).
Bogen m ἡ καμπή, ὁ καμπτήρ, τὸ κύρτωμα, zum Schießen τὸ τόξον, e-n ∼ machen κάμπτεσθαι, καμπὴν ποιεῖσθαι.
bogenförmig τοξοειδής.
Bogenschießen f ἡ τοξεία.
Bogenschuß m τὸ τόξευμα.
Bogenschütze m ὁ τοξότης.
Bogensehne f τὸ νεῦρον.
Bohle f ἡ σανίς.
Bohne f ὁ κύαμος.
bohren τρυπᾶν.
Bohrer m τὸ τέρετρον, τὸ τρύπανον.
Bollwerk n τὸ ἔρυμα, τὸ τεῖχος, ὁ τειχισμός, τὸ ὀχύρωμα, ἡ προβολή, ὁ πρόβολος. [οἰστός.]
Bolzen m τὸ βέλος, ὁ
Bombardement n, **bombardieren** f. Beschießung, beschießen.
Bombast m ὁ (τῶν λόγων) κόμπος, ὁ ὄγκος.
bombaftisch κομπώδης.

Boot *f* τὸ σκάφος, ἡ σκάφη, ὁ λέμβος. [ὑπηρέτης.]
Bootsknecht *m* ὁ ἐρέτης, ὁ
Bootsmann *m* ὁ ναύτης.
Bord *m* ὁ τοῖχος, τὸ κράσπεδον, an ~ gehen ἐπιβαίνειν νεώς, εἰσβαίνειν εἰς ναῦν, über ~ werfen ἐκβάλλειν od. ἀπορρίπτειν ἐκ τῆς νεώς oder εἰς τὴν θάλατταν.
borgen κιχρᾶναι od. διδόναι τί, auf Zinsen δανείζειν τί τινι, etw. von j-m ~ κίχρασθαί τι παρά τινος.
Borgen *f* ὁ δανεισμός.
Born *m* ἡ κρήνη.
Börse *f* τὸ βαλλάντιον.
Borste *f* ἡ σμῆριγξ (ιγγος), ἡ θρίξ (τριχός).
borstig λάσιος.
Borte *f* τὸ κράσπεδον.
bösartig κακοήθης, πονηρός.
Bösartigkeit *f* ἡ κακοήθεια, ἡ κακία, ἡ πονηρία.
böse κακός, φαῦλος, πονηρός, κακοῦργος (2), ἄδικος (2), = zornig, heftig χαλεπός, ὀργίλος, ἄγριος.
Bösewicht *m* ὁ κακοῦργος.
boshaft κακόνους (2), πονηρός.
Boshaftigkeit *f*, **Bosheit** *f* ἡ κακότης, ἡ πονηρία.
böslich κακῶς, πονηρῶς.
böswillig, **Böswilligkeit** *f* s. boshaft, Boshaftigkeit.
Botanik *f* ἡ βοτανική.
botanisch βοτανικός.
botanisieren βοτάνας συλλέγειν, βοτανολογεῖν.

Bote *m* ὁ ἄγγελος.
Botin *f* ἡ ἄγγελος.
Botmäßigkeit *f* ἡ ἀρχή, ἡ ἐπικράτεια, unter seine ~ bringen ὑφ᾽ ἑαυτῷ ποιεῖσθαι, unter j-s ~ stehen εἶναι ὑπό τινι, ὑπακούειν τινός, ὑπήκοον εἶναί τινος.
Botschaft *f* ἡ ἀγγελία, fröhliche ~ τὸ εὐαγγέλιον.
Botschafter *m* ὁ ἄγγελος, ὁ πρεσβευτής (*pl.* οἱ πρέσβεις).
Bottich *m* ὁ πίθος.
brach ἀγεώργητος (2), ἀργός, ~ liegen ἀργεῖν.
Brach-acker *m*, **-feld**, **-land** *n* ἡ νεός (νειός), ὁ ἀργὸς ἀγρός.
Brand *m* ἡ ἔμπρησις, ἡ πυρκαϊά, in ~ stecken ἐμπιμπράναι, πῦρ ἐμβάλλειν τινί, in ~ stehen κάεσθαι, κατακάεσθαι.
Brandfackel *f* ἡ δᾴς (ᾳδός).
Brandfleck *m* τὸ ἔγκαυμα, ἡ φῴς (φῳδός).
Brandfuchs *m* ὁ αἴθων (ωνος). [τὸ στίγμα.]
Brandmal *n* τὸ ἔγκαυμα,
brandmarken καυτηριάζειν, στίζειν.
Brandmarkung *f* ἡ στίξις.
Brandopfer *n* ἡ ἔμπυρος θυσία, ein ~ darbringen ὁλοκαυτεῖν (-τοῦν).
Brandpfeil *m* ὁ πυρφόρος ὀϊστός. [καίειν.]
brandschatzen τέμνειν καὶ
Brandschatzung *f* ἡ ἀργυρολογία. [ἅπτων(ὑφάψας).]
Brandstifter *m* ὁ πῦρ ὑφ-

Brandstiftung f ἡ ἔμπρησις.
Brandung f ἡ ῥαχία, ἡ κυματωγή (das Brechen der Wogen).
Brandzeichen n s. Brandmal.
braten ὀπτᾶν.
Braten m τὰ ὀπτὰ κρέα.
Bratspieß m ὁ ὀβελός.
Brauch m ὁ νόμος, τὸ πάτριον. [τήδειος.]
brauchbar χρήσιμος, ἐπι-
Brauchbarkeit f τὸ χρήσιμον, ἡ χρηστότης, ἡ ἐπιτηδειότης.
brauchen χρῆσθαί τινι, δεῖσθαί τινος.
brauen ἕψειν.
braun φαιός, ὀρφνινος.
Bräune (als Farbe) f τὸ φαιόν, τὸ ὀρφνινον, (als Krankheit) ὁ σύναγχος.
bräunen φαιὸν ποιεῖν.
bräunlich ἐπίπερκος (2), ἐπίξανθος (2).
brausen ἠχεῖν, κτυπεῖν, θορυβεῖν.
Braut f ἡ νύμφη.
Brautfackel f ἡ γαμήλιος δᾴς (ᾳδός). [ἀγωγός.]
Brautführer m ὁ νυμφ-
Brautführerin f ἡ νυμφαγωγός.
Brautgemach n ὁ θάλαμος.
Bräutigam m ὁ νυμφίος.
Brautlied n ὁ ἐπιθαλάμιος.
Brautwerber m ὁ νυμφαγωγός.
brav χρηστός, σπουδαῖος, ἀγαθός, καλὸς κἀγαθός, ~ handeln ἀνδραγαθίζεσθαι, für ~ gelten εὐδοκιμεῖν.

Bravheit f ἡ χρηστότης, ἡ καλοκἀγαθία, ἡ ἀρετή.
bravo εὖγε.
Brecheisen n ὁ μοχλός.
brechen ῥηγνύναι, ἀγνύναι, θραύειν, κλᾶν, ἐπι-, κατακλᾶν, e-n Vertrag ~ παραβαίνειν συνθήκην, ein Bündnis ~ λύειν τὰς σπονδάς, e-n Eid ~ παραβαίνειν ὅρκον, sein Wort ~ (ὑποσχόμενον) ψεύδεσθαι, das Stillschweigen ~ λύειν τὴν σιγήν, sich ~ (von Strahlen und dgl.) ἀνακλᾶσθαι, ἀγνυσθαι, = sich erbrechen ἐμεῖν, ἀπεμεῖν.
Brechen n ~ ἡ ῥῆξις, das Erbrechen ὁ ἔμετος.
Brechmittel n τὸ ἐμετικὸν ob. ἐμετήριον (φάρμακον).
Brei m τὸ ἔτνος, ἡ ἀθάρη.
breit εὐρύς, πλατύς, ~ machen εὐρύνειν.
Breite f τὸ εὖρος, τὸ πλάτος.
Bremse f ὁ οἶστρος.
brennbar καύσιμος (2), καυστός, καυστικός.
Brennbarkeit f τὸ καύσιμον.
brennen: *trans.* κάειν, *intr.* κάεσθαι, = leuchten λάμπειν, von ob. vor etwas ~ κάεσθαι, αἴθεσθαί τινι.
Brennen n ἡ καῦσις.
brennend κάων, καυστικός, von Leidenschaften ὀξύς, δεινός.
Brennessel f ἡ ἀκαλήφη.
Brennholz n τὰ καύσιμα ξύλα, τὰ φρύγανα.
Bresche f τὸ παρερρηγμέ-

(Brandstiftung 89 Bresche)

νον ober παρερρωγὸς τοῦ τείχους.
Brett n ἡ σανίς.
Brettspiel n ἡ πεττεία, οἱ πεττοί. [γράμματα.
Brief m ἡ ἐπιστολή, τὰ
Briefbote m ὁ γραμματοφόρος.
brieflich ἐπιστολιμαῖος (2).
Briefträger m ſ. Briefbote.
Briefwechsel m τὰ γράμματα.
Brigg f ὁ κέλης (ητος).
brillant λαμπρός, μεγαλοπρεπής. [μας (αντος).
Brillant m (Edelſtein) ὁ ἀδά-
bringen κομίζειν, ἄγειν, φέρειν, eine Nachricht ἀγγέλλειν, Früchte καρποὺς φέρειν, Ehre, Schande uſw. τιμήν, αἰσχύνην φέρειν, j-n dahin ~, daß προάγειν τινὰ εἰς ὁ. ἐπί τι, an ſich ~ κτᾶσθαι, ans Licht ~ ἀποφαίνειν, ἐκφέρειν εἰς τὸ φῶς, δηλοῦν, j-n auf die Seite ~ ἀναιρεῖν ἐκ μέσου, j-n auf ſeine Seite ~ προσάγεσθαι τινα, auf die Beine ~ (ein Heer u. dgl.) συνάγειν, συναθροίζειν, etw. über einen ~ ἐπάγειν oder ἐπιφέρειν τινί τι, nicht übers Herz ~ ὁ θυμὸς οὐκ ἐᾷ, e-n um etw. ~ ὑφελεῖν τινα (τινός) τι, ums Leben ~ ἀποκτείνειν, φονεύειν, unter die Leute ~ διαθρυλ(λ)εῖν, διασπείρειν, etwas vor ſich ~ κτᾶσθαι, χρηματίζεσθαι, zur Welt ~ τίκτειν, γεννᾶν.

Brocken m ὁ ψωμός, τὸ ψώμισμα.
Brodem m ὁ ἀτμός.
Brombeere f τὸ βάτον.
Bronze f ὁ χαλκός.
bronzen χαλκοῦς.
Broſam(e) m u. n (f) ἡ ψὶξ (ιχός).
Brot n ὁ ἄρτος, ἡ μᾶζα, ὁ σῖτος, ~ baden ἀρτοποιεῖν, ἀρτοκοπεῖν.
Brotbaden n ἡ ἀρτοποιία.
Brotbäcker m ὁ ἀρτοποιός, ὁ ἀρτοκόπος. [ληϛ.
Brothändler m ὁ ἀρτοπώ-
Brotherr m ὁ μισθοδότης.
brotlos οὐκ ἔχων βίον, ἐνδεής.
Bruch m τὸ ῥῆγμα, τὸ κάταγμα, τὸ σύντριμμα, ~ am Unterleib ἡ κήλη, übtr. ἡ διάλυσις, ἡ διαφορά. [μόριον.
Bruch-ſtück n, -teil m τὸ
Brücke f ἡ γέφυρα, eine ~ ſchlagen γέφυραν ποιεῖν ob. ζευγνύναι.
Bruder m ὁ ἀδελφός.
Bruderkrieg m ὁ ἀδελφῶν πόλεμος.
brüderlich ἀδελφός, ἀδελφικός. [(2).
bruderliebend φιλάδελφος
bruderlos ἀνάδελφος (2).
Brudermord m ἡ ἀδελφοκτονία. [κτόνος.
Brudermörder m ὁ ἀδελφο-
Bruders-ſohn m, -tochter f ὁ ἀδελφιδοῦς, ἡ ἀδελφιδῆ. [βαμμα.
Brühe f ὁ ζωμός, τὸ ἔμ-
brüllen βρυχᾶσθαι (M.),

μυκᾶσθαι (M.), von Menschen βοᾶν, μέγα φθέγγεσθαι.
Brüllen n ὁ μυκηθμός, τὸ μύκημα, τὸ βρύχημα.
brummen βράζειν, ὀμάζειν.
Brunnen m τὸ φρέαρ (ατος).
Brunnenkresse f τὸ κάρδαμον, [τιαῖον ὕδωρ.]
Brunnenwasser n τὸ φρεά-
Brunst f ἡ πτόησις, ἡ σκύζα, ὁ ἵμερος.
Brust f τὸ στέρνον, τὸ στῆθος, sich an die ~ schlagen τύπτεσθαι ob. κόπτεσθαι τὸ στῆθος, die beiden Seiten der Brustwölbung ὁ μαζός, ὁ μαστός, ἡ μάμμα.
Brustbeschwerden f/pl. τὸ ἄσθμα.
Brustbild n ἡ προτομή.
brüsten: sich mit etwas ~ γαυριᾶν (auch P.), μεγαλύνεσθαί τινι und ἐπί τινι, ἀγάλλεσθαι, κομπάζειν, σεμνύνεσθαί τινι.
Brustharnisch m ὁ θώραξ.
Brusthöhle f ὁ θώραξ, ἡ χέλυς (υος). [ἡ ἔπαλξις.]
Brüstung f, **Brustwehr** f
Brustwarze f ὁ μαζός.
Brut f ἡ γονή, ὁ γόνος, ὁ τόκος.
brutal θηριώδης.
Brutalität f τὸ θηριῶδες, ἡ θηριότης. [τεύειν.]
brüten ἐπῳάζειν, νεοσ-
Bube m ὁ παῖς, ὁ μειράκιον, ὁ κάκιστος (schändlicher Mensch).
Bubenstreich m, **-stück** n, **Büberei** f τὸ πονήρευμα, τὸ πανούργημα.

Buch n ἡ βίβλος, τὸ βιβλίον.
Buche f ἡ ὀξύα oder ὀξύη.
buchen adj. ὀξύινος.
buchen (Verb) ἀπογράφειν.
Buchenwald m ὁ ὀξυῶν δρυμός. [βίβλος.]
Bücherfreund m ὁ φιλό-
Bücher-saal m, -sammlung f ἡ βιβλιοθήκη.
Buchfink m ὁ σπίνος.
Buchführer m ὁ γραμματεύς. [τεία.]
Buchführung f ἡ γραμμα-
Buchhalter m ὁ γραμματεύς.
Buchhändler m ὁ βιβλιοπώλης. [πωλεῖον.]
Buchhandlung f τὸ βιβλιο-
Büchlein n τὸ βιβλίον.
Buchsbaum m ἡ πύξος.
Büchse f ἡ θήκη, τὸ κιβώτιον.
Buchstabe m τὸ γράμμα, τὸ στοιχεῖον.
Buchstabenschrift f τὰ γράμματα.
buchstabieren συλλαβίζειν.
buchstäblich κατὰ τὰ γράμματα, κατὰ λέξιν.
Bucht f ὁ κόλπος, ὁ ὅρμος.
buchtenreich κολπώδης.
Buckel m τὸ κύρτωμα.
buckelig κυρτός, κυφός.
bücken, sich κύπτειν, ἐπι-, ἐγκύπτειν.
Bude f ἡ σκηνή.
Büffel m ὁ ἄγριος βοῦς.
Bug m ἡ καμπή, bei Tieren ἡ ὠμοπλάτη.
Bügel m τὸ τόξον.
buhlen ἑταιρεῖν, πορνεύεσθαι, μοιχεύειν.

Buhler m ὁ μοιχός, ὁ πόρνος. [ἑταιρεία.]
Buhlerei f ἡ ἑταίρησις, ἡ
Buhlerin f ἡ ἑταίρα, ἡ ἑταιρίς.
buhlerisch ἑταιρικός, μοιχικός, πορνικός.
Bühne f ἡ σκηνή.
Bühnenstück n τὸ δρᾶμα.
Bund m ἡ συμμαχία.
bundbrüchig παράσπονδος (2). [σπόνδησις.]
Bundbrüchigkeit f ἡ παρα-
Bündel n ἡ δέσμη, ὁ σύνδεσμος. [μαχος.]
Bundesgenosse m ὁ σύμ-
Bundesgenossenschaft f ἡ συμμαχία. [κόν.]
Bundesheer n τὸ συμμαχι-
Bundesrat m, **Bundesversammlung** f τὸ συνέδριον.
Bundesvertrag m ἡ συμμαχία. [βής.]
bündig σύντομος (2), ἀκρι-
Bündigkeit f ἡ ἀκρίβεια.
Bündnis n αἱ συνθῆκαι, αἱ σπονδαί, ἡ συμμαχία, ἡ ἐπιμαχία, ein ~ schließen σπένδεσθαι od. σπονδὰς od. συμμαχίαν ποιεῖσθαί τινι od. πρός τινα, ein ~ brechen λύειν od. παραβαίνειν τὰς σπονδάς. [(2).]
bundbrüchig παράσπονδος
bunt ποικίλος, ~e Farbe ἡ ποικιλία, ~ färben ποικίλλειν, ~ durcheinander ἀναμίξ, ἀτάκτως.
buntfarbig ποικίλος, ποικιλόχρους (2).
Buntheit f ἡ ποικιλία, τὸ ποικίλον.

Bürde f τὸ φορτίον, τὸ φόρημα, übtr. τὸ ἄχθος.
Burg f ἡ ἀκρόπολις, ἡ ἄκρα.
Bürge m ὁ ἐγγυητής, ὁ [ἔγγυος.]
bürgen: für j-n oder etw. ἐγγυᾶσθαί τινα od. τι, bei j-m τινί oder πρός τινα.
Bürger m ὁ πολίτης, ὁ ἀστός. [ὅρκος.]
Bürgereid m ὁ πολιτικός
Bürgerfeind m ὁ μισόδημος.
Bürgerfreund m ὁ φιλόδημος, ὁ δημοτικός.
Bürgerin f ἡ πολῖτις (ιδος), ἡ ἀστή.
Bürgerkrieg m ὁ οἰκεῖος (ἐπιδήμιος, ἐμφύλιος) πόλεμος.
Bürgerkrone ὁ στέφανος.
bürgerlich πολιτικός, ~e Angelegenheiten τὰ πολιτικά.
Bürgerpflicht f τὸ τῷ πολίτῃ προσῆκον.
Bürgerrecht n ἡ πολιτεία, das ~ erlangen τυγχάνειν τῆς πολιτείας, j-m das ~ geben διδόναι τινὶ τὴν πολιτείαν. [πολῖται.]
Bürgerschaft f ἡ πόλις, οἱ
Bürgin f ἡ ἔγγυος.
Bürgschaft f ἡ ἐγγύη, ἡ κατεγγύη, ~ leisten für j-n διεγγυᾶν τινα.
Bürgschaftsleistung f ἡ διεξεγγύησις. [νίσκος.]
Bursche m ὁ παῖς, ὁ νεα-
Bürste f τὸ κάλλυντρον.
bürsten καλλύνειν, καθαίρειν.
Bürzel m τὸ ὀρροπύγιον.
Busch m ὁ θάμνος.

Büschel n ἡ δέσμη, ἡ δεσμίς. [λάσιος.]
buschig θαμνώδης, δασύς,
Buschwerk n ὁ θάμνος (auch pl.). [μαστός (auch pl.).]
Busen m ὁ κόλπος, ὁ
Busen=freund m, =freundin f ὁ φίλτατος, ἡ φιλτάτη.
Busenfreundschaft f ἡ μεγίστη φιλία.

Bussard m ὁ τριόρχης, ὁ τρίορχος.
Buße f ἡ δίκη, ἡ τίσις, ἡ τιμωρία, = Reue ἡ μετάνοια.
büßen δίκην διδόναι τινός, ἐκτίνειν τινός, κολάζεσθαι, ζημιοῦσθαι.
Büste f ἡ εἰκών (όνος).
Butter f τὸ βούτυρον.

C

(Die unter C fehlenden Artikel suche man unter K oder Z.)

Chaos n τὸ χάος.
Charakter m ὁ χαρακτήρ (ῆρος), ἡ φύσις, οἱ τρόποι, = Titel, Rang ἡ τιμή, ἡ τάξις, edler, guter ~ εὐήθεια, ἡ εὐτροπία, von gutem ~ εὐήθης, εὔτροπος (2), κόσμιος τοὺς τρόπους, schlechter ~ ἡ κακοήθεια, ἡ κακοτροπία, von schlechtem ~ κακοήθης, κακότροπος (2).
Charaktereigentümlichkeit f τὸ φύσει ἴδιον.
charakteristisch ἴδιος.
charakterlos ἀήθης.
Charakterlosigkeit f τὸ ἀηθες.
Chor m ὁ χορός, ἡ χορεία, τὸ χόρευμα (Reigen), e-n ~ anführen χορηγεῖν, der Anführer des ~es ὁ χορηγός.
Chorführer m ὁ χορηγός.
Chorführerin f ἡ χορηγίς (ίδος).
Chortanz m ὁ χορός, ἡ χορεία.
Chortänzer m ὁ χορευτής.
Christ m ὁ χριστιανός.
Christentum n ὁ χριστιανισμός.
Chronik f τὰ χρονικά.
Chronikenschreiber m ὁ χρονογράφος.
chronisch χρόνιος.
Chronolog m ὁ χρονολόγος.
Chronologie f ἡ χρονολογία.
chronologisch χρονολογικός, adv. κατὰ χρόνους.

D Δ, δ, τὸ δέλτα, indekl.
da *adv.* ἐνταῦθα, ἐνθάδε, αὐτοῦ, αὐτόθι, τῇδε, ταύτῃ, ἐκεῖ, von da ἐντεῦθεν, ἐνθένδε, da und dort ἔνθα καὶ ἔνθα, *cj.* der Zeit ὅτε, ὁπότε, ἡνίκα, ἐπεί, ἐπειδή, ὡς, des Grundes ἐπεί, ἐπειδή, ὡς, ὅτε, ὅπου, da ja ἐπείπερ, ἐπειδή γε, da nun ἐπεὶ ἄρα.
da-bei παρά oder πρός τινι, ἐγγύς, πλησίον τινός.
dabei-bleiben παρα-, προσμένειν.
dabei-lassen ἐγκαταλείπειν.
dabei-liegen παρα-, προσεπικεῖσθαι.
dabei-sagen ἐπιλέγειν.
dabei-sein παρεῖναι, παραγενέσθαι.
Dabei-sein *n* ἡ παρουσία, in meinem ~ ἐμοῦ παρόντος.
dabei-sitzen παρα-, προσκαθῆσθαι.
dabei-stehen παρεστάναι.
da-bleiben ἐπι-, παραμένειν.
Dach *n* ἡ στέγη, τὸ στέγασμα.
Dachs *m* ὁ τρόχος.
Dachstuhl *m* αἱ ὀροφαί.
Dachziegel *m* ἡ κεραμίς (ίδος).
da-durch διὰ τούτου, τῇδε, ταύτῃ, οὕτως, kausal διά mit *acc.*, ἐκ oder ἀπό mit *gen.* ob. durch den bloßen *dat.* der *pron. demonstr.*

da-für ἀντὶ τούτου oder τούτων.
dafür-geben ἀντιδιδόναι τί τινος.
Dafür-halten *n* ἡ δόξα, nach meinem ~ ὡς ἐμοὶ δοκεῖ oder δοκεῖν, ἐμοὶ δοκεῖν, κατά γε τὴν ἐμὴν δόξαν.
dafür-können αἴτιον εἶναί τινος.   [δέχεσθαι.]
dafür-sein ἐπαινεῖν, ἀπο-
dafür-sprechen λέγειν ὑπέρ τινος.
da-gegen ἀντὶ τούτου, als Adversativpartikel δέ, ἀλλά.
dagegen-anführen ἀντιλέγειν.
dagegen-einkaufen ἀνταγοράζειν, ἀντωνεῖσθαι. (Bei allen mit ~ verbundenen Verben nehme man das Simplex und setze dieses mit ἀντί zusammen.)
da-heim οἴκοι.
da-her ἐντεῦθεν, ἐνθένδε, αὐτόθεν, ἐκεῖθεν, s. deshalb, als Folgerungspartikel οὖν, ἄρα, δή, τοίνυν, ὥστε, τοιγαροῦν, τοιγάρτοι.
daher-kommen ἐπ-, προσιέναι.
da-hin ἐκεῖσε, ἐνθάδε, αὐτόσε, ἐκεῖσε, ~ wo ἔνθα, bis ~ εἰς τοῦτο ob. τοσοῦτον.
dahin-bringen προάγειν, πείθειν τινά, es ~, daß διαπράττεσθαι ὥστε mit *inf.* ob. ὅπως mit *ind. fut.*

dahin-eilen οἴχεσθαι, φεύγειν.
dahin-fahren ἀπελαύνειν.
dahin-fliegen ἀποπέτεσθαι.
dahin-fliehen φεύγειν, ἐκφεύγειν.
dahin-gestellt sein lassen ἐᾶν τι.
dahin-sterben ἀποθνῄσκειν, διαφθείρεσθαι.
dahin-streben, dahin-trachten τοῦτο σκοπεῖν oder πράττειν ὅπως mit *ind. fut.*
da-hinter ὄπισθε(ν), ἐξ-, κατόπισθε(ν).
dahinter(her)-sein διώκειν.
dahinter-kommen αἰσθάνεσθαι, κατανοεῖν, μανθάνειν. [stecken]
dahinter-sein, dahinter-
ὑπεῖναι, ὑποκεῖσθαι.
da-liegen κεῖσθαι, κατακεῖσθαι.
da-malig ὁ, ἡ, τὸ τότε.
da-mals τότε, τηνικαῦτα, κατ' ἐκεῖνον τὸν χρόνον, ~ als ὅτε, ἡνίκα.
Dame *f* ἡ γυνή.
Damhirsch *m* ἡ ἔλαφος, ἡ δορκάς (άδος).
da-mit *adv.* zur Bez. der Gemeinschaft σύν, ἅμα mit *dat.*, μετά mit *gen.*, des Mittels und Werkzeuges durch den *dat.* der *pron.* τούτῳ, ταύτῃ, ᾧ, ᾗ usw., *cj.* ἵνα, ὡς, ὅπως nach einem Haupttempus mit *conj.*, nach einem Nebentempus gew. mit *opt.*, ~ nicht ἵνα μή, ὅπως μή, ὡς μή, μή.
dämlich ὁ, ἡ βλάξ (ακός).

Damm *m* τὸ χῶμα.
dämmen χοῦν, ἀποχοῦν.
dämmerig κνεφαῖος.
dämmern: es dämmert ὄρθρος ἐστὶ βαθύς.
Dämmerung *f* ὁ ὄρθρος, τὸ κνέφας.
Dämon *m* ὁ δαίμων (ονος), von e-m ~ besessen sein δαιμονᾶν.
dämonisch δαιμόνιος.
Dampf *m* ὁ ἀτμός, ὁ καπνός. [πνοῦσθαι.)
dampfen ἀτμίζειν, καπνοῦσθαι.
dämpfen σβεννύναι, κατασβεννύναι, κατέχειν, παύειν, καταπαύειν.
dampfend, dampfig ἀτμώδης, καπνώδης.
da-nach f. darauf.
da-neben παρά oder πρός τούτῳ.
daneben-stellen παρατιθέναι und so in Zssgn, zB. **daneben-sitzen** παρακαθῆσθαι usw.
da-nieder χαμαί.
danieder-liegen κατακεῖσθαι, ἀργεῖν.
Dank *m* ἡ χάρις (ιτος), ~ abstatten χάριν ἀποδιδόναι, ἀπονέμειν, ~ sagen χάριτας λέγειν, ~ wissen χάριν ἔχειν oder εἰδέναι.
dankbar εὐχάριστος (2), ~ sein εὐχαριστεῖν.
Dankbarkeit *f* ἡ εὐχαριστία.
danken f. Dank abstatten usw., = einen Gruß erwidern ἀντασπάζεσθαι, ἀντιπροσαγορεύειν.
dankenswert χάριτος ἄξιος.
Dankfest *n* τὰ χαριστήρια.

Dankgefühl *n* τὸ εὐχάριστον.
Danklied *n* ὁ παιάν (ᾶνος), τὸ προσῴδιον, ὁ ὕμνος.
Dankopfer *n* ſ. Dankfeſt.
danksagen χάριτας λέγειν.
Danksagung *f* ἡ χάριτος ὁμολογία.
dann εἶτα, ἔπειτα, μετὰ τοῦτο (ταῦτα).
dannen: von ~ ἐντεῦθεν, ἐνθένδε, πρόσω, in Zſſgn ἀπό, z.B. von ~ ziehen ἀπελαύνειν uſw.
dar-an παρά, ἐπί, ἐν mit *dat.*, in Zſſgn mit Verben παρά, πρός, ἐπί und ἐν.
daran-ſein: gut oder übel ~ εὖ (καλῶς), κακῶς ἔχειν.
daran-ſetzen παραβάλλεσθαι.
daran-wenden ἀναλίσκειν, καταναλίσκειν, δαπανᾶν.
daran-wollen: nicht ~ ὀκνεῖν, μέλλειν.
dar-auf μετὰ τοῦτο (ταῦτα), ἐκ τούτων, ἔπειτα, bald ~ ὀλίγῳ od. οὐ πολλῷ ὕστερον, tags ~ τῇ ὑστεραίᾳ.
darauf achten ἐνθυμεῖσθαι.
darauf ausgehen τοῦτο μηχανᾶσθαι.
darauf bedacht ſein ἐπινοεῖν, διανοεῖσθαι.
darauf-befinden, ſich ἐπεῖναι. [dacht ſein.)
darauf denken ſ. darauf be-)
darauf-fallen ἐμπίπτειν.
darauf-folgen ἕπεσθαι, ἐφέπεσθαι. [ἐπιβάλλειν.)
darauf-legen ἐπιτιθέναι,
darauf-liegen ἐπικεῖσθαι.

darauf-losgehen, -ſtürmen ὁρμᾶν ἐπί τι, δρόμῳ φέρεσθαι ἐπί τι. [φειν.]
darauf-ſchreiben ἐπιγρά-)
darauf ſchwören ἐπομνύναι.
darauf ſehen σκοπεῖν.
darauf-ſetzen ſ. darauf-legen.
darauf-ſitzen ἐπικαθῆσθαι.
darauf-ſpringen ἐπιπηδᾶν.
darauf-ſtehen ἐφεστάναι.
darauf-ſtellen ἐφιστάναι.
darauf-werfen ἐπιβάλλειν.
dar-aus ἐκ τούτου (τούτων), τούτῳ, ἐντεῦθεν, ~ wird nichts οὐ δυνατὸν τοῦτο γενέσθαι, οὐκ ἐῶ.
darben σπανίζειν.
dar-bieten ὀρέγειν, παρέχειν, διδόναι, es bietet ſich eine Gelegenheit dar ἀφορμὴ γίγνεται, καιρός ἐστιν.
dar-bringen προσ-, ἐπιφέρειν.
Dar-bringung *f* ἡ προσφορά, ἡ προσαγωγή.
dar-ein εἰς mit *acc.* der *pron. demonstr.*, in Zſſgn εἰς u. ἐν, z.B. ~ fallen εἰσ-, ἐμπίπτειν.
darein-ergeben, darein-finden, ſich ὑπομένειν τι.
darein-reden παραφθέγγεσθαι, ὑποκρούειν.
darein-ſchlagen παίειν.
darein-ſetzen ἐντιθέναι, ἐγκαθιστάναι, ſeine Ehre ~ φιλοτιμεῖσθαι.
darein-willigen ἐπαινεῖν, ὁμολογεῖν.
dar-in, dar-innen ἐν mit *dat.* der *pron. demonstr.*, auch ἔνδον, ἐντός, in Zſſgn ἐν,

zW. ~ bleiben ἐμμένειν, ~ sein ἐνεῖναι usw.

dar-legen ἀποδεικνύναι, ἀποφαίνειν, δηλοῦν, διδάσκειν.

Dar-legung f ἡ ἀπόδειξις, ἡ δήλωσις.

Dar-lehen n τὸ δάνεισμα, τὸ δάνειον.

dar-leihen δανείζειν, κιχράναι. [ὁ χρήστης.]

Dar-leiher m ὁ δανειστής.

Darm m τὸ ἔντερον.

Darre f ὁ ταρσός.

dar-reichen s. darbieten.

dar-stellen ἀπο-, ἐπιδεικνύναι, δηλοῦν, vom Dichter ποιεῖν, vom Maler γράφειν.

Dar-steller m durch die part. der Verba.

Dar-stellung f ἡ ἐπίδειξις, ἡ γραφή, ἡ ποίησις.

dar-tun ἀποδεικνύναι, ἀποφαίνειν, δηλοῦν.

dar-über ὑπέρ und ἐπί mit acc. der pron. demonstr., ὑπεράνω.

darüber-decken περιπεταννύναι.

darüber-gehen διαβαίνειν.

darüber-halten ὑπερέχειν.

darüber-her ὑπέρ oder κατά mit dem gen. der pron. demonstr., ὑπερέχειν, ~ hin ὑπέρ mit dem acc. der pron. demonstr.

darüber-hinaus, darüber-hinweg ἐπέκεινα, ὑπέρ mit dem acc.

darüber-hingehen (hinweggehen) παριέναι (von ἵημι), παραλείπειν (mit Stillschweigen).

darüber-kommen περιτυγχάνειν τινί. [κεῖσθαι.]

darüber-liegen ὑπερ-, ἐπι-

darüber-setzen trans. ὑπερτιθέναι, übtr. ὑπερβάλλειν, διαβαίνειν, περαιοῦσθαι.

dar-um περί mit dem acc. der pron. demonstr., = deshalb διὰ τοῦτο (ταῦτα), τούτου ἕνεκα.

dar-unter ὑπό mit dem dat. der pron. demonstr., κάτω, ὑποκάτω.

darunter-breiten ὑποστρωννύναι.

darunter-gießen ὑποχεῖν.

darunter-legen ὑποτιθέναι, ὑποβάλλειν.

darunter-zählen ἀριθμεῖν.

da-sein παρεῖναι, παραγενέσθαι, ἥκειν.

Da-sein n ἡ παρουσία, = Vorhandensein ἡ οὐσία.

da-selbst αὐτοῦ, ἐνταῦθα, ἐνθάδε, ἐκεῖ.

da-sitzen καθῆσθαι.

daß ὅτι, ὡς od. acc. m. inf., nach den Verben der sinnlichen und geistigen Wahrnehmung und des Affekts durch d. part. oder ὅτι, nach den Verben des Fürchtens μή mit dem conj. (oder opt. nach einem Nebentempus), s. damit, so — ὥστε mit ind. (tatsächliche Folge), sonst inf., ο = doch εἴθε, εἰ γάρ, unter der Bedingung, ~ ἐφ᾽ ᾧ, ἐφ᾽ ᾧτε mit inf.

da-stehen ἑστάναι, καθ-, παρεστάναι, ~ als etwas φαίνεσθαι, ἐξελέγχεσθαι mit dem part.

Dattel f ἡ φοῖνιξ (ικος).
Dattel-baum m, **-palme** f ἡ, ὁ φοῖνιξ.
Dattelwald m τὸ ἄλσος φοινίκων. [οἶνος.]
Dattelwein m ὁ φοινίκινος
Dauer f ἡ βεβαιότης (ητος), ὁ χρόνος, τὸ μόνιμον.
dauerhaft ἰσχυρός, βέβαιος, μόνιμος.
Dauerhaftigkeit f ἡ βεβαιότης (ητος), τὸ μόνιμον.
dauern μένειν, δια-, παραμένειν, = Mitleid empfinden οἰκτίρειν, ἐλεεῖν.
dauernd μόνιμος (2), βέβαιος. [λος.)
Daumen m ὁ μέγας δάκτυ-
da-von ἀπό mit gen. ob. bloßem gen., ἐντεῦθεν, gew. ἀπό in Zssgn, z.B. ~gehen ἀπιέναι, ~laufen ἀποδιδράσκειν.
davon-tragen ἀποφέρειν, ἀποκομίζειν, φέρεσθαι.
da-vor ἔμ-, ἐπίπροσθεν, πρό mit dem gen., in Zssgn πρό u. ἐπί, z.B. ~liegen προ-, ἐπικεῖσθαι.
da-zu πρὸς τούτοις, ἔτι δέ, πρὸς δέ, in Zssgn πρός, ἐπί, παρά, z.B. ~fügen προστιθέναι u. dgl.
da-zwischen μεταξύ, εἰς μέσον, ἐν μέσῳ.
dazwischen-kommen παρα-, περιτυγχάνειν, ἐπιγίγνεσθαι.
Dazwischen-kunft f durch part. der Verba.
dazwischen-lassen διαλείπειν
dazwischen-legen παρεντιθέναι.
dazwischen-mengen, dazwischen-mischen ἐγκαταμειγνύναι. [τιθέναι.]
dazwischen-setzen παρεν-
dazwischen-stehen ἐν μέσῳ καθεστάναι.
dazwischen-treten ἐν μέσῳ καθίστασθαι ob. γίγνεσθαι.
Debatte f ὁ ἀγών (ῶνος), οἱ λόγοι, ἡ ἀντιλογία.
debattieren ἀγωνίζεσθαι, ἀντιλέγειν.
Decke f τὸ στρῶμα, τὸ κάλυμμα, ἡ περιβολή, mit j-m unter einer ~ stecken εἰς ἓν συγκεκυφέναι τινί, συμπράττειν τινί.
Deckel m τὸ ἐπίθημα, τὸ ἐπίβλημα.
decken, eig. σκεπάζειν, στεγάζειν, καλύπτειν, sich decken φυλάττεσθαι, εὐλαβεῖσθαί τι.
Deckmantel m τὸ προ-, ἐπικάλυμμα, ἡ πρόφασις.
Deckung f ἡ σκέπη, = Sicherung ἡ ἀσφάλεια.
Degen m τὸ ξίφος, τὸ ξιφίδιον.
dehnbar ὑγρός, ἐκτατός.
dehnen ἐκ-, διατείνειν, sich ~ διατείνειν ἑαυτόν.
Dehnung f ἡ τάσις, ἡ ἔκτασις.
Deich m τὸ χῶμα.
Deichsel f ὁ ῥυμός.
deiner-seits, deines-teils τὸ σὸν μέρος, τὸ κατὰ σέ.
deinet-halben, deinet-wegen σοῦ γ' ἕνεκα, τό γ' ἐπὶ σοί.

deinig ὁ σός, ἡ σή, τὸ σόν.
Deklamation f ἡ μελέτη.
deklamieren ὑποκρίνεσθαι, ῥαψῳδεῖν.
Deklination f ἡ κλίσις.
deklinieren κλίνειν.
Dekoration f ὁ κόσμος.
dekorieren κοσμεῖν, ἐκκοσμεῖν.
Dekret f τὸ ψήφισμα.
Dekurio m ὁ δεκάδαρχος.
delikat λίχνος, δύσκολος (2).
Delphin m ὁ δελφίς (ῖνος).
Demagog m ὁ δημαγωγός.
Demagogie f ἡ δημαγωγία.
dem-gemäß κατὰ τοῦτο, ἐκ τούτου.
dem-nach f. darum.
dem-nächst μετὰ (δὲ) τοῦτο (ταῦτα), ἐκ (δὲ) τούτου.
Demokrat m ὁ δημοκρατικὸς ἀνήρ.
Demokratie f ἡ δημοκρατία. [(ητος).]
Demut f ἡ ταπεινότης
demütig μέτριος, ταπεινός, ~ bitten ἱκετεύειν.
demütigen ταπεινοῦν, ταπεινὸν ποιεῖν.
Demütigung f ἡ ταπείνωσις, τὸ ταπείνωμα.
dem-zufolge f. demgemäß.
Denar m τὸ δηνάριον.
Denkart f τὸ φρόνημα, ἡ διάνοια, ὁ νοῦς, τὰ ἤθη, οἱ τρόποι.
denkbar νοητός, es ist nicht ~ οὐκ ἔχει νοῦν οὐδένα.
denken νοεῖν, φρονεῖν, νοῦν ἔχειν, ἔμφρονα εἶναι, auf etw. ~ προσέχειν (τὸν νοῦν) τινι, an etw. ~ μεμνῆσθαι τινος, = glauben νομίζειν, ἡγεῖσθαι, = im Sinne haben ἐν νῷ ἔχειν, διανοεῖσθαι, = gesinnt sein φρονεῖν.
Denken n ἡ νόησις, ἡ διάνοια, ἡ φρόνησις.
Denker m ἀνὴρ διανοητικός oder λογιστικός.
Denkmal n τὸ μνημεῖον, ἡ στήλη, τὸ μνῆμα.
Denkschrift f τὸ ὑπόμνημα.
Denkspruch m τὸ ἀπόφθεγμα, ἡ γνώμη.
Denkungsart f f. Denkart.
Denkweise f f. Denkart.
denkwürdig μνήμης ἄξιος, ἀξιομνημόνευτος (2).
Denkwürdigkeit f τὸ ἀπομνημόνευμα.
Denkzeichen n τὸ ὑπόμνημα, τὸ μνημεῖον.
denn γάρ (an zweiter Stelle), so ~, nun ~ τοίνυν, ἄρα, δῆτα, auf ~ ἀλλά, ἀλλ' ἴθι, ἀλλ' ἄγε, ἄγε δή, was ~? τί δέ, τί γάρ;
dennoch ὅμως, aber ~ ἀλλ' ὅμως. [ὁ συκοφάντης.]
Denunziant m ὁ μηνυτής,
denunzieren μηνύειν, συκοφαντεῖν.
der, die, das art. ὁ, ἡ, τό, pron. demonstr. ὅδε, ἥδε, τόδε, οὗτος, αὕτη, τοῦτο, pron. rel. ὅς, ἥ, ὅ.
derb εὐπαγής, πάγιος.
Derbheit f τὸ εὐπαγές, τὸ πάγιον.
der-einst ποτέ (entl.).
der-einstig μέλλων.
der-gestalt οὕτω, τοιοῦτος.

der-gleichen τοιοῦτος, und ~ καὶ τὰ τοιαῦτα.
der-jenige οὗτος, diejenigen, welche ὅσοι.
der-maßen οὕτω, τοσοῦτον.
der-selbe *pron. demonstr.* οὗτος, eben ~ ὁ αὐτός, auf dieselbe Weise ὁμοίως, κατὰ ταὐτά. [τως.]
des-gleichen ὁμοίως, ὡσαύ-
des-halb διὰ τοῦτο (ταῦτα), ἐκ τούτου (τούτων).
Despot *m* ὁ τύραννος, ὁ δυνάστης.
Despotie *f* ἡ τυραννίς (ίδος), ἡ δυναστεία.
despotisch τυραννικός, δυναστικός.
Despotismus *m* s. Despotie.
dessen-ungeachtet ὅμως δέ, ἀλλ' ὅμως, καὶ ὥς.
desto τοσούτῳ, je ... desto ὅσῳ ... τοσούτῳ.
des-wegen s. deshalb.
Deut *m* τὸ κέρμα, τὸ κερμάτιον.
Deutelei *f* ἡ λεπτολογία.
deuteln λεπτολογεῖν, σοφίζεσθαι.
deuten ἑρμηνεύειν, εἰκάζειν, συμβάλλειν.
Deuter *m* ὁ ἑρμηνεύς, ὁ ἑρμηνευτής, ὁ εἰκαστής.
deutlich σαφής, φανερός, δῆλος. [ἡ ἐνάργεια.]
Deutlichkeit *f* ἡ σαφήνεια,
Deutung *f* ἡ ἑρμηνεία.
Dezemvir *m* ὁ δέκαρχος, die ~n οἱ δέκα.
Dezemvirat *n* ἡ δεκαρχία.
Diadem *n* τὸ διάδημα.
Diagnose *f* ἡ διάγνωσις.

diagonal διαγώνιος (2).
Diagonale *f* ἡ διαγώνιος.
Dialekt *m* ἡ διάλεκτος, ἡ γλῶττα.
Dialektik *f* ἡ διαλεκτική.
Dialektiker *m* ὁ διαλεκτικός.
dialektisch διαλεκτικός.
Dialog *m* ὁ διάλογος.
Diamant *m* ὁ ἀδάμας (αντος).
diamanten ἀδαμάντινος.
Diät *f* ἡ δίαιτα.
Diäten *fpl.* τὰ ἐφόδια.
dicht πυκνός, εὐπαγής, ἁθρόος.
dichtbevölkert πολυάνθρωπος (2), συχνός.
dichten ποιεῖν.
Dichter *m* ὁ ποιητής.
Dichterin *f* ἡ ποιήτρια.
dichterisch ποιητικός.
Dichtheit *f*, **Dichtigkeit** *f* ἡ πυκνότης (ητος), τὸ εὐπαγές. [ποιητική.]
Dichtkunst *f* ἡ ποίησις, ἡ
Dichtung *f* τὸ ποίημα.
dick παχύς, πολυ-, εὔσαρκος (2).
Dicke *f* τὸ πάχος, ἡ πολυ-, εὐσαρκία.
Dickicht *f* τὸ δάσος.
Dieb *m* ὁ κλέπτης, ὁ κλώψ (ωπός), ὁ φώρ (ωρός). [κλοπή.]
Dieberei *f* ἡ κλωπεία, ἡ
Diebin *f* ἡ κλέπτις (ιδος).
diebisch κλεπτικός, κλωπικός.
Diebstahl *m* s. Dieberei.
Diele *f* ἡ σανίς (ίδος).
dienen διακονεῖν τινι, θεραπεύειν τινά, ὑπηρετεῖν u.

ὑπουργεῖν τινι, δουλεύειν τινί, λατρεύειν τινι, zu etwas ~ oder brauchbar sein χρήσιμον εἶναι πρός τι, λυσιτελεῖν τινι, wozu dient das? τί δὲ τούτου ὄφελος; zum Beispiel ~ παράδειγμα εἶναι, zum Gelächter ~ γέλωτα παρέχειν.
Diener m ὁ διάκονος, ὁ θεράπων (οντος), ὁ ὑπηρέτης, ὁ δοῦλος.
Dienerin f ἡ διάκονος, ἡ θεράπαινα, ἡ δούλη.
Dienerschaft f οἱ θεράποντες, οἱ δοῦλοι, οἱ οἰκέται.
dienlich χρήσιμος (2), ὠφέλιμος (2), ἐπιτήδειος, ἀγαθός.
Dienst m ἡ διακονία, ἡ ὑπηρεσία, ἡ δουλεία, bei j-m in ~ sein, ~ verrichten f. j-m dienen, = Dienstleistung ἡ θεραπεία, τὸ θεράπευμα, j-m einen ~ erweisen χαρίζεσθαί τινι, zu ~en stehen παρεῖναι, = der Umfang aller Dienstleistungen τὰ ἔργα, τὰ προσήκοντα.
dienstbar ὑπήκοος (2), ὑποχείριος (2).
Dienstbarkeit f ἡ δουλεία.
dienst-beflissen, -eifrig, -fertig πρόθυμος (2), σπουδαῖος.
Dienst-beflissenheit f, **-eifer** m, **-fertigkeit** f ἡ προθυμία, ἡ σπουδή.
Dienerweisung f ἡ χάρις, ἡ προθυμία.
dienstfähig ἡλικίαν ἔχων, ὁ ἐν ἡλικίᾳ.
dienstwillig πρόθυμος (2).

Dienstwilligkeit f ἡ προθυμία.
dieser, diese, dieses οὗτος, αὕτη, τοῦτο auf das Vorhergehende, ὅδε, ἥδε, τόδε auf das Folgende hinweisend, ~ da οὑτοσί, ὁδί, ~ dort ἐκεῖνος, dieser ... jener ὁ μέν ... ὁ δέ.
diesjährig ὁ, ἡ, τὸ τῆτες, τούτου τοῦ ἔτους.
diesmal νῦν μέν, τὸ νῦν.
diesseitig ὁ, ἡ, τὸ ἐπὶ τάδε.
diesseits ἐπὶ τάδε, εἴσω, ἐντός.
Differenz f τὸ διαφέρον.
Diktator m ὁ δικτάτωρ (ορος).
Diktatur f ἡ δικτατορία.
diktieren ὑπαγορεύειν, ὑποβάλλειν.
Diktion f ἡ λέξις.
Dill m τὸ ἄνηθον.
Dimension f ἡ διά-, ἀπόστασις.
Ding n τὸ χρῆμα, τὸ πρᾶγμα, in allen ~en ἐν παντὶ πράγματι, vor allen ~en πάντων μάλιστα, guter ~e sein θαρρεῖν, εὐθυμεῖν, = Wesen ἡ οὐσία, die ~e τὰ ὄντα.
dingen μισθοῦσθαι (M.).
Dinkel m ἡ ζειά, ζεά.
direkt εὐθύς, adv. εὐθύ.
Dispensation f ἡ ἄφεσις.
dispensieren ἀφιέναι.
Disputation f ἡ διάλεξις.
disputieren διαλέγεσθαί (P.) τινι περί τινος.
Distel f ἡ ἄκανθα.

Distelfink m ἡ ἀκανθίς, ἡ ἀκανθυλλίς (ίδος).
Disziplin f ἡ παιδεία, ὁ κόσμος, gute ~ ἡ εὐταξία, ἡ πειθαρχία.
doch ἀλλά, μέντοι, δέ, und ~ καίτοι, zur Verstärkung e-r Frage, Verneinung, Aufforderung u. dgl. δή, δῆτα, γέ (entk.), δήπου, δήπουθεν, beim impr. ἀλλά.   [(ίδος).
Docht m (und n) ἡ θρυαλλίς
Docks n/pl. οἱ νεώσοικοι.
Dogge f ὁ Βρεττανικὸς od. Μολοττὸς κύων.
Dogma n τὸ δόγμα.
Dohle f ὁ κολοιός.
Dohne f ἡ λαιμοπέδη.
Dolch m τὸ ἐγχειρίδιον, τὸ ξιφίδιον.
dolmetschen ἑρμηνεύειν.
Dolmetscher m ὁ ἑρμηνεύς.
Dolmetschung f ἡ ἑρμηνεία.
Donner m ἡ βροντή, ὁ κεραυνός, vom ~ getroffen κεραυνοβλής (ῆτος), wie vom ~ getroffen ἐμβρόντητος (2).
donnern βρονταν.
Donnern n ἡ βροντή.
Do‚pelaxt f ὁ πέλεκυς (εως), ἡ ἀξίνη.   [κύπελλον.
Doppelbecher m τὸ ἀμφι-
Doppelnatur f ἡ διπλῆ φύσις.
doppelschneidig ἀμφήκης.
Doppelsinn m ἡ ἀμφιβολία.
doppelsinnig ἀμφίλογος (2).
doppelt διπλοῦς, ῆ, οῦν.
Doppel-tor n, -tür f τὸ δίπυλον.   [(2).
doppelzüngig ἀμφίγλωττος
Doppelzüngigkeit f τὸ ἀμφίγλωττον.
Dorf n ἡ κώμη.
Dorfbewohner m ὁ κωμήτης.
Dorfschulze m ὁ κωμάρχης.
Dorn m ἡ ἄκανθα.
Dorn-busch m, -strauch m ἡ ἄκανθα, ὁ u. ἡ βάτος.
dornig ἀκανθώδης.
dörren αὐαίνειν, ξηραίνειν.
dort ἐκεῖ, αὐτοῦ, αὐτόθι.
dorther ἐκεῖθεν, αὐτόθεν, ἐντεῦθεν.
dorthin ἐκεῖσε, αὐτόσε, ἐνθάδε.
dortig ὁ, ἡ, τὸ ἐκεῖ.
Dose f ἡ πυξίς (ίδος).
Dotter m ἡ λέκιθος.
Drache m ὁ δράκων (οντος).
drachenartig δρακοντοειδής.
Drachme f ἡ δραχμή.
Draht m τὸ ἔλασμα.
Drama n τὸ δρᾶμα.
dramatisch δραματικός.
Drang m ἡ ἀνάγκη (Notwendigkeit), ἡ ὁρμή, ὁ θυμός (innerer Trieb).
drängen ὠθεῖν, πιέζειν, = antreiben ἐπείγειν, κατασπεύδειν, ἀναγκάζειν.
Drängen n ὁ ὠθισμός.
Drangsal f τὰ κακά, ὁ μόχθος, τὸ πάθος, ~ erdulden κακοπαθεῖν, ταλαιπωρεῖν.
draußen ἔξω, ἐκτός.
drechseln τορνεύειν.
Drechsler m ὁ τορνευτής.
drehbar στρεπτός, εὔστροφος (2).
drehen στρέφειν, δινεύειν, περιφέρειν, κυκλεῖν.

Drehung f ἡ στρέψις, ἡ στροφή.
drei τρεῖς, τρία. [(οδος).
dreibeinig τρίπους, ουν)
Dreiblatt n τὸ τρίφυλλον.
dreiblätterig τρίφυλλος (2).
Dreieck n τὸ τριγώνιον.
dreieckig τρίγωνος (2).
dreierlei τρεῖς, τρία, τριττός.
dreifach τριπλοῦς, ῆ, οῦν, τριττός, τριπλάσιος.
dreifarbig τρίχρως (ωτος).
Dreifuß m ὁ τρίπους (οδος).
dreifüßig τρίπους (ουν).
Dreigespann n τὸ τρίιππον.
dreigliederig τρίκωλος (2).
Dreiheit f ἡ τριάς (άδος).
dreihundert τριακόσιοι, der ~ste ὁ τριακοσιοστός, ~mal τριακοσιάκις. [(2).
dreijährig τριετής, τρίενος
dreiköpfig τρικέφαλος (2).
dreimal τρίς.
dreimalig τρὶς γενόμενος.
dreimonatlich τριμηνιαῖος, τρίμηνος (2), τριῶν μηνῶν.
Dreiruderer m ἡ τριήρης (ους).
dreirud(e)rig τριήρης (2).
dreischneidig τρίστομος (2).
dreiseitig τρίπλευρος (2).
dreißig τριάκοντα, der ~ste τριακοστός, ~mal τριακοντάκις.
dreißigjährig τριακονταέτης, τριακοντούτης.
dreißigtausend τρισμύριοι.
dreist τολμηρός, θαρραλέος, ἀδεής, θρασύς.
Dreistigkeit f ἡ τόλμα, τὸ θάρρος, ἡ θρασύτης (ητος).

dreitägig τριήμερος (2), τριῶν ἡμερῶν.
Dreiweg m ἡ τρίοδος.
Dreizack m ἡ τρίαινα.
Dreizahl f ἡ τριάς (άδος).
dreizehn τρισκαίδεκα, der ~te τρισκαιδέκατος.
dreizehnmal τρισκαιδεκάκις.
Drellbohrer m τὸ τρύπανον.
dreschen ἀλοᾶν.
Dreschen n ἡ ἀλόησις.
Drescher m ὁ ἀλοῶν.
drillen συγκροτεῖν.
Drillinge m/pl. οἱ τρίδυμοι παῖδες.
dringen: in etw. ~ εἰσιέναι, εἰσβάλλειν, εἰσπίπτειν εἴς τι, auf etw. ~ κατεπείγειν, σπεύδειν τι, ἀξιοῦν.
dringend, dringlich ἀναγκαῖος.
Dringlichkeit f τὸ ἐπεῖγον, τὸ κατεπεῖγον (οντος).
drinnen ἔνδον.
Dritte m ὁ τρίτος.
drittens (τὸ) τρίτον.
droben ἄνω.
drohen ἀπειλεῖν, (von bevorstehenden Dingen) μέλλειν, ἐπικεῖσθαι, ἐπικρέμασθαι.
drohend ἀπειλητικός, = bevorstehend μέλλων, ἐνεστώς.
Drohne f ὁ κηφήν (ῆνος).
dröhnen κτυπεῖν.
Droh=reden f/pl., **=worte** n/pl. αἱ ἀπειλαί.
Drohung f ἡ ἀπειλή.
drollig γελοῖος, χαρίεις.
Dromedar n ἡ δρομὰς κάμηλος.
Drossel f ἡ κίχλη.

(Drehung   103   Drossel)

Druck m ἡ θλῖψις, τὸ βάρος, übtr. ἡ ἀνάγκη, ἡ βία.
drüben πέραν.
drücken θλίβειν, πιέζειν, βαρύνειν, übtr. δάκνειν.
drückend βαρύς, χαλεπός, δεινός, ἀνιαρός.
drunten κάτω.
Drüse f ὁ ἀδήν (ένος).
du σύ, du da οὗτος, ὦ οὗτος.
ducken, sich κύπτειν, ἐγκύπτειν.
Duft m ὁ ἀτμός, ἡ ὀσμή.
duften: nach etwas ~ ὄζειν, ἀπόζειν τινός.
dulden φέρειν, ὑπομένειν, ἀνέχεσθαι, πάσχειν, = erlauben, gestatten ἐᾶν, περιορᾶν (mit part.).
Dulden n durch Verba, auch ἡ καρτερία.
Dulder m ὁ πολλῶν κακῶν ἔμπειρος.
Duldsamkeit f ἡ καρτερία, ἡ ἐπιείκεια (übtr.).
dumm μῶρος, ἀνόητος (2), ~ sein μωραίνειν.
Dummheit f ἡ μωρία, ἡ ἀμαθία, ἡ ἀσυνεσία.
dumpf φαιός, σαθρός, = dumpfig πνιγηρός, πνιγώδης.
Düne f ὁ, ἡ θίς (ἰνός).
düngen κοπρίζειν.
Dünger m ὁ κόπρος.
dunkel σκοτεινός, σκοταῖος, es wird ~ σκότος ἐπέρχεται, νύξ ἐπιγίγνεται, = undeutlich, ungewiß ἀφανής, ἄδηλος (2).
Dunkel n, **Dunkelheit** f ὁ (τὸ) σκότος, übtr. τὸ σκότος, ἡ ἀφάνεια, τὸ ἄδηλον.
Dünkel m τὸ φρόνημα, τὸ αὔχημα, ὁ τῦφος.
dunkelblau κυανοῦς, κυανοειδής.
dünkelhaft αὐθάδης.
dunkeln συσκοτάζειν.
dunkelrot πορφυροῦς, φοινικοῦς.
dünken δοκεῖ μοι, δοκῶ.
dünn λεπτός, ἰσχνός.
Dünne n, **Dünnheit** f ἡ λεπτότης, ἡ ἰσχνότης (ητος).
Dunst m ὁ ἀτμός, ἡ ἀτμίς.
dunsten ἀτμίζειν.
dunstig ἀτμιδώδης, ἀτμώδης.
durch: von Raum und Zeit διά mit gen., mit Angabe des Mittels bloßer dat., bei Personen διά mit gen., kausal διά mit acc., ἐκ oder πρός mit gen., ὑπό mit gen., adv. διαμπερές, διαμπάξ.
durch-arbeiten ἐκ-, διαπονεῖν, ἐξεργάζεσθαι, sich ~ δια-, διεκδύεσθαι διά τινος.
durch-aus διὰ παντός, παντελῶς, παντάπασι, τὰ πάντα.
durch-beben δια-, συνταράττειν.
durch-beißen διαδάκνειν, διατρώγειν. δεύειν.
durch-bilden δια-, ἐκπαιδεύειν.
durch-blicken διορᾶν, = durch etwas sichtbar werden δια-, ἐκλάμπειν, δια-, ὑποφαίνεσθαι.
durch-blinken, -blitzen ἐκ-, διαλάμπειν.

durch-bohren διατρυπᾶν, διατετραίνειν, übtr. διαπείρειν, διατιτρώσκειν.
durch-brechen διαρρηγνύναι, διακόπτειν (zB. die Feinde τοὺς πολεμίους).
Durch-brechen n, **Durchbruch** m ἡ διάρρηξις, ἡ διακοπή.
durch-brennen δια-, ἐκκάειν.
durch-denken ἀναλογίζεσθαι. [ωθεῖσθαι.]
durch-drängen, sich δι-
durch-dringen (trans.) κατέχειν, ἀνα-, ἐμπιμπλάναι, (intr.) διαδύεσθαι διά τινος, διικνεῖσθαι, διέρχεσθαι.
durch-dringend ὀξύς, δριμύς, πικρός.
durch-eilen διατρέχειν.
durch-einander ἀναμίξ, οὐδενὶ κόσμῳ.
durch-fahren διελαύνειν.
Durch-fahrt f ἡ διέλασις.
Durch-fall m ἡ διάρροια.
durch-fallen δια-, ἐκ-, διεκπίπτειν, (von Personen) ἀποτυγχάνειν, διαμαρτάνειν, σφάλλεσθαι.
durch-fechten διαμάχεσθαι, διαγωνίζεσθαι.
durch-feilen διαρρινεῖν.
durch-flechten διαπλέκειν.
durch-fliegen διαπέτεσθαι.
durch-fließen διαρρεῖν.
durch-forschen διερευνᾶν, ἀνα-, δια-, ἐκζητεῖν.
durch-fragen διερωτᾶν.
durch-fressen διατρώγειν.
Durch-fuhr f ἡ διαγωγή, ἡ διακομιδή.

durch-führen διάγειν, διακομίζειν, übtr. διαπράττεσθαι.
durch-gehen διαβαίνειν, διεξιέναι, διαπορεύεσθαι, übtr. δι-, διεξέρχεσθαι, διηγεῖσθαι.
durch-gehends ἑξῆς, ἐφεξῆς.
durch-gießen διαχεῖν.
durch-gleiten διολισθάνειν.
durch-graben ἀνα-, διασκάπτειν, διορύττειν.
durch-greifend σύντονος (2), ὀξύς, ἐρρωμένος.
durch-hallen διηχεῖν.
durch-hauen διακόπτειν, διατέμνειν. [διεξάγειν.]
durch-helfen διαπορεύειν,
durch-jagen δρόμῳ φέρεσθαι διά τινος. [σθαι.]
durch-kämpfen διαγωνίζε-
durch-kommen δι-, διεξιέναι (-έρχεσθαι), διαπερᾶν, διαδύεσθαι, = entkommen διαφεύγειν, διασῴζεσθαι.
durch-kreuzen: von Schiffen περιπλεῖν.
durch-kriechen διέρπειν.
durch-lassen δι-, παριέναι (v. ἵημι), δια-, παραπέμπειν.
durch-laufen διαθεῖν, διατρέχειν.
durch-leben διαζῆν.
durch-leiten διοχετεύειν.
durch-lesen ἐξαναγιγνώσκειν. [πειν.]
durch-leuchten δια-, ἐκλάμ-
durch-machen διεξ-, ἐπεξιέναι (-έρχεσθαι).
Durch-marsch m ἡ δί-, διέξοδος, ἡ πάροδος.

durch-marschieren δι-, διεξελαύνειν, διαπορεύεσθαι, διάγειν.
durch-mengen, -mischen δια-, ἀναμειγνύναι.
durch-messen ἀνα-, δια-, ἐκμετρεῖν. [μετρος.]
Durch-messer m ἡ διά-
durch-mustern ἐξετάζειν.
Durch-musterung f ἡ ἐξέτασις.
durch-näßt διάβροχος (2).
durch-peitschen μαστιγοῦν.
durch-prüfen διαδοκιμάζειν.
durch-regnen κατομβρεῖν.
durch-regnet δι-, κάτομβρος (2).
Durch-reise f ἡ διόδος.
durch-reisen διαπορεύεσθαι.
durch-reiten δι-, διεξελαύνειν.
durch-rühren ἀνασείειν, δια-, συνταράττειν.
durch-schallen διηχεῖν.
durch-schauen διορᾶν, διαβλέπειν, γιγνώσκειν.
durch-scheinen διαλάμπειν.
durch-schießen διακοντίζειν.
durch-schiffen διαπλεῖν, διαπερᾶν.
Durch-schiffung f ὁ διάπλους. [βειν.]
durch-schimmern διαστίλ-
durch-schlagen διακρούειν, διακόπτειν, sich ~ διεκ-, διαπίπτειν.
durch-schleichen διέρπειν.
durch-schlüpfen δια-, ὑπεκφεύγειν. [τέμνειν.]
durch-schneiden δια-, κατα-
Durch-schnitt m ἡ διατομή.
durch-schnittlich καθόλου.

durch-schreiten διαβαδίζειν.
durch-schütteln διασείειν.
durch-schwärmen βακχεύειν.
durch-schweifen δια-, περιπλανᾶσθαι.
durch-schwimmen διανεῖν, διανήχεσθαι.
durch-segeln διαπλεῖν.
durch-sehen διορᾶν, übtr. διορθοῦν.
durch-sein πέραν εἶναί τι-
durch-setzen διαβαίνειν, etw. ~ διαπράττεσθαί τι παρά τινος und τινι.
durch-sichtig διαφανής.
Durch-sichtigkeit f ἡ διαφάνεια.
durch-sinken διαπίπτειν.
durch-spähen διασκοπεῖν, διερευνᾶν.
durch-spießen διαπείρειν.
durch-sprechen δι-, διεξελθεῖν λόγῳ.
durch-springen διαπηδᾶν, διάλλεσθαι.
durch-stechen διαπείρειν, e-n Damm ~ διορύττειν oder διασκάπτειν χῶμα.
Durch-stecherei f ἡ βλαίσωσις. [γειν.]
durch-stehlen, sich ὑπεκφεύ-
durch-steigen διαβαίνειν.
durch-steuern διακυβερνᾶν.
Durch-stich m ἡ διωρυχή.
durch-stoßen διωθεῖν, διελαύνειν.
durch-strahlen διαλάμπειν.
durch-streichen διαγράφειν.
durch-streifen δια-, ἐπιπορεύεσθαι, περιπλανᾶσθαι.
durch-strömen διαρρεῖν.

durch-studieren δια-, ἐκ-μελετᾶν. [ἐξερευνᾶν.]
durch-suchen διαζητεῖν, δι-.
Durch-suchung f ἡ ἔρευνα, ἡ ἐξέτασις.
durch-tönen διηχεῖν.
durch-tragen διακομίζειν.
durch-treiben δι-, παρελαύνειν.
durch-treten διαπατεῖν.
durch-trieben ἐπίτριπτος (2), πανοῦργος.
durch-wachen διανυκτερεύειν, διαγρυπνεῖν.
durch-wachsen διαφύεσθαι, διαβλαστάνειν.
durch-wallen, -wandeln, -wandern ἐπι-, περιπορεύεσθαι. [Verba.]
Durch-wanderung f durch
durch-wärmen δια-, ἐκθερμαίνειν.
durch-wässern διάρδειν.
durch-wässert διάρ-, κατάρρυτος (2).
durch-waten διαβαίνειν, διαβαδίζειν.
durch-weben διυφαίνειν, διαπλέκειν.
Durch-weg m ἡ διοδος.
durch-weg adv. διὰ παντός, πανταχῇ. [φυσᾶν.]
durch-wehen διαπνεῖν, δια-
durch-werfen διαβάλλειν, διιέναι (v. ἵημι).
durch-winden διαπλέκειν, sich ~ διασῴζεσθαι ἔκ τινος.

durch-wintern διαχειμάζειν.
durch-wühlen δι-, ὑπορύττειν. [ἀριθμεῖν.]
durch-zählen ἐξ-, δι-, κατ-
durch-ziehen διέρχεσθαι, διελαύνειν.
Durchzug m ἡ διοδος.
durch-zwängen διαναγκάζειν, sich ~ βιαζόμενον διέρχεσθαι.
dürfen ἔξεστί μοι, ἔστιν, δεῖ mit acc. c. inf.
dürftig ἄπορος (2), ἐν-, καταδεής, πένης.
Dürftigkeit f ἡ ἀπορία, ἡ ἔνδεια, ἡ πενία.
dürr ξηρός, αὖος, ~ machen ξηραίνειν, = mager ἰσχνός, λεπτός.
Dürre f ἡ ξηρότης, ἡ ἰσχνότης, ἡ λεπτότης (ητος).
Durst m ἡ δίψα, τὸ δίψος, ~ haben nach etwas διψῆν τινος.
dürsten διψῆν, nach etwas τινός.
düster σκοτεινός, übtr. σκυθρωπός.
Düsterheit, Düsterkeit f τὸ σκοτεινόν, übtr. τὸ σκυθρωπόν.
Dutzend n ἡ δωδεκάς (άδος), οἱ, αἱ, τὰ δώδεκα.
Dynastie f τὸ βασιλικὸν γένος, οἱ βασιλεῖς, ἡ δυναστεία.

E

E E, ε, τὸ ἒ ψιλόν (kurzes e),
H, η, τὸ ἦτα indekl. (langes e).
Ebbe f ἡ ἀνάρροια, ~ und
Flut ἡ παλίρροια.
eben adj. ὁμαλής, ὁμαλός,
πεδινός.
eben adv. ἄρτι, ~ jetzt ἄρτι
νῦν, ~so ὁμοίως, ὡσαύτως,
κατὰ ταὐτά, τὸν αὐτὸν
τρόπον, ~sowohl ... als
ὁμοίως ... καί, ~so wie
ὥσπερ, ~sowenig ... als
οὔτε ... οὔτε (μήτε ... μήτε),
~derselbe ὁ αὐτός, ~daher
αὐτόθεν, ~dahin αὐτόσε,
~dort αὐτοῦ, αὐτόθι, ~
nicht οὐ πάνυ.
Ebenbild n ἡ εἰκών (όνος).
ebenbürtig γνήσιος, ὅμοιος.
Ebenbürtigkeit f τὸ γνήσιον, ἡ γνησιότης (ητος).
ebendaher s. eben.
Ebene f τὸ πεδίον, ἡ πεδιάς (άδος), τὸ ὁμαλόν.
ebenfalls ὁμοίως.
Ebenheit f ἡ ὁμαλότης
(ητος), τὸ ὁμαλόν.
Ebenholz n ἡ ἔβενος.
Ebenmaß n ἡ συμ-, ἐμ-
μετρία, τὸ σύμ-, ἔμμετρον,
ohne ~ ἄρρυθμος (2), ἀσύμ-
μετρος (2).
Eber m ὁ κάπρος, ὁ σῦς.
ebnen ὁμαλίζειν, ὁμαλὸν
ποιεῖν.
Echo n ἡ ἠχώ (οῦς).
echt γνήσιος, εἰλικρινής,

ἀκίβδηλος (2), ἀληθινός,
ἄκρατος (2).
Echtheit f τὸ γνήσιον.
Ecke f ἡ γωνία, in allen ~n
πανταχοῦ.
eckig γωνιαῖος.
Eckstein m ὁ γωνιαῖος λίθος. [(οντος).]
Eckzahn m ὁ κυνόδους
edel εὐγενής, γενναῖος, καλὸς κἀγαθός, ~e Abkunft
ἡ εὐγένεια, ~es Roß γεν-
ναῖος ἵππος, ~handeln ἀνδραγαθίζεσθαι.
edeldenkend γενναῖος.
edelgeboren εὐγενής, γενναῖος.
Edel-mut m, =sinn m ἡ
γενναιότης (ητος), ἡ καλοκἀγαθία.
edel=mütig, =sinnig γενναῖος
τὴν ψυχήν, ἐλευθέριος,
εὐγνώμων.
Edelstein m ἡ λίθος.
Edeltanne f ἡ ἐλάτη.
Edeltat f ἡ καλὴ πρᾶξις,
τὸ καλὸν πρᾶγμα oder
ἔργον.
Edikt n τὸ παράγγελμα,
τὸ πρόγραμμα, ἡ προ-
γραφή, ein ~ erlassen προγράφειν, προαγορεύειν,
παραγγέλλειν. [κίττινος).]
Efeu m ὁ κιττός, von ~
efeuartig κιττοειδής.
Efeukranz m ὁ κιττοῦ oder
κίττινος στέφανος.

Egge f τὸ βωλοκόπον ὄργανον.
eggen βωλοκοπεῖν.
Egoismus m ἡ πλεονεξία.
egoistisch πλεονέκτης.
Ehe f ὁ γάμος, ἡ συνοίκησις, eine ~ schließen γάμους ποιεῖσθαι, zur ~ geben ἐκδιδόναι (ἐπὶ γάμῳ).
ehe (als) πρίν (bei positivem Hauptsatze mit inf., bei negativem Hauptsatze zur Bezeichnung einer Tatsache mit ind., sonst durch conj. mit ἄν ob. durch den bloßen opt., je nachdem ein Haupt- oder Nebentempus im Hauptsatze steht).
ehebrechen μοιχεύειν (vom Manne), μοιχεύεσθαι (vom Weibe).
Ehebrecher m ὁ μοιχός.
Ehebrecherin f ἡ μοιχεύτρια.
ehebrecherisch μοιχικός.
Ehebruch m ἡ μοιχεία.
ehedem τὸ πρίν, πρὸ τοῦ, πρότερον, (τὸ) πάλαι.
Ehefrau f, **Ehegattin** f ἡ γυνή.   [ὁ ἀνήρ.]
Ehegatte m. **Ehemann** m
Ehegemahl m, **Ehegenosse** m, **Ehegenossin** f s. die vorhergehenden Wörter.
ehegestern πρῴην.
ehelich γαμικός.
ehelos ἄγαμος (2, vom Manne), ἄνανδρος (2, von der Frau).   [ἡ ἀγαμία.]
Ehelosigkeit f ἡ μοναυλία,
ehemalig ὁ, ἡ, τὸ πρίν, πάλαι, πρὸ τοῦ, παλαιός, ἀρχαῖος.

Ehepaar n ἀνήρ καὶ γυνή.
eher πρότερον (πρότερος), πρίν, πρὶν ἤ, oft φθάνειν mit part.
ehern χαλκοῦς, ~es Gefäß τὸ χαλκεῖον.
Ehescheidung f ἡ τοῦ γάμου διάλυσις.
Ehestand m s. Ehe.
ehestens αὐτίκα μάλα, τὴν ταχίστην.
Ehestifterin f ἡ προμνήστρια, ἡ προμνηστρίς (ίδος).   [ἡ γαμοποιία.]
Ehestiftung f ἡ σύζευξις,
ehrbar σεμνός, αἰδοῖος, τιμητός.
Ehrbarkeit f ἡ σεμνότης (ητος), τὸ σεμνόν, ἡ καλοκἀγαθία.
Ehrbegierde f ἡ φιλοδοξία, ~ haben φιλοδοξεῖν, φιλοτιμεῖσθαι.
ehrbegierig φιλόδοξος (2), φιλότιμος (2).
Ehre f ἡ τιμή, ὁ κόσμος, j-m erweisen τιμὰς ἀπονέμειν, ἀποτίνειν, j-m die letzten ~n erweisen τὰ νομιζόμενα ποιεῖν τινι, in ~n stehen ἐν τιμῇ εἶναι, ἔντιμον εἶναι, ἐντίμως ἔχειν παρά τινι, seine ~ worein setzen φιλοτιμεῖσθαι ἐπὶ ob. ἔν τινι, in ~n halten τιμᾶν, ἐντίμως ober διὰ τιμῆς ἄγειν ob. ἔχειν, = guter Name, Ruf ἡ ἀξία, ἡ ἀξίωσις, τὸ ἀξίωμα, ἡ εὐδοξία, = **Ehrgefühl** ἡ αἰδώς (οῦς), ἡ αἰσχύνη.
ehren τιμᾶν, κοσμεῖν, περὶ

πολλοῦ ποιεῖσθαι, σέβεσθαι, αἰδεῖσθαι.
Ehrenbezeigung f ἡ τιμή, ἡ θεράπεια.
ehrenfest καλὸς κἀγαθός.
Ehrengabe f τὸ γέρας.
Ehrenmann m ὁ καλὸς κἀγαθὸς ἀνήρ.
Ehrenname m τὸ σεμνὸν ὄνομα.
Ehrenplatz m ἡ προεδρία.
Ehrenpreis m τὸ ἀριστεῖον.
Ehrenretter m ὁ τιμωρός.
Ehrenrettung f ἡ τιμωρία.
Ehrenrichter m ὁ διαιτητής.
ehrenrührig αἰσχρός, ἄτιμος (2).
Ehrenschänder m ὁ ὑβριστής.
Ehrenschändung f ἡ ὕβρις, ἡ αἰσχύνη.
ehrenvoll ἔντιμος (2), ἔνδοξος (2), εὐκλεής.
ehrenwert ἀξιότιμος (2), ἀξιόλογος (2), σεμνός.
Ehrenwort n ἡ πίστις, τὰ πιστά. [εὐσέβεια.]
Ehrfurcht f ἡ αἰδώς, ἡ
ehrfurchtsvoll εὐσεβής.
Ehrgefühl n ἡ αἰδώς, ἡ αἰσχύνη, ἡ φιλοτιμία.
Ehrgeiz m ἡ φιλοτιμία, τὸ φιλότιμον, ἡ φιλονικία.
ehrgeizig φιλότιμος (2), φιλόδοξος (2), φιλόνικος (2).
ehrlich ἁπλοῦς, ἀληθής, ἀψευδής, πιστός, δίκαιος.
Ehrlichkeit f ἡ ἁπλότης (ητος), ἡ ἀψεύδεια, ἡ δικαιοσύνη.
Ehrliebe f ἡ φιλοτιμία.
ehrliebend φιλότιμος (2).

ehrlos ἄτιμος (2), ἄδοξος (2).
Ehrlosigkeit f ἡ ἀτιμία.
ehrwidrig αἰσχρός.
ehrwürdig σεμνός, αἰδοῖος.
Ehrwürdigkeit f ἡ σεμνότης (ητος), ἡ αἰδώς.
ei! ai. [τίκτειν.]
Ei n τὸ ᾠόν, ~er legen ᾠά]
Eiche f, **Eichenbaum** m ἡ δρῦς (ός).
Eichel f ἡ βάλανος, ἡ δρυοβάλανος.
Eichhorn n, **Eichhörnchen** n ὁ σκίουρος.
Eid m ὁ ὅρκος, falscher ~ ὁ ψευδὴς ὅρκος, ἡ ἐπιορκία, ~ bei den Göttern ὅρκος θεῶν, den ~ brechen παραβαίνειν oder λύειν ὅρκον.
Eidbruch m ἡ ἐπιορκία.
eidbrüchig ἐπίορκος (2).
Eidbrüchigkeit f ἡ ἐπιορκία.
Eidechse f ἡ σαύρα, ὁ σαῦρος.
Eidesleistung f ὁ ὅρκος.
eidlich ἐνόρκως, σὺν ὅρκῳ, μεθ' ὅρκου.
Eifer m ἡ σπουδή, ἡ προθυμία, ὁ ζῆλος, ἡ ἐπιμέλεια.
Eiferer m ὁ ζηλωτής.
eifern: für etw. ~ ζηλοῦν τι.
Eifersucht f ὁ ζῆλος, ἡ ζηλοτυπία, ὁ φθόνος.
eifersüchtig ζηλότυπος (2), φιλότιμος (2).
eifrig σπουδαῖος, πρόθυμος (2), ἐπιμελής.
eigen ἴδιος, οἰκεῖος m. gen., gew. mit ἐμαυτοῦ usw.
eigenhändig αὐτόχειρ.

Eigenheit f ἡ ἰδιότης (ητος), τὸ ἴδιον.

Eigenliebe f ἡ φιλαυτία.

Eigenlob n ὁ ἑαυτοῦ ἔπαινος. [αὐτογνώμων.]

eigenmächtig αὐθάδης.

Eigennutz m ἡ πλεονεξία.

eigennützig πλεονέκτης.

Eigenschaft f τὸ ἴδιον, τὸ οἰκεῖον, ἡ φύσις.

Eigensinn m ἡ δυστραπελία, ἡ αὐθάδεια.

eigensinnig δυστράπελος (2), αὐθάδης, δύσπειστος (2).

eigentlich ἴδιος, οἰκεῖος, adv. τῷ ὄντι, ἀτεχνῶς.

Eigentum n τὸ κτῆμα, ἡ κτῆσις, es ist mein – ἐμόν oder ἐμαυτοῦ ἐστιν.

Eigentümer m ὁ κύριος, ὁ δεσπότης.

eigentümlich s. eigen.

Eigenwille m ἡ αὐθάδεια.

eigenwillig αὐτογνώμων, αὐθάδης.

Eiland n ἡ νῆσος.

Eilbote m ὁ ἡμεροδρόμος.

Eile f τὸ τάχος, ἡ σπουδή.

eilen ὁρμᾶν, ὁρμᾶσθαι (P.), σπεύδειν, eile mit Weile σπεῦδε βραδέως.

eilfertig ταχύς, σπουδαῖος.

eilig s. das vorhergehende Wort.

Eilmarsch m ὁ δρόμος.

Eimer m ὁ ἀμφορεύς, ὁ κάδος.

ein (Zahlwort) εἷς, μία, ἕν, der –e ... der andere ὁ μέν ... ὁ δέ (unbestimmter Artikel bleibt unübersetzt).

ein-ander ἀλλήλων und (seltener) ἀλλήλοιν.

ein-äschern πυρπολεῖν, κατακάειν, καταφλέγειν.

ein-atmen εἰσπνεῖν.

ein-atmend εἰσπνους.

ein-äugig μονόφθαλμος (2).

ein-balsamieren ταριχεύειν.

Ein-balsamierung f ἡ ταρίχεια, ἡ ταρίχευσις.

ein-begreifen καταλαμβάνειν ἔν τινι.

ein-berufen συγκαλεῖν.

ein-biegen κάμπτειν, ἐπι-, ἐγκάμπτειν, eingebogen ἐπικαμπτής, mit eingebogener Nase σιμὸς τὴν ῥῖνα, (intr.) ἐπιστρέφειν.

Ein-biegung f ἡ κάμψις, ἡ ἐπικαμπή.

ein-bilden, sich οἴεσθαι, μέγα φρονεῖν ἐπί τινι, ἐπαίρεσθαί τινι, σεμνύνεσθαί τινι. [οἴησις.]

Ein-bildung f ἡ δόξα, ἡ

Ein-bildungskraft f ἡ φαντασία.

ein-blasen ἐμπνεῖν.

ein-brechen ῥήγνυσθαι, = feindlich einfallen ἐμ-, εἰσβάλλειν.

ein-brennen ἐγκάειν τινί τι.

ein-bringen εἰσφέρειν, κομίζεσθαι, einen Gesetzesvorschlag – νόμον γράφειν, vor Gericht – ἀναφέρειν εἰς τοὺς δικαστάς, Einkommen, Gewinn – προσ-, ἀποφέρειν.

Ein-bruch m ἡ ῥῆξις, ἡ ἐμ-, εἰσβολή.

Ein-buße f ἡ ἀποβολή, ἡ βλάβη.

ein-büßen ἀποβάλλειν, ἀποστερεῖσθαί τινος.

ein-dämmen καθ-, περι-
ειργνύναι, περιφράττειν.
Ein-dämmung f ἡ χῶσις.
ein-drängen, sich εἰσβιβά-
ζεσθαι oder εἰσωθεῖσθαι
εἴς τι.
ein-dringen s. ein-brechen.
ein-dringend δριμύς, ὀξύς,
συνετός.
ein-dringlich δεινός.
Ein-druck m ἡ δύναμις, e-n
~ machen δύνασθαι, keinen
~ machen οὐκ ἔχειν δύνα-
μιν, einen ~ auf j-n machen
αἴσθησιν παρέχειν τινί.
ein-drücken συνθλίβειν, ἐν-
θλᾶν.
ein-engen εἱργνύναι, καθειργνύναι, συστέλλειν.
einerlei ὁ αὐτός, ἴσος,
ὅμοιος, es ist ~ ὅμοιόν
ἐστιν, οὐδὲν διαφέρει, auf
~ Art ὁμοίως, τὸν αὐτὸν
τρόπον. [ποιῶσθαι.]
ein-ernten θερίζειν, καρ-}
Ein-ernten n ἡ θέρισις.
einerseits ... andrerseits
τοῦτο μέν ... τοῦτο δέ,
ἅμα μέν ... ἅμα δέ, τὰ
μέν ... τὰ δέ.
ein-fach ἁπλοῦς. [(ητος).]
Ein-fachheit f ἡ ἁπλότης.}
ein-fahren εἰσκομίζειν, εἰσάγειν, κατάγεσθαι (von
Schiffen). [ἡ εἰσαγωγή]
Ein-fahren n ἡ εἰσκομιδή,}
Ein-fahrt f s. ein-fahren,
(als Ort) ἡ εἴσοδος.
Ein-fall m ἡ εἰσβολή, =
Gedanke ἡ ἐπίνοια.
ein-fallen συμπίπτειν, s. ein-
brechen.

Ein-falt f, **Ein-fältigkeit** f
ἡ ἁπλότης (Einfachheit), =
Torheit ἡ μωρία, ἡ εὐήθεια.
ein-fältig ἁπλοῦς, μῶρος,
εὐήθης.
ein-fangen αἱρεῖν, συλλαμβάνειν. [τι.]
ein-fassen περιβάλλειν τινί}
Ein-fassung f ἡ περιβολή.
ein-finden, sich παρεῖναι,
παραγίγνεσθαι.
ein-flechten ἐμ-, ἀναπλέκειν.
ein-fliegen εἰσπέτεσθαι.
ein-fließen εἰσρεῖν, ~ lassen
παρεμ-, ὑποβάλλειν.
ein-flößen ἐμποιεῖν, ἐμβάλλειν τινί τι.
Ein-fluß m ἡ εἰσ-, ἐμβολή,
ὁ εἴσρους, (übtr.) ἡ δύναμις, τὸ ἀξίωμα, ~ haben
δύνασθαι, δυνατὸν εἶναι,
ἰσχύειν. [δυνάμενος.]
ein-flußreich δυνατός, μέγα}
ein-flüstern ψιθυρίζειν, ἐν-
τρυλίζειν τινί τι εἰς τὸ
οὖς.
ein-fordern πράττειν (a. M.)
τινά τι oder παρά τινος,
ἐκ-, εἰσπράττειν (auch M.)
τινά τι.
ein-förmig μονοειδής, ἁ-
πλοῦς, μονότονος (2).
Ein-förmigkeit f τὸ μονο-
ειδές, τὸ ἁπλοῦν, ἡ μονο-
τονία.
ein-friedigen φράττειν, περιφράττειν.
Ein-friedigung f ἡ περίφραξις.
ein-frieren πήγνυσθαι.
ein-fügen ἐναρμόττειν, ἐμβάλλειν, ἐντιθέναι.

Ein-fügung f ἡ ἐμβολή, ἡ ἔνθεσις. [εἰσκομιδή.]
Ein-fuhr f ἡ εἰσαγωγή, ἡ
ein-führen εἰσκομίζειν, εἰσάγειν, εἰσφέρειν (letztere beiden auch übtr.: in Gebrauch bringen).
Ein-führung f ἡ εἰσαγωγή.
ein-füllen ἐγχεῖν.
ein-füßig μονόπους, πουν (οδος).
Ein-gabe f ἡ ἀπογραφή.
Ein-gang m ἡ εἴσοδος, = Anfang einer Rede od. Schrift τὸ προοίμιον, ὁ πρόλογος, ἡ ἀρχή.
ein-geben παρέχειν, διδόναι, προσφέρειν, = in den Sinn geben ὑποβάλλειν, ὑποτιθέναι.
ein-gebildet αὐθάδης, ὑπερήφανος (2).
ein-gedenk μνήμων.
ein-gehen εἰσιέναι, εἰσ-, ἐμβαίνειν, auf etw. ~ δέχεσθαι, προσίεσθαι, ὁμολογεῖν, = untersuchen ἐξετάζειν, βασανίζειν, = zugrunde gehen ἀφανίζεσθαι, καταλύεσθαι.
ein-gehend ἀκριβής.
ein-gestandenermaßen ὁμολογουμένως.
Ein-geständnis n ἡ ὁμολογία.
ein-gestehen ὁμολογεῖν.
Ein-geweide n/pl. τὰ ἔντερα, τὰ σπλάγχνα.
ein-gezogen ἔρημος.
Ein-gezogenheit f ἡ ἐρημία.
ein-gießen ἐγχεῖν.
ein-graben κατορύττειν,

καλύπτειν γῇ, mit dem Meißel u. dgl. ἐγκολάπτειν, ἐγγλύφειν, ἐγγράφειν.
ein-greifen ἐναρμόττειν, = Hand anlegen ἐπι-, ἀντιλαμβάνεσθαί τινος, in j-s Rechte ~ προσποιεῖσθαί τά τινος. [κία.]
Ein-griff m ἡ βία, ἡ ἀδι-
Ein-halt m: ~ tun κατ-, ἐπέχειν, κωλύειν, παύειν, κατα-, ἀποπαύειν.
ein-halten f. das Vorhergehende.
Ein-halten n ἡ ἐπίσχεσις.
ein-händigen ἐγχειρίζειν, παραδιδόναι.
Ein-händigung f ἡ παράδοσις. [φυσᾶν.]
ein-hauchen ἐμπνεῖν, ἐμ-
ein-hauen f. eingraben.
ein-heften προσράπτειν τινί τι. [οἰκεῖος.]
ein-heimisch ἐγχώριος (2),
Ein-heit f ἡ ἑνότης (ητος), ἡ μονάς.
ein-helfen ὑποβάλλειν, ὑπομιμνήσκειν. [ὁμόνους.]
ein-hellig σύμφωνος (2),
Ein-helligkeit f ἡ ὁμόνοια.
ein-herfahren φέρεσθαι.
ein-herfliegen πέτεσθαι.
ein-her-gehen, schreiten βαδίζειν. [βρενθύεσθαι.]
ein-herstolzieren σοβεῖν,
ein-herziehen ἐλαύνειν, χωρεῖν, φέρεσθαι.
ein-holen καταλαμβάνειν, προπέμπειν τινά (begleiten).
ein-hüllen καλύπτειν, περι-, ἐγκαλύπτειν. [καλυφή.]
Ein-hüllung f ἡ περι-
ein-jährig ἔτειος, ἐνιαύσιος.

einig ὁμογνώμων, ὁμόφρων, ὁμόνους. [ἔσθ' ὅτε.]
einigemal ἐνίοτε, ἔστιν ὅ.
einigen: sich über etwas ~ διαλλάττεσθαι (P.) περί τινος.
einiger, einige, einiges τίς, τί (enkl.), einige ἔνιοι.
einigermaßen πῆ, πώς (enkl.).
Einigkeit f ἡ ὁμόνοια, ἡ συμφωνία.
Einigung f ἡ διαλλαγή.
ein-impfen ἐνοφθαλμίζειν.
ein-kassieren εἰσπράττειν.
Ein-kauf m ἡ ἀγόρασις, ἡ ὠνή, ἡ ὤνησις, ἡ ἐμπολή.
Ein-käufer m ὁ ὠνητής.
Ein-kehr f ἡ κατάλυσις, ἡ καταγωγή.
ein-keilen ἐνσφηνοῦν.
ein-kerben ἐπιχαράττειν, χηλοῦν. [ἐμβάλλειν.]
ein-kerkern εἰς φυλακὴν
Ein-kerkerung f ἡ εἰς φυλακὴν παράδοσις.
ein-klammern περιγράφειν.
Ein-klang m ἡ ἁρμονία, ἡ συμφωνία.
ein-kleiden: in Worte ~ περιβάλλειν τινὶ λόγον.
ein-kommen: schriftlich ~ αἰτεῖσθαί τι διὰ γραμμάτων, von Geldern γίγνεσθαι, εἰσ-, προσιέναι.
Ein-künfte f/pl. αἱ πρόσοδοι, τὰ προσιόντα.
ein-laden ἐν-, εἰστιθέναι, ἐμβάλλειν, j-n ~ παρακαλεῖν τινα. [κλῆσις.]
Ein-ladung f ἡ παρά-
Ein-laß m ἡ προσαγωγή.
ein-lassen παριέναι, εἰσπέμπειν, ἐᾶν εἰσελθεῖν, sich auf etw. ~ τρέπεσθαι ἐπί τι, ἅπτεσθαί τινος, sich mit j-m ~ συνίστασθαί τινι.
Ein-lassung f s. Einlaß.
ein-laufen καταπλεῖν, κατάγεσθαι. [ἡ καταγωγή.]
Ein-laufen n ὁ εἴσπλους,
ein-legen ἐν-, εἰστιθέναι, Ehre ~ ἔπαινον κτᾶσθαι.
ein-leiten εἰσηγεῖσθαι.
Ein-leitung f ἡ εἰσήγησις.
ein-lenken ἐπικάμπτειν.
Ein-lenkung f ἡ ἐπικαμπή.
ein-lernen μελετᾶν.
ein-leuchten δῆλον, φανερὸν εἶναι, φαίνεσθαι.
ein-liefern εἰσάγειν, εἰσφέρειν, ἀπο-, παραδιδόναι.
Ein-lieferung f ἡ εἰσαγωγή, ἡ εἰσφορά, ἡ ἀπο-, παράδοσις.
ein-lösen λύεσθαι.
Ein-lösung f ἡ λύσις.
ein-mal ἅπαξ, nicht ~ οὐδ' ἅπαξ, noch ~ αὖθις, τὸ δεύτερον, ~ ... ein andermal ἄλλοτε μέν ... ἄλλοτε δέ, τότε μέν ... τότε δέ, Zeitadverb ποτέ (enkl.), endlich ἤδη ποτέ, nicht ~ οὐδέ (μηδέ).
ein-malig ἅπαξ.
Ein-marsch m ἡ εἴσοδος.
ein-marschieren εἰσελαύνειν.
ein-meißeln ἐγκολάπτειν.
ein-mengen ἀναμειγνύναι.
ein-messen μετρεῖν.
ein-mischen s. einmengen.
ein-münden ἐμ-, εἰσβάλλειν, εἰσρεῖν.
ein-mütig ὁμόνους, ὁμόφρων.

Ein-mütigkeit f ἡ ὁμόνοια.
Ein-nahme f ἡ ἅλωσις, von Geldern ἡ ἐκ-, συλλογή.
ein-nehmbar αἱρετός, ἁλώσιμος (2).
ein-nehmen = in sich aufnehmen δέχεσθαι, προσίεσθαι, = in sein Haus aufnehmen δέχεσθαι, εἰσπροσδέχεσθαι, = in Besitz nehmen λαμβάνειν, καταλαμβάνειν, αἱρεῖν, = e-n Raum ausfüllen ἐπ-, κατέχειν, = in Empfang nehmen λαμβάνειν, δέχεσθαι, j-n für sich ~ κατακηλεῖν, θέλγειν τινά, sich ~ lassen πείθεσθαι.
ein-nehmend ἐπίχαρις, ἡδύς.
Ein-nehmer m ὁ ἀποδεκτήρ, ὁ ἀποδέκτης.
Einöde f ἡ ἐρημία, ἡ ἔρημος χώρα.
ein-packen ἐν-, κατατιθέναι.
ein-passen ἐφ-, ἐναρμόττειν.
ein-pfählen χαρακοῦν.
ein-pflanzen ἐμφυτεύειν.
Ein-pflanzung f ἡ ἐμφυτεία.
ein-prägen ἐγχαράττειν, ἐντυποῦν, (übtr.) ἐντιθέναι, ἐμποιεῖν.
ein-pressen ἐν-, συνθλίβειν.
ein-pumpen εἰσαντλεῖν.
ein-quartieren καταστρατοπεδεύειν. {Verba.}
Ein-quartierung f durch
ein-räumen συγχωρεῖν, συμφάναι, ὁμολογεῖν.
Ein-rede f ἡ ἀντιλογία.
ein-reden ἀντιλέγειν.

ein-reiben ἐν-, προστρίβειν.
Ein-reibung f ἡ ἐντρίψις.
ein-reichen: eine Klage ~ ἀποφέρειν γραφήν.
Ein-reichung f ἡ παράδοσις.
ein-reihen ἐντάττειν.
ein-reißen καθαιρεῖν, κατασκάπτειν.
ein-renken καταρτίζειν.
Ein-renkung f ὁ καταρτισμός.
ein-richten τάττειν, διατάττειν, διατιθέναι, διοικεῖν, διακοσμεῖν, κατα-, παρασκευάζειν.
Ein-richtung f ἡ διάταξις, ἡ διάθεσις, ἡ διοίκησις, ἡ διακόσμησις, ἡ κατα-, παρασκευή.
ein-rollen ἐνελίττειν.
ein-rücken εἰσελαύνειν, εἰσβάλλειν. {εἰσβολή.}
Ein-rücken n ἡ εἴσοδος, ἡ
ein-ruderig μονήρης.
ein-säen ἐνσπείρειν.
ein-sägen καταπρίειν.
ein-salben χρίειν, ἐγ-, καταχρίειν, ἀλείφειν.
Ein-salbung f ἡ χρῖσις, ἡ ἐγ-, κατάχρισις, ἡ ἀλοιφή.
ein-sam ἔρημος, μόνος, ~er Ort ἡ ἐρημία.
Ein-samkeit f ἡ ἐρημία.
ein-sammeln συλλέγειν, ἀγείρειν, ἀθροίζειν.
Ein-samm(e)lung f ἡ συλλογή.
Ein-sammler m durch Verba
ein-schalten ἐμ-, παρεμβάλλειν.
Ein-schaltung f ἡ παρεμβολή.

ein-schärfen ἐπισκήπτειν ob. ἐντέλλεσθαί τινι mit *inf.*
ein-scharren κατορύττειν.
ein-schenken ἐγχεῖν.
ein-schicken εἰσπέμπειν.
ein-schieben f. einschalten.
ein-schiffen (*trans.*) ἐμ-, εἰσβιβάζειν, sich ~ ἐμ-, εἰσβαίνειν.
Ein-schiffung *f* durch Verba.
ein-schlafen καταδαρθάνειν, κοιμᾶσθαι.
ein-schläfern κοιμᾶν, κατακοιμᾶν.
ein-schlagen ἐγκόπτειν, καταπηγνύναι, einen Weg ~ ἰέναι ὁδόν, vom Blitze ἐν-, κατα-, ἐπισκήπτειν, vom Handschlag δεξιάν διδόναι, von gutem Erfolg καλῶς προχωρεῖν.
ein-schleichen, sich ὑποδύεσθαι, λανθάνειν εἰσιόντα. [ἄγειν.]
ein-schleppen εἰσ-, παρεισ-
ein-schließen κατακλείειν, εἱργνύναι, = umgeben περικλείειν, περιλαμβάνειν, = mit unter etw. begreifen περι-, καταλαμβάνειν ἔν τινι.
Ein-schließung *f* ἡ κάθειρξις, ἡ πολιορκία.
ein-schlummern f. einschlafen.
ein-schlürfen, ein-schlucken καταπίνειν, καταρροφεῖν.
ein-schmeicheln: sich bei j-m ~ ἀρεσκεύεσθαί τινα.
ein-schmeichelnd αἱμύλος, ἐπίχαρις. [τήκειν.]
ein-schmelzen ἐν-, κατα-
ein-schmieren ἐπι-, ἐν-, καταχρίειν, ὑπαλείφειν.

ein-schmuggeln παρεισάγειν.
ein-schneiden ἐν-, ἐπιτέμνειν.
Ein-schnitt *m* ἡ τομή.
ein-schöpfen ἐγχεῖν.
ein-schränken περιορίζειν, συντέμνειν, sich ~ συστέλλειν τὴν δίαιταν.
ein-schreiben ἐγ-, εἰσγράφειν.
Ein-schreibung *f* ἡ ἐγγραφή.
ein-schreiten: gegen j-n ~ ἀνθίστασθαί τινι, κωλύειν oder οὐκ ἐᾶν τινα.
ein-schüchtern ἐκ-, καταπλήττειν τινά, φόβον ἐμβάλλειν oder ἐμποιεῖν τινι.
Ein-schüchterung *f* ἡ ἔκ-, κατάπληξις.
ein-schütten ἐγχεῖν.
ein-sehen ἐν-, κατανοεῖν, γιγνώσκειν.
ein-seitig μονόπλευρος (2), (übtr.) ἰδιωτικός.
ein-senden εἰσπέμπειν.
ein-senken καθιέναι, καταβάλλειν.
ein-setzen καθιστάναι, = aufs Spiel setzen παραβάλλεσθαι.
Ein-setzung *f* ἡ κατάστασις.
Ein-sicht *f* ἡ γνώμη, ὁ νοῦς, ἡ φρόνησις, ἡ σύνεσις.
ein-sichtig, ein-sichtsvoll συνετός, φρόνιμος (2).
ein-sichtslos ἀσύνετος (2), ἄφρων.
Ein-siedelei *f* ἡ ἐρημία.
Ein-siedler *m* ὁ ἐρημίτης.
ein-sinken συμπίπτειν.
ein-spannen ζευγνύναι, ὑποζευγνύναι.

ein-sperren εἰργνύναι, καθειργνύναι.
Ein-sprache f: ~ tun ἀνθίστασθαί τινι.
ein-sprechen: j-m Mut ~ παρακελεύεσθαί τινι.
ein-sprengen (trans.) καταβρέχειν, καταρραίνειν, (intr.) δρόμῳ εἰσελαύνειν.
ein-spritzen ἐνιέναι (von ἵημι).
Ein-spritzung f ἡ ἔνεσις.
Ein-spruch m ἡ ἀντιλογία.
einst ποτέ (entf.), πάλαι, ὕστερον (von der Zukunft).
ein-stecken κρύπτειν, καλύπτειν, = sich etwas gefallen lassen ἀνέχεσθαί τι.
ein-stehen: für etwas ~ ἐγγυᾶν τι.
ein-steigen ἐμ-, εἰσβαίνειν εἴς τι, ἐπιβαίνειν τινός.
ein-stellen παύειν, καταπαύειν τι, τινά τινος oder part. (aufhören machen), παύεσθαι, καταπαύεσθαι (aufhören), παρεῖναι, παραγίγνεσθαι (sich einstellen).
einstig ὁ, ἡ, τὸ πάλαι.
ein-stimmen συμφωνεῖν, συνᾴδειν, ὁμολογεῖν (übereinstimmen).
ein-stimmig σύμφωνος (2), adv. μιᾷ γνώμῃ, ὁμογνωμόνως. [φωνία.]
Ein-stimmigkeit f ἡ συμ-
einstmals ποτέ (entf.).
ein-stoßen εἰσωθεῖν, ἐκ-, συγκόπτειν, συντρίβειν.
ein-streuen ἐνσπείρειν.
ein-strömen εἰσρεῖν.
ein-stürmen: auf j-n ~ ὁρμᾷ

φέρεσθαι ἐπί τινα, ἐπιφέρεσθαί τινι. [πτῶμα.]
Ein-sturz m ἡ πτῶσις, τὸ
ein-stürzen (trans.) καταβάλλειν, καθαιρεῖν, (intr.) πίπτειν, κατα-, συμπίπτειν.
einstweilen μεταξύ, ἐν τοσούτῳ.
ein-tägig ἐφήμερος (2).
ein-tauchen βάπτειν.
ein-tauschen ἀλλάττεσθαι, ἀνταλλάττεσθαί τι τινος oder ἀντί τινος.
ein-teilen διαμερίζειν, διαιρεῖν, διαλαμβάνειν.
Ein-teilung f ὁ μερισμός, ἡ διαίρεσις.
ein-tönig μονότονος (2).
Ein-tönigkeit f ἡ μονοτονία.
Ein-tracht f ἡ ὁμόνοια.
ein-trächtig ὁμονοητικός, ὁμόνους, ὁμόφρων.
Ein-trag m ἡ βλάβη, ἡ ζημία, ~ tun βλάπτειν.
ein-tragen εἰσφέρειν, κομίζεσθαι, = einschreiben ἀναγγράφειν.
ein-tragen n, **Ein-tragung** f ἡ εἰσφορά, ἡ ἐγ-, καταγραφή.
ein-träglich προσόδους παρέχων, ~ fein συμφέρειν, λυσιτελεῖν, κέρδος φέρειν.
Ein-träglichkeit f τὸ σύμφορον, ἡ εὐκαρπία.
ein-treffen ἥκειν, παρεῖναι, παραγίγνεσθαι.
Ein-treffen n ἡ ἄφιξις.
ein-treiben εἰσελαύνειν, εἰσάγειν, ſ. einfordern.
ein-treten εἰσιέναι, εἰσέρχεσθαι, εἰσβαίνειν, προσ-

ιέναι, in ein Amt ~ καθ-
ίστασθαι εἰς ἀρχήν.
Ein-tritt *m* ἡ εἴσοδος, in
ein Amt ~ ἡ εἰς ἀρχὴν
κατάστασις.
ein-trocknen ξηραίνεσθαι.
ein-tröpfeln ἐνστάζειν.
ein-üben ἀσκεῖν, γυμνάζειν.
Ein-übung *f* ἡ ἄσκησις, ἡ
μελέτη.
ein-verleiben συνιστάναι,
συμμειγνύναι, ἐν-, προσ-
τιθέναι.
Ein-verleibung *f* durch Verba.
ein-verstanden sein: mit j-m
~ ὁμογνωμονεῖν, ὁμονοεῖν,
ὁμοφρονεῖν τινι.
Ein-verständniß *n* ἡ ὁμόνοια, ἡ συμφωνία.
ein-wachsen ἐμφύεσθαί τινι.
Ein-wand *m* ἡ ἀντιλογία.
Ein-wanderer *m* ὁ ἔπηλυς
(υδος).   [εἰσοικίζεσθαι.)
ein-wandern ἐπ-, εἰσοικεῖν,
Ein-wanderung *f* ἡ εἰσοίκησις, ἡ μετοίκησις, ἡ μετ-
ανάστασις.   [εἴσω.)
ein-wärts εἴσω, εἰς τὸ)
ein-weben ἐνυφαίνειν.
ein-wechseln f. eintauschen.
Ein-wechselung *f* ἡ ἀλλαγή,
ἡ ἀντ-, ἀντικαταλλαγή.
ein-weichen βρέχειν, ἐμ-
βρέχειν.
ein-weihen καθ-, ἀφιεροῦν,
καθοσιοῦν.   [ἀφιέρωσις.)
Ein-weihung *f* ἡ καθ-,)
ein-wenden ἀντιλέγειν (ἀντ-
ειπεῖν), ὑποβάλλειν.
Ein-wendung *f* ἡ ἀντιλογία.   [καθαιρεῖν.)
ein-werfen καταβάλλειν,)

ein-wickeln ἐνελίττε.ν τί
τινι oder εἴς τι, περιελίττειν τί τινι.
ein-willigen συν-, ἐπαινεῖν
τι, ὁμολογεῖν.
Ein-willigung *f* ἡ συναίνεσις, ἡ ὁμολογία.
ein-wirken ἐνυφαίνειν, auf
j-n ~ διατιθέναι τινά.
Ein-wirkung *f* ἡ δύναμις,
ἡ ῥοπή.   [τινι.)
ein-wohnen ἐν-, παρεῖναί)
Ein-wohner *m* ὁ οἰκήτωρ
(ορος), ὁ οἰκητής, ὁ κάτ-
οικος, ὁ κατοικῶν.
Ein-wohnerin *f* ἡ κατ-
ενοικοῦσα.   [εἴς τι.)
ein-wühlen, sich ὑποδύεσθαι)
Ein-wurf *f* f. Einwendung.
ein-wurzeln ῥιζοῦσθαι,
καταρριζοῦσθαι, übtr. ἐγ-
χρονίζεσθαι.
ein-zäunen περιφράττειν.
Ein-zäunung *f* ἡ περι-
φραξις.
ein-zeichnen ἐγ-, καταγράφειν.   [καταγραφή.)
Ein-zeichnung *f* ἡ ἐγ-,)
Einzelheiten *f/pl.* τὰ καθ'
ἕκαστα, τὰ μέρη.
einzeln εἷς, μία, ἕν, μόνος,
adv. χωρίς, ἰδίᾳ.
Einzelwesen *n* τὸ καθ'
αὑτό.
ein-ziehen ἐνιέναι (v. ἵημι),
ἐνείρειν, f. einfordern, =
konfiszieren δημεύειν.
Ein-ziehung *f* ἡ ἐμβολή,
ἡ ἔνερσις, f. Konfiskation.
einzig μόνος, εἷς ὤν, =
vorzüglich ἐξαίρετος (2),
διαφέρων.

Ein-zug m ἡ εἴσοδος, feierlicher ~ ἡ πομπή. [ζειν.]
ein-zwängen καταναγκά-
Eis n ὁ κρύσταλλος.
Eisdecke f ὁ κρύσταλλος.
Eisen n ὁ σίδηρος.
Eisenarbeit f ἡ σιδηρεία.
Eisenarbeiter m ὁ σιδηρεύς, ὁ σιδηρουργός.
eisern σιδηροῦς, ᾶ, οῦν.
eisig, eiskalt κρυώδης, παγετώδης. [παγετός.]
Eiskälte f ὁ κρύος, δ]
Eisvogel m ἡ ἀλκυών (όνος).
eitel κενός, μάταιος, ~ fein φιλοτιμεῖσθαι, ἀλαζονεύεσθαι. [ματαιότης (ητος).]
Eitelkeit f ἡ κενότης, ἡ]
Eiter m τὸ πύον (πύον).
eiterartig, eiterig πυώδης.
Eiterbeule f τὸ ἀπόστημα.
eitern πυορροεῖν, πυοῦσθαι.
Eitern n, **Eiterung** f ἡ πύη, ἡ πύησις.
Ekel m ἡ ἄση, ὁ κόρος (Übersättigung), ~ erregen ἄσην παρέχειν τινί, ~ haben vor j-m ἀηδεῖν τινα.
ekelhaft ἀηδής.
ekeln f. Ekel.
eklatant περιφανής, ἐπίσημος (2).
Elefant m ὁ ἐλέφας (αντος).
Elegie f τὰ ἐλεγεῖα, ἡ ἐλεγεία, ὁ ἔλεγος.
Element n: die ~e αἱ ἀρχαί, τὰ στοιχεῖα.
elend κακός, πονηρός, μοχθηρός, ἄθλιος, ταλαίπωρος (2), ἀ-, δυστυχής, ἀσθενής.
Elend n τὰ κακά, ἡ ταλαιπωρία, ἡ ἀθλιότης (ητος), ἡ δυστυχία.
Elentier n ἡ ἄλκη.
elf ἕνδεκα.
Elfenbein n ὁ ἐλέφας (αντος), von ~ ἐλεφάντινος.
elfenbeinern ἐλεφάντινος.
elfjährig ἑνδεκαετής.
elfmal ἑνδεκάκις.
elftägig ἕνδεκα ἡμερῶν.
elftens τὸ ἑνδέκατον.
Elle f ὁ πῆχυς (εως).
Ellenbogen m ὁ ἀγκών (ῶνος).
Elster f ἡ κίττα.
Eltern, die οἱ γονεῖς, οἱ τοκεῖς.
elternlos ἔρημος γονέων, ὀρφανός.
Empfang m ἡ λῆψις, ἡ παράληψις, freundlicher ~ ὁ ἀσπασμός, gew. durch Verba.
empfangen λαμβάνειν, παραλαμβάνειν, δέχεσθαι.
Empfänger m durch part.
empfänglich: für etwas ~ εὐπαθής εἴς oder πρός τι, ~ fein für etwas ἀποδέχεσθαί τι.
Empfänglichkeit f τὸ δεκτικόν, ἡ προθυμία.
empfehlen ἐπιτρέπειν τινί τι, sich ~ ἀσπάζεσθαι (M.), χαρίζεσθαι (M.) τινι.
empfehlend ἐπί-, εὔχαρις, χαρίεις.
empfehlenswert ἐπαίνου ἄξιος, ἐπαινετός.
Empfehlung f ὁ ἔπαινος, = Gruß ὁ ἀσπασμός.
empfindbar αἰσθητός.

empfinden αἰσθάνεσθαι, empfunden werden αἴσθησιν παρέχειν oder ἔχειν, von j-m tινί, Freude ~ χαίρειν, Schmerz ~ λυπεῖσθαι.

empfindlich αἰσθητικός, (im böser Sinne) ἀγανακτητικός, ὀξύρροπος (2), χαλεπός, ὀργίλος.

Empfindlichkeit f τὸ αἰσθητικόν, ἡ αἴσθησις, ἡ ὀξύτης, ἡ χαλεπότης (ητος).

empfindsam μαλακός.

Empfindsamkeit f ἡ μαλακία.

Empfindung f ἡ αἴσθησις, τὸ πάθος, τὸ πάθημα.

empfindungsfähig αἰσθητικός, παθητικός.

empfindungslos ἀναίσθητός (2) τινος, ἀπαθής πρός τι.

Empfindungslosigkeit f ἡ ἀναισθησία, ἡ ἀπάθεια.

Empfindungsvermögen n τὸ αἰσθητικόν, ἡ αἴσθησις.

Emphase f ἡ ἔμφασις.

emphatisch ἐμφατικός.

empor ἄνω. [νεσθαι.]

emporarbeiten, sich αὐξά-

emporblicken ἄνω βλέπειν, ἀναβλέπειν.

emporbringen αἴρειν, ἐπαίρειν, übtr. αὐξάνειν, ὠφελεῖν.

empören s. aufwiegeln, sich ~ στασιάζειν, στάσιν ποιεῖσθαι. [δεινός.]

empörend ἀγανακτητός,

Empörer m ὁ στασιώτης.

emporfliegen ἀναπέτεσθαι.

emporführen ἀνάγειν, ἀναφέρειν.

emporhalten αἴρειν, ἀνέχειν.

emporheben αἴρειν, ἐπαίρειν. [σθαι.]

emporklimmen ἀναρριχᾶ-

emporkommen ἐκ-, ἐξαναδύεσθαι, übtr. αὐξάνεσθαι, ἐπιδιδόναι. [νός.]

emporragen ὑπερέχειν τι-

emporrichten ἀνορθοῦν.

emporschwingen, sich αὐξάνεσθαι.

emporspringen ἀναπηδᾶν.

emporsteigen ἀναφέρεσθαι.

emporstreben ἄνω τείνειν, übtr. μειζόνων ἐφίεσθαι.

emporstrecken ἀνατείνειν.

emportauchen ἀναδύεσθαι.

emportreiben ἀνιέναι (v. ἵημι), ἀναπέμπειν.

Empörung f ἡ στάσις, ἡ ἀπόστασις.

emsig σπουδαῖος, πρόθυμος (2), ἐπιμελής, φιλόπονος (2), ~ sein φιλοπονεῖν.

Emsigkeit f ἡ σπουδή, ἡ προθυμία, ἡ ἐπιμέλεια.

Ende n τὸ τέλος, ἡ τελευτή, τὸ ἄκρον, ἡ ἄκρα (= Spitze), an allen Orten und ~n πανταχοῦ τῆς γῆς, von allen Ecken und ~n πανταχόθεν, zu dem ~e ἐπὶ τούτῳ, τούτου ἕνεκα.

enden τελευτᾶν, λήγειν, καταλήγειν, παύεσθαι.

endgültig κύριος.

endigen s. enden.

Endivie f ἡ πικρίς (ιδος).

endlich πέρας ἔχων, περίγραπτος (2), adv. τέλος, τὸ τελευταῖον, oft durch τε-

λευτῶν, ~ einmal χρόνῳ ποτέ, nun ~ ἤδη δή.
Endlichkeit f τὸ ἐξίτηλον, ἡ θνητὴ φύσις.
endlos ἄπειρος (2), ἀπέραντος (2).
Endlosigkeit f τὸ ἄπειρον, τὸ ἀπέραντον.
Endpunkt m τὸ τέρμα.
Endung f ἡ κατάληξις.
Endursache f ἡ πρώτη αἰτία. [διαγνώμη.]
Endurteil n ἡ κρίσις, ἡ
Endziel n τὸ πέρας (ατος), τὸ τέρμα.
Endzweck m τὸ τέλος, ὁ σκοπός, ἡ γνώμη.
Energie f ἡ ἐνέργεια.
energisch ἐνεργός.
eng, enge στενός, στενόχωρος (2), ~ machen στενοῦν.
engbrüstig στενὸν τὸ στῆθος ἔχων, ἀσθματικός.
Engbrüstigkeit f τὸ ἄσθμα.
Enge f ἡ στενότης (ητος), ἡ στενοχωρία, in die ~ treiben συνελαύνειν εἰς στενόν.
Engel m ὁ δαίμων, ὁ ἄγγελος.
engherzig μικρόψυχος (2), ἀνελεύθερος (2).
Engherzigkeit f ἡ μικροψυχία, τὸ ἀνελεύθερον.
Engpaß m τὰ στενά oder στενόπορα, ὁ στενωπός.
Enkel m ὁ ἀπό-, ἔκγονος.
Enkelin f ἡ ἔγγονος.
ent-arten χείρω γίγνεσθαι, διαφθείρεσθαι.
Ent-artung f ἡ διαφθορά.
ent-äußern: sich einer Sache

~ ἀφίεσθαι τινος. προτεῖσθαί τι.
Ent-äußerung f ἡ ἄφεσις.
ent-behren δεῖσθαι, ἐνδεῖσθαί τινος, ἀπορεῖν, σπανίζειν τινός.
ent-behrlich οὐκ ἀναγκαῖος, περιττός. [ἀπορία.]
Ent-behrung f ἡ ἔνδεια, ἡ
ent-bieten παραγγέλλειν, ἐπιτάττειν τινί τι, zu sich ~ μεταπέμπεσθαί τινα.
ent-binden λύειν, ἀπολύειν, ἐλευθεροῦν.
ent-blättern, sich φυλλορροεῖν, φυλλοβολεῖν.
ent-blättert γυμνὸς ob. ἔρημος φύλλων.
ent-blöden: sich nicht ~ τολμᾶν, οὐκ αἰδεῖσθαι oder αἰσχύνεσθαι, οὐκ ὀκνεῖν.
ent-blößen γυμνοῦν, ἀπογυμνοῦν, von etw. τινός.
ent-blößt γυμνός, ἔρημος.
Ent-blößung f ἡ γύμνωσις, ἡ ἀπογύμνωσις.
ent-brennen ἐκκάεσθαι, φλέγεσθαι. [ἐξευρίσκειν.]
ent-decken εὑρίσκειν, ἀν-,
Ent-decker m ὁ εὑρετής ob. durch part.
Ent-deckung f ἡ εὕρεσις.
Ente f ἡ νῆττα.
ent-ehren ἀτιμάζειν, ἄτιμον ποιεῖν, αἰσχύνειν.
ent-ehrend αἰσχρός.
ent-ehrt ἄτιμος (2).
Ent-ehrung f ἡ ἀτιμία, ἡ αἰσχύνη.
ent-eilen φεύγειν, ἐκ-, δια-, ἀποφεύγειν, ἀποδιδράσκειν.

ent-erben ἄκληρον ποιεῖν, ἀποκηρύττειν.
ent-erbt ἀποκήρυκτος (2).
Enterhafen m ὁ κόραξ (ακος). [νηί.
entern κόρακα ἐμβάλλειν
ent-fahren ἐκπίπτειν.
ent-fallen ἐκπίπτειν, παραρρεῖν, aus dem Gedächtnis ~ ἐκπίπτειν τῆς μνήμης.
ent-falten ἀνα-, διαπτύσσειν, ἀναπεταννύναι.
Ent-faltung f ἡ ἀνάπτυξις.
ent-fernen ἀφιστάναι, ἀφιέναι, sich ~ ἀπιέναι, ἀποχωρεῖν.
ent-fernt πόρρω ὤν, ἀπών, ἀπέχων, ~ sein von etwas ἀπέχειν τινός, sich von etw. ~ halten ἀπέχεσθαί τινος, weit ~ ... daß ... so ... vielmehr τοσούτου δέω mit *inf.*, ich bin weit ~ πολλοῦ δέω mit *inf.*, weit ~! πολλοῦ γε δεῖ, nicht im entferntesten οὐδ' ἐγγύς.
Ent-fernung f ὁ χωρισμός, ἡ ἀπαλλαγή, als Zustand ἡ ἀπό-, διάστασις, τὸ διάστημα.
ent-fesseln λύειν τινά.
Ent-fesselung f ἡ λύσις.
ent-flammen: j-n ~ παροξύνειν.
ent-fliegen ἀποπέτεσθαι.
ent-fliehen φεύγειν, ἀπο-, ἐκ-, διαφεύγειν, ἀποδιδράσκειν.
Ent-fliehen n ἡ φυγή.
ent-fließen ἀπορρεῖν, ἐκρεῖν.
ent-fremden ἀλλοτριοῦν τινά τινος.

Ent-fremdung f ἡ ἀλλοτριότης (ητος).
ent-führen ἁρπάζειν, ἀπάγειν, ἐκκλέπτειν.
Ent-führung f ἡ ἁρπαγή.
entgegen ἐναντίον, ἐναντία, in 3ſgn mit Verben gew. ἀντί.
entgegenarbeiten ἐναντιοῦσθαί τινι.
entgegengehen ἀπ-, ὑπαντᾶν, ἀντίον ἰέναι.
entgegengesetzt ἐναντίος, ἀντικείμενος.
entgegenhalten προτείνειν, προβάλλειν.
entgegenkommen ἀντίον ἔρχεσθαι, ſ. entgegengehen.
entgegensein ἐναντιοῦσθαι.
entgegensetzen ἀντιτάττειν, ἀντιτιθέναι, sich ~ ἀνθίστασθαι, ἀντιτείνειν.
ent-gegnen, Ent-gegnung f ſ. antworten, Antwort.
ent-gehen ſ. entfliehen, es entgeht mir etw. λανθάνει μέ τι, διαφεύγει μέ τι.
Ent-gelt n: ohne ~ ἀμισθί, προῖκα.
ent-gelten δίκην διδόναι τινός, j-n etwas ~ lassen τιμωρεῖσθαί τινα ὑπέρ τινος.
Ent-geltung f ~ ἡ τιμωρία.
ent-gleiten ἐξολισθάνειν.
ent-glimmen, ent-glühen ἐκκάεσθαι.
ent-halten χωρεῖν, ἔχειν, περιέχειν, sich ~ ἀπέχεσθαι, ἀφίστασθαί τινος.
ent-haltsam ἐγκρατής, καρτερικός, μέτριος.
Ent-haltsamkeit, Ent-hal=

tung *f* ἡ ἐγκράτεια, ἡ μετριότης (ητος), ἡ καρτερία.

ent-haupten ἀποτέμνειν τινὸς τὴν κεφαλήν.

Ent-hauptung *f* ἡ ἀποτομὴ ob. ἀποκοπὴ τῆς κεφαλῆς.

ent-heben ἀπαλλάττειν τινά τινος.

Ent-hebung *f* ἡ ἀπαλλαγή.

ent-heiligen μολύνειν, μιαίνειν, αἰσχύνειν.

Ent-heiligung *f* durch Verba.

ent-hüllen ἀνα-, ἐκ-, ἀποκαλύπτειν, δηλοῦν.

Ent-hüllung *f* ἡ ἀποκάλυψις, ἡ δήλωσις.

Enthusiasmus *m* ὁ ἐνθουσιασμός, ἡ ἐνθουσίασις.

enthusiastisch ἐνθουσιαστικός, ἔνθεος (2). [τινά τι.]

ent-kleiden ἐκ-, ἀποδύειν⌋

ent-kleidet γυμνός.

ent-kommen s. entfliehen.

ent-kräften παρα-, ἐκλύειν, ἀσθενῆ ποιεῖν, μαραίνειν.

ent-kräftet ἀσθενής.

Ent-kräftung *f* ἡ ἀσθένεια, ἡ ἀρρωστία.

ent-laden ἀπογεμίζειν, ἀποφορτίζεσθαι.

Ent-ladung *f* durch Verba.

ent-lang παρά mit acc.

ent-larven ἐλέγχειν, ἐξελέγχειν.

Ent-larvung *f* ὁ ἔλεγχος.

ent-lassen ἀφιέναι, ἀπαλλάττειν, ἀποπέμπειν.

Ent-lassung *f* ἡ ἄφεσις, ἡ ἀπόπεμψις.

ent-lasten s. entladen.

ent-laufen ἀπο-, διαδιδράσκειν τινά, δραπετεύειν τινά und παρά τινος.

ent-ledigen λύειν, ἀπολύειν, ἀπαλλάττειν τινά τινος, sich einer Sache ~ ἀπαλλάττεσθαί τινος.

Ent-ledigung *f* ἡ ἀπαλλαγή, ἡ λύσις, ἡ ἀπόλυσις.

ent-leeren ἐκκενοῦν.

Ent-leerung *f* ἡ κένωσις.

ent-legen ἔρημος.

Ent-legenheit *f* ἡ ἐρημία.

ent-lehnen δανείζεσθαι, παραλαμβάνειν, κίχρασθαί τι παρά τινος.

ent-leiben ἀποκτείνειν, σφάττειν, φονεύειν, sich ~ ἀποκτείνειν usw. ἑαυτόν.

Ent-leibung *f* ὁ φόνος, ἡ σφαγή. [τινος.]

ent-locken ἐξάγεσθαί τι ἔκ⌋

ent-menscht ἀπάνθρωπος (2).

ent-mutigen δειλὸν ob. εἰς ἀθυμίαν καθιστάναι, ἀθυμίαν παρέχειν τινί.

ent-mutigt ἄθυμος (2), ~ sein ἐν ἀθυμίᾳ εἶναι, ἀθυμεῖν.

Ent-mutigung *f* ἡ ἀθυμία.

ent-nehmen παραλαμβάνειν τι παρά τινος.

ent-nerven übtr. ἐκλύειν, διαθρύπτειν.

Ent-nervung *f* ἡ ἔκλυσις.

ent-raffen ἀν-, ἀφ-, ἐξαρπάζειν. [μοί τινος.]

ent-raten δεῖσθαί τινος, δεῖ⌋

ent-rätseln σαφηνίζειν, ἐκδιηγεῖσθαι.

ent-reißen ἀφ-, ἐξαιρεῖσθαί τινά τι, ἀφ-, ἐξαρπάζειν τινός τι oder τινί τι.

ent-richten ἀποφέρειν, τελεῖν, ἀποτελεῖν.
Ent-richtung f durch Verba.
ent-rinnen ſ. entfliehen.
ent-rollen ἀνελίττειν, ἀναπτύσσειν, ἀναπετανύναι.
ent-rücken ἐξ-, ἀναρπάζειν.
Ent-rückung f ἡ ἀναρπαγή.
ent-rüſten, ſich ὀργίζεσθαι (P.).
Ent-rüſtung f ἡ ὀργή.
ent-ſagen προΐεσθαί τι, ἐξίστασθαί τινος, ἀπογιγνώσκειν τινός.
Ent-ſagung f durch Verba.
Ent-ſatz m ἡ ἐπικουρία, ἡ βοήθεια.
ent-ſchädigen τὴν βλάβην ἐκτίνειν τινί, j-n für etw. ~ ἐπανορθοῦν τινι τὴν ἐκ od. ἀπό τινος βλάβην, mit etw. ~ διδόναι τινί τι ἀντί τινος.
Ent-ſchädigung f ἡ παραμυθία, τὸ παραμύθιον.
ent-ſcheiden κρίνειν, διακρίνειν τι, γιγνώσκειν, διαγιγνώσκειν, δικάζειν, ſich für etw. ~ αἱρεῖσθαί τι.
ent-ſcheidend κύριος, »er Punkt oder Augenblick ὁ καιρός, ἡ ῥοπή, ἡ ἀκμή.
Ent-ſcheidung f ἡ κρίσις, ἡ διάκρισις, ἡ γνώμη, ἡ διάγνωσις.
Ent-ſcheidungsgrund m τὸ τεκμήριον, τὸ κριτήριον.
Ent-ſcheidungskampf m: e-n ~ führen διαμάχεσθαι, διαγωνίζεσθαι.
Ent-ſcheidungspunkt m ſiehe entſcheidend.

Ent-ſchiedenheit f τὸ θάρρος.
ent-ſchlafen = ſterben ἀποθνῄσκειν.
ent-ſchlagen: ſich einer Sache ~ ἐξίστασθαί τινος.
ent-ſchleichen ἐκκλέπτειν ἑαυτόν, ὑπεκδύεσθαι.
ent-ſchleiern ἀνακαλύπτειν.
ent-ſchließen, ſich γιγνώσκειν, διαγιγνώσκειν, αἱρεῖσθαι, προαιρεῖσθαι, βουλεύεσθαι, ich bin entſchloſſen δέδοκταί μοι, ſich nicht ~ können οὐ τολμᾶν, οὐκ ἐθέλειν, ἐν ἀπορίᾳ εἶναι, ὀκνεῖν, μέλλειν.
Ent-ſchließung f ſ. Entſchluß.
Ent-ſchloſſenheit f ἡ προθυμία, ἡ τόλμα.
ent-ſchlüpfen ἐκ-, ὑπεκδύεσθαι, ἐκ διαφεύγειν.
Ent-ſchluß m ἡ γνώμη, ἡ προαίρεσις, τὸ βούλευμα, ſeinen ~ ändern μεταγιγνώσκειν, einen ~ faſſen γνώμην ποιεῖσθαι, bei ſeinem ~ bleiben ἐμμένειν τῇ γνώμῃ.
ent-ſchuldigen ἀπολογεῖσθαι ὑπέρ τινος, παραιτεῖσθαι περί τινος, ſich ~ αἰτεῖσθαι συγγνώμην παρά τινος.
Ent-ſchuldigung f ἡ ἀπολογία, ἡ πρόφασις.
Ent-ſchuldigungsgrund m ἡ πρόφασις.
ent-ſchwinden ἀφανίζεσθαι (P.), οἴχεσθαι, dem (aus dem) Gedächtnis ~ ἀποφεύγειν τὴν μνήμην.
ent-ſeelt ἄψυχος (2), τεθνεώς.

ent-senden ἐκ-, ἀποπέμπειν, ἀποστέλλειν, ἀφιέναι.
ent-setzen ἐπικουρεῖν, προσβοηθεῖν τινι, f. absetzen, sich ~ ἐκ-, καταπλήττεσθαι (P.). [ὁ φόβος.]
Ent-setzen n ἡ ἔκπληξις,
ent-setzlich δεινός, φοβερός.
Ent-setzung f durch Verba.
ent-sinken ἐκπίπτειν.
ent-sinnen, sich μιμνήσκεσθαί τινος.
ent-sittlichen διαφθείρειν.
Ent-sittlichung f ἡ διαφθορά.
ent-spinnen, sich f. entstehen.
ent-sprechen ἁρμόττειν πρός τι, προσήκειν, πρέπειν τινί.
ent-sprechend προσήκων, πρέπων, ἄξιος, ἐοικώς, ἐπιτήδειος.
ent-sprießen ἀνα-, ἐκβλαστάνειν, übtr. γίγνεσθαι.
ent-springen f. entlaufen, entfliehen, ἀνατέλλειν, ἀνίσχειν ἔκ τινος.
ent-stammen γένος ἔχειν, γεγονέναι ἀπό (ἔκ) τινος.
ent-stehen γίγνεσθαι, φύεσθαι. [durch Verba.]
Ent-stehung f ἡ γένεσις ob.
ent-steigen ἀναφέρεσθαι, ἀνατέμπεσθαι ἔκ τινος.
ent-stellen διαφθείρειν, λυμαίνεσθαι, καταισχύνειν.
ent-stellt ἄ-, δύσμορφος (2), διεφθαρμένος.
Ent-stellung f ἡ διαφθορά.
ent-strömen ἐκ-, προρρεῖν.
ent-stürzen προ-, διεκπίπτειν, ἐξορμᾶσθαι.
ent-sühnen, ent-sündigen ἀφοσιοῦν, ἁγνίζειν, καθαίρειν.
Ent-sühnung, Ent-sündigung f ἡ ἀφοσίωσις, ἡ κάθαρσις.
ent-thronen ἐκβάλλειν τινὰ τῆς ἀρχῆς, παύειν τινὰ τῆς ἀρχῆς oder ἄρχοντα.
Ent-thronung f durch Verba.
ent-völkern ἐρημοῦν, ἔρημον ποιεῖν.
ent-völkert ἔρημος, ἀνάστατος (2).
Ent-völkerung f ἡ ἀνάστασις.
ent-waffnen τὰ ὅπλα ἀφαιρεῖσθαι oder ἐκδύειν τινά, im Wortstreit ~ ἐλέγχειν, ἐξελέγχειν.
entweder ... oder ἤ ... ἤ (aut ... aut, vel ... vel), εἴτε ... εἴτε (sive ... sive).
ent-weichen f. entfliehen, entlaufen.
ent-weihen, Ent-weihung f f. entheiligen, Entheiligung.
ent-wenden ἀφαιρεῖσθαί τινά (τινός) τι, ἀποστερεῖν τινά τινος.
Ent-wendung f ἡ στέρησις, ἡ ἀποστέρησις, ἡ κλοπή.
ent-werfen διαγράφειν, ἀπεργάζεσθαι, einen Plan ~ διανοεῖσθαι, βουλεύεσθαι.
ent-wickeln, eig. δια-, ἀναπτύσσειν, ἐξελίττειν, übtr. δι-, διεξηγεῖσθαι, δηλοῦν.
Ent-wickelung f ἡ ἀνά-, διάπτυξις, übtr. ἡ ἐξήγησις. [τινος.]
ent-winden βίᾳ ἐξαιρεῖν τί
ent-wirren ἀναλύειν.

ent-wischen f. entfliehen, entlaufen.
ent-wöhnen ἀπεθίζειν (τινὰ μή mit inf.), sich ~ von etw. ἀπομανθάνειν τι.
ent-wölken αἰθριάζειν, ἀπαιθριάζειν. [αἴθριος.]
ent-wölkt ἀνέφελος (2),
ent-würdigen ἀτιμάζειν, αἰσχύνειν, καταισχύνειν τινά. [ἡ αἰσχύνη.]
Ent-würdigung f ἡ ἀτιμία,
Ent-wurf m ὁ τύπος, ἡ ὑπο-, διαγραφή.
ent-wurzeln ἐκ-, ἀπορριζοῦν.
ent-ziehen ἀφαιρεῖσθαί τινά (τινός) τι, ἀποστερεῖν τινά τινος, sich einer Sache ~ φεύγειν τι, ἀφίεσθαί τινος.
Ent-ziehung f ἡ ἀφαίρεσις, ἡ στέρησις, ἡ ἀποστέρησις.
ent-ziffern διασαφηνίζειν.
Ent-zifferung f durch die Verba.
ent-zücken κηλεῖν, θέλγειν, εὐφραίνειν.
Ent-zücken n ἡ κήλησις, ἡ θέλξις, ἡ εὐφροσύνη.
ent-zückend κηλητήριος, θελκτήριος, ἥδιστος.
ent-zückt φαιδρὸς τὴν ψυχήν, ἐνθουσιάζων.
ent-zündbar εὔφλεκτος (2).
ent-zünden f. anzünden, übtr. Geschwulst oder Hitze verursachen φλεγμαίνειν.
Ent-zündung f ἡ φλεγμονή.
ent-zwei δίχα, ~ gehen ῥήγνυσθαι.
ent-zweien διιστάναι, sich ~ διίστασθαι, διαφέρεσθαί τινι.

Ent-zweiung f ἡ διάστασις, ἡ διαφορά. [ἐφορεύειν.]
Ephor m ὁ ἔφορος, ~ sein]
Epidemie f ἡ ἔνδημος oder ἐπιδήμιος νόσος, auch ὁ λοιμός. [δήμιος (2).]
epidemisch ἔνδημος (2), ἐπι-
Epigramm n τὸ ἐπίγραμμα.
Epigrammendichter m ὁ ἐπιγραμματοποιός.
Epilepsie f ἡ ἐπιληψία, ἡ ἐπίληψις. [ἐπίληπτος (2).]
epileptisch ἐπιληπτικός,
Epilog m ὁ ἐπίλογος.
episch ἐπικός, ~er Dichter ὁ ἐποποιός, ~es Gedicht τὸ ἔπος. [ἐμβόλιον.]
Episode f τὸ ἐπεισόδιον, τὸ]
Eppich m τὸ σέλινον, τὸ ἄπιον.
er, sie, es αὐτός, οὗτος, ἐκεῖνος, ~ aber ὁ δέ.
er-achten ἡγεῖσθαι, νομίζειν, δοκεῖ μοι, meines Erachtens ἔμοιγε δοκεῖν.
er-arbeiten ἐργάζεσθαι.
Erbanteil m ὁ κλῆρος.
er-barmen, sich ἐλεεῖν, οἰκτίρειν, οἰκτίζειν.
Er-barmen n ὁ ἔλεος, ὁ οἶκτος.
er-barmenswert, er-bärmlich ἐλεεινός, οἰκτρός, ταλαίπωρος (2).
Er-bärmlichkeit f ἡ φαυλότης, ἡ κακότης (ητος), ἡ πονηρία.
er-barmungslos ἀνηλεής.
er-barmungsvoll ἐλεήμων.
er-bauen οἰκοδομεῖν, κατασκευάζειν, ἱδρύειν.
Er-bauer m ὁ οἰκοδόμος.

Er-bauung f ἡ οἰκοδομία.
Erbe m ὁ κληρονόμος, ὁ διάδοχος, das ~ ἡ κληρονομία.   [(P.).]
er-beben τρέμειν, σείεσθαι
erbeigen πατρῷος
Erbeigentum n τὸ πατρῷον κτῆμα.
erben: etwas ~ κληρονομεῖν τινός oder τί.
er-betteln ἐπ-, ἐξαιτεῖν.
er-beuten αἱρεῖν, λεηλατεῖν.
er-beutet αἰχμάλωτος (2).
Er-beutung f ἡ λεηλασία.
Erbfeind m ὁ πατρικὸς ἐχθρός.
Erbfolge f ἡ διαδοχή.
Erbgut n ſ. das Erbe.
er-bieten ἐπαγγέλλεσθαί τι, ὑπισχνεῖσθαι.
er-bitten αἰτεῖσθαί τινά τι ob. τι παρά τινος, j-n ~ πείθειν, sich ~ laſſen πείθεσθαι.
er-bittern ἐξ-, παροργίζειν, παροξύνειν, πικραίνειν.
Er-bitterung f ὁ παροξυσμός, ἡ ὀργή.   [αν.]
er-blaſſen, er-bleichen ὠχριᾶν
erblich πατρῷος, ἔμφυτος (2, = angeboren).
er-blicken ὁρᾶν, καθορᾶν.
er-blinden τυφλοῦσθαι, ἐκτυφλοῦσθαι.
er-blöden ſ. entblöden.
erblos ἄκληρος (2), ohne Erben παίδων ἔρημος, ἄπαις.
er-blühen ἐξανθεῖν. [μος.]
er-bötig πρόθυμος (2), ἕτοι-
er-brechen ἐκκόπτειν, ἀναρρηγνύναι, sich ~ ἐμεῖν.

Erbſchaft f ἡ κληρονομία, ὁ κλῆρος.
Erbſe f ὁ πίσος.
Erbſtück n ὁ κλῆρος.
Erbteil n ὁ κλῆρος.
Erdball m ἡ σφαῖρα.
Erdbeben n ὁ (τῆς γῆς) σεισμός.
Erdbeere f τὸ χαμοκέρασον (neugriechiſch).
Erdbeſchreiber m ὁ γεωγράφος.   [γραφία.]
Erdbeſchreibung f ἡ γεω-
Erdboden m, **Erde** f ἡ γῆ.
er-denken μηχανᾶσθαι, ἐπινοεῖν.
er-denklich: durch πᾶς, πᾶσα, πᾶν, zB. er wendete alle ~e Mühe an ἐμηχανήσατο πάσας μηχανάς.
Erderſchütterung f ſ. Erdbeben.
Erdharz n ἡ ἄσφαλτος.
Erdhügel m ὁ γήλοφος, ὁ γεώλοφος.   [σθαι.]
er-dichten πλάττειν, ψεύδε-
er-dichtet πλαστός, ψευδής.
Er-dichtung f τὸ ψεῦδος, ἡ πρόφασις.
erdig γεώδης, γήινος.
Erdkluft f τὸ χάσμα γῆς, τὸ βάραθρον.
Erdkörper m ἡ γῆ.
Erdkunde f ſ. Erdbeſchreibung.
Erdoberfläche f ἡ γῆ.
er-dolchen τῷ ἐγχειριδίῳ κατασφάττειν.
Erdpech n ſ. Erdharz.
Erdpol m ὁ πόλος.
Erdreich n ἡ γῆ.
er-dreiſten, sich τολμᾶν.
er-dröhnen κτυπεῖν.

er-drosseln ἀπάγχειν, ἀποπνίγειν.
Er-drosselung f ἡ ἀγχόνη.
er-drücken πνίγειν, ἀποπνίγειν.
Erdscholle f ἡ βῶλος.
Erdstoß m s. Erdbeben.
Erdstrich m ἡ ζώνη, ἡ χώρα.
Erdteil m τὸ γῆς μέρος.
er-dulden πάσχειν, ἀνέχεσθαι, ὑπομένειν, καρτερεῖν.
Erd-umschiffung, -umsegelung f ὁ τῆς γῆς περίπλους.
Erd-wall m τὸ χῶμα.
Erd-zunge f ὁ ἰσθμός.
er-eifern, sich θυμοῦσθαι, ὀργίζεσθαι (P.).
er-eignen, sich γίγνεσθαι, συμβαίνειν.
Er-eignis n τὸ πρᾶγμα, τὸ ἔργον, τὸ συμβάν.
er-eilen (δρόμῳ) καταλαμβάνειν, αἱρεῖν.
er-erben s. erben.
er-fahren πυνθάνεσθαι oder ἀκούειν τί τινος, παρά τινος, μανθάνειν τι παρά τινος.
er-fahren ἔμπειρος (2), ἐπιστήμων.
Er-fahrenheit f ἡ ἐμπειρία, ἡ σοφία.
Er-fahrung f ἡ ἐμπειρία, ἡ ἐπιστήμη, etwas aus ~ kennen πεῖραν ἔχειν oder εἰληφέναι τινός, nach m-r ~ ἐξ ὧν ἐγὼ πέπονθα, durch ~ klug werden παθόντα γνῶναι, die tägliche ~ τὰ καθ' ἑκάστην ἡμέραν συμβαίνοντα.
er-fahrungsmäßig κατ' ἐμπειρίαν, ἐκ πείρας.
er-fassen καταλαμβάνειν, s. begreifen.
er-fechten: einen Sieg ~ νίκην νικᾶν, νικᾶν μάχην oder μάχῃ.
er-finden εὑρίσκειν, ἐξευρίσκειν, ἐπινοεῖν, τεχνᾶσθαι.
Er-finder m ὁ εὑρετής.
er-finderisch, er-findsam εὑρετικός, ἐπινοητικός.
Er-findsamkeit f ἡ εὐμηχανία.
Er-findung f ἡ εὕρεσις.
Er-findungs-gabe f, **-geist** m ἡ ἀγχίνοια.
er-flehen παραιτεῖσθαι (M.).
Er-folg m τὸ ἀπο-, συμβάν, τὸ ἔργον, τὸ τέλος, ἡ ἔκβασις, ohne ~ μάταιος, ἄπρακτος (2), adv. μάτην, keinen ~ haben μάταιον εἶναι, οὐδὲν δ᾽ ὀνασθαι.
er-folgen γίγνεσθαι, ἀποσυμβαίνειν ἔκ τινος.
er-folglos μάταιος, adv. μάτην.
er-folgreich ἀνύσιμος (2), οὐ μάταιος.
er-forderlich ἀναγκαῖος, ἐπιτήδειος, es ist ~ δεῖ mit acc. u. inf., ἀνάγκη (ἐστίν) mit acc. und inf.
er-fordern δεῖσθαί τινος, δεῖ τινος, auch εἶναί τινος.
Er-fordernis n τὸ δέον, τὸ προσῆκον.

er-forschen ἐρευνᾶν, ἐξερευνᾶν, ἀναζητεῖν.
Er-forscher *m* ὁ ἐρευνητής.
Er-forschung *f* ἡ ἔρευνα, ἡ εὕρεσις.
er-fragen πυνθάνεσθαί τί τινος ob. παρά τινος, ἀνερωτᾶν τινά τι.
er-frechen, sich τολμᾶν, οὐκ αἰσχύνεσθαι.
er-freuen εὐφραίνειν, τέρπειν, sich ~ an etw. ἥδεσθαι (P.), εὐφραίνεσθαι (P.), χαίρειν τινί.
er-freulich καλός, ἡδύς, ἀσπαστός, κεχαρισμένος.
er-frieren ἀποθνήσκειν ob ἀπόλλυσθαι ῥίγει, ὑπὸ ψύχους, mir sind die Zehen erfroren ἀποσέσηπα τοὺς δακτύλους τῶν ποδῶν.
er-frischen ἀνα-, διαψύχειν.
er-frischend ἀναψυκτικός.
Er-frischung *f* ἡ ἀναψυχή.
er-füllen πληροῦν, πιμπλάναι, ἐμπιμπλάναι, = vollbringen τελεῖν, πράττειν, διαπράττειν, ποιεῖν, (z.B. Befehle ~ ποιεῖν τὰ προσταχθέντα).
er-füllt ἐπιτελής, τέλειος.
Er-füllung *f* durch Verba; in ~ gehen ἀποβαίνειν, γίγνεσθαι. [πλάναι.]
er-gänzen πληροῦν, ἐκπιμ-
Er-gänzung *f* ἡ πλήρωσις, ἡ ἀνα-, ἐκπλήρωσις.
er-geben, sich παραδιδόναι ἑαυτόν, sich in etwas ~ ἀγαπᾶν τινι ober τι, ὑπομένειν τι, = zur Wirklichkeit oder zum Vorschein kommen γίγνεσθαι, ὑπάρχειν, φαίνεσθαι, sich aus etw. ~ συμβαίνειν ἔκ τινος.
er-geben (*adj.*) εὔνους, πιστός, j-m ~ sein εὐνοῦς̈ς, ἔχειν τινί, πιστὸν εἶναί τινι.
Er-gebenheit *f* ἡ εὔνοια, τὸ πιστόν, ἡ θεραπεία.
Er-gebnis *n* τὸ ἀποβαῖνον, τὸ γιγνόμενον (resp. part. aor. oder fut.), τὸ τέλος.
Er-gebung *f* durch Verba.
er-gehen = bekanntgemacht werden προ-, ἀναγορεύεσθαι, = es ergeht mir ἔχω, διάκειμαι mit *adv.*, = etw. über sich ~ lassen φέρειν, ὑπομένειν τι, = sich ~ περιπατεῖν.
er-giebig εὔφορος, εὔ-, πολύκαρπος, ἄφθονος (sämtlich 2), εὐδαίμων.
Er-giebigkeit *f* ἡ εὐφορία, ἡ εὐ-, πολυκαρπία, ἡ ἀφθονία.
er-gießen ἐμ-, εἰσβάλλειν, ἐξιέναι, ἐκδιδόναι (τὸ ὕδωρ) εἰς.
Er-gießung *f* ἡ ἐκβολή.
er-glänzen ἐκ-, διαλάμπειν.
er-glühen δια-, ἐκ-, περικάεσθαι.
er-götzen εὐφραίνειν, τέρπειν. [ἡ τέρψις.]
Er-götzen *n*, **Er-götzung** *f*
er-götzlich τερπνός, ἡδύς, χαρίεις.
Er-götzlichkeit *f* τὸ τερπνόν, ἡ ἡδονή.
er-grauen πολιοῦσθαι, γηράσκειν.
er-greifen αἱρεῖν, λαμβά-

νειν, συλλαμβάνειν, = plötzlich befallen λαμβάνειν, αἱρεῖν, εἰσιέναι τινά, das Wort ~ ὑπολαμβάνειν, die Flucht ~ τρέπεσθαι εἰς φυγήν.
er-greifend δεινός.
er-grimmen θυμοῦσθαι (P.).
er-gründen ἐξετάζειν, ἐξευρίσκειν, ἀνερευνᾶν, nicht zu ~ ἀνεξεύρετος (2).
Er-gründen n ἡ ἐξέτασις, ἡ ἐξεύρησις.
er-haben, eig. ὑψηλός, ἐξέχων, übtr. θεῖος, σεμνός, λαμπρός.
Er-habenheit f ἡ ἐξοχή, übtr. ἡ σεμνότης, ἡ λαμπρότης (ητος), ἡ εὐγένεια, ~ der Seele ἡ μεγαλοψυχία.
er-halten φυλάττειν, τηρεῖν, διασῴζειν, von j-m etwas ~ λαμβάνειν, δέχεσθαί τι παρά τινος, = ernähren τρέφειν, = erlangen τυγχάνειν τινός.
Er-halter m ὁ σωτήρ.
Er-haltung f ἡ σωτηρία.
er-handeln ἐμπολᾶν, ὠνεῖσθαι.
er-hängen, sich ἀπάγχεσθαι.
er-härten βεβαιοῦσθαι.
er-heben αἴρειν, ἀνέχειν, ἀνάγειν, sich gegen j-n ~ ἀνίστασθαι πρός τινα, = rühmen μεγαλύνειν, ἐπαίρειν λόγοις, Geld ~ χρήματα εἰσπράττειν, von Kriegen, Empörungen u. dgl. γίγνεσθαι.
er-heblich λόγου ἄξιος, ἀξιόλογος (2). [λόγον.]
Er-heblichkeit f τὸ ἀξιό-

Er-hebung f durch Verba.
er-heischen δεῖσθαί τινος, ἀπαιτεῖν τι.
er-heitern εὐφραίνειν.
Er-heiterung f ἡ εὐφροσύνη, ἡ εὐθυμία.
er-hellen φαίνεσθαι, φανερὸν oder δῆλον εἶναι.
er-heucheln προσποιεῖσθαι, πλάττεσθαι.
er-hitzen θερμαίνειν.
er-hitzt θερμός.
Er-hitzung f ἡ θερμασία, ἡ διάκαυσις.
er-höhen αἴρειν, ἐπαίρειν, übtr. αὐξάνειν.
Er-höhung f ἡ ἄρσις, ἡ αὔξησις. [παύεσθαι.]
er-holen, sich ἀναπνεῖν, ἀνα-
Er-holung f ἡ ἀναπνοή, ἡ ἀνάπαυλα, ἡ ἀνάπαυσις.
er-hören ἐπακούειν τινός, nicht erhört werden ἀποτυγχάνειν, ἀτυχεῖν τινος.
Er-hörung f durch Verba.
er-jagen θηρᾶν, θηρεύειν.
er-innern ἀνα-, ὑπομιμνήσκειν τινά τι oder τινος, sich ~ ἀνα-, ὑπομιμνήσκεσθαι, μεμνῆσθαί τινος.
Er-innerung f ἡ ἀνά-, ὑπόμνησις, ἡ μνήμη, ἡ μνεία, etwas in ~ bringen ἀνα-, ὑπομιμνήσκειν, μνημονεύειν.
Er-innerungs-kraft f, =vermögen n ἡ μνεία, ἡ μνήμη. [καταψύχεσθαι.]
er-kalten ψύχεσθαι, ἀπο-
er-kälten, sich καταψύχεσθαι.
er-kältet κατάψυκτος (2).

Er-kältung f ἡ φῦξις, ἡ κατάφυξις.
er-kämpfen κρατεῖν τινος, einen Sieg ~ νίκην νικᾶν.
er-kaufen ὠνεῖσθαι, von j-m παρά τινος, ſ. kaufen.
er-kauft ὠνητός.
er-kennbar αἰσθητός, νοητός, γνωστός.
er-kennen αἰσθάνεσθαι, μανθάνειν, γιγνώσκειν, γνωρίζειν, vom Richter γιγνώσκειν, κρίνειν, δικάζειν.
er-kenntlich εὔγνωστος (2), εὐχάριστος (2). [ριστία.]
Er-kenntlichkeit f ἡ εὐχα-
Er-kenntniß f ἡ γνῶσις, ἡ διάγνωσις, ἡ νόησις, ἡ σύνεσις, ἡ κρίσις, zur kommen γιγνώσκειν, καταμανθάνειν τὸ ἀληθές, j-n zur ~ bringen διδάσκειν, ἐκδιδάσκειν, σωφρονίζειν.
Er-kenntniß n ἡ κρίσις, ἡ γνῶσις.
Er-kenntnißgrund m τὸ τεκμήριον, τὸ γνώρισμα.
Er-kenntnißvermögen n ἡ γνώμη, ἡ γνωστική.
Er-kennungszeichen n τὸ γνώρισμα, τὸ σύμβολον.
er-klärbar ῥᾴδιος διασαφεῖν.
er-klären σαφηνίζειν, δηλοῦν, διεξηγεῖσθαι, = ausſprechen λέγειν, φράζειν, φάναι, offen und laut ~ ἐξαγγέλλειν, ſich ~ ἀποφαίνεσθαι τὴν γνώμην, j-n zu oder für etw. ~ κρίνειν, ἀπο-, ἐπιδεικνύναι.
Er-klärer m ὁ ἐξηγητής.
er-klärlich ſ. erklären.

Er-klärung f ἡ δήλωσις, ἡ ἐξήγησις, ὁ λόγος, ἡ γνώμη.
er-klecklich ἀξιόλογος (2).
er-klettern, er-klimmen ἀναρριχᾶσθαι πρός τι.
er-klingen φθέγγεσθαι, ἠχεῖν.
er-koren αἱρετός, λεκτός.
er-kranken περιπίπτειν νόσῳ, νοσεῖν, κάμνειν.
Erkrankung f durch Verba.
er-kühnen, ſich τολμᾶν.
er-kunden ſ. erforſchen.
er-kundigen, ſich πυνθάνεσθαί τί τινος ob. παρά τινός, ἐρωτᾶν, ἀνερέσθαι.
Er-kundigung f ἡ πύστις, ἡ ἐρώτησις.
er-künsteln τεχνᾶσθαι, μηχανᾶσθαι, σοφίζεσθαι.
er-künstelt προσποιητός, πλαστός. [νός.]
er-laben, ſich ἀπολαύειν τι-
er-lahmen χωλοῦσθαι, πηροῦσθαι.
Er-lahmung f ἡ χώλωσις, ἡ πήρωσις.
er-langen κτᾶσθαι, λαμβάνειν, καταλαμβάνειν, τυγχάνειν τινός, λαγχάνειν τινός, nicht ~ ἀτυχεῖν, ἀποτυγχάνειν, ἁμαρτάνειν, διαμαρτάνειν τινός, = durchſetzen, bewirken πράττειν, διαπράττειν (auch M.), es nicht von ſich ~ können οὐ τολμᾶν mit inf.
Er-langung f durch Verba.
Er-laß m ἡ ἄνεσις, ἡ ἄφεσις, ἡ ἀπόλυσις, = Bekanntmachung ἡ προγραφή,

ἡ παραγγελία, τὸ παράγγελμα.
er-lassen ἀν-, ἀφιέναι τινί τι, ἀπολύειν τινά τινος.
Er-lassung f s. **Erlaß**.
er-lauben συγχωρεῖν, ἐπιτρέπειν, ἐφιέναι, διδόναι.
Er-laubnis f ἡ συγχώρησις, ἡ ἔφεσις, ἡ ἐξουσία.
er-laubt θεμιστός, νόμιμος, ὅσιος.
er-laucht ἐπιφανής, λαμπρός.
er-lauschen ἐπακούειν τινός.
er-läutern f. **erklären**.
Er-läuterung f s. **Erklärung**.
Erle f ἡ κλήθρα, ἡ κλῆθρος. [πάσχειν.]
er-leben ἐφορᾶν, = ἐρφαίνειν
Er-lebnis n durch Verba.
er-ledigen κατα-, διαπράττειν (auch M.), erledigt sein τέλος ἔχειν.
Er-ledigung f durch Verba.
er-legen = töten καταβάλλειν, ἀποκτείνειν, ἀναιρεῖν, = bezahlen τελεῖν.
Er-legung f durch Verba.
er-leichtern κουφίζειν, ῥᾳστώνην παρέχειν τινί.
Er-leichterung f ἡ κούφισις.
er-leiden ὑπομένειν, ἀνέχεσθαι, πάσχειν, e-e Niederlage ~ ἡττᾶσθαι, Unglück ~ κακὰ πάσχειν, κακοπαθεῖν, Unrecht ~ ἀδικεῖσθαι. [μανθάνειν.]
er-lernen μανθάνειν, κατα-
er-lesen αἱρεῖσθαι. [(2).]
er-lesen αἱρετός, ἔκλεκτος
er-leuchten ἐπιλάμπειν τινί, καταλάμπειν τινός, den Verstand ~ παιδεύειν τὸν νοῦν. [αὐγασμός.]
Er-leuchtung f ὁ κατ-
er-liegen: unter etwas ~ κάμνειν ὑπό τινος, φθείρεσθαι ὑπό τινος.
er-logen ψευδής, ἐψευσμένος, πλαστός.
Er-lös m τὰ γενόμενα χρήματα ἀπό τινος.
er-löschen σβέννυσθαι, κατασβέννυσθαι.
er-lösen ἐλευθεροῦν τινά τινος, λύειν, ἀπολύειν τινά τινος. [τεσθαι.]
er-lügen ψεύδεσθαι, πλάτ-
er-mächtigen: j-n zu etw. ἐπιτρέπειν τινί τι, ἐξουσίαν διδόναι τινὶ ποιεῖν τι, ermächtigt sein zu etwas κύριον εἶναί τινος.
er-mahnen παραινεῖν τινί τι, παρακαλεῖν τινα ἐπί τι, παρακελεύεσθαί τινι ob. κελεύειν mit acc. u. inf.
er-mangeln ἐκ-, ἐλλείπειν, es ermangelt mir etw. ἐνδεῶς ἔχω τινός, ἐνδεής εἰμί τινος, ἀπορῶ τινος.
Er-mangelung f ἡ ἔκ-, ἔλλειψις, ἡ ἀπορία, in ~ part. prs. oder aor.
er-mannen, sich ἀναθαρρεῖν.
er-mäßigen μειοῦν, ἐλαττοῦν, συστέλλειν τι.
er-matten κάμνειν, ἀποκάμνειν. [ὁ κόπος.]
Er-mattung f ὁ κάματος,
er-messen λογίζεσθαι, τεκμαίρεσθαι, κρίνειν, meines Ermessens ἐκ τῆς ἐμῆς γνώμης, ἐμοὶ δοκεῖν.

Er-messen *n* ἡ γνώμη, ἡ κρίσις, ὁ λογισμός.
er-morden φονεύειν, ἀποκτείνειν, ἀναιρεῖν, σφάττειν.
Er-mordung *f* ὁ φόνος, ἡ ἀναίρεσις, ἡ σφαγή.
er-müden (*intr.*) κάμνειν, ἀποκάμνειν, (*trans.*) καταπονεῖν, καματοῦν.
er-müdet καμών, ἀπειρηκώς. [ὁ κόπος.]
Er-müdung *f* ὁ κάματος,
er-muntern διακελεύεσθαί τινι, προτρέπειν τινὰ ἐπί τι, παρορμᾶν, παροξύνειν, κελεύειν.
er-munternd προτρεπτικός.
Er-munterung *f* ἡ προτροπή, ἡ παράκλησις, ἡ παραίνεσις.
er-mutigen παραθαρρύνειν, sich ~ ἀναθαρρεῖν.
Er-mutigung *f* ὁ παρακελευσμός.
er-nähren τρέφειν, ἀνατρέφειν, sich ~ von etwas βίον ἔχειν ἀπό τινος.
Er-nährer *m* ὁ τροφεύς.
Er-nährung *f* ἡ τροφή.
er-nennen ἀποδεικνύναι, ἀποφαίνειν, καθιστάναι, αἱρεῖν.
Er-nennung *f* ἡ ἀπόδειξις, gew. durch Verba.
er-neuern καινοῦν, ἀνακαινίζειν.
Er-neuerung *f* ἡ ἀνακαίνισις, ὁ ἀνακαινισμός, ἡ ἀνα-, ἐπισκευή.
er-niedrigen ταπεινοῦν, ταπεινὸν ποιεῖν.

Er-niedrigung *f* ἡ ταπείνωσις, ἡ ταπεινότης (ητος).
Ernst *m* ἡ σπουδή, ἡ σεμνότης (ητος), ἡ ἀκρίβεια, ἡ αὐστηρότης (ητος).
ernst σπουδαῖος, σεμνός.
ernsthaft s. ernst.
Ernsthaftigkeit *f* ἡ σπουδαιότης, ἡ σεμνότης (.)τος).
ernstlich σπουδαῖος, ἐπιμελής.
Ernte *f* ὁ θερισμός, ἡ θέρισις, übtr. ὁ καρπός, τὸ κέρδος.
ernten θερίζειν.
Er-oberer *m* durch Verba.
er-obern αἱρεῖν, λαμβάνειν, ἐκπολιορκεῖν.
Er-oberung *f* ἡ αἵρεσις, ἡ ἅλωσις.
er-öffnen ἀνοίγειν, ἐξανοίγειν, = bekannt machen δηλοῦν, ἐξαγγέλλειν.
Er-öffnung *f* ἡ ἄνοιξις, ἡ δήλωσις.
er-örtern ἐλέγχειν, = erklären διεξιέναι, διέρχεσθαι, ἐξ-, διεξηγεῖσθαι.
Er-örterung *f* ὁ ἔλεγχος, ἡ ἐξήγησις.
er-picht: ~ sein auf etwas ἐπιθυμεῖν, ἐρᾶν τινος.
er-pressen ἐξαιρεῖν, ἐκβιάζεσθαι.
Er-pressung *f* durch Verba.
er-proben δοκιμάζειν, πεῖραν ποιεῖσθαι oder λαμβάνειν τινός.
er-quicken ἀνα-, καταψύχειν, = ergötzen κηλεῖν, εὐφραίνειν. [πνός.]
er-quickend γλυκύς, τερ-

Er-quickung f ἡ τέρψις.
er-raten εἰκάζειν, συμβάλλεσθαι.
Er-ratung f ἡ εἰκασία.
er-regen κινεῖν, ἐγείρειν, einen Aufruhr ~ ταράττειν, Lachen ~ γέλωτα ποιεῖν.
Er-regung f ἡ κίνησις, ἡ ἔγερσις. [τός.]
er-reichbar ἐφικτός, αἱρε-
er-reichen ἐξικνεῖσθαί τινος, ἐφικνεῖσθαί τινος, καταλαμβάνειν τι, τυγχάνειν τινός, διαπράττειν, nicht ~ ἀποτυγχάνειν, ἀτυχεῖν, ἁμαρτάνειν τινός.
er-retten σῴζειν, διασῴζειν, ῥύεσθαι.
Er-retter m ὁ σωτήρ (ἦρος).
Er-rettung f ἡ σωτηρία.
er-richten ἱδρύειν, κτίζειν.
Er-richtung f durch Verba.
er-ringen καταλαμβάνειν, τυγχάνειν τινός, einen Sieg ~ νίκην νικᾶν.
er-röten ἐρυθριᾶν, ἐρυθραίνεσθαι. [σις.]
Er-satz m ἡ ἀντικατάστα-
er-saufen πνίγεσθαι.
er-säufen πνίγειν ὕδατι, καταβυθίζειν.
er-schaffen ποιεῖν, κτίζειν.
Er-schaffer m ὁ κτιστής, ὁ δημιουργός.
Er-schaffung f ἡ κτίσις, ~ der Welt ἡ τῶν ὅλων σύνταξις.
er-schallen φθέγγεσθαι, ἠχεῖν.
er-scheinen φαίνεσθαι, φανερὸν γίγνεσθαι, παραγίγνεσθαι (sich einstellen).

Er-scheinung f: eine ~ τὸ φάντασμα, τὸ εἶδος, τὸ εἴδωλον, ἡ ὄψις.
er-schießen κατατοξεύειν.
er-schlaffen (trans.) χαλᾶν, ἀνιέναι, (intr.) κάμνειν, μαλακίζεσθαι.
er-schlafft κάμνων, κεκμηκώς, κατάπονος (2).
Er-schlaffung f ἡ χάλασις, ἡ ἄνεσις, ὁ κάματος.
er-schlagen φονεύειν, ἀποκτείνειν, ἀναιρεῖν.
er-schleichen κλέπτειν, ὑπέρχεσθαί τι.
er-schöpfen καταπονεῖν τινα (zB die Kräfte), erschöpft sein ἀπειρηκέναι, καμεῖν.
Er-schöpfung f ὁ κάματος, ἡ ταλαιπωρία.
er-schrecken: vor etw. ~ ἐκπλήττεσθαι, φοβεῖσθαί τι, (trans.) ἐκπλήττειν τινά, φοβεῖν τινα.
er-schrecklich φοβερός, δεινός.
er-schrocken ἐκπλαγής, περίφοβος (2).
Er-schrockenheit f ἡ ἔκπληξις, ὁ φόβος.
er-schüttern σείειν, σφάλλειν.
Er-schütterung f ὁ σεισμός.
er-schweren χαλεπὸν ποιεῖν.
er-schwingen πορίζειν, ἐκπορίζειν (auch M.).
er-sehen τηρεῖν, σκοπεῖν, = auswählen ἐκλέγειν, προκρίνειν.
er-sehnen ποθεῖν, ἐπιποθεῖν.
er-setzen ἐκπληροῦν, ἀκεῖσθαι, ἐπανορθοῦν.
Er-setzung f durch Verba.

er-sichtlich: es ist ~ ἔστιν ἰδεῖν, δῆλόν, φανερόν ἐστιν.
er-sinnen ἐπινοεῖν, εὑρίσκειν. [σκοπεῖν.]
er-spähen σκοπεῖν, κατα-
er-sparen περιποιεῖν (a. M.).
Er-sparnis f ἡ περιουσία.
er-sprießlich ὀνήσιμος, ὠφέλιμος, χρήσιμος, συμφέρων, σύμφορος (2).
erst πρῶτον, eben ~ ἄρτι, ἀρτίως.
er-starken κρατύνεσθαι.
er-starren ναρκᾶν, vor Kälte ~ ῥιγῶν, πήγνυσθαι.
er-starrt ναρκώδης, vor Schrecken ~ ἐκπλαγείς.
Er-starrung f ἡ νάρκη, ἡ νάρκωσις.
er-statten ἀνταποδιδόναι, ἐκ-, ἀποτίνειν, Bericht ~ ἀπαγγέλλειν.
er-staunen θαμβεῖν, θαυμάζειν τι, ἄγασθαί τινος.
Er-staunen n τὸ θάμβος, ἡ ἔκπληξις, in ~ setzen ἐκπλήττειν τινά. [μαστός.]
er-staunlich δεινός, θαυ-
erste πρῶτος, der ~ sein πρωτεύειν, der ~ beste ὁ τυχών. [σφάττειν.]
er-stechen ἀποκεντεῖν,
er-stehen ὠνεῖσθαι, = auferstehen ἐγείρεσθαι, ἀναβιώσκεσθαι.
er-steigen ἀναβαίνειν ἐπί τι, ἐπιβαίνειν τινός.
erstens, **erstlich** τὸ πρῶτον, τὰ πρῶτα.
er-sterben ἐκθνήσκειν, ἀποπνεῖν.

er-sticken (trans.) πνίγειν, (intr.) πνίγεσθαι, = unterdrücken κατέχειν, συνείργειν. [πνῖγμα.]
Er-sticken n ὁ πνιγμός, τὸ
er-streben ἐφίεσθαί τινος.
er-strecken διατείνειν, διατείνειν, καθήκειν εἰς (ἐπί, πρός) τι.
er-stürmen κατὰ κράτος αἱρεῖν.
Er-stürmung f ἡ ἅλωσις, ἡ ἐκπολιόρκησις.
er-suchen: einen um etw. ~ αἰτεῖν (auch M.) τινά τι, δεῖσθαί τινος.
er-tappen ἐγκαταλαμβάνειν, φωρᾶν, καταφωρᾶν.
er-teilen διδόναι, νέμειν, ἀπονέμειν τινί τι, μεταδιδόναι τινί τινος, Antwort ~ ἀποκρίνεσθαι.
er-tönen ἠχεῖν, φθέγγεσθαι.
Er-trag m ὁ καρπός, τὸ κέρδος, αἱ πρόσοδοι.
er-tragen ἀνέχεσθαι, φέρειν, πάσχειν, ὑπομένειν, καρτερεῖν.
er-träglich ἀνεκτός.
er-tränken s. ersäufen.
er-trinken πνίγεσθαι, ἀποπνίγεσθαι (mit und ohne ὕδατι).
er-trotzen βίᾳ ἐξαιρεῖν.
er-übrigen περιποιεῖν, κερδαίνειν.
er-wachen ἐγείρεσθαι.
Er-wachen n ἡ ἔγερσις.
er-wachsen αὐξάνεσθαι, ἡβάσκειν, es erwächst mir τυγχάνω τινός.
er-wachsen ὡραῖος, ὁ ἐν

ἡλικίᾳ, ὁ ἡλικίαν ἔχων, ὁ ἔφηβος.
er-wägen ἐνθυμεῖσθαι, σκοπεῖν, λογίζεσθαι.
Er-wägung f ἡ ἐνθύμησις, ὁ λογισμός.
er-wählen αἱρεῖσθαι, ἐκλέγειν, κρίνειν.
er-wähnen μνημονεύειν τι, μνήμην oder μνείαν ποιεῖσθαί τινος. [μνεία.]
Er-wähnung f ἡ μνήμη, ἡ
er-wärmen θερμαίνειν, θάλπειν. [ἡ θέρμανσις.]
Er-wärmung f ἡ θαλπωρή,
er-warten: j-n ~ μένειν, ἀνα-, ἐπι-, περιμένειν τινά, etwas ~ ἐλπίζειν, προσδοκᾶν.
Er-wartung f ἡ ἐλπίς, ἡ προσδοκία, wider ~ παρ' ἐλπίδα, παρὰ γνώμην, παρὰ δόξαν, über ~ ὑπὲρ τὴν ἐλπίδα. [δοκῶν.]
er-wartungsvoll καρα-
er-wecken ἐγείρειν, ἀν-, διεγείρειν (eigentlich u. übtr.).
Er-weckung f ἡ ἔγερσις.
er-wehren: sich j-s od. einer Sache ~ ἀπείργειν τι, ἀντέχειν, ἀνθίστασθαί τινι.
er-weichen μαλάττειν, j-n durch Bitten ~ πείθειν, παραπείθειν τινά.
er-weisen: einem Gutes, Böses ~ εὖ, κακά, κακῶς, ἀγαθὰ usw. ποιεῖν τινα, εὐεργετεῖν τινα, = beweisen δεικνύναι, ἀποδεικνύναι, ἀποφαίνειν, ἐλέγχειν.
er-weitern εὐρύνειν, πλατύνειν, αὐξάνειν.

Er-weiterung f ἡ αὔξησις, ἡ ἐπίδοσις.
Er-werb m ἡ ἐργασία, τὸ κέρδος, ὁ χρηματισμός (durch Handel).
erwerben κτᾶσθαι.
er-widern ἀμείβεσθαι, ἀνταποδιδόναι; vgl. antworten.
Er-widerung f ἡ ἀπόκρισις.
er-wischen καταλαμβάνειν.
er-wünscht ποθεινός, ἀσπαστός.
er-würgen ἀποπνίγειν, ἄγχειν, ἀπάγχειν, σφάττειν.
Erz n τὸ μέταλλον.
er-zählbar διηγητός.
er-zählen λέγειν, φράζειν, διεξιέναι, διεξέρχεσθαι.
er-zeigen s. erweisen.
er-zeugen γεννᾶν, τίκτειν, φύειν (von der Natur), φέρειν (vom Lande). [πατήρ.]
Er-zeuger m ὁ γεννητής, ὁ
Er-zeugerin f ἡ γενέτειρα, ἡ μήτηρ. [τὸ ἔργον.]
Er-zeugnis n τὸ γέννημα,
Er-zeugung f ἡ γένεσις, ἡ γέννησις.
er-ziehen τρέφειν, παιδεύειν, παιδαγωγεῖν.
Er-zieher m ὁ παιδαγωγός.
Er-ziehung f ἡ τροφή, ἡ παιδεία, ἡ παιδαγωγία.
er-zittern σείεσθαι, τρέμειν, φρίττειν.
er-zürnen ὀργίζειν, ἀγριαίνειν, παροξύνειν, erzürnt sein χαλεπαίνειν, ὀργίζεσθαι.
er-zürnt durch Verba.
er-zwingen παραναγκάζειν, ἐξαιρεῖν βίᾳ.

Esche f ἡ μελία.
Esel m ὁ ὄνος.
eßbar ἐδώδιμος (2), ἐδεστός.
Esse f ἡ κάμινος.
essen ἐσθίειν, σιτεῖσθαι, σιτίζεσθαι.
Essen n τὸ ἐσθίειν.
Essig m τὸ ὄξος.
Estrich m τὸ ἔδαφος.
etliche ἔνιοι, τινές (enkl.).
etwa πού (enkl.), δήπου, ἴσως.
etwaig τυχών.
etwas τι (enkl.), = ein wenig μικρόν τι, ὀλίγον τι.
euer ὑμέτερος, euretwegen ὑμῶν ἕνεκα, δι' ὑμᾶς.
Eule f ἡ γλαῦξ (κός).
eurig ὑμέτερος.
Euter n τὸ οὖθαρ (ατος), ὁ μαστός.
ewig αἰώνιος, ἀΐδιος (2).
Ewigkeit f ἡ ἀϊδιότης (ητος), ὁ ἀΐδιος χρόνος, = das Jenseits ὁ αἰώνιος βίος.
Exil n ἡ φυγή.

F

Fabel f ὁ λόγος, ὁ μῦθος.
Fabrik f ἡ ἐργασία, ἡ κατασκευή. [ὁ σηκός.]
Fach n τὸ χωρίον, ἡ θήκη,
fächeln ῥιπίζειν, ψύχειν.
Fackel f ἡ λαμπάς, ἡ δᾴς (ᾳδός).
fackeln φλέγειν, ἀστράπτειν.
fade μῶρος, ψυχρός.
Faden m τὸ λίνον.
fähig ἱκανός, δυνατός, ἐπιτήδειος (2), οἷος.
Fähigkeit f ἡ φύσις, ἡ ἕξις, gute ~ ἡ εὐφυΐα, ἡ ἀγαθοφυΐα, schlechte ~ ἡ κακοφυΐα.
fahl ὠχρός, πελιτνός, κιρρός.
Fahne f τὸ σημεῖον.
fahrbar ἁμάξαις πορεύσιμος, πλώιμος (von der Wasserstraße).
Fähre f τὸ πορθμεῖον.
fahren (intr.) φέρεσθαι, χωρεῖν, dahin ~ οἴχεσθαι, ~ lassen ἀφ-, μεθ'-, προ-ιέναι, zu Schiffe ~ πλεῖν, (trans.) ἄγειν, κομίζειν.
fahrlässig μεθήμων, ἀμελής, ῥᾴθυμος.
Fahrlässigkeit f ἡ μεθημοσύνη, ἡ ἀμέλεια, ἡ ῥᾳθυμία.
Fährlichkeit f ὁ κίνδυνος.
Fährmann m ὁ πορθμεύς.
Fahrstraße f s. Fahrweg.
Fahrt f ἡ πορεία (zu Lande), ὁ πλοῦς (zu Wasser).
Fährte f ὁ στίβος.
Fahrweg m ἡ ἁμαξήλατος, ἡ ἁμαξιτός.
Fahrwind m ὁ οὖρος.
Fahrzeug n τὸ πλοῖον.
Falke m ὁ ἱέραξ, ὁ κίρκος.
Fall m ἡ πτῶσις, τὸ πτῶμα, τὸ πταῖσμα, = Begebenheit, Umstand τὸ σύμπτωμα, τὸ συμβάν.
Falle f ἡ πάγη, ἡ παγίς.
fallen πίπτειν, ἀποθνῄσκειν (in der Schlacht), = abnehmen

geringer werden ἐλαττοῦσθαι, μειοῦσθαι.
fällen κόπτειν, κατακόπτειν, ein Urteil ~ κρίνειν, γιγνώσκειν.
fällig δέων.
Fallsucht f ἡ ἐπιληψία.
falsch ψευδής, πλαστός, = treulos ἄπιστος (2), = unecht ὑποβολιμαῖος, προσποίητος (2).
Falte f ἡ πτύξ, ἡ πτυχή, ἡ πτύξις, = Runzel ὁ ῥυτίς. [τὸ γένος.]
Familie ὁ οἶκος, ἡ οἰκία,
Fang m ἡ θήρα.
fangen (Tiere) ἀγρεύειν, θηρεύειν, = ergreifen αἱρεῖν, λαμβάνειν, gefangen werden ἁλίσκεσθαι.
Farbe f τὸ χρῶμα. [τειν.]
färben βάπτειν, καταβάπτειν.
Färber m ὁ βαφεύς.
farbig ποικίλος.
farblos ἄχρους.
Farblosigkeit f ἡ ἀχροία.
Farre m ὁ ταῦρος.
Färse f ἡ δάμαλις.
Fasan m ὁ φασιανός.
Fasanerie f τὸ φασιανοτροφεῖον. [ρία.]
Faselei f ὁ λῆρος, ἡ φλυα-
faseln ληρεῖν, φλυαρεῖν.
Faser f ἡ κροκίς, ὁ τίλος.
faserig ἰνώδης.
Faß n ὁ πίθος, τὸ ἄγγος.
fassen λαμβάνειν (bei etwas τινός), ἀντιλαμβάνεσθαι τινος, ἐπιχειρεῖν τινι, = einsehen νοεῖν, μανθάνειν, sich ~ ἀναλαμβάνειν ἑαυτόν;
Maß: χωρεῖν.

faßlich εὐμαθής, σαφής, δῆλος.
Faßlichkeit f ἡ εὐμάθεια.
Fassung f ὁ σύλλογος, ἡ συλλογή (τῆς ψυχῆς), außer ~ kommen ταράττεσθαι, ἐκπλήττεσθαι, außer ~ sein ἐκπλαγῆναι, ἐκπεπλῆχθαι.
fast σχεδόν, παρὰ μικρόν, παρ' ὀλίγον, ὀλίγου δεῖν.
fasten νηστεύειν, ἀσιτεῖν.
faul σαπρός, σαθρός, ~ werden σήπεσθαι, = träge ἀργός (2).
Fäule, Fäulnis f ἡ σαπρότης (ητος), ἡ σαπρία. [σήπειν.]
faulen σήπεσθαι, ~ lassen
Faulheit f ἡ ἀργία.
Faust f ἡ πυγμή.
Faustkampf m ἡ πυγμή, ἡ πυγμαχία. [ὁ πυγμάχος.]
Faustkämpfer m ὁ πύκτης,
Februar m ὁ δεύτερος μήν.
fechten μάχεσθαι, ἀγωνίζεσθαι.
Feder f τὸ πτερόν, ἡ πτέρυξ, = Schreibfeder ὁ κάλαμος. [ὄρνεα.]
Federvieh n οἱ ὄρνιθες, τὰ
Fee f ἡ νύμφη.
fegen καθαίρειν, καλλύνειν.
Fehde f ὁ ἀγών, ἡ ἔρις.
Fehlbitte f ἡ ἀπότευξις.
fehlen = nicht treffen ἁμαρτάνειν τινός, = e-n Fehler begehen ἁμαρτάνειν, πλημμελεῖν, = mangeln ἀπεῖναι, λείπειν, ἐπιλείπειν.
Fehler m τὸ ἁμάρτημα, ἡ ἁμαρτία, τὸ σφάλμα.
fehlerhaft πλημμελής.

Fehlerhaftigkeit f ἡ πλημμέλεια, ἡ φαυλότης (ητος).
fehlgreifen ἁμαρτάνειν λαβόντα, παρακρούειν.
Fehlgriff m τὸ ἁμάρτημα, τὸ σφάλμα.
fehlschießen ἁμαρτάνειν τοξεύοντα oder βάλλοντα.
Fehlschluß m τὸ σφάλμα.
Feier f ἡ τελετή, ὁ ἑορτασμός.
feierlich = festlich ἑορτώδης, = erhaben, ernst σεμνός.
Feierlichkeit f ſ. Feſt.
feiern = ruhen ἀναπαύεσθαι, ἡσυχίαν ob. σχολὴν ἔχειν, = ein Feſt ~ ἑορτάζειν, = ehren σεμνύνειν.
feig δειλός, κακός, ἄνανδρος (2).
Feige f τὸ σῦκον.
Feigheit f ἡ δειλία, ἡ κακία, ἡ ἀνανδρία.
feil ὤνιος, ὠνητός.
Feile f ἡ ῥίνη.
feilen ῥινεῖν, ῥινίζειν.
fein λεπτός, ἁβρός, μαλακός, = geläutert ἀκέραιος (2), = koſtbar πολυτελής.
Feind m ἐχθρός, δυσμενής, im Kriege ὁ πολέμιος.
Feinheit f ἡ λεπτότης (ητος), ἡ ἁβροσύνη.
feiſt πίων.
Feld n ὁ ἀγρός, zu ~e ziehen στρατεύειν (auch M.).
Feldarbeit f τὰ ἔργα, ἡ γεωργία, ἡ γεωπονία.
Feldfrucht f ὁ τῆς γῆς καρπός.
Feldherr m ὁ στρατηγός,

ὁ ἡγεμών, ὁ ἄρχων, ~ ſein στρατηγεῖν, ἄρχειν, ἡγεμονεύειν τινός.
Feldhuhn n ὁ, ἡ πέρδιξ.
Feldzug m ἡ στρατεία, ἡ ἔξοδος, ὁ στόλος.
Fell n τὸ δέρμα, ἡ δορά, ἡ διφθέρα, ἡ βύρσα.
Fels m ἡ πέτρα, ὁ πέτρος, ὁ σκόπελος.
felſenartig πετρώδης.
Felſenſchlucht f ἡ φάραγξ.
Fenchel m τὸ μάραθρον (auch μάραθον).
Fenſter n ἡ θυρίς.
Ferkel n ὁ, ἡ δέλφαξ, τὸ συΐδιον.
fern μακράν, πόρρω, ἑκάς, adj. ἀφ-, διεστώς, ἀπέχων, ~ ſein ἀπεῖναι, ἀπέχειν τινός.
Ferne f ἡ διάστασις, τὸ διάστημα, in der ~ τηλοῦ, πόρρω.
ferner μετέπειτα, μετὰ ταῦτα, ὕστερον, = außerdem εἶτα, ἔπειτα, ἔτι δέ, πρὸς τούτοις.
fernerhin τὸ λοιπόν, τοῦ λοιποῦ, τὸ τοῦδε.
Ferſe f ἡ πτέρνα.
fertig = gerüſtet παρεσκευασμένος, ſich ~ machen παρασκευάζεσθαι, = bereit ἕτοιμος, πρόθυμος (2), = vollendet τέλειος.
Fertigkeit f ἡ δεξιότης (ητος), ἡ ἐμπειρία.
Feſſel f ὁ δεσμός, ἡ πέδη.
feſſeln δεῖν, δεσμεύειν.
feſt ἀσφαλής, βέβαιος, ἔμπεδος (2), ἰσχυρός, = dicht

στερεός, = befestigt ὀχυρός, ἐχυρός. [ἑορτάζειν.]
Fest n ἡ ἑορτή, ein ~ feiern
Feste f τὸ ἔρυμα, τὸ ὀχύρωμα.
festhalten κατέχειν τι.
Festigkeit f ἡ ἀσφάλεια, ἡ βεβαιότης (ητος).
festlich ἑορτώδης, πανηγυρικός. [ἡ πομπή.]
Festlichkeit f ἡ πανήγυρις,
festsetzen τάττειν, καθιστάναι.
Festung f s. Feste.
fett πίων, πιμελής [(ατος).]
Fett n ἡ πιμελή, τὸ στέαρ
fettig πιμελώδης, σιαλώδης.
Fetzen m ἡ λακίς, τὸ ῥάκος. [ὑγραίνειν.]
feucht ὑγρός, ~ machen
Feuchtigkeit f ἡ ὑγρότης (ητος).
Feuer n τὸ πῦρ (pl. τὰ πυρά, 2. Detl., die Wachtfeuer), = Eifer ὁ θυμός, ἡ ὁρμή.
Feuerbrand m ὁ δαλός.
Feuerflamme f ἡ φλόξ (ογός).
Feuerglut f τὸ καῦμα.
Feuerholz n τὰ ξύλα, τὰ φρύγανα.
feuern πῦρ καίειν.
feuerrot πυρρός.
Feuersbrunst f ἡ πυρκαϊά.
Feuerstein m ὁ πυρίτης.
Feuerstrom m ὁ ῥύαξ (κος).
feurig πυροειδής, ἔμπυρος (2), = lebhaft γοργός, ὀξύς.
Fichte f ἡ πίτυς.
fichten πιτύϊνος.
Fieber n ὁ πυρετός.

fieberhaft πυρεκτικός.
Fieberhitze f τὸ καῦμα, ὁ πυρετός.
Figur f τὸ σχῆμα, τὸ εἶδος, ἡ ἰδέα.
Filz m ὁ πῖλος, τὸ πίλημα, = Geizhals ὁ γνίφων, ὁ κίμβιξ. [λόγος (2).]
filzig γλίσχρος, μικρο-
finden εὑρίσκειν.
Finger m ὁ δάκτυλος.
Fingerring m ὁ δακτύλιος.
Fink m ἡ σπίζα.
finster σκοτεινός, vom Blicke στυγνός, σκυθρωπός, ~ aussehen σκυθρωπάζειν.
Finsternis f ὁ und τὸ σκότος.
Firmament n ὁ αἰθήρ, ὁ οὐρανός.
Fisch m ὁ ἰχθύς.
Fischadler m ὁ ἁλιαίετος (ἁλιαίετος).
fischen ἁλιεύεσθαι.
Fischer m ὁ ἁλιεύς.
Fischernetz n ἡ σαγήνη, τὸ ἀμφίβληστρον.
Fischfang m ἡ ἁλιεία.
Fischotter f ἡ ἐνυδρίς (ἔνυδρις).
Fischreiher m ὁ ἐρωδιός.
Fittich m τὸ πτερόν, ἡ πτέρυξ.
flach πεδινός, ὁμαλός.
Fläche f τὸ πεδίον, ἡ πεδιάς.
Flachs m τὸ λίνον.
flackern σπινθηρίζειν.
Flagge f τὸ σημεῖον.
Flamme f ἡ φλόξ (ογός), τὸ αἶθος, ὁ πυρσός.
flammen αἴθειν, φλέγειν.
flammend φλογώδης, φλογοειδής.

(Fest   140   flammend)

Flanke f τὰ πλάγια, τὸ κέρας, in der ~ ἐκ πλαγίου.

Flasche f ἡ λάγηνος (λάγυνος). [κοῦφος.]

flatterhaft ἀβέβαιος (2),

Flatterhaftigkeit f ἡ κουφότης (ητος), ἡ κουφόνοια.

flattern πτερύττεσθαι.

Flechse f ὁ τένων, τὸ νεῦρον.

Flechte f ἡ πλοκή, τὸ πλέγμα, = Haarflechte ὁ ταρσός, ὁ πλόκαμος, auf der Haut ὁ λειχήν.

Flechtwerk n τὸ πλέγμα.

Fleck m = Stelle τὸ χωρίον, ὁ τόπος, = Lappen τὸ ἐπίβλημα.

Flecken m: auf der Haut ἡ ποικιλία, = kleiner Ort τὸ πολισμάτιον.

fleckenlos ὅσιος, ἁγνός, ἄμεμπτος (2), ἀκέραιος (2).

fleckig ποικίλος.

Fledermaus f ἡ νυκτερίς.

Flegel m τὰ τρίβολα, (als Scheltwort) ἄγροικος ἄνθρωπος.

flehen εὔχεσθαί τινι, λίσσεσθαί τινα, ἱκετεύειν.

Flehen f ἡ ἱκεσία, ἡ ἱκετεία, τὸ ἱκέτευμα.

flehentlich ἱκετευτικός.

Fleisch n τὸ κρέας (als Speise), ἡ σάρξ (am Körper).

Fleischer m ὁ κρεουργός, ὁ κρεωπώλης.

fleischig σάρκινος, σαρκώδης, εὔσαρκος (2).

fleischlich σωματικός.

Fleiß m ἡ φιλοπονία, ἡ σπουδή. [δαῖος.]

fleißig φιλόπονος (2), σπου-

flicken ἀκεῖσθαι, ῥάπτειν.

Flieder m ἡ ἀκτῆ.

Fliege f ἡ μυῖα.

fliegen πέτεσθαι.

fliehen φεύγειν, ἀποφεύγειν, οἴχεσθαι φεύγοντα.

fließen ῥεῖν.

flimmern μαρμαίρειν.

flink ἐλαφρός, εὔζωνος (2).

Flitter m τὸ πέταλον.

Flocke f ἡ κροκίς, ὁ τίλος, vom Schnee ἡ νιφάς.

Floh m ἡ ψύλλα, ὁ ψύλλος.

Flor m = Blüte τὸ ἄνθος, übtr. ἡ εὐδαιμονία, ἡ εὐπραγία.

Floß n ἡ σχεδία.

Flöte f ὁ αὐλός, die ~ blasen αὐλεῖν.

Flötenspieler m ὁ αὐλητής.

flott = herrlich πολυτελής, δαψιλής, ~ sein κινεῖσθαι.

Flotte f τὸ ναυτικόν, αἱ νῆες.

Fluch m ἡ κατάρα, ἡ ἀρά, lästerlicher ~ ἡ βλασφημία.

fluchen βλασφημεῖν.

Flucht f ἡ φυγή.

flüchten φεύγειν, καταφεύγειν, ἀποδιδράσκειν.

flüchtig φεύγων, φυγάς, = behend ἐλαφρός, ταχύς, ὠκύς, = vergänglich ἐξίτηλος (2), = leichtsinnig κοῦφος, ἀμελής, = oberflächlich ἐπιπόλαιος (2).

Flüchtling m ὁ, ἡ φυγάς.

Flug m ἡ πτῆσις, τὸ πτῆμα.

Flügel m τὸ πτερόν, ἡ πτέρυξ (υγος), eines Heeres τὸ κέρας.

flügge ἐκπετήσιμος (2).

flugs εὐθύς, παραχρῆμα.
Flur f ἡ ἄρουρα, ὁ ἀγρός.
Fluß m ὁ ποταμός, τὸ ῥεῦμα.
Flußbett n τὸ ῥεῖθρον.
Flut f τὸ κῦμα, Ebbe und ~ ἡ διαρροὴ τοῦ ὠκεανοῦ.
fluten κυμαίνειν.
Fohlen n ὁ πῶλος.
Folge f ἡ ἀκολουθία, = Erfolg ἡ ἀπόβασις, τὸ ἀποβάν, = Schlußfolge τὸ ἀκολούθημα, = Gehorsam τὸ πείθεσθαι, ἡ ὑπακοή.
folgen ἕπεσθαι, ἀκολουθεῖν, auf j-n ~ διαδέχεσθαί τινα, = gehorchen πείθεσθαι.
folgern συλλογίζεσθαι.
Folgerung f ὁ συλλογισμός.
Folgezeit f ὁ ὕστερον (μέλλων) χρόνος.
folglich οὖν, ἄρα, οὐκοῦν.
folgsam εὐπειθής, πειθαρχος (2), ὑπήκοος (2).
Folter f ἡ βάσανος.
foltern βασανίζειν, στρεβλοῦν.
foppen ἐπισκώπτειν τινά.
förderlich ὠφέλιμος, ὀνήσιμος (2).
fordern αἰτεῖν τινά τι oder παρά τινός τι, ἀπαιτεῖν.
fördern ἀνύτειν, ὠφελεῖν.
Forderung f ἡ αἴτησις, ἡ ἀξίωσις.
Form f τὸ σχῆμα, ἡ μορφή, τὸ εἶδος.
formen σχηματίζειν, μορφοῦν, πλάττειν.
Former m ὁ πλάστης.
förmlich νόμιμος.

forschen ζητεῖν, ἐρευνᾶν, ἐρωτᾶν, πυνθάνεσθαι.
Forscher m ὁ ἐρευνητής.
Forschung f ἡ ἔρευνα, ἡ μελέτη.
Forst m u. f ἡ ὕλη, ὁ δρυμός.
Fort f τὸ φρούριον, τὸ ἔρυμα.
fort adv. πρόσω, in einem ~ συνεχῶς, fort! ἄπαγε.
fortan ἀπὸ τοῦ νῦν, τὸ ἀπὸ τοῦδε.
Fortdauer f ἡ διαμονή, = ewige ~ ἡ ἀϊδιότης (ητος).
forteilen οἴχεσθαι, φεύγειν.
fortfahren (intr.) ἀπελαύνειν, ἀποπλεῖν, (trans.) κομίζειν, προάγειν.
Fortgang m: j-s ~ ἡ ἀποχώρησις, ἡ ἀπαλλαγή, ~ einer Sache ἡ προχώρησις, ἡ προκοπή, ἡ ἐπίδοσις.
fortgehen ἀπιέναι.
fortjagen ἀποσοβεῖν, ἀπελαύνειν, ἀπωθεῖσθαι.
fortkommen = vorwärts kommen προχωρεῖν, προβαίνειν, = entkommen ἐκφεύγειν, = zunehmen αὐξάνεσθαι, = seinen Unterhalt finden εὑρίσκεσθαι τὸν βίον.
Fortkommen n τὰ ἀναγκαῖα, τὰ ἐπιτήδεια, ὁ βίος.
fortlassen ἀφιέναι.
fortschaffen ἀποκομίζειν, fortjagen (f. dſ).
forttragen ἀποφέρειν, ἀποκομίζειν.
forttreiben f. fortjagen.
fortwähren μένειν, διαμένειν.
fortwährend συνεχής, ἀδιά-

λειπτος (2), *adv.* ἀεί, συνεχῶς.
fortziehen (aus einer Wohnung) μετοικεῖν, μετοικίζεσθαι.
Fracht *f* ὁ φόρτος, τὸ φορτίον. [γὸν πλοῖον.
Frachtschiff *n* τὸ φορταγω-
Frage *f* τὸ ἐρώτημα, ἡ ἐρώτησις, τὸ πρόβλημα.
fragen ἐρωτᾶν, ἐπερωτᾶν, ἐρέσθαι τινά τι.
Fraß *m* ἡ βορά.
Fratze *f* τὸ δυσειδέστατον πρόσωπον. [γραῦς (αός).
Frau *f* ἡ γυνή, alte ~ ἡ
Fräulein *n* ἡ νύμφη.
frech θρασύς, ἀναίσχυντος (2), ἀναιδής, ὑβριστικός, ὑβριστός.
Frechheit *f* ἡ θρασύτης (ητος), ἡ ἀναισχυντία, ἡ ἀναίδεια.
frei ἐλεύθερος, αὐτόνομος (2).
Freibeuter *m* ὁ λῃστής.
Freibeuterei *f* ἡ λῃστεία.
freien μνᾶσθαι, μνηστεύεσθαι.
freigebig ἐλευθέριος, φιλόδωρος (2), εὐεργετητικός.
Freigebigkeit *f* ἡ φιλοδωρία, ἡ φιλοδοσία.
freigeboren ἐλεύθερος.
Freigelassene(r) *m* ὁ ἀπελεύθερος.
Freiheit *f* ἡ ἐλευθερία, ἡ αὐτονομία, = Dreistheit, Dreistigkeit, ἡ αὐθάδεια.
freilassen ἀφιέναι.
Freilassung *f* ἡ ἄφεσις.
freilich δή, δηλαδή, πάνυ γε.
freiliegend καταφανής.

freimütig ἐλευθέριος (2), ~ reden παρρησιάζεσθαι.
Freimütigkeit *f* ἡ παρρησία.
freisprechen ἀπολύειν, ἀφιέναι. [λυσις, ἡ ἄφεσις.
Freisprechung *f* ἡ ἀπό-
Freistaat *m* ἡ δημοκρατία, ὁ δῆμος. [τὸ ἄσυλον.
Freistätte *f* ἡ καταφυγή,
freistehen ἔξ-, πάρεστι, es steht mir frei παρ' od. ἐπ' ἐμοί ἐστι.
freiwillig ἑκών, ἑκούσιος, ἐθελούσιος, ἐθελοντής.
fremd ξένος, ἔκδημος (2), βάρβαρος (2), = anderen gehörend ἀλλότριος.
fremdartig ἀλλότριος.
Fremde *f* ἡ ἀλλοτρία, Reise in die ~ ἡ ἐκ-, ἀποδημία.
Fremdling *m* ὁ ξένος, ὁ ἀλλοδαπός.
fressen βιβρώσκειν, καταβιβρώσκειν, τρώγειν, ἐσθίειν, νέμεσθαι.
Fressen *n* ἡ βορά.
Fresser *m* ὁ πολυφάγος.
Frettchen *n* ἡ ἀγρία γαλῆ.
Freude *f* ἡ χαρά, ἡ χαρμονή, ἡ εὐθυμία, ἡ ἡδονή.
freudig χαίρων, εὔθυμος (2), περιχαρής.
Freudigkeit *f* ἡ εὐθυμία.
freuen, sich χαίρειν, ἥδεσθαι, εὐφραίνεσθαι τινι oder ἐπί τινι.
Freund *m* ὁ φίλος, ὁ ἑταῖρος.
freundlich εὐμενής, εὔνους, φιλόφρων, = umgänglich ὁμιλητικός.
Freundlichkeit *f* ἡ φιλο-

(fortziehen) 143 Freundlichkeit)

φροσύνη, ἡ εὐμένεια, ἡ εὔνοια, ἡ φιλανθρωπία.
Freundschaft f ἡ φιλία, ἡ οἰκειότης (ητος).
freundschaftlich φιλικός, φίλιος, εὐμενής.
Frevel m ἡ ὕβρις, ἡ ἀδικία.
frevelhaft ἀσεβής, ἀνόσιος (2), ἄδικος (2).
freveln ὑβρίζειν τινά, ἀδικεῖν τινα.
Freveltat f τὸ ἀσέβημα, τὸ κακούργημα.
freventlich adv. ὑβριστικῶς.
Friede m ἡ εἰρήνη, = Eintracht ἡ ὁμόνοια, = Seelenruhe ἡ εὐθυμία, ~n schließen εἰρήνην ποιεῖσθαι.
Friedensbündnis n αἱ σπονδαί.
friedfertig πρᾳΰς, ἐπιεικής, [εὐμενής.]
friedlich, friedliebend εἰρηνικός. [μιχῇ ῥιγῶ.]
frieren: ich friere, es friert
frisch = kühl ψυχρός, = neu, jung νέος, = munter νεαρός, ~ auf! ἄγε δή! ἴθι!
Frische f f. Kälte, = Munterkeit τὸ νεαρόν.
Frist f ὁ χρόνος.
froh εὔφρων, εὔθυμος (2), χαίρων, περιχαρής.
fröhlich φαιδρός, ἱλαρός, εὔθυμος (2).
frohlocken ἀγάλλεσθαί τινι oder ἐπί τινι, ὑπερχαίρειν τινί. [ἡ εὐθυμία.]
Frohsinn m ἡ εὐφροσύνη,
fromm εὐσεβής, θεοσεβής.
frommen ὠφελεῖν τινα, λυσιτελεῖν τινι.
Frömmigkeit f ἡ εὐσέβεια, ἡ θεοσέβεια.

frönen δουλεύειν, ὑπηρετεῖν τινι.
Front(e) f τὸ στόμα, τὸ μέτωπον.
Frosch m ὁ βάτραχος.
Frost m τὸ κρύος, ὁ κρυμός, ὁ παγετός, τὸ ψῦχος.
frostig ψυχρός.
Frucht f ὁ καρπός, = Getreide ὁ σῖτος, = Nutzen τὸ ὄφελος, τὸ κέρδος.
fruchtbar εὔκαρπος, πολύκαρπος, καρποφόρος, εὔφορος (sämtlich 2).
Fruchtbarkeit f ἡ καρποφορία, ἡ εὐφορία, ἡ πολυκαρπία.
fruchtbringend f. fruchtbar.
fruchten δύνασθαι, ὠφέλιμον εἶναι, es fruchtet nichts οὐδὲν ὄφελος. [την.]
fruchtlos μάταιος, adv. μά-
Fruchtmangel m ἡ τοῦ σίτου ἀπορία oder σπάνις.
fruchttragend καρποφόρος (2). [gen ἔωθεν.]
früh πρωΐ, πρῴ, ~ am Mor-
Frühe f ὁ ὄρθρος.
früher πρότερος, adv. πρότερον.
Frühling m, **Frühjahr** n τὸ ἔαρ (ἦρ), im Eintritt des ~s ἅμα τῷ ἔαρι (ἦρι).
Frühstück n τὸ ἄριστον.
frühstücken ἀριστᾶν, ἀριστοποιεῖσθαι.
frühzeitig πρώϊμος (2), πρωϊνός, πρώϊρος (2), ein ~er Tod ἄωρος θάνατος.
Fuchs m ἡ ἀλώπηξ (εκος), von Pferden ὁ ξανθός.
Fuder n τὸ φορτίον.

Fug *m*: mit ~ und Recht δικαίως. [μός.\
Fuge *f* ἡ ἁρμογή, ὁ ἁρ-⌐
fügen συνδεῖν, es fügt sich συμβαίνει, sich in etwas ~ εἴκειν τινί, ὑποφέρειν, ὑπομένειν τι.
füglich προσήκων, πρέπων, *adv.* εὖ, καλῶς.
fügsam εὐπειθής, ἐπιεικής.
Fügsamkeit *f* ἡ πειθαρχία, ἡ ἐπιείκεια.
Fügung *f*: ~ Gottes ἡ θεία τύχη oder μοῖρα.
fühlbar αἰσθητός.
Fühlbarkeit *f* ἡ αἴσθησις.
fühlen ἐπιψηλαφᾶν τι, προσψαύειν τι, = empfinden αἰσθάνεσθαι, = sich bewußt sein γιγνώσκειν, συνειδέναι ἑαυτῷ mit *part.*
Fühlhorn *n* ἡ κεραία.
fühllos ἀναίσθητος (2).
Fühllosigkeit *f* ἡ ἀναισθησία.
Fuhre *f* = Fuder τὸ φορτίον, = Fuhrwerk τὸ ζεῦγος.
führen ἄγειν, = fortschaffen κομίζειν, = anführen ἡγεῖσθαί τινι oder τινός, mit sich ~ ἔχειν μεθ' ἑαυτοῦ, mit sich ~ bewirken αἴτιον εἶναί τινος, die Regierung ~ ἄρχειν, ἐν ἀρχῇ εἶναι, ein Leben ~ βίον ζῆν, Krieg ~ πολεμεῖν, Waffen ~ ὅπλοις χρῆσθαι, einen Namen ~ ὄνομα ἔχειν.
Führer *m* ὁ ἡγεμών, ὁ ἡγούμενος.
Fuhrmann *m* ὁ ἁρματηλάτης.

Führung *f* = Verwaltung ἡ διοίκησις, ſ. führen.
Fuhrwerk *n* τὸ ὄχημα, τὸ ζεῦγος.
Fülle *f* τὸ πλῆθος, = Überfluß ἡ ἀφθονία, ἡ εὐπορία.
füllen πληροῦν, ἐμπιμπλάναι τινός.
Füllen *n* ſ. Fohlen.
Fund *m* τὸ ἕρμαιον, τὸ κέρδος.
Fundament *n* τὸ θεμέλιον, ἡ βάσις, τὸ ὑπόθεμα.
fünf πέντε. [πλάσιος.⌐
fünffach, fünffältig πεντα-⌐
fünfhundert πεντακόσιοι.
fünfjährig πέντε ἐτῶν.
fünfmal πεντάκις.
fünftausend πεντακισχίλιοι.
fünftens (τὸ) πέμπτον.
fünfzehn πεντεκαίδεκα.
Funke *m* ὁ σπινθήρ.
funkeln στίλβειν, μαρμαρύττειν, λάμπειν.
funkelnd στιλπνός.
für = anstatt, ἀντί, ὑπέρ mit *gen.*, = zum Besten j-s ὑπέρ, πρός mit *gen.*, = in bezug auf, gegen, πρός mit *acc.*, εἰς mit *acc.*, περί mit *gen.* und *acc.*, = nach Verhältnis, in Betracht ἀπό u. ἐκ mit *gen.*, κατά mit *acc.* Bei den Verben kaufen, verkaufen usw. für etw. steht der *gen. pretii*; der bloße *dat.* steht als *dat. comm.*, z.B. es ist gut für mich καλόν ἐστί μοι.
Furage *f* ὁ χιλός.
furagieren προνομὴν ποιεῖσθαι.
Fürbitte *f* ἡ παραίτησις.

Deutsch-griechisch. 145 10 (Fug—Fürb...)

Furche f ἡ αὖλαξ, ~n ziehen αὐλακίζειν.
Furcht f ὁ φόβος, τὸ δέος, ἡ ὀρρωδία, τὸ δεῖμα.
furchtbar φοβερός, δεινός.
Furchtbarkeit f ἡ φοβερόν, τὸ δεινόν. [διέναι τινά.)
fürchten, sich φοβεῖσθαι, δε-
fürchterlich φοβερός, δεινός.
furchtlos ἄφοβος (2), ἀδεής.
Furchtlosigkeit f ἡ ἄδεια, ἡ ἀφοβία.
furchtsam δειλός, — **mutlos** ἀθαρσής, = **schüchtern** ὀκνηρός, = **vorsichtig** εὐλαβής.
Furchtsamkeit f ἡ δειλία.
Furie f ἡ Ἐρινύς (ύος), die ~n αἱ Εὐμενίδες.
Fürsorge f ἡ πρόνοια, ~ für j-n tragen προνοεῖν τινος.
Fürsprache f ἡ προηγορία, ~ für j-n einlegen προηγορεῖν τινος.
Fürsprecher m ὁ προήγορος, ὁ σύνδικος (vor Gericht).
Fürst m ὁ ἄρχων (allg.), ὁ βασιλεύς (König), ὁ τύραννος (Alleinherrscher).
Fürstengeschlecht n τὸ βασιλικὸν γένος.
Fürstentum n ἡ ἀρχή, ἡ βασιλεία. [βασίλισσα.)
Fürstin f ἡ βασίλεια, ἡ
fürstlich βασιλικός.
Furt f ὁ πόρος, ἡ διάβασις.
fürwahr νὴ (τὸν) Δία, ναὶ μὰ τὸν Δία, ἦ μήν.
Fürwort n ἡ ὑπερέντευξις, ein ~ für j-n einlegen ὑπερεντυγχάνειν τινός.
Fuß m ὁ πούς (ποδός), ~

des Berges ἡ ὑπώρεια, vor den Füßen ἐμποδών, vor den Füßen weg ἐκποδών.
Fußangel f ἡ ποδίστρα.
Fußbank f τὸ ὑποπόδιον.
Fußboden m τὸ δάπεδον, τὸ ἔδαφος. [πόδιον.)
Füßchen n τὸ ποδάριον, τὸ
Fußeisen n ἡ πέδη.
fußen βαδίζειν ἐπί τινι, ἐφίστασθαί τινι.
Fußfall m ἡ ἱκεσία, ἡ ἱκετεία, τὸ προσκύνημα, einen ~ tun vor j-m προσπίπτειν πρὸς τὰ γόνατα τινος.
fußfällig προσπίπτων πρὸς τὰ γόνατα, ~ bitten προσπεσόντα δεῖσθαι.
Fußgänger m ὁ πεζός.
Fußgestell n τὸ ὑπόβαθρον.
Fußgicht f ἡ ποδάγρα.
Fußschemel m τὸ ὑπόβαθρον, τὸ ὑποπόδιον.
Fußsoldat m ὁ πεζός, ὁ στρατιώτης. [τρίβος.)
Fußsteig m ἡ ἀτραπός, ἡ
Fußtapfe f τὸ ἴχνος, ὁ στίβος.
Fußtritt m τὸ πάτημα.
Fußvolk n τὸ πεζικόν, τὸ πεζόν, ὁ πεζὸς στρατός, οἱ πεζοί.
Futter n (eines Kleides) τὸ ὑπόβλημα, — **Nahrung** ἡ τροφή, (für Tiere) ὁ χόρτος, ὁ χιλός.
Futteral n ἡ θήκη.
füttern τρέφειν, τροφὴν παρέχειν τινί, σιτίζειν, χορτάζειν.
Futter n ἡ τροφή, ὁ χόρτος, τὸ χόρτασμα.

(Furche 146 Futter)

G

G Γ, γ, τὸ γάμμα indecl.
Gabe f τὸ δῶρον, ἡ δωρεά, ἡ δόσις.
Gabel f ἡ κρεάγρα, = Heugabel τὸ δίκρανον.
gackern κακκάζειν, κλάζειν, βοᾶν.
gaffen χαίνειν.
Gaffer m ὁ κεχηνώς.
gähnen χαίνειν, χασμᾶσθαι.
Galgen m ὁ σταυρός, an den ~ kommen ἀνασκολοπίζεσθαι.
Galgenstrick m οὐδενὸς ἄξιος.
Gallapfel m ἡ κηκίς, τὸ κηκίδιον.
Galle f ἡ χολή.
galle(n)bitter χολώδης, πικρότατος.
Galopp m ὁ δρόμος ἐκτενής oder ἐκτεταμένος.
Gang m = das Gehen ἡ βάδισις, ὁ βαδισμός, τὸ βάδισμα, = Bewegung ἡ κίνησις, ἡ φορά, = Weg ἡ ὁδός, = Verlauf der Dinge ἡ ἀπόβασις, ἡ προχώρησις.
gang (gäng) und gäbe sein φοιτᾶν, χωρεῖν.
gangbar πορεύσιμος (2), ὁδεύσιμος (2), βατός, βάσιμος (2).
Gans f ὁ χήν (ηνός).
ganz = unversehrt ἀκέραιος (2), ὅλος, = völlig πᾶς, ἅπας, σύμπας, adv. πάνυ.

gänzlich τέλειος, τέλεος, adv. ὅλως, πάντως.
gar πέπειρος, διέφθος (2), ~ machen πεπαίνειν, = völlig πάνυ, λίαν, ὅλως.
Garaus m: j-m den ~ machen καθανύτειν τινά.
Garbe f ὁ σταχύων φάκελλος.
gären ζυμοῦσθαι.
Gärung f = Unruhe ἡ ταραχή.
Garn n τὸ λίνον, der Jäger und Fischer τὸ δίκτυον, ἡ πάγη. [(2), φαῦλος.]
garstig αἰσχρός, ἄμορφος
Garten m ὁ κῆπος.
Gärtner m ὁ κηπεύς, ὁ κηπευτής. [ἡ πλατεῖα.]
Gasse f ἡ ἀγυιά, ἡ ὁδός,
Gast m ὁ σύνδειπνος, ὁ δαιτυμών (bei Tisch), ὁ ξένος (ein Fremder).
Gasterei f ἡ εὐωχία, τὸ συμπόσιον. [νος (2).]
gastfrei φιλόξενος (2), εὐξε-
Gastfreund m ὁ ξένος.
Gastfreundschaft f ἡ ξενία, ἡ φιλοξενία.
Gastgeber m ὁ ἑστιάτωρ.
Gast-hof m, **-haus** n τὸ πανδοχεῖον, τὸ καπηλεῖον.
Gastmahl n τὸ δεῖπνον.
Gastwirt m ὁ κάπηλος.
Gatte m ὁ ἀνήρ.
Gatter n ἡ κιγκλίς.
Gattin n ἡ γυνή.
Gattung f τὸ γένος.

Gau m ὁ νομός.
Gaukelei f ἡ γοητεία, ἡ ἀγυρτεία.
gaukeln θαυματοποιεῖν, τερατεύεσθαι. [ματοποιός.]
Gaukler m ὁ γόης, ὁ θαυ-
Gaul m ὁ ἵππος.
Gaumen m ὁ οὐρανίσκος, ἡ ὑπερῴα.
Gauner m ὁ πανοῦργος.
Gazelle f ἡ δορκάς (άδος).
ge-achtet τίμιος, ἔντιμος (2), περίβλεπτος (2).
ge-bahnt λεῖος, ὁμαλός.
Ge-bälk n αἱ δοκοί.
ge-bändigt ἥμερος (2).
Ge-bärde f τὸ σχῆμα.
ge-bären τίκτειν, γεννᾶν, geboren werden γίγνεσθαι, γεννηθῆναι.
Ge-bäude n τὸ οἰκοδόμημα, ἡ οἰκοδομή.
Ge-beine n/pl. τὰ ὀστᾶ.
Ge-bell n ἡ ὑλακή, ὁ ὑλαγμός.
geben διδόναι, es gibt ἔστι, ὑπάρχει, γίγνεται, was gibt es? τί ἔστι;
Geber m ὁ δοτήρ, besser durch die *part.* der Verba.
Ge-bet n ἡ εὐχή, ἡ προσευχή.
Ge-biet n ἡ χώρα, ἡ ἀρχή.
ge-bieten ἐπι-, προστάττειν, προαγορεύειν, παραγγέλλειν. [ἄρχων.]
Ge-bieter m ὁ δεσπότης, ὁ
Ge-bieterin f ἡ δέσποινα.
ge-bieterisch ἀρχικός.
ge-bildet παιδευτός.
Ge-birge n τὸ ὄρος.
ge-birgig ὀρεινός.

Ge-biß n τὸ φάλιον, τὸ στόμιον, = Zähne οἱ ὀδόντες.
Ge-blöke n ἡ βληχή.
Ge-blüt n τὸ αἷμα.
ge-bogen καμπτός, στρεβλός.
ge-borsten διαρρώξ.
Ge-bot n = Befehl τὸ πρόσ-, ἐπίταγμα, ἡ ἐντολή, τὸ παράγγελμα, = Angebot ἡ ἀντώνησις.
ge-braten ὀπτός, ὀπτητός.
Ge-brauch m ἡ χρεία, ἡ χρῆσις, τὸ χρῆσθαι, ~ von etw. machen χρῆσθαί τινι, = Sitte, Herkommen ὁ νόμος, τὸ νομιζόμενον, τὸ ἔθος, = Art zu handeln ὁ τρόπος. [νομιζόμενος.]
ge-bräuchlich νόμιμος (2),
ge-brechen: es gebricht an etwas δεῖ τινος.
Ge-brechen n τὸ ἐλάττωμα, ἡ ἐλάττωσις, τὸ ἐνδεές.
ge-brechlich ἀνά-, κατάπηρος (2), ἀσθενής.
Ge-brechlichkeit f ἡ πήρωσις, ἡ ἀναπηρία.
Ge-brüder m/pl. οἱ ἀδελφοί.
Ge-brüll n τὸ μύκημα, ὁ βρυχηθμός.
Ge-bühr f ἡ ἀξία, τὸ προσῆκον, τὸ δέον, τὸ πρέπον, nach ~ προσηκόντως, über ~ ὑπερβαλλόντως, es gebührt προσήκει, πρέπει, = schicklich πρέπων, προσήκων.
Ge-bund n ὁ σύνδεσμος.
Ge-burt f = das Gebären ὁ τόκος, τὸ τίκτειν, =

das Geborenwerden ἡ γενεά, ἡ γένεσις, = Geschlecht, Stamm τὸ γένος, ἡ γενεά.
ge-bürtig durch den acc. τὴν πατρίδα, τὸ γένος.
Ge-burtsadel *m* ἡ εὐγένεια.
Ge-burtsfeier *f*, **-fest** *n* τὰ γενέθλια.
Geburtsort *m* ἡ πατρίς.
Ge-burtstag *m* s. Geburtsfeier.
Ge-büsch *f* ὁ θάμνος.
Geck *m* ὁ μῶρος, ὁ ἠλίθιος.
Ge-dächtnis *n* ἡ μνήμη, ἡ μνημοσύνη, = Andenken ἡ μνεία, τὸ μνημόνευμα, = Denkmal τὸ μνημεῖον.
Ge-dächtnisrede *f* ὁ λόγος ἐπιτάφιος.
Ge-danke *m* ἡ ἔννοια, ἡ διάνοια, τὸ νόημα, τὸ ἐνθύμημα.
Ge-dankenlosigkeit *f* ἡ ἀλογιστία, ἡ ἄνοια.
Ge-därme *n/pl.* τὰ ἔγκατα, τὰ ἔντερα.
ge-deihen αὐξάνεσθαι, ἐπιδιδόναι, ἐπίδοσιν λαμβάνειν.
Ge-deihen *n* ἡ αὔξησις, ἡ προκοπή, = glücklicher Zustand ὁ ὄλβος, ἡ εὐδαιμονία.
gedeihlich ἐπιτήδειος, ὠφέλιμος, ὀνήσιμος (2).
ge-denken μνημονεύειν τινός oder τι, μεμνῆσθαί τινος, = erwähnen μνήμην ποιεῖσθαί τινος oder περί τι, = gesonnen sein διανοεῖσθαι, ἐπινοεῖν, = erwarten ἐλπίζειν.

Ge-dicht *f* τὸ ποίημα, τὸ μέλος, τὸ ᾆσμα, ἡ ᾠδή, τὰ ἔπη. [στός.]
ge-diegen καθαρός, χρη-
Ge-diegenheit *f* ἡ χρηστότης (ητος).
Ge-dränge *n* ὁ ὠθισμός, ὁ ὄχλος, τὸ πλῆθος.
ge-drängt πυκνός, ἁθρόος.
Ge-drängtheit *f* ἡ πυκνότης (ητος).
ge-drungen στιφρός.
Ge-duld *f* ἡ ὑπομονή, ἡ ἀνοχή, ἡ μακροθυμία, ~ mit etw. haben ἀνέχεσθαι, ὑπομένειν, φέρειν τι.
ge-dulden, sich ἀναμένειν.
ge - duldig καρτερικός, μακρόθυμος (2).
ge-ehrt τίμιος, ἔντιμος (2), ἔνδοξος (2), περίβλεπτος (2).
ge-eignet ἐπιτήδειος, ἱκα-
ge-erbt πατρῷος. [νός.]
Ge-fahr *f* ὁ κίνδυνος, eine ~ bestehen κίνδυνον κινδυνεύειν, διακινδυνεύειν, sich einer ~ aussetzen κίνδυνον ὑφίστασθαι, ~ laufen κινδυνεύειν.
ge-fährden: j-n ~ ἐμβάλλειν τινὰ εἰς κινδύνους.
ge-fährlich ἐπικίνδυνος (2), σφαλερός. [ἀσφαλής.]
ge-fahrlos ἀκίνδυνος (2),
Ge-fährte *m* ὁ φίλος, ὁ ἑταῖρος.
ge-fahrvoll s. gefährlich.
Ge-fälle *n* ἡ καταφορά.
ge-fallen ἀρέσκειν, ich lasse mir etw. ~ ἀνέχομαί τι.
Ge-fallen *m* ἡ χάρις, j-m einen ~ tun χαρίζεσθαι

τινι, zu ~ πρὸς χάριν, χάριν.
ge-fällig = angenehm χαρίεις, ἐπίχαρις, = bemüht, anderen zu helfen θεραπευτικός, ὑπηρετικός, ist es dir ~? βούλει; wenn es dir ~ ist εἰ σοὶ βουλομένῳ ἐστίν, εἰ σοὶ φίλον.
Ge-fälligkeit f ἡ χάρις.
Ge-fallsucht f ἡ ἀρεσκεία.
ge-fallsüchtig ἀρεσκευτικός.
ge-fangen ἁλούς, ᾑρημένος, αἰχμάλωτος, ~ nehmen συλλαμβάνειν, ζωγρεῖν
Ge-fangenschaft f ἡ φυλακή, οἱ δεσμοί.
Ge-fängnis f τὸ δεσμωτήριον, ἡ φυλακή, ἡ εἱρκτή, οἱ δεσμοί. [ἄγγος.]
Ge-fäß f τὸ σκεῦος, τὸ
ge-faßt ἕτοιμος, ~ sein auf etw. προσδοκᾶν τι.
Ge-fecht f ἡ μάχη, ὁ ἀγών.
Ge-fieder n τὰ πτερά, ἡ πτέρωσις, τὸ πτέρωμα.
ge-fiedert πτερωτός.
Ge-filde n τὸ πεδίον.
Ge-flecht n ἡ πλοκή, τὸ πλέγμα. [adv. ἐπίτηδες.]
ge-flissentlich σπουδαῖος,
Ge-flügel n οἱ ὄρνιθες, τὰ ὄρνεα. [πτερος (2).]
ge-flügelt πτερωτός, ὑπό-
Ge-flüster n τὸ ψιθύρισμα, ὁ ψιθυρισμός.
Ge-folge n ἡ θεραπεία, ἡ ἀκολουθία.
ge-fräßig πολυφάγος (2), φαγεῖν δεινός.
Ge-fräßigkeit f ἡ πολυφαγία.

ge-frieren πήγνυσθαι ὑπὸ ψύχους. [χους.]
ge-froren πηκτὸς ὑπὸ ψύ-
Ge-fühl n ἡ αἴσθησις.
ge-fühllos ἀναίσθητος (2), ἀπαθής.
Ge-fühllosigkeit f ἡ ἀναισθησία, ἡ ἀπάθεια.
ge-fühlvoll αἰσθητικός, ἔμ-, εὐπαθής.
gegen πρός, ἐπί, εἰς mit acc., zur Bestimmung der Zeit ἀμφί, περί mit acc., = zuwider παρά, ὑπέρ mit acc., = wider κατά mit gen., ἐπί mit acc., = in bezug auf περί, πρός mit acc., = für, anstatt ἀντί mit gen.
Gegend f ὁ τόπος, ἡ χώρα.
Gegen-rede f ἡ ἀντιλογία.
Gegen-satz m ἡ ἀντίδοσις, ἡ ἀνταπόδοσις.
gegen-seitig ἀμοιβαῖος, gew. durch das pron. recipr. ἀλλήλων. [τὸ πρᾶγμα.]
Gegen-stand m τὸ χρῆμα,
Gegen-teil n τὸ ἐναντίον, im ~ ἔμπαλιν, αὖ, τοὐναντίον.
gegen-über ἐναντίον, ἐξ ἐναντίας, ἀντικρύ, καταντικρύ mit gen.
Gegen-wart f = Anwesenheit ἡ παρουσία, = die jetzige Zeit ὁ νῦν χρόνος.
gegen-wärtig παρών, παραγενόμενος, = jetzig ὁ, ἡ, τὸ νῦν.
Gegen-wehr f ἡ ἄμυνα.
Gegner m ὁ ἐναντίος, ὁ ἀντίπαλος, ὁ ἀνταγωνιστής.

Ge-halt m u. n = Wesen ἡ οὐσία, = Wert ἡ ἀξία, ἡ τιμή, τὸ τίμημα, = Besoldung ὁ μισθός.

ge-harnischt θωρακισθείς, θωρακοφόρος (2).

ge-hässig ἀπεχθής, ἀπεχθήμων, δυσμενής.

Ge-hässigkeit f ἡ δυσμένεια, ἡ ἀπέχθεια, ὁ φθόνος, τὸ μῖσος. [κιβώτιον.]

Ge-häuse n ἡ κιβωτός, τὸ

Ge-hege f ἡ εἱρκτή, τὸ ἕρκος, ὁ φραγμός, τὸ δρύφακτον.

ge-heim = verborgen κρυπτός, ἄδηλος (2), λαθραῖος, κρυφαῖος, was man nicht aussprechen darf ἀπόρρητος (2). [τον.]

Ge-heimnis n τὸ ἀπόρρη-

Ge-heiß n τὸ κέλευσμα, gew. durch κελεύω.

gehen βαδίζειν, χωρεῖν, ἰέναι, ἔρχεσθαι, βαίνειν, = reisen πορεύεσθαι, = weggehen ἀπιέναι, = sich bewegen κινεῖσθαι, φέρεσθαι.

Gehen n ἡ βάδισις, ὁ βαδισμός, τὸ βάδισμα, ἡ πορεία. [ὀδυρμός.]

Ge-heul n ἡ ὀλολυγή, ὁ

Ge-hilfe m ὁ συνεργός, ὁ κοινωνός.

Ge-hilfin f ἡ συνεργός.

Ge-hirn n ὁ ἐγκέφαλος.

Ge-höft n ἡ ἔπαυλις, τὸ ἐπαύλιον.

Ge-hölz n ἡ ὕλη.

Ge-hör n ἡ ἀκοή, = Audienz ἡ ἀκρόασις.

ge-horchen πείθεσθαί τινι, ἀκούειν τινός, ὑπακούειν τινός ob. τινί, πειθαρχεῖν.

ge-hören εἶναι mit gen., es gehört sich πρέπει, προσήκει.

ge-hörig = eigen ἴδιος, = geziemend πρέπων, προσήκων, δίκαιος.

ge-hörlos ἀνήκοος (2), ἀνήκουστος (2).

Ge-hörn n τὰ κέρατα (κέρα).

ge-horsam εὐπειθής, ὑπήκοος (2), κατήκοος (2).

Ge-horsam m ἡ εὐπείθεια, ἡ πειθώ, ἡ πειθαρχία.

Geier m ὁ γύψ (πός).

Geifer m τὸ σίαλον.

geifern σιαλίζειν.

geil ἀσελγής, ἀκόλαστος (2).

Geisel f ὁ ὅμηρος.

Geißel f ἡ μάστιξ.

Geist m = τὸ πνεῦμα, ἡ ψυχή, = Charakter, Denkart τὸ ἦθος, αἱ γνῶμαι, = überirdisches Wesen ὁ δαίμων, τὸ δαιμόνιον.

Geistesabwesenheit f ἡ ἔκστασις τῶν λογισμῶν.

Geistesanlagen f/pl. ἡ φύσις.

Geistesbildung f ἡ παιδεία.

Geistes-gaben f/pl. s. ~anlagen. [ρώμη.]

Geisteskraft f ἡ τῆς ψυχῆς

geisteskrank νοσῶν τὴν ψυχήν. [ψυχῆς νόσος.]

Geisteskrankheit f ἡ τῆς

geistesschwach ἀσθενής τὴν ψυχήν.

Geistesschwäche f ἡ περὶ τὴν ψυχὴν ἀσθένεια.

Geistesstärke f ἡ τῆς ψυχῆς ῥώμη.
Geistestätigkeit f ἡ τῆς ψυχῆς ἐνέργεια.
Geistesverwirrung f ἡ παράνοια. [κός.]
geistig πνευματικός, ψυχικός.
geistlich ἱερός, ἅγιος.
geistlos ἀφυής.
Geistlosigkeit f ἡ ἀφυΐα.
geistreich εὐφυής.
Geiz m ἡ φιλαργυρία, ἡ πλεονεξία.
geizen φιλαργυρεῖν.
Geizhals m ὁ φιλάργυρος, ὁ φιλοχρήματος.
geizig φιλάργυρος (2), φιλοχρήματος (2).
Ge-klirr n ὁ ψόφος.
Ge-kreisch n ἡ κραυγή.
Ge-kröse n τὸ μεσεντέριον.
ge-krümmt καμπτός, κυρτός.
Ge-lächter n ὁ γέλως (ωτος).
Ge-lage n τὸ συμπόσιον.
ge-langen ἀφ-, ἐξικνεῖσθαι εἴς, πρός τι, παραγίγνεσθαι, ἥκειν εἴς τι.
Ge-laß n ἡ εὐρυχωρία.
ge-lassen πρᾷος, ἥσυχος (2), μέτριος, ἀπαθής.
Ge-lassenheit f ἡ πραότης (ητος) ἡ ἡσυχία, ἡ ἀπάθεια.
ge-läufig εὐπετής, ἕτοιμος.
Ge-läufigkeit f τὸ εὐπετές.
Ge-läute n ὁ ἦχος.
gelb ξανθός, πυρρός.
gelbgrün χλωρός.
gelblich ὑπόξανθος (2).
Gelbsucht f ὁ ἴκτερος, die ~ haben ἰκτεριᾶν.
Geld n τὸ ἀργύριον, τὸ χρυσίον, τὸ νόμισμα, τὰ χρήματα, ἡ τιμή, ~ prägen κόπτειν νόμισμα.
Geldangelegenheiten f/pl. τὰ τῶν χρημάτων.
Geldarmut f ἡ ἀχρηματία.
Geldausgabe f ἡ δαπάνη.
geldbedürftig χρημάτων ἐνδεής.
Geldbegierde f ἡ φιλαργυρία, ἡ χρημάτων ἐπιθυμία.
geldbegierig φιλάργυρος (2), φιλοχρήματος (2).
Geldbeutel m τὸ βαλάντιον.
Geldbuße f τὸ τίμημα.
Gelderwerb m ὁ χρηματισμός.
Geldgeiz m s. Geldbegierde.
geldgierig s. geldbegierig.
Geldmangel m ἡ ἀχρηματία, ἡ χρημάτων ἔνδεια.
Geldstrafe f ἡ τιμή, τὸ τίμημα.
Geldstück n τὸ νόμισμα.
Geldverlegenheit f ἡ χρημάτων ἀπορία ob. ἔνδεια.
Geldverlust m ἡ ἀργυρίου ἀποβολή.
Geldwechsel m ὁ κόλλυβος, ἡ τραπεζιτική. [ζίτης.]
Geldwechsler m ὁ τραπεζίτης.
ge-legen κείμενος, ~ sein κεῖσθαι, = günstig καίριος, ~e Zeit ὁ καιρός.
Ge-legenheit zu etwas ἡ ἀφορμή, ἡ λαβή, ὁ καιρός, ἡ εὐκαιρία, bei dieser ~ ἐν τούτῳ.
ge-legentlich τυχών, παρατυχών, adv. ὅταν τύχῃ.
ge-lehrig εὐμαθής. [-θία.]
Ge-lehrigkeit f ἡ εὐμάθεια,

Ge-lehrsamkeit f ἡ πολυμαθία, gelehrte Wissenschaft τὰ γράμματα.

ge-lehrt πολυμαθής, σοφός, ἐπιστήμων.

Ge-leise (**Gleis**) n ἡ τροχία.

Ge-leit n ἡ παρα-, προπομπή. [πειν.]

ge-leiten προ-, παραπέμ-

Ge-lenk n ὁ ἁρμός, ἡ ἁρμογή, am Körper τὸ ἄρθρον.

ge-lenkig εὐκίνητος (2).

Ge-lenkigkeit f ἡ εὐκινησία.

ge-liebt ἀγαπητός, ἐρώμενος, φίλος. [ἐραστής.]

Ge-liebte m ὁ ἐρώμενος, ὁ

Ge-liebte f ἡ ἐρωμένη, ἡ ἐρωτίς.

ge-linde πρᾶος. [(ητος).]

Ge-lindigkeit f ἡ πραότης

ge-lingen: gut, schlecht ~ εὖ (καλῶς), κακῶς ἀποβαίνειν, προχωρεῖν, es gelingt mir etwas τυγχάνω τινός, es gelingt nicht ἀτυχῶ und ἀποτυγχάνω τινός.

Ge-lingen n ἡ εὐπραγία.

Ge-lispel n τὸ ψιθύρισμα, ὁ ψιθυρισμός.

gellen ἠχεῖν, βομβεῖν.

ge-loben ὑπισχνεῖσθαι, ὁμολογεῖν, πίστιν παρέχειν.

Ge-löbnis n ἡ ὑπόσχεσις, ἡ εὐχή.

gelten (vom Gelde) χωρεῖν, (v. Meinungen, Gesetzen u. dgl.) κύριον εἶναι, etwas ~ lassen δοκιμάζειν, αἰνεῖν, ~ machen ἀντι-, μεταποιεῖσθαί τινος, = wert sein δύνασθαι, ἄξιον εἶναι, = Einfluß haben δύνασθαι, = gehalten werden νομίζεσθαί τι. [προσευχή.]

Ge-lübde n ἡ εὐχή, ἡ

ge-lüften: es gelüstet mich nach etwas ἐπιθυμεῖν, ἐφίεσθαί τινος, sich ~ lassen τολμᾶν, ὑποδέχεσθαι.

ge-mach adv. σχολῇ.

Ge-mach n τὸ οἴκημα, ὁ θάλαμος. [δύς.]

ge-mächlich σχολαῖος, βρα-

Ge-mächlichkeit f ἡ σχολή, ἡ σχολαιότης (ητος).

Ge-mahl m ὁ ἀνήρ.

Ge-mahlin f ἡ γυνή.

Ge-mälde n ἡ γραφή.

ge-mäß κατά mit acc., ἀπό u. ἐκ mit gen., in Gemäßheit ἐκ u. ἀπό mit gen., κατά mit acc. [τος (2).]

ge-mäßigt μέτριος, εὔκρα-

ge-mein = gemeinschaftlich κοινός, = gewöhnlich κοινός, νομιζόμενος, = von niedrigem Stande δημοτικός, δημώδης, ἀγοραῖος.

Ge-meinde f τὸ κοινόν.

Ge-meinheit f ἡ κοινότης (ητος), τὸ κοινόν, übtr. ἡ ἀγροικία.

ge-meiniglich τὰ πολλά, ὡς ἐπὶ τὸ πολύ. [κοινῇ.]

ge-meinsam κοινός, adv.

Ge-meinwohl n τὸ κοινὸν ἀγαθόν.

Ge-menge n τὸ φύραμα, τὸ σύμμειγμα.

ge-messen = bestimmt ὡρισμένος, ἀκριβής.

Ge-metzel n ὁ φόνος, ἡ σφαγή.

Ge-misch n ἡ σύμμειξις, τὸ σύμμειγμα.
Gemsbock m ὁ ἄγριος τράγος.
Gemse f ἡ δορκάς (άδος).
Ge-murmel n ἡ γόγγυσις, ὁ γογγυσμός.
Ge-müse f τὸ ὀψώνιον, τὸ ὄψον.
Ge-müsebau m ἡ λαχανεία.
Ge-müsegarten m ἡ λαχανία.
Ge-müsehändler m ὁ λαχανοπώλης.
Ge-müsemarkt m τὰ λάχανα.
ge-müßigt: sich ~ sehen ἀναγκάζεσθαι.
Ge-müt n ὁ θυμός, ἡ ψυχή, ~ habend εὐήθης.
Ge-mütlichkeit f ἡ εὐήθεια.
Ge-mütsart f ὁ τρόπος, οἱ τρόποι, τὸ ἦθος, ἡ φύσις.
Ge-mütsbeschaffenheit f ἡ διάθεσις τῆς ψυχῆς.
Ge-mütsbewegung f τὸ πάθος.
ge-mütskrank δύσθυμος (2).
Ge-mütskrankheit f ἡ δυσθυμία.
Ge-mütsruhe f ἡ εὐθυμία, ἡ ἀταραξία, ἡ ἀπάθεια.
Ge-mütsstimmung f ἡ διάθεσις τῆς ψυχῆς.
Ge-mütszustand m ἡ ἕξις τῆς ψυχῆς.
gen εἰς, πρός, ἐπί mit acc.
genau ἀκριβής, ἐπιμελής, = geizig φειδωλός.
Genauigkeit f ἡ ἀκρίβεια, ἡ ἐπιμέλεια, ἡ φειδωλή (-λία).
Genealogie f ἡ γενεαλογία.
ge-nehmigen ἀποδέχεσθαι, συνδοκεῖ μοι, nicht ~ ἀπογιγνώσκειν, ἀποψηφίζεσθαι, οὐκ ἀποδέχεσθαι.
Ge-nehmigung f ἡ ἀποδοχή.
ge-neigt πρόθυμος (2), ~ sein προθυμεῖσθαι, = wohlwollend εὔνους, εὐνοϊκός, εὐμενής.
Ge-neigtheit f ἡ προθυμία, ἡ εὔνοια, ἡ εὐμένεια.
General m s. Feldherr.
Generation f ἡ γενεά.
ge-nesen ῥαΐζειν, ἀναρρατίζειν, ἀναρρώννυσθαι.
Ge-nesung f ἡ ῥᾶσις, ἡ ἀνάρρωσις.
genial s. geistreich.
Genick n ὁ αὐχήν, ὁ τράχηλος.
Genie n ἡ φύσις.
genieren, sich ὑφίεσθαι, ὀκνεῖν.
ge-nießen ἀπολαύειν τινός, καρποῦσθαί τι, γεύεσθαί τινος, Ehre ~ τιμᾶσθαι, Freude ~ εὐφραίνεσθαι.
Genius m ὁ δαίμων, τὸ δαιμόνιον.
Genoffe m ὁ φίλος, ὁ ἑταῖρος, bei Geschäften ὁ συνεργός.
Ge-nossenschaft f ἡ ἑταιρία, ἡ κοινωνία.
Ge-nossin f ἡ φίλη, ἡ ἑταίρα, ἡ κοινωνός, ἡ συνεργός.
genug ἅλις, ἱκανῶς, ἀρκούντως, ἀφθόνως, adj. ἄφθονος (2), ἱκανός.
Ge-nüge n ὁ κόρος, ἡ πλησμονή, ἡ ἀφθονία, ~ leisten ἐξαρκεῖν τινι.

ge-nügen ἀρκεῖν, ἐξαρκεῖν, ἱκανὸν εἶναι.
ge-nugsam ἱκανός, ἐξ-, ἐπαρκής, *adv.* ἅλις, ἀρκούντως.
ge-nügsam μέτριος, σώφρων, ~ sein αὐταρκεῖν.
ge-nugtun πληροφορεῖν τι, πληροῦν τι.
Ge-nugtuung *f* ἡ δίκη, ἡ τιμωρία, j-m ~ geben δίκην διδόναι oder ὑπέχειν τινί.
Ge-nuß *m* ἡ ἀπόλαυσις, = Vergnügen ἡ ἡδονή, ἡ εὐπάθεια, = Benutzung ἡ καρπεία, ἡ κάρπωσις.
Geograph *m* ὁ γεωγράφος.
Geographie *f* ἡ γεωγραφία.
geographisch γεωγραφικός.
Geometer *m* ὁ γεωμέτρης.
Geometrie *f* ἡ γεωμετρία.
geometrisch γεωμετρικός, γραμμικός.
ge-paart ζευκτός.
Ge-päck *n* τὰ σκεύη, ~ tragen σκευοφορεῖν.
Ge-plänkel *n* ὁ ἀκροβολισμός, ἡ ἀψιμαχία.
Ge-plapper *n* ἡ φλεδονεία.
Ge-plärr *n* ἡ ὀλολυγή, ἡ κραυγή.
Ge-plätscher *n* ὁ πάταγος.
Ge-plauder *n* ἡ λαλιά.
Ge-polter *n* ὁ θόρυβος.
Ge-präge *n* τὸ χάραγμα, ὁ τύπος, τὸ σχῆμα, τὸ εἶδος. [μεγαλοπρέπεια.]
Ge-pränge *n* ἡ πομπεία, ἡ⌡
Ge-prassel *n* ὁ σφάραγος, ὁ κτύπος. [μένος.]
ge-putzt κομψός, κεκοσμη-⌡

ge-rade εὐθύς, ὀρθός, = eben ὁμαλός, = aufrichtig ἁπλοῦς, *adv.* εὐθύ, ὀρθῶς, = genau, völlig ἀκριβῶς.
Ge-radheit *f* ἡ ἁπλότης (ητος). [πάταγος.]
Ge-rassel *n* ὁ ἀραγμός, ὁ⌡
Ge-rät *n* τὸ σκεῦος.
ge-raten = gelingen ἀποβαίνειν, γίγνεσθαι, = wohin kommen ἀφικνεῖσθαι.
Ge-ratewohl *n*: aufs ~ εἰκῇ.
Ge-rätschaften *f/pl.* τὰ σκεύη. [χρόνον.]
ge-raum: ~e Zeit πολὺν⌡
ge-räumig εὐρύς, εὐρύχωρος (2).
Ge-räusch *n* ὁ ψόφος, ὁ θόρυβος. [δαψεῖν.]
gerben βυρσεύειν, βυρσο-⌡
Gerber *m* ὁ βυρσεύς, ὁ βυρσοδέψης.
Gerberei *f* τὸ βυρσοδέψιον.
ge-recht δίκαιος.
Ge-rechtsame *f* τὰ δίκαια.
Ge-rede *n* = Gerücht ἡ φήμη.
ge-reichen: j-m zu etw. ~ εἶναί τινι πρός τι oder ἔν τινι.
ge-reuen μεταμέλει μοί τινος. [ἔδεσμα.]
Ge-richt *n* (von Speisen) τὸ⌡
Ge-richt *n* ἡ κρίσις, Ort des ~s τὸ δικαστήριον, = Strafe ἡ δίκη, ἡ τιμωρία, Gottes ~ ἡ παρὰ θεοῦ τιμωρία.
ge-richtlich δικανικός.
Ge-richtsbarkeit *f* ἡ δικαιοδοσία.
Ge-richtsdiener *m* ὁ δημόσιος.

Ge-richtshof m τὸ δικαστήριον. [πρυτανεῖα.]
Ge-richtskosten, die τά
Ge-richts-stelle f, **-stätte** f τὸ δικαστήριον.
Ge-richtstag m ἡ δικάσιμος ἡμέρα.
gering ὀλίγος, μικρός, βραχύς, = niedrig ταπεινός, ἀγεννής.
ge-ringfügig οὐδενὸς ἄξιος.
Ge-ringfügigkeit f ἡ φαυλότης (ητος).
ge-ringhaltig φαῦλος.
ge-ringschätzig καταφρονητικός.
Ge-ringschätzigkeit f ἡ καταφρόνησις, τὸ καταφρόνημα.
Ge-ringschätzung f ἡ ὀλιγωρία, ἡ ἀμέλεια.
ge-rinnen πήγνυσθαι.
Ge-rippe n τὰ ὀστᾶ.
gern ἡδέως, = willig προθύμως, ἀσμένως.
Gerste f ἡ κριθή.
Gerstenbier n ὁ κρίθινος οἶνος.
Gerstenbrot n ἡ μᾶζα.
Gerstenmehl n τὰ ἄλφιτα.
Gerte f ἡ ῥάβδος.
Ge-ruch m = Geruchssinn ἡ ὄσφρησις, ἡ ὀσμή, = riechende Ausdünstung ἡ ὀσμή, ἡ ὀδμή.
ge-ruchlos ἄνοσμος (2).
Ge-ruchswerkzeuge n/pl. τὰ ὄργανα τῆς ὀσφρήσεως.
Ge-rücht n ἡ φήμη, ὁ λόγος, es geht das ~ διέρχεται λόγος, λόγος διαδίδοται.

ge-ruhen βούλεσθαι, δοκεῖ μοι.
ge-rührt ἐμπαθής.
Ge-rüst n ἡ μηχανή.
ge-salzen ἁλιστός.
ge-samt σύμπας, ἅπας, ὅλος, die Gesamtheit τὸ σύμπαν, οἱ σύμπαντες.
Ge-sandte m ὁ ἀπόστολος, ὁ ἄγγελος, ὁ πρεσβευτής (pl. οἱ πρέσβεις), ~r sein πρεσβεύεσθαι. [ᾠδία.]
Ge-sang m ἡ ᾠδή, ἡ μελ-
Ge-sangsweise f ἡ μελῳδία.
Ge-säß n ἡ ἕδρα.
Ge-säusel n τὸ ψιθύρισμα, ὁ ψιθυρισμός.
Ge-schäft f ἡ πρᾶξις, τὸ πρᾶγμα, τὸ ἔργον, ἡ ἐπιτήδευμα, ἡ ἐπιτήδευσις.
ge-schäftig σπουδαῖος, πολυπράγμων, ~ tun προσποιεῖσθαι σπουδήν.
Ge-schäftigkeit f ἡ σπουδή, ἡ πολυπραγμοσύνη.
Ge-schäftsführer m ὁ ἐπίτροπος. [ματεία.]
Ge-schäftsgang m ἡ πραγ-
Ge-schäftskreis m τὰ προσήκοντα ἔργα.
ge-schäftslos ἀπράγμων.
Ge-schäftslosigkeit f ἡ ἀπραγμοσύνη, ἡ σχολή.
Ge-schäftsmann m ὁ πραγματευτής.
Ge-schäftsreise f ἡ κατὰ πρᾶξίν τινα πορεία.
Ge-schäftsträger m ὁ ἐπίτροπος, ὁ πρόξενος.
ge-schehen γίγνεσθαι, συμβαίνειν, = widerfahren συμβαίνει μοί τι, πάσχω τι, es

ist um mich ~ ὄλωλα, ἀπόλωλα.

ge-scheit σώφρων, φρόνιμος (2), συνετός, σοφός, ἐπιστάμενος, ἐπιστήμων.

Ge-schenk n τὸ δῶρον, ἡ δωρεά, τὸ δώρημα.

Ge-schichte f τὸ γενόμενον, τὸ συμβάν, τὸ πρᾶγμα, = Erzählung ὁ λόγος, ἡ διήγησις, ἡ ἱστορία.

ge-schichtlich ἱστορικός.

Ge-schichtschreiber m ὁ λογοποιός, ὁ συγγραφεύς, ὁ ἱστοριογράφος, ὁ ἱστορικός.

Ge-schichtsforscher m ὁ ἱστορικός.

Ge-schichtsforschung f ἡ ἱστορία.

Ge-schichtskunde f s. das vorhergehende Wort.

Ge-schick n ἡ μοῖρα, ἡ τύχη, τὸ εἱμαρμένον, = Geschicklichkeit ἡ ἐπιτηδειότης (ητος), ἡ ἐμπειρία.

Ge-schicklichkeit f s. das vorhergehende Wort.

ge-schickt ἐπιτήδειος (2), ἱκανός, χρηστός, δεξιός, ἔμπειρος (2), ἐπιστήμων.

Ge-schirr n τὸ σκεῦος, τὰ ἀγγεῖα, an Pferden τὸ σχῆμα.

Ge-schlecht f τὸ γένος, ἡ γενεά, τὸ φῦλον, ἡ φυλή.

Ge-schmack m ἡ γεῦσις, ἡ γεῦμα, = Schönheitsgeschmack ἡ αἴσθησις, = Wohlgefallen ἡ ἐπιθυμία.

ge-schmacklos, eigentlich ἀχύμωτος (2), uneigentlich von Personen ἀπειρόκαλος (2), μῶρος. [ἀπειροκαλία.]

Ge-schmacklosigkeit f ἡ

ge-schmackvoll (von Personen) αἰσθητικός, (von Sachen) χαρίεις, ἐπίχαρις.

Ge-schmeide n τὰ κοσμήματα.

ge-schmeidig ὑγρός, (von Personen) εὐπειθής.

Ge-schmeidigkeit f ἡ ὑγρότης (ητος). [φός.]

ge-schmückt κοσμητός, κομ-

Ge-schnatter n ἡ λαλαγή.

Ge-schöpf n τὸ ζῷον.

Ge-schoß n τὸ βέλος, τὸ τόξευμα. [κραυγή.]

Ge-schrei n ἡ βοή, ἡ

Ge-schütz n αἱ μηχαναί, τὰ μηχανήματα.

Ge-schwader n ἡ τάξις.

Ge-schwätz n ἡ λαλιά, ὁ λῆρος, ἡ φλυαρία (auch pl.).

ge-schwätzig λάλος.

Ge-schwätzigkeit f ἡ λαλιά.

ge-schweige denn oder daß μὴ ὅτι, μὴ ὅτι δή. [εὔ.]

ge-schweigen: zu ~ μὴ λέγω,

ge-schwind ταχύς, ἐλαφρός, ὠκύς.

Ge-schwindigkeit n ἡ ταχύτης (ητος), τὸ τάχος, ἡ ἐλαφρότης (ητος).

Ge-schwister, die οἱ ἀδελφοί, αἱ ἀδελφαί.

Ge-schwisterkind f ὁ ἀνεψιός, ἡ ἀνεψιά.

ge-schwisterlich ἀδελφικός.

Ge-schwisterliebe f ἡ φιλαδελφία.

Ge-schwulst f ὁ ὄγκος, τὸ οἴδημα, ἡ οἴδησις.

Ge-schwür n τὸ ἕλκος, ἡ ἕλκωσις.
ge-segnet ὄλβιος, εὐδαίμων.
Ge-selle m ὁ συνεργός.
ge-sellen: sich zu j-m ~ συνίστασθαί τινι, προσομιλεῖν τινι.
ge-sellig κοινωνικός, ὁμιλητικός. [(ητος), ἡ ὁμιλία.
Ge-selligkeit f ἡ κοινότης
Ge-sellschaft f ἡ κοινωνία, ἡ συνουσία, ἡ ὁμιλία.
Ge-sellschafter m ὁ ἑταῖρος, ὁ κοινωνός, ὁ ὁμιλητής.
Ge-setz n ὁ νόμος, göttliches ~ ὁ θεσμός, ~e geben νομοθετεῖν, νόμους τιθέναι oder γράφειν, die ~e halten ἐμμένειν τοῖς νόμοις, dem ~ gemäß κατὰ τὸν νόμον, ἔννομος (2), νόμιμος (2), gegen das ~ παρὰ τὸν νόμον, παράνομος (2).
Ge-setzbuch n ἡ τῶν νόμων συγγραφή. [νομοθετικός.]
ge-setz=gebend, =geberisch
Ge-setzgeber m ὁ νομοθέτης. [θεσία.]
Ge-setzgebung f ἡ νομο-
ge-setzlich νόμιμος (2), κατὰ τὸν νόμον, ἔννομος (2).
Ge-setzlichkeit f τὸ νόμιμον, ἡ εὐνομία.
ge-setzlos ἄνομος (2), ἄθεσμος (2), ~er Zustand ἡ ἀνομία, ἡ ἀναρχία.
Ge-setzlosigkeit f ἡ ἀνομία, ἡ ἀναρχία. [θέσμιος.]
ge-setzmäßig νόμιμος (2),
ge-setzt = ernst κόσμιος, σπουδαῖος, σεμνός, ~es Alter ἡ καθεστηκυῖα ἡλι-κία, ~ daß ποιῶμεν mit acc. und inf.
Ge-setztafeln f/pl. οἱ ἄξονες.
Ge-setztheit f ἡ κοσμία, ἡ σπουδαιότης (ητος), ἡ σεμνότης (ητος). [φισμα.]
Ge-setzvorschlag m τὸ ψή-
ge-setzwidrig παράνομος, ἄνομος, ἄθεσμος (sämtlich 2), ~ handeln παρανομεῖν.
Ge-setzwidrigkeit f ἡ παρανομία, ἡ ἀνομία.
Ge-sicht (als Sinn) ἡ ὄψις, ἡ ὅρασις, = der Anblick ἡ ὄψις, τὸ βλέμμα, = Antlitz τὸ πρόσωπον, = Erscheinung τὸ ὅραμα, τὸ φάντασμα, τὸ εἶδος.
Ge-sichtsbildung f τὸ πρόσωπον.
Ge-sichtsfarbe f τὸ χρῶμα.
Ge-sichtskreis m ἡ ἔποψις.
Ge-sichtspunkt m ἡ σύνοψις.
Ge-sichtszug m τὸ πρόσωπον, Gesichtszüge τὰ τοῦ προσώπου σχήματα.
Ge-sims n ὁ θριγκός.
Ge-sinde n οἱ οἰκέται, οἱ θεράποντες.
Ge-sindel n τὸ πλῆθος, schlechtes ~ κακῶν πλῆθος.
ge-sinnt φρονῶν, gut ~ εὔφρων, εὔνους, χρηστός, schlecht ~ κακόφρων, κακόνους.
Ge-sinnung f ὁ νοῦς, ἡ γνώμη, ἡ διάνοια, gute ~ ἡ χρηστότης (ητος), schlechte ~ ἡ κακόνοια, edle ~ ἡ μεγαλοψυχία, die ~ ändern μετανοεῖν.
ge-sittet κόσμιος.

ge-sonnen sein διανοεῖσθαι, βούλεσθαι.

Ge-spann n τὸ ζεῦγος.

ge-spannt = angestrengt ἐκτενής, = in Erwartung ὀρθός, μετέωρος (2), ~ sein μετὰ πόθου προσδοκᾶν.

Ge-spenst n τὸ φάσμα, τὸ φάντασμα.

Ge-spiele m ὁ ἡλικιώτης.

Ge-spielin f ἡ ἡλικιῶτις.

Ge-spinst n τὸ νῆμα.

Ge-spött(e) n τὸ σκῶμμα, zum ~ werden καταγέλαστον γίγνεσθαι, καταγελᾶσθαι.

Ge-spräch n ὁ λόγος (auch pl.), ἡ διάλεξις, ein ~ mit j-m führen διαλέγεσθαί τινι ob. πρός τινα, es geht das ~ λέγουσιν, λόγος ἐστίν.

ge-sprächig πολυλόγος (2).

Ge-sprächigkeit f ἡ πολυλογία.

ge-sprächsweise adv. καταλογάδην.

ge-sprenkelt ποικίλος.

Ge-stade n ὁ αἰγιαλός, ἡ παραλία, ἡ ἀκτή.

Ge-stalt f ἡ μορφή, = Beschaffenheit τὸ σχῆμα, τὸ εἶδος.

ge-stalten μορφοῦν, σχηματίζειν, πλάττειν, τυποῦν, sich ~ γίγνεσθαι, ἀποβαίνειν, schön gestaltet εὔμορφος (2), εὐφυής.

ge-staltlos ἄμορφος (2).

Ge-staltlosigkeit f τὸ ἄμορφον. [ἡ πλάσις.]

Ge-staltung f ἡ μόρφωσις,

ge-ständig sein f. gestehen.

Ge-ständnis n ἡ ὁμολογία. ein ~ ablegen ὁμολογεῖν.

Ge-stank m ἡ δυσωδία, ἡ δυσοσμία.

ge-statten διδόναι, παρέχειν, ἐπιτρέπειν, ἐφιέναι, συγχωρεῖν, es ist gestattet ἔξεστι.

ge-stehen ὁμολογεῖν.

Ge-stein n ἡ πέτρα.

Ge-stell n τὸ ὑπόθημα, ἡ βάσις.

gestern χθές. [κιλμένος.]

ge-stickt ποικίλος, πεποι-

ge-stimmt sein διατεθῆναι τὴν ψυχήν, διακεῖσθαι.

Ge-stirn n τὸ ἄστρον, ὁ ἀστήρ. [ἄστερος (2).]

ge-stirnt ἀστέρειος, κατ-

Ge-sträuch n ὁ θάμνος.

ge-streift ῥαβδωτός.

ge-streng αὐστηρός.

gestrig ὁ, ἡ, τὸ χθές, χθιζός.

Ge-strüpp n ἡ ῥώψ.

Ge-stüt n ἡ πωλοτροφία, τὸ ἱπποτροφεῖον.

Ge-such n ἡ δέησις, τὸ δέημα.

ge-sund ὑγιής, ὑγιεινός, εὔρωστος (2), ~ sein ὑγιαίνειν. [εὐρωστία.]

Ge-sundheit f ἡ ὑγίεια, ἡ

Ge-täfel n τὰ σανιδώματα.

Ge-tön n ὁ ἦχος, τὸ ἤχημα.

Ge-töse n ὁ ψόφος, ὁ πάταγος, ὁ θόρυβος.

Ge-tränk n τὸ ποτόν, τὸ πόμα.

ge-trauen, sich θαρρεῖν, τολμᾶν.

Ge-treide n ὁ σῖτος.
Ge-treidebau m ἡ γεωργία.
Ge-treidefeld n ὁ σιτών.
ge-treidereich πολύσιτος (2).
ge-treu ἀληθινός, πιστός, εὔνους.
ge-treulich adv. ἀκριβῶς.
ge-trost θαρραλέος, εὐθαρσής, ~ sein θαρρεῖν.
ge-trösten, sich θαρρεῖν.
Ge-tümmel n ὁ θόρυβος, ὁ ὄχλος.
ge-übt ἔμπειρος (2), ἐπιστήμων τινός. [φύτευμα.]
Ge-wächs n τὸ φυτόν, τὸ
ge-wachsen: einer Sache ~ ἱκανός, ἐπιτήδειος (2) πρός τι, j-m ~ sein ἀντίπαλον εἶναι, ἀρκεῖν, ἀνταρκεῖν τινι.
ge-wahr werden αἰσθάνεσθαι, μανθάνειν, καθορᾶν.
Ge-währ f ἡ πίστις, τὸ πιστόν, ~ leisten für etwas ἐγγυᾶσθαί τι. [ἔχειν.]
ge-währen διδόναι, παρ-
Ge-währleistung f ἡ πίστις, ἡ ἐγγύη.
Ge-wahrsam m ἡ φυλακή.
Ge-währsmann m ὁ μάρτυς (υρος).
Ge-walt f = Stärke ἡ ἰσχύς, ἡ ῥώμη, = Macht τὸ κράτος, ἡ ἀρχή, = Gewalttätigkeit ἡ βία, mit ~ βίᾳ, βιαίως, ἀνὰ κράτος, κατὰ κράτος, unter seine ~ bringen χειροῦσθαι, καταστρέφεσθαι, ὑφ' ἑαυτῷ ποιεῖσθαι. [ὁ δυνάστης.]
Ge-walthaber m ὁ κύριος,
Ge-waltherrschaft f ἡ τυραννίς.
ge-waltig = stark ἰσχυρός, κρατερός, = mächtig δυνατός, = viel πολύς, δεινός, ~ sein πολὺ δύνασθαι.
ge-waltsam βίαιος.
Ge-waltsamkeit f ἡ βία.
Ge-waltstreich m ἡ βία.
Ge-walttat f τὸ ὕβρισμα, τὸ ἀδίκημα.
ge-walttätig βίαιος.
Ge-walttätigkeit f ἡ βία, ἡ ὕβρις, ἡ ἀδικία.
Ge-wand n ἡ ἐσθής (ῆτος), ἡ περιβολή, τὸ ἱμάτιον, ὁ πέπλος.
ge-wandt δεξιός, ἐλαφρός.
Ge-wandtheit f ἡ δεξιότης (ητος), ἡ ἐλαφρία.
ge-wärtig sein: einer Sache ~ προσδοκᾶν τι. [ὑφή.]
Ge-webe n τὸ ὕφασμα, ἡ
Ge-wehr n τὸ ὅπλον.
Ge-weih n τὰ κέρατα.
ge-weiht ἅγιος, ἱερός.
Ge-werbe n τὸ ἔργον, ἡ τέχνη, ἡ ἐργασία, τὸ ἐπιτήδευμα.
Ge-wicht n τὸ βάρος, ὁ σταθμός, = Gewichtsmaß τὸ σταθμίον, = Wichtigkeit ἡ ἀξία, ἡ δύναμις, ~ haben δύνασθαι.
ge-wichtig βαρύς.
ge-wiegt ἱκανός, δυνατός.
ge-willt sein διανοεῖσθαι, βούλεσθαι. [ὁ ὄχλος.]
Ge-wimmel n τὸ πλῆθος,
Ge-winde n ἡ ἕλιξ (κος).
Ge-winn m τὸ κέρδος, ~ bringen κέρδος φέρειν, ~

aus etw. ziehen κερδαίνειν ἀπό τινος.
ge-winnen κερδαίνειν, κτᾶσθαι, j-n ~ πείθειν τινά, = bekommen λαμβάνειν.
ge-winnreich κερδαλέος.
Ge-winnsucht f ἡ πλεονεξία, ἡ φιλοκέρδεια.
ge-winnsüchtig κερδαλέος, πλεονέκτης.
Ge-winsel n ὁ κνυζηθμός, ὁ ὀλοφυρμός. [ἕρμαιον.]
Ge-winst m τὸ κέρδος, τό
Ge-wirr n τὸ τάραγμα, ὁ ταραγμός.
ge-wiß = zuverlässig ἀσφαλής, βέβαιος, πιστός, = offenbar δῆλος, σαφής, φανερός, = festgesetzt ὡρισμένος, etwas ~ wissen σαφῶς εἰδέναι τι, einer Sache ~ sein ἀκριβῶς εἰδέναι τι, ein gewisser = irgendeiner τὶς, τὶ (enkl.), adv. ἀσφαλῶς, βεβαίως, σαφῶς, δή, γέ (enkl.), ganz ~ πάντως, ~ nicht οὐ μέντοι, οὐ μή mit conj.
Ge-wissen n ἡ συνείδεσις, ein gutes ~ ἡ εὐσυνειδεσία.
ge-wissenhaft εὐσεβής, ὅσιος.
Ge-wissenhaftigkeit f ἡ εὐσέβεια, τὸ ὅσιον.
ge-wissenlos ἀσεβής, ἀνόσιος (2).
Ge-wissenlosigkeit f ἡ ἀσέβεια.
Ge-wissensangst f ἡ κακὴ συνείδεσις.
Ge-wissensbiß m ἡ δῆξις.
Ge-wissenspflicht f τὸ εὐσεβὲς καὶ ὅσιον.

Ge-wissensruhe f ἡ εἰρήνη τῆς ψυχῆς.
Ge-wissenssache f τὸ ἐνθύμιον.
ge-wissermaßen τρόπον τινά, πώς (enkl.).
Ge-wißheit f ἡ ἀσφάλεια, ἡ βεβαιότης (ητος), ἡ ἀκρίβεια. [κεραυνοί.]
Ge-witter n βρονταὶ καὶ
ge-wogen εὔνους, εὐνοϊκός, εὐμενής, j-m ~ sein εὐνοϊκῶς ἔχειν πρός τινα.
Ge-wogenheit f ἡ εὔνοια, ἡ εὐμένεια.
ge-wöhnen ἐθίζειν τινά τι, sich ~ ἐθίζεσθαι mit inf.
Ge-wohnheit f τὸ ἔθος, τὸ ἔθισμα, ἡ συνήθεια, die ~ haben εἰωθέναι, νόμον ἔχειν.
ge-wöhnlich εἰθισμένος, νομιζόμενος, εἰωθώς, συνήθης, adv. ὡς ἐπὶ τὸ πολύ, = alltäglich τυχών, κοινός.
ge-wohnt εἰθισμένος, συνήθης, ~ sein εἰωθέναι.
Ge-wöhnung f ὁ ἐθισμός.
Ge-wölbe n τὸ καμάρωμα, ἡ ἀποθήκη.
Ge-wölk n τὸ νέφος, αἱ νεφέλαι.
Ge-wühl n ὁ ὄχλος.
Ge-würm n τὰ σκωλήκια.
Ge-würz n τὸ ἄρωμα, τὸ ἥδυσμα.
ge-würzt ἡδυντός.
Ge-zänk n ἡ ἔρις, ἡ φιλονικία. [ἥκειν.]
ge-ziemen πρέπει, προσ-
ge-ziert κεκοσμημένος, κο-

σμητός, = affektiert θρυπτικός. [συρισμός.]
Ge-zisch n ὁ συριγμός, ὁ
Ge-zwitscher n ὁ τερετισμός.
ge-zwungen ἄκων, ἀκούσιος, βίαιος, = nicht natürlich πεπλασμένος, προσποίητος (2).
Gicht f ἡ ἀρθρῖτις, ἡ χειράγρα (an den Händen), ἡ ποδάγρα (an den Füßen).
Giebel m τὸ ἀέτωμα, ἡ κορυφή. [ὁ ζῆλος.]
Gier f ἡ ὁρμή, ἡ ὄρεξις,
gierig ὁρμητικός.
Gießbach m ὁ χείμαρρος.
gießen χεῖν, εἰσχεῖν εἴς τι, = formen χωνεύειν.
Gift n ὁ ἰός, τὸ φάρμακον.
Giftbecher m τὸ κώνειον.
giftig φαρμακώδης.
Giftmischer m ὁ φαρμακεύς.
Giftzahn m ὁ χαλινός.
Gigant m ὁ γίγας (αντος).
gigantisch γιγαντιαῖος.
Gimpel m ὁ πυρρούλας.
Gipfel m τὸ ἄκρον, ἡ κορυφή oder mit dem *adj.* ἄκρος.
Gips m ἡ γύψος.
Giraffe f ἡ καμηλοπάρδαλις. [ζασθαι.]
girren μινυρίζειν, κνυ-
Gitter n τὸ περίφραγμα.
Gladiator m ὁ ἀθλητής.
Glanz m ἡ λαμπρότης (ητος, a. übtr.), ἡ στίλβη.
glänzen λάμπειν, στίλβειν, übtr. ἐκπρέπειν, λαμπρύνεσθαι, διαφέρειν.
glänzend λαμπρός, μεγαλοπρεπής, ἐκπρεπής.

glanzlos ἀλαμπής, ἀμαυρός. [glänzend.]
glanzvoll durch den *sup.* von
Glas n ἡ ὕαλος, von ~ ὑάλινος.
gläsern ὑάλινος, ὑαλοῦς.
glatt λεῖος, ὁμαλής, ξεστός, ξυστός, = schlüpfrig ὀλισθηρός. [τὸ ὀλισθηρόν.]
Glätte f ἡ λειότης (ητος),
Glatteis n ὁ πάγος, ὁ παγετός.
glätten λεαίνειν, ἀποξεῖν.
Glatze f τὸ φαλάκρωμα, ἡ φαλάκρα.
Glatzkopf m ὁ φαλακρός.
Glaube m ἡ πίστις, = Meinung ἡ δόξα.
glauben νομίζειν, = für wahr halten πιστεύειν, πείθεσθαι, = überzeugt sein ἡγεῖσθαι, ἀξιοῦν, = meinen δοκεῖν, = vermuten ὑπολαμβάνειν, οἴεσθαι.
glaubhaft πιστός, πιθανός.
gläubig πιστός, εὔπιστος (2), εὐσεβής.
Gläubiger m ὁ δανειστής, ὁ χρήστης (*gen. pl.* χρήστων).
glaublich πιθανός, πιστός.
Glaublichkeit f ἡ πιθανότης (ητος). [πιστός (2).]
glaubwürdig πιστός, ἀξιό-
Glaubwürdigkeit f ἡ ἀξιοπιστία.
gleich = gerade, eben ὁμαλός, ὁμαλής, ~ machen ὁμαλίζειν, von ~er Beschaffenheit ἴσος, ὅμοιος, ὁ αὐτός, ~ machen ἰσοῦν, *adv.* ἐξ ἴσου, ὁμοίως, ἴσως, = sogleich εὐθύς, παραχρῆμα,

= als ὥσπερ, = nahe πλησίον od. ἐγγύς τινος, ~ darauf ἐκ τούτων.
gleichalt ὁμῆλιξ.
gleichartig ὅμοιος, ὁμοειδής.
Gleichartigkeit f τὸ ὅμοιον, τὸ ὁμοειδές. [μος (2).]
gleichbedeutend συνώνυ-
gleichbleibend ἀεὶ ὁ αὐτός.
gleichen ὅμοιον εἶναί τινι, ἐοικέναι τινί.
gleichermaßen ὡσαύτως, ὁμοίως.
gleichfalls ὁμοίως, αὖ, oft durch καὶ αὐτός usw.
gleichfarbig ὁμόχρους.
Gleichfarbigkeit f ἡ ὁμόχροια. [λογος (2).]
gleichförmig ὅμοιος, ἀνά-
Gleichförmigkeit f ἡ ὁμοιότης (ητος), ἡ ἀναλογία.
gleichgeltend ἰσάξιος (2).
gleichgesinnt ὁμόνους, ὁμογνώμων, ~ sein mit j-m ὁμονοεῖν τινι.
Gleichgewicht n ἡ ἰσορροπία, j-m das ~ halten ἰσόπαλον εἶναί τινι.
gleichgültig ἀδιάφορος (2), = unachtsam ἀμελής, = kalt ψυχρός.
Gleichgültigkeit f ἡ ἀδιαφορία, ἡ ἀμέλεια, ἡ ψυχρότης (ητος).
Gleichheit f ἡ ἰσότης (ητος), ἡ ὁμοιότης (ητος).
gleichkommen ὅμοιον γίγνεσθαι, ὁμοιοῦσθαι.
gleichlaufend παράλληλός (2) τινι. [φωνία.]
Gleichlaut m ἡ ὁμο-, συμ-
gleichlautend σύμφωνος (2).

Gleichmaß n ἡ συμμετρία, ἡ ἀναλογία, ἡ εὐρυθμία.
gleichmäßig ἴσος, ὅμοιος, σύμμετρος (2), εὔρυθμος (2), adv. ἐξ ἴσου.
Gleichmäßigkeit f ἡ ὁμαλότης (ητος), ἡ συμμετρία.
Gleichmut m ἡ ἀπάθεια, ἡ μετριότης (ητος).
gleichmütig ἀπαθής.
gleichnamig ὁμώνυμος (2), ἰσώνυμος (2). [ἰσωνυμία.]
Gleichnamigkeit f ἡ ὁμ-,
Gleichnis n ἡ παραβολή.
gleichsam οἷον, ὡς, ὥσπερ, ὡσεί, ~ als ob καθαπερεί.
gleichschenklig ἰσοσκελής.
gleichseitig ἰσόπλευρος (2).
Gleichseitigkeit f τὸ ἰσόπλευρον.
gleichstellen ἰσοῦν, ὁμοιοῦν.
gleichtun: es j-m ~ ἀντίπαλον εἶναί τινι.
gleichviel ἴσος τὸ πλῆθος, ἰσοπληθής.
gleichweit ἐξ ἴσου εὐρύς, = ebenso entfernt ἴσον ἀπέχων.
gleichwie ὡς, ὥσπερ, οἷον.
gleichwohl ὅμως, ἀλλ' ὅμως.
gleichzeitig ὁμόχρονος (2), ὁμοῦ ὤν. [χρονισμός.]
Gleichzeitigkeit f ὁ συγ-
Gleis n ἡ τροχιά.
gleißen στίλβειν.
gleißend στιλπνός.
Gleißner m ὁ ὑποκριτής.
Gleißnerei f ἡ ὑπόκρισις.
gleißnerisch ὑποκριτικός.
gleiten ὀλισθάνειν.
Glied n τὸ μέλος, τὸ κῶλον. = Gelenk τὸ ἄρθρον, = Reihe Soldaten ἡ τάξις.

Gliedmaßen, die τὰ μέλη.
glimmen ὑπεκκάεσθαι.
Glimpf m ἡ πραότης (ητος), ἡ ἐπιείκεια.
glimpflich πρᾶος, μέτριος, ἐπιεικής.
Globus m ἡ σφαῖρα.
Glocke f ὁ κώδων.
glorreich εὐκλεής, περιφανής, ἔνδοξος (2).
Glück n = Zufall ἡ τύχη, = glücklicher Zustand ἡ εὐδαιμονία, ~ zu! ἀγαθῇ τύχῃ.
glücken καλῶς (εὖ) προχωρεῖν, συμβαίνειν.
glücklich εὐτυχής, εὐδαίμων.
glückselig μακάριος, εὐδαίμων.
Glückseligkeit f ἡ μακαριότης (ητος), ἡ εὐδαιμονία.
Glückwunsch m ἡ εὐφημία, τὸ σύγχαρμα.
glühen κάεσθαι.
Glut f τὸ καῦμα.
Gnade f = Wohlwollen ἡ χάρις, ἡ εὐμένεια, ἡ εὔνοια, = Verzeihung ἡ συγγνώμη, = Wohltat ἡ εὐεργεσία.
gnädig = wohlwollend εὐμενής, = verzeihend συγγνώμων, = gelind μέτριος.
Gold n ὁ χρυσός, τὸ χρυσίον.
Goldadler f ὁ χρυσάετος.
Goldammer f ὁ χλωρίων.
Gold-arbeiter, =schmied m ὁ χρυσοτέκτων, ὁ χρυσοποιός.
golden χρυσοῦς.
Goldschmied m s. Goldarbeiter.

Goldstück n τὸ χρυσοῦν νόμισμα.
Gondel f ὁ λέμβος.
gönnen: j-m etw. ~ οὐ φθονεῖν τινί τινος.
Gönner m ὁ εὔνους, ὁ σπουδαστής.
Gott m ὁ θεός, ὁ δαίμων, bei ~ πρὸς θεῶν, νὴ τοὺς θεούς, bei ~ nicht οὐ μὰ τοὺς θεούς, mit ~ σὺν θεῷ.
gottbegeistert ἔνθεος (2).
Götterbild n τὸ θεοῦ ἄγαλμα.
Götterspruch m ὁ χρησμός, τὸ θέσφατον, τὸ μάντευμα. [ἀνδρίον.}
Gottesacker m τὸ πολυ-}
Gottesdienst m ἡ λατρεία.
Gottesfurcht f ἡ θεοσέβεια.
gottesfürchtig θεοσεβής.
Gottesgelehrte(r) m ὁ θεολόγος. [λογία.}
Gottesgelehrtheit f ἡ θεο-}
Gotteshaus n τὸ ἱερόν.
Gotteslästerer m ὁ ἀσεβής, βλάσφημος. [φημία.}
Gotteslästerung f ἡ βλασ-}
Gottesleugner m ὁ ἄθεος.
gottgleich ἰσόθεος (2).
Gottheit f τὸ θεῖον, ὁ θεός, ὁ δαίμων.
Göttin f ἡ θεά, ἡ θεός.
göttlich θεῖος, δαιμόνιος.
gottlos ἀσεβής, ἄθεος (2).
gottselig εὐσεβής, θεοσεβής.
Götze, Götzenbild n τὸ εἴδωλον. [λάτρης.}
Götzendiener m ὁ εἰδωλο-}
Götzendienst m ἡ εἰδωλολατρία. [ὁ τύμβος.}
Grab n ἡ ταφή, ὁ τάφος,}

graben ὀρύττειν, σκάπτειν.
Graben m τὸ ὄρυγμα, ἡ τάφρος.
Grabhügel m ὁ τύμβος.
Grablied n τὸ ἐπιτάφιον μέλος. [σῆμα.]
Grabmal n τὸ μνῆμα, τὸ
Grabrede f ὁ λόγος ἐπιτάφιος.
Grabschrift f τὸ ἐπίγραμμα.
Grabstätte f ἡ θήκη, ἡ ταφή.
Grabstein m ἡ στήλη.
Grad m Maß der Beschaffenheit ἡ ποσότης, ἡ ποιότης (ητος), in hohem ~e μάλα, ἐπὶ πολύ, im höchsten ~e μάλιστα. [γος.]
Gram m ἡ λύπη, τὸ ἄλ-
gram adj. ἀπεχθής.
grämen, sich λυπεῖσθαι.
grämlich λυπηρός, χαλεπός, στυγνός.
gramlos ἄλυπος (2).
gramvoll περίλυπος (2).
Granatapfel m ἡ ῥόα, ἡ ῥοιά.
Granit n ἡ πέτρα.
Gras n ἡ πόα, ἡ βοτάνη, ὁ χιλός (als Futter).
grasgrün χλωρός.
Grashalm m ἡ βοτάνης καλάμη.
grasreich ποώδης.
gräßlich δεινός, φοβερός.
Gräte f ἡ σκόλοψ.
grau πολιός.
grauen: der Tag graut ἡ ἡμέρα ὑποφαίνει.
grauen: es graut mir vor etw. ὀκνῶ τι, φοβοῦμαί τι.
Graupe f ὁ χόνδρος.

graus δεινός, φοβερός.
grausam ὠμός, ἄγριος.
Grausamkeit f ἡ ὠμότης, ἡ ἀγριότης (ητος).
Grausen n ἡ φρίκη.
gravitätisch σεμνός.
Greif m ὁ γρύψ.
greifen λαμβάνειν τι, ἐπιλαμβάνειν τινός, zu den Waffen ~ ἀναλαμβάνειν τὰ ὅπλα, um sich ~ ἕρπειν, αὐξάνεσθαι.
greis γηραιός (γεραιός), der G.~ ὁ γέρων.
grell ὀξύς, λαμπρός.
Grenze f ὁ ὅρος, τὸ ὅριον, τὸ πέρας.
grenzen: an etw. ~ πρόσορον oder ὅμορον εἶναί τινι, ἔχεσθαί τινος.
grenzenlos ἀπέραντος (2), ἄπειρος (2). [ριον.]
Grenzfestung f τὸ φρού-
Grenznachbar m ὁ ὅμορος, ὁ πρόσχωρος.
Grenzpunkt m τὸ τέρμα.
Grenzstein m ὁ ὅρος, ἡ στήλη.
Greuel m τὸ μῖσος, τὸ μίασμα.
Greueltat f τὸ ἀσέβημα.
Gries m ἡ πτισάνη.
Griesgram m ὁ σκυθρωπός.
Griff m ἡ ἁφή, ἡ λαβή.
Griffel m τὸ γραφεῖον, ὁ στῦλος.
Grille f ὁ τέττιξ (γος).
Grimasse f τὸ σχῆμα.
Grimm m ὁ θυμός, ἡ ὀργή.
grimmig ἄγριος, χαλεπός, δεινός.
grinsen σαίρειν.

grob ἀδρός, übtr. ἄγροικος (2), ἀπαίδευτος (2).
Grobheit f ἡ ἀγροικία.
Grobian m ὁ ἄγροικος ἄνθρωπος.
gröblich δεινός.
Grobschmied m ὁ σιδηροτέκτων. [νος.]
Groll m τὸ μῖσος, ὁ φθό-
groß μέγας, μεγάλη, μέγα, so ~ wie τοσοῦτος, ὅσος, wie ~ πόσος, ~ werden αὐξάνεσθαι, ~ ziehen τρέφειν.
großartig μεγαλοπρεπής.
Größe f τὸ μέγεθος.
Großeltern, die ὁ πάππος καὶ ἡ τήθη.
Großhandel m ἡ ἐμπορία.
Großhändler m ὁ ἔμπορος.
großherzig μεγαλόψυχος (2).
großmächtig μεγαλοκρατής, δυνατώτατος.
Großmut f ἡ μεγαλοψυχία.
großmütig μεγαλόψυχος (2).
Großmutter f ἡ τοῦ πατρὸς (bzw. τῆς μητρὸς) μήτηρ.
groß-prahlen, -sprechen, -tun ἀλαζονεύεσθαι, μεγαληγορεῖν, μεγαλύνεσθαι.
Groß-prahler m, **-sprecher** m, **-tuer** m ὁ ἀλαζών, ὁ μεγαλήγορος.
Groß-prahlerei f, **-sprecherei** f, **-tuerei** f ἡ ἀλαζονεία, ἡ μεγαληγορία.
groß-prahlerisch, -sprecherisch, -tuerisch μεγαλήγορος (2), ἀλαζών, ἀλαζονικός.
Großtaten fpl. τὰ μεγάλα ἔργα.

größtenteils τὸ πολύ, τὰ πολλά.
Großvater m ὁ πάππος.
Grotte f τὸ ἄντρον.
Grube f ὁ λάκκος, ὁ βόθρος, τὸ ὄρυγμα.
Grübelei f ἡ φροντίς.
grübeln φροντίζειν.
Gruft f ὁ τάφος, ἡ ταφή, ἡ θήκη.
grün χλωρός.
Grund m, eig. ὁ βυσσός, τὸ βάθος, zugrunde richten ἀναιρεῖν, διαφθείρειν, ἀπολλύναι, zugrunde gehen ἀπόλλυσθαι, = Grundlage τὸ θεμέλιον, ἡ ὑπόθεσις, = erster Anfang ἡ ἀρχή, = Ursache ἡ αἰτία, aus diesem ~e διὰ τοῦτο (ταῦτα), = Beweisgrund τὸ τεκμήριον, ~ und Boden ὁ ἀγρός.
Grundbegriff m ἡ ἀρχή.
Grundbesitz n ὁ κλῆρος.
Grundeigentum n οἱ ἀγροί.
Grund-eigentümer m, **-besitzer** m ὁ ἀγροὺς κεκτημένος.
gründen κτίζειν, ἱδρύειν, sich auf etw. ~ σκήπτεσθαί τινι. [ἡ βάσις.]
Grundfläche f ἡ ὑπόθεσις,
gründlich ἀκριβής.
Gründlichkeit f ἡ ἀκρίβεια.
grundlos ἄβυσσος (2), = unbewiesen ψευδής, ἀβέβαιος (2), = ohne Grund μάταιος, κενός.
Grundlosigkeit f τὸ ψευδές, τὸ κενόν.
Grundmauer f τὸ κάτω ὑποκείμενον τεῖχος.

Grundpfeiler m ἡ βάσις.
Grundriß m ἡ ὑπογραφή, τὸ διάγραμμα.
Grundsatz m τὸ ἀξίωμα (wissenschaftlich), ἡ γνώμη (moralisch).
Grundstein m ὁ θεμέλιος (λίθος). [ἡ ἀρχή.]
Grundstoff m τὰ στοιχεῖα.
Grundstück n ὁ ἀγρός.
Gründung f ἡ κτίσις.
Grundursache f ἡ ἀρχή.
Grundzug m ὁ τύπος.
grünen θάλλειν, ἀκμάζειν.
grünend θαλερός, ἀκμάζων.
grüngelb χλωρός.
grünlich ὑπόχλωρος (2).
Grünling m ὁ χλωρίων.
Grünspan m ὁ ἰός.
Grünspecht m ὁ κολιός.
grunzen γρύζειν.
Gruppe f τὸ σύστημα, ἡ σύστασις. [ἀσπασμός.]
Gruß m ἡ προσηγορία, ὁ
grüßen προσαγορεύειν, προσειπεῖν, ἀσπάζεσθαι.
gültig νόμιμος, δόκιμος (2), κύριος, ~ sein κύριον εἶναι.
Gültigkeit f τὸ νόμιμον, τὸ δόκιμον, τὸ κῦρος.
Gunst f ἡ εὔνοια, ἡ χάρις, ἡ φιλοφροσύνη.
günstig εὔνους, φίλος, φιλόφρων, = erwünscht ἐπιτήδειος (2), καίριος, ~e Gelegenheit ὁ καιρός.
Günstling m ὁ φίλος, ὁ προσφιλής.
Gurgel f ὁ λάρυγξ (γγος).
gurgeln, sich ἀνακογχυλιάζειν.
Gurke f ὁ σίκυος (σικυός).

Gurt m ὁ ἱμάς. [στήρ.]
Gürtel m ἡ ζώνη, ὁ ζω-
Guß m ἡ χύσις.
gut = moralisch ~ ἀγαθός, καλὸς κἀγαθός, = trefflich ἀγαθός, χρηστός, = brauchbar καλός, ἐπιτήδειος (2), = wohlwollend εὔνους, φίλος, **gut!** εἶεν.
Gut n τὸ ἀγαθόν, = Landgut ὁ ἀγρός, = Vermögen τὰ χρήματα.
Gutachten n ἡ γνώμη.
gutartig χρηστός, ἀγαθός.
Gut-dünken n, =befinden n ἡ δόξα, ἡ γνώμη, meinem ~ nach ἐμοὶ δοκεῖν.
Güte f χρηστότης (ητος), ἡ ἀρετή, = Milde ἡ ἀγαθοσύνη, ἡ εὐμένεια, ἡ
gutheißen ἐπαινεῖν.
gutherzig εὐήθης, ἁπλοῦς.
gütig εὔνους, εὐμενής, = wohltätig εὐεργετικός, = sanft πρᾶος, = gnädig ἵλεως.
gütlich φιλικῶς, ein ~er Vergleich ἡ ὁμολογία, etwas ~ beilegen διαλύειν.
gutmütig εὐγνώμων.
Gutmütigkeit f ἡ εὐήθεια.
Guttat f τὸ εὐεργέτημα.
gutwillig ἑκών, ἑκούσιος, = gutmütig εὐήθης, εὔνους. [προθυμία.]
Gutwilligkeit f ἡ εὔνοια, ἡ
Gymnasium n τὸ διδασκαλεῖον.
Gymnastik f ἡ γυμναστική, gymnastische Übungen machen γυμνάζεσθαι.

H

ha! βαβαί! ὤ! φεῦ!
Haar n ἡ θρίξ (τριχός), ἡ χαίτη (borstiges), ἡ κόμη.
Haar=band n, =binde f ἡ μίτρα, ἡ ταινία.
haaren, sich τριχορροεῖν.
haarfein τριχώδης.
Haarflechte f ὁ πλόκαμος.
haarig τριχωτός, δασύς.
haarklein σαφέστατα, ἀκριβέστατα.
haarscharf s. das vorherg. Wort
haarsträubend n τὸ ἄλσος.
Habe f τὰ χρήματα, ἡ οὐσία, Hab und Gut πάντα τὰ ὑπάρχοντα.
haben ἔχειν, ἔστι μοί τι, γίγνεταί μοί τι.
Habgier f ἡ πλεονεξία, ἡ αἰσχροκέρδεια.
habgierig πλεονέκτης.
habhaft werden κατέχειν τι, κρατεῖν τινος.
Habicht m ὁ ἱέραξ, ὁ κίρκος.
Habseligkeiten fpl. τὰ ὑπάρχοντα, τὰ χρήματα.
Habsucht f s. Habgier.
Hacke f ἡ σκαλίς.
hacken σκάλλειν, σχίζειν.
Hader m ἡ ἔρις, ἡ διάστασις.
Hafen m ὁ λιμήν (ένος), ὁ ὅρμος.
Hafer m ὁ βρόμος.
Haft f ἡ φυλακή.
haften ἐνέχεσθαί τινι, für etwas ~ ἀναδέχεσθαί τι, ἐγγυᾶσθαί τι.
Hagel m ἡ χάλαζα.

hageln χαλαζᾶν.
Hagel=schlag m, =wetter n ἡ χάλαζα.
hager ἰσχνός, λεπτός.
Hagerkeit f ἡ ἰσχνότης (ητος).
Hagestolz m ὁ μισόγαμος.
Hahn m ὁ ἀλεκτρυών (όνος).
Hai m, Haifisch m ἡ πρίστις, τὸ κῆτος.
Hain m τὸ ἄλσος.
Haken m τὸ ἄγκιστρον, ὁ λύκος.
halb ἥμισυς, noch ~ so viel (groß) ἡμιόλιος.
Halbbruder m ὁ ὁμοπάτριος (ὁμομήτριος) ἀδελφός.
Halbdunkel n τὸ κνέφας.
Halbgott m ὁ ἥρως, ὁ ἡμίθεος.
halbjährig ἑξαμηνιαῖος.
halbjährlich ἑξάμηνος (2).
Halbinsel f ἡ χερσόνησος (χερρόνησος).
halbieren δίχα διαιρεῖν, διχοτομεῖν.
Halbierung f ἡ διχοτομία.
Halbkreis m τὸ ἡμικύκλιον, ὁ ἡμίκυκλος.
Halbkugel f τὸ ἡμισφαίριον.
Halbmensch m ὁ ἡμιάνθρωπος.
Halbmesser m ἡ ἡμίσεια διάμετρος.
Halbmond m ἡ μηνοειδὴς σελήνη.
halbnackt ἡμίγυμνος (2).

Halbschwester f ἡ ὁμοπάτριος (ὁμομήτριος) ἀδελφή.
halbtot ἡμιθανής.
Hälfte f τὸ ἥμισυ, ἡ ἡμίσεια. [φορβία.]
Halfter m ἡ φορβεία, ἡ]
Halle f ἡ κρύπτη, ἡ στοά.
Halm m ἡ καλάμη, ὁ κάλαμος.
Hals m ὁ τράχηλος, ὁ αὐχήν (ένος), = Kehle ἡ φάρυγξ (γγος), ὁ λαιμός, den ~ abschneiden τραχηλοκοπεῖν, αὐχενίζειν, j-m den ~ brechen ἀποτραχηλίζειν τινά, sich vom ~e schaffen ἀποσκευάζειν (auch M.) τινά.
Halsband n τὸ δέραιον, ὁ ὅρμος, ὁ κλοιός (für Hunde).
Halsbinde f τὸ ἐπιθμιον.
halsbrechend ἐπικίνδυνος (2), σφαλερός. [ὅρμος.]
Halskette f ὁ στρεπτός, ὁ]
Halsschmuck m ὁ περὶ τὸν τράχηλον κόσμος.
halsstarrig ἀ-, ἀμετά-, δύσπειστος (2). [τρεφία.]
Halsstarrigkeit f ἡ ἀδια-]
Halt m ἡ στερρότης, ἡ βεβαιότης (ητος), ~ machen ἵστασθαι, ἐφίστασθαι, halt! ἐπίσχου! [στερρός.]
haltbar ὀχυρός, ἐχυρός,]
Haltbarkeit f τὸ ὀχυρόν.
halten ἔχειν, κατέχειν, sich an etw. ~ ἔχεσθαί τινος, sich nicht ~ können οὐκ ἀνέχεσθαι, = unterhalten τρέφειν, eine Rede ~ λόγους ποιεῖσθαι, = beobachten φυλάττειν, τηρεῖν, ἐμμένειν τινί, = meinen, dafürhalten νομίζειν, ἡγεῖσθαι, τιθέναι, j-n für etw. ~ νομίζειν τινά τι, = von Dauer sein ἀνέχεσθαι, = stehen bleiben s. Halt machen.
Halter m ὁ κατοχεύς.
Haltung f ἡ ἕξις, τὸ σχῆμα.
hämisch κακοῦργος, κακότροπος (2).
Hammel m ὁ τομίας.
Hammer m ἡ σφῦρα.
hämmern σφυροῦν.
Hand f ἡ χείρ (ρός), j-m die rechte ~ reichen τὴν δεξιὰν διδόναι τινί, j-m die ~ reichen προτείνειν τινὶ τὴν χεῖρα, an die ~ geben ὑποβάλλειν, ὑποτίθεσθαι, ~ an j-n legen ἐπιβάλλειν τὰς χεῖράς τινι, etw. unter der ~ haben μετὰ χεῖρας ἔχειν τι, ~ an etwas legen ἐπιχειρεῖν τινι, ἅπτεσθαί τινος, auf eigene ~ ἰδίᾳ, mit eigener ~ αὐτοχειρί.
Handarbeit f ἡ χειρουργία.
handbreit παλαιστιαῖος.
Händchen n τὸ χερύδριον.
Händeklatschen n ὁ κρότος.
Handel m ἡ ἐμπορία, ὁ χρηματισμός, ~ treiben ἐμπορεύεσθαι, χρηματίζειν.
handeln s. Handel treiben, = unterhandeln λόγους ποιεῖσθαί τινι οδ. πρός τινα, = sich betragen ποιεῖν, πράττειν.
Handelsangelegenheiten f/pl. τὰ περὶ τὴν ἐμπορίαν.
Handelsartikel m τὸ ὤνιον.

Handelsfreiheit f ἡ ἐπιμιξία (ἐπιμειξία).
Handelsgenosse m ὁ κοινωνός. [ματεία.]
Handelsgeschäft n ἡ πραγματεία.
Handelsgesellschaft f ἡ ἑταιρεία. [ριον.]
Handelsplatz m τὸ ἐμπόριον.
Handelsschiff n ἡ ἔμπορος ναῦς.
Handelsstadt f τὸ ἐμπόριον.
Handelsvertrag m τὰ σύμβολα.
Handfessel f ἡ χειροπέδη.
handfest καρτερός.
Handgeld n τὸ προτίμιον.
handgemein werden mit j-m εἰς χεῖρας ἐλθεῖν τινι.
Handgemenge n αἱ χεῖρες, ins ~ kommen εἰς χεῖρας συνέρχεσθαι. [φής.]
handgreiflich ἐναργής, σαφής.
Handgriff m ἡ λαβή.
Handhabe f ἡ λαβή, τὸ οὖς.
handhaben διὰ χειρὸς ἔχειν, μεταχειρίζειν (auch M.).
Handlanger m ὁ ὑπουργός.
Händler m ὁ ἔμπορος.
Handlohn m τὸ χειροδόσιον.
Handlung f ἡ ἐμπορία, = Kaufladen τὸ πωλητήριον, = Tat τὸ ἔργον, ἡ πρᾶξις, τὸ πρᾶγμα.
Handlungsweise f ὁ τρόπος.
Handreichung f ἡ βοήθεια, ἡ συνεργία.
Handschlag m ἡ δεξιά, ~ geben δεξιὰν διδόναι.
Handschrift f τὸ αὐτόγραφον, = Schuldschein τὸ χειρόγραφον.

Handschuh m ἡ χειρίς.
Handtuch n τὸ χειρόμακτρον.
Handvoll f ὀλίγον τι.
Handwerk n ἡ τέχνη, ἡ ἐργασία, ein ~ treiben ἐργάζεσθαι τέχνην τινά.
Handwerker m ὁ χειροτέχνης. [γαλεῖα.]
Handwerkszeug n τὰ ἐργαλεῖα.
Hanf m ἡ κάνναβις.
Hang m ἡ ἐπιθυμία, ὁ ἔρως (ωτος), ~ zu etwas haben ἐπιθυμεῖν τινος.
hängen κρέμασθαι, an etw. ἔκ τινος, an j-m ἔχεσθαί τινος, etw. an etw. ~ ἀναρτᾶν, κρεμαννύναι τι ἔκ τινος, j-n ~ ἀνάγχειν, sich an etw. ~ ἐνέχεσθαί τινι.
hänseln ἐξηπεροπεύειν.
Härchen n τὸ τρίχιον.
hären adj. τρίχινος.
hären, sich τριχορροεῖν.
Harfe f τὸ ψαλτήριον, τὸ βάρβιτον. [τρια.]
Harfenmädchen n ἡ ψάλτρια.
Harfenspieler m ὁ ψάλτης.
Harke f ἡ ἁρπάγη.
Harm m ἡ λύπη, ἡ δυσθυμία.
härmen, sich ἀνιᾶσθαι, λυπεῖσθαι.
Harmonie f ἡ ἁρμονία, ἡ συμφωνία, ἡ εὐρυθμία, = Eintracht ἡ ὁμόνοια.
harmonieren συμφωνεῖν, ὁμονοεῖν.
harmonierend σύμφωνος (2).
harmonisch ἁρμόνιος.
Harnisch m ὁ θώραξ, in ~ geraten ἐξοργίζεσθαι.

harren ἐπι-, ἀνα-, περιμένειν τι, προσδοκᾶν.
hart στερεός, σκληρός (abgehärtet), = grausam ὠμός, = schmerzlich πικρός. δεινός.
Härte f ἡ σκληρότης (ητος), = Starrsinn ἡ ἀπείθεια, = Grausamkeit ἡ ὠμότης.
härten σκληροῦν, στερροῦν.
hartherzig σκληρός, ἀπαθής. [της (ητος).]
Hartherzigkeit f ἡ σκληρό-
harthörig δυσήκοος (2), ~ sein δυσηκοεῖν.
hartnäckig ἀδιάτρεπτος (2), ἄπειστος (2).
Hartnäckigkeit f ἡ ἀδιατρεψία, τὸ ἄπειστον.
Hartriegel m τὸ κράνον, κράνος, ἡ κρανεία.
Harz n ἡ ῥητίνη.
harzig ῥητινώδης.
haschen συλλαμβάνειν, αἱρεῖν, nach etw. ~ θηρᾶν τι.
Häscher m ὁ ῥαβδοφόρος.
Hase m ὁ λαγώς.
Haselhuhn n ὁ ἀτταγήν (ῆνος). [κάρυον.]
Haselnuß f τὸ Ποντικὸν
Hasenjagd f ἡ τῶν λαγῶν θήρα, auf die ~ gehen λαγοθηρεῖν.
Haspel f ἡ τροχαλία.
Haß m τὸ μῖσος, ἡ ἀπέχθεια, ἡ δυσμένεια.
hassen μισεῖν.
hassenswert μισητός.
häßlich αἰσχρός, φαῦλος.
Häßlichkeit f τὸ αἶσχος, ἡ φαυλότης (ητος).
Hast f ἡ σπουδή.

hastig σπουδαῖος.
Haube f ἡ μίτρα.
Haubenlerche f ὁ und ἡ κόρυδος. [πνοή.]
Hauch m τὸ πνεῦμα, ἡ
hauchen πνεῖν, φυσᾶν.
hauen παίειν, τύπτειν, πλήττειν, Holz ~ σχίζειν, τέμνειν ξύλα.
Haufe m ὁ σωρός, τὸ σώρευμα, = Menge τὸ πλῆθος, = Getümmel ὁ ὄχλος, der große ~ οἱ πολλοί, τὸ πλῆθος. [ρεύειν.]
häufen σωρεύειν, ἐπισω-
haufenweise σωρηδόν.
häufig συχνός, πολύς, = oft geschehend συνεχής, adv. συχνῶς, συχνόν, πολλάκις.
Haupt n ἡ κεφαλή, = Oberhaupt ὁ ἄρχων.
Hauptabschnitt m τὸ κεφάλαιον. [τρίχες.]
Haupthaar n ἡ κόμη, αἱ
Hauptinhalt m τὸ κεφάλαιον. [ὁ ταξίαρχος.]
Hauptmann m ὁ λοχαγός,
Hauptsache f τὸ κεφάλαιον.
hauptsächlich μέγιστος, adv. μάλιστα.
Hauptsatz m ἡ ὑπόθεσις.
Hauptsorge f ἡ μεγίστη φροντίς. [μένη ὁδός.]
Hauptstraße f ἡ στειβο-
Hauptteil m τὸ μέγιστον μέρος. [κακόν.]
Hauptübel n τὸ μέγιστον
Hauptwache f τὸ φυλακτήριον.
Hauptzweck m ὁ πρῶτος σκοπός, das ist mein ~ τοῦτο μάλιστα σκοπῶ.

(harren 171 Hauptzweck)

Haus n ἡ οἰκία, ὁ οἶκος, zu ~e οἴκοι, nach ~e οἴκαδε, im ~e ἔνδον, außer dem ~e ἔξω.
Hausaltar m ἡ ἑστία.
Hausbesitzer m ὁ οἴκου δεσπότης.
Häuschen n τὸ οἰκίδιον.
Hausflur m ἡ αὐλή.
Hausfrau f ἡ δέσποινα.
Hausfreund m ὁ οἰκεῖος.
Hausgenosse m ὁ σύνοικος.
Hausgesinde n οἱ οἰκέται.
Hushälter m ὁ οἰκονόμος.
haushälterisch οἰκονομικός, εὐτελής, φειδωλός.
Haushaltung f ἡ οἰκονομία.
Haushaltungskunst f ἡ οἰκονομική. [οἰκουρικός.]
häuslich = still, eingezogen
Häuslichkeit f ἡ οἰκουρία.
Haustier n τὸ σύντροφον (οἰκεῖον) ζῷον.
Haustür f ἡ θύρα, αἱ πύλαι. [δεσπότης.]
Hausvater m ὁ οἶκο-
Hausverwalter m ὁ ταμίας.
Hauswesen n τὰ οἰκεῖα.
Hauswirtschaft f ἡ οἰκονομία.
Haut f ἡ χρώς (ωτός), ἡ χρόα (von Menschen), τὸ δέρμα (von Tieren), ἡ δορά, ἡ βύρσα (abgezogene ~), sich f-r ~ wehren ἀμύνεσθαι.
häuten δέρειν, ἀποδέρειν, ἀποδερματοῦν, sich ~ ἀποδερματοῦσθαι.
Hebamme f ἡ μαῖα, ἡ μαιεύτρια. [ευτική.]
Hebammenkunst f ἡ μαι-

Hebel m ὁ μοχλός.
heben αἴρειν, ἐπαίρειν, ἀναφέρειν, = beseitigen λύειν, παύειν, ἀφανίζειν, = befördern αὐξάνειν, προάγειν.
Hecht m ὁ λύκος (ἰχθύς).
Hecke f ἡ βάτος, ὁ θάμνος, von Vögeln ὁ τόκος.
hecken τίκτειν, νεοττεύειν.
heda! ὦ οὗτος.
Heer n ἡ στρατιά, ὁ στρατός, τὸ στράτευμα.
Heerbann m τὸ ἐπίταγμα.
Heeresmacht f ἡ δύναμις.
Heereszug m ὁ στόλος, ἡ στρατεία.
heerflüchtig λιπόστρατος (2).
Heerführer m ὁ ἡγεμών, ὁ στρατηγός, ~ sein στρατηγεῖν.
Heerhaufen m ὁ λόχος.
Heerlager n τὸ στρατόπεδον.
Heerschau f ἡ ἐξέτασις, ~ halten ἐξέτασιν ποιεῖσθαι.
Heerstraße f ἡ λεωφόρος.
Hefe f ἡ τρύξ (γός).
Heft n ἡ λαβή, am Degen ἡ κώπη.
heften ῥάπτειν, = anfügen ἅπτειν, προσάπτειν.
heftig δεινός, ὀξύς, σφοδρός, ἰσχυρός, adv. σφόδρα, λίαν, zu ~ ἄγαν.
Heftigkeit f ἡ δεινότης, ἡ ὀξύτης, ἡ σφοδρότης (ητος).
Heftnadel f ἡ περόνη, ἡ πόρπη.
hegen: Wild ~ φείδεσθαι τῶν θηρίων, = bei sich unterhalten τρέφειν, Vertrauen ~ πιστεύειν.

Hehl n: kein ~ aus etwas machen οὐ κρύπτειν τι.
Hehler m durch κρύπτειν.
hehr σεμνός, ἅγιος.
Heide m ὁ ἐθνικός.
Heide f (als Gegend) τὸ ἔρημον πεδίον.
Heidekraut n ἡ ἐρείκη.
heil σῶς, σῶς. [χαῖρε.]
Heil n ἡ σωτηρία, ~ dir!
heilbar ἰατός, ἀκεστός.
heilen ἰᾶσθαι, ἀκεῖσθαι, (intr.) ὑγιάζεσθαι.
heilig ἱερός (sacer), ἅγιος, ὅσιος (sanctus), = ehrwürdig ἱεροπρεπής, = fromm εὐσεβής, ἁγνός.
Heilighaltung f ἡ ἁγιστεία.
Heiligkeit f ἡ ἁγιότης, ἡ ἁγνότης, ἡ ὁσιότης (ητος), = Unverletzlichkeit τὸ ἄθικτον, ἡ ἀσυλία.
Heiligtum n τὸ ἱερόν.
Heilkraft f ἡ θεραπευτικὴ δύναμις.
Heilkraut n τὸ θεραπευτικὸν φάρμακον.
Heilkunde f ἡ ἰατρική, ἡ ἰατρεία.
heillos = sehr groß δεινός, heilloses Unglück ἀνήκεστον κακόν. [ἄκεσμα.]
Heilmittel n τὸ ἴαμα, τὸ
heilsam καλός, χρηστός.
Heilung f ἡ θεραπεία, ἡ ἴασις.
heim οἴκαδε.
Heimat f ἡ πατρίς.
heimfallen: j-m ~ περιελθεῖν εἴς τινα.
heimführen οἴκαδε ἀπάγειν oder προπέμπειν.

heimkehren ἐπανιέναι, ἐπανέρχεσθαι.
heimlich κρυπτός, κρυφαῖος, λαθραῖος, ἀφανής, adv. κρύφα, κρύβδην, λάθρα, gew. durch λανθάνειν mit dem part.
Heimlichkeit f τὸ κρυπτόν.
Heimreise f ἡ ἄνοδος, ἡ οἴκαδε ὁδός.
heimsuchen = besuchen ἐπισκοπεῖν, ἐπισκέπτεσθαι, = strafen μετέρχεσθαί τινα.
Heimsuchung f ἡ ἐπίσκεψις, τὸ μετελθεῖν.
Heimtücke f ἡ κακουργία, ἡ ἐπιβουλή.
heimtückisch ἐπίβουλος (2), κακοῦργος (2).
heimwärts οἴκαδε.
Heimweg m ἡ ἐπάνοδος, ἡ οἴκαδε ὁδός.
Heimweh n ὁ τῆς πατρίδος πόθος.
Heirat f ὁ γάμος.
heiraten: vom Manne γαμεῖν, vom Weibe γαμεῖσθαί τινι.
heischen ἐθέλειν.
heiser βραγχαλέος, ~ sein βραγχιᾶν.
heiß θερμός, ζεστός.
heißen ὀνομάζειν, καλεῖν, etw. gut ~ ἐπαινεῖν, = befehlen κελεύειν, ἐπιτάττειν, (intr.) ὀνομάζεσθαι, ὄνομα ἔχειν, καλεῖσθαι, ἐπικαλεῖσθαι, das heißt τοῦτ' ἔστι, es heißt λέγεται, φασίν, λέγουσιν.
Heißhunger m ἡ βουλιμία, ~ haben βουλιμιᾶν.

heiter εὔδιος (2), φαιδρός, ἱλαρός, εὔθυμος (2), ~es Wetter ἡ εὐδία, ~er Himmel ἡ αἰθρία, ~ sein εὐθυμεῖσθαι, φαιδρύνεσθαι.

Heiterkeit f ἡ εὐδία, τὸ φαιδρόν, ἡ εὐθυμία.

heizen θερμαίνειν, θάλπειν.

Heizung f ἡ θέρμανσις.

Held m ὁ ἥρως.

Heldengeist m ἡ ἀνδραγαθία. [θία, ἡ ἀρετή.]

Heldenmut m τὸ ἀνδραγα-

heldenmütig ἀνδρειότατος, ἡρωικός. [ψυχία.]

Heldensinn m ἡ μεγαλο-

Heldentat f ἡ ἀριστεία.

Heldentod m ὁ ἀγαθοῦ ἀνδρὸς θάνατος.

Heldentugend m ἡ λαμπρὰ ἀρετή.

Heldenvolk n τὸ ἔθνος διαφέρον ἀνδρείᾳ.

Heldin f ἡ ἡρωίνη.

helfen ἐπικουρεῖν, βοηθεῖν, ἀρήγειν, ὑπουργεῖν, ὑπηρετεῖν τινι, = nützen ὠφελεῖν τινα, es hilft nichts οὐδὲν ὄφελος τοῦτο, was hilft mir das? ἐμοὶ τί τόδ' ὄφελος; sich nicht zu ~ wissen ἀπορεῖν, ἀμηχανεῖν.

Helfer m ὁ βοηθός, ὁ ἀρηγός, im Kriege ὁ σύμμαχος, = Gehilfe ὁ συνεργός.

Helfershelfer m ὁ συνεργός, ὁ ὑπηρέτης.

hell λαμπρός, φανερός, vom Tone λιγυρός, = deutlich, klar σαφής.

hellblau γλαυκός.

hellbraun φαιός.

Helle, Helligkeit f ἡ λαμπρότης (ητος).

hellleuchtend περιφανής.

hellgelb ὑπόξανθος (2).

hellgrün ὑπόχλωρος (2).

hellklingend ὀξύς, λιγυρός.

hellsehend ὀξυδερκής.

helltönend λιγύφθογγος (2).

Helm m ἡ κόρυς (υθος), τὸ κράνος. [λόφος.]

Helm=busch, =schmuck m ὁ

Helmspitze f ὁ κῶνος.

Hemd n τὸ χιτώνιον.

hemmen ἱστάναι, ἐπ-, κατέχειν, κωλύειν, παύειν.

Hengst m· ὁ ἄρρην ἵππος.

Henkel m τὸ οὖς, ἡ λαβή.

Henker m ὁ δημόσιος, ὁ δήμιος, geh zum ~ ἄπαγε, ἔρρε εἰς κόρακας.

Henne f ἡ ὄρνις (ιθος).

herab κατά mit gen.

herab=beugen, =biegen καταπίνειν.

herabbewegen, sich καταφέρεσθαι.

herabblicken κατα-, ἀποβλέπειν. [κατακομίζειν.]

herabbringen κατάγειν,

herabdrängen ἀπωθεῖν.

herabeilen δρόμῳ καταφέρεσθαι.

herabfahren (trans.) κατακομίζειν, (intr.) καταβαίνειν.

herabfallen καταπίπτειν.

herabfliegen καταπέτεσθαι.

herabfließen καταρρεῖν.

herabführen κατάγειν.

herabgehen καταβαίνειν, κατιέναι, κατέρχεσθαι.

herabgießen καταχεῖν.

herabhängen κρέμασθαι ἔκ τινος, ἀποκρέμασθαι ἔκ τινος.
herabholen καθαιρεῖν.
herabkommen καταβαίνειν.
herablassen καθ-, ὑφιέναι, sich zu etwas ~ συγκαταβαίνειν εἴς τι.
herablassend φιλόφρων, εὐπροσήγορος (2).
Herablassung f ἡ εὐπροσηγορία.
herablaufen κατατρέχειν.
herabnehmen ἀποκινεῖν, περιαιρεῖν.
herabneigen, sich κατανεύσαι.
herabreißen κατα-, ἀποσπᾶν. [φέρεσθαι.]
herabrennen δρόμῳ κατα-
herabrinnen καταλείβεσθαι.
herabschauen καταθεᾶσθαι, προορᾶν.
herabsenden καθιέναι, καταπέμπειν, καταστέλλειν.
herabsetzen καταβιβάζειν, = verkleinern ἀτιμᾶν, = verleumden διαβάλλειν.
Herabsetzung f ἡ ἀτιμία, ἡ διαβολή.
herabsinken καταπίπτειν.
herabspringen ἀπο-, καταπηδᾶν. [κατέρχεσθαι.]
herabsteigen καταβαίνειν,
herabstoßen κατ-, ἀπωθεῖν.
herabströmen καταφέρεσθαι.
herabstürzen (trans.) καταβάλλειν, (intr.) καταφέρεσθαι.
herabtragen κατακομίζειν.
herabtreiben κατελαύνειν.
herabwallen lassen καθιέναι.
herabwälzen κατακυλινδεῖν.
herabwerfen καταβάλλειν.
herabwürdigen ἀπαξιοῦν, ἀτιμοῦν, ἀτιμάζειν.
herabziehen καθέλκειν, κατασπᾶν.
heranbringen προσκομίζειν, προσάγειν. [πέτεσθαι.]
heranfliegen προσ-, ἐπι-
heranführen προσάγειν.
herangehen προσιέναι, προσέρχεσθαι.
herankommen προσ-, ἐπέρχεσθαι, παραγίγνεσθαι.
heranlassen προσιέναι (v. ἵημι).
herannahen ἐπέρχεσθαι.
heranrücken (intr.) ἐπ-, παρέρχεσθαι.
heranschleichen προσέρπειν.
heransegeln προσπλεῖν.
heransprengen προσελαύνειν δρόμῳ.
heranspringen προσπηδᾶν.
heranströmen προσρεῖν.
heranstürmen ἐπιφέρεσθαι.
herantreten προσέρχεσθαι.
heranwachsen αὐξάνεσθαι.
herauf ἀνά mit acc.
heraufbringen προσ-, ἐπι-, ἀναφέρειν, ἀναβιβάζειν.
herauffahren ἀνακομίζειν, (intr.) ἐλαύνειν ἄνω.
heraufführen ἀνάγειν, ἀναβιβάζειν.
heraufgehen ἀναβαίνειν, ἀνέρχεσθαι, ἀνιέναι.
heraufholen ἀναφέρειν.
heraufkommen ἀνέρχεσθαι.
herauflaufen ἀνατρέχειν.
herausleiten ἀνάγειν.
heraufsteigen ἀναβαίνειν.

(herabhängen 175 heraufsteigen)

heraufziehen ἀνέλκειν.
heraus ἔξω.
herausbekommen = herausbringen ἐκβασανίζειν.
herausbrechen ἐξορμᾶσθαι, ἐκπίπτειν.
herausbringen ἐκκομίζειν, durch Nachdenken ~ κατανοεῖν, εὑρίσκειν, ἐκλογίζεσθαι.
herausdrängen ἐξωθεῖν.
herausdringen ἐκπίπτειν.
herausfallen ἐκπίπτειν.
herausfinden ἐξευρίσκειν.
herausfliegen ἐκπέτεσθαι.
herausfordern: j-n ~ προκαλεῖσθαι.
Herausforderung f ἡ πρόκλησις.
herausführen ἐξ-, προάγειν.
Herausgabe f: ~ eines Buches ἡ ἔκδοσις, = Zurückgabe ἡ ἀπόδοσις.
herausgeben ἐκδιδόναι.
Herausgeber m ὁ ἐκδότης.
herausgehen ἐξέρχεσθαι, ἐξιέναι, ἐκβαίνειν.
herausgraben ἐξορύττειν.
heraushauen ἐκκόπτειν, ἐκτέμνειν.
herausheben ἐξαιρεῖν.
heraushelfen βοηθεῖν, ἐπικουρεῖν τινι.
herausholen προκομίζειν, προφέρειν, ἐκκαλεῖν, ἐξάγειν.
herausjagen ἐξωθεῖν, ἐκβάλλειν, ἐξελαύνειν.
herauskommen ἐξ-, προέρχεσθαι, = bekannt werden δηλοῦσθαι, διαδίδοσθαι.

herauskriechen ἐξ-, προέρπειν.
herauslassen προ-, ἐξιέναι.
herauslaufen ἐκτρέχειν.
herauslegen ἐκτιθέναι.
herauslocken ἐξάγειν.
herausnehmen ἐξαιρεῖν, = auswählen ἐκλέγειν.
herausrecken προτείνειν.
herausreden, sich προφασιζόμενον διεκδύεσθαι.
herausreißen ἐξαιρεῖν, ἀνασπᾶν. [λεῖν.]
herausrufen ἐκ-, προκαλεῖν.
heraussagen ἐξ-, κατειπεῖν.
herausschaffen ἐξάγειν, ἐκκομίζειν.
herausscharren ἐξορύττειν.
herausschicken ἐκπέμπειν.
herausschiffen ἐκπλεῖν.
herausschlagen ἐκκόπτειν.
herausschneiden ἐκτέμνειν.
herausspringen ἐκπηδᾶν, ἐξάλλεσθαι.
herausstoßen ἐξωθεῖν.
herausströmen ἐκρεῖν.
herausstürzen ἐκπίπτειν, ἐκφέρεσθαι. [ἐκκομίζειν.]
heraustragen ἐκκομίζειν,
heraustreiben ἐξ-, ἀπελαύνειν, ἐξωθεῖν, ἐκβάλλειν. [σθαι.]
heraustreten ἐξ-, προέρχε-
herauswagen, sich προϊέναι.
herausweisen ἀποπέμπειν.
herauswerfen ἐκβάλλειν.
herauswinden βίᾳ ἐξαιρεῖν.
herauswühlen ἐξορύττειν.
herausziehen ἐκ-, ἀποσπᾶν, ἐξ-, ἀφέλκειν, sich aus e-r Sart ἐκδιαδῦναι ἔκ τινος, ἀπαλλάττεσθαί τινος.

herb στρυφνός, πικρός, übtr. πικρός, δεινός, ἀλγεινός.
herbei δεῦρο.
Herberge f τὸ καταγώγιον, ἡ καταγωγή.
herbestellen κελεύειν τινὰ παρεῖναι. [στόματος.]
herbeten übtr. εἰπεῖν ἀπὸ]
herblicken προσβλέπειν.
herbringen φέρειν, προσφέρειν, ἄγειν, ἐπάγειν.
Herbst m τὸ φθινόπωρον.
Herbstfrüchte f/pl. ἡ ὀπώρα.
herbstlich φθινοπωρινός, μετοπωρινός.
Herd m ἡ ἐσχάρα, ἡ ἑστία.
Herde f ἡ ἀγέλη, ἡ ποίμνη.
herdeklamieren ἀπορραφῳδεῖν.
herein! εἴσελθε!
hereinbrechen εἰσπίπτειν, ἐπισκήπτειν εἴς τι, von der Nacht ἐπιγίγνεσθαι.
hereinbringen εἰσκομίζειν, εἰσφέρειν, εἰσάγειν.
hereindringen εἰσδῦναι, εἰσβάλλειν (vom Feinde).
hereinfallen εἰσπίπτειν.
hereinführen εἰσάγειν.
hereingehen εἰσιέναι, εἰσέρχεσθαι.
hereinholen εἰσάγειν.
hereinlassen εἴσω πέμπειν.
hereinrufen εἴσω καλεῖν, εἰσκαλεῖν.
hereinstürzen εἰσπίπτειν, εἰσφέρεσθαι.
hereinziehen εἴσω ἐπισπᾶν, (intr.) εἰσελαύνειν.
hererzählen καταλέγειν.
herfallen: über j-n ~ ἐπιφέρεσθαί τινι ob. ἐπί τινα,

= **verleumden** διαβάλλειν τινά.
herführen προσ-, ἐπάγειν.
Hergang m τὸ πρᾶγμα, ἡ πρᾶξις, τὸ γενόμενον.
hergeben παραδιδόναι, παρέχειν. [καθεστώς.]
hergebracht νομιζόμενος,]
herhalten προτείνειν, παρέχειν. [ἄγειν.]
herholen κομίζειν, προσ-]
Hering m ἡ μαίνη, ἡ μαινίς.
herkommen: ~ lassen μεταπέμπεσθαί τινα, = **herrühren** γίγνεσθαι ἀπό oder ἔκ τινος.
Herkommen n = **Abstammung** τὸ γένος, ἡ γενεά, = **Gebrauch** ὁ νόμος, τὸ ἔθος.
herkömmlich νομιζόμενος, πάτριος.
Herkunft f s. **Herkommen**.
Herling m ἡ ὄμφαξ (ακος).
hermachen: sich über etw. ~ ἐπιχειρεῖν τινι.
hernach ὕστερον, ἔπειτα, μετὰ ταῦτα.
herneider κάτω.
heroisch ἡρωικός, ἤρῳος, ἄριστος. [θία.]
Heroismus m ἡ ἀνδραγα-]
Herr m ὁ κύριος, ὁ δεσπότης, ~ von etwas sein κρατεῖν, ἄρχειν τινός.
Herrin f ἡ δέσποινα.
herrisch ἀρχικός, ~es Wesen ἡ αὐθάδεια.
herrlich λαμπρός, μεγαλοπρεπής, = **trefflich** καλός, ἐκπρεπής.
Herrlichkeit f ἡ λαμπρότης (ητος), ἡ μεγαλοπρέπεια.

Herrschaft f ἡ βασιλεία, ἡ ἀρχή, unumschränkte ~ ἡ τυραννίς, ἡ δεσποτεία, = Gebiet ἡ ἀρχή.
herrschen βασιλεύειν, ἄρχειν τινός, zur See ~ θαλαττοκρατεῖν, von Sitten u. dgl. ἐπικρατεῖν, von Zuständen ὑπάρχειν, κατέχειν.
Herrscher m ὁ βασιλεύς, ὁ ἄρχων, ὁ δεσπότης, ὁ τύραννος. [ἡ δέσποινα.)
Herrscherin f ἡ βασίλεια.)
Herrschsucht f τὸ ἀρχικόν, ἡ φιλαρχία.
herrschsüchtig ἀρχικός, φίλαρχος (2). [καλεῖν.)
herrufen καλεῖν, προσ-)
herrühren γίγνεσθαι ἀπό τινος.
hersagen καταλέγειν.
herschaffen προσάγειν.
herschauen, hersehen προσβλέπειν.
hersein γεγονέναι ἔκ τινος.
herstammen f. das vorh. Wort.
herstellen κατασκευάζειν, wiederherstellen ἀποκαθιστάναι.
herum πέριξ, κύκλῳ.
herumblicken περιβλέπειν.
herumfahren (trans.) περιάγειν, (intr.) περιελαύνειν.
herumführen περιάγειν, περιηγεῖσθαι.
herumgehen περιπατεῖν.
herumirren πλανᾶσθαι, περιπλανᾶσθαι. [σθαι.)
herumkommen περιέρχε-)
herum-schiffen, -segeln περιπλεῖν.
herumschweifen f. herumirren.

herumtragen περιφέρειν.
herumtreiben, sich f. herumirren.
herumziehen (intr.) περιπορεύεσθαι, περιέρχεσθαι, περιπλανᾶσθαι.
herunter κάτω.
herunterfallen καταπίπτειν, κάτω φέρεσθαι.
heruntergehen καταβαίνειν, κατέρχεσθαι, κατιέναι.
herunterhängen ἐκκρέμασθαι ἔκ τινος.
herunterkommen κατέρχεσθαι, καταβαίνειν.
herunterlassen καθιέναι.
herunterlaufen κατατρέχειν, von Flüssigkeiten καταλείβεσθαι.
heruntermachen = schelten ἐπιπλήττειν τινί, = verleumden διαβάλλειν.
herunternehmen ἀφαιρεῖν.
herunterreißen καθαρπάζειν, ἀποσπᾶν. [πτειν.)
herunterschlagen ἀποκό-)
herunterschütten καταχεῖν.
herunterspringen καταπηδᾶν.
heruntersteigen καταβαίνειν.
hervorarbeiten, sich διαδύνειν πονοῦντα.
hervorbringen φύειν, φέρειν, ἀναδιδόναι.
hervorholen ἐξαιρεῖν.
hervorkommen προ-, ἐξέρχεσθαι.
hervorleuchten ἐκλάμπειν, (übertr.) δια-, ἐκπρέπειν.
hervorragen προ-, ὑπερέχειν. [(ῆτος), ἐξέχων.)
hervorragend προβλής)

hervorsuchen ἐκζητεῖν.
hervortun, sich διαφέρειν, ἀριστεύειν.
hervorziehen ἀνασπᾶν.
Herz n ἡ καρδία, = Gemüt ἡ ψυχή, von ~en ἐκ τῆς ψυχῆς, nach dem ~en πρὸς θυμοῦ, ein gutes ~ ἡ εὐγνωμοσύνη, etw. zu ~en nehmen ἐνθυμεῖσθαι.
herzählen δι-, ἐξαριθμεῖν, καταλέγειν.
Herzeleid n ἡ ταιλαιπωρία, ἡ λύπη.
herzen φιλεῖν.
Herzensangst f ἡ ἀδημονία, ἡ λύπη.
Herzensfreude f ἡ εὐθυμία.
Herzensgüte f ἡ εὐήθεια, ἡ φιλανθρωπία.
Herzenswunsch m ὁ πόθος.
herzerfreuend κεχαρισμένος.
herzerquickend τερπνός.
herzhaft εὐθαρσής, θαρραλέος, εὔψυχος (2), τολμηρός.
Herzhaftigkeit f ἡ εὐθαρσεία, ἡ εὐψυχία, ἡ ἀνδρεία.
herzkränkend θυμαλγής, θυμοφθόρος (2).
herzlich ἁπλοῦς.
Herzlichkeit f τὸ ἁπλοῦν.
herzlos ἀπάνθρωπος (2).
Herzlosigkeit f ἡ ἀπανθρωπία. [ἄρχων.]
Herzog m ὁ ἡγεμών, ὁ}
herzu δεῦρο.
herzubringen προσάγειν, προσκομίζειν, προσφέρειν.
herzueilen ἐπισπεύδειν, προστρέχειν.

herzukommen προσ-, ἐπέρχεσθαι, παραγίγνεσθαι.
herzulaufen προσθεῖν.
Hetze f ἡ δίωξις, ἡ θήρα.
hetzen διώκειν, θηρᾶν.
Heu n ὁ χόρτος.
Heuchelei f ἡ ὑπόκρισις, ἡ προσποίησις.
heucheln ὑποκρίνεσθαι.
Heuchler m ὁ ὑποκριτής.
heuchlerisch ὑποκριτικός, πλαστός.
heulen ὠρύεσθαι (von Tieren), κωκύειν, ὀλολύζειν (von Menschen), παταγεῖν (vom Winde).
Heuschrecke f ἡ ἀκρίς.
heute τήμερον.
Hexe f ἡ φαρμακεύτρια, ἡ φαρμακίς.
Hieb m ἡ πληγή.
hienieden ἐνθάδε, ἐν ἀνθρώποις.
hier ἐνθάδε, τῇδε, ἐνταῦθα, ~ und da ἔνθα καὶ ἔνθα.
hierauf εἶτα, ἔπειτα, μετὰ ταῦτα, ἐκ τούτου, ἐκ τούτων.
hieraus ἐντεῦθεν, ἐκ τούτου, ἐκ τούτων.
hierdurch ἐκ τούτων.
hierher δεῦρο.
hierhin ἐνταῦθα.
hierselbst αὐτόθι, αὐτοῦ.
hierzu πρὸς τοῦτο.
Hilfe, Hilfeleistung f ἡ βοήθεια, ἡ ἐπικουρία, = Unterstützung ἡ ὠφέλεια, j-m ~ leisten ὑπηρετεῖν, ὑπουργεῖν τινι.
hilflos ἄπορος (2), ἔρημος.
Hilflosigkeit f ἡ ἀπορία.

hilfreich ὑπηρετικός.
hilfsbedürftig ἄπορος (2).
Hilfsbedürftigkeit f ἡ ἀπορία.
Hilfsmittel n τὸ ἐπικούρημα.
Hilfstruppen f/pl. οἱ σύμμαχοι.
Himbeere f τὸ Ἰδαῖον βάτον. [αἰθήρ.]
Himmel m ὁ οὐρανός, ὁ
himmelblau ἀέρινος, κυάνεος. [τῶν οὐρανῶν.]
Himmelreich n ἡ βασιλεία
Himmelsachse f ὁ τοῦ οὐρανοῦ πόλος.
himmelschreiend ἀσεβέστατος, μιαρός.
Himmelsstrich m τὸ κλίμα.
himmlisch οὐράνιος, θεῖος.
hinab κάτω, alle Zssgn mit κατά, zB. ~fallen καταπίπτειν.
hinauf ἄνω, alle Zssgn mit ἀνά, zB. ~gehen ἀναβαίνειν.
hinaus ἔξω s. heraus u. die Zssgn mit „heraus".
hinausblicken προορᾶν.
hinausgehen ἐξιέναι, ἐξέρχεσθαι.
Hinblick m ἡ πρόσοψις.
hin-bringen κομίζειν, διακομίζειν. [ἐναντίος.]
hinderlich ἐμπόδιος (2),
hindern κωλύειν.
Hindernis n τὸ κώλυμα, ἡ κώλυσις.
Hinderung f ἡ κώλυσις.
hindeuten: auf etw. ~ σημαίνειν, ἐπισημαίνειν τι.
Hindin f ἡ ἔλαφος.
hin-durch διά mit gen., in Zssgn δια- und διεξ-, zB.

hindurchwerfen διαβάλλειν, διεκβάλλειν.
hin-ein εἴσω, in Zssgn mit εἰς u. ἐν, zB. ~bringen εἰσκομίζειν, εἰσφέρειν, ~fallen ἐμπίπτειν.
hin-fahren = entschwinden οἴχεσθαι, φέρεσθαι, von Sterbenden ἀποίχεσθαι.
hin-fallen πίπτειν.
hin-fällig φθαρτός, θνητός, ἀσθενής. [λοιποῦ.]
hin-fort τὸ ἀπὸ τοῦδε, τοῦ
hin-geben παρέχειν, διδόναι, sich ~ ἐνδιδόναι τινί oder πρός τι, = weggeben ἀποδιδόναι, ἀφιέναι.
hin-gegen ἀλλά, δέ.
hin-gehen ἀπέρχεσθαι, ἀπιέναι, etwas ~ lassen ἐᾶν, περιορᾶν τι.
hin-gelangen ἐξ-, ἀφικνεῖσθαι εἴς τι.
hin-halten προτείνειν.
hin-horchen ὑπακούειν.
hinken σκάζειν, χωλεύειν.
hin-kommen ἐξικνεῖσθαι.
hin-länglich ἀρκῶν, ἱκανός.
hin-nehmen λαμβάνειν.
hinnen: von ~ ἐντεῦθεν.
hin-raffen ἁρπάζειν.
hin-recken προτείνειν, ὀρέγειν.
hin-reichen s. das vorh. Wort.
Hin-reise f ἡ ἄνοδος.
hin-reißen: sich ~ lassen von etw. ἐπισπᾶσθαι ὑπό τινος.
hin-richten θανατοῦν.
Hin-richtung f ἡ θανάτωσις, ὁ θάνατος.
hin-schaffen προσκομίζειν, προσάγειν.

hin-scheiden ἀπαλλάττεσθαι τοῦ ζῆν. [ἀποπέμπειν.]
hin-schicken ἀποστέλλειν.
hin-schlachten κατασφάττειν. [τήκεσθαι.]
hin-schmachten κατα-, ἐκ-
hin-schwinden οἴχεσθαι, φθίνειν.
hin-setzen ἱστάναι, καθιστάναι, sich ~ καθίζεσθαι.
Hin-sicht f: in ~ auf etwas κατά τι, εἴς τι, πρός τι.
hin-stellen τιθέναι.
hin-sterben ἀποθνῄσκειν.
hinstrecken καταβάλλειν, sich ~ κατακλίνεσθαι.
hin-stürzen πίπτειν, καταπίπτειν, = hineilen ἐφορμᾶν τινι.
hintansetzen ὕστερον ποιεῖσθαι od. ἡγεῖσθαι, παραμελεῖν τινος.
Hintansetzung f ἡ ἀμέλεια, ἡ καταφρόνησις.
hintanstehen λείπεσθαί τινος, εἴκειν τινί, ἥττω εἶναί τινος.
hinten ὄπισω, ὄπισθεν.
hinter ὄπισθε mit gen., μετά mit acc., ἐπί mit dat., ὑπό mit dat., ~einander ἑξῆς, ἐφεξῆς, ἄλλος ἐπ' ἄλλῳ.
hinter-bringen ἀπαγγέλλειν, μηνύειν. [ἀπατᾶν.]
hinter-gehen ἀπατᾶν, ἐξ-
Hinter-grund m τὰ ὄπισω.
Hinter-halt m ἡ ἐνέδρα, einen ~ legen ἐνέδραν ποιεῖσθαι, im ~ liegen ἐνεδρεύειν τινά, ἐπιβουλεύειν τινί. [ταῦτα.]
hinter-her ὕστερον, μετὰ

hinter-lassen κατα-, ἀπο-, παραλείπειν.
Hinter-list f ἡ ἐπιβουλή, ἡ ἐνέδρα, ὁ δόλος.
hinter-listig ἐπίβουλος (2), δολερός.
hinter-rücks ὄπισω.
Hinter-seite f τὰ ὀπίσθια.
hinterste: der, die, das ~ ἔσχατος, ὕστατος.
Hinter-teil n des Schiffes ἡ πρύμνα. [θύρα.]
Hinter-tür f ἡ ὀπισθία
Hinter-treffen n ἡ οὐρά, οἱ ὀπισθοφύλακες.
hinter-treiben κωλύειν τι.
hinter-wärts ὄπισω.
hin-tragen κομίζειν.
hin-treiben ἀπελαύνειν, ἀπάγειν. [ἵστασθαι.]
hin-treten ἵστασθαι, καθ-
Hin-tritt m = Tod ἡ τελευτή, ἡ ἀπαλλαγὴ τοῦ βίου.
hin-über πέραν u. ὑπέρ mit gen., in Zssgn δια-, ὑπερ-, μετα-.
hin-überbringen διακομίζειν, διαβιβάζειν.
hin-überfahren περαιοῦν.
hin-übergehen διαβαίνειν.
hin-überkommen διέρχεσθαι.
hin-überschaffen περαιοῦν, διακομίζειν.
hin-überschreiten διαβαίνειν.
hin-übersetzen περαιοῦν, διαβιβάζειν.
hin-unter κάτω, εἰς τὸ κάτω, κατά mit gen. Alle Zssgn mit κατα- oder ὑπο-, z.B. **hinunterfallen** καταπίπτειν, **hinuntersteigen** καταβαίνειν, **hinunterkriechen**

ὑποδῦναι, f. auch die Zssgn mit „hinab" und „herunter".
hin-weg m ἡ ἔφοδος.
hin-weg ἔρρε, ἄπαγε, die Zssgn mit ἀπο-, z.B. hinweggehen ἀπιέναι, ἀπέρχεσθαι, hinwegtreiben ἀπελαύνειν.
hin-weisen: auf etw. ~ δεικνύναι τι.
hin-welken ἀπομαραίνεσθαι (P.).
hin-wenden ἐπιστρέφειν, ich weiß nicht, wo ich mich ~ soll ἀπορῶ τί ποιήσω.
hin-werfen ἀπο-, καταβάλλειν. [λιν.]
hin-wieder αὖ, αὖθις, πάλιν.
hin-wollen βούλεσθαι ἰέναι εἴς τι.
hin-würgen σφάττειν, κατασφάττειν. [βάνειν.]
hin-zubekommen προσλαμ-
hin-zufügen προσ-, ἐπιτιθέναι.
hin-zugehen προσιέναι, προσέρχεσθαι.
hin-zukommen f. das vorhergehende Wort.
hin-zulegen f. hinzufügen.
hin-zunehmen προσλαμβάνειν.
hin-zusetzen προσ-, ἐπιτιθέναι, προσβάλλειν.
Hippe f τὸ δρέπανον.
Hirn n f. Gehirn.
Hirngespinst n ὁ λῆρος, τὸ πλάσμα, τὸ φάντασμα.
Hirsch m ὁ ἔλαφος.
Hirschgeweih n τὰ ἐλάφεια κέρα.
Hirschkalb n ὁ νεβρός.
Hirschkuh f ἡ ἔλαφος.

Hirse f ὁ κέγχρος, ἡ μελίνη. [μεύς.]
Hirt m ὁ ποιμήν, ὁ νο-
Hirtenflöte f ἡ σύριγξ.
Hirtengedicht n τὸ εἰδύλλιον, ἡ ἐκλογή.
Hirtenlied n f. das vorh. Wort.
Hirtin f ἡ βότειρα.
Historie f ἡ ἱστορία.
historisch ἱστορικός.
Hitze f τὸ θάλπος (pl. große Hitze), ἡ θέρμη, τὸ καῦμα, ὁ πυρετός (Fieberhitze), Leidenschaftlichkeit ἡ ὁρμή, ὁ θυμός, ἡ ὀργιλότης (ητος).
hitzig θερμός, ὀξύς, = zum Zorn geneigt ὀξύς.
Hitzkopf m ὁ ὀξύχολος.
Hobel m τὸ ξύστρον, τὸ λίστρον.
hobeln ξεῖν, ἀποξεῖν.
hoch ὑψηλός, ~schätzen περὶ πολλοῦ ποιεῖσθαι, die hohe See ὁ πόντος, die hohe Zeit ὁ καιρός, ἡ ὥρα, = erhaben μέγας, λαμπρός.
hochachtbar ἔντιμος (2).
hochachten τιμᾶν, θεραπεύειν, αἰδεῖσθαι.
Hochachtung f ἡ τιμή, ἡ αἰδώς (οῦς), ~ gegen j-n haben αἰδεῖσθαί τινα.
hochachtungswert αἰδέσιμος (2), αἰδεστός, σεβαστός.
Hochaltar m ὁ βωμός.
hochbegabt κράτιστος τῇ φύσει. [ριος.]
hochbeglückt ὄλβιος, μακά-
hochberühmt λαμπρότατος, ἐνδοξότατος.
hochbetagt βαθυγήρως.

Hochebene f τὸ ὁμαλὸν τοῦ ὄρους. [περιχαρής.]
hocherfreut ὑπερχαίρων,
hocherhaben ὑψηλότατος.
hochfahrend σοβαρός.
hochgeehrt πολυτίμητος (2).
Hochgefühl n τὸ φρόνημα.
hochgelegen μετέωρος (2).
hochheilig sup. von ἱερός.
hochherzig μεγαλόθυμος (2), μεγαλόψυχος (2).
Hochherzigkeit f ἡ μεγαλοψυχία.
höchlich πάνυ, σφόδρα.
Hochmut m ἡ ὕβρις, ἡ αὐθάδεια.
hochmütig αὐθάδης, ~ sein μέγα φρονεῖν, μεγαλοφρονεῖν.
hochschätzen περὶ πολλοῦ ποιεῖσθαι, τιμᾶν, θαυμάζειν. [μεγαλοψυχία.]
Hochsinn m τὸ φρόνημα, ἡ
hochsinnig μέγα φρονῶν, μεγαλόψυχος (2).
höchstens τὰ μάλιστα, εἰς τὰ μάλιστα.
hochtrabend (von Personen) στόμφος, σοβαρός, (von Worten) τραγικός.
hochverdient πολλοῦ oder πλείστου ἄξιος.
Hochverrat m ἡ τῆς πατρίδος προδοσία.
Hochverräter m ὁ τῆς πατρίδος προδότης.
Hochzeit f τὸ γάμος, ~ machen γάμον ποιεῖσθαι, ~ feiern γάμους συντελεῖν.
Hochzeitsfackel f ἡ γαμήλιος δᾴς (ᾳδός). [γαμικά.]
Hochzeits-feier f, -fest n τὰ

Hochzeitslied n ὁ ἐπιθαλάμιος, ὁ ὑμέναιος.
Hochzeits-mahl n, schmaus m τὸ γαμήλιον δεῖπνον.
hochzuverehrend αἰδεστός.
Höcker m τὸ κύρτωμα.
höckerig κυρτός.
Hof m ἡ αὐλή, eines Fürsten τὰ βασίλεια. [ὁ τῦφος.]
Hoffart f ἡ μεγαλαυχία,
hoffärtig μεγαλαυχής, ~ sein μεγαλαυχεῖν.
hoffen ἐλπίζειν, προσδοκᾶν.
Hoffnung f ἡ ἐλπίς, ἡ προσδοκία, ~ haben ἐλπίδα ἔχειν, ἐν ἐλπίδι εἶναι, ~ auf etw. setzen τὴν ἐλπίδα ἔχειν ἔν τινι od. ἐπί τινι.
hoffnungslos ἄνελπις.
Hoffnungslosigkeit f ἡ ἀνελπιστία.
hoffnungsvoll εὔελπις.
höflich κομψός, κόσμιος, ~ sein κομψεύεσθαι.
Höflichkeit f ἡ κομψεία.
Höflichkeitsbezeigung f ἡ θεραπεία.
Höfling m ὁ αὐλικός.
Hofmeister m ὁ παιδαγωγός. [ὁ αὐλικός.]
Hofnarr m ὁ γελωτοποιός
Höhe f τὸ ὕψος, ἡ ὑψηλότης (ητος), = Spitze τὸ ἄκρον, in die ~ heben αἴρειν, ~ des Geistes τὸ τῆς ψυχῆς μέγεθος.
Hoheit f τὸ μέγεθος, ἡ μεγαλειότης (ητος).
Hohepriester m ὁ ἀρχιερεύς.
hohl κοῖλος, = leer κενός.
Höhle f τὸ σπήλαιον.

höhlen κοιλαίνειν.
Höhlung f τὸ κοίλωμα.
Hohlweg m τὰ στενά, ἡ στενὴ ὁδός, ἡ χαράδρα.
Hohn m ἡ ὕβρις, τὸ σκῶμμα. [ἐπισκώπτειν τινά.]
höhnen καταγελᾶν τινος,
Hohngelächter n ὁ κατάγελως. [σκωπτικός.]
höhnisch καταγελαστικός,
hohnlachen καταγελᾶν τινος.
hohnsprechen ὑβρίζειν εἴς τινα.
Höker m ὁ κάπηλος.
hold εὐμενής, εὔνους, = lieblich χαρίεις, γλυκύς.
holdselig χαρίεις, εὔχαρις.
Holdseligkeit f ἡ χάρις, τὸ εὔχαρι.
holen κομίζειν, φέρειν, ἄγειν, j-n ~ lassen μεταπέμπεσθαί τινα. [ᾅδης.]
Hölle f ὁ τάρταρος, ὁ
höllisch = schrecklich sup. von φοβερός, δεινός.
Holunder m ἡ ἀκτῆ.
Holz n τὸ ξύλον, = Wald ἡ ὕλη, ὁ δρυμός.
Holzapfel m τὸ ἄγριον μῆλον.
holzen ξυλεύεσθαι.
hölzern ξυλικός, ξύλινος.
Honig m τὸ μέλι (ιτος).
honigartig μελιειδής.
Honigbiene f ἡ μέλιττα.
Honigseim m τὸ μέλι.
Hopfen m τὸ βρύον. [(2).]
hörbar ἀκουστός, ἐπήκοος,
horchen ἀκροᾶσθαι, ὑπακούειν.
hören ἀκούειν, auf etwas ~ ἀκούειν τινός, προσέχειν (νοῦν) τινί, ἀκροᾶσθαι τινος, von j-m etwas ~ ἀκούειν, πυνθάνεσθαί τι τινος oder παρά τινος, = gehorchen ὑπακούειν τινός oder τινί, πείθεσθαί τινι.
Hörensagen n ἡ ἀκοή, durch ~ wissen ἀκοῇ εἰδέναι τι.
Hörer m ὁ ἀκροατής.
Horizont m ὁ ὁρίζων, ὁ ὁριστής.
horizontal ὁμαλός.
Horn n τὸ κέρας, das ~ blasen τῷ κέρατι αὐλεῖν.
Hornbläser m ὁ κεραύλης.
Hörnchen n τὸ κεράτιον.
Hornisse f ἡ ἀνθρήνη.
Hornvieh n τὰ βοσκήματα.
Hörsaal m τὸ ἀκροατήριον.
horsten νεοττεύειν.
Hosen f/pl. αἱ περισκελίδες, αἱ βράκαι. [(2), καλός.]
hübsch εὐειδής, εὐπρόσωπος
Huf m ἡ ὁπλή.
Hufe f (Maß) τὸ πλέθρον.
Hüfte f τὸ μηρίον, τὸ ἰσχίον. [λώνη.]
Hügel m ὁ λόφος, ἡ κο-
Huhn n ἡ ἀλεκτορίς, ἡ ὄρνις. [ἡ εὔνοια.]
Huld f ἡ χάρις, ἡ εὐμένεια,
huldigen: e-r Person ~ θεραπεύειν τινά, einer Sache ~ χαρίζεσθαί τινι.
Huldigung f ἡ θεράπεια.
huldreich εὐμενής, εὔνους.
Hülle f τὸ κάλυμμα, τὸ περικάλυμμα.
hüllen: sich in etw. ~ περικαλύπτεσθαί τι.
Hülse f τὸ λέπος.
Hülsenfrucht f τὸ ὄσπριον.

human φιλάνθρωπος (2).
Humor m ἡ εὐτραπελία.
Hund m ὁ, ἡ κύων (υνός), junger ~ ὁ σκύλαξ (ακος).
Hündchen n τὸ κυνάριον.
hundert ἑκατόν.
hundertfach, hundertfältig ἑκατονταπλάσιος.
hundertste ἑκατοστός.
hunderttausend δεκακισμύριοι, δέκα μυριάδες.
Hündin f ἡ κύων (υνός).
hündisch κυνικός.
Hundsstern m ὁ Σείριος.
Hundstage m/pl. ἡ ὀπώρα.
Hundswut f ἡ λύττα.
Hunger m ἡ πεῖνα, ~ haben πεινῆν, nach etwas hungern πεινῆν τινος.
hungern πεινῆν.
Hungersnot f ὁ λιμός.
hungrig πεινῶν, πειναλέος.

hüpfen σκιρτᾶν. [αὔλιον.]
Hürde f ἡ εἱρκτή, τὸ
Hure f ἡ πόρνη, ἡ ἑταίρα.
Hurer m ὁ πόρνος, ὁ μοιχός. [μοιχεία.]
Hurerei f ἡ πορνεία, ἡ
hurtig ἐλαφρός, ταχύς.
Hurtigkeit f ἡ ἐλαφρότης (ητος), ἡ ταχυτής (ητος).
husten βήττειν.
Husten m ὁ βήξ (χός). [σις.]
Hut m ὁ πῖλος,
Hut f ἡ φυλακή, ἡ τήρη-
hüten φυλάττειν, τηρεῖν, f. weiden. [σκηνή.]
Hütte f ἡ καλύβη, ἡ
Hyäne f ἡ ὕαινα.
Hyazinthe f τὸ ὑακίνθινον ἄνθος. [ὕδρος.]
Hyder, Hydra f ἡ ὕδρα, ὁ
Hymne f ὁ ὕμνος, ἡ ᾠδή.
Hypothese f ἡ ὑπόθεσις.

J

J 'I, ι, τὸ ἰῶτα indecl. (ist stets als Vokal auszusprechen).
Jambus m ὁ ἴαμβος.
iambisch ἰαμβικός.
ich ἐγώ, ich für meine Person ἔγωγε.
Ideal n ἡ ἰδέα, ἡ εἰκών.
Idee f ἡ ἰδέα, ἡ γνώμη, ἡ ἔννοια.
Idylle f τὸ εἰδύλλιον.
Igel m ὁ ἐχῖνος.
ihm αὐτῷ, ἑαυτῷ.
ihn αὐτόν.
ihnen αὐτοῖς.
ihr dat. von sie αὐτῇ, ἑαυτῇ, nom. pl. des pron. pers.

ὑμεῖς, pron. poss. αὐτῆς, ἑαυτῆς.
ihrethalben, =wegen αὐτῆς (αὐτῶν) ἕνεκα oder χάριν.
ihrig ὁ, ἡ, τὸ αὐτῆς (αὐτῶν).
Iltis m ἡ ἰκτίς (ῖνος).
Imbiß m τὸ ἄριστον, einen ~ nehmen ἀριστᾶν.
immer ἀεί (αἰεί), für, auf ~ εἰς ἀεί.
immerdar ἀεί ποτε.
immerfließend ἀέν(ν)αος (2).
immerfort ἀεί ποτε, ~ etw. tun διατελεῖν, διαγίγνεσθαι, διάγειν, διαμένειν mit part.

immergrün ἀείφυλλος (2).
immerhin δή, δῆτα, πέρ (entl.). [(2), ἀΐδιος (2).]
immerwährend ἀείχρόνιος
immerzu f. immerfort, (auffordernd) ἄγε. [φυτεύειν.]
impfen ἐνοφθαλμίζειν, ἐμ-
in auf die Frage wo? ἐν mit dat., κατά mit acc., περί mit acc., zur Bezeichnung der Ausdehnung εἰς, ἀνά mit acc., bei Zuständen ἐν mit dat. und διά mit gen., zB. in Furcht sein ἐν φόβῳ, διὰ φόβου εἶναι, auf die Frage wohin? εἰς, κατά, ἐπί, πρός mit acc., auf die Frage wann? ἐν mit dat., κατά mit acc., bei Zeitbestimmungen oft der bloße gen., in der Nacht νυκτός.
In-begriff m τὸ σύμπαν.
In-brunst f ἡ ἐμπάθεια.
in-brünstig ἐμπαθής.
indem ἐν ᾧ, ὅτε, gew. durch das part.
in-des, in-dessen ἐν τούτῳ, μεταξύ, = jedoch ἀλλά, ἀλλά τοι, ἀλλὰ μήν, μέντοι. [κατάρατος (2).]
infam ἄτιμος (2), = verwünscht
Infanterie f τὸ πεζικόν, οἱ πεζοί, ἡ πεζῇ στρατιά.
in-gleichen ὡσαύτως, ἔτι δέ.
In-grimm m ὁ κότος.
Ingwer m ὁ ζιγγίβερις.
In-haber m ὁ ἔχων, ὁ κεκτημένος.
In-halt m ἡ περιοχή, τὰ ἐνόντα, von Schriften τὰ ἐγγεγραμμένα.
in-human σκληρός.
In-lage f τὸ ἐνόν (ὄντος).

In-länder m, **in-ländisch** ἐγ-, ἐπιχώριος (2).
innehaben ἔχειν, κεκτῆσθαι, = wissen εἰδέναι, ἐπίστασθαι. [ἔσθαι.]
innehalten ἐπέχειν, παύ-
innewerden μανθάνειν, συνιέναι, γιγνώσκειν.
innen ἔνδον, ἐντός.
Innere n ὁ, ἡ, τὸ εἴσω.
innerhalb εἴσω mit gen., ἐντός mit gen.
innerlich f. Innere.
innig οἰκεῖος, = eifrig πρόθυμος (2), σπουδαῖος.
Innigkeit f ἡ προθυμία, ἡ σπουδή.
Innung f ἡ σύστασις.
In-sasse m ὁ μέτοικος.
ins-besondere μάλιστα, οὐχ ἥκιστα.
In-schrift f τὸ ἐπίγραμμα, ἡ ἐπιγραφή.
Insekt n τὸ ἔντομον.
Insel f ἡ νῆσος.
Inselbewohner m ὁ νησιώτης.
ins-gemein ὡς ἐπὶ τὸ πολύ.
ins-gesamt ἅπαντες, σύμπαντες, ἀθρόοι, adv. κοινῇ, πανδημεί. [(τὸς).]
In-siegel n ἡ σφραγίς
in-sofern ὅσον.
in-sonderheit f. insbesondere.
Instrument n τὸ ὄργανον, ἡ μηχανή.
Intelligenz f ἡ σύνεσις.
interessant ἀξιόλογος (2), θαυμαστός.
Interesse n τὸ συμφέρον.
in-wendig εἴσω, ἐντός, ἔνδον.
in-wiefern ἐφ' ὅσον.

in-wohnen ἐγγίγνεσθαι, ἐν-, προσ-, ὑπεῖναι.
in-zwischen s. indessen.
irden κεραμοῦς, κεράμειος, ~es Gefäß τὸ ὄστρακον, τὸ κέραμον.
irdisch ἐπίγειος (2).
irgendeiner, irgend jemand τίς (entl.), ὁ τυχών.
Irre f ἡ πλάνη.
irreführen πλανᾶν, παράγειν, ἀπατᾶν.
irregehen πλανᾶσθαι.
irreleiten s. irreführen.
irren πλανᾶσθαι, sich ~ ἁμαρτάνειν, σφάλλεσθαι, ψεύδεσθαι.
irrereden παραλέγειν.
irresein παραφρονεῖν.
irrewerden διαταράττεσθαι τὴν γνώμην.
Irrfahrt f ἡ πλάνη, τὸ πλάνημα. [νός.)
irrig ψευδής, μάταιος, κε-
Irrtum m ἡ πλάνη, τὸ πλάνημα, = Unwissenheit ἡ ἄγνοια, = Fehler τὸ ἁμάρτημα, τὸ σφάλμα, = Vergehen ἡ ἁμαρτία.
Irrwahn m ἡ κενοδοξία.
Irrweg m τὸ πλάνημα.

J (Jod)

ja ναί, ναιχί, φημί, ἔστι ταῦτα, οὕτως, πάνυ γε, μάλιστα, in der Regel aber wird das Verbum des Fragenden wiederholt, z.B. Hast du das gesagt? σὺ οὖν ἔλεξας ταῦτα; ~ ἔλεξα, jawohl δήπου. [κέλης (ητος).)
Jacht f, **Jachtschiff** n δ)
Jacke f τὸ χλαμύδιον.
Jagd f ἡ θήρα, ἡ κυνηγεσία, auf die ~ gehen ἰέναι, ἐξιέναι ἐπὶ τὴν θήραν.
Jagd-freund, =gefährte m ὁ σύνθηρος.
Jagdgerät n τὰ θήρατρα.
Jagdhund m ἡ θηρατικὴ κύων (νός). [τὸ δίκτυον.)
Jagdnetz n τὸ θήρατρον,)
Jagdspieß m τὸ προβόλιον.
jagen θηρᾶν, κυνηγετεῖν,
= treiben, scheuchen, verfolgen διώκειν.
Jäger m ὁ θηρατής, ὁ θηρευτής, ὁ κυνηγέτης.
Jägerei f ἡ κυνηγετική.
Jägergarn n s. Jagdnetz.
Jägerspieß m s. Jagdspieß.
jäh = steil κατάντης, κρημνώδης, ἀπότομος (2), = hastig προπετής, = plötzlich αἰφνίδιος.
jählings προπετῶς, αἰφνιδίως.
Jahr n τὸ ἔτος, ὁ ἐνιαυτός, jahraus, jahrein κατ' ἐνιαυτόν.
Jahrbücher n/pl. τὰ χρονικά.
Jahresfest n ἡ ἐνιαύσιος ἑορτή. [χρόνος.)
Jahresfrist f ὁ ἐνιαύσιος)
Jahreslauf m ὁ ἐνιαυτός.
Jahreszeit f ἡ ὥρα.

Jahrhundert n ἡ ἑκατονταετηρίς.
jährig ἐνιαύσιος (2).
jährlich ἐπέτειος (2), ἐτήσιος.
Jähzorn m ἡ ἀκροχολία, ἡ ὀργιλότης (ητος), **jähzornig sein** ὀργίλως ἔχειν.
Jammer m ἡ οἰμωγή, ὁ θρῆνος, = Elend ἡ ταλαιπωρία, = Mitleid ὁ ἔλεος.
Jammergeschrei n τὸ οἴμωγμα.
jämmerlich ἐλεεινός, οἰκτρός, = unglücklich ταλαίπωρος (2), ein ~er Mensch κάκιστος ἄνθρωπος.
Jämmerlichkeit f ἡ ταλαιπωρία, ἡ κακία.
jammern οἰμώζειν, ὀδύρεσθαι. [πωρος (2).]
jammervoll οἰκτρός, ταλαί-
Januar m ὁ πρῶτος μήν.
Jaspis m ἡ ἴασπις.
jäten βοτανίζειν, ποάζειν.
Jauche f ὁ ἰχώρ (ῶρος).
jauchzen ἀγάλλεσθαι, ἐκβοᾶν.
Jawort n ἡ ὁμολογία, das ~ geben ὁμολογεῖν.
je = jemals ποτέ (entkl.), πώποτε, je ... desto ... ὅσῳ ... τοσούτῳ, bei Zahlen κατά, εἰς mit acc.
jedenfalls πάντως.
jeder ἕκαστος, πᾶς, ~ von beiden ἑκάτερος, ~, welcher ὅστις, ~, der will ὁ βουλόμενος.
jedermann πᾶς τις, πάντες.
jederzeit ἕκαστοτε, διὰ παντὸς (χρόνου).
jedesmal ἕκαστοτε, bei Zahlen κατά mit acc.
jedoch μέντοι, ἀλλά, πλήν, πλὴν ἀλλά, ἀλλά τοι.
jedweder εἷς ἕκαστος, πᾶς τις, ἕκαστός τις.
jeglicher s. das vorherg. Wort.
jemals s. je.
jemand τις (entkl.).
jener ἐκεῖνος, dieser ... ~ ὁ μέν ... ὁ δέ.
jenseitig περατός. [mit gen.]
jenseits ἐπ' ἐκεῖνα, ὑπέρ
jetzig ὁ, ἡ, τὸ νῦν.
jetzt νῦν, erst ~ νῦν δή, bis ~ μέχρι τοῦδε, μέχρι νῦν, für ~ νῦν μέν, von ~ an ἀπὸ τοῦδε, ἀπὸ τοῦ νῦν, ἐντεῦθεν.
Joch n τὸ ζυγόν, τὸ ζεῦγος (Gespann), = Bedrückung ἡ δουλεία. [χαρά.]
Jubel m ἡ ἀγαλλίασις, ἡ
Jubelgeschrei n ἡ ἀλαλαγή.
Jubellied n ὁ ὕμνος, ὁ παιάν (ᾶνος). [ζειν.]
jubeln ἀγάλλεσθαι, παιανί-
jucken κνίζειν, κνήθειν.
Judenpech n ἡ ἄσφαλτος.
Jugend f ἡ νεότης (ητος), ἡ ἥβη, ἡ ἡλικία, von ~ auf ἐκ παιδός, ἐκ παίδων.
Jugendblüte f ἡ ὥρα, in der ~ stehen ἀκμάζειν.
Jugendfeuer n ἡ νεανικὴ ὁρμή. [(κος).]
Jugendfreund m ὁ ἧλιξ
Jugendgefährte m ὁ ὁμῆλιξ (κος).
Jugendjahre n/pl. ἡ ἥβη.
Jugendkraft f ἡ νεανικὴ ῥώμη.

jugendlich νεαρός, νεανικός, ~es Alter ἡ νεότης (ητος).
Jugendzeit f ἡ ἡλικία.
Juli m ὁ ἕβδομος μήν.
jung νέος, νεαρός.
Junge m ὁ παῖς, τὸ παιδάριον. [τέκνον.]
Junge n τὸ βρέφος, τὸ
jungenhaft παιδιώδης.
Jünger m ὁ μαθητής.
Jungfer, Jungfrau f ἡ παρθένος, ἡ παῖς. [θενία.]
Jungfrauschaft f ἡ παρ-

Junggesell m ὁ ἤϊθεος.
Jüngling m ὁ νέος, ὁ νεανίας, ὁ νεανίσκος.
Jünglings-alter n, **-jahre** n/pl. ἡ νεότης (ητος).
jüngst νεωστί, ἄρτι.
Juni m ὁ ἕκτος μήν.
Junker m ὁ εὐγενὴς παῖς.
Juwel n ἡ πολυτελὴς λίθος.
Juwelenschmuck m αἱ πολυτελεῖς λίθοι.
Juwelier m ὁ λιθοπώλης.

K

K K, κ, τὸ κάππα, indekl.
Kabale f ἡ μηχανή.
Kabel, Kabeltau n ὁ κάλως, τὸ σχοινίον.
Kabeljau m ὁ γάδος, ὁ μαζίνης.
Kabinett n τὸ οἴκημα, τὸ δωμάτιον. [ὄστρακον.]
Kachel f ὁ κέραμος, τὸ
Käfer m ὁ κάνθαρος.
Käfig m ἡ εἱρκτή, τὸ ὀρνιθοτροφεῖον.
Kaftan m ὁ κάνδυς.
kahl ψιλός, ἔρημος (vom Lande), φαλακρός (vom Kopfe).
Kahlheit f ἡ ψιλότης (ητος), ἡ φαλάκρα.
Kahl-kopf m, **kahlköpfig** adj. φαλακρός.
Kahn m ἡ σκάφη, τὸ σκάφος, ἡ κύμβη.
Kaiser m ὁ βασιλεύς, ὁ ἄρχων.
Kaiserin f ἡ βασίλεια.
Kaisertum n ἡ βασιλεία.

Kajüte f ἡ στέγη.
Kalb n ὁ μόσχος, vom Hirsche ὁ νεβρός.
Kalbe f ἡ δαμάλη, ἡ δάμαλις. [κρέα.]
Kalbfleisch n τὰ μόσχεια
Kalender m τὸ ἡμερολόγιον.
Kalk m ἡ τίτανος.
Kalkbruch m τὰ μέταλλα τιτάνου.
Kalkstein m ὁ, ἡ χάλιξ (κος).
Kalligraph m ὁ καλλιγράφος. [γραφία.]
Kalligraphie f ἡ καλλι-
Kalmus m ἡ ἄκορος.
kalt ψυχρός, κρυερός (eiskalt), von der Gesinnung ἀμβλύς, ~ gegen etwas sein ἀμελεῖν τινος. [ρακτος (2).]
kaltblütig ἥσυχος (2), ἀτά-
Kaltblütigkeit f τὸ θάρρος, ἡ ἡσυχία, ἡ ἀταραξία.
Kälte f τὸ ψῦχος, τὸ κρύος, τὸ ῥῖγος, übtr. ἡ ψυχρότης (ητος).

Kamel n ὁ, ἡ κάμηλος.
Kamerad m ὁ ἑταῖρος, ὁ συστρατιώτης, ὁ σύσκηνος.
Kameradschaft f ἡ ἑταιρεία.
kameradschaftlich φιλικός.
Kamille f ἡ ἀνθεμίς.
Kamin m ἡ κάμινος.
Kamm m ἡ κτείς (ἑνός), ὁ λόφος (des Geflügels), ἡ ὀφρὺς ὀρεινή (eines Gebirges).
kämmen κτενίζειν.
Kammer f τὸ οἴκημα, τὸ δωμάτιον. [πων.]
Kammerdiener m ὁ θερά-
Kammerdienerin, -frau f ἡ θεράπαινα.
Kampf m ὁ ἀγών, ἡ μάχη, ὁ ἆθλος (Preiskampf), ἡ πάλη, τὸ πάλαισμα (Ringkampf), ἡ πυγμή (Faustkampf).
kämpfen μάχεσθαι, ἀγωνίζεσθαί τινι.
Kämpfer m ἀγωνιστής, = Fechter, Ringer ὁ ἀθλητής, ὁ παλαιστής, ὁ πύκτης.
Kampfgenosse m ὁ σύμμαχος. [μάχης.]
Kampflust f ἡ ἐπιθυμία
Kampfplatz m ἡ μάχη.
Kampfpreis m τὸ ἆθλον, einen ~ aussetzen ἆθλον προτιθέναι. [θέτης.]
Kampfrichter m ὁ ἀγωνο-
kampfunfähig ἀπόμαχος (2).
Kanal m ἡ διῶρυξ (υχος), ὁ ὀχετός. [τὸ λαγίδιον.]
Kaninchen n ὁ κόνικλος,
Kanne f ἡ κάλπις.
Kanon m ὁ κανών (όνος).
Kante f τὸ κράσπεδον.
Kanton m ὁ δῆμος, ὁ νομός.

Kanzel f τὸ ἀνάβαθρον, τὸ βῆμα.
Kap n τὸ ἀκρωτήριον, ἡ ἄκρα. [τέμενος.]
Kapelle f ὁ σηκός, τὸ
Kapaun m ὁ κάπων.
Kaper m ἡ κάππαρις, τὸ καππάριον.
Kaperei f ἡ πειρατεία.
kapern πειρατεύειν, λῃστεύειν.
Kaperschiff n ἡ λῃστικὴ ναῦς. [δάνεισμα.]
Kapital n τὸ χρέος, τὸ
Kapitel n τὸ κεφάλαιον.
Kapitulation f ἡ ὁμολογία, αἱ σπονδαί. [τινι.]
kapitulieren προσχωρεῖν
Kappe f ἡ καλύπτρα.
kappen περι-, ἐκτέμνειν.
Kapsel f ἡ θήκη, τὸ κιβώτιον.
Karbatsche f ἡ μάστιξ (γος).
karbatschen μαστιγοῦν.
Karfunkel m ὁ ἄνθραξ (κος).
karg γλίσχρος, μικρολόγος (2), ἀκριβής.
kargen μικρολογεῖσθαι.
kärglich γλίσχρος, σπάνιος.
Karotte f τὸ καρωτόν.
Karpfen m ὁ κυπρῖνος.
Karre f, **Karren** m ἡ ἅμαξα, ἡ ἀπήνη.
Karree n τὸ πλαίσιον, ein ~ formieren πλαίσιον τῶν ὅπλων ποιεῖσθαι.
karren ἁμαξεύειν.
Karst m ἡ δίκελλα.
Karte f ὁ χάρτης.
Käse m ὁ τυρός.
Kaserne f τὸ στρατόπεδον.
Kassation f ἡ ἀκύρωσις, ἡ κατάλυσις, ἡ ἀναίρεσις.

Kasse f ἡ κιβωτός, τὸ κιβώτιον, = Geld τὰ χρήματα. [λύειν.]

kassieren ἀκυροῦν, καται-

Kassierer m ὁ εἰσπράττων od. συλλέγων τὰ χρήματα.

Kastanie f, **Kastanienbaum** m ἡ καστανέα, -νεία, ἡ κάστανος, als Frucht τὸ κάστανον.

Kästchen n τὸ κιβώτιον.

Kaste f τὸ γένος, ἡ φυλή.

kasteien, sich ταλαιπωρεῖν.

Kastell n τὸ φρούριον, τὸ τεῖχος.

Kastellan m ὁ ταμίας.

Kasten m ἡ κιβωτός, ἡ κίστη.

Katalog m ὁ κατάλογος.

Katapulte f ὁ καταπέλτης.

Katarrh m ὁ κατάρρους.

Kater m ὁ αἴλουρος.

Katze f ἡ αἴλουρος.

kauderwelsch βάρβαρος (2).

kauen μασᾶσθαι, τρώγειν.

kauern ὀκλάζειν, ὑποπτήσσειν.

Kauf m ἡ ὠνή, ἡ ὤνησις, ἡ ἐμπορία (Einkauf).

kaufbar ὤνιος, ὠνητός.

kaufen ὠνεῖσθαι, πρίασθαι, ἀγοράζειν, ἐμπολᾶν (vom Kaufmann).

Käufer m ὁ ὠνητής oder durch die *part*. der vorhergehenden Verba.

käuflich ὤνιος, ὠνητός.

Kauffahrer m ὁ ἔμπορος, ὁ ναύκληρος.

Kauffahrteischiff n τὸ στρογγύλον πλοῖον. [ὠνή.]

Kaufgeld n τὸ τίμημα, ἡ

Kaufgut n τὰ ὤνια.

Kaufherr m ὁ ἔμπορος, ὁ ναύκληρος.

Kaufmann m ὁ ἔμπορος.

kaufmännisch ἐμπορευτικός, ἐμπορικός. [ἡ ἀγορά.]

Kaufplatz m τὸ ἐμπόριον,

Kauf-preis m, **-summe** f τὸ τίμημα, ἡ ὠνή.

kaum μόλις, μόγις, χαλεπῶς, ~ ... als ἄμα τε ... καί.

Kaution f ἡ ἐγγύη, τὸ ἀποτίμημα, ~ stellen ἐγγυᾶσθαι, χρήματα καταβάλλεσθαι.

Kauz m ὁ σκώψ (ωπός), ein wunderlicher ~ θαυμάσιος ἄνθρωπος.

Käuzchen n ἡ γλαῦξ (κός).

keck θρασύς, τολμηρός, θαρραλέος.

Keckheit f ἡ θρασύτης (ητος), τὸ θάρρος.

Kegel m ὁ κῶνος, e-s Berges ὁ μαστός.

kegelförmig κωνοειδής.

Kehle f ὁ λάρυγξ, ὁ, ἡ φάρυγξ (γγος).

Kehlkopf m ὁ λάρυγξ.

kehren s. fegen, στρέφειν, ἀναστρέφειν, sich an j-n ~ λόγον ποιεῖσθαί τινος, sich nicht an etw. ~ ἀμελεῖν τινος.

Kehricht m τὸ κάθαρμα, τὸ κόρημα.

Kehrseite f ἡ ἐναντία oder ἑτέρα πλευρά.

kehrt machen στρέφεσθαι, ἀναστρέφειν.

Keil m ὁ σφήν (ηνός), τὸ ἔμβολον, ὁ ἔμβολος.

Keiler m ὁ ἄγριος σῦς, ὁ σύαγρος.
keilförmig: ~e Schlachtordnung ὁ ἔμβολος, τὸ ἔμβολον. [βλάστημα]
Keim m ἡ βλάστη, τὸ
keimen βλαστάνειν, ἀνα-; ἐκβλαστάνειν.
keiner, keine, keines οὐδείς, οὐδεμία, οὐδέν (μηδείς usw.).
keinerlei οὐδείς, μηδείς.
keineswegs ἥκιστα, οὐδέν τι, οὐδαμῶς.
keinmal οὐδ᾽ (μηδ᾽) ἅπαξ.
Kelch m ἡ κύλιξ (κος).
Kelle (Schöpf- u. Mauerkelle) f ἡ τορύνη.
Keller m ὁ λάκος, τὸ ταμιεῖον, ἡ θήκη.
Kelter f ὁ ληνός.
keltern θλίβειν, ἀποθλίβειν.
kennen εἰδέναι, ἐπίστασθαι, γιγνώσκειν, etwas nicht ~ ἀγνοεῖν, sich selbst nicht ~ ἑαυτοῦ ἐπιλελῆσθαι, j-n ~ lernen γνωρίζειν τινά.
kennenswert ἄξιος γνῶναι.
Kenner m ὁ γνώμων, ὁ ἐπιστήμων. [ἐπιστήμη.]
Kenner=auge n, **=blick** m ἡ
kenntlich γνώριμος, δῆλος, φανερός.
Kenntnis f ἡ γνῶσις, ἡ αἴσθησις, ἡ ἐπιστήμη, ἡ σοφία, ἡ ἐμπειρία.
kenntnisreich ἐπιστήμων, ἐπιστάμενος, πολυμαθής.
Kennzeichen n τὸ σημεῖον, τὸ σύμβολον, τὸ σῆμα, τὸ τεκμήριον.
kennzeichnen τεκμηριοῦν.
kentern ἀνα-, περιτρέπεσθαι.

Kerker m τὸ δεσμωτήριον, ἡ φυλακή. [φύλαξ.]
Kerkermeister m ὁ δεσμο-
Kern m τὸ ἐγκάρδιον, ὁ κόκκος, ~ der Truppen τὸ κράτιστον τοῦ στρατοῦ, οἱ ἐπίλεκτοι τῶν στρατιωτῶν. [θραύστης.]
Kernbeißer m ὁ κοκκο-
kern=fest, =haft, kernig ἀδρός, καρτερός, ἐρρωμένος.
Kernholz n τὰ ἀδρὰ ξύλα.
Kernspruch m τὸ ἀπόφθεγμα.
Kerntruppen f/pl. s. Kern.
Kerze f ἡ κηρίων (ωνος).
Kessel m ὁ λέβης (ητος).
Kette f ὁ δεσμός, in ~n legen δεῖν, καταδεῖν, als Schmuckgegenstand ἡ ἅλυσις.
keuchen πνευστιᾶν, ἀσθμαίνειν.
Keule f τὸ ῥόπαλον, ἡ κορύνη, beim Tiere ἡ κωλῆ, τὸ μηρίον.
keulenartig ῥοπαλοειδής.
keusch ἁγνός, καθαρός, ~ sein ἁγνεύειν.
Keuschheit f ἡ ἁγνεία, ἡ καθαρότης (ητος).
Kichererbse f ὁ ἐρέβινθος.
kichern κιχλίζειν.
Kiebitz m ἡ οἰνάνθη. [θος.]
Kiefer m ἡ γένυς, ἡ γνά-
Kiefer (Baum) f ἡ πεύκη, ἡ πίτυς.
kiefern πεύκινος.
Kiel m ὁ κάλαμος, am Schiffe ἡ τρόπις.
Kielbalken m ἡ τροπίδεια.
Kiemen f/pl. τὰ βράγχια.

Kien m ἡ δάς (αδός).
Kienfackel f ἡ δάς, ἡ πεύκη.
Kienholz n f. Kien.
kienicht δαδώδης.
Kies m ἡ ψάμμος, ὁ κόχλαξ (ακος).
Kiesel, Kieselstein m ὁ κόχλαξ (ακος).
kiesig ψαμμώδης.
Kind n ὁ παῖς (δός), τὸ τέκνον, τὸ παιδίον, τὸ παιδάριον, τὸ βρέφος.
Kinderei f ἡ παιδιά.
Kindererziehung f ἡ παιδεία, ἡ παιδο-, τεκνοτροφία, ἡ παιδαγωγία.
Kinderfrau f ἡ τροφός.
Kinderjahre n/pl. ἡ παιδικὴ ἡλικία, ἡ νεότης (ητος).
Kinderkrankheit f ἡ παιδικὴ νόσος.
Kinderlehrer m ὁ παιδαγωγός. [κνων ἔρως.]
Kinderliebe f ὁ τῶν τέ-]
kinderlos ἄπαις (αιδος).
Kinderlosigkeit f ἡ ἀπαιδία.
Kindermädchen n f. Kinderfrau.
kinderreich πολύτεκνος (2).
Kinder=reichtum, =segen m ἡ πολυτεκνία.
Kinderspiel n ἡ παιδιά.
Kinderwärterin f f. Kinderfrau.
Kindesalter n f. Kinderjahre.
Kindesliebe n ἡ φιλοστοργία.
Kindheit f f. Kinderjahre.
kindisch παιδικός, παιδαριώδης.
Kindlein n τὸ παιδάριον.

kindlich παιδικός.
Kinn n τὸ γένειον.
Kinn-backen m, **=lade** f ἡ γνάθος, ἡ γένυς.
Kirche f ἡ ἐκκλησία.
Kirchhof m τὸ τέμενος.
kirchlich ἱερός.
kirre ἥμερος (2).
kirren δελεάζειν.
Kirschbaum m ὁ κέρασος.
Kirsche f τὸ κεράσιον.
Kissen n τὸ στρῶμα.
Kiste f ἡ κίστη, ἡ θήκη, ἡ κιβωτός.
Kittel m ὁ τρίβων (ωνος).
kitten κολλᾶν.
Kitzel m ὁ γάργαλος.
kitzeln γαργαλίζειν.
kitzlig δυσγάργαλις.
klaffen χάσκειν.
Klafter f ἡ ὀργυά (ὀργυιά).
klagbar: ~ gegen j-n werden λαγχάνειν δίκην τινί.
Klage f ὁ θρῆνος, ὁ ὀδυρμός, ὁ ὀλοφυρμός, = Be= schwerde τὸ ἔγκλημα, ἡ αἰτία, vor Gericht ἡ γραφή, ἡ εἰσαγγελία, ~ gegen j-n κατά τινος, f. anklagen.
Klage=gesang m, **=lied** n οἱ θρῆνοι. [οἰμώζειν.]
klagen θρηνεῖν, ὀδύρεσθαι,]
kläglich ἐλεεινός, οἰκτρός.
Klammer f ὁ σύνδεσμος.
Klang m ὁ φθόγγος, ὁ ψόφος.
klanglos ἄφθογγος (2).
Klappe f τὸ ἐπιστόμιον.
Klapper f τὸ κρόταλον.
klappern κροτεῖν, πλαταγεῖν.

Klar καθαρός, διαφανής, s. deutlich.
Klarheit f ἡ καθαρότης (ητος), ἡ διαφάνεια, s. Deutlichkeit.
Klasse f ἡ τάξις, ἡ φυλή, τὸ φῦλον, in eine ~ setzen εἰς τάξιν τίθεσθαί τινα.
klatschen s. klappern, Beifall ~ κροτεῖν οd. ἀνα-, συγκροτεῖν τὼ χεῖρε.
klauben: an etw. ~ περιτρώγειν τι.
Klaue f ὁ ὄνυξ (υχος).
Klauenseuche f ἡ ποδάγρα.
Klausel f ἡ προσθήκη.
kleben: etwas an etwas ~ προσκολλᾶν τινί τι, intr. προσκεκολλῆσθαι, ἐνέχεσθαί τινι.
klebrig γλίσχρος, κολλώδης.
Klecks m ἡ κηλίς (ίδος).
Klee m τὸ τρίφυλλον.
Kleeblatt n τὸ τρίφυλλον.
Kleid n ἡ ἐσθής (ῆτος), τὸ ἱμάτιον, ἡ περιβολή, für Männer ἡ χλαῖνα, ἡ χλαμύς, für Frauen ὁ πέπλος.
Kleidchen n τὸ ἱματίδιον.
kleiden ἐνδύειν τινά τι, ἀμφιεννύναι τινά τι, sich mit etw. ~ ἐνδύεσθαι, ἀμφιέννυσθαί τι.
Kleidung f ἡ ἐσθής (ῆτος), ἡ στολή, ἡ σκευή, τὰ ἱμάτια.
Kleidungsstück n τὸ ἔσθημα, τὸ ἱμάτιον.
Kleie f τὸ πίτυρον.
klein μικρός, βραχύς (kurz), ὀλίγος (gering), ταπεινός (niedrig), ~er machen ἐλαττοῦν, μειοῦν, ~er werden ἐλαττοῦσθαι, μειοῦσθαι, ~ beigeben μετρίως ποκρίνεσθαι. [λος (2).]
kleinblätt(e)rig μικρόφυλ-
kleindenkend μικρὰ φρονῶν.
Kleingeist m ὁ μικρόψυχος.
kleingläubig δυσπειθής, δύσπειστος (2). [πείθεια.]
Kleingläubigkeit f ἡ δυσ-
Kleinhandel m ἡ καπηλεία, ~ treiben καπηλεύειν.
Kleinhändler m ὁ κάπηλος.
Kleinheit f ἡ μικρότης, ἡ ὀλιγότης, ἡ ταπεινότης (ητος).
kleinherzig μικρόθυμος (2).
Kleinigkeit f τὸ μικρόν, τὸ ὀλίγον, τὸ φαῦλον.
Kleinigkeitskrämer m ὁ μικρολόγος.
Kleinigkeitskrämerei f ἡ μικρολογία.
klein-laut, -mütig μικρόψυχος (2), δύσθυμος (2), ταπεινός.
kleinlich μικρόψυχος (2), μικρολόγος (2), = gering φαῦλος, ταπεινός.
Kleinlichkeit f ἡ μικροψυχία, ἡ μικρολογία.
Kleinmut m ἡ μικροψυχία, ἡ δυσθυμία.
kleinmütig μικρόψυχος (2), ἄ-, δύσθυμος (2), ταπεινός. [τὸ ἄγαλμα.]
Kleinod n τὸ κειμήλιον,
Kleinstädter m ὁ μικροπολίτης. [πολιτικόν.]
Kleinstädterei f τὸ μικρο-
Kleister m ἡ κόλλα.

Kleist(e)rig κολλώδης.
Kleistern κολλᾶν.
Klemme f = Verlegenheit ἡ ἀπορία.
klemmen θλίβειν.
Klempner m ὁ πεταλοποιός.
Klepper m τὸ ἱππάριον.
Klette f τὸ ξάνθιον.
klettern ἀναρριχᾶσθαι.
Klient m ὁ πελάτης.
Klima n τὸ κλίμα, ὁ ἀήρ (έρος), ἡ ὥρα.
Klinge f τὸ ξίφος.
Klingel f τὸ κρόταλον, ὁ κώδων (ωνος). [ὠνίζειν.]
klingeln κροταλίζειν, κω-]
klingen φθέγγεσθαι, ψοφεῖν, ἠχεῖν.
klingend ἠχώδης.
Klippe f ἡ πέτρα, ὁ σκόπελος, ἡ σπιλάς.
klippenreich σπιλώδης.
klirren ψοφεῖν.
Kloben m τὸ ξύλον.
klopfen (trans.) κρούειν, κόπτειν, an die Tür ~ τὰς θύρας, etw. ~ παίειν, τρίβειν, (intr.) πάλλεσθαι, vom Herzen πηδᾶν.
Klopffechter m ὁ πύκτης, ὁ ἀθλητής.
Klöppel m ἡ τυπίς.
Kloß (Erdenkloß) m ἡ βῶλος.
Klotz m τὸ στέλεχος (auch von einem Menschen).
Klub m ἡ ἑταιρεία.
Kluft f τὸ χάσμα, τὸ ῥῆγμα, ἡ χαράδρα.
klug σοφός, φρόνιμος (2), συνετός, σώφρων, ~ sein εὖ φρονεῖν, νοῦν ἔχειν.
Klügelei f ἡ σοφιστεία.

Klugheit f ἡ σοφία, ἡ σωφροσύνη, ἡ φρόνησις, ἡ σύνεσις.
Klugheitsregel f ἡ καλὴ βουλή. [πλῆθος.]
Klumpen m ὁ ὄγκος, τὸ]
knabbern τρώγειν.
Knabe m ὁ παῖς (αἰδός).
Knabenalter n ſ. Kinderjahre.
Knabenart f ὁ παιδικὸς τρόπος.
knabenhaft παιδικός.
Knabenjahre n/pl. ſ. Kinderjahre.
knabenmäßig ſ. knabenhaft.
Knabenstreich m ἡ παιδιά.
Knabenzeit f ſ. Kinderjahre.
Knäblein f τὸ παιδίον, τὸ παιδάριον.
knacken καταγνύναι.
Knall m ὁ πάταγος, ὁ ψόφος.
knallen παταγεῖν, ψοφεῖν.
knapp εὐάρμοστος (2), = sparsam ἀκριβής.
Knappe m ὁ ὑπασπιστής.
knarren ψοφεῖν.
Knäuel n ἡ τολύπη.
Knauser m ὁ μικρολόγος.
Knauserei f ἡ μικρολογία.
knauserig μικρολόγος (2).
knausern μικρολογεῖσθαι.
Knebel m ὁ πάτταλος.
knebeln συνδεῖν. [οἰκέτης.]
Knecht m ὁ δοῦλος, ὁ]
knechten δουλοῦν, καταδουλοῦν (auch M.).
knechtisch δουλικός.
Knechtschaft f ἡ δουλεία.
Knechtung f ἡ δούλωσις, ἡ καταδούλωσις, ὁ ἀνδραποδισμός.

kneifen κνίζειν. [δέφειν.]
kneten μάττειν, φυρᾶν,
knicken κλᾶν, θραύειν.
Knicker m s. Knauser.
Knie n τὸ γόνυ (ατος), auf die ~ fallen πίπτειν ἐπὶ γόνατα.
Kniekehle f ἡ ἰγνύα.
knien καταπίπτειν εἰς τὰ γόνατα, vor j-m ~ προσπίπτειν πρός τὰ γόνατά τινος oder bloß τινί.
Kniescheibe f ἡ κόγχη, ἡ μύλη.
Kniff m ἡ μηχανή, τὸ μηχάνημα, τὸ τέχνημα, τὸ κλέμμα.
knirschen ψοφεῖν, τρίζειν, mit den Zähnen ~ πρίειν.
knistern ψοφεῖν, τρίζειν.
knittern ψοφεῖν.
Knoblauch m τὸ σκόροδον.
Knöchel m ὁ ἀστράγαλος, τὸ σφυρόν, τὸ ἄρθρον.
Knochen m τὸ ὀστοῦν.
Knochengelenk n ὁ κόνδυλος.
knochenlos ἀνόστεος (2).
Knollen m ὁ ὄγκος.
Knopf m ἡ πόρπη, ἡ περόνη.
knöpfen πορπᾶν, περονᾶν.
Knorpel m ὁ χόνδρος.
knorpelig χονδρός.
knorrig γογγρώδης.
Knospe f ἡ κάλυξ (κος).
Knoten m τὸ ἄμμα.
knotig γονατώδης.
knüpfen ἅπτειν, δεῖν, Freundschaft ~ φιλίαν συνάπτειν.
Knüppel m τὸ ῥόπαλον, τὸ ξύλον.

knurren κνυζᾶσθαι.
knurrig δύσκολος (2).
Knute f ἡ μάστιξ (ιγος).
Knüttel m τὸ ῥόπαλον.
Kobold m ὁ κόβαλος.
Koch m ὁ μάγειρος, ὁ ὀψοποιός.
kochen ἕψειν, ὀπτᾶν.
Köcher m ἡ φαρέτρα.
Köchin f ἡ μαγείραινα.
Kochkunst f ἡ μαγειρική, ἡ ὀψοποιία.
Kochtopf m ἡ χύτρα.
Köder m τὸ δέλεαρ (ατος), τὸ δελέασμα.
ködern δελεάζειν, übertr. προσάγεσθαι.
Koffer m ἡ κίστη, ἡ κιβωτός.
Kohl m ἡ κράμβη.
Kohle f ὁ ἄνθραξ (ακος).
Köhler m ὁ ἀνθρακεύς.
Kohlrübe f ἡ γογγύλη, ἡ γογγυλίς.
Kohorte f ἡ σπεῖρα.
Kokos-baum m, **-palme** f τὸ κουκιοφόρον δένδρον.
Kokosnuß f τὸ Ἰνδικὸν κάρυον.
Koller[1] m ἡ σπολάς.
Koller[2] (Pferdekrankheit) m ἡ λύττα.
Kolonie f ἡ ἀποικία.
kolonisieren οἰκίζειν, κατοικίζειν.
Kolonist m ὁ ἄποικος.
Kolonne f τὸ τοῦ στρατοῦ μέρος, in ~n ἐπὶ κέρως, κατὰ κέρας.
Koloß m ὁ κολοσσός.
kolossal ὑπερμεγέθης.
Komet m ὁ κομήτης.

Komiker m ὁ κωμῳδοποιός, ὁ κωμικός.
komisch κωμικός.
Komitien n/pl. ἡ ἐκκλησία.
Kommandant m ὁ φρούραρχος.
kommandieren ἄρχειν τινός.
Kommando n ἡ ἀρχή.
kommen ἰέναι, ἔρχεσθαι, παριέναι, παραγίγνεσθαι, gekommen sein ἥκειν, παρεῖναι, zu spät ~ ὑστερεῖν, ὑστερίζειν, hinter etwas ~ αἰσθάνεσθαι, κατανοεῖν, in etwas ~ περιτυγχάνειν, ἐμπίπτειν τινί, von etwas her~ εἶναι oder γίγνεσθαι ἔκ τινος, zu etw. ~ τυγχάνειν τινός, etwas ~ lassen μεταπέμπεσθαί τι.
Kommen n ἡ ἄφιξις.
kommunal κοινός.
Komödie f ἡ κωμῳδία.
Komödiendichter m s. Komiker.
Kompagnie f ὁ λόχος.
Kompagnon m ὁ κοινωνός, ὁ μετέχων. [δεῖος.]
kompetent κύριος, ἐπιτή-
Kompetenz f τὸ κύριον.
Kompliment n ὁ ἀσπασμός, ὁ ἔπαινος. [συνωμοσία.]
Komplott n ἡ σύστασις, ἡ
komponieren συντιθέναι.
Komposition f ἡ σύνθεσις, ἡ μελοποιία.
Konfiskation f ἡ δήμευσις.
konfiszieren δημεύειν, δημοσιοῦν, ἀποσημαίνεσθαι.
Kongreß m ὁ σύλλογος, ἡ σύνοδος, τὸ συνέδριον.
König m ὁ βασιλεύς.

Königin f ἡ βασίλεια, ἡ βασίλισσα. [σιλικός.]
königlich βασίλειος (2), βα-
Königreich n ἡ βασιλεία.
Königsburg f τὰ βασίλεια.
Königskrone f τὸ βασιλικὸν διάδημα.
Königsmacht f ἡ τοῦ βασιλέως δύναμις.
Königspalast m τὰ βασίλεια.
Königsthron m ὁ βασιλικὸς θρόνος.
Königswürde f ἡ βασιλεία.
Königtum n ἡ βασιλεία.
konkav κοῖλος.
konkret ἴδιος.
können: ich kann οἷός τ' εἰμί, ἔξεστί μοι, ὑπάρχει μοι, = Kräfte haben δύνασθαι, ἰσχύειν, = berechtigt sein δίκαιον εἶναι, = verstehen ἐπίστασθαι, εἰδέναι, μεμαθηκέναι, auswendig ~ ἐξεπίστασθαι.
Konsole f ἡ ὠτίς (ίδος).
Konsul m ὁ ὕπατος.
Konsulat n ἡ ὑπατεία.
Kontinent m ἡ ἤπειρος.
Kontingent n ἡ σύνταξις, τὸ σύνταγμα.
Kontrakt m ἡ συνθήκη, ἡ συγγραφή.
Kontrast m τὸ ἐναντίον.
konvex κυρτός.
Konzept n ἡ ὑπογραφή.
Kopf m ἡ κεφαλή, ἡ ψυχή (Leben), ὁ νοῦς, ἡ γνώμη (Sinn und Gedanken), ἡ φύσις (geistige Fähigkeiten), ἡ μνήμη (Gedächtnis).
Kopf=band n, **=binde** f ἡ ταινία, ἡ μίτρα.

Kopfbedeckung f ἡ κεφαλίς.
köpfen ἀποτέμνειν τὴν κεφαλήν.
kopflos ἀκέφαλος (2), übtr. ἄνους, ἄφρων.
Kopflosigkeit f ἡ ἄνοια, ἡ ἀφροσύνη.
Kopfnicken n τὸ νεῦμα.
Kopf=putz, =schmuck m ὁ περὶ τὴν κεφαλὴν κόσμος.
Kopfschmerz m ἡ κεφαλαλγία, ~ haben ἀλγεῖν τὴν κεφαλήν.
kopfüber ἐπὶ κεφαλήν, κατὰ κεφαλῆς, πρανής.
Kopfweh n s. Kopfschmerz.
Kopie f τὸ ἀπόγραφον.
kopieren ἀπογράφειν.
Koppel f ὁ σύνδεσμος.
koppeln ζευγνύναι, συνδεῖν.
Koralle f τὸ κοράλλιον.
Korb m ὁ κόφινος, ὁ, ἡ ἄρριχος, τὸ κανοῦν.
Korbwagen m τὸ κάναθρον.
Koriander m τὸ κορίαννον.
Kork m ὁ φελλός.
Kork=baum m, **=eiche** f ὁ φελλός, ἡ φελλόδρυς.
Korn n ὁ χόνδρος, ὁ σῖτος (Getreide).
Kornähre f ὁ στάχυς.
Kornblume f ἡ κύανος.
Körnchen n ἡ φεκάς (φακάς).
Kornelkirschbaum m ἡ κράνεια (κρανία), τὸ κράνον.
Kornelkirsche f ὁ τῆς κρανείας καρπός.
Kornwurm m ὁ κίς (ιός).
Körper m τὸ σῶμα, toter ~ ὁ νεκρός.

Körperbau m ἡ φύσις.
Körperbildung f ἡ τοῦ σώματος φύσις.
Körperhaltung f τὸ σχῆμα, ἡ ἕξις.
körperlich σωματικός, σῶμα ἔχων.
körperlos ἀσώματος (2).
Körperschaft f τὸ σύστημα, τὸ σύνταγμα, ἡ ἑταιρεία.
Körperschönheit f τὸ τοῦ σώματος κάλλος.
körperschwach ἀσθενής, ἄρρωστος (2).
Korps (militärisches) n ἡ τάξις, τὸ τάγμα, τὸ σύνταγμα. [στωμύλλειν).
kosen στωμύλλεσθαι (auch
Kost f τὰ σιτία, = Lebensunterhalt ἡ τροφή, ἡ δίαιτα, ὁ σῖτος, ὁ βίος.
kostbar πολλοῦ ἄξιος, μεγαλοπρεπής.
Kostbarkeit f ἡ λαμπρότης (ητος), ἡ μεγαλοπρέπεια.
Kosten, die ἡ δαπάνη, τὸ δαπάνημα, τὸ ἀνάλωμα, die ~ für etwas τὰ εἴς τι ἀναλώματα od. ἀνηλωμένα.
kosten¹ εἶναι mit gen., viel ~ πολλοῦ εἶναι, es kostet viel Mühe πολλοῦ πόνου ἐστίν.
kosten² (trans.) γεύεσθαι τινος.
kostenfrei ἄνευ δαπάνης.
Kostgänger m ὁ σύνδειπνος.
Kostgeld n τὰ τροφεῖα.
köstlich, Köstlichkeit f s. kostbar, Kostbarkeit.
Kot m ὁ πηλός.
Kothurn m ὁ κόθορνος.
kotig πηλώδης.

Krach m, **Krachen** n ὁ πάταγος, ὁ ψόφος.

krachen παταγεῖν, ψοφεῖν.

krächzen κράζειν.

Kraft f ἡ δύναμις, ἡ ἰσχύς (Stärke), ἡ ῥώμη (Körperkraft), ἡ βία (Gewalt), aus allen Kräften ἀνά oder κατὰ κράτος, παντὶ σθένει, bei ~ sein δύνασθαι, ἰσχύειν, ἀκμάζειν, ~ haben ἰσχύειν. [acc.]

kraft ἐκ mit gen., κατά mit

Kraftanstrengung f ἡ συντονία.

Kraftaufwand m ἡ ῥώμη.

Kraftäußerung f ἡ ἐνέργεια.

Kraftfülle f ἡ τῆς ἡλικίας ἀκμή.

Kraftgefühl f τὸ φρόνημα.

kräftig ἐρρωμένος, εὔρωστος (2), δυνατός, ἰσχυρός, ~ sein ἰσχύειν, ἀκμάζειν, = wirksam ἐνεργός, ἰσχυρός, δεινός. [οὖν.]

kräftigen ῥωννύναι, βεβαι-

Kräftigkeit f ἡ ἰσχύς, ἡ ἐνέργεια.

kraftlos ἀσθενής, ἄρρωστος (2), ἀδύνατος (2), = ungültig ἄκυρος (2).

Kraftlosigkeit f ἡ ἀσθένεια, ἡ ἀρρωστία.

kraftvoll s. kräftig.

Kragen m: j-n beim ~ nehmen συλλαμβάνειν τινά.

Krähe f ἡ κορώνη.

krähen κοκκύζειν.

Kralle f ὁ ὄνυξ (υχος)

Kram m ἡ καπηλεία, τὰ ὤνια.

Krämer m ὁ κάπηλος.

Kramladen m τὸ καπηλεῖον.

Krammetsvogel m ἡ τριχάς (άδος). [σπάσμα.]

Krampf m ὁ σπασμός, τὸ

Krampfader f ὁ κιρσός, ἡ ἰξία.

krampfhaft σπασμώδης.

Kran m ἡ κεραία, ἡ γέρανος.

Kranich m ἡ γέρανος.

krank νοσῶν, νοσερός (νοσηρός), ἀσθενής, ~ sein νοσεῖν, ἀρρωστεῖν, ἀσθενεῖν, κάμνειν.

kränkeln νοσεῖν, ἀσθενεῖν.

kränken: j-n ~ λυπεῖν, ἀνιᾶν τινα, sich ~ ἄχθεσθαι, ἀγανακτεῖν.

Kranken-bett, **= lager** n ἡ κλίνη. [νιον.]

Krankenhaus n τὸ παιω-

Krankenpflege f ἡ τῶν νοσούντων θεραπεία.

krankhaft νοσώδης, ἐπίνοσος (2).

Krankheit f ἡ νόσος, τὸ νόσημα, ἡ ἀρρωστία, ἡ ἀσθένεια, ~ der Seele τὸ τῆς ψυχῆς κακόν, eine ~ bekommen περιπίπτειν νόσῳ, an einer ~ sterben ἀποθνῄσκειν oder τελευτᾶν νόσῳ.

kränklich ἀσθενής, νοσώδης.

Kränklichkeit f ἡ ἀσθένεια, ἡ ἀρρωστία.

Kränkung f ἡ ὕβρις, ἡ ἀδικία, τὸ ἀδίκημα.

Kranz m ὁ στέφανος.

kranz-artig, **=förmig** στεφανώδης.

Krater m ὁ κρατήρ.

Krätze f ἡ ψώρα.

trauen ψῆν, κνῆν.
kräuseln βοστρυχίζειν.
kraushaarig οὐλότριχος (2).
Kraut n ἡ πόα, ἡ βοτάνη.
Krawall m ἡ ταραχή, ἡ στάσις.
Kreatur f τὸ ζῷον.
Krebs m ὁ ἀστακός, als Krankheit ὁ καρκίνος, τὸ καρκίνωμα.
krebsartig καρκινοειδής, καρκινώδης.
Kredit m ἡ πίστις, = Ruf ἡ δόξα.
Kreide f ἡ λευκὴ γῆ, ἡ γύψος.
Kreis m ὁ κύκλος, = Bezirk ὁ νομός, = Verein ἡ σύστασις, ἡ ὁμιλία.
kreischen ἀναβοᾶν, κλάζειν.
Kreisel m ὁ ῥόμβος.
kreisen κύκλῳ φέρεσθαι.
kreisförmig κύκλιος.
Kreislauf m ἡ κύκλησις.
kreisrund κύκλιος.
kreißen ὠδίνειν.
Kreisumfang m ἡ περιφέρεια.
Kresse f τὸ κάρδαμον.
Kreuz n τὸ χίασμα, ὁ σταυρός (zum Hinrichten), ἡ ὀσφύς (ύος) (am Körper), ἡ ταλαιπωρία (Elend).
Kreuzdorn m ἡ ῥάμνος.
kreuzen: von Wegen σχίζεσθαι, von Schiffen περιπλεῖν.
Kreuzestod m: den ~ sterben ἀνασταυρωθέντα ἀποθνῄσκειν.
kreuzigen ἀνασταυροῦν, ἀνασκολοπίζειν.

Kreuzigung f ἡ ἀνασταύρωσις, ἡ ἀνασκολόπισις.
kreuzlahm ἰσχιορρωγικός.
Kreuzspinne f τὸ φαλάγγιον.
Kreuzweg m ἡ τρίοδος.
kreuzweise ἐν-, ἐπαλλάξ.
Kreuzwurz f ὁ ἠριγέρων (οντος).
kriechen ἕρπειν, in, unter etwas ~ ἐν-, εἰς-, ὑποδύεσθαι εἴς τι.
kriechend ἕρπων.
Kriecher m ὁ κόλαξ (ακος).
Krieg m ὁ πόλεμος, ~ anfangen πόλεμον ἐκφέρειν πρός τινα, ~ erklären προαγορεύειν πόλεμον, ~ führen πολεμεῖν, πόλεμον ποιεῖσθαί τινι oder πρός τινα, in den ~ ziehen στρατεύειν, στρατεύεσθαι, στρατείαν ποιεῖσθαι.
Krieger m ὁ στρατιώτης.
kriegerisch πολεμικός, μάχιμος (2).
Kriegführung f τὸ πολεμεῖν.
Kriegsangelegenheiten f/pl. τὰ τοῦ πολέμου, τὰ πολεμικά. [πολέμου νόμος.]
Kriegsbrauch m ὁ τοῦ
Kriegsdienst m ἡ στρατεία, ~ tun στρατεύεσθαι.
kriegserfahren s. kriegsgeübt.
Kriegserfahrung f ἡ τῶν πολεμικῶν ἐμπειρία.
Kriegserklärung f ἡ τοῦ πολέμου προαγόρευσις.
Kriegsgefährte m ὁ συστρατιώτης.
kriegsgefangen αἰχμάλωτος (2).

Kriegsgesang m ὁ παιάν (ᾶνος).

Kriegsgeschrei n ὁ ἀλαλαγμός.

kriegs-erfahren, -geübt ὁ τοῦ πολέμου ob. τῶν πολεμικῶν ἔμπειρος.

Kriegsheer n ſ. Heer.

Kriegskamerad m ſ. Kriegsgefährte.

Kriegskenntnis f ἡ πολεμικὴ ἐμπειρία.

kriegskundig ἐπιστήμων ob. ἔμπειρος τῶν πολεμικῶν.

Kriegskunst f τὰ πολεμικά.

Kriegslied n ſ. Kriegsgesang.

Kriegslist f τὸ στρατήγημα, τὸ κλέμμα. [μον.]

Kriegslust f τὸ φιλοπόλεμον.

kriegslustig φιλοπόλεμος (2).

Kriegsmacht f ἡ δύναμις.

Kriegsmantel m ἡ χλαμύς (ύδος).

Kriegsrat m ὁ τῶν στρατηγῶν σύλλογος.

Kriegsrüstung f ἡ εἰς τὸν πόλεμον παρασκευή.

Kriegsschiff n ἡ μακρὰ ναῦς.

kriegstüchtig στρατεύσιμος (2), = tüchtig im Kriege πολεμικός.

Kriegswesen n τὰ πολεμικά, τὰ τοῦ πολέμου.

Kriegswissenschaft f τὰ τακτικά, ἡ πολεμική.

Kriegszucht f ἡ τῶν στρατιωτῶν πειθαρχία, gute, schlechte ~ ἡ εὐ-, ἀταξία.

Kriminal-klage f, **-prozeß** m ἡ γραφή.

Krippe f ἡ φάτνη.

Krisis f ἡ κρίσις, ἡ ῥοπή.

Kristall m u. n ὁ κρύσταλλος. [ειδής.]

kristallartig κρυσταλλο-

Kriterium n τὸ κριτήριον, τὸ τεκμήριον. [στήμη.]

Kritik f ἡ κριτικὴ ἐπι-

kritisch κριτικός, = bedenklich ἄπορος (2), σφαλερός.

kritisieren κρίνειν περί τινος.

Krittelei f ἡ μικρολογία.

kritteln μικρολογεῖσθαι.

Krittler m ὁ μικρόλογος.

Kritzelei f ὁ σκαριφισμός.

kritzeln σκαριφᾶσθαι.

Krokodil n ὁ κροκόδειλος.

Krone f ὁ στέφανος, τὸ διάδημα (eines Fürsten). zur ~ gelangen καθίστασθαι εἰς τὴν ἀρχήν.

krönen στεφανοῦν,=ſchmücken, ehren κοσμεῖν, τιμᾶν.

Kronerbe m ὁ διάδοχος.

Kronprätendent m ὁ τῆς ἀρχῆς ἀντιποιούμενος.

Krönung f ἡ τοῦ ἄρχοντος κατάστασις.

Kropf m: als Krankheit ἡ γογγρώνη, der Vögel ὁ πρόλοβος.

Kröte f ὁ φρῦνος, ἡ φρύνη.

Krücke f ἡ βακτηρία.

Krug m ὁ κάδος, ὁ ἀμφορεύς.

Krume f ἡ ψίξ (ιχός).

krumm καμπύλος, ἀγκύλος, κυρτός. [λοῦν, κυρτοῦν.]

krümmen κάμπτειν, ἀγκυ-

Krummholz n ὁ γύης (ητος).

Krummstab m ἡ καμπύλη.

Krümmung f ἡ κάμψις, als Gegenstand ἡ καμπή, τὸ κύρτωμα.

Krüppel m ὁ ἀδύνατος.
Kruste f ἡ λεπίς, τὸ λέπος.
Kübel m ἡ λεκάνη, τὸ ἀγγεῖον.
Küche f τὸ μαγειρεῖον.
Kuchen m ὁ πλακοῦς (οῦντος), τὸ πέμμα.
Küchen=gerät, =geschirr n τὰ μαγειρικὰ σκεύη.
Küchenherd m ἡ ἐσχάρα.
Küchlein n τὸ νεόττιον, ὁ νεοττός.
Kuckuck m ὁ κόκκυξ (υγος).
Kufe f ὁ πίθος.
Kugel f ἡ σφαῖρα.
kugel=artig, =förmig σφαιροειδής. [σφαιροειδές.]
Kugel=form, =gestalt f τὸ}
kugeln κυλίνδειν.
kugelrund f. kugelartig.
Kuh f ἡ βοῦς.
Kuhhirt m ὁ βουκόλος.
kühl ψυχρός.
Kühle f τὸ ψῦχος.
kühlen ψύχειν.
Kühlung f ἡ ψῦξις.
kühn τολμηρός, εὔτολμος (2), θρασύς, θαρραλέος, ~ sein τολμᾶν, θρασύνεσθαι.
Kühnheit f ἡ τόλμα, ἡ εὐτολμία, ἡ θρασύτης (ητος).
kultivieren ἡμεροῦν, den Boden ~ ἐργάζεσθαι.
Kultur f ἡ ἡμέρωσις, ἡ ἐργασία, = Bildung ἡ παιδεία, ἡ παίδευσις.
Kultus m ἡ θεραπεία, τὰ ἱερά.
Kümmel m τὸ κύμινον.
Kummer m ἡ λύπη, ἡ ἀνία, ~ haben λυπεῖσθαι, ἀνιᾶσθαι, sich um etw. ~ machen φροντίζειν, ἐπιμελεῖσθαί τινος.
kummer=frei, =los ἄλυπος (2).
kümmerlich = selten, gering σπάνιος.
Kummerlosigkeit f ἡ ἀλυπία.
Kümmernis f f. Kummer.
kummervoll περίλυπος (2).
kund δῆλος, φανερός, ~ machen δηλοῦν, ἀποφαίνειν, ἀγγέλλειν.
Kunde f ἡ φήμη, ὁ λόγος, ἡ ἀγγελία. [kund.]
kundgeben f. kundmachen unter}
Kundgebung f ἡ δήλωσις.
kundig ἔμπειρος (2), ἐπιστήμων.
Kundschaft f ἡ ἀγγελία.
Kundschafter m ὁ σκοπός, ὁ κατάσκοπος. [kund.]
kundtun f. kundmachen unter}
künftig μέλλων, ἐσόμενος, adv. ὕστερον, τοῦ λοιποῦ.
Kunst f ἡ τέχνη, eine ~ treiben τέχνην ἐργάζεσθαι, ἀσκεῖν oder ἐπιτηδεύειν.
Kunstarbeit f τὸ τέχνημα.
Künstelei f ἡ κακοτεχνία.
künsteln τεχνιτεύειν, σοφίζεσθαι. [τεχνος (2).]
kunst=erfahren, =fertig ἔν-}
Kunsterzeugnis n f. Kunstarbeit. [ἡ εὐτεχνία.]
Kunstfertigkeit f ἡ τέχνη.}
Kunstfleiß m ἡ φιλοτεχνία.
Kunstfreund m ὁ φιλότεχνος.
Kunstgebilde n f. Kunstarbeit.
kunst=gemäß, =gerecht ἔντεχνος (2).
Kunstgriff m ἡ τέχνη, τὸ τέχνημα, τὸ μηχάνημα.

Kunstleistung f s. Kunstarbeit.
Künstler m ὁ τεχνίτης.
künstlerisch τεχνικός. (2).
künstlich τεχνικός, ἔντεχνος
Künstlichkeit f ἡ τέχνη.
kunstliebend, Kunstliebhaber m φιλότεχνος (2).
kunstlos ἄτεχνος (2).
Kunstlosigkeit f ἡ ἀτεχνία.
kunstmäßig s. kunstgemäß.
kunstreich τεχνικός.
Kunstsinn m τὸ φιλότεχνον.
kunstsinnig τεχνικός.
Kunststück n ἡ τέχνη, τὸ τέχνημα, von Tieren τὸ μάθημα.
kunstverständig ἐπιστήμων, τεχνικός. τεχνος
kunstvoll τεχνικός, ἔν-
Kunstwerk n s. Kunstarbeit.
Kupfer n ὁ χαλκός.
Kupferbergwerk n τὰ χαλκοῦ μέταλλα. [λίθος.
Kupfererz n ὁ χαλκίτης
kupferfarbig χαλκοειδής.
Kupfer-gefäß, -geschirr n τὸ χαλκίον, τὸ χάλκωμα.
Kupfer-geld n, **-münze** f τὸ χαλκοῦν νόμισμα.
kupferhaltig ὑπόχαλκος (2).
kupfern χαλκοῦς.
kupferrot s. kupferfarbig.
Kupferschmied m ὁ χαλκεύς.
Kuppe f ἡ κορυφή, τὸ ἄκρον.
Kuppel f, **Kuppel-bau** m, **-dach** n ὁ θόλος. [ειδής.
kuppel-artig, -förmig θολο-
Kuppelei f ἡ προαγωγεία, ἡ μαστροπεία.
kuppeln προαγωγεύειν, μαστροπεύειν.

Kuppler m, **Kupplerin** f ὁ, ἡ προαγωγός, μαστροπός.
Kur f ἡ θεραπεία.
Kurart f ἡ θεραπεία.
Kurbel f ἡ κώπη.
Kürbis m ἡ κολοκύντη.
Kurie f ἡ φρατρία, als Gebäude τὸ βουλευτήριον, τὸ συνέδριον.
kurz βραχύς, σύντομος (2), den kürzeren ziehen ἐλαττοῦσθαι, μεῖον ἔχειν, μειονεκτεῖν, etwas ~ behandeln ἐπιτρέχειν τι, ~ und gut ὡς ἁπλῶς εἰπεῖν, ἁπλῶς δέ, in ~er Zeit ἐν βραχεῖ, seit kurzem ἐξ ὀλίγου, ~ darauf οὐ πολὺ ὕστερον, μετ' ὀλίγον, ~ vorher ὀλίγῳ πρότερον.
kurzatmig βραχύπνους, ἀσθμαίνων.
Kurzatmigkeit f ἡ βραχύπνοια, τὸ ἄσθμα. (2).
kurzdauernd ὀλιγοχρόνιος
Kürze f ἡ βραχύτης (ητος), τὸ βραχύ, ~ der Zeit ἡ χρόνου ὀλιγότης.
kürzen συντέμνειν, συστέλλειν.
kurzhaarig μικρότριχος (2).
kürzlich ἄρτι, ἀρτίως, νεωστί.
kurzsichtig ἀμβλὺς τὴν ὄψιν, μυωπός (ὦπος), ~ sein βραχὺ ὁρᾶν.
Kurzsichtigkeit f ἡ μυωπία.
kurzum s. kurz und gut.
kurzweg ἁπλῶς.
Kurzweil f ἡ διατριβή, ἡ παιδιά, ~ treiben παίζειν.

(**Kunstleistung** **Kurzweil**)

kurzweilig παιδιώδης.
Kuß m τὸ φίλημα.
küssen φιλεῖν.
küssenswert ἀξιοφίλητος (2).
Küste f ἡ παραλία, ὁ αἰγιαλός, ἡ ἠών (όνος).
Küstenbewohner m ὁ ἐπι-, παραθαλάττιος.
Küstenfahrer m ὁ παραπλέων.
Küsten=gegend f, =land n τὰ ἐπι-, παραθαλάττια.
Küstenplatz m τὸ ἐπι-, παραθαλάττιον χωρίον.
Küstenstadt f ἡ παράλιος πόλις. [gegend.]
Küstenstrich m f. Küsten=
Kutsche f ἡ ἁρμάμαξα.
kutschieren ἁρματηλατεῖν.
Kutschpferde n/pl. τὸ ἵππων ζεῦγος, ἵπποι καὶ ἅρμα.
Kutte f ἡ χλαῖνα.
Kutter m ὁ λέμβος, τὸ κελήτιον.

L

L Λ, λ, τὸ λάμβδα, indekl.
Lab n ἡ πυτία.
laben τέρπειν, ἀναψύχειν, sich an etwas ~ ἥδεσθαί, τέρπεσθαί τινι.
Labetrunk m τὸ ἥδιστον ποτόν.
Laboratorium n τὸ ἐργαστήριον, τὸ φαρμακεῖον.
Labsal n ἡ τέρψις, ἡ ἀνάψυξις.
Labung f ἡ τέρψις.
Labyrinth n ἡ λαβύρινθος.
labyrinthisch λαβυρίνθειος, λαβυρινθώδης.
Lache f τὸ τέλμα.
lächeln μειδιᾶν, ὑπογελᾶν.
lachen γελᾶν, über j-n ἐπί τινι, laut ~ ἀναγελᾶν.
Lachen n ὁ γέλως (ωτος).
lächerlich γελοῖος, γελαστός, sich ~ machen καταγέλαστον ποιεῖν ἑαυτόν.
lachlustig φιλόγελως.
Lachs m ὁ ἀττακεύς.

Lack m τὸ κρόκεον ἴον, = Firnis τὸ γάνωμα.
lackieren γανοῦν.
Lade f ἡ κίστη, ἡ λάρναξ (ακος), ἡ θήκη.
Laden m = Kaufladen τὸ καπηλεῖον.
laden σάττειν, ἐπισάττειν τινά τι, ἐπιβάλλειν τινί τι, = einladen καλεῖν, zum Mahle ἐπί, πρὸς δεῖπνον.
Ladung f ὁ φόρτος, τὸ φορτίον.
Laffe m ὁ μῶρος.
Lage f ἡ θέσις, = Zustand ἡ κατάστασις, ἡ ἕξις, τὸ περί τι, τά τινος, in einer ~ sein ἔχειν, διακεῖσθαι.
Lager n für Menschen ἡ κλίνη, ἡ εὐνή (letzteres auch für Tiere), = Kriegslager τὸ στρατόπεδον, ein ~ beziehen στρατοπεδεύειν (auch M.).
lagern, sich κατακλίνεσθαι, von Soldaten στρατοπεδεύεσθαι, κατασκηνοῦν.

Lager-statt, -stätte f ἡ εὐνή, ἡ κοίτη.
lahm χωλός, πηρός.
lähmen χωλοῦν.
Lähmung f ἡ χώλωσις.
Laich m τὸ σπέρμα.
Laie m ὁ ἰδιώτης, ~ in etw. sein ἄπειρον εἶναί τινος, οὐκ ἐπίστασθαί τι.
Lakai m ὁ ἀκόλουθος, ὁ θεράπων.
lallen λαλαγεῖν.
Lamm n ὁ ἀμνός, ὁ ἀρήν (gen. ἀρνός, dat. ἀρνί usw.).
Lämmchen n τὸ ἀρνίον.
Lampe f ὁ λύχνος.
Land n ἡ γῆ, ἡ ἤπειρος, ἡ χώρα, ὁ ἀγρός, οἱ ἀγροί.
Landarbeit f τὰ ἐν ἀγροῖς ἔργα. [τός.]
Landarmee f ὁ πεζὸς στρα-
Landbau m ἡ γεωργία, ἡ γεωπονία, ἡ ἐργασία τῆς γῆς, den ~ treiben γεωργεῖν.
Landbauer m ὁ γεωργός.
Landbewohner m ὁ ἐν ἀγροῖς οἰκῶν.
Ländchen n ἡ μικρὰ χώρα.
landeinwärts ἄνω, εἰς τὰ ἄνω, ~ gehen ἀναβαίνειν.
landen ὁρμίζεσθαι, κατάγεσθαι, ἀποβαίνειν, ἐκβαίνειν.
Landenge f ὁ ἰσθμός.
Ländereien f/pl. οἱ ἀγροί.
Landesart f = Art des Bodens ἡ φύσις τῆς γῆς, = Landessitte ὁ καθεστὼς τρόπος.
Landesfürst m ὁ βασιλεύς.
Landesgebrauch m ὁ καθεστὼς τρόπος.

Landesgrenze f οἱ τῆς γῆς ὅροι.
Landesherr m s. Landesfürst.
Landessitte f ὁ πάτριος νόμος. [λεκτος.]
Landessprache f ἡ διά-
Landesverfassung f ἡ πολιτεία.
Landesverweisung f ἡ φυγή.
Landesverwiesene(r) m ὁ φυγών, ὁ φυγάς.
landflüchtig ὁ φυγών, ὁ φυγάς. [ἀγρός.]
Landgut n τὸ χωρίον, ὁ
Landhaus n τὸ ἐπαύλιον.
Landkarte f ὁ πίναξ (ακος), ἡ γεωγραφία. [πόλεμος.]
Landkrieg m ὁ κατὰ γῆν
Landleben n ὁ ἐν τοῖς ἀγροῖς βίος.
Landleute, die οἱ ἀγροῖκοι.
ländlich ἄγροικος (2).
Landmacht f ὁ πεζὸς στρατός.
Landmann m ὁ γεωργός.
Landmesser m ὁ γεωμέτρης.
Landschaft f ἡ χώρα.
Landschlacht f ἡ πεζομαχία.
Landsmann m ὁ πολίτης, ὁ ὁμόφυλος.
Landspitze f τὸ ἄκρον.
Landstadt f τὸ πόλισμα.
Landstraße f ἡ λεωφόρος.
Landstreicher m ὁ ἀλήτης, ὁ πλάνης. [χώρα.]
Landstrich m τὸ χωρίον, ἡ
Landtreffen n ἡ πεζομαχία.
Landtruppen f/pl. τὸ πεζικόν, τὸ πεζόν.
Landung f ἡ ἀπόβασις.
Landungsplatz m ἡ προσβολή.

Landvolk n οἱ ἀγροῖκοι.
Landweg m ἡ πεζὴ ὁδός.
Landwirt m ὁ γεωργός.
Landwirtschaft f ἡ γεωργία.
Landzunge f ὁ ἰσθμός.
lang μακρός, μέγας, seit ∼er Zeit ἐκ πολλοῦ, nach ∼er Zeit διὰ πολλοῦ, = hindurch διά mit gen., ∼e dauern χρονίζεσθαι, μηκύνεσθαι, nicht lange darauf οὐ πολλῷ ὕστερον, μετ' ὀλίγον (οὐ πολύν) χρόνον.
Länge f τὸ μῆκος, ἡ μακρότης (ητος), in die ∼e ziehen μηκύνειν, sich in die ∼ ziehen χρονίζεσθαι.
langen = sich erstrecken τείνειν, ἥκειν, καθήκειν εἴς τι, = hinreichen ἀρκεῖν, ἱκανὸν εἶναι.
Längenmaß n τὸ μέτρον.
Langeweile f ὁ ἄλυς (υος), ∼ haben ἀλύειν. [ἔχων.]
langhaarig μακρὰς τρίχας)
länglich ἐπιμήκης.
Langmut f ἡ μακροθυμία, ἡ πραότης (ητος).
langmütig μακρόθυμος (2), ∼ sein μακροθυμεῖν.
längs παρά, ἀνά mit acc.
langsam βραδύς, σχολαῖος.
Langsamkeit f ἡ βραδυτής (ητος), ἡ σχολαιότης (ητος).
längst πάλαι, πολὺν χρόνον.
längstens ἐπὶ πλεῖστον.
langweilen ἀνιᾶν.
langweilig ἀνιαρός.
langwierig χρόνιος.
Langwierigkeit f ἡ χρονιότης (ητος).

Lanze f τὸ δόρυ (ατος), τὸ παλτόν, ἡ λόγχη.
Lanzenspitze f ἡ λόγχη.
Lanzenträger m ὁ δορυφόρος.
Lappalie f ὁ λῆρος.
Lappen m τὸ ῥάκος, am Ohre ὁ λοβός.
läppisch ληρώδης, ἄτοπος (2).
Lärm m ὁ θόρυβος, ὁ ψόφος.
lärmen θορυβεῖν.
Larve f τὸ πρόσωπον.
lassen ἐᾶν, οὐ κωλύειν, = machen, daß etw. getan wird ποιεῖν, διδόναι (oft wird den aor. M. ausgedrückt, z.B. er ließ sich machen ἐποιήσατο), = darstellen ἀποφαίνειν, ἀποδεικνύναι, = gestatten ἐᾶν, ἐφιέναι, ἐπιτρέπειν, = verlassen λείπειν, ἀπολείπειν, = unterlassen παύεσθαί τινος.
lässig ἀνειμένος, ἀργός, ῥᾴθυμος (2).
Lässigkeit f ἡ ἄνεσις, ἡ ἀργία, ἡ ῥᾳθυμία.
Last f τὸ βάρος, = Ladung ὁ φόρτος, τὸ φορτίον, = Beschwerlichkeit τὸ ἄχθος, ὁ μόχθος.
lasten: auf j-m ∼ ὑπέχει τίς τι.
lastend βαρύς. [ρία.]
Laster n ἡ κακία, ἡ πονη-)
Lästerer m ὁ βλάσφημος.
lasterfrei ἄκακος (2).
lasterhaft πονηρός, μοχθηρός.
Lasterhaftigkeit f ἡ μοχθηρία, ἡ πονηρία, ἡ κακία, ἡ κακότης (ητος).

lästerlich βλάσφημος, λοίδορος (2). [ἡ λοιδορία.]
Lästerung f ἡ βλασφημία,
Lästerwort n ὁ βλάσφημος λόγος. [γλῶττα.]
Lästerzunge f ἡ βλάσφημος]
lästig βαρύς, ἐπαχθής.
Lästigkeit f ἡ ἐπάχθεια.
Lastschiff n ἡ φορταγωγὸς ναῦς, ἡ ὁλκάς (άδος).
Lasttier n τὸ ὑποζύγιον.
Lastträger m ὁ φορτοφόρος.
Lastwagen m ἡ φορταγωγὸς ἅμαξα.
Laterne f ὁ λύχνος.
Latte f ἡ κάμαξ (ακος).
Lattich m ἡ θρῖδαξ (ακος).
Latz m τὸ παταγεῖον. [τριος.]
lau ὑπόθερμος (2), übtr. μέ-]
Laub n τὰ φύλλα.
Laube f ἡ σκηνή.
Laubfrosch m ὁ μάντις.
Laubholz n τὰ φυλλοφόρα δένδρα.
laubig φυλλοφόρος (2).
laubreich φυλλώδης.
Lauch m τὸ πράσον.
lauchartig πρασοειδής.
Lauer f ἡ σκοπή, ἡ κατασκοπή, auf der ~ sein oder stehen κατασκοπεύειν.
Lau(e)rer m ὁ σκοπός, ὁ κατάσκοπος, ὁ ἐπιβουλεύων.
lauern τηρεῖν, παρατηρεῖν, im Hinterhalte ~ λοχᾶν, ἐνεδρεύειν τινά.
Lauf m ὁ δρόμος, von Gewässern ὁ ῥοῦς, τὸ ῥεῦμα, von Schiffen ὁ πλοῦς, = Umlauf ἡ περιφορά, = Fortgang ἡ προχώρησις, ἡ προκοπή, der ~ der Welt τὰ ἐν ἀνθρώποις γιγνόμενα, ~ des Wildes ὁ πούς.
Laufbahn f τὸ στάδιον (pl auch οἱ στάδιοι), ὁ δρόμος, = Lebenszeit ὁ βίος, ὁ αἰών.
laufen τρέχειν, θεῖν, davon~ ἀποδιδράσκειν, δραπετεύειν, von leblosen Dingen φέρεσθαι, von Flüssen ῥεῖν.
Läufer m ὁ δρομεύς.
Lauffeuer n: sich wie ein ~ verbreiten τάχιστα διὰ πάντων χωρεῖν.
Laufgraben m ἡ τάφρος.
Lauge f ἡ κονία.
laulich f. lau.
Laune f ἡ τῆς ψυχῆς διάθεσις, gute ~ ἡ εὐφροσύνη, ἡ εὐθυμία, schlechte ~ ἡ ἀηδία, ἡ δυσκολία.
launenhaft, launisch δύσκολος (2), ἀηδής, ἀβέβαιος (2), = launig εὔκολος (2), εὔθυμος (2, im guten Sinne), εὐτράπελος (2), εὔχαρις, χαρίεις (witzig, humorvoll).
Laus f ὁ φθείρ (ειρός), Läuse haben φθειριᾶν.
lauschen ὠτακουστεῖν, τηρεῖν, παρατηρεῖν.
Lauscher m ὁ ὠτακουστής.
Läusekrankheit f ἡ φθειρίασις.
laut ὀξύς, λαμπρός, = deutlich φανερός, σαφής, ~ rufen βοᾶν, ἀναβοᾶν, ~ werden lassen φανερὸν ποιεῖσθαι.
Laut m ἡ φωνή, ὁ φθόγγος, einen ~ von sich geben φθέγγεσθαι. [mit acc.]
laut = kraft ἐκ mit gen., κατά]

lautbar f. kund.
Laute f ἡ βάρβιτος (τὸ βάρβιτον), ἡ φόρμιγξ (γγος), ἡ λύρα, ἡ κιθάρα, die ~ spielen βαρβιτίζειν, κιθαρίζειν.
lauten: gut, schlecht ~ καλόν, χαλεπόν εἶναι, der Brief lautet so ἡ ἐπιστολὴ λέγει διὰ γραμμάτων τάδε.
läuten κωδωνίζειν.
Lautenschläger m ὁ κιθαριστής, ὁ ψάλτης.
lauter εἰλικρινής, καθαρός, ἀκέραιος (2), ἀκήρατος (2), ἄκρατος (2), adv. πάντα, πάντως, παντελῶς.
Lauterkeit f ἡ εἰλικρίνεια, ἡ καθαρότης, ἡ ἀκεραιότης (ητος), ~ der Gesinnung ἡ χρηστότης (ητος).
läutern καθαίρειν, Metalle ~ ἐκτήκειν.
Läuterung f ἡ κάθαρσις.
lautlos ἄφωνος (2), ἄφθογγος (2).
lauwarm ὑπόθερμος (2).
Lava f, **Lavastrom** m ὁ ῥύαξ (ακος). [(ἄδος).]
Lavendel m ἡ στοιχάς)
lavieren πλαγιάζειν πρὸς ἀντίους τοὺς ἀνέμους.
Lazarett n τὸ νοσοκομεῖον.
Lebehoch n: j-m ein ~ bringen εὐτυχίαν ἐπεύχεσθαί τινι.
leben ζῆν (nur prs. u. impf.), βιῶναι, lebe wohl! χαῖρε! ὑγίαινε! = Lebensunterhalt haben ἔχειν βίον oder τὰ ἐπιτήδεια, = sich aufhalten διατρίβειν, ποιεῖσθαι τὴν δίαιταν.

Leben n ἡ ζωή, τὸ ζῆν, ὁ βίος, ἡ ψυχή, ἡ δίαιτα, im ~ κατὰ τὸν βίον, j-m das ~ nehmen ἀφαιρεῖσθαί τινα τὴν ψυχήν, ums ~ kommen ἀποβάλλειν τὴν ψυχήν, das ~ daransetzen παραβάλλεσθαι τὴν ψυχήν, auf ~ u. Tod kämpfen ἀγωνίζεσθαι περὶ ψυχῆς, sich das ~ nehmen διεργάζεσθαι ἑαυτόν, noch am ~ sein περιεῖναι, περιγενέσθαι.
lebend, lebendig ζωός, ἔμψυχος (2), ~es Geschöpf τὸ ζῷον, j-n ~ machen ἀναβιοῦν, ζωπυρεῖν.
Lebensalter n ἡ ἡλικία.
Lebensart f ἡ δίαιτα, ὁ βίος, = Betragen ὁ τρόπος, ἡ ἕξις, ein Mann von ~ ἀστεῖος ἀνήρ.
Lebensbahn f ἡ τοῦ βίου ὁδός, ὁ βίος.
Lebensbedürfnisse n/pl. τὰ εἰς od. πρὸς τὸν βίον.
Lebensbeschreiber m ὁ βιογράφος.
Lebensbeschreibung f ὁ βίος.
Lebensdauer f ὁ αἰών.
Lebensende n ἡ (τοῦ βίου) τελευτή.
Lebensgefahr f ὁ περὶ τοῦ βίου (τῆς ψυχῆς) κίνδυνος.
Lebensgefährte m ὁ ἡλικιώτης.
Lebensgeist m τὸ πνεῦμα.
Lebensgeister m/pl. ἡ ψυχή.
Lebensgeschichte f s. Lebensbeschreibung. [βίον ἀγαθά.]
Lebensglück n τὰ κατὰ τὸν)

Lebenshauch m τὸ πνεῦμα.
Lebensjahr n τὸ τοῦ βίου ἔτος.
Lebenskraft f ἡ ψυχή.
lebenslang διὰ βίου, δι' αἰῶνος.
Lebenslauf m ὁ βίος.
Lebenslust f s. Frohsinn, = Genüsse im Leben αἱ ἐν τῷ βίῳ ἡδοναί.
lebenslustig φιλόζωος (2).
Lebensmittel n/pl. τὰ ἐπιτήδεια, ὁ σῖτος, ὁ βίος, ὁ βίοτος. [ὁδός.]
Lebenspfad m ἡ τοῦ ζῆν
Lebensquelle f ἡ κρήνη.
Lebensregel f ἡ δίαιτα.
lebens=müde, =satt καμών, κεκμηκώς. [ζημία.]
Lebensstrafe f ἡ θανάτου
Lebenstage m/pl. ὁ τοῦ βίου χρόνος.
Lebensüberdruß m ἡ τοῦ ζῆν ἀηδία.
Lebensumstände m/pl. ἡ τοῦ βίου τύχη. [ἡ τροφή.]
Lebensunterhalt m ὁ βίος,
Lebenswandel m ὁ βίος.
Lebensweg m s. Lebenspfad.
Lebensweise f ἡ δίαιτα, ὁ βίος. [ὁ βίος.]
Lebenszeit f ὁ αἰών (ῶνος),
Lebensziel n τὸ τοῦ βίου τέρμα.
Leber f τὸ ἧπαρ (ατος).
lebhaft ἐνεργής, σπουδαῖος, = frequent συχνός, πολύς.
Lebhaftigkeit f ἡ ἐνέργεια, ἡ σπουδή.
leblos ἄζωος, ἄψυχος (2).
Leblosigkeit f τὸ ἄψυχον.
Lebzeit f: bei j-s ∼en gen. abs. ober κατά mit acc. ber Person.

lechzen ἀφαύεσθαι, nach etw. ∼ διψῆν τινος.
leck διάβροχος (2).
Leck n τὸ ῥῆγμα.
lecken λείχειν, λιχμᾶσθαι.
lecker ἁβρός, τρυφερός.
leckerhaft λίχνος.
Leckerhaftigkeit n ἡ λιχνεία.
Leckermaul n ὁ λίχνος.
Leder n τὸ σκῦτος, ἡ βύρσα.
ledig ἔρημος, γυμνός, = unverheiratet ἄγαμος (2), ἄζευκτος (2).
lediglich μόνον.
leer κενός, ἔρημος, = nichtig κενός, μάταιος.
Leere f ἡ κενότης (ητος), ἡ ἐρημία.
leeren κενοῦν, ἐρημοῦν, den Becher ∼ ἐκπίνειν.
Leerung f ἡ κένωσις.
Lefze f τὸ χεῖλος.
Legat n ἡ δωρεά, ἡ δόσις.
legen, eigtl. τιθέναι, ἱστάναι, καθιστάναι, auf etw. ∼ ἐπιτιθέναι, ἐπιβάλλειν τινί τι, unter etw. ∼ ὑποτιθέναι, ὑποβάλλειν τινί τι, sich auf etwas ∼ τρέπεσθαι πρός (ἐπί, εἰς) τι, ἐπιτηδεύειν, μελετᾶν τι, sich ∼ παύεσθαι, λήγειν, von Schmerzen λωφᾶν.
Legen n ἡ θέσις oder burch Verba.
Legende f ὁ μῦθος.
Legion f ἡ τάξις, τὸ τάγμα, = Menge τὸ πλῆθος.
legitim γνήσιος, νόμιμος (2).

Legitimation f ἡ πίστις, τὸ σύμβολον.
legitimieren πιστοῦν, sich ~ πιστὰ παρέχειν.
Legitimität f ἡ γνησιότης (ητος), τὸ γνήσιον, τὸ νόμιμον.
Lehen n ὁ κλῆρος.
Lehm m ὁ πηλός.
lehmartig, lehmig πηλώδης.
Lehmboden m τὰ πηλώδη.
Lehmziegel m ἡ γήϊνος πλίνθος. [κλίντρον.]
Lehne f τὸ πρός-, ἐπί-
lehnen κλίνειν.
Lehngut n f. Lehen.
Lehnstuhl m ὁ κλιντήρ (ῆρος), ὁ θρόνος.
Lehramt n τὸ τοῦ διδάσκειν ἔργον. [λεῖον.]
Lehranstalt f τὸ διδασκα-
Lehre f ἡ διδασκαλία, ἡ διδαχή, ἡ παιδεία, = Belehrung τὸ δίδαγμα, ἡ παραίνεσις, = Lehrmeinung τὸ δόγμα.
lehren διδάσκειν, παιδεύειν.
Lehrer m ὁ διδάσκαλος.
Lehrerin f ἡ διδάσκαλος.
Lehrgabe f ἡ ἐξήγησις, ἡ δίδαξις.
Lehr=herr, =meister m ὁ διδάσκαλος.
Lehrling m ὁ μαθητής.
Leib m τὸ σῶμα, = Bauch ἡ γαστήρ (στρός), ἡ κοιλία.
leibeigen δούλειος.
Leibeigenschaft f ἡ δουλεία.
Leibesbeschaffenheit f ἡ τοῦ σώματος ἕξις.
Leibesgestalt f τὸ τοῦ σώματος σχῆμα.

Leibesgröße f τὸ τοῦ σώματος μέγεθος.
Leibeskraft f ἡ ῥώμη.
Leibesstrafe f ἡ κόλασις, αἱ πληγαί.
Leibesübung f ἡ τοῦ σώματος ἄσκησις, ~en treiben, anstellen γυμνάζεσθαι.
Leibgürtel m ὁ ζωστήρ (ῆρος).
leib=haft, =haftig ἐναργής, ἀληθινός, auch αὐτός.
leiblich σωματικός, ~er Bruder ὁ αὐτάδελφος, ~e Schwester ἡ αὐταδελφή.
Leibrente f τὸ ἀποτίμημα.
Leibrock m ὁ χιτών (ῶνος).
Leibwache f οἱ σωματοφύλακες, οἱ δορυφόροι.
Leibwächter m ὁ σωματοφύλαξ, ὁ δορυφόρος.
Leiche f, **Leichnam** m ὁ νεκρός.
Leichen=begängnis n, **=bestattung** f ἡ ταφή, ὁ τάφος, ἡ ἐκφορά.
leichenblaß πελιός, πελιτνός.
Leichenfackel f ἡ ἐντάφιος δᾴς (δός). [τάφιος ᾠδή.]
Leichengedicht n ἡ ἐπι-
Leichengesang m τὸ ἐπιτάφιον μέλος.
Leichenhügel m τὸ σῆμα.
Leichen=mahl n, **=schmaus** m τὸ περίδειπνον. [λόγος.]
Leichenrede f ὁ ἐπιτάφιος
leicht (von Gewicht) κοῦφος, (~ zu tun) ῥᾴδιος, = behend ἐλαφρός, ὠκύς.
leichtfertig ῥᾳδιουργός.
Leichtfertigkeit f ἡ ῥᾳδιουργία.

leichtgläubig εὐπειθής.
Leichtgläubigkeit f ἡ εὐπείθεια.
leichthin κούφως, ἐλαφρῶς.
leichtlich τάχα, τάχ' ἄν.
Leichtsinn m ἡ ῥᾳδιουργία.
Leid n ἡ λύπη, τὸ πάθος, j-m ein ~ zufügen λυπεῖν, ἀδικεῖν, κακουργεῖν τινα, ~ um einen Verstorbenen τὸ πένθος.
leiden (*intr.*) κακῶς πάσχειν, νοσεῖν, = ertragen πάσχειν, φέρειν, ἀνέχεσθαι, Mangel, Not ~ ἀπορεῖν, Strafe ~ δίκην διδόναι, = Nachteil haben ἐλαττοῦσθαι, μεῖον ἔχειν, μειονεκτεῖν, ~ können φέρειν, = geschehen lassen ἐᾶν, περιορᾶν.
Leiden n τὸ πάθος, = Ertragung ἡ ἀνοχή, ἡ καρτερία, = Unglück τὸ κακόν.
leidend κακῶς πάσχων, ἄθλιος, ταλαίπωρος (2).
leidenfrei ἀπαθής.
Leidenschaft f τὸ πάθημα, ἡ ἐπιθυμία, = Zorn ἡ ὀργή, ὁ θυμός, die ~en beherrschen κρατεῖν τῶν ἐπιθυμιῶν.
leidenschaftlich ἐμπαθής, δεινός.
Leidenschaftlichkeit f ἡ ἐμπάθεια, ἡ ὀργή.
leidenschaftslos ἀπαθής, σώφρων.
Leidenschaftslosigkeit f ἡ ἀπάθεια, ἡ σωφροσύνη.
Leidensgefährte m ὁ συμπάσχων (συμπαθῶν).

Leidensgenosse m f. das vorhergehende Wort. [ἔοικεν.]
leider φεῦ, ἀλλά, δή, ὡς]
leidig ἀνιαρός, λυπηρός, = elend ἄθλιος.
leidlich μέτριος, ἀνεκτός, ἐπιεικής.
Leidlichkeit f ἡ μετριότης (ητος), τὸ μέτριον.
leidtragend πένθος ἔχων.
Leidwesen n τὸ πένθος.
Leier f ἡ λύρα, τὸ βάρβιτον. [ᾠδεῖν.]
leiern κιθαρίζειν, κιθαρ-]
leihen κιχράναι τινί τι.
Leim m ἡ κόλλα.
Lein m τὸ λίνον.
Leine f ὁ σχοῖνος.
leinen λινοῦς.
leise ἥσυχος (2), ἠρεμαῖος, *adv*. ἠρέμα(ς), ἡσύχως.
Leiste f τὸ κράσπεδον.
leisten τελεῖν, ἐπι-, ἀποτελεῖν, πράττειν, ἀνύτειν, Gehorsam leisten πειθαρχεῖν, Dienste ~ χαρίζεσθαι, Folge ~ ὑπακούειν, Hilfe ~ ἐπικουρεῖν, βοηθεῖν τινι, Widerstand ~ ἀντέχειν, Zahlung ~ καταβάλλειν ἀργύριον.
Leistenbruch m ἡ βουβωνοκήλη.
Leistung f τὸ ἔργον.
leiten ἡγεῖσθαί τινι, ἄγειν τινά, ἐπιστατεῖν τινος (als Vorsteher), sich von j-m ~ lassen πείθεσθαι, ἕπεσθαί τινι.
Leiter f ἡ κλῖμαξ, m = Vorsteher ὁ προ-, ἐπιστάτης.
Leithammel m ὁ κριὸς ἡγεμών.

Leitung f ἡ ἀγωγή, = Oberleitung ἡ ἡγεμονία, = Verwaltung ἡ διοίκησις.

Lektion f ἡ διδασκαλία, = Aufgabe τὸ μάθημα.

Lektüre f ἡ ἀνάγνωσις (als Handlung), τὰ γράμματα (als Sache).

Lende f ἡ ἰξύς, τὸ ἰσχίον.

lenkbar εὐάγωγος (2).

lenken ἄγειν, ein Schiff ~ κυβερνᾶν, Pferde ~ ἡνιοχεύειν, einen Staat ~ πόλεως ἡγεῖσθαι, sich ~ lassen s. leiten.

Lenker m ὁ ἡγεμών.

lenksam ἀγώγιμος (2).

Lenksamkeit f ἡ εὐαγωγία.

Lenkseil n τὸ ἡνίον.

Lenkung f ἡ ἀγωγή, ἡ ἡγεμονία.

Lenz m τὸ ἔαρ (ἦρ), ἡ ὥρα.

Leopard m ὁ λεόπαρδος.

Lerche f ἡ κορυδαλλίς, ὁ κορυδαλός.

lernbar μαθητός.

Lernbegierde f ἡ φιλομαθία.

lernbegierig φιλομαθής.

lernen μανθάνειν, παιδεύεσθαι.

Lesart f ἡ γραφή.

lesbar εὐκρινής, ἐπίσημος (2).

lesen ἀναγιγνώσκειν, = sammeln συλλέγειν.

Leser m ὁ ἀναγνώστης.

leserlich s. lesbar.

Letter f τὸ γράμμα.

Letzte m ὁ ἔσχατος, zum letzten Male τὸ ὕστατον.

letzthin νεωστί, ἄρτι.

Leu m s. Löwe. [νός.]

Leuchte f ὁ λύχνος, ὁ φα-

leuchten λάμπειν, φωτίζειν.

Leuchtturm m ὁ φάρος.

leugnen ἀρνεῖσθαι, ἐξ-, ἀπαρνεῖσθαι, ἀποφάναι τι.

Leugnen n ἡ ἄρνησις, ἡ ἐξάρνησις. [δόξα.]

Leumund m ἡ φήμη, ἡ

Leute, die οἱ ἄνθρωποι, τὸ πλῆθος, = Gesinde, Diener οἱ οἰκέται, unter die ~ kommen ἐξελθεῖν εἰς τοὺς ἀνθρώπους.

leutselig φιλάνθρωπος (2).

Leutseligkeit f ἡ φιλανθρωπία.

Levkoie (oder **Levkoje**) f τὸ λευκὸν ἴον.

Lexikon n τὸ λεξικόν.

Libation f αἱ σπονδαί.

liberal ἐλευθέριος (2).

Liberalität f ἡ ἐλευθεριότης (ητος).

Licht n τὸ φῶς (ωτός), τὸ σέλας, ἡ αὐγή, das ~ der Welt erblicken γίγνεσθαι, ans ~ bringen φαίνειν, φανερὸν ποιεῖν, ans ~ kommen φαίνεσθαι, δηλονόθαι, = Leuchte, Leuchter ὁ λύχνος.

licht adj. λαμπρός, φωτεινός.

lichtbringend φωσφόρος (2).

lichten: die Anker ~ αἴρειν τὰς ἀγκύρας, αἴρεσθαι.

lichterloh brennen φλέγεσθαι, ἐκφλέγεσθαι.

Lichtglanz m τὸ σέλας.

lichtvoll φωτεινός.

lieb φίλος, προσφιλής, ἀγαπητός, ἀσπαστός, κεχαρισμένος, τίμιος, ~ haben φιλεῖν, ἀγαπᾶν, etwas ~ er-

wollen προαιρεῖσθαί τι τινός.
liebäugeln θρύπτεσθαι, διαθρύπτεσθαι. [ἐρωτίς.]
Liebchen n τὸ ἐρώμενον, ἡ
Liebe f ὁ ἔρως (ωτος), = Freundschaft ἡ φιλία, ἡ ἀγάπη.
lieben φιλεῖν, ἀγαπᾶν, ἐρᾶν und ἐρᾶσθαί τινος, στέργειν. [ἐραστός.]
liebenswürdig ἀγαπητός.]
Liebenswürdigkeit f ἡ χάρις.
Liebesdienst m τὸ εὐεργέτημα.
liebevoll φιλόφρων.
Liebhaber m ὁ ἐραστής, ~ von etwas sein ἐπιθυμεῖν τινος, ἐρᾶν τινος, φιλεῖν.
Liebhaberei f ἡ ἐπιθυμία.
liebkosen ἀσπάζεσθαι, θωπεύειν.
Liebkosung f τὸ ἄσπασμα.
lieblich χαρίεις, ἐπίχαρις.
Liebling m ὁ ἐρώμενος, ἡ ἐρωμένη.
Lieblingsbeschäftigung f τὸ κεχαρισμένον ἔργον.
Lieblingsstudium n f. das vorhergehende Wort.
lieblos ἄστοργος (2), ἀπάνθρωπος (2).
Lieblosigkeit f ἡ ἀστοργία.
liebreich φιλάνθρωπος (2), φιλόφρων, ~es Wesen ἡ φιλανθρωπία.
Liebreiz m ἡ χάρις.
Liebschaft f ὁ ἔρως.
Liebste m u. f ὁ ἐρώμενος, ἡ ἐρωμένη.
Lied n τὸ μέλος, ἡ ᾠδή, geistliches ~ ὁ ὕμνος.

liederlich ἄκοσμος (2), τρυφερός, ἀσελγής.
Liederlichkeit f ἡ ἀκοσμία, ἡ ἀσέλγεια.
Liedersänger m ὁ ὑμνῳδός.
Lieferant m ὁ πορίζων, ὁ ποριστής.
liefern διδόναι, πορίζειν, παρέχειν (auch M.), eine Schlacht ~ μάχην συνάπτειν oder ποιεῖσθαι.
Lieferung f ἡ ἀποφορά.
liegen κεῖσθαι, dabei ~ ἐπι-, παρακεῖσθαί τινι, auf etw. ~ ἐπικεῖσθαί τινι, über etw. ~ ἐπανακεῖσθαί τινι, unter etwas ~ ὑποκεῖσθαί τινι, in etw. ~ ἐγκεῖσθαί τινι, von Ländern κεῖσθαι, = sich aufhalten εἶναι, διατρίβειν, von Soldaten σκηνεῖν, = ruhen κεῖσθαι, etwas ~ lassen ἀφεῖναι, es liegt am Tage φανερόν ἐστιν, es liegt mir etw. am Herzen μέλει μοί τινος, ἐπιμελοῦμαί τινος, in etw. ~ (= einer Sache eigen sein) παρ-, προσεῖναί τινι, es liegt daran διαφέρει.
Liegen n ἡ κατάκλισις.
liegend κείμενος, ~e Gründe τὰ φανερὰ κτήματα.
Linde f ἡ φιλύρα.
lindern πραΰνειν, durch Tröstung ~ παρηγορεῖν, παραμυθεῖσθαι.
Linderung f ἡ παρηγορία, ἡ παραμυθία.
Linderungsmittel n τὸ παραμύθιον.
Lineal n ἡ στάθμη.

(liebäugeln) 213 Lineal)

Linie f ἡ γραμμή, von e-m Heere ἡ τάξις, ἡ φάλαγξ.
linkisch: ~es Wesen ἡ σκαιότης (ητος).
links ἀριστερός.
linnen s. leinen.
Linse f ὁ φακός, ἡ φακή.
Lippe f τὸ χεῖλος.
lispeln τραυλίζειν oder ψελλίζειν τὴν φωνήν.
Lispeln n ὁ τραυλισμός, ὁ ψελλισμός.
lispelnd τραυλός, ψελλός.
List f ὁ δόλος, ἡ τέχνη, τὸ τέχνημα, ἡ μηχανή, ~en ersinnen μηχανᾶσθαι μηχανάς.
Liste f ὁ κατάλογος.
listig δολερός, πολυμήχανος (2).
Listigkeit f ἡ δολιότης (ητος).
literarisch μαθηματικός, γραμματικός.
Literatur f τὰ γράμματα.
Lithograph m ὁ λιθογράφος.
Lithographie f ἡ λιθογραφία.
Lob n ὁ ἔπαινος, ἡ εὐλογία.
Lobbegierde f ἡ δόξης ἐπιθυμία. [θυμῶν.]
lobbegierig ἐπαίνου ἐπι-
loben ἐπαινεῖν, εὐλογεῖν, = etwas gut finden ἀποδέχεσθαι.
lobens-wert, **-würdig** ἐπαίνου ἄξιος, ἀξιέπαινος (2).
Lobeserhebung f ὁ ἔπαινος, τὸ ἐγκώμιον. [ὕμνος.]
Lob-gedicht n, **-gesang** m ὁ
löblich ἐπαινετός.
Loblied n ὁ ὕμνος, ὁ παιάν, ein ~ singen ὑμνῳδεῖν.

lobpreisen ἐγκωμιάζειν.
Lobpreisung f τὸ ἐγκώμιον.
Lobrede f ὁ ἔπαινος, τὸ ἐγκώμιον.
Lobredner m ὁ ἐγκωμιαστής, ὁ ἐπαινέτης.
lobsingen ὑμνεῖν.
Lobspruch m ὁ ἔπαινος, τὸ ἐγκώμιον.
Loch n τὸ τρῆμα, ἡ ὀπή.
löcherig τρηματόεις.
Locke f ὁ βόστρυξ (υχος), ἡ πλοκαμίς.
locken δελεάζειν, übtr. ἐπ-, ὑπάγειν (a. M.), ἐφέλκειν.
locker χαλαρός, = unordentlich ῥᾴθυμος, τρυφερός, ἀνειμένος. [ουργία.]
Lockerheit f (übtr.) ἡ ῥᾳδι-
lockern χαλᾶν, ἀνιέναι.
lockig οὖλος.
Lockspeise f τὸ δέλεαρ (ατος).
Lockung f ἡ ἐπαγωγή.
lodern αἴθεσθαι, φλέγεσθαι, ἐκφλέγεσθαι, λάμπειν.
Löffel m τὸ μύστρον, τὸ λίστρον. [(άντος).]
Löffelgans f ὁ πελεκᾶς
löffeln μυστιλᾶσθαι.
Löffelreiher m ὁ λευκερωδιός. [λεκτική.]
Logik f ἡ λογική, ἡ δια-
logisch λογικός, διαλεκτικός.
Lohe f ἡ φλόξ (γός).
Lohn m ὁ μισθός, ἡ μισθοφορά, ~ geben μισθὸν διδόναι, μισθοδοτεῖν, für ~ μισθοῦ, = Strafe ἡ τιμή, ἡ δίκη.
Lohn-arbeiter, **-diener** m ὁ μισθοφόρος, ὁ μισθωτός.
Lohndienst m ἡ μισθοφορία.

lohnen μισθὸν διδόναι τινί, μισθοδοτεῖν τινα, es lohnt sich der Mühe ἄξιόν ἐστιν.
Lohnherr m ὁ μισθο-, ἐργοδότης.
Löhnung f s. Lohn, Sold.
Lolch m ἡ αἶρα.
Lorbeer m ἡ δάφνη, übtr. ἡ δόξα.
lorbeer=ähnlich,=artig δαφνοειδής.
Lorbeerbaum m ἡ δάφνη.
Lorbeere f ἡ δαφνίς.
Lorbeerkranz m ὁ δάφνινος στέφανος.
Lorbeerzweig m ὁ δάφνινος κλών (ωνός).
Los n ὁ κλῆρος, = Schicksal ἡ τύχη, ἡ μοῖρα, etwas durchs ~ bekommen λαγχάνειν τινός.
los! ἄγε, ἴθι δή.
losarbeiten, sich βίᾳ ἀπαλλάττεσθαι.
lösbar λυτός. [λύειν.]
losbekommen λύειν, ἀπο-
losbitten ἐξ-, παραιτεῖσθαι.
losbrechen (übtr.) ὁρμᾶσθαι.
löschen σβεννύναι, κατασβεννύναι.
losdonnern ἀνα-, ἐκβροντᾶν.
lose s. locker, = mutwillig ὑβριστικός.
Lösegeld n τὰ λύτρα.
losen κληροῦν, um etwas ~ λαγχάνειν περί τινος.
lösen λύειν, ἀπολύειν.
losfahren: auf j-n ~ ἐφορμᾶν τινι, φέρεσθαι ἐπί τινα. [λυτροῦν.]
losgeben λυτροῦν, ἀπο-
Losgebung f ἡ ἐλευθέρωσις.

losgehen: auf j-n ~ s. losfahren.
loskaufen λυτροῦσθαι, ἀπολυτροῦσθαι.
loskommen λύεσθαι, ἀπολύεσθαι, von etwas ~ ἀπαλλάττεσθαί τινος.
loslassen ἀφιέναι, ἀποπέμπειν.
losmachen s. lösen.
losreißen: sich von etwas ~ ἀπαλλάττεσθαί τινος.
lossagen: sich von etwas ~ ἀποκηρύττειν τι, ἀπειπεῖν τι. [λειν.]
losschießen τοξεύειν, βάλ-
losschlagen = verkaufen ἀποδιδόναι.
losschneiden ἀποτέμνειν.
lossein: von etw. ~ ἐλεύθερον εἶναί τινος, ἀπηλλάχθαι τινός.
losspannen λύειν, ἀποζευγνύναι.
lossprechen ἀπολύειν, ἀφιέναι, ἀποδικάζειν, γιγνώσκειν τινά τινος.
lossteuern: auf etwas ~ προσπλεῖν τινι.
los-stürmen, -stürzen: auf j-n ~ s. losfahren.
lostrennen λύειν, ἀπολύειν.
Losung f τὸ σύνθημα, τὸ σύμβολον.
Lösung f ἡ λύσις.
loswerden ἀπαλλάττεσθαί τινος, Verkaufsgegenstände ~ ἀποδίδοσθαι.
losziehen: auf j-n ~ κακῶς λέγειν τινά.
Lot n τὸ ἡμιούγγιον.
löten στεγνοῦν, κολλᾶν.

(lohnen) (löten)

Lotos m, **Lotosblume** f ὁ λωτός.
lotrecht πρὸς στάθμην.
Lotse m ὁ τοῦ πλοῦ ἡγεμών.
Lotterbube m οὐδενὸς ἄξιος, ὁ ὄλεθρος.
Löwe m ὁ λέων.
Löwen-fell n, **-haut** f ἡ λεοντῆ.
Löwin f ἡ λέαινα.
loyal νόμιμος (2), δίκαιος.
Loyalität f τὸ ἔννομον, ἡ δικαιοσύνη.
Luchs m ὁ λύγξ (υγκός).
Lücke f τὸ διάλειμμα, τὸ διάστημα, τὸ διέχον.
lückenhaft ἐνδεής, ἐλλιπής.
Luder n ὁ πτῶμα, τὸ νεκρὸν σῶμα.
Luft f ὁ ἀήρ (untere ~), ὁ αἰθήρ (obere ~), ἡ αὔρα (kühle ~), ~ schöpfen ἀναπνεῖν.
luftartig ἀεροειδής.
Lüftchen n ἡ αὔρα.
lüften ἀνα-, διαψύχειν, den Schleier von etwas ~ ἀποκαλύπτειν τι.
Lufterscheinung f τὸ οὐράνιον σημεῖον. [πνεῦμα.]
Lufthauch m ἡ αὔρα, τὸ
luftig ἀέριος, αἰθέριος.
Luftzug m s. Lufthauch.
Lug m: ohne ~ und Trug ἀψευδὴς καὶ ἄδολος (2).
Lüge f τὸ ψεῦδος, τὸ ψεῦσμα, j-n ~n strafen ἐξελέγχειν τινὰ ψευδόμενον (ψευσάμενον).
lügen ψεύδεσθαι.
lügenhaft ψευδής.

Lügenhaftigkeit f ἡ φιλοψευδία. [δής.]
Lügenmaul n: ὁ φιλοψευ-
Lügner m ὁ ψεύστης, ὁ ψευδολόγος.
lügnerisch s. lügenhaft.
Luke f ἡ ὀπή.
Lümmel m ὁ φορτικός, ὁ ἄγροικος.
Lump, **Lumpenhund** m τὸ ῥάκος.
Lumpen m τὸ ῥάκος, τὸ ῥάκιον.
Lumpen-gesindel, **-pack** n τὰ καθάρματα.
Lumperei f ὁ λῆρος.
Lunge f ὁ πνεύμων (ονος).
Lupine f ὁ θέρμος.
Lust f ἡ ἐπιθυμία, ὁ πόθος, ἡ προθυμία, ~ zu etwas haben ἐπιθυμεῖν, ἐφίεσθαι, ὀρέγεσθαί τινος, ~ Verlangen nach etw. haben βούλεσθαι, ἐθέλειν, = Vergnügen ἡ ἡδονή, ἡ χαρά, ἡ τέρψις, ἡ εὐφροσύνη, seine ~ an etwas haben ἥδεσθαι, χαίρειν, εὐφραίνεσθαί τινι oder ἐπί τινι.
Lustbarkeit f ἡ τέρψις, ἡ ἡδονή.
lüstern ἐπιθυμητικός, ~ nach etwas sein ἐπιθυμεῖν, ἐφίεσθαι, ὀρέγεσθαί τινος.
Lüsternheit f ἡ ἐπιθυμία, ἡ ὄρεξις.
Lustgarten m ὁ παράδεισος.
Lustgelage n ὁ κῶμος.
lustig ἱλαρός, φαιδρός, εὔθυμος (2), sich über j-n ~ machen καταγελᾶν τινος, = spaßhaft γελοῖος.

Lustigkeit f ἡ εὐθυμία, ἡ εὐφροσύνη.
Lustigmacher m ὁ γελωτοποιός.
Lustspiel n ἡ κωμῳδία.
Lustspieldichter m ὁ κωμῳδοποιός.

lustwandeln περιπατεῖν.
luxuriös τρυφερός.
Luxus m ἡ τρυφή, ἡ ἀσέλγεια.
Lyriker m ὁ μελῳδός, ὁ μελικός ὁ λυρικός.
lyrisch μελικός, λυρικός.

M

M M, μ, τὸ μῦ, indekl.
machen ποιεῖν, δρᾶν, πράττειν, = bringen ποιεῖν, κατασκευάζειν, ἀποδεικνύναι, j-n oder etw. zu etw. ~ ἀποδεικνύναι, καθιστάναι, ποιεῖν, τιθέναι, ἀποφαίνειν mit doppeltem acc., = sich darstellen als etwas παρέχειν ἑαυτόν, = sich an etwas ~ ἐπι-, ἐγχειρεῖν τινι, ἅπτεσθαί τινος, was ist zu ~? τί δεῖ ποιεῖν; mache, daß du fortkommst! ἀλλ' ἄγε, ἐγκόνει!, was soll ich damit ~? τί χρήσομαι τούτῳ; es wird viel, wenig aus etwas gemacht πολὺς (μικρὸς) λόγος ἐστί τινος, sich etw. od. viel aus etw. ~ περὶ πολλοῦ ποιεῖσθαί τι, sich nichts aus etw. ~ οὐδένα λόγον ποιεῖσθαί τινος, etw. aus sich ~ δοκεῖν εἶναί τι.
Macht f ἡ δύναμις, ἡ ἰσχύς, τὸ κράτος, ἡ ῥώμη, mit ~ κατὰ oder ἀνὰ κράτος, = Befugnis ἡ ἐξουσία, es steht in meiner ~ ἐπ' ἐμοί ἐστιν, = Herrschaft ἡ ἀρχή, ἡ ἐπικράτεια, = Heer ἡ δύναμις.
Machthaber m ὁ δυνάστης, ὁ δεσπότης, ὁ κύριος.
mächtig δυνατός, μέγα δυνάμενος, κρατῶν, κρατερός, ἰσχύων, ~ sein δυνατὸν εἶναι, seiner selbst ~ sein κρατεῖν ἑαυτοῦ, e-r Sache ~ sein ἐπίστασθαί τι.
machtlos ἀσθενής, ἀδύνατος (2).
Machtspruch m τὸ κῦρος.
Machtwort n ἡ κυρία γνώμη.
Machwerk n τὸ ἔργον.
Made f ἡ εὐλή.
Mädchen n ἡ παῖς, ἡ κόρη, ἡ παρθένος, = Geliebte ἡ ἑταίρα.
mädchenhaft παρθένιος.
Magazin n ἡ ἀποθήκη.
Magd f ἡ θεράπαινα.
Magen m ὁ στόμαχος, ἡ γαστήρ (στρός).
magenkrank στομαχικός.
mager ἰσχνός, λεπτός, ἄσαρκος (2).
Magerkeit f ἡ ἰσχνότης, ἡ λεπτότης (ητος), ἡ ἀσαρκία.

Magie f ἡ μαγεία.
Magier m ὁ μάγος.
magisch μαγικός.
Magister m ὁ τῆς φιλοσοφίας διδάσκαλος, magister equitum ὁ ἵππαρχος.
Magistrat m οἱ ἐν τέλει, τὰ τέλη. [λίθος.]
Magnet m ἡ Ἡρακλεῶτις
mähen θερίζειν, τέμνειν.
Mäher m ὁ θεριστής.
Mahl n, **Mahlzeit** f τὸ συμπόσιον, τὸ δεῖπνον, ἡ εὐωχία, τὸ δόρπον.
mahlen ἀλεῖν. [μύλος.]
Mahlmühle f ἡ μύλη, ὁ
Mähne f ἡ χαίτη, ἡ λοφιά.
mahnen ἀπαιτεῖν ob. πράττειν τινά τι.
Mahner m durch die vorhergehenden Verba.
Mahnung f ἡ ἀπαίτησις.
Mähre f ὁ γίννος.
Mai m ὁ πέμπτος μήν.
Maiblume f τὸ πολυγόνατον.
Maid f ἡ μεῖραξ (ακος).
Mais m ὁ βόσμορος.
Majestät f τὸ βασιλικὸν σχῆμα (äußerlich), ἡ σεμνότης (ητος) (im Wesen).
majestätisch βασιλικός, σεμνός.
Majoran m ὁ ἀμάρακος.
majorenn ἡλικίαν ἔχων.
Majorennität f ἡ ἡλικία.
Majorität f οἱ πλείους, οἱ πολλοί, τὸ πλῆθος.
Makel m τὸ κακόν, τὸ ἔγκλημα, τὸ ὄνειδος, ἡ αἰσχύνη. [ἔγκλητος (2).]
makellos ἄμεμπτος, ἀν-

mäkeln: an etwas ~ δφαιρεῖσθαί τινος.
Makrele f ὁ σκόμβρος.
Makrone f ὁ ἀμυγδάλινος πλακοῦς (οῦντος).
Mal n τὸ σημεῖον, τὸ σύμβολον.
malen γράφειν, ζωγραφεῖν.
Maler m ὁ γραφεύς, ὁ ζωγράφος.
Malerei f ἡ γραφή, ἡ ζωγραφία.
malerisch γραφικός.
Malerkunst f ἡ γραφική.
Malstein m (= Denkstein) τὸ σῆμα, ἡ στήλη.
Malve f ἡ μαλάχη.
Malz n αἱ κάχρυες.
Malzeichen n f. Mal, Malstein.
Mammon m τὸ πλοῦτος.
man τις, τὶ entl., gew. umschrieben durch die 3. Pers. pl. act. ob. die 3. Pers. sg. pass., z.B. ~ sagt λέγουσι, λέγεται.
mancher τις, τὶ entl., ἔνιοι, ἔνιοί τινες, ἔστιν ὅς, ἥ, ὅ.
mancherlei παντοῖος, παντοδαπός.
manchmal ἐνίοτε, ἔστιν (ἔσθ') ὅτε.
Mandat n τὸ ἐπίταγμα.
Mandel f πεντεκαίδεκα.
Mandel (Frucht) f τὸ ἀμύγδαλον.
Mandel f, **Mandeln** f/pl. τὰ παρίσθμια.
Mandelbaum m ἡ ἀμυγδάλη.
Manen m/pl. οἱ δαίμονες.
Mangel m ἡ ἔνδεια, ἡ ἀπορία, ἡ ἐρημία, ~ haben an etwas ἐνδεῶς ἔχειν, δεῖσθαι, ἀπορεῖν τινος, =

Fehler τὸ ἔλλειμμα, τὸ ἐνδεές, τὸ κακόν.
mangelhaft ἐνδεής, ἐλλιπής
Mangelhaftigkeit f ἡ ἔνδεια, τὸ ἐνδεές, τὸ ἐλλιπές.
mangeln ἐλ-, ἐπιλείπειν, es mangelt an etw. δεῖ τινος, es mangelt mir an etw. ἀπολείπει μέ τι.
Mangold m τὸ τεῦτλον, τὸ τευτλίον.
Manier f ὁ τρόπος (a. pl.), ein Mann von guten ∼en κόσμιος, ἀστεῖος ἀνήρ.
manierlich κόσμιος, ἀστεῖος.
Manierlichkeit f ἡ κοσμιότης (ητος), ἡ εὐκοσμία, ἡ ἀστειότης (ητος).
Manifest n ἡ προγραφή, τὸ πρόγραμμα.
Mann m ὁ ἀνήρ, ὁ ἄνθρωπος, ∼ für ∼ καθ' ἕκαστον, κατ' ἄνδρα, sich als ∼ zeigen ἀνδρίζεσθαι, als tapferen ∼ ἀνδραγαθίζεσθαι, = Soldat ὁ στρατιώτης, = Ehegatte ὁ ἀνήρ, ὁ γαμέτης.
mannbar ἔφηβος, ἀκμάζων, das ∼e Alter ἡ ἡλικία, ἡ ἥβη, ∼ sein ἡβᾶν.
Mannbarkeit f ſ. das vorhergehende Wort.
Männchen n τὸ ἀνδρίον, τὸ ἀνθρώπιον, ὁ ἀνθρωπίσκος.
Männerart f ὁ ἀνδρὸς τρόπος.
Männermord m ὁ ἀνδρῶν φόνος.
Männerwürde f τὸ ἀνδρῶν ἀξίωμα.

Mannesalter n ἡ καθεστηκυῖα (καθεστῶσα) ἡλικία.
Manneskraft f τὸ ἀνδρεῖον.
Mannestat f τὸ ἀνδρὸς ἔργον. [ἀγαθία.]
Mannestugend f ἡ ἀνδρ-
Manneswort n τὸ τοῦ ἀνδρὸς πιστόν.
mannhaft ἀνδρεῖος, ἀνδρικός, καλὸς κἀγαθός.
Mannhaftigkeit f ἡ ἀνδρεία, ἡ ἀνδριότης (ητος).
mannig=fach, =faltig παντοῖος, παντοδαπός.
Mannigfaltigkeit f ἡ ποικιλία. [πάντες ἐφεξῆς.]
männiglich ἕκαστός τις,
Männlein n ſ. Männchen.
männlich ἄρρην, εν, ſ. mannhaft. [ἡ ἀρετή.]
Männlichkeit f ἡ ἀνδρεία,
Mannschaft f οἱ ἄνδρες, οἱ στρατιῶται. [εἶδος.]
Mannsgestalt f τὸ ἀνδρὸς
manns=hoch, =lang ἀνδρομήκης. [ἡ πειθαρχία.]
Mannszucht f ἡ εὐταξία,
Manöver n αἱ τακτικαὶ διέξοδοι.
manövrieren γυμνάζεσθαι ἐν τοῖς ὅπλοις.
Mantel m τὸ ἱμάτιον, ἡ χλαμύς.
Manuſtript n ἡ συγγραφή, τὸ σύγγραμμα.
Marder m ἡ γαλῆ.
Marine f τὸ ναυτικόν (auch pl.).
Mark n ὁ μυελός.
Marke f τὸ σύμβολον, τὸ σημεῖον.
markig μυελώδης.

(mangelhaft   markig)

Markſtein m ὁ ὁριαῖος λίθος, ἡ στήλη.
Markt m ἡ ἀγορά. [τιον.]
Marktflecken m τὸ πολισμά-
Marktplatz m ἡ ἀγορά.
Marmor m ὁ μάρμαρος.
marmorartig μαρμαρώδης.
Marmorbild n ἡ μαρμάρου εἰκών, τὸ μαρμάρινον ἄγαλμα.
Marmorſäule f ἡ μαρμαρίνη στήλη.
marode καμών, κεκμηκώς, ἀπειρηκώς.
Marodeur m ὁ λῃστής.
marodieren λῃστεύειν, λεηλατεῖν, λείαν ἄγειν.
Marſch m ἡ πορεία, ἡ ὁδός, einen ~ machen ὁδὸν ποιεῖσθαι.
marſchfertig ἕτοιμος πορεύεσθαι oder πρὸς τὸ πορεύεσθαι.
marſchieren πορεύεσθαι.
Marſchland n τὰ ἕλη.
Marſchroute f ἡ ὁδός.
Marſtall m τὸ ἱπποτροφεῖον.
Marter f ἡ αἰκία, ἡ τιμωρία, ἡ βάσανος.
martern αἰκίζεσθαι, βασανίζειν, στρεβλοῦν.
martervoll ἀλγεινός.
März m ὁ τρίτος μήν.
Maſche f ἡ συμπλοκή, ὁ βρόχος. [μηχάνημα.]
Maſchine f ἡ μηχανή, τὸ
Maske f τὸ πρόσωπον, = Verſtellung τὸ προσποίημα.
Maß n τὸ μέτρον, ~ halten μετριάζειν, ἐγκρατῆ εἶναι, gewiſſermaßen πώς, πῇ (entl.), folgendermaßen ὧδε, in dem ~e wie ὥσπερ, καθάπερ.
Maſſe f ἡ ὕλη, = Menge τὸ πλῆθος.
Maßgabe f: nach ~ κατά mit acc., ἐκ mit gen.
mäßig μέτριος, ἐπιεικής, = enthaltſam σώφρων, ἐγκρατής, ~ ſein σωφρονεῖν, ~ in etw. ἐγκρατῆ εἶναί τινος, adv. μετρίως, σωφρόνως.
mäßigen, ſich μετριάζειν, ſich in etw. ~ κρατεῖν τινος, φείδεσθαί τινος, ſich nicht ~ können ἀκρατῆ εἶναι ἑαυτοῦ.
Mäßigkeit f ἡ μετριότης (ητος), ἡ ἐγκράτεια, ἡ σωφροσύνη. [συστολή.]
Mäßigung f ἡ κόλασις, ἡ
maſſiv λίθινος, = grob ἄγροικος. [τής.]
maßlos ἄμετρος (2), ἀκρα-
Maßloſigkeit f ἡ ἀκράτεια, ἡ ἀκολασία.
Maßregel f ἡ βουλή, ἡ γνώμη, eine ~ treffen, ergreifen βουλεύεσθαι.
Maßſtab m τὸ μέτρον.
Maſt, Maſtbaum m ὁ ἱστός.
Maſt f = das Mäſten ἡ σιτεία, ἡ χορτασία, = Futter τὸ χόρτασμα.
Maſtdarm m τὸ κῶλον.
mäſten πιαίνειν, χορτάζειν.
Maſtkorb m τὸ θωράκιον.
Maſtvieh n τὰ σιτευτὰ κτήνη.
Materialien n/pl. τὰ στοιχεῖα, ἡ ὕλη.
Materie f τὸ στοιχεῖον, τὸ σῶμα.

(Markſtein) (Materie)

Mathematik f ἡ μαθηματική, τὰ μαθήματα.
Matratze f τὸ στρῶμα.
Matrone f ἡ γεραιτέρα γυνή. [ναύτης.]
Matrose m ὁ ἐρέτης, ὁ
matt ἀσθενής, ἄρρωστος (2), = müde καμών, κεκμηκώς, ἀπειρηκώς, ~ sein ἀσθενεῖν, ἀρρωστεῖν, = müde sein κάμνειν, ἀπειρηκέναι. [ῥίπος.]
Matte f ὁ φορμός, τὸ
Mattigkeit f ἡ ἀσθένεια, ἡ ἀρρωστία, ὁ κάματος.
Mauer f τὸ τεῖχος, mit e-r ~ umgeben περιτειχίζειν.
mauern (intr.) συντιθέναι oder συνδεῖν λίθους, (trans.) οἰκοδομεῖν λίθοις.
Mauer-stein, -ziegel m ὁ, ἡ χάλιξ, ἡ πλίνθος.
Maul n τὸ στόμα, ein loses ~ ἡ κακογλωττία, ein loses ~ haben οὐ κατέχειν τὴν γλῶτταν, οὐ κρατεῖν γλώττης, das ~ halten σιωπᾶν, σιγὴν ἄγειν.
Maulaffe m ὁ κεχηνώς.
Maulbeerbaum m ἡ μορέα.
Maulbeere f τὸ μόρον.
Mäulchen n τὸ στόμιον, τὸ στοματίον (auch Kuß).
Maulesel m ὁ, ἡ ἡμίονος, ὁ ὀρεύς.
Maulschelle f ὁ κόλαφος, j-m eine ~ geben ἐντρίβειν ob. ἐντείνειν κόλαφόν τινι.
Maultier n f. Maulesel.
Maulwurf m ὁ σκάλοψ, ὁ σπάλαξ.
Maurer m ὁ λιθοδόμος.

Maus f ὁ μῦς.
mausen μυοθηρεῖν, = stehlen κλέπτειν.
mausern, sich πτερορρυεῖν.
mausestill, mäuschenstill σιγηλός, adv. ἠρέμα, ἠρέμας. [ἀξίωμα.]
Maxime f ἡ γνώμη, τὸ
Mechanik f ἡ μηχανική.
mechanisch ἄνευ γνώμης.
Mechanismus m ἡ μηχανή.
meckern μηκάζειν, μηκᾶσθαι. [κον, τὸ πόμα.]
Medikament n τὸ φάρμα-
Meditation f ἡ μελέτη, τὸ μελέτημα. [νοεῖσθαι.]
meditieren μελετᾶν, δια-
Meer n ἡ θάλαττα.
Meeradler m ὁ ἁλιαίετος.
Meerbusen m ὁ κόλπος.
Meerenge f ὁ πορθμός, ὁ βόσπορος.
Meeresfläche f τὸ πέλαγος.
Meeresflut f ὁ κλύδων.
Meeresküste f τὰ παραθαλάττια.
Meeresstille f ἡ γαλήνη.
Meeresstrand m ὁ αἰγιαλός, ἡ ἀκτή.
Meereswelle f τὸ (τῆς θαλάττης) κῦμα.
Meereswoge f f. das vorhergehende Wort.
meerfarbig κυανέος.
Meerungeheuer n τὸ κῆτος.
Mehl n τὸ ἄλφιτον, τὸ ἄλευρον.
mehr πλείων, πλέον, adv. πλέον, μᾶλλον, = wieder αὖθις, und was ~ ist τὸ δὲ μέγιστον, ~ oder weniger πλέον, ἔλαττον, ~ und ~

ἐπὶ πλέον, nicht ~ οὐκέτι, μηκέτι, um nichts ~ οὐδὲν μᾶλλον, je ~ ... desto ... τοσούτῳ μᾶλλον ... ὅσῳ.
mehren αὐξάνειν, sich ~ αὐξάνεσθαι.
Mehrer m durch das Verb.
mehrfach πολλαπλάσιος.
Mehrheit f τὸ πολύ, οἱ πλείους, τὸ πλῆθος.
mehrmalig συχνός.
mehrmals πολλάκις.
Mehrung f ἡ αὔξησις.
Mehrzahl f s. Mehrheit.
meiden φεύγειν, ἀφίστασθαί τινος, εὐλαβεῖσθαί τι.
Meierhof m ἡ ἔπαυλις, ὁ ἀγρός.
Meile f τὸ μίλιον.
mein ἐμός, μοῦ (entl.), ~ Vater ὁ ἐμὸς πατὴρ oder ὁ πατήρ μου, gew. ὁ πατήρ.
Meineid m ἡ ἐπιορκία.
meineidig ἐπίορκος (2).
meinen νομίζειν, οἴεσθαι, ἡγεῖσθαι, δοκεῖ μοι, = sagen λέγειν.
meiner, meine, meines ἐμοῦ, μοῦ (entl.).
meinet=halben, =wegen ἐμοῦ γε ἕνεκα, εἰ βούλει.
Meinige, der, die, das ἐμός, ή, όν.
Meinung f ἡ δόξα, ἡ γνώμη, eine ~ haben δοξάζειν, eine ~ äußern ἀποφαίνεσθαι γνώμην, seine ~ ändern μεταγιγνώσκειν, μετανοεῖν, ich bin einer ~ δοκῶ, δοκεῖ μοι, = Gesinnung ἡ διάνοια.

meist, meistens, meistenteils ὡς ἐπὶ τὸ πολύ, μάλιστα, τὰ πολλά, τὰ πλεῖστα, die meisten οἱ πολλοί, οἱ πλείους, οἱ πλεῖστοι.
Meister m = Handwerksmeister ὁ τεχνίτης, = Lehrer ὁ διδάσκαλος, = erfahrener Mann δεινὸς τέχνην τινά, = der Stärkere ὁ κρείττων, sich zum ~ von etw. machen ἐπικρατεῖν τινος, ~ sein von etw. κρατεῖν τινος, ~ sein πρωτεύειν, seiner selbst nicht ~ sein οὐ κρατεῖν ἑαυτοῦ.
meisterhaft ἄριστος, δεινός.
meistern μέμφεσθαι, ψέγειν.
Meisterschaft f ἡ δεινότης (ητος), ἡ ἀρετή.
Meisterstück n τὸ ἐπίδειγμα.
Melancholie f ἡ μελαγχολία, ἡ δυσθυμία.
melancholisch μελαγχολικός, δύσθυμος (2).
melden ἀγγέλλειν, ἀπαγγέλλειν, = sagen λέγειν, sich zu einem Amte ~ μνηστεύεσθαι ἀρχήν.
Meldung f ἡ ἀγγελία.
melken ἀμέλγειν.
Melkgefäß n ὁ ἀμολγεύς.
Melodie f τὸ μέλος, ἡ μελῳδία.
Memme f δειλός, κακός, [ἄνανδρος (2).]
memmenhaft ἄνανδρος (2).
Memoiren, die τὰ ὑπομνηματικά, τὰ ἀπομνημονεύματα.
memorieren ἐκμανθάνειν.
Menge f τὸ πλῆθος, ἡ εὐπορία, ἡ ἀφθονία, die

(mehren) 222 Menge)

große ~ οἱ πολλοί, in ~ πολύς.
mengen μειγνύναι, συμμειγνύναι, sich in etwas ~ ἅπτεσθαί τινος.
Mennig m, **Mennige** f ἡ μίλτος.
Mensch m ὁ ἄνθρωπος.
menschenähnlich ἀνθρωποειδής. [γενεά.]
Menschenalter n ὁ αἰών, ἡ
Menschenart f τὸ τῶν ἀνθρώπων γένος, = Menschensitte ὁ ἀνθρώπινος τρόπος.
Menschenblut n τὸ ἀνθρώπειον αἷμα. [ἄνθρωπος.]
Menschenfeind m ὁ μισ-
menschenfeindlich μισάνθρωπος (2). [ἄνθρωπος).]
Menschenfreund m ὁ φιλ-
menschenfreundlich φιλάνθρωπος (2).
Menschenfreundlichkeit f ἡ φιλανθρωπία.
Menschengebot n ὁ ἀνθρώπων νόμος.
Menschengedenken n: seit ~ ἐφ' ὅσον ἀνθρώπων μνήμη ἀφικνεῖται. [ἀνθρωπία.]
Menschengefühl n ἡ φιλ-
Menschengesicht n τὸ ἀνθρώπου πρόσωπον.
Menschengestalt f τὸ ἀνθρώπου (ἀνθρώπινον) εἶδος oder σχῆμα.
Menschengewühl n ὁ ὄχλος.
Menschenglück n τὰ ἐν ἀνθρώποις ἀγαθά.
Menschengröße f τὸ ἀνθρώπου μέγεθος, in sittlicher Beziehung ἡ ἀνθρώπου ἀρετή.

Menschenhandel m ὁ ἀνδραποδισμός. [πων μῖσος.]
Menschenhaß m τὸ ἀνθρώ-
Menschenhasser m ὁ μισάνθρωπος. [θρώπου βίος.]
Menschenleben n ὁ ἀν-
menschenleer ἀνθρώπων ἔρημος, ὀλιγάνθρωπος (2).
Menschenliebe f ἡ φιλανθρωπία.
menschenmöglich ὅσον ἀνθρώπῳ δυνατόν ἐστιν.
Menschenmord m ἡ ἀνθρωποκτονία.
Menschenopfer n ἡ ἀνθρωποθυσία, ~ darbringen ἀνθρωποθυτεῖν.
Menschenpflicht f τὰ τοῦ ἀνθρώπου. [ποδισμός.]
Menschenraub m ὁ ἀνδρα-
Menschenrecht n τὰ ἐν ἀνθρώποις δίκαια.
Menschensatzung f ὁ ἀνθρώπων νόμος.
menschenscheu μισάνθρωπος (2), die M~ ἡ μισανθρωπία.
Menschenverstand m ἡ ἀνθρωπίνη γνώμη, ohne ~ ἀνόητος (2).
Menschenwerk n τὸ ἀνθρώπινον ἔργον.
Menschenwohl n ἡ τῶν ἀνθρώπων σωτηρία.
Menschenwürde f ἡ ἀνθρώπου ἀρετή.
Menschheit f οἱ ἄνθρωποι, τὸ ἀνθρώπων γένος.
menschlich ἀνθρώπειος, = den Menschen gehörig ἀνθρώπινος, ~e Dinge τὰ ἀνθρώπινα, = menschenfreundlich φιλάνθρωπος (2).

Menschlichkeit f ἡ φιλανθρωπία.
Mensur f τὸ μέτρον.
Meridian m ὁ μεσημβρινὸς κύκλος.
merkbar αἰσθητός, νοητός.
merken αἰσθάνεσθαι, γιγνώσκειν, νοεῖν, = vermuten ὑποπτεύειν, etwas ~ lassen φανερὸν ποιεῖν, δηλοῦν, nicht ~ lassen οὐ δηλοῦν, = aufmerksam sein προσέχειν (τὸν νοῦν) τινί, sich etw. ~ τηρεῖν, εἰδέναι, merke wohl εὖ ἴσθι.
merklich αἰσθητός, νοητός, = beträchtlich ἀξιόλογος (2), ἱκανός.
Merkmal n τὸ σημεῖον, τὸ σύμβολον.
merkwürdig ἀξιόλογος (2), μνήμης ἄξιος.
Merkwürdigkeit f τὸ ἀπομνημόνευμα.
Merkzeichen n s. Merkmal.
messen μετρεῖν, etwas nach etwas ~ μετρεῖν ob. ὁρίζειν τι εἴς τι, sich mit j-m ~ διαγωνίζεσθαί τινι.
Messer n ἡ κοπίς, ἡ μάχαιρα.
Messing n ὁ ἐρυθρὸς χαλκός, ὁ ὀρείχαλκος.
Meßkette f ὁ σχοῖνος.
Meßkunst f ἡ γεωμετρία.
Messung f ἡ μέτρησις, ἡ διαμέτρησις.
Met m τὸ οἰνόμελι.
Metall n τὸ μέταλλον.
Meteor n τὸ οὐράνιον φῶς.
Metrik f ἡ μετρική.
metrisch μετρικός.

Metze f τὸ ἡμιμέδιμνον, = liederliches Frauenzimmer ἡ πόρνη.
Metzelei f ἡ σφαγή.
Metzger m ὁ κρεωπώλης.
Meuchelmord m ἡ δολοφονία, ὁ φόνος, einen ~ begehen δολοφονεῖν, φονεύειν τινά.
Meuchelmörder m ὁ δολοφόνος.
meuchelmörderisch φονικός.
meuchlings ἐξ ἐπιβουλῆς.
Mieder n τὸ στρόφιον.
Miene f τὸ πρόσωπον, ἡ ὄψις, ~ machen (etw. zu tun) μέλλειν.
Mienenspiel n ἡ ὄψις.
Miete f ὁ μισθός, τὸ μίσθωμα.
mieten μισθοῦν (auch M.).
Milbe f τὸ ἄκαρι.
Milch f τὸ γάλα (ακτος).
milchfarbig γαλακτόχρους (2). [δόχον.]
Milchgefäß n τὸ γαλακτο-
mild ἐπιεικής, πρᾶος, εὐεργετικός.
Milde f ἡ ἐπιείκεια, ἡ πραότης (ητος), ἡ εὐεργεσία.
mildern πραΰνειν, durch Trost ~ παρηγορεῖν, παραμυθεῖσθαι.
Milderung f ἡ πράϋνσις, ἡ παρηγορία, ἡ παραμυθία.
mildherzig ἐλεήμων.
mildtätig εὐεργετικός.
Mildtätigkeit f ἡ εὐεργεσία.
Militär n οἱ στρατιῶται.

militärisch στρατιωτικός, πολεμικός.
Million f ἑκατοντάκις-μύριοι, ἑκατὸν μυριάδες.
Milz f ὁ σπλήν (ηνός).
Mimik f ἡ μιμική.
Mimiker m ὁ μῖμος.
minder μεῖον, ἧττον, nicht ~ οὐχ ἧττον.
minderjährig ἄνηβος (2).
Minderjährigkeit f ἡ ἄνηβος ἡλικία. [συστέλλειν.]
mindern μειοῦν, ἐλαττοῦν,
Minderung f ἡ μείωσις, ἡ ἐλάττωσις, ἡ συστολή.
mindest ἐλάχιστος, ὀλίγιστος, am ~en ἥκιστα, nicht im ~en οὐδ' ὁπωστιοῦν, παντελῶς οὔ.
mindestens τοὐλάχιστον.
Mine (Gewicht und Münze) f ἡ μνᾶ.
Mine (unterirdische) f ὁ ὑπόνομος, ~n anlegen ὑπονομεύειν.
Mineral n τὸ μέταλλον.
minieren ὑπονομεύειν, μεταλλεύειν.
Minister m ὁ γραμματεύς.
Minne f ὁ ἔρως (ωτος).
Minute f τὸ ἑξηκοστὸν τῆς ὥρας μέρος, = kurze Zeit τὸ τοῦ χρόνου ἀκαρές.
Minze f ἡ μίνθη.
mischen μειγνύναι, κεραννύναι, sich in etw. ~ μεταλαμβάνεσθαί τινος, sich in alles ~ πολυπραγμονεῖν.
Mischen n, **Mischung** f ἡ μεῖξις, ἡ κρᾶσις.
Misch=gefäß n, **=krug** m ὁ κρατήρ.

Mispel f τὸ μέσπιλον.
mißachten καταφρονεῖν τινος. [ἡ δυσκολία.]
Mißbehagen n ἡ δυσθυμία,
Mißbildung f ἡ δυσμορφία.
mißbilligen ἀποδοκιμάζειν, ἀπογιγνώσκειν, μέμφεσθαι.
Mißbilligung f ἡ ἀποδοκιμασία.
Mißbrauch m ἡ ἀπόχρησις.
mißbrauchen ἀποχρῆσθαί τινι.
mißdeuten παρεκδέχεσθαι.
missen δεῖσθαι, ἀπορεῖν τινος.
Mißernte f ἡ ἀκαρπία.
Missetat f τὸ κακούργημα, τὸ κακὸν ἔργον, τὸ ἀδίκημα.
Missetäter m ὁ κακοῦργος.
mißfallen ἀπαρέσκειν τινί.
Mißfallen n ἡ ἀποδοκιμασία. [ἄρεστος (2).]
mißfällig ἀπάρεστος, δυσ-
Mißgeburt f τὸ τέρας.
Mißgeschick n ἡ κακὴ τύχη, ἡ ἀ-, δυστυχία.
Mißgestalt f ἡ δυσείδεια, ἡ ἀμορφία.
mißglücken: es mißglückt mir etwas ἀποτυγχάνω, ἀτυχῶ τινος. [τινος.]
mißgönnen φθονεῖν τινί
Mißgriff m τὸ ἁμάρτημα, ἡ πλημμέλεια, e-n ~ tun in etw. ἁμαρτάνειν τινός.
Mißgunst f ὁ φθόνος.
mißgünstig φθονερός.
mißhandeln κακοῦν, κακῶς ποιεῖν, ὑβρίζειν τινά.
Mißhandlung f ἡ κάκωσις, ἡ ὕβρις (akt.), ἡ κακο-

πάθεια, τὸ ὕβρισμα, τὸ ἀδίκημα (pass.).
Mißheirat f ἡ δυσγαμία.
mißhellig διάφορος (2).
Mißhelligkeit f ἡ διαφορά.
mißkennen ἀγνοεῖν.
Mißklang m ἡ διαφωνία.
mißklingen διαφωνεῖν.
Mißkredit m ἡ κακὴ δόξα, ἡ ἀδοξία.
mißlaunig δύσθυμος (2).
Mißlaut m ἡ διαφωνία, ἡ διαφώνησις. [νος (2).]
mißlich ἄπορος (2), ἀμήχα-
Mißlichkeit f ἡ ἀπορία.
mißlingen οὐκ ἀποβαίνειν, es mißlingt mir etw. ἀποτυγχάνω, ἀτυχῶ, διαμαρτάνω, σφάλλομαί τινος.
Mißlingen n ἡ ἀτυχία.
Mißmut m ἡ δυσθυμία.
mißmutig δύσθυμος (2), δύσκολος (2).
mißraten κακῶς ἀποβαίνειν, es mißlingt mir etwas f. mißlingen. [ἡ διαφωνία.]
Mißton m ἡ διαφώνησις,
mißtönend διάφωνος (2).
mißtrauen ἀπιστεῖν τινι.
Mißtrauen n ἡ ἀπιστία.
mißtrauisch ἄπιστος (2), ~ sein ὑποπτεύειν.
mißvergnügt δυσάρεστος, δύσθυμος, δύσκολος (sämtlich 2). [ὠμαλία.]
Mißverhältnis n ἡ ἀν-
Mißverstand m ἡ παρακοή, = Mißverständnis τὸ παράκουσμα, = Mißhelligkeit ἡ διαφορά.
Mißwachs m ἡ ἀκαρπία.

Mist m ἡ κόπρος.
misten χέζειν, κακκᾶν, = düngen κοπρίζειν, κοπνεῖν.
Mistgabel f τὸ κοπρικὸν δίκρανον.
mit σύν (ξύν) mit dat., μετά mit gen., zugleich mit ἅμα mit dat., oft durch die part. ἔχων, ἄγων, φέρων, λαβών mit acc., = vermittelst μετά mit gen., σύν mit dat., διά mit gen., gew. der bloße dat. instrum.
Mit-arbeiter m ὁ συνεργός.
mit-begleiten συμπαρέπεσθαι. [ἑαυτοῦ.]
mit-bringen ἄγειν μεθ'
Mit-bürger m ὁ πολίτης, ὁ ὁμόφυλος.
mit-einander ὁμοῦ, κοινῇ, μετ' ἀλλήλων.
Mit-erbe m ὁ τῆς κληρονομίας κοινωνός oder μετέχων.
mit-fahren συνοχεῖσθαι.
mit-folgen συμπαρέπεσθαι.
mit-führen ἄγειν μεθ' ἑαυτοῦ.
Mit-gabe f τὸ δῶρον.
mit-geben συμπέμπειν.
Mit-gefühl n ἡ συμπάθεια, ὁ οἶκτος.
mit-gehen συμπορεύεσθαι, ἕπεσθαι, ἀκολουθεῖν.
Mit-gift f ἡ προίξ (οἶκος), ἡ φερνή. [ἑταῖρος.]
Mit-glied n ὁ κοινωνός, ὁ
mit-hin οὖν, ἄρα, τοίνυν, οὐκοῦν, διὰ τοῦτο, ἐκ τούτων.
mit-kommen συμπαραγίγνεσθαι, συμπαρέπεσθαι.

Mit-leid(en) *n* ὁ ἔλεος, ἡ ἐλεημοσύνη, ὁ οἶκτος, ~ mit j-m haben ἐλεεῖν, οἰκτίρειν τινά.
mit-leiden συμπάσχειν τινί.
mit-leidig ἐλεήμων, οἰκτίρμων.
mit-machen συλλαμβάνεσθαί oder μετέχειν τινός.
Mit-mensch *m* ὁ πλησίον.
mit-nehmen ἄγειν μεθ' ἑαυτοῦ, ἀπάγειν (auch M.).
mitnichten οὐδαμῶς.
Mit-regent *m* ὁ συμβασιλεύων.
mit-reisen συμπορεύεσθαι.
mit-schuldig μεταίτιός (2) τινος.
Mit-schüler *m* ὁ συμμαθητής, ὁ συμφοιτητής.
mit-segeln συμπλεῖν.
mit-singen συνᾴδειν.
mit-spielen συμπαίζειν.
mit-sterben συναποθνήσκειν.
mit-streiten συμμαχεῖν, συμπολεμεῖν.
Mittag *m* ἡ μεσημβρία, ἡ μέση ἡμέρα, = Süden ἡ μεσημβρία, ὁ νότος. am ~ μεσημβρινός, = südlich μεσημβρινός, νότιος. [ημβρίαν.
mittags κατὰ τὴν μεσ-
Mittag(s)essen *n* τὸ ἄριστον, τὸ δεῖπνον, das ~ einnehmen ἀριστᾶν, δειπνοποιεῖσθαι. [της (ητος).
Mitte *f* τὸ μέσον, ἡ μεσό-
mit-teilen μεταδιδόναι τινί τινος, λέγειν, ἀνακοινοῦν (auch M.) τινί τι.
Mitteilung *f* ἡ μετάδοσις, ὁ λόγος, ἡ ἀνακοίνωσις.

Mittel *n* zu einem Zweck ὁ πόρος, ἡ μηχανή, τὸ μηχάνημα, ~ anwenden, ersinnen μηχανᾶσθαι, alle ~ anwenden ἐπὶ πᾶν ἔρχεσθαι, = Vermögen τὰ χρήματα, αἱ ἀφορμαί.
Mittelalter *n* ἡ μέση γενεά.
mittelbar διὰ συνεργείας τινός.
Mittelding *n* τὸ μέσον.
Mittelfinger *m* ὁ μέσος δάκτυλος.
Mittelland *n* ἡ μεσόγαια.
mittelländisch μεσόγαιος.
mittellos ἄπορος (2).
Mittellosigkeit *f* ἡ ἀπορία.
mittelmäßig μέτριος.
Mittelmäßigkeit *f* τὸ μέτριον, ἡ μετριότης (ητος).
Mittelpunkt *m* τὸ μέσον.
Mittelschlag *m* ἡ μεσότης (ητος), vom ~ μέτριος.
Mittelsperson *f* ὁ διαιτητής. [bloße *dat.*
mittelst διὰ mit *gen.*, auch der
Mittelstand *m* ὁ δῆμος.
Mittelste, der, die, das ~ μέσος.
Mittel=straße *f*, **=weg** *m* ἡ μέση ὁδός, die ~ (den ~) halten μετρίων ἐπιθυμεῖν.
mitten ἐν μέσῳ, μέσος.
Mitternacht *f* αἱ μέσαι νύκτες. [μεσονύκτιος (2).
mitter=nächtig, =nächtlich
Mittler *m* ὁ μεσίτης, ὁ εἰρηνοποιός.
Mittleramt *n* ἡ μεσιτεία.
Mittlere, der, die, das ~ μέσος.
mittlerweile μεταξύ.

mit-unter ἐνίοτε.
Mit-verbannte(r) m ὁ συμφεύγων, ὁ συμφυγών.
Mit-verschworene(r) m ὁ συνωμότης.
Mit-welt f οἱ νῦν ἄνθρωποι.
mit-wirken συνεργάζεσθαι, συμπράττειν. [ἐργασία.]
Mit-wirkung f ἡ συν-
mit-wissen συνειδέναι.
Mit-wissen n ἡ συνείδησις.
Mit-wisser m ὁ συνειδώς.
mit-ziehen ἕπεσθαι, ἀκολουθεῖν, in den Krieg ~ συστρατεύειν (auch M.).
Mixtur f f. Mischung.
Mode f τὸ ἔθος, ὁ τρόπος, ~ sein ἐν ἔθει εἶναι.
Modell n τὸ πρωτότυπον, τὸ παράδειγμα.
modellieren πλάττειν, τυποῦν.
Moder m ἡ σαπρότης (ητος).
moderig σαπρός.
modern σήπεσθαι, ἀποσήπεσθαι.
modernd μυδαλέος.
modulieren μελῳδεῖν.
mögen βούλεσθαι, ἐθέλειν, ich möchte wohl βουλοίμην ἄν, etwas haben ~ ἐπιθυμεῖν τινος, ich mag nicht sagen ἐῶ λέγειν, mag nun ... oder εἴτε ... εἴτε.
möglich δυνατός, es ist ~ δυνατόν ἐστι, οἷόν τέ ἐστι, es ist nicht ~ οὐκ ἔστι, auf alle ~e Weise πάσῃ μηχανῇ.
Möglichkeit f τὸ δυνατόν, nach ~ εἰς τὸ δυνατόν, ἐκ τῶν δυνατῶν.

möglichst: sein ~es tun ἐπὶ πᾶν ἔρχεσθαι, beim sup. ὡς, z.B. ~ gut ὡς βέλτιστα.
Mohn m ἡ μηκωνίς.
Mohr m ὁ μέλας ἄνθρωπος.
Möhre f τὸ καρωτόν.
Molch m ὁ ἀσκάλαβος, ἡ σαλαμάνδρα.
Molke f ὁ ὀρρός.
Moment m und n ἡ ῥοπή, ὁ καιρός. [μόναρχος.]
Monarch m ὁ μονάρχης, ὁ
Monarchie f ἡ μοναρχία.
monarchisch μοναρχικός.
Monat m ὁ μήν (ηνός).
monatlich μηνιαῖος, adv. κατὰ μῆνα.
Mond m ἡ σελήνη.
Mondfinsternis f ἡ σελήνης ἔκλειψις.
mondförmig σεληνοειδής.
Mondlicht n τὸ σελήνης φῶς (ωτός).
mondlos ἀσέληνος (2).
Mondschein m ἡ σελήνη.
Mondsucht f ἡ σεληνιακὴ νόσος. [(2).]
mondsüchtig σεληνόβλητος
Mondwechsel m ἡ ἕνη καὶ νέα.
Monolog m ἡ μονολογία.
Moor n ἡ ἰλυώδης γῆ.
Moos n τὸ βρύον.
moosig βρυώδης, βρυόεις.
Moral f ἡ ἠθικὴ ἐπιστήμη.
moralisch ἠθικός, ~ gut καλὸς κἀγαθός.
Moralität f τὸ ἦθος.
Morast m τὸ ἕλος.
morastig ἰλυώδης, πηλώδης.

Mord m ὁ φόνος, ἡ σφαγή, mit ~ befleckt μιαίφονος.
Mordanschlag m ἡ ἐπιβουλή. [ἐπιθυμία.]
Mordbegierde f ἡ φόνου
mordbegierig φόνου ἐπιθυμῶν. [καεύς.]
Mordbrenner m ὁ πυρ-
morden φονεύειν, σφάττειν, ἀποκτείνειν.
Morden n ἡ σφαγή, ὁ φόνος. [σφαγεύς.]
Mörder m ὁ φονεύς, ὁ
mörderisch φονικός, φόνιος.
Mordgeschrei n ἡ δεινὴ κραυγή. [θυμία.]
Mordlust f ἡ φόνου ἐπι-
Mordtat f ὁ φόνος.
morgen adv. αὔριον.
Morgen m ὁ ὄρθρος, ἡ ἕως, früher ~ ὄρθρος βαθύς, es wird ~ ἡ ἡμέρα ὑπολάμπει. [πλέθρον.]
Morgen m: ein ~ Land τὸ
morgend ὁ, ἡ, τὸ αὔριον.
Morgendämmerung f ἡ πρώτη ἕως, in der ~ ἅμα τῇ ἕῳ.
morgendlich ἑωθινός.
Morgenland n αἱ ἀνατολαί.
morgenländisch ἀνατολικός.
Morgenröte f ἡ ἕως, mit der ~ ἅμα τῇ ἕῳ.
morgens ἕωθεν, πρωΐ.
Morgensonne f ὁ ἀνατέλλων (ἀνίσχων) ἥλιος, ὁ ἑωθινὸς ἥλιος.
Morgenstern m ὁ φωσφόρος.
Morgenstrahl m ἡ ἡλίου ἀκτίς (ῖνος). [ὥρα.]
Morgenstunde f ἡ ἑωθινὴ

Morgentau m ἡ ἑωθινὴ δρόσος. [~ ἔωθεν.]
Morgenzeit f ἡ πρωΐα, zur
morsch σαθρός, σαπρός.
Morschheit f τὸ σαπρόν.
Mörser m ὁ ὅλμος, ἡ θυεία. [ψάμμος.]
Mörtel m ἡ κονία, ἡ
Moschus m ὁ μόσχος.
Most m τὸ γλεῦκος.
Motte f ὁ σής (σητός, σεός). [γνώμη.]
Motto n τὸ σύμβολον, ἡ
Mücke f ὁ, ἡ κώνωψ, ἡ ἐμπίς.
mucksen γρύζειν.
müde κατάπονος (2), καμών, κεκμηκώς, ἀπειρηκώς, ~ werden κάμνειν, ~ sein κεκμηκέναι, e-r Sache ~ sein ἐκκάμνειν τι.
Müdigkeit f ὁ κάματος.
Mühe f ὁ πόνος, ὁ μόχθος, ohne ~ ἄπονος (2), mit vieler ~ χαλεπῶς, sich ~ mit etw. geben σπουδάζειν περί τινος oder περί τι, ἐπιμελεῖσθαί τινος, es kostet ~ ἔργον ἐστίν, es ist der ~ wert λόγου ἄξιόν ἐστιν.
mühelos ἄπονος, ἄμοχθος (2).
mühen, sich πονεῖν, μοχθεῖν.
mühevoll πολύπονος, πολύμοχθος (2).
Mühle f ἡ μύλη. [χός.]
Mühlrad n ὁ μυλικὸς τρο-
Mühlstein m ὁ μύλος, ὁ μύλαξ, ὁ ὄνος (ἀλέτης).
Muhme f ἡ θεία, ἡ συγγενής. [πραγματώδης.]
mühsam ἐπίπονος (2),

Mühsamkeit f τὸ ἐπίπονον.
mühselig μοχθηρός, = elend ἄθλιος, ταλαίπωρος (2).
Mühseligkeit f ὁ μόχθος, ἡ μοχθηρία, ἡ ἀθλιότης (ητος), ~en οἱ πόνοι.
Mulde f ἡ κάρδοπος.
Müller m ὁ μυλεύς.
Mumie f τὸ σκελετὸν σῶμα.
Mund m τὸ στόμα, den ~ auftun ἀνοίγειν τὸ στόμα.
Mundart f ἡ γλῶττα, ἡ διάλεκτος.
Mündchen n τὸ στόμιον.
Mündel m und n ὁ ὀρφανός, ἡ ὀρφανή.
münden εἰσβάλλειν.
mündig ἡλικίαν ἔχων, ~ sein ἡλικίαν ἔχειν.
mündlich διὰ τοῦ στόματος, ἀπὸ γλώττης.
Mundschenk m ὁ οἰνοχόος.
Mündung f τὸ στόμα, ἡ ἐκ-, εἰσβολή.
Mundvorrat m ὁ σῖτος.
Munition f τὰ πρὸς τὸν πόλεμον, ἡ παρασκευή.
munkeln μύζειν.
munter = wach ἐγρηγορώς, ἄγρυπνος (2), = lebhaft ἀκμαῖος, = heiter ἱλαρός, φαιδρός.
Munterkeit f ἡ ἀγρυπνία, τὸ φαιδρόν.
Münze f τὸ νόμισμα.
münzen κόπτειν νομίσματα.
mürbe πέπων, μαλακός (von Früchten), = morsch σαθρός, j-n ~ machen καταπονεῖν τινα.
murmeln ψιθυρίζειν (vom Wasser), θορυβεῖν (von Menschen).
Murmeln n ὁ ψιθυρισμός, ὁ γογγυσμός.
murren θορυβεῖν, μέμφεσθαι.
Murren n ὁ θόρυβος.
mürrisch σκυθρός, σκυθρωπός (2), ~ sein δυσκολαίνειν.
Mus n ὁ πόλτος.
Muschel f ἡ κόγχη, ὁ κόγχος. [κογχοειδής.]
muschel=artig, =förmig
Muse f ἡ μοῦσα.
Museum n τὸ μουσεῖον.
Musik f ἡ μουσική, ἡ συμφωνία.
musikalisch μουσικός.
Musikant m ὁ αὐλητής, ψάλτης.
Musikus m s. das vorh. Wort.
musizieren μουσίζειν.
Muskel m und f ὁ μῦς (υός).
Muskelkraft f ἡ ῥώμη.
muskulös μυώδης.
Muße f ἡ σχολή, ἡ εὐσχολία, ἡ ἀπραξία, ~ haben σχολάζειν, σχολὴν ἄγειν oder ἔχειν.
Mußestunde f ἡ σχολή.
müssen δεῖ, ἀνάγκη ἐστί od. χρή mit acc. u. inf., oft durch Verbaladj. auf τέος, es müßte denn ἦν μὴ mit conj.
müßig σχολαῖος, ἀπράγμων, ~ sein σχολάζειν, ἀπραγεῖν.
Müßiggang m ἡ ἀργία, ἡ ἀπραγία, ~ ist aller Laster Anfang ἀρχὴ παντὸς κακοῦ ἡ ἀργία.

Müßiggänger m ὁ ἀργός, ὁ ἀπράγμων.
Muster n τὸ παράδειγμα, τὸ πρωτότυπον, τὸ ἀρχέτυπον, sich etw. zum ~ nehmen παραδείγματι χρῆσθαί τινι.
musterhaft ἐντελής, ἐκπρεπής, δόκιμος (2).
mustern κρίνειν, διακρίνειν, Soldaten ~ ἐξετάζειν, ἐξέτασιν ποιεῖσθαι.
Musterung f ἡ ἐξέτασις.
Mut m ὁ θυμός, ἡ ψυχή (Gemüt), = Kühnheit u. vgl. τὸ θάρρος, ἡ τόλμα, ἡ εὐτολμία, ἡ ἀνδρία, = froher ~ ἡ εὐθυμία, ἡ εὐφροσύνη, guten ~es θαρρῶν, θαρραλέος, ~ fassen θαρρεῖν, den ~ sinken lassen ἀθυμεῖν, mir ist zumute διανοοῦμαι.
mutig εὐθαρσής, εὔθυμος (2), θαρραλέος, εὔτολμος (2), ἀνδρεῖος.
mutlos ἄθυμος (2), ~ sein ἀθύμως ἔχειν.
mutmaßen εἰκάζειν, ὑποτοπεῖν, ὑπολαμβάνειν, ὑποπτεύειν, = meinen, glauben δοξάζειν, νομίζειν.
mutmaßlich εἰκαστός, δοκῶν, adv. δοκούντως.
Mutmaßung f ἡ εἰκασία, ἡ ὑπόληψις, ἡ ὑποψία.
Mutter f ἡ μήτηρ.
Mutterbruder m ὁ τῆς μητρὸς ἀδελφός.

Mütterchen n τὸ μητρίδιον, altes ~ τὸ γραΐδιον.
Mutterland n ἡ μητρόπολις, ἡ πατρίς.
mütterlich μήτριος, μητρικός, von ~er Seite ἀπὸ μητρός, μητρόθεν.
Mutterliebe f ἡ στοργή.
mutterlos ἀμήτωρ.
Muttermord m ἡ μητροκτονία, -φονία.
Mutterschwester f ἡ τῆς μητρὸς ἀδελφή.
Mutterstadt f ἡ μητρόπολις, ἡ πατρίς.
mutvoll εὐθαρσής, ἀνδρεῖος.
Mutwille m ἡ ὕβρις, ἡ ἀκολασία, ~n treiben ἀκολασταίνειν.
mutwillig ἀκόλαστος (2), ὑβριστής, ~e Behandlung ἡ ὕβρις, τὸ ὕβρισμα.
Mütze f ἡ μίτρα, ἡ κυνῆ.
Myriade f ἡ μυριάς.
Myrrhe f ἡ μύρρα.
Myrte f ἡ μυρρίνη.
Myrten=hain, =wald m ὁ μυρρινών, ὁ μυρτεών.
Myrtenkranz m ὁ μύρρινος στέφανος.
Mysterien n/pl. αἱ τελεταί, τὰ μυστήρια, in die ~ einweihen μυσταγωγεῖν.
mystisch μυστηριώδης, μυστικός.   [μῦθος.]
Mythe f, **Mythos** m ὁ
Mythologie f ἡ μυθολογία, οἱ μῦθοι.

N

N N, ν, τὸ νῦ, indekl.

Nabe f ἡ σῦριγξ (γγος), τὸ συρίγγιον.

Nabel m ὁ ὀμφαλός.

nabel=förmig, =rund ὀμφαλώδης.

nach: auf die Frage wohin? ἐπί mit *acc.* und *gen.*, εἰς, πρός mit *acc.*, zur Angabe des Zwecks κατά, ἐπί mit *acc.*, zur Bezeichnung e-r Folge im Raume u. in der Zeit μετά mit *acc.*, unmittelbar nach ἐκ, ἀπό mit *gen.*, = gemäß κατά mit *acc.*, = hinsichtlich, in Ansehung gew. der bloße *acc.* oder κατά mit *acc.*

Nach-achtung f ἡ τήρησις.

nach=äffen ζηλοῦν.

Nach=äffung f ἡ ζηλοτυπία, ἡ κακοζηλία.

nach-ahmen μιμεῖσθαι, ζηλοῦν τινα.

Nach-ahmer m, **~in** f durch *part.* der vorhergeh. Verba.

Nach-ahmung f ἡ μίμησις.

nach-ahmungs=wert, =würdig μιμητός, ζηλωτός.

Nachbar m ὁ πλησίον, ὁ γείτων, ὁ πάροικος, ὁ ὅμορος, j-s ~ sein γειτονεῖν τινι.

Nachbarin f ἡ γείτων.

Nachbarland n ἡ ὅμορος γῆ oder χώρα.

nachbarlich γειτνιάζων, ὁ, ἡ, τὸ πλησίον.

Nachbarschaft f ἡ γειτονία.

Nachbarstaat m ἡ γείτων πόλις. [βαίνειν.]

nach-bekommen προσλαμ-

nach-bellen ἀνθυλακτεῖν.

nach-bessern ἐπισκευάζειν.

nach-bezahlen ἐπικαταβάλλειν, ἐπεκτίνειν.

Nach-bild n τὸ μίμημα, τὸ ἀπείκασμα.

nach-bilden ἀπομιμεῖσθαι, ἀπεικάζειν.

Nach-bildung f ἡ ἀπομίμησις, ἡ ἀπεικασία.

nach-bleiben ὑπομένειν, λείπεσθαι.

nach-bringen μετάγειν.

nach-dem ἐπεί, ἐπειδή mit *ind.*, ἐπειδάν, ἐπάν mit *conj.*, gew. Partizipialkonstr., je ~ ὡς δή, καθάπερ.

nach-denken σκοπεῖν, σκέπτεσθαί τι, λογίζεσθαί τι, φροντίζειν περί τινος.

Nach-denken n ἡ σκέψις, ὁ λογισμός, ἡ φροντίς.

nach-denklich φροντιστικός.

nach-drängen ἐπικεῖσθαι.

nach-dringen ἐπακολουθεῖν.

Nach-druck m ἡ ἐνέργεια, mit ~, ~ haben δεινός, δύναμιν ἔχειν.

nach-drücken ἐπι-, ἐγκεῖσθαι.

nach=drücklich, =druckvoll ἐνεργής, ἐνεργός, δεινός.

Nach-eiferer m ὁ ζηλωτής.

nach-eifern ζηλοῦν τινα.

Nach-eiferung f ἡ ζήλωσις, ὁ ζῆλος, ἡ φιλοτιμία.

nach-eilen διώκειν, καταδιώκειν τινά.

nach-einander ἐφεξῆς, συνεχῶς, ἄλλος ἐπ' ἄλλῳ.

nach-empfinden: j-m etw. ~ συναισθάνεσθαί τινί τι.

Nach-empfindung f ἡ συναίσθησις.

Nachen m ἡ σκάφη, ἡ κύμβη, ὁ φάσηλος.

Nach-ernte f ἡ σταχυολογία. [σθαι.)

nach-erzählen ἐπιδιηγεῖ-

Nach-erzählung f ἡ ἐπιδιήγησις. [τινα.)

nach-fahren κομίζειν μετά

nach-fallen ἐπικαταπίπτειν.

Nach-feier f τὰ δεύτερα ἱερά.

Nach-folge f ἡ ἀκολουθία, in einem Amte ἡ διαδεξις, ἡ διαδοχή.

nach-folgen ἕπεσθαι, ἐφέπεσθαι, ἀκολουθεῖν τινι, διώκειν τινά, im Amte ~ διαδέχεσθαί τινα.

Nach-folger m ὁ διάδοχος.

Nach-folgerin f ἡ διάδοχος.

nach-fordern προσαιτεῖν (auch M.).

nach-formen ἀπεικάζειν.

nach-forschen ἐρευνᾶν, ἐξετάζειν, πυνθάνεσθαι.

Nach-forscher m ὁ ἐρευνητής, ὁ ἐξεταστής.

Nach-forschung f ἡ ἔρευνα, ἡ ἐξέτασις.

Nach-frage f ἡ ἐρώτησις, τὸ ἐρώτημα.

nach-fragen ἐρωτᾶν, πυνθάνεσθαί τινά τι οδ. παρά τινός τι.

nach-füllen ἐπεγχεῖν, ἀναπληροῦν.

nach-geben εἴκειν, ὑφίεσθαι, ἐνδιδόναι, j-m ~ συγχωρεῖν, χαρίζεσθαί τινι, keinem ~ in etwas οὐδενὸς ἥττω εἶναί τι. [ἔνδοσις.)

Nach-geben n ἡ ὕφεσις, ἡ

nach-geboren ὀψίγονος (2), ἐπιγενόμενος. [λουθεῖν.)

nach-gehen ἕπεσθαι, ἀκο-

Nach-gericht n τὰ τραγήματα.

nach-giebig ὑπεικτικός, ἐπιεικής, ~ sein εἴκειν.

Nach-giebigkeit f ἡ ἐπιείκεια.

nach-gießen ἐπεγχεῖν.

nach-graben ἐξορύττειν.

nach-grübeln φροντίζειν, ἐκλογίζεσθαι.

Nach-hall m ἡ ἠχώ (οῦς).

nach-hallen ἠχεῖν.

nach-hängen: einer Sache ~ διδόναι ἑαυτόν τινι.

nach-helfen βοηθεῖν, συνεργεῖν.

nach-her ὕστερον, ἔπειτα, μετὰ ταῦτα, kurz ~ ὀλίγον ὕστερον, viele Tage ~ πολλαῖς ἡμέραις ὕστερον.

nach-herig ὁ, ἡ, τὸ ὕστερον.

Nach-hilfe f ἡ βοήθεια.

nach-holen προσεπάγειν, übtr. ἐπανορθοῦν.

Nach-hut f οἱ ὀπισθοφύλακες, ἡ οὐρά.

nach-jagen διώκειν, θηρᾶν τι.

Nach-klang m ἡ ἀπήχησις, τὸ ἀπήχημα.

nach-klingen ἀπηχεῖν.

Nach-komme, =kömmling m

ὁ ἐκ-, ἀπό-, ἔγγονος, die ~n, die ~e οἱ ἐπιγιγνόμενοι.

nach-kommen ἀκολουθεῖν, ἔπεσθαί τινι, j-n ~ lassen μεταπέμπεσθαί τινα.

Nach-kommenschaft f ſ. die Nachkommen.

Nach-laß m τὰ καταλειφθέντα χρήματα.

nach-lassen καταλείπειν, = lockern χαλᾶν, ὑφιέναι, = erlassen ὑφιέναι, συγχωρεῖν, ἐνδιδόναι, intr. ὑφίεσθαι, λωφᾶν, παύεσθαι, in etw. ~ ὑφίεσθαί τινος.

nach-lässig μεθήμων, ἀμελής, ῥάθυμος (2).

Nach-lässigkeit f ἡ μεθημοσύνη, ἡ ἀμέλεια, ἡ ῥαθυμία. [διώκειν τινά.]

nach-laufen διώκειν, καταβ

Nach-läufer m ὁ ἀκόλουθος.

nach-leben: einer Vorschrift u. dgl. ~ πείθεσθαι, πειθαρχεῖν τινι, die Nachlebenden οἱ περιγιγνόμενοι.

Nach-lese f ἡ σταχυολογία.

nach-lesen ἀναγιγνώσκειν.

nach-liefern ὕστερον πορίζειν.

nach-machen ſ. nachahmen, = verfälschen παρασχηματίζειν, ὑποβάλλειν, nachgemacht ὑποβολιμαῖος, κίβδηλος (2).

nach-malen ἀπομιμεῖσθαι, ἀπογράφειν.

nach-malig ὁ, ἡ, τὸ ὕστερον, ὁ ἐπιγιγνόμενος.

nach-mals ὕστερον, μετὰ ταῦτα, ἔπειτα.

nach-marschieren ἕπεσθαι, ἀκολουθεῖν. [M.).]

nach-messen ἀναμετρεῖν (a.)

Nach-mittag m ἡ δείλη.

nach-mittägig δειλινός.

nach-mittags ἀμφὶ ob. περὶ δείλην. [δειλινὴ ὥρα.]

Nach-mittagsstunde f ἡ

Nach-mittagszeit f ὁ δειλινὸς χρόνος.

nach pflanzen ἐπι-, μεταφυτεύειν.

nach-prägen παρακόπτειν.

nach-rechnen ἀναλογίζεσθαι.

Nach-rede f = Ruf ἡ φήμη, ἡ δόξα, üble ~ ἡ ἀδοξία, ἡ διαβολή, j-n in üble ~ bringen διαβάλλειν τινά, in übler ~ sein κακῶς ἀκούειν, ἀδοξεῖν.

nach-reisen ἕπεσθαί τινι πορευομένῳ.

nach-rennen μετατρέχειν, μεθορμᾶσθαι.

Nach-richt f ἡ ἀγγελία, e-e ~ bringen ἀπαγγέλλειν.

nach-rücken ἕπεσθαί τινι.

Nach-ruf m ἡ ὑστεροφημία, τὸ ἐπιφώνημα.

nach-rufen ἐπιβοᾶν, ἐπιφωνεῖν.

Nach-ruhm m ἡ καταλελειμμένη δόξα. [τι.]

nach-rühmen ἐπαινεῖν τινός

nach-säen ἐπισπείρειν.

nach-sagen λέγειν περί τινός τι.

Nach-satz m ἡ ἀπόδοσις.

nach-schallen ἀπ-, ἀντηχεῖν.

nach-schauen ἀνα-, ἀποβλέπειν πρός τι.

nach-schicken μεταπέμπειν, προσαποστέλλειν.
nach-schieben ἐπι-, προωθεῖν.
nach-schlagen: in einem Buche ~ ἀνελίττειν.
nach-schleichen ὑφέρπειν κατά τι. [ἐφέλκειν.]
nach-schleppen ἐπισύρειν,
Nach-schlüssel m τὸ ἀντικλεῖθρον.
nach-schreiben ἀπο-, ὑπογράφειν.
nach-schreien ἐπιβοᾶν.
Nach-schrift f ὁ ἐπίλογος.
nach-schütten ἐπεγχεῖν.
nach-segeln ἐπι-, συμπλεῖν.
nach-sehen s. nachschauen, = prüfen, untersuchen σκοπεῖν, ἐξετάζειν, = verzeihen περιορᾶν, συγχωρεῖν, συγγνώμην ἔχειν.
nach-senden s. nachschicken.
nach-setzen διώκειν τινά, ἐπικεῖσθαι τινι, einen dem Range u. dgl. ~ δεύτερα διδόναι oder νέμειν τινί τινος.
Nach-setzen n ἡ δίωξις.
Nach-setzung f ἡ καταφρόνησις, ἡ ὀλιγωρία.
Nach-sicht f ἡ συγγνώμη, ἡ συγχώρησις, ~ mit j-m haben συγγνώμην ἔχειν τινί.
nach-sichtig συγγνώμων, ἐπιεικής, ~ sein εὐγνωμονεῖν.
nach-singen συνᾴδειν.
nach-sinnen σκέπτεσθαι, διανοεῖσθαι, φροντίζειν.
Nach-sinnen n ἡ φροντίς.
Nach-sommer m τὸ ὄψιμον θέρος.
nach-spähen ἐξιχνεύειν.

Nach-spiel n τὸ ἐξόδιον.
nach-springen μεταπηδᾶν, μεθάλλεσθαι, διώκειν δρόμῳ τινά (nacheilen). [ναν.]
nach-spüren ἰχνεύειν, ἐρευ-
Nach-spürung f ἡ ἔρευνα, ἡ ἰχνεία.
nächst πλησίον oder ἐγγύς mit gen., πρός und ἐπί mit dat. (Rang und Folge), μετά mit acc. [τούτων.]
nächstdem μετὰ ταῦτα, ἐκ
nächste ὁ, ἡ, τὸ πλησίον ob. πέλας.
nach-stehen: j-m in etwas λείπεσθαι, ἀπολείπεσθαι, ἥττω εἶναι, ἡττᾶσθαί τινός τι, δεύτερον εἶναί τινός τι.
nach-stellen ἐπιβουλεύειν τινι, im Hinterhalt ἐνεδρεύειν, ἐλλοχᾶν τινα.
Nach-stellung f ἡ ἐπιβουλή, ἡ ἐνέδρα.
Nächstenliebe f ἡ φιλανθρωπία.
nächstens ἐν βραχεῖ.
nächstfolgend ὁ, ἡ, τὸ ἐφεξῆς.
nach-stoßen προωθεῖν.
nach-streben ἐφίεσθαί τινος, ἐπιθυμεῖν τινος, j-m ~ ζηλοῦν τινα.
Nach-strebung f ἡ ἐπιθυμία, ὁ ζῆλος.
nach-stürzen: j-m ~ ἐπικεῖσθαί τινι.
nach-suchen ζητεῖν, ἐρευνᾶν, ἐξετάζειν. [ἡ ἐξέτασις.]
Nach-suchung f ἡ ἔρευνα,
Nacht f ἡ νύξ (νυκτός), nachts νυκτός, νύκτωρ, tiefe

~ βαθεῖα νύξ, die ~ bricht an ἡ νὺξ ἐπέρχεται.
Nachtarbeit f τὸ νυκτερινὸν ἔργον.
Nachterscheinung f τὸ ἐν νυκτὶ φάντασμα.
Nachtessen n τὸ δόρπον.
Nachteule f ἡ γλαύξ (κός), ἡ κικκάβη.
Nachtfeier f ἡ παννυχίς.
Nachtfrost m ὁ νυκτερινὸς παγετός.
Nachtgesicht n τὸ νυκτερινὸν εἴδωλον.
Nachtgleiche f ἡ ἰσημερία.
Nach-teil m ἡ βλάβη, ἡ ζημία, ~ haben ἐλαττοῦσθαι, ζημιοῦσθαι, j-m ~ bringen βλάπτειν τινά.
nach-teilig βλαβερός, ἐπιβλαβής, ἐπιζήμιος (2).
Nachtherberge f τὸ καταγώγιον.
Nachtigall f ἡ ἀηδών (όνος), ἡ φιλομήλα (gen. ας).
Nachtkälte f τὰ κατὰ τὴν νύκτα ψύχη.
Nachtlager n ἡ κοίτη.
nächtlich νυκτερινός.
Nachtmarsch m ἡ νυκτοπορία.
Nachtposten m ὁ νυκτοφύλαξ.
Nachtquartier n τὸ νυκτέρευμα.
Nach-trab m ſ. Nachhut.
nach-trachten θηρᾶν τι, ἐφίεσθαί τινος.
Nach-trag m ἡ προσθήκη, ἡ ἐπιβολή.
nach-tragen προστιθέναι, ἐπιβάλλειν, προσαναγρά-

φειν, = Zorn hegen μνησικακεῖν τινί τινος.
Nach-tragen n ἡ μνησικακία. [(2).]
nach-tragend μνησίκακος
nach-treiben ὄπισθεν ἐλαύνειν.
Nachtreise f ἡ νυκτοπορία.
nach-trinken ἐπιπίνειν.
Nachtruhe f ἡ διὰ τῆς νυκτὸς ἀνάπαυσις.
Nachtrunde f ἡ ἐφοδεία.
nachts νυκτός, νύκτωρ.
Nachtschwärmer m ὁ κωμαστής. [μασία.]
Nachtschwärmerei f ἡ κω-
Nachtstille f ἡ τῆς νυκτὸς σιγή. [ὥρα.]
Nachtstunde f ἡ νυκτὸς
Nachttau m ἡ διὰ τῆς νυκτὸς δρόσος. [μάχη.]
Nachttreffen n ἡ ἐν νυκτὶ
nachtun = nachahmen μιμεῖσθαί τινα. [φυλακία.]
Nachtwache f ἡ νυκτο-
Nachtwächter m ὁ νυκτοφύλαξ. [ὥρα.]
Nachtzeit f ἡ νυκτερινὴ
nach-wachsen ὑπεκβλαστάνειν, ἐπιγίγνεσθαι. [σθαι.]
nach-wägen ἀνασταθμᾶ-
nachwandeln ἀκολουθεῖν τινι, μιμεῖσθαί τινα.
nach-weisen δεικνύναι, ἀποδεικνύναι, ἀποφαίνειν.
Nach-welt f οἱ ἐπιγινόμενοι, οἱ ὕστερον γιγνόμενοι. [νί τι.]
nach-werfen ἐπιρρίπτειν τι-
nach-wiegen ſ. nachwägen.
Nach-winter m ὁ ὄψιος χειμών (ῶνος).

nach-wirken ὕστερον τὴν δύναμιν ἀποφαίνεσθαι.

nach-wollen βούλεσθαι ἕπεσθαι.

Nach-wuchs m ἡ ὑπόφυσις (das Nachwachsen), τὰ ἔκγονα, τὸ γένος (das Nachwachsende).

nach-zahlen προσκαταβάλλειν.

nachzählen ἀναριθμεῖν.

Nach-zahlung f ἡ προσκαταβολή.

nach-zeichnen γραφῇ ἀπεικάζειν.

nach-ziehen ἐφέλκειν, *intr.* ἕπεσθαι, ἀκολουθεῖν.

Nach-zügler m οἱ ὑστεροῦντες ἀπὸ τοῦ στρατεύματος.

Nacken m ὁ αὐχήν (ένος), ὁ τράχηλος, (bei Tieren) ὁ λόφος.

nackt γυμνός, ψιλός.

Nacktheit f ἡ γυμνότης, ἡ ψιλότης (ητος).

Nadel f ἡ βελόνη, ἡ ῥαφίς (ersteres auch von Fichten- und Kiefernadeln).

Nadelgeld n τὰ εἰς ζώνην δεδομένα χρήματα.

Nagel (am Finger u. Zehen) m ὁ ὄνυξ, (von Holz) ὁ πάτταλος, (von Eisen) ὁ ἡλίσκος.

nageln ἡλοῦν, γομφοῦν, πατταλεύειν.

nagen τρώγειν, an etwas ~ περιτρώγειν τι, von Sorgen und Kummer δάκνειν, τήκειν.

nahe ἐγγύς, πλησίον mit *gen.*, ~ sein πλησίον εἶναι, ~ daran sein παρὰ μικρὸν ἔρχεσθαι, ~ an bei Zahlbestimmungen εἰς mit *acc.*, ὡς·

Nähe f ἡ ἐγγύτης (ητος), in der ~ f. nahe.

nähen ῥάπτειν.

nähern, sich πλησιάζειν τινί, προσέρχεσθαι, προσιέναι τινί. [(füttern).

nähren τρέφειν, σιτίζειν}

nährend τρόφιμος.

nahrhaft τρόφιμος, θρεπτικός. [φιμότης (ητος).

Nahrhaftigkeit f ἡ τροφ}

Nahrung f ἡ τροφή, ὁ σῖτος, ὁ βίος, ὁ βίοτος, j-m ~ geben τροφὴν παρέχειν τινί.

Nahrungsmangel m ἡ τῶν ἀναγκαίων ἀπορία.

Nahrungsmittel n/pl., τὰ ἐπιτήδεια.

Naht f ἡ ῥαφή.

naiv ἀφελής, ἁπλοῦς, αὐτοφυής.

Naivität f ἡ ἀφέλεια, ἡ ἁπλότης (ητος).

Name m τὸ ὄνομα, ἡ προσηγορία, = Beiname ἡ προσ-, ἐπωνυμία, mit ~n ὄνομα, j-m einen ~n geben τιθέναι (auch M.) ὄνομά τινι, προσαγορεύειν, ἐπονομάζειν τινά, dem ~n, dem Vorgeben nach λόγῳ, = Ruf ἡ φήμη, ἡ δόξα, guter ~ ἡ εὐδοξία, einen guten ~n haben εὐδοκιμεῖν.

namenlos ἀνώνυμος (2), = unaussprechlich ἄρρητος (2), = ruhmlos ἄδοξος (2).

Namensvetter m ὁ ὁμώνυμος.

namentlich ὀνομαστί, = besonders μάλιστα, οὐχ ἥκιστα.

namhaft ὀνομαστί, = ansehnlich ὀνομαστός, ἐπίσημος (2), j-n ~ machen ὀνομάζειν. [δηλονότι.]

nämlich γάρ, δή, δῆτα,

Napf m τὸ τρυβλίον.

Narbe f ἡ οὐλή, ἡ ὠτειλή.

Narde f ἡ νάρδος.

Narr m ὁ μῶρος, ὁ ἠλίθιος, ὁ ἄφρων.

narrenhaft μῶρος.

Narrheit f ἡ μωρία.

närrisch μῶρος, ἄτοπος (2), παράδοξος (2).

Narzisse f ὁ, ἡ νάρκισσος.

naschen λιχνεύειν (auch M.).

naschhaft λίχνος.

Naschhaftigkeit f ἡ λιχνεία.

Naschwerk n τὸ λίχνευμα, τὰ πέμματα.

Nase f ἡ ῥίς, gew. αἱ ῥῖνες, die ~ rümpfen μυκτηρίζειν, j-n an der ~ herumführen ἐξαπατᾶν τινα, die ~ hochtragen ἐπαίρεσθαι, μέγα φρονεῖν.

naseweis προπετής, ἰταμός.

Nashorn n τὸ ῥινόκερως.

naß ὑγρός, δί-, κάθ-, ἔνυγρος (2), ~ machen βρέχειν, ὑγραίνειν, ~ werden διαβρέχεσθαι, καθυγραίνεσθαι.

Naß n τὸ ὑγρόν.

nässen ὑγράζειν.

Nation f τὸ ἔθνος, τὸ φῦλον, von ~ τὸ γένος.

national ἐθνικός.

Natrium n τὸ νίτρον.

Natter f ἡ ἔχιδνα, ὁ ἔχις.

Natur f ἡ φύσις, von ~ φύσει, nach der ~ κατὰ φύσιν, gegen die ~ παρὰ φύσιν, ich bin von ~ πέφυκα, gute ~ ἡ εὐφυΐα, schlechte ~ ἡ δυσφυΐα.

Naturalabgabe f ἡ ἀποφορά.

Naturell n ἡ φύσις.

natürlich φυσικός, αὐτοφυής, = naturgemäß ἀναγκαῖος, = einfach ἁπλοῦς, es ist ~ εἰκός ἐστι, ἔοικε.

Natürlichkeit f ἡ ἁπλότης (ητος).

naturwidrig παρὰ τὴν φύσιν.

Naturwissenschaft f ἡ φυσικὴ ἐπιστήμη.

Nebel m ἡ νεφέλη, ἡ ὁμίχλη.

nebelig ὁμιχλώδης.

nebeln: es nebelt ὀμίχλη ἐστίν.

neben πρός, παρά mit acc., auf die Frage wo mit dat.

nebenan πλησίον.

Nebenarbeit f τὸ πάρεργον.

nebenbei παρέργως, ἐκ παρόδου.

Nebenbuhler m ὁ ἀντεραστής (in der Liebe), ὁ ἀντίτεχνος (in der Kunst), ὁ ἀνταγωνιστής (Gegner).

Nebenbuhlerin f ἡ ἀντεράστρια.

nebenher s. nebenbei.

Nebenmann m ὁ παραστάτης.

Nebenmensch m ὁ πλησίον.

Nebensache f τὸ πάρεργον.

nebst ἅμα, ὁμοῦ, σύν mit dat.

necken ἐρεθίζειν, ἐπισκώπτειν.
Neckerei f ὁ ἐρεθισμός, ἡ
ἐπίσκοψις.
Neffe m ὁ ἀδελφιδοῦς, ὁ
υἱδοῦς.
nehmen λαμβάνειν, αἱρεῖν,
= annehmen δέχεσθαι, ἀπο-
δέχεσθαι, = entreißen ἁρ-
πάζειν, = empfangen δέ-
χεσθαι, παραλαμβάνειν,
= übernehmen ὑπέχειν.
ὑφίστασθαι, = mitnehmen
ἄγειν μεθ' ἑαυτοῦ, = ge-
fangen ~ συλλαμβάνειν (P.
ἁλίσκεσθαι), = für etwas
halten νομίζειν.
Neid m ὁ φθόνος, ὁ ζῆλος,
aus ~ φθόνῳ.
neiden s. beneiden.
neidisch φθονερός, ~es Wesen
ἡ φθονερία, ~ sein φθο-
νεῖν. [καταφέρεσθαι.]
Neige f: auf die ~ gehen}
neigen κλίνειν, κατακλίνειν,
sich ~ κύπτειν (von Personen),
der Tag neigt sich ἡ ἡμέρα
κλίνει.
Neigung f ἡ κλίσις, ἡ
ἔγκλισις, ἡ ῥοπή, = Ge-
mütsneigung ἡ προ-, ἐπι-
θυμία, ἡ σπουδή, ~ zu
etw. haben προθυμεῖσθαί τι.
nein οὐδαμῶς, ~ sagen οὔ
φάναι.
Nektar m τὸ νέκταρ (αρος).
Nelke f τὸ καρυόφυλλον.
nennbar ῥητός, ὀνομαστός.
nennen ὀνομάζειν, καλεῖν,
προσαγορεύειν.
Nerv m τὸ νεῦρον.
nervenartig νευροειδής.

Nervenfieber n ἡ τῶν νεύρων πυρετώδης νόσος.
Nervenlähmung f ἡ παρά-
λυσις. [λογία.]
Nervenlehre f ἡ νευρο-}
nervenschwach ἄτονος (2) τὰ
νεῦρα.
Nervenschwäche f ἡ τῶν
νεύρων ἀτονία.
nervig νευρώδης.
Nessel f ἡ κνίδη, ἡ κνίζα.
Nest n ἡ καλιά, ἡ νεοττία.
Nestel f ἡ περόνη.
nett κομψός, κόσμιος, καλός
εὐπρεπής.
Nettigkeit f ἡ κομψεία,
ἡ κοσμιότης (ητος).
Netz n τὸ δίκτυον, τὸ
ἀμφίβληστρον, ἡ σαγήνη,
ἡ ἄρκυς, ins ~ geraten
δικτύοις περιπίπτειν, ἐμ-
πίπτειν εἰς δίκτυον.
netzen βρέχειν, ὑγραίνειν.
netzförmig δικτυοειδής.
Netzhaut f τὸ ἐπίπλοον.
neu νέος, καινός, νεαρός,
von neuem πάλιν, αὖθις,
was gibt's Neues? τί νεώ-
τερον γέγονε;
neuerdings, neulich νεωστί,
ἄρτι. [ὁ νεωτερίζων.]
Neuerer m ὁ νεωτεριστής,}
Neuerung f ἡ καίνωσις,
im Staatswesen ὁ νεω-
τερισμός, ~en machen νεω-
τερίζειν. [τερισμός.]
Neuerungssucht f ὁ νεω-}
neuerungssüchtig νεωτεροποιός (2).
neugeboren νεόγονος.
Neugier f ἡ περιέργεια, ἡ
πολυπραγμοσύνη.

neugierig περίεργος (2), πολυπράγμων, ~ fein πολυπραγμονεῖν.
Neuheit f ἡ καινότης (ητος), τὸ καινόν. [νεώτερον.]
Neuigkeit f τὸ νέον, τὸ
Neujahr n τὸ νέον ἔτος, ἡ τοῦ ἔτους ἀρχή.
Neujahrsfest n τὰ εἰσιτήρια.
neulich νεωστί, ἄρτι.
Neuling m ὁ ξένος, ὁ ἄπειρος.
Neumond m ἡ νεομηνία.
neun ἐννέα.
Neunauge n ἡ βδέλλα.
neunerlei ἐννέα, ἐννεαπλάσιος.
neunfach ἐννεαπλάσιος.
neunhundert ἐνακόσιοι.
neunhundertste ἐνακοσιοστός. [ἐναετηρος (2).]
neunjährig ἐννέα ἐτῶν,
neuntausend ἐνακισχίλιοι.
neuntausendste ἐνακισχιλιοστός.
neunte ἔνατος.
neuntens τὸ ἔνατον.
neunundzwanzig εἴκοσιν ἐννέα, ἐννέα καὶ εἴκοσι.
neunzehn ἐννεακαίδεκα.
neunzehnte ἐννεακαιδέκατος.
neunzig ἐνενήκοντα.
neunzigste ἐνενηκοστός.
neutral μέσος, πολέμου οὐ μετέχων.
Neutralität f ἡ ἡσυχία.
neuverlobt νεόνυμφος (2).
neuvermählt νεόγαμος (2).
nicht οὐ vor Konsonanten, οὐκ vor Vokalen mit spir. len., οὐχ vor Vokalen mit spir. asp., μή,

und ~, auch ~ οὐδέ, μηδέ, ~ mehr οὐκέτι, ~ nur ... sondern auch οὐ μόνον ... ἀλλὰ καί, aber ~ οὐδέ, gewiß ~ οὐ μήν, οὐ μέντοι, ja ~ οὐ μή, also ~ οὐκοῦν, οὐκ ἄρα, ἄρα μή, noch ~ οὔπω, οὐδέπω, ganz und gar ~ οὔπως, οὐδαμῶς, μηδαμῶς, ~ wahr? ἦ γάρ; οὔκουν; ~ einmal οὐδέ, μηδέ, daß, damit ~ μή, ἵνα μή, ὅπως μή, ὡς μή, zunichte machen ἀναιρεῖν, ἀπολλύναι, διαφθείρειν.
Nichtachtung f ἡ ἀμέλεια, ἡ ὀλιγωρία.
Nichte f ἡ ἀδελφιδῆ.
nichtig μάταιος, κενός, οὐδενὸς ἄξιος, = vergänglich φθαρτός.
Nichtigkeit f ἡ κενότης, ἡ ματαιότης (ητος), τὸ φθαρτόν.
Nichtkenner m ἀνεπιστήμων.
nichts οὐδέν, μηδέν, ~destoweniger οὐδὲν ἧττον, ~ als οὐδὲν εἰ μή.
nichtsbedeutend οὐδενὸς ἄξιος, οὐδείς.
Nichtsein n τὸ οὐκ (μή) εἶναι.
nichtsnutzig ἄχρηστος (2), οὐδενὸς ἄξιος.
nichtswürdig οὐδενὸς ἄξιος, οὐδείς, κάκιστος.
Nichtswürdigkeit f ἡ ἀναξία.
Nichtwissen n ἡ ἄγνοια, τὸ οὐκ (μή) εἰδέναι.
nicken νεύειν.
nie οὔποτε (μήποτε), οὐδέποτε, noch ~ οὐπώποτε.

nieder κάτω, auf und ~ ἄνω καὶ κάτω.
nieder-beugen κατακάμπτειν, κατακλίνειν, sich ~ κύπτειν, j-n ~ ταπεινοῦν, καταπλήττειν, niedergebeugt sein ταπεινὸν εἶναι, καταπεπλῆχθαι.
nieder-beugend βαρύς, ταπεινωτικός.
Nieder-beugung f ἡ κατάκαμψις, ἡ ταπείνωσις.
nieder-blicken καθορᾶν, κάτω βλέπειν.
nieder-brechen καθαιρεῖν, καταβάλλειν, κατασκάπτειν.
nieder-brennen trans. κατακάειν, καταφλέγειν, intr. κατακάεσθαι, καταφλέγεσθαι. [κύπτειν.}
nieder-bücken, sich κατα-}
nieder-drücken καταπιέζειν, κρατεῖν τινος, niedergedrückt sein συγκεκλάσθαι τὴν ψυχήν.
nieder-drückend ἀνιαρός, ταπεινωτικός.
Niedere s. ὁ, ἡ, τὸ κάτω.
nieder-fahren καταβαίνειν, καταφέρεσθαι.
Nieder-fahrt f ἡ κατάβασις.
nieder-fallen καταπίπτειν, καταφέρεσθαι, vor j-m ~ προσκυνεῖν τινα, προπίπτειν πρὸς τὰ γόνατά τινος. [δυσμαί.}
Nieder-gang m ἡ δύσις, αἱ}
nieder-geschlagen ἄθυμος (2), κατηφής, ταπεινός, ~ sein ἀθυμεῖν.

Nieder-geschlagenheit f ἡ ἀθυμία, ἡ ταπεινότης (ητος).
nieder-halten καθιέναι, κατέχειν.
nieder-hauen κατα-, συγκόπτειν, καταβάλλειν, σφάττειν, ἀποκτείνειν.
nieder-kauern ὑποπτήσσειν, κατακύπτειν.
nieder-knien προπίπτειν εἰς τὰ γόνατα, προσκυνεῖν τινα.
nieder-kommen τίκτειν παῖδα.
Nieder-kunft f ὁ τόκος.
Nieder-lage f ἡ ἧττα, τὸ πάθος, ἡ συμφορά, eine ~ erleiden μάχῃ ἡττᾶσθαι.
nieder-lassen καθιέναι, sich ~ καθίζεσθαι.
Nieder-lassung f = Kolonie ἡ κατοικία.
nieder-legen κατα-, ἀποτιθέναι, sich ~ κατακλίνεσθαι, κατακεῖσθαι, zu Bett κοιμᾶσθαι, ein Amt ~ ἀποκηρύττειν oder ἀπειπεῖν τὴν ἀρχήν.
Nieder-legung f ἡ κατά-, ἀπόθεσις.
nieder-liegen κατακεῖσθαι.
nieder-machen κατακόπτειν, σφάττειν, κατασφάττειν.
nieder-metzeln κατα-, ἀποσφάττειν.
Nieder-metzeln n, **-metzelung** f ἡ σφαγή, ἡ κατακοπή.
nieder-reißen καθαιρεῖν, κατασκάπτειν.
Nieder-reißung f ἡ καθαίρεσις, ἡ κατασκαφή.

nieder-reiten τῷ ἵππῳ καταπατεῖν τινα.
nieder-rennen καταβάλλειν.
nieder-säbeln κατασφάττειν τῷ ξίφει.
Nieder-schlag m τὸ ἀφύλισμα, τὸ ἀπόστημα.
nieder-schlagen κατακόπτειν, καταβάλλειν, die Augen ~ κάτω βλέπειν, = ungültig machen κατα-, διαλύειν. [λύσις.]
Nieder-schlagung f ἡ διά-
nieder-schreiben ἀνα-, καταγράφειν.
nieder-senken καθιέναι.
Nieder-senkung f ἡ κάθεσις.
nieder-setzen κατα-, ἀποτιθέναι, sich ~ καθίζεσθαι, καθῆσθαι.
nieder-sinken κατα-, συμπίπτειν.
nieder-stechen διαπείρειν, σφάττειν.
nieder-steigen καταβαίνειν τινός, κατά τινος, ἀπό τινος.
nieder-stoßen κατασφάττειν, ἀποκτείνειν.
nieder-strecken καταβάλλειν.
nieder-stürzen καταπίπτειν, *trans.* καθαιρεῖν.
nieder-tauchen καταδύεσθαι, καταδῦναι.
nieder-trächtig κακοήθης, πονηρός.
Nieder-trächtigkeit f ἡ κακία, ἡ κακότης (ητος).
nieder-treten καταπατεῖν.
Niederung f τὰ κάτω.
nieder-werfen καταβάλλειν,

καθαιρεῖν, sich ~ f. nieder= knien.
nieder-ziehen καθέλκειν.
niedlich κομψός, καλός, λεπτός, χαρίεις, ἐπίχαρις.
Niedlichkeit f ἡ κομψότης (ητος), ἡ χάρις.
niedrig χθαμαλός, übertr. ταπεινός, ἀνελεύθερος (2), ~ gesinnt ταπεινόφρων, ein Mann von ~em Stande ἀνὴρ δημότης.
Niedrigkeit f ἡ χθαμαλότης, ἡ ταπεινότης (ητος), ἡ ἀγένεια, ~ der Gesinnung ἡ ταπεινοφροσύνη, ἡ ἀνελευθερία.
niemals f. nie.
niemand οὐδείς, μηδείς.
Niere f ὁ νεφρός. [τις.]
Nierenkrankheit f ἡ νεφρῖ-
Nierenstein m ὁ νεφριτικὸς λίθος. [νύσθαι.]
niesen πταίρειν, πτάρ-
Niesen n ὁ πταρμός.
Nießbrauch m ἡ κάρπωσις, ἡ καρπεία, den ~ von etw. haben καρποῦσθαί τι, ἀπολαύειν τινός.
Nießwurz f ὁ ἐλλέβορος.
Niet n, ~e f τὸ κέντρον.
nieten καθηλοῦν.
Nilpferd n ὁ ἱπποπόταμος.
nimmer οὔποτε, οὐδέποτε, μήποτε, μηδέποτε.
nimmermehr οὐδέποτε, οὐδαμῶς (μηδ. usw.).
nippen γεύεσθαί τινος.
nirgend(s) οὐδαμοῦ, οὐδαμῇ, ~hin οὐδαμόσε, ~her οὐδαμόθεν (μηδαμοῦ usw.).
Nische f τὸ θύρωμα.

nisten νεοττεύειν.
Nixe f ἡ νύμφη.
noch ἔτι, ~ immer ἔτι καὶ νῦν, ~ nicht οὔπω, οὐδέπω (μήπω), ~ keiner οὐδείς πω, ~ mehr ἔτι δέ, ~ einmal αὖ, αὖθις, πάλιν, weder ... noch οὔτε ... οὔτε (μήτε).
nochmalig ὁ, ἡ, τὸ πάλιν.
nochmals πάλιν, αὖ, αὖθις.
Nomade m ὁ νομάς (άδος).
nomadisch νομαδικός.
Nord m τὰ πρὸς ἄρκτον.
nördlich ἀρκτικός, βόρειος.
Nordostwind m ὁ καικίας.
Nordpol m ὁ ἀρκτικὸς πόλος, ὁ ἄρκτος (auch pl.).
Nordstern m ὁ, ἡ ἄρκτος.
Nordwind m ὁ βορέας, ὁ βορρᾶς.
Norm f ὁ κανών (όνος).
Not f ἡ ἀνάγκη, ἡ ἀπορία, ἡ ταλαιπωρία (Bedrängnis), ~ leiden ἀπορεῖν, ~ haben πράγματα ἔχειν, zur ~ μετρίως, mit genauer ~ μόγις. [ἡ χρεία.]
Notdurft f τὰ ἀναγκαῖα.
notdürftig ἐνδεής, ἄπορος (2). [σχόλιον.]
Note f τὸ ὑπόμνημα, τὸ
Notfall m ἡ ἀνάγκη, im ~ ἤν τι δέῃ, εἴ τι δέοι.
notgedrungen ἀνάγκῃ, ἀναγκαίως.
Nothelfer m ὁ βοηθός.
Nothilfe f ἡ βοήθεια.
nötig ἀναγκαῖος, προσήκων, es ist ~ δεῖ, χρή, ἀναγκαῖόν ἐστι, ἀνάγκη ἐστί mit acc. und inf., ich habe ~ δεῖ μοί τινος,

δέομαί τινος, ἐνδεής εἰμί τινος.
nötigen ἀναγκάζειν, ich bin, sehe mich genötigt ἀναγκάζομαι.
Nötigung f ἡ ἀνάγκη.
notleidend ἐνδεής, ἄπορος (2), ἄθλιος.
Notlüge f ἡ πρόφασις, τὸ παρακάλυμμα.
Notsache f ἡ ἀνάγκη.
Notstand m αἱ ἀπορίαι.
Notwehr f ἡ ἄμυνα.
notwendig s. nötig.
Notwendigkeit f ἡ ἀνάγκη, τὸ χρεών, in die ~ versetzen ἀναγκάζειν τινά.
Notzucht f ὁ βιασμός.
notzüchtigen βιάζεσθαι.
November m ὁ ἑνδέκατος μήν.
Nu n: im ~ ἐξαίφνης.
nüchtern ἄσιτος (2), = nicht berauscht νήφων, νηφάλιος, = besonnen σώφρων.
Nüchternheit f ἡ ἀσιτία, ὁ νηφαλισμός, ἡ σωφροσύνη, ἡ ἐγκράτεια.
Nudel f τὸ ψώμιον.
Null f τὸ οὐδέν, eine ~ sein ἐν οὐδενὸς μέρει εἶναι.
Nummer f ὁ ἀριθμός.
nun νῦν, ἤδη, von ~ an ἀπὸ τοῦ νῦν, τὸ ἀπὸ τοῦδε, ~ endlich ἤδη ποτέ, ~ und nimmermehr οὐδέποτε οὖ, = also οὖν, = aber τοίνυν, ἀλλὰ μήν, ἀλλὰ γάρ.
nunmehr νῦν, τὸ νῦν, ἤδη.
nunmehrig ὁ, ἡ, τὸ νῦν.
nur μόνον, bei subst. und

pron. μόνος, nicht ~ ... sondern auch οὐ μόνον ... ἀλλὰ καί, ~ nicht ὅσον οὐ, οὐ μέντοι, ~ eben ἄρτι, wer auch ~ ὅστις ἄν, ὁστισοῦν.

Nuß *f* τὸ κάρυον.

Nußbaum *m* ἡ καρύα.

Nußkern *m* τὸ κάρυον.

Nutz *m*: sich etw. zunutze machen χρῆσθαί τινι, ἀποχρῆσθαί τινι, καρποῦσθαί τι.

Nutzanwendung *f* ἡ χρῆσις, ἡ χρεία.

nutzbar χρήσιμος, χρηστός, ὠφέλιμος (2), λυσιτελής.

Nutzbarkeit *f* τὸ χρήσιμον, ἡ χρηστότης (ητος), τὸ ὄφελος.

Nutzen *m* ἡ ὠφέλεια, τὸ ὄφελος, ὁ καρπός, τὸ συμφέρον, τὸ κέρδος, ~ haben ὠφελεῖσθαι ἔκ τινος oder ἀπό τινος.

nutzen ὠφελεῖν τινα, λυσιτελεῖν τινι.

nützlich χρήσιμος, χρηστός, ὠφέλιμος, λυσιτελής, j-m ~ sein s. nützen.

Nützlichkeit *f* ἡ χρηστότης (ητος), τὸ ὠφέλιμον, τὸ συμφέρον.

nutzlos ἄχρηστος (2), ἀνωφελής, ἀσύμφορος (2).

Nutzlosigkeit *f* τὸ ἄχρηστον, τὸ ἀνωφελές.

Nutznießung *f* ἡ κάρπωσις, ἡ καρπεία.

Nutzung *f* ἡ χρῆσις, ἡ χρεία, ἡ κάρπωσις.

Nymphe *f* ἡ νύμφη, die ~n der Bäume αἱ δρυάδες, αἱ ἁμαδρυάδες, der Berge ὀρειάδες, der Gewässer ναΐδες, des Ozeans ὠκεανίδες.

O

O, ο kurzes O, ο (ὂ μικρόν), langes Ω, ω (ὦ μέγα) τό, indekl.

o! beim Vokal ὦ, φεῦ, αἶ, o weh! αἶ αἶ, οἴμοι, o ich Unglücklicher οἴμοι, ὦ τάλας ἐγώ.

Oase *f* ἡ ὄασις.

ob εἰ, ob nicht εἰ μή, ob etwa εἰ ἄρα, gleich als ob ὡς, ὥσπερ mit *part.*, ob ... oder πότερον (πότερα) ... ἤ.

Ob-acht *f* ἡ τήρησις, ἡ ἐπιμέλεια.

Ob-dach *n* ἡ στέγη.

ob-dachlos ἄοικος (2).

Obduktion *f* ἡ ἀνατομή.

Obelisk *m* ὁ ὀβελίσκος.

Obelos *m* ὁ ὀβελός.

oben ἄνω, ~ auf etw. ἐπί τινος, von ~ herab ἄνωθεν, ~genannt εἰρημένος, προειρημένος. [πρώτοις.

oben-an πρώτῳ, ἐν τοῖς

oben-auf ἐπιπολῆς (*adv.*).

oben-drauf ἐπάνω.

oben-her ἄνωθεν.

oben-hin ἐπιπολῆς, übtr. ἐπιπολαίως, παρέργως, ἐκ παρόδου.

Ober-admiral m ὁ ναύαρχος.
Ober-arm m ὁ βραχίων (ονος).
Ober-aufseher m ὁ προ-, ἐπιστάτης, ~ sein προστατεῖν τινος, ἐπιστατεῖν τινος oder τινι.
Ober-aufsicht f ἡ προστασία, ἡ ἡγεμονία.
Ober-befehl m ἡ ἀρχή, ἡ στρατηγία, ἡ ἡγεμονία, den ~ haben ἄρχειν, στρατηγεῖν, ἡγεῖσθαί τινος.
Ober-befehlshaber m ὁ ἄρχων, ὁ στρατηγός, ὁ ἡγεμών.
Obere s. ὁ, ἡ, τὸ ἄνω, von Rang und Stellung ὁ προέχων.
Ober-feldherr m f. Oberbefehlshaber.
Ober-fläche f τὸ (τὰ) ἐπιπολῆς, auf der ~ ἐπιπολῆς (adv.), ἐπιπόλαιος (2).
ober-flächlich ἐπιπόλαιος (2), adv. ἐπιπολαίως.
Ober-flächlichkeit f τὸ ἐπιπόλαιον. [ἡ ἐξουσία.]
Ober-gewalt f ἡ ἡγεμονία,
ober-halb ἄνω, ἄνωθεν, ὑπέρ mit gen.
Ober-hand f τὸ κράτος, ἡ ἐπικράτεια, die ~ haben κρατεῖν, ἐπικρατεῖν τινος, die ~ bekommen ἐπικρατεῖν, περιγίγνεσθαί τινος.
Ober-haupt n ὁ ἄρχων, ὁ ἡγεμών. [βασιλεύς.]
Ober-herr m ὁ ἄρχων, ὁ)
ober-herrlich βασιλικός.
Ober-herrschaft f ἡ ἀρχή,

ἡ ἡγεμονία, τὸ κράτος, ἡ ἐπικράτεια. [χλαῖνα.]
Ober-kleid n τὸ ἱμάτιον, ἡ)
Ober-kommando n f. Oberbefehl.
Ober-land n ἡ ἄνω χώρα.
Ober-leiter m ὁ ἄρχων, ὁ ἡγεμών.
Ober-leitung f ἡ ἀρχή, ἡ ἡγεμονία.
Ober-lippe f τὸ ἄνω χεῖλος.
Ober-priester m ὁ ἀρχιερεύς. [ἀρχιερωσύνη.]
Ober-priesterwürde f ἡ)
Ober-rock m f. Oberkleid.
Ober-schenkel m ὁ μηρός.
oberst ἄκρος, πρῶτος.
Oberst m ὁ ταξίαρχος.
Ober-stadt f ἡ ἄνω πόλις.
Ober-teil n τὸ ἄνω μέρος, τὸ ἄκρον.
ober-wärts εἰς τὰ ἄνω.
Ober-welt f τὰ ὑπὲρ γῆς, auch bloß ἡ γῆ, τὸ φῶς.
ob-gleich καίπερ mit part., εἰ καί mit ind.
Ob-hut f ἡ φυλακή, ἡ ἐπιμέλεια, etw. in seine ~ nehmen φυλάττειν τι.
obig εἰρημένος, προειρημένος.
ob-liegen μελετᾶν τι, σπουδάζειν περί τι, es liegt mir etwas ob μέλει μοί τινος, προσήκει μοι, δεῖ ob. χρή mit acc. und inf.
Ob-liegenheit f τὸ προσῆκον, τὸ δέον.
Ob-macht f τὸ κράτος, ἡ ἐπικράτεια.
Obolus m ὁ ὀβολός.
Obrigkeit f αἱ ἀρχαί, οἱ

ἄρχοντες, τὰ τέλη, οἱ ἐν τέλει.
obrigkeitlich οἱ ἐν τέλει, ~es Amt ἡ ἀρχή.
ob-schon s. obgleich.
ob-siegen κρατεῖν τινος.
Obst n ἡ ὀπώρα.
Obstbaum m τὸ καρποφόρον δένδρον.
obstbringend ὀπώριμος.
Obsternte f ὁ ὀπωρισμός.
Obstgarten m ὁ μήλων (ὦνος).
obsttragend ὀπωροφόρος (2).
ob-walten παρεῖναι, ὑπάρχειν, εἶναι, unter den ~den Umständen ἐκ τῶν παρόντων.
ob-wohl s. obgleich.
Ochse m ὁ βοῦς, ὁ ταῦρος.
Ochsenfell n τὸ βόειον δέρμα.
Ochsengespann n τὸ βοεικὸν ζεῦγος.
Ochsenherde f τὸ βουκόλιον.
Ochsenhirt m ὁ βουκόλος.
Ochsentreiber m ὁ βοηλάτης.
Ochsenziemer m ἡ ταυρεία.
ochsig βόειος.
Ode f ἡ ᾠδή, ὁ ὕμνος.
öde ἔρημος.
Öde f ἡ ἐρημία, ἡ ἔρημος.
Odem m s. Atem.
Odendichter m ὁ ὑμνοποιός.
oder ἤ, entweder ... ~ ἤ ... ἤ, εἴτε ... εἴτε.
Ofen m ὁ ἰπνός, ἡ κάμινος.
offen ἀνεῳγμένος, χάσκων, κεχηνώς, = unbefestigt ἀτείχιστος, ἄφρακτος (2), = unbesetzt ἔρημος, = offenbar φανερός, δῆλος,
= von gutem Fassungsvermögen εὐφυής, ein ~er Kopf εὐφυὴς ἀνήρ, = aufrichtig ἁπλοῦς.
offenbar φανερός, δῆλος, σαφής, ἐπιφανής, ἐναργής, es ist ~ φανερός und δῆλος in persönl. Konstr. mit dem *part.*, ~ machen δηλοῦν, ἀποφαίνειν, ~ werden φαίνεσθαι.
offenbaren δηλοῦν, ἀποφαίνειν, ἀποκαλύπτειν.
Offenbarung f ἡ δήλωσις, ἡ ἀποκάλυψις.
Offenheit f ἡ ἁπλότης, ἡ χρηστότης (ητος).
offenherzig ἁπλοῦς, χρηστός.
Offenherzigkeit f s. Offenheit.
offenkundig δῆλος, περιφανής. [φάνεια.]
Offenkundigkeit f ἡ περι-
Offensivbündnis n ἡ συμμαχία.
öffentlich φανερός, ἐμφανής, ~ auftreten προέρχεσθαι εἰς τὸ φανερόν, = den Staat betreffend κοινός, δημόσιος, das ~e Wohl τὸ κοινόν, auf ~e Kosten δημοσίᾳ, ἀπὸ κοινοῦ.
Öffentlichkeit f τὸ φανερόν.
Offizier m ὁ λοχαγός.
öffnen ἀνοιγνύναι (-οίγειν), χαλᾶν, λύειν.
Öffnung f ἡ ἄνοιξις oder durch Verba, = das Geöffnetsein τὸ ἀνεῷχθαι.
oft, öfters, oftmals πολλάκις, θαμά, συχνόν, συχνά, öfter πλεονάκις,

sehr oft πλειστάκις, τὰ πολλά, τὰ πλεῖστα, wie oft? ποσάκις; so oft als möglich ὡς πλειστάκις.

öfter, oftmalig πολύς, συχνός.

Oheim m ὁ θεῖος, ὁ τοῦ πατρὸς oder τῆς μητρὸς ἀδελφός, ὁ πατρ-, μητρ-άδελφος.

ohne ἄνευ, χωρίς mit gen., oft durch α privativum, z.B. ~ Furcht ἀδεής, ~ Gefahr ἀκίνδυνος (2), ~ Bildung ἀπαίδευτος (2), ~ Mühe ἄπονος (2), durch οὐδείς (μηδείς), z.B. ~ Ordnung οὐδενὶ κόσμῳ, durch *part.* oder Bedingungssätze mit der Negation, z.B. ~ deine Hilfe σοῦ μὴ βοηθήσαντος oder εἰ μὴ ἐβοήθησας, ~ zu, ~ daß ἄνευ τοῦ mit *inf.* oder durch ein *part.* mit Negation.

ohnedem, ohnedies, ohnehin ἄλλως.

Ohnmacht f ἡ ἀσθένεια, ἡ ἀδυναία, ἡ ἀρρωστία, als Krankheit ἡ λιποψυχία, ἡ ἀψυχία, in ~ fallen λιποψυχεῖν, ἀψυχεῖν, ἐκλείπειν.

ohnmächtig ἀσθενής, ἀδύνατος, ἄρρωστος (2), λιπόψυχος, λιπόθυμος (2).

Ohr n τὸ οὖς (ὠτός), ~ für etwas haben ἀκούειν, ἀκροᾶσθαί τινος, die ~en hängen lassen καθιέναι τὰ ὦτα, j-m sein ~ leihen τὰ ὦτα παρέχειν τινί.

Öhr n ἡ ὀπή, ἡ λαβή (Griff).

Öhrchen n τὸ ὠτάριον.

Ohrenbläser m ὁ ψιθυριστής, ὁ διάβολος.

Ohrenbläserei f ἡ διαβολή.

Ohren-brausen, -sausen n ὁ τῶν ὤτων βόμβος.

Ohrenschmerz m ἡ ὠταλγία.

Ohrenzeuge m ὁ αὐτήκοος.

Ohreule f ὁ ὠτός oder ὦτος.

Ohrfeige f ὁ κόνδυλος, j-m eine ~ geben κόνδυλον ἐπιτρίβειν τινί.

ohrförmig ὠτοειδής.

Ohrgehänge n τὰ ἐνώτια.

Ohrläppchen n ὁ λοβός.

Ohrlöffel m ἡ ὠτογλυφίς.

Ökonom m ὁ οἰκονόμος.

Ökonomie f ἡ οἰκονομία.

ökonomisch οἰκονομικός.

Oktober m ὁ δέκατος μήν.

okulieren ἐνοφθαλμίζειν.

Öl n τὸ ἔλαιον, τὸ χρῖσμα (Salböl), τὸ μύρον (wohlriechendes Öl).

ölartig ἐλαιώδης.

Ölbaum m ἡ ἐλάα (ἐλαία).

Ölberg m, **Ölpflanzung** f ὁ ἐλαιών (ῶνος), τὸ ἐλαιόφυτον.

Ölblatt n τὸ ἐλάας φύλλον.

Oleander m ἡ ῥοδοδάχνη, τὸ ῥοδοδένδρον.

ölen ἐλαιοῦν. [χρῶμα.]

Ölfarbe f τὸ ἐλαιωτὸν]

Ölfaß n ὁ ἐλαίου πίθος.

Ölflasche f, **Ölfläschchen** n ὁ λήκυθος.

Ölgefäß n τὸ ἐλαιοδόκον ἀγγεῖον.

Ölhändler m ὁ ἐλαιοπώλης.

ölig ἐλαιηρός, ἐλαιώδης.

Oligarch m εἷς τῶν ὀλίγων, die ~en οἱ ὀλίγοι.
Oligarchie f ἡ ὀλιγαρχία, ἡ ὀλιγαρχικὴ πολιτεία.
oligarchisch ὀλιγαρχικός.
Olive f ἡ ἐλάα (ἐλαία).
olivenartig ἐλαιοειδής.
Oliven=garten, =hain m f. Ölberg. [ξύλα.]
Olivenholz n τὰ ἐλάας
Olivenöl n τὸ ἔλαιον.
Olivenzweig m ὁ ἐλάας κλάδος. [(άδος).]
Olympiade f ἡ ὀλυμπιάς
Omen n ὁ οἰωνός.
Onkel m f. Oheim.
Onyx m ὁ ὄνυξ (υχος).
Operation f τὸ ἐπιχείρημα, chirurgische ~ ὁ χειρισμός.
Operationsbasis f ἡ ἀφορμή.
operieren στρατηγεῖν, chirurgisch χειρίζειν, χειρουργεῖν.
Opfer n ἡ θυσία, τὰ ἱερά, τὸ θῦμα, ~ für glückliche Landung τὰ ἀπο=, ἐκβατήρια, für Rettung τὰ σωτήρια, Dankesopfer τὰ χαριστήρια, ein ~ darbringen f. opfern.
Opferaltar m ὁ βωμός.
Opferbecken n τὸ σφαγεῖον.
Opferbeil n τὸ πέλεκυς (εως). [σκόπος).]
Opferbeschauer m ὁ ἱερο=
Opferbinde f ἡ ταινία.
Opferdiener m ὁ ὑπηρέτης.
Opferfest n αἱ θυσίαι, τὰ ἱερά, ein ~ feiern θυσίαν θύειν oder ποιεῖσθαι.
Opfergebrauch m ἡ θυσία.
Opfergefäß n τὸ ἱερὸν σκεῦος.

Opfergeräte n/pl. τὰ ἱερὰ σκεύη.
Opfer=gewand, =kleid n ἡ ἱερὰ στολή.
Opferherd m ἡ πυρά.
Opfermahl n τὸ ἱερὸν δεῖπνον.
Opfermesser n ἡ σφαγίς.
opfern θύειν, θυσίαν θύειν oder ποιεῖσθαι, σφαγιάζειν (gew. M.), σφάττειν, glücklich ~ καλλιερεῖν, = etwas hingeben ἀναλίσκειν, προτεῖσθαι, sein Leben ~ προδιδόναι τὴν ψυχήν. [ἱερεύς.]
Opferpriester m ὁ θύτης, ὁ/
Opferschale f ἡ φιάλη.
Opferschau f ἡ ἱεροσκοπία.
Opferschmaus m τὸ ἱερὸν δεῖπνον.
Opferspende f ἡ σπονδή.
Opfertier n τὸ ἱερεῖον, τὸ σφάγιον. [θάνατος.]
Opfertod m ὁ ἑκούσιος
Opferung f ἡ θυσία.
Opfervieh n τὰ ἱερεῖα, τὰ σφάγια.
opferwillig πρόθυμος (2).
Opferzeit f ἡ θυσία.
Opium n τὸ μηκώνιον.
opponieren ἐναντιοῦσθαι, ἀνταγωνίζεσθαι, ἀντιλέγειν τινί.
Opposition f ἡ ἐναντίωσις.
Optik f ἡ ὀπτική.
Optimaten m/pl. οἱ ὀλίγοι.
optisch ὀπτικός.
Orakel n τὸ χρηστήριον, ὁ χρησμός, τὸ μαντεῖον, ἡ μαντεία, das ~ befragen ἐρωτᾶν τὸν θεόν, μαντεύεσθαι, χρῆσθαι τῷ θεῷ.

Orakel-priester m, **-priesterin** f ὁ, ἡ χρησμολόγος, ὁ προφήτης, ἡ προφῆτις.
Orakelsitz m τὸ μαντεῖον, τὸ χρηστήριον.
Orakel-verkünder, -verkündiger m ὁ μάντις, ὁ προφήτης.
Orange f τὸ κιτρόμηλον.
oratorisch ῥητορικός.
Orchester n ἡ ὀρχήστρα.
ordentlich εὔτακτος (2), κόσμιος, δίκαιος, μέτριος, σπουδαῖος, = gesetzmäßig ἔννομος (2), νόμιμος (2).
Order f τὸ παράγγελμα.
ordnen τάττειν, δια-, συντάττειν, κοσμεῖν, διατιθέναι, gut ~ εὖ τιθέναι.
Ordner m durch das *part.* der vorhergehenden Verba.
Ordnung f ἡ τάξις, ὁ κόσμος, ὁ νόμος, gute ~ ἡ εὐταξία, ἡ εὐκοσμία, schlechte ~ ἡ ἀταξία, ἡ ἀκοσμία.
Ordnungsliebe f, **-sinn** m ἡ εὐταξία. [(2).]
ordnungsliebend εὔτακτος
ordnungsmäßig νόμιμος, ἔννομος (2), δίκαιος.
Ordnungsstrafe f ἡ ἐπιβολή.
ordnungswidrig παράνομος (2). [παρανομία.]
Ordnungswidrigkeit f ἡ
Organ n τὸ ὄργανον, der Stimme ἡ φωνή, τὸ στόμα.
Organisation, Organisierung f ἡ κατασκευή, ἡ διάθεσις, ἡ σύνταξις.
organisch ὄργανα ἔχων.
organisieren κατασκευάζειν, συντάττειν, διατιθέναι.

Organismus m ἡ κατασκευή, ἡ διάθεσις.
Orgien f/pl. τὰ ὄργια, die ~ feiern ὀργιάζειν.
Orient m αἱ ἀνατολαί.
orientalisch ἀνατολικός.
orientieren: sich in etwas ~ πεῖράν τινος λαμβάνειν, εἰς πεῖράν τινος ἔρχεσθαι.
Original n τὸ ἀρχέτυπον, von einem Schreiben τὸ αὐτόγραφον, von e-m Menschen ἴδιος ἄνθρωπος.
originell οἰκεῖος, ἴδιος.
Orkan m ἡ θύελλα.
Orkus m ὁ Ἅιδης.
Ornat m ὁ κόσμος.
Ort m ὁ τόπος, ὁ χῶρος, ἡ χώρα, an allen ~en πανταχοῦ, an vielen ~en πολλαχοῦ, an jenem ~e ἐκεῖ, an ~ und Stelle αὐτοῦ, αὐτόθι, am rechten ~e ἐν καιρῷ, καλῶς, ὀρθῶς, fester ~ τὸ τείχισμα, τὸ ἔρυμα, τὸ φρούριον.
Örtchen n τὸ μικρὸν χωρίον.
Orthographie f ἡ ὀρθογραφία.
orthographisch ὀρθός.
örtlich τοπικός.
Örtlichkeit f ὁ τόπος.
Ortsbeschaffenheit f ἡ τῆς χώρας φύσις, τὰ τοῦ τόπου.
Ortsbeschreibung f ἡ τοπογραφία.
Ortschaft f τὸ χωρίον, ἡ κώμη.
Orts-kenntnis, -kunde f ἡ τῆς χώρας ἐμπειρία.

ortskundig τῆς χώρας ἔμπειρος (2).
Orts-veränderung f, **-wechsel** m ἡ μετάστασις.
Öse f ἡ ὀπή.
Osten m ἡ ἕως, αἱ ἀνατολαί, ὁ ἀνατέλλων ἥλιος.
Osterfest, Ostern n τὸ πάσχα.
östlich ἑῷος, *adv.* πρὸς ἕω, πρὸς τὸν ἥλιον ἀνίσχοντα.
Ostrazismus m ὁ ὀστρακισμός.
ostwärts f. östlich.
Ostwind m ὁ ἀπηλιώτης (ἄνεμος).
Otter f ἡ ἔχιδνα.
oval φοειδής.
Ozean m ὁ ὠκεανός.

P

P Π, π, τὸ πῖ, indekl.
Päan m ὁ παιάν (ᾶνος), den ~ erheben, singen παιανίζειν.
Paar n τὸ ζεῦγος, ἡ συζυγία, auch δύο, zu ~en treiben συστέλλειν, κολάζειν, ein paar ἔνιοι, ὀλίγοι, τινές (entl.) [τινι.]
paaren, sich συμμείγνυσθαί
paarmal: ein ~ ἐνίοτε.
Paarung f ἡ ζεῦξις, ἡ σύμμειξις.
paarweise κατὰ δύο, σύνδυο.
Pacht f ἡ μίσθωσις, in ~ geben μισθοῦν, ἀπομισθοῦν τινί τι, in ~ nehmen μισθοῦσθαί τι.
pachten μισθοῦσθαι.
Pächter m ὁ μισθωτής.
Pachtgeld n τὸ μίσθωμα, ὁ μισθός, ~ bezahlen ἀποδιδόναι oder ἐκτίνειν τὸν μισθόν. [χωρίον.]
Pachtgut n τὸ μισθωτὸν
Pachtkontrakt m ἡ συνθήκη.
Pack n = Gesindel ὁ σύρφαξ.
packen συσκευάζειν, ἐπισάττειν τι ἐπί τι, ἐπιβάλλειν, ἐπιτιθέναι τινί τι, = anpacken συλλαμβάνειν, αἱρεῖν, packe dich ἄπαγε, ἔρρε.
Packer m durch das *part.* der vorhergehenden Verba.
Packesel m ὁ σκευοφόρος ὄνος, ὁ κανθήλιος.
Packgerät n τὰ σκεύη.
Packhof m τὸ ἐμπόριον.
Packpferd n ὁ φορτηγὸς ἵππος.
Packsattel m ἡ ἀστράβη, τὸ σάγμα.
Packtier n τὸ ὑποζύγιον.
Packvieh n τὰ ὑποζύγια.
Packwagen m τὸ σκευοφόρον ἅρμα.
Pädagoge m ὁ παιδαγωγός.
Pädagogik f ἡ παιδαγωγική.
pädagogisch παιδαγωγικός.
Page m ὁ παῖς.
Paket n τὸ φάκελλος.
Palast m τὰ βασίλεια.
Palisade f ὁ, ἡ χάραξ, ὁ σταυρός.
Pallasch m τὸ ξίφος.

Palmbaum m ὁ φοίνιξ (ικος). [φύλλον.]
Palmblatt n τὸ φοινίκινον
Palme f ὁ φοίνιξ (ικος).
Palmen=hain, =**wald** m ὁ φοινικών (ῶνος).
Palmkohl m ὁ τοῦ φοίνικος ἐγκέφαλος.
Palmzweig m ὁ τοῦ φοίνικος κλάδος.
Panier n τὸ σημεῖον.
panischer Schrecken τὸ πανικὸν δεῖμα.
Pankratiast m ὁ παγκρατιαστής.
Pankration f τὸ παγκράτιον.
Pantheon n τὸ πάνθειον.
Panther m ἡ πάρδαλις, ὁ πάρδος.
Pantoffel m ἡ βλαύτη, ἡ κρηπίς (ῖδος), τὸ σάνδαλον.
Pantomime f ἡ ὄρχησις, τὸ ὄρχημα. [ὀρχηστής.]
Pantomimenspieler m ὁ
pantomimisch ὀρχηστός.
Panzer m ὁ θώραξ.
panzerartig θωρακοειδής.
Panzerhemd n ὁ ἁλυσιδωτὸς θώραξ. [ποιός.]
Panzermacher m ὁ θωρακο=
panzern θωρακίζειν, sich =περιβάλλεσθαι oder ἐνδύεσθαι τὸν θώρακα.
Panzerträger m ὁ θωρακοφόρος.
Papagei m ὁ ψιττακός.
Papier n ὁ, ἡ πάπυρος, ἡ χάρτη, ἡ βύβλος, etwas zu ~ **bringen** ἀνα-, ἀπογράφειν.

papieren βύβλινος.
Papierstaude f ὁ, ἡ πάπυρος, ἡ βύβλος.
Pappe f ὁ σύγκολλος χάρτης.
Pappel f ἡ αἴγειρος.
Pappelwald m ὁ αἰγειρών (ῶνος).
Papst m ὁ ἱεράρχης.
päpstlich ἱεραρχικός.
Papsttum n ἡ ἱεραρχία.
Parabel f ἡ παραβολή.
parabolisch παραβολικός.
Parade f ἡ ἐπίδειξις, ἡ πομπή. [κλίνη.]
Paradebett n ἡ ἐπιτάφιος
Parademarsch m ὁ ἐνόπλιος ῥυθμός.
Paradies n ὁ παράδεισος.
paradox παράδοξος (2).
Paragraph m, **Paragraphen=zeichen** n ἡ παραγραφή.
parallel παράλληλος (2).
Parallele, Parallellinie f ἡ παράλληλος.
paralysieren παραλύειν.
paralytisch παραλυτικός.
Parasit m ὁ παράσιτος.
Pardon m ἡ συγγνώμη, ~ **geben** συγγνώμην ἔχειν ob. διδόναι τινί.
Parenthese f ἡ παρενθήκη, ἡ παρένθεσις.
Parfüm n τὸ μύρον, ἡ ὀσμή. [ειν.]
parfümieren μυρίζειν, χρί=
parfümiert κεχρισμένος.
parieren ἐα-, ἀποκρούεσθαι, f. **gehorchen**.
Park m ὁ παράδεισος.
Parlament n ἡ βουλή, τὸ συνέδριον.

(Palmbaum 251 Parlament)

Parlamentär m ὁ κῆρυξ.
Parodie f ἡ παρῳδία.
parodieren παρῳδεῖν.
Parole f τὸ σύμβολον.
Partei f ἡ ἑταιρεία, ἡ στάσις, auf (od. von) j-s ~ sein εἶναι μετά τινος (σύν τινι), στῆναι μετά τινος, j-s ~ ergreifen αἱρεῖσθαι τά τινος oder τινά, in ~en geteilt sein διαστῆναι, στασιάζειν πρὸς ἀλλήλους.
Parteieifer m ὁ ζῆλος.
Partei=führer m, **=haupt** n ὁ στασιάρχης.
Parteigänger m ὁ στασιώτης.
parteiisch οὐ δίκαιος, οὐκ ὀρθός, ~ urteilen οὐκ ὀρθῶς κρίνειν od. δικάζειν.
Parteikampf m ἡ στάσις.
Parteilichkeit f ἡ οὐ δικαία γνώμη.
parteilos δίκαιος, ὀρθός.
Parteimann m ὁ στασιώτης.
Parteistreit m ἡ στάσις.
Parteisucht f ἡ στασιωτεία.
parteisüchtig στασιωτικός.
Parteiung f ἡ στάσις.
Parteizwecke m/pl. τὰ τῆς στάσεως.
Partie f τὸ πλῆθος.
Partikel f τὸ μόριον, ἡ προσθήκη.
Parze f ἡ Μοῖρα.
paschen παρεισκομίζειν.
Paß m ἡ πάροδος, ἡ διάβασις, ὁ πόρος, ein enger ~ ὁ στενόπορος.
Passage f ἡ διάβασις.
Passagier m ὁ ὁδοιπόρος, ὁ ἐπιβάτης.

Passatwinde m/pl. οἱ ἐτησίαι (gen. pl. ίων).
passen = angemessen sein ἁρμόττειν, ἐφαρμόττειν ἐπί, εἴς τι, es paßt sich πρέπει.
passend ἐπιτήδειος, πρέπων, οἰκεῖος, καλός.
passieren intr. πορεύεσθαι, trans. διαβαίνειν, ὑπερβάλλειν, leicht zu ~ εὔπορος (2), εὐδιάβατος (2), schwer zu ~ δύσπορος, δύσβατος (2), etwas ~ lassen ἐᾶν, ἀποδέχεσθαί τι.
passiv ἥσυχος, sich ~ verhalten ἡσυχάζειν.
Pastete f τὸ ἀρτόκρεας.
Pate m und f ὁ, ἡ ἀνάδοχος.
Patent n ἡ προγραφή.
pathetisch παθητικός, ἐμπαθής.
Pathologie f ἡ παθολογική.
Patient m ὁ θεραπευόμενος.
Patriarch m ὁ πατριάρχης.
patriarchalisch πατριαρχικός. [φιλόπατρις.]
Patriot m ὁ φιλόπολις, ὁ
Patriotismus m ὁ τῆς πατρίδος ἔρως.
Patrizier m ὁ εὐπατρίδης.
Patriziergeschlecht n τὸ τῶν εὐπατριδῶν γένος.
patrizisch εὐπατρίδης.
Patron m ὁ προστάτης, ὁ κηδεμών (όνος).
Patronat n ἡ προστασία.
Patrouille f οἱ περίπολοι, ἡ ἐφοδεία.
patrouillieren περιιέναι, περιοδεύειν.
patzig σοβαρός, αὐθάδης.

Pauke f τὸ τύμπανον.
pauken τυμπανίζειν.
Pauken n ὁ τυμπανισμός.
Paukenfell n τὸ ῥόπτρον.
Pauken=schall, =schlag m ὁ τυμπάνου (auch τυμπάνων) ψόφος.
Paukenschläger, Pauker m ὁ τυμπανιστής.
Pause f ἡ παῦλα, ἡ ἀνάπαυλα, eine ~ machen ἀναπαύεσθαι.
pausieren s. e-e Pause machen.
Pavian m ὁ κυνοκέφαλος.
Pavillon m ἡ σκιάς (άδος), ἡ θόλος.
Pech n ἡ πίττα.
Pechfackel f ἡ πεύκη.
Pechfichte f ἡ πεύκη.
pechschwarz πιττώδης τὴν χρόαν.   [ἀνήρ.]
Pedant m ὁ μικρολόγος
Pedanterie f ἡ μικρολογία.
pedantisch μικρολόγος.
Pein f τὸ ἄλγος, ἡ ἀλγηδών (όνος), ἡ βάσανος.
peinigen βασανίζειν, ἀνιᾶν.
Peiniger m ὁ βασανιστής.
peinlich ἀλγεινός, ἀνιαρός, πικρός, χαλεπός, βαρύς, in einer ~en Lage sein ἀγωνιᾶν, ~es Gericht ἡ περὶ θανάτου κρίσις, es ist mir ~ ἄγχει μέ τι.
Peinlichkeit f τὸ ἀλγεινόν usw. (s. die vorhergehenden Wörter), s. Pedanterie.
Peitsche f ἡ μάστιξ (ιγος).
peitschen μαστιγοῦν.
Peitschen n ἡ μαστίγωσις.
Peitschenhieb m ἡ μάστιγος πληγή, τὸ μάστιγμα.

Peitschenknall m ὁ μάστιγος ψόφος.   [(αντος).]
Pelikan m ὁ πελεκᾶς
Pelz m τὸ δέρμα, ἡ διφθέρα.
Pelzkleid n ἡ διφθέρα.
Pelzmantel m τὸ διφθέρινον ἱμάτιον.
Pelzwerk n τὰ δέρματα.
Penaten m/pl. οἱ πατρῷοι (πάτριοι) θεοί.
Pension f ὁ μισθός.
Pensionär m ὁ ἔμμισθος.
Pergament n ἡ περγαμηνή.
Periode f ἡ περίοδος.
periodisch περιοδικός.
Peripatetiker m ὁ περιπατητικός.
Peripherie f ἡ περιφέρεια, ὁ κύκλος.
Perle f ὁ μαργαρίτης, τὸ μάργαρον.
perlen πομφολύζειν.
Perlen=schmuck m, **=schnur** f ὁ μαργαριτῶν κόσμος ob. ὅρμος.   [(ιδος).]
Perlhuhn n ἡ μελεαγρίς
Perlmuschel f ὁ μάργαρος.
Perlmutter f τὸ ὄστρακον.
Persiflage f ὁ διασυρμός.
persiflieren διασύρειν.
Person f τὸ σῶμα, τὸ εἶδος, ἡ φύσις, im Schauspiel τὸ πρόσωπον, die menschliche ~ ὁ ἄνθρωπος, in eigener ~ αὐτός, ich für meine ~ ἔγωγε.
Personensteuer f τὸ ἐπικεφάλιον.
Personifikation f ἡ προσωποποιία.   [ποιεῖν.]
personifizieren προσωπο=
persönlich αὐτός, παρών,

(Pauke   253   persönlich)

Persönlichkeit f ἡ οὐσία, s. Person.
Perücke f αἱ πρόσθετοι κόμαι, ἡ φενάκη.
Pest f ὁ λοιμός, ἡ λοιμώδης νόσος.
pestartig λοιμώδης.
Pestilenz f s. Pest.
pestilenzialisch λοιμώδης, λοιμικός. [(ἶδος).
Petschaft n ἡ σφραγίς)
Pfad m ἡ ὁδός, ἡ τρίβος, ἡ ἀτραπός. [(2).
pfadlos ἄβατος (2), ἄπορος)
Pfahl m ὁ σκόλοψ (οπος), ὁ σταυρός, Pfähle einschlagen σταυροῦν, an einen ~ stecken ἀνασκολοπίζειν.
Pfand n ἡ ὑποθήκη, τὸ ἐνέχυρον, ~ der Treue τὰ πιστά, seinen Kopf zum ~ setzen περὶ τῆς κεφαλῆς περιδίδοσθαι. [τι.
pfänden ἐνεχυράζειν τινός)
Pfandbürge m ὁ ὅμηρος.
Pfandrecht n τὰ σῦλα, αἱ σῦλαι.
Pfändung f ἡ ἐνεχυρασία.
Pfanne f τὸ τήγανον.
Pfannkuchen m ὁ τηγανίτης.
Pfau m ὁ ταώς (ώ).
Pfeffer m τὸ πέπερι (εως und ιδος). [(ίδος).
Pfefferbaum m ἡ πεπερίς)
Pfeife f ἡ σῦριγξ (γγος), ὁ αὐλός.
pfeifen συρίττειν, συρίζειν, αὐλεῖν, von Vögeln ᾄδειν.
Pfeifen n ὁ συριγμός, ἡ αὔλησις.
Pfeil m τὸ τόξευμα, τὸ βέλος, ὁ οἰστός, ~e abschießen τοξεύειν, βέλη ἀφιέναι.
Pfeilbehälter m ἡ φαρέτρα.
Pfeiler m ἡ στήλη.
Pfeilregen m τὸ βελῶν πλῆθος. [χιστος.
pfeilschnell ὀξύτατος, τά-)
Pfeilschuß m τὸ τόξευμα.
Pfeilschütze m ὁ τοξότης.
Pferd n ὁ, ἡ ἵππος, junges ~ ὁ, ἡ πῶλος, ~e halten ἵππους τρέφειν, j-n aufs ~ helfen ἀναβιβάζειν ὁ. ἀναβάλλειν τινὰ ἐπὶ τὸν ἵππον, zu ~e dienen ἱππεύειν, zu ~e kämpfen ἱππομαχεῖν.
Pferdchen n τὸ ἱππάριον.
pferde-ähnlich, -artig ἱππώδης.
Pferdebohne f ὁ φάσηλος.
Pferdebändiger m ὁ πωλοδάμνης. [πούς.
Pferdefuß m ὁ τοῦ ἵππου)
Pferdehalten n ἡ ἱπποτροφία, ἡ ἱπποφορβία.
Pferdehalter m ὁ ἱπποφορβός. [φόρβιον.
Pferdeherde f ὁ ἱππο-)
Pferdehirt m ὁ ἱπποφορβός.
Pferdekenner m ὁ τῶν ἵππων ἔμπειρος. [κόμος.
Pferdeknecht m ὁ ἱππο-)
Pferdeliebhaber m ὁ φίλιππος. [ἱππία.
Pferdeliebhaberei f ἡ φιλ-)
Pferdemähne f ἡ χαίτη.
Pferdemarkt m ἡ ἵππων ἀγορά.
Pferderennen n ἡ ἱπποδρομία, als Ort ὁ ἱππόδρομος.
Pferdeschmuck m τὰ φάλαρα.

Pferdestall m ὁ ἱππών (ῶνος).
Pferdezucht f ἡ ἱπποτροφία, ἡ ἱπποφορβία.
Pferdezüchter m f. Pferdehalter.
Pfiff m τὸ σύριγμα, ὁ [συριγμός.]
pfiffig πανοῦργος (2), κερδαλέος.
Pfiffigkeit f ἡ πανουργία, ὁ δόλος.
Pfingsten n ἡ πεντηκοστή.
Pfirsich m τὸ Περσικὸν μῆλον.
Pflanze f τὸ φυτόν, τὸ φύτευμα, ἡ βοτάνη.
Pflänzchen n τὸ φυτάριον.
pflanzen φυτεύειν, be-, gepflanzt φυτευτός.
pflanzenartig φυτικός, φυτοειδής.
Pflanzenbeet n ἡ φυταλία.
Pflanzenbeschreibung f τὰ βοτανικά.
Pflanzenkenner m ὁ τῶν φυτῶν ἐμπείρως ἔχων.
Pflanzenkenntnis f ἡ τῶν φυτῶν ἐμπειρία.
Pflanzenkunde f ἡ βοτανική.
Pflanzenreich n τὰ φυτά.
Pflanzenwelt f τὰ φυτά, τὰ τῶν φυτῶν. [για.]
Pflanzenzucht f ἡ φυτουρ-
Pflanzer m ὁ φυτευτής, = Kolonist ὁ ἄποικος.
Pflanzschule f τὸ φυτευτήριον.
Pflanzstadt f ἡ ἀποικία.
Pflanzung f ἡ φύτευσις.
Pflaster n τὸ ἔμπλαστρον, auf Straßen τὸ λιθόστρωτον.

pflastern στρωννύναι λίθοις, gepflastert στρωτός, λιθόστρωτος (2).
Pflasterstein m ὁ λίθος.
Pflastertreter m ὁ ἀγοραῖος.
Pflaume f τὸ κοκκύμηλον.
Pflaumenbaum m ἡ κοκκυμηλέα.
Pflege f ἡ θεραπεία, ἡ κηδεμονία, ἡ ἐπιμέλεια.
Pflegeeltern, die οἱ τροφοί.
Pflegekind n ὁ, ἡ τρόφιμος παῖς.
Pflegemutter f ἡ τροφός.
pflegen θεραπεύειν τινά, ἐπιμελεῖσθαί τινος, κήδεσθαί τινος, = gewohnt sein εἰωθέναι, εἰθίσθαι, ἔθος ἔχειν, φιλεῖν, der Ruhe ~ ἀπολαύειν σχολῆς, Rat ~ βουλεύεσθαι.
Pfleger m ὁ θεραπευτής, ὁ τροφός, ὁ τροφεύς.
Pflegerin f ἡ τροφός.
Pflege-sohn m, -tochter f ὁ, ἡ τρόφιμος παῖς.
Pflegevater m ὁ τροφός, ὁ τροφεύς.
Pflegling m f. Pflegekind.
pfleglos ἀθεράπευτος (2), ἀμελούμενος.
Pflegung f ἡ θεραπεία.
Pflicht f τὸ δέον, τὸ προσῆκον, τὸ ἔργον, es ist die ~ j-s durch εἶναι mit gen., es ist deine ~ σόν ἐστιν, seine ~ tun, erfüllen τὰ δέοντα, τὰ προσήκοντα ποιεῖν, seine ~ nicht tun ἐλλείπειν τοῦ δέοντος.
Pflichteifer m ἡ προθυμία, ἡ ἐπιμέλεια.

Pflichterfüllung f ἡ δικαιοσύνη. [θερος.]
pflichtfrei ἀτελής, ἐλεύ-
Pflichtgefühl n ἡ ὁσιότης (ητος), ἡ εὐσέβεια.
pflichtgemäß προσήκων.
pflichtlos ἀνόσιος, ἄδικος (2), ἀσεβής.
pflicht=mäßig, =schuldig ὅσιος, δίκαιος, εὐσεβής.
Pflichtmäßigkeit f ἡ ὁσιότης (ητος), ἡ εὐσέβεια.
Pflichtteil m und n ἡ νόμιμος μερίς.
pflichttreu ὅσιος, δίκαιος, εὐσεβής.
Pflichttreue f ἡ ὁσιότης (ητος), ἡ δικαιοσύνη, ἡ εὐσέβεια.
pflichtvergessen ἀμελής, ἀνόσιος (2), ἀσεβής.
Pflichtvergessenheit f ἡ ἀμέλεια, ἡ ἀνοσιότης (ητος), ἡ ἀσέβεια.
Pflicht=verletzung, =versäumnis f ἡ ἀμέλεια, τὸ ἀσέβημα, τὸ ἁμάρτημα.
pflichtwidrig ἀνόσιος, ἄδικος (2), ἀσεβής, παράνομος (2).
Pflichtwidrigkeit f ἡ ἀδικία, ἡ ἀσέβεια. [γόμφος.]
Pflock m ὁ πάτταλος, ὁ
pflücken δρέπειν (auch M.).
Pflug m τὸ ἄροτρον.
pflügbar ἀρόσιμος (2).
pflügen ἀροῦν, ἀροτριᾶν.
Pflüger m ὁ ἀρότης, ὁ ἀροτρεύς.
Pflugland n ἡ ἄρουρα, ἡ ἀρόσιμος γῆ.

Pflug=ochse, =stier m ὁ γεωργὸς βοῦς. [εως).]
Pflugschar f ἡ ὕνις (ὕνιος,
Pflugsterz m ἡ ἐχέτλη.
Pförtchen n ἡ πυλίς (ίδος).
Pforte f ἡ πύλη, ἡ θύρα.
Pförtner m ὁ θυρωρός, ὁ πυλωρός.
Pfosten m ὁ σταθμός.
Pfote f ὁ πούς (ὀδός).
pfropfen ἐγκεντρίζειν, ἐμφυτεύειν. [ἔμβολον.]
Pfropfen n τὸ βύσμα, τὸ
Pfropfreis n τὸ ἔνθεμα.
Pfuhl m τὸ ἕλος.
Pfühl m und n τὸ στρῶμα.
pfui φεῦ, βαβαί.
Pfund n ἡ λίτρα.
pfuschen αὐτοσχεδιάζειν.
Pfuscher m ὁ αὐτοσχεδιαστής. [διασμός.]
Pfuscherei f ὁ αὐτοσχε=
Pfütze f τὸ τέλμα.
Phalanx f ἡ φάλαγξ (γγος), eine ~ bilden ἐπὶ φάλαγγος καθίστασθαι oder τάττεσθαι.
Phänomen n τὸ φαινόμενον, τὸ φάσμα.
Phantasie f ἡ φαντασία.
phantasieren ληρεῖν, μαίνεσθαι.
Phantast m ὁ ἐνθουσιαστής, ὁ μαινόμενος.
phantastisch ἐνθουσιάζων, ἐνθουσιαστικός, ληρώδης.
Phantom n τὸ φάσμα, τὸ φάντασμα.
Phase f ἡ φάσις.
Philister m ὁ βάναυσος.
philisterhaft βάναυσος (2), βαναυσικός.

Philosoph m ὁ φιλόσοφος, ὁ σοφός.
Philosophie f ἡ φιλοσοφία.
philosophisch φιλόσοφος (2).
Phlegma n ἡ βραδυτής (ητος).
phlegmatisch βραδύς.
Phönix m ὁ φοίνιξ (ικος).
Phrase f ἡ λέξις.
Physik f ἡ φυσική.
physikalisch φυσικός.
Physiker m ὁ φυσικός.
Physiognomie f τὸ πρόσωπον, ἡ ὄψις.
Physiolog m ὁ φυσιολόγος.
Physiologie f ἡ φυσιολογία.
physiologisch φυσιολογικός.
physisch φυσικός.
pichen πιττοῦν.
picken κολάπτειν.
Pik(e)nick n ὁ ἔρανος, τὸ συναγώγιον. [βάσις.]
Piedestal n τὸ βάθρον, ἡ
piepen πιππίζειν.
Pietät f ἡ εὐσέβεια.
pietätlos ἀσεβής.
pietätvoll εὐσεβής.
pikant δριμύς.
Pike f ἡ λόγχη, τὸ δόρυ (ατος). [φόρος.]
Pikenträger m ὁ δορυ-
Pilger, Pilgrim m ὁ ὁδοιπόρος.
Pille f ὁ τροχίσκος.
Pilz m ὁ μύκης (ητος ob ου).
Pinie f, **Pinienbaum** m ἡ πίτυς (υος).
Pinsel m τὸ γραφεῖον, ἡ γραφίς (ιδος).
Pirat m ὁ πειρατής.
Pirol m ὁ χλωρίων (ωνος).

Plage f τὸ κακόν, ἡ συμφορά, ἡ λύπη, ὁ πόνος, ὁ μόχθος.
Plagegeist m ὁ κακοδαίμων (ονος), ὁ ἀλάστωρ (ορος).
plagen κακοῦν, ταλαιπωρεῖν, sich ~ πονεῖν, μοχθεῖν, κακοῦσθαι.
Plakat n τὸ πρόγραμμα.
Plan m ἡ διάνοια, ἡ βουλή, ἡ γνώμη, den ~ haben διανοεῖσθαι, βούλεσθαι, γνώμην ἔχειν, einen ~ fassen βουλεύεσθαι, ἐπινοεῖν.
plan = eben ὁμαλός.
planen s. einen Plan haben.
Planet m ὁ πλανήτης ἀστήρ, τὸ πλανώμενον ἄστρον. [λοῦν.]
planieren ὁμαλίζειν, ὁμα-
planiert ὁμαλός.
Planke f τὸ φράγμα.
Plänkelei f ὁ ἀκροβολισμός, ἡ ἀκροβόλισις.
plänkeln ἀκροβολίζεσθαι.
Plänkler m ὁ ἀκροβολιστής.
planlos ἄβουλος, ἄλογος (2), ἄνευ γνώμης.
Planlosigkeit f ἡ ἀβουλία.
planmäßig βεβουλευμένος, εὔβουλος (2).
plappern λαλεῖν, ληρεῖν.
Plastik f ἡ πλαστική.
plastisch πλαστικός.
Platane f ἡ πλάτανος.
platanenartig πλατανώδης.
Plateau n τὸ κατὰ τὰ ὄρη ὁμαλόν.
plätschern καχλάζειν, ῥοθιάζειν.
plätschernd ῥόθιος.

platt ὁμαλής, ὁμαλός, ἰσόπεδος (2), ~es Land τὰ πεδία, οἱ ἀγροί.

Platte f ἡ πλάξ (κός).

Plattfuß m ὁ πλατύπους (οδος).

Platz m ὁ τόπος, ἡ χώρα, τὸ χωρίον, ὁ χῶρος, öffentlicher ~ ἡ ἀγορά, bewohnter Ort τὸ χωρίον, = Sitz ἡ ἕδρα, ὁ θᾶκος, = Stelle, Posten ἡ τάξις.

Plätzchen n τὸ μικρὸν χωρίον.

platzen ῥήγνυσθαι, δια-ῥρήγνυσθαι.

Platzen n ἡ ῥῆξις.

Platzkommandant m ὁ φρούραρχος.

Platzregen m ὁ ὄμβρος.

plaudern λαλεῖν, f. ſchwatzen, Schwatzhaftigkeit uſw.

plauſibel πιθανός, j-m etw. ~ machen πείθειν τινά.

Plebejer m ὁ δημότης.

plebejiſch δημοτικός.

Plebs f ὁ δῆμος.

Plektron n τὸ πλῆκτρον.

Plethron n τὸ πλέθρον, ein ~ groß, lang, breit πλεθριαῖος.

plötzlich αἰφνίδιος, ἐξαπιναῖος, adv. ἐξαίφνης, ἐξαπίνης, ἄφνω.

Plötzlichkeit f τὸ αἰφνίδιον, ἡ ὀξύτης (ητος).

plump παχύς, βραδύς, ἄγροικος, ἀπαίδευτος (2).

Plumpheit f ἡ ἀγροικία.

Plunder m τὸ ῥάκος, τὸ ῥάκιον, = unbedeutende Sache χρῆμα οὐδενὸς ἄξιον.

Plünderer m ὁ λῃστής ob.

durch Verba, eines Tempels ὁ ἱερόσυλος.

plündern λῃστεύειν, λῄζεσθαι, λεηλατεῖν, ἄγειν καὶ φέρειν, διαρπάζειν.

Plünderung f ἡ ἁρπαγή, ἡ διαρπαγή, ἡ λεηλασία.

Pöbel m τὸ πλῆθος, οἱ πολλοί, ὁ ὄχλος.

pöbelhaft ἄγροικος (2), φορτικός.

Pöbelhaufe m ὁ ὄχλος.

Pöbelherrſchaft f ἡ ὀχλοκρατία.

pochen κρούειν, κόπτειν, auf etwas ~ μέγα φρονεῖν ἐπί τινι, θρασύνεσθαί τινι.

Pochen n durch Verba.

Podagra n ἡ ποδάγρα.

Poeſie f ἡ ποίησις, ἡ ποιητική.

Poet m ὁ ποιητής.

Poetin f ἡ ποιήτρια.

poetiſch ποιητικός.

Pokal m τὸ ποτήριον, τὸ ἔκπωμα.

Pol m ὁ πόλος.

Polarkreis m ὁ ἀρκτικὸς κύκλος.

Polarſtern m ὁ ἀρκτοῦρος.

Polemik f ἡ διαφορά, ἡ ἔρις.

polemiſch διάφορος (2).

polemiſieren ἐρίζειν τινί.

polieren ξεῖν, ξύειν, λεαίνειν.

poliert ξεστός.

Politik f τὰ πολιτικά, τὰ περὶ τὴν πόλιν.

Politiker m ὁ πολιτικὸς ἀνήρ.

politiſch πολιτικός.

Politur f ἡ λαμπρότης, ἡ λειότης (ητος).
Polizei f ἡ ἀστυνομία.
Polizeibeamte(r), Polizist m ὁ ἀστυνόμος.
Polizeiwesen n τὰ περὶ τὴν ἀστυνομίαν.
Polster n τὸ στρῶμα.
polstern στρωννύναι.
poltern θορυβεῖν, κτυπεῖν.
Poltern n ὁ θόρυβος, ὁ κτύπος.
Polyp m ὁ πολύπους (οδος).
polypenartig πολυποδώδης.
Pomeranze f τὸ Μηδικὸν μῆλον. [τέλεια.]
Pomp m ἡ πομπή, ἡ πολυ-
pomphaft μεγαλοπρεπής, πολυτελής, μεγαλεῖος.
Pontifex m ὁ ἀρχιερεύς.
populär δημοτικός, τοῖς πολλοῖς κεχαρισμένος.
Popularität f τὸ δημοτικόν, ἡ χάρις.
Poren f/pl. οἱ πόροι, vom Schwamm αἱ σήραγγες.
porös σηραγγώδης.
Porosität f τὸ σηραγγῶδες.
Portal n τὰ θυρώματα.
Portier m s. Pförtner.
Portion f ἡ μερίς (ίδος).
Porträt n ἡ εἰκών (όνος).
Porträtmaler m ὁ εἰκονογράφος.
Porträtmalerei f ἡ εἰκονογραφία. [(γγος).]
Posaune f ἡ σάλπιγξ
posaunen σαλπίζειν.
Posse f ἡ παιδιά, ἡ παιγνία, ~n ἡ φλυαρία, ὁ λῆρος, ~n treiben παίζειν, φλυαρεῖν, ληρεῖν.

Possen=macher, =reißer m ὁ γελωτοποιός. [ποιία.]
Possenreißerei f ἡ γελωτο-
possierlich γελοῖος, χαρίεις.
Postament n ἡ βάσις, τὸ βάθρον.
Posten m = Amt ἡ τάξις, = Wachtposten ἡ φυλακή, ἡ φρουρά, auf ~ stehen φυλάττειν, ~ ausstellen φύλακας καθιστάναι, = eine Summe τὰ χρήματα, τὸ ἀργύριον.
postieren καθιστάναι.
Posto fassen χώραν λαμβάνειν, καθίζεσθαι.
Potentat m ὁ βασιλεύς.
Pracht f ἡ μεγαλοπρέπεια, ἡ πολυτέλεια, ἡ λαμπρότης (ητος).
Prachtaufzug m ἡ πομπή.
prächtig μεγαλοπρεπής, πολυτελής, λαμπρός, μεγαλεῖος.
Prachtliebe f ἡ μεγαλοπρέπεια, ἡ πολυτέλεια.
prachtliebend μεγαλοπρεπής, πολυτελής.
prachtlos εὐτελής, ἁπλοῦς.
prachtvoll s. prächtig.
Prachtwerk n τὸ μεγαλοπρεπέστατον oder πολυτελέστατον ἔργον.
Präfekt m ὁ ἔπαρχος τῆς πόλεως.
Präfektur f ἡ ἐπαρχία.
prägen κόπτειν.
Prägung f ἡ κοπή.
prahlen ἀλαζονεύεσθαι περί τινος, κομπάζειν, καυχᾶσθαι, καλλωπίζεσθαι ἐπί τινι.

Prahlen n ἡ ἀλαζονεία, ὁ κόμπος, ὁ καλλωπισμός.
prahlend, prahlerisch ἀλαζών, ἀλαζονικός, κομπώδης.
Prahler, Prahlhans m ὁ ἀλαζών (όνος).
Prahlerei f s. Prahlen.
prahlsüchtig ἀλαζονικός.
praktisch πρακτικός, ~er Arzt sein ἀσκεῖν oder ἐπιτηδεύειν τὴν ἰατρικήν.
Prämie f τὸ ἆθλον, ὁ στέφανος.
prangen λάμπειν, mit etw. ~ ἐπιδείκνυσθαί τι.
Prangen n ἡ ἐπίδειξις.
Pranger m ἡ στήλη, j-n an den ~ stellen καταστηλιτεύειν.
prasseln παταγεῖν, κροτεῖν, ψοφεῖν. [ψόφος.]
Prasseln n ὁ πάταγος, ὁ
prassen ἀσελγαίνειν, ἀσωτεύεσθαι.
Prassen n ἡ ἀσέλγεια.
Prasser m ὁ ἀσελγής, ὁ ἄσωτος. [στρατηγός.]
Prätor m ὁ ἄρχων,
Prätur f ἡ στρατηγία.
Praxis f ἡ πεῖρα, ἡ ἐμπειρία, ἡ ἄσκησις, ἡ ἐπιτήδευσις.
Preis m τὸ ἆθλον, τὸ ἀριστεῖον, τὸ γέρας, = Lob, Ruhm ὁ ἔπαινος, τὸ ἐγκώμιον, = Wert ἡ τιμή.
Preisaufgabe f τὸ ἀγώνισμα.
Preisbewerbung f ὁ ἀγών (ῶνος), τὸ ἀγώνισμα.
preisen εὐλογεῖν, ὑμνεῖν, ἐπαινεῖν, ἐγκωμιάζειν, glücklich ~ μακαρίζειν, εὐδαιμονίζειν.
Preisfrage f τὸ ἀγώνισμα.
preisgeben προΐεσθαι, προδιδόναι, καταπροδιδόναι.
Preisgebung f ἡ πρόεσις, ἡ προδοσία.
Preisgesang m ὁ ὕμνος.
Preis-richter, -verteiler m ὁ βραβεύς, ὁ βραβευτής, ὁ ἀγωνοθέτης.
Preisverteilung f ἡ ἀγωνοθεσία.
preiswürdig ἐπαίνου ἄξιος, ἀξιέπαινος (2), ἀγαστός.
prellen: j-n ~ ἐξαπατᾶν τινα.
Prellerei f ἡ ἀπάτη.
Presse f τὸ πιεστήριον, τὸ πίεστρον.
pressen πιέζειν, θλίβειν.
Priester m ὁ ἱερεύς.
Priesteramt n ἡ ἱερωσύνη, ἡ ἱερατική.
Priesterin f ἡ ἱέρεια.
priesterlich ἱερατικός.
Priesterrock m ἡ ἱερὰ στολή.
Priesterschaft f οἱ ἱερεῖς.
Priesterstand m ἡ τῶν ἱερέων τάξις.
Priestertum n ἡ ἱερωσύνη, ἡ ἱερατική.
Priesterwürde f s. das vorhergehende Wort.
Prinz m ὁ τοῦ βασιλέως παῖς, ὁ βασιλεύς.
Prinzessin f ἡ τοῦ βασιλέως παῖς. [θεσις.]
Prinzip n ἡ ἀρχή, ἡ ὑπό-
Prinzipal m ὁ δεσπότης, ὁ ἐπιστάτης.
Prinzipalin f ἡ δέσποινα.

Prinzipat n ἡ ἡγεμονία.
prinzlich βασιλικός, βασίλειος (2).
Prior m ὁ προστάτης.
Pritsche (zum Liegen) f ἡ χαμεύνη. [ἰδίᾳ.]
privat ἴδιος, οἰκεῖος, adv.
Privatangelegenheit f τὸ ἴδιον πρᾶγμα, pl. τὰ ἴδια, τὰ οἰκεῖα, meine ~en τὰ ἐμὰ ober ἐμαυτοῦ.
Privateigentum n τὸ ἴδιον, τὰ ἴδια, τὰ ἰδιωτικά.
Privatfeind m ὁ ἐχθρός.
Privatfeindschaft f ἡ ἔχθρα.
Privatgespräch n οἱ ἰδίᾳ γιγνόμενοι λόγοι.
Privathaus n ἡ ἰδία οἰκία.
privatim ἰδίᾳ, κατ' ἰδίαν.
Privatinteresse n ἡ ἰδία ὠφέλεια, τὰ ἴδια ober οἰκεῖα.
privatisieren ἰδιωτεύειν.
Privatklage f ἡ δίκη.
Privatleben n ἡ ἰδιωτεία, ὁ ἴδιος βίος.
Privatleute, die οἱ ἰδιῶται, οἱ ἰδιωτεύοντες.
Privat-mann m, **-person** f ὁ ἰδιώτης, ὁ δημότης.
Privatnutzen m f. Privatinteresse.
Privatprozeß m ἡ ἰδία δίκη.
Privatsache f τὸ ἴδιον πρᾶγμα. [διαφορά.]
Privatstreitigkeit f ἡ ἰδία
Privatvermögen n τὰ ἴδια χρήματα, ἡ ἰδία οὐσία, τὰ οἰκεῖα.
Privatweg m ἡ ἰδία ὁδός.
Privatwohnung f f. Privathaus.

Privilegium n ἡ προνομία.
Probe f ἡ πεῖρα, ἡ ἀπό-, διάπειρα, ἡ ἐπίδειξις, ἡ βάσανος, eine ~ von etwas ablegen ἐπίδειξιν ποιεῖσθαί τινος, j-n auf die ~ stellen πειρᾶσθαί τινος.
Probearbeit f τὸ ἐπίδειγμα, ἡ ἐπίδειξις.
probehaltig δόκιμος (2).
Probestück n f. Probearbeit.
probieren πειρᾶσθαί τινος, δοκιμάζειν, ἐξετάζειν, = kosten γεύεσθαί τινος.
Probierstein m ἡ βάσανος.
Problem n τὸ πρόβλημα, ἡ ἀπορία, ein ~ lösen ἀπορίαν λύειν.
problematisch προβληματικός, ἄδηλος (2).
Produkt n τὸ γενόμενον ἔκ ob. ἀπό τινος, ὁ καρπός. [ἡ γένεσις.]
Produktion f ἡ γέννησις,
produktiv γόνιμος (2), γεννητικός.
produzieren: von der Natur φύειν, φέρειν, = zeug'n γεννᾶν, = künstlich arbeit'n ἐργάζεσθαι, ἐπιδεικνύναι.
profan βέβηλος (2), ἀσεβής.
profanieren βεβηλοῦν.
Profanation, Profanierung f ἡ βεβήλωσις.
Profession f ἡ τέχνη, τὸ ἔργον, sich zu einer ~ bekennen ἐπαγγέλλεσθαι ob. αἱρεῖσθαι τέχνην.
Professionist m ὁ χειροτέχνης, ὁ δημιουργός.
Professor m ὁ διδάσκαλος, ὁ σοφιστής.

Profil n ἡ καταγραφή.
Profit m τὸ κέρδος.
profitabel κερδαλέος.
Profitchen n τὸ κερδάριον.
profitieren: von etwas ∼ ὀνίνασθαί τινος, κερδαίνειν ἔκ τινος.
Prognose f ἡ πρόγνωσις.
Programm n τὸ πρόγραμμα, ἡ προγραφή.
Projekt n ἡ βουλή, ſ. Plan.
Proklamation f ἡ πρόκλησις, τὸ κήρυγμα.
proklamieren ἀνακηρύττειν.
Prokonsul m ὁ ἀνθύπατος, ὁ ἔπαρχος. [κός.]
prokonsularisch ἀνθυπατικός.
Prokonsulat n ἡ ἀνθυπατεία, ἡ ἐπαρχία.
Prokurator m ὁ ἐπίτροπος, ὁ διοικητής. [ζυγες.]
Proletarier m/pl. οἱ παράζυγες.
Prolog m ὁ πρόλογος.
Prophet m ὁ μάντις, ὁ προφήτης.
prophetisch μαντικός.
prophezeien μαντεύεσθαι.
Proportion f ὁ λόγος, ἡ ἀναλογία.
proportional ἀνάλογος (2).
proportioniert ἔμ-, σύμμετρος (2), gut, ſchlecht ∼ εὔ-, ἄρρυθμος (2). [γος.]
Proprätor m ὁ ἀντιστράτηγος.
Proſa f ὁ πεζὸς λόγος, in ∼ ἐν λόγῳ, καταλογάδην.
Proſaiker, Proſaiſt m ὁ συγγραφεύς, ὁ λογαγός.
proſaiſch πεζός.
proſkribieren προγράφειν.
Proſkription f ἡ προγραφή.
Proteſt m ἡ ἀποδοκιμασία.

proteſtieren ἐναντιοῦσθαί τινι.
Protokoll n ἡ ἀναγραφή, τὰ ὑπομνήματα.
protokollieren ἀναγράφειν.
Proviant m τὰ ἐπιτήδεια, τὰ σιτία, ∼ zuführen σιτηγεῖν, ἀγορὰν παρέχειν.
Proviantmeiſter m ὁ σιτώνης. [ἀγωγὸν πλοῖον.]
Proviantſchiff n τὸ σιτἀγωγὸν πλοῖον.
Proviantwagen m τὸ σιταγωγὸν ἅρμα.
Proviantweſen n τὰ περὶ τὸν σῖτον.
Proviantzufuhr f ἡ σιταγωγία.
Provinz f ἡ χώρα, ἡ ἐπαρχία, ὁ νομός, bei den Perſern ἡ σατραπεία.
Provinzialismus m ἡ γλῶττα.
Prozent n ἡ ἑκατοστή.
Prozeß m ἡ δίκη, ὁ ἀγών, Kriminalprozeß ἡ γραφή, Injurienprozeß ἡ ὕβρεως δίκη, einen ∼ mit j-m anfangen διαδικάζεσθαί τινι ob. πρός τινα, einen ∼ gegen j-n erheben καθιστάναι τινὰ εἰς δίκην (allgemein), γράφεσθαί τινα (in Kriminalſachen), den ∼ gewinnen δίκην νικᾶν, verlieren δίκην ἡττᾶσθαι.
Prozeßfeind m ὁ μισόδικος.
Prozeßführung f ἡ δίκη, ἡ συνηγορία, ἡ συνδικία.
Prozeßgang m τὰ περὶ τὴν δίκην.
prozeſſieren: gegen j-n ∼ ἀντιδικεῖν τινι.

Prozession f ἡ πομπή, ἡ πομπεία.　[στικόν.]
Prozeßkosten, die τὸ δικα-
Prozeßsache f τὸ δικαστικὸν πρᾶγμα, ἡ δίκη.
Prozeßsucht f ἡ φιλοδικία.
prozeßsüchtig φιλόδικος (2).
Prozeßverhandlung f ἡ δίκη.
prüfen ἐξετάζειν, δοκιμάζειν, βασανίζειν, πειρᾶσθαί τινος.
Prüfstein m ἡ βάσανος.
Prüfung f ἡ ἐξέτασις, ἡ δοκιμασία.
Prügel m τὸ ῥόπαλον, τὸ ξύλον, pl. = Schläge αἱ πληγαί.
Prügelei f αἱ πληγαί.
prügeln παίειν, πλήττειν.
Prunk m ἡ μεγαλοπρέπεια, ἡ παρασκευή.
prunken λάμπειν, mit etwas ~ καλλωπίζεσθαι, καλλύνεσθαι, λαμπρύνεσθαί τινι.
prunkend ἐπιδεικτικός.
Prunkliebe f ἡ μεγαλοπρέπεια.　[πής.]
prunkliebend μεγαλοπρε-
Prunkrede f ὁ ἐπιδεικτικὸς λόγος.
Prunkstück n τὸ ἀγώνισμα.
Prunktisch m ὁ ἄβαξ (κος).
prunkvoll λαμπρός.
Prytane m ὁ πρύτανις (εως).
Prytaneion n τὸ πρυτανεῖον.
Prytanie f ἡ πρυτανεία.
Psalm m ὁ ψαλμός, ὁ ὕμνος, ἡ ᾠδή.
Psalmdichter m ὁ ψαλμογράφος.
Psalter m ὁ ψαλτήρ (ῆρος).

Psychologie f ἡ περὶ τῆς ψυχῆς ἱστορία.
Publikum n ὁ δῆμος, τὸ πλῆθος, οἱ ἄνθρωποι, οἱ πολλοί, οἱ θεαταί (Zuschauer), οἱ ἀκροαταί (Zuhörer), sich vor dem ~ zeigen ἐξιέναι εἰς τὸ φανερόν oder εἰς τοὺς ἀνθρώπους, vor den Augen des ~s ἐν τῷ φανερῷ.
publizieren ἀνακηρύττειν.
Puder m ἡ παιπάλη.
Puls m ὁ σφυγμός, der regelmäßige Gang des Pulses ἡ εὐσφυξία, das Aussetzen des Pulses ἡ ἀσφυξία.
Pulsader f ἡ ἀρτηρία.
pulsieren σφύζειν, πάλλεσθαι.
Pulsschlag m ὁ σφυγμός, ἡ σφύξις, ὁ παλμός.
Pult n τὸ βῆμα.
Pumpe f τὸ κηλώνειον.
pumpen ἀντλεῖν, ἐξαντλεῖν.
Punkt m τὸ στίγμα, ἡ στιγμή, e-n ~ auf etw. machen στίζειν τι, = kleiner Teil τὸ ἀκαρές, ich stehe auf dem ~e etwas zu tun μέλλω ποιεῖν τι, ~ für ~ καθ' ἕκαστα, καθ' ἓν ἕκαστον, in diesem ~e ἐν τούτῳ, ἐν τούτοις, in allen ~en κατὰ πάντα, der wichtigste ~ τὸ κεφάλαιον, der streitige ~ τὸ διάφορον.　[στίζειν.]
punktieren στίζειν, ἐπι-
pünktlich ἀκριβής, ἐπιμελής, = zur bestimmten Zeit ἐν καιρῷ, εἰς καιρόν.
Pünktlichkeit f ἡ ἀκρίβεια, ἡ ἐπιμέλεια.

punktweise καθ' ἕν ἕκαστον.
Pupille f ἡ κόρη, ἡ γλήνη.
Puppe f der Schmetterlinge ἡ χρυσαλλίς (ίδος).
Purpur m ἡ πορφύρα.
purpurähnlich πορφυροειδής (ίδος).
Purpurdecke f ἡ πορφυρίς
Purpurfarbe f ἡ πορφύρα.
Purpurfärber m ὁ πορφυρεύς.
purpurfarbig, purpurn, purpurrot πορφυροῦς.
Purpurhandel m ἡ πορφυροπωλική.
Purpurhändler m ὁ πορφυροπώλης.
Purpur-kleid n, **-mantel** m ἡ πορφυρίς (ίδος).
Purpurschnecke f ἡ πορφύρα.
pusten πνεῖν, φυσᾶν.
Putz m ὁ κόσμος.
putzen κοσμεῖν.
Putzen n ἡ κόσμησις.
Putzsucht f ἡ φιλοκοσμία.
putzsüchtig φιλόκοσμος (2).
Pyramide f ἡ πυραμίς (ίδος). [ειδής.
pyramidenförmig πυραμο-

Q

Quacksalber m ὁ φαρμακεύς.
Quacksalberei f ἡ φαρμακεία.
quacksalbern φαρμακεύειν.
Quader m u. f, **Quaderstein** m ὁ τετράπεδος λίθος.
Quadrat n τὸ ὀρθογώνιον τετράγωνον.
quadratisch τετράγωνος (2).
quadrieren τετραγωνίζειν.
Quai m ἡ τοῦ λιμένος κρηπίς (ίδος).
quaken κεκραγέναι.
quäken κνυζᾶν.
Qual f ἡ ταλαιπωρία, ὁ μόχθος, ὁ πόνος, ~ leiden ταλαιπωρεῖν, μοχθεῖν.
quälen τρύχειν, καταπτρύχειν, ἀνιᾶν, ταλαιπωρεῖν, sich ~ πόνον ἔχειν, πονεῖν, mit etw. ~ μοχθεῖν περί τι.
Quälen n, **Quälerei** f ὁ βασανισμός, ἡ κάκωσις.
Quälgeist m ὁ ἀλάστωρ (ορος).
Qualifikation f ἡ ἐπιτηδειότης (ητος), zu etw. πρός τι.
Qualität f ἡ φύσις, s. Beschaffenheit, beschaffen.
Qualm m ὁ τῦφος, ὁ ἀτμός. [ζειν.
qualmen τύφεσθαι, ἀτμί-
qualvoll ἀλγεινός, ἀνιαρός, μοχθηρός, ταλαίπωρος (2).
Quantität f τὸ πλῆθος, ὁ ἀριθμός.
Quantum n s. Quantität.
Quark m τὸ ὀξύγαλα (ακτος).
Quart n ἡ τετάρτη.
Quartal n ἡ τρίμηνος.
Quartier n ἡ κώμη, als Wohnung ἡ οἴκησις, τὸ οἴκημα, ἡ σκηνή, ἡ στέγη,

für Soldaten ὁ σταθμός, τὸ σκήνωμα, im ~ liegen σκηνεῖν, σκηνᾶν.
Quartiermeister m ὁ ἐπίσταθμος.
Quaste f ὁ θύσανος.
Quästor m ὁ ταμίας, ~ sein ταμιεύειν.
Quästur f ἡ ταμιεία.
Quecke f ἡ ἄγρωστις (εως).
Quecksilber n ὁ ὑδράργυρος.
Quell m, Quelle f ἡ πηγή, ἡ κρήνη, übtr. ἡ ἀρχή, ἡ αἰτία.
quellartig, quellenreich ναματώδης.
Quellennymphe f ἡ κρηναία νύμφη.
Quellwasser n τὸ πηγαῖον (κρηναῖον) ὕδωρ.
Quendel m ὁ, ἡ ἕρπυλλος.
quer πλάγιος, ~ durch διὰ μέσου.
Querbalken m ἡ μεσόδμη, ἡ διαδοκίς (ίδος).
Quere f τὸ πλάγιον, ἡ λοξότης (ητος).
querfeldein πλαγίως.

Quergang m ἡ πλαγία ὁδός.
Quergraben m ἡ διὰ μέσου τάφρος.
Querholz n τὸ ζυγόν, τὸ διάξυλον.
Quermauer f τὸ διὰ μέσου τεῖχος. [γραμμή.]
Querstrich m ἡ πλαγία]
querüber ἐκ πλαγίου.
Querwand f ὁ πλάγιος τοῖχος.
Querweg m ἡ πλαγία ὁδός.
quetschen θλᾶν, θλίβειν.
Quetschung f ἡ θλάσις.
quieken τρίζειν.
Quintessenz f τὸ κράτιστον, ἡ ἀκμή.
Quirl m ἡ σπάθη.
quirlen σπαθίζειν.
quitt: mit j-m ~ sein διαλελύσθαι πρός τινα.
Quitte f τὸ κυδώνιον μῆλον.
quittieren ἀποχὴν διδόναι τινί τινος, etw. ~ ἀφιέναι, προϊεσθαί τι.
Quittung f ἡ ἀποχή.
Quote f τὸ μέρος.

R

R 'Ρ, ρ, τό, indekl.
Rabe m ὁ κόραξ (κος).
rabenartig κορακώδης.
Rabengeschrei n ὁ κρωγμός.
rabenschwarz κοράκινος.
Rache f ἡ τιμωρία, ἡ τίσις, ~ an j-m nehmen τιμωρεῖσθαί τινα. [(ορος).]
Rachegeist m ὁ ἀλάστωρ]
Rachegöttin f ἡ 'Ερινύς (ύος).

Rachen m τὸ στόμα.
rächen: j-n ~ τιμωρεῖν τινι, sich an j-m ~ τιμωρεῖσθαί τινα.
Rächer m, Rächerin f ὁ, ἡ τιμωρός.
Rach-gier, -sucht f ἡ μνησικακία.
rach-gierig, -süchtig μνησίκακος (2).

Rad n ὁ τροχός, ὁ κύκλος.
Radachse f ὁ ἄξων (ονος).
radartig τροχοειδής.
Rädelsführer m ὁ ἡγεμών (όνος), ὁ ἀρχηγός.
rädern τροχίζειν.
Räderwerk n οἱ τροχοί.
Radfelge f ἡ ἁψίς (ῖδος).
radieren ξεῖν, ξύειν, Geschriebenes ~ ἐξαλείφειν.
Radieschen n τὸ ῥαφανίδιον.
Radspeiche f ἡ κνήμη.
raffen: an sich ~ συναρπάζειν.
Raffinement n τὸ σόφισμα, τὸ μηχάνημα.
raffiniert σοφιστικός, μηχανικός.
Rahe f ἡ κεραία, τὸ κέρας.
Rahm m τὸ παχὺ τοῦ γάλακτος.
Rahmen m τὸ κράσπεδον, ἡ περιβολή.
Rain m τὰ μεθόρια.
Raisonnement n ὁ λογισμός.
raisonnieren λογίζεσθαι, διαλέγεσθαι.
Ramme f ἡ ἐμβολή.
Rampe f τὸ ἀνάκλιμα.
Rand m τὸ κράσπεδον, τὸ χεῖλος.
Randbemerkung f ἡ παραγραφή, τὰ παραγεγραμμένα.
Rang m ἡ τάξις, ἡ τιμή, τὸ ἀξίωμα, ἡ ἀξίωσις, der erste, zweite ~ τὰ πρωτεῖα, τὰ δευτερεῖα, den ersten haben πρωτεύειν τῇ τιμῇ, gleicher ~ ἡ ἰσοτιμία, j-m den ~ ablaufen νικᾶν τινα, περιγίγνεσθαί τινος, j-m den ~ streitig machen ἀμφισβητεῖν τινι τῆς τιμῆς.
Rangordnung f ἡ τάξις.
Rank m (im Deutschen gew. *pl.*) ἡ μηχανή, τὸ μηχάνημα, ὁ δόλος, Ränke schmieden μηχανᾶσθαι, τεχνάζειν.
Ranke f ἡ ἕλιξ (κος).
ranken, sich ἑλίττεσθαι.
Ränkeschmied m ὁ κακοπράγμων (ονος).
ränkevoll κακοπράγμων, πανοῦργος (2).
Ränzel n τὸ πηρίδιον.
Ranzen m ἡ πήρα.
ranzig σαπρός.
Rappe m ὁ μέλας ἵππος.
rasch ταχύς, ἐλαφρός.
Raschheit f ἡ ταχυτής (ητος).
Rasen¹ m ἡ πόα.
Rasen² n ἡ μανία.
rasen μαίνεσθαι, παραφρονεῖν.
rasend μαινόμενος, μανείς, παράφρων, j-n ~ machen ἐκμαίνειν τινά, ~ werden μανῆναι.
Rasenplatz m ὁ λειμών (ῶνος).
Raserei f ἡ μανία.
rasieren ξυρεῖν, κείρειν.
Rasiermesser n τὸ ξυρόν.
Raspel f ἡ ῥίνη.
raspeln ῥινᾶν.
Rasse f τὸ γένος.
rasseln ψοφεῖν, παταγεῖν.
Rasseln n ὁ ψόφος, ὁ πάταγος.
Rast f ἡ παῦλα, ἡ ἀνάπαυλα, ἡ σχολή, ~ machen ἀναπαύεσθαι, σχολὴν ἄγειν.

rasten ἀναπαύεσθαι, σχολάζειν, nicht ruhen und nicht ~ οὐκ ἀνιέναι οὐδὲ λωφᾶν.
rastlos ἄσχολος, ἄπαυστος (2).
Rastlosigkeit *f* ἡ ἀσχολία.
Rasttag *m* ἡ ἡσυχία, ~ halten ἡσυχάζειν, ἡσυχίαν ἄγειν oder ἔχειν.
Rat *m* = Beratung ἡ συμβουλία, mit sich zu ~e gehen βουλεύεσθαι, ἐνθυμεῖσθαι, j-m einen ~ geben συμβουλεύειν τινί, j-n um ~ fragen συμβουλεύεσθαί τινι, =Ratsversammlung ἡ βουλή, ἡ γερουσία, τὸ συνέδριον.
raten συμβουλεύειν τινί, παραινεῖν τινι, ὑποτίθεσθαί τινί τι, sich nicht ~ lassen οὐ πείθεσθαι, sich nicht zu ~ wissen ἀπορεῖν.
Raten *n* ἡ συμβούλευσις, ἡ συμβουλία.
Rat-geber *m*, **=geberin** *f* ὁ, ἡ σύμβουλος.
Rathaus *n* τὸ βουλευτήριον, τὸ συνέδριον.
Ratifikation *f* ἡ κύρωσις.
ratifizieren κυροῦν.
Ration *f* ἡ μερίς (ίδος), ἡ μοῖρα.
rational ῥητός.
rationell λογικός, νοητός.
rätlich χρήσιμος, ἐπιτήδειος (2).
ratlos ἄβουλος, ἄπορος, ἀμήχανος (sämtlich 2), ~ sein ἀπορεῖν, ἀμηχανεῖν.
Ratlosigkeit *f* ἡ ἀβουλία, ἡ ἀπορία, ἡ ἀμηχανία.
ratsam χρήσιμος, ἐπιτήδειος, σύμφορος (sämtlich 2), es ist ~ συμφέρει.
ratsbedürftig βουλῆς ἐνδεής.
Ratsbeisitzer *m* ὁ σύνεδρος.
Ratsbeschluß *m* τὸ βούλευμα, τὸ ψήφισμα.
Ratschlag *m* s. Rat.
ratschlagen s. sich beraten.
Ratschluß *m* ἡ βουλή, τὸ βούλευμα, τὸ ψήφισμα.
Ratsdiener *m* ὁ τῆς βουλῆς ὑπηρέτης.
Rätsel *n* τὸ αἴνιγμα, in ~n sprechen αἰνίττεσθαι.
rätselhaft αἰνιγματώδης, ἀφανής.
Ratsherr *m* ὁ βουλευτής, ὁ σύνεδρος.
Ratsherren=stelle, =würde *f* ἡ βουλεία.
Ratskollegium *n* ἡ βουλή, τὸ συνέδριον.
Rats-mann, =mitglied *m* ὁ συμβουλευτής.
Ratssitzung *f* τὸ συνέδριον, ~ halten συνεδρεύειν.
Ratsversammlung *f* τὸ συνέδριον.
Ratte *f* ὁ μέγας μῦς (υός).
Raub *m* ἡ ἁρπαγή, ἡ λῃστεία.
Raubbegierde, Raubgier *f* τὸ ἁρπακτικόν.
raubbegierig, raubgierig ἁρπακτικός.
rauben ἁρπάζειν, λῃστεύειν, λεηλατεῖν.
Rauben *n* s. Raub.
Räuber *m* ὁ λῃστής.
Räuberart *f* τὸ λῃστικόν, nach ~ λῃστικῶς.

Räuberbande f τὸ ληστικόν, οἱ λησταί.
Räuberei f ἡ ληστεία, ἡ ἁρπαγή.
Räuberhauptmann m ὁ λυστάρχης, ὁ λήσταρχος.
Räuberhöhle f τὸ ληστικὸν ἄντρον.
räuberisch ἅρπαξ (γος), ληστικός.
Räuberleben n ὁ ληστικὸς [βίος.]
Raubgesindel n τὸ ληστικόν.
Raubschiff n τὸ ληστικὸν [πλοῖον]
Raubsucht f s. Raubbegierde.
Raubtier n τὸ ἄγριον θηρίον.
Raubvogel m ὁ οἰωνός.
Raubzug m ἡ ἐπὶ ληστείᾳ ἐπιδρομή.
Rauch m ὁ καπνός, in ~ aufgehen εἰς καπνὸν διαλύεσθαι.
rauchähnlich, rauchartig καπνώδης.
Rauchaltar m ἡ θυμέλη.
rauchen καπνοῦσθαι.
räucherig καπνώδης.
räuchern (trans.) καπνίζειν, (intr.) θυμιᾶν, θύειν.
Räucherwerk n τὸ θυμίαμα.
Rauchfang m ἡ καπνοδόκη, ἡ κάπνη.
rauchig καπνώδης.
Rauchwolke f ἡ κάπνου νεφέλη.
Räude f ἡ ψώρα, ἡ ψωρίασις, die ~ haben ψωριᾶν.
räudig ψωραλέος.
Raufbold m ὁ ἀψίμαχος.
raufen τίλλειν, sich mit j-m ~ διαγωνίζεσθαί τινι.

Rauferei f ἡ ἀψιμαχία, αἱ χεῖρες.
rauh τραχύς, σκληρός, von Menschen ὠμός, χαλεπός, ἄγροικος (2), χαλεπός.
Rauheit, Rauhigkeit f ἡ τραχύτης, ἡ σκληρότης (ητος), ἡ ἀγροικία, ἡ χαλεπότης (ητος).
Raum m ὁ τόπος, ἡ χώρα, τὸ χωρίον, j-m ~ geben εἴκειν, ὑπείκειν, παραχωρεῖν τινι, ~ geben παραδιδόναι ἑαυτὸν ταῖς ἐπιθυμίαις, j-s Bitten ~ geben δέχεσθαι τὰς δεήσεις τινός, dem Zorne ~ geben χαρίζεσθαι τῇ ὀργῇ.
räumen ἀπαίρειν, ἀποκινεῖν, = weggehen von e-m Orte ἀποχωρεῖν, ἀπιέναι, j-n aus dem Wege ~ ἐκποδὼν ποιεῖσθαι.
Räumlichkeit f ὁ τόπος, τὸ χωρίον.
Räumung f gew. durch Verba, = Weggang ἡ ἀνα-, ἀποχώρησις.
raunen: j-m etw. ins Ohr ~ ψιθυρίζειν τινί τι εἰς τὸ οὖς.
Raupe f ἡ κάμπη.
Rausch m ἡ μέθη, ἡ κραιπάλη, ἡ μέθυσις.
rauschen ψοφεῖν, θορυβεῖν, ῥοθιάζειν, κυμαίνειν.
Rauschen n ὁ ψόφος, ὁ θόρυβος, ὁ ῥόθος.
rauschend durch part. der vorhergehenden Verba, ~er Beifall ὁ θόρυβος.

räuspern, sich χρέμπτεσθαι.
Räuspern *n* ἡ χρέμψις.
Raute *f* τὸ πήγανον.
Reaktion *f* τὸ ἐναντίωμα, τὸ ἀντίτυπον.
Rebe *f* τὸ κλῆμα.
Rebell *m* ὁ στασιάζων.
rebellieren στασιάζειν, ἀφίστασθαι.
Rebellion *f* ἡ στάσις.
Rebensaft *m* ὁ οἶνος.
Rebenstock *m* ἡ ἄμπελος.
Rebenzucht *f* ἡ ἀμπελουργία.
Rebhuhn *n* ὁ, ἡ πέρδιξ (κος).
Rechen *m* ἡ ἄμη.
Rechenkunst *f* ἡ ἀριθμητική.
Rechenschaft *f* ὁ λόγος, ~ ablegen ἀπολογίζεσθαι, ~ geben über (von) etw. λόγον διδόναι τινός, ~ fordern λόγον ἀπολαμβάνειν τινός, εὐθύνας λαμβάνειν παρά τινος ὑπέρ τινος.
Rechenschaftsablegung *f* ὁ ἀπολογισμός, αἱ εὔθυναι.
rechnen λογίζεσθαι, ἀριθμεῖν, etwas für nichts ~ οὐδένα λόγον ποιεῖσθαί τινος, etw. sich zur Ehre ~ φιλοτιμεῖσθαι ἐπί τινι, j-n unter eine Klasse ~ καταλογίζεσθαί τινα ἔν τισιν, auf etw. ~ πιστεύειν τινί.
Rechnen *n* ὁ λογισμός.
Rechner *m* ὁ λογιστής.
Rechnung *f* ὁ λογισμός, ὁ λόγος, s. Rechenschaft, seine ~ bei etw. finden κερδαίνειν, ~ führen ἀπολογίζεσθαι, etwas auf j-s ~ setzen

νέμειν, ἐπάγειν τινί τι, auf eigene ~ ἰδίᾳ.
Rechnungsart *f* ὁ λογισμός.
Rechnungs-beamte(r) *m*, **-behörde** *f* ὁ λογιστής, οἱ λογισταί.
Rechnungsbuch *n* ὁ κατάλογος, τὸ γραμματεῖον.
Rechnungswesen *n* τὸ λογιστικόν.
recht δεξιός, der ~e Flügel τὸ δεξιὸν κέρας, die ~e Hand ἡ δεξιά (χείρ), = gerade ὀρθός, = passend, geeignet ἐπιτήδειος, οἰκεῖος, πρέπων, προσήκων, = erwünscht ἀρέσκων, φίλος, es ist mir etwas ~ ἔστι μοι βουλομένῳ oder ἡδομένῳ oder ἀσμένῳ, wenn es dir ~ ist εἰ βούλει, es j-m ~ machen ἀρέσκειν τινί, = dem Rechte gemäß δίκαιος, ὅσιος, = richtig ὀρθός, ~ sein ὀρθῶς ἔχειν, = der Wahrheit gemäß ἀληθής, ἀληθινός, = völlig, ganz τέλειος, oft durch den *sup.*, zB. ~ schön κάλλιστος.
Recht *n* = Befugnis τὸ δίκαιον, ἡ ἐξουσία, das ~ haben etw. zu tun δίκαιον εἶναι oder ἐξουσίαν ἔχειν ποιεῖν τι, = gesetzliche Befugnis τὸ δίκαιον, ἡ δίκη, gegen das ~ παρὰ τὴν δίκην, ~ sprechen δικάζειν, sich ~ sprechen lassen δικάζεσθαι, = gesetzliche Bestimmungen οἱ νόμοι, τὰ νόμιμα, = übereinstimmend mit der Wahrheit, zB. ~

haben es oder ἀληθῆ λέγειν, er hat ~ ἀληθές, ἀληθῆ λέγει, j-m ~ geben ὁμολογεῖν, συμφάναι τινί.
rechten δικάζεσθαι, ἐρίζειν τινί. [νόμος ἐστίν.)
Rechtens: es ist ~ θέμις ob.
rechtfertigen ἀπολύειν τινὰ τινος, sich ~ ἀπολογεῖσθαι
Rechtfertigung f ὁ ἀπολογισμός, ἡ ἀπολογία.
Rechtfertigungsgrund m τὸ ἀπολόγημα.
Rechthaberei f ἡ φιλονικία.
rechthaberisch φιλόνικος (2), ~ sein φιλονικεῖν.
rechtlich δίκαιος, ἔννομος (2), f. gerichtlich.
Rechtlichkeit, Rechtschaffenheit f ἡ χρηστότης (ητος), ἡ δικαιοσύνη, ἡ καλοκἀγαθία. [ἄδικος (sämtlich 2).)
rechtlos ἄ-, παράνομος,
Rechtlosigkeit f ἡ ἄ-, παρανομία, ἡ ἀδικία.
rechtmäßig δίκαιος, ἔννομος (2), νόμιμος (2), ~e Forderung ἡ δικαίωσις, etw. ~ fordern δικαιοῦν τι.
Rechtmäßigkeit f τὸ ἔννομον, τὸ δίκαιον, τὸ νόμιμον.
rechts f. recht.
Rechtsanspruch m τὸ δικαίωμα, ἡ δικαίωσις.
Rechtsanwalt m ὁ συνήγορος.
Rechtsbefugnis f τὸ δίκαιον, ἡ ἐξουσία.
Rechtsbescheid m ἡ τῶν δικαστῶν κρίσις ob. διάγνωσις.

Rechtsbestimmung f τὸ δίκαιον.
rechtschaffen χρηστός, δίκαιος, καλὸς κἀγαθός.
Rechtschaffenheit f f. Rechtlichkeit. [γραφία.)
Rechtschreibung f ἡ ὀρθο-
rechtserfahren, rechtsgelehrt ἔμπειρος τῶν νόμων.
Rechtserklärung f ἡ τῆς δίκης ἐξήγησις.
Rechts=fall m, **=frage** f ἡ δίκη.
Rechtsgang m ἡ δίκη.
Rechtsgelehrsamkeit f ἡ τῶν νόμων ἐμπειρία.
Rechtshandel m ἡ δίκη, f. Prozeß. [δεξιά.)
rechtshin ἐπὶ τὰ δεξιά, εἰς
Rechtskraft f τὸ κῦρος, τὸ τέλος, ~ bekommen κυροῦσθαι, ~ haben κύριον εἶναι, τέλος ἔχειν.
rechtskräftig κύριος, ~ machen κυροῦν.
Rechtskunde f f. Rechtsgelehrsamkeit.
rechtskundig ἔμπειρος (2) τῶν νόμων.
Rechtslehre f ἡ περὶ τοὺς νόμους διδασκαλία.
Rechtslehrer m ὁ τῶν νόμων ἐξηγητής.
Rechtsmittel n τὸ δίκαιον, ἡ δίκη. [δίκας.)
Rechtspflege f τὰ περὶ τὰς
Recht sprechen f. unter Recht.
Rechtsprechung f τὸ δικάζειν, = richtige Aussprache ἡ ὀρθοέπεια.
Rechtsspruch m ἡ κρίσις, f. auch Rechtsbescheid.

Rechtsstreit m ὁ ἀγών (ῶνος), ἡ δίκη.

rechtsum ἐπὶ (τὰ) δεξιά.

Rechtsverhandlung f ἡ δίκη (gew. pl.). [νομία.]

Rechtsverletzung f ἡ παρα-

Rechtsweg m ἡ δίκη, den ~ betreten δίκῃ χρῆσθαι, gegen j-n διὰ δίκης ἰέναι τινί.

rechtswidrig παράνομος (2).

Rechtswidrigkeit f ἡ παρανομία, τὸ παράνομον.

Rechtswissenschaft f. Rechts- gelehrsamkeit.

rechtzeitig καίριος, εὔκαιρος (2), ἐν καιρῷ.

recken διατείνειν, sich ~ σκορδινᾶσθαι.

Rede f = Stimme, Sprache ἡ φωνή, ἡ γλῶττα, im allg. ὁ λόγος (auch pl.), τὰ λεχθέντα, τὰ ῥηθέντα, es ist der ~ nicht wert λόγου οὐκ ἄξιόν ἐστιν, die ~ kommt (fällt) auf etw. λόγος γίγνεται περί τινος oder περί τι, = Gerede, (Gerücht) ὁ λόγος, ἡ φήμη, es geht das Gerede λέγεται, λόγος ἔχει, = Vortrag ὁ λόγος, vor dem Volke ἡ δημηγορία, eine ~ ausarbeiten συντιθέναι ob. ἐξεργάζεσθαι λόγον, eine ~ halten λέγειν, λόγους ποιεῖσθαι, vor j-m πρός oder εἴς τινα, j-n zur ~ stellen ἀνακρίνειν τινά, j-m ~ stehen ἀποκρίνεσθαί τινι, ~ und Antwort geben λόγον διδόναι περί τινος.

Redefähigkeit f ἡ τοῦ λέγειν δύναμις.

Redefertigkeit f ἡ τοῦ λέγειν δεινότης (ητος).

Redefigur f τὸ σχῆμα, ὁ τρόπος. [εὔροια.]

Redefluß m ἡ τοῦ λόγου

Redefreiheit f ἡ παρρησία.

Redegabe f f. Rede-fähigkeit, -fertigkeit.

Redekunst f ἡ ῥητορική.

Redelust f ἡ πολυλογία.

redelustig πολυλόγος (2).

reden = Sprache haben φωνεῖν, φθέγγεσθαι, λαλεῖν, = durch Worte ausdrücken λέγειν, φράζειν, mit j-m ~ διαλέγεσθαί τινι ob. πρός τινα, ἐλθεῖν εἰς λόγους τινί, Gutes von j-m ~ εὖ λέγειν τινά, εὐλογεῖν τινα, Schlechtes von j-m ~ κακῶς oder κακὰ λέγειν τινά, κακολογεῖν τινα, freimütig ~ παρρησιάζεσθαι, unnütze Dinge ~ φλυαρεῖν, ληρεῖν, aus dem Stegreif ~ αὐτοσχεδιάζειν, j-n ins Gewissen ~ νουθετεῖν τινα, = eine Rede halten λέγειν, λόγους ποιεῖσθαι.

Reden n τὸ λέγειν, οἱ λόγοι. [φράσις.]

Redensart f ἡ λέξις, ἡ

Redeschluß m ὁ ἐπίλογος.

Redeschmuck m ὁ τῶν λόγων κόσμος.

Redestoff m ἡ ὑπόθεσις.

Redeübung f ἡ λόγων ἄσκησις oder μελέτη.

Redeweise f ὁ τῶν λόγων τρόπος.

redlich χρηστός, δίκαιος, ἁπλοῦς, καλὸς κἀγαθός.
Redlichkeit f ἡ χρηστότης, ἡ ἁπλότης (ητος), ἡ δικαιοσύνη.
Redner m ὁ ῥήτωρ (ορος), vor dem Volke ὁ δημηγόρος.
Rednerbühne f τὸ βῆμα.
rednerisch ῥητορικός.
Rednerschule f τὸ ῥητορικὸν διδασκαλεῖον.
Rednertalent n ἡ τοῦ λόγου δεινότης (ητος).
Rednerweise f ὁ ῥητόρων τρόπος.
redselig λάλος, στωμύλος (2).
Redseligkeit f ἡ στωμυλία, ἡ πολυλογία.
reduzieren ἐπανάγειν.
Reede f ὁ ὅρμος, τὸ ἐπίνειον, auf der ~ liegen ὁρμεῖν, ἐξορμεῖν.
Reeder m ὁ ναύκληρος.
Reederei f ἡ ναυκληρία.
reell ἀληθής, ἀληθινός, πιστός, ἀσφαλής, βέβαιος.
Referat n τὸ ἀπάγγελμα, ἡ εἰσήγησις.
referieren ἀπαγγέλλειν, εἰσηγεῖσθαι.
reflektieren ἀνταποδιδόναι, ἀποστίλβειν, = nachdenken προσέχειν τὸν νοῦν τινι, ἐνθυμεῖσθαί τι.
Reflexion f ἡ μελέτη.
Reform, Reformation f ἡ ἐπανόρθωσις.
Reformator m ὁ ἐπανορθωτής.
reformieren ἐπανορθοῦν.
Refrain m ἡ ἐπῳδός.

Regal n τὸ πῆγμα.
rege ἐνεργός, ~ sein ἐνεργεῖν, ~ machen κινεῖν, ἐξεγείρειν, παρορμᾶν, ~ werden ἐγείρεσθαι.
Regel f ὁ κανών (όνος), ὁ νόμος, eine ~ beobachten τηρεῖν ob. φυλάττειν νόμον, in der ~ ὡς ἐπὶ τὸ πολύ, nach den ~n der Kunst τεχνικῶς.
regellos ἄτακτος, ἄνομος, ἄτεχνος (sämtlich 2).
Regellosigkeit f ἡ ἀταξία, τὸ ἄτακτον, ἡ ἀνομία.
regelmäßig ἔμ-, σύμμετρος (2), νόμιμος (2).
Regelmäßigkeit f ἡ ἐμ-, συμμετρία, τὸ νόμιμον, ἡ εὐταξία.
regeln τάττειν, διατάττειν, διατιθέναι.
regelrecht ἔννομος (2), εὔτακτος (2). [διοίκησις.]
Regelung f ἡ διάταξις, ἡ
regen κινεῖν, sich ~ κινεῖσθαι, sich nicht ~ ἡσυχίαν ἄγειν oder ἔχειν, ἀτρεμίζειν.
Regen m τὸ ἐξ οὐρανοῦ ὕδωρ (ατος), ὁ ὄμβρος, ὁ ὑετός.
Regenbogen m ἡ ἶρις (ιδος).
regenbringend ὀμβροφόρος (2). [ζάλη.]
Regenguß m ὁ ὄμβρος, ἡ
regenlos ἄνομβρος (2).
Regenmangel m ἡ ἀνομβρία.
Regenschauer m τὸ ὕσμα.
Regent m ὁ ἄρχων.
Regentenpflicht f τὸ (τὰ) τοῦ ἄρχοντος.

Regentschaft f ἡ ἀρχή, = Vormundschaft ἡ ἐπιτροπεία.
Regenwetter n ὁ ὄμβρος.
Regenwolke f τὸ ὄμβριον νέφος. [(ινθος).
Regenwurm m ἡ ἕλμινς
regieren ἄρχειν, βασιλεύειν, ἡγεῖσθαί τινος. [ῶν.
regierend ἄρχων, ἐν ἀρχῇ
Regierung f ἡ ἀρχή, ἡ βασιλεία, die ~ antreten παραλαμβάνειν τὴν ἀρχήν, καθίστασθαι εἰς τὴν ἀρχήν, die ~ niederlegen ἀπειπεῖν τὴν ἀρχήν, ἐξίστασθαι τῆς ἀρχῆς, unter der ~ des Xerxes (ἐπὶ) Ξέρξου βασιλεύοντος, ἐπὶ Ξέρξου.
Regierungsantritt m ἡ εἰς τὴν ἀρχὴν κατάστασις.
Regierungsbehörde f οἱ ἐν τέλει. [τεία, ἡ ἀρχή.
Regierungsform f ἡ πολι-
Regierungsgebäude n τὸ ἀρχεῖον.
Regierungs=geschäfte n/pl., =sachen f/pl. τὰ πολιτικά.
Regiment n ſ. Regierung, = Abteilung von Soldaten ἡ τάξις, τὸ τάγμα.
Region f ὁ τόπος, ἡ χώρα.
Register n ὁ κατάλογος.
registrieren ἀπογράφειν, καταλέγειν.
Reglement n ἡ προγραφή, τὸ παράγγελμα.
regnen ὕειν, ~ lassen πέμπειν ὄμβρον.
regnerisch ἐπόμβριος (2).
Regreß m ἡ ἀναγωγή, ἡ ἀναφορά.
regsam ſ. rege.

Regsamkeit f ἡ ἐνέργεια.
regulieren κανονίζειν.
Regung f ἡ κίνησις, des Gemütes ἡ ὁρμή, τὸ πάθος, e-e ~ fühlen κινεῖσθαι, πάσχειν.
regungslos ἀκίνητος (2), ἥσυχος (2).
Regungslosigkeit f ἡ ἀκινησία, τὸ ἀκίνητον, ἡ ἡσυχία.
Reh n ἡ δορκάς (άδος).
Rehbock m ὁ δόρκος.
Rehfleisch n τὰ δορκάδεια.
Reh=kalb, =kitzchen n τὸ δορκάδιον.
Reibeisen n τὸ κνῆστρον.
reiben τρίβειν, σμῆν.
Reiben n ἡ τρῖψις.
Reiberei f: mit j-m ~ haben προσκρούειν τινί.
reich πλούσιος, πλουτῶν, von Örtern und Gegenden εὐδαίμων, ~ ſein πλουτεῖν, χρήματα ἔχειν, ~ machen πλουτίζειν, ~ werden πλουτίζεσθαι, ~ ſein an etwas εὐπορεῖν τινος. [λεία.
Reich n ἡ ἀρχή, ἡ βασι-
reichen ὀρέγειν, προτείνειν, παρέχειν, διδόναι, j-m die Hand ~ προτείνειν τὴν δεξιάν τινι, δεξιοῦσθαί τινα, Nahrung ~ παρέχειν τροφήν, = sich erstrecken ἐξικνεῖσθαι, καθήκειν ἐπὶ oder πρός τι. [δαψιλής.
reichhaltig ἄφθονος (2),
Reichhaltigkeit f ἡ ἀφθονία, ἡ δαψίλεια.
reichlich ἄφθονος (2), δαψιλής, πολύς, συχνός.

Reichlichkeit f ἡ ἀφθονία, ἡ δαψίλεια, ἡ εὐπορία.
Reichsfeind m ὁ πολέμιος.
Reichs=haupt, =oberhaupt n ὁ ἄρχων, ὁ βασιλεύς.
Reichstag m τὸ κοινὸν συνέδριον.
Reichsverwaltung f ἡ τῆς ἀρχῆς διοίκησις.
Reichsverweser m ὁ μεσοβασιλεύς.
Reichtum m ὁ πλοῦτος, τὰ χρήματα, ἡ εὐπορία, ἡ δαψίλεια, ἡ εὐδαιμονία, ἡ περιουσία, ~ aufhäufen συνάγειν oder ἀθροίζειν πλοῦτον ob. χρήματα, sich ~ erwerben πλουτίζεσθαι.
reif πέπων, ὡραῖος, ἀκμάζων, ἀκμαῖος, τέλειος, das ~e Mannesalter ἡ καθεστηκυῖα ἡλικία, im ~en Mannesalter stehen ἀκμάζειν τῇ ἡλικίᾳ, ~ machen πεπαίνειν, ~ werden πεπαίνεσθαι, ~ an Erfahrung ἐμπειρότατος, πολλῶν ἔμπειρος.
Reif¹ (Ring) m ὁ κρίκος.
Reif² (gefrorener Tau) m ἡ πάχνη, ὁ παγετός, ὁ πάγος.
Reife f ἡ πεπειρότης, ἡ ὡραιότης (ητος), Zeit der ~ ἡ ὥρα, ~ der Erfahrung πολλὴ ἐμπειρία, zur ~ bringen τελεσιουργεῖν.
reifen πεπαίνειν, πέττειν, ἐκπέττειν, = reif werden πεπαίνεσθαι, πέπειρος oder ὡραῖος γίγνεσθαι.
Reifen n ἡ πέπανσις.
reifen: es reift πάχνη, πάγος ob. παγετὸς γίγνεται.

Reigen m ἡ χορεία, einen ~ aufführen χορεύειν, einen ~ anführen χορηγεῖν.
Reigentanz m ὁ χορός.
Reihe f ὁ στοῖχος, ὁ στίχος, ἡ τάξις (letztere beiden von Soldaten), die ~ kommt an mich καθήκει εἰς ἐμέ, außer der ~ παρὰ τὸ μέρος, in der ~ ἑξῆς, συνεχῶς, nach der ~ ἑξῆς, κατά oder ἀνὰ μέρος, ἐν μέρει, in Reih' und Glied stehen συν-, παρατετάχθαι, in Reih' und Glied stellen τάττειν, συν-, παρατάττειν, in geschlossener ~ ἀθρόος.
reihen στοιχίζειν, συνείρειν, ζευγνύναι, συνάπτειν.
Reihenfolge f ἡ τάξις, ἡ διαδοχή. [στοιχηδόν.]
reihenweise κατὰ στοῖχον,
Reiher m ὁ ἐρωδιός.
Reiherbeize f ἡ τῶν ἐρωδιῶν θήρα.
Reim m τὸ ὁμοιοτέλευτον.
reimen στίχους ὁμοιοτελεύτους ποιεῖν, sich ~ ἁρμόττειν τινί, sich nicht ~ ἀπεοικέναι.
rein καθαρός, = frei von Vergehen u. dgl. καθαρός, ἁγνός, ἀδιάφθορος (2), ein ~es Gewissen haben οὐδὲν κακὸν ἑαυτῷ συνειδέναι, ~ sein von etwas καθαρὸν εἶναί τινος, ~er Wein ἄκρατος οἶνος, ~er Gewinn ἀτελὲς κέρδος, ~er Himmel, ~e Luft ἡ εὐδία.
Reinheit f ἡ καθαρότης (ητος), moralische ~ ἡ ἁγνεία.

reinigen καθαίρειν, ἐκκαθαίρειν, καθαρὸν ποιεῖν, (in moralischem Sinne) καθαίρειν, ἁγνεύειν.
reinigend καθαρτικός, übtr. καθάρσιος.
Reinigung f ἡ κάθαρσις, ὁ καθαρμός, ἡ ἁγνεία.
Reinigungsmittel n τὸ καθαρτικόν, τὸ καθαρτήριον, ὁ ἁγνισμός.
Reinigungsopfer n ὁ καθαρμός, τὸ καθάρσιον.
reinlich καθάρειος (2), κομψός.
Reinlichkeit f ἡ καθαρειότης, ἡ κομψότης (ητος).
Reis¹ m ἡ ὄρυζα, τὸ ὄρυζον.
Reis² (Schößling) n ὁ κλάδος, = **Reisigholz** τὰ φρύγανα, ~ sammeln φρυγανίζεσθαι.
Reisbündel n ὁ φρυγάνων φάκελος.
Reise f ἡ πορεία, ἡ ὁδός, ἡ ὁδοιπορία, ἡ ἀπο-, ἐκδημία, ~ zu Wasser ὁ πλοῦς, ~ zu Fuß ἡ πεζὴ πορεία, eine ~ machen πορείαν ποιεῖσθαι, auf ~n gehen ἀποδημεῖν.
Reise-bedarf m, **-bedürfnisse** n/pl. τὰ ἐφόδια.
Reise-begleiter, -gefährte, -genosse m ὁ συνοδοιπόρος, ὁ συναπόδημος.
Reisebeschreibung f ἡ περὶ τῆς ἀποδημίας συγγραφή.
Reisebündel n ἡ πήρα.
reisefertig ἕτοιμος πορεύεσθαι, παρεσκευασμένος ὡς ἐπὶ τὴν πορείαν.
Reisegeld n τὰ ἐφόδια.

Reisegesellschaft f οἱ συνοδοιπόροι, οἱ συνοδοιποροῦντες.
Reisehut m ὁ πῖλος, ἡ καυσία.
Reisekleid n ἡ στολή.
Reisekoffer m ὁ ῥίσκος.
Reisekosten, die τὰ ἐφόδια.
Reiselust f τὸ φιλαπόδημον.
reiselustig φιλαπόδημος (2).
reisen πορεύεσθαι (P.), πορείαν ποιεῖσθαι, ὁδοιπορεῖν, ins Ausland ἀπο-, ἐκδημεῖν.
Reisen n ἡ πορεία.
Reisende(r) m ὁ ὁδοιπόρος.
Reiseroute f ἡ ὁδός.
Reisesack m ἡ πήρα.
Reise-stab, -stock m ἡ βακτηρία.
Reisetasche f ἡ πήρα.
Reisevorrat m τὰ ἐφόδια.
Reisewagen m ἡ ἁρμάμαξα.
Reisezehrung f τὰ ἐφόδια.
Reisholz, Reisig n s. Reis².
Reisigbündel n s. Reisbündel.
Reisige(r) m ὁ ἱππεύς.
reißen ῥηγνύναι, διαρρηγνύναι, = an sich ~ ἁρπάζειν, ἀφαρπάζειν, Possen ~ γελωτοποιεῖν.
Reißen n: ~ in den Gliedern τὰ σπάσματα.
reißend βίαιος, ὀξύς, σφοδρός, (von Tieren) ἄγριος.
Reitbahn f ὁ ἱππόδρομος.
reitbar ἱππάσιμος (2).
reiten ἱππεύειν, ἱππάζεσθαι, ἱππηλατεῖν, ἐλαύνειν (ἵππον).
Reiten n ἡ ἱππεία, ἡ ἱππασία, im ~ geübt ἱππικός.

Reiter m ὁ ἱππεύς, ὁ ἐπι-, ἀναβάτης.
Reiterabteilung f ἡ ἱππικὴ τάξις, ἡ ἴλη.
Reiteranführer m ὁ ἰλάρχης.
Reiterangriff m ἡ ἐπέλασις.
Reiterdienst m τὰ ἱππικά, ἡ ἱππεία.
Reiterei f οἱ ἱππεῖς, τὸ ἱππικόν, ἡ ἵππος.
Reiterführer m ὁ ἵππαρχος, ὁ ἰλάρχης.
Reiter=gefecht n, **=kampf** m ἡ ἱππομαχία.
Reitermantel m ἡ χλαμύς (ύδος).
Reiterregiment n ἡ ἱππέων τάξις.
Reitersieg m ἡ ἱπποκρατία.
Reitertreffen n f. Reiter=gefecht.
Reitgurt m ὁ δεσμός.
Reitknecht m ὁ ἱπποκόμος.
Reitkunst f ἡ ἱππική.
Reitpferd n ὁ ἱππαστὸς ἵππος, ὁ κέλης (ητος).
Reitplatz m ὁ ἱππόδρομος.
Reitschule f ὁ ἱππόδρομος.
Reitübung f ἡ ἱππασία.
Reitzeug n ἡ ἱππικὴ παρασκευή, τὰ ἱππικὰ σκεύη.
Reiz m ἡ χάρις (ιτος), ἡ τέρψις, ἡ ἡδονή, die ~e in der Natur τὰ ἐν τῇ φύσει καλά, für j-n ~ haben τέρπειν τινά, ~ heftige Empfindung ἡ ἐπιθυμία, ἡ ὁρμή, τὸ πάθος.
reizbar εὐπαρόρμητος (2), παθητικός.
Reizbarkeit f τὸ πάθος, τὸ ὀξύρροπον.

reizen παροξύνειν, j-n zu etw. ~ παρορμᾶν τινα εἰς, ἐπί, πρός τι, j-n zum Zorne ~ ἐρεθίζειν, παροξύνειν τινά, j-n zum Aufruhr ~ στασιάζειν.
reizend χαρίεις, τερπνός, καλός, ἡδύς.
reizlos ἄχαρις, ψυχρός.
Reizlosigkeit f τὸ ἄχαρι (ιτος), ἡ ψυχρότης (ητος).
Reizmittel n τὸ ἐρέθισμα, ὁ ἐρεθισμός.
Reizung f τὸ ἐρέθισμα, ὁ ἐρεθισμός, ὁ παροξυσμός.
reizvoll κάλλιστος, ἥδιστος.
Reklamation f ἡ ἀπ-, ἐξαίτησις.
reklamieren ἀπ-, ἐξαιτεῖν.
rekognoszieren προ-, κατασκοπεῖν.
Rekognoszierung f ἡ προ-, κατασκοπή.
Rekonvaleszent m ὁ ῥατζῶν.
Rekrut m ὁ νέος στρατιώτης.
rekrutieren συλλέγειν.
Rektor m ὁ ἐπιστάτης.
Rektorat n ἡ ἐπίστασις.
Relief n τὸ ἐκτύπωμα.
Religion f τὰ θεῖα, τὰ ἱερά, als Lehre ἡ θεολογία, ~ Frömmigkeit ἡ εὐσέβεια, ἡ θεοσέβεια.
Religionseifer m ὁ θειασμός.
Religionsgebräuche m/pl. τὰ ἱερά. [ἱερὸν ἔργον.]
Religionshandlung f τὸ]
Religionskrieg m ὁ ἱερὸς πόλεμος.
Religionsstreitigkeit f ἡ περὶ τῶν θείων διαφορά.
Religionsübung f τὰ ἱερά.

religiös εὐσεβής, θεοσεβής, ὅσιος.
Religiosität f ἡ εὐσέβεια, ἡ θεοσέβεια, ἡ ὁσιότης (ητος).
Remise f ἡ ἀποθήκη.
Rendant m ὁ ταμίας.
Renegat m ὁ ἀποστάτης.
Rennbahn f τὸ στάδιον, ὁ δρόμος, ὁ ἱππόδρομος.
rennen τρέχειν, θεῖν, δρόμῳ φέρεσθαι, an etw. ~ προσπταίειν τινί, auf j-n los~ ἐπιφέρεσθαί τινι.
Rennen n ὁ δρόμος.
Renner m ὁ δρομεύς.
Rennpferd n ὁ κέλης (ητος).
Renntier n ὁ τάρανδρος.
Renommee n ἡ εὐδοκιμία.
renommieren θρασύνεσθαι ἐπί τινι.
renommiert εὐδόκιμος (2).
Rentant n ἡ ταμιεία, τὸ ταμιεῖον, τὸ δημόσιον.
Rente f ἡ μισθοφορία, αἱ πρόσοδοι.
Rentkammer f s. Rentamt.
Rentmeister m ὁ ταμίας.
Reorganisation f ἡ παλιγγενεσία.
reorganisieren μεταρρυθμίζειν.
Reparatur f ἡ ἐπισκεύασις.
reparieren ἐπισκευάζειν.
Repertorium n ὁ κατάλογος.
Repositorium n ἡ θήκη.
repräsentieren εἶναι ἀντί τινος. [σις.
Reproduktion f ἡ ἀνάπλα-]
reproduzieren ἀναπλάττειν.
Republik f ὁ δῆμος, ἡ δημοκρατία.

Republikaner m ὁ δημοκρατικὸς ἀνήρ.
republikanisch δημοκρατικός, ~e Verfassung f. Republik.
requirieren ἀπαιτεῖν τινά τι.
Requisition f ἡ αἴτησις.
Reserve f οἱ ἐπίτακτοι, οἱ ἐπιτεταγμένοι.
Reservevekorps n f. Reserve.
Residenz f τὰ βασίλεια.
residieren οἰκεῖν.
Resignation f ἡ ἡσυχία, ἡ ὑπομονή.
Resonanz f ἡ ἀντήχησις.
Resonanzboden m τὸ ἠχεῖον.
Respekt m ἡ τιμή, ἡ εὐδοκιμία, τὸ ἀξίωμα, ~ vor j-m haben αἰδεῖσθαί τινα, τιμᾶν τινα, in ~ stehen bei j-m εὐδοκιμεῖν παρά τινι, j-m ~ vor sich einflößen αἰδῶ ἑαυτοῦ ἐμποιεῖν τινι.
respektabel εὐδόκιμος (2), ἀξιόλογος (2).
respektieren αἰδεῖσθαι, τιμᾶν, θεραπεύειν.
Rest m τὸ λοιπόν, τὸ λείφανον, τὸ ἐλλεῖπον, oft durch adj. λοιπός, ἐπί-, ὑπόλοιπος.
Resultat n τὸ κεφάλαιον, ἡ ἔξοδος.
retten σῴζειν, διασῴζειν τινὰ ἔκ τινος, ἀπαλλάττειν, ἐλευθεροῦν, ἀπολύειν τινά τινος, sich ~ σῴζεσθαι, sich aus einer Gefahr ~ ἀποφεύγειν κίνδυνον, sich wohin ~ καταφεύγειν.
Retter m ὁ σωτήρ (ῆρος).
Retterin f ἡ σώτειρα.

Rettig *m* ἡ ῥαφανίς (ῖδος).
Rettung *f* ἡ σωτηρία, ἡ ἐλευθέρωσις, ἡ ἀπόλυσις.
Rettungslohn *m* τὰ σῶστρα.
rettungslos ἀνήκεστος (2).
Rettungsmittel *n* ἡ σωτηρία, τὸ σωτήριον, τὸ ἐπικούρημα, τὸ φάρμακον.
Rettungsopfer *n* τὰ σωτήρια.
Reue *f* ἡ μεταμέλεια, ἡ μετάνοια, ~ über etw. haben μεταμέλει μοί τινος, μεταμέλεσθαι, μετανοεῖν, μεταγιγνώσκειν τι.
reuen μεταμέλει μοί τινος.
reuevoll, reuig μεταμελόμενος.
revidieren ἐξετάζειν.
Revier *n* ὁ νομός.
Revision *f* ἡ ἐξέτασις, ὁ ἐξετασμός.
Revisor *m* ὁ ἐξεταστής.
Revolution *f* ἡ στάσις, eine ~ erregen στάσιν ποιεῖσθαι, νεωτερίζειν.
revolutionär στασιαστικός.
Revue *f* ἡ ὁπλοσκοπία.
Rezensent *m* ὁ κριτής.
rezensieren κρίνειν.
Rezension *f* ἡ κρίσις.
rezitieren καταλέγειν, διεξιέναι.

Rhabarber *m* τὸ ῥᾶ, τὸ ῥῆον.
Rhapsode *m* ὁ ῥαψῳδός, ~ sein ῥαψῳδεῖν, die Kunst des ~n ἡ ῥαψῳδική.
Rhapsodie *f* ἡ ῥαψῳδία.
Rhetor *m* ὁ ῥήτωρ (ορος).
Rhetorik *f* ἡ ῥητορική.
rhetorisch ῥητορικός.

Rheuma *n*, **Rheumatismus** *m* τὸ ῥεῦμα, ὁ ῥευματισμός, an ~ leiden ῥευματίζεσθαι.
rheumatisch ῥευματικός.
Rhinozeros *n* ὁ ῥινόκερως (ωτος).
Rhombus *m* ὁ ῥόμβος.
rhythmisch ῥυθμικός, ἔνρυθμος (2).
Rhythmus *m* ὁ ῥυθμός, guter ~ ἡ εὐρυθμία.
richten, allg. τείνειν, τρέπειν, στρέφειν, seine Aufmerksamkeit auf etwas ~ προσέχειν τὸν νοῦν τινι, sich nach j-m ~ ἐπακολουθεῖν, πείθεσθαί τινι, nach etw. gerichtet sein βλέπειν εἰς oder πρός τι, gerade ~ εὐθύνειν, ὀρθοῦν, = ein Urteil fällen κρίνειν, δικάζειν, γιγνώσκειν, τὴν ψῆφον τίθεσθαι, recht ~ ὀρθῶς κρίνειν.
Richter *m* ὁ κριτής, ὁ δικαστής, j-n zum ~ einsetzen καθιστάναι τινὰ δικαστήν.
Richteramt *n* τὰ τοῦ δικαστοῦ oder κριτοῦ.
richterlich δικαστικός.
Richtersold *m* τὸ ἡλιαστικόν.
Richterspruch *m* ἡ κρίσις, einen ~ fällen δικάζειν, γιγνώσκειν.
Richterstuhl *m* τὸ δικαστήριον, τὸ βῆμα.
richtig ὀρθός, δίκαιος, νόμιμος (2), ἀκριβής, ἀληθής, ~e Zeit ὁ καιρός, deine Behauptung ist ~ ὀρθῶς ob. ἀληθῆ λέγεις,

in die ~e Ordnung bringen ὀρθῶς διατιθέναι.
Richtigkeit f ἡ ὀρθότης (ητος), τὸ δίκαιον, τὸ νόμιμον, ἡ ἀλήθεια, ἡ ἀκρίβεια.
Richtmaß n ὁ κανών (όνος).
Richt-platz m, **=stätte** f ὁ τῆς θανατώσεως τόπος.
Richtscheit n ἡ στάθμη, ὁ κανών (όνος). [(όνος).]
Richtschnur f ὁ κανών
Richtung f = Weg ἡ ὁδός, = Bestimmung nach einem Punkte hin τὸ τέλος, ὁ σκοπός, = ~ des Gemüts auf etwas ἡ ὁρμή, ἡ ἐπιστροφή, die gerade ~ ἡ ὀρθότης (ητος), in gerader ~ εὐθύ, die ~ wohin ἐπί ob. πρός τι, eine gerade ~ geben εὐθύνειν τι, in dieser, jener ~ ταύτῃ (τῇδε), ἐκείνῃ.
Richtweg m ἡ σύντομος (ὁδός).
riechbar ὀσφραντός.
riechen *trans.* ὀσφραίνεσθαί τινος, nach etwas ~ ὄζειν τινός. [*intr.* ἡ ὀσμή.]
Riechen n *trans.* ἡ ὄσφρησις,
riechend ὀσμώδης.
Ried n ἡ λιμνώδης χώρα.
Riedgras n τὸ κύπειρον.
Riegel m ὁ μοχλός, τὸ κλεῖθρον, τὸ ἔμβολον, den ~ vorschieben τὸν μοχλὸν ἐπιτιθέναι ob. ἐμβάλλειν, j-m einen ~ vorschieben ἐμποδὼν γίγνεσθαί τινι, mit einem ~ verschließen μοχλοῦν.
Riemen m ὁ ἱμάς (άντος).
Riemer m ὁ ἡνιοποιός.
Riese m ὁ γίγας (αντος).

rieseln ῥοθιάζειν, καχλάζειν.
riesen=ähnlich, =artig γιγαντώδης, γιγάντειος.
Riesenarbeit f τὸ μέγα ἔργον.
riesengroß ὑπερμεγέθης.
Riesengröße f τὸ γιγάντειον μέγεθος, τὸ δεινὸν μέγεθος. [ähnlich.]
riesen=haft, =mäßig ſ. riesen=
Riesenkörper m τὸ ὑπερμέγεθες σῶμα.
Riesen=kraft, =stärke f ἡ ὑπερφυὴς ob. ἡ δεινὴ τοῦ σώματος ῥώμη.
Riesenschritt m τὸ γιγάντειον βάδισμα. [φωνή.]
Riesenstimme f ἡ μεγίστη
riesig ſ. riesenähnlich.
Riesin f ἡ ὑπερμεγέθης γυνή (αικός).
Riff n αἱ χοιράδες, ἡ ῥαχάς (άδος).
Rind n ὁ, ἡ βοῦς (οός).
Rinde f τὸ λέπος, ἡ λεπίς, ὁ φλοιός.
rinden=ähnlich, =artig φλοιώδης. [ταυρεία.]
Rinderhaut f ἡ βοεία, ἡ
Rinderherde f τὸ βουκόλιον.
Rinderhirt m ὁ βουκόλος.
Rinderhorn n τὸ βόειον κέρας.
Rinderopfer n ἡ βουθυσία.
Rinderstall m τὸ βουστάσιον.
Rindfleisch n τὰ βόεια κρέα.
Rindshaut f ſ. Rinderhaut.
Rindsleder n τὸ βόειον δέρμα.
rindsledern ὠμοβόειος.

Rindvieh n οἱ βόες.
Ring m ὁ κύκλος, am Finger ὁ δακτύλιος, an der Tür ἡ κορώνη, sich einen ~ anstecken δακτύλιον περιτίθεσθαι, den ~ abziehen δ. περιαιρεῖσθαι.
Ringel m ἡ ἕλιξ (ικος).
Ringelblume f τὸ κλύμενον.
ringeln ἑλίττειν. [χορός.]
Ringeltanz m ὁ ἐγκύκλιος
Ringeltaube f ἡ φάττα.
ringen παλαίειν, ἀγωνίζεσθαι, mit j-m τινί, die Hände ~ κόπτεσθαι, = sich anstrengen πονεῖν, μοχθεῖν, mit dem Tode ~ ἀγωνιᾶν περὶ τοῦ βίου, δυσθανατεῖν, nach etwas ~ διαγωνίζεσθαι περί τινος, διώκειν τι.
Ringen n ἡ πάλη, übtr. ὁ ἀγωνισμός, ἡ ἀγωνία.
Ringer m ὁ παλαιστής, ὁ ἀγωνιστής, ὁ ἀθλητής, ~ im Faustkampf ὁ παγκρατιαστής. [κλωθής.)
ringförmig κυκλοειδής, κυ-
Ringkampf m ἡ πάλη.
Ringkunst f ἡ παλαιστική.
Ringmauer f ὁ περίβολος, ὁ κύκλος.
Ringplatz m ἡ παλαίστρα.
rings, ringsherum, ringsum κύκλῳ, πέριξ.
Ringschule f ſ. Ringplatz.
Rinne f ὁ ὀχετός.
rinnen ῥεῖν, λείβεσθαι.
Rippe f ἡ πλευρά, Schiffsrippe τὰ ἐγκοίλια.
Rippenfell n ὁ τῶν πλευρῶν ὑμήν (ένος).

Rippenfellentzündung f ἡ πλευρῖτις (ιδος).
Risiko n ὁ κίνδυνος.
riskant ἐπικίνδυνος (2).
riskieren κινδυνεύειν.
Riß m τὸ ῥῆγμα, ἡ διαρραγή, τὸ σχίσμα, einen ~ bekommen ῥήγνυσθαι, διαρρήγνυσθαι, σχίζεσθαι, = Umriß ἡ δια-, ὑπογραφή.
rissig ῥηγματώδης, ἀμυχώδης.
Ritt m ἡ ἱππασία, ἡ ἔλασις, ἡ ἐλασία.
Ritter m ὁ ἱππεύς, ~ sein ἱππεύειν.
Ritterdienst m τὰ ἱππικά.
ritterlich ἱππικός.
Ritterschaft f οἱ ἱππεῖς.
Ritterspiel n ὁ ἱππικὸς ἀγών.
Ritterstand m ſ. Ritterschaft
rittlings ἱππηδόν.
Rittmeister m ὁ ἴλαρχος
Ritual n τὰ ἱερά.
Ritze f τὸ ῥῆγμα.
ritzen ἐπιτέμνειν, σχάζειν.
Ritzen n ἡ σχάσις.
Robbe f ἡ φώκη.
Roche f ἡ βατίς (ίδος).
röcheln ἀσθμαίνειν.
Röcheln n τὸ ἄσθμα.
Rock m ὁ χιτών (ῶνος), τὸ ἱμάτιον.
Röckchen n τὸ χιτώνιον, ὁ χιτωνίσκος.
roden ἐκπρεμνίζειν.
Roggen m ἡ βρίζα.
roh ὠμός, αὐτοφυής, ἀπαίδευτος (2), ἄγροικος (2), ἄμουσος (2), ἀμαθής, ἄγριος.

Roheit f ἡ ὠμότης (ητος), ἡ ἀπαιδευσία, ἡ ἀμαθία, ἡ ἀγροικία.

Rohr n ὁ κάλαμος, ὁ δόναξ (ακος).

rohrartig καλαμώδης.

Röhrchen n ὁ καλαμίσκος.

Rohrdach n ἡ καλαμίνη στέγη.

Rohrdecke f ὁ φορμός.

Rohrdommel f ὁ ὀκνός.

Röhre f ὁ σωλήν (ῆνος), ὁ αὐλός, ἡ σῦριγξ (γγος).

röhren-artig, =förmig σωληνοειδής, συριγγώδης.

Rohrflöte f ὁ αὐλός, ἡ σῦριγξ (γγος).

Rohrgebüsch, Röhricht n ὁ καλαμών (ῶνος).

Rohrgeflecht n ὁ, ἡ ῥίψ (πός).

Rohrgras n ἡ καλαμάγρωστις (εως).

Rohrhalm m ὁ κάλαμος, ἡ καλάμη.

Rohrpfeife f f. Rohrflöte.

Rohr=sänger,=spatz,=sperling m ὁ καλαμωδύτης.

Rohrstuhl m ἡ καλαμίνη ἕδρα.

Rolle f, eig. ὁ κύλινδρος, vom Schauspieler τὸ πρόσωπον, eine ~ spielen ὑποκρίνεσθαι πρόσωπον, die erste, zweite usw. ~ spielen τὰ πρῶτα, δεύτερα ὑποκρίνεσθαι od. πρωτ-, δευτεραγωνιστεῖν, j-m eine ~ geben περιτιθέναι τινὶ πρόσωπον, μέρος νέμειν τινί, eine ~ im Staate spielen πράττειν τὰ τῆς πόλεως, die ~ e-s Herrn spielen πράττειν τὰ δεσπότου. [λινδεῖσθαι.]

rollen κυλινδεῖν, intr. κυ-

Rollstein m ὁ ὁλότροχος.

Roman m ὁ λόγος, ὁ μῦθος. [μυθοποιός.]

Romandichter m ὁ λογο-,

Romandichtung f ὁ λογο-, μυθοποιία.

romanhaft μυθώδης.

romantisch χαρίεις, ἐπίχαρις.

Ronde f οἱ περίπολοι, ἡ ἐφοδεία.

Röschen n ἡ ῥόδαξ (ακος).

Rose f τὸ ῥόδον, als Krankheit τὸ ἐρυσίπελας (ατος).

rosenartig ῥοδοειδής.

Rosenbeet n ἡ ῥοδωνία.

rosenfarben, =farbig ῥοδοειδής.

Rosengarten m, **=gebüsch** n, **=hecke** f ἡ ῥοδωνία.

Rosenkranz m ὁ ῥόδινος στέφανος.

Rosenöl n τὸ ῥόδινον ἔλαιον.

rosenrot ῥόδεος.

Rosenstock, Rosenstrauch m ἡ ῥοδῆ. [δέσμη.]

Rosenstrauß m ἡ ῥόδων

Rosenwangen f/pl. αἱ ἐρυθραὶ παρειαί.

rosenwangig ῥοδωπὸς (2) τὴν χρόαν.

Rosenwasser n τὸ ῥόδινον φάρμακον.

rosig ῥόδεος.

Rosine f ἡ ἀσταφίς (ίδος).

Rosmarin m ἡ βιβανωτίς (ίδος).

Roß n ὁ ἵππος.

Roßarzt m ὁ ἱππίατρος.

Roßhaar n ἡ ἱππεία θρίξ (τριχός).
Roßhändler m ὁ ἱπποπώλης.
Roßschweif m ἡ ἵππου οὐρά.
Rost m ὁ ἰός, Gestell zum Rösten ἡ ἐσχάρα.
rosten ἰοῦσθαι.
rösten φρύγειν, ὀπτᾶν.
Rösten n ἡ ὄπτησις.
rostig ἰώδης.
Röstofen m ὁ φρυγεύς.
rot ἐρυθρός, φοινικοῦς, ~ machen ἐρυθραίνειν, ~ werden ἐρυθραίνεσθαι, vor Scham ἐρυθριᾶν, ~er Wein ὁ μέλας οἶνος.
Rot n τὸ ἐρύθημα.
Rotbart m ὁ χαλκοπώγων (ωνος).
rotbärtig ἐρυθρὸς τὰς παρειάς.
rotbraun πυρρός.
Rotbuche f ἡ ὀξύα.
Röte f τὸ ἐρύθημα.
röten ἐρυθραίνειν, ſich ~ ἐρυθραίνεσθαι.
rotfarbig ἐρυθρόχρους.
Rotfuchs m ὁ πυρρὸς ἵππος.
rotgelb πυρρός.
rothaarig ἐρυθρόκομος (2).
rötlich ὑπέρυθρος (2).
Rotschwänzchen n ὁ φοινίκουρος.
Rottanne f ἡ ἄρρην ἐλάτη.
Rotte f ὁ ὄχλος, ὁ ὅμιλος.
Rottenführer m ὁ λοχαγός.
rottenweise κατ' ἴλας.
Rotunde f ἡ θόλος.
Rotwein m ὁ μέλας οἶνος.
Rotwild n οἱ ἔλαφοι.
Rotz m ἡ βλέννα.
Route f ἡ ὁδός.

Rübe f ἡ γογγυλίς (ίδος), ἡ γογγύλη.
Rubin m ὁ λυχνίτης.
Rubrik f ἡ τάξις, ἡ σύνταξις.
ruchbar δια-, περιβόητος (2), ~ werden διαθρυλεῖσθαι, διαβοᾶσθαι.
ruchlos ἀνόσιος (2), ἀσεβής, πονηρός.
Ruchlosigkeit f ἡ ἀνοσιότης (ητος), ἡ ἀσέβεια.
Ruck m ἡ ὁρμή.
Rückblick m: einen ~ auf etwas tun ἀποβλέπειν, ἀφορᾶν εἴς τι.
rücken trans. κινεῖν, ἄγειν, intr. κινεῖσθαι, παραχωρεῖν, ins Feld ~ ἐκστρατεύεσθαι, = befördert werden προάγεσθαι εἰς τιμάς, αὐξάνεσθαι τιμαῖς.
Rücken m τὸ νῶτον, hinter j-s ~ etwas tun λάθρᾳ ob. κρύφα τινὸς ποιεῖν τι, λανθάνειν τινὰ ποιοῦντά τι, im ~ κατὰ νώτου, ὄπισθεν, j-m in den ~ fallen ὄπισθεν ἐπιγίγνεσθαι ober ἐπιτίθεσθαί τινι, j-m in den ~ kommen ὄπισθεν γίγνεσθαί τινος.
Rückenmark n ὁ νωτιαῖος μυελός.
Rückenwirbel m ἡ ἄκανθα.
Rückfahrt f ἡ ἀνα-, ἀποκομιδή.
Rückfall m ἡ ὑποστροφή, es tritt ein ~ bei einer Krankheit ein παλιγκοτεῖ ἡ νόσος.
Rückgang m ἡ ἐπάνοδος.

rückgängig machen ἄκυρον ποιεῖν, διαλύειν.

Rückgrat *n* ἡ ῥάχις (εως).

Rückhalt *m*: ohne ~ ἁπλῶς, φανερῶς. [(2).

rückhaltlos ἀπροφασίστος.

Rückkehr, -kunft *f* ἡ ἐπάνοδος, ἡ ὑποστροφή, von Verbannten ἡ κάθοδος.

rücklings ὕπτιος, ὀπίσω, ὄπισθεν, ἐξ ὑπτίας.

Rückmarsch *m* ἡ ἐπάνοδος, ἡ ἀναχώρησις.

Rückreise *f* f. Rückkehr.

Rückschritt *m* übtr. ἡ ἐλάττωσις, ἡ μείωσις, ~e machen ἐλαττοῦσθαι, μειοῦσθαι.

Rückseite *f* τὰ ὄπισθεν.

Rücksicht *f* ὁ λόγος, ~ nehmen auf λόγον ἔχειν τινός, ἐπιμελεῖσθαι, κήδεσθαί τινος, αἰδεῖσθαί τινα, keine ~ nehmen auf οὐδένα λόγον ποιεῖσθαι τινος, ἀμελεῖν, καταφρονεῖν τινος, in ~ auf entweder der bloße *acc*. oder κατά τι.

rücksichtlich f. das vorherg. Wort.

rücksichtslos ἀμελής.

Rücksichtslosigkeit *f* ἡ ἀμέλεια.

rücksichtsvoll εὐγνώμων.

Rücksitz *m* ἡ ἐξ ἐναντίας ἕδρα.

Rücksprache *f* ἡ κοινολογία, ἡ ἀνακοίνωσις, ~ mit j-m nehmen συμβουλεύεσθαί τινι περί τινος.

Rückstand *m* τὸ ἔλλειμμα, im ~ mit etwas sein λείπειν oder ἐλλείπειν τι.

rückständig ἐπί-, ὑπόλοιπος (2).

Rückströmung *f* ἡ ἀντίρροια.

rückwärts ὀπίσω, εἰς τοὐπίσω, ~ gehen ἀναχωρεῖν εἰς τοὐπίσω.

Rückweg *m* ἡ ἐπάνοδος, den ~ antreten ὑποστρέφειν, ἐπανέρχεσθαι.

Rückzug *m* ἡ ἀναχώρησις, den ~ antreten τρέπεσθαι, ἀνα-, ἐπαναχωρεῖν.

Rudel *n* τὸ κυνηγέσιον, auch ὁ ὅμιλος.

Ruder *n* ἡ κώπη.

Ruderbank *f* τὸ ζυγόν.

Ruderblatt *n* ὁ ταρρός.

Ruderdienst *m* ἡ ὑπηρεσία.

Ruderer, Ruderknecht *m* ὁ ἐρέτης, ὁ ὑπηρέτης.

Rudergriff *m* ἡ κώπη.

Ruderkunst *f* ἡ ἐρετική.

Rudermannschaft *f* αἱ ὑπηρεσίαι, τὸ ἐρετικόν.

rudern ἐρέττειν, ὑπηρετεῖν, ἐλαύνειν τὴν ναῦν.

Rudern *n* ἡ εἰρεσία.

Ruderpflock *m* ὁ σκαλμός.

Ruderschiff *n* τὸ ὑπηρετικὸν πλοῖον.

Ruderschlag *m* τὸ ἀπὸ τῶν κωπῶν ψόφος.

Ruderstange *f* ὁ κοντός.

Ruderwerk *n* οἱ ταρροί.

Ruf *m* = Laut ἡ φωνή, ἡ φθογγή, ἡ βοή, = das Rufen ἡ κλῆσις, = Gerücht ἡ φήμη, ὁ λόγος, = guter Ruf ἡ δόξα, ἡ εὐδοξία, = schlechter ~ ἡ κακοδοξία, in gutem ~e stehen εὐδοξεῖν, εὐδοκιμεῖν, in schlechtem ~e

stehen ἄ-, κακοδοξεῖν, in gutem, schlechtem ∼e stehend εὖ-, εὔδοξος (2), ἄ-, κακόδοξος (2).
rufen καλεῖν, j-n ∼ lassen μεταπέμπεσθαί τινα.
Rufen n ἡ κλῆσις, ἡ βοή.
Rüge f ἡ μέμψις, ὁ ψόγος, ἡ ἐπιτίμησις.
rügen μέμφεσθαι, ψέγειν.
Ruhe f ἡ ἡσυχία, = Erholung ἡ παῦλα, ἡ ἀνάπαυσις, = Muße ἡ σχολή, = innere ∼ ἡ ἀταραξία, ἡ ἀπάθεια, ∼ haben ἡσυχίαν ἄγειν, j-n zur ∼ bringen ἀναπαύειν τινά, sich zur ∼ begeben κατακοιμᾶσθαι, in ∼ καθ' ἡσυχίαν, ἡσυχῇ.
Ruhe=bank f, **=bett** n ἡ κλίνη.
ruhelos ἄπαυστος (2).
Ruhelosigkeit f τὸ ἄπαυστον.
ruhen ἡσυχίαν ἄγειν oder ἔχειν, ἡσυχάζειν, παύεσθαι, ἀναπαύεσθαί τινος, = schlafen καθεύδειν, κοιμᾶσθαι, nicht eher ∼ als bis οὐ πρότερον παύεσθαι πρίν.
Ruheplatz m ἡ ἀνάπαυλα, τὸ ἀναπαυτήριον.
Ruhepunkt m ἡ παῦλα, ἡ ἀνάπαυλα.
Ruhestand m ἡ σχολή, ὁ ἀπράγμων βίος.
Ruhestätte f τὸ ἀνάπαυμα.
Ruhestörer m ὁ στασιαστικὸς ἀνήρ, ὁ νεωτεροποιός.
Ruhestörung f ἡ ταραχή, ἡ στάσις.
Ruhestunde f ἡ παῦλα, ἡ ἀνάπαυλα, ἡ σχολή.

Ruhetag m ἡ ἄπρακτος ἡμέρα.
Ruhezeit f s. Ruhestunde.
ruhig ἥσυχος (2), ἀτάρακτος (2), ἀπαθής, σώφρων, ∼ sein ἡσυχίαν ἄγειν oder ἔχειν.
Ruhm m ἡ δόξα, ἡ εὐδοξία, τὸ κλέος, τὸ ὄνομα.
Ruhmbegierde f ἡ δόξης ἐπιθυμία.
ruhmbegierig φιλόδοξος (2), φιλότιμος (2).
rühmen ἐγκωμιάζειν, ἐπαινεῖν, εὐλογεῖν, ὑμνεῖν, sich ∼ mit etw. ἐπαίρεσθαί τινι oder ἐπί τινι.
Rühmen n ὁ ἔπαινος, von sich selbst ἡ ἀλαζονεία, ἡ μεγαλαυχία.
rühmenswert ἀξιέπαινος (2), ἐπαίνου ἄξιος.
Ruhmesglanz m ἡ τῆς δόξης λαμπρότης (ητος).
rühmlich s. rühmenswert.
Rühmlichkeit f τὸ καλόν, τὸ ἀξίωμα. [ὤνυμος (2).]
ruhmlos ἄδοξος (2), ἀν-
Ruhmlosigkeit f ἡ ἀδοξία.
ruhmredig μεγαλήγορος (2), ἀλαζών (όνος), ∼ sein ἀλαζονεύεσθαι. [νεία.]
Ruhmredigkeit f ἡ ἀλαζο-
Ruhmsucht f s. Ruhmbegierde.
ruhmsüchtig s. ruhmbegierig.
ruhmvoll εὐκλεής, ἔνδοξος (2), εὐδόκιμος (2), λαμπρός.
ruhmwürdig s. rühmenswert.
Ruhmwürdigkeit f ἡ λαμπρότης (ητος), τὸ θαυμαστόν.

Ruhr f ἡ δυσεντερία, die ~ haben δυσεντεριᾶν.

rühren κινεῖν, sich nicht ~ ἡσυχίαν ἄγειν oder ἔχειν, untereinander ~ μειγνύναι, κεραννύναι, vom Blitze gerührt werden κεραυνοῦσθαι, j-n ~ κινεῖν τινα, j-n zu Tränen ~ εἰς δάκρυα προάγειν τινά.

rührend κινητικός, ἐλεεινός.

rührig ἐργατικός, ἐνεργός, ἐλαφρός.

Rührigkeit f ἡ ἐνέργεια, ἡ ἐλαφρότης (ητος).

Rühr=kelle f, **=löffel** m ἡ τορύνη.

Rührung f τὸ πάθος, ἡ συμπάθεια, ~ empfinden περιπαθῶς διατίθεσθαι.

Ruin m ὁ ὄλεθρος.

Ruine f τὰ ἐρείπια, τὰ λείψανα.

ruinieren διαφθείρειν, ἀπολλύναι.

rülpsen ἐρυγγάνειν.

Rumpf m ὁ θώραξ (κος), τὸ σῶμα.

rümpfen: die Nase ~ μυκτηρίζειν.

rund στρογγύλος, κυκλοτερής, κυκλοειδής, ~ machen στρογγυλεύειν.

Runde f f. Ronde.

runden στρογγυλοῦν.

Rundgesang m τὸ σκόλιον.

rundlich στρογγυλοειδής.

Rundreise f ἡ περίοδος.

Rundschau f ἡ περιήγησις.

Rundung f ἡ στρογγυλότης (ητος), ἡ στρογγύλωσις.

Rungen (am Wagen) f/pl. αἱ μετῆλαι.

Runkelrübe f τὸ τεῦτλον.

Runzel f ἡ ῥυτίς (ίδος).

runzeln ῥυτιδοῦν.

runzlig ῥυτιδώδης.

rupfen τίλλειν, παρατίλλειν.

ruppig αὐχμηρός, ῥυπαρός.

Ruppigkeit f τὸ αὐχμηρόν, τὸ ῥυπαρόν.

Ruß m ὁ αἴθαλος.

Rüssel m τὸ ῥύγχος.

rußig αἰθαλώδης.

rüsten ἑτοιμάζειν, παρα-, κατασκευάζειν, Soldaten ~ ὁπλίζειν, ἐξοπλίζειν στρατιώτας, sich zu etwas ~ παρασκευάζεσθαι πρός ου. ἐπί τι.

Rüster f ἡ πτελέα.

Rüst=haus n, **=kammer** f ἡ ὁπλοθήκη.

rüstig ἐρρωμένος, ῥωμαλέος, ἐλαφρός, εὔζωνος (2).

Rüstigkeit f ἡ ῥώμη, ἡ ἐλαφρότης (ητος).

Rüstung f ἡ παρα-, κατασκευή, mit Waffen ἡ ὅπλισις, = Waffen τὰ ὅπλα.

Rüstzeug n τὰ σκεύη.

Rute f ἡ ῥάβδος.

Rutenbündel n αἱ ῥάβδοι.

Ruten=schlag, =streich m τὸ ῥάπισμα.

rutschen ὀλισθάνειν.

rütteln σείειν, ταράττειν τι.

Rütteln n ἡ κίνησις.

S

S Σ, σ, an: Ende eines Wortes ς, τὸ σίγμα, indekl.
Saal m τὸ ἀνώγεων (ω).
Saat f ἡ σπορά (das Säen), τὸ σπέρμα (Same), aufgewachsene ~ τὸ λήιον, ὁ σῖτος. [λήιον.]
Saatfeld n ἡ ἄρουρα, τὸ
Saatkrähe f ἡ σπερμολόγος.
Saatland n f. Saatfeld.
Sabbat m τὸ σάββατον.
Säbel m ἡ μάχαιρα, ἡ κοπίς (ίδος).
Säbelbeine n/pl. τὰ ῥαιβὰ σκέλη.
säbelbeinig ῥοικός.
Säbelhieb m ἡ ἀπὸ τῆς μαχαίρας πληγή.
Säbelklinge f ἡ μάχαιρα.
Säbelscheide f ὁ κολεός.
Sache f τὸ χρῆμα, τὸ πρᾶγμα, τὸ ἔργον, = Besitztum τὸ κτῆμα, ἡ κτῆσις, meine ~ τὰ ἐμά, = Begebenheit, Ereignis τὸ πρᾶγμα, τὸ πραττόμενον (πραχθέν), τὸ γιγνόμενον (γενόμενον, γεγενημένον), τὸ συμβαῖνον (συμβάν), = Gegenstand des Sprechens u. Handelns τὸ πρᾶγμα, τὸ ἔργον, ἡ ὑπόθεσις, = Angelegenheit, Geschäft τὸ πρᾶγμα, τὸ ἔργον, die ~n des Staates τὰ τῆς πόλεως, es ist die ~ j-s εἶναι mit dem gen., es ist meine ~ ἐμόν ἐστι, m-e Sachen stehen gut καλῶς

ἔχει τὰ ἐμά, seiner ~ gewiß sein ἀκριβῶς ἐπίστασθαί τι, unverrichteter ~ weggehen ἄπρακτον ἀπιέναι, die ~ läuft gut ab τὸ πρᾶγμα καλῶς ἀποβαίνει, = Rechtssache ἡ δίκη.
sachgemäß ἐπιτήδειος.
Sach-kenner, -kundige(r) m ὁ ἐπιστάμενος, ὁ εἰδώς.
Sachkenntnis f ἡ ἐμπειρία.
Sachlage f τὸ πρᾶγμα (auch pl), τὰ πράγματα οἷά ἐστιν.
sächlich οὐδέτερος.
sachte ἠρέμα, σιγῇ, βάδην, πρᾴως.
sachverständig f. Sachkenner.
Sachwalter m ὁ σύνδικος.
Sack m ὁ σάκ(κ)ος, ὁ θύλακος, ἡ πήρα.
sackartig θυλακοειδής.
Säckchen n τὸ σακίον, τὸ θυλάκιον.
sacken: voll ~ ἀναπιμπλάναι.
Sackpfeife f ὁ βόμβυξ (κος).
Sackpfeifer m ὁ ἀσκαύλης.
Sä(e)mann m ὁ σπορεύς.
säen σπείρειν, φυτεύειν.
Safran m ὁ κρόκος.
Safranfarbe f τὸ κρόκιον χρῶμα.
safran-farbig, -gelb κρόκινος, κρόκιος, κροκόεις.
Saft m τὸ ὑγρόν, ὁ ὀπός, ὁ χυλός, ὁ χυμός, den ~ ausdrücken ἐκχυλίζειν, ohne ~ und Kraft ψυχρός.

saftig, saftreich, saftvoll χυλώδης, ἔγχυλος (2).
saftlos ἄχυλος (2), ἄχυμος (2).
Sage f ὁ λόγος, ἡ φήμη, ὁ μῦθος.
Säge f ὁ πρίων (ονος).
sägeförmig πριονοειδής, πριονώδης.
sagen λέγειν, φάναι, φράζειν, ἀποφαίνειν, ἀποφαίνεσθαι, = befehlen λέγειν, παραινεῖν, κελεύειν mit acc. u. inf., die Wahrheit ~ ἀληθῆ λέγειν, ἀληθεύειν, Dank ~ χάριτας λέγειν τινί, ich habe mir ~ lassen ἐπυθόμην, das hat was zu ~ μέγα ἔργον ἐστὶ τοῦτο, man sagt λέγεται, λέγουσι, sozusagen ὡς ἔπος εἰπεῖν, gesagt, getan ἅμ᾽ ἔπος, ἅμ᾽ ἔργον, was will das ~? τί τοῦτο θέλει; das will nichts ~ πρᾶγμα οὐδέν, sich etw. gesagt sein lassen πείθεσθαί τινι, für j-n gut ~ ἐγγυᾶν τινα.
Sagendichter m ὁ μυθοποιός.
Sagendichtung f ἡ μυθολογία.
sagenreich μυθώδης.
Sahne f ἡ πιμελή.
Saite f ἡ χορδή, τὸ νεῦρον, ἡ νευρά.
Saiteninstrument n τὸ ψαλτήριον. [ποιός.]
Saitenmacher m ὁ χορδο-]
Saiten=spieler m, =spielerin f ὁ ψάλτης, ἡ ψάλτρια.
Sakrament n τὸ μυστήριον.

Salamander m ἡ σαλαμάνδρα.
Salat m ἡ θρίδαξ (ακος).
salatartig θριδάκινος.
Salbader m ὁ ἀδολέσχης.
salbadern ἀδολεσχεῖν.
Salbe f τὸ μύρον, τὸ χρῖμα, τὸ ἄλειμμα, ἡ ἀλοιφή, für Wunden τὸ κατάπλασμα.
salben χρίειν, ἀλείφειν.
Salben n, **Salbung** f ἡ ἄλειψις, ἡ χρῖσις.
salbenartig μυρώδης.
Salbenbereitung f ἡ μυρεψία.
Salben=büchse f, **=fläschchen** n ἡ μυροθήκη, ὁ νάρθηξ (ηκος), ὁ, ἡ ἀλάβαστρος.
Salbenhändler m ὁ μυροπώλης. [πωλεῖον.]
Salbenhandlung f τὸ μυρο-]
Salböl n τὸ ἔλαιον, τὸ ἄλειμμα, τὸ χρῖμα.
Saline f αἱ ἁλυκίδες.
Salmiak m τὸ ἀμμωνιακόν.
Salpeter m τὸ λίτρον, τὸ νίτρον.
salutieren ἀσπάζεσθαι.
Salz n ὁ ἅλς (ἁλός).
salzartig ἁλμυρώδης.
salzen ἁλίζειν.
Salzflut f τὸ ἁλμυρὸν ὕδωρ, ἡ θάλαττα.
Salzgeschmack m τὸ ἁλμυρόν.
salzig ἁλμυρός.
Salzmagazin n ἡ ἁλῶν ἀποθήκη.
Salzquelle f ἡ ἁλυκίς (ίδος).
Salzsee m ἡ ἁλμυρὰ λίμνη.
Salzsieder m ὁ ἁλοπηγός.

Salzverkauf m ἡ ἁλατοπωλία.
Salzwasser n ἡ ἅλμη.
Salzwerk n οἱ ἅλες.
Sä(e)mann m ὁ σπορεύς.
Same m τὸ σπέρμα, von lebendigen Geschöpfen τὸ σπέρμα, ὁ γόνος, ἡ γονή, übtr. ἡ αἰτία, ἡ ἀρχή.
samenartig σπερματώδης.
samenhaltig ἔνσπερμος (2).
Samenkorn n τὸ σπέρμα, τὸ σπερμάτιον.
samenreich πολύσπερμος (2).
Sämerei f τὰ σπέρματα.
sammeln συλλέγειν, ἀθροίζειν, ἀγείρειν, συναγείρειν, συνάγειν.
Sammeln n ἡ συλλογή, ὁ ἀθροισμός, ἡ ἄθροισις.
Sammelplatz m ἡ συναγωγή. [durch Verba.]
Sammler m, **Sammlerin** f
Sammlung f f. das Sammeln.
samt σύν (ξύν), ἅμα mit dat., oft durch αὐτός, z.B. die Schiffe ~ der Mannschaft αἱ νῆες αὐτοῖς ἀνδράσιν.
sämtlich πάντες, ἅπαντες, σύμπαντες, ἀθρόοι, adv. πανδημεί.
Sand m ἡ ψάμμος, ἡ ἄμμος, j-m ~ in die Augen streuen φενακίζειν τινά.
Sandale f τὸ σανδάλιον, τὸ ὑπόδημα.
sandartig ψαμμώδης.
Sandbank f ἡ σύρτις (εως).
Sandgrube f ὁ ψαμαθὼν (ῶνος).
Sandhaufe(n) m ὁ ψάμμου σωρός.

Sandhügel m ὁ ψαμμώδης λόφος.
sandig ψαμμώδης, ἀμμώδης.
Sandkorn n τὸ ψαμμίον.
Sandläufer m ὁ κίγκλος.
sandreich πολύψαμμος (2).
Sandstein m ὁ ἀμμίτης, ὁ ψάμμινος λίθος.
Sandwüste f ἡ ἄνυδρος.
sanft πρᾶος, ἥμερος (2), ἥσυχος (2), μαλακός, ἤπιος. [κλίνη.]
Sänfte f τὸ φορεῖον, ἡ
Sänftenträger m ὁ φορεύς.
Sanftheit f ἡ πραότης, ἡ ἡμερότης, ἡ μαλακότης (ητος).
Sanft-mut, =mütigkeit f ἡ πραότης, ἡ ἠπιότης(ητος), ἡ φιλανθρωπία.
sanftmütig πρᾶος, ἤπιος, φιλάνθρωπος (2).
Sänger m ὁ ᾠδός, ὁ κιθαρῳδός.
Sängerin f ἡ ᾠδός.
Saphir m ἡ σάπφειρος, ἡ ὑάκινθος.
Sardelle f ἡ ἀφύη (gen. pl. -ύων), ἡ σαρδίνη.
Sardonyx m ὁ σαρδόνυξ (υχος).
Sarg m ἡ σορός, ἡ νεκροθήκη, ἡ πύελος.
Satire f τὸ σκωπτικὸν ποίημα.
satirisch σκωπτικός, σατυρικός.
Satrap m ὁ σατράπης.
Satrapie f ἡ σατραπεία.
satt ἐμπεπλησμένος, κορεστός, διακορής, etwas ~ haben ἄχθεσθαί τινι, etw.

~ bekommen μεστὸν γίγνεσθαί τινος, sich ~ lachen εἰς κόρον γελᾶν.
Sattel m ἡ σάγη, τὸ ἐφίππιον.
sattelfest ἔποχος (2).
Sattelgurt m ὁ ζωστήρ (ῆρος).
satteln ἐπισάττειν.
Sattelzeug n τὰ σκεύη.
Sattheit f ἡ πλησμονή, ὁ κόρος.
sättigen ἐμπιμπλάναι, κορεννύναι, übtr. z.B. Begierden ἐκπληροῦν, ἐκπιμπλάναι.
Sättigung f ὁ κόρος.
Sattler m ὁ ἡνιοποιός.
sattsam ἱκανός, ἐπαρκής, adv. ἅλις, ἄδην.
Saturnalien, die τὰ Κρόνια.
Satyr m ὁ σάτυρος.
satyrähnlich σατυρώδης.
satyrhaft σατυρικός.
Satyrspiel n τὸ σατυρικὸν δρᾶμα.
Satz m τὸ πήδημα, = Gedanke ὁ λόγος, ἡ γνώμη, ἡ θέσις, τὸ δόγμα.
Satzung f ὁ θεσμός, τὸ δόγμα.
Sau f ἡ σῦς (υός).
sauber καθαρός, κομψός, κόσμιος.
Sauberkeit f ἡ καθαρότης, ἡ κομψότης, ἡ κοσμιότης (ητος).
säuberlich s. sauber.
säubern καθαίρειν.
Saubohne f ὁ κύαμος.
sauer ὀξύς, πικρός, = beschwerlich χαλεπός, βαρύς, es sich ~ werden lassen κάμνειν, πονεῖσθαι, = mürrisch αὐστηρός, χαλεπός, δύσκολος (2).
Sauerampfer m ἡ ὀξαλίς (ίδος).
säuerlich ὑπόξυς, ὀξώδης.
säuern ζυμοῦν.
Sauerteig m ἡ ζύμη, τὸ ζύμωμα.
saufen (von Tieren) πίνειν, ῥοφεῖν, (von Menschen) φιλο-, πολυποτεῖν.
Saufen n ἡ πόσις, ἡ ῥόφησις, ἡ φιλο-, πολυποσία.
Säufer m ὁ φιλο-, πολυπότης, ὁ μεθυστής.
saugen μύζειν, βδάλλειν.
säugen θηλάζειν, τιτθεύειν.
Säugetier n τὸ γάλακτι τρέφον ζῷον.
Saugferkel n ὁ θηλαζόμενος χοῖρος.
Säugling m ὁ θηλαζόμενος, ὁ τιτθευόμενος.
Saugwarze f ἡ θηλή.
Sauhirt m ὁ συβώτης.
säuisch ὑϊκός, ὑηνός.
Säule f ἡ στήλη, ὁ κίων (ονος).
säulen-artig, -förmig στηλοειδής, κιονοειδής.
Säulengang m τὸ περίστυλον.
Säulenhalle f ἡ στοά.
Säulen-knauf, -kopf m τὸ κιονόκρανον.
Säulenschaft m ὁ στῦλος.
Saum m τὸ κράσπεδον.
säumen κρασπεδοῦν.
säumen = zögern ὀκνεῖν, βραδύνειν.
säumig ὀκνηρός, βραδύς.

Säumnis n ὁ ὄκνος, ἡ βραδυτής (ῆτος).
Saumpferd n ὁ σκευοφόρος ἵππος.
saumselig s. säumig.
Saumseligkeit f ὁ ὄκνος, ἡ βραδυτής(ῆτος), ἡ βλακεία, ἡ ἀμέλεια.
Saumtier n τὸ ὑποζύγιον.
Säure f ἡ ὀξύτης, ἡ πικρότης (ητος).
Saurüssel m τὸ ῥύγχος.
Saus m: in ~ und Braus leben ἀσωτεύεσθαι.
sausen ῥοιζεῖν.
Sausen n ὁ ῥοῖζος.
sausend ῥοιζώδης.
Schabe f ἡ σίλφη.
Schabeisen n τὸ ξύστρον.
Schabemesser n ἡ ξυήλη.
schaben κνῆν, ξεῖν, ξύειν.
Schaben n ἡ κνῆσις, ἡ ξέσις.
schäbig κατατετριμμένος.
Schacher m ἡ καπηλεία.
schachern mit etwas καπηλεύειν τι.
Schacht m ἡ σῆραγξ (αγγος).
Schachtel f ἡ θήκη, ἡ κιβωτός.
schade! φεῦ! um den Menschen τοῦ ἀνθρώπου.
Schade, Schaden m ἡ βλάβη, τὸ κακόν, ~ leiden βλάπτεσθαι, s. zufügen und schaden.
Schädel m τὸ κρανίον.
schaden βλάπτειν, κακῶς ποιεῖν τινα.
Schadenersatz m ἡ τῆς βλάβης ἔκτισις.
Schadenfreude f ἡ χαιρεκακία, ~ empfinden über etwas ἐπιχαίρειν, ἐφήδεσθαί τινι.
schadhaft σαθρός, ἐνδεής, κακός, φαῦλος.
Schadhaftigkeit f τὸ σαθρόν.
schädigen s. schaden.
Schädigung f ἡ βλάβη.
schädlich βλαβερός, ἐπιζήμιος (2).
Schädlichkeit f τὸ βλαβερόν.
schadlos ἀβλαβής, ἀζήμιος (2), sich ~ halten ἀκεῖσθαι τὴν βλάβην.
Schaf n τὸ πρόβατον, ὁ, ἡ οἶς (οἰός).
Schafbock m ὁ κριός.
Schäfer m ὁ ποιμήν (ένος).
Schäferei f ἡ ἔπαυλις (εως).
Schäfergedicht n τὸ εἰδύλλιον.
Schaffell n τὸ κώδιον.
schaffen = hervorbringen φύειν, γεννᾶν, ποιεῖν, = besorgen πορίζειν, παρα-, κατασκευάζειν, παρέχειν, = tätig sein ἐργάζεσθαι.
Schaffen n, **Schaffung** f durch die vorhergehenden Verba.
Schaffner m ὁ ταμίας.
Schaffnerin f ἡ ταμία.
Schafherde f ἡ οἰῶν (προβάτων) ἀγέλη.
Schafhirt m s. Schäfer.
Schafhürde f ἡ προβάτων εἰρκτή.
Schaflamm n ὁ, ἡ ἀμνός.
Schafleder n τὸ ἀπὸ τῶν οἰῶν χόριον.
Schafmilch f τὸ προβάτειον γάλα (ακτος).
Schafmist m αἱ σφυράδες.
Schafott n τὸ πῆγμα.

Schafpelz m τὸ κῴδιον.
Schafscherer m ὁ τὰ πρόβατα κείρων.
Schafschur f ἡ τῶν προβάτων κουρά.
Schafskopf m ὁ βλάξ (κός).
Schafstall m ὁ προβατών (ῶνος).
Schaft m τὸ ξυστόν, ἡ [ῥάβδος.]
Schaf-trift, =weide f ἡ μηλόβοτος χώρα.
Schafvieh n τὰ πρόβατα.
Schafwolle f τὰ προβάτεια ἔρια.
Schafzucht f ἡ προβατεία.
Schakal m ὁ θώς (ός).
Schäker m ὁ σκωπτικός.
Schäkerei f τὸ σκῶμμα, ἡ παιδιά.
schäkern σκώπτειν, παίζειν.
schal ἕωλος (2).
Schale f: als Gefäß ἡ φιάλη, ἡ λεκάνη, von Hülsenfrüchten ἡ λεπίς (ίδος), τὸ κέλυφος.
schälen λέπειν, ἀπολέπειν, φλοίζειν.
Schalk m ὁ πανοῦργος.
schalkhaft πανοῦργος (2).
Schalkheit f ἡ πανουργία.
Schalksknecht m s. Schalk.
Schall m ἡ ἠχή, ὁ ψόφος, ὁ φθόγγος.
schallen ἠχεῖν, ψοφεῖν, φθέγγεσθαι.
Schalmei f ἡ σῦριγξ (γγος).
schalten: mit etw. ~ διοικεῖν τι, χρῆσθαί τινι, κύριον εἶναί τινος.
Schaltiere n/pl. τὰ ὀστρακηρά. [ἐνιαυτός.]
Schaltjahr n ὁ ἐμβόλιμος

Schaltmonat m ὁ ἐμβόλιμος μήν. [ἡμέρα.]
Schalttag m ἡ ἐμβόλιμος
Schaluppe f τὸ πλοιάριον.
Scham f ἡ αἰσχύνη, ἡ αἰδώς (οῦς), ~ haben vor j-m αἰσχύνεσθαι, αἰδεῖσθαί τινα. [αἰδεῖσθαι.]
schämen, sich αἰσχύνεσθαι,
Schamgefühl n ἡ αἰδώς (οῦς).
Schamglied n τὸ αἰδοῖον.
schamhaft αἰδήμων, αἰδοῖος.
Schamhaftigkeit f ἡ αἰδώς (οῦς), τὸ αἰσχυντηλόν.
schamlos ἀναιδής, ἀναίσχυντος (2).
Schamlosigkeit f ἡ ἀναίδεια, ἡ ἀναισχυντία.
schamrot ἐρυθριῶν, ~ werden ἐρυθραίνεσθαι, ἐρυθριᾶν.
Schamröte f ἡ ἐρυθρίασις, τὸ ἐρύθημα.
Schamteile m/pl. τὰ αἰδοῖα.
schandbar αἰσχρός.
Schandbarkeit f τὸ αἰσχρόν.
Schandbube m ὁ μιαρός, τὸ κάθαρμα.
Schande f ἡ αἰσχύνη, τὸ ὄνειδος, ἡ λύμη, ἡ λώβη, ἡ ἀτιμία, j-m ~ antun αἰσχύνειν, καταισχύνειν τινά, λυμαίνεσθαί τινα oder τινι, zuſchanden machen φθείρειν, διαφθείρειν, ἀπολλύναι.
schänden αἰσχύνειν, καταισχύνειν, = entehren ἀτιμάζειν, = verunstalten διαφθείρειν, = schändlich behandeln λυμαίνεσθαί τινα od. τι, = mißhandeln αἰκίζεσθαι.

Schandfleck m τὸ αἰσχρόν, ἡ αἰσχύνη, τὸ ὄνειδος, τὸ μίασμα.

Schandgeld n τὸ αἰσχρὸν κέρδος.

schändlich αἰσχρός, μιαρός, πονηρός, ἀνόσιος (2), ~e Behandlung ἡ λώβη, ἡ αἰκία, ἡ ὕβρις.

Schändlichkeit f τὸ αἶσχος, ἡ ἀνοσιότης (ητος), ἡ πονηρία.

Schandmal n τὸ στίγμα.

Schandmaul n ἡ δύσφημος γλῶττα. [στήλη.]

Schand-pfahl m, **-säule** f ἡ

Schandrede f ὁ αἰσχρὸς λόγος, ἡ βλασφημία.

Schandtat f τὸ αἰσχρὸν ob. ἀνόσιον ἔργον, τὸ κακούργημα, τὸ ἀσέβημα.

Schändung f ἡ ἀτιμία, ἡ αἰσχύνη. [mal.]

Schandzeichen n s. Schand-

Schanzarbeit f ἡ ταφρεία, ἡ χαράκωσις.

Schanze f ἡ χαράκωμα, τὸ χῶμα, τὸ ἔρυμα, τὸ περιτείχισμα, eine ~ um etwas aufwerfen περιτειχίζειν τι.

schanzen n ἡ χαράκωσις, ὁ περιτειχισμός.

Schar f ἡ ἀγέλη, τὸ πλῆθος, ὁ ὄχλος, ὁ ὅμιλος, von Soldaten ἡ τάξις.

Scharbaum m τὸ ἔλυμα.

scharen: sich um j-n ~ ἀθροίζεσθαι περί τινα.

scharenweise ἀγεληδόν, ἀθρόος.

scharf ὀξύς, δριμύς, πικρός,

(Schandfleck

δεινός, vom Verstande ἀγχίνους.

Scharfblick m ἡ ἀγχίνοια.

Schärfe f ἡ ὀξύτης, ἡ δριμύτης (ητος).

schärfen ὀξύνειν, θήγειν, ἀκονᾶν, den Mut ~ ἀκονᾶν τὴν ψυχὴν oder τὸν θυμόν, den Verstand ~ ἀσκεῖν τὴν διάνοιαν.

Scharfrichter m ὁ δημόσιος, ὁ δήμιος.

Scharfschütze m ὁ τοξότης.

scharfsichtig ὀξυδερκής, ~ sein ὀξυδερκεῖν. [ωπία.]

Scharfsichtigkeit f ἡ ὀξυ-

Scharf-sinn m, **-sinnigkeit** f ἡ ἀγχίνοια, ἡ εὐσυνεσία, ἡ σύνεσις, ἡ ἀκρίβεια.

scharfsinnig ἀγχίνους, εὐσύνετος (2), ἀκριβής.

Schärfung f durch Verba.

Scharlach m ὁ κόκκος.

Scharlachfarbe f τὸ κόκκινον χρῶμα. [κινος.]

scharlach-farbig, **-rot** κόκ-

Scharlach-gewand n, **-kleid** n, **-mantel** m τὸ κόκκινον ἱμάτιον.

Scharmützel n ἡ ἀκροβόλισις, ὁ ἀκροβολισμός.

Schärpe f ἡ ζώνη.

scharren ξεῖν, ξύειν, von Vögeln σκάλλειν, σκαλεύειν.

Scharte f ἡ διπλόη, eine ~ auswetzen ἐπανορθοῦν σφάλμα.

Schatten m ἡ σκιά, in der Unterwelt τὸ εἴδωλον, ~ geben σκιὰν παρέχειν, j-n in den ~ stellen ἐπισκοτεῖν τινι.

schattenartig σκιοειδής.

schattenartig)

Schattenbild n τὸ εἴδωλον, τὸ εἶδος. [ἄσκιος (2).
schattenlos ἄσκιαστος,
Schattenreich n ὁ Ἅιδης.
schattenreich εὔ-, πολύσκιος (2). [übtr. τὸ κακόν.
Schattenseite f τὰ σκοτεινά,
Schattenwerfen n ὁ ἀποσκιασμός.
schattieren σκιαγραφεῖν, ὑπογράφεσθαι. [γραφία.
Schattierung f ἡ σκια-
schattig σκιερός, ἐπίσκιος (2).
Schatulle f ἡ κιβωτός, ἡ θήκη.
Schatz m ὁ θησαυρός, τὰ χρήματα, öffentlicher ~ τὰ δημόσια χρήματα, Schätze sammeln συλλέγειν (auch M.), συναγείρειν, ἀθροίζειν θησαυρόν.
schätzbar τιμητός, πολυτίμητος (2), πολλοῦ ἄξιος, ἀξιόλογος (2).
Schätzbarkeit f τὸ τίμιον, τὸ ἀξίωμα.
schätzen = abschätzen τιμᾶν, = beurteilen ὁρίζεσθαι, κρίνειν, δοκιμάζειν, = ehren τιμᾶν, θεραπεύειν, sich etw. zur Ehre ~ φιλοτιμεῖσθαι (P.), hoch ~ περὶ πολλοῦ ποιεῖσθαι, gering ~ ἐν οὐδενὶ λόγῳ ποιεῖσθαι, nicht ~ ὀλιγωρεῖν, καταφρονεῖν τινος.
schätzenswert τίμιος.
Schätzer m durch Verba.
Schatz-graben n, **-gräberei** f ἡ θησαυρῶν ὄρυξις oder ἀναπομπή.
Schatzkammer f ὁ θησαυρός, τὸ ταμιεῖον.

Schatzmeister m ὁ τῶν χρημάτων ταμίας.
Schätzung f ἡ τιμή, ἡ θεραπεία.
Schau f ἡ θέα, ἡ θεωρία, zur ~ stellen ἐπιδεικνύναι (auch M.), προτίθεσθαι, etwas zur ~ tragen ἐπιδείκνυσθαί τι.
Schaubühne f ἡ σκηνή.
Schauder, Schauer m ἡ φρίκη, τὸ ῥῖγος, ~ empfinden φρίττειν, ~ erregend φρικοποιός. [δης.
schauder-haft, -voll φρικώ-
schaudern φρίττειν, vor etw. ὀρρωδεῖν, ὀκνεῖν τι.
schauen θεᾶσθαι, θεωρεῖν.
Schauen n ἡ θέα, ἡ θεωρία.
schauer-lich, -voll, schaurig s. schauderhaft. [κελλα.
Schaufel f ἡ ἅμη, ἡ μά-
Schaugepränge n ἡ πρόστασις, ἡ πομπή.
Schaugerüst n ἡ σκηνή.
Schaukel f ἡ αἰώρα.
schaukeln αἰωρεῖν, σαλεύειν, intr. αἰωρεῖσθαι.
Schaulust f τὸ φιλοθέωρον.
schaulustig φιλοθέωρος (2).
Schaum m ὁ ἀφρός.
schaum-ähnlich, -artig ἀφρώδης.
schäumen ἀφρίζειν.
schäumend ἀφρίζων, ἀφρώδης.
schaumig ἀφρώδης.
Schauplatz m τὸ θέατρον, vom ~ abtreten ἐκ μέσου γίγνεσθαι, ἀφανίζεσθαι ἐξ ἀνθρώπων, auch ἀπαλλάττεσθαι.

Schauspiel n τὸ θέαμα, ἡ θέα, τὸ δρᾶμα.
Schauspieldichter m ὁ δραματοποιός.
Schauspieler m ὁ ὑποκριτής, ὁ μῖμος.
Schauspielerkunst f ἡ ὑποκριτική.
schauspielermäßig ὑποκριτικός.
Schauspielertruppe f ἡ τῶν ὑποκριτῶν ἑταιρεία.
Schauspielhaus n τὸ θέατρον.
Schaustellung f ἡ ἐπίδειξις.
Schaustück n τὸ ἐπίδειγμα, ἡ ἐπίδειξις.
Schecke f ὁ ποικίλος ἵππος.
scheckig ποικίλος.
scheel = schielend ἰλλός, ἰλλώδης, στραβός, = neidisch φθονερός, j-n ~ ansehen ὑποβλέπειν τινά.
Scheelsucht f ὁ φθόνος.
scheelsüchtig φθονερός.
Scheffel m ὁ μέδιμνος.
Scheibe f ὁ κύκλος.
scheibenförmig κυκλοειδής.
Scheide f ὁ κολεός.
Scheide=mauer, =wand f τὸ διάφραγμα.
Scheidemünze f τὸ κέρμα, τὸ κερμάτιον.
scheiden ὁρίζειν, χωρίζειν, διαχωρίζειν, διακρίνειν, sich von der Frau ~ ἀποπέμπειν τὴν γυναῖκα, sich vom Manne ~ ἀπολείπειν τὸν ἄνδρα, sich von j-m ~ ἀπιέναι ἀπό τινος, aus dem Leben ~ ἀπαλλάττεσθαι τοῦ ζῆν, ἀπιέναι ἐκ τοῦ βίου.
Scheideweg m ἡ σχιστὴ ὁδός.

Scheidung f ὁ χωρισμός, ἡ διάκρισις, ~ der Ehe ἡ τοῦ γάμου διάλυσις, ~ Weggehen ἡ ἀπαλλαγή.
Schein m = Glanz u. dgl. ἡ αὐγή, τὸ φῶς (ωτός), = die äußere Erscheinung ἡ ὄψις, ἡ ἰδέα, τὸ εἶδος, dem ~e nach ὡς δοκεῖ, ὡς ἔοικεν, sich den ~ geben, als ob προσποιεῖσθαι mit inf.
scheinbar προσποιητός (2), πλαστός.
Scheinbarkeit f τὸ εἰκός (ότος).
Scheinbild n τὸ κενὸν εἴδωλον, τὸ φάντασμα.
scheinen, eigentlich λάμπειν, φέγγειν, φαίνειν, = wahrscheinlich sein φαίνεσθαι (P. aor. II), ἔοικέναι, δοκεῖν, wie es ~ ὡς δοκεῖ, κατὰ τὸ εἰκός, ὡς ἔοικεν, es scheint, daß oder als ob wird wie im Lateinischen durch persönliche Konstruktion wiedergegeben.
Scheingrund m ἡ πρόφασις.
scheinheilig προσποιούμενος χρηστότητα oder χρηστὸς εἶναι.
Scheinheiligkeit f ἡ προσποίητος χρηστότης (ητος).
scheinklug κενόσοφος (2), δοξόσοφος (2).
Scheinklugheit f ἡ κενοσοφία, ἡ δοξοσοφία.
Scheintod m ἡ λιποψυχία.
scheintot λιπόψυχος (2), ~ sein λιποψυχεῖν, νεκρῷ ἐοικέναι.
Scheintugend f ἡ ψευδὴς ἀρετή.
scheinweise s. scheinklug.

Scheinweisheit f s. Schein-klugheit.
Scheit n ἡ σχίζα.
Scheitel m ἡ κορυφή, τὸ τῆς κεφαλῆς ἄκρον.
Scheiterhaufen m ἡ πυρά, e-n ~ errichten πυρὰν νεῖν, συννεῖν.
scheitern ναυαγεῖν, an etw. ~ ἐποκέλλειν εἴς τι, es scheitert mir etw. σφάλλομαί (P.) τινος, ἀποτυγχάνω ob. ἀτυχῶ τινος, etw. ~ lassen σφάλλειν τι.
Scheitholz n τὰ σχιστὰ ξύλα.
Schelle f ὁ κώδων (ωνος).
schellen κωδωνίζειν.
Schellfisch m ὁ ἧπατος.
Schelm m ὁ πανοῦργος, ὁ κακοῦργος.
Schelmen-streich m, -stück n τὸ κακούργημα, ἡ πανουργία.
Schelmerei f ἡ κακουργία.
schelmisch δολερός, κακοῦργος, ἀπατηλός.
schelten λοιδορεῖν τινα, λοιδορεῖσθαί τινι, κακίζειν τινά, ψέγειν, μέμφεσθαι, ἐγκαλεῖν, ὀνειδίζειν, ἐπιτιμᾶν τινι.
Schelten n ἡ λοιδορία, ὁ ψόγος, ἡ ἐπιτίμησις.
Schelt-rede f, -wort n τὸ λοιδόρημα, τὸ ὄνειδος.
Schemel m τὸ ὑπόβαθρον.
Schenk m ὁ οἰνοχόος.
Schenke f τὸ καπηλεῖον.
Schenkel m τὸ σκέλος, ὁ μηρός.
Schenkelbein n τὸ σκέλος.

Schenkelknochen m τὸ τοῦ σκέλους ὀστοῦν.
schenken δωρεῖσθαι, διδόναι, = Getränke verkaufen καπηλεύειν.
Schenker m durch Verba.
Schenk-kanne f, -krug m ἡ πρόχους.
Schenktisch m τὸ κυλικεῖον.
Schenkung f ἡ δωρεά, τὸ δώρημα.
Schenkwirt m ὁ κάπηλος.
Schenkwirtschaft f τὸ καπηλεῖον, als Gewerbe ἡ καπηλεία.
Scherbe f, **Scherben** m τὸ ὄστρακον.
scherbenartig ὀστρακώδης.
Scherbengericht n ὁ ὀστρακισμός, durch das ~ verbannen ὀστρακίζειν, ἐξοστρακίζειν.
Schere f ἡ ψαλίς (ίδος).
scheren κείρειν, ἀποκείρειν, ξυρεῖν.
Scheren n ἡ κουρά.
Scherer m ὁ κουρεύς.
Scherflein n τὸ κερμάτιον.
Scherge m ὁ δημόσιος.
Scherz m ἡ παιδιά, ἡ παιγνιά, einen ~ machen παίζειν, aus, im ~ μετὰ παιδιᾶς, παίζων.
scherzen παίζειν, σκώπτειν.
Scherzen n ἡ παιδιά.
Scherzgedicht n τὸ παίγνιον.
scherzhaft παιγνιώδης, σκωπτικός, γελοῖος.
Scherzhaftigkeit f τὸ παιγνιῶδες, τὸ παίγνιον.
Scherz-rede f, -wort n τὸ σκῶμμα.

scheu εὐλαβής, φοβερός, δειλός, ~ werden ταράττεσθαι, ~ sein ὑποπτήσσειν, εὐλαβεῖσθαι.

Scheu f ὁ φόβος, ὁ ὄκνος, ἡ εὐλάβεια, sittliche ~ ἡ αἰδώς (οῦς), ἡ αἰσχύνη.

scheuchen φοβεῖν, σοβεῖν.

scheuen: j-n oder etwas ~ φοβεῖσθαι, δεδοικέναι (δεδιέναι), ὀρρωδεῖν τινα ob. τι, sich ~ αἰδεῖσθαι, αἰσχύνεσθαί τινα oder τι, Gott ~ αἰδεῖσθαι, σέβεσθαι θεόν.

Scheuer f τὸ σιτοβολεῖον.

scheuern καθαίρειν, ἀποκαθαίρειν.

Scheune f τὸ ὡρεῖον.

Scheusal n τὸ τέρας (ατος), τὸ μίασμα, τὸ κάθαρμα.

scheußlich αἰσχρός, βδελυρός.

Scheußlichkeit f τὸ αἶσχος, ἡ βδελυρία.

Schicht f ἡ πτυχή.

schichten πτύσσειν, νεῖν.

schicken πέμπειν, ἀποπέμπειν, στέλλειν, ἀποστέλλειν, nach j-m ~ μεταπέμπεσθαί τινα, = verhängen, fügen νέμειν, διδόναι, der Zufall schickt es συμβαίνει m. inf., es schickt sich πρέπει, προσήκει, sich in etwas ~ συγχωρεῖν oder εἴκειν τινί.

Schicken n ἡ πέμψις, ἡ ἀποστολή.

schicklich πρέπων, προσήκων, εὐπρεπής, κόσμιος.

Schicklichkeit f τὸ δέον, τὸ προσήκον, τὸ πρέπον, ἡ κοσμιότης (ητος).

Schicksal n ἡ τύχη, ἡ μοῖρα, τὸ εἱμαρμένον, τὸ πεπρωμένον, gutes ~ ἡ εὐτυχία, unglückliches ~ ἡ δυστυχία, die ~e der Menschen τὰ τῶν ἀνθρώπων, τὰ ἀνθρώπινα.

Schicksalsbestimmung f ἡ ἀνάγκη, τὸ εἱμαρμένον, ἡ θεία μοῖρα.

Schicksalsschlag m ἡ συμφορά, τὸ πάθος.

Schickung f ἡ μοῖρα, ἡ τύχη.

schieben κινεῖν, ὠθεῖν.

Schieds-mann, -richter m ὁ διαιτητής, ὁ βραβευτής, ~ sein διαιτᾶν.

Schieds-richteramt, -gericht n ἡ δίαιτα, ἡ βραβεία.

Schiedsrichterspruch m ἡ δίαιτα.

schief σκολιός, πλάγιος, = verkehrt σκαιός, ἄτοπος (2), eine ~e Ansicht ἄτοπος γνώμη, ~ ablaufen οὐκ ὀρθῶς, παρ᾽ ἐλπίδα ἀποβαίνειν.

Schiefe f τὸ πλάγιον, ἡ ἔγκλισις.

Schiefer, -stein m ὁ σχιστὸς λίθος.

Schiefertafel f ὁ πίναξ (ακος).

schielen διαστρέφεσθαι τοὺς ὀφθαλμούς, παραβλέπειν, ἰλλαίνειν.

Schielen n ἡ ἴλλωσις.

schielend ἰλλός, ἰλλώδης.

Schienbein n ἡ κνήμη.

Schiene f ἡ κνημίς (ῖδος).

schier σχεδόν, παρὰ μικρόν.

Schierling m τὸ κώνειον.

(**scheu** 296 **Schierling**)

Schierlingsbecher m: den ~ trinken πίνειν τὸ κώνειον.

schießen βάλλειν, τοξεύειν, ἀκοντίζειν, ein Geschoß absenden βέλος ἀφιέναι; = sich schnell bewegen φέρεσθαι, die Zügel ~ lassen χαλᾶν τοὺς χαλινούς, ins Laub ~ τραγᾶν.

Schießen n ἡ βολή, ἡ ἀκόντισις, ὁ ἀκοντισμός.

Schiff n ἡ ναῦς (νεώς), τὸ πλοῖον, Kriegsschiff ἡ μακρὰ ναῦς, Handelsschiff τὸ στρογγύλον πλοῖον, ~ des Feldherrn ἡ στρατηγίς, ~ des Admirals ἡ ναυαρχίς, ~e bauen ναυπηγεῖν, κατασκευάζειν ναῦς, ~e ausrüsten παρασκευάζεσθαι ναῦς, bemannen πληροῦν, ein ~ ans Land ziehen ἀναβιβάζειν, ἀνέλκειν ναῦν, ins Meer ziehen κατάγειν, καθέλκειν, ein ~ auslaufen lassen ἀνάγειν ναῦν, in das ~ steigen ἐπιβαίνειν τῆς νεώς, aus dem ~e steigen ἀποβαίνειν ἐκ τῆς νεώς, zu ~e reisen ναυτίλλεσθαι, ναυστολεῖν (auch M.), das ~ des Webers ἡ κερκίς.

Schiffahrer m ὁ ναύτης.

Schiffahrt f ὁ πλοῦς, ἡ ναυτιλία.

schiffbar πλώιμος.

Schiffbau m ἡ ναυπηγία.

Schiffbauer m ὁ ναυπηγός.

Schiffbauholz n τὰ ναυπηγήσιμα ξύλα.

Schiffbaukunst f ἡ ναυπηγία.

Schiffbruch m ἡ ναυαγία, ~ leiden ναυαγεῖν.

schiffbrüchig ναυαγός (2).

Schiffbrücke f γέφυρα πλοίοις ἐζευγμένη, eine ~ über e-n Fluß schlagen γεφυροῦν ποταμὸν πλοίοις.

schiffen πλεῖν, πλοῦν ποιεῖσθαι.

Schiffen n ὁ πλοῦς.

Schiffer m ὁ ναύτης.

Schiffsbau m s. Schiffbau.

Schiffsbauch m τὸ κοῖλον τῆς νεώς.

Schiffs-befehlshaber, -kapitän m ὁ ναύ-, τριήραρχος.

Schiffsboden m ἡ τρόπις (εως). [τοῖχος.]

Schiffsbord m ὁ τῆς νεώς

Schiffsschnabel m ὁ τῆς νεὼς ἔμβολος.

Schiffseigentümer m ὁ ναύκληρος.

Schiffs-fracht f, **-gut** n, **-ladung**, **-last** f ὁ γόμος, ὁ φόρτος, τὰ ἀγώγιμα.

Schiffs-gefährte, -genosse m ὁ σύμπλους, ὁ συμπλέων.

Schiffherr m ὁ ναύαρχος, ὁ ναύκληρος.

Schiffshinterteil n ἡ πρύμνα.

Schiffskiel m ἡ τρόπις (εως).

Schiffslager n τὸ ναυτικὸν στρατόπεδον.

Schiffsleiter m ἡ ἀποβάθρα.

Schiffs-leute, die, **-mannschaft** f, **-soldaten** m/pl., **-volk** n οἱ ναῦται, τὸ ναυτικόν, οἱ ἐπιβάται.

Schiffsraum m s. Schiffbauch.

Schiffsrippen f/pl. τὰ ἐγκοίλια.

Schiffsrumpf m τὸ σκάφος.
Schiffstau n ὁ κάλως (ω).
Schiffstrümmer m/pl. τὰ ναυάγια. [στρῶμα.]
Schiffsverdeck n τὸ κατά-
Schiffsvorderteil n ἡ πρῴρα.
Schiffswerft f τὸ ναυπήγιον, τὰ νεώρια.
Schiffswesen n τὰ ναυτικά.
Schiffszoll m τὸ ἐλλιμένιον.
Schild m u. n ἡ ἀσπίς (ίδος), ἡ πέλτη, τὸ γέρρον, ~ zum Aushängen τὸ σημεῖον, etwas im ~e führen μηχανᾶσθαι. [εἰδής.]
schild=artig, =förmig ἀσπιδο-
schildern διηγεῖσθαι, δι-, διεξιέναι (-έρχεσθαι), δηλοῦν, ἀποφαίνειν, λέγειν.
Schilderung f ἡ διήγησις, ὁ λόγος (besser οἱ λόγοι).
Schild=knappe, =träger m ὁ ὑπασπιστής, ὁ ὁπλοφόρος.
Schildkröte f ἡ χελώνη, ἡ ἐμύς (ύδος).
Schildkrötenschale f, **Schild=patt** n τὸ χελώνιον, τὸ κύτος.
Schildrand m ἡ ἴτυς (υος).
Schildwache f ὁ φύλαξ, ἡ φυλακή, ἡ φρουρά, ~ stehen φυλακὴν φυλάττειν, φρουρεῖν.
Schilf, Schilfrohr n ὁ κάλαμος. [ώδης.]
schilfartig, schilfig καλα-
schillern ἀλλοιοῦσθαι.
schillernd ποικίλος.
Schimmel[1] m = weißes Pferd ὁ λευκὸς ἵππος.
Schimmel[2] m = Moder ὁ εὐρώς (ῶτος).

schimm(e)lig σαπρός.
schimmeln εὐρωτιᾶν, σαπρίζεσθαι.
Schimmer m ἡ αὐγή, τὸ φέγγος, ein ~ von Hoffnung ist vorhanden ἐλπίς τις ὑποφαίνεται.
schimmern αὐγάζειν, λάμπειν, ἀστράπτειν.
schimmernd λαμπρός, στιλπνός.
Schimpf m τὸ ὄνειδος, ἡ λοιδορία, = schimpfliche Behandlung ἡ ὕβρις, = Schande ἡ αἰσχύνη, ἡ ἀτιμία.
schimpfen λοιδορεῖν τινα, λοιδορεῖσθαί τινι.
Schimpfen n ἡ λοιδορία.
schimpflich αἰσχρός, j-n behandeln ὑβρίζειν τινά, ~e Behandlung s. Schimpf.
Schimpfname m ἡ αἰσχρὰ ἐπωνυμία.
Schimpf=rede f, **=wort** n τὸ λοιδόρημα, ἡ λοιδορία.
Schindel f ὁ σχινδαλμός.
schinden δέρειν, ἀπο-, ἐκδέρειν, sich ~ = sich quälen ταλαιπωρεῖν, πονεῖν, μοχθεῖν.
Schinder m = Henker ὁ δημόσιος, ὁ δήμιος.
Schinderei f = Quälerei ἡ ταλαιπωρία, ὁ πόνος, ὁ μόχθος.
Schinken m ἡ πέρνα, ἡ σχελίς (ίδος).
Schippe (Schüppe) f ἡ ἄμη.
Schirm m ἡ σκέπη, τὸ σκέπασμα.
Schirmdach n ἡ σκιάς (άδος), = Schutzdach ἡ χελώνη.

schirmen σκεπάζειν, j-n ~ ἀμύνειν τινί.
Schirmer m ὁ σωτήρ (ῆρος).
Schirmherr m ὁ προστάτης.
Schlacht f ἡ μάχη, ὁ ἀγών (ῶνος), ~ zu Lande ἡ πεζομαχία, zu Wasser ἡ ναυμαχία, eine ~ liefern μάχεσθαι, μάχην ποιεῖσθαι, eine ~ beginnen μάχην συνάπτειν, ὁρμᾶν εἰς μάχην, eine ~ gewinnen μάχην νικᾶν, eine ~ verlieren ἡττᾶσθαι μάχῃ od. μάχην, in der ~ bleiben ἀποθνῄσκειν ἐν μάχῃ.
Schlachtbank f ἡ σφαγή.
Schlachtbeil n ἡ σφαγίς (ίδος).
schlachten σφάττειν, Opfertiere ~ σφαγιάζειν.
Schlachten n ἡ σφαγή, ὁ σφαγιασμός.
Schlächter m ὁ σφαγεύς.
Schlachtfeld n ἡ μάχη, τὸ πεδίον.
Schlacht=gesang m, **=geschrei** n ὁ παιάν (ᾶνος), den ~, das ~ anstimmen παιανίζειν, ἀλαλάζειν.
Schlacht=getümmel, =gewühl n ὁ τῶν μαχομένων θόρυβος, auch bloß ἡ μάχη.
Schlachtlied n s. Schlachtgesang.
Schlachtlinie f ἡ τάξις.
Schlachtmesser n ἡ σφαγίς (ίδος), ἡ μάχαιρα.
Schlachtopfer n τὸ σφάγιον.
Schlachtordnung f ἡ τάξις, das Heer in ~ aufstellen τάττειν τὸ στράτευμα, τάττειν, δια-, συντάττειν τοὺς στρατιώτας ὡς εἰς μάχην, in ~ marschieren συντεταγμένους πορεύεσθαι. [φάλαγξ (αγγος).]
Schlachtreihe f ἡ τάξις, ἡ
Schlachtruf m ἡ ἀλαλά (gen. -ᾶς).
Schlachtschwert n ὁ σφαγεύς.
Schlachtsignal n τὸ πολεμικόν. [τὰ ἱερεῖα.]
Schlachtvieh n τὰ σφάγια,
Schlacke f ἡ σκωρία.
Schlaf m ὁ ὕπνος, tiefer ~ βαθὺς ὕπνος, im ~e ἐν ὕπνῳ, καθ᾿ ὕπνον, j-n in ~ bringen κατακοιμᾶν τινα, = Schläfe οἱ κρόταφοι.
schlafbringend ὑπνικός, ὑπνωτικός.
Schläfchen n ὁ νυσταγμός.
schlafen καθεύδειν, κοιμᾶσθαι (P.), καταδαρθάνειν, ~ gehen, sich ~ legen κοιμᾶσθαι, κατακοιμᾶσθαι, κατακλίνεσθαι (P.), nicht ~ können ἀγρυπνεῖν.
Schlafen n ἡ κοίμησις, ὁ ὕπνος.
Schlafengehen n ἡ κοίτη.
Schlafenszeit f ἡ ὕπνου ὥρα.
Schläfer m durch Verba.
schläfern: es schläfert mich ὑπνώττω.
schlaff χαλαρός, ἄτονος, ἄνετος (2), ἀνειμένος, übtr. ἀμβλύς, μαλακός, ~ sein μαλακίαν, ἀτονεῖν.
Schlaffheit f ἡ χαλαρότης (ητος), ἡ ἀτονία, übtr. ἡ ἀμβλύτης (ητος), ἡ μαλακία.

Schlaf-gemach n, **=kammer** f, **=zimmer** n τὸ δωμάτιον, τὸ κοιμητήριον.
schlaflos ἄυπνος (2), ἄγρυπνος (2), ~ sein ἀγρυπνεῖν.
Schlaflosigkeit f ἡ ἀυπνία, ἡ ἀγρυπνία.
Schlafmittel n τὸ ὑπνωτικὸν φάρμακον.
Schlafmütze f ὁ, ἡ βλάξ (ακός) (als Schimpfwort).
schläfrig ὑπνώδης, ~ sein ὑπνώττειν, übtr. βραδύς, ὁ, ἡ βλάξ (ακός).
Schläfrigkeit f ἡ ὑπνωδία, übtr. ἡ βραδύτης (ητος), ἡ βλακεία.
Schlaf=stätte, =stelle f ἡ κοίτη, ἡ εὐνή.
Schlafsucht f ἡ ληθαργία.
schlafsüchtig ληθαργικός.
Schlaftrunk m s. Schlafmittel.
schlaftrunken ἡμίυπνος (2), ~ sein ὑπνώττειν.
Schlafzeit f s. Schlafenszeit.
Schlag m ἡ πληγή, Schläge bekommen πληγὰς λαμβάνειν, j-m einen ~ geben παίειν τινά, Schläge geben πληγὰς ἐντείνειν, ἐμβάλλειν τινί, einen ~ an etwas tun κρούειν, κόπτειν τι, ~ des Blitzes ὁ κεραυνός, ὁ σκηπτός, mit einem ~e μιᾷ ὁρμῇ, ~ des Schicksals ἡ συμφορά, ~ der Glocke ὁ ψόφος, ~ der Vögel ἡ φωνή, ἡ ᾠδή, von gleichem, von solchem ~e ὁμοιό-, τοιουτότροπος (2).
Schlagader f ἡ ἀρτηρία.
Schlag-anfall, =fluß m ἡ ἀποπληξία, ἡ ἀπόπληξις, einen ~ bekommen ἀποπλήττεσθαι.
schlagbar: ~es Holz τὰ τμητὰ ξύλα. [τὸ ἔμβολον.)
Schlagbaum m ὁ μοχλός,)
schlagen παίειν, τύπτειν, κόπτειν, πλήττειν, zu Boden ~ καταβάλλειν, ans Kreuz ~ σταυροῦν, ἀνασκολοπίζειν, Lärm ~ θόρυβον κινεῖν, eine Brücke ~ γέφυραν πηγνύναι, ein Lager ~ στρατοπεδεύειν, sich an die Brust, an den Kopf ~ κόπτεσθαι τὸ στῆθος, τὴν κεφαλήν, = besiegen νικᾶν τινα, κρατεῖν τινος, geschlagen werden νικᾶσθαι, ἡττᾶσθαι, j-n in die Flucht ~ τρέπειν εἰς φυγήν τινα, die Augen zur Erde ~ κατακύπτειν εἰς τὴν γῆν, die Augen in die Höhe ~ ἐπαίρειν τοὺς ὀφθαλμούς, sich zu j-m ~ προστίθεσθαί τινι, ἑλέσθαι τά τινος, etw. in die Schanze ~ προτεσθαί τι, ὀλιγωρεῖν τινος, j-n breit ~ πείθειν τινά, sich etw. aus dem Sinne ~ ἐπιλανθάνεσθαί τινος.
Schlagen n ἡ μαστίγωσις, ὁ αἰκισμός, der Pferde ὁ λακτισμός, der Glocke ὁ κρότος, des Herzens und des Pulses ὁ παλμός.
schlagend = treffend ἐναργής, ~es Beispiel ἐναργὲς παράδειγμα, ~er Beweis μέγα τεκμήριον.
Schläger m ὁ πύκτης, ὁ ἀθλητής.

Schlägerei f αἱ χεῖρες.
schlagfertig ἕτοιμος συμβαλεῖν, παρεσκευασμένος ὡς εἰς τὴν μάχην, übtr. παρεσκευασμένος.
Schlagfertigkeit f ἡ ἑτοιμία.
Schlagfluß m f. Schlaganfall.
Schlamm m ὁ πηλός, ἡ ἰλύς (ύος). [ὅδης.|
schlammig πηλώδης, ἰλυώ-]
Schlange f ὁ ὄφις (εως), ὁ δράκων (οντος), ἡ ἔχιδνα.
schlängeln, sich ἑλίττεσθαι, κολποῦσθαι. [εἶδος.|
Schlangenart f τὸ ὄφεων]
schlangenartig ὀφεώδης.
Schlangenbiß m τὸ ὄφεως δῆγμα. [artig.|
schlangenförmig f. schlangen-]
Schlangengift n ὁ τῶν ὄφεων ἰός.
Schlangenkopf m ἡ ὄφεως κεφαλή. [κόντιον.|
Schlangenkraut n τὸ δρα-]
Schlangen-linie, -windung f ἡ ἕλιξ (ικος). [μήκης.|
schlank λεπτός, ἰσχνός, εὐ-]
Schlankheit f ἡ λεπτότης, ἡ ἰσχνότης (ητος).
schlapp χαλαρός, f. schlaff.
Schlappe f ἡ βλάβη, ἡ ἧττα, eine ~ erleiden ἡττᾶσθαι.
schlau σοφός, συνετός, ἀγχίνους.
Schlauch m ὁ ἀσκός.
Schlauheit f ἡ σοφία, ἡ ἀγχίνοια.
Schlaukopf m ὁ πανοῦργος, ἡ ἀλώπηξ (εκος).
schlecht κακός, πονηρός, φαῦλος, ~e Gesinnung ἡ δύσνοια, ~ machen φαυλίζειν, es geht mir ~ κακῶς πάσχω, πράττω (πέπραγα) od. ἔχω, etw. geht ~ κακῶς φέρεται, etw. läuft ~ ab κακῶς ἀποβαίνει τι, und recht ἁπλοῦς καὶ δίκαιος, ~ von j-m reden κακολογεῖν τινα, j-n ~ behandeln κακῶς ποιεῖν, κακουργεῖν, ὑβρίζειν τινά.
schlechterdings παντελῶς, παντάπασιν.
schlechthin ἁπλῶς.
Schlechtigkeit f ἡ κακία, ἡ πονηρία, ἡ φαυλότης (ητος), als Handlung τὸ κακὸν ἔργον, τὸ κακούργημα.
schlechtweg f. schlechthin.
Schlehe f τὸ ἄγριον κοκκύμηλον.
Schleh(en)dorn m ἡ ἀγρία κοκκυμηλέα.
schleichen ἕρπειν, ἑρπύζειν.
schleichend ἑρπετός, ἑρπυστικός, βραδύς, (v. Charakter) ἐπίβουλος (2).
Schleicher m ὁ κρυφίνους.
Schleichhandel m ἡ κλοπαία ἐμπορία, ~ treiben παρεμπολᾶν, παρεισκομίζειν. [ὁδός.|
Schleichweg m ἡ κρυπτή]
Schlei(e) f ὁ τίλων (ωνος).
Schleier m τὸ κάλυμμα, ἡ καλύπτρα, etw. mit dem ~ bedecken (übtr.) καλύπτειν τι.
Schleiereule f ἡ γλαῦξ (κός), ὁ σκώψ (ωπός).
Schleife f ὁ βρόχος.
schleifen = schleppen ἕλκειν, = zerstören κατασκάπτειν,

καθαιρεῖν, = schärfen θήγειν, = glätten ξεῖν.

Schleifen n ἡ ἕλξις, ἡ κατασκαφή, ἡ καθαίρεσις, ἡ θῆξις, ἡ ξέσις.

Schleifstein m ἡ θηγάνη.

Schleifung f ſ. Schleifen.

Schleim m τὸ φλέγμα, ἡ μύξα, ἡ κόρυζα.

schleimig φλεγματώδης, μυξώδης, κορυζώδης.

schleißen σχίζειν.

schlemmen ἀσελγαίνειν, ἀσωτεύεσθαι.

Schlemmer m ὁ ἄσωτος, ὁ ἀσελγής.

Schlemmerei f ἡ ἀσωτία, ἡ ἀσέλγεια.

schlendern περιπατεῖν.

Schleppe f τὸ σύρμα.

schleppen ἕλκειν, σύρειν, intr. ἕλκεσθαι, σύρεσθαι, ~ lassen σύρειν, ἐπισύρειν.

schleppend ὁλκός (2), übtr. ψυχρός.

Schlepptau n τὸ ῥῦμα, ein Schiff ins ~ nehmen ῥυμουλκεῖν ναῦν.

Schleuder f ἡ σφενδόνη, mit der ~ werfen σφενδονᾶν. [δονητής.]

Schleuderer m ὁ σφεν-

Schleudermaſchine f ὁ καταπέλτης.

schleudern σφενδονᾶν, βάλλειν, ἀκοντίζειν.

Schleudern n ἡ σφενδόνησις. [δόνη.]

Schleuderstein m ἡ σφεν-

schleunig ταχύς, ὠκύς, ὀξύς.

Schleunigkeit f ἡ ταχυτής (ητος).

Schleuse f ἡ ὑδρορρόα.

Schleusentor n ὁ καταρράκτης.

Schlich m ὁ δόλος, τὸ μηχάνημα, ἡ μηχανή, auf j-s ~e kommen καταλαμβάνειν τινὰ μηχανώμενόν τι.

schlicht ἁπλοῦς, εὐτελής, ἄκομψος (2), φαῦλος.

schlichten λεαίνειν, einen Streit ~ παύειν oder διαλύειν διαφοράν.

Schlichtheit f ἡ ἁπλότης (ητος), ἡ εὐτέλεια, ἡ φαυλότης (ητος).

Schlichtung f ἡ διάλυσις.

schließen κλείειν, συγ-, κατακλείειν, = fesseln δεῖν, δεσμοῦν, = folgern συλλογίζεσθαι, intr. = genau passen ἁρμόττειν, e-n Vertrag ~ συντίθεσθαί τινι, ein Bündnis ~ σπένδεσθαί τινι, σπονδὰς ποιεῖσθαι πρός τινα, Frieden ~ εἰρήνην ποιεῖσθαι πρός τινα, die Augen ~ μύειν τοὺς ὀφθαλμούς, einen Kreis ~ κύκλον ποιεῖσθαι, κυκλοῦσθαι.

schließlich τέλος, τελευτῶν.

Schließung f ἡ κλεῖσις, besser durch Verba.

schlimm κακός, πονηρός, φαῦλος, = mißlich ἄπορος (2), in einer ~en Lage sein ἐν ἀπόροις oder δεινοῖς εἶναι, es geht mir ~ κακῶς πάσχω.

Schlinge f ἡ πάγη, ἡ παγίς (ιδος), ~en legen παγίδας ἱστάναι, j-m ἐπιβουλεύειν τινί, in die ~ gehen ἐμπίπτειν τῇ πάγῃ, übtr. ἐξαπατᾶσθαι.

Schlingel *m* ὁ ἄγροικος.

schlingen πλέκειν, die Arme um j-n ~ περιβάλλειν od. περιλαμβάνειν τινά, = schlucken βροχθίζειν.

Schlitz *m* τὸ σχίσμα.

schlitzen σχίζειν, διασχίζειν, διατέμνειν.

Schloß *n* τὸ κλεῖθρον, (als Wohnort) τὰ βασίλεια.

Schloße *f* ἡ χάλαζα.

schloßen: es schloßt χάλαζα καταφέρεται.

Schlosser *m* ὁ χαλκεύς.

Schlot *m* ἡ καπνοδόκη.

schlotterig χαλαρός, ἀνειμένος.

schlottern ἀνειμένως ἔχειν, die Knie ~ τὰ γόνατα σφάλλεται.

Schlucht *f* τὸ ἄγκος, ἡ χαράδρα, τὸ νάπος, ἡ νάπη.

schluchzen λύζειν, στενάζειν.

Schluchzen *n* ὁ στεναγμός.

Schluck *m* τὸ ἔγκαφος.

schlucken s. schlingen.

Schlucken *n* ὁ λύγξ (γγός), ὁ λυγμός.

Schlummer *m* ὁ ὕπνος.

schlummern νυστάζειν, καθεύδειν.

Schlund *m* = Kehle ὁ λάρυγξ (γγος), ~ e-r Höhle τὸ στόμα, τὸ χάσμα.

schlüpfen ὀλισθάνειν, in etw. ~ ὑποδύεσθαι εἴς τι.

schlüpfrig ὀλισθηρός, γλισχρός, übtr. σφαλερός, ~e Reden αἰσχροὶ λόγοι.

Schlüpfrigkeit *f* ἡ γλισχρότης (ητος), übtr. τὸ σφαλερόν.

Schlupfwinkel *m* ἡ καταφυγή, ἡ ἀποκρυφή.

schlürfen ῥοφεῖν, καταρροφεῖν.

Schlürfen *n* ἡ ῥόφησις.

Schluß *m* ἡ τελευτή, τὸ τέλος, ~ e-r Rede, e-r Abhandlung u. dgl. ὁ ἐπίλογος, ἡ ἔξοδος, oft durch τελευτᾶν ausgedrückt, zB. am ~ des Jahres τελευτῶντος τοῦ ἔτους, = Folgerung ὁ συλλογισμός, ὁ λογισμός.

Schlußchor *m* τὸ ἐξόδιον.

Schlüssel *m* ἡ κλείς (δός), ἡ βαλανάγρα, = Erklärungsmittel τὸ τεκμήριον.

Schlüsselbein *n* τὸ κλειδίον.

Schlüsselloch *n* ἡ κλειθρία.

Schlußfigur *f* τὸ σχῆμα.

Schlußfolge *f* ἡ ἀκολουθία, τὸ ἐπιχείρημα.

Schlußfolgerung *f* ἡ ἐπιχείρησις. [τὸ ἐξόδιον.]

Schluß-gesang *m*, **-lied** *n*

schlüssig werden γιγνώσκειν, διανοεῖσθαι.

Schluß-rede *f*, **-satz** *m* ὁ ἐπίλογος.

Schlußstein *m* ὁ κολοφών (ῶνος), ὁ θριγκός.

Schlußwort *n* ὁ τελευταῖος λόγος, ὁ ἐπίλογος.

Schmach *f* αἰκία, ἡ λώβη, τὸ ὄνειδος, j-m ~ antun αἰκίζεσθαι, ὑβρίζειν, λυμαίνεσθαί τινα, etwas für eine ~ halten αἰσχρόν τι ἡγεῖσθαι.

schmachten ἀφαύεσθαι δίψῃ, nach etw. ~ διψῆν, πεινῆν τινος, übtr. ποθεῖν τι, ἐφίεσθαί τινος.
schmachtend διψηρός, (vom Auge) ὑγρός, μαλακός.
schmächtig ἰσχνός, λεπτός.
Schmächtigkeit f ἡ ἰσχνότης, ἡ λεπτότης (ητος).
schmachvoll ὑβριστικός, ἀεικής, ~ behandeln ὑβρίζειν τινά, ~e Behandlung ἡ ὕβρις, ἡ λώβη.
schmackhaft εὔχυμος, εὔχυλος (2), ἡδύς, γλυκύς, etw. ~ finden ἥδεσθαί τινι, ~ machen ἡδύνειν.
Schmackhaftigkeit f ἡ εὐχυμία, ἡ εὐχυλία.
schmähen λοιδορεῖν τινα, λοιδορεῖσθαί τινι, κακῶς λέγειν, κακολογεῖν τινα.
Schmähen n ἡ λοιδορία, ἡ κακολογία.
Schmäher m ὁ λοίδορος, ὁ κακολόγος.
Schmähgedicht n τὸ αἰσχρὸν ᾆσμα.
schmählich s. schmachvoll.
Schmährede f ἡ λοιδορία, τὸ λοιδόρημα, ἡ κακολογία, ἡ βλασφημία, ~n gegen j-n ausstoßen s. schmähen.
Schmähsucht f ἡ φιλολοιδορία, ἡ κακολογία.
schmähsüchtig φιλολοίδορος, κακολόγος, βλάσφημος (sämtlich 2).
Schmähung f s. Schmähen.
Schmähwort n s. Schmährede.
schmal λεπτός, στενός, ἰσχνός.

schmälern μειοῦν, ἐλαττοῦν, συστέλλειν, βλάπτειν.
Schmälerung f ἡ μείωσις, ἡ ἐλάττωσις, ἡ συστολή, ἡ βλάβη.
Schmalz n ἡ πιμελή.
Schmarotzer m ὁ παράσιτος, ὁ κόλαξ (κος).
schmarotzerisch παρασιτικός.
Schmaus m ἡ εὐωχία, τὸ συμπόσιον, ἡ εἰλαπίνη.
schmausen εὐωχεῖσθαι (P.).
Schmauser m ὁ συμπότης.
Schmauserei f ἡ εὐωχία, s. Schmaus.
schmeckbar γευστός.
schmecken γεύεσθαί τινος, nach etw. ~ ὄζειν τινός.
Schmecken n ἡ γεῦσις.
Schmeichelei f ἡ κολακεία, τὸ κολάκευμα, ἡ θωπεία.
schmeichelhaft κολακευτικός, ἡδύς.
schmeicheln κολακεύειν τινά, θεραπεύειν τινά, θωπεύειν τινά, vom Hunde σαίνειν, sich mit Hoffnungen ~ ἐλπίσι τρέφεσθαι, sich mit etwas ~ ἐλπίζειν.
Schmeicheln n s. Schmeichelei.
schmeichelnd s. schmeichlerisch.
Schmeichelrede f τὸ κολάκευμα, τὸ θώπευμα.
Schmeichler m ὁ κόλαξ (κος).
Schmeichlerin f ἡ κολακίς (ίδος).
schmeichlerisch κολακευτικός, θωπευτικός, (von Hunden) σκυλακώδης.
schmelzbar τηκτός, χωνευτός.
schmelzen trans. τήκειν,

(schmachten — schmelzen)

chwnεύειν, *intr.* τήκεσθαι, διαλύεσθαι.
Schmelzen *n* ἡ τῆξις, ἡ χωνεία, ἡ διάλυσις.
Schmelzer *m* ὁ χωνευτής.
Schmelzgrube *f* ὁ χόανος.
Schmelzkunst *f* ἡ χωνευτική.
Schmelzofen *m* ὁ χόανος, ἡ κάμινος.
Schmelztiegel *m* ἡ χώνη.
Schmerz *m* ἡ ἀλγηδών (όνος), ἡ λύπη, ἡ ὀδύνη, ~ haben, empfinden ἀλγεῖν, ἀλγύνεσθαι, λυπεῖσθαι.
schmerzen ἀλγεῖν, λυπεῖσθαι.
schmerzensfrei, schmerzlos ἀπαθής, ἄλυπος (2).
schmerzerfüllt περιαλγής.
Schmerzgefühl *n* s. Schmerz.
schmerzhaft, schmerzlich ἀλγεινός, ὀδυνηρός, λυπηρός, πικρός.
Schmerzlichkeit *f* τὸ ἀλγεινόν, ἡ πικρότης (ητος).
Schmerzlosigkeit *f* ἡ ἀλυπία, ἡ ἀνωδυνία, ἡ ἀπάθεια.
schmerzstillend ἀνώδυνος (2).
schmerzvoll ἀλγεινότατος, ἄλγιστος, πικρότατος.
Schmetterling *m* ἡ ψυχή.
schmettern *trans.* ῥίπτειν, *intr.* ψοφεῖν, φθέγγεσθαι.
Schmettern *n* ὁ ψόφος, ὁ φθόγγος. [σιδηρεύς.]
Schmied *m* ὁ χαλκεύς, ὁ
Schmiede *f* τὸ χαλκεῖον, τὸ σιδηρεῖον.
Schmiede-handwerk *n*, **-kunst** *f* ἡ χαλκευτική.
schmieden χαλκεύειν, σιδηρεύειν, Lügen ~ πλάττειν ψεύδη, Märchen ~ πλάττειν λόγους.
Schmiedeofen *m* ἡ κάμινος.
Schmiedewerkstatt *f* ἡ χαλκεία.
schmiegen, sich προσφύεσθαί τινι, = nachgeben ὑπείκειν, ὑποπτήσσειν.
schmiegsam ὑγρός, ἄρεσκος.
Schmiegsamkeit *f* τὸ ὑγρόν, ἡ ἀρεσκεία. [ἀλοιφή.]
Schmiere *f* τὸ χρῖμα, ἡ
schmieren χρίειν, ἀλείφειν.
Schmieren *n* ἡ χρίσις, ἡ ἄλειψις.
schmierig γλίσχρος.
Schminke *f* τὸ φάρμακον, τὸ χρῶμα.
schminken ἐντρίβειν, φυκοῦν.
Schminkkästchen *n* ὁ νάρθηξ (κος), τὸ ναρθήκιον.
Schmirgel *m* ἡ σμύρις (ιδος).
schmollen ἀγανακτεῖν τινι.
Schmollen *n* ἡ ἀγανάκτησις.
schmoren πνίγειν.
Schmoren *n* ἡ πνῖξις.
Schmuck *m* ὁ κόσμος.
schmuck κομψός.
schmücken κοσμεῖν, καλλωπίζειν.
Schmücken *n* ἡ κόσμησις, ὁ καλλωπισμός. [(κος).]
Schmuckkästchen *n* ὁ νάρθηξ
schmucklos ἄκοσμος, ἀκόσμητος (2), ἁπλοῦς.
Schmucklosigkeit *f* die Neutra der vorhergehenden Adjektiva.
schmuckvoll μεγαλοπρεπής, μεγαλεῖος.

schmuggeln παρεισάγειν, παρεμπολᾶν, παρεισκομίζειν.
Schmuggler m durch Verba.
schmunzeln μειδιᾶν.
Schmunzeln n τὸ μείδιαμα.
Schmutz m ὁ ῥύπος, ὁ πηλός.
schmutzig ῥυπαρός, πηλώδης, ~ machen ῥυπαίνειν, ~ werden ῥυπαίνεσθαι (P.), ~ sein ῥυπᾶν, übtr. αἰσχρός, ~e Reden αἰσχροὶ λόγοι.
Schnabel m τὸ στόμα, τὸ ῥάμφος, τὸ ῥύγχος.
schnabel=artig, =förmig ῥαμφώδης.
schnäbeln, sich καταγλωττίζειν ἀλλήλους, κυνεῖν.
Schnake f ὁ σέρφος.
Schnalle f ἡ περόνη, ἡ πόρπη.
schnallen περονᾶν, πορπᾶν.
schnalzen κλώζειν.
schnappen χάσκειν, nach etw. ~ ἐγχάσκειν τινί.
schnarchen ῥέγκειν.
Schnarchen n ἡ ῥέγξις.
schnarren τρίζειν, τρύζειν, τραυλίζειν.
Schnarren n ὁ τρισμός, ὁ τραυλισμός.
schnarrend τραυλός.
schnattern κλάζειν.
Schnattern n ἡ κλαγγή.
schnauben φυσᾶν, πνεῖν, aus Unwillen μύζειν.
Schnauben n τὸ φύσημα.
schnaufen ἀσθμαίνειν.
Schnauzbart m ὁ μύσταξ (κος). [ῥύγχος.]
Schnauze f τὸ στόμα, τὸ

Schnecke f ὁ κοχλίας, ὁ κόχλος.
schneckenförmig κοχλιώδης.
Schneckengang m ὁ ἑλιγμός, = Langsamkeit ἡ βραδυτής (ῆτος).
Schneckenhaus n ὁ κόχλος.
Schnee m ἡ χιών (όνος), ὁ νιφετός, ἡ νιφάς (άδος).
schneeartig χιονώδης.
Schneeflocke f ἡ νιφάς (άδος).
Schneegestöber n αἱ νιφάδες.
Schneeglöckchen n τὸ λευκόϊον. [(οδος).]
Schneehuhn n ὁ λαγώπους
schneeig χιονώδης, νιφετώδης.
Schneemasse f αἱ χιόνες.
schneereich χιονώδης.
schneeweiß λευκότερος τῆς χιόνος. [gestöber.]
Schneewetter n s. Schnee=
Schneide f ἡ ἀκμή.
schneiden τέμνειν, κόπτειν, in Stein ~ ἐγγλύφειν, ἐγκολάπτειν λίθῳ.
Schneiden n ἡ τομή, ἡ τμῆσις.
schneidend ὀξύς, = empfindlich πικρός, δριμύς.
Schneider m ὁ ἱματιουργός.
Schneiderhandwerk n ἡ ἱματιουργική.
schneidern ἱμάτια ποιεῖν ob. ἐργάζεσθαι.
Schneidezahn m ὁ διχαστήρ (ῆρος), ὁ γελασῖνος ὀδούς (όντος).
schneien νίφειν.
Schneien n ὁ νιφετός.
schnell ταχύς, ὀξύς, ἐλαφρός,

schnell! ἄγε δή, ἀλλ' ἄγε, so ~ als möglich ὡς τάχιστα, τὴν ταχίστην.

schnellaufend δρομικός.

Schnellläufer *m* ὁ δρομικός.

schnellen πάλλειν, (*intr.*) πάλλεσθαι (P.), πηδᾶν, in die Höhe ~ ἀναπηδᾶν.

Schnellen *n* ὁ παλμός, ἡ πήδησις.

schnellfüßig ποδώκης.

Schnellfüßigkeit *f* ἡ ποδωκία.

Schnelligkeit *f* τὸ τάχος, ἡ ταχυτής (ητος), ἡ ἐλαφρότης (ητος).

Schnellschritt *m* ὁ δρόμος, im ~ δρόμῳ, βάδην ταχύ.

schnellsegelnd ταχυναυτῶν.

Schnellsegler *m* ὁ κέλης (ητος).

Schnepfe *f* ὁ σκολόπαξ (κος).

schneuzen ἀπομύττειν τὰς ῥῖνας, sich ~ ἀπομύττεσθαι.

Schnitt *m* ἡ τμῆσις, ἡ τομή.

Schnitter *m* ὁ θεριστής.

Schnitterin *f* ἡ θερίστρια.

Schnittfläche *f* ἡ τομή.

Schnittlauch *m* τὸ πράσον.

Schnitzarbeit *f* ἡ γλυφή.

schnitzen γλύφειν, ξεῖν, ξύειν.

Schnitzer *m* ὁ γλυφεύς.

Schnitzkunst *f* ἡ γλυπτική.

schnöde καταφρονητικός, ὑβριστικός, θρασύς.

Schnödigkeit *f* ἡ ὕβρις, ἡ θρασύτης (ητος).

schnüffeln ἀνασιμοῦν.

Schnupfen *m* ἡ κόρυζα, den ~ haben κορυζᾶν.

Schnur *f* τὸ σχοινίον, ὁ βρόχος, ἡ σειρά.

schnüren σφίγγειν, sein Bündel ~ συσκευάζεσθαι.

schnurgerade εὐθύτατος, πρὸς στάθμην πεποιημένος oder κατεσκευασμένος. [(κος).]

Schnurrbart *m* ὁ μύσταξ

Schober *m* ὁ θωμός.

Schock *n* ἑξήκοντα.

Scholle *f* ἡ βῶλος.

schollen=artig, =förmig, schollig βωλοειδής.

schon ἤδη, ~ lange ἤδη ἐκ πολλοῦ, πολὺν ἤδη χρόνον, ~ längst πάλαι ἤδη, beinahe ~ ὅσον οὔ.

schön καλός, ὡραῖος (jugendschön), εὐειδής (schöne Gestalt), κομψός (nett), χαρίεις, εὔ-, ἐπίχαρις (anmutig), ~ machen καλλύνειν, ~ tun καλλωπίζεσθαι, ~ tun mit j-m θεραπεύειν τινά, κολακεύειν, θωπεύειν, schön! (als Antwort) εὖ oder καλῶς λέγεις.

schonen φείδεσθαί τινος, ἀπέχεσθαί τινος, sein Leben ~ φιλοψυχεῖν.

schonend μέτριος, ἐπιεικής.

Schöngeist *m* ὁ φιλόκαλος ἀνήρ.

Schönheit *f* τὸ κάλλος, ἡ εὐμορφία, ἡ ὡραιότης (ητος), ἡ χάρις.

Schönheits=gefühl *n*, **=sinn** *m* ἡ φιλοκαλία.

Schönheitsmittel *n* τὸ φάρμακον.

Schonung *f* ἡ φειδώ (οῦς),

ἡ φειδωλία, ἡ μετριότης (ητος), ἡ ἐπιείκεια, ἡ πραότης (ητος), ohne ~ ἀφειδῶς.

schonungslos ἀφειδής, δεινός, χαλεπός.

Schonungslosigkeit f ἡ χαλεπότης (ητος).

schöpfen ἀντλεῖν, Wasser ~ ὑδρεύειν, Hoffnung ~ ἐλπίδα λαμβάνειν, Mut ~ ἀναθαρρεῖν, Verdacht ~ ὑποπτεύειν.

Schöpfer m ὁ δημιουργός, ὁ πατήρ, ὁ εὑρετής.

schöpferisch ποιητικός, εὑρετικός.

Schöpfung f ἡ δημιουργία, ἡ ποίησις, = das Erschaffene τὰ ὅλα, ὁ κόσμος.

Schoppen m ἡ κοτύλη.

Schöps m ὁ τομίας.

Schorf m τὸ πίτυρον.

Schoß[1] m s. Schößling.

Schoß[2] m τὰ γόνατα, ὁ κόλπος (bsd. Mutterschoß), die Hände in den ~ legen καθῆσθαι οὐδὲν ποιοῦντα, σχολὴν ἄγειν.

schossen βλαστάνειν, ἐκβλαστάνειν.

Schößling m ὁ κλάδος, ὁ μόσχος, τὸ βλάστημα.

Schote[1] f ὁ λοβός.

Schote[2] f = Tau, Seil ὁ ποῦς (οδός).

schräg πλάγιος, λοξός.

Schrägheit f ἡ πλαγιότης (ητος).

Schramme f ἡ οὐλή.

Schrank m ἡ κιβωτός, ἡ κίστη.

Schranke f ἡ εἱρκτή, ὁ φραγμός, τὸ τέρμα, für j-n in die ~n treten ἀμύνεσθαι ὑπέρ τινος, in ~n halten εἴργειν, κατέχειν, κωλύειν, einer Sache ~n setzen περιγράφειν, συστέλλειν τι.

schrankenlos ἄμετρος (2), ὑπερβάλλων.

Schrankenlosigkeit f τὸ ἄμετρον.

Schranz(e) m s. Schmarotzer.

Schraube f ὁ κοχλίας.

schrauben στρέφειν τὸν κοχλίαν.

Schraubengang m ἡ ἕλιξ (κος).

Schraubstock m τὸ ἔχμα.

Schreck m ὁ φόβος, τὸ δεῖμα, τὸ δέος.

Schreckbild n τὸ δεῖμα, τὸ φόβητρον.

schrecken φοβεῖν, ἐκ-, καταπλήττειν, φόβον ἐμποιεῖν τινι.

Schrecken m s. Schreck.

Schreckensnachricht f ἡ δεινὴ ἀγγελία.

Schreckgestalt f s. Schreckbild.

schreckhaft φοβερός, δεινός, ἔμ-, περίφοβος (2).

schrecklich φοβερός, δεινός.

Schrecklichkeit f τὸ φοβερόν, τὸ δεινόν.

Schreckmittel n ὁ φόβος.

Schreckis n τὸ δεῖμα.

Schreckwort n τὸ δεινὸν ἔπος, ἡ ἀπειλή.

Schrei m ἡ κραυγή, ἡ βοή.

Schreibart f ἡ γραφή.

schreiben γράφειν, ἐγγράφειν τινί, ἐπιγράφειν εἴς τι, es steht geschrieben γέγραπται, εἴρηται, — schriftlich darstellen συγγράφειν, einen Brief an j-n ~ γράφειν τινί, λέγειν τινί δι' ἐπιστολῆς.

Schreiben n ἡ γραφή, τό γράφειν, τὰ γράμματα, ἡ ἐπιστολή.

Schreiber m ὁ γραφεύς, ὁ γραμματεύς.

Schreiberei f ἡ γραφή.

Schreibfeder f ὁ κάλαμος.

Schreibfehler m τὸ γραφικὸν ἁμάρτημα.

schreibselig πολυγράφος (2).

Schreibtafel f ἡ δέλτος, ὁ πίναξ (κος).

schreien βοᾶν, κεκραγέναι (pf. II von dem seltenen prs. κράζω), laut ~ ἀναβοᾶν, μέγα βοᾶν, nach etwas ~ βοᾶν τι.

Schreien n ἡ βοή, ἡ κραυγή.

schreiend: ~e Ungerechtigkeit ἔργον περιφανῶς ἄδικον.

Schreier m ὁ βοητής oder durch Partizipien.

Schrein m s. Schrank.

schreiten βαίνειν, βαδίζειν, zu etwas ~ ἰέναι ἐπί τι, τρέπεσθαι ἐπί, εἰς, πρός τι.

Schreiten n ἡ βάσις, ἡ βάδισις.

Schrift f ἡ γραφή, τὰ γράμματα, — das Geschriebene ἡ συγγραφή, τὸ βιβλίον. [τιον.}

Schriftchen n τὸ γραμμά-}

Schriftführer m ὁ γραμματεύς. [λόγος.}

Schriftgelehrte(r) m ὁ θεο-}

schriftlich γεγραμμένος,

abfassen συγγράφειν, ~e Abfassung ἡ συγγραφή.

Schriftsteller m ὁ συγγραφεύς.

Schriftstellerei f ἡ συγγραφή. [κός.}

schriftstellerisch συγγραφι-}

Schriftwerk n ἡ συγγραφή.

Schriftzeichen n τὸ σημεῖον, τὸ γράμμα.

Schriftzüge m/pl. τὰ γράμματα.

schrillen τρίζειν.

schrillend ὀξύς.

Schritt m τὸ βῆμα, ἡ βάσις, τὸ βάδισμα, im ~ βάδην, e-n ~ tun ποιεῖν, πράττειν τι, den ersten ~ zu etw. tun ὑπάρχειν τινός.

schrittweise βάδην.

schroff ἀνάντης, ὄρθιος, ἀπότομος (2), = rauh, streng χαλεπός, τραχύς.

Schroffheit f das Neutrum der vorhergehenden Adjektiva.

schröpfen σχάζειν.

Schröpfen n ἡ σχάσις.

Schrot m u. n τὸ κρίμνον, τὰ ἄλφιτα.

schroten ἐρείκειν.

Schrotmehl n τὰ ἄλφιτα.

schrumpfen = einschrumpfen ῥικνοῦσθαι, μαραίνεσθαι.

Schub m ὁ ὠθισμός.

Schubsack m τὸ θυλάκιον.

schüchtern εὐλαβής.

Schüchternheit f ἡ εὐλάβεια.

Schuft m τὸ κάθαρμα.

Schuh m τὸ ὑπόδημα, ἡ ὑπόδεσις, ἡ κρηπίς (ῖδος), die ~e anziehen ὑποδεῖσθαι, ausziehen ὑπολύεσθαι.

Schuhmacher, Schuster m ὁ σκυτεύς, ὁ σκυτοτόμος.
Schuhmacherhandwerk n ἡ σκυτοτομία, ἡ σκυτική.
Schuhriemen m ὁ ζυγός, τὸ ζυγόν.
Schuhsohle f τὸ κάττυμα.
Schuhwerk n τὰ ὑποδήματα.
Schulamt n τὸ διδασκαλικὸν ἔργον. [ἄρχης.]
Schulaufseher m ὁ σχολ-
Schulbank f τὸ βάθρον.
Schuld f ἡ αἰτία, τὸ ἔγκλημα, τὸ ἁμάρτημα, ſchuld an etw. sein αἴτιον εἶναί τινος, keine ~ an etw. haben ἀναίτιον εἶναί τινος, die ~ liegt nicht an mir οὐκ ἔγωγε αἴτιος, j-n von der ~ losſprechen ἀφιέναι τινὰ τῆς αἰτίας, sich etwas zuſchulden kommen lassen ἀδικεῖν τι, = Geldſchulden τὸ χρέος, τὸ ὀφείλημα, ~en bezahlen ἀποδιδόναι ob. διαλύειν τὸ χρέος, ἐκτίνειν τὸ ὀφείλημα, ~en machen δανείζεσθαι ἀργύριον, = Strafe ἡ ζημία.
ſchuldbefleckt μιαρός.
ſchuldbewußt κακόν τι ἑαυτῷ συνειδὼς ποιήσας ober ποιήσαντι.
Schuldbewußtsein n ἡ συνείδησις.
Schuld-brief m, **-buch** n, **-ſchein** m, **-verschreibung** f τὸ γραμματεῖον, τὸ συμβόλαιον.
ſchulden ὀφείλειν. [(2).]
ſchuldenfrei οὐχ ὑπόχρεως

Schulden-laſt, -masse f πολὺ τὸ χρέος, τὸ χρεῶν πλῆθος.
Schuldforderung f τὸ δάνεισμα, τὸ χρέος.
Schuldherr m ὁ χρήστης (gen. pl. χρηστῶν).
ſchuldig αἴτιος, ὑπαίτιος (2) τινος, ἔνοχος (2) τινι, ὑπόδικος (2) τινος, eines Vergehens ~ sein ἐνέχεσθαι ἀδικήματι, sich e-r Sache ~ machen ὀφισκάνειν τι, j-n für ~ erkennen καταγιγνώσκειν τινός, etw. ~ bleiben οὐκ ἀποδιδόναι, der ~e Dank ἡ ἀξία χάρις, die ~e Strafe ἡ ἀξία δίκη.
Schuldigkeit f τὸ προσῆκον, τὸ δέον (auch pl. τὰ δέοντα), es ist meine ~ ἐμόν ἐστι mit inf., χρή ober δεῖ mit acc. c. inf., δίκαιός εἰμι mit inf., seine ~ tun τὰ προσήκοντα πράττειν.
ſchuldlos ἀναίτιος (2), ἀναμάρτητος (2).
Schuldlosigkeit f τὸ ἀναίτιον.
Schuldner m ὁ ὀφειλέτης.
Schule f τὸ διδασκαλεῖον, τὸ παιδαγωγεῖον, in die ~ gehen φοιτᾶν εἰς τὸ διδασκαλεῖον ober εἰς διδασκάλου (διδασκάλων), die ~ verlassen ἀπαλλάττεσθαι (P.) ἐκ διδασκάλου (διδασκάλων).
ſchulen παιδεύειν, διδάσκειν.
Schüler m ὁ μαθητής, ὁ συνὼν τινι, j-s ~ sein συνεῖναί τινι.

Schülerin f ἡ συνοῦσά τινι.
Schulgeld n ὁ τῆς παιδεύσεως μισθός, τὰ διδασκάλια. [γεῖον.]
Schulhaus n τὸ παιδαγω-
Schul-lehrer,-mann,-meister m ὁ διδάσκαλος. [ριον.]
Schulstube f τὸ ἀκροατή-
Schulter f ὁ ὦμος, auf die ~n nehmen αἴρεσθαι ἐπ' ὤμων. [(ιδος).]
Schulterbein n ἡ ἐπωμίς
Schulterblatt n ἡ πλάτη, ἡ ὠμοπλάτη.
Schultheiß m ὁ κωμάρχης.
Schulvorsteher m ὁ τοῦ διδασκαλείου ἐπιστάτης.
Schulwesen n τὰ περὶ τὰ μαθήματα.
Schulwissenschaft f ἡ ἐγκύκλιος παιδεία.
Schulze m s. Schultheiß.
Schund m τὸ κάθαρμα.
Schuppe f ἡ λεπίς (ιδος), ἡ φολίς (ιδος).
Schuppen m ἡ σκευοθήκη.
schuppen-artig,-förmig λεπιδοειδής, φολιδοειδής.
Schuppenpanzer m ὁ λεπιδωτὸς θώραξ (κος).
schuppig λεπιδωτός, φολιδωτός.
Schur f ἡ κουρά.
Schurke m ὁ κακοῦργος, ὁ ὄλεθρος.
Schurkenstreich m, **Schurkerei** f ἡ πανουργία, ἡ κακουργία, ἡ πονηρία.
schurkisch κακοῦργος (2), πονηρός, μιαρός.
Schurz m, **Schürze** f τὸ περίζωμα.

schürzen περιζωννύναι.
Schurzfell n s. Schurz.
Schuß m ἡ βολή, τὸ τόξευμα, e-n ~ tun βάλλειν, τοξεύειν, e-n ~ bekommen βάλλεσθαι, τοξεύεσθαι.
Schüssel f ἡ λεκάνη, ἡ κυλίχνη.
schußfertig διατεινάμενος, ἐπιβεβλημένος, sich ~ machen διατείνεσθαι, ἐπιβάλλεσθαι.
Schußweite f: außer ~ ἔξω βέλους (βελῶν), in ~ sein ἐντὸς τοξεύματος γίγνεσθαι, außer ~ sein ἔξω βέλους γίγνεσθαι.
Schuster m s. Schuhmacher.
schustern σκυτεύειν, σκυτοτομεῖν.
Schutt m τὸ χῶμα, = Trümmer τὰ ἐρείπια.
schütteln σείειν, σαλεύειν, den Kopf ~ κινεῖν τὴν κεφαλήν.
Schütteln n ἡ σεῖσις.
schütten χεῖν.
Schütten n ἡ χύσις.
Schutthaufen m τὸ χῦμα.
Schutz m τὸ πρόβλημα, ἡ φυλακή, ἡ βοήθεια, ἡ ἄμυνα, j-n in j-n ~ nehmen δέχεσθαι, ὑποδέχεσθαί τινα, unter j-s ~ stehen εἶναι ἐπί τινι, bei j-m ~ suchen καταφεύγειν πρός τινα.
Schutzbefohlene(r) m ὁ ἱκέτης, ὁ πελάτης.
Schutzbündnis n ἡ ἐπιμαχία, ein ~ mit j-m schließen ἐπιμαχίαν ποιεῖσθαί τινι oder πρός τινα.

(Schülerin 311 Schutzbündnis)

Schutzbürger m ὁ μέτοικος, ~ sein μετοικεῖν.
Schutzdach n τὸ ἀποστέγασμα, bei Belagerungen ἡ χελώνη, ἡ ἄμπελος.
Schutzdecke f ἡ σκέπη.
Schütze m ὁ τοξότης (auch als Sternbild).
schützen φυλάττειν, διαφυλάττειν, βοηθεῖν, ἐπικουρεῖν, ἀμύνειν, σώζειν, διασώζειν, = befestigen τειχίζειν, ὀχυροῦν.
Schutz-engel, -geist m ὁ ἀγαθὸς δαίμων.
Schützer m ὁ φύλαξ (κος), ὁ σωτήρ (ῆρος). [ἱκεσία.]
Schutzflehen n ἡ ἱκετεία.
Schutzflehende(r) m ὁ ἱκέτης, fem. ἡ ἱκέτις (ιδος).
Schutzgeld n τὸ μετοίκιον.
Schutzgenosse m ὁ μέτοικος.
Schutzgenossenschaft f ἡ μετοικία. [θεός.]
Schutzgott m ὁ πατρῷος
Schutzherr m ὁ προστάτης, j-s ~ sein προστατεῖν τινος.
Schutzherrschaft f ἡ προστατεία. [befohlene(r).]
Schützling m ſ. Schutz-
schutzlos ἀφύλακτος, ἀφρούρητος, ἄφρουρος (ſämtlich 2).
Schutzlosigkeit f das Neutrum der vorhergehenden Adjektiva.
Schutzmauer f τὸ πρόβλημα.
Schutzmittel n τὸ ἐπικούρημα, τὸ ἀλεξιφάρμακον. [τὸ ἄσυλον.]
Schutzort m ἡ καταφυγή,
Schutzpatron m ſ. Schutzgott und Schutzherr.

Schutzrede f ἡ ἀπολογία.
Schutzschrift f ἡ ἀπολογία.
Schutzverwandte(r) m ὁ μέτοικος. [ἡ φρουρά.]
Schutzwache f ἡ φυλακή,
Schutzwaffen fpl. τὰ (ἀμυντήρια) ὅπλα.
Schutzwehr f τὸ πρόβλημα, τὸ ἔρυμα.
schwach ἀσθενής, ἄρρωστος (2), ἀδύνατος (2), ~es Geſicht ἀμαυρὰ ὄψις, ~e Hoffnung ὀλίγη ἐλπίς, ~e Stimme λεπτὴ φωνή.
Schwäche f ἡ ἀσθένεια, ἡ ἀρρωστία, ἡ ἀδυνασία.
schwächen ἀσθενοῦν, ἐλαττοῦν, μειοῦν, συστέλλειν, παραλύειν.
Schwächen n ἡ ἐλάττωσις, ἡ μείωσις.
Schwachheit f ſ. Schwäche.
schwachherzig δειλός, ἄψυχος (2).
schwächlich ſ. schwach.
Schwächlichkeit f ſ. Schwäche.
Schwachsinn m ἡ ἀμβλύτης (ητος). [βλύς.]
schwachsinnig ἀσθενής, ἀμ-
Schwadron f ἡ ἴλη.
schwadronenweise κατ' ἴλας.
Schwager m ὁ κηδεστής, ὁ γαμβρός.
Schwägerin f ἡ κηδέστρια.
Schwägerschaft f ἡ κηδεία.
Schwalbe f ἡ χελιδών (όνος).
Schwall m ὁ ὄγκος, τὸ πλῆθος. [σπογγιά.]
Schwamm m ὁ σπόγγος, ἡ
schwammartig σπογγοειδής.
schwammig ἀραιός, χαῦνος, ὑγρός.

Schwan m ὁ κύκνος.
Schwanengesang m τὸ κύκνειον μέλος, den ~ singen ᾄδειν τὸ κύκνειον.
Schwang m: in ~ bringen (von Gerüchten) διαδιδόναι, διασπείρειν, im ~e sein ἐπικρατεῖν.
schwanger ἔγκυος (2), ~ sein κύειν (κυεῖν), ~ werden κυΐσκεσθαι.
schwängern ἔγκυον ποιεῖν, κυΐσκειν, πληροῦν.
Schwangerschaft f ἡ κύησις.
Schwängerung f ἡ πλήρωσις, gew. durch Verba.
Schwank m τὸ παίγνιον.
schwanken σείεσθαι (P.), ἀβέβαιον εἶναι, σαλεύειν, in Entschlüssen ἀμφισβητεῖν, ἀπορεῖν.
Schwanken n ἡ ἀμφισβήτησις, ἡ ἀπορία.
schwankend (übtr.) ἀβέβαιος (2), σφαλερός.
Schwanz m ἡ οὐρά, ἡ κέρκος. [κεύειν τινά.]
schwänzeln: um j-n ~ κολα-
schwanzlos ἄκερκος (2).
schwären ἑλοῦσθαι.
Schwären n ἡ ἕλκωσις.
Schwarm m ὁ ὄχλος, τὸ πλῆθος, von Bienen ὁ ἑσμός.
schwärmen ἐκ-, περιπέτεσθαι, = sich Vergnügungen hingeben ἡδυπαθεῖν, τρυφᾶν, κωμάζειν, = verkehrte Vorstellungen haben μαίνεσθαι (P.), βακχεύειν.
Schwärmen n ἡ τρυφή, ὁ κῶμος.

Schwärmer m ὁ κωμαστής, = der Begeisterte ὁ ἐνθουσιαστής, ὁ μανείς, ὁ μανικός.
Schwärmerei f ὁ ἐνθουσιασμός, ἡ μανία.
schwärmerisch ἐνθουσιαστικός, μανικός.
Schwarte f ἡ φορίνη.
schwarz μέλας, αινα, αν, ~ sein μελανεῖν, ~ werden μελαίνεσθαι (P.), ~ machen f. schwärzen, es wird mir ~ vor den Augen σκοτοῦμαι.
schwarzblau περκνός, κυανοῦς. [ρος (2).]
schwarzbraun μελάγχλω-
Schwarzdrossel f ὁ κόττυφος.
Schwärze f τὸ μέλαν, ἡ μελανία.
schwärzen μελαίνειν. [(2).]
schwarzfarbig μελάγχρους
schwarzgekleidet μέλαν ἱμάτιον ἠμφιεσμένος.
schwarzgrau φαιός.
Schwarzkünstler m ὁ μάγος, ὁ φαρμακεύς.
schwärzlich ὑπομέλας, αινα, αν. [ρος.]
Schwarzpappel f ἡ αἴγει-
Schwarzwild n οἱ κάπροι.
schwatzen λαλεῖν, ἀδολεσχεῖν, φλυαρεῖν.
Schwätzer m ὁ λάλος, ὁ ἀδολέσχης, ὁ φλύαρος.
Schwätzerei f ἡ λαλιά, ἡ φλυαρία (auch pl.).
schwatzhaft λάλος, ἀδολέσχης.
Schwatzhaftigkeit f ἡ λαλιά, ἡ ἀδολεσχία.

Schwebe *f* ἡ αἰώρα, ἡ αἰώρησις.

schweben αἰωρεῖσθαι (P.), κρέμασθαι, μετέωρον εἶναι, vor den Augen ~ ἐν ὀφθαλμοῖς εἶναι, in Furcht ~ διὰ φόβου εἶναι, in Gefahr ~ ἐν κινδύνῳ εἶναι, zwischen Furcht und Hoffnung ~ μετέωρον εἶναι.

schwebend αἰωρούμενος, μετέωρος (2).

Schwefel *m* τὸ θεῖον.

schwefel-artig, -farbig, -gelb, schweflig θειώδης.

Schweif *m* ἡ οὐρά.

schweifen = umherschweifen πλανᾶσθαι, περιπλανᾶσθαι.

schweigen σιωπᾶν, σιγᾶν, σιγὴν ἔχειν, ἡσυχάζειν, j-n zum ~ bringen κατασιωπᾶν τινα, παύειν τινὰ λέγοντα.

schweigend σιγῇ, διὰ (μετὰ) σιγῆς.

schweigsam σιωπηλός, σιωπηρός.

Schweigsamkeit *f* ἡ σιωπή.

Schwein *n* ὁ, ἡ σῦς (υός), ein Ferkel ὁ δέλφαξ (ακος), wildes ~ ὁ κάπρος, ὁ ἄγριος σῦς.

schweineartig, schweinisch συώδης. [φόρβιον.

Schweineherde *f* τὸ συοσ-

Schweiß *m* ὁ ἱδρώς (ῶτος), ~ vergießen ἱδρῶτα ἀφιέναι, von ~ triefen ἱδρῶτι ῥεῖν, ohne ~ ἀνιδρωτί. [δης.

schweißig ἱδρωτικός, ἱδρώ-

Schweißtropfen *m* ὁ ἱδρῶτος σταλαγμός.

Schweißtuch *n* τὸ καφιδρώτιον.

schwelgen τρυφᾶν, ἡδυπαθεῖν, ἀσελγαίνειν.

Schwelger *m* durch die *part.* der vorh. Verba.

Schwelgerei *f* ἡ τρυφή, ἡ ἡδυπάθεια, ἡ ἀσέλγεια.

schwelgerisch τρυφῶν, τρυφερός, ἀσελγής.

Schwelle *f* ὁ βαθμός, j-s ~ betreten προσφοιτᾶν τινι, εἰσέρχεσθαι πρός (παρά) τινα.

schwellen αὔξανειν, *intr.* αὐξάνεσθαι, = anschwellen οἰδαίνειν.

Schwemme *f* ἡ κυλίστρα.

schwemmen ῥοτζεῖν.

Schwengel *m* ὁ κήλων (ωνος).

schwenken πάλλειν, δονεῖν, (in der Militärsprache) sich ~ στρέφεσθαι (P.), ἐπιστρέφεσθαι, ἐπικάμπτειν, rechts (links) ~ ἐπ' ἀσπίδα (ἐπὶ δόρυ) ἐπιστρέφειν, = kehrt machen ἀναστρέφεσθαι.

Schwenkung *f* ἡ ἐπι-, ἀναστροφή.

schwer: von Gewicht βαρύς, = mühevoll χαλεπός, δεινός, ἐπίπονος (2), = beschwerlich ἀχθεινός, πικρός, ~ zu ... wird durch die *adj.* mit δυσ- wiedergegeben, ~ zu erobern δυσάλωτος (2), ~ zu finden δυσεύρετος (2), ~ zu lernen δυσμαθής, ~ zu erkennen δύσγνωστος (2), ~ zugänglich δύσβατος (2), ~e Rüstung τὰ ὅπλα, ~er Wein

ἄκρατος (2) οἶνος, ~e Krank=
heit δεινὴ νόσος, ~e Strafe
μεγάλη τιμωρία, es fällt
mir etwas ~ ἄχθομαί τινι
oder ἐπί τινι.
schwer-atmend, =atmig δύσ-
πνους (2).
schwerbewaffnet ὁ ὁπλίτης.
Schwere f τὸ βάρος, ἡ
βαρύτης (ητος), τὸ ἄχθος,
τὸ βρῖθος.
schwerfällig βραδύς, vom
Geiste ἀναίσθητος (2).
Schwerfälligkeit f ἡ βραδυτής (ητος), ἡ ἀναισθη-
σία.
schwerhörig βαρυήκοος (2).
Schwerhörigkeit f ἡ βαρυ-
ηκοΐα.
Schwerkraft f ἡ ῥοπή.
schwerlich σχολῇ, μόλις, οὐκ
ἄν mit opt., οὐ μή mit conj.
oder ind. fut.
Schwermut f ἡ δυσθυμία,
ἡ μελαγχολία.
schwermütig δύσθυμος (2),
μελαγχολικός.
Schwerpunkt m ἡ ῥοπή.
Schwert n τὸ ξίφος, das ~
ziehen γυμνοῦν ob. σπᾶσθαι
τὸ ξίφος.
schwertförmig ξιφοειδής.
Schwertlilie f ἡ ἶρις (ιδος).
Schwertscheide f ὁ κολεός.
Schwertstreich m ἡ ξίφους
πληγή, ohne ~ ἀμαχεί,
ἀμαχητί. [φόρος.]
Schwertträger m ὁ ξιφη=
Schwester f ἡ ἀδελφή.
schwesterlich ἀδελφικός.
Schwesterliebe f ἡ φιλαδελφία.

Schwestermann m s. Schwager.
Schwestermord m ἡ ἀδελφοκτονία. [ἀδελφοκτόνος.]
Schwestermörder m ὁ
Schwibbogen m τὸ ψαλί-
δωμα.
Schwiegereltern, die ὁ πεν-
θερὸς καὶ ἡ πενθερά.
Schwiegermutter f ἡ πενθερά, ἡ ἑκυρά. [βρός.]
Schwiegersohn m ὁ γαμ=
Schwiegertochter f ἡ τοῦ
υἱοῦ γυνή (αικός).
Schwiegervater m ὁ πενθερός.
Schwiele f ἡ τύλη, ὁ τύλος, ~n machen τυλοῦν, ~n
bekommen τυλοῦσθαι (P.).
schwielenartig, schwielig τυ-
λώδης.
schwierig χαλεπός, ἐπίπονος (2), ἄπορος (2).
Schwierigkeit f ἡ χαλεπότης (ητος), ἡ ἀπορία, ἡ
ἀμηχανία, τὸ ἄπορον, j-m
~en machen πράγματα παρ-
έχειν τινι.
schwimmen νεῖν, von Blut ~
αἵματι ῥεῖν, in Tränen ~
δακρυρροεῖν.
schwimmend νέων.
Schwimmer m ὁ κολυμ-
βητής.
Schwimmhaut f ἡ ἐπι-
δερμίς (ίδος). [βητική.]
Schwimmkunst f ἡ κολυμ=
Schwindel m ὁ ἴλιγγος, ὁ
σκότος, übtr. s. Betrug.
Schwindelei f s. Betrug.
Schwindelgeist m ἡ μανία.
schwinden φθίνειν, μαραίνεσθαι (P.), τήκεσθαι (P.).

Schwinden *n* ἡ φθίσις, ἡ μάρανσις.

schwindlig σκοτώδης, ~ werden σκοτοῦσθαι (P.).

Schwindsucht *f* ἡ φθίσις, die ~ haben φθισιᾶν.

schwindsüchtig φθισικός.

Schwinge *f* s. Flügel.

schwingen πάλλειν, sich auf etwas ~ ἀναπηδᾶν ἐπί τι, sich in die Höhe ~ ἀναπέτεσθαι.

Schwingen *n* ὁ παλμός.

Schwingung *f* ἡ πάλσις.

schwirren τρίζειν, βομβεῖν.

Schwirren *n* ὁ τριγμός, ὁ βόμβος.

schwitzen ἱδροῦν, ἰδίειν.

Schwitzen *n* ἡ ἴδισις.

schwören ὀμνύναι, διομνύναι, bei den Göttern ~ ὀμνύναι τοὺς θεούς, falsch ~ (meineidig sein) ἐπιορκεῖν.

schwül καυματώδης, καυσώδης.

Schwüle *f* τὸ καῦμα.

Schwulst *m* ὁ τῶν λόγων ὄγκος.

schwülstig ὀγκώδης.

Schwung *m* ἡ φορά, ἡ ῥύμη, ἡ ὁρμή, ἡ ῥοπή, übtr. ἡ δεινότης (ητος).

Schwungfeder *f* τὸ πτερόν, ἡ πτέρυξ (γος).

Schwungkraft *f* ἡ τάσις, übtr. ἡ ὁρμή.

schwungvoll δεινός, μεγαλοπρεπής.

Schwur *m* s. Eid.

sechs ἕξ.

Sechseck *n* τὸ ἑξάγωνον.

sechseckig ἑξάγωνος (2).

sechs-fach, -fältig ἑξαπλοῦς, ἑξαπλάσιος.

sechsfüßig ἑξάπους (οδος).

sechshundert ἑξακόσιοι.

Sechshundertste *m* ἑξακοσιοστός.

sechsjährig ἑξαετής, ἑξέτης.

sechsmal ἑξάκις.

sechsmonatlich ἑξάμηνος (2).

sechsruderig ἑξήρης.

sechsseitig ἑξάπλευρος (2).

sechsstündig (δι') ἓξ ὡρῶν.

sechstägig ἑξαήμερος (2).

sechstausend ἑξακισχίλιοι.

Sechstausendste *m* ἑξακισχιλιοστός.

Sechste *m* ὁ ἕκτος.

sechstens τὸ ἕκτον.

sechzehn ἑκκαίδεκα.

sechzehnjährig ἑκκαιδεκαέτης.

sechzehntausend ἑξακισχίλιοι καὶ μύριοι.

Sechzehnte *m* ὁ ἑκκαιδέκατος, ὁ δέκατος ἕκτος.

sechzig ἑξήκοντα.

sechzigmal ἑξηκοντάκις.

Sechzigste *m* ὁ ἑξηκοστός.

sechzigtausend ἑξακισμύριοι.

See[1] *m* ἡ λίμνη.

See[2] *f* s. Meer.

Seeadler *m* ὁ ἁλιάετος, ὁ ἁλιαίετος.

Seebad *n* τὸ θαλάττιον λουτρόν, ein ~ nehmen λοῦσθαι ἐν τῇ θαλάττῃ.

Seebär *m* ὁ θαλάττιος ἄρκτος. [ἔργα.]

Seedienst *m* τὰ ναυτικὰ

Seeexpedition *f* ὁ ναυτικὸς στόλος.

Seefahrer *m* ὁ ναύτης.

Seefahrt f ἡ ναυτιλία, ὁ πλοῦς. [ἰχθύς (ύος).]
Seefisch m ὁ θαλάττιος
Seegefecht n ἡ ναυμαχία, ein ~ liefern ναυμαχεῖν τινι oder πρός τινα, ein ~ gewinnen νικᾶν ναυμαχίαν oder ναυμαχίᾳ.
Seegras n τὸ φῦκος, τὸ φυκίον. [ὁ ὅρμος.]
Seehafen m ὁ λιμήν (ένος),
Seehandel m ἡ ναυκληρία, ἡ ἐμπορία. [κρατία.]
Seeherrschaft f ἡ θαλαττο-
Seehund m ἡ φώκη.
Seekampf m f. Seegefecht.
Seekrankheit f ἡ ναυτία, die ~ haben ναυτιᾶν.
Seekrieg m ὁ κατὰ θάλατταν πόλεμος.
Seeküste f ἡ παραλία.
Seele f ἡ ψυχή, mit ganzer ~ παντὶ τῷ θυμῷ, ein Herz und eine ~ sein μίαν ψυχὴν εἶναι, von Grund der ~ ἐκ τῆς ψυχῆς.
Seelenadel m ἡ γενναιότης (ητος). [ἀδημονία.]
Seelenangst f ἡ ἀγωνία,
Seelenfriede m ἡ εὐθυμία.
Seelengröße f ἡ μεγαλοψυχία, ἡ μεγαλοφροσύνη.
Seelenheil n ἡ τῆς ψυχῆς σωτηρία.
Seelenkräfte f pl. αἱ ψυχικαὶ δυνάμεις. [ψυχήν.]
seelenkrank sein νοσεῖν τὴν
seelenlos ἄψυχος (2).
Seelenruhe f f. Seelenfriede.
Seelenschmerz m ἡ (τῆς ψυχῆς) λύπη. [ρώμη.]
Seelenstärke f ἡ τῆς ψυχῆς

Seelenstimmung f ἡ τῆς ψυχῆς διάθεσις.
Seelenvermögen n ἡ τῆς ψυχῆς δύναμις.
Seelenwanderung f ἡ μετεμψύχωσις.
Seelenzustand m ἡ τῆς ψυχῆς ἕξις.
Seeleute, die οἱ ναῦται, οἱ ἐπιβάται.
Seemacht f τὸ ναυτικόν, ἡ ναυτικὴ δύναμις.
Seemann m ὁ ναύτης, ὁ ναυτικός. [σύνταξις.]
Seemanöver n ἡ ναυτικὴ
Seemöwe f ὁ λάρος.
Seemuschel f τὸ ὄστρεον (ὄστρειον).
Seeplatz m τὸ (κατὰ θάλατταν) ἐμπόριον.
Seeräuber m ὁ λῃστής, ὁ πειρατής.
Seeräuberei f ἡ λῃστεία, ἡ πειρατεία.
seeräuberisch λῃστικός.
Seereise f ἡ κατὰ θάλατταν πορεία, ὁ πλοῦς.
Seeschiff n τὸ θαλάττιον πλοῖον.
Seeschlacht f f. Seegefecht.
Seeseite f τὰ πρὸς τὴν θάλατταν, auf der ~ πρὸς τῆς θαλάττης.
Seesieg m ἡ ναυκρατία.
Seesoldat m ὁ ναύτης, ὁ ἐπιβάτης.
See=staat m, **=stadt** f ἡ ἐπιθαλάττιος πόλις.
Seestern m ὁ ἀστήρ (έρος).
Seestrand m ἡ ἀκτή, ὁ αἰγιαλός.
Seesturm m ὁ θαλάττιος

oder κατὰ θάλατταν χειμών (ὦνος).
Seetang m f. Seegras.
Seetruppen f/pl. οἱ ναυτικοὶ στρατιῶται.
seetüchtig πλώιμος (2).
Seeungeheuer n τὸ κῆτος.
Seewasser n ἡ ἅλμη.
Seewesen n τὸ ναυτικόν (auch pl.).
Seewind m ὁ θαλάττιος [ἄνεμος].
Segel n τὸ ἱστίον, die ~ aufziehen αἴρειν oder ἐπαίρεσθαι τὰ ἱστία, die ~ einziehen χαλᾶν τὰ ἱστία, unter ~ gehen ἀνάγεσθαι (M.), mit vollen ~n fahren ἱστιοδρομεῖν.
segelfertig ἕτοιμος πλεῖν.
segellos ἱστίων ἔρημος.
segeln πλεῖν, ναυτίλλεσθαι.
Segeln n ὁ πλοῦς. (2).
segelschwellend πλησίστιος
Segeltuch n ἡ ὀθόνη.
Segen m ἡ θεία μοῖρα, mit göttlichem ~ σὺν θεῷ, es bringt ~ συμφέρει, συμφέρον ἐστίν, es bringt keinen ~ ἀσύμφορόν ἐστιν, = glücklicher Zustand ἡ ἀφθονία. [βίος.]
segensreich εὐδαίμων, ὄλ-
Segenswunsch m ἡ ἐπευχή, ἡ εὐφημία.
Segler m ὁ ναύτης.
segnen εὐδαίμονα ποιεῖν τινα, Gott segne dich δοίη ὁ θεός σοι εὐτυχεῖν, gesegnet sein mit etw. ἄφθονον ἔχειν τι.
sehen ὁρᾶν, βλέπειν, θεᾶσθαι, αἰσθάνεσθαι, etwas gern ~ φιλεῖν, ἀγαπᾶν τι, χαίρειν, ἥδεσθαι (P.) mit part., etw. ~ lassen δεικνύναι, δηλοῦν, gut ~ ὀξὺ βλέπειν, schlecht ~ παραβλέπειν, darauf ~, daß ἐπιμελεῖσθαι mit ὅπως u. ind. fut., zur Erde ~ βλέπειν κάτω.
Sehen n ἡ ὄψις, ἡ ὅρασις, gew. durch Verba.
sehens=wert, =würdig ἀξιοθέατος (2), θέας ἄξιος.
Sehenswürdigkeit f τὸ ἀξιοθέατον.
Seher m ὁ μάντις.
Seherblick m ἡ ἀγχίνοια.
Seher=gabe, =kunst f ἡ μαντική.
Seherin f ἡ μάντις.
Sehkraft f τὸ ὁρατικόν.
Sehne f ὁ τένων (οντος), τὸ νεῦρον (auch am Bogen).
sehnen, sich ποθεῖν τι, ἐπιποθεῖν τινα oder τι, ἐπιθυμεῖν τινος.
Sehnen n, **Sehnsucht** f ὁ πόθος, ἡ ἐπιθυμία, ~ nach etwas haben f. sich sehnen.
sehnig νευρώδης.
sehnlich, sehnsüchtig δεινός, σφοδρός, adv. δεινῶς, μάλα, σφόδρα.
sehr μάλα, πάνυ, σφόδρα, in Verbindung mit adj. gewöhnlich der sup., gar ~ καὶ μάλα, καὶ σφόδρα, πάνυ γε, zu ~ ἄγαν, λίαν, so ~ τοσοῦτον, οὕτω(ς), so ~, daß τοσοῦτον ὥστε oder ὅσον mit inf. oder ind. [κόν.]
Sehvermögen n τὸ ὁρατι-

Sehweite f τὸ ὄψεως μῆκος, auf (aus) ~ ἐξ ὄψεως μήκους. [τέναγος.]
seicht διαβατός, ~e Stelle τὸ
Seichtigkeit f τὸ ἀβαθές.
Seide f ἡ βόμβυξ (υκος).
seiden σηρικός.
Seidenraupe f ὁ βόμβυξ (υκος). [ρικά.]
Seidenwaren f/pl. τὰ ση-
Seidenzeug n τὸ σηρικόν.
Seife f τὸ σμῆγμα.
seifen σμῆν, σμήχειν.
seihen ἠθεῖν, ὁλίζειν.
Seil n ὁ σχοῖνος, τὸ σχοινίον, ἡ σπεῖρα.
Seiler m ὁ σχοινοπλόκος, ὁ σχοινοστρόφος. [(της).]
Seiltänzer m ὁ σχοινοβά-
Seim m ὁ χυμός.
sein[1]: nicht reflexiv αὐτοῦ, ῆς, οῦ (dem *subst.* nachgestellt), reflexiv ἑαυτοῦ, ῆς, οῦ (zwischen *art.* u. *subst.*); ist es unbetont, dann genügt der bloße Artikel.
sein[2] εἶναι, γενέσθαι, γεγονέναι, ὑπάρχειν (vorhanden sein), τυγχάνειν mit *part.*, πεφυκέναι, φῦναι (von Natur sein), oft ἔχειν mit *adv.*, ʒB. es ist schön καλῶς ἔχει, fortwährend, immer ~ διατελεῖν, διαγίγνεσθαι, διάγειν, διαμένειν mit *part.*, sei es ... sei es sitze ... εἴτε (ἐάν τε ... ἐάν τε), außer sich ~ ἔξω ἑαυτοῦ εἶναι, bei sich ~ ἐν ἑαυτῷ εἶναι, für etwas ~ συναινεῖν τι, gegen etw. ~ ἀνθίστασθαί τινι.

Sein[3] n ἡ οὐσία.
seinerseits, seinesteils τὸ κατ' αὐτόν (ἑαυτόν).
seinesgleichen ὅμοιος αὐτῷ (ἑαυτῷ).
seinige s. ὁ, ἡ, τὸ αὐτοῦ (ἑαυτοῦ).
seit ἐκ (ἐξ), ἀπό mit gen., ~ langer Zeit ἐκ πολλοῦ, διὰ πολλοῦ χρόνου, ~ alter Zeit ἐκ (ἀπὸ) τοῦ παλαιοῦ.
seitab liegen ἀποκεῖσθαι.
seitdem ἐκ τούτου, ἐξ oder ἀφ' οὗ.
Seite f ἡ πλευρά, τὸ πλευρόν, etwas auf die ~ bringen κλέπτειν, ὑφαιρεῖσθαί τι, j-n zur ~ haben συνεργὸν ἔχειν τινά, j-m zur ~ stehen βοηθεῖν τινι, = Teil τὸ μέρος, die vordere ~ τὰ πρόσθεν, die hintere ~ τὰ ὄπισθεν, die rechte ~ τὰ δεξιά, die linke ~ τὰ ἀριστερά, von allen ~n her πανταχόθεν, nach allen ~n hin πανταχόσε, auf allen ~n πανταχῇ, auf der einen ~ ... auf der anderen ~ ἔνθα μέν ... ἔνθα δέ, = Partei τά τινος, auf j-s ~ sein εἶναι oder γίγνεσθαι μετά τινος, φρονεῖν τὰ τινος, auf j-s ~ treten ἐλεῖν τά τινος, von seiten j-s ἀπό (παρά) τινος, auf der e-n ~ ... auf der anderen ~ τὰ μέν ... τὰ δέ.
Seitenbewegung f ἡ παραγωγή (in militärischem Sinne).
Seitenbiegung f ἡ ἐκ πλαγίου κλίσις.

Seitenblick m τὸ ἐκ πλαγίου βλέμμα.
Seitenfläche f ἡ πλευρά.
Seitengang m ἡ ἐκ πλαγίου στοά.
Seitengebäude n τὸ παροικοδόμημα. [πληγή.]
Seitenhieb m ἡ ἐκ πλαγίου
Seiten-schmerzen m/pl., **-stechen** n ἡ πλευρῖτις (ιδος).
Seitenschwenkung f ἡ παραγωγή.
Seitenstück n τὸ πλευρόν.
Seitentür f ἡ παράθυρος.
Seitenwand f ὁ τοῖχος.
Seitenweg m ἡ ἐκτροπή.
seither μέχρι τοῦ νῦν.
seitherig ὁ, ἡ, τὸ μέχρι τοῦ νῦν.
seitwärts πλάγιος, ἐκ πλαγίου, εἰς τὰ πλάγια, ~ wenden ἀποκάμπτειν, ἀποστρέφειν, sich ~ wenden ἐκ-, ἀποτρέπεσθαι (P. u. M.).
Sekretär m ὁ γραμματεύς.
Sekte f ἡ αἵρεσις, ἡ ἑταιρεία.
Sektion f ἡ ἀνατομή, = Abteilung ἡ τάξις.
Sekunde f τὸ ἀκαρὲς τοῦ χρόνου.
selbst αὐτός, ή, ό, reflexiv ἐμαυτοῦ, σεαυτοῦ, ἑαυτοῦ.
selbständig ἐλεύθερος, αὐτοκράτωρ (ορος), οὐδενὸς ὑπήκοος (2).
Selbständigkeit f ἡ ἐλευθερία, ἡ αὐτοκράτεια.
Selbstbeherrschung f ἡ ἐγκράτεια, ἡ σωφροσύνη.
Selbstbetrug m τὸ ἐξαπατᾶν ἑαυτόν.

Selbstbewunderung f τὸ ἄγασθαι ἑαυτόν.
Selbstbewußtsein n τὸ συνειδέναι, ἡ συνείδησις.
Selbsterkenntnis f τὸ γνῶναι ἑαυτόν.
Selbsterniedrigung f ἡ ἰδία ταπείνωσις.
selbsterwählt αὐθαίρετος (2).
selbsterworben αὐτόκτητος (2).
selbstgefällig αὐθάδης.
Selbstgefälligkeit f ἡ αὐθάδεια.
Selbstgefühl n τὸ φρόνημα.
selbstgenügend αὐτάρκης.
Selbstgenügsamkeit f ἡ αὐτάρκεια.
Selbstgespräch n ὁ πρὸς ἑαυτὸν διάλογος, ein ~ halten διαλέγεσθαι ἑαυτῷ.
Selbstherrschaft f ἡ αὐτοκράτεια.
selbstherrschend αὐτοκρατής.
Selbstherrscher m ὁ αὐτοκράτωρ (ορος).
Selbstherrscherin f ἡ αὐτοκράτωρ.
Selbsthilfe f ἡ τιμωρία.
Selbstmord m ἡ αὐτοχειρία, ὁ αὐθαίρετος θάνατος.
Selbstmörder m ὁ αὐτόχειρ (ειρος), ὁ αὐθέντης.
Selbstprüfung f ἡ ἑαυτοῦ ἐξέτασις. [μενος.]
selbstredend αὐθομολογούμενος.
Selbstsucht f ἡ αὐθάδεια.
selbstsüchtig φίλαυτος (2).
selbsttätig αὐτουργός (2).
Selbsttätigkeit f ἡ αὐτουργία. [betrug.]
Selbsttäuschung f ſ. Selbstbetrug.

selbsttönend αὐτόφωνος (2).
Selbstüberwindung f ἡ ἐγκράτεια.
Selbstverleugnung f ἡ τῶν ἰδίων συμφερόντων ὀλιγωρία. [τος (2).
selbstverschuldet αὐθαίρε-
selbstverständlich s. selbstredend. [ἀμύνεσθαι.
Selbstverteidigung f τὸ
Selbstvertrauen n τὸ φρόνημα.
selbstwachsend αὐτοφυής, αὐτόφυτος (2).
selbstzufrieden αὐτάρκης.
Selbstzufriedenheit f ἡ αὐτάρκεια.
selig μακάριος, εὐδαίμων, j-n ~ preisen wegen etwas μακαρίζειν, εὐδαιμονίζειν τινά τινος.
Seligkeit f ἡ μακαρία, ἡ εὐδαιμονία.
Seligpreisung f ὁ μακαρισμός, ὁ εὐδαιμονισμός.
Sellerie m τὸ σέλινον.
selten σπάνιος, adv. σπανίως, ~ sein σπανίζειν, = ausgezeichnet διαφέρων, θαυμαστός, ἐκπρεπής.
Seltenheit f ἡ σπάνις, ἡ σπανιότης (ητος), = seltener Gegenstand τὸ θέαμα, τὸ θαῦμα. [(2).
seltsam θαυμάσιος, ἄτοπος
Seltsamkeit f ἡ ἀτοπία, τὸ θαῦμα. [χρόνος.
Semester n ὁ ἕκμηνος
Senat m ἡ βουλή (bei den Athenern), ἡ γερουσία (bei den Spartanern), ἡ σύγκλητος (bei den Römern).

Senator m ὁ βουλευτής, ὁ σύνεδρος. ὁ γερουσιαστής.
Senatsbeschluß m τὸ βούλευμα.
senden s. schicken.
Sendschreiben n ἡ ἐπιστολή.
Sendung f ἡ πέμψις, = gesendete Gegenstände ἡ κομιδή.
Senf m τὸ νᾶπυ (υος).
sengen κάειν, ~ und brennen τέμνειν καὶ κάειν, κόπτειν καὶ κάειν (in e-m Lande χώραν).
sengend καυστικός.
senken καθιέναι, καταβάλλειν, sich ~ καθίεσθαι, καθίζεσθαι, mit gesenktem Kopfe κάτω νενευκώς, mit gesenktem Blick κάτω βλέπων.
Senker m, **Senkreis** n τὸ μόσχευμα, τὸ φύτευμα, τὸ φυτευτήριον.
senkrecht ὀρθός, ~ stehen ὀρθὸν ἑστάναι, ~e Stellung ἡ ὀρθότης (ητος).
Senkung f ἡ κάθεσις, τὸ ἵζημα.
Sense f ἡ ἅρπη.
Sentenz f ἡ γνώμη, τὸ ἀπόφθεγμα. [θητικός.
sentimental ἐμπαθής, παSentimentalität f τὸ ἐμπαθές, τὸ παθητικόν.
Separat=frieden, =vertrag m αἱ ἴδιαι σπονδαί.
September m ὁ ἔνατος τοῦ ἔτους μήν. [(ιδος).
Serail n ἡ γυναικωνῖτις
servil ἀνελεύθερος (2), ταπεινός.

Servilismus m ἡ ἀνελευθερία, ἡ ταπεινότης (ητος).
Sesam m τὸ σήσαμον, τὸ
σήσαμον.
Sessel m ἡ ἕδρα.
setzen καθίζειν, ἱδρύειν,
τιθέναι, sich ~ καθίζεσθαι.
j-n auf den Thron ~ καθ-
ιστάναι τινὰ βασιλεύοντα
oder βασιλέα, sich auf den
Thron ~ ἑλέσθαι τὴν ἀρ-
χήν, in eine Lage, Zustand
u. dgl. ~ τιθέναι, ἱστάναι,
ἱδρύειν, gesetzt sein κεῖσθαι,
j-n über etw. ~ τάττειν od. καθιστάναι τινὰ ἐπί τινι, über
etw. gesetzt sein ἐπιστατεῖν
τινος oder τινί, ἄρχειν
τινός, in Bewegung ~ κι-
νεῖν, in Furcht ~ φοβεῖν,
seine Hoffnung auf etwas
~ πεποιθέναι τινί, seine Ehre
in etwas ~ φιλοτιμεῖσθαι
ἐπί τινι, sich zur Wehr ~
ἀντέχειν, ἀμύνεσθαι, j-n
über den Fluß ~ περαιοῦν
τινα τὸν ποταμόν, etwas
aufs Spiel ~ κινδυνεύειν
περί τινος, j-n in Freiheit ~
ἐλεύθερον ἀφιέναι τινά,
etwas aus den Augen ~
ἀμελεῖν τινος, οὐδένα
λόγον ποιεῖσθαί τινος, =
gebären (von Tieren) τίκτειν,
über etwas ~ ὑπερπηδᾶν,
über e-n Fluß ~ διαβαίνειν
ποταμόν.
Setzen n durch Verba.
Setzzeit f ὁ τοκετός (von
Tieren).
Seuche f ὁ λοιμός.
seuchenartig λοιμώδης.

seufzen στενάζειν, στένειν.
Seufzen n ὁ στεναγμός.
Seufzer m ὁ στεναγμός, ὁ
στόνος, ~ ausstoßen ἱέναι
στεναγμούς.
sezieren ἀνατέμνειν.
sich: durch ἑαυτοῦ, ῆς, οῦ,
oft durch depon. pass oder
med., bei ~ sein ἐν ἑαυτῷ
εἶναι.
Sichel f τὸ δρέπανον.
sichelförmig δρεπανώδης.
Sichelwagen m τὸ δρεπανη-
φόρον ἅρμα.
sicher = gefahrlos ἀσφαλής,
ἀκίνδυνος (2), = fest ἐχυρός, ὀχυρός, sich ~ stellen
φυλάττεσθαι (M.), εὐ-
λαβεῖσθαι (P.), ~ sein wegen
etw. θαρρεῖν τι, = gewiß,
zuverlässig βέβαιος, πιστός,
= furchtlos ἀδεής, θαρρῶν,
θαρραλέος.
Sicherheit f ἡ ἀσφάλεια,
τὸ ἀκίνδυνον, τὸ βέβαιον,
τὸ πιστόν, in ~ sein ἐν
ἀσφαλεῖ εἶναι, j-n in ~
bringen ἀσφάλειαν παρ-
έχειν τινί, auf seine ~ bedacht sein φροντίζειν τῆς
ἑαυτοῦ σωτηρίας.
Sicherstehen n ἡ ἀσφάλεια.
Sicherstellung, Sicherung f
ἡ ἀσφάλεια, gew. durch Verba.
Sicht f: in ~ sein φανερὸν
εἶναι, φαίνεσθαι.
sichtbar ὁρατός, φανερός,
δῆλος, σαφής, ~ werden
φανερὸν γίγνεσθαι, ὁρᾶ-
σθαι, φαίνεσθαι, ~ machen
ἐμφανίζειν.
Sichtbarkeit f τὸ φανερόν.

sichten δια-, ἀποκρίνειν.
Sichtung f ἡ ἐκ-, ἀπόκρισις.
sie αὕτη, αὐτή, ἐκείνη, als pl. αὐτοί usw.
Sieb n τὸ κόσκινον.
siebartig κοσκινοειδής.
sieben¹ κοσκινεύειν.
sieben² ἑπτά.
Siebeneck n τὸ ἑπτάγωνον.
siebeneckig ἑπτάγωνος (2).
sieben=fach, =fältig ἑπταπλοῦς, ἑπταπλάσιος.
siebenfüßig ἑπτάπους (οδος).
Siebengestirn n αἱ πλειάδες.
siebenhundert ἑπτακόσιοι.
siebenhundertmal ἑπτακοσιοπλασιάκις.
Siebenhundertste m ὁ ἑπτακοσιοστός.
siebenjährig ἑπταετής, -έτης, ἑπτέτης.
siebenmal ἑπτάκις.
siebenmonatlich ἑπταμηνιαῖος, ἑπτὰ μηνῶν.
Siebenschläfer m ὁ ἐλειός.
siebentägig ἐφθήμερος (2), ἑπτὰ ἡμερῶν.
siebentausend ἑπτακισχίλιοι.
Sieb(en)te m ὁ ἕβδομος.
siebentorig ἑπτάπυλος (2).
sieb(en)zehn ἑπτακαίδεκα.
sieb(en)zehnjährig ἑπτακαίδεκα ἐτῶν, ἑπτακαιδεκέτης. [δεκάκις.]
sieb(en)zehnmal ἑπτακαίς
sieb(en)zehntausend ἑπτακισχίλιοι καὶ μύριοι.
Sieb(en)zehnte m ὁ ἑπτακαιδέκατος, ἕβδομος καὶ δέκατος.
sieb(en)zig ἑβδομήκοντα.

Sieb(en)ziger m ὁ ἑβδομηκοντούτης.
sieb(en)zigjährig s. Siebziger.
sieb(en)zigmal ἑβδομηκοντάκις. [κοστός.]
Sieb(en)zigste m ὁ ἑβδομη=
sieb(en)zigtausend ἑπτακισμύριοι, ἑπτὰ μυριάδες.
siebförmig s. siebartig.
Siebmacher m ὁ κοσκινοποιός.
siech νοσῶν, νοσερός, ἀσθενής, ἄρρωστος (2).
Siechtum n ἡ νόσος, ἡ ἀσθένεια, ἡ ἀρρωστία.
sieden (trans.) ἕψειν, (intr.) ζεῖν, ἕψεσθαι.
Sieden n ἡ ἕψησις, ἡ ζέσις.
siedend ζεστός.
Sieg m ἡ νίκη, einen ~ erringen νίκην νικᾶν, νίκης τυγχάνειν, νίκη γίγνεταί μοι, den ~ benutzen χρῆσθαι τῇ νίκῃ.
Siegel n ἡ σφραγίς (ιδος), τὸ σφράγισμα.
siegeln σφραγίζειν, τὴν σφραγῖδα ἐπιβάλλειν τινί.
siegen νικᾶν τινα, κρατεῖν τινα (auch τινός), περιγίγνεσθαί τινος, in einer Schlacht ~ νίκην μάχῃ od. μάχῃ, in den olympischen Spielen ~ Ὀλύμπια νικᾶν.
Siegen n τὸ νικᾶν, ἡ νίκη.
Sieger m, **Siegerin** f durch part.
Siegerkranz m ὁ στέφανος.
Sieges=bericht m, **=botschaft** f ἡ περὶ τῆς νίκης ἀγγελία.
Siegesbeute f τὰ λάφυρα.

Siegesbote m ὁ τῆς νίκης ἄγγελος.
Sieges=feier f, **=fest** n τὰ ἐπινίκια, τὰ νικητήρια.
Sieges=gesang m, **=lied** n ὁ ἐπινίκιος ὕμνος.
Siegesgeschrei n ἡ ἀλαλά (gen. -ᾶς), ὁ ἀλαλαγμός.
Siegesgöttin f ἡ Νίκη.
Siegeskranz m f. Siegerkranz.
Siegesopfer n ἡ νικητήρια [θυσία.]
Siegespalme f ὁ στέφανος.
Siegespreis m τὸ νικητήριον, τὸ ἆθλον.
Siegeswagen m τὸ ἐπινίκιον ἅρμα.
Siegeszeichen n τὸ τρόπαιον (τροπαῖον), ein ∼ errichten τρόπαιον ἱστάναι (auch M.) od. ἀνιστάναι.
siegreich νικητικός, νικηφόρος (2).
siehe ἰδού.
Signal n τὸ σημεῖον.
Signalfeuer n οἱ φρυκτοί.
Signalhorn n τὸ κέρας (ατος).
signalisieren σημαίνειν.
Silbe f ἡ συλλαβή.
Silbenmaß n τὸ μέτρον.
silbenweise κατὰ συλλαβάς.
Silber n ὁ ἄργυρος, ohne ∼ ἀνάργυρος (2), verarbeitetes ∼ τὸ ἀργύριον.
Silberader f ἡ ἀργυρώδης φλέψ (βός).
Silberarbeit f τὸ ἀργυροῦν ἔργον. [κόπος.]
Silberarbeiter m ὁ ἀργυροκόπος.
silberartig ἀργυροειδής, ἀργυρώδης.

Silberbergwerk n τὰ ἀργύρου μέταλλα, τὰ ἀργυρεῖα. [χρόα.]
Silberfarbe f ἡ ἀργύρου
silberfarbig f. silberartig.
Silbergeld n τὸ ἀργύριον.
Silber=gerät, **=geschirr** n τὰ ἀργυρώματα.
Silberglanz m ἡ τοῦ ἀργύρου λαμπρότης (ητος).
silberhaltig ἀργυρώδης, ὑπάργυρος (2).
Silberling m ὁ ἀργυροῦς.
Silbermine f ἡ ἀργύρου μνᾶ, f. Silberbergwerk.
Silbermünze f τὸ ἀργυροῦν νόμισμα.
silbern ἀργυροῦς.
Silberpappel f ἡ λεύκη.
silberreich πολυάργυρος (2).
Silberzeug n f. Silbergerät.
simpel ἁπλοῦς.
Sims m ὁ θριγκός.
simsartig θριγκώδης.
Singdrossel f ἡ τριχάς (άδος).
singen ᾄδειν, ein Lied ∼ μελῳδεῖν, ein Siegeslied ∼ παιανίζειν, zur Zither ∼ κιθαρῳδεῖν. [ῳδία.]
Singen n ἡ ᾠδή, ἡ μελ-
Singkunst f ἡ μουσική.
singlustig φιλῳδός (2).
Singrün n ἡ κληματίς (ίδος).
Singspiel n τὸ μελικὸν δρᾶμα.
Singstück n τὸ μέλος.
Singvogel m ὁ ᾄδων ὄρνις (ιθος).
sinken πίπτειν, καταπίπτειν, = untergehen δύεσθαι, καταδύεσθαι, = sich senken καθ-

ἵζεσθαι, ἱζάνειν, = gleiten ὀλισθάνειν, = ~ lassen καθιέναι, übtr. χεῖρω γίγνεσθαι, διαφθείρεσθαι, ἐλαττοῦσθαι, den Mut ~ lassen τὸν θυμὸν ἀποβάλλειν.

Sinken n durch Verba.

Sinn m = Empfindungsvermögen ἡ αἴσθησις, ~ für etwas haben αἰσθάνεσθαί τινος, = Sinneswerkzeug τὸ αἰσθητήριον, ~ des Gesichts ἡ ὄψις, ~ des Gehörs ἡ ἀκοή, = Verstand, Bewußtsein ὁ νοῦς, τὸ φρονεῖν, ἡ γνώμη, bei ~en sein εὖ φρονεῖν, ἔμφρονα εἶναι, nicht bei ~en oder von ~en sein ἀφρονεῖν, ἄφρονα εἶναι, es kommt mir in den ~ ἐνθυμοῦμαι, ἔννοια ἐγγίγνεταί μοι, etwas im ~ haben ἐν νῷ ἔχειν, ἐπινοεῖν τι, seinen ~ auf etw. richten προσέχειν τὸν νοῦν τινι, = Lust, Wille ὁ θυμός, ἡ γνώμη, ἡ διάνοια, hoher ~ ἡ μεγαλοψυχία, männlicher ~ ἡ ἀνδρεία, hohen ~ haben μέγα φρονεῖν, fröhlicher ~ ἡ εὐφροσύνη, sich etw. aus dem ~ schlagen ἐᾶν χαίρειν τι, e-s ~es sein mit j-m ὁμονοεῖν τινι, viel Köpfe, viel ~e ἕκαστός τις αἱρεῖται τὸ αὑτοῦ δόξαν, nach dem ~e πρὸς θυμοῦ, κατὰ θυμοῦ, nicht nach dem ~e παρὰ γνώμην, = Bedeutung ὁ νοῦς.

Sinnbild n τὸ σύμβολον.

sinnbildlich συμβολικός, adv. δι' εἰκόνος.

sinnen μελετᾶν, φροντίζειν, λογίζεσθαι, auf etwas μηχανᾶσθαι, ἐπινοεῖν, βουλεύειν τι, darauf ~, daß τοῦτο σκοπεῖν, φροντίζειν mit ὅπως und ind. fut.

Sinnen n ἡ μελέτη, ἡ σκέψις, ἡ φροντίς (ίδος).

sinnend σύννους (2).

Sinnengenuß m ἡ ἡδονή.

Sinnenlust f αἱ σωματικαὶ oder περὶ τὸ σῶμα ἡδοναί.

Sinnesänderung f ἡ μετάνοια, ὁ μετάγνωσις.

Sinnesart f οἱ τρόποι, τὸ ἦθος, τὸ φρόνημα, ἡ γνώμη.

Sinnestäuschung f ἡ ψευδὴς αἴσθησις.

Sinneswahrnehmung f ἡ αἴσθησις.

Sinneswerkzeug n τὸ αἰσθητήριον. [γράμμα.]

Sinngedicht n τὸ ἐπί-

sinnig συνετός.

sinnlich αἰσθητός, ~e Wahrnehmung ἡ αἴσθησις, = den Lüsten u. dgl. ergeben ἡδυπαθής, ῥᾴθυμος, τρυφερός, s. Lüste, Sinnenlust.

Sinnlichkeit f ἡ ἡδυπάθεια, ἡ ῥᾳθυμία, im Zusammenhange auch bloß αἱ ἡδοναί.

sinnlos ἀναίσθητος (2), = ohne Verstand ἄφρων.

Sinnlosigkeit f ἡ ἀφροσύνη.

sinn-reich, -voll ἀγχίνους (2), ἀστεῖος, κομψός.

Sinnspruch m τὸ ἀπόφθεγμα, ἡ γνώμη.

Sinnspruchsammlung f ἡ γνωμολογία.

sinnverwandt τὴν αὐτὴν δύναμιν ἔχων.

sintemal s. da und weil.

Sippschaft f ἡ συγγένεια, τὸ φῦλον.

Sirene f ἡ σειρήν (ῆνος).

sirenenartig σειρήνιος.

Sirenengesang m ἡ σειρήνων ᾠδή.

Sirenenstimme f ἡ σειρήνων φωνή.

Sirius m ὁ σείριος.

Sitte f τὸ ἔθος, τὸ ἦθος, ὁ τρόπος, ὁ νόμος, es ist ~ ἔθος oder ἐν ἔθει ἐστίν, νομίζεται, νομίζουσιν, es ist j-s ~ ἐστί τινος.

Sittengemälde n ἡ ἠθολογία.

Sittengesetz n ὁ θεῖος νόμος.

Sittenlehre f τὰ ἠθικά.

sittenlos ἄγριος, ἀπαίδευτος (2), ἀσελγής.

Sittenlosigkeit f ἡ ἀγριότης (ητος), ἡ ἀπαιδευσία, ἡ ἀσέλγεια.

sittenrein ἁγνός.

Sittenreinheit f ἡ ἁγνεία.

Sittenrichter m ὁ σωφρονιστής.

Sittenspruch m ἡ γνώμη, τὸ ἀπόφθεγμα.

sittenstreng σεμνός.

Sittenstrenge f ἡ σεμνότης (ητος).

Sittenverderbnis f οἱ κακοὶ oder πονηροὶ τρόποι, ἡ πονηρία.

sittig εὐσχήμων.

sittlich χρηστός, καλὸς κἀγαθός.

Sittlichkeit f ἡ χρηστότης (ητος), ἡ καλοκἀγαθία.

sittsam κόσμιος, εὐσχήμων, σώφρων. [ἡ αἰδώς (οῦς).]

Sittsamkeit f ἡ σωφροσύνη,

Sitz m ἡ ἕδρα, ἡ καθέδρα, ὁ θρόνος, = Aufenthaltsort ἡ διατριβή, ἡ δίαιτα, s-n ~ wo nehmen κατοικεῖν ἔν τινι, j-n aus seinem ~e vertreiben ἀν-, ἐξανιστάναι τινά.

sitzen καθῆσθαι, καθέζεσθαι, still ~ καθῆσθαι, ἡσυχάζειν, ἡσυχίαν ἄγειν oder ἔχειν, ~ bleiben = verlassen werden ἀπο-, καταλείπεσθαι, j-n ~ lassen ἀπο-, καταλείπειν τινά, etw. auf sich nicht ~ lassen ἀπωθεῖσθαί τι. [ἕδρα.]

Sitzen n ἡ ἕδρα, ἡ καθ-

sitzend καθήμενος.

Sitzplatz m s. Sitz.

Sitzung f ἡ ἕδρα, ἡ συνεδρία, eine ~ halten συνεδρεύειν. [ἕδριον.]

Sitzungssaal m τὸ συν-

Skelett n τὰ ὀστᾶ.

Skepsis f ἡ σκέψις.

Skeptiker m ὁ σκεπτικός.

skeptisch σκεπτικός.

Skizze f ἡ δια-, ὑπογραφή.

skizzieren δια-, ὑπογράφειν.

Sklave m ὁ δοῦλος, ὁ οἰκέτης, ὁ παῖς, τὸ ἀνδράποδον, ~ sein δουλεύειν, zum ~n machen καταδουλοῦν (auch M.), ἀνδραποδίζειν.

(Sinnspruchsammlung   Sklave)

Sklavenarbeit f τὸ δούλου ἔργον.
Sklavenaufstand m ἡ τῶν δούλων ἀπόστασις.
Sklavendienst m ἡ δουλεία.
Sklavenhandel m ἡ ἀνδραποδισις.
Sklavenhändler m ὁ ἀνδραποδοκάπηλος, ὁ ἀνδραποδιστής.
Sklavenjoch n τὸ δούλου od. δούλειον ζυγόν.
Sklavenkrieg m ὁ πρὸς τοὺς δούλους πόλεμος.
Sklavenmarkt m ἡ δούλων ἀγορά.
Sklavenseele f ὁ ἀνδραποδώδης ἄνθρωπος.
Sklavensinn m ἡ δουλοπρέπεια, ἡ ἀνελευθερία.
Sklavenstand m ἡ δουλεία.
Sklaverei f ἡ δουλεία, in die ~ bringen s. Sklave.
Sklavin f ἡ δούλη, ἡ οἰκέτις, ἡ παῖς.
sklavisch δούλειος, ἀνδραποδώδης, von ~er Gesinnung ἀνελεύθερος (2).
Skorbut m ἡ στομακάκη.
skorbutisch πλαδαρός.
Skorpion m ὁ σκορπίος.
skorpionähnlich σκορπιοειδής.
Skrofeln fpl. αἱ χοιράδες.
skrofulös χοιραδώδης.
Skrupel m ὁ ὄκνος, ἡ ἀπορία, ἡ ἀμηχανία.
skrupulös ἀπορητικός (2).
Skulptur f ἡ γλυφή.
Smaragd m ἡ σμάραγδος.
smaragdartig, smaragden,

smaragdgrün σμαραγδώδης, σμαράγδινος.
so οὕτω vor Konsonanten, οὕτως vor Vokalen (auf Vorhergehendes hinweisend), ὧδε (auf Folgendes hinweisend), verstärkt οὑτωσί, ὧδί, oft gibt man es auch durch das pron. dem., so sprach er ταῦτα εἶπεν, so ist er τοιοῦτός ἐστι, so ist es ταῦτα οὕτως ἔχει, bei adj. u. adv. häufig durch den sup., im Nachsatze wird es gewöhnlich nicht übersetzt, so beschaffen τοιοῦτος, τοιόσδε, so viel, so groß τοσοῦτος, τοσόσδε, so etwa οὕτω πως, ὧδέ πως, und so denn auch καὶ γάρ τοι, καὶ δὴ καί, nicht so ganz οὐ πάνυ, οὐ μάλα, so schon καὶ ἄλλως, so ... wie οὕτως ... ὡς, sozusagen ὡς (ἔπος) εἰπεῖν.
sobald als ἐπεί, ἐπειδή, ὡς πρῶτον, ~ möglich ὡς τάχιστα, τὴν ταχίστην.
Socke f τὸ πόδειον.
Sockel m ἡ κρηπίς (ἴδος), ἡ βάσις.
sodann εἶτα, ἔπειτα.
Sodbrennen n ἡ καρδιαλγία.
soeben ἄρτι.
Sofa n ἡ κλίνη.
sofern ὅσον, καθ', ἐφ' ὅσον, καθότι, = wenn εἰ, εἰ δή.
sofort αὐτίκα, εὐθύς.
sofortig ἕτοιμος.
sogar καί, ja ~ καὶ δὴ καί, und ~ καὶ μάλα, ~ nicht οὐδέ (μηδέ). [γόμενος.]
sogenannt καλούμενος, λε-
sogleich s. sofort.

Sohle f τὸ πέλμα, ἡ κρηπίς (ῖδος).
Sohlenleder n τὸ κάττυμα.
Sohn m ὁ υἱός (οῦ), ὁ παῖς, bei Angabe des Namens des Vaters od. der Mutter bleibt es gewöhnlich unübersetzt, z.B. Kimon, der Sohn des Miltiades Κίμων ὁ Μιλτιάδου.
Söhnchen n τὸ παιδίον, ὁ παιδίσκος.
so lange, solange demonstr. τοσοῦτον (χρόνον), relat. ἕως, ἔστε, ~ **als** ὅσον χρόνον od. bloß ὅσον.
solcher τοιοῦτος, τοιόσδε.
Sold m ὁ μισθός, in ~ nehmen μισθοῦσθαι, μισθῷ πείθειν, um ~ dienen μισθοφορεῖν τινι oder παρά τινι, μισθοῦ oder ἐπὶ μισθῷ στρατεύεσθαι.
Soldat m ὁ στρατιώτης, Soldaten! ὦ ἄνδρες στρατιῶται, ~ **sein, als ~ dienen** στρατεύειν (auch M.).
Soldatenalter n ἡ ἡλικία.
Soldatenart f ὁ στρατιωτικὸς τρόπος.
Soldaten=aufruhr, =aufstand m ἡ τῶν στρατιωτῶν στάσις oder ἀπόστασις.
Soldatendienst m ἡ στρατεία.
Soldateneid m ὁ στρατιωτικὸς ὅρκος.
Soldatenleben n ὁ στρατιωτικὸς βίος.
Soldatenmantel m ἡ χλαμύς (ύδος).
Soldatenstand m ἡ τῶν στρατιωτῶν τάξις.

Soldatenwesen n τὰ στρατιωτικά.
Soldatenzelt n ἡ στρατιωτικὴ σκηνή. [κόν.]
Soldateska f τὸ στρατιωτι-
soldatisch στρατιωτικός.
Soldgeber m ὁ μισθοδότης.
Soldheer, Söldnerheer n τὸ ξενικόν.
Söldner m ὁ ξένος, ὁ μισθοφόρος. [φορία.]
Söldnerdienst m ἡ μισθο-
Söldner=heer n, **=truppen, Soldtruppen** f/pl. τὸ ξενικόν, τὸ μισθοφορικόν, οἱ ξένοι, οἱ μισθοφόροι.
Sole f ἡ ἅλμη.
solenn σεμνός.
solide στερεός, übtr. χρηστός, ἀγαθός.
Solidität f ἡ στερεότης, ἡ χρηστότης (ητος).
sollen δεῖ, χρή mit acc. c. inf., es soll ..., man sagt λέγουσι, φασί (entl.) mit acc. c. inf. (dicunt), λέγεται mit nom. c. inf. (dicitur), zur Bezeichnung eines Befehles steht der imp., z.B. du sollst wissen εὖ ἴσθι, oder das fut., z.B. niemand soll sagen οὐδεὶς ἐρεῖ, od. κελεύειν und βούλεσθαι, z.B. was soll ich tun? τί κελεύεις; τί βούλει; = bevorstehen, werden μέλλειν mit dem inf. fut. oder prs.
Söller m τὸ ὑπερῷον.
somit οὕτω(ς), ταύτῃ, οὕτω δή.
Sommer m τὸ θέρος, im ~ τοῦ θέρους, ἐν θέρει, κατὰ τὸ θέρος.

Sommeraufenthalt m τὸ θέρετρον. [ἄνθος.]
Sommerblume f τὸ θερινὸν
sommerhaft, sommerlich θερινός. [καῦμα.]
Sommerhitze f τὸ θερινὸν
Sommernacht f ἡ θερινὴ νύξ.
Sommersaat f ἡ θερινὴ σπορά.
Sommersitz m τὸ θέρετρον.
Sommersprosse f ἡ ἔφηλις (ιδος und εως).
Sommertag m ἡ θερινὴ ἡμέρα.
Sommerwärme f τὰ θερινὰ θάλπη. [τροπαί.]
Sommerwende f αἱ ἡλίου
Sommerwetter n ἡ εὐδία, τὸ θέρος. [(τούτου).]
sonach οὖν, ἄρα, ἐκ τούτου
Sonde f ἡ μήλη.
sonder ἄνευ mit gen.
sonderbar θαυμαστός, θαυμάσιος, ἄτοπος (2), παράδοξος (2).
Sonderbarkeit f ἡ ἀτοπία oder das neutr. der vorh. adj.
Sonderinteressen n/pl. τὰ ἴδια συμφέροντα.
sonderlich διαφέρων, nicht ~ adv. οὐ πάνυ, οὐ μάλα, μετρίως. [ἄνθρωπος.]
Sonderling m ὁ ἄτοπος
sondern[1] ἀλλά, δέ, nicht nur ... ~ auch οὐ μόνον ... ἀλλὰ καί.
sondern[2] s. absondern.
Sonderung f s. Absonderung.
sondieren μηλοῦν, = untersuchen, prüfen ἐξετάζειν.
Sondierung f ἡ μήλωσις, ἡ ἐξέτασις.

Sonnabend m τὸ σάββατον.
Sonne f ὁ ἥλιος, die ~ scheint ὁ ἥλιος λάμπει, etw. an die ~ bringen προάγειν τι εἰς τὸ φῶς.
sonnen ἡλιάζειν, sich ~ ἡλιάζεσθαι, ἡλιοῦσθαι.
Sonnen n ἡ ἡλίωσις.
Sonnenanbeter m ὁ τὸν ἥλιον σέβων.
sonnenartig ἡλιώδης.
Sonnenaufgang m ἡ τοῦ ἡλίου ἀνατολή, αἱ τοῦ ἡλίου ἀνατολαί, bei, mit ~ ἀνίσχοντος oder ἀνατέλλοντος τοῦ ἡλίου, ἅμ' ἡλίῳ ἀνίσχοντι oder ἀνατέλλοντι, ἅμ' ἡμέρᾳ, ἅμ' ἔῳ.
Sonnenbahn f ἡ τοῦ ἡλίου περιφορά.
Sonnenbewohner m ὁ ἡλιώτης. [τρόπον.]
Sonnenblume f τὸ ἡλιο-
Sonnenfinsternis f ἡ τοῦ ἡλίου ἔκλειψις.
Sonnenfleck m ἡ τοῦ ἡλίου κηλίς (ιδος).
Sonnengott m ὁ Ἥλιος.
sonnenhell λαμπρότατος.
sonnenklar εὖ-, κατάδηλος (2), σαφέστατος.
Sonnenlauf n ὁ τοῦ ἡλίου δρόμος.
Sonnenlicht n τὸ τοῦ ἡλίου φῶς, auch bloß ὁ ἥλιος.
sonnenlos ἀνήλιος (2).
Sonnenpferde n/pl. οἱ Ἡλίου ἵπποι.
Sonnenschein m ἡ τοῦ ἡλίου αὐγή, ὁ ἥλιος.
Sonnenstich m ἡ ἀστρο-

βολία, ἡ σείριασις, am ~ leiden σειριᾶν.

Sonnenstrahl m ἡ ἀκτίς (ῖνος). [(ονος).]

Sonnenuhr f ὁ γνώμων

Sonnenuntergang m ἡ τοῦ ἡλίου δύσις, αἱ τοῦ ἡλίου δυσμαί, mit ~ ἅμα τῷ ἡλίῳ δυομένῳ oder δύοντι, gegen ~ ἀμφὶ oder περὶ ἡλίου δυσμάς, nach ~ μεθ' ἥλιον δύντα, vor ~ πρὶν δῦναι τὸν ἥλιον.

sonnenverbrannt ἡλιωμένος.

Sonnenwagen m τὸ Ἡλίου τέθριππον.

Sonnenwärme f τὸ τοῦ ἡλίου καῦμα.

Sonnenwende f αἱ τοῦ ἡλίου τροπαί.

sonnig εὐ-, προσήλιος (2).

Sonntag m ἡ κυριακή.

sonst ἔτι, τὰ ἄλλα, τἄλλα, ἄλλως, = außerdem πρὸς τούτοις, ~ jemand ἄλλος τις, ~ etwas ἄλλο τι, = auf eine andere Weise εἰ δὲ μή, ἐὰν δὲ μή, = früher (τὸ) πρότερον, πάλαι.

sonstig ἄλλος, ὁ, ἡ, τὸ πάλαι, παλαιός, ὁ, ἡ, τὸ πρίν oder πρότερον.

so oft, sooft τοσαυτάκις, sooft als ὅταν, ὁπόταν mit conj., ὅτε, ὁπότε mit opt.

Sophist m ὁ σοφιστής.

Sophisterei f ἡ σοφιστεία, τὸ σόφισμα.

Sophistik f ἡ σοφιστική.

sophistisch σοφιστικός.

Sorge f ἡ φροντίς, ἡ λύπη, in ~ sein ἐν φροντίδι εἶναι περί τινος, in großen ~en sein πολλὰ μεριμνᾶν, sei ohne ~ θάρρει, = Sorgfalt ἡ ἐπιμέλεια.

sorgen φροντίζειν, μεριμνᾶν, λυπεῖσθαι, ἐπιμελεῖσθαί τινος, dafür ~, daß ἐπιμελεῖσθαι, προνοεῖν mit ὅπως und ind. fut.

Sorgen n ἡ φροντίς, ἡ ἐπιμέλεια.

sorgen-frei, =los ἀφρόντιστος (2), ἄλυπος (2), ~ sein ἀφροντιστεῖν.

sorgenvoll πολυμέριμνος (2), λυπηρός, περιδεής.

Sorgfalt f ἡ ἐπιμέλεια, ἡ σπουδή, ἡ ἀκρίβεια, ἡ φροντίς.

sorgfältig ἐπιμελής, σπουδαῖος, ἀκριβής.

sorglos ſ. sorgenfrei, ἀμελής, ῥάθυμος, ῥᾳδιουργός (2), ~ sein ἀμελεῖν, ὀλιγωρεῖν, ῥᾳθυμεῖν, ῥᾳδιουργεῖν.

Sorglosigkeit f ἡ ἀμέλεια, ἡ ῥᾳθυμία, ἡ ῥᾳδιουργία.

sorgsam ἐπιμελής.

Sorgsamkeit f ἡ ἐπιμέλεια, ἡ σπουδή.

Sorte f τὸ γένος.

sortieren διευκρινεῖν.

so sehr, sosehr οὕτω(ς), τοσοῦτον, ~ als ὅσον.

so viel, soviel τοσοῦτος, τοσόσδε, ~ als τοσοῦτον ὅσον, so viele als τοσοῦτοι ὅσοι, ~ an mir liegt τὸ γε ἐπ' ἐμοί, τὸ ἐμὸν μέρος, ~ ich kann ὅσον ἐν ἐμοί, ~ ich höre ἐξ ὧν ἔγωγε ἀκούω, ~ ich weiß ὅσον γ ἐμὲ εἰδέναι, ~ auch immer οἴ, ὅσοι mit conj. und ἄν von Gegenwart u. Zukunft. mit opt. von der Vergangenheit.

sowahr οὕτω(ς) mit opt.

so weit, soweit εἰς τοῦτο, εἰς τοσοῦτον, μέχρι τούτου (τούτων), μέχρι ἐνταῦθα, relat. μέχρι οὗ, ~ als τοσοῦτον ὅσον, in~ als ἐφ' oder καθ' ὅσον.

so wie, sowie ὡς, ὥσπερ.

sowieso καὶ ἄλλως, καὶ ὥς.

sowohl ... als auch καὶ ... καί, τέ(enkl.) ... καί, nicht ~ ... als οὐχ οὕτως ... ὡς, nicht ~ ... als vielmehr οὐ τοσοῦτον ... ὅσον.

spähen σκοπεῖν, κατασκοπεῖν.

Spähen n ἡ σκοπή, ἡ κατασκοπή.

Späher m ὁ σκοπός, ὁ κατάσκοπος.

Spalier n τὸ χαράκωμα.

Spalt m, **Spalte** f ἡ ῥωγμή, τὸ ῥῆγμα, τὸ σχίσμα, ~en bekommen ῥήγνυσθαι, σχίζεσθαι.

spalten σχίζειν, διατέμνειν.

Spalten n ἡ σχίσις, ἡ διατομή, ἡ διαίρεσις.

Spaltung f ἡ σχίσις, τὸ σχίσμα.

Span (Holzspan) m ἡ σχίζα.

Spanferkel n ὁ, ἡ δέλφαξ (κος). [περόνη.]

Spange f ἡ πόρπη, ἡ

Spanne f ἡ σπιθαμή, eine kurze ~ Zeit οὐ πολὺς χρόνος.

spannen τείνειν, ἐν-, συν-

τείνειν, j-n auf die Folter ~ στρεβλοῦν τινα, gespannt σύντονος (2), μετέωρος (2), ὀρθός.

Spannkraft f ἡ εὐ-, συντονία, ἡ τάσις.

Spannung f ἡ τάσις, ὁ τόνος, in ~ sein αἰωρεῖσθαι (P.).

sparen ἀποτίθεσθαι, φυλάττειν, φείδεσθαί τινος.

Sparen n ἡ ἀπόθεσις, ἡ φειδώ (οῦς).

Spargel m ὁ ἀσπάραγος.

spärlich σπάνιος, ὀλίγος, μικρός.

Spärlichkeit f ἡ σπάνις, ἡ εὐτέλεια. [(ῆρος).]

Sparren m ὁ στρωτήρ

sparsam φειδόμενος, φειδωλός, ἀκριβής.

Sparsamkeit f ἡ φειδώ (οῦς), ἡ φειδωλία, ἡ ἀκρίβεια.

Spaß m ἡ παιδιά, zum ~ μετὰ παιδιᾶς, παίζων, ἡ ἡδονή, es macht mir ~ ἡδομένῳ μοί ἐστιν.

spaßen παίζειν.

spaßhaft παιδιώδης, γελοῖος.

Spaßmacher m ὁ γελωτοποιός.

spät ὄψιος, χρόνιος, adv. ὀψέ (auch = zu ~), am ~en Tage ὀψὲ τῆς ἡμέρας, ~ in der Nacht πόρρω τῆς νυκτός, ~ kommen ὀψίζειν, zu ~ kommen ὑστερεῖν, ~er ὀψιαίτερος, adv. ὕστερον.

Spatel m ἡ σπάθη.

Spaten m ἡ σκαπάνη, τὸ σκαφεῖον.

späterhin ὕστερον.
Spätherbst m τελευτῶν τὸ φθινόπωρον.
Spätling m ὄψιος.
Spätsommer m ἡ ὀπώρα.
Spatz m f. Sperling.
spazieren gehen περιπατεῖν, διαβαδίζειν. [σις.]
Spazierfahrt f ἡ περιέλα-
Spaziergang m ὁ περίπατος. [πατῶν.]
Spaziergänger m ὁ περι-
Spazierweg m ὁ περίπατος.
Specht m ὁ δρυοκολάπτης.
Spechtmeise f ἡ σίττη.
Speck m τὸ στέαρ (ατος), τὸ λίπος.
speckig στεατώδης, λιπώδης.
Speckstein m ὁ μόροχθος.
spedieren διαπέμπειν.
Spediteur m ὁ τὰ ὤνια διαπέμπων.
Spedition f ἡ διαπομπή.
Speer m ἡ λόγχη, τὸ δόρυ (ατος), τὸ παλτόν, τὸ ξυστόν, τὸ ἀκόντιον.
Speerkampf m ἡ δοράτων μάχη.
Speerträger m ὁ δορυφόρος.
Speerwerfer m ὁ ἀκοντιστής.
Speerwurf m τὸ ἀκόντισμα.
Speiche f ἡ κνήμη, ἡ σκυτάλη.
Speichel m τὸ σίαλον, τὸ πτύαλον.
Speicheldrüse f ὁ, ἡ σιαλοχόος ἀδήν (ένος).
Speichelfluß m ὁ σιαλισμός, ὁ πτυαλισμός.
Speichellecker m ὁ κόλαξ (κος).

Speichelleckerei f ἡ κολακεία.
Speicher m ἡ ἀποθήκη.
speien (trans.) ἐμεῖν, ἐρυγγάνειν, ἐξερεύγειν, (intr.) πτύειν, ἐκπτύειν, Blut ~ αἷμα ἀναφέρειν.
Speien n ἡ ἔμεσις, ὁ ἐμετός, ἡ πτύσις, ὁ πτυσμός.
Speise f τὸ ἔδεσμα, τὸ ὄψον, ὁ σῖτος, ἡ τροφή, τὸ βρῶμα, ἡ ἐδωδή, — und Trank σιτία καὶ ποτά, ~ zu sich nehmen σιτοποιεῖσθαι, σίτου γεύεσθαι, keine ~ zu sich nehmen σίτου ἀπέχεσθαι.
Speiseeiche f ἡ φηγός.
Speisekammer f τὸ ταμεῖον.
speisen δειπνεῖν, ἐσθίειν, j-n ~ δειπνίζειν, ἑστιᾶν, σιτίζειν, bei j-m ~ ἑστιᾶσθαι παρά τινι.
Speisen n ἡ ἑστίασις, τὸ δεῖπνον, gew. durch Verba.
Speiseröhre f ἡ φάρυγξ (γγος).
Speisesaal m τὸ ἑστιατόριον, ὁ ἀνδρών (ῶνος).
Speisewirt m ὁ κάπηλος, ὁ ὀψοπώλης.
Speisezimmer n f. Speisesaal.
Speisung f ἡ σίτησις.
Spektakel m ὁ θόρυβος, ἡ κραυγή. [τιστής.]
Spekulant m ὁ χρημα-
Spekulation f ἡ σκέψις (wissenschaftliche), ὁ χρηματισμός (kaufmännische).
spekulieren σκοπεῖν, φροντίζειν, χρηματίζεσθαι.

Spelt m ἡ ζειά.
Spende f ἡ δόσις, τὸ δῶρον.
spenden διδόναι, δωρεῖσθαι.
Spender m durch die *part. der vorherg. Verba*.
spendieren δωρεῖσθαι, χαρίζεσθαι.
Sperber m ὁ σπιζίας.
Sperling m ὁ στρουθός (στροῦθος).
sperren κλείειν, ἀπο-, κατακλείειν, = hemmen κωλύειν, ἐπ-, κατέχειν.
Sperren n, **Sperrung** f ἡ ἀπόκλεισις, ἡ κώλυσις.
Spesen, die αἱ δαπάναι.
Spezerei f τὸ θυμίαμα, τὸ ἄρωμα.
speziell ἴδιος, τὸ καθ' ἑαυτόν, ήν, ό.
Spezies f τὸ εἶδος.
Spezifikation f ἡ ἀπόφανσις.
spezifisch οἰκεῖος.
spezifizieren καθ' ἓν ἕκαστον ἀποφαίνειν.
spicken στίζειν στέατι.
Spiegel m τὸ κάτοπτρον.
Spiegelbild n ἡ ἔμφασις.
Spiegelfechterei f ἡ σκιαμαχία, οἱ κενοὶ λόγοι.
spiegelglatt λειότατος.
spiegelhell κατοπτροειδής.
spiegeln ἀποστίλβειν, ἀστράπτειν, sich ~ κατοπτρίζεσθαι.
Spiel n: von Instrumenten τὸ μέλος, der Flöte ἡ αὔλησις, τὸ αὔλημα, auf der Zither ὁ κιθαρισμός, = Zeitvertreib τὸ παίγνιον, sein ~ mit j-m treiben παίζειν πρός τινα, = Glücksspiel ἡ κυβεία, mein Leben steht auf dem ~e κινδυνεύω περὶ τοῦ βίου, = öffentliche Wettkämpfe οἱ ἀγῶνες, οἱ ἆθλοι.
Spielball m ἡ σφαῖρα, ein ~ von etw. sein κτῆμα καὶ παιδιὰν εἶναί τινος.
Spielbrett n τὸ ἀβάκιον.
Spielchen n τὸ παίγνιον.
spielen auf Instrumenten κρούειν, ψάλλειν, αὐλεῖν (Flöte), κιθαρίζειν (Zither), = sich Zeitvertreib machen παίζειν.
Spielen n ἡ παιδιά.
spielend παίζων.
Spieler m durch Verba.
Spielerei f ἡ παιδιά.
Spiel-genosse, -geselle m ὁ συμπαίζων, ὁ συμπαίκτωρ.
Spiel-haus n, **-hölle** f τὸ κυβεῖον.
Spielleute, die οἱ μουσικοί.
Spielmann m ὁ μουσικός.
Spielplatz m τὸ γυμνάσιον, ἡ παλαίστρα.
Spielraum m ὁ χῶρος, j-m freien ~ lassen οὐ κωλύειν τινά.
Spielsachen *fpl.* τὰ παίγνια.
Spiel-sucht, -wut f τὸ φιλόκυβον (2).
spielsüchtig φιλόκυβος (2).
Spieltisch m ὁ ἄβαξ (κος).
Spielzeug n ſ. Spielsachen.
Spieß m τὸ δόρυ (ατος), τὸ ἀκόντιον.
Spießbürger m ὁ δημότης, ὁ ἰδιώτης.

spießbürgerlich δημοτικός, ἰδιωτικός.

spießen διαπείρειν, an einen Pfahl ~ ἀνασκολοπίζειν, σταυροῦν.

Spießer, Spießhirsch m ὁ πατταλίας. [τινι.]

Spießgeselle m ὁ συνεστώς

Spießrute f ἡ ῥάβδος, ~n laufen ῥαβδίζεσθαι.

Spießträger m ὁ δορυφόρος.

Spinat m ἡ ἀτράφαξις (εως).

Spindel f ἡ ἠλακάτη.

Spinne f ἡ ἀράχνη.

spinnen νεῖν, νήθειν, κλώθειν.

Spinnen n ἡ νῆσις.

spinnenartig ἀραχνώδης.

Spinn(en)gewebe n τὸ ἀράχνιον. [Verba.]

Spinner m durch die part. der

Spinnkunst f ἡ νηστική.

Spinnrad n τὸ ῥόμβος.

Spinnrocken m ἡ ἠλακάτη.

Spion ὁ σκοπός, ὁ κατά-, πρόσκοπος. [σκοπεῖν.]

spionieren προ-, κατα-

Spionieren n ἡ προ-, κατασκοπή. [ἕλιξ (κος).]

Spirale, Spirallinie f ἡ

Spiritus m τὸ πνεῦμα.

Spital n τὸ πτωχεῖον.

spitz, spitzig ὀξύς, ἄκρος, ~ machen ὀξύνειν.

Spitzbube m ὁ κλώψ (ωπός).

Spitzbubenstreich m ἡ πανουργία, τὸ πανούργημα.

spitzbübisch κλεπτικός, κακοῦργος (2).

Spitze f: e-s Berges u. dgl. τὸ ἄκρον, ἡ ἄκρα, eines Spießes u. dgl. ἡ ἀκίς (ίδος), Landspitze τὸ ἀκρωτήριον, Bergspitze ἄκρον τὸ ὄρος, an der ~ eines Heeres stehen ἡγεῖσθαι στρατεύματος, sich an die ~ von etwas stellen προϊστασθαί τινος, j-m die ~ bieten ἀνθίστασθαί τινι, ἀντέχειν πρός τινα.

spitzen ἀκονᾶν, ὀξύνειν.

Spitzen fpl. τὰ δικτυωτὰ ὑφάσματα.

spitzfindig σοφιστικός, λεπτός, ἀκριβής.

Spitzfindigkeit f ἡ λεπτότης (ητος).

spitzköpfig φοξὸς τὴν κεφαλήν.

Spitzmaus f ἡ μυγαλῆ.

Spitzname m ἡ ἐπωνυμία.

Spitzsäule f ὁ ὀβελός, ὁ ὀβελίσκος.

spitzwink(e)lig ὀξυγώνιος (2).

Splitter m τὸ κλάσμα.

splittern σχίζειν, διασχίζειν, intr. durch das P.

Splitterrichter m ὁ μικρολόγος.

splittrig ψαθυρός.

Sporn m τὸ κέντρον, τὸ πλῆκτρον (von Vögeln), ἡ ἐγκεντρίς (ίδος) (von Reitern), die Sporen geben κεντρίζειν.

spornen κεντρίζειν, (übertr.) παρορμᾶν, παροξύνειν.

spornstreichs ὡς τάχιστα, τὴν ταχίστην.

Spott m τὸ σκῶμμα, ἡ σκῶψις, ὁ χλευασμός, bitterer ~ ὁ σαρκασμός, j-n dem ~ preisgeben γέλωτα

(spießbürgerlich 334 Spott)

ποιεῖν τινα, zum ~ werden καταγελᾶσθαι.
spötteln χλευάζειν.
spotten σκώπτειν, ἐπισκώπτειν τινά, χλευάζειν, καταγελᾶν τινος.
Spötter m ὁ σκώπτης, ὁ χλευαστής.
Spötterei f ſ. Spott.
Spottgedicht n τὸ γελοῖον ᾆσμα, οἱ ἴαμβοι.
Spottgeld n τὸ ἐλάχιστον τίμημα. [ἀστικός.]
spöttiſch σκωπτικός, χλευ-ſ
Spottname m ἡ αἰσχρὰ ἐπωνυμία. [τιμή.]
Spottpreis m ἡ ἐλαχίστη ſ
Spottrede(n) f (f/pl.) τὰ σκώμματα.
Spottschrift f τὸ σκωπτικὸν γράμμα.
spottsüchtig φιλοσκώμμων.
Spracharmut f ἡ τῶν λόγων ἀπορία.
Sprache f ἡ φωνή, ἡ γλῶττα, = Sprachweise ἡ διάλεκτος, ἡ γλῶττα, = Sprechweise ὁ λόγος, ἡ λέξις.
Sprach-eigenheit, -eigentümlichkeit f ἡ τῆς λέξεως ἰδιότης (ητος).
Sprachfähigkeit f ἡ φωνή.
Sprachfehler m ὁ βαρβαρισμός. [γλωττία.]
Sprachfertigkeit f ἡ εὐ-ſ
Sprachforscher m ὁ γραμματικός. [ματική.]
Sprachforschung f ἡ γραμ-ſ
Sprachgebrauch m ὁ καθεστὼς oder κοινὸς τρόπος τῆς λέξεως.

Sprach-gelehrte(r), -kenner m ὁ γραμματικός.
sprachkundig γραμματικός.
Sprachlehre f ἡ γραμματική.
Sprachlehrer m ὁ γραμματιστής, ὁ γραμματοδιδάσκαλος.
sprachlich γραμματικός.
sprachlos ἄφωνος (2).
Sprachlosigkeit f ἡ ἀφωνία.
Sprachorgan n ἡ γλῶττα.
Sprachunterricht m ἡ γραμματική.
sprachwidrig βάρβαρος (2).
Sprachwissenschaft f ἡ γραμματική.
Sprechart f ἡ λέξις, ἡ διάλεκτος.
sprechen φωνεῖν, φθέγγεσθαι, λαλεῖν, griechisch ~ ἑλληνίζειν τῇ φωνῇ, = mitteilen λέγειν, εἰπεῖν, φάναι, φράζειν, mit j-m über etw. ~ ἀνακοινοῦν ob. κοινολογεῖσθαί τινι περὶ τινος, mit j-m ~ διαλέγεσθαί τινι oder πρός τινα, freimütig ~ παρρησιάζεσθαι, = urteilen ἀποφαίνεσθαι, j-n frei ~ von etw. ἀπολύειν oder ἀφιέναι τινά τινος, ein Urteil ~ τίθεσθαι ψῆφον, ἀποφαίνεσθαι γνώμην, j-m Recht ~ δικάζειν τινί.
Sprechen n τὸ διαλέγεσθαι, οἱ λόγοι.
sprechend φωνήεις, übertr. σαφής, ἐναργής.
Sprecher m ὁ λέγων, ὁ ῥήτωρ (ορος).

(ſpötteln 335 Sprecher)

Sprechfreiheit f ἡ παρρησία.
Sprechweise f s. Sprechart.
Sprechweite f τὸ ἐπήκοον.
spreizen διατείνειν, die Beine ~ διαβαίνειν.
sprengen ῥηγνύναι, διακόπτειν, διαιρεῖν, σχίζειν, = ausstreuen ῥαίνειν, χεῖν, σπείρειν, intr. ὁρμᾶσθαι, δρόμῳ φέρεσθαι.
Sprengen n gew. durch Verba.
sprenkeln ποικίλλειν, στίζειν.
Spreu f τὰ ἄχυρα.
spreuartig ἀχυρώδης.
Sprichwort n ἡ παροιμία, τὸ λεγόμενον, zum ~ werden παροιμιάζεσθαι, nach dem ~ κατὰ τὴν παροιμίαν.
sprichwörtlich κατὰ τὴν παροιμίαν.
sprießen βλαστάνειν.
Springbrunnen m ὁ κρουνός.
springen ἄλλεσθαι (M.), πηδᾶν, σκιρτᾶν, = einen Sprung bekommen ῥηγνύσθαι, σχίζεσθαι, j-n über die Klinge ~ lassen κατακόπτειν, κατασφάττειν τινά, in die Augen ~ ἐμφανῆ, κατάδηλον εἶναι ob. γίγνεσθαι.
Springen n ἡ ἅλσις, ἡ πήδησις, ἡ σκίρτησις.
Springer m durch die part. der Verba.
Springquelle f s. Springbrunnen.
Spritze f ὁ σίφων (ωνος)
spritzen ῥαίνειν, intr. προχεῖσθαι.
spröde σκληρός, κραῦρος,

~ tun θρύπτεσθαι, von Weibern ἀκκίζεσθαι.
Sprödigkeit f ἡ σκληρότης (ητος), τὸ θρυπτικόν.
Sprosse m s. Sprößling, = Leitersprosse ὁ κλιμακτήρ (ῆρος). [βλαστάνειν.]
sprossen βλαστάνειν, ἐκ-
Sprossen n ἡ βλάστησις.
Sprößling m von Pflanzen τὸ βλάστημα, ὁ κλάδος, ὁ μόσχος, übtr. ὁ παῖς, ὁ ἔκγονος.
Spruch m ὁ λόγος, ἡ γνώμη, τὸ ἀπόφθεγμα, der ~ des Sophokles τὸ τοῦ Σοφοκλέους, einen ~ tun (vom Richter) τὴν κρίσιν ποιεῖσθαι. [λογία.]
Spruchbuch n ἡ γνωμο-
spruchreich γνωμικός.
Sprudel m ὁ κρουνός.
sprudeln κρουνίζεσθαι, προχεῖσθαι.
sprühen trans. διασπείρειν, Funken ~ σπινθηρίζειν, intr. διασπείρεσθαι (P.).
Sprühregen m ὁ ψακάς (άδος)
Sprung m ἡ ἅλσις, ἡ πήδησις, ἡ σκίρτησις, auf dem ~e stehen μέλλειν mit inf. fut. ob. prs., = Riß τὸ ῥῆγμα.
Spucke f τὸ πτύαλον.
spucken πτύειν.
Spucken n ἡ πτύσις, ὁ πτυσμός.
Spuk m τὸ φάσμα, τὸ φάντασμα, τὸ εἴδωλον.
spuken: es spukt φάσματα περιέρχεται.

Spule *f* ὁ τοῦ πτεροῦ καυλός, zum Spinnen τὸ πηνίον.

spülen *trans.* πλύνειν, *intr.* προσκλύζειν τινί.

Spulwurm *m* ἡ στρογγύλη ἕλμινς (ινθος).

Spund *m* τὸ βύσμα, τὸ ἔμβολον.

Spundloch *n* τὸ στόμα.

Spur *f* τὸ ἴχνος, ὁ στίβος, vom Wild ἡ αἴσθησις, e-r Sache auf die ~ kommen εἰς ἴχνη τινὸς ἰέναι, auch nicht eine ~ οὐδ' ὁπωστιοῦν.

spüren ἰχνεύειν, ἐρευνᾶν, = etwas merken αἰσθάνεσθαί τινος oder τι, ὑποπτεύειν.

Spüren *n* ἡ ἰχνεία, ἡ ἴχνευσις, ἡ ἔρευνα, ἡ αἴσθησις, (durch den Geruch) ἡ ὄσφρησις.

spürend: gut ~ εὔριν (ινος).

Spürer *m* ὁ ἰχνευτής.

Spürhund *m* ὁ ἰχνευτικὸς κύων (κυνός).

Spürkraft *f* ἡ ἰχνευτικὴ δύναμις.

spurlos ἄσημος (2), ~ verschwinden ὅλως ἀφανίζεσθαι.

sputen, sich σπεύδειν.

Staat *m* ἡ πόλις, ἡ πολιτεία, τὰ κοινά, im ~e leben πολιτεύεσθαι, dem ~e gehörig δημόσιος, κοινός, = Gepränge ἡ μεγαλοπρέπεια.

Staatenbund *m* αἱ συμμαχίδες πόλεις.

Staatsamt *n* ἡ ἀρχή, ἡ τιμή, ein ~ bekleiden ἀρχὴν ἄρχειν.

Staatsangelegenheiten *f/pl.* τὰ τῆς πόλεως. τὰ περὶ τὴν πόλιν, τὰ πολιτικά.

Staatsanleihe *f* τὰ δημοσίᾳ δεδανεισμένα χρήματα.

Staatsanwalt *m* ὁ σύνδικος.

Staatsarchiv *n* τὸ δημόσιον, τὸ μητρῷον.

Staatsbeamte(r) *m* ὁ ἄρχων.

Staatsbehörde *f* ἡ ἀρχή, οἱ ἄρχοντες.

Staatsbeschluß *m* τὸ ψήφισμα, τὸ δόγμα.

Staatsbürger *m* ὁ πολίτης.

staatsbürgerlich πολιτικός.

Staatseigentum *n* τὰ κοινά.

Staatseinkünfte, die οἱ πόροι.

Staatseinrichtung *f* ἡ τῆς πόλεως κατάστασις.

Staatsform *f* ἡ ἀρχή, ἡ πολιτεία.

Staatsgefängnis *n* τὸ δημόσιον δεσμωτήριον.

Staatsgelder *n/pl.* τὰ δημόσια χρήματα.

Staatsgeschäfte *n/pl.* s. Staatsangelegenheiten.

Staatshaushaltung *f* ἡ τῆς πόλεως οἰκονομία, auch ἡ πολιτεία. [ἀγαθῶν.]

Staatsinteresse *n* τὸ κοινὸν]

Staatskasse *f* τὸ δημόσιον.

staatsklug πολιτικός.

Staatsklugheit *f* ἡ πολιτική, τὸ πολιτικόν.

Staatskörper *m* ἡ πόλις.

Staatskosten, die τὰ κοινὰ ἀναλώματα, auf ~ δημοσίᾳ.

Staats-kunde, -kunst f ἡ πολιτική.
Staatsleben n ἡ πολιτεία.
Staatslehre f ἡ πολιτική.
Staatsleistung f ἡ λειτουργία.
Staatsmann m ὁ πολιτικὸς ἀνήρ, ὁ τὰ κοινὰ πράττων.
staatsmännisch πολιτικός.
Staatsmittel n/pl. τὰ κοινὰ χρήματα.
Staatsordnung f ἡ πολιτικὴ τάξις. [ἀγών.]
Staatsprozeß m ὁ δημόσιος
Staatsrat m ἡ βουλή.
Staatsredner m ὁ δημηγόρος.
Staatsreform f ἡ τῆς πολιτείας μεταβολή.
Staatsrevolution f ὁ νεωτερισμός.
Staatsschatz m f. Staatskasse, Staatsmittel.
Staatsschuld f τὸ δημόσιον χρέος. [σημεῖον.]
Staatssiegel n τὸ δημόσιον
Staats-streich m, **-umwälzung** f ὁ νεωτερισμός.
Staatsurkunden f/pl. τὰ δημόσια γράμματα.
Staatsverband m ἡ πολιτεία.
Staatsverbrechen n τὸ περὶ τὴν πόλιν ἀδίκημα.
Staatsverbrecher m ὁ τὴν πόλιν ἀδικῶν.
Staatsverfassung f ἡ πολιτεία. [πολιτικά.]
Staatsverhältnisse n/pl. τὰ
Staatsvermögen n τὰ κοινὰ χρήματα.
Staatsverwaltung f ἡ τῆς πόλεως διοίκησις, ἡ πολιτεία.
Staatswirtschaft f ἡ τῆς πόλεως οἰκονομία.
Staatswissenschaft f ἡ πολιτική. [ἀγαθόν.]
Staatswohl n τὸ κοινὸν
Staatswürde f ἡ τιμή.
Stab m ἡ ῥάβδος, ἡ βακτηρία, τὸ σκῆπτρον, den ~ über j-n brechen καταγιγνώσκειν oder καταψηφίζεσθαί τινος θάνατον, **Stabsoffiziere** οἱ περὶ τὸν στρατηγόν.
Stäbchen n τὸ ῥαβδίον, τὸ σκυτάλιον.
Stachel m τὸ κέντρον.
Stachelbeerstrauch m ὁ οἶσος.
stachellos ἄκεντρος (2).
stacheln κεντρεῖν, κεντρίζειν. [ὕστριξ (χος).]
Stachelschwein n ὁ (ἡ)
stachlig κεντητικός, κεντρήεις, ἀκανθώδης.
Stadium n τὸ στάδιον (als Längenmaß = 600 griechische od. 625 römische Fuß = 192 m = 120 Schritt, der vierzigste Teil einer geographischen Meile), pl. οἱ στάδιοι.
Stadt f πόλις, τὸ ἄστυ, τὸ πόλισμα.
Stadtangelegenheiten f/pl. τὰ τῆς πόλεως, τὰ περὶ τὴν πόλιν, τὰ κοινά.
Stadtbehörde f ἡ ἀστικὴ ἀρχή.
Stadtbewohner m ὁ ἀστός.
Städtchen n τὸ πολίχνιον, ἡ πολίχνη.

Städtebund m αἱ συμμαχίδες πόλεις.
Städter m ὁ ἀστός.
Städterin f ἡ ἀστή.
Stadt=flur f, =gebiet n τὰ περὶ τὴν πόλιν.
Stadtgespräch n ὁ κατὰ τὴν πόλιν διαθρυλημένος λόγος, zum ~ werden διαθρυλεῖσθαι.
Stadthaus n τὸ ἀρχεῖον, τὸ πρυτανεῖον.
städtisch ἀστικός.
Stadtkommandant m ὁ πολίαρχος.
stadtkundig πολυθρύλητος (2), περιβόητος (2).
Stadtmauer f ὁ περίβολος.
Stadtneuigkeit f τὸ ἐν τῇ πόλει θρυλούμενον.
Stadtobrigkeit f οἱ τῆς πόλεως ἄρχοντες.
Stadtpolizei f οἱ ἀστυνόμοι.
Stadtrat m ἡ βουλή.
Stadtschreiber m ὁ γραμματεύς. [φρουροί.]
Stadtsoldaten m/pl. οἱ
Stadt=teil m, =viertel n ἡ κώμη.
Stadtwache f ἡ τῆς πόλεως φρουρά.
Stadtwappen n τὸ τῆς πόλεως παράσημον.
Staffel f τὸ πῆγμα.
Staffelei f (der Maler) ὁ ὀκρίβας (αντος).
stagnieren λιμνάζειν.
Stahl m ὁ ἀδάμας (αντος), ὁ σίδηρος.
stahlblau κυανοῦς.
stählen βάπτειν σίδηρον, den Körper ~ στερεοῦν τὸ σῶμα, den Mut ~ ἐπιρρωννύναι τὸν θυμόν. [ροῦς.]
stählern ἀδαμάντινος, σιδη=
Stall m ὁ σταθμός, ὁ σηκός.
Stallknecht m ὁ ἱπποκόμος.
Stallmeister m ὁ ἀναβολεύς.
Stallung f οἱ σταθμοί.
Stamm m: vom Baume τὸ στέλεχος, von Menschen τὸ γένος, ἡ γενεά, von Völkern τὸ φῦλον, τὸ ἔθνος.
Stammbaum m ἡ γενεαλογία. [τραυλίζειν.]
stammeln ψελλίζεσθαι,
Stammeln n ὁ ψελλισμός, ὁ τραυλισμός.
stammelnd ψελλός, τραυλός.
Stammeltern, die οἱ πρόγονοι, οἱ προπάτορες.
stammen = abstammen γεγονέναι τινός.
Stammgenosse m ὁ ὁμό-, σύμφυλος.
Stammgenossenschaft f τὸ ὁμόφυλον.
Stammgott m ὁ πατρῷος θεός.
Stammhalter m ὁ διασῴζων τὸ γένος.
Stammholz n τὰ ἁδρὰ ξύλα.
stämmig ἁδρός, ῥωμαλέος, ἰσχυρός, παχύς.
Stammland n ἡ πατρίς.
Stammler m ὁ ψελλός.
Stammliste f ὁ κατάλογος.
Stammutter f ἡ προμήτωρ (ορος), ἡ πρόγονος.
Stammvater m ὁ προπάτωρ (ορος), ὁ πρόγονος.

(Städtebund 339 22* Stammvater)

stammverwandt ὁμό-, σύμφυλος (2).
Stammverwandtschaft f τὸ ὁμόφυλον, ἡ ὁμοφυλία.
stampfen συγκόπτειν, συντρίβειν, συνθλίβειν, mit den Füßen ~ καταπατεῖν, auf die Erde ~ κρούειν τὴν γῆν τοῖς ποσίν.
Stand m = Stellung ἡ στάσις, standhalten μένειν, ἐμμένειν τῇ τάξει, nicht standhalten λείπειν τὴν τάξιν, den Feinden standhalten δέχεσθαι τοὺς πολεμίους, zustande kommen τελεῖσθαι, περαίνεσθαι, = Zustand ἡ κατάστασις, imstande sein οἷόν τε oder ἱκανόν oder δυνατόν εἶναι, δύνασθαι, nicht imstande, außerstande sein ἀδυνατεῖν, ἀδύνατον εἶναι, vornehmer ~ ἡ εὐγένεια, von vornehmem ~e εὐγενής, ἔντιμος (2), von geringem ~e ἐκ δήμου.
Standarte f τὸ σημεῖον.
Standbild n ὁ ἀνδριάς (άντος).
Ständer m ὁ στῦλος.
standes=gemäß, =mäßig πρέπων, προσήκων, ἄξιος.
Standesgenosse m ὁ ὁμοιότιμος.
Standesherr m ὁ δυνάστης.
Standesperson f ὁ γνώριμος, ὁ ἔντιμος.
standfest βέβαιος, ἰσχυρός.
standhaft καρτερός, ~ bleiben (sein) καρτερεῖν (bei etwas ἔν τινι), ~ aushalten ἀντέχειν, etw. ~ ertragen διακαρτερεῖν τι.
Standhaftigkeit f ἡ καρτερία.
standhalten s. Stand.
Standort m ὁ τόπος, ἡ τάξις. [τάξις.]
Standpunkt m ἡ χώρα, ἡ
Standquartier n ὁ σταθμός, τὸ στρατόπεδον.
Standrecht n ἡ στρατιωτικὴ δίκη.
Stange f ἡ κάμαξ (κος), j-m die ~ halten παρεῖναί τινι.
Stapel m τὸ ναυπήγιον, ein Schiff vom ~ lassen καθέλκειν oder κατασπᾶν ναῦν.
Stapelplatz m τὸ ἐμπόριον.
Star m ὁ ψάρ (ρός), als Augenkrankheit τὸ γλαύκωμα.
stark παχύς, μέγας, (an Zahl und Menge) πολύς, συχνός, (an Kraft) ἐρρωμένος, ῥωμαλέος, ἰσχυρός, καρτερός, = gewaltig δεινός, σφοδρός, ~ sein ἰσχύειν, ~ sein in etw. δεινὸν εἶναί τι od. mit inf. [πος (2).]
starkbevölkert πολυάνθρω-
Stärke f τὸ πάχος, τὸ πλῆθος, = Kraft ἡ ῥώμη, ἡ ἰσχύς, ἡ δύναμις, τὸ κράτος.
stärken ῥωννύναι.
Stärken n, **Stärkung** f ἡ ῥῶσις.
starr στερεός, στερρός, σκληρός, ἀκίνητος (2), ~ machen πηγνύναι, ~ sein πηγνύσθαι.

starren ῥιγῶν, vor Schrecken ἐκπεπλῆχθαι.
Starrheit f ἡ στερεότης, ἡ στερρότης, ἡ σκληρότης (ητος), ἡ ἀκινησία, τὸ ῥῖγος.
Starr=kopf m, **starrköpfig, =sinnig** στερρός, ἄ-, δύσπειστος (2), δυσπειθής.
Starrkrampf m ὁ τέτανος.
Starrsinn m τὸ ἄπειστον.
Starrsucht f ἡ κατάληψις.
Station f ὁ σταθμός.
stationiert sein τετάχθαι.
statt ἀντὶ mit *gen.*, ~ daß, ~ zu ἀντὶ τοῦ mit *inf.*
Statt f = Stätte ὁ τόπος, ἡ χώρα, τὸ χωρίον, von=statten gehen χωρεῖν, προχωρεῖν, stattgeben χαρίζεσθαί τινί τι, stattfinden, statthaben γίγνεσθαι, συμβαίνειν.
Stätte f f. das vorh. Wort.
statthaft πρέπων, καίριος, ἐπίκαιρος (2), νόμιμος (2), δίκαιος, es ift ~ ἔξεστιν.
Statthaftigkeit f durch das *neutr.* der vorhergehenden *adj.*
Statthalter m ὁ σατράπης, ὁ ἔπ-, ὕπαρχος.
Statt=halterei, =halterschaft f ἡ ἐπαρχία, ἡ σατραπία.
stattlich ἄξιος, σεμνός, λαμπρός, καλός, μεγαλοπρεπής.
Stattlichkeit f ἡ σεμνότης, ἡ λαμπρότης (ητος), ἡ μεγαλοπρέπεια.
Statue f ὁ ἀνδριάς (άντος), ἡ εἰκών (όνος), τὸ ἄγαλμα.
Statur f τὸ εἶδος, τὸ

σχῆμα, von kleiner ~ μικρὸς τὸ σῶμα.
Statuten *n/pl.* οἱ νόμοι.
Staub m ἡ κόνις, ὁ κονιορτός, sich aus dem ~e machen ἀποδιδράσκειν, ἀπο-, ἐκφεύγειν, οἴχεσθαι φεύγοντα oder ἀπιόντα.
stauben κονίειν.
staubig κονιορτώδης.
Staude f ὁ θάμνος.
staudenartig θαμνοειδής.
stauen στοιβάζειν.
staunen θαυμάζειν, θαμβεῖν.
Staunen n τὸ θαῦμα, τὸ θάμβος.
stechen κεντεῖν, κεντρίζειν, κεντοῦν, (von Insekten) δάκνειν.
Stechen n ἡ κέντησις.
Stechmücke f ἡ ἐμπίς (ίδος).
Stechpalme f ἡ (ὁ) πρῖνος.
stecken: in etw. ~ ἐμπεπηγυσθαί τινι, = verborgen sein κρύπτεσθαι, in Not ~ ἀπορίᾳ ἐνέχεσθαι, ἐν ἀπορίᾳ εἶναι, ~ bleiben ἐνέχεσθαί τινι, *trans.* πηγνύναι τι ἔν τινι, das Schwert in die Scheide ~ κρύπτειν τὸ ξίφος τῷ κολεῷ, in Brand ~ ἐμπιμπράναι, in der Rede ~ bleiben ταράττεσθαι μεταξὺ λέγοντα, ein Ziel ~ ἐπιτιθέναι τέρμα.
Stecken m f. Stab.
Stecknadel f ἡ περόνη, ἡ βελόνη.
Steg m ἡ διάβασις.
Stegreif m: aus dem ~ reden αὐτοσχεδιάζειν.

stehen ἵστασθαι, στῆναι, ἑστηκέναι, ~ bleiben μένειν, ὑποστῆναι, etwas ~ lassen ἐᾶν τι, ἀπέχεσθαί τινος, im Felde ~ στρατεύεσθαι, Posten ~ φυλακὴν φυλάττειν, es steht geschrieben γέγραπται, λέλεκται, εἴρηται, zurück~ εἴκειν, ὑπείκειν τινί, hinter j-m ~ μειονεκτεῖν od. ἥττω εἶναί τινος, es steht bei mir ἐν ἐμοί ἐστι, es steht frei ἔξεστι, in gutem Rufe ~ καλῶς ἀκούειν, εὐδοκιμεῖν, es steht zu hoffen ἔξεστιν ἐλπίζειν, die Sachen ~ gut τὰ πράγματα καλῶς ἔχει, wie steht es mit dir? πῶς ἔχεις; πῶς πράττεις; mit j-m auf vertrautem Fuße ~ οἰκείως διακεῖσθαι πρός τινα, die Haare ~ j-m zu Berge ὀρθαὶ ἵστανταί τινι αἱ τρίχες, unter j-m ~ ὑπακούειν τινί, unter etw. ~ εἶναι ὑπό τινι, j-m zu Diensten ~ ὑπάρχειν τινί, über j-m ~ ἐφεστηκέναι τινί, im Wege ~ ἐμποδὼν εἶναι. [durch Verba.]

Stehen n ἡ στάσις, gew.

stehend ἑστηκώς, ἑστώς, ~es Wasser στάσιμον ὕδωρ, ἡ λίμνη, τὸ ἕλος, ~en Fußes παραυτίκα, παραχρῆμα, εὐθύς, ~es Heer ἡ συνεστηκυῖα δύναμις.

stehlen κλέπτειν, κλωπεύειν, ὑφαιρεῖσθαι.

Stehlen n ἡ κλοπή, ἡ κλωπεία.

steif στερεός, στερρός, ἀκαμπής, ἄκαμπτος (2), τραχύς.

Steife n, **Steifheit** f ἡ στερεότης, ἡ στερρότης (ητος), τὸ ἀκαμπές, τὸ ἄκαμπτον. [νειν.]

steifen στερεοῦν, σκληρύ-

Steig m ἡ ἀτραπός.

steigen βαίνειν, übtr. αἴρεσθαι, αὐξάνεσθαι, ἐπίδοσιν λαμβάνειν, in ein Schiff ~ εἰσβαίνειν εἰς ναῦν, auf ein Pferd ~ ἀναβαίνειν ἐπὶ ἵππον, das Wasser steigt τὸ ὕδωρ ἐπιδίδωσιν εἰς ὕψος, der Fluß steigt ὁ ποταμὸς πληθύει, im Preise ~ ἐπιτιμᾶσθαι, im Range ~ τιμαῖς αὐξάνεσθαι.

Steigen n ἡ ἀνάβασις, ἡ ἄνοδος, ἡ αὔξη, ἡ αὔξησις, das ~ und Fallen ἡ ἀλλαγή. [νειν.]

steigern αὐξάνειν, ἐπαυξά-

Steigerung f ἡ αὔξησις, ἡ ἐπαύξησις.

steil ἀπότομος (2), ἀπόκρημνος (2).

Steilheit f durch das Neutrum der vorhergehenden Adjektiva.

Stein m ὁ λίθος (ἡ λίθος Edelstein), ἡ πέτρα, (in Früchten) τὸ ὀστοῦν, (als Krankheit) ἡ λιθίασις, den ~ haben λιθιᾶν, ~e bearbeiten λιθουργεῖν, mit ~en werfen λιθοβολεῖν.

Steinadler m ὁ χρυσαίετος.

steinalt πολυετής.

Steinarbeiter m ὁ λιθουργός.

Steinart f τὸ λίθων εἶδος.
steinartig λιθώδης.
Steinbock m ὁ αἰγοκέρως (ω und ωτος).
Steinbruch m ἡ λιθοτομία, ἡ λατομία. [λιθάριον.]
Steinchen n τὸ λιθίδιον, τὸ
Steineiche f ἡ δρῦς (υός).
steinern, steinhart λίθινος, λιθώδης.
steinig πετρώδης, τραχύς.
steinigen καταλεύειν, καταπετροῦν.
Steinigung f durch Verba.
Steinklee m ὁ μελίλωτος.
Steinkohle f ὁ γεώδης ἄνθραξ (κος).
Stein=krankheit f, **=schmerzen** m/pl. ἡ λιθίασις, ὁ λίθος.
Steinlinde f ἡ φιλυρέα.
steinlos ἄλιθος (2).
Steinmarder m ἡ ἴκτις (ιδος). [τεῖχος.]
Steinmauer f τὸ λίθινον]
Steinmetz m ὁ λιθουργός, ὁ λιθοτόμος.
Steinöl n ἡ νάφθα, ἡ ἄσφαλτος.
steinreich ὑπερπλούσιος (2).
Steinschleifer m ὁ τρίβων λίθους. [γλύφος.]
Steinschneider m ὁ λιθο-]
Steinweg m ἡ λιθόστρωτος (ὁδός).
Steinwurf m ἡ λίθου βολή.
Steiß m ἡ πυγή.
Stelle f ὁ τόπος, ἡ χώρα, τὸ χωρίον, an dieser ~ ταύτῃ, ἐνταῦθα, an manchen ~en ἔστιν οὗ, an welcher ~? ποῦ; rel. ᾗ, ὅπου, an Ort und ~ κατὰ χώραν, ~ in einem Buche τὸ χωρίον, ὁ τόπος, = Posten ἡ τάξις.
stellen ἱστάναι, τιθέναι, ἱδρύειν, τάττειν, in etw. ~ ἐντιθέναι τινί, auf etw. ~ ἐπιτιθέναι τινί, unter etw. ~ ὑποτιθέναι τινί, in Ordnung ~ διατιθέναι, διατάττειν, j-n zur Rede ~ λόγον λαμβάνειν παρά τινος, j-n auf die Probe ~ πειρᾶσθαί τινος, πεῖραν λαμβάνειν τινός, etw. vor Augen ~ ποιεῖν τι πρὸ ὀφθαλμῶν, etw. dahingestellt sein lassen ἐᾶν τι, Fallen ~ ἱστάναι πλαγίδας, Truppen, Schiffe ~ παρέχειν στρατιώτας, ναῦς, Zeugen ~ μάρτυρας παρέχεσθαι, sich ~ = kommen, erscheinen παραγίγνεσθαι, = den Schein annehmen προσποιεῖσθαι, der Hund stellt den Hirsch ὁ κύων ἵστησι τὴν ἔλαφον.
Stellnetz n ἡ ἄρκυς (υος), τὸ δίκτυον.
Stellung f ἡ στάσις, ἡ θέσις, ἡ ἵδρυσις, gew. durch Verba.
Stellvertreter m ὁ ἀντί τινος τεταγμένος oder ὤν, ~ des Feldherrn ὁ ἀντιστράτηγος.
stemmen ἐρείδειν τι εἴς τι, ἐπερείδειν τινί τι.
Stempel m τὸ σημεῖον, τὸ ἐπίσημον. [οῦν.]
stempeln σημαίνειν, σημει-]
Stengel m ὁ καυλός.
stengelartig καυλώδης.

Steppe *f* τὸ ἔρημον πεδίον.
steppen ποικίλλειν.
Sterbebett *n*: auf dem ~ liegen μέλλειν ἀποθανεῖσθαι.
Sterbefall *m* ὁ θάνατος.
Sterbekleid *n* τὸ ἐντάφιον.
Sterbelied *n* ὁ θρῆνος.
sterben ἀποθνήσκειν, τελευτᾶν (τὸν βίον), ἀπαλλάττεσθαι (P.) τοῦ ζῆν, gestorben sein τεθνάναι.
Sterben *n* ὁ θάνατος.
sterbenskrank ἐπιθάνατος (2).
Sterbestunde *f* ἡ τοῦ θανάτου ὥρα.
Sterbetag *m* ἡ τοῦ θανάτου ἡμέρα.
sterblich θνητός.
Sterblichkeit *f* ἡ θνητὴ φύσις, τὸ θνητόν, = das Hinsterben ἡ φθορά.
Stern *m* ὁ ἀστήρ (έρος), τὸ ἄστρον, ~ im Auge ἡ γλήνη, ἡ κόρη, guter ~ ἡ ἀγαθὴ τύχη, böser ~ ἡ κακὴ τύχη.
sternartig ἀστεροειδής, ἀστροειδής.
Sternbild *n* τὸ ἄστρον.
Sternchen *n* ὁ ἀστερίσκος.
Sterndeuter *m* ὁ ἀστρολόγος.
Sterndeuterei, =deutung *f* ἡ ἀστρολογία.
Sternenbahn *f* ἡ τῶν ἄστρων περιφορά.
Sternenhimmel *m* τὰ κατ' οὐρανὸν ἄστρα.
sternförmig s. sternartig.
sternhell φωτεινὸς ἄστρων ἀναφανέντων.

Sternkunde *f* ἡ ἀστρονομία, ἡ ἀστρολογία.
sternkundig ἀστρονόμος (2), ἀστρολόγος (2).
Sternschnuppe *f* ὁ ἀστέρος ἀκοντισμός.
Sternseher *m* ὁ ἀστρονόμος.
Sternwarte *f* ἡ ἀστρονομικὴ σκοπή.
Sterz *m* ἡ οὐρά.
Sterze *f* (am Pfluge) ἡ ἐχέτλη.
stet, stetig στάσιμος, βέβαιος, μόνιμος (2), συνεχής, ἀδιάλειπτος (2).
Stetigkeit *f* τὸ στάσιμον, ἡ συνέχεια.
stets ἀεί.
Steuer[1] *n* τὸ πηδάλιον (Steuerruder).
Steuer[2] *f* ὁ φόρος, ὁ δασμός, ἡ ἀποφορά (Abgabe, Zoll).
Steueramt *n* τὸ τελωνεῖον.
steuerbar ὑποτελής.
Steuereinnahme *f* ἡ τελωνεία.
Steuereinnehmer *m* ὁ φορολόγος, ὁ δασμολόγος, ὁ τελώνης.
Steuererlaß *m* ἡ φόρων ἄνεσις.
steuerfrei ἀτελής.
Steuerfreiheit *f* ἡ ἀτέλεια.
Steuerklasse *f* τὸ τίμημα.
Steuerliste *f* ὁ κατάλογος.
Steuermann *m* ὁ κυβερνήτης.
steuern κυβερνᾶν, εὐθύνειν, einer Sache ~ κατέχειν, κωλύειν, παύειν τι.
Steuern *n* ἡ κυβέρνησις.

steuerpflichtig ὑποτελής, δασμοφόρος (2).
Steuerruder n τὸ πηδάλιον.
Stich m ὁ δηγμός, ἡ δῆξις, τὸ δῆγμα, ἡ πληγή, einen ~ bekommen δάκνεσθαι, παίεσθαι, ~ halten μένειν, ἀντέχειν, im ~e lassen προδιδόναι, ἐγκαταλείπειν.
Stichelei f ἡ χλεύη, τὸ σκῶμμα.
sticheln σκώπτειν, χλευάζειν τινά, αἰνίττεσθαι εἴς τινα.
stichhaltig εὔλογος (2).
Stichling m ὁ φυκήν (ηνος).
Stichwunde f ἡ πληγή.
sticken ποικίλλειν, διαποικίλλειν.
Sticken n ἡ ποικίλσις.
stickend: ~ heiß πνιγηρός.
Stickerei f ἡ ποικιλία.
stickig s. stickend.
Stickstoff m τὸ πνιγῶδες.
stieben: auseinander~ διαδιδράσκειν.
Stiefbruder m ὁ οὐ κατὰ φύσιν ἀδελφός.
Stiefel m ἡ ἐνδρομίς (ίδος).
Stiefeltern, die οἱ οὐ γνήσιοι γονεῖς.
Stiefgeschwister, die οἱ οὐχ ὁμοπάτριοι (ὁμομήτριοι) παῖδες.
Stiefkind n ὁ, ἡ πρόγονος.
Stiefmutter f ἡ μητρυιά.
stiefmütterlich μητρυιώδης.
Stiefschwester f ἡ οὐχ ὁμομήτριος (ὁμοπάτριος) ἀδελφή.
Stief=sohn m, **=tochter** f ὁ, ἡ πρόγονος.
Stiefvater m ὁ μητρυιός.

Stiege f ἡ κλίμαξ (κος).
Stieglitz m ἡ ἀκανθίς, ἡ ἀκανθαλλίς (ίδος)
Stiel m τὸ στελεόν, ἡ λαβή.
Stier m ὁ ταῦρος, ὁ βοῦς (βοός).
stier ἀτενής, ~ blicken ταυρηδὸν βλέπειν.
stierartig ταυροειδής, adv. ταυρηδόν. [μαχία.]
Stiergefecht n ἡ ταυρο-
Stierhaut f ἡ ταυρῆ.
Stierkampf m s. Stiergefecht.
Stift m ὁ σκόλοψ (πος), ὁ γόμφος, ὁ ἧλος.
stiften κτίζειν, οἰκίζειν, ἱδρύειν, ποιεῖν, κατασκευάζειν, Ruhe ~ ἡσυχίαν ποιεῖν.
Stifter m ὁ κτίστης, gew. durch Verba. [durch Verba.]
Stiftung f ἡ κτίσις, gew.
Stil m ἡ λέξις, blühender ~ ἡ ἀνθηρὰ λέξις, einfacher ~ ἡ ἁπλῆ λ., eleganter ~ ἡ γλαφυρὰ λ., schwülstiger ~ ἡ ὀγκώδης λ.
stilisieren συντιθέναι
Stilist m ὁ λογογράφος.
Stilistik f ἡ περὶ τῆς λέξεως τέχνη.
still ἥσυχος (2), ἡσυχαῖος, ἄφωνος (2), σιγῶν, adv. ἡσύχως, ἡσυχῇ, σιγῇ, ~ liegen ἡσυχάζειν, ~ sein ἡσυχίαν ἄγειν oder ἔχειν, ~sitzen ἠρεμεῖν, ἀτρεμεῖν.
Stille f ἡ ἡσυχία, ἡ ἀτρεμία, ἡ σιγή, ἡ σιωπή, ~ des Meeres ἡ γαλήνη, ~ der Luft ἡ εὐδία, in der ~ καθ' ἡσυχίαν, s. still adv.

stillen παύειν, καταπαύειν, κωλύειν, den Durst, den Hunger ~ τὴν δίψαν, τὴν πεῖναν ἐμπιμπλάναι.

Stillschweigen n ἡ σιωπή, ἡ σιγή, ~ gebieten σιωπὴν ποιεῖσθαι, etw. mit ~ übergehen παραλείπειν, σιωπᾶν τι.

stillschweigend σιωπῶν, adv. σιωπῇ.

Stillsitzen n τὸ καθῆσθαι, ἡ ἡσυχία.

Stillstand m ἡ ἐπίστασις, ἡ παῦλα, ἡ ἀνάπαυσις, zum ~ bringen ἐπέχειν, παύειν, καταπαύειν.

Stillung f ἡ παῦσις, ἡ κατάπαυσις, ἡ ἐπίστασις, ἡ ἐπίσχεσις.

Stimme f ὁ φθόγγος, τὸ φθέγμα, ἡ φωνή, die ~ abgeben τὴν γνώμην ἀποφαίνεσθαι, τὴν ψῆφον τίθεσθαι, laute ~ ἡ μεγάλη φωνή, schwache ~ ἡ λεπτὴ φωνή, tiefe ~ ἡ βαθεῖα φωνή, darüber herrscht nur eine Stimme τοῦτο παρὰ πάντων ὡμολόγηται.

stimmen s. die Stimme abgeben unter Stimme; j-n ~ διατιθέναι mit adv. ~ übereinstimmend sein ὁμονοεῖν, ὁμοφρονεῖν, ein Instrument ~ ἁρμόττειν.

Stimmengleichheit f ἴσαι αἱ ψῆφοι.

Stimmenmehrheit f αἱ πλεῖσται ψῆφοι, durch ~ beschließen ψηφίζεσθαι, ἐπιχειροτονεῖν.

Stimmenzahl f ὁ τῶν ψήφων ἀριθμός. [(ἴδος).]

Stimmritze f ἡ γλωττίς

Stimmstein m ἡ ψῆφος.

Stimm=tafel f, **=täfelchen** n ἡ ψῆφος.

Stimmung f ἡ τῆς ψυχῆς διάθεσις, in welcher ~ bist du? τίνα ψυχὴν ἔχεις;

Stimmurne f ἡ ὑδρία.

stinken κακῶς ὄζειν.

stinkend, stinkig δυσώδης, δύσοσμος (2).

Stirn f τὸ μέτωπον, die ~ runzeln τὸ μέτωπον ἀνασπᾶν, sich vor die ~ schlagen παίεσθαι τὴν κεφαλήν.

Stirn=band n, **=binde** f. **=schmuck** m ἡ ταινία, ἡ μίτρα, τὸ ἀνάδημα.

stöbern: in etw. ~ σκευωρεῖσθαί τι.

stochern στίζειν.

Stock m ἡ βακτηρία, s. Stab.

Stöckchen n τὸ βακτήριον, τὸ ῥαβδίον.

stockblind ἐσχάτως τυφλός.

stocken ἴσχεσθαι, οὐ προχωρεῖν, κωλύεσθαι.

Stocken n durch Verba, ins ~ geraten s. das vorh. Wort.

stockfinster σκοτεινότατος.

Stockschnupfen m ἡ βουκόρυζα.

Stockung f s. Stocken.

Stockwerk n τὸ οἴκημα.

Stoff m ἡ ὕλη, ἡ ὑπόστασις (physischer), ἡ ὑπόθεσις (einer Rede od. Schrift)

stofflich ὑλικός.

stofflos ἀναφής.

stöhnen στενάζειν.

(stillen   stöhnen)

Stöhnen n ὁ στόνος.
Stollen m im Bergwerk ὁ ὑπόνομος.
stolpern προσπταίειν, προσκρούειν τινί, σφάλλεσθαι (P.).
stolz μεγαλόφρων, μέγα φρονῶν, ~ sein auf etwas μέγα φρονεῖν ἐπί τινι, ~ tun μεγαλοφρονεῖν, (von Sachen) μεγαλοπρεπής, χαῦνος.
Stolz m ἡ μεγαλοφροσύνη, τὸ φρόνημα, j-n ~ in etw. setzen φιλοτιμεῖσθαι ἐπί ob. ἔν τινι.
stopfen ἐπιπληροῦν, ἐμπιμπλάναι, = flicken συρράπτειν, j-m den Mund ~ ἐπιστομίζειν τινά.
Stopfen n durch Verba.
Stoppel f ἡ καλάμη, τὸ κάρφος, ~n lesen καρφολογεῖν.
Stöpsel m τὸ ἔμβολον.
Stör m ὁ ἀντακαῖος.
Storch m ὁ πελαργός.
Storchschnabel m τὸ γεράνειον (Pflanze).
stören ταράττειν, θορυβεῖν, ἐνοχλεῖν τινί, ἐμποδὼν εἶναι oder γίγνεσθαί τινι, πράγματα παρέχειν τινί.
Störenfried, **Störer** m durch Verba.
störrig δυσπειθής.
Störrigkeit f ἡ δυσπείθεια.
Störung f ἡ ταραχή, ἡ ἐνόχλησις.
Stoß m ἡ πληγή, mit dem Fuße τὸ λάκτισμα, j-m e-n ~ geben ἐμβάλλειν πληγήν

τινι, e-r Sache e-n ~ geben βλάπτειν, διαφθείρειν τι, = Haufe ὁ σωρός.
stoßen ὠθεῖν, κινεῖν, κρούειν, παίειν, τύπτειν, κόπτειν, zu j-m ~ προστίθεσθαί τινι, beiseite ~ παρωθεῖν, vom Throne ~ ἐκβάλλειν τινὰ τῆς ἀρχῆς, j-n vor den Kopf ~ προσκρούειν τινί, sich an etw. ~ προσπταίειν τινι, vom Lande ~ ἀνάγεσθαι (M.), auf j-n ~ (= j-n treffen, antreffen) ἐν-, περι-, ἐπιτυγχάνειν τινί, ἐμπίπτειν εἴς τινα, von sich ~ ἀπωθεῖσθαι.
Stoßen n durch Verba.
Stößer m ὁ κίρκος (Raubvogel).
stößig κυρίττων.
Stotterer m ὁ φελλιστής.
stottern φελλίζειν.
Stottern n ὁ φελλισμός.
stracks εὐθύς.
Strafanstalt f τὸ δικαιωτήριον.
Strafantrag m τὸ τίμημα.
strafbar ἐπιζήμιος (2).
Strafbarkeit f τὸ ἐπιζήμιον.
Strafbestimmung f ἡ τίμησις.
Strafe f ἡ ζημία, ἡ τιμωρία, ἡ κόλασις, ἡ δίκη, ἡ τιμή, ~ bezahlen δίκην διδόναι, j-m eine ~ auferlegen ζημίαν oder δίκην ἐπι-, προστιθέναι τινί, ~ leiden ζημιοῦσθαι, δίκην τίνειν, ~ verwirken δίκην ὀφλισκάνειν, e-r ~ verfallen sein ἔνοχον εἶναι δίκῃ.
strafen δίκην ἐπιτιθέναι τινί, κολάζειν, für etwas

gestraft sein δίκην ἔχειν τινός.
Strafen n s. Strafe.
straff ἐπιστρεφής, σύν-, εὔτονος (2).
Straffheit f ἡ συν-, εὐτονία.
Strafgeld n τὸ τίμημα.
Strafgerechtigkeit f ἡ νέμεσις.
Strafgericht n ἡ τιμωρία.
sträflich ζημίας ἄξιος, μεμπτός.
Sträfling m ὁ εἰς φυλακὴν παραδεδομένος. [(2).]
straflos ἀζήμιος (2), ἄθῳος
Straflosigkeit f τὸ ἀζήμιον, ἡ ἄδεια.
Strafmittel n ἡ δίκη, τὸ κολαστήριον.
Strafrecht n ἡ κόλασις.
Strafsatz m τὸ τίμημα.
Strafsumme f s. Strafgeld.
Strafurteil n ἡ καταδίκη.
Strafverfahren n ἡ κόλασις.
strafwürdig ζημίας ἄξιος.
Strahl m ἡ ἀκτίς (ῖνος), ἡ αὐγή, ~en werfen βάλλειν ἀκτῖνας.
strahlen λάμπειν, στίλβειν, vor Freude ~ γάνυσθαι.
strahlenartig ἀκτινοειδής.
strahlend λαμπρός, στιλπνός.
stramm s. straff. [πόδα.]
strampeln διαρριπτεῖν τὼ
Strand m ἡ ἀκτή, ὁ αἰγιαλός, ein Schiff auf den ~ laufen lassen ὀκέλλειν ναῦν.
stranden ναυαγεῖν (Schiffbruch leiden).
Strandläufer m ὁ τροχίλος.

Strandung f ἡ ναυαγία.
Strang m ἡ σειρά, ἡ ἀγχόνη, j-n zum ~ verurteilen καταγιγνώσκειν τινὸς ἀγχόνην.
Strangulation f, **Strangulieren** n ἡ ἀγχόνη.
strangulieren ἀπάγχειν.
Strapaze f ὁ πόνος, ὁ κάματος, ὁ μόχθος, ἡ ταλαιπωρία, ~n aushalten, ertragen πόνους ὑποφέρειν.
strapazieren καταπονεῖν, ταλαιπωρεῖν.
Straße f ἡ ὁδός, ἡ λεωφόρος, ἡ ἀγυιά, ἡ πλατεῖα.
Straßenbau m ἡ ὁδοποιία.
Straßenräuber m ὁ λῃστής.
straßenräuberisch λῃστικός, λῃστρικός.
sträuben ἀναχαιτίζειν (von den Haaren der Tiere), sich ~ = widerstreben ἀντιτείνειν, ἀντέχειν, ἀνθίστασθαι, ἐναντιοῦσθαι (P.) τινι.
Strauch m ὁ θάμνος, ἡ λόχμη.
strauchartig θαμνώδης.
straucheln σφάλλεσθαι (P), ὀλισθάνειν.
Straucheln n τὸ σφάλμα, ἡ ὀλίσθησις.
Strauchwerk n οἱ θάμνοι, τὰ βλήματα.
Strauß m ἡ δέσμη ἀνθῶν (von Blumen), ὁ λόφος (auf dem Kopfe von Vögeln), ὁ μέγας στρουθός (der bekannte Vogel).
Straußenei n τὸ τοῦ μεγάλου στρουθοῦ ᾠόν.

Straußenfeder, τό τοῦ μεγάλου στρουθοῦ πτερόν.
Strebe f, **Strebe=holz** n, **=pfeiler** m τὸ ἔρεισμα.
streben ἐπιθυμεῖν, ἐφίεσθαι, ὀρέγεσθαί τινος, σπουδάζειν περί τι, διώκειν, θηρεύειν, θηρᾶν τι.
Streben n ἡ σπουδή, ἡ ἐπιθυμία.
strebsam σπουδαῖος.
strecken τείνειν, ἀποτείνειν. die Hände in die Höhe ~ ἀνατείνειν τὰς χεῖρας (τὼ χεῖρε), sich auf etwas hin~ κατακλίνεσθαι εἰς ob. ἐπί τι, die Waffen ~ παραδιδόναι τὰ ὅπλα.
Streich m ἡ πληγή, kluger ~ τὸ σόφισμα, schelmischer ~ ἡ πανουργία, τὸ μηχάνημα, j-m einen ~ spielen πράγματα παρέχειν τινί.
streicheln ψήχειν, ψηλαφᾶν.
streichen σμῆν, ψήχειν, ψηλαφᾶν, an etwas hin~ ἅπτεσθαί τινος.
Streif, Streifen m ἡ ῥάβδος.
streifen ἅπτεσθαι, ψαύειν τινός, (von Soldaten) δια-, περιτρέχειν, herum~ περιπλανᾶσθαι.
Streiferei f ἡ ἐκδρομή.
Streifkorps n οἱ ἔκδρομοι.
Streit m ἡ διαφορά, τὸ νεῖκος, ἡ ἔρις (ιδος), ὁ ἀγών, ~ mit j-m anfangen συνάπτειν νεῖκος πρός τινα, in ~ mit j-m leben διαφοράν ἔχειν πρός τινα, einen ~ schlichten διαλύειν διαφοράν.

Streitaxt f ὁ πέλεκυς (εως).
streitbar μάχιμος (2), φιλοπόλεμος (2), πολεμικός.
streiten διαφέρεσθαι, ἐρίζειν, ἀντιλέγειν τινί, ἀγωνίζεσθαι, μάχεσθαί τινι, vor Gericht ~ δικάζεσθαι.
Streiter m ὁ ἐριστής, gew. part.
Streitfrage f τὸ ζήτημα, τὸ πρόβλημα. [μαχος.]
Streitgenosse m ὁ σύμ-⌐
streitig ἀμφισβήτητος (2), ἀμφίλογος (2), j-m etw. ~ machen ἀμφισβητεῖν, διαμάχεσθαί τινι.
Streitigkeit f ἡ ἔρις (ιδος).
Streit-kräfte f/pl., **=macht** f ἡ δύναμις.
streit-liebend, =süchtig ἐριστικός, φιλόνικος (2), ~ sein φιλονικεῖν.
Streit=punkt m, **=sache** f τὸ διάφορον.
Streitschrift f τὸ ἀντιλογικὸν σύγγραμμα, ἡ ἀντιλογία.
Streitsucht f ἡ φιλονικία, ἡ ἔρις (ιδος).
Streitwagen m τὸ πολεμικὸν ἅρμα.
streng χαλεπός, τραχύς, σκληρός, αὐστηρός, δεινός, = pünktlich, genau σπουδαῖος, ἀκριβής.
Strenge f ἡ χαλεπότης, ἡ τραχύτης, ἡ σκληρότης, ἡ αὐστηρότης, ἡ δεινότης, ἡ σπουδαιότης (ητος), ἡ ἀκρίβεια.
Streu f τὸ ὑπόστρωμα, ἡ στιβάς (άδος).

streuen σπείρειν, διαχεῖν, πάττειν, βάλλειν.
Strich m = das Streichen ἡ καταφορά, = Linie ἡ γραμμή, e-n ~ durch etw. machen ἐξαλείφειν τι, ~ Strecke Landes τὸ χωρίον, der ~ der Vögel ἡ τῶν ὀρνίθων ὁδός.
strichweise σποράδην, ἐνιαχοῦ, ἔσθ' ὅπου.
Strick m ὁ βρόχος, ἡ σειρά, (als Schimpfwort) ὁ μαστιγίας.
stricken πλέκειν, χηλεύειν.
Stricknadel f ἡ χηλή, τὸ χήλευμα.
striegeln ψήχειν, ἀποτρίβειν.
Striegeln n ἡ ψῆξις.
Strieme f ὁ μώλωψ (ωπος).
Stroh n τὸ κάρφος.
Strohblume f ὁ ἀμάραντος.
Strohdach n ἡ ἐκ καλάμων πεποιημένη στέγη.
Strohdecke f ὁ φορμός.
Strohfarbe f τὸ κιρρόν.
strohgelb κιρρός.
Strohhalm m ἡ καλάμη, ὁ κάλαμος.
Strohmatte f ὁ φορμός.
Strohsack m ἡ ψίαθος.
Strohseil n τὸ σχοινίον.
Strom m ὁ ῥοῦς, τὸ ῥεῦμα, ἡ ῥοή, ὁ ποταμός, ~ von Tränen δάκρυα πολλά, ~ von Menschen τὸ πλῆθος ἀνθρώπων.
strom-ab, -abwärts κατὰ τὸν ποταμόν.
strom-auf, -aufwärts ἀνὰ τὸν ποταμόν. [ὁρμᾶν.]
strömen ῥεῖν, φέρεσθαι (P.),

Strömung f ὁ ῥοῦς.
stromweise ῥύδην.
Strophe f ἡ στροφή.
strotzen σπαργᾶν, βρύειν, von Kraft ~ ὀργᾶν.
strotzend λιπαρός.
Strudel m ἡ δίνη, ὁ δῖνος.
strudeln δινεῖσθαι.
Strunk m τὸ στέλεχος.
struppig αὐχμηρός, ~es Aussehen ὁ αὐχμός.
Stube f τὸ οἴκημα, ἡ στέγη, ὁ θάλαμος.
Stubentür f ἡ θύρα.
Stuck m τὸ κονίαμα.
Stück n τὸ μέρος, τὸ μόριον, ἡ μερίς (ίδος), ὁ τόμος, τὸ δρᾶμα (Bühnenstück), in allen ~en (τὰ) πάντα, πάντῃ, in vielen ~en ἐπὶ πολλῶν, κατὰ πολλά, aus freien ~ αὐτόματος (2), αὐτοκέλευστος (2), ἑκών, ἑκούσιος, ἀφ' ἑαυτοῦ, große ~e auf j-n halten περὶ πολλοῦ ποιεῖσθαί τινα.
Stuckatur f αἱ ποικιλίαι.
Stückchen n τὸ μικρὸν μέρος, ὀλίγον τι.
stückweise καθ' ἓν ἕκαστον, κατὰ μέρος (μέρη).
Stückwerk n τὸ ἀτελὲς ἔργον.
Student m ὁ περὶ τὰ γράμματα σπουδάζων.
Studien, die τὰ γράμματα.
studieren σπουδάζειν περί τι, ἀσκεῖν, ἐπιτηδεύειν, μελετᾶν, = über etw. nachdenken φροντίζειν τι.
Studieren, Studium n ἡ μελέτη.

(streuen   350   Studieren)

Studier=stube f, =zimmer n τὸ μουσεῖον.

Stufe f τὸ βάθρον, ὁ βαθμός, ἡ κλίμαξ (ακος), die ~n des Lebensalters αἱ τῆς ἡλικίας ἀκμαί, auf einer niedrigen ~ stehen ταπεινῶς ἔχειν, auf gleicher ~ mit j-m stehen ἴσα ἔχειν τινί.

Stufenfolge f ἡ συνέχεια.

Stufengang m ἡ ἀκολουθία. [(κος).]

Stufenleiter f ἡ κλίμαξ

stufenweise βαθμηδόν, κλιμακηδόν. [ὁ θρόνος.]

Stuhl m ἡ ἕδρα, ἡ καθέδρα,

Stühlchen n τὸ διφρίον.

Stuhlgang m ἡ κοιλιολυσία, ἡ διαχώρησις. [τρον.]

Stuhllehne f τὸ ἐπίκλιν-

Stuhlleiste f ἡ κνημία.

stülpen πτύσσειν.

stumm ἄφωνος (2), κωφός, ἐνεός.

Stummheit f ἡ ἀφωνία, ἡ κωφότης, ἡ ἐνεότης (ητος).

Stümper m ὁ ἰδιώτης.

Stümperei f ἡ ἀπειρία, ἡ ἀμαθία, (als Sache) τὸ φαῦλον ἔργον.

stümperhaft ἰδιωτικός, φαῦλος.

stümpern ἰδιώτην εἶναί τινος, ἄπειρον εἶναί τινος.

stumpf ἀμβλύς, ἀναίσθητος (2), ~ machen ἀμβλύνειν.

Stumpf m ὁ κορμός, mit ~ und Stiel ausrotten παντελῶς διαφθείρειν.

Stumpfheit f ἡ ἀμβλύτης (ητος), ἡ ἀναισθησία.

Stumpfnase f ἡ σιμὴ ῥίς (ινός). [σιμος (2).]

stumpfnasig σιμός, ῥινό-

Stumpfnasigkeit f ἡ σιμότης (ητος).

stumpfsichtig ἀμβλύς.

Stumpfsichtigkeit f ἡ ἀμβλυωπία.

Stumpfsinn m ἡ βραδυτής (ητος), ἡ ἀναισθησία, ἡ νώθεια.

stumpfsinnig ἀμβλύς, βραδύς, ἀναίσθητος (2), νωθής.

Stunde f ἡ ὥρα, Freistunde ἡ σχολή, die rechte ~ ὁ καιρός, ἡ εὐκαιρία, zur rechten ~ ἐν καιρῷ, ἐν καλῷ, εἰς καλόν, bis auf diese ~ μέχρι τοῦ νῦν od. τοῦδε.

Stundenuhr f τὸ ὡρολόγιον.

stundenweise καθ᾽ ὥρας.

stündlich καθ᾽ ἑκάστην τὴν ὥραν.

Stundung f ἡ ἀναβολή.

Sturm m ὁ χειμών (ῶνος), ἡ θύελλα, = Angriff ἡ προσβολή, ἡ ἐπιδρομή, mit ~ κατὰ od. ἀνὰ κράτος, ~ laufen δρόμῳ φέρεσθαι ἐπί τι, = Lärm, Unruhe ὁ θόρυβος.

Sturmbock m ὁ κριός.

Sturmdach n ἡ χελώνη.

stürmen = es stürmt χειμάζει, (übtr.) ὁρμᾶσθαι (P.), φέρεσθαι (P.), eine Stadt ~ προσβάλλειν πόλει oder πρὸς πόλιν.

Stürmen n: des Windes ἡ

καταφορά, eines Ortes ἡ προσβολή, gew. durch Verba.
Sturmflut f ἡ θαλαττία ζέσις.
Sturmhaube f ἡ κόρυς (υθος).
Sturmhut m τὸ ἀκόνιτον (giftige Pflanze).
stürmisch χειμέριος, ~es Wetter ὁ χειμών (ῶνος), (von Personen) ὀξύς, βίαιος.
Sturm=lauf, =schritt m ὁ δρόμος, im ~ anrücken δρόμῳ προσιέναι.
Sturmleiter f ἡ ἐπιβάθρα.
Sturmwind m ἡ θύελλα.
Sturz m = Erniedrigung ἡ ταπείνωσις, intr. τὸ πτῶμα, gew. durch Verba.
stürzen trans. ῥίπτειν, βάλλειν, sich ~ ῥίπτειν ἑαυτόν, sich in Gefahren ~ ῥίπτειν ἑαυτὸν εἰς κινδύνους, sich in den Kampf ~ ὁρμᾶσθαι εἰς μάχην, sich j-m zu Füßen ~ προσπίπτειν τοῖς γόνασί τινος, j-n ~ (übtr.) διαφθείρειν, ἀπὸ κολλῶν τινά, = sich schnell fortbewegen φέρεσθαι, ὁρμᾶσθαι.
Stürzen n s. Sturz.
Stute f ἡ ἵππος.
Stutenfüllen n ἡ πῶλος.
Stütze f τὸ ἔρεισμα, τὸ ὑπέρεισμα, übtr. ἡ ἐπικουρία, ἡ παραμυθία.
stutzen κολούειν, κολοβοῦν, intr. ἐκπλήττεσθαι, θαυμάζειν.
Stutzen n ἡ κόλουσις, ἡ κολόβωσις, intr. ἡ ἔκπληξις, ὁ ὄκνος.

stützen στηρίζειν, ἐρείδειν, sich auf etw. ~ ἐρείδεσθαί τινι.
Stutzer m ὁ καλλωπιστής.
stutzerhaft καλλωπιστικός.
stutzig ἐκπεπληγμένος, θαυμάζων (über etw. ἐπί τινι), j-n ~ machen ἐκπλήττειν τινά. [ἔρμα.]
Stützpunkt m ἡ βάσις, τὸ
subaltern ὑποτεταγμένος.
Subjekt n τὸ ὑποκείμενον, = Mensch ὁ ἄνθρωπος.
subjektiv ἴδιος.
Subordination f ἡ εὐταξία, ἡ πειθαρχία.
subordinieren τάττειν τι ὑπό τι.
Substanz f ἡ οὐσία, τὸ ὄν.
subtil ἀκριβής.
Subtilität f ἡ ἀκρίβεια.
subtrahieren ἀφαιρεῖν τινος.
suchen ζητεῖν, ἐπιζητεῖν, ἐρευνᾶν, ἰχνεύειν, = etw. zu erlangen ~ διώκειν, θηρᾶν, ἐπιθυμεῖν τινος, s-e Ehre in etwas ~ φιλοτιμεῖσθαι ἔν τινι; oft wird "suchen" durch das impf. de conatu ausgedrückt, zB. er suchte zu überreden ἔπειθεν.
Suchen n ἡ ζήτησις, gew. durch Verba.
Sucher m ὁ ζητητής, gew. durch part.
Sucht f ἡ ἐπιθυμία, ὁ ἔρως (ωτος), ὁ πόθος (nach etw. τινός).
Sudelei f ὁ σχεδιασμός.
sudeln σχεδιάζειν.
Süden m ἡ μεσημβρία, ὁ νότος, gegen ~ πρὸς μεσημβρίαν.

südlich μεσημβρινός. νότιος, τὸ πρὸς μεσημβρίαν.
Südostwind m ὁ εὖρος.
Südpol m ὁ νότιος πόλος.
Südsee f ἡ νοτία θάλαττα.
südwärts πρὸς νότον.
Südwind m ὁ νότος.
Sühne, Sühnung f ἡ κάθαρσις, τὸ καθαρτήριον.
sühnen ἱλάσκεσθαι, ἁγνίζειν, καθαίρειν.
Sühnopfer n ὁ καθαρμός, τὰ μειλίχια.
summarisch σύντομος (2), κεφαλαιώδης, *adv.* ἐν κεφαλαίῳ, συλλήβδην.
Summe f ὁ ἀριθμός, τὸ κεφάλαιον.
summen βομβεῖν.
summieren συλλογίζεσθαι (M.), συγκεφαλαιοῦν.
Sumpf m τὸ ἕλος, ἡ λίμνη.
sumpfartig ἑλώδης.
Sumpfbinse f ὁ ἕλειος σχοῖνος.
Sumpfgegend f τὰ ἕλη.
Sumpfgras n ἡ λιμναία πόα. [λιμνώδης.]
sumpfig ἕλειος, ἑλώδης,
Sumpfmeise f ὁ μελαγκόρυφος.
Sumpfpflanze f τὸ λιμναῖον φυτόν. [ὄρνις (ιθος).]
Sumpfvogel m ὁ λιμναῖος
Sund m ὁ πορθμός.
Sünde f τὸ ἁμάρτημα, ἡ ἁμαρτία, ἡ ἀδικία, ἡ ἀσέβεια.
Sündenfall m ἡ ἀπὸ θεοῦ ἀπόστασις.
Sündenschuld f τὸ ἄγος.
Sünder m ὁ ἄδικος, κακοῦργος oder ἀσεβὴς ἄνθρωπος (ἀνήρ).
Sünderin f ἡ ἀσεβὴς γυνή.
sündhaft, sündig ἀσεβής, ἀνόσιος (2).
Sündhaftigkeit f ἡ ἀσέβεια, ἡ ἀνοσιότης (ητος).
sündigen ἁμαρτάνειν, ἀδικεῖν, ἀσεβεῖν, ἀνόσια ποιεῖν.
sündlich s. sündhaft.
sündlos ἀναμάρτητος (2), ἁγνός.
Sündlosigkeit f τὸ ἀναμάρτητον, ἡ ἁγνότης (ητος).
Suppe f ὁ ζωμός.
süß γλυκύς, ἡδύς, ~ machen γλυκαίνειν, ἡδύνειν.
Süße n, **Süßigkeit** f τὸ γλυκύ, ἡ γλυκύτης, ἡ ἡδύτης (ητος).
Süßklee m τὸ ἡδύσαρον.
süßlich ὑπόγλυκυς, übertr. ἁβρός, ~ tun ἁβρύνεσθαι.
Syenit m ὁ Συηνίτης λίθος.
Sykophant m ὁ συκοφάντης, ein ~ sein συκοφαντεῖν.
Sykophantenart f τὸ συκοφαντικόν.
sykophantenartig συκοφαντώδης. [φαντία.]
Sykophantentum n ἡ συκο-
sykophantisch συκοφαντικός.
Symbol n τὸ σύμβολον.
symbolisch συμβολικός.
Symmetrie f ἡ συμμετρία.
symmetrisch σύμμετρος (2).
Sympathie f ἡ συμ-, ὁμοιοπάθεια.
Symptom n τὸ σημεῖον, τὸ τεκμήριον.

Synagoge f ἡ συναγωγή.
Syndikus m ὁ σύνδικος.
Synode f ἡ σύνοδος.
Synthese f ἡ σύνθεσις.
System n τὸ σύστημα.

systematisch συστηματικός.
Szene n ἡ σκηνή, = Vorgang τὸ δρᾶμα, τὸ θέαμα.
szenisch σκηνικός, δραματικός.

T

T T, τ, τὸ ταῦ, indekl.
Tabelle f ὁ πίναξ (ακος), ὁ κατάλογος.
Tadel m ἡ μέμψις, ὁ ψόγος, ~ verdienen μέμψεως ἄξιον εἶναι, sich ~ zuziehen μέμψιν od. ψόγον ὑπέχειν.
tadel=frei, =los ἄμεμπτος, ἀνεπίληπτος, ἀνέγκλητος (sämtlich 2).
tadelhaft μεμπτός, ψεκτός.
Tadelhaftigkeit f τὸ μεμπτόν, τὸ ψεκτόν.
Tadellosigkeit f τὸ ἄμεμπτον.
tadeln μέμφεσθαι, ψέγειν τινά, etw. an j-m τινός τι.
tadelnswert s. tadelhaft.
Tadelsucht f τὸ φιλόψογον.
tadelsüchtig φιλόψογος (2).
Tadler m ὁ ψέκτης, gew. durch part.
Tadlerin f durch part.
Tafel f ἡ πλάξ (ακός), ὁ πίναξ (ακος), ~ zum Speisen ἡ τράπεζα, = Mahlzeit τὸ δεῖπνον, die ~ aufheben ἀποδειπνεῖν, j-n zur ~ ziehen συνδειπνεῖν ποιεῖσθαί τινα.
Täfelchen n τὸ πινάκιον, = Stimmtäfelchen ἡ ψῆφος.
Tafelgemälde n ὁ πίναξ (ακος). [ποιεῖσθαι.
tafeln δειπνεῖν, δειπνο-

täfeln σανιδοῦν, φατνοῦν.
Tag m ἡ ἡμέρα, der ~ bricht an ἡ ἡμέρα ὑποφαίνει, mit Tagesanbruch ἅμα τῇ ἡμέρᾳ oder ἕῳ, bei ~e μεθ' ἡμέραν, ἡμέρας, an den ~ kommen φαίνεσθαι, φανερὸν γίγνεσθαι, an den ~ bringen ἀποφαίνειν, δηλοῦν, ~ für ~ καθ' ἑκάστην τὴν ἡμέραν, von ~ zu ~ εἰς ἡμέραν, den ~ bei j-m zubringen διημερεύειν μετά τινος, gute ~e haben od. erleben od. καλῶς πράττειν, heutzutage ἐν τῷ νῦν χρόνῳ, seine ~e beschließen τελευτᾶν τὸν βίον, guten ~ χαῖρε.
Tagearbeit f ἡ ἐργασία.
Tage-arbeiter, =löhner m ὁ θής (ητός), ὁ ἔριθος.
Tagebuch n αἱ ἐφημερίδες.
Tagedieb m ὁ ἀργὸς ἄνθρωπος.
tagelang διὰ πολλῶν ἡμερῶν.
Tagelohn m ὁ τῆς θητείας μισθός.
Tagemarsch m ἡ πορεία, (als Längenmaß) ὁ σταθμός.
tagen s. der Tag bricht an unter Tag.
Tagereise f ἡ ἡμέρας ὁδός.

Tages=anbruch, =anfang m ὁ ὄρθρος, ἡ ἕως, τὸ φῶς (ωτός), mit ~ u. dgl. f. Tag.
Tagesbefehl m τὸ παράγγελμα, ἡ παράγγελσις.
Tageslicht n τὸ φῶς (ωτός), ans ~ kommen ἥκειν εἰς τὸ φανερόν.
Tagesordnung f in e-r Versammlung τὰ προκείμενα.
Tageszeit f ἡ ὥρα, ἡ ἡμέρα.
Tagewerk n ἡ ἐργασία.
tagtäglich, täglich ὁ, ἡ, τὸ καθ' (ἑκάστην) τὴν ἡμέραν, adv. καθ' ἑκάστην τὴν ἡμέραν, ἀνὰ πᾶσαν ἡμέραν.
tagweise καθ' ἡμέραν.
Taille f ἡ φυή. [ὅπλα.]
Takelwerk n τὰ τῆς νεώς
Takt m ὁ ῥυθμός, ἡ βάσις, aus dem ~e bringen ταράττειν, feiner ~ ἡ εὐρυθμία, ἡ εὐταξία, Mangel an ~ ἡ ἀπειροκαλία.
taktfest εὔρυθμος (2), = gesund εὔρωστος (2).
Taktik f ἡ τακτική, τὰ τακτικά, ἡ στρατηγία.
Taktiker m ὁ τακτικός.
taktisch τακτικός.
taktlos ἄρρυθμος (2), übtr. ἀπειρόκαλος (2).
Taktlosigkeit f ἡ ἀρρυθμία, übtr. ἡ ἀπειροκαλία.
taktmäßig ῥυθμικός, εὔρυθμος (2). [ἀστεῖος.]
taktvoll εὔρυθμος (2), übtr.
Tal n τὸ κοῖλον, ἡ νάπη.
Talar m ὁ ποδήρης χιτών (ῶνος).

Talent n τὸ τάλαντον (als Gewicht 26¹/₅ kg, als Geldsumme 4715 Mt.), = Naturanlage ἡ φύσις, ἡ δύναμις, großes ~ ἡ εὐφυΐα.
talentlos ἀφυής.
Talentlosigkeit f ἡ ἀφυΐα.
talentvoll εὐφυής.
Talg m τὸ στέαρ (ατος), ὁ δημός.
talgartig, talgig στεατώδης.
Talgrund m ἡ νάπη, τὸ νάπος.
Talisman m τὸ βασκάνιον.
Talkessel m ἡ συνάγκεια.
Talschlucht f ἡ χαράδρα.
Tamariske f ἡ μυρίκη.
Tambour m ὁ τυμπανιστής.
Tand m ὁ λῆρος, ὁ ῥῶπος.
Tändelei f ἡ παιδιά, τὸ παίγνιον.
tändelhaft, tändelnd παιδιώδης.
tändeln παίζειν, ληρεῖν.
Tang m τὸ φῦκος, τὸ φυκίον.
Tanne f ἡ ἐλάτη.
tannen ἐλάτινος.
Tannen=hain, =wald m τὸ ἐλατῶν ἄλσος oder ὕλη.
Tannenholz n τὸ ἐλάτινον ξύλον. [λος.]
Tannenzapfen m ὁ στρόβι-
Tante f ἡ θεία.
Tanz m ἡ ὄρχησις, ἡ χορεία, τὸ χόρευμα.
tanzen ὀρχεῖσθαι (M.), χορεύειν.
Tanzen n f. Tanz.
Tänzer m ὁ ὀρχηστής, ὁ χορευτής. [(ίδος).]
Tänzerin f ἡ ὀρχηστρίς

Tanzkunst f ἡ ὀρχηστική.
Tanz-lehrer, -meister m ὁ ὀρχηστοδιδάσκαλος.
tanzlustig φιλορχήμων.
Tanz-platz, -saal m ὁ ὀρχηστικὸς τόπος.
Tapete f ὁ τάπης (ητος), ἡ τάπις (ιδος).
tapezieren στρωννύναι, κοσμεῖν τάπισιν.
tapfer ἀνδρεῖος, ἀγαθός, εὔψυχος (2), ~ sein, sich ~ zeigen ἀνδραγαθίζεσθαι (M.), ἀνδρεῖον παρέχειν ἑαυτόν, ἄνδρα ἀγαθὸν γίγνεσθαι, der Tapferste sein ἀριστεύειν.
Tapferkeit f ἡ ἀνδρεία, ἡ ἀρετή, ἡ εὐψυχία.
tappen πλανᾶσθαι (P.), im Finstern ἐν σκότῳ.
täppisch σκαιός.
Tarantel f τὸ φαλάγγιον.
Tartsche f ἡ ἀσπίς (ιδος).
Tasche f ἡ πήρα, ἡ διφθέρα.
Taschenbuch n τὸ δελτίον, τὸ ἐγχειρίδιον.
Taschenspieler m ὁ ψηφοπαίκτης.
Taschen-spielerei, -spielerkunst f ἡ γοητεία.
Tasse f ἡ φιάλη, τὸ ἔκπωμα.
tasten ψηλαφᾶν.
Tastsinn m ἡ ἁφή.
Tat f τὸ πρᾶγμα, ἡ πρᾶξις, τὸ ἔργον, eine ~ vollbringen ἔργον ἐργάζεσθαι oder ἀποδείκνυσθαι, auf frischer ~ ertappen καταφωρᾶν, in der ~ ἔργῳ, τῷ

ὄντι, ὄντως, j-m mit Rat und ~ beistehen συμβουλεύειν καὶ συμπράττειν τινί.
Taten-drang, -durst m ἡ φιλοπραγμοσύνη.
tatenlos ἀπράγμων, ἀργός.
Tatenlosigkeit f ἡ ἀπραγμοσύνη, ἡ ἀργία.
Täter m, **Täterin** f durch part.
tätig ἐνεργός, ἐργαστικός, σπουδαῖος, etw. ~ betreiben σπεύδειν τι.
Tätigkeit f ἡ ἐνέργεια, ἡ ἐργασία, ἡ πρᾶξις, ἡ σπουδή, ἡ σπουδαιότης (ητος), ~ des Geistes ἡ διάνοια.
Tatkraft f ἡ ἐνέργεια.
tatkräftig ἐνεργός.
tätlich, tatsächlich ἔργῳ, τῷ ὄντι, ὄντως, = gewaltsam βίαιος.
Tätlichkeit f ἡ βία.
tätowieren στίζειν.
Tatsache f τὸ πρᾶγμα, τὸ ἔργον.
Tatze f ὁ ὄνυξ (χος), (von einem Bären) ἡ χείρ (ρός).
Tau¹ n ὁ κάλως (ω), τὸ πεῖσμα, τὸ σχοινίον.
Tau² m ὁ δρόσος.
tauartig δροσώδης.
taub κωφός, ~ sein gegen etw. οὐχ ὑπακούειν τινός, ~en Ohren predigen κωφῷ λέγειν.
Täubchen n τὸ φάττιον.
Taube f ἡ περιστερά (zahme ~), ἡ πελειάς (Feldtaube), ἡ φάττα (Ringel- oder Holztaube).
taubenartig περιστεροειδής.

(Tanzkunst) 356 taubenartig)

Tauben=haus n, **=schlag** m ὁ περιστερεών (ῶνος).
Taubennest n ἡ περιστερᾶς καλιά.
Taubenstößer m ὁ φαττοφόνος (Raubvogel).
Tauber, Täuberich m ὁ περιστερός. [(ητος).]
Taubheit f ἡ κωφότης
taubstumm ἐνεός.
tauchen trans. δύειν, βάπτειν, βαπτίζειν, intr. δύεσθαι, κολυμβᾶν.
Taucher m ὁ κολυμβητής (von Menschen), ἡ κολυμβίς (ίδος), ἡ αἴθυια (Wasservogel).
tauen: es taut δρόσος γίγνεται.
Taufe f ὁ βαπτισμός.
taufen βαπτίζειν.
Täufer m ὁ βαπτιστής.
taugen zu etwas χρήσιμον, ἐπιτήδειον od. ἱκανὸν εἶναι πρός τι.
Taugenichts m ὁ μαστιγίας, ὁ ὄλεθρος.
tauglich χρήσιμος, ἐπιτήδειος, ἱκανός, χρηστός.
Tauglichkeit f ἡ χρησιμότης, ἡ ἐπιτηδειότης, ἡ ἱκανότης, ἡ χρηστότης (ητος).
Taumel m ὁ ἴλιγγος, (infolge Trunkenheit) ἡ κραιπάλη, ἡ μέθη.
taumelig παράφρονος (2).
taumeln σφάλλεσθαι (P.), κραιπαλᾶν, μεθύειν.
Tausch m ἡ ἀλλαγή, ἡ ἀμοιβή.
tauschen ἀλλάττειν τι ἀντί τινος.

täuschen ἀπατᾶν, ἐξαπατᾶν, ὑπάγειν, ψεύδειν, sich ~ σφάλλεσθαι (P.), ψεύδεσθαι (P.), in etwas τινός.
täuschend ἀπατηλός, ψευδής, σφαλερός.
Tauschhandel m ἡ ἀλλαγή, ἡ τῶν φορτίων ἀμοιβή.
tauschweise δι' ἀλλαγῆς.
Täuschung f ἡ ἀπάτη, ἡ ἐξαπάτη, τὸ ψεῦδος, = Irrtum τὸ σφάλμα, τὸ ἁμάρτημα.
tausend χίλιοι, (zur Bezeichnung einer großen Zahl) μυρίοι, ~ Dank sagen μεγίστην od. πλείστην χάριν λέγειν.
tausenderlei μυρίοι.
tausend=fach, =fältig χιλιοπλάσιος.
tausendjährig χιλίων ἐτῶν, χιλιέτης.
Tausendkünstler m ὁ θαυματοποιός.
tausendmal χιλιάκις.
Tausendste m ὁ χιλιοστός.
Tauwerk n τὰ τῆς νεὼς ὅπλα.
Tauwetter n: es tritt ~ ein τήκεται ἡ χιών.
Taxe f ἡ τιμή, τὸ τίμημα.
taxieren τιμᾶν.
Taxus, =baum m ἡ σμίλαξ (κος). [ἡ τέχνη.]
Technik f τὰ τῆς τέχνης,
technisch τεχνικός.
Teer m ἡ πίττα.
teeren πιττοῦν.
teerig πιττώδης.
Teich m ἡ λίμνη.
teichartig λιμνώδης.
Teig m τὸ φύραμα, ἡ μᾶζα.
teigig κολλώδης.

Teil m und n τὸ μέρος, ἡ μερίς (ίδος), ἡ μοῖρα, meistenteils ἐπὶ τὸ πολύ, ὡς ἐπὶ τὸ πολύ, τὸ πλεῖστον, der größere ~ οἱ πολλοί, zum ~ ... zum ~ τὸ μέν ... τὸ δέ, οἱ μέν ... οἱ δέ, ich für meinen ~ ἔγωγε, an etwas teilhaben μετέχειν τινός, an etwas teilnehmen κοινωνεῖν τινος, ἀντιλαμβάνεσθαί τινος, j-n an etwas teilnehmen lassen μεταδιδόναι τινί τινος, an j-s Freude teilnehmen συνήδεσθαι (P.) τινι, an j-s Leid teilnehmen συμπάσχειν τινί, es wird mir etwas zuteil γίγνεταί μοί τι, τυγχάνω τινός.
teilbar μεριστός, διαιρετός.
Teilbarkeit f τὸ μεριστόν.
Teilchen n τὸ μικρὸν μέρος.
teilen μερίζειν, διαλαμβάνειν, διαιρεῖν, νέμειν, διανέμειν.
Teilen n ὁ μερισμός, ἡ διαίρεσις, ἡ νομή, ἡ διανομή). [Verba.]
Teiler m durch das *part.* der
teilhaben f. unter Teil.
Teil=haber, =nehmer m ὁ κοινωνός, ὁ μέτοχος.
teilhaftig μετέχων, μέτοχος, κοινωνός, μέτοχος, κοινωνός, κοινωνῶν, einer Sache ~ sein κοινωνεῖν, μετέχειν τινός, μέτεστί μοί τινος.
Teilnahme f ἡ μετοχή, ἡ κοινωνία, = Mitleid ὁ ἔλεος.
teilnahmlos ἀνελεήμων (ohne Mitgefühl), ἀναίσθητος (2, stumpfsinnig).

Teilnahmlosigkeit f ἡ ἀναισθησία.
teilnehmen f. unter Teil.
teilnehmend μετέχων, μέτοχος, übtr. ἐλεήμων, συμπαθής.
Teil=nehmer m, **=nehmerin** f ὁ, ἡ κοινωνός, ὁ, ἡ μέτοχος.
teils ... teils τὸ (τὰ) μέν ... τὸ (τὰ) δέ, ἅμα μέν ... ἅμα δέ, καί ... καί, τοῦτο μέν ... τοῦτο δέ, (von Personen) οἱ μέν ... οἱ δέ.
Teilung f f. Teilen.
teilweise μέρος τι, κατὰ μέρος (μέρη). [χρόα.]
Teint m ὁ χρώς (ωτός), ἡ
Teller m ὁ πίναξ (κος).
Tempel m ὁ νεώς, τὸ ἱερόν.
Tempelaufseher m ὁ νεωκόρος.
Tempelbezirk m τὸ τέμενος.
Tempel=diener m, **=dienerin** f ὁ, ἡ ἱερόδουλος.
Tempelhüter m f. Tempelaufseher.
Tempelraub m ἡ ἱεροσυλία.
Tempelräuber m ὁ ἱερόσυλος. [aufseher.]
Tempelwärter m f. Tempel=
Temperament n ἡ ὀργή, ἡ φύσις. [κρᾶσις.]
Temperatur f ἡ (τοῦ ἀέρος)
temperieren μέτριον ποιεῖν.
Tempo n ἡ ἀγωγή.
Tendenz f ἡ περιβολή, ἡ γνώμη.
Tenne f ἡ ἅλως (ω).
Teppich m ὁ τάπης (ητος), τὸ στρῶμα.
Termin m ἡ ἡμέρα, e-n ~

ansetzen, bestimmen τάττειν (auch M.) ἡμέραν.

terminweise κατὰ τακτοὺς χρόνους.

Terpentin m ἡ τερμενθίνη, ἡ τερεβινθίνη.

Terpentinbaum m ἡ τέρμινθος, ἡ τερέβινθος.

Terpentinöl n τὸ τερμίνθινον ἔλαιον.

Terrain n ἡ χώρα, ὁ τόπος, günstiges ~ ἐπιτήδειος χώρα, ungünstiges ~ ἡ δυσχωρία.

Terrasse f τὸ ὑπερῷον.

Terrine f ὁ κρατήρ (ῆρος).

Testament n ἡ διαθήκη (besser αἱ διαθῆκαι), ein ~ machen διαθήκας γράφειν, das ~ eröffnen τὰς διαθήκας ἀνοίγειν.

testamentarisch ἐκ διαθήκης.

teuer τίμιος, πολυτελής, ~ kaufen, verkaufen πολλοῦ πρίασθαι, ἀποδίδοσθαι, wie ~? πόσου; = lieb, wert φίλος, προσφιλής, mein Teurer ὦ φίλτατε.

Teuerung f ἡ σιτοδεία, ἡ σπανοσιτία.

Teufel m ὁ κακὸς δαίμων, ὁ διάβολος, hol dich der ~! κάκιστ᾽ ἀπόλοιο!

teuf(e)lisch δαιμονικός, διαβολικός.

Text m οἱ λόγοι.

Theater n τὸ θέατρον.

theater-artig, =förmig θεατροειδής.

theatermäßig σκηνικός.

Theatersitz m ἡ θέα.

Theaterstück n τὸ δρᾶμα.

Theatervorhang m ἡ αὐλαία.

Theaterwesen n τὰ περὶ τὴν σκηνήν. [θέμα.]

Thema n ἡ ὑπόθεσις, τὸ

Theologe m ὁ θεολόγος.

Theologie f ἡ θεολογία.

theologisch θεολογικός.

Theoretiker m ὁ θεωρητικός.

theoretisch θεωρητικός, λογικός.

Theorie f ἡ θεωρία.

These f ἡ θέσις, eine ~ aufstellen θέσιν προτιθέναι.

Thron m ὁ θρόνος, = Herrschaft ἡ βασιλεία, ἡ ἀρχή, den ~ besteigen καθίστασθαι εἰς τὴν βασιλείαν oder ἀρχήν, j-n auf den ~ setzen καθιστάναι τινὰ εἰς τὴν ἀρχήν, j-n vom ~ stoßen ἐκβάλλειν τινὰ τῆς ἀρχῆς. [Verba.]

Thronbesteigung f durch

thronen καθῆσθαι ἐπὶ θρόνου.

Thronerbe m ὁ διάδοχος.

Thronfolge f ἡ διαδοχή.

Thronfolger m s. Thronerbe.

Thronsessel m ὁ θρόνος.

Thunfisch m ὁ θύννος.

Thymian m τὸ θύμον, ὁ θύμος.

tief βαθύς, ~er Schnee πολλὴ χιών, ~er Schmerz δεινὸν ἄλγος, ~es Stillschweigen πολλὴ σιωπή, ~e Trauer μέγα πένθος, (von der Stimme und vom Tone) βαρύς.

tiefatmend μακρόπνους (2).

Tiefe f τὸ βάθος, τὸ βαθύ, ~ der Stimme und des Tons ἡ βαρύτης (ητος).

tiefgebeugt μέγα λυπούμενος.
tiefliegend κοῖλος.
Tiefsinn m ἡ μελαγχολία.
tiefsinnig μελαγχολικός.
Tiegel m τὸ τάγηνον, ἡ λοπάς (άδος).
Tier n τὸ ζῷον, τὸ θηρίον, ὁ θήρ (ηρός), zum ~ werden θηριοῦσθαι (P.).
Tierart f τὸ θηρίων γένος.
tierartig θηριώδης.
Tierbild n τὸ ζῴδιον.
Tierchen n τὸ ζῴδιον, τὸ θηρίδιον. [παράδεισος.]
Tier-garten, **-park** m ὁ
Tier-gefecht n, **-kampf** m ἡ θηριομαχία.
Tierheit f ἡ θηριότης (ητος), τὸ θηριῶδες.
Tierhetze f ſ. Tiergefecht.
tierisch θηριώδης, ἄγριος.
Tierkreis m ὁ ζῳδιακός.
Tiernatur f ἡ θήρειος φύσις.
Tieropfer n ἡ ζῳοθυσία.
Tierreich n τὰ τῶν ζῴων γένη.
Tierwelt f τὰ ζῷα.
Tiger m ὁ, ἡ τίγρις (εως und ιος).
tigerartig τιγροειδής.
Tigerhund m ὁ τιγροειδὴς κύων (υνός).
tilgen διαφθείρειν, ἀναιρεῖν, παύειν, καταλύειν.
Tilgung f durch Verba.
Tinktur f τὸ φάρμακον.
Tisch m ἡ τράπεζα, ὁ ἄβαξ (κος), zu ~ gehen ἰέναι ἐπὶ τὸ δεῖπνον.
Tischchen n τὸ τραπέζιον.
tischförmig τραπεζοειδής.

Tischfreund m ὁ παράσιτος.
Tischgenosse m ὁ σύνδειπνος, ὁ σύσσιτος.
Tischgerät n τὰ ἐπιτραπέζια σκεύη.
Tischgesellschaft f ἡ συσσιτία, οἱ σύνδειπνοι.
Tischler m ὁ ξυλουργός.
Tischlied n τὸ σκόλιον.
Tischnachbar m ὁ παρακλίτης
Titel m ἡ ἐπιγραφή (eines Buches), ἡ ἐπωνυμία, ἡ προσηγορία (einer Person), einen ~ führen προσαγορεύεσθαι (P.).
titulieren προσαγορεύειν τινά mit acc.
Toast m ἡ φιλοτησία.
toben ἀγανακτεῖν, μαίνεσθαι, θορυβεῖν.
Toben n ἡ ἀγανάκτησις, ἡ μανία, ὁ θόρυβος.
tobend θορυβώδης.
Tobsucht f ἡ λύττα.
Tochter f ἡ θυγάτηρ (ατρός), ἡ παῖς (αιδός).
Töchterchen n τὸ θυγάτριον, ἡ παιδίσκη.
Tochterkind n ὁ, ἡ τῆς θυγατρὸς παῖς.
Tochtermann m ὁ γαμβρός, ὁ τῆς θυγατρὸς ἀνήρ.
Tod m ὁ θάνατος, ἡ (τοῦ βίου) τελευτή, den ~ erleiden ὑπομένειν τὸν θάνατον, eines frühzeitigen ~es sterben πρὸ τῆς ὥρας ἀποθνῄσκειν, ich bin des ~es ἀπόλωλα, dem ~e nahe ἐπιθάνατος (2), j-n auf ~ und Leben anklagen ὑπάγειν

τινὰ θανάτου, mit dem ~e bestrafen ζημιοῦν θανάτῳ, j-n zum ~e verurteilen καταγιγνώσκειν, καταδικάζειν, κατακρίνειν oder καταψηφίζεσθαί τινος θάνατον.
todbringend θανάσιμος (2).
Todesangst f ἡ ἀγωνία, in ~ sein ἀγωνιᾶν.
Todesart f ὁ θάνατος.
Todesengel m ἡ Μοῖρα.
Todesfall m ὁ θάνατος.
Todesfurcht f ὁ τοῦ θανάτου φόβος.
Todesgefahr f ὁ περὶ τῆς ψυχῆς κίνδυνος.
Todeskampf m, **not** f ἡ ἀγωνία.
Todeslos n ἡ μοῖρα.
Todesqual f ἡ ἀγωνία.
Todesschlaf m ὁ ἀΐδιος ὕπνος.
Todesstille f ἡ βαθεῖα σιγή.
Todes=stoß, **=streich** m ἡ καιρία (πληγή).
Todesstrafe f ἡ θανάτου ζημία, es steht ~ auf etw. θάνατος ἐπίκειταί τινι, die ~ auf etw. setzen θάνατον ὁρίζειν ἐπί τινι, die ~ verwirkt haben θανάτου ἄξιον εἶναι. |ὥρα.|
Todesstunde f ἡ θανάτου
Todesurteil n ἡ θανάτου κρίσις, das ~ über j-n aussprechen s. j-n zum Tode verurteilen, mit dem Tode bestrafen.
Todesverachtung f ἡ τοῦ θανάτου καταφρόνησις.
Todeszeichen n τὸ τοῦ θανάτου σημεῖον.
todfeind ἔχθιστος.

Todfeind m ὁ ἔχθιστος.
todkrank ἐπιθάνατος (2).
tödlich θανάσιμος, ἐπιθάνατος, θανατηφόρος (sämtlich 2).
Tödlichkeit f τὸ θανάσιμον.
todmüde ἀπειρηκώς.
Toga f ἡ τήβεννα, ἡ τήβεννος, = toga praetexta ἡ περιπόρφυρος, = toga virilis τὸ ἀνδρεῖον ἱμάτιον.
toll ἐμμανής, μανικός, μαινόμενος, μανείς, ~ sein λυττᾶν, μαίνεσθαι (P.), ~ werden μανῆναι.
Tollheit f ἡ μανία, ἡ ἄνοια.
Tollkirsche f ὁ μανδραγόρας.
Tollkopf m ὁ μανικὸς ἄνθρωπος.
tollkühn τολμηρός, θρασύς.
Tollkühnheit f ἡ τόλμη, τὸ θράσος.
Tollwut f ἡ λύττα, die ~ haben λυττᾶν.
tollwütig λυττώδης.
Tölpel m, **tölpelhaft**, **tölpisch** σκαιός, ἄγροικος (2).
Tölpelei, **Tölpelhaftigkeit** f ἡ σκαιότης (ητος), ἡ ἀγροικία.
Ton¹ m (Töpferton) ὁ πηλός, ὁ κέραμος.
Ton² m ἡ ἠχή, ἡ κλαγγή, ὁ ψόφος, ὁ φθόγγος, ἡ φωνή, e-n ~ von sich geben ἀφιέναι φωνήν, der gute ~ ἡ ἀστειότης (ητος), den ~ in etwas angeben ἡγεῖσθαι, προηγεῖσθαί τινος.
Tonangeber m ὁ ἡγεμών, ὁ ὑφηγητής.

Tonart f ὁ νόμος, ὁ τρόπος.
tönen ἠχεῖν, κλάζειν, φωφεῖν, φθέγγεσθαι.
Tönen n ἡ ἠχή (f. Ton²).
tönend ἠχώδης.
Tonfall m ὁ ῥυθμός.
Tonkunst f ἡ μουσική.
Tonkünstler m ὁ μουσικός.
tonlos ἄφθογγος (2), ἄφωνος (2).
Tonne f ὁ πίθος.
tonreich φωνήεις.
Tonstück n τὸ μέλος.
Tonzeichen n ὁ τόνος, ἡ προσῳδία.
Topas m τὸ τοπάζιον.
Topf m ἡ χύτρα, ἡ χυτρίς (ίδος).
topfartig χυτροειδής.
Töpfer m ὁ κεραμεύς.
Töpferei, Töpferwerkstätte f ἡ κεραμευτική. [f. Ton¹.
Töpfererde f, **Töpferton** m)
Topik f ἡ τοπική.
topp! εἶεν.
Tor¹ m ὁ μῶρος.
Tor² n αἱ πύλαι.
Tornister m ἡ πήρα.
tosen ἠχεῖν, κτυπεῖν.
tot νεκρός, τεθνηκώς, ἀποθανών, ~ sein τεθνάναι, die Toten οἱ τεθνεῶτες, οἱ καμόντες, der Tote ὁ νεκρός. [gänzlich.]
total ἅπας, σύμπας, f. ganz.)
töten ἀποκτείνειν, καταιναίνειν (aor. II. ἀπ-, κατέκανον), φονεύειν, getötet werden ἀποθνήσκειν, ſich ſelbſt ~ ἀποθνήσκειν ὑφ᾽ ἑαυτοῦ.

totenähnlich νεκρώδης.
Totenbahre f ἡ κλίνη.
Totenbeſchwörer m ὁ νεκρόμαντις.
Totenbeſchwörung f ἡ νεκρομαντεία.
toten=blaß, =bleich πελιτνός, πελιός.
Totenfeier f τὰ θανατούσια, ὁ τάφος.
Totengräber m ὁ νεκροτάφος, ὁ νεκροθάπτης.
Totenklage f ὁ θρῆνος.
Totenkleid n τὸ ἐντάφιον.
Totenmahl n τὸ ἐπιτάφιον δεῖπνον.
Totenopfer n τὸ ἐνάγισμα, ein ~ darbringen ἐναγίζειν.
Totenurne f ἡ ὑδρία.
Totſchlag m ὁ φόνος.
Totſchläger m ὁ φονεύς.
Tötung f ὁ φόνος, ἡ σφαγή.
Tour f ἡ πορεία.
Trabant m ὁ δορυφόρος.
traben διατροχάζειν.
Tracht f = Laſt ὁ φόρτος, τὸ φορτίον, = Kleidertracht ἡ στολή, eine ~ Prügel πληγαὶ πολλαί.
trachten ἐπιθυμεῖν, ἐφίεσθαι, ὀρέγεσθαί τινος, διώκειν, θηρᾶν, θηρεύειν, διώκειν, μετιέναι τι, j-m nach dem Leben ~ ἐπιβουλεύειν τινί.
Trachten n ἡ ἐπιθυμία.
trächtig ἔγκυος (2), ἐγκύμων. [ἡ κλίνη.)
Tragbahre f τὸ φέρετρον,)
tragbar βαστακτός, = fruchtbar καρποφόρος (2), εὔκαρπος (2).
Tragbarkeit f ἡ εὐκαρπία.

träge ἀργός, βλάξ (ακός), ~ sein ἀργεῖν.
tragen φέρειν, βαστάζειν, κομίζειν, zu Grabe ~ ἐκφέρειν, etw. bei (mit) sich ~ φέρεσθαί τι, = hervorbringen φέρειν, φύειν, Kleider u. dgl. ~ φορεῖν, ἔχειν, die Schuld von etw. ~ αἴτιον εἶναί τινος, Ausdrücke wie Bedenken, Sorge ~ usw. siehe unter Bedenken, Sorge usw.
Tragen n ἡ φορά.
tragend s. trächtig.
Träger m = Stütze ὁ ῥώσταξ (κος).
Trägheit f ἡ ἀργία.
Tragiker m ὁ τραγῳδοποιός, = tragischer Schauspieler ὁ τραγῳδός.
tragisch τραγικός.
Tragödie f ἡ τραγῳδία, eine ~ aufführen τραγῳδεῖν.
Train m τὰ ὑποζύγια.
Trank m τὸ ποτόν, τὸ πῶμα.
Tränke f ἡ πίστρα.
tränken ποτίζειν.
Trankopfer n αἱ σπονδαί, αἱ λοιβαί, ein ~ darbringen σπονδὰς ποιεῖσθαι.
transpirieren διαπνεῖν.
Transport m ἡ κομιδή, ἡ διακομιδή.
transportieren κομίζειν, διακομίζειν.
Transportschiff n τὸ φορταγωγὸν πλοῖον.
Transportwagen m ἡ ἅμαξα.
Trappe f ἡ ὠτίς (ίδος).
Traube f ὁ βότρυς (υος).
traubenartig βοτρυώδης.

traubenförmig βοτρυώδης, adv. βοτρυδόν.
Traubenwein m ὁ ἀμπέλινος οἶνος.
traubenweise βοτρυδόν.
trauen πιστεύειν, πεποιθέναι τινί.
Trauer f τὸ πένθος, ἡ λύπη, ~ haben πένθος ἄγειν.
Trauerbotschaft f ἡ κακὴ ἀγγελία.
Trauerfall m ἡ συμφορά.
Trauer-gesang m, =lied n ὁ θρῆνος, ἡ θρηνῳδία.
Trauer-gewand, =kleid n, =kleidung f τὸ μέλαν ἱμάτιον.
trauern πένθος ποιεῖσθαι, über, um j-n ~ πενθεῖν τινα.
Trauern n τὸ πένθος.
Trauerrede f ὁ ἐπιτάφιος λόγος.
Trauerspiel n s. Tragödie.
Traufe f ἡ ὑδροῤῥόα.
träufeln στάζειν (trans. u. intr.).
Träufeln n ἡ στάξις.
traulich προσφιλής, οἰκεῖος.
Traulichkeit f τὸ προσφιλές, ἡ οἰκειότης (ητος).
Traum m ὁ ὄνειρος, τὸ ἐνύπνιον, im ~ ὄναρ, e-n ~ haben ὁρᾶν ὄναρ.
traumartig ἐνυπνιώδης.
Traum-bild n, =erscheinung f, =gesicht n ἡ ὄψις, τὸ ἐνύπνιον, τὸ φάντασμα.
Traumdeuter m ὁ ὀνειρόμαντις.
träumen ὁρᾶν (ἰδεῖν) ὄναρ, ἐνυπνιάζειν, es träumt mir, daß δοκεῖ μοι mit inf.

Träumer m durch part.
träumerisch ὀνειρώδης, übtr. βλακώδης.
Traumgott m ὁ Ὄνειρος.
traun! ἦ μήν, δῆτα.
traurig περίλυπος (2), λυπηρός, ~ sein über etwas λυπεῖσθαι, ἀνιᾶσθαί τινι, ~ aussehen σκυθρωπίζειν.
Traurigkeit f ἡ λύπη, ἡ ἀνία.
traut φίλος, προσφιλής.
Trauung, Trauungsfeier f, -fest n τὰ γαμήλια.
treffen = erreichen ἅπτεσθαί τινος, βάλλειν, παίειν, das Ziel ~ ἐπιτυγχάνειν τοῦ σκοποῦ, etwas nicht ~ ἁμαρτάνειν, ἀποτυγχάνειν τινός, = erraten, ausfindig machen εἰκάζειν, j-n an- ἐν-, περι-, ἐπι-, συντυγχάνειν τινί, es trifft mich Unglück περιπίπτω συμφορᾷ, = veranstalten ποιεῖσθαι, Anstalten zu etw. ~ παρασκευάζειν τι, es trifft sich συμβαίνει mit inf., wie es sich trifft ἐκ τοῦ τυχόντος.
Treffen n ἡ μάχη, ὁ ἀγών (ῶνος), ein ~ liefern μάχην ποιεῖσθαι, ein ~ beginnen μάχην συνάπτειν, = Teil e-r Schlachtordnung ἡ τάξις.
treffend εὔστοχος (2), nicht ~ ἄστοχος (2).
Treffer m ἡ εὐστοχία.
trefflich ἀγαθός, καλός, χρηστός.
Trefflichkeit f ἡ ἀρετή, ἡ χρηστότης (ητος).

treiben ἐλαύνειν, ἄγειν, ὠθεῖν, j-n aus der Stadt ~ ἐκβάλλειν, τινὰ ἐκ τῆς πόλεως, Wurzeln ~ ἄγειν ῥίζας, = antreiben παρορμᾶν, παροξύνειν, παρακελεύεσθαί τινι, = betreiben ἀσκεῖν, πράττειν, ἐργάζεσθαι, ἐπιτηδεύειν, Possen ~ φλυαρεῖν, etwas weit ~ πόρρω γίγνεσθαί τινος, (von Gewächsen) αὐξάνεσθαι (P.), ἀναβλαστάνειν.
Treiben n ἡ ἔλασις, ἡ ἄσκησις, ἡ ἐργασία, ἡ ἐπιτήδευσις.
Treiber m durch part.
Treibjagd f ἡ θήρα καθ᾽ ἣν συνελαύνεται τὰ θηρία.
trennbar διαιρετός, χωριστός.
trennen χωρίζειν, διαχωρίζειν, διαιρεῖν, λύειν, ἀναλύειν, διακρίνειν, sich voneinander ~ ἀπαλλάττεσθαι ἀλλήλων, sich vom Weibe ~ ἀποπέμπειν γυναῖκα, sich vom Manne ~ ἀπολείπειν τὸν ἄνδρα.
Trennung f ὁ χωρισμός, ἡ χώρισις, ἡ διαίρεσις, ἡ διάλυσις, ἡ ἀπαλλαγή, ~ vom Leben ἡ τοῦ ζῆν ἀπαλλαγή.
Trense f ἡ ὑποχαλινιδία.
Treppe f ἡ κλῖμαξ (κος).
treppenartig κλιμακώδης.
Treppenstufe f ὁ κλιμακτήρ (ῆρος).
Tresse f τὸ κράσπεδον.
treten = gehen ἔρχεσθαι,

ἰέναι, βαίνειν, = sich stellen ἴστασθαι, στῆναι, auf etw. ~ καταστῆναι ἐπί τινος, auf die Seite ~ ὑποχωρεῖν, ὑπείκειν, auf j-s Seite ~ προσχωρεῖν τινι, ἑλέσθαι τά τινος, j-m zu nahe ~ ἀδικεῖν τινα, in das Jünglingsalter ~ ἐξέρχεσθαι εἰς τοὺς ἐφήβους, etwas entzwei ~ καταπατεῖν τι, etwas mit Füßen ~ λὰξ πατεῖν, etwas in den Staub ~ καταφρονεῖν τινος.

Treten n ἡ πάτησις.

treu πιστός, βέβαιος, εὐσεβής, ὅσιος, μόνιμος (2), sich ~ bleiben ἀεὶ τὸν αὐτὸν εἶναι, j-m ~ bleiben παραμένειν τινί, es ~ mit j-m meinen ἀδόλως προσφέρεσθαί τινι.

Treu=bruch m, **=brüchigkeit** f ἡ ἐπιορκία, ἡ ἀπιστία.

treubrüchig ἄπιστος (2), ἐπίορκος (2).

Treue f ἡ πίστις, ἡ πιστότης, τὸ πιστόν, ἡ εὐσέβεια, ἡ ὁσιότης (ητος), gegenseitig die ~ zusichern πιστὰ oder δεξιὰς διδόναι καὶ λαμβάνειν, den Eid der ~ halten ἐμμένειν τῷ ὅρκῳ.

treugesinnt πιστός.

treuherzig ἁπλοῦς, χρηστός.

Treuherzigkeit f ἡ ἁπλότης, ἡ χρηστότης (ητος).

treulich πιστῶς, χρηστῶς, ἀδόλως, ἁπλῶς.

treulos ἄπιστος (2), ἀσεβής.

Treulosigkeit f ἡ ἀπιστία.

Treuwort n ἡ πίστις.

Tribun m ὁ δήμαρχος (tribunus plebis), ὁ φύλαρχος (tribunus militum).

Tribunal n τὸ δικαστήριον.

Tribunat n ἡ δημαρχία, ἡ φυλαρχία.

Tribüne f τὸ βῆμα.

tribunizisch δημαρχικός.

Tribus f ἡ φυλή.

Tribut m ὁ φόρος, ὁ δασμός, ἡ ἀποφορά, ~ zahlen φόρον διδόναι, τελεῖν, ὑποτελεῖν, δασμὸν φέρειν, ἀποδιδόναι, ἀπάγειν, ~ auferlegen τάττειν, ἐπιτιθέναι φόρον.

tributpflichtig ὑποτελής, δασμοφόρος, ~ sein δασμοφορεῖν.

Trichter m ἡ χώνη.

Trieb m ἡ ὁρμή, ἡ ἐπιθυμία, ὁ ἔρως (ωτος), e-n ~ zu etwas haben ὁρμᾶν, ὁρμᾶσθαι πρός (ἐπί, εἰς) τι, ἐπιθυμεῖν, ὀρέγεσθαι, ἐφίεσθαί τινος, aus eigenem ~e ἀφ᾽ ἑαυτοῦ.

Triebfeder f ἡ ὁρμή, ἡ αἰτία. [(ὄντος).]

Triebkraft f τὸ κινοῦν

Triebwerk n ἡ μηχανή.

Triefaugen n/pl. οἱ γλαμυροὶ ὀφθαλμοί.

triefäugig γλαμυρός, ~ sein λημᾶν, ὀφθαλμιᾶν.

Triefäugigkeit f ἡ λημία, ἡ ὀφθαλμία.

triefen στάζειν, λείβεσθαι.

Triefen n ἡ στάξις, ~ der Augen s. Triefäugigkeit.

Trierarch m ὁ τριήραρχος.

Trierarchie f ἡ τριηραρχία.

Trift f ἡ νομή.
triftig ἱκανός, δίκαιος, ὀρθός, ∼er Grund ἡ ἀξιόχρεως αἰτία.
Triftigkeit f durch das Neutrum der vorhergehenden Adjektiva.
Triller m τὸ τερέτισμα.
trillern τερετίζειν.
trinkbar ποτός, πότιμος.
trinken πίνειν τινός und τι, ῥοφεῖν (schlürfen), sich voll ∼ ἐμπίνειν.
Trinken n ὁ πότος, ἡ πόσις.
Trinker m ὁ πότης, starker ∼ ὁ φιλοπότης.
Trinkgefäß n τὸ ποτήριον, τὸ ἔκπωμα.
Trinkgelage n τὸ συμπόσιον, ὁ πότος.
Trinkgeschirr n τὸ ποτήριον, τὸ ἔκπωμα.
Trinkgesellschaft f οἱ συμπόται. [μέλος.]
Trinklied n τὸ ποτικὸν)
Trinklust f ἡ φιλοποσία.
trinklustig φιλοπότης.
Trinkschale f ἡ φιάλη.
Trinkspruch m s. Toast.
Trinkwasser n τὸ πότιμον ὕδωρ (ατος).
trippeln βραχέα βαίνειν.
Tritt m ἡ βάσις, τὸ βῆμα.
Triumph m ὁ θρίαμβος, ἡ πομπή, ἡ πομπεία, einen ∼ halten θριαμβεύειν, πομπεύειν, πομπὴν ἄγειν.
Triumphator m ὁ θριαμβευτής.
Triumphbogen m ἡ θριαμβικὴ πύλη.
triumphieren θριαμβεύειν, über j-n ἐπί τινι, ἀπό ου

κατά τινος, πομπεύειν, πομπὴν ἄγειν.
Triumphlied n ὁ ἐπινίκιος) [ὕμνος.]
Triumphwagen m τὸ θριαμβικὸν ἅρμα.
Triumphzug m ἡ πομπή.
trivial ἀγοραῖος, δημοτικός.
trocken ξηρός, αὖος, ∼ werden ξηραίνεσθαι, ∼ machen s. trocknen, j-n aufs ∼e setzen ἐπὶ ξηροῖς καθίζειν τινά, (von der Rede, vom Geiste u. dgl.) ἰσχνός, ψυχρός.
Trockenheit f ἡ ξηρότης (ητος), ἡ ξηρασία, ἡ ψυχρότης (ητος).
trocknen ξηραίνειν.
Troddel f ὁ κροσσός, ὁ θύσανος.
troddelartig θυσανώδης.
Trödler m ὁ παντοπώλης.
Trog m ἡ σκάφη, ἡ πύελος.
trogartig πυελώδης.
trollen, sich ἔρρειν.
Trommel f τὸ τύμπανον.
trommeln τυμπανίζειν.
Trommelschlag m ὁ τυμπανισμός, unter ∼ ὑπὸ τυμπάνων. [πανιστής.]
Trommelschläger m ὁ τυμ-)
Trompete f ἡ σάλπιγξ (γγος), die ∼ tönt ἡ σάλπιγξ φθέγγεται.
trompeten σαλπίζειν.
Trompetenschall m ἡ σάλπιγγος (σαλπίγγων) ἠχή, unter ∼ ὑπὸ σάλπιγγος (σαλπίγγων). [κτής.]
Trompeter m ὁ σαλπιγ-)
Tropenländer n/pl. αἱ ὑπὸ τῷ τροπικῷ κύκλῳ κείμεναι χῶραι.

Tropf m ὁ ταλαίπωρος.
tropfen, tröpfeln στάζειν.
Tröpfeln n ἡ στάξις.
Tropfen m ἡ σταγών (όνος).
tropfenweise σταγδήν.
Tropfstein m ὁ πῶρος.
Trophäe f τὸ τρόπαιον (τροπαῖον).
Troß m ὁ ὄχλος, οἱ σκευοφόροι, τὰ ὑποζύγια.
Troß=bube, =knecht m ὁ σκευοφόρος, ὁ ὑπηρέτης.
Trost m ἡ παραμυθία, ἡ παρηγορία, j-m ~ zuſprechen παραμυθεῖσθαί (M.) τινα, j-m etw. zum ~e ſagen παραμυθούμενον λέγειν τινί τι.
trösten παραμυθεῖσθαι, παρηγορεῖν, ſich mit etwas ~ παραμυθίαν ἔχειν ἔκ τινος.
Tröster m durch part.
Trostgrund m τὸ παραμύθιον, ἡ παραμυθία, ἡ παρηγορία.
tröstlich παραμυθητικός, παρηγορικός.
Trostlied n τὸ παραμυθητικὸν μέλος.
trostlos ἀπαραμύθητος (2, nur von Perſonen), (von Sachen und Zuſtänden) ἄπορος, ἀμήχανος (2).
Trostloſigkeit f τὸ ἀπαραμύθητον, ἡ ἀμηχανία.
Trost=rede, =ſchrift f ὁ παραμυθητικὸς λόγος.
troſt=reich, =voll παραμυθητικός.
Tröſtung f ἡ παραμυθία, ἡ παρηγορία.
Troſtwort n ἡ παραμυθία.
Trotz m ἡ αὐθάδεια, τὸ

θράσος, ἡ ἀπείθεια, ~ bieten ſ. trotzen.
trotz καίπερ mit part.
trotzdem ὅμως, ἀλλὰ καὶ ὥς, οὐδὲν δ' ἧττον, ~ daß καίπερ mit part.
trotzen αὐθαδίζεσθαι, ἀπειθεῖν, j-m ~ ἀπειθεῖν τινι, einer Sache ~ καταφρονεῖν τινος.
trotzig αὐθάδης, θρασύς, ἀπειθής.
Trotzkopf m ὁ αὐθάδης ob. ἀπειθὴς ἄνθρωπος.
trübe θολερός, θολώδης (von Flüſſigkeiten), συννεφής, συννέφελος (2), ἐπινέφελος (2), νεφελώδης (von Luft, Wetter u. dgl.), ~ Augen ἀμαυροὶ ὀφθαλμοί, ~ Zeiten χαλεποὶ καιροί.
Trubel m ὁ θόρυβος, ὁ ὄχλος.
trüben θολοῦν, συννεφεῖν.
Trübſal f ἡ ταλαιπωρία, ἡ δυστυχία, τὰ κακά, ~ haben ταλαιπωρεῖν (auch P.), j-n in ~ bringen ταλαιπωρεῖν τινα.
trübſelig δυστυχής, ταλαίπωρος (2).
Trübſinn m ἡ λύπη, ἡ ἀνία (Betrübnis), ἡ δυσθυμία (Verzagtheit), ἡ μελαγχολία (Schwermut).
trübſinnig περίλυπος (2), δύσθυμος (2), μελαγχολικός, ~ ſein δυσθυμεῖν, μελαγχολᾶν.
Trübung f ἡ θόλωσις.
Trüffel f τὸ ὕδνον.
Trug m ἡ ἀπάτη, ὁ δόλος.

Trug=bild *n*, **=gestalt** *f* τὸ φάντασμα. [ἐξαπατᾶν.]
trügen ψεύδειν, ἀπατᾶν.
trügerisch, trüglich δολερός, ἀπατηλός, σφαλερός, ἄπιστος (2).
truglos ἄδολος (2), ἀψευδής, πιστός.
Truglosigkeit *f* ἡ ἀψεύδεια, ἡ πιστότης (ητος).
Trugschluß *m* ὁ παραλογισμός, τὸ σόφισμα, einen ~ machen παραλογίζεσθαι.
Truhe *f* ἡ κιβωτός.
Trümmer *m/pl.* τὰ λείπανα, τὰ ἐρείπια, eines Schiffes τὰ ναυάγια.
Trunk *m* ὁ πότος, einen ~ tun πίνειν.
trunken μεθύων, μέθυσος, πάροινος (2), j-n ~ machen μεθύσκειν τινά, ~ werden μεθύσκεσθαι (P.), ~ sein μεθύειν, etwas ~ ὑποπεπωκώς, ὑποβεβρεγμένος.
Trunkenbold *m* ὁ μεθυστής, ὁ φιλοπότης.
Trunkenheit *f* ἡ μέθη.
Trupp *m* τὸ πλῆθος, ὁ ὄχλος, (von Soldaten) ἡ τάξις, τὸ στῖφος, ἡ ἴλη.
Truppen *f/pl.* οἱ στρατιῶται, ἡ δύναμις.
Truppenschau *f* ἡ τῶν στρατιωτῶν ἐξέτασις.
truppweise κατ' ἴλας.
Trutzbündnis *n* ἡ συμμαχία, Trutz- und Schutzbündnis ἡ ἐπιμαχία.
Trutzwaffen *f/pl.* τὰ ὅπλα.
Tuch *n* τὸ ὕφασμα.

Tuchlappen *m* τὸ ῥάκος.
Tuchmacher *m* ὁ ἐριουργός, ὁ ὑφάντης.
tüchtig παχύς, μέγας, ἱκανός, δεινός, χρηστός, *adv.* εὖ, καλῶς, ~ in etw. δεινός τι oder *inf.*
Tüchtigkeit *f* ἡ ἀρετή, ἡ χρηστότης, ἡ δεινότης (ητος). [ουργία.]
Tücke *f* ἡ κακία, ἡ πανtückisch κακοῦργος, πανοῦργος (2).
Tugend *f* ἡ ἀρετή, ἡ χρηστότης (ητος), ἡ καλοκἀγαθία, τὸ καλόν, τὸ ἀγαθόν.
tugend=haft, =reich καλός, ἀγαθός, καλὸς καὶ ἀγαθός, ὅσιος, σπουδαῖος.
Tugendpfad ἡ δι' ἀρετῆς
tugendsam κόσμιος. [ὁδός.]
tummeln περιάγειν oder δαμνάζειν ἵππους, sich ~ σπεύδειν, ἐγκονεῖν.
Tummelplatz *m* ἡ παλαίστρα.
Tümpel *m* τὸ τέλμα.
Tumult *m* ὁ θόρυβος, ἡ ταραχή. [ταραχώδης.]
tumultuarisch θορυβώδης,
tun ποιεῖν, δρᾶν.
Tünche *f* ἡ κονία, ἡ τίτανος.
tünchen κονιᾶν, τιτανοῦν, περιαλείφειν.
Tunke *f* τὸ ἔμβαμμα.
tunken: etw. in etw. ~ ἐμβάπτειν τι εἴς τι.
Tür *f* ἡ θύρα.
Turban *m* ἡ τιάρα.
Turm *m* ὁ πύργος.
turmartig πυργοειδής.

Turmbau m ἡ πύργου οἰκοδομία. [πυργίδιον.]
Türmchen n τὸ πυργίον, τὸ
türmen πυργοῦν.
Türmer m ὁ πυργοφύλαξ (κος). [(ἴδος).]
Turmfalke m ἡ κεγχρίς
turmhoch ὑψηλότατος.
Turmspitze f ἄκρα ἡ τύρρις.
Turn=anstalt, =halle f τὸ γυμνάσιον, ἡ παλαίστρα.
turnen γυμνάζεσθαι, ἀσκεῖν τὸ σῶμα.
Turner m durch part.
Turnlehrer m ὁ γυμναστής.
Turnplatz m ἡ παλαίστρα.
Turnschule f ſ. Turnanstalt.
Turnübung f ἡ γυμνασία.
Turnwesen n τὰ γυμναστικά.

Turteltaube f ἡ τρυγών (όνος).
Tyrann m ὁ τύραννος (= Alleinherrscher), (im modernen Sinne) ὁ ἄδικος δεσπότης, als ~ herrschen über etwas τυραννεύειν τινός, von ~en beherrscht werden τυραννεύεσθαι.
Tyrannei, Tyrannenherrschaft f ἡ τυραννίς (ίδος).
Tyrannenmord m ἡ τυραννοκτονία, einen ~ begehen τυραννοκτονεῖν.
Tyrannenmörder m ὁ τυραννοκτόνος.
tyrannisch τυραννικός.
tyrannisieren τυραννεύειν τινός, ὡς δούλῳ χρῆσθαί τινι.

U

übel κακός, φαῦλος, πονηρός, oft durch Zssgn mit dus- und κακο-, z.B. übler Geruch ἡ δυσωδία, ~riechend δύσοσμος (2), üble Lage ἡ κακοπραγία, in einer ~en Lage sein κακῶς ἔχειν ob. διακεῖσθαι, ~ gesinnt sein δυσμενῶς ἔχειν πρός τινα, es geht mir ~ κακῶς ἔχω oder πράττω, ~ reden κακῶς λέγειν, κακολογεῖν τινα, einem Übles zufügen κακά oder κακῶς ποιεῖν, κακοποιεῖν, κακουργεῖν τινα, etw. ~nehmen βαρέως oder χαλεπῶς φέρειν τι, ἀγανακτεῖν τι oder ἐπί τινι, etw. ~ auslegen λαμβάνειν τι ἐπὶ τὸ κακόν, ~ davonkommen κακῶς ἀπαλλάττεσθαι, das soll ihm ~ bekommen οἰμώξεται, κλαύσεται.

Übel n τὸ κακόν, τὸ δεινόν, ἡ συμφορά.
Übelbefinden n ἡ καχεξία, ἡ κακὴ διάθεσις.
übelberüchtigt κακόδοξος (2), διαβόητος (2), ~ sein κακῶς ἀκούειν, κακοδοξεῖν.
übelgelaunt δύσκολος (2), ~ sein δυσκόλως ἔχειν.
übelgesinnt κακό-, δύσνους (2), δυσμενής.

Übelkeit f ἡ ναυτία.
Übelklang m ἡ κακο-, δυσφωνία. [φῶνος (2).]
übelklingend κακο-, δύς-
übelnehmen s. übel.
Übelstand m ἡ δυσχέρεια, ἡ βλάβη.
Übeltat f τὸ κακούργημα.
Übeltäter m, **-täterin** f ὁ, ἡ κακοῦργος.
Übelwollen n ἡ κακό-, δύσνοια.
üben ἀσκεῖν, μελετᾶν, ἐπιτηδεύειν, ἐργάζεσθαι.
Üben n ἡ ἄσκησις.
über (örtlich) ὑπέρ mit gen., zur Bezeichnung einer Beschäftigung mit etwas ἐν, πρός mit dat., ἀμφί oder περί mit acc., z.B. mit etw. beschäftigt sein εἶναι ἔν, πρός τινι od. ἀμφί, περί τι, = jenseits πέραν mit gen., zur Bezeichnung eines Vorzuges ὑπέρ mit acc., ~ etwas hin ὑπέρ mit acc., διά mit gen., nach, z.B. ~s Jahr μετ' ἐνιαυτόν, = mehr als ὑπέρ mit acc., πλέον ἤ, z.B. ~ zehn Jahre ὑπέρ τὰ δέκα ἔτη, πλέον ἢ δέκα ἔτη, zur Bezeichnung e-r Ausdehnung über etw. ἀνά mit acc., διά mit gen., zur Bezeichnung der Ursache einer Gemütsbewegung der bloße dat. oder ἐπί mit dat., z.B. sich ~ etw. freuen χαίρειν τινί oder ἐπί τινι, ~ etwas sprechen, reden, handeln u. dgl. περί mit gen., = ~ ... her περί und ἀμφί mit acc., = ~ ... hinaus ὑπέρ mit acc., πέραν mit gen., ἔξω, ἐκτός mit gen., bei den Verben des Herrschens, Regierens usw. steht der bloße gen., ~ und ~ (adv.) παντελῶς, παντάπασιν.
über-ackern καταροῦν.
über-all πανταχοῦ, πανταχῇ, ~ auf der Welt πανταχοῦ τῆς γῆς, ~ hin πανταχόσε, ~ her πανταχόθεν, ~ wo, ~ wohin ὅπου, ὅποι ἄν mit conj., nach hist. temp. mit dem bloßen opt.
über-antworten παραδιδόναι.
über-arbeiten διασκευάζειν, ἐξεργάζεσθαι, sich ~ ὑπερπονεῖν. [σκευή.]
Über-arbeitung f ἡ δια-
über-aus μάλιστα, διαφερόντως, gew. durch den sup., z.B. ~ glücklich εὐτυχέστατος, in Verbindung mit Verben ὑπερ-, z.B. sich ~ freuen ὑπερχαίρειν.
Über-bein n τὸ γάγγλιον.
über-beugen, -biegen ἐπικάμπτειν, sich ~ ὑπερκύπτειν τινός, ἐπικύπτειν τινί. [τινά.]
über-bieten ὑπερβάλλειν
über-binden ἐπιδεῖν τινι.
Über-bleibsel n τὰ λείψανα, τὸ λεῖμμα.
Über-blick m ἡ σύνοψις.
über-blicken καθορᾶν.
über-breiten ἐπιστρωννύναι.
über-bringen κομίζειν, φέρειν, παραδιδόναι, ἀποφέρειν, eine Nachricht ~ ἀπαγγέλλειν.

über-bringer m durch *part*.
über-brücken γεφυροῦν, γεφύρα ζευγνύναι.
über-bürdet ὑπέρπονος (2).
über-dachen καταστεγάζειν.
über-decken ἐπικαλύπτειν.
über-dem, über-dies πρὸς τούτοις, πρὸς δέ, ἔτι δέ, προσέτι.
über-denken σκοπεῖν, λογίζεσθαι (M.), ἐνθυμεῖσθαι (P.).
Über-druß m ὁ κόρος, ἡ πλησμονή, zum ~ ἄδην.
über-drüssig διακορής, μεστός, einer Sache ~ sein ἄδην ἔχειν τινός.
über-eilen προπετῶς πράττειν τι, sich ~ πλημμελεῖν, ἀλογίστως ὁρμᾶν ἐπί τι.
über-eilt προπετής, ἀλόγιστος (2).
Über-eilung f ἡ προπέτεια, ἡ ἀλογιστία.
über-einander ἄλλος ἐπ' ἄλλῳ, ἐπ' ἀλλήλοις.
über-einkommen ὁμολογεῖν τινι, συμβαίνειν τινί, συντίθεσθαί τινι.
Über-einkommen n, **Über-einkunft** f ἡ ὁμολογία, ἡ σύμβασις, ἡ συνθήκη.
über-einstimmen ὁμολογεῖν, συνομολογεῖν, συμφωνεῖν, ὁμονοεῖν, ὁμογνωμονεῖν, ὁμοφρονεῖν, προστίθεσθαί τινι.
über-einstimmend σύμφωνος (2), ὁμόνους (2), ὁμογνώμων.
Über-einstimmung f ἡ ὁμολογία, ἡ συμφωνία.

über-eintreffen f. übereinstimmen. [πλασθαι.]
über-essen, sich ὑπερπίμ-
über-fahren διακομίζειν, *intr.* διαβαίνειν, j-n ~ ἐλαύνοντα καταβάλλειν.
Über-fahrt f ἡ διάβασις, ὁ πορθμός.
Über-fall m ἡ προσβολή, ἡ ἐπίθεσις.
über-fallen ἐπιχειρεῖν, ἐπιτίθεσθαί τινι.
über-fliegen = flüchtig ansehen, durchnehmen ἐπιπαρατρέχειν τι.
über-fließen ὑπερπολάζειν, περιρρεῖν.
über-flügeln f. übertreffen.
Über-fluß m ἡ ἀφθονία, ἡ περιουσία, ἡ εὐπορία, ~ an etwas haben εὐπορεῖν τινος, ἄφθονον ἔχειν τι, ἀφθονίαν ἔχειν τινός, im ~ leben ἐν ἀφθόνοις βιοτεύειν.
über-flüssig ἄφθονος (2), δαψιλής, = unnötig περιττός.
über-fluten κατα-, ἐπικλύζειν.
ü'ber-führen διαβιβάζειν, διακομίζειν.
über-fü'hren ἐλέγχειν, ἐξελέγχειν, αἱρεῖν τινά τινος oder *part.*
Ü'ber-führung f ἡ διακομιδή.
Über-fü'hrung f ὁ ἔλεγχος.
Über-fülle f ἡ ἀφθονία.
über-füllen ὑπερπιμπλάναι, ὑπερπληροῦν.
Über-füllung f ἡ πλησμονή.

Über-gabe f ἡ παρά-, ἔκδοσις.

Über-gang, Über-gangspunkt m ἡ διάβασις, ἡ δίοδος, ὁ πόρος, ἡ ὑπερβολή.

übergeben παραδιδόναι, ἐγχειρίζειν, παρεγγυᾶν.

ü'ber-gehen διαβαίνειν, ὑπερβάλλειν, = einen Zustand u. dgl. ändern μεταβαίνειν, μεταβάλλειν εἴς τι, (von Überläufern) αὐτομολεῖν, zu einer andern Partei ~ μεθίστασθαι πρός τινα ~ von den Feinden ~ προσχωρεῖν τοῖς πολεμίοις, zu einer andern Meinung ~ μεταβάλλεσθαι.

über-ge'hen ἐᾶν, παρέρχεσθαί τι, παραλείπειν.

Ü'ber-gehen n f. Übergang.

Über-ge'hen n ἡ παράλειψις.

Über-gewicht n τὸ ὑπερβάλλον, übtr. τὸ κράτος, ἡ ἐπικράτεια, das ~ über j-n haben κρείττω εἶναί τινος, κρατεῖν, ἐπικρατεῖν τινος, περιγίγνεσθαί τινος.

über-gießen καταχεῖν τινος, ἐπιχεῖν τινι.

über-glücklich ὑπερευδαίμων oder der sup. von εὐδαίμων, εὐτυχής u. dgl.

Über-griff m ἡ ἀδικία.

über-groß ὑπέρμεγας, ὑπερμεγέθης, δεινός.

Über-guß m ἡ ἐπίχυσις.

überhandnehmen πολὺν γίγνεσθαι, ἐπικρατεῖν.

über-hangen ὑπερκρέμασθαι.

über-hängen περιβάλλειν τινί τι, sich etwas ~ περιβάλλεσθαί τι.

über-häufen ἄφθονον παρέχειν τινί τι, j-n mit Wohltaten ~ πολλὰ εὐεργετεῖν τινα.

Über-häufung f ἡ ἀφθονία.

über-haupt ὅλως, τὸ σύνολον, σύμπαν.

über-heben: j-n einer Sache ~ ἀπαλλάττειν oder ἀπολύειν τινά τινος, sich ἐπαίρεσθαι (P.) τινι.

Über-hebung f ἡ ἀπαλλαγή, ἡ ἀπόλυσις, f. Stolz, Übermut.

über-holen φθάνειν τινά, παρατρέχειν τινά.

Über-holung f durch Verba.

über-hören παρακούειν, j-n ~ ἀνακρίνειν, ἐξετάζειν τινά. [οὐράνιος, θεῖος.]

über-irdisch ὑπέργειος (2),

über-kippen προπίπτειν.

über-kleben ἐπικολλᾶν τινί τι. [περιβόλαιον.]

Über-kleid n ἡ χλαῖνα, τὸ

über-kleiden περιστέλλειν τινί τι.

über-klug ὑπέρσοφος (2).

über-kommen παραλαμβάνειν τι παρά τινος, es überkommt mich etw. καταλαμβάνει μέ τι.

über-laden ὑπεργεμίζειν, den Magen ~ ὑπερεμπίμπλασθαι, ὑπερπληροῦσθαί τινος, ~er Ausdruck oder Stil ἡ περιττολογία.

Über-ladenheit, -ladung f ἡ πλησμονή.

über-lang ὑπερμήκης.

über-laſſen παραχωρεῖν τινί τινος, ἐφιέναι, ἐπιτρέπειν, συγχωρεῖν τινί τι, sich einer Neigung u. dgl. ~ διδόναι und ἐπιδιδόναι ἑαυτόν τινι.
Über-laſſung f ἡ παραχώρησις, gew. Verba.
über-laſten ſ. überladen.
über-läſtig ἐπαχθής.
ü'ber-laufen ſ. überfließen, zu den Feinden ~ αὐτομολεῖν.
über-lauſen ſ. überholen, = j-n beläſtigen ἐγκεῖσθαί τινι, ἐνοχλεῖν τινι, ἐνοχλεῖσθαί τινα.
Über-läufer m ὁ αὐτόμολος.
über-laut μεγάλῃ τῇ φωνῇ.
über-leben περιεῖναι, περιγίγνεσθαί τινος.
über-legen¹ f: etw. über etw. ~ ἐπιτιθέναι, ἐπιβάλλειν τινί τι, = erwägen λογίζεσθαι (M.), σκοπεῖν, ἐννοεῖσθαι (P.).
über-legen² κρείττων, ~ ſein κρείττω εἶναι, περιεῖναι, περιγίγνεσθαι, ὑπερέχειν, πλεονεκτεῖν τινος, in etw. τινί.
über-legend συνετός, σώφρων, φρόνιμος (2).
Über-legenheit f τὸ κράτος, ἡ ἐπικράτεια, ἡ πλεονεξία.
über-legt ſ. überlegend.
Über-legung f ἡ σκέψις, ἡ γνώμη, ἡ σύννοια, ὁ λογισμός.
Über-legungskraft f ἡ σύνεσις, τὸ λογιστικόν.
über-liefern παραδιδόναι.
Über-lieferung f ἡ παράδοσις.

über-liſten ἐξαπατᾶν, περιέρχεσθαι, παραλογίζεσθαι.
Über-liſtung f ἡ ἀπάτη, ὁ παραλογισμός.
Über-macht f τὸ κράτος.
über-mächtig δυνάμει ὑπερβάλλων.
über-mannen περιγίγνεσθαί τινος.
Über-maß n ἡ ὑπερβολή, τὸ περιττόν, im ~ ſ. das folgende Wort.
über-mäßig ὑπερβάλλων, περιττός, ἐξαίσιος, δεινός, häufig durch Zſſgn mit der prp. ὑπέρ, z.B. ſich ~ freuen ὑπερχαίρειν, ~ groß ὑπερμεγέθης uſw., bei adj. ſteht auch oft der sup.
über-menſchlich ὁ, ἡ, τὸ ὑπὲρ ἄνθρωπον, δεινός.
über-meſſen ἀναμετρεῖσθαι (M.). [ἡμέραν.)
über-morgen εἰς τρίτην
Über-mut m ἡ ὕβρις, τὸ φρόνημα.
über-mütig ὑβριστικός, ~ ſein μέγα φρονεῖν.
über-nachten διάγειν τὴν νύκτα, διανυκτερεύειν.
über-nächtig ἕωλος (2).
Über-nahme f ἡ παράληψις, gew. durch Verba.
über-natürlich ὑπερφυής, θεῖος, δαιμόνιος.
über-nehmen δέχεσθαι, παραδέχεσθαι (M.), παραλαμβάνειν, = etw. auf ſich nehmen ὑποδέχεσθαι, ἀναλαμβάνειν, ὑφίσταθαι (ὑποστῆναι).

Über-nehmer m durch part.
über-ragen ὑπερέχειν τινός, περιέχειν τι.
über-raschen καταλαμβάνειν τινά, ἐκπλήττειν τινά.
über-raschend ἀπροσδόκητος (2), θαυμαστός, παράδοξος (2).
Über-raschung f ἡ ἔκπληξις, τὸ ἀπροσδόκητον.
über-rechnen λογίζεσθαι, συλλογίζεσθαι (M.).
Über-rechnung f ὁ λογισμός.
über-reden πείθειν, ἀναπείθειν, sich von j-m ~ lassen πείθεσθαι ὑπό τινος, leicht zu ~ εὐπειθής, εὔπειστος (2), schwer zu ~ δυσπειθής, δύσπειστος (2).
Über-redung f ἡ πειθώ (οῦς) oder durch Verba.
Über-redungs=gabe, =kunst f ἡ πειθώ (οῦς).
über-reich ὑπερπλούσιος (2).
über-reichen παραδιδόναι.
über-reichlich ἄφθονος (2), δαψιλής.
Über-reichung f ἡ παράδοσις.
über-reif ὑπέρωρος (2).
über-reiten ἱππεύοντα ἀνατρέπειν τινά.
Über-rest m τὸ κατάλειμμα.
Über-rock m τὸ ἱμάτιον, τὸ περιβόλαιον, ἡ χλαῖνα.
über-rumpeln ἐξαίφνης ob. αἰφνιδίως καταλαμβάνειν.
Über-rumpelung f durch Verba.
über-säen κατασπείρειν.
über-satt, =sättigt ὑπερεμπλησθείς, ὑπέρκορος (2).

Über-sättigung f ἡ πλησμονή, ὁ κόρος. [τινί.]
über-schatten ἐπισκιάζειν
über-schätzen ὑπερτιμᾶν, ὑπεράγασθαι (P.).
Über-schätzung f durch Verba.
über-schauen καθορᾶν.
über-schäumen ὑπεραφρίζειν.
über-schiffen διαπλεῖν.
Über-schlag m ὁ λογισμός, ὁ συλλογισμός.
ü'ber-schlagen: sich ~ ἀνατρέπεσθαι (P.).
über-schla'gen: beim Lesen ~ παραλείπειν τι, = überrechnen λογίζεσθαι (M.).
über-schreiben ἐπιγράφειν.
über-schreien κατα-, ὑπερβοᾶν.
über-schreiten διαβαίνειν, ὑπερβαίνειν, ὑπερβάλλειν, παραβαίνειν (ein Gesetz u. dgl.).
Über-schreitung f durch Verba.
Über-schrift f ἡ ἐπιγραφή.
Über-schuß m ἡ περιουσία, τὸ περιττόν.
über-schütten καταχεῖν τινός τι, περιχεῖν τινί τι.
über-schwemmen κατα-, ἐπικλύζειν.
Über-schwemmung f ὁ κατακλυσμός, ἡ ἐπίκλυσις.
über-schwenglich ὑπερβάλλων, περιττός, ἄπλετος (2).
Über-schwenglichkeit f τὸ ὑπερβάλλον, ἡ ὑπερβολή, τὸ περιττόν.
über-schwimmen διανεῖν, διανήχεσθαι.
über-seeisch διαπόντιος (2).
über-segeln διαπλεῖν.

über-sehbar ἀπ-, κάτοπτος (2).
über-sehen καθ-, συνορᾶν, = nicht bemerken παρορᾶν, παραλείπειν.
über-senden διαπέμπειν.
ü'ber-setzen *trans.* περαιοῦν, διαβιβάζειν, διακομίζειν, *intr.* περᾶν, διαβαίνειν.
über-se'tzen μεταγράφειν, ἑρμηνεύειν.
U'ber-setzung f ἡ περαίωσις, ἡ διάβασις.
Über-se'tzung f ἡ μετάφρασις, ἡ ἑρμηνεία.
Über-se'tzer m ὁ μεταφραστής, besser *part.*
Über-sicht f ἡ σύνοψις.
über-sichtlich εὐσύνοπτος (2).
über-siedeln μετοικίζεσθαι (P.), μετοικεῖν.
Über-siedelung f ἡ μετοίκισις, ἡ μετοικία.
über-sinnlich θεῖος, δαιμόνιος.
über-spannen περιτείνειν τινί τι, zu sehr ~ ἐπιτείνειν, λίαν τείνειν.
über-spannt ὑπερβάλλων, ἄμετρος (2), übtr. σφοδρός, μανικός.
Über-spanntheit f ἡ ὑπερβολή, ἡ σφοδρότης (ητος), ἡ μανία.
ü'ber-springen διαπηδᾶν ἔκ τινος ἐπί τι.
über-spri'ngen ὑπερπηδᾶν, ὑπεράλλεσθαι, übtr. j-n ~ ἀπολείπειν τινά.
über-sprudeln ὑπερζεῖν, ὑπερκαχλάζειν.

über-stehen ἀπαλλάττεσθαι τινος, σῴζεσθαι ἔκ τινος, διαφεύγειν τι.
über-steigbar ὑπερβατός.
ü'ber-steigen μεταβαίνειν ἀπό τινος εἴς τι, ~ lassen μεταβιβάζειν.
über-stei'gen ὑπερβαίνειν, ὑπερβάλλειν.
über-stimmen νικᾶν τινα ταῖς ψήφοις.
über-strahlen ὑπεραυγάζειν.
über-streichen ἐπιχρίειν.
über-streuen καταπάσσειν.
über-strömen ἐπι-, κατακλύζειν, *intr.* πλημμυρεῖν.
ü'ber-stürzen καταπίπτειν, καταφέρεσθαι (P.).
über-stü'rzen: etw. ~ προπετῶς πράττειν τι.
über-täuben ἐκκωφοῦν, ἐκκωφεῖν.
über-teuern πλειστηριάζειν.
über-tönen ὑπερηχεῖν, ὑπερφθέγγεσθαι.
ü'ber-tragen μεταφέρειν, μετακομίζειν.
über-tra'gen μεταγράφειν (= übers'etzen), j-m etwas ~ ἐπιτρέπειν, ἐπι-, προστάττειν.
Über-tragung f durch Verba.
über-treffen διαφέρειν τινός τινι, προέχειν τινός τινι, περιγίγνεσθαι, περιεῖναί τινός τινι, ὑπερβάλλειν τινά τινος, κρείττω εἶναί τινός τι, ὑπερέχειν, ὑπερφέρειν τινός τινι, übertroffen werden ἡττᾶσθαι (P.) τινος, νικᾶσθαι (P.) ὑπό τινος.
über-treiben ὑπερβάλλειν,

πλεονάζειν, im Reden ὑπερβολὰς λέγειν.
Über-treibung f ἡ ὑπερβολή.
ü'ber-treten: vom Wasser ὑπερβαίνειν, zu einer andern Partei προστίθεσθαί τινι, αἱρεῖσθαι (M.) τά τινος.
über-tre'ten παραβαίνειν.
Über-treter m durch *part*.
Über-tretung f ἡ παράβασις, besser durch Verba.
über-trieben ὑπερβάλλων, ἄμετρος (2), *adv.* ἄγαν, λίαν.
Über-tritt m ἡ ἀπόστασις πρός τινα.
über-tünchen κονιᾶν, κατακονιᾶν.
über-tüncht κονιατός.
über-voll κατάπλεως (2), ~ sein ὑπερεμπεπλῆσθαι, ὑπεργέμειν.
über-vorteilen πλεονεκτεῖν τινος, βλάπτειν τινά.
Über-vorteilung f ἡ πλεονεξία.
über-wachen παραφυλάττειν, ἐπισκοπεῖν. [τι.]
über-wachsen ὑπερφύεσθαι
über-wallen ὑπερζεῖν.
über-wältigen κρατεῖν τινος oder τινα, περιγίγνεσθαι, κρείττω γίγνεσθαί τινος, νικᾶν τινα, überwältigt werden ἡττᾶσθαι, νικᾶσθαι ὑπό τινος.
Über-wältigung f ἡ ἐπικράτησις oder durch Verba.
über-weise ὑπέρσοφος (2).
über-weisen: j-m etwas ~ ἐπιτρέπειν τινί τι, = überführen ἐλέγχειν τινὰ mit *part.*, = übergeben παραδιδόναι τινί τι.
Über-weisung f ἡ ἐπιτροπή, ὁ ἔλεγχος, ἡ παράδοσις.
ü'ber-werfen περιβάλλειν, sich ein Gewand ~ περιβάλλεσθαι ἱμάτιον.
über-we'rfen: sich mit j-m ~ διαφέρεσθαι (P.) τινι.
über-wiegen ὑπερβάλλειν, μείζω oder πλείω εἶναί τινος. [μείζων.]
über-wiegend ὑπερβάλλων,
über-winden ſ. überwältigen, den Zorn ~ κατέχειν τὴν ὀργήν, Hindernisse, Schwierigkeiten ~ ὑπεξαιρεῖν τὰ ἐμποδών, sich ~ können (etw. zu tun) τολμᾶν mit *inf*, ἀνέχεσθαι mit *part.*
Über-winder m ὁ νικῶν ob. durch andere *part.*
Über-windung f ἡ ἐπικράτεια, ἡ χείρωσις.
über-wintern χειμάζειν, διαχειμάζειν, τὸν χειμῶνα διάγειν. [μασία.]
Über-winterung f ἡ χει-
über-wogen ἐκκυμαίνειν.
Über-wurf m ἡ περιβολή, τὸ περιβόλαιον.
Über-zahl f τὸ ὑπερβάλλον πλῆθος.
über-zählen λογίζεσθαι.
über-zählig περιττός, πλεονάζων, ~ sein περιττεύειν, πλεονάζειν. [τόν.]
Über-zähligkeit f τὸ περιτ-
über-zeugen πείθειν, ἀναπείθειν, ἐλέγχειν, ἐξελέγχειν, überzeugt sein

πιστεύειν, πεποιθέναι, πεπεῖσθαι, εὖ εἰδέναι, sei überzeugt εὖ ἴσθι.
über-zeugend πιθανός, πιστός.
Über-zeugung f ἡ πίστις, ἡ γνώμη, die ~ haben = überzeugt sein, s. überzeugen, das ist meine ~ οὕτως ἔγωγε γιγνώσκω, seine ~ ändern μεταγιγνώσκειν.
Über-zeugungsgabe f ἡ πειθώ (οῦς).
Über-zeugungsgrund m τὸ πιστόν. [πίστις.]
Über-zeugungskraft f ἡ
über-ziehen περιβάλλεσθαι, ἐνδύεσθαι, j-m eins ~ πληγὰς ἐντείνειν τινί.
über-zie'hen καλύπτειν τινί τι, περιτείνειν τινί τι, περιχεῖν τινί τι.
Über-zug m τὸ ἐπι-, περικάλυμμα. [νομίζεσθαι.]
üblich νομιζόμενος, ~ sein
übrig λοιπός, ἐπί-, περί-, ὑπόλοιπος (2), der, die, das ~ ἄλλος, η, ο, ~ lassen λείπειν, περι-, ὑπολείπειν, ~ bleiben durch das P.
übrigens τὰ ἄλλα (τἆλλα), τὸ λοιπόν, = indessen ἀλλά.
Übung f ἡ γυμνασία, ἡ ἄσκησις, ἡ μελέτη, eine ~ anstellen ἀσκεῖν, μελετᾶν, ἐπιτηδεύειν τι. [σιον.]
Übungsplatz m τὸ γυμνά-
Ufer n ἡ ὄχθη, vom Meere ἡ ἀκτή, ὁ αἰγιαλός.
Uhr f τὸ ὡρολόγιον.
Uhu m ὁ βύας (ου), ἡ βύζα.
Ulme f ἡ πτελέα.

ulmenartig πτελεώδης.
um: örtlich und zeitlich περί und ἀμφί mit acc., zur Bezeichnung einer Abwechselung od. Folge παρά mit acc., μετά mit acc., ἐπί mit dat., διά mit gen., zB. einer um den andern ἄλλος ἐπ' ἄλλῳ, ἄλλος μετ' ἄλλον, ἄλλος δι' ἄλλου, zur Angabe von Maßen παρά mit acc., διά mit gen., zB. um vieles παρὰ πολύ, um fünf Stadien (entfernt) διὰ πέντε σταδίων, um ein bedeutendes διὰ πολλοῦ, = für ἐπί mit dat., ἀντί, ὑπέρ mit gen., zB. um Lohn arbeiten ἐπὶ μισθῷ ἐργάζεσθαι, um viel Geld ἀντὶ πολλῶν χρημάτων, kämpfen um, für etwas μάχεσθαι ὑπέρ τινος, j-n um etw. bringen ἀποστερεῖν τινά τινος, es ist um mich geschehen ὄλωλα, ἀπόλωλα, es steht gut, schlecht um mich εὖ, κακῶς ἔχει τὰ ἐμοῦ oder τὰ περὶ ἐμέ, um zu (conj.) ἵνα, ὅπως mit conj. oder opt., häufiger durch das part. fut. mit und ohne ὡς, um ... willen ἕνεκα (nachgestellt) mit gen., διά mit acc., um (adv.), umsein = verflossen sein διεληλυθέναι, um und um κύκλῳ, πέριξ, πανταχόθεν.
um-ackern ἀροῦν, ἀροτριᾶν.
um-ändern μεταβάλλειν, μεταλλάττειν.
Um-änderung f ἡ μεταβολή.
um-arbeiten μεταποιεῖν,

μεταπλάττειν, eine Schrift ἐπιδιασκευάζειν.

Um-arbeitung f ἡ μεταποίησις.

um-armen περιβάλλειν τὰς χεῖράς τινι, περιπλέκεσθαι (P.) τινι. [ἡ περιπλοκή.]

Um-armung f ἡ περιβολή.

u'm-bauen μετοικοδομεῖν.

um-bau'en περιοικοδομεῖν.

um-biegen trans. κάμπτειν, ἐπικάμπτειν, intr. ἀνακάμπτειν.

Um-biegung f ἡ ἐπικαμπή, ἡ ἀνάκαμψις.

um-bilden μεταπλάττειν, μεταποιεῖν, μεταμορφοῦν.

Um-bildung f ἡ μεταμόρφωσις.

um-binden περιδεῖν τινί τι.

um-blicken περιβλέπειν.

um-brausen περιηχεῖν.

um-brechen trans. ἀνακλᾶν, intr. ἀνατρέπεσθαι (P.).

um-bringen ἀποκτείνειν, ἀποσφάττειν, φονεύειν, κατεργάζεσθαι (M.).

Um-bringung f ὁ φόνος, ἡ σφαγή. [τι.]

um-donnern βροντᾶν περί

um-drängen περιστῆναι, ἐπικεῖσθαί τινι.

um-drehen μεταστρέφειν, sich ~ μεταστρέφεσθαι (P.).

Um-drehung f ἡ μεταστροφή.

um-dunkeln συσκιάζειν τι, ἐπισκοτεῖν τινι.

u'm-fahren trans. ἐλαύνοντα καταβάλλειν, intr. ἐλαύνοντα ἁμαρτάνειν τῆς ὁδοῦ.

um-fa'hren περιελαύνειν, περιπλεῖν. [συμπίπτειν.]

um-fallen πίπτειν, κατα-,

Um-fallen n ἡ σύμπτωσις.

Um-fang m ἡ περίοδος, ἡ περίμετρος, ἡ περιβολή.

um-fangen περιβάλλειν, περιλαμβάνειν, περιέχειν, s. umarmen.

um-fangreich ἐπὶ πολὺ διήκων, μέγας.

um-fassen s. umfangen.

um-flattern, um-fliegen περιπέτεσθαι.

um-fließen περιρρεῖν τι.

um-flossen περίρρυτος (2).

um-fluten περικυμαίνειν.

um-formen μεταπλάττειν.

Um-formung f ἡ μετάπλασις.

Um-frage f: ~ **halten, umfragen** bei j-m διερωτᾶν τινά τι.

um-fried(ig)en περιφράττειν.

Um-fried(ig)ung f ἡ περίφραξις.

Um-gang m ἡ περίοδος, feierlicher ~ ἡ πομπή, = Verkehr ἡ ὁμιλία, ἡ συνουσία, ~ mit j-m haben s. umgehen.

um-gänglich ὁμιλητικός, φιλάνθρωπος (2).

Um-gänglichkeit f ἡ φιλανθρωπία.

um-garnen περιστοιχίζειν.

um-geben περιβάλλειν τινί τι, mit einem Graben ~ περιταφρεύειν, mit Mauern ~ περιτειχίζειν, = sich um j-m befinden εἶναι περί ob. ἀμφί τινα, εἶναι σύν τινι.

Um-gebung f durch Verba, von Personen, die j-s bilden οἱ περί oder ἀμφί τινα, οἱ σύν τινι, οἱ μετά τινος, οἱ συνόντες τινι.

Um-gegend f τὰ πέριξ, τὰ περικείμενα.

u'm-gehen = herumgehen περιφέρεσθαι, = mit j-m verkehren ὁμιλεῖν τινι, συνεῖναί τινι, χρῆσθαί τινι, ἐπιμειγνύναι (auch P.) τινί, πρός τινα, = sich mit etw. beschäftigen εἶναι ἔν τινι, πράττειν, ἐπιτηδεύειν τι, = etwas im Sinne haben βούλεσθαι, ἐπινοεῖν τι.

um-ge'hen = ausweichen φεύγειν, διαφεύγειν, die Feinde ~ κυκλοῦσθαι, περικυκλοῦσθαι τοὺς πολεμίους, = übertreten παραβαίνειν, παρέρχεσθαι.

um-gehend ὡς τάχιστα.

Um-gehung f durch Verba.

um-gekehrt adv. τοὐναντίον, τἀναντία.

um-gestalten μεταπλάττειν, μεταμορφοῦν.

um-gittern περιφράττειν.

um-glänzen περιλάμπειν.

um-graben σκάπτειν, ἀνα-, περισκάπτειν.

Um-graben n ἡ περισκαφίς.

um-grenzen περιορίζειν.

Um-grenzung f ὁ περιορισμός, οἱ ὅροι.

um-gürten περι-, ὑποζωννύναι.

um-haben ἠμφιέσθαι, ἀμπέχεσθαι, ἐνδεδυκέναι.

um-hallen περιηχεῖν.

Um-hang m ἡ περιβολή, τὸ περιβόλαιον.

um-hängen: j-m etwas ~ περιβάλλειν τινί τι, ἀμφιεννύναι τινά τι.

um-hauen κόπτειν, ἐκ-, κατακόπτειν.

um-hegen περιφράττειν.

Um-hegung f ὁ φραγμός.

um-her: in Zssgn s. herum.

um-hin: ich kann nicht ~ οὐκ ἔσθ' oder οὐκ ἔχω ὅπως οὐ mit ind. fut.

um-hüllen περι-, κατακαλύπτειν.

Um-hüllung f ἡ περικαλυφή (als Handlung), τὸ περικάλυμμα (als Sache).

um-hüpfen περισκιρτᾶν τι.

Um-kehr f ἡ ἀνα-, μεταστροφή.

um-kehren ἀναστρέφειν, sich ~ στρέφεσθαι, ἀναστρέφεσθαι. [στροφή.]

Um-kehrung f ἡ ἀνα-, ἐπι-

um-klammern συμ-, περιπλέκεσθαί τινι.

u'm-kleiden μεταμφιεννύναι, sich ~ durch das M.

um-klei'den ἀμφιεννύναι.

Um-kleidung f durch Verba.

um-knicken περικλᾶν.

um-kommen ἀπόλλυσθαι, διαφθείρεσθαι (P.), ἀποθνήσκειν.

um-kränzen στεφανοῦν.

Um-kreis m ἡ περίοδος, ὁ κύκλος, im ~ κύκλῳ.

um-kreisen κυκλοῦσθαι, περικυκλοῦσθαι.

um-kriechen περιέρπειν.

um-laden μετατιθέναι.

um-lagern περιστρατοπεδεύεσθαι (M.), περικαθῆσθαι. [κύκλωσις.]
Um-lagerung f ἡ περι-
um-lärmen περιφοφεῖν.
Um-lauf m ἡ περιφορά, ἡ περίοδος, etw. in ~ bringen διαδιδόναι, διασπείρειν.
um-laufen περιτρέχειν, von Gerüchten διαδίδοσθαι, διασπείρεσθαι, διαθρυλεῖσθαι (P.).
um-legen μετατιθέναι, s. um=hängen. [πτειν.]
um-lenken ἀνα-, ὑποκάμ-]
um-leuchten περιλάμπειν.
um-liegend περικείμενος, ὁ, ἡ, τὸ πέριξ.
um-mauern περιτειχίζειν τι, τεῖχος περιβάλλειν τινί.
Um-mauerung f ἡ περιτείχισις.
um-nebeln ἐπισκοτεῖν.
um-packen μετατιθέναι, μετασκευάζειν.
um-panzern θωρακίζειν.
um-pfählen περισταυροῦν.
Um-pfählung f ἡ σταύρωσις.
um-pflanzen μεταφυτεύειν.
um-pfla'nzen περιφυτεύειν.
um-pflügen ἀροῦν.
um-quartieren, sich μετασκηνοῦν.
um-ranken περιελίττεσθαι
um-rauschen περιφοφεῖν, περιηχεῖν.
um-reißen καθαιρεῖν, κατασκάπτειν, καταβάλλειν.
um-ringen κυκλοῦσθαι, περικυκλοῦσθαι, περικλείειν.

Um-ringung f ἡ κύκλωσις, ἡ περικύκλωσις.
Um-riß m ἡ γραφή, ἡ περιδιαγραφή, τὸ διάγραμμα, im ~ τύπῳ, im ~ etwas darstellen περι-, διαγράφειν.
um-rühren κυκᾶν, συγκυκᾶν.
um-rütteln συσσείειν, διαταράττειν.
Um-satz m ἡ μεταβολή, ἡ μεταλλαγή.
um-säuseln περιψιθυρίζειν.
um-sausen περιφοφεῖν, περιβομβεῖν.
um-schaffen μεταπλάττειν.
um-schallen περιηχεῖν.
um-schanzen περισταυροῦν, περιχαρακοῦν.
Um-schanzung f ἡ περιτείχισις.
um-schatten περισκιάζειν.
um-schattet ἐπίσκιος (2).
um-schauen, sich περιβλέπειν.
um-schiffen περιπλεῖν.
Um-schiffung f ὁ περίπλους.
Um-schlag m ἡ τροπή, ἡ μεταβολή, = Hülle τὸ κάλυμμα, τὸ περικάλυμμα, = ~ auf wunde, kranke Körperteile τὸ ἐπίθεμα, τὸ κατάπλασμα.
um-schlagen trans. s. um=hauen, intr. ἀνατρέπεσθαι (P.), καταπίπτειν.
um-schleichen περιέρπειν.
um-schleiern περι-, κατακαλύπτειν.
um-schließen περικλείειν.
Um-schließung f ἡ περικύκλωσις.
um-schmelzen ἀναχωνεύειν

um-schnallen περιζώννυσθαι (M.), περιπορπᾶσθαι (M.).
um-schneiden περιτέμνειν.
um-schnüren περισφίγγειν.
um-schränken περιορίζειν, περιγράφειν.
Um-schränkung f ὁ περιορισμός, ἡ περιγραφή.
u'm-schreiben μεταγράφειν.
um-schrei'ben περιγράφειν, μετα-, περιφράζειν.
Um-schreibung f ἡ μετά-, περίφρασις. [γραμμένα.]
Um-schrift f τὰ περιγε-)
um-schürzen: sich etwas ~ περιζώννυσθαί τι.
um-schütteln δια-, ἀνασείειν.
u'm-schütten μετα-, μετεγχεῖν.
um-schü'tten περιχωννύναι.
um-schwärmen περιπέτεσθαι, von Menschen περικωμάζειν.
um-schweben περιπέτεσθαι.
Um-schweife m/pl. ἡ μακρολογία, ~ machen μακρολογεῖν.
um-schwenken περιστρέφειν.
um-schwingen περιδινεῖν.
um-schwirren περιβομβεῖν.
Um-schwung m ἡ περιφορά.
um-segeln περιπλεῖν.
Um-segelung f ὁ περίπλους.
um-sehen, sich περιβλέπειν, ἐπι-, μεταστρέφεσθαι (P.).
um-setzen μετατιθέναι, μεθιστάναι, μετατάττειν.
Um-setzung f ἡ μετάθεσις.
Um-sich-greifen n ἡ αὔξησις.
Um-sicht f ἡ σύνεσις, ἡ εὐβουλία, ἡ πρόνοια.

um-siedeln μετοικίζεσθαι (P.). [κισμός.]
Um-siedelung f ὁ μετοι-)
um-sinken καταπίπτειν.
um-sonst μάτην, προῖκα.
u'm-spannen μεταζευγνύναι.
um-spa'nnen περιλαμβάνειν.
u'm-springen μεθίστασθαι, der Wind springt um ὁ ἄνεμος λαμβάνει τροπάς, mit j-m ~ χρῆσθαί τινι.
um-spri'ngen περισκιρτᾶν τι.
um-spülen περικλύζειν.
Um-stand m τὸ πρᾶγμα, τὸ συμβάν, τὸ γεγονός, = Zustand, Verhältnis ἡ ἕξις, ἡ κατάστασις, die gegenwärtigen Umstände τὰ παρόντα, j-s Umstände τά τινος, unter diesen Umständen οὕτως (ὧδε) ἐχόντων τῶν πραγμάτων, in guten Umständen sein εὐτυχεῖν, εὐπορεῖν, in schlechten Umständen sein δυστυχεῖν, κακῶς ἔχειν, Umstände machen περιεργάζεσθαι, προφασίζεσθαι, ohne Umstände προθύμως, ἄοκνος (2), ἀόκνως. = ohne Weitläufigkeit συντόμως.
um-ständlich ἀκριβής = weitschweifig περίεργος (2), περιττός.
Um-ständlichkeit f ἡ ἀκρίβεια.
um-stehen περιίστασθαι, die Umstehenden οἱ περιεστῶτες.
u'm-stellen μετατιθέναι, μεθιστάναι, μετακινεῖν.
um-ste'llen περιιστάναι, s. umringeln, umzingeln.
Um-stellung f durch Verba.

um-stimmen μεθαρμόττειν (zB. ein Instrument), j-n μετα-, ἀναπείθειν.
Um-stimmung f durch Verba.
um-stoßen ἀνατρέπειν, καταβάλλειν, ein Gesetz, eine Verordnung u. dgl. καθαιρεῖν, καταλύειν.
Um-stoßung f durch Verba.
um-strahlen περιλάμπειν.
um-streichen περιχρίειν.
um-stricken περιπλέκειν, περιβάλλειν τινί τι, übertr. περιστοιχίζειν. [πλοκή.]
Um-strickung f ἡ περι-
um-strömen περιρρεῖν.
um-stürmen περιμάχεσθαι.
Um-sturz m ἡ ἀνατροπή, übtr. ἡ καθαίρεσις, ἡ κατάλυσις, ~ der Verfassung ἡ τῆς πολιτείας κατάλυσις.
um-stürzen trans. f. umstoßen, intr. ἀνατρέπεσθαι (P.), καταπίπτειν.
Um-stürzung f f. Umsturz.
um-summen περιβομβεῖν.
Um-tausch m ἡ ἀμοιβή, ἡ μεταλλαγή, ἡ ἀντίδοσις.
um-tauschen ἀλλάττειν, μεταλλάττειν.
um-toben θορυβεῖν περί τι.
um-tönen περιηχεῖν.
um-tosen περιψοφεῖν.
Um-trieb m ὁ νεωτερισμός (politische ~e, auch pl.), ~e machen νεωτερίζειν, νεώτερόν τι ποιεῖν.
um-tun περιβάλλειν, sich nach etwas ~ ζητεῖν, μετιέναι, διώκειν τι.
um-wachsen περιφύεσθαι τινι.

um-wälzen περικυλινδεῖν, übertr. καταλύειν.
Um-wälzung f ἡ κατάλυσις, zB. der Staatsverfassung ἡ τῆς πολιτείας κατάλυσις.
um-wandeln, -wandern περιπορεύεσθαι (P.), περινοστεῖν. [λοίωσις.]
Um-wandelung f ἡ ἀλ-
um-wechseln ἀμείβεσθαι (M.)
Um-weg m ἡ περίοδος, ὁ περίδρομος.
um-wehen περιπνεῖν.
um-weht περίπνους (2).
um-wenden ἀνα-, μετατρέπειν, einen Wagen ~ κάμπτειν, ἐπιστρέφειν ἅρμα, sich~ ὑποστρέφεσθαι.
um-werfen ἀνατρέπειν, καθαιρεῖν.
um-wickeln, -winden περιελίττειν, περιπλέκειν.
Um-wickelung, -windung f durch Verba.
um-wogen περικυμαίνειν, περικλύζειν. [οἶκοι.]
Um-wohner m/pl. οἱ περί-
um-wölken συννεφεῖν, νεφέλαις κρύπτειν.
Um-wölkung f ἡ ἐπίνεφις.
um-wühlen διορύττειν.
Um-wurf m ἡ περιβολή.
umzäunen περιφράττειν.
um-zäunt περίφρακτος (2).
Um-zäunung f ἡ περίφραξις, = das Umzäunte τὸ φράγμα, ὁ φραγμός, ὁ περίβολος.
u'mziehen f. umkleiden, = seinen Wohnsitz ändern μετοικίζεσθαι (P.), μετοικεῖν.

um-ziehen περιτείνειν τινί τι, περιβάλλειν τινί τι.
Um-ziehen n durch Verba.
um-zingeln περικυκλοῦν (auch M.).
Um-zingelung f ἡ κύκλωσις, ἡ περικύκλωσις. [βίζειν.|
um-zwitschern ἀμφιτιττυ-⌋
un-abänderlich ἀμετάθετος, ἀμετάβλητος, ἀκίνητος, ἀμετακίνητος (sämtlich 2), ἀεὶ ὁ αὐτός.
Un-abänderlichkeit f τὸ ἀμετακίνητον, τὸ βέβαιον.
un-abgenutzt ἀκέραιος (2), ἀτριβής.
un-abgerichtet ἀπαίδευτος (2), ἀτιθάσσευτος (2), ἄγριος.
un-abgesondert ἀχώριστος, ἀδιαχώριστος, ἄκριτος (sämtlich 2).
un-abgeteilt ἀδιαίρετος (2).
un-abhängig ἐλεύθερος, αὐτόνομος (2).
Un-abhängigkeit f ἡ ἐλευθερία, ἡ αὐτονομία.
un-ablässig ἀδιάλειπτος (2), ἀκατάπαυστος (2), συνεχής, adv. ἀεί, συνεχῶς.
un-absehbar ἀπέραντος (2), ἄπειρος (2).
un-absichtlich ἀπροβούλευτος (2), ἀκούσιος, ἄκων.
Un-absichtlichkeit f τὸ ἀπροβούλευτον.
unabweisbar ἀναγκαῖος.
un-abwendbar ἄτροπος, ἀπαράτρεπτος, ἄφευκτος (sämtlich 2).
un-achtsam ἀμελής, ὀλίγωρος (2), ἀφύλακτος (2), ~

auf etw. sein ἀμελεῖν, ὀλιγωρεῖν τινος, οὐ προσέχειν (τὸν νοῦν) τινι.
Un-achtsamkeit f ἡ ἀμέλεια, ἡ ὀλιγωρία.
un-adelig ἀγεννής.
un-ähnlich ἀνόμοιος (2), ~ sein ἀπεοικέναι.
Un-ähnlichkeit f ἡ ἀνομοιότης (ητος), τὸ ἀνόμοιον.
un-anfechtbar ἀναμφισβήτητος (2).
un-angefochten ἀπαθής, ἀτάρακτος (2), ἄμεμπτος (2), j-n ~ lassen ἐᾶν τινα.
un-angeklagt ἀκατηγόρητος (2). [(2), γυμνός.|
un-angekleidet ἀνένδυτος⌋
un-angekündigt ἀναπάγγελτος, ἀκατάγγελτος, ἀκήρυκτος (sämtlich 2).
un-angemeldet αὐτεπάγγελτος (2).
un-angemessen ἀνεπιτήδειος (2), ἄτοπος (2), ἀπρεπής.
Un-angemessenheit f τὸ ἀνεπιτήδειον, ἡ ἀτοπία, ἡ ἀπρέπεια.
un-angenehm ἀηδής, ἄχαρις, ἀτερπής, βαρύς, ἀνιαρός, λυπηρός, πικρός, etw. ~ finden βαρέως φέρειν, es ist mir etw. ~ ἄχθομαί τινι.
un-angerührt ἄψαυστος (2), ἄθικτος (2). [τος (2).|
un-angesagt ἀναπάγγελ-⌋
un-angesehen ἄτιμος, ἄδοξος, ἀδόκιμος (sämtlich 2).
un-angetastet ἄθικτος (2), ἄμεμπτος (2).
un-annehmlich ἀπρόσδεκτος (2), s. unangenehm.

Un-annehmlichkeit f ἡ ἀτερπία, τὸ ἄχθος.
un-ansehnlich ταπεινός, μικρός, φαῦλος.
Un-ansehnlichkeit f ἡ ταπεινότης, ἡ μικρότης, ἡ φαυλότης (ητος).
un-anständig ἀπρεπής, ἀσχήμων, αἰσχρός, ἀπειρόκαλος (2), sich ~ betragen ἀσχημονεῖν.
Un-anständigkeit f ἡ ἀσχημοσύνη, ἡ ἀπρέπεια, ἡ ἀπειροκαλία, τὸ αἰσχρόν.
un-anstößig ἀνεπίληπτος (2), ἄμεμπτος (2).
un-antastbar ἄψαυστος (2), ἄθικτος (2). [κτον.]
Un-antastbarkeit f τὸ ἄθι-
un-anwendbar ἀνεπιτήδειος (2), ἄχρηστος (2), ἀνωφελής.
Un-anwendbarkeit f ἡ ἀχρηστία, τὸ ἄχρηστον.
Un-art f ἡ κακοτροπία, ἡ ἀσχημοσύνη.
un-artig ἀπαίδευτος (2), ἀσχήμων, ἄγροικος (2), ~ sein ἀσχημονεῖν.
Un-artigkeit f ἡ ἀπαιδευσία, ἡ ἀσχημοσύνη.
un-artikuliert ἄναρθρος (2).
un-aufgefordert αὐτεπάγγελτος (2), ἀνεπίτακτος (2), ἀφ' ἑαυτοῦ.
un-aufgeklärt ἄδηλος (2), ἀσαφής, von Pers. ἀπαίδευτος (2).
un-aufgelöst ἀδιάλυτος (2).
un-aufhaltbar, ~haltsam ἀκατάσχετος (2), ἀκώλυτος (2).

un-aufhörlich ἀδιάλειπτος, ἀκατάπαυστος, ἄληκτος (sämtlich 2), συνεχής, ~ etw. tun διατελεῖν ποιοῦντά τι.
un-auflöslich ἀδιάλυτος (2).
Un-auflöslichkeit f τὸ ἀδιάλυτον. [εκτος (2).]
un-aufmerksam ἀπρόσ-
Un-aufmerksamkeit f ἡ ἀπροσεξία.
un-aufschiebbar ἀμέλλητος (2).
un-ausbleiblich ἀναγκαῖος, πεπρωμένος.
un-ausdenkbar οὐχ αἱρετέος ἀνθρωπίνῃ γνώμῃ.
un-ausführbar ἀτέλεστος (2), ἀμήχανος (2).
Un-ausführbarkeit f ἡ ἀμηχανία, τὸ ἀμήχανον.
un-ausgearbeitet ἀδιέργαστος (2).
un-ausgebildet ἀτελής, ἀδιάπλαστος (2).
un-ausgeführt ἀτέλεστος (2), ἄπρακτος (2).
un-ausgelöscht ἀνεξάλειπτος (2). [(2).]
un-ausgelöst ἀναπόλυτος
un-ausgemacht ἄδηλος (2), ἀσαφής, es ist noch ~ ἐν ἀσαφεῖ ἔτι κεῖται.
un-ausgesetzt ἀδιάλειπτος (2), συνεχής.
un-ausgesöhnt ἀδιάλλακτος (2), ἀκατάλλακτος (2).
un-ausgestaltet ἀνέκδοτος (2). [ἀνεξάλειπτος (2).]
un-ausgetilgt ἄσβεστος (2),
un-auslöschlich ἄσβεστος (2), ~er Durst ἄπαυστος δίψα, ~er Haß ἄσπειστον μῖσος.

un-aussprechlich ἄρρητος, ἀμύθητος, ἀδιήγητος (sämtlich 2).
un-ausstehlich δυσάνεκτος (2), ἐπαχθής. [ἔχθεια.
Un-ausstehlichkeit f ἡ ἀπ-
un-austilgbar ἀδιάφθαρτος (2), ἀνεξάλειπτος (2).
un-ausweislich ἄφυκτος (2).
un-bändig ἀδάμαστος (2), ἀτιθάσσευτος (2, von Tieren), ἄγριος, ὠμός, ἀκρατής (von Menschen), ἀκόλαστος (2, von Leidenschaften).
Un-bändigkeit f ἡ ἀγριότης (ητος), ἡ ἀκράτεια, ἡ ἀκολασία.
un-barbiert ἀξυρής, ἄξυρος (2). [ἀσυμπαθής.]
un-barmherzig ἀνελεήμων,
Un-barmherzigkeit f ἡ ἀνελεημοσύνη, ἡ ἀσυμπάθεια.
un-bärtig ἀγένειος (2).
un-beabsichtigt ἀκούσιος.
un-beachtet ἀνεπίσκεπτος (2), ἀμελής, etw. ~ lassen ἀμελεῖν τινος.
un-beantwortet ἀναπόκριτος (2).
un-bearbeitet ἀκατασκεύαστος (2), ἀδιέργαστος (2).
un-beaufsichtigt ἀφύλακτος (2), ἀμελούμενος.
un-beauftragt ἀνεπίτακτος (2), αὐτὸς ἀφ' ἑαυτοῦ.
un-bedacht = ohne Dach, ἀστέγαστος (2), = unbedachtsam, unbedächtig ἀπροβούλευτος (2), ἀλόγιστος (2), ἀμελής.
Un-bedachtsamkeit f ἡ ἀλογιστιά, ἡ ἀμέλεια.

un-bedauert ἄκλαυστος (2), ἀνελέητος (2).
un-bedeckt ἀκάλυπτος (2), γυμνός, ψιλός, = ohne Dach ἀστέγαστος (2).
un-bedenklich ἄοκνος, ἀναμφίβολος, ἀπροφάσιστος (sämtlich 2).
un-bedeutend οὐκ ἀξιόλογος (2), οὐδενὸς (μικροῦ) ἄξιος, μικρός, ὀλίγος, φαῦλος.
Un-bedeutendheit f ἡ μικρότης, ἡ φαυλότης (ητος).
un-bedingt ἀναγκαῖος, ἁπλοῦς.
un-beeidigt ἀνώμοτος (2).
un-beendigt ἀτέλευτος (2).
un-beerdigt ἄταφος (2).
un-befahren ἀστιβής, ἀναμάξευτος (2), vom Meere ἄπλευστος (2).
un-befangen ἁπλοῦς, ἐλεύθερος, ἐλευθέριος.
Un-befangenheit f τὸ ἐλευθέριον, ἡ ἐλευθερία.
un-befestigt ἀτείχιστος (2).
un-befiedert, ~flügelt ἄπτερος (2).
un-befleckt ἀμίαντος (2), ἀκέραιος (2), ἁγνός.
Un-beflecktheit f ἡ ἁγνεία.
un-befohlen ἀνεπίτακτος (2).
un-befolgt ἄπρακτος, etw. ~ lassen οὐχ ὑπακούειν τινός.
un-befragt οὐκ ἐρωτηθείς.
un-befriedigend οὐχ ἱκανός.
un-befriedigt ἀνεκπλήρωτος (2).
un-befruchtet ἀκάρπωτος (2).
un-befugt ἄνομος (2), ἄδικος (2).

un-befugterweise ἀδίκως.
un-begabt ἄκληρος, ἐνδεής, mit etw. τινός.
un-begehrt ἀζήλωτος (2).
un-beglaubigt ἀτέκμαρτος (2), ἀβέβαιος (2).
un-begleitet μόνος.
un-begraben ἄταφος (2), ἀτύμβος (2).
un-begreiflich ἀδιανόητος (2), θαυμαστός.
Un-begreiflichkeit f das neutr. der vorh. adj.
un-begrenzt ἄπειρος, ἀπέραντος. ἀόριστος, ἄμετρος (sämtlich 2). [der vorh. adj.]
Un-begrenztheit f das neutr.
un-begründet ἀτέκμαρτος (2), ἀβέβαιος (2).
un-begütert ἄκληρος (2).
un-behaart ψιλὸς τριχῶν.
un-behaglich ἀτερπής, δυσχερής.
Un-behaglichkeit f ἡ ἀτερψία, ἡ δυσχέρεια.
un-behangen ἀκάλυπτος (2).
un-behauen ἀπελέκητος. ἄξεστος (2). [(2).]
un-behelligt ἀνενόχλητος
un-beherrscht ἀβασίλευτος (2), ἄναρκτος (2).
un-beherzigt ἀμελούμενος, ~ bleiben ἀμελεῖσθαι, ὀλιγωρεῖσθαι, etwas ~ lassen οὐκ ἐνθυμεῖσθαί τινος.
unbeherzt ἄνανδρος (2), δειλός. [θρία, ἡ δειλία.]
Un-beherztheit f ἡ ἀνανδ-
un-behilflich, un-beholfen ἀφυής, ἀδέξιος, ἄπορος, ἀμήχανος (sämtlich 2).
Un-behilflichkeit, Un-behol-
fenheit f ἡ ἀφυΐα, ἡ σκαιότης (ητος).
un-behütet ἀφύλακτος (2).
un-behutsam ἀφύλακτος (2), ἀνευλαβής, προπετής.
Un-behutsamkeit f ἡ ἀφυλαξία, ἡ προπέτεια.
un-bekannt ἄγνωστος, ἄπυστος, = unberühmt ἄδοξος, = unkundig ἀμαθής, ἄπειρός (sämtlich 2) τινος.
Un-bekanntheit f ἡ ἀφάνεια, ἡ ἀδοξία.
Un-bekanntschaft f ἡ ἄγνοια, ἡ ἀπειρία.
un-bekehrt ἀμετάπειστος (2).
un-beklagt ἀνοίμωκτος, ἀνελέητος, ἄκλαυστος (sämtlich 2).
un-bekleidet γυμνός.
un-bekümmert ἀμελής, ὀλίγωρος (2), ἀφρόντιστος (2), ~ sein um etwas ἀμελεῖν τινος, ὀλιγωρεῖν τινος.
Un-bekümmertheit f ἡ ἀμέλεια, ἡ ὀλιγωρία.
un-beladen φόρτου ἔρημος.
un-belagert ἀπολιόρκητος (2). [(2), ἄλυπος (2).]
un-belästigt ἀνενόχλητος
un-belaubt ἄφυλλος (2).
un-belauscht ἀπαρατήρητος (2).
un-belebt ἄψυχος (2), von Gegenden ἀνθρώπων ἔρημος.
Un-belebtheit f τὸ ἄψυχον, ἡ ἐρημία.
un-belehrt ἀπαίδευτος (2), ἀδίδακτος (2), ἀμαθής.
un-belesen ἀγράμματος (2).
Un-belesenheit f ἡ ἀγραμματία.

un-beleuchtet ἀφώτιστος (2).
un-beliebt ἄχαρις.
Un-beliebtheit f τὸ ἄχαρι.
un-belohnt ἀχάριστος (2), ἄμισθος (2).
un-bemerkbar, ~merklich ἄσημος (2), ἀναίσθητος (2).
un-bemerkt ἀφανής, ἄδηλος (2), ~ bleiben λανθάνειν, ~ etw. tun λανθάνειν ποιοῦντά τι.
un-bemittelt ἄπορος (2), ἀχρήματος (2), ~ ſein ἀπορεῖν χρημάτων.
un-benannt ἀνώνυμος (2).
un-beneidet ἀζήλωτος (2).
un-benetzt ἄτεγκτος (2).
un-benommen ἀκώλυτος, es iſt mir ~ ἔξεστί μοι.
un-benutzt ἄχρηστος (2), etwas ~ laſſen οὐ χρῆσθαί τινι.
un-beobachtet ἀφύλακτος (2).
un-beordert ἀνεπίτακτος (2).
un-bepanzert ἀθωράκιστος (2).
un-bepflanzt ἀφύτευτος (2).
un-bequem ἀνεπιτήδειος (2), ἄκαιρος (2).
Un-bequemlichkeit f τὸ ἀνεπιτήδειον, ἡ ἀκαιρία.
un-beraten ἄπορος (2), ἄβουλος (2). [ἡ ἀβουλία.]
Un-beratenheit f ἡ ἀπορία,
un-beraubt ἄσυλος (2).
un-berauſcht ἀμέθυστος (2).
un-berechenbar ἀσυλλόγιστος (2).
un-berechtigt οὐ δίκαιος.
un-beredt λόγων ἄπειρος (2).
un-bereichert οὐ πλούσιος γενόμενος.

un-bereitet ἀπαρασκεύαστος (2). [(2).]
un-bereut ἀμεταμέλητος
un-berichtet ἀμαθής, ἄπειρος (2). [(2).]
un-berichtigt ἀδιόρθωτος
un-beritten ἄνιππος (2).
un-berückſichtigt: etw. ~ laſſen ἀμελεῖν τινος.
un-berufen ἀκέλευστος (2).
un-beruhigt ἀπαραμύθητος (2). [ἀφανής.]
un-berühmt ἄδοξος (2),
Un-berühmtheit f ἡ ἀδοξία, ἡ ἀφάνεια.
un-berührbar, ~rührt ἀθιγής, ἄθικτος (2), etwas ~ laſſen παραλείπειν τι.
un-beſät ἄσπαρτος (2), ἄσπορος (2).
un-beſchadet ἄνευ βλάβης, ~ der Ehre οὐκ αἰσχρῶς.
un-beſchädigt ἀβλαβής.
un-beſchäftigt ἀπράγμων, σχολαῖος, ~ ſein σχολάζειν, σχολὴν ἄγειν.
un-beſchattet ἀσκίαστος (2).
un-beſcheiden ἀναιδής, ἀκόλαστος (2), ἄκοσμος (2), προπετής.
Un-beſcheidenheit f ἡ ἀκοσμία, ἡ προπέτεια.
un-beſchenkt ἄδωρος (2), ἀδώρητος (2).
un-beſchiffbar ἄπλους (2).
un-beſchifft ἄπλευστος (2).
un-beſchimpft ἀνύβριστος (2).
un-beſcholten ἄμεμπτος, ἀνεπίληπτος, ἀνέγκλητος (ſämtlich 2).
Un-beſcholtenheit f ἡ ἀμεμφεία, τὸ ἄμεμπτον.

un-beschoren ἀκούρευτος (2), ἄξυρος (2).
un-beschränkt ἄπειρος (2), in der Macht ἐλεύθερος, αὐτόνομος (2).
Un-beschränktheit f τὸ ἄμετρον, ἡ αὐτονομία.
un-beschreiblich ἄρρητος, ἀδιήγητος, ἄφραστος, = groß oder viel ἀμήχανος (sämtlich 2).
un-beschrieben ἄγραφος (2), = nicht geschildert ἀδιήγητος (2).
un-beschuht ἀνυπόδητος (2).
un-beschuldigt ἀνέγκλητος (2), ἀναίτιος (2).
un-beschützt ἀφύλακτος (2).
un-beschwerlich ἄλυπος (2), ἄπονος (2).
un-beschwert ἀβαρής.
un-beschwichtigt ἀπαραμύθητος (2).
un-beschworen ἀνώμοτος (2).
un-beseelt ἄψυχος (2).
un-besehen ἀνεπίσκεπτος (2).
un-besetzt κενός, ψιλός.
un-besichtigt ἀνεπίσκεπτος (2).
un-besiegbar, ~siegt ἀήττητος (2), ἀνίκητος (2).
un-besoldet ἄμισθος (2).
un-besonnen ἀλόγιστος (2), ἄφρων, ἄβουλος (2), προπετής.
Un-besonnenheit f ἡ ἀλογιστία, ἡ ἀφροσύνη, ἡ ἀβουλία.
un-besorgt ἀμελής, ~ sein θαρρεῖν, = nicht ausgeführt ἄπρακτος (2).

Un-bestand m, **Un-beständigkeit** f τὸ ἀβέβαιον.
un-beständig ἀβέβαιος (2).
un-bestätigt ἀμάρτυρος (2).
un-bestattet ἄταφος (2).
un-bestechlich ἀδιάφθαρτος (2), ἀδιάφθορος (2).
Un-bestechlichkeit f ἡ ἀδιαφθαρσία (2).
un-besteiglich ἀνεπίβατος (2).
un-bestellt ἄπρακτος (2), ~es Land ἀγεώργητος γῆ.
un-besteuert οὐχ ὑποτελής.
un-bestiegen ἄβατος (2), ἀνεπίβατος (2).
un-bestimmt ἀόριστος (2), = ungewiß ἀσαφής, ἄδηλος (2), ἀβέβαιος (2).
Un-bestimmtheit f das neutr. der vorh. adj.
un-bestochen ἄδωρος (2), ἀδώρητος (2).
un-bestraft ἀζήμιος (2).
un-bestreitbar, ~stritten ἀναμφισβήτητος (2), ὡμολογημένος.
un-beteiligt ἄμοιρός τινος (2).
un-betont ἄτονος (2).
un-beträchtlich μικρός, φαῦλος, ὀλίγος.
un-betrauert ἄκλαυστος (2).
un-betreten ἄβατος (2), ἀστιβής.
un-betrübt ἄλυπος (2).
un-betrüglich ἀνεξαπάτητος (2).
un-beugsam, **unbiegsam** ἀκαμπής, ἄκαμπτος (2), von Personen ἄπειστος (2).
un-bewachsen ψιλός.
un-bewacht ἀφύλακτος (2).

un-bewaffnet ἄ-, ἄνοπλος (2), γυμνός.
un-bewährt ἀδόκιμος (2), ἀβέβαιος (2).
un-bewandert ἄπειρος (2), in etwas τινός.
un-beweglich ἀκίνητος (2).
Un-beweglichkeit f τὸ ἀκίνητον.
un-bewehrt ἄ-, ἄνοπλος (2).
un-beweint ἀδάκρυτος (2), ἄκλαυστος (2).
un-beweisbar, =**lich** ἀτέκμαρτος (2). [κτος (2).]
un-bewiesen ἀνἀπόδει-
un-bewohnbar ἀοίκητος (2).
Un-bewohnbarkeit f τὸ ἀοίκητον.
un-bewohnt ἀοίκητος (2).
un-bewölkt εὔδιος (2).
un-bewußt ἀκούσιος (2), es ist mir etwas ~ λανθάνει oder φεύγει μέ τι, οὐ σύνοιδα ἐμαυτῷ.
un-bezahlt ἀδιάλυτος (2).
un-bezähmbar, =**zähmt** ἀδάμαστος (2).
un-bezeichnet ἀσήμαντος (2).
un-bezeugt ἀμάρτυρος (2).
un-bezweifelt ἀναμφίλογος (2), ἀναμφισβήτητος (2), ὡμολογημένος.
un-bezwinglich, =**zwungen** ἀχείρωτος (2), ἀήττητος (2).
Un-biegsamkeit f ἡ ἀκαμψία. [τὸ ἀδίκημα.]
Un-bilde, Un-bill f ἡ αἰκία.
un-bildsam ἄπλαστος (2), (von Personen) ἀμαθής, ἀπαίδευτος (2). [κος (2).]
un-billig ἀνεπιεικής, ἄδι-
Un-billigkeit f τὸ ἀδίκημα.

un-blutig ἀναίμων, adv. ἀναιμακτί.
un-brauchbar ἀχρεῖος (2), ἄχρηστος (2). [στία.]
Un-brauchbarkeit f ἡ ἀχρη-
un-brüderlich οὐχ ὥσπερ ἀδελφός. [(2).]
un-bußfertig ἀμετανόητος
un-christlich ἀσεβής, ἀνόσιος (2).
und καί, τέ ... τέ (entl.), μέν ... δέ, ~ auch καὶ δή, ~ doch καὶ ὅμως, ἀλλ' ὅμως, ~ nicht οὐδέ, μηδέ.
Un-dank m ἡ ἀχαριστία, ~ ist der Welt Lohn ἀχάριστοι οἱ πολλοί.
un-dankbar ἀχάριστος (2), ~ sein ἀχαριστεῖν.
Un-dankbarkeit f ἡ ἀχαριστία. [ἀδύνατος (2).]
un-denkbar ἀμήχανος (2),
un-denklich: seit ~en Zeiten ἐξ αἰῶνος. [λος (2).]
un-deutlich ἀφανής, ἄδη-
Un-deutlichkeit f ἡ ἀφάνεια, τὸ ἄδηλον.
un-dienlich ἀνεπιτήδειος (2), ἄχρηστος (2), ἀνωφελής, φαῦλος.
Un-dienlichkeit f ἡ ἀχρηστία, ἡ φαυλότης (ητος).
un-dienstfertig ἀπρόθυμος (2). [ἀπρόθυμον.]
Un-dienstfertigkeit f τὸ
Un-ding n τὸ οὐδέν, τὸ μηδέν.
un-duldsam ἀνεπιεικής.
Un-duldsamkeit f ἡ ἀνεπιείκεια.
un-durchdringlich ἀπέρατος (2), ἀδιάβατος (2).

Un-durchdringlichkeit f das neutr. der vorh. adj.
un-durchsichtig ἀδιαφανής.
un-eben ἀνώμαλος (2), ἀνωμαλής.
Un-ebenheit f ἡ ἀνωμαλία.
un-echt κίβδηλος (2), ἀδόκιμος (2).
Un-echtheit f ἡ κιβδηλία.
un-edel ἀγενής, ἀνελεύθερος (2), ~e Abkunft ἡ ἀγένεια (auch ~e Gesinnung).
un-ehelich νόθος (2).
un-ehrbar αἰσχρός, ἄτιμος (2). [ἡ ἀτιμία.]
Un-ehrbarkeit f τὸ αἶσχος,
Un-ehre f ἡ ἀτιμία, ἡ αἰσχύνη.
un-ehrerbietig ἀναιδήμων.
Un-ehrerbietigkeit f ἡ ἀναίδεια.
un-ehrlich ἄτιμος (2), κακός, αἰσχρός, ἄπιστος (2).
Un-ehrlichkeit f ἡ ἀτιμία, τὸ αἶσχος, ἡ ἀπιστία.
un-eigennützig ἐλευθέριος (2), δίκαιος.
Un-eigennützigkeit f ἡ ἐλευθεριότης (ητος), ἡ δικαιοσύνη.
un-eigentlich ἄκυρος (2), μεταφορικός.
un-eingedenk ἀμνήμων, ~ sein ἀμνημονεῖν.
un-eingeladen ἄκλητος (2).
un-eingeschränkt ἀπερίγραπτος (2).
un-eingeweiht ἀμύητος (2), ἀτέλεστος (2).
un-einig, un-eins διάφορος (2), ~ sein mit j-m διαφέρεσθαι πρός τινα.

Un-einigkeit f ἡ διαφορά, τὸ νεῖκος. [(2).]
un-einnehmbar ἀνάλωτος
un-empfänglich ἀναίσθητος (2), ἀπαθής.
Un-empfänglichkeit f ἡ ἀναισθησία.
un-empfindlich ἀναίσθητος (2), ἀπαθής.
Un-empfindlichkeit f ἡ ἀναισθησία, ἡ ἀπάθεια.
un-endlich ἄπειρος, ἀπέραντος, ἄμετρος (sämtlich 2).
Un-endlichkeit f τὸ ἄπειρον.
un-entbehrlich ἀναγκαῖος (2).
Un-entbehrlichkeit f ἡ ἀνάγκη.
un-entdeckt ἀνεξεύρετος (2).
un-entfliehbar ἄφυκτος (2), ἄφευκτος (2).
un-entgeltlich ἄμισθος (2), adv. ἀμισθί.
un-enthaltsam ἀκρατής.
un-entrinnbar s. unentfliehbar.
un-entschieden ἀδιάκριτος, ἀμφισβητήσιμος, ἀμφίβολος, ἄδηλος (sämtlich 2), ἀσαφής.
Un-entschiedenheit f das neutr. der vorh. adj.
un-entschlossen ἄβουλος (2), ἄπορος (2), ~ sein ἀπορεῖν.
Un-entschlossenheit f ἡ ἀπορία.
un-entschuldigt ἀναπολόγητος (2).
un-entstellt ἀδιάφθαρτος (2).
un-entweiht ἀβέβηλος (2).
un-entwickelt ἄλυτος (2), (von Personen) ἀπαίδευτος (2).
un-erbaulich ψυχρός, φαῦλος.

un-erbaut ἀνοικοδόμητος (2), (vom Hörer) ἀκήλητος(2).
un-erbittlich ἀπαραίτητος (2), ἀκαμπής.
un-erfahren ἄπειρος (2), ἀνεπιστήμων, ἀμαθής.
Un-erfahrenheit f ἡ ἀπειρία, ἡ ἀμαθία.
un-erfindlich ἀνεξεύρετος(2).
un-erforschlich ἀνεξερεύνητος (2), ἀνεξέλεγκτος (2).
Un-erforschlichkeit f τὸ ἀνεξέλεγκτον.
un-erforscht ἀνεξέταστος(2).
un-erfreulich ἄχαρις, ἀνιαρός.
un-erfüllt ἄπρακτος (2), ~ bleiben οὐκ ἀποβαίνειν.
un-ergiebig ἄφορος (2), ἀνωφελής, ἄκαρπος (2).
Un-ergiebigkeit f ἡ ἀκαρπία.
un-ergötzlich ἀτερπής.
un-ergründet ἀνερεύνητος (2).
un-ergründlich ἄβυσσος (2), übtr. ἀνεξερεύνητος (2).
Un-ergründlichkeit f das neutr. der vorh. adj.
un-erheblich μικρός.
Un-erheblichkeit f ἡ μικρότης (ητος).
un-erhört μάταιος, übertr. ἀνήκουστος (2), δεινός.
un-erkannt ἄγνωστος (2).
un-erkennbar ἄγνωστος (2).
un-erkenntlich ἀγνώμων, ἀχάριστος (2), ~ sein ἀγνωμονεῖν. [ριστία.]
Un-erkenntlichkeit f ἡ ἀχα-
un-erklärbar, =klärlich ἀδιήγητος (2), ἄλυτος (2).

un-erklärt ἀσαφής.
un-erläßlich ἀναγκαῖος.
un-erlaubt ἀθέμι(σ)τος (2), οὐ δίκαιος.
un-ermeßlich ἄμετρος (2), ἄπειρος (2).
Un-ermeßlichkeit f das neutr. der vorh. adj.
un-ermüdet, =müdlich ἀκάματος (2). [κλεισμένος.]
un-eröffnet ἄλυτος (2), κε-
un-erörtert ἀσαφής.
un-erprobt ἀπείρατος (2).
un-erquicklich ἀτερπής.
un-erreichbar ἀνέφικτος (2), ἀκατάληπτος (2).
un-erreicht ἀτελής.
un-ersättlich ἄπληστος (2).
Un-ersättlichkeit f ἡ ἀπληστία.
un-erschaffen ἀγέννητος (2).
un-erschöpflich ἀνεξάντλητος (2). [θαρρῶν.]
un-erschrocken ἄφοβος (2),
Un-erschrockenheit f ἡ ἀφοβία.
un-erschütterlich, =schüttert ἀκίνητος(2), ἀτάρακτος(2).
Un-erschütterlichkeit f ἡ ἀταραξία. [(2).]
un-erschwinglich ἀμήχανος
un-ersetzlich ἀνεπισκεύαστος (2), ἀνήκεστος (2).
un-ersprießlich ἀσύμφορος (2), ἀνωφελής. [(2).]
un-ersteiglich ἀνεπίβατος
un-erträglich ἀφόρητος (2), ἐπαχθής, ~ es Leben ὁ βίος ἀβίωτος.
Un-erträglichkeit f τὸ ἄχθος.
un-erwähnt ἀμνημόνευτος (2).

un-erwartet ἀπροσδόκητος (2), παράδοξος (2), *adv.* ἀπροσδοκήτως, ἐξ ἀπροσδοκήτου.
un-erweichlich ἄτεγκτος (2), ἀπαραίτητος (2).
un-erweislich, =wiesen ἀναπόδεικτος (2).
un-erwidert ἀναπόκριτος (2), = unvergolten οὐκ ἀντιδεδομένος (2).
un-erwogen ἀπερίσκεπτος (2).
un-erwünscht ἄνευκτος (2).
un-erzogen ἀπαίδευτος (2).
un-erzwungen ἑκούσιος (2).
un-eßbar οὐκ ἐδώδιμος (2).
un-fähig ἀδύνατος, ἀνεπιτήδειος, ἄπορος (sämtlich 2), = ohne Anlagen ἀφυής, ἀμαθής.
Un-fähigkeit *f* ἡ ἀδυνασία, ἡ ἀφυΐα, ἡ ἀμαθία.
Un-fall *m* ἡ συμφορά, τὸ κακόν, τὸ ἀτύχημα.
un-fehlbar ἀναμάρτητος (2), = unausbleiblich ἀναγκαῖος, βέβαιος. 〖mit *gen.*〗
un-fern πλησίον, οὐ πόρρω
Un-flat *m* τὸ ῥύπος.
un-flätig ῥυπαρός
Un-flätigkeit *f* ἡ ῥυπαρία, ἡ ἀκαθαρσία.
Un-fleiß *m* ἡ ἀργία.
un-fleißig ἀργός.
un-folgsam ἀπειθής, δυσπειθής. ἀνήκοος (2).
Un-folgsamkeit *f* ἡ ἀπείθεια, ἡ δυσπείθεια.
un-förmlich ἄμορφος (2), δύσμορφος (2).
Un-förmlichkeit *f* ἡ ἀμορφία.
un-frei ἀνελεύθερος (2).

un-freigebig ἀνελεύθερος (2)
un-freiwillig ἄκων.
un-freundlich χαλεπός, δύσκολος (2), σκυθρωπός (2), αὐστηρός.
Un-freundlichkeit *f* ἡ χαλεπότης (ητος), ἡ δυσκολία, ἡ αὐστηρότης (ητος).
un-freundschaftlich δύσνους (2), δυσμενής.
Un-friede *m* ἡ διάστασις, ἡ διαφορά.
un-fruchtbar ἄκαρπος (2), ἄφορος (2), = nutzlos ἀλυσιτελής, μάταιος, (von Geschöpfen) ἄτοκος (2).
Un-fruchtbarkeit *f* ἡ ἀκαρπία, ἡ ἀφορία.
Un-fug *m* ἡ ἀπειροκαλία, ἡ ἀταξία. 〖πειθής.〗
un-fügsam ἀπειθής, δυσ-
Un-fügsamkeit *f* ἡ ἀπείθεια, ἡ δυσπείθεια.
un-fühlbar ἀναίσθητος (2).
un-gangbar ἄβατος (2).
un-gastlich ἄξενος (2).
un-geachtet[1] ἄτιμος (2), ἄδοξος (2).
un-geachtet[2] εἰ καί, καίπερ mit *part.*, dessen, dem ~ ὅμως, ἀλλ' ὅμως.
un-geahndet ἀτιμώρητος (2), ἀζήμιος (2).
un-geahnt ἀνέλπιστος (2).
un-geändert ἀκίνητος (2), ὁ, ἡ, τὸ αὐτός.
un-gebahnt ἀτριβής, ἀστιβής. 〖(2).〗
un-gebändigt ἀδάμαστος
un-gebärdig ἀσχήμων.
un-gebaut ἀγεώργητος (2).
un-gebessert ἀδιόρθωτος (2).

un-gebeten ἄκλητος (2).
un-gebeugt ἄκαμπτος (2).
un-gebildet ἀπαίδευτος (2), ἀμαθής, ἀγράμματος (2), ἄμουσος (2),
Un-gebildetheit f ἡ ἀπαιδευσία, ἡ ἀμαθία, ἡ ἀμουσία.
un-gebogen ἄκαμπτος (2).
un-geboren ἀγέννητος (2).
un-gebrannt ὠμός.
un-gebraten οὐκ ὀπτητός.
un-gebräuchlich ἀήθης.
un-gebraucht καινός.
un-gebrochen ἄρρηκτος (2), ἄκλαστος (2).
Un-gebühr f ἡ ἀπρέπεια.
un-gebührlich ἀπρεπής, αἰσχρός, ἄκαιρος (2).
un-gebunden ἄδετος (2), ἐλεύθερος, = zügellos ἀκόλαστος (2). ἀσελγής.
Un-gebundenheit f ἡ ἀκολασία, ἡ ἀσέλγεια.
un-gedeihlich ἀσύμφορος (2), ἀλυσιτελής.
Un-geduld f ἡ ὁρμή, τὸ ὁρμητικόν.
un-geduldig ὁρμητικός.
un-geebnet ἀνωμαλής, ἀνώμαλος (2). [ἄτιμος (2).]
un-geehrt ἀτίμητος (2),
un-geeignet ἀνεπιτήδειος (2), οὐ προσήκων.
un-geendigt ἀτελεύτητος (2), ἀτέλεστος (2).
Un-gefähr n ἡ τύχη, von ~ ἀπὸ τύχης, ἀπὸ ταὐτομάτου.
un-gefähr σχεδόν, σχεδόν τι, πού, πώς (enkl.), bei Zahlen περί mit acc. oder ὡς, zB. ~ zweihundert Mann στρατιῶται περὶ τοὺς διακοσίους oder ὡς διακόσιοι.
un-gefährdet ἀδεής, ἀσφαλής.
un-gefährlich ἀκίνδυνος (2).
un-gefällig ἄχαρις, ἀπειρόκαλος (2).
Un-gefälligkeit f τὸ ἄχαρι, ἡ ἀπειροκαλία.
un-gefälscht εἰλικρινής.
un-gefärbt ἄχρωστος (2), ἄβαφος (2).
un-gefesselt ἄδετος (2).
un-gefiedert, -flügelt ἄπτερος (2). [(2), ἑκών.]
un-gefordert ἀκέλευστος
un-geformt ἄπλαστος (2).
un-gefragt οὐκ ἐρωτηθείς.
un-gefügig δυσχερής.
Un-gefügigkeit f ἡ δυσχέρεια.
un-gefühlt ἀναίσθητος (2).
un-gegessen ἄβρωτος (2), = der nicht gegessen hat ἄσιτος, ἀνάριστος, ἄδειπνος (sämtlich 2).
un-gegründet ἀτέκμαρτος (2). [τος (2).]
un-gegrüßt ἀπροσηγόρη-
un-gehalten θυμούμενος, χαλεπός, adv. θυμῷ, ὀργῇ, ~ sein über etwas βαρέως φέρειν τι, ἀγανακτεῖν τινι.
un-geheilt ἀνίατος (2).
un-geheißen αὐτοκέλευστος (2), ἀνεπίτακτος (2).
un-geheuchelt ἀνυπόκριτος (2), ἁπλοῦς.
un-geheuer ὑπερφυής, δεινός. [(ατος).]
Un-geheuer n τὸ τέρας

un-gehindert ἀκώλυτος (2).
un-gehofft ἀνέλπιστος (2).
un-gehörig ἄκαιρος (2), ἄτοπος (2).
un-gehorsam ἀπειθής, ~ sein ἀπειθεῖν.
Un-gehorsam m ἡ ἀπείθεια.
un-gehört ἀνήκουστος (2).
un-gehütet ἀφύλακτος (2).
un-gekannt ἄγνωστος (2).
un-gekleidet γυμνός.
un-gekünstelt ἄτεχνος (2).
un-geladen ἄκλητος (2).
un-geläufig βραδύς, ἀνοίκειος (2).
un-geläutert ἀκάθαρτος (2).
un-gelegen ἄκαιρος (2).
Ungelegenheit f ἡ δυσχέρεια, j-m ~en machen πράγματα παρέχειν τινί.
un-gelehrig δυσμαθής.
Un-gelehrigkeit f ἡ δυσμάθεια. [δευτος (2).]
un-gelehrt ἀμαθής, ἀπαίδευτος (2).
Un-gelehrtheit f ἡ ἀμαθία, ἡ ἀπαιδευσία.
un-gelenk βραδύς, δυσκίνητος (2).
Un-gelenkigkeit f ἡ βραδυτής (ῆτος), ἡ δυσκινησία.
un-gelesen: etwas ~ lassen οὐκ ἀναγιγνώσκειν τι.
un-geliebt ἀφίλητος (2).
un-gelöscht ἄσβεστος (2).
un-gelöst ἄλυτος (2).
Un-gemach n τὸ κακόν, τὸ πάθος, ἡ ταλαιπωρία, ~ leiden ταλαιπωρεῖσθαι.
un-gemacht ἀποίητος (2), ἀπαρασκεύαστος (2).
un-gemahnt οὐκ ἀπαιτηθείς.

un-gemein διαφέρων, δεινός, σφοδρός. [(2).]
un-gemeldet ἀνεπάγγελτος
un-gemessen ἄμετρος (2), ἀμέτρητος (2).
un-gemischt ἄκρατος (2).
un-gemünzt ἄσημος (2).
un-genannt ἀνώνυμος (2).
un-genau οὐκ ἀκριβής.
un-geneigt ἀπρόθυμος (2), δύσνους (2), δυσμενής.
Un-geneigtheit f ἡ δυσμένεια. [στος (2).]
un-genießbar ἀναπόλαυ-
un-genossen ἄγευστος (2).
un-genötigt ἀκέλευστος (2).
un-genügend οὐχ ἱκανός.
un-genügsam ἀκρατής.
Un-genügsamkeit f ἡ ἀκράτεια.
un-genützt ἄχρηστος (2).
un-geöffnet οὐκ ἀνεῳγμένος, κεκλεισμένος.
un-geordnet ἄτακτος (2).
un-gepflanzt ἀφύτευτος (2).
un-gepflegt ἀθεράπευτος (2).
un-geprüft ἀνήρυστος (2).
un-geprägt ἄσημος (2).
un-gerächt ἀτιμώρητος (2).
un-gerade ἀνώμαλος (2), ἀνωμαλής, (von Zahlen) ἀνάρτιος (2).
un-geraten κακός, πονηρός.
un-gerecht ἄδικος (2).
Un-gerechtigkeit f ἡ ἀδικία.
un-geregelt ἄκοσμος (2).
un-gereimt ἄτοπος (2), ἄλογος (2). [ἡ ἀλογία.]
Un-gereimtheit f ἡ ἀτοπία,
un-gereinigt ἀκάθαρτος (2).
un-gern ἄκων, ἀκούσιος (2), ἀπρόθυμος (2).

(ungehindert) 394 (ungern)

un-gerufen ἄκλητος (2).
un-gerügt ἀνεξέλεγκτος (2).
un-gerührt ἀκίνητος (2), ἀκαμπτος (2).
un-gerüstet ἀπαρασκεύαστος (2), = ohne Waffen ἄνοπλος (2).
un-gesagt ἄρρητος (2).
un-gesät ἄσπαρτος (2), ἄσπορος (2).
un-gesattelt ἄστρωτος (2).
un-gesättigt ἀκόρεστος (2).
un-gesäubert ἀκάθαρτος (2).
un-gesäuert ἄζυμος (2).
un-gesäumt = nicht zögernd ἀμέλλητος (2), οὐ μέλλων, πρόθυμος (2), adv. ἀμελλητί.
un-geschaffen ἀγέννητος (2).
un-geschätzt ἀτίμητος (2), ἀμελούμενος.
un-geschehen ἀγένητος (2), ἄπρακτος (2).
un-gescheut ἄοκνος (2), ἄφοβος (2), θρασύς, = schamlos ἀναιδής, ἀναίσχυντος (2).
Un-ge-schicklichkeit, -schicktheit f ἡ ἀφυΐα, ἡ σκαιοσύνη, ἡ ἀπειρία, ἡ ἀμαθία.
un-geschickt = unbehilflich ἀφυής, σκαιός, = ungelehrt ἀμαθής, ἄπειρος (2), = unpassend ἄκαιρος (2), ἄτοπος (2).
un-geschlacht ἄγριος.
Un-geschlachtheit f ἡ ἀγριότης (ητος), ἡ ἀγροικία.
un-geschliffen ἄθηκτος (2), übertr. ἀπειρόκαλος (2), ἄγροικος (2).

Un-geschliffenheit f ἡ ἀπειροκαλία, ἡ ἀγροικία.
un-geschmäht ἀλοιδόρητος (2), ἐντελής.
un-geschmälert ἀκέραιος (2)
un-geschmeichelt ἀκολάκευτος (2).
un-geschmeidig σκληρός, übertr. δύσκολος (2), δυστράπελος (2).
Un-geschmeidigkeit f ἡ σκληρότης, ἡ τραχύτης (ητος), übertr. ἡ δυσκολία.
un-geschminkt ἀνεπίπλαστος (2), übertr. ἄπλαστος (2), ἁπλοῦς.
un-geschmückt ἄκοσμος (2), ἀκόσμητος (2).
un-gescholten ἀνέγκλητος (2), ἄμεμπτος (2).
un-geschoren ἄκουρος (2), j-n ~ lassen ἐᾶν τινα.
un-geschrieben ἄγραφος (2), ἄγραπτος (2).
un-geschult ἀπαίδευτος (2).
un-geschürzt ἄζωνος (2).
un-geschützt ἄφρακτος (2).
un-geschwächt ἀκήρατος (2), ἄθραυστος (2).
un-gesehen ἀθέατος (2), ἀνόρατος (2), ἀφανής.
un-gesellig ἀνομίλητος (2), ἀπροσόμιλος (2).
un-gesetzlich ἄνομος (2), παράνομος (2).
un-gesichtet ἀδιάκριτος (2).
un-gesittet ἀπειρόκαλος (2), ἀπαίδευτος, ἄγροικος (sämtlich 2).
un-gestaltet ἄμορφος (2), δύσμορφος (2).
un-gestattet ἀθέμι(σ)τος (2).

un-gestört ἀτάρακτος (2), ~es Glück συνεχὴς εὐδαιμονία.

un-gestraft ἀζήμιος (2), ἀτιμώρητος (2).

un-gestüm σφοδρός, δεινός, (vom Meere) κυμαίνων.

Un-gestüm n ἡ σφοδρότης, ἡ δεινότης (ητος), ἡ ὁρμή.

un-gesucht ἀζήτητος (2), = ungekünstelt ἀνεπιτήδευτος (2).

un-gesund νοσερός, νοσώδης (auch = der Gesundheit schädlich), ἄρρωστος (2), ἀσθενής (2). [στία, ἡ ἀσθένεια.]

Un-gesundheit f ἡ ἀρρωστία.

un-getadelt ἄμεμπτος (2).

un-getan ἄπρακτος (2).

un-geteilt ἀμέριστος (2).

un-getreu ἄπιστος (2).

un-getrübt ἀτάρακτος (2).

Un-getüm n τὸ τέρας (ατος).

un-geübt ἀγύμναστος, ἀνάσκητος, ἄπειρος (sämtlich 2).

un-gewaffnet ἄοπλος (2), ἄνοπλος (2). [σκαιός.]

un-gewandt ἀδέξιος (2),

Un-gewandtheit f ἡ σκαιότης (ητος).

un-gewarnt οὐ νουθετικός.

un-gewaschen ἄλουτος (2).

un-gewässert ἀνάρδευτος (2).

un-geweiht ἀνίερος (2).

un-gewiß ἀβέβαιος (2), σφαλερός, = unzuverlässig ἄπιστος (2), = nicht ausgemacht ἀσαφής, ἄδηλος (2), ἀφανής.

Un-gewißheit f ἡ ἀφάνεια, τὸ ἄδηλον, ἡ ἀμφισβήτησις, ἡ ἀπορία, in ~ sein ἀπορεῖν. [(ῶνος).]

Un-gewitter n ὁ χειμών

un-gewogen δύσνους (2), κακόνους (2), δυσμενής, j-m ~ sein κακονοεῖν τινι.

Un-gewogenheit f ἡ κακόνοια.

un-gewöhnlich οὐκ εἰωθώς, θαυμάσιος, ἄτοπος (2), = vorzüglich διαφέρων, ἐκπρεπής. [νότης (ητος).]

Un-gewöhnlichkeit f ἡ και-

un-gewohnt ἀήθης, e-r Sache ~ sein ἀπείρως ἔχειν τινός.

un-gezählt ἀνάριθμος (2), ἀναρίθμητος (2).

un-gezähmt ἀδάμαστος (2), ἄγριος.

un-gezeichnet ἄσημος (2).

un-gezeigt ἀναπόδεικτος (2).

Un-geziefer n τὰ κνώδαλα, nagendes ~ (Raupen u. dgl.) ἡ τρωξαλλίς (ίδος).

un-geziemend ἀπρεπής, ἀνάξιος (2).

un-geziert ἀφελής.

un-gezogen ἀπαίδευτος (2), ἄγροικος, ἀπειρόκαλος (sämtlich 2).

Un-gezogenheit f ἡ ἀπαιδευσία, ἡ ἀγροικία, ἡ ἀπειροκαλία.

un-gezüchtigt ἀκόλαστος (2).

un-gezügelt ἀχαλίνωτος (2), übertr. ἀκόλαστος (2), ἀκρατής.

un-gezwungen ἀβίαστος (2), ἀνανάγκαστος (2), ἑκών, ἑκούσιος, = einfach ἁπλοῦς

Un-gezwungenheit f τὸ ἑκούσιον, ἡ ἁπλότης (ητος).

Un-glaube m ἡ ἀπιστία.
un-gläubig ἄπιστος (2), ἀπίθανος (2), ~ sein ἀπιστεῖν.
un-glaublich ἄπιστος (2).
Un-glaublichkeit f ἡ ἀπιστία.
un-glaubwürdig ἄπιστος (2), οὐκ ἀξιόπιστος (2).
un-gleich ἀνώμαλος (2), ἀνωμαλής, = von verschiedener Art, Beschaffenheit ἀνόμοιος (2), ἄνισος (2).
un-gleichartig ἀνομογενής, ἀνομοειδής. [ὡμαλία.]
Un-gleichartigkeit f ἡ ἀν-
un-gleichförmig ἀνόμοιος (2).
Un-gleichförmigkeit f τὸ ἀνόμοιον. [τὸ ἄνισον.]
Un-gleichheit f ἡ ἀνωμαλία,
Un-glimpf m ἡ ἀνεπιείκεια, ἡ αἰκία, ἡ ὕβρις.
un-glimpflich ἀνεπιεικής, χαλεπός.
Un-glück n ἡ ἀ-, δυστυχία, ἡ κακοτυχία, ἡ συμφορά, τὸ πάθος, ἡ κακοδαιμονία, ~ in etwas haben κακοπραγεῖν, σφάλλεσθαι (P.), in ~ geraten περιπίπτειν συμφορᾷ, ~ haben bei (in) etw. ἀποτυγχάνειν τινός, σφάλλεσθαί τινος, im ~ sein κακὰ ἔχειν, ταλαιπωρεῖν. zu meinem ~ τῇ ἐμῇ δυστυχίᾳ, wenn mir ein ~ zustoßen sollte εἴ τι πάθοιμι, ἤν τι πάθω.
un-glücklich ἀ-, δυστυχής, κακοδαίμων, ἄθλιος, ~ sein κακοδαιμονεῖν, ταλαιπωρεῖν, κακῶς φέρεσθαι.

Un-glücksbote m ὁ κακάγγελος. [κακαγγελία.]
Un-glücksbotschaft f ἡ
un-glückselig κακοδαίμων, ἄθλιος, ἀνόλβιος (2).
Un-glückseligkeit f ἡ κακο-, δυσδαιμονία, ἡ ἀθλιότης (ητος).
Un-glücksfall m τὸ ἀ-, δυστύχημα, ἡ συμφορά.
Un-glücks-gefährte, =genosse m ὁ τῶν κακῶν μετέχων.
Un-glückskind n ὁ ἀθλιώτατος, ὁ δυστυχέστατος.
Un-glücksprophet m ὁ κακόμαντις (εως).
Un-glückstag m ἡ δυσημερία. [ποιός.]
Un-glücksstifter m ὁ κακο-
Un-glücksvogel m ὁ κακὸς οἰωνός, übertr. ὁ κακοδαίμων ἄνθρωπος.

Un-gnade f ἡ ὀργή, ἡ δυσμένεια, bei j-m in ~ fallen δι' ὀργῆς γίγνεσθαί τινι.
un-gnädig ἀπηνής, δυσμενής, χαλεπός, αὐστηρός.
un-griechisch ἀνέλλην, βάρβαρος (2), βαρβαρικός.
Un-grund m τὸ ψεῦδος, τὸ ἀναληθές, τὸ ἄλογον.
un-gründlich ἐπιπόλαιος (2), οὐκ ἀκριβής. [πόλαιον.]
Un-gründlichkeit f τὸ ἐπι-
un-gültig ἄκυρος (2), ἀδόκιμος (2), ~ machen ἀκυροῦν.
Un-gültigkeit f ἡ ἀκυρία.
Un-gunst f ἡ κακόνοια, ἡ δυσμένεια.
un-günstig = unvorteilhaft ἀνεπιτήδειος (2), οὐ κα-

λός, = abgeneigt δύσνους (2), κακόνους (2), δυσμενής. [σύγγνωθι.]
un-gut: nichts für ~ ἀλλά
un-gütig δυσμενής.
un-haltbar ἀβέβαιος (2).
Un-haltbarkeit f τὸ ἀβέβαιον. [(2).]
un-harmonisch ἄρρυθμος]
Un-heil n τὸ κακόν, ἡ συμφορά, ~ stiften κακὰ ποιεῖν oder ἐργάζεσθαι.
un-heilbar ἀνήκεστος (2), ἀνίατος (2). [ἤκεστον.]
Un-heilbarkeit f τὸ ἀνίατον.
un-heilig ἀνόσιος (2), ἀνίερος (2). [ἡ ἀσέβεια.]
Un-heiligkeit f τὸ ἀνόσιον,
un-heilsam ἀσύμφορος (2), ἀλυσιτελής. [θριος.]
un-heilvoll βλαβερός, ὀλέ-
un-heimlich ξένος.
un-höflich ἀπαίδευτος, ἀπειρόκαλος, ἄγροικος (sämtlich 2).
Un-höflichkeit f ἡ ἀπαιδευσία, ἡ ἀπειροκαλία, ἡ ἀγροικία.
un-hold δυσμενής.
Un-hold m ὁ κακὸς δαίμων, ὁ κακοδαίμων.
un-hörbar ἀνήκουστος (2).
un-interessant ἀηδής, ἀτερπής.
universal καθολικός.
Universal=erbe m, =erbin f ὁ (ἡ) κληρονόμος πάσης τῆς οὐσίας.
Universalgeschichte f ἡ τῶν καθόλου πραγμάτων σύνταξις. [άκεια.]
Universalmittel n ἡ παν-

Universität f ἡ ἀκαδήμεια, ἡ ἀκαδημία.
un-kenntlich ἀδιάγνωστος (2), δύσγνωστος (2).
Un-kenntnis f ἡ ἄγνοια, ἡ ἀπειρία. [μάχλος (2).]
un-keusch ἄναγνος (2),
Un-keuschheit f ἡ μαχλοσύνη. [ἄστοργος (2).]
un-kindlich ἀστεργής,
un-klar ἀσαφής.
un-klug ἄφρων, μῶρος.
Un-klugheit f ἡ ἀφροσύνη, ἡ μωρία.
un-körperlich ἀσώματος (2), ἄσωμος (2).
Un-kosten, die ἡ δαπάνη, τὸ ἀνάλωμα.
un-kräftig ἀδύνατος (2), ἀσθενής, ἄρρωστος (2).
Un-kraut n τὸ ζιζάνιον.
un-kriegerisch ἀπόλεμος (2), οὐ πολεμικός.
Un-kunde f ἡ ἀπειρία, ἡ ἀμαθία, ἡ ἄγνοια.
un-kundig ἄπειρος (2), ἀμαθής, ἀγνοῶν.
un-künstlich ἄτεχνος (2).
un-längst νεωστί, ἄρτι.
un-lateinisch σόλοικος (2).
un-lauter οὐκ εἰλικρινής, κακός.
Un-lauterkeit f ἡ κακία.
un-leidlich ἀνύποιστος (2), (von Personen) δύσκολος (2).
Un-leidlichkeit f ἡ δυσκολία. [χερής.]
un-lenksam ἀπειθής, δυσ-
Un-lenksamkeit f ἡ ἀπείθεια, ἡ δυσχέρεια.
un-leserlich δυσανάγνωστος (2).

(ungut ... unleserlich)

un-leugbar ἀναμφίλογος (2), ἀναμφισβήτητος (2), ἐναργής.

un-leutselig μισάνθρωπος (2).

Un-leutseligkeit f ἡ μισανθρωπία. [χαλεπός.]

un-lieb, un-liebsam βαρύς,

un-lieblich ἄχαρις.

un-löblich αἰσχρός.

un-logisch ἄλογος (2).

un-lösbar ἄλυτος (2).

Un-lust f ἡ ἀηδία.

un-lustig ἀηδής, δύσκολος (2). [ἀσθενής.]

un-mächtig ἀδύνατος (2),

un-manierlich ἀπειρόκαλος (2), ἄγροικος (2).

Un-manierlichkeit f ἡ ἀπειροκαλία, ἡ ἀγροικία.

un-mannbar ἄνηβος (2).

Un-mannbarkeit f ἡ ἄνηβος ἡλικία.

un-männlich ἄνανδρος (2), μαλακός, δειλός.

Un-männlichkeit f ἡ ἀνανδρία (-δρεία), ἡ μαλακία, ἡ δειλία. [πλῆθος.]

Un-masse f τὸ ἄμετρον

un-maßgeblich μέτριος, nach meiner ~en Meinung ὡς ἐγῷμαι, ἔμοιγε δοκεῖν.

un-mäßig ἀκρατής, ἀκόλαστος (2), (von Sachen) ἄμετρος (2), ὑπερβάλλων.

Un-mäßigkeit f ἡ ἀκράτεια, ἡ ἀκρασία, ἡ ἀκολασία.

un-melodisch ἄρρυθμος (2).

Un-mensch m ὁ ἀπάνθρωπος. [(2), θηριώδης.]

un-menschlich ἀπάνθρωπος

un-merklich ἀφανής, δυσγνωστος (2).

un-mittelbar ἄμεσος (2), gew. durch αὐτός ausgedrückt, zB. ~ am Flusse πρὸς αὐτῷ τῷ ποταμῷ.

un-modern, un-modisch ἀρχαιότροπος (2).

un-möglich ἀδύνατος (2).

Un-möglichkeit f ἡ ἀδυνασία. [ἀσεβής.]

un-moralisch ἀνόσιος (2).

un-mündig ἄνηβος (2).

Un-mündigkeit f ἡ ἄνηβος ἡλικία.

Un-mut m ἡ ἀθυμία.

un-mutig ἄθυμος (2), ~ sein ἀθυμεῖν. [ἄστοργος (2).]

un-mütterlich ἀστεργής,

un-nachahmlich ἀμίμητος (2).

un-nachgiebig ἀνεπιεικής.

Un-nachgiebigkeit f ἡ ἀνεπιείκεια.

un-natürlich οὐ κατὰ τὴν φύσιν, ὁ, ἡ, τὸ παρὰ τὴν φύσιν. [φύσιν.]

Un-natürlichkeit f τὸ παρὰ

un-nennbar ἀνωνόμαστος (2), ἀνέκφραστος (2).

un-nötig οὐκ ἀναγκαῖος, περιττός.

un-nütz ἄχρηστος (2), ἀχρεῖος (2), ἀνωφελής, ἀλυσιτελής.

un-ordentlich ἄτακτος (2), ἀνειμένος, μεθήμων.

Un-ordnung f ἡ ἀταξία, ἡ ῥᾳθυμία, etwas in ~ bringen ταράττειν.

un-parteisch μέσος, διὰ μέσου ὤν, = gerecht δίκαιος.

Un-parteilichkeit f ἡ δικαιοσύνη.

un-paß, un-päßlich ἐπίνοσος (2), ἀσθενής.
un-paſſend ἀνεπιτήδειος (2), ἀπρεπής.
Un-päßlichkeit f ἡ ἀσθένεια.
un-poliert ἄξεστος (2).
un-praktiſch οὐ πρακτικός.
Un-rat m τὰ σκύβαλα, ἡ σκωρία, ὁ πηλός.
un-ratſam ἀσύμφορος (2), ἀχρήσιμος (2).
un-recht οὐκ ὀρθός, κακός, zur ~en Zeit οὐκ ἐν καιρῷ, οὐκ εἰς καλόν, ~ tun παρανομεῖν, j-m ~ tun ἀδικεῖν τινα, ~ leiden ἀδικεῖσθαι.
Un-recht n ἡ ἀδικία, τὸ ἀδίκημα, mit ~ οὐκ ὀρθῶς, οὐκ εἰκότως.
un-rechtmäßig ἄ-, παράνομος (2), ἄδικος (2).
un-rechtmäßigerweiſe οὐκ ὀρθῶς, βίᾳ.
Un-rechtmäßigkeit f ἡ ἀνομία, τὸ παράνομον.
un-redlich ἄπιστος (2), κακός.
Un-redlichkeit f ἡ ἀπιστία.
un-regelmäßig ἄτακτος (2), ἄνομος (2).
Un-regelmäßigkeit f ἡ ἀταξία, ἡ ἀνομία.
un-reif ἄωρος (2).
Un-reife f ἡ ἀωρία.
un-rein ἀκάθαρτος (2, auch in moraliſchem Sinne), οὐ καθαρός, ῥυπαρός.
Un-reinheit, Un-reinlichkeit f ἡ ἀκαθαρσία.
un-reinlich ῥυπαρός, αὐχμηρός.

un-rettbar ἀβοήθητος (2), ἀνήκεστος (2).
un-richtig οὐκ ἀληθής, ψευδής.
Un-richtigkeit f τὸ ψεῦδος, ἡ ἁμαρτία, τὸ ἁμάρτημα.
Un-ruhe f ἡ ταραχή, ὁ θόρυβος, = Sorge ἡ φροντίς (ίδος), ἡ μέριμνα, im Staate ἡ τῶν πολιτῶν στάσις.
un-ruhig ταραχώδης, θορυβώδης, ein ~er Kopf ὁ νεωτεροποιός.
un-rühmlich ἄδοξος (2), αἰσχρός.
Un-rühmlichkeit f ἡ ἀδοξία, τὸ αἶσχος.
un-ſäglich ἄρρητος (2), ἀνέκφραστος (2).
un-ſanft οὐ πρᾷος, χαλεπός, βαρύς. [lich.]
un-ſauber ſ. unrein, unrein=
Un-ſauberkeit f ſ. Unreinheit.
un-ſchadhaft ἀκέραιος (2), ἀβλαβής.
un-ſchädlich ἀβλαβής, j-n ~ machen ἐκποδὼν ποιεῖσθαί τινα. [βεια.]
Un-ſchädlichkeit f ἡ ἀβλά=
un-ſchätzbar ὑπερτίμιος (2), πολυτίμητος (2), πλείστου ἄξιος. [τίμητον.]
Un-ſchätzbarkeit f τὸ πολυ=
un-ſcheinbar ἀφανής, ἀμαυρός. [νεια.]
Un-ſcheinbarkeit f ἡ ἀφά=
un-ſchicklich ἀπρεπής, οὐ πρέπων, ἀσχήμων.
Un-ſchicklichkeit f ἡ ἀπρέπεια, ἡ ἀσχημοσύνη.
un-ſchiffbar ἄπλους (2).

un-schlüssig ἄπορος (2), ~ sein ἀπορεῖν.
Un-schlüssigkeit f ἡ ἀπορία.
un-schmackhaft ἀηδής.
Un-schmackhaftigkeit f τὸ ἀηδές.
un-schön ἀκαλλής.
Un-schuld f ἡ ἀναίτιον, τὸ ἀνέγκλητον, = Keuschheit ἡ ἁγνεία.
un-schuldig ἀναίτιος (2), ἀνέγκλητος (2), ἁγνός, καθαρός. [διος.]
un-schwer οὐ χαλεπός, ῥᾴ-
Un-segen m ἡ ἀ-, δυστυχία, ἡ κακοπραγία.
un-selig ἄνολβος (2), ἀθλιος.
unser, gen. von wir ἡμῶν, pron. poss. ἡμέτερος, ἡμῶν, der unsere, unsrige ὁ ἡμέτερος, unsert-halben, -wegen, um unsertwillen ἡμῶν χάριν, ἡμῶν ἕνεκα, τὸ καθ' ἡμᾶς, unserseits τὸ καθ' ἡμᾶς αὐτούς.
un-sicher σφαλερός, ἐπισφαλής, ἀβέβαιος (2), ἄπιστος (2, unzuverlässig), ἄδηλος (2, nicht ausgemacht).
Un-sicherheit f τὸ σφαλερόν, τὸ ἀβέβαιον, ἡ ἀπιστία, τὸ ἄδηλον.
un-sichtbar ἀθέατος (2), ἀόρατος (2), ἀφανής, ἄδηλος (2).
Un-sichtbarkeit f ἡ ἀφάνεια.
Un-sinn m ἡ ἀφροσύνη, ἄνοια, τὸ ἄλογον.
un-sinnig ἄφρων, ἔκ-, παράφρων.
un-sittlich, un-sittsam ἄκοσμος (2), ἀπαίδευτος (2).

Un-sittlichkeit, Un-sittsamkeit f ἡ ἀκοσμία, ἡ ἀπαιδευσία.
un-sorgsam ἀμελής, ὀλίγωρος (2), ῥᾳδιουργός (2).
un-sparsam ἀφειδής.
un-standhaft οὐ μόνιμος (2), ἀβέβαιος (2, von Personen und Sachen).
un-statthaft ἀνεγχώρητος (2), παράνομος (2).
un-sterblich ἀθάνατος (2).
Un-sterblichkeit f ἡ ἀθανασία.
Un-stern m ἡ κακὴ τύχη.
un-stet ἀβέβαιος (2), ταραχώδης.
un-strafbar ἀζήμιος (2), ἀναίτιος (2).
un-sträflich ἁγνός, ἀνέγκλητος (2), ἄμεμπτος (2), δίκαιος, ὅσιος.
Un-sträflichkeit f ἡ ἁγνεία, τὸ ἄμεμπτον.
un-streitig ἀναμφίλογος (2), ἀναμφισβήτητος (2).
un-studiert (von Personen) ἀδίδακτος (2), ἀγράμματος (2), (von Sachen) ἀνεπιτήδευτος (2), αὐτοσχέδιος (2).
Un-summe f τὸ ἀμήχανον πλῆθος. [καιος.]
un-sündlich ὅσιος καὶ δί-
un-tadelhaft, un-tadelig ἄμεμπτος (2), ἀνεπίληπτος (2), ἀφεγής.
Un-tat f τὸ ἀνόσιον ἔργον.
un-tätig ἀργός, ἄπονος (2), ~ sein ἀργεῖν.
Un-tätigkeit f ἡ ἀργία, ἡ ἀπονία.

un-tauglich ἄχρηστος (2), φαῦλος.

Un-tauglichkeit f ἡ ἀχρηστία, ἡ φαυλότης (ητος).

unten κάτω, weiter ~ κατωτέρω, ganz ~ κατωτάτω, nach ~ εἰς τὰ κάτω, von ~ κάτωθεν, ~ und oben ἄνω καὶ κάτω.

unter: auf die Frage wo? ὑπό mit *gen.* und *dat.*, zur Bezeichnung der Unterwürfigkeit ὑπό oder ἐπί mit *dat.*, ~ j-m sein εἶναι ὑπό, ἐπί τινι, = j-m nachstehen δεύτερον εἶναί τινος, bei Zahlangaben ἐντός mit *gen.* oder ἔλαττον ἤ, ~ fünf Jahren ἐντὸς πέντε ἐτῶν, ein Mann ~ vierzig Jahren ἀνὴρ ἔλαττόν τι ἢ τετταράκοντα ἔτη γεγονώς, zur Bezeichnung der Art, wie etw. geschieht, ἐπί mit *dat.*, ὑπό mit *gen.* oder *dat.*, gewöhnlich durch das *part.*, ~ dem Vorwande ἐπὶ τῇ προφάσει oder προφασιζόμενος, ~ Tränen δακρύων, zur Bezeichnung eines Zustandes ἐν mit *dat.*, ~ den Waffen sein ἐν ὅπλοις εἶναι, = dem lateinischen inter ἐν mit *dat.*, ἐκ mit *gen.*, häufig durch den *gen. partit.* wiederzugeben, e-r ~ euch εἰς ὑμῶν, = während παρά mit *dat.*, παρά mit *acc.*, ~ dem Essen ἐν δείπνῳ, ~ dem Trinken παρὰ πότον, auch ὑπό mit *gen.* ob. *dat.* ~ Gesang ὑπὸ μέλους oder μέλει; auch dieses **unter** am häufigsten durch *part.* ausgedrückt

werden, auf die Frage wohin? ὑπό mit *acc.*, κατά mit *gen.*, ~ die Menschen gehen ἐξιέναι εἰς ἀνθρώπους, ~ seine Gewalt bringen ὑφ᾽ ἑαυτῷ ποιεῖσθαι. [διαίρεσις.]

Unter-abteilung f ἡ ὑπο-
unter-ackern καταροῦν.
Unter-admiral m ὁ ἐπιστολεύς.
Unter-arm m ὁ πῆχυς (εως), ἡ χείρ (ειρός), ὁ καρπός.
Unter-bau m ἡ ὑποσκευή, τὸ θεμέλιον.
unter-bauen ὑποικοδομεῖν.
Unter-befehlshaber m ὁ ὑποστράτηγος.
u'nter-binden ὑποδεῖν.
unter-bi'nden δια-, ἀποδεῖν.
unter-bleiben παραλείπεσθαι, παύεσθαι.
unter-brechen διαλύειν, κωλύειν, ἐπέχειν, j-n im Reden ~ ἐπέχειν τινὰ λέγοντα, παρενοχλεῖν τινι λέγοντι.
Unter-brechung f ἡ διάλυσις, τὸ κώλυμα, ἡ ἐποχή.
u'nter-breiten ὑποστρωννύναι.
unter-brei'ten ὑποτείνεσθαι, προτιθέναι.
unter-bringen τιθέναι, διατιθέναι, j-n ~ προνοεῖσθαί τινος.
unter-brochen οὐ συνεχής.
unter-dessen ἐν τούτῳ, μεταξύ, ἐν τῷ μεταξὺ χρόνῳ.
unter-drücken κατέχειν, ἐπέχειν, κρατεῖν τινος, παύειν, j-n ~ χειροῦσθαι, δουλοῦν, καταδουλοῦν, κατα-

στρέφεσθαι, ὑποχείριον ποιεῖν.

Unter-drücker *m* durch die *part.* der vorhergehenden Verba, auch ὁ τύραννος.

Unter-drückung *f* ἡ χείρωσις, ἡ δούλωσις, ἡ καταδούλωσις, ἡ καταστροφή.

Untere *subst.* ὁ, ἡ, τὸ κάτω.

unter-einander durch ἀλλήλων usw.

unter-fangen, sich τολμᾶν.

Unter-feldherr *m* ὁ ὑποστράτηγος.

Unter-fläche *f* ἡ βάσις.

Unter-gang *m* (von Gestirnen) ἡ δυσμή, ἡ δύσις, = Verderben ἡ διαφθορά, ἡ καθαίρεσις, ὁ ὄλεθρος.

Unter-gebene(r) *m* ὁ ὑπήκοος.

unter-gehen (von Gestirnen) δύεσθαι, καταδύεσθαι, = zugrunde gehen ἀπόλλυσθαι, διαφθείρεσθαι.

unter-graben ὑπ-, διορύττειν (letzteres auch übertr.)

Unter-grabung *f* durch Verba.

unter-halb κάτω, κάτωθεν mit *gen.*, ὑπό mit *gen.* und *acc.*

Unter-halt *m* ἡ τροφή, ὁ βίος, τὰ ἐπιτήδεια.

u'nter-halten ὑπέχειν, προσκινεῖν.

unter-ha'lten τρέφειν, = sich unterreden διαλέγεσθαί (P.) τινι oder πρός τινα.

unter-haltend ἐπίχαρις (2), χαρίεις.

U'nter-haltung *f* durch ὑπέχειν.

Unter-ha'ltung *f* ἡ τροφή, = Unterredung ὁ διάλογος.

unter-handeln λόγους ποιεῖσθαι πρός τινα.

Unter-händler *m* ὁ διάγγελος.

Unter-handlung *f* οἱ λόγοι, ~en mit j-m anknüpfen λόγους προσφέρειν τινί, sich mit j-m in ~en einlassen συμβαίνειν oder συνελθεῖν εἰς λόγους τινί.

Unter-hemd *n* ὁ χιτωνίσκος, τὸ χιτώνιον.

unter-höhlen ὑπορύττειν.

unter-irdisch κατά-, ὑπόγειος (2), χθόνιος, κατα-, ὑποχθόνιος (2).

unter-jochen δουλοῦν, καταδουλοῦν (auch M.).

Unter-jochung *f* ἡ δούλωσις, ἡ καταδούλωσις.

Unter-kehle *f*, **-kinn** *n* τὸ ὑπὸ τοῦ γενείου.

Unter-kiefer *m* ἡ κάτω γνάθος. [(ῶνος).

Unter-kleid *n* ὁ χιτών]

unter-kommen: in einer Herberge ~ τυγχάνειν ξενίας.

Unter-kommen *n* = Obdach ἡ ὑποδοχή, = Versorgung ὁ βίος, ein ~ finden βίον εὑρίσκεσθαι. [ὑπό τι.

unter-kriechen ὑποδύεσθαι]

Unter-lage *f* ἡ ὑπόθεσις, ἡ βάσις.

Unter-laß *m:* ohne ~ ἀδιαλείπτως, συνεχῶς.

unter-lassen παρα-, δια-, ἐλλείπειν, παριέναι, ἐᾶν, ich kann nicht ~ zu οὐ δύναμαι μὴ οὐ mit *inf.*

Unter-lassung f durch Verba.
unter-laufen: mitu'nterlaufen παρεμπίπτειν, mit Blut unterlau'fen πελιτνοῦσθαι, als adj. πελιτνός, ὑφαιμος (2). [ὑποβάλλειν.]
unter-legen ὑποτιθέναι,
Unter-leib m τὸ ὑπογάστριον, ἡ κοιλία, τὸ ἦτρον.
unter-liegen ἡττᾶσθαί τινος ob. ὑπό τινος, ἧττον εἶναί τινος, κρατεῖσθαι, νικᾶσθαι. [χεῖλος.]
Unter-lippe f τὸ κάτω
unter-malen ὑπογράφειν.
unter-mauern ὑποτειχίζειν.
unter-mengen, ‑**mischen** ἀναεγκαταμειγνύναι τί τινι.
unter-minieren ὑπορύττειν.
unter-nehmen ἐπιχειρεῖν, ἐγχειρεῖν τινι, ὁρμᾶσθαι (P.) πρός τι, einen Krieg ~ στρατείαν ποιεῖσθαι, αἱρεῖσθαι πόλεμον, eine Reise ~ ὁρμᾶσθαι πρὸς πορείαν.
unter-nehmend δραστήριος, εὔτολμος (2), θρασύς.
Unter-nehmer m durch part.
Unter-nehmung f τὸ ἔργον, τὸ πρᾶγμα, τὸ ἐπιχείρημα, kriegerische ~ ἡ στρατεία, ὁ στόλος. [τόλμα.]
Unter-nehmungsgeist m ἡ
unter-ordnen ὑποτάττειν.
Unter-ordnung f ἡ ὑπόταξις.
Unter-pfand n τὸ ἐνέχυρον, τὸ ὅμηρον, ἡ ὑποθήκη, ~ der Treue τὸ πιστόν, sich gegenseitig das ~ der Treue geben πιστὰ διδόναι καὶ λαμβάνειν.

unter-reden: sich mit j-m ~ διαλέγεσθαι (P.) τινι oder πρός τινα. [οἱ λόγοι.]
Unter-redung f ὁ διάλογος,
Unter-richt m ἡ παιδεία, ἡ παίδευσις, ἡ διδασκαλία, j-m ~ erteilen διδασκαλίαν ποιεῖσθαί τινί τινος, διδάσκειν τινά τι, ~ bei j-m nehmen φοιτᾶν πρός oder παρά τινα.
unter-richten διδάσκειν τινά τι, παιδεύειν τινά τι, j-n von etw. ~ φράζειν, δηλοῦν τινί τι, unterrichtet sein von etwas εἰδέναι τι, nicht ~ sein ἀγνοεῖν τι.
Unter-richtsgegenstand m τὸ μάθημα, τὸ παίδευμα.
Unter-richtswesen n τὰ περὶ τὴν παιδείαν.
Unter-rock m ὁ χιτών (ὤνος).
unter-sagen ἀπαγορεύειν ob. ἀπειπεῖν τινι μὴ ποιεῖν τι.
Unter-satz m ἡ ὑπόθεσις.
unter-scheiden διακρίνειν, διαγιγνώσκειν τι ἀπό τινος, sich von j-m ~ διαφέρειν τινός τι, εἴς τι ob. ἕν τινι.
Unter-scheidung f ἡ διάκρισις, ἡ διάγνωσις.
Unter-schenkel m ἡ κνήμη.
unter-schieben ὑποτιθέναι, ὑποβάλλειν.
Unter-schiebung f durch Verba.
Unter-schied m ἡ διαφορά, τὸ διάφορον, ohne ~ ἀδιάφορος, es ist kein ~ οὐδὲν διαφέρει.
unter-schieden διάφορος (2), ἀνόμοιος (2).

unter-schlagen κλέπτειν, ὑφαιρεῖσθαι, σφετερίζεσθαι.

Unter-schlagung f ἡ κλοπή, ἡ ὑφαίρεσις, ὁ σφετερισμός. [schlagung.]

Unter-schleif m s. Unter-

unter-schreiben ὑπογράφειν, ὑποσημαίνειν. [γράμμα.]

Unter-schrift f τὸ ὑπό-

Unter-schwelle f τὸ ὑπόθυρον, ὁ ὀδός.

Unter-seite f τὰ κάτω.

unter-setzen ὑποτιθέναι, ὑφιστάναι.

unter-setzt εὔσαρκος (2), παχὺς καὶ ἰσχυρός.

unter-siegeln ἐπι-, κατασφραγίζειν τι, ἐπιβάλλειν σφραγῖδά τινι.

unter-sinken δύεσθαι, ὑπο-, καταδύεσθαι.

unter-spülen ὑποκλύζειν.

unterst: zu ~ κατωτάτω, ἔσχατος, τελευταῖος.

Unter-stadt f ἡ κάτω πόλις.

Unter-statthalter m ὁ ὕπαρχος.

Unterste subst. ὁ, ἡ, τὸ κατωτάτω, ἔσχατος, τελευταῖος.

unterstehen, sich τολμᾶν.

unter-stellen ὑφιστάναι, ὑποτιθέναι, ὑποβάλλειν.

unter-streichen ὑπογράφειν.

unter-streuen ὑποπάττειν, ὑποστρωννύναι.

unter-stützen βοηθεῖν, ἐπικουρεῖν τινι.

Unter-stützung f ἡ βοήθεια, ἡ ἐπικουρία.

unter-suchen ἐξετάζειν, ἐρευνᾶν, ζητεῖν, σκοπεῖν, vom Richter ἀνακρίνειν.

Unter-sucher m durch Verba.

Unter-suchung f ἡ ἐξέτασις, ἡ ἔρευνα, ἡ ζήτησις, ἡ σκέψις, gerichtliche ~ ἡ κρίσις, ἡ δίκη.

unter-tan: j-m ~ ὑπήκοός τινος, ὁ ἀρχόμενος (beide auch subst.).

unter-tänig s. untertan.

Unter-tänigkeit f ἡ πειθαρχία.

unter-tauchen trans. βάπτειν, βαπτίζειν τι εἴς τι ob. ἔν τινι, intr. κατα-, ὑποδύεσθαι. [κάτω.]

unter-wärts κάτω, εἰς τὰ

unter-wegs κατὰ τὴν ὁδόν oder πορείαν, ἐν τῇ ὁδῷ.

unter-weisen s. unterrichten.

Unter-weisung f s. Unterricht.

unter-werfen καταστρέφεσθαι, ὑφ᾽ ἑαυτῷ ποιεῖσθαι, χειροῦσθαι, παρίστασθαι, δουλοῦσθαι, καταδουλοῦσθαι.

Unter-werfung f ἡ χείρωσις, ἡ δούλωσις, durch Verba.

unter-winden, sich τολμᾶν.

unter-wühlen ὑπορύττειν.

unter-würfig ὑπήκοος (2), ὑποχείριος (2), ὑποτεταγμένος. [τάξις.]

Unter-würfigkeit f ἡ ὑπό-

unter-zeichnen ὑπογράφειν.

Unter-zeichnung f ἡ ὑπογραφή.

unter-ziehen: sich einer Sache ὑφίστασθαι, ὑπομένειν, ὑπέχειν τι.

Un-tiefe f τὸ τέναγος.
Un-tier n τὸ τέρας (ατος).
un-trennbar ἀχώριστος (2), ἀδιαίρετος (2).
un-treu ἄπιστος (2), j-m ~ werden προδιδόναι τινά, seiner Pflicht ~ werden ἀμελεῖν τῶν δεόντων, seinem Worte ~ werden ψεύδεσθαι τὴν πίστιν.
Un-treue f ἡ ἀπιστία.
un-trinkbar οὐ πότιμος (2).
un-tröstlich ἀπαραμύθητος (2). [ψευστος (2).]
un-trüglich ἀψευδής, ἀδιά-
Un-trüglichkeit f τὸ ἀψευδές.
un-tüchtig ἀνεπιτήδειος, ἄχρηστος, ἀδύνατος (sämtlich 2).
Un-tüchtigkeit f ἡ ἀχρηστία.
Un-tugend f ἡ κακία, ἡ πονηρία. [νηρός.]
un-tugendhaft κακός, πο-
un-tunlich ἀμήχανος, ἀδύνατος, ἄπορος (sämtlich 2).
Un-tunlichkeit f ἡ ἀμηχανία, ἡ ἀπορία.
un-überlegt ἀπερί-, ἀπρό-, ἄσκεπτος, ἀπροβούλευτος, ἄβουλος (sämtlich 2), ~ handeln ἀγνωμονεῖν.
Un-überlegtheit f ἡ ἀβουλία, ἡ ἀπρομήθεια. [(2).]
un-übersehbar ἀπέραντος
un-übersteiglich ἀδιάβατος (2). [τος (2).]
un-übertrefflich ἀνυπέρβλη-
un-über=windlich, =**wunden** ἀήττητος, ἀνίκητος, ἄμαχος (sämtlich 2).
Un-überwindlichkeit f das neutr. der vorh. adj.

un-umgänglich = ungesellig ἀπρόσμεικτος (2), ἀπροσήγορος (2), = unvermeidlich ἄφυκτος (2), ἀναγκαῖος, es ist ~ nötig πᾶσα ἀνάγκη ἐστίν, παντελῶς δεῖ.
Un-umgänglichkeit f ἡ ἀπροσηγορία, ἡ ἀνάγκη.
un-umschränkt αὐτόνομος (2), ἐλεύθερος, ~er Herrscher αὐτοκράτωρ (ορος), ὁ δεσπότης, ~e Herrschaft ἡ αὐτοκρατορία, ἡ δεσποτεία, ~er Herrscher sein αὐτοκρατορεύειν, δεσποτεύειν.
un-umstößlich ἀν-, ἀνεξέλεγκτος (2), βεβαιότατος, σαφέστατος.
un-umwunden ἁπλοῦς, ἀπροκάλυπτος (2).
un-unterbrochen ἀδιάλειπτος (2), συνεχής.
un-unterrichtet ἀπαίδευτος (2), ἀμαθής.
un-untersucht ἀνεξέταστος, ἄκριτος, ἀνέλεγκτος (sämtlich 2).
un-väterlich οὐ πατρικός, ἄστοργος (2).
un-verächtlich ἀκαταφρόνητος (2).
un-veränderlich ἀ-, ἀμετακίνητος (2), ἀμετάβλητος (2).
Un-veränderlichkeit f durch das neutr. der vorh. adj.
un-verändert ἀεὶ ὁ, ἡ, τὸ αὐτός, ἀεὶ ὅμοιος.
un-verantwortlich ἀναπολόγητος (2), ἀπαραίτητος (2).
un-verarbeitet ἀκατέργαστος (2).

un-veräußerlich ἀναπόδοτος (2), ἄπρατος (2).
un-verbesserlich = fehlerfrei τέλειος, = nicht zu bessern ἀδιόρθωτος, ἀνίατος (2).
un-verbessert ἀδιόρθωτος (2).
un-verblümt ἁπλοῦς. [(2).]
un-verborgen οὐκ ἄδηλος
un-verboten οὐκ ἀπόρρητος (2).
un-verbrannt ἄφλεκτος (2), ἄκαυστος (2).
un-verbraucht ἀδαπάνητος (2), οὐκ ἀναλωθείς oder ἀνηλωμένος. [(2).]
un-verbrennlich ἄκαυστος
un-verbrüchlich ἔμπεδος (2), βεβαιότατος (2).
un-verbunden ἀνεπίδετος (2), ἀσύνδετος (2).
un-verbürgt ἀνεχέγγυος (2).
un-verdächtig ἀνύποπτος (2).
Un-verdächtigkeit f τὸ ἀνύποπτον.
un-verdammt οὐ καταδικασθείς, ἀκατάκριτος (2).
un-verdaulich, un-verdaut ἄπεπτος (2), ὠμός.
Un-verdaulichkeit f ἡ ἀπεψία. [κάλυπτος (2).]
un-verdeckt ἀ-, ἀπρο-
un-verderblich, un-verderbt ἄφθαρτος, ἀδιάφθαρτος, ἀδιάφθορος (sämtlich 2).
Un-verderbtheit f ἡ ἀφθαρσία, ἡ ἀδιαφθαρσία.
un-verdorben, Un-verdorbenheit f s. die vorh. Wörter.
un-verdrossen ἄοκνος (2), πρόθυμος (2).

Un-verdrossenheit f ἡ προθυμία. [(2).]
un-verdungen ἀμίσθωτος
un-verdünnt ἄκρατος (2).
un-verehelicht ἄγαμος (2).
un-vereidet ἀνώμοτος (2), οὐχ ἑρκωτός.
un-vereinbar ἀσύστατος (2), ἀνάρμοστος (2).
Un-vereinbarkeit f ἡ ἀσυστασία.
un-verfälscht ἀκέραιος (2), ἄκρατος (2), (in sittlicher Beziehung) ἀδιάφθαρτος (2).
un-verfänglich ἄδολος (2), ἁπλοῦς.
un-vergänglich ἄφθαρτος, ἀθάνατος, ἀΐδιος (sämtlich 2).
Un-vergänglichkeit f ἡ ἀφθαρσία, ἡ ἀθανασία.
un-vergeßlich ἀείμνηστος (2).
Un-vergeßlichkeit f τὸ ἀείμνηστον.
un-vergleichlich ἀπαράβλητος (2), ἀνυπέρβλητος (2).
un-vergolten ἀναπόδοτος (2), ἄμισθος (2).
un-verhältnismäßig παράλογος (2), ἄμετρος (2), πλέων τοῦ δέοντος.
un-verhalten, un-verhehlt, un-verhohlen ἀπροκάλυπτος (2).
un-verharscht οὐκ ἀπουλωμένος.
un-verheert ἀδῄωτος (2), ἀπόρθητος (2).
un-verheiratet ἄγαμος (2).
un-verhindert ἀκώλυτος (2).
un-verhofft ἀνέλπιστος (2), ἀπροσδόκητος (2).

un-verhöhnt ἀνύβριστος (2), ἀκαταγέλαστος (2).
un-verhört ἀνήκουστος (2), ἄκριτος (2).
un-verhüllt ἀκάλυπτος (2).
un-verkäuflich, un-verkauft ἄπρατος (2).
un-verkennbar ἐμφανής, οὐκ ἀφανής.
un-verkürzt ἀμείωτος (2), ἐντελής.
un-verletz=bar, =lich ἄσυλος (2), ὅσιος. [λία.]
Un-verletzbarkeit f ἡ ἀσυ-
un-verletzt ἀβλαβής, ἀπαθής, σῶς (2), σῶος.
un-verlobt ἀνέγγυος (2).
un-verloren σῶς (2), σῶος.
un-verlost ἀκλήρωτος (2).
un-vermählt ἄνυμφος (2), ἀνύμφευτος (2).
un-vermeidlich ἄφυκτος (2), ἀναγκαῖος. [ἀνάγκη.]
Un-vermeidlichkeit f ἡ
un-vermerkt ἀφανής, ἀναίσθητος (2), gew. durch λανθάνω mit part., er kam ~ ἔλαθεν ἐλθών.
un-vermietet ἀμίσθωτος (2).
un-vermischt ἄκρατος (2).
un-vermittelt ἀμεσίτευτος (2).
Un-vermögen n ἡ ἀδυναμία, ἡ ἀδυνασία, ἡ ἀσθένεια.
un-vermögend ἀδύνατος (2), ἀσθενής, ~ sein ἀδυνατεῖν, ἀσθενεῖν.
un-vermutet ἀπροσδόκητος (2), αἰφνίδιος (2).
un-vernarbt s. unverharscht.
un-vernehmlich ἀσαφής.

Un-vernunft f ἡ ἄνοια, ἡ ἀλογία, ἡ ἀφροσύνη.
un-vernünftig ἄλογος (2), ἀσύνετος (2), (von Personen) ἄνους, ἄφρων.
un-verpachtet ἀμίσθωτος(2).
un-verrichtet ἄπρακτος (2), ἀποίητος (2) ~er Sache abziehen ἄπρακτον ἀπέρχεσθαι, j-m ~er Sache gehen lassen ἄπρακτον ἀποπέμπειν τινά.
un-verriegelt ἄκλειστος (2).
un-verrückt ἀ-, ἀμετακίνητος (2).
un-verschämt ἀναιδής, ἀναίσχυντος (2), ἰταμός.
Un-verschämtheit f ἡ ἀναίδεια, ἡ ἀναισχυντία.
un-verschanzt ἀχαράκωτος (2), ἀτείχιστος (2), ἀπερίφρακτος (2).
un-verschlossen ἄκλειστος (2), ἀδιάκλειστος (2).
un-verschont οὐκ ἀβλαβής, j-n ~ lassen ἀπέχεσθαί τινος.
un-verschuldet ἀνάξιος (2), = ohne Schulden οὐχ ὑπόχρεως.
un-verschwiegen ἀσίγητος (2).
Un-verschwiegenheit f ἡ ἀσιγησία.
un-versehens ἐξ ἀπροσδοκήτου, αἰφνιδίως, ἄφνω, ἐξαίφνης.
un-versehrt ἀκέραιος (2), σῶς (2), σῶος, ἀβλαβής.
Un-versehrtheit f ἡ ἀβλάβεια.
un-versiegbar ἀέναος (2).

un-versiegelt ἀσήμαντος (2), ἀσφράγιστος (2).
un-versöhnlich ἀδι-, ἀκατάλλακτος (2).
Un-versöhnlichkeit f durch das neutr. der vorhergehenden adj.
un-versöhnt ἀνεξίλαστος (2).
un-versorgt ἄκληρος (2), (von Töchtern) ἀνέκδοτος (2).
Un-verstand m ἡ ἄνοια, ἡ ἀφροσύνη, ἡ ἀσυνεσία.
un-verständig ἀσύνετος (2), ἄφρων.
un-verständlich ἄσημος (2), ἀφανής, ἀσαφής, ἄδηλος (2).
Un-verständlichkeit f ἡ ἀφάνεια, ἡ ἀσάφεια.
un-versteckt ἄκρυπτος (2), φανερός, ἐμφανής.
un-verstellt ἄπλαστος (2), ἁπλοῦς. [ἀπήρωτος (2).
un-verstümmelt ἄπηρος (2),
un-versucht ἀπείρατος (2), nichts ~ lassen ἐπὶ πᾶν ἐλθεῖν, πάσας μηχανὰς μηχανᾶσθαι.
un-verteidigt ἀναπολόγητος (2, mit Worten), ἀφρούρητος (2, von Plätzen u. dgl.).
un-vertilgbar ἀνεξάλειπτος (2), ἀδιάφθαρτος (2).
un-verträglich φιλόνικος (2), ἀκοινώνητος (2), (von Sachen) ἀλλότριος, ἀνάρμοστος (2).
Un-verträglichkeit f ἡ φιλονικία, ἡ ἀκοινωνία.
un-verurteilt ἄκριτος (2), ἀδίκαστος (2).
un-verwahrt ἄφρακτος (2), ἀφύλακτος (2).

un-verwandelt ἀμετάβλητος (2).
un-verwandt ἀ-, ἀδιάστροφος (2), ἀτενής, mit ~em Blick ἀτενές, mit ~em Blick j-n ansehen ἀτενίζειν εἰς oder πρός τινα.
un-verwehrt ἀκώλυτος (2), es ist ~ ἔξεστιν.
un-verweilt ἀμέλλητος (2), ἀπροφάσιστος (2). [(2).]
un-verwelklich ἀμάραντος
un-verwerflich ἄμεμπτος (2).
un-verweslich ἀδιάφθορος (2), ἀδιάφθαρτος (2).
un-verworren ἀτάρακτος (2).
un-verwundbar, un-verwundet ἄτρωτος (2).
Un-verwundbarkeit f ἡ ἀτρωσία.
un-verwüstet ἀδῄωτος (2), ἀπόρθητος (2).
un-verwüstlich ἀναπότριπτος (2), ἀδιάφθαρτος (2).
un-verzagt ἄφοβος (2), ἀδεής, ἄοκνος (2).
un-verzäunt ἄφρακτος (2).
un-verzeihlich οὐ συγγνωστός (2).
un-verziert ἄκοσμος (2), ἀκόσμητος (2).
un-verzinslich, un-verzinst ἄτοκος (2).
un-verzüglich ἀμέλλητος (2), πρόθυμος (2), adv. εὐθύς.
un-vollendet ἀτελής, ἀτέλεστος (2).
un-vollkommen ἀτελής, ἐνδεής, ἐλλιπής.
Un-vollkommenheit f ἡ ἀτέλεια, τὸ ἐνδεές.

un-vollständig ἀτελής, οὐ τέλειος, ἐνδεής.
Un-vollständigkeit f durch das neutr. der vorherg. adj.
un-vollzählig οὐχ ἱκανός, ἐνδεής. [ἀτέλεστος (2).]
un-vollzogen ἄπρακτος (2).
un-vorbereitet ἀπαρασκεύαστος (2), ἀμελέτητος (2).
un-vorhergesehen ἀπρόρατος, ἀπρονόητος, ἀπροσδόκητος, ἀνέλπιστος (sämtlich 2).
un-vorsichtig ἀπερίσκεπτος (2), ἀπρονόητος (2), ἀμελής.
Un-vorsichtigkeit f ἡ ἀμέλεια, das neutr. der vorh. adj.
un-vorteilhaft ἀσύμφορος (2), ἀνωφελής. [δής.]
un-wahr οὐκ ἀληθής, ψευ-
un-wahrhaft ψευδής, ἄπιστος (2).
Un-wahrhaftigkeit, Un-wahrheit f τὸ ψεῦδος, τὸ πλαστόν.
un-wahrscheinlich ἀπίθανος (2), ἀπεικώς, adv. ἀπεικότως.
Un-wahrscheinlichkeit f ἡ ἀπιθανότης (ητος), τὸ ἀπεικός.
un-wandelbar ἄτροπος, ἀμετάβλητος (in der Gesinnung), ἀμετάπειστος (sämtlich 2).
Un-wandelbarkeit f durch das neutr. der vorherg. adj.
un-wegsam ἄβατος (2), ἀστιβής.
Un-wegsamkeit f τὸ ἄβατον.
un-weiblich οὐ πρέπων γυναικί.

un-weigerlich ἀπροφάσιστος (2). [ἄφρων.]
un-weise ἄσοφος (2),
un-weit οὐ πόρρω, ἐγγύς mit gen.
un-wert ἀνάξιος (2), = nichts wert φαῦλος.
Un-wesen n ὁ θόρυβος.
un-wesentlich περιττός, ἀχρεῖος (2).
un-wichtig οὐκ ἀξιόλογος (2), κοῦφος, μικρός.
Un-wichtigkeit f ἡ μικρότης, ἡ λεπτότης (ητος).
un-wider=leglich, =legt ἀνεξέλεγκτος (2).
un-widerruflich ἀμετάκλητος (2).
un-widerstehlich ἀκατάσχετος (2).
un-wiederbringlich ἀνεπισκεύαστος (2).
Un-wille m ἡ ἀγανάκτησις, ἡ ὀργή, ἡ δυσθυμία, aus ~n ἀχθόμενος, ἀγανακτῶν.
un-willfährig ἀπρόθυμος (2).
un-willig ἀγανακτῶν, ὀργιζόμενος, ~ sein ἀγανακτεῖν τινι oder ἐπί τινι, = ungern ἄκων.
un-willkommen δυσάρεστος (2), δυσχερής.
un-willkürlich ἀκούσιος (2), αὐτόματος (2).
un-wirksam μάταιος, ἀσθενής.
un-wirt=bar, =lich ἄξενος (2).
Un-wirt-barkeit, =lichkeit f τὸ ἄξενον.
un-wirtschaftlich οὐκ οἰκονομικός, δαπανηρός.

Un-wirtschaftlichkeit f τὸ δαπανηρόν, ἡ τρυφή.
un-wissend ἀγνοῶν, οὐκ εἰδώς, = unerfahren ἀνεπιστήμων, ἄπειρος (2), = dumm ἀμαθής, ἀπαίδευτος (2).
Un-wissenheit f ἡ ἄγνοια, ἡ ἀπειρία, ἡ ἀμαθία.
un-wissenschaftlich ἄτεχνος (2), ἀνεπιστήμων.
un-wissentlich ἀκούσιος (2), οὐχ ἑκών. [ψυχρός.]
un-witzig ἄκομφος (2),
un-wohl ἄρρωστος (2), ~ sein ἀρρωστεῖν.
un-würdig ἀνάξιος (2).
Un-zahl f τὸ ἄπειρον πλῆθος, ἡ μυριάς (άδος).
un-zählbar ἀναρίθμητος (2), ἀνάριθμος (2), μυρίος.
Un-zählbarkeit f τὸ ἀμήχανον πλῆθος oder durch das *neutr.* der vorherg. *adj.*
un-zählig s. unzählbar, ~e Male ἀπειράκις.
un-zähmbar ἀ-, δυστιθάσευτος (2).
un-zart ἀνεπιεικής.
Unze f οὐγκία.
Un-zeit f ἡ ἀκαιρία, ἡ ἀωρία, zur ~ ἄκαιρος (2).
un-zeitig ἄκαιρος (2), παρα-, ἀποκαίριος (2), = unreif ἄωρος (2).
un-zerbrechlich ἄρρηκτος (2), ἀρραγής.
Un-zerbrechlichkeit f τὸ ἄρρηκτον. [(2).]
un-zerbrochen ἄθραυστος (2).
un-zerstörbar ἀκαθαίρετος (2), ἄφθαρτος (2).

Un-zerstörbarkeit f ἡ ἀφθορία.
un-zerteilbar ἀδιαίρετος (2).
Un-zerteilbarkeit f τὸ ἀδιαίρετον. [(2).]
un-zertrennlich ἀχώριστος
un-ziemlich ἀπρεπής, οὐ προσήκων. [πεια.]
Un-ziemlichkeit f ἡ ἀπρέ-
Un-zier, Un-zierde f τὸ ἄκοσμον, τὸ ἄκομφον.
un-zierlich ἀπρεπής, ἄκομφος (2), ἄκοσμος (2).
Un-zierlichkeit f ἡ ἀκοσμία.
un-zinsbar ἀτελής.
Un-zinsbarkeit f ἡ ἀτέλεια.
Un-zucht f ἡ ἀσέλγεια, ἡ ἀκρασία, ἡ πορνεία, ἡ μοιχεία, ~ treiben μοιχεύεσθαι, πορνεύεσθαι.
un-züchtig ἀσελγής, μοιχικός, ~e Handlung τὸ κιναίδισμα.
Un-züchtigkeit f ἡ πορνεία.
un-zufrieden δύσκολος (2), δυσάρεστος (2), ~ mit s-m Schicksal μεμψίμοιρος (2), ~ sein mit oder über etwas δυσκολαίνειν τι, δυσχεραίνειν τι. [κοιλία.]
Un-zufriedenheit f ἡ δυσ-
un-zugänglich ἄβατος (2).
Un-zugänglichkeit f τὸ ἄβατον. [ἐνδεής, ἐλλιπής.]
un-zulänglich οὐχ ἱκανός,
Un-zulänglichkeit f τὸ ἐλλιπές.
un-zulässig ἀνεγχώρητος, ἀθέμιτος, παράνομος (sämtlich 2).
Un-zulässigkeit f durch das *neutr.* der vorh. *adj.*

un-zureichend f. unzulänglich.
un-zuträglich ἀσύμφορος (2).
un-zuverlässig ἄπιστος (2), ἀβέβαιος (2).
Un-zuverlässigkeit f ἡ ἀπιστία.
un-zweckmäßig ἀνεπιτήδειος (2), ἄτοπος (2).
un-zweideutig ἀναμφίβολος (2), σαφής.
un-zweifelhaft ἀναμφίβολος, ἀναμφίλογος, ἀναμφισβήτητος (sämtlich 2).
Un-zweifelhaftigkeit f τὸ ἀναμφίβολον.
üppig τρυφερός, ἁβρός, ἀσελγής, ~ sein ἐκτρυφᾶν.
Üppigkeit f ἡ τρυφή, ἡ ἀσωτία, ἡ ἀσέλγεια.
Ur-ahn, Ur-ahnherr m ὁ προπάτωρ (ορος), ὁ τοῦ γένους ἀρχηγέτης.
ur-alt ἀρχαῖος, πολυχρόνιος (2), πολυετής.
Ur-anfang m ἡ ἀρχή.
ur-bar ἐργάσιμος, ἐνεργός, γεωργήσιμος (sämtlich 2), ~ machen ἡμεροῦν, γεωργεῖν.
Ur-beginn m ἡ ἀρχή.
Ur-bestandteil m τὸ πρῶτον στοιχεῖον.
Ur-bewohner m ὁ αὐτόχθων (ονος).
Ur-bild n τὸ ἀρχέτυπον, τὸ πρωτότυπον.
Ur-eltern, die οἱ πρόγονοι, οἱ προπάτορες.
Ur-enkel m, **-enkelin** f ὁ, ἡ ἀπέγγονος. [τήθη.]
Ur-großmutter f ἡ ἐπι-
Ur-großvater m ὁ πρόπαππος.

Ur-heber m ὁ αἴτιος, ὁ ἀρχηγός.
Ur-heberin f ἡ αἰτία.
Ur-kraft f ἡ ἐξ ἀρχῆς δύναμις.
Ur-kunde f ἡ συγγραφή, τὸ σύγγραμμα, τὸ μαρτύριον.
Ur-laub m ἡ ἄδεια, τὸ συγχώρημα.
Urne f ἡ ὑδρία (für die Überreste der Toten), ὁ κάδος, ὁ ἀμφορεύς (für Stimmtäfelchen).
ur-plötzlich ἐξαίφνης, ἐξαπίνης.
Ur-sache f ἡ αἰτία, τὸ αἴτιον, ἡ ἀρχή, aus vielen ~n ὑπὸ oder ἀπὸ πολλῶν, ohne ~ μάτην, κενός.
ur-sächlich αἴτιος.
Ur-schrift f τὸ αὐτόγραφον.
Ur-sprung m ἡ ἀρχή, ἡ αἰτία, ἡ γένεσις, von ~ an ἐξ ἀρχῆς.
ur-sprünglich ὁ, ἡ, τὸ κατ' ἀρχὴν oder ἐξ ἀρχῆς, adv. ἐξ ἀρχῆς, κατ' ἀρχήν, τὴν ἀρχήν.
Ur-stoff m τὸ στοιχεῖον.
Ur-teil n ἡ γνώμη, ἡ γνῶσις, ἡ διάγνωσις, ἡ κρίσις, das ~ fällen τὴν ψῆφον τίθεσθαι, ein ~ fällen über etw. γιγνώσκειν περί τινος, κρίσιν ποιεῖσθαι περί τινος, ein ~ fällen über (gegen) j-n καταγιγνώσκειν τινός, nach meinem ~ ὥσπερ ἐγὼ γιγνώσκω, ἐμοὶ δοκεῖν.
ur-teilen κρίνειν, γιγνώσκειν, als Richter δικάζειν,

τὴν ψῆφον τίθεσθαι, unrichtig ~ οὐκ ὀρθῶς γιγνώσκειν, παραγιγνώσκειν, über etwas ~ κρίσιν ποιεῖσθαί τινος oder περί τινος. [συνετός.]
ur-teilsfähig γνωμονικός.
Ur-teilsfähigkeit f ἡ σύνεσις.
Ur-teilskraft f ἡ σύνεσις, ἡ γνώμη, ἡ διάνοια.
ur-teilslos ἀγνώμων, ἄκριτος (2).
Ur-teilsspruch m ἡ κρίσις, ἡ διαγνώμη, ἡ διάγνωσις.
Ur-text m τὸ ἀρχέτυπον.
Ur-übel n τὸ πρώταρχον κακόν, ἡ τῶν κακῶν ἀρχή. [παππος.]
Ur-urgroßvater m ὁ ἀπό-

Ur-vater m ὁ πατριάρχης, ὁ προπάτωρ (ορος), ὁ τοῦ γένους ἀρχηγέτης.
Ur-volk n οἱ αὐτόχθονες.
Ur-wald m ἡ αὐτοφυὴς ὕλη.
Ur-welt f ὁ ἐξ ἀρχῆς κόσμος.
Ur-wesen n τὸ ὄν (ὄντος), τὸ πάμπρωτον ὄν, ἡ ἐξ ἀρχῆς οὐσία. [χρόνος.]
Ur-zeit f ὁ κατ' ἀρχὴν
Usurpator m ὁ τύραννος (in einem Freistaate), ὁ σφετερισάμενος ob. παρεξελόμενος τὴν ἀρχήν, ὁ βίᾳ καταστὰς ἐπὶ τὴν βασιλείαν (in einer Monarchie).
usurpieren ἑλέσθαι βίᾳ.
Utensilien, die τὰ σκεύη.

V

Vagabund m ὁ ἀλήτης, ὁ πλάνης (ητος).
vakant κενός, ἔρημος.
Vakanz f ἡ κενότης (ητος), ἡ ἐρημία.
Vasall m ὁ πελάτης, ὁ ὑποτεταγμένος.
Vasallen-schaft f, -tum n ἡ πελατεία.
Vase f ὁ ἀμφορεύς.
Vater m ὁ πατήρ (πατρός), ohne ~ ἀπάτωρ (ορος), von seiten des ~s πρὸς πατρός, πατρόθεν.
Väterchen n τὸ πατρίδιον.
Vaterglück n ἡ εὐπαιδία, ἡ εὐτεκνία.
Vater=güte, =huld f ἡ φιλοστοργία.

Vaterland n ἡ πατρίς (ιδος), ohne ~ ἄπολις (ιδος).
vaterländisch πάτριος, ἐγ-, ἐπιχώριος.
Vaterlandsfreund m ὁ φιλόπολις (εως und ιδος).
Vaterlandsliebe f ἡ φιλοπατρία.
vaterlandslos ἄπολις (ιδος).
Vaterlandsverräter m ὁ τῆς πατρίδος προδότης.
väterlich πατρῷος, das ~e Vermögen τὰ πατρῷα, πάτριος (von Sitten und Gebräuchen), der Brauch τὸ πάτριον (auch pl.).
väterlicherseits: s. von seiten des Vaters unter Vater.
Vaterliebe f ἡ φιλοστοργία.

(urteilsfähig   Vaterliebe)

vaterlos ἀπάτωρ (ορος).

Vatermord m ὁ τοῦ πατρὸς φόνος.

Vater=mörder m, **=mörderin** f ὁ. ἡ πατροκτόνος.

Vatersbruder m ὁ πάτρως (ωος und ω), ὁ πατράδελφος.

Vaterschwester f ἡ τοῦ πατρὸς ἀδελφή.

Vaterstadt f ſ. Vaterland, auch ἡ πόλις.

Vaterteil n τὰ πατρῷα.

Vegetabilien, die τὰ φυτά.

Vegetation f τὰ περὶ τὰ φυτά.

Veilchen n τὸ ἴον.

Veilchenbeet n ἡ ἰωνιά.

veilchen-blau, =farbig ἰώδης.

ver-abfolgen παραδιδόναι.

Ver-abfolgung f ἡ παράδοσις.

ver-abreden συντίθεσθαί τί τινι oder πρός τινα, κοινολογεῖσθαί τινι oder πρός τινα περί τινος.

ver-abredet συγκείμενος.

ver-abredetermaßen ἀπὸ ob. ἐκ συνθήκης.

Ver-abredung f ἡ συνθήκη, τὸ σύνθημα, ἡ ὁμολογία.

ver-abreichen παραδιδόναι.

ver-absäumen ἀμελεῖν, ὀλιγωρεῖν τινος.

Ver-absäumung f ἡ ἀμέλεια.

ver-abschenen δια-, ἀποπτύειν, μισεῖν, βδελύττεσθαι (P.).

ver-abscheuens=wert, =würdig κατάπτυστος (2).

ver-abscheut βδελυκτός, κατάπτυστος (2).

Ver-abscheuung f ἡ βδελυγμία.

ver-abschieden ἀποπέμπειν, ἀφιέναι.

Ver-abschiedung f ἡ ἀποπομπή, ἡ ἀπόπεμψις, ἡ ἄφεσις.

ver-achten καταφρονεῖν τινος, ὑπερφρονεῖν τινος, ἐν οὐδενὶ λόγῳ ποιεῖσθαί τινα.

Ver-ächter m durch part.

ver-achtet καταφρονητός, ἄτιμος (2), ἄδοξος (2).

ver-ächtlich εὐκαταφρόνητος (2), φαῦλος, ἄτιμος (2), ἄδοξος (2), = verachtend καταφρονητικός.

Ver-ächtlichkeit f ἡ ἀτιμία, ἡ ἀδοξία.

Ver-achtung f ἡ καταφρόνησις, τὸ καταφρόνημα, (als Zustand) ἡ ἀτιμία, ἡ ἀδοξία.

ver-achtungs=wert, =würdig ſ. verächtlich.

ver-allgemeinern κοινὸν ποιεῖν τι.

ver-alten παλαιοῦσθαι (P.), ἐγχρονίζεσθαι (P.), ἀπαρχαιοῦσθαι (P.), ~ lassen παλαιοῦν.

ver-altet ἀπηρχαιωμένος.

ver-änderlich εὐμετάβολος (2), εὐμετάβλητος (2).

Ver-änderlichkeit f durch das neutr. der vorh. adj.

ver-ändern μεταβάλλειν, μεθιστάναι, μεταλλάττειν.

Ver-änderung f ἡ μεταβολή, ἡ μετάστασις.

ver-anlassen αἴτιον εἶναί οὐ. γίγνεσθαί τινος, j-n zu etw. ~ παρορμᾶν τινα ἐπί oder εἴς τι, ἐπάγειν τινὰ ἐπί τι.
Ver-anlasser m ὁ αἴτιος.
Ver-anlassung f ἡ αἰτία, ἡ ἀρχή, ἡ ἀφορμή, auf j-s ~ κελεύσαντός τινος, aus folgender ~ ἀπὸ τοῦδε, aus welcher ~ ἐξ οὗ.
ver-anschaulichen τίθεσθαί τι πρὸ τῶν ὀφθαλμῶν.
ver-anschlagen τιμᾶσθαι, auf etwas τινός.
Ver-anschlagung f ἡ τίμησις.
ver-anstalten ποιεῖν, παρα-, κατασκευάζειν, μηχανᾶσθαι. [κατασκευή.]
Ver-anstaltung f ἡ παρα-,
ver-antworten λόγον διδόναι τινός, sich ~ ἀπολογεῖσθαι (M.), = j-m Rechenschaft geben λόγον διδόναι τινί.
ver-antwortlich ὑπεύθυνος (2), ὑπαίτιος (2), j-m ~ sein ὑπεύθυνον oder ὑπαίτιον εἶναί τινι, für etw. τινός.
Ver-antwortung f ἡ ἀπολογία, j-n zur ~ ziehen λαμβάνειν λόγον παρά τινος ὑπέρ τινος, ἀνακρίνειν τινὰ περί τινος, auf eigene ~ ἀφ' ἑαυτοῦ.
ver-arbeiten ἐργάζεσθαι, κατ-, ἐξεργάζεσθαι (M.).
Ver-arbeitung f durch Verba.
ver-argen μέμφεσθαί (M.) τινι, ἐγκαλεῖν τινί τι.
ver-armen πένητα γίγνεσθαι, εἰς πενίαν καταστῆναι.

Ver-armung f durch Verba.
ver-auktionieren ἀποκηρύττειν. [κήρυξις.]
Ver-auktionierung f ἡ ἀπο-
ver-äußern ἀλλοτριοῦν, ἀπαλλοτριοῦν, s. verkaufen.
Ver-äußerung f ἡ ἀλλοτρίωσις, ἡ ἀπαλλοτρίωσις, s. Verkauf.
Ver-band m ὁ ἐπί-, κατάδεσμος, einen ~ anlegen ἐπιδεῖν, καταδεῖν.
ver-bannen φυγαδεύειν, ὀστρακίζειν, ἐξοστρακίζειν, ἐκβάλλειν, verbannt werden ἐκπίπτειν, verbannt sein φεύγειν.
Ver-bannte(r) m ὁ φυγάς (άδος), ὁ φεύγων.
Ver-bannung f ἡ ἐξέλασις, ὁ ὀστρακισμός, ὁ ἐξοστρακισμός (als Handlung), ἡ φυγή (als Zustand), in die ~ gehen, in der ~ sein φεύγειν, aus der ~ heimkehren κατιέναι, κατέρχεσθαι.
ver-barrikadieren ἀποφράττειν, ἀποικοδομεῖν.
ver-bauen ἀπ-, διοικοδομεῖν.
ver-bauern ἄγροικον γίγνεσθαι.
ver-bergen κρύπτειν, ἀποκρύπτειν τινά τι, verborgen sein vor j-m λανθάνειν τινά.
Ver-bergung f ἡ κρύψις.
Ver-besserer m ὁ δι-, ἐπανορθωτής oder durch part.
ver-bessern δι-, ἐπανορθοῦν, βελτίω ποιεῖν, sich ~ βελτίω γίγνεσθαι.
Ver-besserung f ἡ δι-, ἐπανόρθωσις.

ver-beugen, sich κύπτειν, προκύπτειν.
Ver-beugung f ή προσκύνησις.
ver-biegen κυρτοῦν.
Ver-biegung f ή κύρτωσις.
ver-bieten ἀπαγορεύειν (ἀπειπεῖν), κωλύειν, οὐκ ἐᾶν.
Ver-bieten n ἡ ἀπαγόρευσις, ἡ ἀπόρρησις.
ver-binden ἐπι-, καταδεῖν, = vereinigen συνάπτειν, συνάγειν, συντιθέναι, sich ~ ὁμοῦ γίγνεσθαι, sich gegen j-n ~ συνίστασθαι ἐπί τινα, sich mit j-m ~ γίγνεσθαι μετά τινος, j-m zu Dank verbunden sein χάριν ὀφείλειν τινί, verbunden συνεχής, συναφής, durch Verwandtschaft mit j-m verbunden sein συγγενῆ εἶναί τινι.
ver-bindlich κύριος, = einnehmend ἐπί-, εὔχαρις, κεχαρισμένος.
Ver-bindlichkeit f τὸ κύριον, τὸ κράτος, = Verpflichtung τὸ προσῆκον, τὸ δέον.
Ver-bindung f ἡ σύνδεσις, ἡ συναγωγή, ἡ σύνθεσις, mit etw. in ~ stehen ἔχεσθαί τινος, ἐξηρτῆσθαί τινος oder ἔκ τινος, mit j-m in ~ stehen κοινωνεῖν ob. ὁμιλεῖν τινι, mit j-m in ~ treten συνίστασθαί τινι, gesellige ~ ἡ κοινωνία, politische ~ ἡ ἑταιρεία. [σύνδεσμος.]
Ver-bindungsmittel n ὁ
ver-bissen πικρός τὸ ἦθος.
Ver-bissenheit f ἡ πικρία.

ver-bitten: sich etwas ~ παραιτεῖσθαί τι.
ver-bittern ἐμπικραίνειν, j-m etwas ~ λυμαίνεσθαί τινί τι, gegen j-n verbittert werden ἐμπικραίνεσθαί τινι.
Ver-bitterung f ἡ λύπη.
ver-blassen ὠχριᾶν.
ver-bleiben δια-, ἐπι-, ἐμμένειν. [f. sterben.]
ver-bleichen ἀφανίζεσθαι,
ver-blenden ἀπατᾶν, ἐξαπατᾶν, παράγειν.
Ver-blendung f ἡ ἀπάτη.
ver-blichen ὠχρός, ἀμαυρός.
ver-blüffen ἐκπλήττειν, διαταράττειν.
ver-blüfft ἔκπληκτος (2) ob. die part. perf. ob. aor. P. der vorh. Verba. [πλήξις.]
Ver-blüffung f ἡ ἔκ-
ver-blühen ἀπανθεῖν, παρακμάζειν, μαραίνεσθαι (P.).
Ver-blühen n ἡ ἀπάνθησις.
ver-blümt ποικίλος.
ver-bluten λειφαιμεῖν.
Ver-blutung f ἡ αἵματος πρόχυσις, ἡ αἱμορραγία.
ver-borgen[1] = ausleihen, verleihen δανείζειν.
ver-borgen[2] κρυπτός, ἀποκεκρυμμένος, ἀφανής, ἄδηλος (2), adv. κρύφα, κρυφῇ, λάθρα, ~ λανθάνειν, j-m τινά, im Verborgenen etw. tun λανθάνειν ποιοῦντά τι.
Ver-borgenheit f durch das neutr. der vorherg. adj.
Ver-bot n ἡ ἀπαγόρευσις, ἡ ἀπόρρησις.

ver-boten ἀπόρρητος (2), οὐχ ὅσιος, οὐ δίκαιος, es ist ~ οὐκ ἔξεστιν.
ver-brämen παρυφαίνειν.
Ver-brämung f ἡ παρυφή.
Ver-brauch m ἡ δαπάνη, ἡ ἀνάλωσις.
ver-brauchen δαπανᾶν, ἀναλίσκειν, διαχρῆσθαι.
ver-brechen ἁμαρτάνειν, κακουργεῖν, ἀδικεῖν.
Ver-brechen n τὸ ἁμάρτημα, τὸ κακούργημα, τὸ ἀδίκημα, ein ~ begehen s. verbrechen.
Ver-brecher m, =in f ὁ, ἡ κακοῦργος.
ver-brecherisch κακοῦργος (2), ἀνόσιος (2).
ver-breiten διαδιδόναι, διασπείρειν, sich ~ διέρχεσθαι.
Ver-breitung f ἡ διάδοσις.
ver-brennbar καύσιμος (2), καυστός.
ver-brennen καίειν, κατακάειν, ἐμ-, καταπιμπράναι, intr. κατακάεσθαι (P.), ἐμπίμπρασθαι (P.).
Ver-brennung f ἡ καῦσις.
ver-bringen διάγειν, = aufwenden ἀναλίσκειν.
ver-brüdert ἀδελφός.
Ver-brüderung f ἡ ἑταιρία.
ver-brühen ἐπικάειν ζεστῷ ὕδατι.
ver-buhlt ἐρωτικός.
ver-bünden: sich mit j-m ~ συμμαχίαν ποιεῖσθαί τινι oder πρός τινα.
ver-bündet σύμμαχος (2).
ver-bürgen ἐγγυᾶσθαί τι, sich für j-n ~ ἐγγυητὴν

τινὸς γίγνεσθαι, **πίστιν** παρέχειν ὑπέρ τινος.
ver-bürgt ἐξέγγυος (2).
Ver-bürgung f ἡ διεγγύησις.
Ver-dacht m ἡ ὑποψία, ἡ ὑπόνοια, ~ gegen j-n haben ὑποπτεύειν τινά, in ~ kommen ὕποπτον γίγνεσθαι, ἐμπίπτειν εἰς ὑποψίαν.
ver-dächtig ὕποπτος (2).
ver-dächtigen διαβάλλειν.
Ver-dächtigung f ἡ διαβολή.
ver-dachtlos ἀνύποπτος (2).
ver-dammen καταγιγνώσκειν τινός τι, καταδικάζειν, κατακρίνειν τινός τι.
ver-dammenswert καταγνώσεως ἄξιος.
Ver-dammnis f ἡ καταδίκη.
ver-dammt κατάκριτος (2). = verflucht κατάρατος (2).
Ver-dammung f ἡ κατάγνωσις, ἡ καταδίκη.
Ver-dammungsurteil n ἡ κατάκρισις, ἡ καταδίκη.
ver-dammungswürdig καταγνωστός (2).
ver-dampfen ἐξ-, διατμίζεσθαι (P.).
ver-danken ὀφείλειν τινί τι, j-m viel zu ~ haben πολλὴν χάριν ὀφείλειν τινί.
ver-dauen πέττειν, διαπέττειν, κατεργάζεσθαι (M.).
ver-daulich εὔπεπτος (2).
Ver-daulichkeit f ἡ εὐστομαχία.
Ver-dauung f ἡ πέψις, schlechte ~ ἡ ἀπεψία.

Ver-dauungsbeschwerden *fpl.* ἡ ἀ-, δυσπεψία.
Ver-deck *n* τὸ κατάστρωμα, τὸ σανίδωμα.
ver-decken σκεπάζειν, καλύπτειν, ἐπι-, προκαλύπτειν, vorh. Verba.
ver-deckt *n* durch die *part.* der
Ver-deckung *f* ἡ κρύψις, ἡ ἐπίκρυψις.
ver-denken ſ. verargen.
Ver-derb *m* ἡ διαφθορά.
ver-derben διαφθείρειν, λυμαίνεσθαι, ἀπολλύναι, *intr.* διαφθείρεσθαι, ἀπόλλυσθαι.
Ver-derben *n* ἡ διαφθορά, ὁ ὄλεθρος, j-n ins ∼ ſtürzen ſ. verderben.
Ver-derber *m* durch *part.*
ver-derblich κακός, βλαβερός, ὀλέθριος (2).
Ver-derblichkeit *f* ἡ κακία, ἡ πονηρία.
Ver-derbnis *f* ἡ φθορά.
ver-derbt διεφθαρμένος, πονηρός, κακός.
Ver-derbtheit *f* ἡ πονηρία, ἡ κακία.
ver-deutlichen σαφηνίζειν, διασαφηνίζειν, δηλοῦν.
Ver-deutlichung *f* ὁ σαφηνισμός.
ver-dichten πυκνοῦν.
ver-dichtet πυκνός.
Ver-dichtung *f* ἡ πύκνωσις.
ver-dicken πηγνύναι, παχύνειν.
Ver-dickung *f* ἡ πῆξις.
ver-dienen κτᾶσθαι (M.), πορίζεσθαι, περιποιεῖσθαι, κερδαίνειν, = ſich e-r Sache würdig machen ἄξιον εἶναί τινος, etwas nicht ∼ ἀνάξιον εἶναί τινος.
Ver-dienſt *m* ἡ ἐργασία, ὁ μισθός, τὸ κέρδος, das ∼ ἡ ἀξία, nach ∼ κατ' ἀξίαν, ἀξίως.
Ver-dienſt-lich, -voll χρηστός, καλός, πολλοῦ ἄξιος.
Ver-dienſtlichkeit *f* τὸ χρηστόν, τὸ καλόν.
ver-dient ἄξιος, προσήκων (*pass.*), χρηστός, πολλοῦ ἄξιος (*akt.*), ſich um j-n ∼ machen χάριν κατατίθεσθαί τινι.
ver-dienter-maßen, -weiſe ἀξίως, δικαίως.
ver-dingen μισθοῦν, ἐκδιδόναι. [ἡ ἔκδοσις.]
Ver-dingung *f* ὁ μισθωσις,
ver-dolmetſchen ἑρμηνεύειν, ἐξηγεῖσθαι.
Ver-dolmetſchung *f* ἡ ἑρμηνεία, ἡ ἐξήγησις.
ver-doppeln διπλοῦν, ἀναδιπλοῦν, διπλασιάζειν.
Ver-doppelung *f* ὁ διπλασιασμός, ἡ ἀναδίπλωσις. [κακός, πονηρός.]
ver-dorben διεφθαρμένος,
Ver-dorbenheit *f* ἡ κακία, ἡ πονηρία.
ver-dorren ξηραίνεσθαι, αὐαίνεσθαι (P.).
Ver-dorrung *f* ἡ ξηρασία, ὁ ξηρασμός.
ver-drängen ἀπ-, ἐξωθεῖν, ἐκβάλλειν, ἀπελαύνειν.
Ver-drängung *f* durch Verba.
ver-drehen στρέφειν, διαστρέφειν, στρεβλοῦν, die

Augen ~ διαστρέφειν τὼ ὀφθαλμώ.
Ver-drehung f durch Verba.
ver-dreifachen τριπλασιάζειν. [πλασιασμός.]
Ver-dreifachung f ὁ τρι-
ver-drießen: es verdrießt mich etw. λυπεῖ ober ἀνιᾷ μέ τι, χαλεπῶς ob. βαρέως φέρω τι, ἀγανακτῶ τινι, ἄχθομαί τινι.
ver-drießlich δύσκολος (2), ἀνιαρός, δύσθυμος (2), ~ über etwas sein s. verdrießen.
Ver-drießlichkeit f ἡ δυσκολία, ἡ δυσθυμία, ἡ ἀγανάκτησις, ~en haben πράγματα ἔχειν.
ver-drossen ἄ-, δύσθυμος (2), ἀπρόθυμος (2), ~ sein ἀθυμεῖν, ἀθύμως ἔχειν.
Ver-drossenheit f ἡ ἀ-, δυσθυμία.
Ver-druß m ἡ ἀνία, ἡ λύπη, ἡ ἀγανάκτησις, ~ haben ἀνιᾶσθαι, λυπεῖσθαι (P.), j-m ~ machen πράγματα παρέχειν τινί.
ver-duften διαπνεῖν, διατμίζειν. [(P.).]
ver-dummen μωραίνεσθαι
ver-dungen μισθωτός, ἔκδοτος (2).
ver-dunkeln ἐπισκοτεῖν τινι, σκοτοῦν, ἀμαυροῦν, übtr. ταπεινοῦν.
Ver-dunkelung f durch Verba.
ver-dünnen ὕδωρ ἐπιχεῖν τινι, = vermindern συστέλλειν. [ἡ συστολή.]
Ver-dünnung f ἡ κρᾶσις,

ver-dunsten διαπνεῖν, διατμίζειν.
ver-dursten ἀπόλλυσθαι δίψῃ.
ver-düstern ἐπισκιάζειν.
ver-dutzt f. verblüfft.
ver-edeln βελτίω ποιεῖν, (von Gewächsen) ἡμεροῦν, ἐξημεροῦν.
ver-edelt ἥμερος (2).
Ver-edelung f ἡ παιδεία, ἡ ἡμέρωσις.
ver-ehren σέβειν, σέβεσθαι, αἰδεῖσθαι, τιμᾶν, θεραπεύειν.
Ver-ehrer m durch part.
Ver-ehrung f ἡ τιμή, ἡ θεράπεια, ἡ αἰδώς (οῦς).
ver-ehrungswürdig σεμνός, ἁγνός, αἰδεστός.
ver-eiden, ver-eidigen ὁρκοῦν, ὁρκίζειν, λαμβάνειν ὅρκον παρά τινος.
Ver-eidigung f ἡ ἐξόρκωσις.
Ver-ein m ἡ σύστασις, ἡ σύνοδος, ἡ κοινωνία, ἡ ἑταιρία, im ~ mit j-m μετά τινος, σύν τινι.
ver-einbar ὅμοιος, ἁρμόττων, ~ sein mit etw. συναρμόττειν τινί.
Ver-einbarung f s. Verabredung.
ver-einfachen συντέμνειν.
Ver-einfachung f durch Verba.
ver-einigen συνάγειν, συνάπτειν, sich ~ ὁμοῦ γίγνεσθαι, εἰς ταὐτὸν συνελθεῖν, sich mit j-m ~ ὁμοῦ γίγνεσθαί τινι.
ver-einigt, ver-eint ἁθρόος.

ver-einzeln μονοῦν, διαχωρίζειν.
ver-einzelt σποράς (άδος).
Ver-einzelung *f* ἡ μόνωσις.
ver-eiteln μάταιον ποιεῖν, διαλύειν, eine Hoffnung ~ σφάλλειν ἐλπίδα, vereitelt werden ἄπρακτον oder ἀτέλεστον γίγνεσθαι.
Ver-eitelung *f* ἡ διάλυσις.
ver-eitern ἐμπυοῦσθαι, ἑλκοῦσθαι (P.).
Ver-eiterung *f* ἡ ἕλκωσις.
ver-enden τελευτᾶν.
ver-engen στενοῦν, συστέλλειν, συνάγειν.
Ver-engung *f* durch Verba.
ver-erben παραδιδόναι τινί τι.
ver-ewigen ἀΐδιον ποιεῖν.
ver-fahren πράττειν, mit j-m oder gegen j-n ~ χρῆσθαί τινι und *adv*.
Ver-fahren *n* ἡ πρᾶξις, τὸ ἐπιτήδευμα, ὁ τρόπος, ἡ μέθοδος.
Ver-fall *m* ἡ διαφθορά, in ~ bringen διαφθείρειν, in ~ kommen διαφθείρεσθαι.
ver-fallen διαφθείρεσθαι, μαραίνεσθαι, τήκεσθαι (P.), in etwas ~ περιτυγχάνειν, περιπίπτειν τινί, einer Sache ~ sein ἔνοχον εἶναί τινι, = zusammenfallen συμ-, καταπίπτειν.
ver-fälschen διαφθείρειν, κιβδηλεύειν.
ver-fälscht διεφθαρμένος, κίβδηλος (2).
Ver-fälschung *f* ἡ διαφθορά, ἡ κιβδηλεία.

ver-fangen: sich in etwas ~ ἐνέχεσθαί τινι.
ver-fänglich ἀπατηλός, σοφιστικός.
Ver-fänglichkeit *f* durch die *neutr*. der vorh. *adj*.
ver-fassen συγγράφειν, συντιθέναι.
Ver-fasser *m* ὁ συγγραφεύς.
Ver-fassung *f* ἡ συγγραφή, = Zustand ἡ κατάστασις, ἡ διάθεσις, in einer ~ sein διακεῖσθαι mit *adv*., = Staatsverfassung ἡ πολιτεία.
ver-fassungsmäßig νόμιμος, ἔννομος (2).
ver-fassungswidrig παράνομος (2).
ver-faulen σήπεσθαι, κατασήπεσθαι (P.).
ver-fechten διαμάχεσθαι περί τινος, ἀπολογεῖσθαι ὑπέρ τινος, ἀντέχεσθαί τινος.
Ver-fechter *m* durch Verba.
Ver-fechtung *f* ὁ ὑπέρ τινος ἀγών oder durch Verba.
ver-fehlen ἁμαρτάνειν, ἀποτυγχάνειν, ἀτυχεῖν τινος.
ver-feinden ἐχθροὺς καθιστάναι τινάς, sich mit j-m ~ διίστασθαι πρός τινα, προσκρούειν τινί.
ver-feindet ἐχθρός.
Ver-feindung *f* ἡ πρόσκρουσις, (als Zustand) ἡ ἀπέχθεια. [κοσμεῖν.]
ver-feinern ἐξεργάζεσθαι,
Ver-feinerung *f* ἡ ἐξεργασία, ἡ διακόσμησις.
ver-fertigen ποιεῖν, ἐργάζεσθαι, ἀποδείκνυσθαι.

Ver-fertiger m ὁ ποιητής oder durch Verba.
Ver-fertigung f ἡ ποίησις, ἡ ἐργασία.
ver-finstern ἐπισκοτεῖν τινι.
Ver-finsterung f ἡ ἐπισκότησις, (von Sonne und Mond) ἡ ἔκλειψις.
ver-flechten ἐμ-, συμπλέκειν τινί τι.
Ver-flechtung f ἡ συμπλοκή.
ver-fliegen διαπέτεσθαι, (von der Zeit) παροίχεσθαι.
ver-fließen (von der Zeit) παρ-, διέρχεσθαι, verflossen sein ἐξήκειν, παροίχεσθαι.
ver-fluchen καταρᾶσθαι (M.) τινι, verflucht werden von j-m ἐπάρατον γίγνεσθαι ὑπό τινος.
ver-flucht κατ-, ἐπάρατος (2), ich will ~ sein, wenn κακῶς ἀπολοίμην, εἰ.
ver-flüchtigen ἐξαιρούν, sich ~ ἐξαερούσθαι.
Ver-fluchung f ἡ ἀρά, ἡ κατάρα.
ver-folgen διώκειν, θηρᾶν, θηρεύειν, ἐπικεῖσθαι τινι, gerichtlich ~ διώκειν.
Ver-folger m durch part.
ver-früht ἄκαιρος (2), ἄωρος (2), adv. πρὸ καιροῦ. [ἄρχων.]
ver-fügbar ἕτοιμος, ὑπ-
ver-fügen ἐπιτάττειν, über etwas ~ γιγνώσκειν περί τινος.
Ver-fügung f τὸ ἐπίταγμα, ich habe, es steht mir etwas zur ~ πάρεστι, ὑπάρχει μοί τι.

ver-führen παράγειν, ἀπατᾶν, διαφθείρειν.
Ver-führer m durch part.
ver-führerisch ἐπαγωγός (2), ἀπατηλός.
Ver-führung f ἡ παραγωγή, ἡ ἀπάτη, ἡ διαφθορά.
ver-gangen παρελθών, παρεληλυθώς, παροιχόμενος, παρῳχημένος.
Ver-gangenheit f ὁ παρελθών (usw. f. vergangen) χρόνος. [τός.]
ver-gänglich φθαρτός, θνη-
Ver-gänglichkeit f durch das neutr. der vorherg. adj.
ver-geben διδόναι, προδιδόναι, προΐεσθαι, = verzeihen συγγιγνώσκειν.
ver-gebens μάτην, εἰκῇ.
ver-geblich μάταιος, εἰκαῖος, κενός, adv. f. vergebens.
Ver-geblichkeit f ἡ κενότης (ητος), τὸ μάταιον.
Ver-gebung f ἡ συγγνώμη.
ver-gegenwärtigen παριστάναι τινί τι, sich etwas ~ μιμνήσκεσθαι τινος.
ver-gehen intr. φθείρεσθαι, διαφθείρεσθαι, ἀπόλλυσθαι, (von der Zeit) παρέρχεσθαι, sich ~ ἁμαρτάνειν, πλημμελεῖν, παρανομεῖν εἴς oder περί τινα, ἀδικεῖν τινα, vor Schmerz ~ ὑπὸ λύπης ἀπόλλυσθαι, sich gegen das Gesetz ~ παρανομεῖν.
Vergehen n ἡ ἁμαρτία, τὸ ἁμάρτημα, ἡ ἀδικία, ἡ κακουργία, ἡ παρανομία, = Untergehen ἡ φθορά.

Ver-gehung f ſ. das vorh. Wort.
ver-gelten ἀντιποιεῖν, ἀμείβεσθαι (M.), ἀνταμείβεσθαι τινα ἀντί τινος, ἀνταποδιδόναι τινί τι, Böses mit Bösem ~ ἀντιποιεῖν κακά, j-m Gleiches mit Gleichem ~ ἀμείβεσθαί τινα ὁμοίοις.
Ver-geltung f ἡ ἀμοιβή, ἡ ἀντιδωρεά.
Ver-geltungsrecht n: das ~ ausüben μνησικακεῖν.
ver-geſſen ἐπι-, ἐκλανθάνεσθαι (M.) τινος.
Ver-geſſenheit f ἡ λήθη, ἡ ἀμνηστία, in ~ kommen od. geraten ἀμνηστεῖσθαι, ἀμελεῖσθαι, etwas in ~ bringen λήθην ποιεῖσθαί τινος. [ἀμνήμων.]
ver-geßlich ἐπιλήσμων,
Vergeßlichkeit f ἡ λήθη, ἡ ἐπιλησμοσύνη.
ver-geuden καταναλίσκειν.
ver-gewaltigen βιάζεσθαί τινα.
ver-gewiſſern πίστιν παρέχειν τινί, ſich ~ λαμβάνειν πίστιν.
ver-gießen προ-, ἐκχεῖν, Tränen ~ δακρύειν, κλαίειν.
ver-giften φάρμακον προσφέρειν τινί, ſich ~ φαρμακοποτεῖν.
Ver-giftung f ἡ φαρμακεία (eines anderen), ἡ φαρμακοποσία (Vergiftung der eigenen Person).
Ver-gleich m ἡ παραβολή, ἡ σύγκρισις, im ~ zu j-m παρά τινα, ὡς πρός τινα,

= Übereinkunft ἡ ὁμολογία, ἡ συνθήκη. [ἐοικώς.]
ver-gleichbar παραβλητός,
ver-gleichen συμ-, παραβάλλειν τί τινι, συγκρίνειν τι πρός τι, παρατιθέναι, εἰκάζειν τι πρός τι, ſich mit j-m ~ διαλλάττεσθαι (M.) πρός τινα.
Ver-gleichung f ἡ παραβολή, ἡ σύγκρισις.
ver-gleichungsweise ἐκ παραβολῆς.
ver-glichen παραβλητός, σύγκριτος (2). [(P.).]
ver-glimmen ἐκτυφοῦσθαι
ver-gnügen: j-n ~ τέρπειν, εὐφραίνειν, ſich ~ εὐπαθεῖν, ἥδεσθαι (P.) und χαίρειν τινί, τέρπεσθαί (P.) τινι, εὐφραίνεσθαί (P.) τινι.
Ver-gnügen n ἡ ἡδονή, ἡ τέρψις, ἡ εὐπάθεια, mit ~ ἡδέως, ἄσμενος, ~ an etw. finden durch die vorhergehenden Verba; es gereicht mir etw. zum ~ ἡδομένῳ ἐστί μοί τι.
ver-gnüglich τερπνός, ἡδύς, χαρίεις.
ver-gnügt εὔθυμος (2), ἱλαρός, φαιδρός, ~ ſein ſ. vergnügen.
ver-gnügungs-luſtig, -ſüchtig ἡδυπαθής, ῥᾴθυμος (2).
Ver-gnügungsort m τὸ ἐνηβητήριον. [θεωρία.]
Ver-gnügungsreiſe f ἡ
ver-golden χρυσοῦν, καταχρυσοῦν.
Ver-golder m ὁ χρυσωτής.

Ver-goldung f ἡ χρύσωσις.
ver-gönnen συγχωρεῖν τινί τι, es ist mir vergönnt ἔξεστί oder ὑπάρχει μοι.
ver-göttern ἀπαθανατίζειν, ἀποθεοῦν. [θεῶσις.]
Ver-götterung f ἡ ἀπο-
ver-graben κατορύττειν.
Ver-grabung f ἡ κατόρυξις.
ver-greifen: sich an etw. ~ ἅπτεσθαί τινος, ἀδικεῖν τι, sich an fremdem Eigentum ~ σφετερίζεσθαι, κλέπτειν. [αὐξάνειν.]
ver-größern αὐξάνειν, ἐπ-
ver-größernd αὐξητικός.
Ver-größerung f ἡ αὔξησις, ἡ ἐπίδοσις.
ver-günstigen: j-m etwas ~ χαρίζεσθαί τινί τι.
Ver-günstigung f ἡ χάρις, ἡ δωρεά. [διδόναι.]
ver-güten ἀντι-, ἀνταπο-
Ver-gütung f ἡ ἀντί-, ἀνταπόδοσις.
Ver-haft m ἡ φυλακή, j-n in ~ nehmen συλλαμβάνειν τινά.
ver-haften συλλαμβάνειν, ἄγειν oder ἀπάγειν εἰς φυλακήν.
Ver-haftung f ἡ σύλληψις.
ver-hallen ἀπηχεῖν.
ver-halten: sich ~ (von Sachen) εἶναι, ἔχειν mit adv., es verhält sich so οὕτως ἔχει, (von Personen) διακεῖσθαί τινι oder πρός τινα mit adv., sich ruhig ~ ἡσυχίαν ἄγειν oder ἔχειν.
Ver-halten n ὁ τρόπος.

Ver-hältnis n ἡ ἀναλογία, ὁ λόγος, nach ~ κατὰ λόγον, oft durch den Artikel wiedergegeben, z.B. die Verhältnisse der Menschen τὰ τῶν ἀνθρώπων, in freundschaftlichem ~ zu j-m stehen φιλικῶς διακεῖσθαι πρός τινα.
ver-hältnismäßig ἀνάλογος (2).
Ver-haltungsbefehl m τὸ παράγγελμα.
Ver-haltungsmaßregel f ἡ ὑποθήκη.
ver-handeln διαπράττειν, λόγους ποιεῖσθαι περί τινος.
Ver-handlung f οἱ λόγοι.
ver-hängen προκαλύπτειν, etwas über j-n ~ ἐπιβάλλειν τινί τι.
Ver-hängnis n ἡ μοῖρα, ἡ εἱμαρμένη, ἡ πεπρωμένη.
ver-hängnisvoll δεινός, ἄθλιος.
ver-hängt εἱμαρμένος.
ver-harren διαμένειν ἔν ob. ἐπί τινι, ἐμ-, παραμένειν τινί.
ver-härten σκληρύνειν, ἀποσκληρύνειν. [ρυσμός.]
Ver-härtung f ὁ σκλη-
ver-haßt ἐχθρός, ἀπεχθής, μισητός, ~ werden ἀπεχθάνεσθαι.
ver-hätscheln θρύπτειν, διαθρύπτειν.
Ver-hätschelung f ἡ θρύψις.
Ver-hau m ἡ δένδρων ἐκκοπή.
ver-hauchen ἐκπνεῖν.

ver-hauen ἀποφράττειν.
ver-heeren διαπορθεῖν, δηοῦν.
Ver-heerung *f* ἡ δήωσις.
ver-hehlen ἀποκρύπτειν τινά τι. [Verbum.
Ver-hehlung *f* durch das
ver-heimlichen f. verhehlen.
Ver-heimlichung *f* durch das Verbum.
ver-heiraten ἐκδιδόναι τὴν θυγατέρα τινί, sich ~ γαμεῖν τινα (vom Manne), γαμεῖσθαί τινι (vom Weibe).
Ver-heiratung *f* ἡ ἔκδοσις, ὁ γάμος.
ver-heißen ἐπαγγέλλεσθαι (M.), ὑπισχνεῖσθαι (M.).
Ver-heißung *f* ἡ ἐπαγγελία, ἡ ὑπόσχεσις.
ver-helfen: j-m zu etwas ~ συμπράττειν oder συλλαμβάνειν τινί τι.
ver-herrlichen λαμπρύνειν, κοσμεῖν, ἐπικοσμεῖν.
Ver-herrlichung *f* durch Verba.
ver-hetzen συγκρούειν τινά τινι.
Ver-hetzung *f* ὁ ἐρεθισμός.
ver-hexen βασκαίνειν.
Ver-hinderer *m* ὁ διακωλυτής.
ver-hindern κωλύειν, ἀποκωλύειν τινά τινος, εἴργειν τινά τινος oder μή mit *inf*. [τὸ κώλυμα.
Ver-hinderung *f* ἡ κώλυσις.
ver-höhnen καταγελᾶν τινος, χλευάζειν, σκώπτειν.
Ver-höhnung *f* ὁ καταγέλως (ωτος), ἡ χλευασία, ἡ σκῶψις.

Ver-hör *n* ἡ ἀνάκρισις, ἡ ζήτησις, ἡ βάσανος.
ver-hören ἀνακρίνειν τινά, = falsch hören παρακούειν τινός.
ver-hüllen καλύπτειν, κρύπτειν, sich ~ συγ-, ἐγκαλύπτεσθαι. [κάλυψις.
Ver-hüllung *f* ἡ ἐπι-
ver-hungern διαφθείρεσθαι od. ἀπόλλυσθαι λιμῷ od. ὑπὸ λιμοῦ.
ver-hungert ἔκλιμος (2).
ver-hunzen διαφθείρειν, λυμαίνεσθαι.
ver-hüten ἀπείργειν, ἀποτρέπειν, was Gott verhüte! ὃ μὴ γένοιτο.
Ver-hütung *f* ἡ φυλακή.
ver-irren, sich ἁμαρτάνειν τῆς ὁδοῦ, πλανᾶσθαι (P.) ἀπὸ τῆς ὁδοῦ.
Ver-irrung *f* ἡ πλάνη, ἡ πλάνησις, = Fehler τὸ ἁμάρτημα.
ver-jagen ἀπελαύνειν, ἐκβάλλειν, verjagt werden ἐκπίπτειν.
ver-jähren παλαιοῦσθαι (P.).
Ver-jährung *f* ἡ παλαίωσις.
ver-jüngen ἀνανεάζειν, ἀνανεοῦσθαι, sich ~ ἀνηβᾶν.
Ver-jüngung *f* ἡ ἀνανέωσις.
Ver-kauf *m* ἡ πρᾶσις, ἡ πωλή, ἡ πώλησις.
ver-kaufen πιπράσκειν, πωλεῖν, ἀποδίδοσθαι.
Ver-käufer *m* ὁ πρατήρ (ῆρος), ὁ ἔμπορος, ὁ κάπηλος oder durch *part.*
Ver-käuferin *f* ἡ πωλήτρια, gewöhnlich durch *part.*

ver-käuflich ὤνιος, πράσιμος (2), ὠνητός.
Ver-kehr *m* ἡ ὁμιλία, ἡ κοινωνία, ἡ χρεία, mit j-m in ~ stehen s. verkehren.
ver-kehren ὁμιλεῖν τινι, ἐπιμείγνυσθαί τινι.
ver-kehrt οὐκ ὀρθός, ἄτοπος (2), (moralisch) πονηρός.
ver-kehrterweise οὐκ ὀρθῶς.
Ver-kehrtheit *f* ἡ ἀτοπία, (moralische) ἡ πονηρία, (als Sache) ἡ πλημμέλεια.
ver-kennen ἀγνοεῖν, οὐκ ὀρθῶς γιγνώσκειν.
Ver-kennung *f* ἡ ἄγνοια.
ver-ketten συνδεῖν, συνάπτειν, συμπλέκειν.
Ver-kettung *f* ἡ συμπλοκή, ἡ συναφή.
ver-klagen κατηγορεῖν τινός τι, γράφεσθαι (M.), διώκειν, verklagt werden φεύγειν.
Ver-klagung *f* ἡ κατηγορία, ἡ γραφή.
ver-klammern συνδεῖν.
Ver-klammerung *f* ἡ σύνδεσις, ὁ σύνδεσμος.
ver-klatschen διαβάλλειν.
ver-kleinern ἐλαττοῦν, μειοῦν, ἀμαυροῦν.
Ver-kleinerung *f* ἡ ἐλάττωσις, ἡ μείωσις.
Ver-kleinerungssucht *f* ἡ βασκανία, ὁ φθόνος.
ver-knüpfen συνάπτειν, συνδεῖν, συμπλέκειν, συναρμόττειν τί τινι.
Ver-knüpfung *f* ἡ συναφή, ἡ σύνδεσις, ἡ συμπλοκή.

ver-kohlen ἀπανθρακοῦσθαι (P.), ἀνθρακίζεσθαι (P.).
ver-kommen διαφθείρεσθαι, ἀπόλλυσθαι. [(P.).]
ver-körpern σωματοῦσθαι
ver-körpert ἐνσώματος (2).
Ver-körperung *f* ἡ σωμάτωσις.
ver-kriechen, sich ἀναδύεσθαι, ὑπο-, καταπτήσσειν. [κυλοῦν.]
ver-krümmen κυρτοῦν, ἀγ-
Ver-krümmung *f* ἡ κύρτωσις, ἡ ἀγκύλωσις.
ver-krüppeln πηροῦσθαι, ἀναπηροῦσθαι (P.).
ver-krüppelt πηρός, ἀνάπηρος (2).
Ver-krüppelung *f* ἡ πήρωσις, ἡ ἀναπηρία.
ver-künden, ver-kündigen ἀγγέλλειν, ἀν-, ἀπαγγέλλειν, κηρύττειν, ἀνακηρύττειν.
Ver-kündiger *m* ὁ ἄγγελος.
Ver-kündigung *f* ἡ ἀγγελία, τὸ ἄγγελμα.
ver-kuppeln μαστροπεύειν.
Ver-kuppler *m*, **Ver-kupplerin** *f* ὁ, ἡ μαστροπός.
ver-kürzen συντέμνειν, συστέλλειν, βραχύνειν.
Ver-kürzung *f* ἡ συστολή, ἡ συντομή.
ver-lachen καταγελᾶν τινος, ἐπεγγελᾶν τινι.
ver-lacht καταγέλαστος (2).
ver-langen: etw. von j-m ~ ἀπαιτεῖν τινά τι, nach etw. ~ ἐπιθυμεῖν, ἐφίεσθαι, ὀρέγεσθαί τινος, ποθεῖν τι.

Ver-langen n ἡ αἴτησις, ἡ ἐπιθυμία, ὁ πόθος.
ver-längern μηκύνειν, ἀπομηκύνειν, ἀπο-, παρατείνειν.
Ver-längerung f durch Verba.
ver-lassen[1] λείπειν, ἀπο-, ἐκλείπειν, προδιδόναι, προΐεσθαι, sich auf j-n ~ πιστεύειν, πεποιθέναι τινί.
ver-lassen[2] ἔρημος.
Ver-lassenheit f ἡ ἐρημία.
ver-läßlich πιστός.
ver-lästern διαβάλλειν.
Ver-lauf m: im ~ des Tages προϊούσης τῆς ἡμέρας, einen günstigen ~ nehmen εὖ προχωρεῖν oder γίγνεσθαι.
ver-laufen ἀπορ-, διαρρεῖν, = sich zerstreuen διασκεδάννυσθαι, = sich verirren πλανᾶσθαι.
ver-lauten λέγεσθαι, es verlautet λέγεται, λέγουσι, ὁ λόγος ἔχει.
ver-leben διαζῆν, διάγειν τὸν βίον oder τὸν αἰῶνα.
ver-lebt παρελθών, παρεληλυθώς.
ver-legen[1] μεθιστάναι, μετατιθέναι, μετακινεῖν, μετατάττειν, = versperren ἀποκλείειν τινά τινος.
ver-legen[2] ἄπορος (2), ἀμήχανος (2).
Ver-legenheit f ἡ ἀπορία, ἡ ἀμηχανία, in ~ sein ἀπορεῖν (auch M.), ἐν ἀπορίᾳ εἶναι, ἀπόρως ἔχειν.
Ver-legung f ἡ μετάστασις, ἡ μετάθεσις, ἡ μετακίνησις.

ver-leiden: j-m etw. ~ παρέχειν τινὶ ἀηδίαν τινός.
ver-leihen = ausleihen δανείζειν, = geben, gewähren διδόναι, παρέχειν, νέμειν, πορίζειν. [durch part.]
Ver-leiher m ὁ δανειστής,
Ver-leihung f ὁ δανεισμός, oder durch Verba.
ver-leiten παρ-, ὑπάγειν, πείθειν, = täuschen ἀπατᾶν, ἐξαπατᾶν.
Ver-leitung f ἡ παραγωγή, ἡ ἀπάτη.
ver-lernen ἀπομανθάνειν.
ver-lesen διιέναι, λέγειν, καταλέγειν.
ver-letzen βλάπτειν, λυπεῖν, λυμαίνεσθαι, ἀδικεῖν, ein Bündnis ~ παραβαίνειν ob. λύειν τὰς σπονδάς, ein Gesetz ~ παρανομεῖν.
Ver-letzung f durch Verba, ~ der Gesetze ἡ παρανομία.
ver-leugnen ἀπομνύναι τι.
Ver-leugnung f durch das Verbum.
ver-leumden διαβάλλειν, κακολογεῖν, κακῶς λέγειν τινά.
Ver-leumder m ὁ διάβολος.
ver-leumderisch διάβολος (2), κακόλογος (2).
Ver-leumdung f ἡ διαβολή, ἡ κακολογία.
ver-lieben: sich in j-n ~ ἐρασθῆναί τινος.
ver-liebt ἐρῶν, ἐρωτικός, in j-n ~ sein ἐρᾶν τινος.
Ver-liebte(r) m ὁ ἐραστής.
Ver-liebtheit f ἡ φιλεραστία, τὸ ἐρωτικόν.

ver-lieren ἀποβάλλειν, ἀπολλύναι, die Besinnung, den Verstand ~ ἐξίστασθαι τοῦ φρονεῖν, die Hoffnung ~ ἐκπίπτειν ἀπὸ τῆς ἐλπίδος, den Kopf ~ ταράττεσθαι, ἐκπλήττεσθαι (P.), eine Schlacht ~ ἡττᾶσθαι, kein Wort ~ οὐδὲν λέγειν, verloren gehen ἀπόλλυσθαι, διαφθείρεσθαι.

Ver-lies n τὸ ὑπόγειον δεσμωτήριον.

ver-loben: j-m seine Tochter ~ ἐγγυᾶν, κατεγγυᾶν τινι τὴν θυγατέρα, sich ~ ἐγγυᾶσθαι (P.) τινα (mit e-m Mädchen), τινι (mit einem Manne).

ver-lobt ἐγγυητός.

Ver-lobte(r) f (m) ἡ νύμφη, ὁ νυμφίος.

Ver-lobung f ἡ ἐγγύη, ἡ ἐγγύησις. [(auch M.)]

ver-locken παρ-, ὑπάγειν

ver-lockend ἐπαγωγός (2).

Ver-lockung f ἡ παρ-, ὑπαγωγή.

ver-lodern ἀποσβέννυσθαι, καταφλέγεσθαι (P.).

ver-logen ψευδής.

ver-lohnen: es verlohnt sich der Mühe ἄξιόν ἐστιν.

ver-löschen ἀποσβέννυσθαι (P.). [λαγχάνειν.]

ver-losen διακληροῦν, δια-

Ver-losung f ἡ διακλήρωσις.

Ver-lust m ἡ ἀποβολή, ἡ βλάβη, ἡ ζημία, ἡ συμφορά, ἡ ἀτυχία, einen ~ erleiden βλάπτεσθαι, j-m

einen ~ zufügen βλάπτειν τινά.

ver-lustig: einer Sache ~ gehen ἀποστερεῖσθαι (P.) τινος.

ver-machen διατίθεσθαί τινί τι.

Ver-mächtnis n ἡ διαθήκη.

ver-mählen, sich γαμεῖν τινα (vom Manne), γαμεῖσθαι (M.) τινι (vom Weibe).

Ver-mählung f ὁ γάμος.

ver-mahnen νουθετεῖν τινα, παραινεῖν τινί τι.

Ver-mahnung f ἡ παραίνεσις, ἡ νουθέτησις, ἡ νουθεσία.

ver-mauern ἀποτειχίζειν.

ver-mehren αὐξάνειν, ἐπαυξάνειν (sich ~ P.).

Ver-mehrung f ἡ αὔξησις, ἡ ἐπαύξησις.

ver-meiden φεύγειν, ἀπέχεσθαί τινος.

ver-meidlich φευκτός.

Ver-meidung f ἡ φυγή.

ver-meintlich δοκῶν.

ver-melden ἀπαγγέλλειν.

ver-mengen συμμειγνύναι.

ver-messen¹ ἀναμετρεῖν, sich ~ τολμᾶν. [θρασύς.]

ver-messen² τολμηρός,

Ver-messenheit f ἡ τόλμα, ἡ θρασύτης (ητος).

Ver-messung f ἡ ἀναμέτρησις.

ver-mieten μισθοῦν.

Ver-mietung f ἡ μίσθωσις.

ver-mindern μειοῦν, ἐλαττοῦν, συστέλλειν, συντέμνειν.

Ver-minderung f ἡ μείωσις, ἡ ἐλάττωσις, ἡ συστολή.

ver-mischen μειγνύναι, συμμειγνύναι, κεραννύναι, συγκεραννύναι.
Ver-mischung f ἡ κρᾶσις, ἡ σύγκρασις.
ver-missen ποθεῖν, ἐπιποθεῖν.
ver-mitteln μεσιτεύειν, (vom Schiedsrichter) διαιτᾶν.
ver-mittelst διά mit dem gen. oder der bloße dat.
Ver-mittelung f ἡ μεσιτεία.
Ver-mittler m ὁ μεσίτης.
Ver-mittlerin f ἡ μεσῖτις (ιδος). [σθαι (P.).]
ver-modern μυδᾶν, σήπεσθαι (P.).
ver-modert σαπρός, σαθρός.
ver-möge ἐκ oder ἀπό mit gen., κατά oder διά mit acc.
ver-mögen δύνασθαι, ἰσχύειν, οἶόν τε εἶναι, viel ~ μέγα δύνασθαι, nicht ~ ἀδυνατεῖν, j-n zu etwas ~ πείθειν τινά, προτρέπειν τινὰ ἐπί τι.
Ver-mögen n ἡ δύναμις, ἡ ἐξουσία, nach ~ κατὰ δύναμιν, über ~ παρὰ δύναμιν, = Besitz τὰ χρήματα, τὰ κτήματα, ἡ οὐσία.
ver-mögend δυνατός, δυνάμενος, = begütert εὔπορος (2), πλούσιος.
Ver-mögens-umstände m/pl., **-verhältnisse** n/pl. τὰ ὑπάρχοντα, τὰ τῶν χρημάτων.
ver-muten δοξάζειν, εἰκάζειν, ὑπολαμβάνειν, συμβάλλειν.
Ver-muten n ἡ δόξα, wider ~ παρὰ δόξαν.

ver-mutlich δοξαστός, adv. εἰκότως.
Ver-mutung f ἡ δόξα, ἡ εἰκασία, ἡ ὑπόληψις.
ver-nachlässigen ἀμελεῖν τινος, ὀλιγωρεῖν τινος, sich ~ ῥᾳδιουργεῖν, ὑφίεσθαι.
Ver-nachlässigung f ἡ ἀμέλεια, ἡ ὀλιγωρία.
ver-narben ἀπ-, ἐπουλοῦσθαι (P.), vernarbte Wunde ἡ οὐλή.
Ver-narbung f ἡ ἀπ-, ἐπούλωσις.
ver-narren: sich in etwas ~ μαίνεσθαι (P.) ἐπί τινι.
ver-naschen καταλιχνεύειν.
ver-nehm=bar, **-lich** σαφής, ἐμφανής.
ver-nehmen αἰσθάνεσθαι, πυνθάνεσθαι, ἀκούειν, = verhören ἀνακρίνειν τινά.
Ver-nehmung f ἡ ἀκοή, ἡ αἴσθησις, dem Vernehmen nach ὡς ἀκούω, ὡς λέγεται. [τινα.]
ver-neigen, sich προσκυνεῖν)
Ver-neigung f ἡ προσκύνησις.
ver-neinen οὐ φάναι, ἀποφάναι, ἀρνεῖσθαι.
ver-neinend ἀρνητικος, ἀποφατικός.
Ver-neinung f ἡ ἀπόφασις, ἡ ἄρνησις.
ver-nichten ἀπολλύναι, διαφθείρειν, καθαιρεῖν, ἀφανίζειν, καταλύειν.
Ver-nichter m durch part.
Ver-nichtung f ἡ διαφθορά, ἡ καθαίρεσις, ἡ κατάλυσις.

Ver-nunft *f* ὁ λόγος, ἡ φρόνησις, ἡ σύνεσις, ὁ λογισμός, ~ haben λόγον oder νοῦν ἔχειν, ohne ~ ἄλογος (2).

ver-nünfteln μεριμνᾶν, σοφίζεσθαι.

ver-nünftig λόγον oder νοῦν ἔχων, φρόνιμος (2), ἔννους, ἔμφρων, ~ sein σωφρονεῖν. [φροσύνη.]

Ver-nünftigkeit *f* ἡ σωφροσύνη.]

Ver-nunftlehre *f* ἡ λογική.

ver-nunftlos ἄλογος (2), ἀνόητος (2), ἄφρων.

Ver-nunftlosigkeit *f* ἡ ἀλογία, ἡ ἀφροσύνη. [(2).]

ver-nunftmäßig φρόνιμος]

ver-nunftwidrig ἄλογος (2).

ver-öden ἐρημοῦν.

ver-ödet ἔρημος.

Ver-ödung *f* ἡ ἐρήμωσις.

ver-öffentlichen φανερὸν ποιεῖν, ἐκφέρειν εἰς τὸ φῶς, eine Schrift ἐκδιδόναι.

Ver-öffentlichung *f* durch Verba; = Herausgabe einer Schrift ἡ ἔκδοσις.

ver-ordnen τάττειν, διατάττειν, παραγγέλλειν.

Ver-ordnung *f* ἡ ἐπίταξις, τὸ ἐπίταγμα, τὸ παράγγελμα, eine ~ erlassen προτιθέναι ἐπίταγμα.

ver-pachten μισθοῦν, ἐκδιδόναι.

Ver-pachtung *f* ἡ μίσθωσις, ἡ ἔκδοσις.

ver-palisadieren χαρακοῦν, περιχαρακοῦν, σταυροῦν, περισταυροῦν.

Ver-palisadierung *f* ἡ χαράκωσις, ἡ σταύρωσις.

ver-passen παραλείπειν, παριέναι (von ἵημι), ἀμελεῖν τινος.

ver-pesten διαφθείρειν, λυμαίνεσθαι.

Ver-pestung *f* ἡ διαφθορά.

ver-pfänden ὑποτιθέναι.

ver-pfändet ὑποκείμενος, ~ sein ὑποκεῖσθαι.

Ver-pfändung *f* ἡ ἀποτίμησις.

ver-pflanzen μεταφυτεύειν.

Ver-pflanzung *f* ἡ μεταφυτεία.

ver-pflegen τρέφειν, τροφὴν παρέχειν τινί, σιτίζειν, θεραπεύειν. [ὁ τροφός.]

Ver-pfleger *m* ὁ τροφεύς.]

Ver-pflegerin *f* ἡ τροφός.

Ver-pflegung *f* ἡ τροφή.

Ver-pflegungsgeld *n* ἡ τροφή.

ver-pflichten: j-m sich ~ χάριν κατατίθεσθαί τινι, εὐεργετεῖν τινα, j-n zu etw. ~ παραινεῖν τινί τι, sich zu etw. ~ ὑπισχνεῖσθαι, ὑφίστασθαι, ἐπαγγέλλεσθαί, ὑποδέχεσθαί τι.

Ver-pflichtung *f* ἡ χάρις, τὸ δέον, τὸ προσῆκον.

ver-pfuschen διαφθείρειν.

ver-pichen πιττοῦν, καταπιττοῦν.

ver-plaudern λαλοῦντα διατρίβειν τὸν χρόνον.

ver-pönen ἀπαγορεύειν.

ver-pönt ἀπόρρητος (2).

ver-prassen διασπαθᾶν, καθηδυπαθεῖν.

ver-proviantieren σῖτον, ἐπιτήδεια ob. τὰ ἀναγκαῖα παρέχειν τινί, sich ~ ἐπισιτίζεσθαι (M.), eine Stadt ~ σῖτον εἰσάγειν εἰς πόλιν.
Ver-proviantierung f ὁ ἐπισιτισμός.
Ver-putz m τὸ κονίαμα.
ver-putzen κονιᾶν.
ver-rammeln ἀπο-, διαφράττειν. [φράξις.]
Ver-rammelung f ἡ ἀπό-
Ver-rat m ἡ προδοσία.
ver-raten προδιδόναι, προΐεσθαι, = ausplaudern ἐξαγγέλλειν, ἐκφέρειν, = kundtun δηλοῦν, μηνύειν.
Ver-räter m·ὁ προδότης.
Ver-räterei f ἡ προδοσία, ἡ πρόδοσις.
Ver-räterin f ἡ προδότις (ιδος).
ver-räterisch προδοτικός.
ver-rauchen ἐξατμίζεσθαι (P.), ἐκθυμιᾶσθαι (P.).
ver-rechnen, sich ψεύδεσθαι, σφάλλεσθαι (P.), παραλογίζεσθαι (M.).
Ver-rechnen n, **Ver-rechnung** f ὁ παραλογισμός.
ver-recken ἀπόλλυσθαι, ἀποθνῄσκειν.
ver-reckt νεκρός.
ver-reisen πορεύεσθαι (P.), ἀπο-, ἐκδημεῖν.
ver-reist ἀπό-, ἔκδημος (2).
ver-renken διαστρέφειν, ἐξ-, παραρρεῖν.
Ver-renkung f ἡ διαστροφή, τὸ ἐξάρθρημα.
ver-richten ἐργάζεσθαι (M.), πράττειν, διαπράττειν,

ἀνύτειν, περαίνειν, ἀποδείκνυσθαι, Gebete ~ εὐχὰς ποιεῖσθαι, ein Opfer ~ ἐπιτελεῖν θυσίαν.
Ver-richtung f τὸ ἔργον, ἡ πρᾶξις, τὸ πρᾶγμα.
ver-riegeln μοχλοῦν, ἐπιβάλλειν τὸν μοχλόν τινι.
ver-riegelt κλειστός.
Ver-riegelung f ἡ μοχλοῦ ἐπιβολή.
ver-ringern μειοῦν, ἐλαττοῦν, συντέμνειν, συστέλλειν.
Ver-ringerung f ἡ μείωσις, ἡ ἐλάττωσις, ἡ συστολή.
ver-rinnen διαχεῖσθαι (P.), διαρρεῖν, (von der Zeit) παρέρχεσθαι.
ver-rosten ἰοῦσθαι (P.).
ver-rostet ἰώδης.
ver-rucht μιαρός, ἀνόσιος (2), ἀσεβής.
Ver-ruchtheit f ἡ μιαρία, ἡ πονηρία, ἡ κακία, ἡ ἀσέβεια, τὸ ἀνόσιον.
ver-rücken κινεῖν, μετακινεῖν.
ver-rückt = wahnsinnig μανικός, παράπληκτος (2), ~ sein μαίνεσθαι, ~ werden παραπλήττεσθαι (P.).
Ver-rücktheit f ἡ μανία, ἡ παράπληξις. [κίνησις.]
Ver-rückung f ἡ μετα-
Ver-ruf m: j-n in ~ bringen διαβάλλειν, διαβοᾶν τινα, in ~ kommen διαβάλλεσθαι, διαβοᾶσθαι, in ~ sein κακῶς ἀκούειν.
ver-rufen ἄδοξος (2), κακῶς ἀκούων.

Vers *m* ὁ στίχος, τὸ ἔπος, ~e machen στίχους γράφειν.

ver-sagen ἀρνεῖσθαι (M.), ἀποφάναι, die Kräfte ~ mir ἀπαγορεύω, ἀπείρηκα.

Ver-sagen *n*, **Ver-sagung** *f* ἡ ἄρνησις.

ver-salzen[1] κάθαλον ποιεῖν τι.

ver-salzen[2] κάθαλος (2).

ver-sammeln συνάγειν, συλλέγειν, ἀγείρειν, συναγείρειν, ἀθροίζειν, συναθροίζειν, sich an e-m Orte ~ συνιέναι, συνέρχεσθαι εἴς τι.

Ver-sammlung *f* ὁ σύλλογος, ἡ ἄθροισις, ἡ σύνοδος, eine ~ halten, berufen σύλλογον (σύνοδον) ποιεῖσθαι, eine ~ auflösen ἀφιέναι σύλλογον, eine festliche ~ ἡ πανήγυρις.

Ver-sammlungs-ort, -platz *m* τὸ συνέδριον, ἡ ἀγορά.

ver-sanden ἀποθινοῦσθαι (P.).

Versart *f* τὸ μέτρον.

ver-säumen παραλείπειν, παριέναι (von ἵημι) τι, ἀμελεῖν, ὀλιγωρεῖν τινος.

Ver-säumnis *n*, **Ver-säumung** *f* ἡ ἀμέλεια, ἡ ὀλιγωρία.

ver-schaffen πορίζειν, παρασκευάζειν, παρέχειν, sich ~ M.

ver-schämt αἰδήμων, αἰδοῖος, ~ sein αἰδεῖσθαι (P.).

Ver-schämtheit *f* ἡ αἰδώς (οῦς).

ver-schanzen τειχίζειν, περιτειχίζειν, σταυροῦν, περισταυροῦν, χαρακοῦν, περιχαρακοῦν.

Ver-schanzung *f* ὁ περιτειχισμός, ἡ σταύρωσις, ἡ χαράκωσις, (als Sache) τὸ περιτείχισμα, τὸ σταύρωμα, τὸ χαράκωμα.

ver-schärfen ἐπιτείνειν.

Ver-schärfung *f* ἡ ἐπίτασις.

ver-scharren κατορύττειν, κατακρύπτειν γῇ.

ver-scheiden τελευτᾶν, ἀποθνῄσκειν.

ver-schenken δωρεῖσθαι (M.) τινί τι oder τινά τινι, διδόναι τινί τι. [δόσις.]

Ver-schenkung ἡ δωρεά, ἡ

ver-scherzen ἀπολλύναι, προδιδόναι, ἀποβάλλειν.

ver-scheuchen ἀπελαύνειν, ἀποσοβεῖν.

Ver-scheuchung *f* ἡ ἀπελασία, ἡ ἀποσόβησις.

ver-schicken διαπέμπειν.

Ver-schickung *f* ἡ διαπομπή.

ver-schieben μετακινεῖν, = aufschieben ἀναβάλλεσθαι (M.).

Ver-schiebung *f* ἡ μετακίνησις, ἡ ἀναβολή.

ver-schieden διάφορος (2), ἀλλοῖος, ἀνόμοιος (2), ~ sein von j-m in etwas διαφέρειν τινός τινι, ~er Meinung sein ἄλλην γνώμην ἔχειν.

ver-schiedenartig ἑτερογενής, παντοδαπός.

Ver-schiedenartigkeit *f* ἡ ἀλλοιότης, ἡ ἑτεροιότης (ητος).

ver-schiedenfarbig ἑτερόχρους (2).
Ver-schiedenheit f s. Verschiedenartigkeit.
ver-schießen trans. ἐκτοξεύειν, intr. ἐξανθεῖν.
ver-schimmeln εὐρωτιᾶν.
ver-schlafen¹ κατακοιμίζειν.
ver-schlafen² κάθυπνος (2), ὑπνώδης.
Ver-schlafenheit f τὸ ὑπνῶδες.
Ver-schlag m τὸ διάφραγμα.
ver-schlagen¹ ἀποπλανᾶν, (unpersönl.) es verschlägt viel πολὺ διαφέρει.
ver-schlagen² πανοῦργος (2).
Ver-schlagenheit f ἡ πανουργία. [ἐπιχοῦν.]
ver-schlämmen κατιλύειν,
ver-schlämmt ἰλυώδης.
ver-schlechtern χεῖρον ποιεῖν, διαφθείρειν.
ver-schleiern καλύπτειν, κατακαλύπτειν.
Ver-schleierung f ἡ περικαλυφή, ἡ κατακάλυψις.
ver-schleifen διατρίβειν, ἀναβάλλεσθαι. [εἶν.]
ver-schleimen φλέγμα ποι-
ver-schleimt φλεγματίας.
ver-schleppen διασπᾶν, διαφορεῖν.
ver-schleudern διαρρίπτειν, eine Ware ~ ἀποδίδοσθαί τι τοῦ ἐλαχίστου.
ver-schließbar κλειστός.
ver-schließen κλείειν, ἀπο-, συγκλείειν.
Ver-schließung f ἡ ἀπόκλεισις. [tern.]
ver-schlimmern s. verschlech-

Ver-schlimmerung f ἡ εἰς τὸ χεῖρον ἀπόκλισις.
ver-schlingen κατεσθίειν, = ineinander schlingen συμπλέκειν.
Ver-schlingung f durch Verba.
ver-schlossen κεκλειμένος, κλειστός, (von Menschen) ἀκοινώνητος, κρυφῖνος (2). [νωνησία.]
Ver-schlossenheit f ἡ ἀκοι-
ver-schlucken κατεσθίειν.
Ver-schluß m ἡ φυλακή.
ver-schmachten μαραίνεσθαι, ἐκ-, ἀπομαραίνεσθαι (P.), vor Durst ~ ἀπόλλυσθαι δίψει.
Ver-schmachtung f ἡ μάρανσις, ἡ ἀπομάρανσις.
ver-schmähen καταφρονεῖν τινος, ὀλιγωρεῖν τινος, ἀποπτύειν.
Ver-schmähung f ἡ καταφρόνησις, ἡ ὀλιγωρία.
ver-schmelzen συντήκειν, συμμειγνύναι, συγκεραννύναι, intr. durch das P.
Ver-schmelzung f ἡ σύγκρασις. [σθαί τινος.]
ver-schmerzen ἐπιλανθάν-
ver-schmieren ἐπιπλάττειν, ἐπιχρίειν, καταλείφειν.
ver-schmitzt πανοῦργος (2).
Ver-schmitztheit f ἡ πανουργία.
ver-schnauben, ver-schnaufen ἀναπνεῖν.
ver-schneiden ἐκτέμνειν.
Ver-schneidung f ἡ ἐκτομή.
ver-schneien trans. κατανίφειν, intr. κρύπτεσθαι χιόνι.

ver-schnitten ἐπί-, ἔκτομος (2).
Ver-schnittene(r) m ὁ ἐκτομίας, ὁ εὐνοῦχος.
ver-schnupft κορυζώδης.
ver-schollen ἄμνηστος (2), ~ sein ἀμνηστεῖσθαι (P.).
ver-schonen φείδεσθαί τινος, ἀπέχεσθαί τινος, ἐάν τινα, verschont bleiben mit etwas ἀπηλλάχθαι τινός.
ver-schönern καλλύνειν, καλλωπίζειν, κοσμεῖν.
Verschönerung f ἡ κόσμησις, ὁ καλλωπισμός.
Ver-schonung f ἡ φειδώ (οῦς).
ver-schränken ἐπαλλάττειν.
Ver-schränkung f ἡ ἐπαλλαγή.
ver-schreiben: j-m etw. als Eigentum ~ καταγράφειν τινί τι, etw. schriftlich anordnen προστάττειν τινί τι, = Fehler beim Schreiben machen ἁμαρτάνειν γράφοντα.
Ver-schreibung f durch Verba.
ver-schrieen διαβόητος (2).
ver-schrumpfen ῥικνοῦσθαι (P.).
ver-schrumpft ῥικνός.
Ver-schub m ἡ ἀναβολή.
ver-schulden αἴτιον εἶναι od. γίγνεσθαί τινος, ἁμαρτάνειν.
Ver-schulden n ἡ αἰτία.
ver-schuldet ὑπόχρεως.
Ver-schuldung f ἡ αἰτία.
ver-schütten ἐκ-, προχεῖν, mit Schutt bedecken ἐπι-, κατα-, συγχοῦν.

Ver-schüttung f durch Verba.
ver-schwägern: sich mit j-m ~ κηδεύειν τινί.
ver-schwägert κηδεστής.
Ver-schwägerung f τὸ κῆδος, τὸ κήδευμα.
ver-schwatzen λαλοῦντα διατρίβειν.
ver-schweigen σιωπᾶν, ἀπο-, κατασιωπᾶν.
Ver-schweigung f ἡ ἀποσιώπησις oder durch Verba.
ver-schwelgen καθηδυπαθεῖν.
ver-schwenden σπαθᾶν, διασπαθᾶν, ἀναλίσκειν, δαπανᾶν.
Ver-schwender m durch part.
ver-schwenderisch δαπανηρός, ἀφειδής, πολυτελής.
Ver-schwendung f ἡ δαπάνη. [σιωπηρός.]
ver-schwiegen σιωπηλός,
Ver-schwiegenheit f ἡ σιγή, ἡ σιωπή.
ver-schwinden ἀφανίζεσθαι (P.), ἀφανῆ γίγνεσθαι.
ver-schwistert ἀδελφός, ~ sein ἀδελφίζεσθαι (P.).
Ver-schwisterung f ἡ συγγένεια.
ver-schwören, sich ὅρκους ποιεῖσθαι, sich mit j-m ~ συνομνύναι, συνίστασθαί τινι ἐπί τινα. [ωμότης.]
Ver-schworene(r) m ὁ συν-
Ver-schwörung f ἡ συνωμοσία, ἡ σύστασις.
ver-sehen¹ = einen Fehler machen ἁμαρτάνειν, ein Amt ~ ἀρχὴν διοικεῖν, j-n mit etwas ~ παρέχειν, ὑπουρ-

γεῖν, πορίζειν τινί τι, sich einer Sache ~ προσδέχεσθαί τι.
ver-sehen² mit etw. ἔχων τι.
Ver-sehen n τὸ ἁμάρτημα, τὸ πλημμέλημα, ἡ πλημμέλεια. [κοῦν.)
ver-sehren βλάπτειν, κα-
Ver-sehrung n ἡ βλάβη, ἡ κάκωσις. [πέμπειν.)
ver-senden ἀπο-, δια-
Ver-sendung f ἡ διαπομπή.
ver-sengen brennen.
Ver-sengen n ἡ ἐπίκαυσις.
ver-senken καταδύειν, ins Meer ~ καταποντίζειν.
Ver-senkung f ἡ κατάδυσις. [μαίνεσθαί τινι.)
ver-sessen sein auf etw. ἐπι-
ver-setzen μετακινεῖν, μεθιστάναι, μετατιθέναι, μεταττάττειν, = antworten ἀποκρίνεσθαι (M.), j-n in Furcht ~ φοβεῖν, ἐκπλήττειν τινά, in die Notwendigkeit ~ ἀναγκάζειν τινά, j-m einen Schlag ~ ἐμβάλλειν τινὶ πληγήν.
Ver-setzung f ἡ μετακίνησις, ἡ μετάστασις, ἡ μετάθεσις, ἡ μετάταξις.
ver-sichern βεβαιοῦσθαι, ἰσχυρίζεσθαι, φάναι, φάσκειν, πιστὰ διδόναι oder πίστιν παρέχειν, sich einer Sache ~ κρατεῖν τινος.
Ver-sicherung f ἡ βεβαίωσις, ἡ πίστις, τὸ πίστωμα oder durch Verba.
ver-siegeln ἀποσφραγίζειν (a. M.), κατασηγμαίνεσθαι (M.).

Ver-siegelung f durch Verba.
ver-siegen ἀφανίζεσθαι (P.), ἐκλείπειν.
ver-silbern ἀργυροῦν, ἐπαργυροῦν, = zu Geld machen ἐξαργυρίζειν (a. M.).
ver-sinken καταδύεσθαι, in Unglück ~ περιπίπτειν κακοῖς.
Ver-sinken n ἡ κατάδυσις.
Versmaß n τὸ μέτρον.
ver-soffen μεθυστικός.
ver-söhnen ἱλάσκεσθαι, j-n mit j-m ~ δι-, συναλλάττειν τινά τινι, διαλύειν τινὰ πρός τινα, sich mit j-m ~ καταλλάττεσθαι (P.) τινι, δια-, καταλύεσθαι πρός τινα. [(2).)
ver-söhnend ἐξιλαστήριος
Ver-söhner m durch part.
ver-söhnlich εὐκατ-, εὐδιάλλακτος (2).
Ver-söhnlichkeit f durch das neutr. der vorherg. adj.
Ver-söhnung f ἡ δι-, καταλλαγή, ἡ δια-, κατάλυσις, [ἱλαστήριον.)
Ver-söhnungsmittel n τὸ
ver-sorgen παρέχειν τινί τι, κήδεσθαί τινος, ἐπιμελεῖσθαί (P.) τινος.
Ver-sorger m durch part.
Ver-sorgung f ἡ ἐπιμέλεια, ἡ κηδεμονία.
ver-späten, sich ὑστερεῖν, ὑστερίζειν.
Ver-spätung f τὸ ὑστερεῖν.
ver-speisen κατεσθίειν, καταβιβρώσκειν.
Ver-speisung f ἡ καταβρωσις.

ver-sperren ἀποκλείειν, ἀπ-είργειν, ἀποφράττειν.
Ver-sperrung f ἡ ἀπόκλεισις, ἡ ἀπόφραξις.
ver-spielen ἡττᾶσθαι (P.), μειονεκτεῖν.
ver-spotten καταγελᾶν τινος, ἐπισκώπτειν τινά.
Ver-spottung f ὁ κατάγελως (ωτος), ἡ σκῶψις.
ver-sprechen ὑπισχνεῖσθαι (M.), ἐπαγγέλλεσθαι (M.), ὑποδέχεσθαι (M.), ὑφίστασθαι, sich ~ = falsch sprechen ἐξαμαρτάνειν λέγοντα, s. verloben.
Ver-sprechen n, **Ver-sprechung** f ἡ ὑπόσχεσις, ἡ ἐπαγγελία, τὸ ἐπάγγελμα, ein ~ halten ἀποδιδόναι ob. ἐπιτελεῖν τὴν ὑπόσχεσιν, ein ~ nicht halten ψεύδεσθαι τὴν ὑπόσχεσιν, Versprechungen machen ἐλπίδας λέγειν oder ποιεῖσθαι.
ver-sprengen διασκεδαννύναι, διασπείρειν. [σπορά.]
Ver-sprengung f ἡ δια-
ver-spritzen διαρραίνειν.
ver-sprochenermaßen κατὰ τὴν ὑπόσχεσιν.
ver-spüren αἰσθάνεσθαί τινος oder τι.
Ver-stand m ὁ νοῦς, ἡ σύνεσις, ὁ λογισμός, ἡ φρόνησις, ἡ γνώμη, ~ haben νοῦν ἔχειν, bei gesundem ~e sein εὖ φρονεῖν, σωφρονεῖν, ohne ~ ἄνους (2), mit ~ handeln συνετῶς πράττειν, ohne ~ handeln ἀλογίστως πράττειν.

Ver-standeslosigkeit f ἡ ἄνοια.
ver-ständig ἔννους, φρόνιμος (2), σοφός, σώφρων.
ver-ständigen: sich mit j-m ~ συντίθεσθαί τινι oder πρός τινά τι, ἐλθεῖν εἰς λόγους τινί.
Ver-ständigkeit f ἡ σύνεσις.
Ver-ständigung f ἡ ὁμολογία, ἡ σύμβασις.
ver-ständlich σαφής, δῆλος, γνωστός.
Ver-ständlichkeit f ἡ σαφήνεια.
ver-standlos ἄνους, ἄφρων, ἀνόητος (2).
Ver-standnis n ὁ νοῦς.
ver-stärken ῥωννύναι, κρατύνειν, αὐξάνειν.
Ver-stärkung f ἡ αὔξησις, ἡ ἐπίδοσις.
ver-statten συγχωρεῖν τινί τι, es ist mir ~t ἔξεστί μοι.
Ver-stattung f ἡ ἐξουσία.
Ver-steck n τὸ ἀφανές, ὁ μυχός.
ver-stecken κρύπτειν, ἀποκρύπτειν, περικαλύπτειν.
ver-steckt κρυπτός, (von Personen) κρυφίνους (2).
Ver-steckung f ἡ κρύψις, ἡ ἀπόκρυψις.
ver-stehen κατανοεῖν, μανθάνειν, γιγνώσκειν, συνιέναι, εἰδέναι, ἐπίστασθαι, mit den Ohren κατακούειν τι, das versteht sich δηλαδή, πῶς γὰρ οὔ, sich zu etw. ~ ὑποδέχεσθαί (M.) τι, etw. falsch ~ οὐκ ὀρθῶς γιγνώσκειν, παρανοεῖν.

Ver-stehen n ἡ μάθησις, ἡ νόησις oder durch Verba.
ver-steigern ἀποκηρύττειν.
Ver-steigerung f ἡ ἀποκήρυξις.
ver-steinern ἀπολιθοῦν.
ver-steinert λιθωτός.
Ver-steinerung f ἡ λίθωσις, ἡ ἀπολίθωσις.
ver-stellen διαφθείρειν, καταισχύνειν, λωβᾶσθαι, sich ~ προσποιεῖσθαι oder ὑποκρίνεσθαι mit *inf.* oder ὡς mit *part.*
ver-stellt δύσμορφος (2), προσποίητος (2), πλαστός, ψευδής.
Ver-stellung f ἡ ὑπόκρισις, ἡ προσποίησις.
Ver-stellungskunst f ἡ εἰρωνεία.
ver-sterben ἀποθνῄσκειν.
ver-stimmen ἀθυμίαν oder λύπην κατασκευάζειν τινί, ἀνιᾶν oder λυπεῖν τινα.
ver-stimmt ä-, δύσθυμος (2), ~ sein ä-, δυσθύμως ἔχειν.
Ver-stimmung f ἡ ä-, δυσθυμία.
ver-stocken μυδᾶν.
ver-stockt σκληρός, ἀναίσθητος (2), ~ sein ἀναισθήτως ἔχειν.
Ver-stocktheit, Ver-stockung f ἡ σκληρότης (ητος), ἡ ἀναισθησία.
ver-stohlen κρυφαῖος, λαθραῖος, *adv.* κρύφα, κρύβδην, λάθρα.
ver-stopfen βύειν, ἐμβύειν, ἐμφράττειν.
ver-stopft στεγνός.

Ver-stopfung f ἡ ἔμφραξις, τὸ ἔμφραγμα, an ~ leidend στεγνός. [κρός.]
ver-storben τεθνηκώς, νε-
ver-stören ταράττειν, διαταράττειν.
Ver-störung f ἡ ταραχή.
Ver-stoß m τὸ ἁμάρτημα, ~ gegen Anstand u. dgl. ἡ ἀκοσμία.
ver-stoßen ἀπωθεῖν, ἐκβάλλειν, ἀποπέμπεσθαι, *intr.* παίειν, gegen j-n πρός τινα.
Ver-stoßung f ἡ ἀπόπεμψις, ἡ ἐκβολή.
ver-streichen (von der Zeit) διέρχεσθαι. [διαχεῖν.]
ver-streuen διασπείρειν,
ver-stricken ἐμ-, περιπλέκειν, περιβάλλειν τινά τι.
Ver-strickung f ἡ περιπλοκή.
ver-stümmeln πηροῦν, κολούειν.
ver-stümmelt ἀνάπηρος (2).
ver-stummen = die Sprache verlieren κωφοῦσθαι (P.), = schweigen σιωπᾶν.
Ver-stummen n, **Ver-stummung** f ἡ ἀποσιώπησις.
ver-stutzen κολούειν, κολάζειν, übtr. συστέλλειν.
Ver-such m ἡ πεῖρα, ἡ ἀπόπειρα, einen ~ machen πεῖραν λαμβάνειν ob. ποιεῖσθαί τινος, zum ~ ἐπὶ πείρᾳ.
ver-suchen πειρᾶσθαι (P.) τινος, ἐπι-, ἐγχειρεῖν τινι.
Ver-sucher m durch *part.*
Ver-suchung f ἡ πείρασις, j-n in ~ führen πειρᾶν τινα.

ver-sumpfen λιμνοῦν.
ver-sündigen: sich an j-m ~ ἀσεβεῖν περί oder εἴς τινα, ἁμαρτάνειν περί oder εἴς τινα. [βῆμα, ἡ ἁμαρτία.\
Ver-sündigung f τὸ ἀσέ-
ver-süßen γλυκαίνειν, ἡδύνειν.
Ver-süßung f ἡ γλύκανσις.
ver-tagen ἀναβάλλεσθαι.
Ver-tagung f ἡ ἀναβολή.
ver-tauschen ἀλλάττειν, διαλλάττειν (auch M.) τί τινος oder ἀντί τινος, μεταλλάττειν τι, διαμείβειν (auch M.) τί πρός τι oder ἀντί τινος.
Ver-tauschung f ἡ ἐν-, κατ-, μεταλλαγή.
ver-teidigen λέγειν, ἀπολογεῖσθαι ὑπέρ τινος, sich ~ ἀπολογεῖσθαι, ἀμύνειν τινί, βοηθεῖν τινι.
Ver-teidigung f ἡ ἀπολογία, ἡ βοήθεια, ἡ ἐπικουρία.
Ver-teidigungsanstalten f/pl. ἡ παρασκευή.
Ver-teidigungsbündnis n ἡ ἐπιμαχία.
Ver-teidigungsmittel n τὸ ἀμυντήριον, ἡ προβολή.
Ver-teidigungs-rede, -schrift f ἡ ἀπολογία.
ver-teilen νέμειν, ἀπο-, διανέμειν, διαδιδόναι, etw. unter j-n τί τισιν.
Ver-teiler m ὁ διανομεύς.
Ver-teilung f ἡ διανομή, ἡ διάδοσις. [στηρίζειν.\
ver-teuern ἐπιτιμᾶν, πλει-/
Ver-teuerung f ἡ ἐπιτίμησις.

ver-teufelt πονηρότατος, κάκιστος.
ver-tiefen βαθύνειν, κοιλαίνειν, sich in etwas ~ φροντίζειν περί τινος.
ver-tieft κοῖλος, ἔγκοιλος (2), in Gedanken ~ σύννους (2), φροντιστής.
ver-tilgen διαφθείρειν, ἀφανίζειν, καθαιρεῖν, ἀπολλύναι.
Ver-tilger m ὁ καθαιρέτης, gew. durch part.
Ver-tilgung f ἡ διαφθορά, ἡ ἀφάνισις, ἡ καθαίρεσις.
Ver-trag m ἡ συνθήκη, ἡ ὁμολογία, αἱ σπονδαί, e-n ~ mit j-m schließen συνθήκας ποιεῖσθαί τινι οd. πρός τινα, σπονδὰς ποιεῖσθαι πρός τινα, σπένδεσθαί τινι oder πρός τινα, den ~ halten ἐμμένειν ταῖς σπονδαῖς, ἐμπεδοῦν τὰς σπονδάς, den ~ brechen λύειν oder ψεύδεσθαι τὰς σπονδάς, gegen den ~ handeln παρασπονδεῖν.
ver-tragen trans. φέρειν, ἀνέχεσθαι, ὑπομένειν, καρτερεῖν τι, = sich mit j-m ~ φιλικῶς διακεῖσθαι πρός τινα, = mit j-m einig sein ὁμονοεῖν, ὁμοφρονεῖν τινι, sich nicht mit j-m ~ ἀναρμοστεῖν τινι.
ver-träglich μέτριος, ἐπιεικής, φιλόφρων.
Ver-träglichkeit f ἡ μετριότης (ητος), ἡ ἐπιείκεια, ἡ φιλοφροσύνη.
Ver-tragsbedingungen f/pl.

τὰ ἐν ταῖς συνθήκαις ob. σπονδαῖς γεγραμμένα.
ver-tragsbrüchig παράσπονδος (2).
ver-tragsmäßig κατὰ τὰς συνθήκας oder σπονδάς.
ver-trauen πιστεύειν, πεποιθέναι τινί, = j-m etw. anvertrauen ἐπιτρέπειν τινί τι.
Ver-trauen n ἡ πίστις, sein ~ auf j-n setzen f. vertrauen, j-m kein ~ schenken ἀπιστεῖν τινι.
Ver-trauensmann m ὁ ἀξιόπιστος ἀνήρ.
ver-trauensselig εὐπειθής.
ver-trauensvoll πιστεύων, θαρραλέος.
ver-trauens-wert, -würdig ἀξιόπιστος (2). [ήθης.]
ver-traulich οἰκεῖος, συν-
Ver-traulichkeit f ἡ οἰκειότης (ητος), ἡ συνήθεια.
ver-traut οἰκεῖος, συνήθης, ~ sein mit j-m oder etwas ἐμπείρως ἔχειν τινός, ~er Umgang ἡ οἰκειότης (ητος), ἡ συνήθεια πρός τινα.
Ver-traute(r) m ὁ οἰκεῖος, ὁ συνήθης.
Ver-trautheit f ἡ οἰκειότης (ητος), ἡ συνήθεια, mit etwas ἡ ἐμπειρία τινός.
ver-treiben ἀπ-, ἐξελαύνειν, ἐκβάλλειν, P. ἐκπίπτειν, φεύγειν.
Ver-treiber m durch das *part. der vorhergehenden Verba*.
Ver-treibung f ἡ ἐξέλασις, ἡ ἐκβολή, ἡ φυγή.
ver-treten: j-n ~ ὑπέχειν τὴν τάξιν τινός, = j-s Sache führen ἀπολογεῖσθαι ὑπέρ τινος, für etwas einstehen λόγον ὑπέχειν τινός.
Ver-treter m durch das *part. der vorhergehenden Verba*.
Ver-tretung f durch Verba.
Ver-trieb m ἡ διάθεσις.
Ver-triebene(r) m ὁ φεύγων, ὁ φυγάς (άδος).
ver-trinken κατα-, ἐκπίνειν.
ver-trocknen ἐκξηραίνεσθαι (P.), ἐκμαραίνεσθαι (P.).
ver-trösten: j-n auf etw. ~ παρέχειν oder λέγειν ἐλπίδα τινί.
Ver-tröstung f ἡ ἐλπίς.
ver-tun δαπανᾶν, ἀναλίσκειν, προΐεσθαι.
Ver-tun n ἡ δαπάνη, ἡ ἀνάλωσις, ἡ πρόεσις.
ver-tuschen συναλείφειν.
ver-übeln μέμφεσθαί τινί τι.
ver-üben ἐργάζεσθαι (M.), πράττειν.
ver-unehren ἀτιμάζειν, αἰσχύνειν, λωβᾶσθαί τινα.
Ver-unehrung f ἡ ἀτιμία, ἡ αἰσχύνη, ἡ λώβη oder durch Verba.
ver-uneinigen διιστάναι, sich mit j-m ~ διΐστασθαί τινος.
Ver-uneinigung f ἡ διαφορά.
ver-unglimpfen κακῶς λέγειν, κακολογεῖν, διαβάλλειν τινά, λοιδορεῖν τινα, λοιδορεῖσθαί τινι.
Ver-unglimpfung f ἡ κακολογία, ἡ διαβολή, ἡ λοιδορία.

ver-unglücken περιπίπτειν συμφορᾷ, κακῶς φέρεσθαι (P.).
Ver-unglückung f ἡ ἀτυχία, τὸ σφάλμα.
ver-unreinigen μιαίνειν.
Ver-unreinigung f ὁ μιασμός.
ver-unstalten αἰκίζεσθαι, αἰσχύνειν, λωβᾶσθαι.
Ver-unstaltung f ὁ αἰκισμός, ἡ λώβη.
ver-untreuen ὑπεξαιρεῖσθαι (M.), κλέπτειν.
ver-unzieren καταισχύνειν, διαφθείρειν.
ver-ursachen αἴτιον εἶναι ob. γίγνεσθαί τινος, Gelächter ~ γέλωτα ποιεῖν, Neid ~ φθόνον ἔχειν, j-m Mühe, Beschwerden ~ πράγματα ob. ἀσχολίαν παρέχειν τινί.
ver-urteilen καταγιγνώσκειν, καταδικάζειν, κατακρίνειν, καταψηφίζεσθαι (M.) τινός τι, j-n zum Tode ~ καταγιγνώσκειν usw. τινὸς θάνατον.
ver-urteilt κατάδικος (2), κατάκριτος (2).
Ver-urteilung f ἡ κατάγνωσις, ἡ κατάκρισις.
ver-vielfältigen πολλαπλασιοῦν. [σιος.]
ver-vielfältigt πολλαπλά-
Ver-vielfältigung f ἡ πολλαπλασίωσις.
ver-vollkommnen ἐξεργάζεσθαι, διαπονεῖν, sich in etwas ~ βελτίω γίγνεσθαι ἔν τινι. [λείωσις.]
Ver-vollkommnung f ἡ τε-

ver-vollständigen ἀνα-, ἐκπληροῦν. [πλήρωσις.]
Ver-vollständigung f ἡ ἀνα-
ver-wachsen[1] συμφύεσθαι.
ver-wachsen[2] κακοφυής.
ver-wahren φυλάττειν, ἀποτίθεσθαι, σῴζειν, τηρεῖν.
ver-wahrlosen ἀμελεῖν τινος.
Ver-wahrlosung f ἡ ἀμέλεια.
ver-waisen trans. ἐρημοῦν, intr. ἐρημοῦσθαι.
ver-waist ἔρημος, ὀρφανός, ~ sein χηρεύειν.
Ver-waisung f ἡ ἐρημία, ἡ ὀρφανία, ἡ χηρεία.
ver-walten διοικεῖν, πράττειν, ἐπιστατεῖν τινος, ἐπιμελεῖσθαί τινος, ταμιεύειν, ein Amt ~ ἄρχειν ἀρχήν, ein Haus ~ οἰκονομεῖν, den Staat ~ πολιτεύειν, das Vermögen ~ διαχειρίζειν τὰ χρήματα.
Ver-walter m ὁ ταμίας ob. durch part.
Ver-walterin f durch part.
Ver-waltung f ἡ ἐπιμέλεια, ἡ ταμιεία, ~ eines Amtes ἡ ἀρχή, ~ eines Hauses ἡ οἰκονομία, ~ eines Staates ἡ πολιτεία.
Ver-waltungsbehörde f οἱ ἐπιμεληταί.
ver-wandeln μεταβάλλειν, μεταλλάττειν, sich ~ ἀλλοιοῦσθαι (P.), ἄλλον γίγνεσθαι.
Ver-wandlung f ἡ μεταβολή, ἡ μετάλλαξις.
ver-wandt συγγενής, προσήκων, οἰκεῖος, ἀναγκαῖος,

mit j-m ~ fein συγγενῆ
εἶναί τινι.
Ver-wandte(r) *m* ὁ συγγενής
usw. s. die vorgehenden Wörter.
Ver-wandtschaft *f* ἡ συγγένεια, ἡ οἰκειότης (ητος),
ἡ κηδεία, ἡ κηδεστία.
ver-wandtschaftlich συγγενι-
κός, ~e Verhältnisse τὰ τῆς
συγγενείας.
ver-warnen νουθετεῖν.
Ver-warnung *f* ἡ νουθέτησις.
ver-weben ὑφαίνειν (zum
Weben gebrauchen), συνυφαίνειν, συμ-, διαπλέκειν
(durch Weben verbinden).
ver-wechseln s. vertauschen,
= etwas unrichtig für etwas
anderes nehmen συνταράτ-
τειν τινί τι, μεταλαμβά-
νειν τι ἀντί τινος, συγχεῖν
τί τινι.
Ver-wechslung *f* ἡ σύγχυσις,
s. Vertauschung.
ver-wegen τολμηρός, θρασύς, φιλοκίνδυνος (2).
Ver-wegenheit *f* ἡ τόλμα, τὸ
θράσος, τὸ φιλοκίνδυνον.
ver-wehen διασκεδαννύναι.
ver-wehren κωλύειν, ἀπείργειν τινά τινος.
Ver-wehrung *f* ἡ κώλυσις.
ver-weichlichen ἁπαλύνειν,
θρύπτειν, θηλύνειν.
ver-weichlicht μαλακός, θρυπτικός.
Ver-weichlichung *f* ἡ θρύψις, ἡ μαλακία.
ver-weigern οὐ φάναι, ἀρνεῖσθαι, ἀπαρνεῖσθαι (P.),
οὐ βούλεσθαι, οὐκ ἐθέλειν.

Ver-weigerung *f* ἡ ἄρνησις,
ἡ ἀπόρρησις.
ver-weilen διατρίβειν, ἐμμένειν.
Ver-weilen *n* ἡ διατριβή.
ver-weinen δακρύοντα διάγειν.
ver-weint ἔνδακρυς, δακρύων ὑπόπλεως (2).
Ver-weis *m* ἡ ἐπιτίμησις,
ὁ ψόγος, τὸ νουθέτημα,
einen ~ bekommen νουθετεῖσθαι.
ver-weisen: einem etwas ~
μέμφεσθαι, ὀνειδίζειν τινί
τι, etw. an j-n ~ ἀνάγειν
τι πρός τινα, ἐπιτρέπειν
τινί τι, j-n auf eine Stelle
(z.B. im Buche) ~ ὑποδεικνύναι
τινὶ χωρίον τι, = verbannen
φυγαδεύειν, ἐκβάλλειν.
Ver-weisung *f* = Hinweisung
ἡ ἀναφορά, = Verbannung
ἡ φυγή.
ver-welken μαραίνεσθαι,
ἀπομαραίνεσθαι (P.).
Ver-welken *n*, **Ver-welkung**
f ἡ μάρανσις, ὁ μαρασμός.
ver-wenden: sein Auge von
j-m ~ ἀτενὲς εἰσορᾶν,
ἀσκαρδαμυκτὶ ὁρᾶν τινα,
etw. zu etw. ~ χρῆσθαί τινι
εἴς oder πρός τι, δαπανᾶν
τι εἴς oder ἀμφί τι, Geld
~ χρήματα προσαναλίσκειν
τινί oder εἴς τι, Zeit ~ διατρίβειν περί τι, Sorgfalt ~
ἐπιμελείᾳ χρῆσθαι περί
τι, etw. zu seinem Vorteil ~
εἰς τὸ ἴδιον κατατίθεσθαί
τι, sich für j-n ~ ἐντυγχάνειν τινὶ ob. ἱκετεύειν τινὰ

ὑπέρ τινος, παραιτεῖσθαι περί τινος.
Ver-wendung f ἡ χρῆσις, ἡ δαπάνη, ἡ ἀνάλωσις, = Fürsprache ἡ παραίτησις.
ver-werfen ἀπογιγνώσκειν, ἀποδοκιμάζειν, ἀποβάλλειν, οὐ δέχεσθαι.
ver-werflich ἀπόβλητος, ἀδόκιμος (2), φαῦλος.
Ver-werflichkeit f τὸ ἀδόκιμον, ἡ φαυλότης (ητος).
Ver-werfung f ἡ ἀποβολή, gew. durch Verba.
ver-wesen σήπεσθαι (P. aor. II ἐσάπην).
Ver-weser m ὁ ἐπίτροπος, ὁ ταμίας. [τός.]
ver-weslich θνητός, φθαρ-
Ver-wesung f ἡ σῆψις.
ver-wichen παρεληλυθώς, παρελθών.
ver-wickeln ἐμ-, περιπλέκειν τινί, περιβάλλειν τινά τινι, ἐμβάλλειν τινὰ εἴς τι, καθιστάναι τινὰ εἴς τι oder ἔν τινι.
ver-wickelt οὐχ ἁπλοῦς, ἀσαφής, δύσκριτος (2).
Ver-wickelung f ἡ ἐμ-, περιπλοκή, ἡ ἀσάφεια (Unklarheit).
ver-wildern ἀπ-, ἐξαγριοῦσθαι (P.).
ver-wildert ἄγριος, θηριώδης.
Ver-wilderung f ἡ ἀπαγρίωσις.
ver-willigen s. bewilligen.
ver-winden s. verschmerzen.
ver-wirken: das Leben ~ ἄξιον εἶναι θανάτου.

ver-wirklichen ἔργῳ ἀποδεικνύναι, ἀπεργάζεσθαι.
Ver-wirklichung f ἡ ἀπεργασία. [χεῖν.]
ver-wirren ταράττειν, συγ-
ver-wirrend ταραχώδης.
ver-wirrt ταρακτός, ἐκπεπληγμένος.
Ver-wirrung f ἡ ταραχή, ἡ τάραξις, in ~ bringen s. verwirren. [ἀφανίζειν.]
ver-wischen ἐξαλείφειν,
ver-wittern τήκεσθαι, διαφθείρεσθαι (P.).
ver-wittert σαθρός.
ver-witwet χῆρος.
ver-wöhnen διαθρύπτειν, διαφθείρειν, verwöhnt sein τρυφᾶν.
Ver-wöhnung f ἡ τρυφή, ἡ μαλακία, ἡ διαφθορά.
ver-worfen ἀπόβλητος (2), διεφθαρμένος, οὐδενὸς ἄξιος, πονηρός, κακός.
Ver-worfenheit f ἡ πονηρία, ἡ κακία. [τος (2).]
ver-worren ἄτακτος, ἄκρι-
Ver-worrenheit f ἡ ἀταξία.
ver-wundbar τρωτός.
ver-wunden τιτρώσκειν, τραυματίζειν.
ver-wundern: sich über etw. ~ θαυμάζειν τί τινος, es ist nicht zu ~ οὐδὲν θαυμαστόν (ἐστιν).
ver-wundert ἐκπλαγείς, ἐκπεπληγμένος.
Ver-wunderung f τὸ θαῦμα, τὸ θάμβος, in ~ setzen θαῦμα παρέχειν τινί, in ~ geraten θαυμάζειν.
Ver-wundete(r) m ὁ τραυμα-

(Verwendung 441 Verwundeter)

τίας oder durch die *part.* der Verba. [τὸ τραῦμα.]
Ver-wundung *f* ἡ τρῶσις.
ver-wünschen ἐπαρᾶσθαι (M.) τινι, κατεύχεσθαί τινος.
ver-wünscht ἐπάρατος (2).
Ver-wünschung *f* ἡ ἀρά, ἡ κατάρα.
ver-wüsten διαφθείρειν, δῃοῦν, ἐρημοῦν, ἀνάστατον ποιεῖν.
Ver-wüster *m* durch *part.*
ver-wüstet ἔρημος, ἀνάστατος (2).
Ver-wüstung *f* ἡ διαφθορά, ἡ δῄωσις, ἡ ἐρήμωσις.
ver-zagen ἀποδειλιᾶν, ἀθυμεῖν, ἀθύμως ἔχειν, ἀποβάλλειν τὸν θυμόν.
ver-zagt ἄθυμος (2), δειλός, ~ sein ἀθυμεῖν.
Ver-zagtheit *f* ἡ ἀθυμία, ἡ δειλία.
ver-zärteln θρύπτειν.
Ver-zärtelung *f* ἡ θρύψις.
ver-zaubern φαρμάττειν.
ver-zäunen ἀπο-, περιφράττειν. [φράξις.]
Ver-zäunung *f* ἡ ἀπό-
ver-zehren ἐσθίειν, κατεσθίειν, καταβιβρώσκειν, von Kummer und Schmerz τήκειν, κατατρίβειν, = aufreiben κατατρίβειν.
ver-zehrend τηκτικός.
Ver-zehrung *f* durch Verba.
ver-zeichnen ἀνα-, ἀπογράφειν. [λόγος.]
Ver-zeichniß *n* ὁ κατά-
Ver-zeichnung *f* ἡ ἀνα-, ἀπογραφή.

ver-zeihen συγγιγνώσκειν τινί τι, συγγνώμην ἔχειν τινί τινος.
ver-zeihend συγγνώμων.
ver-zeihlich συγγνωστός.
Ver-zeihung *f* ἡ συγγνώμη, um ~ bitten συγγνώμης δεῖσθαι, ~ erlangen συγγνώμην λαμβάνειν παρά τινος. [στρέφειν.]
ver-zerren δια-, παρα-
ver-zerrt διάστροφος (2).
Ver-zerrung *f* ἡ διαστροφή.
ver-zetteln διασπᾶν.
ver-zichten, Ver-zicht leisten auf etw. ἀφίστασθαί τινος, χαίρειν ἐᾶν τι.
ver-ziehen διαστρέφειν, παρασπᾶν, = schlecht erziehen κακῶς παιδεύειν, = seinen Wohnsitz ändern μετοικίζεσθαι (P.), μετανίστασθαι, = warten μένειν, ἀναμένειν, = zögern μέλλειν, ὀκνεῖν.
ver-zieren κοσμεῖν, καλλωπίζειν.
Ver-zierung *f* ἡ κόσμησις, ὁ καλλωπισμός.
ver-zinsen τοκοφορεῖν.
ver-zinslich ἐπίτοκος (2).
Ver-zinsung *f* ἡ τοῦ τόκου ἀπόδοσις. [διατρίβειν.]
ver-zögern ἀναβάλλεσθαι,
Ver-zögerung *f* ἡ ἀναβολή, ἡ μέλλησις, ἡ διατριβή.
ver-zückt ἔνθεος (2).
Ver-zückung *f* ἡ μανία.
Ver-zug *m* s. Verzögerung, ohne ~ εὐθύς.
ver-zweifeln ἀπονοεῖσθαι (P.), ἀπογιγνώσκειν τινός,

ver-zweifelt ἄπορος (2).
Ver-zweif(e)lung f τὸ ἀνέλπιστον, ἡ ἀπόγνοια, ἡ ἀθυμία. [νενοημένος.]
ver-zweiflungsvoll ἀπο-
ver-zweigen, sich ἀποσχίζεσθαι (P.).
Vesperzeit f ἡ δειλινὴ ὥρα, ἡ δείλη.
Vetter m ὁ ἀνεψιός.
Vetterschaft f ἡ ἀνεψιότης (ητος).
Vieh n τὰ ζῷα, τὰ θηρία, τὰ κτήνη (Weidevieh).
Viehfutter n ὁ χόρτος.
Viehhändler m ὁ προβατοπώλης.
Viehherde f ἡ ἀγέλη, τὸ βόσκημα, ἡ ποίμνη.
Viehhirt m ὁ νομεύς, ὁ βουκόλος.
Viehhof m ἡ ἔπαυλις (εως).
viehisch θηριώδης.
Viehseuche f ὁ τῶν κτηνῶν λοιμός.
Viehstall m ὁ σταθμός.
Vieh-trift, -weide f ἡ νομή.
Viehzucht f ἡ κτηνοτροφία.
viel πολύς, πολλή, πολύ (steht neben πολύς noch ein anderes *adj.*, so muß es mit demselben durch καί verbunden werden, z.B. ~e berühmte Männer πολλοὶ καὶ ἔνδοξοι ἄνδρες), ~ beim *comp.* heißt πολύ oder πολλῷ, zu ~ ἄμετρος (2), *adv.* ἄγαν, an ~en Orten πολλαχοῦ, πολλαχόθι, nach ~en Orten πολλαχόσε, von ~en Orten πολλαχόθεν, auf ~e Arten πολλαχῇ, πολλαχῶς.

vielartig πολυειδής, ποικίλος.
Vielartigkeit f ἡ πολυειδία, ἡ ποικιλία. [(2).]
vielbesucht πολυάνθρωπος
vielbewegt πολυκίνητος (2).
vieldeutig ποικίλος.
Vieldeutigkeit f ἡ ποικιλία.
vielerfahren πολύπειρος (2).
vielerlei παντοδαπός, παντοῖος, auf ~ Art πολλαχῶς, παντοίῳ τρόπῳ.
vielersehnt πολυπόθητος (2).
vielfach πολλαπλοῦς, ποικίλος, *adv.* πολλαχῶς, = oft πολλάκις.
vielfältig πολλαπλάσιος.
Vielfältigkeit f τὸ πολλαπλάσιον. [ποικίλος.]
vielfarbig πολύχρους (2),
Vielfarbigkeit f ἡ πολύχροια, ἡ ποικιλία.
Vielfraß m ὁ πολυφάγος.
Vielfuß (ein Insekt) m ὁ ἴουλος.
vielfüßig πολύπους (οδος).
Vielfüßigkeit f ἡ πολυποδία. [πητός.]
vielgeliebt φίλτατος, ἀγα-
viel-gelobt, -gerühmt πολυεπαίνετος (2).
vielgeschäftig πολυπράγμων.
vielgestaltig πολυειδής, πολύμορφος (2).
Vielgestaltigkeit f ἡ πολυειδία, ἡ πολυμορφία.
Vielgötterei f ἡ πολυθεΐα.
Vielheit f τὸ πλῆθος.
vieljährig πολυετής.
vielleicht ἴσως, τάχα, πού (enkl.), wenn ~ εἰ (ἐάν) ποτε.
vielmal, vielmals πολλάκις.

vielmalig συχνός.
vielmehr μᾶλλον, πολὺ μᾶλλον.
vielnamig πολυώνυμος (2).
vielseitig πολύπλευρος (2), übtr. πολύτροπος (2).
Vielseitigkeit f ἡ πολυτροπία. [(2).]
vielsprachig πολύγλωττος
vielstimmig πολύφωνος (2).
Vielstimmigkeit f ἡ πολυφωνία.
vieltägig πολυήμερος (2).
vieltätig φιλοπράγμων.
Vieltätigkeit f ἡ φιλοπραγμοσύνη.
viel-tönend, -tönig πολύφωνος (2), πολυηχής.
Vieltönigkeit f ἡ πολυφωνία.
vieltorig πολύπυλος (2).
Vieltrinker m ὁ πολυπότης, ὁ πολύποτος.
vielumfassend εὐρύχωρος (2), ~e Kenntnisse ἡ πλείστων ἐμπειρία.
vielvermögend μέγα δυνάμενος.
vielversprechend καλὰς ἐλπίδας παρέχων.
Vielweiberei f ἡ πολυγαμία.
vielweniger πολὺ (πολλῷ) ἧττον.
vielwissend πολυμαθής.
Vielwisserei f ἡ πολυμαθία.
vielzüngig πολύγλωττος (2).
vier τέτταρες, τέττara, e-e Zeit von ~ Tagen ἡ τετράς (άδος), von ~ Jahren ἡ τετραετία.
vierbeinig τετράπους (οδος).
Viereck n τὸ τετράγωνον.

viereckig τετράγωνος (2).
viererlei τετραπλάσιος.
vierfach τετραπλοῦς.
vierfältig τετραπλάσιος.
vierfingerig τετραδάκτυλος (2). [πτερον.]
Vierflügler m τὸ τετρά-
Vierfürst m ὁ τετράρχης.
vierfüßig τετράπους (οδος).
Viergespann n τὸ τέθριππον.
viergliederig τετράκωλος (2).
vierhändig τετράχειρ (ειρος).
vierhundert τετρακόσιοι.
vierhundertmal τετρακοσιάκις. [στός.]
vierhundertste τετρακοσιο-
vierjährig τετραετής.
vierköpfig τετρακέφαλος (2).
viermal τετράκις. [(2).]
viermonatlich τετράμηνος
vierräderig τετράκυκλος (2).
vierschrötig εὐπαγής.
vierseitig τετράπλευρος (2).
viersilbig τετρασύλλαβος (2).
vierspännig τέθριππος (2).
vierstimmig τετράφωνος (2).
vierstündig τεττάρων ὡρῶν.
viertägig τετραήμερος (2).
viertausend τετρακισχίλιοι.
viertausendste τετρακισχιλιοστός.
vierte τέταρτος, zum ~n Male τὸ τέταρτον, am ~n Tage kommend τεταρταῖος (2).
vierteilig τετραμερής.
Viertel n τὸ τέταρτον μέρος.
Vierteljahr n τρεῖς μῆνες.
vierteljährig τρίμηνος (2).
vierteljährlich διὰ τρίτου μηνός.
viertens τὸ τέταρτον.

vierzehn τέτταρες-, τετταρακαίδεκα.
vierzehnte τέταρτος καὶ δέκατος, τετταρακαιδέκατος.
vierzig τετταράκοντα.
vierzigmal τετταρακοντάκις.
vierzigſte τετταρακοστός.
vierzigtägig τετταρακονθήμερος (2). [μύριοι.]
vierzigtauſend τετρακις-
Vignette f τὸ ἔμβλημα.
Viole f τὸ ἴον.
violett ἰάνθινος.
Viper f ἡ ἔχιδνα.
Virtuoſe m in etw. δεινός τι, σοφώτατός τι.
Virtuoſität f ἡ δεινότης (ητος), ἡ ἀρετή.
Viſion f τὸ φάντασμα, τὸ φάσμα, ἡ ὄψις.
Viſitation f ἡ ἐξέτασις.
Viſite f ἡ εἰς-, πρόσοδος.
viſitieren ἐξετάζειν.
Vitriol n τὸ μίσυ.
Vitriolöl n ἡ χαλκάνθη.
Vizeadmiral m ὁ ἐπιστολεύς.
Vlies n τὸ κῶς (κῶας).
Vogel m ὁ, ἡ ὄρνις (ιθος), τὸ ὄρνεον, (als Wahrzeichen) ὁ οἰωνός.
vogelartig ὀρνιθοειδής.
Vogelbauer n ὁ ὀρνιθών (ῶνος).
Vögelchen n τὸ ὀρνίθιον.
Vogeldeuter m ὁ οἰωνόμαντις.
Vogelei n τὸ ὀρνίθειον φόν.
Vogelfang m ἡ ὀρνιθοθηρία. [θήρας.]
Vogelfänger m ὁ ὀρνιθο-

Vogelflug m οἱ οἰωνοί, den ~ beobachten οἰωνίζεσθαι.
vogelfrei ἀγώγιμος (2), ἐπικηρυχθείς, ἄτιμος (2), j-n für ~ erklären προαγορεύειν τινὰ ἄτιμον.
Vogelgarn n ἡ πάγη.
Vogelhändler m ὁ ὀρνιθοπώλης.
Vogelhaus n ſ. Vogelbauer.
Vogelleim m ὁ ἰξός.
Vogelneſt n ἡ καλιά.
Vogelnetz n ἡ πηκτή.
Vogelſchau f ἡ οἰωνοσκοπία.
Vogelſchauer m ὁ οἰωνοσκόπος.
Vogelſcheuche f τὸ φόβητρον.
Vogelſteller m ſ. Vogelfänger.
Vogt m ὁ ἐπίτροπος, ὁ ἐπιστάτης, ὁ ταμίας.
Volk n τὸ ἔθνος, ὁ δῆμος, τὸ πλῆθος, οἱ πολλοί, auf Koſten des ~es δημοσίᾳ, ein Mann aus dem ~e ὁ δημότης, ὁ ἰδιώτης.
Völkerrecht n οἱ κοινοὶ νόμοι.
Völkerſchaft f τὸ ἔθνος.
völkerweiſe κατ' ἔθνη.
volkreich πολυάνθρωπος (2).
Volksanführer m ὁ δημαγωγός.
Volksauflauf m ἡ (τῶν πολιτῶν) στάσις.
Volksbeluſtigung f ἡ δημοσίᾳ ἑορτή.
Volksbeſchluß m τὸ ψήφισμα, einen ~ faſſen ψηφίζεσθαι (M.).
Volkscharakter m τὸ τοῦ ἔθνους ἦθος.
Volksfeind m ὁ μισόδημος.

Volksfest n ἡ πανήγυρις.
Volksfreund m ὁ φιλόδημος.
Volksgemeinde f ὁ δῆμος.
Volksgunst f ἡ παρὰ τῶν πολλῶν εὔνοια.
Volkshaß m τὸ τῶν πολιτῶν μῖσος.
Volkshaufe m ὁ ὄχλος.
Volksherrschaft f ἡ δημοκρατία.
Volksleiter m ὁ δημαγωγός.
Volksleitung f ἡ δημαγωγία.
volksmäßig δημώδης.
Volksmenge f ὁ ὄχλος, τὸ πλῆθος.
Volkspartei f ὁ δῆμος.
Volksrede f ἡ δημηγορία.
Volksredner m ὁ δημηγόρος.
Volksregierung f ἡ δημοκρατία [πρᾶγμα.
Volkssache f τὸ κοινὸν
Volkssage f ὁ κοινὸς λόγος, ὁ μῦθος.
Volksschmeichler m ὁ τὸν δῆμον κολακεύων.
Volkssitte f ὁ κοινὸς νόμος.
Volkssprache f ἡ κοινὴ διάλεκτος.
Volksstamm m τὸ ἔθνος.
volkstümlich ἐγ-, ἐπιχώριος (2).
Volkstribun m ὁ δήμαρχος.
Volkstribunat n ἡ δημαρχία.
Volksversammlung f ἡ ἐκκλησία, eine ~ veranstalten ἐκκλησίαν ποιεῖσθαι, συγκαλεῖν τοὺς πολίτας, eine ~ auflösen ἀφιέναι ob. διαλύειν ἐκκλησίαν, in der ~ über etw. beraten ἐκκλησιάζειν περί τινος.
voll μεστός, πλέως, πλήρης, von etwas τινός, = vollständig πλήρης, ἐντελής.
vollauf ἄφθονος (2), δαψιλής, ~ zu tun haben ἔχειν πάμπολλα πράγματα.
vollblütig πολύαιμος (2).
Vollblütigkeit f ἡ πολυαιμία.
vollbringen ἐργάζεσθαι, ἀπ-, ἐξεργάζεσθαι, δια-, καταπράττειν, περαίνειν.
Vollbringung f durch Verba.
Vollbürger m ὁ πολίτης, (in Sparta) ὁ ὅμοιος.
vollbürtig γνήσιος.
Vollbürtigkeit f ἡ γνησιότης (ητος). [s. vollbringen.]
vollenden τελεῖν, ἀνύτειν,
vollends ὅλως, παντάπασι, παντελῶς.
Vollendung f durch Verba.
Völlerei f ἡ ἀσωτία, ἡ ἀσέλγεια. [vollenden.]
vollführen s. vollbringen,
vollfüllen ἀναπληροῦν.
vollgültig κύριος, ἱκανός.
Vollgültigkeit f τὸ κύριον, ἡ ἱκανότης (ητος).
völlig ἐντελής.
volljährig ἡλικίαν ἔχων, ἔφηβος (2), τέλειος.
Volljährigkeit f ἡ τελειότης (ητος).
vollkommen τέλειος, ἐντελής, ἄμεμπτος (2), ~ machen τελειοῦν, adv. τελέως, παντελῶς.
Vollkommenheit f ἡ τελειότης (ητος), τὸ τέλειον.

vollmachen ἐκπληροῦν.
Vollmacht *f* ἡ ἐξουσία, ~ zu etwas haben κύριον εἶναί τινος, j-m ~ zu etw. geben ἐπιτρέπειν τινί τι, mit unumschränkter ~ versehen αὐτοκράτωρ (ὅρος).
Vollmond *m* ἡ πανσέληνος.
vollpfropfen σάττειν.
vollsaftig πολύχυμος (2).
Vollsaftigkeit *f* τὸ πολύχυμον.
vollständig ὅλος, ἐντελής, πλήρης, τέλεος, *adv.* τελέως, παντελῶς.
Vollständigkeit *f* ἡ τελειότης (ητος).
vollstopfen σάττειν, βύειν.
vollstrecken, vollziehen ἀποτελεῖν, ἀπεργάζεσθαι (M.), die Todesstrafe an j-m ~ θανατοῦν τινα.
Vollstreckung, Vollziehung *f* durch Verba.
volltönend πάμφωνος (2).
Vollwüchsig ἁδρός, τέλειος.
Vollwüchsigkeit *f* ἡ ἁδρότης, ἡ τελειότης (ητος).
vollzählig ἐν-, παντελής, ἔκπλεως (2), ~ machen ἀνα-, ἐκπληροῦν.
Vollzieher *m* durch *part.*
Volontär *m* ὁ ἐθελοντής.
von ἀπό, ἐκ mit *gen.*, bei den Verben des Entferntseins, Herauskommens u. dgl. kann neben ἀπό mit *gen.* auch der bloße *gen.* stehen, zB. entfernt sein von etw. ἀπέχειν τινός und ἀπό τινος; ~ vor Wörtern, die einen Ort bezeichnen, wird häufig durch die Anhängesilbe θεν wiedergegeben, zB. von Hause οἴκοθεν, von Athen Ἀθήνηθεν, von ... an ἀπό, ἐκ mit *gen.*, von ... zu ἀπό τινος, εἴς τι, κατά τι, zB. ~ Stadt zu Stadt κατὰ πόλεις, ~ Tag zu Tag εἰς ἡμέραν; ~ zur Bezeichnung eines Ursprungs od. einer Angehörigkeit wird durch den bloßen *gen.* wiedergegeben, zB. der König von Mazedonien ὁ τῶν Μακεδόνων βασιλεύς, viele ~ den Menschen πολλοὶ τῶν ἀνθρώπων, bei Städtenamen bisw. durch *adj.*, zB. ein Mann ~ Athen ἀνὴρ Ἀθηναῖος; ~ vor Wörtern, die einen Stoff bezeichnen, gewöhnlich durch *adj.*, zB. ~ Gold χρυσοῦς, ~ Eisen σιδηροῦς; ~ zur Angabe der Teile eines Ganzen durch den bloßen *gen.*, zB. eine Menge ~ Menschen πλῆθος ἀνθρώπων (*gen. partitivus*); ~ zur Angabe der Eigenschaft durch den bloßen *acc.*, zB. ein Meder ~ Geburt Μῆδος τὸ γένος, schön ~ Gestalt καλὸς τὸ σῶμα; ~ beim P. ὑπό mit *gen.* ob. der bloße *dat.*; ~ bei den Verben des Bekommens, Empfangens, Lernens usw. παρά mit *gen.*; ~ = durch der bloße *dat.*, ~ bei Maßen durch den *gen.*, zB. eine Säule ~ 20 Fuß στήλη εἴκοσι ποδῶν; ~ = über (lt. de) περί mit *gen.*; ~ = in betreff, rücksichtlich κατά mit *gen.*

von-einander und seine Zssgn s. unter auseinander.

von-nöten: es ist ~ δεῖ, etwas τινός.

vor: von Raum und Zeit πρό mit *gen.*, vom Orte auch ἔμπροσθεν mit *gen.*, von der Zeit auch πρίν mit *inf.*, zB. ~ Tagesanbruch πρὶν ἡμέραν γενέσθαι, noch ~ ὑπέρ mit *acc.*, ~ = im Angesichte, in Gegenwart ἐξ ἐναντίας mit *gen.*, ἐν mit *dat.*, πρός und εἰς mit *acc.*, j-m ~ reden λόγους ποιεῖσθαι ἐν mit *dat.* oder πρός mit *acc.*, zur Bezeichnung der Entfernung oder der Abwehr unangenehmer Dinge ἀπό mit *gen.* oder bloßer *gen.*, zB. Furcht ~ den Feinden ὁ ἀπὸ τῶν πολεμίων od. bloß τῶν πολεμίων φόβος, ~ zur Angabe der wirkenden Ursache ὑπό mit *gen.*, zB. ~ Freude ὑπὸ χαρᾶς, auch διά mit *acc.* u. der bloße *dat.*, ~ zur Bezeichnung des Vorzugs πρό mit *gen.*, ~ allen Dingen πάντων μάλιστα, ~ zur Bezeichnung der Richtung wohin? εἰς oder πρός mit *acc.*, zB. etwas ~ die Richter bringen ἀναφέρειν τι πρὸς τοὺς δικαστάς. [σις.

Vor-ahnung *f* ἡ προαίσθη-

voran πρόσθεν, ἔμπροσθεν, πρῶτος, πρότερος (von zweien). [σθαι (P.).

voran-dringen προορμᾶ-

voran-eilen προτρέχειν, προεξορμᾶν.

voran-fahren προελαύνειν.

voran-gehen προϊέναι, προάγειν, ἡγεῖσθαι, j-m ~ ἡγεῖσθαι, προηγεῖσθαι τινί.

voran-laufen s. voraneilen.

voran-reisen προπορεύεσθαι (P.).

voran-reiten προελαύνειν.

voran-rücken προελαύνειν, προάγειν.

voran-schicken προ-, προαποπέμπειν, (in der Rede) προοιμιάζεσθαι.

voran-schreiben προγράφειν.

voran-segeln προπλεῖν.

voran-senden s. voranschicken.

voran-setzen: j-n ~ πρῶτον (πρότερον) τιθέναι τινά.

voran-sprengen προελαύνειν. [προτρέχειν.

voran-springen προπηδᾶν,

voran-stehen πρῶτον (πρότερον) τετάχθαι.

voran-stellen πρῶτον (πρότερον) τάττειν.

voran-stürzen προεκπηδᾶν.

voran-tragen προφέρειν, προκομίζειν.

voran-treten ἡγεῖσθαι.

voran-ziehen ἡγεῖσθαι.

Vor-arbeit *f* ἡ προκατασκευή.

vor-arbeiten προκατασκευάζειν.

vor-auf s. voran.

vor-aus ἔμπροσθεν, πρῶτος, πρότερος, allen ~ πάντων διαφερόντως.

voraus-anzeigen προσημαίνειν.

voraus-bedingen πρότερον συντίθεσθαι.

voraus-bekommen προλαμβάνειν. [εἰπεῖν.]
voraus-bestimmen προ-
voraus-bezahlen προδιδόναι.
voraus-eilen προτρέχειν.
voraus-empfinden προ-
αισθάνεσθαι.
voraus-erzählen προδιηγεῖσθαι.
voraus-fahren προελαύνειν.
voraus-gehen προϊέναι,
ἡγεῖσθαι.
voraus-haben πλέον ἔχειν
τί τινος, πλεονεκτεῖν oder
προέχειν τινί τινος, κρείττω εἶναί τινος.
voraus-laufen προτρέχειν.
voraus-marschieren προάγειν, ἡγεῖσθαι.
voraus-merken προαισθάνεσθαι. [καταλαμβάνειν.]
voraus-nehmen προ-, προ- }
voraus-reisen προπορεύεσθαι (P.).
voraus-reiten προελαύνειν.
voraus-sagen προλέγειν,
προειπεῖν.
voraus-schicken προπέμπειν.
voraus-sehen προνοεῖν.
voraus-setzen ὑπολαμβάνειν,
ὑποτιθέναι (auch M.), es
läßt sich ~ εἰκός mit acc. u.
inf., ~, daß ἐάν mit conj.
Voraus-setzung f ἡ ὑπόληψις, ἡ ὑπόθεσις, in oder
unter der ~, daß ἡγούμενος
oder νομίζων mit inf. oder
ὡς mit part. [νερός.]
voraus-sichtlich δῆλος, φα-
voraus-sprengen προελαύνειν.
voraus-stellen προτάττειν.

voraus-tragen προφέρειν.
voraus-verkündigen προαγγέλλειν.
Voraus-verkündigung f ἡ
προμαντεία.
voraus-wissen προειδέναι.
voraus-zahlen προκαταβάλλειν.
voraus-ziehen προηγεῖσθαι.
Vor-bau m ἡ προβολή.
vor-bauen προοικοδομεῖν.
Vor-bedacht m ἡ πρόνοια,
ἡ προβουλή, mit ~ ἐκ
προνοίας, ἐκ προβουλῆς,
ohne ~ ἀλόγως.
Vor-bedeutung f τὸ σημεῖον,
ὁ οἰωνός, glückliche ~ καλὸν
σημεῖον, unglückliche ~
κακὸν σημεῖον.
Vor-begriff m τὸ στοιχεῖον,
ἡ ὑπόνοια.
Vor-behalt m ἡ ὑπόθεσις,
mit dem ~, daß ἐπὶ τῷ ob.
ἐφ᾽ ᾧ (ᾧτε) mit inf.
vor-behalten: sich etwas ~
ἀνατίθεσθαι oder ἀνα-
βάλλεσθαι ποιεῖν τι.
vorbei: an etw. ~ παρά τι.
vorbei-eilen παρατρέχειν,
παραφέρεσθαι (P.).
vorbei-fahren παρελαύνειν.
vorbei-fliegen παραπέτε-
σθαι.
vorbei-fließen παραρρεῖν.
vorbei-führen παράγειν,
παρακομίζειν.
vorbei-gehen παριέναι, παρέρχεσθαι.
Vorbei-gehen n ἡ πάροδος,
im ~ ἐκ παρόδου.
vorbei-kommen παρέρχεσθαι.

vorbei-lassen παριέναι (von ἵημι), παραπέμπειν, ἐᾶν παρελθεῖν.
vorbei-laufen παρατρέχειν, παραθεῖν.
vorbei-lenken παρατρέπειν.
vorbei-marschieren παρελαύνειν. [gehen.]
vorbei-passieren s. vorbei-
vorbei-reisen παραπορεύεσθαι (P.). [παριππεύειν.]
vorbei-reiten παρελαύνειν,
vorbei-rennen s. vorbeilaufen.
vorbei-schiffen παραπλεῖν.
vorbei-schlüpfen παρολισθάνειν, παροίχεσθαι.
vorbei-schwimmen παρανεῖν, παρανήχεσθαι.
vorbei-segeln παραπλεῖν.
vorbei-sein (an einem Orte) παρεληλυθέναι τι, (von der Zeit) δι-, παρεληλυθέναι, παροίχεσθαι, es ist mit uns vorbei ἀπολώλαμεν, ἔρρει τὰ ἡμέτερα.
vorbei-strömen παραρρεῖν.
vorbei-tragen παραφέρειν, παρακομίζειν.
vorbei-ziehen παρελαύνειν.
vor-benannt προειρημένος.
vor-beraten προβουλεύειν.
Vor-beratung f τὸ προβουλεύειν.
vor-bereiten παρα-, προτπαρασκευάζειν, ἑτοιμάζειν, j-n ~ προπαιδεύειν τινά, sich auf etw. ~ παρασκευάζεσθαι πρός oder εἴς τι, auch ὡς mit part. fut., μελετᾶν τι.
Vor-bereitung f ἡ παρασκευή, ἡ μελέτη.

Vor-berge m/pl. οἱ ἔμπροσθεν τοῦ ὄρους λόφοι.
Vor-bericht m τὸ προοίμιον, ὁ πρόλογος.
vor-besagt προειρημένος.
Vor-bescheid m ἡ κλῆσις.
vor-bescheiden καλεῖν, παρακαλεῖν. [βούλευμα.]
Vor-beschluss m τὸ προ-
vor-bestimmen προορίζειν.
Vor-bestimmung f ὁ προορισμός.
vor-beten καταλέγειν εὐχάς, προηγεῖσθαι εὐχόμενον.
vor-beugen προφυλάττειν τι, ἐπικουρεῖν τινι, βοηθεῖν τινι.
Vor-beugung f ἡ προφυλακή, ἡ ἐπικουρία.
vor-biegen, sich προκύπτειν.
Vor-bild n τὸ προτύπωμα, τὸ παράδειγμα, ἡ ἰδέα.
vor-bilden ὑποτυποῦν (auch M), geistig ~ προπαιδεύειν.
Vor-bildung f ἡ προπαιδεία.
vor-binden περιδεῖν.
vor-blasen: j-m ~ καταυλεῖν τινος.
Vor-bote m ὁ προάγγελος, = Vorzeichen τὸ σημεῖον.
vor-bringen προφέρειν. εἰς μέσον τιθέναι oder προτιθέναι, ἀποφαίνειν, eine Klage ~ ἀποφέρειν γραφήν, gegen j-n etwas ~ κατηγορεῖν τινός τι.
Vor-bringung f ἡ προφορά, ἡ εἰσήγησις.
vor-buchstabieren ἀποστοματίζειν. [σκήνιον.]
Vor-bühne f τὸ προ-

Vor-dach n τὸ προτέγιον, τὸ προτέγισμα, τὸ γεῖσον.
vordeklamieren: j-m etw. ~ ἐμμελετᾶν τινί τι. [πρὸ τοῦ.]
vor-dem πάλαι, πρότερον,
Vorder-arm m ἡ ἀγκάλη, ὁ καρπός, ἡ χείρ (ειρός).
Vorder-bug m ὁ ὦμος, ἡ ὠμοπλάτη.
Vorder-bühne f s. Vorbühne.
vordere m ἐμπρόσθιος (2), πρόσθιος, ὁ, ἡ, τὸ πρόσθεν ob. ἔμπροσθεν, der vorderste ὁ πρῶτος.
Vorder-fuß m ἡ χείρ (ειρός), ὁ ἐμπρόσθιος πούς (bei Tieren), = der vordere Teil des Fußes ἄκρος ὁ πούς.
Vorder-gebäude n τὸ ἐμπρόσθιον οἴκημα.
Vorder-glied n ἄκρον τὸ κῶλον, (von Soldaten) οἱ προτεταγμένοι, ἡ πρώτη τάξις, (in der Mathematik und Logik) τὸ ἡγούμενον.
Vorder-grund m τὸ (τὰ) ἔμπροσθεν.
Vorder-hand f ἄκρα ἡ χείρ (ειρός).
Vorder-haupt n, **-kopf** m τὸ βρέγμα.
Vorder-haus n τὰ ἔμπροσθεν τοῦ οἴκου ober τῆς οἰκίας.
Vorder-lauf m (in der Jägersprache) ὁ ἐμπρόσθιος πούς.
Vorder-leib m τὰ ἔμπροσθεν τοῦ σώματος.
Vorder-leute, die οἱ προτεταγμένοι, οἱ ἔμπροσθεν
Vorder-mann m ὁ προτεταγμένος, ὁ πρόσθεν, ὁ ἔμπροσθεν, ὁ προστάτης.

Vorder-rad n ὁ ἔμπροσθεν κύκλος, κῶλον.
Vorder-satz m τὸ πρότερον.
Vorder-schenkel m τὸ πρόσθιον σκέλος.
Vorder-seite f τὰ ἔμπροσθεν, τὸ μέτωπον, τὸ πρόσωπον.
Vorder-sitz m τὰ ἔμπροσθεν τοῦ δίφρου.
vorderste m s. vordere.
Vorder-stück n τὸ ἔμπροσθεν ober ἐμπρόσθιον μέρος.
Vorder-tatze f ἡ χείρ (ειρός).
Vorder-teil m u. n s. Vorderstück, (eines Schiffes) ἡ πρῷρα.
Vorder-tür f ἡ ἔμπροσθεν θύρα.
Vorder-treffen n ἡ πρώτη τάξις, ἡ πρόταξις, τὸ πρόταγμα, τὸ μέτωπον, οἱ προτεταγμένοι, οἱ πρόμαχοι.
Vorder-zahn m ὁ πρόσθεν ὀδούς (ὀντος), ὁ γελασῖνος.
vor-drängen προωθεῖν, sich ~ προορμᾶσθαι (P.).
vor-dringen προϊέναι, προάγειν, προχωρεῖν.
vor-eilen φθάνειν τινά, προτρέχειν τινός.
vor-eilig προπετής, ἀπρονόητος (2), ~ handeln προπετεύεσθαι.
Vor-eiligkeit f ἡ προπέτεια.
Vor-eltern, die οἱ πρόγονοι, οἱ προπάτορες.
vor-empfinden προαισθάνεσθαί τινος ober τι.
Vor-empfindung f ἡ προαίσθησις, eines Übels ἡ προπάθεια.
vor-enthalten: j-m etwas ~ ἀπείργειν τινά τινος, οὐ

συγχωρεῖν τινί τι, φθονεῖν τινί τινος, ich will es dir nicht ~ οὐδείς φθόνος, οὐ φθονήσω.
vor-erinnern προπαραινεῖν, ὑπομιμνήσκειν.
Vor-erinnerung f τὸ ὑπόμνημα, τὸ προοίμιον.
vor-erst (τὸ) πρῶτον, τὰ πρῶτα.
vor erwählen προαιρεῖσθαι.
vor-erwähnt προειρημένος.
vor-erzählen διέρχεσθαι, ἀφηγεῖσθαι.
Vor-essen n τὸ πρόδειπνον.
Vor-fahren m/pl. οἱ πρόγονοι, οἱ πατέρες.
vor-fahren: j-m ~ φθάνειν τινὰ ἐλαύνοντα.
Vor-fall m τὸ πρᾶγμα, τὸ γιγνόμενον (γενόμενον), τὸ συμβαῖνον (συμβάν, συμβεβηκός), ἡ συμφορά.
vor-fallen γίγνεσθαι, συμβαίνειν.
vor-fassen προλαμβάνειν, vorgefaßte Meinung ἡ πρόληψις.
Vor-fechter m ὁ πρόμαχος.
vor-finden ἀνευρίσκειν, καταλαμβάνειν, περιτυγχάνειν τινί.
vor-fordern καλεῖν, μεταπέμπεσθαι (M.).
Vor-forderung f ἡ κλῆσις.
vor-führen προάγειν.
Vor-führung f ἡ προαγωγή.
Vor-gang m = Vorangehen ἡ ἡγεμονία, = Muster τὸ παράδειγμα, = Ereignis τὸ πρᾶγμα.
Vor-gänger m = Führer ὁ ἡγεμών, im Amte ὁ πρό τινος ἔχων τὴν ἀρχήν ob. τιμήν. [τινός.]
vor-gaukeln καταγοητεύειν
vor-geben προσποιεῖσθαι, φάσκειν, fälschlich ~ ψεύδεσθαι.
Vor-geben n ἡ πρόφασις, ὁ λόγος, dem ~ nach λόγῳ.
Vor-gebirge f τὸ ἀκρωτήριον, ἡ ἄκρα.
vor-geblich λόγῳ.
Vor-gefühl n ἡ προαίσθησις, ein ~ von etwas haben προαισθάνεσθαί τινος.
vor-gehen s. vorangehen, den Vorzug haben εἶναι ὑπέρ τινος, κρείττω εἶναί τινος, προφέρειν τινός, = sich ereignen γίγνεσθαι, συμβαίνειν.
Vor-gemach n ὁ πρόδομος.
vor-genannt εἰρημένος, προειρημένος.
Vor-genuß m ἡ προαίσθησις, ἡ προαπόλαυσις, τὸ γεῦμα, einen ~ von etwas haben προαπολαύειν τινός.
Vor-gericht n τὸ πρόδειπνον.
Vor-gesang m τὸ προοίμιον, τὸ ἐνδόσιμον μέλος.
Vor-geschmack m τὸ πρόγευμα, s. Vorschmack.
Vor-gesetzte(r) m ὁ ἐπιπροστάτης, ὁ ἄρχων.
vor-gestern πρῴην, πρόχθες.
vor-glänzen ἐκ-, διαλάμπειν, ἐκ-, διαπρέπειν.
vor-greifen προλαμβάνειν, j-m in etw. ~ φθάνειν τινὰ ποιοῦντά τι.

Vor-greifen n ἡ πρόληψις.
vor-greifend προληπτικός.
vor-haben περιεζῶσθαι, = beabsichtigen ἐπινοεῖν, διανοεῖσθαι, μηχανᾶσθαι.
Vor-haben n ἡ διάνοια, ἡ γνώμη.
Vor-halle f τὸ προδωμάτιον, τὰ προπύλαια.
vor-halten προτείνειν, προβάλλεσθαι, = darreichen παρέχειν, = vorwerfen ὀνειδίζειν, ἐλέγχειν, μέμφεσθαι, = Bestand haben ἀντέχειν, διαμένειν, = ausreichen ἀρκεῖν, ἐξαρκεῖν.
Vor-halten n durch Verba.
Vor-hand f ſ. Vorderhand, = Vorrang τὰ πρωτεῖα.
vor-handen ὑπάρχων, παρών, ~ ſein ὑπάρχειν, noch jetzt ~ ſein περιεῖναι.
Vor-hang m τὸ προκάλυμμα, ἡ αὐλαία, τὸ καταβλημα.
vor-hangen προκρέμασθαι.
vor-hängen παραπεταννύναι, προκαλύπτειν.
Vor-haus n ὁ πρόδομος, ὁ θυρών (ὤνος).
vor-her πρόσθεν, πρότερον, πρὸ τοῦ, ἔμπροσθεν, kurz ~ ὀλίγῳ πρότερον, lange ~ πάλαι. [ἐλαύνειν.
vorher-abfahren προεξ-
vorher-abfallen προαφίστασθαι.
vorher-abschicken προαποπέμπειν, προαποστέλλειν.
vorher-absegeln προανάγεσθαι. (P. und M.).
vorher-ahnen προαισθάνεσθαι.

vorher-anfüllen προεμπιμπλάναι.
vorher-angeben προδηλοῦν.
vorher-anklagen προκατηγορεῖν τινος.
vorher-ankommen προαφικνεῖσθαι.
vorher-ankündigen προσημαίνειν, προαγγέλλειν.
vorher-anzeigen προμηνύειν.
vorher-bedenken προβουλεύεσθαι, προενθυμεῖσθαι, προνοεῖν. [σκεῖν.
vorher-belehren προδιδά-
vorher-bereiten προπαρασκευάζειν. [λεύεσθαι.
vorher-beschließen προβου-
vorher-besetzen προκαταλαμβάνειν.
vorher-besorgen προεπιμελεῖσθαί τινος.
vorher-bestimmen προτάττειν, προλέγειν, προαγορεύειν, προορίζειν.
Vorher-bestimmung f ὁ προορισμός. [πεῖν.
vorher-betrachten προσκο-
vorher-bezahlen προκαταβάλλειν. [καταβολή.
Vorher-bezahlung f ἡ προ-
vorher-einnehmen προκαταλαμβάνειν.
vorher-empfinden προαισθάνεσθαι.
Vorher-empfindung f ἡ προαίσθησις.
vorher-entscheiden προκαταγιγνώσκειν.
vorher-erfahren προπυνθάνεσθαι, προμανθάνειν.
vorher-erinnern πρότερον ἀνα-, ὑπομιμνήσκειν.

vorher-erklären προδηλοῦν, προαποφαίνεσθαι.
vorher-erzählen προδιηγεῖσθαι.
vorher-essen προεσθίειν.
vorher-fragen προερωτᾶν.
vorher-geben προδιδόναι.
vorher-gehen προϊέναι, ἡγεῖσθαι.
vorher-gehend ὁ, ἡ, τὸ πρότερον. [λαύειν τινός.]
vorher-genießen προαπο-
vorher-hoffen προελπίζειν.
vor-herig f. vorhergehend.
vorher-lernen προμανθάνειν. [σκειν.]
vorher-lesen προαναγιγνώ-
vorher-melden προαγγέλλειν. [νεσθαι.]
vorher-merken προαισθά-
vor-herrschen κρατεῖν, ἐπικρατεῖν, κατισχύειν.
vorher-sagen προλέγειν, προαγορεύειν.
Vorher-sagung f ἡ προαγόρευσις.
vorher-sehen προορᾶν, προνοεῖν.
vorher-sterben προτελευτᾶν, προαποθνήσκειν. [νειν.]
vorher-töten προαποκτεί-
vorher-tun προεργάζεσθαι.
vorher-überlegen προενθυμεῖσθαι, προνοεῖν.
vorher-umkommen προαπόλλυσθαι. [διερευνᾶν.]
vorher-untersuchen προ-
vorher-urteilen προγιγνώσκειν.
vorher-verkündigen προαγγέλλειν, προκηρύττειν (vom Herold).

Vorher-verkündigung f ἡ προάγγελσις. [ζειν.]
vorher-vermuten προεικά-
vorher-wissen προειδέναι, προεπίστασθαι.
vorher-zahlen προκαταβάλλειν.
vor-heucheln: j-m et. ~ ἐξαπατᾶν τινα ψευδέσι λόγοις.
vor-hin ἄρτι, ἀρτίως.
Vor-hof m ἡ αὐλή, τὸ προπύλαιον.
Vor-hut f ἡ προπορεία.
vorig πρότερος, ὁ, ἡ, τὸ πρίν, ὁ, ἡ, τὸ πρότερον γενόμενος, ὁ, ἡ, τὸ πρόσθεν oder ἔμπροσθεν.
vor-jährig ὁ, ἡ, τὸ πέρυσι, προέτειος (2).
Vor-kämpfer m ὁ πρόμαχος, ὁ προαγωνιστής.
Vor-kauen μασᾶσθαι, dem Kinde ~ μασώμενον σιτίζειν τὸ παιδίον.
Vor-kauf m τὸ προπωλεῖν, τὸ προαγοράζειν.
Vor-kaufen n durch die vorhergehenden Verba. [στής.]
Vor-käufer m ὁ προαγορα-
vor-kehren πρόσω τρέπειν, = Vorkehrungen treffen προμηχανᾶσθαι, προπαρασκευάζεσθαι.
Vor-kehrung f ἡ παρασκευή, ἡ μηχανή.
Vor-kenntnisse f/pl. τὰ προπαιδεύματα, ἡ προπαιδεία.
vor-klagen ὀδύρεσθαι πρός τινα, ὀδυρόμενον λέγειν πρός τινα.
vor-kleben προσκολλᾶν.

vor-kommen: bei j-m ~ εἰσ-άγεσθαι πρός τινα, ἐντυγχάνειν τινί, = ſich ereignen γίγνεσθαι, συμβαίνειν, es kommt vor ἐνδέχεται, es pflegt vorzukommen φιλεῖ γίγνεσθαι, es kommt mir vor, als ob δοκῶ μοι mit *inf.*

vor-kommendenfalls ἐάν (ὅταν) τύχῃ oder nach einem hiſtor. Tempus εἰ (ὅτε) τύχοι.

Vor-kommnis *n* ſ. Vorfall.

Vor-koſt *f* τὸ πρόδειπνον, τὸ πρόγευμα. [γεύεσθαι.]

vor-koſten γεύεσθαι, προ-⌋

Vor-koſter *m* ὁ προγεύστης.

vor-laden καλεῖν, εἰσκαλεῖν.

Vor-ladung *f* ἡ κλῆσις, ἡ πρόσκλησις.

Vor-lage *f* τὸ πρόβλημα.

vor-längſt πάλαι, πρόπαλαι.

vor-laſſen = j-n vorauslaſſen προπέμπειν, = j-n bei ſich ~ εἰσδέχεσθαι τινα, bei j-m vorgelaſſen werden ἐντυγχάνειν τινί.

Vor-laſſen *n* ἡ εἰσαγωγή.

vor-laufen προτρέχειν, προθεῖν, προεκθεῖν, προεξέρχεσθαι.

Vor-läufer *m* ὁ πρόδρομος.

vor-läufig προκέλευθος (2), προηγητικός, *adv.* προηγουμένως, gew. durch Zſſgn mit προ-, zB. ~er Beſchluß τὸ προβούλευμα, ~ beſchließen προβουλεύειν, ~ darſtellen προδιηγεῖσθαι.

vor-laut προπετής, ἄκαιρος (2), ~ ſein προπετεύεσθαι, ~es Weſen ἡ προπέτεια.

vor-legen ἐπιτιθέναι, προβάλλειν, Speiſen ~ παρατιθέναι, zur Beurteilung ~ προβάλλειν, προτείνειν, j-m eine Frage ~ προβάλλειν ἐρώτημά τινι, j-m etw. zur Entſcheidung ~ ἐπιτρέπειν τινί τι, der Volksverſammlung etw. zur Abſtimmung ~ ἐπιψηφίζειν τι τῇ ἐκκλησίᾳ.

Vor-leger *m* ὁ διανομεύς.

Vor-legeſchloß *n* τὸ ἐπίβλητον κλεῖθρον.

vor-leſen ἀνα-, ὑπαναγιγνώσκειν.

Vor-leſen *n* ἡ ἀνάγνωσις.

Vor-leſer *m* ὁ ἀνα-, ὑπαναγνώστης.

Vor-leſung *f* ἡ ἀνάγνωσις, ἡ ἀκρόασις, eines Lehrers vor Schülern οἱ λόγοι, ~en halten λόγους ποιεῖσθαι, διαλέγεσθαι.

vor-letzte δευτερέσχατος (2), παρατελευταῖος, παρατέλευτος (2).

vor-leuchten προφαίνειν, δᾳδουχεῖν τινι, λύχνον προφέρειν τινί, übtr. λαμπρὸν εἶναι oder φαίνεσθαι.

Vor-liebe *f* ἡ ἐπιθυμία (für etw. τινός), eine ~ für etw. haben προαιρεῖσθαί τι, μᾶλλον ἐπιθυμεῖν τινος.

vor-lieb nehmen: mit etw. ~ ἀγαπᾶν τινι oder τι, στέργειν τινί oder τι.

vor-liegen προκεῖσθαι, zur Behandlung ~ ἐκκεῖσθαι.

vor-liegend ὁ, ἡ, τὸ ἐμποδών, παρών.

vor-lügen: j-m etw. ~ καταψεύδεσθαί τινός τι.
vor-machen παραβάλλειν, ἐπιτιθέναι τινί τι, j-m etw. ~ ἐπι-, ὑποδεικνύναι τινί τι, = Unwahres sagen ψευδῆ λέγειν τινί, ἀπατᾶν τινα.
Vor-macht f ἡ ἡγουμένη πόλις.
vor-malen ὑπογράφειν.
vor-malig ὁ, ἡ, τὸ πάλαι, ὁ, ἡ, τὸ πρίν oder πρότερον, παλαιός.
vor-mals πάλαι, πρότερον, πρόσθεν, πρίν, πρὸ τοῦ.
Vor-mann m f. Vordermann, Vorderleute.
Vor-marsch m ἡ πρόοδος.
Vor-mauer f τὸ προτείχισμα, ἡ προβολή.
vor-messen προμετρεῖν.
Vor-messer n ὁ προμετρητής.
Vor-messung f ἡ προμέτρη-[σις.]
Vor-mittag m ἡ ὥρα oder ὁ χρόνος πρὸ τῆς μεσημβρίας, am ~ ἕωθεν.
vor-mittägig ἑωθινός.
vor-mittags ἕωθεν.
Vor-mund m ὁ ἐπίτροπος, ὁ ὀρφανιστής, j-s ~ sein ἐπιτροπεύειν τινά, j-n zum ~ über j-n einsetzen καθιστάναι τινὰ ἐπίτροπόν τινος oder τινι, ἐπιτρέπειν τινί τινα.
Vor-mundschaft f ἡ ἐπιτροπή, ἡ ἐπιτροπεία.
vor-mundschaftlich ἐπιτροπικός, ἐπιτροπαῖος.
Vor-mundschaftsangelegenheiten f/pl. τὰ περὶ τὴν ἐπιτροπήν.
Vor-mundschaftsgesetz n ὁ ἐπιτροπικὸς νόμος.
vorn πρόσθεν, ἔμπροσθεν, von ~ ἀντίον, ἐναντίον, adj. ἀντίος, ἐναντίος.
Vor-name m τὸ προωνύμιον, ἡ προσωνυμία, mit ~n προώνυμος.
vorn-an πρῶτος, ἔμπροσθεν, ~ sein πρῶτον ἡγεῖσθαι, πρωτεύειν.
vor-nehm εὐγενής, γνώριμος (2), ~e Miene σεμνὸν πρόσωπον, ~ tun μεγαλύνεσθαι.
vor-nehmen ἀναλαμβάνειν, περιζώννυσθαι (e-n Schurz), = zur Hand nehmen ἐπιχειρεῖν τινι, ἅπτεσθαί τινος, sich etwas ~ ποιεῖσθαι, βουλεύεσθαι, διανοεῖσθαι.
Vor-nehmen n ἡ ἐπιχείρησις, = Vorsatz ἡ βουλή, ἡ διάνοια.
Vor-nehmheit f ἡ εὐγένεια.
vor-nehmlich μάλιστα.
Vor-nehmtuerei f ἡ σεμνότης (ητος).
vorn-herein: von ~ ἐξ ἀρχῆς, τὴν ἀρχήν.
vorn-überbeugen, sich ἐπικύπτειν ἐπί τι.
vorn-über-gebeugt, -geneigt πρηνής.
vor-pfeifen προαυλεῖν.
Vor-platz m τὰ ἔμπροσθεν, e-s Hauses ὁ θυρῶν (ῶνος).
vor-plaudern λαλεῖν, φλυαρεῖν.
Vor-posten m ἡ προφυλακή, auf ~ stehen προφυλάττειν.

Vor-postengefecht n αἱ τῶν προφυλάκων ἀψιμαχίαι.

vor-predigen ὑπομιμνήσκειν τινά, παραινεῖν τινι.

Vor-predigen n ἡ παραίνεσις, ὁ παρακέλευσμός.

vor-ragen ὑπερέχειν τινός.

Vor-ragung f ἡ ἐξοχή.

Vor-rang m ἡ πρωτεία, τὰ πρωτεῖα, den ~ vor j-m haben προτιμᾶσθαί τινος, πρωτεύειν τινός.

Vor-rat m ἡ περιουσία, ἡ εὐπορία, großer ~ ἡ ἀφθονία, ich habe ~ ὑπάρχει ob. περίεστί μοι.

vor-rätig ὑπάρχων, παρών, ich habe ~ ὑπάρχει μοι.

Vor-ratskammer f τὸ ταμιεῖον, ἡ ἀποθήκη.

Vor-raum m τὸ (τὰ) ἔμπροσθεν.

vor-rechnen ἐξαριθμεῖν, ἐκδιηγεῖσθαι, καταλέγειν.

Vor-recht n ἡ προνομία, ἡ πλεονεξία.

vor-recken προτείνειν.

Vor-rede f τὸ προοίμιον, ὁ πρόλογος, eine ~ machen προοιμιάζεσθαι, in der ~ über etwas sprechen προοιμιάζεσθαί τι.

vor-reden: j-m etw. ~ καταληρεῖν τινός τι.

Vor-redner m ὁ πρότερον λέγων.

vor-reiten προελαύνειν, προϊππεύειν, ein Pferd ~ ἐπιδεικνύναι ἵππον.

Vor-reiter m ὁ προελαύνων.

vor-richten παρασκευάζειν.

Vor-richtung f ἡ παρασκευή.

vor-rücken προϊέναι, προάγειν, προελαύνειν, = vorwerfen ἐγκαλεῖν, μέμφεσθαι, ὀνειδίζειν.

Vor-rücken n, **Vor-rückung** f durch Verba.

vor-rufen ἐκ-, προκαλεῖν.

Vor-saal m ὁ πρόδομος.

vor-sagen ὑφ-, ἐξηγεῖσθαι, παραινεῖν. [μέλος.]

Vor-sänger m ὁ ἐνδιδοὺς τὸ

Vor-satz m ἡ προαίρεσις, ἡ γνώμη, ἡ πρόνοια, mit ~ ἐπίτηδες, ἀπὸ γνώμης.

vor-sätzlich s. das vorherg. Wort.

Vor-schein m: zum ~ kommen φαίνεσθαι, φανερὸν γίγνεσθαι, zum ~ bringen ἀποφαίνειν.

vor-scheinen ἐκλάμπειν, διαφαίνειν (auch M.).

vor-schießen προπέμπειν.

vor-schieben προωθεῖν, προκινεῖν, einen Riegel ~ ἐπιβάλλειν μοχλόν.

vor-schimmern s. vorscheinen.

Vor-schlag m ὁ λόγος, ἡ συμβουλία, j-m einen ~ machen λόγους προσφέρειν τινί.

vor-schlagen συμβουλεύειν.

Vor-schmack m τὸ γεῦμα, τὸ πρόγευμα, ἡ προαίσθησις, einen ~ von etw. haben προγεύεσθαί ob. προαισθάνεσθαί τινος.

vor-schneiden διατέμνειν, διανέμειν. [τὰ κρέα.]

Vor-schneider m ὁ διανέμων

vor-schnell προπετής.

Vor-schnelligkeit f ἡ προπέτεια.

vor-schreiben ὑπογράφειν, = anordnen τάττειν, ἐπιτάττειν.

vor-schreiten προβαίνειν, προχωρεῖν.

Vor-schrift f ἡ ὑπογραφή, übtr. τὸ ἐπίταγμα, ὁ νόμος.

vor-schriftlich, vor-schriftsmäßig κατὰ τοὺς νόμους, ἔννομος (2).

vor-schriftswidrig παρὰ τοὺς νόμους, παράνομος (2).

Vor-schub m: j-m ~ leisten ὠφελεῖν τινα, βοηθεῖν τινι.

Vor-schuß m ἡ πρόδοσις, ἡ προκαταβολή, ἡ ἀφορμή.

vor-schütten παρα-, προβάλλειν.

vor-schützen προβάλλεσθαι, προφασίζεσθαι.

Vor-schützung f ἡ πρόφασις.

vor-schwatzen s. vorreden.

vor-schweben παρίστασθαι.

vor-schwindeln καταγοητεύειν τινά.

vor-sehen, sich φυλάττεσθαι, εὐλαβεῖσθαί τινα.

Vor-sehung f ἡ θεία ἐπιμέλεια, ἡ θεία φροντίς.

vor-setzen ἐπιτιθέναι, ἐπιβάλλειν τί τινι, Speisen ~ παρατιθέναι, = j-n an die Spitze stellen ἐφιστάναι τινὰ τινι.

Vor-sicht f ἡ πρόνοια, ἡ φυλακή, ἡ εὐλάβεια, ἡ προμήθεια.

vor-sichtig εὐλαβής, φυλακτικός, προμηθής.

Vorsichtigkeit f s. Vorsicht.

Vorsichtsmaßregel f ἡ φυλακή, τὸ φυλακτήριον.

vor-singen ᾄδειν, ἐπᾴδειν τινί τι.

Vor-sitz m ἡ προεδρία, den ~ haben προεδρεύειν.

Vor-sitzende(r) m ὁ πρόεδρος. [(ηρος) ἀκμή.)

Vor-sommer m ἡ τοῦ ἔαρος)

Vor-sorge f ἡ πρόνοια, ἡ ἐπιμέλεια, ἡ φροντίς, s. Sorge. [ἐπικουρία.)

Vor-spann m ἡ ὑποζυγίων)

vor-spannen ζευγνύναι, ὑποζευγνύναι.

vor-spiegeln: j-m etwas ~ προτείνειν τινί τι, φενακίζειν τινὰ λέγοντά τι.

Vor-spiegelung f ὁ φενακισμός, τὸ πλάσμα, ~en οἱ κενοὶ λόγοι.

Vor-spiel n τὸ ἐνδόσιμον, ἡ ἀναβολή, übtr. τὸ προοίμιον. [ζειν.)

vor-spielen αὐλεῖν, κιθαρί-)

vor-springen προπηδᾶν, προάλλεσθαι, = hervorragen ἐξέχειν. [(ήτος).)

vor-springend προβλής)

Vor-sprung m: einen ~ gewinnen προλαμβάνειν τῆς ὁδοῦ, einen ~ vor j-m haben προέχειν τινός τι.

Vor-stadt f τὸ προάστειον.

vor-städtisch προάστειος (2).

Vor-stand m = die Vorsteher οἱ προστάται. [στασία.)

Vor-standschaft f ἡ προ-)

Vor-standsmitglied n τῶν προστατῶν τις.

vor-stechen ἐκλάμπειν, ἐκπρέπειν, διαφαίνεσθαι.

vor-stechend ἐκπρεπής, διαφέρων, ἐπίσημος (2).

vor-stecken προβάλλειν, ἐπεμβάλλειν, j-m ein Ziel ~ προτιθέναι σκοπόν τινι.
vor-stehen: einer Sache ~ προστατεῖν, προΐστασθαι, ἐπιστατεῖν, ἄρχειν τινός.
Vor-steher m ὁ προστάτης, ὁ ἐπιστάτης, ὁ ἄρχων.
Vor-steheramt n ἡ προστατεία, ἡ προστασία, ἡ ἀρχή.   [(ιδος).]
Vor-steherin f ἡ προστάτις]
vor-stellen προτιθέναι, προτάττειν τί τινος, = darstellen ποιεῖν, πλάττειν, was stellt das vor? τί τοῦτο (θέλει); unter Ermahnungen u. dgl. ~ νουθετεῖν, διδάσκειν τινά.
vor-stellig machen: j-m etw. ~ machen διδάσκειν τινά τι.
Vor-stellung f ἡ προσαγωγή, ἡ σύστασις, = Darstellung ἡ ἀπο-, ἀνατύπωσις, auf der Bühne τὸ δρᾶμα, = Ermahnung ἡ νουθέτησις, ἡ παραίνεσις, = Begriff ἡ ἔννοια, ἡ ἰδέα, ἡ φαντασία.
Vor-stellungsvermögen n ἡ φαντασία, τὸ φανταστικόν, ἡ νόησις.
vor-stopfen παρεμβύειν, ἐμφράττειν.   [κράσπεδον.]
Vor-stoß m ἡ παρυφή, τό]
vor-stoßen προωθεῖν.
vor-strecken προβάλλεσθαι, προτείνειν, Geld ~ δανείζειν.
Vor-streckung f ἡ προβολή, von Geld ὁ δανεισμός.
vor-streuen προβάλλειν.

vor-stürmen προορμᾶν.
vor-suchen ἀναζητεῖν, ἐρευνᾶν.
vor-tanzen προορχεῖσθαι.
Vor-tänzer m ὁ προορχηστήρ (ῆρος), ὁ προορχηστής.
Vor-teil m τὸ συμφέρον, τὸ ἀγαθόν, ἡ ὠφέλεια, τὸ κέρδος, über andere τὸ πλεονέκτημα, ~ von etw. haben ἀπολαύειν τινός, ὠφελεῖσθαι ἔκ τινος, ~ aus etw. ziehen κερδαίνειν ἀπό τινος, im ~ sein πλέον ἔχειν, πλεονεκτεῖν, auf s-n ~ bedacht sein σκοπεῖν τὰ ἑαυτοῦ.
vor-teilhaft συμφέρων, σύμφορος (2), ὠφέλιμος, χρήσιμος, λυσιτελής, κερδαλέος.   [(πρόναος).]
Vor-tempel m ὁ πρόνεως]
Vor-trab m ἡ προπορεία, οἱ προπορευόμενοι, τὸ πρῶτον τάγμα, den ~ bilden ἡγεῖσθαι.
Vor-trag m ἡ λέξις, ὁ λόγος, οἱ λόγοι, einen ~ halten λόγους ποιεῖσθαι περί τινος.
vor-tragen λέγειν, διέρχεσθαι, διηγεῖσθαι.
vor-trefflich ἀγαθός, καλός, διαφέρων, ὑπερβάλλων, ἐκπρεπής, adv. εὖ, κάλλιστα, διαφερόντως, ὑπερβαλλόντως.   [ἐλαύνειν.]
vor-treiben προάγειν, προ-]
vor-treten προ-, παρέρχεσθαι.
Vor-treten n ἡ πάροδος, gew. durch Verba.

vor-trinken προπίνειν.
Vor-tritt m τὸ ἡγεῖσθαι, den ~ vor j-m haben προτερεύειν τινός, προτιμᾶσθαί τινος, [τάγμα.]
Vor-trupp m τὸ πρῶτον
vor-tun: j-m etwas ~ περιτιθέναι, περιβάλλειν τινί τι.
vor-üben προγυμνάζειν, προμελετᾶν.
vor-über in Zssgn f. unter vorbei.
vor-übergehend ὀλιγοχρόνιος (2), οὐ μόνιμος.
Vor-übung f ἡ προμελέτησις, ἡ μελέτη.
Vor-urteil n ἡ οὐκ ὀρθὴ δόξα, ἡ οἴησις, ἡ ὑποψία.
Vor-wache f ἡ προφυλακή.
vor-wachsen (hervorw.) βλαστάνειν, ἀναβλαστάνειν, ἐκφύεσθαι. [κρατεῖν.]
vor-walten κρατεῖν, ἐπι-
vor-wälzen προκυλινδεῖν.
Vor-wand m ἡ πρόφασις, ἡ σκῆψις, ὁ λόγος, scheinbarer ~ ἡ εὐπρέπεια, unter dem ~ ἐπὶ προφάσει, dem ~ nach λόγῳ, etwas zum ~ nehmen προφασίζεσθαι, σκήπτεσθαι, ohne ~ ἀπροφασίστως.
vor-wärts πρόσω, εἰς τὸ πρόσω, in Zssgn προ-, zB. ~ schreiten προβαίνειν.
vor-weben προϋφαίνειν.
vor-weg πρῶτος, πρότερος, Zssgn f. unter voran, voraus.
vor-weisen ἐπι-, ἀπο-, προ-δεικνύναι.
Vor-welt f οἱ πάλαι, οἱ παλαιοί, οἱ προγεγενημένοι.

vor-wenden προφασίζεσθαι, σκήπτεσθαι.
vor-werfen προ-, παραβάλλειν, j-m zB. e-n Fehler ~ ὀνειδίζειν, ἐγκαλεῖν, μέμφεσθαι.
Vor-werk n ἡ αὐλή.
vor-wiegen f. vorwalten.
Vor-wissen n τὸ συνειδός, ἡ συνείδησις, mit j-s ~ συνειδότος τινός, ohne j-s ~ ἀγνοοῦντός τινος.
Vor-witz m ἡ πολυπραγμοσύνη, ἡ περιεργία.
vor-witzig πολυπράγμων, περίεργος (2), ~ sein πολυπραγμονεῖν, περιεργάζεσθαι.
Vor-wort n τὸ προοίμιον.
Vor-wurf m τὸ ὄνειδος, τὸ ἔγκλημα, ἡ μέμψις, j-m Vorwürfe machen f. vorwerfen.
vor-wurfsfrei ἄμεμπτος (2), ἀνέγκλητος (2).
vor-zählen ἐξαριθμεῖν, καταλέγειν. [ὁ οἰωνός.]
Vor-zeichen n τὸ σημεῖον,
vor-zeichnen ὑπογράφειν τινί τι. [διαγραφή.]
Vor-zeichnung f ἡ ὑπο-
vor-zeigen ἐπι-, ἀνα-, ἀποδεικνύναι, ἀποφαίνειν.
Vor-zeigung f ἡ ἐπί-, ἀνά-, ἀπόδειξις.
Vor-zeit f ὁ πρότερον χρόνος, die Menschen der ~ οἱ παλαιοί, οἱ προγεγενημένοι.
vor-ziehen (hervorz.) προέλκειν, προελκύειν, j-n ~ τιμᾶν τινα πρό τινος, προ-

τιμᾶν τινά τινος, προ-
κρίνειν τί τινος.

Vor-zimmer n ὁ πρόδομος,
τὸ προδωμάτιον.

Vor-zug m ἡ προτίμησις,
ἡ πρόκρισις, τὸ ἀξίωμα,
ἡ τιμή, j-m den ~ geben
s. vorziehen.

vor-züglich ἐξαίρετος (2),
ἐκ-, διαπρεπής, ἐπίσημος
(2), *adv.* διαφερόντως,
ὑπερβαλλόντως, μάλιστα,
der vorzüglichste ὁ κρά-
τιστος, ὁ πρῶτος, οὐδε-
νὸς δεύτερος, das Vor-
züglichste τὸ ἄκρον, ἡ ἀκμή.

Vor-züglichkeit f ἡ ἀρετή,
ἡ ἐκπρέπεια.

vor-zugsweise κατ' ἐξοχήν,
διαφερόντως, μάλιστα, οὐχ
ἥκιστα.

votieren ψηφίζεσθαι, τίθεσθαι τὴν ψῆφον, gegen j-n
καταψηφίζεσθαί τινος.

Votum n ἡ ψῆφος, ἡ
γνώμη.

Vulkan m ὁ ῥύαξ (ακος),
τὸ ῥύακας ἀναπέμπον
ὄρος.

vulkanisch καόμενος καὶ
ἔχων κρατῆρας πυρός, ~er
Ausbruch τὸ ἀναφύσημα.

W

Waage f ὁ σταθμός, ὁ ζυγός, τὸ τάλαντον, j-m die
~ halten ἰσόρροπον εἶναί
τινι, ἰσορροπεῖν τινι.

waagerecht ἀντίρροπος, ἰσό-
ρροπος, ἰσοτάλαντος (sämtlich 2), ~er Stand ἡ ἀντι-
ρροπία, ἡ ἰσορροπία.

Waagschale f ἡ τρυτάνη, τὸ
τάλαντον.

Wabe f τὸ κηρίον.

wach ἐγρηγορώς, ἀγρυπνῶν,
ἄϋπνος (2), ~ sein ἐγρη-
γορέναι, ἀγρυπνεῖν.

Wache f ἡ φυλακή, ἡ φρουρά, ἡ φρούρησις, ~ stehen
φυλακὴν ἔχειν oder ἄγειν,
~ tun φυλάττειν, die ~ haben
ἐν φρουρᾷ εἶναι, = Wächter
οἱ φύλακες, οἱ φρουροί.

wachen ἐγρηγορέναι, ἐγρηγορεῖν, ἀγρυπνεῖν, = Wache
halten φυλάττειν, für etw.

~ φυλάττειν τι, ἐπιμελεῖ-
σθαί τινος.

wachend s. wach.

wachhabend ὁ ἐν φρουρᾷ
ὤν, ὁ φυλάττων.

Wacholder m ἡ ἄρκευθος,
ἡ κέδρος.

Wacholder-baum, =busch,
=strauch m ἡ ἄρκευθος.

Wacholderbeere f ἡ ἀρ-
κευθίς, ἡ κεδρίς (ίδος).

Wacholderöl n τὸ ἀπὸ τῶν
ἀρκευθίδων ἔλαιον.

Wacholdersaft m ὁ ἀπὸ τῶν
ἀρκευθίδων χυλός.

Wacholderwein m ὁ ἀρ-
κεύθινος οἶνος.

Wachs n ὁ κηρός.

wachsam ἐγρήγορος (2),
φυλακτικός, ein ~es Auge
auf etwas haben φυλάττειν
τι, ~ sein ἐγρηγορεῖν.

Wachsamkeit f τὸ φυλακτι-

κόν, ἡ ἀγρυπνία.
wachsartig κηροειδής.
Wachsbild n τὸ κηρόπλαστον.
Wachsbildner m ὁ κηροπλάστης.
wachsen αὐξάνεσθαι, μείζω γίγνεσθαι, ἐπιδιδόναι, = erzeugt werden φύεσθαι, βλαστάνειν, γίγνεσθαι.
wächsern κήρινος.
Wachs-fackel, -kerze f, **-licht** n ὁ κηρίων (ωνος).
wachs-farbig, -gelb κηροειδής.
Wachs-leinwand f, **-tuch** n ἡ κηρωτὴ ὀθόνη.
Wachstum n ἡ αὔξησις, ἡ ἐπίδοσις, ~ haben αὐξάνεσθαι.
Wachtdienst m ἡ φυλακή.
Wachtel f ὁ ὄρτυξ (γος).
Wachtelkönig m ἡ ὀρτυγομήτρα.
Wachtelschlag m ἡ τοῦ ὄρτυγος φωνή.
Wächter m ὁ φύλαξ, ὁ φρουρός.
Wächterin f ἡ φύλαξ.
Wachtfeuer n τὰ πυρά.
Wachthaus n τὸ φυλακτήριον.
Wachtkommandant m ὁ φρούραρχος.
Wachtkommando n ἡ φρουραρχία.
Wachtparade f ἡ ἐν τοῖς ὅπλοις παράταξις.
Wachtposten m ἡ φυλακή.
Wachtschiff n ἡ φρουρὶς od. φυλακὶς ναῦς, ἡ προφυλακὶς ναῦς.

Wachtturm m τὸ φρυκτώριον, ἡ σκοπή.
wackelig σφαλερός, ἀκατάστατος (2). [σαλεύειν.]
wackeln σφάλλεσθαι (P.),
wacker ἀγαθός, ἀνδρικός, καλὸς κἀγαθός, χρηστός, γενναῖος.
Wackerkeit f ἡ καλοκἀγαθία, ἡ ἀρετή, ἡ ἀνδρεία, ἡ ἀνδραγαθία.
Wade f ἡ γαστροκνημία, ἡ κνήμη.
Waffe f τὸ ὅπλον, in den ~n ἔνοπλος, ~n tragen ὁπλοφορεῖν, die ~n ergreifen τὰ ὅπλα αἵρεσθαι.
Waffen-bruder, -gefährte m ὁ συστρατευόμενος (συστρατευσάμενος), ὁ σύμμαχος, ὁ σύσκηνος.
Waffen-brüderschaft, -genossenschaft f ἡ συμμαχία.
waffenfähig ὁ ἐν ἡλικίᾳ.
Waffengeklirr n ὁ τῶν ὅπλων θόρυβος.
Waffengewalt f τὰ ὅπλα.
Waffenglanz m ἡ τῶν ὅπλων λαμπρότης (ητος), τὸ ἀπὸ τῶν ὅπλων φέγγος.
Waffenglück n ἡ ἐν ταῖς μάχαις oder ἐν πολέμοις εὐπραγία.
Waffenhandwerk n τὰ ἐν ὅπλοις ἔργα.
Waffenkammer f ἡ ὁπλοθήκη, τὸ ὁπλοφυλάκιον.
waffenlos ἄνοπλος (2).
Waffenplatz m τὸ στρατόπεδον.
Waffenrock m ἡ χλαμύς (ύδος).

Waffenruhe f s. Waffenstillstand. [πολέμου δόξα.]
Waffenruhm m ἡ ἀπὸ τοῦ
Waffenrüstung f τὰ σκεύη, τὰ ὅπλα.
Waffenschau f ἡ ὁπλοσκοπία, ἡ τῶν ὅπλων ἐξέτασις.
Waffenschmied m ὁ ὁπλοποιός.
Waffenschmiedekunst f ἡ ὁπλοποιία.
Waffenschmuck m ὁ τῶν ὅπλων κόσμος.
Waffenstillstand m αἱ ἀνοχαί, ἡ ἀνακωχή, ἡ ἐκεχειρία, αἱ σπονδαί, einen ~ mit j-m schließen σπονδὰς ποιεῖσθαι πρός τινα, den ~ brechen λύειν τὰς σπονδάς. [μαχία.]
Waffenstreit m ἡ ὁπλο-
Waffentanz m ἡ πυρρίχη.
Waffentat f τὸ πολεμικὸν ἔργον.
Waffenträger m ὁ ὁπλοφόρος.
Waffenübung f ἡ πολεμικὴ ἄσκησις.
waffnen ὁπλίζειν, ἐξ-, καθοπλίζειν, sich ~ ὁπλίζεσθαι, ἐνδύεσθαι τὰ ὅπλα.
Wagehals m, **wagehalsig** τολμητής, φιλοκίνδυνος (2), ῥιψοκίνδυνος (2).
Wagen m τὸ ὄχημα (allg.), τὸ ἅρμα (zweiräderiger ~), ἡ ἅμαξα (Lastwagen), ἡ ἁρμάμαξα (bedeckter Kutschwagen), der ~ als Gestirn ἡ ἅμαξα, ἡ ἄρκτος.
wagen τολμᾶν. ἐπιχειρεῖν (τινι), sein Leben ~ κινδυνεύειν περὶ τοῦ βίου, alles ~ κινδυνεύειν περὶ τῶν ὅλων, frisch gewagt ist halb gewonnen ἀρχὴ δέ τοι ἥμισυ παντός.
Wagen n ἡ τόλμησις, τὸ τολμᾶν, τὸ τόλμημα.
wägen σταθμᾶσθαι.
Wagenachse f ὁ τοῦ ἅρματος ἄξων.
Wagenbauer m ὁ ἁρματοπηγός, ὁ ἁρματοποιός.
Wagenburg f τὸ ἁρμάτων ὀχύρωμα.
Wagendecke f ἡ τῆς ἁμάξης σκηνή.
Wagendeichsel f ὁ τοῦ ὀχήματος ῥυμός.
Wagen-geleise, -gleis n ἡ ἁρματοτροχία.
Wagengestell n τὸ τῆς ἁμάξης πῆγμα.
Wagenkorb m τὸ κάναθρον.
Wagenlenker m ὁ ἡνίοχος, ὁ ἁρματηλάτης.
Wagenpferd n ὁ ὀχηματικὸς ἵππος. [τροχός.]
Wagenrad n ὁ ἁρμάτειος
Wagen-remise f, **-schuppen** m ἡ τῶν ἁρμαμαξῶν παράθεσις.
Wagenrennen n ἡ ἁρματοδρομία.
Wagensitz m ὁ δίφρος.
Wagenspur f s. Wagengeleise.
Wagestück, Wagnis n τὸ τόλμημα, τὸ κινδύνευμα.
Wagner m s. Wagenbauer.
Wahl f ἡ αἵρεσις, ἡ κρίσις, ἡ ἐκλογή (Auswahl), ἡ χειρο-

τονία (durch Aufheben der Hände), ἡ ψηφοφορία (durch Stimmtäfelchen), eine ~ treffen αἱρεῖσθαι (M.), eine ~ anstellen αἵρεσιν ποιεῖσθαι, ich habe die ~ ἐπ' ἐμοί ἐστιν αἱρεῖσθαι.

wählen αἱρεῖσθαι, ἐκλέγειν, ἀποδεικνύναι, (durch Abstimmung) ψηφίζεσθαι, (durch Aufheben der Hände) χειροτονεῖν.

Wählen n s. Wahl.

Wähler m ὁ χειροτονητής, gew. durch part.

wählerisch δύσκολος (2), ~ sein δυσκολαίνειν.

wahlfähig αἱρετός.

Wahlfreiheit f ἡ τοῦ αἱρεῖσθαι ἐξουσία.

Wahlfürst m ὁ αἱρετὸς ἄρχων.

Wahlherr m ὁ ψηφοφόρος, ὁ χειροτονητής.

Wahlrecht n ἡ αἵρεσις.

Wahlspruch m ἡ γνώμη, ὁ λόγος, τὸ σύμβολον.

Wahlstimme f ἡ ψῆφος, j-m seine ~ geben τὴν ψῆφον φέρειν oder τίθεσθαί τινι.

Wahltag m αἱ ἀρχαιρεσίαι.

Wahlumtriebe m/pl. αἱ ἐριθεῖαι.

Wahlurne f ἡ ὑδρία.

Wahlversammlung f αἱ ἀρχαιρεσίαι, ἡ ἀρχαιρεσιακὴ ἐκκλησία, eine ~ halten ἀρχαιρεσιάζειν.

Wahn m ἡ δόξα, ἡ δόκησις, ἡ οἴησις, im ~ sein s. wähnen.

wähnen δοξάζειν, οἴεσθαι, δοκεῖν. [δόξα.

Wahnglaube m ἡ ψευδὴς

Wahnsinn m ἡ μανία, ἡ παράνοια, ἡ παραφροσύνη.

wahnsinnig μαινόμενος, μανείς, μανικός, παράφρων, ~ sein μαίνεσθαι, παραφρονεῖν, j-n machen ἐκμαίνειν τινά. [δόξα.

Wahnvorstellung f ἡ κενὴ

Wahnwitz m ἡ φρενοβλάβεια, ἡ παραπληξία.

wahnwitzig παράφρων, φρενοβλαβής, παράπληκτος (2).

wahr ἀληθής, ἀληθινός, ἀψευδής, πιστός, ~ reden ἀληθεύειν, so ~ οὕτω, so ~ ich lebe οὕτως ὀναίμην, so ~ mir Gott helfe νὴ τὸν θεόν, πρὸς θεῶν, nicht ~? οὔκουν,

wahren τηρεῖν, φυλάττειν.

währen μένειν, διαμένειν.

während prp. μεταξύ mit gen., παρά mit acc., διά mit gen., conj. ἐν ᾧ, ὅτε, oft μεταξύ und ἅμα mit part., z.B. ~ er sprach μεταξὺ λέγων.

wahr-haft, -haftig ἀληθινός, ἀληθευτικός, πιστός, ἀψευδής, adv. ἀληθῶς, ὄντως, wahrhaftig! ναὶ μὰ τὸν Δία! wahrhaftig? ἦ γάρ;

Wahrhaftigkeit f ἡ ἀλήθεια, τὸ ἀληθές.

Wahrheit f ἡ ἀλήθεια, τὸ ἀληθές, die ~ sagen ἀληθεύειν, ἀληθῆ λέγειν, in ~ τῇ ἀληθείᾳ, der ~ gemäß μετ' ἀληθείας.

Wahrheitsfeind m ὁ μισαλήθης.

Wahrheitsforscher m ὁ περὶ τὴν ἀλήθειαν σπουδάζων.

Wahrheitsfreund m ὁ φιλαλήθης.

Wahrheitsliebe f τὸ φιλάληθες, ἡ ἀψεύδεια. [θης.]

wahrheitsliebend φιλαλή-

wahrlich ἦ μήν, νὴ τὸν Δία, ναὶ μὰ τὸν Δία, ~ nicht οὐ μὰ τὸν Δία.

wahrnehmbar αἰσθητός.

wahrnehmen αἰσθάνεσθαί τινος oder τι, μανθάνειν, γιγνώσκειν, = aufmerkſam ſein τηρεῖν, φυλάττειν, den Zeitpunkt ~ παρατηρεῖν τὸν καιρόν, = ſorgen προνοεῖν, ἐπιμελεῖσθαί τινος.

Wahrnehmung f ἡ αἴσθησις, durch Verba.

wahrſagen μαντεύεσθαι, χρησμῳδεῖν, λατρεύειν (letzteres bſd. vom Orakel in Delphi).

Wahrſager m ὁ μάντις, ὁ χρησμολόγος.

Wahrſagerei, Wahrſagekunſt f ἡ μαντική, ἡ μαντεία.

Wahrſagerin f ἡ μάντις.

Wahrſagung f ἡ μαντεία.

wahrſcheinlich εἰκός, δοκῶν, πιθανός, adv. εἰκότως, es iſt ~ ἔοικε, ~erweiſe ὡς ἔοικε.

Wahrſcheinlichkeit f τὸ εἰκός, τὸ δοκοῦν, der ~ nach ὡς ἔοικε, κατὰ τὸ εἰκός.

Wahrſpruch m ἡ κρίσις.

Wahrung f ἡ τήρησις, ἡ φυλακή.

Währung f ἡ τῶν νομισμάτων ἀξία.

Wahrzeichen n τὸ σημεῖον, τὸ ἐπίσημον, τὸ σύμβολον, = Vorzeichen τὸ προγνωστικόν.

Waid m ἡ ἰσατις (ιδος).

waid-farben, -farbig ἰσατώδης.

Waiſe f ὁ ὀρφανός, ἡ ὀρφανή, ~n erziehen ὀρφανοτροφεῖν. [τροφεῖον.]

Waiſenhaus n τὸ ὀρφανο-

Waiſen-kind n, **-knabe** m ὁ ὀρφανὸς παῖς.

Waiſenmädchen n ἡ ὀρφανὴ παῖς. [τρόφος.]

Waiſenmutter f ἡ ὀρφανο-

Waiſenſtand m ἡ ὀρφανία, ἡ ἐρημία. [τρόφος.]

Waiſenvater m ὁ ὀρφανο-

Wald m ἡ ὕλη, ὁ δρυμός, τὸ ἄλσος.

wald-ähnlich, -artig ὑλώδης.

Waldaufſeher m ὁ ὑλωρός.

Waldbach m ὁ χειμάρρους.

Waldbaum m τὸ ἄγριον δένδρον. [ὕλῃ οἰκῶν.]

Waldbewohner m ὁ ἐν τῇ

Waldbiene f ἡ ἀγρία μέλιττα. [ἄνθος.]

Waldblume f τὸ ἄγριον

Waldbrand m ἡ καθ' ὅλην πυρκαϊά.

Wäldchen n τὸ ἄλσος.

Waldeſel m ὁ ὄναγρος.

Waldfliege f ἡ ἀγρία μυῖα.

Waldfrevel m ἡ τῆς ὕλης βλάβη. [χώρα.]

Waldgegend f ἡ ὑλώδης

Waldhorn n τὸ κέρας (ατος, ως).

Waldhuhn n ὁ, ἡ λαγώπους (ποδός).
Waldhüter m ſ. Waldaufſeher.
waldig ὑλώδης, κατάδρυμος (2).
Waldkauz m ὁ αἰγωλιός.
Waldleute, die οἱ τὰς ὕλας κατοικοῦντες.
Waldmaus f ὁ ἄγριος μῦς.
Waldmenſch m ὁ ἄγριος ἄνθρωπος.
Waldnymphe f ἡ δρυάς (άδος).
Waldrebe f ἡ ἀγριάμπελος, ἡ κληματίς (ίδος).
Wald-ſchlucht f, **-tal** n ἡ νάπη, τὸ νάπος.
Waldſtrom m ὁ χείμαρρους.
Waldtaube f ἡ φάττα, ἡ οἰνάς (άδος).
Waldung f ſ. Wald.
Waldvogel m ὁ, ὑλονόμος ὄρνις (ιθος).
Waldweg m ἡ δι' ὕλης ὁδός.
Walfiſch m ἡ φάλαινα.
Walke f τὸ κναφεῖον (γναφεῖον).
walken κνάπτειν (γνάπτειν).
Walken n ἡ κνάψις (γνάψις).
Walker m ὁ κναφεύς (γναφεύς). [γῆ, τὸ λίτρον.]
Walkererde f ἡ κιμωλία
Walkergrube f ὁ πλυνός.
Walkerhandwerk n ἡ κναφευτική (γναφευτική).
Walkerwerkſtätte f τὸ κναφεῖον (γναφεῖον).
Wall m τὸ χῶμα, ὁ χοῦς, τὸ χαράκωμα, ὁ περιτειχισμός, τὸ περιτείχισμα, eine Stadt mit einem ~ umgeben περιτειχίζειν πόλιν.

wallen (von Flüſſigkeiten) ζεῖν, βλύζειν, (vom Meere) κυμαίνειν, (vom Blute) σφύζειν, = reiſen πορεύεσθαι, auf Erden ~ εἶναι ἐν τοῖς ἀνθρώποις.
Wallen n, **Wallung** f ἡ ζέσις, ἡ κύμανσις.
Wallfahrt f ἡ ἀποδημία, ἡ πρόσοδος (zu e-m Tempel).
wallfahrten ἀποδημεῖν, πρόσοδον ποιεῖσθαι.
Wallgraben m ἡ ἀναβεβλημένη τάφρος, τὸ τάφρευμα.
Walnuß f τὸ κάρυον.
Walnußbaum m ἡ καρύα.
Wal-platz m, **-ſtatt** f = Schlachtfeld τὸ πεδίον, ἡ μάχη. [ἵππος.]
Walroß n ὁ θαλάττιος
walten κρατεῖν, κράτος ἔχειν, διοικεῖν τι.
Walze f ὁ κύλινδρος.
walzen κυλινδροῦν.
wälzen κυλίνδειν, κυλίειν, etwas auf j-n ~ ἐπιφέρειν τί τινι, etwas von ſich ~ ἀπωθεῖσθαί τι.
walzenförmig κυλινδροειδής, κυλινδρικός.
Wamme, Wampe f τὸ λωγάνιον.
Wams n ὁ χιτών (ῶνος), τὸ χιτώνιον, ὁ θώραξ, ἡ σπολάς.
Wand f ὁ τοῖχος.
Wandel m ὁ βίος, οἱ τρόποι.
wandelbar εὐμετάβλητος (2), ἀσταθής, σφαλερός.
Wandelbarkeit f ἡ εὐμεταβλησία, ἡ ἀστασία.

wandeln περιπατεῖν, βαδίζειν, = leben ζῆν.

Wanderer m ὁ ὁδίτης, ὁ ὁδοιπόρος.

Wanderleben n ὁ ἀκατάστατος βίος, ein ~ führen περιπλανᾶσθαι (P.). [(2).]

wanderlustig φιλαπόδημος

wandern πορεύεσθαι, ὁδοιπορεῖν, in die Fremde ~ ἀποδημεῖν. [ἡ πορεία.]

Wandern n ἡ ὁδοιπορία,

Wanderschaft f ἡ ἀποδημία. [Wanderer.]

Wandersmann m siehe

Wanderstab m τὸ σκηπάνιον, den ~ ergreifen ὁρμᾶσθαι ἐπὶ τὴν πορείαν.

Wanderung f ἡ ὁδοιπορία, ἡ ἀποδημία, nach einem andern Wohnsitz ἡ μετοίκησις, ἡ μετανάστησις.

Wandervolk n τὸ πλανητὸν ἔθνος

Wandgemälde n ἡ ἐπὶ τοίχου γραφή.

Wandmalerei f ἡ τοιχογραφία. [ὡρολόγιον.]

Wanduhr f τὸ ἐντοίχιον

Wange f ἡ παρειά.

Wankelmut m ἡ ἀστασία, τὸ τῆς γνώμης ἀγχίστροφον.

wankelmütig ἀσταθής, ἀβέβαιος (2), ἀγχίστροφος (2).

wanken σφάλλεσθαι, παραφέρεσθαι (P.), ὀλισθάνειν.

Wanken n τὸ ὀλίσθημα, ἡ παραφορά.

wankend σφαλερός, παράφορος (2), ~ machen σφάλλειν.

wann adv. interr. πότε, πηνίκα, dann und ~ ἐνίοτε, ἐνιαχοῦ, ἔσθ' ὅτε, f. wenn.

Wanne f τὸ σκάφος, ὁ πλυνός. [ἡ κοιλία.]

Wanst m ἡ γαστήρ (ρός),

Wanze f ἡ κόρις (εως).

Wappen n τὸ παρά-, ἐπίσημον, τὸ σημεῖον, τὸ σύμβολον.

wappnen f. waffnen.

Wardein m ὁ ἀργυρογνώμων (ονος).

Ware f τὰ ὤνια, ἡ ἐμπολή, τὰ φορτία.

Waren=haus, **=lager** n ἡ ἀποθήκη, τὸ ἐμπόριον.

Warentausch m αἱ φορτίων ἀμοιβαί. [ἡ ἐπωνία.]

Warenzoll m τὸ ἐπώνιον,

warm θερμός, ἀλεεινός, ein ~er Freund εὔνους φίλος, ~ machen θερμαίνειν, θάλπειν, ~ sein θερμαίνεσθαι, θάλπεσθαι.

Wärme f ἡ θέρμη, ἡ θερμότης (ητος), τὸ θάλπος. [πειν.]

wärmen θερμαίνειν, θάλ-

Wärmestoff m τὸ θερμαντικόν.

Wärmflasche f ὁ φακός.

warnen νουθετεῖν τινα, παραινεῖν τινι, j-n vor etw. ~ ἀποτρέπειν τινά τινος, sich ~ lassen νουθετεῖσθαι.

Warner m ὁ παραινέτης.

Warnung f ἡ νουθέτησις, ἡ παραίνεσις, ἡ ἀποτροπή.

Warte f ἡ σκοπή, ἡ κατασκοπή, ἡ σκοπιά, ἡ περιωπή, τὸ φρυκτώριον (bsd.

zum Signalgeben), von einer ~ beobachten ἀποσκοπεῖν.

warten μένειν, ἀνα-, περιμένειν, auf j-n τινά, = hoffen προσδοκᾶν τι, j-n θεραπεύειν τινά, seines Amtes (Berufes) ~ πράττειν τὰ δέοντα oder προσήκοντα.

Warten n ἡ μονή, ἡ ἀνα-, περιμονή, das ~ auf etwas ἡ προσδοκία.

Wärter m ὁ θεράπων (οντος), ὁ θεραπευτής, ὁ ἐπιμελητής od. durch adj.

Wärterin f ἡ θεράπαινα oder durch part.

Wartturm m f. Warte.

Wartung f ἡ θεραπεία, ἡ ἐπιμέλεια, ἡ κομιδή.

warum διὰ τί; τί; τίνος χάριν od. ἕνεκα; διὰ τίνα αἰτίαν; ~ nur? τί ποτε; τί δήποτε; ~ denn? τί γάρ; ~ nicht? πῶς γὰρ οὔ; ~ nicht gar? θαυμαστὰ λέγεις.

Warze f ἡ ἀκροχορδών (όνος), an der Brust ὁ μαζός, ἡ θηλή.

was τί; ~ soll das heißen (bedeuten)? τί τοῦτο (θέλει); ~ denn? τί γάρ; τί ἐή; ~ für einer? ποῖος; relat. ὅ τι, ἅτινα (ἅττα), ὅ, ἅ, ὅπερ, ἅπερ, alles ~ ὅσα, ~ auch immer ὅ τι ἂν ποτε.

Waschbecken n τὸ χερνίβιον.

Wäsche f = das Waschen ἡ πλύσις, ὁ πλυσμός, = Leinenzeug τὰ λίνα, αἱ ὀθόναι.

waschen λούειν, νίζειν, ſich ~ λοῦσθαι, νίζεσθαι, Wäsche ~ πλύνειν, ἀποπλύνειν, = schwatzen ἀδολεσχεῖν, φλυαρεῖν, φλεδονεύειν (a. M.).

Waschen n ἡ πλύσις, ὁ πλυσμός, τὸ λούειν.

Wäscherin, Wasch=frau f, **=weib** n ἡ πλύντρια, ἡ πλυντρίς, = geschwätziges Weib ἡ λάλος γυνή.

Wasch=faß n, **=trog** m τὸ πλυντικὸν ἀγγεῖον.

Waschkessel m τὸ πλυντικὸν χαλκεῖον.

Waschlappen m τὸ πλυντικὸν ῥάκος.

Waschwanne f f. Waschfaß.

Wasser n τὸ ὕδωρ (ατος), ~ holen ὑδρεύειν (auch M.), zu ~ und zu Lande κατὰ γῆν καὶ κατὰ θάλατταν, j-m das ~ nicht reichen πολὺ ἥττω εἶναί τινος, = ableiπεσθαί τινος, = Harn τὸ οὖρον. [ὀχετός.]

Wasserader f ὁ κρουνός, ὁ

wasserarm m ἄνυδρος (2).

wasserartig ὑδρώδης.

Wasserbecken n ἡ λίμνη (Baſſin).

Wasser-behälter m, **-behältnis** n ἡ ὑδροθήκη.

Wasserbett n τὸ ῥεῖθρον.

Wasserblase f ἡ πομφόλυξ (υγος), ἡ φυσαλίς (φυσαλλίς). [(ίδος).]

Wasserblatter f ἡ ὑδατὶς

wasserblau κυανοῦς.

Wasserblume f τὸ ἔνυδρον ἄνθος

Wasserbruch m ἡ ὑδροκήλη.

Wässerchen n τὸ ὑδάτιον.
Wasserdamm m τὸ τὴν θάλατταν ἀπεῖργον χῶμα.
Wasserdampf m ὁ ἀπὸ τοῦ ὕδατος ἀποφερόμενος ἀτμός.
wasserdicht ὑδασιστεγής, ~ machen ἀποστεγνοῦν, ~ sein στέγειν ὕδωρ. [σαύρα.)
Wassereidechse f ἡ ἔνυδρος
Wassereimer m ἡ ὑδρία, ὁ ἀμφορεύς, ὁ κάδος.
Wasserfahrt f ὁ πλοῦς.
Wasserfall m ὁ καταρράκτης.
Wasserfarbe f τὸ ὑδρομιγὲς χρῶμα (mit Wasser hergestellt), τὸ ὕδατος χρῶμα (Farbe des Wassers).
wasserfarbig ὑδατόχρους, ὑδατώδης.
Wasserfaß n ὁ κάδος.
Wasserfenchel m τὸ φελλάνδριον. [(ατος).)
Wasserfläche f τὸ ὕδωρ
Wasserflasche f ὁ ὑδροδόκος κέραμος.
Wasserflut f ὁ κλύδων (ωνος), ὁ κατακλυσμός.
Wasserfrosch m ὁ ἔνυδρόβιος βάτραχος.
Wassergefäß n s. Wassereimer.
Wassergeflügel n οἱ ἐφυδάτιοι oder ἐπιθαλάττιοι ὄρνιθες.
Wassergewächs n τὸ ἔνυδρον oder λιμναῖον φυτόν.
Wassergraben m ὁ ὀχετός.
wasserhell ὑδατώδης.
Wasserholen n ἡ ὑδρεία, ἡ ὕδρευσις.

Wasserhuhn n ἡ αἴθυια, ἡ φαλαρίς (ίδος). [τινος.)
wässerig ὑδαλέος, ὑδά-)
Wasser-kanne f, -krug m ὁ κάδος, ἡ κάλπη, ἡ ὑδρία.
Wasserkessel m τὸ χαλκεῖον.
Wasserleitung f τὸ ὑδραγωγεῖον, οἱ ὀχετοί.
Wasserlilie f ἡ μαδωναίς (böotisch). [τος (2).)
wasserlos ἄνυδρος, ἀνύδα-)
Wassermangel m ἡ ἀνυδρία.
Wassermann m ὁ ὑδροχοεύς, ὁ ὑδροχόος (Gestirn).
Wassermaus f ὁ ἐνυδρόβιος μῦς.
Wassermoos n τὸ φῦκος.
Wassermühle f ἡ ὑδρομύλη.
wässern ἀρδεύειν, ἄρδειν, ὑδρεύειν. [(ίδος).)
Wassernymphe f ἡ ναΐς
Wasserpflanze f s. Wassergewächs.
Wasserquelle f ἡ κρήνη.
Wasserrad n ὁ ἐν ὕδατι περιαγόμενος τροχός.
Wasserratte f ὁ ἔνυδρος ἐλειός. [ὕδρος (2).)
wasserreich ἔνυδρος, πολύ-)
Wasserreise f ὁ πλοῦς.
Wasserrinne f ἡ ὑδρορρόα.
Wasserröhre f ὁ ὑδραγωγός. [ὕδατος βλάβη.)
Wasserschaden m ἡ ἐκ τοῦ
wasserscheu ὑδροφόβος (2).
Wasserscheu f ἡ ὑδροφοβία, die ~ haben ὑδροφοβιᾶν.
Wasserschildkröte f ἡ ἔνυδρος χελώνη. [ὁ ὕδρος.)
Wasserschlange f ἡ ὕδρα,)
Wasserschöpfen n ἡ ὑδρεία, ἡ ὕδρευσις.

Wasserschwalbe f ὁ κύψελος.
Wasserschwamm m ὁ σπόγγος. [ὑδάτων κίνδυνος]
WassersGefahr f ὁ ἀπὸ τῶν
Wassernot f ὁ κατακλυσμός.
Wasserspiegel m ἡ τοῦ ὕδατος ἐπιφάνεια.
Wasserspritze f ὁ σίφων (ωνος). [ὕδατος ὕψος.]
Wasserstand m τὸ τοῦ
Wasserständer m ὁ ληνός.
Wasserstrahl m τὸ προχεόμενον ὕδωρ.
Wasserstrom m τὸ ῥεῦμα.
Wasserstrudel m ἡ δίνη.
Wassersucht f ὁ ὕδρωψ (ωπος), ὁ ὕδερος, die ~ haben ὑδρωπιᾶν, ὑδρωπικὸν εἶναι.
wassersüchtig ὑδρωπικός.
Wassertaufe f ὁ βαπτισμός.
Wassertier n τὸ ἔνυδρον ζῷον.
Wasser-träger m, **-trägerin** f ὁ, ἡ ὑδροφόρος.
Wassertrog m τὸ ὑδροδόκον. [σταγών (όνος).]
Wassertropfen m ὁ ὕδατος
Wassertümpel m τὸ τέλμα.
Wasseruhr f ἡ κλεψύδρα, τὸ ὑδρολόγιον, τὸ ὑδροσκόπιον. [ὄρνις.]
Wasservogel m ὁ λιμναῖος
Wasserwanne f ἡ σκάφη.
Wasserweg m ὁ πλοῦς.
Wasserwirbel m s. Wasserstrudel.
Wasserwoge f τὸ κῦμα.
waten: durch einen Fluß ~ διαβαίνειν ποταμόν.

Webekunst f ἡ ὑφαντική.
weben ὑφαίνειν, ἱστουργεῖν, κερκίζειν. [ἱστουργός.]
Weber m ὁ ὑφάντης, ὁ
Weberbaum m ὁ ἱστός.
Weberblatt n ἡ σπάθη.
Weberei f ἡ ὑφαντική, ἡ ἱστουργία.
Weberfaden m ὁ μίτος.
Weberin f ἡ ὑφάντρια.
Weberkamm m ὁ κτείς (ενός).
Weberkunst f ἡ ὑφαντική.
Weber-lade f, **-schiffchen** n ἡ κερκίς.
Weberspule f τὸ πηνίον.
Weberstube f τὸ ἱστουργεῖον.
Weberstuhl, **Webstuhl** m ὁ ἱστός, ὁ κανών (όνος).
Wechsel m = Veränderung ἡ ἀλλαγή, ἡ κατ-, μεταλλαγή, ἡ μεταβολή, ~ der Jahreszeiten αἱ τοῦ ἔτους τροπαί, = Schuldverschreibung ἡ συγγραφή.
Wechselbank f ἡ τράπεζα.
Wechselbrief m ἡ συγγραφή.
Wechselfall m ἡ μεταβολή, Wechselfälle des Glücks τὰ τῆς τύχης.
Wechselfieber n ὁ διαλείπων πυρετός.
Wechselgesang m τὸ ἀμοιβαῖον ᾆσμα.
Wechselgeschäft f ὁ χρηματισμός, ἡ τραπεζιτεία.
Wechselgespräch n οἱ ἀμοιβαῖοι λόγοι, ἡ κοινολογία. [γαμίαι.]
Wechselheirat f αἱ ἐπι-
Wechselmord m ἡ ἀλληλοκτονία.

wechseln *intr.* μεταβάλλειν, ἀλλοιοῦσθαι, ἄλλον γίγνεσθαι, *trans.* ἀμείβειν (a. M.), ἀλλάττειν, καταλλάττειν, Geld ~ κερματίζειν, die Kleider ~ μεταμφιέννυσθαι, Briefe ~ διδόναι καὶ λαμβάνειν γράμματα, Worte ~ διαλέγεσθαί τινι oder πρός τινα.

Wechseln *n* ἡ μεταβολή, ἡ μεταλλαγή.

Wechselrecht *n* τὰ περὶ τῶν συγγραφῶν νόμιμα.

Wechselschuld *f* τὸ ἐπὶ τὴν τράπεζαν χρέος.

wechselseitig ἀμοιβαῖος, *adv.* κατὰ διαδοχήν, ἐκ διαδοχῆς, gew. durch das *pron. recipr.* ἀλλήλων ausgedrückt.

wechselvoll εὐμετάβολος (2).

wechselweise ἐν-, παρ-, ἐπαλλάξ, ἐν μέρει, ἀμοιβαίως.

Wechsler *m* ὁ κολλυβιστής, ὁ κερματιστής, ὁ τραπεζίτης.   [τράπεζα.]

Wechsler-laden, =**tisch** *m* ἡ /

wecken ἐγείρειν, ἀνεγείρειν, aus dem Schlafe ~ ἀφ-, ἐξυπνίζειν.

Wedel *m* ἡ ῥιπίς (ίδος).

wedeln ῥιπίζειν, mit dem Schwanze ~ σαίνειν τῇ οὐρᾷ oder τὴν οὐράν.

Wedeln *n* ἡ ῥίπισις.

weder ... noch οὔτε ... οὔτε (μήτε ... μήτε), weder ... noch auch οὔτε ... οὐδέ (μήτε ... μηδέ).

Weg *m* ἡ ὁδός, ὁ πόρος, = Reise ἡ πορεία, geraden ~es ὀρθήν, τὴν ὀρθήν, εὐθύ, einen ~ einschlagen τρέπεσθαι ὁδόν, j-m aus dem ~e gehen παραχωρεῖν ὁδοῦ τινι, j-n aus dem ~e räumen ἀναιρεῖν τινα, im ~e stehen ἐμποδὼν εἶναί τινι, j-m den ~ weisen ἡγεῖσθαι τῆς ὁδοῦ τινι, j-m die ~e weisen (übtr.) ἀπελαύνειν, ἀπωθεῖν τινα, sich auf den ~ machen ἐξορμᾶσθαι, einen ~ zurücklegen ἀνύτειν oder διέρχεσθαι ὁδόν, auf diesen ~ τῇδε, ταύτῃ, Mittel und ~e ἡ μηχανή, ἡ ἀφορμή, geh deiner ~e! ἄπαγε!

weg *adv.* φροῦδος, ἐκποδών, ~! ἄπαγε! ἔρρε! ~ mit dir! ἄπαγε σεαυτόν! in einem ~ συνεχῶς, ἀδιαλείπτως.

wegbahnend ὁδοποιός.

weg-begeben, sich ἀπέρχεσθαι, ἀπιέναι, ἀπαλλάττεσθαι (P.), οἴχεσθαι (ἀπιόντα).

weg-beißen δάκνοντα ἀφαιρεῖσθαι, ἀποδάκνειν.

weg-beizen ἀποτήκειν.

weg-beugen ἀπο-, παρακλίνειν.   [φυσᾶν.]

weg-blasen ἀπο-, δια- /

weg-bleiben οὐκ ἐπανέρχεσθαι, οὐ παραγίγνεσθαι, = weggelassen werden παρα-, διαλείπεσθαι, = aufhören λήγειν.   [βλέπειν.]

weg-blicken ἀφοράν, ἀπο- /

weg-brechen καθαιρεῖν, κατασκάπτειν, = durch Erbrechen von sich geben ἀπεμεῖν.

weg-brennen κατα-, ἐκκάειν, καταφλέγειν.
weg-bringen μετακινεῖν, ἀποκομίζειν.
weg-drängen ἀπ-, παρωθεῖν.
Wegeaufseher m ὁ τῶν ὁδῶν ἐπιμελητής. [ἡ ὁδοποιΐα.]
Wegebau m ἡ ὁδοποίησις,
Wegebesserung f ἡ τῶν ὁδῶν ἐπισκευή. [τον.]
Wegebreit n τὸ ἀρνόγλωτ-
Wegedorn m ἡ ῥάμνος.
Wegegeld n ὁ ἀπὸ τῶν ὁδῶν τελούμενος φόρος, = Reisegeld τὸ ἐφόδιον.
weg-eilen οἴχεσθαι, φεύγειν.
Weg-eilen n ἡ φυγή.
Wegelagerer m ὁ ὁδοστάτης, ὁ ὁδοιδόκος.
wegen διά mit *acc.*, ἕνεκα und χάριν mit *gen.*, ὑπό u. ἀπό mit *gen*. [τον.]
Wegerich m τὸ ἀρνόγλωτ-
Wegesäule f ἡ στήλη.
weg-essen κατεσθίειν, καταβιβρώσκειν.
weg-fahren *trans.* ἀπάγειν, ἀποκομίζειν, *intr.* ἀπελαύνειν, ὁρμᾶν.
weg-fallen ἐκλείπειν, ἀπολείπεσθαι, etwas ~ lassen ἐᾶν, παραλείπειν τι.
weg-fangen ἀπολαμβάνειν, ἐκθηρᾶν (auch M.).
weg-faulen ἀποσήπεσθαι (P.). [ρειν.]
weg-fegen ἐκ-, ἀνακαθαί-
weg-feilen ἀπορρινᾶν.
weg-fischen ὑποκλέπτειν, ὑφαιρεῖσθαι, παρεξαιρεῖσθαι.

weg-fliegen ἀφίπτασθαι, ἀποπέτεσθαι.
weg-fliehen ἀπο-, ἐκφεύγειν, ἀποδιδράσκειν.
weg-flüchten f. das vorhergehende Wort.
weg-fressen f. weg-essen.
weg-führen ἄγειν, ἐξ-, ἀπάγειν, ἀποκομίζειν.
Weg-führung f ἡ ἀπαγωγή, ἡ ἀποκομιδή.
Weg-gang m ἡ ἀπαλλαγή.
weg-geben δια-, προδιδόναι.
weg-gehen ἀπέρχεσθαι, ἀπιέναι, ἀνα-, ἀποχωρεῖν.
Weg-gehen n ἡ ἀνα-, ἀποχώρησις, ἡ ἀπαλλαγή.
weg-gießen προ-, ἀπο-, ἐκχεῖν.
weg-haben ἀπειληφέναι, = verstehen μανθάνειν, ἐπίστασθαι.
weg-hacken ἀποκόπτειν.
weg-halten ἀπέχειν.
weg-hängen μετακινεῖν, μεθαρμόττειν.
weg-hauchen ἀποπνεῖν, διαφυσᾶν. [ἀποτέμνειν.]
weg-hauen ἀποκόπτειν,
weg-heben μετακινεῖν, ἀποβαστάζειν. [κομίζειν.]
weg-holen ἀπάγειν, ἀπο-
weg-hüpfen ἀποσκιρτᾶν, ἀφάλλεσθαι, ἀποπηδᾶν.
weg-huschen ἀποσοβεῖν, ἀποίχεσθαι.
weg-jagen ἀπελαύνειν, ἀποτρέπειν, ἀπωθεῖν, weggejagt werden ἐκπίπτειν, weggejagt sein φεύγειν.
weg-kapern ἁρπάζειν, ὑφαρπάζειν, ὑφεξαιρεῖσθαι.

weg-kaufen προπωλεῖν.
weg-kehren ἀποκορεῖν, = wegwenden ἀποτρέπειν, ἀποστρέφειν, sich von etwas ~ ἀποτρέπεσθαί τινος.
weg-kommen: von etwas ~ ἀπαλλάττειν (auch M.) τινός, gut bei etw. ~ χαίροντα ἀπαλλάττειν, es kommt mir etwas weg ἀποστεροῦμαί τινος. [δύνασθαι ἀπιέναι.]
weg-können: nicht ~ οὐ
weg-kriechen ἀφέρπειν.
weg-lassen ἀφιέναι, ἀποπέμπειν, = auslassen παρα-, ἐπι-, διαλείπειν.
weg-laufen ἀποτρέχειν, ἀποθεῖν, ἀποδιδράσκειν, φεύγειν.
weg-legen ἀποτιθέναι (a. M.).
weg-leihen δανείζειν.
weg-leiten, =lenken παράγειν. παροχετεύειν.
weg-locken παράγειν, παραπείθειν. [ἀγωγή.]
Weg-lockung f ἡ παρ-
weg-machen ἀναιρεῖν, ἐξαλείφειν, sich ~ s. weglaufen.
weg-marschieren ἀφ-, ἐξορμᾶσθαι, ἀπελαύνειν, ἀπέρχεσθαι, ἀπο-, ἐκπορεύεσθαι.
weg-meißeln ἀποκολάπτειν.
weg-müssen: ich muß weggehen δεῖ ἀπιέναι με.
weg-nagen ἀποτρώγειν.
Weg-nahme f ἡ αἴρεσις, ἡ ἀφαίρεσις, gew. durch Verba.
weg-nehmen ἀφαιρεῖσθαί τινά (τινός) τι, ἀποστερεῖν τινά τινος, heimlich ~ ὑφαιρεῖν.

Weg-nehmen n, **Weg-nehmung** f durch Verba.
weg-packen μετασκευάζειν (auch M.), ἀνασκευάζειν, sich ~ ἀπάγειν ἑαυτόν.
weg-peitschen μαστιγοῦντα ἀπελαύνειν oder ἀπωθεῖν.
weg-prügeln ἀποστυπάζειν.
weg-putzen ἀποκαθαίρειν, ἀποξύειν, ἀποσμῆν.
weg-radieren ἀποξεῖν, ἀποξύειν, ἐξαλείφειν.
weg-raffen ἀφαρπάζειν.
weg-rauben ἐξαρπάζειν.
weg-räumen ἀποκινεῖν, ἐκποδὼν ποιεῖσθαι, ἀφαιρεῖν, μετασκευάζειν.
Weg-räumung f durch Verba.
Weg-reise f ἡ ἀφ-, ἔξοδος, ἡ ἀποπορεία.
weg-reisen ἀποπορεύεσθαι, aus der Heimat ἀποδημεῖν.
weg-reißen ἀποσπᾶν, ἀφέλκειν. [ἐξελαύνειν.]
weg-reiten ἀφιππεύειν. ἀπ-,
weg-rennen s. weglaufen.
weg-rollen ἀποκυλίνδειν (M. intr.).
weg-rücken trans. μετα-, ἀποκινεῖν, intr. ἀπο-, παραχωρεῖν.
weg-rufen ἀπο-, μετακαλεῖν.
weg-rupfen ἀποτίλλειν.
weg-sägen ἀποπρίειν.
wegsam εὔοδος, εὔπορος (2).
Wegsäule f ἡ στήλη.
weg-schaben ἀποξεῖν, ἀποξύειν. [ἀποκομίζειν.]
weg-schaffen ἀποκομίζειν,
Weg-schaffung f ἡ ἀποσκευή. [ὁδός.]
Wegscheide f ἡ σχιστὴ

weg-schenken ἀποδιδόναι, προΐεσθαι.
weg-scheren ἀποκείρειν, ἀποξυρᾶν.
weg-scheuchen ἀποσοβεῖν, ἀπελαύνειν.
weg-schicken ἀποπέμπειν, ἀποστέλλειν.
weg-schießen ἀφιέναι, Wild u. dgl. ~ τοξεύοντα ἀναιρεῖν, j-m zB. einen Arm ob. ein Bein ~ βαλόντα ἀφαιρεῖν. [ἀνάγεσθαι.]
weg-schiffen ἀπο-, ἐκπλεῖν,
weg-schlagen ἀπωθεῖσθαι.
weg-schleichen, sich ἀφέρπειν, ὑπεξέρχεσθαι, ὑποκλέπτειν ἑαυτόν.
weg-schleifen[1] ἀποτρίβειν.
weg=schleifen[2], = **schleppen** ἀποσπᾶν, ἀφέλκειν.
weg-schleudern ἀπορρίπτειν.
weg-schlürfen ἀπορροφεῖν.
weg-schmeißen s. wegwerfen.
weg-schmelzen κατα-, ἀποτήκειν, *intr.* durch das P.
weg-schnappen ἀφαιρεῖσθαί τινά (τινός) τι.
weg-schneiden ἀποτέμνειν, ἐκκόπτειν.
weg-schnellen ἀποπάλλειν.
weg-schrecken ἀποσοβεῖν, ἀποπτοεῖν. [(auch M.).]
weg-schütteln ἀποσείειν,
weg-schütten ἐκ-, προ-, διαχεῖν. [ζειν.]
weg-schwemmen ἀποκλύ-
weg-schwimmen ἀπονήχεσθαι.
weg-segeln ἀποπλεῖν.
weg-sehen ἀφορᾶν, ἀποβλέπειν, ἀποστρέφειν τοὺς

ὀφθαλμούς, über etwas ~ ὑπερ-, περιορᾶν τι.
weg-sehnen, sich ἐπιθυμεῖν ἀπελθεῖν.
weg-sein οἴχεσθαι, ἔρρειν, = abwesend sein ἀπεῖναι.
Weg-sein *n* ἡ ἀπουσία.
weg-senden ἀποπέμπειν, ἀποστέλλειν.
weg-sengen ἀποκάειν.
weg-setzen ἀπο-, μετατιθέναι, μεθιστάναι, sich über j-n ~ καταφρονεῖν τινος.
weg-speien ἀπο-, ἐκπτύειν.
weg-sprengen *trans.* ἀποσχίζειν, ἀποτρίβειν, *intr.* ἀπελαύνειν δρόμῳ.
weg-springen ἀποπηδᾶν, über etwas ~ ὑπερπηδᾶν, ὑπεράλλεσθαί τι.
weg-spülen ἀποκλύζειν, ἀποπλύνειν.
weg-stecken κρύπτειν, κατακρύπτειν, ἀποκαλύπτειν.
weg-stehlen ὑπο-, διακλέπτειν.
weg-stellen μεθιστάναι, μετατιθέναι, μεθιδρύειν.
weg-sterben ἀποθνῄσκειν, ἀπόλλυσθαι, οἴχεσθαι ἀποθανόντα.
weg-stoßen ἀπ-, παρωθεῖν, ἀποκρούειν.
Weg-strecke *f* ἡ ὁδός.
weg-streichen ἐξ-, διαλείφειν.
weg-tauen κατα-, ἀνατήκειν (*intr.* P.).
weg-tragen ἀποφέρειν, ἀποκομίζειν.
Weg-tragung *f* ἡ ἀποφορά, ἡ ἀποκομιδή.

weg-treiben ἀπ-, ἐξελαύνειν.
weg-treten μεθ-, ἐξίστασθαι, παραχωρεῖν.
weg-tun ἀποσκευάζειν, = aufbewahren ἀποτίθεσθαι, = verstecken κρύπτειν.
weg-wälzen ἀπο-, μετακυλίνδειν.
weg-wandern ἀποικεῖν, μετανίστασθαι.
weg-waschen ἀπο-, ἐκπλύνειν.
weg-wehen ἀποπνεῖν.
weg-weisen ἀπελαύνειν, ἀποκωλύειν.
Wegweiser m ὁ ὁδηγός, ὁ ἡγεμὼν τῆς ὁδοῦ.
weg-wenden ἀποτρέπειν, ἀποστρέφειν, sich von etw. ~ ἀποτρέπεσθαί τινος, ἀποστρέφεσθαί τινος.
weg-werfen ἀποβάλλειν, ἀπορρίπτειν, προΐεσθαι, sich ~ καταισχύνειν ἑαυτόν.
weg-werfend ὑβριστικός, καταφρονητικός.
Weg-werfung f durch Verba, übtr. ἡ καταφρόνησις, ἡ ὕβρις.
weg-wischen ἀπομοργνύναι, ἀπομάττειν.
weg-wollen βούλεσθαι oder μέλλειν ἀπιέναι.
weg-wünschen ἀπεύχεσθαι.
weg-zaubern ἀφανίζειν ἐπῳδαῖς. [(auch pl.)
Weg-zehrung f τὸ ἐφόδιον
weg-zerren, -ziehen ἀποσπᾶν, ἀφέλκειν.
weg-ziehen (aus e-m Orte) ἀπ-, μετοικεῖν, (v. Truppen) ἀνα-, ἀποχωρεῖν, ἀπέρχεσθαι.

Weg-ziehen n, **Weg-zug** m ἡ μετοικεσία, ὁ μετοικισμός, ἡ μετανάστασις, (von Truppen) ἡ ἀνα-, ἀποχώρησις.
wehe¹ int. φεῦ (mit nom. ob. gen.), ἰώ, ἰού, ~ mir! οἴμοι! ~ rufen αἰάζειν.
wehe²: es tut mir ~ ἀλγῶ, ἄλγος ἔχω, j-m ~ tun ἀνιᾶν τινα.
Wehe n τὸ ἄλγος, ἡ λύπη, = Unglück τὰ κακά.
wehen πνεῖν, φυσᾶν.
Wehen n ἡ πνοή, τὸ πνεῦμα.
Wehklage f ἡ οἰμωγή, ἡ ὀλόφυρσις, ὁ θρῆνος.
wehklagen οἰμώζειν, ὀδύρεσθαι, θρηνεῖν, κλάειν, über etwas τί, περί τινος, ἐπί τινι.
Wehmut f ἡ λύπη, ἡ δυσβαρυθυμία, τὸ ἄχθος, ~ über etw. empfinden ἄλγος ἔχειν ἔκ τινος, ἄχθεσθαι ἐπί τινι.
wehmütig, wehmutsvoll δύσ-, βαρύθυμος (2), λυπηρός, ἀνιαρός, ~ gestimmt sein δυσθύμως ἔχειν, = Wehmut erregend θρηνώδης, ὀδυρτικός, οἰκτρός.
Wehr¹ f = Widerstand ἡ ἄμυνα, sich zur ~ setzen εἰς oder πρὸς ἀλκὴν τρέπεσθαι, = Waffen τὰ ὅπλα.
Wehr² n = Damm τὸ χῶμα.
wehren κατέχειν, κωλύειν, εἴργειν, συστέλλειν, οὐκ ἐᾶν, einer Sache τί, j-m ~ νουθετεῖν, σωφρονίζειν

τινά, j-m etw. ~ ἀποτρέπειν τινά τινος, εἴργειν τινά ἀπό τινος, sich ~ ἀμύνεσθαι, ἀντέχειν, ἀνθίστασθαι. [(ῶνος).]

Wehrgehenk n ὁ τελαμών

wehrhaft ἀμυντικός, μάχιμος (2), στρατεύσιμος (2), im ~en Alter ἐν ἡλικίᾳ ὤν, ἡλικίαν ἔχων.

Wehrkraft f ἡ δύναμις, τὸ μάχιμον.

wehrlos ἄν-, ἄοπλος (2).

Wehrlosigkeit f τὸ ἄνοπλον.

Wehrpflicht f: Verweigerung der ~ ἡ ἀστρατεία.

Wehrstand m τὸ στρατιωτικόν.

Wehruf m ἡ οἰμωγή.

Weib n ἡ γυνή (αικός), altes ~ ἡ γραῦς (αός), ein ~ nehmen γαμεῖν, ἄγεσθαι γυναῖκα.

Weibchen n τὸ γυναικάριον, τὸ γυναίκειον, τὸ γύναιον, (bei Tieren) ἡ θήλεια.

Weiberanschlag m ἡ γυναικεία βουλή.

Weiberarbeit f τὸ γυναικεῖον ἔργον.

Weiberart f ὁ γυναικεῖος τρόπος, nach ~ κατὰ τὰς γυναῖκας, ὥσπερ γυναῖκες.

Weiberfeind m ὁ μισογύνης.

Weiberfreund m ὁ γυναικοφίλης, ὁ φιλόγυνος, φιλογύνης, -γύναιξ.

Weiberfurcht f ὁ γυναικώδης φόβος, = Furcht vor Weibern ὁ ἀπὸ τῶν γυναικῶν φόβος.

Weibergefolge n αἱ παρεπόμεναι γυναῖκες.

Weibergeheul n αἱ γυναικῶν οἰμωγαί. [κῶν βοή.]

Weibergeschrei n ἡ γυναι-

Weibergeschwätz n οἱ γυναικεῖοι λῆροι.

Weibergezänk n αἱ γυναικεῖοι ἔριδες.

weiberhaft γυναικεῖος, γυναικώδης.

Weiberhaß m ἡ μισογυνεία, = von Weibern ausgehend τὸ ἐκ γυναικῶν μῖσος.

Weiberherrschaft f ἡ γυναικοκρατία, unter ~ stehen γυναικοκρατεῖσθαι.

Weiberherz n ἡ γυναικεία ψυχή.

Weiberklage f ὁ γυναικεῖος θρῆνος (auch pl.).

Weiberkleider n/pl. τὰ γυναικεῖα ἱμάτια.

Weiberkleidung f ἡ γυναικεία στολή.

Weiberkrankheit f ἡ γυναικεία νόσος.

Weiberliebe f = Liebe zu Weibern ἡ φιλογυνία, = Liebe, die Weiber hegen, ὁ γυναικεῖος ἔρως (ωτος).

Weiberlist f ἡ γυναικεία πανουργία.

Weibermacht f ἡ τῶν γυναικῶν δύναμις.

Weibermantel m ὁ πέπλος.

Weibermärchen n ἡ γραολογία.

Weibermut m ὁ γυναικεῖος θυμός.

Weibername m τὸ γυναικεῖον ὄνομα.

Weiber=putz, =**schmuck** m ὁ τῶν γυναικῶν κόσμος.
Weiberregiment n f. **Weiberherrschaft.** [χιτών (ῶνος).]
Weiberrock m ὁ γυναικεῖος
Weiberschönheit f τὸ γυναικεῖον κάλλος.
Weiberschuh m τὸ γυναικεῖον σάνδαλον.
Weibersinn m τὸ γυναικεῖον ἦθος. [κεία φωνή.]
Weiberstimme f ἡ γυναι=
Weiberstreit m ἡ γυναικεία ἔρις. [κεῖον.]
Weiberstube f τὸ γυναι=
Weiber=sucht, =**tollheit** f ἡ γυναικομανία.
weibertoll γυναικομανής, θηλυμανής, ~ sein γυναικομανεῖν. [κεῖον σχῆμα.]
Weibertracht f τὸ γυναι=
Weibertreue f ἡ γυναικεία πίστις.
Weibertücke f ἡ τῶν γυναικῶν κακοήθεια.
Weibertugend f ἡ γυναικῶν ἀρετή.
weibisch γυναικεῖος, γυναικικός, θηλυκός, ~es Betragen ἡ γυναίκισις, ~es Wesen ἡ ἀνανδρία, ~ machen θηλύνειν, ἀπαλύνειν.
weiblich γυναικεῖος, θῆλυς, θηλυκός. [κεῖον ἦθος.]
Weiblichkeit f τὸ γυναι=
Weibs=bild n. =**person** f ἡ γυνή, τὸ γυναίκιον.
weich μαλακός, ἁπαλός, ἁβρός, (von Gemüt) ἐπιεικής, ἐλεεινός.
Weichbild n οἱ ἀγροί, τὰ περικείμενα.

Weiche n, **Weichheit** f ἡ ἁπαλότης (ητος), ἡ μαλακία.
weichen εἴκειν, ὑπείκειν, παραχωρεῖν, j-m aus dem Wege ~ εἴκειν od. ἐξίστασθαι τῆς ὁδοῦ τινι.
Weichen[1] n ἡ παραχώρησις, gew. durch Verba.
Weichen[2] fpl. (am Körper) ὁ κενεών (ῶνος), ὁ λαγών (ῶνος), τὸ ὑποχόνδριον (sämtlich gew. pl.).
weichhaarig μαλακόθριξ (τριχος).
weichhäutig ἁπαλόχρως.
weichherzig ἁπαλόφρων, ἐλεεινός. [νόν.]
Weichherzigkeit f τὸ ἐλει=
weichlich μαλακός, ἁβρός, θρυπτικός, ~ machen θρύπτειν, μαλακίζειν, ~ sein μαλακίζεσθαι.
Weichlichkeit f ἡ μαλακία, ἡ τρυφή, ἡ ἡδυπάθεια.
Weichling m ὁ μαλακίων (ωνος) ὁ ἁβρυντής.
weichmütig f. weichherzig.
Weichtier n τὸ μαλάκιον.
Weide[1] f, **Weidenbaum** m ἡ ἰτέα, ὁ λύγος.
Weide[2] f = Viehweide ἡ νομή, auf die ~ treiben ἐξάγειν od. ἐξελαύνειν ἐπὶ τὴν νομήν, das Vieh auf der ~ τὰ βοσκήματα, = Futter ἡ τροφή, = Ergötzung ἡ τέρψις, ἡ ἡδονή.
Weideland n τὰ νεμόμενα.
weiden trans. νέμειν, ποιμαίνειν, intr. νέμεσθαι, ποιμαίνεσθαι, βόσκεσθαι, sich an etwas ~ τέρπεσθαι

τινι, ἥδεσθαί τινι oder ἐπί τινι. [βόσκησις.]
Weiden n ἡ νομή, ἡ **weiden** (von Weidenholz) ἰτέϊνος, οἰσύϊνος. [φλοιός.]
Weidenbast m ὁ ἰτέϊνος
Weidenbaum m f. Weide.
Weidengeflecht n τὰ οἴσυα.
Weidenholz n τὰ ἰτέϊνα ξύλα.
Weidenrinde f τὸ ἰτέϊνον λέπισμα oder λέμμα.
Weidenrute f ἡ ἰτεΐνη ῥάβδος. [κλάδος.]
Weidenzweig m ὁ ἰτέας
Weideplatz m ἡ νομή.
Weidevieh n τὰ βοσκήματα.
Weidicht n ὁ ἰτεών (ῶνος).
weidlich ἱκανός, ἀγαθός.
Weidmann m ὁ κυνηγέτης, ὁ κυνηγετικός.
weidmännisch κυνηγετικός, θηρατικός, θηρευτικός.
Weidmesser n ἡ ἀγρευτικὴ μάχαιρα. [βος.]
Weife f ὁ ῥόμβος, ὁ στρό-
weifen ῥομβεῖν, στροβεῖν.
weigern, sich οὐκ ἐθέλειν, sich ~ etw. zu tun οὐ φάναι, οὐ βούλεσθαι oder οὐκ ἐθέλειν ποιεῖν τι, ohne sich zu πρόθυμος (2), ἑκών.
Weigerung f ἡ παραίτησις, ἡ ἄρνησις.
Weih, Weihe[1] m und f (Raubvogel) ὁ ἰκτῖνος.
Weihe[2] f ἡ τελετή, ἡ τελεσφορία, ἡ τελετουργία.
weihen ἀφ-, καθοσιοῦν, ἀφ-, καθιεροῦν, ἱερὸν ποιεῖν, Geschenke ~ ἀνατιθέναι.
Weihgeschenk n τὸ ἀνάθημα.

Weihkessel m τὸ περιρραντήριον.
Weihnachten f/pl. τὰ γενέθλια Ἰησοῦ Χριστοῦ.
Weihrauch m ὁ λιβανωτός.
Weihrauchbaum m ὁ λίβανος. [τήριον.]
Weihrauchfaß n τὸ θυμια-
weihrauchtragend λιβανωτοφόρος (2). [λόγος.]
Weihrede f ὁ καθιερωτικός
Weihung f f. Weihe.
Weihwasser n τὸ ἱερὸν ob. καθάρσιον ὕδωρ (ατος).
weil ὅτι, διότι, ἐπεί, ἐπειδή, διὰ τό ob. ἐκ τοῦ mit dem *inf.*, oft auch durch das *part.*, ~ denn ἐπεί γε, ἐπειδή γε, ~ doch (einmal) ἐπείπερ.
weiland (τὸ) πάλαι, (τὸ) πρίν, τὸ παλαιόν, (von Verstorbenen) ἀποθανών.
Weilchen n οὐ πολὺς χρόνος, ὀλίγον oder μικρόν τι.
Weile f ὁ χρόνος, nach einer kleinen ~ οὐ πολλῷ ὕστερον, eile mit ~ σπεῦδε βραδέως.
weilen χρονίζειν, διατρίβειν, bei etwas ~ προς-, παραμένειν τινί, ohne zu ~ οὐ μέλλων. [μέλλησις.]
Weilen n ἡ διατριβή, ἡ
Weiler m ἡ κώμη.
Wein m ὁ οἶνος, weißer ~ κιρρὸς οἶνος, roter ~ μέλας οἶνος, ungemischter ~ ἄκρατος οἶνος.
weinartig οἰνηρός, οἰνώδης.
Weinbau m ἡ ἀμπελουργία.
Weinbauer m ὁ ἀμπελοφύτης, ὁ ἀμπελουργός.
Weinbecher m ἡ φιάλη.

Weinbeere f ἡ ῥάξ (αγός).
Weinbeerkern m τὸ γίγαρτον.
Weinberg m ὁ ἀμπελών (ῶνος), τὸ ἀμπελεῖον.
Weinblatt n τὸ ἀμπέλινον φύλλον.
Weinblüte f ἡ οἰνάνθη, Zeit der ~ ἡ τῆς οἰνάνθης ὥρα. [ζωμίδιον.]
Weinbrühe f τὸ οἴνινον
weinen δακρύειν, δακρυρροεῖν, κλάειν.
Weinen n τὰ δάκρυα, ὁ κλαυθμός, τὸ κλαῦμα.
weinerlich κλαύσιμος (2), κλαυστός. [ὄξος.]
Weinessig m τὸ οἴνινον
weinfarbig οἰνωπός.
Weinfaß n ὁ οἴνου πίθος.
Weinfechser m τὸ φυτευτήριον. [λάγυνος.]
Weinflasche f ὁ (ἡ) οἴνου
Weingarten m ὁ ἀμπελών (ῶνος). [λουργός.]
Weingärtner m ὁ ἀμπε-
Weingefäß n τὸ οἰνοφόρον σκεῦος.
Weinglas n ὁ σκύφος.
Weingott m Βάκχος, Διόνυσος. [ἐμπορία.]
Weinhandel m ἡ οἴνου
Weinhändler m ὁ οἰνοπώλης, ὁ οἰνοκάπηλος.
Weinhaus n τὸ οἰνοπώλιον, τὸ καπηλεῖον. [(ῶνος).]
Weinheber m ὁ σίφων
Weinhefe f ἡ τρύξ (γός).
Weinholz n τὰ ἀμπέλινα ξύλα.
weinig οἰνώδης, οἰνηρός.
Weinjahr n: ein gutes ~ ἡ εὐοινία.

(**Weinbeere**

Weinkäufer m ὁ οἰνέμπορος.
Weinkeller m ὁ οἰνών (ῶνος).
Weinkelter f ὁ (ἡ) ληνός, τὸ τρυγητήριον.
Weinkenner m ὁ ἐμπείρως ἔχων τοῦ οἴνου.
Weinkern m ἡ ῥάξ (γός), τὸ γίγαρτον. [στέφανος.]
Weinkranz m ὁ ἀμπέλινος
Weinkrug m ὁ (ἡ) στάμνος.
Weinladen m τὸ οἰνοπώλιον, τὸ καπηλεῖον.
Weinlager n ὁ οἰνών (ῶνος), ἡ οἰνοθήκη.
Weinland n ἡ οἰνοφόρος oder ἀμπελοφόρος γῆ oder χώρα.
Weinlaube f τὰ ἀμπέλινα φύλλα, τὸ οἴναρον.
Weinlese f ὁ τρύγητος (τρυγητός bezeichnet vielleicht die eingeerntete Frucht).
Weinleser m ὁ τρυγητής.
Weinliebhaber m ὁ οἰνεραστής, ὁ φίλοινος. [τρον.]
Weinmaß n τὸ οἰνηρὸν μέ-
Weinmesser n τὸ κλαστήριον. [(ιτος).]
Weinmet m τὸ οἰνόμελι
Weinpfahl m ὁ οἴνωτρος.
Weinpresse f ſ. Weinkelter.
Weinranke f τὸ κλῆμα, ἡ οἰναρίς (ίδος).
Weinrausch m ἡ κραιπάλη.
Weinrebe f ἡ οἰνάς (άδος), ἡ ἄμπελος.
weinreich εὔ-, πολύοινος (2), οἰνηρός, οἰνώδης.
Weinschank m τὸ οἰνοπώλιον, τὸ καπηλεῖον.
Weinschenk m ὁ κάπηλος.
Weinschenke f τὸ καπηλεῖον.

Weinschenke)

Weinschlauch m ὁ οἰνηρὸς ἀσκός.
Weinstock m ἡ ἄμπελος, ἡ οἰνάς (άδος), ἡ οἴνη.
weintoll οἰνομανής.
weintragend οἰνοφόρος (2).
Weintraube f ὁ βότρυς (υος), ἡ σταφυλή.
Weintrinken n ἡ οἰνοποσία.
Weintrinker m ὁ οἰνοπότης.
weintrunken οἰνόφλυξ (γος).
Weintrunkenheit f ἡ οἰνοφλυγία. [νιμος.]
weise σοφός, σώφρων, φρό-]
Weise¹ m ὁ σοφός.
Weise² f ὁ τρόπος, τὸ σχῆμα, ἡ ὁδός, auf gleiche ~ ὁμοίως, ὡσαύτως auf alle ~ ἐκ παντὸς τρόπου, πάντως, auf keine ~ οὐδαμῶς, μηδαμῶς, auf diese ~ ταύτῃ, τῇδε, οὕτω, οὕτως, ὧδε. auf eine andere ~ ἄλλῃ, = Sitte, Gebrauch τὸ ἔθος, ὁ νόμος, ὁ τρόπος.
Weisel m ἡ τῶν μελιττῶν βασίλεια.
weisen δεικνύναι, ἐπι-, ἀποδεικνύναι, φαίνειν, ἀποφαίνειν, j-n an j-n ~ προστρέπειν τινά τινι, j-n von sich ~ διωθεῖν (auch M.) τινα, mit dem Finger auf etwas ~ δακτυλοδεικτεῖν τι, j-m den Weg ~ ἡγεῖσθαί τινι τῆς ὁδοῦ.
Weisheit f ἡ σοφία, ἡ σωφροσύνη.
Weisheitsdünkel m ἡ δοκησισοφία.
Weisheitslehrer m ὁ σο-

φίας διδάσκαλος, ὁ σοφιστής. [λόγος.]
Weisheitsregel f ὁ σοφὸς]
weislich φρονίμως, καλῶς, σοφῶς.
weismachen: j-m etwas ~ ἐξαπατᾶν, φενακίζειν τινά.
weiß λευκός, ~ machen λευκαίνειν, λευκοῦν.
weissagen μαντεύεσθαι, χρησμῳδεῖν, προφητεύειν, θεσπίζειν, ἀναιρεῖν (vom Delphischen Orakel), οἰωνίζεσθαι, οἰωνοσκοπεῖν (aus der Stimme und dem Fluge der Vögel), ἱεροσκοπεῖν (aus den Eingeweiden der Opfertiere), ἀεροσκοπεῖν (aus Lufterscheinungen).
Weissager m ὁ μάντις, ὁ προφήτης, ὁ χρησμολόγος, ὁ χρησμῳδός.
Weissagerin f ἡ μάντις, ἡ χρησμολόγος γυνή.
weissagerisch μαντικός, μαντευτικός. [τική.]
Weissagerkunst f ἡ μαν-]
Weissagung f ἡ μαντεία, ἡ προφητεία.
Weissagungsgabe f ἡ μαντική, μαντεία.
weißarmig λευκώλενος (2).
Weißbrot n ὁ ἄρτος.
Weißdorn m ἡ λευκάκανθα.
Weiße¹ f ἡ λευκότης (ητος), τὸ λευκόν.
Weiße² n τὸ λεύκωμα.
weißen λευκαίνειν, λευκοῦν. [λεύκανσις.]
Weißen n ἡ λεύκωσις, ἡ]
weißfarbig λευκόχρους (2).

Weißfisch m ὁ λευκίσκος.
weißfüßig λευκόπους (οδος).
weißgefiedert λευκόπτερος (2).
weiß-gefleckt, -gesprenkelt λευκόστικτος, λευκοποίκιλος (2). [δέψης.]
Weißgerber m ὁ βυρσο-
weißgrau λευκόφαρος (2).
weißhaarig λευκόθριξ (τριχος). [(ωτος).]
weißhäutig λευκόχρως
Weißkohl m ἡ λευκοκράμβη.
weißlich διά-, ὑπόλευκος (2).
Weißpappel f ἡ λεύκη.
Weißtanne f ἡ θήλεια ἐλάτη. [(2).]
weißwangig λευκοπάρειος
Weisung f ἡ ἐπιταγή, τὸ παράγγελμα, τὸ κέλευ(σ)μα.

weit = entfernt μακρός, adv. μακράν, πόρρω, ~her μακράν, ~hin πόρρω, von ~em πόρρωθεν, = geräumig εὐρύς, εὐρύχωρος (2), bei Maßangaben durch die acc. τὸ εὖρος, τὸ πλάτος, z.B. der Fluß ist vier Plethren breit ὁ ποταμὸς τέτταρα πλέθρα ἔχει τὸ εὖρος, ~, bei ~em beim comp. und sup. πολύ, πολλῷ, μακρῷ, so ~ μέχρι τούτου, so ~ in etw. gehen oder kommen εἰς τοῦτο προέρχεσθαι, ὥστε, ich bin ~ entfernt zu μαλλοῦ γε δέω τοῦ mit inf., ~ gefehlt πολλοῦ δεῖ, es ~ in etwas bringen μέγα προκόπτειν εἴς τι, πόρρω προβαίνειν τινός.

weitab πόρρω, von etwas τινός oder ἀπό τινος.
weitaus f. bei weitem unter weit. [ἀμφίβολος (2).]
weitaussehend μακρός,
weitberühmt περιβόητος (2).
Weite¹ f = Entfernung τὸ διάστημα, = Geräumigkeit τὸ εὖρος, τὸ πλάτος, = Ausdehnung in die Länge τὸ μῆκος. [γειν.]
Weite² n: das ~ suchen φεύ-
weiter πορρωτέρω, περαιτέρω, = noch dazu ἔτι, πρὸς τούτοις, ~ oben, ~ unten ἀνωτέρω, κατωτέρω, ferner = οὐδεὶς ἄλλος, und so ~ καὶ τὰ λοιπά (usw. κτλ.), in Verbindung mit Verben durch Zssgn mit πρό, z.B. ~gehen προελαύνειν, ~kommen προέρχεσθαι.
Weitergehen n ἡ πρόοδος.
weiterhin τὸ ἐπ' ἐκεῖνα.
Weiterreise f ἡ πρόοδος.
Weiterung f ἡ ἀναβολή, ~en machen ἀναβάλλεσθαι.
weither } f. weit.
weithin }
weitläufig (von der Dauer) μακρός, πολύς, (vom Raume) εὐρύς, (von der Rede) μακρός, ~ sein in etw. πολὺν εἶναι ποιοῦντά τι, ~ sein im Reden μηκύνειν τὸν λόγον.
Weitläufigkeit f τὸ μῆκος, τὸ εὖρος, ἡ μακρολογία, ἡ μακρηγορία, ~en machen χρόνον ἐμποιεῖν, j-m πράγματα παρέχειν τινί.
weitreichend ἐπὶ πολὺ διήκων.

weitschweifig f. weitläufig.
Weitschweifigkeit f f. Weitläufigkeit.
weitsehend πολὺ προορῶν.
weitweg πόρρω.
Weizen m ὁ πυρός, ὁ σῖτος.
Weizen-acker m, **-feld** n ὁ πυροὺς φέρων ἀγρός.
Weizenbier n ὁ πύρινος οἶνος.
Weizenbrot n ὁ ἄρτος.
Weizenernte f ὁ τοῦ πυροῦ θερισμός. [πίτυρον.]
Weizenkleie f τὸ πίτυρον)
Weizenkorn n ὁ πύρινος χόνδρος, ὁ πυρός.
Weizenmehl n τὸ ἄλευρον.
Weizenstroh n αἱ ἀπὸ τῶν πυρῶν καλάμαι.
welch ein? τίς, τί; ποῖος; (im Ausruf) οἷος.
welcher *relat.* ὅς, ἥ, ὅ, ~ nur ὅστις, ἥτις, ὅ τι, ὅσπερ, ἥπερ, ὅπερ, alle, welche ὅσοι, derjenige, ~ οὗτος, ὅς oder durch das *part.*, direktes *pron. interr.* τίς, τί; ποῖος; ~ von beiden? πότερος; auf welche Art? τίνα τρόπον; τίνι τρόπῳ; πῶς; [ὁπότος.]
welcher-gestalt, **-lei** οἷος,
welk μαρανθείς, ἀπομαρανθείς, ~ werden μαραίνεσθαι, ἀπομαραίνεσθαι, παρακμάζειν.
Welkheit f ὁ μαρασμός.
Welle f τὸ κῦμα, ~n schlagen κυμαίνειν, — Walze ὁ κύλινδρος.
wellen-förmig, **-reich**, **wellig** κυματώδης.

Wellenschlag m ἡ κύμανσις
Wels m ὁ σίλουρος.
welsch βάρβαρος (2).
Welt f = Weltall ὁ κόσμος, τὰ πάντα, τὸ πᾶν, τὸ σύμπαν, = Erde ἡ γῆ, ~ die irdischen Dinge τὰ ἐν ἀνθρώποις, τὰ τῶν ἀνθρώπων, τὰ ἀνθρώπινα, = die Menschen οἱ ἄνθρωποι, auf die ~ kommen γίγνεσθαι, zur ~ bringen τίκτειν, aus der ~ gehen ἀπέρχεσθαι oder ἀφανίζεσθαι ἐκ τῶν ἀνθρώπων, ἀπαλλάττεσθαι τοῦ βίου, alle ~ σύμπαντες οἱ ἄνθρωποι, die jetzige ~ οἱ νῦν ὄντες, οἱ νῦν ἄνθρωποι, die ~ kennen εἰδέναι πάντα τἀνθρώπινα, πεῖραν εἰληφέναι τῶν ἀνθρώπων.
Weltachse f ὁ τοῦ κόσμου [ἄξων.]
Weltall n f. Welt.
Weltalter n ὁ αἰών (ῶνος).
Weltbau m ἡ τῶν πάντων κατασκευή.
Weltbegebenheiten f/pl. τὰ ἐν ἀνθρώποις oder κατὰ τὴν οἰκουμένην γιγνόμενα.
Weltbeherrscher m ὁ πάντων τῶν ἀνθρώπων κύριος.
weltbekannt πᾶσι δῆλος.
weltberühmt ἔνδοξος (2) παρὰ πᾶσιν ἀνθρώποις.
Weltbeschreiber m ὁ περιηγητής, ὁ κοσμογράφος.
Weltbeschreibung f ἡ κοσμογραφία, ἡ κοσμολογία, = Erdbeschreibung f ἡ γεωγραφία.
Weltbezwinger m ὁ πᾶσαν

τὴν οἰκουμένην καταστρεψάμενος.

Weltbrauch m τὸ ἀνθρώπινον, τὸ τῶν ἀνθρώπων εἰωθός. [πολίτης.]

Weltbürger m ὁ κοσμο-

Weltende n τὸ πέρας τῆς γῆς, = Weltuntergang ἡ τῶν ὅλων καταστροφή.

Welterlöser m ὁ σωτὴρ ἀνθρώπων.

Welterschaffung f ἡ κοσμοποιία.

Weltfreude f τὰ ἐν ἀνθρώποις καλά.

Weltgebäude n f. Weltbau.

Weltgegend f τὸ κλίμα.

Weltgeist m ἡ τοῦ κόσμου ψυχή.

Weltgericht n ἡ τελευταία κρίσις.

Weltgeschichte f ἡ κοινὴ ἱστορία.

Welthändel m/pl. τὰ ἐν ἀνθρώποις γιγνόμενα.

Weltheiland m f. Welterlöser.

Weltherrschaft f ἡ πάντων τῶν ἐθνῶν ἀρχή.

Weltkenntnis f ἡ τῶν ἀνθρώπων oder τῶν ἐν ἀνθρώποις ἐμπειρία.

Weltkind n ὁ περὶ τὰς ἡδονὰς σπουδάζων.

weltklug πολιτικός.

Weltklugheit f τὸ πολιτικόν.

Weltkörper m τὸ οὐράνιον σῶμα.

weltkundig πάνδηλος (2).

Weltlauf m τὸ ἐν ἀνθρώποις εἰωθός.

Weltlehre f ἡ κοσμολογία.

weltlich κοσμικός, — irdisch κοινός, = nicht geistlich πολιτικός.

Weltlust f ἡ κοινὴ ἐν ἀνθρώποις ἡδονή. [ἀνήρ.]

Weltmann m ὁ ἀστεῖος

Weltmeer n ὁ ὠκεανός.

Weltordnung f ἡ τῶν ὅλων σύνταξις.

Weltpol m ὁ τοῦ κόσμου πόλος. [διοικῶν.]

Weltregierer m ὁ τὰ ὅλα

Weltregierung f ἡ τῶν ὅλων διοίκησις.

Weltrichter m ὁ περὶ πάντων τῶν ἀποθανόντων τὴν κρίσιν ποιούμενος.

Weltschöpfer m ὁ τὰ ὅλα oder τὸ πᾶν καταστήσας.

Weltschöpfung f ἡ κοσμοποιία. [ψυχή.]

Weltseele f ἡ τοῦ κόσμου

Weltsystem n ὁ τῶν ὅλων σύστημα. [μένης μέρος.]

Weltteil m τὸ τῆς οἰκου-

Weltumsegler m ὁ τὴν γῆν περιπλέων.

Weltumseg(e)lung f ἡ τῆς γῆς περίπλους.

Weltuntergang m ἡ τῶν ὅλων καταστροφή.

Weltweise m ὁ φιλόσοφος.

Weltweisheit f ἡ φιλοσοφία.

Wendehals m ὁ ἴυγξ (γγος).

Wendekreis m ὁ τροπικὸς κύκλος, die Zeichen des Wendekreises τὰ τροπικὰ σημεῖα.

wenden τρέπειν, στρέφειν, = neigen κάμπτειν, κλίνειν, sich wohin ~ τρέπεσθαι ὁδόν, seine Aufmerksamkeit auf etw. ~ προσέχειν τὸν νοῦν τινι, sich von j-m ~ ἀποτρέπεσθαί τινος, sich an j-n ~ δεῖσθαί τινος, etw. auf etw. ~ δαπανᾶν ob. ἀναλίσκειν τι εἴς τι.

Wendepunkt m ἡ καταστροφή, ἡ ῥοπή.

Wendung f ἡ ἐπιστροφή, eine ~ machen ἐπι-, περιστρέφεσθαι, e-e gute, schlechte ~ nehmen καλῶς, κακῶς ἀποβαίνειν.

wenig ὀλίγος, βραχύς, σπάνιος, λεπτός, mit ~en Worten διὰ βραχέων, ein ~ μικρόν, es fehlt ~ daran μικροῦ δεῖ, es fehlte ~ daran, daß ich gefallen wäre παρὰ μικρὸν ἦλθον πεσεῖν, ebenso ~ als οὐ μᾶλλον ἤ.

wenige Male ὀλιγάκις.

weniger ἐλάττων, ἥττων, μείων, mehr oder ~ πλέον ἢ ἔλαττον, adv. μᾶλλον ἢ ἧττον, um nichts ~ οὐδὲν ἧττον, nichtsdesto~ ἀλλ' ὅμως.

Wenigkeit f ἡ μικρότης, ἡ βραχύτης (ητος), eine ~ μικρόν τι.

wenigstens τὸ ἐλάχιστον, τοὐλάχιστον, ich ~ ἔγωγε, am wenigsten ἥκιστα.

wenn ὅτε, ὁπότε, ἡνίκα mit *ind.* ob. *opt.* (s. die Gramm.), εἰ mit *ind.* oder *opt.*, ἐάν, ἤν, ἄν, ὅταν (im Falle daß) mit *conj.*, oft auch Partizipialkonstruktion, ~ nicht εἰ μή, ἢν μή, ὅτε μή, ~ nicht etwa εἰ μὴ ἄρα, ~ denn εἴ γε, ~ anders εἴπερ, εἰ δή, ~ vielleicht εἴ που, εἴ πως, ~ auch καὶ εἰ, auch ~ εἰ καί, καίπερ, ~ doch ~ nur εἰ γάρ, εἴθε, ὤφελον oder ὡς ὤφελον, ες, ε usw. mit *inf.*, zB. ~ ich doch gestorben wäre ὡς ὤφελον ἀποθανεῖν.

wenngleich καίπερ mit *part.*

wer *pron. interr.* τίς, τί (direkt), ὅστις, ἥτις, ὅ τι (indirekt), = jeder, welcher ὅστις oder Artikel mit *part.*, zB. jeder, der will ὁ βουλόμενος, ~ auch nur ὃς ἂν mit *conj.*

werben (um eine Frau) μνηστεύεσθαι, (Soldaten) συλλέγειν.

Werben n, **Werbung** f ἡ μνηστεία, ἡ συλλογή, ὁ κατάλογος.

Werber m ὁ μνηστήρ (ῆρος), ὁ συλλογεύς.

werden γίγνεσθαι, von Natur ~ φύεσθαι, es wird Tag ἡμέρα ἐπιλάμπει, es wird Nacht ἡ νὺξ ἐπιγίγνεται, es wird Sommer τὸ θέρος ἐπέρχεται, es wird nichts daraus μάταιόν ἐστι τὸ πρᾶγμα.

werfen βάλλειν, ῥίπτειν, ἱέναι, zu Boden ~ καταβάλλειν, in die Höhe ~ ἀναρρίπτειν, das Netz ~ καθιέναι τὸ δίκτυον, Anker ~ χαλᾶν τὴν ἄγκυραν, die Augen auf etw. ~ προσβλέπειν τι, hin und her ~ διαβάλλειν, Zunge ~ τίκτειν, sich auf den Feind ~ ἐπιτίθεσθαι τοῖς πολεμίοις, sich j-m in die Arme ~ περιβάλλειν τινά.

Werfen n ἡ βολή, ἡ ῥῖψις oder durch Verba.

Werft f τὸ ναυπήγιον.

Werg n ἡ στύππη, τὸ στυππεῖον.

Werk n τὸ ἔργον, τὸ πρᾶγμα, = Schriftwerk ἡ συγγραφή, ein ~ unternehmen ἐπιχειρεῖν ἔργῳ, ἀντιλαμβάνεσθαι ἔργου, zum ~e schreiten, sich ans ~ machen ἅπτεσθαι τοῦ ἔργου, ἐπιχειρεῖν τῷ ἔργῳ, ὁρμᾶν ἐπὶ τὸ ἔργον, etwas ins ~ setzen διαπράττειν τι, ἀποτελεῖν τι.

Werkeltag, Werktag m ἡ ἐργάσιμος ἡμέρα.

Werkleute, die οἱ ἐργάται.

Werkmeister m ὁ τῶν ἐργατῶν ἐπιστάτης.

Werk=ſtatt, =ſtätte f τὸ ἐργαστήριον. [κός.]

werktätig ἐνεργής, πρακτι=

Werktätigkeit f ἡ ἐνέργεια, ἡ πραγματεία.

Werkzeug n τὸ ἐργαλεῖον, τὸ ὄργανον, Sinneswerkzeug τὸ αἰσθητήριον.

Wermut m ἡ ἀψίνθος, τὸ ἀψίνθιον.

wert ἄξιος, τίμιος, ἔντιμος (2), etw. ~ sein ἄξιον εἶναί τινος, der Rede ~ λόγου ἄξιος, ἀξιόλογος (2), viel ~ πολλοῦ ἄξιος, es ist der Mühe ~ ἄξιόν ἐστιν, etw. ~ halten τιμᾶν τι, περὶ πολλοῦ ποιεῖσθαί τι.

Wert m ἡ ἀξία (innerer ~), ἡ τιμή, τὸ τίμημα (geschätzter ~), ἡ δύναμις (Gültigkeit), ἡ ἀμοιβή (im Umtausch), ohne ~ οὐδενὸς ἄξιος, von gleichem ~ ἰσότιμος (2), im ~e steigen ἐπιτιμᾶσθαι. [πητός.]

wertgeſchätzt τίμιος, ἀγα=
wertlos οὐδενὸς ἄξιος, φαῦλος. [(ητος).]

Wertloſigkeit f ἡ φαυλότης
wertſchätzen τιμᾶν, ἄγασθαι, περὶ πολλοῦ ποιεῖσθαι.

Wertſchätzung f ἡ ἀξίωσις, ἡ τιμή.

wertvoll πολυτελής.

Weſen n = Eigentümlichkeit ἡ οὐσία, ἡ φύσις, = Betragen ὁ τρόπος (gew. pl.), = selbſtändiger Gegenstand τὸ ὄν, τὸ ὑπάρχον, ἡ φύσις, das gemeine ~ τὰ κοινά, τὰ τῆς πόλεως, viel ~s von etwas machen δεινόν ποιεῖσθαί τι, sein ~ treiben διατρίβειν, ἀναστρέφεσθαι.

Weſenheit f ἡ οὐσία.

weſenlos κενός.

weſentlich ἀρχοειδής, ἐνούσιος (2), = wichtig λόγου ἄξιος, ἀξιόλογος (2), adv. ὄντως, τῷ ὄντι.

weshalb, weswegen διὰ τί; τί; τίνος ἕνεκα; (indirekt) διότι, ὅτου ἕνεκα, (relat.) διότι, διό, οὗ ἕνεκα.

Weſpe f ὁ σφήξ (ηκός).

wespenartig σφηκώδης.
Wespennest n ἡ σφηκιά.
West, Westwind m ὁ ζέφυρος. [ἑσπέρα.]
Westen m αἱ δυσμαί, ἡ]
Westgrenze f οἱ ἑσπέριοι ὅροι.
westlich ἑσπερινός, ἑσπέριος.
Westseite f τὰ ἑσπέρια.
westwärts πρὸς ἑσπέραν.
Wette f ἡ ῥήτρα, ἡ περίδοσις, eine ~ um etw. machen ῥήτραν ποιεῖσθαι ἐπί τινι.
Wetteifer m ὁ ζῆλος, ἡ ἅμιλλα, ἡ φιλοτιμία, ἡ ἔρις, ὁ ἀγών.
Wetteiferer m ὁ ζηλωτής, ὁ ἀνταγωνιστής, ὁ ἀντεραστής.
wetteifern διαγωνίζεσθαι, ἁμιλλᾶσθαί τινι, ἐρίζειν, ἐρίζεσθαί τινι περί τινος.
wetten: um etwas ~ περιδίδοσθαι περί τινος.
Wetter n ἡ ὥρα, schönes ~ ἡ εὐδία, ἡ αἰθρία, schlechtes, stürmisches ~ ὁ χειμών, trübes ~ αἱ συννεφεῖς ἡμέραι.
Wetterbeobachter m ὁ μετεωρολόγος.
Wetterbeobachtung f ἡ μετεωρολογία.
Wetterfahne f τὸ ἀνεμούριον.
Wetterglas n τὸ ἀερόμετρον.
wetterleuchten ἀστράπτειν.
Wetterleuchten n ἡ ἀστραπή (auch pl.).
wettern χειμάζειν.
Wetterprophet m ὁ μετεωροσοφιστής, ὁ ἀεροσκόπος.

Wetterprophezeiung f ἡ ἀεροσκοπία.
Wetterschaden m ἡ χαλαζοκοπία. [βορρᾶν.]
Wetterseite f τὰ πρὸς]
Wetterstrahl m ὁ κεραυνός, ὁ σκηπτός.
wetterwendisch εὐμετάβλητος (2), ἀσταθής.
Wetterwolke f τὸ χειμερινὸν νέφος. [δρομία.]
Wettfahrt f ἡ ἁρματο-]
Wettgesang m τὸ ἀμοιβαῖον ᾆσμα.
Wettkampf m ὁ ἀγών, ἡ ἅμιλλα, ὁ ἆθλος, einen ~ anstellen τιθέναι oder προτιθέναι ἀγῶνα.
Wettkämpfer m ὁ ἀγωνιστής, ὁ ἀθλητής.
Wettlauf m ὁ δρόμος.
Wettläufer m ὁ σταδιοδρόμος. [ἅμιλλα.]
Wettreiten ὁ ἵππων]
wettrennen σταδιοδρομεῖν.
Wettrennen n ὁ δρόμος.
Wettrenner m ὁ σταδιοδρόμος.
Wettringen n ἡ πάλη.
Wettstreit m s. Wettkampf.
wettstreiten ἐρίζειν, ἀγωνίζεσθαί τινι. [kämpfer.]
Wettstreiter m s. Wett-]
wetzen ἀκονᾶν, ὀξύνειν, θήγειν. [θηγάνη.]
Wetzstein m ἡ ἀκόνη, ἡ]
wichsen περικωνεῖν.
Wicht m τὸ φαῦλον ἀνθρώπιον.
wichtig ἄξιος, ἀξιόλογος (2), (von Sachen) σπουδαῖος, βαρύς, (von Personen) δυνατός,

μέγα δυνάμενος, ~ tun δοκεῖν εἶναί τι, σεμνύνεσθαι, das Wichtigste τὸ μέγιστον, τὸ κεφάλαιον.
Wichtigkeit f ἡ ἀξία, τὸ ἀξίωμα, ἡ βαρύτης, ἡ σεμνότης, ἡ σπουδαιότης (ητος).
Wicke f ὁ βῖκος, τὸ βικίον.
Wickel m ἡ ἀγαθίς, τὸ ἐνείλημα.
Wickelkind n ὁ σπαργανιώτης.
wickeln συμπλέκειν, συσπειρᾶν, ἐνειλεῖν, in Windeln ~ σπαργανίζειν.
Widder m ὁ κριός (auch als Belagerungsmaschine).
widderartig κριοειδής.
wider ἐπί, παρά, εἰς, πρός mit acc., κατά mit gen., s. gegen.
wider-bellen ἀνθυλακτεῖν.
Wider-christ m ὁ ἀντίχριστος. [ἔρεισις.]
Wider-druck m ἡ ἀντ-
wider-fahren συμβαίνειν, es widerfährt mir etwas συμβαίνει, γίγνεταί μοί τι, πάσχω τι, περιπίπτω τινί, j-m Gerechtigkeit ~ lassen δικαίως προσφέρεσθαί τινι.
Wider-haken m τὸ ἄγκιστρον, ὁ ἄγκινος.
Wider-hall m ἡ ἀνταπόδοσις, ἡ ἀντήχησις.
wider-hallen ἀνταποδιδόναι, ἀντηχεῖν.
Wider-halt m τὸ ἔρεισμα, τὸ ἀντέρεισμα, τὸ στήριγμα.
wider-halten ἀντερείδειν,

ἀντέχειν, — dauern διαμένειν.
wider-legbar ἐλεγκτός, leicht ~ εὐ-, εὐεξέλεγκτος (2).
wider-legen ἐλέγχειν, ἐξελέγχειν, eine Beschuldigung u. dgl. ~ ἀπολύεσθαι, ἀποτρίβεσθαι.
Wider-legung f ὁ ἔλεγχος, ἡ ἔλεγξις oder durch Verba.
wider-lich δυσχερής, ἀχθεινός, ἀηδής, es ist mir etw. ~ δυσχεραίνω, βδελύττομαί τι. [ἡ ἀηδία.]
Widerlichkeit f ἡ δυσχέρεια,
widern: es widert mich etw. an μυσάττομαί τι.
wider-natürlich ἀλλόκοτος (2), ὁ, ἡ, τὸ παρὰ φύσιν.
Wider-part m ὁ ἐναντίος, ὁ ἐναντιούμενος, vor Gericht ὁ ἀντίδικος.
wider-raten πείθειν τινὰ μὴ ποιεῖν τι, ἀποτρέπειν τινά τινος.
wider-rechtlich ἄδικος, ἀθέσμιος, ἄ-, παράνομος (sämtlich 2), ~ handeln ἀδικεῖν, παρανομεῖν.
Wider-rechtlichkeit f ἡ ἀδικία, ἡ παρανομία.
Wider-rede f ἡ ἀντιλογία, ἡ ἀντίφασις, ohne ~ ἀπροφάσιστος (2), πρόθυμος (2), ἑκών.
Wider-ruf m ἡ παλιλλογία, ἡ παλινῳδία.
wider-rufen ἀνα-, μετατίθεσθαι, παλινῳδεῖν.
Wider-sacher m ὁ ἐναντίος, ὁ ἀνταγωνιστής, ὁ ἀντίδικος.

(Wichtigkeit   487   Wider-sacher)

Wider-schein m ἡ ἀνταπόδοσις, ἡ ἀποστιλψις, ἡ ἀντιφάνεια, einen ~ geben ἀποστίλβειν.

wider-setzen, sich ἐναντιοῦσθαι, ἀνθίστασθαι, ἀντιτάττεσθαι, ἀντέχειν, ἀντιτείνειν.

wider-setzlich, **-spenstig** ἀνυπότακτος (2), ἀνυπήκοος (2), ἀπειθής, στασιώδης.

Wider-setzlichkeit, **-spenstigkeit** f ἡ ἀπείθεια, ἡ ἀπειθαρχία, ἡ ἀταξία.

wider-sinnig ἄλογος, ἄτοπος, παράλογος (sämtlich 2).

Wider-sinnigkeit f ἡ ἀλογία, ἡ ἀτοπία oder durch das *neutr.* der vorh. *adj.*

Wider-spiel n τὸ ἐναντίον, τὰ ἐναντία, j-m das ~ halten ἐναντιοῦσθαί τινι.

wider-sprechen ἀντιλέγειν, ἀντιλογεῖν, ἐναντιοῦσθαι.

wider-sprechend ἄτοπος (2), ἐναντίος.

Widersprecher m durch das *part.* der Verba.

Wider-spruch m ἡ ἀντιλογία, ἡ ἐναντιολογία, τὸ ἐναντίωμα (als Handlung), ἡ ἐναντιότης (ητος), ἡ ἀλογία (als Zustand), im ~ stehen mit etw. ἐναντιοῦσθαί τινι.

Wider-stand m ἡ ἀντίστασις, τὸ ἐναντίωμα, j-m ~ leisten ἀντέχειν, ἀνθίστασθαί τινι.

wider-stehen s. Widerstand leisten, — aushalten καρτερεῖν τι, es widersteht mir etwas μυσάττομαί τι.

wider-strahlen ἀποστίλβειν.

wider-streben ἐναντίον εἶναί τινι, ἐναντιοῦσθαί τινι.

Wider-streben n ἡ ἀντίστασις, ἡ ἐναντίωσις.

Wider-streit m ἡ διαφωνία, s. Widerspruch.

wider-streiten s. widersprechen.

wider-wärtig ἀχθεινός, δυσχερής, es wird mir etw. ~ μισῶ τι, ἐνοχλεῖ μοί τι, βαρέως φέρω τι.

Wider-wärtigkeit f ἡ δυσχέρεια, ἡ βαρύτης (ητος), ἡ ἐπάχθεια, = Unfall τὸ κακόν, ἡ συμφορά, ~en haben πράγματα ob. κακὰ ἔχειν, j-m ~en bereiten πράγματα παρέχειν τινί.

Wider-wille m ἡ ἀηδία, ἡ ἄση, ἡ δυσμένεια, ~n gegen etw. haben δυσχεραίνειν τι.

widmen ἀναδεικνύναι, κατονομάζειν, χαρίζεσθαι, den Göttern etw. ~ ἀνατιθέναι, sich einer Sache ~ σπουδάζειν περί τι.

Widmen n, **Widmung** f ἡ ἀνάδειξις, ἡ κατονομασία, ἡ ἀνάθεσις.

widrig ἐναντίος, ἀντίος, ~er Wind ὁ σκαιὸς ἄνεμος, = unangenehm ἀηδής, δυσχερής, χαλεπός, = schlimm κακός. {ἦν) μή.}

widrigenfalls εἰ δὲ (ἐάν).

Widrigkeit f ἡ ἐναντιότης (ητος), ἡ δυσχέρεια oder durch das *neutr.* der vorh. *adj.*

wie (direkt fragend) πῶς; ~ nun? πῶς οὖν; τί γάρ; aber? τί δέ; ~ anders? πῶς γὰρ οὔ; ~ viel? πόσος; ~

alt? πηλίκος; ~ beschaffen ποῖος; (direkt fragend) ὅπως, ~ groß, ~ viel ὁπόσος, relat. ὡς, ὥσπερ, ᾗ, ᾗπερ, ~ ... so ὥσπερ ... οὕτω, ebensoviel ~ τοσοῦτος ... ὅσος, so schnell ~ möglich ὡς τάχιστα, conj. = als, daß ὡς, ὅτε, ἡνίκα, ~ auch = obgleich καίπερ mit part.
Wiedehopf m ὁ ἔποψ (οπος).
wieder αὖ, αὖθις, πάλιν.
wieder-abändern μεταλλάττειν.
wieder-abgeben ἀποδιδόναι.
wieder-abgehen ἀπιέναι.
wieder-abnehmen *trans.* περιαιρεῖσθαι πάλιν, *intr.* μειοῦσθαι, ἐλαττοῦσθαι πάλιν.
wieder-abteilen ὑποδιαιρεῖν.
wieder-abtreten *trans.* ἀποδιδόναι, *intr.* ἀπέρχεσθαι ob. ὑποχωρεῖν πάλιν.
wieder-abziehen *trans.* περιαιρεῖσθαι πάλιν, *intr.* ἀναχωρεῖν πάλιν.
wieder-anbauen ἐργάζεσθαι πάλιν. [καίειν.]
wieder-anbrennen ἀνα-}
wieder-ändern μεταλλάττειν.
wieder-anfangen *trans.* ἀναλαμβάνειν τι, *intr.* ἄρχεσθαι πάλιν.
wieder-angehen s. das vorhergehende Wort. [πάλιν.]
wieder-anlangen ἥκειν
wieder-angreifen ἅπτεσθαι πάλιν, die Feinde ~ ἐπιτίθεσθαι πάλιν τοῖς πολεμίοις.

wieder-anhalten ἐπ-, κατέχειν πάλιν. [πάλιν.]
wieder-anheben ἄρχεσθαι}
wieder-anklagen ἀντικατηγορεῖν, ἀνθυπάγειν.
wieder-anknüpfen πάλιν ἀναλαμβάνειν.
wieder-ankommen ἐπανέρχεσθαι, ἀφικνεῖσθαι πάλιν. [βαίνειν.]
wieder-annehmen ἀναλαμ-}
wieder-anregen ἀνεγείρειν, παροξύνειν πάλιν.
wieder-anrücken ἐπέρχεσθαι πάλιν. [ᵒσθαι.]
wieder-anschaffen ἀνακτᾶ-}
wieder-antworten ἀναποκρίνεσθαι.
wieder-aufbauen ἀνασκευάζειν. [ἀνασκευή.]
Wieder-aufbauung f ἡ
wieder-aufblühen ἀνανθεῖν.
wieder-aufbrechen *trans.* ἀναρρηγνύναι, *intr.* (von Wunden) ἀναξαίνεσθαι, ἑλκοῦσθαι πάλιν, (zum Abzug) ἀπανίστασθαι, ἀπαίρειν πάλιν.
wieder-aufbringen ἀποκαθιστάναι, εἰσάγειν πάλιν.
wieder-aufdecken ἀνακαλύπτειν πάλιν.
wieder-auferstehen ἀνίστασθαι πάλιν ἐξ ᾅδου, ἀναβιώσκεσθαι. [ρειν.]
wieder-auferwecken ἀνεγεί-}
wieder-aufhelfen ἀνορθοῦν, βοηθεῖν τινι.
wieder-aufkommen ἀναλαμβάνειν ἑαυτόν, ἀνίστασθαι, (von Sitten und Gebräuchen) ἐπικρατεῖν πάλιν.

wieder-aufleben ἀναβιοῦ-σθαι.

wieder-aufnehmen εἰσδέχε-σθαι πάλιν.

wieder-aufreißen ἀναξαίνειν (eine Wunde).

wieder-aufrichten ἀποκαθ-ιστάναι, durch Trost ἐπαν-ορθοῦν, παραμυθεῖσθαι.

Wieder-aufrichtung f ἡ ἐπανόρθωσις.

wieder-aufsetzen, sich, z.B. auf ein Pferd ἀναβαίνειν πάλιν.

wieder-aufstehen ἀνίστα-σθαι πάλιν, ἀναλαμβάνειν ἑαυτόν.

wieder-ausbessern ἀνα-σκευάζειν πάλιν, ἀκεῖσθαι.

wieder-ausbrechen ἀνα-κάεσθαι πάλιν, von Vulkanen ῥύακας ἀναπέμπειν πάλιν. [τειν.]

wieder-ausgraben ἀνορύτ-
wieder-auslösen ἀναλυτροῦ-σθαι. [βλαστάνειν.]

wieder-ausschlagen ἀνα-
wieder-ausspeien ἀπεμεῖν πάλιν.

wieder-begehren ἀπαιτεῖν.

wieder-beginnen f. wieder-anfangen.

wieder-beißen ἀντιδάκνειν.

wieder-bekommen ἀναλαμ-βάνειν, ἀνακομίζεσθαι.

wieder-bekriegen ἀντιπολε-μεῖν τινι. [ζωπυρεῖν.]

wieder-beleben ἀνα-, ἐκ-
Wieder-belebung f ἡ ἐκ-ζωπύρησις.

wieder-bemächtigen, sich ἀνα-κτᾶσθαί τι. [δωρεῖσθαι.]

wieder-beschenken ἀντι-

wieder-besetzen κατέχειν πάλιν (mit Truppen), ἄλλον καθιστάναι ἄρχοντα (ein Amt).

wieder-bestellen κελεύειν αὖθις παραγίγνεσθαί τινα.

wieder-besuchen αὖθις (πά-λιν) ἐπισκοπεῖν.

wieder-bezahlen ἀποδιδόναι πάλιν.

Wieder-bezahlung f ἡ ἀπό-δοσις.

wieder-bitten αὖθις δεῖσθαι, ἀντιδεῖσθαι.

wieder-blühen ἀνανθεῖν.

wieder-bringen ἀνακομί-ζειν, ἀνάγειν.

wieder-dasein ἥκειν πάλιν.

wieder-dienen: j-m ~ ἀνθ-υπηρετεῖν, ἀντιχαρίζε-σθαί τινι.

wieder-durchsehen ἀνα-γιγνώσκειν πάλιν.

wieder-einbringen ἐπαν-ορθοῦν, ἀκεῖσθαι.

wieder-einführen εἰσάγειν πάλιν.

wieder-eingraben κατορύτ-τειν πάλιν.

wieder-einladen αὖθις κα-λεῖν, ἀντικαλεῖν. [πάλιν.]

wieder-einlösen λύεσθαι
wieder-einnehmen ἀνα-λαμβάνειν. [διδόναι.]

wieder-einräumen ἀπο-
wieder-einreißen καθαιρεῖν πάλιν. [ἱστάναι.]

wieder-einrichten ἀποκαθ-
Wieder-einrichtung f ἡ ἀπο-κατάστασις.

wieder-einschlafen πάλιν κατακοιμᾶσθαι.

wieder-einsetzen πάλιν καθιστάναι.
Wieder-einsetzung f ἡ ἀποκατάστασις.
wieder-einteilen διαιρεῖν πάλιν. [λαμβάνειν.]
wieder-empfangen ἀνα-
wieder-emporkommen ἀνακύπτειν, αὐξάνεσθαι.
wieder-entbrennen ἀναλάμπειν.
wieder-entreißen ἀφαιρεῖσθαι πάλιν.
wieder-entstehen πάλιν γίγνεσθαι.
wieder-ergreifen ἀναλαμβάνειν. [νειν.]
wieder-erhalten ἀναλαμβά-
wieder-erholen, sich ἀναλαμβάνειν ἑαυτόν, ἐπιρρώννυσθαι.
wieder-erinnern, sich ἀναμιμνήσκεσθαι.
Wieder-erinnerung f ἡ ἀνάμνησις.
wieder-erkennen ἀναγιγνώσκειν, ἀναγνωρίζειν.
Wieder-erkennen n ἡ ἀναγνώρισις.
wieder-erlangen ἀναλαμβάνειν, ἀνακομίζεσθαι.
Wieder-erlangung f ἡ ἀνακομιδή, ἡ ἀνά-, ἀπόληψις.
wieder-ermannen, sich ἀναλαμβάνειν θυμόν.
wieder-erneuern ἀνακαινίζειν πάλιν.
wieder-erobern κατέχειν ob. κρατεῖν πάλιν.
Wieder-eroberung f ἡ ἀνάληψις.
wieder-erscheinen αὖθις φαίνεσθαι oder παραγίγνεσθαι.
wieder-erstatten, -ersetzen ἀπο-, ἀνταποδιδόναι.
Wieder-erstattung f ἡ ἀνταπόδοσις.
wieder-erwachen ἀντεγείρεσθαι πάλιν.
wieder-erwägen αὖθις σκοπεῖν, ἀναμετρεῖσθαι.
wieder-erwählen αἱρεῖσθαι πάλιν oder δεύτερον.
wieder-erwerben ἀνακτᾶσθαι, ἀναλαμβάνειν.
Wieder-erwerbung f ἡ ἀνάκτησις, ἡ ἀνάληψις.
wieder-erzählen αὖθις διελθεῖν, ἀπ-, ἐξαγγέλλειν.
wieder-fangen πάλιν αἱρεῖν.
wieder-finden ἀνευρίσκειν.
Wieder-finden n ἡ ἀνεύρεσις.
wieder-fordern ἀπαιτεῖν.
wieder-fragen ἀνερωτᾶν.
Wieder-gabe f ἡ ἀπό-, ἀντίδοσις.
wieder-gebären ἀναγεννᾶν.
wieder-geben ἀπο-, ἀντι-, ἀνταποδιδόναι.
wieder-geboren werden ἀναγεννᾶσθαι.
Wieder-geburt f ἡ ἀναγέννησις, ἡ παλιγγενεσία.
wieder-genesen ἀναρρώννυσθαι. [ληψις.]
Wieder-genesung f ἡ ἀνά-
wieder-gewinnen ἀνακτᾶσθαι, ἀναλαμβάνειν.
wieder-grünen ἀνανθεῖν, ἀναθάλλειν.
wieder-grüßen ἀντασπάζεσθαι, ἀντιπροσειπεῖν.

wieder-haben ἀπειληφέναι.
wieder-heilen ἄκεῖσθαι πάλιν.
wieder-heiraten ἐπιγαμεῖν.
wieder-helfen ἀντωφελεῖν, ἀνθυπηρετεῖν. [διδόναι.]
wieder-herausgeben ἀπο-
wieder-herstellen ἀποκαθιστάναι, ἐπανορθοῦν, ἐπισκευάζειν, ἀκεῖσθαι.
Wieder-herstellung f ἡ ἀποκατάστασις, ἡ ἄκεσις.
wie'der-holen ἀνακομίζειν.
wieder-ho'len αὖθις λέγειν.
wieder-holt πολύς, συχνός, *adv.* πολλάκις. [λογία.]
Wieder-holung f ἡ ταυτο-
wieder-kauen ἀναμασᾶσθαι, μηρυκάζειν, μηρυκίζειν.
Wieder-kauen n ὁ μηρυκισμός. [ἐπάνοδος.]
Wieder-kehr f ἡ ἄνοδος, ἡ
wieder-kehren ἐπαν-, κατέρχεσθαι, ἀναχωρεῖν.
wieder-kommen πάλιν ἔρχεσθαι.
Wieder-kunft f s. Wiederkehr.
wieder-lernen ἀναμανθάνειν.
wieder-lesen δεύτερον ἀναγιγνώσκειν.
wieder-lieben ἀντιφιλεῖν.
wieder-lösen ἀπο-, ἐκλυτροῦσθαι. [γέλλειν.]
wieder-melden ἀνταπαγ-
wieder-nachlassen ἀναπαύεσθαι πάλιν. [νειν.]
wieder-nehmen ἀναλαμβά-
wieder-nützen ἀντωφελεῖν.
wieder-sagen διαθρυλεῖν, διαδιδόναι λόγον, j-m etw. ~ ἐκλαλεῖν τι πρός τινα.

wieder-sammeln συλλέγειν πάλιν, seine Kräfte ~ ἀναρρώννυσθαι, sich ~ ἀναλαμβάνειν ἑαυτόν.
wieder-schaffen ἀνευρίσκειν, σῴζειν.
wieder-schelten κακῶς ἀντειπεῖν. [σθαι.]
wieder-schenken ἀντιδωρεῖ-
wieder-schicken ἀναπέμπειν.
wieder-schimpfen s. wieder-schelten.
wieder-schlagen ἀντιπαίειν.
wieder-schreiben ἀντεπιστέλλειν.
wieder-sehen αὖθις oder ὕστερον ὁρᾶν.
Wieder-sehen n ἡ αὖθις ἔντευξις.
wieder-senden s. wieder-schicken. [ναι.]
wieder-stärken ἀναρρωννύ-
wieder-suchen ἀναζητεῖν.
Wieder-taufe f ὁ ἀναβαπτισμός.
Wieder-täufer m ὁ ἀναβαπτιστής.
wieder-überdenken αὖθις σκέπτεσθαι oder σκοπεῖν.
wieder-um αὖ, αὖθις, πάλιν.
wieder-umkehren ὑποστρέφεσθαι πάλιν.
wieder-vereinigen συνάπτειν, συλλέγειν.
Wieder-vereinigung f ἡ διαλλαγή, ἡ καταλλαγή.
wieder-vergelten ἀντιδιδόναι, ἀνταποδιδόναι τινί τι, Wohltaten ~ ἀντευεργετεῖν τινα.
Wieder-vergeltung f ἡ ἀντίδοσις, ἡ ἀνταπόδοσις.

Wieder-verkauf m ἡ ἀνάπρασις. [πιπράσκειν.
wieder-verkaufen ἀνα-]
Wieder-verkäufer m ὁ ἀνα-πράτης. [(auch M.).]
wieder-verlangen ἀπαιτεῖν,]
wieder-zahlen ἀπαριθμεῖν, ἀνταποδιδόναι.
wiefern καθ' ὅσον, ᾗ, (fragend) πῇ;
Wiege f ἡ κοιτίς, ἡ αἰώρα, ἡ σκάφη, von der ~ an ἐκ σπαργάνων, ἀπὸ τῆς γενεᾶς.
wiegen trans. σείειν, δινεῖν, αἰωρεῖν, intr. σταθμὸν οὐ. βάρος ἔχειν.
Wiegenlied n ἡ καταβαυκάλησις.
wie groß (direkt fragend) πόσος, πηλίκος, (indirekt fragend) ὁπόσος, ὁπηλίκος, relat. ὅσος, ἡλίκος.
wiehern χρεμετίζειν.
Wiehern n ὁ χρεμετισμός.
wie hoch (direkt fragend) πόσος τὸ ὕψος; (indirekt fragend) ὁπόσος τὸ ὕψος, relat. ὅσος τὸ ὕψος.
wie lange (direkt fragend) πόσον χρόνον; (indirekt fragend) ὁπόσον χρόνον, relat. ὅσον χρόνον.
wie oft (direkt fragend) ποσάκις; (indirekt fragend) ὁποσάκις, relat. ὁσάκις.
Wiese f ὁ λειμών (ῶνος).
wie sehr ὅσον.
Wiesel n ἡ γαλῆ.
Wieselfell n ἡ γαλῆς δορά.
Wiesenblume f τὸ λειμώνιον ἄνθος.

Wiesengras n ἡ λειμωνία πόα.
wieso τί γάρ; πῶς λέγεις;
wieviel (direkt fragend) πόσος; (indirekt fragend) ὁπόσος, relat. ὅσος.
wie weit (direkt fragend) πόση ὁδός; = bis zu welchem Grade εἰς τί; (indirekt fragend) ὁπόση ὁδός, εἰς ὅ τι, relat. ὅση ὁδός, εἰς ὅσον.
wiewohl εἰ καὶ mit ind., καίπερ mit part.
wild ἄγριος, θηριώδης, = rasend μαινόμενος, μανικός, = heftig τραχύς, χαλεπός, ~es Schwein ὁ ὗς ἄγριος, ὁ κάπρος, ~es Tier τὸ θηρίον.
Wild n τὰ θηρία.
Wildbahn f τὸ κυνηγέσιον.
Wildbraten m τὰ ἀπὸ τῶν θηρίων κρέα ὀπτά.
Wildbret n τὰ θηρία (lebend), τὰ θήρεια κρέα (Fleisch).
Wilddieb m ὁ θηρία κλέπτων oder λάθρα κατακαίνων. [πος.]
Wilde m ὁ ἄγριος ἄνθρω-]
Wildfang m ὁ ὑβριστὴς ἄνθρωπος.
wildfremd παντελῶς ξένος, βάρβαρος. [(ηνός).]
Wildgans f ὁ μικρὸς χήν]
Wildgarn n τὸ δίκτυον.
Wildheit f ἡ ἀγριότης (ητος), τὸ θηριῶδες.
Wildkalb n τὸ νεβρός.
Wildnis f τὸ ἄγριον oder ἔρημον χωρίον, ἡ ἐρημία.
Wildpark m ὁ παράδεισος.
Wildschwein n ὁ κάπρος.

wildwachsend ἄγριος, αὐτοφυής.

Wille *m* ἡ βούλησις, τὸ βούλημα, ἡ γνώμη, ἡ θέλησις, τὸ θέλημα, aus freiem ~n ἑκών, ἑκούσιος, wider ~n ἄκων, ἀκούσιος, wider j-s ~n βίᾳ τινός, j-m zu ~n sein ὑπηρετεῖν, χαρίζεσθαί τινι, mit ~n ἐξεπίτηδες, es steht in meinem ~n ἐπ' ἐμοί ἐστιν, um meinetwillen ἐμὴν χάριν, um j-s willen χάριν τινός, um Gottes willen πρὸς θεῶν (θεοῦ), der letzte ~ αἱ διαθῆκαι, willens sein, etw. zu tun διανοεῖσθαι ποιεῖν τι.

willenlos ἄνευ γνώμης.

Willensäußerung *f* ἡ γνώμης δήλωσις.

Willensmeinung *f* ἡ γνώμη, τὸ δόξαν, τὸ δεδογμένον.

Willensneigung *f* ἡ γνώμη.

Willensrichtung *f* ἡ προαίρεσις.

Willensvermögen *n* ἡ βούλησις, ἡ θέλησις, τὸ ἐθέλειν.

willfahren χαρίζεσθαι, πείθεσθαι (P.), πειθαρχεῖν, ὑπηρετεῖν τινι, θεραπεύειν τινά.

willfährig ὑπηρετικός, εὐπειθής, πρόθυμος (2).

Willfährigkeit *f* das *neutr.* der vorh. *adj.*, ἡ προθυμία.

Willfahrung *f* ἡ χάρις, ἡ πειθαρχία.

willig πρόθυμος (2), ἑκών, ἀπροφάσιστος (2), ἄσμενος, ~ sein προθυμεῖσθαι.

willigen: in etw. ~ δέχεσθαί τι.

Willigkeit *f* ἡ προθυμία, ἡ πειθαρχία.

willkommen ἀσπαστός, ἀσπάσιος, ~! χαῖρε! j-n ~ heißen ἀσπάζεσθαί τινα.

Willkür *f* ἡ ἐξουσία, ἡ γνώμη, nach ~ κατὰ τὸ δοκοῦν, es steht in meiner ~ ἐπ' ἐμοί ἐστιν.

willkürlich ἑκούσιος, αὐτεξούσιος (2), αὐθαίρετος (2).

Willkürlichkeit *f* ἡ αὐθάδεια oder das *neutr.* der vorh. *adj*

wimmeln γαργαίρειν, von etwas ~ ὑπερεμπλησθῆναί τινος.

wimmern οἰμώζειν, ὀλολύζειν, κλαυθμυρίζεσθαι.

Wimmern *n* ἡ οἰμωγή, τὸ οἴμωγμα, ἡ ὀλολυγή, ὁ ὀλολυγμός, ὁ κλαυθμυρισμός.

Wimpel *m/pl.* τὰ σημεῖα.

Wimper *f* ἡ βλεφαρίς, τὸ βλέφαρον.

Wind *m* ὁ ἄνεμος, τὸ πνεῦμα, ὁ χειμών (Sturmwind), günstiger ~ ὁ οὖρος, widriger ~ ὁ σκαιὸς ἄνεμος, etw. in den ~ schlagen παραβάλλειν (auch M.) τι.

Windbeutel *m* ὁ ἀλαζών (όνος).

Windbeutelei *f* ἡ ἀλαζονεία. [σθαι.]

windbeuteln ἀλαζονεύε-

Windblatter *f* τὸ ἐμφύσημα.

Winde *f* ἡ στρέβλη, ὁ ὄνος (als Maschine), ἡ ἰασιώνη, ἡ ἐλξίνη, τὸ δορύκνιον (Zaun-, Strauch- und Ackerwinde).

Windel f τὸ σπάργανον, in ~n liegen σπαργανοῦν.

winden στρέφειν, ἑλίττειν, περιάγειν, κυλινδεῖν, Kränze ~ πλέκειν στεφάνους, j-m etw. aus der Hand ~ ἐξαιρεῖσθαί τινός τι, ἐκβιάζεσθαί τί τινος, sich ~ ἑλίττεσθαι, κυρτοῦσθαι.

windesschnell: mit Windesschnelle τάχιστα.

Windfahne f τὸ ἀνεμούριον.

Windhafer m ὁ αἰγίλωψ (ωπος).

Windhund m ἡ λαγωνίκα, τὸ λαγωνικόν (neugriechisch), übertr. s. Windbeutel.

windig ἀνεμώδης, πνευματώδης, ἀνεμόεις, übertr. ἀνεμιαῖος, μάταιος, κενός, ein ~er Mensch ὁ ματαιολόγος ἄνθρωπος.

Windigkeit f ἡ κενότης (ητος), τὸ ἀνεμιαῖον.

Windmacher m ὁ ἀερολέσχης, ὁ ἀλαζών (όνος).

Windmacherei f ἡ ἀλαζονεία.

Windmühle f ἡ ὑπὸ τοῦ πνεύματος ἀγομένη μύλη (ὁ ἀνεμόμυλος neugriechisch).

Windrose f ἡ ἀνεμώνη, τὸ ἠνέμιον.

Windsbraut f ὁ τῖνος.

Windschaden m ἡ ἀνεμοφθορία.

windschnell ἀνέμου θάττων, τάχιστος, ἀνεμώκης, ἀνεμόεις. [διος (2), γαληνός.]

windstill νήνεμος (2), εὔ-

Windstille f ἡ νηνεμία, ἡ εὐδία, ἡ γαλήνη.

Windstoß m ὁ καταιγισμός, ἡ καταιγίς, ἡ πνεύματος καταφορά.

Windung f ἡ σπεῖρα, ἡ συστροφή, ὁ ἑλιγμός, ~en eines Weges αἱ περίοδοι.

Wink m τὸ νεῦμα, ἡ σημασία, einen ~ geben σημαίνειν.

Winkel m ἡ γωνία, = verborgener Ort ὁ μυχός.

Winkeleisen, -maß n ὁ κανών (όνος), ὁ γνώμων (ονος).

winkelig ἐγγώνιος (2), γωνιοειδής, γωνιώδης.

winkelrecht εὐγώνιος (2), κανονικός.

Winkelzug m ἡ πανουργία, ἡ παραγωγή, Winkelzüge machen πανουργίᾳ χρῆσθαι, ποικίλλειν.

winken νεύειν, σημαίνειν.

Winken n ἡ νεῦσις, ἡ σημασία.

winseln κνυζᾶσθαι (von Hunden usw.), μινυρίζειν, οἰμώζειν, ὀδύρεσθαι (von Menschen).

Winseln n ὁ μινυρισμός, ὁ κλαυθμυρισμός, ὁ κνυζηθμός.

Winter m ὁ χειμών (ῶνος).

Winterabend m ἡ χειμερινὴ ἑσπέρα.

Winterarbeit f τὸ χειμερινὸν ἔργον. [μασία.]

Winteraufenthalt m ἡ χει-

Winterfeldzug m ἡ ἐν χειμῶνι στρατεία.

Winter=frucht f, **=getreide** n ὁ χειμόσπορος σῖτος.
Wintergrün n ὁ κιττός, ἡ κληματίς. [μερινός.]
winterhaft χειμέριος, χειμερινός.
Winterkälte f τὸ τοῦ χειμῶνος κρύος. [στρον.]
Winterkleid n τὸ χειμα-]
Winterlager n τὰ χειμάδια.
winterlich s. winterhaft.
Wintermonat m ὁ χειμερινὸς μήν (ηνός).
wintern: es wintert χειμὼν ἐστι, χειμάζει.
Winternacht f ἡ χειμερινὴ νύξ (κτός).
Winterquartier n τὰ χειμάδια, ἡ χειμασία, das ~ beziehen, im ~ liegen χειμάζεσθαι.
Winterregen m ὁ χειμερινὸς ὄμβρος.
Winterreise f ἡ χειμερινὴ πορεία. [σπόρος.]
Wintersaat f ὁ χειμερινὸς]
Winterschlaf m ἡ φωλεία, ἡ φώλευσις.
Winterseite f τὰ πρὸς βορρᾶν (τετραμμένα).
Wintersonne f ὁ χειμερινὸς ἥλιος.
Wintersonnenwende f αἱ χειμεριναὶ ἡλίου τροπαί.
Wintersturm m ὁ χειμὼν (ῶνος). [ἡμέρα.]
Wintertag m ἡ χειμερινὴ]
Winterung f ἡ χειμασία.
Winterweizen m οἱ χειμερινοὶ πυροί.
Winterwetter n ὁ χειμὼν (ῶνος). [μάδιον.]
Winterwohnung f τὸ χει-]

Winterzeit f ἡ τοῦ χειμῶνος ὥρα, zur ~ τοῦ χειμῶνος, ἐν χειμῶνι.
Winzer m ὁ ἀμπελουργός, ὁ ἀμπελοφύτης, ὁ τρυγητής.
Winzermesser n τὸ κλαστήριον. [στος.]
winzig ἀκαριαῖος, ἐλάχι-]
Wipfel m ἡ κορυφή, τὸ
wir ἡμεῖς. [ἄκρον.]
Wirbel m = Kreisbewegung ὁ στρόβιλος, ὁ γῦρος, = Strudel ὁ δῖνος, ἡ δίνη, ~ auf dem Kopfe ἡ κορυφή.
Wirbel=bein n, **=knochen** m ὁ σφόνδυλος, ὁ στροφεύς.
wirbeln στροβεῖν, δινεῖν.
Wirbelwind m ὁ στρόβιλος, ἡ δίνη, ἡ λαῖλαψ (απος).
wirken trans. ποιεῖν, πράττειν, ἀνύτειν, ἐργάζεσθαι, intr. δύνασθαι, ἰσχύειν, = weben ὑφαίνειν, ἱστουργεῖν.
Wirken n ἡ ἐνέργεια, τὰ ἔργα, = Weben ἡ ὕφανσις, ἡ ὑφή.
Wirker m s. Weber.
wirklich ἀληθής, ἀληθινός, ὤν, adv. ἀληθῶς, τῷ ὄντι, ὄντως, ~? ἦ γάρ;
Wirklichkeit f ἡ ἀλήθεια, τὸ ὄν, in ~ τῷ ὄντι, ἔργῳ.
wirksam ἐνεργός, ἀνυτικός, ἀνύσιμος, ~ sein δύνασθαι, ἐνεργεῖν.
Wirksamkeit f ἡ ἐνέργεια, ἡ δύναμις, öffentliche ~ ἡ πολιτεία.
Wirkung f τὸ ἐνέργημα, ἡ δύναμις, keine ~ haben οὐδὲν δύνασθαι, große ~ haben πολὺ δύνασθαι.

Wirkungskreis m τὰ πράγματα, τὰ καθήκοντα, τὰ κατά τινα, τά τινος.
wirren: untereinander, durcheinander ~ ταράττειν, συν~, διαταράττειν.
Wirren, die αἱ ταραχαί, αἱ στάσεις.
Wirrwarr m ἡ ταραχή, ἡ ἀταξία, ἡ ἀκοσμία.
Wirt m ὁ οἰκονόμος (Wirtschaftsverwalter), ὁ οἴκου δεσπότης (Hausbesitzer), ὁ πανδοχεύς, ὁ κάπηλος (Gastwirt).
wirtbar οἰκήσιμος (2).
Wirtin f ἡ οἰκονόμος, ἡ δέσποινα.
wirtlich, wirtschaftlich οἰκονομικός. [ἡ διοίκησις.}
Wirtschaft f ἡ οἰκονομία,
wirtschaften οἰκονομεῖν, διοικεῖν.
Wirtschafter m ὁ οἰκονόμος, ὁ διοικητής, ὁ ταμίας.
Wirtschafterin f ἡ οἰκονόμος, ἡ ταμία.
Wirtschaftlichkeit f τὸ οἰκονομικόν.
Wirtschaftsbuch n τὸ γραμματεῖον.
Wirtschaftsgebäude n τὸ ταμιεῖον.
Wirtshaus n τὸ πανδοκεῖον, τὸ καταγώγιον, τὸ καπηλεῖον.
Wisch m ὁ σπόγγος (Schwamm), ein ~ Papier τὸ σκύβαλον.
wischen σμῆν, ἀποσμῆν.
Wischer m ἡ ἐπιτίμησις, ὁ ψόγος, j-m einen ~ geben ἐπιτιμᾶν, ψέγειν τινά.

Wißbegierde f ἡ φιλομάθεια, -μαθία.
wißbegierig φιλομαθής, ~ sein φιλομαθεῖν.
wissen εἰδέναι, ἐπίστασθαι, γιγνώσκειν, μεμαθηκέναι, nicht ~ ἀγνοεῖν, wohl ~ εὖ εἰδέναι, auswendig ~ ἐξεπίστασθαι, um etwas ~ συνειδέναι τι, ich weiß, daß οἶδα mit part., j-m Dank ~ χάριν εἰδέναι oder ἔχειν τινί.
Wissen n ἡ ἐπιστήμη, τὸ εἰδέναι, ohne j-s ~ λάθρα oder κρύφα τινός, mit ~ und Willen ἐκ προθέσεως, meines ~s ὅσον γ' ἐμὲ εἰδέναι.
Wissenschaft f ἡ ἐπιστήμη, τὸ μάθημα, ἡ μάθησις, ἡ γνῶσις, die ~en τὰ γράμματα, οἱ λόγοι.
wissenschaftlich μαθηματικός, ~e Erkenntnis ἡ ἐπιστήμη, ~e Bildung ἡ παιδεία.
wissenswürdig ἃ χρὴ εἰδέναι oder ἐπίστασθαι.
wissentlich εἰδώς, ἑκών, ἐπιτηδευτός, προαιρετός, adv. ἐκ προθέσεως, ἐκ προνοίας.
wittern ὀσφραίνεσθαί τινος, στιβεύειν τι (von Hunden), übertr. αἰσθάνεσθαί τινος, ὑποπτεύειν, ὑπονοεῖν.
Witterung f ὁ ἀήρ (έρος), αἱ ὧραι, — Spürsinn ἡ ἀποφερομένη ὀσμή.
Witterungskunde f ἡ μετεωρολογία.

Witwe *f* ἡ χήρα, ~ sein χηρεύειν.
Witwenstand *m* ἡ χηρεία.
Witwer *m* ὁ χῆρος.
Witz *m* (als Vermögen) ἡ ἀστειότης, ἡ κομψότης (ητος), ~ haben ἀστεῖον εἶναι, (als Sache) τὸ σκῶμμα, = Verstand ἡ σύνεσις.
Witzbold *m* ὁ εὐτράπελος ἀνήρ.
Witzelei *f* ἡ λεπτολογία, τὰ σοφίσματα. [ζεσθαι.]
witzeln λεπτολογεῖν, σοφίζεσθαι.]
witzig ἀστεῖος, εὐτράπελος (2), ~er Einfall ὁ ἀστεῖος λόγος. [νοῦν.]
witzigen σωφρονίζειν, φρε-]
Witzigkeit *f* ἡ κομψότης, ἡ ἀστειότης (ητος).
Witzigung *f* ἡ σωφρόνισις, ὁ σωφρονισμός, τὸ σωφρόνισμα, ἡ φρένωσις.
Witzling *m* ὁ εὐτράπελος ἀνήρ.
Witzwort *n* τὸ ἀπόφθεγμα.
wo (direkt fragend) ποῦ; (indirekt fragend) ὅπου, wo in aller Welt? ποῦ ποτε γῆς; von wo? πόθεν; (relativ) οὗ, ὅπου, ἔνθα, von wo ὅθεν, ὅθενπερ.
wobei (fragend) πρὸς τίνι; παρὰ τίνι; ἐν τίνι; (relativ) πρὸς ᾧ, παρ' ᾧ, ἐν ᾧ.
Woche *f* ἡ ἑβδομάς (άδος).
Wochenlohn *m* ὁ καθ' ἑβδομάδα ἀποδιδόμενος μισθός. [ἡμέρα.]
Wochentag *m* ἡ ἐργάσιμος]
wöchentlich καθ' ἑκάστην ἑβδομάδα.

wodurch (fragend) διὰ τί; τίνος ἕνεκα; (indirekt) διότι, (relativ) δι' οὗ, ἀφ' οὗ, ἐξ οὗ (auch δι' ὧν usw.).
wofern ἐάν, ἤν, ἂν mit conj., εἰ, ὁπότε mit ind. und opt.
wofür (fragend) ἀντὶ τίνος ob. τοῦ; διὰ τί; πρὸς τί; (indirekt) ἀνθ' ὅτου, (relativ) ἀνθ' οὗ, ἀνθ' ὅτου.
Woge *f* τὸ κῦμα, ὁ κλύδων (ωνος), das Rauschen der ~n ὁ ῥόθος, τὸ ῥόθιον.
wogen κυμαίνειν, κλυδωνίζεσθαι.
Wogen *n* ἡ κύμανσις.
wogenartig κυματοειδής, κυματώδης.
wogenlos ἄκυμος (2).
Wogenschlag, -schwall *m* ὁ κλύδων (ωνος).
wogig κυμαίνων, κυματώδης, κυματηρός.
woher (fragend) πόθεν; (indirekt) ὁπόθεν, ~ denn? πόθεν γάρ; (relativ) ὅθεν, ἀφ' οὗ, ἀφ' ὅτου, ἐξ οὗ (ὧν).
wohin (fragend) ποῖ; (indirekt) ὅποι, ~ denn? ποῖ δή; ποῖ ποτε; (relativ) οἷ, ὅποι.
wohl εὖ, καλῶς, es tut j-m etw. ~ τέρπει τινά τι, es bekommt j-m etw. ~ εὖ γίγνεταί τινί τι, sich ~ befinden καλῶς πράττειν ob. ἔχειν, lebe ~ χαῖρε, ὑγίαινε, ἔρρωσο, ich weiß ~ εὖ οἶδα, ganz ~ πάνυ γε, μάλιστα, nun ~ εἶεν, ja ~ καὶ μάλα, πῶς γὰρ οὔ; (in Fragen) ἆρα; ἆρ' οὖν;

Wohl n τὸ ἀγαθόν, ἡ σωτηρία, ἡ εὐδαιμονία, ἡ εὐτυχία, ἡ εὐπραγία, das öffentliche ~ τὰ κοινὰ ἀγαθά. [(2), σεμνός.
wohlachtbar τίμιος, ἔντιμος)
wohlan ἄγε, φέρε, ἴθι, ἀλλά, ~ denn ἄγε δή, ἀλλ' οὖν, ἀλλὰ γάρ.
wohlanständig εὐπρεπής, εὔκοσμος (2), εὐσχήμων, καλός, ſich ~ betragen εὐκοσμεῖν, εὐσχημονεῖν, es ift ~ πρέπει.
Wohlanständigkeit f ἡ εὐπρέπεια, ἡ εὐκοσμία, ἡ εὐσχημοσύνη.
wohlauf ſ. wohlan, ~ ſein εὖ ob. καλῶς ἔχειν, ἐρρῶσθαι.
wohlbedacht φρόνιμος (2), συνετός, σοφός.
wohlbedächtig εὐλαβής, φυλακτικός, προνοητικός.
Wohlbedächtigkeit f ἡ εὐλάβεια.
wohlbefestigt εὐτείχιστος (2).
wohlbefinden, ſich εὖ oder καλῶς ἔχειν, ὑγιαίνειν.
Wohlbefinden n ἡ εὐεξία, ἡ εὐρωστία.
wohlbegründet δίκαιος.
Wohlbehagen n ἡ εὐπάθεια, ἡ εὐθυμία, ἡ ἡδονή, ~ an etw. finden ἥδεσθαί τινι.
wohlbehalten σῶς (2), σῶος, ἀπαθής, ἀβλαβής.
Wohlbehaltenheit f ἡ σωτηρία.
wohlbekannt εὔγνωστος (2), εὔσημος (2).

wohlbeleibt εὖ-, πολύσαρκος (2), εὐσωματώδης.
Wohlbeleibtheit f ἡ εὐ-, πολυσαρκία, ἡ εὐσωματία.
wohlberaten εὔβουλος (2).
Wohlberatenheit f ἡ εὐβουλία.
wohlberedt δεινὸς λέγειν.
wohlbetagt μακρόβιος (2), βαθυγέρων.
wohlbewaffnet εὔοπλος (2).
wohl=bewandert, =erfahren ἔμπειρος (auch sup.), ~ ſein ἀκριβῶς εἰδέναι τι.
wohlbewährt εὐδόκιμος (2).
Wohlergehen n ἡ εὐεξία, ἡ εὐπραγία, ἡ εὐτυχία.
wohlerhalten σῶς (2), σῶος.
wohlerwogen εὖ ob. καλῶς βεβουλευμένος.
wohlerzogen εὖ ob. καλῶς πεπαιδευμένος.
Wohlfahrt f ἡ εὐδαιμονία, ἡ σωτηρία.
wohlfeil εὔωνος (2), εὐτελής.
Wohlfeilheit f ἡ εὐωνία, ἡ εὐτέλεια.
wohlgeartet εὐφυής, εὐπαίδευτος (2).
wohlgebaut εὔμορφος (2), εὔρυθμος (2).
wohlgebildet ſ. wohlgebaut.
Wohlgebildetheit f ἡ εὐφυΐα, ἡ εὐμορφία.
wohlgeboren εὐγενής.
Wohlgefallen n ἡ εὐαρέστησις, ἡ ἡδονή, ~ an etw. finden εὐαρεστεῖσθαί τινι.
wohlgefällig εὐάρεσκος (2), εὐάρεστος (2), ἐπίχαρις, κεχαρισμένος.

Wohlgefälligkeit f ἡ χάρις (ιτος), ἡ ἀρέσκεια.
wohlgehen: es geht mir wohl εὖ oder καλῶς πράττω.
wohlgekleidet εὐσταλής.
wohlgelegen εὖ κείμενος.
wohlgelitten sein bei j-m ἀρέσκειν τινί.
wohlgemeint εὔνους, εὐνοϊκός.
wohlgemut εὔθυμος (2), θαρρῶν, θαρραλέος.
wohlgenährt εὐτραφής, εὐσώματος (2).
Wohlgenährtheit f ἡ εὐτροφία.
wohlgeneigt εὐνοϊκός, εὐμενής, j-m ~ sein εὐνοϊκῶς ἔχειν τινί oder πρός τινα.
Wohlgeneigtheit f ἡ εὔνοια, ἡ εὐμένεια.
wohlgeordnet εὔτακτος (2), καλῶς τεταγμένος.
wohlgeraten εὔκαιρος, (von Kindern) καλῶς πεπαιδευμένος, εὐπαίδευτος (2).
Wohlgeruch m ἡ εὐωδία, ἡ εὐοσμία.
wohlgerüstet εὔοπλος (2).
Wohlgeschmack m ἡ ἡδύτης (ητος), ἡ εὐστομία.
wohlgeschmückt καλῶς κεκοσμημένος, [κός.]
wohlgesinnt εὔνους, εὐνοϊ-
wohlgesittet εὐήθης, εὔκοσμος (2), κόσμιος.
Wohlgestalt f ἡ εὐμορφία.
wohlgestaltet εὔμορφος (2), καλὸς τὸ σχῆμα.
wohlgetan καλῶς ἔχων.
wohlgewachsen εὐφυής.
wohlgewogen s. wohlgeneigt.

wohlgezogen εὐπαίδευτος (2), εὐάγωγος (2), καλῶς πεπαιδευμένος.
Wohlgezogenheit f ἡ εὐαγωγία, ἡ εὐπαιδευσία.
wohlhabend εὐχρήματος (2), εὔπορος (2), ~ sein χρημάτων εὐπορεῖν.
Wohlhabenheit f ἡ εὐχρηματία, ἡ εὐδαιμονία.
Wohl-klang, -laut m ἡ εὐφωνία, ἡ εὐρυθμία.
wohlklingen εὔφωνον εἶναι, εὐφθογγεῖν.
wohlklingend εὔφωνος (2), εὔφθογγος (2).
Wohlleben n ἡ ἡδυπάθεια, ἡ τρυφή, im ~ sein ἡδυπαθεῖν, τρυφᾶν.
wohlmeinend εὔνους, εὐνοϊκός, εὐμενής.
wohlredend εὐεπής, καλλιεπής, εὔλαλος (2).
Wohlredenheit f ἡ εὐέπεια, ἡ καλλιλεξία, ἡ καλλιέπεια.
wohlriechend εὐώδης, εὔοσμος (2).
wohlschmeckend ἡδύς, γλυκύς, εὔστομος (2).
Wohlsein n ἡ εὐεξία.
Wohlstand m ἡ εὐθηνία, ἡ εὐπορία, ἡ εὐδαιμονία, ἡ εὐχρηματία, sich im ~ befinden εὐπορεῖν, εὐδαιμονεῖν.
Wohltat f ἡ εὐεργεσία, τὸ εὐεργέτημα, j-m ~en erweisen εὐεργετεῖν τινα, εὖ ποιεῖν τινα, von j-m ~en empfangen εὐεργετεῖσθαι, εὖ πάσχειν ὑπό τινος, j-m

eine ~ vergelten ἀντευεργετεῖν τινα.

Wohltäter m ὁ εὐεργέτης, ὁ εὐεργετῶν, ὁ εὖ ποιῶν.

Wohltäterin f ἡ εὐεργέτις (ιδος).

wohltätig εὐεργετικός, ἀγαθοποιός (2), = nützlich, heilsam ἀγαθός, καλός, σύμφορος (2), χρήσιμος.

Wohltätigkeit f τὸ εὖ ποιεῖν, ἡ ἀγαθοποιία.

wohltönend εὔφωνος (2).

wohltun εὐεργετεῖν τινα, εὖ ποιεῖν τινα, es tut mir wohl τέρπει με.

wohlüberlegt εὔβουλος (2), εὐγνώμων. [(auch sup.).]

wohlunterrichtet ἔμπειρος.

wohlverdient ἄξιος, δίκαιος, sich ~ machen um j-n μέγα ὠφελεῖν τινα.

Wohlverhalten n ἡ εὐταξία, ἡ πειθαρχία, οἱ καλοὶ τρόποι.

wohlverstanden δῆτα, εὖ ob. σαφῶς ἴσθι.

wohlweislich σοφώτατα.

wohlwollen εὐνοϊκῶς ἔχειν τινὶ ob. πρός τινα, εὔνουν εἶναι, εὖ φρονεῖν τινι.

Wohlwollen n ἡ εὔνοια, ἡ εὐμένεια.

wohlwollend εὔνους, εὐνοϊκός, εὐμενής.

wohnbar οἰκήσιμος (2).

wohnen οἰκεῖν, ἐν-, κατοικεῖν, διατρίβειν, διαιτᾶσθαι.

Wohn=gebäude, **=haus** n ἡ οἰκία, ὁ οἶκος, τὸ οἰκητήριον.

wohnhaft οἰκῶν, κατοικῶν, ἔνοικος (2), κάτοικος (2).

wohnlich οἰκήσιμος (2).

Wohn=ort, **=platz**, **=sitz** m, **=stätte** f τὸ οἰκητήριον, seinen (seine) ~ verändern μετοικεῖν, μετανίστασθαι.

Wohnraum m τὸ οἴκημα.

Wohn=stube f, **=zimmer** n τὸ οἴκημα, ἡ δίαιτα.

Wohnung f ἡ οἴκησις, ἡ κατοίκησις, ἡ οἰκία, τὸ οἴκημα.

wohnungslos ἄοικος (2).

wölben καμαροῦν, κυρτοῦν, κατακάμπτειν.

Wölbung f τὸ καμάρωμα, τὸ κύρτωμα.

Wolf m ὁ λύκος.

wolfartig λυκώδης.

Wölfin f ἡ λύκαινα.

wölfisch λύκειος. [λυκῆ.]

Wolfs=balg m, **=haut** f ἡ **Wolfs=fang** m, **=jagd** f ἡ τῶν λύκων θήρα.

Wolfsgeheul n ὁ λυκηθμός.

Wolfsjäger m ὁ λυκοθήρας.

Wolfsmilch f ὁ τιθύμαλος.

Wolfszahn m ὁ λύκειος ὀδούς (όντος).

Wölkchen n τὸ νεφέλιον.

Wolke f ἡ νεφέλη, τὸ νέφος.

wolkenähnlich νεφελώδης.

Wolkenbruch m τὸ νεφελῶν ἔκρηγμα.

wolkenlos ἀνέφελος (2).

wolkig νεφελώδης.

Wollarbeit f ἡ ἐριουργία.

Wollarbeiter m ὁ ἐριουργός.

wollartig ἐριώδης.

Wolle f τὰ ἔρια.

wollen¹ ἑρεοῦς.

wollen² βούλεσθαι, ἐθέλειν, wenn du willst εἰ βούλει, εἴ σοι βουλομένῳ ἐστί, wollte Gott ὤφελε, ὡς ὤφελε, so Gott will σὺν θεῷ, lieber ~ βούλεσθαι (μᾶλλον), was willst du? τίνος δέῃ; das will viel sagen δεινὸν δὴ τοῦτο, = vorgeben, behaupten προσποιεῖσθαι, φάναι, oft steht das bloße *fut.*, z.B. ich will es tun ποιήσω, bei Aufforderungen u. Ermunterungen steht der *conj. adhortat.*, z.B. wir ~ gehen ἴωμεν. [γνώμη.]

Wollen *n* ἡ βούλησις, ἡ

Wollespinnerei *f* ἡ ταλασία, ἡ ταλασιουργία.

wolletragend ἐριοφόρος (2).

Wollhändler *m* ὁ ἐριοπώλης.

wollig ἐριώδης.

Wollmarkt *m* τὸ ἐριοπώλιον.

wollreich δασύμαλλος (2).

Wollschur *f* ὁ πόκος.

Wollust *f* ἡ κακὴ ἡδονή, τὰ ἀφροδίσια, ἡ ἀσέλγεια, ἡ λαγνεία.

wollüstig ἀφροδίσιος, ἀσελγής, ~ sein ἀσελγαίνειν, ἀφροδισιάζειν, ~ leben τρυφερῶς ζῆν.

Wollüstling *m* ὁ λάγνης, ὁ ἁβροδίαιτος.

Wollweber *m* ὁ ἐριουργός.

Wollweberei *f* ἡ ἐριουργία.

womit (fragend) τίνι; τῷ; (relat.) ᾧ, ῇ, οἷς, αἷς.

wonach fragend durch τίς, τί, relat. durch ὅς wiederzugeben.

Wonne *f* ἡ ἡδονή, ἡ τέρψις, ~ empfinden ἥδεσθαι, τέρπεσθαι.

Wonnetaumel *m* ἡ ὑφ' ἡδονῆς μέθη.

wonnetrunken ἡδονῇ μαινόμενος.

wonnevoll, **wonnig** ἥδιστος, γλυκύτατος.

woran (fragend) παρὰ oder ἐπὶ τίνι; κατὰ τί; relat. dieselben *prp.* mit ὅς.

worauf (fragend) ἐπὶ τίνος oder τίνι; ἐν τίνι; relat. dieselben *prp.* mit ὅς.

woraus (direkt fragend) ἐκ τίνος oder τοῦ, (indirekt) ἐξ ὅτου, ὁπόθεν, (relat.) ἐξ οὗ oder ὧν, ὅθεν.

worfeln λικμᾶν, λικμαίνειν.

Worfschaufel *f* ὁ λικμός, τὸ πτέον.

worin (direkt fragend) ἐν τίνι; ποῦ; (indirekt) ἐν ὅτῳ, ὅπου, (relat.) ἐν ᾧ usw.

Wort *n* (*pl.* **Wörter**) ἡ λέξις, τὸ ῥῆμα, = Benennung τὸ ὄνομα, = Laut ἡ φωνή, ~ für ~ κατὰ λέξιν, (*pl.* **Worte**) ὁ λόγος, τὸ ἔπος, ἡ ῥῆσις, mit einem ~e ὡς ἐν βραχυτάτῳ δηλῶσαι, mit kurzen ~en ὡς συνελόντι εἰπεῖν, διὰ βραχέων, δι' ὀλίγων, ein gutes ~ für j-n einlegen ἱκετεύειν ὑπέρ τινος, j-m gute ~e geben πείθειν τινὰ λόγῳ, j-m ins ~ fallen ὑπολαμβάνειν λέγοντά τινα, viele ~e machen πολυλόγον εἶναι, = Versprechen ἡ ὑπόσχεσις, ἡ πίστις, ~ halten ἐπιτελεῖν & ὑπεδέξατό τις, sein ~ brechen λύειν τὴν πίστιν, ein Mann von ~ πιστὸς ἀνήρ.

wortarm λόγων ἄπορος (2).

Wortarmut *f* ἡ λόγων ἀπορία. [λογία.]

Wortaufwand *m* ἡ πολυ-

Wortbildung *f* ἡ ὀνοματοθεσία.

wortbrüchig ἄπιστος (2).

Wortbrüchigkeit *f* ἡ ἀπιστία.

Wörtchen *n* τὸ ῥημάτιον, τὸ ὀνομάτιον.

Wörterbuch *n* τὸ λεξικόν, Verfasser e-s ~es ὁ λεξικογράφος.

Worterklärung *f* ὁ τῆς λέξεως διορισμός.

Wörterverzeichnis *n* ὁ τῶν ὀνομάτων κατάλογος.

Wortfolge *f* ἡ τῶν λέξεων συνάφεια. [λόγος.]

Wortforscher *m* ὁ ἐτυμο-

Wortforschung *f* ἡ ἐτυμολογία.

Wortfügung *f* ἡ σύνταξις.

Wortführer *m* ὁ λέγων, ὁ ποιούμενος τοὺς λόγους.

Wortfülle *f* ἡ τῶν λόγων εὐπορία.

Wortgepränge *n* ἡ περιττολογία, ὁ λόγων κόμπος.

wortkarg βραχυλόγος (2).

Wortklauber *m* ὁ λογολέσχης. [λεσχία.]

Wortklauberei *f* ἡ λογο-

Wortkram *m* τὸ τῶν λόγων πλῆθος. [δαίδαλος.]

Wortkünstler *m* ὁ λογο-

Wortlaut *m*, z.B. die Reden j-s nach dem ~ berichten ἀπαγγέλλειν τοὺς λόγους τινὸς κατὰ ῥῆμα oder τὰ εἰρημένα ὑπό τινος.

wörtlich διὰ λόγου, κατὰ λέξιν, τῷ ῥήματι.

Wortregister *n* ὁ τῶν λέξεων κατάλογος.

wortreich πλῆθος λέξεων ἔχων, eine ~e Sprache ἡ πλουσία γλῶττα, = geschwätzig πολυλόγος (2), λάλος (2).

Wortreichtum *m* ἡ λόγων εὐπορία.

Wortschwall *m* ὁ ὀνομάτων πάταγος. [μασία.]

Wortspiel *n* ἡ παρονο-

Wortstellung *f* ἡ τῶν ῥημάτων θέσις.

Wortstreit *m* ἡ λογομαχία.

Wortverdreher *m* ὁ τοὺς λόγους διαστρέφων, ὁ στρεφολόγος.

Wortverdrehung *f* ἡ στρεφολογία.

Wortwechsel *m* ἡ ἔρις (ιδος).

worüber (fragend) ἐπὶ τίνι; διὰ τί; περὶ τίνος; (relat.) ἐφ' ᾧ, δι' ὅ usw.

worunter (fragend) ὑπὸ τίνι; ὑπὸ τί; (indir.) ὑφ' ὅτῳ usw., (relat.) ὑφ' ᾧ usw.

woselbst ἔνθα, ἔνθαπερ, οὗ, ὅπου.

wovon (fragend) πόθεν; ἀπὸ τίνος; περὶ τίνος; (relat.) ὅθεν, ἀφ' οὗ, περὶ οὗ.

wovor (fragend) πρὸ τίνος; ἀπὸ τίνος; τί; τίνι; (relat.) πρό und ἀπό mit ὅς.

wozu (fragend) τοῦ ἕνεκα; πρὸς τί; τί; (indir.) ὅτου ἕνεκα, ὅ τι, (relat.) πρὸς ὅ.
Wrack n τὸ ναυάγιον (gew. pl.).
Wucher m ὁ τόκος, ὁ καρπός, ~ treiben τοκίζειν.
Wucherblume f τὸ χρυσάνθεμον.
Wucherer m ὁ χρήστης (gen. pl. χρηστῶν), ὁ τοκιστής.
wuchern s. Wucher treiben, (von Pflanzen) ὀργᾶν, φυλλομανεῖν.
Wuchs m ἡ ἐπαύξη, ἡ ἐπίδοσις, im ~ sein ἐπαυξάνεσθαι, ἐπιδιδόναι, = Statur ἡ φύσις, τὸ σῶμα, schöner ~ ἡ εὐφυΐα, von schönem ~ εὐφυής.
Wucht f ἡ ῥιπή, ἡ φορά.
wuchtig ἐμβριθής.
wühlen ὀρύττειν, ἀνα-, δι-, ὑπορύττειν, ἀνασκάπτειν.
Wühler m ὁ νεωτεροποιός.
Wühlerei f ἡ νεωτεροποιία.
Wulst m ὁ ὄγκος.
wund = verwundet part. von τιτρώσκω, = eiternd ἑλκώδης. [οὐργία.]
Wundarzneikunst f ἡ χειρ-)
Wundarzt m ὁ χειρουργός.
wundärztlich χειρουργικός.
Wunde f τὸ τραῦμα, eiternde ~ τὸ ἕλκος, tödliche ~ ἡ καιρία πληγή. [ὠτειλή.]
Wundenmal n ἡ οὐλή, ἡ)
Wunder n τὸ θαῦμα, τὸ τέρας (ατος), es nimmt mich etwas wunder θαυμάζω τι, es ist kein ~ θαυμαστὸν οὐδέν, ein ~ aus etw. machen δεινὴν ποεῖσθαί τι, die sieben ~ der Welt τὰ ἑπτὰ θεάματα.
wunderbar θαυμαστός, θαυμάσιος, = auffallend ἄτοπος (2), παράδοξος (2).
Wunderbarkeit f ἡ θαυμασιότης (ητος), τὸ θαυμαστόν, τὸ θαυμάσιον.
Wunderbaum m τὸ σιλλικύπριον, ὁ κρότων (ωνος).
Wunderbild n τὸ θαυματοποιὸν ἄγαλμα.
Wunderding n τὸ τέρας (ατος), τὸ θαῦμα, τὸ θαυμαστόν.
Wundererscheinung f τὸ τέρας (ατος).
Wundergabe f ἡ θαυματοποιΐα, ἡ θαυματοποιητικὴ δύναμις.
Wundergeburt f ἡ τερατοτοκία.
Wundergeschichte f τὸ θαυμαστὸν πρᾶγμα, ἡ τερατολογία.
Wundergeschöpf n τὸ τέρας (ατος). [μέγεθος.]
wundergroß θαυμάσιος τὸ)
Wunderkind n τὸ θαυμαστὸν παιδίον oder τέκνον.
Wunderkraft f ἡ θαυματοποιικὴ δύναμις.
Wunderkur f ἡ θαυμασία θεραπεία.
wunderlich θαυμάσιος, καινός, ἄτοπος (2), παράδοξος (2), = eigensinnig δύσκολος, δυσάρεστος, δυστράπελος (sämtlich 2), ein ~er Kauz δαιμόνιος.

wundern, sich θαυμάζειν, ὑπέρ j-n τινός.
wunderschön κάλλιστος, πάγκαλος (2), θαυμάσιος τὸ κάλλος.
Wundertat f τὸ θαυμάσιον ἔργον, τὸ θαῦμα.
Wundertäter m ὁ τερατοποιός, ὁ τερατουργός, ὁ θαυματοποιός.
wundertätig τερατοποιός, τερατουργός (2), θαυματουργός (2).
Wundertier n τὸ τέρας (ατος), τὸ τερατῶδες θηρίον. [θαυμαστός.]
wundervoll θαυμαστός.
Wunderwerk n τὸ τέρας (ατος), τὸ τερατῶδες ἔργον, ~e tun, verrichten θεῖα ἔργα ἀποτελεῖν, die sieben ~e der Welt s. Wunder.
Wunderzeichen n τὸ τέρας (ατος), τὸ οὐράνιον σημεῖον.
Wundfieber n ὁ ἐκ τραύματος πυρετός, ~ haben πυρέττειν ἐκ τραύματος.
Wunsch m ἡ εὐχή, ὁ πόθος, einen ~ tun εὔχεσθαι, einen ~ haben ἐπιθυμεῖν, ποθεῖν, nach ~ κατὰ γνώμην.
Wünschelrute f ἡ ἰυγξ (γγος).
wünschen εὔχεσθαι, βούλεσθαι, ich wünschte, daß βουλοίμην ἄν mit inf.
Wünschen n τὸ εὔχεσθαι, ἡ εὐχή, ἡ ἐπιθυμία.
wünschenswert εὐκτός, ἐπευκτός, ἐπιπόθητος (2), ποθεινός, ζηλωτός, αἱρετός.

Würde f ἡ ἀξία, τὸ ἀξίωμα, ἡ ἀξίωσις, ἡ τιμή (äußere), ἡ σεμνότης (ητος), τὸ σεμνόν (innere), nach ~ κατὰ τὴν ἀξίαν, nicht nach ~ παρὰ τὴν ἀξίαν, in ~n stehen ἔντιμον εἶναι, etwas unter seiner ~ halten ἀπαξιοῦν τι.
Würdenträger m ὁ τιμὴν ἔχων.
würdevoll σεμνός.
würdig ἄξιος, = ehrwürdig σεμνός, αἰδέσιμος, ἀξιόλογος (2).
würdigen: j-n einer Sache ~ ἀξιοῦν τινά τινος, τιμᾶν τινά τινι, etwas ~ ἀναμετρεῖσθαί τι, κρίσιν ποιεῖσθαι περί τινος.
Würdigkeit f τὸ ἄξιον, ἡ ἀξία, τὸ ἀξίωμα.
Würdigung f ἡ ἀξίωσις, ἡ τίμησις, = Beurteilung ἡ κρίσις.
Wurf m ἡ βολή, ἡ ῥιπή, einen glücklichen ~ tun εὐστόχως βάλλειν, glücklicher ~ ἡ εὐστοχία.
Würfel m ὁ κύβος, ὁ ἀστράγαλος, ~ spielen κυβεύειν.
Würfelbecher m ὁ φιμός.
Würfelbrett n ὁ ἄβαξ (ακος). [φετόν.]
Würfelbude f τὸ σκιραwürfelförmig κυβικός, κυβοειδής, ἀστραγαλώδης.
Würfelgestalt f τὸ κυβικὸν εἶδος.
würfeln κυβεύειν, ἀστραγαλίζειν, σκιραφεύειν.

Würfeln, Würfelspiel n ἡ κυβεία, ὁ ἀστραγαλισμός.
Würfelspieler m ὁ κυβευτής, ὁ σκιραφευτής.
Wurfgeschoß n τὸ καταπελτικὸν βέλος.
Wurfmaschine f ὁ καταπέλτης, ἡ λιθοβόλος μηχανή.
Wurfriemen m ἡ ἀγκύλη.
Wurfscheibe f ὁ δίσκος, die ~ werfen δισκεύειν.
Wurf-speer, -spieß m τὸ ἀκόντιον, τὸ παλτόν, τὸ ξυστόν, τὸ βέλος.
Wurfspießträger m ὁ ἀκοντιστής.
Wurfweite f ἡ βολή, innerhalb der ~ ἐντὸς βέλους, außerhalb der ~ ἔξω βέλους.
würgen ἄγχειν, πνίγειν.
Würgen n ἡ πνῖξις, ὁ πνιγμός.
Würger m ὁ φονεύς.
Wurm m τὸ ἑρπετόν (alles was kriecht), ὁ σκώληξ (κος), ἡ ἕλμις (ινθος), Würmer haben σκωληκοῦσθαι.
wurm=artig, =förmig σκωληκώδης.
Würmchen n τὸ σκωλήκιον, τὸ ἑλμίνθιον.
wurmen: es wurmt mich etw. δάκνει μέ τι.
Wurmfraß m ἡ σκωλήκωσις. [τος (2).]
wurmstichig σκωληκόβρω-
Wurst f τὸ χόρδευμα, ὁ ἀλλᾶς (ἄντος), ἡ φύσκη, ὁ φύσκος, ~ machen χορδεύειν.
Würstchen n τὸ χορδάριον.

Wursthändler m ὁ ἀλλαντοπώλης.
Wurstmacher m ὁ ἀλλαντοποιός. [ἄρτυμα.]
Würze f τὸ ἥδυσμα, τὸ
Wurzel f ἡ ῥίζα, e-s Berges ἡ ὑπώρεια, der Hand ὁ καρπός, ~n schlagen ῥιζοβολεῖν, ῥιζοῦσθαι.
wurzelartig ῥιζώδης.
wurzeln s. Wurzeln schlagen.
Wurzelwort n τὸ ἀρχέτυπον, τὸ πρωτότυπον.
würzen ἡδύνειν, ἀρτύειν.
würzhaft ἀρωματικός.
würzig ἀρωματικός.
Wust m = Schmutz ὁ ῥύπος, = Menge ὁ ὄχλος.
wüst ἔρημος, ~es Land ἡ ἔρημος χώρα, ~ machen ἐρημοῦν, = wild, ausschweifend ἄσωτος (2), ἀνειμένος. [μία.]
Wüste, Wüstenei f ἡ ἐρη-
Wüstling m ὁ ἄσωτος, ὁ ἰθύφαλλος.
Wut f ἡ μανία, ἡ λύττα (bsd. Hundetollheit), ἡ παραφορά, in ~ geraten, sein μαίνεσθαι, παραφέρεσθαι, in ~ bringen ἐκμαίνειν.
wüten μαίνεσθαι, λυττᾶν, die Krankheit wütet ἀκμάζει ἡ νόσος, πολλοῖς ἐπιπίπτει ἡ νόσος.
wütend μαινόμενος, μανείς, μανικός, ~ machen ἐκμαίνειν, ~ werden μαίνεσθαι.
Wüterich m ὁ ἄγριος ἄνθρωπος.
wutschnaubend πληρούμενος θυμοῦ καὶ πνεύματος.

X

X Ξ, ξ, τὸ ξῖ, indecl.

Xenie f τὸ ἐπιγραμμάτιον, Verfasser von ~n ὁ ἐπιγραμματοποιός.

Y

Y Υ (Y), υ, τὸ ὖ ψιλόν, indecl.

Ysop m ὁ (ἡ) ὕσσωπος, τὸ ὕσσωπον.

Z

Z Z, ζ, τὸ ζῆτα, indecl. (Doch entspricht das griechische ζ nicht ganz dem deutschen Z, es wurde vielmehr wie ds gesprochen.)

Zacke f, **Zacken** m ἡ στόρθη, ἡ στόρθυγξ (υγγος), ὁ ὀδούς (όντος).

zackig ὀδοντωτός.

zagen ὀκνεῖν, ἀθύμως ἔχειν, ἀθυμεῖν, verzagt werden ἀποδειλιᾶν.

zaghaft ἄθυμος (2), περίφοβος (2), ὀκνηρός, δειλός.

Zaghaftigkeit f ἡ ἀθυμία, ἡ δειλία, ὁ ὄκνος.

zähe γλίσχρος, γλισχρώδης, ~ sein γλισχρεύεσθαι.

Zähigkeit f ἡ γλισχρότης (ητος), τὸ γλίσχρον.

Zahl f ὁ ἀριθμός, τὸ πλῆθος, = Ziffer τὸ σημεῖον, an ~ (τὸν) ἀριθμόν, ἀριθμῷ, τὸ πλῆθος, zu der ~ der Feinde gehören εἶναι τῶν πολεμίων, j-n unter die ~ der Feinde rechnen τιθέναι τινὰ ἐν πολεμίοις.

zahlbar ἀποδόσιμος (2), das Geld ist ~ ἀποδιδόναι δεῖ τὰ χρήματα.

zählbar ἀριθμητός.

zahlen τίνειν, ἀποδιδόναι, καταβάλλειν, τελεῖν, ἀποφέρειν.

zählen ἀριθμεῖν, etw. unter etwas ~ καταλέγειν oder καταριθμεῖν τι ἔν τινι, j-n unter seine Freunde ~ ἡγεῖσθαί τινα τῶν φίλων εἶναι, leicht zu ~ εὐαρίθμητος (2). [κατάλογος.]

Zählen n ἡ ἀρίθμησις, ὁ

Zahlengröße f ὁ ἀριθμός.

zahlenmäßig: etwas ~ feststellen ἀριθμὸν ποιεῖσθαί τινος. [στίχος.]

Zahlenreihe f ὁ ἀριθμῶν

Zahlenverhältnis n ὁ ἀριθμός. [Verba.]

Zahler m durch die part. der

Zähler m ὁ ἀριθμός.

zahllos ἀνάριθμος, ἀνάριθμητος (2), ἄπειρος (2) τὸ πλῆθος.

Zahllosigkeit f τὸ ἀνάριθμον, τὸ ἄπειρον τὸ πλῆθος.

Zahlmeister m ὁ ταμίας, ὁ τὸν μισθὸν ἐκτίνων.

Zahlpfennig m ἡ ψῆφος, τὸ σύμβολον.

zahlreich πολύς, πολλή, πολύ (mit und ohne τὸ πλῆθος), συχνός.

Zahltag m ἡ τῆς ἐκτίσεως oder ἀποδόσεως ἡμέρα.

Zahlung f ἡ ἀπόδοσις, ἡ ἔκτισις, ἡ καταβολή, ἡ εἰσφορά. [ἀριθμός.]

Zählung f ἡ ἀρίθμησις, ὁ

zahlungsfähig sein οἷόν τ' εἶναι ἐκτίνειν τὰ χρήματα.

Zahlungs=frist f, **=termin** m ἡ πρὸς τὴν ἔκτισιν τεταγμένη ἡμέρα.

zahlungsunfähig sein οὐχ οἷόν τ' εἶναι ἐκτίνειν τὰ χρήματα. [ὄνομα.]

Zahlwort n τὸ ἀριθμητικὸν

Zahlzeichen n τὸ γράμμα.

zahm ἥμερος (2), = kirre τιθασός (2), χειροήθης, = sanft πρᾶος, ~ machen τιθασεύειν, ἡμεροῦν (P. ~ werden).

zähmen ἡμεροῦν, τιθασεύειν, ein Pferd ~ δαμάζειν ἵππον, den Zorn ~ κατέχειν τὴν ὀργήν, κρατεῖν τῆς ὀργῆς, die Zunge ~ κρατεῖν τῆς γλώττης, die Begierden ~ κρατεῖν τῶν ἐπιθυμιῶν.

Zähmer m ὁ τιθασευτής oder durch *part*.

Zahmheit f ἡ ἡμερότης (ητος), ἡ χειροήθεια.

Zähmung f ἡ τιθασεία, ἡ ἡμέρωσις, τὸ κρατεῖν.

Zahn m ὁ ὀδούς (όντος), mit den Zähnen knirschen πρίειν τοὺς ὀδόντας, Zähne bekommen ὀδοντιᾶν, ὀδοντοφυεῖν, die Zähne putzen ἀποδοντοῦν.

zahnartig ὀδοντοειδής.

Zahnarzt m ὁ τῶν ὀδόντων ἰατρός. [ξέστης.]

Zahnbürste f ὁ ὀδοντο-

Zähneklappern n ὁ τῶν ὀδόντων κρότος, ὁ βρυχετός.

Zähneknirschen n ἡ τῶν ὀδόντων πρῖσις.

zahnen ὀδοντιᾶν, ὀδοντοφυεῖν. [ὀδοντοφυΐα.]

Zahnen n ἡ ὀδοντίασις, ἡ

Zahnfäule f ἡ τῶν ὀδόντων σηπεδών (όνος).

Zahnfistel f ἡ σύριγξ (γγος) κατὰ τὴν γνάθον.

Zahnfleisch n τὸ οὖλον.

Zahngeschwür n ἡ παρουλίς, ἡ ἐπουλίς.

Zahnhöhle f ὁ ὁλμίσκος.

zahnlos ἀνόδους (οντος).

Zahnlücke f τὸ χωρίον ὀδόντος ἔρημον.

Zahnpulver n τὸ ὀδοντόσμηγμα, τὸ ὀδοντότριμμα.

Zahnreihe f ὁ ὀδόντων στοῖχος.

Zahn-schmerzen m/pl., **-weh** n ἡ ὀδονταλγία, ~ haben ὀδονταλγεῖν, ἀλγεῖν τοὺς ὀδόντας.

Zahnstocher m ἡ καλαμίς (ίδος). [τῶν βόλος.]

Zahnwechsel m ὁ τῶν ὀδόν-

Zahnwurzel f ἡ τοῦ ὀδόντος ῥίζα.

Zahnzange f ἡ ὀδοντάγρα, τὸ ὀδονταγωγόν.

Zähre f s. Träne.

Zange f ἡ λαβίς, ὁ καρκίνος.

Zank m ἡ ἔρις, ἡ διαφορά, ~ **mit j-m haben** ἐρίζειν τινί, διαφέρεσθαι πρός τινα.

Zankapfel m τὸ τῆς Ἔριδος μῆλον, übertr. τὸ ἔρισμα, τὸ διάφορον.

zanken λοιδορεῖσθαι, μέμφεσθαι, ἐπιτιμᾶν τινι, **sich mit j-m über etw.** ~ ἐρίζειν, διαγωνίζεσθαι τινι περί τινος.

Zänker m ὁ φιλόνικος, ὁ ἐριστής, ὁ ἐριστικός.

Zänkerei f ἡ φιλονικία, ἡ ἔρις.

zänkisch, zanksüchtig φιλόνικός (2), ἐριστικός, φιλέριστος (2), = **tadelsüchtig** φιλόψογος (2), φιλομεμφής.

Zanksucht f ἡ φιλονικία, τὸ ἐριστικόν, = **Tadelsucht** ἡ φιλολοιδορία.

Zäpfchen n ἡ βάλανος, (im Schlunde) ὁ γαργαρεὼν (ῶνος), (als Frucht) τὸ στροβίλιον.

Zapfen m (am Fasse) τὸ ἐπιστόμιον, τὸ ἔμβολον, (am Schlosse) ἡ βάλανος, (an der Tür) ὁ στροφεύς, (an Nadelhölzern) ὁ στρόβιλος, ὁ κῶνος.

zapfen = **abzapfen** ἀφέλκειν.

Zapfenstreich m τὸ ἀναπαυτήριον (σημεῖον), **den** ~ **schlagen** τὸ ἀναπαυτήριον σημαίνειν.

zappeln ἀσπαίρειν, σφαδάζειν, πάλλεσθαι (P.), **j-n**

~ **lassen** (übtr.) οὐκ εἰσακούειν τινός, οὐ βοηθεῖν τινι.

Zappeln n ὁ σφαδασμός, ὁ σπασμός, ὁ παλμός.

zart λεπτός, ἁπαλός, μαλακός, ἁβρός, **von** ~**er Jugend an** ἐκ νηπίου, ἐκ νέας, ἐκ παίδων.

Zartgefühl n ἡ αἰδὼς (οῦς).

Zartheit f ἡ λεπτότης, ἡ ἁπαλότης, ἡ ἁβρότης (ητος).

zärtlich s. **zart**, = **sanft, weichlich** μαλακός, = **verzärtelt** θρυπτικός, = **üppig** ἁβρός, τρυφερός, = **liebevoll** φιλόστοργος (2), φιλόφρων, ~ **sein** θρύπτεσθαι, ~**e Liebe** ἡ φιλοστοργία, ~**e Freundschaft** ἡ οἰκειότης (ητος).

Zärtlichkeit f ἡ μαλακία, ἡ ἁβρότης, ἡ ἁπαλότης (ητος), τὸ θρυπτικόν, = **Liebe** ἡ στοργή, ἡ φιλοστοργία.

Zärtling m ὁ μαλακίας, ὁ ἁβροδίαιτος.

Zauber m ἡ γοητεία, ἡ βασκανία, ἡ κήλησις, übertr. ἡ χάρις (ιτος).

Zauberbann m ἡ δι' ἐπῳδῶν ἀνάγκη.

Zauberei f ἡ μαγική, ἡ γοητεία, ἡ φαρμακεία.

Zauberer m ὁ μάγος, ὁ γόης (ητος), ὁ φαρμακεύς.

Zauber=formel f, =**gesang** m τὸ μαγικὸν ᾆσμα, ἡ ἐπῳδή, **durch Zauberformeln besprechen** ἐπᾴδειν.

zauberhaft, zauberisch μα-

γικός, μαγευτικός, — **reizvoll** *sup.* von χαρίεις.
Zauberin *f* ή φαρμακεύτρια, ή φαρμακίς.
Zauberkraft *f* ή μαγική δύναμις, τὸ κηλητικόν.
Zauberkreisel m ή ἴυγξ (γγος).
Zauberkunst *f* ή μαγική.
Zauberlied *n* s. Zauberformel.
Zaubermittel *n* τὸ φάρμακον, τὸ γοήτευμα.
zaubern μαγεύειν, γοητεύειν, φαρμακεύειν, ἐπᾴδειν.
Zauberrad *n* ὁ ῥόμβος.
Zauberreiz *m* ή κήλησις.
Zauberspruch *m* ή ἐπῳδή.
Zauberstab *m* ή μαγική ob. θελκτική ῥάβδος (auch bloß ή ῥάβδος).
Zaubertrank *m* τὸ φάρμακον, τὸ φίλτρον.
Zauberwort *n* τὸ μαγικὸν ὄνομα, ή ἐπῳδή.
Zauderer *m* ὁ μελλητής, ὁ ὀκνηρός.
zauderhaft, zaudernd ὀκνηρός, ὀκνώδης, μέλλων, βραδύς.
Zauderhaftigkeit *f* ή βραδυτής (ῆτος), ή ὀκνηρία.
zaudern ὀκνεῖν, μέλλειν.
Zaudern *n* ὁ ὄκνος, ή μέλλησις.
Zaum *m* ὁ χαλινός, ή ήνία, dem Pferde einen ~ anlegen χαλινοῦν ober ήνιάζειν ἵππον, im ~e halten κολάζειν, κατέχειν τι, κρατεῖν τινος.
zäumen χαλινοῦν, χαλινὸν προσβάλλειν τῷ ἵππῳ.

zaumlos ἀχάλινος (2).
Zaun *m* ὁ φραγμός, τὸ φράγμα, τὸ περίφραγμα, τὸ ἕρκος, einen ~ um etw. machen περιφράττειν τι.
Zaunkönig *m* ὁ τροχίλος, ὁ βασιλίσκος.
Zaunpfahl *m* ὁ χάραξ (κος).
zausen τίλλειν.
Zausen *n* ή τίλσις, ὁ τιλμός.
Zechbruder *m* ὁ συμπότης, ὁ συμποτικός.
Zeche *f* τὸ σύμβολον, ὁ ἔρανος (des einzelnen), ή εἰς τὸ συμπόσιον δαπάνη (ganze ~).
zechen πίνειν, συμπίνειν.
Zecher *m* ὁ πότης, ὁ φιλοπότης, ὁ συμπότης.
zechfrei ἀσύμβολος (2).
Zechgelage *n* τὸ συμπόσιον, ὁ πότος.
Zechgenosse *m* ὁ συμπότης.
Zechgesellschaft *f* τὸ συμπόσιον.
Zeder *f* ή κέδρος.
Zedernharz *n* ή κεδρία.
Zedernholz *n* τὰ κέδρινα ξύλα.
Zedernöl *n* τὸ κέδρινον, τὸ κεδρέλαιον. [ἐλάτη.]
Zederntanne *f* ή κεδρ-
Zedernwein *m* ὁ κεδρίτης οἶνος.
Zehe *f* ὁ τοῦ ποδὸς δάκτυλος, auf den ~n ἀκροποδητί, auf den ~n gehen ἀκροβατεῖν.
zehn δέκα.
Zehneck *n* τὸ δεκάγωνον.
zehnellig δεκάπηχυς.

Zehner m ἡ δεκάς (άδος).
zehnerlei, zehn=fach, =fältig δεκαπλάσιος, δεκαπλοῦς.
zehnfingerig δεκαδάκτυλος (2). [(ποδος).]
zehnfüßig δεκάπους, πουν)
zehnjährig δεκαετής, δεκέτης, δέκα ἐτῶν.
zehnmal δεκάκις.
Zehnmänner m/pl. οἱ δέκα.
zehnmonatlich δεκάμηνος (2), δέκα μηνῶν.
zehnruderig δεκήρης.
zehnsaitig δεκάχορδος (2).
zehntägig δεχήμερος (2), δέκα ἡμερῶν.
zehntausend μύριοι, ἡ μυριάς (άδος).
zehntausendfältig μυριοπλάσιος.
zehntausendmal μυριάκις.
zehntausendste μυριοστός.
zehnte δέκατος.
Zehnte m ἡ δεκάτη, ἡ δεκατεία, ἡ ἐπικαρπία, den ~n auflegen ἀποδεκατοῦν.
Zehntel n τὸ δέκατον μέρος, τὸ δεκατημόριον.
zehntens τὸ δέκατον.
Zehntpächter m ὁ δεκατώνης.
zehnzöllig δεκαδάκτυλος(2).
zehren ποιεῖσθαι τὸν βίον, δαπανᾶν, ἀναλίσκειν, an etw. ~ μειοῦν, ἐλαττοῦν τι, ~de Krankheit ἡ φθίσις.
Zehrfieber n ὁ μαρασμώδης πυρετός.
zehrfrei ἀδάπανος (2), j-n ~ halten ὑπουργεῖν τινι τὴν δαπάνην.

Zehr=geld n, **=pfennig** m ἡ δαπάνη, τὸ ἐφόδιον, j-m ~ geben ἐφοδιάζειν τινά.
Zehrung f ἡ τροφή, τὰ ἐπιτήδεια.
Zeichen n τὸ σημεῖον, τὸ σύμβολον, τὸ τεκμήριον, τὸ σῆμα, ein ~ geben σημαίνειν, es ist ein ~ von ... ἔστι τινός.
Zeichendeuter m ὁ τερατοσκόπος, ὁ οἰωνιστής.
Zeichendeuterei f ἡ τερατοσκοπία.
Zeichenkunst f ἡ γραφική.
Zeichen-lehrer, -meister m ὁ τῆς γραφικῆς διδάσκαλος.
Zeichensprache f ὁ διὰ σημείων λόγος.
Zeichenunterricht m ἡ τῆς γραφικῆς διδασκαλία.
zeichnen σημαίνειν, σημειοῦν, = bildlich darstellen γράφειν, διαγράφειν.
Zeichnung f ἡ γραφή, ἡ διαγραφή, τὸ διάγραμμα.
zeideln βλίττειν.
Zeidler m ὁ βλίττων.
Zeigefinger m ὁ λιχανός.
zeigen δεικνύναι, σημαίνειν, = lehren διδάσκειν τινά τι, = beweisen δεικνύναι, ἀποδεικνύναι, δηλοῦν, ἀποφαίνειν, — vorzeigen ἐπιδεικνύναι, ἀναφαίνειν, sich ~ φαίνεσθαι, ἀναφαίνεσθαι, sich als etwas zeigen, beweisen παρέχειν mit dopp. acc., es zeigt sich, daß δῆλόν ἐστι, ὅτι, φαίνεται mit part.

Zeigen n ἡ δεῖξις, gew. durch Verba. [γνώμων.]
Zeiger m (an der Uhr) ὁ
zeihen: j-n einer Sache καταμηνύειν τινός, ἐλέγχειν τινά mit part.
Zeile f ὁ στίχος, τὸ ἔπος.
zeilenweise κατὰ στίχον (στίχους), στιχηδόν.
Zeisig m ὁ σπίνος.
Zeit f ὁ χρόνος (allg.), ἡ ὥρα (bestimmte), ἡ σχολή (freie), ὁ καιρός (rechte, gelegene), zur rechten ~ ἐν καιρῷ, bei ~en εὐκαίρως, kurze ~ οὐ πολύς oder ὀλίγος χρόνος, lange ~ πολὺς ob. μακρὸς χρόνος, nach langer ~ διὰ πολλοῦ χρόνου, die gegenwärtige ~ ὁ ἐνεστὼς χρόνος, die zukünftige ~ ὁ μέλλων χρόνος, die vergangene ~ ὁ παρεληλυθὼς χρόνος, eine ~ lang χρόνον τινά, seit dieser ~ ἐκ τούτου, vor ~en πάλαι, zu unserer ~ καθ' ἡμᾶς, ἐφ' ἡμῶν, zur ~ der Perserkriege κατὰ τὰ Μηδικά, zu Alexanders ~en ἐπ' Ἀλεξάνδρου βασιλεύοντος, bis auf diese ~ μέχρι τοῦ νῦν, vor der ~ πρὶν καιρὸν εἶναι, zu welcher ~? πότε; es ist ~ καιρός ἐστι, die ~ zubringen διατρίβειν, διάγειν, ich habe ~, etwas zu tun σχολή ἐστί μοι ποιεῖν τι, ich habe keine ~ ἀσχολία ἐστί μοι.
Zeitabschnitt m τὸ χρόνου μέρος, ἡ περίοδος.

Zeitalter n ὁ αἰών (ῶνος), ἡ ἡλικία, ἡ γενεά; das Goldene ~ ἡ χρυσῆ γενεά.
Zeitangabe f ἡ χρονογραφία. [ἀνάλωμα.]
Zeitaufwand m τὸ χρόνου
Zeitbedürfnis n ἀναγκαῖόν τι τοῖς ἐν τῷ νῦν.
Zeitbegebenheiten fpl. τὰ ἐν τῷ νῦν χρόνῳ πράγματα. [γράφος.]
Zeitbeschreiber m ὁ χρονο-
Zeitbeschreibung f ἡ χρονογραφία.
Zeitbestimmung f ὁ χρόνος.
Zeitbücher n/pl. τὰ χρονικά.
Zeitdauer f ὁ χρόνος.
Zeitfehler m ὁ ἀναχρονισμός.
Zeitfolge f ἡ χρόνου διαδοχή oder συνέχεια.
Zeitgeist m τὸ νῦν ἦθος, αἱ νῦν δόξαι.
zeitgemäß καίριος, εὔκαιρος (2), ἐπιτήδειος.
Zeitgenosse m ὁ ἡλικιώτης, unsere ~n οἱ καθ' ἡμᾶς, οἱ ἐφ' ἡμῶν. [(ιδος).]
Zeitgenossin f ἡ ἡλικιῶτις
Zeitgeschichte f ἡ χρονογραφία. [τοῦ νῦν.]
zeither μέχρι δεῦρο, μέχρι
zeitig ἐν καιρῷ, καίριος, = reif ὡραῖος, = früh πρωΐ, = schnell ταχέως.
zeitigen πεπαίνειν (trans., P. intr.). [(ητος).]
Zeitigkeit f ἡ ὡραιότης
Zeitigung f ἡ πέπανσις, ὁ πεπασμός.
Zeitkunde f ἡ χρόνων ἐπιστήμη.

Zeitlänge f τὸ χρόνου μῆκος. [οἱ καιροί.]
Zeitlauf m τὰ συμβάντα,
zeitlebens ἐν παντὶ τῷ χρόνῳ, διὰ παντὸς τοῦ βίου.
zeitlich θνητός, ἀνθρώπινος, ὁ, ἡ, τὸ ἐν ἀνθρώποις, das Zeitliche segnen ἀπαλλάττεσθαι (P.) τοῦ ζῆν.
Zeitlichkeit f τὰ ἀνθρώπινα, ὁ ἐνθάδε βίος.
Zeitlose f τὸ κολχικόν, τὸ ἐφήμερον.
Zeitmangel m ἡ χρόνου ἀπορία, ἡ ἀσχολία.
Zeitmaß n ὁ ῥυθμός, τὸ μέτρον.
Zeitordnung f ἡ τῶν χρόνων τάξις, s. auch Zeitfolge.
Zeitperiode f ἡ (χρόνου) περίοδος.
Zeitpunkt m ὁ καιρός, ὁ χρόνος, (in der Geschichte) ἡ ἐποχή, den günstigen ~ abwarten τηρεῖν τὸ καίριον.
zeitraubend πολλοῦ χρόνου δεόμενος.
Zeitraum m ὁ χρόνος, τὸ χρόνου μέρος, (in der Geschichte) ἡ περίοδος.
Zeitrechnung f ἡ χρονολογία.
Zeitschrift f ἡ ἐφημερίς (gew. pl.).
Zeit=umstände m/pl., **=verhältnisse** n/pl. οἱ καιροί, τὰ πράγματα.
Zeitung f αἱ ἐφημερίδες.
Zeit=verkürzung f, **=verlust**, **=vertreib** m ἡ χρόνου διατριβή.

zeitweilig ὁ, ἡ, τὸ τέως.
zeitweise ἐνίοτε, ἔσθ' ὅτε.
Zeitwort n τὸ ῥῆμα.
Zelle f ἡ σκηνή, der Bienen τὸ μελίττιον, der Wespen τὸ σφηκίον.
Zelt n ἡ σκηνή, τὸ σκήνωμα, ein ~ aufschlagen σκηνοῦν, die ~e abbrechen διαλύειν τὰς σκηνάς.
Zeltbewohner m ὁ ἐν σκηνῇ κατοικῶν.
Zeltchen n τὸ σκηνίδιον.
Zeltdach n ὁ οὐρανίσκος, τὸ σκιάδιον.
Zeltgenosse m ὁ σύσκηνος.
Zeltgenossenschaft f ἡ συσκηνία.
Zeltmacher m ὁ σκηνοποιός, ὁ σκηνορράφος.
Zeltnachbar m ὁ παρασκηνῶν.
Zeltwächter m ὁ σκηνοφύλαξ. [πόλος.]
Zenit m ἡ κορυφή, ὁ
Zensor m ὁ τιμητής, ~ sein τιμητεύειν, Amt eines ~s ἡ τιμητεία.
Zensur f ἡ τιμητεία.
Zensus m τὸ τίμημα, ἡ τίμησις.
Zentner m τὰ δύο τάλαντα, αἱ ἑκατὸν λίτραι.
Zentnerlast f τὸ βαρύτατον ἄχθος. [οῦν.]
zentralisieren συγκεφαλαι=
Zentrum n τὸ μέσον.
Zenturie f ἡ ἑκατοντάς (άδος), ἡ ἑκατοστύς (ύος), ὁ λόχος.
Zenturio m ὁ ἑκατοντάρχης, ὁ λοχαγός.

Zephyr *m* ὁ ζέφυρος.
Zepter *m u. n* τὸ σκῆπτρον.
zer-arbeiten καταπονεῖν, κατεργάζεσθαι, ſich ~ διαπονεῖσθαι.
zer-beißen καταδάκνειν.
zer-berſten ῥήγνυσθαι, διαρρήγνυσθαι (P.).
zer-blaſen διαφυσᾶν, διαπνεῖν. [ρειν.]
zer-bleuen συγκόπτειν, δέ-]
zer-bohren διατετραίνειν.
zer-brechen θραύειν, καταθραύειν, κατακλᾶν, ῥηγνύναι, διαρ-, καταρρηγνύναι, συντρίβειν, καταγνύναι (*intr.* P.).
zer-brechlich θραυστός, φθαρτός, εὔθραυστος (2), φαθυρός.
Zer-brechlichkeit *f* ἡ φαθυρότης (ητος), τὸ φθαρτόν, τὸ θραυστόν.
Zer-brechung *f* ἡ ῥῆξις, ἡ διάρρηξις, ἡ θραῦσις.
zer-bröckeln συντρίβειν, θρύπτειν (*intr.* P.).
Zer-bröckelung *f* ἡ σύντριψις.
zer-drücken κατα-, συνθλίβειν, συμπιέζειν.
zer-fahren[1]: etwas ~ ἐλαύνοντα κατατρίβειν τί.
zer-fahren[2] *adj.* διαλελυμένος.
zer-fallen δια-, συμπίπτειν, mit j-m ~ προσκρούειν τινί, διαφέρεσθαι πρός τινα. [λαμβάνειν.]
zer-fällen διαιρεῖν, δια-]
zer-feilen καταρρινᾶν, καταρρινίζειν.

zer-fetzen σπαράττειν, διασπαράττειν, καταδρύπτειν, κατακόπτειν.
zer-fleiſchen σπαράττειν, διασπαράττειν, ἀμύττειν.
Zer-fleiſchung *f* ὁ σπαραγμός.
zer-fließen τήκεσθαι, ἀνα-, κατατήκεσθαι, in Tränen ~ δακρυρροεῖν.
zer-freſſen δια-, καταβιβρώσκειν.
zer-gehen τήκεσθαι, κατατήκεσθαι, διαλύεσθαι.
Zer-gehen *n* ἡ διάλυσις.
zer-gliedern μελίζειν, διαμελίζειν, διαρθροῦν, ἀνατέμνειν. [ταμή.]
Zer-gliederung *f* ἡ ἀνα-]
Zer-gliederungskunſt *f* ἡ ἀνατομική. [κόπτειν.]
zer-hacken κόπτειν, δια-]
zer-hämmern τύποισι κατατρίβειν oder κατακόπτειν oder διαθρύπτειν.
zer-hauen διακόπτειν, διατέμνειν.
zer-kauen διαμασᾶσθαι.
zer-klopfen κατακόπτειν, κόπτοντα διατρίβειν.
zer-klüftet κεχαραδρωμένος.
zer-knacken κατακλᾶν (τοῖς ὀδοῦσιν). [περικλᾶν.]
zer-knicken δια-, κατα-]
zer-knirſcht περίλυπος (2), κατηφής, ~ ſein κατηφεῖν.
zer-knittern κατα-, συντρίβειν.
zer-kochen καθέψειν.
zer-kratzen ἀπο-, κατα-, περιδρύπτειν.
zer-krümeln συντρίβειν.

zer-lassen τήκειν, ἀνα-, κατα-, συντήκειν.

Zer-lassen *n* ἡ τῆξις, ἡ διάλυσις.

zer-laufen διαρρεῖν.

zer-legbar διαιρετός.

zer-legen διαμερίζειν, διαλαμβάνειν, διαιρεῖν, διαλύειν, ἀνατέμνειν.

Zer-legung *f* ἡ διάλυσις, ἡ διαίρεσις, ἡ ἀνατομή.

zer-löchern διατρυπᾶν, διατετραίνειν.

zer-lumpt σαθρός, ῥακώδης. [τρίβειν.]

zer-mahlen καταλεῖν, συν-

zer-malmen λεαίνειν, συλλεαίνειν, συντρίβειν.

Zer-malmung *f* ἡ σύντριψις.

zer-martern ἐκδέρειν.

zer-nagen δια-, καταβιβρώσκειν, κατατρώγειν.

zer-peitschen διαμαστιγοῦν, δέρειν.

zer-platzen διαρ-, καταρρήγνυσθαι.

zer-pressen κατα-, συνθλίβειν.

zer-quetschen ἀπο-, καταθλᾶν, κατα-, συνθλίβειν, συντρίβειν.

Zer-quetschung *f* ἡ σύντριψις, ἡ σύνθλιψις.

zer-raufen κατατίλλειν.

zer-reiben κατα-, συντρίβειν, θρύπτειν, διαθρύπτειν.

zer-reißen ῥηγνύναι, διαρ-, καταρρηγνύναι, διασπᾶν, ἀνασχίζειν, σπαράττειν, διασπαράττειν (*intr.* P.).

Zer-reißung *f* ἡ ῥῆξις, ἡ διάρρηξις, ἡ διάσπασις, ἡ ἀνάσχισις, ὁ σπαραγμός.

zerren σύρειν, ἕλκειν, σπᾶν, hin und her ~ ἀνθέλκειν, περισπᾶν.

Zerren *n* ἡ ἕλκυσις, ὁ ἑλκυσμός. [διαχεῖσθαι.]

zer-rinnen ῥεῖν, διαρρεῖν,

zer-rupfen κατατίλλειν.

zer-rütten δια-, συνταράττειν; καθαιρεῖν, die Gesundheit ~ διαφθείρειν.

Zer-rüttung *f* ἡ καθαίρεσις, ἡ διατάραξις, ἡ διαφθορά.

zer-sägen δια-, καταπρίειν.

zer-schaben κατακνίζειν, καταξεῖν.

zer-scheitern διαρρήγνυσθαι

zer-schellen καταθραύειν, συγκόπτειν (*intr.* P.).

zer-schlagen δια-, κατα-, συγκόπτειν, συντρίβειν, συνθραύειν, wie ~ sein κεκμηκέναι, ἀπειρηκέναι, sich ~ (übtr.) διαλύεσθαι, οὐκ ἀποβαίνειν.

zer-schmeißen συγκόπτειν.

zer-schmelzen ἀνα-, κατα-, ἀποτήκειν (*intr.* P.).

zer-schmettern καταθραύειν, συρρηγνύναι, συναράττειν, συνθραύειν. [σις.]

Zer-schmetterung *f* ἡ θραῦ-

zer-schneiden τέμνειν, διατέμνειν, διακόπτειν, διασχίζειν.

Zer-schneidung *f* ἡ διατομή, ἡ διχοτομία, ἡ διαίρεσις.

zer-setzen διακρίνειν, δια-, ἀναλύειν, sich ~ durch das P.

Zer-setzung f ἡ διάκρισις, ἡ ἀνάλυσις.
zer-spalten σχίζειν, ἀνα-, κατασχίζειν.
Zer-spaltung f ἡ διά-, κατάσχισις.
zer-splittern καταθραύειν, κατασχίζειν, übtr. διασπᾶν, intr. u. refl. durch das P.
Zer-splitterung f ἡ κατάθραυσις, ἡ κατάσχισις.
zer-sprengen διαρρηγνύναι, κατακόπτειν.
Zer-sprengung f ἡ διάρρηξις. [ῥηγνυσθαι.)
zer-springen διαρ-, κατα-∫
zer-stampfen συν-, κατατρίβειν.
zer-stäuben διασκεδαννύναι.
Zer-stäubung f ἡ διασκέδασις.
zer-stechen κεντεῖν, διακεντεῖν, διαπείρειν.
zer-stieben διασπείρεσθαι.
zer-stören καθ-, ἀναιρεῖν, καταβάλλειν, κατασκάπτειν (Gebäude u. dgl.), ἀναστατοῦν (Städte u. dgl.), καταλύειν (Zustände, Einrichtungen), διαφθείρειν (die Gesundheit).
Zer-störer m, **Zer-störung** f durch die part. der vorhergehenden Verba.
zer-stoßen συγ-, κατακόπτειν, κατασκεδαννύναι.
zer-streuen σκεδαννύναι, δια-, κατασκεδαννύναι, διασπείρειν, sich ~ διασπείρεσθαι, διαχεῖσθαι, j-n ~ ταράττειν τινά, ἐνοχλεῖν τινι, = aufheitern εὐθυμίαν

παρέχειν τινί, zerstreut sein διατεταραγμένον εἶναι.
zer-streut durch part., übertr. ἀσύννους. [σία.)
Zer-streutheit f ἡ ἀναισθη-∫
Zer-streuung f ἡ διασκέδασις, ἡ διασπορά, = Unachtsamkeit ἡ ἀπροσεξία, = Erholung ἡ ἀνάπαυλα πόνων, ἡ ἄνεσις, ἡ τέρψις.
zer-stückeln σπαράττειν, διασπαράττειν, συντέμνειν.
Zer-stückelung f ὁ σπαραγμός.
zer-teilen μερίζειν, διαμερίζειν, διαιρεῖν, διαλαμβάνειν.
Zer-teilung f ἡ διαίρεσις, ὁ μερισμός.
zer-trennen δια-, καταλύειν, διαχωρίζειν.
Zer-trennung f ἡ διά-, κατάλυσις, ὁ χωρισμός.
zer-treten καταπατεῖν.
zer-trümmern ἐρείπειν, κατερείπειν, κατασκάπτειν.
Zer-trümmerung f ἡ κατασκαφή.
zer-weichen διαλύειν, intr. διαλύεσθαι, ἀνατήκεσθαι (P.).
zer-werfen βάλλοντα κατατρίβειν.
Zer-würfnis n ἡ διαφορά.
zer-zausen διαξαίνειν, σπαράττειν, διασπαράττειν.
zer-zupfen τίλλειν, διατίλλειν. [ἡ οἰμωγή.)
Zetergeschrei n ἡ δεινὴ βοή,∫
Zeter schreien δεινῶς βοᾶν.
Zettel m τὸ γραμματίδιον, τὸ χαρτίον, ἡ σχέδη.

Zeug n ἡ κατασκευή, — Gerät τὸ σκεῦος, albernes, dummes ~ οἱ λῆροι, αἱ φλυαρίαι, liederliches ~ τὰ οὐδενὸς ἄξια.

Zeuge m ὁ μάρτυς (υρος), ~n stellen παρέχεσθαι μάρτυρας, j-n zum ~n anrufen μάρτυρα ποιεῖσθαί τινα.

zeugen[1] μαρτυρεῖν, διαμαρτυρεῖν, falsch ~ ψευδομαρτυρεῖν, gegen j-n ~ καταμαρτυρεῖν τινος, von etw. ~ μαρτύριον oder σημεῖον εἶναί τινος, für etw. ~ τεκμήριον εἶναί τινος.

zeugen[2] γεννᾶν, τίκτειν, φύειν, Kinder ~ παιδοτεκνοποιεῖσθαι.

Zeugenaussage f τὸ μαρτύριον.

Zeugenverhör n ἡ τῶν μαρτύρων ἀνάκρισις.

Zeuger m ὁ γεννήτωρ, ὁ γεννητής, ὁ γενέτης.

Zeugerin f ἡ γεννήτειρα, ἡ γενέτειρα.

Zeughaus n ἡ σκευοθήκη, ἡ ὁπλοθήκη, τὸ ὁπλοφυλάκιον.

Zeugnis n τὸ μαρτύριον, ἡ μαρτυρία, ein ~ ablegen μαρτυρεῖν, διαμαρτυρεῖν, ein falsches ~ ἡ ψευδομαρτυρία, ein falsches ~ ablegen ψευδομαρτυρεῖν, gegen j-n ~ καταψευδομαρτυρεῖν τινος.

Zeugung f ἡ γένεσις, ἡ γέννησις.

zeugungsfähig γόνιμος.

Zicklein n ὁ (ἡ) ἔριφος.

Ziege f ἡ αἴξ (γός), ἡ χίμαιρα.

Ziegel m ἡ πλίνθος, ὁ κέραμος, ἡ κεραμίς, ~ brennen πλίνθους ὀπτᾶν.

Ziegelbrenner m ὁ πλινθουργός.

Ziegelbrennerei, Ziegelei f τὸ πλινθεῖον, τὸ πλινθουργεῖον. [στέγη.]

Ziegeldach n ἡ κεραμωτὴ

Ziegeldecker m ὁ τὰς πλίνθους συνάπτων.

Ziegelerde f ἡ κεραμῖτις γῆ.

Ziegelform f τὸ πλίνθου σχῆμα.

ziegelförmig πλινθωτός.

Ziegelhütte f τὸ πλινθεῖον.

Ziegelmehl n αἱ κατατετριμμέναι πλίνθοι.

Ziegelofen m ἡ κεραμευτικὴ κάμινος. [θεῖον.]

Ziegelscheune f τὸ πλιν-

Ziegelstein m ἡ πλίνθος.

Ziegelstreicher m ὁ πλινθευτής, ὁ πλινθουργός.

Ziegenbart m ὁ αἴγεος πώγων.

Ziegenbock m ὁ τράγος.

Ziegenböckchen n ὁ αἰγίσκος, ὁ ἔριφος. [ἡ αἰγῆ.]

Ziegenfell n ἡ αἰγὸς δορά,

Ziegenfleisch n τὰ αἴγεα κρέα. [(οδός).]

Ziegenfuß m ὁ αἰγὸς πούς

Ziegenhaar n αἱ αἰγῶν τρίχες.

Ziegenherde f ἡ αἰγῶν ἀγέλη, τὸ αἰπόλιον.

Ziegenhirt m ὁ αἰπόλος.

Ziegenhorn n τὸ αἰγὸς κέρας.

Ziegenkäse m ὁ αἴγεος τυρός.
Ziegenmilch f τὸ αἴγεον γάλα (ακτος).
Ziegenmist m ὁ σπύραθος.
Ziegenstall m ὁ αἰγῶν σταθμός. (ατος).
Ziehbrunnen m τὸ φρέαρ
ziehen ἕλκειν, ἄγειν, σύρειν, σπᾶν, das Schwert ~ σπᾶσθαι τὸ ξίφος, in die Höhe ~ ἀνασπᾶν, ἐπαίρειν, etw. an sich ~ ἐξιδιοποιεῖσθαί τι, σφετερίζεσθαί τι, aller Augen auf sich ~ πάντων τὰς ὄψεις εἰς ἑαυτὸν στρέφειν, Vorteil aus etw. ~ κέρδος ποιεῖσθαι ἔκ τινος, einen Schluß aus etw. ~ συλλογίζεσθαι ἔκ τινος, τεκμαίρεσθαί ἔκ τινος, j-n zur Rechenschaft ~ λόγον λαμβάνειν παρά τινος, j-n vor Gericht ~ ἄγειν τινὰ πρὸς τοὺς δικαστάς, ὑπάγειν τινά, in Erwägung ~ σκοπεῖν, etw. auf sich ~ πρὸς ἑαυτὸν λαμβάνειν τι, sich etwas zu Gemüte ~ περίλυπον γίγνεσθαι, ἐνθυμεῖσθαί τι, j-n zu Rate ~ συμβουλεύεσθαί τινι περί τινος, sich aus einer Sache ~ ἀπαλλάττεσθαί τινος, = dehnen τείνειν, διατείνειν, einen Graben ~ ταφρεύειν, eine Mauer ~ περιβάλλειν τεῖχος, in die Länge ~ μηκύνειν, — aufziehen τρέφειν, ἀνατρέφειν, — erziehen παιδεύειν, *intr.* χωρεῖν, ἐλαύνειν, πορεύεσθαι, zu Felde ~ στρατεύειν, στρατεύεσθαι, in ein anderes Land ~ μετανίστασθαι εἰς ἄλλην χώραν, es zieht (von der Luft) πνεῖ ὁ ἄνεμος, es zieht mich im Fuße ἔχω σπάσματα κατὰ τὸν πόδα.
Ziehen n ἡ ἕλκυσις, gew. durch Verba, in den Gliedern ὁ σπασμός, τὸ σπάσμα.
Ziehung f (eines Loses) ἡ κλήρωσις.
Ziel n τὸ τέλος, ὁ ὅρος, τὸ τέρμα, einer Sache ein ~ setzen ὅρον ἐπιτιθέναι τινί, Maß und ~ halten μέτριον εἶναι, μετριάζειν, ans ~ gelangen ἀφικνεῖσθαι πρὸς τὸ τέρμα, vorgestecktes ~ ὁ σκοπός, nach einem ~e schießen ἱέναι ἐπὶ σκοπόν, das ~ treffen τυγχάνειν ob. καθικνεῖσθαι τοῦ σκοποῦ, das ~ verfehlen ἀποτυγχάνειν oder ἁμαρτάνειν τοῦ σκοποῦ.
zielen στοχάζεσθαί τινος.
Zielscheibe f ὁ σκοπός.
Ziemer m (ein Vogel) ἡ κίχλη, = Rücken des Wildes, zB. Rehziemer τὰ δορκάδεια νῶτα. [*adv.* σχεδόν.]
ziemlich μέτριος, ἐπιεικής,
Zier, Zierde f ὁ κόσμος, ἡ εὐπρέπεια, j-m zur ~ gereichen κόσμον φέρειν oder εἶναί τινι.
Zierat m τὸ κόσμημα, τὸ καλλώπισμα.
zieren κοσμεῖν, καλλωπίζειν, sich ~ (im Benehmen)

ἀκκίζεσθαι, ἀβρύνεσθαι, θρύπτεσθαι, κομψεύεσθαι, γυναικίζεσθαι.

Ziererei f ὁ ἀκκισμός, ἡ θρύψις. [εὐπρεπής.]

zierlich κομψός, κόσμιος,

Zierlichkeit f ἡ κοσμιότης, (ητος), ἡ εὐπρέπεια.

Ziffer f τὸ γράμμα, τὸ σημεῖον.

Zikade f ὁ τέττιξ (γος), τὸ τεττιγόνιον. [στέγη.]

Zimmer n τὸ οἴκημα, ἡ

Zimmerarbeit f τὸ τεκτονικὸν ἔργον.

Zimmeraxt f ἡ ξυάλη, ὁ πέλεκυς (εως).

Zimmerhandwerk n ἡ τεκτονική. [νεῖον.]

Zimmerhof m τὸ τεκτο-

Zimmerholz n ἡ ὕλη, ἡ ξυλεία.

Zimmermann m ὁ τέκτων (ονος), ὁ ξυλουργός.

zimmern τεκταίνεσθαι.

Zim(me)t m τὸ κίνναμον, τὸ κιννάμωμον. [κασία.]

Zim(me)t-rinde, -schale f ἡ

zimperlich θρυπτικός.

Zink n ὁ ψευδάργυρος.

Zinke f ὁ ὀδούς (όντος).

Zinn n ὁ κασσίτερος.

Zinne f ἡ ἔπαλξις.

zinnern κασσιτέρινος.

Zinngießer m ὁ κασσιτερουργός. [(εως).]

Zinnober m τὸ κιννάβαρι

zinnober-farbig, -rot κινναβάρινος.

Zins m = Abgabe ὁ δασμός, ὁ φόρος, τὸ τέλος, ~ geben τελεῖν φόρον oder δασμόν,

= Miete ὁ μισθός, = Interessen ὁ τόκος, αἱ ἐπικαρπίαι, Zinsen bringen τόκους φέρειν, auf Zinsen ausleihen ἐπὶ τόκῳ δανείζειν.

zinsbar συντελής, δασμοφόρος (2), j-m ~ sein συντελεῖν τινι.

zinsfrei ἀτελής.

Zinsfreiheit f ἡ ἀτέλεια.

Zinsfuß m ὁ τόκος.

Zinstag m ἡ ἡμέρα καθ' ἣν χρὴ ἀποδιδόναι τοὺς τόκους. [κράσπεδον.]

Zipfel m τὸ ἄκρον, τὸ

Zipperlein n ἡ ἀρθρῖτις (ιδος), an den Füßen ἡ ποδάγρα, an den Händen ἡ χειράγρα.

Zirbeldrüse f τὸ κωνάριον.

Zirbel-fichte, -kiefer f ἡ στροβιλοφόρος πεύκη.

Zirbelnuß f ὁ στρόβιλος.

Zirkel m ὁ κύκλος, ὁ γῦρος, im ~ κύκλῳ, (als Werkzeug) ὁ διαβήτης, (im Schließen) ὁ διάλληλος τρόπος.

zirkel-förmig, -rund κυκλικός, κυκλοειδής.

Zirkellinie f ὁ κύκλος.

zirkeln κυκλογραφεῖν.

Zirkus m ὁ ἱππόδρομος.

zirpen τρίζειν, τερετίζειν.

Zirpen n ὁ τριγμός, ὁ τρισμός.

zischeln ψιθυρίζειν, τρίζειν.

Zischeln n ὁ ψιθυρισμός.

zischen σίζειν, συρίττειν, τρίζειν. [ὁ συριγμός.]

Zischen n ἡ σίξις, ὁ σιγμός,

Zischlaut m τὸ σίγμα.

Zischler m ὁ ψιθυριστής.

Zisterne f ὁ λάκκος, ἡ ὑποδοχή, τὸ φρέαρ (ατος).
Zitadelle f ἡ ἀκρόπολις.
Zitat n ἡ χρῆσις.
Zitation f ἡ κλῆσις, ἡ πρόσκλησις.
Zither f ἡ κιθάρα, ~ spielen κιθαρίζειν.
Zitherspiel n ἡ κιθάρισις.
Zitherspieler m ὁ κιθαριστής. [ρίστρια.]
Zitherspielerin f ἡ κιθα-
zitieren ἐπάγεσθαι, j-n ~ καλεῖν.
Zitrone f τὸ Μηδικὸν μῆλον, τὸ κιτρόμηλον.
zitronenartig κιτριοειδής.
Zitronenbaum m ἡ Μηδικὴ μηλέα, ἡ κιτρέα.
Zitronenblatt n τὸ κιτρόφυλλον.
zitronengelb κίτρινος.
Zitterespe f ἡ κερκίς (ίδος).
Zitterfisch m ἡ νάρκη.
zittern πάλλεσθαι, ἀσπαίρειν, σείεσθαι, vor Furcht τρέμειν, nicht ~ ἀτρεμεῖν.
zitternd τρομικός, τρομώδης, ὑπότρομος (2), nicht ~ ἄτρεστος (2), ἄτρομος (2), ἀτρεμής.
Zittern n ὁ τρόμος.
Zitterpappel f ἡ κερκίς (ίδος).
Zitterroche m ἡ νάρκη.
Zitze f ἡ θηλή, ὁ μαστός, ὁ τιτθός.
zitzenförmig θηλοειδής.
zivil δημοτικός.
Zivilisation f ἡ ἡμέρωσις, ἡ παιδεία. [δεύειν.]
zivilisieren ἡμεροῦν, παι-

Zivil-klage f, -**prozeß** m ὁ ἴδιος ἀγών.
Zobel m, **Zobeltier** n ὁ Πόντιος μῦς.
Zober (**Zuber**) m ἡ πύελος.
Zofe f ἡ θεράπαινα, ἡ ἀκόλουθος. [durch part.]
Zögerer m ὁ μελλητής ob.
zögern μέλλειν, διατρίβειν, βραδύνειν, ὀκνεῖν, χρονίζειν.
zögernd μέλλων, ὀκνηρός.
Zögerung f ἡ μέλλησις, ὁ ὄκνος, ἡ διατριβή.
Zögling m ὁ τρόφιμος.
Zoll m τὸ τέλος, ὁ φόρος, τὸ τελώνιον, den ~ einnehmen τελωνεῖν.
Zollamt n τὸ τελώνιον.
zollbar ὑποτελής.
Zoll-beamte(r), -**einnehmer** m ὁ τελώνης.
Zolleinnahme f ἡ τελωνία.
zollen (übtr.) νέμειν, ἀπονέμειν, ἀπο-, ἐκτίνειν, j-m Dank ~ χάριν ἀποδιδόναι oder ἀπονέμειν oder ἀποτίνειν τινί.
zollfrei ἀτελής.
Zollfreiheit f ἡ ἀτέλεια.
Zollhaus n τὸ τελώνιον.
Zöllner m ὁ τελώνης.
Zollpächter m ὁ τελώνης.
zollpflichtig ὑποτελής.
Zone f ἡ ζώνη, τὸ κλίμα.
Zoologie f ἡ ζῳολογία.
Zopf m ὁ κρωβύλος.
Zorn m ἡ ὀργή, ὁ θυμός, ἡ χολή, j-n zum ~ reizen ὀργίζειν, ἐξ-, παροργίζειν τινά, in ~ geraten θυμοῦσθαι, ὀργίζεσθαι, ἐξ-,

παροργίζεσθαι, seinen ~ gegen j-n auslassen ἀφιέναι τὴν ὀργήν εἴς τινα, vor ~ außer sich sein ἔξω φέρεσθαι ὑπ' ὀργῆς, seinen ~ fahren lassen παύεσθαι τῆς ὀργῆς, zum ~ geneigt ὀργίλος, Neigung zum ~ ἡ ὀργιλότης (ητος).

zornig ὀργιζόμενος, ὀργισθείς, θυμούμενος, auf j-n ~ sein δι' ὀργῆς ἔχειν τινά, χαλεπαίνειν τινί.

Zote f οἱ λόγοι αἰσχροί, ἡ αἰσχρολογία, ~n reißen αἰσχρολογεῖν, αἰσχροεπεῖν. [λόγος.]

Zotenreißer m ὁ αἰσχρολόγος.

Zotenreißerei f ἡ αἰσχρολογία.

Zotenschreiber m ὁ αἰσχυντογράφος.

Zotte f ὁ μαλλός.

zottig λάσιος, δασύς, μαλλωτός.

zu: auf die Frage wo? ἐν mit dat., κατά mit acc., ἐπί mit gen. u. dat., πρός mit dat., zu Hause οἴκοι, zu Wasser und zu Lande (καὶ) κατὰ γῆν καὶ κατὰ θάλατταν, zu beiden Seiten ἀμφοτέρωθι, ἀμφοτέρωθεν, zur Rechten ἐν δεξιᾷ, zur Linken ἐν ἀριστερᾷ, zu Pferde ἐφ' ἵππου, ἐφ' ἵππῳ, zu Fuß πεζός, auf die Frage wohin? πρός, ἐπί, εἰς, κατά mit acc., bei Personen παρά mit acc., zur Angabe des Zweckes oder der Bestimmung πρός mit acc., ἐπί mit dat., εἰς mit acc., auch der bloße dat., bei den Verben machen, ernennen, wählen zu etw. usw. steht im Akt. der doppelte acc., im Pass. der doppelte nom., bei Zeitbestimmungen κατά mit acc., ἐπί mit gen., zu als adv., z.B. das Haus ist zu kekleismenē ἐστὶν ἡ οἰκία, vor adj. oder adv. ἄγαν, λίαν, auch der comp.

zu-bauen ἀπ-, περιοικοδομεῖν, ἀπο-, περιτειχίζειν.

Zu-behör n ἡ παρασκευή, τὰ ἐχόμενά τινος.

zu-beißen δάκνειν.

zu-benamen ἐπ-, προσονομάζειν, ἐπικαλεῖν.

Zuber m s. Zober.

zu-berciten σκευάζειν, κατα-, παρασκευάζειν, ἀρτύειν (Speisen).

Zu-bereiter m durch part.

Zu-bereitung f ἡ κατα-, παρασκευή, ἡ ἑτοιμασία.

Zu-bereitungsart f ἡ σκευασία.

zu-binden συνδεῖν, συνδεσμεῖν, Wunden ~ τραύματα ἐπιδεῖν.

Zu-binden n ὁ σύνδεσμος, ἡ σύνδεσις.

zu-blasen προσπνεῖν.

zu-blinzeln κατιλλώπτειν τινί.

zu-bringen προσ-, εἰσφέρειν, die Zeit ~ διατρίβειν, διάγειν, ἀναλίσκειν, den Tag ~ ἡμερεύειν, die Nacht ~ νυκτερεύειν.

Zu-bringen n ἡ διατριβή.

Zu-brot n τὸ ὄψον.
Zu-buße f τὸ προσκαταβλημα.
zu-büßen προσκαταβάλλειν, das Fehlende ~ πληροῦν τὸ ἐλλεῖπον.
Zucht f (von Tieren) ἡ τροφή, (von Gewächsen) ἡ φύτευσις, — Erziehung ἡ παιδεία, = Sittsamkeit ἡ εὐταξία, ἡ σωφροσύνη, ἡ κοσμιότης (ητος), ἡ πειθαρχία, in- und Ehren σωφρόνως καὶ κοσμίως, ohne ~ ἀτάκτως, ἀκόσμως.
Zuchtbock m τὸ ὀχεῖον.
Zuchthaus n τὸ κολαστήριον, τὸ σωφρονιστήριον, τὸ δεσμωτήριον.
Zuchthengst m ὁ κήλων (ωνος). [κόσμιος (2).]
züchtig σώφρων, αἰδήμων,
züchtigen κολάζειν, παιδεύειν, σωφρονίζειν.
Züchtigung f ἡ κόλασις, ἡ παιδεία, ὁ σωφρονισμός.
Züchtigungsmittel n τὸ κολαστήριον, τὸ σωφρονιστήριον.
Züchtling m ὁ εἰς φυλακὴν παραδεδομένος.
zuchtlos ἄκοσμος, ἄτακτος, ἀκόλαστος (sämtlich 2).
Zuchtlosigkeit f ἡ ἀταξία, ἡ ἀκολασία (ἀκολαστία), ἡ ἀκοσμία.
Zuchtmeister m ὁ κολαστής.
Zuchtochse m ὁ ἀνα-, ἐπιβάτης βοῦς, τὸ ὀχεῖον.
Zuchtrute f ἡ μάστιξ (γος), τὸ σκῦτος.
Zuchtvieh n τὰ θρέμματα.

zucken trans. ſ. zücken, intr. κινεῖσθαι, σπᾶσθαι, πάλλεσθαι (sämtlich P.), πηδᾶν, ἀσπαίρειν.
Zucken n ἡ πήδησις, ὁ παλμός, τὸ σπάσμα.
zücken: den Dolch, das Schwert ~ σπᾶσθαι oder γυμνοῦν τὸ ἐγχειρίδιον, τὸ ξίφος.
Zucker m τὸ σάκχαρ (αρος), τὸ σάκχαρον.
Zucker-bäcker m ὁ πλακουντοποιός, ὁ πεμματουργός.
Zuckergebäck n τὸ μελίπηκτον (auch pl.), τὰ πέμματα, τὰ τραγήματα.
zuckern ἡδύνειν σακχάρῳ.
zuckersüß γλυκύτατος.
Zuckerwerk n ſ. Zuckergebäck.
Zuckerworte n/pl. τὰ γλυκέα ῥήματα.
Zuckerwurzel f τὸ σίσαρον.
Zuckung f τὸ σπάσμα, ὁ σπασμός, ὁ παλμός.
zu-dämmen ἀπο-, συγ-, προσχωννύναι (-χοῦν).
Zu-dämmung f ἡ χῶσις, ἡ ἀπόχωσις.
zu-decken καλύπτειν, περικαλύπτειν, σκεπάζειν (mit einer Decke), στέγειν und στεγάζειν (mit einem Dache ob. Schirme), mit einem Deckel ~ ἐπιτιθέναι πῶμά τινι.
Zu-decken n ἡ περικαλυφή, ἡ κάλυψις.
zu-dem πρὸς δέ, προσέτι δέ, πρὸς δ' ἔτι, πρὸς τούτοις, ἔτι δέ.
zu-denken: j-m etw. ~ ἀνατιθέναι τινί τι.

Zu-drang m ἡ συνδρομή, τὸ ἀνθρώπων συλλεγομένων πλῆθος.
zu-drängen, ſich εἰςδύεσθαι, εἰςορμᾶν, εἰςπίπτειν.
zu-drehen συστρέφειν.
zu-dringlich φορτικός, ἄκαιρος (2), ἄτοπος (2), ἐπαχθής.
Zu-dringlichkeit f τὸ φορτικόν, ἡ ἀκαιρία oder das *neutr.* der *adj.*
zu-drücken συλλαμβάνειν, j-m die Augen ~ συλλαμβάνειν τοὺς ὀφθαλμούς τινος, die Augen ~ καταμύειν, ein Auge bei etwas ~ ὑπερπεριορᾶν τι.
Zu-drücken n durch Verba.
zu-eignen, ſich προςποιεῖσθαι, ἰδιοῦσθαι, ἰδιοποιεῖσθαι, εἰς τὸ ἴδιον κατατίθεσθαι, = widmen προςγράφειν, κατονομάζειν, ἀνατιθέναι, χαρίζεσθαι.
Zu-eignung f ἡ προςποίησις, = das Widmen ἡ κατονομασία.
zu-eilen δρόμῳ φέρεσθαι πρός oder ἐπί τι, auf j-n ~ προςτρέχειν τινί.
zu-erkennen: j-m etw. ~ ἀνατιθέναι, νέμειν τινί τι, als Strafe καταγιγνώσκειν ob. καταψηφίζεσθαί τινός τι.
Zu-erkennung f ἡ κατάγνωσις, ἡ κατάκρισις.
zu-erst πρῶτος, πρότερος (von zweien), = zum ersten Male (τὸ) πρῶτον, (κατ᾽) ἀρχήν.
zu-fahren προςελαύνειν τινί, φέρεσθαι πρός τι, = heftig zugreifen ἁρπάζειν, ἐπιχειρεῖν τινι, = herbeibringen προςάγειν, προςκομίζειν.

Zu-fall m ἡ τύχη, durch ~ ἀπὸ τύχης, ein ~ ἡ συντυχία, τὸ συμβεβηκός, ein ſchlimmer, unglücklicher ~ ἡ συμφορά, ἡ ἀτυχία, τὸ ἀτύχημα.
zu-fallen συμπίπτειν, = zufällig zuteil werden προςπίπτειν.
zu-fällig τυχών, αὐτόματος (2), *adv.* ἀπὸ τύχης, τύχῃ, τυχόν, ἀπὸ ταὐτομάτου, die ~en Dinge τὰ τῆς τύχης, ~ ſein, ~ etwas tun und dgl. τυγχάνω mit *part.*
Zu-fälligkeit f ἡ τύχη, τὸ συμβεβηκός.
zu-fertigen ἐπιστέλλειν.
Zu-fertigung f ἡ ἐπιστολή.
zu-flicken συρράπτειν, ἀκεῖσθαι.
zu-fliegen προςπέτεσθαι.
zu-fließen ἐπιρρεῖν, es fließt mir etwas zu γίγνεταί μοί τι, τυγχάνω τινός.
Zu-flucht f ἡ καταφυγή, ſeine ~ zu j-m nehmen καταφεύγειν πρός τινα.
Zu-fluchtsort m ἡ καταφυγή.
Zu-fluß m ἡ ἐπιρροή, ἡ ἐπίρροια, einer Menſchenmenge ὁ τῶν συνιόντων πλῆθος, = Hilfsmittel οἱ πόροι, αἱ πρόσοδοι.
zu-flüſtern λέγειν ἀτρέμα τι πρός τινα.

zu-folge ἐχ mit gen., κατά mit acc.

zu-frieden εὔθυμος (2), ἱλαρός, αὐτάρκης, ~ sein mit etw. ἀγαπᾶν τινι ob. τι.

Zu-friedenheit f ἡ εὐθυμία, ἡ αὐτάρκεια.

zu-frieren πήγνυσθαι, zugefroren παγείς.

zu-fügen ποιεῖν, παρέχειν, περιάπτειν, j-m Böses ~ κακῶς ποιεῖν τινα, Schaden ~ βλάπτειν τινά, Unrecht ~ ἀδικεῖν τινα.

Zu-fuhr f ἡ κομιδή, ἡ προσκομιδή, ἡ ἐπαγωγή, j-m die ~ abschneiden ἀποκλείειν τινὰ τῆς ἐπαγωγῆς τοῦ σίτου.

zu-führen ἄγειν, προσκομίζειν, (von Personen) προσάγειν τινά τινι.

Zu-führung f ἡ προσαγωγή.

zu-füllen ἐπεγχεῖν, — ausfüllen πληροῦν, ἀναπληροῦν.

Zu-füllung f ἡ πλήρωσις.

Zug m ἡ ὁλκή, ἡ φορά, ἡ ὁρμή, mit einem ~e μιᾷ ὁρμῇ, in einem ~e fort συνεχῶς, ~ eines Heeres ἡ στρατεία, ὁ στόλος, einen ~ unternehmen στρατεύειν, στρατεύεσθαι, ein ~ von Soldaten ἡ τάξις, τὸ τάγμα, den ~ anführen ἡγεῖσθαι τῆς τάξεως, den ~ schließen οὐραγεῖν, feierlicher ~ ἡ πομπή, einen feierlichen ~ halten πέμπειν πομπήν, ~ mit der Feder ob. dem Pinsel τὸ διά-, ὑπόγραμμα, Gesichtszüge τὰ τοῦ προσώπου σχήματα, in den letzten Zügen liegen εἶναι πρὸς τὸ τελευτᾶν.

Zu-gabe f ἡ ἐπίδοσις, ἡ προσθήκη, eine ~ geben ἐπιμετρεῖν.

Zu-gang m ἡ πρόσοδος, (als Ort) ἡ εἴσοδος, ἡ πάροδος, ὁ πόρος.

zu-gänglich προσβατός, leicht ~ εὐπρόσοδος (2), schwer ~ δυσέμβατος (2).

Zu-gänglichkeit f τὸ προσβατόν, τὸ εὐπρόσοδον.

Zugbrücke f τὸ πτερόν, ἡ ἐπιβάθρα.

zu-geben ἐπιδιδόναι, προστιθέναι, ἐπιβάλλειν, =zugestehen ὁμολογεῖν, συμφάναι, zugegeben, daß καίτοι καὶ τοῦτο, ei mit opt., — gestatten συγχωρεῖν, ἐάν.

zu-gegen παρών, παραγενόμενος, ~ sein παρεῖναι.

zu-gehen ~ schnell gehen σπεύδειν, ἐγκονεῖν, = sich zumachen lassen οἷόν τ' εἶναι κλείεσθαι, κατακλείεσθαι oder προστίθεσθαι, = sich ereignen γίγνεσθαι, συμβαίνειν, wie geht das zu? πῶς γίγνεται;

Zu-gehör n s. Zubehör.

zu-gehören εἶναί τινος.

zu-gehörig ἴδιος.

Zügel m ἡ ἡνία, ὁ χαλινός, die ~ schießen lassen χαλᾶν, διδόναι, ἐνδιδόναι oder ἀνιέναι τὰς ἡνίας, im ~ halten κολάζειν, κατέχειν,

(zu-folge   524   Zügel)

κρατεῖν τινος, mit verhängtem ~ reiten ἀπὸ ῥυτῆρος ἐλαύνειν.

zügellos ἀκόλαστος (2), ἄμετρος (2), ἀκρατής.

Zügellosigkeit f ἡ ἀκολασία, ἡ ἀκρασία.

zügeln κολάζειν, κατέχειν, συστέλλειν. [(2).]

zu-gemessen σύμ-, ἔμμετρος

Zu-gemüse n τὸ ὄψον, τὸ ὀψώνιον.

zu-gesellen προσάπτειν τί τινι, συνιστάναι τινά τινι, sich j-m ~ ὁμιλεῖν τινι, ἕπεσθαί τινι.

Zu-geständnis n ἡ ὁμολογία, = Bewilligung ἡ συγχώρησις.

zu-gestehen ὁμολογεῖν, φάναι, συμφάναι, — bewilligen συγχωρεῖν, ἐᾶν, χαρίζεσθαι.

zu-getan εὔνους, εὐμενής, φίλος, j-m ~ sein φρονεῖν τά τινος.

Zugfische m/pl. οἱ ἀγελαῖοι ἰχθύες.

Zugführer m ὁ πεντηκόνταρχος.

Zuggarn n ἡ σαγήνη.

Zuggraben m ὁ ὀχετός, ὁ ὕδατος ὁλκός.

zu-gießen ἐπιχεῖν, ἐπεγχεῖν.

zugig sein διαπνεῖσθαι.

zu-gleich ὁμοῦ, ἅμα, oft durch Αssgn mit σύν, zB. ~ sterben συναποθνῄσκειν.

Zugloch n ἡ διαπνοή, ἡ ὀπή. [καταφορά.]

Zugluft f ἡ πνεύματος

Zugnetz n ἡ σαγήνη, τὸ ἐπίσπαστρον (bsd. zum Vogelfang).

Zugochse m ὁ ἀροτὴρ oder ἐργάτης βοῦς.

Zugpferd n ὁ ὑποζύγιος ἵππος.

Zugpflaster n τὸ μάλαγμα.

zu-graben κατορύττειν.

zu-greifen συλλαμβάνειν τι, ἐπιλαμβάνεσθαί τινος, ἅπτεσθαί τινος, ἐπιχειρεῖν τινι, ἁρπάζειν.

Zugschiff n ἡ ὁλκάς (άδος).

Zugseil n τὸ ῥῦμα, ὁ ῥυτήρ (ῆρος), τὸ ἐπίσπαστρον.

Zugtier n τὸ ὑποζύγιον.

Zugtür f αἱ κάθετοι θύραι.

zu-gürten διαζωννύναι.

Zugvieh n τὰ ὑποζύγια.

Zugvogel m ὁ ὁδοιπόρος ὄρνις (ιθος), die Zugvögel οἱ ἀγελαῖοι ὀρνιθόν.

zugweise ἀγελαδόν.

Zugwind m ὁ διαπνέων ἄνεμος, f. auch Zugluft.

zu-halten (verschlossen) κλείειν, (mit der Hand) κατέχειν oder καλύπτειν τῇ χειρί, sich die Ohren ~ ἐπέχεσθαι τὰ ὦτα ταῖς χερσίν.

zu-hauen — behauen περικόπτειν, πελεκᾶν, κατεργάζεσθαι, κατασκευάζειν, Steine ~ ξεῖν, ἐργάζεσθαι od. κατεργάζεσθαι λίθους, = einen Hieb tun παίειν, τύπτειν, κόπτειν, πλήττειν.

Zu-hauen n ἡ πελέκησις, ἡ περικοπή, ἡ κατεργασία, ἡ κατασκευή, ἡ ξέσις.

zu-heften συμπερονᾶν, ἐπι-, συμπορπᾶν.

zu-heilen *trans.* ἀκεῖσθαι, ἰᾶσθαι, *intr.* συμφύεσθαι, — vernarben ἀπ-, ἐπ-, κατουλοῦσθαι.

Zu-heilung *f* ἡ ἄκεσις, ἡ ἀπούλωσις.

zu-hören ἀκούειν, εἰσακούειν τινός, ἀκροᾶσθαί τινος, aufmerkſam ~ προσέχειν τινί.

Zu-hören *n* ἡ ἀκρόασις.

Zu-hörer *m* ὁ ἀκούων, ὁ ἀκροατής, ὁ ἀκουστής, ὁ ἀκροώμενος.

Zu-hörerin *f* ἡ ἀκροωμένη.

Zu-hörerſchaft *f* = die Zuhörer (ſ. dſ).

zu-horchen ὑπακούειν τινός od. τινί, ὠτακουστεῖν τινα.

zu-hüllen περι-, ἀμφικαλύπτειν.

zu-jagen: j-m etw. ~ ἐλαύνειν oder συνελαύνειν τι πρός τινα.

zu-jauchzen, zu-jubeln ἐπαλαλάζειν τινί, ἐπευφημεῖν.

zu-kehren ἐπιστρέφειν, προστρέπειν, j-m den Rücken ~ ἐπιστρέφειν τινὶ τὰ νῶτα, ἀποστρέφεσθαί τινος.

zu-keilen ἐμφράττειν.

zu-klappen ἐπιπτύσσειν (ein Buch). [κροτεῖν.]

zu-klatſchen ἐπι-, ἀνα-
zu-kleben ἐπικολλᾶν.

zu-klemmen συνθλίβειν, συμπιέζειν.

zu-klinken (die Tür) προστιθέναι τὴν θύραν.

zu-knöpfen συμπερονᾶν.

zu-knüpfen συνδεῖν, συμπλέκειν.

zu-kommen = übergeben werden παραδίδοσθαι, (von Nachrichten) εἰσαγγέλλεσθαι, j-m etwas ~ laſſen μεταδιδόναι τινί τινος, j-m e-e Nachricht ~ laſſen ἐπιστέλλειν τινί, es kommt mir zu προσήκει μοι, — gebühren προσήκειν, καθήκειν.

Zu-koſt *f* τὸ ὄψον, τὸ ὀψάριον, τὸ προσόψημα.

Zu-kunft *f* τὸ μέλλον, ὁ μέλλων χρόνος, ὁ ἔπειτα χρόνος, für die ~ εἰς τὸν ἔπειτα χρόνον, in ~ ὕστερον, αὖθις, μετὰ ταῦτα.

zu-künftig μέλλων, προκείμενος, ὁ, ἡ, τὸ ὕστερον.

zu-lächeln προσμειδιᾶν, προσγελᾶν.

Zu-lage *f* ἡ προσθήκη, ἡ ἐπίδοσις, an Gehalt πλέων μισθός.

zu-langen = genug ſein ἀρκεῖν, δι-, ἐξαρκεῖν, ἱκανὸν εἶναι, j-m etwas ~ παραδιδόναι, παρέχειν, ὑπηρετεῖν, ὑπουργεῖν, = für ſich nehmen ἀπολαμβάνειν, προσφέρεσθαι.

zu-länglich ἱκανός, αὐτάρκης, ~ ſein ἀρκεῖν, ἐξαρκεῖν, ἱκανὸν εἶναι.

Zu-länglichkeit *f* τὸ ἱκανόν, ἡ ἱκανότης (ητος).

zu-laſſen, verſchloſſen halten κεκλεισμένον ἐᾶν, οὐκ ἀνοίγειν, = den Zugang verſtatten προσάγειν, εἰσπέμπειν, ἐᾶν εἰσέρχεσθαι, παριέναι, δέχεσθαι, εἰσδέχεσθαι, = gestatten ἐᾶν, ἐφιέναι, συγχωρεῖν.

zu-lässig θεμιτός, ἐπιεικής, es ist ~ ἔξεστι, ἐγχωρεῖ, ἐνδέχεται.

Zu-lässigkeit f τὸ θεμιτόν, τὸ ἐνδεχόμενον.

Zu-lassung f = Einlassung ἡ εἰς-, προσαγωγή, ἡ εἰσδοχή, = Erlaubnis ἡ συγχώρησις, ἡ ἔφεσις.

Zu-lauf m ἡ συνδρομή, τὸ πλῆθος συλλεγομένων ἀνθρώπων, es ist ein ~ von Menschen συντρέχουσι oder συνέρχονται πολλοί.

zu-laufen = herbeilaufen συντρέχειν, συνέρχεσθαι, συλλέγεσθαι, = sich endigen τελευτᾶν εἴς τι, = auf etw. ~ ὁρμᾶσθαι ἐπί τι, δρόμῳ φέρεσθαι πρός τι.

zu-legen = verhüllen καλύπτειν, περι-, ἐπικαλύπτειν, = hinzulegen προστιθέναι, ἐπιβάλλειν.

Zu-legung f ἡ κατακάλυψις, ἡ προσθήκη.

zu-leimen συγκολλᾶν.

Zu-leimung f ἡ συγκόλλησις.

zu-leiten ὀχετεύειν ἐπί τι.

zu-letzt τέλος, (τὸ) τελευταῖον, auch durch adj. τελευταῖος, ὕστατος, ἔσχατος, τελευτῶν.

zu-machen κλείειν, κατακλείειν, die Augen ~ μύειν, καταμύειν, = verstopfen ἐμφράττειν.

zumal καὶ ταῦτα, καὶ μάλιστα, καὶ πάνυ, ἄλλως τε καί, ~ da ἐπειδή γε καί, ~ wenn ἄλλως τε καὶ εἰ (ἐάν, ὅταν).

zu-mauern ἀποικοδομεῖν, διατειχίζειν, ἐμφράττειν τείχει.

zu-messen ἀπο-, διαμετρεῖν, = beilegen ἐπιφέρειν τινί τι, τρέπειν τι εἴς τινα.

zu-muten: j-m etw. ~ ἀξιοῦν, κελεύειν τινὰ ποιεῖν τι, j-m etwas mehr ~, als er leisten kann προστάττειν τινὶ μείζω ἢ κατὰ δύναμιν.

Zu-mutung f ἡ ἀξίωσις, τὸ ἀξίωμα, ἡ πρόσ-, ἐπίταξις.

zu-nächst ἐγγυτάτω, ἐγγύτατα mit gen. (örtlich), πρῶτον, μετὰ ταῦτα εὐθύς (zeitlich). [ἥλοις.]

zu-nageln κατακλείειν

zu-nähen συρράπτειν, ἀκεῖσθαι.

Zu-nahme f ἡ αὔξη, ἡ αὔξησις, ἡ ἐπαύξη, ἡ ἐπαύξησις, ἡ ἐπίδοσις.

Zu-name m ἡ προσ-, ἐπωνυμία, ἡ ἐπίκλησις, τὸ προσηγορικὸν ὄνομα.

zünden trans. φλέγειν, ἅπτειν, ἀνακάειν, intr. durch das P.

Zunder m τὸ ἔναυσμα, τὸ αἴθυγμα, τὸ σπέρμα πυρός.

zu-nehmen αὐξάνεσθαι, ἐπαυξάνεσθαι, ἐπιδιδόναι, ἐπίδοσιν λαμβάνειν, προσχωρεῖν ἐπὶ τὸ πλέον, in etw. ~ προκόπτειν ἔν τινι.

Zu-nehmen n f. Zunahme.
zu-neigen προσκλίνειν.
Zu-neigung f ἡ πρόσκλισις, ἡ εὔνοια, ~ zu j-m haben εὐνοϊκῶς ἔχειν τινί oder πρός τινα.
Zunft f ἡ φυλή, τὸ σύστημα, ἡ ἐργασία.
zunftgemäß φυλετικός.
Zunftgenosse m ὁ φυλέτης, ὁ ἐμφύλιος.
zünftig ἐμφύλιος (2).
Zunftmeister m ὁ φύλαρχος.
zunftweise κατὰ φυλάς.
Zunge f ἡ γλῶττα, freche, zügellose.~ ἡ ἀθυρογλωττία, die ~ im Zaume halten κατέχειν τὴν γλῶτταν, die ~ an der Wage ἡ πλάστιγξ (γγος), in der Schnalle ἡ πόρπη, ἡ περόνη.
zungenähnlich γλωττοειδής.
Zungendrescher m ὁ γλωτταλγος, ὁ ἀρθυρόγλωττος, ὁ ἀδολέσχης.
Zungendrescherei f ἡ γλωτταλγία, ἡ ἀρθυρογλωττία.
Zungenfehler m τὸ τῆς γλώττης ἐλάττωμα.
zungenfertig εὔγλωττος (2).
Zungenfertigkeit f ἡ εὐγλωττία.
zungenförmig γλωττοειδής.
Zungenspitze f ἄκρα ἡ γλῶττα. [νεύειν.]
zu-nicken νεύειν, προσ-, ἐπι-
Zu-nicken n ἡ πρόσνευσις.
zu-ordnen προσ-, συντάττειν.
zupfen τίλλειν, κνίζειν, j-n am Ohr ~ τίλλειν τὸ οὖς τινος.

Zupfen n ὁ τιλμός, ἡ τίλσις, ὁ κνισμός.
zu-pflügen ὑπαροῦν, ἐπισκάπτειν.
zu-pfropfen ἐπιφράττειν.
zu-raten συμβουλεύειν oder παραινεῖν τινι ποιεῖν τι, πείθειν τινὰ ποιεῖν τι, auf j-s З~ etw. tun πεισθέντα ὑπό τινος ποιεῖν τι.
zu-raunen ὑποφθέγγεσθαί τινί τι.
zu-rechnen = auf j-s Rechnung setzen καταλογίζεσθαί τί τινι oder πρός τινα, — beimessen ἀνα-, προστιθέναι, ἐπιφέρειν, ἀπονέμειν τινί τι.
Zu-rechnung f ὁ καταλογισμός, ἡ ἀνάθεσις, ἡ ἐπιφορά.
zu-recht ἕτοιμος, παρεσκευασμένος.
zu-rechtbringen εὐτρεπίζειν, ἀπ-, ἐξεργάζεσθαι, ἀνύτειν.
zu-rechtfinden: sich an einem Orte ~ εὑρίσκειν τὴν ὁδόν, sich in etwas ~ ἐμπείρως ἔχειν τινός.
zu-rechthelfen ἡγεῖσθαί τινι, διδάσκειν τινά.
zu-rechtkommen mit etwas μετα-, διαχειρίζεσθαί τι, mit j-m ~ συμ-, συμπεριφέρεσθαί τινι.
zu-rechtlegen ἑτοιμάζειν, παρασκευάζειν. [σκευή.]
Zu-rechtlegung f ἡ παρα-
zu-rechtmachen ἑτοιμάζειν, παρα-, κατασκευάζειν, sich ~ durch das M.

zu-rechtrücken διατάττειν, διατιθέναι, j-m den Kopf ~ νουθετεῖν, σωφρονίζειν τινά.
zu-rechtsetzen διατιθέναι, διατάττειν, κοσμεῖν.
zu-rechtstellen διατιθέναι, ἑτοιμάζειν.
zu-rechtweisen ὁδηγεῖν τινα, übtr. διδάσκειν, νουθετεῖν, σωφρονίζειν τινά.
Zu-rechtweisung f ἡ νουθέτησις, τὸ νουτέθημα, ὁ σωφρονισμός.
zu-reden: j-m ~, etwas zu tun διακελεύεσθαί τινι, πείθειν τινά, tröstend παραμυθεῖσθαι, παρηγορεῖν τινα.
Zu-reden n ὁ διακελευσμός, ἡ παραίνεσις, ἡ παραμυθία, ἡ παρηγορία, durch ~ πειθοῖ καὶ λόγῳ, auf j-s ~ πεισθεὶς ὑπό τινος.
zu-reichen intr. ἀρκεῖν, ἐξαρκεῖν, ἱκανὸν εἶναι, = darreichen προτείνειν, ὀρέγειν, παρέχειν.
zu-reichend ἱκανός.
zu-reisen ἀφικνεῖσθαι.
zu-reiten trans. πωλεύειν, πωλοδαμνεῖν, intr. ἱππάζεσθαι.
Zu-reiten n ἡ πώλευσις.
zu-richten παρα-, κατασκευάζειν, καταρτύειν, j-n übel ~ κακοῦν τινα, κακῶς διατιθέναι τινά, übel zugerichtet sein κακῶς διακεῖσθαι.
Zu-richtung f ἡ παρα-, κατασκευή.

zu-riegeln ἐπιβάλλειν oder ἐπιτιθέναι τὸν μοχλόν τινι, μοχλοῦν oder μοχλεύειν τι.
zürnen ἀγανακτεῖν, ὀργίζεσθαι, θυμοῦσθαι, über etwas ἐπί τινι.
zu-rollen προσ-, ἐπικυλίνδειν, intr. durch das P.
zurück ὀπίσω, εἰς τοὐπίσω, πάλιν, ἔμπαλιν, ~! ἄναγε!
zurück-beben: vor etwas ~ ὀκνεῖν, ἀποκνεῖν τι und πρός τι.
zurück-begeben, sich ἀνακομίζεσθαι, ἀναχωρεῖν.
zurück-begehren ἀπαιτεῖν (auch M.).
zurück-behalten κατέχειν.
zurück-bekommen ἀνα-, ἀπολαμβάνειν, κομίζεσθαι, ἀνακομίζεσθαι.
zurück-berufen ἀνακαλεῖν (auch M.), ἀποκαλεῖν, aus der Verbannung κατάγειν, καταδέχεσθαι.
Zurück-berufung f gew. durch Verba.
zurück-beugen ἀνακάμπτειν, ἀνακλίνειν, sich ~ ἀναπίπτειν.
Zurück-beugung f ἡ ἀνάκαμψις, ἡ ἀνάκλισις, gew. durch Verba.
zurück-beziehen ἀνα-, ἐπαναφέρειν εἴς, ἐπί, πρός τι.
Zurück-beziehung f ἡ ἀνα-, ἐπαναφορά.
zurück-biegen f. zurückbeugen.
zurück-binden ἀναδεῖν.
Zurück-binden n ἡ ἀνάδεσις.
zurück-bleiben λείπεσθαι, ἀπο-, κατα-, ὑπολείπεσθαι

(P.), ὑπο-, καταμένειν, hinter j-m ~ λείπεσθαί τινος.

Zurück-bleiben *n* ἡ ὑπό-, ἀπόλειψις, ἡ ὑπομονή.

Zurück-blick *m* ἡ ἀνάμνησις (Erinnerung).

zurück-blicken ἀφορᾶν, ἀποβλέπειν πρός τι, = sich erinnern ἀναμιμνήσκεσθαί τι, τινός, περί τινος.

zurück-bringen ἀνάγειν, ἀνακομίζειν, eine Nachricht ~ ἀπαγγέλλειν τι, j-n von etw. ~ ἀποσπᾶν τινά τινος, παραπείθειν τινὰ μὴ ποιεῖν τι, ἀποτρέπειν τινά τινος.

Zurück-bringung *f* ἡ ἐπαναγωγή, gew. durch Verba.

zurück-denken ἀναμιμνήσκεσθαί τι, τινός, περί τινος.

zurück-drängen ὠθεῖν ὀπίσω, ἀπωθεῖσθαι, ἀναστέλλειν.

zurück-drehen ἀναστρέφειν.

Zurück-drehung *f* ἡ ἀναστροφή, ἡ ἀνάκαμψις.

zurück-drücken ὑποπιέζειν, ἀπ-, παρωθεῖν.

zurück-eilen σπεύδειν oder φεύγειν εἰς τοὐπίσω, εἰς τοὔμπαλιν oder εἰς τοὔπισθεν.

zu-rücken *trans.* προσκινεῖν, προσάγειν, *intr.* auf j-n ~ ὁμόσε ἰέναι τινί, χωρεῖν τινι, ὁρμᾶν πρός, εἰς, ἐπί τινα, = Platz machen ὑπείκειν, ὑποχωρεῖν.

zurück-erstatten ἀποφέρειν.

zurück-fahren *trans.* ἀνακομίζειν, ἀν-, κατάγειν, *intr.* ἀπελαύνειν πάλιν, ἀνακομίζεσθαι, zu Schiffe κατάγεσθαι, vor Schrecken φρίττειν, ἐκ-, καταπλήττεσθαι.

zurück-fallen ἀναπίπτειν, wieder in einen Fehler ~ πάλιν περιπίπτειν ἁμαρτήματί τινι, die Schande fällt auf mich zurück τὸ αἰσχρὸν τρέπεται εἰς ἐμέ.

zurück-fliegen ἀποπέτεσθαι πάλιν.

zurück-fliehen ἀποφεύγειν, φεύγειν ὀπίσω.

zurück-fließen ἀναρρεῖν.

Zurück-fließen *n* ἡ ἀνάρροια.

zurück-fordern ἀπαιτεῖν (auch M.).

Zurück-forderung *f* ἡ ἀπαίτησις.

zurück-führen ἀν-, ἐπανάγειν, ἀνακομίζειν, einen Verbannten κατάγειν, etw. auf etw. ob. auf j-n ~ ἀνα-, ἐπαναφέρειν εἴς τι, εἴς τινα.

Zurück-führung *f* ἡ ἀναγωγή, ἡ καταγωγή.

Zurück-gabe *f* ἡ ἀπόδοσις, ἀνταπόδοσις.

Zurück-gang *m* ἡ ἀνα-, ὑποχώρησις.

zurück-geben ἀπο-, ἀνταποδιδόναι.

zurück-gehen ἀνα-, ὑποχωρεῖν, ἀνάγειν, ἀνιέναι, ἀνέρχεσθαι, es geht etwas zurück οὐκ ἀποβαίνει τι.

Zurück-gezogenheit f ἡ ἀναχώρησις, ἡ ἐρημία, ἡ ἀπραγμοσύνη, ἡ ἀπραξία.
zurück-haben ἀπειληφέναι.
zurück-hallen ἀντ-, ἐπηχεῖν, ἀντιφθέγγεσθαι.
zurück-halten κατέχειν (ʒB. den Zorn τὴν ὀργήν), ἐπέχειν, j-n von etwas ~ ἐπέχειν τινὰ μὴ ποιεῖν τι, ἀποτρέπειν τινὰ τινος, κωλύειν τινὰ μὴ ποιεῖν τι, sich ~ κρατεῖν ἑαυτοῦ.
zurück-haltend εὐλαβής.
Zurück-haltung f ἡ εὐλάβεια, ohne ~ μηδὲν ἀποκρυπτόμενος, ἁπλῶς.
zurück-holen ἀνακομίζειν.
Zurück-holung f ἡ ἀνακομιδή.
zurück-kehren ἐπανέρχεσθαι, ἐπανιέναι, aus der Verbannung κατέρχεσθαι εἰς τὴν πατρίδα.
zurück-kommen ἐπανέρχεσθαι, νοστεῖν, ἀπονοστεῖν, von etw. ~ (= etw. unterlassen) ἀφιέναι τι, ἐᾶν τι, ἀπαλλάττεσθαί τινος, in seinen Vermögensverhältnissen ~ μειοῦσθαι, ἐλαττοῦσθαι, καθίστασθαι εἰς πενίαν.
Zurück-kunft f ἡ ἐπάνοδος, ἡ ἀπονόστησις, ἡ κάθοδος. [ὑπολείπειν.)
zurück-lassen κατα-, ἀπο-,
Zurück-lassung f durch Verba.
zurück-laufen ἀναθεῖν, ἀνα-, ἐπαναστρέφειν.
zurück-legen ἀνακλίνειν, στρέφειν εἰς τοὐπίσω, = aufheben κατα-, ἀποτιθέναι (auch M.), einen Weg ~ δι-, διεξέρχεσθαι, δι-, διεξιέναι.
Zurück-legung f durch Verba.
zurück-lehnen ἀνακλίνειν, ἀνακάμπτειν.
zurück-lenken ἀνακάμπτειν, ἀναστρέφειν.
Zurück-lenkung f ἡ ἀνάκαμψις, ἡ ἀναστροφή.
zurück-liefern ἀπο-, ἀνταποδιδόναι, ἀποκαθιστάναι. [ἀνταπόδοσις.)
Zurück-lieferung f ἡ ἀπό-,
zurück-marschieren πορεύεσθαι εἰς τοὔμπαλιν, ἀναχωρεῖν, ἀπέρχεσθαι.
Zurück-nahme f ἡ ἀνά-, ἀπόληψις, des gegebenen Wortes ἡ τῆς πίστεως λύσις.
zurück-nehmen ἀνα-, ἀπολαμβάνειν, sein Wort, Versprechen ~ λύειν τὴν ὑπόσχεσιν.
zurück-neigen ἀνακλίνειν.
Zurück-neigung f ἡ ἀνάκλισις.
zurück-prallen ἀποπάλλεσθαι, ἀνακόπτεσθαι, von Licht und Schall ἀνα-, ἀντανακλᾶσθαι.
Zurück-prallen n ἡ ἀντανάκλασις, ἡ ἀνακοπή.
zurück-rechnen ἀναλογίζεσθαι. [ἡ κάθοδος.)
Zurück-reise f ἡ ἐπάνοδος,
zurück-reisen ὑποστρέφεσθαι, ἐπανέρχεσθαι, νοστεῖν, ἀπονοστεῖν.
zurück-reiten ὀπίσω ἐλαύνειν, ἀφιππεύειν.

zurück-rudern πρύμναν κρούεσθαι, ἀνακρούεσθαι ναῦν oder πρύμναν.

zurück-rufen ἀνακαλεῖν, j-m etwas ins Gedächtnis ~ ἀνα-, ὑπομιμνήσκειν τινά τι, sich etw. ins Gedächtnis ~ ἀνα-, ὑπομιμνήσκεσθαί τινος, ins Leben ~ ἀναβιώσκεσθαι. [κλησις.]

Zurück-rufung f ἡ ἀνά-

zurück-schaffen ἀνακομίζειν.

zurück-schallen ἀντ-, ἐπηχεῖν.

zurück-schaudern: vor etw. ~ ὀρρωδεῖν, κατορρωδεῖν τι, ἐκ-, καταπλήττεσθαί τι.

zurück-schauen ἀφορᾶν, ἀποβλέπειν εἴς, πρός τι.

zurück-scheinen ἀντιφαίνειν, ἀπολάμπειν, ἀποστίλβειν.

zurück-scheuchen ἀνασοβεῖν, ἀναφοβεῖν.

zurück-schicken ἀπο-, ἀναπέμπειν, ἀφιέναι.

zurück-schieben ἀποκινεῖν, ἀπωθεῖν, den Riegel ~ παραφέρειν oder χαλᾶν τὸν μοχλόν. [ωσις.]

Zurück-schiebung f ἡ ἄπ-

zurück-schießen ἀντιτοξεύειν.

zurück-schiffen ἀνα-, ἐπαναπλεῖν, ἀποπλεῖν πάλιν, κατάγεσθαι.

zurück-schlagen: die Feinde ~ ἀμύνεσθαι, ἀπωθεῖσθαι, τρέπειν, ἀναστέλλειν, das Gewand ~ ἀναβάλλεσθαι, den Mantel ~ διακαλύπτεσθαι τὸ ἱμάτιον, = zurückfallen ἀναπίπτειν, ὕπτιον καταπίπτειν.

Zurück-schlagen n durch Verba.

zurück-schlendern βραδέως ἐπανέρχεσθαι.

zurück-schleudern σφενδονᾶν εἰς τοὐπίσω, ἀντιπαίειν.

zurück-schnellen ἀνα-, ἀποπάλλειν, intr. durch das P.

zurück-schrecken trans. ἀναφοβεῖν, ἀνασοβεῖν, intr. ἐκ-, καταπλήττεσθαι (P.) τι, ὀρρωδεῖν, κατορρωδεῖν τι.

zurück-schreiben ἀντιγράφειν, ἀντεπιστέλλειν.

zurück-schreiten ἐπὶ πόδα ἀναχωρεῖν.

zurück-schwimmen νεῖν (νήχεσθαι) ὀπίσω.

zurück-segeln s. zurückschiffen.

zurück-sehen ἀφορᾶν, ἀποβλέπειν εἰς oder πρός τι.

zurück-sein λείπεσθαι, ἀπο-, ὑπολείπεσθαι, ὑστερεῖν, ὕστερον εἶναι (hinter j-m τινός), in etw. ~ οὗ προκόπτειν εἰς τι oder ἔν τινι, = zurückgekehrt sein ἐπανεληλυθέναι, ἐπανήκειν, ἀφῖχθαι.

zurück-senden s. zurückschicken.

zurück-setzen: den Fuß ~ ἀναποδίζειν, ἀναχωρεῖν, beiseite ~ ἀποτιθέναι, παρακινεῖν, übertr. ὀλιγωρεῖν τινος, hinter j-m zurückgesetzt w. μειονεκτεῖν τινος.

Zurück-setzung f ἡ ἀπόθεσις, ἡ ὀλιγωρία, ἡ καταφρόνησις.

zurück-sinken ἀναπίπτειν, ὑπτιάζειν.

zurück-sinnen ἀναμιμνήσκεσθαί τινος.

zurück-spiegeln ἀντιφαίνειν.
Zurück-spiegeln *n* ἡ ἀπόστιλψις.
zurück-springen ἀποπηδᾶν, ἀφάλλεσθαι.
zurück-stehen: hinter j-m ~ ἡττᾶσθαι oder ἥττω εἶναί τινος, ὑστερεῖν τινος, μειονεκτεῖν τινος, von etw. ~ ἀφίστασθαί τινος, ἀφιέναι τι.
zurück-steuern s. zurückschiffen.
zurück-stoßen ἀπωθεῖν, ἀποκρούειν. ἀπελαύνειν.
zurück-stoßend (von Personen) δυσσύμβουλος, δύσφορος, δύσκολος (sämtlich 2), δυσχερής.
zurück-strahlen ἀντιλάμπειν, ἀποστίλβειν.
zurück-streichen ἀνασπᾶν.
zurück-strömen ἀναρρεῖν.
Zurück-strömen *n* ἡ ἀνάρροια.
zurück-stürzen s. zurückfallen.
zurück-tönen ἀντηχεῖν.
zurück-tragen ἀνακομίζειν, ἀναφορεῖν, φέρειν ὀπίσω.
zurück-transportieren ἀνακομίζειν
zurück-treiben ἀπελαύνειν, ἀπωθεῖν, παρωθεῖν, ἀναστέλλειν, die Feinde ~ ἀπωθεῖσθαι oder τρέπειν εἰς φυγὴν τοὺς πολεμίους.
Zurück-treibung *f* ἡ ἄπωσις, ὁ ἀπωσμός, ἡ τροπή.
zurück-treten ἀνα-, ὑποχωρεῖν, (von Gewässern) ἀναδύεσθαι (ἀναδῦναι), vor j-m ~ ὑπείκειν oder παραχωρεῖν τινι, von etwas ~

ἀφίστασθαι τινος, ἀφιέναι τι.
Zurück-tretung *f* ἡ ἀνα-, ὑποχώρησις, ἡ ἀνάδυσις.
zurück-versetzen καθιστάναι oder κατατιθέναι πάλιν.
zurück-wälzen ἀνα-, ἀποκυλίνδειν. [ῥεύεσθαι.]
zurück-wandern ὀπίσω πο-)
zurück-weichen εἴκειν, ὑπείκειν, ὑποχωρεῖν, ἐνδιδόναι, τρέπεσθαι, ἀπέρχεσθαι.
Zurück-weichung *f* ἡ ἀνα-, ὑποχώρησις, ἡ τροπή.
zurück-weisen: j-n ~ ἀπελαύνειν, ἀποκωλύειν, εἴργειν, ἀπωθεῖν, ἀποπέμπειν, eine Bitte u. dgl. ~ ἀπωθεῖσθαι, ἀνανεύειν, ἀρνεῖσθαι, οὐ δέχεσθαι, eine Klage ~ ἀπογιγνώσκειν γραφήν.
Zurück-weisung *f* durch Verba.
zurück-wenden ἀνα-, μεταστρέφειν, sich ~ μεταστρέφεσθαι. [στροφή.]
Zurück-wendung *f* ἡ ἀνα-)
zurück-werfen ἀναβάλλειν, βάλλειν εἰς τοὐπίσω, ἀναρρίπτειν, die Feinde ~ s. zurückschlagen.
zurück-wickeln ἀνειλεῖν, ἀνελίττειν.
zurück-zahlen ἀποτίνειν, ἀπαριθμεῖν, ἀποδιδόναι, ἀνταποδιδόναι.
Zurück-zahlung *f* ἡ ἀπόδοσις, ἡ ἀνταπόδοσις.
zurück-ziehen ἀνασπᾶν, ἀνέλκειν, den Fuß ~ ἀναφέρειν τὸν πόδα, die Hand

von j-m ~ προλείπειν τινά, sich ~ ἀνα-, ὑποχωρεῖν, sich von et. ~ ἀφίστασθαί τινος, zurückgezogen ἀπράγμων.

Zurück-ziehen n, **Zurückziehung** f trans. ἡ ἀνάσπασις, ἡ ἀνολκή, intr. ἡ ἀνα-, ὑποχώρησις, (von Geschäften) ἡ ἀπραγμοσύνη.

zu-rudern κώπας ἀναφέρειν.

Zu-ruf m τὸ προσφώνημα, τὸ πρόσφθεγμα, τὸ ἐπιβόημα, ἡ κλῇσις.

zu-rufen προσφωνεῖν, προσφθέγγεσθαι, ἐπιβοᾶν.

zu-runden ἀποσφαιροῦν, ἐπι-, συστρογγύλλειν, zugerundet ἐπιστρόγγυλος (2).

zu-rüsten παρα-, κατασκευάζειν, ἑτοιμάζειν.

Zu-rüstung f ἡ παρα-, κατασκευή.

Zu-sage f ἡ ὑπόσχεσις, τὸ ἐπάγγελμα, ἡ πίστις, τὸ πιστόν, die ~ halten φυλάττειν τὴν πίστιν, nicht halten λύειν τὴν πίστιν.

zu-sagen ὑπισχνεῖσθαι, ὁμολογεῖν, ἐπαγγέλλεσθαι, ὑποδέχεσθαι, es sagt mir etwas zu ἀγαπῶ τι, ἔστι τί μοι ἡδομένῳ oder βουλομένῳ, ἀρέσκει μοί τι.

zusammen ὁμοῦ, ἅμα (von Zeit und Ort), ἐν τῷ αὐτῷ (an demselben Orte), εἰς ταὐτόν (an denselben Ort), = gemeinschaftlich κοινῇ, in Zssgn gew. durch σύν.

zusammen altern συγ-, συγκαταγηράσκειν.

zusammen arbeiten κοινῇ ἐργάζεσθαι, trans. καταπονεῖν, κατατρίβειν.

zusammen aufwachsen συν-, συνεκτρέφεσθαι, zusammen aufgewachsen σύν-, ὁμότροφος (2).

zusammen aufziehen συν-, συνεκτρέφειν.

zusammen-backen = zusammenkleben συμφύεσθαι (-φῦναι).

zusammen baden συλλοῦσθαι.

zusammen-ballen συστρέφειν. [δομεῖν.

zusammen-bauen συνοικο-

zusammen befestigen συνδεῖν, συνάπτειν.

zusammen begraben συνθάπτειν.

zusammen-beißen συνδάκνειν, die Zähne ~ συνερείδειν τοὺς ὀδόντας.

zusammen-bekommen συλλέγειν, συναγείρειν, = zugleich mit j-m bekommen κοινῇ λαμβάνειν.

zusammen beraten βουλεύεσθαι.

zusammen-berufen συγκαλεῖν, συνάγειν.

Zusammen-berufung f ἡ συλλογή, ἡ συναγωγή.

zusammen-betteln πτωχεύοντα συλλέγειν.

zusammen-biegen συγκάμπτειν, συγκλίνειν.

Zusammen-biegung f ἡ σύγκαμψις.

zusammen-binden συνδεῖν, συνάπτειν, συνείρειν.

(Zurück-ziehen 534 zusammen-binden)

zusammen-bleiben συμμένειν.

zusammen-brechen *trans.* συν-, καταθραύειν, συγκλᾶν, καταρ-, συρρηγνύναι, *intr.* συμ-, καταπίπτειν, καταρρήγνυσθαι.

zusammen-bringen συλλέγειν, συνάγειν, ἀθροίζειν, συναθροίζειν, j-n mit j-m ~ συνιστάναι τινά τινι.

Zusammen-bringung *f* ἡ σύλλεξις, ἡ συναγωγή, ἡ ἄθροισις, gew. durch Verba.

zusammen-drängen συστρέφειν, συνωθεῖν, συνάγειν, πυκνοῦν, sich ~ συστρέφεσθαι, συσπειρᾶσθαι.

zusammen-drehen συστρέφειν.

zusammen-drücken πιέζειν, συμπιέζειν, συνθλίβειν.

zusammen-eilen συντρέχειν, συνθεῖν.

zusammen einschließen συγκαθειργνύναι.

zusammen essen συνδειπνεῖν, συσσιτεῖν τινι, ὁμοῦ δειπνεῖν.

Zusammen-essen *n* ἡ συσσιτία, τὸ συσσίτιον.

zusammen-fahren *trans.* συγκομίζειν, συνάγειν, *intr.* ὁμοῦ ἐλαύνειν, = erschrecken ἐκ-, καταπλήττεσθαι.

zusammen-fallen συμπίπτειν, καταβάλλεσθαι, ἀνατρέπεσθαι, = abmagern κατασκέλλεσθαι, = gleichzeitig sein ἅμα γίγνεσθαι.

zusammen-falten πτύσσειν, συμπτύσσειν, die Hände ~ συμπλέκειν τὼ χεῖρε.

zusammen-fassen συλ-, περιλαμβάνειν, συναίρειν, συνάγειν, in der Rede ~ συντέμνειν, συνελόντα λέγειν.

Zusammen-fassung *f* ἡ σύλληψις, ἡ συναίρεσις, ἡ κεφαλαίωσις. [λύειν.]

zusammen-fegen συγκαλ-]

zusammen-finden, sich ὁμοῦ (ἅμα) γίγνεσθαι, συνιέναι εἰς ταὐτόν.

zusammen-flechten συμπλέκειν. [πτειν.]

zusammen-flicken συρρά-]

zusammen-fließen συρρεῖν, συμβάλλειν, συμμειγνύναι τὸ ὕδωρ.

Zusammen-fluß *m* ἡ συρροή, ἡ συμβολή.

zusammen-fügen συναρμόττειν, συζευγνύναι, συμπηγνύναι.

Zusammen-fügung *f* ἡ συναρμογή, ἡ σύζευξις, ἡ σύμπηξις, ἡ σύνθεσις.

zusammen-führen συνάγειν.

Zusammen-führung *f* ἡ συναγωγή.

zusammen-füllen συγχεῖν.

zusammen-gehen κοινῇ ἰέναι, συμπορεύεσθαι, übtr. ſ. übereinstimmen.

zusammen-gehören κοινωνίαν ἔχειν, ἔχεσθαι ἀλλήλων, = zueinander passen συναρμόττειν ἀλλήλοις.

zusammen-gehörig durch die *part.* der vorh. Verba.

Zusammen-gehörigkeit *f* ἡ

ὁμοιότης, ἡ οἰκειότης (ητος).

zusammen-geraten συν-, ἐπιτυγχάνειν τινί, im Kampfe ~ συμβάλλειν τινί, εἰς χεῖρας ἰέναι ober ἔρχεσθαί τινι, συμμειγνύναι τινί.

zusammen-gesellen συζευγνύναι. [ἐθίζειν.]

zusammen-gewöhnen συν-

zusammen-gießen συγχεῖν.

zusammen-grenzen ὅμορον εἶναί τινι, ἔχεσθαί τινος.

zusammen-heben κοινῇ ob. κοινὸν ἔχειν τι.

zusammen-halten συνέχειν, συλλαμβάνειν.

Zusammen-hang m ἡ συνέχεια, ἡ συναφή, in der Rede ἡ τοῦ λόγου ἀκολουθία.

zusammen-hängen trans. συνείρειν, συνάπτειν, συνδεῖν, intr. ἔχεσθαί τινος, συνηρτῆσθαί τινι.

zusammen-hängend συνεχής, συναφής.

zusammen-hauen κατα-, συγκόπτειν, σφάττειν, κατασφάττειν. [σφαγή.]

Zusammen-hauen n ἡ

zusammen-häufen συνεῖν, συναγείρειν, σωρεύειν, ἀθροίζειν. [πτειν.]

zusammen-heften συρρά-

zusammen-hetzen συμβάλλειν τινά τινι, συγκρούειν τινά τινι.

Zusammen-hetzung f ἡ σύγκρουσις.

zusammen-holen συγκομίζειν, συνάγειν.

zusammen-jagen συνθηρᾶν· κοινῇ θηρᾶν, συνθηρεύειν.

zusammen-kaufen συνωνεῖσθαι. [λύειν.]

zusammen-kehren συγκαλ-

zusammen-ketten συνδεῖν.

zusammen-kitten συγκολλᾶν. [φωνία, ἡ ἁρμονία.]

Zusammen-klang m ἡ συμ-

zusammen-knüpfen συμπλέκειν, συνδεῖν, συνάπτειν, συζευγνύναι.

Zusammen-knüpfung f durch Verba.

zusammen-kommen συνέρχεσθαι, συνιέναι, συγγίγνεσθαι, ὁμοῦ γίγνεσθαι, συλλέγεσθαι (P.), ἀγείρεσθαι (P.).

zusammen-koppeln ζευγνύναι, συζευγνύναι, συνδεῖν.

Zusammen-kunft f ἡ σύνοδος, ὁ σύλλογος, ἡ συλλογή; eine ~ veranstalten σύνοδον (σύλλογον, συλλογήν) ποιεῖν.

zusammen-lassen οὐ χωρίζειν, οὐ διαιρεῖν.

Zusammen-lauf m ἡ συνδρομή, ἡ σύστασις.

zusammen-laufen συνθεῖν, συντρέχειν, = gerinnen πήγνυσθαι, συμπήγνυσθαι.

zusammen-leben συζῆν, συνοικεῖν τινι.

zusammen-legen τιθέναι ob. καθιστάναι ἐν τῷ αὐτῷ.

Zusammen-legung f ἡ συν-, παράθεσις.

zusammen-lesen συναναγιγνώσκειν, = zusammen auflesen συλλέγειν.

zuſammen-liegen συγκεῖσθαι, ὁμοῦ κεῖσθαι.
zuſammen marſchieren συμπορεύεσθαι.
zuſammen-mengen, -miſchen συμμειγνύναι, συγκεραννύναι. [πτειν.]
zuſammen-nähen συρρά-
zuſammen-nehmen συλλαμβάνειν, ſich ~ συν-, διατείνειν, σπουδάζειν.
zuſammen-packen συσκευάζειν.
zuſammen-paſſen ἁρμόττειν, ἐφαρμόττειν τινί.
zuſammen-prallen συγκρούεσθαι.
zuſammen-preſſen συμπιέζειν, συνθλίβειν.
zuſammen-raffen συναρπάζειν, ſich ~ συναγείρειν ob. συλλαμβάνειν ἑαυτόν.
zuſammen-rechnen συλλογίζεσθαι, συναριθμεῖν, συντιθέναι.
zuſammen-reihen συνείρειν, συνάπτειν, συντάττειν.
zuſammen-reimen ἐφ-, συναρμόττειν τινί.
zuſammen reiſen κοινῇ πορεύεσθαι. [ſammenlaufen.]
zuſammen-rennen ſ. zu-
zuſammen-rinnen συρρεῖν.
zuſammen-rotten, ſich συνίστασθαι (συστῆναι), συλλέγεσθαι.
Zuſammen-rottung f ἡ σύστασις, ἡ συνδρομή.
zuſammen-rufen συγκαλεῖν.
zuſammen-ſcharen συναθροίζειν.
zuſammen-ſcharren συμφῆν,

ἀθροίζειν, συναθροίζειν, ἀγείρειν, συναγείρειν.
zuſammen-ſchießen καταβάλλειν, κατατοξεύειν, κατακοντίζειν, Geld ~ συμβάλλειν.
zuſammen-ſchiffen κοινῇ πλεῖν, συμπλεῖν.
zuſammen-ſchlagen συμβάλλειν, die Hände ~ συγκροτεῖν, mit Nägeln ~ πηγνύναι, συμπηγνύναι.
zuſammen-ſchleppen συνάγειν, συμφορεῖν.
zuſammen-ſchließen συγκλείειν.
zuſammen-ſchmelzen συν-, κατα-, ἀνατήκειν, *intr.* durch die P.
zuſammen-ſchreiben συγγράφειν. [κνοῦσθαι.]
zuſammen-ſchrumpfen ῥι-
zuſammen-ſchütten συγχεῖν.
zuſammen-ſchmeißen συγκροτεῖν.
zuſammen-ſein ὁμοῦ ober ἐν τῷ αὐτῷ εἶναι, mit j-m ~ συνεῖναί τινι, ὁμιλεῖν, προσομιλεῖν τινι.
Zuſammen-ſein n ἡ συνουσία, ἡ ὁμιλία.
zuſammen-ſetzen συγ-, παρακαθίζειν, = vereinigen, verbinden συντιθέναι, συνιστάναι, συνάπτειν, zuſammengeſetzt σύνθετος (2).
Zuſammen-ſetzung f ἡ σύνθεσις, gew. durch Verba.
zuſammen-ſinken συμ-, καταπίπτειν.
zuſammen-ſitzen συγ-, παρακαθῆσθαι.

zusammen-stampfen συν-, κατατρίβειν, συγκόπτειν.
zusammen-stechen συγκεντεῖν.
zusammen-stecken συμπερονᾶν, συνηλοῦν, = zusammensein συνεῖναι. [ναι.]
zusammen-stehen συνεστά-
zusammen-stellen συνιστάναι, συντιθέναι, im Geiste ~ συντιθέναι (auch M.), συμβάλλειν (auch M.).
Zusammen-stellung f ἡ σύστασις, ἡ σύνθεσις, ἡ παραβολή.
zusammen-steuern συντελεῖν, συμβάλλειν.
zusammen-stimmen συμφωνεῖν, συνᾴδειν, ἁρμόττειν, ἐφαρμόττειν τινί, σύμμετρον, ὅμοιον εἶναί τινι, (von Personen) συμφωνεῖν, ὁμολογεῖν, τὰ αὐτὰ φρονεῖν.
Zusammen-stimmung f ἡ συμφωνία, ἡ ἁρμονία.
zusammen-stopfen συμβύειν, συμφράττειν.
Zusammen-stoß m ἡ συμβολή, ἡ σύγκρουσις.
zusammen-stoßen συγκρούειν, συμβάλλειν, συμμειγνύναι, = an etwas grenzen ἔχεσθαι, ἅπτεσθαί τινος.
zusammen-strömen συρρεῖν, συμβάλλειν, (von Menschen) συντρέχειν.
Zusammen-sturz m ἡ καταφορά, τὸ ἐρείπιον.
zusammen-stürzen συμ-, καταπίπτειν.

zusammen-suchen ἀναζητεῖν, συλλέγειν.
Zusammen-suchung f ἡ σύλλεξις.
zusammen-tragen συγκομίζειν, συνάγειν, συμφορεῖν.
Zusammen-tragung f ἡ συγκομιδή, gewöhnlich durch Verba.
zusammen-treffen ὁμοῦ γίγνεσθαι, συντυγχάνειν τινί, (feindlich) συμβάλλειν τινί, συνέρχεσθαι εἰς χεῖράς τινι, = sich zugleich ereignen κατὰ τὸν αὐτὸν χρόνον γίγνεσθαι.
Zusammen-treffen n ἡ συντυχία, ἡ συνάντησις, (feindlich) ἡ συμβολή.
zusammen-treiben συνάγειν, συνελαύνειν.
zusammen-treten trans. συμ-, καταπατεῖν, intr. s. zusammenkommen. [πίνειν.]
zusammen-trinken συμ-
Zusammen-tritt m ἡ σύστασις, ἡ σύνοδος.
zusammen-trommeln = zusammenrufen συγκαλεῖν.
zusammen-wachsen συμφύεσθαι (-φῦναι).
zusammen-weben συνυφαίνειν.
zusammen weiden intr. κοινῇ νέμεσθαι. [δακρύειν.]
zusammen weinen συν-
zusammen-werfen συμβάλλειν εἰς ταὐτόν, συγχεῖν, συνταράττειν.
zusammen-wickeln συνειλεῖν, συνελίττειν.
zu-sammen-winden συστρέφειν, συσπειρᾶν.

zusammen-wirken κοινῇ πράττειν oder ἐργάζεσθαι.
Zusammen-wirken n ἡ συνεργία.
zusammen-wohnen συνοικεῖν τινι od. μετά τινος.
Zusammen-wohnen n ἡ συνοίκησις. [zammenwerfen.]
zusammen-würfeln f. zu-
zusammen-zählen συναριθμεῖν, συλλογίζεσθαι.
Zusammen-zählung f ἡ συναρίθμησις.
zusammen zechen συμπίνειν, συμποσιάζειν.
zusammen-ziehen συνέλκειν, συσπᾶν, συνάγειν, Truppen ~ συλλέγειν oder ἀθροίζειν στρατιώτας, — kürzen συστέλλειν, ἐλαττοῦν, *intr.* κατοικεῖν εἰς τὸ αὐτό.
Zusammen-ziehung f ἡ συστολή.
zusammen-zimmern συντεκταίνεσθαι, συμπηγνύναι. [βιάζεσθαι.]
zusammen-zwängen συμ-
zu-samt f. zusammen.
Zu-satz m ἡ προσ-, παραθήκη, ἡ ἐπιβολή, einen ~ zu etw. machen ἐπιβάλλειν τινί τι.
zu-säuseln προσψιθυρίζειν.
zu-schanzen: j-m etwas ~ περιποιεῖν τινί τι.
zu-scharren ἐπι-, καταχοῦν (-χωννύναι), κατορύττειν.
zu-schauen θεᾶσθαι, θεωρεῖν.
Zu-schauer m, **Zu-schauerin** f durch die *part.* der vorhergehenden Verba.

Zu-schauerplatz m ἡ θέα, ὁ θᾶκος. [τρον.]
Zu-schauerraum m τὸ θέα-
zu-schaufeln ἐπι-, καταχοῦν (-χωννύναι).
zu-schicken ἐπιστέλλειν, προσ-, ἐπιπέμπειν.
zu-schieben ἐπι-, ἐμβάλλειν, j-m etwas ~ ἐπι-, παραφέρειν τινί τι.
zu-schießen ἐπι-, προσκαταβάλλειν.
Zu-schlag m ἡ ἐπιτίμησις (im Preise), ἡ κατακύρωσις (in der Versteigerung).
zu-schlagen: eine Tür ~ προσαράττειν πύλας, *intr.* παίειν, τύπτειν.
zu-schließen κλείειν, κατα-, συγκλείειν.
Zu-schließung f ἡ σύγ-, κατάκλεισις, ὁ κατακλεισμός.
zu-schmeißen f. zuschlagen.
zu-schmieren ἐπι-, περιχρίειν, περιαλείφειν.
zu-schnallen κατα-, συμπερονᾶν.
zu-schnappen κάπτειν, nach etw. ~ ἐγχάσκειν τινί.
zu-schneiden τέμνειν, συντέμνειν. [*intr.* P.]
zu-schneien κατανίφειν,
Zu-schnitt m τὸ σχῆμα.
zu-schnüren σφίγγειν, ἀποσφίγγειν, ἀποπνίγειν, ἄγχειν.
Zu-schnüren n, **Zu-schnürung** f ἡ σφίγξις, ἡ ἀπόσφιγξις, ἡ πνῖξις, ὁ πνιγμός, ἡ ἀγχόνη.
zu-schrauben συστρέφειν.

zu-schreiben j-m etw. ~ (gerichtlich) καταγράφειν, — beilegen, beimessen ἐπιφέρειν τινί τι, ἀπονέμειν τινί τι, αἴτιον ἡγεῖσθαί τινά τινος, sich etwas ~ προσποιεῖσθαί τι.

Zu-schreiben n, **Zu-schreibung** f ἡ καταγραφή, gew. durch Verba. [βοᾶν.

zu-schreien βοᾶν, ἐμ-, ἐπι-

zu-schreiten ἐκτεταμένως πορεύεσθαι, σπεύδειν.

Zu-schrift f ἡ ἐπιστολή, τὰ ἀπό τινος παραδεδομένα γράμματα.

Zu-schuß m ἡ ἐπιβολή, ἡ προσκαταβολή, ὁ ἔρανος, ἡ ἐπιφορά (bsd. vom Solde).

zu-schütten κατα-, ἐπι-, συγχοῦν (-χωννύναι), (von Flüssigkeiten) ἐπι-, προσ-, ἐγχεῖν.

zu-schwören: j-m etwas ~ ὀμνύναι τινί ἐπί τινι oder mit *inf. fut.*

zu-sehen θεᾶσθαι, θεωρεῖν, ὁρᾶν, = etw. hingehen lassen περιορᾶν τι, = beobachten σκοπεῖν, ἐξετάζειν, = Sorge tragen ἐπιμελεῖσθαι (daß ὅπως mit *ind. fut.*), = sich hüten φυλάττεσθαι, εὐλαβεῖσθαι, ὁρᾶν.

Zu-sehen n ἡ θέα, ἡ θεωρία, ἡ θεώρησις.

zu-sehends φανερῶς, σαφῶς, ἐμ-, περι-, κατα-, προφανῶς.

zu-setzen προστιθέναι, ἐπι-, προσβάλλειν, — einbüßen ἀπολλύναι, διαφθείρειν, j-m ~ προσ-, ἐγκεῖσθαί τινι.

zu-sichern ὑπισχνεῖσθαι, διομολογεῖσθαι, διαβεβαιοῦσθαι.

Zu-sicherung f ἡ ὑπόσχεσις, ἡ πίστις, τὰ πιστά.

zu-siegeln κατασημαίνεσθαι, ἐπισφραγίζειν.

zu-sperren ἀποφραγνύναι, ἀπο-, κατακλείειν, ἀπ-, περιείργειν.

zu-spinnen ἐπικλώθειν (von den Schicksalsgöttinnen).

zu-spitzen ὀξύνειν, ἀποξύνειν, θήγειν.

Zu-sprache f ἡ παραμυθία.

zu-sprechen: j-m Trost παραμυθεῖσθαί τινα, παρηγορεῖν τινα, j-m etw. zB. durch Urteil — ἐπικρίνειν, ἐπιδικάζειν.

zu-springen προστρέχειν, zu Hilfe ἐπικουρεῖν, ἐπι-, προσβοηθεῖν.

Zu-spruch m f. Zusprache — Besuch ἡ ἔντευξις, ἡ πρόσοδος, οἱ εἰσιόντες, οἱ ἐπισκοποῦντες, οἱ ὠνούμενοι (Käufer in Geschäften).

Zu-stand m ἡ κατάστασις, ἡ ἕξις, τὸ σχῆμα, oft der bloße *art.* ohne *subst.*, zB. der gegenwärtige ~ τὰ παρόντα, τὰ καθεστῶτα, blühender ~ ἡ ἀκμή, ἡ εὐδαιμονία, in gutem ~ ἀκμάζων, εὐδαίμων, sich in e-m ~ befinden διακεῖσθαι, ἔχειν mit *adv.*, in einen ~

verſetzen διατιθέναι, καθιστάναι, wieder in den früheren ~ verſetzen ἀποκαθιστάναι.

zu-ſtechen ἀπορράπτειν, ἀκεῖσθαι, = einen Stich tun παίειν, τύπτειν.

zu-ſtecken συμπεροναν, j-m etw. (heimlich) ~ ὑπουργεῖν, ὑποβάλλειν.

zu-ſtehen: es ſteht mir zu ἔξεστί μοι, δίκαιός εἰμι.

zu-ſtellen ἀπο-, παραδιδόναι, παρέχειν.

Zu-ſtellung f ἡ ἀπό-, παράδοσις.

zu-ſtimmen κατ-, συν-, συγκαταινεῖν τι, ὁμολογεῖν.

Zu-ſtimmung f ἡ κατ-, συν-, συγκαταίνεσις, ἡ ὁμολογία.

zu-ſtopfen ἐμ-, ἐπιφράττειν, ἐμ-, ἐπιβύειν.

Zu-ſtopfung f ἡ ἔμ-, ἐπί-, ἀπόφραξις.

zu-ſtoßen παίειν, τύπτειν, es ſtößt mir etw. zu συμβαίνει μοί τι, περιπίπτω τινί, πάσχω τι, wenn wir etw. ~ ſollte ἤν τι πάθω, εἴ τι πάθοιμι.

zu-ſtreichen καταπλάττειν, περιαλείφειν.

zu-ſtrömen ἐπιρρεῖν, (von Menſchen) συχνόν προσφοιτᾶν.

zu-ſtürzen: auf j-n od. etw. ~ ὁρμᾶσθαι, φέρεσθαι (P.) ἐπί, εἴς τι.

zu-ſtutzen κολούειν, περιτέμνειν, πλάττειν, παιδεύειν.

zu-tappen ψηλαφᾶν, προπετῶς ἅπτεσθαι.

Zu-tat f ἡ προσθήκη, τό ἀνάλωμα.

zu-teilen νέμειν, ἐπι-, διανέμειν, παρέχειν.

zu-tragen προσ-, παραφέρειν, προσάγειν, ſich ~ γίγνεσθαι, συμβαίνειν.

Zu-tragen n ἡ προσφορά, ἡ προσαγωγή.

zu-träglich σύμφορος (2), συμφέρων, ὠφέλιμος, ὀνήσιμος (2), χρήσιμος (2), λυσιτελής, καλός, es iſt ~ συμφέρει.

Zu-träglichkeit f τό συμφέρον, τό ὄφελος, ἡ ὠφέλεια, τό ἀγαθόν.

zu-trauen: j-m etw. ~ ὑπονοεῖν τι εἴς τινα, νομίζειν oder ὑπολαμβάνειν mit inf.

Zu-trauen n ἡ πίστις, τό πιστόν, τό θάρρος, ~ haben θαρρεῖν, ~ zu j-m haben πιστεύειν, πεποιθέναι τινί.

zu-traulich οἰκεῖος, προσφιλής.

zu-treffen συμ-, ἀποβαίνειν, die Rechnung trifft zu ὀρθῶς ἔχει oder συμβαίνει ὁ λόγος.

zu-treiben προσ-, ἐπελαύνειν, προσάγειν.

zu-treten πατεῖν.

zu-trinken προπίνειν.

Zu-tritt m ἡ εἴσ-, πρόσοδος, ich habe ~ bei j-m ἔξεστί μοι εἰσιέναι παρά τινα, j-m den ~ geſtatten ἐᾶν εἰσέρχεσθαί τινα, j-m den

~ nicht gestatten ἀποκωλύειν τινά. [σκος, φιλόφρων.)

zu-tu(n)lich ἐπίχαρις, ἀρε-

Zu-tu(n)lichkeit f ἡ ἀρέσκεια, ἡ φιλοφροσύνη.

zu-tun kleien, die Augen ~ μύειν, καταμύειν.

Zu-tun n ἡ συνεργία (-έργεια), ἡ βοήθεια, ohne j-s ~ ἄνευ τινός.

zu-verlässig πιστός, ἀσφαλής, βέβαιος, ἀξιόπιστος (2), ἀψευδής.

Zu-verlässigkeit f ἡ πιστότης, ἡ βεβαιότης (ητος), τὸ πιστόν, ἡ ἀσφάλεια.

Zu-versicht f τὸ θάρρος, τὸ θαρραλέον, ἡ πίστις, seine ~ auf j-n setzen πεποιθέναι τινί.

zu-versichtlich θαρρῶν, θαρραλέος. [θαρραλέον.)

Zu-versichtlichkeit f τὸ

zuvor πρότερον, πρίν, τὸ πρίν, πρὸ τοῦ, in Ifixn gew. mit πρό oder φθάνειν mit part., z.B. zuvor-merken προαισθάνεσθαι, zuvor-sterben προαποθνήσκειν, zuvorwissen προειδέναι usw.

zu-vörderst (τὸ) πρῶτον, (τὰ) πρῶτα, μάλιστα.

zuvor-kommen φθάνειν, προφθάνειν τινά, in etw. durch das part.

zuvor-kommend θεραπευτικός, φιλόφρων, πρόθυμος (2).

Zuvor-kommenheit f ἡ προθυμία, ἡ φιλοφροσύνη.

zuvor-tun: j-m in etwas ~ περιεῖναι oder περιγίγνε-

σθαί τινός τι, διαφέρειν τινὸς εἴς τι.

Zu-wachs m ἡ ἐπίδοσις, ἡ αὔξη, ἡ αὔξησις, ~ bekommen ἐπιδιδόναι, ἐπίδοσιν λαμβάνειν, αὐξάνεσθαι. [φύεσθαι.)

zu-wachsen ὑπο-, ἐπι-

zu-wägen καταστασθμίζειν, ἀποσταθμᾶν.

zu-warten περιμένειν.

zu-wegebringen ἐργάζεσθαι, ἀπεργάζεσθαι, ἀποτελεῖν, περαίνειν.

zu-wehen προσπνεῖν.

zu-weilen ἐνίοτε, ἔσθ' ὅτε.

zu-weisen προστρέπειν, ἐπιτρέπειν τινί τι.

zu-wenden προστρέπειν, = verschaffen παρέχειν.

zu-werfen ἐπιβάλλειν τινί τι, = zuschütten καταχοῦν (-χωννύναι).

zu-wider ἐναντίος, πικρός, ἀηδής, δυσχερής, es ist mir j. ~ μισῶ τινα, es ist mir etwas ~ δυσχεραίνω τι, ἄχθομαί τινι.

zu-wiegen s. zuwägen.

zu-winken νεύειν, κατανεύειν, σημαίνειν.

zu-zählen καταλογίζεσθαι, προσ-, ἀπαριθμεῖν.

Zu-zählung f ἡ ἀπαρίθμησις, gew. durch Verba.

zu-ziehen ἐπι-, ἀνασπᾶν, καθιέναι, j-n zu etw. ~ προσκαλεῖσθαι εἴς τι, ἐπί τι, = verursachen κατασκευάζειν, sich etw. ~ ἐπάγεσθαι oder συνάγειν ἑαυτῷ τι.

Zu-ziehung f durch Verba.

zu-zischeln προσφιθυρίζειν.
Zu-zug m: er hoffte einen ~ ἤλπισεν ἑαυτῷ πολλοὺς προσγενήσεσθαι.
zwacken κνίζειν.
Zwang m ἡ ἀνάγκη, ἡ βία, aus ~ ἀναγκασθείς, ὑπ' ἀνάγκης, ~ anwenden βίᾳ χρῆσθαι.
zwängen διαναγκάζειν, βιάζεσθαι, βίᾳ χρῆσθαι.
zwangfrei, zwanglos ἀβίαστος, ἀνανάγκαστος, αὐτεξούσιος (sämtlich 2).
Zwanglosigkeit f τὸ ἀβίαστον, ἡ ἐλευθερία.
Zwangsdienst m τὸ ἀναγκαῖον ἔργον.
Zwangsmittel n ἡ ἀνάγκη, ~ gegen j-n anwenden προσάγειν ἀνάγκας τινί.
zwangsweise βίᾳ, πρὸς βίαν, ἀνάγκῃ, κατ' oder πρὸς ἀνάγκην, ἐξ oder δι' ἀνάγκης.
zwanzig εἴκοσι(ν).
zwanzigeckig εἰκοσάγωνος (2). [σιος.\
zwanzigfältig εἰκοσαπλά-∫
zwanzigjährig εἰκοσαέτης, εἴκοσιν ἐτῶν.
zwanzigmal εἰκοσάκις.
zwanzigruderig εἰκοσήρης.
zwanzigste εἰκοστός.
zwanzigtausend δισμύριοι.
zwar μέν, μέντοι, und ~ καὶ ταῦτα, καὶ δή, ~ ... aber μέν ... δέ.
Zweck m ὁ σκοπός, τὸ τέλος, ἡ γνώμη, den ~ erreichen ἀφικνεῖσθαι ἐπὶ τῆς πράξεως τέλος, den ~ nicht erreichen, verfehlen ἁμαρτάνειν τῆς γνώμης, ἀτυχεῖν, ἀποτυγχάνειν, den ~ haben σκοπεῖν, φρονεῖν, ἐθέλειν τι, zu welchem ~? πρὸς τί; ἐπὶ τίνι (τῷ); τί βουλόμενος; zu dem ~ ἐπὶ τούτῳ, zu dem ~e, daß ἐπὶ τῷ, πρός oder εἰς τὸ mit inf., zu einem guten ~ ἐπὶ τὸ καλόν, ἐπὶ τῷ καλῷ, gegen den wahren ~ ἀπὸ σκοποῦ, ohne allen ~ πρὸς οὐδένα σκοπόν, vom ~e abkommen ἐκτὸς (ἔξω) δρόμου φέρεσθαι, zum ~ führen πρὸς τέλος φέρειν, politische ~e verfolgen ἐπιχειρεῖν τοῖς πολιτικοῖς.
zweck-dienlich, -entsprechend, -gemäß, -mäßig ἐπιτήδειος (2), ὠφέλιμος, προσ-, καθήκων, χρήσιμος, λυσιτελής, συμφέρων, σύμφορος (2).
zwecklos μάταιος, ἀνεπιτήδειος (2), εἰκαῖος, adv. μάτην, εἰκῇ, εἰς οὐδὲν δέον.
Zwecklosigkeit f τὸ μάταιον, τὸ ἀνεπιτήδειον.
Zweckmäßigkeit f ἡ ἐπιτηδειότης (ητος), ἡ ὠφέλεια, τὸ ὄφελος oder durch die neutr. der adj.
zweckwidrig ἀνεπιτήδειος, ἄτοπος, ἄλογος, ἀπόσκοπος (sämtlich 2).
Zweckwidrigkeit f τὸ ἄτοπον.
zwei δύο. [ουν.\
zweibeinig δίπους (οδος),∫
zweiblätterig δίφυλλος (2).

zweideutig ἀμφίλογος (2), ἀμφίβολος, διπλοῦς, κίβδηλος (2), ἄπιστος (2), ~ sein ἐπαμφοτερίζειν.

Zweideutigkeit *f* ἡ ἀμφιλογία, ἡ ἀμφιβολία, ἡ ἀπιστία, auch durch das *neutr.* der vorherg. *adj.*

zweidrähtig δίλινος (2).

zweierlei ἕτερος, διάφορος ἐναντίος, *adv.* δίχα, das sind ~ Dinge τὸ μὲν ἕτερον, τὸ δ' ἕτερόν ἐστιν αὐτῶν.

zwei-fach, -fältig διπλοῦς, διπλάσιος, διετός, δίδυμος.

zweifarbig δίχρους, δίχροος.

Zweifel *m* ἡ ἀμφισβήτησις, ὁ ἐνδοιασμός, ἡ ἀπορία, ἡ ἀπόρησις, τὸ ἀπόρημα, ἡ ἀπιστία, in ~ sein ἐνδοιάζειν, ἀπορεῖν, ἀμφισβητεῖν, es ist kein ~ ἀναμφιλογόν ἐστι, ohne ~ ἀναμφιβόλως.

Zweif(e)ler *m* ὁ ἐνδοιαστής, ὁ σκεπτικός, ὁ ἀπορητικός.

zweifelhaft = zweifelnd ἄπορος (2), ἀπορῶν, ~ sein ἀπορεῖν, ~ ungewiß, zu bezweifeln ἀμφίβολος, ἀμφίλογος, ἀμφισβητήσιμος (sämtlich 2).

Zweifelhaftigkeit *f* ἡ ἀμφιβολία, τὸ ἀμφίβολον.

zweifellos ἀναμφισβήτητος ἀναμφίλογος (2).

zweifeln ἀμφισβητεῖν, ἐνδοιάζειν, ἀπορεῖν, an etw. ~ ἀμφισβητεῖν περί τινος oder περί τι, ἀμφιγνοεῖν περί τινος.

Zweifelsucht *f* τὸ ἀπορητικόν, τὸ ἐνδοιαστικόν.

zweifelsüchtig ἐνδοιαστικός, ἀπορητικός, σκεπτικός.

zweiflügelig δίπτερος (2).

zweifüßig δίπους (οδος), συν.

Zweig *m* ὁ κλών (ωνός), ὁ κλάδος, τὸ κλῆμα, ὁ ἀκρεμών (όνος), ὁ ὄζος, τὸ βλάστημα, junger ~ ὁ θαλλός.

zweigartig ἀκρεμονικός.

zweigelenkig δικόνδυλος (2).

Zweigespann *n* τὸ ζεῦγος.

zweigestaltig δίμορφος (2), διφυής.

zweigipfelig δικόρυφος (2), δικόρυμβος (2).

Zweiglein *n* τὸ κλωνίον.

zweigliederig δίκωλος (2).

zweihändig δύο χεῖρε (χεῖρας) ἔχων.

Zweiheit *f* ἡ δυάς (άδος).

zweihenkelig δίωτος (2).

zweihörnig δίκερως (ωτος), ων.

Zweihufer *m/pl.* τὰ δισχιδῆ.

zweihufig δίχηλος, δισχιδής.

zweihundert διακόσιοι.

zweihundertmal διακοσιάκις. [στός.]

zweihundertste διακοσιο-

zweijährig διετής, δυοῖν ἐτοῖν (δύο ἐτῶν).

Zweikampf *m* ἡ μονομαχία, zum ~ herausfordern προκαλεῖσθαι εἰς μονομαχίαν.

Zweikämpfer *m* ὁ μονομάχος.

zweiköpfig δικέφαλος (2).

zweileibig δίσωμος (2), δισώματος (2).

zweimal δίς.
zweimonatlich δίμηνος (2), δυοῖν μηνοῖν (δύο μηνῶν).
zweipfündig δυοῖν λίτραιν.
zweiräderig δίκυκλος (2), ~er Wagen τὸ δίκυκλον.
zweireihig δίστοιχος (2).
zweiruderig δίκωπος (2), διήρης.
zweisaitig δίχορδος (2).
zweischichtig δίστοιχος (2).
zweischlitzig δίγλυφος (2), διχότομος (2).
zweischneidig δίστομος (2).
zweiseitig δίπλευρος (2).
zweisilbig δισύλλαβος (2).
Zweisilbigkeit *f* ἡ δισυλλαβία.
zweisitzig διωχής.
zweispännig δίζυγος, ~er Wagen ἡ συνωρίς (ίδος).
zweistimmig δίφωνος (2).
zweistöckig δίστεγος (2), διώροφος (2).
zweistündig δυοῖν ὥραιν (δύο ὡρῶν).
zweitägig δυοῖν ἡμέραιν (δύο ἡμερῶν).
zweitausend δισχίλιοι.
zweitausendste δισχιλιοστός.
zweite δεύτερος, unter zweien ἕτερος, zum ~n Male (τὸ) δεύτερον, αὖθις.
zweiteilig διμερής.
zweitens (τὸ) δεύτερον, εἶτα, ἔπειτα.
zweitorig δίπυλος (2).
zweitürig δίθυρος (2).
zweizackig δίκρανος (2).
zweizeilig δίστοιχος (2).
zweizeitig δίχρονος (2).
zweizöllig διδάκτυλος (2).
zweizüngig δίγλωττος (2), übtr. διχόμυθος (2).
Zweizüngigkeit *f* τὸ δίγλωττον, τὸ διχόμυθον.
Zwerchfell *n* τὸ διάζωμα τοῦ σώματος, τὸ ὑπόζωμα, τὸ διάφραγμα, αἱ φρένες.
Zwerg *m* ὁ νάννος.
zwergartig ναννώδης, ναννοφυής.
Zwergbohne *f* ὁ φάσηλος.
Zwergkirsche *f* ὁ χαμαικέρασος.
Zwetsche *f* s. Pflaume.
Zwickelbart *m* ἡ ὑπήνη.
zwicken κνίζειν.
Zwicken *n* ὁ κνισμός.
Zwieback *m* ὁ δίπυρος ἄρτος.
Zwiebel *f* ὁ βολβός, τὸ κρόμμυον.
zwiebel-ähnlich, -artig βολβώδης, κρομμυώδης.
zwiefach, zwiefältig s. zweifach, zweifältig.
Zwiefältigkeit *f* ἡ διδυμότης (ητος).
Zwielicht *n* τὸ λυκόφως (ωτος).
Zwiespalt *m* ἡ διαφορά, ἡ στάσις, ἡ διχοστασία.
zwiespältig διάφορος (2).
Zwietracht *f* ἡ διαφορά, ἡ ἔρις.
Zwilling *m* ὁ δίδυμος, ~e gebären διδυμοτοκεῖν.
Zwillingsbrüder *m/pl.* οἱ δίδυμοι ἀδελφοί.
Zwillingsgeburt *f* ἡ διδυμοτοκία.
Zwillingsnatur *f* ἡ διδυμότης (ητος).
Zwillingsschwestern *f/pl.* αἱ δίδυμοι ἀδελφαί.

Zwinge *f* ἡ κατακλείς (εἶδος).
zwingen ἀναγκάζειν, βιάζεσθαι (mit Gewalt), — be=zwingen κρατεῖν τινος und τινα, νικᾶν.
Zwinger *m* ἡ εἱρκτή, τὸ μεσοτείχιον.
Zwingherr *m* ὁ τύραννος.
Zwingherrschaft *f* ἡ τυραννίς (ίδος).
zwinkern σκαρδαμύττειν, βλεφαρίζειν.
Zwirn *m* τὸ λίνον (auch *pl.*).
zwischen μεταξύ, ἐν μέσῳ mit *gen.* auf die Frage wo?, εἰς μέσον mit *gen.*, εἰς mit *acc.* auf die Frage wohin?
Zwischen-gang *m* ὁ μεταξὺ πόρος. [ᾠδός.]
Zwischen-gesang *m* ἡ μεσ=
Zwischen-lage *f* τὸ διάφραγμα.
Zwischen-mauer *f* τὸ ἐν μέσῳ oder μεταξὺ τεῖχος, τὸ διατείχισμα.
Zwischen=ort, =platz *m* τὸ ἐν μέσῳ χωρίον.
Zwischen-raum *m* τὸ μεταξύ, τὸ μέσον, τὸ διάστημα, τὸ διάλειμμα, in Zwischen=räumen ἐκ διαλείμματος.
Zwischen-rede *f* ὁ παρ=εμβεβλημένος λόγος.
Zwischen-regent *m* ὁ μεσοβασιλεύς.
Zwischen-regierung *f* ἡ μεσοβασιλεία.
Zwischen-ruhe *f* ἡ δι=ανάπαυσις, τὸ διάπαυμα, ~ halten διαπαύεσθαι, δι=αναπαύεσθαι.

Zwischen-satz *m* ἡ παρ=εμβολή, ἡ παρένθεσις.
Zwischen-spiel *n* τὸ παρ=εμβεβλημένον μέλος.
Zwischen-vorfall *m* τὸ μεταξὺ συμβάν oder γενόμενον.
Zwischen-wand *f* τὸ διάφραγμα, ὁ μεσότοιχος.
Zwischen-weg *m* ἡ ἐν μέσῳ ὁδός.
Zwischen-zeit *f* ὁ μεταξὺ χρόνος, ὁ διὰ μέσου χρόνος, in der ~ ἐν τῷ μεταξύ, διὰ μέσου.
Zwischen-zustand *m* μέσον τι.
Zwist *m* ἡ διαφορά, τὸ διάφορον, ἡ στάσις, ἡ ἔρις (ιδος).
zwistig διάφορος (2).
Zwistigkeit *f* ſ. Zwist.
zwitschern τρίζειν, τερετίζειν, ψιθυρίζειν.
Zwitschern *n* ὁ τερετισμός, ὁ ψιθυρισμός, ὁ τριγμός.
Zwitter *m* ὁ ἀνδρόγυνος.
Zwitterblüte *f* τὸ διανθὲς ἄνθος.
Zwittergeschöpf *n* τὸ ἀμφίβολον ζῷον. [μορφον.]
Zwittergestalt *f* τὸ δί=
zwölf δώδεκα.
zwölfblätterig δωδεκάφυλλος (2).
Zwölfeck *n* τὸ δωδεκάγωνον.
zwölfeckig δωδεκάγωνος.
zwölffach δωδεκαπλάσιος.
Zwölffingerdarm *m* ἡ δω=δεκαδάκτυλος ἔκφυσις.
zwölffüßig δωδεκάπους (οδος), συν.
zwölfgliederig δωδεκά=κωλος (2).

zwölfhundert διακόσιοι καὶ χίλιοι.
zwölfjährig δωδεκαετής, δώδεκα ἐτῶν.
zwölfmal δωδεκάκις.
zwölfmonatlich δωδεκάμηνος (2).
zwölfruderig δωδεκάσκαλμος (2), δωδεκήρης.
zwölfstündig δωδεκάωρος (2), δώδεκα ὡρῶν.
zwölftägig δωδεκαήμερος (2), δώδεκα ἡμερῶν.
zwölftausend δισχίλιοι καὶ μύριοι.
zwölfte δωδέκατος.
Zwölfteil n τὸ δωδεκατημόριον.

zwölftens (τὸ) δωδέκατον.
Zwölfzahl f ἡ δωδεκάς (άδος).
Zylinder m ὁ κύλινδρος.
zylinderförmig, zylindrisch κυλινδροειδής, κυλινδρώδης, κυλινδρικός.
Zymbel f τὸ κύμβαλον, die ~ schlagen κυμβαλίζειν.
Zymbelschläger m ὁ κυμβαλιστής.
Zypresse f ἡ κυπάριττος.
Zypressenhain m ὁ κυπαρίττων (ῶνος).
Zypressenholz n τὰ κυπαρίττινα ξύλα, von ~ κυπαρίττινος.
Zytisus m ὁ κύτισος.

MENGE-GÜTHLING

Langenscheidts Großwörterbuch der griechischen und deutschen Sprache

Teil I: Griechisch-Deutsch
XXIV + 762 Seiten. Ganzleinenband
Teil II: Deutsch-Griechisch
VIII + 648 Seiten. Ganzleinenband

Auch dieses Wörterbuch berücksichtigt alle Schriftsteller, die heute in unseren Gymnasien gelesen werden. Die Ergebnisse der vergleichenden indogermanischen Sprachforschung sind in übersichtlichen Angaben zusammengefaßt. Eine klare satztechnische Gliederung des Inhalts und spezielle typographische Hilfsmittel ermöglichen das mühelose Auffinden jeder Wortbedeutung.

MENGE-GÜTHLING

Langenscheidts Großwörterbuch der lateinischen und deutschen Sprache

Teil I: Lateinisch-Deutsch
Von Dr. H. Menge. X + 813 Seiten. Ganzleinenband
Teil II: Deutsch-Lateinisch
Von Prof. Dr. Otto Güthling. XII + 740 Seiten. Ganzleinenband

Das Wörterbuch berücksichtigt alle Autoren, die an unseren höheren Schulen und auch im Privatunterricht gelesen werden. Bei strenger Unterscheidung des klassischen und nichtklassischen Gebrauchs sind die verschiedenen Bedeutungen jedes Wortes aufgeführt, ergänzt durch Angaben zur Phraseologie, Synonymik und zu den Konstruktionen. Im deutsch-lateinischen Teil ist auch der Sprachschatz späterer Schriftsteller herangezogen.

Im Buchhandel erhältlich.

LANGENSCHEIDT BERLIN · MÜNCHEN · ZÜRICH

Langenscheidt Wörterbücher

Langenscheidts Großwörterbücher
Für besondere Ansprüche wurden die Großwörterbücher geschaffen. Sie werden besonders von Lehrern, Übersetzern und Studenten zur wissenschaftlichen Arbeit herangezogen. Aufgrund ihres modernen Wortschatzes — bis etwa 120 000 Stichwörter in jedem Band — sind sie auch in Chefbüros großer Unternehmen und in den Fremdsprachen-Korrespondenzabteilungen zu finden.

Langenscheidts Handwörterbücher
Die Handwörterbücher bieten ihren Benutzern in beiden Teilen zwischen 140 000 und 160 000 Stichwörter. Über den Wortschatz der heutigen Umgangssprache hinausgehend, berücksichtigen sie weitgehend auch den wichtigen, aktuellen Fachwortschatz sowie eine Fülle von Neuwörtern.

Langenscheidts Handwörterbücher ungekürzte Schulausgaben
Für den Schüler wurden diese Ausgaben geschaffen. Sie sind inhaltsgleich mit den großen Handwörterbüchern, sind im Format jedoch kleiner und in einen strapazierfähigen Plastikeinband gebunden.

Langenscheidts Taschenwörterbücher
Diese Wörterbücher sind überall in der Welt bekannt und wegen ihrer besonderen Eigenschaften geschätzt: durchschnittlich 70 000 Stichwörter in beiden Teilen, zuverlässig und erstaunlich umfassend. Neben den Angaben der Aussprache, für die „Schulsprachen" grundsätzlich mit Internationaler Lautschrift, sind wichtige grammatische Hinweise enthalten.

Langenscheidts Schulwörterbücher
In diesen 35 000-Stichwörter-Nachschlagewerken sind beide Teile (Fremdsprache-Deutsch, Deutsch-Fremdsprache) in einem Band vereinigt. Die Aussprache ist mit der Internationalen Lautschrift angegeben.

Langenscheidts Reisewörterbücher
Sie bieten in erster Linie den Wortschatz, den der Tourist im Ausland braucht.
Reisewörterbücher gibt es für Italienisch und Spanisch (beide Teile in einem Band).

Langenscheidts Volkswörterbücher
Besonders preiswerte Wörterbücher im Taschenbuchformat. Jeder Band enthält die Teile Fremdsprache-Deutsch / Deutsch-Fremdsprache.

Langenscheidts Universal-Wörterbücher
Nicht weniger als durchschnittlich 30 000 Stichwörter enthält jedes dieser erstaunlichen Wörterbücher! (Fremdsprache-Deutsch / Deutsch-Fremdsprache in einem Band). Übrigens gibt es zu diesen Wörterbüchern passend auch Sprachführer!

Einzelheiten fragen Sie am besten Ihren Buchhändler. Er wird Sie auch noch auf weitere wichtige Wörterbücher aufmerksam machen — z. B. auf das „Dictionary of New English", das neue Wörter der englischen Sprache von 1963 bis 1972 bringt. Der Buchhändler weiß aber auch, daß das Langenscheidt-Fremdsprachenprogramm auch Lehrwerke enthält, Grammatiken und viele andere Bücher, die das Fremdsprachenstudium in Schule und Selbstunterricht wesentlich erleichtern.

Langenscheidt
Berlin · München · Wien · Zürich